第壹卷

帝都传奇

任见　著

河南人民出版社

图书在版编目（CIP）数据

帝都传奇／任见著．－郑州：河南人民出版社，2014.3

ISBN 978－7－215－07599－3

Ⅰ．①帝… Ⅱ．①任… Ⅲ．①文化史－洛阳市 Ⅳ．①K296.13

中国版本图书馆CIP数据核字(2014)第049641号

责任编辑 徐豫生 刘玉军
责任校对 毕瑞云
编 审 归宝辰 文柳川
封面设计 朱建文
插 图 叶 鹇 田战通 李书民 袁 哲

帝都传奇 任见 著

河南人民出版社出版发行
(地址：郑州市经五路66号 邮政编码：450002 电话：65788036)
新华书店经销 河南省新生代印刷有限公司印刷
开本 787毫米×1092毫米 1/16 印张 179.75
字数 3000千字
2014年3月1版 2014年3月第1次印刷

定价：980.00元（全9卷）

著者任见简介

任见，另名后山，1980年代闻于文坛，《文艺报》等报刊曾对其创作思想进行讨论，《青年作家》、《河南日报》等曾开辟专栏对其创作倾向进行“争鸣”，1986年读完研究生（中外文化比较研究）后创作有所转型，由虚构文学转为历史文学，先后在陕西旅游出版社、四川文艺出版社、河南文艺出版社、中州古籍出版社、河南人民出版社、北京九州出版社、广东花城出版社等出版过著作数十种，创作总数逾两千万字，维基百科（中文版）等均有介绍，是一位具有认识价值的学者型作家。

内容简介

本书是任见先生创作的历史文化传奇，9卷本135章550节近300万字，开创为城市“立传”的先河，以立体、丰满的洛阳千载帝都形象，以历史洛阳前世今生的呼吸与脉搏，以都城洛阳特有的兵燹狼烟和婉转风流，以文化比较研究专家对洛阳的独特“见解”，以磅礴跌宕的故事情节，以艺技独运的构思布局，以简约与饱满臻于极致的洗练文笔，以重重蕴藉的文化辉煌和作家特有的深度幽默，将中国历史文化小说的艺术魅力推到了新颖动人的特殊境界，相信读者会惊喜于自己因为这部著作而获得的关于东方文明的发现、立体洛阳的历史文化精神和不凡的帝都个性以及大不相同的阅读趣味。

目　录

殊荣在兹

刘典立

洛阳，中外驰名的历史文化名城，文明圣城。

洛阳，古代东方文明的重要中心和发祥地之一。

在中国古都中，洛阳以建都最早、建都时间最长、建都朝代最多、居住帝王最多，荣居榜首。

千载帝都洛阳，不仅有古都的荣耀，还有英雄角力的兵家争战，还有粉黛竞丽的后宫争宠，在数千年的中华历史上，洛阳演绎了非凡的篇章。

帝都洛阳的历史传奇，帝都洛阳的辉煌文化，在史籍间，在卷帙中，在书册内，在社会上，在人们口中，闪耀着无数的鳞羽光辉。遗憾的是，没有连绵宏大的史诗。

如今，洛阳不再遗憾，世界不再遗憾，《帝都传奇》出现了！

鸿篇巨制《帝都传奇》，煌煌九卷，三百万言，立言历史，立言文化，回环跌宕，波澜壮阔，风格雄浑，时时佳构，行文瑰丽，处处精品，让世界看到洛阳携风带电的往世今生，让洛阳走上世界文化的宽广舞台，堪为浩大工程，特殊贡献。

任见不是亦步亦趋的学者，不是人云亦云的作家，在《帝都传奇》中，跳跃着洛阳鲜活的记忆，飞扬着洛阳灵动的气韵，传续着中华民族绵延不绝的文脉，流淌着洛阳生生不息的文化基因，尤其是，闪耀着鞭辟入里的思想“见解”。

任见是早年中外文化研究学者，撰著过大量有关著作，在中外多家著名报刊开过专栏。任见看历史的视角新颖独特，加之以全新的普世价值观来重新审视千载帝都的历史，因而《帝都传奇》做得特别出彩。

任见抛弃了所有的有色眼镜，站在人性的立场，而不单单是阶级的立场来认识洛阳，批解历史，还原历史事件和历史人物的真实风貌，呈现在我们眼前的著作，在丰富多彩、有血有肉的基调上，更加具有新鲜拔萃的美质和特色。

九卷巨著《帝都传奇》，具有极强的可读性。任见在20世纪80年代和90年代就以大量优秀中长篇作品名噪文坛，辛勤耕耘，创作甚丰，今天的文字早已进入纯熟自如的化境，读来令人会心含笑，誉美称善。

在冥冥中，一个出身高贵的东方城市一直在期待，让世人刮目的东方文化一直在期待，终于，深切的期待有了回馈，迎来了任见和他的鸿篇巨制，千载“帝都”，华夏“传奇”，纵横古今，殊荣在兹。

现在，世界上有了长卷巨章的城市史诗，她将震烁其时，光耀其后。

阅读巨著《帝都传奇》，析赏东方文化硕果。

一部优秀历史文化读本

杨炳旭

洛阳这座历史渊源深厚、人文矿藏丰富，雄踞中原、魅力四射的城市，以其在华夏历史上长久的中心地位，成为当之无愧的“古都之首”“名城之冠”，然而关于洛阳这座城市的历史传记读物的阙如，一直影响洛阳文化推介的深度和广度，一直使我们不得不感到遗憾。

获知作家任见倾情尽心创作出多卷本大型文化著作《帝都传奇》，在国内开创为城市“立传”的先河，从上古时期的洛阳写起，煌煌9卷本135章550节300万字，塑造出了立体、丰满的洛阳帝都形象，作品文化深度和艺术水平均令人称好，十分感动，非常支持，因为《帝都传奇》是洛阳城市自身形象的文化艺术展现。

《帝都传奇》，卷帙浩大，然而，从宏观到细部，处处经营用心，细致缜密。读过该书电子版的作家说，随着行文，读者愈来愈真切地感到身临其境的迁想妙得。

阅览《帝都传奇》，沉入洛阳这座千载帝都曾经辉煌的往昔，时有所感，刻有所悟，步移景易之间，不断惊喜自己因为这部著作而获得的关于东方文明的发现。当我们慢慢地感触历史洛阳的呼吸与脉搏，逐步体味大都洛阳的文化精髓和都市个性时，我们的副收获是：惊喜自己获得了大不相同的阅读趣味。

《帝都传奇》具备前无古人的历史文化认识价值，其思辨建立在作家不辞劳苦、大量探赜索隐、溯源求证的基础之上。譬如，老子文化与孔子文化的关系，对于洛阳而言，多数人、甚至一些研究人员都仅仅停留在“孔子入周问礼”的字面意思上，《帝都传奇》以生动翔实的故事告诉我们未曾被挖掘出来过的“道礼之战”。

孔丘是知道李耳的主张的，说是请教，实乃探听。现场交手，清楚李耳与自己所持大不相同，甚至南辕北辙，便把话题扳到了自己擅长的方面。“目今天下纷纷，礼崩乐坏，我想认真学习周文王的伟大教导，在全中国复兴礼乐制度。”李耳说：“子所言者，其人与骨皆已朽矣，独其言在耳。且君子得其时则驾，不得其时则蓬累而行……”

孔丘离开洛阳时，老子送出馆舍，行至洛河之滨，见河水滔滔，流淌不息，孔丘伫立岸边，不觉叹曰：“逝者如斯夫，不舍昼夜！”老子则持论：“人生天地之间，乃与天地一体也。天地，自然之物也，人生，亦自然之物；人有幼、少、壮、老之变化，犹如天地有春、夏、秋、冬之交替，有何悲乎？生于自然，死于自然，任其自然，则本性不乱；不任自然，奔忙于仁义之间，则本性羁绊。功名存于心，则焦虑之情生；利欲留于心，则烦恼之情增。”

孔丘忧虑大道不行，仁义不施，战乱不止，国乱不治，故有人生短暂，不能有功于世、不能有为于民之感叹。老子认为天地无人推而自行，日月无人燃而自明，星辰无人列而自序，禽兽无人造而自生，此乃自然为之也，何劳人忙乎？

老子手指洛河，对孔丘说宜学水之大德。孔丘问水有何德。厚道的老子毫无保留地说："上善若水：水善利万物而不争，处众人之所恶，此乃谦下之德也；故江海所以能为百物王者，以其善下之，则能为百物王。天下莫柔弱于水，而攻坚强者莫之能胜，此乃柔德也；故柔之胜刚，弱之胜强。因其无有，故能入于无间，由此可知不言之教、无为之益也。"

孔丘闻言，做恍然大悟状，道："先生此言，使我顿开茅塞也。"其实孔丘心中有数，他有自己的坚持。被老子李耳硬生生地往"道"上牵，根本未起作用，孔丘当老子的面，毕恭毕敬，后来弃"道"如敝屣，周游列国，依然在售卖他抱之守之的礼乐信仰。

《帝都传奇》说："刨根主义者"李耳先生，制作天地文章，为现实所迫，不得不兼及君臣之义；而"复礼主义者"孔丘先生，竭力君臣之命，为障人眼目，有时也打一打天地的幌子。分析得何其新颖，何其到位，何其精准！

《帝都传奇》文采斐然，令人讶然称奇，历史在这部著作里是一件玩得极为娴熟的魔方，但又非常照顾读者，让读者轻松愉悦地接受了丰富的历史知识。

"黄帝是个猎手，他家墙壁上悬挂着兽皮，就是'黄'字的样子。黄帝所领导的部落当然是个游猎部落。纵观世界各地，上古时期的部落，一般性质都是游走和打猎。"

"黄帝家的车轮是实心的，没有辐条，还是个死轴，因此它旋转得十分缓慢，黄帝坐在上面，徒子徒孙拉着，走南闯北，耀武扬威，熊、罴、虎、豹都来朝拜。黄帝的车，成了权重势大的标志，因而，黄帝又被称作轩辕氏，轩者，扶手，辕者，车杆子也。高轩粗辕，朝前翘着，轰隆轰隆，你害怕不？”

“后羿选聘朝内大臣也非射手不用，不久，整个宫廷弄成了射箭大队。各部委皆是弓弩手云集，若不出去打猎，那全朝还不急死。于是后羿开始追随太康的后尘，倾巢外出，疯狂畋狩。”

“刘邦曾经跟着项羽干事儿，他带着军队快步灭秦，项羽不乐意了，在一个叫做鸿门的地方召见刘邦，问罪。刘邦只好带人前往，见势不妙，说：‘我是先帮你看住摊儿。你来了，这不就要把天下给你嘛。’”

“刘禅失国后被押送到洛阳，为‘安乐公’，感叹干皇帝太累了，主持朝廷工作太烦了，说洛阳‘此间乐’，鄙阿斗‘不思蜀’。真是一下台方显大智慧也。”

顺手拈来几例，足可见得《帝都传奇》的出奇文笔是何等生动，何等鲜活，让读者不断地会心而笑，笑过之后不得不承认其描述、评断的合情、合理，不得不赞赏其独立思考和审慎辨察的可嘉、可贵！

任见是早年中西文化研究专家，曾在美国《侨报》等报刊杂志开设东方文化专栏，在美国和加拿大的华文读者中甚有影响，任见在20世纪80年代和90年代就以大量优秀著作受到文坛和社会各界重视，已出版各类著作数十部，最近由花城出版社出版的《洛阳往事》在该公司名城系列著作中销行很好，该出版社与任见签约版税6年，任见因此成为洛阳有史以来版税签约作家第一人，充分说明出版社和作家本人对市场销售的自信。任见的长篇著作《刘禹锡传》《白居易传》等亦影响巨大。

任见并非一位人云亦云的作家，他对洛阳的独特“见解”表现在对东方历史文化的深刻思辨。如对炎黄二帝的重新认识、对老子和孔子的‘道礼’之争、对北魏王朝与‘佛家’的重重恩怨、曹魏政权对‘法制’的孜孜追寻等，读来令人心悦诚服，感悟良多。

超大型城市传记著作《帝都传奇》，文笔洗练，辞藻华贵，构思布局艺技独运，故事情节磅礴跌宕，文言与白话结合无隙，简约与饱满臻于极致，将中国文字的魅力发挥到了新颖动人的特殊境界，一卷展读，不忍释手。

一位读过《帝都传奇》电子版的北京作家，惊喜于自己“因为这部著作而获得的关于东方文明的发现”。她评论道：“顺着先生的文学指引，我一步一步地认识了洛阳这个蕴蓄了几千年文明的城市。在阅读中，慢慢地感触历史洛阳的呼吸与脉搏，逐步体味立体洛阳的历史文化精神和不凡的帝都个性。同时，《帝都传奇》的厚重文化和深度幽默，也使我惊喜于自己所获得的大不相同的阅读趣味。”

纵向来看，自古及今，没有一座城市产生过这样一部传记；横向来看，全国也没有一座城市产生过这样一部传记。纵横索察，我们发现的，是《帝都传奇》无可比拟的历史文化价值。更有价值的是，煌煌九卷本《帝都传奇》，贯穿着作家自己在对帝都洛阳全面深刻认识和把握的基础上产生的独特见解。

任见曾在国家交通部订立洛阳交通扶贫计划之初为洛阳做出重大贡献，被老市长誉为“汗马功劳”。任见担任过多项大型投资项目和重点建设成就系列电视片的总撰稿，片子因之添彩增光。近年来，在平乐牡丹文化村培育打造中，与国家大媒体的沟通协作，平乐牡丹画协同唐三彩、青铜器等文化同伴走上数届国际文化博览会，任见的推介功勋无可替代。

任见作为编辑，多年来培养了大量作家、作者，有的成了当地的文联主席、作协主席，有的早已成为闻名的大家，但任见为人行事一如既往，十分低调，不作声响，其中也有令人心痛的家庭原因——任见默默无弃地服侍其重病的妻子已十多年，自己也在战胜常人难知的病痛。在这样的境遇里，任见创作了大量优秀的文化著作，包括鸿篇巨制《帝都传奇》——洛阳的时代幸运和精神财富。

洛阳市委市政府高度重视九卷本《帝都传奇》的出版，组织专家、学者认真阅读了《帝都传奇》书稿，感到其文化意蕴令人耳目一新，其雅俗共赏亦令人爱不释手，研究认为《帝都传奇》立言历史，立言文化，对洛阳而言弥足珍贵，无可替代，出版发行，益在当今，功在千秋。

关于《帝都传奇》，不少报刊杂志都做过报道，引起了洛阳各界的支持，河南乃至全国各地的关注，《知音》杂志也为任见的事迹做过专题，今天，在《帝都传奇》隆重面世之际，对作家任见致以衷心的感谢，对市委市政府的高度重视致以衷心的感谢，向河南人民出版社致以衷心的感谢，向社会各界所有参与出版发行的朋友致以衷心的感谢。

城市精神

任　见（自序）

一、风云卷舒的舞台

在千百年的中国历史上，洛阳城头，大王旗你偃我树，热闹非凡。

在大王旗的卷舒之中，是难以数计的重大政治事件和政治活动。这些重大政治事件和政治活动，为洛阳积累了色彩丰富的政治文化，成就了洛阳的一大特质：高。

政治文化核心的是政治理想，诸如中原先哲老子、墨子，堪称中华文化导师，他们影响了中国漫长岁月的“无为而治”“天下为公”等学说，都是在洛阳孕育和形成的。

政治文化的表现是政治制度，夏、商、周在洛阳奠基，中国最早的奴隶制国家形态，在洛阳产生及完备。东周以后的封建社会制度，也大体萌芽于河洛地区这片厚土。

河洛政治文化丰富多彩、摇曳多姿，不仅表现在哲人学说的远见卓识，当然也在于帝王们的认可和推行。

许多影响中国历史进程的重大政治事件，发生于洛阳，一些对中国历史演进和社会变革产生了重大影响的政治制度，肇始于洛阳。它们或者是由这里的政治家首先提出，或者首先在这里实施。如影响深远的“九品中正制”，流风绵延的“科举取仕”等。

洛阳这方神奇的土地，长期作为中国政治舞台中心的主角，从这里演绎出的政治理想、政治制度，影响了人们的思想观念，推动了中国社会、政治、经济的发展，尽管以今天的眼光回顾和审视，这些政治文化具有非常明显的时代局限性，但不可否认，它们曾经是具有非凡胆识的政治见解，曾经是引领风骚的政治理想，曾经是顺乎当时社会方向的政治制度。

透过政治硝烟，拨开历史迷雾，我们不难发现，河洛地域文化中的政治文化具有中心文化特质，它作为中华政治文明的源头和核心，不断地向广袤的时空延伸，影响着中国乃至世界文明的进程。

譬如以河洛为核心的中原政治文化对周边少数民族政治进程的影响，对移民地区政治的影响，对外来民族的影响以及对世界政治进程的影响，都能从这里找到历史的印痕。

从南北朝到五代，凡是少数民族封建王朝，无一例外地都被融化在汉文化的海洋里；那些与汉族封建王朝抗衡的少数民族政权，也无一例外地效仿、引进、吸纳中原的政治文明，加速本民族政权向中原政权的向心和凝聚，如西夏、辽、金。

深受河洛文明洗礼的先民们，曾经多次携血带泪地向南方移民，带去了先进的生产力，更带去了相对先进的政治文明，促进了迁居地区的政治进程。

河洛政治文明，向外辐射的能力超乎寻常，通过丝绸之路，甚至跨出国门，影响西方世界；通过朝贡和留学生，到达朝鲜、日本，加速了东亚儒家政治文化圈的形成。

当我们今天徜徉于河洛大地之上，流连于故国遗迹之内，拂去千年的尘埃，回眸久去的政治风云之际，我们应怎样去认识和理解这笔宝贵的政治文化遗产？

二、融会八荒的筐箩

寻索洛阳的城市精神，会发现其另一重要特质：容而大。

在神奇的河洛大地上生活的先民，最早从蛮荒时代走来，跨入文明时代的门槛。但洛阳绝不妄自拒外，由于她胸怀宽广，具有强大的包容性，所以河洛文化万方辐辏，汇于一身，在接纳和蕴蓄中，渐渐变得内涵丰富、沉淀厚重。

几千年来，无论哪方逐鹿问鼎，河洛文化乃至中原文化总是以其博大的胸襟，兼收并蓄，融会八荒，使自身得到不断的充实和完善。如中华民族传统文化中的释、道、儒“三教合流”，其融会和发展，无不与洛阳息息相关。

佛教文化最先传入洛阳，使洛阳创造了许多中国佛教史上的第一。白马寺是佛教传入中国后的第一座寺院，为中国“释源”；洛阳是第一个佛经汉译中心，中国第一部汉文佛经——《四十二章经》在洛阳译出，佛教的其他经典也多在洛阳首译。

唐宋时期的洛阳为国际化大都市，而进入鼎盛期的中国佛教，则以洛阳为中心远播日本、朝鲜、东南亚各国。

河洛文化的厚重与包容，为道教文化的孕育与生成提供了丰厚的营养，使得道教这一土生土长的宗教，逐步成为民族传统文化的重要一支。

道教强调内以治心，外以救世，以生为乐，重生恶死，主张通过修行体验求得生命能量的升华。由于统治阶级大力扶持，隋炀帝时，在洛阳置玉清玄坛，建道观二十四所。唐代继续奉行崇道政策，李唐统治者自称老子后裔，所以唐代洛阳道教发展极盛。

道教是中国最具有代表性的民族宗教。道教所主张的宇宙生成观，同中国传统的宇宙生成观是一脉相承的；道教所倡导的崇尚自然等为人处世的准则，成为数千年来国人重要的审美追求。

道教中内含的中国传统文化的基因，逐步成为中华民族文化传统的重要支柱。它对中国历史上的政治、经济、哲学、文学艺术、医学、化学、养生、天文地理、民间信仰以及社会习俗等各个方面都产生过不同程度的影响，成为中国传统文化不可分割的一部分。

应该说，河洛文化孕育了道教的滋生与民族特质，道教的发展演变亦进一步丰富和影响了河洛文化。

儒家学说自两汉起成为中国政治文化的核心组成部分，东汉开基皇帝刘秀将西汉的“尊孔读经”进一步发扬光大，天下初定，便兴太学，很快形成了“内外讲堂，诸生横巷”的盛况。太学里，最大的讲台“长十丈，广三丈”。刘秀还车驾亲临，勉励教授——“博士祭酒”们承担起“教化社稷”的天赋责任。

明帝刘庄继承先帝遗志，常常参加和主持太学的儒教论坛，两次登上讲坛，评儒论道，“帝正坐自讲，诸儒执经问难于前”时，“冠带缙绅之人，环桥门而观听者盖以万计。济济乎，洋洋乎，盛于永平矣！”明帝还身体力行，尊师重傅，引领全国的经学潮流。

东汉洛阳太学不愧世界第一名校，最盛期，学生人数超过三万，连北方的匈奴都派遣子弟留学洛阳，读经、学儒、“镀金”。

另外，中华文化中很多分支性文化都可以在洛阳找到渊源所在。譬如神龙文化、易学文化、商业文化等，均孕育产生于河洛地区。

河洛文化海纳百川，方才成为中华民族文化的母体和祖根。

三、根深荫远的巨树

行走洛阳，流连洛阳，不经意间，便会发现洛阳感动人心的地主丰采。

在言谈处事中，在洛阳的媒体上，常常看到、听到这样的话：我市某某方面需要改善，某某地方需要整修，否则外地客人会有看法、会不愉快，提请政府抓紧。政府及时回应：某事原因某某，已决定某时由某部门实施；某地情况某某，已责成某部门本星期五之前解决。云云。

洛阳市容的整洁和秩序是有目共睹的，因此不能认为“改善和整修是面子问题，外地人不来旅游本市就可以邋遢”。时时处处为客人着想，替客人考虑，把“待客”事宜置于重要地位，是一个好地主的基本素养。

河洛先进文化，以根文明和中心文明的资质，千百年来不断地向外辐射，和平年代由政权推动，周边效仿，战乱年景随人颠簸，被迫扩散，影响力自是巨大。影响力所及，复又转化为向心力和回归力，洛阳的“待客”任务事实上也比其他城市大得多。

中华民族亦称华夏民族。对于“华夏”一词来源的考证，学术界已有定论，“华”和“夏”实际上都是地名、国名亦即古代氏族部落名称，而“华”与“夏”均在河洛地区。

以华夏民族为主体的中华大家庭的各地域文化，无不散发着河洛文化浓郁的乳香，其重要原因，除历代统治者的推动外，还有人口的流动——由河洛地区的“中国”向其他各地的“方国”的播迁。

把中华姓氏史与河洛地区的文明史加以对照，就不难发现，无论是姓氏的萌芽、产生，还是普及、定型，无不与河洛地区息息相关。

根据现有的历史资料获得翔实查证，在当今汉族人口90.2%的一百二十个大姓中，全源于历史上的河洛流域的姓氏有五十二个，部分源头在河洛流域的姓氏有四十五个。

在中国历史上，河洛流域这一百多个姓氏的先民有数次向东南中国的迁徙浪潮。

西晋末年，晋朝皇帝南渡，随着政权动迁出现大量移民。《闽书》记云：“永嘉二年，中原板荡，衣冠始入闽者八族，所谓黄、陈、郑、詹、丘、何、胡、林是也。”除林姓发自光州外，其余全是河洛大姓的后裔。

唐朝初期，唐高宗派陈政、陈敏、陈敷三兄弟率五十八姓军校入闽平叛，这些军人全都征发于河洛流域，后来全部留在闽地，入籍生根，繁衍及今。

唐朝末年至五代十国时期，光州人王审知，被朝廷授为威武军节度使兼福建观察使，率部族入闽，割据一方，经营数十年，入闽时所率军校多为光州子弟，而此次大规模移民潮中的郑姓即是源于河洛流域的大姓。

南迁的河洛人中后来有相当数量漂洋过海，到台湾，到南亚，到世界各地。

周王城遗址上的洛阳王城公园

洛阳王城公园内的巨鼎

有人说，福建人来自中原的，占福建人口总数的70%左右，而台湾人来自福建的，占台湾人口总数的70%左右。

比例之重，令人讶叹，难怪台湾人，港澳、日本、新加坡及全球各地的华人，他们深情地称自己是“河洛郎”——河洛的儿子。

所谓“树高千丈，落叶归根”，难怪“河洛郎”要不断回到洛阳寻根探源，归宗恳亲，姓氏之根或血缘所出，这种认同感和凝聚力，岂是他种缘由堪比。

历史上的人口播迁，尤其是大规模的播迁，和历代政治、军事剧变密切相关。由于在根源上，满浸着血泪和悲伤，“向心”和“回归”便自然要牵动洛阳人和外地人、海外华人内心最深处的亲情之弦，使人不由不潸然而又肃然。

多种原因，使洛阳成为人们心中的热土，使洛阳人成为热情好客的地主。

四、生生不息的热土

体验洛阳，感受到的不仅是河洛文化的延绵不绝、生生不息，而且更有现代城市的创造进取、活力四射。

河洛地区自古帝王必争，兵连祸结，但河洛文化历经劫难而不消灭，以其锲而不舍的品质，坚韧生长。河洛文化顽强的生命力，自远古至于当今，一脉相继。

河洛地域文化成长到今天，依然在熏陶和滋育着一代又一代的洛阳人，不仅已经是丰厚的文化底蕴，也是洛阳市民的现代文明涵养，这种底蕴和优势从各个方面表现出来，为社会各界和国内外朋友所普遍认可。

我们说，河洛文化不仅仅是博物院里的文物，图书馆里的华章，而且也

洛浦公园的石壁

是当今生活中一个个活生生的现实存在。厚实的文化优势、环境优势之上，工业优势、科技优势一次次地异军突起，为这座千年帝都增添着源源不息的青春活力。

进入21世纪以来，洛阳的经济总量在全国上升了二十六个位次，上升速度居全国第二。目前洛阳市的经济总量在中部六省排名第四。这些作为一个全市六百多万、市区二百多万人口的城市来说应该是骄人的成绩。

洛阳的城市发展步伐非常之快，老城区一百二十平方公里，刚刚过去的七年里，投资五百亿元建设的洛河南岸新城区和伊水南岸新城区已建成一百五十平方公里。城市建成区二百五十多平方公里内，洛河、伊河、瀍河、涧河和人工湖泊等水域面积占10%，绿化面积占46%。10%的水面覆盖率，莫说中西部，就是沿海城市也是少见的。

洛阳的城市发展和环境发展同步。龙门石窟、白马寺之外，庞大的洛浦公园、伊滨公园之外，周边度假风景区之外，夏代遗址、商城遗址、东周王城、隋唐洛阳城、汉魏故城也都相继“走出”地面，迎接八方宾朋……

诚然，中国的古建筑皆是土木结构、砖木结构，宋代以前能够保存至今的少之又少，历史上的洛阳，总是处于战争的中心，遭受破坏时首当其冲，所以洛阳的历史文化优势大体是藏在地下的，或许你会说，这里没有故宫那样亮丽的皇家标志，也没有兵马俑那样沉甸甸的观赏砝码。但，现在我们的旅游追求在悄悄地发生着改变，由过去那种以感官的接受，逐步在转入更高层面，即对文化和精神的追求。君不见，以探寻历史，了解历史文化为愿望的旅游者不是已经越来越多了吗。

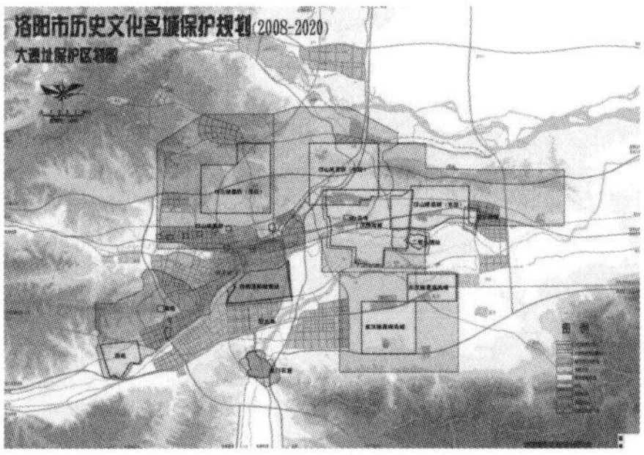

洛阳大遗址保护规划图

热情好客并且头脑清醒的洛阳早已认识到了这一层，近年洛阳在发展实践中逐步探索和实现把文化资源优势变成经济优势和发展优势的转变，卓有成效。

在经济发展宏观指导上，洛阳提出由工业强市、科技强市到旅游强市、文化强市，在实际操作中，逐年加大对文化产业的投资，重大项目纷纷启动。比如说正在实施的国家大遗址保护工程，是“十一五”期间的国家重点项目。

隋唐洛阳城、汉魏故城和偃师商城三大遗址的保护和展示工程，拉开了洛阳将逐步展示地下文化遗产的大幕。

洛阳和国家文物局从近年开始大遗址的合作发掘与保护展示，让大遗址不但书上有、地面也有，让大家直观地看到历史上十三个王朝的模样。保护大遗址工程，洛阳市财政已经投资了数亿元，国家文物局的投资也达数亿元，后期国家还会追加更多投资。

洛阳的大遗址有多“大”呢?

隋唐洛阳城，历史上其内城面积为四十七平方公里，外城周边加上其“西苑”，周长二百里，分布有十七个行宫，内外城合起来将近二百平方公里。

巨大的遗址为保护和发掘带来极大的难度，好在由于历史的原因，隋唐洛阳城地下遗存保护得非常完整，气魄宏大的定鼎门复原已毕，已经可以让我们一窥隋唐大洛阳的不凡气象了。

可贵的是，洛阳在解决建设、旅游发展的工作中，也包括在市民的生活中，处处体现着文物保护的理念。20世纪50年代，建设一百五十六个重大项目的时候，洛阳在全国率先创立了城市建设的“洛阳模式”——“撇开老城建新城”，这个模式一度成为20世纪，甚至到现在还一直是全国在城市建设规划方面普遍学习的一种模式。

“洛阳模式”保护了庞大的隋唐洛阳城遗址区和东周王城遗址区，使得我们今天有希望看见其逐步展示，使得洛阳在宋代以前十三个朝代的历史形象能够比较全面地次第登场，让大家看得到，感受得到，从中汲取知识和文化，获得高层次的旅游收获。

待洛阳的以大遗址为重点的文化旅游产品全部推出的时候，谁还会怀疑洛阳的“第一”呢?

“古今兴废，只看洛阳”的政治历史名城，长时间扮演中国意识形态中心角色的文化历史名城，深藏九朝底蕴、汇纳百代雄风的精神造诣名城，既不遗忘过去，也不懈怠今天，更不盲目于未来的开放进取的现代名城，在与我们相识、相知……

五千年，看洛阳，历史云烟七彩变幻，今天看洛阳，时代活剧更有价值。

雍容、庄重、大度、从容、热情好客的洛阳在欢迎我们，洛阳悠久的历史文化、洛阳绚烂的今朝丰采在欢迎我们……

第一章

文明初曦

一

话说天下城市，各有传奇不同。中国洛阳，是一座历史渊源深厚、人文矿藏丰富的城市。

有道是，要了解三十年的中国，到深圳；三百年，到上海；五百年，到北京；一千年，到开封；三千年，到西安；而要了解五千年的中国，只有到洛阳。

这话说得对。每座古城都是一部绵延不绝的活剧，而洛阳最为出色，兵燹狼烟与婉转风流互竞高低，相映成奇。

就政治历史而言，“欲知天下兴废事，请君只看洛阳城”；就文化渊源来说，洛阳长时间扮演中国意识形态的中心角色；就精神造诣论之，洛阳深藏九朝底蕴、汇纳百代沧桑。现代洛阳，既不遗忘过去，也不懈怠今天，更不盲目于未来，开放进取，魅力四射。

洛阳所在，地利不凡。北边是浩荡的黄河和逶迤的北邙，西边绵绵重山，远接秦岭，南边是墙壁似的龙门山，独有一处伊阙，中通伊水激流，两侧青岩陡立，万夫莫越。在漫长的冷兵器和就地奔时代，谁想从北、西、南三面来犯洛阳，基本上是门儿都没有。

洛阳以东，开阔万里，你若视力超好，跳过洛河、伊河，还有瀍河、涧河这些嬉闹的流水，尽可以看到琅琊，或者泰山。

若在洛阳干皇帝，背有依赖，前无遮拦，放眼望去尽是自家地面，蝼蚁们脸朝黄土屁股朝天，一个汗珠摔八瓣儿，日夜劳作打拼都是给自家供赋纳税的，你觉得快哉程度如何？

你肯定把胡子撩开尽管吃肉喝酒，开完会，念完文件，三言两语干脆利落打发大臣们离去，半后晌便惦着嫔妃宫女们的事情了，天色尚早，想个招儿——羊车？蝶选？还是别的什么？

对帝王而言，洛阳确实是个好地方。其实，洛阳之好，不仅仅是对帝王而言。

在遥远和苍茫的中国历史的起端，洛阳就是个好地方了。

生于陕西洛南山区的洛河，九曲十八弯，到洛阳出山了，见到平原了，松下气来，流速变缓，结合伊水、瀍水、瀔水，漫出大片丰美的草滩。

草很深，叶茂茎绿，油光鉴日，花很多，成丛作簇，招蜂聚蝶，四时野果不断成熟，河里鱼虾乱游，空中禽鸟乱飞，草窝里野兽拱在一起过家家，灰兔子身长二尺半，肥得流油油儿。在这样的地方生活，但有力气就齐啦，妈妈的怀抱，幸福享不了。

有一些人，来啦。他们采撷野果，捞捕鱼虾，围猎兽类，在生存中行进，在行进中寻觅，来到了黄河中游一带。确切地说，来到了黄河与洛河的地盘上，这里的沃土草木走兽飞禽欢迎和容留了他们。

他们的领头人叫做伏羲。伏羲说："就是这儿啦。"

这句话不得了，是洛阳比中国其他城市年岁都高的证据。

大家唧唧喳喳都说要得，因为跑的地方太多啦，有比较啊。再说也太累啦，腰酸腿痛，听伏羲发话，一屁股都蹲草地上了。

伏羲是个不同寻常的人。

伏羲的母亲是华胥部落的姑娘，十七八岁时，春日无事，情绪泛起，想看看

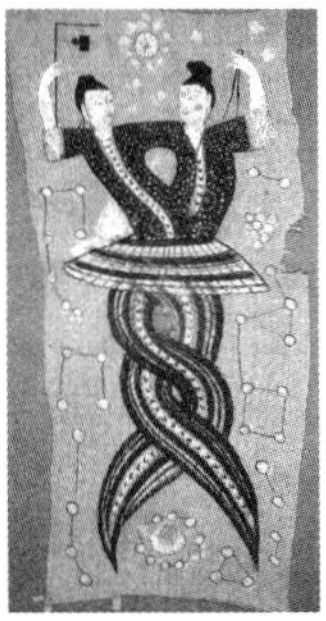

传说中的伏羲与女娲

邻处哪个部落有身强力壮的男子。当然这是允许的，姑娘们都这样，顺乎自己的本性，想怎么着就怎么着。原始社会就这么好，不像后世，有法条，有“爱情”，麻烦。

母系氏族时代，特征是人们知母不知父，谁生的谁，谁的妈咪是哪个，清清楚楚都知道的，然而出生之前的事情大家都糊涂，实际上也不知道怎么回事，不知道染色体、DNA那些劳什子，不知道生育活动有什么蹊跷。

华胥姑娘外出转悠，到了别的部落的领地，一个叫雷公洼的地方，看到湿泥地上有一串硕大的脚印。

脚好大啊，不由得一阵揣测。好奇心驱使她以自己的脚踩上去比试比试，哇，只能踩住半拉。这人步伐也宽极了，华胥姑娘屁股一扭一扭，跨不过他。

保准是个虎背熊腰、力大无穷的壮汉子。哎呀，今天真赚！

华胥氏脸蛋大热，心头小鹿一撞一撞的，决意顺着脚印走向他。

有心者，事竟成，走啊走啊，华胥氏在雷公洼边上的山洞里看到汉子在撕一只小兽吃，果然帅，而且酷，她走上去，对他笑一笑，嗨，你好！

汉子惊喜不已，美女耶，天上掉下个靓妹妹，赶忙吧咂吧咂嘴，欢迎她共餐。

奇特的爱情一般跟大雷雨有不解之缘，华胥氏和汉子爱情的时候，天上的炸雷一直为他们配音，弄得十分热烈，十分壮美。

华胥氏的身体在炸雷中震动，炸雷居然帮助她获得了身孕。

随后就是回到自己的部落里孕育。

华胥氏的这个孕育十二分漫长，延续了十二年。

在我们的历史上，凡是超高级别的领导干部，尤其是皇帝这号儿的，出生都有异象。华胥氏这个孕育，两异呢。第一异是时间长，第二异是十二年后她娩出的居然是个巨大的葫芦。没错，葫芦。

葫芦裂开，走出一个少年郎，神采奕奕，向群众们招手致意。葫芦的孩子！这简直是在表演魔术啊。

人们惊呆了，回过神来，纷纷高声叫道：瓠兮，奚矣！瓠兮，奚矣！瓠兮，奚矣……

上古人们刚学会说话，用词简洁，瓠兮，奚矣，就是：葫芦啊，好稀奇啊！葫芦啊，好稀奇啊！

瓠奚后来发生了音变，成了瓠犠，又成了匐羲，最后是伏羲。伏羲长大成人，自己组建了一个部落，为伏羲氏，还有个别时候他被个别人奉为羲皇。

伏羲的“产生”异兆频现，如此不凡，长大了自然异禀在身，统治众人。

由于伏羲率领部落来到黄河与洛河之间的河洛大地，演绎了中国人文史上最初的活剧，故有始祖之谓，老祖宗。

且说伏羲领着大家躲避洪涝灾害，追逐可以猎获的动物及成熟的植物，寻觅能够平安地生息繁衍的地点，比较了太多太多的地方，结论是，河洛一带草木繁盛，野果丰硕，鱼虾肥美，走兽麇集，气温也十分宜人，就住下啦。

作为头领的伏羲，膂力强劲，还比大家有脑子。他培训人们，用细藤条结成网捞鱼滤虾，把捕到而吃不完的小兽蓄养起来，让它们跟在屁股后，哼哼唧唧，好玩，肥大起来，扭翻宰了，吃烧烤。

野兽们行的是丛林法则，弱肉强食，它们不管你来自于葫芦还是南瓜，看你只是肉肉。因此伏羲部落周围的深草密林中危机四伏，猛兽的眼珠在黑暗的夜色下幽幽闪光，部落里照顾不周的小把戏儿还真有被叼走吃掉了的。

聪明的伏羲教大家搭一些地窝棚居住，壮汉子掰树枝，弱女子捡柴草，选一处坑，架木、苫草，建起了河洛大地上最初的民居——第一代洛阳市区。安全，御寒。

这可不简单啊，这是先民们由顺应自然到改造利用自然的巨大跨越，比伏羲他爹那步伐还大。

二

远古时期，人们在生活中顺着心里的意思来，但生存条件怎么说也是恶劣的。天亮了出去弄吃的，天黑点名就有少了的——让野兽弄去当快餐了。

环境恶劣，生齿增殖缓慢，常常突现的各种灾难，令人猝不及防，因而伏羲氏把很多功夫下在“测”和“卜”上，出去摸鳖捞鱼，采撷瓜果，伏击野兽，时刻留心一切征象，以之对事物进行先测，进行预决。

伏羲力争把每一次“测”和“卜”的结果都记下来，把每一次对事物进行先测、进行预决的果报也都记下来，据后山先生考证，这样做的目的是让以后有所比对，简单方便，所以称作“易”，记录的语句称作“易辞”，记录的那本软面抄称作《易经》。

对了，“易”就是“简”，可是我们“新社会”好多人偏偏认为“易”是“繁”，是“难”，奋不顾身地扎进去，以先民们的童稚思维为高深哲学，非撞一脑门子酥油不退出来。

龙马雕像

却说伏羲的手下，伏羲氏的部落民，跟着伏羲，正如一群猫鼬，唧唧喳喳，闹腾不休，但他们记着一条：采摘、渔猎期间发现什么所谓吉兆、祥瑞，当然，也有他们认为的凶兆、恶瑞，就立即屁颠屁颠地奔去汇报给首领。

洛阳北部一带，黄河刚刚出山，水面浩大，岸滩平缓，人们抠鳖摸蚌，嬉闹其间，忽然发现水中有大家伙出没——马面鳄，鳄的一种。

有疑问曰：黄河？有鳄？

后山先生释曰：然也。河南称作“豫”，甲骨文的“豫”字就是一个人和一头象嬉戏，或者说一个人扭着象鼻子在玩，名志其实，远古斯地高温多雨，不但有鳄，而且还有大量的短毛象，它们四处游荡，堪称霸主呢。犀牛也有，猩猩也有，猫熊也有，孔雀也有，亚热带气候，你想想吧。

马面鳄身高八尺五寸，脸好似野马，却生有两只肉翅膀，头顶虬须，背负龙鳞，凌波踏水，如履平地。从未见过，这是神物，还是鬼怪啊？人们跑得上气不接下气，火速禀知伏羲。

马面鳄离开黄河中流，左一晃，右一晃，溜达到南岸的河汊里，继续逆水向上。这条黄河支流后来干了，它在洛阳市正北，孟津的白鹤镇东边。

伏羲顶着一脑门子汗珠，匆匆赶来了，他缘着溪岸，一边走一边观察这头巨大的马面鳄。人们前呼后拥瞧新鲜，瞧热闹，伏羲不得不一次次屏退他们，怕人多，惹恼了神物。

马面鳄走到浅水处，背脊暴露出来，伏羲看到它的鳞甲有不同的颜色，组成均匀的斑点，就按照那些斑点的相对位置在岸边沙滩上画出来，跟手下喽啰们一起研究，猜度意思。

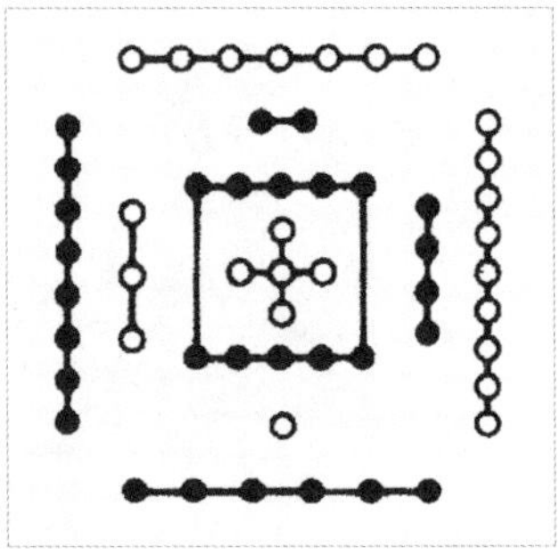

河图

龙马负图寺

马面鳄有幸成了人们口口相传中的“龙马”，还煞有介事地传说，它背上的图和伏羲复制在岸边沙滩上的图，便是上天责成黄河赐给人类的神秘“河图”。

伏羲是个有责任心和爱动脑筋的人，责任心，使他时刻不忘为他的氏族的生活进行卜测和预算，动脑筋，使他埋头在河图这个斑斑点点的数字组合里边挖掘、探索，居然弄出了个玄而妙之的学术成果——八卦。

伏羲因“河图”作“八卦”，灵感是否来自黄河里的“龙马”，无法考究，但在河滩上捡到有天生斑点的石头，可能性相当高。

河洛美石捡了回来，狂风暴雨出不了门的日子，在山洞里翻弄，可能性也相当高。

伏羲以八卦符号重新整理平日记录下来的“易辞”，后来索性不管气候了，大太阳天也不出工，日夜猫起来搞这个项目。

伏羲陷进了“易”里，渐渐变成了一个巫师。“卜”和“测”一套一套的，政治权力却搞丢了，他的部落早已分崩离析，变成了散布在河洛大地上的许多新的部落，出了许多新的首领。

当然，更加广大的神州大地上，有更多的部落首领，著名的有炎帝部落、蚩尤部落、黄帝部落，他们相互杀伐，颇不消停，甚至十分惨烈。

三

炎帝的母亲据说叫任姒，她还有个“字”呢：安登。

远古时期没有文字，有记载的时候已经过去年头太多，又是竖着写，所以有把盖头弄丢，说她是“女登”的。

在人少而禽兽多的古代，大家的伙食以肉食为主，人齿繁衍增加，禽兽肉越吃越少，不能解决温饱问题，炎帝就带领他的部落民，烧草，耕耘，种植庄稼作物，吃素，不饿肚子了，能够继续繁衍生息了。

烧荒的烈火使人们惊恐难忘，于是，这个有功的首领被称作炎帝，有时候整座山都给燃着了，炎帝又被叫做“烈山氏”。

炎帝烈山氏吃苦在前享乐在后，尝遍了各种植物，苦辣酸甜，都起了个名字，“日遇七十二毒”，无怨无悔。他“教民耕种，美其实，德浓厚若神，故为神农也”。“神而化之、使民宜之，谓之神农。”

神农氏，神奇的农耕始祖。《周易·系辞》曰：“神农氏斫木为耜，揉木为耒。”农耕用具耒耜的发明，是原始农业进步的标志。

炎帝这位中国第一农业合作社社长，领着部落的同志们，放火烧荒，大搞农业连片开发，对于逐水捕捞、蹚草猎狩的生活方式而言，是个巨大的进步，使人类实质上的定居得以实现，所以炎帝的功劳你就知道啦。

炎帝的后人中有个厉害的，比炎帝出奇，他就是黄帝。

说起黄帝得先说清楚“鲋宝”。鲋宝是当时部落里的一个女子。她在窝棚里睡觉，天下雨了，又是闪电，又是打雷，而且有什么动物闯进来了，她很恐惧，不停地蜷缩自己。

当然鲋宝最后又睡着了。清晨醒来，她发现自己怀孕了。别人好奇啊，问她孩子的爹是谁，她就说，是呼雷，是闪电。

鲋宝怀孕二十五个月，生了一个与众不同的小东西，一到人世就向四下巡

黄帝

视，而且浓眉大眼，表情十分严肃，像个高级干部，这就是黄帝。

前代长者炎帝神农氏“身亲耕，妻身绩”，相土地，植五谷，带领人们放火烧山，用石刀耕作，用木棍播种，积累口粮，然而他不会打仗，“无力征战”，动辄即败。

黄帝跟炎帝大相径庭，特长是跟野兽较劲，跟他人打架。

黄帝厉害到什么程度？二十出头的时候，就已经能轻松地猎获熊、罴、虎、豹了，巨兽们都怕他，很多老虎生了孩子，都要领着到黄帝这里认干爹。

黄帝的“黄”字，据后山考证，就是一张悬挂在墙上的兽皮。人们看见的，是黄帝家墙头上张贴的最大的兽皮。

所以说，黄帝是个猎手，相对于具有一定的先进性的炎帝来说，他有点“回归”——朝古代方向回归了一些——耕种是生产，是进步的路数，猎杀是攫取，是蒙昧时代的干法，他当然落后些，但历史确实往往如此，秧歌步。

黄帝所领导的部落当然是个游猎部落。纵观世界各地，上古时期的部落，游走和打猎，更自由自在，也往往更强悍凶猛。

黄帝沿着洛河与黄河之间的山地，向下游探索，带着他的部族，吆三喝四。在黄河枯水季节，他们更乐意跑到黄河北岸去玩，那里野物挺多。

炎帝他们曾经在河洛大地的杂草林木间，发现伏羲氏开发的居民小区旧址，早已是荒蔓护坡的土坑了，先是拾掇拾掇，个别时候藏一藏身子，后来不断加盖新屋，洛阳市的幼年轮廓又一度给描画了出来。

黄帝他们主要是到处乱转。

在黄河流域，两岸之间，长久游荡的黄帝部落，要运行李，要运猎获的犀牛

上古洛阳兽类众多

之类大型动物——那时候黄河流域气候炎热，犀牛是有的，大象也是有的——更严重的是，黄帝本人是个官僚，要坐车，让别人拉着，于是，他们发明了木轮车。

黄帝家的车轮是实心的，没有辐条，还是个死轴，因此它旋转得十分缓慢，黄帝坐在上面，徒子徒孙拉着，走南闯北，耀武扬威，熊、罴、虎、豹都来朝拜。

黄帝的车，成了权重势大的标志，因而，黄帝又被称作轩辕氏。轩者，车扶手，辕者，车杆子也。高轩粗辕，朝前翘着，轰隆轰隆，你害怕不？

有个女生，眉目俏丽，身姿妖冶，抬脚动步，韵味四溢，很多男人流口水，但权势熏天的黄帝把她泡下了，成了贴身“小蜜”之一。

这个女生叫“嫘”，她有一手抽蚕丝和织毛衣的绝活，后人为了记住她的本领，追封她为“嫘祖”。

事实上，我们现在仍然弄不清楚，炎帝和黄帝，到底是男性还是女性，后山的观点是：在母系社会尚未完全转化为父系社会的当时，炎帝和黄帝是女性首领的可能性要更大一些。不过，炎帝和黄帝若是女性，后人费心劳神编排的大量神话故事，就落在空处了。

况且，说炎帝和黄帝是女性，那不显得我们的民族太过软弱了吗？应该是男性才对啊。尽管我们常谓“祖国母亲”，但“历史父亲”更能使我们精神胜利。

好吧，黄帝是个大男人，大力士，老虎的干爹，英雄得要命，在家打老婆，出门打野兽，还特别爱找其他的“大腕儿”打架。

黄帝把打猎的武器做了改良，能一下打死人，他听说本族的共工跟大力士蚩尤打起来了，就去掺乎，夸口说哪个凶恶，吃掉哪个。

蚩尤领导着东夷人，在黄河下游一带过家家，那里常常闹水灾，他就领着家

传说中的共工

华夏战神蚩尤

眷们朝上游走，跟黄帝家族的共工冲突了。

蚩尤生得雄伟猛悍，手下哥们儿也都身裹兽皮，头戴兽角，全属十足的野兽派。

共工呢，红头发，水蛇腰，猛一看很俏媚，细一看很艳丽的。“共工氏，蛇身朱发。”这是《山海经》告诉我们的。

但是，民间说共工是水神，正是共工挑动大水，让它泛滥，淹没了蚩尤他们家，蚩尤因此决定修理修理共工，跟共工展开了决斗。

红头发、水蛇腰的共工，诱惑个男人或许在行，打架实在不咋的，赶忙招呼她本家堂哥黄帝。

传说中的蚩尤啊！充满诱惑啊！只听说过名头，这回他的真身来了？

黄帝说：“好啊！我正想跟这个操蛋过过招呢！”就带着人马，作速赶来。

黄帝向蚩尤发起猛攻。石球如雨，倾泻向敌人阵地。还有石镞——石箭头，疯狂攒射，给蚩尤一个下马威。

蚩尤先进，拥有致命的武器。炎黄部落把石头玩得团团转，蚩尤的武器更厉害。

蚩尤有哪些武器呢？《世本》说“蚩尤作五兵：戈、矛、戟、酋矛、夷矛。”哪一样杀人武器，都是划时代的军事技术发明。

炎黄部落十分了得，就是不会弄金属，蚩尤怎么搞到的金属？

《管子·地数篇》告诉我们：“蚩尤受葛娄山之金，作剑、铠、矛、戟。”

葛娄山又曰柯娄山，位于今天的山东邹县城东不远处，山势东南西北走向，分南北两峰。南峰为前葛娄山，北峰为后葛娄山，现称葛山。

葛娄山洪水暴发，冲出了许多黄绿色的石块，蚩尤率领族人来到此山，架起石块做烧烤，没想到石块经不住高温，竟然熔化成一种液体，冷却后黄灿灿的。

铜！蚩尤部落发现了铜，就用铜打造兵器了。

尽管蚩尤炼铜之说，找不到更为可信的佐证，但我们还是让蚩尤和他的手下将军们高举着金属武器吧，他们是英雄啊。

蚩尤统领着东夷众多部族，俗谓九黎族大首领，《尚书·吕刑》是官方文件，说："九黎之君，号曰蚩尤。"《述异记》间接告知我们，蚩尤手下有八十一个部落："蚩尤氏兄弟八十一人，铜头铁额。"还都戴着头盔呢。

蚩尤统帅的东夷，是个善于射箭的民族。

后山帮你解一下字，你看"夷"字，不就是"一"副"大""弓"套在一起组成的吗？后世东夷人中有神射手后羿等，都是玩弓箭的。

蚩尤的东夷勇士们，穿着金属铠甲，戴着金属头盔，刀枪不入，威武异常，制造了一场击戈鸣镝的壮剧。

蚩尤身先士卒，率领八十一弟兄，挥舞戈矛，奋厉逞强，呼啸冲杀，战如雷霆，黄帝人马被冲得纷乱不堪，一片哀嚎，屁滚尿流。

黄帝奔命而去，抛弃了几百具肢体不全的伤兵在原处呻吟挣扎。蚩尤乘胜追击，攻势雄劲。

黄帝大丢面子，最后决定后退，诱敌深入，设伏消灭蚩尤。

黄帝离开中原，主动向北撤退，退至涿鹿沙滩上。

涿鹿，并非今天的地名，乃"浊陆"也，即两条浑浊的流水之间的陆地，沙滩。两条浊水，其中之一就是黄河。那时候黄河要比今天偏北。

这时蚩尤也率领弟兄们追来了。黄帝的手下应龙献了个馊主意："我们在灵河上游筑个坝，聚起一大坑水，然后决堤，把蚩尤淹死。

灵河就是黄河，应龙显摆斯文呢。

黄帝说好，让应龙干。干了一半，天降暴雨，大坝突然溃决，洪水排山倒海，淹没了黄帝自己的军队，部卒们自相践踏，哭天叫地，落花流水。

蚩尤则跑到了土岗上，带领部下，又唱又跳。

黄帝认为蚩尤在兴妖作法，是蚩尤以巫术请来了风伯、雨师。黄帝醒悟了，就在土堆上也作起法来，先请女魃，后请玄女，两个巫婆子帮忙，竟然都奏效了。

蚩尤远距离作战，孤军深入，后勤不继，加上环境生疏，敌情不明，武器残损，逐渐狼狈。在最后的大决战中，被黄帝击败了。

黄帝翻过身来，十二分的凶狠，杀了蚩尤之后，把蚩尤的头发连同头皮扯下来，高悬到杆子上，谓之"蚩尤旗"。

黄帝杀了蚩尤，收编了蚩尤的残部，成了中原老大。《黄帝内传》说："帝斩蚩尤，因立台榭。"还建造一个亭子，纪功呢。

东部的蚩尤部落剩余，为免受死，"举家"南逃。

"东夷九黎"一直逃到南方人烟罕至的深山里，后来成了南方人的祖先之一。

喜好打架的黄帝很快向他的同宗长者——炎帝和炎帝的其他后人动手了。

在与蚩尤的战争中，黄帝最后取胜，权力欲膨胀，说："炎帝算个毛啊！"

炎帝发怒了，举兵讨伐黄帝，双方在黄河岸边来了一场大战，叫做"阪泉之战"。

阪泉地望，古来说法不一。《灵河赋》是最早的资料，说"涉津洛之阪

黄河孟津段风光

泉”，灵河是黄河，阪泉是黄河之滨的一个湖泊，具体位置在今天的孟津黄河段，白鹤镇和会盟镇一带地方。

就是说，阪泉大战发生在洛阳的孟津。

关于阪泉的地望，嘈嘈杂杂有很多说法，资料均无早于《灵河赋》者。

阪泉之战没有涿鹿之战那样激烈，但是仍然经历了三次战役，炎帝的军队最终溃败，炎帝被黄帝俘获。

鉴于炎帝在植物学及农业上的巨大功劳和在百姓中的威望，黄帝未敢杀他，释放了，并要给他个一般性职务。

炎帝说：“我不在洛阳干了，我身体不好。”

黄帝说：“那你去收揽蚩尤部落逃跑那一摊子吧，作九黎之君好了。”

炎帝带着自己的部族前往南方，做了九黎王。是故，个别地方历史家把蚩尤和炎帝混为一谈，他们实际是两个英雄。

炎帝死于南方，传说人们将他葬在湖南省东南部、罗霄山脉中段、井冈山西麓的鹿原陂，在今天的炎陵县。

黄帝解决了炎帝，又收拾榆罔和共工部落，前者打跑了，后者并入自家。

四

话说黄帝打跑了榆罔，宣布自己独自承继炎帝的香火，别人没份儿。

黄帝派应龙扫荡神农氏后裔在中原地区的其他支系，遇到了共工家族的大管家夸父。共工归入黄帝家时，夸父逃出去自立门户了。

夸父是个壮汉，倔强不降，与应龙激战不休。

应龙人多势众，把夸父追得不停地向西逃窜，在黄土高原的咽喉地区函谷关地段，被应龙追上杀死。

夸父长啸倒下，血溅四野。夸父的手杖插进了黄土地，由于鲜血的滋养，生根发芽，于这地方长成了桃林。

司马迁说，黄帝管辖的地方大极了，西至甘肃，东到山东，南达湖湘，北抵涿鹿。

司马迁替黄帝吹牛呢。实际情况是，黄帝一辈子极爱打仗罢了，“大小五十五战”，“天下有顺者，从而征之，披山通道，未尝宁居”。不曾安生过。

黄帝打仗厉害，内部统治更残酷，“黄帝作君臣上下之义，父子兄弟之礼，夫妇匹配之合，内行刀锯，外用甲兵”。这是《商君书·画策》的记录。

“内行刀锯，外用甲兵”，铁和血啊。

尽管黄帝能打，不服气的还是很多，刑天则其一也。

刑天跟黄帝争锋头，被黄帝捉住，扭掉了脑袋，血柱冲天。但英雄的刑天，尸身不倒，以二乳为目，以肚脐为口，手执干戚乱舞，还要跟黄帝死拼。

黄帝做主中原之后，炎帝在南方死了，他又派自己的儿子——驻原东夷地盘的“少昊”统管南方九黎。而蚩尤的家族已游荡到了西南方大山里，世谓之“三苗”。

黄帝晚年，成了一个精神病患者，具体地讲，就是幻视、幻听。他看见蚂蚁像猪那么大，蚯蚓像彩虹那么粗，凤凰跑到他面前叫唤，麒麟进他家院里跳舞，最厉害的是，他还看见外星人的UFO，在天空转圈。

昔三代之居——伊洛河川

没有精神科医生诊治，他自己猜度：莫非是自己一生杀人太多，罪孽深重，天神来拯救他？是的，这些都是吉兆、祥瑞，是天神在召唤。

于是，黄帝不办公了，专门思考长生不老的事儿，能成仙最好，天宫中披着七彩霓裳羽衣的宫女一定貌美如花，即便不能成仙，至少也要做个“老不死”。

听人说，朝泰山可以成仙，就去朝，但无效。

黄帝寻思，或许泰山一带是蚩尤的九黎原势力范围，敌对气息不散，天神不敢下凡吧。

神职人员建议黄帝，在洛阳西山，结茅而居，坐修以待羽化成仙。

所谓洛阳西山，今小浪底镇一带小山也。“津西八十余里。观厥胜状，黄流为带，金山做屏，右临天台，背接嵩峰，龙蟠虎踞，崖悬岗耸，山清水秀，聚气藏风。洵古盟之名区，亦横州之胜界。”

黄帝在西山坐修。坐了几年，修了几载，终是无效。于是“采首山之铜，铸鼎于荆山下”。这是太史公《史记·封禅书》说的，可信吗?

铸鼎也无效，急于成仙的黄帝听说崆峒山上的广成子是个得道者，就去拜问。

黄帝登上崆峒山，但见云雾缭绕，霞光弥漫，青松立地，翠柏接天，好一派醉人心脾的仙境啊。广成子坐在山巅闭着眼睛养神儿。

黄帝小心趋行向前，问道：“我听说您已经得了大道，敢问什么是大道的精髓？我想知道这个，好治天下。”

广成子微微睁开了眼睛，对黄帝说：“你询问的，不过是形而下的东西，你想掌握的，不过是那些形而下的东西中的渣子而已。”

黄帝愣了，我也是一世英名啊，没想到广成子是这样看的。

广成子继续道："自从你上台以来，天上的云气，往往还没有聚集到一起，雨便胡乱地洒下来了，地上的草木叶片，往往还没有发黄，就仓促地落掉了，太阳失却了往昔的光辉，月亮消去了以前的色彩。你以短浅的目光和粗陋的才智治理天下，还说什么大道呢？"

广成子的话不是评说，不是教诫，而是讥刺和不屑了。

黄帝毕竟也修炼日子不少，这点忍性还是有的。细细思谋，觉得广成子有道理。一个人没有得道，只能用庸常的智谋来治理天下，而用庸常的智谋治理天下是劳而无功、白费精神的。

黄帝赶紧再拜，说："我讲实话：管他天下洪水泛滥呢，我是为了提升自我，追求成仙，才来请教大道精髓的。请告诉我吧！"

广成子高兴得跳了起来，说："好啊，好啊！来来来，坐这儿，我告诉你大道的精髓。为了讲得更清楚，为了让你牢牢地记住，我吟诵一首诗歌。"

广成子的诗歌佶屈聱牙，十分晦涩，后山在此为你转换一番，免得你费劲。

至高的道，它的精髓，极其深远，而且暧昧。至大的道，它的极致，无比厚重，而且沉默。

视而不见，听而不闻，清静无为，莫劳形体。坚守精神，保持宁静。无所用心，神形自安。身体结实，寿命长久。

阴阳之气，各居其所，天地万物，各司其职。

至高至大，道其惟一，坚守内心，静默自我。各能如此，和谐相生，百和之境，万物昌盛。

广成子说："照这诗歌所说的去做，一切都可以有了，长生自然不在话下。

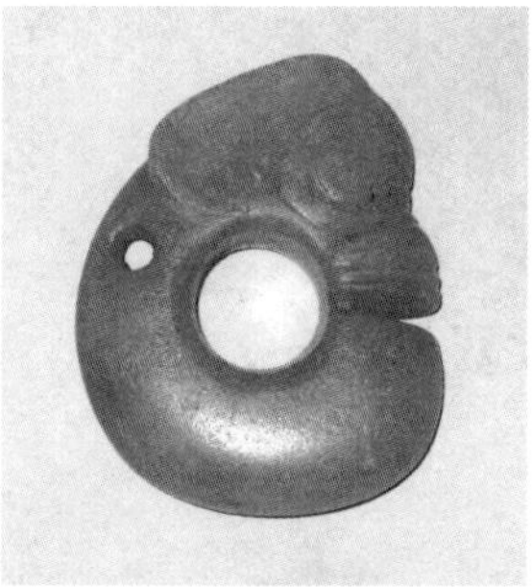

玉猪龙1

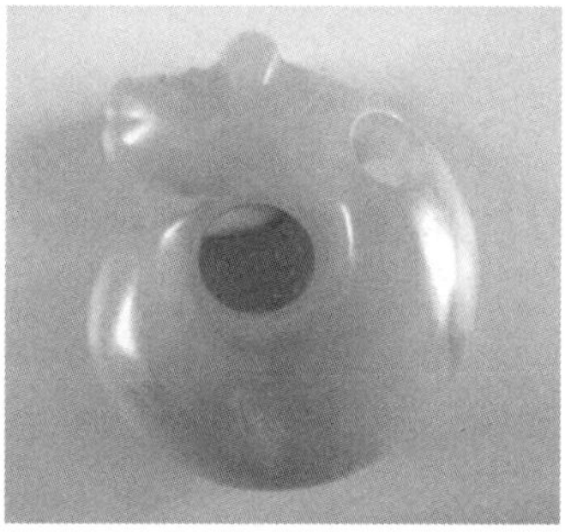

玉猪龙2

玉猪龙3

我已经活过一千二百多岁了，你看得出来吗？”

黄帝一路上默默地背诵着广成子教给他的诗歌，回到洛阳西山的茅草房里。

隔日，黄帝在神职人员指点下，领着干部们在洛阳西山祭拜天神。

祭着拜着，来了一条巨蜥，又叫猪龙，现在印度尼西亚的科莫多岛上还有这种动物，躯重数百斤，舌下有毒腺，能把头仰得很高，有时候会伤人。

中国古时候很崇拜猪龙的，人们用美玉雕成猪龙，供奉或佩戴。如今作为文物的玉猪龙，很能卖上价呢。

猪龙对黄帝喷喷鼻子，黄帝眉开眼笑地说："这不是天神来接我的吗！"遂跨上猪龙的脊背，抱着猪龙的脖子，给驮走了。

黄帝宫廷各部委的干部们也想升天啊。说时迟那时快，一群猪龙跑了来。各个部委的正职都在前排的，他们七十多人都抓住了猪龙，升天了。

基层干部们性急，猪龙数量有限，他们都拽住龙髯不放，龙髯都被拔掉坠落下来，黄帝用的弓也在升天猪龙的挤扛中掉了下来。

黄帝在百姓的仰望中飞向天庭，那些基层干部们只能抱着龙髯和黄弓大声哭喊，但也无济于事。

唐朝诗人李白，写有诗歌《飞龙引》两首，记载此情此景。

黄帝铸鼎于荆山，炼丹砂。丹砂成黄金，骑龙飞上太清家，云愁海思令人嗟。

宫中彩女颜如花，飘然挥手凌紫霞，从风纵体登鸾车。登鸾车，侍轩辕，遨游青天中，其乐不可言。

鼎湖流水清且闲，轩辕去时有弓剑，古人传道留其间。后宫婵娟多花颜，乘鸾飞烟亦不还，骑龙攀天造天关。造天关，闻天语，屯云河车载玉女。

载玉女，过紫皇，紫皇乃赐白兔所捣之药方。后天而老凋三光，下视瑶池见王母，蛾眉萧飒如秋霜。

黄帝采集首山的铜，铸造宝鼎于荆山之下，炼制仙丹，仙丹炼制成功了，黄帝和群臣后宫乘龙飞仙进入仙境。天上的彩云迷迷茫茫，变幻如海，找不到升仙的途径，让我们世间的凡人空自叹息。

联想天宫中披着七彩霓裳羽衣的宫女一定貌美如花。真想乘风飞身而上，登上黄帝乘坐的鸾车，陪在黄帝旁边，一起遨游在青天之上，那种乐趣一定妙不可言。

鼎湖的水静静流动，清澈见底，这里就是传说中黄帝乘龙飞天时不小心把弓剑遗落人间的地方。

天宫中美女一定众多，光彩照人。仙人们乘鸾而去消失在烟波浩渺中，也都一去不返。如果再有机会能乘龙飞升的话，我一定到达仙境，登上天门，去聆听天上神仙的谈话，坐上伴着祥云的河车，载着美丽的仙女，去拜访玉皇。

玉皇见到我一定会很高兴，并赐给我天宫玉兔捣制的长生不老药。吃了仙药，我就可以长生不老，寿与天齐，可以活到日月星辰都凋谢的时候。到时候我再去看瑶池的王母，她已经满头白发如霜了。

黄帝和他的高级干部们真幸福啊，在天庭享受的全是这类"美物"——彩女、婵娟、花颜和玉女。你说这个混账李白，他咋满脑子除了色情就是情色呢?

黄帝升天以后，人们将他的衣冠葬埋在他的老家——堆了一座黄陵。

黄帝之后，以洛阳为核心的中原乃至更广大的神州地区，部落愈来愈多。多种原因吧，各个部落需要联合，所形成的比较松散的联盟，需要一个盟长，即联盟首领、部落长。人们选出来了一个，是"唐"部落领导人，叫尧。

唐尧

尧的部落在唐地，他接的是他兄长挚的班。

尧与百姓同甘共苦，把一片小地方治理得井井有条，不仅受到百姓的拥戴，而且得到不少邻居部落的赞许，选他当部落长。

尧担任部落长后，生活依然非常简朴，住茅草屋，喝野菜汤，穿用葛藤织就的粗布衣，当然大家都穿的是粗布衣，谁想穿尼龙也没有啊。

部落长这个总拿，其实也就是个名誉主席。

关键是尧没有官架子，注意倾听大家的意见。

尧装设了一面“欲谏之鼓”，谁想跟他说事儿，咚咚咚敲一通，他就迎出来了，跟人们在二门下面一坐，拉呱。

尧还栽了根木柱在路口，叫“诽谤之木”，安排本家老叔坐在木柱下，谁有意见，可到木柱下向老叔说，如来人想见尧，老叔给予指引。

因此，尧当领导时，对百姓的疾苦非常了解，知道大家日子都不好过，所以为政勤慎，没有税收，他吃的是自己种出来的粮食，穿的是自己剥下来的粗麻。

尧的时代，大洪水肆虐，“汤汤洪水方割，荡荡怀山襄陵，浩浩滔天”，奔腾呼啸，危害天下，民不安居。

尧和他的一些部落深受水害，为了躲避，缓慢地向西边、向高处徙居，越走越往黄河的中游偏上一带。

尧年老了，想找一个接班人，便召集各部落首领来开会商议。

第二章

体制肇建

一

却道老年的尧让大家就继承人问题畅所欲言。

有个名叫放齐的说："让你儿子丹朱继承你的位子，不正好嘛。"

尧把脸一拉，说："小子不行，光爱跟人吵架。"

这次会议的决议是派人四出寻访，搜罗可以继任的贤者。不久，找到了大善人舜。

"舜"是个谥号，他叫重华，字都君，他所处的部落叫有虞氏，故又称虞舜。

寻访组组长汇报说，舜他爹是个糊涂透顶的人，外号瞽叟——瞎老头儿，舜他妈死得早，瞽叟又给舜找了个后妈，后妈很坏。

有其母必有其子，后妈又给舜生了个弟弟名叫象，孬得没法说，整天坑害舜，瞽叟却很宠象，象说什么、要什么都依他。

舜生活在这样一个家庭里，逆来顺受，仍然待他的父母、弟弟挺好。

尧听了甚为高兴，决定对舜考察一番。怎么考察呢？舜因为家庭原因，找不下媳妇，尧便把自己两个女儿娥皇和女英一并嫁给了舜，陪嫁了大量牛羊，还派劳力替舜的三口新家筑建粮仓，装进去很多粮食。

瞽叟、舜的后妈和象见舜发家，无比地羡慕妒忌恨啊，他们一起用计，几次三番想害死舜，霸占舜的两个老婆和全部财产。

有一回，象谎称粮仓的顶上有洞，叫舜修补。当舜顺着梯子爬上仓顶的时候，象就撤掉了梯子，又在下面放起火来，想把舜烧死。

舜帝

舜在仓顶上，见起火了，想顺梯子逃下来，梯子已不知去向。

幸好舜随身带着两顶遮太阳用的笠帽。为什么是两顶呢？他需要每手拿一顶，像鸟张翅膀一样飞下粮仓啊。舜手持笠帽，随风滑翔，轻飘飘地落在了地上，一根毫毛也没有受伤。

象和瞽叟并不甘心，又撺掇着舜去淘井。

舜跳下井，正要干活，象就在地面上把一块块土石丢下去，想把舜活活埋在里面，没想到舜在井下，快速向一侧掘出了一个通道，钻了出来，安全地回家，吃娥皇和女英做的饭了。

象不知道舜早已脱险，回到家里，得意洋洋地对瞽叟说："这一码他死定了，我们可以接收他的老婆和财产了。"

说完朝舜家看，看见娥皇和女英在床边服侍着舜弹琴呢。

舜命大脾气好，敌手纵然如此，他依旧和和气气，若无其事地跟象和瞽叟和平共处。

尧得到娥皇和女英的情报，认定舜确实是个大善人，就让舜"摄行政务，职掌五典，管理百官，负责迎宾礼仪，以观其能"。

舜不但将政事处理得井井有条，而且在用人方面有所改进。

尧未能起用的"八元""八恺"，都是有名望的贤人，舜提拔他们，使"八元"掌管土地局的事务，让"八恺"操持文明办的工作。

官二代浑敦、穷奇、梼杌、饕餮，恶名昭彰，尧未能处置，舜将他们流放到边远荒蛮之地。

舜的政治才干和治国方略让人赞赏，也获得了尧的最终认可。

选择吉日，举行会议，尧将部落长的位子交给了舜。

《尚书》中说舜“受终于文祖”，史上还传说舜代替老年的尧摄行天子之政，早就有了天子之权，只是没有天子之号罢了，一朝明确，禅代即成。

另外一个传说，差异更巨：舜囚禁了尧，还不让其子丹朱与其见面，舜自己做了大头领，类似于后代的宫廷政变，篡权夺位。

舜执政后，传说励精图治，有一系列政治改革。

舜把各部落的信圭全收起来，择定吉日，举行典礼，重新颁发，树立权威。

舜即位当年，就巡视各地，祭祀名山，召见诸侯，考察民情，还说以后五年巡视一次，考察各部落的政绩，明定赏罚。

传说舜的治国方略，有一项是“象以典刑，流宥五刑”。在器物上画出五种刑罚的形状，警戒人们。他设了鞭刑、扑刑、赎刑等，特别对那些不肯悔改的罪犯严加惩治。

这个“领导人舜”，跟“瞽叟的儿子舜”，真不像一个人呀！

传说舜摄政二十八年后尧才去世。舜办完尧的丧事，便让位给尧的儿子丹朱，自己回老家了。

但是舜的威信在那里摆着呢，天下诸侯不理会丹朱，都去朝见舜，有人打官司，也都跑到舜家，丹朱被冷淡在那里没事干。

舜觉得天意所向，人心所归，无法推卸，遂对丹朱说：“还是我来干吧。”

尧的后期，舜的时代，水灾没有丝毫减弱。舜听说夏部落的头目鲧会治水，就派人送达信圭，任命其为治水指挥部负责人，支持以人力物力，鼓励其跟水灾战斗。

世界上许多民族史中，都有洪水传说，基督教圣经的《创世纪》和亚伯拉罕诸教中有，伊斯兰教的《古兰经》里也有，可见上古时期“水患”是个压头的大问题。

在中国神话中，同样严重：洪水灾患连绵，众人愁苦不堪。

夏部落治水出名，原因在于鲧是个拦河专家，他不屑于发电，乐趣在于挡水玩。

鲧在嵩山里的试验全是成功的。山里水嘛，好挡，水流狭窄，土石方开挖方便。其他大部落不会这一套，都把治理天下大水的希望寄托在鲧的身上。

舜是最大的“虞”部落主，又是部落联盟的总拿，就以领导和组织的双重名义让鲧带领他的部落治全国的水。

全国的水，遍地横流，可不是嵩山里的小水。嵩山里的小水一坝见效，漫天下泛滥的大洪水就不吃鲧那一套了。

鲧的办法，筑堤垒堰，严防死守。

由于条件恶劣，工具落后，水情温和时尚可凑合着堆起来三四尺小堤，暴雨山洪连天而至眨眼就完了，费劲筑成的土坝和挽臂死守的人墙荡然无存，连个漩涡也不留下。

如此跟水较劲九个春秋，泽国还是泽国，汪洋还是汪洋。

舜很生气，拿掉了鲧，还要治罪，因为他浪费了各部落兑出的大量吃食，还让各部落兑出的奴隶民工都淹死光了。

有关部门进一步调查，发现鲧在水势过大的时候不思冲锋，反而消极怠工。鲧听说专案组成立了，连夜逃窜，躲藏到羽山去了。

禹是鲧的儿子，他向舜要求主管水务。

大禹治水

禹说：“家父没有治得了大水，很对不起领导，小的愿意继续奋斗，完成治水大业，以赎父亲之罪，以为天下立功。”

舜说：“嗯，那好吧。”

禹检讨了其老子失败的原因，在治水中变“堵截”为“疏导”，不再修筑堤坝了，指挥奴隶民工们，顺着黄河、洛河、伊河等水域的流向，到处扒口子，开通道。

在持续数年的系列工程中，禹还常常亲执耒锹，身先士卒，使民工们备受鼓舞，成效显著。

八年后，天公作美，也不像以前那样下雨了，让禹这一代人，渐渐制服了水患。

二

禹在治水中运用权力，尝到甜头，即有了把持国柄的谋算，由是，他处心积虑，多方准备。譬如，禹授意手下喊他“老大”，一来二去，他的名字也成了“大禹”。

洛河的水面慢慢回落，大禹带着一干子心腹，来到洛水边视察。鱼鳖虾蟹都在浅水里嬉戏，尤其那些鳖们，见到久违的太阳，纷纷挤上水中丘台晒背。

大禹站着不动，过了一刻，说他看到了那只花背巨龟驮着字呢。

手下人众，眼睛都随着主人转，无论看到的还是没看到的，都说：“啊呀，那只老花龟，真大。身长足足一尺半还要多。可是小的们都是文盲，真认不得字呢。”

大禹说：“字不少，我认得。正顶上两个字：皇极。皇极什么讲意儿，皇极就是中央。四周那些字，也都有讲究。我都记下来啦。”

大禹的跟班们察言观色惯了，心里都清醒，簇拥着大禹，你一言我一语道：大人治水有功，大德布于天下，故而洛龟贡书，出示“中央”，这是上天赐给人间的祥瑞，您老人家应瑞即天子位，才是行万世大道啊。

“哈哈哈！”大禹笑道，“鬼头们，拥立我做天子，你们好做我的爱卿啊！要说，你们跟着我，风里雨里，也都是有功的，都弄个部长干干也是应该的。”

大禹暗示组阁，周围愈加鼓噪，催他快些吃肉，好跟着喝汤。

回到治水指挥部，大禹乱七八糟写了一些字，说是洛水神龟背上的那些，他背了出来。

皇极。便是大禹批解的那个“中央”。围绕着“皇极”，是“三德”“五行”“五事”“五纪”“五福”“六极”“稽疑”“庶征”等文字，共有九组。每组下面还都分布一些小款，类似于解释或者细则。

大禹一边治水，一边可真没少动脑筋，你看，他连“纠察办”“征缴办”之类威慑、搜刮机构都考虑到了。单看他的构想，就比舜进了一大步，比尧进了两大步。

这些内容何其神妙不凡呀。昭示着什么？这些连尧和舜都懵懂不知的治世玄机，上天赐给了大禹，不是看上了大禹，让大禹“即位”和“长治”的吗？

新的夏族部落联盟便因大禹的长久预谋和潜心筹划而产生了。

话说岁月是把杀猪刀，天王老子也不绕，舜年龄大了，走路哼哼嗨嗨，掌权更是力不从心。

禹决定适时夺取舜的部落盟长职位，老舜自知不敌，恭敬地交出了权力。大

洛阳王城公园内河图洛书碑

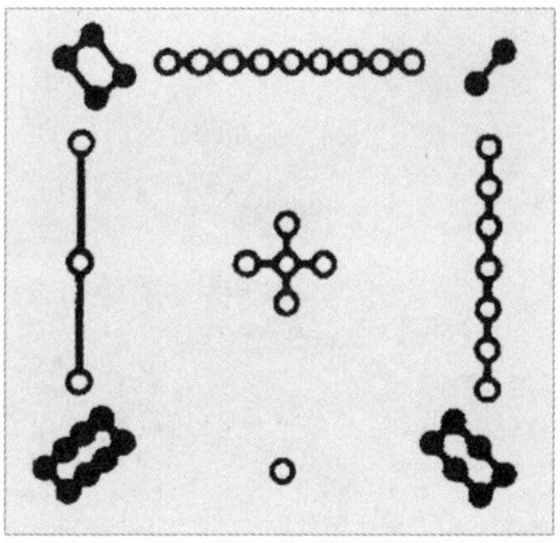

洛书

禹居功就位，开始把持和统治社稷。

后来，洛河神龟的“背书”华丽转身，“中央”等九组文字被奉为“九畴”，进了《尚书》的《洪范》篇。“洪范”者，大规矩也；“九畴”者，九章宪法也。

此前很多年，那个叫伏羲的村长，在洛阳北边的黄河水汉子里发现了“河图”。河图，乃系马面鳄背上的花纹。

伏羲获河图，大禹受洛书，其中龙马和神龟的影子下面，是黄河与洛河水边的石头。

石头由天工鬼斧所造就，大小不一，形态各异，十分结实，若身上再斑斓一些，先民就由喜爱而至敬畏了，从中不断有所发现。

“发现”。是的，后山一直以为河图洛书之于古都洛阳其重要正在于“发现”。世世代代的后人在妆扮和丰富河图洛书，但最初，对河图洛书的发现是简单的。

简单，是成年人对童年人的评价，童年人的也许简单的“发现”正是他心性的开启、智慧的萌动、创造力的发端。

现今能够找到的关于河图的最初文字记载，是《尚书》里的《顾命》篇。

周成王死，其治丧委员会布置灵堂时把当时的“国宝”都摆了出来。《顾命》篇说：“赤刀、大训、弘璧、琬琰，在西序；大玉、夷玉、天球、河图，在东序。”

“堂”是中国最早的建筑模式，古代的堂前没有门，有两根楹柱，堂之东西两壁称“东序”“西序”，序的外侧各有一个小夹室，叫“阁”，东阁、西阁又

洛阳王城公园即景

谓之东厢、西厢。

堂所对应的是“户”，大人物称“中堂”，反之则为“小户人家”。

皇家的“堂”，谓之明堂，比百姓的堂阔气千百倍，是其会议和祭祀场所。

周政府就把其明堂设置为周成王的灵堂了，在其东西墙下摆出了祭祀的两溜宝贝，“赤刀”“大训”等，在灵堂西边的长几上放了一溜，“大玉”“夷玉”等，在灵堂东边的长几上放了一溜，“河图”就在东边的一溜里。

这里记载了河图，但没有说清楚河图到底是什么东西。

摆在一溜美玉的队伍里，它应该也是一种美玉？

纬书《易系辞传》说：“河出图，洛出书，圣人则之。”

把河图划归伏羲，把洛书划归大禹，是谶纬术士刘歆的杰作。

刘歆说伏羲参阅河图画出了八卦，大禹仿照洛书列出了洪范，有鼻子有眼。

刘歆的成功“嫁接”，成为他在河图洛书这个“历史文化”巨树上的莫大贡献。“嫁接”之后，居然成活了，生长得愈来愈茂盛，愈来愈蓬勃。

话说宋代道士陈抟，修行于华山，不仅烧汞炼丹，还好读《易》。《宋史》中记录他“手不释卷，常自号扶摇子，著《指玄篇》八十一章，言导养还丹之事”。

陈抟钩沉前人杂学，辨研河图洛书，多年坚持不懈，终至硕果累累。

陈抟以黑点白点排列组合，成为阵列，成为套图，描画出了一个超乎前人的“三变龙图”直观图形系列，这个系列图式被北宋另一个术士刘牧进行了所谓“精研”，名之为“河图洛书”。

我们从各种史料中可以找到的河图洛书图案有几十种，也不全是陈抟当时一下子画成的，它是在多个时代，由多人手笔集攒而成的。

如“龙图天地未合之数”“龙图天地生成之数”“洛书天地交午之数”“洛书天地已合之数”及“洛书纵横十五之象”，均是由黑白点组合而成的单独图画。

河图洛书，由于文史记载，官方利用，及方士的卖力演绎，引致了民间的热闹。

这个“记载”——“利用”——“演绎”——“热闹”的现象链条，不是一朝一代的，除个别帝王愤恨谶纬，河图洛书连带遭殃、偃息不闻外，几乎总在持续。

后山曰：惟其如此，它才成为文化。

河图用了十个自然数，而洛书则只用了九个，排列成一个正方形，形成华夏历史上影响深远的九宫图，开了幻方世界的先河，成为组合数学的鼻祖，其奇妙结构和无穷变化令中外数学家为之叹服。

在宋代钦定河图洛书的时候，对其数字是采用“图十书九”还是“图九书十”有过争论，最终定位于图十书九，沿传至今。

河图洛书所表达的数学思想是显而易见的。

数字性和对称性是河图洛书的最直接、最基本的特点，“和”与“差”的数理关系则是它的基本内涵。若有兴趣，可以推导出河图与洛书的同源性。

数的概念直接而又形象地包含在河图洛书之中。

一个白点标示1；两个黑点”表示2；依次类推，白点均构成奇数，黑点均构成偶数，表达了数的奇偶观念。

河图洛书的结构形态是对称的。

首先，整体结构对称，其次，由黑点或白点构成的每一个数的结构形态对称。

用纯数学的方法推导，不惟能发现河图洛书的同源性，还能发现洛书较之河

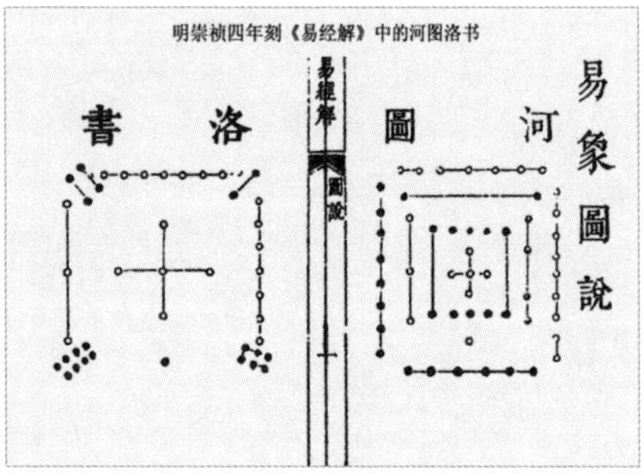

明《易经解》中的河图洛书

图表达的数理关系更为丰富、高级一些，与“九宫格”更靠近一些。

不管怎么说，河图洛书本质上的数学思想，跟方士们的“术数”观念，你借我、我赖你地融合，长成了中国文化之重要部分。

文史的记载，官方的利用，方士的卖力演绎，民间的热闹，凡此种种，使河图洛书长久地立于文化标的的位置。

后山这样说，绝不意味着作为文化现象的河图洛书千百年来一直在“单边式”地“上涨”，总是被推崇，被拥戴。

谶纬之学的迷信色彩是公认的，五行之说涵盖万事万物也是勉强和令人生疑的。重要的是，有史以来无神论和有神论的针锋相对从来没有停止过，指斥谶纬之学荒诞无稽的学者和论述代有出现。

“八卦源于河图”“洪范出自洛书”的神话，当然也一直有人批判，汉代以后的学者基本上都倾向于那是汉代“儒士”及“术士”的编造，因缘附会，日增月益，怪妄可笑，不足为道。

欧阳修、苏东坡父子三人、王安石、林之奇、曾巩、叶适，反对旗帜都是举得很高的。

文化界历朝历代众难纷然，而即便是帝王也有醒了酒的时候。

神学疯子董仲舒愚弄皇帝、愚弄黎民，垂耻千古。被神汉、方士们捧为“天神”的汉武帝，死到临头也明白了：“天下岂有神仙？尽妖妄耳。”这是《史记·孝武本纪》的凿凿记载。

但，统治，需要文化，文化，常常需要“借尸”。

所谓文化之“魂”总得附丽于他物他事之上，才能让人看到它是“活”的，

喜爱征战的禹

才能心甘情愿地伏而受之，趴下，说，从我背上践踏过去吧。

河图与洛书正是这样被选中的物事，历朝历代，涂抹打扮不止。

也就是说，河图洛书这个文化之“源”，不断被丰富，不断被利用，是“治”的需要。

人类区别于动物，在于它有思维，有精神，思维和精神需要“打理”。如何打理思维和精神呢？唯心论、唯物论、马列主义思想、共产主义理论，都是工具。在千百年的中国封建社会，“易”也是人心的打理工具之一。

人是首先关注自身的，这是人的生物本性。卜筮、测运、占星、风水投合了这种本性，加之江湖术士你渲我染，它便八方四处地生长，“连绵”而“文化”了。

至于“易”如何工具化，统治者和被统治者如何被天命化，以各安其位，保障社稷的和谐、平稳，相信以学术眼力考察“易理”的朋友是会发现的。

三

奴隶社会，什么样的人才能当主子呢？膂力强劲，杀人不眨眼，既能干又凶残。

夏禹就是个能干的奴隶主。他的父亲鲧治水耗费大量国力和人命，洪灾依旧。禹接手“治水指挥部”工作之后，疏浚有方，成效卓著，又多次冲在前面，给奴隶们做示范，威信自然也高高隆起。

但强大的禹也是好战的。代舜而立之后，为了征缴贡赋，屡屡发动针对四方尤其是河洛以南的部落的战争。

九州疆域图

战争之前，他要讲话，站在高高的土台子上，扯开嗓门吼。

普天下，都能团结在朕的周围，听朕的话，照朕的指示办事，但是，有些小子，胆敢犯犟。

譬如东夷，操蛋得很嘛！朕要代老天收拾他们！同志们，今天我们在这里起誓，不灭了他们，决不收兵！同志们有信心没有？

土台子周围的奴隶们高举手中的武器响应大禹：有！有！有！山鸣谷应。

禹的煽动与许诺，财物和女奴隶的诱惑等等，刺激着热血沸腾的汉子们，大吼大叫拥往禹挥手所指的方向。

夏部落和周边部落的妇女及老幼孱弱人士，则又搬又背地支援前线，你接我送，迤逦满途。战争使人们变得与平素大不相同啦。

东夷部族的位置，在黄河的下游，洛阳一带大洪水早已退去，他们的地盘还是水泽片片，生存既困难，守土又不力，禹的解放军屡获大胜，华东各个部落均成了他的附属。

基本上扫荡了四方，禹开会告诫手下，这只是万里长征走完了第一步，往后的任务更加艰巨，那就是奉天承运，治理国家。

禹将国家划为九个大的军区，华北有冀州、兖州，华东有青州、徐州，华南有扬州、荆州，华西有梁州、雍州，华中则为豫州，各以当地的部落盟长为州牧，负责收取农牧渔产品，贡献给禹的中央集团。

禹命令在洛阳西边荆紫山下盖起九座大棚，每个大棚里立一座大鼎，代表九个州。每个州大鼎上雕刻其地最多见的野兽，作为象征，打眼一看便知哪座属于哪州。

夏时的酒具

禹授命他的宣传部门竭力鼓噪，号称九鼎为镇国重宝。各州州长，各部落头领定期向禹王进贡时，都要先撅起屁股，朝着九鼎磕头。

拥有九鼎的禹王，当然也就成了九州大地的主人。后世政权也借九鼎的所谓神光为他们的统治描眉画眼。

召集九州的州牧、副州牧们来开会，往往是禹训话之后，分组讨论，各州代表都猫到象征自己州的鼎下面，禹随便转着，参与他们的讨论，在豫州组多一点，户口所在地嘛。

禹不让代表们投票，投票怕有反对的，只让他们拍巴掌，噼里啪啦，好听，拍了巴掌就算通过了。

说起九鼎，有人认为是铸铜的。

我们似乎知道，蚩尤曾在葛娄山上捡到铜矿石，冶炼成了各种各样的杀人武器，说明很早的时候就有铜了。

据说，禹发布命令，收缴九州的铜物，运到洛阳的铜加工厂冶炼、浇铸成九座巨大的铜鼎。

考古发现，夏都斟鄩是有冶铜遗址的，发掘时也有青铜武器、青铜酒器出土，但可能是夏朝后期的，不足以说明禹的时候就发现了大量高铜矿石，可供冶炼与铸造了，不足以说明禹的时候就制成铜鼎了。

葛娄山上的那点铜矿石，早被蚩尤弄干净了，其他各地也常发洪水，但老也没见到冲出什么铜矿石啊。

后山找不到禹鼎铜铸的证据。

现有的考古资料，均说明铜质九鼎是夏代以后做的，夏代的尖端工业是对搜

发掘中的斟鄩遗址

索发现的自然原铜用石头进行捶打加工，要捶打成鼎，显然是比较困难的。

那么，说禹鼎由泥巴塑成，镶嵌铜饰，有否可能？

这个可能性是有的。夏代早期的铜匠把杂有锡的铜叫雄铜，混有铅的铜叫雌铜，研究得如此生动活泼，岂能捶打不出动物的头像来？

当然，很多人认为禹鼎是中国极权肇始之制，它在人们的心目中似乎应该是华贵的铜器，而且是青铜器——青铜时代的物件嘛。

你若同意的话，就认为这九尊老鼎都是青铜的吧。

却说禹在征服四方的战争中，抓了很多俘虏，全都押回了洛阳一带，成为奴隶，干所有的杂活。

男男女女，操着互相听不懂的“外语”，都得在严厉的管教下从事劳作。

洛阳，奴隶这种战争的副产品数目十分庞大。其他九州之地，狼烟渐渐消散，人丁繁殖变快，生齿增加迅速，奴隶自然越来越多。

围猎，捕捞，垦殖，匠作，奴隶们为主子做一切事情，大到野外卖命，小到端茶送水，而他们得不到任何报酬，没有丝毫职业补助，更谈不上安全保障。

原先只有少数人被抽调去锤制铜器，奴隶经济繁荣之后，多种经营发展迅速，有的奴隶很钻研，让他制陶，奋力攻关，竟能让罐坯转动起来了，做出来的罐子溜圆，蘸点水儿一抹，溜光。

木、石、骨、蚌等多种质料的农业生产工具百花齐放，广泛使用，手工业反过来刺激了对河洛大地进行开垦的能力，农作物的收获量也迅速增加。

吃饱了就要考虑穿得光鲜。第二产业，纺织啦、皮革加工啦，也都有了，不停地为奴隶主和他们的亲近走狗生产服装和佩饰。

雍 田上上 賦中下 土黃壤	徐 田上中 賦中中 土赤埴墳	冀 田中中 賦上上錯 土白壤
梁 田下上 賦下中三錯 土青黎	豫 田中上 賦錯上中 土壤下土墳壚	兗 田中下 賦貞 土黑墳
荊 田下中 賦上下 土塗泥	揚 田下下 賦下上上 土塗泥	青 田中下 賦中上 土白墳

九州等级表

生产的突飞猛进导致阶级分离愈加明显。奴隶们劳动所获，除维持全社会的生活需求之外，已有剩余，但他们享受不到。

原始部落的规矩是，所有部落民劳动所获的剩余共同享有，各取所需，但禹搞的是奴隶社会，他的特权集团在财产的分配上具有当然和绝对的话语权，他们随心所欲地将本该共享的财富占为己有，创造财富的人胆敢有所唧咴，立马招致杀身之祸。

做奴隶久了，就养成了奴隶的性格，有奴隶在劳作中从深土层下翻出来一块发亮的石头片子，不许别人瞅一眼，立马奔跑着去献给禹。

禹一看不错，掂量掂量挺沉的，说："嗯，这是老天爷埋在那里的，他跟我说了，你们要挖出来的。老天爷让我用的，我要开始用啦。"

随后召集九州牧到鼎棚下开会，禹亮出那块石头片子说："这叫玉版，上天赐给我大禹的。都听清了，都记住了：一版压九鼎。我只要举起玉版，就是以上天的名义要求你们。听话的，跟着我走的，要安排到更重要的岗位上工作。但有违逆，严惩不赦！"

九座大鼎周围一起鼓巴掌，表示同意和支持。

鼓完巴掌，禹请大家吃烤肉。

四

禹的专断独裁同赫赫权势一起生长，一点儿也不亚于地球上其他地方同类型的那些嗜血英雄。

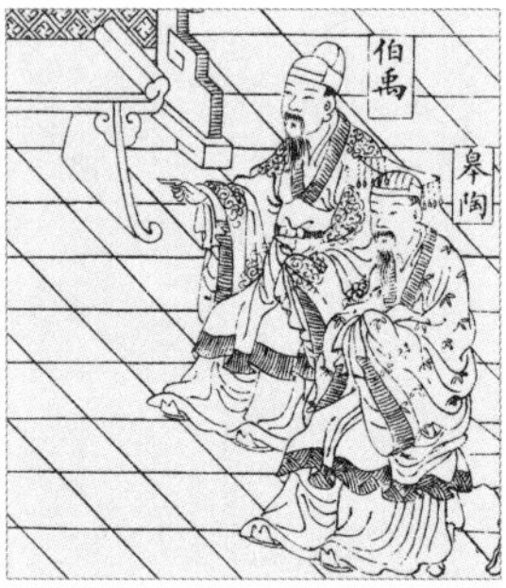

伯禹与皋陶

禹拿着象征极权的玉版，全国各地乱转，到处召集会议，炫耀武力，有天，他到了会稽，在那里的风山上游玩，忽然兴起，通知开会。

附近的部落主意见很大，埋怨不绝。

有事无事开会，想把大家折腾死啊。

但都还得按时前来奉承，带着他们部落的贡物，鱼干啦，牛尾巴了，蚌壳啦，石珠啦，惟防风部落没来人，惹怒了禹。

防风部落居住在一方湿地里，大洪水时期，他们以高筑堤的方式保全了自己，跟欧洲的荷兰人一样，比禹他爹成功，这让禹极其窝火，派人用绳子把防风部落首领绑了来，喝令推出去杀了，亮尸示众。

当时并没有什么像样的刀，使那些笨家什杀一个人实际上是让他受罪，慢慢折磨到死。禹让人们观看防风部落长受死的过程，接受血的儆戒。

禹说这是代掌“天命”，执行“天罚”，美化自己的宰杀罪恶。

当年，尧做君王时也召集多数部落主议事，平心静气，温和谦逊，舜受禅后，承继尧的领导作风，民主议事的传统维持得较好，也能够倾听并尊重各部落首领的意见，到禹这里，民主传统已被破坏无遗，随意便把部落首领弄死，可见他的权势之炽烈，为政之凶残。

老百姓都知道禹“恶”得很，都不敢乱犯犟了。

禹的宫廷里，有个司法部，豢养着一些专门琢磨着整治奴隶的人，部长皋陶，禹治水时的伙计，动不动就对不听大禹话的人下手。

司法部发明了多种刑罚，有涂黑脸、剐鼻子、砍脚、割鸡鸡，还有扭掉脑袋，砸成肉酱等等，各个派出所都可以实施，以对付那些偷懒的、偷吃的奴隶。

皋陶的独角兽

伯益

皋陶，脸黑，鼻子像鹰的钩嘴似的，极是可怖。

据说皋陶牵着一头独角兽，叫獬豸，又叫直辨兽，有分辨曲直、确认罪犯的灵性，断案时放出这匹神异的动物，它会用角指向无理的一方，甚至会将有罪的人牴死，令犯法者不寒而栗。卑鄙小人非常畏惧，纷纷逃离，于是天下太平。

皋陶还发明了囚禁之法，把犯罪而不至于处死的人圈起来。

后山考释曰：皋陶命人在地上凿个深坑，把犯罪的人扔进去，上面横七竖八架些大木棒，再压以巨石，这便是中国最早的小号。

小号中的人摸摸四壁的土，怪松的，想“土遁”，挖地道逃跑。好，跑吧，再次抓住，一律处死。

因此皋陶也是中国监狱的老鼻祖，在漫长的老社会，被封为狱神。

禹任治水总指挥的时候，皋陶尽心尽力为禹进行司法服务，“令民皆则禹，不如言，刑从之”，谁敢不从指派，皋陶的刑罚在屁股后头等着伺候呢。树立禹的绝对权威，对禹后来谋取国柄起了重要作用。

皋陶跟禹，属于肝胆相照、共创基业的关系，取得“四渎已修，万民有居”乃至夺取最高政权的伟大胜利，皋陶其“功不在禹下”。

皋陶死后，皋陶的儿子伯益继续担任禹的助手。

伯益承继其父遗愿，干得可圈可点。

伯益最突出的贡献是平治水土。洪水退去后，被淤过的地方十分肥沃，适于农耕，伯益教奴隶们种植稻谷。在长期与水土打交道的过程中，伯益发现了地下水的秘密，发明了凿井之术。

当伯益组建团队，割除灌木和草丛，亮出一片空地，朝地下凿窟窿的时候，人们都来瞧热闹，不知道他在作什么法，搞什么名堂。

最后，伯益的团队竟然挖出水了。天哪，地下有水，伯益知道地下有水！

凿井是个了不起的进步。在此之前，人们为了生存，不得不逐水而居，饱受河流泛滥的威胁。凿井技术发明后，能够就地取水了，黄河两岸广大平原地区逐渐为各氏族利用，得以开发、收获。

伯益也有政治水平。

在大禹征讨周边部落的时候，伯益曾建议，单纯以武力对付他们，不能真正制胜，德兵相济，恩威并施，才能抚顺四夷，使他们得以感化，自然归依。

在大禹弄到极权之后，伯益曾告诫，不要过度游乐享受，不要违背规律去追求百姓的称誉，不要违反民心去满足自己的欲望。

伯益的能耐，人们都清楚，对伯益有个综合评分。

无论朝野皆认为，按照禅受的规矩，伯益是君位的最佳人选。

在禹晚期，伯益禅受君位的呼声尤高。

然而，伯益岂能比过大禹的政治过硬和老谋深算？

拥有天下九州之地的老禹，早已不是氏族联盟初期的少禹了。他越来越觉得自己好不容易得来的王权应该由自己的儿子来继承，而不能让别的什么人来接管。

禹的时代，老祖母、老妈妈渐渐吃不开了，男权慢慢强势，部落里，人们只知其母不知其父的状况已发生变化，禹当然更知道那个是他的儿子啦。

尝到权力甜头的大禹，宠爱自己的血脉，自然不会再像尧和舜那样躬行“禅让”之事了。

可是伯益功劳卓著，威望极高，最近几次全国三级干部会议，大家都纷纷推举伯益做接班人。

禹恼怒说：“你们是催我快死还是想怎么着？”

发火并没有改变大家的观点，禹越发烦躁，寝食难安。

禹深居简出，最末把道理想通了：自己为什么能取代舜王？一是当年治水有功，得到了人们的尊敬和爱戴，二是舜让自己做皇位继承人之后，立即就让自己行使治理天下的大权了。

假使我逐步把治理天下的大权交给儿子，而只给伯益留下一个继承人的名义，这事不就结了吗！

老禹谋划好了便付诸实施。

公开场合，老禹欣赏伯益的贤能，表示要把天下传给他，暗地里则专门选拔自己儿子启的手下充任各级官吏，潜心培养自己家族的势力。

这样弄的结果是，伯益徒拥大禹继承人的虚名，“而势重尽在启也”。

尽管实际上，以科学的角度来讲，启是不是禹的儿子也难说。

大禹“得彼涂山女，而通之于台桑”，就是说，大禹和启他妈，当年没履行结婚手续，也没组建家庭，只是在台桑“通”了一次。

台桑，或曰地名，路旁桑树下的土堆上；或曰“怡桑”，怡，则美快之谓也。

启他妈既然跟禹“通”，当然也不妨跟别人“通”，因为她是“自由”的，“嗜不同味，而快朝饱”是当时的恋爱风尚，所以，大禹事实上真的不能断定这个孩子是他的。

甘之战

夏启

五

古人的名字，常常指事而得。禹的儿子名“启”，涵义是“开启、打开”，实乃剖腹产的意思。

试想一下，远古的人们面对难产时，百招用尽依然不见丝毫成效，产妇已然昏死，是坐待母子俱亡，还是拼命一搏剖腹取子？

后山认为，强悍如大禹者当然是会考虑后一种选择的。

更为关键的是，远古人们敢做敢为，远远没有后代子孙那么多的条条框框，剖腹取子的情形，只怕想不到，不怕做不到。产妇剧痛难忍，自己要求剖腹也是可能的。

远古时期生活维艰，古人的生命力远比物质优裕条件下生活的人们顽强，忍耐力亦强，剖腹虽痛，也能忍耐。

而且生存艰难的远古时期，部落崇尚生殖，禹之妇自求剖腹产子，为保儿女性命，舍身赴死，被视作为宗族昌盛献身，享有无上荣誉，属于英雄母亲。

所以说这个启，来路非凡，本也是个不简单的家伙，他爹想把王位传给他，他也觉得自己当仁不让，在平素工作中多方应和，竭力培植党羽。

老禹临殁时，装模作样地行了禅让之礼，把象征天下大首领的玉版授给了伯益。

老禹的这个做法，把自己完善了，真正的君位归属可想而知。

禹死后，他的儿子夏启自然要行使手中实际具有的王权了。多数部族的头儿也都表示效忠于启，他们说："启是禹的儿子，我们愿意效忠于他。"

伯益怒不可遏。放谁头上也受不了啊。

伯益本是东夷人，召集东夷部族的军队，征讨启。

启早有防备，而且羽毛更丰，立即传令三军，迎头痛击。伯益的军队远来疲敝，被打得落花流水。

启号令洛阳附近的部落一齐参战，直扑伯益的老巢箕山，杀掉了伯益，血洗了他的部落，夺取了玉版，此即"与友党攻益而夺之天下"者也。

启授意手下，在钧台策划举行了一个所谓"拥立"大典，告示众人，他是夏朝第二代君王，他的就位本属天意，辄有违逆，便是去追随伯益的下场。

启的继禹而立，氏族公社时期的部落联盟"举贤禅替"的公天下制度，被正式废除了，王位的家族世袭制度正式产生，中国历史上第一个奴隶制王朝——夏朝正式粉墨登场了。

许多部族对夏启践踏禅让传统的做法表示强烈反对。

北方的有扈氏部族首领带头站出来谴责，要求启按照部落会议的决定，还位于贤者。至少得让大家选举一回，表决一回。

有扈氏给了夏启黩武扬威的机会。启决心杀一儆百，以"行天之罚"的名义征讨有扈氏。他们在一个叫做甘泽的地方拉开了战场。

两军对垒之际，夏启举行战前动员大会，激励将士们说：同志们！这个有扈氏，不敬天帝，不遵王命，我要向你们宣告：今天上天命令我们夏中央来消灭他！

因此，你们要服从我的命令，奋力出击。

左军将士，如果不能用箭射杀敌人，就是不奉行我的命令；右军将士，如果不能用矛刺杀敌人，就是不奉行我的命令；中军将士，你们如果驾不好战车，贻误了战机，你们也是不奉行我的命令。

同志们！服从命令，奋勇杀敌的人，我就在先祖的神位前行赏；不服从命令，临阵退却的人，我就在神社的神位前惩罚他，杀掉他。

夏启训话完毕，命令进军。兵士们挥舞棍棒刀枪，潮水一般呐喊着冲向有扈氏的队伍。

经过激烈的厮杀，有扈氏惨遭失败。夏启杀尽了有扈部落的干部，投降的群众留下性命，全被罚为牧奴，放猪放羊。

其他部落看到有扈氏的结局，不敢反抗，乖乖称臣，每年向启的朝廷进贡粮食、牛羊和奴隶了。

启统治了二三十年。他认为让民众心服口服地拥护自己是要紧的，于是，在公开场合，每顿饭只吃一碗普通的蔬菜，睡觉只铺一床粗糙的旧褥子。

启讨厌唱歌跳舞，因此除了敬神和祭祖外，禁止娱乐活动。用人呢，谁的本领大，就亲自请来加以重用，谁的武艺猛，他就让谁带兵打仗。

启到处展示自己尊敬老人、爱护小孩的形象，看到树林边草地上的野老，故意绕过去问候，瞧见小朋友做游戏，把手掌扎在头顶忽闪着，嗷嗷叫地参与一把。

夏启这样收买人心，效果甚好，声誉大大提高，大家一致认为夏启理所当然的是夏禹的继承人了，对于公天下制度被破坏，变成父死子继的家天下制度，人们也觉得可以接受了。

后来不行了。权力导致腐败，极权导致极端腐败。没有监督嘛。

夏启作风日益堕落，政事日益废弛，沉湎于淫逸享乐不可自拔，喜爱唱歌跳舞了。宠妃，游猎，经常举办大型的露天宴会，在庞大的宫廷乐队伴奏下，乐歌高唱，万人齐舞，酒气熏天。

朝廷领导人的腐化堕落，导致统治集团争权夺利和分裂内讧。

启有很多儿子，其中六个都觉得自己厉害，应该得到继承权。他们谁也不服谁，争夺得相当激烈，整日又是骂又是打的。

六王子武观闹得最凶，在启左拥右抱尽享淫乐的当儿破门而入，非要启作个决议不可。

启恼羞至极，将武观流放到黄河以西的西河地区。

武观恰得其所，乘势建立西河革命根据地，成立边区政府，大肆扩军，组建武装，每年至少让百姓上交两次公粮，不够军队吃，又开展大生产运动，羽翼丰满了，打出“先君已老，少君当立”的口号，展开夺取政权的伟大斗争。

武观聚众反叛，这还得了！夏启派大将彭伯寿带兵讨伐，武观战败投降，彭老头将武观扭回洛阳。

武观不认罪服输，还嘴硬，启就公开把他弄死。

其他部落看见启连自己亲生儿子都毫不留情，吓得觳觫不止，筛糠不休，没有想翻盘的了。

但武观革命导致的这场内乱，使夏王朝的经济实力大为削弱。

不久，夏启因为荒淫过度而病死，让他的儿子太康做继承人。

第三章

政变连绵

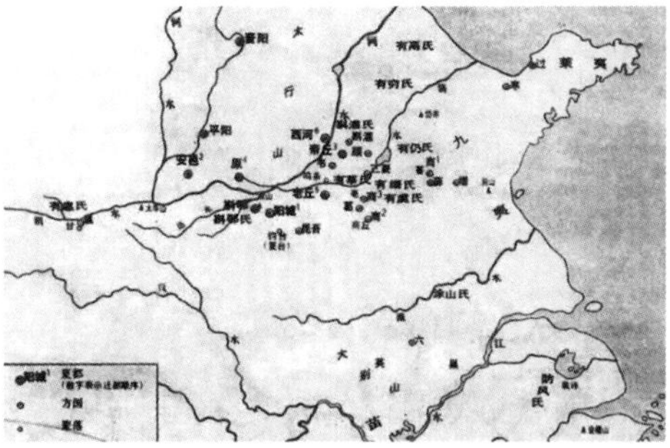

斟鄩的历史地理位置

一

却说夏启临死，指定他的儿子太康登上夏中央领导岗位，世袭制又一度被强调。

倘启还有点朴素成分的话，太康就是个出色的“富贵二代”了，骄奢成性，淫逸成癖。

太康甫一即位，便玩起了大手笔，号令天下加倍进贡，征发大量工役，耗费无数的民膏民脂，在洛水之滨都城址上疯狂扩建，营造豪华的夏都斟鄩。

斟鄩周围，平野浅丘，植被茂密，环境优越，交通方便，既有舟楫之利，又易于供水排水，况且更远的周围形势险固，往远处几个方面的山口派几个团的兵力防守，城里便无妨夜夜举办大型音乐歌舞晚会。太康这样想。

夏在太康时，除了奴隶，已经有很多庶民了，基本上是各级统治者非正妻所生非嫡子繁衍的子孙们，太多，轮不上什么职务，就干杂活了，叫庶民。

太康调集大量奴隶和庶民，在斟鄩营造豪华宫殿，建成之后学着他爹的样子，四处搜罗美女，弄了成百上千，在宫里日夜吃肉喝酒，猥集裸戏。

太康荒淫无度，朝政一概扔到了脑后。

禹的时候是不断召集九州头领们来开会，启是要他们进贡各种方物，太康呢，贡物急催暴征，州长、盟长、部落长想到洛阳一带观光，顺便汇报一下工作，也都被阻挡于宫门之外了。

朝廷内部，谁也不干正事，借机倾轧日趋严重，外部四夷背弃，乱象丛生。

实在感到危机的老臣突破重重阻拦，提醒太康，太康也不警惕，认为几代以来，天下已铁定是他家的了，丢不了的，饮酒照常，歌舞照旧，在宫廷里玩腻了，又兴师动众地外出畋猎。

远古先民的“野性”还是很出色的，乐于在荒野奔突狩猎，搏击野兽。这本也无可厚非，但君王身上担有社稷责任啊，况且早期朝廷制度不健全，又总要求君王事必躬亲，一言堂，一支笔。

太康早就不管什么责任了，走，打猎去，朝廷百事一扔，领着群羊一般的众妃嫔，调集斟鄩乃至洛阳周围的卫戍部队，说走就走。

成百上千的宫人簇拥着去打猎，配合以大量的部队，还不够，还得更多的伺候人员。

于是河洛大地上的“猎戏”场面格外宏大：太康率着大队人马前行，后面随着军队和连绵不断的运送后勤补给的队伍，浩浩荡荡，渡过洛水，渡过伊水，南往嵩山围狩。

太康的庞大猎团带有作战使用的弓矢、戈矛、木棒，还有兽角雕成的长号，兽骨磨成的筒笛，等等。

长号吹起来呜呜叫，筒笛会发出若干音节。前者以牛角制成，后者的原料是羊或鹿的胫骨，钻有指孔，一头噙在嘴里吹，几个手指把持音孔。

竖笛是中国古人有价值的发明，西方的横笛传入以后，它改名“箫”了。

猎队行进缓慢。妇女们太多了，她们讲起话来叽叽喳喳，长途走路都不是行家，能上了太康马车的毕竟是少数，没走多少路程，女领队就要求太康歇一歇脚。太康则是嫌木轮车颠得屁股疼，想下车遛腿。

几天后，到了嵩山深处，美美地睡了一夜，太康吩咐五更造饭，平明设围开猎。

斟鄩宫殿复原模型

在野鸟的鸣叫声中，在熹微的朝阳光辉中，狩猎大军漫山遍野地出动了。

他们预先约定了号角、笛鸣的意思，怎么吹是左军穿插，怎么吹是右军合围，怎么吹是中军突进，怎么吹是乱箭齐发，都清楚了，各部队进入阵地。

野兽真多。除了猩猩聪明，逃窜得快，其余野牛了，猫熊了，猪獾了，羚羊了，都极为愚蠢。如此浩大的场面，雄浑的阵势，它们哪见过啊，左冲右突一概碰上武器和人群，蒙头转向，连遭射杀或者俘获。

在憨态可掬的猪獾或猫熊一头头被兵士们撂翻的时候，太康哈哈大笑，他的大小妃妾手舞足蹈，激情四溢地在他的周围尖声乱叫。

她们跟着老板出来，路上轮流坐老板的车，斗兽场上看不尽的惊险刺激，嗷耶耶，太好玩啦……

太康一手扎腰，一手挥动，哈哈大笑。

来到苍茫的嵩山，才知道宫廷里多么沉闷，多么无趣。

处理朝政？一点意思都没有。玩弄美人，在这儿不是更尽兴吗？吃不完的烤肉肉，好香好香。

闷在斟鄩宫殿里，怎能比得上如此酣畅淋漓、战果显赫的“大猎”呢？刺激啊。

太康兴奋无比，越猎越起劲，越猎越疯狂，一百多个日夜过去了，兀自了无归意。

却曰东夷一带有个有穷氏部落，头儿叫后羿。在启当权的后期，人们就有些愤恨了，太康骄奢淫逸，极力作践世袭这一统治方式，尤致民怨。后羿也是个对夏的世袭心怀不满的部落主。既然不推选，我也可以干，我的射猎本事比他太康强大多了，他算个什么劳什子。

他为什么叫后羿呢？

传说更早的时候有个射箭高手，叫“大羿”。

大羿生活的时期赤日炎炎，遍野似火。在竞选部落长的大会上，到了才艺展示环节，大羿说：“你们都是凡眼，看不见，其实现在天上十个太阳呢，我要把它们射下来。”

大羿拈弓搭箭，嗖嗖作响地发出一串利矢，敲下来九只乌鸦——适逢一队乌鸦也在天上做才艺展示——羿说这些乌鸦就是太阳，愚民竟也都信了，以致今日汉语里还有“金乌西坠，玉兔东升”的说法呢。

投票结果非常集中，神射手大羿当仁不让地做了部落头领。

厉害的弓箭手渐渐声名远播，成了遐迩闻名的大英雄，紧接着大羿聘了个生活女秘书叫嫦娥。

大羿工作很忙，嫦娥寂寞不堪，便去做了女宇航员。

后羿便是神射手“大羿”之后，也可以叫做“羿二世”。

历史有时候是一锅酱菜，分不清爽，加之他们都擅长射箭，合二为一就叫“后羿”了，“大羿”也是“后羿”。

“后”字另有一释，“大王”的意思，但用给后羿似有牵强。

后羿箭法好，有来头。说是他四五岁光景跟着长辈进山猎食给走丢了，野长到十四五岁时，或许拜哪个身怀绝技的野兽为师了，待到他走出丛林，箭法已是十二分了得，人人惊奇，誉为神手。

后山释曰：主要是后羿在密林中讨生活，跳跃攀援，手杆腿脚发育加快，变得很壮，很长。拉弓射箭短臂人自然弱势，他拉不开，长臂猿一样的后羿，这个恰是强项。

细作报告后羿，太康外出打猎，几个月不见人影儿，朝廷各部委也早就没人上班了。

斟鄩空虚！天赐良机！后羿联络了有穷氏附近的几个小部落，积聚部队，向西进发。

后羿骑在马上，面容威严地凝望着西边的高空，在那缓慢运动的云团下面，夏的都城，他就要扑过去拿下啦。

后羿身边随着的，是他的副官寒浞。往后是四员大将：武罗、伯因、龙圉、熊髡，他们扎着高耸的发髻，身上到处装饰着野兽的獠牙、骨头和禽鸟的爪子、羽毛，佩着硬弓、长矢，威风凛凛，不可一世。

太康根本没有通信兵，加之他邪气地认为他是上天提拔的独苗，天下家传不可改变，从春到夏，狩猎在外，漂亮的小妾妇们都带在身边，白天山林里率兵士对野兽实施围猎，夜间地铺上众妇女对他进行围猎。斟鄩？管他呢！

斟鄩实在空虚，东大门连保安都没有，后羿的队伍不费吹灰之力就解放了斟鄩。

太康的宫城里边早已群龙无首，后羿把太康所有的宫殿都转了一遍，揽取了殿里所有留守的妃嫔，让她们为自己服务。

斟鄩市民也十分痛恨太康的荒淫，觉得有太康这样的货色，还真不如江山轮流坐呢，因之拥戴后羿，他们送吃食给后羿的战士们，推举长老去宫殿里面见后羿，颂谢恩情。

太康丝毫不知道他那些峻宇雕墙、声色满溢的宫殿早已易主，尽兴归来，车载着兽皮，枪杆上挑着肉块，浩浩荡荡走到洛南，见后羿带着四员动物装束的大将挡在路上。

太康喝问："那不是后羿吗？你不在萁山呆着，来这里干什么？"

后羿厉声道："你还有资格问我？你像个部落联盟大首领的样子吗？啊？告诉你，斟鄩已不是你太康的了，你要么像狗獾一样夹着尾巴逃得远远的，要么吃我后羿一箭！"

兵变？兵变！太康看出了，吆喝手下："都给我上，杀了后羿这个盗窃国柄的小偷儿！"

后羿示意，武罗、伯箔、龙圉、熊髡先放一通箭，紧接着让喽啰们掩杀过去。

太康心里发怵，后羿一干家伙的箭法实在令人恐怖，便趁着混战，带领近身妃妾和一干随侍从旁边的小岔路窜了。

后羿未加追杀，率众回宫，继续采取怀柔政策，主张"夏人治夏"，对太康的老妈和弟弟们也未曾为难。

后羿为保持政局平稳过渡，还让太康的弟弟仲康干政治协商会议主席，名誉君王。

太康逃了几百里，到阳夏——今天的太康县地面——才停了腿脚，筑个小土围子，定居下来。

二

仲康主席的家族生活仍然富足自由，在宫廷却没有实权了，开会议事，看后羿脸色，还得强颜欢笑，说要紧密团结在以后羿为伟大领袖的朝廷周围，散会到家跟弟弟们见面，你看看我，我看看你，闹心闹心真闹心，闹心至极。

怎么消释？去洛河边转转吧，比憋在屋里好受点。

弟兄五人，走出斟鄩城，闷闷不乐地到了洛河边。

逝水滔滔，西来东去，世事变易，无法留驻，情况糟糕，无可回退，干着干着，天下让别人兜底撮去了，你说大哥他咋就这么失败呢？

夕阳泼过来血样的惨红，晚风掠过草树，响起呜咽的鬼声。

哥儿几个说，如何才能散一散胸中块垒啊？

我们干脆哭吧，对天，对地，对流水，也是替太康，哭出失国的愧悔，哭出复国的企望吧。

第一个哭道：我爷爷大禹哦，天下第一牛人，扫平了九州哦，获得了新社稷。我爸爸夏启哦，也牛得不轻，杀了很多人哦，没谁敢逞能了。

可是我大哥哦，不好好工作，内亲女色哦，外迷打野猪。女人好漂亮哦，野猪肉好香哦，可是万家诸侯都仇视他。

后羿来到斟鄩哦，一揽子夺走了朝廷，东夷人牛起来了，咱后悔有什么用哦，有什么用哦，有什么用哦……

第二个接着哭：我们的爷爷哦，伟大的领袖，教导我们说，在内贪恋女色哦，在外奔命猎场，爱搞歌舞晚会哦，宫殿修造得堂皇……

这些事情哦，只要有一桩，你就有可能哦，把天下玩儿光！太康他，玩儿光了，玩儿光了，鬼太康，鬼太康……

第三个哭：当年尧做天子，舜做天子，都施行正道，天下平稳，我们家太康，紊乱了纲纪，自取灭亡啊！

第四个哭道：我们伟大的爷爷，比尧和舜都辉煌。他订立了法度典章，还贡献了暂行办法、赋税征缴条例，按照他的方法，我们的库房日日膨胀，我们享不

五子作歌

尽的荣华绵长。

我们家太康，弄丢了一切，也断了宗庙祭祀，宗亲危如累卵啦，呜呜呜……

第五个接哭道：万民百姓全都憎恨我们了，我们还能去依靠谁呢？太康玩丢了国家，我们肠子悔青，又怎能挽回呢？

唉，唉，我心好郁闷，好郁闷啊，我心好伤悲，好伤悲啊……

他们对着暮霭昏昏，对着洛水汤汤，称颂爷爷大禹，批判哥哥太康，痛哭流涕，捶胸顿足。

很多人听到，都感动得哭了，陪着他们，鼻涕一把泪一把，互相说："这一家子哭得真有水平！"

这个集体哭唱，史上叫做《五子之歌》。

话说后羿把仲康推向前台，自己不少享福，偶尔射一把箭，给斟鄩露一手，多数时间拥着太康搜罗到宫殿里未及带走的女子消磨，哎呀，有穷部落跟中央硬是没法比哟，不来不知道，美人儿真奇妙。

上古生产力低下，风调雨顺领导干部就有政绩，灾害频仍便是他缺德失职，因此敬天畏地，但遇问题就要耗费财物，祈雨、祭河伯什么的。

仲康的年头，出现了空前的"大灾象"——日蚀。

日蚀什么原理，如何形成的，一概不知，但见异象出现，人们大惊失色，四散奔逃。宫廷天文局的专家看它慢慢缺了，说是"天狗吃日"。

专家在解释的时候并没有老练地先冠以"正常现象"云云，而是比别人更惊慌，几乎是屁滚尿流地进谏仲康：赶快敲击响声，吓狗，赶紧招呼弓箭手，射狗。

而且还要赶紧设案献祭，别让狗把太阳吃完了，那样就永久黑天儿了，离世界末日不远了。

仲康他们平素没有什么应急机制，匆忙部署宗室、百姓，有啥敲啥，动静越大越好，还让后羿射日。

后羿说：“叫武罗、伯猗、龙圉、熊髡他们射吧，我胳膊有点困。”

天狗总算把太阳又吐了出来，纵如此，朝野还是一片怪罪的声音，说仲康的德行有问题，天狗才出来，这番它是跑掉了，往后保不定还会有天狼、天虎、天狮呢。

后羿也质问仲康：“怎么整的你，天都恼怒成这样啦？”

必须有人承担责任。

仲康无辜受气，便把满肚子恼火发到羲和氏的头上。

话说东夷有个部落的女祖先，名叫羲和，是全宇宙最牛的妇人：太阳是她生的。这个东方太阳神，一窝儿生了十个太阳，给神箭手大羿射下来九个，剩余一个在天上转。

羲和呢，既是太阳的老妈，又是太阳的司机——御日手，每天把太阳从东海弄到西山，轰轰隆隆，周而复始。

羲和部落后来分成了羲部落与和部落，太阳既然是他们家的，没有看管好，让天狗啃咬，折腾得举国惊恐，劳民伤财，你说他们责任小吗?

掌管天象重权，却搞得日月失序，岂止是责任，简直是罪恶!

仲康要借机发一发威，树立形象，告诫朝野，自己并不是吃素的。

仲康先是在政治协商大会上强烈谴责羲部落与和部落，继而命令胤部落首领胤侯为总司令，执掌六军，讨伐他们。

胤侯师出有名，开拔前举行动员大会，讲话。

他说，仲康主席治理四海，胤侯受命掌管六师。羲和身为命官，在他的私邑，只知道荒乱，不履行职责。胤侯接受命令，去征伐羲和。

同志们！将士们！在你们的父母乡亲被吓得鸡飞狗跳的时候，羲和氏却在他们的部落里荒淫，放弃了他们的岗位职责，搞乱了日月星辰的运行历程，出现了天狗吃日头的大灾。

在灾难面前，乐官奋力击鼓，财政拿出大量钱币购买物品礼敬神明，众人跑着祭献、供役。

主管有关工作的羲和氏，对天象昏迷无知，事前丝毫没有察知太阳的变化，因此触犯了天王的诛罚条例。

先王制定的《政典》说："历法出现先于天时的事，杀无赦，出现后于天时的事，杀无赦。"

现在，我率领你们对羲和氏宣战，不要害怕，是奉行上天的惩罚。

你们都是英勇的天朝将士，要对王室同心协力，辅助我认真奉行天子的庄严命令！

同志们，慈爱胜过严明，就没有成功，严明胜过慈爱，就能打大胜仗。众将士要努力争先啊！

夏的部队不知是养尊处优还是咋的，在猎场上撂翻几头野猪不在话下，尽管胤侯雄心勃勃，跟东夷大汉决战，最终却输得一塌糊涂，残兵败将夹着尾巴逃回来了。

后羿有了口实。他挎着弓箭走出来，怒目盯视着仲康，良久，良久，冷冷地说："瞧你这两下子，丢不丢人？不是我让你下岗的，是你自己不争气，实在干不成个样子啊。去财务上把手续办了，回家休息吧。"

仲康被削去朝廷内外一切职务，"夏人治夏"的过渡期结束了，后羿自己干起了君王。

虽说也算改朝换代，但后羿重实不重名，他的部落姓“穷”，也不中听，就继续沿用“夏”的称呼。

沿用“夏”的好处十分明显，避免了社稷震动，夏及各部落自然归顺，统治延续轻松、顺当。

当时天下最强大的武器就是弓箭，而射箭是后羿的强项，后羿尤以善射为傲。

取得君位，从根本上说，赖于他的箭法，赖于他手下有大量的弓箭兵。极目天下，论起弓弩这种远程杀伤利器，确实也没有敌手。

后羿的部将，武罗、伯痌、龙圉、熊髡，也都是好射家。选聘朝内大臣，后羿自然也非射手不用，不久，整个宫廷让后羿弄成了射箭大队。

朝廷各部委无不是弓弩手云集，若不出去打猎，哥们儿只靠口头切磋，那全朝还不急死。

于是觉得天下已然稳当的后羿开始追随前敌手太康的后尘，贪恋女色之余，屡屡倾巢外出，疯狂畋狩。

后羿长期疏于国事，渐渐失了人心。

后羿总留副官寒浞看家，守朝廷，时间久了，寒浞认为自己比后羿更有资格拨弄天下。后羿算啥，仅会射箭罢了，我一直在主持朝廷全面工作呢，雄才大略。

三

却说寒浞出身于东夷有寒部落，乃一刚猛后生，由于管教失序，自由发挥，结果长成了一个政治人物。

老辈人说，寒浞从小就不正干，胡作非为，打东邻骂西舍是家常便饭，别人有好吃的东西他抢来就吃，别人有好玩的东西他抢来便玩。谁也不敢跟他理论，因为他体壮力大，狂野蛮横。

寒浞搅得四邻不安。父母还没批评他呢，他就用藤条把父母捆到了树上。

邻居们只好举报到部落首领那里，首领大怒不已，这还了得，下令将寒浞驱逐出境，永远不准返回。当时寒浞才十三四岁。

这个桀骜的小寒，没有丝毫悔意，押送他的大兵问他是否回家跟父母道个别，取件衣服啥的，他竟说“免啦”，头也不回地与士兵上路，被驱逐出了故土。

出了部落，当独行侠，在丛林茂密、野兽奔突的环境中相当危险。小寒盘算一番，决定就近去投奔有穷部落的后羿。他听说后羿是个了不起的射箭英雄。

说就近也得涉几道河，过几片大林子。天刷刷刷就黑了，羲和这个太阳司机性子急，三下五去二把车开到了西山头。

有运气的是，小寒在林间遇见了一位猎人，猎人看他聪明伶俐，得知了他的心思，说：“你贸然去后羿那里也得不到重用，不如跟着我当徒弟，帮我打猎，学一身武艺再去。”

寒浞曰：“善，这太好了。”

于是留下，一年多，学会了枪棒、弓箭以及太极、擒拿，甚至还有柔道、瑜伽什么的。

师父太强了，教会了我这么多真本事。他若再收别人为徒，教出来那不都是我的对手吗？不成，一不做，二不休，把他了断吧。

政治家的心性作祟了，临走那天谢师宴上，寒浞用毒药毒死了师父全家，又烧了师父家的草房灭迹，才拍拍屁股上路。

辗转到了有穷部落，寒浞找机会见到后羿，以自己的伶牙俐齿和聪明才智，赢得了后羿的青眼。

后羿的部下知道寒浞底细的都表示反对，后羿觉得完全可以驾驭这匹烈马，让他拉车，不但留用了，还认作义子。

寒浞不糊涂，自知名声不好，想长久立足，必须“从头越”，改掉以前的恶习。于是他时时谨慎，处处小心，一方面施展各种手段博取后羿的信任，一方面广交权贵，努力消除自己的对立面。

后羿见寒浞身体强健，勇武过人，便给他弄个师长旅长干干。

寒浞抓住机会，在诸次作战中身先士卒，都建了军功，不到一年就由大将军晋升为后羿的随身副官。

后羿还做主婚人，为寒浞操办婚事，成家立业。

后羿得手斟鄩以后，一步步腐化堕落，贪恋女色，沉迷射猎，把朝政全都丢给了寒浞：“干吧，你干事我放心。”

权力在手的寒浞，变着法儿讨后羿喜欢，借机发展和壮大自己的势力。

后羿好美色，寒浞从各地挑选了大量能歌善舞的美女；后羿迷打猎，寒浞从各地挑选了许多良马，还开办围猎培训班，培训猎手供后羿调用。

后羿十分满意，他对大臣们说：“有寒浞这样的义子，是我一生的福分啊。”

然而大臣武罗、伯因、龙圉、熊髡等认为，寒浞这样做，是把大王往邪路上引，这条路是亡国之路，前途十分可怕，等着的是万丈悬崖。

他们建议后羿将寒浞免官，至少要卸去一半的职务。

后羿却连连摇头：“你们想得太多了，我待寒浞胜过亲生儿子，他怎么会害我呢？不会，不会。”

后羿不听劝告，依然重用寒浞，依然迷恋于宫中的享乐，依然沉醉于猎场的刺激，老臣们全都心冷了，他们叹息说："完了，完了！"

后羿在宫中养了众多美女淫乐，犹不满足，五十八岁的时候又纳了一个十八岁的美女做小妃子。

他是在乘坐马车外出巡游的时候，看见这位迷人女子的。善于揣摩圣意的手下立刻去调查姑娘的家世，得知她名叫纯狐，是一位诸侯的女儿，很快调入宫中，安排在少妃岗位上服务。

纯狐聪明而又妖冶，爱情观也不随波逐流。你官大我就激动啊？因而她看不上后羿老头子，倒对寒浞副主席眼顺。

寒浞已经有了妻妾数人，还生了两个儿子，此时的他志在高远，并不贪恋女色，但纯狐使他心生一计，看到了政治效用，何况这个纯狐确实才貌双全呢。

寒浞深通"枪棒里面出政权"的真理，与纯狐私通，合谋，三年工夫，陆续害死了后羿的亲信武罗、伯猚、龙圉、熊髡等人，握实了军权，留下的朝中大臣，几乎都是寒浞的心腹死党了。

时机渐趋成熟，寒浞打算找机会取后羿而代之。

有天后羿率队外出射猎，走了没多大会儿，纯狐小娘们儿就扯着寒浞，小手乱摸，只管提出要求，寒浞说："小妖精，瞧你急的！"就顺遂了她。

谁知天突然下雨，后羿被淋回来了，进门看见寒浞和纯狐在卧席上演"小电影儿"，脑子都炸了。

寒浞和纯狐被后羿捉奸在铺，非但义子的形象轰然倒塌，而且犯了诛灭全家的死罪。

杀戒眼看就要大开，怎奈后羿年老，死党全都没有了，早已不是寒浞的对手，他冲上床铺，还没比画一下，就被寒浞撂倒，顺手用桃木大棒打死了。

寒浞升殿，宣布了后羿的罪状，随即自立，纯狐也被扶正，成了新君王的妃子。

四

寒浞怕后羿家族反抗，便先下手，残酷屠杀，还吩咐手下人将后羿的尸体拉出去剁成肉泥，加入毒药，烤成肉饼，送给后羿的族人吃，吃下的被毒死，不吃的便让士兵用乱刀砍死。

夺取了天下的寒浞，已是人过中年了，心计自然比年轻时更加老谋深算，他深知自己虽然拿过了后羿的权力，成为联盟首领，但后羿本身的权力就是从夏那里夺来的，夏的后裔还活着呢，决不能掉以轻心。

夏天下，年载长，人们已经被“家天下”的理论熏成腊肉了，多认为官位跟财富一样，应当在某个家族中传承，因此，后羿代夏，人们可以接受，若夏复国，人们更觉得正常。

寒浞在政治局常委会议上讲话说，夺取政权只不过是万里长征走完了第一步，今后我们的工作更繁重，任务更艰巨。

寒浞的忧虑确实到位，他的政变使后羿续夏的维稳统治烟消云散，夏的后人果然乘机反抗，意欲夺回天下。

仲康的儿子相，带领全族提前逃出，在东部的斟灌一带，临时立都，号令诸侯，攻打寒浞。

寒浞是个战争强人，又早有准备，夏相的军队气势汹汹地喊杀月余，最后无功而退。

寒浞继续征招青壮年入伍，加强军事建设，在经济上，实行削富济贫减轻赋税等一系列政策，改善百姓生活，争取民心。

寒浞的元配姜鼜，先是东夷部落的一个女团长，为寒浞俘获，后羿做主婚人为寒浞办喜事的就是这个女子。

姜鼜先后为寒浞生了两个儿子，长子寒浇，豹头狼眼、虎背熊腰，次子寒豷，身长体壮，力大如牛。

两个儿子，既有母亲勇武强健的血统，又有父亲机智狡猾的智慧，十几岁时就开始领兵厮杀，早就成了勇猛善战的大元帅。

不久，寒浞派两个儿子，向夏相的领地发动了一次突然袭击。

袭击十分成功，不仅掠夺了大批的财物，还捉获了许多人员。财物充实府库，人员分赐大臣为奴。

突袭获胜，大决战随之。

寒浞采用声东击西、各个击破的战术，先命长子寒浇攻打夏相的主力，自己和次子寒豷各率一军，虚张声势，佯攻夏相的结盟部落，使之不敢增援。结果夏相很快被强大的寒浇军击败逃窜。

寒浞暂时罢兵休战，封功赏将，养精蓄锐。

夏相此时本来有足够的时间反击，但他被寒家强大的攻势吓破了胆，不敢组织反攻，只是蜗牛策略，缩着头，加强防守。

数年后，寒浞休整完毕，军力比以前更加强大。他再次调集部队，展开统一战争。仍命寒浇率部出征。

夏相的兵马出阵迎敌，中了寒浇的埋伏，夏军被寒军伏兵四面包围，全遭歼杀。

寒军攻占斟灌，大肆屠城，宫室内外血流成河，幸存者皆被索枷为奴。

夏相退到帝丘，拼死抵抗，终因势单力薄，挡不住寒军的强大攻势，帝丘城破了，夏相被寒军杀死。

夏王朝的又一波浪花平复了，夏王朝的统治区域全部落在了寒浞手里。

寒浞自以为已经把夏王朝的子孙斩尽杀绝了，可是他万万没有想到，夏相已经怀了身孕的妃子后缗氏，人不知鬼不觉地从帝丘城墙下的狗洞子爬出城外逃命，为大夏带出去了一粒火种。

后缗本是东夷有仍氏之女，她装扮成农妇，一路潜逃，渴了喝水沟里的水，饿了吃道旁的野草，腆着个大肚子，忍受了常人难以想象的痛苦，终于有一天，逃回了娘家的部落。

有仍氏部落长听到门口有响动，出来查看，发现一个蓬头垢面、衣衫褴褛的女子晕倒在地，立即唤女仆将其抬到后面，清洗干净，喂她喝了水。

女子醒来，哭唤爸爸。爸爸是谁？都不晓得，女仆们就去请来部落长，部落长一看，一把抱住女子大叫道：“我可怜的女儿啊！这是怎么回事啊？”

后缗把战事经过和悲惨的结局都告诉了父亲，有仍部落长震惊和唏嘘半天之后，把女儿藏在后帐里，不让人知道。

次年春上后缗在有仍部落生下了一名男孩，取名少康。

后缗觉得这个儿子很有希望，在他刚刚懂事的时候，就向他交政治大底，把他祖父一辈太康荒唐失国，仲康做傀儡郁郁不爽，以及他父亲相被杀害等惨痛情形全都告诉了他，并且叮嘱他长大以后一定要为祖父和父亲报仇，把失去了的全部夺回来，重掌天下权柄。

受到报仇雪耻的教育，少康对祖先的天下，耿耿于心，念念不忘，自小立志，发愤图强。他决计复兴大夏。

稍微年长，少康当了外祖父部落的畜牧部部长。在放牧牲口期间，一有机会就学习带兵打仗的本领，并且时时刻刻对杀父仇人保持着警惕。

不料身份还是泄露了，消息传到寒浞耳朵里，寒浞大惊，立刻派儿子寒浇带着大批特警前往抓捕。

有仍部落主、后缗和少康在一起商议对策，少康知道有仍可能大祸临头了，这祸殃是自己带来的，十分难过。

少康说："外公，他们要的就是我，不如你把我交出去算了，或许可以换得有仍部落的安全。"

外公当然不会交出外孙。最后硬要少康逃走。

少康含泪告别外公和母亲，化装出逃。

寒浇的大批特警包围了有仍部落，要有仍部落主交出少康。

老头说："什么少康？我根本不知道少康是什么意思。"

特警们四处搜查没有结果，就残忍地处死了有仍部落长和后缗氏。

少康跑出来，落脚在有虞氏部落。

最大困难是吃饭问题，初来乍到，无人关照，举目无亲，又身无分文，看着街上香喷喷的小吃，无法享受。怎么办，难道未被杀死，要被饿死？

靠乞讨过了三天，有人告诉他，部落主府里食堂招工呢。

细一打问，公主整天反胃，不想吃饭，厨师换了一又一个，也无法让她张嘴，部落长急得团团转，发布布告说，谁能做出好吃的，公主开胃了，定有重赏。

众人说，哪个做好了这个难做的大厨，说不定还要成了乘龙快婿呢。

少康一听，十分来劲。本人擅长啊，从小就爱掺乎这个，妈妈和姥姥还教了他几手出名的有仍氏风味小菜呢。

不管能不能让公主喜欢，最起码自己混个肚子圆。应聘去！

五

话说少康应聘成功，上岗了。

有虞氏头领亲自把少康领到厨房，指出油盐酱醋之所在，少康就动手做菜了。

“有仍氏料理”。没多大工夫，几样香喷喷的开胃小菜就端到公主的面前。

说来也怪，别人端来的菜，她看一眼也不，少康的菜，她闻到气味就开口说话了：“拿饭来，本姑娘要吃饭了。”

全府上下欢呼雀跃，虞大佬更是喜极而泣。

奖赏自然多多，其中一项，是升任厨师长。

少康在这个时期发明了酿酒的方法。

传说少康在姥姥家放牧时，带的秫子饭吃不完倾倒在老桑树的树洞里，饭自然发酵后，产生很多汁水，吸引大量蚂蚁争着汲饮，尝一尝，味道醇美异常。那时他就有兴趣了，反复思索研究。现在当大厨，有条件进行发酵实验了。做做，尝尝，尝尝，做做，逐步形成了一套完整的工艺，酿造出了秫酒。

《说文解字》记载了这个传说，“仪狄做酒醪，杜康作秫酒。……古者少康初作箕帚、秫酒。少康，杜康也”。

倘若此说可靠的话，三国时曹操所唱“何以解忧，惟有杜康”的美酒，追根溯源，就是这位少康先生的杰作了。

佳酿使有虞氏部落的餐厅里整天缭绕着香甜的气息，酒水卖到其他部落，还

少康——杜康

换取了不少外汇。

公主的厌食症痊愈了，脸色一天天转红，又恢复了迷人风采。

天哪，这公主可是个美人儿，十六岁的青春，靓丽极了。

周围部落的富家公子走马灯似的前来求婚，公主一个都没看上，虞老板帮女儿挑了一个又一个，也是一点不喜欢，一忧愁，就得了厌食症了。现在病好了，说什么也得去谢谢治好她病的大厨贵人。

两人在厨房里会晤。这一会晤不得了。

公主看少康英俊潇洒，风度翩翩，当下就脸红耳赤，含情脉脉了。

少康也被公主的美色所震撼，目瞪口呆，口水光想流出来。

两人在厨房互相放电，火花嚓啦的，话也没顾上说。

公主要嫁给少康，虞老板说："我得跟他谈谈，摸摸底细。"

燃着牛油灯，谈了一晚上。

虞部落长大吃一惊，小伙子奇才啊，上到天文，下到地理，远到外交，近到内政，都十分精通，讲得头头是道，道道是头。

虞老板发现年轻人比自己还要厉害。

这种人才，让他呆在厨房里，真是大材小用了，当下就拍板决定把女儿嫁给少康了，原来有意让他干商业部长，主抓酿酒，现在也改变主意了，直接主持军委工作。

少康成了虞家的东床，获得了别墅一栋，十里宽大的肥沃田地，五百多个私家兵丁及一百多名下人。

三年后，虞家的二姑娘十六岁了，到了出嫁的年龄，奇怪的是小公主也是高不成低不就，虞老板问女儿到底想嫁给谁，小姑娘说："姐夫嘛。"

得，尊重女儿选择吧，老虞同意了，把小女儿也嫁给了少康。

且说少康连得两位美女，掌管兵权，又有了根据地，英雄该拥有的都拥有了，复兴故国的念头愈加强烈。

扩军备战，征兵，训练，不亦乐乎，每日里带着他的民兵，在泥里水里操练，立正——稍息，起步——跑！一二三四，一二三四……把自己的儿子小杼也排到队伍末尾，让他跟着趔地摔打。

少康成天泡在军营里，事事讲究亲历亲为。

有虞氏从最初的五千军队，快速扩展，算上预备役民兵，到一万了，人数翻了一倍——有虞氏的媒体自己报道的，可能有点虚头。

别小觑这数千子弟兵的扩军规模，当时人烟稀少，部落式的小国众多，有四五千人军队的，凤毛麟角，所谓国与国之间的战争，用兵成千上万，是后世写散文的人胡扯的，他们号称文化人，基本上都不识数，几百人几千人而已。

因此从养兵数目来说，当时的有虞氏是个军事强国。

但兵多不一定就是好事。在中国历史上当兵又叫“吃粮”，后勤供应必须跟得上，没饭给军队吃，叫他们怎么打仗。

少康当然不傻，在狠抓军队建设的同时，也备战备荒，大力发展农业生产。

少康制定了很多优惠措施，取消了农业税，又发放种粮补贴什么的，农民都夸政策好。鼓励部队垦荒、耕训两不误。

粮食总是大丰收，连续九年每年增产百分之十左右，媒体叫唤道：“九连增。”

可以攻打寒浞了吗？不可以。

寒浞干君王以来，军事建设毫不马虎，正规军超过两万人，加上斟鄩乃至洛阳周边较大的部落的军队，约数一万，全都听他招呼。少康的一万人还得加上预备役人员，打不过寒浞啊。

继续准备。少康广交天下勇士贤臣，以流散各地的夏朝老臣为核心力量，时常开会商议。

那些被后羿和寒浞搞得妻离子散、家破人亡、奔命在外的夏朝旧官吏，慢慢地都聚拢来了，愿意跟着少康打回老家去。

有天来了个老者，少康问是谁，来人说叫伯靡。

伯靡痛哭流涕向少康诉说了自己的经历。

原来伯靡是少康他爹的臣下，后羿夺取政权后，他逃离斟鄩，到了有鬲氏部落，隐姓埋名，一过就是几十年，后来慢慢掌权了，做到了大将军。

伯靡听到夏朝的一个个后人被杀害的消息，本以为绝无东山再起的可能，忽然获知还有一个少康，特来投奔，效命，有鬲氏的军队也愿参与作战。

太好了。伯靡人老了，智慧尚很足用呢，还有军队。

少康便和伯靡共谋大事。

少康将预备役人员全部编入正规部队，又联合有鬲氏和其他多个部落的武装，组成复国联军，从有虞氏部落出发，一路势如破竹，剑指寒浞的老巢斟鄩都城。

兵临城下时，少康在六军方阵前的土台上，历数后羿、寒浞等人的罪行，激励士气。

寒浞已经八十多岁，躲在深宫里，日夜被女人们伺候着。

他基本上不清楚形势了，各部委都是报喜不报忧，那些吃屎的佞徒们专门为他印了一份大字号的《寒朝日报》，各个版面，尽是歌舞升平的内容。

少康的反政府武装突然袭击东门，惊醒了寒浞，忙问出了什么事。

卫戍司令说：“没事儿，小股蟊贼，袭击东门口的陶器场，警卫团在收拾他们。”

不一会儿，就听脚步杂沓，快速奔宫殿而来。

寒浞说：“明天再来请赏不行嘛？这半夜三更，瞧你们急得像兔子似的。”

话音未落，丢盔弃甲的警卫部队把寒浞从妃子的被窝里光着屁股拉了出来。原来他们见大势已去，为了给自己和家人留条活路，反叛了。

寒浞被自己的卫戍士兵扭出王宫，献给了少康，此时，少康军队的火把早把广场照得通明。

六

少康下令将寒浞处以极刑。

少康想到自己一棵独苗竟至光荣复辟，世事造化颇多奇迹，寒浞一族若不斩尽杀绝，后果也难以设想，遂下令将寒浞全门诛灭，不留一丝血脉。

天下又回到了夏禹子孙的手里。

算一算，从太康，到少康，共约六七十年。

这六七十年的前二三十年是后羿掌权，招牌仍然是大夏的；后四十年寒浞掌权，旗帜是他自己的。

太康和后羿荒淫无度，政事毁废，寒浞出身卑下，仕途蹭蹬，随着权位升高出现腐败行为，但比较起来考察之，寒浞还是有一些政绩的。

在今天的山东莱州，寒亭至过西村一线，有道高岭，有人说是寒浞时期为抵御海潮修建的海防工程，此事若能够落实，一方面是寒浞的功劳，一方面说明超大的国家投资项目，消耗他的资金，挤占他的军费，加速了他的完结。

“少康复辟”，在一代代国人奇特的脑子里，非要认为是“物归原主”不可，因而叫好不绝，甚是邪门儿。

《左传》记载了这个事儿，然而毕竟属于散文，时间也相隔太久，所以有些稳健的历史学家并不肯定这件事情的真实性。

后山曰：这个历史传说，至少反映了夷夏之间奴隶主贵族争夺权利的血火拼杀。

在基本上缺乏公理的时期，哪个统治者权术高超一些，残暴得稍微策略一点，他就能获得较多的响应，政权存在的较为长久一些。

就文化的意义上讲，六七十年间，夷族的后羿和寒浞夺取了政权，又被汉族的老祖宗夏族打败，后山认为，实质上造成了远古时代的民族大融合，是好事情。

话说少康登上政治舞台，便开始了声势浩大的肃反镇反运动，清肃镇压重点自然是寒浞的儿子寒浇、寒豷及其亲信们。

寒浞将寒浇封到了干地，将寒豷封到了戈地。少康一不做，二不休，对“干”“戈”二地动起了干戈。

前往干地攻打寒浇的大将叫艾，名字娘娘腔，很三八，其人还真的是一位巾帼英雄。

艾化装成一个农妇，侦察寒浇的虚实。

寒浇没有任何通讯布置，也没有跟首都联络的交通员，斟鄩丢失，老爹就义，他浑然不知，还在计划着第二天出猎呢。艾这位女间谍有办法了。

翌日平明，寒浇带人围狩。艾让士兵们假扮猎人，带着猎狗事先到了围狩区。

寒浇很奇怪，问部卒说：“今天是个好日子吗？怎么这多人来打猎呢？”

还没等他们回过神来，艾的士兵们就一拥而上，控制了寒浇和他的随从，猎狗们乘势群扑而上，竟把寒浇活活撕吃了。

少康派往戈地收拾寒豷的是自己的儿子小杼。

杼自小在“有虞氏”的泥地里参军，磨练至今，已是英气勃发的青年军官，能够领兵出战了。

杼还爱搞小发明，设计制作了一种抵挡箭矢的军装——练甲。

不是后世西方传入中国的金属“环锁甲”，杼的原料是缣帛夹厚绵，偶尔也缀上几块牛皮，属于布甲、皮甲，很厚实，士兵穿戴了，获得生命防护，战斗力增加不少。

杼带了很多练甲兵马，把戈地团团围住，杀掉了寒豷及其家人。

少康的出身和经历，使他复辟后能勤于政事，讲究信用，各部落都拥戴他，夏朝再度兴盛，史界称他复国后的光景为“少康中兴”。

但少康在斟鄩没待几年，不知怎么想的，把政权迁离了河洛地面。

他的子孙们世袭君位之后，均是四方游荡，不拘一处，荒淫享乐，不拘一格，到了少康之后第十二世——自禹起算第十七世——癸，才又把首都迁回洛阳斟鄩。

第四章

血火交映

一

少康做了二十一年天下共主，因病医治无效，崩了，借力政权的运转惯性，朝下世袭了十一世之后，出了个癸——夏朝的送终者。

每个朝代都要有个送终的，宴席不可能永远不散，一家人世世代代一直统治国家，本质上就是个问题。

他们为自己掘墓是必然的，时间长，不是别的原因，是他们掘得慢。

总体来讲，奴隶主的本性十分残暴。

国人的老太祖黄帝就有杀死对手后侮辱和烹食尸体的前科，长沙马王堆三号墓收藏的帛书，写有详细的证言。

禹、启、太康、后羿、寒浞及当时不少部落头领，史界考证，也都有此类罪恶。

说奴隶社会残暴是狭隘的，吃人肉的传统在这个民族内部被保持下来了，1584年暮春，北京人还在吃民族英雄袁崇焕的肉。

奴隶主的罪恶来自于其超乎寻常的特权，对待战犯，对待窃贼，不用说了，对为他们提供服务的奴隶和平民的日常压榨，也是深重不堪的，即便那些位居社会下层的人员愿意过牛马猪狗不如的生活，也是难以忍受的。

少康重新夺回天下，战战兢兢，稳定了一些年头，随后几世庸庸碌碌不见政绩，到了孔甲，其家族荒淫的老传统又被发掘和光大了。

孔甲不但胡来，还极好鬼神，政治衰败，诸侯离心。

履癸

二里头聚落遗址一角

二里头3号基址中院主殿和西庑

社会运行存在惯性，不到活路断尽，一般难以招致反抗和巨变。

夏朝风雨飘摇地传到了履癸——癸的手里，夏廷被癸迁回了老祖宗的故都——洛阳斟鄩。

斟鄩所在，从前一直有争议。

几千年过去，它深埋在地下，难以寻觅。靠零星的记载考判方位，有说这儿的，有说那儿的。1959年中国社会科学院开始在洛阳作夏墟考察，发现了沉睡几千年的斟鄩。

今天洛阳市区往东十几公里，二里头、圪垱头和四角楼，三个自然村，总面积四百万平方米的地下，堆积着四期文化层。最接近地表的一期应该就是癸的了。

考古人员慢慢挖开了夏墟。

宫殿，道路，陵寝，房屋，水井，都露出来了。

晚期的文化层——癸的这层——出土了大量的玉制品，琮、圭、璋，都是礼器，祭奠用的，陶器更多了，日常生活所使者之外，也有礼器，龟、猪、羊头之之类。

夏墟遗址中，令人震惊的，是多个文化层都有的奴隶尸骨灰坑。

考古学所谓灰坑，是当时的自然坑穴、废弃的水井等，古人一般用来倾倒垃圾，比墓穴要丰富得多，以烧火灰烬为主，故称灰坑。

二里头灰坑中，发现了大量奴隶的尸骨，形状各异，仰身的，俯身的，被捆缚的，身首异处的。

显然，被抛弃的奴隶，有的系苦役累毙，有的因酷刑丧命，有的是夏统治者人

发掘中的二里头遗址

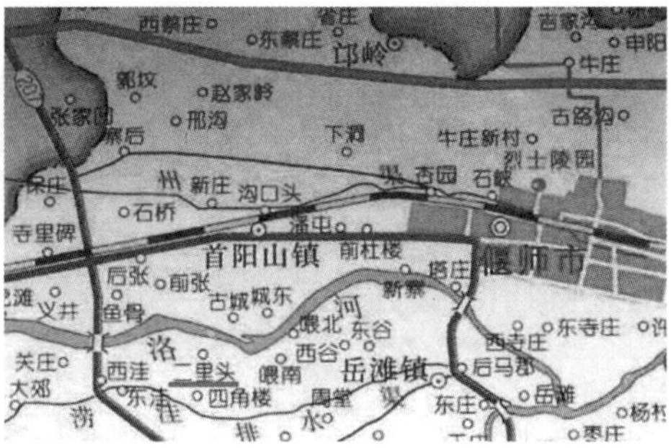

二里头地理位置

祭、人牲的证据，大量痛苦扭曲的尸骨，应当是活活的人被捆缚扔进垃圾坑的。

据后山考析，斟鄩在禹、启、太康时期，“城”的特色并不显明，到了其末世的癸，斟鄩才有条件大开发了。

这个癸，能“伸钩索铁，手搏熊虎”。就是说，膂力超人，能把弯曲的铁钩拉直，能赤手空拳跟熊虎搏斗。而且有人说，他并非粗野无比，还是一个文武双全、聪明伶俐之人。

问题不能掩盖。癸的酒色之欲也很突出。

癸能喝，宫廷里日夜摆着打开盖子的酒瓮，狂饮之声连绵不断，各部委、各司局无不醉生梦死，酒量大的人都得了高官。

癸好美女，手下就在全国为他遴选，有的女孩尚不足十三岁就被选来了，美人儿源源不断地运入斟鄩后宫，贡美得力的人，也都成了权要。

癸也曾经是个有志青年，怎奈他接手的时候，夏朝明显衰败，各方诸侯早就不来朝贺了。

癸想把王朝振一振，跟九夷族发展友好关系，昆吾氏、有韦氏这些小部落就表态：指哪打哪。

炫耀武力，挨个儿教训不来进贡的，还真见效。但攻打有施氏不顺当。

有施氏很小，却很操蛋，几年都不到斟鄩朝拜，赋税也是一拖再拖，总要赖掉。

癸说：“此等目无君王，安能宽纵？围剿！”

癸调集上万人马，把小小的有施围了个铁桶也似。

有施认罪请降，癸不准，送财宝媾和，癸不收，非血洗它不可，非灭掉

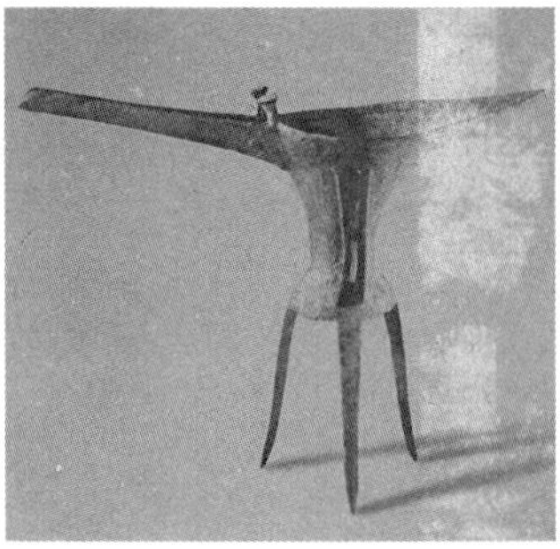

二里头出土的酒爵

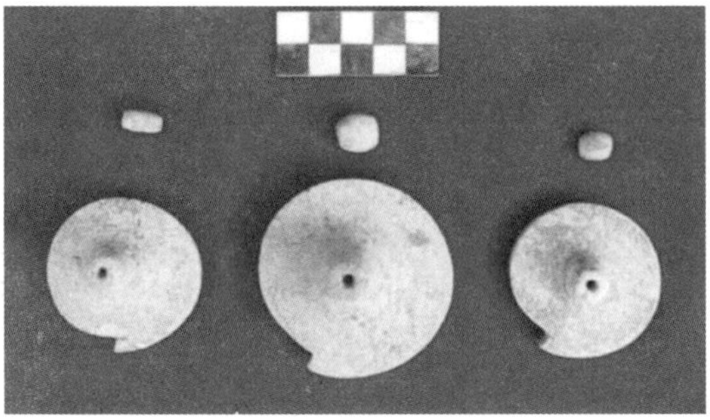

二里头出土的斗笠状白陶器和绿松石珠

它不可。

在大难临头的紧急状态下，有施的一个大臣提议选个美女投癸所好，“性贿赂”或可救难解围。

有施部落在灭亡和苟存之间，选择了屈膝求和。

有施国将最漂亮的美女末喜——妺喜——梳妆打扮了，穿得菲薄透亮，隆重送出城来，献给癸。

这个妺喜生得如何？有诗称赞道：“有施妺喜，眉目清兮。妆霓彩衣，袅娜飞兮。晶莹雨露，人之怜兮。”风骚诗人先动了贼心了，你说漂亮不？

妺喜雪肤细腰，长发飘飘，线条凹凸有致，胸前微微颤动，揣有两只白兔子。

她撩一撩细薄的纱裙，跪地给夏履癸施礼。

癸彻底给镇住了，妺喜的婀娜多姿、风骚绝伦，使华夏联邦大首领完全晕菜，嘴也合不拢了，哈拉子流个不住。

妺喜承继了有施氏所有的狡猾，忽闪了几下大眼睛，柔声道：“妺喜愿以身代罪，请大王饶恕有施氏……”

癸没等妺喜说完，便接话道：“好说，好说。没问题，没问题！”

癸早已迷了。妺喜太美丽，癸心想，这真是个绝代佳人啊，我活了这么大，贵为天下共主，还没有享用过这么妙不可言的美女儿哪，亏不亏啊？

癸被妺喜迷得骨酥神离，战事早已忘到了九霄云外，色迷迷地抱住妺喜，当即滚进了战车的后备厢里。

妺喜本是一介女俘，自此进入夏的宫廷，成为王妃，这个妖冶的政治尤物的命中职责，似乎就是促使夏朝“殁戏”。

夏妃妹喜

夏末后宫风情

二

癸收兵回到斟鄩，对妹喜百般亲，千般宠，万般爱，日夜厮守在一起，时时刻刻不分离。

臣子们看到的癸，双膝上总是坐着半裸的妹喜，朝廷大事，也是聪明的妹喜说什么癸便行什么。

后世有人说妹喜是有施部落故意投放给癸的地下工作者，但迄今尚无历史材料支持这个独特的说法。

妹喜对夏履癸说：“哎呦，没想到你的王宫这么陈旧啊，还没有我家的好呢？”

夏癸觉得好丢脸，王宫确实是祖上传下来的，陈旧得很。为了讨妹喜的欢心，他便开始大规模兴建金碧辉煌的新王宫——全国最大的房地产项目。

癸征召国内最优秀的工匠，为心中的女子“筑倾宫，饰瑶台，作琼室，立玉门”。

这座宫殿是当时斟鄩的最高建筑，方圆十里，统高十丈，巍耸入云，对之欲倒，人们呼之为倾宫。你若想看他的顶，仰脸时得捂住帽子，免得掉了。

倾宫的内部设施华丽无比，锦绣铺地，象牙为榻，墙壁和门窗也都是美玉雕成的。

倾宫里边最高处筑了个大看台，叫瑶台，俗名主席台。

后山告诉你，上身子长，下身子短的人，坐主席台最沾光，也升职最快。

夏桀

夏桀与妹喜

仗不打了，事不议了，癸大兴土木，营造了宫殿，继而广收美女，伎乐之人，充陈后宫，超过三万，陪着妺喜玩乐。

两万多名女子，穿上锦绣的性感服装，组成超大的歌舞表演队，鼓噪之喧与丝竹之闹，隔着三条大街都嫌聒耳朵。

只要妺喜欢心，夏癸什么都干得出来。

在极度豪奢的倾宫之内，癸一天到晚、夜以继日，惟有一件事：跟妺喜寻欢作乐。

“日夜与妺喜及宫女饮酒，无有休时，置妺喜于膝上，听用其言。昏乱失道，骄奢自恣……”

大臣们进宫请示和汇报工作，一律被挡在门外。

在癸的王朝，不仅美女们全都进入朝廷工作，小丑、侏儒、狎邪之徒也走红了，只要他们能演小品，说相声，会做噱，搞笑，就高薪招进文化部艺术团，掺杂在宫女中，以造“烂漫之乐”。

妺喜爱听“裂缯之声”，癸就从国库搬出织造精美的绸缎，叫力大的宫女不停地撕给她听，国库里的撕光了，就向各个部落征取。

在农植时代初期，丝绸织造刚刚兴起，破坏这种稀有的昂贵的物品，无异于暴殄百姓血汗。

妺喜虽为女性，却分外喜欢饮酒作乐。

因此在“裂帛”壮举之后，癸索性再兴土木，别出心裁地绕着倾宫凿了一条河，装满美酒，他和妺喜乘着舢板，荡漾在美酒中，嬉戏淫乐，两岸是无数光滑净裸的宫女为他们挡风，并随着丝竹管弦轻歌曼舞。

酒河里可以运行船只，酿酒的副产物酒糟堆成大山，登上去能望十里远。

癸一高兴，对妹喜说：“咱来个喝酒锦标赛吧。”

命斟鄩所有科级以上干部都来参加，鼓声就是口令，猛然敲响，三千多人你拥我挤，争相趴到酒河边“牛饮”，很多被挤下去淹死的。

那些笨得像猪一样的干部的像猪一样的姿势动作，笑得妹喜花枝乱颤……

在癸的超大酒池里，醉而溺死的情形时常出现，荒唐无稽之事，常使妹喜踉里踉跄，笑倒在癸的怀里，让癸抱住她胡揉乱搓。

夏癸的快乐胜过神仙，宫廷之外的情况呢？

国势日益衰落，四处民不聊生。

朝廷要享乐，不断加重对百姓的剥削和奴役，征壮丁工夫，逼苛捐杂税，连年不断，百姓生活陷入愈来愈深重的困苦之中。

公元前1602秋天，洛阳一带发生了罕见的大旱灾，洛水和伊水都枯竭了。

夏癸觉得效法老祖宗大展身手的机会来了，主持了一项极为浩大的“调水”工程，要凿开邙山，引河济洛。这个工程一旦告竣，可能超越其先祖大禹。

然而，“引河济洛”无法成功。

很简单，一无炸药开山裂土，二无钢筋水泥加固隧道，除了劳民伤财之外，只能是个豆腐渣工程，烂尾巴工程。

果然，第二年，隧道先是发生大火灾，继而出现大塌方，接二连三，死伤无算。

唉，夏癸呀，你怎么就不想想，你的先祖大禹治水时只不过是遇山改道而已啊，你光想与水奋斗其乐无穷，与土奋斗其乐无穷，蛮干不成啊！

短短一年间，河洛大地接连受到大旱、苦役、火灾、塌方的折腾，小民们死无胜数，苦不堪言，辛苦卖命，难得温饱，更遑论兼年之食。

天灾频仍，人祸不断，妻离子散，饿死他乡，已经成了普遍的社会现实。

奴隶和平民们被夺尽了口中食和身上衣，国人不堪过活，就有奋起反抗的，逃跑的，劫富济贫的。夏癸自然有对付的办法，那就是杀。

奴隶社会，性质本就惨烈，暴君杀人，更是如同儿戏，眨眼之间，百姓便会血溅道旁，身首异处。

横征暴敛、欺压天下的倒行逆施，尤其是“发缯裂之”和“酒池裸游”诸种恶举，激起广大奴隶和平民的无比仇恨，早已民怨沸腾，地火在熊熊燃烧中。诸侯国亦不甘臣服，伺机反叛。

东夷的有缗氏便是这样的反叛者。又是东夷！

三

有缗氏是夏朝东部较大的诸侯国，一向不满夏癸的残暴统治。

某日，夏癸为炫耀权力，通知诸侯在有仍氏部落会盟。

有缗氏部落主看不起夏癸，听他在台上胡放假、大、空的混账厥词，愤然退出会场，回家了。

有缗氏老板给了夏癸口实，夏癸便征调大批军队进攻有缗氏，有缗氏顽强御敌，夏军遭受重大损失。

夏癸是个愈挫愈烈的血性汉子，纵是朝廷不坐，也得较个你死我活，豁上了，征调更多的部队围困有缗氏，看谁厉害。

癸的部队奋力撞击城门，破挖城墙。有缗氏的城墙跟当时大多数部落一样，土围子而已，眼看就要被攻破，屠城难免了，紧急开会商议对策。

有聪明的老臣说："想当年有施氏大难临头，送美人曰妹喜，方获自救。今日我部落同样遭遇，应快点送一美人儿出城，再晚我们全都死定啦。"

有更聪明的老臣说："送一个美人儿出去癸还不罢休咋办？我们做工作，不做则已，要做务必成功。随着生活水平的提高，随着经济发展和通货膨胀，送一个已经老皇历了，不能满足癸的欲望了，我的意见：确保万无一失，送俩！"

有缗氏立即发动群众，找出了双胎胞姊妹俩，十五岁，一个叫琬，花容月貌，一个叫琰，沉鱼落雁，让她们承担救国大任。

有缗氏让大嗓门的士兵上城头喊话："别打了，别打了，送美人儿了，我们要送美人儿给大王了……"

花容月貌的琬和沉鱼落雁的琰被送出城门，于战阵前贡献给了夏癸。

香艳肉弹果然比氢弹还厉害，而且左一枚右一枚，轰得癸迷三倒四，低头向两边摆手退兵："不打了，不打了，还打什么呢！"

夏癸纳了琬和琰为妃子，整日在营帐里寻欢作乐，不回斟鄩，将妹喜抛弃在洛水一带，空房独守。

妹喜本是个性情热烈的女子，空旷难忍，恨得咬牙切齿，心里说，你他妈的吧夏癸，吃着锅里贪着碗里，总得给你点颜色看看！

却说夏癸淫佚无度，渐至成为独夫民贼，他非但不思悔改，反而顽冥不化，自喻天日，十分狂妄地把自己比作永远不落的红太阳，让朝野上下祝他万寿无疆。

癸大言不惭地在政治局常委会议上讲话说："天之有日，犹吾之有民。日有亡哉？日亡吾亦亡矣！"

天上有太阳，就像我有天下、有贱民。太阳会熄灭吗？太阳熄灭我才会完结，太阳不会熄灭。

会议精神传达到全国，老百姓听到这样放肆的混账话，切齿咒骂道："是日曷丧，予及汝偕亡！"

你这个可恶的太阳什么时候完蛋啊，我宁愿和你一道灭亡。

夏癸如此胡作非为，夏王朝危机四伏，难道就没有人谏一谏吗？

有，统治阶级中的有识之士深感忧虑，可敢于忠谏的大臣，却都为癸所杀。

大夏历史研究所所长终古，见夏癸先是跟妹喜，后是和琬、琰等一干女子只顾玩乐，成年累月不登殿上朝，便哭着进谏。

癸很不耐烦，斥责终古："你这是中邪了，鼻涕眼泪儿的？说话什么腔调啊，遇到了大丧似的？"

副总理关龙逄实在看不下去了，也冒死进谏说："联邦首领爱民节财，国家才能长治久安。如今陛下朝政荒颓，黎民怨声载道，好似头上悬着危石，脚下踏着春冰，头顶危石时刻要砸下来，脚下春冰随时要塌下去。为臣恳请君王早日改变这种情况，挽回天下人心。"

癸听了关龙逄的谏言，咬着牙不说话，关龙逄因此立于阶下不肯离去。

癸看到关龙逄的样子，心里很不耐烦，就说："你已经够啰嗦了，还想干什么？莫非还想欣赏欣赏炮烙之刑？"

癸随即命武警抓来一个奴隶行炮烙之刑，让关龙逄登上瑶台陪他观看。

癸问关龙逄："台子底下那个奴隶是不是死得很难看？"

关龙逄说："他很可悲，天下也很可悲啊。"

癸说："既然如此，现在你说我吧。说得对，我就改正，说得不对，就用底下这个炮烙之刑伺候你。"

关龙逄说："陛下奢侈无度，挥霍财物，不知天下贫困，陛下拥数万名宫女，不知天下正在背离，陛下嗜血成性，杀人若恐弗胜，只有赶快改正过错，才能挽回人心，若不改变，天殃必降，而诛必至矣！"

癸哈哈大笑道："关总理呀关总理，你说我诛必至矣，不知道你自己诛已至矣。"

癸下令对关龙逄施以炮烙之刑，关龙逄说："炮烙了我是小事，你的天下就要丢了。"说完赴火而死。

关龙逄因忠谏被杀，在夏王朝内外引起极大震动，臣子们都不敢再进谏了，只想远远离去。

历史研究所所长终古就十分后怕，庆幸自己捡了条小命，于深夜逃出斟鄩，趁着月色投奔商部落去了。

有专门投主子所好的，历代不绝如缕，叫做奸贼、佞臣，今天也很多，他们的心思在于揣摩主子意图，伺候主子到骨头缝里。夏癸手下的这类人物的代表是文化部一个小司长赵梁。

赵梁投癸所好，为癸设计靡靡之乐，教癸如何进行刺激性娱乐，教癸如何勒索，残害百姓，得到了癸的宠信，官越做越大，地位越来越高，没多久就被癸拔擢为文化部部长。

夏癸自信满满地对赵梁说："我上次讲话，天上有太阳，正像我有社稷，太阳不会熄灭，我就不会灭亡，这话对不？"

赵梁连忙接道："圣上的话太对了，放之四海而皆准。可是贱民们死脑子不开窍，微臣准备好好发动一下，在全国掀起学习高潮，让他们清醒清醒。"

忠臣不再谏，佞贼满堂转，这个大夏联邦天朝的最高领导人，由是更加肆无忌惮，荒淫无度。

大群三陪女，给夏癸搂着抱着，不胜欢娱，男女杂处，兴云作雨，据说一个月不出来，宫殿里弥漫着一种奇怪的味道。

癸喊来财政部部长，实施新的项目计划。

斥巨资修造一座新宫殿，专门夜间作乐，称为夜宫。里面以大理石砌了个大池，命很多人不断地烧温水注入池中，他带着琬、琰和大群男女裸身杂处在池内，日夜玩乐，根本不再升朝了。

大夏天朝这个烂摊子，被癸一步步推向死亡的境地。

墓是夏癸自己挖出来的，而封葬夏和癸的，正是夏的属国之一：商，时间在公元前1600年前后。

第五章

西亳雄起

一

出洛阳，朝东走，过了斟鄩，再向东北，大约五公里，就看到一个不算太小的部落，夏的东邻，也是他的方国：商。

商属于东夷的一支，斯时的部落主名字叫汤。

商部落的居住地叫做西亳，在今天的洛阳市区以东不远的洛河北岸，公元1983年中国社会科学院在这里考古，发现了保存完好的商代都城遗址。

商为了自诩，给自己编写了个光怪陆离的出身——祖先是只黑鸟。

商的始祖叫契，来历很有个性。

契他妈简狄作姑娘时，在湖中洗澡，黑鸟飞着偷看，不知什么原因，吓得流产了，产了一枚小小的蛋，落在简狄面前的水里。简狄觉得好奇怪，一枚真的蛋哦，捞起来把它生吃活喝了。

这枚鸟蛋让简狄怀孕产子，是为契。

"只知其母，不知其父"的母系传宗方式，被美化成了"天命玄鸟，降而生商"的神妙传奇。在甲骨文中，"商"字的样子也像只鸟，岔着尾巴。

几代商侯曾七八次迁徙，固然是为了向外发展势力，掠夺更多的奴隶和财物。

据后山考释，商的迁徙另有原委：一是犯各家诸侯的共同毛病，内斗，二是这一家子酷爱占卜、算命，这儿不利了，那儿吉祥了，三算两算，就要搬迁。

到了汤继位，他把商族的居住地从商丘迁到洛阳偃师的西亳时，已是一个具有国王权力的大诸侯方伯长了。

成汤

商汤王

商部落所在地属于平原地形，利于生存，几代以来农业和牧业都得到了快速发展，社会财富增加了，经济实力增强了，它就不再安生了。

在新一代部落主汤的领导下，军事也日渐强盛，光想撸起袖子跟谁掐一场。

商汤比有施部落有心计，时不时地偷偷联络不堪夏朝统治的方国和部族，密谋取夏而代之，也坐一把庄。

汤又名履，他有改名癖，见于记载的有：汤、成汤、武汤、商汤、天乙、天乙汤，就差没用一次牛肉汤了。

除了这汤那汤的，还有唐、成，这些刻在甲骨上的。

汤死后，子孙们还给他改名不休：祭祀用大乙、天乙、高祖乙什么的，对外宣传称武王。

商汤挖空心思，树立良善形象。

有年洛阳一带发生超大旱情，草木枯死，天地皲裂，商汤说要“祷于桑林之社”，即去洛河南岸的桑林里设祭、许愿。

汤是个满脑子装着政治的人，他通知宣传部门，让媒体都跟着。而暗地里，他部署心腹化装成捕鸟人，如此如此，这般这般。

渡过洛水，走进南山不远，在一个树木纷乱的林子里，看到一个人在捕鸟。那人向东西南北四面挂起罗网，挂好后，对天拜了几拜，大声许愿说：“天神保佑，网已挂好。愿天上的飞禽，地上的走兽，东边来的，西边来的，南边来的，北边来的，都快快进入我的罗网吧，阿门！”

商汤在媒体混混儿们的簇拥下，恰好走到那人跟前，听到了他的祈祷，问他：“你的意思不就是一网打尽吗？这样做不太残忍了吗？只有夏癸才做网尽之事。”

汤建议撤掉三面，只留下一面的网，教那人重新祈祷："天上的飞禽，地上的走兽，想往东的，往东去吧，想往西的，往西去吧，想往南的，往南去吧，想往北的，往北去吧，不听话的，就向网里钻吧！"

商汤去桑园视察和设祭的新闻被简单报道了一下子，撤网祈祷的善举却被媒体炒了个火热，跟红烧肉似的。

商汤的仁德之心很快就由近及远地传扬开了，整个社会都知道商汤是个大善人了，诸侯们都说："汤德至矣，及禽兽。"汤的善良太到位了，禽兽都享他的福啊。

对禽兽都仁慈的汤，当然是个有德之君了，值得称颂，可以信赖。

三下五去二，商汤人气暴涨，贤人们纷纷"割肉"于夏癸，"投资"于商汤，汤的影响和势力愈来愈大。

夏癸暴虐无道、残害黎民、侵夺诸侯、天怒人怨，为商汤送来了有利的时机，他开始做灭夏的具体准备——积蓄粮草，招集人马，训练军队。

前几年，夏王朝曾经把征伐低级部落的大权授与商，有权力不经夏君的批准而出兵。于是商汤选择了自己的邻国葛开刀。

有葛氏介于西亳和斟鄩之间偏南，在夏王朝所属的诸侯国中并不算大。

葛伯是个忠实于夏癸的奴隶主，是夏癸在京郊地区诸侯国中的一个耳目。

汤恐葛伯将他的活动报告给癸，妨碍他的战略，派使者多次争取葛伯不再为夏癸效力，都没有收效。怎么办？找碴。

商汤的部落是最迷信的，大小事情一概要问卜，白天夜间时刻要设祭，商汤的屁股后头整日跟着一溜子"贞人"——所谓的魔法师。

魔法师工资很高，工作很轻松，就是装神弄鬼。

商汤靠魔法师把自己装扮成“通天”的角色，利用各种条件和机会，力图让人们相信，他是执行天命的人。

葛伯呢，是个唯物主义者，平时并不祀天地，也不拜鬼神。那就说他这事儿吧！

汤派使者询问原委，葛伯觉得跟一班鬼神狂解释不清爽，搪塞道：“祭祀重要，可我们太穷了，没有牛羊做牺牲，怎么祭祀呢？”

商使把情况汇报给汤，汤说：“好吧。”就差人送了一群肥大的牛羊给葛伯。

在唯物主义者眼里，牛羊都不是用于供祭的牺牲，而是喷香的肉肉。

葛伯见商汤送来不少牛羊，就全部宰杀，召集一班跟屁虫干部们改善生活了，仍然不作祭祀。

汤得知情况又派使者询问，葛伯又说：“无论水害旱灾，你们的媒体都连年叫喊着大丰收，我们可做不到。我们的田土不好，种不出粮食，没有酒饭作贡品，当然祭祀不了啦。”

好吧。汤的部落奴隶过剩，就又派自己的奴隶前往葛地去承包田地，帮助种庄稼。

葛部落崇尚唯物主义，没有任何宗教的灵魂威慑，没有任何关于鬼神的心理恐惧，各级干部天不怕地不怕，千方百计胡吃海塞，贪污作恶，甚至弄到暗无天日，百姓生活非常困苦，衣食不能自足，当然更不能为前来耕作的亳人提供饭食。

汤就指派商边境的人往葛地送去酒饭，给跨境承包耕种的亳人吃。

葛部落的流氓无产者竟猫在半道上的阴影里，看送饭人走到，突然窜出，将

伊尹纪念堂

酒饭抢走，填入自己的肚子。

有一回，一个孩子去送酒肉，因反抗抢劫，居然被杀死了。

这葛伯实在属于脑子进水的货色，把子民饿得抢食吃，这不是在找死吗？

商汤先尽礼义，后兴刀兵，把精明的吞并战略推演得天衣无缝，适时率军队进入葛的腹地，把葛伯杀了。

葛部落人民毕竟不乐意独裁统治，早就怨恨葛伯不已，渴望解放，见商汤杀了葛伯，纷纷表示归顺。

商汤说：“现在好了，人民当家作主了，分田分地吧。”

汤灭葛的行动，在诸侯中不但没有人反对，还指责葛伯被杀是咎由自取。

进而，怨恨夏癸暴虐的一些诸侯、方国，还盼望商汤前去征伐呢，愿意从夏王朝统治下解脱出来，归顺商汤。

二

商汤收拾有葛氏，不过是大奴隶主的牛刀小试。

大夏的远边地带，黄河两岸，杂七杂八一些小部落，汤一个一个地翦除，“十一征而天下无敌”。

商汤打着为夏癸整肃治安的旗号，拔掉了夏的毛，夏癸并没有什么怀疑，夏癸认为自己是永远不落的红太阳嘛，天下牢靠得很，丢不了的。

在商汤的一系列战略行动中，他的右相伊尹和左相仲虺发挥了重要作用。

伊尹出身奴隶，本是伊水边某个部落奴隶的私生子，由奴隶们抚养成人。他为商汤夺取大夏联邦政权立下了汗马功劳。

伊尹成长于嵩山山区的有莘氏部落，自幼聪明颖慧，勤学上进。耕于有莘之野，却乐于尧舜之道。后来伊尹被莘老板用为大厨子，继而升为管理膳食的小头目：司务长。

商汤有一次出访有莘氏部落，莘老板设宴招待，席间有份砂锅肉，味道太美了，吃得商汤齿颊芬芳，想见一见厨师。

厨师出来了。一看，哇噻噻，酷毙了！

个子矮小，皮肤黝黑不说，脸部上尖下宽，呈水滴状，猛一看，不好看，细看不如猛一看。但他手艺确实了得，又爱说话。夸他炖菜做得好，他就自豪地解说起来。

食物都有本味，要想让它可口，就得去其腥臊膻臭，适当焯烫而后烹煮；二要注意火候，不可过急过烈；三要把握调味品投放的次序和分量，时机和分寸都很重要；第四要仔细观察“鼎中之变”，调整鼎镬的受火角度。这样才能曲尽炊事之妙，治理天下也是这样。

总结得太到位了，最后一句真要害！

商汤一听之下如醍醐灌顶，一时间目不转睛地盯着这个丑怪厨师发愣。

厨师又慢悠悠地继续说道：“烹制不同的美食，需要用不同的器具。就说烹全牛吧，就必须用大鼎，用大鼎，就必须用大火，要大火，必须有大柴。但是，大鼎和大柴都是很少见的呀。”

厨师说到这里，转口道：“请允许下官继续到后厨烹饪。”

商汤和莘老板允准，他就进去了。

商汤本人是个烹饪高手，而这个又黑又丑的大师傅，却实在超越了烹饪呀，就询问情况。

莘老板说，这个厨师叫伊尹，本是个弃儿，不知道谁把他放在一段空心的桑木中，随水漂流到了伊水边上，给有莘氏一个好心的采桑女奴隶捡回家收养，因为是在伊水边得来的，所以姓伊。

伊尹很关心国家大事，莘老板说："早就看出他怀有经邦济世之志。"

求贤若渴的商汤深深地记住了这个不凡的厨师。汤那时节正在四下收罗有本事的人共谋大事，隔没多久，就带着大量玉、帛，想从有莘氏手里请走伊尹。

有莘君唯恐便宜了汤，但他看到商汤的前程无可限量，也有意结交商汤，两方遂演绎了一出"移贤"活剧。

伊尹是个奴隶，没有行动的自由，即使偷跑出去也会被抓回来，轻则处罚，重则处死，根本不可能作为贤士受邀。

有莘君与商汤合计一番，办法有了。

有莘氏家有大龄女儿一名，待字闺中，高不成低不就，现在就将她嫁给商汤为妻，伊尹呢，当作陪嫁奴隶随行，多全其美。这便是《史记·殷本纪》所谓伊尹，"有莘氏媵臣也"的粗略记载。

伊尹跟随有莘氏的女儿入商，仍然给汤作厨子。

伊尹利用每天侍奉的机会，分析天下形势，数说夏癸的暴政，劝汤蓄积力量灭夏代之，近期可以先取了豕韦氏。

豕韦氏较弱小，地理位置十分紧要，属于大夏通往有顾、昆吾等属国的要道。

商汤有顾虑：自己吃掉了黄河两岸那么多小部落，他们都是低级别的，豕韦

伊尹议政

跟商同级，都是方伯长，联邦大老板夏癸没发话，师出无名啊。

伊尹的想法比较恶，对商汤说：“在夏朝之前，黄帝征伐这个，征伐那个，胡杀乱砍，眼都不眨，有人给过他权力吗？商最终要征伐的并不是一般的部落，而是全国的统治者夏王朝，找谁要这个权力呢？真正能够赋予征伐权力的，是天命，天命赋予仁者征伐的权力啊！”

商汤茅塞顿开：谁是仁者？我是仁者；天命归谁？天命归我。

商汤还有一个问题：征伐的理由呢？

伊尹说：“有条件我们要上，就像大王以前征葛那样；没有条件，我们创造条件，也要上，征豕韦，不动摇。”

“创造条件”的光荣任务交给了商的大特务庆辅。

庆辅出马，不负厚望，搜集了不少对豕韦侯不利的证据，并策反了豕韦的高级干部彭祖和彭宾。

彭祖年龄很大，为老不尊，热衷于当叛徒，彭宾愿意以手里的武装反叛政府，商许诺他成事之后作商的高级干部。

商的大军杀向豕韦，豕韦骤不及防，仓卒迎战，家中又有内鬼，很快就身死国灭了。

有人说豕韦是猪的传人，以“哼哼哼”为部族图腾。商的祖上是只黑色大鸟，黑色的鹞鹰，猪跟鹞鹰对阵，结果自然可想而知了。

奏凯之日，商汤破格免去伊尹的奴隶身份，火箭式提拔，任命他为总理大臣——右丞相。

左丞相仲虺呢，是个奴隶主，高门大户出身。

仲虺姓任，又叫莱朱，据说其出生时雷声虺虺，闪电如蛇，大雨倾盆，解了多年的旱灾。“虺虺”者，雷鸣声，“虺”又是蛇别称，闪电如金蛇狂舞，于是他的父亲给儿子起名“虺”，并给他背上做了一套赤蛇纹身。因他排行老二，所以叫任仲虺。

仲虺祖上奚仲，夏禹时做过车管所所长，禹分画九州的时候封在薛地。

奚仲家族有着深厚的技术积累。奚仲的父亲发明了舟，奚仲本人发明了马车，奚仲的儿子吉光发明了战车。

奚仲这个车管所所长，可不简单，因为代表当时最尖端的制造和装配工艺水准，所以基本上相当于国家工程院院长了。

管子说：“奚仲之为车也，方圜曲直，皆中规矩准绳，故机旋相得，用之牢利，成器坚固。”

在资源允许的情况下，奚仲家族的战车可以按照图纸，大规模生产。

事实确乎如此，之后的一千五百多年，马驾的战车成了中国战场的主宰。

我们都知道，机械化部队和领先的武器装备对于战争的意义。科技是第一生产力啊。

仲虺同时还是一代大巫师，善于兴妖作法，最拿手的是祈雨，在巫术界很有建树，很有权威，商部落笃信鬼神，仲虺自然受到高看。

仲虺建议商汤：兼弱攻昧，取乱侮亡。什么意思呢？“兼”即吞并，“攻”即攻打，“取”即取为己有，“侮”即侮慢其人。

“弱”者力少，“昧”者不明，“弱”、“昧”表示某个国家开始衰败，它肯就范，则控制它，否则可以攻击它，消灭它。

“乱”是已乱，“亡”即将亡，“乱”、“亡”形容某个国家不幸了。

衰败到了极点的国家，就干脆灭了它，对于亡国奴，只管侮辱他就是了，没关系的。

伊尹和仲虺，一右一左，共同辅佐商汤，内修政治，鼓励农牧，外善诸侯、方国，广结统一战线，集蓄力量，准备灭夏。

三

大头夏癸，自诩全国子民的伟大领袖，是天上那永远不落的红太阳，荒淫依然，暴虐照旧。

伊尹向商汤出谋，由他亲自去夏都建立一个驻京办事处，住斟鄩一段时间，观察夏的动静，以便正确决策。

汤就准备了土特产，派伊尹为使臣，去斟鄩朝贡兼建办事处。

伊尹带着随从，驾着马车，来到夏都斟鄩。

癸根本不在朝廷，而是在倾官寻欢作乐呢。伊尹只得又往倾宫，朝见夏癸。

夏癸见了伊尹，想了半天，只问了一下商侯为什么要灭掉葛国这个陈年旧事。

伊尹回答说：“葛伯不举行祭祀，商侯送给他牛羊他杀吃了，又派亳人帮他耕种，他不但不感激，反而杀害送饭的。他是陛下的诸侯，如此不仁，有损陛下之威，商侯才将他诛杀。”

夏癸没什么再问的了，连豕韦氏为何也遭诛灭都没想起来。

伊尹又奏道：“商侯派臣下前来供职，不知陛下有何差遣。”

商的各种刑罚

夏癸不在意地说："你先住下吧！有事时再传你。"

就这样，伊尹以商汤部落驻京办事处主任的身份常驻斟鄩。四季轮换，春去冬来，其间四次回到商部落汇报工作，又四次返回斟鄩，夏癸整天只知饮酒作乐，把朝政弃之不理，没有传唤过他一次。

就在这一时期，夏癸新得美人儿琬和琰，宠爱有加，正值青春年华的妺喜遭受冷落，从天堂跌入冰窖，伊尹乘虚而入，和妺喜滚在了一个铺上。

有人说伊尹跟妺喜私通，套取了夏癸的军事情报，后山认为此说较欠思量。

妺喜被癸冷落，觉都睡不上了，哪里会有什么朝廷机密情报在手里，跟伊尹互慰空虚罢了，当然不太要紧的情报或许有两三条也未可知。

伊尹在斟鄩，不光私通妺喜，跟癸的一些高级干部也有来往，贿赂他们一下或几下，情报来源不成问题。

伊尹将夏癸及夏王朝的底细侦查清楚之后，于公元1612年回到了商城西亳，向汤献计说："夏自禹建国以来，已历四百多年，癸虽暴虐无道，民有怨恨，但夏王是天下认可的联盟共主，在诸侯中仍有威信，故不能很快伐癸，只有相机而动。"

商汤虽说"十一征而天下无敌"，但在夏王朝的诸侯、方国中，拥护夏癸的也还不少，拼死忠实于夏癸的也不是没有。仅在斟鄩近郊就有忠于夏癸的铁杆方国有顾氏和昆吾氏。他们的势力都不小，所处的地区又与商较近。他们执意以商为敌，监视着汤的活动，经常密告夏癸。

于是，伊尹和仲虺商议后，向汤献策：卸掉夏癸的这两个小翅膀。

就在商汤准备进征有顾氏和昆吾氏部落时，癸发现了汤的嚣张。是的，近一两年，其跋扈之状昭然已见嘛，便派使臣召汤入朝。

天子召见诸侯是正常的事，汤没多考虑，带领随从，来到斟鄩，没承想一到就被癸下令捆起来了。

癸的亲信，文化部部长赵梁第一个跳出来，向癸谏议："杀了他！"

然而商汤最后却没有掉脑袋。

传说夏癸准备宣布行刑的时候，商人的巫术起作用了，可能是仲虺作法吧，雷鸣电闪，暴雨大作，把夏癸的宫殿都给淹了。

有人就说商汤是水德之神，杀不得的，癸信了。

但还有另外一个比较可信的说法：贿赂。

伊尹得知癸囚禁了汤，就搜集了许多美女和珍玩献给癸，又贿赂夏癸的重臣近侍，请求癸释放自己的主子。

或者，两者相加才是商汤得以免死的真正原因：天灾在前，拿了商汤好处的重臣近侍又为商汤开脱在后，再加上商部落的重礼，夏癸自然龙颜大悦，放商汤一马。

然而夏癸并没有当庭释放商汤，给他自由。

赵梁继续谏议囚禁汤："绝不能让他回家。"

夏癸又被说动了，想一想，商汤这段时间，动静确实他妈的大，很明显不像他的先辈那样温顺。于是癸说："投入夏台小号吧。"

夏台又称钧台，位于斟鄩南门内，监狱在台基底下。

夏台曾经是大夏举行开国典礼的地方，随着夏的没落，它也衰败了，风光不再，成了一个文物保护单位，不过它底层的监狱还能使用。

夏癸暗地里吩咐看守夏台的武警部队，不要给商汤饭食，让他慢慢饿死算了。

癸想得很美。饿死汤，天下人都不会察觉，鬼神们也不会知道。汤不是水德之神吗，他死了世界上也不会再有水灾了，只剩风调雨顺了，我净享受了。

商汤的大臣们马上启动了应急机制，派王牌特务庆辅秘密潜伏到夏台，暗中保护汤。

特务是干什么的？特务除了像间谍一样，刺探情报之外，还进行暗杀、放火、爆炸、投毒、破坏、制造或散布言论等活动。

庆辅赶在押送商汤的武警之前到了夏台，以特务手段把几个月的压缩干粮藏进为商汤预备的囚室，然后恢复原貌。接着在夏台附近的群众中散布言论："商汤圣德，遭奸陷害"，还暗中招募愿意帮助商汤的志愿者。

商汤被关进了夏台监狱。夏癸的人每天观察，没发现商汤吃东西，奇怪的是他的气色一直很好，行动亦如素常。简直神了。

更蹊跷的是，商汤到哪里，哪里下大雨！到了夏台之后，夏台暴雨如注。莫非这家伙当真是水德之神不成？

神奇还在后面：暴风雨越来越烈，炊事工作都受到影响，看守监狱的武警战士受冻受饿，甚至死了人，紧接着夏台也泡塌了一个大角，砸死不少人，商汤仍然没事。

谣言开始不胫而走：囚禁商汤是不吉利的，看押商汤的武警战士也会跟着倒霉。

童谣也在唱了：何不归商，何不归商！

还有长耳朵的人听到鬼哭，隐喻夏癸不事鬼神，败亡在即。

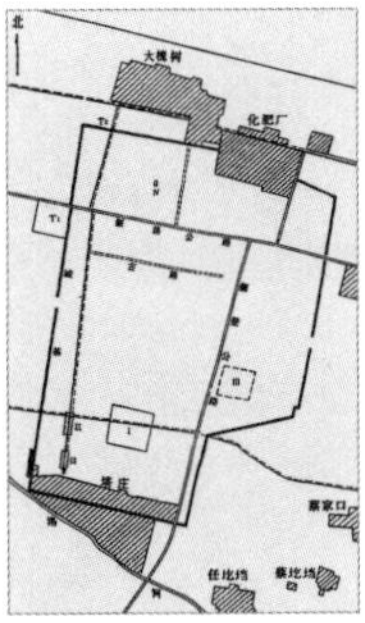

商都西亳遗址平面示意图

整个斟鄩，人心惶惶。有臣子进谏夏癸：“不许商侯饮食，商侯忧闷，天雨不止。若能给商侯少许饮食，商侯心情一开朗，天或许也就放晴了。”

猛男夏癸哈哈大笑道：“天底下怎么可能有这种怪物？如果给他饮食就能让天雨停下来，就算是饱死他又有何妨！”

商汤吃上饭了，但不能获释，一关就被关到了第二年。实在熬不住了。

地牢里阴暗潮湿，细菌滋生，商汤身体再强壮也经不起折磨，皮肤病了，关节炎了，都找上来。

商汤拯救团着急了，只好更多地行贿，乞求夏癸让商汤保外就医。

所谓拿人的手短，吃人的嘴软，癸慢慢变了，想起了汤及其父亲的诸般好处，譬如每年都按时上贡，贡品精美，量又充足，就做出了一个以后让他悔青了肠子的决定——释放汤。

猛虎出柙，蛟龙归海。令人不可思议的是，商汤出狱时，夏癸还赏赐给商汤一片名叫赞茅的土地。

夏癸太自大了，相信“普天之下，莫非王土”已经到了不需要理由的地步。他没有意识到，商汤翅膀早已硬了，他们之间必将一决雌雄。

癸之先囚汤后放汤，在诸侯、方国中引起了更大的震动。

汤归西亳的日子，竟有五百个诸侯到汤那里去慰问。身体没事吧？没大碍就好！

同一天，五百人，也许太夸张，但“看空”夏癸的暴虐统治，纷纷投靠商汤，或干脆就到商都西亳求职、供职，是完全可能的。

因此，癸囚汤又放虎归山，放蛟归海，加速了夏中央统治基础的瓦解。

第六章

鸣条决战

一

却道商汤被夏履癸释放，回到西亳，回顾这次的险死还生，明白事理了。

他不能自主，夏癸才是他的命运主宰，夏癸要他干嘛他就得干嘛，要他去斟鄩，他就得去斟鄩，要他进夏台地牢，他就得进夏台地牢，要他死，他就得死。

不！我要革命。只有革命，推翻夏癸，未来才掌握在自己手上。思前想后，商汤得出一个重要结论：只有掌握天下，自己才有未来，商族才有未来。

加紧备战，这是商汤获释后的中心工作。

首先他进行人口普查，看看自己多少人马。

仗是靠人打的，如果连自己能出多少人都不知道，那肯定输多赢少，打着打着想调人上阵却没人了，那真是哭都来不及。

大夏也有统计局，但比起商汤，它差得远，数据皆系约数，工作基本是往各项数据里掺水，当然负面数据是挤水。

商汤统计人口数，则精确到十位数甚至个位数。当时全中国人口仅约四百万，部落却有约三千个，商是统计最细致的一个。

商统治者对人口重视到什么程度？从甲骨文的卜辞可见端倪。

关于人口流动、迁徙散失，等等，商汤经常卜问，若没有人口流失，则视为没有灾难，部落幸福。

其次，商汤建立了稳定的兵役制度。

人人都打仗，不现实。队伍忽少忽多，没法带。军人数目稳定，对于战争的意义不言而喻。因而他采用兵户制，每户人家至少有一人服役。

鼓励生产、鼓励生育，是商汤的又一措施。

田野划成井字形，八户共同耕种九块田地。中间一块是公田，八户轮流种，收成全交公，为公粮。边上八块分属八家，收成自有。

多生多育是基本国策，商汤规定，男人三十岁，女人二十岁还不结婚要罚钱，父母要剃光头或者割鼻子。父亲早死的，弟弟到了三十岁，哥哥必须为他完婚。四十岁还没有儿子的，赶快另娶一妾，怀孕生子。

除此之外，商汤推行广播体操——群舞。模仿猛兽腾挪跳跃，或手持长钺，列队进退，实际上是军训。定期举办弓矢竞技，“射”也由礼仪变成了习武。

在商汤大搞军备的时候，叛夏归商的人愈来愈多。

选择了一个合适的季节，汤就和伊尹、仲虺商议，征伐有顾氏和昆吾氏。

经过谋划和准备，组建联合军队，先进攻有顾氏。

大兵压境，有顾氏连求援都来不及，很快为商所亡。有顾氏被灭，土地、财产、黎民尽数归商所有，汤继续挥师，剑指昆吾氏。

地处有顾氏北邻的昆吾氏部落，相传是火神祝融的后代，国君被称为“夏伯”，足见其与夏的关系是极为密切的。

夏伯动员昆吾全部军队与商决战，同时火速派出通讯员，昼夜兼程赶斟鄩，向癸报告邻国覆灭、昆吾临难的情况。

癸一听奏报，极为恼怒。汤这小子，果然反了！下令起“九夷之师”征讨商部落。

九夷，曰：畎夷、于夷、方夷、黄夷、白夷、赤夷、玄夷、风夷、阳夷，皆系大夏的东方属国，九夷之师，是这能征惯战的九个部落的军队。

伊尹谏汤说："时机还不够成熟，形势于我不利，不如遣使向癸入贡请罪，以后再相机而动。"

汤采纳了伊尹之谋，暂时收兵，备办了贡物，写了请罪的奏章，派使臣到倾宫朝见夏癸。

夏癸见了贡物和请罪奏章后，跟身边的谀臣商议。

谀臣们向癸祝贺说："大王威震天下，谁也不敢反叛，连商侯也知罪认罪，不用出兵征伐了，安享太平盛世吧。"

癸便下令罢兵，仍然整天寻欢作乐，歌舞晚会照常天天举办，下贱的女人们夜夜上台扭屁股，媒体连篇累牍，全是歌舞升平的报道。

癸罢兵，不征商，可昆吾部落长夏伯自恃其能，反过身来，率军对商开战。

伊尹见昆吾死心踏地效忠于夏癸，一心与商汤为敌，还不知高低，就请汤迎战。

汤的大兵团一战而大败昆吾军，再战而杀了夏伯。

昆吾灭了，其地其民一概归商。

接着，商汤乘胜对昆吾氏的支系部落有温氏开战，战车所向披靡，军队潮水一般淹没了温的领地，商汤心生难以言表的快感：强大真好。

商汤很兴奋，得意忘形之中，要向斟鄩前进，前进，进！

伊尹阻止了他，说："现在就讲时机成熟，似乎为时尚早，我们需要直接试探一下夏癸。今年先不向他入贡，看看他的反应再说。"

汤用其谋，不贡。到了岁贡时节，夏癸发现商没有进贡，又启动九夷之师，浩浩荡荡，杀向西亳。

伊尹通过情报网知道了夏军的动静，对商汤说："九夷联军还是服从夏癸的命令啊，我们抵挡不了，时机还没成熟，去向夏癸请罪吧。"

商汤听从了伊尹的建议，脱掉上衣，光着膀子去向夏癸请罪，保证加倍进贡。

这次假动作，让商汤明白了之后的工作重点——策反夏癸的部队。

商汤采用外交攻势加金钱攻势，花了一年时间便把策反工作搞定了。

公元前1604年，商汤再次停止对夏的岁贡。夏癸复又大怒不已，起兵攻商，但是这次，九夷的军队偏瘫了，不听使唤了，不动弹了。

伊尹说："可以啦。灭夏的时机成熟了。"请汤率军征癸。

当然，极端迷信的商部落还得"问卜"和"庙算"。

煞有介事地"问卜"和"庙算"之后，商汤在亳城西北的景山脚下主持召开了伐夏联盟第一次代表大会，会上通过了《西亳宣言》，向夏癸宣战，开始"反"了。

二

商汤和伊尹、仲虺率领由七十辆战车和五千步卒组成的军队，纳入有关前来助商伐夏、期望立功、期望将来得一杯羹的诸侯、方国的联军，讨伐夏癸。

对大夏来讲，危急时刻真的来到了。

即使在“太康失国”的年代，夏的权威也未曾受到如此赤裸裸的挑战。狂妄如夏癸者也不得不怀疑天命是否仍然属于大夏了，难道日头真的会落？真的要落了？

暂时抛开琬、琰，抛开酒肉吧，整顿兵甲，排兵布阵。

迎战前，夏癸以大鼎作器，以鸿鹄为羹，祭祀上天。

他忽然想起，前几天不自觉地踱到了妹喜的内宫，听妹喜说：“我昨晚做了个梦，梦中见东西方各有一轮红日，在空中相斗。斗得久了，那东方的红日便渐渐灭了，也不知主何吉兆？”

夏癸听了妹喜说梦，很是感慨。

妹喜还真是个有情有义的妃子呀，天下并非自己一个人心忧。易求无价宝，难得解语花呀。

东方的红日渐渐灭了？西亳在斟鄩东北，说明它要失败嘛。

癸抱起妹喜，狠狠嘬了一嘬，说：“还是妹喜，别人谁做梦！”

大决战在即，商汤联军内部，思想也不统一，毕竟“以臣伐上”，属于乱逆之为，长期习惯了“帝权至上”的人难以接受。即便之后的几千年中国，真正能把民权置于帝权之上者又几人哉？

为了统一思想，鼓舞士气，商汤举行了一次誓师大会，宣读了一道动员令——《汤誓》。

在誓师大会上，商汤高声对肃立的将士们讲话。

同志们！你们听好了。不是我敢于贸然犯上，以臣伐君，实在是因为夏癸罪恶深重，上天命我去诛伐他。

同志们，也许你们会问：为什么该种庄稼的时候，不让我们种庄稼，却让我们打仗？这样的话，我已经听说过。

但是，夏癸有罪，上天让我征讨他，我不敢不去征讨！

你们会问：夏癸究竟有哪些罪行？

癸的罪，在于他不顾耕种稼穑，放肆侵夺农事生产成果。癸为了他们淫逸享乐，大肆聚敛诸侯的财物，恣意挥霍。穷耗国力，剥削人民，还自比太阳，招致民众怨声载道，人们说，这个太阳什么时候熄灭，我们宁可和你一起死亡！

夏癸败坏到这个程度，我们一定要去讨伐他！

你们跟我出战，征讨夏癸，如果上天要惩罚，由我一人去领受，而所有的赏赐我将都给予大家。

不要不信我的话，我不会不守信用的，我决不食言。

但是，你们之中，若有人不听命令，我会杀了他，让他的子孙做奴隶！

同志们，应天伐夏，正义在我！杀敌有功，有功必赏，退却有罪，必无饶恕，必无宽赦！

商汤不愧是演说家，“是日曷丧？予及汝皆亡”，尤其具有强大的穿透力和鼓舞性。自问自答的方式，消除了听众顾虑，表明了自己决心，辅以功赏利诱和严厉威胁，有胜而已，义无反顾。

在商汤的煽动和恐吓下，战士们都举起拳头发誓：“我志愿跟随商汤，放弃家里的农活，去打狗日的夏癸，不获大胜，决不收兵！”

九夷之师不好用了，夏癸调集了夏王朝的卫队，开出首都斟鄩迎敌，展开了大决战。但夏军士气低落，人有怨心。

两军交战，正赶上大雷雨，商军督战有力，不躲不避，夏军败退不止，蜷回斟鄩，死死顶住城门，商军这才收兵回营。

自此，两军长久地在洛河岸边僵持下来。

话说公元前1600年春天的一个深夜，斟鄩西北角的城楼忽然燃起大火，烟焰张天，城中霎时一片混乱，呼喊声、奔踏声响作一片，不时有人高呼："祝融降火啦！祝融降火啦"。

商汤的大军杀声震天地攻入城中。

斟鄩城破了。惊醒的夏癸仓促间只抢得琬、琰和几个宠妾，自暗门逃走。一路西奔，直到安邑——今之山西夏县一带。安邑地势险要，易守难攻，癸打算背靠安邑城，与商汤联军来一场死战。

夏癸的妾侍们、儿子们都落在了斟鄩。夏癸的一个庶子叫淳维的，十分勇猛，把老爹的妾侍们组织起来，带着杀出重围，后来逃到了北蛮荒漠之地，跟那些女子们过起了日子。

然而，商汤并没有打算和夏癸硬碰硬。他兵分两路，一方面军照旧声势浩大地向西行进，二方面军翻过险峻的山岭，通过一条羊肠小道，偷偷摸摸地潜伏于安邑背后。

漫长而又短暂的等待过后，夏癸和商汤终于在安邑再次展开对决。

按照当时打仗的惯例，第一步是辩论赛，先争论谁该打谁。

在辩论赛环节，商汤轻松地赢了夏癸，因为他收集了很多证据。

夏癸不屑于争吵，挥军掩杀，反正舌头终归打不赢拳头，把对手干掉才是王道。

关键问题是，阵前辩论赛给了潜入敌后的商汤第二方面军充足的运动时间，商汤的一方面军跟夏癸交锋的时候，二方面军及时从侧后方向安邑发起进攻。

真可谓一狼扰其前，一狼洞其后，前有机械化部队掩杀，后有精锐步兵冲锋，夏癸首尾失顾，退路也没了。

三

癸见兵败如水，不可收拾，就带领五百亲兵，拼死突破包围，向东南逃窜。商汤军紧迫不放。

夏癸向东突围，是迫不得已的事情，其他几个方向都已经是商或者商的小喽啰的土地，癸别无选择，无论哪个方向，都极有可能全军覆灭，除非他愿意躲进嵩山打游击。只有向东、向东，突破商汤联盟势力的包围，直到东夷之东，或可置之死地而后生。

商汤并没有着急，吊在夏癸部队的后面，咬着夏癸狼狈的背影。

这是狼群的战术，跟着，永不停止，耐心等待猎物的崩溃，再扑上去，撕成碎片。

夏癸看着甩掉了尾巴，刚准备扎营，商汤的部队又像天边的阴云一样缓缓逼近，如恶梦般狂逃的夏癸，终于受不了啦，他要调转头，决战！

要么你死！要么我活！

这个地方叫做鸣条，跑得上气不接下气，还没出洛阳地面呢。

鸣条，决战之地，鸣条，为我大夏作证！

商汤出现了，细看，夏癸为商汤部队的阵势而吃惊了。

商汤的部队，兵士不是成群成群的，而是纵横排布，非常整齐。

商汤将部队列成左、中、右三路，自己在中路战车上指挥，中军前突，两翼稍后，在发动攻击的行进中，队形也不散乱。

历来打仗，都是兵士们成群结队往前冲杀的，没见过排成“阵法”的，真算出奇。

把人排得整齐点就能打仗了？不一定吧？夏癸挥舞着手中的巨型铁钩子，一马当先，直冲商阵！

两军甫一交接，商汤的机械化师团就冲散了夏癸的“军群”，紧接着双翼包抄，很快就将夏军分割包围。

夏癸此刻发疯般左冲右突，一钩挥过，打人人死，打车车裂！

继承了大夏悠久的历史和传统的履癸，仿佛膂力超人的祖先灵魂附体，一时间大显神威。

在巨大的铁钩面前，商军短暂的慌乱过后，很快稳住阵脚，拈弓齐射，万矢齐发，癸胯下的骏马被射成了大刺猬，仆倒在地。癸也连中三箭，他拔掉所中箭矢，飞步冲击商军，人人皆不能当。

商汤当机立断，命军士们将战车倾覆，堆在一起，围困夏癸。

癸陷身在成堆战车组成的“临时掩体”中，施展不开，商军在周围放箭，专射癸的头脸。

癸大力劈烂身边战车，意图再冲，怎奈箭如飞蝗，又十分阴毒，寸步难进，只好双手舞钩，护住身子，全力突围。

最后，癸硬生生地将堆在一起的战车“掩体”打成碎片，人阻杀人，车阻碎车，冲出敌阵。

夏癸冲出重围，夏军已经溃败，联邦卫队伤亡惨重。

但夏癸的联邦卫队确实也名不虚传，个个都是生裂虎豹的猛男，凭着这样一支特种部队，癸冲回去救出了他的宠妾们。把一干老婆安置好，收拾残兵，再度回杀。

商汤的战车前面出现了一样奇怪的东西——木栅栏。他们每四人在战车的第一排，合力竖起一个木栅栏，战车齐头并行，木栅栏墙便缓缓前进。

夏癸要能多活一千年，又有条件公款出国考察，他定会惊呼：罗马方阵！说不定会赶快退兵，固守阵地。但他显然没有这个见识，看到木栅栏，反而愚蠢地发动冲锋。

栅栏阻挡了夏癸军的冲击，兵士们在栅栏前挤作一团，商军在栅栏后，箭发如雨，又自栅栏空格中伸出兵器，连捅带砍，夏癸军死伤惨重。

夏癸急急如惊弓之鸟，惶惶如丧家之犬，直往南巢方向奔逃，商汤联军衔尾急追。

癸的一个大将叫做耕的，自告奋勇出来殿后。

耕是员猛将，一手持戈，一手拿盾，亦攻亦守。如果打架，夏耕能赢，但是打仗，不是商汤的对手，几个回合，被商汤砍下了脑袋。

据说耕是个真正的硬汉，脑袋掉了，尸体却不倒下，依旧向前狂奔狂杀不已。

夏癸逃到了南巢，今天的安徽寿县还要再往东南一些，当时已经是中国的最南边缘了。商军追至，癸又想逃，但是刚到南巢城门口，就被商军扭住了。

被俘的夏癸未经审判，便被商汤就近流放于南巢的亭山。

亭山是个小岛，四面环水，每十天才有一条小船给夏癸送点食物，岛上的一切器皿都是固定的，典型的高度危险精神病人看押标准。

癸在亭山，终于发现太阳还在天上，而他的政治生命完结了。他的自然生命也随时可能结束。

这时的夏癸终日拍着大腿，气愤、愧悔："唉，唉，唉，当初为何没有将商汤杀死在夏台监狱啊，让我落得如此下场，如此下场！"

商汤为了彻底消灭夏王朝的残余势力，又率军西进，很快占领了斟鄩。

夏朝的亲贵大员们都向汤表示臣服。

商汤安抚了夏朝首都的臣民，就在斟鄩祭天，向夏朝的臣民们宣示，商人是按上天的意志来诛伐有罪的癸的，夏的命数已终，商是应天命而生的新政权。

至此，中国历史上的第一个奴隶制王朝和第二个奴隶制王朝，在血火交映之中完成了争夺与替代。

商汤在夏的王都斟鄩告祭天地以后，为了加强统治，先后短期将比较具备地理优势的南亳和亳城立为首都。

南亳是现在的河南虞城，再具体点，在今天的谷熟镇。亳城即今之商丘，河南省东部黄河冲积平原上的古城。

亳城位于黄河冲积平原上，视野开阔，缺点是当时没有水利设施，黄河一激动便来冲积一番，很是讨厌，于是，商汤率众回到了西亳。

这个时期，商的声威已经震于四方，各地的诸侯、方伯以及大大小小的氏族、部落的酋长们，都纷纷携带地方特产，到西亳来祝贺，表示臣服于汤。就连远居西方地区的氐人和羌人部落也都前来朝觐。《逸周书·殷祝》记载盛况道：数月之间，“三千诸侯”大会于亳，热闹极了耶!

商汤是新的开国之君，他历来很注意树形象，现在更要大树特树了。

商汤对前来朝贺的诸侯皆以礼相待，跟他们平起平坐，表示谦逊，屡问酒食可口否，宾馆服务小姐周到否。媒体喽啰们，屁颠屁颠的，前后左右乱忙。

当然，最后汤还是“诸侯毕服，乃践天子位，代夏朝天下”。

在“三千诸侯”的拥戴下，商汤举办了一场开国大典，致了一通伟大的厥词，作了新王朝商中央的君主。

史上把汤伐癸灭夏称作“汤武革命”，《周易·革》说其“顺乎天而应乎人”。“革”是皮革，兽皮去其毛而变更之意也。“顺乎天”是商的迷信，“应乎人”是说其行动比较得人心，比夏癸好点。

称革命是牵强的，商汤代夏癸，无非是奴隶社会中前后两个大奴隶主的权位变更，统治性质没有改动，贱民们该嘛样还是嘛样。

第七章

桐宫囚禁

一

却说商汤推翻了夏癸，商取代了夏，社会性质没有变化，变化的是商汤干部队伍的级别，譬如伊尹和仲虺，就由小国宰相变成了大国总理。

商汤组阁之后就想到了国之重器——九鼎。

九鼎就是夏禹塑造的那一组玩意，找不着了。

鼎棚坍塌一次，重修一次，无数次之后，鼎也坏了，夏中央末尾几任帝王，应付战乱不休，什么也顾不上了。

商汤的九鼎考察组，费尽周折只找到了几片铜饰，说是原先那些大鼎上的。汤命令，熔化了铜饰，复掺以新的青铜，重铸九鼎。

这个时代，铜料已经够多，铸刀枪、箭镞用不完，冶炼技术已经也够发达，铸酒尊、酒爵也施展不开，因而把九个大鼎铸造得富丽堂皇。

九鼎全部重铸了，全部铸好了。列放在商的宗庙里，祭祀的内容多了一项，祭祀的规格和形式更加庄严、更加神圣了。

且道商汤夺取全国政权，不是一己之力，在于他能联合全国的诸侯，组成反政府同盟，最后颠覆大夏的统治。既然是大家的功劳，独享天下就有点那个了。

再说，当时交通、通讯等技术手段十分幼稚，木车轮咣咣当当，一天走不了几里路，发个通知得靠就地奔，想把所有国土都揽在自己翅膀下，根本不现实。

这些都要求庞大的国家仍然还得“分治”，即继续推行诸侯负责制。

汤召开全国诸侯大会，把他的新帝国分别承包给了“三千诸侯”。

三千，可不少啊，但须知，比之大禹时候的“万邦”，集中得多了，大趋势是走向大锅饭的。

说是商中央授予诸侯们的权力，不确切，因为诸侯都是部落长，部落一直是在他们的地盘自然存在和延续的。只不过，在“大夏”的时代，这些诸侯称夏为联邦大首领，如今“大商”了，他们称商为联邦大首领，仅此罢了。

所以，除了商汤对自己家子弟新的土地范围的确定算是分封而外，对其他所有的诸侯，实际仅仅是以朝廷名义再一次确认他们的既有地位，谈不上重新分封。

毕竟是国家级政权大挪移，反对的人也不在少数。

商汤为镇压反革命，维护帝国的秩序，组织有关部门，制定了《汤刑》一部。

商汤坐过夏癸的大牢，因为有大特务庆辅偷偷安置干粮、饮水，还有志愿者救助，他没受什么大罪，因此觉得以坐牢惩罚犯人太轻了，用人看守牢房也增加成本啊，便在《汤刑》中规定，罪人不再蹲监狱，一概杀掉。

行刑的手段有：割头、卸胳膊大腿、扔进火堆、沉入水潭、活埋入坑中、乱箭射死，等等。

商汤还没本事建立足够强大的中央集权，他同各个方国、诸侯的关系时好时坏。他强盛时，方国、诸侯们趋炎附势，推崇他，进贡给他，他遭灾了，裁军了，弱势了，方国、诸侯们置之不理，冷淡他，甚或借机捣乱，图谋不轨。

故而商汤对方国、诸侯，时时存着防备之心，为了防患，他开始广积粮，高筑墙，把自己“封包”起来。

偃师商城遗址

偃师商城博物馆一

商都西亳比之夏都斟鄩，在闭关锁国的程度上有了巨大的进步。

商的城墙结实。随着军备技术的进步，弓箭这种武器的有效射程和杀伤力均非昔比，薄弱的城墙和窄浅的城壕不起作用了，得修筑高大厚实的。

商都西亳的具体位置，史界曾经说法纷纭。1983年中国社会科学院洛阳考古队，在今天的洛阳市区与其属市偃师之间的麦田里，探查到了封藏于地层之下的西亳故都，而且保存完好，争论才尘埃落定。

北依邙山、南临洛河，青纱帐下，就是它了。

国外学者很是惊讶偃师西亳商城的发现，与19世纪德国考古学家谢里曼在小亚细亚发现的著名的特洛伊古城相提并论。联合国教科文组织将西亳商城遗址的发现列为1983年世界十七大发现之一。

偃师西亳商城遗址已经过二十多次发掘，弄清楚了，它是目前夏商时期布局结构最清楚的都城遗址，它的发现为夏文化和商文化的分界提供了重要的实物证据。

1988年，国务院列西亳商城遗址为第三批全国重点文物保护单位，洛阳人在上面建设了一个保护性质的“偃师商城遗址植物园”。

在这个园子里转悠，不时有大片大片纵横成行的柱础出现在眼前。大商的高官或者低官，上身穿着“衣”，下身套着“裳”——白色的“衣”和“裳”是大商规定的官服，曾经在这里走动，参加代表大会，想象一下吧。

发掘出的偃师西亳商城，总体呈菜刀形状，总面积逾两个平方公里，超越前代、超越其他大诸侯都城。它南北长一千七百七十米，东西宽一千二百一十五米，刀把子一带宽七百五十米。一把政治的大刀。

偃师商城博物馆二

西亳商城跟老北京一样，是座“套城”，犹似俄罗斯套娃，比北京还厉害的是，它有三重城垣，大城、小城、宫城。

大城四周的城墙，原来一直在农民的麦田下面不太深的地方沉睡着，小心地拨开软土，看到坚硬的夯墙，有层次，有枷孔，十七米厚度，残存高度不一，或一人高，或两人高，七座城门，供古人出入，夜深关闭，有兵丁把守。

西亳古城的小城共有三座，位于大城内西南部，它的西城墙、南城墙与大城西城墙、南城墙重合。偏南的小城中央，刀把子上，坐落着宫城。

它掌握着刀把子呢，牛不牛?

宫城的中南部，是宫殿建筑。宫殿大约把宫城的三分之二面积占据了，足见其硕大。宫殿超过六座，各成一体，左右对峙，形制规整，分布错落。

年代最早的一座宫殿，东西长五十一米，南北宽三十二米，包括正殿、东西庑殿、庭院、南门、侧门等。

另外，两个小城自成西东两个片区，东区主要是宗庙建筑，商人嗜好的祭祀、问卜都在这里举办，西区是一座三进院落组成的宫殿建筑群，是商王施政、处理国家大事的地方：“朝”，上朝就是上它。

“朝”后面的建筑是“寝”，前“朝”后“寝”的布局，影响后世几千年，21世纪的中国大陆官署就学习得十分到位，官员办公室皆为明暗两大间，或者几大间，明间摆张大老板桌，喜欢风雅的立个书橱，个别的竖一些胶合板制作的道具书，暗间里面有卧床，兼其他设施，以备妙用。

宫城的北半部是紫禁花园，是商王休闲游乐的地方。

人工挖掘、并用自然石块砌成的大型池塘，系我国考古发现的最早的引水造

偃师商城博物馆藏品之一

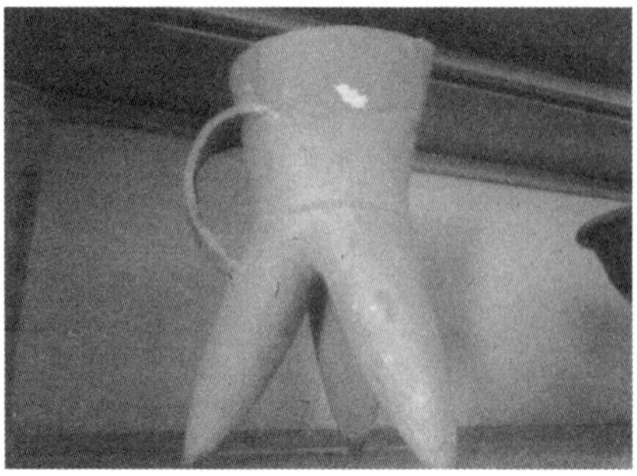

偃师商城博物馆藏品之二

景工程，供部落联盟大首领也就是商汤和他的子孙们，和嫔妃、宫女在其中扎猛子，打水仗。

皇城中，水沟很多，应该是排污的。

商人还不会修建地下管网，地面上，大渠、小渠挖得不少。

西亳大城的北部，十分热闹。发现有制陶作坊、青铜器铸造作坊、小型平房和地穴式建筑，大量石器、陶器、骨器、铜器、玉器、蚌器，相当多的器物是同时代、同类器物中的精品，说明这一带是全城的物资集散场所，产生大商王都GDP的地方。

庞大的遗址区域内，除了发掘出有城门、道路、宫殿、居址等遗迹，还发现有坟墓、垃圾坑什么的，奴隶尸骨散乱其中。

虽说商汤被它自家的媒体吹乎为大善人，但，商汤跟他之前之后的大奴隶主没有本质的区别，也根本不爱奴隶，人殉、人祭的事情，也是常常发生的。

整日跟在商汤屁股后头，卖弄所谓巫卜之术的“贞人”，不断提供杀害奴隶性命的奇思妙想。

大商酷爱祭祀，有祭祀癖。除了祭祀上天，地面也有很多惹不起的角色需要他的香火和供品，山川、河流、土地、大树，伺候不好，可能山崩水啸。

就发掘出来的商王室祭祀场所看，他的规模之大，等级之高，分类之细致，牺牲数量之多，沿用时间之久，均属罕见。

商除了祭祀祖先，更多的是祈雨。

汤的时候，洛阳一带大旱连年，有七载无雨的记录。靠天吃饭的商人，求雨活动贯穿四季。

汤命在洛水边垒筑社坛多处，“使人持三足鼎祀山川”，并“以身为牺牲”。

身者，人体也。小男孩，小女孩，男奴隶，女奴隶，被杀死后洗得白白净净，跟死牛、死猪一起，摆在祭坛上。

商统治者认为，上天吃了这些奉献的肉食，便会降下雨来。

大商领导人带着他的班子，一年到头战战兢兢，不得空闲地祭祀，不知消耗了多少财富和精力，也不知用了多少猪牲、牛牲和人牲。

商的祭祀杀人，早期是杀小孩多，随着时间的推移，杀成年俘虏成为时尚。

即使在日常管理中，商汤也时不时地行使奴隶的杀伐大权，如在制陶工场上班的奴隶，因为没有把炉渣倒在指定的地方，就被砍下胳膊、砍断腿、砍掉头。

西亳的城管人员，相当地厉害。

当时的西亳，“日中为市，致天下之民，聚天下之资，交易而退，各得其所”，城管人员兼管理与税务于一身，随意劫取货资，没人敢惹，略有不殷勤者，辄被索命。

不管怎么说，大商的“商务”在中国古代史上是值得一书的。

商中央的经济操作屡获成果，“伊尹以亳之游女工文绣，纂组一纯，得粟百于祭之国”，还输出国产陶器，调入大批兽肉，供宫廷和贵族享用。

商务是大商的立国要素之一，洛阳作为大商早期的都城所在，商业根源的悠久自是不言而喻。

现在，商王朝的宫殿遗址上，按照一比一的比例复原了宫殿，据说是洛阳偃师商城遗址宫城区保护展示工程的组成部分。

商人占卜用的骨片

钢架结构，仿真茅草，从外观看，略显简陋。当然这才像“商”的那么回事。它是商王日常工作的主要场所，商朝王室贵族祭祀遗址群和皇家池苑，也在模拟展示。

整个展示工程覆盖在原遗址上方，距地下遗址仅有数米，为避免挤压破坏深处的遗址，所有建筑均未开挖地基。

二

公正地讲，整个夏朝，到商，以至于其后各朝，人命一直是被统治者、权贵们轻看的东西，他们祭祀祖宗、祭祀天地，甚至祭祀陶窑、祭祀铸火，都要使用奴隶的小命。

因此高官显贵的人家，门口散乱的人殉尸骨最多，奴隶的肱骨、胫骨成了大商社会等级的重要标志。

当然，大商联盟首领宗庙大门内外，人殉骨殖最多，走路到那儿乱绊腿，可见这个极权拥有者的家族何等厉害，何等屠夫。

爱搞人殉、人祭，是大商王朝的传统特色。由其末世商辛向前推八任，武丁，在位五十九年，杀活人祭祀，五千四百一十八人，武丁之后百余年间，用人做牺牲一千九百五十例。

商人又极其自大，自谓“天邑商”“天裔商”“大国商”“大邦商”，吹自己跟“天”是本家，不是凡间人，逢事要问天，这是商人酷爱占卜的原因，一天到晚占卜，大事小情占卜，神神道道，乐此不疲。

怎么占卜呢？后山现在把商人的主要方法之一告诉你。

把铜棒烧红，用力烫烧牛胛骨，或者龟背骨，同时许愿。

牛胛骨或龟背骨挨了烫，另一面会出现千奇百怪的“炸纹”，记住炸纹的样子和对应的愿辞。实在记不住，就用刀在炸纹旁边刻画符号。

若愿辞应了，下次再烫烧牛胛骨或龟背骨出现同样的炸纹，就一下子预知事情的结果了；若愿辞不应，那就找来新的牛胛骨或龟背骨，再烫，再烧，再许愿，再到实践中比对。

酷爱占卜的商人，他们占出来的箴言，指引他们不断迁居。他们的都城，目前发现的有偃师、郑州、安阳几处，偃师西亳商城是目前发现的商都城址中年代最早、保存最好的一处。

西亳商城的产生，作为夏、商两朝的界标，被列为夏商周断代工程的“标志性成果之一”。

西亳商城的使用，也是长久的。商汤及商汤的后世子孙，按照“父殁子继”“兄终弟及”的原则，在此你方唱罢我登场，热闹的年载很多，共计超过二百三十个春秋。

西亳商城，清晰地记载着早商的历史。比照一下，西亳建城时期，埃及帝国法老胡佛的大金字塔，在地球上矗立已经超过一千年了。当然西亳人一点也不知道遥远复遥远的西域，竟有那种神奇而庞大的玩意儿。

筑建西亳，砍伐林障、加工木材、夯砌土料、劳民伤财，耗空了国家财政，出现了巨大赤字，天下意见极大，恰逢旱灾，商汤又思谋着借灾难树形象了。

彼时，河洛流域连月无雨，毒烈的日头“煎沙烂石”。禾苗先是卷了叶子，其后渐渐干枯，野兽饿得皮包骨头，洛河与伊河变得纤纤细细，动不动就断流，鱼虾基本没有了。

商汤在新建的宫城里转悠，酷热不已，大殿的新柱础在毒日照耀下，反光刺人眼目。

“唉，怎么才能有点雨水呢？”汤揪着眉头问。

紧随着商汤屁股的贞人进谏说：“大灾是因为人们有罪，上天发怒了，降以惩罚的。”

我们有个最新的学术成果，对付旷日持久的大旱，最好是行“燎祭赎罪”之法，弄个活人当作牺牲，架在柴禾堆上烧了，香味慢慢飘上天空，献给上天享用。上天高兴了，就会命令风伯雨师进行作业，我们苦苦期待的雨便降下来了。

商汤说：“那就干吧。不要出去找人了。众人有罪，我负有领导责任。侍奉上天和祖宗是我的职责，由于我的失职，上天降下旱灾，那我自己作牺牲好了。”

于是，商汤通知媒体前来。让宫女们给自己洗澡，又剪头发，断指甲，免得烧燎出怪味，使上天恶心，侮慢了上天，白献一份大餐。

洗得白白净净的商汤躺在石头祭台上，他的身子周围还有许多献给上天的小菜——猪呀羊呀，哼哼哼，咩咩咩，都在唱小曲儿。

考虑到滋味问题，人们给商汤的肚子上撒满了调料。

祭坛周围架起了柴草，拥有最高职称的贞人拿着火种，迈开四方步，缓慢地走近……

为了庄严起见，所有媒体人员被请出了宫殿大院。

闲杂人等一出去，商汤的亲信们就赶忙扶着商汤跳下来，换上了猪羊。

这时宫殿外面的狗仔们个个仰着狗脸，看到了滚滚升起的浓烟，浓烟升腾，升腾，扩散，扩散，大半个西亳城都闻到了烤肉肉的香味。

狗仔们快速传播说，伟大领袖以他的肉身亲自参加祈雨燎祭了，伟大领袖以他的肉身亲自参加祈雨燎祭了，伟大领袖以他的肉身亲自参加祈雨燎祭了！

干部们，庶民们，奴隶们，一传十，十传百，一时间，大街小巷，沸沸扬扬。

当天夜间，还真落雨啦。

晴天一个霹雳，上天命令属下的风雨雷电诸神同时作法，哗哗啦啦，喜雨降临河洛大地。

还有什么说的，祈雨如此见效，猛办歌舞晚会吧。

商中央的歌舞晚会，级别最高，规模最大。

熊熊燃烧的火把，映红了天空，汤、伊尹、仲虺、各部委的干部和大批贞人，坐在能见度最好的位置，观看。重要媒体的狗仔们也在中间，其他媒体的混混儿们分散左右。

女优和男优轮替出来唱歌，歌颂商中央。

无论女优还是男优唱歌，场子上都有穿红挂绿的大量宫女，手中举着彩色的扇子满场转圈子，或者扭屁股吊腰，目的是弄出眼花缭乱的效果。

商汤好这口啊。他毕竟进化了，文明一点了，不像前朝、前前朝的领导人，迷恋山中打猎，他把天下打到手后，兴趣是欣赏宫人作乐。

三

商汤主持商中央工作十三年后，驾崩了，葬在西亳的东北不远处，约摸两千五百米吧。在汤陵前面，修建了祭祀的小宫殿，叫做桐宫。

商汤的墓冢早八辈子已被雨打风吹去，偃师人在全中国的旅游开发热潮中，在大概可能的位置，重新为他堆了墓，立了碑，盖了亭子，栽了树，汤陵，也称汤王冢，又现身了。

偃师人做得对。商汤崩在西亳，还能葬到哪里去？只能是附近嘛。况且老辈人中，有依稀记得墓地方位的。

全中国的古人墓地，假的多去了，有的地方，造假墓造得发疯，连捕风捉影都不要，随心所欲地胡乱拢坟堆，开发嘛。

商汤驾崩之后，他的儿子太丁也死了，未立而卒，他的弟弟外丙和中壬接连走上领导岗位。

为什么说接连呢？前者三年，后者四年，就“结算伙食账”了。

首领还活不了多久呢，占卜、祈祷都保佑不了他们的年岁，足见当时人们寿限之短促，庶民、奴隶们，可能更多的在生龙活虎的年岁就殁了，因此，以身践行人殉、人祭的，在阴间也不要有什么意见。

商汤的嫡孙子太甲开始蹿个子了，国不可一日无君呀，老总理伊尹便扶他就位。

话说这个太甲，是个富二代，贵二代，更是个桀骜不驯的二代，当然从他爷

桐宫思过

爷算起，是三代。

太甲觉得他的两个叔父无所作为，自家发誓要像爷爷一样来一番大事。

这本来是股子好精神，但太甲胸中东西太少，肚子吃得溜圆，穿着大元帅服装，嘴上整天挂着“我爷爷”“我爷爷”，还吹牛研究他爷爷的军事思想呢。

老总理伊尹却看着太甲嫩，成天牛皮哄哄的，没有真才实学，将来会把天下弄丢嘛。

伊尹有责任心，就写了几篇小文章，给太甲阅读。

伊尹的小文章其实稀松，有一篇叫《肆命》，讲做事情要分清是非，有一篇叫《徂后》，讲商汤整人的技术，教育太甲学习他爷爷的政治手段。

还有一篇叫《伊训》，伊尹一激动，自己卖嘴开了：不要轻慢贤人的言论，不要疏远年高德望的重臣，不要亲近愚蠢幼稚的人。

总之，伊尹详尽地告诫这个年轻人，要听我们这些老干部的话。

伊尹要求太甲，这几篇文章，不但熟读，还得背诵，不但背诵，还得实习。

太甲认为，理解爷爷的政治精髓就是了，何必熟读、背诵这些杂碎。还得实习，丝毫趣味没有。不让随便出宫不说，即便在宫里，也不让尽兴跟宫女们玩。这个伊尹老头子，根本就是在碍事嘛。

太甲厌烦，不学那几篇垃圾小文章了，主动升朝，处理国事，退朝后跟宫女们进行各种作业，嘻嘻哈哈，美得啧啧儿的。

有次司法部大臣汇报工作，请示大刑执行法儿，太甲说：“时代在发展，社会在前进，以前砍手、剁脚，如今不宜再多用了，捆绑、吊打就可以了。”

太甲的言行招致伊尹的讨厌，伊尹不答应了。

“你这孩子，怎么如此说话呢！什么叫昏君，这就叫昏君。你这样会把天下弄丢的。这样忘乎所以，恣意为政，一切由性子来，祖宗的法度不就扔了吗？老宰相的权威，老干部的权威，不就惨遭践踏了吗？”

不成，必须让他收敛，让他知道路数。一天晚上，伊尹忽然动作，毅然对太甲采取“双规”措施。

伊尹把太甲软禁在了桐宫。即在规定的时间和规定的地点，交代问题，反省自我。

伊尹以太甲“暴虐、乱德”为理由，将他关押到桐宫去悔过自责。

国君没有了，伊尹有办法：自己处理国家政事，并且接受诸侯的朝见，所作所为和商王没有什么两样。

太甲整日扬言研究他爷爷的军事思想哩，这回住在他爷爷陵墓之前，与他爷爷朝夕相伴，没有任何干扰，尽情地切磋吧？出成果吧？

不，太甲心系天下，困在坟墓前，不得出去，着急啊。

老伊尹，关押君主，自己执政，主持朝廷全面工作，他这是谋权篡位。

对，谋权篡位！太甲心里明白怎么回事，怎奈无法出去，眼睁睁看着的，只是墙壁和墓地的树木而已。

伊尹把太甲关在桐宫，上了大锁，还有兵士把守，拒不释放。

跟太甲说话聊天的，只有守墓的老人。

守墓老人是主流体制思想熏出来的腊肉，听说太甲是因为违犯祖宗的制度被放逐到墓地上来的，就把当年商汤创业的故事，以及商汤订下的种种规矩，每天主动对太甲讲述，比伊尹那几篇小文章通俗易懂，深入浅出。

太甲的亲信设法探访，给太甲转述外界的消息。

直到三年后看管才松动了，站岗的兵士撤了。太甲的亲信们救出了太甲。

原来伊尹已经病了。他过于年长，在人们平均年龄不过三四十岁的大商社会，他的高龄已经属于奇迹了。

太甲在桐宫里，被磨去了棱角，揉去了性子，出来后，亲信大臣们簇拥着他上了一次朝，退朝后抽空去伊尹那里走了一趟。

伊尹恭恭敬敬地说自己不行了，正想把朝廷权力交给太甲呢，希望太甲同意让他自己的两个孩子继续为朝廷工作。

太甲说："这个没问题。你辛苦够了，安享晚年吧。你以后有什么要求，尽管提，我会让老干部局做好他们应做的工作。"

四

人到中年的太甲，确实进步了，成熟了，执政比较稳健。以后的年头，干得不错。

太甲死后，沃丁和太庚相继为王，接着是小甲，小甲之后是雍己、太戊，太戊之后是中丁，西亳宫廷主人频繁更替，走马灯一般，煞是热闹，但都没有什么可圈可点之处。

太戊执政的时候出了一件怪事，宫殿门口长出了两棵树，一棵桑树，一棵柘树，两棵树长得很快。有人咋咋呼呼地说：清晨还是小苗，到了黄昏就合掌粗了！

关键是，两树互相搂着抱着，扭合在一起，姿势很不雅观。太戊非常恐惧："这是两棵树精啊。"

伊尹的儿子伊陟，副总理兼民政部部长，他查看了成精的妖树，说："臣听说，妖孽作祟，是道德弱势。道德强化了，妖孽自然消失。请陛下审查一下您的政策是不是出现错误了。"

太戊听了，先是一愣，随后觉得不无道理，就努力改进朝廷工作。

说也出奇，两棵妖树很快就枯死了。商朝从此走上复兴之路，冷淡的诸侯又都来朝拜了。

妖树事件，为史笔记载，后山从侧面看出，伊陟跟他爹已经不一样了，他爹是科学分析局势，谏议君王行事的，伊陟则把巫术与政治扭在了一起，实质上，正像那两棵妖树。

太戊看见宫门口的妖树死了，很高兴，命令在洛河边举行隆重的祭祀大典。

众多男女戏子，加班加点排练了史诗剧《桑林颂》，表现的是大黑鸟掉下一枚卵在湖里，正在洗浴的简狄捞起来吃了，生下商人先祖子契的优美故事。

这场大型歌舞的总导演是术士巫咸，成功的演出为商王增了光，也使巫咸名声大振，以至于后世有个叫屈原的拼命做他的"粉丝"，屈原向楚王献媚不成，哭着喊着追随这个巫咸呢。

却道中丁之前的商统治者，都坚守西亳，在洛水之畔作君主。中丁比较差劲，他掀开了商朝历史上最为混乱的一个时期的序幕，其后九世，连续不断地发生君位争夺战，像狗一样，相互撕咬得血淋淋的。

中丁为了保全权位，把首都从西亳迁出，洛阳不再是商中央的所在地了。

中丁之后的一连串君王，谁夺取了玉玺，谁就抱在怀里，再用车装载了太庙里的九鼎，就跑，什么政治，什么经济，都是扯淡，什么社稷，什么黎民，全是浮云。

他们居无定所，把所谓的首都迁到这里迁到那里。史上影影绰绰记载的，嚣、相、耿、庇、奄等地，都曾经被商君说是首都。

实际情况是，他们在奔波的过程中，一大家子人，怀着公章，拉着九鼎，走到哪儿算哪儿，首都是"随身带"的，只能维持烟火不断线，权力的实施根本谈不上了。

朝廷内乱不止，贵族间相互残杀，诸侯也不朝贡了——他们纵使想朝贡，轻易也找不着中央领导啊。

商人为何频繁迁都，颇费史学界的脑筋。躲避水灾是一说，占卜指引的可能性非常大。

还有重要的，就是后山方才的诠释：相互争夺公章和大鼎。谁把传国玉玺和九个大鼎弄到手，就想快点离开自己的兄弟或堂兄弟们。

你想啊，一条狗一旦获得骨头，它是一定要叼着逃走，到没有其他狗的地方去吃的。

盘庚迁都的时候，讲话说："我想搬家，可是你们不体会我的苦心，发生了无谓的惊乱，想以你们的私心来改变我的主张，你们真是自寻苦恼。你们一点也不审察情势，一味怨恨我的这迁都决策，试问这能有什么好处呢？我们的先王总是保护人民，总是为人民利益而搬家。你们为什么不想想先王的故事呢？"

盘庚的话含糊其词，人们越听越不理解，于是他只好诅咒了。

殷顽民图

“以前，你们的前辈侍奉我的先王，非常老实。现在，你们不听话，不肯离开这里。我们先王就会在地下告知你们的前辈，让他们好好地整治你们，到时候，你们受罪该死就晚啦！”

最后是恫吓：我的计划已定，谁要不从，我就割谁的鼻子，灭了谁的种。

看他的样子，实在着急，好像针对他的“枪击案”就要发生了。

盘庚对民众威胁利诱，似有难言之隐，因此，迁都的背后，一定隐藏着一场史籍失载的高层政治斗争。

盘庚讲话所面对的，并不是一般庶民百姓，他也不可能把全城人喊来训话。听众应该都是一些商王朝大家族的头面人物，所以才有“你们的前辈侍奉我的先王”之语。

当时的钱是贝壳，可以带走，但粮食房子都没法要了。商人驯服了大象，作为运输工具，但总不能也把良田拉走吧。

迁都将使他们有所舍弃，但是，到了新的都城以后，可以根据亲疏远近，重新分配。这恰是政治首领的企望。支持的，多获得，反对的，靠边站。

所以，一次迁徙，也是一次政治上的重新洗牌。

大商二十世帝王盘庚继位之后，他的族人也已感到厌烦，不想争夺了，天下渐渐趋于平静了。

盘庚顺利地把商中央的所在地由流浪中的某处小镇迁到了偃师西亳。

应该说，盘庚回到西亳——祖汤的故城，是“回迁”。

《史记·殷本纪》载：“帝盘庚之时，殷已都河北，盘庚渡河南，复成成汤之故居。”说的是，殷朝统治者已经在黄河以北很多地方转悠过了，盘庚渡过黄河，又回到了西亳。

但河南安阳小屯村，那个老名字叫“殷”的所在，确实也是做过大商的首都的。

后山存疑曰：殷墟作为商都，是盘庚之前的几代商王作为，还是盘庚之后的几代商王所为——具体来讲比如是武丁所为，尚有待更多的实证出现。

因为奇怪的是，巨大的殷墟遗迹，发掘出了很多带着文字的甲骨，已经出土超过十五万片，几乎未发现关于盘庚和其后两任商王小辛、小乙的，而且，已经发现的那么多王陵，没有确认属于盘庚或小辛、小乙的。

而偃师商城的发掘结果告诉我们，这座古城是在使用一段时间后即被放弃，后来经修补后又重新使用的，那是不是商汤先用，盘庚后用呢?

不管怎么说，殷，大约在公元前1300年左右，成了一个重要的都城。

盘庚之后，其弟小辛、小乙接任商朝统治，小乙传位给他的儿子武丁，武丁重用甘盘和傅说二人，“接天下之政，治天下之民”，弄得很是红火。

此后，祖庚、祖甲、廪辛、康丁、武乙、文丁、帝乙、辛，领着大商，走下坡路。其中武乙想以无神论振兴一下，并不奏效。

有的历史研究人士说，当时，盘庚以老祖宗建设的洛阳西亳为陪都，将河洛大地划定为一个高规格的经济特区。

曾经的夏都、商都洛阳，在蓄势迎接下一个大型的王朝。它发展得很好，种禾、蓄养、捕捞、植桑、养蚕、缫丝、制陶、冶炼，齐头并进，因为洛阳的劳动人民，是勤劳智慧的。

第八章

鹿台欢宴

姬昌

一

时间的战车，滚动，滚动，滚动到公元前1075年，伟大的商辛——纣王闪亮登场了。

商辛是盘庚之后的第十一世君主，是个让其王朝“伤心”的关门国君，他的伟大正在于推动五百岁高龄的商朝举行闭幕式。

功劳全给他也不怎么对，因为闭幕这事从他爷爷那辈子便开始准备了。

商辛的爷爷文丁，主持商中央工作的时候，渭水流域的周部落不听招呼，不断兼并周围的小部落，把商朝的西部附庸一个个都分化瓦解了。

斯时的周侯，叫姬季历，有一年他征伐余吾戎，把余吾戎打败了，向太丁报捷，好像是奉太丁之命干的，实际上不是。

太丁心下不爽，但还是忍了，希望姬季历能帮助朝廷安定边陲，便嘉奖他为方伯长——可以对低级部落先伐后报。

过了几年，姬季历再次出兵，吞并了余吾戎，捆绑了余吾戎的三个大头目送给文丁。

榜样的力量巨大，四周方国学习姬季历，扩建反政府武装，放肆地兼并自家邻居。

为了遏止这种坏势头，文丁突然下令囚禁姬季历，并杀了他，给大家看。

谁知激怒了姬季历的儿子，后来的周文王姬昌。杀爹当然要激怒儿子！

周人记住了杀父之仇，直到商辛他爹帝乙的时代，周人都没少向商中央寻衅进攻，东夷一些部落借机呼应，弄得到处都很不安生，商中央大权摇摇晃晃的。

文丁杀姬季历，没能阻止周人力量的发展，相反，加深了周人与商朝的矛盾。

文丁时期，自然灾害连绵不绝，洹水“一日三绝”，经济与国力日渐衰弱。

北方游牧部落南下侵袭，寻找粮食、牧草和政权。东夷中的“人方”——江淮之间，也开始叛乱。

文丁一看事情难办，驾崩了，其子“帝乙”继任，为了不至于东西受敌，就把自己的一个小妹妹嫁给了姬昌。

小公主生得美丽端庄，许婚之时，帝乙顺便向姬昌所领导的周人致歉。

《诗经》记叙和描述了这场隆重盛大的婚礼，创造了“天作之合”这个美好的词汇。

帝乙许嫁公主和借机道歉，缓和了与周人的矛盾，这才反身东向，去平定东夷的叛乱。

江淮之间的夷族，岛夷和淮夷，准备大举进攻商朝，商朝君王帝乙出兵征伐，半路上受到盂方的截击。

盂方，在今天河南睢县附近，想占个便宜。商朝国势虽已趋没落，吃掉它个盂方还是小菜一碟，就吃掉了。继续南下，征伐夷族。

到了淮水流域的攸国，攸侯难得见到商家大王亲征，赶紧拥军，并且把自家亲兵贡献出来，跟着商王攻伐夷族。

帝乙指挥商军列阵，缓慢向前推进，与敌军交战，同时，令两翼实施夹击，擒获敌酋，取得胜利。

但东方夷人生产力发展，各部趋于强盛不可阻挡，他们不断侵袭商统治地

帝辛

区，没过几年，帝乙就不得不再次率领诸侯南征。

为了南征方便，为了立少子为嗣，多种原因，促使帝乙把大商的首都迁到了“沬”，即是朝歌，今天的河南淇县地面。

商朝迁都朝歌，实在到了软不邋遢的时候，帝乙二度南征，经过雇、齐等地，雇即顾，今山东鄄城一带，齐，今淄博东北一带，所谓“王师”，已比较狼狈了。

依照家天下的老规矩，一般应由长子继位，可帝乙的长子微子启，母亲地位卑贱，不能立为嗣。

更重要的规矩是由正妻所生的第一个儿子继位，不管正妻娶进门的早晚，不管她生的儿子年龄大小。

少子辛的母亲，是正室，所以帝乙立了小儿子辛为接班人。

帝乙平定东南使劲太大，不慎驾崩，帝辛登基，被迫继续全力经营东南，连年对东夷用兵。

相传，商军曾组织象队参战，经多次激烈战斗，终将东夷平定，俘虏众多夷人，充作奴隶和兵员。

帝乙、帝辛父子，连年攻伐东夷，导致国力大损，加速了商的灭亡，故《左传·昭公十一年》说，“纣克东夷而陨其身”。

商朝主要的敌人其实是“周”。周侯姬昌死死记住了杀父之仇，甚至应邀娶了大商公主为妻，做了驸马，也不能改变他的心思。

周人蔑称商辛为“纣”。“纣”什么意思？

按《说文解字》的解释：“残忍捐义曰纣”。司马迁没多想，在他的文字中直接称商辛为“纣”了。由是，后世文献与民间往往以“商纣”“殷纣王”等来称呼商辛。

千百年来，史学界一直存在“抹黑商辛”和“洗白商辛”的纷争。

“洗白商辛”不容易，首先他不是白人，其次你费劲洗半天，总有人出来照住前人的老方法，也不动脑子，再给他抹一刷子黑。

累代的积弊使朝政隳颓，朝政的隳颓使商辛情绪败坏，情绪败坏的表现是杀人，具体地讲，是刑杀。

刑杀是商中央多代君主共同积累的传统财富。

商统治者有非常发达的杀人技术：纹面、拔牙、去舌、割耳、削鼻、剜眼、刖足、凿膑、去势、对剖、炮烙、火烧、活埋、肢解、砍头，还有脯、醢等厨房手艺的运用。脯，是把活人做成肉干儿，醢，是把活人制成肉酱。

商辛为了方便管理国家，把全国分成三个大军区，任命了傀侯、鄂侯和西伯为“三公”，主持工作——管带其他的诸侯。

不料这三个大军区司令成了商辛刑杀的对象。

却说傀方的君长有个漂亮女儿，为了感谢商辛，献来了。

谁知这个女孩儿有主意，进了宫廷，花烛之下，紧紧绞着两腿，死活不给商辛打开。商辛酝酿半夜的大好情绪受到伤害，极是懊丧，一怒之下杀了她。

傀侯听说后心如刀绞，但为了女儿，豁出去了，求见商辛，问他：“女儿有什么罪，你杀了她？”说他：“已经把全国人民逼到死亡边缘了，还执迷不醒啊。”

杀了傀方的漂亮姑娘，商辛是有些后悔的，但鉴于君王总是正确的这个定律，只好以姑娘的爹谏言忤君的罪名，把傀方部落主傀侯给“醢”了，彻底断了他复仇的后路。

醢是商朝的美味。刽子手和厨子合作，把人肉切片，晒干，剁碎，加盐，加酒，再兑点大曲，装入瓮中，压实，密封百日之后，舀出来就着粟子饭吃，是商中央宴会上的佳肴。

鄂侯得知商辛“醢”了傀侯，不禁老泪横流，跑上大殿愤怒抗议，大声说道：“你这样做，是故意杀人！傀侯是对国家有重大贡献的老干部啊，他有什么罪？傀侯有什么罪？”

商辛听罢，勃然大怒。怎么都跟我作对起来了？难道还想互相串通，造反吗？结果鄂侯被愤怒的商辛给“脯”了，制成了人肉干儿。

西周的姬昌方伯长见傀侯和鄂侯被商辛一“醢”一“脯”，说：“他干得好，让他干吧。”

没承想姬昌的话给有崇氏部落长知道了，崇侯向纣王打了小报告，姬昌于是也被逮捕了。

因为“醢”和“脯”都有了，暂时吃不完，姬昌侥幸没被拉上肉案，仅丢进了小号。

这个连环案，真实性待考。即便是真的，商辛比起他的历代祖宗，也文明很多了。

商王朝自武丁至辛的一百多年，有记载的人牲达七千四百四十三例，辛执政三十年，仅仅三十六例。

而且，武丁还锯开俘虏来的方国首领的脑袋呢。把人醢了，脯了，其后的大周朝乃至汉朝的刘邦也都这样干。

妲己

傀侯、鄂侯、周伯这三个人，对商王朝虎视眈眈，都是边陲之地极不稳定的“地震”因素。

傀方，是匈奴的前身，与商中央长期二心；鄂国，地处泌水流域，后迁湖北，跟傀方属于盟友关系。西伯姬昌，领周地，表面上臣服，暗地里却积极进行灭商的准备，更是商的凶险对头。杀掉他们，或处罚他们，实乃政治斗争的需要。

却说商辛，“长巨姣美，天下之杰也；筋力超劲，百人之敌也”。也有说他，“资辨捷疾，闻见甚敏，材力过人，手格猛兽”。

可见，他是个高个子，一米八九；天资聪颖，热爱学习，领悟力奇高，反应又快速，抬杠谁也抬不过他；体育也好，百人不敌，有倒拽九牛、徒手搏狼之威，具托抚屋梁、从容换柱之力，至于搬个石磙、举个大鼎之类，更不在话下了。

商辛的一切特征都符合明星级男子的标准，符合大奴隶主的英雄标准。

英雄美人常相伴，美女妲己就来“拌”辛了，产生了另一类记载或传说。

商辛巧舌如簧，淫乐无度，杀人成性，妲己外貌妖冶，心灵诡诈，助纣为虐。

辛是个文武双全的君主，超越众人，所以很容易看不起别人，一意孤行，以至于丢失天下。

在生产力低下的古代社会，严重的自然灾害也是改朝换代的因素之一。

夏朝还会治水呢，疏浚河道，凿井汲灌，到商朝反而退步了，不知道搞水利，只知道猛祭祀。

祭祀，是大商的光荣传统，商辛曾给予吃力的固守。在空前的连年大旱灾面前，他可没少求雨，他的祭祀系统比从前历代都更完备，祭祀得也更勤勉，怎奈

帝辛和妲己

天不相助。

商辛和妲己一见倾心，坠入爱河，是其亡国的主要因素。

二

有苏氏很小，是个国家级贫困部落，穷啊。

有苏氏地狭人稀，出产贫瘠。它凑不齐贡物，就添上了全部落最美丽的姑娘妲己。

苏妲己明眸皓齿，娇艳欲滴，风姿绰约，性感妩媚，而且特别多情和浪漫。

商辛身形伟岸，气势俊朗，最高的地位使他具有足够的贵族气度。

妲己跳下木轮车，一看体魄矫健、俊逸高贵的商辛，一颗少女之心先自动了。

商辛的王冠上缀满玉饰，在阳光下闪耀。当看到站在堂下的妲己，他的眼睛也开始闪耀了。

妲己身上的丝衣，掩不住青春的美艳，尤其是她卓然不群的从容，在一霎间，迷住了商辛。

“你叫什么名字？告诉我。”商辛晕菜了，声音忽然变得柔和了。

“禀告陛下，贱妾名叫妲己。”声音清脆如同银铃，拨动商辛的心弦。

“过来吧，陪我喝几盏。”商辛让妲己随他开饮，心中已充满爱意。

妲己脱掉丝履，款款举步，走上席子，随着商辛，继续走，走向案几。待商辛坐了，她便侧跪下来，给他斟酒。

商辛斜眼看去，妲己的一双大眼睛，仿佛注满了潋滟的秋水，鲜红的樱唇似闭未闭，随着轻轻的呼吸，胸脯一起一伏的耸动、颤抖，里面的两只大白兔，蕴含着无限挑逗。

妲己也在悄悄地往商辛这边看，一顾，一瞬，柔情万千，不防和商辛目光撞在一起，脸蛋儿上蓦然飞满红霞，愈是娇俏动人。

商辛后宫中妃嫔众多，与妲己相比，却都是那么愚蠢粗俗，不值一提。

商辛能诗会赋，很有文学才能，此时第一次真正地动了情感，体会到了难以言传的冲动，却发现词汇贫乏，难以表达。

啊！朕在心中，四下搜索，八处挖掘，到处都是朝霞绚烂；

啊！朕到今天，方才知晓，以往人生，万众之上全然扯淡；

啊！朕自此起，深潜爱河，纵然淹没，期间微妙难乎言诠；

啊！朕其发愿，后宫南瓜，全不再啃，一心全在妲己小甜甜……

却道这个商辛，真算性情中人，当晚跟妲己“为长夜之欢”，连续十几个小时，次日早晨就发诏宣布将妲己纳为贵妃。

西周、东夷及其他不安生的氏族部落此刻正在各自蓄势。

内部四分五裂、外部群强环伺，大商已经成了空架子。

按下葫芦浮起瓢的国家局面，引不起商辛的警惕。他也不害怕，天命在商，亡不了的。

商辛开始过充实而有意义的生活了。

下令，大兴土木，建造了一座周长三里，高达千尺的夯土高台，起名鹿台。在鹿台上修筑宫室殿宇。一则镇天下，二则以国内最牛的房地产项目讨好妲己。

商辛任命姜尚为新宫殿建设总拿，谁知姜尚算计之后，嫌报酬低，谏劝商辛别干，在鹿台上望望风雨云霓就行了。

商辛说："老姜你这就叫敬酒不吃吃罚酒，非要把你'醢'了，'脯'了，你才觉得有味道？"

姜尚连夜逃跑，一路朝西，窜到周方躲藏去了。

商辛另命崇侯督建。崇候叫虎，是商辛的心腹，虔诚服从旨意，兴师动众，集各地名匠，"聚全国财宝"，整整用了七年光阴，豪华壮丽的工程才算完竣。

鹿台宫包含楼榭数百间，无不斗拱飞檐，雕梁画栋，富丽堂皇，豪华盖世。路道上，楼梯上，殿宇内，都铺着绒垫子，利于辛和妲己随处嬉戏，最高处是座摘星楼。

为庆祝落成，商辛携妲己和数千歌女以及亲信们，一连三天，日夜宴乐。

在鹿台喝酒，跳舞，陪着美人儿看星辰，固然快活，自然风情反倒欠缺。于是商辛下令，在附近的沙丘村建设大型的植物园，并在里边养殖了各种珍禽异兽。

沙丘植物园的旅游亮点，就是出名的"酒池""肉林"——"灌酒为池，悬肉为林"。

这个园囿堪称真正的世外桃源，商辛和妲己这对划时代的情人，可以抛开社稷的喧嚣，在里边放任地畅饮爱情的甘霖啦。

辛派人收集各地深山密林里的奇兽珍禽，充实了植物园。

然后，常常组织大批的帅哥美女在禽兽群里裸奔、裸戏，供他和妲己观赏，为他和妲己的伟大爱情添加佐料。

却说斯时的宫廷音乐，叫做"雅乐"，给他们死去的祖宗听的。性格奔放的妲己不喜欢这个，她爱的是乡村音乐。商辛爱人及“乐”，也喜欢乡村流行乐了。他命令文化部的狗腿子们，在全国搜集乡间小调，进行加工，翻唱成缠绵迷魂的新歌曲，再组合成不同的专辑。

演唱的时候，大量的女子裸体陪舞，配器是青铜的钟、磬，还有超多的丝竹。

为了演奏好这些歌舞，大规模地事先排练，经旬累月，偌大鹿台淹没在浪涛般的乐声里。

不料，妲己喜爱的专辑流入民间，人们听到之后，都不欣赏商中央的音乐革命，皱起眉头，说：“领导喜欢的样板歌曲，怎么是这样的靡靡之音呢？”

商辛和妲己不管，反正不打算卖这些专辑。

在月朗星稀的夜晚，商辛和妲己手挽着手，登上鹿台摘星楼，凭着栏杆，互相依偎着，仰脸看闪烁的星辰，俯首看高低远近，到处有美人们的曼声柔唱，翩跹起舞，如梦如幻，韵致无限，使他俩常常通宵达旦，忘记了身在人间。

商辛觉得最有趣的，是他和妲己实施浪漫作业的时候，让周围男男女女陪着“众乐乐”，通宵达旦，无遮无拦，作业间隙，则酣饮狂舞不休。

有次鹿台欢宴，商辛照例命所有的嫔妃聚集在鹿台下，脱去裙衫，赤身裸体，放肆地唱歌跳舞，恣意地冶荡欢谑，他与妲己在台上也除却服饰，纵酒谈笑。

可惜姜皇后宫中的女子们，没见过世面，首次参加领袖的大派对，你挤我一下，我推你一下，不肯脱裸，败坏情绪。

妲己对辛说：“近来听说她们私下作乱，准备杀害大王。妾还不信呢，现在她们竟敢公开违抗大王的命令，可见她们想谋反的传闻不假。应当对她们施加严

妲己观看刀剖孕妇

刑，以儆他人。既然她们不肯脱裸，就扒光了服饰，上刑。”

辛问上什么刑才有意思，妲己说：“依小妾之见，可以在地上挖一个方圆百步，深约五丈的大坑，捉来蛇蝎蜂蚕之类丢进穴中，再把这些宫女脱光了衣服，投入坑穴，予百虫嘬咬，这叫做虿盆之刑，最有意思啦。”

辛很高兴，也很好奇，命众兵士作速挖出圆形虿盆一个，强行将那些宫女扒得光溜溜的，全部投入坑中。毒虫们看见个头庞大、气味芬芳的嫩肉肉来了，兴奋异常，踊跃来吃，一瞬间从坑中传出揪心的悲哀号哭。

辛笑说：“真有意思。若非小心肝儿的妙计，不能整治这些抗命的奴婢。”

三

妲己妖冶动人，浪漫绝世，政治上也不弱呢。

妲己说商辛：“想让全国人民怕你，就得有峻法严刑。对违拗命令的臣子，不能手软。”

商辛说：“小心肝儿，你在司法方面有什么新招数吗？快说给朕听听。”

妲己建议用青铜制成长五尺有余，宽约三尺的大板，用刑时，把它架在火上烤，将犯人衣服剥光，裸体扔在上面，吱吱啦啦的响声，肯定最有震慑力。

商辛急忙照办，果然非同一般。

紧接着妲己又申请了铜柱、铜斗等刑具的专利，杀起人来，全国人民都吓得冒冷汗。

含有妲己智慧的商刑太先进了，商中央的大臣们害怕得直哆嗦，谁也不敢乱说乱动了，朝廷变得十分清静。在背地里，官吏们见面，对辛用残忍刑罚涂炭生灵的恶举，只有摇头掩面而已。

妲己是个求知欲极强的女子，对解剖学尤感兴趣，她想研究胎儿在母腹中的模样，就让辛找来孕妇剖了肚皮看——“将有孕妇人剖腹视胎以为笑乐”。

有人凌晨赤脚涉涧水，妲己以为那人的脚特别耐寒，辛“乃令人以刀斫视之”。

商辛的所作所为，不但给社稷带来灾难，也从根本上抹杀了商的权威，不少诸侯国停止入贡，有的表面顺从，内心打起了小算盘。

不过大商王朝是当时最为强大的国家，经营了几百年，人才济济，朝廷里贤臣不在少数，他们对形势忧心如焚，极少数胆大的便冒死上谏。

商辛同父异母的哥哥微子，要斗胆进入鹿台别宫，就严峻的形势面见辛。

鹿台警卫挡住了微子，微子大发雷霆，硬朝里闯。警卫知道他的身份，只好放他进去。

鹿台内宫里，辛正搂着光溜溜的妲己在和一群裸体男女共乐乐哩，微子见状，心里好生难受。

辛的娱乐被冲了，非常不快，但念及微子是兄长也就不再计较，说：“兄长何事啊？你难得来一趟，不如与我一起和她们同乐乐吧。”

微子哪有心思受用辛这一套，淡然一笑，施礼道：“我今天来，乃是有要事禀告。”

辛问什么事，微子慢慢说道：“想当年我汤祖为打江山，付出了多少血汗，而你现在却不思朝政，日日只图一己之快。你提拔地方小吏进入军委，把宗亲老臣给晾在一边。天下诸侯纷争，乱象频生，朝野都在呻吟，无法安心吃饭。聪明人一眼就看出前景不妙。为王者理当以国事为重，以祖先打下的江山社稷为重……”

微子越说越激动，辛却再也听不下去了，一脚踢翻眼前的几案，大声喝道：“你还自以为多有政治水平呢，说了半天，不着边际。别啰嗦了，哪儿凉快待哪儿去吧！”

微子又冒死进谏几次，无效还找骂，感到这个弟弟要玩儿完了，便会同太师、少师一干人逃出商地，奔敌人周方去了。

退居二线的老干部商容、祖伊等人，也都冒着生命危险进谏辛，甚至拿出占卜结果来，希望辛警惕和改过，都没有效，还把官丢了。

辛的叔父兼老师比干，生性耿直，性格倔强，他觉得现在只有自己可以进谏辛了，况且自己也对商家王朝负有沉重的责任。

比干进了鹿台，辛照例在和妲己放纵取乐。

比干忠心直言，将心中的担忧一股脑儿都倒了出来，指责辛的荒唐，要辛改过自新：“辛呀辛，丢先帝的脸哪。老干部都弄二线，没有背景的掌大权，祖宗典法不修，一味听信妇言，再不回头，大祸不远了。”

辛闻言大发雷霆，喝令手下把这胡言乱语的家伙赶出去。

比干的犟脾气也上来了，死抱着柱子不走：“你不接受谏议，我就一直在这儿，当你的障碍。”

辛说：“好，你厉害。你在这儿，在这儿。我走。”

比干一言九鼎，在鹿台里站了三天三夜。第四日，辛走到前厅见比干还在那

箕子与比干

里站着，火就不打一处来。

妲己也斥责比干："你作为臣子，在时局艰危之际，不尊敬领袖，不理解领袖，反而指责他，训斥他，真是昏了头。你还是叔父呢，配不配呀！"

比干接口詈骂妲己是个妖孽："要不是你迷住辛，他怎么会混蛋成这样？咹，他怎么会混蛋成这样！"

辛说："你说我是昏君，混蛋，难道你便是圣人？圣人的心脏有七个孔，你想让我看看吗？"

妲己遭比干痛骂，无地自容，立即在一旁加柴烧火道："就是，还自诩圣人呢。我看你的心脏绝不会有七个孔眼儿。"

妲己的话正依了辛的心思，辛于是说："一个孔也不见得有。有一个孔，就不会如此盲目地辱骂最高领导人。"

比干为了表达忠心，让侄子早日回头，就执刀开腹，自挖其心献给辛。"自挖其心"是文学化的历史，但商辛杀死比干，在《书经》中却是凿凿有载的。

老臣箕子闻知情况慌忙来救，已经晚了，比干的心脏放在案几上，血腥味道正在鹿台宫廷弥漫。

鬓发如雪的箕子痛苦失声，随后也逃跑了。

再也没有人进谏商辛和效忠商辛了。

在商辛政治腐败、国势虚弱的关键当口，微子、大夫帝甲、内史向挚、箕子等反对派先后出逃。他们到西部的周部落，向周人出卖了商辛的大量机密，周人清楚了煌煌大商外强内干的真相，开始酝酿改朝换代的暴烈行动。

第九章

牧野喋血

一

周人的祖先，叫姜嫄，她生下小孩的时候，觉得自己还没玩够呢，决意把小把戏扔掉。

把小孩抛弃在路上，奇怪的是过路的牛马都惶恐地绕着走。

转而把他丢到冰雪上，难以想象的是，有大鸟飞来——不知是不是黑色的燕子——用翅膀盖住他保暖，其他的鸟都围着跳舞。

扔不出手。暗地里观察的妈妈又把他捡回了家。这孩子被起名后稷。

稷，乃是巨型的狗尾巴草，俗称谷子，上学后的名字——学名叫粟。

甲骨文里的“稷”字是一幅画，左边一棵谷子，右边一个大头人跪着，他在抚摸禾苗。这说明后稷是个农业科学家。

当其他部落只会打猎，饥一顿饿一顿的时节，后稷领着他的农耕部落，种地。

谷子收获了，结出的籽，去掉皮壳，变成了黄灿灿的小米，不再挨饿了。于是，后稷被奉为谷神，后代供他在土谷祠里。

后稷还泡在实验田里，在科研经费紧缺的年代，刻苦攻关，培育麻草。

麻的叶子当菜，麻籽用来煮粥，麻皮剥了，劈成细丝，做衣服穿。

以麻织布做成衣服，是个了不起的跨越，高成本的兽皮和蚕丝让位于冬暖夏凉的麻布。直到今天，人们还在挖掘麻织品的优点呢。

后稷往下传了九代，到了古公亶父当部落长的时候，戎、狄等北方游牧部落

周文王

不断向南侵扰，古公亶父带着部落小民们迁移到风水宝地——岐山下的平原，定居下来。因为他们曾经长久居住在姬水边，指地为姓，就姓姬了。

农耕英雄后稷的第十三代孙，就是老谋深算的“姬昌”，同傀侯、鄂侯一起被大商中央加封为方伯长时，他的部落，遥居西陲，组织偏于粗浅，法制也不完善，总体非常落后，有人犯罪了，它只会戴着枷罚站。

话说中国幅员广大，商统治的时期，中央集权不够强大，它封了一些军区司令，北方的崇侯就是其中之一。

有崇氏部落长就是叫“虎”的那个，人也很二虎，脸像锅底似的黑，长着两道黄眉和一大把红胡子，喜欢吼叫。

前边说过，西部的有姬氏部落长姬昌也是军区司令，三个方伯长之一。他看到时机不错，有了一些军备方面的特殊动作。

姬昌的动作给虎派出的间谍打探到了，虎便汇报给商辛：“姬昌在岐山一带大肆备战，没安好心，任其发展，将不利于大王您啊！”

姬昌的部落很小，又全是农业人口，军队不够，它就抓丁，抓到部队有逃跑的，就命令宪兵进行搜捕，再次抓住便严刑伺候，都不敢再跑了，军队规模日渐扩大。

姬昌让他的部落民交军粮，每年数次，广大黎庶都说：“上天打雷怎么不把姬昌劈了呢？王八蛋！”

姬昌后来被他的老二儿子姬发追谥为“周文王”，实际情况是，周文王一点也不“文”，而是十分的“武士道”和“法西斯”——欧洲所谓的“斧头劈柴帮”，在他的治下，兵役劳役服不尽，赋敛税收压死人。

人们受不了，逃亡——离开自己的居地，迁徙去别的部落，谁知周文王更“毒”，设立了户籍管制，不准人们迁移和逃亡。

后世有个孟轲，他编了一番猪话，说周部落的天是晴朗的天，周部落的人们好喜欢。老百姓种地时，边上留很宽不种，怕影响了邻居。两边都不种，中间半亩地就撂荒着。犯人们觉悟就更高了，画个圈子当牢房，他们站在里边，硬是不逃跑。

这不说明别的，只说明姓孟的是个溜须拍马的能手，连前世的脏须也溜，连前世的臭马屁也拍。

尤其搞笑的是，孟轲们说，虞、芮两个部落的人，为了一垄田发生争执，竟去找周文王评理。他们一进周部落的地界，看见耕者都像受过高等教育，对中间部分互相推让，谁也不肯要。虞、芮之人大为脸红，说：“窝烤！咱也别现眼了，快回去吧。”

孟轲兜售的是仁义之类东西，某个国家崛起，都划归仁义使然，当然是滑稽可笑的，所以，商辛听到虎的小报告，说：“姬昌在疯狂备战？快道其详。”

虎说：“姬昌在他的部落说：发展是硬道理。因而他每天处心积虑，忙个不停，太阳过了中天才想起早餐。他还延请四方能人，替他进行谋划。现在，他周边的大国都感到了威胁，小国则朝夕担忧又无可奈何。”

“既然，如何是好？”商辛问。

崇侯说：“头巾再脏，再破旧，也应该是在脑袋上面，在高处的，谁想把它扯下去，谁就是犯上作乱。您是一国之君，面对姬昌的不敬，一定要早作行动。”

姜子牙

钓鱼的姜太公

商辛说："这个刁昌，就是欠揍。密切观察他的动向，待朕调集征讨大军。"

却说姬昌在周地发展经济和军备，效果明显，但就是缺少一个军师来帮助他指挥作战。

姬昌暗暗想办法，物色有军事才能的人。

有天，姬昌坐着车，带着他儿子和兵士在渭水边打猎，看见一个老头儿坐在河岸上钓鱼。大队人马隆隆经过，老头儿只当没看见，还是安安静静钓他的鱼。如此处变不惊，稳坐钓台，这是个怎样的人啊？

姬昌很奇怪，就下了车，走到老头儿跟前。

一看更奇怪了，老头儿的钓线上是个直钩，空空地悬吊在靠近水面的地方。这怎么能钓上鱼来呢？

姬昌走上前，深深地施了一个礼，跟垂钓老人攀谈起来。

通过交谈得知老头儿叫姜尚，字子牙，出身侯家，从小酷爱学习，长大后足智多谋，由于家境贫寒，空怀一腔本领没人知道。他到处游荡，做过道士，在孟津开过餐馆，在朝歌卖过笊篱，当过屠夫，后来到商中央干过公务员，在国家工程鹿台建设中，曾违背朝廷命令，逃离职守，现在七十多岁了，还在赋闲。

接着，老姜头儿忽而侃侃发言，辞意纵横，忽而凌厉挥霍，气势奔放，综述他自己的政治、军事观点，听得姬昌直翻白眼：烤啊，太厉害啦。

姬昌最感兴趣，是老头儿精通兵法，惊喜不置地说："祖父在世时曾经说过，将来会有个了不起的能人，帮助周族兴盛起来。现在这样的人就在面前了。周部落高层，几代人都在盼望您，已经很久很久了。"

姬昌请姜尚一道回宫，老头儿理了理胡子，就跟着文王上了车。因为姜尚是周文王的祖父所盼望的人，所以文王叫他太公，姜太公。

老姜佐助姬昌在后来起义造反，意欲夺取天下的战斗中起了重要作用，“周之兴也，吕牙在商”，因为他在商中央工作过，知晓辛的底细。

姬昌将姜太公拜为军师，告诉姜太公，他已经发动了一系列军事行动，吃掉了附近的犬戎、有阮氏、有共氏等小国，说：“我决意获得天下，您看下一步应当去征伐哪一国？”

老姜头说：“密项。”

密项确实还是西部中国的一个据点呢，只是密项侯厉害得很，恐怕打不过他。姬昌和他的臣子担心，甚至有人反对出兵。

姜太公道：“我在密项待过，它外强中干，也很孤立，此时不取，更待何日？它便再厉害十倍，也用不着怕。”

姬昌发兵密项，引起了密项内部反对派的暴动，他们杀进内宫，用结实的葛条捆绑了自己的头领，热热闹闹地给姬昌扭送来了。

姬昌由是愈发信服姜太公了。军师，神啊！

数年间，姬昌吃尽了窝边草，一系列攻伐行动，使他成了“关中”地区的恐怖因素，邪恶轴心。

姬昌欲在四周群山包裹的所谓“关中”，成就霸业，很快又进行了对有崇氏部落的攻伐。

崇侯虎是商辛的亲信，崇部落是商王朝插在关中的一根楔子，防御设施极为坚固，一直在警惕着周文王呢。

但周人的进攻精神也不一般，他们把盾牌举在头上，连成一片，在顶盖下，士兵们像蚁群一样向城门推进，听到无数飞矢、石块砸下来的声音。

崇人非常顽强，周军不得不撤出战斗，建造了大型云梯、投石车等攻城器械，再度攻打，最后破了崇城，崇侯虎战败被残忍诛杀。

紧接着，周文王组织军队，长驱东进，一路上攻城拔寨，直逼商辛老巢。

商中央惊慌不置，老臣祖伊一步三跟头地向商辛报告消息时，竟然惊呼："天既讫我殷命，今王其奈何！"上天要终结大商了，怎么办啊大王？

商辛知道在危急局势下，他是全国军队的主心骨，不能软了，说："瞧你那熊样！水来土掩，兵来将挡，不知道吗？"

商辛召开军委紧急会议，组成左中右三师，戈矛林立，士气高昂，拖拉战车的骏马咴咴嘶鸣，蹄子刨着土，急不可耐。

"力角犀兕，勇搏熊犀"的猛士蜚廉、恶来父子，站在阵前，手持一丈多长的青铜戈，杀气飞扬。

战鼓击响。商辛的正规部队，弓强矢劲，战法高明，周文王的反政府军远道而来，盲目深入，被打得狼奔豕突，哭爹叫娘，很快便溃散了。

周文王为商军所俘，被押解到羑里的国家监狱。

姬昌在羑里的小号子里，没有行动自由，一颗心却很不老实。他弄到了一套据说是伏羲老仙儿传下来的"八卦"，每日里琢磨，竟分解成了六十四卦，堪为"八卦"乘以"八卦"的颠覆国家犯。

商辛老不释放姬昌，姬昌闲极无聊，又开始为他的六十四卦作"传"——进行名词解释。

有好事者说，姬昌在小号里推演的"卦传"就是《周易》。实际上姬昌很快

周武王

周公与召公

就被审判了，处决了，《周易》是后人闲着没事整的。

颠覆朝廷，第一重罪，这个姬昌能不杀吗？

商中央高级法院，经过审判，割掉了姬昌的脑袋。

奇怪的是，辛并未对姬昌的部落实施进一步的处置，让周文王的儿子姬发哭着接了老爹的班，成了周武王。

二

周文王给商辛以叛乱的罪名杀掉，倒给了周武王继续兵犯中原的口实。

周武王无论到哪儿，都背着他老爹的“神主”——木制的灵牌。

姬发重整军队，给战士们训话时，反复嚷嚷：“予克纣，非予武，惟朕文考无罪；纣克予，非朕文考有罪，惟予小子无良。”

我若能战胜商辛，不是我武功神圣，而是我父亲文王无罪被商辛冤杀，上天还给我们公道；商辛若战胜我，也不证明我父亲有罪，而是我无能。

周武王一再叫喊周文王无罪，为继续反叛涂抹所谓正当复仇的油彩。

姬发仍旧拜姜尚为军师，时常讨教取商而代的妙计。

姬发还仿照商中央，进一步建立健全了周中央政治局常委会，设立了公爵职称，右公爵叫“周公”，左公爵叫“召公”，让自己的四弟姬旦做周公，六弟姬奭做召公。其他宗室族亲也都得到了重用。

姜子牙先生告诉姬发：“威猛的鹰隼，将要捕食兔子之前，会藏起爪子，缓慢地低飞，凶恶的老虎，预备袭击山羊之前，会低头俯耳，温顺地溜达。聪明人想要有所动作，就事先装出蠢猪的模样。”

周武王因此明白了“韬光养晦、相机而动”的战略道理，装痴卖傻，沉湎酒色，玩弄小女生小男童。

受假相迷惑的商中央对姬发解除了警惕，调走了西向防御的主力军队，讨伐一再蠢蠢而动的东夷去了。

商辛执政期间，组织了三次针对东夷的大规模战争，前后跨度为十五年。每次都是御驾亲征，旷日持久。

当时的东征十分艰难，为了通行战车，需要开荒除林、修路架桥，这实际上也是在使唤军队进行民用工程建设，耗费巨大。

不过，政府军，国家财力支持，还是蛮潇洒的。翻检甲骨卜辞，会发现其中细致地记载了他们进军东夷路上的激情畋猎。

战士们摘下战车上的马，骑着合围野兽，战马嘶鸣，武士们举着戈矛，呐喊奔跑，弓箭手一起发射，飞矢如雨，再凶猛的禽兽陷入军阵，也为之心惊肉颤。

经过追逐搏杀，战车上装满猎物，其中不乏老虎、狗熊之类大兽。

行军畋猎相结合，弥补了给养的不足。

日暮时分，军士们在山林深处举行盛大的欢宴，篝火烧烤着喷香的野味，斟满大碗的美酒，歌舞欢乐之后，沉醉酣眠，利于次日的行军。

东夷人惊恐地发现，商朝还有庞大的“象军”。“商人服象为虐于东夷。”大象被驯服之后用作进攻武器，比战车还要厉害百倍。

弓弩手从大象背上射击，居高临下，完全垄断了制空权。大象也知道蹂躏敌

周武王出师

大会孟津图

人，象牙轻易地戳穿东夷人的胸膛，在空中甩几圈，然后抛往远处。

经过几次巨大的战役，东夷只好乖乖投降了，表示要好好地进贡。商辛为了东夷地区的持久安定，布置大批军队戍守，蜚廉便是留驻东夷的主要将领之一。

商王朝的财富在长期的征东战争中消耗殆尽。

当时生产力相当低下，全国人民土里刨食，又是望天收成，长期战争足以拖垮一个王朝。辛虽然取胜了，但国力枯竭，使他难以应付西线的反政府武装，此所谓"纣克东夷，而殒其身"也。

周武王趁着商辛暴揍东夷，西向防御薄弱之时，兴风作浪，兵进中原了。

出征前夕，姬发要来一码预决活动，也就是占卜。

打仗讲吉凶，怎么预先知道吉凶呢？乌龟壳和蓍草棒，前者以铜棒烫，后者用炭火烧，看爆裂和燃烧的结果。希望乌龟壳和蓍草棒的意见是大吉。

烫了，烧了，却很糟糕，乌龟壳和蓍草棒都说"大凶"。

姬发的脸立时拉了下来。

姜子牙老头儿呸呸地吐唾沫，说："卜一下也就是个形式，枯骨死草，能知道什么吉凶，仗还是要靠人打的。"

"好！就这么定啦。"姬发说，"俄意决矣！"

公元前1046年，西北高原的蓝天下，黄土上，一个新兴王朝经历了长期蓄势之后，突然异动了。

三百六十辆戎车，三千六百名虎贲甲将，三万六千名勇敢的兵士，组成浩浩荡荡的军团，尘土飞扬地杀向东方中原虚弱不堪的旧王朝。

孟津会盟台

军队到了盟津，即今天的洛阳孟津地方，现在叫会盟镇，周武王安营扎寨，短期休整，让老姜头负责军事操练，自己召集诸侯们开会，参加阅兵典礼。

听闻通知，来到孟津开会的小国诸侯有八百多个，“八百诸侯会孟津”。

当时的一个诸侯也就一个部落首领的衔儿，相当于今天一个村长或乡长，八百多个，听起来很多，实际上仅算一次较大的集会，全国还有一两千诸侯听命于商辛呢，因此不能掉以轻心，周武王知道。

周武王在孟津筑起高台，率领八百路诸侯登台阅兵、盟誓，他左手持黄铜大斧子——钺，右手攥着白牦牛尾巴，宣布了商辛残暴无道的罪状，带领大家发誓，同心讨伐，只有胜利，没有失败——胜利了拥有天下，失败了脑袋搬家。

随后，诸侯们有人的出人，有钱的出钱，有智的出智，有力的出力，新的联军组成了，大进军开始了。

就在这个时候，出了一段令人啼笑皆非的插曲。

有名叫伯夷和叔齐的老哥儿俩，赶来阻止军队前进。

两人穿得破烂不堪，精神头儿却很高，在孟津的路边上，一侧一人，揪住周武王的马缰绳，嘟嘟哝哝，“子不可以背父，臣不可以叛君”，“杀一人而有天下，圣人不为也”，“辛是天子，你是臣下。臣下怎能讨伐天子？这是大逆不道的事情啊”。

周武王给说愣了，半天才反应过来：“哦，还真有甘受商辛残暴蹂躏的人呢。”

周武王左右将士，憋着一肚子劲道想打仗的西北汉子，听了老哥儿俩的废话，非常生气，有的把青铜短刀拔出来，想宰他们。

姜太公知道伯夷和叔齐不过是两个癫痴，吩咐左右将士不要计较那俩精神病，把他们拉开就是了。

哪知道，伯夷和叔齐这两个反战的好汉想不开，死挡，不松手。

周武王说："好吧，成全二位。那边就是首阳山，把这俩大贤人流放到那上边去吧。"

军警拉开两个老头子，"安排"他们上了首阳山。

首阳山在今天孟津和偃师交界的地方，洛阳在山下建设有电厂，冒着蒸汽。伯夷和叔齐在首阳山，后来听说姬发取胜，得了天下，绝食抗议，"不食周粟"，慢慢饿死，最后变成干尸了。

大军卷起滚滚遮日的黄尘，在首阳山下兜个圈子，朝着黄河去了。

周武王伐商联军的后面，骨碌骨碌的牛车，迤逦不绝，这是后方的支前大军。牛车上堆满了箭矢、刀枪、粮食和草料。

战车、将士、箭矢、刀枪、粮食、草料，这一切合起来，将把大商压趴在地。

但牛车的问题是又重又慢，平道滚动尚可，过河就很累赘。

数万队伍麇集在黄河岸边的孟津，过渡。怎么过的呢？浮桥。

把很多木船用绳索链接起来，横浮在黄河上。兵车过完了，老牛车一上，桥实在受不了，凑合过得差不离，它就坏了，个别船只和牛车沉下水去。

周武王左手举着铜钺，右手乱摇小白旗，嘴里叫喊："讨伐无道，正义在

黄河中游地貌图

我，风伯雨师，谁敢阻挡！讨伐无道，正义在我，风伯雨师，谁敢阻挡！”

周武王乱吆喝，没什么效果，将士们很是恐惧，不停地拥挤，觳觫。

风雨有什么可怕！军师老姜头站出来，宣布：“桥坏了就干脆烧掉它！大王为父报仇，有死无生，烧掉浮桥，全军背水一战，绝无退理！”就把浮桥烧了。

三

黄昏时分，抵达一个叫做牧野的地方，前哨部队遇上了商军。

前军报曰：“已达牧野，发现敌人。”

周武王正待发话，突然咯噔一下，车子垮了，把他屁股硌得生疼。

怎么回事？原来车辕断了，直接把领导掼了下去。

细一看，还断成了三截子。这不是好兆头啊。紧接着，雨雪又下了起来。

黄河中游两岸的气象极是出奇，旱则旱得连年，雨雪则日夜不停，一连三天还没歇气的样子。周武王心里害怕了，天在警告我吧？

姬发请姜太公入帐，问车辕断为三截和雨雪三日不止主何吉凶，“或许商中央还是不可以讨伐的吧？”

姬发又对自己兵力跟商辛无法相比的局势表示忧虑，虽说有一些同盟国配合作战，但他们皆出自偏僻地区，既是杂牌军，又没见过阵势，这仗，是不是可以打呀？

老战争贩子姜子牙狠狠地说：“打！开弓没有回头箭。车辕断为三截，是提醒我们，部队应该分成三路；雨雪三日不止，正是上天为我们磨洗兵器，让它更加锋利。”

“那好吧，”周武王说，“咱就打！”

再说商辛得知姬发反了，立时组织人马，决意砸碎它。

辛的部队总计十七万，媒体掺水报道，宣称七十万兵马，布阵牧野，铺天盖地。

可惜，商辛的数十万兵卒，有一大半是临时武装起来的奴隶和刚从东夷押回来的俘虏。奴隶们平日捏锄头把儿，在田垄间劳作，握戟的姿势还像是锄地；东夷俘虏都有家仇在身，恨透了辛，谁也不愿为他卖命。

相比，与之对峙的大周人民解放军就训练有素了，背水一战的必胜信念犹使他们变成了一群亟待撕肉的老虎，持矛横戈的西北虎。

雨雪初歇，寒风凛冽，列阵完毕，老姜头说：“请大家竖起手中的武器，立起手中的盾牌，欢迎大元帅讲话。”

周武王健步登上讲台，咔！行了个军礼，训曰：“各位友邦执事、各位部落头领，各位司徒、司马、司空，各位师长、旅长、千夫长、百夫长，各位车兵、步兵，各位支前的父老乡亲，同志们好！同志们辛苦了！

“古人教导我们说，牝鸡无晨。母鸡管下蛋，不应该打鸣！假使母鸡打鸣报晓，那这家人就要倾家荡产了。而今，商辛用奇技淫巧取悦妇人，听信妇人之言，蔑视祖先，蔑视天下，已经变成独夫民贼！

“商辛侮辱五常，自绝于天，丧尽天良，结怨于民，恶贯满盈。我父文王，德配日月，光照四方，兴我周族，顺应天意。

“今天，我要执行上天的旨意，率领英勇之师，惩罚罪恶，廓清海内！要求大家奋勇杀敌，我为大家预备奖赏。

“同志们，我们的事业是正义的，正义的事业，必胜！”

周武王牧野发誓这天，是公元前1046年的正月二十日，这是通过文献中的星宿位置记录等信息考证出的，中国历史上第一个具体日期。

战鼓声渐渐响起来，起初较小，较远，几乎觉察不到起于什么时间，起于哪个方向，慢慢地，你感觉到了身体与鼓声的谐振。

在轰隆不绝的战鼓声中，战车、战士都在轻悄而快速地移动，数万人的队伍，像一匹浑然的猛兽，由舒展变得紧张、警觉，时刻准备猛扑。

白胡子前敌总指挥姜子牙，在指挥车上，凶恶地鼓动着腮帮。中国历史上第一次最大规模的军团搏杀，将在他的令旗下，残酷展开。

牧野，要来一场鲜血的洗礼啦。

战争机器一旦启动，任何一方都不会仁慈。周军的攻击，歇斯底里。商人拼死捍卫政权，肝脑涂地。双方以性命和血肉相搏，日夜不休。

手执戈戟的西北汉子们，踏着商辛军队的血尸，像洪水一样翻滚。鲜血染红了大地，人们看见，血水聚集的地方，把商军士兵丢掉的武器——杵杆都漂了起来。

《逸周书》记载了周武王的战绩，牧野决战，周武王前后杀死商军一亿零七万人，这个数字是当时割耳朵查数得来的，俘虏三亿人，得到玉石一亿零八万块。残酷血腥，直如噩梦中的噩梦。

这些数目字也太大了，大到绝对失真的程度，商朝末年，全中国人数也过不了亿呀。

古人的“亿”和现今的不一样吧？后山告诉你，不一样。个、十、百、千、

第一代周公姬旦

周公塑像

万、亿，每级都是十进位的话，古人的“亿”应该是十万。

重新按照十进制折算一下，杀死十七万人，俘虏三十万人，另得玉十八万块。当为可信数字。

“力角犀兕，勇搏熊犀”的恶来是商军元帅，在苦战中，被周军先射中腮帮，后捅穿肚腹，血液流尽而壮烈牺牲。

且说英雄的商辛，眼看大势已去，不想让自己落到属国敌人手里，惨受宰割，当夜在鹿台放了一把火。

在烈焰的熊熊爆燃中，辛用珠玉连缀的礼服包裹了全部的玉玺、珠宝、中央文件，紧紧抱着，挽着妲己这个最值钱的活宝，跳进火堆里，“以身殉国”，也将自家山河壮烈地焚断了。

周武王以他那老远擎过来的专事砍头的青铜大斧——钺，砍下商辛烧糊了的脑袋，悬挂在高竿子上，砍下美女妲己的脑袋，悬挂在二竿子上。

唉，一对生死情人也算是得享同归的荣耀了。

商辛亡于周人，东夷诸部落不服，气鼓鼓地说，我们斗了多年，把辛斗得要垮了，周人摘了我们的桃子！

于是，周人与东夷之间，又进行了三年内战，神州中原这颗大桃子，被揉搓得少毛没皮乱流水儿，但最终还是紧紧攥握在周人的手里。

四

周武王伐灭商中央，在当时人看来，是文明落后的周人灭了在位的商人，就

洛阳周公庙

周公庙内路道

正统秩序来看，是违拗的，商朝很多人感情上接受不了。

新生的周中央同样不安，一是从未领过这么大的摊子，不知道第一号中央文件如何制定，二是担心不定哪个早上，商族残余势力死灰复燃，虎视眈眈的东夷也再度骚乱，全国闹出翻天覆地的意外变化。

周武王自然要问计姜太公。

老姜头果然“辣”，说：“倘若你爱一个人的房产，就会连带爱那房顶上的乌鸦；倘若你恨一个人的政权，就要毫不留情地把他的人烟杀光，根苗不留。”

斯时的右公爵大人——周公——周武王的四弟姬旦，不同意老姜头的方案，他认为姜子牙的杀人战术打天下可以，治天下不行，于是撩撩袍襟，上前一步，说：“我们夺取大权了，当要之务，应是努力做好思想政治工作。”

姬发问：“思想政治工作？四弟，这日怪工作是甚个意思？你不妨细细说来，让为兄俄咂摸咂摸。”

姬旦道：“庞大如商朝者，煊煊赫赫，曾经四方臣服，骤然间为我们小邦周所颠覆，不惟商人惊恐，连我们自己也奇怪。那个授商权柄的上天哪去了呢？怎么到了最关紧的时刻，上天掉链子了呢？

“在要命的时候，商人会呼唤上天的，呼唤上天帮助它，可是没有反应。这是为什么？我们只能这样理解：上天的庇佑不是无条件的，它遗弃了商，不帮他们了。它转而帮助周了，天命周，周则天之子——天子。

“这就是思想政治工作。我们要大力宣传这些。

“什么叫宣传，宣传就是哄着人们相信。相信了天命周，商人就害怕了，不敢东山再起了；相信了天命周，东夷就顺从了，不再胡思乱想了。”

姬旦把“天命在周”的新思路抖出来之后，武王登时豁然开朗，底气十足。

原来我是承继天命的啊！哈哈！以武力抢来天下，没有必要惶惑不安！说：“为兄我开窍了，这思想政治工作恶得很哪，做！”

先召开全国诸侯大会，对商辛追加审判。

周武王的检察院开列了商辛六条罪状，公开起诉，以解释商亡的必然性，周兴的合理性。

六大罪状，第一是“不用贵戚”，第二是“登用小人”，第三是“听信妇言”，第四是“倚命在天”，第五是“不事祭祀”，第六是“贪醉酗酒”。

后山笑曰：周武王检察院关于商辛的公诉词，乍看之，六大条，哪一罪也不轻，细较之，六桩罪却使人啼笑皆非，是周中央蹩脚的政治宣传工作。

“不用贵戚”，是罪过吗？用人唯亲，贵族和亲戚都当了高官，这个朝代能有好日子过吗？商辛处置微子、箕子、比干，都有人事改革的影子，正是对“血统论”的沉痛出击。

“小人”乃是门第寒微的人，庶人，非高干子弟，破格录用，唯才是举，譬如蜚廉、恶来，出身低贱，为商辛所重用，与商王朝同患难，共生死，生命不息，战斗不止。

而微子、箕子之流商室贵胄，却在大周夺取政权以后，投入了周人的怀抱，变节侍奉仇敌。

“听信妇言”？少见多怪。女性从政，有所作为，不很好吗！女人发言，一定是坏事吗？女人智商和能力，一定在男人之下吗？不说别人，姜子牙就曾经当人家的倒插门女婿，听人家呼喝好多年。

商辛废弃了贵戚旧臣，当社稷危荡、沸反盈天、人心惶恐、各怀叵测，老大帝国命悬一发的危急关头，也只有跟自己的媳妇合计大事了，换你你也这么做。毕竟妲己还是跟辛同舟共济的人，最后手挽手毅然共同赴火，便是明证。

所谓“不事祭祀”，纯系“欲加之罪”。商辛他爹和商辛自己执政的时期，商人的祭祀体系比以前任何时候都更完备，更成熟。

“贪醉酗酒”，这条指控成立。商人好酒，并非从商辛才开始的，乃是干部队伍里的光荣传统和一贯风气。

有谚曰：一两二两漱漱口，三两四两不算酒，五两六两扶墙走，七两八两还在吼。感情铁不铁？铁！那就不怕胃出血！感情深不深？深！那就不怕打吊针!

从后世出土物品看，商朝后期的饮酒器皿数量激增，甚至还挖出来了成坛子当时的酒，可见彼时酒风之烈。举国贪醉酗酒，大商安得不亡！然而归罪商辛一人，未免有所失当。

好了。审判了辛这个独夫民贼，率军西返。

走到洛阳以东不远的地方，看到禾苗嫩绿，鸟雀飞舞，姬发忽然激发了对和平生活的无限热爱，于是下令“偃师”——放马于首阳、嵩山，封弓箭、戈矛于府库，毁战车做柴火用来造饭，表示不再打仗了，安居乐业了。

周武王运载着夺来的国宝九鼎重器，率领人马到了洛阳。

选定一处地方作为临时太庙，安置了九个大鼎后，周武王祭拜了各级祖先，连远祖后稷都香火到了，正式登上了大周天子的宝座。

在周武王的登基大典上，重点表演了来自老家的威风锣鼓。

汉子们头扎白巾，手捶大鼓，以乱蛙蹦跳般的脚步，故意踢起尘土，让它翻滚如狼烟，非常过瘾。

至于对付垂死挣扎的殷人可能复国的军事行动，至于建立全国人民的认同和归从意识，就靠四弟姬旦的那套奇妙办法吧。

却说“天命在周”的所谓思想政治工作，本系姬旦的一个把戏，哪料姬发本人先自对“天命在周”深信不疑了。

既然天命，就要定“天邑”，又谓“天保”，政治中心。“未定天保”，竟“何暇寐”，连觉也没工夫睡了。真是个小肚子的人哪。

“天保”的“保”，原意是伞盖的中心部位。周武王以为天的中心就像伞的中心一样。所以要依“天室”之制，定下他的“天保”。

为此，姬发对河宛、三涂、有岳等地进行实地考察之后，重新回到洛阳地面，“瞻于河洛，无远天室”。

先目测，很好，继而实地测量河洛大地，结论是，伊洛平原是大地的肚脐眼儿——“土中”，与天的格局即北极星居于天之中的结构相去“无远”，甚为接近。洛阳，就是这儿啦。

周武王“依天室”，不仅是一个简单的形式上的“为人君者，取象于天”，而是要从外壳到方位，都要彻头彻尾地与“天”保持一致。

天帝的宫殿——紫微垣，是天的中心，作为天之骄子的人间君王，他的宫殿——“天保”，也必须亦步亦趋，居于大地的中心。这当然是虔诚的、教条的对于上天的依附意识。

周武王在洛阳主持召开了周中央政治局第二届常委会，与会常委全票通过了《关于在全国深入开展以“天命在周”为中心的思想政治工作的决议》和《关于确立洛阳为大周首都并定九鼎国器于洛阳的决议》，后山称之为“两大决议”。

“天命在周”为中心的思想政治工作，以群众喜闻乐见的多种形式，早已轰轰烈烈展开。

“营建洛邑”，作为大周的国家级重点工程，前期工作以征招高级工程师为主，国宝重器九座大鼎将待洛阳建成，运入安放和敬奉。

决议是决议了，一个新生的好像嫩小鸡子似的政权，还远远不到有蛋换钱、用来建设的地步。那就先回去吧，回到原来的封地周方，再展宏图吧。

周人于洛阳短暂逗留后，再度启程，裹挟着大量的商人俘虏，人欢马叫地又回到了陕西地盘，当然这是迫不得已的了。

周人西归，裹挟着大量的商人俘虏，商人俘虏携带着大商青铜器铸造技术、商陶和商绣等手工业技术，还有占卜、预决所用的笔画简劲的文字。

第十章

三监伐旦

一

却说姬周王朝血洗牧野之后，代殷而起。周武王接受他四弟姬旦的建议，在全国开展“天命在周”的思想政治运动。

宣传形式多种多样，跟周最亲的诸侯，弄舞台活报剧不算，还别出心裁，组织文化下乡，把小品、歌舞送到田间地头，让荆服、野老都知道，上天让周人管事儿，往后要听周中央的话啦。

在政治上，周中央因袭商中央的法子，封建。“封建亲戚，以藩屏周。”

后山释“封建”曰：“封”，拢土，“建”，栽树。即古代氏族部落在其居住地周围堆土、植树——可能是一圈荆棘，也可能是一圈花椒吧——对外，作为保护氏族或部落的藩障，对内作为采集区和狩猎场。

后山曰：封建，这种权力之制，让贵族内部分子都喝到了一杯特权之羹，普及和扩大了王朝对民众的统治。

封建不仅是天子将土地分封给宗室和功臣，诸侯们也照此办理，一级级将土地分封出去。

久而久之，国中便形成了势力极大的世袭卿大夫，他们不仅有自己的封地，还有私人武装。

周武王把各路诸侯都召集到了，举行分封典礼。

命军士开造一处大坪，坪上堆拢了五堆土。中央一堆黄土，东边一堆青土，西边一堆白土，南边一堆红土，北边一堆褐土。

宗室贵胄、讨商功臣、战斗英雄及友邦领导人，团聚一堂，听从分封。

谁分到哪个方向去，礼仪小姐就去哪个方向的土堆里刨来一把土，再到中央的土堆上取同样多的黄土，混合起来，以白茅草裹住，送给他，作为委任状。

宗室贵胄、讨商功臣、战斗英雄及友邦领导人，接受了茅土，也意味着他认可了周武王的联邦大首领地位。

军师姜子牙，功劳大，封得了东夷一片富庶之地，今天的山东临淄，是为齐国。

周公姬旦，功大，也被封到山东之地，今天的曲阜，先是称“奄”，姬旦随后把它改叫了鲁国。

召公姬奭呢，封于燕地。

当初讨伐商辛的时候追随周武王，出席孟津诸侯大会的八百代表，也都修成了正果，获得了官升一级的加封，不入品的村官也都能给个镇长、乡长干干了。

还有一些无功受禄之辈，根据大周劳动人事部的考究与建议，神农氏的后代、黄帝的后代、尧的后代、舜的后代、禹的后代，都受了一块封地。血统论的力量真是厉害啊。

襟怀开阔的大周，名不虚传，把商辛的儿子武庚也封了一下子——封他仍驻原地，“商人治商”。

但，商的遗老遗少全是敌国余孽，亡国之痛自然不会轻易消失，难保不会在某个时刻爆发，成为颠覆大周的祸患源头。怎么预防呢？

武王封其弟管叔、蔡叔、霍叔为侯，三处均在中原一带，密令他们监督武

三监的归宿

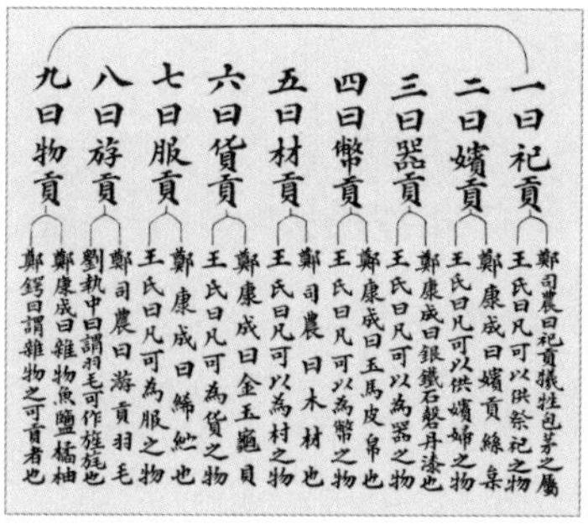

周要求诸侯的“九贡”

庚，是为“三监”。

对于“商朝余孽”，强化监督当然是个好办法，但他们人数太多，过于集中，势必产生问题，于是进行瓦解就成了必要的措施。对，强制迁移。

周对商人的强制迁移，有三个方向。

一部分商人，迁到洛阳，在洛水两岸，造屋，垦田，定居，集中管控。

一部分，给姬姓诸侯做贱民，由诸侯分别带到自己的封地去。譬如鲁，就带去了“殷民六族”，卫呢，有“殷民七族”，分散管控。

还有一部分商人，应该算是比较幸运的，跟随商朝的分裂派、亲周派人士到其封地去——箕子，平壤；微子，杞地——过日子。

箕子偏居朝鲜，情形应当不错，翻不起大浪，周也不理他。

微子居杞，领着上一朝的遗民演绎了不少小品，著名的有“拔苗助长”“守株待兔”及“杞人忧天”等。

微子每过几年还坐着牛车，主动上陕西汇报工作，乖得很。

专车有次经过前朝故都，让牛吃草饮水，微子下车转悠，看见原先的首善之地、锦绣之城已是废墟一片，从前的宫殿塌圮成了废土堆，农民兄弟在旁边种植的麦苗，一行一行，绿生生的，诗兴滋长，还来了几句呢。

“麦秀渐渐兮，禾黍油油，彼狡童兮，不我好仇。”

老头还记仇呢。辛那个可恶的小屁孩儿，当初就是不肯重用我！

话说周中央“封建亲戚、以藩屏周”，把他的同姓宗亲和功臣谋士分封各地，建立诸侯国。诸侯们感恩戴德，将一个个诸侯国建成了对一方土地进行统治的政治堡垒，对周王室也起到拱卫和支撑的作用。

诸侯各国，自己吃自己的，还定期定时派大夫送贡物给周天子，打仗的时候，派兵参与国家正规军的统一行动，拓疆，或者镇反。

周初，一口气封了上千个诸侯，一般无非相当于如今的一个乡镇，好处很大，其自治性质，缓和了不同部族之间的冲突，给地方以选择尝试不同政治模式的自由和经济发展方式的自由，出现了真正百花齐放的和谐局面。

当然从人性贪婪的角度来讲，诸侯们安能老老实实，呆在基层，不思升迁？

其实，诸侯太多，每个诸侯的“个头儿”都很小，最大者方圆不及百里，想闹个事儿，也至多是乡镇级的掐架，即使联合，使战争升级，也仍然属于群殴，对抗中央的可能性很小。

即便如此，周天子对地方诸侯的武装力量很是在意，对其编制和活动方式，都做了严格的等级限制，不准他们随意扩军，也不准他们举行联合军事演习。

周中央的主要领导人，想起自家从前岐山脚下的田家乐，就感到温暖，想起喋血牧野，就出一身鸡皮疙瘩，不想再打打杀杀，把主要任务定作种地，建设一个和谐宁静的农业国家。这想法真好啊，跟后山的政治观念一致。

“归马于华山之阳，放牛于桃林之野。”这是《书经》说的。周天子予民休息，想到做到，刀枪入库，牛放南山。

牛都放到桃园，让它们休养去了，怎么种地呢？其实大周朝种地不用牛，用的是人。

把野牛驯养成家牛，这事情在夏朝后期就有了，商朝家牛养得更多，但跟养猪一样，是把它们杀来祭祀的，作牺牲。敬神或者祈雨完了，埋掉，有的被穷人偷吃，总之算是肉牛。

商末周初，开始用牛拉车了。有水平的牛，给官员拉车，胸怀报国大志的牛，驾驶战车，只有一疙瘩闷力气的牛，支前——马拉着战车在前边逞能，牛拖着辎重往前方输送。

说的是，和平的日子，不需要拉战车了，不需要奋勇支前了，大周朝没有铁犁，石犁你敢让蛮牛来拉吗？它一弓腰一使劲就拉坏了。因此人们用铲子一下一下地翻地，不需要牛参与“脸朝黄土背朝天”的耕作，牛只有在桃花丛中休养了。

你看我们中国古代的牛，牛吧？

到了周朝末年，牛才慢慢地学会耕地，猪光喜欢睡觉，啥也没学会。

二

周武王安排完大周朝野一干子事务，就想着营建都城洛阳了。

周方是故乡，但太偏僻，衣锦归还一下就是了，洛阳地处天下之中，像一个大蜘蛛网的中心结，在洛阳控制全国局势，纲举目张，诸侯们进贡，要走的路程都差不多，谁借口自己路远，少贡点，晚贡点，就说不过去了。

也许是打仗累的，周武王身体出了问题，不停不止地咳嗽。

周公很对领导兼兄长担心，洗澡、吃素，弄来猪牛，架柴堆上烧，祭祀鬼神，以求痊愈。

周武王抱病跟周公商议建都洛阳的大事。

周公担当着周中央宰辅的大任，分封到鲁地，由于国务院工作重担挑在肩头，他自己没去，让儿子伯禽去了。

武王咳嗽着说："旦啊，营建洛邑这处天保，能够使大周配比皇天。在洛阳祭祀天神，是近期必须实现的目标啊。"

周公说："是啊，'天邑商'已经变臭了，'天命周'正在被天下接受，这是我们果断决定在全国进行深入宣传的成果。我也希望早成洛邑，把思想政治教育落在实处。那样，在宗室之内，可以维持心理优势，对朝廷之外，可以压服殷人和四夷的反抗。"

武王说："为兄已经决定，派四弟你带领专家赴洛阳，再细测日影，再详度土中，力争三个月时间，完成城池和宫殿设计，半年时间，三通一平，工程队进驻，早日建成洛邑，赶紧把中央政府迁去。"

武王又咳嗽起来，周公为他拍着背，说："为弟知道建设新都洛邑的重要性和紧迫性，这就着手准备，不日可望启程。兄身体要紧，好自将养，朝野方可安心。"

武王说："嗯，好。在洛阳时，为定天保，度土中，俄睡不着觉，如今天下分封完成，建设洛阳和迁都洛阳是中央最近一年的中心工作，一日不能实现，俄还是一日睡不着觉啊。"

然而，很是不幸，周武王接下来的中心工作却成了：驾崩。

周武王也算苦命，还没享福呢，就急于上天找他爹周文王汇报工作，儿子姬诵尚在幼年。按照父殁子继的规矩，这个诵诵得接手中央领导人的全面工作，可是他懵里懵懂，光知道出去跟小朋友们玩尿泥，怎么办呢?

周公把诵诵扶上了君王大位，叫做成王，可有时候，上朝了，开会了，还找不着他——不知道在哪儿躲猫猫呢。

姬旦便果断地跨上台阶，自己坐到那高大的全国第一把交椅上去了，背后竖着黄色的大斧头——铜钺，及白牦牛的尾巴。

直接坐上去，这什么性质？两种理解，一叫摄政，代替国君处理国务，一叫篡权，乘虚而入盗窃国柄。

姬旦自己觉得是摄政。周成王幼小，不懂事体，中央工作不可荒废，身为叔叔，身为周公，坐上天子座，接受朝拜，发布命令，有这个责任啊，辛苦点没啥。

但在宗亲“三监”管叔、蔡叔和霍叔锐利的眼睛看来，摄政没什么说不过去，但诵诵再贪玩，你姬旦也不该每天耀武扬威坐在宝座上，让诸侯们当天子朝贺呀，这什么性质？活脱脱就是奸篡嘛！

却说这个姬旦，本也是个心有方略的人士，是个对大周有责任心的宗室贵胄，有机会代替小侄子周成王决策天下，做了个“准君王”，想干出个样子来。

要把权杖舞弄得十分欢快，得心应手，你得知道多少人听你呼喝，你在主席台上讲话，要晓得台子底下坐着多少个屁股，基于此，姬旦对全国诸侯进行摸底，周武王分封的时候来的没来的，一律再来填写普查表。

这不是折腾人吗？别发牢骚，你是诸侯，人家周公是准天子，通知你“朝圣”是看得起你。你瞧瞧，巴结心盛的诸侯已经动身了，路上牛车叮叮当当响呢。

有民间调查所统计，当时的诸侯两千多。他们虽不会全来面君，只说接到通知后，陆里陆续，在一个较为密集的时段拜见周公，表忠心的，当应不少，以至于把个老姬忙得像小品演员似的。

姬旦就餐，刚扒拉进一口小米饭，没等嚼完，有诸侯来了，赶紧把米吐出来，收取贡物，亲切会谈，接见完毕，再扒拉一口小米饭，门子又报有诸侯来了，忙又吐出来，弄得“一饭三吐哺”。

洗澡也很讨厌，打搅不断，周人头发长，老姬握着湿头发从浴室跑出来，接见完了，又进去接着洗，反复三次，洗一次澡中间得料理三拨来客，接收三次礼物，“一沐三握发”。

“一饭三吐哺”易患消化不良，“一沐三握发”也常致伤风感冒，但周公心里装着朝廷大事，唯独没有他自己，文化宣传部门就竭力称颂他为“圣人”，黎民百姓都知道了，后世曲阜有个叫孔丘的乡下私塾教师，便以他为标杆，有事无事常对别人说“梦见周公”了。

话说历史初期的国家主体，便是庞大的部落联盟，夏、商和周都是这样的。但周显然自认为它比前朝聪明，它想永久地居于统治地位，周公就组织大量人力，下功夫制造了一个“宗法”制度。

把全国的奴隶主贵族用“大宗”“小宗”层层区别开来。周王为“大宗”，各个封地的诸侯相对于周王而言，是“小宗”，而在其封国内又自然居于“大宗”之位；各诸侯下面的卿大夫之流，相对于诸侯，属于“小宗”，但在它所在的分支中又处于大宗的地位。如是这般，构成了王、公、卿、大夫等的等级阶梯。

以“宗法”为内核的大周等级制度，在表现形式上，乃是繁琐到骨头缝里的

“礼仪”和跟礼仪相配的所谓“雅乐”，合称“礼乐”。

就是说，礼乐制度，核心是“宗法”，即等级名分制度，是对政治等级制的具体限定。

礼乐制度规定了君臣、父子、兄弟、夫妇、朋友之间的上下尊卑关系和权利义务关系，体现了奴隶主贵族的阶级地位和等级特权。

在周统治者的礼乐体制内，每个贵族，从出生到死亡，从日常生活到政治活动，都处在与其身份相适应的礼乐程序之中，做什么都得受制于形式繁琐的礼乐程序。

在“周礼”中，什么人乘什么车，坐什么垫席，什么场合穿什么衣服，见什么人行什么礼，如何磕头，什么时候什么场合，磕几个头，什么级别对什么级别，磕几个头，都有僵死的规定。

显而易见，礼乐体制是僵死和保守的，它的目的在于维护现存的社会等级，不使之发生变动。若变动了，尤其是一个“小宗”的经济力量或政治力量超过了“大宗”，这个“小宗”就违犯了礼乐。违反体制的多了，就是“礼崩乐坏”，那是不行的。

周统治者是在用他设计的所谓“规范”，不厌其烦地强调：大周的政策是完善的，压迫和剥削是合理的，没有礼乐就没有大周的新社会，生活在大周盛世多么幸福和快乐啊。

也就是说，周统治者编造礼乐并大力推行的目的，是让人时时刻刻清楚自己的位置，老老实实呆着，不要越位，不要没大没小。

三六九等的人，在日常生活中，按照礼仪规范来行事，实际上就是在不停被

六骏图

周王城车马坑1

洗脑，不停地强化等级意识，强化上下尊卑观念。

周统治者也懂得辩证法，如果你实在因为“礼”的制约而苦恼，想质问“凭什么你在上面我在下面”，想吆喝“君王将相，宁有种乎”，它给你配套的“乐”确乎具有松弛和麻醉作用，听吧。听了那些歌舞升平的音乐，你绷紧的神经就松弛了，你的造反意识就消泯了，你就安心被统治了。

因此说，倘“礼”是条青黑的大棍子，那么“乐”就是根鲜艳的胡萝卜。

三

“礼乐”是制定给贵族的，“礼不下庶人”，庶人和奴隶享受的是什么？是“刑”，“刑罚”是专门送给下等人的，“刑不上大夫”。

“商刑”是残暴的，“周刑”有过之而无不及。周公姬旦在周武王时叫喊思想政治工作领先，大周军委总参谋长姜尚则参照“商刑”制定了细致入微的“周刑”。

现在，统治渐渐上趟，姬旦便把老姜头远赴封地之前弄好的“周刑”拿出来，付诸实施了。

老姜头的队伍当年攻占了商辛的大商档案局，他在缴获的商朝司法类文件里边扒拉出了若干律条，加以学习和领会，搞出了“大刑用甲兵，其次用斧钺，中刑用刀锯，其次用钻头，最后用竹鞭”的五刑体系。

历代商王“刽子手加大厨子”的刑罚模式，都被周王朝发挥性的继承了：剐鼻子、割鸡鸡、砍胳膊、剁脚踝、剜髌、刺字、杀头、锅烹，等等，哪一样也不

周王城车马坑2

周王城车马坑3

比被它指摘为“丧尽天良，恶贯满盈”的商王朝少。

而且“周刑”的条款还更多：黥面，一千条；劓鼻子，一千条；剁脚踝，一千条；割鸡鸡，三百条；锯头，二百条。丝毫不比它所批判为“结怨于民，自绝于天”的商王朝手软。

大周就差没有发明“凌迟”这种地球上最为残忍的刑罚，给后世的皇帝们留下了一点创造专利技术的可能。

洛阳市2003年在周王城广场进行建设时，发现了四百多座周王朝时代的车马坑，其中“天子驾六”是考古界的首次发现。为更好地保护这一历史性发现，车马坑原址被建成了“天子驾六博物馆”。

在大周天子乘着“六驾马车”耀武扬威的时候，与周王同姓的姬姓平民尚难以温饱和安宁，为他们提供服务的大量奴隶，命运就更加悲惨了。

与奴隶主的豪奢生活形成鲜明对比的是，在“周刑”伺候下的庶人与奴隶，被统治者剐掉鼻子、砍断腿脚、割掉生殖器乃至锯掉脑袋的，比比皆是。多年的考古发掘已经证明，而且还在不断发现新的证据。

洛阳市文物工作队在配合原河南科技大学林业职业学院基本建设的探掘中，发现了大规模的西周文化遗址。这处遗址位于洛阳市中州东路北，西距瀍河约八百米，西北距离北窑西周墓地及铸铜遗址约四千米，发掘出文化灰坑近百座。

2010年6月6日，洛阳市文物工作队公布《西周洛邑祭祀遗址考古发掘情况报告》，称总发掘面积为一千四百四十平方米，六层文化堆积，除了灰坑九十座，还有墓葬二十座，陶鬲、陶簋、陶罐、陶盆、陶甑、铜削、石斧、骨锥和骨簪等

洛阳周代祭祀灰坑遗址

器物。

文物考古研究所为二十七个灰坑中的动物骨骼做了鉴定，从鉴定结果看，大量动物的骨骼保存得相对完整，而其中二十四具人的骨骸则扭曲、凌乱，显然属于非正常死亡。

祭祀灰坑和墓葬中大量非正常死亡的人骸是怎么回事？牺牲？人殉？还是刑徒？

无论是牺牲，人殉，还是刑徒，哪样不是凶残和罪恶的注脚呢？

建立在凶残和罪恶之上的“大周”，为了维持其政权千秋万代“永不变色”，才耗费心机，耗费大量人力和物力，就起行坐卧、吃饭上朝、哭丧穿衣等生活的方方面面，编造了繁冗庞杂的所谓“礼乐”制度。

“礼不下庶人，刑不上大夫”是执行中的规则，摄政王周公姬旦为了建设千载稳固的“礼仪之邦”，把他的《周礼》一级一级地传达，让全国人民一天到晚地照着做。

说磕头礼吧。《周礼》要求，幼见尊，下见上，要磕头。不同等级的人，见到不同等级的人，在不同的场合，有十数种不同的磕头方式。磕头的数目，从一个到九个不等。

磕头有章法，走路说话也都有分教。你经过尊者或长辈面前时，要小碎步急走，这叫做“趋”，绝不能迈着四方步，或不卑不亢就过去了。

登堂入室，怎么规定？从西阶上，先迈左脚，从东边上，先抬右脚，每登一级，停顿一下，两足并拢一次，再继续登，直到上去。

在室内走路，不必“趋”了，但也不能大步如风，得“接武而行”。

“武”是脚印，“接武”，是连接着，不断开，后一步要踩在前一步的足迹之半的地方。

要你每天都来过如此“礼仪”的日子，凭良心说，你受得了吗?

说实话你别想学会这一套。你也学不会。但你若是大周的臣民，你必须学，你必须在生活中实习，照办，人人讲礼仪，处处有规矩，你别无选择。

在《周礼》中，无时无处，不是天子、诸侯、卿大夫、臣民的等级秩序。

坐席的规定是，天子，五层；诸侯，三层；大夫，两层。席以花纹显示等级差异，不可错乱。尊卑差别、等级秩序也由席子在屋内的摆设位置显示出来，有方向的以方向说事，辨别不了方向的，看离门的远近。

臣子不能和君主坐在一张席上，男人和女人也不能同坐一席。入席的时候不能“横肱”——叉着胳膊肘，你想干啥?

入席的规矩是，从席的后面上去。坐时，膝盖离席子前沿保留一尺间隙，若是读书和进食，则不要保留间隙，膝盖及达席子前沿。

坐姿有经坐、跽坐、趺坐、侍坐、肃坐、卑坐等差异。

经坐即危坐，两腿并膝着地，后臀部贴着脚后跟，挺直腰板，目光平视。今天的日本人还常常实习这个坐法。

跽坐就是跪坐，双膝接地，臀股与足跟保持一定距离，挺身直腰。跟危坐类似，只是屁股架起来。

趺坐，双足交叠，盘腿或双足相向。佛教界人士，练瑜伽的，擅长这个。

侍坐又叫陪坐，在地位较低的座位上，恭候调遣、随时奔走效力。

当然不能着鞋子。只有资格最高的人才可以把鞋脱在屋里，其他人必须脱在堂下——屋门外，排成臭鞋大阵。

脱鞋，进屋，上席，跪坐。

好了，开始用餐。“周礼”中的新讲究来了。

“名位不同，礼亦异数。”天子吃饭用九个鼎——他吃的是全天下啊。天下九州的美味吃食，都在那里煮得咕嘟咕嘟的，他挑着来。

诸侯吃饭，摆七个鼎，大夫五个鼎，士则用三个鼎。鼎里炖着不同的肉肉。

大人物吃饭时，专门有衣着性感的小妇女扭着屁股敲打编钟助兴，是谓钟鸣鼎食。

青铜簋盛放米饭，天子用八簋、诸侯用六簋、大夫用四簋、士二簋。金灿灿的小米饭，趁热吃吧。

餐具呢，各式各样的，天子面前的案上摆二十九种，依次递减。

天黑了，要上灯，礼仪规定不同级别的人屋子里、院子里点燃蜡烛的数目不同，摆放的位置高下不同……好了好了，你受不了啦。

全国人民日夜操练周公弄出来的繁文缛节，都给培训得规规矩矩，毕恭毕敬。

人的行为模式被约束久了，下级对上级的服从，被固化在日常行动之中，植入了骨子里，就会改变心性，渐渐成为优秀习惯，谁还会想到造反呢?

若嫌“礼仪”枯燥，别着急，姬旦弄好了样板音乐，全是“主旋律”的，节奏简单缓慢，慢慢听吧。

大周文化部在周公授意下——他说是成王的意思——编排了大型革命历史剧《武王颂》，在朝廷和全国各地轮番上演。

《武王诵》是流水剧，后山认真研究之后将它分成了六幕，分别是：武王出征、孟津誓师、强渡黄河、决战牧野、踏平鹿台和回师洛阳。

《武王颂》以演员歌舞和器乐演奏的形式，再现了周天子讨伐商辛和创建大周的辉煌历程，起到了洗脑民众、稳定社会的作用。

且说周公鼓足了劲道，摄政治民，推广礼乐，细化刑罚，被分封在中原一带的宗室“三监”——管叔、蔡叔和霍叔终于按捺不住了。

四

管叔姬鲜，行三，乃是姬旦的三哥。姬鲜召集蔡叔和霍叔商议。

管叔姬鲜和蔡叔姬度，都是周文王的儿子、周武王的弟弟。文王十子。长子姬考，早丧。往下排着队是武王姬发，管叔姬鲜、周公姬旦、蔡叔姬振等一溜子，霍叔姬处是老八。

在黄河边的一处秘密据点，管叔对蔡叔和霍叔说：“兄长武王辞世，侄子诵诵幼弱，即使需要叔父摄政，按资历排队，也不能是老四啊。老四自作主张，坐上君位，独揽朝纲，号令天下，摆弄社稷，实乃奸篡之举，应该兴兵讨伐。弟弟你们说呢？”

蔡叔和霍叔说：“此言极是，我们早就看出来老四的不轨之心了。本来以为他会做得含蓄一点，现在越来越不遮不盖了，但恨无力对付他。三哥今日既然挑明，我们三人团结一致，夺回权力，还给诵诵，夫复何惧！”

管叔道：“老四把形势越搞越大了，我们三个人力量不够啊。”

蔡叔和霍叔说："商侯武庚，久怀反周复商之心，联合了他，全国各地必有不少老诸侯反水，如此则伐旦大事可成矣。"

管叔说："这办法比较善，事不宜迟，我们快快开始行动吧！"

却说武庚，呆在周人给他划定的地方，经常默默无言地走到野外，日看残阳秋风起，夜见寂寞月如钩，真想大喊：我对不起列祖列宗啊，居然当了小周的诸侯，让那"三监"陈兵左右，坐地盯梢，强制劳动，死了算了。

啊，不，纵是一只飞蛾，我也要扑火而死！反周复商，切齿不忘！切齿不忘，反周复商！

管叔姬鲜三兄弟的使者见到武庚，要他参与讨伐周公姬旦，武庚高兴得了不得，赶紧招呼自己所统领的商朝遗民，接受管叔指挥。

他们又和东夷一些方国联络、洽谈，获得许多东夷部族的武装支持，几方势力合作，组建联合战队，东夷不少民兵预备役就地待命，时刻准备着参加诛杀姬旦的大战。

管叔的兵力还是不弱的。他作为"三监"之首，是周初第一位被授予方伯地位的重要诸侯，而且仍然具有朝官身份，是代表周王居管监殷的重臣，坐镇洛阳、郑州一线，手握控制东方的大权，带有某种政治"统治"的意义。

蔡叔同样，超过一般分封，是洛阳以东强大的军事存在。

周王朝通过管叔和蔡叔这样兼有中央重臣与地方封君双重身份的人物实现间接统治，另一方面，也在客观上密切了他们与前朝遗员武庚的联系。

管叔、蔡叔和霍叔，不满周公摄政，与武庚一拍即合，挑衅周公姬旦的战事就此拉开帷幕。

“三监”手中掌握着大周接近一半的军队，他们把姬旦擅权的事在部队里公布，让士兵都知道，起兵是为了大周的江山不被乱臣贼子篡夺，作战是正义的。站上了道德的制高点，军心也很振奋。

武庚率部参战，奄、亳等诸侯积极出资，用于军费，蒲姑、熊盈、徐夷、潭、鬲、榖、州、绞、郦、萧、费、弦、黄、葛、秦、齐、郯等十七路诸侯，也都宣布参与征讨姬旦的战争。

群情激愤，风起云涌，姬旦主政的周中央立刻陷于飘摇之中。

周中央的军事力量如何呢？土地都“分封”出去以后，周天子实际直接控制的地区，不过是以镐地为中心的关中及河南洛阳两块有限的面积。

在镐京，周中央布置着八个师团的常备军，洛邑一带，有六个师团。

两个地方的部队，合计四万多人，就是周王朝全部的国家常备军。依靠这样区区几万人马，对付分散盘踞在镐京与洛阳以外的千余个诸侯，当然力不从心。

正是担忧军事之不济，周公才想出了普及“周礼”的妙招，以周礼规定人们政治、经济、文化生活的各种各类秩序，目的在于给大周撑腰，让诸侯们臣服，让礼仪起到千军万马所起不到的作用。

庶民、奴隶们，本该适用刑罚的，在政治运动中把礼仪学得很到位。宗室权贵，应该学好礼仪的，却举兵造反了。

周公姬旦摄政，将周成王彻底撇到一边，经“三监”点出谋篡王位的要害，联合武庚，兴兵讨伐，连召公姬奭也忍不住怀疑起来。是啊，旦的所作所为，就是这么个性质啊。

姬奭怀疑姬旦，渐明事理的周成王姬诵也觉得问题严重了。

我接我爹的班，当君王哩，可实际上哪儿当上了啊？太殿里高大的椅子只坐过一两回，还是坐一会儿就让下来了，诸侯朝拜，只见四叔，他们说的什么话，议的什么事，也不公开，我到底算什么？

要说，周成王继位时，并不“在襁褓之中”，而是在“弱冠”之年，姬旦自作主张“摄政当国”，基本上没有必要，他尽到“冢宰”的职责就行了。

或者，实践证明，诵诵确实像商的太甲那样，“既立三年，不明，暴虐，不遵汤法，乱德”，姬旦再效仿“伊尹放之于桐宫”“摄行政当国”也不晚。

周公姬旦却独自做主，以“恐天下畔周，无以告我先王太王、王季、文王、三王之忧劳天下久矣，于今而后成。武王早终，成少”为由，匆匆宣布“摄行政当国”，颁发文件，也总以“王曰、王若曰”自称，安能不使“群弟疑”之！

姬旦被抛到了权力争战的风口浪尖，按照他的说法，已经到了大周生死之际，社稷存亡之时，来不得半点的迟疑和寡断，于是毅然决定动武。

周公请成王坐上君王宝座，说：“天下危急了，我不能只顾在这里摄政了，你发布命令让我率军东征，平息反革命暴乱吧。”

成王说：“好吧，拜托四叔，前往平叛。”

第十一章
成周洛邑

一

风言风语，周公是知道的，自我揣度，一片丹心，为的是照我大周的汗青啊，怎么招来这么多的误会呢？

指责朝政中有什么暗箱操作，那是没时间开会嘛。开会无非过场，朝廷大事总是得有个人“拍板”呀，我不拍板谁拍板？

周公找召公，披肝沥胆地谈了一次话，告诉召公，他没有野心，摄政全是为了大周政权的稳固，要召公顾全大局，不要轻信谣言。

召公说：“兄长如此诚恳，我还有什么理由不消除误会。兄长只管率领大军东征吧，我在家会帮助侄子的。”

在安定了内部之后，周公开始集结大军。

周公主持进行了规模宏大的战前动员和誓师，发表了热情洋溢的讲话。

同志们，朋友们！各国诸侯国国君及大周的官员们！即将奔赴战场英勇杀敌的将士们！我要郑重告诉你们，我们的国家已经进入紧急状态，上天把大祸降到我们国家了，并且，灾难在继续，没有停止。

我代替我年幼的侄子，执掌我们伟大的权柄，但我却一直没有遇到明智的人，可以把我们的社稷引导到安全的境地，更不用说真正了解天命的人了。

啊！我的处境就好比跨渡深渊那样危险，我只好祈求上天，让上天赐给我渡过难关的办法了。

唉！让占卜用的大龟来明示吧，让它告诉我们，我们的前辈是怎样在上天那里接受任命的。这样的荣耀，是不应当忘怀的。

文王遗留给我们的大宝龟，负有神圣的使命。用它进行占卜，我们就可以明了上天威严的意旨了。我不敢隐藏天谕，现在告诉你们，上天说：被统治者不会平静，统治者将有巨大的灾难。

上天给我们降下了灾难，阴谋叛乱的人，蠢蠢欲动。那些殷商的余孽，知道我们国家因为灾难，人心纷乱，更加看不起我们周国，竟然狂妄宣称要恢复他们的统治。

现在他们已经发动了反革命叛乱，有的地方的人民也响应他们的叛乱。但只要有十位贤臣辅佐我，我就可以迅速平定叛乱，完成文王、武王所力图达到的武功。

我现在要宣战，要发动平定反革命叛乱的战争。这样做究竟是凶是吉？大宝龟的预测都是吉兆。

因此，我要向我们友邦的国君以及各位大周官员和英勇的将士们宣布：我得到了吉兆，我要率领你们去讨伐那些叛乱分子。

可是，有人反对我，说：困难太大了，民心也很不平静，而且个别叛乱分子就出在王宫和近臣的家里，有些是我们尊敬的长辈和父兄，不应当去讨伐他们，讨伐他们是劳民伤财的。应当替我们年幼的国王慎重考虑出征的困难。

唉！实在是这样，一旦发动战争，就要惊扰千家万户，甚至包括鳏夫寡妇在内，这多么令人哀痛啊！

可是，极为严重的灾难已经降临在我们幼主及我们大家的身上，我不能只为自身的安危着想。我猜想你们也一定会这样支持我：不应当过分地关注自己的安危，不应该不完成你的父亲文王所力图成就的功业。

唉！我想，正因为我是文王的儿子，我不敢违逆上天的命令。

我们小小的周国能够兴盛，实在是上天对文王的嘉奖。

文王通过占卜，继承了上天所授予的大命。现在我们又通过占卜了解到上天明确的意见，让文王的臣民继续帮助我们。上天的这番用意，你们应该敬畏，帮助我加强大周的统治吧！

你们是曾经辅佐过文王的老臣，你们能够认真回顾遥远的过去吗？你们知道文王是如何勤勤恳恳的吗？

上天把获得成功的办法秘密地告诉我们，我不敢不竭尽全力来完成文王所力图成就的事业。

我用上天的道理，劝导你们各位诸侯国君，上天诚恳地表示赞助，说明上天将要成全我们。我为什么不继承文王的事业、争取最后的胜利呢？

上天也经常向我发出命令，迫切得就像是去掉自己身上的疾病，我怎敢不在我执掌大位期间，亲自讨伐叛乱，努力地完成文王从上天那里接受的神圣事业呢？

过去，我曾经跟随武王，到东方讨伐商国，所以我天天思虑着东征的困难。

然而，譬如父亲要盖房子，已经画定了蓝图，可是他的儿子却不肯奠定房子的地基，如何盖出房子来呢？又譬如，他的父亲把地耕好，他的儿子却不肯播种，如何能收获庄稼呢？

做父亲的敬重自己的事业，他希望自己的孩子不要荒废他的家业。当父兄的，如果有邻国欺负他们的孩子，难道那些统治他们的侯王，能够劝阻做父兄的不去救助自己的孩子吗？

啊！支持战争吧，各位诸侯国君以及你们的干部们。要治理国家，必须依靠圣明的人。贤臣是知道上天的意旨的。上天诚心诚意地辅助周朝，我知道你们不敢侮慢上天的决定。

现在上天已经把它的意旨下达给我们，那些叛乱分子，勾结殷人，来讨伐自己的同宗。上天命令我们应战，不要犹豫，这个天命是不会改变的。

上天是要灭掉殷国的。种庄稼的农民，为了使庄稼长得好，总要除掉田亩中的杂草。我怎敢不像农民那样，除恶务尽呢？

上天降福我们文王，我怎敢对占卜置之不理，怎敢不遵从上天的意旨、不遵循文王的意图，而不去保卫我们美好的疆土呢？

我们的占卜都是吉利的，我一定率领你们东征。天命是不会有差错的，会保佑我们取胜。

周公的讲话，像缠线蛋似的，啰里啰嗦，重复拉杂，因为他的水平在那儿放着呢。

无非是要宣告，武庚等人发动叛乱，图谋复辟，周朝所面临的形势极为严峻，要武力解决，占卜肯定了这个主张。

无非是要解释，为了完成文王留下的未竟的事业，便不能被困难吓倒，也不能过多考虑自身的安危，这是使命。

无非是要申述，周朝建立政权，是上天的意旨，上天迫切地希望他们完成文王的未竟事业，平定叛乱。

无非是要说明，这次占卜所使用的是文王遗留下来的大宝龟，而且占得吉兆，东征一定会取胜的。

二

却说远东地区，有几个部落，像徐、淮等，都认为周公姬旦制“礼”犯“礼”，知“礼”犯“礼”，执“礼”犯“礼”，应当受到惩罚，配合“三监”和武庚，打起了反周的旗帜。

战前动员大会结束当夜，周公派使者出发，送给姜子牙“得专征伐”的密令，授权给他：各国诸侯，有不服周朝的，都由太公征讨，讨伐所得的土地、人丁都归其所有，仓库里东西也可以搬走。

东夷人从前跟商人战斗，结果，被操蛋的周人抢先摘了桃子，他们什么也没有捞着，自然不服气，整天郁闷不乐，好不容易又有个千载难逢的机会了，“三监”和武庚带头，与周人一较高低了，东夷是决然要参与反周的。

老姜头领命，想讨伐哪个讨伐哪个啊，非常激动。调动武装，四面出击，教训不安分的东夷人，吸引了很多箭矢，尽管自己被揍得很惨，也没有搬走人家几座仓库，客观上还是牵制了东夷地区的大量对手，给周公争取了时间和空间。

周公坐着戎车，咯噔咯噔出发了，后随车兵、步兵，浩浩荡荡。

此番周公东征，远没有周武王伐商准备得充足，就某些方面而言，可以说是形势所迫，仓促应战，一步步走进了泥潭。

“三监”之姬姓三弟兄，兵精粮足，又是主场作战，武庚憋着一肚子复国劲头，配合得特别到位和卖力，另有商辛遗留的猛将“蜚廉”，带着商王朝原驻扎在山东地区的主力军队，一边打游击，一边不断瞅机会跟周公、姜子牙统帅的周军来一场鏖战，打得赢就打，打不赢就走，使这场拉锯内战，前后三年，胜负难决。

周公的远征军，常常粮草不继，饥寒交迫，在风雨泥水中转战不休，狼狈不堪，将士们没想到会如此旷日持久，思乡怀土，喘不过气来，喜爱文学创作的战士，坐在石头上，以手中的笔记下了他们的悲怆情怀。

我徂东山，慆慆不归。我来自东，零雨其蒙。我东曰归，我心西悲。制彼裳衣，勿士行枚。蜎蜎者蠋，烝在桑野。敦彼独宿，亦在车下。

我徂东山，慆慆不归。我来自东，零雨其蒙。果裸之实，亦施于宇。伊威在室，蟏蛸在户。町畽鹿场，熠燿宵行。不可畏也，伊可怀也！

我徂东山，慆慆不归。我来自东，零雨其蒙。鹳鸣于垤，妇叹于室。洒扫穹窒，我征聿至。有敦瓜苦，烝在栗薪；自我不见，于今三年！

我徂东山，慆慆不归。我来自东，零雨其蒙。仓庚于飞，熠燿其羽。之子于归，皇驳其马。亲结其缡，九十其仪。其新孔嘉，其旧如之何?

太“文言”了，不好理解，后山帮你唱一唱，供你轻松欣赏。

我被弄来打仗了，岁月滔滔，回不得家。现在我从东方向西走了，细雨弥漫，什么也看不真切。每逢往东走，我都想返回，我的心向往西方，呜呜呜，好伤悲。

我的梦想，是缝制一身新衣服穿上，再不要露着大腿，露着脊梁。当然也不用再口衔草棒，怕出了声招来敌人。

我的梦想，是在家乡转悠到野外的桑林，观赏毛毛虫在谈恋爱。可是，不能啊，我独自蜷缩成团，正钻在兵车下，希望少遭点风寒。

我被弄来打仗了，岁月滔滔，回不得家。现在我从东方向西走了，细雨弥漫，什么也看不真切。瓜蒌的果实，挂在屋檐下。

土憋虫在屋里散步，蜘蛛在门上结网。田舍旁的空地，变成了野鹿的游乐场，还有闪闪发光的萤火虫，在飞翔。

家中哪怕没了人烟，也并不可怕，倒使人更加思念，那是我的家呀，我的一颗热心，所寄放的地方啊！

我被弄来打仗了，岁月滔滔，回不得家。现在我从东方向西走了，细雨弥漫，什么也看不真切。鹳鸟在小土堆上鸣叫，妻子在屋里唉声叹气。

打扫打扫卫生吧，我家的征人要回还了。圆圆的倭瓜，长久寂寞地卧在柴堆上。自从我们作别，至今已经三年，好可悲啊，音信不知。

我被弄来打仗了，岁月滔滔，回不得家。现在我从东方向西走了，细雨弥漫，什么也看不真切。黄莺正在飞翔，羽毛闪闪发光。

想当年她十六七，初嫁了，黄白色花马，去迎娶。她的母亲，为她系佩巾，繁多的仪式，多让人心跳啊。她新婚时非常靓丽，是个小美女，时间过得久了，现在她怎样呢？

将士们吃尽了苦头，埋怨姬旦不止。

这个“姬把子”，当老四呢，打他三哥。还制礼作乐呢，尽是鬼把戏。

“周礼”里边有丞相代君王坐朝廷这一条吗？“周礼”里边有弟弟掐哥哥这一条吗？让人给他卖命，做炮灰，他怎么不遭天打雷劈呢！

当然他们不敢乱说话，要好的战友私下里嚼嚼牙罢了，设若小人告密给周公，那家伙可不是吃豆腐出身，冲锋冲得不够快还杀呢，况乎反战，反周，反革命，姬旦能饶你吗？

战争条件艰苦，大周的正规军都给整的破衣烂衫，敌人岂能做美梦享清福？

周公的部队还有帝国财政和附近诸侯接济给养，“三监”的队伍尚有地盘是自己的，也有补给，最艰难的，要算蜚廉将军。

蜚廉所率是无主的流浪部队，偶尔攻城拔寨，得到点粮食和麻布，时间过长，没有补充，就禁不起消耗了。主力越打越少，最后被姜子牙的敢死队追到东海边，山穷水尽。

蜚廉筑了一个土台，跪在上面告白、祭祀了商辛的在天之灵之后，拔刀自杀。曾经无比煊赫的商王朝，经历数百年风雨历程，至此彻底绝灭。

蜚廉，是商辛另一猛将恶来的爹，据说“蜚廉善走，恶来有力”，蜚廉又谓飞廉，蜚廉飞廉，迅飞之廉，是飞毛腿，跑起来如风般飞快，被老百姓认作风神。

三年内战，打得双方都没有兴趣了，泄气了，奸猾的周公趁他三哥松懈无备的当儿，突出奇兵，一举取胜。

费了三年的工夫，周公终于平定了所谓叛乱，把武庚杀了。

管叔觉得没有面目见他的哥哥和侄儿，上吊自尽。

蔡叔见大势已去，亲自到四哥军帐中说：“你办吧。”周公就办了他一个流放的罪。

霍叔被抓住，贬为庶人。

三

周公东征，三年取胜，灭掉的东夷诸国，达到五十个之多，对中原及东夷的土地重新进行了分封。

这次分封，周公可没有让已经长大几岁的成王参与，而是擅自就以元首身份，分了分，封了封。

周公自作主张，在洛阳的洛河岸边，平了一块空地，堆了一些土堆，找来一些礼仪小姐，又分封了七十一个诸侯，其中五十三个姓姬。所封有新的，也有再度明确地位的。

如把虞叔派在河东建立晋国；康叔领了武庚故地；把大海与泰山之间的大片薄姑老地方，分给了姜太公，建立大齐国；以“奄”为中心的地面，给了自己，让儿子伯禽驻享。

很多史书载有“周公践奄”之事。

奄国，曾是商王盘庚的旧都，有很强的大商情结，所以抵抗周公格外剧烈，其他地方有的一年，有的两年，奄国长达三年，最终失败，惨遭周公报复和惩罚。

“践”，怎么讲？就是“杀其身，执其家，潴其宫”。

“奄”同“阉”，而奄地原来并不叫“奄”，称作“奄”是周公东征以后的事儿：周公把这个地方参加过反政府武装的男人，以及为反政府组织交过公粮的人家的男人，统统割去了鸡鸡，叫做“奄国之割”“阉国之割”，简称“奄割”“阉割”，这些人被称作“奄人”“阉人”。

周公把奄国活着的男人全部骟成了“阉人”。这么说来，姬旦可真是一个爱动脑筋的邪乎家伙啊。

后世管宫廷里那些被割去鸡鸡的公务员公公们叫“阉人”，就是因为他们像奄国的被周公处理过下身的男人。

最惨的，是分散在广大中原和东夷地区各处的大商遗民，周公记取教训，不再让他们分散了，全部集中起来，押到洛阳的劳改场安置。

你可以想象一下，那些亡国奴，他们在周人的驱赶下，成群结队，跌跌撞撞，从各个方向走向洛阳。他们的额头上烙着火印，有的被割下一只耳朵，有的被刺瞎了一只眼睛，这些标志，决定了这些亡国奴再也不能回到他们的家乡了，如若逃跑，就会被认出来，杀死。

至于那些惊慌失措的女子，特别是东夷贵族的公主们，则被狂喜的敌人你争我夺。她们还穿着哀悼父兄的丧服呢，来不及挣扎，就被剥光了，娇弱美丽的躯体成了一具具雪白的牺牲，横陈于周人庆功的祭台上。

周人相信，敌人妻女的身子，鲜红的血，可以安慰阵亡战士的魂灵。

大批大批的商朝俘虏和遗民，被押解到洛阳，因为他们反抗周朝，所以周公叫他们“顽民”。顽民们留居在原来的地方，周公不放心，押解到镐京做奴隶，太远，集中在洛阳，合适。但他没想到，顽民的数量太多了，这要多少军队监视他们呀！

也是，以当时幅员阔大的国土，成百上千的诸侯，“周礼”约束不了，大周中央的三四万常备军哪里看管得过来啊。

殷商顽民太多了，要建设一座新洛阳，以地方规制来管理他们。

同时，建都洛阳是周武王的宏大遗愿，也是控制广大中原地区及东部国土的政治需要。

周的势力，经过东征，东扩之后，原来的镐京显得十分偏僻，像是远悬边陲，因此，周决定选择洛阳为新的统治中心居地的各项条件成熟了。

古洛水系

四

周公回到镐京向成王述职，成王为他表功，嘉奖，嘱咐他休养。

可周公闲不住，说："实现先王遗愿，建设成周洛邑，正当其时，请定其事。"

周成王七年（前1036），二月乙未日，成王朝拜了武王庙、文王庙，告诉祖宗，拟建新都洛邑于前商都附近的洛水之阳。尤其是告诉他爹：您老的遗愿，孩儿要实现。

朝拜后，成王命召公先行到洛邑勘察、规划，命周公三月起去洛邑营造新的京城。

早春二月，姬奭带领测绘局一干技术人员，到了洛阳。别的不说，先行占卜。"我乃卜涧水东，瀍水西，惟洛食；我又卜瀍水东，亦惟洛食"，由是，依照天意，"新大邑"的位置定了下来。

然后，度量日影，测量土中，在洛河北岸平原的黄土地上，楔下了两个大木橛子。

偏洛河上游的大木橛子，是为未来洛邑王城的中心点，偏洛河下游的大木橛子，是未来下都的中心点。

阳春三月，莺飞草绿。姬旦带领洛邑建设委员会的人马到了。

周公到了洛水之阳，头等大事就是占卜和祭祀。

周公姬旦是个"卜祭狂"——后山如此礼赞，是有确凿根据的，你认真读周书，察周礼就知道了。

不说别的，单看在"属"这个干部序列下，周公设置的掌管"卜祝"的职称即有十六级：太卜、卜师、龟人、董氏、占人、筮卜、占梦、眠祲、太祝、小祝、丧祝、甸祝、诅祝、司巫、男巫、女巫。何等庞大的队伍啊。

却说“周公朝至于洛，则达观于新邑营”。

“越三日，丁巳，用牲于郊，牛二。”隆重的祭祀仪式当然是少不了的，杀了两头大牛。

“约翼日戊午，乃社于新邑，牛一，羊一，豕一。”

姬旦祭祀了八九天，这才找到姬奭楔下的两个大木橛子，开始放线，标记，到处钉立更多的小木橛子，未来的道路、宫殿、祭庙、公务员“勤政苑”小区，都标了出来。

奠基，大事也。奴隶们为国捐躯的时候到了。

每一处建筑奠基，都要牲祭。

做祭牲的，有马、有猪、有羊、有人。而太庙、宗庙——文王庙、考宫——武王庙、路寝、名堂“五宫”这类重量级的建筑，必须使用人牲。

铸铜作坊是国营企业，它奠基也要埋下去活人。

1964年，洛阳在大规模考古发掘中，于瀍河区的北窑村发现排布集中的周代贵族墓葬群，五百多座，死相痛苦的殉葬人不在少数。墓地南侧，有个铜加工厂的车间，房基下有十二个奠基坑，其中七个坑内各埋着一具人骨，挣扎形状各具特色，当应是开炉祭祀的。

新都大建设，是个面子工程和献礼工程，工期短，任务重，所有在洛阳劳改的殷商顽民都派上用场了，运土、打夯，呼儿嘿哟，日夜不停。

人力还是不够啊，咋办？向全国征调民夫，四面八方的人都被驱赶向洛阳新城工地，最后每天合计达到数十万人工，全面铺开。

到处都是激动人心的场面。旗子招展，号子震天，劳动竞赛，你追我赶。

媒体记者不断把重点建设工程的好消息传到朝廷，周中央办公室的秘书们，别出心裁，绘制了工程进展图表在墙头，贴上小红旗儿，日日更新，给成王和宫廷干部们看。

三个月，三通一平；六个月，宫殿封顶；九个月，洛邑成。

真是世纪速度啊！周成王到了洛阳，被簇拥着，在新黄土铺就的城市大街上，豪情满怀地走了一趟又一趟。

在竣工祭祀大典上，周公做汇报说：在成王和周中央的英明领导下，我们的新大邑建成了！“城方千七百二丈，郛方七七里，以为天下之大凑”，我们还“设丘兆于南郊，建大社于园中”，利于我们的卜祭工作再上新台阶。

成王讲话说：“先王的遗愿实现了，包括王城和下都两大部分的新首都建起来了！成周位于天下中心，四方贡赋道里均等，是我们大周的天保所在，将在我们的政治经济中起到重要作用。”

周王城广场，周围燃起了九堆熊熊篝火，把天空照得红亮，把周人的脸蛋照得红亮。

祭祀大典晚会如时举行，轰轰然演奏了纡徐、沉缓的所谓雅乐之后，推出了空前盛大的歌舞表演，主打歌舞叫做《天保颂》。

天保定尔，亦孔之固。俾尔单厚。何福不除？俾尔多益，以莫不庶。

天保定尔，俾尔戬穀。罄无不宜，受天百禄。降尔遐福，维日不足。

天保定尔，以莫不兴。如山如阜，如冈如陵，如川之方至，以莫不增。

吉蠲为饎，是用孝享。禴祠烝尝，于公先王。君曰：卜尔，万寿无疆。

神之吊矣，诒尔多福。民之质矣，日用饮食。群黎百姓，徧为尔德。

如月之恒，如日之升。如南山之寿，不骞不崩。如松柏之茂，无不尔或承。

洛水滔滔天保定，江山稳固又太平。给你待遇最宽厚，一切福分都赐尽。使你得益多又多，没有东西不丰盛。

洛水滔滔天保定，降你福禄与太平。一切称心又如愿，接受天赐数不清。给你远处的福分，唯恐每天缺零星。

洛水滔滔天保定，没有事业不振兴。上天恩情如山岭，上天恩情如丘陵，恩情如潮忽然至，一切增多真幸运。

吉日沐浴备酒食，用它将那上天祭。四季祭祀祖庙里，先公先王在一起。神祇说要给你福，江山万代无尽时。

神灵受祭降下土，送给君王多福庆。黎民纯朴又善良，有吃有穿真高兴。天下所有老百姓，受你感化有德行。

你像上弦月渐满，又像太阳正东升，你像南山寿无穷，江山万年不会崩。你像松柏长茂盛，子子孙孙相传承。

设立“天保”，宣传天命、体现天命的方式，使周王朝在统治上，找到了对内、对外的有力武器，抖擞着肩膀，自信极了。因此，在大型歌舞《天保颂》中，天保洛邑受到了空前的礼赞与歌颂，夸成了一朵喇叭花。

相沿相递，衍传不息，兹后，洛邑城被大周使用了近五百年。

记载中的洛邑，“城内南北九里七十步，东西六里十步，为地三百顷一十二亩三十六步”。宫殿、祖庙、社坛等设施，分布在城内中部或偏南部。

据近几十年的考古发掘，发现洛邑王城，南邻洛河，西跨涧水，呈不规则方形。城墙系用夯土筑成，厚度超过十米。城内布局，探明西南隅有两组大型建筑群基址。

保存较完好的一段北城墙，全长约三千米，墙外有深约五米的护城壕沟。虽然未掘得东墙，西墙和南墙只发现一部分，但两墙交接的东南城角很清楚，城的四角已有三角比较明确，全城的大致范围已可以看出来了。

在城址西北部，发掘到大面积烧制陶器的窑场，以及多种制陶工具和大量陶器残片，生活用具不少，鼎、豆、壶之类礼器更多。

在陶场的东面，发现为数极多曾经磋磨的骨料，那是为皇家加工项链和手镯的。

著名的“天子驾六”车马坑，发现于周王城的东北部，是洛阳在建设开挖中偶然遇到的。现在洛阳对它就地保护展示中。

六匹大马的骨骼相向排列，中间有粗大的车辕，车辕牵着车斗，车斗里置座位，铺着柔软的厚垫子——当时。

“天子驾六”车马坑周边，附近，还有大量的车马出土，昭示着被集成、被固化的煊赫气象。

有趣的是，在大周洛邑的遗址之内，发现了汉代洛阳城遗址。也就是说，汉代洛阳城遗址在大周洛邑城内包裹着，大周洛邑城的面积是汉代洛阳城遗址的四倍多，你看它阔不阔？

却说周成王在洛邑新城现场办公，所做的国家大事，是落实他爹作过的两大决议之二《关于确立洛阳为大周首都并定九鼎国器于洛阳的决议》，命名洛邑为“成周”和“定九鼎于洛邑”。

镐，是周人宗室发迹之地，所以名叫“宗周”，洛邑是周人干成大事之后修建的，故而谓之“成周”。

九鼎重器，有说是禹制作的那一套，其实不是，成王所指的九鼎，乃是他爹夺取的商人铸造的九鼎。

九鼎象征着豫州、冀州、兖州、青州、徐州、扬州、荆州、梁州、雍州九大片区代表的“全国各地”，鼎在哪里，就意味着王权在哪里，国都在哪里。

“武王克商”之后，把九个大鼎寄放在洛阳临时太庙，未能都洛而殁。成王终于在周公建成洛邑之后，遂了他爹的心愿，命：定鼎。

周公说：“先王没有举行定鼎仪式就患病宾天了，我们对安放仪式绝对不可草率，须慎重又慎重方可。九鼎乃镇国之宝器，王权的象征，原有的太庙又小又破，需修建新的太庙来安放九鼎。”

周成王于是下令翻建太庙，选召天下能工巧匠，“数月乃就”。

成王举行典祀，派人将九尊大鼎抬到了宏伟壮丽的洛邑太庙定鼎堂，予以郑重安置，此即所谓“卒营筑，居九鼎焉”。

却说周成王临政洛邑期间，曾经祀天五次，可见其对洛邑何等钟情之至，厚爱之至，非让每一个老百姓都知道洛邑是上天赐给大周的不可。

“惟王初迁宅于成周，复禀武王礼，福自天。惟王五祀。”你若有机会板住公元1965年出土的“何尊”看一看，那上面就是这段话。

连年的内战，加之修筑洛邑时间紧任务重，失去了大量男人，女人也死亡挺多，中原一带生齿减少，人烟稀薄，为了快速补充锐减的人口，大周发布了一条十分美妙的律令：“中春之月，令会男女，于是时也，奔者不禁。”

春暖花开的仲春季节，洛邑的青年男女、壮年男女，尽情地“狂欢”吧，于斯时也，手牵手钻进高粱地，肆意地“相通”吧，国家鼓励，朝廷支持！

这是多么顺乎人性的律令啊。

但不知道劳改营里的殷商顽民能不能私奔，若他们也可以胡乱交合，大周才真算奇异美妙之至也乎哉！

劳改营里的殷商顽民估计是不行的，平日被驱赶着劳动改造，累得像三孙子似的，光想躺倒睡大觉，他哪有精力私奔？

再说，额头上烫着火印，耳朵被割掉一扇，眼睛被刺瞎一只，他想，也没有女子愿意啊。

其实，“奔者不禁”，本是古代遗俗，大周之前，莫说仲春不禁，全年也是不禁的。

在刻板僵死的周礼“被全国流行”的怪胎时代，忽然开禁这类欢乐谷娱乐项目，乃是部分松动，适度遵从古制罢了。

从考古发现看，商朝人大多是独葬，推测可知，大商时代，大量的男人终身打着光棍。大周沿袭商制，除了僵死的“礼仪”，没有什么创新，也自然不存在长久固定的婚姻家庭，王老五那是相当多的。

“中春之月，令会男女，于是时也，奔者不禁”是尊重古代遗俗，也是致力僵化教育的大周难得的“个性解放”。

不禁私奔，鼓励野合，给中国古代爱情注入了离奇的活力。

姬周后期，在鲁国，就有某男和某女，不存在婚姻关系，而在青纱帐里那个，产生了一个名叫孔丘的人。

第十二章

戏烽宠美

一

话说羲和氏这个司机，技术是愈来愈高超了，操着太阳的座驾，嗖地一圈，嗖地一圈，地球人都感到了光阴似箭，日月如梭，周公姬旦过世了，周成王也到了该交代后事的一天。

成王三十三岁，身体不行了，这年是公元前1020年。太子姬钊只有十几岁，平素也没显示出过人的能力和资质。当爹的担心，这孩子，他不能继承大业呀？

成王害怕儿子碌碌无为，甚至变成昏君，把祖宗打下来的江山败了，让别人把玉玺和九鼎弄走了，那自己在九泉之下，永难安宁啊。

周成王想到自己本来同样资质平庸，后来长大才有点作为，前期亏得周公、召公辅佐，没出什么大乱子。因此，得给儿子安排能干的大臣来辅佐。

思前想后，他定下了召公和毕公二人，将召公、毕公等大臣召到床前，立下遗嘱。

在遗嘱中，周成王要求大臣们，根据遗嘱的精神，约束姬钊，严格恪守周文王、周武王的遗训，使他能够制定切实可行的治国方略并认真推行，能够制定严密的法律法令，而不违背。

总之，就是希望姬钊在众大臣的帮助下，克服困难、渡过难关，使周王朝强盛起来，使姬钊成为一代明君。

周成王逝世，康王姬钊接班登基，召公、毕公为他举行了隆重的仪式。

在登基仪式上，召公宣读了成王的遗嘱，还带着姬钊和诸侯拜谒宗庙，向康

周山脚下

王讲述文王、武王开创大业的艰辛和辉煌，要求周康王牢记文王、武王、成王的遗训，严格要求自己，戒除贪欲，厉行节俭，专心朝政，勤谨治国，将祖宗基业发扬光大。

后来的事实证明，周康王这个人能力不错，干上君主后，很有作为，

周康王一上任，就行驾洛阳，驻跸东都这个国家中心办公，以镇抚东方，稳定全局。

康王不仅有为，而且甚有主见。登基伊始，就出台了不少关于加强法律法规和治理整顿军队等治国政策，也制订出了大批比较合理的配套细则。

战后，经济逐渐强盛，国库日见丰裕，庶民百姓安居乐业，社会稳定团结，到处呈现一派升平盛世的景象。

据说，路不拾遗、夜不闭户，犯罪案件少了，好多年不用刑罚，刑具都生锈了，警察们也不会黥面术了，不会剜眼、割耳朵了。

洛阳平原，几十年风调雨顺，民众生活得到了较大的发展，商族遗民已经变成了第二代或第三代，早已解除劳改，跟其他庶民百姓一样，繁衍生息。

康王命毕公对洛阳城市人口及郊区人口进行普查，以制定相应政策。

周康王的人口普查，是中国历史上第一次人口普查，意味着他对前商遗民后代的重视，对建设大洛邑、新洛邑的决心。

人口普查后，康王颁布圣谕，着全国各路诸侯，发扬文王、武王和成王时期的优秀传统，齐心协力，为建设全面小康社会而努力奋斗。

诸侯们、百姓们，都知道当今天子是一位务实而精进的领导人了。

一个强势王国的强势天子，从此在洛阳站起来了。

强势天子的特征，对内是会统治，对外是爱打仗。强势的周康王也要打仗，对手是从商辛时期就不安分的西部傀方部落。

对，曾经给商辛送献小美女而小美女死不开腿被商辛杀了的那个部落。

犬戎傀方是北方游牧部族，他们长期在马上游牧，骑术精湛，机动性极强，由这些牧民所组成的骑兵，战斗力特别强。关键因素是，傀方和大中原历来二心，一见机会合适，就纵马向南、向东侵扰，抢掠财物，杀人放火，隐患变成灾难。

周成王期间，周军忙于镇压东方的武庚和管叔、蔡叔和霍叔，打内战，放松了对西北方的控制，结果，傀方经常乘机对周军兵力相对薄弱的西北边境发动侵扰，给周朝带来极大的威胁和损失。

周康王果断做出发动战争的决定，征伐傀方，是为了国家长治久安，是经过一番谨慎的考量和充分的准备的。

国内政治稳定，经济繁荣，综合国力不断上升，军队经过治理整顿，战斗力大大提高，发动这样一场战争，胜券在握。

于是，周康王命得力将领大盂率领军队进攻傀方。

二

周康王二十五年（前996），周军向位于今陕西西北部、山西北部和内蒙古西部的傀方发起进攻。烈性的傀方亦调兵迎战。

经过两次大规模的作战，周军取得决定性的胜利，歼灭敌人四千八百多人，俘获一万三千多名犬戎俘虏，并缴获大量车马和牛羊等战利品，使西北边境在很长的一段时间内得到安定。

在人力资源短缺的时代，成千上万的俘虏都是宝贝。

为了庆祝军事和经济的双重胜利，周康王大赏诸侯，仅一次性赏给主战将领大盂的俘虏即有一千七百名，让他用作家奴。

庆功会的盛况铸在了重达七百多斤的大盂鼎上，这尊巨鼎三条腿——鼎一般都是三条腿，大圆肚子上束下阔，撅着一对高耳，你倘有机会去北京的中国历史博物馆，可以看一看，当然不能随便摸了。

周朝在周康王姬钊的统治下，经济、文化繁荣，社会安定，奴隶乐业，国力强盛，大周中央的媒体夸耀为“伟大复兴”。

总起来看，周康王领导了一个出乎很多人意料的历史时期。

周康王活到公元前979年去世，往后，大周的一代一代子孙，好像都是为了要把他家的周王室弄衰微，弄败落，才粉墨登场的。

大周的衰微、败落，原因固然复杂，但其以宗法等级为内核的，以“稳定压倒一切”为宗旨的“礼乐制度”功不可没。

周显然自认为它比前朝聪明，它想永久地居于统治地位，维持其政权千秋万代“永不变色”，就耗费心机，耗费大量人力和物力，下功夫制造了“宗法”宝塔，编造了繁冗庞杂的所谓“礼乐”制度。

在周统治者的礼乐体制内，每个贵族，从出生到死亡，从日常生活到政治活动，都处在与其身份相适应的礼乐程序之中，做什么都得受制于形式繁琐、规定僵死的礼乐程序。

显而易见，礼乐体制是保守的，它的目的在于把现存的社会等级弄僵，不使之发生变动。若变动了，尤其是一个“小宗”的政治力量或经济力量超过了“大宗”，这个“小宗”就违犯了礼乐。违反体制的多了，那就是“礼崩乐坏”，那是不能容忍的。

也就是说，周统治者编造礼乐并大力推行的目的，是让人时时刻刻清楚自己在等级中的位置，老老实实呆着，不要越位，不要没大没小。

周统治者处心积虑，制作所谓“规范”，为自己涂脂抹粉：大周的政策十分完美，大周的礼乐新社会非常幸福，生活在大周盛世多么幸运和快乐啊。

在日常生活中，三六九等的人，按照礼仪规范行事，便是在不停被洗脑，不停地强化等级意识，强化上下尊卑观念。

周统治者认为自己是“天子”，天之子。“天”为什么喜欢周统治者，让他当儿子呢？周统治者有道德，很有道德，周人在其宣传文章中就曾赞美周文王品德高尚，甚至还连带赞美周公姬旦。

这样，问题就出现了：既然“有德才能有天下”，那么，如果周统治者道德上堕落了，或者其他氏族的道德超过了周统治者，周统治者是不是也要让位了呢？或者被推翻了呢？“天命无常”啊！对这个问题，周统治者却不愿也不敢做出回答。

既然天命无常，周统治者该怎样才能保持住自己的天下呢？他自作聪明地提出了“敬德”的概念。

“敬”的意思就是警，要人对自己的言行时常警惕，不可有丝毫的疏忽和懈怠；“德”的意思就是不要胡思乱想，只把心思放在礼乐上。换句话说，遵守礼乐制度，就叫“德”，不遵守礼乐制度，就是“不德”，会受到上天的惩罚。

于是，礼乐制度成了天意，周统治者把礼乐制度，也就是统治秩序神圣化了。既然是神圣的，所有人都要遵守。

周统治者的“天命观”和“道德观”到这里就合而为一了——遵从天命，就要遵守礼乐制度，遵守礼乐制度，才合乎天命。

周统治者跟商统治者不同的还在于“二神论”。

商统治者只是敬天，周统治者在敬天的同时，还注重对祖先的供奉，这样，德和孝就又搅和在一起了。德以对天，孝以对祖——自己的祖先有德，所以得到了上帝的眷爱，因此也要尊崇祖先，这就是孝。“孝”，可以维持统治阶级内部的等级不变，这正是宗法制度的本色。

因此说，在周统治者的治国方法中，除了使用暴力工具外，还有思想政治工作两手：“天命观”和“道德观”。

后山认为，周的一个中心——“宗法”，两个基本点——“德学”和“孝学”，对其统治起到了军事也无法起到的作用。

但是，严重的问题在于，周统治者强调的宗法等级并非自约，而是对付他人的，故而它的礼乐制度，它自己非破坏不可。为什么呢？

依照周统治者编造的宗法制度的组织形式，周王既是普天之下最高的统治者，又是全体姬姓宗族的大宗，最大的族长。历代的周天子只能由嫡长子继承，并世代保持天下大宗的地位，其他诸子，无论年长与否，均只可受封为诸侯，依据宗法制度的嫡庶、长幼、亲疏关系，确立了奴隶主贵族的贵贱、大小、上下各种等级区别，并以此形成奴隶主的伦理规矩和行为准则。

然而，周王具有至高无上的权力，他是不受任何制约的。

周王世世代代广收天下美女用于后宫行乐，年岁苍老往往还在胡宠乱爱。小妾、小小妾生了儿子，子以母贵，有的老王便要改变王储——废长立幼。废长立幼就是对礼乐体制的反动。

最高统治者反动，谁也不敢随便指责，但被废者就要采取措施了，奋起捍卫父殁子替、兄终弟及的伟大传统。宫廷安宁不复存在。

还有一种情况是，老王并未废长立幼，但幼者受宠，受宠，再受宠，特权极度膨胀，甚至兵权财权均能握于掌中，肯定要不断发生争夺王位的斗争。

当然也有这样的情况，幼者非常有本事，会采取“非礼”措施，获取权力。

大周中央致力于“礼乐”推广，全社会都成了等级架构，从客观上限制人才的生长和利用，也使它走下坡。

三

周昭王姬瑕，是康王姬钊的儿子，自小养尊处优，要啥有啥，有老爹管着，总是不那么敢放得开，康王一死，他继位了，也即得势了，搞！

搞什么？什么奢侈荒唐咱搞什么。

姬瑕对奇花异草、飞禽走兽很有兴趣，就命税务总局通知各地进贡。花石、禽兽还没有贡到，又迷过来了：喜欢女人！

贤能善谏的大臣这个时期奇缺，阿谀逢迎之辈塞满朝廷，靠着贡美业绩升上高位的新干部越来越多，史上说昭王“德衰”。

“昭王德衰，南征济于汉，船人恶之，以胶舟进。王御船至中流，胶液船解，王及祭公俱没于水中而崩。”

后山曰：南征是确凿的，船工们愤恨周朝让周昭王姬瑕淹死的说法是难免可笑的。

其实，昭王南征是周朝历史上里程碑式的大事之一。

姬瑕好大喜功，欲树立权威，更欲弘扬父王和祖上的大业，继续扩大周的疆域——长江以南的许多地方还没有纳入周朝的版图，这是他发动南征的小原因和大原因。

周朝与荆楚，早先外交关系并无恶化。

周朝东都洛邑建成后，东西连成一片，长达千里以上，大周初步巩固了对“东土”的统治。楚国卑事周室，艰苦奋斗，逐渐勃兴，对周天子不服气了，觉得周天子委屈了他们的老祖宗，到周昭王时期，关系开始紧张起来了。

荆楚本当进贡给周朝的苞茅橘柚不按时进贡了。姬瑕以“违旨不贡”为口实，亲率六师和蔡国、卫国、陈国、宋国的军队，南征荆楚。

周昭王集中全力，打击楚国，实际上是战略需要。

周朝的军队经过唐地——今之湖北随州西北，厉地——今之湖北随州北，曾地——今之湖北随州，夔地——今之湖北秭归东，直至江汉，一路高歌猛进，铸器铭功，也获得财宝无数。

见到王师来了，荆楚方国不敢公开对抗，军队都躲到山林里去了。

《左传》等书记述，周师浩浩荡荡，开到汉水边，准备渡江呢，碰到了异常的天气。汉水边的土人痛恨周的骚扰，暗中进行破坏。

周天子渡汉水的时候，土人给他安排了一艘用劣质胶泥粘接底板的船让他乘坐。

汉水江面很宽，船到了中流，船底的胶泥逐渐溶化，船板逐渐散开，船就漏水了。

水越漏越多，船困在江心，周天子所带的又都是北方人，不习水性。没有多长时间，整条船就沉没了，昭王和随从贵族葬身鱼腹。

楚军乘势反击，周人“丧六师于汉水”。御驾亲征，全军覆没，很不光彩。

堂堂天子，被人愚弄，死得不明不白，严重影响周王室的威信，于是，朝廷就把这件事隐忍下来，没有遍告诸侯。

周人讳言不吉之事，模糊地说周昭王死因，实际上也可能是战败了。

正统的史家对这场败仗不愿多说，只把周昭王南征说成南巡，用“南巡而不返”一语带过，对周楚战争的细节，涉及更少，有点自欺欺人的味道。

姬瑕死后，其子姬满践位，是为周穆王。

周穆王姬满不是个一般人物，在位五十五年。姬满在洛阳办公，想“西征”，看到底有几万里之遥。

姬满以擅长奇技的造父为车夫，以诸侯进献的八骏神马为御驾，从洛阳出发，越过漳水，太行，经河套，转向西，穿越今甘肃、青海、新疆等地，至于西邦的帕米尔之丘，行程“亿有九万里”，跟当地女王“西王母”喝了一回酒。

在酒席上，俩活宝还谈起了恋爱。

西王母唱道：“天上飘着悠悠白云，道路啊漫长得无穷无尽。无数的高山大河把我们阻隔，从此一别将难通音信。然而你将长生不老，相信以后还

周的囚徒

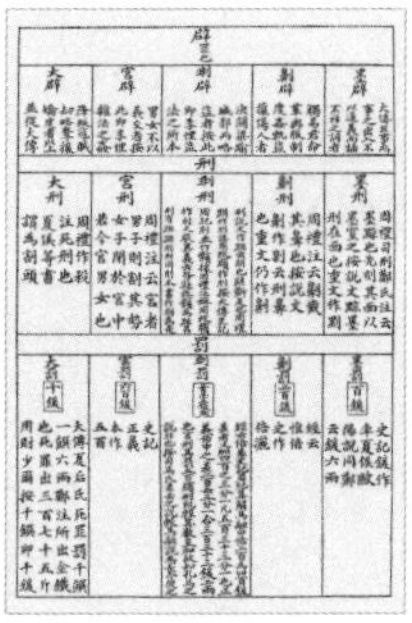
周的刑罚，又称吕刑

能相聚。”

周穆王唱道：“告别后我回到神州故土，将使华夏各国和睦相处，使万民生活平等富足，到那时我会再来看望你。”

这韵事儿，《史记》中的《秦本记》《赵世家》等篇都有记载，竹书《穆天子传》，弄得更浪漫。

浪漫固然有趣，对王权无补啊。姬满在位时，周“王道衰微”，就是说，周天子的威信进一步衰落。

姬满不甘，想炫耀一下武力，显示一下威严，找谁呢？南方的荆楚，有点愣，难以对付，西边的少数民族犬戎，不怎么硬，打它一下去！

一打，胜了，再打，一败再败，结果，千军万马丧失不少，最后的战利品是四只白狼崽和四只白鹿崽。

更大的“战利品”是，从此犬戎之类边远小部落再也不进贡和朝拜了。

周穆王时，《吕刑》整出了不少修正案，三千条黥面、劓鼻子、剁脚、割鸡鸡和杀头的罪，真不算少。弄得街上到处都是墨面的囚徒和被砍了脚的罪犯。

但周朝的刑罚“不上大夫”，就是不对中级及其以上干部起作用。而且《吕刑》中有交上一定财物而免除一定刑罚的规定，对特权是网开一面的。

却道周穆王把国家财政弄空虚了，经济上渐渐难以支持，就结算自己的伙食账，翘了。

穆王的儿子姬繄扈继位，谓曰共王。

姬繄扈废除了“土地国有，分封臣下”的旧制度，推行土地私有制，允许土地自由买卖，国家在土地买卖中收缴税金，他可以看作周王朝土地私有化的始作俑者。

姬繄扈调整了军事策略，不再考虑以武力征服天下，裁减军队，以减少军费开支，与民休息，让百姓安于生产，创造财富，这样自然也会增加税收。

姬繄扈调整了外交政策，对边境争端不再诉诸武力，主要采用和平谈判的办法解决，尽量避免冲突。实在解决不了的，便“搁置争端，共同开发”，也能对付一阵子。

话说周共王姬繄扈出台了几项国策，挽救大周王朝于困窘之中，有成效。

很是自豪啊！游春去！“春，共王出游。”

姬繄扈在密项国骑马巡游，突然间看到三位漂亮的妙龄女子骑马驰过。周共王眼睛都直了，目送她们远去，远去，远……得看不见踪影了，擦把口水，自言自语地说：“我的个乖乖，这是哪里出来的仙女呀！跟她们一起睡觉，那该美快到何种程度啊！”

陪同的密项国君密康公急忙讨好说：“她们都是本地人，本地人。如果大王喜欢，臣一定设法找到她们，将她们献予大王。”

周共王说：“如此甚好，如此甚好。”

姬繄扈咽着涎水，回朝等候美人儿。

密康公找到了三位美女，你猜怎么着，留在自己宫中享乐起来。还说：“她们非但魅力超群，床榻上的功夫也很高超，咱舍不得嘛。”

花落花开，转眼又是一年春日，姬繄扈忍不住了，派人前往密项国打探消息。

打探的人回来报告说，密康公已纳了三位女子，都已经怀孕了呢。

姬繄扈肺都要气炸了，出兵讨伐，荡平了密项。

轻易获胜，使姬繄扈觉得自己的王师非常厉害，渐渐放松了军队建设，西戎部落认为有机可乘，便反叛大周，东向攻击。

西戎军队披坚执锐，连下十余座城邑，直逼镐京。

姬繄扈紧急调集各诸侯国军队拼命反击，才把西戎军赶了回去。

西戎的队伍退了，周朝的元气也已受了重创。

周共王不久就崩了。其子姬囏即位，即周懿王。

周懿王姬囏，生性懦弱，国势日衰，无力振兴。有次日蚀，大中午天黑了，俄而“再旦”，又亮了，姬囏吓得尿了，特大自然灾害随后连绵造访，姬囏终日担心天神来索取他的性命，疑神疑鬼，草木皆兵，精神错乱，寝食俱废，死了。

周懿王突然去世，东宫虚位，没有太子，王室推选王叔姬辟方上任，为周孝王。

姬辟方行了旺运了。他跟他侄子姬囏同龄，叔侄俩都出生在周穆王四十年，即公元前937年。

谁知天不假年，姬辟方没实现周室振兴的理想，就患病而死。

周孝王死，其侄孙姬燮接手政权，谓周夷王。

姬燮的特点是没有架子，没有谱子，以前天子接见诸侯，在堂上受礼拜，姬燮改为自己步下堂来，跟诸侯相见。此举固然礼贤下级，也标志着天子的威严大为下降了。

夷王初年，诸侯怯新，如蜀国、吕国者，纷纷上贡琼玉等珍玩，夷王在黄河边上以贵宾之礼接待诸侯。

后来就不行了，诸侯间相互不睦，纪国的国君纪侯就去周夷王面前打小报告，说齐哀公的坏话。周夷王不耐谗言，听到耳朵里就发作了，于是，齐哀公吕不辰就被周夷王做成了红烧肉。

周夷王得了大病，不能治理国事，同姓诸侯十分忧虑，祈求天神保佑，异姓诸侯却暗自高兴，擅自停止朝贡，甚至起兵叛逆，进攻王室，楚侯熊渠就是态度十分嚣张的一个。

周夷王含恨离开人世。明星皇帝周厉王姬胡，隆重登场。

从周成王开始，西周的几乎每一任帝王都在洛阳办公。

西周开启了中国的双都制，洛、镐二都均设有中央最高官署。

洛阳作为东都城，从成王五年至平王二年，历成王至幽王，合计十个帝王，二百九十五年。

在流传下来的周器铭文中，对诸王在洛阳居位、施政的记载，关于成王的有八器、昭王的七器、穆王的一器、恭王的十四器、懿王的四器、孝王的三器、夷王的一器、厉王的十五器、宣、幽二王的各二器，只有康王，未发现铭文记载。

却说西周后期，奴隶主贵族加重盘剥，不断发动局部战争，平民和奴隶的反抗情绪与日俱增，奴隶们被刺字、剐鼻、割鸡鸡、剁脚、砍头成家常便饭了，但严刑峻法也不起作用。

周厉王姬胡，在洛阳主持朝廷工作。他的特色是征敛有方，全国劳动人民都嫌他恶。

周厉王还搞了许多垄断性的国有企业，能源啦，冶炼啦，铸造啦，车厂啦，对社会财富和资源实行“专利”，这样，在他不经意之间，造反就起来了。

鄂国，在今天的南阳东北一带，爆发了盛大的游行示威，队伍声势雄壮，向北开进，一直到了洛阳附近。

危急中，周厉王调宗周部队六个师团，加之洛阳贵族大臣的亲兵千人，兵车百乘，经过激烈战斗，扭住了鄂侯。

紧接着，淮夷起事了。

今天安徽北部淮河流域的淮夷，掠杀平民，抢夺财物，更为凶猛，一路浩浩荡荡，眨眼间打到伊水、洛河之间。

周厉王命临近诸侯出兵反击，连续多次自洛水上游压下来，最后击败了淮夷，斩俘一百五十多人，营救被淮夷掳去的周民四百多人。

战役取得了胜利，国力则受到了重创。厉王于是加重赋敛，着急时剥大户，招致平民和贵族更加严重的不满。

为压制国人的反抗情绪，厉王任用卫国的垃圾巫师担任宣传部长，主要职责是限制言论。

先是规定了很多敏感词，继而雇佣大量的“包打听”，监视口出怨言的人，发现就立即杀死。

国人都不敢说话，路上见面，只能相互眨眨眼传达信息，或者彼此用眼睛望一望而已。

周厉王姬胡高兴了，在政治局常委会上说：“我们成功地止住谤言了，全国人民终于都不敢乱说话了，形势已经非常和谐了。”

召公姬虎说：“唉，堵住百姓的口，比堵住河水更厉害。河水堵塞而冲破堤坝，伤害的人一定很多，百姓也像河水一样。所以治理河水的人，要疏通它，使它畅通，治理百姓的人，要放任他们，让他们讲话。

“天子治理政事，命令公、卿以至列士献诗，乐官献曲，史官献书，少师献箴言，盲者朗诵诗歌，朦者背诵典籍，各类工匠依技术规谏，百姓相互传话，亲戚弥补监察，太师、太史进行教诲，元老大臣整理阐明，然后君王考虑实行。

“老百姓有嘴巴，好像大地有高山河流一样，财富就从这里出来；好像大地有高原、洼地、平原和灌溉过的田野一样，衣食就从这里产生。

“嘴巴用来发表言论，政事的好坏就靠它们评点。实行好的而防止坏的，这是丰富财富衣食的基础。

“百姓心里考虑的，嘴巴就公开讲出来，天子要成全他们，将他们的意见付诸实行，怎么能堵呢？堵住百姓的口，不知能维持多久！”

厉王说：“放任老百姓说我坏话，打死我也不会同意。这事不再议了！”

周厉王堵国人的口，国人堵他的王宫，奋勇袭击他。

老百姓奋勇袭击，厉王奋勇逃窜。

厉王逃了三天三夜，在一个叫彘的地方躲藏了。

人们找不到厉王，就转而寻杀他的儿子。厉王的儿子叫姬静，在哪儿呢？有人探知，躲在召公姬虎的家里。

姬虎的家被包围了，百姓中领头的高喊：“召公在上，你是好干部，最明白事理，我们不会伤害你，但你要把那昏君的儿子交出来！”

姬虎对自己的老婆说：“我劝告君主多次，他就是不听，招致这场大灾难，看现在的局势，不交出太子是不行了。可是我若交太子出去，让杀了，厉王一定认为我跟他记仇了，报复他，让杀了他儿子。那我就成了一个小人。我想，作为朝廷的高级领导干部，在危险的时候，无论怎样，都得考虑自己的一世英名和未来的地位。”

姬太太说：“你说的是理儿。你要怎么办？”

姬虎说：“我准备把自己的孩子当作太子交出去，以换取太子的性命。”

姬婆哭道：“只有交出孩子这一个办法了吗？我这儿心如刀绞啊！”

姬虎说没有别的招数了。他找来太子和自己的儿子，让他们互换了衣服，着人领着太子姬静从后门逃走。

姬虎领着自己的儿子，站在门前的登马石上，哭着说：“这是厉王的太子小静，你们把他领去吧。他是没有罪的，你们千万不要伤害他啊。”

姬虎的话还没有落音，愤怒而急躁的人们就一拥而上，抓过小孩掼在坪场上，你一下我一下，片刻间被打得血肉模糊，复又你一脚我一脚，无辜的小孩被权术陷害，最终死在人们的愤怒之中。

周厉王不敢回来，朝廷没有国王，怎么办呢，召公姬虎主持贵族会议，由他和大臣们共同代替周天子行使职权，叫做“共和”，并把这年——公元前841年记为共和元年。中国历史确切的纪年是从这儿开始的。

共和行政维持了十四年，周厉王在彘地死去。太子姬静即位，是为周宣王。

周宣王接受他爹的教训，比较开明，让人们说话。他之后，风雨飘摇的皇位传到了周幽王手中。

幽王姬宫涅，读音“鸡公生”，绝得很，放军事烟火博美人一笑的著名小品《烽火戏诸侯》就是他领衔主演的。

周幽王戏褒姒

四

周幽王时候，自然灾害老来照应，泾、渭、洛三河流域共同发生了地震，三川竭、岐山崩，高岸为谷，深谷为陵。加以连年旱灾，使民众饥寒交迫、四处流亡，社会动荡不安，国力衰竭。

周幽王重用了一个叫虢石父的佞臣，让他做上卿。

老虢参谋着幽王，盘剥百姓，激化了社稷矛盾，又鼓吹民族主义狂热，转移视线，对外攻伐西戎。

周幽王的大臣、褒国君主褒珦，自褒城进京，劝谏幽王，幽王非但不听，反而大怒，把褒珦关押起来。

褒珦被囚入牢狱，三年。褒国族人千方百计要把褒珦救出来。

褒珦的儿子褒洪德下乡，在一处井台上偶遇汲水的美女褒姒，虽然村妆野束，不掩国色天姿。褒洪德大惊，如此穷乡僻壤，竟有此等丽色！若得此女贡献天子，可以赎回我爹了吧？

褒洪德以布帛三百匹，买得褒姒回家。香汤沐浴，教以礼数，携至京城。用金银打通关节，将褒姒献给周幽王。

褒姒拜舞毕了，幽王定睛观看，但见美女流盼之际，光艳照人。姿容态度，今生目所未睹，龙颜大喜过望，褒珦得以释放，复原官爵。

自此，幽王与褒姒坐则叠股，立则并肩，饮则交杯，食则同器。

幽王十天半月不上朝，群臣皆不得望见颜色，每日只好叹息而去。

褒姒虽然生得艳如桃李，却冷若冰霜，自进宫以来从来没有开心地笑过一次。幽王为了讨得褒姒笑，想尽一切办法，可是效果不佳。为此，幽王竟然悬赏求计，谁能引得褒姒一笑，赏金千两。

虢石父谏议周幽王，不妨用烽火台试一试。“点燃烽火，诸侯们跟头巴脚往这儿跑，多好笑啊。”

幽王说：“就是啊，点燃烽火，此计太妙了耶！”

烽火，本是敌寇侵犯时的紧急军事报警信号。由国都，到边镇要塞，沿途遍设烽火台。镐京附近的骊山上，烽火台有二十多座，大鼓数十架，主要是为了防备犬戎的侵扰。

一旦犬戎进袭，首先发现的哨兵立刻在台上点燃烽火，邻近烽火台也相继点火烧烟，向附近的诸侯报警。诸侯见了烽火，知道京城告急，天子有难，必须起兵勤王，赶来救驾。这时众鼓击响，催促他们，疾奔快跑。

周幽王采纳了虢石父的谏议，选择傍晚时分，带着褒姒，由虢石父陪同，登上了骊山行宫飞阳台，摆了果蔬茶点，吃着喝着，命令守兵点燃烽火。

命令过处，狼烟四起，烽火冲天，复擂起大鼓，声若滚雷。

各地诸侯看见警报，以为犬戎打过来了，果然带领本部兵马急惶惶赶来救驾。

诸侯们气喘吁吁，跑到了骊山脚下，连一个犬戎兵的影儿也没有，只听到山上一阵阵奏乐和唱歌的声音，一看是周幽王和褒姒高坐台上饮酒作乐。

周幽王派人告诉他们说：“辛苦了大家，这儿没什么事，不过是大王和王妃放烟火找乐儿，你们把军旗卷起来，都走吧。”

诸侯们始知被戏弄，擦着汗水散去了。褒姒凭着栏杆，见千军万马召之即来，挥之即去，如同演戏一般，诸侯狼狈，十分好玩，禁不住抚掌嬉笑。

周幽王大喜，说："爱卿一笑，百媚俱见，千金一买，值得值得。"

说完，奖赏虢石父千金，领走享用吧。

周幽王宠爱褒姒，褒姒也争气，很快为幽王生了个大胖小子，取名伯服。

幽王罔顾《周礼》中的老规矩，废黜王后申氏和太子宜臼，册封褒姒为后，立伯服为太子。

太子宜臼跑到他外公的申国去了。褒姒认为终是后患，劝幽王杀死宜臼，幽王就派人到申国追捕。

申侯有势力，又是宜臼的外祖父，怎肯将宜臼交出让人杀害呢？周幽王大怒，下令废去申侯的爵位，还计划出兵攻伐他。

申侯闻报，抢先下手，先发制人，一面联合缯侯共同起兵，一面向西方犬戎求援，许以攻破镐京之后，珍宝、财物任其掠取。三路人马，直攻京师，进攻幽王。

周幽王听到敌人联军多方进攻的消息，惊慌失措，急忙命令烽火台点燃烽火。

烽火烧起来了，一烽接一烽，白天冒着浓烟，夜里火光烛天，可就是没有一个诸侯带救兵到来。他们上次受了愚弄，这次不再理会了。

周幽王叫苦不迭，命政府军拼死抵抗。

政府军本就怨恨幽王昏庸，不满将领经常克扣粮饷，这时都不愿效命，勉强招架了一阵以后，一哄而散，犬戎兵马，蜂拥入城，像潮水一样四处卷过。

周幽王带着褒姒、伯服，仓皇从宫城后门逃出，奔往骊山。途中，他再次命令猛烧烽火。烽烟直透九霄，还是不见诸侯救兵前来。

犬戎大军紧紧追逼，周幽王的左右也在一路上纷纷逃散，只剩下一百余人逃进了骊宫。周幽王采纳臣下的意见，命令放火焚烧前宫门，以迷惑和阻挡犬戎兵，自己从后宫门逃走。

犬戎兵不傻，又追了上来，一阵乱杀，只剩下周幽王、褒姒和伯服三人。他们早已被吓得瘫在车中。

犬戎兵见周幽王穿戴的服饰，知道是周天子，就当场将他砍死。又从褒姒手中抢过太子伯服，一刀杀死，只留下褒姒一人被俘虏了。

诸侯们终于知道犬戎真的打进了镐京，这才联合起来，带着大队人马赶来救援。

黄瓜菜早已凉了，周幽王的尸身也早已硬了。

犬戎看到诸侯大军到了，把周中央多少年聚敛起来的宝贝财物一抢而空，四处纵火后，撤了。

犬戎兵马大肆掠夺珍宝财物，又将周的宫阙楼台烧得残破不堪，一座座辉煌壮丽的建筑化为焦土，繁华富庶的京师王畿变成了荒墟之地。百官富户遭到洗劫，平民百姓四下逃散。

犬戎还自觉劳而无功，心怀怨恨，撤走不久，又集结更多的武装，掠占大周的国土。连月烽火不绝，镐京以西、以北，大片大片土地，相继沦陷。

已成恐怖的死亡之城、地狱之城的镐京，噩梦再度逼近。

这个时候，申侯出现了，一起出现的还有他的外孙、前太子姬宜臼。

申侯和其他几个诸侯如鲁侯、许公、郑公等碰了碰头，最终以申为首的几个诸侯一致拥立姬宜臼为新一代天子，即周平王。

第十三章

周郑交恶

一

周平王继位之后，面临两个棘手的问题，一是犬戎作祸不止，二是虢公在携国拥立了周幽王的另一个儿子姬俞臣为天子，随时准备打过来。

姬宜臼想来想去，觉得镐京是待不下去了，否则早晚要走他爹的老路。恐惧，害怕，促使他提出抛弃镐京、逃往洛阳的议案，召集大臣讨论。

却说这个臼臼啊，小时候那是相当厉害的。他爹听信褒姒谗言，想害死他。有一天，他在花园里玩耍，他爹放出笼子里的猛虎，打算让猛虎将他吃了。可当猛虎扑来时，臼臼非但没有惊慌逃避，反而迎上前去，冷不防大吼一声，吓得老虎吃了一惊，后退几步，伏在地上，让臼臼从容离去。

犬戎哪有老虎凶恶呀，充其量是群狼，姬宜臼若能拿出幼年的雄气，跟犬戎拼了，镐京能够保住，西北部国土也不至于丢失。但他畏惧狼群的凶恶，选择了开溜。

依当时的局势，一旦政权东迁，则西部国土，尤其是周朝的肇业之地——西岐，必将永远丢失，有些大臣就据此反对迁都，主张坚守镐京。

但周平王迁都洛阳的观点是明朗的，态度是坚决的。

周平王的理由是，一、镐京已经被战争破坏，国库也早已空虚，留在镐京短期内不可能恢复经济，二、西北大部领土，已经被犬戎攻占了，镐京暴露在敌人的刀枪下，处于严重劣势地位。在这种局面下，一旦犬戎和携王前来攻打，大家便只有引颈受戮了。

高官们内心深处，主要是留恋他们在镐京政府的既得利益，劫后残存的豪华生活。

但在艰危与残酷中，高官们更加珍惜侥幸留在脖子上的脑袋，于是大家举手同意，撤出镐京。

周中央办公厅贴出榜文，告谕百姓："目今战事吃紧，形势不协，朝廷拟移东都洛邑办公。民众去留自便，如愿随驾东迁者，作速准备，一齐起程。"

现在看出周成王营建洛邑的战略是何等英明了，好比暴发户，置两座别墅，一座失火烧毁了，不修了，不要了，去住另一座，其他人家遭殃的，你遭着吧。

但周平王忘了，此一弃一去，他周天子的地盘一下子缩小了百分之五十还要多，连一个稍大的诸侯都不如了，以后想罩住他们，凌驾于他们之上，难啦。

周平王只知道匆忙，当天祭告宗庙，抱走神主，打理车仗，翌日平明便开路。

坐地诸侯秦襄子嬴开，嬴非子的后人，起了个大五更，组织军队，亲自领着，跑来护驾。

周平王说："开呀，你真是不赖，咱就走吧。"

随后，晋等国也都派军来了。

起得早的百姓，携老扶幼，扛着粮食，背着包袱，哩哩啦啦，跟在大部队后面；起得晚的，提着裤子，趿啦着鞋，喊叫着追。

还好，路上没怎么耽搁，周平王的车驾到了东都洛邑——洛阳，这是公元前770年的一天。

洛阳地方官组织民众，以新黄土铺地，新井水洒街，恭迎大牲口经过。

镐京废了，成周洛阳离战火尚远，周平王扭头乱看，但见市井稠密，宫阙壮丽，百姓夹道欢呼，霎时忘了镐京之痛，又找回了自信，不停地挥手致意。

周平王的中央机构，暂时休整。四方诸侯都带着当地的土特产，进表称贺。

荆侯竟然没来。平王道："荆蛮子怎么如此操蛋呢？我得收拾他。"

有掌握情况的大臣谏平王说："荆楚属于化外之邦，它连礼乐是什么玩意都不知道，往年进贡，它也无非送来一捆苞茅叶子而已，后厨收下用于过滤酒醋。历代先王也不曾责成另贡他物。现在刚刚迁都，人心不稳，不宜兴动王师，且等一等，看他来也不来。如或始终不贡，待我朝兵精粮足，再讨伐也不为晚。"

周平王说："这话在理儿。"遂息了南征之意。

秦襄子护驾完成，向周平王请辞，要带队归回了。

平王说："你能尽心勤王，为朕十分嘉赏。如今，岐山，丰镐，大半都被犬戎侵占了，你若能督领亲军，驱逐犬戎，朕便将所获国土全部封赐，也算酬谢你这趟扈从之辛苦。而你拥有西北，永为藩王，也很美呀！"

秦襄子人实在，一点没觉得这是周天子在忽悠自己，忙不迭地敬礼，说："臣下感谢君王大赐。回去即作速整顿戎马，为国效力，也为自家做西藩王，努力战斗。"

秦襄子自洛邑回到封地，立即扩建武装，拜请将领，打造戈矛，投入抗战。

周平王给秦襄子开了张空头支票，把已经丢失的土地分封给这个末等诸侯，嘉奖了他护驾之忠心，又让他乐颠颠地回去抵挡犬戎，平定西北，一箭双雕，十分智慧，平王感到自己太有战略雄才了。

战略雄才当然要体现在新时期的周中央工作上。譬如调整干部。

本家郑庄公，多年来称王郑地，总地盘大过天子的洛邑。又兼着副总理，分管农林牧，权力也过于煊赫。两项都对平王构成潜在威胁。

既然郑国头领的职务卸不掉，副总理不能再让他干，免得酝酿祸端。

周平王趁着郑庄公回封地的机会，暗地召见虢国头领虢公，说要重定副总理人选，由虢公你取代郑公管农林牧了，你好好干，布置四时稼穑，林果采集，家畜饲养，多多充实国库，朕绝不会亏待你。

虢公知道郑公的脾气，听说让自己替代郑公，不想贸然入驻农林牧口的办公室，还在犹豫呢，郑公就得知内阁人事变动的消息了，怒气冲冲奔回了洛邑。

二

却说郑国的第一任国君，乃郑桓公姬友，周幽王的叔叔。

郑桓公有封地，同时也在周中央担任司徒。他深知幽王的种种劣行，料其早晚招祸。为了保全家人，便把全家向东迁移到洛阳东边的黄河南岸，建了一座国城。他自己仍然在镐京上班，在申侯和犬戎攻破镐京时战死。

郑桓公死于谁手呢？

申侯？可能。申侯因女儿和外孙姬宜臼的命运，跟幽王结仇，既然起兵要杀幽王，当然也会杀桓公。

犬戎？也有可能。犬戎是怎么进入镐京的？是申侯招来的，所以桓公仍然算是申侯杀的。

申侯为了外孙臼臼杀了郑桓公。臼臼——周平王姬宜臼，因此就是间接的凶手。

当然，账是这么算，理却不能这么讲。因而，桓公的儿子武公还是以周天下为重，跟申侯、鲁侯、许公等，拥立了周平王，并迎接他东迁洛邑。

郑庄公想起这些史事，联系周平王此次作为，气就不打一处来。

郑庄公名姬寤生，是他妈睡着了觉而出生的，又很丑，做母亲的因他是偷袭而来的，老嫌不吉利。后来他妈又生了个姬段，很喜欢。

庄公即位后，姬段先在一个叫作共的小地方管事儿，后来管一个大镇子，叫京。他妈呢，总在暗中支持姬段，想让姬段做国君。

有天早上开会，姬寤生大声地说自己要去洛阳，帮天子协调朝廷大事，有一段时间不能回来，叫大夫祭足值班，处理日常事务，开完会他就匆忙走了。

他妈心里欢喜，自说："机会来了，段儿有福，可以做国君了。"连忙修书一封，派心腹送去，约姬段起兵袭取新郑，到时她打开城门接应。

谁知送信人出城不远就被杀了，信落在了姬寤生手里。寤生看过，原样封了，另找信差又把信送到了姬段手里。

姬段也是个二杆子，一直意欲通过军事手段除掉郑庄公。机会一来，忘乎所以，把所有兵马都带着出城了，快到郑城的时候，听说"后院起火"——京镇让人端了，星夜折转兵马，回取京镇，却溃败了，只好失魂落魄般地回到原先的共村。

共村是个土围子，又孤又小，姬段正想洗个澡睡呢，姬寤生的大军来了，片刻之间土围子就破了，姬段拔剑自刎。

郑庄公彻底把弟弟弄败了。

姬寤生还装模作样扒着姬段的尸体哭了一回，一把鼻涕一把泪地说："弟弟啊你怎么这样想不开，竟然自裁了啊！"哭过，将他妈关了起来。

连娘老子都敢囚禁的人，什么做不出来呢?

郑庄公到洛邑，指着周平王的鼻子说："我哪点干得不好，你要撤掉我？还说撤就撤？给个理由啊！"

平王想接话，郑庄公继续摆给他听："别忘了你这个天子是怎么当上的，当初要不是我爸挺你，你能当上吗？中原的诸侯不敢闹事，还不是看着郑国的脸色。你来洛邑，没有一点震动就坐稳了，谁给你撑的腰，还不是郑国？你觉得坐稳了是不是？"

平王赶忙离开座位，指天发誓，说自己没有对不起庄公的意思，请庄公不要误会。

郑庄公说："这不是误会不误会的问题。我只问你，我总理哪一点干得不好，你要撤掉我？还说撤就撤，预先连个招呼也不打？"

连珠炮发问，终于使周平王窘迫不已，半天，他结结巴巴地说："内阁调整，也是想法。一个想法，想法而已。这样吧，你的位子，咱不动好啦。"

郑庄公说："你的话，谁敢信？前边说，后边变，谁敢信！"

基本上僵了。周平王的心眼儿在紧急情况下忽然开了，他说："寡人说话算话。让你继续干副总理，管农林牧。你若还怀疑，我把太子送到你们郑国，作抵押就是，假若我说话不算话了，太子归你处置。这总相信我了吧？"

郑庄公答应了，道："这办法好。也能说明我们大周中央领导人的团结。"接着他也退一步，给了平王面子，说："我把儿子也送到朝廷来，当人质好啦。"

于是周王、郑公交换儿子以证明互信，周平王的儿子姬狐，侨居郑国，郑庄公的儿子姬忽，被质进了周王室。

大周乃出名的礼仪之邦，周礼对宗法等级的规定极其详细繁琐。

天子坐什么直径轮子的车，诸侯住进深几尺几寸的房子，天子堂上演奏什么音乐，诸侯家里允许什么舞蹈，各级出殡，规模多大，棺材木料，层数多少，陪葬用鼎，各许几只，号丧应该是几嗓子，都有约束，不能僭越。

现在，居然出现了君臣之间交换人质的现象，可见，周平王的尊严和无奈，正在此消彼长。

唉！真他妈窝囊。事后，周平王气得肝儿疼，几天吃不下饭，睡不下觉，痛定思痛：天子的日子越来越不好过，这是大周的“礼”在“崩”啊。

维礼是当务之急，再崩下去，这个朝廷就要玩儿完了。未灭于犬戎的凶焰，却毁于自家的崩礼，于情何堪，于心何甘！

严重的问题是教育干部。祖宗的“礼乐”，要狠狠地发扬光大。

三

周平王意识到自己作为天子，在强权诸侯面前的弱势了，还算明白人，赶紧采取措施。

祖宗下功夫编制的“礼乐”是不亚于庞大军事师团的统治武器，吓唬诸侯们，尚足够用。但如何“复礼”，建设“等级”与“稳定”并存的“和谐社会”呢？

平王视朝时，就如何重兴礼仪，阻止崩坏，问计于群臣。

有的说，召开全体诸侯大会，强调礼乐制度的重要性。

有的说，由中央派出一些工作组，在全国各诸侯间巡回督察。

有的说，发红头文件，在全国开展复兴礼乐的群众运动，武王刚夺取天下时就是这么干的。

有的说，所有的措施都必要，但从朝廷做起，从天子做起，带动全国，最为有效。

周平王决定了，发布文件，督察诸侯，朝野联动，从我做起。

“礼乐制度”本身是个统治怪胎，以可以进入吉尼斯纪录的花架子程度来维护宗法等级，构建和谐社会，实施起来他自己先得累个贼死。周平王为了罩住诸侯们，啥也不计较了。

东周的左右“柱史”，记录天子的起居，右史记言语，左史记行动，给后人留下了大周宫廷主人精彩演出的“场记”。

平王每天穿戴十分沉重，上边缀有多样玉石佩件，内容芜杂，层数又多，还不能乱。穿的过程啰里啰嗦，又要随业务变化而变化。因而他一天到晚必须投入大量时间更换服饰，跟三流模特赶场有得一拼。

情况顺利时，着华服，乘美车，钟鸣鼎食。摆开九个鼎，每个鼎里边炖着不同的肉食。年成不好，有了灾异，要改穿素服，乘没有彩色帷帐的素车，吃饭也不能用鼎了，音乐也要取消。

设若天公发威，风暴雷雨施加，即便是半夜三更，平王也一定得起身，把繁琐无比的服饰穿起来，戴整齐，恭恭敬敬地坐着——正襟危坐，倾听“天声”，雷雨风暴乃是上天有指令，要向“天子”发布。

周平王每天按照周礼的规定，以清水洗手五次。用淘白米的水洗脸两次，用淘黄米的水洗头发一次。洗湿的头发，用木梳梳理，晾干后的头发，用牙梳收拾。

周礼规定，天子洗澡要用三样浴巾，上身用细葛巾，下身用粗葛巾，中间用麻帕子。跨出浴盆，要站在蒯草席上，以温水冲脚，再换站到蒲席上，擦干身子，就履——穿上鞋子。整个过程，有乐工伴奏，侍女歌唱。

升朝。召集在京臣子举行晨间例会，过程更加、更加繁琐，说起来累死人。

早朝完毕，就要出门。两拨乐师，一拨撞击悬挂在殿堂南面的“大吕”——黄钟，一拨敲击殿堂右厢的“五音”——五只乐钟，两相应和。乐声中，出门。

乐师奏起缓慢的进行曲，报告天子出宫。

周天子行走的步距，大小错落、符合规定，这样好让身上的佩玉互相乱碰，叮当作响，与乐钟相唱和。这都是要平时刻苦练习的，周平王是全国男人中台步最好的人，是真正的首席男模，男一号。

套车的人、赶车的人，动作也都有相应的规定。站立，如同悬挂的磬石，略微弓腰，拱手姿势必须圆满，像在胸前抱着鼓一样。车马转弯，驭手回头示意时，也有分解动作。

天子上车，不能一撂屁股便跨上去，得捉着马车尾巴上预留的绳子，躬身、展腰，上！

在洛邑大街上溜达一圈，周平王要回宫了。一拨乐师就撞击悬挂在殿堂北面的“蕤宾”大钟，另一拨敲击殿堂南墙下的“五音”乐钟与它应和。

麻烦而又日怪。这就是“周礼”，这就是“礼乐制度”。

“周礼”的要害，在于把屁事都弄到“庄重威严”的地步，好让诸侯畏惧，顺服天子。

周平王台步走得全国数第一，环佩叮当得全国没第二，然而“礼”之崩也，“乐”之坏也，不以其意志为转移，他非但没有带起全国的礼乐活动高潮，非但没有弄出宗法受敬仰、等级受推崇的和谐社会，反倒愈来愈镇不住台子了。

周天子的经济和军事实力越来越弱，诸侯早已不拿他当大牌了，甚至你攀我比，竞相突破礼仪级别。

譬如鲁国，老周公姬旦的直系后裔，觉得比别人尿得高，在家里就使用天子的礼仪规格，用八十一个人的舞蹈队。

鲁大夫这属于什么行为？确凿属于对“礼乐”的反动，俗称“僭越”。

周平王受不住，驾崩了。在郑国作人质的太子狐被释放，赶忙跑回洛阳。

太子多年被质于郑，一直精神抑郁，老爹硬翘翘了才得回来，父子一场，连最后一面都无缘见到，气积于胸，在平王灵前大哭时，突发心脏病，竟也随着去了。

周平王崩，太子狐薨，一天崩、薨两命，举国悲痛，朝廷还像朝廷吗？

太殿内外人人吸溜着鼻涕哭泣。惟忧虑国运者在运筹着扶立新王，心术充足者在思谋着强势崛起。

当时摄政的宰辅有左右两个人，一是郑伯郑庄公，二是周公黑肩——这个周公有记号，肩头上长着黑痣。郑庄公管农林牧，黑肩管朝廷人事暨国务院日常工作，是位有资历的干部。

黑肩化悲痛为力量，带领朝臣，扶太子姬狐的儿子姬林于灵前嗣位，是为周桓王。

各地诸侯都到洛阳奔丧，并谒见新天子周桓王。虢公最先到，作揖，吊孝，一举一动都合着周礼的板眼，明显在家认真练过，人人都夸好。

虢公这么优秀的礼仪家，先领袖周平王曾经发现过，但碍于郑庄公干预，未获提拔。桓王看在了眼里。

桓王他爹长期，几乎一生在郑国作人质，直到薨掉，没有舒心日子，因而桓王最痛恨的是郑庄公，在心里一遍一遍地骂：“他奶奶的，老子恨死这王八蛋啦！”

血气方刚的周桓王，私下对黑肩周公说：“郑伯那货，曾经让先父作人质，他必然轻慢我，君臣之间无法相安。虢公办啥事情都比较恭顺，寡人预备拿掉郑伯，重用虢公，你觉得怎么样？”

周公奏道：“郑伯那人，寡情少义，不是什么忠顺之臣。可是，我朝东迁洛邑，郑是有功劳的。现在陛下登基改元，大吉大利的日子，忽然剥夺了郑的权力，换到别人手中，以郑伯那个凶恶脾气，必然会有跋扈之举，不能不想到这一层啊。”

桓王咬咬牙，说：“朕不能再受他的气了，朕意已决，不再改变了。”

第二天桓王上朝，唤郑伯对他说：“卿乃先王重臣，朕不敢继续让你屈居班僚之间了，卿请自便吧。”

郑公奏道：“臣国内很忙，常常分身乏术，老早就想谢却中央的政务，这正好，我就拜拜啦。”

郑庄公嘴上唱得好听，心间忿忿不能平静，出来对跟班说：“这孩子负心哪，不值得辅佐他，咱走。”遂驾车离开洛阳。

四

郑国，世子得报，领着干部们出郭迎到了他爹，问怎么这样快回来了。

庄公将周桓王的话复述了一遍，人人都气不忿，七嘴八舌地骂。

回到办公室，大夫姓高的献计："我们郑国，两代辅佐大周，功劳那是没的说。前太子在我国作人质，成天高级酒店，好吃好喝，没有受过亏待。现在桓王调整宰辅人选，不用我主，用虢公，太不仁义了。干脆点兵兴师，攻破洛阳，废了他，另立一个，又有何妨！到那时，全天下诸侯谁不害怕郑？大业也就成啦。"

大夫颖考叔持不同意见，说："母子有伦，君臣有序，倘若造次，影响不好。我的意见是，隐忍个半载一年，照样到洛阳朝觐。主公不计较，周王必有悔过之心。实在不行，再议对策不晚。"

有个叫祭足的大夫，鬼窍道多，他说："以臣之笨眼看，以上两位的高见，可兼而用之。臣还有一绝招，带着兵到洛阳边上，抄起镰刀，去周天子那田里收割麦子，割他好几百亩，扛回来再说。桓王派人责问，就说我们遭灾了，没吃的。来借粮呢。他若不吭声，主公再做决断。"

郑庄公说："你这法儿使得，弄一支军马，你领着去吧。"

祭足领精兵五千，备足刀镰，到了洛阳地头，当时正值夏月，二麦黄熟，士卒们一字排开，将田中之麦，尽行割取。

附近守军知郑兵强盛，不敢相争，慌忙向中央报告。

祭足领着机动小分队，瞭望动静，往来接应。割得差不多，一声吆喝，兵士们扛起麦子跑回郑国。周桓王的人干瞪眼，追缴不回来。

祭足猫回郑国，郑国窃笑不止。

三个月过后，秋庄稼又成熟了，祭足故伎重演，又去洛阳抢收早稻。吩咐军士扮作小贩模样，将车埋伏在各村房屋背后，三更时分，一齐挥刀，将禾头割下。五鼓时分，全都装车窜了。

早上的洛阳郊外，农人发现稻禾全被掠光了，急报守将。比及官军出城，郑兵早已不见踪影。

再次报告中央，奏闻桓王。郑兵割麦盗禾，不已沦落成鸡鸣狗盗之类了吗？

周桓王气得哇哇直叫：真他妈流氓啊，根本不拿天子当回事啦！叫完了便要兴兵问罪。

黑肩说："陛下息怒。郑祭足偷盗，乃边庭小事，未必是郑伯指使的。因为这点问题发火，向本家开战，不值得。若郑伯察知，亲来谢罪修好也未可知。陛下宜等一等再说。"

桓王说："哎呀，那就先搁置搁置吧。"遂命洛阳沿边，加意提防。

郑公见桓王对其芟麦刈禾一事，并不计较，全无责备之意，果然心虚不安，思忖着入朝面君，探探情形才是。

郑庄公正打点行装，齐僖公约他在石门村相会。他也想结交齐国呢，两人歃血订盟，结为生死之交，发誓互不背弃。

酒过三爵，僖公问世子婚娶没有，庄公答，没呢。

僖公说："我有爱女十二三啦，颇有才慧，若不嫌弃，等她长大点给你做儿媳。"庄公说："那好，我先谢啦。"

郑庄公回来告诉儿子姬忽，姬忽说："门当户对才能成配偶。现在齐国大郑国小，孩儿不敢仰攀。"

庄公说："是对方的意思嘛，若与齐结好，以后可以互相仰仗啊。"

忽说："大丈夫靠自立，仰仗婚姻有什么意思！"

庄公说："啊！我儿真有志气，那这婚姻咱就不提啦。"

后来齐国使者到郑，归国将郑世子不愿就婚一事禀知齐僖公，僖公说："郑世子前途无量。我闺女反正年幼，且待异日再议吧。"

话说这年冬天，周天子的粮食果然不够吃。他只好跟宋国及卫国借。借吧，还不好意思直来，就让鲁国出面。

鲁公找到宋国，说宋公："今年我国歉收了，借给我们几百斤粮食吃吃吧？"

宋公一听大恼："你胡说八道，你们霸占我们那么多庄稼地，还没说清楚呢！"

鲁公说："呵呵，粮食不是我想吃的，这是洛阳的意思，我劝你还是借吧。"

结果宋国、卫国、齐国都掏了粮食。借到郑国头上，出于面子，庄公也掏了点粮食。毕竟大周天子还是天子。

但郑庄公因为出粮明白了个道理：自己要建立霸权，周中央周天子的招牌最好使。想干什么，以郑国的身份，好多诸侯不吃，如果说是天子的，谁敢拒绝，那就是违抗天子，可以狠揍他。借天子的名号，郑的实际霸权就会实现了。

所以，最好不要跟天子闹僵，方好挟天子以令诸侯。

想好了，郑庄公就带了点当地出产的大枣，作速跑到洛阳，觐见周桓王，想把关系恢复到偷麦盗禾以前的水平。

然而，做出低姿态的郑庄公却糊弄不了周桓王。

桓王说："谢谢你送来的大枣，但中央只能回馈你两车秕糠了。我这儿没有什么值钱东西，连小麦、稻谷都给一个白眼狼偷抢去了，都一直在饿肚子呢。"

郑庄公悻悻不乐地返回封国，把秕糠倒进了猪圈，说："猪啊，你们看看，不跟他对着干不行啊，吃不上好东西啊。"

第十四章

君臣鏖兵

一

话说大周当年营建洛阳，是把洛阳建设成了两部分的，偏洛河上游的部分叫“成周”，是王城，偏洛河下游的部分叫“洛邑”，是下官及前商遗民的居住区。

公元前707年，周桓王坐了十三年朝廷了，成周和洛邑，在他爷爷那一辈，已然连成了一体，规模很是庞大了，中间的荒草土坡都盖了茅苇苫顶的居所，变成居住小区啦。

陶片瓦已经付诸应用，但产量毕竟太小，供王室贵族盖殿架屋尚且不够，低级士人及平民居所，只能结茅或结苇。

问题在于，当年周公姬旦修建洛邑，搞的是政绩工程、面子工程和献礼工程，豆腐渣成分相当不少。

原料呢，无非土木，根本不能耐久，加之所用匠师为各家诸侯所遣送，工徒则系奴隶和商军俘虏，工期紧迫，驱逼残酷，哪个好好干呢?

因而，洛邑的毁颓不可避免。随着时光的移行，莫说下都，连成周的宫殿都不敢细看了，顶盖灰暗无光，墙壁裂呲巴拉的。这都是诸侯失供的结果，国库羞涩，没有积蓄，怎么整呢?

祖上的“礼”规定曰，诸侯每年有四次朝觐，可这些年，他们每年能晃晃悠悠来一次就不错了，基本上是来洛阳旅游的，贡值也大幅度缩水。

大周王朝，亟待中兴，再度树立在诸侯中的天子权威，十分紧迫。

年景风调雨顺，去郊外视察时，王畿四野，全是丰收景象——五谷大熟，六畜撒欢儿，回来时见街道上行人，熙来攘往，有的贩卖奴隶，有的贩卖红枣，有的贩卖石器，有的贩卖野兽，有的贩卖柴草，税收应有不少。

周桓王觉得，打仗是时候了，从哪里开刀？郑。罪名？久不上贡。

自从盗麦窃禾起，郑庄公就不因为周天子级别高而给洛阳面子了，他认为，郑国支持、保护平王东迁，有功于大周，理应受到特殊尊重和特殊礼遇。

再者，牛不牛，得靠实力说话。周天子东迁后，地盘显著缩小到方圆二百里不足，还拿架子，要排场的，谁怕你呀，谁服你呀？

天子周桓王，心理更不平衡。你郑国再牛，也不能把自己跟天子并列吧？若堂堂天子，跟你平等往来，还有什么"礼仪"可言？你姬寤生也姓姬，论辈分还高点呢，应当主动维护礼仪制度才是。

郑是京畿，小偷小摸地欺负天子，大大咧咧地不贡不赋，成习惯了，天下哪还有体统？周天子完了，你郑国好得了吗？

桓王姬林，到底也是个血性汉子，对姬寤生的一系列无礼行为终于忍无可忍，要动用天子的权威了。

周公黑肩，反战求稳，他不同意诉诸兵马，给周桓王谏议道："自东迁以来，郑国一直是我们大周的依靠力量。它纵然有所失礼，但出于长远计，朝廷还是要善待它。

"请恕臣直言，上次郑庄公带着些大枣，来洛阳拜谒陛下，陛下却回赐两车秕糠污辱他，是不甚妥当的。因此他这两年不进贡，情有可原。臣的意见是：朝廷善待郑国，别的诸侯看见，知道周天子的虚怀，连郑这样的失礼之国都不计较，就会向往朝廷了。"

周桓王说："软骨头！怀柔政策也得看对象，有的骨子里坏了，你一味怀柔是行不通的，只会越来越糟。必须跟郑打一仗，打垮了郑庄，也是对诸侯们的教育。天子的权威树立起来了，对诸侯的控制力强化了，社稷才能太平。"

黑肩皱眉道："不好，不好。至少，时机不好。"

周桓王令作战部研究讨郑战略。兵力是个大问题。

周朝的军制，按照周礼的规定，天子拥有六军，大诸侯拥有三军，中等诸侯两军，小诸侯一军。朝廷东迁洛阳，是在镐吃了败仗，兵力大损之后，如今天子所有，不过三军而已。而郑，也有三军，多年养精蓄锐，称霸中原，绝不弱势。

征讨郑国，三军对三军，胜负可能性各占百分之五十。若要取胜，得调集其他诸侯的部队，组成联军。

郑国整日逞强，附近老遭它欺负的列弱群小，自然是联军的最佳备选力量，陈、蔡、卫被周桓王发动了起来，虢是桓王新近重用的国家，也整兵东下，赞助参战。

周天子的战车，在皇家军阵拱卫下，隆隆驶出洛阳，陈、蔡、卫、虢，各国主力部队相继跟进，鼙鼓轻击，战旗飘扬，战争的锋芒直接指向威胁周中央安全格局的郑国，要给它来一场真正的教训。

周桓王做统帅，坐在居中最大的战车上，指挥中军——主要是国家野战军。

宰辅虢公，坐在右侧的大战车上，指挥右军。右军旗下，还附属有虢国、陈国的维和队伍。

周公黑肩，坐在左侧的大战车上，指挥左军。左军旗下，还跟着蔡国、卫国的勤王官兵。

三军合计兵车四百五十辆。按照周礼的规制，所有的战车都被步兵前后左右地护卫着，因为战车上大大小小都是官儿。

洛阳往东，没有什么高山峻岭，即使有点丘壑，也较为和缓，所以三军齐头并进，在大致平坦的原野上，向南，向东，向南，向东，绕过嵩山之后，猛然甩头向北，扑向郑，很有点汹涌澎湃、怒涛压顶的大势头。

按理说，在天子动怒、兴兵征伐的局势之下，郑国应该赶快放低姿态，认错，服输，投降，以换取天子的饶恕。

按“礼”说，郑庄公得立马肉袒请罪，听从发落。理与“礼”，他都输得不轻呢。

可郑庄公不。不论理，更不论“礼”。他的主意是对打，宣布全国进入紧急状态，随即展开战争总动员，军民团结，拼死反击大周朝廷联军的“入侵”。

郑庄公早已不把周天子看在高处了，他认为，莫管对方来头多大，主动进攻是最有力的防御。他也组成了自己的三军，称为中、左、右“三踞”。而且，全国的民兵预备役也都拉了出来。

距，是老公鸡的脚刺，利器也。郑庄公铁定了心，要用郑国老公鸡的脚杆和利刺，把大周天子的中央政府军队扒拉个粉碎。

庄公组织了兵车三百辆，派大夫原繁、大夫高渠弥与大夫祝聃集体统领“中踞”，大将祭足——偷割天子小麦和稻谷的家伙——指挥“左踞”，大夫曼伯统领“右踞”，开出城郭——今天的新郑，三踞联动，三锥突进，向南迎击朝廷联军。

战场在郑国以南二十公里的长葛地方拉开，中原大地上地方军与中央军的第一场对抗战，正式开打。

中央军依尊“周礼”布阵和进军，战车前后左右全是蚂蚁般的徒兵，如每辆战车前边，必定有步兵七十二人开道，无论如何运动，阵势并不散乱。

前后左右，徒兵簇拥，在战鼓的伴奏中，倒是十分稳健，车上人也比较安全，然而冲击力却一点也没有，相反，一遇敌方冲击，车前的步兵先自成了障碍。

郑庄公不甩乎“礼乐”那一套，敢于创新，发明了一种“鱼逦战法”——战车冲在前面，部卒随着跟进，好比坦克后面猫着成群的步兵，他则喻为成群小鱼儿跟着一头巨鲨，嘎嘎嘎，呼呼呼，冲向中央军，冲到哪儿，哪儿便迎刃而溃。

中央军右路，旗下陈国的队伍，平日缺乏训练，也挨过郑国的打，军心胆怯，是薄弱环节。郑庄公心下清楚，这是周桓王的死穴，先掐它！命曼伯抢先发动袭击，“右踞”这个鸡爪子对软弱的陈军乱扒乱刺，顷刻搞酥了它。

政府军左路的蔡、卫部队，比陈军也强不到哪儿去，在郑军“左距”的猛烈进攻中，很快也抱头四散。

好在中央军右军统帅虢公不负周桓王倚重，快速组织敢死队，顶上敌方“左距”，稳住阵脚，将业已插入己方阵地的郑军“左踞”打卷了回去。

政府军左翼，周公指挥失灵，很快土崩瓦解，溃军四下乱窜，寻求保护，哪儿自己人多往哪儿扎，又对中军和右军构成干扰。

郑庄公不给敌手喘息机会，猛擂战鼓，挥动“三踞”，全线疾风暴雨般出击，分别由左右两翼实施向心合围，集中力量，打击周桓王中军。

周桓王已失去左军，急招右军，收缩自救。靠大量徒卒保护中军，虽几次化险为夷，死伤却极为惨重，尸相枕藉，血光殷红。

长葛大战，双方合计投入共约六万人马、七百多辆战车，戈起矛落，矢如飞蝗，烟尘翻滚，杀声震天，可谓规模宏大，场面惨烈，仗越打越犬牙交错，被逼无奈的周桓王也亲自动手了，挥舞着金黄的铜钺，砍击意图掀翻他战车的敌人。

铜钺本身很重，是权位的象征，至多用来行刑，要打仗显得特别笨重，桓王顾不了许多，你死我活之际，只好张牙舞爪地胡抡乱砍。

桓王在舞动铜钺，敌人阵营中的祝聃在远处拈弓搭箭，瞄准发射。嗖的一声，一支铜镞羽箭正中周桓王肩膀。血立刻流了下来。

二

天子中箭，大兆不好！左右将领急扑过来，杀退围车的敌兵，上去救护，有的拔箭杆，有的扎伤口。

敌兵退去，政府军地奔的部卒们自然缩回，滚团般簇拥着桓王的战车，且护且退。

周礼中关于作战的章节，规定得很详细，一方拖戟退兵，另一方在百步之内就要刹车，不得继续“无礼”，倘必须咬在后面，跟踪追击，不能超越九里地，主要是吓唬，让他不敢回头。

礼乐中的“战之礼”，显然建立在类似军演的娱乐和追求刺激的基础上，周天子跟各国诸侯，本属一大家子，要么同族，要么亲戚，要么铁杆臣僚，自然不能真打。

郑庄公不尊周礼，但清楚周礼怎么规定的，于是下令收兵罢战。

祝聃觉得自己那一箭不够狠，快速驾驶战车趋向庄公说：“他们逃跑了，请允许我的部队作速追击，一举将他拿下得了。”

庄公摆摆手道：“打一打就行了，追着欺负天子，不合适。拿下更不行。只求我们郑国损失不大，也就够了，打扫战场吧。”

郑庄公不但不让追，还派大夫祭足前往周桓王的营帐中“敬问王疾”。

当天傍晚，祭足被人领到了桓王榻前，放下营养品，磕了几个头说：“微臣向陛下请安。流矢不长眼，竟敢伤到陛下，郑国非常、非常不安。庄公让我来表示诚挚的慰问，祝陛下早日康复，继续统帅天下诸侯，继续领导全国各族人民，建设幸福美好的小康社会。”

桓王在榻上，闭着眼，不理睬。

周公黑肩指挥无方招致惨败，侍立在桓王一侧，木着脸，垂着手，不敢反应。

虢公知道这个祭足乃是郑庄公豢养的无赖亲信，洛阳东郊的麦子和稻谷就是他偷割的，按理说应该宰了他。可他是代表郑国来慰问君王的，随行还有不少二杆子都在外边候着呢。冲动再三，还是忍了。

桓王不说话，祭足无法起身。又让他跪了一会儿，虢公见桓王仍无动静，便说：“一杆小小的流矢，剐到了陛下的衣袖而已。走吧，回去让你们郑国深刻反思，反思好了，由寤生来向陛下汇报。”

祭足起身，肃穆地作揖，添了一句：“微臣告辞。陛下万安。”转身走出周天子的营帐。

营帐里，重新归于安静。安静中，周桓王突然骂了一句道：“他妈的！都是些什么货色啊！”

周桓王所中一箭，属于弱弓远发，他又穿着甲胄，确实并未造成什么厉害的伤，关键是心理上所受的羞辱，牢牢地把他压制在卧榻上。

后山赞美周桓王是个血性汉子，但搞政治，却有点小嫩。

政治的核心是弱肉强食，他认不利落，只觉得自己地位在那儿放着，仅计算了一下兵卒的数目，没有综合分析敌我，便莽撞地发动了长葛战役，试图通过此举，震慑那些胆敢犯犟的诸侯，中兴大周，因而惨遭败北。

桓王的对头，若是害怕周礼的庸常诸侯，恪守祖训，按“礼”示弱，也行。偏偏是跋扈中原有年的郑国，和根本不尿礼乐的郑庄公。

由是，后山认为，周桓王犯的是战略性错误，天子之威因为撸起袖子斗勇而玩儿完了。

实际论来，尽量不要诉诸战争，运用天子本身拥有的外交运筹优势，平衡天下，理服诸侯，才是聪明之道。

撇开正路，鲁莽出手，战死兵卒不少，自己也吃一箭，真够他反思的，也够我们叹惋的。

说的是，周天子的领袖威望被郑国打落了。

郑国厉害，却难以担负起大周的责任。郑不但没能力整合天下，连整合中原各国它也办不到。

中原处于兵家必争的“四战之地”，中原诸国又不能团结，情形可想而知。

周中央与郑国正面交锋的结果，宣布了天子的“式微”，诸侯之间，你争我霸的序幕正式拉开，以洛阳为中心的中国大地上，连绵好戏上演了。

郑庄公姬寤生

三

郑国随后跟卫、蔡、宋国打仗，还荡平了许国，军事，外交，都不曾输。

英雄的郑庄公姬寤生，践踏礼乐，角逐中原，笑傲大周，风光四溢。

东周初年的江湖上，扳住指头算算，确实还没有胜过姬寤生的。

西部，秦襄子当年在周平王阶下稽首受命，回去即招兵买马，为灭戎之计。秦襄子和他的子孙，与犬戎大战数年，遂成大国，但秦国因此变得华狄杂处，甚为落后。

北方，晋国，公亲贵族们擅长窝里斗，就在这方面猛加发挥，你砍我，我砍他，无心、无意也无暇逐鹿中原。

南方，长江中游沿线的荆楚，被鄙视为南蛮；长江下游地区的吴越，落后得连车轮子都没有。他们都没资格参与中原政治。

东部，齐国和鲁国，地富民丰。这是两个强大的方国，但在东周初年，他们还只是两头尚在睡觉的雄狮，不曾吼叫，也没有开始撕咬。

东周初年的中原，陈、蔡、宋、卫，全属小国，比较起来郑国略大，但郑与秦、与晋、与荆楚、吴越、与齐鲁，都没法比，郑庄公采取“远交近攻”的战略，跟东方大国齐鲁交好，频频获得外援，敲打陈、蔡、宋、卫，屡屡占得上风。

郑庄公确实是个玩拳头的主，只爱打，没有帮过周围小国，对待周中央，也是一味地强硬、过激，名声很打折扣。

郑庄公死后，他的嫡子姬忽继位，为郑昭公。

想当年齐僖公约郑庄公在石门村相会时曾提出将小女儿许配大公子姬忽，姬忽想自由恋爱，没有应承。巧的是，之后，有拨强盗骚扰齐国，忽公子带着卫队路过，顺带收拾了，齐僖公很感激，又一次提出婚嫁之议。

齐僖公姜禄甫，闺女多，其中小女儿文姜貌美无双，面如桃花，肤如凝脂，丰臀细腰，娇艳风骚。配新上任的郑昭公姬忽，正谓英雄美人。岂知姬忽仍旧死心眼儿，说施恩求报更不好了，又婉拒了。

老干部祭足，说姬忽："足下已然贵为太子，但您的异母弟弟，依靠他宋国外公撑腰，总在觊觎你的位子。您跟齐国联姻，有齐僖公做后盾，谁还敢思谋您的位子呢？"

郑昭公一听，说："哎呀就是，我没想这一层啊。"

有点后悔，但是改口已经不可能了。姬忽不久到陈国旅行，陈国公派女儿做导游，他们恋爱了，结婚了。

姬忽的同父异母弟弟姬突，果然有心计，缠着宋国的外公想办法当国君。

姬突他妈的娘家，兄弟们都是高官，把持着国防部、发改委、国家粮食库等等，把这个意思说给了宋庄公。

宋庄公觉得扶持一个国君很上算，也会很有收获，邀请祭足访问的时候，软硬兼施，结成了合谋。

祭足回郑国后，偷着串联了一群大臣弹劾郑昭公。

姬忽被迫退让，带着媳妇孩子去了陈国。陈国太小了，无法帮他，他只能长期当陈国郑侨。

姬突上台，是为郑厉公。

郑厉公位置还没暖热，宋国以扶持有功派人上门索要回扣——郑的三个边境重镇。

郑厉公跟祭足商量，边境重镇不可丧失，送他几车粮食吧。运了些大豆和谷子到宋国。

东周时期生产力低下，粮食是很重要的国家战略物资呢。可宋国人一看大怒不已："咋弄的，拿五谷杂粮来欺负我们啊！"遂发兵攻打郑国。

宋国大兵压郑，郑厉公要求救。

从前他爹郑庄公远交近攻，和齐鲁关系都不错，让他们在宋国屁股后头发作，最好。

齐僖公还在惦记没招到的女婿忽公子的命运，至于突公子，管他呢，不肯发兵。

鲁君则很高兴，郑国有难处，用到我的大面子了！颠颠地跑到宋国去，替郑国说情，但前后跑了三趟，宋公就是不行，非要郑国割地不可。

鲁公发怒了，说："我看你是欠揍啊！"于是挥师西向，与郑厉公夹击宋国。

正打得起劲呢，齐国在背后"伐纪"。齐国跟纪国有世仇，不共戴天。纪是个蕞尔小国，恰在齐国向东南扩张的咽喉要道上，齐总想灭了纪，鲁一直在保护。鲁伐宋，后方空虚，齐趁机动手了。

鲁撤出战斗，火速回军，驰援纪国。郑也休兵了。

宋国吃亏不小，也不再要回扣了。

四

却说郑国的老干部祭足，乃是郑庄公的重臣，社会关系盘根错节，扶立了郑厉公，自恃功高，专擅独断，渐渐把郑厉公给架空了。

祭足有个女婿，叫雍纠，是郑厉公的亲信。郑厉公对雍纠说：“天上的飞鸟，想飞就飞，地上的走兽，想跑就跑，我虽贵为国君，反不如它们自主、自在。心里话，只有对你说了，雍纠！”

雍纠一心效忠郑厉公，一听明白了，知道得干什么，立刻跪下说：“请主公勿忧，在下愿为主公除去祭足这条老疯狗。”

雍纠计划在郊外青纱帐间举办一次烧烤宴会，请祭足赏光，席间动手。

雍纠夫人看丈夫神神秘秘的，便反复盘问。雍纠是个实诚人，索性把效忠厉公、鸩杀岳父的计划和盘托出，并请夫人跟他一起保守机密。

祭足是人家爹呀，人家安能无动于衷。话说祭家闺女得知丈夫的密计后，连忙回到娘家，问老妈：“丈夫和爹，哪个更亲啊？”

她妈说：“当然是爹亲了。丈夫嘛，是个男人都可以做，老爹却只有一个，哪能相比呢？”

祭女一听，觉得老妈就是哲学，确实是这么个理儿，于是把丈夫准备次日毒死老爹的事说了，她妈一听，这还了得呀，赶忙通知先生。

翌日，谋杀人员如期举办烧烤宴会，雍纠乐呵呵地持酒敬奉祭足。

祭足目眦尽裂，抓过酒杯拍在地上，喝令左右将雍纠拿下。

一化验，酒中果然混有烈性鸩毒。雍纠的谋杀罪证据确凿，被押往市曹斩首。

行刑后，雍纠的尸体被撂到郑厉公宫殿前池塘边的草地上。这是祭足在向雍纠的幕后主使者发出警告。

郑厉公躲在宫殿里，听说特工雍纠反被祭足杀了，叹口气道：“谋及妇人，宜其死也。”这样重大的事情，竟和老婆商量，真是死得活该!

形势已经十二分危急，郑厉公不想干坐等死，趁着夜黑风高，揣了心爱的官印，带着心腹亲随并全体小妾，还特别义气地用专车载了雍纠的尸体，逃出郑国。

郑厉公不敢往他外公的宋国跑了，因三个边疆重镇的回扣翻过脸了。便向西南跑了几十里地，到了蔡地。安顿下来后，天天翻算变天账，梦想复辟。

国君跑了，郑国高端空虚无人了。祭足只好把侨居陈国的姬忽请回来，仍旧当郑昭公，管理国事。

先是被祭足撵出去，后又被祭足请回来，郑昭公也真吃得下闹腾。不过他比较厚道，笑一笑罢了。

郑昭公管着郑国，倒还算平安无事。郑厉公数次率军骚扰，骚扰不着要害，就又缩回原处了。

恐怖分子比郑厉公厉害，郑昭公在一次打猎时被杀死在猎场。老寤生的另外两个儿子相继走上郑国领导岗位。

郑厉公急于复辟，急得心理变态。攻不破郑国城池时，羞愤交加，有人献城投降，接应他，他反咒骂那人叛徒，剁杀了那人。有位老部下，从前抵制过他，他想起来这事，就找个日子把老部下绞死了。他的复辟阵营愈来愈小。

郑庄公死后，经历了他的儿子们的奋勇折腾，郑国的光鲜岁月一去不返，数风流人物，也但看他国他人了。

大周的中原诸侯再没有一个成长壮大和活力四射。

天子脚前，洛阳附近，“四战之地”的诸家小国，在周边方国的强势之下，冲突之中，靠机敏、靠圆滑，谋求生长，谋求发展。

第十五章

坎坎伐檀

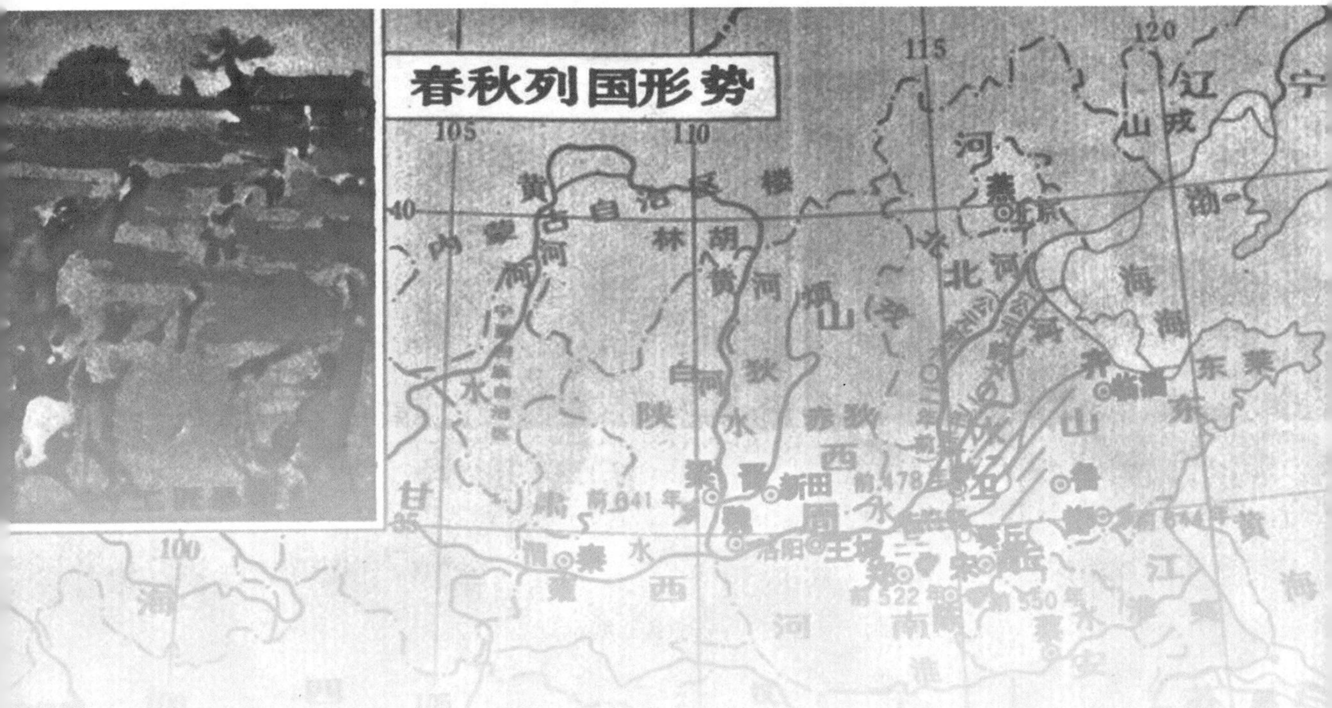

一

话说“礼乐”这个劳什子，周天子借用它以求社稷凝固，百般夸它的好儿，卖力推广它，但他们到了关键时刻，又常常为“礼乐”所苦，内心深处矛盾纠结，周桓王就是这样。

确切地说，是周桓王临崩之际，为接班的人选大伤脑筋。

嫡长子叫姬佗，按“礼”，应该继位，但周桓王喜爱的，却是庶幼子姬克，想传给幼子。

早在立太子的时候，周桓王就想一锤子砸牢，立姬克。主要大臣多数反对，没有立成。其后他还想过办法，比如废太子，另立一次，但难度更大，只好搁置。

身体不行了，周桓王思维还很管用，在病榻上动脑筋，想法子。

既尊礼立长，圆满自己的光辉形象，又能让姬克也有机会过把瘾。想好了，把心腹大臣周公黑肩唤到了榻前。

桓王说：“爱卿啊，按照周礼的规矩，朕立了嫡长子姬佗做太子，但你知道，朕心中所喜爱，乃是幼子姬克。以后，倘若姬佗寿终，就不要考虑朕的孙子了，按兄终弟及的规定，立姬克为王。爱卿是朕最信任的，幸勿推脱，为朕办好这件大事，让朕虽在九泉也能瞑目。”

黑肩不愧为桓王的心腹，再拜领受：“陛下重托，臣虽万死，不敢疏忽，一定办好，一定办好。”

周桓王驾崩，黑肩和众臣子拥立姬佗继位，为周庄王。但黑肩心里在盘算先王的临崩托付，不敢流露，也不敢忘记。

周庄王继位后，三个春秋过去，已经是公元前693年了，还很健康——当然健康了，他岁数不大，当天子又享福。黑肩估摸，姬佗寿终不知要等到猴年马月了，而黑肩自己却一年老似一年，先王的嘱托不好落实啊。

黑肩很着急，急不择路，就想出来一个糟糕的办法，刺杀姬佗，拥立姬克。

把现任天子干掉，这是何等冒险的事！一己之力绝对不成，思考再三，找到大臣辛伯商量。

辛伯非但不参与筹划，反而极力阻拦，说："长幼有序，嫡庶有别，大周的礼乐规定得很细致。废长立幼，远嫡近庶，即使先王在世时也有忌惮，未敢乱来。如今庄王稳坐朝廷，你我等人暗谋，重新废立，犯的是大逆之罪啊。"

辛伯阻拦一下倒也罢了，他不该转身就打了个小报告。

天子是何种样人？有手把子的啊。欺君之罪，罪该万死，绝无姑息可能。

当天夜里，黑肩被捕，第二天五花大绑押上法庭。

周庄王道："你身为周公，也算为大周做过贡献，朕因此一直很敬重你。然而，在国运待兴的今天，不思报效朝廷，竟然密谋弑君。犯下如此重罪，朕纵想宽赦你，全体干部群众也不答应啊。"

黑肩缄口不语，直到被处死，不说话，不辩解。死到临头，心里当是最为困惑：唉！落实先王废立重托，忠耶？奸耶？

好在姬克本人不曾参与这场未遂谋杀，周公受死，他作速出逃。

中原一带，离朝廷太近了，附近诸侯，都不保险，万一被引渡回洛阳，必定步黑肩的后尘。姬克昼夜兼程，不敢稍停，逃啊，逃啊，一直逃到东北方的燕

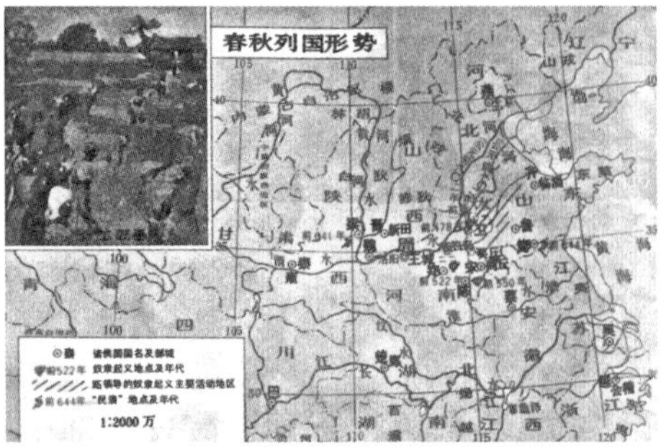

春秋列国形势图

国——当时算十分偏远了——才缓口气。

燕国收留了姬克。周庄王看到姬克跑到那么个旮旯地方，是真害怕了，复辟量他是不敢了，便也没有照会燕国，让它引渡。

却说周庄王杀了周公黑肩，消除了一场可能的政变，对父亲留下的干部队伍不敢掉以轻心，顺势来了一番甄选，像辛伯这样的，知“礼”行“礼”，获得重用，那些倚老卖老的，占着茅坑不拉屎的，扒拉下去不少。

各个部委都重整了一遍，该立足洛阳，放眼天下啦。

周庄王也想中兴大周，至少想把有些已经显出称霸苗头的诸侯收复到自己的得力统治之内。一番仔细认真的比较、权衡之后，他觉得，可获“收一服百”之效者，当拉拢羽毛领先丰满起来的东方强国：齐。

齐国，现任负责人齐襄公，一方大腕儿，人也厉害，若让他做女婿——乘龙快婿——他应该高兴的。

以后靠齐国镇抚东夷，没有问题。齐襄公年龄偏大？是的，但再大也是女婿，低一辈儿！

伐柯如何，匪斧不克；嫁女如何，匪媒不可。让谁作伐呢？派一员大臣，能说会道，不好，不好。得是一家诸侯。鲁？对，鲁。

鲁桓公是杀了他哥私自当上国君的，周中央一直不承认他，他心里不踏实着呢，赏他个机会，办成个好事，君位可能得到朝廷的首肯，他岂能不尽心又尽力乎？

哎呀太好啦，一女双雕，不战而平天下！

就这么着了，依计行事吧，哈哈。

二

话说齐国，祖上姜子牙，有功于周，封于斯地，经历几代国君，传到了齐僖公姜禄甫时，曾采用“远交”政策，主动跟中原小霸王郑国结盟。

齐僖公约郑庄公在石门村相会时，两国正式建立外交关系。僖公两次想把小女儿文姜许配给郑公子姬忽，都被姬忽婉拒了。婚姻未果，并不影响外交关系，之后两国仍然多有来往。

文姜确实具有闭月羞花之貌，沉鱼落雁之容，连文姜的哥哥、太子姜诸都为之垂涎了。

姜诸从小放荡不羁，典型的纨绔做派，确实是头猪，竟然和情窦初开的妹妹文姜，做出了违背人伦的事情。

齐僖公从这对儿女的行为中看出了端倪，要赶紧把女儿嫁了。恰好鲁国差人为鲁桓公姬允提亲，僖公就把文姜嫁给了鲁桓公。

次年，文姜为鲁桓公生下一个孩子。她很会生，孩子的生月生日和鲁桓公的生月生日相同，于是起名姬同，定为接班人。

齐僖公的先祖齐哀公姜不辰是被周王烹杀的。怎么回事？纪国的国君陷害。因此两国结下深仇。齐国总想吃掉纪国，但纪国和鲁国是亲戚，鲁国一直护着纪国。

在郑国跟宋国打仗，鲁国去参与混战的当儿，齐国曾经瞅空子“伐纪”，但鲁国火速回军救应，老丈人被女婿打败，主将彭生差点被射死。

齐僖公连后悔带生气一病不起，临薨时拉着姜诸的手，让他一定“灭纪，为爹报仇雪恨”。

姜诸继位，即是齐襄公。他听说周天子有意赏赐姻缘，高兴得什么似的。

鲁桓公接到周庄王的通知，要到齐国去保媒。

文姜多年没回娘家，十分思念哥哥，请求丈夫带着自己。鲁桓公宠爱文姜，经不住她的再三请求，便答应了：“好好好，带着你。”

鲁国大夫申繻知道齐襄公的为人，劝鲁桓公不要去齐国，鲁桓公不听，说：“不去，天子那里怎么打发？”

鲁桓公带着文姜去齐国，文姜激动得什么似的，要见到哥哥啦，浪里格朗，浪里格朗。

齐襄公到远郊迎接鲁桓公，大摆筵席。商定了婚姻有关事宜。

天子嫁公主，不能是天子出面，因为天子高一级，得先把公主送到信得过的诸侯那儿，由这位诸侯主办嫁礼。

今次，美差大任就落在鲁桓公头上啦。婚姻有关事宜便是如何将公主从鲁国嫁到齐国。

宴席完了，主要事务也商议完了。齐襄公说妃嫔们想和文姜叙旧呢，着人接文姜进入宫中，之后，安排鲁桓公到宾馆住宿。

第二天日上三竿了文姜还没回来，鲁桓公起疑，悄悄地派随行心腹去侦察。侦察员回来说，文姜根本没见齐襄公的妃嫔，而是和齐襄公一起，在内宫的内室中叙了一夜兄妹之情。

鲁桓公以前隐约听说过文姜和哥哥的故事，看文姜活泼可爱，并不相信。侦察员现在把传闻坐实了，兄妹不伦，千真万确，绿头盔戴的，扳挪不动，真他妈的声说不得啊。

文姜一回来，姬允就质问妻子昨天夜里在哪儿睡觉了，文姜做贼心虚，说：“在榻上睡的嘛。”

姬允追问：“哪个榻上，我问的是？”

文姜说：“榻上就是榻上，还要问哪个榻上，就是睡觉的榻上。”

鲁桓公和文姜你言我语地争吵，很是不欢，闷声走出，到宾馆后园去。

文姜心问：事情被丈夫察知了？既害怕，又矛盾，一天也不吱声，次日瞅个机会，把跟丈夫吵架的事情告诉了姜诸，说：“他已经猜疑了，怎么办？”

姜诸也惊慌起来。以往做得很密实的事情，没有防备疏漏了？妹夫日后要报复怎么办呢？对妹妹，对我，采取手段怎么办呢？想来想去，决定一不做二不休，把姬允干掉算了。

姬允心中不宁又无计可施，无心耽搁，要走，向姜诸辞行。

姜诸已有决策，哪能放他走，说：“齐国近期开发了牛山旅游景区，很不错。原先牛山濯濯，开发后植树造林，草木繁盛，禽兽也不少。游览游览，再走不迟。”

客随主安排，鲁桓公在齐听齐，只好答应了齐襄公。

齐襄公叫来心腹大将彭生，交代他，牛山宴会之后，送鲁桓公回住处的路上行事。

彭生在齐僖公“伐纪”时吃了鲁国的箭矢，差点死掉，一直怀恨在心，如今接到这个严肃任务，正是报那一箭之仇的好时机，保证利落完成，决不拖泥带水。

这天游览过后，齐国在牛山上大摆筵席。

蓝天白云下，清风鸟鸣中，齐襄公殷勤劝酒，鲁桓公借饮消愁。还有齐国的大臣，无数多的宫女，轮番敬酒，把个鲁桓公弄得烂醉如泥。

彭生扶着鲁桓公上车下山，走到林深处，见鲁桓公醉睡不醒，觉得是时候了，把鲁桓公腰带固定在车上，把马套挂在鲁桓公的腋窝下，挥鞭赶马，猛一拉，鲁桓公的腰胁被拉断了，血流满车而死。

齐襄公得知鲁桓公“车祸”而死，把他厚殓了，差人送信，让鲁国拉走了鲁桓公的尸首。

姬允的儿子姬同当了鲁国国君——鲁庄公。

鲁庄公不相信父亲遭遇车祸，照会齐国，严办凶手，并要起兵伐齐。

庆父是姬同的异母弟，亦即鲁桓公的庶子之一，说：“打！大哥你统兵伐齐去，家里事我招呼。”

庆父的小算盘是，鲁庄公去打仗，自己在国内谋位。

大夫申繻反对。他曾反对鲁桓公去齐国，鲁桓公不听，丢了命。现在他建议姬同，忍一忍。

申繻说：“事情牵扯暧昧和乱伦，更牵涉主公的母亲和舅舅，很棘手，再说，依鲁国的实力，也不一定能取胜。但，杀父之仇不能就这么算了，组织督察代表团到齐国去，惩处杀人凶手彭生。”

齐襄公杀妹夫，心里有亏，也为了平复鲁国的怒气，成立专案组，调查鲁桓公之死，找到了凶手彭生，把他杀了。

鲁国新任国君鲁庄公姬同，年龄不大，性格软弱。明白了父亲的死因，知道了舅舅和母亲的奸情，不敢也无法轻举妄动。

但是母亲还是得请回来的，他派人接母亲由齐回鲁。

文姜经历了事变，心里十分愧疚，她无法住在齐国，也无脸回到鲁国，走到齐鲁交界一个僻静的小村子，停下不走了。

姬同知道母亲的心思，就同意她居住在那里。

鲁庄公姬同这才着秘书处起草材料，向周天子汇报尊旨议婚、不幸丧父的经过，请求继续承担大任。

三

洛阳，在大周天子周庄王姬佗的领导下，各行各业均有发展。

四郊从事农桑的奴隶和平民，日出而作，日落而息，不断有捕猎的队伍飞跑而过。

近城的空旷之地，有为陶窑供应坯货的工场，有人堆土，有人灌水，有人嗨哟嗨哟地翻泥，师傅则在细致地捏弄陶豆——罐子。

待遇最好的是国营的铜加工厂。

不过天子到洛阳之后，豪奢日减，礼器造得越来越少，爵、觯、觚、觥、卣，都不再铸造了，领导们日常所用的食器或蒸器变多了，豆、敦、壶、盆什么的，老百姓再穷困，吃国库的人还是要享受的。

洛阳铜加工厂的技术研发部门，近年在饰品质量方面取得巨大突破，譬如青铜带钩，就有琵琶形、虎豹形、云纹形、棒针形多种，工艺呢，鎏金错银、镶珠嵌玉，把个贵族们喜欢的，甚至超过了美玉磨制的带钩。

大周宫廷里，曾经流行口面直径尺余的青铜“宝盂”，敛口、奢沿、鼓腹、圈足，器物外面，有四个两相对称的兽形衔环耳朵，也是四个把手。

周时的“盂”是食器，公元1957年在孟津县的邙山南坡就出土了一个这样的“大饭盆”。

超大的巨盂并非吃饭所用，乃是贵族们装满清水来照脸的。

上朝前，照照脸，看看气色，女眷们不停地照，涂胭脂，理云鬓，扎倭堕髻，嘻嘻哈哈，好不惬意。

公主出嫁，娘家陪送物品中，也要有宝盂。有的还铸上铭文，某侯制作，“眉寿万年，子子孙孙，永保用之”。

铜加工厂的技术发达起来，不做照脸的大饭盆了，那东西太笨重。做铜镜。

先磨制的几个铜镜，进献给宫里试用，比盂好太多了，它轻，还可以竖起来，转来转去，借用光线。周中央赏赐资金，铜镜便出得更多了。

铜镜工艺非常考究，铜若冶炼得不精，镜面磨制得不细，都不成，光可鉴人了，再配以精美的镜钮和背饰——凤鸟、云雷、蟠螭、花叶，据说东周初年洛阳铜加工厂还出了一面“金银错骑马持剑武士镜”，精美无伦，堪称国之珍品。

作为一朝天子，沉迷于奢侈品当然不行，周庄王即在考虑奢侈品之外的事情。

周中央除了万不得已时点兵打仗，有想法的天子平日还要靠外交手段平衡诸侯，维持地方，周庄王正在施行的“嫁女计”即属于此。

农林牧渔是大周时期的主要生产力，主管大臣不断向天子汇报。

天子除了应对宫中大量的后、妃、嫔、妾，让她们生太子、庶子，还要了解国内大况。

五谷是否丰产，禽畜是否兴旺，果树是否沉甸甸地挂满红灯笼，鱼鳖虾蟹是否水里乱游滩头乱爬；某猎队踏坏庄稼引起百姓上访，某诸侯下葬时人殉小孩，让人看着血乎淋拉非常发瘆，某市上城管人员棒杀小贩惹起众怒。诸如此类。

天子若想进一步察知民风，下发文件能有所参依，好，有“献诗”，也有“行人”。

何谓“献诗”？天子召开三级干部会议，让文采好的干部朗诵诗歌，所谓“天子听政，使公卿至于列士献诗”是也。

那时候，人直爽、实在的多，干部们还不曾学会圆滑，献诗中有歌功颂德的，有泛酸泼醋的，也有尖利刺激的。

献诗曰：瞻彼洛矣，维水泱泱。君子至止，福禄如茨。瞻彼洛矣，维水泱泱。君子至止，鞞琫有珌。瞻彼洛矣，维水泱泱。君子至止，福禄既同。

后山适当白话一番这些献诗，免得你读起来费劲。

瞻望那奔流的洛河，水波啊，浩浩茫茫。天子莅临到这地方，福禄如积，又厚又长。

瞻望那奔流的洛河，水波啊，浩浩汤汤。天子莅临到这地方，刀鞘玉饰，富丽堂皇。

瞻望那奔流的洛河，水势啊，浩浩苍苍。天子莅临到这地方，福禄聚集，群情欢畅。

献诗曰：大田多稼，既种既戒，既备乃事。以我覃耜，既方既皂，既坚既好，不稂不莠。

去其螟螣，及其蟊贼，无害我田稚。兴雨祈祈。雨我公田，遂及我私。

来方禋祀，以其骍黑，与其黍稷。以享以祀，以介景福。

大田宽广作物多，选好种籽修家伙。事前准备都完备，开始田里干农活。

庄稼抽穗长势好，螟螣杂草全除掉。雨点落在公地里，同时洒满我私田。

田头忙忙正祭神，黄牛黑猪案上陈，献上祭品行祭礼，祈求大福赐我们。

献诗曰：裳裳者华，其叶湑兮。我觏之子，我心写兮。

裳裳者华，芸其黄矣。我觏之子，维其有章矣。

裳裳者华，或黄或白。我觏之子，乘其四骆。左之左之，君子宜之。右之右之，君子有之。维其有之，是以似之。

花儿朵朵开，叶儿长势旺。遇见了那个人，我的心啊真舒畅。

花儿朵朵开，艳丽又鲜亮。我遇见了那个人，他的穿戴真排场。

花儿朵朵开，颜色多娇艳。我遇见了那个人，四匹白马驾车杖。要向左啊就向左，君子应付很得宜。要向右啊就向右，君子操持有余地。他好自如啊，子孙后代没说的。

献诗曰：习习谷风，维风及雨。将恐将惧，维予与女。将安将乐，女转弃予。

习习谷风，维风及颓。将恐将惧，寘予于怀。将安将乐，弃予如遗。

习习谷风，维山崔嵬。无草不死，无木不萎。忘我大德，思我小怨。

山谷刮大风，天雨落不停。当年担惊受怕时，惟我帮你分忧虑。如今富裕又安乐，你却弃我掉头去。

山谷刮大风，旋转吹不停。当年担惊受怕时，你搂我在怀抱里。如今富裕又安乐，将我抛得远远的。

山谷刮大风，掠过高山岭。刮得百草全枯死，刮得树木都凋零。我的好处你

诗经（乾隆御笔）

全忘，专门记我小毛病。

很难说大周天子从干部们的“献诗”中获知了多少社会信息，干部队伍中，不乏张打油、李打油，听着乐呵，会议气氛好，就成了。

当然，记载下来的献诗也有，是中国最早的诗歌典籍《诗经》中的一部分。

那么，何谓“行人”？“行人”是到处行走的采风者，收集信息，收集全国各地的民间谣曲，以供官方批阅。

四

却说周时，社会在摆脱了母系时期和父系早期的混乱情事之后，对偶式的男女交往出现了。

俚曲哼唱出来，有的挺有意思，呈上天子的御案，最起码他知道了民间男女怎么恋爱，怎么偷情。

周南之风曰：关关雎鸠，在河之州。窈窕淑女，君子好逑。

参差荇菜，左右流之。窈窕淑女，寤寐求之。求之不得，寤寐思服。悠哉悠哉，辗转反侧。

参差荇菜，左右采之。窈窕淑女，琴瑟友之。参差荇菜，左右芼之。窈窕淑女，钟鼓乐之。

后山白话一下吧：雎鸠啾啾儿叫，唱曲儿在小岛，窈窕小美女儿，小伙儿好想要。

长短鲜荇菜，左右两手揪，窈窕小美女儿，朝暮想追求。追求不得手，日夜闹心头，时光太缓慢，烧饼翻不休。

长短鲜荇菜，左右两手采，窈窕小美女儿，琴瑟挑逗来。长短鲜荇菜，左右随便捋，窈窕小美女儿，钟鼓娱乐你。

召南之风曰：维鹊有巢，维鸠居之；之子于归，百两御之。维鹊有巢，维鸠方之；之子于归，百两将之。维鹊有巢，维鸠盈之；之子于归，百两成之。

鹊鹊垒成窝，鸠鸠来占了，这人要出嫁，车队来迎她。鹊鹊垒成窝，鸠鸠来占了，这人要出嫁，车队送走她。鹊鹊垒成窝，鸠鸠来占了，这人要出嫁，车队成全她。

邶地之风如《燕燕》者，如《静女》者，十分缠绵，十分情调。

燕燕于飞，差池其羽。之子于归，远送于野。瞻望弗及，泣涕如雨。

燕燕于飞，颉之颃之。之子于归，远于将之。瞻望弗及，伫立以泣。

燕燕于飞，下上其音。之子于归，远送于南。瞻望弗及，实劳我心。

仲氏任只，其心塞渊。终温且惠，淑慎其身。先君之思，以勖寡人。

燕子飞翔，参差舒展翅膀。情妹子今日远嫁了，暗送到郊野路旁。看不见了，看不见了，泪纷纷，如雨降。

燕子飞翔，身姿忽下忽上。情妹子今日远嫁了，相送不嫌道路长。看不见了，看不见了，泪纷纷，满面淌。

燕子飞翔，叫声呢喃高低。情妹子今日远嫁了，暗送她去南方。看不见了，看不见了，心在痛，肝在伤。

二妹子呀，任姑娘，情深沉，意难忘。温和又贤惠，谨慎又善良。没办法了，只有靠领袖教导，哄骗耳朵吧。

“静女”跟任姑娘不一样，不多说话，却有情思，自己找男朋友，私约僻静之处，卿卿我我，这次可爱地揪一支苇管，下回俏皮地扯一绺荑丝，娇滴滴道：这是信物。

静女其姝，俟我于城隅。爱而不见，搔首踟蹰。静女其娈，贻我彤管。彤管有炜，说怿女美。自牧归荑，洵美且异。匪女之为美，美人之贻。

娴静的姑娘，真漂亮，约我相会，在城角旁。迟迟疑疑我不敢见，搔头徘徊，心头紧张。

娴静的姑娘，真娇艳，送给我一支红苇管。苇管哦，光闪闪，我心里爱她好容颜。

郊野相会，他赠我柔荑，又鲜艳，又珍异。不是荑草怎么妙，这是美人赠我的，嘻嘻！

王风是以洛阳为中心的中原地面的民间谣曲，当然和《瞻彼洛矣》大不相同。

《瞻彼洛矣》是歌功颂德，涂抹太平的，王风跟其他诸侯治地相比，民间情爱也堪比酸奶，颇有滋味。

丘中有麻，彼留子嗟。彼留子嗟，将其来施施。丘中有麦，彼留子国。彼留子国，将其来食。丘中有李，彼留之子。彼留之子，贻我佩玖。

言简意赅，情深意重。后山乐意变换成现代语言，利于欣赏。译曰：

土坡上，有片大麻，大麻丛中，留有郎的深情。留有郎的深情，让我盼着郎啊，姗姗再来好激动。

土坡上，有片麦田，麦田垄中，藏有郎的缠绵。藏有郎的缠绵，让我盼着郎啊，再来野外飨欢宴。

土坡上，有片李林，李子荫下，记着郎的爱情。记着郎的爱情，让我抚着郎的赠送，佩玉亮晶晶。

《采葛》曰：彼采葛兮，一日不见，如三月兮！彼采萧兮，一日不见，如三秋兮！彼采艾兮，一日不见，如三岁兮！

那个采葛的姑娘啊，一日不见她，好像三个整月长啊。那个采蒿的姑娘啊，一日不见她，好像三个秋季长啊。那个采艾的姑娘啊，一日不见她，好像三个周年长啊。

郑风不知怎的老被认为淫辞，可能是郑风太优美吧！

野有蔓草，零露漙兮。有美一人，清扬婉兮。邂逅相遇，适我愿兮。

野有蔓草，零露瀼瀼。有美一人，婉如清扬。邂逅相遇，与子偕臧。

郊野蔓草青青，缀满露珠晶莹。有位美丽姑娘，眉目流盼传情。有缘今日相遇，令我欲罢不能。

郊野蔓草蓬蓬，散落露珠晶莹。有位漂亮姑娘，眉目婉美多情。今日有缘喜遇，与你携手同行。

女曰："鸡鸣。"士曰："昧旦。""子兴视夜，明星有烂。"

"将翱将翔，弋凫与雁。""弋言加之，与子宜之。宜言饮酒，与子偕老。琴瑟在御，莫不静好。"

"知子之来之，杂佩以赠之。知子之顺之，杂佩以问之。知子之好之，杂佩以报之。"

女说："鸡叫了。"男说："天没亮。不信你看，星星在闪光。"

"鸟都起床了，快去打雁。""打来雁，做菜，喝酒，咱俩白头偕老。"女弹琴来男鼓瑟，和谐美满不分开。

“知道你不赖，送你佩玉表我爱，表我谢意，表我真情，表咱俩同心。”

“快快起吧！”“再睡睡嘛！”

男女，五更，被窝，对话。只有郑风如此俏皮。周中央领导下的幸福生活跃然字里行间，天子看了、听了，怎能不会心而笑呢?

溱河与洧河，是郑国的两条流水。这两条河边，有中国最早的情人节。

春风初起，冰消雪融，少男少女，结伴谈情。

你看到了溱洧河边，人流如云的宏观大景，正在惊奇，作歌的人将镜头猛地一拉，又送给你一个个逼真的大特写。男女对话和动作，轻快、活泼，十二分精妙。

溱与洧，方涣涣兮。士与女，方秉蕑兮。

女曰：“观乎？”士曰：“既且。”“且往观乎！”

洧之外，洵訏且乐。维士与女，伊其相谑，赠之以勺药。

溱与洧，浏其清矣。士与女，殷其盈兮。

女曰：“观乎？”士曰：“既且。”“且往观乎！”

洧之外，洵訏且乐。维士与女，伊其将谑，赠之以勺药。

溱河，洧河，春来荡漾绿波。男男，女女，手持兰草游乐。

姑娘说:“去看看？”小伙说:“已去过。”“那你再陪陪我!”

洧河那边，真宽敞，真快活。少男，少女，调笑取乐。送一支芍药，就算定了。

溱河，洧河，春来绿波清澈。男男，女女，游人愈来愈多。

姑娘说:“去看看？”小伙说:“已去过。”“那你再陪陪我!”

洧河那边，真宽敞，真快活。少男，少女，调笑取乐。送一支芍药，就算定了。

魏风比较沉重，有的火药味很冲，直让天子和周中央各部委的干部们纳闷儿。

硕鼠硕鼠，无食我黍！三岁贯女，莫我肯顾。逝将去汝，适彼乐土。乐土乐土，爰得我所。

硕鼠硕鼠，无食我麦！三岁贯女，莫我肯德。逝将去汝，适彼乐国。乐国乐国，爰得我直。

硕鼠硕鼠，无食我苗！三岁贯女，莫我肯劳。逝将去汝，适彼乐郊。乐郊乐郊，谁之永号？

大田鼠呀大田鼠，不许吃我种的黍！多年辛勤伺候你，你却对我不照顾。发誓定要摆脱你，去那乐土有幸福。那乐土啊那乐土，才是我的好去处！

大田鼠呀大田鼠，不许吃我种的麦！多年辛勤伺候你，你却对我不优待。发誓定要摆脱你，去那乐国有仁爱。那乐国啊那乐国，才是我的好所在！

大田鼠呀大田鼠，不许吃我种的苗！多年辛勤伺候你，你却对我不慰劳！发誓定要摆脱你，去那乐郊有欢笑。那乐郊啊那乐郊，谁还悲叹长呼号？

但《伐檀》比较振奋，周天子曾经批示转发，让举行歌舞晚会的时候，弄成规模浩大的表演唱。

坎坎伐檀兮，置之河之干兮，河水清且涟猗。不稼不穑，胡取禾三百廛兮？不狩不猎，胡瞻尔庭有县貆兮？彼君子兮，不素餐兮！

坎坎伐辐兮，置之河之侧兮，河水清且直猗。不稼不穑，胡取禾三百亿兮？不狩不猎，胡瞻尔庭有县特兮？彼君子兮，不素食兮！

坎坎伐轮兮，置之河之漘兮，河水清且沦猗。不稼不穑，胡取禾三百囷兮？不狩不猎，胡瞻尔庭有县鹑兮？彼君子兮，不素飧兮！

伐檀树，咣咣响，棵棵放倒堆河边，河水清清起波澜。不播种来不收割，怎么能收获三百担？不冬狩来不夜猎，岂能见庭院挂狗獾。作君子啊，不能吃闲饭！

伐檀树，做车辐，放在河边堆河埠，河水清清直流去。不播种来不收割，怎么能收获三百车？不冬狩来不夜猎，岂能见庭院挂野猪。作君子啊，不能吃白饭！

伐檀树，做车轮，棵棵放倒堆河沿，河水清清微波转。不播种来不收割，怎么能收获三百捆？不冬狩来不夜猎，岂能见庭院挂鹌鹑。作君子啊，不能白吃饭！

你看出来了，后山的《伐檀》，跟其他所有的译本都不一样。

是的，后山不会人云亦云，不会像某些御用分子一样胡翻乱译，后山出乎众声的理解，建立在认真细致地考证研究的基础上。

《伐檀》中的"胡"，后山诠释为"怎么能"，是通畅的。

《伐檀》中的"君子"，是个关键词。自远古，到大周，"君子"并没有诬蔑讽刺之意，一指丈夫，二称贤人。在《伐檀》中，应该是大力士，或致富者，受敬仰的人。

难怪大周中央选定《伐檀》为农林部年末表彰晚会的重头节目，它是鼓励庶民和奴隶卖命的劳动号子，是画给全国人民的大饼子。

五

大周洛阳，乃至全国，市情百业及诸地民风道罢，正见夕阳下官道上，传车驿马自东而西，飞奔洛阳而来。

驿马传车送来了鲁国给中央的汇报请示材料。

鲁国国君鲁桓公去齐国商议公主婚事，死于齐国，鲁庄公已经继位，特就公主大婚事宜，谨请陛下再给指示。

周庄王看了鲁国的汇报材料，凝眉思索半晌，批复曰：照既定方针办。

朝廷的成命不能因为诸侯国的小变故就更改了，否则何谈权威。照既定方针办，即是让鲁庄公继承他爹之所未竟，继续办，办好。

天子的批复回送到鲁国，鲁国新任国君姬同比较矛盾。

姬同知道，父亲冒着风险去齐国，是想主动与齐国修好，尚且悲剧了，他现在面对的舅舅早已不是以前的舅舅了，同时又是杀父仇人，他得好好想想，事情咋办。

小外甥在困惑，大舅的忧患却在快速发酵。

齐襄公杀鲁桓公，齐国议论纷纷，但他不怕，他已经发疯了，一边偷偷跑到国境线上，私会妹妹文姜，一边厉兵秣马，对外开战——他选中了纪国，想威慑外甥姬同，好让他和文姜的会面不再引起外甥什么反应。

果然，仗一开打，纪国就向鲁国求救。外甥怕舅，鲁庄公不敢出兵。

纪国被灭了，齐襄大开杀戒，纵容屠戮，仅保留了纪国三十户人家，看守坟地。

齐灭纪，报了世仇，也试探和震慑了鲁。

鲁国的狗熊表现使齐襄更加胆大，跟着伐卫，还邀请鲁参加作战。鲁国参加了。战争结果是给卫国换了个亲齐的国君。

齐襄公的征战劳苦了将军们，他却不予奖赏，只管使用。大夫连称和管至父很恼火，密谋干掉齐襄，扶立齐襄的堂弟公孙无知。

鲍叔牙

管仲

公孙无知年轻的时候和齐襄打过架，齐襄一上台就减了他的待遇。他因此抱怨多年，连称和管至父跟他一拍即合。

冬天，齐襄公打猎。一天深夜，连称和管至父带兵袭击齐襄的猎苑行宫，齐襄公的侍卫奋勇抵抗，被全部杀死。哆哆嗦嗦的齐襄公躲在门后，被找到了，一剑刺死。

公孙无知当上了国君，连称的妹妹本是齐襄公的偏妃，公孙无知收了她，把她升格成了连妃。

齐襄公的儿子姜纠和姜小白，以及他的亲信们纷纷逃窜，四面八方逃的都是，哪国有亲戚有关系往哪国跑。姜纠避难到了鲁国，姜小白避难到了莒国。

姜纠带到鲁国的一干人中，有他的个人老师管仲。姜小白带到莒国的，有他的个人老师鲍叔牙。

管、鲍两位老师，本身是好朋友，他俩辅导姜纠和姜小白两个学生，各自都非常尽心。

公孙无知当了国君，得意洋洋，什么正事不干，啥福都想享享。

无知也不上朝，也不开会，带着连妃，带着连称和管至父到一个叫雍林的地方游乐，让雍林百姓夹道欢迎，还要送酒送肉。

雍林人厌恶这个杀兄篡位的杂牌国君，趁机给酒肉里下了毒，把他们全毒死了。

这么简单，就没有国君了，齐国出现了权力真空。

在鲁国的姜纠听说消息，由老师管仲护送，慌慌地往齐国赶。

在莒国的姜小白得到信息，在老师鲍叔牙护送下，忙忙地往齐国奔。

中国史系（一）

伏羲氏

- 结网以渔

神农氏

- 即炎帝。教民稼穑
- 黄帝与蚩尤战于涿鹿
- 仓颉造文字

帝尧时期

- 洪水为患，尧命鲧治之，九年功不成
- 舜流共工，迁三苗，放鲧于羽山

帝舜时期

- 禹治水

约公元前22世纪 ～ 夏禹

- 夏朝始。禹会诸侯于涂山。以铜为兵。铸九鼎。画九州。作禹刑

约公元前22世纪 ～ 启

- 启袭禹帝位，有扈氏不服，启伐之，战于甘
- 启会各邦国首领于钧台

约公元前22世纪 ～ 太康

- 太康无道失国，后羿因夏民以代夏政。寒浞代后羿

约公元前22世纪 ～ 少康

- 少康复国

约公元前22世纪 ～ 桀

• 汤伐夏桀，战于鸣条，夏朝亡

约公元前17世纪 ～ 商汤

• 汤盟诸侯，即天子位。商朝始。大城于亳

• 氐、羌来朝

约公元前17世纪 ～ 太甲

• 太甲无能，伊尹放之于桐宫，自摄行政

约公元前17世纪 ～ 盘庚

• 盘庚迁都于殷

约公元前17世纪 ～ 武丁

• 武丁不断大规模征伐四方。其中伐鬼方，三年克之，伐荆楚

约公元前17世纪 ～ 帝辛

• 帝辛伐东夷

• 帝辛囚西伯昌（周文王）于羑里

• 周人建都于镐

• 周武王会诸侯于孟津。两年后伐纣，牧野之战，商朝亡

约公元前11世纪 ～ 周武王

• 周朝始。周武王置三监，封诸侯

约公元前11世纪 ～ 周成王

• 周公摄政。三监伐周公，周公东征

• 营建东都洛邑(成周)

• 东伐淮夷，践奄

· 周成王盟诸侯于岐阳

约公元前11世纪 ～ 康王

· 周康王盟诸侯于酆宫

约公元前11世纪 ～ 昭王十六年

· 周昭王南征楚荆

约公元前11世纪 ～ 昭王十九年

· 周昭王丧六师于汉

约公元前11世纪 ～ 穆王

· 周穆王西征、北征，伐徐

约公元前11世纪 ～ 共王元年

· 周共王灭密

约公元前11世纪 ～ 夷王二年

· 蜀人、吕人献琼玉

前841年 ～ 共和元年

· 周厉王暴虐，国人相与叛，袭厉王，厉王出奔于彘

· 召公、周公二相行政，号曰“共和”

· 自此，中国历史始有准确年代

前828年 ～ 共和十四年

· 厉王死于彘。召公、周公立太子静为王，是为周宣王

前824年 ～ 宣王四年

· 秦仲伐西戎，为戎所杀。复召仲子秦庄公伐西戎，破之

前797年 ～ 宣王三十一年

• 遣兵伐太原戎，不克

前792年 ～ 宣王三十六年

• 伐条戎、奔戎，周师败绩

前789年 ～ 宣王三十九年

• 伐姜氏之戎，周师败绩

前780年 ～ 幽王二年

• 地震。泾水、渭水、洛水三川竭，岐山崩

前771年 ～ 幽王十一年

• 申侯与缯、西夷犬戎攻周幽王，杀之于骊山下，西周亡

• 申侯、鲁侯及许文公立平王于申，虢公翰又立王子余臣于携，周二王并立

前770年 ～ 平王元年

• 诸侯争霸之春秋时期始。周平王自镐京东迁洛邑。自是年起史称东周

• 封秦襄子为诸侯，赐岐以西之地

前760年 ～ 平王十一年

• 晋文侯杀携王余臣，周二王并立局面结束

前753年 ～ 平王十八年

• 秦初有史以纪事

前750年 ～ 平王二十一年

• 秦文公伐戎，戎败，文公收周余民而有之。地至岐，岐以东献于周

前722年 ～ 平王四十九年

• 今传鲁国编年史《春秋》记事始

前707年 ～ 桓王十三年

• 秋，蔡、卫、陈之联军从桓王伐郑，战于缧葛，周师败绩

前704年 ～ 桓王十六年

• 夏，楚伐随，败之。楚始开濮地而有之

前689年 ～ 庄王八年

• 楚始都郢

前685年 ～ 庄王十二年

• 齐桓公即位，以管仲为相，定士、农、工、商四民之居，行国、野之制

前684年 ～ 庄王十三年

• 春，齐伐鲁，战于长勺，齐败

前681年 ～ 釐王元年

• 齐桓公始盟诸侯。春，会宋、陈、蔡、邾之君于北杏

前679年 ～ 釐王三年

• 春，齐桓公会宋、陈、卫、郑之君于鄄。齐始霸

• 周命曲沃伯以一军为晋侯

前677年 ～ 釐王五年

• 秦徙都于雍

前675年 ～ 惠王二年

• 周国等五大夫奉王子姬颓以伐惠王，惠王出奔。立姬颓为王

前673年 ～ 惠王四年

• 夏，郑、虢同伐姬颓，杀之。惠王复位

前664年 ～ 惠王十三年

• 冬，齐伐山戎以救燕

前660年 ～ 惠王十七年

• 冬，狄人伐卫，杀卫懿公

前658年 ～ 惠王十九年

• 夏，晋假道于虞以伐虢，取虢都下阳。虢徙都上阳

前656年 ～ 惠王二十一年

• 齐桓公率诸侯之师伐楚，与楚盟于召陵

前655年 ～ 惠王二十二年

• 晋复假道于虞以伐虢，灭虢、虞。晋公子重耳出奔

前651年 ～ 襄王元年

• 九月，齐桓公盟诸侯于葵丘

前649年 ～ 襄王三年

• 夏，王子姬带召杨拒、泉皋、伊雒之戎攻王城，秦、晋伐戎以救周

前645年 ～ 襄王七年

• 秦、晋战于韩原，晋败，秦获晋惠公以归。晋于是作爰田，作州兵

前638年 ～ 襄王十四年

• 十一月，宋、楚之师战于泓，宋败

前636年 ～ 襄王十六年

• 春，晋重耳即位，是为晋文公

• 秋，王子姬带以狄师攻王，襄王出奔

前635年 ～ 襄王十七年

• 四月，晋文公纳周襄王于王城，杀王子姬带

前633年 ～ 襄王十九年

• 冬，晋作三军

前632年 ～ 襄王二十年

• 城濮之战。夏四月己巳，晋联合齐、宋、秦之师破楚师于城濮。襄王命晋文公为侯伯。晋文公盟诸侯于践土

前627年 ～ 襄王二十五年

• 夏四月辛巳，晋及姜戎败秦师于殽

前625年 ～ 襄王二十七年

• 春二月甲子，晋与秦战，秦师败绩

前624年 ～ 襄王二十八年

• 夏，秦师渡河伐晋，取王官及郊

前623年 ～ 襄王二十九年

• 秦伐西戎，益国十二，开地千里，遂霸西戎

前613年 ～ 顷王六年

• 秋七月，有彗星入于北斗

前606年 ～ 定王元年

• 春，楚庄王伐陆浑之戎，至雒，观兵于周郊，问鼎之大小轻重

前602年 ～ 定王五年

• 黄河改道

前597年 ～ 定王十年

• 邲之战。夏六月乙卯，晋师与楚师战于邲，晋败

前594年 ～ 定王十三年

• 秋，鲁初税亩

前588年 ～ 定王十九年

• 十二月甲戌，晋作六军

前575年 ～ 简王十一年

• 鄢陵之战。夏六月甲午，晋、楚之师战于鄢陵，楚败

前562年 ～ 灵王十年

• 正月，鲁季武子作三军，使孟孙、叔孙、季孙三氏各属一军

前546年 ～ 灵王二十六年

• 秋七月辛巳，宋大夫向戌倡弭兵，请晋、楚等国盟于宋

前543年 ～ 景王二年

• 冬十月，郑子产为政

前537年 ～ 景王八年

• 春正月，鲁三桓季孙、叔孙、孟孙四分公室，季氏择二，叔孙、孟孙各一

前536年 ～ 景王九年

• 三月，郑铸刑书

前532年 ～ 景王十三年

• 五月，齐陈桓子逐栾氏、高氏，陈氏始大

前529年 ～ 景王十六年

• 秋七月，晋以甲车四千乘治兵于邾南。八月，盟诸侯于平丘

前520年 ～ 景王二十五年

• 周景王卒，王子姬猛立，王子姬朝与姬猛争王位，猛卒。王子立，是为敬王

前517年 ～ 敬王三年

• 鲁三桓逐昭公，昭公出奔于齐

前516年 ～ 敬王四年

• 冬，晋师助敬王伐王子姬朝，姬朝等奉周之典籍奔楚

前513年 ～ 敬王七年

• 冬，晋赵鞅铸刑鼎

前486年 ～ 敬王三十四年

• 秋，吴城邗。开邗沟，沟通江淮

前484年 ～ 敬王三十六年

• 五月，齐师与吴师战于艾陵，齐败

前483年 ～ 敬王三十七年

• 春正月，鲁用田赋

前482年 ～ 敬王三十八年

• 秋七月，吴王夫差会诸侯于黄池

前479年 ～ 敬王四十一年

• 鲁《春秋》记事结束于是年

前476年 ～ 敬王四十四年

• 冬，周敬王卒。子姬仁立，是为元王。春秋时期结束

前475年 ～ 元王元年

• 战国时期始

前473年 ～ 元王三年

• 冬，越灭吴，勾践会齐、晋诸侯于徐州，致贡于周。周元王命勾践为伯

前468年 ～ 贞定王元年

• 八月，鲁三桓攻哀公

前458年 ～ 贞定王十一年

• 晋知、赵、韩、魏四卿共灭范氏、中行氏

前453年 ～ 贞定王十六年

• 晋赵、韩、魏三家共灭知氏，三分其地

前445年 ～ 贞定王二十四年

• 魏文侯即位。其在位期间任用李悝在魏国实行变法

前441年 ～ 贞定王二十八年

• 周定王卒，长子姬去疾立，是为哀王。哀王立三月，弟叔杀哀王而自立，是为思王。思王立五月，少弟嵬杀思王而自立，是为考王

前403年 ～ 威烈王二十三年

• 周威烈王命赵、韩、魏列为诸侯

前391年 ～ 安王十一年

• 齐田和迁齐康公于海上，田和遂有齐国

前381年 ～ 安王二十一年

• 楚悼王卒。其在位期间任用吴起在楚国变法。是年，吴起被害

前378年 ～ 安王二十四年

• 秦初为市

前375年 ～ 烈王元年

• 秦为户籍相伍

• 韩灭郑，徙都于郑

前367年 ～ 显王二年

• 赵与韩分周为二，称西周、东周

前356年 ～ 显王十三年

• 秦商鞅变法

• 鲁、卫、宋、韩君朝见魏惠王

前353年 ～ 显王十六年

• 魏师拔赵都邯郸。齐师救赵，败魏师于桂陵

前350年 ～ 显王十九年

• 秦徙都咸阳。并以小邑为大县。为田开阡陌

前348年 ～ 显王二十一年

• 秦初为赋

前344年 ～ 显王二十五年

• 魏国率先称王，魏惠王率诸侯朝见周天子

前341年 ～ 显王二十八年

• 马陵之战。魏攻韩，韩求救于齐，齐师败魏师于马陵

前328年 ～ 显王四十一年

• 秦设相邦，以张仪为相

前320年 ～ 慎靓王元年

• 齐威王卒，子宣王立。宣王在位期间，齐稷下学士复盛

前318年 ～ 慎靓王三年

• 魏、赵、韩、燕、楚五国合纵攻秦，秦迎战于函谷关，秦胜

前317年 ～ 慎靓王四年

• 秦败韩、赵、魏师于修鱼

前316年 ～ 慎靓王五年

• 秦司马错伐蜀，灭之

前314年 ～ 赧王元年

• 燕国乱，齐匡章伐燕，破之，杀燕王哙、子之

前312年 ～ 赧王三年

• 秦攻楚，大破楚师于丹阳

前309年 ～ 赧王六年

• 秦初置丞相，以樗里疾、甘茂为左、右丞相

前307年 ～ 赧王八年

• 赵武灵王始行胡服骑射

前299年 ～ 赧王十六年

• 楚怀王受骗入秦，被秦王扣留。楚人立太子为王，是为顷襄王

前296年 ～ 赧王十九年

• 赵灭中山

前293年 ～ 赧王二十二年

• 韩、魏攻秦，秦白起败之于伊阙

前286年 ～ 赧王二十九年

• 齐灭宋

前284年 ～ 赧王三十一年

• 乐毅率燕、赵、秦、韩、魏五国之师破齐，攻入临淄

前279年 ～ 赧王三十六年

• 秦与赵会于渑池

• 齐田单复国，迎齐王入临淄

前278年 ～ 赧王三十七年

• 秦白起拔楚都郢，楚顷襄王退保于陈城

前275年 ～ 赧王四十年

• 秦相魏冉攻魏至大梁

前273年 ～ 赧王四十二年

• 赵、魏攻韩，秦救之，败赵、魏之师于华阳

前266年 ～ 赧王四十九年

• 范雎相秦

前260年 ～ 赧王五十五年

• 秦白起败赵师于长平，是为长平之战

前259年 ～ 赧王五十六年

·秦攻赵，围邯郸

前257年 ～ 赧王五十八年

·魏信陵君救赵，秦围邯郸乃解

前256年 ～ 赧王五十九年

·秦灭西周。周赧王卒，秦取宝器九鼎

前251年 ～ 秦昭王五十六年

·燕攻赵，为赵廉颇所败

前249年 ～ 庄襄王元年

·吕不韦相秦

·秦灭东周，周亡

·楚灭鲁

前247年 ～ 庄襄王三年

·秦攻魏

·五月丙午，秦庄襄王卒，子政立

前241年 ～ 秦王政六年

·赵、楚、魏、燕、韩五国攻秦，秦败之

前238年 ～ 秦王政九年

·四月，秦王嬴政亲理国事。长信侯嫪毐作乱，秦王平之

前233年 ～ 秦王政十四年

·秦桓攻赵，赵李牧败秦师于肥

·韩非入秦，被害

前232年 ～ 秦王政十五年

• 秦攻赵

前230年 ～ 秦王政十七年

• 秦内史腾攻韩，虏韩王安，韩亡

前228年 ～ 秦王政十九年

• 秦攻赵

前227年 ～ 秦王政二十年

• 燕太子丹使荆轲刺秦王，未遂被杀

前226年 ～ 秦王政二十一年

• 秦攻燕，拔燕都蓟。燕王奔辽东

前225年 ～ 秦王政二十二年

• 秦攻魏，魏亡

前224年 ～ 秦王政二十三年

• 秦王攻楚，破楚师于蕲

前223年 ～ 秦王政二十四年

• 秦破楚，楚亡

前222年 ～ 秦王政二十五年

• 秦攻燕于辽东，燕亡

• 秦攻代，虏代王，赵（代）亡

前221年 ～ 秦始皇二十六年

• 秦攻齐，入临淄，俘齐王田建，齐亡

• 至此，秦统一六国。战国时期结束。秦王嬴政建立起中国封建社会历史上第一个统一王朝——秦朝。自称“始皇帝”，以建亥月十月为岁首，更名民曰黔首。以全国为三十六郡，郡置守、尉、监，废分封诸侯之制。统一度量衡，定币制，车同轨，书同文。徙六国豪富十二万户至咸阳

前220年 ～ 秦始皇二十七年

• 全国筑驰道，东通燕、齐，南达吴、楚

前219年 ～ 秦始皇二十八年

• 秦始皇东巡，封禅泰山，立石颂德

前216年 ～ 秦始皇三十一年

• 使黔首自实田，即令百姓自己申报土地

前215年 ～ 秦始皇三十二年

• 蒙恬率兵三十万北攻匈奴

前214年 ～ 秦始皇三十三年

• 略取南越陆梁地，置三郡

• 蒙恬败匈奴，略取河南地。增筑长城，以御匈奴

前213年 ～ 秦始皇三十四年

• 用丞相李斯议，下令焚书

前212年 ～ 秦始皇三十五年

• 坑杀方士、儒生四百六十余人于咸阳

• 发隐宫、刑徒七十万人造阿房宫和骊山陵

前210年 ～ 秦始皇三十七年

• 始皇巡游，七月，死于沙丘。李斯、赵高立始皇少子胡亥为二世皇帝

• 九月，葬始皇于骊山

前209年 ～ 秦二世元年

• 七月，陈胜、吴广起义于蕲县大泽乡，旋入陈，陈胜称王，号张楚

• 九月，刘邦起兵于沛，称沛公。项梁与兄子羽起兵于吴。是后，齐、赵、燕、魏等六国后裔也纷纷起兵反秦

前208年 ～ 秦二世二年

• 陈胜为御者庄贾所杀

前207年 ～ 秦二世三年

• 项羽率军渡漳河救赵，于巨鹿大破秦军，是为巨鹿之战

• 赵高杀秦二世胡亥，立二世兄子子婴，贬号为秦王

前206年 ～ 汉高帝元年

• 十月，刘邦至霸上，秦王子婴降，秦亡

• 刘邦废秦苛法，与关中父老约法三章

• 十二月，项羽进驻鸿门，策划在宴会上刺杀刘邦未成

• 二月，项羽自立为西楚霸王，分封十八路诸侯，刘邦封为汉王。楚汉战争爆发

前203年 ～ 汉高帝四年

• 初定算赋

前202年 ～ 汉高帝五年

• 十二月，刘邦率兵围项羽于垓下，羽突围走乌江，自刎死

- 二月，刘邦称帝，是为汉高祖，建立汉朝，都洛阳
- 封越君无诸为闽越王

前201年 ～ 汉高帝六年

- 始封同姓王
- 韩王信以马邑降匈奴

前200年 ～ 汉高帝七年

- 十月，汉高帝自将击匈奴于平城，被围于白登
- 二月，迁都长安

第贰卷

帝都传奇

任见 著

河南人民出版社

目　录

第十六章
远东战略

一

周天子姬佗得报，齐国真热闹，说："静观其变吧。"

姬佗自己也有事情了，感觉健康出了问题。上天并不因为周天子祭祀得多就给他们长寿，阎王爷点名也不看他是不是在任天子。

周庄王姬佗的嫡长子姬胡齐，已是太子。但姬佗喜欢小老婆姚氏，也喜爱姚氏为他生的小儿子姬颓。他为颓颓请了家庭教师，精心培养，想找机会让颓颓做太子。可几次起意换太子，都遭大臣们反对。"庶出"碰住"周礼"，总不那么简单，那么轻松。

但，又一代周天子，要走践踏周礼的老路啦。

姬佗把蒍国、边伯、詹父、子禽、祝跪等五个大夫叫进了内殿，说："朕不换立太子了。你们都是朕信得过的重臣，为大周中央做出过贡献，朕是感激的。朕决定正式嘱咐你们五位爱卿：朕之后，辅佐太子；将来，太子之后，你们一定要立颓颓为王。无论到了什么时候，即使只剩下你们中的任何一位，也要实现朕的这个想法。朕之今生，仅此一个嘱托，有劳诸位爱卿啦。"

周庄王把事情弄得甚为严重，声气凄凄的，气氛戚戚的。

五个大夫不敢轻慢，郑重承诺，坚决照办，之后说："目今，有我等尽力朝廷事务，请陛下静心保养，力争健康长寿。"

在周天子为"位子"搅拌脑汁的时候，齐襄公的两个公子在为"位子"比赛腿功，或者说在比赛车轮子。

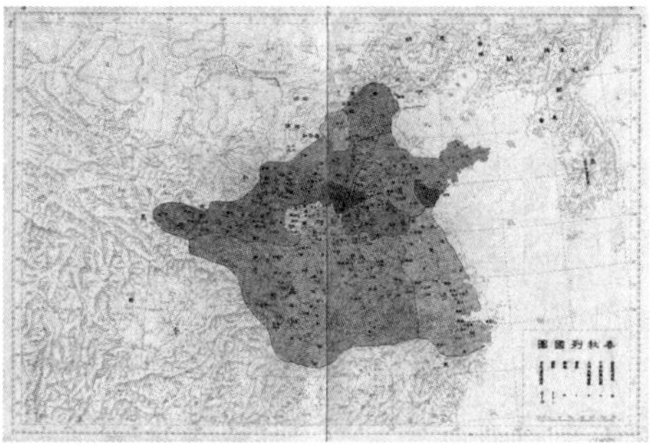

齐国的疆域

齐公子姜纠由老师管仲参谋，齐公子姜小白由老师鲍叔牙参谋，各自兼程，奔取君位，看谁先到先得了。

却说管仲和鲍叔牙，本是从小一起光屁股长大的铁哥们儿。他们的家，在齐国的颍上地方。

颍上属今阜阳市，地处颍淮之滨，地势低洼，但风景秀丽。

管仲是个干部子弟，少时曾受到不错的教育，但后来他爹犯了错误，罢职了，家里贫困了。鲍叔牙家里做点生意，贩卖纺织品。

管仲成年时，跟鲍叔牙一起做买卖，在洛阳卖日用杂货。管仲家穷，出本钱少，鲍叔牙出资多。但是年终分红的时候，管仲要的多。

伙计们说管仲贪财。鲍叔牙说："他多拿些，是他家里穷，不是贪财。"

生意不好做了，俩人又去当兵。管仲在战场上当了三次逃兵。有人说这货是个胆小鬼。鲍叔牙说："不是，他家里有老妈，他放心不下，得供养哩。"

兵当得没出息，又做大夫家的护院。管仲三次被主人赶走。别人说管仲确实没本事，不正干，是个混混儿。鲍叔牙说："他不是混混儿，而是没遇到机会，发迹成功的时候没到啊。"

管仲听说了鲍叔牙对他的一系列鉴定，泪流满面，握着鲍叔牙的手说："生我者，父母，知我者，牙哥也。"

哥俩做什么都失败，管仲思谋了一阵子，说："我俩，都怀有经天纬地之才，不能这么窝囊一辈子啊。我有个大策划，你看可以不？"

鲍叔牙说："啥大策划呢？说出来我听听。"

管仲说："我们的国君有两个儿子，姜纠和姜小白。将来他们兄弟两个中总

齐桓公姜小白

要有一个做国君。咱俩各选一个去投奔，辅佐他们。不论是姜纠和姜小白哪个掌了大权，我们哥俩就有一个得势的。你我相互提携，就能干一番惊天动地的大事啦。”

鲍叔牙听了，对管仲的大策划表示赞赏：“那说干就干吧！”

管仲投奔了公子纠，鲍叔牙投奔了公子小白。两人也的确投得其所，不久便被齐襄公提拔为各自主人的老师，全面负责教育大任。

却说齐襄公死于政变，姜纠和姜小白分别出逃，鲁国和莒国。造反派公孙无知闪电上任，闪电被杀，纠和小白转身往回奔，争抢国君的位子。

姜纠请鲁庄公帮自己回国登位，鲁庄公以前受够了大舅齐襄的气，这回齐国内乱正是机会，如果把公子纠扶立为国君，就可以间接控制齐国政坛了，至少可以让他酬劳几个城池，鲁庄公说：“好！”派大将曹沫率军护送。

“莒国近啊，我们跑不到小白的前边怎么办？”姜纠忧心。

管仲说：“轻车简从，先快点走，曹沫的大部队随后跟进。”

管仲选了少量飞毛腿步兵，跟着姜纠的马车跑。到了齐国边界，果然见到莒国军队护送着姜小白往齐国去。管仲策马上前道：“请问公子这是要去干嘛呀？”

姜小白一看管仲突然出现了，警惕地说：“回国为老爹办丧事。”

管仲说：“这事情，你哥处理，你还是回莒国去吧。”

管仲为姜纠服务，怎么着都行，姜纠是他的主子嘛，他不该无礼阻拦姜小白，弟兄俩都回去奔丧也是应当的，襄公又不是姜纠一个人的爹。

因此鲍叔牙严正地指责管仲道：“各人有各人的想法，各人有各人的做法，请莫要管得太多啦。”

莒国士兵见首长谴责管仲，“呼呼呼”地拔出刀来，向前合围。

管仲人少，好汉不吃眼前亏，拨转马头就走。走了几十米，却猛地回身，于马匹趟起的烟尘掩护中，发出一箭，射向车上的姜小白。

但见姜小白躲闪不及，大叫一声，横身倒下。鲍叔牙等人赶紧呼救。

管仲追上姜纠，打马飞窜而去。他们认为对手已经被射死了。

姜小白是个机灵人，怕第二箭第三箭接着飞来，霎时放倒自救。

古代箭手在战场上，按战术要求，右手执三支箭，在手指缝里预备着，射出一支，第二第三支跟着搭上弓弩，沿原射线就出去了。

谁知管仲只放了一箭。

又谁知，箭头还卡在了姜小白的腰带扣里，真算奇迹一个。

大周时代，士大夫的官装，一般像个大袍子，需要束腰带，腰带是丝的，或牛皮的，在肚子前面通过“带钩”连结。带钩各式各样，周之前，玉石的多，东周的洛阳铜加工厂技术先进了，青铜的多。

公卿大夫的腰带上，要挂玉佩、宝剑、弓、印玺，神经一点的还要挂香囊，因而腰带很大。腰带大，带钩就大。巨大的青铜带钩，透雕着卷云纹、狮虎纹，箭射过来，太准了，卡到纹里边了。

姜纠和管仲以为一箭索了姜小白的命，感觉胜券在握，说：“咱慢慢溜达吧，啥时候回去国君都是咱的。”

不赶路了，溜达，一边看景致，一边玩着走。

管仲挑衅公子纠，这事儿可能性有多大？你自己想。

鲁庄公雕像

姜纠从鲁国往齐国，姜小白由莒国往齐国，从地图上看，方位差老鼻子了，鲍叔牙能把姜小白送到靠近鲁国的地方吃管仲一箭？

猜度得很美，公元前685年的一天，管仲护送着姜纠走到了齐都城下，却傻眼了——姜小白早已当上了国家领导人。

二

话说公元前685年，齐公子姜小白在鲍叔牙的帮助下做了——齐桓公。

没有抢到君位的公子姜纠，以及手下亲信管仲，气急败坏，就让鲁庄公帮忙，要把齐桓公已经占住的君位夺过来。

鲁庄公答应帮助，能扶立一个新君是合算的。

鲁庄公调将军曹沫护送姜纠的部队，并亲自指挥战车，在齐城西南一个叫乾时的郊区地方与齐国军队展开了厮杀。

鲁军属于客场作战，齐桓公的部队以逸待劳，把它打得大败，鲁庄公被迫跳车潜逃。

齐桓公一路追击，打到汶水边，顺便把鲁国的汶阳及周边村镇给占领了。

逃回鲁城的鲁庄公，揉着崴伤的脚跟子，没办法，咬牙说：“总有一天，它得还给我！”

国外干涉被挫败，齐桓公的君位稳定了，为了更加踏实，他派使团给鲁国送了国书：“必须杀死贵国窝藏的战争罪犯姜纠，以免他威胁我们的国家安全。”

鲁庄公仓惶逃回，所剩只有十几乘车，伤卒不满两千。正在后怕，人报齐国使者隰朋到来。

鲁庄公打开来书，但见鲍叔牙写道：公子纠图谋颠覆齐国，是刑事犯罪，请鲁君判他死刑立即执行。昭忽和管仲，是主公的仇敌。管仲曾射伤主公，主公要亲自审判他，望君侯引渡管仲，回齐受审。

鲁庄公问异母弟弟庆父，庆父说："倘不答应，齐可能加兵于我。公子纠也没什么利用价值，不若答应鲍叔牙。"

鲁庄公思考再三，觉得大表哥姜纠确实折腾得他和鲁国够受的，就派公安部队包围了姜纠的驻地，杀了姜纠的头。

姜纠的保镖昭忽，十分刚烈，自杀殉主，心腹管仲，非常首鼠，最后被缚。

鲁军用木笼车囚了管仲。

管仲下过海，经过商，当过兵，扛过枪，进入齐国政府，颇受重用，辅佐公子姜纠，出力不小，在诸侯中有些名气，鲁庄公的大臣们建议留用管仲。

鲁庄公说："不能用。用了他，跟齐国的外交就彻底毁了。"

大臣们说："那就杀了他，以免为别国所用，伤害我们。"

齐国使团团长隰朋拦住道："不许杀，管仲射过我们主公一箭，这是大罪，我们齐国要审判他。"

鲁庄公于是同意把管仲引渡回齐国，由齐桓公处理。事后证明，这是个愚蠢的决定。

残秋季节，自鲁至齐的土路上，颠簸着一溜木轮车。

车队中，有两辆特别的车子，一辆装着小笼子，里面是姜纠的头颅，一辆装着大笼子，里面是管仲的真身。车队两边，树木萧杀，枯草招摇。

管仲听到押警说："恨之入骨啊，主公亲手射他一百零八箭才痛快。"

管仲不是特别担心，他了解鲍叔牙，到了齐国，好友鲍叔牙不会不管他。所以，冬天就要来了，春天还会很远吗？

果然，进了齐国地界，鲍叔牙不计前嫌，派人来迎接了。他把管仲放出木笼，换乘一辆正常的车子。

管鲍二人，一对出身奸商的老搭档，曾有约定：不论谁保的公子继承君位，自己成为重臣，都要提携对方。这样，必定都有官做，对冲基金操作，合计风险为零。奸商会算计啊。

管仲将到齐都，鲍叔牙提前去见齐桓公，要求齐桓公拜管仲为上卿。

桓公说："他放冷箭差点要了寡人的命，寡人恨不得吃他的肉，你还让我重用他！"

鲍叔牙说："当时是各为其主嘛。您赦免了他，他一样会忠心对您的。管仲这个人的才能，远超现任多位上卿。"

齐桓公沉默不语，鲍叔牙又说："如果主公您只想守成而已，保住齐国这点本钱，只要重用我鲍叔牙就够了；要是主公想富国强兵，成就霸业，就必须要用管仲和鲍叔牙两人不可。"

齐桓公只好给面子了，说："好吧，我来见见他。"

鲍叔牙说："管仲辅佐公子纠，失利至于今日，被引渡回来，心情肯定懊丧之极。要让他一下子转过弯来辅佐主公，第一面太要紧了。主公得戒除酒肉，沐浴三遍，远远地迎到郊外，管仲感到自己是贵宾，才肯接受治国安邦的伟大邀请。”

鲍叔牙的建议似乎在耍人。

但鲍叔牙不是玩世不恭的角儿啊，况且在齐桓公即位一事中建有奇功，齐桓公说：“好好好。听你的了，闲着也是闲着，咱就多洗个澡吧。”

齐桓公洗过澡，头发湿着，也不等它干，就像迎接久别重逢的老朋友，迎管仲到了朝堂上。

管仲被请上座，被请香茶，心态阴转晴，桓公甫一发问，就滔滔不断侃将起来，把以往教公子纠的所谓治国秘方，全部翻晒出来，给新主子欣赏。

齐桓公想一嘴啃住馅儿，问道：“你说如何强国吧？”

管仲说：“两条。一，攘外必先安内，二，挟天子以令诸侯。”

管仲解释道：“百姓你得治他，天生他需要治。你得规定，走路男左女右，他才知道咋走。他不男左女右，你就收拾他。”

管仲说：“你得多征兵，高征税，扩充武警部队和城管部队，这样，对内他们怕你了，对外你不怕他们了。想怎么着就怎么着。”

管仲说：“你得撅起‘尊王’的大旗，奉周天子为尊，然后‘攘夷’，想扫荡哪里扫荡哪里，这样一代霸主的宏伟目标就实现了。师出有名，名至实归。到那时候，齐不做方伯，谁做方伯？”

齐桓公说：“你说得都在理，可我咋琢磨着像个恶人干的事呢。”

“当统治者，不恶怎么当得好呢？”管仲振振有词。

桓公说：“寡人有毛病，寡人好美色。像寡人这样的，怎好妄想当霸主呢？”

齐桓公确实有自知之明，他喜好美色，找辆华贵的马车，载着他和一拨艳丽的女子，跑在临淄的大街上，缓缓脱去女子的裙襦，在阳光照耀下，颠鸾倒凤，是他最拿手的。

管仲说：“哎呀，不算什么，不算什么！现如今，有权有钱的谁不嫖啊，谁不包啊？男人这点事，不用遮遮掩掩！只要适可而止，量力而行，决不会影响事业的。不必多虑。您要真想轻松，让我当相国，我把大事全替您办了，您到时候照样当霸主。”

齐桓公笑道：“那我就大撒把，往后，专抓妇女工作啦。”

齐桓公真就拜了管仲为相，给管仲安排了专车，大房子，还依管仲要求，把鲁城商贸专区税收的三分之一发给管仲当工资。

管仲成了齐国头号暴发户，又觉得地位不相称，要求齐桓公给他尊号。

大肚量的齐桓公便索性尊称管仲为“仲父”，就是干爹的意思。

管仲既富且贵，超越鲍叔牙，成了上大夫。

管仲说：“只我一人难成大事，还需团队配合。”于是齐桓公同意他成立了五大部委。

外交部，部长公孙隰朋；农业部，部长宁越；国防部，部长王子成父；司法部，部长宾须无；监察部，部长东郭牙。

管仲声称，要以三年时间走完别国三十年才可以走完的路程。

权力有了，地位有了，团队有了，海口也有了，齐桓公什么都答应了，就看管仲怎么向齐国人民交代了——总不能给人民一个“胶带”吧。

三

却说在处置公子纠之前，周庄王向鲁国要六辆高档次的车子。

别的诸侯不甩乎周庄王，他只好朝鲁国要。

鲁国经济也不景气，派大夫申繻朝洛阳送三辆，让申繻向庄王说说鲁国的困难，希望庄王就此打住。

申繻到洛阳，谒见时哭了穷，周庄王说："鲁国对王室最忠诚，王室有困难，不给鲁君说又能给谁说呢？王室要车用，不向鲁国要又能向谁要呢？"

申繻归回鲁国，途中听说鲁君跟齐国交手惨败，赶忙去拜见，并汇报出使洛阳的情况。

鲁庄公问："天子答应往后不再向咱们要东西了吗？"

申繻摇着头说："该说的，我都说了。天王病得，自己都说快要去见先人了，鲁君总不会不管吧？这种情景，我还能再说什么呢？不过，天王十分看重主公您啊，嘱咐说，鲁和齐，局势稳定一下，鲁君还是要把公主的事情办好。虽说鲁君二十来岁，朕很器重他。"

君臣二人叹息一阵，感喟一阵，又谈到与齐国关系的事情。公子纠被死刑了，申繻急忙问管仲。

庄公说："已经送走了，在路上呢，不知出没出鲁国地界。"

"哎呀不好！"申繻说，"主公赶紧派人去追，先别送他走。"

派人去追了，申繻这才解释说："管仲跟别人不一样，他到了齐国，对鲁国

鲁国故城复原图

太不利。要是主公真的讨厌他，就该把他杀掉，不能白白送给敌国。送活的和送死的都是一样，何必要送活的呢？”

当夜，派去的人回来说鲍叔牙已经把管仲接走了。

鲁庄公拍着大腿说：“嘿！我被他们涮了啊。”

而在此时的齐国，出于争霸的需要，管仲、鲍叔牙均建议齐桓公攻打鲁国。

曾出使鲁国的公孙隰朋，觉得齐桓公新即位，稳定局势最重要，但是齐桓公听管、鲍的，决意进攻鲁国。

公元前684年，齐桓公听任管仲，用鲍叔牙为将，发动了对鲁国的战争。

鲁庄公赶忙宣布全国进入紧急状态，全民动员，保家卫国。

鲁庄公上次败在乾时，鞋子都跑丢了，至今心里犯怵。为保险起见，将主力部队约三百辆兵车收缩在都城前面不远一个叫长勺的地方。

都城曲阜闻到了血腥的味道，各界无不恐慌，有的富人干脆携带细软逃到远处的乡下去了。

这时候，一位地位很低的山野庶民名叫曹刿的，求见鲁庄公，想出个名，弄个官当当。

曹刿的同乡说：“你个吃野菜的，去跟吃肉肉的瞎掺乎什么呀！”

曹刿骂道：“那些吃肉的，鄙陋不堪，庸碌无能，无非生得是地方，出身好罢了，不会谋划，不会打仗。”

曹刿托人引荐，见到鲁庄公，向他提问道：“主公你靠什么资本可以和齐国比个高低呢？”

鲁庄公年轻，比较谦卑，说：“我这人平时吧，不小气。衣物食品之类的东西，得到了，一定会分给亲戚大臣们的。打仗的时候，他们会带着自己的家族出力作战。”

曹刿说：“小恩小惠，所施面积有限，又匀不到全国，管不了多大用，广大民众是不会给你卖命的。”

鲁庄公又说：“还有哦，我平时对神明很虔敬。祭祀天地，从来都用上好的牺牲，没短斤缺两过，也没注过水。所以神明这次会保佑我。”

“对神实诚，未必能感动神，神也不一定会降福的。”曹刿说。

鲁庄公想了想，又补充道：“对待民间的大小狱讼，虽然不能做到明察秋毫，但必定准情度理地予以处置，尽量做到公正无私，取信于民。”

曹刿这时才说：“这一条倒是尽到了君主的责任，为老百姓办了好事，可以同齐国打了。打的时候，您喊上我，我管保叫您打赢。”

问如何打赢，曹刿偏不肯说。

听曹刿的口气，似乎很有办法，于是鲁庄公允诺了曹刿的请求，让他作参谋，与自己同乘一车，开赴前线。

两军对垒。齐军擂响了战鼓，齐车轰隆隆地开进，在鼓声中，排山倒海般压向鲁军。

鲁庄公要进攻，曹刿说：“等等，只是在齐军压过来时放箭射击就是。”

齐国马拉战车见紧密收拢的鲁军战车排在前列，纹丝不动，自己停了，马乱扬蹄子乱叫唤。

曹刿就叫放箭。随着命令，万箭齐发，密矢如雨。

齐军马仰车覆，发生拥堵，前冲后撞，无法约束，只好退了。

曹刿命鲁国战车继续收拢，保持密集队形，不留任何空档，并不追击。

齐军见第一次冲锋未能奏效，遂擂动第二通战鼓，第二梯队的军车裹着掉头回撤的第一梯队军车，又大呼小叫尘土飞扬地扇面掩杀过来。

鲁军阵势不移，又以箭雨抵拒对方攻势。

齐军人喊马嘶，兵车乱糟糟地再次收拢回撤了。

齐军回撤之后，疲累了，战马喷了几通鼻子，开始找草吃了，人也觉得已经跑了两趟了，够了。

但是，没多大时候，齐国首长又命擂响了第三次冲锋鼓，马儿和士兵只好仓促回身，慌忙前进。然而经过前两番折腾，他们已经显得散乱无章了，攻击力大为弱化。

曹刿大喊一声："敌人锐气已竭，擂鼓冲啊，杀啊！"

鲁军早已憋急了，战车犹如猛虎，有秩序地快速向前碾进。和齐军战车迎面交合，车错毂，短兵接，杀得阵列不整、士气枯竭的齐军全线崩溃，破车成堆，兵卒纷纷败逃。

鲁庄公激动极了，要快追。曹刿说："且慢。"

曹刿爬到车扶手上，像只毛猴子，手搭凉棚眺望齐军，看了一阵，说："追啦！"

战鼓猛擂，鲁军迅速依照预先的演练，扯开方阵，变为双螯，从两翼包抄敌军，一路不放，把齐军差点吃光。

收兵后，鲁庄公说："这一仗可打出自信了。我捏一把汗，后来真过瘾。"问曹刿，"你到底是怎么取胜的呀？"

曹刿说："我自小好打架，作战跟打群架一样，全凭一股子勇气。一鼓作

宋国故城遗址

气；二通鼓，勇气有所衰退；三次击鼓，勇气就没有了。敌人三鼓之后，士气低落，而我军初鼓，士气正盛，所以能战胜。”

“那你最后怎么爬到前扶手上看半天才让追击呢？”

“兵不厌诈，敌手也知道。我怕它有诈，看到它车辙乱七八糟，旗帜东倒西歪，判断它是真逃跑了，没有埋伏，才让追的。”

鲁庄公说：“哎呀长见识，你打得好，也论得好。真有学问。”

曹刿遂被提拔为总参谋长，从此不吃野菜，天天吃肉肉了。

恰在这时，周庄王姬佗从洛阳派来使团，谢鲁国进贡的车子。还有一份文件，着姬同落实公主的婚嫁事宜。

周天子起先想把公主嫁给齐国襄公，作为维稳远东局势的外交战略之一，让鲁庄公他爹鲁桓公办。还没办呢，齐襄公和鲁桓公都死了。都死了也不是坏事，反正公主年轻着呢，嫁给风流成性的姜诸并不好，如今齐国的姜小白，势头更不弱，还年轻，般配公主，尤其合适呢。

周天子的文件说：“鲁国忠诚于大周，乃各诸侯之榜样。望继续替朕分忧，为天下做出表率。”

年轻的鲁庄公被夸奖得激动万分，拜谢接过文件，说：“请天子放心，保证完成任务。”

四

齐军大败于长勺，齐桓公遍遴美色、普洒君恩的工作倒不受影响。

管仲脸上挂不住。海口夸下了，弄个开门黑，生怕挨怪罪，赶忙找理由，说齐鲁两国，旗鼓相当，打起来，攻则不足，守则有余，哪家先打哪家就输。上次鲁庄公先打，不是败在乾时了吗？

齐桓公说："既如此，下次不妨约上宋国一起打吧。二对一，岂不优势大大的！"

却说宋国，乃是商辛那个闹分裂投降了周的老哥微子的封地，在鲁国西南，跟齐国夹着鲁国呢。

宋的都城，名字叫商丘，微子的后代常常跟鲁国抢田地，械斗不断，他们乐意跟着齐国起哄，齐桓公一打招呼，宋国说好啊，打下鲁国我们平分。

策划是策划，齐桓公新上任，加之长勺新败，还是要考虑国内稳定，长得强大了，再有动作不迟，毕竟鲁国不是一口可以吃下的啊。

齐桓公说："相国仲父先请治国吧，全国人民看着我们呢。"

管仲也不客气，这就开治。

管仲跟鲍叔牙合计了合计，对齐国的政治、军事、经济、税收各个方面，多管齐下，轰轰烈烈地治将起来。

定阶级成分。管仲按照地位和职业的不同，把国人分为士、农、工、商四种。

士、农、工、商都是平民，奴隶不在其列。管仲的"士"，是贵族的最末一等，是平民的最高一等，主要工作是打仗。农民种田，工民做工，商民经商。

京畿划乡。每五家为一轨，每十轨为一里，每四里为一连，每十连为一乡，全国划分为二十一个乡，由桓公和上卿们分管。

郊野立县。三十家为一邑，十邑为一卒，十卒为一乡，三乡为一县，十县为一属，全国共有五属，每属设大夫，共有五属大夫。

理顺机关编制。设官吏人事部、工业商务部、川泽水利部、山峦林业部等。

打眼一看，以上分划就比原先利亮得多了，原先浑浑噩噩，只是一国而已，实如一锅，稀稠全在一块儿搅着呢。

军事怎么弄？规定，士民必须服兵役。每家出一人，五人为一伍，十伍为一戎，四戎为一卒，十卒为一旅，五旅为一军。全国设三军。

部队半农半战，农忙时种地，农闲时训练，有战事时出征。这样，既能提高战斗力，也不必支付养兵的费用。

武器不足怎么办？铸造当然可以，但青铜缺乏。于是规定，犯人可以用兵器赎罪。重罪以戟和甲来赎，轻罪用矛和盾来赎，小罪可以用金属块儿赎。诉讼成功，则必须交一束箭。

其他都属于配套治理了。商务税收了，金融财政了，鼓励生育和开荒了，等等。

商务财政，由国家铸币，设立“轻重九府”，专司充盈国库之职。

鼓励矿业开采和海盐摄取。

税收贡赋，则区分肥瘦，“相地而征”。

大周的三级贵族，即周王、诸侯、大夫，他们的田，肥沃，由奴隶耕种，无税。比较瘠薄的平民田，除了服兵役的士以外，都要纳税。三类田，遥远瘠薄，是野人们开垦种植的，不缴税，但他们必须服徭役——出义务工。这个，各家诸侯都一样。

东周时期，生产力低下，人口是第一资源，鼓励生育是各地诸侯的一贯政策，齐国也采取了减税等激励措施。

再就是开荒，谁开是谁的。

为了扩大税源，管仲还在齐国全境设立了大量的国营“女闾”——“失足妇女”工作中心，俗称妓院，靠其税收来聚敛财富。奸商管仲之惟利是图，由此可窥一斑了。

齐国很快出现了民足国富局面，齐桓公称霸的基础有了。

而且，齐国的新经济模式，承认了部分土地的私有化，为新兴地主阶级的诞生提供了温床。

当然问题也非常之大。它的根本是人治，没有独立司法，甚至可以说没有司法。繁荣富足之后，物欲四下横流，滋生大面积腐败，祸根埋下了。

五

鲁桓公没有保成王女的大媒身死于齐，儿子鲁庄公再接圣旨，继承其父未竟的事业，照会齐国，就保媒大事进行访问。

齐桓公表示欢迎，说：“你来吧，以前的纠葛不说了，咱们表兄弟也该叙叙旧了。”

正是春天，鲁庄公差人去洛阳接公主，自己率团访问齐国。

齐桓公见到表弟，相当地高兴，国家事务都顺了，天子又要送公主给他，安能不高兴?

齐桓公带着表弟参观了国内几处开发区，回来就设祭，占卜，定黄道吉日。“寡人有毛病，寡人好美色”的姜小白，要娶大周公主做老婆了。

鲁庄公访问齐国三天，说回鲁国也要借鉴表兄的法子，搞经济开发区。

鲁庄公回鲁国途中，专门去齐鲁交界的僻静小村拜望隐居的母亲，并请母亲回曲阜。

文姜年龄大了，心思也收敛了，说："也好，跟孩儿回去吧。"

当下收拾行装，带着众多下人，文姜与庄公各乘一辆车，回鲁城。

天子的公主迎来了。真是大户人家的闺女，不，超级大户人家的闺女，养得油红脂白，漂亮无比，春天的阳光一照，俏脸儿艳丽极了。

周中央护送公主的干部，顺道带来了周庄王给鲁庄公的正式委托书。

这个委托书原本是要给姬同他爹的，他爹没有得到这个福分，轮给他做儿子的了。

天子的委托，不啻包含着对鲁桓公和鲁庄公两代国君的认可，还有荣耀。

公主款款施礼了。

年轻的鲁庄公受宠若惊，连道"不敢不敢"，送公主到五星级酒店住下，便按照黄道吉日，准备最高规格的嫁女仪式。

公主出嫁的一天终于来到了，齐国迎亲的也都来了。鲁庄公主婚，全曲阜都载歌载舞，人们簇拥着彩车，不停地乱抛鲜花。

神职人员"婚祝"，鲁国十几个，齐国十几个，个个打扮地光怪陆离，颠着屁股，左一腾，右一挪，乱蹦乱跳，乱吼乱叫。

鲁国和齐国的大量吹手和鼓手，在婚祝们的跳荡中，吹起牛角，擂起皮鼓，呜哇呜哇呜哇，咚隆咚隆咚隆，制造极高分贝的响声。

依照周礼，仪式繁琐得鸡零狗碎，新人每迈一步，众帮闲都要有动作反应，后山就不再浪费文字了。

婚祝们和吹鼓手们在“娘家”折腾够了，换到路上，随走随折腾。彩车队伍终于出发了。

队伍老长老长了。嫁公主，你想，两个国家的名牌车子都来了啊，弄得红绿招眼的。

跨国婚姻，路远，怕木轮车颠坏了公主的屁股，不敢疾跑，齐桓公在国境线上接着送亲的大婚车队，已是三天后了。

又走了三天，方到达齐都。

齐国富裕，迎亲形势更加壮烈，围观者人山人海，高抛鲜花，对王女的漂亮车子和如花似玉的容貌——当然看不到，是猜想的——啧啧惊叹。

齐桓公觉得脸上特有光彩，对天子老丈人深怀感激，暗下决心，要听周天子的话，按周天子的指示办事，周天子挥哪儿，咱打哪儿。

尊王攘夷！对，就是这么个伟大的战略啦。

第十七章

尊王攘夷

周僖王姬胡齐

一

在洛阳，在深秋，周庄王姬佗生命的烛火将尽，又一任周天子到了谢幕的时候。

大周中央的常委们，蔿国、詹父、子禽等人守在榻前，听着周庄王有一搭没一搭地交代后事。

姬佗放心不下的仍然是小儿子姬颓，重复交代：爱卿们，朕之后，辅佐太子，太子之后，你们要立颓颓。朕感激你们，信得过你们。到那时候，无论你们中，谁有条件，都要记着，圆朕这个梦。有劳，爱卿，有劳，爱卿……

公元前682年的统治者，想让他说句“我是人民的儿子”根本不可能，他满脑子都是庶子姬颓和姬颓的未来，连太子姬胡齐的位置都不想摆放呢。

尽管姬佗不喜欢太子，太子姬胡齐还是在姬佗去世后捷足先登，成功即位，做上了周僖王。

姬佗将小女儿嫁到齐国，确实是个英明的战略决策，这个政治联姻的结果是，齐桓公姜小白撅着屁股扛起“尊王”的大旗，替周僖王这个妹夫“攘夷”，哪儿虚泛打哪儿，把个姬胡齐乐得不行——在诸侯面前混得太展了。

齐国经济富足，军事强盛，齐桓公也大婚了，春秋霸业开始搞吧。

所谓尊王，自然是尊崇周天子，攘，排除，夷，边疆少数民族。

古人真有点动物思维，自家的窝、自家的领地之外，四夷皆敌，得“攘”他们。

不过齐桓公所谓“攘夷”，还不是偏远地方的兄弟民族，而是位于齐国近边

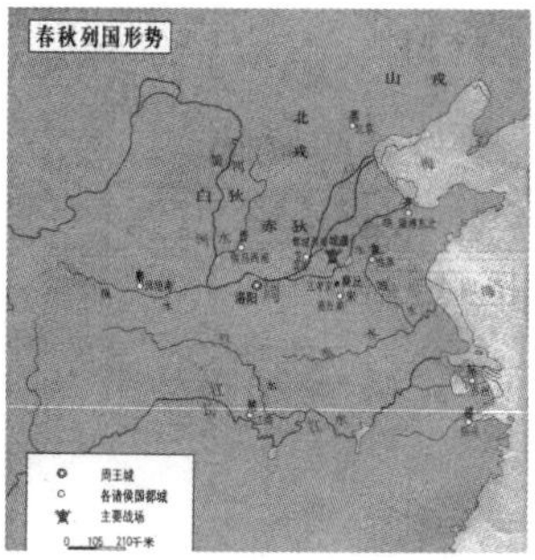

春秋列国图

他可以欺负的小国，让他们听话，称臣。

鲁、卫、宋、郑，无非这几个。

郑和卫，气数已经快尽了，齐桓公觉得需要修理的，是鲁、宋两国。

话说宋和鲁二国，前不久干过一仗。宋国主帅南宫万，猛将也，力大无穷，多次立功，这次没打好，被鲁国俘虏，战后交换被俘人员，又回来了。

被俘的事和返还的事比较常见，但宋君闵公没深浅，称南宫万为“鲁囚”。

宋闵公有意无意地取笑和侮辱南宫万，刚开始，南宫万还为当过俘虏惭愧，次数多了，变得气愤。

大夫仇牧，悄悄地对宋闵公说：“君臣之间，以大周的礼仪为交往准则，最好不要开玩笑。玩笑多了，臣子就不敬了，不敬多了，就变得傲慢了，傲慢无礼，悖逆之事就会发生了。主公是金口玉言，往后请莫再玩笑他了。”

宋闵公说：“嗨，寡人跟南宫，戏要玩笑惯了，不妨事的。”

不久，宋闵公和南宫万一起出猎，路窄，争执，宋闵公又取笑了，说：“要搁以前吧，寡人一定会让你的。但现在，怎么能让一个囚徒呢？”

南宫万杀心顿起。你这货咋不知道足尽呢？没完没了地取笑、侮辱老子，老子忍够了，去你妈的吧！

但宋闵公忽然加了一句：“怎么？开个玩笑，还想杀了寡人不成？”南宫万黑着脸干笑了两声作罢。

没几天，接到消息，周庄王姬佗在洛阳崩了。

当时，宋闵公带着一群嫔妃在园中赏花，令南宫万带着卫队扈从。中间休息时，几十名宫女跟闵公调情争宠。而南宫万在掷戟，女人们的眼球马上被吸引了。

南宫万是掷戟高手，只见他将戟掷于高空中数丈，那戟在空中旋转如飞又被南宫万稳稳地接住。

南宫万玩了几个回合之后，女人们赞不绝口，宋闵公听得，心里很不舒服，觉得自己失去了尊严和吸引力。

为了得胜，宋闵公命内侍拿出“博局”来跟南宫万一决胜负，找回自己的豪气。

“博局”是宋闵公常玩常胜的一种战棋。他让内侍拿出一只大金斗盛满酒，以罚输者。

南宫万觉得为难，知道自己必输无疑，但为了博得闵公的欢心，他不得不赌。

果然，南宫万屡屡输给宋闵公，喝得脸面像猪肝，肚子像葫芦。

宋闵公得意洋洋地说：“囚犯就是囚犯，常败之人，竟敢与寡人赌胜负！”

南宫万听到这些话，心里很生气，但在那么多卫兵和宫女面前，他还是默默地忍住了。

忽然有卫兵从宫城赶来禀报周庄王去世和周僖王继位的消息。

宋闵公说：“哦。我得作速派个使者，去洛阳吊唁和致贺。天子驾崩，新天子也看谁家去得应时呢。”

南宫万为挽个面子，又想吊唁这事情没人肯干，就说：“让小人去吊唁吧。小人还没去过洛阳呢，趁机会也领略一下洛阳的繁华，周宫的辉煌。”

没想到，猪一样的宋闵公嘲笑道：“哈，我宋国就算再没人，也不至于派一个贼囚徒去现眼吧？”

宫女们听了这句话，一个个笑得揉肚子。

南宫万的小宇宙终于在这一瞬间爆发了，拍案而起："你这无道昏君，可知囚徒也是会杀人的！"

宋闵公指着南宫万的鼻子斥责道："你这贼囚徒，想造反不成？"

"恭喜你，答对了！"

南宫万跳将起来，一巴掌抄过去，把宋闵公甩出两丈多远，还没等宋闵公回过神来，南宫万早冲上去，一脚又把他踹出三丈多远，口鼻流血，弹腾两下，死了。

见国君被打死，卫兵和宫人们早已逃散。

杀君政变了，南宫万立宋闵公的堂弟游为新君。

宋国众公子为了躲避灾难，纷纷出奔到一个叫萧的边境地方。在萧地，他们和萧城大夫又联络陈国，组织军队反扑，来了个反政变，立公子御说为国君，为宋桓公。

宋桓公命令把南宫万剁为肉酱，做成肉汤，群臣们每人都得喝一碗，这叫忠心汤，真算一绝。

没多久，宋桓公就收到了齐桓公的外交约书，请宋桓公为"西南呼应"，宋桓公说"好啊"，算是结盟了。

却说齐桓公，带领一个庞大的使团到洛阳，吊唁周庄王，重点贺见新天子，向周僖王姬胡齐冠冕堂皇地吹嘘了一通诸侯尊王的重要性和紧迫性。

周僖王感动得一把鼻涕一把泪儿。

哎呀，其他诸侯都靠不住，只有妹夫可以信赖，于是，正式授予齐桓公自专征伐大权——不用请示了，先斩后报就是。

齐桓公取得“得专征伐”权后，兴冲冲地回到齐国，马上就以周王的名义通知诸侯开会。

他通知了宋、鲁、陈、郑、卫、蔡、曹、邾八个国家，会议地点在齐国的北杏镇。

议题两个，一是缔结一个区域安全条约，二是推选一个国际盟主。

齐桓公是召集人，主持人，又是东道主，盟主志在必当。

谁知八个诸侯只来了四个，宋、陈、蔡、邾。齐桓公有点泄气，说：“不开啦。”

管仲说：“开，取消会议只能惹得诸侯们取笑，以后还称什么霸呢，人再少也要开。”

齐桓公问赴会去要带多少兵马，管仲说：“君奉王命，以临诸侯，安用兵车？”

奉天子之命举行诸侯和平会议，不带兵马，开个衣裳之会就好，还不到得瑟的时候呢。

二

齐桓公在北杏大兴土木，建立会场。

主会场为三层大圆台，总计三丈多高。左悬钟，右设鼓，主席台中间设天子虚位。

来了四个国家，宋、陈、蔡、邾。他们看到姜小白先生竟然没带一兵一甲，不胜惭愧，赶紧把兵车退到二十里开外。

姜小白和四国领导亲切握手，互致问候。握完了，觉得来人真少，抽空问管仲："没号召力啊！这会议还办不办？"

管仲说："办，照办。来人再少也要办。"

北杏之会如时举行，齐桓公在会上宣读了尊王攘夷的倡议，在周天子虚位前行叩拜礼，接着相互拜贺，约言要如兄弟般同舟共济。

陈、蔡、邾三国一致推举齐桓公为盟主。宋桓公有点不愿意，不便说什么，只好也举了手。

仪式继续。齐国大夫仲孙湫，手捧竹简，跪下来读道：某年月日，齐小白、宋御说、陈杵臼、蔡献舞和邾克，谨遵周天子命令，会盟北杏，共同维护周王室，扶持弱小，救助危难。如有背约弃义者，各国一起征讨！

在座诸侯鼓巴掌，表示遵守盟约。继之，各出贺礼，贺齐桓公。齐桓公也予以回赠。

管仲迈步登上石阶，低沉有力地说："在座都能执行周王的命令，但鲁、郑、曹、卫四国，至今未到，故意违背天子，理应受到惩罚。"

齐桓公抱拳接话道："齐国战车不足，请诸位踊跃相助。"

陈、蔡、邾三国君都答应说，理当如此。

宋桓公没说话，闭着嘴，出神地望着远山。

当晚宋桓公回到客馆，把帽子一摔，愤愤地说："齐侯算老几呀？论爵位，我是公，他是侯，低一级，论实力，宋国不比齐国差，凭什么他当盟主，我就不行？第一次盟会就想调遣别人，哼！妈屁的。”

旁边的随行大夫说：“主公说的是。齐国做霸主，对宋国可没什么好处。”

宋桓公拧眉问：“这么窝火，我们就没有应对的招数了吗？”

随臣说：“今天会盟的四国中，只有我们宋国大，我们不参与，盟约也就成了废简。我们一走了之，看他们往下怎么唱戏。”

宋桓公说：“对。你当盟主好了，老子当不了，不奉陪总可以吧。”于是，连夜带着人马，悄然离开了北杏。

第二天早上发现宋桓公弃会走了，齐桓公大怒，说：“这人咋这样？会没开完，说跑就跑了，我要率军讨伐他，把他抓回来！”

管仲劝说：“鲁国还是近邻呢，根本没有来开会，比宋国更可恨。从战略角度讲，应该先收拾近处的敌人。所以我建议，先讨伐鲁国。”

齐桓公说：“对。发兵攻打曲阜，把它拿下，看他求我不？”

管仲说：“不能硬上墙，先收拾鲁国翅膀底下那个小国家——遂，遂国败亡，鲁国必然恐惧，那时候鲁庄公就会与齐国会盟，听从齐国了。”

齐桓公同意了这个方案，亲自率军，闪电袭击，攻下了遂国。

鲁国果然恐惧，捎信要跟齐国会盟。

齐桓公说：“好吧，请到柯镇见我。”

鲁庄公要去柯镇见齐桓公，鲁国的大将曹沫，请求陪国君同去，做保镖。

话说这个曹沫，打仗没什么谋略，但是，胆子大，有勇力，是个屡败屡战的角儿，做个近身侍卫没问题，鲁庄公说：“批准啦。”

齐桓公在会盟地以黄土堆建了一个巨大的会盟坛，上面遍插五颜六色的旗帜，显着齐国的霸气。鲁庄公仰脸一看就有些胆怯，两腿发软，迈不开脚步了。曹沫赶紧跨步上前，扶着国君，登上高坛。

坛顶中央有个香案，列着红盘、玉盂、金樽、铜卮，公孙隰朋侍立掌管。

石柱子上拴着乌牛和白马，预备宰做牺牲。

相国管仲在齐桓公身边，总管各项会盟事务。

齐桓公一见鲁庄公，就训斥说："你，架子也太大了吧，嗯？北杏之会，通知了，你不到。还得让我专门给你砌个坛子，弄个仪式，嗯？我这么忙，得给你开小灶，瞧你厉害的，嗯？"

鲁庄公被数落得唯唯诺诺，连口只说"是是是"。

齐桓公说："是什么呀你是？你说说往后怎么跟着齐国，统一动作……"

话没说完，惊人的一幕出现了。曹沫突然拔出匕首，冲向齐桓公，把正在逞能的齐桓公脑袋夹在了腋下，匕首尖尖直抵着他的胸口。

齐桓公给曹沫劫持，齐国士兵都在高坛之下，臣子们都吓懵了，呆若木鸡。

齐桓公哆哆嗦嗦地说："你，你要做什么？"

管仲赶忙作揖，问："曹大夫您这是什么意思啊？"

曹沫大声说："既然两国会盟，号召扶弱抑强，那，齐国就不能欺负人！乾时之战，齐国乘机夺我鲁国的领土，汶阳镇，就请今天原样归还。我们君侯才能歃血结盟，天下诸侯才能心服！不然，我和君上立刻血染盟坛，来年的今天就是我和君上的祭日！"

齐桓公说："寡人答应，寡人答应，曹将军请放手。"

曹沫放了齐桓公，将匕首往绑腿里一扎，回身站到群臣之中，面不改色，英武依旧。

齐桓公吓得脸都发灰了，见曹沫退回，方慢慢缓过神。缓过神就想反悔，恶狠狠地盯着曹沫，齐国的将士也如饿虎般围上坛来，单等军委主席一声之下，就扑上去把曹沫剁成肉泥。

管仲赶紧走近齐桓公，悄悄地说："主公诛杀曹沫，可平心头之恨。但是却会失去盟主的身份，天下诸侯就有想法了。请能三思。"

齐桓公听了觉得有道理，于是，大声说："朕决定：把汶阳镇及其周边地区原属鲁国的地方，全部归还给鲁国。两国结好，共谋发展！"

这次会盟，双赢——鲁国收回了汶阳镇，齐国赢得了美名。

没有去北杏开会的小诸侯，比如曹、卫等国，连忙派人来请盟了，纷纷表示，愿出经费，补办会议。

齐桓公觉得是时候该收拾拒不结盟的宋国了。为了师出有名，差人赴洛阳，请周僖王授权。

周僖王不仅授妹夫以征讨大权，还派了少量国军参战，为齐桓公服了兴奋剂。

周、陈、曹的军队也很快到了，以齐军为首的伐宋联军，汹汹然杀奔宋国。

管仲率领先头部队，走到猱山下，见到好多破衣烂衫的百姓，沿途向军队兜售零食。

猱，猕猴，猱山，猕猴之山也。猱是聪明的小动物，老虎头上发痒，让猱给它挠挠。越挠越舒服，挠出一个洞。猱就抓老虎的脑髓吃，吃不完，端给老虎吃。老虎吃着自己的脑髓，真香。说猱你真是忠心耿耿啊，明儿给你加薪。还没到明儿呢，老虎头痛欲裂。找猱时，猱早躲避到了高树上，老虎乱吼乱跳，死了。

猱山草根牧牛郎宁戚

其中有一个住在猱山的聪明人，也来了。

聪明人戴着斗笠，光着脚板，赶着牛来了，他敲着牛角唱歌曰：“浩浩乎，白水啊。”过会儿又唱一遍：“浩浩乎，白水啊。”

管仲不知道这个赶牛人搞的啥名堂，不知道“浩浩乎，白水啊”啥意思，纳闷儿间，挠头时，随军女秘书中有个叫小婧的，吃吃地笑了，

齐国有热衷于妇女工作的姜小白带头，众大臣你仿我效，小美人儿们都在重要岗位上为干部们服务，荒淫骄奢已经很出奇了，管仲打仗也带着不少。

听得小婧发笑，管仲问：“小母狗你笑什么？”

这个女人很聪明，她说：“我知道一首古诗，叫《白水》，是这样的：浩浩白水，鲦鲦之鱼；国家未定，从我焉如；君来召我，我将安居？他唱《白水》，是想当官呢。”

管仲一听，如此啊！赶紧下车，打问那个拥军者的情况。

他姓宁名戚，确乎有点学问，但是家贫，又无靠山，很不得志，只好结茅居住在猱山上，平日为人放牛。

一聊天，管仲给宁戚打分不低，就写了片竹简给他，说：“拿着，在这儿等候君王，我向君王举荐你了。”

齐桓公坐着马车，搂着妇女，后面跟着大部队，经过了，宁戚拿出管仲的举荐竹简呈上。

齐桓公说：“哦，原来是个猱山牛仔。对时局甚有看法。不妨说说。”

宁戚说：“尧舜年代，路不拾遗，夜不闭户。老师认真教书，医生努力治病，官员一心为民，挑大粪的还能和领导握手。如今，礼乐崩坏，大道不行，贪

污成习，腐败成风。你们这些吃白饭的，身处庙堂之上，高踞要路关津，老百姓被你们弄得落花流水，美女们都遭你一网打尽，具体情况我就不再列举了，总之百姓还很苦啊，或者说痛苦指数很高啊。”

姜小白大怒：“你这不是讥讽我无能吗？拉将出去，砍头！”

却见宁戚毫无惧色，说：“夏履癸杀关龙逢，商辛杀比干。若齐国还没有因说话掉脑袋的，就从宁戚开始吧。”

齐桓公大惊，心中叹息，遂自下台阶道：“试探你个牛仔罢了。你反映的问题，我都会责成有关部门去调查和处理的。现在你与我来！”

齐桓公命人当场举火，做简单仪式，封宁戚为大夫。

转眼间，猱山草根牧牛郎成了国家高级公务员，直接提干，堪比火箭，众人惊愕不已，纷纷称赞齐桓公待贤至贵。

三天后，人马列阵于宋国边境，指挥所开会研究仗怎么打。

宁戚新官上任，要烧一把火，说：“不战而屈人之兵，是战争中的上策，鄙人请求到宋国去，以三寸不烂之舌，说服宋公与君上会盟。若宋公不允，再行讨伐，也算先礼后兵。”

齐桓公便派宁戚入宋。

宁戚到了宋都，宋桓公安排接见。

宋桓公在客厅周围埋伏了不少武士，只要说话不投机，就把宁戚杀掉。

宁戚当然知道自己进了虎穴，危险自不待言，但也是立大功的机会。他预先打扮一番，着一袭白袍，腰间系一条宽腰带，给人以超凡脱俗之感，像个仙人。

宁戚想以智慧的化身，镇住宋桓公，只要对方愿意听自己说话，就有了大半取胜的把握。

走进客厅，宁戚对宋桓公长长地作了个揖，宋桓公端坐不动，只看着他。

宁戚仰面长叹一声，唉，缓缓地道："宋国啊，危险喽。"

宋桓公说："寡人爵位为公，比你们齐君高一级，他来了，我就危险吗？笑话。"

宁戚说："明公且听我说来。目今天下纷纷，群雄角力，收纳人才、礼贤下士的国家，尚且不敢懈怠，宋国仅仅是商朝的余脉，又遭遇两次杀君的内乱，便是高悬招贤榜，也未必就有人来。明公妄自尊大，慢待来客，纵有满腹忠言，又怎么愿意说出来呢？"

宋桓公一听宁戚这句话有点在理，站起来说："寡人即位不久，尚在学习为君之道，请先生莫要见怪。敢问先生此来，有何赐教？"

宁戚说："现在周王力量偏小，诸侯之间相互攻伐。齐侯不忍心看着戈矛相交，生灵涂炭，所以才由天子授权，主持北杏盟会，恢复天下秩序。"

宁戚说，我知道明公当时参加了，也将在会上得到诸侯的承认。可明公中途退席，使周天子十分生气。天子特派军队，会合诸侯，已列阵于明公城外。

"明公你先前违逆天子之命，现在又抗拒天子之师，这仗还没开打，我就知道宋国一定要败的。故而我说，宋国危险喽。"

宋桓公思前想后，觉得，不说不知道，一说形势，还真他妈不妙，问："那你说寡人该咋办？"

宁戚说："去见齐君，跟他会盟呗。你主动了，问题就没有啦。"

宋桓公又听从了宁戚的进一步建议，带着白玉十对，黄金四百两——东周中国并无黄金，实际上那是黄铜，黄色金属之谓也——去见齐桓公。

齐桓公说："你看看你麻烦不麻烦，北杏之会入盟多好，弄到这程度！现在我同意不行，我得差人到洛阳，去天子那里报批呢，你得等等。"

宋桓公说："事已至此，我就等等吧。"

齐桓公是为了齐国的霸业才费劲的，但他毕竟要高举尊王的旗帜。于是装模作样地派使臣赴洛阳，向周僖王报告宋国请盟的事情。周僖王批复下来，才通知宋桓公参加"二盟"。

二度盟会，在幽家村举行，齐、鲁、宋、陈、卫、郑、许等中原国家首脑都参加了，推举齐桓公做了盟主。

三

东周时期，中原诸侯国和旁边的少数民族相互混居，并没有严格的分界线。

当时所谓边境，一点也不严格，不像某些朝代，在无人区、死亡区也建造所谓的哨所，派一些二蛋子弟戍守，净锻炼心脏和肺功能了。

北燕国旁边，很近就是山戎人的村落。山戎人是西部流窜到东部的一支少数民族。

山戎不搞计划生育，人越来越多。

人多是好事，人多热气高，干劲大，但其地面并无扩大，收成并无增加，日子不好过了，就南向骚扰，强抢粮食牲畜。

尤其是春天青黄不接的时候，山戎人不断到燕国打秋风。后来发展到大规模的战争，燕庄公抵挡不住，向齐桓公求援。

齐桓公接到求援文书，决定亲自率军，抗戎援燕，展示一番拳脚。

齐国野战军浩浩荡荡开进燕国，山戎带上掠夺的财物人口撤回他们自己的地盘。

燕庄公说："夷戎吓得逃跑了，齐军请先接受我们的慰劳吧。"

北燕国谢了齐桓公远救之劳，管仲对齐桓公说："山戎现在是退了，但我们一撤兵，他们一定还会重来。不如主动攻打，狠狠教训一番，彻底免除一方之患。"

齐军休整之后，向山戎以及其附近属国发起了猛烈进攻。

在中原混战中打出来的军队，收拾一些村庄似的小国，哪在话下啊。三下五去二，敲碎了山戎，捎带拾掇了孤竹、另支，把它们都交给燕国统治了。

山戎的人口眨眼间降了下来，土地山林的出产够吃够用了，还有节余，日子好了，不想去招惹燕地的粮食牲口了。

战争胜利，燕庄公感动得痛哭流涕，置备厚礼，一路送齐桓公和齐国军队回国。送到边界，恋恋不舍，不知不觉，又送进齐国境内五十里。

齐桓公说："自古诸侯相送，不出自己的国家，你已送了这么远，不能再送了，寡人自己回去便是。我们就此别过吧，并且我把刚才走过的五十里土地，全部割送给你，就算是你送我送至燕国的国境线，符合了老礼吧。"

燕庄公连忙摇手："不行不行，绝对不行。"

齐桓公对着满车的小蜜，非装大款不可，坚持要割。燕庄公只好收下，之后把这块地方改名叫"燕留"，做纪念。

归国收军，齐桓公着人连夜制作汇报材料，次日早晨即组织使团，赴洛阳向大周天子、妻哥周僖王姬胡齐汇报战绩，带上了三分之二的战争所得——战利品和北燕的礼物，长长的车队出发了。

齐桓公扫荡山戎和孤竹，一举歼灭威胁中原的北方少数民族势力，为燕国崛起，成为北方大佬，奠定了基础。

诸侯们看到齐桓公救燕但不贪其领土，没有不敬畏的，纷纷派使者，或送书信，表示：伟大的霸主啊，我们听你的。

紧邻鲁国，也送来了国书，祝贺齐桓公凯旋。

但鲁国的国内问题在发酵了，内乱端倪已现。

齐桓公霸主当得正上瘾，要对鲁国有所动作，管仲和鲍叔牙都建议他等待，找到机会再下口。

却道鲁庄公姬同，当年有一日登上高台——那台叫郎台，观赏景色，看到一个美丽女子在隔壁棚子下洗浴。

野百合非常俏丽，鲁庄公心猿意马。

使人召来一问，这女子叫孟任。孟任年岁十五六，姿色没的说，鲁庄公当下就想把她引到亭子间求欢，孟任扭扭捏捏，左右不从。

鲁庄公说："某是鲁国寡人啊，你还不从。你要是从了，寡人立你为妃。"

孟任说："我从了，你得到了，日后却反悔，我找哪个啊？你既是寡人呢，就给俺起个誓，俺也起个誓，才好。"

"这个不难。"鲁庄公遂在高台上山盟海誓一番，孟任也发了誓，之后两人找了片草丛"相通"。

再之后，鲁庄公把孟任领回宫中。

一年后，孟任生下一个孩子，起名姬斑。儿子都有了，鲁庄公还没有兑付诺言，立孟任为夫人。

主要是鲁庄公的母亲文姜不愿意。

文姜一心想着跟娘家联姻，亲上加亲，可能难忘自己的那些切肤体会。

一直当不上正宫娘娘，捱了几年，孟任连气带病死去了。

文姜让鲁桓公把她娘家侄女哀姜娶了来立为夫人，同时娶来的还有哀姜的妹妹叔姜。

“哀”是谥号，“姜”是姓氏。而“叔”大概是排行，老三，三妮儿。

这些女人具体名字不详。其实姜家别的女人姓名也都不详。

为什么娶媳妇要搭个小姨子？

周礼有规矩，曰：“贵者嫁女，必娣姪从之，谓之媵。”

贵族嫁女，必须由她的妹妹或者侄女一起陪嫁。若没有妹妹或者侄女，也可以是家臣奴仆之女。“媵”就是“送”，“陪送”，买一送一的意思。

哀姜很漂亮，因为是包办婚姻，鲁庄公不喜欢她。

鲁庄公不喜欢，有人喜欢，这人就是鲁庄公的异母弟庆父。

庆父喜欢哀姜，哀姜竟也迷恋庆父，于是乎私通，俗谓勾搭成奸。

庆父一直怀有篡逆之心，和哀姜相互勾结，谋求国君之位，路子好像近些。

哀姜没有生育，但和她一起嫁鲁的三妮儿叔姜却生了一个儿子，起名叫姬启。

鲁庄公在家族子弟争权的混战中没活多久即去世，姬斑被扶上君位。姬斑相当地窝囊，连个君号都没有。

在对待女人问题上，小伙子像他爹，姬斑曾经和一个姓梁的美女私定终身。有一次看祈雨，梁美女遭到宫廷马夫调戏，姬斑大怒，命令拿下，打了马夫三百鞭子。

马夫心下不忿，投靠庆父。

姬斑即位后，有次去亲戚家吊丧，庆父策动马夫说："你忘了三百鞭子的仇恨了吗？现在那个人在吊丧，你可以报仇了。"

马夫混进去，把匕首刺进了姬斑的胸膛。

但凶手刚刚跑出来，也被侍卫们剁成了肉酱。

得胜者是庆父。庆父却装糊涂，声称严办马夫，杀了他的全家。然后立八岁的姬启为君——鲁闵公。

鲁闵公年龄小，智商并不低。他看到庆父和哀姜狼狈为奸，把持朝政，悄悄地派一个使者到齐国，请求与舅舅齐桓公会面。

很快齐桓公安排了会面，会面时，鲁闵公牵着齐桓公的衣服，把庆父为非作歹之事告诉了齐桓公。

齐桓公问外甥："你说，现在鲁国最正直的大臣是谁？"

鲁闵公说："我看，只有我的叔叔姬友了，可是他躲在陈国呢，不敢回来。"

齐桓公对鲁闵公和陪同的大臣说："让他回来做相国，就说是我的意思。"

姬友被接回鲁国，当了国相。

时光如飞矢，转眼快一年了，抗戎援燕也结束了，齐桓公忽然想到了鲁闵公。可怜的小外甥，如今怎么样呢？于是派大夫仲孙湫出使鲁国，探听情况。

庆父不死，鲁难未已

四

话说聪明的小孩鲁闵公，见舅舅家来人了，连感动带委屈，一下子向仲孙湫爆发了，哇哇大哭，不能自已。

仲孙湫安慰了鲁闵公，又见相国姬友和公子申。公子申是鲁庄公的另一个儿子。

仲孙湫发现公子申说话条理分明，侧面嘱咐姬友说："公子申是个人才，要好好保护他啊。"姬友说："那是。"

仲孙湫询问庆父乱宫的情况，暗中劝姬友，早日除掉这个祸害。

姬友没说话，只是伸出了一只手晃晃。意思是孤掌难鸣啊，仲孙湫沉重地点头说："我知道了。"

庆父自然不闲着，见齐桓公派大夫来观察动静，脑袋紧张地转动起来，有了一个主意：贿赂。

庆父预备了很多财物，约见仲孙湫。

仲孙湫看出了庆父的含义，咋着都不受。非但不受，回齐国还为庆父点了一炮。

仲孙湫细致地向齐桓公汇报了出访经过，分析了鲁国的形势，结论说："主公，我看清楚了，庆父不死，鲁难未已！"

齐桓公说："他妈的，竟然把我外甥欺负得整天哭，太操蛋啦啊，派兵去平了他。"

仲孙湫说："即虽如此，但庆父的罪行现在尚未暴露，我们师出无名。依我观察，这个人不会安分的，等到他有了罪，再出兵杀了他，这才是霸主之所可为。”

齐桓公说：“那好，让他做醋吧，发酵到一定时候，捣了他的缸。”

果然，鲁闵公二年，庆父指使杀手，守在厕所，趁鲁闵公上厕所，害死了鲁闵公。姬友和公子申看到大事不好，连忙奔往他国，逃命去了。

庆父志得意满，整整衣裳，要登上国君的宝座了，谁知计划赶不上变化。

齐国策动鲁国军队造反了，一呼百应。庆父只好朝莒国逃亡。

管仲命令齐国维和部队司令说：“如果鲁国众公子中还能挑出个贤能之人，就立为国君。如果没有，齐国先代管了。”

鲁庄公另外一个小妾的儿子姬申会见了齐国首长，该公子态度不卑又不亢，神情不阴又不阳，确实有点领导干部的苗头。齐国人觉得无隙可乘，帮助他继了位，这就是鲁僖公。

庆父跑进莒国，鲁国人贿赂莒侯，庆父就被莒国赶了出来。

庆父走投失据之间，遇到驻守当地的鲁国大夫奚斯，请奚斯向鲁僖公求情，放自己一马，给个边境小镇住下，绝不再有是非之想了。

奚斯先见姬友，转述了庆父的话。

姬友哪里能容忍庆父呢，对奚斯说：“你告诉他，他若自裁了，他的后代还可以活下去，并且享受原有的封地。”

奚斯回去，觉得这个话难以转述，见到庆父只是嚎啕大哭，庆父叹息一声，就用白绫将自己挂了起来。

庆父死，鲁难已。鲁国人民迎来了安定的日子。鲁僖公姬申很高兴，要封赏功臣姬友。

姬友说："我，庆父，您的父亲，都是桓公的孙子，应该说，费心，争斗，都是为了江山社稷。现在，只有我一个人受封赏，我死后，怎么去见我的爷爷啊！"

于是奇怪的事情发生了，鲁桓公所有的孙辈，包括庆父的家族，都随着姬友，受到了封赏。

鲁桓公孙辈三个家族，分别被分为孟孙氏、叔孙氏、季孙氏，简称为"三桓"。

"三桓"之封赏，是糊涂虫的干法，鲁国因此种下了祸根。

齐桓公安定了鲁国，北方的少数民族狄人又侵犯卫国。

卫国当家的卫懿公，是个动物爱好者，痴迷养鹤，什么是朝政不知道。狄人打来，眨眼间全境沦陷。灭了卫国，狄人又灭邢国。

齐桓公说："我在这看着，他还这么嚣张，真是欠修理啦。"召集鲁、宋、曹、郑等国军队，把狄人扫荡了，把卫国和邢国恢复了。

齐桓公平息了鲁国内乱，又击退了卫、邢的外侮，把个霸主做上了巅峰位置，中原诸侯纷纷朝贡纳物。

齐桓公不忘自己的"尊王"承诺，"攘夷"所得，任什么都分出三分之二，送到洛阳，孝敬周天子。

人们看见，从齐都到洛阳的官道上，成天络绎着车队。

第十八章

召陵和约

一

话说大周天子啊，总是有违背周礼，废嫡立庶的。临死没有得逞的，如周庄王，交代手下臣子，臣子还真当回事。

曾记得周庄王，晚年宠爱姬妾小姚，有意废掉当时的太子姬胡齐，改立小姚所生的小儿子姬颓。当废立企望破灭时，把大夫蒍国、边伯、詹父、子禽、祝跪五人叫到榻前，谆谆交代：太子胡齐继位也就算了，但我嘱咐你们，胡齐之后，要扶立颓颓啊。

周僖王姬胡齐当了五年中央领导人，只做了一个粗糙不堪的五年计划，就因病要崩。他呢，升天前严格执行周礼的规定，让嫡长子姬阆接手大权，做了天子，谓周惠王。

蒍国、边伯、詹父、子禽、祝跪五位大夫，在周僖王当政期间，一直心怀耿耿，想改立姬颓，找不到机会。僖王崩殁，可以“兄终弟及”，让他们了结先王的心愿了，姬胡齐却立了自己的儿子，弟弟姬颓没份。

五大夫非常不满，多次在姬颓住处商议对策。

话说这个周惠王姬阆，也是一个不长脑子不长眼睛的主儿，有诸侯给他贡献了几头野猪，没地方养，一看大夫蒍国的园子很合适，就把野猪放进去了，着手下人告诉蒍国，以后别进园子，小心野猪。

蒍国给姬颓做近侍多年，为几代周天子所看重，竟被强夺了私家园林。他到姬颓那里诉苦，姬颓和另四位大臣发怒了，一致决定招兵“伐阆”。

他们招来燕、卫两国的军队，攻打洛阳，攻打内城。

周惠王姬阆新上任，不会指挥，败了，周召二公保护着惠王仓皇出逃，逃到了郑国。

郑厉公赶紧差人迎接，护送，要把周惠王安置在栎镇。

厉公自己在栎住过好多年了，有好房有好车，那里已经是成熟的老社区，居住环境相当的好。

周惠王起初颇有犹豫，毕竟周郑关系历来紧张，后山讲叙过的“周郑交恶”，“君臣鏖兵”，余震尚在呢。让郑国安排，住进狼窝，是福是祸?

周召两公劝道：“事已至此，别无他途，去看看再说吧。”

到了栎镇，周惠王姬阆心安了，待遇特好。不仅优厚有加，郑厉公还当着周惠王的面给姬颓写了一封信，大意说，真天子在此，枉夺名头者快快自裁，否则，下场自己想吧。

周惠王没想到，紧要关头，老冤家郑国帮自己一把，很是开心。

郑厉公也很开心。领导开心自己就开心。一直想跟周天子套近乎，老天把它的“现任儿子”给送郑国来啦。

以郑国实力，打不过齐国，但打一打宗周的天子军，还是没问题的。况且周惠王发令打洛阳，师出有名，完全可以英姿飒爽。

准备了几个月，郑厉公挥军杀入洛阳。把姬颓吓个够呛。

不过郑厉公此次兴兵，没想赶走姬颓，是帮周惠王搬家具。周惠王走时匆忙，沙发、餐具什么的都没带，这次郑厉公统统搬走了，送到栎镇，给惠王用。

当然，郑厉公没去动九鼎，那套玩意儿轻易不敢乱动的。

等于在栎树林里给周惠王建了个行宫，所有家当，包括人员都是洛阳宫中所用的。

齐国、鲁国等诸侯，都派使团到郑国栎镇慰问天子，送钱粮，贡东西。

郑厉公出兵洛阳，搬运家具，还完成了踩点任务，侦察清了姬颓的兵力部署。这很重要。

姬颓为首的周中央，因为郑国的骚扰，当然要加强军备了，周郑边界进入特级警备状态，旅游的人都被射杀了。

郑厉公心想，下次开仗就要真干，倘若姬颓调动卫国和燕国的军队，组成联军，胜负就不好断了。为保万一，他请周惠王通知西虢公，一起兴兵，同伐王城。

翌年，郑虢联军攻打洛阳，郑厉公事奉惠王从南门入城，虢公林父从北门入城。攻入城中，竟然找不到姬颓的影子。

原来姬颓这货色，根本不知道怎样做天子，他不升朝，也不议事，每日靠听歌儿看舞蹈打发时光，听着流行歌曲，嘻嘻傻笑，看着美人儿舞蹈，嘎嘎痴乐，他还生性好养牛，并奇怪地认为牛也属于武备之列，他养了数百头牛宠，正在和牛牛们玩耍呢。

形势万分危急，大夫蔿国赶紧写信求援于卫国，可已经来不及了，郑虢联合解放军呼喊着冲进内宫。

蔿国看到大势去矣，自己抹了脖子。其余四大夫连同牛司令姬颓一并被抓到，处死。

周惠王离开王宫三年之后，终于重新回到了自己的工作岗位。

北魏人所做郑文公碑

惠王为了酬谢郑国勤王之功，就将虎牢以东之地全部赐封给郑国。

郑厉公在王宫门西阙设享礼答谢周惠王，全套乐舞助兴，周惠王一高兴，又把王后的铜镜送给了郑厉公。

周惠王对虢国的赐封，是西方的酒泉，并在酒宴上以王室的青铜酒杯赐给虢公林父。

二

巷战没有给洛阳造成太大损伤，修修补补恢复原貌了。

周惠王还归洛阳宫，逐步安定，各地诸侯陆续来朝贺。

姬颓政变期间，号为东方盟主的齐国对周惠王没有任何实质性的帮助，流亡在外时，齐国也不替自己出气，惠王心中有看法，却始终磨不开面子。

周惠王思忖，周郑交恶已成过眼烟云，往后要多依赖郑国了，多支持郑国了，老冤家毕竟位于洛阳附近，这次勤王又功莫大焉。

没承想，郑厉公在洛阳喝完酒，回到自己的国家却死了。

你看看，革命的小酒有时候是毒药啊，不能海喝。一海喝，郑厉公就把君位留给了孩子姬踕，郑文公。

郑文公嫩，周惠王知道靠不住了，整个东方，诸侯们你吹胡子我瞪眼，终日不消停，周惠王多方权衡，还得稳住齐桓公，于是，派召公，自洛阳专程出差至齐，送了份周惠王签字的“国简”，分明写道：“赐齐侯为方伯，修太公之职，得专征伐！”

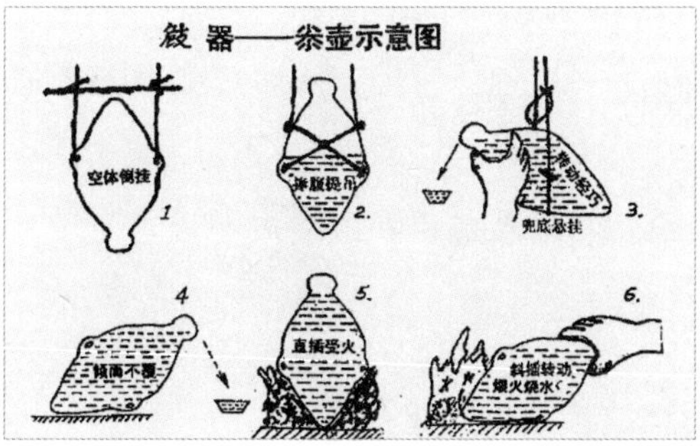

敧罐示意图

前几任周天子都承认齐国的霸主地位，没有正式下发过红头文件。惠王一反惯例，送来了方伯的正式委任状。姜小白领旨谢恩，心头狂喜：时间拖得有点长，但该来的最后还是来啦。

周惠王同时还赏赐祭祀了文王、武王的胙肉两份，大辂车一辆，上面缀有九条流苏的大旗。

姜小白陪着召公，游览了齐地名胜。数日后送走了召公，姜小白犹自心花绽放。

威名愈振，诸侯悦服。怎么享受是好？齐桓公姜小白兴奋地要给干部们放假，随便乐吧。管仲、宁戚等人均面有得色，预备放肆一场。

一向沉默的鲍叔牙出来，劝道："明主贤臣应持的态度是：虽乐不忘其忧。"

鲍叔牙一句话，将众人打入沉思。

老鲍接着说："臣愿君勿忘出奔。"转过身对管仲说："管仲勿忘囚笼。"再对宁戚："宁戚勿忘牧牛啊！"

姜小白连忙起身，对着旧日恩师鲍叔牙深深一拜，坦陈道："谢恩师！寡人与众大夫都能不忘过去，才是齐国的福分啊。"

众人点头称是。齐桓公当即下令国家陶场，为他制作一种盛酒的"敧罐"。

"敧罐"是一种特别的盛器，空时它平躺着，随着慢慢倒进酒，它会自动立起来，即将倒满的时候，"敧罐"就完全站直了。但，你若继续加进酒水，不光会溢出来，连"敧罐"自己都会躺倒了，刚才倒进的酒也就咕噜咕噜地流光了。

显然，"敧罐"的寓意是：勿自满，满则倾。

因为齐桓公不是左撇子，所以他的酒杯——“敧罐”就一直放在他的右手边，也就是座位的右手，时时警告着他，谓之“座右铭”。

当然作为一国之君，作为钦任的方伯长，不是不可以打猎的。一日，乘着车，轰隆轰隆出发了，轰隆轰隆到了猎苑——大泽之陂。

草木茂密，水面清澈，好是安静。正待要命令兵士们去远处撒圈，将野物围过来，齐桓公游目之间突然看到湖水里冒出来一个奇怪的东西。那东西出水忽闪了一下，又快速没入水中。

从人竖貂——名字好酷——赶紧问领导人怎么了。

桓公说：“你看到……湖水里……不远不近的地方，有什么奇怪的东西吗？”

竖貂说：“没看见什么呀我，那里……那边，无非一湖水啊。”

“寡人方才看到一个鬼物。模样怪怪的，很是吓人，良久才消失。是不祥之兆吗？”桓公问。

竖貂说：“鬼系阴物，安敢白昼出来，让主公看到？”

桓公一听，更加恐怖了，以为鬼影是专门显示给他一个人来的。

为什么让我独个儿大白天见鬼呢？不祥之兆吧？不祥之兆。这么一想，一结论，桓公就有点蔫蔫无趣了。

桓公说，打道回府，不畋猎了。回宫后着竖貂快去把仲父找来。竖貂说仲父不是圣人，他岂能全知道鬼神的事情。

齐桓公道：“不要胡说，我心里七上八下着呢。”

管仲来了，桓公复述了一遍大泽所见，竟把个仲父也难倒了。

当天夜间，齐桓公心怀疑惧，大病，类似疟疾。第二天，管仲与诸大夫咸来问疾。

管仲说：“昨天夜里琢磨了个通宵，不敢妄断，写个告示张出去，或许有专业人士会来诠释吧？”

桓公说：“好吧，向全社会征集答案。”

用大竹简写了告示，悬出去。曰：如有能言公所见之鬼者。当赠以封邑三分之一。这个真算大酬报了，国土的三分之一都敢相赠，不知说话算话否？

鬼神专业工作者夜聚明散，研究揣测。

渐渐的，全国人民都听说桓公撞上了鬼，被鬼压了头，都很替桓公忧虑，生产没劲头，建设受影响，国民经济变成了副增长。

真有个专家来了，戴着斗笠，托着鹌鹑。管仲作揖请进。

专家问：“听说国君有点小恙？”管仲曰：“然。”

专家进一步问：“国君撞见鬼啦听说？”管仲又曰：“然。”

专家道：“你们榜文上讲，国君于大泽之中见了一个鬼，是这样吗？”

管仲说：“先生你能描画鬼的形状，而且保证跟君王所见的一致吗？若能，我就带你去见君王。”

专家说：“走吧，见了君王我就说了。”

管仲去到齐桓公寝殿，见桓公围着两床被子，两个美人儿在捶肩，两个美人儿在捏脚，而竖貂手捧参汤侍立。

管仲说：“君王的病，有专家能治了。臣已把专家领来了，君王可以召见。”

桓公说：“召入吧。”遂见打帘子进来一个荷笠悬鹑的主儿，心里有点不悦。

专家摘去斗笠，放好鹑笼，被带到了桓公的卧榻边。

专家让桓公伸出腕子，把了把脉，让桓公伸出舌头，看了看苔，然后试着跟桓公对话。对着对着就对到了鬼。

桓公问世上有没有鬼，专家说："有啊，有。"

桓公问专家见到过鬼没有，专家说见到过。

嘻，到底是专家。"鬼是什么样子的？"桓公进一步询问。

专家说："各地方的鬼呀，形状不一，名称也不同。大海里的鬼叫象罔，岭坡上的鬼叫峷，深山里的鬼是夔，荒野中的鬼是彷徨，而湖泊和沼泽里边的鬼叫做委蛇。"

桓公关心的正是委蛇，问："这个委蛇，它是什么样子的？"

"委蛇，粗细好比车轴，长短有如车辕，穿紫衣服，戴红帽子，这个鬼哦，最主富贵。它不大喜欢听雷声与车声，一听到雷声与车声就捂着耳朵从水中立起来了。人们很难看到委蛇，有时候很多人哪，也只有一双眼睛偶尔看到。谁看到捧首出水的委蛇，谁就能大富大贵，称霸诸侯了。"

桓公不知不觉已经坐了起来，轻松地笑了，心说：寡人所见，正是此物也。

齐桓公微笑着，起身，穿衣，下榻，执起专家的手臂，命下人摆桌子，要跟专家喝几杯，病不知跑到哪里去了。

桓公忽然想到询问专家姓甚名谁，专家对说："小人叫皇子，乃是西鄙之一介农夫。"

这货还真知道咋吹最好，叫"皇子"。你听这名字，足知是个大混家。

齐桓公说："留在我这儿当官吧，安排你到宣传部，当副部长，职称定为中级大夫。”

皇子固辞不受，拍马屁说：“君王您尊崇周室，攘服四夷，使小人成了新社会的农民，种地就很满足，不愿当官，为国家节省点俸禄吧。”

桓公说：“真高人也。”奖赏皇子很多小米和绸布，命礼宾司以好车送他回家。然后，重赏管仲。

竖貂说：“我就不明白，皇子讲透了鬼，仲父他不懂，您为何要奖赏他？”

桓公道：“你差窍吧，没有仲父搭桥，寡人安得听到皇子的批解？安得知晓大泽所见乃系委蛇乎？”

三

年轻的郑文公受到了南蛮的欺负，周惠王流亡郑国之后，对郑国有感情了，捎信儿让齐桓公救郑。

话说公元前660年的长江，流淌得非常欢快。所孕育岸边的长江子民，有吃有喝，这年想上洛阳玩玩。

他们就是以前隔三差五给周天子送一捆苞茅叶子的荆蛮子，慢慢强大成“楚”了。

荆楚英雄们一路凯歌高唱，非常自得，从江汉平原的本土，轰隆轰隆向北推进。推进了大约五百里，估算估算，离大周洛阳只剩不足两百里，才暂时停下脚步。

周惠王感到了空前的威胁，因为一看就知道楚人没安好心。

原先所谓荆楚，很小了，“楚之祖封于周，号为子男五十里”。许多年后，才“方百里为一同”。多个世纪，荆蛮之地经济、文化水平相当落后，北边的华夏诸国老觉得自己粗大，非常轻视他们。

荆楚虽说也是诸侯，但以前参加诸侯盟会，根本没有平起平坐的资格，只是以“守燎”的身份参与，就是别人开会，喝酒，小熊——他们姓熊——则看守祭祀的火堆，该加柴就加柴，该添薪就添薪，可见其在诸侯国中的地位何等低下。

楚强大了，想跟洛阳打膀子了，确凿证据之一就是楚国的头儿不跟其他诸侯一样称“公”、称“侯”、称“子”，而是仿照周天子，对外称“王”。

当然，称“王”尽管是它楚国媒体的自慰，也足以说明楚的野心。

企图和周天子平起平坐的楚人打到了郑国，这只螃蟹再横一步，大镰刀不就舞到了首都洛阳吗？

这些生猛的“南蛮”太讨厌了，郑文公还不会用兵呢，周惠王想让齐桓公把他们轰回去。

天子军这些年给养不足，训练不够，打仗不行，再说天子军是守洛阳的，哪能去替一个诸侯攘外呢。

轻觑敌手是不行的，想在西周时，周昭王领兵伐楚荆，没防备就栽了，那时候的“楚荆”比如今小得多呢。

公元前659年，齐桓公得周惠王令，召集鲁、宋、郑、曹、邾这些铁杆盟国开会，谋划重创楚军。

齐桓公势大，楚军听说齐桓公主持会议呢，就退兵了。

大家说追打，齐桓公说不。齐桓公，大霸主，号称东方不败，南蛮子已经跑

楚成公雕像

今日召陵

走，追着去打，不够君子，万一打输，面子受损，形象受影响。

然而次年，即公元前658年，齐桓公不留神儿陷进对楚战争的泥坑，不打也不行了。

夏天时节，不想办公。有管仲和他的团队招呼事儿，桓公也无什么公好办，做好妇女工作就是。

干什么呢？带着心爱的姨太太蔡小姬，登上小船儿，到莲湖游玩。

蔡小姬天性活泼，加之桓公宠爱，不免登鼻子上脸。行到湖心，扳着小木船左右晃荡，乐不可支。齐桓公一大把年岁了，吓得冷汗直冒，手抠船舷，生怕翻掉，大喊“停下停下”。

蔡小姬不停，反而嘻嘻哈哈，摇得更有劲了，齐桓公的衣裳都湿完了。

齐桓公大怒。这还了得，一点规矩都不懂，只是疯玩，差点把个寡人老家伙扣到水里，当天就把小女子退回娘家。

蔡小姬娘家是蔡国。齐桓公的想法是警告她，她到娘家反省几天，还会被送回来的。

哪料小小的蔡姬又羞又恨，赌气再也不理齐桓公了。

小蔡姬的哥哥蔡穆侯，更是个牛脾气，转身把妹妹改嫁给了南蛮子楚成公。

心爱的小姬嫁给了别人，也罢，却偏偏是嫁给了荆楚蛮夷，丰乳、细腰、美臀、妙足，让南蛮子玩了，齐桓公咽不下这口气，冲冠一怒，要对蔡、对楚作战。

经过准备，齐桓公组织起了齐、鲁、宋、陈、卫、郑、许、曹八国联军。

各国指战员从不同方位一起开拔，向洛阳以南三百多里的蔡国快速运动。

蔡国领导人，曾经是齐桓公妻哥的蔡穆侯，集合军队抵挡了几招，就败掉了，自己也当了俘虏。

紧接着，八国联军不是东撤而是西进，猝然间，攻入楚蛮的北部边境，占领了楚的边城召陵——在今天河南漯河地面。

楚国腹心江陵还老远老远的呢，然而齐人名声在外，兵锋所指，无不披靡，这次又是八国军队协同作战，闪击夺取召陵，给楚造成极大威慑，英雄的楚成公熊恽也难免有点忐忑。

但是，齐国看见楚国累年所筑防御工程，基本无懈可击，无隙可乘，也不敢贸然推进，只好传令联军，就地休整，同时和楚国的外交部长谈判。

好，后山现在隆重向你推出楚国外交部长、名嘴屈完，欢迎了。

屈完登场，说："咱们两个国家，一个在远东，一个在荒南，好比一个是马，一个是牛。离得太远了，就是动物发情，疯得像旋风似的追逐，也到不了双方的疆土，因此，马不会找牛恋爱，牛也不会跟马相通，——风马牛不相及也。可是没想到，您老人家不远万里，带领军队进入了我们的国土，这是什么缘故兮？"

齐桓公给质问得哑口无言，回头问管仲："这个蛮子，咋跟他对？"

管仲直接上前一步，对道："从前，我们祖上姜太公，得到周天了批准，可以征伐五等诸侯和九州长官，维护周室尊严。召康公还给了我们先君征讨的范围：东到海边，西到黄河，南到穆陵，北到无隶。现在，我们的领导人桓公，又得了周惠王的红头文件，再次明确了祖上的征伐大权，而且可以征伐任何诸侯。我们怎么就不可以到你这里来！"

屈完说："先生之说法兮，我无异议。然鄙国何错兮？望予明示。"

齐桓公说："这我来回答。区区一个子爵，居然冒称楚王，这不是罪过吗？

天下只有周天子是王，楚国只能称楚成子，至多称个楚成公。”

应当说，齐桓公的说法不无道理，择善而从，我们也将楚国的大头领改王称公了。

管仲赶忙说：“别介，这问题太大，楚国偏不肯改正，死活还要称王，我们岂不是失了面子又没招儿。说别的。”

管仲说：“你们应当进贡的包茅，一连三年，都没有按时如数纳上，影响周王室后厨的炊务工作，进而影响周天子的伙食。我们要落实这个事情。”

屈完说：“苞茅之贡兮，补纳即是。何苦迢迢兮，跑来扯皮？”

管仲听出屈完的指摘，就翻出陈谷子烂芝麻的旧账来责问，说：“当年，周昭王南巡，结果死在这里了，没有返回，我们特来讨个说法。”

那是大周出兵长江流域，讨伐荆楚的事情。周昭王逞能，被淹死于汉水，全军覆没。

“昭王德衰，南征济于汉，船人恶之，以胶舟进。王御船至中流，胶液船解，王及祭公俱没于水中而崩。”

《左传》等书记述，周师浩浩荡荡，开到汉水边，准备渡江呢，碰到了异常的天气。汉水边的土人痛恨周的骚扰，暗中进行破坏。

周天子渡汉水的时候，土人给他安排了一艘用劣质胶泥粘接底板的船让他乘坐。

汉水江面很宽，船到了中流，船底的胶泥逐渐溶化，船板逐渐散开，船就漏水了。

水越漏越多，船困在江心，周天子所带的又都是北方人，不习水性。没有多少时间，整条船就沉没了，昭王和随从贵族葬身鱼腹。

楚军乘势反击，周人“丧六师于汉水”。御驾亲征，全军覆没，很不光彩。

堂堂天子，被人愚弄，死得不明不白，严重影响周王室的威信，于是，朝廷就把这件死隐忍下来，没有遍告诸侯。

正统的史家对这场败仗不愿多说，只把周昭王南征说成南巡，用“南巡而不返”一语带过，对周楚战争的细节，涉及更少，有点自欺欺人的味道。

后山曰：南征是确凿的，船工们愤恨周朝让周昭王姬瑕淹死的说法难免可笑。“丧六师于汉水”，是北方人不习水性，也可能遭到了楚军伏击。

周朝一直认为楚国人用做了手脚的船只给周昭王坐，但楚国坚持船是好船。船已沉了，说不清了。

屈完说：“老辈人争执兮，后人无评。交通事故兮，令人伤情。”

“窝靠，真扯淡啊！”齐桓公听了半天，见两人越扯越远，不着要害，恼了，吹胡子瞪眼道，“南蛮子，兮兮兮！寡人莅此兮，谁敢无礼！大军森列兮，谁敢抗衡！寡人想灭你兮，你跑得了吗？”

屈完确实是个外交人才，听得齐桓公发火，并不畏惧，振振对曰：“您老人家兮，楚国是愿与交好的。您若以德服天下兮，我们是拍手称颂的。您若拉开架势动武兮，楚国是可以迎战的。蛮荒亦兵多将广兮，正好交手比试比试。桐柏为城汉水为池兮，我们绝不会怕你的！”

好个屈完，一排楚辞章句，声音越来越果决，把齐桓公和管仲噎得一愣一愣的，伸着脖子，却不知对什么好了。

半天，管仲说：“屈子人才也。今天会谈就这样吧，我们在友好的气氛中就双方关心的问题，广泛交换了意见，当然我国的媒体对这次会谈，会表达得更美丽一些的。我们主公，邀请屈先生，明天参观我军军容，多提意见，怎么样？”

屈完借台阶下驴，说：“那敢情好啦。”

依军事实情，齐国还真不敢贸然开战。

不错，齐桓公打了多年的仗，但扳住指头算算，只有跟鲁国的乾时、长勺两战，及“抗戎援燕”，属于主力交锋，其他都是玩玩花架子，不战而屈人之兵，取得外交胜利即罢。

屈完正是看透了齐桓公的纸老虎本质，才敢于叫板的。

第二天，态度大变。齐桓公请屈完吃饭，齐国风味大菜，大酒。

酒菜罢了，齐桓公让八国联军摆开阵势，与屈完同乘一辆战车，视察军容。

在视察中，齐桓公说：“诸侯派军，难道是为我的吗？不是，他们不过是为了保持与齐国的友好关系。楚国与齐国，也建立大使级外交关系，怎么样？”

屈完应接道：“承蒙君上，远道惠临，忍辱接纳敝国国君。建立友好关系，也正是我们的心愿。”

阅兵仪式结束，齐国与楚国签订了《召陵友好和约》，来势汹汹的暴风骤雨，眨眼消散，化为万里晴空。

四

话说齐桓公“攘夷”，“攘”到楚国，居然“攘”出“召陵之盟”，我不打你，你也不打我，我认你是哥们儿，你该给周天子贡苞茅照样贡苞茅就得了。

但是在周都洛阳，周天子却不是接受楚国复贡的苞茅就得了。

曾经深受“废嫡立庶”“废长立幼”之风祸害的周惠王，被他叔叔姬颓逼得流亡，不吸取教训，又要自刮祸风了。

周惠王姬阆，真谓一大“浪”主，晚年，陈国贡来的漂亮女子，为他生了个庶子姬带，他就想废掉已经立了多年的太子姬郑。

姬郑因为母亲早故，后母惠后厉害，老爹喜欢小弟弟带带，性格早给捏得非常柔和，不敢乱说话，只是垂泪。

但废立之议，和以往各代天子时一样，遭到强烈反对，与以往不同的是，这次的反对力量，不来自大周朝廷和后宫，而是来自诸侯。

诸侯中，谁最有资格说话？齐桓公。

“东方不败”齐桓公，惠王签发红头文件授以大权的齐桓公，对周惠王的废立之议十分不满，传檄天下，召集了鲁僖公、宋桓公、陈宣公、卫文公、郑文公、许僖公、曹昭公一干子诸侯，共奉太子姬郑，反对立姬带为嗣君。

没想到齐桓公会带头闹事，周惠王愤怒了。

愤怒之余，却不肯面对诸侯反对的现实，继续逆势而动，谋立带带。

怎么谋？拉拢郑国，曾经助其亡命的郑国。

郑国君郑文公看在他爹救过周惠王的份上，看在周惠王多年对他不赖的份上，同意背叛盟约，支持惠王。

周惠王密对郑文公说：“你去拉一拉楚国，我呢，去号召晋国，咱结成周、郑、楚、晋大联盟。我就不信，姜小白一小撮还能泛起什么浪花儿。”

周惠王此举，十分发疯，一来自降身份，二呢，实际上是跟自己的嫡长子姬

周襄王

郑翻脸了。

糊涂虫姬阆啊，为立一小姬所生的儿子，不仅跟嫡子闹翻脸，而且跟奉周礼为圭臬——至少表面如此——的天下诸侯为敌，上不上算啊？

依后山的意见，你让姬郑做总统，让带带做副总统，不也是个办法吗？

姜小白不是吃素的，至少是狠辣的。他要动作。

姜小白知道不能直接打周天子，像郑庄公一样跟天子交恶，是很不可取的，他将目标锁定为郑文公姬踕。

齐国召集诸侯，举行军事会议，研究后，采用车轮战术，你进我退，你退我进，轮番攻打郑国。

郑文公被修理得焦头烂额，惶惶然连声对齐桓公说："哎呀我回到齐盟了，我回到齐盟了，别拾掇郑国了，别拾掇郑国了。"

郑文公反水，周惠王的四方大联盟从根儿上夭折。

公元前651年深冬，在洛阳最寒冷的日子，周惠王姬阆带着无限的遗憾，离开了人世，姬郑继承了他的王位，做了周襄王。

周襄王即位，没有当上周王的姬带不接受，爹爹临终前夕的话总响在耳边："带带，爹爹一定要帮你实现做天子的梦想，你的星座有做社稷之王的征象啊！"鼓舞着姬带，鞭策着姬带。

姬带联络了大西北的几家诸侯攻打洛阳，"伐郑拥带"，弄得姬郑措手不及。

第十九章

虞公奉道

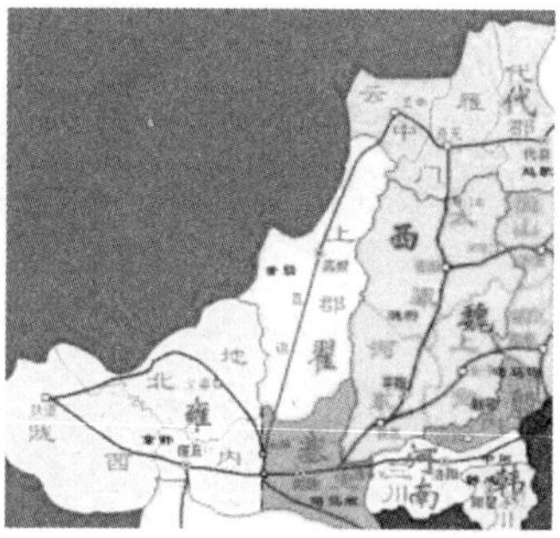

翟国的位置

一

话说姬带有心谋位，在诸侯中寻觅知音，在洛阳城里扶植羽翼。

姬带悄没声儿地发动了洛阳北边较远的翟国——狄国，作为他的武装力量。

翟人弄了个秋收起义，牧草黄时，骑马奔袭，趁大风天，连日行军，黑更半夜，自西门打进洛阳。

翟军杀了门禁，进了城门，开始点燃火把。

然而，草原兵进城，摸不清东西南北，倒是自己举着的火把，给勤王的诸侯军照了亮，三十多分钟便被勤王军收拾了。

幸好他们全军覆没，姬带没有暴露。

没有暴露也受惊不小，军事行动不好策划，在洛阳城内下功夫，伺机政变，夺取权位，也是可行的。

于是，姬带动心思，付诸实施。第一个打开缺口的是他的嫂子，周襄王姬郑年轻的王后魏氏。

姬带打开了缺口，魏夫人打开了衣裳，周围是御花园的奇花异草，将两人的风马牛活动掩映其中。

御花园的春天，彩蝶缤纷，御花园的夏天和秋天，绿团锦簇，把一对贪欢的人儿藏得严严实实，时至霜降，序入初冬，花早已谢了，叶相继落了，也就是说，树荫花丛变得通透了，能见度很好了，周襄王一看，那草地上的人在疯狂地乱动，再一细看，咋四条胳膊四条大腿呢？

晋祠正门的匾额

晋祠

这还了得吗？嫂子偷了小叔子，臣下通了现任皇后，该处何罪？

姬带和魏氏，偷情事发。但周襄王姬郑，算是仁慈，没有张扬，废黜了魏氏。待回头处置弟弟时，姬带早已逃窜。

姬带出了洛阳，过了黄河，昼夜不停地向北飞跑，最后跑到翟国落了脚，躲藏起来。

话说这个翟国，可不是个简单的地方，历史上没有太多的记载，但它收留了一心谋权的姬带，它也收留了姬带生命中的克星——晋公子重耳。

姬带在以后的连续剧演出中，没防备，大耳朵片、平肋巴骨的重耳“锵锵锵”地冲进场子，把场面搞得通红通红。

由是，后山叹惋曰：史上某些妙结，委实不敢细解啊！

二

话说哎呀，“表里河山”之晋，形势险固，外有大河如池，内有高山如城，真乃一方绝妙天地也。

晋，如今的山西。远古时候，气候湿润，林茂草丰，野兽出没，恐龙飞腾，后来陵迁谷变，全部压到了地下，成了取之不竭的煤炭资源。

晋地东部为太行山脉，危崖壁立。西部是秦晋大峡谷，谷底自北向南流着滚滚黄河。南面虽然与中原接壤，但黄河向东猛一拐弯，隔开了。北部呢，大阴山脉，遮挡着草地大漠。

晋的四面都有山水站岗放哨，比中原还要利于称霸。

晋祠中的周柏

晋祠中的雕壁

晋国原来叫唐国，悠久得很。却说大周初年，平王姬宜臼幼年即位，童心甚大，和他弟弟姬虞玩耍，臼臼用梧桐叶撕了个公章样子，说虞虞：“趴下当马让我骑一骑，我封你为唐侯。”

此本小儿戏言，恰让旁边的周公姬旦听到了，老旦惊道：“噢哟，天子金口玉言，这就算封了！”

老姬头周公不辞辛苦，领兵数百里进入山西南部，灭了那里原来的唐国，送给了小孩儿姬虞。

因为唐国有条小河叫晋水，姬虞儿子辈当政时，改叫了晋国。后人纪念虞虞，在晋水源头修建了晋祠一座。

周平王东迁洛阳时，晋文侯跟秦襄子等人护送平王有功，平王奖赏晋文侯弓箭两对，一直悬挂在晋国军事博物馆炫耀。

晋文侯死后，家族争斗绵延不绝，几代人血迸肉绽，到公元前678年，出现了英姿飒爽的晋献公姬诡诸，晋国的气势要起来啦。

晋国内乱年头太多，晋献公记取了上辈子的教训，大举诛灭同宗，“尽杀诸公子”，把堂哥堂弟们都干掉了，只剩自己孤独一枝，管着全国的人事、财政、美女宝货，享福。

自家人杀完，茅坑都空出来了，异姓大夫们带着各自的名片都来了，所谓“虽楚有材，晋实用之”。

晋国打破血统论，不拘一格录用外姓人士，公务员队伍充满生气。

在人治时代，异姓公务员过多，权势过大，不是好事，因为他们想把位置弄到他们家里世袭。

晋祠对越坊

晋祠牡丹亭

晋的公室贵族变弱了，斗不过异姓家族，就被“三马分尸”，割做了韩、赵、魏三块肉，当然这系后话。

晋献公姬诡诸有很多老婆，大老婆是来自齐国的名门闺秀，叫齐姜。齐姜，连国名加姓氏都有了，多好记。

齐姜先生了个女儿，长大嫁给一个陕西小伙儿，那人封号叫秦穆公，结成了“秦晋之好”。接着生了个儿子——真争气！——叫申生，太子！

姬诡诸的其余小老婆都是戎狄美女，合计生了重耳、夷吾、奚齐、悼子等一连串。

晋的北边住的是戎狄人，所谓“晋居深山之中，戎狄与之邻”。

戎狄人是游牧民族，放羊的向往种地的，和晋国通婚比较普遍。重耳、夷吾、奚齐、悼子分别是四个戎狄美女生的。

重耳和夷吾的妈，是狐氏姐妹俩，而奚齐和悼子的妈，是骊姬和她的妹妹。

要说骊姬，非常性感动人。夷狄的子女都是相当妖冶美丽的，前世有妲己、褒姒，留下红颜祸国的千载佳话，骊姬非惟漂亮，还有脑子。

骊姬是从俘虏里挑出来的，来得又晚，自然排不上正房，但可贵的是她知道力争上游。

白天，哪怕在挨打时，骊姬也笑得娇媚迷人，夜里，以花样百出的床上功夫侍候晋献公，使他得到众姬妾都不能给予的满意，而骊姬收获的，是两个字：专宠。

晋献公的正夫人齐姜，太子申生他妈，因故早逝，晋献公便想提拔骊姬，让

晋文公重耳

故事中的骊姬

骊姬走上正夫人的岗位，让骊姬生的小东西做太子。

请神职人员巫祝来占卜。大周继承了大商喜好占卜、预决的好传统，天子喜好，诸侯也不差。

巫祝是个贼眉鼠目的男人，神汉。

神汉做了大半天的法，又阴阳乾坤地摆弄了大半天的蓍草，结论是“吉”，之后又烧了一只龟盖，一看龟盖的裂纹，是“凶”。

又是吉，又是凶，何所适从?

巫祝说：“俺们做这行的，这样的顶牛也常遇到，俺们一般都是听乌龟的，乌龟岁数大，见多识广嘛。所以，大凶，大凶。”

晋献公说：“乌龟算什么，听蓍草的。”遂把骊姬提拔了，做正宫。

冯梦龙先生讲过一个“骊姬抹蜂蜜，申生耍流氓”的故事，说骊姬给头发上抹满了蜂蜜，又香又甜，找借口让申生陪她到花园里散步。小蜜蜂都来招惹骊姬，骊姬害怕，请申生帮她赶蜜蜂。于是就出现了骊姬抱着脑袋跑，申生扬着袖子追的美丽场面，阳台上的晋献公瞧见了，差点气昏过去，就要治太子的罪。

后山赞赏冯梦龙先生的文学思维，但太子陪着爹的姨太太逛花园的事，可能性微乎其微。考察晋国史实，申生被废，应该另有复杂原因。

按照周礼规定，晋国只有一个军团，晋献公发动了几次小战争，吃掉了周边的霍、耿等窄小而腐败的国家，地盘大了，便扩展为两个军团。

地盘一大就扩军，不知道周礼哪一条让他这么干的?

姬诡诸自己率一个军团，叫上军，太子申生率一个军团，叫下军。

晋献公派申生带兵攻打东山皋落氏，若战败，将以丧师辱国之罪诛之。

大夫里克劝谏晋献公说："太子的职责，是祭祀宗庙、社稷，照顾国君起居，因此称为冢子。国君因事外出呢，太子守护国都，这叫监国，若实在需要随父出征，那叫抚军，都是周礼定好了的，也都是传统。

"而出谋划策，率军作战，发号施令，都是国君与正卿的事情，不该由太子担当。太子在外调度军队，遇上问题请示老爹，影响他在军中的威信，如果不请示，擅自独断，那就有点不孝。所以太子只能坐朝，主公还是不要派他出征为好。"

晋献公道："卿说的是，但寡人知道该怎么做。"

里大夫出来后，连忙去找将要出征的申生。

申生也在琢磨自己的命运，很担心。

里克安慰他："国君命你统军作战，和废立应该关系不大，不要过分担忧。修身养性，不怨天不尤人，自会免去祸患。"

里克的预测慢慢都变现了，太子带兵，少不得在军事策略、行动计划中有所决断，与老爹产生意见分歧，渐渐变成矛盾，晋献公身侧那些觊觎君位的人借机挑拨，裂痕就愈来愈深。

太子申生靠自己的实力挣君位，反倒事与愿违，若明哲保身、闭门思过，一门心思地关心老爹的身体，展现俯首帖耳的孝道，老爹感动，权位继承也就没问题了。

太子征战取胜，献公暂且没有理由废杀，就命之率军镇守曲沃。

申生愈有声望，晋献公愈觉得别扭，他认为，还是传位给骊姬的儿子奚齐好，奚齐还很小，像小动物一样可爱。

骊姬多么聪明啊，感觉极其敏锐，不失时机地跟老献公达成默契，抵制太子。

太子申生有什么势力？周围有大夫里克等一帮大臣。于是，骊姬差人说服里克。

派谁呢？优施。晋献公豢养的宫廷小品演员姓施的，以在宫廷里扮小丑逗乐为能事，在文化部领工资。

这个施大优伶很受晋献公高看，他能自编自演小品。

骊姬为了确保优施到里克那里说话有效，还亲自脱光，跟优施睡了几次，身授机宜。

优施本质上是个什么货色，里克太清楚了，但优施也有招数，登门先弹着土琵琶，唱了一板晋中梆子，词曰："暇豫之吾吾，不如鸟乌。人皆集于苑，己独集于枯。暇豫之吾吾，不如鸟乌。人皆集于苑，己独集于枯。"

你看，这个由骊姬身授机宜的优施，怕里克听不懂，还复沓了一回呢。

里克问："你唱的甚个劳什子，还揉着你那个土琵琶，难道藏着什么弦外之音不成？"

优施放了土琵琶，坐下来，告诉里克说："我唱的是，看您怪灵醒，还不如乌鸫哦，乌鸫知道选择茂盛的大树，而你里克呢，却栖息于枯木。"

里克说："不明白什么是茂盛的大树，什么是枯木。"

优施回答："奚齐的妈妈，多美丽啊，又特多情，贵为夫人，受老爷子暴宠，不是茂盛的大树吗？而申生他妈早死了，老爷子又最烦申生，岂非枯木乎？

乎？乎乎？”

里克听完优施的批解，忧闷起来，觉得自己死抱着一株枯木，确乎有点不识时务，然而背叛厚道的太子申生，又实在于心不忍。

最后，里克问：“吾欲中立，可乎？”

优施说：“老里，这您就对喽！”

第二天起，里克便不上早朝了。

骊姬不再顾忌了，就与晋献公合谋，对申生下手。

骊姬知道，废了申生太子名分，不予诛杀，是不行的。废了申生，立奚齐为太子，容易，但老家伙一死，奚齐肯定镇不住台。到那时，即便申生没反应，他的党羽，为了能鸡犬升天，也难免要动手。

可晋太子申生，少年勇武，战功卓著，长期带兵，为国人敬重，怎么能说杀就杀呢？得给国人一个“胶带”才是。

三

却说晋献公动了废立之心，就付诸实施。

骊姬托人给远在曲沃镇守的太子申生捎信说，你爸爸做梦，梦见你妈妈齐姜在挨饿，你赶紧祭奠一下你妈妈吧。

申生听了，顿生悲伤，立即在曲沃政府大厅操持祭祀。祭祀完了，按照周礼的规定，用过的牺牲，要送给老爹晋献公。

祭祀用过的酒肉从曲沃送到首都绛城来了，骊姬遂给肉肉上撒了一遍调料——耗子药，再命人端给晋献公。

献公撸撸袖子，扎起架势要吃了，骊姬拦住说：“莫急莫急。这肉打边镇老远送来的，不知道安全不，最好先试试。”

肉分给了太监和狗各一碗，太监和狗吃了，当场死亡。

好哇，太可恶啦！申生谋逆君父，要杀我老头子了，要反啦！

朝臣们眼见为实，证据确凿——太监和狗就在地上躺着，正在变硬，废太子杀申生顺理成章。

骊姬赶紧趁热打铁，呜呜哭道：“都是我们娘儿俩不好，您宠爱我母子俩，引得太子不满，想要您老人家的命。我们害苦了您啊，让我们娘俩自刎以谢太子算了，呜呜呜，呜呜呜。”

晋献公说：“各位卿士，太子要杀朕，你们都看见了。传朕命令，将申生的老师杜原欸押来，让他看看。”

杜原欸被捆缚到殿下，大呼道：“主公以太子为谋逆，乃是天大的冤枉！胙肉美酒，已存留六天，若是有毒，岂有日久不腐的道理？”

晋献公说：“杜原欸，你空为太傅，辅导无能，还在朕前乱言生事，应立即处死！”

杜原欸不待武士扑过来，便以头朝大柱上撞去，脑浆迸裂而死。群臣见之，无不流泪。

晋献公随即传令曲沃太子军队驻地，赐死申生。

申生的幕僚围在一起商议，有的劝申生说最好您自己去找主公辩白一下，相信主公是会明断的。

戏曲中的狐偃

申生长叹道："我爹太爱骊阿姨了，没有骊阿姨他吃饭睡觉都不能安稳的，我又不讨我爹喜欢，我去辨白，辩清了，骊阿姨必然要被治罪，我爹怎么受得了，他身边也没人照顾了。我不想分辨。"

有人说："唉，真难得你一腔孝道啊。那就出奔吧，诸侯都知道您的令名，天地之大，到哪里都会有人接纳您的。"

申生摇头道："不出奔。出奔了，就把我爹的短处彰示天下了，晋国就要被人笑话，我不愿意看到这样的结局。"

呜呼申生，于公元前656年，以七尺白绫将自己悬挂在曲沃的办公室里，离开了这个不能容他的人世。

后山曰：申生其死也，是悲剧，也是壮剧。避免了家残国破的内战，擦亮了大臣们的双眼，为两个弟弟争取了群众基础，为晋国奠定了遥远的未来。

太子申生自缢于曲沃，接下来就是他的弟弟重耳和夷吾了。

骊姬告诉晋献公，重耳和夷吾都参与了祭肉撒毒事件，他们一人拿一个装着老鼠药的小罐子往肉上撒的。

晋献公说："是吗？那就收拾这两个逆种。"

重耳和夷吾撒腿就跑，重耳逃到蒲城，夷吾逃至屈城。

晋献公见两个儿子跑了，就派公安部特级侦察员寺人披——另一个名字叫勃鞮，他是个戎人——到蒲城追杀重耳。

寺人披得到密旨，要拿回重耳的人头复命。

重耳他小舅舅狐偃听说风声，飞来报信，让二公子大外甥重耳速速躲避。

勃鞮追赶迫急，重耳只好逾墙。

狐偃和众人托着浑身发软的重耳往墙头上爬。一条腿刚刚骑跨在墙上，寺人披一跃而起，突破人群，挥剑砍去，重耳的一根袖子齐刷刷给斩断了。

寺人披抓着重耳的袖子飘然落地，一看袖管是空的，此时重耳的从人都来攻击寺人披，寺人披哇哇大叫，乱砍乱杀。狐偃乘机拉着重耳，翻身跃墙，撒丫子奔跑起来。

寺人披把重耳的侍卫全部剁杀，之后掂着重耳的半截空袖子回国复命。

重耳和狐偃跑到天亮，决定逃奔翟国。

“翟”就是“狄”，古人写字不讲究，有个音儿就是了。翟国是戎狄建立的国家，重耳他妈的娘家，也是狐偃他爹妈的家。

重耳狐偃甥舅二人，跑到了翟国。

翟国说：“呦嗬，二公子大外甥来了，欢迎欢迎，热烈欢迎！”

重耳流亡翟国，长住下来，翟国搞国庆节，阅兵阅马的时候，让重耳在主席车中间，扶着轩杠，招手。

重耳他爹晋献公偕骊后——骊姬高升了——立奚齐为太子，立了之后，就要趁早把国家弄大，好让奚齐将来扬眉吐气。

前些年，发动了多次小战争，吃掉了周边的霍、耿等窄小而腐败的国家，地盘大了，也扩充了军队。

晋国原有一个军团，地盘一大，姬诡诸就违背周礼，扩展成了两个军团，翻番了。

譬如野兽，强大了要乱跳脚，急着扑杀。晋国一急，它南面的两个大国，虞和虢在它眼里，就成了美味的肥肉。

假道伐虢之古道今貌

虞国和虢国，都是老牌大诸侯。虢国跟周天子尤其亲近，当年郑庄公被周平王姬宜臼摘掉管农林牧的副总理的帽子，接他职务的就是虢公。在君臣鏖兵的长葛大战中，虢公还统领了一方面军呢，尽管败了。

而且，虞与虢地势互为犄角，还结有战略同盟，晋国要开打，势必陷入左右受敌的境地，难有胜算。

晋献公召开军事首脑会议，讲话说："我们，一直在开展镇压劣绅恶霸的伟大运动，杀了一批政治犯——都是我的本家或者亲戚。但是，个别罪大恶极者，尚在逃中。虞和虢，两家破诸侯，胆敢窝藏我国的逃犯，拒不引渡，诸位说我们怎么办？"

诸大夫应道："当然是打他个龟儿子兔孙子！"

姬诡诸哈哈笑："寡人已经派部队前往虢国边境，挑衅多次了，虢国也有反应，但若要大军行动，却得经过虞国。怎么样才能踩了虞国的尾巴又不让他叫唤呢？知道答案的请举手。"

荀息是个有脑筋的大夫，说："主公，给虞国送点礼，拆散虢、虞联盟，然后进攻虢国，如何？"

晋献公说："此计甚好。豁上了，准备一担郊区产的红果，你挑上替我去虞国送礼吧。"

荀息说："这，这礼，这礼，有点偏素了吧，适当荤一点方好，方好吧。"

"想荤一点好办。"晋献公说，"我淘汰的那么多小妾，搭上一个，有的从后面看还是挺漂亮的。"

荀息说："假道伐虢，对于虞国而言，很难同意的。请主公不要动怒，我看，非送我们的稀世国宝不可：屈邑良马和垂棘美玉。”

晋献公说：“妈呀我的镇国之宝啊，这点家当拿走了，我还活什么呀我!”

东周时期，王宫贵族玩的就是声色犬马。晋献公尤其痴马，恨不得上厕所都要骑着心爱的屈邑良马，周末骑着屈马，风驰电掣，飞掠郊外，快哉无比。

垂棘美玉更是价值连城。“玉”字是“王”字加一点，就是王室贵胄腰眼上悬挂的那点亮光。玉经过琢磨，串成几组，吊在他们腰下，走起路来，叮当鸣响，悠闲儒雅，丰采超人。

话说晋献公，除了美女，好的就是马和玉。舍不得，真舍不得啊。

停顿了一会儿，荀息大夫说：“将欲取之，必先与之嘛。主公，这些个宝贝，先让虞国保管一下，跟存放在咱的国外保管箱里一样，最后咱不是还要拿回来的嘛。”

晋献公心里转过弯来：“忍痛割爱啦。荀卿你给我记着，到时候原样交给寡人啊。”

四

话说荀息率代表团，你牵着马，我背着玉，到了虞国。

登上虞国朝堂，荀息作个长揖，道：“虢国很不像话，经常过境骚扰晋国人民。晋国不胜其怒，打算从贵国经过，修理虢国去。请明君同意。”

虞国领导人虞公，一听借道攻伐自己的盟友虢国，勃然大怒，一看后面的人牵着宝马，端着美玉，回嗔作喜，胡乱答道：“这事儿，怎么说？”

这个虞公，是东周春秋时期出名的巨贪。

曾经，他想要他弟弟的一块宝玉，说他弟弟没有什么错误，但“怀璧其罪”，藏块美玉就是罪，弟弟怕受迫害，只好将美玉给他了。

得了美玉，又索取弟弟的宝剑，弟弟怒了，说你第三步不就要我的脑袋了吗？就跟哥哥对打，打得热火极了。

虞公盯着荀息送来的宝马美玉，悄悄地吸溜哈喇子，吸溜了半天，说：“周中央三令五申，号召我们廉洁奉公，怎么能这样你送礼我收礼呢？啊？”

荀息连忙赔笑答道：“周中央的精神我们天天学习，但精神是精神，办事是办事，全国不都这样嘛。大周是礼仪之邦，礼多好办事。我们，我们想借一借贵国的道路，南下修理虢国，请您同意，才送来的马和玉。跟周中央的精神没有冲突的，没有冲突的。”

虞公仍然盯着宝马美玉，说：“没有冲突吧？没有冲突就好。来人，牵过马，捧过玉，别让荀大夫累着。马，栓到后殿，栓紧喽，玉，塞我枕头底下，塞严实喽。”

荀息送出了礼物，笑着又问：“我们想假道伐虢的事儿……”

虞公说：“没问题啊，没问题啊。大路朝天，你们过吧。”

殿下站着的虞国大夫宫之奇大呼“不可”，说：“主公，据我所知，晋公连年大搞政治运动，杀兄弟，诛太子，驱公子，这都是恶人才干得出来的呀！给咱们送来稀世国宝，此中必有阴谋。咱们虞国和虢国，休戚与共，荣辱相关，那是嘴皮子和牙齿的关系呀，嘴皮子被撕去的话，牙齿不就要冻掉了吗？”

虞公说：“哎呀，你脑子真多。借道走一走怕什么？晋国跟咱是同宗，一大

虢邑下阳城故址

家子，同宗相互帮助，是应该的。你是走路捂屁股——小心过度嘛。”

宫之奇僵那儿了，下朝回家，越想越怕，就拾掇拾掇行李，率领全家连夜逃跑了。

虞公真是个优秀的“同宗”，不但借路给晋国，还主动送饭劳军，帮着晋国人南下，去撕自己的“嘴唇”虢国。

虢国不是个软柿子，仅仅丢了一个小镇子。

不过，晋国人踩点成功。几年后的盛夏季节，晋国公姬诡诸自率上下两方面大军，假道出征，声势狂傲，车轮辚辚，志在必得。

虞国的路边，照虞公吩咐，贴满了欢迎和欢送晋国子弟兵的标语。

虞公送了一批兵车，还特意组织了大量年轻的姑娘，身穿泳装，手举熟鸡蛋，在路边热烈拥军。

虞国美女儿让晋献公口水流了三尺长，目今打仗去，实在顾不上，发誓早去早回，回头来非弄一批带回家玩耍不可。

晋军顺着虞国大道，荷戈小跑，像劈竹子一样快，团团围住虢城。

虢国军民无计可施，苦守而已。

荀息生了个特洛伊木车计，将精锐晋兵藏在虞国所送的兵车里，诈称救兵，赚开城门，开始斩瓜切菜。

虢公带着大小老婆、大小孩子，仓惶逃往洛阳，投奔大周主子，将虢国结束了。

晋军凯旋，回师虞国。晋献公说身体有恙，不走了，屯扎了部队，进行休整。

虞公不知是计，还时常派巫婆神汉去治疗。

虞公有天出城打猎，晋军以闪电不及眨眼之速度占了虞国政府、军委一干子机构，虞公一回来，也被疾速装进了大木笼里。

屈邑宝马和垂棘美玉都找到了，虽说马齿有点变长，玉却被虞公的汗手养得晶亮。

晋献公搜罗了虞国的妃子姬妾，搜罗了当初在路边举着熟鸡蛋拥军的美女们，漂亮的即时纳入后宫编制，稍欠一点美色的，花了几个夜晚认真鉴定之后，也有了等级，好点的送给荀息等功臣，一般的都分给了卿士们，全军上下，淫声翻飞，皆大欢乐。

晋献公先期统一了汾河流域，现在又通过灭虢灭虞，领土扩大到黄河南岸，成为新的大国强国，于是，修书、置贡，预备送往洛阳，向周天子报喜和献礼。

修书、置贡，只是准备着，他没有行动，因为首都洛阳，到郑国一带，正闹得狼烟张天呢。

第二十章

泛舟之援

一

话说公元前651年冬天，在洛阳城里，正是临崩的周惠王想把天子之位传给小儿子姬带的时候。

为了立幼子姬带，周惠王授意郑国，让郑国去拉拢楚国，而惠王自己则派心腹致书晋国，要求晋献公出兵洛阳勤王，好结成周、郑、楚、晋大联盟，斯时正是晋献公灭了虢国和虞国，撮了大量的美女，班师回家的当儿。

在洛阳，为了支持太子姬郑接班，齐桓公姜小白会合多家中原诸侯，轮番围攻周惠王的帮手郑国，逼迫周惠王姬阆把天子之位传给嫡子姬郑。

晋献公接到周惠王的圣约，立马回书表示支持周天子是应尽的责任，当立即整兵出发。

实际上晋献公没动，他在观察动静，观察姬阆怎么宾天，新王怎么登位，而后才有态度，才有动作。

很快，洛阳形势明朗，惠王驾崩，太子姬郑继位。

晋献公乃派使团把修好的书、置好的贡送进洛阳，热烈祝贺，兼汇报工作。

灭虢、灭虞后，晋献公后宫里美女陡然增多，忙得他不可开交，没多久就患了帕金森氏症，一天到晚地得瑟，愈得瑟愈重。

不好，晋献公觉得自己快薨了。赶紧把功臣大夫荀息叫到病榻前托孤："老荀你是寡人的贴心上卿，奚齐年幼，你逢事罩着他，做他的监护人，好不好？"

荀息对晋献公死心塌地，那是没得挑剔的，说：“臣发誓，效忠奚齐，绝不动摇。”

晋献公得瑟着说：“有你这句话，寡人就放心了，九泉之下保佑你们。”

晋献公很快就结了一生的伙食账，老荀息领着大臣们，扶持小孩儿奚齐顺利接班。

“可是，能轮得上奚齐吗？”二公子重耳的外公狐突，在翟国的国务院里，激动地质问。

晋献公亡故，太子申生早几年也已被赐死，继位的应该是重耳啊。

狐突抓紧组织人搞串联，给重耳赚吆喝。

他们跑去见里克。里克当年听了优施的晋中梆子，而取“中立”态度，导致申生被赐死，他一直惭愧呢。

里克听了重耳亲友团的话，又被说服了，墙头草歪起来，很快答应向新寡妇骊姬发难，杀掉新主公奚齐，为二公子重耳扫除路障。

里克预备在晋献公的葬礼上行动，暗藏了杀手，化装成举幡招魂的。但是接受先君托孤的荀息千分谨慎，万方戒备，总用犀牛皮盾牌护着小奚齐。

抵达墓地，开始祭奠，众人大哭，场面混乱。

刺客抽出青铜宝剑，砰地戳穿盾牌，连着刺穿了盾牌后面的小奚齐。奚齐来不及叫，死于非命，保镖杖剑来救，也被杀死，刺客太老到了。

里克和重耳亲友团听说刺客得手了，正说下一步要抓紧点呢，听到荀息抓得更紧，转身把骊姬的妹妹生的悼子扶上了君位。

里克又安排了晋国有名的武士屠岸夷，冲进朝堂“办事”。

老臣荀息面色凛然，怀里抱着幼小的悼子，稳坐在朝堂正中的几案后面。

里克也走了进来，在殿中站定，严肃地大声道："生还是死，请做决定！"

荀息厉声说："该死的时候我自然会死，用不着你操心。主公尸骨未寒，你就杀死主公骨肉，我就不信，你今天还要再杀主公一份骨肉吗？"

里克说："难道太子申生不是主公骨肉吗？我不为他报仇，谁为他报仇！"

屠岸夷大喝道："我为他报仇！"剑锋指处，小小的悼子应声毙命。

荀息老大夫勃然生怒，抡剑而起，左冲右突，疯狂砍杀。

众人不理荀息，冲进后宫去找骊姬。

荀息长啸一声：啊——献公啊！老臣无能，有辱使命。啸完，一剑拉过了自家脖子。

主子被杀光了，政府瘫痪了，绛城没有人管了。里克派屠岸夷到翟国接公子重耳回来继位。

屠岸夷领了这个长脸的差事，兴冲冲跑到翟国对重耳说："里总理让臣下前来禀报：晋国人民都盼着您回去重整河山呢。"

重耳已经在外公家五年，每天好吃好喝，啥也不干，当时晋国、翟国的滑头政客们，如狐偃，如赵衰，如贾佗，如先轸，如魏仇，都来簇拥着他，他习惯了在翟国的幸福日子，猛一下让回老家执掌权柄，脑子里还没预备呢。

重耳接过邀请函件，说："我要开个会，跟我的团队商量。"

重耳把智囊们拢到一起，研究形势，认为国内杀气太重，回去恐怕也是为那些杀红了眼的武士凑刀下人数。

秦晋一水相望

山陕峡谷

于是重耳婉言对屠岸夷道："我多年流亡在外，已是不孝了，君父去世，也未能奔丧，哪还有脸面继承君位呢？逃亡在外的公子还不少，请大臣们另扶一个吧。"

重耳算了个精明账，想让再杀两个公子之后，自己好把君王做得踏实。

然而事实是，精明误了重耳，使他坐失良机，又费了多年周折，方绕回原地。

既然重耳弃权，那就找三公子夷吾。

夷吾流落到了小梁国，梁国国君把小女儿嫁给了他。他天天搂着老婆等，终于等到晋国来人了，请回去担任新君。哎呀运气说到就到啊，赶紧回去吧。

夷吾激动，手下人郤芮冷静，说："二公子放弃，说明难度太大。现在朝里，里克不好惹，弄不好会受他的气，再弄不好，还有白捐两颗人头的危险。所以最好别急，先贿赂贿赂里克，然后跟秦国沟通一下，有个靠山，再回国不迟。"

二

洛阳老百姓，说起来山西和陕西，括曰："山陕二西"，意思是，秦晋哦，亲近。不就有个定词，叫"秦晋之好"嘛。

后山对山西和陕西实地了解少，但祖父林公年轻时候曾经在"山陕二西"摸爬滚打，留下了家族史上许多可歌可泣的事迹。

祖父在隆冬季节，为了节省船钱，干脆自己泅渡黄河，差点给水中流动的巨

秦穆公

百里奚雕像

冰切断小腿，留下了大月亮般的纪念疤痕。他还有肩挎百余斤行李，单臂抓着火车屁股后头的扶手千里旅行的豪举，超印度人，从兴平开始的。

土匪绑走了邻村老乡的小孩勒索钱财，众人失色，无奈中请祖父林公去“说票子”。林公英勇地独闯土匪盘踞的山寨，把小孩抱了回来。后来小孩终生成了林公的干儿子。

好，话说黄河。黄河去宁夏和内蒙古那儿一看，啊呀，干旱贫瘠，赶忙折回来向南流。

黄河太伟大了，朝南一流，流出了一道秦晋大峡谷，山西在东，陕西在西。

秦晋大峡谷以东，跟中原联络较多，他们自认为开化，甚至自认为自己十分“中原”。譬诸晋国，杀太子，逐公子，权力翻覆，宫闱溅血，学同宗周天子家，学得很好。

秦晋大峡谷以西，是原来周平王东迁洛阳时，护驾勤王有功的秦襄子的封地。

平王在洛阳就绪了，有点忽悠秦襄子，说犬戎糟蹋了我们的镐京，大片国土沦丧，朕心疼啊，你回大西北靖边吧，赶走犬戎，收复失地，全都封给你。

秦襄子想都没多想，屁颠颠地跑回西北，立旗买马，招兵修戈，吃尽千辛万苦，甚至对上了自己的身家性命，渐渐地打出了个秦国，现在传到秦穆公了。

秦国在大峡谷以西，被认为是蛮荒边陲，文化相对落后，人材资源匮乏，干粗活的人很多，能吃智的人太少，于是，秦穆公的猎头委员会从中原挖来了一个智囊——百里奚。

百里奚，百里稀见的意思吧？秦国人甫一听到这个称呼，可能就给震了。

话说百里奚，其实从小长在一个不足一里的山沟里，连朝黄土，屁股朝天，做务庄稼，三十出头，还穷得叮当响，响叮当。

家中实在揭不开锅了。妻子杜氏鼓励百里奚出游求仕，到洛阳当“京漂”，捡个一官半职，古时候，如此干法谓之“宦游”，非常时髦的。

杜氏一大清早起来，煮了锅小米饭，宰杀了唯一的一只下蛋母鸡，劈碎门闩当柴火炖了，给丈夫饯行。

可我们的百里奚，先在各地“方漂”，再到洛阳“京漂”，漂的结果，是漂成了乞丐。

洛阳乃首善之都，乞丐也比别的方国多，乞丐们行动范围很大，相互发布新闻，有天的新闻是“王子姬颓，喜欢养牛”。

百里奚听得这个报道，就想去给姬颓养牛。

大周时期，牛是不下田的，它们的任务是供应肉食和做牺牲。至于大周公子姬颓的牛，就更“牛”了，不耕地，不拉车，乃是玩宠。

百里奚想去养牛，他的朋友蹇叔却说：“别晕了吧，你看那个姬颓颓，哪有什么前途啊，千万莫去，建议你坚持乞讨，另待机会吧。”

果然姬颓不久后造反，在蔿国、边伯、詹父、子禽、祝跪五大夫扶持下，以庶替嫡，但是，最后郑国帮着周惠王复辟，杀了爱牛的姬颓。

百里奚因此特别服气蹇叔，蹇预言家，真牛啊！

友人介绍百里奚到虞国当科长，蹇叔说不会有什么好结果。他还是就任了，毕竟讨饭太辛苦。

在虞国，百里奚怪罪虞公不提拔他，故而吃白饭不干事。

虞公贪爱晋献公的屈邑宝马、垂棘美玉，中了晋国“假虞灭虢”诡计，宫之奇跑去进谏虞公，百里奚还阻拦，说：“给糊涂蛋出主意，好比把珍珠扔在灰堆里。”

虞公被灭虢归师的晋献公抓到大笼子里，百里奚失去工作，成了个战奴，心说：“蹇叔神算，不服不行啊。”

晋献公分出一部分战争奴隶，送给自己的女婿秦穆公嬴任好，百里奚正在其中。但百里奚刚进秦国，就瞅空子逃出了奴隶营。

百里奚辗转流离，到了楚国境内，重操旧业，讨饭吃，被楚国政府的城管小分队抓住了。

城管恶极了，暴打，审问，百里奚交待：“我是个逃跑的奴隶。”

既然是奴隶，就继续当奴隶，问他会干什么，他说喂过牛，那就拉去喂牛。

百里奚喂牛，舍得草料，牛长得跟犀一样气派，他也成了饲养模范，受到楚成公熊恽的接见，继而被调到宫廷养马。——风马牛相及了，哈！

秦穆公嬴任好响应周中央大开发的伟大号召，崛起地方经济和军事，求贤若渴，四方搜罗能人，专门成立了猎头委员会。听说百里奚有两把刷子，指示猎头委员会主任公孙枝，不惜代价，挖他过来。

公孙枝说：“人力资源，如今各国都很敏感。我们出高价，楚成公必然警觉，自己留用百里奚。还是出低价吧，也适合百里奚的奴隶身份。”

嬴任好说：“你说的有道理，尽便宜吧，只要能弄回来。”

公孙枝带了五张黑山羊皮，到楚国，换百里奚。

公孙枝对楚成公说："百里奚是从俄秦国逃跑的奴隶，俄带了五张好羊皮换百里奚，你可以做夹克，做皮包。"

楚成公大笑，说："大楚物产丰饶，鳄鱼皮都用不完，换一个奴隶，按说我应该退你三张皮子。你们秦国的好意我收下了，带他走吧。"

百里奚被装进奴隶囚车，运进秦国国境，公孙枝才请他出来，坐上高乘轩车。

到了秦都，秦穆公在东城门恭迎多时了，虔诚地从车中请出百里奚，送进五星级客栈，待以上宾之礼。

接下来三天里，秦穆公向百里奚讨教兴国大事。他毕恭毕敬地说："秦国地处边陲，卿有何妙法，能使俄强势崛起？"

百里奚这时已是古稀之龄了，捋着白胡子道："夫大秦也，群山交错，四塞险固，进可以攻，退可以守，号称关中，实在是一方宝地啊。

"遥想当年，文王季历，起于关中，大周肇兴。建议安抚本地，集聚粮草，征战戎人，再克西蜀。然后可以东向扼险，独霸西陲，割据一方，扰天下之背，雄视海内。

"等着，一旦中原失主，您借机长驱，以临洛阳，恩威兼用，则帝王之业，终可成就矣！"

哎呀！哎呀！秦穆公听完这段闻所未闻的战略豪言，惊叹得无以复加，慌忙起身紧握百里奚的手，说："俄有大爷您老人家，好比齐国有管仲啊！"

秦穆公激动地封百里奚为国务总理，亲切地称颂他为"五羖大夫"——"五

秦军元帅孟明

羊皮大夫”。

百里奚考察了秦穆公的干部队伍，觉得过于年轻化，跟大中原的老人政治不合拍，就把自己的老朋友——白胡子蹇叔也高薪聘来了。

秦穆公自然躬迎蹇叔，封官。

蹇叔的儿子白乙丙和西乞术也一同进宫，都当了大夫，鸡犬全都升了天。

百里奚喜爱秦国的山川风光，物产民情，当了上大夫以后，在秦国到处转悠。媒体整天报道他亲民的消息，老百姓很受鼓舞，奋勇稼穑，粮食打得多起来。

有一天总理府办音乐歌舞堂会，非常热闹。席间觥筹交错，宾主笑语缤纷。百里奚府上一个老年洗衣工，出场了，主动要求为上大夫百里奚演奏歌唱一曲，百里奚欣然同意。

老妇人走到大庭广众之下，落落大方地援琴抚弦，自弹自唱起来。

百里奚，五羊皮！忆别时，烹伏雌，舂黄齑，炊门闩。今日富贵忘我为？

百里奚，五羊皮。父梁肉，子啼饥。夫文绣，妻浣衣。嗟乎！富贵忘我为？

百里奚，五羊皮。昔之日，君行而我啼。今之日，君坐而我离。嗟乎！嗟乎！富贵忘我为？

歌声，委婉幽怨，歌词，字字真切，耐人寻味，百里奚脑袋嗡地一下，大为惊异。半天，回过神儿来，敢情这唱歌的洗衣工是我原老婆啊？

百里奚疾步下堂，紧紧握住女佣人粗糙的双手。

四目相对，四手紧握，百里奚泪眼婆娑：分离四十多年，确实是你？来到面前？

是我，是我。你比以前阔气多了，成老爷了，肚子也大了，锦衣玉带，叮当作响，一帮美女在你屁股后头为你打扇子……

老太婆哭诉了一通，叫儿子孟明过来："快拜见你老爹，这是你老爹，叫爹吧，叫爹呀！"

孟明颤颤地叫了一声爹，一家三口在众人丛中哭成了一团。

孟明，自此一飞冲天，和蹇叔的儿子白乙丙、西乞术，都被秦穆公委以重任，他们三人，执掌秦国三军，为秦穆公打了不少败仗。

三

话说晋国朝堂，血腥弥漫，二公子重耳不想回国担任新君，三公子姬夷吾则特别愿意。

姬夷吾手下亲信、心腹大员郤芮，建议姬夷吾，一边贿赂国内权臣里克，一边派使者，到秦国寻求外交靠山，寻求国际支持。

姬夷吾照办，遂派使臣，怀揣函简，到了秦国。

秦穆公前一天夜里做了一个梦，梦见自己当了天下霸主，正筹备全国诸侯大会呢，筹备着筹备着，忽然醒了，梦断了，很是不爽。

晋三公子夷吾的使者带着美玉和求援信找到了他。

秦穆公根本没时间思考怎么对付妻弟们的事情，就请出老总理百里奚，说："俄见的世面少，您老给他们讲解一哈吧。"

百里奚说："这个问题，太小了，由我儿子来处理吧。"

百里奚的儿子孟明，先听汇报。听完，掌握情况了，对秦穆公说："重耳和夷吾都是主公的妻弟，主公帮哪个都一样。主公的大妻弟申生死后，晋国灾难连绵，如果主公能定立晋国社稷，那自然是霸业的开端啊。"

秦穆公听了，觉得正应前一天夜里的梦境，来了劲，道："你说俄怎么办吧？"

孟明说要派人去，分别访问重耳和夷吾，再决定支持哪个当国君。

秦国访问团先到了翟国，拜见重耳，说愿意发出兵车，送他回去就位，重耳仍然不卑不亢，说不敢违背先君意愿，不敢辱没贵国的车马。

访问团又到小梁国见三公子夷吾，夷吾积极地说："秦国肯支持我任新君，我就把晋国的河西之地送给秦国。"

访问团归国后，向秦穆公汇报，秦穆公听完，觉得重耳贤义，值得支持。

孟明却说不能帮重耳，重耳小气，而且能干，他将来强大了，是秦国的威胁。秦国要向东发展，走近中原，夷吾给我们河西做跳板，是大好事，应该支持夷吾。

秦穆公说："你的智商高，俄听你的，支持夷吾吧。"

秦穆公派出三百乘兵车护送夷吾回国。一行人过了黄河，继续行进，接近晋都绛城时，突然斜刺里出来一彪人马，打着"齐"字旗——不好，东方霸王齐桓公现身了？

夷吾和秦国大夫惶恐，前面报说，齐桓公派大夫隰朋来护送晋国新君。

正客气着呢，更大的牌子闪出，大周天子周襄王姬郑的使团也来了，宣布周襄王支持姬夷吾回国继位的重要指示。

夷吾这回的谱子可是玩得真叫大。晃晃肩膀，感到英勇豪迈。

晋国国内权臣里克等人率众迎接姬夷吾入朝即位，是为晋惠公。

晋惠公登了位，听了谋士吕饴甥的话，“主公当初答应割地，是没有入晋。现在您是晋国当家的，当然要对晋国负责。不给他河西之地，打起仗来，未必输掉河西五城。”要撕毁承诺，不想给秦国土地了。

晋惠公说：“割五个城，寡人实在不舍，那么割一个两个可以否？”

吕饴甥说：“不割，他不乐意，少割，他一样不乐意，索性不割，看他咋着。”

晋惠公说你写一封信吧，于是吕饴甥写了一封坚决不予河西之地的信，晋惠公使丕郑父送这封赖账的信去秦国。

这天，迎晋惠公回国的重臣里克刚刚下班到家，突然闯来大队兵甲，列于院中。

晋惠公从国外带回来的郤芮，面如冷铁，用盘子端着一柄宝剑，登堂而入。

里克惊问：“请教郤大夫，你这是何意？”

“传主公命令——”郤芮朗声道，“大夫里克，虽然迎驾有功，但连弑奚齐、悼子二君，逼杀顾命大臣荀息，寡人不敢以私恩害于公议，请里克大夫自图。”

里克大怒道：“他妈的我不杀二君，岂有你今日！真是欲加之罪，何患无辞啊！我他妈也活够了，谁的臣子也不想当了！”

里克骂过，抓起宝剑，壮烈地自刎身亡。

里克死了，他的部下丕郑父跨过黄河，进入陕西，顺着渭水西上，来到雍城，拜见了秦穆公，说："我们主公不割河西五城了，您别再指望了。"

秦穆公气坏了："夷吾这个粪球，俄早就看他不是好人，俄，俄非教训教训他不可。"

丕郑父说："我们主公，就是个爱耍赖的人。他还有两个爪牙，吕饴甥、郤芮，帮着他干坏事，翦除了这俩恶小子，就等于骟掉了惠公那头野猪。"

秦穆公问吕饴甥和郤芮这俩恶小子怎么翦。

丕郑父说："好翦，您用好言重礼，诳他们到秦国进行访问，乘机捉拿，杀了他们。"

秦穆公说："你们晋国人真有脑子，这主意不错。"

丕郑父领着秦国的回访使者回到晋国，刚到城郊就碰见大夫共华，听说里克死了。好哇，肃反提前开始啦！丕郑父想跑，转念一想老婆孩子还在城里，赶紧向共华讨主意。

共华说："里克死了，咱们的人还有很多。我看他不至于连续轻举妄动，您该回去还是回去。"

丕郑父登上朝堂复命，说："禀报主公，秦国以为河西五城无所谓的。秦君说那是主公主动提议的，秦国扶助晋国乃系道义，不为图报。"

说完亲切示意身边的秦国使者发言。

秦国使者笑呵呵地说："秦君特让下臣传达诚恳结好之意。秦君听说贵国吕饴甥、郤芮两位大夫，才华横溢，特请两位到秦国进行友好访问，不知意下如何？"

吕饴甥在心里冷笑，想赚我啊，嫩了点，说："非常感谢贵国君的好意，但我们刚刚执政，百废待兴，访问的事以后再说，以后再说吧。”

却说吕饴甥，仍在酝酿着大肃反呢。

老杀手屠岸夷被找来谈话。

吕饴甥说：“里克弑君，已经伏诛。你一贯紧跟着里克，他的罪也有你一半儿。老屠，你的问题相当严重啊。”

屠岸夷说：“咱不是有力气没脑子嘛。现在后悔得肠子都发乌了。”

吕饴甥是个舌辩之士，政治思想工作师职称，一番舌粲莲花，屠岸夷早已泣不成声，基本上要歃血效忠新领导了，“您指哪儿我杀哪儿！”

未几日，丕郑父召集太子申生时代的同党七大夫开会，发誓要剥了郤芮的皮，割掉吕饴甥的舌头，驱逐晋惠公，请重耳回国为君。

与会的屠岸夷提议说：“咱给重耳写封信，我辛苦一趟，无论如何要把他弄回来主持国家全面工作。”

大家都说使得，便起草，签字。

翌晨，早朝时，这封给重耳的联名信来到吕饴甥手中了，晋惠公说：“念！”

吕饴甥摇头晃脑地念道：“伟大的重耳公子阁下，我们一批热血臣子，曾食君之厚禄，无时不思报效。今日，天不祚晋，昏主窃位，佞臣当道，我等愿尽心竭力，迎公子入晋为君，出民水火，平安社稷，报献公先君并太子申生在天之灵。立此血誓为证，天地神人共鉴。”

吕饴甥接着念道：“盟誓者，括号，排名不分先后，括号完。丕郑父、共华、贾华、叔坚、累虎、特宫、山祁、骓遄、屠岸夷。”

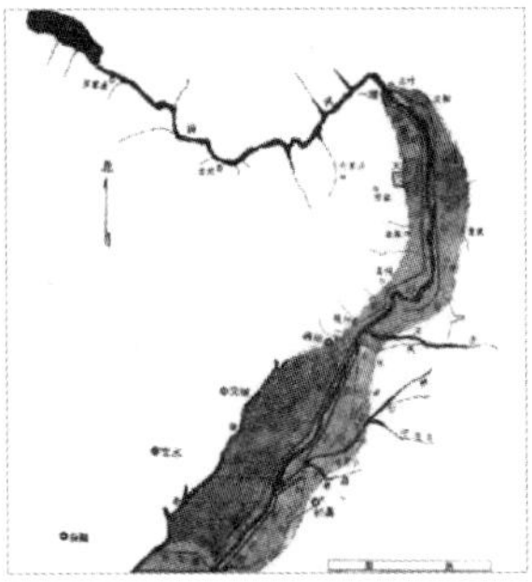

汾河

泛舟之援秦国所经水道

名字被曝光的大夫们满面羞愤，想发作又发作不得。

晋惠公按名单抓人，除了屠岸夷，全部就地正法，暴尸广场，以警效尤。

类似的臣子都害怕了，卷起行李，化装出逃，汇聚到翟国，找重耳去了。

丕郑父的儿子丕豹没有找重耳，他直接逃到秦国，缠着秦穆公给他老爹报仇，秦穆公说：“俄现在没法报你这个仇，那是俄妻弟的内政。”

晋惠公的肃反内政，是在晋国连年大饥荒的间隙里进行的。

其实在晋国宫廷血火翻覆的多年间，饥荒已经在晋国大地蔓延了。饥荒连年不尽，仓廪空虚，民间绝食，老百姓肚子都饿得透亮了，死人无算。

为应对大饥荒，晋惠公只好硬着头皮派大夫庆郑到秦国去买粮食。

庆郑背着钱，跑了八百里，到秦国后，秦穆公听说他饿了一路，赶紧安排他吃顿饱饭。

吃了饭，庆郑提起买粮一事，秦穆公说：“请百里大爷决策。”

百里奚刚结束国务院一个饭局，吃得有点撑，想起从前“洛漂”挨饿的痛苦经历，不仅感慨万端，对秦穆公说：“年景循环，丰凶互有，哪个国家都逃不出这个圈子。秦国这几年，谷子、糜子和桑麻都是大丰收，救济一下晋国，积德积福也是。”

公孙枝也发言支持：“秦国施恩于晋，晋国知道回报，很好；若不知道回报，他的臣民就会看不起他，反对他，咱们乘机讨伐，打败他，河东河西就全有了。”

丕豹大喊不能援助，“姬夷吾是个流氓，天下人都知道。承诺过的河西五城到现在还赖着不给您呢。依我说，趁他军队没粮吃，现在正是起兵灭掉他的

秦国援助晋国的水路

时候。”

秦穆公心善，说：“他国君不好，但老百姓有什么不好呢？”

秦国遂开仓出米，通过水路向晋国输送。船队沿渭水，自西向东，再转车运，横渡黄河后，再装入汾河的船上，北运绛城。庆郑脸上很有光彩。

雍、绛、河、汾之间，舳舻相接，八百里路程，漕运车载相连，蔚为大观。这是史载中国第一次大型国际间粮运救济，“泛舟之役”。

百里奚老大爷真是神人，说中了。

下年，秦国关中平原大旱无雨，储备的小米卖给晋国了，秦国开始“大饥”。

雨都洒到了晋国，晋国大丰收。秦穆公的使者满怀希望，到晋国买米。死抠门儿的晋惠公姬夷吾不想救援。

大夫庆郑曾去秦国求米，主办去年的泛舟之役，深有体会，主张卖粮食给秦国，说：“臣去岁奉命乞籴于秦，秦君一诺无辞，其意甚美。今乃闭籴不与，秦怨我矣！自私自利，背信弃义，无视道德，结怨邻里，安能守好一个国家？”

大夫虢射反对，道：“皮之不存，毛将焉附？河西之地不予，已经触怒秦国，没有皮了，现在卖粮食给秦国，毛哪有地方附丽。何苦要卖？依我说，不如约会梁伯，乘机伐秦，共分其地，是为上策。”

晋惠公于是对秦使说：“敝国连岁饥馑，百姓流离，现稍有收成，流亡者渐归故里，小米仅能自给，不足以相济也。”

吝啬的晋惠公决定见死不救，不卖给秦国粮食，让姐姐和姐夫饿死。

四

却说秦国的买米使者，从晋国空手而归，汇报给秦穆公，秦穆公怒了。

又听报告说，虢射建议晋惠公约会小梁国，趁饥打劫，进攻秦国，正在整饬军备。秦穆公和百里奚决定先发制人。

秦穆公清扫了国家粮库，把最后的粮食拨入军队，大起三军。

留蹇叔辅太子守国，孟明引兵巡边，秦穆公同百里奚亲将中军，西乞术、白乙丙保驾，公孙枝将右军，公子嬴絷将左军，共车四百乘，以丕豹为前锋——丕豹终于派上用场了——浩浩荡荡，向东攻击，连战连捷，快速推进到了黄河岸边。

溃散的晋国军队不断带回坏消息。晋惠公拧着眉头问庆郑："秦国鬼子大驱直入，晋国土地接连沦陷，你说，寡人怎么办？"

庆郑说："凉拌。他没有粮食吃，他不到处寻找嘛。引罪请和，方为一途。"

晋惠公怒骂道："你这货，真不逊。寡人要先斩了你，然后发兵迎敌。"

虢射说："未出兵先斩将，于军不利。姑且赦免了，令他上前线，将功折罪。"

晋惠公准了："要不是战事吃紧，寡人真要收拾你。到战场上看表现。"遂吩咐备办车马，御驾亲征，迎战秦军。

当日大阅车马，选六百乘，晋惠公与虢射调度中军，屠岸夷为先锋，望西进发。

晋惠公所乘，乃从郑国买来的进口车，名叫“小驷”——四匹矮脚马拉的小车。其马如驴一样身材小巧，如牛一样步骤安稳。

庆郑忍不住说：“征战大事最好乘本国出产的马，解人心意，熟悉道路。大敌当前，主公不用国产车马，恐不利也。”

惠公叱责他：“进口车是我坐惯的，我乐意，你少废话。”

晋国军队渡过黄河，离秦军十里下寨。

晋惠公沉不住气，刚刚安营，埋锅造饭，就派遣大夫韩简去侦察动静。

韩简去了一趟回来说：“秦国军队少，只有我们的三分之一，不过秦军士气是我们的三倍。”

晋惠公说：“寡人就不理解了，怎么是这样的比较？”

韩简对答说：“主公当年仗恃秦国而投奔秦国近边的小梁国，由于秦国帮助而即位，又因为秦国的援助而渡过饥荒，受秦恩三番，未报一次。敌我双方军队指战员都有看法嘛。”

晋惠公不高兴了，说：“听着怎么像庆郑的屁话呢。不要说了，寡人当与秦决一死战。”

第二十一章
拜受泥壳

一

话说晋惠公安营扎寨已毕，便遣大夫韩简去侦察秦军。

韩简侦察后汇报说：“我军人数是秦军的三倍，然秦军士气是我军的三倍。”

晋惠公让韩简解释一下。

韩简说：“主公当年仗秦势而奔梁，由秦帮助而成功即位，因秦援助而渡过饥荒，三受秦恩，未有一报。敌我将士皆有看法。”

惠公老大不悦道：“不要说了，这像庆郑的屁话。寡人当与秦决一死战。再命你往去秦军，为寡人发布战书。”

韩简又奉命去秦军驻地，向秦军总指挥秦穆公宣读晋惠公的战书。

寡人有两军之众，甲车六百乘，足以对付客军。客军若知趣退走，是寡人希望看到的；若执迷不悟，就算寡人想予以避让，也挡不住将士们的英勇，你就挨打吧。

秦穆公笑一笑，说道：“嘿，小子，骄纵得很呐。”让公孙枝答对。

公孙枝跨前一步，朗声对曰：“夷吾先生想回国就职，秦君满足了他；夷吾先生想要小米，秦君全给了他；现在夷吾先生想打仗，秦君岂敢不予奉陪？”

次日，在黄河岸边的龙门山下摆开战场。

两阵对圆，双方中军各自鸣鼓进兵。

英雄屠岸夷，手握一百斤重浑铁枪，撞入对阵，逢人便刺。遇上白乙丙，两下交战，约莫五十回合，杀得性起，各自跳下战车，互相扭结不放。

屠岸夷说：“我与你拼个死活，要人帮助的，不是好汉。”

白乙丙说："正要独手擒拿你，方是英雄。都莫来帮我！"

两人拳捶脚踢，愈打愈分不出胜负，竟扭入阵后去了。

晋惠公见屠岸夷陷入敌阵，急挥军马，分作左右两路救援。秦穆公见晋分兵两路冲来，也分兵两路迎敌。

晋惠公的车撞上一员秦将。那家伙有万夫不当之勇，喝呼如霹雳震天，长戟舞得虎虎生风，把国舅虢射吓得伏于车中，不敢出气。

小驷马受到惊吓，突然尥起蹶子，各自往斜刺里跑，根本不听驾驶员的，直到陷于一片泥塘里，实在动不了，矮脚马拔脚不起，才停止尥蹶子。

万分危急之际，庆郑的车经过，晋惠公赶忙大呼说："庆郑快来救我！"

庆郑说："虢射干什么的，怎么让我救你？"

晋惠公说："小驷陷泥坑了，庆郑快把你的车顺过来让寡人坐。"

庆郑觉得好笑，就说："我说进口车不好，您偏要坐，国产车您怎么坐得惯呢。您先坐稳，我让别人来推车救你。"

晋惠公急了："庆郑，你给我回来，你不要跑！你混蛋！你妈是我的小婢子！"

却说晋国另一军由韩简率着冲锋，恰遇秦穆公中军，遂与秦将西乞术交战。三十余合，西乞术被韩简一戟捣于车下。

韩简驱率晋兵，来捉秦穆公。

秦穆公叹说："俄反要被俘，天道何在啊？"

才叹一声，只见冲来三百多野人，个个蓬首袒肩，脚穿草履，如混世魔王手下鬼兵，挥舞着大砍刀，将晋兵乱砍乱杀。

三百余壮士，救了秦穆公，又救了西乞术。

秦兵乘胜掩杀，晋兵大溃败。

晋惠公的小驷刚从泥里出来，野人们一眼瞧见，扑上去就揍，小驷马被打得波浪翻滚，当场全部毙命。

晋惠公穿着重甲，摔下车子，扑了一身泥，被野人捉住，像捆粽子似的捆了个结实，然后像背柴禾那样，背了就跑，向秦穆公交货。

交了货，三百余壮士，一齐到营前叩首。

秦穆公问他们："俄谢谢你们。你们是什么人，肯拼死来救寡人？"

壮士对答说："君不记得当年丢失良马的事情了吗？我们都是当年偷吃马肉的野人啊。"

哦。原来穆公曾经猎于梁山，夜失良马数匹，让当地官吏寻找。找到岐山下，见三百多乡野男人，群聚而分食马肉。

官吏报告穆公说："赶紧派兵抓捕。"

穆公叹道："马已经死了，再因死马而杀活人，百姓会说寡人贵畜而贱人，罢了。"

秦穆公口说"罢了"，并未"罢"，又将军中美酒数十瓮派人送去，说："马肉性寒，良马尤甚，恐伤了汝等胃肠，特以美酒送给你们。"

乡下野人太感动了，偷马吃不治罪反而送酒，大恩大德，何以报之？

他们没有机会报答，记在心里。恰遇大战，穆公被围，这才一齐杀来，奋勇救出恩人。

秦穆公感叹一阵，问："有想当官的没有？有者寡人让你们当官。"

壮士们齐声答道："我们都是野人，但报恩主德惠，不想当官。"

秦穆公说："俄感谢你们。希望你们努力生产，建设新农村。"

回头清点军马，不见白乙丙。使军士遍处搜寻，听到土窟中有哼哼声，仔细一看，是白乙丙与屠岸夷滚入窟中，各各力尽气绝，尚死死不肯放手。军士将两下拆开，抬放两辆车上，载回。奏知穆公情况。

秦穆公叹道："两条好汉！"问左右："谁识得这位晋将？"

有人奏曰："此乃勇士屠岸夷也。"

秦穆公问可不可以留用他，公子嬴絷说："是弑悼子、杀里克的凶手，今日正当顺天行诛。"秦穆公乃下令将屠岸夷杀了。

秦穆公大获全胜，拔寨归都。

被押着的晋惠公，虢射、韩简等，皆披发垢面，鱼贯相随，草行露宿，酷如奔丧之状。

二

秦军班师回到雍城，秦穆公把美酒倒进河里，让三军将士就着河，喝了个痛快，再稍作休整，召开总结会。

"同志们！"秦穆公讲话，"感谢你们在此次秦晋决战中的英勇顽强。正是你们的英勇顽强，秦国方获大胜。

"晋君姬夷吾，乃是寡人奉天之命，扶他就位的，他却背弃道德，也就是说，他违背了上天的意志。因此，寡人计划用晋君夷吾做牺牲，郊祀上天。大家以为何如？"

公子嬴縶是他爹的铁杆支持者，第一个附议道："君言甚当。"

组织人事部部长公孙枝持不同意见，说："晋是个大国，这次战役，我们俘虏他们这么多人，晋国已经有怨了，再把它国君杀掉，他们肯定恨我们。怨恨的晋国人，报复起来，可要厉害得多啊。"

公子縶说："我的意见，不是单杀掉夷吾就完了，我们将扶持重耳做国君。杀无道而立有道，晋国人还要感谢我们呢，怎么能怨恨！"

公孙枝说："重耳是个仁义之人，他既然不肯借助父亲之丧为君，又岂肯借助弟弟之死归国？若重耳不干国君，换以他人，跟夷吾有什么区别呀？重耳若同意了，也会因为弟弟之死而仇视秦国，重耳又成秦国的新敌人了。"

秦穆公听得公孙枝分析，说："怎么办？囚禁他？驱逐他？还是放他回国继续当领导？三选一，选哪个？"

公孙枝说："姬夷吾乃匹夫一个，圈在咱们监狱里有什么好处；赶跑他，必定有国家接纳他，也非好事。不如放他回国。"

秦穆公说："抓住他，又放了他，不是白抓了一回，又白放了一回吗？"

公孙枝说："不能白放了他。他得把河西五城之地给我们，还得把他儿子姬圉质押在我国。这样，他终身不敢对秦国放肆了，将来他死了，我们让姬圉继位，姬圉还会感谢我们。"

秦穆公预备发遣晋侯时，忽见一班后宫内侍身着丧服，大哭着来了，穆公脑子轰地炸了：怎么？难道夫人……

正待要问，内侍头目说道："是夫人让小人送话。"

上天降下灾难，让秦晋两国不以玉帛相见，而以干戈相加，两国打架，晋君被捉，也是夫人的羞惭。若晋君死，则夫人随之，以表骨肉之情；若赦了晋君，也就是赦了夫人，请君上裁夺。

穆公说："哎呀快都把丧服脱掉扔了，俄不会杀晋侯的，过几天送他回国。"

正在这时，晋惠公的宣传部长吕饴甥从晋国跑来了，要求见秦穆公。

秦穆公接见吕饴甥问道："你是来告诉我，晋国准备投降吗？"

吕部长微微一笑，说："降是不投的。我国有两种人：小人和君子。我国战败，国君遭俘，小人们深感耻辱，他们纷纷报名参军，要求杀回秦国，涤仇雪恨。但是我国的君子们，承认自家国君有问题，触怒贵国，自取其辱，所以他们都想拥立太子圉为新君，然后再来跟您过招，报效国家，有死无二。"

秦穆公一听，这小人和君子不都是要拼命吗？又问："你们觉得，贵国君还有戏吗？"

吕饴甥等着这一问呢："我国的小人非常哀愁，他们以小人之心揣度您穆公，认为你要杀了我们的国君。但我国君子，用君子之心衡量您穆公，觉得您会放人。"

吕饴甥，靠一张嘴巴，挤兑秦穆公。

不说一句请求放人的软话，但句句替秦穆公做了抉择。

到这份儿上，秦穆公还能怎么办呢？秦穆公叹了口气，手扶几案，说："先生所言，正中俄的心意。"

秦穆公把晋惠公弄出俘虏营，送进五星级宾馆，还连日请晋惠公吃大饭。

所谓"大饭"乃是"七牢大餐"，猪、牛、羊各一头为一牢，七牢就是七套猪牛羊。

晋惠公说："姐夫呀，秦国风味太棒了！"扳住肉鼎，胡吃海塞，狼吞虎咽，满脸流油。

连吃了仨礼拜，晋惠公给喂得白白胖胖，秦国人就送他回国了。

晋国各部委的领导人在太子姬圉带领下，于黄河边夹道迎接晋惠公。

晋惠公不断地向大家招手致意，对儿子嘿嘿一笑，说："这次出国旅行，时间久了，呵呵，呵呵呵。"

随即，晋惠公说话算话，献出河西土地给秦国，送太子姬圉入秦国作人质。

秦穆公则大出晋国人意外地又把河西五城还给了晋国，而且把自己的女儿怀嬴嫁给了晋太子姬圉——又一度秦晋结好，亲上加亲了。真是厚道！

话说晋大夫庆郑，在战场上卖主，罪莫大焉，众人都劝他赶快逃跑。

庆郑说："是我故意不去搭救，秦人俘虏了主公。有罪之人如果逃跑，就是乱了国家刑法，这不是正派干部的作风。"

庆郑表态毕，晋惠公就传令把坐等死刑的庆郑杀了。

晋国经历失败的战争，半天缓不过劲儿来。北边的狄人乘其新败，起兵夺取了狐、厨、受铎三邑，打过汾水，危及绛城。

数年里，晋国尝到了"生死存亡"的滋味。

三

话说当年，晋献公暴宠骊姬，欲立骊姬生的小奚齐做太子，而赐死原太子申生，通缉其他所有公子，二公子重耳逃窜到了翟国。

翟国是狄人的国度，重耳的外公家，重耳和他的门客都受到优厚待遇。

晋文公的流亡团队

重耳之亡经过的平原

重耳到了论婚的年龄，不好意思在外公家里乱娶小姑娘。翟国人去西边打仗，抢来了两个极端漂亮的高鼻子赤狄小姐，大的嫁给重耳，生下俩孩子，小的嫁给赵衰，生了个小东西叫赵盾。

翟国毕竟是游牧国度，在晋北逐草而居，经济欠发达，有时候还缺盐，娱乐场所一个也没有，晋国老爷们得不到满足。重耳就与赵衰等人商量，转移到发达的齐国去。

重耳道："住在翟国，非是长久之计。我听说齐国宰辅管仲逝世了，齐国缺乏重要辅臣，我们到齐国发展，时机已经成熟。"

跟班们都赞成。经济特区齐国，遥远，神秘，美妙，浪漫，去得！

正在热烈向往中，探子报曰，晋惠公吃了秦国的败仗后，担心重耳等流亡分子趁机谋取君位，于是先发制人，派出他爹在世时培养的杀手寺人披飞奔翟国，限时三日，诛杀重耳。

赶快跑吧！听到杀手消息，重耳不去齐国也不行了。

临行，把赤狄夫人和孩子留在翟国，重耳说："这儿空气好，发达地区污染严重，你们就在这儿吧。希望你坚守二十五年。倘若二十五年后我还不来，你可以改嫁。"

赤狄太太苦笑道："我二十五岁了，再坚守二十五年，行将就木，谈何嫁人。虽则如此，我还是要等你的。"

说话间听说寺人披已经提前入城了。

原来寺人披这些年坚持习练，武力大有长进，君王限时三日，他施展轻功，一个昼夜就奔到了。

重耳吃过寺人披的大亏，浑身抖颤，慌忙带着身旁的狐偃逃出城外，让求功

重耳出山东亡的太行峡谷

心切的寺人披扑了个空。

重耳跑出城，走了两天，他的徒子们才陆续跑出来跟上。

出奇的是，出发前没有认真部署，只想原来的财务经理名叫头须的很可靠，谁知头须这小子只随了一日，听得重耳的规划过于遥远，过于浪漫，竟然卷款逃跑了。重耳长叹一声，头须不道德，咱还得照走，不能返回去啊。

由翟往齐，两千多里，最快的走法，是穿越黄河北岸的卫国，就是周文王的儿子康叔的最初封地，十多年前卫国跟狄人打仗，败了，如今喜欢闭关锁国。

重耳一撮流浪者，边乞讨边前进。离开黄土高原，跋涉八百里，走下太行山。

话说追随重耳，不离不弃的这帮朋友，也确都是一时才俊。出名的是赵衰、狐偃、贾佗、先轸、魏武子，不出名的，有胥臣、狐射姑、颠颉、狐毛、介之推一拨子。

重耳的队伍来到华北平原，远远看见突兀的卫国都城，十分兴奋，可以好好打个尖儿啦。

谁知卫国人见晋二公子落魄，连敷衍一下也不愿，自是紧闭城门。

唉，人情冷暖，世态炎凉啊。

重耳无奈，只得向北绕过卫国，再往东走。

绕行到卫国北面的五鹿地方，一干浪人已是饿得湿汗淋漓，实在捱不下去了。

重耳少气无力道："要活活地饿杀我等了，小的们，谁能去前边化些斋饭啊。"

灌木林边，有几个野人正在田间烤东西吃，冒着烟儿，重耳他二舅狐偃手搭凉棚一望就望见了，哈喇子忽地流下来了，说："我去跟他们讨点吃的吧。"

齐国故城——临淄

齐国故城遗址博物馆

乡野男人们是种地的，在田间活捉了两只野兔，用泥巴包裹，烤着吃呢，香气四散，狐偃老远就闻到了。

野人们看到几十个形容疲惫的叫花子在伸着脖子望，又有个叫花子过来了，作揖乞食。

野人不知怎么想的，也许兔子肉已经吃完了，就献给狐偃先生几块烤得焦黄的泥壳子，还热乎着呢。

狐偃以为泥块里裹的必是刚烤好的兔子肉，乐颠颠地跑回去给重耳。

重耳搓搓手，郑重万分地掰开泥块儿，连兔子毛也没有，只发现一条被烤干的小蚯蚓。

重耳火冒三丈，差点气晕过去，抢过车夫的鞭子，就要去找野人算账。

连襟赵衰赶忙劝止了重耳，说："你不认为，获得泥土是个好兆头吗？泥土就是国土啊，这是上天所赐，需拜受才是！"

重耳觉得，饿着肚子去打架，又是客场，未必能占便宜，赵衰说的也是，于是抻抻衣服，勒勒裤带，趴在地上，恭恭敬敬地磕了几个头，把泥块载到车上。

想吃兔子肉，反得一嘴泥，重耳正难受呢，介之推突然抱着一罐肉汤来给重耳喝。

重耳喝了肉汤，说："推子大哥，打哪弄的啊，真不错，你喝了冇？"

介之推笑得像条老苦瓜，说："您好喝就行，这是自家大腿上产的肉，自家怎舍得喝呢。"

哇噻噻，好个介推子，把大伙儿吓得像雕塑一样，愣半天方赶忙摸屁股，看被割肉否。

齐国历史博物馆

齐国历史博物馆内展示沙盘

就这样，重耳的队伍，饥一顿饱一顿，窝囊一次奇迹一次，终于跋涉到了梦中的齐国，发达的齐国，第一世界齐国。

话说此时的齐都临淄，外郭周长三十里，内城周长十五里，城门十三个，城内十多条大道纵横棋布，路面最宽二十米。城中共凿有水井四百多口。从发掘遗迹观察，城里的官府区，住宅区，工业区，商业区，布列分明。

据记载，当时的齐国确乎已经是东周时期的经济特区了。

临淄街上，车似江鲫，毂毂相错，人如潮涌，肩肩相摩，人们衣袖举起如幕布，衣襟相连成帐子，一起挥汗如同下雨，一齐扇袖可以成风。

十里洋场，汇聚了鲁梁的缟帛纨素，秦国的蓝田美玉，晋国的宝马狐裘，楚国的角齿羽翎，郑国的音乐杂耍，胡人的驴马骡子，繁华不亚于洛阳。

齐桓公为政数十年，国脉日隆，物阜财丰，美酒美女成灾，笑歌腐败成习，这都是总理管仲鼓励经商的成果。

最看不惯齐国繁荣兴盛景象的，是鲁国乡下教书匠唤作孔丘的，他日夜抓摸机会，谴责齐国，说它礼崩乐坏，一派烂污。

但不管孔丘如何叫唤，齐国仍然是富人享乐的天堂，这不，重耳大老远就跑来了。

重耳到了齐国特区，腰包里却什么也抠不出来，只好在大街上“穷”逛。

重耳一行，乱逛一气，忽然看见一处“女闾”，即“失足妇女”工作中心，俗称妓院的地方，眼都直了，但看看自身，衣衫褴褛，形容憔悴，徘徊了一阵子，自觉离开了，一行人径奔临淄内城而去。

内城，即一环以内，里边全是公族、卿大夫生活和办公的地方，祖庙、社庙也在这里，还有御花园，地价全中国最贵。

富国总是乐于接纳政治避难的人物，晋国二公子重耳这个名字被禀报进去，齐桓公预感到政治投资的机会来了，高兴地说：“欢迎，欢迎！”遂迎接重耳，设宴接风。

齐桓公大笔一挥，批给重耳们二十辆镶铜绣锦的大车马，豪华得令人咋舌。

重耳的羸马单车扔掉了，随行精英们也都成了轩车一族。

最出乎意料的是，没过多久齐桓公又把侄女齐小姜让重耳先生娶了。

齐国王室女儿多，风骚妹妹文姜，庆父的情妇哀姜，都不好下鉴定，唯独这位红粉佳人齐小姜，贤淑端正，典雅高贵。

说的这个齐小姜，风范礼仪皆备，进退举止优美，把土老冒重耳给惊呆了。

夜半情浓时分，齐小姜解开云鬓，潋滟双瞳睇视着老郎君，重耳早就晕了菜。

在摇曳的烛光下，重耳拥着齐小姜柔嫩的肌肤，像拥着一团熊熊扭动的火焰，听着娇媚的喘息和呻吟，重耳方寸尽失，迷醉不返，心里说：“事业，算什么？俗务，算什么，咱怀里有了齐小姜，从此日日不早朝了！”

可是，幸福甜美总是易逝，好景不到两年，重耳“日日不早朝”的幸福生活，就随着齐桓公的病死，要去了。

四

却道齐国，在重耳流亡而来之前，管仲去世，给齐桓公造成了巨大打击。

管仲堪称齐国的擎天柱，他在为齐国奋斗了四十多个春秋以后，因病医治无效，眼看就要告别之际，齐桓公曾亲自到医院探望。

齐桓公拉着管仲的手，说："仲父，你怎么变得这么黑这么瘦啊。"

管仲喘着气说："这不是得病了嘛，快不行了嘛。"

齐桓公作忍泪欲滴状，问："万一你不起了，群臣中，哪一个接你的工作呢？"

管仲说："知臣莫过于君，您自己做主安排就是啦。"

桓公说："易牙怎么样？他很忠于我。我开玩笑说，鸟兽虫鱼都吃遍了，只没尝过人肉的滋味。第二天，他就把自己三岁儿子杀了，熬了一罐肉汤给我喝。"

管仲说："爱自己的儿子，是人伦之常，他对自己的儿子残忍，又怎能对您好？"

桓公又问："开方怎么样呢？卫国公子，为了服侍我，抛弃了一切，父母去世都没有回去。"

管仲说："人之至亲，莫过于父母，他父母死了都不奔丧，这样的人属于坏蛋。"

桓公说："竖刁怎样？他为了一心一意侍奉我，就把自己阉了。"

管仲说："身体发肤受之父母，应给加倍爱惜。他连自己身体都不爱护，岂能爱护君主？"

齐桓公急了，直问道："那到底谁接班你才放心呢？"

管仲喘着气说："要我说，当然是宁戚，可惜他已经先我而死了。"

齐桓公问鲍叔牙怎么样？管仲的知己好友，所谓"管鲍之交"者也。

管鲍两人年轻时候，合伙在洛阳做小生意，分账时，管仲往往多占，鲍叔牙不认为管仲贪财，而认为管仲有老母要奉养，理应多拿。

管仲为鲍叔牙出谋划策，依而行之，情形更加糟糕，人皆怪管仲，独鲍叔牙认为原因在其他方面。

后来管仲给人当护院，让人驱逐，鲍叔牙照样笃信他有经天纬地之才。

管仲服役期间，曾三次临阵脱逃，鲍叔牙不认为他是胆小鬼，而认为他志向高远，保命以求将来干大事。

两人到齐国追随姜纠和姜小白两位公子，因乱出奔。管仲追随姜纠，抢位失败，同样的追随者昭忽殉主而死，管仲忍侮偷生，鲍叔牙不认为他脸皮厚，反倒极力向齐桓公推荐管仲。

管仲自己也不得不承认“生我者父母，知我者牙哥也”。

但是管仲不推荐鲍叔牙当接班人，他说鲍叔牙善恶过于分明了，不宜任。

齐桓公说：“那怎么办，你已经这样儿了，总得定个接班的吧？”

管仲说：“那就隰朋吧，不过，上天生下我管仲，派隰朋当我的舌头，我死了，他能长久吗？”

说完，管仲就断气了。果如所言，隰朋接班一个月，办完管仲的丧事，就也死掉了。

齐桓公只好启用鲍叔牙。

鲍叔牙疾恶如仇，当时，早已玩腻了妇女的齐桓公，蓄养有三个男宠，易牙、开方、竖刁，不干好事，鲍叔牙把这三个家伙全部轰出朝堂，继续沿用管仲的既定方针，号令方圆诸侯，诸侯倒也听话。

齐桓公没着落了，食不甘味，夜不安寝。

夫人过于贤惠，心疼地说：“他们三个下岗以后，国家也并没有更加昌盛，而您的精神却大不如前了。实在不行，还是请他们仨回来伺候您吧。”

易牙、开方、竖刁，又回到朝中，逐步控制了国政，鲍叔牙反而时时受制，处处被动，气得吐血而死。

老齐桓公也染恙了，躺在床上，想吃小米粥，叫了两声，寝殿里无人应，又摇了摇铃，还无人应。

齐桓公大小老婆一溜子，生了儿子几溜子，可病重的时候，榻前没人儿。

来了个名叫晏蛾儿的小妾，到床边，自我介绍说：“我是服侍过您的。您记得吗，在临淄街头的敞蓬马车里，曾经露天跟您‘那个’过的。”

齐桓公想了半天，啥都忘了，刚才的事没忘，问：“小米粥呢。”

晏蛾儿说：“什么东西都没有，您的亲密战友，易牙、开方、竖刁，造反了。垒了高墙，把您封在这里边了。宫门上挂了个牌牌，说您养病，不想见人，公子爷们都给骗了，进不来了。我这是舍了命，想见您一面，才从狗洞爬进来的。”

齐桓公沉默了，想：我患的又不是烈性传染病，何苦如此隔离呢？

过了一会儿，桓公深有感慨地叹了口气，眼泪夺眶而出，哭道：“仲父圣人也！不让我用这三个东西。我悔不听仲父，落得今天这个下场。我死之后，有何脸面，见仲父于九泉！”遂大呼“仲父”三声，气绝身亡。

易牙等人在齐桓公死后，阴谋扶立公子无亏。太子姜昭无奈，连夜出逃宋国。

留在齐国国内的一群公子陷入了混战，齐桓公暴尸后宫，没有人管，已经腐烂生虫了。

精神病曹共公（电影画面）

暗助重耳的僖负羁

没多久，宋襄公率军进入齐国，经过反复拉锯、搏杀，最后，以武力奉太子姜昭继位，是为齐孝公。

经过混战，齐孝公姜昭继位后，齐国势力一泻千丈，周边的诸侯都不听招呼了，有的竟开始骚扰了，你吃一口，我撕一嘴。

齐国没前景了。重耳一帮子呢，在齐国没戏唱了，得走。

但重耳沉湎女色，不思离开，狐偃、赵衰和夫人齐小姜合谋，灌醉了重耳，用皮裘裹了装在车上，一行人乘夜色跑了出来。

半路上，重耳醒了，一看到了寥天野地，还发火追打狐偃呢。连说怎么把我弄到这等地方，我要打杀了你，打杀了你。

深明大义的齐小姜说："夫君你是一国公子，你手下一帮人的命运全寄托在你的身上。你不思返回故国，而贪恋异地的荣华，我为你感到害羞！"

重耳说："娘子批评我，我没啥说了。在齐国也混不到一官半职，就此重新上路也罢。只是无法长途携带家眷，往后要苦了娘子啦。"

齐小姜说："你们走吧，我在齐国等待你就位的好消息，到你解放了晋国时，差人来接我，我就到你那解放区去。"

重耳与齐小姜，老夫少妾，清月之下，荒野之间，拥头泣别，有点感人，周围一帮子没有女人的，心中十分发酸。

话说泣别之后，重耳一班人马走了俩礼拜，到了曹国。

听说重耳是"骈肋"——肋骨畸形，连着的，在重耳洗澡的时候，精神病曹共公领着他的爱妾、侍女一大群人，嘻嘻哈哈，凑来观看。

重耳握拳而立，怒目注视，曹共公才拍着巴掌跑出去。

曹国人不知道，他们以后要遭殃了。惟一被重耳记得好处的，是曹大夫僖负羁。

僖负羁的老婆有脑子，让丈夫带着好吃的，去慰问重耳，月饼盒子里还藏着玉。重耳吃了月饼，把玉归还了僖负羁，说："谢谢你，心领啦。"

继续西行，重耳到了宋国。宋襄公刚刚跟楚国打了一仗，国家遭受重大损失，他自己也负了箭伤，此时亟需人才。听说重耳来了，差点蹦起来。

宋襄公以国宾之礼接待重耳，亲自到宾馆向重耳问计。又比照齐国的待遇送重耳马车二十乘，想请重耳留下来，共建霸业。

宋国的公孙固是个司马，跟重耳他二舅有旧交情，暗地里对重耳他们说："宋是个蕞尔小国，战后经济萧条，短期内不会有什么起色，还是不要寄什么希望吧。"

重耳考察了宋国的干部队伍，也觉得在宋国没啥前途。

离开时，宋襄公送了一程又一程，重耳非常感激。

后来的历史证明，做过无数蚀本生意的宋襄公，投资这二十辆马车，却是要大赚一笔的。

路过郑国，嫌贫爱富的郑文公闭关不纳，重耳见郑国无礼，只好忍气吞声，绕道奔往楚国，本想蹭饭而已，却意外受到热烈接待。

第二十二章

勤王洛阳

一

话说重耳率领流亡代表团到了楚国。

楚成公是个大诸侯，对他却优礼有加，以国君的规格接待他，很令他不好理解，觉得受之有愧。

赵衰说："你错过回国为君的机会之后，到处逃亡，这么多年，小国也敢欺负你，现在大国都对你好了，说明你时来运转了，要发迹了，大胆地领受吧，甚至也不妨自高一点。"

曾经叱咤风云的楚成公，此时也身入老境。

有人级别高，越老越暴戾，越变态，有人却随着年齿增长愈加和蔼，楚成公是后者，招待重耳，温和有礼。

重耳虽然落难，但听了赵衰的衰话，还真的摆起臭谱子来了。成公越是恭敬他，他越是表现不逊，有时候还盛气凌人，甚是二蛋。

楚成公优厚招待重耳个把月，有天高兴，在酒席间发问说："我如此这般厚待公子兮，他日公子回晋为君，怎么报答啊？"

重耳倨傲地说："子女玉帛，您都有很多，齿革羽翎，是楚国特产。你们消费水平这么高，扔掉的东西拣到我们晋国还都是宝贝，我能有什么好东西给你？"

楚成公觉得怪没趣，但还是追加了一句："你说的不错兮，那到底还有没有可以为报的？"

由于楚国一直客气，有点飘飘然的重耳说话更没轻重了：“托您的福，果真当上晋君，而将来咱俩不得不发生战事，会猎中原，我愿意退避三舍。”

楚成公微微笑，重耳愈加张狂了，接着说：“退避三舍之后，若您实在要打，那我只好左手执鞭，右手操弓，好好与您过过招了。”

东周春秋时期，作战，战车一天走三十里，就有驿舍休息。故三十里为一舍，重耳的“退避三舍”，意思便是让楚成公三天路程。

“退避三舍”，而且只有一次，这算什么报偿吗？

楚成公默然无语，半天，苦笑道：“来，干！”

宴席后，楚军总司令子玉，谏楚成公道：“主公奉重耳为上宾，他却忘恩负义，口出妄言，欺人太甚！”请楚成公杀了这帮吃白饭的贼。

楚成公显出常人少有的胸襟，说：“重耳素有贤名，志向远大，一帮跟班，皆有将相之才。连上天都保佑他们。天将兴之兮，谁能废之，寡人不敢违天。”

楚国老领导人成公熊恽，有自己的见解，于是待重耳加倍深厚的殷勤。

重耳跟着楚成公，游猎宴饮，流连忘行，一住就是一年多。

时代列车滚呀滚，滚到了公元前639年，重耳的弟弟晋惠公姬夷吾病重，不能上班了，命亲信去秦国告知在秦国作人质的公子姬圉。

晋惠公那年跟秦国打仗，打输了，自己成了战犯，被迫将儿子姬圉送给秦国作抵押。老爹病重，姬圉担心自己羁留秦国，国内的公子会抢自己的位子，就打定主意要偷跑回晋国去。

其实他没必要逃，秦穆公本是支持他嗣位的，否则也不会把女儿给他。

但是姬圉在紧要关头脑子乱套了，老担心秦国不帮助他，于是跟妻子商量逃回国。

姬圉妻子说：“我好歹也是个公主，怎么能这样跟你走呢？我所能做的，就是不告发你而已。”

姬圉只好“单兵突围”，回到绛城，他爹已经完全做好了薨逝的准备。

晋惠公指着死党吕饴甥和郤芮，让姬圉再拜，奄奄一息地说：“你们都是顾命大臣，请你们辅佐太子即位。”说完就把鼻子里的气儿出完，翘了。

吕饴甥和郤芮一班大夫辅佐姬圉继承父位，即是晋怀公，时在公元前638年。

晋怀公姬圉上台伊始，第一个决策，就是跟秦国断绝外交关系。

秦穆公骂姬圉忘恩负义，考虑再度插手晋国朝政，以图进取中原，便想到了重耳。

重耳正在楚国的五星级御馆里大吃特吃美味的楚菜，左手拿着犀角酒杯，右手把着象牙筷子，俩眼直盯着煮肉的鼎镬，熟一块儿吃一块儿。

楚成公喜滋滋地来找重耳。

重耳赶紧闭上嘴巴，把舌头上的一大块肉飞速地咽下去。

楚成公说：“君问归期，已有期兮。国际新闻播报：你们晋国出事了，你弟弟晋惠公薨了！大家都盼着你赶回去当老大呢。”

重耳说：“哦，哦，回去不难。我已经设计了预案，想争得晋君位，还得借您的兵马相助啊。”

“咱们两国兮，山水远隔。即便我派兵马兮，送您归回，以后若有闪失兮，也难接应。我们还是把这个人情给秦国吧，秦晋相邻，他们助你即位兮，最为合适。”

重耳对楚成公的安排感激万分，而秦穆公打听到重耳在楚国，便派人事部长公孙枝赶往楚国接应。

重耳听公孙枝告曰，秦伯要帮助他返国，喜出望外。随即便辞了楚成公，匆匆离开楚国，往秦国而去。

楚成公送了很多吃的用的给重耳，足以保障重耳及其从人一路上好吃好喝，不再紧巴，可谓仁义而又大方。

此际，在重耳的祖国，晋怀公姬圉正在谋划对付他二叔重耳，恐怕二叔回来，自己君位不保，乃问计于郤芮等大夫。

郤芮说："重耳若能得国，必赖于狐偃、赵衰之辈。狐偃、赵衰的家人都在国内，可逼迫他们的家人招狐偃、赵衰等人，离弃重耳，回国效力。"

晋怀公依郤芮之计，迫使狐氏、赵氏家人照办，他们家族却都不从。

晋怀公恼羞成怒，竟杀了狐突等人，并大肆清肃，抓捕无数，朝野上下怨声载道。人们互相借问："若重耳为君，岂会如此乎？"

话说重耳风尘仆仆到了秦国，拜会了姐夫秦穆公。

至此，齐桓公，宋襄公，楚成公，秦穆公，这些顶尖的时代骄子，重耳全见齐了，他们的本事，重耳也都学到不少。

秦穆公表示，愿意辅佐重耳回归晋国，夺取君位。

但秦穆公旧事重提，要重耳即位后，即将晋国昔日承诺过的河西五城，割让给秦国，以作为酬劳。

重耳稍作考虑，便欣然应允道："姐夫说得有理，果若即位，即当割送。"

穆公非常满意，便要将自己最宠爱的女儿文嬴嫁于重耳，重耳有些尴尬。

因为，文嬴是谁呀？是以前的晋太子现在的晋怀公姬圉的原老婆呀，还是自己的侄媳妇呢，怎么能娶？赶紧召集手下开会商议。

狐偃先发言："马上便要夺得他的君位了，先夺他个把妻子，算个甚呀？"

老学究胥臣有学问，摇头晃脑，引经据典地说："昔黄帝之子，二十五宗，其得姓者，十又有四，青阳，方雷氏之舅也，夷鼓，彤鱼氏之舅也，少典配有峤，生炎黄，炎以姜水成，黄以姬水成，嗯……成而异德，异德合姓，同德合义，义以导利，利以阜姓……"

但胥臣越说，越钻进茄子地里，出不来了，听得重耳直翻白眼儿。

赵衰发表意见道："将有请于人，必先有依者。咱想求人家办事，当然得先顺着人家。人家既然提出了亲事，虽说是您的侄媳妇，也只好应了。"

赵衰这人是重耳的老连襟，人稳重，心眼也好，重耳就赶紧告秦穆公说乐意成亲。

秦穆公一高兴，又搭上了五名秦国公族的漂亮女儿，作为陪嫁，六名女子，排着队跟重耳拜堂成婚。

哎呀，老重耳六十二岁了，桃花运砸头，老婆的数目快速放量攀升，至此已达九个矣。

脂粉成堆了，但重耳极端自私，一个个都自用了，也不趁着原装，分几个给陪奔列国、患难多载的弟兄们，你说是不是？

新婚次日，重耳洗手，让文嬴给他端着盆子，其他新娘子端着帕子。洗完了，拿手一挥，意思是"端走"，哪知水珠甩了文嬴一脸。

文嬴把盆子一丢，眼圈红了，呜咽哭道："秦晋两国，不分伯仲，俄跟你都是两国贵人，奈何你这么低觑俄？”

文嬴一发作，重耳给吓得不轻，他倒不怕文嬴，他怕文嬴告诉人家爹去。

秦穆公还是知道了，反而来向重耳道歉，说：“俄这个小闺女就是这敏感脾气，她是俄所有闺女中最有才的，俄甚爱之，把她宠的了，以前太子圉倒是跟她挺投契的。你别在意。”

重耳回头赶忙向文嬴说软话，表示以后要尊重女权，以实际行动维护秦晋之好。

二

秦穆公建议重耳，在秦国好好放松放松，尽情地玩一玩，同时筹划回国即位事宜，好一举而就。

野林猎狩，转风景区，之外便是接受招待。

秦穆公已经开始按照国君规格办了。选了一个吉日，秦穆公请重耳享用七牢文化大餐。

七牢不用说，你知道了，猪、牛、羊各七具，褪光了毛，白白净净的，按在大鼎里炖。

文化，六十四人的美女歌舞表演队，在饭场旋转舞蹈，曼妙献唱，国家级领导人则一边大块吃肉，大口喝酒，一边赋诗，表述心迹，这当然是气氛最为友好的外交聚会。

倘若与会领导人自己不会做诗，可以在既有的流行歌词里边挑选，应对。

重耳没文化，连流行歌词也弄不来，就说：“我识字不多，大餐会上，二舅代我应酬吧。”

狐偃说：“很抱歉啦，那些诗歌我背不上来，抱着竹简念，太不好看。应酬，你自己来最好。赵衰文化水平高，到时让赵衰参谋吧！”

次日，宴饮。菜过五味，酒过三巡，放下筷子和爵子，歌舞队也表演够了一个段落，秦穆公当先吟咏了一首诗歌《采菽》。抑扬顿挫，煞是中听。

采菽采菽，筐之莒之。君子来朝，何锡予之？虽无予之？路车乘马。又何予之？玄衮及黼。

觱沸槛泉，言采其芹。君子来朝，言观其旂。其旂淠淠，鸾声嘒嘒。载骖载驷，君子所届。

赤芾在股，邪幅在下。彼交匪纾，天子所予。乐只君子，天子命之。乐只君子，福禄申之。

维柞之枝，其叶蓬蓬。乐只君子，殿天子之邦。乐只君子，万福攸同。平平左右，亦是率从。

汎汎杨舟，绋缅维之。乐只君子，天子葵之。乐只君子，福禄膍之。优哉游哉，亦是戾矣。

后山循着秦穆公的意思重复吟咏一遍吧，改造一下春秋雅歌的简古，方便你听懂，比重耳更快地理解秦穆公的意思。

摘大豆，摘大豆，用筐装，用筥盛。诸侯来朝见，王将何物赠？纵没好物件，车马送他乘。还有什么呀？锦袍绣龙影。

喷涌泉水边，采撷水中芹。诸侯来朝见，旗帜渐行近。猎猎迎风舞，鸾铃尤动听。驾三并驾四，诸侯已来临。

红甲遮大腿，皮胄斜脚踝。不怠又不狂，天子有赐赏。诸侯乐颠颠，天子有诏颁。诸侯真快乐，福禄厚又多。

柞树枝，叶密密。诸侯真快乐，定国天子重。诸侯真快乐，万福来聚拢。各国皆升平，百姓都顺从。

杨木船，水中漂，索缆栓得牢。诸侯真快乐，天子用以道。诸侯真快乐，福禄来关照。从容又不迫，生活多逍遥。

显然，秦穆公所赋这首诗，含有自喻之意，暗示重耳，自己乐于给予。可重耳听完，瞪着眼，半天没理解。

赵衰从旁说："您答一首《黍苗》吧。"

芃芃黍苗，阴雨膏之。悠悠南行，召伯劳之。

我任我辇，我车我牛。我行既集，盖云归哉。我徒我御，我师我旅。我行既集，盖云归处。

肃肃谢功，召伯营之。烈烈征师，召伯成之。原隰既平，泉流既清。召伯有成，王心则宁。

后山复吟曰：黍苗很茁壮，好雨来滋养。众人南向行，召伯来慰望。

我挽辇，你肩扛，我驾车，你牵牛。任务已完成，何不回家走。我御车，你步行，我在师，你在旅。任务已完成，何不归家去。

快速修谢城，召伯来经营。威武数军工，召伯来组成。低地已填平，河流也疏清。召伯大功成，宣王得安宁。

《黍苗》也具有象征意义，赵衰选择《黍苗》的寓意是：重耳自比小禾苗，需要等待秦国的甘霖来滋润。

具体地讲，是向秦国提请，送我回晋，扶我为君。

赋者重耳，是背诵的，心里对《黍苗》糊里糊涂。但秦穆公明白。

秦穆公虽偏安西陲，但爱学习，文化水平颇高，接着赋了一首《小宛》，说的是鸠鸟在天上飞鸣，叫声非常凄凉。

《小宛》有句曰：“我心忧伤，念昔先人。明发不寐，有怀二人。”

说有一个人心里有另外两个人，经常整夜睡不着觉。

秦穆公的夫人、重耳的同父异母姐姐去世有年，秦穆公怀念她，又惦记她的弟弟重耳，愿意帮助重耳。

重耳又听赵衰的指挥赋了一首《沔水》，“沔彼流水，朝宗于海。”譬喻自己周游了很多国家，最后像大河归海一样，来到了秦国土地上，投进姐夫的怀抱，又成了女婿。

秦穆公接着赋《六月》，记述周宣王的中兴过程，由“六月出兵紧急，兵车已经备齐。马匹强壮威武，人人穿起军衣。”到取胜后“吉甫宴饮欢喜，接受许多赏赐。从那镐京归来，走了许多日子。设席招待朋友，蒸鳖烩鲤美食。”

秦穆公祝愿重耳，重振晋国雄风。

这就是表态啊，赵衰感激地说：“重耳请拜受之。”

重耳虽然不明白《六月》说的什么，但他知道“拜受”的意思。赵衰一提示，他赶紧走到台阶下面，很规矩地朝上面的秦穆公拜了一拜。

重耳的动作叫做“降拜”，又叫“下拜”，即下堂而朝上拜，表示恭敬领受。

秦穆公快步从堂上走下来，降一级台阶站立，表示谦让，这也是周礼的规定。

秦和晋的一唱一拜，使文化外交大餐达到圆满、和谐的美好境界。

说话到了公元前636年开春。季节明媚，万物复苏。秦穆公向重耳及其左右赠送玉璧，率百里奚、公子絷、公孙枝一干人，将兵车四百乘，送重耳及他在秦国所得众姬妾们，从风陵渡过黄河，归祖国。

祖国啊，在外旅行了十九个春秋，我又回来了！

十九年过去了，星星还是那个星星，月亮也还是那个月亮。碾子是碾子，缸啊还是缸，麻油灯啊——哈哈，还是滋儿滋儿地响，照得还是那么点儿的亮。

三

却说晋怀公姬圉，大殿里的椅子还没坐热乎呢，就听说二叔真的回来了，怎么对付？

晋国国内，大家族狐氏、胥氏、先氏、栾氏、郤氏，都在蠢蠢欲动，接应重耳，愿意给晋怀公卖命的却没有。

扒拉了半天，最后，晋怀公派老爹留下来的死党吕饴甥、郤芮，率兵前往阻击。

吕饴甥、郤芮，搞政治运动是行家，打仗却是蔫货。俩人到了前线，按兵而不敢动。

秦穆公派公子嬴絷，直入敌营劝降，陈述利害，连哄带骇。

晋文公复国

吕饴甥、郤芮俩货一寻思，老国君死了，新的不咋着，重耳的名声经过十几年的国际炒作，当当响，加之秦国军队护送，志在必得。还是识时务吧，于是全军投降。

秦穆公说："好了，没问题了，我走了。"遂收军回国。

重耳督着新得的军队先入曲沃，后进绛城，拜祭了先祖庙，正式宣布自己是晋国的国君。时在公元前636年2月19日。史称重耳为晋文公。

很快，周天子派太宰文公与内史叔兴，自洛阳赴晋国，向晋文公颁赐任命文件——窝囊的周天子，就会走过场。

对待天子的使者，晋文公相当尊重，以最高礼节待之。

文公和叔兴回到洛阳，向周襄王禀报曰："晋国是不可不善待的，重耳将来一定会称霸诸侯。"

重耳当上晋国国君之后，原国君晋怀公早跑往高梁地了。

注意，"高梁"非"高粱"，它乃俗称临汾的一个地方。

姬圉带走了国库里的细软，预备在高梁招兵买马，建立革命根据地，开展推翻重耳反动派的伟大斗争，可惜一个疏忽，让重耳派去的特工给杀了。

晋怀公掉了脑袋，投降晋文公的吕饴甥、郤芮坐不住了。

吕饴甥和郤芮的历史问题太严重了，搞"肃反运动"时，逼死太子申生的死党里克，杀了丕郑父等申生党的大量干将，越想越害怕，不如以攻为守，咱造反吧。

造反，得有英雄撑门面，他俩想起了大内高手寺人披，赶紧请来，谋划对重耳实施恐怖暗杀。

晋文公已主持宫殿工作了，正指挥着副官们换新地毯，门子报曰寺人披求见。

晋文公“妈呀”一声就要跳墙逃跑，殿墙太高，“撞”醒了他：“妈的吧，我是国君了，要跑应该他跑。”甩头道：“不见！”

随即派人出去训斥寺人披。

当年你追杀我，在蒲城断了我的衣袖，后来我避难翟国，你又刺杀我。姬圉命你三天到，你假积极，一天就杀到了。你这等小人敢来自首，还不快滚蛋！

听寺人披在门外答话说：“烦请禀告主公，我乃刀余之人，只知忠于主子，除君之恶。到蒲城，是献公之命，赴翟国，乃惠公所差。难道您文公取了君位，就没有再需要去追杀的人了吗？我斩了您的袖子，恐怕没有管仲射了齐桓公的腰带扣更致命吧？若您无意行齐桓公之道，我自会离开。而且离你而去的人，还会更多。”

晋文公听到了，寺人披原来粗中有细啊，话中还有话，只好让他进来。

寺人披进了大殿，把吕饴甥、郤芮的阴谋密告给了晋文公。

晋文公大吃了一惊，过后，慢慢平静下来，心说好啊，如此这般。

吕饴甥和郤芮也不怠慢。当天夜间，忽然宫中着火，原来是恐怖份子驾驶着自焚的战车撞击重耳的办公室，东西大殿都着火了，参谋部也开始冒烟。吕、郤二族的亲兵举着柴火，把宫廷卫队烧得焦头烂额。

吕、郤二人举着宝剑四处寻杀重耳，就是找不着，估计是被烧死了。

这时候，狐偃、赵衰一班人带着家族亲兵冲过来了。

晋文公的武警部队仿若天降，潮水般从外围包抄进来，把吕、郤围住，一斧子一个，把脑袋全砍了。

可惜吕、郤两人，为晋国费过不少心血，特别是吕饴甥，伶牙俐齿，跟秦穆公论理的那篇“小人”“君子”，还被收到《古文观止》里边，这就身首异处了。

晋文公翻修宫殿，在宫城以内修筑“固宫”一座。

宫城建在一个夯土高台上，四壁厚固，里边囤积的粮草，可够三个月，一旦再有造反，不用像上次一样外避，尽可在里边吃喝拉撒地固守了。

重建了宫室，重耳清肃干部队伍，就要把吕、郤党羽全部杀死。

赵衰说：“动刀过甚，副作用太大，一旦打杀起来，势必又要动荡。不如先行宽赦，乃为上策。”

重耳遂依赵衰之言，颁行大赦令。

谁想吕、郤党羽看见赦文，皆半信半疑，依旧蠢蠢，重耳挺发愁。

这时候，从前重耳离开翟国上路流亡时卷走川资的财务经理，那个名叫头须的，抓住有利机会，跑来找重耳了。

头须说：“全国人民都知道，您最恨的是我。我卷走了川资，害得你一路没吃没喝，在五鹿地方还被迫吃泥。可是，现在您的命令，全国人民竟然比较怀疑，您若公开恢复我的官爵的话，大家看到您不念旧恶，品德优秀，一定会尽数信任您了。”

晋文公一听，头须你个狗屎，送来这个狗屎窍门，寡人倒是不妨试一试。

于是重耳封头须为财政部副部长，国内紧张气氛真的有所缓和。

老学究胥臣，有一次到田间散步，见一个人在耪地，妻子送饭来了，相敬如宾，一个举得高过眉毛，一个扭着屁股作个大揖才接，胥臣不以其为神经兮兮，反觉得情形不凡，举荐给晋文公。

重耳一政审，却是恐怖份子郤芮的儿子，叫郤缺，属于黑五类。

不过晋文公看在胥臣荐贤的份上，还是任用了郤缺。

看见本家族不再受清洗了，还有人重新出仕了，吕、郤党的人都服气了，社稷安定了。

社稷安定了，晋文公封赏功臣，那些一起长征过来的老同志，狐偃、赵衰、胥臣、先轸、魏仇一干老叫花，终于可以弹冠相庆了。

封了，赏了。国内做内应迎纳重耳回来的，也被颁授了官职。

但是，长征时候的老炊事班长不高兴，他说重耳："一路上还不都是我担东西弄饭，跑前跑后照顾您，可是您给我的赏赐却最少，敢问其故？"

晋文公说："助我道义的，我给他最高的赏赐，比如狐偃、赵衰；冒着矢石立下汗马功劳的，享受次一等的赏赐，比如魏仇；多次指出我的过失的，我给他末等赏赐。至于你这种劳力之人，在末等的末等，不要争了。"

却说周天子襄王姬郑，固守洛阳城，老半天没动静了。

没有动静吗？不是的，诸侯国的一动一静，都有新闻报道给他。譬如"晋文公封赏"这个事情，他就很快获悉了。

周襄王问史官们，怎么看待"晋文公封赏"，去晋国颁命与调研过的内史叔兴说："从前圣王把德行放在首位，而把力量放在其次，晋侯的做法与此相符了！"

可是，晋文公赏来赏去，忘记了一个小人物：介之推。就是那个在五鹿地方

介之推藏身的绵山

割了自己屁股上的肉肉给重耳做汤的那厮。

介之推自艾自怜，最看不惯工于心计的狐偃得了许多职位，于是背着他妈去隐退山林了。

介之推的跟班们气不过，写了份大字报贴在宫墙上。

“龙欲上天，五蛇为辅，龙已升云，四蛇各入其宇，一蛇独怨，终不见处所。”

晋文公一看，想起介之推肉汤的味道，连拍大腿，极是懊悔，赶紧改穿了凶丧之服，以示自己该死，并下令说：“哪个能找到介子推的，有赏。”

消息说，介之推跑绵山里去了。

晋文公赶快到绵山底下，往上喊：“老介——你出来——老介——出来吧——”喊了好几天，老介没反应。

不知谁出了个馊主意：举火焚林。像打猎似的，把老介给燎出来。

谁知介之推一犟到底，跟他妈一起抱着，宁死不出，结果被烧死在一株枯柳之下。

晋文公把绵山改叫介山，并且，“环绵山而封之，以为介之推田”。这是真的封赏，尽管晚得黄瓜菜都凉透了。

重耳又命人将那棵致死介之推的大柳树劈成板子，做成木屐，穿于脚上，每每听到木屐之声便会叹惜一句：“悲乎足下”。

人们听重耳嘟哝“足下”次数太多了，就跟着学，“足下”渐渐成了一个敬重之谓。

晋文公还下令，每年老介的忌日为寒食节，家家户户不得动火。

后来，寒食节慢慢演变成为清明扫墓，雨纷纷，人断魂，都去哪儿了？上坟。

四

话说东周王朝，传到周襄王姬郑，那是相当地险象环生。

先是，姬郑他老爹，周惠王姬阆，乃中国一大“浪”主，晚年，陈国贡了个妖冶女子，为他生了个庶子姬带，他宠爱陈姬，就要废掉已经立好的太子姬郑，另立陈姬所生小东西姬带。

“东方不败”齐桓公带头反对，召集鲁僖公、宋桓公、陈宣公、卫文公、郑文公、许僖公、曹昭公一干子诸侯，陈兵洛阳东部，跟周惠王的亲国郑国开打，逼迫周惠王放弃废立动作。

姬阆的废立计划最后流产，姬郑走马上任，做了周襄王。

周襄王姬郑继位前天天以泪洗面，养成了怯懦的性格。他当了国家领导人之后，异母所生的姬带采取了一连串不良措施。

姬带发动翟国，攻打洛阳，失败，全军覆没，幸好姬带没有暴露。

随之，姬带又从他嫂子魏后身上打开缺口，在御花园的奇花异草深处，以风马牛活动“共谋大业”。

时至霜降，序入初冬，御花园不像春天，彩蝶缤纷，不像夏天和秋天，绿团锦簇，也就是说，入冬的树荫花丛变得通透了，能见度很好了，周襄王一看，那草地上的人在疯狂地乱动，再一细看，咋四条胳膊四条大腿呢？

这还了得吗？嫂子偷了小叔子，臣下通了现任皇后，该处何罪？

比较怯懦的周襄王姬郑，废黜了魏氏，没杀她，待回头处置弟弟时，姬带早已逃窜。

姬带跑到翟国落了脚，躲藏起来。翟国，就是曾经收留了重耳的狄人之国度。

姬带在翟国猫了这么多年，觉得可以了，讨了五千步兵，雄赳赳，气昂昂，跨过黄河，直向洛阳！

周襄王看见弟弟的锋芒，心惊不已，赶快跑到郑国去了。

姬带直后悔——早知夺取大周天子之位如此简单，应该早些年行动啊！

姬带取得了洛阳，取得了皇宫，取得了玉玺，取得了大哥的性感老婆们，洛阳人都在观赏新的热闹。

周襄王缓过神儿来，从郑国发电全国诸侯，请求靖难。“红薯们好，我是土豆。洛阳呼救！洛阳呼救！”

“尊王”好机会来了。秦穆公最热心公益，率先出兵。

秦军东进，已经到了黄河大拐弯的地方。

赵衰对重耳说：“咱快点吧，如果晚了，风头就让秦穆公给出了。”

狐偃也赶快说：“事情如果能成，启土安疆，在此一举。如果不利，奋勇勤王，留名青史，也在此一举。”

晋国采用“减税薄敛”“举善授能”等方略，已经出现了“政平民阜，财用不匮”的局面。也就是说，强大了。

却说晋文公即位后，勤于修政，励精图治，“轻关易道，通商宽农，懋穑劝分，省用足才”。在生产上，号召改进工具，弄出了“双铧犁”之类劳什子；在贸易方面，降低税收，鼓励晋商挣来票子，打出牌子；在精兵强民方面，惠公朝之善者，取之；恶者，去之，有继承，有剔除。

晋文公还号召晋国广大干部前往田间劳作，日中为期。

文公的亲信侍卫长颠颉，姗姗来迟，文公挥泪斩颠颉，以明法度。

晋文公与颠颉系至交，颠颉受法，震动朝野，公务员们的义务劳动开展得愈来愈热乎了。

听说姬带袭取洛阳，周襄王逃窜，在郑国吆喝“救救我，救救我”，赵衰和狐偃鼓动晋文公作速行动，抓住千载难逢的好机会，举旗勤王，进兵中原。

晋文公重耳脑子一开窍，高呼一声：“出兵啦！”

又邀请戎人、狄人一起助战。

晋文公差人通告热心公益、率先出兵的秦穆公，请他回师，说：“我去替您，三拳两脚就好了。您不用辛苦，您歇着吧。”

秦穆公说：“得，俄把这露脸机会让给俄妻弟兼俄女婿吧。”

晋军的上军和下军，分成两路。一路直捣洛阳宫城，取太叔姬带，杀之；一路从郑国接周襄王回洛阳复位。

周襄王从郑国回洛阳时，郑国看到他的座驾太破旧了，给他换了几辆郑国产的好车，把他的旧车留在郑国博物馆了。

周襄王看到多年心腹大患的弟弟含笑九泉了，平生从来没有过的扬眉吐气，请晋文公吃饭。

周襄王不仅好酒好肉招待，还大方地把大周王室本已不多的洛阳附近的一些城邑，拿出八个，赏给晋文公：阳樊、温、原、组、赞茅、州、陉、希。

俗话说，得寸进尺。名利双收的晋文公重耳就是这样。

军援周襄王复位，得了土地，又请求死后葬以隧礼——大周天子才能享用的特权，史称“请隧”。

何谓“隧礼”？就是在死后的坟墓里修上个暗藏的墓道，开口在隐蔽的地方，万一复活了，好顺着它爬出来。

周襄王不同意，说：“大周拥有天下，又分成块儿，给了诸侯们。怎么管理呢？靠的就是礼仪。从中央到地方，生前死后，服饰器物的色彩纹饰，都代表着尊贵卑贱，吃饭走路也都又固定的次序，绝对乱不得。生养死葬，更有一定的哈数。

“你作为诸侯，死了以后该怎么埋就怎么埋，隧礼是不行的。设若诸侯都享有隧礼，都跟天子一样，死后可以从墓里爬出来，那又成何体统？姬姓天下乱了，于你有什么益处呢？”

天子到底是天子啊，宁可割地，不肯让天，一番理论，义正辞严。

晋文公一听，赶紧道：“我也就是临时想到，问一问而已。我这就接管八块封地去了。”

八块封地，都在天子脚下，牛气哄哄，根本不服山西佬来接收管辖。

新封地阳樊人就都想移民。那时候荒地到处是，人力资源宝贵，晋文公说：“给寡人把城围起来，看哪一个敢跑！”

带头想跑的人叫仓葛，站在城头上，发表意见说：“周王说你还算有点好心眼儿，把我们转手倒给你。你一接手就臭显摆，有能耐灭俩蛮夷试试去，其实你自己就是蛮夷。你别把人逼急了，咱啥没见过，周天子咱也敢抽他！”

晋文公听了这些京骂，赞叹道："天子脚下的人有水平啊！"

于是赶紧解围，走者欢送，留者欢迎。

结果，接收了一个空城。

还有一个原城，晋文公预备转封给赵衰，表彰他在晋国革命中立下的功勋。哪知原城人跟愚公一样倔，不干。晋文公只好攻打，跟士兵们说："咱打三天，三天还打不下来，就不要了。"

攻到第三天黄昏，眼看要破城，晋文公却挥令班师，军官们说："原人就要投降了，再使把劲儿，就能杀进去吃晚饭了。"

晋文公："三天期限已到。我不能失信啊。"

原城人听说消息，哪儿找这么好的主子啊，赶快组织唢呐队，吹吹打打把晋文公接进了城。

大周天子让晋国更加方便的辅弼王室，分赐给晋文公又一批土地之后，自己原本就很少的自留地，真正的所剩无几了。

所谓"普天之下，莫非王土；率土之宾，莫非王臣"，只不过落成了大周天子的意淫，不能当真了。

而晋文公，所握晋国的南部疆域，一举扩展至今天的太行山以南、黄河以北广大地区，为其日后图霸中原，奠定了坚实的根基，提供了有利的条件。

至此，晋国也成为东周王室在乱世中维持其所谓"统治"的"宪兵"之一。逐鹿中原的大门为晋国敞开了。

第二十三章

城濮战尘

一

话说晋文公重耳，洛阳勤周王，耀武又扬威，三下五去二弄胜了，三下五去二得了八个新封邑——洛阳近边，王畿之地！

晋文公转瞬成了大周天子周襄王的战争宪兵。

成了宪兵，就要再来两下子，再来两下子，就要先扩军。

晋文公扩军了，把他老爹时代的两军扩到了三军，并向全国的木匠铺订购大量军车，向全国的铁匠铺订购巨数的戈矛箭镞，毫无顾忌地朝军国主义迈进。

按大周礼制中的军制，三军各有主帅，重耳自然是三军大头目，并主持中军，起名叫“元帅”，第一大军官之谓也，当然他是国家元首兼的。

还有两军元帅得有人干。晋文公先栽培赵衰。

赵衰谦虚，说：“元帅得是打仗的能手，先轸乃是晋国的将星，我举荐先轸，请主公任用他。”

任用了先轸，晋文公想到狐偃，提拔狐偃做另一军的元帅。

狐偃觉得让自己的大哥狐毛来当，自己当副手，一家可以有两个大军官，最好不过，便这么申请给晋文公，晋文公说：“挺好挺好，就这么着。”

阅兵。对，三军将佐人选已定，晋文公要阅兵了，扩张军备往往跟阅兵相连，穷兵黩武者喜欢在节日期间炫示。

国庆节，晋文公大阅兵，车士、马军、步卒，一排一排地走过去。

同志们好！同志们辛苦了！——首长好！首长更辛苦！

晋国疯狂扩军备战，楚国不甘其后，力争超越。楚北军区司令员子玉，也在天天搞军演。

话说子玉司令，曾经协助楚成公，把宋襄公打得一愣一愣的，留为历史佳话。

时在公元前639年，宋襄公想当霸主，强烈邀请诸侯们在宋国举行会盟大会，齐国和鲁国借故不到，来了楚成公以及陈国、蔡国、郑国、许国、曹国之君。

宋襄公学着当年的齐桓公，不带兵卒，衣裳赴会。

他儿子目夷说："不敢这样胆大。"

宋襄公说："你懂个屁。"

宋襄公自以为是，轻车简从，一进会场，便被楚成公的卫士们拿下了。

宋襄公说："这这这，咋回事？咋回事！"

楚国大兵呵斥他："别说话！再说话杀死你！"

宋襄公不敢吱声了，楚国人把他捆在最前面的战车上，大举进攻宋都商丘。

宋军在公子目夷的率领下，坚守城池。楚成公原定快速拿下宋城的计划竟数月不能实现，还得整天管宋襄公吃饭，很伤脑筋，只好把他放了。

楚成公退走，宋襄公归政。

企望争霸，反而取辱，宋襄公十分窝火，公元前638年又开始"称霸之举"——不顾全国人民反对，联合卫、许、滕三国，进攻楚国的盟友郑国。

楚成公曲线救郑，绕个大弯，进攻宋国本土。

宋襄公只好由郑撤军回国迎战。

公元前638年，十一月初一日，楚军进抵泓水南岸，宋军已在泓水北岸，居高临下，列成战阵，形势十分有利。

当楚军开始渡河时，右司马公孙固向宋襄公建议："彼众我寡，可半渡而击。"趁他过渡一半时，突然出击，可获大胜。

宋襄公拒不同意，说："你没有学过周礼吗？仁义之师，不推人于险，不迫人于阨。敌人尚在过河，你就开始打了，还叫仁义吗？"

楚军一批接一批地渡过河，开始列阵，公孙固又建议说："现在赶紧打吧。乘它列阵混乱、立足未稳之际，发起进攻，仍可获胜。"

宋襄公黑着脸说："哎呀呀，你看你这人！敌人还没有列成阵势，怎么能击鼓开打呢？"

楚军列阵完毕，司令子玉命令击鼓进军了，宋襄公方下令进攻。

楚军实力强大，经激战后，宋军大败。

几个时辰，宋襄公的亲军全部被歼，宋襄公的屁股也受了重伤。

宋国人民无不怪罪宋襄公指挥不当。但宋襄公并不认为是自己的问题，发布文件说："古之为军，临大事不忘大礼。君子不重伤、不擒二毛、不以阻隘、不鼓不成列。寡人遵守古训，并无不当。"

后山简单讨论一下。不重伤，是不重复杀伤已经挂彩的敌人；不擒二毛，是不捉拿头发花白的敌军老兵；不以阻隘，是敌人于险隘中不借机取胜；不鼓不成列，是不击鼓攻击尚未列好阵势的敌人。

宋襄公以大周之礼仪指导泓水之战，大败，收获了"蠢猪"的美名和屁股上的重伤，重伤导致感染，屁股肿大而死。

楚国指挥泓水之战的司令官子玉，一战成名，将星冉冉升起。

楚北军区前司令员子文，搞军事练习，只练一个早上，而且不处罚一个人。子玉则一演一整天，士兵偷懒或者犯规，宪兵以鞭子伺候，屡鞭不改的，扯起耳朵来，用箭穿个洞。楚军上下恐惧，演练效果奇好。

楚成公已经兼并了江汉平原，吞食了淮河流域许多国家，军国主义建设快速推进，向北动作，锐不可挡，干掉了豪情满怀的宋襄公。

齐国呢，齐桓公的七个庶子都表示拥护和归顺楚国，鲁、卫、郑、陈、蔡、曹，一看齐国风向变了，也都看风转舵，倒向楚国。

楚成公控制了宋、卫、鲁、郑、陈、蔡、曹一拨子中原国家，称霸中原的态势几乎已经快速做成了，大有一席卷定之势，比晋文公厉害了。

且看当时天下大势，能与楚国抗衡的，只有齐、秦、晋三国。

齐国内乱连绵，自顾不暇，秦国偏居西域，鞭长莫及，于是，能跟楚国一决高下，争夺中原霸权的正面对手，非晋国莫属。晋楚逐鹿，势所难免。

二

却道晋地啊，所谓“表里河山”，地处太行山东麓以西，南麓以北，再往南，便是大水黄河，单是军队进出中原，已是十分不便，运输粮秣辎重，尤为艰难。

但是，周襄王赏赐给晋文公的八个封邑，均在洛阳近边，堪为巨大的核心根据地。

晋人获得了洛周八邑，使郑、卫两国直接处于其威胁之下，不敢完全依附和投靠楚国。这种战略制衡，对晋文公南下中原，争夺霸权，十分有利。

宋襄公在泓水战役中被楚国打败，伤口感染而薨掉，他的儿子宋成公继位后，被迫忍着屈辱，侍奉仇敌楚国，当楚国的殖民地。

晋文公统治洛边八邑之后，气候日渐恢弘，宋成公便叛离楚盟，投身晋国。

楚成公当然不能容忍宋成公的叛逆，恼怒地说："宋国亲晋去了？分裂我中原盟邦兮，必予严惩而不饶！"

楚成公命令楚北军区司令员子玉为主帅，副司令员子西为次帅，催动楚、陈、蔡、许、郑五国联兵，千里跃进，围剿宋国。

晋文公当然不能坐视不理。逐鹿中原的时刻来到了！

晋文公亲催三军，援宋抗楚。最低目标是打败楚国鬼子，最高目标是确立在大中原的霸主地位。

但从心理上，晋文公不情愿与子玉的楚军直接交火，因为在他逃亡的路途上，经过楚国的日子，楚成公热情款待他一年多，现时反过来揍他老人家的军队，真不好意思。

晋文公开会商议对策，说出了自己的心结，问谁有妙计请告知寡人。

狐偃举手发言说："直接打楚军解宋围，确实不美，不妨就近朝卫国和曹国用兵，卫和曹也都是楚国的中原盟友，楚必然让子玉分兵救他们，宋国自然得解放了。"

晋文公一听，此计大妙大妙！卫国和曹国，两个需要狠揍的杂种，终于等到这一天啦！

卫国在中原北部，当年的晋文公重耳，领着叫花子们路过卫国，卫国非但不招待，连城门也不开，差点饿死了他们，致使在五鹿镇，狐偃去乞讨时，野人给重耳泥壳子吃。

尽管当年的小气鬼卫文公早已死了，卫成公已上任多年，但想起来总是可气。为泥壳子揍他，有点说不出口，但“借道伐曹”，正大光明。

曹国尤其该打。当年流浪中，经过曹国，精神病曹共公看我洗澡，他看也罢了，还领着一大帮后宫臭女人，嘻嘻哈哈，真他妈的罪该万死！

嗨，谁承想卫成公不借道。这小子刚上台，新近娶了楚国的小美女，正牛气加驴气哩，根本不买晋文公的账。

晋军玩了个花架子，原路退回。

卫成公正为“拒道”得意呢，晋军绕过卫都，沿黄河滩向东疾进。

当时的黄河确实在那里流啊！后山早年有论文《汉光武陵位置见解》，对公元前及东汉末的黄河流向、走势，做过证据确凿的分析。

晋军向东疾进，卫成公说：“你看，我们一硬，他们就软了，走了。”

卫成公正指点呢，晋军突然向北拐头，以“疾雷不及掩耳”之势，掠过卫都以东，直捣五鹿。

五鹿人看见晋军旌旗满野，妈呀妈呀，争相逃窜。

晋军一鼓拔掉五鹿古镇，重耳说：“哈，让我吃泥壳子，寡人今天终于拿到你小子所有的泥土啦。”

随后晋军绕着卫都转了一个圈，像剪草机一样将卫国土地差不多剪了个遍。

卫成公不敢再唱对台戏了，差人请求与晋文公结好，晋文公说：“晚了，不可能了。”

卫成公死后悔，后悔死，也没办法，想出奔楚国去，卫国贵族们不同意，他们索性把卫成公驱逐出卫都，卫国便浑个儿落入了晋文公手中。

卫国已下，引兵攻曹。精神病曹共公拼死抵抗，城不能克。

晋军搭起云梯，拼命攻城，却被曹人滚木乱箭砸下来，好不容易爬上城去的，全被杀死。

曹国人把晋人尸体摆在城上晒，羞辱晋文公。

晋文公流氓劲头上来了，叫喊说要挖曹人在城外的祖坟。

挖祖坟显然是违反“战礼”的，媒体乱报道，远近都听说了，鲁国那个小学教书匠孔丘就说：“齐桓公正而不谲，晋文公谲而不正。掘人墓田，吾不赞成！”

曹人听说要挖他祖坟，比孔丘还不赞成，答应归还晋军尸体。

按说归还尸体，是个和平项目，晋文公却又使诈了：曹人开门朝外推送装运尸体的板车，晋军趁机一涌而上，冲进城去。

最后，曹共公只得脱光上身，牵着条绵羊——表示自己像它一样顺从——投降晋文公重耳，重耳哈哈笑道：“这个熊打扮，莫非是专门让寡人欣赏你那臭肋条的吗？”

晋文公的大军进入曹城，把曹国的妇女们全都当成“性工作者”对待了，重耳也不管，惟专意交代不许骚扰曹大夫僖负羁一家，以报答流亡中的月饼和玉璧之恩，尽管重耳当时就退还了玉璧。

谁知晋军中两个小人物颠颉和魏仇放火烧了僖负羁的家。

颠颉和魏仇是重耳流亡时的追随者，流亡结束后，重耳只给了他俩三等赏赐，心里有气。曹国大夫僖负羁一顿饭你如此报答，我们伺候你多年，你赏赐的什么呀？一把火把曹大夫僖负羁家烧了。

晋文公大怒，杀了颠颉，悬挂头颅在城墙上，三军莫不悚然。

晋文公也想杀魏仇。但魏仇在放火时烧伤了，伤了不能打仗，更没用了，更可以杀掉了。

重耳派赵衰去观察一下，魏仇不傻，咬着牙，带伤表演了一番武功，意思是完全可以重上战场，创建战绩。于是重耳放了他一马。

卫国和曹国，都打过了，荡平了，但宋围还是不解。

楚军司令员子玉明白晋军的作战意图，吃了秤砣似地死心，不理睬晋文公的任何花哨动作，带领楚、陈、蔡、许、郑五国联军，闷头死攻宋国，把宋国人揍得叽哇乱叫。

三

话说中原列国，郑、许、陈、蔡、鲁、卫、曹、宋等，在泓水之战以后，都已拜倒在楚国的军威之下。斯时之楚国，可谓势力正盛、声威方张。

晋国自文公即位以来，对内整顿国政，发展经济，壮大军旅，对外尊崇王室，联络齐、秦，已与楚国针锋相对，争夺中原霸权。

楚国在楚北军区司令员子玉指挥下，率几个附属小国，猛攻宋国。

晋国想解宋国之围，采用扫荡卫国和曹国的方法勾引楚国回军，子玉不睬晋文公那一套，狠揍宋国不止。

晋文公遂采取了战略手段，联络东部的齐国和西部的秦国。

齐国被楚国插手，正反感楚人呢。

齐孝公曾经为了维护他爹的旧威风，去打老邻居鲁国。鲁国趁机拉来了楚国，鲁楚联手，在齐国边区谷邑建立了一片革命根据地，扶植了一个齐公子。

齐孝公被气得升了天，他的儿子被杀，弟弟姜潘继位，是为齐昭公。

内忧外患让齐昭公糟心已极，巴不得跟晋国联合，晋国一邀，就加盟了。

秦国不用说了，跟晋国是糊涂麻缠、撕拽不清的老亲戚。晋文公差使者西去秦国求援，秦穆公宣布支持，随时准备用兵中原，呼应晋军。

晋国联合齐国与秦国后，中原形势突变，形势对楚军不利了，楚国的被动形势愈来愈明朗化。

子玉应该能够看到危险了，当遣散盟军，引兵回国，至少得予以回避。但他却做反了，请求楚成公“加仓”一赌，并建议楚国对晋国宣战。

子玉说：“我们楚军，率陈、蔡、许、郑联兵，围攻宋城，伤亡不小，希望主公从本土派兵补充我们，再跟晋、宋一决雌雄。”

楚成公发现形势不利了，本欲进行战略退却，“知难而退”嘛，可前敌指挥员子玉要决一个雌雄，楚成公只好气闷地批准了。

批准是批准，楚成公怕蚀了老本，不肯发精锐力量，从卫戍部队中拨出区区三十乘，给了子玉。

子玉将军骑在老虎背上，不愿下来，死活要拼一把，得不到楚成公的强力增援，便把自己的私家亲兵一百八十乘全部拉上战场，替楚成公追加了“仓位”，杀气腾腾，重开决战。

明眼人一下就可看出，子玉加仑加到了寒冷的高岗上，早已经错过最佳时机了。

晋文公这边呢，齐国和秦国虽然加盟，但无实质性响应。

这不行呀，晋文公召集参谋长联席会议，研究。

赵衰举荐的将星先轸果然不凡，他建议制造矛盾，加剧齐、秦与楚国的冲突，迫使他们怨恨楚国，如此如此，这般这般，重耳一听，叫道："甚好！"

晋文公依先轸之计，要求宋国——现在说啥宋国听啥——差人用珍宝贿赂齐国和秦国，求他们出面劝楚军撤去。

齐国和秦国受了宋国贿赂，都跑到前线来劝说楚帅子玉：放过宋国算啦。

楚帅子玉，攻宋有日，城也难克，齐国和秦国一说合，便给面子答应撤兵。

楚国联军正待要撤，忽然传来晋文公赠送大量领土给宋国的消息。哪里的领土？楚国的盟友卫国和曹国的。晋国在大瓜分，宋国在大沾光。

子玉顿时血冲脑顶："他妈的这个宋国，挨得轻啊！给我往死里打！"不撤军了。

齐国和秦国的战争调停宣告失败，先获尊重，后遭践踏，很没面子，于是对楚宣战。先轸的妙计告成。

晋、齐、秦结成北方统一战线，必将向南推进。

子玉分析战局之后，决定，在对手的统一战线尚在萌芽之时，快速刺伤其首脑晋国，使其土崩瓦解。

好个楚帅子玉，说干就干，立时撤下宋城之围，率领联军快速北上，挑战晋

城濮战事

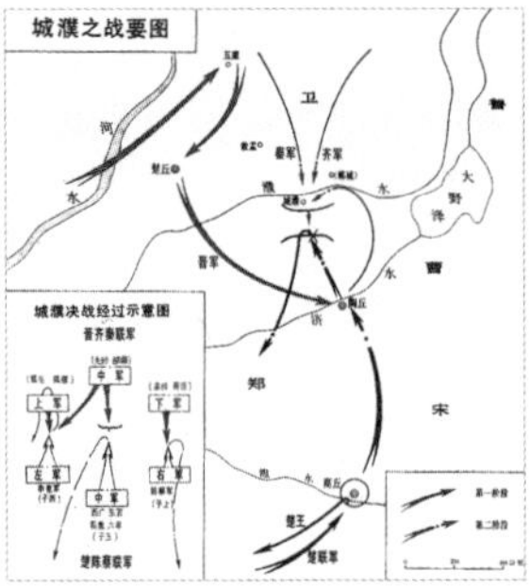

城濮战役军事要图

国主力。

想当初，晋文公颠沛流离，路过楚国时，楚成公有一问："公子若反晋国，则何以报不谷？"晋文公回答说："若以君之灵，得反晋国。晋楚治兵，遇于中原，其辟君三舍。"今日，晋文公信守诺言，面对楚军的进攻，实行战术退却，后撤三舍，驻扎在城濮地方。

晋文公退避三舍，表面上是报答以前楚成公给予的礼遇，实际上是诱敌之计，而且靠拢友军，缩短补给路线，一举多得。

子玉骄傲轻敌，再次上钩，被晋军牵着鼻子走，还在叫："晋国要玩完了。"

宋城解了围，宋成公也率军出城北上，加入晋军阵营，晋联军变成了晋、齐、秦、宋四国联军，光是晋一国就有七百乘兵车，加上齐、秦、宋三国的兵力，披坚执锐，严阵以待。

晋文公检阅自己的联军后，兴奋地说："少长有礼，其可用也。"

不过，子玉率领的楚国联军共有楚、陈、蔡、郑、许五个国家，论数目也不少，甲兵汹汹，战车轰轰，子玉狂傲地声称："今日必无晋矣！"

这日是公元前632年的四月六日。南北双方合计九国军队，共约二十万人参战，规模之大，亘古未有。

城濮原野上，上千辆战车、近万匹战马、二十万战士，未开打时，像巨大的庙会，当一开战，人如潮涌，马似山崩，鼓声杀声，震耳欲聋……

战鼓甫一擂响，晋军先发制人。下军副军长胥臣给驾车的战马蒙上画好的虎皮，出其不意地疯狂冲向楚军右翼。

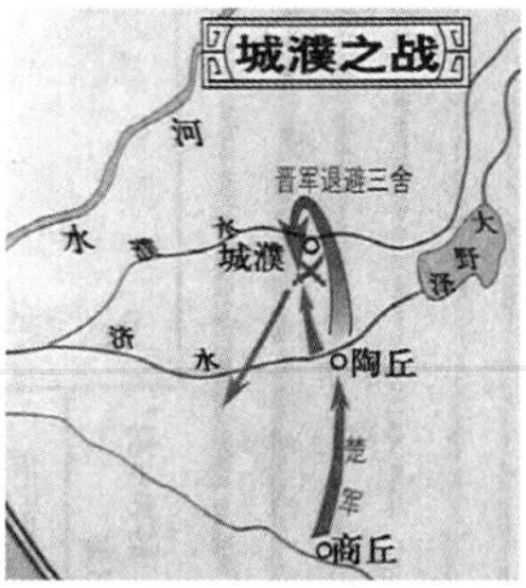

城濮之战行军路线

楚军右翼是战斗力最差的陈、蔡军。陈、蔡军遭受晋军“飞虎队”奇异突袭，顿时惊慌失措，转眼溃散。

溃散的陈、蔡军把整个楚右路军的阵列都冲乱了，没多大会儿，右路军全部溃散。

晋军元帅先轸对付楚左翼。他命晋上军帅狐毛，稍作战斗即以溃败之状引车后退，拖曳着树枝，飞扬起地面的尘土，制造仓促逃窜的假相。子玉不知是计，令楚军左翼奋勇掩杀。

子西带左路军，贸然突进，遭到晋军夹击，并切断退路。

子西身中一箭，完全陷入了重围。

楚军元帅子玉远看尘土漫天，以为是自己的军队在歼灭敌人，遂不发救援。

子西叫苦不迭，几个通讯员也全都战死了，终于苦撑不住，楚左路军很快被消灭了。

子玉见左、右两军均已失败，大势尽去，不得已下令中军迅速脱离战场，得以保全中军主力。

楚军战败后，向西南撤退到连谷地方。

楚之军法，有“覆军杀将”之条，只要是全军覆灭，领头的必判死刑，官再大也没有用。

尽管楚司令员子玉的中军主力未受什么损失，不属于“覆军”，但其部下的申县和息县的将士伤亡极大。楚成公说：“你别活着回来了，我没法向申、息两县士兵的父老们交代。”

楚成公的意思很明白，让子玉自裁。

子玉领会精神，羞愤交加，拔剑刎了自己。

可楚成公旋即后悔，飞使取消诛杀令。新使者满头大汗跑到时，子玉已自我执行罢了，鲜血染红了战甲。

倒是副司令员子西，胆子弱一些，选择上吊。也是他不当死，上吊时吊绳断了，正到处找结实绳子呢，新使者到了，说："不用找了，特赦你了。"子西遂不再死。

重耳战胜后还闷闷不乐呢，听说子玉自杀了，方快乐起来，说："困兽犹斗，况国相乎。其已死，莫余毒也已！"被围困的伤兽还要咬人，况子玉这样的将军乎。现在他死了，我可以高枕无忧了。

晋军打扫战场，入驻楚军营垒。

子玉囤积的粮食酒肉，重耳的九万人大吃大喝了三天三夜。打着饱嗝开拔时，把楚军营垒放火烧了。

重耳胜利班师。半道上，听说周襄王姬郑派天使前来慰问，重耳赶忙召集宋、齐、鲁、郑、陈、蔡、邾、莒等国代表夹道欢迎，接受慰问书。

春四月，二十七日，晋文公率领人马进入郑国的衡雍，并在衡雍附近地势较高的践土为大周天子周襄王建行宫一处。

衡雍和践土，今天的河南原阳、武陵一带，后山在《汉光武陵位置见解》中早已考据明白，在当时的黄河南岸。晋文公选择这样的地方，请周襄王比较方便。

晋文公把周襄王请到了场，向老天子姬郑进献行宫，顺便献给周襄王一百辆驷马装甲战车，并一千多名男女俘虏，让周天子当奴仆用。

周襄王高兴得胡子一抖一抖的，回赠：黄金装饰的大车一辆，红弓一副，红

出土于齐地的编钟

箭百支，黑弓十副，黑箭千支，美酒百卣，喝酒的玉爵若干。晋文公多次辞谢，最后还是拜受了。

周襄王姬郑的“甘霖”还是普降的呢。智多星狐偃，在很多大的战略决策上帮助了重耳。也得到了周天子赐给的辂车、马匹、衣裳、玉佩等物品，

诸侯还进献美铜给狐偃以铸造编钟。

狐偃后来回到晋地，还真的雇佣铜匠铸造编钟了。在编钟上铭文记载了城濮之战和践土之盟。

这套编钟十二件，有盗墓贼深夜从山西闻喜的一座晋墓中背了出来，公元1994年，台北故宫博物院买下了。

接着晋文公代表晋国与齐、鲁、宋、卫等七国举办盛大结盟典礼，请周襄王坐在主席台正中间，做证盟人。

在践土结盟仪式上，周襄王又策封晋文公为“侯伯”，方伯长。

台下舞蹈扬尘，呼声生风。

晋文公讲话：“同志们，让我们紧密团结在以大周襄王为核心的周中央周围，大家皆奖王室，无相害也。我今天把话说明了，诸侯们，有渝此盟，明神殛之！”

晋文公“遂霸”。又一个侯王撅着“尊王”的旗帜，登上了霸主的宝座。

四

城濮一役，楚国赔了军队，又折损了众多中原附属小国，被迫收缩战线，蜷回桐柏山、大别山以南。

晋文公挟天子通知全国诸侯在践土开会，楚国缺席，以后接连几届全国诸侯代表大会，楚国都没理睬。

楚成公几代苦心经营，中原霸业初见，又功亏一篑，十分恼丧。

体会一下身体状况，楚成公觉得该把长子商臣立做太子了。

立太子乃国之大事，跟新一任司令员子上商议。

子上认为商臣不是个正道人，三角脸，马蜂眼，豺狼腔，被子上誉为“狼子野心”。子上当然不跟楚成公说这个，只说：“主公儿子不少，可以比较比较。”

楚成公图省事，不比较，依然立了长子商臣为太子。

商臣听说子上曾经否过他——肯定是楚成公乱说的！——咬牙切齿，找自己的老师商量对策。

遇上他老师满肚子坏水，教商臣诬陷子上私通晋国。

楚成公对晋国已经恨到了骨子里，立马宰了子上。

宰了子上，楚成公又后悔。没证据啊！楚成公遂对太子商臣有了成见，越看越不顺眼。

谁顺眼呢？小媳妇生的小王子熊职。

看来，确实是“主公儿子不少，可以比较比较”。楚成公意图废而再立。

太子商臣发觉了，又找坏水老师请教。

老师教商臣投石问路：“恰好你大姑归国省亲。你请她吃个饭，故意激怒她，看她说点啥子。”

商臣请姑妈吃饭，上了三道菜，就停了，让仆人直接把菜罐子送到姑妈面前，像喂猪似的。

姑妈一吃，商臣就跟左右的三陪女挤着眼睛偷乐。

姑妈就问："小鳖崽子，有何乐子？"商臣没反应。

姑妈是嫁给了江国的国君的，也养成的暴脾气，把罐子一摔，骂："好你个王八羔子兮，活该你爹要废了你。"

得到情报了！商臣赶紧汇报给老师，老师说投石问路有结果，看来废您是肯定的了。

商臣请求对策，老师说："出奔吧，现在都时兴出奔，到哪个诸侯的地盘都有妹妹伺候。"

商臣说："不好不好，出奔不好。外国妹妹不乖，都好丑好丑的。"

坏水老师压低嗓门，趴在熊商臣的耳朵边，说："一不做二不休，把你爹做了，行不行？"

商臣三角脸一拧，马蜂眼一揪，说："做了他，没问题呀。"

当夜，人静，更深，楚成公正在寝殿里琢磨国际大事，还没睡着，忽听外边脚步杂沓，扑里扑腾，没等站起身，太子商臣一伙全副武装涌了进来。

楚成公惊愕不置，大叫道："儿子，半夜闯宫，你为何兮！"

商臣说："爹，我们给您送终来了。"说完把一根白练扔向老爹。

楚成公僵硬在那里，半张着嘴。

商臣两边的武警人员上前恶狠狠地把白练打个圆圈，给楚成公他老人家挂脖子上。

楚成公百感交集，无法表达，忽然爆出一声："且慢！"

商臣说："你还有啥交代，快些莫拖时间咯！"

楚成公正是想推延时间，等候救援，他说想吃顿饭，不愿饿着肚子上路。

商臣说："天上的饭香得很，您老就留着点肚子上去再吃吧。"说着示意左右动手。

楚成公老眼一瞪："都给我退开！"然后怒目盯着商臣，想说什么，吧咂吧咂嘴，没词儿，自己拿起白练，抛到房梁上，系了个扣，把自己扣进去，吊起来。

可怜楚成公一代枭雄，老来就这么横死了，死后一直不闭眼睛。他的妹妹，回娘家省亲的江姑妈听说以后，自恨不已，也跟着上吊了。

太子商臣接班，是为楚穆公。

楚穆公叫来楚国宣传部的黑笔，给老爹写了篇悼文："战斗的一生，胜利的一生，光辉的一生，为楚国人民无私付出的一生"云云。

话说楚国，最早乃是长江中游一个百里弹丸，吃武昌鱼，喝长江水，向洛阳王室贡苞茅，后来不断兼并邻里，经过三代人扩张，已达"楚地千里"，西及秦，东近齐，北缘到了洛阳南边几百里的地方。

只叹息，楚成公，在不该死的时候，在不该死的地方，以不该用的方式，死去了兮。

第二十四章

峭谷魅影

一

晋文公成了名誉上和实际上的中原霸主，就在考虑行使霸主的职责。

在晋文公心里记着的，邪恶的国家至少有三个：卫国、曹国和郑国，当然要捶打他们。

卫文公曾经不许进城，直接导致重耳在五鹿吃泥壳子，城濮战役前夕，重耳扫荡了卫国，要毒死卫成公，让卫成公顶他爹的罪。

哪知买到的鸩酒是假的，天助卫成公不死。

周天子和鲁僖公都来说情，重耳废卫成公作了平民。

偷看重耳洗澡拍掌而笑的曹共公呢，晋文公攻破曹国后，把他关进了小号。

曹共公能吃，浪费粮食，晋文公想杀掉他，可自己突然感冒了，请来个郎中是亲曹的，说："是上天给您降下的灾病，原因是您废曹公不甚好啊，都是兄弟国家，灭了他属于无礼。"

重耳说："要是这样，那放了他。"遂释放曹共公。

为了病好得快点，还恢复了曹共公的君位，不过曹共公毕竟惹人讨厌，重耳就把他的国土分出来三分之二，给了宋国。

对了，重耳账单上的邪恶国家，还有郑。

当年过郑，郑国冷淡。后来晋国的特工又在郑国宫廷侦察到了重要情报。

郑国大夫姬叔詹曾经进谏郑文公说："重耳今日落魄，不说明他明天不能发达，您最好还是招待招待他。"

郑文公说："他凭啥发达？不招待。"

叔詹说："您不想善待重耳，那我建议您杀掉他，以免郑国将来受他报复。"

郑文公嫌麻烦，不杀。

这个姬叔詹真他妈该死，就凭郑国有这样的货色就得收拾它。

在诸侯争霸中，郑国是棵墙头草，早年郑庄公胆敢交恶大周天子的那点锐气，早给他的后代丧尽了，齐国强大时，它靠拢齐国，齐桓公死后它转靠楚国。为了跟楚国搞好关系，郑文公娶了楚成公妹妹当老婆，生下俩闺女，又嫁给楚成公，亲上作亲，乱七八糟，比秦晋还出奇。

正是郑国一心"哈楚"，在重耳流亡时，郑文公才那样傲慢。

城濮之役，郑文公抱着楚国的大腿，楚国溃败，他无处依赖，才投靠晋国。虽说他也参加了重耳主持的践土之盟，但面服心不服，重耳心里是有数的。

晋文公在践土送周襄王归洛阳之后，趁着诸侯未散，说："寡人奉天子之命，得专征伐。各国诸侯都非常听话，惟有许国，一心侍奉楚国，无视中原大一统。天子来了，诸国侯君慌忙来朝觐，许国置若不闻，像聋子一样。希望诸君去收拾它。"

齐、宋、鲁、蔡、陈、秦、莒、邾八国诸侯，都说："敬从君命。"率车挥兵，一齐向颍阳进发。

只有郑文公姬踕，心中有不忿之意。

郑文公思忖：看重耳收拾卫国和曹国那种狠劲，自是个怀恨之人，他未必便忘了郑国当年也是不理他的。我不能去打楚国的附属，得给自家留个退路。

上卿大夫姬叔詹见郑文公在那里踌躇，便说："主公不要背弃晋国，否则结果不会好的。”

郑文公不听，让媒体胡乱报道自己国家老百姓患传染病，说自己得赶紧回国祭祀，提前走了。非但溜了号，还密使报楚曰：“晋侯怨恨许国，驱遣诸侯问罪，跟屁虫们已经发兵。寡君放弃了跟随。特此报告。”

楚国新败，不想应对晋国锋芒，未发兵救许。

许僖公见楚国老久不动，扛不住了，自己捆绑了自己，口中衔着玉璧，去晋军中乞降，把全国的财物都奉献出来，慰问多国联军。

话说如今的晋文公，确实不是以前的晋文公了，他要施展霸主的威风，建立国际新秩序。正如郑文公所忧虑，他未便忘了郑国当年对他的冷淡。

晋文公会同秦穆公，组成晋秦联军，伐郑，要彻底把郑国制服了。

城濮之战新胜时，晋文公完全可以把郑国灭掉，他没有。什么原因？

话说天下霸主，得靠各地诸侯支持，进贡，出兵，都是诸侯应尽的义务，你把它灭掉，哪成呢？灭掉了你还得派人管理那片地方，麻烦，何如收拾它，让它变乖来得舒服！

晋文公已经谋算好了，先来一顿大棒，再来一根胡萝卜。

郑国有史以来，处于四战之地，周遭没有险峻的高山，没有奔腾的大河，他们只有在人工防御上大下功夫，城池非常坚牢。

郑国的城墙，二到三重，内城外城，多年巩固。城墙高耸，护壕宽深，久经战火考验。城墙顶上还有石质的女儿墙，就是犬牙似的垛口，供防守射击之用。

晋文公厌恶郑国城头的女儿墙，践土之盟后，就以霸主的名义，勒令郑国拆除，郑国已经把它拆除了，城头而今已是光秃的了。

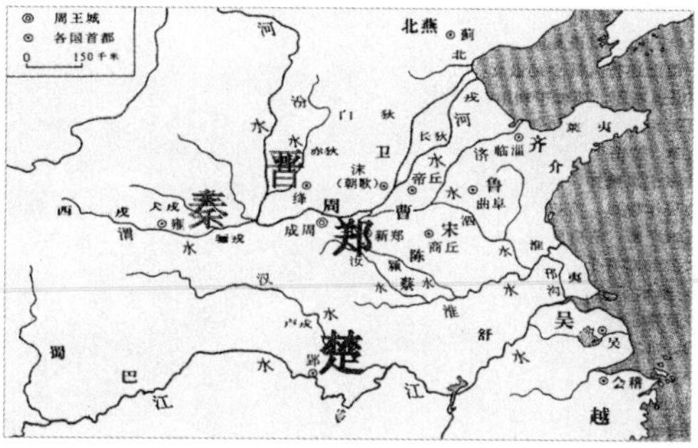

秦晋合兵击郑时之图

公元前630年，郑国看到晋、秦联军凶恶地来了，固门坚壁，全民守城。

晋、秦联军以蛮力强攻，先用冲车撞门，后使云梯爬墙，折损兵将不少，依然攻之不克。

攻坚战实在不好打，野战可以冲锋、诈退，车错毂兮，短兵相格，攻坚战面对的是肥硕坚厚的城墙，有劲却展不开，有计却使不上，被动得很。

守城一方也不好受，担心外面有什么绝招破了城门，冒烟了担心是火攻，潮湿了忧虑是水浸，冲车的震动，云梯的起落，都让人胆战，何况郑文公的城池没有了女儿墙，等于老虎被敲掉了牙齿，兵士一露头便遭箭镞之祸。

晋、秦联军威势日涨，城内的郑文公精神日泄。

看着愈来愈危险，郑文公只好差人携带珍宝出城求和。

晋文公说："名贵宝物我不要，把姬叔詹给我交出来我就撤兵。"

晋文公预备了一口大鼎，装满水烧着，要把敌手烹了。姬叔詹先谏郑文公善待重耳，晋文公不管，后谏郑文公杀掉重耳，晋文公要计较。

姬叔詹自己出来了，跑到晋军大帐前领死来了。

晋国武士没有什么好犹豫的，扒光了姬叔詹，要丢进开水鼎里。

"你是多嘴才落得今天的下场的，"晋文公说，"如今没什么好说了吧？"

姬叔詹说："作为郑国的大夫，当我觉察到郑国有了潜在的危险，事先谏议国君，这是对郑国的忠贞。现在，我不避个人安危，为救一城之难，主动到晋营来送死，这更是对郑国的忠贞。

"微臣不才，然能够杀身救国，是仁，料事能中，是智，尽心谋国，是忠，临难不避，是勇。仁、智、忠、勇俱全的臣子，按照晋国的法度，原来是应该受烹的。可怜天下，从今以后，忠心耿耿事奉君主的人，都要以我为戒啊！”

晋文公听后，不禁喟从中来，说：“你是个烈士，我试验你罢了。”

遂下令给姬叔詹穿好衣裳，待以厚礼，隆重送回。

二

话说在晋、秦联军重兵围困之下，郑国城中，樵柴已断，燃烧家具做饭，粮米亦将告罄，最艰难的日子快到了。

郑国人说：“你们要姬叔詹，他已去过了，你们可以退兵了吗？”

“退兵可以”，晋文公说，“但必须让郑君出来，我得敲打敲打他。”

郑文公一听，这分明是借口，不想解围啊，于是拒绝出来。

郑君不出，晋、秦联军合围不放。

连投降人家也不让，郑文公急得抓耳挠腮，怪楚国不来搭救。这时，大夫佚之狐来进谏了。

佚之狐说：“晋秦联军，势力强大，我们不能跟他们争锋。而今只要有一位舌辩之士，去说动秦穆公，秦兵一退，晋兵便成了孤军，不足畏惧了。”

郑文公说：“你这办法不赖，但怕我国没有这么厉害的口舌之才啊。你能去吗？”

佚之狐说：“鄙臣没这个能耐。但愿保举一人。此人口悬河汉，舌摇山岳，只是多年怀才不遇，主公可提拔他一下，让他去，不怕秦穆公不听。”

郑文公问所推荐的是哪里人，是谁，怎么没有听说过呢。

烛之武受命

佚之狐说："考城人，姓烛名武，年过七十，一直在马厩里工作。主公请礼遇他，然后派遣。"

老饲养员烛武被召了进来，但见其须眉尽白，伛偻腰身，蹒跚步履，扑人一股马粪味，左右臣子无不哑然失笑。

烛武拜见了郑文公，颤颤巍巍奏问道："不知主公，召在下，何事？"

郑文公说："寡人听说你办过口才培训班，想请你出马，帮忙说退秦国几万大军。"

烛武再拜，推辞说："那都是年轻时候的事了。拙臣没上过学，少壮时，尚且不能建立尺寸之功，而今垂垂老矣，腿脚不灵，言语发喘，安能担当大任，说退千乘之大军乎？"

郑文公说："先生家中三世为国服务，至如今还是饲养员职称，都是寡人的过错啊。寡人现在改错，封先生为副大夫，不管怎么着，拜托您老替寡人去走一趟。"

佚之狐在旁帮腔："如今主公发现了先生的才气，重用了先生，职称也变'副高'了，就不要再推辞了。"

老烛受命，但出不去城，晋、秦两国的军队，围得死死的。当夜，郑国组织壮士，以大绳把老烛缒下城墙。

老烛下得城墙，径直去往秦寨。秦寨门禁森严，不容老烛入内。

烛武于是在秦国军营外面放声大哭。巡逻兵把烛武擒了，送禀秦穆公。

秦穆公问老烛是什么人，老烛说："本人乃郑国大夫烛武是也。"

秦穆公问他哭什么，他说哭郑国嘛，郑国要完了。

秦穆公奇怪："郑国要完了你在俄营寨外面哭什么？"

烛武说："老臣哭郑国，也哭秦国啊。郑国亡掉了不可惜，秦国亡掉可惜啊。"

秦穆公听到"秦国亡掉"几个字，大怒不已，斥责烛武："俄秦国为何要亡！你今天必须给俄说清楚。说话不论理，俄要杀了你！"

老烛武并无丝毫胆怯之态，侃侃道："秦晋合兵，围郑不放，郑国要亡，自不待言。倘使郑国亡了，对秦国有好处，老臣何敢乱言？郑国亡了，不但对秦国没有任何好处，而且还有坏处。"

秦穆公说："俄不理解你这个古怪说法，说详细点。"

"你们两国联军，非常厉害，郑国已经领教了。郑国亡在旦夕之间矣。然而，郑国之亡，若有利于秦国，也不枉你迢迢跑来一趟。事实是，晋国已经拥有洛阳周边的广大土地，郑国只跟晋国接壤，跟秦国并不接壤，郑国的土地，即使全部丢了，也划不到秦国一分一寸，您若想跨越晋国来收编一部分郑国的领土，恐怕也是不现实的啊。"

老烛这一说，秦穆公愣了：是这个理儿啊。

烛武又趁热打铁说："秦晋相邻，晋国肥了，秦国就要瘦了，晋国厚了，秦国就要薄了，晋国强了，秦国就要弱了。替人家兼并土地，削弱自己的国家，聪明人谁干呢？"

秦穆公听着烛武老家伙的数落，对照自家的行径：说的是啊！

老烛继续发挥："我老头子活了七十多年，见过的骗局多了。晋国是没有餍足的。您帮助晋国，好几世了，我未曾见晋国有分毫报答于您啊？

“晋惠公是您扶立的吧，他承诺的河西之城给你了吗？晋惠公的儿子晋怀公也是您扶立的吧，他一上台立刻宣布跟您断交。晋文公又是您扶立的，他复国以来，增兵设将，日夜以兼并为能事，向东收拾完郑国，就要向西了。您还是好好想想吧。”

秦穆公不吱声了，只管听，一边听一边在心里检讨自己。

“虞、虢之事，还记得吧？晋国借道虞国，旋即回身灭了虞国。虞公不智，等于帮助晋国灭了自己。您帮助晋国，是真心实意的，晋国借用您，是不可揣测的。以您的贤能与智慧，甘心堕落在陷阱中，这就是老烛我痛哭的原因啊。”

秦穆公静听良久，耸然动色，敬佩万分，忍不住频频点头，随之一揖到地：“大夫之言是也，大夫之言是也！”

百里奚进言说：“烛武乃一舌辩之士，他是替郑国来离间秦晋之好的，主公不可听信。”

秦穆公说：“不错，老先生讲话是为了郑国的，但是俄听了，不知怎么的就非常满意。”

烛武又谦虚地说：“如果贵国饶了我们，我们之间可以定立盟誓。君如有东方之事，郑国一定当好东道之主，郑城就好比君的行宫了。”

秦穆公说如此就太好了，遂与烛武歃血为誓，不让晋国知晓，秘密班师而去，临走还留下杞子等三员大将和两千兵卒，建立了秦国驻郑兵马使馆，协助郑国防守。

郑国欲以口舌济刀兵之穷乏，翻检出个烛武，烛武也真叫好，片言扭动局势，只语而解围困，挽救了危机中的一座愁城。

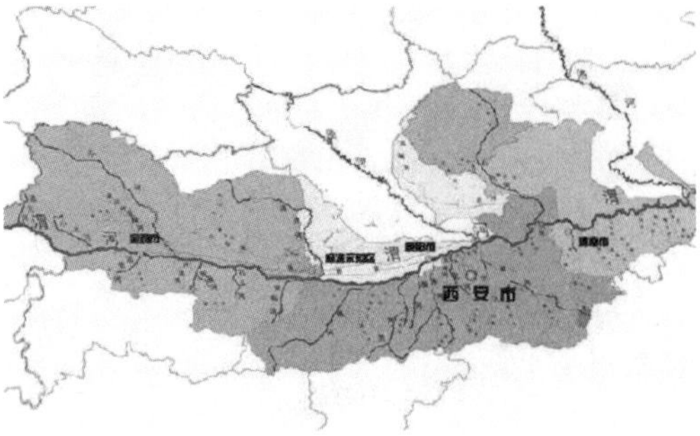

秦国崛起之地渭河平原

探骑将新情况报入晋营，晋文公又气又怒，一旁的狐偃说：“追他！追！”

晋文公直着眼想了半天，说：“追上了怎么的？跟他打一场吗？”

三

却说陕西渭河两岸，土地肥沃，良田千顷，是中国历史上最早的农耕文化发祥地之一，周文王、周武王就是以陕西为基业之肇始，开创大周朝的。

秦国就在这里。据秦人自己研究，他们的祖先就是辅佐大禹治水的伯益。

伯益他爹皋陶是禹的司法部长，黑面鹰鼻，面貌可怖，牵头独角兽，叫獬豸，有分辨曲直、确认罪犯的本领，断案时放出这匹神异的动物，它会用角牴死有罪的人。

皋陶死后，儿子伯益承继其父遗愿，平治水土，发现了地下水的秘密，发明了凿井之术。其家族功劳巨大，被赐姓为“嬴”，成了贵族。

在商朝时期，嬴性后裔中曾经出了著名的战斗英雄蜚廉、恶来父子，“蜚廉善走，恶来有力，父子俱以材力事纣王”，是商辛最为得力的大将。

商王朝亡，大周朝立，蜚廉、恶来的后裔族人，辗转向西迁徙到了渭河流域，建立了秦部落。

周幽王被犬戎杀害，大周镐京陷落，周平王东迁洛阳，当时的秦部落首领秦襄子带兵勤王东送，一程又一程，竟送到了洛阳。

周平王穷得响叮当，谢给秦襄子一个空头委任状，让他留守西部打游击，任凭开拓，打出多少地盘就全部封赏给他。

渭河平原概貌

渭河平原局部

于是秦襄子在陕西招兵买马，扩张军备，攻打西戎，父死子继，慢慢壮大，将秦都雍城建成了西部的政治、经济中心。

公元前659年，秦穆公嗣位时，“凤凰集于岐山，飞鸣过雍”，大吉大利，雍城有了别名凤翔。

公元前655年，晋献公吹吹打打把闺女嫁给了秦穆公，秦穆公成了申生和重耳的大姐夫。

晋献公结好秦国，是十分正确的，随后二十多年，秦穆公一直帮助岳父家。他前后扶立三个晋君，晋惠公、晋怀公，最后是晋文公重耳。

但秦穆公违背“远交近攻”的兵法上策，协助晋国，“近交远攻”，围打洛阳东边的郑国，为人作嫁。

郑国大嘴老烛武向秦穆公批讲了一番大道理——邻国强了，我们就要弱了，邻国厚了，我们就要薄了，秦穆公茅塞顿开，明白了自己帮着晋国是犯了战略错误，于是连夜退兵。

回国以后，秦穆公终于明白几十年帮助晋国全是白痴的干活，应该打晋国才对啊。

“哦！俄犯的是路线错误啊，哪有天天给自己邻国帮忙的啊，应该近攻远交啊！俄要修正邦交政策。”

秦穆公决定走修正主义道路不久，消息传来，老战友、老妹夫、妻弟、女婿晋文公重耳，因病医治无效，在绛城逝世。

哎呀，他死了。扳住指头算算，老一辈革命家都死得差不多了。齐桓公死了十四年了，宋襄公死了九年了，楚成公也死了，晋文公又死了，惟我秦穆公孤独

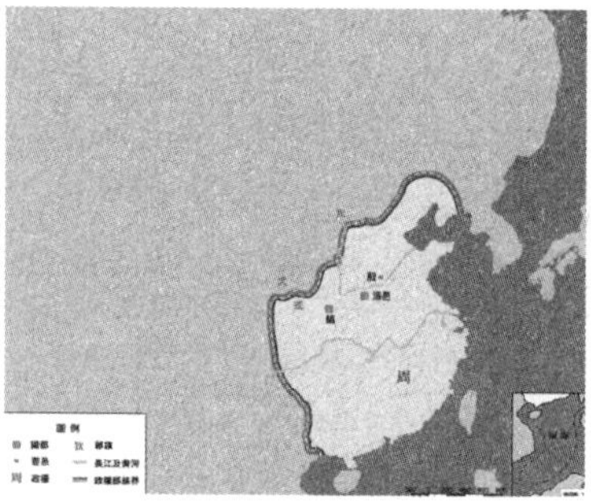

周朝疆域图

一枝，在西部大地撑着呢。

冲击中原，是时候了！恰好驻郑大使杞子遣心腹密报秦穆公说：“郑国让臣掌管它北门的钥匙，君若派遣大军，前来偷袭郑国，我们作为内应，可以灭掉它了。晋国正在办丧事，不能来救郑国，机不可失。”

先把郑国拿下，是个路子。幸亏俄在郑国留下了兵马使，建立了兵马使馆。

通往中原之路的第一条拦路狗，就是他一直呵护栽培的晋国。

晋国，这个他曾经多次帮助的盟友，如今在秦穆公眼中，变得格外丑陋了。

老总理百里奚已经故去，副总理蹇叔老得不像话，秦穆公最大的心病是手下无人，数得着的只有百里奚的儿子孟明了。

秦穆公找来老蹇叔商量东征大事：“蹇叔啊，重耳已经死了，俄想派孟明带兵去中原争霸，取代重耳，实现俄的最高理想，您老高兴吧！”

蹇叔哼哼哼嗨嗨地说：“高，高兴啊我。但，但是啊您，您，您这么做，晋，晋国人，不，不高兴吧？”

秦穆公说：“晋国如今软得像柿，柿子了，无力经营中原，俄去攻打中原诸侯，他，他管不了。”

蹇叔说：“从此，两国恐怕，就，就翻脸啦。”

“是啊，该翻，就，要翻。一直帮晋国，俄永远也成不了霸主。俄就是要甩开晋国，直接去打郑国，打下来，中原就是俄的啦。”

“劳，劳师袭远，必，必定泄密，千，千里袭人，未有不亡者也！”蹇叔说。

秦穆公说：“俄已经老啦，等不及啦，郑国人民也等不及啦。这兵非出不

蹇叔预料秦军必败

可，俄已经决定了。”

蹇叔说：“那是不是差人去晋国吊丧，然后拐路到郑国，观察观察，郑国可以攻打否？”

秦穆公说：“那样来来回回，恐怕一年工夫搭进去了。用兵之道，贵在神速，迅雷不及掩耳，即可获胜。您老了，终日疲惫，不理解俄的。”

公元前627年新春，料峭寒风之中，兵车齐整，旌旗飘扬，百里奚的儿子孟明、蹇叔的儿子西乞术和白乙丙，统率着三万军马，剑指中原。

秦穆公交代：“两月之后，郑国北门，里应外合，不得有误！”

蹇叔拄着拐杖，蹒跚地也来到阵前，他哭着说：“儿啊，儿啊，崤，崤山的深谷，阴，阴风很重，你，你们的尸骨，大约，大约我要到那里，去，去收了。”

蹇叔哭师，扰乱军心，秦穆公气急了，斥骂道：“死有什么可怕！你活得还不够长吗？秦国多少人才活你一半岁数，坟上的柳树都合抱粗啦。”

蹇叔不敢甩鼻涕眼泪了：“吾，见师之出，不，见师之入。吾只怕，匹马只轮无还者，也！”

三万秦国将士在隆隆鼓声中出发了，背影越来越远，越来越远，看不见了。

秦军一路东下，闯入晋军控制区，晋国内部就如何反应，展开了激烈辩论。

晋军元帅先轸说：“我们先君新崩，秦人就兵进中原，妄图掠我土地。我们应该出击。秦军劳师袭远，实为天赐良机，机不可失，敌不可纵，一朝纵敌，数世之患啊。”

将军栾枝不同意，说：“秦穆公对我们先君有恩。攻打恩人，天理不顺。”

晋襄公姬欢

先轸说：“先君尸骨未寒，新君尚在服丧，秦即如此动作，安有恩德可言？崤山地区，西起桃林，东至闻地，全系峻岭绝壁，马不能并行，车不能转身，却是秦军回国的必经之路。我们应该在这里伏击秦军，绝除后患。”

最后，晋国新君晋襄公姬欢决定击秦。

按照先轸的计策，晋军在崤山部署，以逸待劳，只待秦军劳师归还，便将口袋两端扎起，囫囵吃掉。

当此之时，晋襄公给他爹重耳穿着黑孝，为鼓舞士气，也随军出发。

四

公元前627年春天，秦国三万兵马，进入豫西山地，缓慢地向中原移动。

秦军全套盔甲，肩荷武器、粮米，千里奔袭，疲累不堪。更要命的是，他们根本不知道，后路正在被晋国切断。

每走三十里，到达一处传舍，首长们睡房子，班排长睡帐篷，士兵们露宿道旁，数天上的星星，抓身上的虱子。下雨就更遭罪了，泥里水里，脏得要死。

给养运输，根本没指望，而三春季节，田野光秃秃的，什么可吃的也不见，饥一顿饱一顿。

秦军终于进入了洛阳地区。

周礼规定，携带武器的方国部队不能穿行洛阳，否则等同谋反。如果非要穿行，必须脱掉军装，卷起皮甲，向周天子的洛阳城敬礼，然后通过。

可这帮陕西娃，不懂大礼，经过周天子的洛阳城门，只是乱糟糟地跳下战

王孙满应对楚庄公问鼎的洛阳城南洛河边

车，脱去青铜头盔，点一下脑袋，然后跳跃上车，奔腾而去。

前后三百辆兵车，多是如此表演。

周襄王的孙子，史称“王孙满”的小朋友，从城门缝里观看了秦军的动静，对爷爷发表了一番“观秦师”的感想：“秦师轻而无礼，必败。”

周襄王问其详细，早熟少年姬满说：“周礼上说，过天子门头，必须卷甲束兵，小步快跑。它今天只不过摘一下头盔，这就是轻慢。又急着跳上车，这就是无礼。轻慢的人没脑子，无礼的人少戒备。这样的军队，能不败吗？”

华夏联邦大首领周襄王，目送着远去的秦国兵马，搂着孙子，说：“对啊，对。你说得对，也许它就要败了。世道已经如此，顺乎者为上策。谁胜出，天子慰问谁。即此而已，岂有它哉！”

秦军过了洛阳，继续东行，郑都到了。

秦军偃旗息鼓，不露声色。不料在洛阳以东百来里路的滑国的山路上，一队商人的骡子迎面拦住了他们。

政客对金钱感兴趣，富商对政治感兴趣。迎面而来的郑国商人弦高，就是个热衷于政治的暴发户。

弦高去洛阳跟政府签合同，遭遇了秦军。

听说秦军是来攻打自己祖国的，爱国商人弦高先送上四张熟牛皮，又拿十二条牛犒劳秦军，假冒郑国君主郑穆公的名义说：“鄙国作为东道主，已经给你们预备好了洗澡的热水，丰盛的酒食，一直在候着你们呢。”

秦军总司令孟明和两个军长面面相觑，嗯？敌情消息有这么灵便吗？

孟明元帅惊诧地想，郑国人已经知道我们的偷袭计划了，已经有准备了，如

春秋滑国故城

此，怎生是好？他犯难了。

孟明想了三圈，就对弦高说："我们是来修理滑国的，走不到郑国。"

对弦高说了，孟明便真的命令军队偷袭滑国。一袭还真的灭了小小的滑国，得到大批妇女和给养。

弦高赢得了时间，派员把告急情报送回郑国。

郑穆公惶恐不安，赶紧派人侦察秦国驻郑兵马大使馆的动静。

哇噻，不看不知道，一看吓一跳，秦国大使馆里的人正在磨砺兵器，收拾辔头，甲胄都已上身了，人人精神，个个抖擞，随时准备武装接应，献出城门，大开杀戒。

郑穆公立即宣布秦国大使杞子是不受欢迎的人，特命交出郑国北门钥匙，驱逐出境。遂将城门大锁赶忙换了。

秦国司令孟明听到这个消息，望着郑国的方向，喃喃地说："卧底的事穿帮了。我宣布，偷袭计划作废。还是按蹇大叔的意思，回家吧。而且越快越好，避免在中原暴露太久，反为失计。"

军长白乙丙和军长西乞术都是蹇叔的儿子，他们巴不得撤兵，赶快说："是啊，还是不幸被我们老爹说中了，千里袭人不好办。"

古时候打仗，一般是"取用于国，因粮于敌"，即武器自己制造，粮草在路上抢夺。秦军原计划抢夺郑国的东西，现在，郑国去不了啦，滑国人就更倒霉，让秦军疯狂筹办军需。

滑国复被梳洗一遍，子女、玉帛、珍宝、粮草，又获得不少，装载了，秦军日夜不停，向西疾遁，走近崤山，才放下一颗心。前面不远，就是陕西老家了。

四月初，秦军返回崤山地区，老头子蹇叔预言的鬼门关到了。

白乙丙对孟明说："此去正是崤山险峻之路，我老爹谆谆叮嘱谨慎，主帅不可轻忽。"

孟明说："我驱驰千里，尚然不惧。过了崤山便是老家秦国之地，家乡门口，有何虑哉！"

西乞术说："主帅您虽然虎威远扬，但还是谨慎为好。恐怕晋国有埋伏。他卒然攻击，我们紧急中如何防御？"

孟明说："你俩怕成这样，我走前边，如有伏兵，我抵挡它。"

派遣大将褒蛮子，打着元帅旗号前往开路，孟明紧随其后，西乞术第三队，白乙丙第四队。

千里奔走、长期暴露的军队，到了崤山山谷，再也走不快了。

在他们的头顶上方，为晋文公穿着黑孝服的晋国埋伏军，已经急坏了。

崤山谷，是陕西向东的惟一通道。该谷长一百五十多里，在谷底行走，抬头只看见两侧黑色峭壁与一线纤细蓝天，恍如进入古代书函之中，故名函谷。

却说这函谷之内，上天梯，堕马崖，绝命岩，落魂涧，鬼愁窟，断云峪，一路都是有名的险处。其东有关隘，谓函谷关，其西有关隘，谓曰潼关。

车马过函谷，要大声吆喝，让远在十里外的对面来车听到，别进来，否则狭路相逢，只好彼此商量，让一方退回原处。

军将们过函谷，解了辔索，卸了甲胄，或牵马而行，或扶车而过，一步两跌，备极艰难，七断八续，全无行伍。

当初秦兵东行之日，乘着一股锐气，轻车快马，缓步徐行，任意经过，不觉其苦。今日往来千里，征战之后，人马无不疲困。又掳掠得滑国许多子女金帛，行装重滞，实在难行。

四月十三日，轻率的秦军在孟明、白乙丙和西乞术的带领下，缓缓地全部走进了函谷——这口为他们预备好了的石棺材。

晋国伏兵，趴在高处，蓄势待发。为了避免谁激动得忍不住叫出声来，人人嘴里都含着一枚竹片，两端以小绳扎在脖子后头。

惨剧开演！晋军元帅先轸卡住时机，传令击鼓滚石。瀑布般的巨石雨从函谷两侧滂沱而下。

秦军三万多兵马，三百辆战车，相当于今天五个师的兵力，包括他们掠来的大批兵俘和滑国女子，在巨石瀑布的轰击下，就像三万多只弱不禁风的小虫子，化为满沟的劈柴和肉酱。

在暗无天日的函谷狭沟里，秦国子弟兵发出短暂的鬼哭狼嚎。血污溪流，尸横山径，匹马只轮，不曾走漏。很快，一切都被石头掩埋，化做了山脉的一部分。

孟明、西乞术、白乙丙三名元帅躲藏在石崖下，抖抖索索，最后被晋兵牢牢捆缚，带回营中。

山西人，打败了陕西人，折损了秦国东向争霸的锋头。

五

却说秦国的征东大军回到函谷，为设伏的晋兵完全击败，片甲不留，三个元帅，孟明、西乞术、白乙丙，藏在石崖下躲命，最后为晋所俘。

晋国领导人晋襄公姬欢的阿姨妈妈——晋文公重耳的第五房太太文嬴女士，身在晋营心在秦，一听说老爹秦穆公的总司令和俩军长给收拾回来了，赶紧向晋襄公求情。

文嬴说：“秦晋累世结好，友谊天长地久，都怪这三个战争贩子，挑拨离间，贪功起衅，导致两国动起干戈。你放他们回去吧，让我爸把他们烹吃了解恨，怎么样？”

晋襄公拿不定主意，文嬴虽说不是他的亲妈，但作为阿姨，对他爹的子女们一直不错，是不是得给些面子啊？

文嬴又说：“从前，你二叔晋惠公被我爹俘虏，我爹以礼相待，请他吃七牢大餐，最后送他回国。你没忘吧？”

晋襄公知道“礼尚往来”，再说孟明他们也不是进攻晋国被俘的，是人家走路，咱去逮回来的，太小气惹阿姨妈妈笑话，就通知释放了孟明等三帅。

崤之战的大功臣先轸将军次日早朝，打听俘虏关哪儿了，什么时候杀，晋襄公说：“俘虏已经走了，先君夫人求情，我放了他们。”

先轸气得朝晋襄公吐了一口唾沫：“呸，你真是个差窍啊，前方将士花了多少力气才捉到他们，她妇人家一句话，你就给释放了，自毁战绩，亡国不远！”

对君主吐唾沫，触及犯上条款，先轸冷静下来，觉得羞愧，就主动辞去了元帅职务。

后来对狄人部落作战，先轸单车冲入敌阵，心想战死算了，谁知狄人仍然打不过他，他脱掉甲胄，赤膊陷敌，最后死于乱箭之下，忠烈之上。

先轸的一口唾沫，使得晋襄公幡然悔悟，立刻吩咐大夫阳处父追赶秦国三名战犯。

阳处父驾着马车向西急追，到黄河边，看见三名秦将逃上了渡船，阳处父急忙解下一匹战马，牵着，诱曰："三位将军——寡君叫我送马匹给你们呢，快回来牵上马再走吧——"

孟明三人早成了惊弓之鸟，哪里肯信送马之礼，况且只有一匹，一边驾船快逃，一边大声回话："我们回国接受军法处置，若得幸免，三年后再来拜谢你们晋国！"

秦穆公的三军精锐全部葬身崤山函谷，心中愁苦，寝食俱废。听说三位大帅金蝉脱壳，秦穆公方才好受点了。

监察部和司法部的官员请求穆公，以丧军辱师罪杀掉孟明、西乞术和白乙丙。

秦穆公说："不能怪他们，是俄的战略决策失误，何况咱们秦国，别的也找不出来人啊。"

秦穆公穿着素服，弓着老腰，迎于郊外，在大风中哭道："俄——嬴任好，不听蹇叔的劝谏，连累你们三个受辱，俄有罪过。是俄的贪心害了你们。孟明啊，俄再给你些兵马，你还当总司令吧，俄不撤你的职。"

秦穆公自己把战败的责任全部扛了起来，照样礼敬元帅孟明。

孟明本来战战兢兢，准备"就戮于秦"，看见秦穆公对自己这样好，感愧万分，惟图报效。

翌年，秦军总司令孟明，伙同他的两个旧军长，以四百乘战车讨伐晋国，欲雪洗函谷之耻辱。

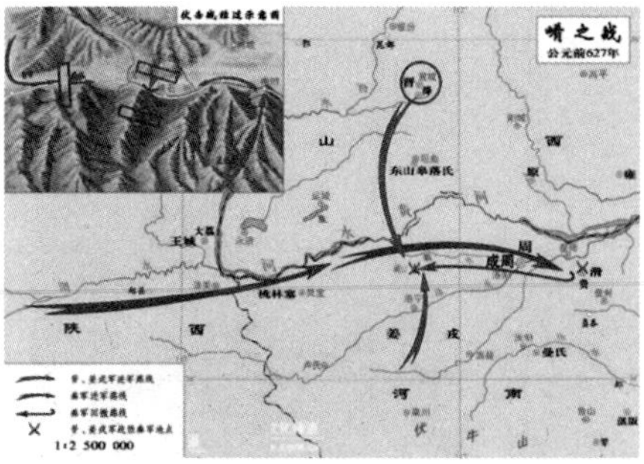

崤之战示意图

晋国大帅先轸老了，晋国以先轸的儿子先且居为帅，赵衰为副帅，来迎秦兵。

先且居猛擂战鼓，主动出击，前锋骁将狼瞫，临阵超常发挥，率少量士卒插入秦军阵中，直至战死。晋国军队大受鼓舞，一拥而上，秦师阵脚慌乱，大败而归。

孟明曾在逃命的船上说“三年后再来拜谢你们晋国”，因此晋国人把孟明的这次败逃称作“拜谢之师”。

秦总想报仇，晋国也不闲着，以攻为守，会同宋、陈、郑三国，组织联军，攻入秦国，占领了江邑、彭邑等秦国土地。

作为晋文公的儿子，晋襄公把他爹的事业向前推进了一大步。

秦国“常败将军”孟明气急了，每日操练军队，把全部家财拿出来奖励士卒，发誓打进晋国去。

准备了几年，年迈的秦穆公亲自率领孟明三军讨伐晋国。

渡过黄河以后，孟明下令捣毁全部渡船，誓死克敌，不留归路。秦军果然厉害了，锋芒所指，攻无不克。

晋国将军先且居主张讲和，赵衰也说：“秦军愤怒已极，锐气不可阻挡，不如暂且回避，使其稍许得志，再图大事。”

既然元帅们意见一致，晋襄公遂命令晋军，向主要关隘收缩，避而不战。

秦军在晋国转了一圈，找不到敌手。秦穆公突然想到崤山函谷之役，乃引军向南，从茅津渡过黄河，到了崤山，到了函谷。

在当年的谷底战场，秦穆公流着眼泪，为死难将士收殓白骨，堆土立标。随

大阳城故址与茅津渡旧址所在地（今茅津下滩）

后杀牛宰马，举行祭奠。

秦穆公身着素服，亲自执爵，上香，哀动三军，鸟兽为之凄恻，将士无不落泪。

为了反省自己当年的战略错误，秦穆公面对大军，再次公开检讨。

同志们！不要喧哗，听俄讲话。俄心里忧愁，时光像流水一样过去，再也不会回来！俄发誓要告诉你们，俄所有言语里面最重要的话！

古人说：听别人的话是幸福的，责备别人是容易的。如果被责备而能虚心接受，从善如流水，那才叫困难呢！

那些有智谋的人，能不顾忌讳，给俄提意见，但俄喜欢顺从俄的人，讨厌不同意见，俄失败了。

现在，俄认识到，应该听那些老年人的、经验丰富的人的话，那样就不会出错了。

头发雪白的善良老人，身体衰弱，俄应当亲近他啊！

威猛的勇士，会驾车射箭，但无法满足俄的欲望。那些花言巧语的人，说话没有根据，却让俄相信了，这样的人不能接近啊！

俄暗暗寻思：如果有这样一位忠臣，忠诚但没有本领，可他心好，能容人说话，人家有本事，就像他有本事一样。别人品德高尚，有本领，心里就高兴，忍不住大加赞扬，这才是能容人的好人啊！

这样的好人，能保护秦国的人民，能为子孙后代造福啊！

有的人，人家有本事，就嫉妒厌恶，人家有品德，便要压制人家。这样的人当道，国家就坏了啊！

这样的人保护不了秦国的人民，还会把事情搞糟。

同志们，俄接受教训了。国家有危险，是因为用人不当；国家安宁，是因为有贤臣啊。同志们，接受教训，弘扬正气，争取更大的胜利！

秦穆公的演说，实诚淳朴，激动人心。军队备感鼓舞，回程中，轻轻松松便收复了为晋、宋、陈、郑联军占领的江邑、彭邑等秦国失地。

收益有限，或者甚至谈不上什么收益，进入晋国一趟，也算雪了三年宿恨。

秦穆公扫荡晋国一圈，觉得挺进中原，难度不小，于是，调整战略部署，不再去中原抢摊了，向西拓展。

老秦穆公向西开疆，威风立马就张扬起来了。秦以迅雷之势，不到一年时间，灭掉西戎二十余国，西向推进一千多里，控制了甘肃、宁夏大部地区，“并国二十，遂霸西戎”。

秦穆公终于在齐桓公、宋襄公、晋文公之后，成为威风八面的春秋霸主，西部豪强！

华夏大首领，大周天子周襄王，差派庞大的代表团，送赐秦穆公圣旨一份、金鼓一面，以示祝贺，以示他的地位得到了洛阳官方的认可。

秦穆公死于其独霸西陲两年后的公元前621年。

秦穆公之死，惹得秦国复古邪气暴为流行，一百七十七名干部，以车姓三兄弟车奄息、车仲行、车针虎为首，感觉领导人死了，再活着也没意思了，便全部自行给秦穆公殉了葬。

秦国本来地处偏僻，民智待启，这么大规模的殉葬，把干部队伍殉完了，秦国从此寂静下来。

第二十五章

晋声余音

一

话说大周王室，周襄王惨淡经营，愈来愈吃力。没权势，没军力，没影响，没钱花。

周襄王的座驾早就破旧了，那还是当年弟弟姬带政变，自己逃亡郑国，晋文公帮着复国时，郑国贡献的几辆。

超期服役，早老掉了牙。轮毂松颓，辕饰脱落，座子裂着缝，老棉花垫子失去了所有的弹性和暖性。好在老马脾气软，腿脚慢，坐上颠得不算十分厉害。

周襄王的洛阳大宫，苫草早已朽腐，下雨天升朝时，臣子们一边发言，屋顶一边乱滴水点，犹似伴奏，冷清之气浸人肺腑。

耐心等到秋收，洛阳的谷草不够用，可怜兮兮的老周襄王又让郑国贡送了一些谷草，翻修一遍宫殿，远看着总算青灰中浮泛着一些金黄，能对付个两三年啦。

周襄王老了，没有豪气了，他的战略就是笼络那些诸侯中的霸主，给他们或承认他们的地盘，送弓箭，送金鼓，出席他们的会盟活动，为他们剪彩，说好话，赢得他们的支持。

他最后一次割自家的地送人，是以洛阳近郊八邑赏给晋文公重耳。此举换得了晋文公的友好，每攻打小诸侯都扛着大周的旗帜，打完之后，将俘虏、妇女、珠宝等战利品分出大半，送到洛阳来。

可晋文公说死就死了。晋国还能像以前一样靠得住吗？

赵盾——赵宣子

赵宣子府遗址

话说晋文公死后，晋国的老一辈革命家狐偃、胥臣、栾枝、先且居，也纷纷离开人世，最后是赵衰，单枪匹马坚持不住，也医治无效了。

晋国不停地办丧事，十分悲痛。干部队伍青黄不接，尤其是军队，将佐乏人，只好将六军裁减为三军，战斗力大大弱化，好在秦国死了秦穆公，暂时没考虑打过来。

晋国臣子中，蒯得、先都、士谷、箕郑父、梁益耳等人积极要求进步，都想在军队改革中捞到一官半职。

先轸的孙子、先且居的儿子先克，却谏议晋襄公说："狐氏和赵氏，是追随先君的老革命，在国内人气最高，应该得到重用。"

其实，官二代，近水楼台，他们自己最清楚权力的好处，狐氏和赵氏早已在奋勇争抢了。

具体地讲，是赵衰的儿子赵盾和狐偃的儿子狐射姑较劲。

赵盾他爹赵衰，曾经追随重耳，出奔列国，还跟重耳做"连襟"，娶下了重耳大老婆的狄族小妹，生了赵盾。

赵衰颇有贤名，跟随晋文公长征，后来助其成为霸主。晋文公欲拜赵衰为三军总司令。赵衰谦让了，让郤谷和先轸做。先轸死后，晋文公又想让赵衰接替，赵衰又推荐了先轸的儿子先且居。其道德风尚，堪称千古独步。故而赵盾领受其父余荫，具有先天优势。

狐射姑呢，年龄大，资格老，当年是重耳流浪队伍中的一员，跟着重耳长征，没有功劳也有苦劳。

赵盾和狐射姑竞争三军总司令的岗位，昼伏夜出，频频走访有进谏权的臣子。

赵盾缺乏狐射姑的资历，砝码偏轻，狐射姑就胜出了，荣任三军元帅，赵盾抓摸半天，弄到的仅是一个中军司令的位置。

赵盾不甘啊，想起了老臣阳处父。

阳处父，就是牵着坐骑说是礼物，诱骗已经上船逃离的秦国孟明三司令的那个聪明人，当然孟明未上他的当。

赵盾想请阳处父帮忙，重要的理由是，阳处父做过晋襄公的老师，通天。

阳处父刚刚作战回来，赵盾就来找他了。

二

话说许国和蔡国，因为晋文公的死，转身“哈楚”去了。晋襄公拜阳处父为大将，领着部队去讨伐这两个小国家。

得知晋国兵马南下，拾掇许、蔡，楚成公命令司令员子上率军救援。

晋军和楚军各自在泜水岸边下寨，隔河对望，鼓角相闻。

楚师稳扎不动，晋军不能前进，相持两个多月，到了岁末，晋军粮食将尽，阳处父想退了。直接退吧，恐遭耻笑，又怕楚军乘虚进逼，乃差人送去一份战书。

战书说：“咱们如此隔河瞪眼，总不是个办法啊，总得决一胜负才是。要么我们退兵三十里，你们过河来，要么你们退兵三十里，我们过河去。总之，双方要打一仗，不能隔着条河，无所作为啊。”

楚军司令员子上思忖，自己过河交战，若对方乘半渡而出击，就吃亏太大了。不如自己后退一舍，让晋军过河来，我为主，晋为客，易于取胜。

于是子上回信说自己退，挥师后撤三十里，让晋军渡河。过吧，过来收拾你。

楚人退兵的消息传来，参谋说：“渡河作战吧？”

阳处父说：“楚国人被吓跑了，我们还过河干什么？如今天气寒冷，也快到年底了，退回去休息，来年再觅机会可也。”

楚军等啊等，不见晋军过河。一侦查，原来晋军卷旗裹甲跑了，并且随军记者还宣称把楚军打退了三十里。子上气极无奈，只好传令班师。

阳处父领兵回来，赵盾找阳处父诉说，表达希望得到军队高位的心曲。

阳处父说：“赵将军年轻有为，符合军队干部年轻化的方向，老夫愿意以此说辞去见襄公。”

阳处父密奏于晋襄公说：“狐射姑性格刚猛，不得人心，难为大将之用。臣与赵盾相善，非常清楚赵盾，是个贤能之才。尊贤使能，国家才有希望啊。主公选择大帅，我看没有谁能超过赵盾的。”

阳处父果然言出有力，晋襄公说：“老师您说了，我是要照办的。有条件要调整，没条件创造条件也要调整。”

遂创造条件，在万荣地方大阅兵，阅兵时改命赵盾为三军总司令，狐射姑为中军将领。

晋襄公说狐射姑：“以前寡人让赵盾做你的副手，从今天起，你做赵盾的副手啦。”

狐射姑不敢说什么，拜谢而退。但心里想不通，忽然调了个位置，什么原因啊？

次日，狐射姑单独去找晋襄公，说：“承蒙主公念先人的小功劳，不以臣为不肖，使臣主持军务，可职位忽然又变化了。臣不知犯了什么错误。难道是先父的功勋不如赵衰先生？还是有另外的缘故？”

晋襄公说：“没有什么缘故。阳处父对寡人说，你性格刚猛，不得人心，所以换赵盾了。”

狐射姑一听，原来如此啊，唯唯而退，不敢再做计较。

却说蒯得、先都、士谷、箕郑父、梁益耳等人，在军队改革中没有捞到一点好处，怨恨先克在晋襄公面前奏了他们的本，挤掉了他们的机会，蒯得本与先克有私仇，几个人偷偷合谋竟将先克暗杀了。

不久，晋襄公病了，要死，召太傅阳处父、总司令赵盾及诸大臣到病榻前，语重心长地托孤。

晋襄公嘱咐说：“寡人继承父业，也没干成什么大事，不幸命短，将与诸卿长别了。太子夷皋，年龄幼小，希望你们尽心辅佐，不要让晋国丢失了盟主的地位。”

晋襄公的临终善言，群臣再拜领受，说：“主公尽请放心，吾等理当效命。”

晋襄公薨了，群臣便要依照晋襄公的遗言，扶立小太子夷皋即位。

赵盾说：“国家多难之际，不可以立幼主，何况小爷他太小了，尚在咿呀学语，立之于国不利。襄公的弟弟们都可以立啊。公子雍在秦国工作，迎回来嗣大位，我看比较合适。”

狐射姑说：“不如立公子乐，乐在陈国做官，而陈国素来与我晋国交好，不

赵盾的门客公孙杵臼

像秦国，恩恩怨怨。要去陈国接公子乐，一天就回来了。”

赵盾说：“不然。陈小而远，秦大而近。去陈国接回来一个国君，友谊不会加深，而去秦国接回来一个，可以尽释前疑，改善关系。就迎公子雍吧！”

狐射姑见赵盾十分独断，心中大怒：“姓狐的，姓赵的，在晋国分量相当。为什么姓赵的这么厉害，姓狐的变成了软柿子？”

狐射姑决定，自己悄悄地派人去陈国请回公子乐，争取提前立其为君。

赵盾听说了狐射姑的动静，差其门客公孙杵臼率家丁百余人，埋伏于半道上，公子乐经过时，按照预期，被杀死在小树林里。

狐射姑更加恼怒了，跟他弟弟狐鞫居商量。弟兄俩找出了根源在于阳处父，若非阳处父，赵盾也不会有这么大的权力。

狐射姑说：“赵盾杀公子乐，我杀阳处父。这样不也可以吗？”

狐鞫居说：“阳处父家族很小，没有外援。我就可以干掉他。”

半夜，狐鞫居扮作蒙面小偷，翻墙进入阳处父家。阳处父尚在蜡烛下看书。

狐鞫居疾步上前，抡起大棒打过去，击中了阳处父的肩膀。阳处父惊惶逃走，被狐鞫居追上杀死，割走了脑袋。

阳处父的下人有认得狐鞫居的，赶忙跑去报告赵盾。

赵盾为了稳住对手，假装不信，说：“阳太傅是为小偷所害，你岂敢随便诬赖？”派人把阳处父收敛了。

在晋襄公的葬礼上，晋襄公夫人抱着太子夷皋，问赵盾说：“先君有什么错？太子又有什么错？为什么弃太子于不顾，而去外国找君主？”

赵盾答说：“这是国家大事，不是赵盾一个人的私情。请夫人理解。”

赵盾部下甲士和兵车

办完了葬礼，将晋襄公的神主送进国庙，赵盾说：“我晋历代先君，能严明刑赏，诸侯方才宾服。现经专案组查明，先君灵柩尚待殡葬之际，狐鞫居便胆大包天，擅杀太傅。如此践踏法律，作为臣僚谁不自危？必予严惩，以儆效尤。”

赵盾命司寇捆缚了狐鞫居，宣判之后斩了。

然后搜出阳处父的脑袋，跟尸身缝在一起葬了。

幕后元凶狐射姑害怕赵盾继续追查，连夜出奔翟国逃命。

赵盾为人梗直激烈，做事从不畏首畏尾，打跑威胁他的狐射姑一族之后，乘势追剿异己，处决了五个反对派大臣，即合谋暗杀先克的蒯得、先都、士谷、箕郑父、梁益耳，朝野为之震动。

三

赵盾没有计较狐射姑的出逃，他考虑的是，狐射姑再也不要回来才好。

于是，赵盾派大夫骈臾装载了狐射姑的家产，请狐射姑的老婆孩子上车，送到了翟国。

骈臾是狐射姑的好友，曾给狐射姑出谋划策，狐射姑不听，还把骈臾揍了一顿。骈臾护送狐射姑的家眷财物走在路上，属下劝骈臾趁机将狐子狐孙狐婆们杀光算了。

骈臾说：“出公差，报私仇，乃以私害公也。以私害公，正派人不干。”

骈臾一路上谨慎伺候，护送狐射姑的老婆孩子连同财物到了翟国，当面交给狐射姑。

秦康公

狐射姑非常惭愧，说："我老眼不善识人，骈臾让我擦了一遍眼睛啊。"

后来狄人向狐射姑询问赵盾父子，狐射姑说："赵衰是冬天的太阳，赵盾是夏天的日头。"意谓前者煦暖，人赖之，后者炎烈，人畏之。

狐射姑是个武将军，描刻人物，如此精辟入微，实在难得。

狐射姑侨居翟国方才悟到，赵盾并不是一个怀揣私情的人，他是为晋国未来着想的。

晋襄公给大臣们留下了一个难题，托的个"孤"太幼小，赵盾倘使要图个人方便，立小太子非常简单，立了还便于控制局面。赵盾是担心强敌环伺的国际形势于晋不利，才提议迎接在外工作的其他候选公子的。

不论怎么说，不管怎么想，狐射姑是只能在翟国侨居，呼吸翟国大草原的新鲜空气了，晋国事情让赵盾主持吧。

赵盾派遣大夫先蔑和士会率代表团赴秦国，迎接公子雍回来主持政府，报效祖国。

晋襄公的遗孀愈加急眼了，上朝时间，天天抱着小太子，堵在朝堂门口哭，让赵盾的会议开不下去。

"嫡生的长子，先君病榻上托孤，指定的继承人，奈何就不能接班？你们偏去外国找人，呜呜呜……"

卷班下朝后，晋襄公的遗孀则抱着儿子追到赵盾家里，向赵盾哭诉。

"先君的遗言，声音还没有消退呢，他说你们都是孤的爱卿，希望你们尽心辅佐太子夷皋……"

全国人民都听说孤儿寡母的可怜故事，无不哀怜晋君，怪罪赵盾。

赵盾陷入了十分被动的境地，最后顶不住了，只好遵依“立嫡以长”的大周礼数，奉小太子夷皋即位，是为晋灵公。

信息不灵，晋灵公即位的事情，前往秦国请公子的先蔑和士会一点儿不知道。秦国领导人已经是秦穆公的儿子秦康公了，听了晋国代表团禀告，高度重视，专门派出军队护送姬雍回晋国当国君。

秦国护送队伍过了黄河，刚到令狐地区，赵盾引着军将在路上阻拦。

先蔑极是诧异，说：“我们是迎公子回国做君主的啊。”

赵盾说：“秦军武装进入我境，我没看出什么好意。”

士会大声质问赵盾道：“是你叫我俩去秦国请公子的，这才几天，你就要赖了！”

赵盾说：“鄙国已有国君啦，你们返回去吧。”

先蔑和士会齐声说：“不可能！开国际玩笑！公子雍回国回定了！”

赵盾当晚在参谋部召开紧急会议，决定采取阴招，偷袭秦军。

会后，疾速进兵，打败了秦军。

秦军是送客的，既无防备，又无力量，很简单就被撵过了黄河，先蔑和士会也被败军裹着，到秦国侨居了。

既然立了晋灵公夷皋，就不能一天到晚教他学语，赵盾得处置国事。

利用庆祝晋灵公继位的机会，赵盾约宋、齐、卫、郑、许、陈、曹等国重新会盟一次，饮牛血酒，发誓愿，有福同享有难同当。

晋灵公太小，盟会由赵盾主理，各个国君听命于一个晋国大夫，实为出例。

在晋国内部，赵盾发布了一系列改革文书，整肃礼仪，提拔贤能，削除积弊，治理刑狱，平凡冤假错案，受到各界好评。

秦国的不高兴在延续，好心好意送公子却挨揍的怨恨在发酵。

公元前615年，秦康公派西乞术发出战书，向晋国挑战。

晋人随即响应，明确三军正副司令员，中军元帅赵盾、荀林父，左军元帅郤缺、骈臾，右军元帅栾盾、胥甲，开赴河曲前线应战。

进军路上，士气甚旺，赵盾新提拔的司马韩厥露了一手。

“司马”什么的干活？战车队列纠察是也。古时候打仗，车阵供士兵依托，秩序非常重要，若是混乱，极易被敌人冲散，车阵散了，兵士性命难保。

晋三军往河曲前线开拔，韩厥像个放羊的，骑着马在阵外巡视，吆喝说：“都听着，谁也不许乱队！都听着，谁也不许乱队！”

偏巧赵盾的车夫想去拿什么东西，干扰了其他车上的马，马一乱走，车队弯成了蚯蚓。韩厥二话不说，把这个倒霉的家伙给杀了。

大家说，韩厥完了，敢杀大元帅的车夫，他完了，下一个被杀的就是他。

岂料赵盾传见韩厥，先对韩厥深鞠一躬，然后拉住韩厥的手，感慨地说：“纪律严明，由你开始。请你努力吧，将来升职的，除了你还有谁呢？”

随后的大夫会议上，赵盾请韩厥列席，韩厥又被猛烈夸赞了一番。

部队开到了河曲前线，骈臾建议说：“先打吃亏，后打也不沾光。敌人远道而来，粮草难以供给，我军只要深沟高垒，拒不出战，秦军就得耗垮了。”

流亡秦国的士会，这会儿在秦军中，他提议秦康公诱敌出战，速战速决。

秦康公问：“你了解情况，诱谁好呢？”

士会说：“赵盾的堂弟赵穿，是个二蛋，有勇无谋，诱他。”

士会安排秦人轮班跑到晋的壁垒外面，朝着赵穿把守的寨门，臭骂，吐口水，撒尿。

赵穿愤恨透顶，叫道："他妈的，瞧老子收拾你们！"遂带领自己人马，直插秦国主阵地而去。

赵盾怕堂弟孤军覆灭，只好硬着头皮命令晋三军并肩开进，支持赵穿。

秦军飞蝗乱射，晋军举盾冲杀，打了一阵子，力气相当，各自敲锣收兵。

秦国人也许觉得时机不到，也许军需确实不济，改日，虚张进军声势，却暗中退了。

秦人刚退回国，晋国大夫魏寿余来"降"，见到秦康公，哭着说："赵盾仗着官儿大，欺人太甚，把我老婆孩子都关小号了……"

秦康公说："俄就不明白了，好端端的，他为什么要欺负你？"

魏寿余说："赵盾欲壑难填，想私有了我家的封地魏邑，所以迫害我们魏家。只要您肯接纳，我愿带着魏邑降秦，不让赵盾王八蛋得逞。"

魏邑在晋西，与秦接壤，秦康公听了大喜："你能弃暗投明，俄非常非常欢迎。"

退朝的时候，魏寿余挤到士会身边，偷偷踩了士会一脚。

士会明白了，这是赵盾来接我回国的。

魏寿余随后建议秦康公派一个熟悉晋国情况的官员同去接受魏邑，秦康公说："士会嘛，让士会跟你同去好啦。"

阔别故乡三年的士会，跟着魏寿余过了河，就被魏邑人接住，欢呼鼓噪而去。

作风恶劣的晋灵公

士会回到晋国，受到赵盾举荐，晋灵公重用，成为晋国名臣之一。

四

话说晋国，由赵盾承包，而生在深宫之中，成于妇人之手的晋灵公夷皋啥也不干，恶吃恶长，成了一个坏蛋。

散文集《古文观止》里边有一篇文章叫做《晋灵公不君》，就是为这个坏蛋写照的。

话说晋灵公已是一个二十出头的小伙子了，不知道国事是什么，一日到晚昏玩。

那时候好玩的东西少，晋灵公得到了一个弹弓，以之射鸟，技术太臭，射不到，转而射人，人比鸟目标大，又比鸟笨拙，容易命中。

为了射人，晋灵公命在闹市区修起一座楼台，极尽奢侈华丽，周围都是栏杆。他站在栏杆里，朝下发射弹丸，把老百姓射得抱头鼠窜，左右跟班儿拍手叫笑，他开心得很。

被射伤的，去向赵盾反映，赵盾派士会去劝谏晋灵公。

士会之乎者也说了一通，晋灵公听不懂，说："你的意思是不让我玩弹弓吗？我已经玩腻了，你不用说了。"

这个恶毒的夷皋扔了弹弓，改玩"杀人"。

厨师炖熊掌，刚刚入锅一会儿，夷皋要吃，赶紧大火猛攻几下捞出来端上，夷皋一吃，咬不动，就命人把大师傅杀了。

后来有人贡献了一匹猛犬给晋灵公，是条獒狗，身高三尺，色如红炭，其性如狼，且能解人意。晋灵公就唆它咬人，宫里的人稍微伺候不周，就被恶犬扑倒咬死。

赵盾看着夷皋这孩子越来越不像话，自己上殿进谏。

执政大臣赵盾，上至为君之德，下至做人之本，十分严肃地来了一番。

夷皋很不受用。我从小就受你管，国君的趣味不让享受。你做臣子的，也忒多事了吧！遂派武士鉏麑去刺杀赵盾。

鉏麑后半夜潜入赵府，看见赵盾已经起床了，穿着肥大的朝服，搬过一捆竹简子——批阅国家文件呢，形象非常感人。

鉏麑惭愧地退出来，不愿意残杀为国辛苦的好干部。

但是无法回复君命啊，违抗君命是个死罪啊，鉏麑左思右想，就一头撞死在大槐树上了。

这个小品的名字就叫“鉏麑触槐”，有人用它来教育青少年，说是成语。真是杀猪杀尾巴，一人一杀法，后山愚钝，不理解他们怎么用的。

当然，赵盾的正直仁义不仅仅表现在起五更工作上，上下班路上也坚持做好人好事。

有一次赵盾看见路边桑树底下有一个人，昏了。便叫停车，喂那人喝点水。

过了一会儿，那人似乎缓过来，断断续续地说：“我饿，饿……三天，没吃。”

赵盾问原因，那饿人说自己是卫国的，断了粮，乞讨觉得害羞，偷窃吧没有技术，所以饿倒了。

赵盾让下人给那人一些干粮，可他吃了一半，赶紧藏起来一半，赵盾问他为什么要藏，他说给家中老妈留的。

赵盾说你等着，马上回家拿出一包肉干说，给你妈带回去。

你看，赵盾确实是个好干部，但晋灵公还是讨厌他。

晋灵公身边有些小混混儿，教唆晋灵公搞个酒会，请赵盾来喝酒，在酒会上杀了他，就妥了。

晋灵公依计而行，在别宫桃园置办酒会，给赵盾发了帖子。

赵盾太了解晋灵公了，知道他撅起尾巴要干什么，就带着保镖赴宴。

酒刚喝三杯，赵盾机灵的保镖走进殿内，说："国君赐酒，按照周礼，大臣三杯即可。多喝属于无礼，因此应该告退了。"说完拉住赵盾就往外走。

晋灵公的大宦官一看局面，赶忙吆喝，关门——放獒——

随着大宦官的话音和唆使，猛犬"呼"地一声直扑赵盾。

赵盾的保镖训练有素，千里挑一，力能搏虎，三拳两脚竟把恶狗打了个半死。两边的甲士蜂拥上来，将赵盾的保镖乱戟砍死。

赵盾夺门逃窜，甲士们正待要追，自己内部却有人反水，对甲士们大砍大杀起来。原来是桑树下那个饿汉到卫戍部队服役了，看到恩人遭难，舍命搭救。

赵盾撒丫子跑。履在朝见国君时脱放在殿外，根本没工夫找，所以跑到街上还光着脚呢。想想，不敢回家，往国境线上跑吧，跑到翟国，孩子他舅家去。

这时候遇上堂弟赵穿了。

简单一听，赵穿说："这个昏君，要不及早结果了他，晋国就没有太平日子过。咱不跑，我去面见这个昏君，跟他算账。"

赵穿直奔桃园，到了宫内，见了晋灵公夷皋，夷皋还在喝酒呢。

赵穿说："我是赵盾的兄弟，赵盾逃跑了，我也算有罪，特来请求主公惩罚。"

晋灵公被赵穿这番话说得不知如何是好，正在犹豫之间，赵穿拔出宝剑，就把这个王八蛋昏君给宰了。

赵穿对慌忙前来的大臣们说："是我杀了这个不仁不义的昏君，你们要论罪，就朝我来吧。"

多数大臣素来尊重赵盾家族，对晋灵公心怀怨恨，赵穿结果了他，大家还有点轻松呢，说："既然如此，也便如此吧。"

赵盾啥也不怕了，回朝主持国家工作，准备再立新君。

赵盾派赵穿去洛阳，迎回了晋襄公的弟弟黑臀回国继位。

话说这个黑臀，乃是晋文公重耳的另一个儿子，可能出生时屁股上有片黑痣，遂名之以为纪念，他当时在洛阳做公务员。

黑屁股先生交接了洛阳的工作，回国上任，做了晋成公。

这时候，晋国史官董狐在晋国年鉴上写下了五个字："赵盾弑其君。"

赵盾看到了复印件，惊诧莫名，质问董狐："你有没有搞错啊？"

董狐说："你是国家正卿，主持政府工作。整个事件过程中，你一直在都城，国君横死，你说是谁的责任？"董狐不想直说，点到为止。

董狐直笔，赵盾无法再作辩解，况且他和晋灵公之间，权力矛盾甚深，自己心知肚明，就说："算啦，我不说啦。"

后话简说。赵盾死后，儿子赵朔一直在军队里任职，为人本分，努力工作，

听人劝的晋景公

光荣地娶到了黑臀晋成公的女儿。

晋成公死后，儿子姬獳继位，做了晋景公。

晋景公屁股不黑，手段很黑，恰值赵盾的同父异母弟兄赵同、赵括这俩角色，目空一切，恣意横行，欺负穷弱，人缘极差。上朝开会专拣假大空话说，非常讨厌，为晋景公提供了借口。

晋景公不能容忍赵氏家族无度膨胀，遂收买势力，满门抄斩赵氏一族，只留下他妹妹腹中的胎儿一个。

胎儿出生后，取名赵武，就是史上有名的“赵氏孤儿”。

赵武长大后，晋景公承认赵武是赵氏家族的合法继承人，把没收的赵家土地全部还给了他，遂使赵家再现转机。

赵武自来经受惊涛骇浪，步入政坛以后夹着尾巴做人，个性和气，为事温良，最后成为晋国执政官兼三军元帅，多次主持国际会盟和处理国际纠纷，在诸侯中享有盛名。

到了赵武的孙子赵简子、重孙赵无恤，赵氏得以家声重振。

铁手腕赵简子，财富和实力压倒国君，强梁赵无恤，卧居河北河南山西边区，建立赵国，一度冠绝中原。

第二十六章

乱世佳丽

一

却道东周洛阳，周襄王三十三年，即公元前的618年，愁云惨雾，灰头土脸。

百姓们，由于连年收成不好，年老的周襄王一次次地祭祀，上天不怎么给面子，吃的喝的无不缺欠。

襄王的宫殿苫盖了新谷草，不漏雨了，百姓和奴隶们的住所破败塌圮，遮身困难。不过，漏雨不是问题，因为天公根本不制造雨，它制造的是火热和干旱。

粟子属于极其耐旱的植物，一般年景，雨量少于平均数的三分之一，它照样活着，还要坚持秀出个穗子，让人们脱出点小米。

今年不行，粟子们说："哎呀，Hold不住了。"

周襄王想：大旱面积不小，不靠天而能收成的就算楚国了，楚国多年来没有认真地贡过什么，前几辈子每年贡苞茅，过穷日子这些年也用不上它贡了，捎信儿让它贡粮食吧。

楚国地面，在西周时期，蜷缩在长江边上，野草苞茅疯长，粮食面积甚小，到了东周春秋时期，它不断地向北扩充地盘，已经是比较辽阔的鱼米之乡了。

话说楚穆公商臣让他爹楚成公挂在屋梁上死了之后，自己已做了十一年国君，到了"因病医治无效"的时候，把宝座传给了儿子熊侣。

年轻的熊侣做了楚庄公，不过是元老贵族手里的一张牌，尤其是权臣越椒，担任国家令尹——总司令兼总理，把持着楚国所有的工作。

楚庄公

曾经的令尹子文、子玉，都是越椒所属的若敖家族的前辈子人。

楚国半壁江山都是若敖氏打下来的，历代楚王也厚待他们，分封给他们大量的地盘，还允许他们豢养亲军，到了越椒这时候，家族早已兵强马壮，绑架国君和政府不在话下。

越椒还真的试着劫持了一次楚庄公，把他弄出城去，收拾了其他犯犟的家族之后，才让楚庄公还位。

如此形势，使得楚庄公三年时间未有动静，只在声色间消磨日子。

熊侣的父亲商臣当年嫌外国妹妹不乖，熊侣可不这样看，他花钱进口了不少外国妹妹，让她们陪着喝酒、听音乐和困觉子，非常过瘾。

楚庄公熊侣好生轻松啊，白天游玩打猎，夜晚召开歌舞晚会，还得意地说："我听到有人在背后议论我。只要我弄清了是谁，他就别想活了。有人还想到我面前来进谏，我告诉你们，谁敢随意进谏，扰乱寡人的娱乐，就判他的死罪，而且不予赦免。"

有个名叫伍举的大臣，实在看不过去，决心冒死提意见。

楚庄公听到伍举求见，就把伍举召到面前。

楚庄公左腿上坐着郑国美女，右腿上坐着越国美女，头一摇一摇地，在观赏舞池中的表演。

跳舞的女人们挂着最少的衣服，近乎裸体了。

伍举看见此等场面，眉头皱个不住。

楚庄公问伍举有什么事，"想喝酒，还是想欣赏歌舞？"

伍举说："有人让我猜个谜儿，我猜不出。主公是我国第一聪明人，想请主

三年不鸣一鸣惊人

公猜一猜。”

楚庄公听说要他猜谜儿，觉得怪有意思，就笑着说：“没问题，说出来听听。”

伍举说：“楚国最高的山上，有一只最大的鸟，身披五彩，头顶锦翎，样子挺神气。可是三年不飞也不叫，这是什么鸟？”

楚庄公哈哈一笑，道：“这个鸟的情况我知道。此鸟三年不飞兮，一飞冲天；三年不鸣兮，一鸣惊人！”

伍举磕了个头，说：“主公圣明兮，臣可放心也。”

不久，楚庄公择机动作。

楚国周围有些小部落，不甚安生，庸人了，麇人了，濮人了，戎人了，群蛮乱舞。

楚庄公利用他们兴风作浪的时机，以抵御外敌为名，动用军队，攻击庸国。

楚庄公率军与庸兵接战七次，次次都假意败走。

庸人自傲冒进，进入楚庄公的口袋，楚庄公分兵夹击，灭掉庸国。

其他部落见势不好，都夹起尾巴不再动作了。

通过用兵，楚庄公抓到了一些军权，不再害怕嚣张的若敖家族了。

紧接着楚庄公快刀斩乱麻，大清洗，诛杀一百多人，提拔一百多人，各部委都换成了他自己的人

越椒自觉境遇可危，公开叛乱，怂恿亲军进攻楚庄公。

楚庄公知道若敖氏武装十分彪悍，又久经沙场，不易战胜，被迫采取妥协方法，说：“我送几个重要的人到你们若敖家族当人质，咱们和平了，好吗？”

骄狂已极的越椒，冷笑着拒绝了。

楚庄公说：“好吧，那就兵马对话吧。”

楚庄公站在战车上，亲自举棰，擂动战鼓。

越椒从正前方射来两枚利箭，一枚透破鼓架，刺在战鼓上，第二枚紧贴着楚庄公面门，射断了伞柱。

楚庄公从坠落的伞盖下钻出来大声喊道：“先君曾有三支利箭，给越椒偷走两支，现在全射完啦，同志们不要怕，冲啊——”

楚庄公猛擂战鼓，国军奋勇进击，终于杀溃了越椒的亲兵。

越椒战败被俘，他的一家老小及旁门亲戚全被灭了族。也就是说，整个若敖氏家族被清洗干净了，断户了。

若敖氏几乎占有小半的楚国，被杀绝之后，再也没有后人的祭祀，都成了悲惨的饿鬼——若敖之鬼，这个成语就是“流浪鬼”的意思。

楚庄公平定了国内局势，楚国大权握得稳当了，收到了大周天子来自洛阳的慰问信和征粮书，心想：很好，我正想把军队朝洛阳方向挪动挪动呢。

遂命催粮官，率部队到楚国北部以及接近洛阳的小卫星国，收运粮食，运往大周洛阳。

周天子希望进贡的粮食给他运去了，楚国的军队向洛阳以南部署了。

周王朝的权势下降，日常消耗并不下降，楚国运来的救济粮，最后也是坐吃一空。周襄王姬郑驾崩，儿子姬壬臣继位做周顷王，沉痛讣告时，王室的财政已经枯竭了，遗体晾在后殿，周顷王竟拿不出钱为父亲入殓。

周顷王很想按照《周礼》，像模像样地给父亲办一个天子应有的葬礼，怎奈

陆浑

府库羞涩，左右无计可施，比较来比较去，偌大天下，只剩鲁国还像个礼仪之邦了，就厚着脸皮，派卿士毛伯去向鲁国讨钱。

鲁国，堪称当时中国的一块硕果仅存的礼仪洼地，在纷纭的战乱中，在礼乐的崩坏中，从领导到中层，甚而下层，一直抱着周礼不放，在日常工作中坚持演练。

鲁国听说周天子穷得没钱办葬仪，非常同情，就组织代表团送钱到洛阳。

周顷王得到鲁国的资助，才得以将周襄王安葬入土，然而此时已经是襄王死后第二年的春上了。

周顷王姬壬臣，干了六年天子，洛阳没有任何起色，只不过把宫殿顶上的谷草又更换了一遍，传位给他儿子姬斑。

姬斑更简单，干了四年，殿顶没有翻造，连一届代表大会也没开，就玩儿完了，他没有儿子，于是兄终弟及，弟弟姬瑜做了周定王。

周定王姬瑜，刚刚继位，收到了楚国类似战书般的来信。

楚庄公说：我要北上镇压陆浑老不安分的戎人了，平定之后，想在洛阳中心广场搞个阅兵式。

这是什么意思兮？想摸摸大周天子的老虎屁股？想瞧瞧有职无权的周定王在楚国子弟兵面前如何哆嗦？甚或，想把洛阳变成他荆楚南蛮的军事基地？

二

周定王姬瑜坐镇洛阳宫第一年，楚庄公率大军北向，耗时一个半月，走了一千二百多里，征讨陆浑一带的戎族部落。

今日陆浑

楚庄公主要是想探探洛阳的军事虚实，伐陆浑仅是个借口而已。

陆浑在洛阳西南的嵩县境内，今天洛阳人在陆浑堵出了个大水库，洛阳的城市用水，有一半来自那里。

东周时期所谓的陆浑戎族部落人数不多，也谈不上背楚降晋，为楚国带来什么问题，因为它跟晋国之间是天子的家——洛阳。

楚庄公把戎族人灭了，就领着部队到洛阳游玩。

他说在洛阳中心广场来一番阅兵，是句大话，把部队临时驻扎在洛阳城南的洛河岸边，在周襄王曾经领着子女们感慨万端，要传递万世基业的地方，立起了营帐。

周定王知道，善者不来，来者不善，要认真对待了。

当年，齐桓公"尊王攘夷"，"攘"的就是边蛮荆楚，可齐楚之间仅进行了一次谈判，楚国名嘴屈完就说败了管仲和齐桓公，订立了"召陵和约"，不了了之，楚国照样不停地兼并中原小国。齐国沦为了一个参观者的角色。

晋国在重耳当政以后，渐成中原霸主，跟楚国争战多年，互有胜负，晋国两三代之后，锐气丢失，势力龟缩，楚国这就呼一下子冲到了天子面前，把洛阳冲得不能安宁。

不过，大周天子们多少年来，做联合国秘书长做成了老油条，无权无兵，却有一套以柔克刚的政治智慧。

周定王运用外交手腕，派重臣姬满去慰问楚军。

话说这位姬满，即是史上所称之"王孙满"。他当小朋友的时候，从城门缝里观看路过洛阳前去偷袭郑国的秦军，告诉他爷爷周襄王说："秦师轻而无礼，必败。”

襄王问其详细，王孙满说：“周礼上说，过天子门头，必须卷甲束兵，小步快跑。它今天只不过摘一下头盔，这就是轻慢。又急着跳上车，这就是无礼。轻慢的人没脑子，无礼的人少戒备。这样的军队，能不败吗？”

周襄王搂着孙子，目送着远去的秦国兵马，说：“对啊，对。你说得对，也许它就要败了。世道已经如此，顺乎者为上策。谁胜出，天子慰问谁。即此而已，岂有它哉！”

周朝领导人已经玩不转世道了，只有顺乎强者，顺乎胜者。

楚庄公兵临城南，姬满代表周政府前往慰问。

交接了慰问品，楚庄公请姬满入营帐喝酒。

酒喝了三爵，楚庄公说：“我知道有九座大鼎在洛阳，是上辈子传下来的。但不清楚这些大鼎兮，它有多重，请先生告诉我。”

九鼎乃大周镇国之宝，楚庄公居然敢询问其轻重！

窥伺国器，心怀篡逆，实在不知自己的轻重。但楚庄公想的是，目今天下，没有谁堪与我争锋，即使我想取洛阳，亦同捡拾一支草芥，问鼎有何不可？

姬满呵呵一笑，沉着地应道：“九鼎在德，不在重也。”

他接着说：“从前，夏朝在有德的时候，就制作了九鼎，象征九州，上面有各州的鬼神风物，以镇压魑魅魍魉，保佑子民安宁。

“夏朝末年，履癸失德，鼎转换到了商人的手里，保佑了商朝六百年烟火。比及末世商辛，昏庸暴虐，鼎迁于我大周宗庙，奉祀至今。

“周成王曾经占卜，得神示曰：上天保佑我们要传三十代大王，七百年基业。现在周德有所弱化，但天命并未改变。鼎之轻重，问之不宜。”

姬满论德谈史，绵中带刺，把楚庄公说得自感没趣：“随便问句而已，而已。我准备去黄河饮饮马，便告辞归国了兮。”

楚庄公还真的去黄河边策马飞奔了。

那时候没有小浪底，没有西霞院，黄河也非常偏北，湿地广阔无垠，足够他跑几阵子的。

算是摸完了大周天子的老虎屁股，楚庄公带着他的悍兵强将，押着陆浑俘虏，开回位居江汉的楚国。

一路上，想起问鼎受挫，楚庄公心里悻悻不平。

九只老鼎有什么了不起，折下我们楚国长戟上的小枝，全部熔化了兮，也能铸成九鼎！

楚庄公灭掉若敖家族后，长途挥师，征服陆浑，俘虏戎人，又问鼎洛水，饮马黄河，总体而言，非常胜利，于是在庆祝欢会之后，大摆庆功酒宴，要求大家敞开了喝，一醉方休。

大帐之下，君臣同乐，个个酩酊。

楚庄公开心极了，喝到痛快处，唤出自己专用的礼仪小姐——小妾许姬，为大夫们把盏助兴。

这个许姬，是楚国后宫第一美人，生的天仙也似，五官伶俐，姿容娇昵，腰似春柳，肌如凝脂，加之如梦的烛光，使本就令人消魂的许姬更加妩媚。

许姬为群臣斟酒，款款穿梭于烛光暗影之中，恍若仙女，纤纤细手，淡淡体香，令许多大臣难以把持。

淫乱干部队伍的夏姬

这时忽然刮过一阵大风，吹灭了帐内的烛火。

哇，天赐良机啊，有个醉汉，正在饱受撩拨，煎熬中逢“黑灯”，一把扯过许姬，抱进怀里，上下乱摸。

许姬大受惊吓，胡推乱拒，竟揪下了对方帽子上的缨络。

许姬逃脱后连忙跑到楚庄公面前说：“有人趁黑灯非礼臣妾，已揪下其璎珞为证。”

宫人找出“取灯”，要去取火，重新燃烛。

楚庄公立即大声说：“且慢且慢。同志们，黑着灯更好。寡人还建议各位，把帽子上的缨络都摘下来，不让它碍事，放开了喝吧！”

楚庄公这一建议，后世给编进戏剧，搬上舞台，叫做绝缨痛饮。

许姬委屈地问：“大王怎么不为臣妾做主，找出那个坏蛋？”

楚庄公笑道：“我让群臣开怀畅饮，出了岔子是我的责任，不能怨他们，怎么能在欢饮的时候，拧出那个人来兮，伤了大家的心。你还照常斟酒吧。”

却说胆大包天，调戏许姬的将官，名叫唐狡，他正为许姬揪走了证据心跳如擂鼓，忽听得楚庄公让所有人都摘下璎珞，肚子里知道怎么回事了，悬着的心落下来，暗暗发誓，恩遇必报。

兹后，在讨伐陈国、郑国的系列战役中，这个唐狡自然成了拼命立功的疯子。

陈国遭楚国之伐，缘起乱世佳人夏姬。

这个夏姬，乃是华夏历史名人之一，许多高级干部的共用情妇，她的获奖词是“啊呀爽快”。

史籍中的夏姬绣像

描述夏姬的风流韵事，得以许多大口框代替汉字，或用“此处删去某某字”之句带过，方称“健康”，因为她的演出太生动了耶。

夏姬是个大美人。此所谓“大美人”，不是个头庞大，而是级别高卓。

夏姬跟文姜有一拼，天性活泼的文姜，搞死了鲁桓公，但夏姬又胜过文姜，她搞死了以陈灵公为首的一串子男人。

夏姬原产于郑国，是郑穆公的女儿，出身君王家庭，营养上乘，美艳娇嫩，到了三十多岁还像少女一样，面似海棠，目若朗星，朱唇半吐樱桃，眉似初舒杨柳，容颜惹人怜惜，皮肤细腻可亲。

据说夏姬十五岁就得到异人的临床指教，学会了一套神秘的狐媚之术，跟高级干部过招，一律能教他们忙到四更以后，还不能收云歇雨，也就是说，非累死他们龟孙不可。

夏姬十六岁嫁到了陈国，嫁给了该国夏邑的主宰大夫。

结婚以后，朝朝相狎，夜夜欢淫，被翻红浪，帐摆流苏，总之，很不得了，把政府的工作弄瘫痪了，继而，把老公搞死在床上。

夏大夫“因公”睡觉累死之后，夏姬闲得发急，就让丫环找来陈国另一位大夫孔宁。

孔宁来了，看见夏姬开着两条上肢和两条下肢，躺在床上召唤他，他就激动地上去了。

因为没有被子，没有红浪可翻，只是帐沿流苏疯狂摇摆不停，四个丫环咬牙拼力，都把持不住。

终于摇摆完了，孔宁歇息一阵，拿起夏姬的性感内衣说：“这个，我要留作纪念。”

夏姬微微一笑，答应了他。

孔宁把夏姬的亵服揣在怀里，心满意足地走了，当天忍不住邀同僚仪行父喝酒炫耀，“哎呀呀，夏姬呀，你不知道啊，深入之后啊，那个美妙啊，不可言传啊！”

三

话说嫁给夏邑主宰大夫的夏姬，搞死了老公，又搞了个孔宁。

孔宁受搞若惊，向同僚仪行父显摆，说夏姬模样如何如何风流，身材如何如何窈窕，抱得如何如何紧，搞得如何如何潮。

只要当了官，都是好这口的，仪行父顺杆子爬着询问详情，要孔宁细细道来。

孔宁喝了一大碗酒，吹乎道：“你没享受过，你就不知道天下还有如此美味。这么说吧：蛾眉莺眼，猫温蛇柔，枉眉含嗔，异样风流，这都是大概。论及细处，紧若束箍，暖若丝绸，尤其是那起承转合，欢畅之处难与君说，难与君说。”

仪行父说：“尽管这么简要，本人已经浑身骨酥了矣。但我听说她已经三十多了，恐怕桃花过了仲春，未免有所零落改色吧？”

孔宁说：“不不不，闹闹闹。别信谣言，夏姬容颜鲜嫩，如十七八岁好女子一般无二。”

孔宁又从贴身兜子里抽出夏姬的内裤送到仪行父鼻子前边，说：“闻一闻，香也不？”

仪行父喝完酒，迫不及待地也跑去访问夏姬，轻轻松松便上了手，帐摆流苏之后也高高兴兴拿到了纪念品：当日夏姬所穿的绣花小内裤。

这以后，孔宁和仪行父就成了夏姬的常客，白天夜里恣意同宿，欢谑不休。

时间长了，俩人“有美不敢自专”，商量着得把情况汇报给国家领导人，于是就向国君陈灵公推荐了“尤物”夏姬。

陈灵公不正经，大喜，说：“那寡人就去调研调研。”

陈灵公让手下安排到夏邑视察。

陈灵公到夏姬家访问。夏姬盛装接待。

毕竟是郑国公主出身，夏姬莺声燕语，娇媚适度，动止高雅，性感可人。在陈灵公眼里，后宫姬妾哪个也比不上。

陈灵公说：“天仙啊，我的三宫六院，全都是粪土啊！除去你的礼服，引着我到后园畅游一番吧！”

夏姬听话地改换一身休闲淡妆，月下梨花之姿，雪中梅蕊之韵，全都出来了。

陈灵公从白天调研到夜晚，明灯下，突然将夏姬拉入怀中，夏姬娇啼不住，给拥入床帷之内。

脱去香衫，解下罗裙，柔腻肌肤，触体欲融……

此处往下，三千文字，无非夏姬的获奖词“啊呀爽快”之类，略去了，你理解的。

几度深入调研之后，天已快亮，辅助作业的侍女们都退出去了，陈灵公咧着嘴，满意地睡了。

睡醒来，早已日上三竿，夏姬抽出自己的贴身汗衫，穿在陈灵公身上，说："汗衫陪伴着主公，如同妾本人贴身。"

此次以后，陈灵公、孔宁、仪行父三人，经常驾车，去夏姬家，日夜风流。

老百姓们看着名牌车整天泊在夏姬家门口不走，就编了个谣谚以志其盛。

胡为乎株林？从夏南兮！匪适株林，从夏南兮。驾我乘马，说于株野。乘我乘驹，朝食于株！

后山释读一哈：哪里是株林呀？在夏邑的南区。哪里是株林呀？在夏邑的南里。驱动我的名马，放纵欢谑于株林的草地。驾起我的豪车，闹腾一宿早起还有好吃的！

有人说"从夏南兮"是去找夏南玩耍，夏南是夏姬的儿子征舒，其字子南。

这说法，后山不能苟同。陈灵公、孔宁、仪行父三个大干部，根本不是去找小朋友夏子南的，当然他们更不没必要使用如此拙劣的借口。

孔宁、仪行父、陈灵公，三名高级公务员，共用一个夏姬，还别出心裁地都穿上夏姬所赠的亵衣，在朝堂上跳舞作乐。

有个大臣名叫泄冶，实在看不下去，向陈灵公进谏道："主公乃一国之君，得为全体人民做个好榜样。穿着荡妇的内衣，群舞于朝堂之上，实为不德不雅。若主公若实在想穿想跳，应找个僻静地方去。"

陈灵公跟孔宁、仪行父喝酒时把泄冶的谏言说了。

孔宁与仪行父说："他活腻歪了，敢提这种意见。杀了他才好。"

陈灵公便把泄冶杀了。

从此，三位政府要员无恐无惧，改“分工”为“合作”了，天天跟夏姬在大床上召开颠鸾倒凤的“群英会”。

夏姬的儿子征舒气不过，终于在备受羞辱的一天爆发了。

话说三位领导干部，在夏姬的床上开会后，饮酒。饮了几圈，耳朵热了，胡言乱语。

陈灵公不知道夏姬的儿子恰在屏风后面，仗着级别高，说仪行父：“我看那孩子身材伟岸，有点仿你，莫不是你的吧？”

仪行父抢道：“主公，那孩子双目炯炯有神，像您老人家啊。”

孔宁道：“这事没定论了，在我国，他是老子最多的杂种了，具体是哪个，连他妈也搞不清楚的。”

“哈哈哈。哈哈哈。哈哈哈……”三人拊掌大笑，旁若无人。

征舒气炸了肺腑，大叫一声，指挥家丁，喊着“捉拿淫贼”，“莫让一个老贼跑掉”，冲上堂去。

陈灵公跑进了马棚里，马棚是个死区，被挤兑到墙角马粪堆上活活打死。

夏家的家丁毕竟不多，他们干掉一个陈灵公，回头不见孔宁和仪行父，原来这俩货色没进马厩，而是夺门而出，夹着尾巴窜了。

夏姬的儿子弑君！消息传到楚国，楚庄公大喜——我一直在焦急兮，出兵机会这就来了。

楚庄公立刻约会几家诸侯，组织联军，北上，充当国际警察，既干涉陈国内政，又树立霸主形象。

楚庄公挥师攻破陈城，抓住夏姬的儿子征舒，不由分说，就地正法。

看来，老百姓杀了当官的，有理也没有时间说，可怜啊，可怜啊！

楚庄公正了征舒的弑君之罪，扶立一个国君，就该打道回府——按照常理应是这样。但他贪心作怪，命令改陈国为楚国陈县，纳入一般地方行政管理渠道。

楚国大臣都表示祝贺灭陈，唯独一个姓申的大夫反对。

老申举例子，譬如有个人的牛，跑出牛栏，踏坏了别人的庄稼，作为惩罚，对方就把作案的牛没收了。这个惩罚，是否有点过分呢？是不是显得田主过于贪婪呢？

老申说："主公您为了正夏征舒弑君之罪，倡议出兵，诸侯云从，是因为您以义行事。处理了陈国事务，您自己却占领了它，让诸侯怎么看？他们会认为，您实质上是为贪图陈国的土地而来的，那您以后怎么号令天下诸侯，让诸侯奉您作霸主呢？"

楚庄公一听，老申你说的在理啊，我醒悟了。

楚庄公下令找到陈灵公的太子，扶为国君，接着撤出全部维和部队，圆满完成了一项重大的政治任务，提高了楚国的国际地位。

撤离陈国前夕，由组织上牵线搭桥，把夏姬改嫁给了离休的楚国老干部襄老。

襄老在老干部中，年龄最大，丧偶多年，得了夏姬，却无福消受，因为全身该软的地方硬，该硬的地方软，不到一年，就把夏姬急疯了。

襄老死于战场，夏姬呢，跟襄老的儿子成了夫妻。

郑国都城遗址

据说，后来夏姬又引发了一些男人的争斗。骄傲的玫瑰，直至残败，也不甘寂寞。

四

楚庄公乘胜向东扩展势力范围，占领了今天的安徽大部地区，还同吴国、越国结了盟好。

长江中下游地区巩固了，又一度北向，开疆拓土。

楚庄公熊侣的目标是郑国。

为什么是郑国，不是其他国家呢？

这是郑国的地利决定的，中原地区有两个腹心，一是洛阳，一是郑国，洛阳是周天子的家，不能乱打，那就只有选择郑国了，谁让它家的宅基地好呢！

晋国和楚国，都打郑国，平均每年要打一次。

这一次楚国发了狠，合围，不让郑人出门，攻打，十七个昼夜。

郑国不投降，它现在是晋国的战略伙伴，等着晋国发兵来救。

楚军攻破了一处城腰，但听城内百姓哭声震天，人道主义的楚庄公不忍，遂下令撤退。

郑国人误以为晋国援军来到，打退了楚军，男女老少斗志昂扬，蜂拥堆堵缺口，准备血战到底。

楚军再次被激怒，连续强攻三个月，把个郑城攻下了。

郑襄公姬坚，坚不下去了，光着半边身子，执着茅旌，端着公章，腰上拴着一根索子，索子那头是只温驯的绵羊，迎接楚庄公。

姬坚说："罪臣无德，劳驾您率领远方之兵来收拾我。老大在上，我国愿意接受您的领导，无论你把我流放到边远地区，或是当作奴隶赐给别人，我都没意见。我只希望大王不要让我家的香火熄灭。"

楚庄公的随驾大臣说："不能答应他的要求。"

楚庄公挥手让大臣退开，对郑襄公说："不必客气，你能够这么谦逊，你的老百姓一定信任你，我怎么会灭绝了你的香火呢？不再较劲了，我可以退兵一舍下寨，我们再商议结好。"

楚国的军队大员们围城日久，心中不快，要出口气，谏议楚庄公劫掠郑都，尽数收缴其女子和玉帛。

楚庄公说："我们要的是郑国的真正臣服，劫掠其城池兮，贪得一时痛快，安能达到目的？"

楚庄公发布命令，对郑国进行安抚，确认郑国实心归顺，乃后撤三十里。

郑襄公率领代表团去楚军大营商谈，派自己的弟弟姬良常驻楚国，以为人质，订立了和平条约。

对于晋国人而言，郑国是它在黄河南岸的军事基地，失去了郑国，就无法在中原立足了。以往每次郑国他属，晋国都要再费事夺回来。于是，晋景公姬獳得知郑国受攻，不久即派出军队，抗楚援郑。

晋国的部队遇上了坏天气。

本来，出太行就不是个简单的事情，风雨又逼着他们不断地宿营、迂回，赶到遥望郑国的黄河北岸，郑襄公已经光着膀子，牵着绵羊，称楚庄公为"老

晋军元帅荀林父

大”了。

晋军开始犯难：要不要过河去，跟他打一架呢？

楚军虽然是远道北伐，但郑国南边的蔡国就是它的附庸，武器弹药及粮食都能够获得补充，况且楚军锋芒甚劲，晋军泥水行军，已显疲敝，继续渡河作战，弊多利少。

元帅荀林父说：“郑已降楚，救援失时，再跟楚军算账，理由不足，徒自劳苦，还是算了吧。”

副司令先谷激烈反对。

先谷小名儿“彘子”——猪仔儿，他的爷爷是前重臣先轸，大家族出身的先谷非常傲气，叫嚣说：“临阵惧敌，非丈夫也！”遂擅自率兵过河，对战楚军。

荀林父只好率军被动跟进，以防先谷失利，好做救援。

楚军立即抖擞精神，迎战晋军。大战无可避免了。

双方对阵的地方叫做邲镇，属于郑国地面的一个小邑。

这时候最希望两国狠狠打上一架的是郑襄公。郑襄公盼着晋楚两国决一胜负，自己惟强者马首是瞻。

楚国来打郑，结个盟走了，晋国又来打，结个盟走了，郑国反复十来个轮回，麻烦呀，受罪呀。现在他俩掐，狠掐，掐出个结果来才好。

于是，郑国派使者慰问晋军，怂恿出战，说：“楚军是一帮笨蛋，骄傲自满，不知防备，已经被我们打得差不多了。你们一出兵，他们肯定败。”

晋军将佐各抒己见，以先谷为首的，主战，以副司令栾书为首的，主退。

总司令荀林父，在重耳流亡的时候，是驾驶员，因为给领导开小车而升上

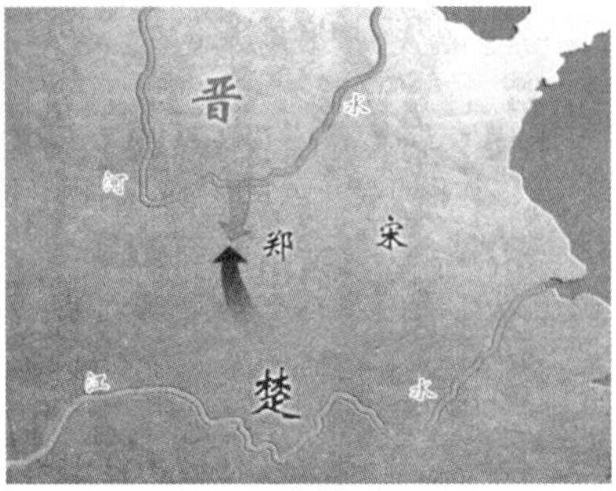

邲之战大势图

楚晋邲战故地

来，资格甚老，本事没有，他犹豫不决，也统一不了大伙的意见，只会说“明日再议。明日再议”。

进退维谷之际，楚庄公派使者来烧了一把火。

楚使者极尽谦卑之能事，鞠躬，鞠躬，再鞠躬，说：“请大国息怒，请大国息怒。我们楚国人自知落后，不敢对战。咱们各自退兵罢休吧。”

先谷上去就把楚国人呵斥了一顿，说：“你们荆楚蛮子，算什么玩意儿，打打打打，非打不可！”

楚军还怕晋军不战，紧接着派出乐伯与许二、摄三乘一辆战车去挑衅，抓了一个晋军“舌头”，不慌不忙地押着走。

晋将鲍癸带领一个营“左右角之”，像牛角一样伸出两边，左右追击。

乐伯在东夷留过学，是个优秀射手，左射马，右射人，阻止了两支牛角的突进。

但中路追上来了。乐伯箭袋里剩下孤独一支箭。

忽然两军之间冒出一只小兽，那是一只麋鹿。

乐伯箭射得好，更爱打猎，看见小兽，猎瘾大发，什么也没想，射出最后一箭，麋鹿应矢倒地。

摄三放下大戟，跳下战车，扛起鹿，奔到迎面而来的晋军阵前，对其主将鲍癸说：“不好意思了，因为两国打仗，伙食不尽人意，送给你们一条鹿尝尝鲜吧。”

鲍癸看到箭镞正射在麋鹿的脊髓神经上，鹿的四肢不会动了，但却不死，一直保着鲜。这是畋猎中的上好箭法。

荀林父丧师

鲍癸颇为赞叹，就说："谢谢了，今天的仗到此为止了。"遂收兵走开。

既然楚国挑了一次战，那我们晋国也要挑一次战。晋大夫魏锜和赵旃向荀林父要求。

魏锜是跟随过重耳的那个魏仇的儿子，魏仇嫌得赏金太少，烧了于重耳有恩的曹国大夫僖负羁的家，被重耳废掉官职，其子魏錡想重新申请个高级公务员当当，一直没批下来。赵旃想升入三军六卿序列，也久不获准。两个都在闹情绪，希望晋军败掉。

荀林父不同意，因为他总不想打。

魏锜和赵旃说："那，那我们去请和，总可以吧。"

荀林父说："请和可以。"放他俩带人马去了。

俩别有居心的货色来到楚营之前，扎下临时营帐，铺好席子，就指挥手下前去骚营，以激怒楚人。骚营手法，杀人放火，丰富多彩。

楚庄公受不了，起五更就集合队伍，开出三十辆战车，清剿和追击。

晋总司令荀林父不放心魏锜和赵旃，大清早派自己的侄子荀莹带一队屯车，一千步卒，前往接应。

所谓屯车，乃屯守之车也。个头很大，厚苇席包裹四面，以避矢石，战时连结起来，像堵大墙，迟滞敌人的进攻。

屯车的问题是，驾马较多，带起尘埃无数，飞扬甚高，让楚军打老远就看见了。

楚三军朝着晋军烟尘滚动的方向迅疾推进，迫近一看，不过是一小股晋军屯车罢了。唏里哗啦，全给它打碎了，俘虏了荀莹。

给领导开小车出身的荀林父真是不会用兵啊，搭上了个侄子。

楚三军指战员，马不停蹄，人不歇脚，车驰卒奔，攻击前进，蜂拥冲向晋军大营。

荀林父全无戒备，突遭进攻，手足无措，命全军作速撤退，往北抢渡黄河。

兵败如山崩。晋军狼狈奔窜，跳进黄河，争攀船舷，刹那间三十几艘渡船竟都被攀沉了。

荀林父下令宪兵们：“争攀抢爬，断其手指。”

霎时间，被砍断的手指血淋淋的落进船舱，船上人一捧一捧地将那些断指抛入黄河。

话说晋军正在撤退，荀林父的弟弟、大夫荀首听说自己儿子荀莹被楚庄公俘虏了，立即闹着下船去救，一些好不容易抢上渡船的士兵也闻讯跟随，反身朝楚军冲去。

第二十七章

挥斥中原

一

却道晋军向黄河北岸撤退，正拥挤不堪地上船，大夫荀首听说儿子奉荀林父之命带着屯车去接应魏锜、赵旃，被楚军俘去了，大急。

儿子被俘，哪个做爹的不心疼？

荀首是个老将军，振臂一呼，应者云集，大家挥舞戈矛，翻身下船，大呼小叫，杀奔楚军主阵地而去。

其实楚庄公已经命令部队停止追击了，他看到晋军慌乱逃走，渡河不及，已然多有溺毙，自己再倾轧过去，不仁义，遂鸣钲收兵，勒马停车。

楚庄公发话说："敌人在积极地败走，就莫要追打不休了。放宽一夜时间，允其渡河回家可也。"

因而在郯镇地面的战场上，就演出了这么一场双方将士斗嘴斗智的活剧——

晋国战车掉进了土坑，一帮大兵，上边的又是打马，又是吆喝，下边的又是推轮毂，又是扛车帮，就是弄不出来。

楚国的追兵上来，瞅着晋国人在坑里坑外忙活，越瞅越着急，就说："你们晋国人真笨啊，刹木还在大木轱辘底下跳着呢，土挡着它，它抱死了车轮，岂能推得动兮！把刹木卸掉！"

在楚国人指导下，晋国人摘掉了车闸木，才把战车弄出了坑。

这时候，战马却已累软了腿，蹒蹒跚跚，走不动。

楚国人继续为晋国人着急，说："你们晋国人呀，不是一般地笨，已经败了，还不把大旗拔掉，在高处张着风，跑得动吗？把大旗拔下来，卷成一卷子兮，放车厢里！”

晋国人照办了，果然减小了风的阻力，逃跑速度加快。

跑了几步，还不忘回头讥讽一句楚国人：“吾不如大国之数奔也！”

我们不像你们，经常溃败逃命，知道摘闸卷旗，我们赶不上你们的逃跑技巧啊！你说这晋国子弟兵，还有点“周礼”没？

话说荀首老军长领着一干冒死反攻的部族，看到刚刚爬出土坑、偃旗逃回的战车，一步跳上车，揪住司鞭说，给我返回去！

说时荀老军长的追随者也都跳上了这几辆战车。

战车返回头，轰隆轰隆朝楚军开进。

楚军正忙着抢拾晋军遗弃的车辆、甲帐、戈矛等好东西，冷不防荀首老军长的兵车突然反向开来，一时间张惶失据，混乱失措。

老军长向楚军射箭。

荀首是从旧社会过来的人，特别节俭，只要从箭囊里摸出直溜溜的一支好箭，都舍不得发，交给副官装入另一只箭袋，手头只射劣箭。

副官说：“老军长您也太仔细了吧，咱们晋国蒲柳多多，可以打造无数好箭，你节约什么呀！这都什么时候了，救您儿子要紧啊！”

老军长说：“好箭留着，我要用它射死敌将，好交换我的儿子。射伤不行啊，射伤他就跑了。”

话音刚落，就见楚将襄老骑马赶到。

襄老者谁？正是楚庄公赐给他夏姬的那个老同志，当夏姬的现任老公不久，为谢领导的桃色恩情，上战场来了。

副官递出一支好箭，指着襄老，告诉老军长荀首："快射那个，大将，大将，三颗星，三颗星！"

荀首接过好箭，去鞋底上使劲磨了几十下，搭弓发出，把夏姬的老郎官给射死了。兵士们下车抢了他的尸体。

不一会儿又一个楚国将领出现，荀首和副官及随从兵士呐一声喊，包抄上去活捉了，竟是楚公子谷臣。

荀首说："够了够了，这一死一活，够换回我的儿子还绰绰有余，回！"

老军长押着谷臣回到黄河边，随入大撤退的潮流，渡河，逃回晋国。

晋军残部终于回到绛城，败军总司令荀林父向晋景公请死。

晋景公说："寡人批准啦。"

大夫士会，就是当年出使秦国迎公子雍，赵盾立了晋国小国君之后，无奈羁留秦国，被魏寿余以魏邑做诱饵，从秦国诱救回来的那个士会，谏议晋景公说："别杀。"

士会说："当年城濮战役后，楚成公杀了败将子玉，晋文公就非常高兴，因为这是长对手志气的事情。荀林父平时谦虚谨慎，是个合格干部。打仗有胜败，跟月有阴晴圆缺一个样子。将士们胜思尽忠，败思补过，若是杀了，哪还有尽忠、补过之机会呢？"

晋景公听了说："有道理。"

荀林父得以不死，留任原职。

北方的赤狄，乘着晋国新败，勾结晋国内部分子先谷，兴兵侵袭。

晋景公没有轻饶，以邲之败和结狄人两条罪名，杀了先谷，并灭了族。

晋景公派荀林父带兵攻狄，荀林父戴罪立功，灭了赤狄，为自己挽回了些面子。

荀林父离休后，士会担任晋三军总司令，又灭掉了不少这狄那狄，安定了晋国的北部疆土。

楚国呢，在邲之战中大获全胜，楚庄公兑现了“三年不鸣、一鸣惊人”的箴言，尖利的脚爪站稳在中原大地上，郑国、许国都摇着小尾巴归附楚国了。

宋国不尿楚国，从宋襄公起，宋国就觉得自己气粗，跟楚国较劲，没有停歇过，决不开顺风船。

就是说，宋国极其顽固。于是，楚庄公决定：小宋国兮，我教训你。

二

前已说过，宋国相当不一般。

楚国人说“郑昭宋聋”，郑国是个明白国，见风能使舵，而宋国，它是个聋子，不听招呼。

聋下去是不行的，得为宋国发发聩！

楚庄公派大夫申舟出访齐国，并下令申舟，不跟宋国联络，乘车直接经过它的领土。

因此，申舟经过宋国，没有签证，属于非法入境，很简单就被宋国巡逻兵所捕杀。

这一捕杀，就是为楚国送战争借口。

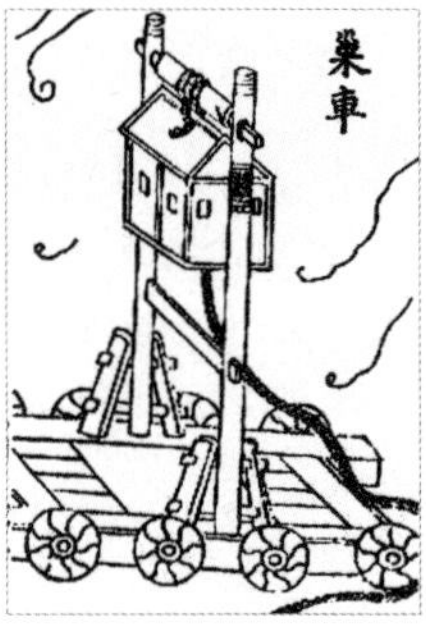

楚国军队的巢车

消息报进楚宫，楚庄公振袖而起，大叫备车，连鞋子也没穿就冲出去了，侍从分别捧着剑捧着鞋追他，追到车上，方才“剑及履及”。

时在公元前595年秋天，楚庄公调兵遣将，挥师包围宋国都城。

楚军司令子反，指挥军队猛烈进攻。

硬骨头宋国在司令华元的带领下，军民齐上阵，保城卫国，僵持时间长达五个月。

楚国的能工巧匠做了一辆巢车，是在特大号的屯车上配备高杆，可以放倒和竖起，竖起后用辘轳向杆顶上送上去一个木屋，极像鸟巢。整个设计酷似今天的长臂吊车，只不过它是垂直状的。在高处的鸟巢里，窥看城内情况，向城里发射箭矢，都很有效。

宋国人偷偷暗夜里将使者缒下城去，跑去请晋国相救，试图里外夹攻，击溃楚军。

晋国人没有忘记邲镇战役的痛，一朝被蛇咬，三年怕井绳，不敢轻举妄动。

但人家以你为老大，又不能没有一点表示，晋景公只好派大夫解扬去表示外交支持，让解扬鼓励宋国坚持抗战，说晋国在部署大军呢，随后就到。

解扬是个倒霉蛋，还没到宋国，就被楚军俘虏，装进囚车。

楚庄公亲自审讯解扬，为他解除枷锁，以礼相待，并要他投降。

解扬答应了楚庄公投降，还接受约定：到宋城前面，就说晋君让他们投降楚国，不来救他们了。

楚人把解扬送上高高的巢车，给他一个稿子，叫他照着大声地对宋城喊话。

谁知解扬突然变卦，高嗓门对宋城守将说：“宋国兄弟们，我是晋国大夫解扬，被楚军俘虏了，他们要诱骗你们投降，你们千万不要相信。晋国正在调兵遣将，要来援助你们，你们一定要坚持，坚持，坚持住啊！坚持，就是胜利！”

楚人气得要命，拉下解扬就要处死。解扬却毫无惧色。

临死之际，解扬笑道：“我接受了晋国君主的命令，唯恐不能完成。你们把我送到高处，让我完成了任务，我死而无憾了。”

楚庄公说：“为臣能够如此忠心耿耿，不辱使命，如解扬者，寡人非常感动，非常佩服。请他喝酒，放他回晋。”

宋国人听到解扬的喊话，守城信心倍增。

粮食吃光了，所有能吃的东西都吃光了，宋人一批批地饿毙，就含着眼泪，“易子而食、析骸而炊”，互相交换孩子吃，肉吃掉，骨烧火，反正只有一个信念：坚持。

围攻宋城九个月的时候，楚庄公突然心灰意冷，要撤围。

申舟的父亲不依：“我儿子出访被杀，就这么白死了吗？白当了战争借口的牺牲品了吗？不行，不能退兵！”

楚庄公只好继续围城，说：“不撤！谁说要撤！”

还命令军队，在宋城周围种庄稼，种蔬菜，表示占定了宋城郊区，扎根了，不走了。

宋国司令华元，决定铤而走险。他半夜缒城而下，一直摸进楚国司令子反的寝帐，登上他的卧榻，用匕首抵住子反的咽喉，说：“起来了起来了！”

子反懵懵懂懂睁开眼睛：“你怎么……怎么……”

“我乃宋人华元。实话告诉你，我们宋国已经易子而食，析骸而炊了。你们如果硬逼我们投降，我们会血战到底，直到最后一个人！你若果答应解除包围，我们感谢你。否则，现在咱俩就同归于尽。”

子反说：“可以考虑退兵，但宋国得跟楚国结盟。”

华元说：“好办。但是你们必须先行撤退三十里，使我们保持外表上的体面。”

两人在半夜的营帐里，发誓“我无尔诈，尔无我虞”，华元放了子反，子反放了华元。

翌晨，子反就去向楚庄公汇报，说昨天半夜宋国华元跑来找我。

“嗯？”楚庄公惊讶地问，“他找你干什么？”

“他说，他们扛不住了，已经易子而食，析骸而炊啦。”

楚庄公又问：“那你，告诉他了什么？”

子反说：“我告诉他，我们楚国粮食也快吃完了，至多再顶七天。”

“把军需紧张告诉敌人，你这不是有病吗？”

“大王息怒。我想，区区宋国，还有深夜潜入寝帐，单为交涉而不欺人的将军，我们堂堂大国，难道还要隐瞒实情吗？报告主公，我昨天夜里已经答应华元退兵一舍，而后结盟了。”

楚庄公说：“硬骨头兮，宋国。君子兮，华元。那就照你们的约定办吧。”

楚军解围撤退，宋国宣布加入楚联邦。

为了“尔无我虞，我无尔诈”，宋国派华元侨居楚国，作了人质。

宋降楚，中原最硬的骨头被楚吃掉，诸侯们几乎全部都归于楚国麾下了。

楚庄公彻底取代了晋国在中原的霸主地位，接受了大周天子周定王姬瑜的嘉许，成了东周春秋年间最伟大的英雄，“天下大事尽在楚矣”。

非常可惜的是，楚庄公熊侣不及五十，壮岁而殇，楚人将其葬在郢都郊外。

今天，我们还可以去江陵城外他的墓头凭吊这位事业有成的伟人，那里还葬有楚庄公的夫人樊妃，也是个聪明的女子。

楚庄公戎马一生，并国二十六，开地三千里，他不像齐桓公那样好色，不像宋襄公那么犟筋，不像秦穆公那么憨直，也不像晋文公重耳那么狭隘，那么记仇。

就是说，楚庄公拥有与众霸主大不相同的个人魅力。如果你是女性，你会喜欢他的。

后山赘注曰：楚庄公的发烧爱好是养马和玩琴。

马宠在后宫里，什么也不干，像猪似的，胖得不得了。

琴名“绕梁”，宋侨华元所献，楚庄公弹弄起来，自得自足，七日不思升朝，乃上古时代中国四大名琴之一，兮！

三

在洛阳，周定王姬瑜于公元前586年崩去，他的儿子姬夷做上了东周第十世大王。

姬夷谥号周简王。名副其实。

大周天子到姬夷这时候，真是简单得要命，威仪荡然无存，整日吃吃睡睡散散步，没事可干，远望着晋、楚、秦，宋、郑等国相互攻伐而已。

楚庄公雄才大略，挥斥中原，没防备英年早薨，楚国哀痛之中，楚庄公的儿子熊审上台主政，是为楚共公。

楚国名将养由基

养由基雕像

熊审有个英雄的父亲，这成为压制他形象的阴影，但也是激励他继续开拓的动力。

熊审于楚国鼎盛时期任君，有利因素颇为不少。

另一方面，仓促继位，没有战争阅历，也缺乏治国经验，只有靠他爹的一班旧臣支撑台面。

旧臣们欺楚共公年轻，荒废政务，攀比营私，没几年，国家衰象渐现。

楚共公试着向东方的吴国打了打，多少积累了一点经验。

话说周简王在都城洛阳，简单地生活到第十个年头，中原又一度大混战拉开了帷幕。

先是洛阳东郊的郑国兴兵向南，打许国，把许国打得嗷嗷叫。

许国是楚国的小哥们儿，许国挨打，楚国自然不答应了，挥师击郑。

墙头草郑国又一次表示归附楚国。这次它不仅归附了，还听楚国的话，向东北方进军，攻打宋国。

郑国四下耍武器，惹得北方老大晋国怒火猛烧。这还了得吗?

我们晋国曾经受到大周天子的土地赏赐，洛阳周边给了一大片，如今竟因为你郑国充当楚国的马前卒，胡乱作祸，使我们立足不能，蜷居一晋，是可忍乎，孰不可忍!

于是，晋以栾书为司令，纠合齐、鲁、卫等国，组成联军，杀郑。

楚共公听说晋国出兵，岂肯示弱。他决定自率楚军，以子反为司令，北上援救郑国。

楚国名将养由基，得东夷人真传，射箭百发百中，可以百步穿杨——这两个

晋楚鄢陵之战故地

中国成语确实是养由基用弓弩创造的。

养由基希望有个更好的军职，演习时，将叠堆的披甲射穿了七层，拿给楚共公熊审看。

大臣们无不夸赞，对楚共公献媚："君有如此猛将，何愁战而不胜？"

哪知楚共公不以为然地说："如此卖弄技法，朕怕他会死在这种射技之上。"

晋国与楚国，各自挥动大军，遭遇在郑国鄢陵镇的地头。

当时，晋国的所谓联军还没有真正组成，齐、鲁、卫各国接到通知，整军出发，尚未赶到呢。针对这一情况，楚军前敌总指挥部决定，乘协军未至，集中优势兵力，先破晋军，占据主动权。

楚军趁晋军不备，在晨雾掩护下，突然迫近晋军营垒，以期速决速胜。

晋军未见盟军到位，加之营垒前方泥沼遍布，出车不利，司令栾书主张固守待援，说："楚军轻窕，固垒而待之，三日必退，退而击之，必获胜焉。"

晋军副司令郤至则认为，楚军指挥不一，阵势紊乱，士兵喧哗，武器老旧，我军若乘此机会发动进攻，一定能够把他们击败。

郤至主张先发制人，主动进击楚军。

晋厉公认为，副司令比正司令所言在理，于是改变固守待援、后发制人的计划，决心趋利避害，立即与楚军决战。

楚共公登上巢车，观察晋军在阵营内的动静。

晋厉公也登上高台，观察楚军的阵势。

晋厉公组织前敌委员会商议作战方案，决定由中军将、佐各率精锐一部，加强左右两翼，首先击破楚军薄弱的左、右军，尔后围歼其中军。

楚共公望见晋厉公所在的晋中军兵力薄弱，即率中军攻打，企图先击败晋中军，结果遭到晋军的顽强抗击。

晋将魏锜，也是个好射手，瞅准机会猛发一箭，射伤了楚共公的眼睛，迫使楚中军后退。

楚国的神射手养由基，本来要在战场上露一鼻子的，可楚成公说“如此卖弄技法，寡人怕他会死在这种射技之上”，领导人不欣赏，司令子反便不许养由基带箭上阵。

养由基这位伟大的弓箭手，只能遵命挥舞着长剑，背着空空的箭囊，在战场上出没。

楚成公挨了敌人一箭，羞怒交加，这才想到养由基，说：“找来，找来，把养由基找来！”

养由基疾速赶来，楚成公给他两支箭，命他把发射暗箭的晋将魏锜射死。

养由基果然不辱使命，拈弓搭箭，将魏锜射死之后，还把另一支箭交还给楚共公。

箭仇报了，但楚共公中箭负伤的消息不胫而走，很快传遍楚军，以至于军心涣散，战斗力遽然下降。

晋军乘势猛攻楚左、右军，楚军抵挡不住，被逼到不便通行的池沼地形里，阵势大乱，兵卒纷纷向颍水北岸方向败退。

晋楚双方，从曦光清晨，一直打到夜幕垂落，楚军遭受巨大损失，楚公子熊茂也为晋军所俘虏。

楚共公只得鸣钲退却，晋军见天色已黑，怕出意外，也暂时中止了追击。

当天夜里，楚军司令子反检查救护伤兵，补充兵卒战车，修理甲胄兵器，整顿部队编制，准备明日再战。

晋军方面见楚还不服输，也积极行动起来，秣马厉兵，论功行赏，准备来日再一决雌雄。

楚共公对次日的战事不好预测，心下忐忑，遂召子反商量对策。

子反安排了军队事务之后，多饮了两盅，大醉酩酊，倒卧帐内，不能应召。

楚共公见司令都醉成泥巴了，不禁心灰意懒，自料再战也得不到什么便宜，于是率军宵遁。

子反酒醒了，一看孤身睡在帐中，周围阒寂无人，知道大事不好，回去不妙，干脆自杀身死。

次晨，晋军胜利进占楚军营地，食用楚军留下的粮食，休整三日之后，奏凯而去。

发生在鄢陵的这场战役是晋楚争霸中第三场大决战，标志着楚国对中原的争夺从此走衰，晋国虽说取胜，但其对中原的控制力也未见加强。

而此时楚国出现了一个贪官外逃事件。

话说那个“乱世佳丽”夏姬，组织上安排的老老公襄老，在邲镇战役中光荣牺牲，被晋军老首长荀首射死了，夏姬不又没人招呼了吗？

夏姬不是别人，你别发愁。

楚国外交部部长屈巫，操着夏姬的心呢。

屈巫这老小子，一直在处心积虑。终于，他利用去齐国访问的机会，拐带了夏姬，投靠晋国去了。

兵马大元帅，公子熊侧，楚共公的堂兄弟，曾在邲之战中立功，但是个大酒缸。熊侧也私好夏姬，看到美人被拐走，怒火中烧，向楚共公建议，用重币把屈巫从晋国引渡回来，送上军事法庭治罪，并诛灭其九族。

楚共公看法不同，说，屈巫帮着先君谋划国事，曾有功劳，拐跑一个寡妇，也算不上罪大恶极。遂未置可否。

熊公子说：“你不治罪于他，我要有所行动。你别管。”

四

楚共公熊审性情温和，政绩平平，到了因病医治无效的时候，进行忏悔，认为自己未得先王之教，少德，又不善经营社稷，率军亡师于鄢，羞辱列祖列宗，请死后谥号为“灵”或“厉”。

“灵”和“厉”在谥法中都属于“恶谥”，是送给无才而又败德的君主的。

大夫子囊便立即说：“使不得，使不得。赫赫楚国，而君临之，抚有蛮夷，奄征南海，以属诸夏，而知其过，可不谓共乎？请谥之‘共’。”

楚共公断气，楚国办大丧。吴国以为有可乘之机，违背“闻丧不伐”的礼仪规则，趁虚突袭楚国，抢夺地盘。

楚国用诈败之计，将吴师诱入一个包围圈，伏兵迎头痛击，吴师死伤惨重，溃不成军，只好落荒而逃。在这一战中，楚国甚至俘虏了吴国大将“公子党”。

楚共公薨后，继任者为楚康公，早期政策是照既定方针办，后期，令人恶心的吴国，对楚国骚扰不断。楚康王训练“舟师”，进入吴境，所获不多，但招摇出了威风，吴国再也不敢随便捣乱了。

楚康公死后，其子熊员继承了爵位。

熊员的叔父熊围借机勒死了熊员，自己践位，成了被谥为“灵”的楚灵公。

楚灵公熊围上任，差人去各国散发通知，让诸侯们到楚国开会。

鲁国和卫国没来，宋国只派了一个低级代表。

东道主十分不快，开会时不断训斥大家，还胡乱杀死诸侯们的“首长随行”——陪睡的女子。这不是埋祸根吗？

楚灵公相信强权，因此攻伐吴国。

有次俘虏了曾经参与弑杀齐庄公而跑到吴国避难的原齐国令尹庆封，杀死他家一族人，并将庆封拉到街上示众。

楚灵公向着公众宣布说：“大家都不要学庆封的样子。他杀死了自己的国君，欺压老百姓，还强行让大夫们都支持他。”

庆封昂着头，反唇相讥：“大家也不要学楚共公的儿子熊围。杀死了自己的国君，那国君便是自己亲哥哥的儿子。还要强行让诸侯们支持他。”

楚灵公遭到庆封羞辱，面红耳赤。

满街筒子的人，皆掩口而笑。

被戳穿了底细的熊围恼羞成怒，就把庆封杀了。

再说楚灵公熊围，酷喜跳舞，在宫廷晚会上自足自满地总要带头蹦跳。他的著名演出是“楚王好细腰，宫中多饿死”，已成历史名剧。

就是说，“楚腰纤细掌中轻”，修骨秀颈、细腰如素，是楚灵公的偏爱。

为了博得君王青睐，郢都城里刮起了细腰风。“不知歌舞能多少，虚减宫厨

后人仿建的章华宫（细腰宫）

为细腰”。大臣们一天只吃一顿饭，想让腰细下来。

各种减肥方法也都出笼了。辣椒减肥法，脱水减肥法，桑拿减肥法，点穴减肥法，水波排脂法，还有人采草药，做成“脂肪燃烧弹”，每天吃三颗。

楚国人减肥减得虚弱无力，扶着东西才能起立，倚着东西才能站住。每次暴风过后，都有很多人把腰吹折了。

楚灵公耗费民脂民膏，建造了一座“细腰宫”，又称“章华宫”。

“章华宫”，占地四十里。秀宫曲廊，耸入云霄。最高处的望台，离地三十仞，又叫“三休台”，取其高大，登上台顶中间要休息三次之意。台周围，修建了大量亭台楼榭，极尽精美。

建好高台后，熊围又派传臣去诸侯国召集诸侯，来庆贺落成，并从此住在章华宫中，享乐起来。

“细腰宫”里边，收藏着大量的细腰美女，有国产的，有进口的。

美人儿们为了让自己的腰肢变细，好受君王宠幸，承一夕之欢娱，拼命地勒腰，节食，数日不吃饭，有的竟至于饿死。

楚灵公为所欲为，花天酒地，耗费了先辈多年的积累，失去了楚国的民心。

楚灵公为了树立权威，在严寒的冬天心血来潮，发兵去打徐国。

大雪漫天，士兵们身着铁甲，手执兵器，穿行在风雪之中，寒冷难耐。

楚灵公却身穿“腹陶裘”，外罩“翠羽披”，头顶狐皮帽，足踏豹皮锦靴，站在中军帐前，连声赞叹“好雪，好雪！”使士兵们身冷心更寒。

这时候，以前开会受过楚灵公侮辱的越国大夫常寿过，联合吴国打来了，趁楚灵公不在家，杀了他的儿子，消息传到军中，楚灵公的军队随即溃散。

这个昏庸的君王见自己的王位丢了，又听说儿子也被杀死，就滚在地下嚎啕大哭，喊天呼地。

哭足了，喊够了，熊围对旁边仅存的两个随从说：“我不是为自己伤心，我是为儿子伤心。我对儿子多好啊，胜过所有的人，怎会遭到这种报应啊？”

其中一个随从说：“你杀别人的儿子太多了，能不到这种地步吗？”

这时有个名叫郑丹的下属来到他的身边。

熊围非常信任郑丹，就问他：“现在应该怎么办。”

郑丹说:“回到楚都的郊外，看看反应，听后发落，怎么样？”

熊围慌忙摆手:“这还用看吗？我要是到了他们的手上，他们准得把我杀了。”

郑丹说:“那你就去找一个靠得住的诸侯，搬救兵吧。”

灵王说:“那也不行，我把他们都给得罪了，谁会在这时候帮助我呢？”

这个以前不可一世的君主，今天真正可怜极了，堪称多行不义必自毙，郑丹觉得自己也帮不了他，便说：“我也得走了，我帮不了你。”

熊围一个人孤独地在山里闲荡，走得饿了，就想下山去要点吃的。遇上了以前的一个熟人在路边坐着，叫涓人畴，就热情地打招呼，说:“我都三天三夜没有吃东西了，给我一点儿吃的吧。”

涓人畴说：“对不起，新国王已经下达命令，谁要是送你吃的，就会被杀头。”

熊围又饿又累，两眼发黑，一头倒在了地下，正好压在了涓人畴的腿上，昏了过去。

涓人畴慢慢抽出了自己的腿，边走嘴里还边说:“你这罪恶滔天的家伙，你也有这一天啊！”

伍子胥

伍子胥雕像

熊围渐渐醒来，接着游荡，遇到了前大夫申无宇的孩子申亥。

申亥正冒着生命危险，驾着马车四处寻找、救助楚灵公。

申亥他爹申无宇曾经折断章华宫的旗杆，追打逃跑的家奴。楚灵公熊围没有处置申无宇，所以申无宇临死时叮嘱申亥报答恩情。

申亥把熊围请到家中，给他饮食，还让两个亲生女儿给他侍寝。

两副玉体横陈，这个抚他，哪个摸他，但熊围没有一点心思“那个”了，衣不解带，只是哭号。

半夜里，哭声没了。

申亥的女儿向父亲报信说，熊围自己把自己勒死了。

世上竟有申亥这样的狗东西：熊围死了，他觉得两个女儿已经跟楚灵公睡过了，就是楚灵公的妃子了，遂残忍地杀了自己两个亲生女儿，给熊围殉了葬。

然而，楚国大乱没有休止，楚共公的几个儿子联合发动了宫廷叛乱，熊居乘乱登位，做了国君，谓之楚平公。

熊居患有敏感症，既不能容忍骄横跋扈的权奸，也不能容忍才高望重的贤臣，一旦出现了，就必欲除之而后快。

楚平公熊居即位之初，除封赏功臣外，积极抚慰民众、敦睦诸侯。宣布从他即位起，让民众休养生息五年，才考虑用兵。并信守诺言，让蔡人和陈人复国。

当初，楚灵公灭蔡，把许、胡、沈、道、房、申几姓贵族押到楚国腹地居住，楚平公即位后，又让他们返迁故地。

但楚平公不久就昏妄了，重用佞臣费无忌，轻信费无忌编造的谗言，株杀重臣伍奢父子、逼伍子胥逃吴，植下了祸根。

第二十八章

太子升仙

一

却问费无忌何人？伍子胥又何人哉？他们与楚国的国运有关吗？

楚平公熊居即位后，为了抗晋，设法联秦。

熊居派善于卖嘴的小臣费无忌去秦国为太子熊建说亲。秦国同意嫁公主孟嬴过去。

费无忌看到孟嬴生得太美了，便撺掇好色的熊居自己娶："主公啊，这位秦国公主真是个绝代佳人，您自己纳了，我给太子再娶一个得了。"

混账话正中熊居下怀，就把准儿媳变成了小老婆。

费无忌由此担心太子对自己不利，尤其怕楚平公死后，自己遭殃，遂不断离间熊居与太子的关系。

楚平公找来太子熊建的老师伍奢询问情况，伍奢说："太子一贯忠诚于您，您怎么怀疑太子呢？"

楚平公说："费无忌告诉我，太子经常私自跟其他诸侯联系，有所图谋。"

伍奢正言道："主公怎能听信小人谗言，疏远自己的骨肉呢？"把个熊居说得哑口无语。

费无忌又诬告伍奢和太子合谋造反。

太子熊建慌忙出逃，伍奢全家被抓，除其小儿子伍子胥跟熊建一起逃亡外，全被处死。

熊建跑到了宋国，宋国形势不安生，又跑到郑国。

郑人以礼相待熊建，熊建可能是报仇心切，利用郑国对他的信任，暗中交结晋国，策划袭击郑国，夺郑定公的权。郑定公察觉了他的阴谋，获得证据，将他杀死了。伍子胥赶紧再逃。

伍子胥出逃后，楚平公早就悬赏捉拿，着人画出伍子胥的肖像，制成通缉令，挂在楚国各边防的城门口，严令盘查。并许以大夫官职和大量赏金，征求告发。

伍子胥白天躲藏，晚上赶路，辗转到了楚吴两国交界的昭关，在今天的安徽含山县以北不远的地方，守关军士盘查得很紧，不敢贸然前往经过。

驿站不敢住，住在干店里，伍子胥一连几夜愁得睡不着觉，连头发也愁白了。

认识了一个人叫东皋，住得不远，得知底细后，同情伍子胥，便把他接到自己家里。

东皋先生热心地帮助伍子胥设法，将一个朋友化妆成伍子胥模样，冒充伍子胥过关，守关的逮住了这个假伍子胥，放松了警惕，真伍子胥因为头发全白，变了面貌，守关军士跟通缉令上的肖像画对不上，被他混过了关。

出了昭关的伍子胥，害怕后有追兵，疯跑不止，一大程子过去，一条大江拦在面前。

伍子胥着急啊，旋着屁股找船。最后找到一个打鱼的老头儿，划一只小船把伍子胥摆过了江。

伍子胥过了大江，感激万分，摘下身上的宝剑要赠送给老渔翁，说：“家传的，本是楚国国君赐给我爷爷的，按照现在的市场价值一百两金子，送给你，好歹我的心意。”

老渔翁说：“捉拿你的通缉令上，出五万石粮食的奖赏，还答应封大夫爵位，我都不去贪图，难道会接受你这把剑吗？况且你被迫远游，危险重重，还要靠它防身呢。”

伍子胥连忙向打鱼的老头儿赔礼，收起宝剑，辞别走了。

吴国有个二货，叫专诸，伍子胥刚到吴国，就听说了这个黑社会英雄的名字，专门去拜见了。

然后，伍子胥去见吴王姬僚，历数攻打楚国的益处，怂恿吴国攻楚。

姬僚为之所动，计划用兵。吴公子姬光，字阖闾，是姬僚的大侄子，他对他叔父说：“那个伍子胥，他爹，他哥，都被楚王杀了，他鼓动咱攻打楚国，明白是报私仇，不是为吴着想的。”

吴王姬僚听了侄子的话，停止了攻打楚国的部署。

其实，当时吴公子姬光正在策动政变，谋取王位，伍子胥探知消息，就把二蛋专诸介绍给姬光，姬光得到了专诸，施以门客的待遇。

不久楚平公死掉，姬僚想利用楚国办丧事的机会拾掇它一下子，便派自己的两个弟弟去骚扰楚国，谁知被楚国断了后路，不能回军了。

姬光认为时机大好，不可以错过，三下五去二就能得到国君之位。

专诸更是急不可耐，说：“姬僚可以宰掉了。他妈老朽，他儿子弱小，俩弟弟困于楚，又没有可以独当一面的大臣，宰了他，谁能奈何我们！”

姬光点头说：“你这家伙就和我自己一样。”

姬光加快了篡权谋位的步伐，在吴王姬僚的宴会上，烧好了鱼，将短剑藏在鱼肚子中，让专诸端去上桌，眨眼间刺死了姬僚。

姬光自立为王，即史上所称的吴王姬阖闾。

伍子胥助阖闾篡国，成了吴王，阖闾封伍子胥为大夫，帮助处理国家大事。

这一时期，阖闾让伍子胥主持重建了都城——阖闾大城，就是今天的苏州古城，并且充实兵库，积聚粮食，为军事扩张做准备。

经过几年努力，吴国不断发展壮大，百姓丰衣足食，乐于为国献身。为了给楚国点颜色看，阖闾一举灭亡了楚的附庸——徐国，接着灭了唐国和蔡国。

阖闾把矛头指向楚国了。

吴国要伐楚，晋国起了不小的促进作用。

怎么说呢？就是楚国那个拐跑了荡妇夏姬的外交部长屈巫，他不是借访问齐国的机会，跑到敌方晋国去了吗？

是的。晋国资助他三十辆战车，绕行千里，从晋国跑到吴国，鼓动吴国人伐楚。

屈巫对吴国帮助不小。

如今的苏州富裕无匹，当时的吴国极其落后，驾驶战车，开弓射箭，一概不会。屈巫教他们啊。连城墙怎么筑都需要教。对于一马平川、无险可守的江苏，城墙是多么重要啊。

终于，吴国羽毛丰满了，先后兼并了临近几个小侯国，于公元前506年，向西邻楚国发难了。

伍子胥向阖闾举荐齐国人孙武，与自己各为左右元帅。孙武是个善于用兵的军事家，写有军事著作《孙子兵法》十三篇，至今为人所重。

吴王阖闾不宣而战，拜孙武为大将，伍子胥为副将，挥动大军，连战连胜，一直杀到楚都郢城。

伍子胥回到了故土，想起父兄惨遭杀害，泪水滂沱。

仇人熊居已经死过了，伍子胥掘开熊居的坟墓，把尸体拖出来，用鞭子抽打解恨，一直抽了三百鞭子，史称“鞭尸三百”。

抽完，他瘫坐在地上，对天嚎啕。

上苍作证，他总算报了仇，雪了恨，洗了耻，澡了辱。

吴师攻破郢都，自吴王而下，按尊卑顺序，分别住进楚王的宫室，和高级干部的府邸。

但吴师在楚国的腹地滞留得愈长久，遇到的问题就愈严重。

楚人怀旧、念祖、爱国、忠君，吴师入郢后，平民不惜与吴师拼命。

吴师的行为愈残暴，楚人的反抗就愈强烈，对阖闾尤为痛恨，以致有一夜阖闾不得不换了五个住处。

楚人群起与吴师斗争，没有将领，就由转业兵负责操练和指挥，口号是“各致其死，却吴复楚”。

楚国人还四出求救，参谋长申包胥就逃到秦国，向秦国求救。

秦哀公不想麻烦。申包胥在秦国宫门外赖着不走，日日夜夜痛哭，竟哭了七日七宿。

秦哀公终于被感动了，说：“楚虽暴虐，然有臣如此，岂能眼看他们亡国！”

秦哀公发兵救楚，击败吴军，吴王阖闾退兵了，郢都沦陷十个月后，楚国国君昭公复位。

郢都经吴师蹂躏，残破不堪，楚昭公便把都城挪了个新地方，仍然叫“郢”，以示不忘其旧。

吴国军队撤回去，不闲着，转头跟它另一边的邻居越国打仗。

后山赘注：吴国的头儿后来变成了夫差，夫差承其父志，跟越国的头儿勾践死掐不休。

勾践在会稽山惨遭败北，挑选全国美女向夫差行贿，四年后侥幸得脱。然后，立志报仇，夜夜睡在粗薪上，日日舔尝猪苦胆，经过苦心准备，又十五年后，灭了吴国。

越王勾践灭吴后，引兵渡过淮河，与齐、晋诸侯会於徐州，向洛阳天子周王进贡、问好。

当朝周王遣使者赐送五花礼肉给勾践，封之为“伯”。

二

话说大周天子，经历简王之世，传到了周灵王姬泄心。

姬泄心登位的时候，已是公元前572年，东周寿命太半，天子权威进一步衰落，可有可无。

此前，霸主约诸侯们开会，还派代表到洛阳请一请周天子，至不济，在会后要做个汇报，自周灵王起，他们不请天子列席了，也不汇报了。

天子门头，只是每天早晨太阳露头时在广场上举行个卫兵换岗仪式，咔咔

仲姜宝盂

仲姜盂上的铭文

咔，咔咔咔，弄得怪严重，其实属于扯淡。

这局面的出现当然是历史的进步。

全国政事由更多的其他人处置，是好事情，不是坏现象。

周灵王继位后，打算继承当年周庄王联姻齐国的传统，娶个齐国小妞儿做老婆，差人去说合。

齐侯说：“这很好啊”。愉快地答应了周灵王，送来了漂亮的齐国公主仲姜，还陪送了大量的珠宝玉器。

其中有件大肚子青铜宝盂，敛口，卷沿，鼓腹，圈足，体躯雄伟，造型沉稳，高四十四厘米，口径七十五厘米，最大腹径二百一十厘米，重一百五十斤。

这件青铜器，肚子上有两组均匀的环带纹作装饰，线条简洁流畅，美观大方。

宝盂身上有四个对称的套环兽耳，它们的作用相当于四个把手。

兽耳的造型，活泼生动，身体弯曲有度，宛若弓形，尾部则蜷曲成环状，胸腹隆起，嘴巴大大地张着，眼睛圆圆的鼓着，耳朵直直地立着，好像发现了新奇的猎物一样，神态生动活泼。

这尊宝盂现在陈放在洛阳博物馆，乃公元1957年修建洛阳中州渠时，于孟津县平乐镇的邙山坡发现的，其内底铸有五行铭文：“齐侯作媵子仲姜宝盂，其眉寿万年，永保其考，子子孙孙，永保用之。”

这尊仲姜宝盂是做什么用的呢?

古时候的盂是用做饭器的，就是饭碗，钵盂是也。可是，仲姜显然不能用这么超级大的饭碗吃饭。

其实这是让仲姜化妆时用的，盛水至满，当作镜子，照脸梳头。

作为一件嫁妆，宝盂的大肚子里，装满了娘家的祝福。

周灵王娶来了齐国的美丽公主，统治全国诸侯的权力没有增强，因为齐国不是从前的齐国了。

其时，最大的超级大国是晋国和楚国。

数十年来，晋国和楚国不停地厮打，制造南北战争，耗费军备民力，他们自己也厌烦了，开始进行和平试探。

晋国跟楚国争战，有时候会稍得优势，但它对待郑国、鲁国等中间分子缺乏大策略，老稳不住它们。

郑成公曾主动访问晋国，被蛮横地关押了半年多时间，郑国给了个人质，才解除拘执。

鲁成公也朝晋，晋却无端地怀疑他勾搭楚国，不让他回国。鲁成公被迫接受盟约，才得回家。

可以说，晋文公之后，晋国的国君们本事渐渐地消亡，淫威大大地膨胀。

晋国为稳定国内外局势，主动与秦和好。

秦晋两家约定，会于令狐，现在的山西临猗以西地方。

晋厉公先到了，秦桓公不肯涉河，在对岸自家的地盘——王城，现在的陕西大荔以东地方，停下车马。

于是，晋秦演出了一场“夹河而盟”的滑稽小品。

晋君在河东，秦君在河西，中间夹着一条大黄河，这样的“盟好”靠得住吗？

靠不住。秦桓公转过屁股就背盟，联络白狄，乘机伐晋。

晋国对付秦国和白狄，已感不支，遑论南向。因而，由与楚争霸转向与楚弭兵。

楚国呢，楚庄公死后，霸势日衰。国内臣子居功自傲，贪婪侵占。原中原的那些附属国，稍有风吹草动就倒向晋国一边。与东边的邻居吴国等叛变分子，多年争战不断，耗心费力。

晋、楚争霸，直接受到祸害的是处于中间地带的宋、郑等发展中国家。

无论南边的楚军北上，还是北边的晋军南下，宋、郑等国都是战争平台，都要在他们的领土上折腾，不管谁胜谁败，倒霉的总是他们。

位居中间的二三流小国，上至国家领导，下到车夫走卒，无不渴望停止战争，享受和平。

在晋、楚打腻了仗，中间小国受够了苦的大背景下，由宋国出来喊话，要求调停超级大国的争战，产生了弭兵之会。

华元，就是在楚军围宋时，半夜缒城而下，摸进楚军司令子反的寝帐，逼楚退兵，后来代表宋国入楚作了人质的那个宋国大夫华元，他在楚国当了六年人质，为楚国做了不少贡献，跟楚国的高干多有私交，恰巧他跟晋国外长也是老交情，就在楚、晋之间，进行外交斡旋，“合晋、楚之成”。

经过华元的努力，晋、楚双方的和谈代表到了宋国，在宋城西门外一个游览区签订了条约，史称“华元弭兵”，或“宋西门之盟”。

盟约说：“凡晋、楚无相加戎，好恶同之，同恤菑危，救备凶患。若有害楚，则晋伐之；在晋，楚亦如之。交贽往来，道路无壅；谋其不协，而讨不庭。

有渝此盟，明神殛之，俾坠其师，无克胙国。”

和平条约签订之后，卫、郑、鲁等国的国君陆续赴晋，看看条约，在上面签字。

宋西门之盟，只是晋、楚双方暂时缓解激烈争夺之举——只说晋、楚两国事，别的国家签字也无非是个见证，并未带来真正的停兵与和平。

晋、楚两国长期积累的仇隙，很难仅靠一纸合约化解。

晋国、楚国双方在形势不利于己时，都希望靠着暂时的休战而得以调整，但是，当形势好转时，就会把盟约抛在脑后，发起新的攻击。

其时，晋攻许国，楚来救应许国，又小小地打了一场。

晋、楚双方与各国形势又出现了一些新的情况，第二次弭兵会谈——宋蒙门之盟被启动。

当然，再度启动和平会商，晋国和楚国自身的原因也在起作用。

晋国内部矛盾一直十分尖锐，卿大夫之家权力日重，导致公室日卑，国力下降。

晋国的外部形势也渐渐陷于被动。如秦，始终亲楚而敌晋。

在楚、晋相争中，楚几次得到秦军援助，使晋受到极大的压力。秦与晋不睦，对晋构成了严重的威胁。

对齐国呢，晋采取谨慎与拉拢政策，但齐国一直把矛头对准晋的附属——鲁国，从而引发与晋的直接对抗。

晋平公即位后面临国内多重矛盾，国外楚、秦、齐多方威胁，又恐属国生出二心，不得不改变政策，对属国以礼相待，减轻索取，进而考虑与楚再度弭兵。

楚国，自鄢陵之战失败后，渐走下坡路，与晋争夺中原小国的时候，往往处于劣势。

楚国的内部矛盾，复杂程度一点也不比晋国差，内部倾轧激烈，总司令接连被杀，高干们骄奢淫逸，无以复加。

“国多宠而王弱，国不可为也。”楚国公族大姓势力强大，左右国家政局，君权弱化，指挥不力。

楚国的高级干部贪污腐败，之后不断携巨款外逃，为客国效劳，也使楚国感到忧虑，考虑与晋弭兵。

结束东周时期长达百年的南北战争，再度缔结和平之盟，历史要感谢宋国外交部长向戌。

向戌既有洞察时势的远见卓识，又是一位因势利导的斡旋高手。

向戌凭借自己与晋国赵文子、楚国令尹子囊的私人友谊，来回奔波于晋、楚间，做通了双方的工作，都表示愿意接受他提出的弭兵主张。

接着，向戌去齐国，去秦国，去中原各国，风雨兼程，奔忙颠簸，一个国家一个国家地做工作，都被他说服了。

公元前546年，秋高菊香的季节，水到渠成了。

向戌出面，邀集晋、楚、齐、秦、宋、鲁、郑、卫、曹、许、陈、蔡、邾、滕等十四国外长到宋国都城，召开了一次史无前例的会议，共同签署一份划时代的“停战协定”。

到了十三个国家的外交部长，秦国远处西陲，交通不便，没有及时赶到，但秦国的意见早就表达了：同意并支持和平协定。

会议中间也有争执，晋、楚两国争做盟主。

经过调解，达成外交史上的首创协议，晋、楚同为盟主的“双主席”模式。

两个盟主并立，实际上意味着承认晋、楚两国平分中原霸权。这一协商结果，得到诸侯各国的一致认同。

会议规定“晋、楚之从交相见”，即晋的盟国以后要朝觐楚国，楚的盟国以后要朝觐晋国，奉晋、楚为共同霸主。秦国和齐国亦是大国，朝觐的事儿就免了。邾国和滕国分别为齐、宋的属国，就不再参盟了。

次年夏天，齐、陈、蔡、北燕、杞、胡、沈、白狄等国国君，去晋国问好，冬天，鲁、宋、陈、郑、许等国国君，赴楚国请安。

宋蒙门之盟得到认真贯彻执行，标志着弭兵运动的成功。

宋西门之盟和宋蒙门之盟，两次弭兵运动，最大的变化是：都没有请周天子莅临主持，仿佛住在洛阳城里的周天子是个局外人。

周天子一向是调停诸侯事务的不二人选，现在不请他了，由一个二流小国宋国主持调停，而且调停效果还非常不错。

最可气的是，以前的霸主都需要大周天子颁发委任状的，这次会盟，周天子的委任也免了，晋国和楚国的霸主地位照样被诸侯们所“认定”了。

从此以后，诸侯们不再巴结周天子了，不再理睬周天子了。

周灵王姬泄心落得个清闲。

不过，人事可以淡定，天灾却不能无视。公元前550年，河洛大地暴雨连天，洪水泛滥，周灵王紧张了。

三

却说周灵王在政务上省心，在大自然面前忙乱。

暴雨连旬不止，瀔水、洛水都越过警戒线，继而决堤而出，遍地泛滥。

洪水淹没了洛阳大部分街道房屋，城里城外，泽国一片，人喊畜叫，四处告急。

尤其严重的是，“瀔、洛两水相斗，将毁王宫”。水在猛敲宫门。

周灵王发布了橙色预警，召开紧急防汛会议，准备动用一切力量，筑起百丈堤堰，把洛阳城围起来，严防死守，不让洪水进入。

这时，灵王的太子，年方十二岁的姬晋提出了反对意见：“不可，曾听自古为民之长者，不堕高山，不填湖泽，不泄水源，天地自然有其生息制约之道。”

姬晋认为，瀔水洛水泛滥，原因在于河道淤塞，水无可泄，这种情况，宜导不宜堵。从前，禹的父亲鲧用壅堵的方法治水，就失败了，“鲧塞水道，羽山被诛，徒为人笑”。

姬晋的具体建议是，在洛河稍偏下游的地方，开挖一条泄洪通道，把洪水泄下去，洛阳城的水势自然会得到控制。

周灵王听了太子的办法，犹疑不能决断，太子就又多说了一句：“水宜疏浚，不宜围堵，治理国家不就是如此吗？”

太子可能认为灵王治国多年，对政治比较熟悉，就借用政治比喻治洪说服老爸。

没想到灵王多心了，认为太子有抢班夺权之嫌，心说：我这还扎实着呢，你就想干预国政啊？偏不听你小儿的。

周灵王命全体干部群众齐上阵，官兵总动员，日夜轮流转，筑垒堵城，使尽力气，总算把王城保住了。

王城保住了，可是因为仅仅垒了一圈土堰，河道仍然没有得到疏通，反而因为情急之中胡乱取土，导致松土流动，河道淤塞得更严重了。

洪水无处可退，在洛阳周围乱转，泽国依旧，大片大片的良田无法耕种。

看到这样的结局，周灵王才后悔没听儿子的建议，可惜为时已晚了。

太子姬晋不是周灵王的长子，但出生时，仙乐琅琅，五彩霞飞，异香满室，三日不绝，宫人称异。灵王宠爱之，立其为太子。

太子姬晋，饱读诗书，尤好音律。

周灵王命巧匠，琢碧玉为笙，以赐太子晋。太子晋吹之，声如凤鸣，音色清越，响入天际。

少年时的姬晋，常常游于瀔水、洛河之滨，精神情操，大有妙得。

瀔水碧水轻霞，远山平芜，鸥鹭栖止，沙边水色，小船咿呀。

洛河水清见底，澄沙玑贝，黄葛丛丛，黄花绵密，青烟蔓条，缭绕百尺。

何等地情调优雅啊，如今大肆泛滥，令人不敢相信。

在肆虐的洪水面前，聪明人姬晋未能发挥作用，但命运很快又给了他表现的机会。

话说大周洛阳遭水灾，邻近的北方霸主晋国不仅没有援助的意思，反而准备趁火打劫。晋国派出叔向作为使者，到洛阳试探虚实，想捞点便宜。

叔向来到洛阳王城，先拜见了太子姬晋．想着姬晋年少，从他嘴里能套出些真东西。

叔向问姬晋：“逢此大雨，王城危乎？”其实他想知道周朝现在的经济实力如何，是不是已经挺不住了。

姬晋答曰：“王城何畏之有？大雨早已过去，问题已经解决，大家平安无事，我们现在不正在王朝之内进行友好会谈吗？你自己不是也看见了吗？”

叔向一想，是啊，自己一路上也看见了，虽然郊外问题很大，但是王城之内，井然有序，不像大伤元气的样子。

叔向于是换了话题：“敢问太子，万国四方，分布甚广，该怎样统领他们呢？”

他想试探一下周天子是否还有担当天下的自信．如果回答有一点含糊，就说明已经没有信心了，那就好对付了。

没想到少年太子很明确地回答说：“简单。一用精神，二用礼乐，三用行动。仅此三着，便可统领天下，建设和谐社会也!”

叔向听罢，感觉小太子这话说得太牛了，不甘心地追问道：“若有图谋不轨者，该怎样对待？”

结果姬晋一脸严肃地说：“天诛之！莫非你们晋国有这样的图谋吗？”

太子姬晋用天命作武器，叔向被彻底打败了，连连分辩说：“不是的，不是的，当然不是……”

叔向回到晋国，汇报说：“灵王虽平庸，太子却很厉害。我们还是不要打大周的歪主意了。”

师旷雕像

师旷鼓琴（壁画）

晋国盲艺人师旷，虽然瞎眼却很犟，从来不服别人。师旷认为不能这么轻易地放弃刺探周王室虚实的机会，要求由自己再次出使洛阳，探明究竟。

师旷坐着大木轱辘车，让人给送到洛阳，已经是寒冬腊月了。

鉴于身份殊异，按照周礼的规矩，太子姬晋坐在殿上，师旷站在阶下。

师旷作为使节，放着政务不谈，却只是就音乐和射御等贵族才艺发问。

姬晋不急不忙，有问必答，答对了师旷所有的问题。

师旷不问了，太子晋开始反过来问师旷，结果才问了几个问题，师旷就回答不上来了，急得直跺脚。

姬晋见了，就说："天气太冷了，害得晋国使臣不停地跺脚，请他上座吧。"

于是师旷被请上殿，在他脚边放一个火盆，姬晋又命人取瑟一把，递给师旷。

师旷鼓瑟一曲，名曰《无射》，太子姬晋也鼓瑟一曲，名曰《峤轿》。

实际上，师旷是以其所问、所弹，探问王室的虚实和态度，姬晋也在回答，用音乐应对师旷的试探。

师旷不再怀疑了，认为太子小小年纪就能有如此高的修养，实在不可轻视。

回到晋国后，师旷上交了一份和叔向一样的"情况汇报"。

太子姬晋才十三岁，却连着战胜了先后两个晋国使者，一时名声大振。

天下人都知道大周有个聪明的太子，人们隐约觉得，或许等到太子姬晋继位之后，大周真能中兴。

但是，因为抗洪的事儿，周灵王对太子产生怀疑，其后竟未能消释，最后姬

太子姬晋饮醋处

太子姬晋在北邙山发现的炼丹炉

晋被昏庸的周灵王废为庶人。

姬晋轻松了，可以更加用心于自己所喜欢的生活了。

他走出洛阳城，在周围的山梁之间，寻找黄帝修炼的地方。

黄帝修炼到位，上天派猪龙接他，我们后人哪个能赶得上黄帝呢！既有黄帝先行，便有姬晋追随。

有一日，雾气氤氲之中，姬晋登上了北邙山。空气比之宫廷中，不知清凉甜美几千倍也。

在北邙山翠云顶，有几间草房，簇拥以大树，房前空地上有座炼丹炉，前边还有焚香用的小土堆。姬晋好生讶异，谁在这里修炼呢？

姬晋掀开丹炉的盖子，见里面有酸醋大约半瓯，沉淀时久，清凌凌的。恰好觉得口渴，便端起来饮了一口。

哇！哇噻！姬晋这一下饮到宝物，感觉体内元阳涌暖，继而发现世界清凉通透，耳朵听到了天宫的美妙乐音，眼睛看到了常人肉眼所不能企及的千里遥远。

而老祖先黄帝当年达到这般境界，看见蚂蚁像猪那么大，蚯蚓像彩虹那么粗，凤凰跑到他面前叫唤，麒麟进他家院里跳舞，最厉害的是，还看见外星人的UFO在天空转圈，不知道费了多少老劲呢。

姬晋没有修过《化学》，不晓得他之所饮液体，里面含有毒物，即重金属“汞”，汞中毒使他幻听、幻视了。

姬晋还以为自己成仙了，入了太虚美境，所闻所见，都是吉兆、祥瑞，是天神在召唤他。

北邙山翠云峰头的道观

四

话说原大周太子姬晋，被他爹周灵王废为庶人，在北邙山翠云顶上发现一座炼丹炉，内有一瓯酸醋，执起来喝了一口，醋液里面的重金属汞起了作用，飘飘欲仙。

姬晋站在北邙山翠云顶上，向南眺望，见南边的嵩山，仙气笼罩，同时他忽然想起来，人们说嵩山里有一个仙人浮丘公。

当年黄帝出了精神差错，专门谋求长生不老，想做个“老不死”，就听取神职人员建议，放弃办公，在洛阳西边小浪底镇之红崖头，结茅而居，坐修以待羽化成仙。

后来，黄帝为了成仙成得快一点，去崆峒山里访得道者广成子，求取秘方。

崆峒山云雾缭绕，霞光弥漫，青松立地，翠柏接天，黄帝趋行向前，请教大道的精髓。广成子对黄帝的治国平天下之谓，十分不屑，对黄帝为自己长生的告白表示兴奋。

广成子曾经送给黄帝一段佶屈聱牙，十分晦涩的偈语，后山曾经转换为现代中文。

至高的道，它的精髓，极其深远，而且暧昧。至大的道，它的极致，无比厚重，而且沉默。

视而不见，听而不闻，清静无为，莫劳形体。坚守精神，保持宁静。无所用心，神形自安。身体结实，寿命长久。

阴阳之气，各居其所，天地万物，各司其职。

至高至大，道其惟一，坚守内心，静默自我。各能如此，和谐相生，百和之境，万物昌盛。

黄帝得了广成子的帮助，回到洛阳西山的茅草房里，修炼就加速了，祭拜天神时，有巨蜥，就是猪龙赶来，驮之以升天。

姬晋在翠云顶上采用“饮醋”疗法治愈了被废太子的精神创伤，但觉太虚无际，辉煌明亮，个人从来没有过的身轻气爽，于是决定离开洛阳城，南上嵩山，找浮丘公，去做神仙。

周灵王呢，也是一时性急，废了太子，昏君都这样，事后很快又后悔了，再想找太子时，却怎么也找不到了，姬晋出走了。

周灵王每天自责愧疚，悲痛欲绝，想了一个办法，在洛阳城中张起榜文，寻找姬晋。

你说这个姬泄心，他丢人现眼不?

王室衰微，诸侯争雄，诗乐不闻，干戈不息。太子晋厌倦了的东西，都离他而去了，他在嵩山找到了浮丘公，跟随之，隐居修道。

嵩山号称天室，气势磅礴，峰峦巍峨起伏，山清谷幽，重岩叠翠。

姬晋忘却了他过去享有的富贵荣华，在他看来，富丽堂皇的宫殿也比不上他和浮丘公的绿林野屋。

在嵩山，日出如华，日落气清，呦呦鹿鸣，食野之萍，脱巾独步，时闻鸟声。其修道也，静心净气，以求真谛，洗练后的心，像明净的潭水一样，平，静。

老子李耳

姬晋的好朋友柏良，多年后的一日，在嵩山中打猎，遇到了姬晋，非常惊异。

姬晋已经多年静修，大彻大悟，行神如空，行气如虹。

柏良告诉姬晋，他爹后来如何后悔，如何思念他，希望他能回家。

姬晋已经是个仙身了，无喜无忧地说："告我家，七月七日，待我于缑氏山头。"

姬晋让柏良回洛阳告诉周灵王，七月初七日，他将在嵩山以北的缑氏山岭上出现，可到那里等他。

柏良把消息告诉周灵王，灵王知道太子还活着，大喜过望。

到了指定的日子，周灵王亲自率众人到缑山下等待。

只见一阵清风过后，羽冠鹤氅、玉貌丹唇的姬晋乘坐白鹤，出现在缑氏山之颠，可望而不可及。

姬晋取出玉箫，奏一曲，清风习习，奏二曲，彩云飘飘，奏三曲，白鹤成对，翔舞于空中，孔雀数双，栖息于林际。接着是百鸟和鸣，宫商协调，皇皇悦耳。

姬晋奏罢，施礼拜谢，飘然飞天，渐渐远去。

大家都看得呆了，突见他剑柄上的结花缑件从空中掉下，挂在山岭之树上。

人们忙着捡那缑件，待再看时，太子晋早已飘人云际，成为神仙，只留下箫声鹤鸣。缑件坠落，也是缑山其名的来历之一。

神仙之道，虚无缥缈，但缑山清乐，无疑记下了一段佳话。

周灵王唏嘘不已，然也无济于事，只好在缑山焚香，毕，返回洛阳王城。

洛阳人在缑山上太子升仙处修建了祠堂，竖立了石碑，纪念太子晋。

缑山在今天的洛阳偃师市府店镇境内。当地人烘托旅游气氛说，每当风和日丽之时，屏息静听，隐约还有箫管之音从山间飘出，似有若无，缥缈如丝。

周灵王驾崩后，葬埋在洛阳以西，孤冢高耸，约五十米，雄伟壮观，占地十余亩大小，清朝人立有“周灵王陵”墓碑。其墓东边还有三座墓冢，比较高大，俗称“三山”。

三山分别系东周后世天子景王、悼王、敬王的，三冢之中，中冢高约三十四米，西冢高约三十米，东冢高约二十六米，附近有村庄，三山村。

周灵王陵及“三山”一带，如今已辟作“周山森林公园”。

疑问曰：北邙山翠云顶上，导致姬晋成仙的那座炼丹炉是谁弄的呢？

后山答道：李耳，俗称“老子”的李耳，他当时在洛阳城里，做着大周的王室图书馆馆长。

第二十九章

本源追索

老子悟道图

一

老子李耳，字伯阳，谥号聃，大周“守藏室之官”，王室图书馆馆长。

有个传说，谓老子的母亲为玄妙王之女理氏。理氏在村头的河边洗衣服，忽见上游漂下一个黄澄澄的李子。理氏忙用树枝将这个拳头大小的黄李子捞了上来。到了中午，理氏又热又渴，便将这个李子吃了下去。从此，怀了身孕。

又一个只知其母不知其父的历史名人。侧面证实，东周时期，母系社会的性质仍然十分突出。

不得了的是，理氏竟然怀胎八十一年，生下一个男孩。这男孩一出世，就白眉白发，白白的大胡子。因此，理氏给他取名叫“老子”。老子指着院子里的一棵李树，说“李”是他的姓。

在上古语音中，“李”和“老”不分，李子就读成了“老子”。

李耳自幼聪慧，静思好学，常常缠着管家，要听国家兴衰、战争成败、祭祀占卜、观星测象之事。

老夫人望子成龙，请了一位精通殷商礼乐的商容老先生教授。

商容通天文地理，博古今礼仪，深受李耳一家敬重。

商容教授李耳道：“众人之中王为本，天地之间人为贵。”

李耳问天为何物，先生道：“天者，在上之清清者也。”

李耳追问清清者又是何物，先生道；“清清者，太空是也。”

李耳穷问不舍：“太空之上，又何物哉？”

先生道："太空之上，清之清者也。"

李耳问不到底不罢休："清之清者之上又是何物，请先生示之。"

先生只好缠线蛋儿："清之清者之上，更为清清之清者也。"

"清者穷尽处，为何物？"李耳继续问。

先生终于败下阵，说："先贤未传，古籍未载，愚师不敢妄言也。"

当天放了晚课，李耳以其疑惑询问母亲，母亲答不上来，询问管家，管家更没招数。

于是，李耳仰头观日月星辰，低首思天上之天为何物，彻夜不能寐。

商老先生教授道："六合之中，天地人物存焉。天有天道，地有地理，人有人伦，物有物性。有天道，故日月星辰可行也；有地理，故山川江海可成也；有人伦，故尊卑长幼可分也；有物性，故长短坚脆可别也。"

李耳问道："日月星辰，何人推而行之？山川江海，何人造而成之？尊卑长幼，何人定而分之？长短坚脆，何人划而别之？"

先生说这些都是神灵弄的，李耳遂问他："神灵为什么可以弄出这许多名堂呢？"

商先生说："神灵有变化之能，造物之功，所以能够弄出这些名堂。"

李耳询问："神灵之能何由而来？神灵之功何由而备？"

先生又败下阵来，说："先师未传，古籍未载，愚师不敢妄言也。"

当天放了晚课，李耳以其疑惑询问母亲，母亲答不上来，询问管家，管家更没招数。

于是，李耳视物而思，触物而类，三日不知饭味。

商老先生教授道："君王，是代天治理社稷的人；贱民，是君王所放牧的人。君不行天理，则废弛；民不顺君意，则有罪。此乃治国之道也。"

李耳问道："贱民不是为君王所生的，他们不顺君王，可以理解。君王乃应天之意而生的，君王违背天意是何道理？"

先生道："神灵派遣君王，代天理世，如将在外也。将在外，则君命有所不受。君出世，则天意有所不领。"

李耳问道："神灵有变化之能，造物之功，为什么不制造听命的君王呢？"

先生再次败阵，说："先师未传，古籍未载，愚师不敢妄言也。"

当天放了晚课，李耳以其疑惑询问母亲，母亲答不上来，询问管家，管家更没招数。

于是，李耳求教贤士，踏遍故土，遇雨不知湿，迎风不觉凉。

商老先生教授道："天下之事，和为贵。失和则交兵，交兵则相残，相残则两伤，两伤则有害而无益。故与人利则利己，与人祸则祸己。"

李耳问道："天下失和，百姓之大害也，君何以不治？"

先生道："小民相争，失小和也；失小和则得小祸，然而，君可以治也。国家相争，乃失大和也；失大和则得大祸，大祸者，君王之过也，何以自治？"

李耳问："君王无法自治，神灵何以不治？"

先生回答不出，说："先师未传，古籍未载，愚师不敢妄言也。"

当天放了晚课，李耳以其疑惑询问母亲，母亲答不上来，询问管家，管家更没招数。

于是，李耳遍读书籍，遍查简牍，遇暑不知热，遇寒不知冷。

商老先生教授李耳三年，来向老夫人辞行道："老夫识浅，伯阳思敏，三年时间，于今结业。"

先生说："今来辞行，非老夫教授无终也，非伯阳学之不勤也。实乃老夫之学有尽，伯阳之求无穷，以有尽供无穷，不亦困乎？

"伯阳是个志远图宏的儿童，在偏僻闭塞之地，学不出什么结果的。若欲剔璞而为玉，需进入周都洛阳，以求深造。

"洛阳乃天下之圣地也，典籍如海，贤士如云，不到洛阳深造，难以铸成大器。"

老夫人闻听此言，心中犯难：一乃伯阳年方十三，尚属幼岁，去洛阳岂不如登九天？二乃老氏只留此根，怎放心他孤身独行？

正犹豫不决，先生已猜知其为难处，忙说："以实相告。老夫师兄为周室博士，学识渊博，心胸旷达，爱才敬贤，以树人为生，以助贤为乐，以荐贤为任。家养神童数位，皆由民间选来。不要衣食供给，待之如亲生子女。"

先生说："老夫前已将伯阳好学善思，聪慧超常，告知博士，博士亦愿一见。近日博士有家仆数人路经此地，特致书老夫，欲带伯阳去周。此乃千载难逢之良机，务望珍惜，切莫放弃！"

老夫人听后，不禁悲喜交集。喜先生保荐，使伯阳有缘入周，登龙门有路；悲母子分别，何日能见？思至此，不觉心酸难抑，潸然泪下。

李耳扑人母亲怀中，泣言道："母亲勿须伤心，伯阳决不负老师厚望，待我业成功就，定然早日来接母亲！"

母子二人相拥而泣。哭之良久，转而为喜，拜谢先生举荐之恩。

三天后，全家与商老先生送李耳至五里之外。

李耳一一跪拜，上马随博士家仆而去。

老夫人遥望儿子身影远去，方才郁郁入车，闷闷返回。

李耳到了洛阳，拜见博士已毕。从此，天文、地理、人伦，无所不学，《诗》《书》《易》《历》《礼》《乐》，无所不览，文物、典章、史书无所不习，三年而大有长进。

周室典籍守藏室招聘图书管理员，经博士举荐，李耳被录用，入守藏室为吏。

守藏室是周朝典籍收藏之所，集天下之文，收天下之书，汗牛充栋，无所不有。李耳处其中，如蛟龙游入大海，海阔凭龙跃；如雄鹰展翅蓝天，天高任鸟飞。

李耳如饥似渴，博览泛观，渐臻佳境，通礼乐之源，明道德之旨，三年后升任守藏室史——图书馆馆长，名闻遐迩，声播海内。

二

老子李耳管理着国家典籍，近水楼台，常常展简阅读，知识因之而丰富。

他觉得人类需要一个理论，自己就当仁不让地来总结了。

老子是个“刨老根儿”主义者，他要把天理的老根刨出来，说天地间有一个原本，叫做“道”，“道生一，一生二，二生三，三生万物”。

就是说，任什么东西都是来源于“道”的，“道”乃“夫莫之命而常自然”，因而“人法地，地法天，天法道，道法自然”。

“道”是什么？客观自然规律也。具有“独立不改，周行而不殆”的永恒特色。

“道”既然是客观自然的规律，人就不可以胡乱操持它，因而李耳主张“无为而治”，什么也不要做，最好。天下神器也，人来操作，准要坏事。

所以，老子又进一步主张，小国寡民，鸡犬之声相闻，老死不相往来。这是反战思想，和平意识。

老子愤恨人类社会违反自然规律的倒行逆施，说：“天之道，损有余而补不足，人之道则不然，损不足以奉有余。”

李耳开始起草一部著作，叫做《老子》，以“道”解释宇宙万物的演变，“道”这种客观自然规律，具有“独立不改，周行不殆”的永恒意义嘛。

《老子》书中，观点辩证，如认为一切事物均具有正反两面，“反者道之动”并能由对立而转化，“正复为奇，善复为妖”，“祸兮福之所倚，福兮祸之所伏”。

《老子》又认为，世间事物均为“有”与“无”之统一，“有、无相生”，而“无”为基础，“天下万物生于有，有生于无”。

此外，《老子》中也有大量的民本思想，“天之道，损有余而补不足，人之道则不然，损不足以奉有余”之外，另如“民之饥，以其上食税之多”，“民之轻死，以其上求生之厚”，“民不畏死，奈何以死惧之？”。

老子在洛阳工作期间，青年孔丘曾经来洛阳拜访他，演出了一些故事。

孔丘在鲁国曲阜教小学，鲁国是保持周礼传统较好的方国，在其他国家礼崩

孔丘

乐坏，肆意征战的世纪时光里，鲁国干部群众还不忘沿袭周礼，演习周礼。

尽管如此，孔丘仍然觉得灰心丧气，他要“克己复礼”——竭尽力气恢复大周初年以等级为内核的所有礼仪制度。

孔丘所谓的礼乐如何？

为了直观起见，我们请孔丘以“子见鲁公”为题目，来实地演示一番吧。请看：孔丘见鲁国国君一折。

孔丘来到国君大门口。谨慎、恐惧，躲躲藏藏，苦于找不到容身之地的模样。

孔丘不走门的中央，硬挤在一侧门框上，恨不能贴着墙壁，尽量做渺小卑鄙状。

孔丘提起衣襟。恭敬谨慎，往堂上走，憋着气，像小偷，又像三孙子。

孔丘走近鲁君的时候，换做小碎步，面色矜持庄重，神情拘谨惶恐，尽量做底气不足状。

孔丘作揖，甩袖，出膝盖，下跪，磕头……

太难了，我们看不出他怎么拿捏的。

然后，就座，缩着脖子，塌着肩膀，耷着眉眼，像是认罪伏法。

鲁公问话，孔丘低眉塌眼，战战兢兢，不敢回答，偶尔回一句，不敢让国君听清楚……

孔丘谒见完毕，面朝鲁君，屁股朝外，小碎步退出宫室，依依不舍地转身，下台阶。

孔丘下完台阶，快快地向前急走几步，吐出几口长气——大喘气，然后，如鸟儿展翅貌，飞跑到自己车前。上车……

怎么样？说实话你别想学会这一套“周礼”。你也学不会。

但孔丘在竭力地恢复这一套已被抛弃的东西。他说，这才叫礼仪。全国人人如此，便建设成伟大与和谐的“礼仪之邦”了。

孔丘如此，一点也不奇怪。他祖先本是宋国贵族，父亲孔纥是个破落的奴隶主。孔纥死活娶不到老婆，直到六十六岁高龄找了一个二十岁女生“相通”，这个女生就是孔丘的妈。

孔丘生下来以后，据说长相奇丑，翻鼻露齿，白眼仁多于黑眼仁，脑袋上都是山丘。于是起名叫“丘”。

孔丘三岁，死了爹，爹太老啦。

孔丘小时候干过脏活累活，“吾少时且贱，故多能鄙事”，他自己说。

孔丘字仲尼，排行老二，所以又名孔老二。

在奴隶制崩溃的时代，作为失败的奴隶主阶级的子孙，他当然千方百计企图恢复自己失去的“天堂”。

孔老二念念不忘自己是奴隶主贵族的后代，从小迷恋贵族老爷的生活，每日就喜欢用小碗小盘做祭。

孔丘十五岁“志于学”，下死劲学习周朝奴隶制的典章制度，学习奴隶主贵族的“六艺”——礼、乐、射、御、书、数，梦想将来出人头地。到三十岁，才算学完了。

孔丘切望结交有权势的人，一步步爬上政治舞台。

有一次，鲁国新派人物季孙氏设宴招待宾客。刚死了娘的孔老二，认为自己是贵族后代，不顾身上披麻戴孝，也赶去参加宴会。还没踏进季孙氏家门，季孙氏的家臣阳虎迎头给孔丘一顿臭骂，把他赶下台阶。

孔老二由此意识到，新兴封建社会势力升势，奴隶主贵族就要倒大霉了。他咬牙切齿要为复辟奴隶制卖命。

孔丘十九岁成婚，第二年生了个儿子。鲁国国君昭公特地送来一条鲤鱼作贺礼。

孔老二受宠若惊，给儿子起名叫孔鲤，巴望他有朝一日重振家业，光宗耀祖。

孔丘一心要复辟，一心想当官。到了二十六、七岁，总算来了机会，当了个“乘田”，职务是管牛羊；后来又当“委吏”，就是仓库守门员。孔老二不嫌官小，干得很卖劲。他要为今后向上爬，打下个基础。

但是，孔丘家毕竟破落了，不再是现役“世家”了，在仕途上，终于没能获得造就，小干部，当一当也就罢了。

三

却说一心复辟周礼的孔丘，做过“乘田”和“委吏”，管过牛羊和仓库之后，仕途受阻，没能晋升。

于是，三十岁的孔丘，就在乡下挂起牌子，做起了私家小学教师。

孔丘开办小学，广收门徒，教授“君君、臣臣、父父、子子”之学，主动替强者进行“维稳”宣传。

当时的学习，是贵族的专利，孔丘的志气是，把等级制度的知识普及到平民中间，于是自己办学，主要使用盗版“周礼”教材，内容全是歌颂权贵的。

孔丘作为小学教师，讲盗版课，向学生索要的学费是货真价实的“束脩”，就是肉干。学生交纳了，就可以入班了。

孔丘说：“有教无类。”意思是：有的教师很愚蠢，不知道将学生分类。

孔老师当然是把学生分类的，他以学费，“束脩”为分类标准，“三十而立，四十而不惑，五十而知天命，六十而耳顺，七十而从心所欲，不逾矩”。

三十而立：交三十两肉干的学生，站着听课。

四十而不惑：交四十两的，可以提出不懂的问题，老师解释到他全部理解为止。

五十而知天命：交五十两肉干的，能提前知道当天小考的命题。

六十而耳顺：交六十两肉干的，老师可以专讲那些顺耳的话给他听，让他爽。

七十而从心所欲，不逾矩：出得起七十两肉干的学生，想干什么干什么，上课可躺可坐，或上不上课都随便，不违反纪律的。

孔丘确实热爱财物。有个人叫阳货，想交流学问，孔丘老是推托，阳货送孔丘一头猪，孔丘就颠颠地自己跑上门去了。

孔丘是等级制度的铁杆捍卫者，连同样的人也要分出高下来。

“君子袒蛋蛋，小人藏鸡鸡。”这就是孔丘对学生的教导——大男人可以袒露蛋蛋，以示威风，小男人则要隐藏鸡鸡，免遭笑话。

在孔丘先后招收的三千学员中，《诗经》《尚书》《周礼》、乐经、《周易》《春秋》六门课全部学习及格了的，即身通六艺者，共有七十二人。

孔丘是有功的，因而被叫做“孔子”——孔先生。

为什么呢？因为在孔丘之前，周天子垄断了知识，民间没有，从孔丘时代起，知识盗版出现了。

当时，还有墨子，也办私学。

墨子好吵架，对老子李耳，孔子小丘，都看不惯。

墨子“尚同”，主张消除等级，所以最小瞧孔丘。

墨子说，我们工人出身低贱，但一样也有贤人，而“官无常贵、民无终贱”，应该组织联合政府，让所有贤人参政议政，天下大同，兼爱非攻。

孔丘要求厚葬，守丧三年，期间什么都不能干，墨子骂这种礼仪是对社会财富的白白浪费。

墨子反对富人享乐，反对大家族垄断政府，反对等级差异。他甚至组织了一个“教会”，叫做“巨子”，进行共产主义实验。

木匠鲁班为楚国制造攻城的云梯，墨子前去教育鲁班说：“你制造出来的东西，要有利于和平，有利于劳动人民，那才叫好。否则只是奇技淫巧，害人。”

鲁班被墨子说服了，接受教育，放弃了对云梯的研究，使中国军备技术的发展受到了巨大损失。

墨子向他的学生们传授自然科学，讲点、线和球体的概念，以及力的性质、运动，力的平衡以及简单的机械、光学基本原理，而且是人家自己研发的。

孔丘根本不想搞“麻省理工”，他的兴趣全部在乎“君臣之道”，“人伦之情”。

譬如，孔丘听说晋国的范宣子起草了一部《刑法》，晋国人要把它铸在钟上，把刑法公布于众，就极力谴责。

孔丘说，刑法不能公布，而应该让国君含在肚子里，这叫“口含天宪”。这样老百姓才敬畏国君，因为国君的嘴就是法律。如果把法律刻在鼎上了，一是一，二是二了，老百姓依法行事，国君的特殊地位就保不住了。

还是实行君主专制更爽。这就是孔丘的意见。一般保皇派也持同样观点。

实际上，能在杏坛听孔老二讲学的，大多都是富二代，官二代。

孔老二利用讲学的便利，聚徒结党，培养复辟奴隶制的吹鼓手。

有个名叫樊迟的学生，公开要求教些开办农场的知识，孔丘眼一黑，说：“我不如老农！”

樊迟又要求讲讲怎样开菜园子，孔老二脸一沉，说：“我不如菜农！”

樊迟连碰两个钉子，只好走了。

孔老二在背后骂曰：“樊迟真是个小人。君子怎么用得着自己去种田种菜呢？种田种菜，活该挨饿，读书才能升官发财。”

鲁国当时有孟孙、叔孙、季孙三家新兴贵族地主，势力很大。家臣出身的季孙氏，按照周天子的排场，在家庙里使用六十四人的舞蹈队；祭泰山原也是周天子的事，可季孙氏照样去祭了，根本不把周天子放在眼里。

孔老二认为，季孙氏所作所为，都是“不守本分、犯上作乱”的干活，火冒三丈地骂道：“是可忍，孰不可忍！”

孟孙、叔孙、季孙三家的势力越来越大，逼得鲁昭公在国内站不住脚，只得临时逃亡到齐国去。

孔老二尾随主子来到齐国，一路盘算着如何托人情、拉关系，从国君齐景公那儿捞个一官半职。鲁昭公走了，他还不回国。

齐景公果真接见了孔丘，并向他请教政事。

孔老二便大讲“君君、臣臣、父父、子子”。意思是说：君王要像君王的样子，臣子要像臣子的样子，这样才能维持奴隶主统治的旧秩序。他把这一套道理叫做“正名”。

景公听了连声称赞：“对对对！如果君不像君，臣不像臣，父不像父，子不像子，那我即使有满仓大米，也吃不成太平饭啊！”

孔老二还提出，要“兴灭国，继绝世，举逸民”。就是要复兴灭亡了的奴隶制国家，接续断绝了世袭地位的贵族世家，起用被赶下台的旧贵族分子。

孔丘这套全面复辟奴隶制的反动主张，颇得齐景公的赏识。

齐景公一高兴，就要把尼溪地方的田地赏给孔丘。

执政大臣晏婴反对道：“孔老二这帮儒生，专门招摇撞骗。周王朝早已衰落，老一套的制度早就不中用了，他还要开倒车。重用这种人，必定坏事！”

齐景公想了想，不敢重用孔丘了，下次见面时就不再请教什么，只是找个借口说：“我老啦，没有精力任用你来做一番事业啦！”

孔老二一听，顿时凉了半截，只好收拾行李，灰溜溜地回到鲁国。

回鲁国后，孔丘很难受，想到洛阳，观察观察大周的气象，再做决断。

孔丘想出了一个堂皇的借口——早听说洛阳王室图书馆馆长李耳的大名，去向李耳请教。

第三十章

道礼之战

一

孔丘向鲁昭公递呈报告说，要去洛阳求教，然后复兴礼乐，请予以支持。

“郁郁乎文哉，吾从周。”“如有用我者，吾其为东周乎！”孔丘在报告书上说。实际是想去观察观察大周的统治，没有明写。

鲁昭公根本不睬。孔丘又走鲁国贵族南宫敬叔的后门，攀请南宫敬叔，同往洛阳。

孔丘说：“吾闻伯阳博古知今，通礼乐之源，以道德之归，则吾师也，今将往矣。”

南宫敬叔是鲁昭公的弟弟，他将孔丘的想法详细报告了鲁昭公。

弟弟一出面，鲁昭公说“可以嘛”，批了一车、二马、一童子、一车夫，让他们用，“去吧”。

南宫敬叔领着孔丘，千里迢迢，到了洛阳。

孔丘找到了大学问家李耳的住所，登门拜会：“鲁国乡下小学教师孔丘，前来求教。”

李耳招呼孔丘坐在铺席上，说：“仲尼啊，你到底还是来了啊。人们都称赞你是贤人，你早就得着大道了吧？”

孔丘谦虚地说：“哪里那里。这不来你这里求道的嘛！”

李耳说：“共同切磋吧。我想先听听你以前是怎么求索天下大道的。”

孔丘说：“承蒙相问，我正要倒倒苦水呢。起初呀，我向仁义里边去搜求，五年，前后五年啊，硬是没找着。后来，求之于五行化育。在五行化育里翻找。找啊找，找啊找，又找了十二年。十二年，人生一个小轮回了，还没找着。”

李耳说：“原来是这样。仁义呀，五行啦，你当然找不着。”

孔丘道：“李老师您为何这么说呢？请开弟子之愚。”

李耳说：“仁义本身就是祸害，扰乱正常人心，五行化育，最多算是大道的皮毛。如此而已，岂有它哉？我不想讨论它们。”

孔丘是知道李耳的主张的，此番说是请教，实乃探听。

现场交手，清楚李耳与自己所持大不相同，甚至南辕北辙，孔丘便把话题扳到了自己擅长的方面。

“可是，目今天下纷纷，礼崩乐坏，我痛心哪，我食不甘味、坐不安席啊。我想认真学习周文王的伟大教导，在全中国复兴礼乐制度。”孔丘说。

李耳说：“子所言者，其人与骨皆已朽矣，独其言在耳。且君子得其时则驾，不得其时则蓬累而行。吾闻之，良贾深藏若虚，君子盛德，容貌若愚。去子之骄气与多欲，态色与淫志，是皆无益于子之身。吾所以告子，若是而已。”

后山不揣简陋，为李耳先生译作现代中文吧。

有些人，他们的骨头早腐烂了，只剩下他们的空话罢了。君子逢到好的时代，就出来干番事业，遇到不好的时代，就像蓬草一样，随风飘转就是了。

我听说，好的商人深藏钱财，好像一无所有；很有德性的人，外表看起来却像是愚笨的人。

去掉你的骄纵之气和想入非非，抛弃你的装模作样和不切实际的奢望吧！那些，对你没有什么好处。我要对你说的，就是这些。

孔丘说："唉！那我就再请教请教先生方才所谓大道吧。"

老子说："我困了，天天这时节都要休息的，你明天一早再来吧。"

次日孔丘起早来到老子家里，老子在晾头发。

老子很讲卫生，喜欢清晨洗澡，洗完了坐在那里闭起双眼，披散着长发，一动不动地晾。

静坐晾发的老子淡泊极了，好像消化了，不是一个人了。此情此景，孔丘不敢打扰，就立在旁边等。

良久，老子慢慢睁开了眼睛，孔丘才礼貌地说："早上好！"

孔丘问："李先生刚才是怎么了？样子看上去像是枯木，心里我猜想好比死灰，总之，似乎……仿佛……大概……好像心已经离开你飘走了，而你变成了一件物品，被丢弃在没有人的旷野。就是这样。"

老子说："对了。我不思考什么礼乐，我的心在万物之初漂游。"

孔丘狡猾地问："万物之初？我想知道。"

"万物之初的境界，人的心不清楚，人的口说不明白。我勉强做一首诗为你解释个大概吧。"老子说，并做了一首诗。

需要说明的是，以下诗章为后山据老子心意所作，请你欣赏。

至阴之气哦，酷若严冬。至阳之气哦，烈若盛夏。至阴之气哦，来自于天。至阳之气哦，出自于地。

阴阳二气哦，相互交合。交合之中哦，万物衍生。

万物衍生哦，自有纲纪。自有纲纪哦，不见其形。死生兴衰哦，时现时隐。无时不在哦，日迁月移。

生有其始哦，死有其归。循环往复哦，没有尽头。始终没有哦，一个边缘。其在何处哦，万物之宗

老子吟诗，孔丘静听。

吟完了，听完了，孔丘说："李先生的诗歌很是哲学，我得回去琢磨琢磨，我想请教的是，你的心漂游于万物之初是怎么样一种感受？"

老子说："那是大不相同的一种感受。漂游于万物之初，就是到了至美、至乐的最高境界，到了至美、至乐的最高境界，人就是至圣的人了。"

孔丘探问："至圣的人怎么样啊，请先生不吝赐教。"

老子答道："至圣的人，七情六欲和喜怒哀乐都没有了，看天下万物、四肢百骸有如尘土，生死不过昼夜轮换，得失祸福就更不用提了。获得大道的人，才能走进那种境界啊。"

回到宾馆，洗漱毕了，孔丘对南宫敬叔说："鸟，我知其会飞；鱼，我知其会游；兽，我知其会跑。会飞的可以矰对付，会游的可以纶对付，会跑的可以网对付。至于龙，它高翔空中，乘风驾云，我却不知道怎么办。

"我这两天见到老子，就像见到了龙一样啊！遗憾的是，他的所谓大道，是另一种东西，我是不会学的。"

在洛阳，孔丘拜会过老子，又去向大周王室的乐数官——执掌音乐和历法的官员——苌弘请教大韶之乐。

韶乐，沉厚，缓慢，史称舜乐，集诗、乐、舞为一体，演之"以明帝德"，是歌颂统治阶层圣德，并示忠心继承的"献忠"乐舞。

孔丘观赏《韶》后由衷赞叹："不图为乐至于斯！"

哎呀，这就是主旋律，主旋律，主旋律呀，我的天哪！

孔丘遂努力学习主旋律，据他自己说，虽然恶心得三个月吃不下肉去，但绝不气馁，为了复兴周乐，捏着鼻子也要学，学，学！

有的教书匠说孔丘“闻《韶》，三月不知肉味”是太激动了，太痴迷了，味觉麻木了，不知道吃进嘴里的是肉肉了。姑算一家之说吧。

孔丘在洛阳期间，还游览了周天子召见诸侯和举行国家大典的明堂、供奉祖先的太庙和祭天祀地的社坛等，大开了眼界，大长了见识，更加坚定了自己的信念。

宾馆附近的洛阳人家死了人，孔丘还主动参与了装殓之礼和殡葬之礼，他细心地体会每一个环节，充分利用了这个难得的实习机会。

二

孔丘跟着南宫敬叔，在洛阳参观游览，拜贤访贵，终于要离开了。

这天，南宫敬叔和孔丘向老子辞行。

老子送出馆舍时，厚道地赠言孔丘说：“吾闻之，富贵者送人以财，仁义者送人以言。吾不富不贵，无财以送汝，愿以数言相送。

“当今之世，聪明而深察者，其所以遇难而几至于死，在于好讥人之非也；善辩而通达者，其所以招祸而屡至于身，在于好扬人之恶也。

“为人之子，勿以己为高；为人之臣，勿以己为上。望汝切记。”

孔丘顿首道：“弟子一定谨记在心！”

行至洛河之滨，见河水滔滔，流淌不息，孔丘伫立岸边，不觉叹曰：“逝者如斯夫，不舍昼夜！”

老子道：“人生天地之间，乃与天地一体也。天地，自然之物也，人生，亦自然之物；人有幼、少、壮、老之变化，犹如天地有春、夏、秋、冬之交替，有何悲乎？

“生于自然，死于自然，任其自然，则本性不乱；不任自然，奔忙于仁义之间，则本性羁绊。功名存于心，则焦虑之情生；利欲留于心，则烦恼之情增。”

孔丘解释道：“吾乃忧大道不行，仁义不施，战乱不止，社稷不治也，故有人生短暂，不能有功于世、不能有为于民之感叹矣。”

老子道：“天地无人推而自行，日月无人燃而自明，星辰无人列而自序，禽兽无人造而自生，此乃自然为之也，何劳人为乎？

“人之所以生、所以无、所以荣、所以辱，皆有自然之理、自然之道也。顺自然之理而趋，遵自然之道而行，国则自治，人则自正，何须津津于礼乐而倡仁义哉？

“津津于礼乐而倡仁义，则违人之本性远矣！犹如人击鼓寻求逃跑之人，击之愈响，则人逃跑得愈远矣！”

老子手指洛河，对孔丘说：“宜学水之大德也。”

孔丘问：“水有何德，请李老师示之。”

厚道的老子，毫无保留地说：“上善若水：水善利万物而不争，处众人之所恶，此乃谦下之德也；故江海所以能为百物王者，以其善下之，则能为百物王。

“天下莫柔弱于水，而攻坚强者莫之能胜，此乃柔德也；故柔之胜刚，弱之胜强。因其无有，故能入于无间，由此可知不言之教、无为之益也。”

孔丘闻言，做恍然大悟状，道：“先生此言，使我顿开茅塞也：众人处上，水独处下；众人处易，水独处险；众人处洁，水独处秽。所处尽人之所恶，夫谁与之争乎？此所以为上善也。”

老子点头说：“与世无争，则天下无人能与之争，此乃效法水德也。

“水几于道：道无所不在，水无所不利，避高趋下，未尝有所逆，善处地也；空处湛静，深不可测，善为渊也；损而不竭，施不求报，善为仁也；圜必旋，方必折，塞必止，决必流，善守信也；洗涤群秽，平准高下，善治物也；以载则浮，以鉴则清，以攻则坚强莫能敌，善用能也；不舍昼夜，盈科后进，善待时也。

“故圣者随时而行，贤者应事而变；智者无为而治，达者顺天而生。

“汝此去后，应去骄气于言表，除志欲于容貌。否则，人未至而声已闻，体未至而风已动，张张扬扬，如硕鼠行于大街，谁敢用你？”

孔丘道：”先生之言，出自肺腑而入弟子之心脾，弟子受益匪浅，终生难忘。弟子将遵奉不怠，以谢先生之恩。”

孔丘说完，告别老子，与南宫敬叔上车，咕咚咕咚地离开了洛阳。

南宫敬叔说：“洛水岸边闻道，令人惊讶不已，实不枉来洛阳一趟也。”

孔丘说：“老子认为，人们在大道之下，好像瓮中的蚂蚁，要不是他揭开瓮上的盖子，人们可能一辈子不知道天有多高，地有多厚。

“老子确实具有辩证之才，飞在云气间，养在阴阳里，合起来是完整一体，散开来也自有章法。

“在老子面前，我有嘴不会发言，我还能说什么呢？我纵不同意他的观点，也无辞章进行辩驳啊。”

今天的洛阳市老城东关大街，保存着石碑一通。碑高三米多，宽近一米，正面书写“孔丘入周问礼乐至此”九个大字，是大清雍正年间洛阳的干部们立的。

至于老子李耳，孔丘前来问礼，被他硬生生地往“道”上牵，根本未起作用，他也并不知道。

当然，老子自己，是依然有着既定方向的。

“君子逢到好的时代，就出来干番事业，遇到不好的时代，就像蓬草一样，随风飘转就是了。”老子说的，是真心话。

后山有点担忧老子，如此苦口婆心，能获得什么回报呢？，

孔丘当老子的面，毕恭毕敬，后来果然弃“道”如敝屣，周游列国，兜售他自己的礼乐信仰。只不过天下不吃他那一套罢了。

孔丘凄凄惶惶，四处碰壁，然而生命不息，追求不止，宣扬不止。

孔丘流浪郑国时，与弟子走散，不知道怎么办，独自在城东发呆。

郑国有个樵夫对焦急寻找老师的学生子贡说：“东城门口有个人，前额像唐尧，脖子像皋陶，肩膀像子产，不过自腰部以下和大禹相比，差九寸。看样子，活像一条丧家狗。”

子贡把这段话一五一十地告诉了孔丘，孔丘笑道：“赞美我的外表，夸过头了。说我像条丧家之犬，确实是这样啊。”

东周春秋，不是孔丘的时代，难为他啊。

后世几千年的中国，全是孔丘的时代，可他早死了。

后山析曰：“刨根主义者”李耳先生，制作天地文章，为现实所迫，不得不兼及君臣之义；而“复礼主义者”孔丘先生，竭力君臣之命，为障人眼目，有时也打一打天地的幌子。

三

话说老子李耳在周朝当干部，数次归家省亲，欲劝母亲随去洛阳居住，其母不愿远迁，说故乡人熟地熟，离不开的。

光阴荏苒，日月如梭，转眼多年过去，李耳忽得家讯，言家母病危，于是报请天子，归家省视。待回到家时，母亲已经辞世。

李耳面对一抔黄土，回忆母亲慈祥容貌、养育之恩，悲痛欲绝，寝食俱废。

李耳终日席地而坐，沉思冥想，忽然发现了自己的愚钝。

顺理追索，恍然大悟，如释重负，愁苦消解，顿觉腹饥体倦。于是饱餐一顿，倒头便睡。

管家、侍女皆感奇怪，待其醒来，问其缘故。

李耳答道："人生于世，有情有智。有情，故人伦谐和而相温相暖；有智，故明理通达而理事不乱。情者，智之附也；智者，情之主也。以情通智，则人昏庸而事颠倒；以智统情，则人聪慧而事合度。

"母亲生伯阳，恩重如山。今母辞伯阳而去，伯阳之情难断。情难断，人之伦也。难断而不以智统，则乱矣，故悲而不欲生。

"今伯阳端坐而沉思，忽然智来，以智统情，故情可节制，而事可调理也。情得以制，事得以理，于是腹中饥而欲食，体滋倦而欲睡。"

管家听得老子的"情商""智商"之说，觉得新颖，但不明白情商和智商的关系，问道："智何以统情？"

老子说："人之生，皆由无而至有也；由无至有，必由有而返无也。无伯阳之母及伯阳之时，无母子之情也；有伯阳之母及伯阳，始有母子之情也；母去伯阳留，母已无情而子独有情也；母与伯阳皆无之时，则于情亦无也。

"人情未有之时，与人情返无之后，不亦无别乎？

"无别而沉溺于情、悲不欲生，不亦愚乎？故骨肉之情难断矣，人皆如此，合于情也；难断而不制，则背自然之理也。背自然之理则愚矣！耳思至此，故食欲损而睡可眠矣。"

众人闻听李耳一番高论，也都变得豁然旷达，说："节哀了，节哀了。"

公元前518年，李耳守丧期满返回洛阳。

此时，周灵王的次子姬贵已经立为天子，就是周景王。

周景王继位之时，周王室已经衰落得极其严重，不仅诸侯不拿天子当回事儿，甚至连王室的财政也窘困到了极点，祭祀时使用的器皿，都要向诸侯国乞借才行。

有些诸侯还不给天子面子，不肯献上礼器，北方的霸主晋国，就是其中之一。

周景王眼看晋国这样的超级大国也一毛不拔，非常生气，总想找机会损贬晋国一下，出一出气。

周景王举办宴会，晋国派大臣荀跞来洛阳参加。

在宴会上，周景王指着鲁国送来的酒壶，对荀跞说："你看，这是人家鲁国送来的礼器，天下各国都有器物送给王室．为啥只有你们晋国啥也没有呢？"

荀跞没想到天子会有此发问，一时张口结舌，不知说什么才好。

荀跞无言以对，也就罢了，周天子还能治你个"没话说"之罪吗？

偏偏荀跞手下有个随员叫籍谈，祖先是晋国司典，想在天子面前抖抖机灵。

就接过话题说："当初晋国受封时，王室就没有赐以礼器，现在我们哪有什么器物来贡献呢？"

周景王一看是籍谈，清楚藉谈的祖上是晋国管理典籍档案的大臣，说："恭喜你籍先生，你答错了!"

然后掰开手指，数算当年晋国开国之时，周朝赐给晋国多少多少器物，以后晋国历代国君，又从周王室接受多少赏赐，一笔一笔，数算得清清楚楚，硬把籍谈给说了个大猴屁股脸。

周景王又看看籍谈，突然阴损地甩出一句："籍家难道没有后裔了吗？怎么数着典籍却忘记了祖先呢？"

籍谈的祖先是晋国的司典，籍谈理应最清楚祖先的事迹，怎么今天竟然数典忘祖了呢？

作为一个期望有所作为的君主，周景王不甘心周朝就这样衰落下去。

周景王深深地知道，周朝虽然依靠《周礼》得以稳定地存在，但也正是很多过时的礼制，使得大周朝裹足不前。

周景王认为，要想真正振兴大周，必须进行彻底的改革。

于是，中国历史上第一次由天子发起的官方变法——景王变法开始了。

周景王命铸造编钟"无射"一套，上面铸造新的律条铭文，由李耳执笔撰写。

老子李耳的思想体系，周景王是清楚的，那就是：抑制周礼，推崇天道——取缔人为的条条框框，按照自然规律办事。

将老子的文章铸造在编钟上，便是周景王改革的具体做法。

为铸造大型编钟，周景王先征求大臣单穆公的意见，单穆公说："不行！做大钱已经耗损民资，又铸大钟，会使耗损加重，这样下去，于国家不利。”

单穆公是反对老子的，但他不说老子，只论铸钟，以此来抵拒景王变法。

单穆公借口说，先前的国君制钟，大不出二尺二寸半，重不过一百二十斤。现在要耗费大量青铜，铸造大型编钟，于古礼有所僭越，还是不做为好。

但是，周景王不听，仍要铸造昭示律条铭文的“无射”编钟。

编钟按照周景王的指示，开始铸造了。

如果改革也按照周景王的设想发展，那么或许大周真的可以中兴。但是，大周的保守势力太强大了，有很多阻力，不仅大臣中有很多反对者，景王的几个儿子，也对改革持有异议。

周景王的太子早夭，活下来的，有三个儿子，分别是姬猛、姬匄、姬朝。其中姬朝年岁最小，受保守思想毒害最轻，对变法也最支持。

周景王偏爱小儿子姬朝，暗暗打算把王位传给他，好使变法可以继续下去。

但是当时的保守派贵族，以单穆公和刘献公为首，反对把王位传给姬朝。

这些保守派，在洛阳坐地多年，树大根深，都非常有实力，对王室的影响力很大。景王见他们反对立姬朝为太子，就打算先除掉他们，好为姬朝继位打好基础。

公元前520年四月，周景王到北邙山打猎，打算趁打猎之机杀掉单穆公和刘献公，结果还没有来得及实施，就发急病突然去世了。

周景王临终之时，把姬朝托付给大夫孟宾，希望他扶立姬朝为王。

周景王的突然死亡，使得整个改革泡了汤，他临终前所安排的孟宾，不仅没有力量扶姬朝继位，反而被敌手所击杀。

随后，单穆公们扶立周景王次子姬猛登基，是为周悼王。

中国史系（二）

前241年 ～ 秦王政六年

• 赵、楚、魏、燕、韩五国攻秦，秦败之

前238年 ～ 秦王政九年

• 四月，秦王嬴政亲理国事。长信侯嫪毐作乱，秦王平之

前233年 ～ 秦王政十四年

• 秦桓攻赵，赵李牧败秦师于肥

• 韩非入秦，被害

前232年 ～ 秦王政十五年

• 秦攻赵

前230年 ～ 秦王政十七年

• 秦内史腾攻韩，虏韩王安，韩亡

前228年 ～ 秦王政十九年

• 秦攻赵

前227年 ～ 秦王政二十年

• 燕太子丹使荆轲刺秦王，未遂被杀

前226年 ～ 秦王政二十一年

• 秦攻燕，拔燕都蓟。燕王奔辽东

前225年 ～ 秦王政二十二年

• 秦攻魏，魏亡

前224年 ～ 秦王政二十三年

• 秦王攻楚，破楚师于蕲

前223年 ～ 秦王政二十四年

· 秦破楚，楚亡

前222年 ～ 秦王政二十五年

· 秦攻燕于辽东，燕亡

· 秦攻代，虏代王，赵（代）亡

前221年 ～ 秦始皇二十六年

· 秦攻齐，入临淄，俘齐王田建，齐亡

· 至此，秦统一六国。战国时期结束。秦王嬴政建立起中国封建社会历史上第一个统一王朝——秦朝。自称“始皇帝”，以建亥月十月为岁首，更名民曰黔首。以全国为三十六郡，郡置守、尉、监，废分封诸侯之制。统一度量衡，定币制，车同轨，书同文。徙六国豪富十二万户至咸阳

前220年 ～ 秦始皇二十七年

· 全国筑驰道，东通燕、齐，南达吴、楚

前219年 ～ 秦始皇二十八年

· 秦始皇东巡，封禅泰山，立石颂德

前216年 ～ 秦始皇三十一年

· 使黔首自实田，即令百姓自己申报土地

前215年 ～ 秦始皇三十二年

· 蒙恬率兵三十万北攻匈奴

前214年 ～ 秦始皇三十三年

• 略取南越陆梁地，置三郡

• 蒙恬败匈奴，略取河南地。增筑长城，以御匈奴

前213年 ～ 秦始皇三十四年

• 用丞相李斯议，下令焚书

前212年 ～ 秦始皇三十五年

• 坑杀方士、儒生四百六十余人于咸阳

• 发隐宫、刑徒七十万人造阿房宫和骊山陵

前210年 ～ 秦始皇三十七年

• 始皇巡游，七月，死于沙丘。李斯、赵高立始皇少子胡亥为二世皇帝

• 九月，葬始皇于骊山

前209年 ～ 秦二世元年

• 七月，陈胜、吴广起义于蕲县大泽乡，旋入陈，陈胜称王，号张楚。

• 九月，刘邦起兵于沛，称沛公。项梁与兄子羽起兵于吴。是后，齐、赵、燕、魏等六国后裔也纷纷起兵反秦

前208年 ～ 秦二世二年

• 陈胜为御者庄贾所杀

前207年 ～ 秦二世三年

• 项羽率军渡漳河救赵，于巨鹿大破秦军，是为巨鹿之战

• 赵高杀秦二世胡亥，立二世兄子子婴，贬号为秦王

前206年 ～ 汉王元年

· 十月，刘邦至霸上，秦王子婴降，秦亡

· 刘邦废秦苛法，与关中父老约法三章

· 十二月，项羽进驻鸿门，策划在燕会上刺杀刘邦未成

· 二月，项羽自立为西楚霸王，分封十八路诸侯，刘邦封为汉王。楚汉战争爆发

前203年 ～ 汉王四年

· 初定算赋

前202年 ～ 汉王五年

· 十二月，刘邦率兵围项羽于垓下，羽突围走乌江，自刎死

· 二月，刘邦称帝，是为汉高祖，建立汉朝，都洛阳

· 封越君无诸为闽越王

前201年 ～ 汉高帝六年

· 始封同姓王

· 韩王信以马邑降匈奴

前200年 ～ 汉高帝七年

· 十月，汉高帝自将击匈奴于平城，被围于白登

· 二月，迁都长安

前198年 ～ 汉高帝九年

· 高帝与匈奴和亲，并开关市

前196年 ～ 汉高帝十一年

· 遣陆贾使南越，册封赵佗为南越王

• 拜萧何为相国

前188年 ～ 惠帝七年

• 八月，惠帝死。皇太子恭嗣位，是为少帝。高皇后吕氏临朝称制

前184年 ～ 高后四年

• 四月，吕后杀少帝

• 五月，立恒山王刘义为帝，更名弘

前180年 ～ 高后八年

• 七月，吕后死。陈平、周勃等平定吕氏之乱，迎高帝子代王恒为帝，是为太宗孝文皇帝

前167年 ～ 文帝十三年

• 五月，除肉刑，以笞刑代之

• 六月，免租税

前156年 ～ 景帝元年

• 五月，复收民田半租，三十税一，是后为定制

前154年 ～ 景帝三年

• 正月，吴、楚等七诸侯王起兵反，史称“吴楚七国之乱”，旋平定

前141年 ～ 景帝后三年

• 正月，景帝死。皇太子彻嗣位，是为汉武帝刘彻。文帝、景帝统治时期，继续轻徭薄赋、与民休息，社会经济逐渐发展，史称“文景之治”

前139年 ～ 建元二年

• 张骞应募出使西域

前134年 ～ 元光元年

• 初令郡国举孝、廉各一人，察举制确立

前130年 ～ 元光五年

• 汉通西南夷。正月，通夜郎，置犍为郡

前127年 ～ 元朔二年

• 春，匈奴入上谷、渔阳，遣卫青等击之，逐匈奴白羊、楼烦王，取河南地，置朔方郡

• 用主父偃策，颁推恩令

前124年 ～ 元朔五年

• 春，匈奴右贤王数侵扰朔方，遣卫青将三万骑，护四将军兵，又别遣两将军，凡十余万人击之，大胜

前123年 ～ 元朔六年

• 二月，大将军卫青统六将军击匈奴

• 四月，复击之

前121年 ～ 元狩二年

• 三月，骠骑将军霍去病将万骑击匈奴。夏，复与三将军将三万骑击之。秋，匈奴浑邪王杀休屠王，并其众四万余人降汉。徙匈奴降者置五属国，各以都尉监护之

前119年 ～ 元狩四年

• 春，卫青、霍去病各将五万骑分道击匈奴。霍去病深入两千余里，

获七万余级，封狼居胥山，是后匈奴远徙，漠南无王庭

• 初算缗钱，对贾人按资产征税。置盐官、铁官

前118年 ～ 元狩五年

• 罢三铢钱，铸五铢钱

前115年 ～ 元鼎二年

• 张骞使匈奴还，西域始通于汉。

前113年 ～ 元鼎四年

• 禁郡国铸钱，改铸新五铢钱，名“三官钱”，此后五铢钱作为主要铸币行用数百年

前112年 ～ 元鼎五年

• 四月，发兵十余万击南越

前111年 ～ 元鼎六年

• 平南越，以其地为南海、苍梧、郁林、合浦、交趾、九真、日南、珠崖、儋耳九郡

• 置常驻京师及城郊的屯骑、步兵、越骑、长水、射声、虎贲、胡骑七校尉，皆统于中垒校尉，合称八校尉

前110年 ～ 元封元年

• 桑弘羊主持推行均输、平准

前108年 ～ 元封三年

• 朝鲜尼溪相参杀朝鲜王卫右渠降汉，置为乐浪、临屯、玄菟、真番四郡

前106年 ～ 元封五年

• 设十三州刺史。冬，置朔方、交趾、冀、幽、并、兖、徐、青、扬、荆、豫、益、凉等州，凡十三州，皆置刺史

前105年 ～ 元封六年

• 以宗室女细君为公主，与乌孙王和亲

前104年 ～ 太初元年

• 造《太初历》，用夏正，以正月为岁首

• 将军李广利领军数万击大宛，无功而还

• 司马迁始撰修《史记》

前102年 ～ 太初三年

• 李广利再次西征，攻克大宛国都，从此大宛服属汉朝

前100年 ～ 天汉元年

• 苏武出使匈奴被扣，羁留匈奴十九年，仗汉节，以牧羊为生，不为屈服

前98年 ～ 天汉三年

• 桑弘羊主持初行酒榷

前95年 ～ 太始二年

• 中大夫白公奏穿渠引泾水，注渭水。依其议，渠成，名白渠

前87年 ～ 后元二年

• 二月，武帝死。皇太子弗陵嗣位，是为汉昭帝刘弗陵。大司马大将军霍光等受遗诏共领尚书事辅政

前81年 ～ 始元六年

- 召集郡国所举贤良文学问民间疾苦，言者皆请罢盐、铁、酒酤、均输官，桑弘羊与之辩难，盐铁之议起后桓宽集论辩之辞为《盐铁论》
- 七月，诏罢郡国榷酤和关内铁官

前80年 ～ 元凤元年

- 燕王刘旦与上官桀等谋反，事发，旦自杀，桀等族诛

前77年 ～ 元凤四年

- 遣平乐监傅介子至楼兰，刺杀其王安归，更立王弟尉屠耆，改国名为鄯善，迁都扜泥城

前74年 ～ 元平元年

- 昭帝死，霍光等迎昌邑王刘贺嗣位，立二十七日被废
- 七月，迎武帝曾孙询嗣位，是为汉宣帝刘询

前61年 ～ 神爵元年

- 遣赵充国等将兵击西羌，获万余人

前60年 ～ 神爵二年

- 匈奴日逐王降汉。郑吉为西域都护，治乌垒城。匈奴罢西域僮仆都尉。匈奴单于遣使献于汉

前57年 ～ 五凤元年

- 七月，匈奴五单于争立，国内大乱，分裂为东、西两部

前54年 ～ 五凤四年

· 正月，纳大司农中丞耿寿昌奏言，令边郡普遍设置常平仓

前53年 ～ 甘露元年

· 正月，匈奴呼韩邪单于及郅支单于各遣子入侍

前51年 ～ 甘露三年

· 正月，匈奴呼韩邪单于抵长安，觐见汉宣帝

前49年 ～ 黄龙元年

· 十二月，宣帝死，皇太子奭嗣位，是为汉元帝刘奭

前48年 ～ 初元元年

· 置戊己校尉于车师，使管理屯田和防务

前36年 ～ 建昭三年

· 秋，西域都护甘延寿、副校尉陈汤等矫制发兵攻入康居，杀匈奴郅支单于

前33年 ～ 竟宁元年

· 匈奴呼韩邪单于来朝，以后宫女王嫱（字昭君）赐之，单于以为宁胡阏氏

· 五月，元帝死

· 六月，皇太子骜嗣位，是为汉成帝刘骜

前8年 ～ 绥和元年

· 四月，置三公官，以大司马骠骑将军为大司马，罢将军官，御史大夫为大司空，皆增俸如丞相

· 十二月，罢刺史，更置州牧

前7年 ～ 绥和二年

- 三月，成帝死
- 四月，皇太子欣嗣位，是为汉哀帝刘欣
- 师丹建议，丞相孔光等奏请限诸侯王下至吏民名田及奴婢数量，因贵戚近臣反对，未能实行

前5年 ～ 建平二年

- 四月，罢大司空官，复置御史大夫，大司马冠将军号如故
- 罢州牧，复刺史

前1年 ～ 元寿二年

- 五月，正三公官，分职。大司马仍不以冠将军，掌兵事；丞相为大司徒，掌民事；御史大夫为大司空，掌水土事
- 六月，哀帝死。中山王箕子嗣位，更名，是为汉平帝刘衎。太皇太后王氏临朝，大司马王莽秉政，百官总己以听

1年 ～ 元始元年

- 二月，王莽进位太傅，加号“安汉公”

2年 ～ 元始二年

- 是岁，全国有户一千二百二十三万三千，口五千九百五十九万四千九百七十八，垦田八百二十七万零五百三十顷

4年 ～ 元始四年

- 王莽号“宰衡”，位上公

5年 ～ 元始五年

- 十二月，王莽毒死平帝，居摄践祚，称“假皇帝”，民臣称之为“摄皇帝”

6年 ～ 居摄元年

- 三月，王莽立广戚侯子婴为皇太子，号“孺子”

8年 ～ 居摄三年

- 十一月戊辰，王莽即真天子位，定国号曰“新”。以十二月朔癸酉为始建国元年正月之朔

9年 ～ 始建国元年

- 正月，废孺子刘婴为定安公
- 四月，颁行王田私属之制。天下田改名曰王田，奴婢曰私属，不准买卖

10年 ～ 始建国二年

- 颁行五均六筦

17年 ～ 天凤四年

- 新市人王匡率饥民起义，据绿林山，后号“绿林军”

18年 ～ 天凤五年

- 琅邪人樊崇率众起义于莒，后号“赤眉军”

22年 ～ 地皇三年

- 刘演、刘秀聚众起事于舂陵

23年 ～ 地皇四年

- 二月，绿林军新市、平林部立刘玄为帝，建元更始
- 六月，刘秀等大破新莽军于昆阳，是为“昆阳大战”

· 九月，王莽被杀

25年 ～ 建武元年

· 六月，刘秀称帝，建元建武，是为汉光武帝刘秀

· 十月，定都洛阳

30年 ～ 建武六年

· 十二月，减田租，三十税一

39年 ～ 建武十五年

· 诏州郡检核田数、户口、年纪

40年 ～ 建武十六年

· 交趾麓泠县雒将女征侧与妹征贰起事，称王

42年 ～ 建武十八年

· 罢州牧，置刺史

43年 ～ 建武十九年

· 伏波将军马援大破征侧、征贰，岭南悉定

48年 ～ 建武二十四年

· 十月，匈奴薁鞬日逐王自立为单于，是为南单于，率漠南八部归降于汉。自是匈奴分为南北

49年 ～ 建武二十五年

· 南匈奴单于遣使称藩

· 乌桓大人郝旦等内属，置乌桓校尉于上谷宁城以监护之

51年 ～ 建武二十七年

·诏司空、司徒并去“大”，改大司马为太尉

56年 ～ 建武中元元年

·宣布图谶于天下，谶纬之学成为官方统治思想

57年 ～ 武中元二年

·正月，倭奴国来贡，汉赐以“汉倭奴国王”印

·二月，光武帝死，皇太子庄嗣位，是为汉明帝刘庄

·是岁，全国有户四百二十七万零六百三十四，口两千一百万七千八百二十

65年 ～ 永平八年

·楚王刘英奉缣帛赎罪，诏还之，以助供养伊蒲塞，是为中国人崇信佛教见于记录之始

73年 ～ 永平十六年

·窦固击匈奴，至天山，取伊吾庐地，置宜禾都尉，因遣假司马班超使西域，西域与汉绝六十五年，至是复通

75年 ～ 永平十八年

·八月，明帝死，皇太子炟嗣位，是为汉章帝刘炟

79年 ～ 建初四年

·十一月，白虎观会议。诏诸儒会于白虎观，讲论文化事宜

88年 ～ 章和二年

·正月，章帝死，皇太子肇嗣位，是为汉和帝刘肇

89年 ～ 永元元年

• 春，邓训大破诸羌，略定陇右

• 六月，窦宪大破北匈奴于稽落山，北匈奴单于遣弟奉献

91年 ～ 永元三年

• 窦宪大破北单于于金微山，北单于遁，其弟于除鞬自立为单于，款塞请降

• 十二月，复置西域都护

92年 ～ 永元四年

• 和帝与宦官郑众定议，诛大将军窦宪，众以功封侯，是为宦官用权之始

105年 ～ 永元十七年

• 和帝死，少子隆以皇太子嗣位，是为汉殇帝刘隆，皇太后邓氏临朝称制

106年 ～ 延平元年

• 八月，殇帝死。迎清河王子祜嗣位，是为汉安帝刘祜

123年 ～ 延光二年

• 以班勇为西域长史，率兵出屯柳中

125年 ～ 延光四年

• 三月，安帝死，以北乡侯刘懿嗣位

• 十月，懿死

• 十一月，中常侍孙程等拥立废太子济阴王保，是为汉顺帝刘保

144年 ～ 汉安三年

• 八月，顺帝死。皇太子炳嗣位，是为汉冲帝刘炳，皇太后梁氏临朝

称制

145年 ～ 永嘉元年

- 正月，冲帝死，大将军梁冀立勃海王鸿子缵嗣位，是为汉质帝刘缵

146年 ～ 本初元年

- 六月，梁冀鸩杀质帝，迎蠡吾侯刘志嗣位，是为汉桓帝刘志，皇太后梁氏仍临朝

159年 ～ 延熹二年

- 八月，收梁冀大将军印绶，冀及其妻皆自杀

165年 ～ 延熹八年

- 初令郡国有田者，按亩敛税，每亩十钱

166年 ～ 延熹九年

- 党锢事件。司隶校尉李膺等两百余人被称为党人，下狱考治，太尉陈蕃被罢免

167年 ～ 延熹十年

- 十二月，桓帝死，皇太后窦氏迎解渎亭侯刘宏嗣位，是为汉灵帝刘宏，皇太后临朝称制

169年 ～ 建宁二年

- 诏将党人赦归乡里，禁锢终身，不得做官
- 十月，党事狱起，党人妻、子徙边，附从者锢及五属

175年 ～ 熹平四年

- 三月，诏诸儒正五经文字，刻石立于太学门外，是为熹平石经

176年 ～ 熹平五年

• 诏州郡更考党人，门生、故吏、父子兄弟在位者皆免官禁锢，爰及五属

184年 ～ 中平元年

• 二月，张角率众起义，因义军皆戴黄巾，故称黄巾起义

• 大赦党人

189年 ～ 中平六年

• 四月，灵帝死。皇子辩嗣位，是为汉少帝刘辩

• 八月，宦官杀大将军何进，司隶校尉袁绍尽诛宦官。董卓带兵入洛阳，尽揽朝政

• 九月，董卓废少帝，立陈留王刘协，是为汉献帝刘协

190年 ～ 初平元年

• 正月，关东州郡起兵，推袁绍为盟主，讨董卓

• 二月，董卓胁献帝迁都长安

创作札记：孟津史踪

孟津县，是洛阳市的北大门，位于洛阳北部丘陵山区，东距省会郑州110公里，西距豫西名城三门峡90公里，北临滔滔黄河，与济源市一桥相连。

孟津县东西长55.5公里，南北宽26.9公里，面积758.7平方公里。

孟津地形西高东低，中部高，南北低，形如鱼脊，东部南北两侧为洛河黄河阶地，较为平坦。西部山区最高海拔481米，东部黄河滩地最低海拔120米，全县平均海拔262米。

县境中西部为邙山覆盖，属于黄土高原的一部分。邙山南接洛阳盆地，北至黄河谷地，由西而东贯穿全境，全长约55公里，宽17公里，总面积约568平方公里，占全县总面积的74.8%。

邙山为黄土地貌类型，丘陵起伏，呈丘岗形态。冲沟发育，北侧沟谷为南北向与黄河谷地连通，南侧沟谷为西北、东南向，通向洛河谷地，沟谷一般深40—60米，多呈“U”形。

孟津县以周武王会八百诸侯于孟津渡而得名。孟津据《尚书·禹贡》注“孟为地名，在孟置津（即渡口），谓之孟津”。

孟津，夏属孟涂氏封国；商前期为畿内地；周设平阴、谍城两邑，战国为韩地。

秦改邑为郡县，称孟津谍城、平阴县。

西汉时，孟津为谍城、平阴、平县三县辖，隶属河南郡。

王莽改平县为治平县，东汉复改治平为平县。

三国魏时并平县、平阴、谍城县三县为河阴县，隶属河南郡。

晋至南北朝时，归属屡变，但河阴县名未改，东晋置河阴郡。

隋并河阴入洛阳县，隶属河南郡。

唐武德二年（619）置大基县（治今孟县西）。

唐咸亨四年（673）复置大基县，唐先天元年（712）更名河清县，属河南府。（唐初划河阴出洛阳跨黄河置大基县，后改为柏崖县、河清县，隶属河南郡）。

宋开宝元年（968）徙治于白坡镇（今洛阳市吉利区内）。宋时为河清县，隶属河南府。

金熙宗天眷三年（1140）废河清县改县名为孟津，县治从黄河北岸白坡镇迁至孟津渡（会盟镇花园村）。

金改河清县为孟津县后，经元、明、清、中华民国至今，县名未改。

明嘉靖十七年（1538）黄河水患，县治迁孟津老城。金、元、明、清属河南府，治老城不变。

1913年属豫西道。

民国初隶属河南省河洛道，1925年隶属道尹公署，1927年隶属河南省政府豫西行政长官公署，1933年隶属河南第十行政督察专员公署。

1949年属洛阳专区。

1959年县治由老城迁长华（今城关镇），至1968年属洛阳地区。

1971年11月由地区划属洛阳市。

1976年11月复划属洛阳地区。

1983年11月重划属洛阳市。

黄河西出昆仑，融汇百川，从荆紫山北麓八里胡同泻出，经阪泉湖，进入邙

卫国国都——朝歌

卫国朝歌古城墙遗址

山北麓。在这里，上古有一个古老的方国，名曰孟涂国。这里生活着一个以舟楫为生的古老部族，用古老的方舟开辟了一个古老的渡口，这就是孟津。

古老的孟津，目睹了夏朝的兴衰，也目睹了商王朝的强盛。到了姜子牙的时代，它继续着旧日的繁华，水陆相济，北通商纣王的都城朝歌，南连商王朝的故都西亳，西达关陇，东行大海，为天下之咽喉。

姜尚——辅佐周文王、周武王兴周八百年的姜子牙，在未遇周文王之前，也有过坎坷的经历，他卖饮于孟津的故事在洛阳世代相传，妇孺皆知。

姜子牙，这位传奇人物，正是顺着黄河这条黄金水道，从海滨走到了孟津。

关于姜子牙的早年经历，历代众说纷纭，也许真如《封神演义》描述的那样，他曾拜名师为徒，当了多年的山中隐士，饱读过兵书战策，身怀治国安邦的奇计良谋。

但有一点，历史学家们几乎众口一词，即他出山的时候，已是一个年届七十的垂垂老者。

烈士暮年，壮心不已。他决定到商都朝歌实现自己的政治抱负，但他如埋在土中的明珠并不为人所识。

此时的商纣王需要的不是治国平天下的贤臣，他关心的是自己酒池肉林边通宵达旦的盛宴是否安排妥当，他关心的是各方国新进奉的美女是否都像妲己一样能使自己日夜销魂。

姜子牙的命运可想而知，在朝歌，政治理想很快破灭了。他沦落成了一个屠夫和厨师。

他也许想做一个宰牛贩肉的屠夫而了此一生，但生逢乱世，这一点并不奢侈的愿望也无法满足，他遇到的是无尽的勒索。

姜子牙离开朝歌，来到孟津，继续着自己屠牛卖饮的事业。

《尉缭子》说："太公望年七十，屠牛朝歌，卖食盟津。"

《古史考》说："吕望尝屠牛于朝歌，卖饮于孟津。"太公望、吕望，都是姜子牙。

据民间传说，姜子牙在渡口边开了一个牛肉汤馆。

在这里，他遇到了各种各样的人，也听到了从各种途径传来的消息。

在姜子牙的牛肉汤馆里，食客们议论最多的是两个人：一个人是昏庸无道的商纣王，另一个则是周国贤明的君主西伯昌。

周国位于渭水之滨的岐山。它的国君西伯昌正广纳贤才，做着灭商的准备。

一日，"西伯戡黎"的消息传到孟津姜子牙的牛肉汤馆。

所谓"西伯戡黎"，是指西伯昌攻占了商王朝的一个方国黎国。

消息也传到了朝歌。贤臣祖伊恐惧，奔告于纣王说："上天将要灭我国，各种占卜未有吉兆，你淫戏自绝，民众都盼着上天惩罚你。"

纣王却大不以为然，根本听不进祖伊的劝谏。

祖伊冒死进谏而纣王不听的消息也同样传到孟津。

姜子牙立即关闭了自己的牛肉汤馆，前往岐山。

在那里，姜子牙得到西伯昌（周文王）的重用，终于成就了一世英名。

周武王灭殷商以后，其弟周公姬旦营建成周城，史称下都，遗址在孟津县平乐乡金村、翟泉一带。是上都王城（洛阳市王城公园）和镐京（陕西省西安市）的东部屏障。

成周屯兵八师（每师250人），警戒东方诸侯和监管迁住成周的殷商遗民。

周敬王元年（前519）冬，晋大夫荀跞率军经谷城（横水乡古县村）入王城。平定王子姬朝之乱，敬王住都成周。

敬王十年（前510），晋会齐、宋、鲁、卫、曹、莒、薛、杞和小邾诸国诸侯，帮助修筑成周城。

秦始皇十年（前237），吕不韦免相后居洛阳（成周城），扩大城建规模。

东汉光武帝建武元年（25）至北魏孝武帝永熙三年（534），东汉、曹魏、西晋、北魏四朝建都于此，近代名其遗址为洛阳汉魏故城。

金墉城（俗名李密城），位于孟津县平乐乡金村，建于三国魏明帝太和元年（227）。

魏明帝嗣位初年，大肆营造宫室，特于京都洛阳城外西北角筑城，以“固若金汤”之意，取名“金墉城”，金村村名即由此而来。

西晋“永嘉之乱”中，金墉城成了一座幽禁帝后等皇族的监狱。自晋惠帝元康元年（291）至晋怀帝永嘉五年（311）的20年间，先后幽禁过一个皇帝（惠帝）、1个皇太后（杨太后）、2个皇后（贾、羊皇后）和9个皇族藩王及子侄。

东晋穆帝永和八年（352），前秦、东晋和冉魏争夺洛阳城，前秦姚襄自许昌进围洛阳，冉魏守将周成设防严密，难分胜负。

东晋桓温布阵伊河，大败姚襄，周成出洛阳降晋，桓温驻军金墉城。

北魏太和十八年（494），孝文帝迁都洛阳，因宫室修复未就，曾暂居金墉城。

东魏元象元年（538），东、西魏大战于河阳桥，西魏金墉城守将长孙彦闻丞相宇文泰兵败，尽毁城中房舍而逃。

东魏丞相高欢乘胜进驻金墉城，见遍地已成瓦砾，索性毁去城垣返归晋阳。

南北朝至唐初金墉城为洛阳县治所在。

隋末李密经过修葺，作为同王世充对抗的行营驻所，长达2年之久。

唐太宗贞观六年（632），洛阳县治由金墉城迁于东都毓德坊，自此城池逐渐沦为荒丘。

金墉城自227年建造至632年废弃，历405年，今遗址尚存。

北齐因回洛仓筑回洛城。

唐武德三年（620），秦王李世民攻王世充，布阵北邙山，怀州（今沁阳）总管黄君汉遣将张夜叉克回洛城，王世充命太子元应率军围攻未破，于城西筑月城相持，不数日为唐军攻占，兵败逃回洛阳。

汉光武帝陵，是东汉开国皇帝世祖刘秀的陵园。

汉光武帝陵古谓原陵，俗称汉陵，为东汉开国皇帝——世祖光武帝刘秀（前6～57）的陵园，位于洛阳市孟津县白鹤镇铁谢村西南，始建于公元50年，由神道、陵园和祠院组成。占地800余亩，在2001年被国务院定为全国重点文物保护单位。

汉光武帝陵位于邙山脚下，黄河岸边，呈“枕河蹬山”之势，一反帝王选陵常规，为2000年封建历史之殊例。

园中至今保存有1500棵隋唐古柏，拔地通天、蓊蔚肃穆，它们巨大的轮廓形成了清晰可辨的人形卧像，俗称“汉皇仰卧”。

陵园之中，紫烟袅袅、宛如仙境。当你在鸟柏下拍手时，柏树间会发出“啁啾”的鸟鸣声，令无数游人倍感神奇。

光武帝陵南倚邙山，北临黄河，近山傍水，蓊蔚肃穆。阙门巍峨，气势壮观，神道宽阔，直达陵前，两侧石刻林立、碑碣参差。

陵园呈长方形，占地6.6万平方米，墓冢位于陵园正中，为夯土丘状，高17.83米，周长487米。

陵园四周有短墙回护，围起古柏千余株，葱郁幽静。

光武祠，位于陵园西侧，为光武帝的祭祀祠院，面积2万平方米，由阙门、碑廊、二十八宿馆、光武殿等组成，构成一鳞次栉比的汉代建筑群落。

光武殿前大道二侧原有古柏二十八棵，相传为东汉开国功臣云台二十八将的化身。

陵冢前的巨碑立于清乾隆五十六年（1791），上刻“东汉中兴世祖光武皇帝之陵”十个大字。

刘秀，字文叔，东汉开国皇帝，是汉高祖刘邦的第九世孙，南阳郡蔡阳县（今湖北枣阳）人。王莽末年（22）南阳饥荒，刘秀避难新野、骑牛杀新野尉，公元23年力拔昆阳（河南叶县），克王寻、王邑。后率军平定河北，收复洛阳，第三次一统天下。更始三年（25），在洛阳建立东汉政权，把宛作为陪都。

公元23年，绿林军推选刘玄为皇帝，建立了更始政权。

王莽听说汉军立帝，十分恐惧，急忙派人率领42万大军，号称百万，围攻当时的要地昆阳。

昆阳城内只有刘秀率领的万余人守城，眼看着王莽的军队铺天盖地袭来，多数将领主张撤离。

关键时刻，刘秀挺身而出，鼓励将士，如果撤离，只有一死，大敌当前，应该同心破敌，共立功名。

刘秀说服众将士坚守昆阳城，自己带领12名骑兵，冲出重围，去调集援兵。

后来，刘秀调集援兵近万人，并亲自率领3000敢死队，从城外杀入敌军内部，内外夹击，杀声震天，王莽的军队全线崩溃，这就是历史上著名的以少胜多的战役——昆阳大战，刘秀也创造了以2万胜42万的奇迹。

昆阳大战之后，刘秀和兄长刘縯的威望越来越高，本来应该是享受高官厚禄的时候，没想到事情恰恰相反，功臣刘秀不但没有得到升迁，反而陷入了更大的危险中……原来，更始政权的皇帝刘玄昏庸无能，他见刘秀、刘縯兄弟二人威望日高，担心他们抢了自己的皇帝宝座，便找借口杀了刘秀的哥哥刘縯。

在外作战的刘秀得知这一消息后悲痛欲绝，可是他自知势力还小，无法与皇帝刘玄抗衡，只有忍辱负重。

刘秀主动找刘玄谢罪，表示与哥哥划清界限，不为哥哥举办葬礼；同时他回到住处，每天花天酒地，一副及时行乐的模样。

刘玄认为刘秀不过是个纨绔子弟，不足为惧。就这样，刘秀才得以躲过杀身之祸。

卧薪尝胆的刘秀暗却地里招兵买马，扩充实力，于公元25年即位，建立了东汉政权，成为中国历史上东汉的开国皇帝，定都洛阳。

刘秀三十一岁称帝，在位三十三年，于建武中元二年二月崩，时年六十三岁，谥曰“光武”，庙号“世祖”。

刘秀是一名优秀的帝王，不但善于打仗，善于治国，而且宅心仁厚，对百姓更是体贴有加。

刘秀在位期间，多次下令禁止残害奴婢、限制豪强霸占土地，兴修水利、减轻赋税；对各级官吏实行考察黜陟，罢免贪官，改任良吏；精简官员，裁并四百余县。他是帝制时代最温柔的开国皇帝，不但没有像其他帝王一样大肆杀戮功臣，反而对功臣极尽丰厚犒赏。所以，东汉初之政治开明，社会清平遂出现了“光武中兴”的大好局面。

北魏孝文帝长陵，位于孟津县朝阳镇官庄村东，附近一大一小两个土冢。大冢为孝文帝长陵，小冢为孝文帝文昭皇后陵。由于年代久远，目前除墓上巨大封土巍然犹在外，陵园其他地上建筑已荡然无存。

2004年，作为国家重点文物调查项目邙山陵墓群考古调查与勘测的一部分，河南洛阳市文物考古工作者完成对北魏孝文帝长陵陵园的全面勘探调查，初步查清了陵园的布局，发现陵园围墙、大门、建筑等基址。

勘探发现了陵园的围墙、大门、围墙外的壕沟、陵园内的建筑基址和排水设施。

勘探表明，陵园为长方形，其夯土围墙东西长440米、南北宽390米，墙厚3至4米，陵园总面积17万余平方米，围墙外有3至4米宽的壕沟。

根据封土形状、墓道朝向等，考古工作者认为长陵继承了东汉的皇陵葬制，与少数民族葬制有明显区别，是孝文帝汉化政策的反映，但较东汉又有所变化。

北魏孝文皇帝，鲜卑族，姓拓跋名宏，后改汉姓元，又称元宏，是我国古代少数民族杰出的政治家、改革家之一。为适应统治中原的需要，他迁都洛阳，积极倡导和推行汉化政策，他的改革使北魏以华夏之兴邦的姿态出现在中国的历史舞台上，在中华民族文明史上写下了光辉的一页。

班超墓，亦称班冢，是孟津百姓世代传袭的称谓。该冢在北邙山孟津县今朝阳镇张阳村西北，与今煤窑新村毗邻，墓冢距离瀍河岸边仅约一公里。

班墓略呈正方形平顶高台，高约十米，边长各约二十五米。墓上封土虽然经过近二千年风剥雨蚀，仍不失往日的非凡气概。

班超（32～102），字仲升，扶风安陵（今陕西咸阳东北）人，少年时随兄长班固在洛阳为官府抄书养家，当他听到匈奴不断侵犯中原的消息后，毅然“投笔从戎”。

公元73年，窦固出击北匈奴，班超被任命为假司马，立下战功，之后被派出使西域。

班超一行36人先到了鄯善国，这时北匈奴也派使者来到鄯善，鄯善国王就开始怠慢汉使者。

班超召集随从道：“不入虎穴，焉得虎子？现在只有以死相拼，才能逢凶化吉。”

他们当夜闯进匈奴营，斩杀了匈奴使者，并提着人头去见鄯善王，鄯善遂专心臣服于汉。

凭着勇入虎穴的精神，班超从章和元年（87）至永元六年（94）先后征服了于阗、疏勒、龟兹、姑墨等36国。后来。又率军攻破焉耆、尉梨等国，于是西域50国都遣质子臣属于汉。

汉章帝初年，北匈奴贵族在西域反扑，班超在疏勒等地坚守。后得东汉政府援军，联合当地力量，开始反击。陆续平定莎车、龟兹、焉耆等地贵族的变乱，并击退月氏的入侵，保护了西域各族的安全以及“丝绸之路”的畅通。

永元三年，东汉重新设置了西域都护府，任命班超为西域都护，并封其为定远侯。

班超经营西域31年，曾遣甘英出使大秦（罗马帝国），至条支的西海（今波斯湾）而还，使西域与内地的联系更加密切。

由于班超的威名无人能替，他虽年已70，还不能退休，晚年多病，思念家乡。其妹班昭连连上书朝廷，语言哀切，替其求情，以能死在家乡为幸。

公元102年，班超受命返回洛阳，临行前，当地民人痛哭失声，拦马不准行，视为神人。回洛不久病逝，年71岁。

自汉置西域都护以来，前后担任此职者，无人能与班超的功绩相比。

班超死后，西域又乱，班超之子班勇临危授命，出使西域，方使西域重回大汉疆土。

班父班彪为东汉初期著名的史学家，因司马迁的《史记》只写到汉武帝太初年间，因此他收集史料，作《史记后传》65篇，未毕而死。

长子班固继承父志，根据父亲积累的资料，经过20余年努力，完成《汉书》写作提纲和大部分篇章。后因受到外戚窦宪之狱株连被迫害死于洛阳狱中，草草掩埋。其遗骨应与班超墓不远，惜岁月流逝，又死于罪名，已无可寻觅。

班超之妹班昭奉命到皇家藏书的东观继续写完了“八表”“天文志”，并整理和校对了父兄的遗稿，《汉书》方才玉合璧成。

白鹤，涉禽类鸟，头较小，劲、嘴及脚均长，是一种大型候鸟。民间故事里，则称它为神鸟，落在哪里，就会给哪里普降吉祥，福祉。

升仙太子碑文物保护碑

在孟津县城东北十八里外的黄河南岸，有个村子叫“白鹤”。它现在是白鹤镇政府所在地，分鹤中、鹤南、鹤西、鹤北四个行政村，居民七千多口，是孟津县最大的村落。

要问白鹤村名的由来，得先从黄河以北济源市境内的王屋山和偃师的缑山说起。

王屋山是神话传说愚公移山的地方，因山的形状和王侯的房屋一样雄伟壮观，故称王屋山。

整个王屋山峻岭环抱，谷深洞幽，道观宫庙，星罗棋布。

就在王屋山的东部，有个山峰叫玉阳山，白云缭绕，千岩竞秀。山上有个石洞，深有百尺，洞外松柏苍翠，鸟语花香，洞内泉清石奇，景象万千，是个难寻难觅的洞天福地。

再说周灵王在洛阳做天子时，横征暴敛，穷奢极欲，弄得民不聊生。

太子子乔劝灵王体恤民情，灵王不但不予采纳，反对子乔大加训责。

子乔郁郁不乐，经常单人独马，漫游洛阳四周的风景之地，以郊游射猎来消散胸中闷气。一日，他到了偃师的缑山，遇见了浮丘洞的洞主浮丘公。浮丘公根据子乔脱俗求仙的愿望，让他和自己所骑的白马，同饮缑山顶上的池水。

白马饮过池水，身子一抖，变成了一只雪白的仙鹤，翅膀一展，就要腾飞，已经升仙的子乔，急忙跨上鹤背，飞上了天。

子乔升仙后，终日驾鹤仙游。一日，他乘着白鹤飞过黄河，来到王屋山上空，俯视大地，只见层峦叠嶂，雾霭皑皑，侧耳一听，但闻仙乐声声，百鸟喧鸣。他判定这是一处比缑山造化更深的仙界圣地，便示意白鹤降落。

洛阳偃师升仙太子碑

升仙太子碑拓片

子乔遍游玉阳山，发现了那个山洞，决定进洞修炼。白鹤选择洞外的一个高台，栖息其上。这个高台后人称作“憩鹤台”，至今遗址尚存。

一日清晨，浮丘公在缑山的浮丘洞掐指一算，得知子乔与白鹤已在玉阳山上择洞而居，大为不满；打算将他召回身边，又想自己既然已帮助他羽化成仙，同在仙界，不便强人所愿。但那只白鹤，原是人间供人驱使的畜生，虽然成了仙鹤，也不能过于放任，于是又掐指念咒，召白鹤飞回缑山浮丘洞听命。

白鹤虽然留恋子乔和玉阳山景致，但浮丘公超度之恩不敢怠慢，急忙辞别了子乔，腾空而起，向南飞去。飞越黄河时，见南岸现在白鹤村这个地方，南依邙山，北临黄河，水草丰满，地平土肥。受这里一派风光的吸引，它放慢了飞行的速度，迂回盘旋，一连转悠了好几个圈子，看够了，也飞累了，看到一个土台，就落在上边歇息，恢复元气后，又向缑山飞去。

黄河岸边，一位身披蓑衣的渔翁在垂钓。他把白鹤在这里盘旋、降落和起飞的全过程都看得清清楚楚。他感到最为惊奇的是，这只白鹤不仅个头特别大，而且飞行时伴有仙乐阵阵，降落后四周金光闪闪。他认定这是只仙鹤，它的栖息之处定是风水宝地，便来这里定居。

其他地方的人们听到消息，也争着往这里迁移，形成的村子，就定名“白鹤村”。村旁还修了“歇鹤台”。

至于说当地有人把白鹤村叫做“白坡”，那是因为白鹤村南的邙山北麓有个大坡。

白鹤镇，从古老的神话传说中走来。却又不断的演绎出更多更加动人的神话故事。

相传，汉朝皇帝刘秀，有一至亲好友叫严子陵。此人，性格古怪，什么都好，就是不愿居官。而刘秀，则偏要他做官。严君无奈，只好隐匿于邙山脚下一个山旮旯里，每日诗文书画，享尽山水之乐。

忽一日，一只白鹤从黄河彼岸翩翩飞来，不偏不倚，正好降落在严子陵胯下。于是，他跨上白鹤，如同腾云驾雾，飞抵金河涧上空。盘旋三匝，尔后，那白鹤曲颈向东之歌，声音嘹亮，纯厚，煞是动人。再后，振羽西飞，飞过之处，生出一片金霞，接天柱地，翻腾激越，恰似神居仙境，难以描绘的壮观。于是，后人将金河涧作界，其东边的风水宝地叫白鹤镇，以西的人杰地灵之处叫霞院村。

经过历史的不断沿革，白鹤村则成了区、乡、镇政府所在地。它南依邙山，北临黄河，号称中国第一渡。历史上多少战争，军队都是从这里过河。

与白鹤镇区近在咫尺的霞院村，辖3个自然村：东霞院、西霞院、高家庄。2002年，因西霞院大坝工程，经孟津县政府批准，霞院村正式更名为西霞院村。

西霞院最大的姓氏“任”，分布于原霞院、任庄、太平庄乃至小浪底妯娌村，妯娌因处于小浪底淹没区迁至平乐镇，妯娌新村。

据记载，任氏祖先五兄弟在洪武二十四年（1391）离开山西，由洪洞大槐树下的“移民办公室”安排，前来河南。他们就是黄河、沁水、济水“三河”地区的“任氏洪迁五祖”。

其“洪迁五祖”之长门居于紫陵，今沁阳市紫陵镇，二门居于留养、南张羌，今济源市留养村和今温县南张羌镇，三门居于西虢、卫辉，今温县西虢镇和今卫辉市，四门先居于留养传三世，第四世迁于霞院，即今孟津西霞院，五门居于薛庄，今济源市薛庄。洛阳孟津任氏向谓“老四门”。

其“四门四世祖”为西霞院“始迁祖”，亦谓“西霞院任氏一世祖”。

“西霞院任氏一世祖”有子五人，成二世五门，是为洛阳孟津任氏之“本生祖”五门。其二世中之第四门向谓“小四门”，即孟津二世四门，衍至第五世，生子六，故而从第六世起分成了六支。

其四门六世六支，居于任庄者一，居于霞院后街、平庄、曙光福家庄、西相留者一，居于霞院西者一，迁居于南阳者一，居于霞院西沟和栾庄东沟者一。

任氏家族在黄河两岸勤劳开垦，功绩不可磨灭。

孟津黄河沿岸，霞院有丁氏家族，新庄、堡子、王良、胡坡、济源王窑还有王氏家族，白鹤寨内及其以东有赵氏家族。

孟津不但有“陇西李氏”，还有源于彪悍的蒙古族的李氏，其他百余姓，亦各有人杰。

孟津黄河湿地——黄河湿地自然保护区。

这里水禽云集、天鹅曼舞、鹤声阵阵，辽阔的黄河滩涂上，构成一幅万羽竞翔，鸟唱水吟的天然图画。

1995年，孟津26公里黄河段，6206公顷的湿地被划定为水禽自然保护区，常年在区内居住的留鸟，有苍鹭、斑嘴鸭等，春、秋路过在此歇脚的旅鸟，有豆鸭、银鸥等，还有夏候鸟白鹭、灰头麦鸡等，冬候鸟灰鹤、白天鹅、黑鹳等，其中十多种为国家一类保护珍禽。

第叁卷

帝都传奇

任见 著

河南人民出版社

目　录

第三十一章

新都横空

一

周景王正在踌躇满志地推行国务改革，没提防发作急病，突然去世。

继任者周悼王姬猛，是周景王的次子。周景王的长子早殁，故而姬猛也排到前边了。周景王宠爱的庶子姬朝没有吃到菜，心里很不忿。

姬猛的权位是依靠贵族单穆公和刘献公夺来的，是极力支持保守派，死命反对改革的。

姬猛一上台就大搞裁员，先父周景王重用的铸造“无射”编钟的大批百工、百官“光荣下岗”。

姬朝对姬猛当天子极为不满，又见姬猛废掉父亲生前制定的改革大计，中断铸钟，更加愤怒。

失业的大量百官、百工，也都对姬猛有意见。于是姬朝就带领这些人，开始造反。

姬朝的革命队伍士气高昂，吓得周悼王姬猛躲在单穆公的家里不敢出来。

姬朝的部下趁夜潜入单家，劫持了悼王，单穆公突出重围逃走。

姬朝乘胜追击。结果，对手联络了晋国，晋景公派了当初曾经被周景王斥责过的荀跞和籍谈率兵搭救周悼王。

姬朝所率的“百工、百官”实际上不会打仗，更不是强大晋军的对手，很快被打败，周悼王姬猛也被晋军救走。姬朝见大势已去，只好逃亡楚国。

姬朝逃亡之际，将王室图书馆的重要典籍都带上了，还带走了一批忠于自己的贵族。典籍加贵族，等于把中原文化带走了，带到楚国去了。

周悼王姬猛为晋军所救，也大伤元气，一年不到，即告崩去。

姬猛的弟弟，姬朝的哥哥姬匄捡了个便宜，当上了东周第十四任国王——周敬王。

“景王变法”这一官方革命失败了。在变法过程中，晋国做尽了坏事。其次就是盲目崇尚周礼的鲁国，举国攻击景王变法，不遗余力。

在鲁国，假惺惺去洛阳向老子请过教的孔丘，借机开始了“删书赞易”活动，他日夜不停，加班加点，将三千二百四十篇珍贵古籍抄本“删”掉了三千一百二十篇，仅剩区区一百二十篇！

东周时期，周王室有史籍典藏，有些方国也做抄本，比如鲁国。

多数方国不重视抄书，加之战争频仍，保存不善，几无存者。惟鲁国的典籍抄本，直至孔丘大肆删改之前，一直保存甚好。

孔丘“删书断自唐、虞，则唐虞以前，孔丘得而烧之。《诗》三千篇，存三百零五篇，则二千六百九十五篇，孔丘得而烧之矣。而存者为经，身尊道隆，为天下后世法。”

孔丘把文化全都阉割完毕，拍拍屁股说：“这下好了，谁也找不到礼乐之外的东西了。”

可以说，孔丘的“删书赞易”，是对老子李耳的疯狂报复，其阴晦心理和小人之技作祟，致使后人对前史望尘莫及，因此成了断代谜案。

可以说，孔丘的“删书赞易”，更是对中国历史的倒行逆施，致使中国的规则社会、法制社会迟到了两千五百多年，一直处于可怜的蹒跚之中！

老子出关的古道

老子李耳，没有因为撰写编钟铭文而风光起来，反而蒙受图书馆典籍遭劫的失职之责，受牵连而被迫辞职。

老子把王室图书馆里剩余的典籍登记造册，交给周敬王，就悲怆地离开了。

往哪里去呢？走到洛阳郊外，但见四野一片荒凉。断垣颓壁，井栏摧折，阡陌错断，田园荒芜，枯草瑟瑟。

田野里，不见耕种之马，大道上却战车奔驰不息，有的马还拖着怀孕的大肚子，艰难地尾追其后，怕掉队饿死。

老子心如刀绞，“夫兵者，不祥之器也，非君子之器。不得已而用之，适可而止，恬淡为上。胜而不必自美，自美者乃乐杀人也。

“夫乐杀人者，不可以得志于天下矣！以道佐人主者，不以兵强天下。

“兵之所处，荆棘生焉；大兵之后，必有凶年。天下有道，却走马以粪；天下无道，则戎马生于郊。戎马生于郊，则国乱家破矣。”

老子决定：归隐！觅得青牛一头，让牛自由行走，驮我到哪里就是哪里。

青牛有灵，驮着老子离开洛阳，一直向西缓缓走去，缓缓走去，缓缓走去。

话说险关函谷，就是秦晋崤山大战的那条大谷的东口，有个关守——关尹，少时即好观天文、爱读古籍，据说有深厚修为。一日夜晚，独立楼观之上，凝视星空，忽见东方紫云聚集，其长三万里，形如飞龙，由东向西，滚滚而来。

这位关长，受到感应，不由喃喃自语道：“紫气东来三万里，圣人西行经此地。青牛缓缓载老翁，藏形匿迹混元气。”

关尹早闻李耳大名，心想莫非是老子将来？于是，次晨即派兵夫清扫道路四十里，夹道焚香，以迎圣人。

骑青牛离开洛阳的老子

七月十二日午后，夕阳西斜，光华东射。关尹正欲到关口查岗，忽见关下稀落行人中有一老者，倒骑青牛而来。

老者白发如雪，其眉垂鬓，其耳垂肩，其须垂膝，红颜素袍，简朴洁净。

关尹仰天而叹道："我生有幸。得见圣人！"三步并作两步，奔上前去，跪于青牛前拜道："关尹叩见圣人！"

青牛背上的老子，见叩拜之人方脸、厚唇、浓眉、端鼻，威严而不冷酷，柔慈而无媚态，早知非一般常人，故意试探道："关令大人叩拜贫贱老翁，非常之礼也！老夫不敢承当，不知有何见教？"

关尹道："老丈，圣人也！务求留宿关舍以指修行之途。"

老子道："老夫有何神圣之处，受你如此厚爱？愧杀老夫矣。"

关尹道："关尹不才，好观天文，略知变化。见紫气东来，知有圣人西行，见紫气浩荡，滚滚如龙，其长三万里。知来者至圣至尊，非通常之圣也；见紫气之首白云缭绕，知圣人白发，是老翁之状；见紫气之前有青牛星相牵，知圣人乘青牛而来也。"

老子听罢，哈哈大笑："过奖、过奖！老夫亦早闻你大名，兹来拜会。"

关尹闻言大喜，叩头不迭。之后，关尹引老子至官舍，请老子上坐，焚香而行弟子之礼。

关尹恳求道："先生乃当今大圣人也！圣人者，不以一己之智窃为己有，必以天下人智为己任也。今汝将隐居而不仁，求教者必难寻矣！何不将汝之圣智著之为书？关尹虽浅陋，愿代先生传于后世，流芳千古，造福万代。"

老子允诺。有人管吃管住，李耳便把自己的著作《老子》重新整理一遍，分为上、下两篇，共五千言，送予关尹。

《老子》上篇，起首为“道可道，非常道；名可名，非常名”，故人称《道经》。

《老子》下篇，起首为“上德不德，是以有德；下德不德，是以无德”，故人称为《德经》。

《道经》言宇宙本根，含天地变化之机，蕴阴阳变幻之妙；《德经》，言处世之方，含人事进退之术，蕴长生久视之道。

《道经》和《德经》，合称《道德经》。关尹得之，如获至宝，饥渴皆忘，终日默诵。

需要指出的是，后山并不盲目表扬老子，老子的心态是消极的，理论也是消极的，而孔丘本质上是后退的，但孔丘的心态却是十分积极的。

后来，老子李耳终归何处？

有人说，继续西行，不知所踪。有人说，又返回来，到了洛阳西南的大山里。洛阳人，尤其是洛阳西南的栾川人极力推崇后一种说法，因为后一种说法，暗藏有旅游效益也。

二

却道姬朝争位，是得到国内士民支持的，问题在于无法取悦诸侯，尤其是得不到北方霸主晋国的支持。

晋国为什么反对姬朝继位，反对周景王以老子思想为统帅的改革呢？

原因很简单，因为一旦姬朝继位，改革就要继续，大周就可能要中兴，一旦大周中兴，天下诸侯就要归附于天子，那还能有晋国什么事儿呢？

所以，晋国坚决反对改革派姬朝，而坚决支持保守派姬猛。

就国力而言，晋国是强盛的。姬朝的支持者主要是些“百工、百官”，当然不是百炼成钢的强大晋军的对手，所以很快被晋军打败了，向南逃跑。

姬猛，名字怪厉害，身体不咋着，一年就死去，保守派只好重新选择天子。目标自然锁定在姬匄的身上了，因为姬匄一直以来，表现出对保守派和晋国的合作诚意。于是，姬匄做了周敬王。

周敬王继位不久，姬朝带着人又打回洛阳来了，把敬王又打了出去。

姬朝占领了王城，敬王只能住在王城以东的下都，人们称敬王为东王，称姬朝为西王。有东、西两个周天子了现在！

两个周天子，互相争斗了整整四年，最后还是晋国人出手，把姬朝又打跑了，周敬王回到王城，成了唯一的周天子。

敬王虽然回到王城，也得到臣民和诸侯的支持，但是弟弟姬朝始终是他的一块儿心病。

这个姬朝的活动能力太强了，也太有号召力，而且也太顽强了，只要姬朝还活着，就是对他最大的威胁。所以敬王把追杀姬朝作为第一重要任务，派出无数情报人员，随时找机会刺杀姬朝。

姬朝被晋国彻底击败以后，选择了逃亡南方的楚国，姬朝这个选择，应该说是有智慧的。

当时的天下，经过两次宋国之盟——宋西门之盟和宋蒙门之盟，确立了

《山海经》

古本《山海经》

晋为北方霸主、楚为南方霸主的二雄并立局面，敬王得到了晋的支持，那么姬朝如果得到了楚的支持，正可以与之对抗。而且，楚为了对抗晋，也乐于扶持姬朝。

姬朝逃亡之时，将洛阳城中“国家图书馆”洗劫了一遍，带走了大量图书典籍。却由于使用不当，这些典籍后来都渐渐流散，对中国历史而言，损失非小。

在东周时期，保存历史典籍抄本较好的地方，还有鲁国，但鲁国的典籍，如前所说，孔丘出于阴暗的报复心理，已经搞得皮毛不存了。

姬朝凭着自己的威望，吸引了一大批学者文士，跟着他南迁。

姬朝奔楚，并没有到楚国的都城，而是在楚国最北部的边境南阳落了脚。因为在南阳，既能得到楚国的支持，又距离洛阳较近，只要一有机会，就可以再打回洛阳。

可惜，周敬王没有给姬朝复国的机会，派刺客前往南阳，杀害了姬朝。

姬朝死去了，从洛阳跟着他来到楚国的学者文士们，为生活所迫，渐渐开始用从洛阳带出来的国家典籍当教材，开办私学，巨量珍贵的典籍就这样被流逝的时光慢慢地“消化”掉了。

不过，私学热，使本来落后的楚国文化为之一振，使楚国这个在文化程度上相对落后的蛮夷之邦，迅速发展成了兼容中原思想和南方特色的文化景致。

除了办私学，来自洛阳、侨居楚国的学者文士还著书立说，反正楚国本身属于新文化真空区域，你往里添什么他都乐呵呵地接受。

他们于是开发想象力，硬是编出了远古时代的玄幻小说《山海经》。

《山海经》全书现存十八篇。据说原书共二十二篇约三万二千字。

《山海经》怪物1

《山海经》怪物2

《山海经》依南、西、北、东、中的方位次序分篇，每篇又分若干节，前一节和后一节又用有关联的语句相承接，自具首尾又前后贯串，使篇节间的关系表现的非常清楚。

其中，《藏山经》五篇，《海外经》四篇，《海内经》五篇，《大荒经》四篇。

《藏山经》主要记载山川地理，动植物和矿物等的分布情况。

《海外经》主要记载海外各国的奇异风貌。

《海内经》主要记载海内各地的神奇事物。

《大荒经》主要记载了与黄帝、女娲和大禹等有关的重要神话资料。

《山海经》为释图之书，虽然神神怪怪，但它不仅仅适于无聊的时候打发光阴，因为其中保存了大量远古时期的史料，而这些珍贵史料的典籍背景，来自老子李耳曾经担当馆长的大周王室图书馆。

《山海经》为中国远古历史研究提供了很大的帮助，说它是中国古代文学典籍中的一部宏伟巨著，并不为过。

三

周敬王搬出下都，回到王城。虽说总算“归位”了，但是眼看着在数年战争中已经被严重破坏的王城，总是感到不安全，于是准备再迁回下都。

下都城区，原由周公姬旦所建，本来是为了安置商朝遗民之用，周朝君臣并不到这里办公，更不在这里居住，因此规模远不及王城，被称为下都。

具体地讲，就是周敬王在下都这几年，住出感情来了，想把都城再度迁往王城以东的下都，重现当年“成周”的辉煌。

但是，天子移都，总是要大费周折的，而且下都的宅基地也必须重新营建，才能适合作为新的天子之居，多年来饱经战乱、权势疏落的大周，财政十分羞涩，根本拿不出这笔修建和搬家的费用。

周天子的惯例是有困难找诸侯，敬王当然也是如此。

周敬王起草了一份首都重建暨搬迁企划书，抄发给各路诸侯，意思无非征求赞助。

考虑到诸侯早不是以前看重天子脸面的诸侯了，敬王还特意交代了一条“必要说明”：此次修建完毕，今后再有战乱，天子就可以自己防御，而不需要再麻烦诸侯了。

晋定公扒拉着算筹，合计了半天，觉得一劳永逸，比慢刀子割肉好，就表示同意，只是，晋国并不打算自己出钱出力，而是召集了齐、鲁、宋、郑、卫、曹、薛、杞等国，在翟泉召开代表大会，研究帮周天子盖新房子的事儿，史称“翟泉会盟”。

翟泉在今天的洛阳市北部，孟津县平乐镇境内。

晋国代表团团长在会上要求各国，必须分担工程任务，用最短的时间，把成周城建设好。

宋国代表提出反对意见，宋国人是以商业立国的，要不怎么他们的国城叫做商丘呢，商人是要核算“投入产出比”的：“请问，我们出工出力，替周天子干活，最后到底能图个什么？”

晋国发怒了：“现在不是问图个什么的时候，而是我们晋国领导已经答应下来了。说白了，这是个政治工程，献礼工程，你们不配合，就是不听盟主的招呼，我们就派军队去打你们。”

宋国代表软了下来，其他各国代表，也都明白了怎么回事儿，大家不再提出异议，表决时全部同意。

晋国牵头，多国协作，都派出有经验的建筑公司，倒排工期，快干猛干，仅用一个月的工夫，便把新的成周城修好了。

新建的成周城，宫殿更为高大，布局也更为合理，宫殿周围，建了许多高档公务员社区，若干社区划为一组，称作“一聚”，便于干部们生活。

新建了宗庙，摆放列祖列宗的神主。

城外北边，开辟了王陵区，作为天子崩后的新墓地。这个“成周陵区”，史界又称金村陵区，位于成周城北的邙山，今天的孟津县金村一带地面。

自周敬王以后的十余位帝王死后，皆埋葬于成周陵区。

公元1928年，金村以东约一公里的农田，雨后下陷，出现一个古墓。

开封基督教传教士怀履光和美国人华尔纳等人闻讯赶来，出钱雇人，在附近先后挖出了八座甲字形大墓，出土文物上千件，大多被运到美国、加拿大等国家。

这些甲字形大墓分为两排，编为一至八号。

其中，五号墓为积石积炭木椁墓，墓口长十二点二米，墓底边长十点七米，深十四米；墓道长七十七米，宽三米多。墓的两侧有长十二点二五米、宽三点零五米的车马坑两个。

五号墓的墓门边，门边陈设有青铜鼎一个，铜壶两个；门内又设有大铜鼎三个，中间的鼎直径为九十五厘米，盖上有三个兽钮，各鼎内分别有牛骨、马骨，埋葬时应该煮的是肉食，是祭祀的遗物。

成周陵区墓葬，是东周陵区的重要组成部分。

日本人梅园末治，曾经到美国、加拿大等国参观拍摄成周陵区出土的器物，根据有关资料及所摄图片，出版了《洛阳金村古墓聚英》一书。

书中，成组的错金青铜器、错金银狩猎纹镜及精美的银器和玲珑剔透的大型玉璧，耀人眼目。

好了，总体来说，新首都，新洛阳，建设得多快好省，十分漂亮。

多国建筑公司，齐心协力，快速建成新洛阳，因为是政治工程和献礼工程，太紧张了，殿顶使用的仍然是柴草。

但东周的这个时候，陶瓦已经出现，洛阳城里的陶工作坊开始大量生产御用陶瓦，以供来年苫到殿顶上。

周敬王率领妻妾臣子，焚香祭拜天地，祭拜宗庙，然后歌舞表演，挂牌仪式，热热闹闹，胜利入住。

周敬王在艰难岁月，利用智慧大兴土木，建设了新都洛阳，事情干得不错，他搬进成周新殿之后，经两三年的加固，苫瓦，髹漆，一直住了三十多年。

兹后，成周被长期作为国都使用，并不断得到扩建，越弄越豪华。

自敬王始，元王、贞定王、哀王、思王、考王、威烈王、安王、烈王、显王、慎靓王等都定都于成周。

周王朝灭亡二百八十年以后，东汉建都洛阳时，又选中了成周城的老基础，进行扩建。先后增加了德阳、崇德、宣明等宫殿。

到了魏晋时期，又陆续修建了崇华、九龙等大殿。

直到南北朝的北朝时期，洛阳成周城仍在不断地膨胀。

靠着诸侯赞助，得以重建的成周洛阳，为历朝帝王所青睐，足足辉煌了五百多年。

就故城洛阳的兴盛史而言，你能说周敬王姬匄不是个聪明的天子吗?

姬匄的一生应该是满意的一生，他死后，儿子姬仁接任天子，为周元王。

史家有的看到周元王的“元”字，就把他之即位，当作“战国”时代的开始。

当然，春秋时代和战国时代的交接点在何处，说法是不一致的。

周元王在位时间不长，只有七年，他在位期间，东南的越国疯狂发作。

越王勾践曾经在会稽山被吴王夫差打败，挑选全国美女向夫差行贿，四年后侥幸得脱。勾践立志报仇，夜夜睡在粗薪上，日日舔尝猪苦胆，经过苦心准备，又十五年后，灭了吴国。

勾践灭吴后，挥师北渡淮河，进入中原，显示威风在徐地——今天的山东滕州以南地方，召集齐、鲁、宋等国会盟，很牛的是，晋国也被他叫来了——这个事实说明，晋国在走软。

勾践第一次主持会盟，很激动，很兴奋，自然想到了周天子，盟后派人送了大量贡品到洛阳给周元王。

周元王大得面子，极是欣喜，便签署了红头文件，任命勾践为“霸主”，还挑选了几大块祭祖剩下的肉肉，差人一并回送过去。

第三十二章

权崩势裂

一

周元王在洛阳做天子的时候，山东的齐景公老想恢复祖上的霸业，对周边的诸侯说了算。

而鲁国老教师孔丘——人都有老的时候啊——全心全意地死挺鲁国国君鲁定公，想让鲁国真正带头“礼乐”起来。

但热脸一再碰上冷屁股，孔丘一直到了五十多岁还是一介白丁，没有一官半职，倒是整天被孔丘口诛笔伐的新贵族“三桓”给了孔丘一个机会，让五十一岁的老孔丘担任了“中都宰”，开始了荒谬可怜的仕途生涯。

“三桓”，即孟孙氏、叔孙氏和季孙氏，他们都是鲁桓公的庶出子孙，故而史称“三桓”。

“三桓”基本上没有坏心眼儿，一心一意争做贤人，他们不知道孔丘是彻头彻尾的保皇派，在整天变着法儿骂他们，没多久还提拔孔丘当了鲁国司寇——警察总局局长。

孔丘抖起来了，立刻提议“堕三都”。就是要把“三桓”自行武装起来的三座私邑，全部“堕胎”——毁掉，从而使他们无法对抗国君。

“三桓”要气死了，三个城池都“堕”了一半儿的时候，他们小指头一弹，把孔丘弹飞了，又飞回了原来的坑里。

孔丘担任了三个月的司寇，全部宦海生涯完毕。孔丘的孙子后来还为孔丘拉遮羞布，说：“我听说君子就像鸟一样，受到惊吓就要飞走。”

不过孔丘担当警察局长期间，政绩十分显著，诛杀煽动成立工商协会的少正卯，打压物价，处罚卖注水肉的商贩，劝人抛弃“破鞋”老婆，这些个，应该都算“美政”。

鲁国“美政”了，相对而言，于试图称霸山东的齐国不是个美事。

齐景公选了八十名会唱流行红歌的齐国美女，穿着三点式，组成歌舞团，坐三十辆华贵马车，跑到鲁国曲阜南门外，表演。

最后，把美女全部送给了鲁定公和鲁国贵族们，接受了美女的，都表示按照齐景公的指示办事。

孔丘气急败坏地，求见鲁定公，向鲁定公宣扬他的政治学，迫鲁定公“自强”。

“等级”，是孔丘政治学的“一个中心”。

孔丘还有“两个基本点”：一是礼，一是仁。

孔丘向鲁定公解释，礼，就是要求“三桓”以及其他臣子所用的音乐、舞蹈，不能超过国君的规格，车马丧葬也要按照国君给定的标准。

具体地讲，礼，就是上下之规矩。

晚辈见长辈不许咳嗽，国君招呼臣子，臣子不许磨蹭，未穿上鞋就得赶紧跑去觐见。

人们习惯了见到上级卑躬屈膝，也就不犯上了，不造反了。一个“中心”，也就万年不倒了。

仁呢？当国君的主要职责不是发展经济，而是要做道德楷模，带动各个等级都向善，大家都仁起来，下级也就不向上级造反了。

具体地讲，管仲非常能干，但不能学他。孔丘的学生颜回，不苟言笑、行为刻板、循规蹈矩、老实听话，连养活自己的能力都没有，最后被饿死，但全国应该“学习颜回好榜样”，都成了大绵羊，就都“仁”了，一个“中心”，也就万年不倒了。

鲁定公听着在理儿，一高兴，说：“喝，喝，吃，吃！”

孔丘抓起一把黍子就塞进嘴里。

鲁定公掩口而笑，说：“哈哈，黍子是擦桃子毛的，不能吃。弄错了。”

孔丘说：“黍子，是五谷之长，桃子，是水果之末。岂能用五谷之长去擦水果之末！”

孔丘的“一个基本点”到处都体现着，连粮食、水果都分出等级。

可怜的鲁国国君，真是没救，君臣关系尚未学会，一不注意把粮食顺序和水果顺序又弄错了！

却说孔丘，复辟周礼，无所不用其极，抓住一切机会，拼命呐喊：“君王的地位不许动摇，老爹的地位不许动摇！”

有人问孔丘：“有一老乡，为人正直，他父亲偷了羊，他就去揭发，这算怎么回事？”

孔丘回答：“子为父隐，方为直也。老子偷羊，儿子应该进行隐瞒，这才叫为人正直呢！”

后代中国人根据孔丘的这个口谕，把“儿子控告老子”定为犯罪，从而导致了中国人无与伦比的“孝顺”，孝到了懦弱不堪、丢失原则的地步。

孔丘认为，老百姓告当官的，也是犯罪。因为不合“礼”，不能“维护既有

孔丘见南子（电影画面）

的等级制度万年不倒”。

孔丘的等级思想，在霸权四起、乱云飞渡的东周春秋时代，像蚂蚁放屁似的，无人理睬。鲁国“三桓”更是不屑。

孔丘在鲁国呆不下去了，便开始周游列国，贩卖自己“君君、臣臣、父父、子子”的“八字宪法”。

走到黄河边，想渡河到晋国去，听得晋国旧贵族正在遭殃，孔老二吓慌了，不敢入晋，怅然望着滚滚东流的浊浪，长叹一声：“天哪！我不能过黄河，大概也是命中注定吧！”

到卫国，卫灵公不见孔丘。

孔丘偷着去找卫灵公夫人南子，想通过南子，说服卫灵公，推行“礼乐之治”。

传说南子貌美而淫乱，她于薄帷之后接见孔丘，“环佩玉声璆然闻也”，学生们在外面都听到宽衣解带的声音了。

随行的学生子路，为人刚直，不达孔老师之意，认为君子不当见淫乱妇人，而且老半天不出来。

“予所不者，天厌之！天厌之！”孔丘发誓表白说，“我若跟她浪漫了，愿老天惩罚我，老天惩罚我！”

卫灵公见了孔丘，问孔丘该怎么打仗。

孔老二说：“我不会打仗，我只会行礼。”

卫灵公不睬孔丘，顾自抬头看着天上飞过的大雁，弄得孔老二非常尴尬。

来到宋国境内，孔丘和学生们歇在一棵大树底下，叫大伙分成小组，演习

孔丘困厄陈蔡故地

“周礼”，被宋国司马桓魋看到，桓魋觉得恶心，遂驱逐之。

以后又去了陈国、蔡国、楚国……

到处“天下大乱”，孔丘那套“克己复礼”、倒行逆施的复辟主张，根本没有市场。

在陈、蔡交界处，孔老二们几天吃不上饭，有些学生还病倒了。

孔老二问学生：“我不是老虎，也不是野牛，如今流落荒野，是什么理由？”

子贡说：“老师的主张，世上行不通。”

孔老二听了大发脾气。

颜渊说得好听：“我们有好主张，各国当权者不实行，这是他们的耻辱。他们不睬我们，更显得我们伟大！”

孔丘连声称赞：“说得好，颜家小子！如果你有钱，我一定给你当账房先生！”

到处碰壁的孔老二，突然打听到在鲁国执政的季康子很重用他以前的学生冉求，便得意地手舞足蹈起来：“有回国希望啦！有回国希望啦！我的学生有的是本领呵，还怕抓不到权？”他决定马上回鲁国。

孔老二终于在一个夕阳西下的黄昏，坐着破马车，狼狈不堪地回到家乡曲阜。

但当权派季康子实行田赋制度，要革除的正是奴隶制的生产关系，冉求在帮着季康子搞革新，孔老二想通过冉求实现复辟奴隶制的美梦落空了。

孔老二大发雷霆，煽动学生说：“冉求这小子不是我的门徒，大家给我敲着

儒生风采（扮演）

鼓，狠狠地去揍他一顿！”

孔丘最后决定，继续执教，要把原来教出的七十多个毕业生，再带一带，带成高级博士——儒生。

二

儒生，是周朝流传下来的一种职业，每有葬祭之礼，就会有懂行的人在一旁指挥，高嗓门，喊号子，像个导演。

“跪——”“叩首——”“请起——”“一叩首——二叩首——三叩首——”“跪——”“叩首——”“请起——”……

不厌繁琐，高喊号子的，这就是“儒生”，又叫“礼生”。

儒生有还有专业的工作服，叫儒服，当然也叫礼服。

丧事，是周礼中最高、最大的礼仪，死者是当权派或者高辈分的人，其丧事就更重要了。

不过孔丘改良了教学内容，从办丧事扩大到了日常礼仪、射御、音乐、占卜，所谓六艺啦，学成以后不光主持丧事，还可以去各国当官，因为中国的官，以形式主义为主嘛。

然而，春秋战国时期，百花齐放年代，谁让“儒生”当官呢？

兵家、法家、经济家和纵横家大行其道。以主持丧葬仪式为拿手戏的儒生，想参与政事，还要等上一千多年，直到科举制度大流行以后了。

孔丘的高足们，只能平时在家“各言其志”，各过嘴瘾罢了。

柳下跖

孔丘面对被动形势，教导学生们记住：“死生有命，富贵在天”。

不久，从秦国传来消息：奴隶起义的领袖柳下跖，率领一支九千人的造反队伍，攻打城池，活捉奴隶主并杀头示众，声势浩大，向东而来。

孔丘认为机会又出现了，便向闻风丧胆的国君献策，他愿前去诱降柳下跖。

柳下跖正和战友们在山边休整，听说孔老二来了，不由勃然大怒：“这老家伙不耕而食，不织而衣，摇唇鼓舌，擅生是非，是个阴险奸诈的假圣人。他官迷心窍，专搞复辟倒退，罪大恶极，快叫他滚开！”

孔老二不肯走，柳下跖吩咐把他带上来。

孔丘见了柳下跖就打躬作揖，说：“将军生得眉清目秀，天资聪明，又善于带兵作战，实在是世上少有。不过……被人家叫做盗跖，我很替你可惜。如果你从此不再造反，我可以替你向国君说情，担保能弄个大官做……”

柳下跖怒目按剑，厉声喝道：“呸！你自吹那套破烂是通行天下之理，那你为什么在齐鲁无立足之地，在陈蔡受围攻，在卫国几乎送命，弄得四处奔波，到处碰壁？”

孔丘又搬出看家法宝，什么“克己复礼”啦，“修文武之道”啦……

柳下跖鄙弃地哈哈大笑。

柳下跖指着孔丘鼻子痛骂：“你盗名窃誉，迷惑天下，才是货真价实的盗丘！你来玩弄诱降的把戏，无非想到主子那里邀功领赏。告诉你那些主子，我们就是要推翻你们这伙自命为‘君子大人’的天堂！”

说完，柳下跖喝令左右，把孔丘轰走。

孔丘晕头转向，面无人色，慌乱得一连三次掉了马缰。

彻底失望之后，孔丘就使出看家本事，帮鲁国图书馆删削历史典籍，烧掉了大量的简牍，修订了一本《春秋》，美化旧奴隶主，斥骂新兴地主。

修订完《春秋》，孔丘已经七十岁了。他那些学生，死的死，散的散，身边没剩下几个人。

老头儿反复地唠叨："我的理想完啦！我的理想完啦！没人了解我呀，真是天知道！"

七天以后，孔丘先生终于咽下最后一口气，带着没有做完的春秋大梦——"等级"大梦，进了棺材。

孔丘的门徒们，把他的语录整理了一遍，编篡出了一本《论语》，内容全是"一个中心""两个基本点"。

孔丘思想，把个人的尊严与体面、自我意识、自我价值的实现和追求等等，全都灭掉，貌似在建设人与人关系的和谐，但本质上却是对生命意识的扼杀。

在孔丘以后，中国几千年的传统文化里，生命意识没有了，连一头"特立独行的猪"也不允许出现，"人"不被当作人，只被当作"民"，而"民可使由之，不可使知之"。

后山释曰："民"，在中国，是个虚幻的总称，"民"不是"人"，因此就不需要拿它当"人"对待，像对待一地萝卜白菜就行了。

后山在研究生时期，修的是"中外文化比较研究"，发现西方文化和东方文化最大的不同，大约就在这里：西方重视每一个单独生长的个体，东方中国重视一地萝卜白菜的等级秩序。

晏婴

楚灵公好细腰

重个体、鼓励个人追求自我价值和实现个人欲望，就能推动技术进步和物质的丰富，个体的新思想和新能力，更能推动社会进步。

重等级秩序，就可能陷于凝滞不前，保住孔丘的所谓“既有秩序”“万年不倒”，就要抹杀和牺牲个体意识，阻碍社会发展。

三

话说在齐国，有个聪明人叫晏子，即晏婴，字平仲，任辅政卿相。

正是晏子看出了孔丘所图，谏议齐景公不能重用孔丘的。

晏子头脑机灵，能言善辩，出使不受辱，司马迁将其比为管仲，其实他差一截子，矮的很。

却道晏子出使楚国，楚灵公知道晏子的个子很矮，就想捉弄他。

楚灵公熊虔命人在城墙的大门旁边又开了个小门，请晏子从小门进去。

晏婴知道楚灵公戏弄他，严词加以拒绝。

晏婴说，“到了‘狗国’，才走狗洞，我现在是出使楚国，不应该走狗门。”

招待晏子的官员听晏子这么一说，只好请他从大门进去。

晏子进门以后，拜见楚灵公。

楚灵公故意问：“是因为齐国再没有别人，才派你来的吗？”

晏子回答说：“齐国的人多极了，仅都城就有上百条街道，人们把衣袖举起来，就可以遮住太阳；人们一齐甩汗水，就像天下雨一样。

楚灵公接着问："既然如此兮，那么为什么派你出访呢？"

晏子不慌不忙地回答："我们齐国派使节出访很有讲究，派遣精明能干的人出使道德高尚的国家；派遣愚蠢无能的人出使不成器的国家。我是使臣中最愚蠢、最无能的人，所以就派我出使楚国来了。"

晏子的话使楚国君臣们面面相觑，半天想不出词儿来。

晏子第二次出使楚国，楚灵公听说晏子要来，向他的大臣们说："晏子是齐国最会说话的人，上次我们吃亏了，这一次我想羞辱他一下，你们有什么好主意吗？"

有个官员建议说："当晏子来的时候，请允许我捆绑一个人，从主公面前走过，主公就问绑着的是什么人，士兵回答齐国人。主公再问为什么要绑他，士兵就说因为他偷了东西。"

楚灵公觉得这是一个羞辱晏子的好主意，就按此布置妥当。

晏子至楚，楚灵公设宴招待他。

酒正喝得高兴的时候，两名小官绑着一个人来见楚灵公。

楚灵公问："你们绑的，是什么人兮，为什么绑他兮？"

士兵回答说："是齐国人，因为他犯了盗窃罪。"

楚灵公故意看着晏子问："齐国人天生就喜欢盗窃吗？"

晏子从席上站起来，一本正经地说："我听说，橘子长在淮河南边就是橘子，而长在淮河北边就变成枳子，虽然两种植物的叶子一样，它们果实味道截然不同。原因是啥呢，是因为水土不同的缘故。这个人在齐国时辛勤劳动，到了楚国反而学会了偷盗，莫非楚国的水土使百姓善于偷盗吗？"

公孙接、田开疆、古冶子

楚灵公听了晏子一番反驳，苦笑着承认说："不能同圣人开玩笑啊，我们自讨没趣了。"

晏子最大的特点是身高不足一米五，天天穿旧衣服，出门坐二手车，驾一匹瘦马，祭祖时，猪肘子块头微小——是个猪仔的小肩膀儿，连祭器底儿都盖不住。

齐景公姜杵臼，趁晏子出差期间，把他的家给好好装修了一遍。

晏子回来气得要命，硬把胶合板都敲碎了。

齐景公无奈，只好另做厚待，给他加薪，发双倍工资。

晏子的老婆又老又丑，齐景公看不下去，把自己的爱女赐嫁给他，却被晏子婉言谢绝："娶老者，为之乱；纳少者，为之淫，且夫见色而忘义，处富贵而失伦，谓之逆道。"

其实晏婴很有钱，装作清廉自守，得到了好名声。

这是晏婴从政长达四十年，成为"不倒翁"的诀窍。只可惜了他的老婆，一天只有一顿饭里有肉，且只是一盘，还不准穿丝织品。

从前管仲为相，排场很大，乘坐彩车，身穿美服，身边狡童美姬，丫环奴仆。管仲敢这么干，是自信能把国家搞好，不担心别人指摘。晏子没什么政绩，当然要装穷做秀。

晏子做总理时期，齐国政治腐败，民生悲惨。

晏子说，这些都怨齐景公。把自己的责任推得一干二净。

公孙接、田开疆、古冶子三人是齐国的勇士，号称"齐人三杰"，都能赤手空拳打死老虎。这哥仨一贯看不起晏子，晏子找齐景公告状，说他们祸国殃民，

杀三士的道具

不如除掉。

齐景公说：“他们也没有什么官职，除掉就除掉呗。相国看着办好了。”

于是，晏子送了俩桃子给这哥仨，说：“国君说了，你们哥仨，按功劳大小，挑着吃桃子吧！”

公孙接仰天长叹：“晏子果是聪明人啊。我不要桃子，那是不勇敢；我要了桃子，别人又怎么办呢。不管怎样，国君命令我们按功劳大小吃桃子，我别无选择。那我就先说说吧——我第一次打死过一只野猪，第二次又打死过一只母老虎。像我这样的功劳，可以吃桃子。”于是，拿了一个桃子啃。

田开疆说：“我独自一人，挡住大批敌人两次冲击，把他们击退，我够资格。”于是，也挑了一个桃子吃。

古冶子说：“我保着国君横渡黄河到晋国去，一条鳄鱼咬住了我们的马，把马拖下水。我跳下黄河，逆流潜行百步，又顺流起伏九里，才抓住那条大鳄鱼，把它杀死。我左手握着马尾巴，右手提着鳄鱼头，像仙鹤一样跃出水面，渡口的人惊讶呼喊，都以为见到了河神。像我这样的能耐，理应独吃一个桃子。”说完就站了起来。

前面那俩人说：“你老古确实厉害！我俩的勇敢比不上你，能耐赶不上你，拿桃子却不谦让，这就是贪婪啊。知耻不死，算什么勇敢？”

于是，俩人交出了桃子，刎颈自杀了。

古冶子说：“其实你俩合吃一个桃子，我独吃一个，就可以了。可惜你俩都死了，唯独我活着，不够哥们儿。羞辱别人，吹捧自己，这是不义。自我悔恨，却不敢去死，这是无勇。”

于是，古冶子也放下桃子，拔剑抹了脖子。

晏子毒不毒？缺不缺德？晏子这“二桃杀三士”的阴招，对君子有效，于小人无效。君子热爱荣誉，讲究原则，所以二桃即可杀之。小人自私爱命，不会为了俩桃子而着急。

公孙接、田开疆、古冶子三人都是堂堂君子、慨然侠士，从对话中就可听出，都是好人哪！

晏子迫害贤能，残杀君子，是他老人家得以在政坛鬼混四十年而不倒的重要原因。

齐国领导人齐景公，是个享受派，大造宫殿，广聚狗马，厚敛赋税，穷奢极欲，路上饿殍相藉，他却用香喷喷的小米喂马。

齐景公越老越好酒好色，不愧“杵臼”美名，招人聚饮聚嫖，七天七夜不停，政事全荒废了，官员和宫女们全都累倒了。

大夫弘章以死相谏，齐景公不以为然，哈哈大笑，说：“弘大夫，来，来来，闷一口，闷，闷，闷一口。”

晏子拱手对弘大夫说：“恭贺大夫啊！你有幸遇上明君。若遇上履癸和商辛那样的暴君，早就身首异地了你。”

老百姓反抗齐景公，都被残忍地砍了脚，卖假肢的大发横财。

面对苛政，晏子不像管仲那样有治国方略，充其量进个谏而已。

晏子对人说，齐景公为人不正经，常同自己小儿子嬉戏。

不错。齐景公口衔绳子，学牛，让小儿子牵着走。“俯首甘为孺子牛”，门牙全部拉折了。

齐景公还找人做了一双大木鞋，鞋长一尺，包以白银，以黄金做鞋带，联缀以珠宝和上乘的玉石，美不胜收。他穿着这双大鞋，迈不动步子。晏子于是惊叫："齐国要完蛋了。"

晏子出使晋国时，埋汰自己的祖国说："高干们吃喝享乐，家里东西都腐烂了，老百姓啼饥号馁，没有房子，也没有鞋，因为他们已经没有脚了。齐国社稷多半都转到了田氏手里了，田氏快要接管齐国了。"

齐国田氏，是新兴的地主，开明进步，富有朝气，确实在预备执政。

晏子身为相国，只会跑出去抱怨，令人难以理解。

齐景公是个老不死，昏庸时间很长，最后他的家族确实把权力输送给了田氏。

四

在洛阳，周元王干了七年大周天子，匆匆辞世，其子姬介继承王位，是为周贞定王。

周贞定王在位期间，照样是洛阳无事，周边大忙。

当时的天下，旧贵族奴隶主之间的诸侯之争已经被新贵族地主之间的大夫之争所替代，曾经架空了周天子的诸侯们，现在开始享受被自己的大夫们架空的滋味了。

而那些架空诸侯的大夫们，正如先前架空大周天子的诸侯们一样，开始不断攻伐，相互兼并了。

赵简子

曾经多次扮演周天子的保护者，同时也经常扮演压迫者角色的晋国，就是一个生动的实例。

晋国的范宣子，曾经起草过一部《刑法》，晋国人本来打算铸在钟上，公布于众，遭到国际谴责，孔丘就声嘶力竭地叫嚷着反对。

孔丘说，刑法不能让老百姓知道，应该让国君含在肚子里——“口含天宪”。国君的嘴就是法律，老百姓才敬畏国君。把法律刻在钟上，清楚明白了，老百姓依法行事，国君的特殊地位就保不住了。

然而，跳梁蚱蜢挡不住历史的车轮，公元前513年冬天，“晋赵鞅、荀寅帅师城汝滨，遂赋晋国一鼓铁，以铸刑鼎，著范宣子所为刑书焉”。

由晋国的执政大臣、六卿之一的赵简子先生——赵鞅做主，将从前范宣子制定的刑书，铸刻在大铁鼎上，颁布了晋国的第一部成文法典。

赵简子何许人也？他的爷爷就是著名的“赵氏孤儿”赵武，名门之后！

这天，在晋国国都绛城的广场上，一队士兵汗流浃背地运来了这座四百八十斤重、铸满了文字的大铁鼎。

此一壮举，成了爆炸性新闻，使赵简子迅速知名于天下，当然更多是招致守旧派的恶毒咒骂。

但是，赵简子博得了绝大多数新兴势力的支持，因为把刑律铸在铁鼎上，国君再也不能“口含天宪”了，晋国宪法成了“紧箍咒”，套在国君脑袋上了，大臣们一念，国君的脑袋就疼。

其实，范宣子制定刑书，赵鞅和荀寅再把它铸到鼎上，针对的就是晋君。

有了成文的法律，卿大夫们就可以藉此与君权抗衡，而晋君，则再也不能像

智瑶

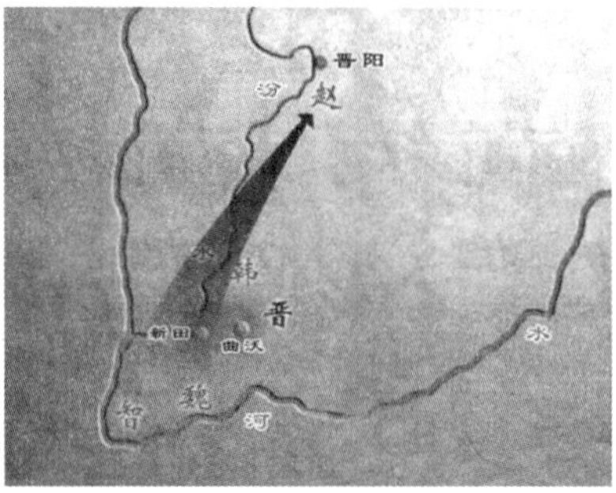

智瑶率联军进攻赵氏

七十年前赵氏孤儿案中那样随意的满门屠杀大臣了！

六卿之间的关系是错综复杂的，既有合作的一面，也有竞争的一面，在晋国政坛上，多年来形成了各卿轮流坐庄，相互制衡的结果。

晋国六卿之间，也因宪法的公开，有了一套共同承认的、可以玩弄的游戏规则。

随着社会经济的发展，六卿之下的士人——小地主、国人——城市平民等群体，政治地位和作用也在不断提升，六卿通过铸刑鼎的举动，也是在向这些群体让渡一部分权力，以笼络人心。

总体来说，赵鞅和荀寅铸刑鼎，是历史大势所趋。

刑鼎的铸造，是社会进步与发展的产物，是新生力量反抗旧势力专制统治的结果。

国内各界的喝彩使得赵简子有了登上政治舞台的资本。果然，他没几年就升任晋国正卿，着手执掌国政。

赵简子逝世后，晋国执政者六卿，为赵、魏、韩、范、中行、智。

六卿强大，导致公室卑弱。

公元前458年，范、中行两家被灭，其余四家瓜分了他们的土地与人口。

公元前456年，四家扶立了晋哀公。

四卿并立，智子最强。智子名瑶，因为智瑶与晋哀公之父友善，利用私人的关系可以影响和操纵哀公，从而控制晋国的大局。

智瑶接着又设计，把范、中行二家的领地全部攫为已有，进一步扩大了自己的势力。

水灌晋阳

智子与赵襄子有怨。赵襄子尚为赵氏太子时，随军出征攻郑，入城门之际，智子命赵襄子先入，赵襄子请智子先入，智子口出恶言："恶而无勇，何以为子？"

赵氏的家臣纷纷要求以死相拼，赵襄子劝阻了大家，并说，正是因为自己能够忍辱，才被父亲立为太子。但他内心，对智子的怨恨不言而喻。

智子尝与韩康子、魏桓子宴饮，竟在酒宴上戏弄韩康子，并且侮辱韩康子的家臣。

别人建议，智子大言不惭地说："难将由我，我不为难，谁敢兴之!"

智子四下结怨，却不自省，而且贪心进一步膨胀，公然伸手向韩氏索要土地。

韩康子故意让智子得逞，看他四处索要，好让更多的人厌恶他，就奉上万户之邑一个。

智子得逞，满心喜悦，又向魏氏索要土地。

魏桓子也学习韩康子，送给他一个万户之邑。

智子轻而易举，得到两个万户之邑，如法炮制，向赵襄子索要土地。赵襄子断然拒绝。

智子当即率领韩、魏二氏，以三家的甲兵攻伐赵氏，意欲一举而翦灭之。

赵襄子据守多年的革命根据地晋阳，坚固城池，充实府库，丰盈仓廪，严阵以待。

智子率韩、魏二家围攻晋阳，鏖战三个月不下，又围困一年多不克。

眼见战事拖延，不禁焦急万分。智子苦苦思索，终于想出水攻之计，决汾水灌晋阳。

晋阳一时变为汪洋泽国，“沉灶产蛙”“悬釜而炊”，灶膛成了青蛙的产房，人们只好吊起锅子来做饭。粮食吃完，竟至“易子而食”，然而，“民无叛意”，依然听命于赵襄子，坚守城池。

在生死存亡关头，韩、魏反戈一击，决开河堤，反使晋水冲向智子军中。

赵军乘机从城中杀出，正面冲击智氏之军。

智军为水所淹，早已乱作一团，韩、魏二家又从两边夹击，大败智军，杀死智子，随之尽灭智氏之族。

公元前453年，赵、魏、韩三家瓜分了智氏的领地。

赵襄子还把智子的头颅涂上油漆，做了饮器，舀水喝。

后来晋哀公去世，其子晋幽公继位，晋公室已毫无权威，晋幽公非但不能号令韩、赵、魏三家，反而自己得去朝见三家之君，朝了这家朝那家。

三家渐渐地将晋国土地瓜分完之后，便将晋国国君废作了庶人。

又后来，在洛阳，大周天子不得不破了先祖成例，签署诏令，正式擢拔韩、赵、魏三家大夫为诸侯。

第三十三章

七雄并立

分晋

一

曾经的北方霸主晋国，散了，以赵、魏、韩三家灭了智氏为标志。

晋哀公去世后，其子晋幽公继位，晋公室的权威已经等于零了，甚至等于负数了。

晋幽公非但不能号令韩、赵、魏三家，反而自己得轮流朝见三家之君。

韩、赵、魏三家，逐步瓜分完了晋国的土地，将晋国最后一名国君晋静公废作了庶人。

翅膀愈来愈硬的三家大夫，派代表团到洛阳，要求大周天子为他们加冕，周王无奈，只好破了先祖成例，签署诏令，正式将韩、赵、魏三家大夫升为诸侯——韩景侯、赵烈侯、魏文侯。

呜呼，韩、赵、魏三家分晋以后，表里河山从此也就又有了一个不伦不类的称呼：三晋大地。

不少史家认为，“三家分晋”是中国东周战国时代真正的起端。

遥想晋国当年，统治几达洛阳边，多少豪族舞翩跹，先轸家族、狐偃家族、三郤家族……多少老革命中原走马，晋献公、晋文公、晋景公、晋悼公……俱去矣，黄河后浪推前浪啊！

“堂堂的百年北方霸主，怎么就突然一下子被我们三家分掉了呢？”魏文侯——魏斯，就经常这样独自发问。

卿大夫家族有封地，有亲兵武装，国君自然要渐渐被吃掉。

韩、赵、魏三个新诸侯国的国君，现在知道孔丘理论的重要性了，为了避免自己被吃掉，开始学习孔丘理论，强化君权。

首先开展思想教育运动，盲目崇拜国君者，哪怕他是白痴，也有甜头尝。

其次，取缔分封制，从机制上入手，扼杀卿大夫家族的特权基础。

魏文侯拜硬手腕李悝为相国，另任命西门豹、乐羊、吴起这些俊杰，主持新社会建设。

李悝取缔了分封制度，把封邑改为郡县，实行郡县制，招募人才作郡县的长官。

李悝规定，郡县长官采取聘任制，只能受雇于国君，官职不可世袭，对辖区的军队没有调度权力，这些公务员，食取俸禄——粮食，但没有土地。

商周以来的分封制开始向未来的皇权专制社会和职业官僚制过度了。

如何招聘国家公务员呢?

借助法律条文，而不再是从前的血缘和宗法。

李悝汇集各国法律条文，编成一部《法经》，规范各级人士的行为。

魏文侯自己也是个爱学习、爱思考的君王，有一次上街，看见路上一个家伙反穿着皮袄，背着柴禾，问他，他说，“这样毛毛不会被柴禾划掉啊。”

魏文侯说：“老弟啊，皮之不存，毛将焉附？保护好皮皮是主要的。”

没多久，税务总局报告说超额完成税收指标，多收了百分之二十。

纷纷称贺，魏文侯却很冷静，“老百姓是皮皮，税钱是毛毛，皮子损伤了，还怎么长毛毛？你们只知道收税，不知道培植税源，这不行啊。”

吴起

吴起雕像

魏国变强大了，诸侯刮目相看。

魏文侯死后，儿子魏武侯接班，仍然很抖。

有次视察西河防务，泛舟黄河，魏武侯诗兴大发：“啊，江山！何等险固啊！”

大夫王错在侧，忙拍马屁：“这就是主公成就霸业的依据啊。”

岂料船上还有个人反对呢：“我不这样看。河山之险，实不足以保社稷也。主公的话，是危国之道。王错附和主公，是危而又危。”

魏武侯倒吸一口冷气，一看是镇守西河郡的吴起，便说：“你的高见呢？”

吴起说：“古往今来，没有王霸之业寄托于河山之险的。夏之履癸，左天门，右天溪，伊阙在南，羊肠在北，施政不仁，而商汤放逐之。商之辛，东有孟门，西有太行，前以黄河为带，后以常山背负，施政不德，周武王杀之。由是观之，想干长久，在德，不在险也。”

魏武侯听了吴起一堂政治课，半天没吭气，最后说：“圣人之言也。西河郡防务，有劳继续操心。”

魏武侯承认，吴起多年为魏国征战，开疆四面，拓地千里，曾记得，吴起以五万魏军，击败了十倍于已的秦军，打了一场以少胜多的著名战役，占领了黄河以西的这片大地，并在其镇守耕战，使西河郡成为对付秦国的一个战略堡垒，吴起大有功焉。

但太能的能人、太强的强人，不可重用啊。

魏武侯回去没多久，便通知吴起到都城安邑，另行安排职务。

吴起猜着回去没什么好儿，收拾收拾行李，就去投奔楚国。

离开时，吴起回过头，无限眷恋地朝着他苦心建设防务的西河投去深情一瞥，止不住热泪纵流："西河，以后可能要为秦国所有了。"

话说吴起到楚国发展的时候，早先牛气熏天的楚国早已蔫了。

吴起明白楚国的症结，就是国君的一大家子，多年来享受分封，不断繁衍分裂，国家已有被瓜分之虞。

吴起建议楚国君楚悼公，引进魏国法家改革的成功经验。

楚悼公听了很是兴奋，说："我们祖上就曾经这样干过啊，那就干吧！"

吴起先被安排到南阳宛城挂职，业绩斐然，遂被提升为卿相。

吴起开始变法："大家族的封地，世袭传到第三代，就必须收回，归中央所有，要把封邑变成君王直接控制的县邑，接受君王委派的长官管理。"

老贵族的封地没有了，但他们在政府朝堂的职务还在，世代相袭，霸着茅坑不拉屎。吴起则把他们全部裁掉，节省出的开支用于国防。

吴起的改革，充盈了楚国国库，加强了君权，国君统一掌管全国军队和资源，布衣人才可以接受祖国挑选，任职郡县，全国生机盎然。

旧贵族对吴起恨得咬牙切齿，每天睡觉前都要咒他明早出门让车撞死。

吴起也明白自己是楚悼公的一杆枪，但咱打工的，不给人当枪还能当什么呢？

当时的赵国，总想南下，占点地盘，但被南邻魏国打得大败。

赵国情急之下求救于楚。吴起奉命北上攻魏，大破之，并乘胜追击，一直打过黄河，深入魏地，把他的原主子魏武侯吓得不轻。

吴起为楚国人实现了"饮马黄河"的煌赫战绩，一改楚国积弱挨打的窝囊

商鞅

商鞅雕像

局面。

“有提七万之众，而天下莫当者谁？曰：吴起也。”这就是战无不胜的吴起。

吴起确实也写了一部《吴起兵法》，比《孙武兵法》还要系统和完善，但这部划时代的典籍，楚国人保存不善，让老鼠咬吃了。

楚悼公不幸猝死。领导一死，吴起没人罩了。

在庙堂里，楚悼公治丧委员会的同志们不办丧事，而是对吴起下手了。

暗藏的弓箭手蜂拥围住吴起，飞蝗乱射。可怜老战斗英雄、改革勇士，鲜血尽染楚悼公灵堂，结束了自己悲壮的一生，享年不到五十五岁。

吴起死后，老贵族们仍不解恨，竟然车裂其尸。

楚国就此开始演出悲剧了。所谓“楚非吴起而削弱，秦用商鞅而富强”，当然，商鞅先生最后也是被车裂的。

楚肃公继位。按照楚国法律：“以兵器触及王身者，夷三族”，乱箭射杀吴起是在楚悼公灵堂里，箭射到楚悼公尸体上不少。楚肃公追查箭射“楚悼公”者，得七十余家，全部满门抄斩。

这也算吴起死后为自己报仇雪恨了，堪称千古一奇。

二

郑国的流行歌曲，是孔丘最讨厌的，说“郑声淫，佞人殆”“淫于色而害于听”。

商鞅惨遭裂杀

发掘中的郑韩故城

但魏武侯最爱听“郑声”，他说：“我穿着礼服带着冕，听雅乐的时候，生怕自己一不小心趴下睡着了。而听起郑音来，则不知疲倦。”

郑国女生也漂亮，漂亮女生吟唱靡靡之音，你道如之何？很想要一张DVD吧？

魏武侯真想。他不但想要一张DVD，而且想直接跟郑国女生互动，于是，准备兵力，要吃掉郑国。

谁知韩国领导人韩哀侯更想。

韩哀侯连夜出兵南下，到天亮就把郑国所有的女生纳入瓠中。

韩哀侯怕魏武侯来，索性把国都搬到了原郑城。蹲这儿看着摊儿，不走了！

郑国再也不受“夹板气”了，它消失了，后来的郑城叫“郑韩故城”，今天已经发掘得八九不离十了。

可悲的是，韩哀侯还没来得及跟郑国女生互动呢，就死于著名屠夫聂政之手。

却说韩国大臣严仲子跟相国侠累整天顶牛，严仲子被逼卸职，跑到了齐国。

严仲子听说青年屠狗师聂政厉害，就去雇佣聂政做杀手，杀侠累。

严仲子是个贪官，腰粗，一出手就要送给聂政六十斤黄金。

聂政惊怪贿礼过于丰厚，固辞不受：“在下虽然家贫，流落东海，屠狗为业，但朝夕下来，也还能够奉养老母。先生厚赐，绝不敢当。”

聂政不受。严仲子只好告辞。

过了好长时间，聂政他妈仙逝。丧期过完，他去找严仲子：“您当初屈驾结

侠客聂政

交，希望我去当刺客，我以老母为念，拒绝了您的请求。如今老母已终天年，敢问您是想让做掉哪个？”

“就是韩国的总理侠累啊，他砸碎了我的饭碗。幸蒙足下不弃，我请您多领些车骑壮士，以为羽翼。”

聂政说：“人多了，说不定会走漏消息，再说人多了，也都是去送死。今天我去刺杀人家的总理，这总理又是国王的亲信，他们不会轻易放过我的。我一人死不足惜，要是连累了大家，您还能轻松吗？”

于是，赏金杀手聂政独自一人仗剑出行，进入郑韩之城，裹着宝剑直奔相府。

聂政看见国君韩哀侯正跟总理侠累在研究工作，阶前庭内，防暴警察甚多。

聂政深吸一口气，一声呐喊，拔剑直入，撞过甲戟之阵，登堂直刺侠累。

侠累有对付刺客的经验，拉起韩哀侯当盾牌。

聂政几个弹跳，绕过韩哀侯，长剑刺入侠累身体，唯恐死得不透，再刺，却误中了韩哀侯。

韩哀侯凄凉地怪叫：“你！你！竟敢连寡人也……也……”话未落音，扑通栽倒在地。

大批防暴警察涌上来，猛攻聂政。

聂政击杀数十人后，高叫一声“我今日已大功告成！”遂自刎身亡。

聂政的姐姐从齐国听到消息，跑来抱尸痛哭，“大伙听着，这位壮士就是我的弟弟聂政！聂政，姐姐也随你去了！”取出利器，自杀于弟弟尸旁。

天昏地惨，风云变色，观者无不惊恐，诸侯之人闻之，无不骇叹。

在聂政姐弟俩表演壮烈的时候，都城洛阳的大周天子，在干着他们世代不息的勾当：崩替相连，苟且绵延。

三

话说大周天子周贞定王姬介崩后，其子姬去疾继位，仅三个月就被弟弟姬叔杀死，姬去疾被谥为周哀王。

姬叔自立，史称周思王。“思”在谥法里不是什么好词儿。

周思王杀兄自立不到五个月，就走了跟他哥哥哀王一样的路——被另一个弟弟姬嵬杀死。

姬嵬照着姬叔的样子，杀兄自立，史称周考王。

周考王继位后最害怕的事情，就是自己最小的弟弟姬揭也有样学样，杀自己再自立。

冥思苦想之后，周考王做出一个痛苦的决定，就是将已经非常有限的领土，进一步分封，封给弟弟。

当时周天子手里已经没有地盘了，只剩下一个洛阳城——旧都王城和新都成周，算两个市区吧。

成周作为国都，周考王自己占有，当然不能分封出去了，考王就把王城封给了小弟弟姬揭。

周朝已经好多代没有周公了，周考王又把这个老官职发掘了出来，加封姬揭

齐威王田因齐

齐威王塑像

为周公，以王城为周公的都城。

如此一来，姬揭虽然没有当上周天子，却当上了比天子也不怎么差的周公，自然不会再找考王的麻烦了。

周考王死后，其子姬午继位，是为周威烈王。

周威烈王觉得自己这个天子比较没有安全感，打算对诸侯施以一些“恩泽”，换取诸侯的支持，可他实在无土可封，实质性的恩泽最后彻底用尽了，就只好用名义上的恩泽来讨好诸侯了。

所谓名义上的恩泽，就是指名义上爵位的册封，为诸侯升格。

譬如韩、赵、魏“三家分晋”后，周威烈王就投其所好，正式诏封韩、赵、魏三家大夫为诸侯国。

韩、赵、魏三家大夫按照礼仪叩谢王恩，周威烈王终于又享受了一次天子的隆重感觉。

周威烈王死后，其子姬骄继承王位，史称周安王。

周安王觉得老爸的招数挺不错，就找机会也想搞个册封什么的。机会终于来了。

公元前391年，齐国的相国田和将齐国国君齐康公流放到了海岛之上，只留下一城之地作为康公的食邑，其他全部领土都归自己所有，田氏在事实上替代姜氏成为齐国的新统治者。

周安王当然也不会马上就对田氏进行册封，而是先进行了一段时间的观察。

五年之后，眼看田氏齐国深得人心，周围一些诸侯进行了一些干涉也不能够

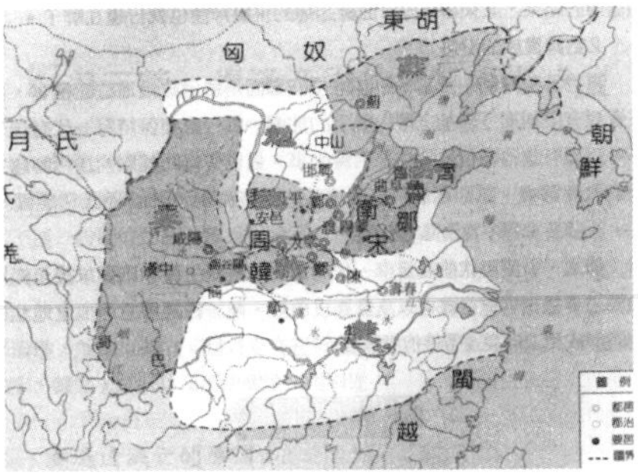

战国七雄

动摇其统治。

安王确信田氏值得投资，就在公元前386年正式加封田和为齐侯，享受了一把被诸侯朝拜谢恩的感觉。

周安王死去，周烈王接手干了七年。

几乎是一眨眼，周烈王的弟弟姬扁，即周显王继承王位。

但阿扁在洛阳，眼看着，眼看着，各地诸侯相继都“称王”了。

其实最早敢于无视大周天子，自己称王的，是楚国，楚国国君一直自称什么王，什么王，因为仅仅是“自称”，天下诸侯们并没有真正地拿楚国国君当“王”看，他实际上一直也是个诸侯而已。

到了大周阿扁天子时代，不行了，世道真的变了，各个诸侯国都开始“称王”了。

先是南方的楚国、吴国，北方的赵国，以及一度存在于赵国境内的中山国，相继称王。

接着，继承了晋国大部分领土的魏国仗着实力强大，号称战国首强，被周天子加封为诸侯没有多少年头，竟然也公开称王了。

魏国称王之后，不仅和南方的楚国争战不止，而且与“同胞兄弟”韩、赵也发生冲突，最后，齐国也参与进来，并且大破魏军，打得魏国一蹶不振。

可是齐国，打败魏国之后不久，齐侯田因齐竟然也称王了。

紧跟着，西边的“蛮夷”秦国，周天子事实上的“保护者”韩国，以及继承了晋国最北方领土的赵国，也都先后称王了。

最后，连远在东北的小不点儿燕国，也称王了。

庞涓

魏、齐、秦、韩、赵、燕，加上之前早已称王的楚，一时间，除了周天子之外，天下有了七个王，这些“王”，便是历史学界所谓的“战国七雄”。

四

战国时期的历史舞台上，较早上场的，有两个人物，孙膑和庞涓。

孙膑和庞涓，曾经从师栖隐高士鬼谷子。

民间说，鬼谷子是东海龙女的儿子，借腹出生，来到人世。

说有个老贵族，种了三顷地的谷子，由于自然灾害，只剩下一株，但长势却十分喜人，谷杆如芦苇，叶子赛高粱，谷穗像狼尾，沉甸甸，金灿灿，微风吹拂，点头摇曳，而且还散发出喷喷香味。

老贵族家姑娘听说地里长了奇谷，就让家奴收来，放到绣楼，顿时闺房之内香气四溢，使人陶醉。

姑娘对丫环说：“如此好的谷子，要好好保存起来，来年多种一些。”

丫环把谷穗放在手中揉搓着，变成了一颗熠熠透明的珠子，而且香味更加浓郁。

姑娘接过珠子，正想闻一下，这珠子一下钻进口中，欲吐出时，它又溜进了喉咙。

姑娘咽下珠子不久，顿觉腹内舒畅，筋骨苏软，浑身乏困，一头倒下就睡着了。由此得了身孕。

中国社会发展到这时候，仍然不知道老爹是谁啊！

古代算学家鬼谷子

史家说，鬼谷子名王诩，号玄微子，是一位著名的思想家、谋略家，军事家、教育家，尤其是纵横家的鼻祖。

鬼谷子被誉为千古奇人，长于持身养性，精于心理揣摩，深明刚柔之势，通晓纵横捭阖之术，独具通天之智。不得了极矣！

鬼谷子的弟子，除了孙膑和庞涓，还有以后的纵横家张仪、苏秦，还有毛遂，以及拐卖儿童的大骗子——日本人的影子领袖徐福。

话说孙膑和庞涓这一对布衣好朋友，在云梦山鬼谷洞，向鬼谷子老师学习。

云梦山，好多地方都有，就像凤凰山一样，到处都是。多数人认为在朝歌——商辛的“伤心之地”，今天的河南淇县。

鬼谷子早期主要教授数学，所谓“鬼谷算”是也。

“三人同行七十稀，五树梅花廿一枝，七子团圆整半月，除百零五便得知。”鬼谷子教授这个，不定式方程妙解，奥林匹克数学小学版里边有的。

后期，与时俱进，《鬼谷讲义》主要讲“人际交流技术”，简称“人流”，像“马某某主义政治经济学”简称“马经”一样。“人流”者，辞令和游说术是也，属于外交专业纵横捭阖方向。

鬼谷洞，高十米，进深八十米。洞口清泉飞溅，洞外云深林幽。

附近还有孙膑洞、庞涓洞、毛遂洞，都是研究生宿舍，一人一个仙洞。

还有牛仙洞，那是鬼谷子教授的坐骑——大牛的卧处。

孙膑、庞涓，青青子衿，弦诵度日。坐在石崖上，眺望着远空黑鹰翱翔，聆听着近处白鹤清唳，指点江山，激扬文字，做着一介士人万户侯的庞大梦想。

孙膑画像

孙膑墓

庞涓同学性子急，提前毕业，回祖国魏国求职。

斯时的魏国，经过李悝的法家变革，率先在列国中强化君权，又经吴起、乐羊、西门豹一班干部的苦心经营，正是声威显赫、称雄中原的战国首强。

魏国领导人魏罃接见和面试了庞涓，庞涓谈兵论政，头头是道，魏罃大喜，拜为司令。

庞涓穿上了魏国的将军装，天天修兵，向西攻打秦国，向东战败宋国，忙活不过来，就喊来学弟孙膑。

刚获得鬼谷子学院硕士学位的孙膑，自负才高，锋芒逼人。

庞涓生气了，找个借口把这位同窗好友孙膑判了刑，砍了脚，使之成为罪人，失去了将军的竞争力。

《史记》这样说："膑至，庞涓恐其贤於己，疾之，则以法刑断其足……"

砍脚手术不用麻药，孙膑痛得死去活来。

手术之后，孙膑心情悒郁，失魂落魄。

孙膑原籍齐国，于是偷偷到齐国使馆，寻求政治保护。

一番交谈，孙膑的才华、品格和遭遇深深打动了大使先生，冒险出资，把他偷偷运回父母之邦齐国。

孙膑身遭厄运，却壮心不泯，逃回祖国后，在国君的亲戚田忌家里当食客。

富豪田忌，每日里主要工作是斗鸡走狗，赛马下注，赌博鬼混。

有天孙膑来到赛马场上，发现参赛马匹大体可分为上驷、中驷、下驷三个等级，就神神秘秘地对田忌说："田将军尽管下大注，我包你赢！"

田忌问怎么个赢法，孙膑说："您拿下驷对他们的上驷，上驷对他们的中

田忌赛马

驷，中驷对他们的下驷。听我的没错，三打两胜。”

田忌听了孙膑的，嚷嚷：“我的马儿是最牛气的，我下注一千斤金子！”

第一回合跑起来，田忌的下驷最慢，起步就落后了半圈儿。各大家族的公子贵人纷纷掩口而笑。老田进水了吧？以千金相赌，就这样儿啊！

第二第三回合，田忌的马尥着蹶子飞跑，超过众人马车半圈有余。

最后果然三局两胜，田忌和孙膑互相拿起酒罐子往脑袋上喷泡沫。

跟田忌对赌的，人人成了苦瓜脸，一边交出金子，一边大惑不解。

当然不是车马厉害，是孙膑先生的主意厉害。

田忌说：“孙先生真神人也，明日领您面见国君，细谈方略。”

五

话说孙膑，在“田忌赛马”之后，田忌引荐他到齐威王田因齐的办公室接受面试。

齐威王问孙膑：“假如我方兵强士众，而敌人卒弱人少，我们该怎样打呢？”

“圣明的主君才会提出这样智慧的问题啊！”孙膑再拜回答，“您自己军力强大，还要询问如何指挥，这种谨慎作风正是安定国家的根本啊。”

孙膑的马屁拍得高啊！接着解释：“我强敌弱，宜为‘赞师’。就是故意打乱行伍，麻痹敌人，使他们不再畏惧，挺着鸡蛋来碰石头。”

田因齐捋着山羊胡子，惊讶地点头：“妙哉妙哉。但假如反过来，敌强我

孙膑在行军中

弱呢？”

“这也有个专业术语，叫做‘让威’。掩蔽后队，以留退路，以戈矛长兵器在前，刀剑短兵器随后，两翼布置机动灵活的弓弩手。按兵不动，等待敌人疲惫懈怠，再作进取，或作撤退。”

齐威王又问：“敌我双方，兵力相当，又怎样办呢？”

孙膑说：“干扰和迷惑敌人，让他们分散兵力。我军集中优势，各个击破之。”

田因齐又问怎么打击溃败奔走的敌人。

孙膑说：“不要过分逼迫，等敌人寻到逃路的时候，争相逃命，行伍大乱，一举歼灭。”

田因齐问：“有时候，天时地利都有，部队也很严整，但一打就败，却是为何？”

孙膑说那是因为前锋不够精良。没有精锐的前锋无法重创对方。

田因齐说：“还有一个选择题，您可答可不答。怎样才能胜过十倍于我的敌军呢？”

孙膑说：“出其不意，攻其不备。具体情况，具体分析。空话不便多讲了。”

齐威王说：“加分题一道：齐国的学者们教我如何强兵，意见各有不同。有的主张教化，有的教我散粮，有的教我清静无为，依先生之见，应该用什么办法？”

“富国，强兵。国家富足了，才能真正强兵。”

“了不起，了不起！”齐威王大叫，“寡人服了，寡人服了！”

旁边田忌说：“我有个补充题，也来请教一下。赏赐和处罚，是不是用兵打仗之要呢？”

孙膑说：“不是。赏赐可以激发士气，处罚可以整饬军纪。但这些并不是打胜仗的关键。”

“还有。权力、情势、计谋、诡诈呢，是不是用兵打仗之要？”

“也不是。”孙膑说，“它们都有用，但并不是最打紧的。”

田忌颇有些不能接受：“赏赐、处罚、权力、情势、计谋、诡诈，此六者竟然都不重要，那你说用兵中什么最重要？”

孙膑说：“很简单。以攻为守。”

齐威王说：“寡人理解。我们齐国，背负大海，没有险山要川以为防御，所以孙先生不主张国家防守，而是主动进攻，走向中原……”

第三十四章

孙膑奇兵

一

却道齐威王田因齐先生，以前曾经是齐国的工业部部长。齐景公作践老百姓的时候，他反其道而行之。

田因齐怎么弄啊？爱民如父母，小斗借，大斗还，老百姓归之如流水。

田因齐还出钱组织选美大赛，每一届选出来的美人儿佳丽，都纳入他的后花园楼阁之中，供文人墨客、将军武士等来做客的免费受用，这些人也都向着他。

齐景公死，随后的几个齐国公都是傀儡罢了，到了齐康公，田氏说他生活作风不好，将之发配海岛，田氏就代齐了，做了齐威王。

齐威王田因齐拿事以后，大变，后宫佳丽太多，顾不过来，不理政事，让佞臣周破胡在那儿随心所欲。

田因齐他老婆虞氏看不下去，说："周破胡只会阿谀，北郭先生是个贤人，我建议您调进北郭先生，把周破胡撤了。"

周破胡听说，立刻密告田因齐说："夫人小的时候，曾经跟北郭先生私通，至今旧情难忘，所以使劲举荐北郭。"

田因齐于是囚禁了虞氏，周破胡又赶紧贿赂法官，把虞氏定了罪。

田因齐照样吃喝玩乐，享受王权。

有个人，住在城南，名叫邹忌，抱着琴来找国君齐威王："听说君上爱听音乐，我特来拜见，为君上抚琴一曲。"

齐威王说："好啊，我正愁没乐子呢，弹吧。"

田因齐吩咐左右摆上案子，将琴安放好。

邹忌坐在琴前，调弦定音，之后，把两只手放在琴弦上，不动，不弹。

齐威王一直听不到乐声，惶惑不解，催说："你倒是弹啊。坐在琴前面，不弹，你这是干什么呀？"

邹忌呵呵一笑说："我这是在学习您啊，大王。"

邹忌干脆推开了琴："您身居君位，却不管国事，跟我摆着琴不弹一样啊。我摆着琴不弹，您不高兴。您摆着齐国不管，敌国犯境也不放在心上，恐怕全国人民也不会高兴吧。"

齐威王被说得直犯愣怔："先生说得对，说得对。然而，我该怎么做才好呢？"

邹忌说："治国有如弹琴，五弦配合，才能奏出美妙的乐曲，君臣各尽其责，才能国富民强。君上先拿小人开刀，烹了周破胡，再选贤任能、兴利除弊、整顿军马，不就成了吗？"

齐威王说："谢谢先生，让我醒来。"遂直接任用邹忌做了官。

却说这个邹忌，身高一米八五，生得光鲜亮丽，当官后，更是气高神扬，一天早晨，穿戴好衣帽，把镜自赏，非常自得，哇，我长得好帅啊！

他问妻子："我同城北徐帅哥比，谁漂亮？"

他妻子说："您漂亮，徐帅哥哪里比得上您呢？"

邹忌问小妾："我跟徐帅哥比，谁更美？"

众小妾齐声大喊："当然您美啦，帅哥小徐怎能跟您相比啊！"

邹忌把镜

问客人，客人说：“小徐那个小样，何能及君也！”

可有一天，徐帅哥来了，邹忌一看，比自己美好几倍啊。大悟，原来老婆、小妾和客人，都是蒙我啊。

邹忌立刻跑去把这个故事告诉了田因齐：“我的妻子认为我漂亮，是偏爱我；妾认为我漂亮，是害怕我；客人认为我漂亮，是想有求于我。如今齐国有方圆千里的疆土，一百二十座城池，宫中的妃子、近臣没有谁不偏爱您，朝中的大臣没有谁不害怕您，全国范围内的人没有谁不有求于您。由此看来，大王您受蒙蔽很深啦！”

田因齐也大悟，赶紧下诏书求谏：“官吏百姓，能当面指出我的过错的，受上等奖赏；提出书面意见的，受中等奖赏；谤议于农贸市场者，传到我的耳朵里的，受下等奖赏。”

求谏令一下，人们抢着进谏，大家挤在门口创造了成语“门庭若市”：在宫门排起了长队，好似在超市抢购特价货的。

几个月以后，还不时地有人偶然来进一谏；满一年以后，即使有人想进谏，也没有什么可说的了。

燕、赵、魏、韩诸侯闻之，都害怕了，派人朝拜齐国，向齐国取经。

为强化君权，齐威王派出督察组，到各地督查，发现大夫“阿”虚报GDP数据，假造政绩，所管辖地区却是田野不辟，人民冻馁，于是杀一儆百，把弄虚作假的大夫阿烹了。

大夫阿鬼哭狼嚎，脱光身子被扔进了开水鼎。

平时交口称赞大夫阿的，也一同入锅当了佐料。

邹忌有所悟

以后二十余年，齐国没有胆敢造假的干部了。

齐国强盛，赵、魏、韩也不示弱，都朝中原挤。

魏国把国都从山西安邑东迁五百里来到平坦的中原腹心——大梁，现在河南省东部的开封。

孰料，迁都之举使魏国陷身于四战之地，类似从前的郑国，四面受敌，土地就像阳光下的冰块，日日消融减少，国势由强转弱。

赵国也频频向中原东北部的卫国进攻，夺得乡邑七十三个，顺势远攻齐国，拔取山东鄄城，继而，南下中原进攻韩国，取得韩国公子作了人质。

不久，赵国再次出兵攻打中原北部卫国，攻取河南长垣、富丘。

魏国急了，派大将庞涓出兵救卫。

庞涓一路势如破竹，打败了赵军，衔尾直追，干脆北上包围了赵国都城邯郸，邯郸顿时陷于危急。

庞涓围邯郸，一围就是两年，总动员兵力在十万以上，史称“邯郸之难”。

邯郸之难到了第三年，赵国无法忍受了，只好差派使臣，求救于齐国。

帅哥邹忌已经升任齐国卿相，他嫌魏国不好惹，主张不理赵国所求。

大臣段干纶则建议出兵，趁火打劫。

齐威王赞同段干纶的谏议，遂以孙膑为司令员，出兵救赵。

孙膑说：“臣乃刑余之人，不宜为总司令。”

齐威王于是以田忌为司令，田婴为副司令，孙膑为高级参谋长，率八万大军，开出临淄，去救赵国。

赵国所在

二

齐国救赵大军，离开国都以后，却不知道开往哪里好。

田忌说："邯郸盼望救兵如大旱之望云霓，自然是直扑邯郸，与魏军主力决战。"

"没脚虎"孙膑先生，另有高见，说："魏国庞涓攻赵多年，轻锐士卒枯竭于外，老弱病残疲敝于内。我们应该引兵疾走，直插魏国都城。如此，庞涓必然松开赵国，回救大梁，赵国之围自然得解也。"

田忌称好，让孙膑实施。

孙膑派出游击队到大梁郊外，四处抢劫，而且装作无组织无纪律，给魏国造成不堪一击的错觉，引诱庞涓回来决战。

田忌担心游击队的战法能否奏效："这样庞涓会回来吗？"

"会的。"孙膑说，他了解这个大学时代的哥们儿。

庞涓听说大梁出现齐军，心神不定，但他偏不让孙膑得逞，硬着头皮，死攻邯郸。俩月后终于占领了邯郸，然而赵国国君已经转移。

庞涓草草地接受了赵人投降，这才回军以救大梁之危。

孙膑安排游击队骚扰大梁，却将重兵埋伏在大梁以北一百里的桂陵，在今天的河南长垣西北部，做伏击准备。

庞涓觉得回救大梁已晚，所以十分急躁，督军日夜兼程，正与齐军主力在桂陵相遇。

孙膑摆开战阵，中央兵少，四周兵多，这叫做“薄中而厚方”，吞吃的一个姿势也。

庞涓居高观察，对于齐军的部署大为惊奇。

庞涓有些犹豫，然而晚了，箭在弦上，不能不发。

庞涓咬牙组织了三个攻击纵队，鼓噪着，凶猛地扑向齐军的中央和两翼。

庞涓的魏军，穿着长期鏖战生满了虮虱的破烂铠甲，演出场面像一群叫化子扑向垃圾场，居然很快突破了齐中军阵地，逼得齐军纷纷向两侧收缩。

庞涓于高处看见，在自己军队的攻击下，齐军退潮一样分向两侧，高兴极了，他知道所谓兵败如山倒，数万人的军队，一旦溃退，是收不住阵脚的。

庞涓兴奋之余立即把所有精锐全部推了上去，扩大战果。

谁料这时向两侧移动的齐军忽然回身，八阵错落有致，轮番插进，魏军霎时像落入漩涡，晕头转向，死伤遍地。

庞涓急红了眼，奋力擂鼓，督军冲突，忽见齐军中转出一面旗帜，上边赫然大书“军师孙”三字，顿时把庞涓惊呆了，莫非难道，难道莫非，竟是“没脚虎”孙膑吗?

庞涓精神受到重创，率领少数亲兵，突围逃走，留下十万魏国大军的尸体，均匀地铺陈在桂陵的土地上。

但，“战国首强”的魏国，还真不是吃素的，魏国极盛时期，正规军加上预备役民兵，号称七十万。靠着强大的军备，魏国很快挽回了颓势。

齐国借助桂陵新胜，联络宋国和卫国，组成联军，预备击魏。魏国与韩国联手，挫败之。

趁着齐国龟缩之际，魏国转身向西，进攻秦国。

秦国偏居西域，落后不堪，除了“人殉”陋习大得发扬之外，其他一概抱残守缺。国君秦孝公听说魏军来犯，吃不下睡不着，赶紧找总理商鞅。

商鞅刚刚开始变法，还没有看见收效，秦国军备落后，量也无法打赢，只好动用外交手段，派遣使臣去中原请见魏惠王魏罃，怂恿他攻打齐国和楚国。

“贵国拥地千里，带甲无数。俄们秦国无能，打败了俄们，诸侯们也不会有什么反应。不如打平了齐、楚，示威于天下，霸业可就矣。”

魏罃一听，对呀。就又转身，听从商鞅的忽悠，打齐国和楚国去了。

魏国就近开火，先打韩国——就是曾经跟他一起“分晋”，后来迁都郑城，建设了“郑韩故城”的新韩国，国都新郑。

韩国人不禁打，赶快向东边的齐国求援。

齐国卿相邹忌，唯恐田忌再建新功，显得自己无能，就说：“口头上声援一下就行了，搞经济建设要紧。”

孙膑主张先让他们拼杀一阵，在适当的时机出兵干涉，击魏救韩，收取大胜。

于是，齐威王在媒体会上，对韩国表示支持。

韩国使者回去后，韩国自以为有了后盾，遂连组织五次反围剿，但五战都败了。

韩国陷入危急存亡之秋，苦盼齐国抗魏援韩志愿军。

哎呀，慢死了！一年后，齐国终于动了。

齐国又以田忌为司令、孙膑为军师。战前誓师大会上，齐威王讲话说：“英雄的齐国子弟兵同志们，你们雄赳赳气昂昂地出发吧！到战场上，每割下一颗敌

郑韩故城

郑韩故城遗址

人脑袋，本朕奖励黄金八两！”

齐军士气高昂，进入中原，迂回穿插，直趋魏都大梁。

魏惠王看见齐人又弄“围魏救赵”的老一套，恼怒异常，决定集中优势兵力，一举打死齐军。

魏惠王命令庞涓停止围攻韩国人，回兵对付齐国侵略军。

谁知，庞涓回兵，孙膑却放弃大梁，退走，不与之战，说：“让他疲于奔命吧。”

魏国军队可以不再寻找齐军主力，也可以主动进攻，彻底催毁齐军主力。魏惠王选择了后者。

魏惠王以太子申为元帅，庞涓为司令，合兵十万，千里跃进，追击齐军。

孙膑命部队“减灶”——将埋锅造饭的火灶，由上一天的十万个，减到次日五万个，继而又减至三万个，迷惑庞涓，让他以为齐军越来越少，由十万人、五万人而三万人了。

庞涓说：“齐军胆怯了，三天之内，士卒开小差者过半啊。”

孙膑的齐军，跑到中原北部的马陵地方，不跑了。马陵村，在今天河南濮阳的范县境内。

孙膑命军队砍来大量荆棘，堆积在夹山的道路两旁，荆棘后面列着车阵，车上排列巨大的木盾，充作碉堡。又命砍倒大量树木，做成鹿砦，截断道路末端，做成了一个全长三里的死亡之“桶”。

完成了工事，部署了兵将，又在两侧背后的半山腰，连绵隐蔽排布一万只弩机，分作内外三层，只待战斗中听命令万弩齐发。

郑韩故城残垣

郑韩故城出土的兵车

一切都好了。孙膑只听侦察兵的消息了。

三

据情报，预计庞涓同学将于薄暮时分到达马陵。

孙膑选了道旁一颗大树，命人刮白了树皮，上书“庞涓死于此树之下”八个大字，让庞涓死前欣赏欣赏书法。

夜色，夜色，夜色……猎物，猎物，猎物……

庞涓的部队，黄昏时分，进入马陵道。

人困马乏，行进缓慢。前边报曰，道路被阻塞了。

庞涓命令，排除障碍，继续前进，并打马到前方视察。

看到路边大树皮肤发白，似乎有字，但夜色昏沉，看不真切。命人举火照明。

“此树之下”，什么？举头再往上看，“庞涓死于……”啊——中埋伏啦！快撤，快撤！快撤……

庞涓话音未落，齐军万弩齐发。

箭矢铮纵，音似琵琶十面埋伏，瓢泼箭雨，倾入马陵窄道。

齐军以绝对性优势，把疲惫不堪的魏军全部拍死在“桶”里。

庞涓在大树下喉干唇焦地仰天而叹：“今我智穷力竭，奈何竖子成名！”随即抛开头盔，举剑自刎。

齐军集合队伍，去迎击魏军后续的主力部队。

魏军后续的主力部队九万多人，正在魏太子申督促下前进中，齐军来了，遂

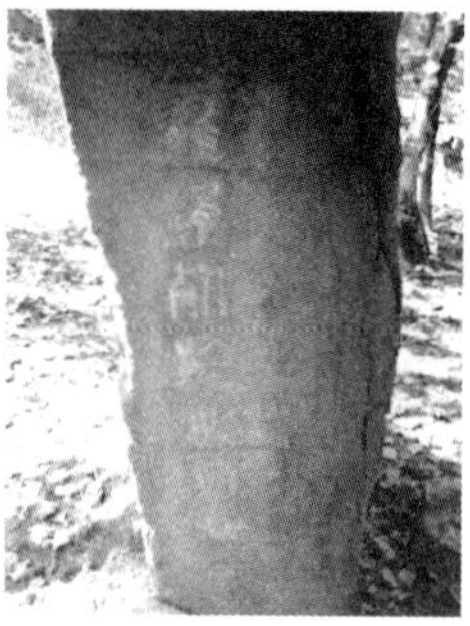

庞涓死此树下

展开血战。

齐威王公布过一颗脑袋八两黄金的奖赏，齐军疯了一般杀敌，人人腰上挂满了敌人滴血的头颅。

马陵之战，魏国主力被彻底摧毁，十万魏军基本丧尽。

至此，魏国彻底丧失了“战国首强”的地位，兹后，再也没有翻身。

田忌和孙膑奏凯，“身高八尺、形貌昳丽”的邹忌总理对他们忌恨有加。他们还未归国，邹忌便找来亲信谋划如何除掉田忌。孙膑无脚之人，不可能当总理，邹忌认为对自己威胁还不大。

邹忌的亲信公孙阅出了个主意：“公何不令人操十金卜于市，曰：‘我田忌之人也，吾三战而三胜，声威天下，欲为大事，亦吉乎不吉乎？’卜者出，因令人捕为之卜者，验其辞于王之所。”

邹忌闻计大喜，便派人到市中找卖卜者算卦，扬言是田忌派他去算的，要算算田忌如果谋反，是吉还是凶。

邹忌派人适时将此人抓获，押送到齐威王那里。

齐威王这时年纪大了，有点老糊涂了。他本来就对田忌手握重兵心有疑惧，中了邹忌的圈套，遂相信田忌有谋反的意图。

而这时田忌尚率兵在回国的路上，齐威王便派人相催，预备田忌一回临淄就审问此事。

孙膑对齐国的政局及邹忌、田忌之间的矛盾洞若观火，见齐威王无缘无故派人来催他们回国，感觉齐威王一定是听信了邹忌的谄言，估计田忌回到临淄，将凶多吉少。

田忌和在孙膑最艰难的时候曾助其一臂之力，帮助他受到齐威王的重用，长期以来，二人合作得非常好，孙膑实在不忍田忌自投罗网，乃提醒田忌。

孙膑说："齐王一定听信了邹忌的谄言，千万不要贸然回临淄了。"

但他建议田忌，也可率军回临淄驱逐邹忌，说："若是，则齐君可正，邹忌可走。不然，将军不得入于齐矣。"

孙膑实是要田忌举兵，以"清君侧"。

与其成为邹忌案板上的肉，不如孤注一掷，与邹忌一决高低，这样，倒还可能死中求生、反败为胜。

田忌对孙膑早已佩服得五体投地，对他言听计从。

田忌依孙膑之言，率兵攻打临淄。但邹忌也非等闲之辈，早已作好了守城准备，田忌攻城不胜，眼见全国各地勤王之兵陆续赶来，只好弃军逃亡楚国。

有人说，孙膑也去了楚国，有人说孙膑找了一处清静的地方，坐在轮椅上，伴着如豆孤灯，修订《孙膑兵法》。

多年后，齐宣王当家，老美男邹忌终于失宠，凄凉地死去。

四

话说固守洛阳的大周天子周显王，心理素质，那不是一般的好，眼看着天下有七个"王"在自己面前晃来晃去，还在快快乐乐地当天子，不知道着急。

自平王迁洛、东周立国之时起，周天子始终是靠几个大的诸侯的扶持，才得以自保，起先是郑国，后来是齐国，再后来是晋国。

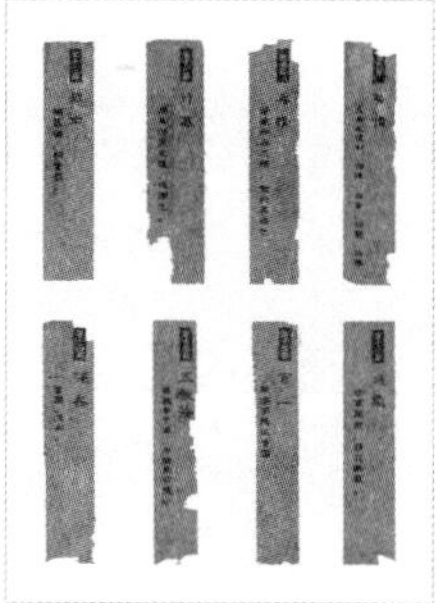

《孙膑兵法》木牍

虽然这些诸侯与周天子的关系更多的是互相利用，有时还侮辱和剥削周灭子，但是，毕竟大周的生存是离不开他们的支持的，尤其是晋国，长期以来是周朝各任天子所倚重的对象。

晋国被韩、赵、魏三家分割之后，周朝便主要处于韩国的保护之下。因为韩国的地盘基本上包裹了洛阳，属于天然使之。

韩国本身是个小国，没有太大的脾气，对周天子的态度也还算不错，所以，周天子显王阿扁，这段时间过得虽然不怎么富裕，倒也算太平无事。

可是，韩国毕竟太弱小了，无力像当年晋国那样保护大周，甚至连自保都有困难。

西方的秦国，却在阿扁的这一时期得到了极大的发展，或者说，得到了意想不到的大发展，终于，终于，终于让阿扁忧虑了。

秦国能够崛起，得益于“商鞅变法”。

商鞅曾先后流浪于魏国安邑、秦国栎阳、咸阳等地，先后担任秦国中庶子，左庶长，大良造等职。

秦孝公招聘人才，发广告说：“从前我们秦穆公修德行义，扶助三晋，西平诸戎，地方千里，天子致伯，诸侯毕贺。寡人思先君之意，常痛心不能广大。今诚聘为我出奇计强秦者，吾愿尊其高位，与之分土。”

商鞅看到招聘广告，卷了铺盖，带着拷贝来的李悝《法经》六卷，西渡黄河，来到秦国应聘。

秦孝公比商鞅还年轻，才二十一岁。听商鞅讲孔丘的所谓“王道”，毫无趣味，昏昏欲睡。商鞅改讲“霸道”，秦孝公目光炯炯，立刻精神。

秦孝公与商鞅连谈数日，不觉疲倦，顾不上吃饭，靠快餐解决。

接着秦国召开全国干部会议，由商鞅宣读《关于全面改革的重要决议》，废井田、重农桑、奖军功、实行统一度量和郡县制。

在这次会议上，秦孝公任命商鞅为左庶长，主持变法。

商鞅为了取信于民，在国都集市的南门外竖起一根三尺高的木头，告示：有谁能把这根木条搬到集市北门，就给他十金。

百姓们感到奇怪，没有人敢来搬动。商鞅又出示布告，说："有能搬动的给他五十金。"

有个人壮着胆子把木头搬到了集市北门。

商鞅立刻命令给他五十两金子，以表明他说到做到。

当时太子犯法，商鞅刑其师傅公子虔、公孙贾。

这两件事情以后，商鞅的新法很快在全国推行开了。

商鞅夙兴夜寐、公而不私，通过十多年努力，加强了君权，完善了高效的职业官僚机构以取代旧卿大夫家族世袭统治，使秦国在西陲崛起，让洛阳的"阿扁"感到了前所未有的威胁。

商鞅设计大破魏军，收得河西部分要塞，秦孝公以其功大，赐商鞅"商於之地"十五个城邑，地方在陕西的东南角。

商鞅得了商於之地，被赐号"商君"。

"君"，是诸侯国内仅次于国君的最高爵位，在强化君权的战国时代，只有国君亲戚才有此殊荣，足见秦孝公对商鞅之恩宠有加。

两年后，秦孝公为了进一步表达对商鞅的宠信，芳龄才四十出头，干脆卧床不起，对商鞅说："商君啊……，现在社会上流行一股新的思潮。"

商鞅不知道秦孝公的意思，问："什么思潮啊？"

秦孝公说："就是天下为公啦，恢复禅让啦。你的贤能，海内瞩目，所以，俄打算，把国君的位子禅让于你。"

商鞅听罢，如五雷轰顶，两股战战，汗流浃背。这家伙太厉害了耶！

坦荡的商鞅，自然谢绝了秦孝公的美意。在秦孝公死后，扶立太子驷为新君，秦惠文君。

商鞅变法，伤害到了大批旧贵族的利益，他们在秦孝公死后开始疯狂的反攻倒算，跟当年吴起变法后一样。

所谓商君之法，也太过刻薄寡恩，譬如连坐，深得人恶，还增加了肉刑、大辟、凿顶、抽肋、镬烹之刑，深得人怨。

因为太子犯法，被商鞅判刑的太子老师公子虔告发商鞅私交太子谋反。

商鞅逃亡至边关，欲宿客舍，结果因未出示有效证件，店家害怕"连坐"不敢留宿。哎呀，自是"作法自毙"啊！

商鞅欲逃往魏国，魏人因商鞅曾攻破河西，亦不愿收留。

商鞅只好回到自己的"商邑"，秦国发兵讨之，抓住了商鞅，最终以谋反罪、反传统罪、虐待犯人罪、强迫他人改变宗教信仰罪、毁坏人类文化遗产罪等多项罪名被判五车分尸，全家抄斩。

但是，商鞅的变法，使秦国成了战国时代政府效率最高的国家，经济和军事最发达的国家，令大周天子阿扁最为恐惧不安的国家。

啊，现在商鞅死了，被秦国五马分尸了，周显王暂时松了一口气。

第三十五章

魅力庄周

商人白圭

一

商鞅被秦国五马分尸，洛阳的周显王暂时松了一口气，扭头看东边。

却说历史的车轮已经滚到公元前338年了，中年人惠施的车轮也即将滚到魏国新都大梁了。

惠施坐着一辆小车，后面却跟着五辆装满书简的大车。

注意，这家伙“学富五车”。

惠施的主要观点是“万物毕同”，没有差异。

惠施说“白狗黑”“郢都即天下”、卵有毛、马生于卵、火不热、目不见、犬即羊，鸡三足，以及一尺之棰，日取其半，万世不竭。这个“以及”好像还有点道理啊。

后来有个人叫公孙龙，专门跟惠施唱对台戏，说“万物不同”“白马非马”。

公孙龙骑马赶路，遇到了政府收费站。收费站很多啦，蒙人说“收费还贷，滚动发财”。收费站让公孙龙交买路费，他眼一瞪：“交什么交！白马非马也！”

惠施到了魏国大梁，整天坐在街头“论道”，吸引了很多人。

洛阳人白圭，是个成功的经济学家，做着魏惠王的相国，白圭很反感狡诈务虚的惠施。

白圭的格言是“人弃我取，人取我与”，曾经在洛阳开办股份有限集团公司，捣腾粮食、生漆和丝绸，发了大财。

白圭通过观察市场行情和年成丰歉的变化，进行市场操作。丰收年景时，买进粮食，出售丝、漆。蚕茧结成时，买进绢帛绵絮，出售粮食。

白圭用观察天象的经验预测下年的雨水多少及丰歉情况。

若当年丰收，来年大旱，今年就大量收购粮食，囤积货物。想让粮价增长，就专买下等谷物；想让成色提高，就专买上等谷物。

为掌握市场的行情及变化规律，白圭经常深入市场，了解情况，对城乡谷价了如指掌。

白圭经商，速战速决，不误时机。他把经商的理论，概括为四个字：智、勇、仁、强。

白圭常说，经商发财致富，就要像伊尹、吕尚那样筹划谋略，像孙子、吴起那样用兵打仗，像商鞅推行法令那样果断。

如果智能不能权变，勇不足以决断，仁不善于取舍，强不会守业，无资格去谈论经商之术了。

《汉书》称白圭是经营贸易、发展工商的理论鼻祖，即“天下言治生者祖”。

白圭的商论，为后世商人效法和借鉴。商人们奉其为“商圣”。

白圭赚大发了，就赞助水利工程，把大梁北边的黄河与河南南部的淮河水系连接起来，可以航运，可以灌溉，繁荣了两岸好些知名城市，这个运河叫做“鸿沟”，后来演变成汴河。

白圭经商获利，又赞助开渠，对社会有贡献，按照能人参政、带领大家共同富裕的“提拔之道”，被魏惠王擢为卿相——国务总理。

惠施坐而论道，以荒谬的语言批评时政，白圭便很讨厌他，在魏惠王面前讽刺惠施。

庄周雕像

庄周梦蝶

白圭说，新娘子初来乍到，本来应该安稳持重，微视慢行。可是这位新娘子刚上了车就张嘴打听："这前边拉套的马，是谁家的啊？"惠施刚到魏国，就叽叽歪歪，指手画脚，好比新媳妇，屁股还没坐稳，就唠唠叨叨成了管家婆！哈哈——

惠施听了白圭的讥刺，面不改色心不跳，说："《诗经》有言，恺悌君子，民之父母。君子品德，高尚盛大，号称民之父母。父母教育孩子，还分什么时间场合？唉，白圭只会说风凉话啊！"

魏惠王却着迷于惠施，很想有点新的举措，于是让白圭离休，惠施接任相国。

惠施志得意满，谱也大了，出门就动用警察，满街道戒严，人们反感，说惠施是害虫。

但魏惠王不以为然，说："惠施是管大方向的，他级别高了嘛，可以行乐。"

惠施有个朋友，名字叫庄周，是个大学问家，伟大的无政府主义者，他不爱用车装载自己读过的书简，因为要装，那得十车，太招摇了。

庄周游荡到了魏都大梁。

有人赶忙跑来报告惠施："庄子来了，庄子来了。他想抢您的相位哩！"

惠施闻言，很是惶恐，说："找他，找他。找他来，哄他走。"派人在国都中搜了三日三夜。

哪料庄子从容而来，拜见惠施，道："老朋友见面，何至于如此啊！"

庄子说："南方有一种鸟，名叫鹓鶵，您可听说过？这鹓雏展翅而起。从

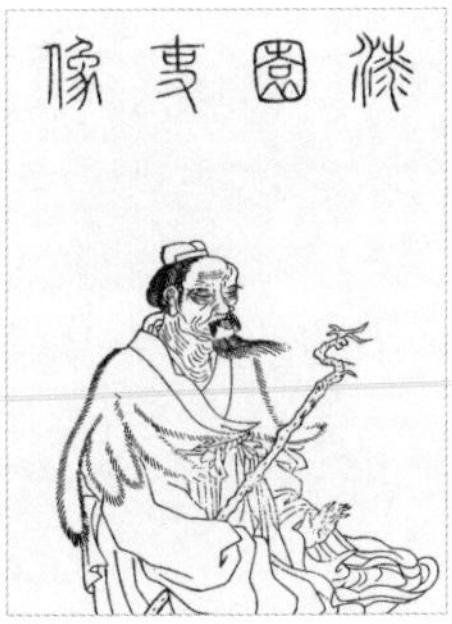

庄子半身绣像

你不是鱼，怎么知道鱼的快乐呢？

南海飞向北海，不是梧桐不休息，不是竹子的果实不吃，不是甜美如醴的泉水不喝。

“可是有一只猫头鹰，刚抓到一只臭耗子，看见鹓鶵打头上经过，就立刻仰面而视，嗷嗷大叫，哇！滚开——别抢我的臭耗子！

“现在您也想用这个方法来吓我，是吗？”

惠施被说得没脾气了，把庄子留下，每日与之辩论大道理。

星期天，阳光明媚，大梁人都到汴河边游玩，怀念洛阳大商人白圭的功绩。惠施领着庄子也来了。

俩人趴在桥栏杆上，看河水。

庄子说：“看，小鱼们出游从容，多快乐啊。”

惠施终于得了机会，拮难庄子说：“你不是鱼，怎么知道鱼的快乐呢？”

庄子反诘道：“你不是我，怎么知道我不知道鱼的快乐呢？”

惠施说：“我不是你，本来就不知道你快乐。而你也不是鱼，那你肯定不知道鱼的快乐。”

他们脸红耳赤地讨论，引得路人驻足静听，继而传为妙谈。

后来，惠施又对庄子说：“我得到了一个大葫芦籽，把他种下去，结果葫芦长成了精，大得像个游泳池，能装五石东西。可是怎么使用它呢？没用啊！切成瓢吧，这么大的瓢，哪有更大的缸啊。”

庄子说：“瞧瞧瞧，说你笨，你死不承认。你把他做成一艘私家游艇，装修装修，浮于江湖，到处玩乐，何等畅快也乎哉！看来，你的心性，还没有修炼到位啊！”

其实，大葫芦是完全可以充任交通工具的，水灾时，可以救生。

洛阳小浪底与西霞院之间，原来有个王庄大滩，实际是黄河心间一个大岛，老百姓去那上面耕种，就是腰挂葫芦渡过去渡过来的。

惠施又说，自己“庄园里，有棵臭椿树，大的要命，却东扭西曲，实在也是没用。”

庄子说：“你有这棵大树，本身就是财富，还忧虑它没用！何不彷徨乎无为于其侧，逍遥乎寝卧于其下。这多美啊，多过瘾啊！”

庄子和惠施斗嘴的故事，人们津津乐道，给后世也添了不少谈资。

后来惠施死的时候，庄子在追悼会上发表了一篇讲话，怀念两人的深刻友情。

庄子说，有一个卖把式的人，运斤成风，他的搭档把白粉涂在鼻尖上，薄若蝇翼。卖把式的人拿起斧子，从上往下劈，一斧子就削去那层薄粉，而鼻子毫发无伤，鼻子主人面不改色。后来，这鼻子的主人死了，搭档也不敢运斧子了。

再也找不到这么好的鼻子主人了。庄子说的是实话。

二

赵国的赵文王，喜欢剑术。

剑士们纷纷前来献技，以至于挤在宫门左右，像天朝上国赶考公务员似的，达三千人之多。

剑士们日夜在赵文王面前相互拚杀，每年为此而死伤的人，数以百计。

但赵文王好之不厌，兴趣不减。

于是，像“楚王好细腰，国人皆饿死”一样，赵文王好剑术，民间尚剑之风大盛，侠客蜂起，游手好闲之徒日众，耕田之人日少，土地荒芜，国力渐衰。其他诸侯国意欲乘此机会攻打赵国。

赵国太子赵悝，忧虑不已，召集左右商量道：“如此下去，必将国破家亡，为别国所制。诸位大臣中，如有既能悦大王之意，又能止剑士相斗者？吾将赏赐千金。”

左右异口同声说：“庄子可担此任也。”

太子问：“庄子是什么人？”

有人答曰：“是个智者，是个隐士。其才足可经邦，其能足可纬国，其辩可以起死回生，其说可以惊天动地。如能请他前来，定能顺大王之意，又能救民于水火。”

太子便派使者带上千金去请庄子。

庄子见了使者，听明来意，说道：“此事何难，竟值千金之赏？”

庄子坚辞不受千金，而偕使者一道去见太子，问太子道：“太子赐我庄周千金大礼，不知有何指教？”

太子说：“闻先生神明，特奉上千金作为您和您的弟子们一路前来的开销。先生不收下，我赵悝还敢说什么呢？”

庄子说：“听说太子想要用我庄子劝谏大王绝弃癖好。倘若上招大王不悦，则下有负太子，庄周会受刑而死，要千金何用？假使臣既能上讨大王之欢心，下又使太子称心，我在赵国又何求而不得呢？”

三天后，庄子见赵文王。文王长剑出鞘，白刃相待。

庄子气宇轩昂，神色萧然，入殿门不趋，见大王不拜。

赵文王道：“太子介绍您来，欲以什么教给寡人？”

庄子道：“臣闻大王好剑，故特以剑术拜见大王。”

赵文王问庄子的剑术有何特长。

庄子说：“臣之剑锋利无比，臣之技天下无双，十步杀一人，千里不留头。”

文王大为欣赏，不由说：“倘真如此，天下无敌矣！”

庄子说：“夫善舞剑者，示之以虚，开之以利，后之以发，先之以至。愿大王给机会，让臣得以一试。”

赵文王道：“先生且在宾馆休息几天，等安排好后，再请试剑。”

于是，赵文王以比剑选择高手，来跟庄子对剑，连赛七天，死伤者六十余人，最后有五六位佼佼者出线。

赵文王让他们持剑恭候于殿下，请庄子来一决雌雄。

庄子欣然前来，赵文王下令给他：“此六人都是高手，望您大显身段，一试锋芒。”

庄子答道：“盼望好久了！”

赵文王问庄子：“不知先生要持什么样的剑？长剑，短剑？”

庄子答说：“臣持什么剑都可以。不过臣有三剑，专为大王所用。请允许我先言后试。”

赵文王点头，道：“还有这么多说道？寡人愿闻其详。”

庄子道：“臣之三剑，分别是：天子剑、诸侯剑、庶人剑。”

天子之剑，以燕溪、石城为锋，齐国、泰山为锷，以晋、魏两国为背，以周、宋两国为首，以韩、魏两国为柄，包以四夷，裹以四时，绕以渤海，系以恒山，制以五行，论以刑德，开以阴阳，持以春夏，行以秋冬。

天子之剑直之无前，举之无上，按之无下，挥之无旁。上决浮云，下绝地维。此剑一出，匡正诸侯，威加四海，德服天下。

诸侯之剑，以智勇之士为锋，以清廉之士为锷，以贤良之士为背，以忠圣之士为首，以豪杰之士为柄。

诸侯之剑，直之亦不见前，举之亦不见上，按之亦不见下，挥之亦不见旁。上效法圆天，以顺三光；下效法方地，以顺四时；中和民意，以安四乡。此剑一用，如雷霆之震动，四海之内，无不宾服而听从君命。

庶人之剑，蓬头突鬓垂冠，浓眉长须者所持也。他们衣服前长后短，双目怒光闪闪，出语粗俗不堪，相击于大王之前，上斩脖颈，下刺肝肺。此庶人之比剑，无异于斗鸡，一旦不慎，命丧黄泉，于国事无益无补。

臣窃为大王深感遗憾，因大王坐天子之位，却好庶人之剑！

赵文王听完庄子“三剑之论”，立马起身，牵庄子双手上殿。命厨师杀鸡宰羊，好酒好菜，款待庄子。

赵文王自听庄子畅论三剑后，三月未出宫门。自此戒绝好剑之癔，一心治理国家。

那些剑士自觉再无出头之日，个个心怀忧惧，不久都纷纷逃散或自杀了。

但庄子，也有迷茫的时候。一天，他即席而坐，仰天而叹，沮丧得如失魂落魄一样。

弟子侍立在旁，询问原委，庄子说，丧失了自我。

弟子道："自我是什么？弟子愚钝，实不明白。"

庄子道："骨骼、五腑六脏，遍存于一身，可自我究是什么？百骨九窍、五腑六脏，彼此有臣妾关系吗？如果皆是臣妾，这些臣妾之间到底是相互制约呢？或是轮流为君臣呢？

"唉，人生一旦接受精气，成就形体，不知不觉中精力就耗尽了。天天与外物争斗摩擦，精神耗失，像马飞奔一样，而自己却不能制止，不亦太可悲了？

"终身忙碌而不见成功，颓然疲役而不知归宿，可不哀邪！虽说身体不死，有何益处？心神也随身体消亡，可不谓大哀乎！

"人之生时，本来就这样茫然吗？抑或只我独觉迷茫而别人都不迷茫吗？

"天下万物，都是彼此相对。故没有彼就没有此，没有你就没有我，这就是相反相成，可不知是谁使成这样的？是冥冥之中的道吗？

"然而，所谓的'道'，又是什么样子啊……道……道……道……"

另一弟子，见庄子沉默许久，好像休息过来了，遂问道："弟子想知道，怎样才算了解大道呢？"

庄子说："了解道的人必定通达于理，通达于理的人必定明白权变，明白权变的人才不会因外物而害累自己。

"有至德的人，入火不觉热，沉水不能溺，寒暑不能害，禽兽不能伤。这是因为他能明察安危，安于祸福，谨于去就，没有什么东西能损害他。"

弟子接着问："先生尝言，以道观之，无贵无贱，无大无小。那么有没有一定的是非标准呢？也就是说，先生您知道万物有一个共同认可的真理吗？"

庄子说；“我不知道。即使如此，我不妨尝试着说说。怎么知道我所谓知不是不知呢？又怎么知道我所说的不知不是知呢？我且试着问几个问题。

“人睡在湿地上则会腰痛，泥鳅会这样吗？人在树上则心惊胆战，猿猴会这样吗？人、泥鳅、猿猴，这三者谁知真处？

“人喜欢吃蔬菜肉食，麋鹿吃草，蜈蚣爱吃蛇，猫头鹰嗜鼠，人、兽、虫、鸟这四者，谁知真味？

“狙爱雌猿，麋爱与鹿交，鳅爱同鱼游。毛嫱、丽姬，人认为美；可鱼见之则深入于水，鸟见之则高飞于天，麋鹿见之则远逃于野。这四者，谁知真正的美色？

“在我看来，仁义之端，是非之途，或对我有利，或对彼有害，利害各有其标准，我怎能搞清其中的区别？”

弟子问：“您不知利害，那至人也不知利害吗？”

庄子说：“至人是神人。大泽焚而不能热，河汉冻而不能寒，疾雷破山、飘风振海而不能死。像这样的人，乘云气，骑日月，而游乎四海之外，对待生死尚且无动于衷，何况利害之端呢？”

有弟子深为是非问题苦恼，请教庄子怎么对待。

庄子道：“事物皆有两面。因是因非，因非因是。方可方不可，方不可方可；方生方死，方死方生；因此圣人不拘泥于是非之途，而明照于天道。此亦彼也，彼亦此也。

“以道言之，是无定是，非无定非。因此，粗与细，丑与美，正与斜，其一也。”

三

南方的楚威王听说了庄子的高行，就派了两个大夫前来找他，请他出山当官。

庄子正在钓鱼，端着渔杆，头也不扭，说道："从前，你们楚国有一只老神龟，死了三千年了，乌龟盖儿敬奉在你们的朝堂之上，算是国家吉祥物吧，人们都来祭拜。请问，老乌龟是愿意死掉当个吉祥物呢？还是曳尾于泥中，活在大自然呢？"

两大夫说："还是曳尾于泥中，图个欢快自由啊。好死不如赖活着嘛。"

庄子说："你们说得有道理，我还是曳尾于泥中吧，自由自在好了。你们快走吧！不要缠着我，邀我当官了！"

惠施怕庄子替代他，其实连楚王也请不动庄子，庄子拒绝做官。

楚国知道延揽人才，所以在南方发展得不错，向北打，也总有猎获。

从楚威王、楚怀王，到楚顷襄王、楚考烈王，都有点威风，鲁国就是它吃掉的。

庄子不光是拒绝去楚国当公务员，哪个国家他也不感兴趣，他说："正人君子谁干那个呢！"

庄子的心怀，只在顺乎自然，对水草山川宇宙万物以及他自己，都很满意。

庄子没有物质财产，情感财产却不少，鼹鼠饮河，不过满腹，他只求内心更明媚、更浓绿、更热烈。

庄子反对一切人为，反对把仙鹤的长腿嫁接给麻雀。

庄子不关心城市生活，不关心诸侯经济，不关心开发民智和缩短贸易顺差、贸易逆差，以及进出口增长与否。

庄子也不关心人民的温饱。当然，人民也不关心他。

即使万木萧杀，庄子也要出游，他喜爱自然，比之任何人都要特色突出。

秋冬之际，万木凋零，枯草遍野，黄叶漫卷，乌鸦哀号。庄子偕弟子穿行在崇山峻岭之中。

庄子破帽遮头，旧衣裹身，脚穿烂麻草鞋，踩着崎岖的山路，迎着萧瑟的秋风，望着惨淡的夕阳，仰天长啸、放声高歌。

凤兮凤兮，何如德之衰也！来世不可待，往世不可追也。

天下有道，圣人成焉；天下无道，圣人生焉！方今之时，仅免刑焉！

福轻于羽，莫之知载；祸重于地，莫之知避。已乎，已乎！临人以德。殆乎，殆乎！画地而趋。

迷阳迷阳，无伤吾行。吾行却曲、无伤吾足。

其他季节，庄子更要出游了，伟大的自然学家嘛。

庄子带着弟子，走到一座山脚下，看见了一株大树。

那棵大树枝繁叶茂，耸立在大溪旁，特别显眼。但见这树：其粗百尺，其高数千丈，直指云霄；其树冠宽如巨伞，能遮蔽十几亩地。

庄子问旁边的伐木者："请问师傅，如此好大木材，怎一直无人砍伐？以至独独长了几千年？"

伐木者似对此树不屑一顾，道："此树是一种不中用的木材。用来做舟船，则沉于水；用来做棺材，则很快腐烂；用来做器具，则容易毁坏；用来做门窗，则脂液不干；用来做柱子，则易受虫蚀。此乃不材之木也，无所可用，故能有如此之寿。”

听了伐木工之言，庄子对弟子说：“此树因不材而得以终其天年，岂不是无用之用，无为而于己有为乎？”

无用之用，方是大用。弟子恍然大悟，点头不已。

庄子又说：“树无用，不求有为而免遭斤斧；白额之牛，黑臀之猪，痔疮之人，巫师认为是不祥之物，故而祭河神使，才不会把它们投进河里。

“残疾朋友，征兵不会征到他，故能终其天年。形体残疾，尚且可以养身保命，何况德才残疾者呢？

“树不成材，方可免祸；人不成才，亦可保身也。”

庄子愈说愈兴奋，总结性地说：“桂可食，故伐之；漆可用，故割之。人皆知有用之用，却不知无用之用也。”

师生们出了山，留宿于庄子故友之家。

主人很高兴，命儿子杀鹅款待。

儿子问：“一鹅能鸣，一鹅不能鸣，请问杀哪只？”

主人道：“当然杀不能鸣的。”

第二天，出了朋友之家，没走多远，弟子便忍不住问道：“昨日山中之木，因不成材，而得终其天年；今日主人之鹅，因无本领，被杀掉了。弟子糊涂，请问：先生将何以处之？”

庄子笑道：“我将处于材与不材之间。然而，材与不材之间，似是而非，仍难免于累……”

庄子鼓盆

庄子欲言又止，弟子急待下文："那又怎处世呢？有材不行，无材也不行，材与不材也不行，究竟如何是好？当今乱世，人究竟怎样安息？"

庄子问道："你知道野鹌鹑是怎样饮食起居的吗？"

弟子道："先生的意思是说：人应像野鹌鹤一样起居：以四海为家，居无常处，随遇而安；像野鹌鹑一样饮食：不择精粗，不挑肥瘦，随吃而饱；像野鹌鹑一样行走：自在逍遥，不留痕迹？"

庄子微笑着点点头："也只能这样啦。"

四

庄子的妻子病了，庄子结束周游，回家照顾，一年后，医治无效了。

朋友们来吊唁，见庄子盘腿坐地，鼓盆而歌。

朋友责问庄子："人家与你夫妻一场，为你生子、养老、持家。如今去世了，你不哭亦足矣，还鼓盆而歌，岂不太过分、太不近人情了吗？"

庄子说："不是这意思。她刚死时，我怎会不感悲伤呢？思前想后，我才发现自己仍是凡夫俗子，不明生死之理，不通天地之道。如此想来，也就不感悲伤了。"

朋友仍然不平，质问道："你所谓生死之理，又当如何？"

庄子说道："察其生命之始，而本无生；不仅无生也，而本无形；不仅无形也，而本无气。阴阳交杂在冥茫之间，变而有气，气又变而有形，形又变而有生，今又变而为死。故人之生死变化，犹如春夏秋冬四时交替也。

“所以，她虽死了，人仍安然睡在天地巨室之中，而我竟还悲哀地随而哭之，自以为是不通达命运的安排，故止哀而歌了。”

这，正是老子李耳的生命认识。

难怪后世称呼“老庄”“老庄”啊！

朋友们说：“理虽如此，然情何以堪呀？”

庄子说：“死生，命也；其有夜旦之常，天也。

“汝身非汝有也，是天地之委托也；生非汝有，是天地之委和也；性命非汝有，是天地之委顺也；子孙非汝有，是天地之委蜕也，故生者，假借也；假借它而成为生命的东西，不过是尘垢。

“死生犹如昼夜交替，故生不足喜，死不足悲。

“死生都是一气所化，人情不了解此理，故有悲乐之心生。既明其中道理，以理化情，有什么不堪忍受的呢？况且得者，时也；失者，顺也。安时而处顺，哀乐不能易人也。”

转眼又去数年，也到了庄子大限之日。

高足侍立床前，泣语道：“伟哉造化！又将把您变成什么呢？将送您到何处去呢？”

庄子道：“父母于子，令去东西南北，子唯命是从。阴阳于人，不啻于父母。它要我死而我不听，我则是忤逆不顺之人也，有什么可责怪它的呢？夫大地载我以形，劳我以生，逸我以老，息我以死，故善待吾生者，亦同样善待我死也。弟子该为我高兴才是。”

高足听了，竟呜咽有声，情不能禁。

《庄子》

庄子 逍遥游

庄子笑道："你不是不明白：生也死之徒，死也生之始。人之生，气之聚也。聚则为生，散则为死。死生为伴，通天一气，你又何必悲伤？"

学生说："生死之理，弟子何尝不明。只是我跟随您至今，受益匪浅，弟子却无以为报。想先生贫困一世，死后竟没有棺椁，也没有什么陪葬。弟子所悲者，即为此也。"

庄子坦然微笑，说道："我以天地作棺椁，以日月为连璧，以星辰为珠宝，以万物作陪葬。我的葬具岂不很完备吗？还有比这更好、更多的陪葬吗？"

"唉！担心乌鸦、老鹰啄食先生。"

庄子平静笑道："放在地上被乌鸦、老鹰吃掉，埋在地下被蝼蚁、老鼠吃掉，二者有什么两样？夺乌鸦、老鹰之食而给蝼蚁、老鼠，何必这样偏心呢？"

庄子的一生，是智慧的一生，美妙的一生。

庄子不刻意而高，无仁义而修；无功名而治，无江海而闲；不道引而寿，无不忘也，无不有也。

庄子其生也天行，其死也物化；静而与阴同德，动而与阳同波；不为福先，不为祸始；其生若浮，其死若休。

后山乱曰：庄子的境界，是没有边际的。庄子于虚静中挥洒他的放诞，于达观中流露出些许狡黠。大哉庄子，淡然独与神明居，古之魅力真人也！

庄周一生，著作十余万言，收集在《庄子》中。

庄子，在先秦中国，是煌煌巨著第一人，《庄子》五十二篇，以《逍遥游》为代表，是中国古代典籍中的瑰宝，对后世影响深远。

庄子在哲学上继承发扬了老子和道家的思想，形成了自己独特的哲学思想体系和独特的学风文风。

庄子提出“道”是客观真实的存在，把“道”视为宇宙万物的本源，讲天道自然无为。

在政治上，庄子主张无为而治。

在人类生存方式上，庄子主张返朴归真。

庄子对当时统治者的“仁义”和“法治”进行抨击，对世俗社会的礼、法、权、势进行了尖锐的批判，提出了“圣人不死，大盗不止”“窃钩者诛，窃国者为诸侯”的精辟见解。

庄子认为，人生的最高境界是逍遥自得，是绝对的精神自由，而不是物质享受与虚伪的名誉。

庄子对后世的影响，不仅表现于独特的哲思，而且表现于精美的文学。

庄子的思想，不是干巴巴的说教，相反，都是通过一个个生动形象、幽默机智的寓言故事，巧妙活泼、引人入胜地表达出来的。

《庄子》全书，仿佛是一部寓言故事集，这些寓言表现出超常的想象力，构成了奇特的形象，汪洋辟阖，仪态万方，具有石破天惊、振聋发聩的艺术感染力，晚周诸子之作，莫能先也。

庄周生活的时代，群雄并立，各自称王，天下纷纷，学术开放，让大周天子姬扁在洛阳享受他的“精神胜利”。

可阿扁驾崩，他的儿子，周慎靓王姬定继位，就没他爹的这份心态了。

第三十六章

纵横捭阖

苏秦、张仪

一

我们知道，鬼谷子教授有不少出名的学生，如孙膑和庞涓，如张仪和苏秦。

毕业于军事学院兵法专业的孙膑和庞涓，在打仗中进行实习，很是动人。张仪和苏秦呢，他们读的是外交学院纵横专业，开始实习啦。

话说这个战国时期啊，齐、楚、燕、韩、赵、魏、秦，七雄并立。

七雄之中，齐国和秦国强大，东西对峙，互相争取盟国，以图击败对方。

楚、燕、韩、赵、魏五国，当然也不甘示弱，与齐、秦两国，时而对抗，时而联合。

国与国之间，翻来覆去的外交战打得如火如荼，统而观之，出现了连横和合纵两种外交思想和外交道路的斗争。

连横和合纵两种外交思想和外交道路的斗争亦即张仪和苏秦之争。

张仪在鬼谷子那儿拿到学位之后，在魏国求职不得，他是文科。

文科硕士吃不开呀，张仪真后悔。后山就为此而后悔，本来可以顺着理工科走的，研究生时期拐弯拐到了“中外文化比较研究专业”，也属于沾边文科，像发面馒头一样，力道差些。

后悔也晚了，张仪硬着头皮求职，奔楚国，他投奔了楚相国昭阳。

昭阳率兵攻打魏国，得襄陵等八邑，“楚魏襄陵之战”威震齐、燕、赵、魏、韩、秦六国，楚怀王很高兴，将“古渤海之地”封为昭阳食邑，还挑了一件

和氏璧（想象图）

国宝——“和氏之璧”奖赏给了昭阳。

昭阳带着百余门客出游。

饮酒作乐之余，昭阳拿出“和氏之璧”显摆，大家轮流把玩欣赏，传来传去，最后“和氏璧”竟不翼而飞。

有人说张仪贫困，是张仪拿走了“和氏璧”。

张仪原本没拿，就是不承认，昭阳严刑逼供，张仪被打得遍体鳞伤，始终不承认，昭阳怕出人命，只得放了他。

张仪回到家，躺在床上不会动，问妻子：“我的舌头还在吗？”

妻子告诉他：“还在啊，舌质淡红，胖瘦适中，舌苔也没问题。”

张仪放心地说：“只要舌头在，我的本钱就在，总会出人头地的。”

半年后，张仪离开楚国，到了大周首都洛阳。

在洛阳，张仪遇上了一个贵人，也是洛阳城里一个出名的贵族，周天子的本家，昭文君。

昭文君觉得张仪气度不凡，就赞助他了一笔活动经费。

凭着昭文君的赞助，张仪不但顺利乘车进入秦国，还置办了像样的衣裳，印制了附有详细个人介绍的名片——名卷，也叫名刺，求人推荐，接受了秦惠文王的面试。

秦惠文王说：“你从楚国来，那你告诉俄，楚威王此人如何？”

“英雄命短。”张仪说，“今年他的儿子楚怀王继位，此人不足虑也。据我所知，魏国人趁着楚国办丧事，已开始骚扰楚国北部边境了。”

“面对当前国际局势，俄们秦国应该采取什么态度？”秦惠文王问。

张仪说：“秦曾前后两次歼灭魏军西线主力，但尚未尽得西河之地。您可资助魏惠王对楚作战，趁他全力以赴对付楚国，您突然翻脸，出兵东向，必能尽收河西之地。”

秦惠文王激动不已：“先生初到，一番高论，振聋发聩啊！”遂拜张仪为客卿——客座高级顾问。

秦惠文王依计而行，果然尽得魏国的西河土地。

次年，张仪又带兵跃过秦晋大峡谷之中南北流向的滔滔黄河，围攻魏国在山西的隰城。

夺得隰城之后，张仪乘机推出自己的连横主张，建议秦王把蒲阳归还魏国，并且派公子繇到魏国去作人质，而他将利用护送公子繇入魏的机会与魏王接近，游说魏王投靠秦国。

张仪见了魏惠王，说：“鄙国国君把刚刚攻下来的城池又还给你们，还送来公子作人质，这种好心好意昭示于天，顽石也会动心。你准备怎么办？”

魏惠王说：“我怎么办？我干脆把我的上地郡也送给秦国吧。这心意，够诚吧？”

魏国迁都大梁以后，西北那些地方太远，防守代价太大，加之秦人嚣张，干脆完全退出，不要了。

张仪拿着河西、上地图表，回到咸阳，汇报成绩。

秦惠文王大喜过望，立刻加封张仪为“相邦”——相国。

接商鞅班的大良造公孙衍，看看自己官运好像不再亨通了，就挥一挥手，离开秦国，到了魏国。

公孙衍当秦国大良造——组织人事部部长的时候，曾经帮着秦人抢西河，但是魏惠王没有计较，还是让公孙衍担任了将军——以前庞涓的职务。

公孙衍先生掰了掰手指头。

除了南边的楚国，东边的齐国，西边的秦国，中间还有燕国、赵国、魏国、韩国、中山国五个国家，都不强大。但这五个弱国联合起来抵抗一个强国，也就不显得弱了。

于是，公孙衍联络五国，进行“合纵”，即“合众弱以攻一强”。

五国开会约定，一旦哪国受到三强任意一强的侵犯，其它四国都要出兵相救。

谁知道，齐威王和楚怀王不高兴。前者扬言要打中山国，后者叫嚣向北进攻魏国。

由于齐、楚大国不愿意看见这些众弱联手自保，五国联盟很快自行散伙了。

公孙衍的合纵运动，刚刚拉开帷幕，就关闭了。

二

公元前322年，张仪又见魏惠王，来贩卖他的“连横”主张。

张仪说：“您地处中原，可您清楚您的处境吗？东边是齐，北边是赵，南边是楚，西边是秦，您身处诸侯四战之中，武卒不断消亡，土地不断减少。”

“是啊。”魏惠王说，“我很忧虑，怎么办啊？”

张仪说："公孙衍哄着你们合纵，众弱合作，对抗三强，实践证明是行不通的。我认为你应该与强国进行连横。如果您与西边的强秦结好，谁也不敢欺负您，您的危境就雪消冰化了。"

魏国朝臣，意见不一，有的支持张仪连横，有的说是天大谬论。

最后魏惠王决定，连横结秦。并给张仪挂上魏国相印，以示充分信赖。

虽说连横是秦国扩张的需要，但连横对于弱国来讲，也能保障它们的国土安全。当然，秦国说了算，可你不让秦国说了算，魏国它说了不算呀！

张仪当了魏的相国，还真有效。

秦国罩着魏国，四邻无患，百姓安息，连横结秦，好处明显。

齐、楚曾经要来打魏，张仪派使者前去告诉齐威王和楚怀王，说："你们打吧，魏国失败了，必定割地赂秦，请求帮助，好处归了秦国，你们白干一场；若魏国胜利了，他的结秦政策更不会改变。"

齐国和楚国听了张仪的辞令，决定罢兵了。

张仪为了确保以秦为首的整个"秦魏联盟"的利益最大化，决定建议秦国远攻齐国。"近交远攻"，糊涂蛋啦。

魏惠王放开关隘，请秦国大兵穿越中原，征伐远东。

齐威王派出名将匡章应战。

匡章使出诈降计，大败秦军。

魏惠王开始怀疑"秦魏连横"的意义和秦国人的能力。思前想后，宣布脱离"秦魏同盟"，命张仪离职。

张仪无奈交回相印，乘专车回奔秦国。秦惠文王念他成绩还是有的，命他继续担任秦国相邦一职。

张仪走后，魏惠王叹说："魏本强国，至于寡人，东败于齐，长子死焉，西丧于秦地七百里，南辱于楚。寡人耻之。"

魏惠王责任感可嘉，但越干越拙，一筹莫展，没几年，寿终正寝了。

后山曰：魏惠王迁都"四战之地"的中原大梁是其厄运之肇端，因为只有傻鸟才在天花板最中央造巢，只有痴兽才在广场正中间做窝。

张仪失败，公孙衍又走了出来，组织南北大合纵——拉拢燕、赵、韩、魏、楚，结盟攻秦。时间是公元前318年，魏惠王驾崩这年。

谁来当联军的领袖呢？楚国。

地盘最大，钱财最多，楚怀王于是被推举为"纵约长"。

这个楚怀王，又称前楚怀王，因为近一个世纪后还有一个后楚怀王。楚怀王，当了"纵约长"，他将如之何兮？

其实，秦国与楚国，王室之间联姻很多，血缘关系密切。秦穆公崤之战败后，秦楚联手抗晋，两国相互救援。所以，楚怀王斗秦有点三心二意。

五国联军，打到函谷，秦军奋力抗击，楚怀王不愿对打秦人，竟独自带兵撤了。燕国一看，也就跟着撤了。

魏、赵、韩，兵力损失太半，纷纷退到洛阳以东的成皋，在虎牢关、汜水关转入防御。

但，秦人追来了！

屈原张仪斗嘴

你捅了马蜂窝，跑开，不等于马峰也跑开，它要追杀你。

秦军追击五百多里，屯兵原阳，剑指韩国都城新郑。

魏、赵、韩三军被迫放弃成皋，渡过黄河迎战，迎了个惨败——合计被斩首八万二千，两名韩将被俘，赵、韩公子逃窜，诸侯闻之，无不震恐。

秦国杀出了空前的声威。

张仪乘机照会魏、韩两国与秦连横。魏、韩同意，于是，秦魏同盟、秦韩同盟建立，秦国“东压”态势再度形成。

随后，秦惠文王采纳张仪的建议，命司马错率大军，走石牛道南下，灭掉了巴蜀，平定了大西南。

接着，张仪请使楚国了。专车入河南，过汉水，全程两千多里，抵达江陵。

毒打过张仪的昭阳已死，张仪也大人不计小人过，宰相肚里能撑船了。

张仪拜见楚怀王，说秦国的商、於两地，老辈子是楚国的，大王您若能跟齐国闹翻，我可以让大王唾手复得商於沃土六百里。

楚怀王相信了张仪的话，召开记者会，骂齐国是龟孙，宣布与齐国断绝邦交，跟齐国闹崩了。

接着，楚怀王赠给张仪大量宝物，犀角、象牙、美玉，然后让人跟着张仪去接收六百里商、於两郡土地。

张仪返回秦国，一连三月，闭门不出。

楚使者急得乱转，秦军获得了军事调动的宝贵时间。

使者报楚怀王说久不得地，楚怀王以为骂齐国骂得轻，就派人直接去齐国

今日武关

武关遗址

骂，齐宣王大怒，着全国的知识分子们，出去对骂。

三个月后，楚使者终于看见张仪了，赶紧扑上去拜求：“张相国啊，商於之地！张总理啊，商於之地！”

张仪说：“你怎么到现在还没去接收啊，我早派人立好橛子了，六里土地，去接收吧。”

“有没有搞错啊相国？”楚国使者叫道，“不是六里，是六百里啊！”

张仪说：“我是个小人物，哪有六百里土地送人呢？那六里是我的封邑，你快去拿吧！”

使者飞报楚怀王：“大王，我们上当受骗了，张仪没有六百里土地啊！”

楚怀王大为震怒，太他妈窝囊了，太他妈窝囊了，打，打，打！遂组织大军，从函谷关到武关排开，全面攻打秦国。

张仪闭门不出的三个月，秦人早已调兵遣将，以对付楚国。

秦惠文王不敢大意，先摆上圭玉牺牲，祭祀各路神灵，又做了一个楚怀王的塑像，朝他“身”上吐唾沫，撒尿，诅咒楚怀王死，还把骂街的话刻在石碑上，即史有所载的《秦诅楚文》。

三

秦人兵分三路，大举迎击楚人。

楚怀王像一个红眼赌徒，动员全国部队，拼了！

郑袖与楚怀王

又写检讨书给齐国，痛切检讨骂得不对，请求合作。

齐国看到楚怀王倾全国之兵，势力不小，不计前嫌，适度配合，齐、楚又联盟了。

楚怀王见齐国在东线动作，遂驱军穿越武关，进攻秦国本土。

秦的盟国，张仪促成结盟的魏和韩，反应了，从洛阳附近出发，去捣楚国的老窝，一直攻打到襄阳了。

楚怀王只好退出武关，回救本土。秦国大将哪里肯放，穷追猛打。楚怀王丧兵十万，失地千里。呀，兮！

张仪功大，秦惠文王封赐他五个城邑，并“武信君”光荣称号。

张仪知道楚国不会罢休，就建议秦惠文王把占领的汉中地盘还一半给楚国，稳住它。

谁知楚怀王说：“不要，寸土不要，就要张仪！”

秦惠文王说：“张子，楚国还不甘心于你，俄将奈何之啊？”

张仪说：“我以前因为商於之地的事儿有负于楚国，若不亲自去道歉恐怕不行。”遂不惜冒着生命危险，再次出使楚国，

张仪到了楚国，一下车就被刑事拘留了，楚怀王说：“做成肉酱！”

张仪的手下慌忙设法营救，找到一个叫靳尚的人，走王后郑袖的后门。

郑袖说：“你让我救他张仪干什么？”

靳尚说：“张仪这个人对秦国太重要了，秦国要拿一大堆美女来交换了。秦国女子，啧啧，大王亲之爱之，还不把你给闪了？”

郑袖的妒心被激起来了，日夜缠着楚怀王要他放人，楚怀王只好改判张仪为“监视居住”。

趁着楚怀王犹豫，张仪借机统战：“大王啊！我们秦国之强您是看见了的，目今已有巴蜀之地，大船载卒，循江而下，攻掠三峡，日三百里，不出三月，楚完蛋兮！”

楚怀王惊恐，只好听从张仪，与秦再盟。

张仪的连横外交，至此全盘皆赢。故言张仪对于秦国未来统一天下，功逾商鞅，莫大之焉。

却说楚国，对再次结好秦国，朝野意见不一。低级干部屈原就坚决反对。

屈原刚从齐国出差回来，多嘴多舌，惹楚怀王厌烦。

楚怀王说：“楚秦之盟，结已结过。闪了吧你！”

屈原走在路上，恰遇武关、蓝田两次大战的十万勇士遗骸运送回国。郢都内外，人们忙着认尸和葬埋，屈原赶紧写了一首挽歌。

操吴戈兮被犀甲，车错毂兮短兵接。旌蔽日兮敌若云，矢交坠兮士争先。凌余阵兮躐余行，左骖殪兮右刃伤。霾两轮兮絷四马，援玉枹兮絷鸣鼓。

天时坠兮威灵怒，严杀尽兮弃原野。出不入兮往不反，平原忽兮路超远。

带长剑兮挟秦弓，首身离兮心不惩。身既死兮神以灵，魂魄毅兮为鬼雄。我们武器，多么精良，旌旗蔽日，敌阵若云，箭矢交射，勇士争锋。

秦人攻势，极其凌厉，践踏我军，车马损伤。车轮卡死，马匹乱套，主帅执槌，死命擂鼓。

上天怒怨，狼嚎鬼哭，将士们出去了，都没有回来，平原不比楚山，道路死长死长。

带剑挽弓，我也想去，可我不会使，魂魄扔掉，勇做鬼雄，可我不敢呀……

话说这个屈原，才华横溢，著名个人广告语是“路漫漫其修远兮，吾将上下而求索”。

不过屈原求索的是楚怀王的宠妾郑袖，为郑袖做了情诗《湘夫人》等。

然，绝色郑袖，地位特殊，岂是屈原区区一介科级干部随便可见的？

屈原多次下决心，要把自己的一生栓在楚怀王的裤腰带上，楚怀王的裤腰带跟郑袖的裤腰带连着的嘛。

屈原满腔的爱，爱，爱。

倒霉的是，横亘于中间的楚怀王就是不把屈原当人看，不停地踢打他，于是，屈原又变成了满腔的怨，怨，怨。

五月初五，屈原买了二斤粽子，一尝太好吃了，于是决定把粽子掂进宫里，撞见郑袖最好，实在不行就献给楚怀王。

楚王得知屈原又来骚扰，说，“区区粽兮，何足挂齿。离骚，离骚。”

“离骚”的意思是：离我远点，骚扰我的东西！“再不离开，大刑伺候！”

屈原逃出楚王宫，到了汨罗江边，望着滚滚的汨罗江，仰天长叹：“啊，啊，啊？”

接着又痛哭流涕唱了一板，老长老长，就叫《离骚》，向郑袖永别。

叹完，唱完，转身翻腾三周半，最后一个猛子扎下去了。

打鱼人路过，发现了屈原的尸体，赶紧报案。

警方在岸上发现了一些粽子，有楚宫门卫打过的戳记，结论是为情自杀。

调查清楚后，喜欢舞文弄墨的宣传科长写了篇长篇通讯《粽子迷案》，铅印在公安局的内部报纸上。

过了好多年头，唐人李白路过，写下了一首脍炙人口的诗篇：李白乘舟将欲还，忽闻水中乱叫唤。扑通一声跳下去，捞上一看是屈原。

但这首诗后来被李白的一个粉丝汪伦篡改了，变成了《赠汪伦》，成李白赠给他的诗了。

不过据后山揣测，屈原死于谋杀的可能性较大，楚怀王不是软弱良善之辈，何况对付令人恶心的情敌。

好了，张仪浑身安全地回到了秦国。

不久秦惠文王死，秦武王立。秦武王不喜欢张仪，让他回魏国度晚年，叶落归根去。

第三十七章
举鼎太庙

秦武王

一

在秦国，秦武王上任了。

秦武王名叫嬴荡，身高体壮，勇强果断，“荡”得很了。

秦武王他爹秦惠王十二三岁就开始做父亲，儿女成群，数嬴荡最为神武。

嬴荡出生的时候，秦惠王正在全力东进，打通中原之路。听说得了儿子，就说叫“荡”，称霸中原、荡平天下！

嬴荡自幼在军旅中生活，将军们对这位年轻太子的胆略都很佩服。秦惠王对太子荡年纪轻轻就能成为军中的偶像感到既惊奇又高兴。

秦武王常常以斗力为乐，凡是勇力过人者，他都提拔为将，置于身边。

有个叫任鄙的，以勇猛力大闻名，秦武王就破例提拔为将，给予高官厚禄。

齐国人孟贲，力大无穷，勇冠海岱，陆行不怕虎狼，水行不避蛟龙，一人同时可制服两头野牛。听说秦武王重用天下勇士，孟贲西赴咸阳面见秦武王，被任用为将，与任鄙享受一样的上将待遇。

秦武王嬴荡上任第三年，开始琢磨着驱军东出函谷。

秦武王召左右相国甘茂与樗里疾议事，说：“寡人整天在大西北奋斗，没有见过洛阳的繁华。今生最向往的就是洛阳，能到洛阳旅游，看看周朝内部结构，看看天子重器九鼎的大小模样，死而无憾！”

甘茂说：“为大王兴兵打仗，做主中原，旅游洛阳出力，是臣下应尽的职责。”

秦武王问："寡人欲征宜阳，进中原。二位如何看待？"

樗里疾说："韩国宜阳，城坚兵精，路远道险，倘若魏、赵二国出兵救宜阳，秦国孤军深入险境，一旦失利，后果不堪设想"。

秦武王听了，很不高兴。目视甘茂，征求意见。

甘茂说："伐韩宜阳，必须先破韩魏联盟，只要魏国助秦，赵国就不可能越魏救韩，韩被孤立，宜阳城就能被秦军攻破。"

秦武王大喜，说："你为寡人去吧！"即派甘茂出使魏国。

甘茂以共享伐韩之利相引诱，与魏王建立了秦魏共伐韩国的联盟。

甘茂怕秦武王在伐宜阳期间，听信樗里疾之言而变卦，派副使向寿报告武王："魏王已经同意与秦国结好，共伐韩国。虽然得到魏国支持，还是不伐宜阳为好。"

秦武王听了，很不理解，亲自赶到名叫息壤的地方召见甘茂，问甘茂为何改变伐韩计划。

甘茂说："宜阳城池坚固，兵精粮足。秦军冒千里之险进攻宜阳，决非短时能够奏效。如果时间延长，必然有人在大王面前说二话，大王听信小人之言，臣攻宜阳不仅难胜，还要身败名裂。"

秦武王说："寡人不听小人之言，愿与你定息壤之盟，为你解后顾之忧。"

于是君臣即在息壤签订盟约，伐宜阳，不听邪。

甘茂率领大军出发了。

离开咸阳，东行一百五十公里，出函谷关，进入中原，剑指洛阳脚下的韩国要塞——宜阳。

站在宜阳附近的小山头上，向东望，百十里地，就是大周天子的老巢洛阳。

洛阳是包裹在韩国国土区域里边的，宜阳是韩国西部咽喉，秦人出关就是宜阳，所以韩国在宜阳陈列重兵二十万，平日屯垦，战时应敌。

宜阳屯垦所得粮食，足以支撑十年，谁来围攻也不胆怯。

宜阳城外有洛水，洛水再外，有熊耳山，山上有韩军结营扎寨，与宜阳城互做犄角，多方呼应。韩军的装备也非常精良，弓弩可以穿透多层甲胄。

甘茂一路行军，为秦武王旅游洛阳打前站，来到宜阳了。

甘茂坐镇宜阳城下，挥军攻打。

众将身先士卒，发起猛烈仰攻。

在战鼓轰鸣中，在将士呐喊中，云梯一次次地竖起来，靠上高高的城墙，又一次次被掀下来，拼命爬到云梯上面的秦国士兵鬼哭狼嚎，带着风声远远地砸向地面。尸体，由横七竖八，到相互枕藉，鲜血染透了城墙外十几丈的土地。

宜阳城，秦人猛攻五个月，死伤众多，竟未能克。

秦国国内有情绪了。

这时，右丞相樗里疾果然说：“攻打宜阳城已经五个月，精疲力尽，锐气大丧，人马尽折，劳而无功，再挺下去，恐怕形势要发生变化，不如班师为好。”

秦武王听了，就派人召甘茂班师回朝。

甘茂写信一封，让来人带给武王。

武王展简视之，只有“息壤”二字，恍然想起息壤的盟誓，大悟。

秦武王非但不撤甘茂，还令大将乌获带领五万援兵，往助甘茂。

甘茂得到生力军，兵力大增，遂以乌获为先锋，击退韩国援兵。

攻城前线，云梯不行了，则使出“挖砖奖金”计，甘茂许愿，凿掉两块宜阳城砖，当即记上账，回国后，用自己的家财兑现黄金一两。

秦人手持铜凿，疾冲到城下，猛击两锤子，扳下两块砖就迅即离开，跑到大队后面报账，另一批人拿了凿子立即跟上，故伎重施。

就这样，一点一滴地硬啃，城墙慢慢松动，洞口越凿越大。

宜阳城内守军，射箭石，浇人粪、甚至倾倒沸水，阻挡秦人开挖墙洞。

箭矢、石块和秦人的死尸，在宜阳城墙下，堆成了垛，但秦人有黄金做刺激，前仆后继，挖洞不止，有时候一块砖没能抠掉，人粪尿劈头冲了下来，把下面人罩得臭不可闻。

终于，秦人踩着战士的尸体，攻陷了宜阳孤城，斩杀韩军七万人。

韩国元气大伤，急忙向秦国求和。

二

甘茂率军血战，拔取宜阳。洛阳门户洞开，西部门槛边这个兵家重镇，成了秦国的桥头堡。

秦武王见打通了东去洛阳的道路，到洛阳见识繁华和查问九鼎，终于如愿以偿。

秦武王坐着豪华专车，穿越甘茂开辟的血路，以战胜者身份，在右丞相樗里疾一百辆战车护卫下，到了宜阳，略作停留，车马便开向大周天子的老窝洛阳。

周赧王姬延

大周天子的洛阳，值此岁月，已经没有了一丝一毫的防御能力。

洛阳居于天下中央，经济非常富庶，是国际贸易枢纽，但它尽管繁华，政治、军事早已没落不堪。

此际的周朝宫廷，周慎靓王姬定已崩，他只坐了六年，其子姬延继位，是为周赧王——羞涩的谢幕人。

末代天子周赧王姬延，软弱无力，派大臣带着美女舞蹈队，去迎接秦武王进入洛阳观光。

在洛阳西郊，举办了欢迎仪式。

美女们舞了，蹈了，秦武王进洛阳。

前边，是持戟仪仗队，接着是弓弩仪仗队，中间，是周朝大臣护卫着的秦武王，军鼓击打着进行曲，大队人马进入洛阳城。

除了通商便利，经济活跃，富冠海内以外，洛阳的女孩儿也漂亮，细腰雪肤，粉白墨黑，和临近的韩国一样，都是美女聚集地。

秦国第一帅哥秦武王，二十四岁，正是大好年华，英姿飒爽，在周天子的宫里兜风，向美女们展现才艺。

周朝皇室的美女导游领着秦武王一行，进入周室太庙，参观“九鼎”。

但见九个宝鼎，一字排列在殿堂之内。

荆、梁、雍、豫、徐、青、扬、兖、冀九个宝鼎，每个鼎上都镌刻着该州山川人物、土地贡赋之数——当然是老旧的数目了。

秦武王逐个审视，看到一个大家伙，问说：“这鼎有人举过吗？”

美女导游说：“大王，这些个鼎，啥都好，就是沉了点儿，自从我到这儿上班，从未见人移动过它。”

秦武王爱角力，曾经跟大力士们在咸阳广场上扛鼎、摔跤、掰腕子。他说任鄙、孟贲二将：“这个鼎比咱在秦国扛过的更大，你们两个人，要不要试试？”

周朝队列中有臣子说：“这鼎重达千钧，谁能举得起呀!没有听说，也没有人见过。”

任鄙知道武王恃力好胜，婉言道：“臣只能举百钧之物。眼前这鼎重达千钧，臣不能胜任。”

孟贲伸出两臂走到鼎前，说：“大王，俄先来试试！若举不起来，不要怪罪。呸！呸！”

孟贲往大手心中连吐两口唾沫，然后让人把杠子顺过来，横穿过两个鼎耳。他骑马蹲裆俯下身来，双手提拉杠子中央。

孟贲手抓牢了大木杠，狠狠喝叫一声“起”！

鼎底松动了，慢慢被提拉起来了，轻微颤动着，底下吊挂着陈年的蜘蛛丝，离地约有半尺高。

孟贲咬牙切齿，试图再起，却难以提高一寸，牙筋肉绷成一道道的，腿肚子哆嗦，只好原地放下。

孟贲感到一阵晕眩，站立不住，两边晃，朝后仰，幸被左右拉住，没有倒在地上。

秦武王看了发笑：“你能把鼎举离地面，寡人还不如你吗？”

任鄙劝道：“大王万乘之躯，不要轻易试力。”

秦武王固执不听，卸下锦袍玉带，束紧腰肢，大踏步上前，勾起手指，示意撤掉木杠。

助理赶紧把木杠撤掉，发现它已被压弯了，观者无不咋舌。

任鄙拉着秦武王，苦苦劝阻，秦武王生气地说："你不能举，还不愿意寡人举吗？"

秦武王虎步龙踞，弯腰分开两手，紧紧攥住左右两只鼎耳，气运丹田，叫一声力："给俄！起！"

嚯！秦武王直接抓举，竟把大鼎整个翻转，扣着举到头顶上方。

不得了啦，二十四岁的秦武王力扛巨鼎，仿若羽毛。

观者无不震恐，海啸般拍起巴掌来。

女导游张口结舌，眼睛瞪得像兔子蛋蛋，从来没见过这个阵势啊，秦国人真……真……天底下什么样的人都有哇！今天算开眼了，老天爷呀！

秦武王心想："孟贲只能举离地面，俄举起后应移动几步，才能显出高低。"

于是秦武王开始移动左脚，不料右脚独力难支，身子一歪，鼎落了下来。

秦武王惨叫一声，众人慌忙看时，他已经藏在大鼎底下，昏厥过去了。

众人把鼎搬开，只见秦武王右膝盖和右脚骨均被压碎，鲜血流了一滩。

太医赶来，武王已昏迷不省人事，入夜，气绝而薨。

周赧王闻报，大惊失色，急忙预备上等棺木，亲自招呼装殓，并大声哭吊。

秦国右丞相樗里疾护送秦武王棺木回到咸阳。

姬荡说过，寡人整天在大西北奋斗，没有见过洛阳的繁华。今生最向往的就是洛阳，能到洛阳旅游，看看周朝内部结构，看看天子重器九鼎的大小模样，死而无憾！

姬荡终于到洛阳一荡而薨，殊为不凡。

临薨扛鼎，亦算遂了夙愿，无憾了吧？

安葬秦武王之后，樗里疾追究责任，将孟贲五马分尸，诛灭其族；奖励任鄙劝谏之能，升为汉中太守。

樗里疾又谏议继任的秦昭襄王，追究甘茂怂恿武王入周观鼎之罪。

甘茂听到风声，害怕治罪而逃到魏国，至死不敢还秦。

三

却说秦武王姬荡想参观洛阳，了解周朝内部结构，测试九鼎的轻重，急躁用兵，派甘茂攻韩国的宜阳，杀死六万韩人，毁了他爹和张仪苦心经营的“秦韩同盟”“秦魏同盟”，魏、韩背秦而去，投奔齐国。

远东齐国因之而强大，成为秦国的威胁之一。

秦武王扛鼎，二十四岁死，仓猝得连个儿子都没有生下，导致了秦王族的内讧。

秦武王妈多，媳妇多，她们互相火并，各自支持秦武王不同母的哥哥弟弟们抢夺君位，其中公子嬴壮、公子嬴雍争位失败，先后被杀。

其他公子被杀者也不少。

秦武王的生母挟公子嬴壮争位，失败后也遭秘密处死。

秦国局势动荡，大有社稷之危。

最后，秦武王的异母弟弟秦昭襄王嬴则勉强即位。

秦王族火并，对楚国是好事情。楚怀王利用了这宝贵的光阴，

楚怀王谋划着刷洗自己失地于西秦的耻辱，东边的越国，肉相对好吃。而勾践的后代越来越愚蠢，在节骨眼儿上进攻楚国，被楚军击败。

楚怀王乘胜反击，东进江浙，荡平越国，杀了越王，连勾践占领的原吴国之地，一并收罗，实现了一次光荣与梦想。

楚国失之桑榆，收之东隅，西北丢了，东南收了，面积扩大三分之一。

楚怀王实施“越人治越”的大政方针，分封越国的遗留贵族，让他们发展经济。

楚国在发展经济过程中，聚集了很多黄金，楚国人把黄金做成小型金砖，当货币用。

楚怀王金子多，搞艺术人塑。铸造列国诸侯人像，当然包括他自己。

楚怀王的“金身”坐在堂上，其他“诸侯”都是他的下人，捶腿的，打扇子的，都有。精神胜利法。

楚国灭了越国之后，主动跟齐国结好，送太子去作人质，以示自己绝不背约。

没多久，楚怀王收到了来自大西北邻居的信简，秦昭襄王写的。

从前，秦和楚，和平共处，互结婚姻，互派人质，多么和谐。

最近，寡人闻知，楚以太子为质，结好远齐，兹事是不合适的。

秦国，楚国，同为天下大国，友好亲善，历史悠久。秦楚不睦，如何号令诸侯?

寡人诚愿秦楚结好，若是，寡人愿意帮助楚国，收复为齐、魏、韩所夺之南阳失地。

特邀您劳驾到武关面议，寡人不胜其喜，诚心候您光临。

楚怀王在干部会上，拿出了这封信，问大家怎么办。

干部们多数反对去跟秦国复好，说秦是虎狼之国，有吞并诸侯之心，欺骗我们次数太多了，我们应该长点记性。

楚怀王最小的儿子熊蓝却赞成跟秦人联欢，说："秦楚老关系多代人了，都是亲戚，终究比其他国家关系都要可靠点吧。"

楚怀王在熊蓝的撺掇下，明知有危险，还是顶着危险出发了。

武关在秦岭东部，南临深涧，北接秦岭山原，乃是一处险要门户。楚怀王进入武关，却发现被秦昭襄王耍了，那家伙根本没来。

楚怀王七窍生烟，怒不可遏，大骂秦人无信，又一次欺骗老舅！

可他孤身无奈，只好被秦国大兵挟持到了咸阳。楚怀王急不可待地质问秦昭襄王："让我来干什么兮？什么时候让我回去兮？"

秦昭襄王慢悠悠地说："舅你着急什么呀，既来之则安之。"

楚怀王说："我还得回去管理国家呢，哪有时间在你这里泡蘑菇，有话快说！"

秦昭襄王嘻嘻笑了："您歇着，国家可以由寡人代管嘛。巫郡、黔中郡可以先给俄啊。"

"你这算什么话！"楚怀王说，"巫郡扼守三峡，黔中地方千里，皆我西北门户兮，怎么可以给你！"

赵武灵王

“不给不要紧，您先在宾馆歇着，考虑着吧。”

于是，楚怀王被送进宾馆，当作“肉票”，不许出门，逼着楚国人用巫郡、黔中两郡来赎。

秦昭襄王想得很美。给巫郡、黔中郡，很好，不给也没什么，首脑困在俄这里，不等于控制了他半个国家吗？

楚国获知情况，开紧急会议研究研究。

有人说：“秦国想要挟我们，我们偏不听它，挑个公子，立为楚王，把秦国人气死。”

有人说：“立太子为王固然好，可太子现在齐国为人质，齐国不会放他回来呀！”

唉！秦国扣了爹，齐国扣了儿子，楚国怎么办呀？

最后，楚国人还是决定去齐国要人。说大王驾崩了，要太子回去就位。齐国不答应，讨价还价，楚国许诺了五百里土地才放人。

楚国太子熊横回国称王，是为楚顷襄王。登基后才明白老爹没死，原来是去咸阳旅游，“住”那儿不回来了。

齐国与楚国，为五百里土地，又争执起来，伤了和气。

秦国人听说楚国立了新君了，手里的“肉票”成废纸了，秦昭襄王非常恼怒。

为什么恼怒呢？他诓楚怀王来秦国，不让走，为了让楚国就范。现在楚国不要老君，另立新君，就是拒绝向秦低头。

恼羞成怒的秦昭襄王，觉得楚国这是该挨揍了，于是兵出武关，攻击楚顷襄王的新政权，斩首五万，掠取楚南阳盆地西侧大片地区之后，继续南犯，又得楚国十五座城邑。

与此同时，楚国国内又出现农民起义了，内外交困。

被软禁在咸阳的楚怀王，坐卧不安，已经两年了，期间他还逃跑过一次，但跑出咸阳，跑不出秦国，秦国人把通往南方的各条道路都站了岗哨，只要见到说话带“兮”的人，格抓勿论。

楚怀王就向东逃跑，跑了个把月，到了赵国，要求政治避难。

却说赵国，赵武灵王继位后渐渐变得不简单了。

赵武灵王赵雍，天下大乱之际，觉得强国乃是要务，遂以点带面，逐步在全国范围内推行“胡服骑射”的军事改革。

人们一般偏见，老觉得，“汉”先进，“胡”落后，其实不是这样。

赵武灵王聪明人啊，看出来汉服袍子、绔子很是窝囊，步兵和兵车混合编制，官兵都身穿长袍，甲胄笨重，在交战中常常出丑、惨败；“胡服”上褂下裤，干脆利落，非常实用，骑兵驰骋疆场，来如飞鸟，去如绝弦，反应快速，胜仗连连。

而且，胡服还兼具节奏优势，犹似“重金属”。

汉人祖传服饰，软不邋遢。头戴“委貌冠”“以尺布裹头为巾”，下着“深衣”——宽身阔袖大袍子，或“上衣下裙”，裙子里面穿“绔”。有钱人穿“纨绔”，没钱人穿“麻绔”。

绔者，护腿也，开裆套裤也。无裆，只两条裤腿，以绳子吊扎在腰间，给腿保暖，屁股没份。也就是说，汉服大袍子里面，屁股是光的。

宽身阔袖的“深衣”，加“绔”，不仅女子，连男人们的服装都是这个样式。

你明白了，汉人无论男女，大袍子里面的屁股，非常方便抓痒。

履呢，丝帛为面，绣以美花，麻缕为底，或多层棉布缀之为底，朝会之舄，则用木底，这种履舄多为直头，短帮，无后跟，既浅且松。

履的应用，是“趿”不是“穿”，只能拖沓前趋，朝前“趾”着行走，不能抬起脚步，否则履就要掉了。

趿着汉人的履，过去，地面上留下一条痕迹，谓之“履历”。因为抬不起脚，只要你走过，履历是非有不可的。

对啦，穿着汉人的履“趾”过的痕迹，现在形容“生活经历”。让你填表，履历表，就是。

汉人服装，从头到脚，非缠即裹，平时穿着，举手投足，翩然若仙，然做起事情来，绊手拖脚，至为不便。

你想啊，尺布裹头为巾，改用胡人的毛毡尖帽或皮革筒状帽子，免去缠裹之劳，朝脑壳上随手一扣便得，何等方便与利落！

你想啊，无扣衣裳，直到地面，腰间需“绦带”围腰系住，扎结多么繁杂？如果你是做官的，腰带还会非常厚重，上面挂满奇怪物事，那精彩，啧！

改用胡人以皮革制成的腰带，打有小孔，带头部分装一金属环扣，并缀有扣针，使用时将皮带穿过环扣，收紧以扣针固定，不比半匹布的“坤带”利索与牢固了吗？

后山告诉你，今天汉人使用的便捷腰带，就是胡人发明的。

你想啊，汉人的大袍子，内部没有裤子，或仅有开裆裤子，做某些事情是方便，但不方便的时候是不是更多啊？

胡服为紧身小袖对襟衣，上衣至胯部，很少有过膝的，下身着“裤褶之制”的长裤，革去深衣绕身自缠之弊，多么利于骑射作战，尤其利于奔走骑马啊！

是啊，胡服很像今天的基本服装啊。

胡服之中，还有所谓“半臂”者。古称半臂，今言马褂，或曰T恤。你说方便不？

你想啊，扔掉松松垮垮的平口履，改为胡人的“连径履”，即皮革制就的短统靴，走起路来要灵快多少啊？登鞍跨马要利索多少啊？

实际情况也是，因为胡服轻便实用，所以很快从军队传至民间，被广泛采用。

赵武灵王进行军事改革，带头“胡服骑射”，有些“儒”人说二话：“领导平素就看着我们不顺眼，这是故意做出来羞辱我们的。”赵武灵王召集满朝文武，当着他们的面，以箭射穿门楼上的枕木，严厉地说：“胆敢再说阻挠变法的话，我的箭就穿过他的胸膛！”“儒”者都蔫儿了。

胡服骑射在全国部队推行，汉人战士本事大进，胡人见利于自我发挥，踊跃参军。以“胡服”为军装的赵国骑兵军队，即刻显出威力来，尽管它总体上难免弱小。

话说“楚囚”楚怀王逃出秦国，向东，向东，跑了个把月，到了赵国，要求政治避难。

如今赵国不是往昔赵国。该能罩住楚怀王了。

战将白起

宜阳大战故地

哎呀哎呀，谁知道，赵武灵王出国访问了，没人敢做主接纳他。

尾随追来的秦国武装警察，抓住楚怀王，又押回了咸阳。

楚怀王越狱逃跑，没有跑掉，吃苦受累，又气又恨，没多久，死在了秦国。

楚国要随着楚怀王的离去而转弱、淡出历史舞台了，秦、齐、楚三个超级大国，渐渐地，就剩下东齐西秦了。

四

秦国攻取宜阳，暴露了称霸中原的狼子野心，引起了中原各国的巨大震动。

形势逼迫中原各国联合起来抵抗强秦。

齐国牵头，联络魏国和韩国，再一次进攻秦国，用一年时间打进了函谷关，迫使秦国割地求和——退出了吃进嘴里的宜阳城。

秦昭襄王缓过了劲，任用魏冉做相国，再度推进东向战略。

魏冉豪爽猛断，臂力过人，跟秦昭襄王他叔武王是好朋友。武王特别重视军事人才，魏冉终日与好力的武王在一起习武。

魏冉长期掌握秦国的军权，秦国的高级将领多出自魏冉门下，如任鄙，如白起。

由于魏冉的悉心培养，白起很快成为可以独挡一面的青年将领。

在向东拓疆的战略策划中，魏冉力荐白起为将。

魏冉早期的国际战略构想是远交近攻。与远方的齐国结盟，攻击秦国的危险邻居们韩、赵、魏、楚。

齐国非常狡猾，表面答应秦国，暗中却远攻近交，与韩、赵、魏、楚结盟，挑唆他们进攻秦国，齐国成了攻击秦国的策源地。

秦国期望东进中原，不得不鼓起肚子，向东方的联合敌人开战。

秦将甘茂主持的“宜阳大战”，已经撬开了洛阳的西大门，周天子周赧王看到秦武王在他大周的太庙里玩弄国之宝器九鼎，心里像刀剜一样难受，于是再也不敢奉行“甩手政策”了，他把宫里的奢侈品全部变卖，用来支援抗秦前线的韩军与魏军。

甚至，周赧王这个时期把尊贵无比的国宝九鼎也当作废铜烂铁论斤卖掉了。

周赧王为了维持穷困政府的运转，为了保卫洛阳西部郊野的安全，还发行国债，向商家举借高利贷。但后来他笼络的军队，无力战斗，自行散了。

众债主整天堵着周赧王的宫门要账，甚至有的还要冲进宫去，他们质问周赧王：“您是天子，说话应该算话，借了我那么多钱，为什么不还？”

周赧王吓得跑到后宫去，那里筑有一个高台，台上有间小阁，他藏进小阁里不敢跟债主们照面。

人们干脆把周赧王躲藏的那处高台称作“债台”“逃债台”“避债台”，再后来，“债台高筑”就变成语了。

话说秦相魏冉举荐白起为大将，让韩国和魏国付出了二十四万人头的巨大代价。

白起起身行伍，善于用兵，素以深通韬略著称，自谓“疯子”“人屠”，实际是架杀人机器，每次杀人以十万计。

为了策应东出函谷的秦军，秦昭襄王又派大将司马错出武关，攻击魏国的襄城，于南侧威胁韩魏联军。而在北部，又派军取了魏国的解邑，以牵制魏国北部兵力。

在南北方面大量消耗韩国与魏国防务的同时，白起的秦中路军猛攻宜阳。

秦军再度攻击宜阳重镇，韩国与魏国急忙运兵来救。

谁知白起的“猛攻”实是佯攻，在韩国和魏国军队大量在洛阳南部集结的时候，白起军突然放弃宜阳，兵分两路，一路由宜阳北侧向东快速迂回，绕到韩魏联军的背后，切断了他们的退路，另一路由宜阳南侧向东包抄。

韩魏大军被晾晒在伊阙地区，周围已经全是秦兵了。

洛阳城南的伊阙，风景优美，山河壮丽，现在有著名的龙门石窟在石壁上。那时候没有什么石窟，只有两山对峙，伊水中流，仿佛门庭，故称“伊阙”，也是非常好看的地方。

韩国和魏国的将士们，没有丝毫观赏风景的心思。

话说这处伊阙，乃属韩国的地盘，看到白起率领的秦国侵略军已经分布在周围，韩国人想减少摩擦，保存主力，让从身后赶来的魏国盟军打先锋，先跟秦人来一场拼杀。

魏军主将公孙喜，是个老兵油子，一看局势已经这样了，逃还逃不出去呢，敢莽撞地开打吗?

公孙喜推韩军到前面为前锋，说：“你们武器精良。被坚甲，操劲弩，带利剑，一人当百，肯定能赢。”

公孙喜说得没错，韩国军事工业确实发达，出产的良剑，邓师、宛冯、龙

白起擂鼓台（洛阳龙门）

渊、太阿，都很有名气，当时一流的强弓硬弩上，商标也都是韩国的。

箭使手臂发射，而弩机，是最厉害的远程武器，用腿脚发射，力道巨大，有效射程一百五十步，是弓箭的两倍。

韩国生产的弩机尤其厉害，可以射到六百步开外，若稍微近一点，穿透数层铠甲之后，仍然能够射穿心脏。

韩军装备的青铜头盔，坚甲美盾，青铁护臂，开拉硬弓的护指，都很结实，单兵装备堪称国际一流。

白起的秦军，人数不及韩魏联军的一半儿。而且，白起的秦国兵卒，只在前胸、后背披甲，防护薄弱使他们更加卖命地杀敌，不要命的干脆脱了头盔，撇了衣甲，赤膊相拼。

白起考虑的是，如何以少胜多，如何集中优势兵力，各个击破对方。

白起站在伊阙西山，眺望韩魏两军。他们密密麻麻地布置在伊、洛河平原上，韩军单兵，重甲在身，每人像一个碉堡一样，魏军也是如此。

看其阵势，韩军居前，魏军错后，兼居两翼。

情报部门说，韩魏两国军队互相推诿，谁都不想先与秦军交战。

白起决定，先以疑兵对韩军，摆出要进攻韩军的架势，乘魏军不备，突然向数量庞大的魏军发起攻击。

战鼓如雷轰动，双方将阵势对圆了。

白起挥动疑兵，佯攻韩军。疑兵，就是人数少，旗子多，令敌人眼花缭乱，误以为是主力所在。

韩国人看着旗子，摸不清虚实，以为是秦军大部队，开始放出六百步弩箭。

后面和两翼的魏国人则变得悠闲起来，心想韩军顶着，得打一阵子呢，我们歇歇吧。

谁知突然间海啸山崩，白起的主力，疾速向魏军碾压过来。

秦军精锐，蹈死不顾，只管砍杀，魏军措手不及，旋即崩溃。

韩军受疑兵困扰，固立不动，不敢贸然移军救魏，等到魏军尸横遍野，血流成渠，被歼殆尽时，韩军方才醒悟，然为时晚矣。

秦军杀完魏军，回师来砍韩军，韩人早已胆寒，不战自溃了。

在白起的指挥下，秦军伊阙大战共歼敌二十四万，并杀死魏军主将公孙喜，乘胜远进，连拔韩国五座城池。

同年，白起率军渡过黄河，略取韩魏在山西的部分属地。

“伊阙大战”，是古来罕见的残酷杀戮。一日斩首二十四万，创中国战争史上的杀戮之最。用马车来装这些人头，车队会排出近百里长。

韩国与魏国的主力军，在伊阙大战中丧失殆尽。

战后，为了缓解秦人攻势，韩国和魏国，又割出山西西南部大片土地，饲喂虎狼之秦。

第三十八章
捭阖纵横

苏秦苦读图

苏秦荣归“乘轩里”

一

话说鬼谷子的另一高足，张仪在鬼谷子学院外交专业纵横捭阖方向的硕士哥们儿苏秦，同样声名卓著，但苏秦走的，是另一路子。

苏秦是洛阳东关人士，所住小区叫“乘轩里”。

当时的洛阳城，人们都以大商业资本家白圭为楷模，追逐百分之二十的商贸利润。

东周战国时期，天下没有安生的时候，倒是洛阳这个漩涡的中心，风暴眼，反显得安静。

在到处兵燹的列国，常是民不聊生，关卡森森，军车粼粼。洛阳跑的却是商车。富商大贾，拥有资本，动辄用几百辆大车转运货物。

本钱窄、人手少，坐列贩卖的小商人也非常之多，洛阳一时形成了“喜为商贾，不好仕宦”的民风。

洛阳因商业而繁荣，金属货币已经开始流通。

由于各国货币形制不一，周王朝专门铸造了带有“东周”字样的“孔方兄”以兑换，黄金业开始参与进商业交易中。

苏秦的哥哥苏代，开了个“点子公司”，靠出主意想办法发财。“鹬蚌相争，渔翁得利”就是苏代的专利产品。

苏秦则到了三十来岁还没混出名堂，除娶了一个媳妇以外，无别的成就。

苏秦于是走出洛阳打拼，背着书囊到了楚国，楚怀王不怎么感兴趣他，苏秦抱怨说："楚国，食玉炊桂，有什么好！"

楚国当时正在通货膨胀，粮食贵得像玉石，烧柴贵得跟桂树一个价。

苏秦转而到秦国发展，谁知秦国的运气也难碰，饿得形容枯槁，面目黧黑时，只好回洛阳老家。

出游数载，一无所成，回家来，"妻不下纴，嫂不为炊，父母不与言"。

嫂子倒是说了句话："我们洛阳人自来都是做生意的，追求百分之二十的商贸利润，是我们的本业。而您释根本而事口舌，如今大困，不亦宜乎！"

妻子在织帛，不下机子，嫂子不给他做饭吃，父母也不理睬他。

苏秦感叹说："妻不以我为夫，嫂不以我为叔，父母不以我为子，是皆秦之罪也！"

没饭吃，苏秦找了点干馍和咸菜，啃。

夜里媳妇也不让苏秦上床，他只好睡在客厅的沙发上。

苏秦睡不着呀！越是闭眼思过，越是睡不着，就起身掉书袋，搜出了一本《太公阴符》，人说是姜子牙所著。苏秦伏而诵之，茅塞顿开。

《太公阴符》第一章这样写："地发杀机，龙蛇起陆。人发杀机，天地反覆。"

杀机很要紧，得"发杀机"啊。朝哪儿发？怎么个发法？

"阴阳相推，而变化顺矣"。姜子牙含糊不明，苏秦竟突然开悟了，"阴阳相推啊，不就大发杀机了吗！"

咱们不知道苏秦如何理解的，反正他开悟了，抓起旁边媳妇绱鞋的锥子就刺自己的大腿，发明制造了半个成语："刺股"。

苏秦埋头写成了两部读书笔记，一部叫《揣》，一部叫《摩》，找了点妻子

激辩中的苏秦

用剩下的线头，装订了装订，带着，再次走出了家门，离开了洛阳。

这次苏秦要北上燕国。

为什么是燕国呢？偏僻，落后的燕国，正在发广告征贤。

燕昭王姬职，筑了个高台，搬出国库里的黄金摆在上面，广泛招募身怀国富兵强之策的贤人。于是大将乐毅跑来了，苏秦也跑来了。

燕昭王高筑黄金台，招贤纳士，欲振兴燕国，攻打老仇敌齐国。

燕昭王亲切地接见了苏秦，说："从前齐国乘我国内乱攻破我国，请问先生，我该怎样雪先王之耻辱？"

苏秦说："燕国带甲数十万，车七百乘，骑六千匹，粟支十年，要说也不为少。但，南边的赵国渡过易水，就可轻易为祸；而死敌齐国，车过万乘，再加上其附属国的力量，它若和赵国一起来，那燕国不就完蛋了吗！"

燕昭王说："是啊，寡人知道。寡人食饮不甘，寝居不安，亲身削制皮甲的叶片。媳妇们也不闲着，昼夜搓捻编结皮甲的丝绳。我誓死要报仇啊！"

苏秦说："您这样报不了仇。天下七国，燕国独弱，硬上墙怎么能行呢？我倒有个'弱齐强燕'之计。"

燕昭王渐渐佩服苏秦了，"快说来听听。"

"齐人如今想并吞其邻居宋国，这正是您可以利用的机会。它攻宋必然大耗国力，您应该装孙子，派兵助齐人攻宋，让它拼命消耗。到它消耗得不行了，您宣布绝交，伐齐，不出几次大小战役，齐国必然覆灭。"

燕昭王佩服万分，击掌赞叹。遂派苏秦"阴使"于齐。

"阴使"者，间谍也。

燕昭王为苏秦准备了一百五十辆豪华马车，公开使命是代表燕国“循齐”——臣服于齐国，以助齐伐宋，实际则是“促齐伐宋、弱齐强燕”。

这次，苏秦专意绕道洛阳。

发达了，带着一百五十辆豪华座驾，回了一趟“乘轩里”，有人说这就是“乘轩里”其名的由来。

亲戚们都不敢仰视苏秦的豪华车队，个个趴伏在地上，战战兢兢地奉饮食，献殷勤。

苏秦的媳妇跪侍在地上，举着热毛巾，羞涩万状，让老公使唤。

苏秦的嫂子趴伏得最低，匍匐得好像委蛇，苏秦笑曰：“嫂子，你太夸张了吧？何故前倨而后恭也？”

嫂子赶紧以面掩地，连拜了四次，才应道：“因为老弟你现在位高而金多也！”

苏秦此次回到洛阳，散掉一千斤金子，以赠宗族朋友。

从前借的债，现今都以万倍的数目还了，放高利贷的，都高兴得发疯。

苏秦在洛阳给齐滑王写了一封信，提前差人送去，算是招呼，也为了让齐滑王重视。

齐宣王田辟彊已经死过了，现在是齐宣王的儿子齐滑王田地在当齐国的家。

苏秦的信，连分析国际局势带戏说齐国历史——

目前，国际局势变幻莫测，大王可能有所忧虑。因为秦想结齐攻赵，赵欲击齐，甚至邀燕共向。我想阻止燕王，他应该会听我的。

现在，我打算访问贵国，跟您谈谈。

我约了一百五十辆华丽的车子出行，天下人会说，看！燕主动结交齐了。从而挫败赵欲斗齐的行动计划。

从前，管仲讲排场，齐桓公都满足他，是为了国家工作，如今，您比桓公更贤能，我不敢妄加请求，让您以尊贵礼仪待遇我。

苏秦的信，火力十足。齐湣王不当齐桓公也不行了。

齐湣王跑到城门口等待苏秦的车队。

来了，齐湣王亲自爬上苏秦的车，拿起鞭子当驭手，随后大摆国宴，迎接苏秦，宣布齐燕合作正式开始。

在盛大的迎接宴会上，齐湣王说："苏子来得甚好。秦相魏冉，刚刚离开。他劝我伐赵。我已经答应了他。苏子以为如何？"

秦国为了抑制齐国向东南扩张，派相国魏冉唆使齐国和赵国开打。

魏冉说，秦昭襄王是"西帝"，为了忽悠齐湣王高兴，魏冉还奉送了齐湣王一个"东帝"的名号。

"帝"比"王"更高，比周天子还大，与"上帝"一个等级。

东帝、西帝并立，说明齐秦结好，两国准备联手攻赵。

齐湣王不知是计，只见攻赵的好处，傻乎乎地同意了，还跟魏冉约定了伐赵日期。

然而，魏冉不知道，他前脚走，苏秦后脚就要踢翻他的如意算盘了。

二

齐湣王说："寡人高兴魏冉的建议，已经跟他约定伐赵的日期了。"

苏秦点拨齐湣王道："秦国别有用心。我建议您向西南，打宋国，宋国膏腴，得一顶十。”

苏秦说：“您一旦有宋，则向西，可慑魏，向北，可逼赵，向南，可争楚之淮北，天下诸侯，谁敢不从？况宋王，无道之人，伐之，名则义，实则利。总之，伐宋之事，汤武之举。结秦攻赵有什么好处，我不知道耶！”

齐湣王说：“哎呦哟，你不说我不明白，你一说我明白了！”

旁边的相国韩珉，是秦国派在齐国的特派员，立刻反对道：“打宋国好，可若赵国捅我们的屁股，那我们怎么办？所以当务之急还是要打赵国，打下了赵国，再伐宋不迟。”

苏秦道：“伐赵不是终极目的，宋国才是真正的目标。赵国，只要它服了我们就行，外交手段即可，何必动武。”

韩珉叫道：“好好好，你有外交本事，你能让赵国称臣，我服你。”

齐湣王说：“好啦，二位不要争论了。寡人不愿与秦人东西称帝了，秦是诓寡人的，怕寡人伐宋。苏子说，宋国膏腴，得一顶十，寡人赞成，伐宋国了。”

转而又道：“但是就像韩相国说的，赵国如果捣乱……苏子，你能不能替寡人说服赵人与我们结好啊？”

苏秦拱手施礼道：“臣愿往赵，促使齐赵两国，和平、相安。”

苏秦去了邯郸，许愿赵国权臣李兑，支持齐国可得齐之陶邑，居然曲线获得了赵国首肯。

于是，齐湣王要向宋国开打了。

却说宋国国君宋康王戴偃，可真是个二蛋。

宋康王认为，自己是商朝遗老，而商朝，是被上天放弃的朝代，因此他

“恨天”。

恨天，就要向大商先王武乙学习：“射天”。

商中央老前辈、无神论者武乙曾有过“射天”壮举。

宋康王用塑料袋——可塑之料啊——装了一大袋子牛血，外罩铠甲，上覆头盔，悬挂在高高的旗杆上，当作天帝，用箭射，“扑哧”一箭，大出血，表示天帝被他射死了。精神胜利啦!

宋康王还怨列国诸侯，嫌他们比自己不差，就铸了诸侯之像，把它们摆放在臭厕所里各处，意思是在他方便前后和方便过程中伺候他。他故意把脏东西弄到诸侯的胳臂上，头上，脸上。精神胜利啦!

难怪苏秦说：“宋王，无道之人，伐之，名则义，实则利。”

此次伐宋，燕昭王也派出将军张魁率燕军二万，自带干粮，协助齐军。

谁知张魁对齐湣王不尊，齐湣王一怒就杀了他。

张魁死，苏秦忧。齐湣王敢杀张魁，迟早也敢杀我。于是他派人报告燕昭王，请求不再在齐国当间谍了，太危险啊!

燕昭王回复说：“你不能离开齐国，否则将对燕国极为不利。寡人也很难受，我们忍辱负重吧！”

燕昭王“强之齐”，苏秦只好“以死任事”，冒着生命危险留了下来，继续从事地下工作。

秦人不愿看见齐国吞宋，成为东部霸主，又在蠢蠢欲动。

苏秦想，假如能以齐、燕、赵、魏、韩五国，合纵攻秦，秦国势必气沮，齐国再次兴师，就可一鼓而灭宋了。

复建前的旧函谷关

复建的函谷关

苏秦把这个战略阴谋讲给齐湣王，齐湣王激动得浑身颤栗。

由谁来实施这个伟大的战略阴谋呢？自然是纵横专业硕士苏秦同志了。

于是苏秦奉命，奔走列国，“遍事三晋之吏”，陈述利益，促成合纵攻秦。

苏秦的观点是：“齐秦不合，天下无忧。”

齐、秦两大强国保持对峙，天下可以和平，一旦齐、秦两强连横结好，对中间弱国来说，就是灾祸了。

苏秦的主张符合列国利益，游说显得举重若轻，一番穿梭外交，顺利促成了五国联合攻秦之势。

于是，五国凑起了联军，旌旗猎猎，战马嘶鸣，在洛阳东边的成皋地区会合，准备伐秦。

“当此之时，天下之大，万民之众，王侯之威，谋臣之权，皆决于苏秦之策。夫贤人在而天下服，一人用而天下从。”《战国策》如是说。

“成皋”又名“虎牢关”，春秋时属郑地国地盘，战国时归了韩国。

过洛阳，再往西走，走，走，就是著名要塞函谷关，杀过去，就是秦国本土了。

五国军队屯兵成皋，做出发狠西向之态，函谷关内的秦人腿肚子开始抽筋了吧？

不，秦国不是以前的秦国了，而且，以齐国为首的五个国家，各怀主意，有的不肯卖力，有的心猿意马……

五国攻秦，热闹一阵，罢了，但齐秦关系已经大为紧张。

苏秦计划进一步离间齐、赵关系，再离间齐与魏、韩的关系。

让魏国打齐国，魏国卿相孟尝君乐意，他当年在齐国，跟齐湣王有旧怨，正好报复齐国。

苏秦又写信误导齐湣王背弃赵国，赵国卿相李兑于是仇齐了，韩国也被孟尝君忽悠过来，燕昭王大喜，也急切加入反齐战线。

齐湣王警觉，缓攻宋国，进行外交斡旋，许诺得宋之后，大家分羹，化解了紧张局势。

期间，苏秦曾被赵国扣留，赵国怀疑他的外交动机。

燕昭王犹豫再三，派人赴赵国邯郸相救，苏秦最后得以全身逃回燕国。

燕昭王已有点不信任苏秦了，但还是派他回齐国去，继续离间齐国与赵国的关系。

苏秦觉得再去齐国凶多吉少，但燕昭王非让他去不可。

苏秦到齐国后，成功地说服齐湣王不给赵国分羹，齐、赵邦交恶化，赵国存心攻齐。

齐湣王改变了策略，派使臣去秦国沟通：我攻宋，你别吱声，你攻魏的西部地盘，我也不管，咱们“瓜分世界”好了。于是齐秦暂时讲和。

可当齐国真的大举攻宋时，宋国存亡之际，秦昭襄王还是不愿让齐国吃独食，打算救宋。

苏秦代齐使秦，阐述了齐秦交好的互惠道理，秦昭襄王方发兵去打魏国在山西的重镇安邑了。

魏国害怕，要送安邑给秦国。

苏秦赶紧去魏国，说：“虎狼之国，得寸进尺，你现在送，以后它再吃你，可没人相救了。”

魏昭王听了苏秦，顽强抵抗秦军。

谁想魏国情报局截获了重要情报：齐、秦在“交易”！

魏昭王转身拘留了苏秦。苏秦的哥哥苏代游说魏昭王，苏秦才被释放。

齐、秦大国之间的交易完成了，秦国得到了魏国安邑，齐国灭掉了宋国。

宋亡后，齐、秦关系恶化。秦人根本不能容忍齐国安然吞宋自壮，原来的交易只是为了获得安邑而已。

秦国叫嚣，“有齐无秦，有秦无齐，必伐之，必亡之”，派大将蒙武，越境攻打齐国，夺下九座城池。

继之，秦国许愿“以齐饵天下”，纠集赵国、燕国、魏国、韩国，联手攻伐齐国。

说话到了公元前284年，山雨欲来，风满深秋，以秦国为首的联军开始为齐国掘墓。

齐滑王非常恐惧，迫不得已，动员齐国全部兵力，于济水以西迎击联军。未几，主力被歼，残兵退回首都时，燕国军队也到了。

临淄城中，慌乱不堪。苏秦登城看到燕国军队，不由得阵阵高兴，多少年战斗在敌人心脏，总算迎来了黎明的曙光。

苏秦认为自己已经报答了燕昭王的知遇之恩了，回到办公室，清理秘密文件，准备溜之乎也。

此时齐滑王犹如惊梦，突然意识到苏秦是个大骗子。你口口声声说担保燕人忠于齐国，如今秦人伐我，燕人也赶来围城，你苏秦怎么解释？

齐湣王命令："他妈的，快快快，把苏秦给我抓起来！"

次日，在秦国联军的大包围圈中，在燕国军队的小包围圈中，地下党苏秦同志被押赴临淄农贸市场，五马分身，献出了宝贵的生命。

中国历史上又一位伟大的外交家，起自草根的孤胆英雄，一诺千金、忠信不移，舍身以报燕国，血溅齐都的苏秦，死后却没有被燕昭王追认为烈士。

齐国完了。坐在秦国的地方朝东看，没有什么大家伙遮挡视线了，大周洛阳，也平塌塌地，不敢闹什么小动静儿。

从此以后，列国怕秦国，就像老鼠怕猫一样，不仅不敢单独与之对垒，甚至连联合起来骚弄一下的勇气也没有了。

面对着这样的天下形势，洛阳还能怎么样呢？周慎靓王还能说什么呢？

忘不了，秦军曾经导演了残酷的"宜阳大战"，血腥的"伊阙大战"，会不会在哪天早上，就又一次冲到自己的眼前啊？

三

说实在话，周赧王姬延这个天子，真不如不当算了，没有什么太大的意思。真不明白他为什么一直在"坚持""坚持"。

说实在话，祖上留下来的权位，放谁身上谁也舍不得随便扔掉啊。但这又是一条接力赛的跑道，总要有个跑最后一棒的。

跑最后一棒的，无论怎么着，坚持往终点拼，无可厚非啊！

早在周赧王他爷爷，就是周显王姬扁的时候，所谓的七雄都已经先后称王，而且七家各所拥有的地盘、人口、兵力都超过大周天子家了，堂堂天子头顶上的“王冠”，连诸侯亮堂都没有。

唉，周赧王混得更加可怜，当光了细软，变卖了九鼎，四处借印子钱，高居债台不敢下来，严重的问题是，几乎没有立锥之地了。

原来，从周显王阿扁那时候起，洛阳大周姬家就“弟兄分家”了。

早期这家人还会互相“吃”，父子辈、兄弟辈，为了权位，你吃掉我，我吃掉你，最后留下一个，朝下传送一代。到周显王时候，连“吃”的本事也退化到没有了。

当然也可以说是进步与文明，不那么血腥了嘛。

“弟兄分家”者何？东周洛阳又分成了“东”“西”两个院落。

东院的掌柜叫“东周公”，西院的掌柜叫“西周公”——消失了许多世纪的“周公”又被祭了出来。

西院原名叫“王城”，是早先历代东周天子的起居视朝之地，东院原名叫“下都”，又叫“成周”，最初是安置前朝遗民的，周敬王在争夺王位的活动中被迫住过，住出了感情，就拉晋国为首的诸侯们赞助，修建成了新的宫殿和宗庙，使用到如今。

东周洛阳分成“东”“西”两个院落之后，周天子由东西两院共同供养，给什么吃什么，给多少吃多少。

周赧王继位，东院掌柜的表示不再继续负担王室的费用了，或者你买着吃，或者你自己开荒种地打粮食，反正我这边不管了。

周赧王顿时没了主意，就去求西院的掌柜。

西院掌柜表现得挺大度，说天子困难到这个地步，身为宗室，不能不管，要不天子再搬搬家，到西院来居住吧。

周赧王只得离开成周，投靠到西院生活。

你说天子落魄到此步田地，所谓三宫六院，哪里还能使得上劲啊?

西院掌柜的，把周赧王迁到自己的地盘后，有理了，立即气粗地收拾东院的，要代天子接管，最后确实接管了。

这样一来，西院恢复了东周初年的政治地位，西院掌柜的感觉自己倒更像当年的周天子，而现在的赧王，连个诸侯都算不上，不过是自己养活的一个食客罢了。

其实，西院掌柜的，所拥有的“领土”也不过巴掌大，把东院掌柜的所拥有的“领土”全部并进来，也不过三万多人口。

别看大周已经混得相当衰弱了，可是还有诸侯把周天子当回事儿。

东部各国联合攻秦，多次失败后，总结经验教训，结论是关键在于各诸侯国地位平等，互不统属，所以难以协调一致。

怎么样才能“统属”?

周天子地位高，如果由周天子来牵头，或许就能成功了。

于是楚国派出使者，请周赧王以天子的名义，召集各国，大家有兵出兵，有钱出钱，有力出力，集中全国的力量攻秦。

此时的秦国，已经攻取了韩、赵、魏的许多地方，尤其是包裹着东周洛阳的韩国，几乎要被秦国打没了。

秦国再进一步，大周也就不存在了。所以，周赧王其实比楚国还着急呢，现在混得再怎么惨，好歹还算个君主，吃喝不愁，万一让秦国给灭了，那不就连现在的日子也过不上了吗？

周赧王对楚国人的邀请非常受用，立即找到西院掌柜的，把楚国人的意思说给他听，希望支持他，当伐秦领袖。

西院掌柜的也恐怕秦国人真的打进来，自己的幸福小日子就过不上了，于是也挺配合。

弄了几个月，与东方的几个国家都约定了，大家到洛阳会合，然后一同出击秦国。

周赧王自己先在洛阳募集兵员，组织了一支三千人的“大军”。

光有兵，不行啊，还得有武器、粮饷。这些怎么办？

诸侯说，我们出兵，天子出点钱吧！

周赧王以前举债过日子，很有经验，现在又创了点意，想出了一个好办法：发行战争债券，就是向洛阳的商贾富户们融资，承诺打败秦国后，按高额利息偿还。

周赧王也没有翻翻历史，看看大周以前地方千里的时候是如何打仗的，需要投入多少军队，消耗多少武器装备，现在自己有多大地盘，多少军队，多少钱粮，多大能耐。

借钱攻打如日中天的秦国，周赧王的自我感觉太过于良好了。

准备就绪。周赧王任命西院掌柜的为统兵大将。

到了约定的日子，只有创意发起人楚国和远在东北的燕国派了点人马来，加上天子准备的三千“洛阳军”，稀稀歪歪，十分可怜，根本没法跟秦军叫阵。

大家又等了几个月，终也不见另外有军队来，只好作鸟兽散了。

周赧王的“融资”，却在这几个月里消耗掉了，投资者见“项目”已经结束，就高举着券券，不仅要求拿到本金，还要当初承诺的利息。

对付这个，周赧王有经验：躲猫猫。咱还不起，还躲不起啊？

四

魏国为了强势自己，又跟赵国好，说要送给赵国一块地皮——邺城。

赵国刚被秦国拉拢，听说有地皮，反身过来了。

赵国过来了，魏国又不给地皮了。

赵国已经背秦，怕魏国结秦，吃掉自己，反而送出五个城池给魏国。你看这事办的！

赵国有两个能干人：蔺相如和廉颇。蔺相如很聪明。廉颇是个老将军，作战很恶。

秦昭襄王说，以十五座城，交换赵国得自楚国的宝物“和氏璧”，赵王不想给他，又畏惧秦国的强大，可是给他吧，又怕被秦王欺骗。

赵王——现在是赵惠文王了——征求蔺相如的意见。

蔺相如说：“秦国用城来换宝玉，大王不允，是我们理屈。给他宝玉，他不给城，是秦国理屈。两相衡量，宁可让秦国理屈。我愿护持宝玉前去交涉。假如秦国没有诚意，我会设法完璧归赵。”

赵惠文王便派蔺相如去了。

秦国其实是使诈的，并不给城。

蔺相如把和氏璧给了秦昭襄王，秦昭襄王接过璧看了看，很高兴，递给美人和左右传看，大家同声叫好，庆贺。

蔺相如等了老半天，不听秦王提换城的事。上前一步对秦王说："这块璧虽说名贵，可也有点瑕疵，不容易瞧出来，让我来指给大王交交底。"

秦昭襄王吩咐侍从把和氏璧递给蔺相如。

蔺相如一拿到璧便后退几步，靠着大殿柱子，瞪着眼睛，怒气冲冲地说："和氏璧是诚恳的，十五城并没有真心。如今璧在我手里，大王要是逼我，我宁可把脑袋和璧一同砸碎在这柱子上！"

说着，真的对着柱子做势要砸。

秦昭襄王连忙说："先生别误会，哪儿能说了不算呢？"

秦昭襄王命大臣拿上地图来，把准备换给赵国的十五座城指给蔺相如看。

蔺相如说："赵王送璧到秦国来之前，斋戒五日，沐浴祭祀。大王若诚意换璧，也应斋戒五天，再举行一个仪式，我才敢把璧奉上。"

秦昭襄王想，反正你也跑不了，就说："好商量好商量。"吩咐人把蔺相如送到宾馆歇息。

蔺相如一到宾馆，即叫随从把璧揣进怀中，化装成买卖人模样，偷偷从小路跑回赵国了。

五天后，秦昭襄王举行典礼，叫蔺相如说："俄已斋戒五天，现在你把璧拿出来吧。"

蔺相如说："秦国自穆公以来，君主没有一个讲信义的。我怕受骗，丢了璧，对不起赵王，所以把璧送回去了。请大王治罪吧。”

秦昭襄王大发雷霆，说：“事实在这摆着，到底是谁在欺骗？”

蔺相如镇静地说：“请大王息怒。天下诸侯都知道，秦强赵弱，天下只有强欺弱，决没有弱欺强的道理。大王真要那块璧的话，请先割十五座城，然后打发使者跟我去赵国取璧就是了。赵国得到十五座城以后，决不敢不把璧交出来。”

秦昭襄王吁口气，说：“婴儿拳头大一块璧，别为它伤了两家的和气。”

秦昭襄王好酒好菜招待了蔺相如几天，送他回国。

“完璧归赵”的蔺相如回到赵国，赵王封他为上大夫。

但赵国也有两个饭桶：赵惠文王和他弟弟——“平原君”赵胜，“反送五城”那个窝囊事就是这弟兄俩干的。

话说秦昭襄王啊，一心要使赵国屈服，军事措施加外交手腕，三年后是公元前279年，他又耍花招，请赵惠文王到秦地渑池“友好会见”。

赵惠文王怕被秦国扣留，不敢去。

廉颇和蔺相如都认为，不去是向秦国示弱，不好。

赵王决定硬着头皮去冒一趟险，让蔺相如跟着，廉颇留守国内辅助太子。

为防不测，赵王让大将李牧带兵五千人护送，相国平原君率领几万兵马在边境接应。

秦王和赵王在渑池友好会见了，喝酒吃肉，就双方共同关心的问题交换意见。

酒宴间，秦昭襄王带着醉意对赵惠文王说：“听说赵王鼓得一手好瑟。请赵王来个小曲儿，给大伙儿凑个热闹。”说罢，真的吩咐左右把瑟拿上来。

赵惠文王不好推辞，就弹了一个曲儿。

秦国史官当场记下这事，并且高声念出来：“某年月日，秦王和赵王会渑池，秦王令赵王鼓瑟。”

赵惠文王气得脸都紫了。

这时蔺相如端个瓦盆，突然跪到秦昭襄王跟前，说：“赵王听说秦王善于秦乐击缶，这里准备了一口，也请大王赏脸敲几下以助酒兴吧。”

秦昭襄王勃然变色。

蔺相如也变色，说：“大王未免太欺负人了。秦国兵力强大，但是在五步之内，我可以把我的血溅到大王身上去！”

秦昭襄王见势头不对，只好拿起击小棒在缶上胡乱敲了一下。

蔺相如回头叫来赵国史官说：“记！某年月日，赵王和秦王会渑池。秦王为赵王击缶。”

秦国大臣见蔺相如这样伤秦王体面，很不服气，有人站起来说：“请赵王割让十五座城给秦王上寿。”

蔺相如也站起来说：“请秦王把咸阳割让给赵国，为赵王上寿。”

秦昭襄王已事先探知赵国的军事准备，不想引发动武，眼看局面失控，喝住秦国大臣，说：“两国君王欢会，吵架成何体统！诸位莫要多说。”

渑池之会总算圆满而散，蔺相如又立了大功。

赵惠文王拜蔺相如为上聊，地位比大将廉颇高了。

廉颇不服气，私下对自己的门客说：“我为赵国出生入死，立下汗马功劳。

蔺相如不过卖卖嘴，级别倒压住我了。我实在感到羞耻，忍不下这口气！见到他，要给他个颜色瞧瞧。”

蔺相如听说廉颇的牢骚话，装病不去上朝。

但总有冤家路窄的时候，一天，两人狭路相逢了，蔺相如叫赶车的退到岔道上躲一下，让廉颇的车马过去。

蔺相如的手下见状，埋怨主人胆小怕事。

蔺相如问他们：“廉将军跟秦王比，谁厉害？”

“当然是秦王厉害。”

蔺相如说：“我不怕秦王，怎么反倒怕廉将军呢？秦王厉害，却不敢来侵犯赵国，就因为有我和廉将军在。要是我俩闹翻，秦国知道了，就会侵犯赵国。就为这一条，我宁愿让着点儿。”

话传到廉颇耳朵里，老将军十分惭愧，光着脖子，背着荆条，到蔺相如府上请罪。

廉颇说：“咱是个老大粗，见识少，气量窄。没脸了，您打吧。”

蔺相如连忙扶起廉颇，说：“都是为国家。将军体谅我，就是高看了，怎么还赔礼呀！”

两个人都挺激动，此后成了生死之交。

第三十九章

周秦之替

一

秦国人分析了一番形势，又跟韩国交善哩。

秦、韩若联合，对“魏、赵”不利呀，魏国和赵国就打韩国。

韩国叫嚷了十几遍“秦国快来帮一把”，秦国没反应。

韩国宰相对大夫陈筮说：“事情危急了，希望你能抱病连夜走一遭。”

陈筮到秦国，拜见其总理兼军委副主席魏冉。魏冉冷笑道：“事情危急了吧？所以让你来。”

陈筮说：“不着急。没什么着急的。”

魏冉生气地问：“为什么不着急？”

陈筮道：“韩国要真给逼急了，就转身投靠别国了。现在还不算急，所以来秦国求救。”

魏冉这才忙说：“我答应出兵了。”

魏冉派大将军白起解救危局。白起率军救韩，八天后击败魏军，俘虏三员敌将，杀死十三万人。

白起又与赵军大将贾偃交战，设计在黄河中淹死赵兵两万人。

话说中原的国家，包括远东的齐国，都是贵族政治，一家子政治，世袭的，哪怕再二蛋，或者再差窍，他也要干下去，因此最终都要坏事。

秦国不一样，它建国晚得多，加之大法家商鞅进行了政治改革，布衣也可能被选用为公务员，所以一时间六国各类人才纷纷“西飞”。

范雎

秦国除了魏冉是老贵族，整个干部队伍成分非常丰富。范雎的籍贯就不在秦国，为秦国立了大功。

“昭襄王得范雎，强公室，杜私门，蚕食诸侯，使秦成帝业。”后世秦相李斯在《谏逐客书》中这样评价范雎对秦国的建树和贡献。

范雎是魏国人，曾经想为魏国建立功业，因家贫无法得见魏王，投在中大夫须贾门下当食客。

魏昭王让须贾出使齐国，范雎随往。

到了齐国朝堂之上，须贾被齐王数落得无言以对，范雎挺身而出，仗义执言，替主人须贾解围，并维护魏国的尊严。

谁知范雎的雄辩之才深得齐王敬重。齐王欲留范雎任客卿，并赠黄金十斤，牛、酒等物，均被范雎婉言谢绝。

须贾回国，不但未赞扬范雎的高风亮节，反向相国魏齐诬告说，范雎私受贿赂，出卖情报。

魏国公安局刑警队将范雎拷打得肋折齿落，体无完肤，又用席子裹了，弃于茅厕，让人们往范雎身上撒尿。

范雎靠装死，被抛于郊外，方才逃脱。

范雎辗转到了秦国，化名张禄。有一天，在甘泉宫里走路，有人吆喝“回避”，喊叫说：“秦王到——”

范雎接话说：“秦国有王吗？秦国只有太后，只有魏冉，哪有王啊？”

秦昭襄王听到了，私邀范雎入密室问计。

范雎说：“一百个人抬着一个水瓢快走，不如一个人端着它跑得快。”

秦昭襄王仿佛让拨开了迷雾，见到了晴空："先生继续讲！"

"在秦国，上至各部委司局领导，下到科级股级小官儿，哪个不是魏冉的亲信呢？太后的使臣，到处都是，军事命令谁都可以下达，战利品都运到他们各自的私库，这实在令人惊讶。"

范雎说了，问："如果一个人小腿比大腿还粗，而且粗得很多，他还能走路吗？"

秦昭襄王闻之大惧，继而冷汗涔涔，屁股从脚跟上抬了起来。

范雎说："魏冉在军政外交上失误太多了，本来一条名狗，瞎胡乱追野兔子。秦卒百万、战车千乘，打来打去，收获了什么呢？"

秦昭襄王小声恭敬地说："情形是这样啊！寡人愿闻范子之策。"

"在战略上，蚕食东进，步步为营，得一寸一尺，都要巩固下来，如是，大王称霸天下之日，屈指可待。"

秦昭襄王连连称善，不快心情一扫而光，当即擢拔布衣范雎为客卿。

然而秦昭襄王一直没有对贵族党下手，直拖到他老妈宣太后寿终正寝，才对太后党开战。

魏冉被剥夺相位和军职，限期离开咸阳。

布衣相国范雎，运筹帷幄，指挥着秦军不断向中原运动。

魏国挨打惯了，知道谁打我，向谁献媚，派大夫须贾带着土特产，跑去秦国求情。

须贾不知道，他当年诬害过的门客范雎，如今已平步秦国青云，他先期差人投送的介绍信已经到达范雎的手里了。

得知须贾来到秦国求情，范雎心中打翻了五味瓶。自己当年在魏国挨打受辱的画面，一幅幅飘在眼前。

范雎换了一套破旧的衣裳，故意弄得瑟瑟缩缩地，去宾馆见须贾。

须贾开门，见是旧时门客范雎，非常惊讶，非常错愕：这家伙不是死了吗？原来这家伙没死呀？

须贾不知说什么好。愣了半天，挤出一句话道：“范叔固无恙乎？”

看来，化装还是成功的，范雎顺口答曰：“我还好。”

须贾说：“想不到你来了秦国。怎么样，发展得不错吧？”

范雎苦笑摇头道：“岂敢奢谈发展。给人打工呢。”

须贾突然间感慨起来。范雎才华横溢，竟至如此贫寒，虽说造化弄人，我当初使坏也不好饶恕，于是，他留范雎一起吃杯小酒。

仇人脸对脸喝酒，只动杯，没话说。过了一会儿，须贾让人拿来一件袍子，送给范雎，范雎感到意外，默默收了。

须贾看见范雎收了袍子，内心多少得到一点救赎。

袍子也融洽了俩人间的气氛。

须贾问范雎道：“秦相国张禄，你知道一点吗？我们魏国，被他们打得够戗，我今来求和，能否成功，全在张禄一句话呢。先生在秦日久，能为我通融一下吗？”

范雎拱手施礼道：“我打工的公司，老板倒是认识张禄，我因而也常出入相府，可以给您引见引见。”

“如此最好，如此最好。”须贾说，“请尽此杯。来，干啦！”

酒后，范睢为须贾赶着马车，往秦相府，到了门口，范睢说："大夫少待于此，容我先去通报一下。"

范睢让须贾在相府门首候着，自己进去通报。

须贾等啊，等啊，良久，不见范睢出来，于是问守门武警："范叔刚才入府通报，怎么老不出来？您能为我招呼一下吗？"

武警不解地说："范叔？这里没有范叔的。"

须贾说："就是刚才进去，为我通报的那个人嘛。"

"哪里有什么范叔。那个人讳姓张，是我们的相国，总理大人。"

须贾听之，如梦中忽闻霹雳，心坎突突，狂跳不止。

万万想不到，被打得"折肋落齿"的范睢，居然已是虎狼秦国的赫赫卿相，天下大事皆预决于其手，真是不堪想象啊。

须贾分外害怕，全身觳觫。心想，如果今天我能活着跑掉，那简直就没得天理了。

他想到了逃跑，但他立刻明白，现在范睢发达了，以他的身份，杀须贾这一介小使，眨眼即可矣，逃跑是出不了他的掌心的，还是哀求吧。

须贾于是慌忙扒去自己的衣裳，裸身跪于门外。

守门武警见了，奇怪他精神病，有辱相府门庭，正待驱赶，须贾却主动请托武警向内报告说："魏国罪人须贾在外领死!"

武警班班长出来了，问说："你想干什么？"

须贾赶忙解释："臣须贾，身有重罪，在此肉袒，请求膝行以见相国张禄。万望同意。"

当班武警和备班武警全都出来了，班长指挥着，七手八脚，将武器架在须贾脖子上，引着这个膝行的裸男到了相府高堂上。

但见范雎气概非凡，稳坐上面，家臣众星拱月，防暴警察四下罗列，大家都穿着衣裳，惟独须贾是个光身汉。

须贾哪敢正眼看人，不停地磕头如捣蒜，请求把自己扔到大锅里煮了。

范雎冷声问道："你有哪些死罪，先自己说说。"

须贾答道："擢须贾之发，以数须贾之罪，尚不足也。"说了这一句就又伏地磕头，咚咚然有声。

范雎喝道："你诬告我，使我受辱，九死一生，本当死罪，但念你赠袍，尚有故人之意，可以宽释，饶你不死。"

须贾蒙赦，喜出意外，愣了好一阵，才还回了理智，又磨蹭了半天，穿好了自己的衣裳，连连称谢而出。

须贾死里逃生，他叹道："今天算是活见鬼了！范雎才度韬略超人，我却害过人家，人家受封卿相，饶恕了我。我须贾真是狗眼看人啊！"

范雎后来花费不少功夫和精力，秦昭襄王也积极参与收拾魏国，报了大仇，把当年迫害范雎的人一个个都杀掉了头颅。

当然，秦昭襄王表面上像是为范雎争气，实质是为了显示秦国的声威，为建立霸权造势。

果然，魏国示乖于秦国，赵国就显得操蛋了。

秦国于是攻打赵国，连下赵国三座城池。

赵惠文王一着急，薨了。好在赵惠文王的媳妇"赵太后"能干，拉扯着孩子赵孝成王，对付秦国。

“赵太后新用事”，向东方齐国求救。

齐国自打被秦国为首、燕国为副的大联军攻破，国势大衰，到齐襄王这儿，稍见翻身迹象，想借机重新插手国际事务，以出兵救赵为由，重新谋求霸业。

二

当年，燕国攻打齐国时，临淄市的一个科级干部田单表现出色。

看到危险来临，田单预先让家族人都用铁皮包上车轴头。

城破时，人们争相逃窜，车轴互相碰断，都被燕军俘虏，只有田单一族车轴有铁皮包裹着，结实，逃到了海滨的即墨。

齐国大部沦陷，只有莒邑和即墨是幸免地区。对，莒邑是莒县，即墨是即墨。

燕国将军名叫乐毅，他指挥的实际上是燕国组织的燕、楚、赵、韩、魏五国联军。

乐毅一直打到齐国都城临淄。

齐湣王见临淄孤城难守，就逃跑到莒邑并据城固守。

乐毅拿下临淄后，把齐国的珍宝财物以及宗庙祭祀的器物全部夺取，运到燕国。燕昭王大喜，亲自带着酒肉犒劳军队，并把昌国封给乐毅，封号昌国君。

乐毅在齐地巡行作战五年，攻下城邑七十多座，都划归燕国管理了。

乐毅认为，能服民心最为要紧，所以，对莒城、即墨围而不攻，对已攻占的地区减赋税，废苛政，优待地方名流，欲从根本上瓦解齐国。

燕昭王死，太子乐资即位，为燕惠王。燕惠王看乐毅不顺眼。

奸佞又离间说乐毅故意拖延时间，是准备在齐国称王。燕惠王因此派骑劫代替乐毅任总指挥，召回乐毅。

乐毅害怕归国被杀，便向西去投了赵国。

赵国对乐毅十分尊重，封观津地方给乐毅，号望诸君。观津在今天的河北武邑县东部。

骑劫担任燕军元帅，即墨人说“田单聪明”，选田单为齐军守将，抵御燕军。

田单下令，全城人吃饭时，必要先在庭院里祭祀祖先。这样，飞鸟争吃祭饭，都相约飞到城中，燕军很是惊讶。

田单又让人散布谣言，说：“瞧着吧，会有天神派军师下界来帮助我们。”

有个士兵调皮，说：“蒙人吧！我就是天神的军师。”说罢赶快跑开。

田单急忙离座追回他，让他面东高坐，奉为“神师”。

士兵惊骇得小脸儿都变色了，说：“小的犯上欺主，乞求首长饶命！”

田单趴他耳朵上嘱咐：“演戏演戏，你别害怕。”士兵方才释然。

这下好啦，田单发布号令，必称奉神师之命，非常有威力。

田单尝到谣言的甜头，又散布说：“什么都不怕，就怕燕军把齐国俘虏割去鼻子，作为前导，那样就完了！”

骑劫听说，果然割掉齐国俘虏的鼻子。

城中守兵看到投降燕军的人都被割去鼻子，既害怕又痛恨，唯恐被俘，决心坚守不降。

反间谣言又出笼了，“燕军若掘毁我们城外的坟墓，齐国人就寒心了”。

骑劫又中计，猛挖城外坟墓，焚烧死尸。

齐国人在城上，远远望见燕军祸害祖坟，人人痛哭流涕，争相请求出战。

田单知道，军士怒气倍增，可以死战了，于是，把自己的妻妾都编进了连队，分发全部食品，犒劳将士，预备决战。

田单让披甲士兵都潜伏在城下，老弱人员和女子登城守卫，又让即墨城的富豪去燕军中约降。

富豪们以一千镒金银送给骑劫，说：“城破之后，请不要抢劫掠夺我们的家族。”

骑劫喜不自胜，满口应允，戒备更加松懈了。

田单在城中搜罗到一千余头牛，在牛角上绑束尖刀，给牛披上大红绸衣，在牛尾绑上灌好油脂的苇草，点燃，趁着夜色，赶牛冲出，牛群后面紧随着五千名壮士。

牛尾被火燎烧，疼痛难忍，惊怒地冲向燕军大营。

燕军大惊失色，在惊牛群前，非死即伤。加上城中敲锣打鼓，齐声呐喊助威，惊天动地。

燕国军队纷纷败逃。齐军趁乱杀死燕军大将骑劫，收复大量失地。

田单的军队愈战愈勇，燕军望风披靡。齐国失去的七十几座城都复归了。

田单前往莒城，迎齐襄王回到国都临淄——齐王已经变成他了：田法章。齐襄王田法章册封田单为安平君，任他为国相。

骑劫惨败，燕国曾经占领的齐国地方全都失去，燕惠王很后悔。

燕惠王后悔派骑劫代替乐毅，致使燕军惨败，可他又怨恨乐毅投赵，怕赵国任用乐毅乘着燕国兵败之机攻打燕国。

燕惠王就派人去赵国找到乐毅，道歉加责备。

先王把整个燕国委托给将军，将军为燕国战败齐国，天下人没有不震动的，我哪里有一天敢忘记将军的功劳呢！先王辞世，我本人初即位，是左右人耽误了我。

我所以派骑劫代替将军，是因为将军长年在外，风餐露宿，想召回将军暂且休整一下，也好共商朝政大计。不想将军误听传言，认为跟我有不融洽的地方，就弃燕而附赵了。

将军为自己打算是可以的，然而又怎么对得住先王待将军的一片深情厚意呢？

乐毅有委屈、有愤慨、有不甘、有抗争地写了一封回信《报燕惠王书》.

我不聪明，不能听从先王的教诲，来顺应左右的心，害怕犯下罪过，伤害了先王的英明，又伤害了您的道义，所以逃奔到赵国，自己来负起不肖的罪名，因此不敢辩解。

现在，君王您派使者来数说我的罪行，我怕您身边的人不了解先王之所以容留在下的道理，又不清楚我之所以侍奉先王的真心，所以斗胆回信。

我听说圣贤的君王，不用俸禄私顾他的亲属，功劳多的才给他，不将官爵随便赐予他所喜爱的人，让有能力的人晋升。所以，可以选贤任能，是成功的君王，做到依据品行交友，是高尚的人士。

我凭自己所学，得到先王赏识，先王抬举在下，让我立身于群臣之上……

攻打齐国，凭借上天的眷顾，先王的运道，黄河以北的地利，长驱直入其都。

齐王逃跑到莒，仅仅得以免遭灭亡。

齐国的珠宝玉器、战车甲胄，全都收入燕国。大吕、钟鼎摆在燕国宫中，蓟丘的植物栽到了汶河的竹田中。自从五霸以来，功业没有及得上先王的。

先王觉得遂了他的心愿，所以划地封赏我，使我得以和小国诸侯相比。

我听说，贤明的君王，功业会留在史册里，有远见的人士，功名会称道于民众中。像先王，既报仇雪耻，又平定了万乘之国，收缴了齐人八百年的积蓄，遗留下来的诏令具有重要意义，臣子遵循之，使内外顺服，将恩泽施加于百姓，先王的教诲是后世子孙的财富。

我听说，善于劳作的人不一定善于成就事业，善于开始的人不一定善于收尾。

从前，伍子胥的道理得到阖闾认可，所以吴王足迹远涉楚国郢都。夫差不认可伍子胥的观点，装进皮囊使伍子胥浮尸江上……

所以，保全我的功绩，避免自己遭殃，来彰显先的知人善任，是我的上策啊。犯下毁誉受辱的错误，损贬先王名声，是我最担心的啊。

面临不测的罪行，帮助赵国攻打燕国，来侥幸获得利益，这类事情，按照道义的标准，我是不敢去做的。

我听说古代的君子，即便断交，也不说别人的坏话，忠臣既然离去，不表白自己的好名声。我虽然不聪明，但经常受君子的教诲啊。

担忧您身边的人听信左右的话，而不能了解我这个被疏远了的人的品行，所以斗胆用书信呈报，请君主明察啊。

燕惠王收到乐毅的书信，看了一遍又一遍，睡不着觉。于是，把乐毅的儿子乐间封为昌国君。

乐毅往来于赵国、燕国之间，两国都任用他为客卿，继续为两国修好。

齐国托乐毅卸职的福，托田单聪明的福，慢慢翻过身来了。

田单出任齐国的国相后，有次路过淄水，见一个老人过渡，冻得直哆嗦，走出水面时腿都被冻硬了，不能行走，便解下自己的皮袍给老人披上。

齐襄王田法章听说后，十分厌恶，说："田单对人施恩，是买名声，打算夺我的君位。我不早下手，恐怕就晚了。"

田法章说完一看，殿中并无人呀。只在殿阶下有个穿珠子的人，襄王便召他过来问道："你听见我的话了吗？"

穿珠子的师傅回答："小人听见了。"

田法章问："你怎么看这个事情？"

穿珠子师傅说："大王不如反过来干。"

"反过来干？"田法章问，"咋个反过来干法？"

"大王可以嘉奖田单的善心，下令说：'我忧虑人民的饥饿，田单就收养他们，供给饮食；我忧虑人民的寒冷，田单就脱下皮袍，给他们披上；我忧虑人民的操劳，田单也因此忧虑。他正符合我的心意。'田单有善行而大王嘉奖他，那么田单的善行也就是大王的善行了。"

田法章说："哎呀，你的智商真不是一般的高。"

田单赏赐酒宴，嘉奖田单。在酒宴上，照着穿珠子师傅的话说。

过了几天，穿珠子师傅又拜见齐襄王，说：“大王应该在群臣大会时亲自慰劳田国相，然后让媒体都动起来，寻找百姓中饥饿者，予以收养。”

齐襄王又照办了。派人到街头巷尾去探听，听到的全是这样的话：“哦！田总理疼爱百姓，是君王的教诲呀！”

三

国相田单威信高啊，齐国上下一致夸赞。惟清高之士貂勃却说田单的坏话：“嘿，小人一个罢了。”

田单听说后，特别备了酒宴，请貂勃。

田单敬貂勃酒，问：“劳驾先生常常跟我过不去，不知有什么地方得罪了先生？”

貂勃说：“就说狗吧，狗不吠主人。如果我说张三圣贤，李四肮脏，挑动他们争斗，李四的狗还是会去咬张三的小腿肚子的。至于让那只狗离开肮脏的人，去找贤能的人当主人，那岂止是咬小腿肚子的事啊。”

田单说：“道理弯三扭四，但还是听从您的指教吧。”

第二天田单上朝便向齐襄王田法章推荐貂勃，貂勃当上了中大夫。

齐襄王有九个宠臣，他们想除掉田单，就设计了。

“燕国进攻齐国时，楚王曾经派兵援助。现在国家恢复，为什么不派使臣去酬谢楚王呢？”

齐襄王说："是啊。可派谁去合适呢？"

"安平君不是推荐貂勃任了司局级职务嘛，可以派貂勃去。"

貂勃便出使到楚国，楚王设宴款待他，安排他到处游览，好多天没有回国。

九个宠臣纷纷在齐襄王面前打报告："貂勃一介庸人，万乘之君的楚王那样高看他，还不是仗着田单的势力吗？"

指斥田单：安平君对待大王，没有礼貌，他内心是想要图谋不轨啊！

毁谤田单：他救济穷人，补助困难户，对内以小恩小惠笼络百姓，对外，怀柔夷族及诸侯的贤士，暗地里交结英雄豪杰。阴谋可不小啊！

齐襄王果然中计，叫道："把田单喊来！"

田单一听齐襄王召见，来不及戴帽子、穿鞋子，半袒着膀子，惶恐地跑来，叩首请罪。

齐襄王一看，挺尊重我的呀，就说："没啥事。就这样吧！"

貂勃回国，齐襄王设宴款待，酒兴正浓时，齐襄王大声吩咐道："去，把田单也叫来，喝几杯。"

貂勃当即离席，行个参拜大礼，严肃地请教："大王怎么说这种亡国的话啊？"

齐襄王莫名其妙："什么亡国的话？"

貂勃问："大王跟周文王相比，怎么样？"

齐襄王摇摇头说："不，不如。"

貂勃说："我就知道您不如。那么，您跟齐桓公比，又怎么样呢？"

齐襄王回答："也，也不如。"

貂勃说："我当然知道您不如。"

周文王得到吕尚，尊他为太公，齐桓公得到管仲，尊他为仲父。大王得到安平君，却直呼其名'单'。自古以来，做臣子的功劳，谁能胜过安平君呢？大王这不是亡国的话吗？

想当初，燕人犯齐，您逃走了，安平君凭着区区即墨三里之城，五里之郭，带领七千疲惫的士卒，俘获燕将，收复千里失地，功劳还小吗？

安平君若自立为王，谁也不能阻止他。可他从道义出发，迎接大王您和王后返回国都，治理国家。国家安定了，您像呼喝仆役一样，田单田单，小孩子懂事，也不会这样做的。

大王若不赶快粉碎'九人帮'，向安平君道歉，国家就危险了。

齐襄王猛然醒悟，于是下令杀掉了九个宠臣，把他们全家驱逐出境，将掖邑地方一万户的俸禄收入加封给田单。

田单准备攻打狄人，请教名士鲁仲连。

老鲁说："将军此去，恐怕攻不下来。"

田单说："当年我在即墨，以残兵败将击破拥有万乘战车的燕军，光复齐国，现在会攻不下狄族，是何道理？"扭头便走。

田单率军攻狄，真的三个月未克。

田单惊惧又去问鲁仲连："先生预测如神，请让我知道原因。"

老鲁说："将军在即墨，什么状况，那是哀兵啊。将军有战死之心，士兵无偷生之念。听见您的号召，无不挥泪奋臂，决死作战。现在呢，将军有掖邑的丰厚俸禄，还有淄上封地的游乐，金镏子、金链子，有的只是享乐之趣，哪里还有战死之心，所以无法取胜。”

田单深深地施礼，道：“万分感谢先生，我田单有决心了。”

翌日，田单振奋精神，亲临前阵，于弹雹箭雨之中，手持鼓捶，凶猛敲击，打败了狄人。

好了，赵国，一个收田租的小科长赵奢，收到了平原君赵胜家，不交，赵奢以法处置，杀死平原君家中管事九人。平原君十分恼怒。

赵奢说：“您是贵族，如果纵容家人违法，削弱国力，敌人来犯，国家没了，您还会有富贵吗？以您的尊贵地位，带头奉公守法，国家强大，江山稳固，福祚不就长久了吗？”

平原君认为赵奢贤明，便介绍给赵王。赵王让赵奢当税务部长，果然不错。

日益强盛的秦国又进攻赵国了，围困阏与城，今天的河北武安。

赵王召问廉颇和乐乘：“可以出兵援救吗？”

廉颇和乐乘都说道路遥远，更兼险峻，难以救援。

赵王问赵奢，赵奢说：“道路遥远险峻怕什么，打仗跟老鼠咬架一样，勇者胜。”

赵王令赵奢率领军队前去援救。赵奢刚刚离开邯郸三十里就停步不前，下令军中说：“有谁谈及军事，一律处死！”

秦军驻扎在武安城西，擂鼓呐喊，声振屋瓦。赵军中一个小吏忍不住提议急救，立马被赵奢斩首。

赵奢军队坚守二十八天，一动不动，反倒增修了一些营垒。

秦国一个间谍潜入赵军，赵奢佯装不知，好吃好喝招待。间谍回去报告

触龙说赵太后

秦军大将，秦将十分高兴地说："援军离开赵都三十里就不敢动，阏与他们丢定了。"

赵奢放走秦国侦查员后，下令部队卷起盔甲悄声前进，一天一夜便到了离阏与五十里处，迅速占领了制高点。

赵奢指挥全军，披甲执锐，奋勇进击，秦军大败，撤兵而还。

赵王因此封赵奢为马服君，与廉颇、蔺相如一个级别。

公元前266年，"赵惠文王薨，子孝成王丹立，以平原君为相"。

秦国不死心，老是进攻赵国。赵惠文王的媳妇"赵太后"能干，拉扯着孩子赵孝成王，对付秦国。

"新用事"的赵太后向东方齐国求援。

齐国自打被秦国为首、燕国为副的大联军攻破，国势大衰，到齐襄王这儿，稍见翻身迹象，想借机重新插手国际事务，以出兵救赵为由，重新谋求霸业，前已叙及。

齐襄王和相国田单商量后，说，必须以赵太后的小儿子长安君入齐为人质，齐兵乃可发出。

去他国做质子的人，有时候是相当危险的，可能被杀掉呢。

赵太后舍不得小儿子，群臣聚在门口强谏，赵太后急了，用手猛捶坐席，吼说："谁敢再谏，老妇必唾其面！"

离休干部触龙，身患糖尿病，走路不便，跛着腿进来了。

触龙先跟太后讨论身体保健，后来说小儿子中专毕业了，想求太后在宫里安排个事儿干干。

讨论到爱子女，触龙说："老臣私下认为，太后您对闺女燕王后的关心比对小儿子长安君强。"

赵太后说："不是这样吧。"

触龙说："燕王后出嫁，上了车了，您还拽着她的脚脖子哭，舍不得啊。可您还祝愿她不要回来，在燕国生子立功。为子女谋长远，这是真正的关心啊。"

赵太后听着有意思，不由得朝前挪屁股。

触龙接着说："您对长安君就没这么深远了。请问，赵国王室子孙中封了君的有几个把位子传下来了，您说？"

赵太后说："这个真还没有，都完蛋啦。"

触龙说："列国也都如此。是这些君王贵胄的子孙不贤吗？不是。原因在于没有建树，难以服众。您爱长安君，封给他膏腴之地，但不让他有机会立功于国，一旦您老'山陵崩'了，谁还能罩着他呢？"

赵太后叹口气道："我明白你的意思了。"

赵太后明白了，乃为长安君约车百乘，送他千里东行，到遥远的齐国当人质，为国"立功"去了。

齐国收到人质，立刻发兵襄助赵国。

秦兵一看不好，也就撤退了。

话说东周末年的战国时期，国与国之间，派送人质，已经是非常普遍的做法。两个国家为了取得互信，要不然联姻，要不然就交换王室成员作人质。

派人作质子，是有好处的。首先，人质作为桥梁和纽带，保障了友谊邦交，其次，不少人质比较能干，回国后都会做国君，对原接纳国也没有坏处。

出于以上原因，人质在客居国，一般能够受到礼遇，极个别的除外。

当然，人毕竟爱自己最亲的骨肉，赵太后就不想让长安君作人质，各国作人质的，往往是那些处在王室边缘的人物。

后来，出于军事和外交需要，秦国向赵国输送人质，年老的秦昭襄王在自己二十几个孙子里挑来挑去，就挑了一个“姨儿媳妇”生的嬴异人。

对，嬴异人，被送到了邯郸，作为秦国押给赵国的质子。

四

话说春秋末年的赵国首都邯郸，那真叫歌舞艳冶，繁华有加。

邯郸选美大赛，推陈出新，一届一届超级美女、超级帅男，评比出来，为贵人们服务。

邯郸城里，到处都是夜总会，洗浴屋，按摩房，“KTV”，酒绿灯红，干部们带头消费，拉动内需。

邯郸女子，画着浓妆，携着鸣琴，到处赶场子，扬长袂，蹑利屣，鼓琴瑟，献歌笑。

邯郸男儿，时尚风流，走路姿态别具一格，尤称国际第一酷，其他国家的人，都跑到邯郸来“学步”，结果没学好，反把自家原来的走法忘记了，只好爬着回国去。

“邯郸城南游侠子，自矜生长邯郸里。千场纵博家仍富，几度报仇身不死。宅中歌笑日纷纷，门外车马常如云。”

吕不韦

邯郸姬

邯郸附近，“中山之俗，以昼为夜，以夜继日，男女切倚，固无休息，淫昏康乐，歌谣好斐”。

昼夜相继，无止无休，男女搂抱着对唱淫靡之歌，不愧玩乐之名都。

达官贵人都忍不住这样形容邯郸，足见邯郸在“歌”与“乐”方面，那是超赞、超赞，超过了今日中国长沙之“赞”的。

却说在赵太后死后，赵孝成王初任事的年月，来自秦国的质子嬴异人，就经常出现在邯郸有名的“天上人间”夜总会。

嬴异人在震耳欲聋的鼓乐声中，在熏人鼻子的人气当中，享受送饮料美女的殷勤服务，享受台子上妖艳美女的“送歌”待遇。

在嬴异人身边叨陪的，是他的好朋友“文信公”，文信公实名吕不韦。

吕不韦曾经在阳翟和洛阳做大生意，以低价买进，以高价卖出，所以积累起千金家产。转战邯郸了，现是一家洗浴公司的控股大股东。

嬴异人在赵国作人质，并不很得意。

嬴异人是秦昭襄王的孙子，但他是小姨太太生的，地位很低。

为了笼络赵国，秦昭襄王派这个无关紧要的王孙嬴异人当人质，带来的钱财不足，因此“车乘进用不饶，居处困厄”，郁郁寡欢。

生意人吕不韦有眼力，认为嬴异人“奇货可居”也，遂包圆了他的玩乐费用。

台子上的红歌热舞妹，收起利屣和长袖，双手交叉捂在小肚子上，娇滴滴地说：“刚才这首歌是小妹献给文信公的。文信公你好，请让小妹看见你好吗！”

满场子大呼小叫，响应歌女，纷纷扭头寻找文信公。

吕不韦很得面子，用丝绢缠着一小块儿金子，抛给台子上的歌女，叫说：“算我和子异的！”子异即是嬴异人的宝号。

这个美女，时间太远，具体名字丢了，史称“邯郸姬”或“赵姬”。

赵姬摆弄着诱人的体态：“谢谢！谢谢文信公，今天，我们还特别荣幸地欢迎文信公的好朋友子异哥哥。小妹特为子异哥哥献上一曲玉人舞，请子异哥哥欣赏。”

乐曲奏起，彩裙飘起，腰肢扭起，心意乱起……

由于旁边就是洗浴房，有专人把热气管子弄漏，向台子上的玉人猛喷，制造仙境效果。

玉人披着一身蒸汽，跑到嬴异人面前：“子异哥哥，小妹把舞送给你了！”

哎呀，酥胸逼人啦，嬴异人一下子惊了个呆呆呆。

邯郸姬衣服开领低极了，底下还扎着什么硬板子，把两坨大兔子肉挤到了脖子下面，事业线深不可测，极其震撼。嬴异人被震得浑身火烧，乱举乱翘。

吕不韦一把拉过邯郸姬，把她骑坐在嬴异人的大腿上。

却说吕不韦，他策动嬴异人，在心里是押了注的。

秦昭襄王已经老了，安国公嬴柱成了接班人。安国公宠爱华阳夫人，华阳夫人却未能给他生儿子。嬴异人质押在赵国，生活困窘，没有什么献给亲长，没有希望结交权势。但吕不韦愿意出钱，游说安国公和华阳夫人，让他们立嬴异人为太子。

嬴异人叩头拜谢吕不韦：“如果实现了您的计划，俄愿以秦国的土地和您共享。”

嫪毐与邯郸后

吕不韦拿出五百金，送给嬴异人做生活和交结宾客之用，又拿出五百金，购买珍奇玩物，带着西去秦国游说。

吕不韦到了秦国，设法通过华阳夫人的弟弟阳泉君，把带来的东西统统献给了华阳夫人。

送礼后，吕不韦拜见华阳夫人，说：“夫人现在深受安国公宠爱，然而将来安国君仙逝，他的长子当了接班人，情形可就不好说了。如今我有一条愚计，可以使您转危为安。”

华阳夫人怕的就是将来有一天因没有儿子而遭祸：“先生快讲于我。”

吕不韦说：“您最好乘自己还得宠时，赶紧认养一个儿子，劝安国公把他立为接班人。您知道，子异的人品相当不错，他眼下在赵国，思乡若渴，您若收了他当干儿子，自然就会永守权柄，安享富贵了。”

华阳夫人如梦方醒，于是向安国公吹枕头风，像爆米花一样放大嬴异人的能耐。

安国公说：“俄还不知道呢，子异在国际间名气这么大啦！”遂答应下来，定了子异为接班人。

安国公的长子嬴傒和嬴傒的师傅士仓等人闻讯，如同五雷轰顶一般，想加以阻止，为时却已晚了。

子异被定为安国公的继承人，而安国公是秦昭襄王的继承人，消息传到邯郸，子异真的声名鹊起，成为列国间的新闻人物了。

还有一个名叫嫪毐的浪荡子，也跟着嬴异人和吕不韦鬼混。

只有一帮浪荡子跟在屁股后头，毕竟还是寂寞啊，于是，嬴异人厚着脸皮，伸手向吕不韦索要邯郸姬。

邯郸姬年轻美貌，丰姿绰约，一直是嬴异人的梦中情人。

可是子异你有没有搞错？邯郸姬是文信公吕不韦日夜玩耍的鸟儿啊！

嬴异人想要邯郸姬，急疯了，吕不韦想一想，自己“破家为子异”，为了他，把一千金都花光了，何苦再留恋一个夜总会坐台女呢。于是，便把邯郸姬脱手相赠了。

邯郸姬肚子里有了个胎儿，出生之后，将取名嬴政。

在更加遥远的将来，嬴政驾临邯郸，坑杀了很多人，其中大部分是跟他姥姥家有梁子的，跟他妈邯郸姬骂过架的。

尚在邯郸姬肚子里的这个嬴政，到底是吕不韦的，还是嬴异人的，历代学者争吵不休。

有一点是没有疑问的：嬴政他妈，肯定是邯郸姬。

秦昭襄王老了，着急解决赵国，派兵讨伐邯郸，情况非常紧急，赵国想把秦国人质嬴异人杀掉。

嬴异人跟吕不韦密谋，拿出六百斤金子送给守城官吏，得以脱身，逃到秦军大营，最后得以顺利回国。

赵国又想杀嬴异人的妻子——原邯郸姬和其儿子嬴政，因为邯郸姬是赵国富豪人家的女儿，背景厚，才得以隐藏起来，母子因此能够保全性命。

次年，赵国放嬴异人的妻子和儿子嬴政到了秦国。

秦昭襄王年岁已老，最大的心病就是洛阳，洛阳的周朝天子。

周赧王组织“大联军”的闹剧让秦昭襄王又好笑又好怒，派出大军要强攻洛阳大周西院——王城。

围着周赧王讨要债务的富户们，眼看大战来临，原先的投资都不要了，自寻出路，逃亡去了。

周赧王看到秦国大军真的来到洛阳王城，在街道上耀武扬威，吓得直哭，跟西院掌柜的商量，去韩国或者魏国避难。

洛阳西院掌柜的显然比周赧王更聪明一些，分析当时的天下大势说："如今，秦灭六国已是必然，韩、魏亡国也是早晚的事，大王与其到那时再被俘受辱，还不如趁早投降，结局或许能好点。"

周赧王想来想去，也没有更好的办法，就同意向秦军投降。

四百年东周大都洛阳，愁云惨雾，终日不散，周赧王率领大周宗室及众臣子，跑到周室的祖庙哭祭，然后周赧王亲自带队，抬着各种礼器，痛哭流涕地去秦营投降。

秦昭襄王接受了周赧王的投降，收取了象征国家至高权力的一切礼器，将周赧王降封为周公，迁居于洛阳东南五十里的梁城小地方，自食其力。

大周灭亡，秦昭襄王没有再去动大周原先的东院，比较有分寸的撤兵了。

第四十章
郡治其始

长平之战遗址

一

秦国灭了周朝，要扩大战果，占领中原乃至更为广大的地区，必须先行重创尚有实力的赵国。

于是我国历史上时间最早、规模最大的歼灭战——长平之战发生了，使赵国遭受了毁灭性的打击，令秦国国力大幅度超越于同时代各国，极大地加速了秦国统一的进程。

秦昭襄王先派大将白起进攻韩国，占领了野王——今天的河南沁阳，截断了韩国的西部重镇上党和韩都的联系，上党变作孤城，形势大危。

固守上党的韩军将领不愿意投降秦国，打发使者带着地图，把上党献给赵国。

赵孝成王已经代父任政了，他派军队接收了上党。

秦国又派将军王龁领军围攻上党。

赵孝成王听到消息，连忙派上将廉颇率领二十五万大军去救上党。

可廉颇军才到长平，今天的山西高平县西北地方，上党就已经被秦军吃掉了。

王龁想进攻长平。廉颇连忙修筑堡垒，深挖壕沟，跟秦军对峙，准备作长期抵抗的打算。

王龁几次三番挑战，廉颇只是不应。

王龁无奈只好派人回报秦昭襄王，说：“老廉死不出战，长期下去，就怕我军粮草接济不上，怎么好呢？”

秦昭襄王问计于范雎。

范雎说："要打败赵国，必须先叫赵国把廉颇调回去。"

秦昭襄王说："这哪儿办得到呢？赵国不会让廉颇回去的。"

范雎说："我来想想办法吧，不怕他不换人。"

过了几天，赵孝成王听到左右纷纷议论，说："秦国就是怕让年轻力强的赵括带兵；廉颇老矣，不中用了，眼看就快投降啦！"

赵括是赵国名将赵奢的儿子，自小爱学兵法，谈起用兵的道理来，谁也没他懂的多，连他爹也不在他眼里。

赵王听信了左右，立刻把赵括找来，问他能不能打退秦军。

赵括说："要是秦国派白起来，我还得考虑一下。如今来的是王龁，他不过是廉颇的对手。他见我就要蔫儿了。"

赵孝成王听了高兴，就拜赵括为大将，去接替廉颇。

蔺相如对赵王说："赵括只懂纸上谈兵，不会临阵应变，不能派他做大将。"

可是赵王对蔺相如的劝告听不进去。

赵括他妈也给赵孝成王写信，说千万别派他家龟儿子去。

赵孝成王找来赵括他妈询问，赵母说："他爹临终的时候再三嘱咐我说，这龟儿子把用兵打仗看作儿戏似的，谈起兵法来，就眼空四海，目中无人。将来大王不用他还好，如果用他为大将的话，只怕赵军断送在他手里。所以我请求大王千万别让他当大将。"

赵孝成王说："我和你家赵括都是少壮派，你不理解的，有代沟。这事我已经定过了，你就别操心吧。另外大妈你们这些老人，不要老管孩子叫龟儿子，这样对家长也不好。"

白起故里碑

赵大妈说："那么，倘若赵括败兵折将回来，我们家属请求不要连坐。"

赵孝成王说："这个好办，寡人允诺就是。"

赵国冉冉升起的丧星赵括，又领兵二十万，怀揣着他的兵学理论和父亲的战争日记，来到了邯郸以西一百五十公里黄土高坡上的长平战场。

赵括到了长平，请廉颇验过兵符。廉颇办了换防移交，回邯郸去了。

赵括手中现在握有四十五万大军，声势十分煊赫。

赵括把廉颇规定的制度和纪律全部废除，下了命令说："秦国再来挑战，必须迎头痛击。敌人打败了，就得追下去，非杀得他们屁滚尿流不算完。"

在秦国，范雎得到赵括替换廉颇的消息，自己的反间计成功，就秘密派白起为总司令，去指挥秦军。

秦昭襄王亲自下令，军中有敢泄露武安君白起为将之消息者，立斩。

倘若赵括得知秦国换将，势必畏惧"白疯子""白屠夫"的威名，不敢贸然出战，做缩头乌龟，死守营垒。那就不好取胜了，因为攻坚总是最难的。

白起秘密到了长平，布置好埋伏，故意打了几阵败仗。

赵括不知秦军在玩计谋，一看秦军败阵，就挥军拼命追赶。

赵括率四十万赵军倾巢而出，渡过丹河，全线反击秦军，想把廉颇丢失的土地一鼓作气夺回来。

秦军的当头部队一触即溃，赵括见敌军丢盔卸甲，料无伏兵，挥军进入白起的埋伏圈。

白起派出精兵二万五千人，切断赵军的后路；另派五千骑兵，直冲赵军大营，把四十万赵军切成两段。

秦军居高临下地夹住赵括，好像两块棺材板。并且已经传出消息，主将正是赵括无比惧怕的百战百胜的战争疯子白起先生。

赵括心中叫苦：“难道老天要绝我吗？怎么遇上这个魔鬼。我一出道，就碰上了这个克星，实在是不幸啊！”只好筑起营垒坚守，等待救兵。

秦国又发兵把赵国援军和运粮的道路切断了。

赵括的军队，内无粮草，外无救兵，四十万将士被围在当中，坐吃山空。

到了九月，赵军已经连续断炊长达四十六日之久，四十多万张嘴，靠丹河的鱼虾，靠附近的树皮、草根，根本填不饱肚子。

赵军被迫屠杀战马，接着，强壮的士兵杀死羸弱的士兵来吃。

赵国再无可用之兵，使者赴魏国求救。

秦昭襄王早做了魏国的统战工作，许诺把垣雍割给魏人。魏国君臣都认为：邻国的失败，是他们的福气，所以不肯借兵，也不肯借粮。

救兵和救济粮都没指望了，赵括这才决心孤注一掷，命令饿了四十多天、疲软之极的赵军组织突围。

白起早已筑好四面壁垒，铜墙铁壁，周长一百多里，赵军苦战终日，一直不能突破。

赵括带着少数亲兵，想找地方冲出重围，却暴露在开阔区，秦军万箭齐发，把赵括当场射杀。

赵军听到主将被杀，纷纷扔了武器投降。四十万赵军，就在纸上谈兵的主帅赵括手里一战覆没了。

长平之战结束，秦军清点战俘，居然高达二十几万。

秦军将领们都比较犯愁。当时没有铁丝网，无法建立战俘集中营。

王龁等人于是问白起，如何处理这些嗷嗷待哺的战俘："我们秦国前年饥馑，如今也没有什么粮食了啊。"

白起默然良久："赵卒性喜反覆，恐怕将来他们吃饱了肚子，又要作乱，那就难以收拾了。不如趁现在无力反抗，全部杀光为妙。我看附近有几处深沟大壑，堪称天然的葬地。"

赵军俘虏们被诳进山谷，据说是应邀去那里吃饭，伙食是牛羊肉煎饼。

赵卒无不手舞足蹈，进了沟内，却见顶上万弩齐发，滚木擂石雨点般而下。

可怜赵卒因为饥饿日久，浑身无力，连山坡都爬不上去，只有眼睁睁任人击杀。眨眼间，沟内尸积似丘，哀声如雷。

事毕之后，白起又命战士拿着武器下山检查，有还在动弹的，再予补砍，不得走漏了一个。

现在，长平还有白起台、骷髅山、杀赵谷、血昏河等地名，隐约传出两千两百多年前的凄惨哭声。

只有赵军中二百四十名儿童团士兵，白起将他们放了生。

长平大战后不久，秦昭襄王去世，太子安国公如愿继位为王，华阳夫人当上了王后，嬴异人成了太子。

安国君继秦王位后，为他爹守孝一年，守孝期满，加冕，加冕三天突然去世，谥号为秦孝文王。

有人说是秦孝文王的过继儿子嬴异人送给他吃喝，里边有毒，导致了他的死亡，但当时公安局没顾得上取证和化验，成了一桩疑案。

嬴异人继位，他就是秦庄襄王。

秦庄襄王任命自己的哥们儿吕不韦为秦国丞相，并就坑和泥，使用原来的“文信”二字，封吕不韦为文信侯。从此吕不韦在秦国用事，一人之下，万人之上，他的十年长线千金风险投资终于见回报了。

嬴异人还将洛阳中心地带十万户之区域封为吕不韦的食邑，这里上缴的公粮赋税都是吕不韦的。

秦庄襄王将洛阳中心地带十万户之区域封为吕不韦的食邑时，吕不韦仍然在秦国政府里做相国，掌大权。

没想到，可怜的子异同志——嬴异人——秦庄襄王，没过三年，却也崩了驾。

秦庄襄王崩，邯郸姬生的儿子，十三岁的小嬴政，继位，号为“秦王政”，时间是公元前246年。

秦王政的模样长得并不可观，史书上说他“长目、挚鸟膺、豺声”，但这些都不妨碍他光荣接班。

二

却说韩国，害怕秦国啊，韩王奇葩，生一怪招：派水工入秦，帮助秦国人兴修水利，让秦耗费百万民夫之力，“疲秦”。

韩国水利工程师郑国，是的，他叫郑国，潜入秦国，主持修渠——关中平原上的郑国渠。

关中平原东西数百里，南北数十里。平原地形特点是西北略高，东南略低。

郑国充分利用这一有利地形，在礼泉县东北谷口开始修干渠，使干渠沿北面山脚向东伸展，很自然地把干渠分布在灌溉区最高地带，不仅最大限度地控制灌溉面积，而且形成了全部自流灌溉系统，可灌田四万余顷。

不过很久后的后来，渠首老是淤积，不好用了。

秦国本来就想发展水利，采纳了郑国的诱人建议，立即征集大量的人力和物力，兴建这一工程。

在施工过程中，韩国“疲秦”的阴谋败露，秦王大怒，要杀郑国。

郑国说：“始臣为间，然渠成亦秦之利也。臣为韩延数岁之命，而为秦建万世之功。”

嬴政一听，在理啊。所以一如既往，仍然加以重用。

经过十多年努力，全渠完工，当地出现了空前的富庶，“八百里关中大治”。

韩国为秦国水利建设立了功也不行，屁股大一片地方——国土是七国之中最小的一个，很快为秦所灭。

韩亡，秦攻赵国，赵幽缪王派将领李牧、司马尚率军抵抗。

秦国使用反间计，到处散布李牧和司马尚将要反叛的虚假消息，赵王听信，杀了李牧，囚禁了司马尚。

秦将王翦率大军突破井陉隘口，攻陷邯郸，俘虏了赵幽缪王。

“赵公子嘉帅其宗族百人奔代”。赵国公子赵嘉，逃到代城称代王，后被秦“擒而囚之”。

秦王嬴政登基后，吕不韦继续以相国身份执政，号谓“仲父”，意思是秦王政的二爹。

吕不韦食邑洛阳十万户，有门客三千，家僮万人。

这位风险投资业的鼻祖，以一千五百斤黄金的总代价，成就了中国历史上回报率最大的一笔投机买卖。

不过吕不韦还是“治理”了洛阳的。他把周朝“东院”掌柜的发配到了别处，动员洛阳人民大搞卫生，把周朝所有的标语都铲去了。

吕不韦在洛阳修建了豪华别墅，顺便将老子李耳工作过的图书馆扩修了一番，改名为“吕馆”。

“吕馆”挂牌后，挑选一些食客组成编辑部，在“吕馆”里编写历史故事，后来还真编成了，叫《吕氏春秋》，又叫《吕览》。

秦王嬴政的妈妈邯郸姬呢，则以母亲长辈身份监国，握有重权。秦国调动军队的公文上，都要加盖邯郸姬的“太后”印玺。

吕不韦和邯郸姬，不，现在是“邯郸后”了，这对当年邯郸“天上人间”夜总会里的老搭档承包了秦国的内外政务。

吕不韦和邯郸后正值金色中年，三十多岁，意气洋洋，奋发治国，下班以后，他们还经常一起在床上切磋国事，互相抚抱着，回忆过去，展望未来。

秦王嬴政以长身体和念书为务，渐渐长大，十八岁，步入成年，可以亲理国政了。

吕不韦和邯郸后不得不把手中的既得权力交还给嬴政了。

看着已经长大成人的嬴政，做二爹的吕不韦，也不得不有所顾忌，不敢再随便去找嬴政的妈妈邯郸后在床榻上研究国务了。

邯郸后饥渴难耐，向吕不韦撒娇、抱怨。吕不韦想到了当年在“天上人间”

夜总会跟着混的嫪毐同志。

嫪毐这个名字，仿佛就有所指，读作“老爱”“老”在北方话里是“擅长”的意思。

司马迁说嫪毐是个“大阴人”。

“大”，什么意思？就是“巨大”的意思啦。

话说有一次，吕不韦家里开“裸派”，就是裸体派对，宾主们都不穿衣服，轻松凉快。

到场的全是秦国的高级干部，嫪毐也被吕不韦特邀来了。

嫪毐光着身子，对大家说：“各位领导，各位来宾！女士们，先生们！我是嫪毐，今天我给大家表演一段人体艺术，这是我的绝学，请大家欣赏。”

嫪毐把自己腰间的武器伸出来了，登时之间，惊倒一片。

嫪毐的武器变得越来越坚强了，他将之插进一辆车的也不知什么地方，叫声“起！”便把趴着的车撬了起来，又叫声“走！”居然把车子推出去老远。

邯郸后风闻派对之事，心痒难耐，央求吕不韦把嫪毐弄进后宫，天天给她一个人表演功夫小品。

吕不韦拔掉嫪毐的胡须和眉毛，把嫪毐化装成宦官送进了宫里。

嫪毐见到邯郸后，随即打开包装，让邯郸后欣赏他的独门武器神仙棒，邯郸后如痴如醉，欲死欲活，日日夜夜“绝爱之”。

邯郸后和嫪毐过起了神仙日子，邯郸后因此还给秦王嬴政生了两个弟弟，嫪毐成了嬴政的“假父”。

邯郸后疏远了吕不韦，万千宠爱都转嫁给了嫪毐。

于是，吕不韦的势力有所滑坡，而嫪毐则青云直上，富贵骄人，被封为长信侯，封地跨越两个郡，是吕不韦洛阳封邑的几十倍大，权力远远超出了吕不韦。

司马迁在《史记》上说：秦国政事，皆决于嫪毐。

却说秦王嬴政童年在邯郸的时候，有个两小无猜的玩伴——四丫，学名黎姜，是赵国一工程师的女儿，嬴政掌权后，想过让四丫做“后”，四丫害怕，不从。

后来嬴政娶赵国女子敏代，生公子扶苏，四丫做敏代的侍女，抚养扶苏。

嬴政又娶楚国女子阿若，生下公子胡亥，四丫又负责抚养胡亥。

嬴政多次在不同场合提出封四丫黎姜为后，“如今不比从前，后宫又不多你一个”，然而四丫依然从容淡定，说：“确实不比从前，一把年纪了，恕不敢从。”

关键的问题是，秦王嬴政眼看二十二岁了，母亲就是不想让他亲政。与此同时，嫪毐想除掉嬴政，让自己和邯郸后生的孩子继位——他叛乱了。

危急时刻，秦王嬴政找仲父吕不韦，平叛。

平叛后，车裂了嫪毐，并诛其三族。

嬴政没杀邯郸后，毕竟是亲妈啊。但嫪毐和邯郸后所生的两个小孩，都被装在布囊里，用棍子扑杀了。

邯郸姬，作为太后，当然也是有罪的，被软禁于棫阳宫。

有平日跟太后走得近的臣子劝谏，让嬴政把他妈放出来。火头上的嬴政但听到劝谏，便“戮而杀之，并断其四肢”。一连处死了二十七个。

没有人敢再劝谏了吧？非也。齐国籍的宾客茅焦出场了，茅焦，已经焦了的茅草还怕什么！

嬴政警告茅焦："你没看到已被处死的二十七个家伙吗？"

茅焦嘻嘻一笑，道："为了国家，臣不惜命。臣听说著名的星辰有二十八宿，再添上我，就凑成了。"

嬴政说："算了吧，人没有不怕死的。接下来，预备鼎镬，蒸杀第二十八！"

预备好了鼎镬，大火烧着，嬴政按剑坐于殿上，喝道："说吧！"

茅焦从容不迫，慢慢走到嬴政面前，跪拜，款款地说："臣听说，爱生命者，不忌讳讨论死亡，爱国家者，不忌讳讨论危机。怕讨论死亡，反会疏忽健康，怕讨论危机，反会使国家遭殃。所以，圣明的君王，不认为死亡和危急话题不吉利。"

嬴政问："什么意思？"

茅焦说："陛下如今做着狂悖之事，自己却不觉悟，最近车裂假父，扑杀两位幼弟，软禁生母，又残杀进谏的臣子，这不都是夏癸和商辛的恶行吗？若不勒马自省，秦国形象倒塌，臣真的为陛下担忧啊！好啦，要说的都说完了，请大王处死我吧。"

茅焦说完就脱衣服，准备往鼎镬里跳。

嬴政听完，转过筋来了，立刻下殿双手扶起茅焦说："先生请穿上衣服吧，小心感冒。"

嬴政接受了茅焦的劝谏，当廷封赐茅焦为上大夫。

秦王亲自驾车，空出左边尊贵的座位，到棫阳宫迎接太后返回内宫，仍以母亲之礼侍奉之。

接下来，嬴政要还是要处理他的权力对手的，就是吕不韦。

嬴政命令吕不韦办理离休手续，回到封地洛阳去。

吕不韦意外之极，只好谢恩离开总理府，惶惶走入封地洛阳。

谁料想，为吕不韦说情的人多极了，权力独食爱好者嬴政因此大怒，立时决定将吕不韦流放四川："君何功于秦？秦封君河南，食十万户。君何亲于秦？号称仲父。其与家属徙处蜀。"

吕不韦深感寒心，在凄凉和愤懑中，饮下鸩酒而死。

吕不韦死，激起大波。宾客门生故吏，数千之众，以出殡为名，从洛阳市区游行至洛阳郊外的北邙山，折腾了一通。

嬴政闻之，杀的杀，判的判，驱逐的驱逐，流放的流放，叫嚷道："再有操国事不道者，寡人必籍灭其满门！"

确实是个"寡人"啊，独夫啊！

吕不韦的门客中有一个叫李斯的英才，被驱逐时冒着生命危险，上《谏逐客疏》劝谏嬴政，说："秦国稳定了，不会再有造反了，但是，谁去为秦国卖命打江山啊。相反，这些人才为六国所用，秦国岂不危矣，这不是资粮于敌吗？不要为了清静就自宫啊，自宫以后，清静是清静了，但没法传延后代啦。"

嬴政在肃反扩大化的道路上稍微迟疑了一下，记住了李斯这个人。

三

话说秦国灭掉韩、赵两国后，秦王嬴政的视线就转向齐、楚和燕国了。

荆轲

燕国太子姬丹曾在赵国作人质，跟当时也在赵国的嬴异人——子异在一起玩。

姬丹常常跟子异的儿子小政政——嬴政玩耍，史载曰“大相悦”。

姬丹归燕国后，嬴政也跟着他妈到了秦国。后来燕太子姬丹又被送到秦国作人质。

嬴政不念旧交，姬丹在秦国，未得到优待，还遭受恶遇。

姬丹回到燕国后，一心想报仇，出一口毒气。

姬丹盖了套别墅，装满了美女，专门招待来往宾客。这风俗蔓延整个燕国，请不起三陪女的，则“宾客相过，以妇侍宿”——让自己家女性陪睡。

话说姬丹有天招待到了侠士田光，言谈之中，姬丹透露了心思。

田光说：“可惜我老了，不过我可以推荐一个人。”于是推荐了个叫荆轲的，说荆轲搞恐怖袭击很有一套。

太子丹见了荆轲，提出行刺嬴政的请求。荆轲“久之不语”。

姬丹急了，“顿首无止”“固请毋让”，荆轲答应了，但被动，“久之，未有行意”。

太子丹就对荆轲猛加招待：“舍上舍”——住总统套房，“日造门下”——每天拜访，“供太牢具”——吃祭食，“异物间进”——贿赂宝物，“车骑、美女，恣荆轲所欲”——豪车美女，尽情消费，尽情享受吧！

荆轲最终答应了，之后，他找到了一个名叫樊於期的人。

这个老樊是秦国人，被嬴政灭族，在燕国政治避难。

荆轲说：“秦王政屠宰了您的父母宗亲，还出一千斤黄金的赏格，求你的人头，樊先生您难道不想报仇吗？”

樊於期仰天太息，泪出如雨：“我每念及此，痛入骨髓，只苦于没招啊！”

荆轲说：“鄙人倒有一计，只是不好启齿。”

樊於期说：“有什么不好启齿的！只要能够报仇，就是要我的脑袋，我也乐意。”

荆轲说：“我不好启齿的，正是你这句话啊。”

荆轲把自己行刺秦王嬴政的计划讲了，最后说：“只要借您人头获得秦王信任，我即左手执其领，右手刺其胸，先生大仇可报，燕国积耻可雪。”

樊於期听罢，咬牙切齿地说：“如此，此头可舍也！”

樊於期拔出宝剑，绝颈而亡。

拿着樊於期的人头，荆轲仍不出发，燕太子丹急道：“韩、赵已亡，日已尽矣，为之奈何？君若不肯行动，我只好另派别人。”

荆轲怒道：“丈夫行事，有始有终。诺而不往，往而不返者，竖子也！”

荆轲本是想物色一个行刺助理同行的，把握大些，姬丹一催促，那干脆随便找个，走吧，把握如何，管他呢，去刺就是。找了个叫秦舞阳的。

在易水边，燕太子丹及其从人，皆白衣白冠，为荆轲和秦舞阳——“恐怖刺杀二人组”送行。

易水河畔，秋风横贯，荆轲和着“筑”声，引吭高歌：“风萧萧兮易水寒，壮士一去兮不复还！”

歌毕，痛饮一杯，傲然转身，扬手甩了杯子，偕秦舞阳登车而去。

荆轲和秦舞阳，到了秦国，到了秦宫，登上大殿的台阶，远远看到了“对

荆轲刺秦

象”秦王政。

嬴政坐在几案之后，戴着冠冕，抱着宝剑——把挎着的宝剑横在了胸前。

秦王传旨：“只请正使上殿，副使在阶下候旨！”

助理不能上殿，荆轲只好带着人头和地图，硬着头皮独自上去了。

嬴政验看了樊於期的人头，接着验看荆轲所带的督亢地方的地图——注意，匕首在里边卷着呢。

荆轲说：“大王，督亢是燕国最富饶的地方。燕王把它献给大王，以示臣服的诚意和决心。”

嬴政瞅一眼荆轲，问道：“督亢究竟有多大？好在哪里？”

“请允许下臣展开地图，为大王聊作介绍。”

荆轲说罢，随即手把地图，徐徐展开，终于“图穷而匕首见”。

荆轲左手突然揪住嬴政，右手抄起匕首直戳其前胸。

嬴政惊起猛撤，居然挣脱，荆轲匕首刺空了。刺空了！

嬴政回身反击，情急之中拔剑不能，剑鞘太长了，只得环柱而走。

两人绕着柱子转圈，乱追过程中，秦王政瞅空子回身，“以手共搏之”。

秦国殿下群臣入朝是不能携带武器的，但可以携带智慧，有人大叫道：“王负剑！王负剑！”背到屁股后头拔剑！背到屁股后头拔剑！

嬴政接受提示，把长剑顺到背后，拔出来了。

匕首对长剑，荆轲的短武器没戏了，紧要关头，飞出匕首抛射秦王。

可是，匕首“不中秦王，中柱”。秦王从柱子侧面闪出身来，举剑连击，荆轲“身被八创”——挨了八剑。

荆轲"箕踞以骂"，被秦王杀死。

荆轲被切割成三十多块肉。秦舞阳自然也被杀了。

荆轲被肢解于咸阳的消息传回燕国，太子姬丹黯淡了好几天，最终叹道："我已经尽力了，我没有遗憾了。"

秦王嬴政很快派军伐燕。

燕王姬喜居然斩了太子姬丹以奉秦军。奉过，燕国就走了韩国和赵国的老路，灭亡了。

燕国亡后，秦军顺路进攻魏国大梁城，又亡了魏国。

公元前224年，秦国派老将王翦，率六十万大军，破了楚国北大门淮阳，继而南下，于公元前223年扫平了楚国。

王翦的儿子王贲，三年后，即公元前221年，率秦军攻齐。

齐王田建不敢对打，求和。

嬴政说："可以啊，给他在'共'那个地方封一块儿。"

王贲告诉田建："'共'地可以给你五百里。"

齐王田建心里说，齐国地方千里，我最后能有五百里，他国有难，我不相救，最后的结局是我比他国都强啊。

田建被秦国军队送到了共地——今天的河南辉县，远古时期共工氏战斗过的地方。

秦人指着一块山坡告诉田建："就是这里。"

原来是片荒草坡啊！没住的，没吃的，回到了共工的时代，齐王田建哭了。

秦王嬴政笑了："哈，哈哈，哈，哈哈，哈哈哈……"

四

公元前221年，全中国各个诸侯国之间的相互抗衡局面，在嬴政的手中终告完结。

嬴政利用他的计谋与铁腕成就了中国历史上第一个高度大一统的王朝——秦，其疆域东及于海，南至百越，西达氐羌，北到塞外，不可不谓庞大。

政治和军事上的空前胜利，为嬴政的部属们带来了前无古人的高傲和自信。

正因为高傲和自信，在翦除六国平定天下之后，文武群臣向嬴政上表，拥其称“皇”，他们的奏表在司马迁的《史记·秦始皇本记》里有具体的引述。

嬴政的臣子们说，过去五帝有千里疆域，四方诸侯和外国是否来朝见，天子也不能决定。如今，陛下大举义兵，诛灭残贼，平定天下，法律号令空前统一，四海之内全都成了陛下的家用，从上古到今天是不曾有过的，五帝是比不上的。

“我等大臣经过商议，认为：古有天皇，有地皇，有泰皇。泰皇最贵。臣等冒死上奏，请陛下号为‘泰皇’。”

嬴政的部下以功盖五帝的盛名来赞誉他，他犹自不够满足。他做了个决定：“去‘泰’著‘皇’，并采上古‘帝’位号，曰‘皇帝’。”

“皇帝”在古汉语里，实际是个构词重复的称谓，当然，也反映出了嬴政横扫古今、气吞山河的政治气魄。

在嬴政的眼中，古之圣王也不过一些庸常之辈。他的海内一统、天下“归嬴”的丰功伟业，高可齐天，非借用上古称天的至尊名号不能表述。

秦相李斯

秦始皇嬴政

因此，嬴政的超越古人的霸业，要达到内容和名份上的一致，就必须享用“天帝”“第一帝”的权威。

“始皇帝”的名号就祭了起来。

在朝会上，大臣李斯说：“周武王建立周朝的时候，封了不少诸侯。到后来，像冤家一样互相残杀，周天子也没法禁止。要杜绝这样的弊端，建议在全国设立郡县。”

李斯的意见正合秦始皇的心意。他决定废除分封的办法，改用郡县制，国下面为郡，郡下面再分县。

郡的长官都由朝廷直接任命。

国家的政事，不论大小，都由皇帝决定。

在秦始皇统一中原之前，列国向来是没有统一的制度的，就拿交通来说，各地的车辆大小就不一样，因此车道也有宽有窄。

国家统一了，车辆要在不同的车道上行走，多不方便。秦始皇便规定两个轮子的距离一律改为六尺，路也相应改造，这样，全国各地车辆往来就方便了。

在秦始皇统一中原之前，列国的文字也很不统一。便是一样的文字，也有好几种写法。

国家统一了，秦始皇让李斯制定了统一的文字和比较方便的书法。这样，各地的文化交流也方便多了。

各地交通便利，商业也发达起来，但是原来列国的尺寸、升斗、斤两的标准全不一样。嬴政就又规定了全国用统一的度、量、衡制。这样，各地的买卖交换也没有困难了。

原来燕、赵、秦三国，曾经在北部边疆修造长城，现在为了防御匈奴的侵犯，秦始皇又征用民夫，把原先北方各国的城墙连接起来，还新筑了不少城墙。

秦始皇将全国分为四十个郡。

居于中部的洛阳，属于三川郡治下之邑，堂堂前周东都，一下子降落了不知多少丈。

话说秦始皇，雅好四出巡游，向地方炫示权威。

命全国修筑驰道——高速公路，修好之后，多次向北、向东、向南游幸，祭祀天地，封禅泰山，南登会稽，北踏固原，四处勒石记功。

巡游之中，嬴政归途曾绕道河北，专程到了邯郸，一是怀念故地，二是看看故人。

邯郸藏着嬴政的童年，嬴政他妈的辉煌，邯郸城郊住着从咸阳宫病退回乡的四丫黎姜。

嬴政住在地方官为他预备的豪华“行宫”，听取工作汇报。

精明奸诈的地方官既说好话，又说坏话。

好话是在始皇帝的英明领导下，各行各业形势大好，不是小好，而且越来越好；坏话是阶级敌人光想复辟，他们列举出了一些人名，其实都是当年跟嬴政他妈家骂过仗的。

嬴政同意地方官严加追究的意见，说：“罪行查实，可以坑杀。”

秦始皇宣召四丫，见了面。四丫只论家常，不谈政治，说：“妇道人家，啥也不懂。”

这是秦始皇创办帝国之后第一次也是最后一次巡行途中取道邯郸。

公元前213年，秦始皇“置酒咸阳宫”，听大臣们赞颂他统一国家的功绩。

博士淳于越却提出，分封制度不能废除，认为不按照古代的规矩办事是行不通的。

已经做了丞相的李斯说：“现在天下已定，法令统一。但是有个别酸臭的读书人，不思开拓，而泥古代，对国家大事瞎发议论，在百姓中制造混乱。如果不加禁止，会影响朝廷的威信。”

秦始皇采用了李斯的主张，立刻下了一道命令：除了医药、种树等科技书籍以外，凡是有私藏的其他书籍，尤其是占卜算卦的，一概交出来烧掉；谁要是再私下谈论各种妖书，办其死罪；谁拿古制来批评现政，满门抄斩。

第二年，有两个方士，卢生、侯生，在背后议论秦始皇的不是。

秦始皇派人去抓卢生和侯生，他们逃跑了。

秦始皇大为恼火，再一查，又发现另外有不少儒生也在非议他。

秦始皇把那些儒生抓来审问。儒生经不起拷打，又东拉西扯地供熟人朋友，供出一大批人来。

秦始皇下令，把嗜好算卦、以卦干政、犯禁严重的四百六十多个儒生都坑埋了，其余犯禁的流放到边境去。

秦始皇在火头上，大臣们谁也不敢劝他。

扶苏是秦始皇的大儿子，认为那些卦迷儒生无非是自我爱好问题，处置太严厉了，劝谏秦始皇不要这样做。

秦始皇怒了，命令扶苏离开咸阳，到北方去和大将蒙恬一起守边疆。

秦始皇以铁和血的方式夺取了天下，这使它在建国之后仍旧信奉武力和强权。

作为皇帝，嬴政穷奢极欲，把国家作为他个人的私有财富，这在其整个王朝的政治实践中，表现得淋漓尽致。

在统一战争中，秦每吃掉一个国家，都要仿照该国宫殿的样式在咸阳城北复建，所得诸侯美女和钟鼓器物等一并移入其内。

《三辅旧事》记载说："始皇表河以为秦东门，表汧以为秦西门，表中外殿观百四十五，后宫列女万余人，气上冲于天。"

为满足个人意愿，秦始皇征召徒役七十余万人，建阿房宫和骊山墓，工程经年不停。

"营作朝宫渭南上林苑中。先作前殿阿房，东西五百步，南北五十丈，上可以坐万人，下可以建五丈旗。"

秦始皇穷奢极欲，恶性发展，想千秋万载不死，永久享用荣华富贵，到处查访长生不老之药。

秦始皇去泰山封禅，看见了海市蜃楼，左右大臣告诉他："海上有三座仙山，叫做蓬莱、方丈和瀛洲，是神仙居住之处，今天给皇上看到了。"

秦始皇说："寡人早年就听说，海上有仙山，山上有神仙，神仙吃一种长生不老之药，可惜寡人没福气受用。"

神汉徐福，据说是鬼谷子的关门弟子，说："鄙臣可以为皇上求得长生不老之药。"

于是秦始皇拨放巨款，派徐福率领童男童女数千人、以及可供三年的粮食、衣履、药品等，入海求仙。

徐福率众出海数年，耗尽了资金和财物，并未找到神山。

公元前210年，秦始皇召徐福询问仙药，徐福推托说，出海后碰到巨大的鲛鱼阻碍，无法远航，要求增派射手，对付鲛鱼。

秦始皇应允，派遣射手射杀了一头大鱼。

后，秦始皇再度拨放巨款，徐福再度率众出海。

徐福到了一处“平原广泽”，他感到当地气候温暖、风光明媚、土著友善，便停下来自立为王，此后再也没有返回。

有日本人说，“平原广泽”是他们的九州岛，徐福就是在九州岛“止王不来”的。

九州岛上面，共有九个乡，地形破碎，河流短促、火山遍布，峦高谷深，因而后山怀疑其与“平原广泽”之关系，也就是说，非也。

日本人爱学习，自古借鉴中国文化，把中国古代捕风捉影的传说往自家身上拉，我们理解一下算了。

秦始皇怕死，“死”还是要找他的，而且说死就死，死在了南巡的路上。

秦二世为了巩固个人的权位，与宦官赵高密谋对策。

赵高声称：“今时不师文而决于武力。”

赵高的理论就是天下没有什么道理，谁有权力谁说了算。于是秦二世“诛大臣及诸公子”“六公子戮死于社”。

秦始皇的第十八个儿子、二世皇帝嬴胡亥，在赵高与李斯的帮助下，逼死长兄扶苏，杀害兄弟姐妹几十个人，开始了更加残暴的统治。

没几年，掌握实权的赵高，让心腹阎乐逼二十四岁的胡亥自杀，扶立了秦三世嬴婴——史称“秦王子婴”。

嬴婴即位第五天，赵高企图招引外贼，并承诺杀死全部秦朝宗室，嬴婴先下手，诛杀了赵高全家。

在秦王朝，皇帝的意志就是最高法律，赵高杀秦二世，子婴又杀赵高，都是这个政治定律在发挥作用。

按照历史的惯性，所谓强秦，不可能很快灭亡，但它很快灭亡了。

秦朝仅仅生存了三世，合计不过十五个春秋，秦三世嬴婴只干了一个半月。

秦除了为政暴虐和大规模房地产开发之外，还有更加致命的原因：懂得“枪杆子里面出政权”的政权，越来越用不好枪杆子了。

在帝国中央最需要保卫的时候，它的主力军队居然全部都远离本土，在边塞作战——针对匈奴和南越！

在内地紧急的情况下，它不得不以囚徒组成军队，来应付局面。

千方百计追求长生不老的秦始皇在出巡道上突然病死的时候，驻守南越的五十万主力大军就借机叛变了。

公元前209年，民工头领陈胜和吴广不堪逼迫，领导前往工地服役的民工们起义，全国各地纷纷响应，原六国国君的后代纷纷复立，乱中聚兵的有项梁、项羽、刘邦等人。

各种因素叠加在一起，使得秦这个庞大的帝国再也无力维持它形成不久的统治了。

第四十一章

重农抑商

项羽

力拔山兮气盖世——项羽

一

话说大都洛阳，曾经拥有夏、商、周的“中国”地位的堂堂君主之城，到了公元元年前后，已经暂时变成了一个波澜不惊的府城、郡治。

秦朝统一全国之后，在国家体制和行政区划上，设郡置县，进行管理，其时的洛阳隶属于“三川郡”。

三川郡的统辖范围，西及函谷关，东达虎牢口，北到沁水，南渡汝河，含七县之地，洛阳居于三川郡的中心。

秦相国吕不韦食封洛阳十万户侯的时候，税赋粮贡充裕，对东周末年破败不堪的洛阳城区进行了修建，仿佛半老徐娘又抹了雪花膏，穿了花衣裳。

秦朝政府征发大量民工修工事，因为天雨误了行程，民工头儿陈涉和吴广怕“暴秦”问罪，率众造反，社稷遂乱，楚人项羽也乘时举义，一度得势，大肆封王，封申阳为河南王，都于洛阳。

当时有个军阀，名叫张耳，申阳就在张耳手下做一名弄将。项羽率领着大部队在黄河边巡狩，申阳组织了一帮小妇女，在道路两边排着队，举着小旗儿，齐声喊：“欢迎欢迎，热烈欢迎！欢迎欢迎，热烈欢迎……”引起了项羽的注意。

项羽让驭手停车，召申阳过来，问：“你叫什么名字？”

“报告大王，鄙人名叫申阳，热烈欢迎大王领导我们建设新洛阳！”

项羽记住了申阳，兹后分封的时候，王冠偏多，遂给申阳派了一顶：河南王——洛阳在大河之南中心地带，故史上一直名之曰“河南”“河南”其名是从

刘邦

刘邦石雕像

项将军这儿开始的。

项羽手下，有个领兵的，名叫刘邦，当过泗水郡沛县的小亭长，级别跟村委会主任相当，陈涉、吴广起义的时候，天下草头王蜂起，他乘乱组织了一支军队，但老发不大，遂投了已成气候的项羽。

刘邦性格豁达，脑筋刁钻，带着小股军队跑步前进，抢先抓到了秦国的公章和秦宫的钥匙，整天别在自己腰里，不想让项羽知道，打算以后自己办国家的公。

项羽在黄河边巡狩完了，又到河北钜鹿跟秦朝的主力军大干一场，把他们歼灭了，奔咸阳迟了一步，于是在一个叫做鸿门的地方召见刘邦，说请他吃顿饭。

鸿门在今天的陕西临潼东边大约十里路的地方，鸿门堡。

不妙，刘邦知道项将军要问罪了。

不去肯定不行啊，刘邦只好带人前往，主动奉上秦朝的玉玺和钥匙，说："小的一直在帮将军看摊儿。您来了，这得赶紧把天下给您呀。"

刘邦不傻，他现有十万部卒，而项羽拥有大军四十万，他弄不过，于是使出一招缓兵计，屈称顺臣，以保自身。

在鸿门宴上，刘邦装得像个三孙子，不停地给项羽端酒，奉菜，项羽说："这就对啦，你小子！"

项羽率部接收秦都，杀了已经投降的秦三世嬴婴，放火烧了阿房宫，将秦宫中的所有美女和珍宝掳进自家营帐，塞也塞不下。

秦朝把千百年的贵族分封制终结了，把全国都划成了郡县。内地的行政区划，"郡"之下设"县"，由县令管理，边疆的行政区划直接叫"郡"，设郡

鸿门宴

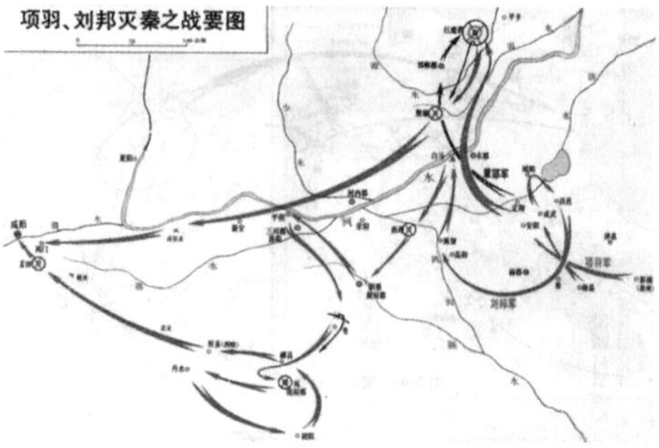

项羽、刘邦灭秦之战要图

守，屯垦和戍卫。项羽把这些全部废除了，复辟为分封。

项羽自己封得东方九个大郡，自立为“西楚霸王”。另又分封了十八个王在各地当领导。刘邦封在汉中，是为汉王。申阳封在洛阳，为河南王。

项羽分封不久，刘邦便自汉中暗渡陈仓，出兵东向，剑指项羽，展开了三年战争。

项羽快败时，申阳就赶紧宣布起义，把洛阳献给了刘邦。

弄将作王，下场只能如此。不过，把洛阳囫囵个儿地送了，比盲目抗战要好，免得让刘邦把洛阳的男人杀死，把洛阳的妇女掳去，把洛阳的房子烧掉。

公元前202年，刘邦打败项羽，于汜水南岸筑起高台，在众将的簇拥中登上皇帝宝座。

就位次日，刘邦即率领人马西行，浩浩荡荡地开到了洛阳，准备在洛阳立都。

皇帝高位来之不易，普天之下将都要受着自己的统治，到达洛阳城的刘邦别提有多快活了。

刘邦在洛阳南宫大办酒宴，与诸将领举行庆功大会。

酒宴非常热闹，乐官拂丝，美姬献舞。纤细和丰满结合于一身的女优，扭胯掉腰地唱一曲又一曲，刘邦快活得心花怒放。

刘邦高擎酒爵，对群臣说道：“众位爱卿，请你们对我说实话——我为什么能以少胜多，以弱胜强，打败强大的项羽并做了皇帝呢？”

听刘邦这么一问，大臣高起、王陵马上站起来回答说：“项羽刚愎自用，目空一切，跟随他征战的大臣多遭迫害，贤能有才之人，受到他的怀疑而不被重

楚汉国界

刘邦洛阳南宫论英雄

用。而陛下您指挥有方，用人有德。陛下亲率大军攻城掠地，每得一处，又能安抚当地百姓，与天下人同利。故而陛下拥有四海之内和天下人心。”

刘邦听后，摇摇头说：“你们只知其一，不知其二。”

见众臣诧异不解，刘邦缓缓论道：“我能夺得天下，并不是我个人才能过世，天下第一。

“你们知道，运筹帷幄之中，决胜千里之外，这方面，我不如张良；平定大局，安抚百姓，保障军需物资供应，这方面，我不如萧何；率领百万大军，指挥若定，战必胜，攻必克，这方面，我不如韩信。

“他们三个人都是英雄，而我能重用他们，让他们充分发挥自己的才干，这才是我能取得天下的主要原因。”

群臣听了刘邦这番话，仔细思量，感觉确有道理，纷纷点头称是。

刘邦接着说：“夺取全国胜利，只是万里长征走完了第一步，往后的路程更长，更艰巨。我们要减轻税负，安抚百姓，让逃避战争藏居山泽之民，返归故里，恢复生产。我们还要让洛阳成为有史以来最大最美的首都。请大家就洛阳建设，踊跃献言，积极建策！”

在南宫酒宴上，众臣响应刘邦的号召，提出了不少建设洛阳的好门道。

最后，刘邦决定，整饬城区，大修宫殿，在洛阳开始他的万世基业。

正当此际，有个叫娄敬的神汉路过洛阳，在洛阳城停留了数日，去拜见刘邦。

神鬼工作者娄敬建议定都关中，他说：“关中是个保险箱，四周环山，地势险要，都城设在那里，天下无论发生什么重大的变故，关中都还是关中。”

听娄敬一说，刘邦犹豫不定了，就迁都与否，复跟群臣商议。

大臣们纷纷反对迁都关中，并向刘邦分析洛阳的地理形势。

洛阳位居天下之中，背依黄河，面向伊、洛，东有虎牢、西有崤山，作为国都十分理想。

刘邦越听越没主意，就问张良的意见。

张良说："洛阳已经做过数朝之都，地理位置确实十分理想。不过洛阳确实存在多方受敌的可能，关中虽然偏僻，但只需考虑东方一面的防务就可以了，两者相比，还是关中稍好一点。"

张良的"高论"促成了刘邦的迁都关中、以洛阳为陪都的决定。

当然，刘邦一伙人以后还经常在洛阳处理重大国事，比如他们就在洛阳"处理掉"了汉朝立下汗马功劳的大英雄韩信。

韩信本是项羽的人，后随刘邦，历任大将军、左丞相、相国，被封为齐王、楚王、淮阴侯等。

韩信熟谙兵法，自言"韩信将兵，多多益善"，为后世留下了大量的战术典故，如明修栈道、暗渡陈仓，临晋设疑，夏阳偷渡，木罂渡军，背水为营，拔帜易帜，传檄而定，沈沙决水，半渡而击，四面楚歌，十面埋伏等等。

韩信是中国军事思想"谋战"派代表人物，被后人奉为"兵仙""战神"。但刘邦战胜主要对手项羽后，对韩信这样的大功臣心存疑虑，便把他软禁在洛阳。

刘邦的婆娘吕雉揣摩透了刘邦的心思，是她采用诡计诱捕了韩信的。据说，韩信在狱中打算写一本兵书传给后人。吕雉不准。

王莽

韩信死前，叹道：“狡兔死，走狗烹；飞鸟尽，良弓藏；敌国破，谋臣亡。天下已定，我固当烹！”

吕雉以先斩后奏的方式杀了韩信并夷其三族。

事后刘邦到洛阳，“见信死，且喜且怜之”。

却说刘邦建立的王朝即是西汉，西汉在半道上被王莽“篡”了一下子。

西汉王朝末期，政治黑暗，百姓遭难，王公贵族贪婪成性，骄奢淫佚，王莽却出污不染，勤奋好学，为政清廉，是个人人夸赞的好公务员。

九岁即位的汉平帝，凡事不懂，皇太后请大司马王莽决断。王莽辞谢不掉，只好全面代管。没几年，自己当起皇帝来，名政府曰“新朝”。

西汉已经是火山口了，王莽坐了上去，屁股自然受不了。

王莽下诏废除奴婢，设置五均官以平定物价，施行统购统销，盐铁官营，都无效，于是心想挪到洛阳去坐朝廷应该可以，树挪死，皇帝挪活嘛！

王莽下诏：全体准备，迁都城于洛阳！

迁不成啊！北部边境，匈奴兵马，纵横冲突，狼烟四起，警报频传。东边的朝鲜和南方少数民族及时响应，相继构难。国内农民起义，到处发生，官军狗熊，四下溃败……

王莽先生疲于应对，焦头烂额，多次欲迁，均告流产。

因此在秦朝之后、新朝之前这段历史时期，洛阳一直作为府城、郡治，立于中原腹地，虽波澜不惊，然老底子尚在，新架子不弱，亦颇多可以载诸史册者。

此系后话，容当缓叙。

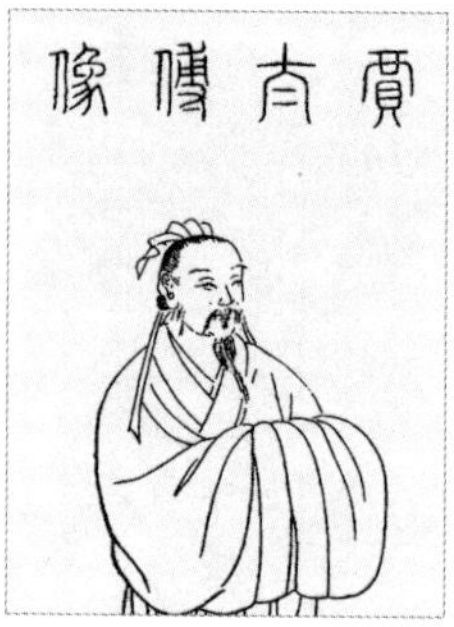

贾谊

二

洛阳郊区人贾谊，从小爱学习，博览群简，先秦诸子百家，不使漏网。

贾谊少年时，学《春秋左氏传》，老师是博士张苍，据说贾谊将《左传》学透了，还以自己的见解为它作注。

可惜贾谊的《左注》给邻居借去看，看丢了。

聪明人爱好广泛，贾谊也研究道学。贾谊所研究是真道学，不是中国后世几千年流行的假道学。写了《道德论》《道术》等专业论文。

贾谊知识面好宽的了，连东周时期楚国的“兮兮诗人”屈原也研究，手抄了不少屈原的优美句子，像现在的中学生那样。

贾谊十八岁那年，河南郡吴郡守举办朗诵会，贾谊上台朗诵《诗经》《尚书》，声情并茂，震动洛阳。

接着，吴郡守让秘书把贾谊喊到宾馆，一测试，贾谊文章也写得好，当即把他招进政府办公室工作。

吴郡守是原秦朝名相李斯的同乡，又是李斯的学生，学问很大。治理洛阳，颇有政绩，在全国精神文明大评比中还得过第一呢。

贾谊在郡守官邸上班，担当办公室文秘，出自贾谊的河南郡公文，下为基层干部喜爱，上为朝廷君臣赞赏。

话说西汉皇帝刘邦的老婆吕雉，杀人成性，刘邦活着的时候，帮刘邦杀，譬如诛除功臣韩信；刘邦“翘”了以后，她独自杀，连亲生儿子刘盈都是她弄死的。

但吕雉再恶，也有死的一日，她一死，右丞相陈平和太尉周勃就粉碎了吕雉培植的吕家四人帮，找来刘邦的一个庶子刘恒做皇帝，即汉文帝。

汉文帝刘恒上任，西汉朝廷的紧张气氛才得以缓解。

刘恒提拔河南郡守吴公到中央政府当廷尉——司法总局局长。吴公没有忘记他的得意门生，就向汉文帝推荐贾谊。

吴先生说："贾谊颇通诸子百家之书，是个年轻有为的人才。"

汉文帝就把贾谊召到中央政府，任命为博士。从此，贾谊步入了政治活动的舞台。当时贾谊二十一岁，在所有的博士中，他是最年轻的。

所谓博士，就是顾问委员会委员，或曰政治协商委员会委员，乃系备皇帝咨询的参谋人士，后备干部。

汉文帝提出问题让博士们议论，许多老先生一时讲不出什么道道来，但是贾谊不同，因为他学识渊博，又敢想敢说，对文帝提出咨询的问题对答如流，说得有理有据。

在数次疑难答对中，其他的博士都认为贾谊说出了自己想说而说不出来的看法，非常佩服他的才能。

汉文帝欣赏贾谊的才华，仅过了一年，就破格提拔贾谊为太中大夫。

贾谊认为老百姓弃农经商是"背本趋末"，向文帝提交了一个议案《论积贮疏》。

古代的人说："一个农夫不种地，就有人挨饿；一个农妇不织布，就有人挨冻。"古代治理天下，最精细最周全啊，所以它的积蓄足以依靠。

国库是天下的命脉啊。如果米粟多而财物有余，做什么不成呢？用它来攻取就能得到，用它来守卫就能坚固，用它来作战就能获胜，使敌对的人归顺，使远方的人归附。

人人都不想种地，光想榨取中间利润，使“淫侈之风，日日以长”，对统治者不利，主张实行重农抑商的政策，发展农业生产，加强粮食贮备，预防饥荒，以达到安百姓治天下的结果。

驱使百姓回归农业，附着根本，吃闲饭的人，承包块农田，别在街头乱转，使天下人自食其力，那就积蓄充足，人们乐得其所了。

汉文帝采纳了贾谊的奏议，取消农业税，发放种田补贴，鼓励农业生产，对恢复经济、保障统治起了积极的作用。

但贾谊显然有点书呆和教条，缺乏农商共济之大眼光。

兴农没有错，抑商则肯定是消极和愚蠢的。

贾谊追求进步，帮助汉文帝修改了不少政策，订立了许多法令。其中有著名的遣送列侯，就是让列侯们离开首都，到他们的食邑去。

京官做起来舒服啊，至于封地，让孩子们招呼就行了，贵族、功臣们都不愿走，想在京城享福，有私家花园冶游，有私家美女陪寝，因此阻力很大。

当时老总理陈平已经死过，功劳最大、权位最重的属绛侯周勃，汉文帝让周勃带个头，就免了他的丞相职务，逼他到自己的封地去。

这样一来，列侯们才陆续离开京师，他们走了，带走了大量的下人，也减少了很多的消费，首善之都的人口和经济压力得以缓解。

离开京师，列侯们心里极不痛快，由于这个政策出自贾谊，等于贾谊把功臣元老都得罪了。

汉文帝赏识贾谊。在汉文帝眼里，贾谊年轻有为，见识不凡，于是，就提出让贾谊担任更高的公卿职位，委以重任，并把这个意思交给大臣们讨论。

反对派有机会了，他们叫嚷，制造和重用火箭式干部，于朝于民，均有坏处。

当然，反对派是那些功臣显贵，绛侯周勃、颍阴侯灌婴、东阳侯张相如、御史大夫冯敬这些。

周勃发迹前是个体工商户，编织苇席贩卖，还兼作吹鼓手，灌婴也是个小商贩，收售布帛。他们加入开国君主刘邦的部队“吃粮”，东征西讨，建政后粉碎吕家四人帮，又算立新功了，因此封侯拜相，位高权重。

然而，这些把持朝政的老干部，都是没文化的“大老粗”，尤其是周勃，更以“钝椎少文”出名。

老高干们自恃功高，不求进取，思想守旧，胸襟狭隘，还搞贪腐，玩女人。

当贾谊这样的青年知识分子在王朝崭露头角时，既得利益的高级官僚阶层，一方面因他年纪轻资历浅而看不起他，另一方面，又因他才华出众而心怀妒忌，第三方面最要害，影响他们享福了。

让贾谊当个博士、太中大夫之类闲官，老干部们可以容忍，一旦要让他升到公卿之位，委以重任，显贵们当然难以接受。

贾谊遭到了众口一词的攻击：“这个洛阳人，小小年纪，学识浅薄，一心想专擅权力，要把国家的许多大事搞乱了!”

即位不久的汉文帝，虽爱贾谊的才能，但也不能违背权贵的意愿而进一步提拔贾谊了，因为周勃、灌婴诸人都是先帝的旧臣，权重势大。

贾谊还有一个对头，文帝的佞幸，叫邓通，此人不学无术却奸谗自会。

邓通得宠于一个极为荒唐的原因。

原来汉文帝这人，迷信得紧。他有天做了个白日梦，要上天，上不去，有一个“黄头郎”从后面推了他屁股一把，就飘飘然地上天了。

文帝醒来，非常高兴，就出门暗中寻找这个推他上天的“黄头郎”，竟然找到了。

文帝到了渐台这个地方，碰巧见到一个正在使船的头戴黄帽的年轻人，穿着容貌很像梦中推他上天的人，就叫来问他叫什么名字，回答说叫邓通。

文帝找到梦中贵人了，让邓通进宫随侍。

邓通立马弃船，高扬着脸进宫了。

邓通什么也不懂，只是文帝的玩伴，文帝却封他为上大夫，同他一起玩耍，高兴了还赐给他巨额的金钱。

所谓上大夫，就是跟苦学出身的贾谊同一个级别，都是正部级了。

贾谊讨厌这个没有才能而受文帝宠爱的佞臣，言语之中，常有讥刺。导致邓通不断向文帝告状，抹黑贾谊，使得文帝逐渐把贾谊疏远了。

外有大臣轮番攻击，内有邓通不断进谗，贾谊在交困之下，不能施展他的才能和抱负，甚至连在朝廷中的立足之地也没有了。

结果，贾谊被贬出京师，到长沙去当梁怀王的太傅。

文帝把贾谊分派到梁怀王那里去当太傅，也算很给面子了。梁怀王刘揖，又名刘胜，是文帝最喜爱的小儿子。

三

长沙，就是长沙，娱乐项目屡屡冒出大泡的地方，在贾谊的时代却是蛮荒的代名词，距离文明渊薮黄河流域，超过千里之遥。

汉时南方交通，山水处处阻碍，长途跋涉，历尽千辛万苦，自不必说，更使贾谊难受的，是在心中发酵着、膨胀着的悲愤。

贾谊诗书满腹，心中抱负远大，想辅佐汉文帝干一番事业，却受谗被贬，罹受这样的挫折，怎不使他深感孤独和失望呢。

老臣宿将们的攻击，还算不了什么，他们毕竟为汉王朝出过大力，最使贾谊难以忍受的，是邓通这样的奸小，阿谀媚上，陷害忠良，贾谊无论如何也咽不下这口怨气。

越走离那个写诗的楚国人屈原越近了。

后山介绍过这个屈原，才华横溢，著名个人广告语是“路漫漫其修远兮，吾将上下而求索”。

不过屈原求索的是楚怀王的宠妾郑袖，为郑袖做了情诗《湘夫人》等。

然，绝色郑袖，地位特殊，岂是屈原区区一介科级干部随便可见的?

屈原多次下决心，要把自己的一生栓在楚怀王的裤腰带上，楚怀王的裤腰带跟郑袖的裤腰带连着的嘛。

屈原满腔的爱，爱，爱。倒霉的是，横亘于中间的楚怀王就是不把屈原当人看，不停地踢打他，于是，屈原又变成了满腔的怨，怨，怨。

五月初五，屈原买了二斤粽子，一尝太好吃了，于是决定把粽子掂进宫里，撞见郑袖最好，实在不行就献给楚怀王。

楚怀王得知屈原又来骚扰，说，“区区粽兮，何足挂齿。离骚，离骚。”

“离骚”的意思是：离我远点，骚扰我的东西！“再不离开，大刑伺候！”

屈原逃出楚王宫，到了汨罗江边，望着滚滚的汨罗江，仰天长叹：“啊，啊，啊？”

接着又痛哭流涕唱了一板，老长老长，就叫《离骚》，向郑袖永别。

叹完，唱完，转身翻腾三周半，最后一个猛子扎下去了。

打鱼人路过，发现了屈原的尸体，赶紧报案。

警方在岸上发现了一些粽子，有楚宫门卫打过的戳记，结论是为情自杀。

调查清楚后，喜欢舞文弄墨的宣传科长写了篇长篇通讯《粽子迷案》，铅印在公安局的内部报纸上。

过了好多年头，唐人李白路过，写下了一首脍炙人口的诗篇：李白乘舟将欲还，忽闻水中乱叫唤。扑通一声跳下去，捞上一看是屈原。

但这首诗后来被李白的一个粉丝汪伦篡改了，变成了《赠汪伦》，成李白赠给他的诗了。

不过据后山揣测，屈原死于谋杀的可能性较大，楚怀王不是软弱良善之辈，何况对付令人恶心的情敌。

贾谊极是怜惜自己的遭遇，除了暗恋皇后这一缺点，自己跟屈原忠君报国的革命精神太相像了呀！

看到湘水时，贾谊作了一阕《吊屈原赋》，凭吊古人，抒发怨愤。

呜呼哀哉！逢时不祥。鸾凤伏窜兮，鸱枭翱翔。阘茸尊显兮，谗谀得志。贤圣逆曳兮，方正倒植。

世谓随、夷为溷兮，谓跖、蹻为廉；莫邪为钝兮，铅刀为铦。

吁嗟默默，生之无故兮。斡弃周鼎，宝康瓠兮。腾驾罢牛，骖蹇驴兮。骥垂两耳，服盐车兮。章甫荐履，渐不可久兮。嗟苦先生，独离此咎兮。

后山译曰：哎呀好可悲，时世也不祥。凤凰到处躲，鸱枭在高唱。宵小窃位哦，谗谀又猖狂。

贤良处逆境啊，是非真反常。诬伯夷贪赃啊，赞盗跖善良；把莫邪当钝刀，夸铅饼有锋芒。

接着译：唉，先生你不得意哦，无故遭中伤。国人不理解，向谁说衷肠？凤凰飘然去啊，贤士无故乡……

参观游览了湘水，贾谊总算到长沙了。其实，到了长沙，情况还是不错的。

当太傅，贾谊事情不多，有足够的时间可以自己掌握。其实斯时的地方官比之京官，轻松潇洒得多。

长沙虽偏远，挡不住心系天下。今天有些老太太就这样，媒体的话筒只要对准她的下巴，采访小区养狗问题，她便抖起劲儿了，说的都是赞美大干部或者各级领导的大话。

别笑话中国老百姓，夸上级夸得出彩，是个美丽的情结，中间有个核儿，叫“皇上圣明”，属于优良的民族传统。尽管事情是上级应当做的，或者久拖不做而终于做了。

贾谊有水平，更有责任心，以天下事为己任，对朝廷政治，给予极大的关注，一有功夫，就给汉文帝写信。

贾谊被贬逐，邓通尤受宠，文帝把蜀郡的严道铜山赐给邓通，还允许他私自铸钱，因此，“邓氏钱”遍布天下；又有吴王刘濞开发豫章的铜山铸钱，吴钱也到处都是。这样，国民经济能不混乱吗？

贾谊上《谏铸钱疏》，尖锐地指出，私人铸钱，于国于民都很不利，建议汉文帝下令禁止。

但邓通是文帝的宠臣，铜山又是文帝赐给他并允许他铸钱的，文帝怎会禁止呢？吴王刘濞远在东方，天高皇帝远，又禁止不了。

因此，贾谊的这个建议在当时是不可能被采纳的，只不过增加了邓通们对他的忌恨而已。

有天黄昏，有一只鵩鸟飞进了贾谊的住房里。鵩鸟就是猫头鹰，当时人们认为这是一种不吉利的鸟。

贾谊谪居长沙，本来心情就忧郁，如今猫头鹰进宅，更使他伤感不已。于是就写了一篇《鵩鸟赋》，感叹世事沧桑，自我凄凉。

五年后，贾谊被召回长安，汉文帝在未央宫祭神的宣室接见了他。

当时祭祀刚完，祭神的肉肉还摆在供桌上。文帝对鬼神的事怀有不少疑问，就咨询贾谊。

贾谊借机来了一番宏论，文帝感到很新鲜，听得很入神，甚至挪动座位，凑到贾谊跟前，一直谈到半夜方止。

汉文帝感叹不已地说：“吾久不见贾生，自以为过之，今不及也。”

我好久没有见到贾生了，自以为学问赶上了他，超过了他，现在听了他的鬼神宏论，还是赶不上他啊！

后世唐人李商隐觉得汉文帝精神有点毛病，说他："宣室求贤访逐臣，贾生才调更无伦。可怜夜半虚前席，不问苍生问鬼神。"老百姓水深火热，不管，鬼神豪宫华殿，还请教到半夜哩！

朝廷上，人事变化已经很大了，压制过贾谊的灌婴做了鬼，周勃遭冤狱被赦免后办了退休手续，贾谊应该仕途亨通了吧？

贾谊的仕途并不亨通，原因是有邓通。邓通仍然是贾谊面前的一个拦路虎。

不过贾谊关心的不是自己的职务升降，而是国家大事。

贾谊写了《过秦论》，论述秦汉朝代更替之历史经验，见解深刻，又富艺术感染力。跟以前建议重视农业生产，以增加国家储备的著名议案《论积贮疏》一样。

汉朝当时，有两个矛盾，正在尖锐化。一是中央和地方的矛盾，即朝廷与诸侯王之间的矛盾，一是汉王朝同北方匈奴之间的矛盾。

内外矛盾的交合与尖锐化，表征是济北王刘兴居、淮南王刘长及吴王刘濞的叛乱或预备叛乱，以及匈奴族对北部边境的不断滋扰。

贾谊透过内外矛盾的交响乐，听出了严重的危机所在，深为关切和忧虑。

四

贾谊给汉文帝写信，连续地写，不断地写，人们知道最多的，是《陈政事疏》，也叫《治安策》。

在《治安策》里，贾谊大声疾呼：我看天下的形势，可为痛哭的有一个问题，可为流涕的有两个问题，可为长叹息的有六个问题，其他违法背理的事就更多了。

贾谊斥责某些人的“已安且治”论，说这种人不是无知，就是阿谀奉承，把火放在柴堆之下，而自己睡在柴堆上，火还没有燃烧起来，就说平安无事。

诸侯国过于强大，必然会与天子有所对立，臣下屡遭祸害，皇上也多次忧伤，这实在不是使皇上放心、使臣下保全的办法。

如今有的亲兄弟图谋在东方称帝，亲侄子也向西袭击朝廷，近来吴王的谋反活动又被人告发。

天子现在年富力强，品行道义上没有过错，对他们施加功德恩泽，而他们尚且如此，何况最大的诸侯，权力比他们还要大十倍呢！

尽管如此，天下还比较安定，这是什么原因呢？因为大诸侯国的国王岁数还小，没有成年，汉朝安置在那里的太傅、丞相还掌握着政事，维稳还不算太难。

但是几年以后，诸侯王大都加冠成人，血气方刚，而汉朝委派的太傅、丞相都要离休了，或称病还乡了，而诸侯王会自下而上地普遍安插亲信。如果这样的话，他们的行为同淮南王、济北王有什么区别呢？到了那时，想求得天下安定，即使唐尧、虞舜在世，恐怕也办不到了。

有人说，异姓王叛乱是因为他们跟汉王朝关系疏远，这是不对的。

济北王刘兴居是文帝的侄子，淮南王刘长是文帝的弟弟，他们都乱了，说明什么？说明“关系”是靠不住的。

贾谊指出，同姓王虽名为臣，其实都有布衣昆弟之情，当然也有称帝为皇的野心。

诸侯王在他们在自己的国里，擅自提拔干部，授人爵位，赦免罪徒，甚至使用皇帝规格的宫室和仪仗，朝廷的法令，在他们的独立国里面，却行不通了。

因此说，叛乱与否，并不取决于亲疏关系，而取决于“形势”，取决于他们力量的强弱变化。

回顾汉初及今，诸侯王反叛的历史，大都是强者先反。弱者变强后，他也是要反的。

假设，樊哙、郦商、周勃、灌婴为王，拥有数十城池，他们也会反叛，相反，如果削弱过分强大的诸侯，他们就不见得会反叛了。

真是皇帝不急，急死贾谊啊！

贾谊维护宗法等级制度，比先前鲁国那个叫孔丘的小学教师还内急。

贾谊陷入了自己编织的“吊诡”怪圈，假设未来，纸上谈兵，自我感觉出奇的好。

关于“预镇反叛”，贾谊向汉文帝提出了自己的妙策。

贾谊说，势力强大的诸侯王，好比是大骨头，朝廷如果不用权势法制这把大斧头去斫砍，而只是用仁义恩惠这把薄刃小刀去切割，那么，这个刀子不是被碰缺口，就是被折断。

现在的形势，是患了末端浮肿病。小腿肿得几乎同腰一样大，指头肿得几乎和大腿一样粗，只能平放而不能伸屈，一两个指头疼起来就不得了。

如果现在不及时治疗，一定会成为死症，将来虽有名医，也没有办法了。

那么，切实可行的对策是什么呢？“众建诸侯而少其力”。

就是说，可以在原有的诸侯王的封地上，分封更多的诸侯，从而分散削弱他们的力量。

诸侯王死后，他的封地应该分割为若干块，分封给他的几个儿子。这样，可以让诸侯王的子孙们放心，他们知道会按制度受到分封，就不会反叛朝廷了。

诸侯王的封地，一代一代切割下去，愈分愈少，直到“地尽而止”，力量也就愈来愈削弱下去了。这就叫做“割地定制”。

“割地定制”的结果，就能使国内的形势，好像是身体支配手臂，手臂支配手指那样顺从，诸侯就不敢有异心了，国家也就能得到安宁了。

贾谊真是个聪明人，后山破解一下吧，他的意思，就是把省、直辖市、进一步把市、县，甚至镇，都逐步撤掉，直至撤光为止。当然，那时候行政区划不叫省、市、县，性质差不多。

贾谊认为，全国都由无数多的村委会组成，终极维稳就成功了。若将村委会也都撤掉，就更加妙不可言了。

还有，商人经济力量的膨胀问题，和北方匈奴的问题。怎么办?

现在商人都疯了，卖奴隶时，给奴隶打扮、化妆，给奴隶穿上古时天子后妃祭祀时才穿的绣衣、丝鞋，关在木栅栏里。

现在皇帝穿什么？文帝您的衣服无非普通的黑色丝绢，可那些富商家的墙壁上，竟挂着文绣，皇后装饰衣领的蕾丝，富家的婢妾们却用来缝鞋边。他们吃一顿馆子，超过穷人三年的花销。

国家一心追求GDP，如此穷极奢侈，后果能不严重吗?

一百人做衣服，还不够富豪一人穿，想全国人不受寒挨冻，怎么可能呢?

一百人耕田，还不够富豪一人挥霍，想全国人不挨饥受饿，也是不可能的！

贫富差距巨大，几万块钱一平方的房子，富人不嫌贵，饥寒迫使老百姓痛苦不堪，想使他们不造反，是办不到的。

国家已无能为力，“盗贼”不过在等待时机而已，但是那些献计的人，却口口声声“稳定压倒一切”，以“毋动”为上策，这真是可以长长太息的事情啊！

为了装门面，每年拿着大量财富，无偿援助外夷，可那些接受过天朝上国援助的外夷，哪个不是忘恩负义的白眼狼啊！

从高祖刘邦开始，由于军事失利，对北方的匈奴采取和亲政策，送美人给匈奴单于为妻，每年还要交送大量的金银和丝织品。

文帝曾派军抗击匈奴侵扰，因诸侯王叛乱而撤军，又恢复和亲政策。

和亲能够制止匈奴经常侵扰的祸患吗？不能也！

应该采取的对策是，出征北伐，“俘匈奴单于而制其命”，以长鞭“笞其背”。若没有将军出马，我贾谊愿意领兵行动！

贾谊好厉害，但汉文帝比他理智，若派贾谊去征服匈奴，不知道会弄成怎样的一锅酱菜呢。

贾谊的《治安策》上罢，淮南王刘长就叛乱了。

汉文帝镇压了刘长，把刘长的四个儿子封为列侯。贾谊担心文帝以后还要提升这四个人的官职，就上疏文帝，进行劝告。

淮南王反叛朝廷，全国人民都知道他的罪恶。尊奉罪人的儿子，只能招致更多的非议。儿子成人之后，哪能忘记他们父亲的事？淮南地方虽小，但四子一心，积蓄资财，后果难料啊！

汉文帝觉得贾谊好啰嗦。

反对大分封，主张切割。这不真的切割了嘛，“割地定制”了嘛，他又说人家“四子一心”。

两面卖嘴，书呆子啊！书混子啊！窝靠！

贾谊升不上去，仍旧做着梁怀王刘揖的太傅，孰知一年后刘揖不慎坠马摔死。

按照规矩，诸侯王年少时，太傅对其生活起居是负有法律责任的，因此，贾谊这个家庭教师感到自己没有尽到责任，罪过不轻，成天哭泣自责，心情十分忧郁，无法排解。

刘揖没有儿子，按例他的封国就要撤销。

贾谊以大局为重，建议汉文帝为梁王刘揖指定继承人，以文帝的两个亲子参封其地。

贾谊总算有个不错的建议了，文帝听了，两个儿子后来建设和保卫封地，为国立了功。

贾谊在公元前168年去世，年三十三岁，相当的年轻，青年教师。

纵观贾谊一生，虽受谗遭贬，未登公卿之位，但其政论和建议，下了很多闷功夫，是那些身居高位而庸庸碌碌的公卿们所不能比拟的。

贾谊主张中进步的成分，不仅在汉文帝一朝起了作用，还被延续了下来。

与“重农抑商”的贾谊相反，同时期的另一洛阳人桑弘羊，则是活跃于政坛的工商管理、财政管理大才。

第四十二章

疯狂聚敛

桑弘羊

一

洛阳人桑弘羊是汉武帝的大臣，出身商人家庭，最有心计，是个神童。

桑弘羊十三岁就进了科大少年班，哦不，进了汉宫财政部，做侍中。

侍中是一种“准官”“相当于”某种职级的意思，后世有种“员外”，是“编制之外”的意思，“准官”不是编外，他们在西汉的公务员系列之内。

准官多了，干部队伍的大膨胀从西汉就开始了，上到列侯、将军、卿、大夫，下至太医、郎中、戏子，各种级别，都有大量的准官，好不热闹。

洛阳是周朝的首善之地，商朝人被周朝征服后，周朝修建了“顽民区”安置他们，即是洛阳的下都区，或曰“成周”城。

顽民当然没有公民资格，不能参与政治活动，甚至也没有土地，他们只好发扬自己的强项——经商。到了东周后期，洛阳王城和下都区已然连在一起，经商成了洛阳人的重要职业。

桑弘羊家是出名的富商，富有的商人距离权力相对要近得多，权力和财富是老中国的老亲戚。

权力和财富，财富和权力，具有撕不开的黑关系，经商致富的人，有些就参与了政治活动。像有名的白圭、苏秦，就是富商从政。

其时，当大官，或作侍中，有两条途径。一条是由诸侯王、郡太守这样月俸两千石以上的官吏，定期向中央政府推荐，当然推荐的都是贵家子弟；另一条是“以赀为郎”“入粟补官”，便是富户人家拿钱买，拿粮食换，这一条适合桑家。

桑弘羊他爹，用金钱和粮食把桑弘羊“捐”进了汉朝政府干部队伍。

当然，十三岁的桑弘羊能做汉武帝的侍中，自幼见惯算账，数学分数超高，也是有效砝码。

汉武帝弄了很多侍中，反正他最有钱，像朱买臣、卫青、霍去病、霍光这些人，都是侍中出身，因此侍中这类官职又有“第二梯队”的意思。

社会上，人皆趋之，以能进梯队为荣耀。

孔丘第十一世孙孔安国，是弘扬乃祖精神的名儒，礼仪模范，武帝就召他做“捧壶侍中”，日常工作是“掌御唾壶”——每天捧着皇帝吐痰用的御唾壶，毕恭毕敬，亦步亦趋，“朝廷之士，莫不荣之”。

好多人羡慕孔安国，打听皇上何时招聘捧尿壶的服务员。宫里传出话来说：“有漂亮宫女捧尿壶。”他们才死了心。

桑弘羊做了二十六年侍中，才走出第二梯队。

由于汉武帝大规模对匈奴用兵，国库罄尽，财政困难。有人给武帝支招，盐铁官营——晒盐和冶铁国有化，以聚敛钱财。

皇上同意了。山东大盐商东郭咸阳和河南大冶铁商孔仅，奉命负责实施。武帝让桑弘羊帮他们算账。

东郭咸阳和孔仅，不知道怎么想的，搞论证、搞规划，耽误了一年，汉武帝很着急，催着他们赶紧操作，进行全国的盐铁私营工商业改造。

改造了三年，原来的私营盐铁公司全都变成了国营的，桑弘羊也被提拔为财政部副部长。

桑弘羊这个副部长，算账得法，聚敛有术，买也抽份子，卖也抽份子，抽得又高，为皇家挣钱很多，越来越受到汉武帝的重用。

当时，有个叫张汤的大臣，提出算缗告缗法，即经商纳税和税务稽查，皇帝认为好，在全国雷厉风行地加以推行。

所谓算缗，就是凡工商业者，都要如实呈报自己的财产数，二缗抽取一算的税，即一千钱缴纳二百钱的税。

出租马车从事货运也征百分之二十，载客者减半。

百分之二十，税率不算低啊。

长度在五丈以上的船，缴纳百分之十的税钱。

所谓告缗，就是鼓励大家相互揭发。经调查属实者，罚戍边一年，财产全部没收，告发的人可得到被罚没财产一半的奖赏。

颁布算缗法和告缗令后，工商业者顽强反抗，转移和藏匿财产。

但皇帝要搞事情，是硬的，尤其是告缗，杀了几个人，就在全国普遍推开了，中等以上的工商业者，大都受到了告发。

算缗告缗法，使朝廷获得了数以亿计的财物，成千上万的奴婢，没收的田地，大县数千顷，小县百余顷，还有很多房屋。

算缗告缗法，使中等以上的工商业者纷纷破产，国家取到了蛋，弄死了鸡。

西汉时期重要的国家举措，还有对货币的整顿。

西汉初年，国家放任私人铸钱，不但钱的大小、轻重不一，钱的标称重量与实际重量相差悬殊，而且泛滥，造成了通货膨胀。

铸钱者多是有权有势的人物，他们在铜内杂入铅、铁，做成劣钱，谋取暴利。

当时的货币分三种。皮币、金属币和铢钱。

皮币，用白鹿皮制成，每个一尺见方，上面绣着五彩花纹，每个值钱四十万，它是作为诸侯王朝觐皇帝时垫璧的礼品，所以只在上层贵族中流通和使用。

白金，系银、锡合金币，分值钱三百、五百和三千，共三种。

三铢钱，很快改为五铢钱，是零钱，或者叫辅币。

货币混乱，直接影响皇家的税收。公元前113年，为了彻底整顿货币，汉武帝采纳了桑弘羊的意见。

老桑的意见是，所有郡国销毁所有已铸旧钱，把铜送到中央，由中央政府负责铸成五铢钱，作为全国唯一通行的货币，其他人一律不得铸币，违者严加究办。

这次币制改革，基本上制止了私铸劣质钱币，是中国历史上第一次将铸币权完全收归中央政府的创举，它最终将汉朝的币制稳定下来，使汉朝的五铢钱成为质量稳定的钱币，一直流通至隋朝，七百余年而不废。

西汉初年，实行地方郡国定期贡纳实物的政策，这时候的贡物已经不局限于当地的土特产了，这样，一些郡国为了交纳贡物，而必须到别的地方去购买。

郡国采购，数量大，时间也比较集中，因而一些商人乘机哄抬物价，从中牟取暴利。

购买之后，还有一个运输问题。一些运输路线长而又易损坏的货物，运输中的费用和损耗往往比货物本身要贵数倍。

采购贡送之法，增加了百姓的负担，也使地方政府官员深感不便。

桑弘羊提出了“均输法”解决这个问题。怎么个均输法呢?

均输法，就是各郡国上交中央的贡品，一律按照当地市价，折合成当地出产的产品，交纳国家后，由均输官统一调运到缺乏这些产品的地区出售。

这样，各郡国再也不用为了贡物而派人四出采购物品了，中央政府也借货物的地区差价，从中获得了巨大利润。

显然，均输法是国家经商，对中央和地方政府都有利，也减轻了百姓的负担，打击了商人的暴利。

二

桑弘羊后来代理财政部长，他在向各郡国派出盐铁官的同时，也派出均输官。

由于盐铁是均输的两大重要物资，所以某些地方，均输官可能是由盐铁官兼任的。均输官和盐铁官，都直接对财政部长负责。

均输法在全国推行之后，货物的流通渠道畅通了，国家在全国各地征的贡赋，通过均输官源源不断地运到首都和边疆地区，大大加强了汉朝对外斗争的经济实力。

平准法，是桑弘羊为了配合均输及盐铁政策的推行，实施的另一项经济改革。

过去，中央政府各部门所需的物资，都是自行采购。由于各部门采购的货物多，又比较集中，为了完成采购任务，各部门互相争购，因而哄抬物价，朝廷吃了亏，商人得了暴利。

为了解决这个问题，桑弘羊在算缗告缗和盐铁均输政策实行后，又创立了平准法。

设平准官署，统一进行阳光采购，其他各机关再到平准官署以平价购买所需物资，此举解决了政府供求，杜绝了采购中的投机倒把。

盐铁、均输、平准，这是桑弘羊进行国家财政聚敛的三个超级大耙子。

汉武帝好大喜功，连年盲目打仗，国家的钱晕花，猛花，财政开支常常爆炸。桑弘羊担任财政部长，满足了汉武帝浩繁的财政需求，受到汉武帝的信任和支持。

汉代酒风盛行，革命小酒天天醉，喝坏了朝政喝坏了胃，司马迁在《史记》中统计，汉代致富行业三十多种，酿酒位列第一，足见其暴利惊人。

公元前98年，桑弘羊的手下有人建议治理酿酒行业，得到老桑的支持，报请汉武帝批准后，就付诸实行了。

治理方法是，国家供应谷物和酒曲等原料，由私人酿造成酒，再交给国家销售。酿酒公司业务都成来料加工了。

桑弘羊有个侄子，在老桑仕途正顺的时候，犯了重罪，被警方逮捕。

按照汉律，子弟犯法，父兄连坐。案件审罢，桑弘羊被贬职，但汉武帝还得用老桑敛财啊，就仍然让他代理财政部的工作，只是没有部长名分了。

汉武帝晚年，老打匈奴，老吃败仗。

桑弘羊约同另外两名干部，建议在边疆轮台一带设立军垦区，既屯田，又作战。气急败坏的汉武帝下了个有名的“轮台诏”，指斥他们的建议是狗屁。

汉武帝刘彻医治无效，临死之际，诏命霍光、桑弘羊等人，作顾命大臣，辅佐其少子弗陵。

桑弘羊在受遗诏时被提升为御史大夫。

故骠骑将军霍去病的异母弟霍光，十几岁就出入宫禁，取得了汉武帝的信任，武帝刘彻把大事秘密交代给了霍光。

所以，八岁的汉昭帝弗陵即位之后，一切大权都掌握在霍光手中。

桑弘羊以为自己论资格和功劳都在霍光之上，对霍光的操纵大权不服气。

老桑又想替自己的子弟谋官，遭到了霍光的拒绝，所以越来越敌视霍光，就与儿女亲家——另一个跟霍光有矛盾的大臣上官桀联合起来，反对霍光。

有大臣建议霍光，废除武帝时以政府聚敛为核心的经济政策，减少税收，与民休息，以获取百姓的支持。

霍光让各郡国推举取得功名的儒生，集中到首都开会讨论这个建议。

丞相田千秋主持会议，他发言不多，只是在辩论激烈的时候，讲一些折中调解的话。

政府方面的主要发言人，是御史大夫桑弘羊，他前后共发言一百一十四次，有时竟如吵架一般。他是反对改变经济政策的。

会议分两个阶段，前一个阶段是正式的讨论会，后一个阶段是儒生们返回郡国，向丞相和御史大夫辞行时，言犹未尽，双方又猛吵了一回。

汉宣帝时汝南人桓宽根据当时会议的记录，整理成《盐铁论》一书，所以一般都把这次会议叫做“盐铁会议”。

这次会议，以桑弘羊为代表的政府一方，与以儒士们代表的民间一方，辩论。实际上是对刘彻时期盐铁、均输、酒榷、币制、算缗告缗等一系列财政聚敛政策的重新评价。

桑弘羊全面肯定刘彻轮台诏以前的干法，力主：有甜头，咱就继续啃！

桑弘羊总嫌自己主持了几十年的疯狂聚敛力度不够，还要继续进行国有主义改造，这个老家伙！

儒士们全面否定刘彻轮台诏以前的各项规矩，呼吁，不能再杀鸡取卵了，要恢复“德政”，要让老百姓休养生息。

霍光没有出席这次会议，他不同意桑弘羊的意见，但也没有接受儒士们要求全部罢除盐铁、均输等国营事业的建议，儒士们要求感化匈奴人，他也没有照办，他不愿意把朝廷的女儿再往匈奴送。

霍光通过这次会议，利用儒士们的反对气焰，批评和打击了自己的政治对手桑弘羊。

所以，这次会议，从政治上来说，是有利于霍光而不利于桑弘羊的。

第二年，发生了燕王刘旦与昭帝刘弗陵争夺皇位的斗争，历史上叫做“燕王之变”。在此事变中，老桑遭了殃。

汉武帝有六个儿子，太子刘据，早年被逼自杀，齐王刘闳早死，剩下的四个儿子中，燕王刘旦最大，理应立为太子，但刘彻不喜欢他。

在太子刘据和齐王刘闳死后，刘旦给汉武帝写信，要求进入宫中，以太子身份宿卫，在皇帝寝宫值夜班。

刘旦的要求引起汉武帝的不快，把他派的使者都杀了。

后来又说刘旦窝藏逃犯，汉武帝遂将他的封国削去三县。

刘彻死的时候，没有选刘旦为继承人，而立了小儿子弗陵。

刘旦心怀不忿，到处招罗人才，决心与刘弗陵争夺皇位。

刘旦散布谣言，说昭帝刘弗陵不是汉武帝的儿子，汉武帝也不想立他为太子，而是汉武帝死后几个大臣违背他的意愿拥立为皇帝的，所以刘弗陵继承帝位不合法，号召大家反对他。

刘旦知道，维护汉昭帝地位的主要是霍光，就挑拨昭帝与霍光的关系，上书诬告霍光外出检阅羽林兵时，用天子礼仪，有谋反的野心。

这时昭帝已经十四岁，对攻击霍光的话，已经有所警惕，并不相信，有时他听烦了，还对他们发怒："霍光是我爹给我留下的辅政忠臣，你们要再攻击他，我就要治你们的罪了。"

刘旦发觉，用攻击霍光的办法，难以达到清除霍光的目的，于是他与心腹们决定改用暗杀霍光的手段，来达到推翻昭帝的目的。

鄂邑公主是昭帝的姐姐，在昭帝小的时候抚育过他，姐弟俩感情很好，但公主与上官桀父子相勾结，求封她的情夫为列侯时，被霍光所拒绝，因而对霍光不满。

刘旦与上官桀父子，与鄂邑公主勾结，加上求封子弟而为霍光所拒的桑弘羊，组成了一个谋反的帮派。

刘旦帮设置了一个圈套，让鄂邑公主出面宴请霍光，欲乘其不备将其杀死，然后废昭帝，立刘旦。

刘旦他们的策划，不知怎么被公主的一个舍人所发觉，告发，随后他们的阴谋就被霍光粉碎了。

洛阳平民经济学家——卜式

燕王刘旦、鄂邑公主被迫自杀，上官桀父子被诛，年已七十四岁的桑弘羊和他的儿子桑迁，也被霍光处死。

老桑晚节不保，死得其所，他倾尽心力，为西汉朝廷聚敛了一辈子钱财，在百姓中口碑很差，洛阳老乡卜式就说他钻在了钱眼里，直到钻死。

三

却说，看桑弘羊最不顺眼的，是洛阳老乡卜式。

卜式斥责桑弘羊“不务大体，专营小利”，可谓一针见血。

洛阳人中勤劳致富的典型是卜式，他搞的是养殖业——承包荒山养羊。

卜式对媒体说：“一人富，不算富，带领乡亲们共同致富，才是真的富。”他是这么说的，也是这么做的。

卜式家在河南郡之北平原上，按照历史地理考究，当在今天的河南温县一带。注意，那时候的黄河在北边较远的地方，温县到洛阳不用过河的，地奔就可以了。

卜式自幼家境贫寒。八九岁时，父母双亡，只留下他和幼小的弟弟。上不起学，以种田和养羊为生。

卜式艰难地抚养弟弟成人后，把田地、房屋、财产都给了弟弟，自己只带走畜羊一百多只，进入荒山放牧，过了十多年，他的羊达到一千多只，自己又另外买了田地房屋。

可是卜式的弟弟家产耗尽，变穷了，于是卜式又屡次把家产分给弟弟，邻里称赞卜式思想好，道德高尚，当地政府也给予卜式表彰和鼓励。

当时西汉王朝正在和匈奴作战，国库窘迫，桑弘羊正在绞着脑汁，从全国老百姓身上拔毛，为朝廷谋利益。已经靠养殖业富裕起来的卜式，给朝廷写信，上书表示，愿意把财产的一半拿出来支援边境战事。

汉武帝以己之心度人之腹，认为卜式必有所图。

武帝派使者问卜式："你这样做，是不是想做官呢？"

卜式说："我从小放羊，没有做官的学问，不习惯过官吏的生活，我不愿意做官。"

使者接着问："那家中是不是有冤屈打算上告？打官司？求平反昭雪？"

卜式回答："我向来就从不和人争执什么，对我的家乡人，生活困难的我就借给他们钱粮，愿意养羊的我就帮助他们致富，对行为不端正的人，我就开导教诲他。我住的村子里，人们都依赖我，对我都很友好。我能有什么冤屈呢？"

使者郁闷了，便问："既然是这样，那你拿一半财产出来是想做什么？"

卜式老实地回答道："天子讨伐匈奴，我认为有能力的人应该到前线拼死做战，有钱财的人就应该捐献出来，资助军队。这样我们大汉就能把匈奴消灭了。"

使者回到京师，把上面的话汇报给汉武帝，武帝又把这些话转述给丞相公孙弘听。

公孙弘说道："这可不符合人的本性。对那些图谋不轨的人，不能为了利益而破坏法纪。请陛下不要答应他。"

卜式捐羊支援边疆

所谓以小人之心度君子之腹，公孙弘又来了一遍。

卜式的捐献搁浅了。朝廷一直没回复卜式，卜式的财产也捐不出去，一直闲置着。

卜式呢，继续种田，继续放牧。好在桑弘羊名字里有个“羊”字，没有对卜式的羊下手。

过了一年多，汉军屡战不休，朝廷费用很大，仓储府库也都空了。

第二年，大量贫困民众出现了，活不下去了，卜式便拿出二十万钱到洛阳，送给河南郡的郡守，让分给百姓。

河南郡守向上汇报了当地富人资助贫民的名册。

汉武帝看见卜式的名字，记起了他，说：“这就是从前想捐出一半家财助边的那人吗？”遂对卜式进行表彰，号召全国富人“学习卜式好榜样”。

事实上，全中国为富不仁者尚多，富豪之家都争着豪夺钱财，藏匿钱财，只有卜式自愿拿出钱来，先要助边，后来救人。

朝廷想尊显卜式，来教化百姓，便征召他，拜为中郎，赐爵左庶长，又赐予他良田十顷，并诏告天下。

卜式不愿做官。他说：“想做官的人确实多，可我确实不想做。”

汉武帝于是说：“这样好了。我弄一群羊，养在上林苑中，你去饲养和放牧。”

卜式这才肯拜为中郎，但他仍旧身穿布衣，脚蹬草鞋，去牧羊。过了一年多，羊长得很肥大，且只数也增多了。

武帝路过上林苑，见了这群羊，称赞卜式。

卜式说："牧羊跟治理民众一样的，顺从时令放牧，捣乱的羊把它去掉，不使它带坏羊群。"

卜式最讨厌的是当时的财政部长桑弘羊。

桑弘羊常常自诩为理财能手，说什么"民不加赋，国用自饶"，卜式鉴定他说，"不务大体，专营小利，捣乱之羊也。"

武帝一听，认为卜式完全可以当一个好干部，就拜他为缑氏县的县令。

缑氏，就是周灵王的太子姬晋修道升仙的那个地方，在今天的偃师市缑氏镇。

南越人造反，卜式上书，愿意带着儿子学习骑射，学习舰船，而后前往平叛尽节。

皇上对宣传部官员说："你们看看，天下不幸有事，全国的干部都贪生怕死，卜先生雅行躬耕，随牧畜悉，辄分昆弟，不为利惑。以前西北有战事，他要捐资助军，今天东南出问题，又是他敢于带头效死。朕决定：赐封卜式为关内侯，奖励黄金四十斤，土地十顷。好好宣传，让全国家喻户晓。"

媒体宣传很是卖力，可惜全国无人响应，列侯数以百计，没有要求从军平乱的。武帝恼火透了。

恰好要举行酎祭活动，天下列侯奉命进献黄金助祭。

武帝命详加检验，所献黄金，凡重量不足或成色不好的，一律办以"不敬"之罪。因此而被革去爵位，丢进小号的，有一百零六人。

丞相赵周也遭到了指控，"明知列侯所献黄金重量不足，却纵容包庇"，先被逮捕，后赐自杀。

四

话说建立西汉王朝的刘邦，个性傲慢、行止粗野，尤“不喜儒”。

“不喜儒”，这是班固在《汉书》里记载的，班固说，刘邦当政，“诸客冠儒冠来者，辄解其冠，溺其中。与人言，常大骂”。

开会时，刘邦不想往厕所去，让儒生摘掉自视高贵无比的帽子来，撒尿进去，然后让他们端出去倒掉。

但到了武帝时期，出了一个名叫董仲舒的儒生，号称精研周礼和孔丘，发掘出了儒学的宗法等级内核——三纲五常——“君为臣纲”“父为子纲”“夫为妻纲”和“仁、义、礼、智、信”，为朝廷所用了。

“三纲”要求为臣、为子、为妻的必须绝对服从于君、父、夫，同时也要求君、父、夫为臣、子、妻作出表率。

“五常”是用以规范君臣、父子、兄弟、夫妇、朋友等人伦关系的行为准则。

“三纲五常”就是姓董的研究总结出来的“六经要点”，搔痒搔到了正地方——皇权至高无上，朝廷自然起兴趣了。

董仲舒向刘彻谏议“罢黜百家，独尊六经”。

头脑简单的小董，见不得社会上一人一个想法。

他说，春秋大一统是“天地之常经，古今之通谊”，可现在师异道，人异论，百家之言，宗旨各不相同，使统治思想不一致，法制数变，无所适从。

思维僵直的董仲舒，容不得社会上有各种思想流派。

他主张，凡是不在礼乐射御书数之内，不属于孔丘的学说的邪谈怪论，都堵死其兴起的根源，则天下便有明晰一致的准则，人们便知所从了。

这个姓董的，就是要用强权灭息天下言论，让天下人都说一样的话，不要让一个人怀疑儒者之道。

汉武帝之前的西汉政权，没有什么思想和理论，武帝的脾气是“翻手为云、覆手为雨”，武帝的性格是“好大喜功、黩武嗜杀”，但这个以偏执、迷狂、冷酷残忍、喜怒无常著称的皇帝，却清醒地意识到从思想上进一步强化专制主义中央集权制度的迫切需要。

好，董仲舒一叫嚷，他就发诏执行。

统一思想、统一舆论，自此以降，在学术和仕进上，儒学翻身做主——被定为一尊，由它来统一思想、统一舆论，将专制集权推向了登峰造极的地步。

汉的“罢黜百家，独尊六经”，在中国史上渐而成为思想意识形态的一极，个性被灭杀，惟儒学孤独一支。

后世各朝不断对儒学进行涂脂抹粉，使它得以独霸中国两千余年。

儒学大行其道，下层就要大遭其殃，于是，“火山”到处爆发，汉武帝朝下传过六世，儒术也救不了西汉的败落了。

王莽出来收拾烂摊子。但王莽也不知道怎么干才好。

王莽的姑母是汉元帝的皇后，靠这种外戚关系，王莽在元帝时担任了西汉王朝的射声校尉。

其时西汉王朝已经坏了，政治黑暗，百姓遭难，王公贵族贪婪成性，骄奢淫

王莽所铸愈来愈小的钱

伏，朝野都希望有一个道德品行高尚之人出来管理朝政，挽救颓局。

王莽是以一个勤奋好学，为政清廉的公务员形象出现的。平时穿戴如同一个穷书生，却踏实肯干，还多次拿出自己的私人财产资助贫穷的读书人，救济贫民和受灾群众。

王莽曾在一次盛大宴会上数次离席，众人问他，他说是侍奉生病的母亲服药，人们因此又纷纷夸他孝顺。

王莽名声很好，不久便被任命为大司马。

汉平帝即位时，年仅九岁，凡事不懂。七十二岁的元皇后临朝称制，将一切政事都委托给了王莽。王莽权力大增。

王莽大权在握以后，为巩固自己的政治地位，又将自己的女儿许配给汉平帝做了皇后，等于将皇帝捏在了手里。

皇帝赏赐给王莽大量肥沃的土地，他故意辞谢，不肯接受，使他声誉日隆。

公元8年，王莽认为时机成熟，废掉了汉朝皇帝，自立新朝政权。

王莽觉得自己怪厉害，事实上，他替人家坐在了火山口上。

王莽的新朝矛盾四伏。如何解决?

王莽决定实行彻底的改革，来挽救社稷危机。

他下诏废除奴婢，在长安、洛阳、邯郸等大城市设置五均官，平定物价，调剂物资供应，同时强化盐铁官营，一时间弄得非常热闹。

当时各处郡国，豪强兼并土地愈演愈烈，大批大批的农民沦为奴婢。为了彻底解决这个问题，王莽生了个“托古改制”的法子。

王莽颁布了“王田令”，把全国的土地收归国有，恢复井田制，“王田”一律不得买卖。顺便也把煮盐、冶铁、酿酒和铸钱一兜子收归国营。

王莽施行的就是计划经济，商品价格全部由政府说了算。

不惟商品销售，政府做主，税收也是越征越厉害，品种多，比例重。老百姓到山川河泽打柴、打渔和采集野果、野菜等活动，要向政府交纳十分之一的租税，老百姓在荒地间、河沟中挖出了东西，比如乌木什么的，政府都要赶忙去抢走，因为按照他的理论，啥都是公家的。

王莽为了充实国库，聚敛钱财，进行了四次货币改革，每次都以新铸的劣质货币兑换此前质量较高的货币，通货膨胀空前剧烈。

王莽的托古改革，侵犯了地主、商人的利益，这些人就更加起劲地反对他。

反对声浪彼伏此起，王莽为了维持统治，采取了大肆提拔官吏的方法，疯狂增加公务员，封了两千多个公侯。

但是财政困难，公侯们工资很低，日子过得非常紧巴，有些连基本工资也拿不到手，他们便贪赃枉法，利用手中的职能“赚黑钱”。

危机四伏，怨声载道。左改右革，新朝仍然卧在火山口上。

统治者转移百姓视线，有个各朝各代都会使用的恶招：对外发动战争。

公元9年，新朝大募天下囚徒、丁男、兵卒三十余万，分十二路进击匈奴，怎奈军需匮乏，粮草不继，大军只好逡巡边境。

匈奴则兵精马足，纵横冲突，一时间，狼烟四起，警报频传。

没过多久，东边的朝鲜和南方少数民族相继构难。

王莽政权疲于应对，焦头烂额。

王莽分析之后，认为在刘家王朝的老窝上，汉朝遗老多聚于此，有人手中还握有一定权力，政治上尚有相当影响，是自己频遭反对的主要原因，于是多次下诏迁都城于洛阳。

西汉都城长安偏居一隅，远离中原，需要黄河漕运解决京城的物资供应，长途运输劳民伤财。

洛阳地处中国腹地，地形险要，历来兵家必争，战略位置十分重要，以洛阳为都城，可有效地控制全国。

王莽冀望迁都洛阳能改善大局，国内形势却不予等待，西汉末年遗留的各种矛盾一个也没解决，各种新的社会矛盾反而连续激化，很快，在新朝统治区，便次第爆发了轰轰烈烈的赤眉、绿林、铜马等反政府大起义，为镇压起义，迁都洛阳之事便搁置下来。

新市人王匡、王凤公元17年起兵，军卒都将眉毛染成红色，故称赤眉军。

琅琊人樊崇公元18年也聚啸山林，人称绿林军。

为扑灭反抗的火焰，王莽以洛阳为基地，屯积粮食，招兵买马，镇压赤眉、绿林军。

谁知官军打不过反政府军，赤眉军愈战愈勇，很快将势力发展到河南、河北、山东、安徽的广大地区。绿林军势力也一天天壮大。它们将王莽军打得难以应付。

接着，地主子弟刘秀出现在战乱中国的政治舞台上。

在公元初叶的洛阳，刘秀拉开了东汉王朝的大幕。

第四十三章

春陵起兵

一

话说刘家王朝大汉，分为西东两段，中间是王莽插了一扛子，做了个分界。

西汉又称前汉，由刘邦肇端；后汉又称东汉，由刘秀创建。

东汉以洛阳为首都，立国建政计两个世纪。

刘秀，字文叔，南阳郡蔡阳乡人，其故乡在今天的湖北省枣阳市南四十里白水村。白水村南有河，即白水，亦村名之由也。

说起刘秀的身世，非常有意思，他是西汉第四任皇帝、汉景帝刘启的后人。

说的这个刘启，好酒，高兴了喝，郁闷了也喝，有一日喝得过高，太监扶他上床睡觉，他却大发兴致，大叫："召，程姬，来，侍寝。"

太监颠颠地去找程姬，程姬身体不方便，就把侍女唐儿送去蒙事儿。

景帝醉酒中，分不清谁是谁，迷迷糊糊"幸"了唐儿一夜。晨起酒醒，讶然道："寡人也没怎么粗暴啊，怎么一夜工夫，程姬丑成了这样？"

唐儿肚皮好争气，别人久幸不中，她却一幸就鼓起来了。当孩子被抱到汉景帝面前的时候，景帝略加沉吟，说叫个"发"吧。

"发"乃"醒悟"之意，喝酒误事儿啊，往后得醒悟。

刘发长大后被分封为长沙王。刘发传递到五世，得五世孙刘钦，便是刘秀他爹。

公元前6年冬天，刘钦被汉哀帝任命为济阳县令。

济阳系东周时期魏国治下，故址在今天的河南省兰考县境内。

刘钦刚刚到任，夫人樊氏要生产。

济阳衙，屋舍低矮，公案粗陋，屋角蜘蛛结网，是处清冷破旧。

刘钦摇头叹息，对迎候的政府办公室主任说："我要起造府衙，整顿吏治，三五年内定让济阳……"

正说到雄心勃起之处，女仆飞奔来报：夫人肚子疼了。

樊夫人已经给刘钦生了两个女儿和两个儿子，刚到任上，这就要给他添丁送喜，好是好，可客观条件太差呀这里。

虽说带有不少细软，但济阳县穷地辟，它没有妇幼保健中心、没有妇产科大夫、没有宾馆，有钱花不出去啊！

县衙呢，冰锅冷灶，屋舍透风，适值寒冬腊月，叫她如何生产？

济阳政府办主任看出了刘钦的心思，近前建议道："济阳虽是国家级贫困县，但调动一些炭盆还是可以的，在下让人弄十几个炭盆，堆上木柴，燃起火来，再点起几十上百支蜡烛，大人您看这样的效果……"

因陋就简，大火取暖，刘钦也只能同意了。

于是，蜡烛都燃了起来，炭盆很快都搬来了，在大办公室里摆了一圈，架上劈柴，烧起大火。

刘钦站在廊庑下，但见玉树银冠，雪光晶莹，而樊夫人生产的大屋里，噼噼啪啪篝火作响，忽忽闪闪"赤光照壁"。

刘钦参观落雪纷纷的夜空，没多大会儿，婴儿响亮的哭声从里边传出。

侍女满面喜色地跑来报信："恭喜老爷，是位小公子。夫人、公子平安。"

刘钦待要进去探望，大门口忽然传来闹嚷，原来住在附近的吏属百姓，看到光亮加冒烟，以为失了火，拿着水桶瓢盆，争相跑来扑救。

刘钦谢过众人，笑着说："府内添丁，为了照明，点了不少柴薪烛火，惊动了各位高邻，实在对不起。我儿子出生，承蒙各位前来，也是喜上加喜。"

刘钦命取五铢钱分赏各位，不提。

史家班固在《后汉书》中记载了这件事："皇考……初为济阳令，以建平元年十二月甲子夜生光武于县舍，有赤光照室中。"

汉代的干部们以为自己的伟大领袖是"异人"，出生的时候有"赤光"祥瑞，后世也鹦鹉学舌，弄成美妙传说，其实，是那晚上薪柴燃烧的红亮。

却说刘钦抱起儿子看了又看，喜不自胜，用最隆重的太牢之礼犒劳夫人，杀牛、羊、猪，炖汤给夫人喝。

刘钦对新生的儿子寄予厚望，愿他将来长大，取得硕大的收获，像健壮的稻禾，结出饱满的穗食，于是给孩子取名"秀"——结出一颗大穗的意思。

过了许多天，刘钦也总觉"赤光照室，众人救火"有些异处，可异在哪里呢？

刘钦秘密地托付县政府办公室主任，寻访卜者相问。

主任荐来一位算卦成神的老者来卜。

算卦先儿已年过花甲，白胡子飘飘然，像是惯为脑力劳动的。他闭着双目，念念有词，摆弄着龟骨、蓍草，足有一炷香的工夫，才睁开眼睛。

刘钦恭谨地问："先生，小儿卜辞如何？"

老头子点头，摇头，再点头，继而目视左右，又不语了。

刘钦请办公室主任先出去一下，侍女也打发出去了，室内只剩下两人时，算卦师傅这才开口说："爻辞大吉，贵不可言。"

刘钦想让详细地点拨几句，老头故作神秘地说只可意会，不可言传。

婴幼儿长得飞快，转眼间刘秀两岁了。

这年，方士夏贺良纠集一拨吃饱撑，向哀帝上书，陈述汉家运气中衰，当再受命于天，宜改元易号。

于是，汉哀帝下诏改元"太初"，并开恩升任一批地方官，刘钦诏升为南顿令。

刘家随任迁到南顿所在的汝南郡。

南顿，即今天河南项城的南顿镇。在南顿，侄子刘嘉也跟着叔叔刘钦生活。

刘钦给刘縯、刘仲和刘嘉开建了演武场，供他们跑马骑射，刘秀则是小观众。演武场看够了，回家听母亲讲书。

母亲本是南阳郡豪绅樊重的爱女，字曰娴都，性情婉顺，知书达理。刘秀最喜欢听的是后稷的故事，《生民》，后稷生下来时是个肉球，三次被扔，扔不掉，后来里边蹦出个男孩，名字叫弃。弃种植庄稼，发明了五谷。

在汝南，母亲又给刘秀生了个妹妹刘伯姬，母亲照看幼妹时，刘秀就跟着大姐刘黄，听大姐读洛阳书生贾谊的文章。

更多的时候，刘秀在父亲的府衙，静静地注视父亲处理政务，或与父亲相伴，侍弄府衙外的几块园田。

刘秀为亲手埋进土里的种子钻出地面而惊呼，为庄稼苗喝足雨水拔节而大叫，为弯腰的谷穗、红脸的高粱而欢笑。

哥哥刘縯和刘秀的志趣正相反，不喜农桑，好交朋友，为人慷慨，有时为了

刘秀故里的纪念碑

帮朋友解除困难，甚至于把家里的东西拿到外面卖掉换钱给朋友。

刘縯常笑话小弟刘秀，认为他喜好稼禾，长大后无非是为人家帮佣而已。

樊夫人也为刘秀“性勤于稼穑”而忧叹。

刘钦不以为意地说：“顺其自然嘛！儿子大了，自然知道该怎么做。”

时在西汉之末，朝纲混乱不堪，媒体粉饰太平，事实是百姓“衣牛马之衣，食犬豕之食”，苦度光阴。

四野水灾旱灾不断，朝廷为了维持庞大的官僚机器运转，仍然在横征暴敛。

官吏假公济私，贪得无厌，骄奢淫逸。

豪强大姓，扩大庄园，兼并不止。

民间，盗贼四起，杀人掠货。

汉末统治者还不许百姓告状，为了阻止，层层设置关卡“截访”，官吏任意打死上访民众，广大穷人在这种水深火热的悲惨境地中，不时揭竿而起，啸聚山林，威胁统治秩序。

良心大臣把全国的实际情况谏知汉哀帝，哀帝只会求神、拜仙，希望神仙来维护自己的统治。

哀帝恢复前代已废的神祠就达七百多所，有一年竟祭神三万七千多次——真不知他怎么敬的，能敬这么快！但是这一切都是浪费了更多的民脂民膏而已，无济于事。

没办法，哀帝只好撒手西去。

九岁的汉平帝即位，太为幼小，不能掌政，由“安汉公”王莽擅权主事。

南顿令刘钦忧心忡忡，刘縯与刘嘉想方设法为他宽心。

见父亲总难解颐，刘縯便折矢为誓，说："汉朝乃是我刘氏的天下，岂容旁姓居位，小子定以复兴汉室为己任。"

刘嘉也说："伯父养我如同亲生，我必能辅佐哥哥干大事。"

二

汉平帝年龄太小，大司马录尚书事王莽主持政府全面工作。

王莽大封官爵，超量提拔干部，想取得广大地主豪强的支持。

王莽成倍地扩大太学招生规模，冀望得到知识分子和太学生的支持。太学是西汉王朝的官办最高学府，王莽将之扩大到一万多人的规模。

干部队伍和事业单位编制空前庞大，俸禄需求猛涨，只好加重税收，庶民为之叫苦。

王莽想对百姓施行一些宽松的政策，轻徭薄赋，与民休息，实际能做到的却非常微弱。尽管如此，王莽的政策还是一度得到了农民的欢迎。

公元2年，全国发生旱灾和蝗灾，百姓困苦之极，王莽带头缩减自己的伙食费，并捐献出自己的三十顷土地和一百万钱，救济灾民。

在王莽的示范下，有二百三十多个官员和贵族拿出自己的钱财救灾。

王莽还派出很多督导组，到各郡国去催促老百姓捕捉蝗虫，老百姓把捕捉到的蝗虫交给官府，官府按照数量换给老百姓粟米作为酬劳。

王莽规定，全国无灾地区财产不满二万钱的和灾区不满一万钱的贫民免纳租税。因灾死了人的都发给安葬费。死亡六人以上的，每家发给五千钱；死亡四人以上的，每家发给四千钱；死亡两人以上者，每家发给二千钱。

贫穷致乱，王莽便强化司法。

王莽以身作则，他的二儿子王获杀死奴隶，他痛责儿子之后令儿子自杀偿命。

司法严厉，跟社会混乱，不是简单的反比例关系。

失去权势的刘氏一族，自然想翻过烧饼来。纷纷“借乱起兵反莽”，譬如安众侯刘崇，东郡侯刘信。王莽便派兵镇压。

反莽和镇压的结果是战事不断，民众陷入更深的祸殃。

在动荡不安的形势中，南顿令刘钦病逝任所。斯时小儿子刘秀刚刚九岁。

刘縯作为长子，仿佛一夜长大。遵从母亲吩咐，指派吏属封闭府库，接待宾客，为父亲治丧。内务女眷则交由妹妹刘黄掌管。

刘嘉、刘仲、刘秀前后帮衬，阖府虽为悲哀的气氛笼罩，却事有条理，丧而不乱，吏属宾客见此情景都私下相议说：“南顿公其子侄绝非等闲之辈也。”

秋十月，樊夫人带着儿女、族侄及役众，扶着刘钦的灵柩，返归舂陵老家。

刘秀的叔父刘良曾被举孝廉和荐官职，但他厌恶政事，托病辞官，在家隐居，嫂嫂与侄儿扶着兄长的灵柩归来，他哭泣着迎出舂陵，又选择松柏苍郁之地，隆重地安葬了兄长。

刘縯要依从古礼为父守三年之孝。

樊夫人担心旷野风寒，草棚孤寂，不肯答应。

刘縯兄弟涕泣跪拜，樊夫人见儿子们志坚意笃，只好同意了。

刘縯领着弟弟，在刘钦的墓碑旁，背山倚树地搭起一排简陋的茅草房住进去，着素衣、吃素食，虔诚地为父亲守孝。

宗人刘稷自愿前来服侍他们的生活起居。

刘良担心日子长了，子侄们耐不住寂寞，不务正业，坏了宗族名声，就安排一帮宗室子弟轮班来往墓地陪伴，并不间断地向他汇报动态。

刘氏兄弟们凑到了一起，在墓前旷野草地上，旋马习武，苦练不止。夜晚围于灯下，碰头读书，切磋文章。

刘良按时应节地前来祭奠，见子侄们走正道，放了心。

在众位宗室子侄中，刘良最喜欢小侄儿刘秀。

刘秀也佩刀跨马，练习弓箭，但刘縯没有新招式发布时，刘秀就到山后，操起耒耜，开荒种菜。

刘縯斥责，甚至动手教训刘秀，让他弃菜习武。

可刘秀扬起头，有自己的道理：“我这也是练臂力呀!”

不过，刘秀夜晚读书劲头很大，每当夜幕降临，烛火燃起，他总是早早地捧起竹简帛书，待到哥哥们围过来，他已背会一篇啦。

兄弟们每日夜晚团坐在一起，诵经典、看兵书、谈修身治国、摆龙门战阵，你言我语，十分热烈。

刘秀年纪最小，谈吐却十分清楚，时有惊人见解。

公元7年春天，南顿令墓前的子侄们结束了三年孝期。

刘縯要带着刘稷，与刘仲、刘嘉一起赴京师寻觅机会，跪拜叔父刘良说：“侄儿此去，不得功名，绝不回来。小弟留在家中，万望叔父加意抚训。”

刘良扶起刘缜，满口应诺，交代道："目今世道仓惶，万望你等小心。"

樊夫人自刘钦去世后，悲哀发病，久而不愈，由刘黄代替母亲掌管家事。

作为长姐，刘黄格外疼爱小弟刘秀，缝纫浆洗，必使干净利落。

刘秀有夜间看书的习惯，怕弟弟腹饿疲倦，刘黄总是变着花样煮调羹、做宵食，寒暑无易。

光阴荏苒，说话就到了中秋。明月似玉盘悬挂夜空，刘黄带着弟弟妹妹，在花园里陪母亲赏月。

樊夫人见儿女承欢膝前，很是高兴。高兴之际忧虑求取功名的刘缜不知如何。

想刘缜，刘缜就回来了。

刘缜和宗人刘稷衣衫褴褛地出现在面前，樊夫人惊讶地站起来问："缜儿，你们带去那么多钱币，怎会穷困到这种地步？仲儿呢？嘉侄呢？他们没回来吗？"

刘黄望着刘缜的潦倒模样，也颤声问道："哥哥，求到了功名吗？怎么如此狼狈？"

刘缜唏嘘着，慢慢道出了事情的原委。

刘缜一行到京师后进了太学，努力读书，考核优秀，只等"卖于帝王家"了，哪想安汉公王莽一着急，废掉了四岁的幼帝——孺子刘婴，自己干开了。定国号曰"新"。王莽罢了金刀、错刀、五铢钱，刘缜携带去的钱币，有的贬值，有的作废，四人说穷就穷了。

接着，到处的刘姓郡国起兵反莽，王莽镇压后唯恐刘姓余波再起，干脆收缴了他们的公章，一天里，二百一十三个诸侯王及列侯被撤职，沦为普通百姓。

刘缜因在公众场合斥责王莽大逆不道，招来横祸，被武警捉拿。潜逃中与刘嘉走散。

说到悲痛处，刘縯捶胸顿足，连连大呼："鼠辈窃我刘家天下，横行无忌，岂能容忍？我一定要奉行大义，恢复帝业！"

樊夫人赶紧拉住儿子，好言相劝。她恐刘縯莽撞行事，得罪新朝，就张罗着给儿子定亲、成家。

没多久，大女儿刘黄和二女儿刘元也相继出嫁了。

儿子们一个个长大，樊夫人稍得安心。

及冠之年的刘秀，已长得一表人才。史家夸奖他"身长七尺三寸，美须眉，大口，隆准，目角"。只是性勤稼穑，早晚不辍于垄亩。

刘縯娶了娇妻小潘，虽然日子温暖，但他胸怀"光复社稷之志，不事家人居业，倾身破产，好侠美士，交结天下雄俊"。见弟弟刘秀老在庄稼趟子里徜徉，忧心如焚。

思索多日，刘縯得了个好主意。

当刘秀锄草时，刘縯率领一拨宾客侠士与宗室兄弟呼啦啦地围了来，指着刘秀，问众人道："我小弟好锄地，基本上能饱一个人的肚子，大家说，他比高祖他哥刘仲不差吧？"

众人听到刘縯的比方，哗然大笑。

笑声未落，刘縯又说："说是这么说，我小弟人很好耶。诸位中将来有成大事者，一定要提携小弟啊。"

众人七嘴八舌，但刘秀还是从这派言语中听出了嘲讽之意，脸涨得通红。

刘秀辍锄沉思，顿然醒悟：目今天下方乱，稼穑岂是人生之计！于是踏

邓禹

禾弃锄，愤然变色道："大丈夫生长天地间，你们建功立业，想让我埋没田垄，没门儿！"

"哈哈哈！"刘縯、刘秀与众人皆大欢喜。

刘秀决定赴长安求学。刘縯特别高兴，亲自为刘秀打点行装。

刘秀跟二姐夫邓晨很谈得来，去二姐家话别时结识了姐夫的朋友邓禹。

邓禹年龄比刘秀小半岁，却也能诵诗书，论文章，两人很谈得来，遂结伴同行。

三

却道刘秀的家庭，本身大地主成分，在荒乱世界，仍有很多金钱，刘秀与邓禹，盘缠足足，一路上游览名胜，把酒放怀，不知不觉，到了京都。

王莽把刘家打了下去，正扬言建设"新"朝的和谐社会呢，表面上的歌舞升平还是有的。

刘秀和邓禹走了国师刘歆的门子进入太学。

太学好大了，里面闹哄哄全是"官二代"。据说天下文章都弄到了太学之中，《诗》《书》《礼》《乐》《尚书》，不用说了，连图谶学院都开设了好多专业方向。

刘秀和邓禹的宿舍里还有两个哥们儿，一个叫强华，名字起得怪厉害，其实专修神神道道的谶纬之术，一个叫严光，爱读《春秋左氏传》。

四人同住一舍，很是投合，白天念文章之乎者也，晚上卧谈会吹牛放炮。

太学生活丰富多彩，习书之外，富家子弟们的课余生活，是投壶、六博、蹴

少女阴丽华

鞠，当然也可以弈棋、书画。

而刘秀，但有闲暇，喜欢在庭院深深，花木错落的学宫中散步。

他们也到京师的大街上去游玩，一日正游玩间忽被执戟卫士驱逐到一侧，原来是公安局长“执金吾”过来了。

那执金吾坐在马上，由喽啰们簇拥着，耀武扬威。

刘秀不仅脱口道：“这才叫气派啊！将来做官就要做个执金吾。”

公元18年，王莽的新朝也五岁了，刘秀参加殿试，要“仕宦”了，才知道王莽不喜欢姓刘的做官，无奈只得辗转东归。

刘秀先到了二姐刘元家所在的新野，见了姐夫邓晨，诉说满腹牢骚。

邓晨以话宽慰一番，说刘秀：“明日三月三，春季狂欢节，我领你散散心去。”

翌日，风和日丽，民俗集会。水边草地景色旖旎，男男女女，人山人海。

刘秀衣着簇新，跟着邓晨，置身于欢乐的人群中。毕竟受过高等教育，在明媚的春光中，刘秀显得超群脱俗。

河边茸茸的绿草地上，一位妙龄少女拿着团扇，正与两个垂髫小丫捕捉彩蝶，举止好似弱柳扶风，美丽的倩影煞是动人。

刘秀凝神注目，敛声屏气。

邓晨笑道：“那是阴府小姐阴丽华，有名的美人啦。”

“太养眼了！”刘秀说，“今生不娶则罢，娶妻当得阴丽华。”

邓晨说：“求聘者不少，阴府不招白丁为婿。秀弟怀揣当今最高学位证书，应该有戏。”

刘秀问：“姐夫你能让我快快结识阴小姐吗？”

邓晨说："这有何难，我常去阴府，与小姐的哥哥很熟的，就是小姐本人，也照过面。现在就不妨招呼她一下。"

刘秀与邓晨走近时，惊扰了阴丽华。她停止了捕蝶，惊异地抬头望着。

邓晨把刘秀向他作了一番介绍，借故走开，小丫头也识趣地到一边去玩。

阴丽华面对着比自己年长九岁的刘秀，默默无语。刘秀，像对待知心好友一样，坦诚地向她敞开了心扉，讲说自己的经历和志向。

看到阴丽华美目转盼，刘秀知道已经有戏了。

夕阳西下，倦鸟归林，游人成群地踏上回家的路，刘秀不失时机地解下自己的玉佩，赠给阴丽华，阴丽华则拔下自己发髻上的金钗，回赠刘秀。

邓晨在远处故意高声与小丫头说话，以示催促，刘秀和阴丽华才恋恋不舍地分手。

停了几天，刘秀跟着姐夫邓晨去拜访当时的名士蔡少公，

蔡家宾朋满堂，正在热烈地议论国事，刘秀和邓晨坐在众人的最后，听他们谈论。

蔡少公是个图谶先生，就是利用一些蛛丝马迹进行所谓"预测"的神职人员，在一番高谈阔论之后，他发布了近日来研究图谶的心得："将来呀，刘秀当为天子。"

座中有人问道："莫非是当今国师刘秀吗？"

国师刘秀是王莽手下的宠臣，原名刘歆，也是刘氏子孙，却替王莽摇旗呐喊，深得王莽赏识，王莽作了皇帝之后，封之为国师，故而有人发此一问。

座中惟有刘秀是认识刘歆的，刘秀几年前到京师，先去拜访了刘歆，请刘歆

推荐他和邓禹去太学报到。

刘秀因此知道刘歆无非一介糟儒而已，于是，按捺不住沸腾热血，站起来大声说："怎么不见得就是我呢？"

满堂宾客闻言，循声瞧去，见是唇须未浓的一个小子，邓晨带来的妻弟小舅子，禁不住哄堂大笑。

蔡少公的宾客们懂得什么呀，全是吃才！

刘秀面对哄笑，并不争辩，拉起邓晨扬头而去。

从此，蔡少公的神秘谶语却在刘秀的心里深深地扎了根并鼓舞着他向最高统治者的目标前进。

没多久，刘秀回到舂陵老家，重操耒耜，躬耕垄亩，静观时局，等待机会。

话说做了朝廷的王莽，是个拍脑袋出诏书的主儿，他采取了一系列想当然的所谓"朝政"，譬如没收官吏家财五分之四充公，允许下属告发长官，允许奴婢告发主人等，企图以打击豪强的办法来收拢民心。

但是，王莽新任命的官吏们，由于国家财政紧张，都拿不到俸禄，老王只好任令他们上任之后，搜刮致富。

这一年，天下发生饥荒，尤其是荆州地区，灾情更重，饥民最初还可到野地掘草根度日，但是很快连草根都罗掘殆尽，民不聊生了。

官家毋顾灾荒，"税山泽，妨夺民之利，连年久旱，百姓饥穷，故为'盗贼'"。

为了麻醉百姓，王莽着媒体拼命宣传未灾地区的"大丰收"，有的亩产竟超过十万斤。

王莽号召："忙时吃干，闲时吃稀，不忙不闲时半干半稀，胜利度过困难时期。"

实际情况是，百姓饿死很多，没饿死的也饿成了浮肿病，走路东倒西歪。

王莽发了个诏书，说伟大的王朝已经跨进低标准时代了。低标准时代有低标准时代的措施。用瓜和菜代替粮食，叫做瓜菜代；把风干的红薯秧、玉米芯、杂树叶等混合起来捣碎食用，叫复合面；把木头煮成乳酪状的糊糊，叫植物粥。

媒体哄老百姓说，瓜、菜、复合面、植物粥，含有各种各样的营养。

营养无济于事啊。人们的身体浮肿起来，好像发面。举手挪臂、抬脚动步十分缓慢。眼珠却像贼一样活灵灵地到处旋转，四下寻找可以咬得动的物件。

人们发现咬得动的物件，管它消化得了消化不了，拿起朝嘴里送。

人的消化力有限，有人不知偷偷吃了什么，肚子痛得呜呜哭。

饿极了，饿疯了，只要听说哪里有招兵"吃粮"的，就去。

招兵者的粮食哪里来？富人赞助，抢劫官仓，反正你别发愁，参军入伍，就有饭吃。

公元17年，"南方饥馑，人庶群入野泽，掘凫茈而食之，更相侵夺。新市人王匡、王凤为平理诤讼，遂推为渠帅，众数百人。于是诸亡命马武、王常、成丹等往从之"，旬间发展到七八千人，号为绿林军。

公元18年，琅邪人樊崇"因困穷为盗"，聚众百人，在莒县起义，时逢青、徐两州大饥，当地饥民纷起归附，"一岁间至万余人"。樊崇令军士把眉毛都染成红色，便于作战时识别，称为赤眉军。

另外在幽州、冀州一带，还活跃着一支“铜马军”。

后来绿林山发生瘟疫，绿林军只好分成好几路离开绿林山，其中王匡、王凤一路进入了刘秀的家乡南阳郡白水一带。

刘秀有天在宛城卖稻谷，遇到了朋友李通和他的堂弟李轶，李通告诉刘秀，现在天下大乱，正是起事的时候，希望他能抓住时机。

刘秀早有起事之意，一拍即合，约定李通等人在宛城作内应，刘秀回春陵募兵，然后率军前来，到时里应外合，一举占领宛城。

刘秀回家后，把与李通的约定告诉了大哥刘縯。

刘縯自然没有不答应的道理。

后来，刘秀又与李通就大事商议多次，其中有次刘秀前往李府，跟李通握手时袖中所藏利器落地，砰然有声。

李通问：“文叔何以如此？”

刘秀回答道：“仓促间以备不测。”

一个问的直白，一个答得坦然，自此更加以诚相待。

刘縯召集旧日结交，大约有一百多人，对他们说：“王莽篡夺我刘氏皇室，搞至天下分崩离析，民众怨恨，而今枯旱连年，兵革并起，这是老天要灭亡王莽，现在正是我们起事恢复大汉的好时机！”

朋友都拍手赞成。

刘縯于是分遣亲朋四出，招募部队，购置军械。

同宗子弟听说刘縯要起事，都说：“伯升这人是个莽撞鬼，拉我们入伙，怕是送死的多啊！”

刘秀不失时机地站了出来，披着深红色的大氅，戴着高大的帽子，身佩宝剑，威风凛凛，宗室子弟惊异道："向来稳重的文叔也参与了，我们不要怀疑了，也不要害怕了！"遂纷纷应征入伍。

南阳郡的新朝官吏，仗恃欺凌削职为庶人的汉朝宗室，变本加厉，刘秀的族兄、刘玄的胞弟无故被乡政府打杀，刘玄流泪哭泣，求告刘縯。

刘縯说："哭有什么用？挺起腰板去报仇。我手下有的是勇武之人。"

刘秀道："莽撞行事，有害无益。与其结客报仇，不如聚会公开处置，就此宣布起事！"

刘玄按着刘秀的建议，拿出好酒，遍邀尊长会宴，也请来乡长。

酒至酣处，宾客高歌："今日请客，烹了两个混蛋都尉，乡长迟到，正好剁碎做成调味。"

乡长大怒，掀翻案儿，扰闹宴会。

刘縯挺身擒住乡长，刘秀历数其害民之罪，刘玄顺出尖刀宰掉了他。

南阳郡大族敬服刘氏兄弟的胆量，争相前来结识，刘縯、刘秀随即率宗族宾客子弟七八千人起事。

这天，刘縯筑台祭天，宣告起兵，宗室子弟交头接耳，声如鼎沸，东张西望，惴惴不安。一会儿，见刘秀腰佩宝剑走过来，方才安静。

孰知宛城李通家族，策划响应春陵义军时，行事疏漏，新朝官方知其谋反，大批捕快，围住李府。李通弃家外逃，遁入下江兵中，李轶也仓惶出奔，李氏眷属宗族，尽数被捕。

宛城军区头目甄阜、梁丘赐为邀大功，加意渲染，使成特大案件，派亲信驿站换马，急报朝廷。

王莽读了羽书，暴跳如雷，立时扩大肃反，将李家上至京师、下到宛城，在各级政府任职的，一概满门抄斩。

宛城李氏门宗六十四户全部遭诛，连嗷嗷待哺的婴儿也未幸免。

刘秀获知李家惨烈就死之状，惊异痛苦不迭，牙齿咬得格格作响。

甄阜、梁丘赐的暴行，激怒了刘縯、刘秀的“春陵兵”，他们与绿林军相接应，反莽的烈火在这一带土地上越燃越烈。

看到各路义军，火势燎原，王莽火速组织军队到处平乱。

王莽派太师王匡、更始将军廉丹，纠集十多万人马，镇压赤眉军，沿途掠夺，给百姓带来更为深重的灾难。

老百姓说：“宁逢赤眉，莫逢太师；太师尚可，更始杀我。”

如此失尽民心的军队，吃败仗几乎是定数了。果然，赤眉军以逸待劳，大败新朝军队，杀死数千人，尽获其辎重。

在征讨赤眉军的同时，王莽诏令荆州牧调发两万军队扫荡绿林山。王匡率绿林军迎击，大胜。荆州牧狼狈逃奔，绿林军奋勇追杀。

为免新朝军队再度镇压，刘縯派刘秀星夜驰往随州、郢州，联络绿林军其他纵队。

族兄刘玄早就参加了平林纵队，刘秀先见过刘玄，通过刘玄见到平林纵队队首陈牧，又见到新市纵队队首王凤。

刘秀高屋建瓴地分析局势，陈述利弊，说动两支义军，合兵春陵纵队，向西开辟根据地。

四

却说春陵纵队，购买戈矛弓箭、备办粮草辎重，整装待发。

侍女帮樊老夫人换装欲行。老妇人疑惑了，春陵住得好好的，搬什么家呀？

当她知道刘缜、刘秀兄弟聚宗族子弟已经造反，又听说宛城李氏一门惨死，惊急交加，忽然发病。

樊老夫人在丈夫去世后，抚儿育女十九年，眼见儿女自立，总算对得起早逝的丈夫，只愿老死春陵，伴丈夫长眠。谁知天下纷乱，孩子们起兵，要流离他处，也许不知所终，心神极是不安，挨延半日，便永远地闭上了双眼。

刘缜、刘秀兄弟俩，跪在母亲的遗体前，悲痛欲绝。

春陵纵队，是进是散，七八千子弟兵的目光，齐刷刷地望着队首。

刘缜身为长子，不亲临丧事，就是不孝。可大事初举，第一次与新市纵队、平林纵队合作，中途变卦，信义何在？

刘缜望着刘秀，不觉踌躇。

刘秀一抹眼泪道："大行不顾细节，此去若能旗开得胜，复兴我刘氏祖业，再起高庙，父母在九泉之下也会理解我们的。"

刘缜点头称是，委托舅舅樊家宗人主办丧事，然后挥动令旗，率兵西进。

突然间凭空出现一支大部队，步卒不少，马匹奇缺。

刘秀牵着一头大黄牛，带领部队走出春陵。

这头大黄牛，腿粗体健，春天播种犁地，秋天拉车载运，为刘秀在春陵的稼稿出过大力。

到了汉代的这时候，牛再也不能整日在草地上休息和无所事事地转悠了，他们被套上辔头，压上轭棍，劳作，中国牛自此再也“牛”不了啦。

中原几乎没有马匹，少数马匹，是由西北游牧地区商贩而来，战事频仍，官军早就把民间的马匹强征干净，春陵纵队副纵队长没有马，在军中玩牛，引得宗室子弟笑闹不休。

“三哥，大黄牛慢腾腾是出了名的，还能冲锋陷阵呀？”

“文叔牵牛，自有妙用，打仗得了财物，可以让它驮着嘛。”

“胡扯吧！”刘秀正色道：“从前西伯姬昌打天下就是骑牛的。老子李耳也骑牛的，名载史册。我上阵冲锋，必当骑牛换马。倘若获得什么浮财细软，我分文不取，都是你们的好吧！”

新市纵队、平林纵队和春陵纵队，组成强大的联军，擂响战鼓，呐喊着向小城新野方向进军。

新野尉骑一匹青骊马，率领官军，摆开阵势，迎住厮杀。

新野尉的神骏坐骑厉害极了，一柄长戈尤使的十分圆熟，马踏戈挑，杀死不少春陵兵。

不怕死的春陵兵前仆后继，冲上去，倒下去，渐渐地，看到场面惨烈的春陵兵不敢冲了，只是远远围着叫骂。

起兵后的第一仗，陷入危急形势。

刘秀大叫一声，手中翻转大刀，用刀背猛捶黄牛，驱赶黄牛坐骑朝新野尉冲杀。

黄牛平日像刘秀家的一口人，爱惜有加，何曾受过这般苦痛。但它似乎明白了主人的心意，牛脾气上来，瞪着血红的眼睛，发疯般地冲向新野尉。

新野尉临阵经验丰富，却没见过老牛发疯，正在惊悸之际，刘秀已经冲过来，举起大刀，拦腰劈砍，新野尉没顾上哼一声，便作两段于马下。

刘秀脚蹬牛肋，大刀点地，借着牛前冲的惯力，飞身跳起，眨眼间已经利索地飘落到青骊马的背上。

新野尉被斩杀，舂陵军乘势占据了长聚乡和唐子乡。

长聚和唐子两乡，为王莽新朝南阳郡的重要门户，屯放着大量的军需财物。舂陵军夺到了手，后勤供给有了保障，要进攻南阳郡府——宛城了。

攻取宛城，站稳脚跟，便有望驱兵大举西进。

现在，刘縯的军队与宛城之间，尚有湖阳、棘阳、淯阳三个据点。

在刘秀操持下，他们公开打起"汉军"旗号，短暂休整后，向湖阳进发。

新朝宛城军区司令员甄阜、梁丘赐看到汉军锋芒犀利，直逼宛城，恐守备难支，急急上书王莽，请求援军。

王莽看到羽报，知刘縯、刘秀兄弟起兵舂陵，震怒异常，遂令严尤、陈茂率兵十万火速进发，并通知甄阜、梁丘赐出城迎战，前后夹击，灭掉刘縯、刘秀的叛乱军队。

军事部署已毕，王莽立即又发出通缉令，悬出封邑五万户、赐金万斤、位居上公的重赏，要取刘縯、刘秀兄弟的脑袋。

却说刘縯的汉军，行进中，刘稷向刘縯请命道："趁现在湖阳信息闭塞，我可诈称江夏使者，赚开城门，夺取湖阳。"

刘缜说："好，你能就此得到湖阳，便是首功一件。"

刘稷化装后带领尖刀营去赚湖阳，果然马到成功，杀了湖阳尉，捉了湖阳令。汉军未费刀兵，进驻湖阳，缴获了大量珍宝金银。

新市纵队的士兵们来自贫穷边区，平林纵队的士兵也大多出身寒苦，故而他们每克一地，便要揣金子、藏宝器，各拿所好，饱其私囊。

进驻湖阳后，春陵纵队认为刘氏宗人刘稷功劳最大，财物理应多分。

为夺一箱赤色足金，几个纵队发生了激烈的内讧，对打起来。

刘秀得报大惊，飞快赶到出事地点，挨个儿扶起倒地的新市兵、平林兵，好言安慰，然后训斥宗室子弟："王莽篡汉，夺了我们刘家天下，抢去多少金银珠宝，你们怎么不去争？你们与并肩作战的贫困兄弟相争，扪心问问，光彩吗！对得起祖宗吗！"

宗室子弟羞愧了，不仅放弃了争夺，还拿出各自所收集的财物送给新市兵、平林兵。

刘秀的处理，大出新市兵、平林兵将士意料，他们欢呼雀跃，皆称刘秀敦厚大度，情愿出生入死，杀敌立功。

随后，棘阳很快被汉军攻下，避居棘阳附近的邓晨带着妻女与所募的兵卒，前来与刘缜、刘秀兄弟相会，而逃过宛城大难的李轶，也带着百名壮士来归。

汉军攻城拔寨，又不断增添新生力量，队伍快速壮大。

刘缜决定全力以赴，倾营而出。

汉军大队在前，眷属在后，高擎旌旗，急逼宛城。

第四十四章

昆阳告急

一

公元22年十二月，刘縯、刘秀的汉军，怀着必胜的信念，开向宛城。

在汉军前方，新朝南阳军区甄阜、梁丘赐催发十万新军，押运着辎重粮草，离开宛城，扑向棘阳。

在汉军后方，王莽所遣纳言将军严尤、宗秩将军陈茂的十万新军，朝着宛城，匆匆赶路。

义军与两股新军之间的距离在渐渐缩短，渐渐缩短。很快，在淯阳境内，遭遇。

新军阵势宽阔，刀戟林立，南阳军区司令甄阜端坐马上，鞭指刘縯大骂叛贼："快快下马受缚，或可免死！"

刘縯横槊回骂甄阜："王莽鹰犬，杀人灭族，连婴儿都不肯放过，千刀万剐，也难解恨！"

被骂得怒火中烧的甄阜传令擂鼓，挥军掩杀。

双方鼓噪呐喊，戈矛交错，杀得难分难解。

甄阜挥旗，步卒闪开，新军骑兵冲出大阵接战，刘家汉军几乎没有马匹，全是地奔儿，支撑不住阵势，很快溃散。

兵败如山倒，刘縯被败兵裹挟，勒不住马，后面的眷属禁不住冲击，老幼哭嚎，逃命不得。

刘秀骑着青骊马，慌不择路，正乱窜间，蓦然看到妹妹刘伯姬摔倒路旁，赶忙弯腰伸出右手，拽伯姬上马奔逃。

刘秀与伯姬行没多远，又与二姐刘元相遇。

刘元发髻散乱，神情狼狈，扯着啼哭的女儿，气喘吁吁地挪动着沉重的脚步，跟着一群人在逃命。

刘秀唤二姐快上马，刘元瞧见弟弟与妹妹共骑一匹马，马又不是大象，岂能再加两个人，遂断然拒绝道："你们快走，不要顾我，免得大家一块儿送命！"

刘秀勒住缰绳，急头怪脑地思谋救上二姐一同奔逃，震天动地的喊杀声早已压过来了，刘元捡起木棍，猛捶马的屁股，青骊负痛奔窜……

刘縯收集残兵退守棘阳，一点名儿，人员死伤太半，想看看辎重，全没有了，损失极为惨重。

刘秀向刘縯述及刘元、刘仲以及婶母、甥女陷入敌阵的惨况，声泪俱下："完了，完了，他们恐怕难以生还了。"

宗族义重，手足情深，刘縯禁不住涕泪交流。

这时候，新市纵队队首王匡、王凤、朱鲔和平林纵队队首陈牧、廖湛等人也逃到棘阳来了，见过刘縯，惊慌建议道："棘阳薄弱，难以抵御甄阜、梁丘赐大兵，新军正在朝棘阳扑来。趁着他们没有合围，我们弃城先走，或可保全性命。"

战事确实危急，然新市纵队和平林纵队一旦撤走，春陵汉军必将彻底毁灭。

刘縯忍着眼泪劝解道："胜败乃兵家常事，诸位请稍安毋躁，容我兄弟计议。"

刘秀也说："请将军们到营寨安歇，过个一时片刻，必有良策。"

甄阜、梁丘赐乘胜部署精兵，还于背后断桥塞路，以示全歼汉军的决心。

面对严重局势，刘縯、刘秀苦无兵力，苦无外援，苦无计策。

棘阳守不住，却又无退处啊。

惶惑犹豫之间，有一人一骑直冲过来。

来人翻身下马，朗声道："下江纵队已到宜秋，何不前去求援？"

刘秀急步前迎来人："啊呀原来是李兄，想煞小弟了。李兄一来，棘阳可保，大仇可报。"

刘秀兴奋地向刘縯介绍："这便是宛城李通，李轶的族兄。"

刘縯起身让座，顾不上寒暄，立马切入正题："李氏宗族遭难，伯升难辞其咎。此仇不报，忝为男儿。但不知李兄怎与下江兵相识？"

李通说："甄阜、梁丘赐、新朝王莽，与我有不共戴天之仇。通未曾起事，家属先亡，亡命在外，闻听下江纵队队首王常有美名，便去投奔了。

"下江纵队虽曾被严尤、陈茂击破，但王常收容散卒，连克永阳、随州，复振军威。而今移师北上，暂驻宜秋，正想打仗呢。"

刘縯说："我部困守棘阳，无计可施，若得与下江纵队合兵，杀甄阜、破严尤不难啊。"

李通说："请与我速去宜秋军营吧，同见下江队首，谋划大计。"

刘縯大喜，立即与刘秀、李通驱马前往下江纵队驻地，见到队首王常。

两下叙谈，分析战局，各生敬慕，加之李通从旁撺掇，王常对合兵表示赞成。

王常说："王莽残虐天下，致使豪杰并起。今见二位刘氏将领，远见卓识，诚愿为用，辅成大功。"跟着你们干啦！

刘縯笑着回道："如君所言，事必能成。将来夺得天下，我刘氏兄弟岂敢独享？”

双方订立了攻守进退协约，王常送刘缜与刘秀、李通告辞而去，回头跟副手成丹、张印讲述会谈经过。

副手们觉得王常缺乏道理：“大丈夫起事，谁势大，谁为主，屈尊跟从刘氏小部队，毫无道理嘛！”

“此言差矣。”王常道，“成帝、哀帝，衰微无嗣，王莽乘隙篡位，既有天下，但政令苛酷，积失民心，我等因此得起。夫欲建大功，必当上合天意，下顺民心。若一味负强恃勇，恣情妄为，虽得天下，亦可失掉。

“秦始皇帝，霸王项羽，何等威武，尚致覆灭。何况我等布衣，草泽相聚？观其南阳诸刘，远虑大计，非我辈所及也。与英雄豪杰并合，此天助我等，时机不可错过。”

老王这人确实谦虚。列位将领听了王常一席话，心悦诚服，当即引兵，前往棘阳。

棘阳城内，刘家已经设起灵堂，刘良老泪纵横，哭亡妻，哭儿子，哭侄子刘仲、侄女刘元及三个外孙女，哭死于乱军中的众多宗室子弟及将士们。

刘秀劝起叔父，对纵队各位副首言道：“事已至此，别无选择，只有化悲痛为力量，继续革命，才能求得生路。”

说话时，下江纵队前来汇合了，一时间棘阳满街筒子都成了军队。

人多势大，军心振奋，人人摩拳擦掌，专待跟甄阜、梁丘赐厮杀。

刘缜命令杀猪宰牛，大排酒宴，犒劳将士。然后把新市纵队、平林纵队、下江纵队和春陵纵队混合，分为汉兵六部，各部熟悉新编制，暂作休整。

二

大年除夕来临了，刘缜召集诸位指挥员紧急议事，商量利用年节机会打败甄阜、梁丘赐。

刘秀说："敌方精兵近十万之众，我军不及其五分之一。正面交锋，难能取胜。甄阜、梁丘赐眼睛盯着棘阳，其蓝乡后营必然空虚。他们刚刚打了胜仗，又在喝酒过年，料也无备。我们不如釜底抽薪，绕道奇袭蓝乡，夺其辎重。既补充了我军粮草损失，又可动摇新军军心。"

众将官听了刘秀的策略，均点头赞成，都说："妙计。"

刘缜说，方才得报，新野尉奉甄阜之命，焚烧邓晨家园，只有邓晨和刘元的儿子邓泛死里逃生，"甄阜、梁丘赐可恶至此，我等必决死战，以报血海深仇。文叔你守住棘阳，我自带兵，踏平蓝乡。"

刘缜折断一支羽箭，发了誓愿，率领兵马，趁着夜色掩护，杀奔蓝乡。

刘秀下令紧闭棘阳四门。为了麻痹对面的新军，在城墙上点起无数灯笼火把，又让士兵轮流守夜，不间断地在城墙上走来走去。

已经背水扎下大营的甄阜、梁丘赐，遥望棘阳灯火红亮，人影恍惚，果然以为刘氏兄弟胆怯，连年也不敢放心过，全都上城墙巡逻了，遂放下心来，设宴对酌，观舞作乐，专待明日攻破棘阳，灭掉刘缜、刘秀，尽享上公之赏。

蓝乡的新军后勤部队，位居后方，到了除夕，更要搬出酒肉，大吃大喝了，酒足饭饱，枕戈睡觉。

神不知鬼不觉间，刘縯所遣尖兵班杀死蓝乡岗哨，劈开栅栏，各部兵马蜂拥闯进营中。

新军多在酩酊之中，有的不知不觉掉了脑袋，有的惊醒爬起，茫然不知所措。

除了走脱几个前半夜没喝上酒的巡哨，其余醉醺醺的新军兵士全都做了俘虏，被汉军栓成了串子。

得胜的汉军，车拉马驮人扛，赶在天亮前把蓝乡所有的辎重粮草，悉数运回了棘阳。

正月初一早晨，红日喷薄升起，满载而归的汉军，把夺来的粮草辎重堆在街上，激起棘阳城内空前的士气，人人都在写请战书。

刘秀对刘縯说：“是时候了。直取甄阜、梁丘赐，必获全胜。”

刘縯命六部将士们开怀饱餐，预备出发！

新军大帐的锦衾里，甄阜、梁丘赐睡得正香，猛然被属下报告声惊醒，得知蓝乡失败，慌忙爬起来。

新军将士皆也听说昨晚汉军劫去全部辎重，人心浮动，惶然无措，说：“这还怎么打仗啊，吃食都没有了！”

甄阜和梁丘赐惊慌间拿不准主意，是进是退，争论不休。

新军大营之外，刘縯把他的六部兵马分为左右两翼，正在包抄合围，战鼓轰鸣，号角四起。

汉军下江纵队勇猛冲杀，当先突破新军大营。

新军不战自乱，弃戈逃窜。

甄阜和梁丘赐见大军溃败，随着残兵败将调头逃走。逃至水边，木桥早被自已拆断，又没准备渡船，薄冰承受不了兵马，七裂八碎，人马落入冰水之中，溺死无算。

刘縯挥军冲杀，刘秀带生力军增援又至，汉兵如猛虎添翼，一会儿就把甄阜和梁丘赐的头割了。

刘縯和刘秀指挥有方，反败为胜，一扫悲哀抑怨之气，更立慷慨争雄之志。

春陵、新市、平林、下江，几个纵队，兵马合在一处，亟需一位能够统一发令、统一部署的大帅之才。

下江、新市、平林三个纵队是原先的绿林军，心比较齐，他们举荐王常作总首领。

王常推辞道："老王人微才浅，不足以当大事。论出身，我不如刘氏兄弟尊贵；论作战，我不如刘氏兄弟会用兵；论读书，我不如刘氏兄弟悟性高。况且，这次大败甄阜、梁丘赐，又是刘氏兄弟的谋略。我们都支持刘氏兄弟吧。"

众人想想，王常说的有道理，都同意接受刘縯的统辖。

没有规矩不成方圆。刘縯颁布了"行军不骚扰地方、洗澡避女人，杀人者死、伤人者刑、私自斗殴者受鞭笞"等三大纪律八项注意，约束六部兵马。

汉军在棘阳休整，修理戈矛，缝制甲衣，准备取下宛城。

按照刘秀的策划，取下宛城，北进西击，指日便可复兴汉朝。

部队休整期间，主要任务是养精蓄锐，相对清闲。

刘秀建议说："李通与我相约举事，眷属因我刘氏而亡，甚为壮烈，李通也是将佐之才，把伯姬许配给他，一来伯姬有主，二来郎舅之亲，更为可靠。"

刘縯十分赞同，就让刘秀去征询小妹伯姬的意见。

刘家三姊妹，刘黄躲避缉捕，不知飘落何处，刘元死于乱兵之中，只有待字闺中的小妹刘伯姬随军。

伯姬说："母亲丧期不久，又在戎马倥偬之间，怎好说出嫁的事呢！"

刘秀道："非常时期行非常之事。李通仪表堂堂，文武全才，曾为新朝五威将军副将，弃官不做，与我共图大事。嫁人，就要嫁这样顶天立的汉子。"

伯姬低了头，红了脸，忽然扬头问："三哥，你已经二十九岁了，为什么还不娶妻？什么时候我才可以看到新嫂嫂？"

刘秀说："我的心事你知道的，我跟阴丽华有约。不知丽华现在怎么样了？"

刘秀说着，不由得叹了一口气。

择定吉日，刘𬙂主婚，刘秀和王常为证婚人，李通与刘伯姬共饮合卺酒。

婚礼未毕，探马报曰：新朝纳言将军严尤、宗秩将军陈茂的部队，在前来棘阳的路上突然拐头，朝宛城开去。

三

话说纳言将军严尤、宗秩将军陈茂，受新朝王莽派遣，率领大军前往棘阳，与甄阜、梁丘赐夹击汉军。

这支官军，一路上走得那叫个慢呀，像爬行似的。

严尤、陈茂终于到了，甄阜和梁丘赐早已做了刘氏兄弟祭案上的牺牲。

局势不妙。料定汉兵必去攻取宛城，严尤、陈茂慌忙调转马头，去与宛城守将岑彭、严说合兵。

宛城历来是兵家要地，向南可通荆、襄，向西可图京都，向北可进洛阳。

宛城虽然坚固，但汉军志在必得。

诸将斗志昂扬，连性情畏怯的平林纵队更始将军刘玄，也来请战了。

王莽派来的新军正在向宛城运动，要夺取宛城，必须把这些新军阻隔在远离宛城的地带，吃掉它。

刘縯召开誓师大会，烧毁粮草，砸碎釜甑，拼上啦。

两军相遇在淯阳。

刘縯知道，战斗必须速决。倘若迟慢，宛城新军出援，那就腹背受敌，被动挨打，弄不好会吃大亏。

刘縯匹马当先，直冲敌阵，长槊过处，人仰马翻。

汉军将士见司令冒死向前，各个不顾生死，奋勇杀敌。

交错阵中，血肉横飞，新军十万兵马顷刻间七零八落，四散奔窜。

严尤是王莽的宠将，镇压过赤眉军，还去打过高句丽，即现在的朝鲜，所到之处，扬威横行，从未遇到过汉军这些金刚杀手，吓得面如土色，丢下部属，打马从小路逃走。

当刘縯攻击路上的新军时，刘秀，王常、李通带兵急速靠近宛城。

他们并非要打宛城了，主要是蒙蔽宛城守军，牵制其出援。

刘秀把将士分成三路，一路由李通带领，用马拖着树枝来回奔跑，一路由王常带领专挑高岗处遍插旌旗，一路由自己带领，到城门前挑战。

宛城守军果然中计，见灰尘蔽日，旌旗漫山，似有无数汉军兵马，紧闭城门，不敢分兵。

严尤和陈茂，代表新朝政府出来打仗，竟然先跑，将士们一看，四散逃命，只恨少生了两条腿。

刘缜挥槊冲杀，口里大叫："缴枪不杀！"

活着的新军士卒扔掉武器，全都举手投降了。

汉军完胜。清扫战场，查点数目，降卒三万人，割脑袋三千多颗，缴获器械不计其数。

春陵纵队两万人，新市、平林、下江，三纵队五万人，加上此役降卒三万，汉军已有十万人众啦！

刘缜打仗，名不虚传，锋芒所向，战无不胜，将士们都称誉他为"柱天大将军"。

刘缜乘胜进兵，会合刘秀，在宛城周围扎下连营，把宛城铁桶般包了起来。

汉军连战连捷，威名远播，陆续归附"吃粮"的，络绎不绝，今日数十，明日数百，汉军来者不拒，人数与日俱增。

公元初叶的中国人，特爱立皇帝。刘缜、刘秀手下，原新市纵队和平林纵队这拨人就急得紧，总要立个皇帝而后快。

当然立就当立刘缜了。但他们怕刘缜厉害，将来没有他们的好果子吃，于是共推懦弱的刘玄。刘玄也姓刘，立立试试吧！

这些人把方案定了，派人去请刘缜和刘秀，说有要事相商。

刘缜忙于攻破宛城，根本不知道有人在大战之际捯饬什么皇帝。听了他们的说辞，感到很是诧异。

刘缜略作沉吟，慨然道："诸位将军，欲立汉裔，德操可嘉，惟愚鄙之见，略有不同。眼下赤眉军兵众已达数十万，假若听说南阳立了个宗室为帝，必然也要立一个。这儿立一个，那儿立一个，内讧难以避免，如何再破莽贼？”

“自古以来，先逞能的，往往失败。陈胜、项羽，不都是这样吗？”刘秀道，“我们连宛城还没有打下，就忙着立皇帝，后人不笑话我们吗？”

刘縯继续说：“我们等一等。倘若赤眉军能立个贤德之人，我等不妨听从；倘若赤眉军没有动作，我们破了王莽，收了赤眉，再立天子，也不晚呀。”

刘縯根本不提自家功劳，而是分析天下局势，句句在理，掷地有声。

大家纷纷点头认可。下江纵队队首王常率先表态支持。

事情发生了一百八十度转变，眼看都听刘氏兄弟了，原先积极拥立的新市纵队队首朱鲔拔出剑来，敲着案子道：“已经说好了拥立的，岂能说变就变！”

刘家同来的刘稷，性格刚猛，挺身拔剑，欲与争锋，刘秀赶紧用身子挡住了他。

刘縯不作表态，议立之事最终就按朱鲔他们起初的意思定了下来。

公元23年，二月，汉军用新黄土筑起高台一个，选在十三日召开大会。

朱鲔端着新做的天子帽，恭恭敬敬戴到刘玄的头上，又替他穿上黄袍子，由张印、陈牧站在左右护卫着，面南称帝。

将领们都变成了臣子，排着队，走到前面，趴在地上，叩头称贺，山呼万岁。

刘玄吓得直冒冷汗，身不由己地站起来，不知说什么好。

刘玄就是这么个蠢猪脾性，打死他，他也想不到回一句“人民万岁”。

臣子们拜毕，刘玄学着建元。曰“更始”，取义“换个开始”。

随即，启动人事提拔。以其叔父刘良为国老，新市纵队队首王匡为定国上公，王凤为成国上公，朱鲔为大司马。平林纵队队首陈牧被封为司空，春陵纵队大将军刘缜被封为大司徒，下江纵队队首王常被封为廷尉。其他人都官升一至三级不等，或为九卿，或为将军。

刘秀得封为太常偏将军。

班固解释说，秦朝时有官职“奉常”，汉景帝把它改成了“太常”，太平常了，一般的官儿。

弃军而逃的严尤、陈茂，不敢回头，不敢歇息，白天逃，晚上窜，听到风声都浑身觳觫，以为是汉兵追来。最后在颍川停住腿脚，查查残兵，只剩一万多人，王莽给的十万精兵，几乎被乌合之众的汉军打光了。

王莽坐在御殿里，得意于自己的“夹击”妙计，静等着来自南阳的捷报。

光等没有意思，就征办淑女，以实后宫。

王莽正在娱乐，军情报告说刘玄称帝，他觉得很可笑，自己做着天子，别的谁称帝都是白扯，因为他让太史推算新朝的气数，说有三万六千岁呢，只要六岁一改元，历数当无尽日。

王莽不怕，饬令全国的贼寇，自行解散，过往不咎。复令所有前线新军，继续进攻赤眉、铜马、汉兵各残部，一体将他们剿灭就是了。

四

却说刘玄，颤微微地当了更始帝，可他不懂军事。

新任国老刘良进谏说：“把军权全部交给刘缜，让他领着打宛城就是，打下了宛城，咱就定都，把后宫弄起来，开始享乐。”

刘玄的优点是听人劝，吃饱饭，就依刘良之议，着刘缜掌大帅印，攻宛城。

刘缜派王凤、王常、刘秀、李轶、邓晨率领汉军主力，围打宛城，陈牧、李通、朱鲔率领少量机动部队，清扫外围并负责打援。

历史的车轮滚到了公元23年春三月，刘缜的汉军主力向王莽的新朝重镇宛城，发起了勇猛地进攻。

宛城守将岑彭、副将严说，看到汉军在下面攻城，就命新军木石箭矢朝下倾泻。底下猛攻，上面猛砸。

汉军一路，在刘秀、王常率领下，于攻城间隙，分兵突击，很快拿下附近的昆阳、定陵和郾城，得到的粮草、牛马，源源不断地运到宛城前线，使主力愈来愈强。

岑彭和严说，觉得宛城危殆，不断地差人半夜缒下城墙，往朝廷报送告急文书。

深宫里，王莽急了，慌了，派王氏宗族的心腹大员，大司徒王寻、大司空王邑，立赴当地，调动郡国所有武装力量，夺回昆阳，援助宛城，消灭汉军。

王寻、王邑心里盘算，汉军势头不弱，倘能带上“巨无霸”出阵，取胜就有把握了，于是请求王莽。

话说这个巨无霸，乃是东莱地方一个巨人，患脑垂体瘤，疯长不止，当地官员举荐后，王莽召之，轺车都坐不下，专门另行打造驷马大车，才载入京师。

王莽仰脸看巨无霸，听说他还会驯兽，甚是吃惊，遂封为垒尉，充任皇城保镖。

听了王寻、王邑的请求，王莽咬牙顿足地说：“豁上了，带去吧！”

有了巨无霸和他的猛兽队，犹嫌不足，分头调来多处兵马，计四十二万，号

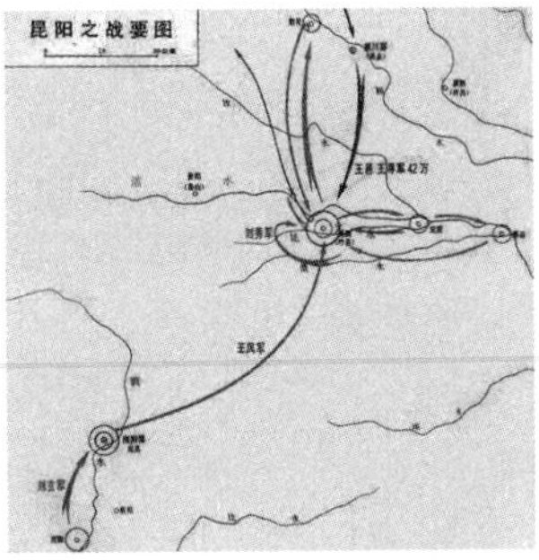

昆阳之战示意图

称百万，尘土扬天地开拔了。

新军浩浩荡荡，旌旗招展，几十辆马车载着巨笼，内装虎豹狼虫，连绵千里。其阵势排场，秦汉以来，未尝见也。

刘秀、王常，听说王莽大军即到，赶紧派遣偏师数千人马，往阳关阻截。

汉军登上阳关关楼，望见莽军不可胜数，心中慌了，细一看还有狼虫虎豹乱叫，怕了，弃关逃跑，进了昆阳，闭了城门，还面无血色。

汉军将士又登上昆阳城头瞭望，目睹新军源源不断地开来，相顾失色，连忙下了城头商议对策。

有的说：“我军不过七八千人，新军百万之众，兼有猛兽无数，我们要打，是鸡蛋碰石头啊。”

王凤官最大，是成国上公，也畏怯地说：“莽兵多而凶悍，小小昆阳，眼看失陷，不如先退，或可保全。”

诸位将领惦记自己的家眷和财产，纷纷应和，说待莽军合围，那就完了。

王常说：“新军号称百万，实际上连一半也没有。汉兵不足万人，但接连打了几个胜仗，士气高昂，我们不如坚守待援……”

王常没说完，大家就反对起来。

有的说：“新军再少，也多过我们几十倍。守着昆阳，就是等死。”

有的说：“坚守待援，哪里有援军？定陵与郾城的兵力更少，宛城主力还能分身不成？”

说跑都想跑。情势危急，孤城难保，三十六计，走为上策。

刘秀一直静听大家争论，见逃跑论占了上风，挺身而出，慨然说道：“诸位！莽军人多，这是事实。正因局面如此，方要破敌立功。目今宛城正在苦战，一旦昆阳城破，新军长驱直进，汉军主力必定不保。诸位想想，现在分散逃离，身家性命料也难存，何况妻子家财，都能守得住吗？”

王凤道：“刘将军，昆阳无粮，你是知道的，不许弃城，却无良策，竟来指责我们，这就是你的胆略吗？”

张印也接嘴子道：“太常偏将军没有老婆孩子，说话办事容易一根筋。现在不是逞英雄的时候，我们还是听成国上公的吧!”

刘秀圆睁怒目，隐忍片刻，严肃地说：“汉军将士，都是天下人之子，同我一样，我岂愿意他们都成为刀下冤魂！莽军已经兵临城下，我们即使退却，他们能不追击吗？少则一日，多则两天，就得全部丧生啊。”

王常赞同刘秀，说：“放弃昆阳，保不了妻子财物，还会丢了性命。同心戮力，战胜莽军，才是惟一出路。”

正在退守不定的时候，探马飞报说新军已临北门，军列不见队尾。

这时逃跑也已迟了，诸将不再言退，只说刘秀通晓兵书，快想办法吧。

刘秀在人少将寡的形势下决定坚守。但城内粮草顶多够用一个月，不能长久。亟需派人前往郾城、定陵，搬其守兵，内外协力，方可解围。

刘秀说：“谁来坚守昆阳，谁去突围求援？还请诸位计议。”

突围求援，显然是重任。成国上公王凤，身为主帅，官职最高，理应承当。他见莽军临城，吓得稀软，连说：“我愿坚守。我愿坚守。”

主帅坚守，众将纷纷然紧随，都愿坚守，不想出城。

刘秀以坚毅的目光扫过大家一遍，再次高声发问：“昆阳生死，维系外援，何人敢出城，突围求救兵？”

无人应声，没有回音。一时间厅内静得出奇。

刘秀手握剑柄，义无反顾地说：“既然诸位都愿把守昆阳，就请坚守于此。守住昆阳，便是大功。文叔力薄，独自出城，前去调援。愿诸位保重，异日相会，共庆胜利！”

刘秀说着，大踏步走出。

忽有颍川人王霸高叫愿随刘秀出城。

王霸，字元伯，好义节，刘秀有次过颍阳，王霸率宾客拜访，说：“我支持将军兴汉，不自量力，愿跟着干！”遂相交而知心。

王霸话音甫落，“我去”“我去”“我也去”，呼应声四处响起。

刘秀的壮举激起了众人的豪情，骠骑大将军宋佻，五威将军李轶，偏将军邓晨、任光，校尉臧宫等，皆愿从行，加上刘秀，共计十三位英雄。

气氛转好，大家重新归座，商定作战方案：刘秀率十二骑突围，前去定陵、郾城调集救兵。王凤、王常率主力坚守昆阳，牵制莽军。

刘秀说，昆阳城小而坚，有利于弱势之军。待援军到达，内外夹击，必可大破新军。诸将明白了战略方向，都说：“我等死守昆阳，但等文叔带兵来！”

此时天色已晚，昆阳城下，新军正在合围。

昆阳小城，只有北南两座城门。北城门外，新军先锋部队安营扎寨已毕，风中刁斗时闻。南城门下，傍晚时赶来的莽军，燃起篝火，埋锅造饭，闹哄哄地，人喊马嘶。

刘秀目光炯炯，环视着十二位同伴说：“莽军尚未完全合围，阵营混乱，天赐良机，闯营突围，就看我们的了。是勇士，就跟着我，冲出去！”

青骊马听懂了刘秀的话，急躁地打着响鼻，以蹄子猛刨地面。

王常走上来，深情地拍拍刘秀的肩膀，无声地点头送行。

刘秀翻身上马，十二位勇士也齐齐地跃上马背，各个横刀在手，鱼贯走向城门。

王常指挥着拉动绞盘，启开南城门。

十三匹战马在青骊带领下飞驰而去。

战马闯过新军营寨，武猛异常，大刀上下翻飞，阻者伤，挡者死，不一刻功夫便杀开血路，突围而去。

刘秀十三骑不敢耽搁，飞马急进，星夜疾驰。

赶至定陵，守将急忙把疲惫不堪的刘秀一行迎进府中，欲要设宴款待。刘秀摆手道：“有现成的熟食端上来，能填饱肚子就行。”

信息真是不灵啊，守将问说，将军如此急迫莫非有什么大事？

刘秀道：“王莽四十万大军围困昆阳，我军危在旦夕，现在急要悉发诸营兵马，前去解救。”

守将一听，兹事确实危急万分，但定陵缴获的财物还没有完全运走，留下点兵马把守定陵吧？

刘秀厉声道：“不！莽军兵多势众，须得全力以赴。昆阳失守，定陵、郾城也将陷落，你我脑袋都保不住，财物又有何用？大功告成之后，财物珍宝又岂止万倍！”

守将顿时开窍，连连抱拳：“极是极是。愿听将军号令。”

刘秀集合定陵兵马，复向郾城急驰，欲合定陵、郾城全部兵力，援救昆阳。

第四十五章

有情眷属

一

却看昆阳城，早已被王寻、王邑的军队里三层、外三层围得铁死。

昆阳，即今之叶县也，位于宛城东北方向约二百里。

莽军环绕昆阳，列营数百，“旗帜蔽野，尘埃连天，钲鼓之声闻数百里”。其将士们人人傲气连天，好像眨眼就可碎了小小昆阳。

纳言将军严尤向王邑进言：“昆阳虽小，却很坚固，一时难下。不如分兵去解宛城之围。刘玄懦弱无能，汉兵已经疲敝，到那儿就胜了。”

王邑仗着他是大司空，官大，哪里听得进意见，撅着肚子，烧包无比地说：“本帅有百万之师，岂能连小小昆阳也拿不下！先屠此城，喋血而进，前歌后舞，固不大快也！”

王寻是大司徒，更傲慢，也不同意分兵之计，道：“拿下昆阳。然后马敲金镫，人唱凯歌，乘胜进击，必获全胜。”

城里人一听莽军要屠城，反而铁心一拼了。不仅军士玩命死守，百姓也来帮忙。

莽军把高达十几丈的云车竖在城前，好家伙，耸入云端，高出城墙一大截，让弓箭手爬在云车顶端，朝城里放箭。

“积弩乱发，矢下如雨。”百姓无法去井边打水，只得卸下门板，背在身上挡箭，提着水罐走一路，背上箭声乒乒乓乓响一路。

汉军将士顶着木盾，朝城墙之下，推滚石，泼滚水，新军小兵在地下挨砸、挨烫，唧唧哇哇乱叫唤。

云车打不开昆阳，莽军就调来工兵大队，开掘地道，好不容易弄通了，战士却进不到城里，因为甫一露头，就被切掉，尸体掉下去，渐渐塞住了地道。

天上地下都不行？冲车调来！

冲车是架着巨大原木的推车，大群的兵士，从大老远的地方推着，向城门，向城墙，猛力撞击。越推越快，越推越快……“砰”“通”，声似闷雷，震得泥土碎裂，如雨纷落。

王凤和王常受刘秀之嘱，把守昆阳，虽说城墙很厚，城门也牢，但城内粮米有限，伤亡不少。万一冲车撞出窟窿，就玩完了，所以不敢大意，昼夜担心。

王凤尤其吃不下睡不着，救兵一点消息没有，眼看昆阳守不住了，他偷偷地写了一封投降书，用箭射到了城下。

莽军士兵捡到，立时送呈指挥部。

大司徒王寻、大司空王邑，俩人一看，随手甩到地上：不接受乞降，非血洗昆阳，杀个痛快不可！

倒是严尤迟疑一阵，道：“兵法云，围城必阙一角。留下一个缺口，放贼逃走，以减轻压力。况其逃出，必报信宛城，亦可令宛城汉兵知道我军声威，自撤宛城之围，岂不巧胜？”

王寻、王邑听不进，驱兵更猛。

城内乞降不成，反倒死心严守。不觉又过旬日，城下死尸累累。

此际宛城其他地方，同样激战正酣。刘縯已经带兵连续攻下淯阳、湖阳等邑。只是大司空陈牧、大司马朱鲔，率平林纵队后部攻打新野，久日不下。

陈牧、朱鲔比不过刘缜的战功，觉得十分丢人，擂鼓射箭，猛攻不休。

新野守宰苏康曾在刘缜起事、兵退棘阳时，掘其妹夫邓晨宗族的墓冢。发话说，得刘缜一言方敢归降。

刘缜带兵来到新野城下，策马勒弓，高声对苏康说："各为其主，无可怪罪。县宰能迷途知返，扶我汉朝，我怎能揪住过去不放！"

苏康打开城门，迎接汉军。

自此，宛城周围城邑尽皆归汉，独留宛城，摇摇欲坠。

宛城既告危急，昆阳又久攻不下，莽军首领王寻、王邑着急了，改变战术，云车、地道、撞车齐上，向昆阳发起全面进攻。

昆阳城内，汉兵仍在拼命死守，苦待援军。

刘秀已悉发郾城守兵，合定陵兵近万人，向昆阳奔来。大队行动偏慢，刘秀率领千数骑兵，星夜疾驰，冲在前面。

昆阳城攻不下来，王寻、王邑恼怒极了，这天五更，正要下令限期攻克，忽然探马报说东南方有支汉军正在驰来。

王寻问有多少，报告说千余。

王寻哈哈大笑："千把人也叫救援？遣出骑兵，歼杀就是。"

新朝军队出了几千名骑兵与汉军对阵。他们根本瞧不起汉兵，趾高气扬，志在必胜。

刘秀的骑兵已经在十里开外宿营休息过了，起早冲过来，人人精神抖擞。

刘秀来不及多想，手提大刀，腿夹马腹，高喊"冲啊"，青骊马扬蹄长嘶，箭一般地疾射而出。

刘秀喊着“杀杀杀”，一马当先，闯入敌阵，砍瓜切菜，斩首数十。

诸部将士催动战马，跟随刘秀冲上去。

新军见汉兵攻势凌厉，掉转屁股四散逃开。

刘秀所部趁机猛追猛打，复又斩首数百。

刘秀并不知宛城战况，但他出版了汉军主力已克宛城的战报，用箭射入昆阳城中，另还故意“遗失”在路上，让新军捡到。这样一来，昆阳城内士气高昂，莽军更加沮丧。

王寻、王邑的大阵当前，刘秀分析了敌情，命大队擂鼓佯攻，自己带领三千将士组成的敢死队，迂回突袭新军主营。

敢死队绕过昆阳，渡过昆水，直扑新军中坚大营。

三千勇士一以当十，眨眼间冲开新军大营，如同猛虎冲入羊群。王寻当场丧生，王邑如兔脱逃。

昆阳城内的汉军见援军来到，无比振奋，城门大开，数千人马冲将出来，里外相合，越战越勇。

王邑呼喝新军垒尉巨无霸出手。

巨无霸打开铁笼，放出猛兽，驱赶着冲上来。汉军步卒害怕狼虫虎豹，恐为所噬，被迫停止了攻势。

恰在此时，天公发威，狂风起处，大雨瓢泼。巨无霸的猛兽本来不听话，受暴雨灌淋，顷刻间乱撞乱咬，竟把个巨无霸也咬进了滍河里。

史载曰：“寻、邑阵乱，乘锐崩之，遂杀王寻。城中亦鼓噪而出，中外合势，震呼动天地，莽兵大溃，走者相腾践，奔殪百余里间。”

又载曰："会大雷风，屋瓦皆飞，雨下如注，滍川盛溢，虎豹皆股战，士卒争赴，溺死者以万数，水为不流。"

新朝莽军，顷刻大败。

王邑呼爹叫娘，拉上严尤、陈茂，踩着同类的尸首，涉过滍川，逃命洛阳。

二

北路汉兵一万三千人，彻底击溃了王莽新朝四十多万大军，昆阳大捷震烁古今。

将领们忘记了血战后的疲劳，欢呼着，称赞刘秀。

刘秀笑道："功劳是大家的，大家的。"

昆阳全体军民出城搬运战利品。太多了，"军实辎重，车甲珍宝，不可胜筹，举之不尽，或燔烧其余"。实在搬运不完，点火烧掉。

刘秀挂怀刘縯围攻宛城战事，作速建议主帅王凤，以兵力、粮草、器械，增援宛城汉军。

其实，宛城早在三天前就已被刘縯攻克。

原来宛城守军势寡力竭，粮草匮乏，守将岑彭、副将严说，看到刘縯已荡平四周所有县邑，宛城无望，只得出城投降。

岑彭死守宛城数月，气得汉军将士咬牙切齿，拔刀握剑，欲取其头。

刘縯拦住，请大家息火，对更始帝刘玄谏道："岑彭奉命驻守宛城，本为其主，已显忠义。今举大事，须服人心，与其杀了岑彭泄恨，不如封之官爵，旌表忠义，以劝后来。"

更始帝从刘縯之议，封岑彭为归德侯，归刘縯领导。

岑彭字君然，曾守棘阳。春陵纵队攻下棘阳，他带着家眷投奔南阳太守甄阜。甄阜重责岑彭丢失棘阳之过，把他老母与妻子都关了起来。甄阜败死后，岑彭才救出母亲、妻子，与严说共守宛城。

刘縯宽恕岑彭，可谓大家气度。

后来岑彭在东汉建立过程中，随刘秀战河北、定洛阳，立了卓著战功。

好。宛城打下了，刘玄要在宛城定都，不许将士们离开，都得打扫卫生，装饰宫舍。

刘縯想发兵救刘秀，刘玄不让，让他干清运垃圾的活儿。

刘玄立都宛城，装模作样地大行封赏，封刘縯为大司徒、汉信侯，总共封了一百多号人，激战昆阳的刘秀等人一个都没有名分。

刘玄立过都，封过官，才允许救援昆阳。

这时候昆阳已经奏凯，刘玄又封了王凤、王常和李轶，听说刘秀所建大功，要封时，李轶借着谢恩之机，向刘玄乱眨眼睛，阻止其封赏，王凤也在使眼色。

刘玄便说："以文叔功劳，应在大司徒，但大司徒名列公卿，年轻人还是先不封为好吧。"

无论封官与否，刘縯克宛城，刘秀胜昆阳，兄弟媲美，声名日盛。

新市、平林、下江纵队的将领们开始妒忌，唯恐出身春陵纵队的刘縯异日掌政，与己不利，纷纷诬陷刘縯，或曰"暗结死党"，或曰"图谋称帝"。

刘玄想想，确实怕。自己可以称帝，刘縯比自己能干，更可以。何况是刘縯、刘秀兄弟出生入死，为自己打下来的帝位，他们想拿去完全可以拿去。

不爱争功的冯异

大将军冯异

但至尊帝位，岂可松手！

刘玄与新市、平林、下江诸将商议，先稳住刘秀，再杀掉刘縯。

刘玄“素懦弱，羞愧流汗，口不能言”，但设计杀人，手把子一点也不软弱。他令王常守昆阳，令刘秀带兵夺取北边的颍川，若攻拔不下，便找借口斩了他。

刘秀接受命令，率军离开昆阳，向颍川郡进兵。

随后，刘玄举办庆祝宴会。

觥筹交错之际，刘玄说刘縯：“听说大司徒的宝剑非同一般，可否借给寡人开开眼？”

刘縯根本不疑，拔出剑来就递给了刘玄。

刘玄把玩着宝剑，只不说话。

御史申屠建走上来进献玉玦，刘玄接过置于案上，仍然神色疑惑，沉沉不语。

宴会结束时刘玄把宝剑还给刘縯，还是没说什么，返身回宫了。

刘縯的舅父樊宏看出了蹊跷，悄悄对刘縯说：“从前在鸿门宴上，范增三举玉玦，示意项羽害高祖。今天申屠建献玦，居心叵测。玦者，决也，不可不防。”

刘縯道：“舅父真乃书生，一块玉玦也出典故。即便申屠建怀有阴谋，像更始帝那样昏弱之人，有什么好忧虑的。”一笑了之。

却说刘秀，仍为太常偏将军，率军出略颍川郡，先攻父城县，却连日不下。

有天，刘秀的巡逻队抓获了化装出行的颍川郡副郡级协理员冯异。

冯异是父城人，字公孙，好读书，协管颍川郡内五个县，正在父城协助县令苗萌共守。因为缺少军队，孤身出来征兵，不意被汉兵拧住了。

冯异他堂哥冯孝、同乡吕晏等人，都在刘秀手下干事，他们对刘秀说冯异这人本质挺好的，刘秀就见了冯异。

刘秀开诚布公地说："我们就是要推翻王莽，建设新政权。公孙你这么有才学，何苦还要跟着王莽混呢！"

冯异回答说："将军这么真诚待我，我也不是石头啊。情愿回去，说动苗萌，以颍川郡五城相报。"

刘秀当即放了冯异，送到军营外。

冯异回到父城，见到苗萌，说："现在天下乱成这样，壮士纷纷起兵，但多数属于二蛋。惟有刘将军，治军严谨，所过处，百姓鸡犬安宁。观其言谈举止，绝非庸常之人，我看随了他，不会错。"

苗萌说："先生你考察过，我信任你。"于是，通知属下四城，归降刘秀。

刘秀仍命冯异与苗萌担任原职，管理原来的属地。

却道新市、平林两纵队的小人们，设计让更始帝向刘缜索剑，等着更始帝摔杯为号，杀害刘缜。谁知更始帝临事变卦，未能杀成。

新市、平林诸将不肯就此罢休，暗中找到李轶，许以重位，请他动作。

李轶本来跟着刘缜的，春陵起兵的时候，为助刘氏兄弟，宗族六十四人被杀，只有他与堂哥李通逃了活命。李通娶了刘缜的小妹伯姬为妻，他们兄弟与刘缜来往密切，刘缜很是信任他们。

刘秀曾经劝告刘缜，说："刘玄立为更始帝后，新市、平林诸帅受封拜赏，李轶遇事就巴结他们，行为奸诈，须得注意。李轶与李通不一样，李通君子，李轶小人。"

刘缜不听刘秀，照样重用李轶。因此李轶了解刘缜许多机密。

李铁设计陷害刘家宗人刘稷，去刘玄面前告状，说刘稷拔剑击树，口出狂言，图谋不轨，应该杀掉。

刘玄决心要杀人了。

早朝时，刘玄说刘縯，现在都城已定，该打长安去了，把猛将刘稷调回来，择日出兵。

刘縯应诺，写下手令立时差人送走。

刘稷快马加鞭，火速赶回。走到宛城郊外林中，不意跌落陷坑。早在待命的张印、王凤，用挠钩搭出刘稷，五花大绑，押进殿内。

大殿里，刘玄正在主持会议，司空陈牧一见刘稷被押进来，喝令他跪下。

刘稷挺立不跪，说："我跪天地，跪父母，跪英雄豪杰，凭什么跪一些小人？"

此时，站在刘玄一侧的李铁冷冷地对刘玄说："陛下，刘稷目无君主，咆哮朝堂，可见他有篡逆之心，还不下令杀了他？"

刘玄当了阵子土皇帝，智慧没有，脾气见长，李铁一激，他便发火道："推出去，斩了！"

刘稷被捆绑着推进来时刘縯就愣了。

接着，刘縯终于发现阴谋了，他怒气上升，亢声争辩道："陛下，刘稷的性格您是知道的。起兵以来，冲锋陷阵，无不奋勇在先，多次立下大功，身上所受创伤二十余处。如今王莽未灭，天下纷争未息，岂能斩杀猛将？刘稷无非心直口快，他总比那些搬弄是非的人好得多。该杀的是谁？陛下心里清楚。"

刘縯慷慨陈词，越说越气，刘玄不觉红了脸，低下头，踌躇起来。

李轶、朱鲔，横眉竖目，督促刘玄斩杀反将。

刘玄抬起头，道：“反了，反了……”

这时候大群刀斧手从帷幕后涌出，拉扯着刘稷，又捆绑了刘缜。

刘缜和刘稷大声呼喊，拼命挣扎。新市、平林纵队诸小人不容刘缜、刘稷分辩，推到宫阙下，同时杀了。

功臣罹难，天昏地暗。大司徒府中，哭声一片。

刘缜的卫士长朱祐牵出战马，抖缰冲出府门，望颍水郡方向飞奔而去。

三

刘秀与冯异在父城大营的军帐里讨论问题，十分投机，朱祐闯进来哭述刘缜、刘稷被害经过，请求刘秀为大司徒报仇。

兄长遭杀，噩耗如雷轰顶，刘秀号啕痛哭，不能自持。

冯异劝刘秀道：“大司徒受人陷害，势必还会祸及将军。大仇要报，眼下将军实力有限，需效越王勾践卧薪尝胆。请将军节哀三思。”

冯异的劝说使刘秀心中陡然一震，哽咽道：“公孙善言，刘秀明白。”

夜，从来没有过的黑暗，刘秀和衣而卧，翻来覆去睡不着。眼前总是兄长的身影。

春陵起兵后，兄弟间聚少离多。在宛城时，兄长说：“攻下宛城，占领昆阳，就有望恢复高祖帝业。将来承担大业的，就是你我兄弟。”谁知宛城之别，竟是永诀。今生再也见不到兄长之面，听不到兄长的教诲了。

刘秀彻夜难眠，双手抱头，眼泪湿透了枕衾。哭了一阵，索性起来，徘徊屋内，思索局势，抉择前程。

克宛城，捷昆阳之后，汉兵的军威空前高涨，更大的胜利在期待中。如果现在同更始君臣那帮人闹翻，以春陵子弟兵报仇、问罪，天下未得，内讧先起，后果不堪设想。

春陵起兵，志在夺取天下，若步兄长后尘，宏愿岂不落空？哥哥、姐姐、外甥女、宗族子弟，还有数不清的宾客将士，岂不都白白死掉了？

勾践能屈能伸，自己也能做到。

李轶谗言害死我哥哥，我要让他落个相同的下场。但君子报仇，三年不晚。留在更始朝里，发展实力，等待时机，方为上策。

第二天，一夜未睡的刘秀安顿好军务，扬鞭策马，离开父城，急奔宛城。

宛城里，围着更始帝的新市、平林纵队诸将与李轶，谗了刘縯，又谗刘秀，说："刘秀他日强大，我等都不是他的对手。刘秀一日不除，帝位一日不稳。"

刘玄相信了谗言，欲派使者征召刘秀，刘秀已经单身进殿面见，伏地道："刘秀忙于战事，不能督察刘縯，致使刘縯大逆不道，这是重大过错。请陛下给我机会，让我赎罪，报答陛下。"

刘秀心在淌血，却面色如常，刘玄和周围的佞臣们大出意外，君臣相觑，无法反应。

刘玄支吾了半天，说："你就先把他的尸收一收吧。"

刘秀谢恩下朝，前往司徒府，不与任何人私下交谈，遣散了下人，拜托舅父樊宏打理刘縯、刘稷的后事，运柩归葬。昔日车水马龙的司徒府，片刻间人去府空。

刘秀的言行早有人报知刘玄，刘玄在为杀不杀刘秀犯惑，召来王凤、朱鲔等人，商量办法。

恰逢这时，刘秀进殿回禀："罪臣刘秀，已处理完刘缜丧事，关闭府门，特来请旨。"

刘玄杀了刘缜后，让刘赐做大司徒。刘秀请旨，刘玄无法对答，转脸看着刘赐。

刘赐板着面孔，问道："昆阳大捷，汉兵以少胜多，以弱胜强，亘古未见。听说是你力主坚守，又突围调兵，功劳最大。到底如何，你说说看。"

问及昆阳战事，曾经射书乞降的王凤陡然紧张起来，怕刘秀说出实情，自己官爵不保，还有性命之忧。他想说话，但动着嘴唇，又不知说什么好。

刘秀叹了口气，恭谨地回答说："昆阳大战，主帅为成国上公。一切皆由主帅裁定。杀王寻、败新军，论功，是主帅和诸位将士的功劳，刘秀不过其中一员而已。"

王凤松了一口气，起身对刘玄道："文叔功劳高于诸将，他不贪昆阳之功，足见其忠诚于陛下。刘缜窥觑帝位，与文叔无关，请陛下宽待文叔。"

刘赐与刘缜兄弟亦无冤仇，便顺着王凤的语意，请刘玄赦免刘秀，朱鲔势单力孤，翻不起浪花，刘玄便说："文叔没问题，回府歇息吧。"

四

刘秀在宛城住起闲来，有客来访，说话聊天，没人打扰时，阅读竹简帛书，结合亲身经历，思索用兵得失。

刘玄曾问刘秀每天做些什么，刘秀答曰：“读圣贤书，闭门思过。也在习学礼仪，用来报答陛下。”

刘玄听了，感到舒坦。

刘秀不与司徒旧属来往，言行谦恭，也不自夸昆阳之功，小人不再说他的坏话了，刘玄感到惭愧，拜刘秀为破虏大将军，封武信侯。

受封的当天晚上，刘秀躲在内室里大哭一场。次日，他启奏刘玄，要请假娶妻。

听说刘秀要娶妻，新市、平林诸将更放心了。长兄大丧未出旬月，就张罗着结婚，这分明是个庸人，是个糊涂蛋嘛。

“仕宦当作执金吾，娶妻当得阴丽华。”这是早年游学京师时和踏青新野时的宏愿，如今已经二十九岁，当上了大将军，比执金吾威风多了，只不知早过了及笄之年的阴丽华是否钟情自己、待字闺中？

刘秀使朱祐探问现在汉军工作的阴丽华的长兄阴识，方知阴丽华仍然深居闺楼，在等待心许之人。

朱祐兴冲冲地汇报给刘秀，刘秀大喜过望，立即驱马前去拜见阴识，说明心意。

阴识以兄长之礼，设宴款待刘秀，并答应了婚事。

刘秀令朱祐等收拾宛城的大将军府，自己则在阴识的陪同下，由乐队做前导，以黄金、马匹、玄璧等为聘礼，隆重地去新野迎娶。

公元23年，七月，在宛城的大将军府第，刘秀与阴丽华举行了婚礼。

鼓乐齐鸣，人头攒动，宾客盈门，热闹非凡。

皇后阴丽华

新市、平林纵队诸位将领都来喝喜酒。新郎官刘秀穿着大红的吉服，执觥在手，逐席敬酒。

宴席十分丰盛，客人们大碗喝酒，大口吃肉，朱鲔、王凤、陈牧、张印、李轶等，见刘秀醉心于家事，疑虑顿消，放开肚子干起来。

有情人终成眷属。客散人去，刘秀坐在阴丽华的面前，四目相对，满眼含情。二十岁的阴丽华终于成了刘太啦。

婚后，两人形影不离。清晨，刘秀为阴丽华描眉插钗；黄昏，刘秀与阴丽华灯下对弈。他要用男人的成熟与深厚的炽爱，来报答阴丽华数个春秋的等待。

在刘玄和其佞臣的眼里，破虏将军、武信侯刘秀完全沉溺于新婚中，忘记了起兵时的宏愿，忘记了什么天下大业。

其实，刘秀经常暗自流泪，有时清晨起来，枕巾泪渍片片。

细心而聪慧的阴丽华，很快地察觉了刘秀心底的苦衷。她动手制成了一片精致的木牌，写上刘缜之讳，用白绫遮着，供奉在内室一角，早、午、晚，每天三次，虔诚地焚香祭祀。

刘秀偶然中看到了阴丽华替自己向兄长刘缜服丧跪拜，心里感动，也跪倒在木牌前，失声痛哭。

阴丽华劝解他道：“有人当皇帝怪早，未必能把握住天下。夫君不可计较一时之得失。受些委屈磨难，也非什么坏事。得之不易，执之愈珍，也愈长久。”

刘秀激动地拥起阴丽华，深沉地说：“难得如此大义，文叔志不辜负。”

中国史系（三）

105年 ～ 永元十七年

- 和帝死，少子隆以皇太子嗣位，是为汉殇帝刘隆，皇太后邓氏临朝称制

106年 ～ 延平元年

- 八月，殇帝死。迎清河王子祜嗣位，是为汉安帝刘祜

123年 ～ 延光二年

- 以班勇为西域长史，率兵出屯柳中

125年 ～ 延光四年

- 三月，安帝死，以北乡侯刘懿嗣位。十月，懿死。十一月，中常侍孙程等拥立废太子济阴王保，是为汉顺帝刘保

144年 ～ 汉安三年

- 八月，顺帝死。皇太子炳嗣位，是为汉冲帝刘炳，皇太后梁氏临朝称制

145年 ～ 永嘉元年

- 正月，冲帝死，大将军梁冀立勃海王鸿子缵嗣位，是为汉质帝刘缵

146年 ～ 本初元年

- 六月，梁冀鸩杀质帝，迎蠡吾侯刘志嗣位，是为汉桓帝刘志，皇太后梁氏仍临朝

159年 ～ 延熹二年

- 八月，收梁冀大将军印绶，冀及其妻皆自杀

165年 ～ 延熹八年

• 初令郡国有田者，按亩敛税，每亩十钱

166年 ～ 延熹九年

• 党锢事件。司隶校尉李膺等两百余人被称为党人，下狱考治，太尉陈蕃被罢免

167年 ～ 延熹十年

• 十二月，桓帝死，皇太后窦氏迎解渎亭侯刘宏嗣位，是为汉灵帝刘宏，皇太后临朝称制

169年 ～ 建宁二年

• 诏将党人赦归乡里，禁锢终身，不得做官

• 十月，党事狱起，党人妻、子徙边，附从者锢及五属

175年 ～ 熹平四年

• 三月，诏诸儒正五经文字，刻石立于太学门外，是为熹平石经

176年 ～ 熹平五年

• 诏州郡更考党人，门生、故吏、父子兄弟在位者皆免官禁锢，爰及五属

184年 ～ 中平元年

• 二月，张角率众起义，因义军皆戴黄巾，故称黄巾起义

• 大赦党人

189年 ～ 中平六年

• 四月，灵帝死。皇子辩嗣位，是为汉少帝刘辩

• 八月，宦官杀大将军何进，司隶校尉袁绍尽诛宦官。董卓带兵入洛

阳，尽揽朝政

- 九月，董卓废少帝，立陈留王刘协，是为汉献帝刘协

190年 ～ 初平元年

- 正月，关东州郡起兵，推袁绍为盟主，讨董卓
- 二月，董卓胁献帝迁都长安

192年 ～ 初平三年

- 四月，司徒王允等杀董卓
- 曹操在济北诱降黄巾军三十万，号青州兵

196年 ～ 建安元年

- 曹操迎献帝于许，始许下屯田

197年 ～ 建安二年

- 袁术称帝于寿春

199年 ～ 建安四年

- 袁绍消灭幽州公孙瓒，占有幽、冀、青、并四州

200年 ～ 建安五年

- 十月，曹操破袁绍于官渡，是为官渡之战

204年 ～ 建安九年

- 曹操平定河北后，颁布户调令，户征绢两匹、绵两斤，称户调

207年 ～ 建安十二年

- 曹操出卢龙塞，远征乌桓，乌桓败绩

208年 ～ 建安十三年

• 六月，罢三公官，置丞相、御史大夫。曹操进位丞相，挥军南下
• 孙权、刘备联军破曹军于赤壁，是为赤壁之战

211年 ～ 建安十六年
• 曹操自将兵进入关中，驱逐韩遂、马超
• 刘璋遣军议校尉法正至荆州迎刘备，刘备入蜀

215年 ～ 建安二十年
• 曹操征降汉中张鲁，统一北方

216年 ～ 建安二十一年
• 曹操进号魏王

219年 ～ 建安二十四年
• 刘备从曹操手中夺得汉中，自立为汉中王
• 关羽攻樊城，破曹军。孙权袭杀关羽，占荆州

220年 ～ 魏黄初元年
• 正月，曹操死，子丕袭爵，嗣为丞相。十月，曹丕称帝，是为魏文帝曹丕，废汉献帝为山阳公，汉亡。建国号魏，都洛阳
• 魏吏部尚书陈群制定九品中正制

221年 ～ 蜀章武元年
• 刘备称帝，是为汉昭烈帝刘备，国号汉，世称蜀，都成都，以诸葛亮为丞相。刘备率兵东进，攻孙权
• 孙权接受魏国封号，称吴王于武昌

222年 ～ 蜀章武二年

• 蜀军出峡，与吴陆逊军相持于夷陵，被火攻击溃，是为夷陵之战。刘备败退白帝城

223年 ～ 蜀章武三年

• 刘备死，太子禅继位，是为蜀后主刘禅，诸葛亮辅政。遣邓芝使吴修好，共抗曹军

224年 ～ 魏黄初五年

• 魏文帝攻吴，至广陵，临江而还

226年 ～ 魏黄初七年

• 魏文帝死，子叡继位，是为魏明帝曹叡

• 吴交州刺史吕岱遣朱应、康泰出使南海诸国。

227年 ～ 蜀建兴五年

• 诸葛亮率军进驻汉中，上表请伐魏

228年 ～ 蜀建兴六年

• 诸葛亮兵出祁山攻魏，魏破蜀先锋马谡于街亭。诸葛亮出散关攻陈仓，不克

229年 ～ 吴黄龙元年

• 吴王孙权称帝，是为吴大帝孙权，国号吴，迁都建业

230年 ～ 吴黄龙二年

• 吴遣将军卫温、诸葛直率万人船队过海达夷洲

234年 ～ 蜀建兴十二年

• 诸葛亮由斜谷攻魏，屯五丈原，卒于军

238年 ～ 魏景初二年

• 司马懿攻辽东，杀公孙渊于襄平

239年 ～ 魏景初三年

• 魏明帝死，齐王曹芳即帝位，太尉司马懿、宗室曹爽辅政

241年 ～ 魏正始二年

• 魏邓艾兴淮南屯田，开渠三百余里，溉田两万顷

249年 ～ 嘉平元年

• 司马懿发动高平陵事变，杀曹爽、何晏，遂专魏政

251年 ～ 嘉平三年

• 魏都督扬州诸军事王凌于淮南起兵反司马懿，兵败被擒自杀

252年 ～ 吴太元二年

• 孙权死，太子亮即位

253年 ～ 建兴二年

• 吴孙峻杀诸葛恪，任丞相、大将军，督中外诸军事，专吴朝政

254年 ～ 魏嘉平六年

• 魏司马师废曹芳，立高贵乡公曹髦

255年 ～ 正元二年

• 魏镇东将军毌丘俭在寿春起兵讨司马师，失败被杀

257年 ～ 甘露二年

• 魏征东大将军诸葛诞起兵讨司马昭，次年失败被杀

258年 ～ 吴太平三年

·吴丞相孙綝废孙亮为会稽王，立孙休，是为吴景帝孙休，景帝杀孙綝

260年 ～ 魏甘露五年

·曹髦率军讨司马昭失败被杀，司马昭立曹奂为帝，是为魏元帝曹奂

263年 ～ 景元四年

·司马昭命邓艾、钟会攻蜀，后主降，蜀亡

264年 ～ 咸熙元年

·魏罢屯田官，诸典农官皆为郡守、县令

264年 ～ 吴永安七年

·吴景帝死，孙皓立

265年 ～ 晋泰始元年

·八月，司马昭死，子司马炎继相国、晋王位。十二月，废魏主，称帝，是为晋武帝司马炎，国号晋，都洛阳。大封宗室诸王

266年 ～ 晋泰始二年

·晋罢农官，所统悉属郡县。至此，曹魏屯田前后七十年

268年 ～ 晋泰始四年

·扶南、林邑遣使至晋

275年 ～ 咸宁元年

·中原大疫，洛阳死者以万数

279年 ～ 咸宁五年

·晋以贾充为大都督，大举分道伐吴

280年 ～ 太康元年

• 晋灭吴，统一全国。颁布户调制度，包括占田课田制、户调制和品官占田荫客制。户调征收时，按九品混通的原则

281年 ～ 太康二年

• 汲郡战国墓中《竹书纪年》等竹简出土

290年 ～ 永熙元年

• 晋惠帝立，立贾充之女贾南风为皇后（贾后），武帝杨皇后父杨骏辅政。以刘渊为匈奴五部大都督

291年 ～ 元康元年

• 贾后杀杨骏，又杀汝南王司马亮及楚王司马玮；八王之乱始

296年 ～ 元康六年

• 氐人齐万年起兵于关中

298年 ～ 元康八年

• 关中连年饥荒，巴賨豪酋李特率流民入蜀

299年 ～ 元康九年

• 江统着《徙戎论》，提出将氐、羌等族徙离关中

300年 ～ 永康元年

• 赵王司马伦杀贾后

301年 ～ 永康二年

• 张轨据河西，求为凉州刺史

• 赵王司马伦废惠帝自立，齐王司马冏等起兵杀司马伦，惠帝复位，司马冏专政

·秦雍六郡流民起义爆发。流民推李特为首，起兵于绵竹，进攻成都

303年 ～ 太安二年

·李特入成都，为益州刺史罗尚所杀。李特侄李雄再克成都

304年 ～ 永安元年

·李雄称成都王，建成汉

·匈奴刘渊在左国城即汉王位，建国号曰汉。十六国始

·河间王颙将领张方逼惠帝西迁长安

305年 ～ 永兴二年

·张敏于历阳起兵称楚公，为陶侃所败

306年 ～ 永兴三年

·东海王越将领祁弘挟惠帝还洛阳。惠帝中毒死，弟炽继位，是为晋怀帝司马炽。八王之乱结束

·并州饥荒，诸将率吏民就食冀州，号为“乞活”

310年 ～ 永嘉四年

·刘渊死，太子和继位。刘聪杀和自立

311年 ～ 永嘉五年

·荆湘流民起义

·汉刘曜攻下洛阳，杀吏民三万余人，挟怀帝至平阳

313年 ～ 永嘉七年

·刘聪杀怀帝，秦王司马邺在长安即位，是为晋愍帝司马邺

315年 ～ 建兴三年

- 晋封拓跋猗卢为代王

316年 ～ 建兴四年

- 刘曜进兵关中，愍帝降，被送至平阳，西晋亡

317年 ～ 建武元年

- 琅邪王司马睿即晋王位，史称东晋
- 祖逖北伐

318年 ～ 太兴元年

- 晋王睿称帝，是为晋元帝司马睿
- 刘聪病死，太子刘粲继位，旋为靳准所杀，汉亡。刘曜发兵攻准，自立为皇帝

319年 ～ 太兴二年

- 刘曜徙都长安，改国号赵，史称前赵
- 石勒自称赵王，定都襄国，史称后赵

322年 ～ 永昌元年

- 王敦起兵武昌，攻入建康，还屯武昌，遥制朝政。元帝死，明帝即位，王导辅政

324年 ～ 太宁二年

- 明帝下令讨伐王敦，敦以兄含为元帅攻建康，王敦病死，兵众溃散

327年 ～ 咸和二年

- 苏峻、祖约之乱爆发

329年 ～ 咸和四年

·后赵出兵攻占上邽，杀太子刘熙，前赵亡

330年 ～ 咸和五年

·东晋始行度田收租制，亩税三升

·后赵石勒称帝

335年 ～ 咸康元年

·后赵迁都于邺

337年 ～ 咸康三年

·鲜卑慕容皝称燕王，建燕国，史称前燕

338年 ～ 咸康四年

·鲜卑拓跋什翼犍继代王位，建代，定法律

·大成国李寿自立，改国号为汉

341年 ～ 咸康七年

·晋诏王公以下至庶人皆正土断、白籍

347年 ～ 永和三年

·桓温灭成汉

349年 ～ 永和五年

·后赵石虎称帝

·谪戍凉州的东宫卫士十余万人在高力督梁犊领导下于雍城起义

350年 ～ 永和六年

·冉闵灭后赵，自立为帝，国号大魏，史称冉魏

351年 ～ 永和七年

•苻健在长安称天王、大单于，国号大秦，史称前秦

352年 ～ 永和八年

•前燕慕容灭冉魏，遂在蓟称帝

354年 ～ 永和十年

•桓温北伐前秦，军至灞上，逼近长安，因缺粮退兵

356年 ～ 永和十二年

•桓温第二次北伐，入洛阳，留兵戍守而还

357年 ～ 升平元年

•前秦苻坚即位，称大秦天王，汉人王猛辅政

•前燕迁都于邺

361年 ～ 升平五年

•桓温派兵破燕军，取许昌

362年 ～ 隆和元年

•晋减田租，亩收二升

369年 ～ 太和四年

•桓温率军五万北伐前燕，至枋头粮尽撤退大败

370年 ～ 太和五年

•前秦灭前燕

376年 ～ 太元元年

•前秦灭前凉、灭代

•晋废度田收租之制，王公以下税米三斛，在役者免

377年 ～ 太元二年

- 晋建北府兵

383年 ～ 太元八年

- 晋秦肥水之战，前秦大败，内部分崩
- 晋增收税米

384年 ～ 太元九年

- 鲜卑慕容垂在荥阳称燕王，后燕始此
- 慕容泓称济北王，西燕始此
- 羌族姚苌在渭北起兵，称万年秦王，史称后秦

385年 ～ 太元十年

- 西燕慕容冲称帝，入长安
- 乞伏国仁自称大单于，筑勇士城为都，史称西秦
- 后燕慕容垂定都中山

386年 ～ 太元十一年

- 鲜卑拓跋珪称代王，都盛乐，改称魏，北魏始此
- 后秦姚苌入长安，称帝
- 吕光称凉州牧、酒泉公，都姑臧，后凉始此

394年 ～ 太元十九年

- 后燕慕容垂攻破长子，杀慕容永，西燕亡
- 前秦苻登为后秦姚兴所杀，前秦亡

395年 ～ 太元二十年

· 北魏在参合陂大败后燕

397年 ～ 隆安元年

· 鲜卑秃发乌孤称西平王，筑廉川堡为都，南凉始此

398年 ～ 隆安二年

· 慕容德自立为燕王，史称南燕

398年 ～ 北魏天兴元年

· 拓跋珪迁都平城，称帝，是为魏道武帝拓跋珪

399年 ～ 晋隆安三年

· 晋征发浙东诸郡免奴为客者为兵，引起反对，孙恩起义

· 名僧法显从长安出发，西行往天竺求经

400年 ～ 晋隆安四年

· 李暠自称凉公，都敦煌，西凉始此

401年 ～ 晋隆安五年

· 沮渠蒙逊杀段业，自称凉州牧，史称北凉

· 后秦姚兴迎鸠摩罗什至长安

402年 ～ 元兴元年

· 孙恩攻临海，败死。妹夫卢循继统其众

403年 ～ 元兴二年

· 桓玄废晋安帝，自称帝，国号楚

· 后凉降于后秦

404年 ～ 元兴三年

·刘裕自京口起兵讨桓玄，玄挟安帝还江陵，后败死

405年 ～ 义熙元年

·刘毅破江陵，迎安帝还建康

407年 ～ 义熙三年

·赫连勃勃称大夏天王，夏始此

409年 ～ 义熙五年

·后燕亡。冯跋建立北燕

·刘裕北伐南燕，围广固

410年 ～ 义熙六年

·刘裕破广固，南燕亡

·卢循、徐道覆北进，攻长沙、豫章等郡，进逼建康，为刘裕所败

411年 ～ 义熙七年

·卢循败死，孙恩、卢循起义遂告结束

412年 ～ 义熙八年

·法显航海回国，次年至建康，著有《佛国记》

414年 ～ 义熙十年

·西秦袭取乐都，秃发檀降，南凉亡

417年 ～ 义熙十三年

·刘裕北伐入长安，后秦亡

418年 ～ 义熙十四年

·赫连勃勃陷长安，称帝

420年 ～ 宋永初元年

· 刘裕废晋恭帝自立，是为宋武帝刘裕，国号宋，史称刘宋，南朝始此

421年 ～ 宋永初二年

· 宋武帝死，太子义符立，是为宋少帝刘义符

· 北凉沮渠蒙逊攻破敦煌，西凉亡

423年 ～ 北魏泰常八年

· 北魏太武帝信用道士寇谦之，于平城起天师道场，道教大盛

· 魏筑长城，东西二千余里，以防柔然

424年 ～ 宋景平二年

· 宋少帝被废杀，宜都王刘义隆立，是为宋文帝刘义隆

431年 ～ 元嘉八年

· 夏灭西秦，北魏攻夏，夏主赫连定西迁，为吐谷浑所俘送魏，夏亡

436年 ～ 北魏太延二年

· 北魏灭北燕

439年 ～ 北魏太延五年

· 魏太武帝拓跋焘灭北凉，北魏统一北方，十六国结束，北朝始

444年 ～ 太平真君五年

· 太武帝禁私养沙门、巫觋，不得私立学校

445年 ～ 太平真君六年

· 盖吴起义

446年 ～ 太平真君七年

·太武帝纳崔浩言，禁佛教，毁经像、塔寺，坑杀僧人

449年 ～ 太平真君十年

·太武帝大破柔然，收人户畜产百余万，柔然从此衰落

450年 ～ 太平真君十一年

·太武帝以修史“暴扬国恶”的罪名，杀司徒崔浩

·太武帝率大军南进瓜步，扬言渡江，建康大震

453年 ～ 宋元嘉三十年

·太子劭杀宋文帝自立。刘骏立为孝武帝，杀劭

460年 ～ 北魏和平元年

·柔然攻高昌，以阚伯周为高昌王，高昌称王始此

·云冈石窟约从本年起开凿，至太和十八年完成

462年 ～ 宋大明六年

·祖冲之奏上《大明历》

创作札记：黄河奔腾

黄河中游：河口——旧孟津。

因为夏季暴雨集中，植被稀疏，黄土壤抗蚀性差，加上因为植被破坏，导致严重的水土流失。

黄河中游河段流经黄土高原地区，因水土流失，支流带入大量泥沙，使黄河成为世界上含沙量最多的河流。最大年输沙量达39.1亿吨（1933年），最高含沙量920千克/立方米（1977年）。

黄河是中国世界纪录协会世界上含沙量最多的河流，平均含沙量35千克/立方米。黄河年平均16亿吨的泥沙如果筑成宽一米，高一米的城墙，长度相当于地球与月球之间的距离的1倍，相当于赤道长度的2700000倍。

黄河中下游的分界点近年辄有争议，按照传统地图上的标记是旧孟津，旧孟津就是现在的孟津县会盟镇，以前孟津县城所在。

黄河上、中游分界点是内蒙古自治区的河口镇。

黄河是我国第二条长河，自远古以来即为多泥沙河流。公元前4世纪黄河下游因河水浑浊即有“浊河”之称。

公元1世纪初，有人指出“河水重浊，号为一石而六斗泥”。

唐宋以后，黄河泥沙有增无减。这些泥沙中的一部分堆积在下游河床上，日积月累，河床淤高，全靠堤防约束，时久形成悬河。每逢伏秋大汛，防守不力，轻则漫口决溢，重则河道改徙。

历史上，黄河流域曾经长时期作为中国政治、经济和文化中心，被誉为中华文化的摇篮。

历史上频繁的灾害，也使黄河被称为“中国的忧患”，据历史记载，在1946

年前的三至四千年间，黄河下游决口泛滥1593次，河道因泛滥大改道共26次，决口一千多次。洪水遍及范围北至海河，南达淮河，纵横25万平方公里，对中国黄淮海平原的地理环境影响巨大。

从公元前602年到1938年，黄河决口1590次，大的迁途26次。平均三年有两次决口，百年有一次大改道。1938年黄河改道，河水南下夺淮，淹没豫东、皖北和苏北大片土地，受灾人口1250万，死亡89万人。

古时黄河两岸未筑堤防，河道极不稳定。

据文献记载，黄河曾往返更迭多次。流经的有《禹贡》《山海经・北山经》和《汉书・地理志》中记载的三道河槽。

《山海经》载，大河下游大致北流到永定河冲积扇的南缘，向东经过雄县、霸县一线，到今天天津市区附近入海。

《禹贡》载，大河下游在今深县与《山海经》大河别流，穿过今河北平原中部，于青县以东入海。

《汉志》载，大河离开太行山东麓，经豫东北、鲁西北、冀东南，东北至黄骅县境入海。

上述三河道在战国中期以前，或互为主次，或同时存在，但以流经《汉志》大河为常见。

在古代，“河”是黄河的专称。据《汉志》《水经注》记载，河北平原上被称为”河”的水道达10余条，都可能是黄河某次决流改徙后的故道。

战国中期，下游大规模修筑堤防后，固定下来的河道就是《汉书・地理志》里记载的大河，从此结束了长期以来多股分流、改道频繁的局面。

战国中期，黄河下游地区人口稀少，初筑堤防时，两岸堤距宽达50汉里（1汉里相当现今414米），大溜（主水流）得在堤内游荡，河道蓄洪能力较强，不易发生决口。

以后生齿日繁，在大堤内河槽两旁淤出的大片滩地上进行了垦殖，修筑民埝以自卫，远者距水数里，近者仅数百步。遂使河床迫束，河身多曲，淤高迅速，险情迭出。

西汉末年，今河南浚县境内河道，“河水高于平地”，显然已成“悬河”。这是秦汉以来黄河中游地区水土流失加剧的结果。

公元11年王莽时黄河在魏郡元城（今河北大名东）以上决口，河水一直泛滥至清河郡以东数郡。

当时，王莽因为河决东流，可使他在元城的祖坟不受威胁，就不主张堵口，听认水灾延续了近六十年，从而造成黄河史上第二次重大的改道。

此后，在将近千年时间里，黄河下游河道出现过相对稳定的局面，偶尔有决溢，也未造成大规模改道。其原因有以下几个。

东汉开始，大量游牧民族入居黄河中游，退耕还牧，次生草原和灌木丛代替了耕地，水土流失相对减弱。

公元70年，在王景领导下，对西汉末漫流的河水进行全面治理，才固定了一条新的河道，大体流经冀鲁交界地区，从长寿津（今濮阳西旺宾一带），自西汉大河别出，循古漯水河道，经今范县南，在今阳谷县与古漯河分流，经今黄河和马颊河之间，至今山东利津县境入海。

当时黄河下游存在不少分支，或单独入海，或流入其他河流，沿途更有一些大小湖泊和沼泽洼地，都起着分洪、排沙与调节流量的作用。

经近千年的堆积，到唐末开始，黄河下游河口段已逐渐淤高。公元 893年（唐景福二年）河口段，发生近百里的改道。

五代时期，决口的频率明显增加，平均不到三年就有一次泛决。

至11世纪初，在今山东商河、惠民、滨州市县境内，河道又“高民屋殆逾丈”。

此后，决口地点又上移到澶州（今河南濮阳）、滑州（今滑县东旧城）一带。总的趋势是，河道逐渐向北摆动。

五代末年、北宋前期决出的赤河、横陇河，都在唐代大河之北。

1048年商胡埽（今濮阳东昌湖集）决口，北流经今滏阳河与南运河之间，下游合御河（今南运河）、界河（今海河）至今天津入海，史称“黄河北派”。这是黄河变迁史上的第三次重大的改道。

1128年（南宋建炎二年），为阻止金兵南下，宋东京留守杜充竟然在今河南滑县西南人为决河，使黄河东流经豫东北、鲁西南地区，汇入泗水，夺泗入淮。

从此黄河离开了春秋战国以来流经今浚、滑一带的故道，不再进入河北平原，在此后的700多年中，以东南流入淮为常。

这是黄河下游变迁史上划时代的大事，也是黄河第四次重大的改道。

1286年（至元二十三年）10月，黄河下游出现15处决口，分成三股，夺淮入海。这是黄河历史上第五次大改道。

从金元至明中叶，决口地点逐渐西移，河道干流逐渐南摆。

13世纪后期有一段河道夺颍河入淮，达到黄河下游扇形平原的西南极限。

下游河道除干流外，同时分出几股岔流，迭为主次，变迁无定。

黄河下游多股分流的局面至16世纪中叶(明嘉靖年间)基本结束，“南流故道始尽塞”“全河尽出徐、邳，夺泗入淮。”这是河势的一大变化。

后来在万历初年，潘季驯推行“筑堤束水，以水攻沙”的治河方针，下游河道方始基本固定，即今图上的废黄河。其后虽有决溢，但旋即恢复故道。

清前期经大筑堤防。河南境内河道出现过一段相对安流时期，而山东、江苏境内河段决口次数增多。

1855年6月，黄河在河南省兰阳铜瓦厢决口，先向西北淹到封丘、祥符各县村庄，又往东漫流至兰仪、考城、长垣等县后，分成3股，乱流入海，这是黄河第六次大改道。

1938年6月，国民党政府为阻挡侵华日军西进，人为炸开花园口大堤，黄河南泛于贾鲁河、颍河和涡河之间地带，成灾严重，史所罕见。这也是黄河史上的第七次大改道。

正是黄河频繁泛滥成灾的特点，以至于许多朝代都设有治河机构，这在世界大江大河治理中是罕见的。

历史时期的黄河中游地区，除内蒙古西部和宁夏部分地区为荒漠地带外，其余均有森林草原覆盖。气候温暖湿润、河水流量大、池沼湖泊星罗棋布、绿色遍野、水草丰茂，是人类栖息的理想之地。

然而数千年来，发生了很大的变化。

现在的黄河中游地区降水量减少、气候干燥，河流枯竭、湖泊消失，土壤盐碱化和沙化程度加重。尤其是黄土高原地区更是沟壑遍地、梁峁林立，往昔青山绿水消失，农业生产条件极为恶劣。

黄河中游地区自然环境的这种变化，主要是几千年来人类的生产活动和不合理的开发，使森林和草原植被大量减少以至消失的缘故，这确实是一个惨痛的教训。

先秦时期黄河中游地区的农业发展，使这些地方的森林受到破坏。

汾河流域为夏人居住地，河内地区为殷商都城，所以早在夏、商时期，这里的森林就遭到破坏。

夏人和殷人都重视农业，开垦土地当使森林面积减少。

殷人嗜酒，尝为酒池肉林，酿酒所需的黍为其重要的农作物之一。

夏人和殷人建造居室和宫殿，需要大量的木材。

那时森林茂密，木材用量还不算很大，破坏的范围还是有限。

春秋时期，魏国魏文侯时，李悝变法，实行“尽地力之教”的政策，“以为地方百里，提封九万顷，除山林邑居三分去其一，为田六百万亩”，要求除了山地、泽薮和村落，其余的土地都要开垦。

在太行山的河内地区，西门豹治理邺地陋习，兴修漳河水利，使漳河流域的农业大为发展。

可以推知，经过李悝变法和西门豹治邺，平原沃土上的森林和草原肯定是不复存在了。

周原北倚岐山，南至渭河，原上森林、草原相间，气候湿润、土肥水美。周人砍伐和清理树木，辟地种田，使周原开始出现一片农业景观。

到了西周春秋时期，泾渭流域的关中平原地区，农业生产愈来愈发展，森林和草原植被愈来愈少。

战国时期，商鞅在秦国实行变法，“坏井田，开阡陌”，令民“戮力本业，耕织致粟帛多者复其身”，大肆开垦土地，森林和草原植被又一度遭到破坏。

伊洛平原森林减少和消失，是从周公营洛开始的。

周平王东迁以后，洛阳成为全国的政治经济中心，宫室的建筑需要大量的木材，粮食的消费需要大量土地，两者需要的结果，自然又是森林植被的大量被破坏。

战国末年，洛阳周围的土地开垦已达到极限。当时著名的政治家苏秦曾说过，假如他能有洛阳近郊的良田二顷，宁可舍弃六国相印。伊洛平原耕地之紧缺于此可见。耕地紧缺到这种程度，森林当然是不复存在了。

这一时期，黄河中游平原地区的森林植被已经基本消失，但这仅仅是个开始。

秦汉之时，伊洛河附近的一些涧、谷和黄河以北的河内地区，还存在着很多树木，其中枣树和竹子最引人注目，著名的“竹林七贤”就隐居其中。

秦和西汉，建都关中，粮食需求大为增加。扩充土地，增加生产，森林植被，日见损毁。

这一时期建筑所用木材数量之多十分惊人。

秦始皇先是建筑咸阳宫，以后每灭一国，即依照原来的宫室规模在咸阳原上重新建筑，使得“自雍门以东至泾、渭、殿阁复道周阁相属”“令咸阳之旁二百

光武帝刘秀

里内宫观二百七十，复道甬道相连”。

始皇三十五年（前211），又在渭河南面上林苑建造朝宫，“先作前殿阿房，东西五百步，南北五十丈，上可以坐万人，下可以建五丈旗。”

后又发途刑万人，作阿房宫及骊山，遂使“关中计宫三百，关外四百余”。

如此大规模的宫殿建筑群，所需木材之多可以想见。

其时关中木材已不敷用，开始采伐荆襄山区的大木。

楚汉战争中，秦的建筑尽付兵火。

西汉灭秦后，另建千门万户、富丽堂皇的宫殿群，建造所用，烧造砖瓦和浇铸金属器皿的薪炭，都需要大量木材，平原地区的森林实在无法满足这种需要，致使近山的森林也遭到破坏。

东汉时期，光武帝建武八年（32）派来歙征伐隗嚣，曾以两千兵力伐山开道，主要是，草原变为农业区，严重破坏了植被。

魏晋南北朝时期，政局动荡，战乱不息，但对森林植被的破坏却不曾停止。

函谷关以西曾有大片桃林，郁郁葱葱，一望无际，枝柯交叉，密不可分，军队马匹战车根本无法通过，被认为是关东、关西之间的要塞。十六国时期，已经被砍光了，成为军队的营地。

北魏在北方开拓，大量林区变作农田。黄河中游地区发展更烈。

北魏迁都洛阳后，在废墟上修建金碧辉煌的宫殿、佛寺，所需木材数量惊人。这时伊洛平原附近的山上已无木材可取，所需木材皆来自吕梁山区。

北魏政府由牧转农，在全国范围内实行均田制，农业的发展，农田面积的扩大，使森林快速减少。

函谷关大貌

远望函谷

北魏统治期间，黄河中游黄土高原的陕甘宁地区很多地方都成为著名的粮食产地，可知这些地方的森林又消失很多，但这时对山地森林的破坏和以后相比，还算不上十分严重。

唐宋时期，为了建筑用材而不断扩大远程砍伐的范围，山地森林受到严重破坏。

隋唐两个王朝都以洛阳为东都，大兴土木，在洛阳建造和长安类似的建筑。这时平原地区和附近浅山地区的森林已完全消失，建筑所需木材就只好取之于远方深山。

宋代对森林的破坏程度比之前朝有过之而无不及，砍伐重点除秦岭、陇山外，还延伸到黄龙山一带。

宋代不光政府砍伐，朝中的权贵们也纷纷派人四处砍伐木材，私自贩卖，牟取暴利，宰相赵普即是其中之一。

明清时期是森林植被受到全面毁坏的时期，原因仍是土地开垦、建筑用材等。

除森林外，草原地区的破坏也非常严重。

历史上的黄土高原为森林和草原覆盖，从周秦迄明清，森林既已遭到严重的破坏，草原也不能幸免。

早期的周原，一片草原风光。随着周人农业活动的开展，草原面积逐渐减少。

黄河中游黄土高原地区，战国至秦汉时期、隋唐时期和明清时期曾有三次较大规模的由牧变农活动。

从先秦至明清，黄河中游地区的森林和草原植被经历了一个从多到少乃至消失的变迁过程，而这一变迁过程又直接影响到黄河中游地区乃至整个黄河流域生态环境的恶化。

唐宋以前，黄河中下游地区曾是中国古代经济重心，但在历史发展中，其经济重心地位逐渐丧失。

黄河中下游地区长期军阀混战，加上北方匈奴、契丹、党项、女真、蒙古等少数民族频频南下，经济破坏严重，导致北方人民大批南迁。

以上是古代经济重心南移的政治原因。

除外，中国古代黄河中下游地区气候的冷暖干湿变化、过度垦伐造成生态失衡，也是经济重心南移的重要因素。

西安半坡遗址和安阳殷墟中都发现了生活在湿热地区的竹鼠、獐等，说明那里曾经森林繁茂、竹林广布、沼泽存在和河水流量充沛。

唐初长安还有梅树和柑桔种植，都说明当时黄河中下游地区气候远比现在温暖。

中唐以后，总的气候趋势是寒冷、干旱，旱灾远多于水灾。

两宋时期、明代中叶及清代前期，持续出现较长干旱的时期，使动植物生存日趋困难。

依赖竹林生存的竹鼠是生活在亚热带的典型动物，但因寒冷而干旱的气候及人为破坏，竹林消退，其分布已从北纬34°至36°一线的陕西、河北、河南等地迁移到北纬33°线以南的四川、云南，成为黄河中下游地区气候逐渐寒冷干旱的实证。

古代封建统治者推行垦荒政策，虽然推动了经济发展，但过度垦伐对自然生态造成严重破坏，并使经济失去持续发展的后劲，则是不容忽视的事实。

黄河中下游地区人口众多，开发早，是森林植被破坏最早和最彻底的地区。

黄河中下游地区森林植被破坏大致经历了西周——战国、秦汉——北朝、唐宋和明清四个时期。

中唐后，随农垦区不断扩大，农牧分界线不断北移，不仅半农半牧区域成为农业区，就是亘古以来的大草原也不断被垦辟，成为新的农业区，而现有草原也有衰退现象。历史上那种“天苍苍，野茫茫，风吹草低见牛羊”的情景已不多见了。

第一个时期前期，黄河中下游地区郁郁葱葱，河谷平川的农田被淹没在绿色海洋中。后期，平原地区森林基本破坏殆尽，已无成片林木存在。

到第三个时期，山地森林已严重破坏，第四个时期黄河中下游地区森林覆盖率甚至下降到3%左右。

过度垦伐的结果，是黄河中下游地区日趋严重的水土流失，经济发展环境日趋恶化，经济重心地位丧失。

长江以南地区属亚热带季风性湿润气候，热量丰富，降水丰沛。良好的水热条件，有利于植物和农作物生长，生产潜力大。

遍布江南山林丘岗地带的红壤虽不是优良土壤，但适宜种植茶树、柑桔等经济林木。江南丘陵、平原地带优良的水稻土，配以良好的水热资源，使江南地区水稻广泛栽种，成为水稻的主产区。

江南开发较黄河中下游地区晚，自然生态环境的破坏也远不如北方严重，对经济发展的负面影响小，经济地位自然日渐上升。

小浪底水利枢纽风景区，位于黄河中游最后一段峡谷的出口处，南距洛阳市40公里。

黄河小浪底大坝，位于洛阳市孟津县小浪底村，故而命名，距离洛阳市孟津县县城7公里，北距河南省济源市30公里，上距三门峡水库130公里，下距郑州花园口115公里。

310国道、207国道、连霍高速和太澳高速从小浪底景区边缘通过。机场近在咫尺，交通十分便利。

小浪底风景区地跨南北两岸，南岸为崤山的东北余支，西接汾、渭盆地，东临华北平原。北岸有太行山和王屋山，景区以小浪底工程为依托，以山、水、林、草为特色。南岸黄鹿山为景区最高点，从这里可俯视大坝全景，感受大自然的美丽景色。

小浪底水利枢纽大坝2001年底竣工，是治理开发黄河的关键性工程。

大坝形成的小浪底水库，位于穿越中条山、王屋山的晋豫黄河峡谷中，库区全长130公里，总面积278平方公里。

湖光山色、千岛星布。库内大量的半岛、孤岛、险峰，使自然景观近有曲折蜿蜒的河湾，远有烟色浩淼的湖面。

从小浪底码头登舟，击水搏浪，出入高峡平湖，可观赏沿岸山水风光，尽情领略母亲河的风采。

西霞院水库，位于洛阳市孟津县白鹤镇境内，东西长16公里，南北宽3公里，面积相当于4个杭州西湖，总库容达1.45亿立方米。

西霞院水库的大坝总长3122米，比小浪底大坝长一倍，是目前黄河上最长的大坝。

西霞院水库水面开阔，水位稳定，水质清澈。平均水深4米到6米，最深处仅为10米，弥补了小浪底水库水太深、开展水上旅游活动不安全的缺憾。

两岸黄河河沙颗粒粗大圆润，色泽金黄，是进行沙滩运动绝佳场所。

黄河小浪底西霞院旅游区，以西霞院水库为基础，规划建设而成，包括水域及河心洲、岛，西高东低，在50公里的黄河上形成了峡谷山地、黄河阶地、平原滩涂三种地貌类型。

西霞院一带，山连着山，水连着水，山水相连，枢纽相接，天人合一。

西霞院湖面，碧水浩淼，烟波万顷，影落明湖，霞映红波，千禽会集，高旋低落，构成内陆河湖的特质景色。

第肆卷

帝都传奇

任见 著

河南人民出版社

目　录

第四十六章
更始居洛

一

驻在宛城的小朝廷做出军事决定，向王莽新朝政府开战。

刘玄遣西屏大将军申屠建、丞相司直李松率军向西，进攻武关，遣定国上公王匡率军向北，攻打洛阳。

两路汉军，浩浩荡荡。不日，克下洛阳和武关，“三辅震动”，各地“翕然响应，皆杀其牧守，自称将军，用汉年号，以待诏命，旬月之间，遍于天下”。

王莽闻听洛阳失陷了，武关也被破了，急得上蹿下跳，召王邑、崔发等高级干部，商议“御寇”之策。

王邑吃过汉军的苦头，提起汉兵惶然失色，不知说什么才是。

崔发的官职是大司空，平日没有出过计策，此际正好施展，引经据典地说：“臣闻《周礼》有言，国有大灾，宜哭以厌之。事变至此，当号泣告天，祈求护佑。”

崔发这款专家，实在是少见，他对《周礼》的研究，实在是奇葩，以哭消灾，哭丧鬼啊！

王莽真也是急病乱听医，起身下殿说：“好好好，那咱集合，快哭去，哭去！”

在京的全体干部和太学生们都集合起来了，差不多近万人，王莽率领着奔赴南郊，演习哭礼。

更始帝刘玄

王莽自己先仰天泣语，接着叩头哭嚎，然后命小吏、诸生齐哭，并说哭得最响亮的官升一级。同学们，机遇来了，哭吧。

哭声如雷，响彻郊野。哭后统计有五千多人哭得有水平，依诺晋级。

哭嚎能解决问题吗？不能。汉兵所到之处，势如破竹，郡县争相归附，不一日，已打到宫门。

王莽没有兵了，想起了狱中的囚犯，便大赦他们，发放戈矛，令大臣史湛带领着去城门口拒敌。

还没到城门呢，乌合之众一哄而散，跑个精光，剩下史湛孤零零的一个人。

汉兵围死了京师，市人朱弟、张鱼趁机起来造反。他们操起家伙进攻皇宫，冲进里边，四下放火。

王莽怀揣国家公章，嘴里念叨："天生德于予，汉兵其如予何？天生德于予，汉兵其如予何？天生德于予，汉兵其如予何？"退向后宫一处茅厕里。

王莽只顾保护公章，厕所防卫难免松懈，人们到处找他，皆欲杀之而后快。

有个叫杜吴的人找到厕所，杀掉了王莽，得到了他的公章。

很快，一个名叫宫宾的校尉砍下王莽的头，进呈给汉兵指挥官。

西屏大将军申屠建立即派人将王莽的头送往宛城给更始帝刘玄看。

刘玄让把王莽的头悬挂起来，说："大家用石子投着玩吧！"于是，宛城"百姓共击之"。

宛城小朝廷取得解放战争的决定性胜利，驻朝群臣走马灯一般上殿称贺。

刘玄一扫昔日窝囊之气，说话"咹咹咹"地，威严起来。

但刘玄不知道朝廷的礼数，如何拜贺，如何接受拜贺、回君王之礼，一概不

王常

知。问群臣，群臣大眼瞪小眼，个个昏昏然。

王常说：“王莽乱汉政，败汉制，毁帝庙，改官职，更地名，换货币，这都几十年了，再说我等均未进过太学，更未曾演习过，哪能知道？”

那谁知道呢？这些东西不知道，不实行，那咱朝廷不跟乡野人家一样吗？

王常说：“武信侯刘秀上过太学，又爱读古书，他或许懂得。”

刘玄说黄门使者：“愣着干什么？还不赶紧去请武信侯！”

黄门使者飞跑着去召刘秀，刘秀一看他的慌张样子，不敢怠慢，驱马进宫，方知是刘玄想请教朝廷工作的礼数。

刘秀不慌不忙地说：“汉朝典章礼仪，为臣略知一二。朝会、郊祀、宗庙等等，都有一套程序，非常隆重的，非常隆重的。”

刘玄听了满心欢喜，心里说幸好没有杀掉刘秀，否则皇家尊严威仪都弄不成了。就详细问。

刘玄详细问，刘秀详细答。答得刘玄一愣一愣又一愣，最后说：“你往后随侍左右吧，我问你方便些。”

这就算重用了，加之汉兵节节胜利，阴丽华为丈夫高兴啊，置酒让刘秀喝，弹曲儿让刘秀听。

然而，刘秀心间深藏的愤懑与悲痛是排遣不了，他一想到首倡义兵的哥哥不幸遭杀，便悲从中来。

其时在洛阳，却出现了“王匡战王匡”的战争奇迹。

汉军的定国上公王匡猛攻洛阳，擒获了王莽新朝的太师王匡，还抓住了新朝的大将军哀章。

公元23年九月，汉军占领洛阳。

新朝败将王匡和哀章被押送宛城。

刘玄皇帝当得愈来愈老练，发令刀斧手当街剁掉王匡、哀章的头，随后庆贺占领京师和洛阳，大摆筵席，君臣个个喝得满面通红。

惟有刘秀，端坐角落，默无声息，面带忧色，沉沉无语，美味佳肴引不起他的食欲，丝竹与歌舞令他生厌。

李轶、朱鲔、陈牧等注意到了刘秀的反常举止，示意刘玄。

刘玄愀然变色，恨恨地盯着刘秀问："大将军，满座皆欢，独你向隅，难道在想什么见不得人的心事？"

刘秀听到刘玄发问，不由一愣，连忙起身说："臣在为陛下思虑长久之事，故而沉默。"

刘玄倒被刘秀说愣了，问："目今大业已成，净享福了，还有什么好思虑的？"

刘秀说："宛城地处偏远，不宜久做帝都。臣在忧虑迁都大事。"

对，对，迁都。众臣忽然都激动起来，赞赏刘秀。

有的说："武信侯想的就是长远。"有的说："破虏大将军就是比我们有远见。"

刘玄问刘秀："你看应当迁到哪里，如何迁都？"

刘秀说："长安路远，又经大火焚烧，早已不堪使用。自然要选定洛阳。"

洛阳！洛阳！洛阳！众臣又一度激动，闹嚷嚷地吆喝起来。

刘秀说："洛阳有史以来便是帝王之都，形势甲于天下，宜定洛阳。"

傅俊

“好！”刘玄早已转怒为喜，“寡人这就依了众议，迁都洛阳。文叔你行司隶校尉之事，前往洛阳整修宫府吧。咱们好早日到洛阳享福。”

名都洛阳，玉器珍宝天下驰名，领兵先达洛阳者，可先睹为快，自然也可先下手为强，中饱私囊。大司空陈牧见机即奋勇道：“某愿为前哨，替司隶校尉开路。”

刘秀看出陈牧的心思，但还是微微一笑，答应了他。

陈牧连酒也不喝了，等不到宴会结束，就带着本部人马，朝洛阳进发了。

二

酒宴之后，刘秀回府，恰逢校尉傅俊在老家办完丧事回来。

傅俊是颍川郡襄城县人，字子卫，刘秀带兵经过颍川时，傅俊是个亭长，带头拥军，把仓库里的粮食都扛了出来，刘秀当即就拜他为校尉，供职在自己军队里。

傅俊参加了汉军，王莽新朝的襄城宰把他的全家、全族都刑事拘留了，最后都处了死刑。

傅俊怀着深仇大恨，在打仗中冲锋陷阵，无所畏惧，跟着刘秀出生入死，战后才请假回家收葬亲人。

刘秀快步迎上去，“子卫，家中事办妥了吗？需要什么尽管说。”

傅俊感到领导太关心了，眼角有些湿润，赶紧抱拳施礼，说：“俊回故里的时候，大将军解囊相助，正觉得无以报答呢。”

更始帝下令洛阳家家齐张彩灯

刘秀微笑说："子卫不必说这些。来吧，我要请教你呢，到我房里叙谈。"

到了房里，落席而坐，刘秀问回家去一路上的见闻情况。

傅俊说："很可怕呀，兵燹不止，百姓害怕，把土地都撂荒了，王莽死了，各级政府更没有哈数，横征暴敛愈加严重。"

刘秀倾听着，分析着，说："乱后大治，极为迫切。建设一个新的朝廷太重要了。如今我担任司隶校尉，要去洛阳，重起首都，行期在即。因此烦劳你替我把夫人送回新野老家，安置好她的生活。"

新婚夫妻要分开？傅俊十分诧异，说："你行司隶校尉职责，更始帝到洛阳之前，洛阳是你说了算的，带着夫人多好啊！"

刘秀神情冷峻地说："子卫，你已经看到了社稷的不堪，我料它还有得乱呢。正因此我才把护卫夫人还娘家的重任交给你。"

傅俊想了想，低声道："请司隶校尉把洛阳建设好，把厅堂殿阁修得堂皇气派，别人在洛阳都是暂时的，将来洛阳必是我们的帝都。"

"子卫不可胡说。"刘秀截住傅俊的话头，"你我肝胆相照，历经多年考验。你必须护卫好夫人，好让我全心干好大事。"

"属下一定把夫人送回去，安置好。"傅俊起身施礼。

却道为刘秀打前站的陈牧，带着部属，朝洛阳进发，一路骚扰地方，索要财宝，走得很慢，几天后的一个傍晚，才进入父城地界。

陈牧于父城门前勒马而立，向城头高声喝道："城头的兵卒，听好了，大司空陈牧在此，快去叫冯异、苗萌，备下礼物，迎接我等进城！"

月光下，城堞口，闪出一个人影，道："我是冯异。城门启闭有时，非为一人而设，大司空身为社稷重臣，当知道朝廷规矩。”

陈牧大叫：“冯异你算老几呀，竟敢来教训大司空！我是正部级，知道吗你？快点打开城门接待我等，接待殷勤了，或许能饶了你。”

冯异毫无惧色，言辞铮铮：“城门早已关闭，哪怕是天子驾临也不可随便打开了，请大司空委屈一晚，在城外歇息吧。”

陈牧看冯异是铁了心了，大怒不已。

“简直要造反了你！部队拉上来，给我攻城，攻克了把你碎尸万段。”遂下令进攻父城。

陈牧的汉兵是往洛阳打前站的小分队，没有什么实力，但听到上峰的命令，还是呐喊着发起战斗。他们先放了一通箭，接着竖起竹梯，挂起长索，往城头上爬。

既然你攻城，我就得守卫，冯异的兵民奋起反击，舞动撬棍推翻竹梯，挥起快刀砍断长索，朝城下泼脏水，倒屎尿。

攻防战打得不亦乐乎。

城下的汉兵伤亡不小，幸存奔逃的也无不得了满身屎尿，臭气熏天。

陈牧更加震怒，操起长戈，拍马在城门口乱转，大骂。

突然间，鸣镝声起，城门大开，冯异趁着汉兵奔窜，率领部队杀将出来，几个回合，把宛城汉兵打了个七零八落……

却说是夜，月色皎洁，刘秀正在宛城与阴夫人话别。

阴丽华柔声道：“我等你盼你，思你念你，多少年多少月多少日，好不容易，相聚首了，偏又要分离。你去洛阳搞基建，我相随在你身边，也可以照顾

铫期

你呀。”

阴丽华说着，不由泪落如雨，刘秀忙劝慰她道：“你舍不得我，我又何尝舍得你。你是知道我与哥哥的起兵誓约的，你也知道哥是怎么死的。大事未成，哥哥先去，我怎能就此满足私情，忘怀初衷？而往后艰险，尤难料知……”

说到此处，刘秀抽噎难言。

阴夫人抬起素手为刘秀揩泪，说：“我明白了。我回娘家，等着你接我。只是你，千万多加保重！”

阴夫人在校尉傅俊、偏将军阴识的护卫下，离开宛城。

刘秀向刘玄报告说，建设都城是大事，需要“置僚属，作文移，从事司察，一如旧章”，算下来得十六名干部，刘玄同意刘秀挑选、配备，停当后即出发。

这时，大司空陈牧狼狈逃归宛城，添油加醋地告状说：“冯异在父城反了！”

更始帝刘玄十分恼怒，这还了得！下令卫尉大将军张印、执金吾大将军廖湛、柱天大将军李轶等，前去攻打，竟不能下。

廷尉大将军王常说：“迁都洛阳要紧。别再打这些仗了，冯异本已归顺司隶校尉，陛下派刘秀速往洛阳，路过父城，就解决问题了，然后迁都大事可成。”

反正刘秀已经将所要求的官制机构配备好了，刘玄催促，当即出发。

刘秀带着人马，到了父城，冯异率干部群众夹道欢迎，又杀牛宰羊，设宴拥军。

刘秀担心自己去后，冯异遭到诸将的迫害，说：“公孙可愿随我去洛阳？”

冯异朗声道："异虽不才，愿效全力。非但我愿随行，手下铫期、叔寿、段建、左隆等，皆为才智之士，都愿跟着明公。恳请一并纳用。"

刘秀异常高兴，乃用冯异为主簿，苗萌为从事，铫期、叔寿、段建、左隆四人同为掾吏，一起赴洛阳。

三

洛阳，由于刘秀的到来，又一个发光闪亮的历史时期拉开大幕。

王莽的新朝是以洛阳为陪都的，王莽曾经数次要迁都洛阳，都因为收拾不住天下局势，无法妄动，不过正因为他多次想迁都洛阳，把洛阳建设了好几回。

王莽征发了很多民夫，拨了很多款项，派其太师王匡在洛阳督工修建，把衢路修得四通八达，宫阙建得雄伟壮丽。

汉兵取洛阳，也不像长安那样，拼命厮打，所以破坏也不严重，繁华热闹基本如常。

司隶校尉刘秀一拨人马来到洛阳，在南宫安下办公之处，稍作歇息，便带着从事、主簿、掾吏，考察洛阳地势。

他们向南，走到伊阙，龙门口，向北走上邙山，决定在南至洛水北岸，北到邙山半坡，东西南北各长十多里的区域内高筑郭墙，在原城址的基础上，再扩大一圈，也就是再建一"环"。

新的洛阳帝都，规模宏大，为了尽快整修好，刘秀及其手下，起草下发督促文书，命洛阳下属的三河郡、弘农郡组织民工。

臧宫

主簿冯异和从事苗萌，手持笔帛，登记姓名，铫期、叔寿等四位掾吏，管理仓廪库储，监察中都官是否按时放粮，是否如数支付工银。

洛阳附近百姓，运土筑墙所得报酬很高，而且按时兑现，从不拖欠，自动前来打工的成群结队，越来越多，工程进展神速。

刘秀作为新洛阳建设总指挥长，带着祭遵、臧宫、冯孝、丁綝、吕晏一干官吏，奔波于各处工地，检查城墙夯土质量，砌砖质量，有时候还挽起袖子，呼着号子，干上一阵。

四十天后，洛阳帝都整修完毕，刘秀回宛城复命。

更始帝刘玄听了刘秀的工作汇报，连声夸赞，乐得闭不上嘴，下令占卜，寻找迁都吉日。

神职人员占卜，算计，说卦象、爻辞都显示当前大吉大利，迁都当在本月。

更始帝高兴："那就快去洛阳吧，还等什么呢！"

三日后，刘玄率着人马车驾，离开宛城，前呼后拥，浩浩荡荡地向洛阳行进。

洛阳地方官吏组织百姓扶老携幼在城门外夹道欢迎更始帝，人们好久没见过皇帝了，你挤我扛，想观赏新天子的威仪。

新皇帝的队伍来了。打头的，是执金吾廖湛的羽林军，敲打着鼓点，接着是曲柄黄伞的天子车驾。

更始帝刘玄坐在车中，东瞧西望，神不守舍。

新皇帝麾下诸将，精神头特别的好，嘻嘻哈哈，大呼小叫，不成行列，服装也十分混乱，有的甚至穿着女人的衣裙，他们拥在更始帝的御驾后边，把小人得志的活剧演绎得无比充分。

洛阳的吏民百姓，历来居于圣城，自身较有修养，一看农民起义领袖带着喽啰，竟然如此招摇而来，不免掩口窃笑，议论纷纷。

人群中有位老吏，诵念《礼仪》曰：“夫威仪，所以与君臣，序六亲也。若君亡君之威，臣亡臣之仪，上替下陵，此谓大乱。”

更始帝甫进洛阳，已失君臣威仪，落下笑柄。

更始帝迁都大队的最后，是出城远迎的司隶僚属随着走来，从事十几位，执节而行，主簿、掾吏、都官，依班列队，井然有序。

鬓发斑白的老吏，眼中垂泪道：“惟有司隶僚属，能见汉宫威仪。汉室得兴，希望在此啊。”

刘秀们在奉命修建洛阳期间，已经给洛阳民众留下了认真严肃的印象，现在又以实际行动诠释了集中与纪律，如今，人们见其僚属法度森严，听老吏的赞叹，更加敬服。

“司隶校尉！奥耶！”不知谁带头欢呼起来。

顿时，欢声如雷，“司隶校尉！奥耶！”“司隶校尉！奥耶！奥耶！”

更始帝刘玄坐洛阳，天下姓刘的都扬眉吐气了。有个名叫刘永的，最先跑到洛阳来诣阙拜贺。

刘永是睢阳人，祖上有官职，王莽时期被削去爵位，贬为平民。舂陵起兵时他没有搀和，现在看着气候成了，跑洛阳来叩头。

更始帝自然高兴万分，手中官帽无算，给了刘永一顶“梁王”帽子，让他去睢阳当头儿。

赤眉军头领樊崇

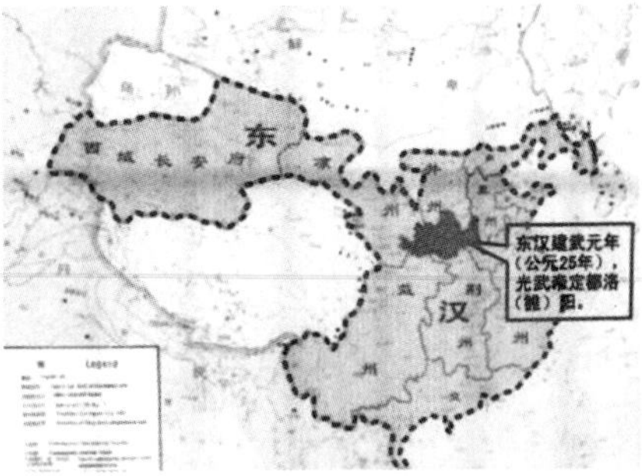

汉魏洛阳城文管所绘制的东汉疆域图

刘永一介布衣，来得及时，戴着王冠，兴冲冲而归睢阳。

丞相司直李松和西屏大将军申屠建，在长安王莽的宫殿里找到好多新服装，把皇上穿戴的挑了挑，拣了拣，装上车，派人送到洛阳来。

刘玄看到大量的乘舆服御，兴奋得迷三倒四，不上朝时也戴着旒冕、穿着衮服，走来走去。

刘玄除了设宴，就是封赏，除了封赏，就是设宴。对了，还要乘上玉辇，观赏名园。

宫里殿外，整日闹嚷嚷地没个消停，廷尉大将军王常看在眼里，忧在心间。

逮到个机会，王常对刘秀说："天下未定，百废待兴，朝纲却如此混乱。有功的不赏，无功的乱封。洛阳已成了是非之地，司隶校尉不该在此久留啊。"

刘秀当然看得十分清楚，听了王常的话，他惟有默然。

话说更始君臣占据了洛阳，每日里，车驾出宫，追逐新奇，热闹不疲。

反正洛阳的灯红酒绿是玩乐不尽的，在公元24年的洛阳大街上，一日一日呼喝乱跑的都是更始帝的臣子。

更始朝新近受封的官员，原先全是修理地球的，跟随人家起事之后，鸡犬升天，不知道朝政是什么，不知道应该干什么工作，就是要享受，要派头。

更始帝周围，前呼后拥的人更多，不过大群随行的僚属中，不见司隶校尉刘秀的身影。

刘秀在司隶校尉府里读地图呢。地图绘在宽大的素帛上，山川水泽、地名驿道，都标示得清爽明白。

刘秀读一阵图，哭泣一阵，他老想到哥哥刘縯，自然而然就要哭泣，落泪。

冯异来送素饼，见刘秀的模样，猜出个八八九九，赶忙劝解刘秀，请他开释哀情，放眼长远。

说话中，冯异指出现今的大司徒刘赐为人耿直，可以多加交往，以备照应。刘秀沉思良久，点头称善。

繁华的洛阳，也有让更始帝刘玄玩够的时候。着手朝事了。他以为自己无比强大，派手下出去四处收降招安。

濮阳是赤眉军的地盘，刘玄派专使去濮阳，招降红眉毛军队的首领樊崇。

这个樊崇，由于穷困，吃喝没有，才聚众起义，他的本心只是要天天吃油条便满足了，没有长远打算。攻城掠地，纯粹为夺取粮食财物、求得饱暖。

樊崇也规定了“杀人者死、伤人者偿创”等三大纪律，但他“无文书、旌旗、部曲、号令”，仅以“最尊者为三老，次从事，次卒史”，相互间可笑地称为“巨人”。

樊崇没有什么干部制度，人们乌合在一起罢了，故而刘玄的使者一到濮阳，展开诏书，樊崇就迷了，说：“好啊，我们归汉！”

樊崇为表示对更始帝的信赖，留下部众驻守青、徐二州，亲自带着跟他跟得紧的“巨人”二十多个，找了个汉室宗族子弟刘恭做顾问，随使者一同来到了洛阳，小心翼翼地去拜见刘玄。

刘秀所教的皇帝威仪刘玄都学到了，迈着四方步，左一走，右一走，上朝了。

鞭炮响，礼乐起，虎贲执戈，羽林执槊，列在两边，殿头官高声吆喝：“开朝了！有事启奏，无事卷班。别他妈的磨蹭！快点了，快点了！”

大义除霸的李通

更始帝的殿堂上，臣子们或坐或立，乱纷纷地你言我语，说樊崇你们把眉毛染红，实在可笑无比，我一刀劈过去你满脸都红了，认得出自己人吗？

廷尉王常说："大家静一静，静一静。朝堂上不是讨论眉毛的时候，请陛下讲话，颁诏。"

刘玄清清嗓子，说："啊，你们赤眉归附，很好啊。寡人封樊崇为侯爵，其余所有跟着来洛阳的，都封为列侯。"

散朝以后，樊崇一干人的食宿没人管，跟着来的列侯们口出怨言，先后逃出洛阳。

樊崇想一想，自己名义上被封作侯爵，却没有配套郡邑，手下大部队吃什么喝什么？没有着落啊，想想无趣，也跑了。

只有樊崇的顾问刘恭留在了洛阳，更始帝刘玄一看还是自己的本家靠得住啊，封官！迁升刘恭为侍中，并且赐宅！在最高档的社区划给刘恭一套宅院。

樊崇逃离洛阳后，带兵入颍川——今天登封地方，把所率众人分为两部，不听刘玄诏令，四处胡冲乱打。

四

杜天大将军李通出巡郡国，回到洛阳向更始帝汇报工作。

李通说各地武装势力很是活跃。不过最值得进兵，值得略而为己所用的，则是黄河以北广大地域，那里水草肥美，盛产粮食，荟萃有天下精兵，特别是乌桓骑军，最长于冲锋陷阵，得之即有天下。

朱祐

更始帝再次主持朝会，让李通报告河北地利，商议派遣大将，占领河北。

派谁去呢，却发生了争执。因为河北的军阀混战一点也不弱于河南一带，眼见秋季已过，寒冬即将到来，冒着风霜交兵，谁愿去受这种苦呢？更何况有性命之虞，脑袋挂在裤腰带上的干活。

张印、廖湛、陈牧、李轶，都以种种托辞为借口，推卸不往。

司隶校尉刘秀抱拳请命，愿领兵去河北作战。

一见刘秀愿去，朱鲔第一个站出来反对，言辞甚为激烈，语意颇含讥讽，王匡、王凤等，也不支持。

更始帝刘玄拿不定主意了。亲近大将你们都不去，司隶校尉愿去，心腹们反对。刘秀他去了若生异心，确实可能难以收拾。

刘玄正狐疑间，大司徒刘赐开言了："陛下，文叔是宗室子弟，才识超群，昆阳大战，没有文叔奋勇搬兵，能击溃王莽新朝的主力吗？立都洛阳，不是文叔提前安置，能见到汉宫威仪吗？今不用文叔，更用何人！"

刘赐力驳众议，打消了刘玄的疑虑。

刘玄拜刘秀以破虏大将军行大司马事，持节过黄河征收地盘。

刘玄没有拨给刘秀什么军队，他到底还是担心刘秀将来成了气候。

刘秀，新任大司马，带着自己的原班官吏——卫士长朱祐，秘书长冯异，副官铫期、叔寿、段建、左隆，校尉臧宫，门下史祭遵等，百余骑，离开洛阳。

更始帝不给军队，民间趋之若鹜，刘秀执节河北的消息传出，豪杰追随，纷至沓来。

王霸对他爹说要跟从刘秀建功河北，他爹极是赞同，说自己老了，不能胜任

马成

军旅之事，“儿子去吧！我看大司马决不会久居人下的，跟对了人，封侯拜相，希望大大的。”

王霸家的宾客们不以为然，劝说：“我们跟着你，随刘秀破王邑、杀王寻，是建了大功的。最后怎么样？还不是退归乡里。出略河北，结果也好不到哪里去。”

王霸去意已决，宾客们不能说服他，只好各自散了。

王霸独自叩见刘秀，刘秀握着王霸的手说：“曾经有那么多颍川子弟跟随我，都流失了，惟你如此坚定，努力吧，弟兄，会有报偿的！”

刘秀以王霸为功曹令史，随进自己的队伍。

南阳郡棘阳人马成，字君迁，挂印弃官，步行追到黄河边，刘秀热情地收留了他。

杜茂，字诸公，汝郡尉，在办公室留下字条，潜出府衙，星夜骑马独奔，追上了大司马，刘秀以他为中坚将军。

在驿舍，大司马设宴款待新近入伙的将士，王霸、马成、杜茂，都出席了，大家论及时政，个个心怀不平。

王霸说：“名义上解放了，新朝政策还在沿袭，土豪劣绅仍然横行乡里，民人无以为生的状况，根本未见好转。”

“更始帝坐洛阳了，不知道他忙什么劳什子。”马成接话道，“没有一件顺民心，适人意的政策法令。哪怕有一件也好啊。”

“正因为这样，我等才再赴疆场，建立功业。”杜茂说，“来吧，干！”

酒酣耳热之际，刘秀的警卫员朱祐举着酒说：“目今洛阳政治混乱，明眼人谁看不见？明公有日角之相，治国之才，此天命也；又有文武咸归，百姓爱戴，此人意也。明公应该顺天命而尽人意，早日……”

刘秀放下兕觥，高声喝道：“朱护军乱语胡言，与我拿下了！”

朱祐赶紧跪地谢罪，众人也纷纷抱拳求情。

刘秀环视众人，缓缓说道：“诸位是随我干大事的，那就是复兴汉业，情意拳拳，容当以后相报。眼下最要紧的是收服河北。

“河北既有以铜马为首的上百万农民军，也有观望自守的豪门家族武装，还有大量无所归依的原新朝官员。要收服这些人，为我所用，岂是易事。

“目今形势迫使我们，要多想想怎样安抚河北，让我们这百余人站稳脚跟，弟兄们怎么能乱说话呢？”

驿舍里突然间变得鸦雀无声，连绣花针落地的声音都能听得见。众人无不佩服大司马的胸怀和眼光，暗暗在心中叫好。

河北形势确乎不容轻觑，虽说奉有帝命、执有汉节，但能否收服盘踞交织的复杂势力，还真是个未知数。从何处着手、采取何种战略与战术，真的需要仔细斟酌。

席散，人眠。三星横在中天，大司马的屋里还亮着灯光。

冯异来送夜宵，近前低声道：“方才席间，朱护军的话不无道理。天下吃够了王莽之苦，更始又不懂得如何治国，百姓大失所望。

“如今，明公专命一方，实属大好机遇，恰可广布德泽，普施恩惠。人久饥渴，遇到饮食，容易充饱。世久凋残，获得德泽，容易收效啊。”

刘秀颔首称善：“嗯。此话深夜听来，字字有情，句句在理。”

第四十七章

风雪北徇

祭遵

一

话说刘秀奉命起离洛阳，渡过黄河，收纳河北地面，随者无非他自己的老班底，没几个人。但他志存高远，有建立革命根据地的策略和方针。

刘秀召开手下全体干部开会，派遣主簿冯异、掾吏铫期、功曹史王霸、门下史祭遵，去抚循各县，分头行动，最后聚齐在邯郸。

刘秀交代他们，每到一个地方，先瞅看监狱，凡是终年劳作交不了赋税被关押的，一律释放，算他们无罪。

大司马刘秀，带领余众，自走一路，沿途所行，镇抚州郡，“辄平遣囚徒，除王莽苛政，复汉官名”。

据后山观察，刘秀高举复辟大旗，竟然获得各地疯狂的支持，可见他的路子是适合中国国民性格的，没有专制的日子，无论如何是过不下去的。

当然各地并非失却了皇家意识，他们还在打着老皇帝、老王朝的幡子，行欺民敛财之实。

王莽所建为“新朝”，一切标新立异，但分析起来，他换了汤水，用药却更加古老。

地名，官制，货币，法令，王莽基本上都改造了一遍。然而在于皮毛。东莱原有不夜城之称，王莽说既然你们通夜不睡觉，城市改叫夙夜城好了。

西汉时期的郡县制度已经比较完备，王莽改了，改成“革命委员会”，郡守官变成了“主任”、“副主任”之流。

货币改革是王莽备受指斥的可恶行径之一。

西汉通用五铢钱，王莽改换货币四次，每次都用更加低劣的钱币替换前一种货币，最后改得货币没有价值了，久为历史进程所淘汰的龟贝，穿连成一串一串地登场了，用作市场交易。

王莽“每一易钱，民用破产而大陷刑”。改一回币，便有大量百姓遭受牢狱之灾。小号里关押的大多数是因“农商失业，食货俱废，民人至涕泣于道路”的无辜贫民。

王莽新朝已被刘秀他们推翻了，但更始帝刘玄屁臭不懂，只会开库府，设大宴，征民夫，选美女，没有发过一份诏书来明令废除新朝的规章制度，社会上该怎样还是怎样。

刘玄没有，刘秀可以有！大司马刘秀的复辟是来真格的。

刘秀在河北，广张告示，晓谕吏民，王莽新朝的所有律令一概废除，全面恢复大汉规制。每过郡县，纠察大狱，赦免、释放犯人。

百姓受罪太深，给他一点宽大，便感恩流涕，觉得解放了，重见天日了。牵牛持酒，前来慰劳刘秀，当场踊跃参军。

裁事果断的大司马，官吏敬畏，百姓信服，经略河北，大得人心，从行的人都笑了，刘秀却不断地陷入沉思。

天如聚铅，阴沉灰暗，不久，小雪飘飘洒洒落下来。

阡陌小路上，刘秀与将士们踏雪而行。虽说风雪影响行军，可大家情绪饱满，说笑不断。

刘秀在马上，一言不发。

邓禹

经过一处村舍，稀落的树木间隙，倒塌的房屋，椽檩横斜，历历在目。

刘秀心里豁然一亮：整个社稷，不是仿佛一座屋舍吗？它由梁、檩、椽、柱组合而成，朝廷御驾郡县，需用各级干部治理，各级干部就是朝廷的梁、檩、椽、柱。

我如今经略河北，需要“理冤结，布惠泽”，更需要考察各级干部的政绩啊。

此时已经是公元23年的十一月了，更始小皇帝刘玄派丞相刘赐从洛阳到了长安，整修京师，刘玄要往那儿迁居了。

刘赐学刘秀整修洛阳的招数，发布通告，征集民夫，惊动了长安吏民，也惊动了大司马刘秀的太学同窗邓禹。

邓禹通过刘赐的随人知道了刘秀如今的行踪。

当年王莽禁绝姓刘的做官，刘秀被迫离开长安，邓禹无法帮助同学，只好在长安太学潜伏下来，观察形势。

王莽末年，豪杰起兵四方。邓禹寄身太学，与世无争，不求闻达。

刘玄做了更始帝，李通、王常等人多次荐举邓禹。邓禹见刘缜遭杀，断定昏弱的刘玄难成大业，不肯从命。

刘玄想进长安，这太无聊了。邓禹权衡，刘秀以昆阳大捷名动天下，如今执节河北，专主一方。同窗了解同窗，邓禹知道刘秀绝不会久居人下，便连夜收拾行装，向东北，向东北，靠拢刘秀而来。

刘秀一行已经驱马进了涿郡城。

涿郡吏民都立在街路上欢迎，簇拥着刘秀走上府衙大堂。

涿郡——今涿州

中坚将军杜茂，手执九尺长的牛尾汉节，威武地站在大司马的公案前，卫士长朱祐紧握长槊，挺立在刘秀身后，冯孝、丁綝、马成、吕晏等一干将领，按剑肃立两边，刘秀端坐正中，自然生威。

郡守、掾吏、都尉，这些地方官员坐在下席两边，逐个进行述职。

刘秀在听取汇报的过程中，不时有些提问，堂外百姓听见里边的对话，唏嘘、赞叹，褒贬鲜明。

述职的官员，有的气度安闲，有的横眉竖目，有的额头上不停地冒汗儿，述职结束，他们都紧张地望着大司马，等候决断。

刘秀道："下车伊始，乱加评说，不大好吧。待我断理狱讼之后，再行臧否。"

随着一声威严的呼喝，狱卒从大牢里押来成批的囚犯。堂下跪满了衣衫破烂的犯人。

刘秀指着一个怀抱婴儿的女犯，问："这么小的孩子犯了什么罪？"

年轻女人哭道："司马大人，孩子的祖公要谋杀王莽，被凌迟死了，孩子的爹也被砍了头。我们妇幼人家，平时不出大门，知道什么呀？可还是要抓了我们不放，冤枉啊——"

年轻女人跪伏在地喊冤，引来一片凄惨的哭泣声："大司马，冤哪！我们冤哪！"

郡守此时不敢说话，二蛋都尉跨前一步，满脸杀气地叫道："你们冤什么？谋弑皇上，大辟之罪，咆哮公堂，扰乱秩序，一样该杀！大司马，您下个令，我一刀一刀地砍了他们。"

刘秀涿郡平冤狱旧地

呼冤的，要杀的，对峙于堂上堂下，静待大司马钧裁。

二

涿郡大堂之下喊冤之声一片，郡守无语以对，都尉大叫该杀。

刘秀凛凛的目光扫视着众人，最后盯住郡守，沉声问："王莽鸩杀平帝，暴殄汉家天下，罪该万死。如今王莽遭诛，汉室已经恢复。讨莽义士非但没有记功，他们的眷属还囚在狱里。郡守大人，你说说，他们不冤，哪个冤？"

刘秀说着说着陡然站起，怒目逼视都尉："为虎作伥，草菅人命，都尉大人，你说说，地方又怎么能平静？怎能安生？"

郡守张口结舌，无言以对。

都尉变了脸色，冷汗直流。

刘秀当即下令罢免郡守、都尉，提升佐史辖治郡府之事，释放所有因谋杀罪而受株连的民众，昭平冤狱。

涿郡人民为报答大司马的恩德，送来了各种各样的吃食，刘秀婉言谢绝，吏民更加欢悦，纷纷称赞刘秀宽宏、明断。

刘秀声望越来越大，所过之处，民心归附，策马寻来的邓禹，沿路很容易即可打听到大司马的行踪。

邓禹与刘秀在鄴城相见，意气相投的同窗，久别重逢，万分欢慰。

刘秀与邓禹相对而坐，寒暄问候已毕，也各叙了别后情况，刘秀笑问："仲华不愿出仕，却又远道追来，好生教人难解呀？"

邓禹雕像

邓禹的画像

邓禹喝下一碗水，淡然答道："但愿明公威德布于四海，禹得效尺寸之力，垂名青史，此生足矣。"

刘秀听了，拊掌大笑，说："还是仲华，还是仲华啊！"遂留邓禹同食同宿，论军情，谈闲语，须臾不离。

邓禹以自己的见解，向刘秀分析天下形势。

邓禹认为，刘玄虽然坐了皇帝，进了洛阳，但各地豪强，拥兵割据，称霸一方的局面，没有丝毫改观。

再说刘玄这个更始帝，胸无大志，作风腐败，对内制造分裂，诛杀大臣，对外排挤、打击赤眉军，必难长久。

刘秀对邓禹叙说了自己执节河北、抚慰州郡的做法，以及进一步的打算，请邓禹表达看法，态度非常诚恳。

邓禹说："现今天下极不安宁，尤其是山东等地，铜马、赤眉所部，动辄万数人马，四处攻略。各地还有不少假称帝号的反革命集团，群聚作祸。

"更始帝既不会绥靖四方，又不能控制朝政。他的各级干部，一心全在财币，女人，且顾眼前，朝夕快乐而已。

"你看看刘玄的君臣一帮子，目光短浅，争用威力，没有明智忠良深虑远图，没有靖乱安民的战略和战术，分崩离析、自取灭亡是早晚的事情。

"从来帝王崛兴，需有天时地利人和。明公圣德大功，天下皆知。以明公之才略，于今之计，宜延揽英雄，取悦民心，建社稷之功，立高祖之业。"

刘秀听了邓禹的批解和建议，异常高兴，连说："这一夜没睡觉，值了，值了！"

邳彤

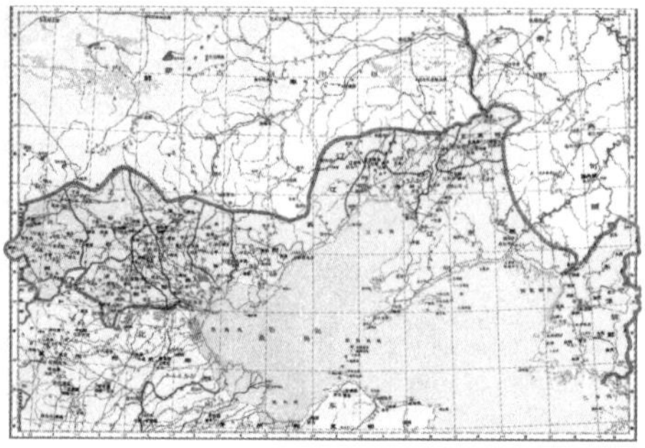

东汉时期的幽州

说话间梆声响起，天色早已大亮。一夜未睡的刘秀、邓禹，相视大笑。

在早会上，刘秀拉着邓禹的手向部属从吏介绍："这是邓禹，我的太学同窗，上下铺的哥们儿，见识非同常人，你们称他为邓将军就是。从今往后，邓将军就在我的左右了，你们有事，可与邓将军商议。"

警卫朱祐率先参拜，众人揖礼相继见过。

早饭后，刘秀一行按着既定的行程，向下曲阳进发。

距下曲阳还有老远，就听到悦耳的乐曲。下曲阳的吏民百姓扶老携幼，倾城前来迎接大司马了。

下曲阳现任负责人叫邳彤。

邳彤，字伟君，非常敬慕大司马的行事，叙及边郡风土人情，议论用兵之道，邳彤侃侃而谈，头头是道。

刘秀与邓禹彼此点头，都觉得邳彤是个将才。

刘秀离开下曲阳的时候，恢复汉朝的官职称谓，以邳彤为太守，令他继续在下曲阳主持工作。

眼看大年临近，邳彤恳请刘秀一行过了节，再出徇别地。

刘秀谢绝了邳彤的盛情，领着人马又上了路。

在马背上，谈及收复邳彤，刘秀笑对邓禹说："开始实行你的建议，延揽英雄豪杰，收服天下人心了，哈哈！"

三

公元23年十二月，奉命执节河北的大司马刘秀进入了幽州地界。

路面上覆盖着一层清雪。

刘秀与邓禹并辔前行，朱祐、杜茂、马成等百余骑相随在后，再后面，是新近入伍的兵卒。

在刘秀兵马后面，几匹马像旋风一般，飞追急驰。头马背上的傅俊还嫌跑得慢，不时抖动缰绳，驱马加速。

傅俊终于在接近邯郸城的驿道上，追上了刘秀一行。

刘秀见是傅俊，立即勒马靠过来，迫不及待地询问阴夫人的近况。他的目光中，充满对阴夫人的思恋与担忧。

傅俊于马上抱拳参见大司马，与刘秀并行，详细回禀护送阴夫人回新野的情况，说："豪强拥兵割据，地方并不宁静。邓奉新近起兵，聘阴识为将军，因此，夫人及阴将军的眷属全在随军。夫人一切安好，只是挂念大司马，特遣臣等前来效力。"

刘秀放宽了心，微笑说："子卫，你立了大功！走，随我进入邯郸。"

扬鞭抖缰，青骊马长嘶一声，向邯郸城门奔去。

都尉耿纯出城迎接，候立路旁，抱拳施礼。

刘秀下马快步走到耿纯面前，道："有劳将军出迎，十分感谢。"遂携着耿纯的手，招呼人众，进入邯郸城。

耿纯，字伯山，钜鹿人。他爹叫耿艾，王莽时候的济平市长。王莽失败，耿艾降了更始帝，留任济南太守，耿纯则随部队到了洛阳，后被用为邯郸都尉。

邯郸，本是东周时期的赵国都城，秦时变成了邯郸郡。刘邦时候，封其庶子如意为赵王，执掌邯郸，王宫修造得轩昂壮丽。

耿纯迎刘秀进城，请居住在王宫。

刘秀故意说："非王者不能居王宫，居王宫乃是僭越。"另找宾馆住下。

耿纯钦服。刘秀是帝室后裔，居住王宫无可指摘，但人家不住，瞧瞧！

耿纯久闻刘秀盛名，今见其言行，诧异又敬佩。出得门来，复见大司马的部属，功曹令史、护军掾吏，各有规矩，纹丝不乱，益加敬服，于是，弄了很多马匹及缣帛进献，表示钦慕之意。

话说此时，冯异、祭遵等人，完成安抚邑县的使命，相继来到邯郸聚齐了。

刘秀在邯郸古都的府衙里办公，白天召见官属，批阅文件，晚上或与冯异、王霸等人谈论属县工作，或与邓禹、耿纯灯下漫话时政、军事，又投机，又和谐，领导班子显示出巨大的活力。

汉景帝八世孙，亦即中山靖王刘胜的七代孙子刘林，也在邯郸。

中山靖王家族，那是奢华享乐、无法无天出了名的，大玩家中山靖王，光是孩子就搞出来一百多个。

刘林他老爹刘元，在光天化日之下无端杀人，民愤太大，极大，大鸿胪——少数民族工作委员会迫于无奈，就把他判死了。

秦汉时凡诸侯王、列侯和各少数民族的君长，以及外国君主或使臣，都被视为皇帝的宾客，所以与此有关的事务多由大鸿胪掌管。

古城真定

刘林对其爹之死耿耿于怀，不但想翻牌，还想再次手握邯郸，行使大权。

刘林在赵、魏、燕之间，频繁活动，收买大姓狡徒，做准备。

有个算卦的，叫王郎，巴结上了刘林，花言巧语，骗吃骗喝，不时教刘林一些招式。

刘秀执节河北，巡视郡国，刘林抓住机会，拜访来了。

都姓刘，一家子。刘秀接待了刘林。

话及赤眉军势大，刘林笑着说："依我看来，赤眉小贼，弹指即可破了。"

刘秀惊异地探问奇计。刘林大言不惭地道："太他妈容易了。决开黄河大堤，用河水灌过去，他虽众至百万，顷刻皆为鱼鳖矣。"

刘秀瞪大眼睛，耸然而起，道："真毒呀你这个妙计！然决河之后，几百万百姓的性命被水吞噬，上千万的良田被水毁掉，还怎能复兴汉室？"

刘林满怀奢望而来，闹了个没趣，讪讪退去，闷闷不乐。

刘秀任命耿纯留守邯郸，自率邓禹、冯异、傅俊、祭遵、铫期等人，去往真定郡。

刘林转而对耿纯也不高兴，找来神职先生王郎，卜算前程和吉凶。

王郎这日不同以往，神神秘秘地，盯着刘林的眉眼，端详。

刘林一脸不解，愕然问这是在干什么，王郎拱手道贺说："君为刘氏宗室，加封大位非常合适，就在此时，因此值得祝贺。"

刘林顿足牢骚道："连决河妙计都不为大司马所用，封王，不更是没影儿吗？"

王郎进前一步，诡秘道："君可自尊，何必仰仗他人。"让他们封什么呀，自己封就是了。

刘林面露难色，迟疑不决地说：“天子咱不敢当，能封个王位，意愿足矣。”

王郎撅着屁股跑去关了门，靠近刘林，耳语道：“君不敢干大事，可否助我做天子？”

“你？你，竟然能做天子？”刘林大惑不解。

“我有天子命啊。”王郎说，“我妈，当年是成帝殿下的歌女，有一天昏倒了，半日方醒，醒了发现怀孕了，遂生下了我，成帝秘密给我起了个名儿，叫子舆。”

“啊呀，原来，原来……”刘林吓得说不成囫囵话了。

“后来赵后欲加害我，我妈的朋友用孩子给我换下来了，性命得以保全。我十二岁，结识了老卜先生李曼卿，跟着他去蜀地云游。十七岁，在丹阳吃饭。二十岁，混迹在长安。随后辗转来到中山。我一直在燕赵之间转悠，是在等机会呢！”

王郎故作神秘，编了一套来龙去脉，竟然编得刘林信以为真。

王郎出身这么厉害，刘林请教自己应该怎么办。

王郎说：“去联结大绅士李育、张参嘛，让他们出资支持，把我给立起来就对了。”

李育、张参，也是常向王郎卜易的，听了刘林的蛊惑，深信不疑。他们认定王郎是天子之身，起事必有把握，异日金殿封赏，开国功臣之位少不了他们的。于是慨然应诺。

李育、张参均系赵地大富豪，富得流油，要通谋起兵，共立王郎，就全数搬出府中私财，招募兵马，不到旬日，聚集人马数千。

腊月末日，正是守年夜的时辰，刘林、李育、张参等人，统率精兵上千骑，拥着王郎车驾，突然出现在邯郸的通衢大道上，鼓角齐鸣地游行之后，拥王郎进入宫殿，南面称尊。

王郎占据王宫正殿，宣布自己的真名叫刘子舆，是汉成帝嫡亲的骨血，今天为号汉室天子，大封有功之臣了。

王郎封刘林为丞相，李育为大司马，张参为大将军，杜威为谏议大夫，李立为少傅。宣布正月初一改元。

王郎使少傅李立起草檄文，分遣使者，徇下幽、冀各州。

同时，制作诏书颁发给各部刺史和郡太守。

朕，孝成皇帝子子舆者也。昔遭赵氏之祸，因以王莽篡杀，赖知命者将护朕躬，解形河滨，削迹赵魏。

王莽窃位，获罪于天，天命佑汉，故使东郡太守翟义、严乡侯刘信，拥兵征讨，出入胡、汉。普天率土，知朕隐在人间。南狱诸刘，为其行驱。

朕仰观天文，乃兴于斯，以今月壬辰即位赵宫。休气熏蒸，应时获雨。

盖闻为国，子之袭父，古今不易。刘圣公未知朕，故且持帝号。诸兴义兵，咸以助朕，皆为裂土享祚子孙。已诏圣公及翟太守，亟与功臣诣行在所。

今元元创痍，已过半矣，朕甚悼焉，故遣使者颁下诏书。

王郎为从人望，诈称自己是子舆未死。普通百姓，什么也不知道，哪里能分出什么真假子舆，将士官吏，有封侯赐爵之赏，哪里管他什么真假子舆。

雪后蓟城故地

真定——正定古城墙

邯郸太守耿纯，夜间听得王郎兵变，欲加镇压，又虑力气单薄，难能手刃叛贼，只得趁着混乱，带着从吏，寅夜出走，逃出邯郸。

公元23年至24年的中国大地上，没有广播，没有电视，没有互联网，部队里也没有报话机，故而大司马刘秀对邯郸之变一无所知，手执汉节，在真定郡所辖射犬城开展工作呢。

刘秀在真定，接待了从洛阳跑来的刘隆。

刘隆，字元伯，也曾游学长安。刘縯、刘秀兄弟起兵，他赶回南阳，加入了宗室子弟兵。刘玄做了皇帝，让他在洛阳工作。他把家属接到洛阳府邸安置好后，驱马来找刘秀。

刘隆告诉刘秀说，更始帝只知道享乐，不会当领导，快不行了。到处事变，大臣们焦虑不安，抱本上奏，更始帝却置若罔闻，只在洛阳深宫里饮酒和玩女人。

李通、王常、刘祉见奏折呈入更始帝手中，犹如泥牛入海，只能相对叹息，对更始帝能否复兴汉室失去了信心。

刘秀点点头，什么也不说，请刘隆酒食之后，说："你随着我吧。"

四

在公元24年正月初四的凛冽寒风中，大司马刘秀一行，行进在通往蓟城的驿道上。

寒风愈来愈强，愈来愈烈，乌云来了，大雪也来了。

到得蓟城，在漫卷风雪中，蓟城令大开城门，迎接汉使。

蓟城属涿郡，归幽州所辖，原为战国时燕国的国都。它靠近边塞，地势险要，南与上谷、渔阳诸郡毗邻，北与大漠匈奴的地盘接壤。

本来汉朝是封有王在当地的，但到了汉成帝，搞了许多妃嫔，外观靓丽，器官全都是废品，出名的赵飞燕、赵合德姐妹俩，让成帝日夜忙，就是不见怀孕结胎，当然有女人生育的，生了就被妒杀，因此缺乏帝嗣，不再分封了。

虽说不再分封，但原先分封王的后裔在蓟城不少，王室贵族非常富有，将边郡蓟城修建得墙高池深，十分坚固。

雪后初霁的蓟城，披上了一层灿烂阳光，阳光下，藏着不尽的神秘。

蓟城令刘接，设宴款待大司马。

刘秀以及邓禹、冯异等人，东向坐。蓟城令西向坐，相陪的尽是蓟城各界名流，其中最尊贵的，要数汉武帝五代孙广阳王刘嘉。

乐队奏起了欢迎曲，随后，刘接点了一首《鹿鸣》，在伴奏下，举觥吟唱。

呦呦鹿鸣，食野之苹。我有嘉宾，鼓瑟吹笙。吹笙鼓簧，承筐是将。人之好我，示我周行。

呦呦鹿鸣，食野之蒿。我有嘉宾，德音孔昭。视民不恌，君子是则是效。我有旨酒，嘉宾式燕以敖。

呦呦鹿鸣，食野之芩。我有嘉宾，鼓瑟鼓琴。鼓瑟鼓琴，和乐且湛。我有旨酒以燕乐嘉宾之心。

小鹿儿呦呦叫，在那儿吃苹草。我有好朋友，弹琴吹笙来欢迎。吹笙管，振篚片，捧筐献大礼。嘉宾真好哦，指示我大道。

小鹿儿呦呦叫，在那儿吃蒿草。我有好朋友，品德高尚又显耀。做榜样，不浮漂，君子贤人来仿效。我有美酒香而醇，宴请佳宾，任逍遥。

小鹿儿呦呦叫，在那儿吃芩草。我有好朋友，鼓瑟弹琴来欢迎，快活尽兴同欢笑。美酒香而醇，宴请佳宾，乐陶陶。

蓟城令吟罢，刘秀起身，执觥以《常棣》对答，巧妙应和。

常棣之华，鄂不华华。凡今之人，莫如兄弟。死丧之威，兄弟孔怀，原隰裒矣，兄弟求矣。

鹡鸰在原，兄弟急难。每有良朋，况也永叹。兄弟阋于墙，外御其务，每有良朋，烝也无戎。

丧乱既平，既安且宁，虽有兄弟，不如友生。傧尔笾豆，饮酒之饫，兄弟既具，和乐且孺。

妻子好合，如鼓瑟琴，兄弟既翕，和乐且湛。宜尔家室，乐尔妻帑，是究是图，亶其然乎？

常棣花儿开朵朵，光灿又鲜明。但看天下人，莫如兄弟亲。遭遇死难事，兄弟最关心。即令埋荒野，兄弟也去寻。

鹡鸰困原野，兄弟来救难。虽有好朋友，安慰有长叹。兄弟墙内争，外侮同心抗。良朋与好友，遇难谁来帮。

丧乱灾祸平，生活得安宁。此时胞兄弟，不如朋友亲。佳肴摆上桌，宴饮足心欢。兄弟今团聚，祥和又温馨。

妻子情意合，恰如琴瑟协。今日兄弟会，祥和多欢乐。全家处安然，妻儿乐无边。请你深思虑，此话可在理?

唱和之间，天衣无缝，刘嘉击节叫好，率先举起金樽，邀请大家干了爵中美酒。

长几上，盘碗交错，美味佳肴应有尽有，琼浆玉液保障供应。

宾主觥筹叮当，推杯换盏，高谈阔论。酒宴一步步被推向高潮。

正在这时，邯郸太守耿纯持剑侧盾闯了进来。

但见耿纯，甲衣不整，面带肃杀之气，径直奔到刘秀跟前，仗剑跪地，哽咽报说："有违明公厚爱，我未能守住邯郸。刘林拥戴王郎，改元称尊，郡邑归降，其势汹汹啊。"

犹如巨石投进深潭，耿纯带来的消息顿时砸出轩然大波。众人议论纷纷，莫衷一是。

蓟城令赶紧问广阳王："王爷，刘子舆是真是假，您清楚吗？"

刘嘉皱眉道："成帝猝然驾崩，帝嗣是否流落民间。这恐怕成帝复活，也难弄清楚。"

蓟城令刘接看了刘秀一眼，忽地按剑而起，大声问道："那我们蓟城怎么办？听邯郸的还是听洛阳的？"

刘秀手下，铫期、王霸毫不示弱，霍然挺直身子，握住刀柄，只待口令。

双方剑拔弩张，刘秀的心一下子提起来。如果蓟城呼应邯郸，自己一拨同志即刻间就会横尸地下。

然而，临事不能慌乱，心里万分紧张的刘秀，表面却镇静如常，呵斥王霸和铫期退下。

耿弇

然后，刘秀快步走到广阳王面前，施大礼道：“王爷贵为帝室后裔，说话就是我们的标尺。文叔忝居帝室后裔之列，虽然不才，愿发一言：《诗经》曰：‘兄弟阋于墙，而外御其侮’，我们今天若为一个来历不明的王郎在蓟城大动干戈，手足相残，岂非亲痛仇快？”

广阳王听罢起身还礼，慨然道：“大司马言之有理，令人佩服。王莽虽死，乱世未靖，帝室宗族不能内讧。谁生异心，下场有如此几！”说着挥剑劈下了长几的一角。

刘秀悬空的心放了下来，广阳王的话即是他的保障。

刘秀一行住进蓟城宾馆，刚刚安置好，就有一位戎装青年名叫耿弇的前来求见。

耿弇字伯昭，是上谷太守耿况的长子，他奉父命前往洛阳进献，途中与耿纯相遇，曾送马救急。

刘秀面试耿弇，见小伙儿谈吐雅量，可堪大用，遂以其为长史。

第四十八章

迎娶新妇

一

话说这年冬天，非常日怪，神职人员王郎说自己祖宗是刘姓皇上，就在邯郸登基称帝了。

姓刘的，中山靖王刘胜的后人刘林不敢称帝，王郎敢，还连蒙带吓唬地让刘林等贵族、豪强拥立他。

王郎被立，吆五喝六地给各郡县发通知，郡县不想惹事，你说你是皇帝，我归降你便是，都回信说，这事我们认了。

王郎坐在邯郸正殿里，翻阅着各郡邑送来的归降书，兴奋地说："基本上尽降矣。哈哈！幽燕骑兵，骁勇能战，我们占据邯郸，统辖河北，可以去更始帝手里夺取朝廷的公章了。"

刘林道："刘玄是个窝囊废，在我们手里攥着呢。倒是大司马刘秀，小觑不得，早晚得杀了他才是。"

"耿纯逃跑，定然去找刘秀。"王郎说，"刘秀必有准备，想杀他不好办呀。"

刘林当初不敢做皇帝，王郎做了，他的黑心却发作了："重赏之下，必有勇夫。先发文件到各个郡县，悬赏十万户，买刘秀的头，随后发大兵包围，直到歼灭。这两步棋一走，刘秀就是插翅，也逃不了啦。"

王郎道："好。"遂依计而行，先发文件，后发兵马。

消息传开，蓟城将要打仗，人人害怕，家家闭户，街上没人做生意了。

耿弇画像

刘秀的手下王霸、耿弇，在街上插着旗子招兵，从日中招到日落，没有募来一兵一卒。

王郎攻打蓟城，似乎是一定的了。

刘秀开会的时候，大家七嘴八舌，请求放弃河北，跑回洛阳。

耿弇气盛，力排众议，进谏道："明公从南边一路到此，招抚地方，大势未定，不可退回，此一也；王郎发兵，乃从南来，一旦相遇，寡不敌众，此二也。"

朱祐说耿弇："你是北方人，当然愿意留在此地。殊不闻'鸟飞返故乡兮，狐死必首丘'耶？"

耿弇反驳道："我父虽为上谷太守，可耿家世居茂陵，谁敢说是北方人！不过，咱们是行是留？还是请明公裁断吧。"

茂陵乃今天的陕西兴平，上谷乃今天的河北怀来，孰南孰北，一听自明。众人没话说。

刘秀问耿弇："伯昭你有御敌之计吗？且细说来。"

耿弇道："上谷、渔阳均离此不远，兵马勇悍可用。我父亲为上谷太守，渔阳太守彭宠则是明公的老乡。若发两郡兵马，合计不下万数，邯郸王郎不足为虑也。"

"甚好。"刘秀赞同耿弇的分析，当即采纳了耿弇的建议，派马成和臧宫二人分别去上谷、渔阳，其余的人留守蓟城，购买粮草，积极备战。只待搬来两郡兵马，便可进击王郎。

初春时日，昼短夜长，外出采买的部属尚未全归，朱祐便张罗着开饭。

滹沱河

饭未盛进碗中，忽听客舍外人叫马嘶，一片混乱。

原来，邯郸的公文到了蓟城，刘接贪图厚赏，纠集兵众，困住广阳王刘嘉，响应王郎的号召。

蓟城骚乱起来，人们口耳相传：王郎大军已临涿郡，俸禄两千石以下的干部都要前往城外欢迎，有敢藏匿汉使的，祸灭九族，格杀无赦。

大司马刘秀一干人等，在客舍里惶然不安，顾不上吃晚饭，纷纷奔向马厩，跃上马背。

刘秀带人冲过街衢，来到南城门下，但见铁闩横插，门官也已换成了刘接的心腹家将。

铫期催马挥戈，直刺摆开阵势的家将。

王霸、杜茂、祭遵、耿纯等随后冲上，双方捉对儿厮杀，血肉乱飞。

朱祐护着刘秀，刺死南门官，打开城门。众人呐喊着闯了出去。

冯异抡刀断后，杀退刘接的家将，拍马追随刘秀，乘着夜色掩护，落魄南逃。

冰封的旷野上，急遽的马蹄声增添着恐怖。

直跑到天色微明，朦胧中，刘秀的坐骑打着响鼻，喷着白气，不肯再跑了。

邓禹的马更绝，乱掉屁股，把主人给扔在了雪地上。

邓禹索性直挺挺地往雪地上一躺，说："明公，我实在不行了，浑身直突突，饿得慌啊。"

邓禹一说饿，大家都感到了低血糖。

逃窜一夜，当真是肚腹空空，饥肠咕咕了，叫着说："人是铁，饭是钢，一

滹沱河边的空舍

夜不吃饿得慌。靠近驿舍去，弄点吃的吧！”

刘秀断然道：“不行。还没出涿郡地界呢，稍有不慎，便有性命之忧。咬紧牙，加把劲，再赶一程。仲华，好不好？”

但听有人嘟哝：“一夜马不停蹄，没吃一口东西，加上这糖尿病，实在没法坚持了啊。”

刘秀说：“糖尿病也得坚持一下。王莽刚死，又出了个王郎，我们不能靖乱安民，将来还不知有几人称帝、几人称王。”

不敢走大路驿道，尽拣荒僻野径，越来越难行。

又过十几里，看到一处界碑，曰“芜蒌亭”。

众人嘘口气，总算出了涿郡。这是饶阳地面了。

不远处有座村落。场院堆着饲草，马匹挣脱缰绳跑过去吃。

刘秀让大家小憩。想派人去买些食物来充饥，摸遍衣袋找不出一个五铢钱。

冯异靠大树坐了一刻，稳过了神儿，跳起来说：“我去村里讨些吃的。”王霸说我陪你去。

冯异和王霸去了，刘秀清点清点僚属，却发现没有耿弇。

朱祐说：“要不是耿弇胡乱生法儿，我们早回洛阳了，能受这份罪？大难降临，他倒先跑了，日后遇到，我非亲手宰了这个小东西不可。”

刘秀道：“慌乱之际，情况不明，不可胡乱猜忌，妄下断言。”

冯异、王霸讨来一罐子豆粥和几个粗面饼子，哪里能够这帮大汉们充饥，胡乱填进肚里，上马继续赶路，只想到前面的村子再讨点吃的。

既怕追兵、又无饭吃的大司马刘秀一拨人，惶然南逃，疲于奔命，钻进了滹沱河边的一所空舍。

看来这房屋废弃已久。墙皮剥落，门窗皆无，屋顶上露着黑乎乎的天。

好在脏乱的舍中横七竖八地堆放着枝柴。在另一有顶盖的屋里找到一点带皮的杂粮，众人顾不得潮湿脏乱，趔趄着架柴点火。

部属们有的端粮舂米，有的剁草喂马，空舍内外有了生机和希望。

刘秀脱下外袍，对火烘烤。他顾不得几天奔命的疲劳，脑子急速地转动，思索下一步怎么办？

逃归洛阳，寄人篱下，势必前功尽弃。倘若不离开河北，王郎气势这么大，又该在何处立足？怎样谋求发展？

刘秀苦苦思索，篝火烧燃袍子竟无察觉，烧疼了手，才陡然发现袍子的后襟烧没了。

众人大笑道："大司马穿上这件战袍，那才真叫'酷'呢！"

二

刘秀烧了袍子后襟，大家取笑他，正嬉闹间，冯异端着破瓮来请明公用饭。

刘秀环顾手下将士们，笑道："笑过袍子，得喂肚子。大家都饿坏了，来，一同用餐。"众人捡起破瓮片子，或站或坐，填充肚子。

在破屋里歇息一夜，起身上马，不远却被岔路口迷惑。

阡陌相通，人生地不熟，该走哪条路？

路边过来一位白胡子老头，刘秀忙上前施礼相问，老头举手指着其中最小的

李忠

一条路，说："这里是下博县，去此八十里，便是信都。"

老丈所指，乃一崎岖荒径，路面枯草摇曳，似乎久无人行了。

刘秀有些不解，要详细请教，老人早已快步隐去。

刘秀听了老丈之言，毫不迟疑，打马直奔信都。

话说信都太守任光，乃刘秀的战友，昆阳突围搬兵的十三勇士之一。

任光，字伯卿，南阳宛城人。曾任本地乡、县一般干部，汉兵夺取宛城的时候，见他衣装光鲜，想杀了他，幸亏刘赐路过，救了他一命。于是他率宾客跟从刘赐，为偏将军，跟刘秀成了战友。

刘玄当了皇帝，迁都洛阳，拜刘赐做丞相，以任光为信都太守。

王郎在邯郸自任皇帝，四下发文件恐吓，各郡国皆降，任光不吃他那一套，与都尉李忠、信都令万修，招集精兵五千人，日夜把守城池。

任光正忧虑孤城难全，闻听大司马刘秀奔来，喜出望外，打开城门，率官属出迎。

大司马刘秀一行歇息于驿舍，李忠见刘秀衣袍又薄又脏，还没有了后襟，露着屁股，便脱下自己簇新的外袍呈上。

刘秀笑道："大家都说这样的袍子'酷'，你把好袍子给我，却'酷'了你啦。"

玩笑开罢，刘秀转身对任光说："伯卿，王郎势大，恐难匹敌。卿有何计，能解燃眉？"

任光见刘秀兵将寥寥，心里颇是踌躇。

李忠、万修都主张奔回洛阳，再请求兵马来攻打王郎。

犹豫不定间，忽报下曲阳的邳彤率兵来会，有两千多人。任光欣然迎迓，同来见大司马。

大家商议，两军兵马合作一处，平安回到洛阳应该有保障了。

邳彤认为回洛阳不妥。逃回洛阳，惊动帝都，堕损威名，实非良策。

王郎虽得燕、赵之地，然驱集乌合之众，根本未固。二郡之兵，士气正旺，若明公奋以攻之，则何城不克？

再说，明公若选择撤走，邯郸兵将追来，信都之兵实难捐弃父母，千里相随。若他们中途逃归，所剩几何？人心离散，岂可复收？

刘秀恍然明了，以手击案，大声道："伟君所言极是，我等宜遵照执行。今两郡兵马尚少，是否再向他处借兵？"

任光说："兵不在多，关键在于同仇敌忾，指挥有方，即能成功。昔日昆阳大战，明公兵力不足万人，大败王莽新军四十三万。一个欺世盗名的王郎，何足道哉！"

刘秀称善，当即拜任光为左大将军，封武成侯，统率军队。李忠封武固侯，为右大将军。

继而封万修为造义侯，偏将军。邳彤为后大将军。冯异和耿纯为战时征兵委员会主任。铫期为裨将，与傅俊、吕晏受邓禹领导。王霸为军正，祭遵为宪兵队长。

诸将领命，分头行事。任光则复制了很多檄文，四方散发颁示，传大司马亲自将兵，扫荡河北，吏民相告，反虏快降。

公元24年二月初，大司马刘秀的部队接连告捷，攻克几个县城。

继续北进，至于昌城——今天河北巨鹿地面，派傅俊前去招抚。守宰刘植开门出迎，愿军前效力。

刘秀接纳刘植，以其为骁骑将军，刘植的兄弟刘喜和刘韵为偏将军。

刘植的全盘兵马加入，刘秀的兵力刹那间翻了番。

三

却说河北局势风云变幻，不影响洛阳小皇帝刘玄的醉生梦死。

刘秀在河北寒风中奔波徇行的时候，洛阳张灯结彩过了个大年。

更始帝下令，正月初一到正月十五，家家齐燃火烛，而且一律将大彩灯挂到大门头上，烘托新社会歌舞升平的大好形势，洛阳街衢因此热闹异常。

尤其是元宵节，洛阳人哪管外省还在兵马箭戈地热闹，户户响应领导的号召，挂灯。什么走龙灯、仕女灯、鸳鸯灯，新颖别致，夜幕降临，统统点燃，整个京都，亮如白昼。

各个街道、社区办事处还听从上级的布置，组织了耍狮子等里坊舞蹈，踩着鼓点，从更始帝的观礼台前边腾跳而过。

更始帝率领全体在京干部，稳坐高阁之上，怀里抱着美女，把酒欣赏街景，尽情享乐。

在中国历史上，像刘玄这样差窍的土皇帝实属少见。

刘玄在洛阳挥霍享受了年把光景，老思谋着，得去王莽坐过的位子上坐坐才过瘾，于是，哪管全国各地战云密布，百姓尚在水深火热，元宵刚过，又吆喝着迁都长安。

刘玄也没建立什么中央机关，依旧还是从宛城带来的那些心腹跟着他起哄，说走，套上车就动身。

黄门侍郎在前面挥舞旗子，三挥两挥，把马挥惊了。

数马联辔驾车，只要其中一匹被惊，立刻传染他马，疾奔不止，而最可怕的是它们被绳索拴在一起，越奔越恼火，越恼火越死命地奔，最后一起死。

在农村最怕的是惊马跳崖，洛阳城里没有悬崖，但有高墙，更始帝的驾马就在狂飞中“触壁”，三匹马脑浆流出，倒地毙命。

更始帝紧紧抓住轩架，吓得尿了两腿，所幸未受外伤，换乘车马，才得出行。

走了半个多月，刘玄到了长安，看到数千宫女，塞满后庭，冲动得不知说什么好了。

宫城的钟鼓、舆辇，老样子，皇帝的器服、帷帐，老格式，皇家的太仓、武库，旧面貌，各级宫府、部门，旧体制。

郎吏们依照位次，肃立两侧，更始帝迈着八字步，去升坐主殿。

刘玄没有见过真正的皇家阵势，走过干部大阵时，吓得面红耳赤，脚步就乱了，脸也不敢仰，身子也不敢扭，话也不敢说。

待看到自己的原班心腹挤在御座前边，他才抬起了头，问：“沿途掳掠，所得几何？”

宫中老吏听到更始帝这样的问话，面面相觑，十分惊异。

朝贺毕了，心腹们劝更始帝封王，纷然说：“赶紧把整天随驾的功臣们都封一封吧！”

朱鲔有姿态，大声叫道：“你们说的叫什么话！宗室还没有加封，如何可以封他人。”

大家说：“好好好，先封宗室，再封诸臣。”

更始帝乃封。太常将军刘祉为定陶王，刘赐为宛王，刘庆为燕王，刘歆为元氏王，大将军刘嘉为汉中王，刘信为汝阴王。

宗室封了，又封旁姓。王匡为比阳王，王凤为宜城王，朱鲔为胶东王，张卬为淮阳王，王常为邓王，廖湛为穰王，申屠建为平氏王，胡殷为随王，李通为西平王，李轶为舞阴王，成丹为襄邑王，陈牧为阴平王，宋佻为颍阴王，尹尊为郾王。

朱鲔装样子推辞：“我不姓刘，不敢受封为王呀。”

刘玄乃徙朱鲔为左大司马，刘赐为前大司马，派他们与李轶、李通、王常等，镇抚关东。

刘玄又拜李松为丞相，赵萌为右大司马，共同主持朝廷内部工作。

更始帝封王几十个，论宗室，刘秀为帝室后裔，论功劳，刘秀功在诸人之上，却没有份儿受王领爵。

封赏完毕，大摆酒宴。

君臣开怀畅饮，宫女歌舞作乐，乌烟瘴气。

而在河北战场，刘秀正延揽英雄，挥军行进，攻城拔邑，胜仗连连。

奉命招募部众的耿纯归队了，带来堂弟耿䜣、耿宿、耿植，还有两千多名新兵。而且耿家阖族男女老幼，全在车上，随在大队后面。

马武

西北王隗嚣

耿家是当地大姓，富甲一方，耿纯派耿訢、耿宿放火烧毁房舍。耿家多处宅院化为废墟。

刘秀惊问耿纯：“伯山从军，何故烧毁庄园？”

耿纯说：“明公单车徇狩河北，没有金银重赏，但广播德行，人众乐意归附。王郎那厮，以十万户取明公。纯举全族前来归命，犹恐宗人胆怯逃归，烧毁房舍，使专心服事明公，以成大业。”

刘秀唏嘘赞叹，拜耿纯为将军，封耿乡侯，耿訢、耿宿、耿植为偏将军，命他们向北进发，杀敌立功。

王郎在邯郸自立的军情谍报，才传到京师，宛王刘赐启奏更始帝说，河北王郎反了。

刘玄拍着案子骂娘，说：“他妈的到处自立，自立，调动大军围剿，抓住一个不饶！”

刘赐道：“陛下稍安。河北王郎，陇西隗嚣，拥兵自重，明日又不知谁称皇帝，但对付他们不能一视同仁。像隗嚣，招抚即可，对付王郎，要以兵灭之。恩威并用，方保帝位牢固。”

刘玄就听刘赐的话，派使者征诏隗嚣、隗崔、隗义弟兄几个，派尚书令谢躬和振威将军马武带领部队前往河北，汇合刘秀，歼灭王郎。

邓禹带着铫期、傅俊、吕晏，四处宣传，聚兵上万。加上刘秀攻城略地所得兵马，聚合起来，声势很大，而且公布了爱民纪律，竟成为河北军阀中广受欢迎之一部。

连日作战，将士疲劳，刘秀决定在刚刚占领的苦陉城内休整几日，以图再进。

每攻下一座城邑，将士们都会得到许多财物。

开会的时候，刘秀问诸将："连日告捷，诸位腰包都很充实吧？"

众人各报所获，钱币、美玉、衣物，有的还弄到了绣被，得意之色溢于言表。惟右大将军李忠站在远处，一语不发。

刘秀问其故，李忠回答："臣只是作战，什么也没顾上弄，无话可说。"

刘秀环视众将，高声说道："我今天特别表彰右大将军李忠，诸卿该没什么意见吧？"

诸将都觉得羞愧，没有人讨要封赏。

刘秀遂把自己心爱的坐骑青骊马以及很多玉器，奖赏给了右大将军李忠。

兹后，诸将比赛战功，鄙弃私得，一切缴获都能归公了，军需供给也好起来。

邯郸王郎悬赏十万户捉拿刘秀，或买他人头。没有得到，却不断丢失城邑。

刘林献计："刘秀从信都发兵，倾巢前来。部队的眷属都还在信都。我军绕点路，奔袭他的老窝，使他首尾不能相顾，必败无疑。"王郎依计行之。

挥师北进的刘秀大军，所过之处，"发奔命兵，移檄边郡，共击邯郸"。各郡县纷纷响应，归附刘秀，反戈王郎。

这日，一位壮士，浑身透着精干之气，参见大司马刘秀，说："小臣乃是耿弇门下家将，奉主命特来送书。"

啊，耿弇啊！刘秀兴奋异常，看了耿弇的信，连声叫好。

朱祐奇怪地问情况。刘秀递过帛书给朱祐。

真定城南门

朱祐看了一遍，禁不住说：“我真错怪了这小子，孰知他联合上谷、渔阳兵马，说了还真做了，立功了小子！”

原来耿弇奉命去蓟城北镇征集粮草，天晚归府时刘秀们已经出逃。城门落锁，耿弇无法追赶，翌日早晨，把坐骑与所佩玉环送给城门管事，才出了蓟城。

茫茫旷野，了无人迹，沉思之后，只好去上谷郡见父亲耿况，劝父亲东约渔阳，同击王郎。

现在，两郡合兵数千兵马，已平定涿郡、中山、清河、河间所属二十二县。

刘秀重赏耿弇家将，作书回复，相约会师广阿县——今天隆尧东边一带地方。

邯郸的小皇帝王郎得知渔阳、上谷军事形势，赶忙开会。

王郎的谏议大夫杜威说：“上谷耿况、渔阳彭宠，跟刘秀没有什么交往。如果以财物贿赂他俩，即使不为我用，也能使其中立，不亲刘秀。”王郎采纳了。

“而北边的门户真定，是刘扬在拥兵驻守，谅无大虞。”

真定，即今正定，北方雄镇之一，至今古迹遗址众多，几乎跟石家庄连在一起了。

真定王刘扬，聚兵十多万，一直在听命邯郸。其弟刘让，堂弟刘细，各拥兵数万，驻守在临邑等处，互成犄角。

刘秀大军逼近真定郡，派使者传檄真定王刘扬，共讨王郎。

刘扬自恃兵强马壮，随意看了几眼刘秀的檄文，便掷于地上，令侍卫驱逐使者。

侍卫抡起竹鞭，劈得使者抱头逃出，狼狈而归。

像猛虎蹲伏隘口一样，刘扬挡住了刘秀进征邯郸的道路。

打吧，势必损兵折将，延误时日，不打，真定大郡不能收服，怎能收拾邯郸王郎？刘秀寝食俱废，日夜忧虑。

四

话说刘秀发愁无法对付真定刘扬，骁骑将军刘植来献计了。

刘植对刘秀说：“臣下与真定王曾有交情，愿凭三寸口舌，劝其归降。假若刘扬死心塌地，效命邯郸，再发兵决战不迟。”

刘秀大喜，即遣刘植为说客，往真定郡去了一趟，五天时间，刘秀坐卧不宁，刘植回来禀命才有所解忧。

刘植说：“真定王已被我劝服了，愿与大司马同心共力，消灭王郎。为了表示诚意，想与明公先结为亲戚之好，臣下已擅权替明公应承，特此请罪。”

刘秀扶起刘植，说：“劝降刘扬，已是大功。只是这姻亲让我为难。我尚无子女，结不了儿女亲家，小妹伯姬已许嫁李通，无可联姻啊。”

“是这样。”刘植道：“真定王有个外甥女小郭，愿奉侍明公左右。”

刘秀一听，连连摇手说：“不妥不妥！刚刚把阴夫人送走，出来徇行，怎么能说娶就又娶一个？使不得，使不得。”

刘植笑道：“天子至少聘九女，诸侯也要娶三个以上，明公娶两个，有什么不可以，不算多呀！若不结姻亲，刘扬如何肯掏真心。我们军队过去了，他又听邯郸的，跟邯郸合兵收拾我们，那就太危险了。”

郭圣通

刘秀说："我与夫人情深意笃，这样觉得太不合适嘛。"

刘植介绍的郭姑娘名叫圣通，其父郭昌，素有义行，母亲刘氏乃是汉景帝的八世外孙女，有母仪之德。郭昌早逝，真定王作为舅父，待圣通如自家女儿，因此才要给她择个能干女婿。

刘植劝刘秀："明公情系阴夫人，天地可鉴。阴夫人识大体，会理解的。况且这个小郭姑娘，并非草民贱女，与明公有缘，于大业有益，怎么不能娶？"

刘植一劝，刘秀转忧为喜，说："那咱就娶吧。"

便令刘植执聘礼，做媒人，先去了。

很快，刘植送回信儿来，说婚期定在六日以后。

刘秀带着朱祐、邳彤、杜茂、李忠等将士，依期前往真定郡迎娶。

真定王刘扬率领干部群众，出城老远，接到了刘秀一行。回城来送刘秀们住进真定星级最高的宾馆，大排宴席，觥筹相碰，欢喜无比。

最心跳的是郭圣通姑娘了，舅父为自己择婿大司马刘秀，官大，兵多，前程似锦，怎不芳心如同撞鹿呢。

小郭画着柳眉，插着金钗，上下里外装束吉服，被众人簇拥着，在司仪的主持卜，依礼出嫁了！

在花团锦簇的洞房里，刘秀端详这个新夫人，但见靓妆华服遮不住俊美温柔，心里不由自主地把她与阴夫人作了个比对。

倘说阴夫人秀雅外露，是带着野性的小家碧玉，那么这个新人儿则是温婉涵蓄、举止端庄的大家闺秀。

双双饮下交杯酒，烛花并结，一夜春风。

清晨早起，大司马携着郭夫人的手，拜识亲友宾客，二人犹在幸福之中。

第三日，刘秀置酒设宴，答谢真定王与诸将。

刘秀把盏，刘扬击筑，宾主谈笑风生，十分和乐融洽。

而此时，王郎的军队端掉了刘秀在河北的老窝信都，汉军将士眷属都遭了殃。

右大将军李忠的老母妻子，后大将军邳彤的老父、弟弟和妻子，都被五花大绑，押着往真定，在攻打刘秀的大部队前面开道。

刚当新郎官的刘秀出于急迫，披上戎装，移兵迎战。

刘秀现在的汉军将士，是以信都为主力而组织起来的队伍，听说眷属被王郎兵将所扣押，以人命相胁，顿时变色，都眼巴巴地望着大司马刘秀，不愿前进。

大军踌躇、刘秀踌躇间，后大将军邳彤驰马奔过来，跳下鞍鞯，伏地涕泣。

“自古忠孝难能两全。孝敬父母，不能忘了君王，尽忠君王，顾不了家庭。邳彤眷念亲人，但不能忘了明公大事。”

邳彤一番话，真是积极，把领导感动得不知说什么好。

右大将军李忠打马跑过来，连声呼唤校尉马忠。

马忠是马宏的胞弟，马宏正是王郎军中主帅，血海深仇的敌人。马忠不明就里，答应着来到李忠马前，李忠用剑指着马忠，骂他哥，骂到兴起，手起剑落，杀了马忠。

周围诸将大为惊讶，惋惜说：“你怎么能杀了他呢，将军家眷尚在敌人手里，你杀死了他弟弟，连个谈判筹码也没有了。”

李忠怒目圆睁，骂道：“操他妈，不杀了这货，那我不是显得跟大司马二心

吴汉

盖延

了吗！”

刘秀闻听此言，点头称好，但他对李忠说：“你带部队回家救老母妻子吧，到家可发布告示，能给你送来家属者，赏钱千万。钱我给你备着。”

李忠说：“不走！不去！我要效命沙场，坚决不做软蛋！”

李忠比邳彤更进步，更激昂，大军因此动容，高呼杀敌口号。

刘秀借机分兵，让左大将军任光回救信都，自己率大队进击邯郸。

刘秀大军先攻广阿城，这个土城在今天的邢台地面，无所凭恃，一天时间便攻克了。汉军进了广阿城，军队休整，刘秀与邓禹赶紧打开军事地图，研究下一步的战争行动。

任光率兵回信都镇反，因为人太少了，加之途中又有开小差的，最后无功而还，回到广阿城，引起军心小骚动。

正骚动呢，城门口又传来喧哗声。

探马报说，上谷、渔阳兵马到了城外，是王郎遣来的。诸将尽皆失色。

刘秀诧异。不可能啊，我与耿弇相约，在广阿城会兵，怎么能是邯郸派来的？

刘秀急步登上城头，俯首细看，果真是在蓟城失散的耿弇。

原来，耿弇前不久差家将寻见刘秀，带回刘秀的亲笔信，便率上谷、渔阳两郡突骑、步卒以及沿途所收服的兵马，向广阿运动。遥见广阿城头树着汉旗，不知虚实，耿弇和部将景丹前来打探。

看到大司马刘秀登上了城楼，耿弇翻身下马，抱拳施礼。

刘秀迎耿弇进了府衙，逐一接见了耿弇带来的将领，寇恂、景丹、盖延、王梁、吴汉等，之后，笑道：“邯郸将帅老说发上谷、渔阳兵，吓唬我们。我也说将发两郡兵马，逗他们玩儿。哈，哈哈！”

刘秀升耿况、彭宠为大将军，并封列侯，耿弇、寇恂、景丹、吴汉、盖延、王梁留任为偏将军，带队打仗。

封赏刚毕，更始帝所派振威将军马武率领的长安汉兵先锋部众到了广阿城。他们走得好慢啊。

刘秀特设盛宴，犒劳将士，随后发布命令，兵分两路，一路由右大将军李忠带领，回师信都肃清叛乱，巩固后方，一路由自己督率，消灭王郎。

汉军离开广阿城，急行军到钜鹿，环绕钜鹿四门，列成连营，架云梯，推撞车，对钜鹿发起猛攻。

钜鹿，今巨鹿，太守王饶，是王郎的铁哥儿们，深得王郎信任，封为侯爵，据守重城。他在城上，指挥滚檑木、放矢石，与汉军对打。

汉兵轮番强攻，旬日不能获胜。

耿纯说：“一直在钜鹿折腾，士众疲敝。不如撤走大军，收拾邯郸。王郎主力都在外面，老窝空虚。乘虚而入，必能获胜。”

刘秀说：“围魏救赵，釜底抽薪，好你个耿纯！就这么打。”

刘秀留将军邓满、铫期围攻钜鹿，钳制王饶兵力。自己率大军连夜撤离，旌旗、营帐依然保留。王饶果然不敢贸然乱动。

大司马刘秀的汉军主力，人不知、鬼不觉地直抵邯郸城下。

这时一支大军向刘秀靠近，打马跑在最前边的是主簿冯异。冯异奉命安抚河间郡县，完成使命后，来汇合了。

注入新鲜血液，军队生力旺盛，安营结阵，把邯郸团团围了起来。

王郎成了热锅上的蚂蚁。

精兵、重兵，都已分发各地去据守关隘，邯郸城内，将少兵寡，这该如何是好？

丞相刘林——不敢当皇帝，敢当丞相——说：“陛下缒人出城，发诏周围郡县，调集兵马，前来合围。他们在外，我们在里，里外夹攻，还不碎了他刘秀。”

王郎传令少傅李立起草诏书，遣使深夜缒城，四方求援。

汉兵架云梯、挖地道，天上地下，一同进攻。

王郎登城眺望，只见漫山遍野都是汉兵的旗帜，遥远处飞尘蔽日，似有无数汉兵向邯郸杀来，竟紧张得尿了一裤子。

这时又传来汉兵攻下钜鹿的消息。钜鹿既下，粮草辎重，源源不断地增援邯郸城外的汉兵，汉兵欢呼雀跃，攻城越发猛烈。

邯郸城人人自危，王郎的少傅李立夜间打开城门，迎纳汉兵入内。

汉军将士涌入邯郸，王郎、刘林慌忙出宫，开了后门潜逃。

刘秀严令捉拿首犯，谁知搜遍全城，不见王郎和刘林踪迹。

功曹将军王霸从守门士卒的口中得知王郎去向，单刀匹马前往追杀。王郎落荒奔逃，如同惊弓之鸟，心下恐惧，如何能逃得远？王霸追上，手起刀落，劈为两段，割下脑袋，归营报捷。

王霸得到大司马刘秀的厚赏，升了职，官王乡侯。

第四十九章
南面称尊

一

我们看到，大司马刘秀公元24年五月下旬占领了邯郸。

刘秀能占领邯郸，得益于娶了个新媳妇郭圣通。

真定王刘扬是小郭她大舅，有很多兵马，刘秀看上了，但刘扬非陪送上一个外甥女不可。

刘秀“赚了夫人又得兵”，自小郭开始，自真定开始，走向了风风火火的创业天下之路。

虽说从真定出发，一路上没有顺利地攻城拔寨，但内瓤空虚的邯郸让刘秀大显身手。邯郸是土皇帝王郎的老窝，老窝端掉，四方也就平定了。

刘秀坐在邯郸大衙，郡县干部都带领群众前来慰劳谢罪，牵牛担酒，挤满了大院。刘秀接见他们，好言安抚。

清理王郎的档案室，发现了数筐书信，乃是官吏们的效忠文书，抬到大院请大司马过目和处置。郡邑掾吏骇然失色，怕对号入座。他们知道，那筐子里，或为归附的降表，或为谤毁刘秀的奏折，无论哪种，都是死罪。

大院里寂静无声，都在等候刘秀的生死发落。

刘秀挥手道：“不看了，抬过去，付之一炬。”

殿阶下，火光熊熊，顷刻间那些书信化成了灰烬。

悬心不安的郡邑掾吏们长出一口气，诚心拜服。

刘秀遣使向长安报捷，更始帝宴集群臣说：“大司马不负朕望，持节北渡，马到成功，可喜可贺。”

宜城王王凤说：“刘秀这个人，不会屈尊人下的。如果让他在河北坐大，或许就是又一个王郎，陛下不能不忧。”

赵萌也参奏说：“刘缜之死，刘秀不会忘记。隐忍不发，是其力量不够。”

王凤说：“陛下可发诏书，先夸奖他一下，再调他回来，削夺了他手中的兵权，封个他有名无实的王爵，就此便可无虑了。”

更始帝派了个新的官吏，名叫黄党，执着旌节前赴邯郸，向刘秀宣示最新指示。

刘秀带着手下，出迎到郊外，参拜钦差，依册受封。

黄党宣读刘玄的诏书：刘秀平定河北，战功可嘉，封为萧王，受封后罢停一切军事活动，回京师待命。另命：韦顺为上谷太守，蔡充为渔阳太守。

黄党宣罢诏书，刘秀的将领们愤愤不平。

刘秀也觉得不可思议，但他未露声色，只是拜谢受命，随后送黄党去邯郸宾馆歇息。

刘秀回到官舍，令警卫团长朱祐持剑守门，在内室静想默思，惶惑不宁。

忽听一声“报告”，青年将军耿弇推开殿门，趋步直入。

刘秀惊觉道：“朱团长你怎么搞的，让伯昭擅自进来？”

朱祐笑道：“伯昭想说的话，也是我的心里话，故而我让他面见大司马。”

耿弇乘机进言道：“使臣黄党，宣布明公罢兵归职，万万不可听从。”

“更始帝那是一头蠢猪，只会带着他的谀臣们淫乱。各军将领没有听他的，牧守也换来换去，百姓不知所从，读书人都惶恐不安。

“明公首事于南阳，曾以智勇破百万之军，现在平定了河北，拥有大面积国土。倘高举义旗，号令天下，必定获得响应。”

刘秀凛然而起，压低嗓音道：“伯昭说话不留神儿，我要杀你的头了。”

耿弇趋近一步，诚挚地说：“明公待弇恩情如山，弇方才敢说真话。以目下形势，明公听更始帝的，非失败不可，不理睬他那一套，肯定取胜。”

刘秀沉吟道：“伯昭二十出头，眼光如此锐利，太难得了。你随我以来屡建奇功，我何忍将你领到绝路上去，只是我们兵力还是太弱，上谷、渔阳的统治权又属了他人，怎么办才好呢？”

耿弇慨然说道：“明公请勿忧虑这个，弇虽不才，愿意前去幽州，再动员大军，来助明公成大事。”

刘秀听了默然无语。正静寂间，虎牙将军铫期撞开殿门大踏步地闯进来，高声道：“明公不要犹豫了，请听耿弇的吧。”

刘秀沉着脸道：“次况，你也有话要说吗？”

铫期说：“更始帝没本事，大统早已摇摇欲坠。明公占天时，据地利，拥集精锐，正当毅然自立，天下敢有不从者，让他先吃我一刀！”

刘秀听罢，高声道：“看来随着我的，都是血性汉子啊！”三人拊掌大笑。

刘秀遂往宾馆见到使臣黄党，说河北局面未靖，不宜仓促归回。

黄党奈何不了在外之将，只好悻悻然离开邯郸，去了。

刘秀意欲发兵收复天下，跟邓禹商量，问邓禹：“谁能和耿弇一起将兵？”

邓禹推荐吴汉。刘秀就破格拜耿弇、吴汉为大将军，当时耿弇年仅二十二岁。

岑彭

耿弇与吴汉领命之后，分头行事。

耿弇到上谷、渔阳，快刀斩乱麻，杀了更始帝刚刚任命的心腹韦顺、蔡充两个太守，收罗了许多骑兵。

幽州牧苗曾，风闻刘秀欲行大事，派使饬告各郡县，不得放走刘秀一兵一卒。

吴汉带着小分队，先到了无终郡。

苗曾想给吴汉一个下马威，率大队出迎。两人近时，只见寒光一闪，吴汉的宝剑早已刺入苗曾的胸膛。

耿弇和吴汉两员虎将，震骇北州，郡国城邑无不望风弭从，不敢稍有怠慢。

刘秀平定了北部，率军离开邯郸，徇行河内。

河内太守韩歆想关门拒纳。幕宾中有个叫岑彭的，力劝韩歆，韩歆不听，待苗曾、韦顺、蔡充都掉了脑袋的消息传来，方赶忙开城出降。

刘秀嫌韩歆投降迟慢，绑起韩歆，押到中军门下，欲杀了他，以血涂抹战鼓。

刘秀环视着河内太守的所有机关干部，看到了岑彭，说："先生曾是我哥哥的部属，怎么也想加害于我呢？"

岑彭不慌不忙地回答道："大司徒遇害，明公委曲求全，大司徒部队解散，岑彭不得已才离开。现在，更始帝矫称诏制，权臣放纵，四方蜂起，群雄竞逐。明公平河北，开王业，乃是皇天助汉，吏民之福。岑彭曾得大司徒恩济，未有报德之机，长恨于心。与大司马相逢在此，也是天意，愿竭力报效，别无他念。"

刘秀转怒为喜，说："我明白了。你理解我，我也能理解你。"

岑彭说："河内未经兵乱即归附明公，韩歆是可以将功折罪的。"

刘秀听了岑彭的意见，赦免了韩歆的死罪，安置到邓禹的军中。

河内其他干部基本上各复其职，让他们做好地方工作。

二

话说更始帝，名义上登了基，干了皇帝，实际上不会理政，各地豪强据镇独立，农民起义彼伏此起，乱糟糟的，像一镬粥。

公元24年秋天，刘秀平定了河北大部之后，向铜马、高湖、重连等农民野战军下手了。

刘秀命吴汉、耿弇各率骑兵万人，当作先锋，前往征讨。

在馆陶地方，几番决战，铜马、高湖、重连等兵挡不住汉军的攻势，溃败奔逃，余者举械乞降。

刘秀将三农民野战军的首领都封作列侯，并下令抚慰降兵。

三部兵马因与汉军为敌，战斗中杀死汉兵不少，窃窃私语，心怀不安，惟恐汉军突然坑杀了他们，稍有风吹草动，便哗然纷乱。

为了稳定人心，刘秀脱去甲衣，深入到刚刚就降的连队，跟兵卒们促膝谈心。

各军降卒相互私语说："能跟我们推心置腹，像亲兄弟似的，我们还疑惑什么，还能不替他卖命吗？"

铜马等农民野战军是河北最为强大的军事存在，被收服改编，并入刘秀的部队，刘秀忽然间具备了争衡天下的绝对实力。

公元24年深秋，前往河北“宣诏”的使臣黄党回到京师，向更始帝汇报刘秀不愿意当“萧王”的情况。

刘玄的政治局常委们早知道刘秀怀有二心，讨论发兵征讨刘秀，奈何兵少马弱，难以实施。

这时候，赤眉军又向更始帝的京师移动过来了。

刘玄只好遣李轶、朱鲔等人率兵三十万，支援洛阳守军——洛阳当时的太守叫武勃，同时秘密授给尚书令谢躬以尚方诏书，着其组织特别部队，督察刘秀，择机除掉他。

刘秀在取得连续胜利后，派吴汉、岑彭分兵布控各处，另外的部队进攻赤眉军的一支流窜队伍，将赤眉分队击败，逼到山中。

刘玄的尚书令谢躬认为，可以轻松吃掉赤眉小股匪徒，立个大功，遂率领别动队前去攻打。

谁想赤眉英雄困兽犹斗，反把谢躬打得屁滚尿流，败走邺城方向。

吴汉和岑彭奉刘秀之命前往邺城，路上计议，先由岑彭入城，劝降太守陈康，取得邺城，断了谢躬的路，出其不意，杀掉他，省得他啰嗦。

岑彭带人进了邺城，见到陈康，说：“今京师败乱，四方云扰，太守大人亲眼所见，诚危亡之秋也。

“古人说得好，愚笨的人，立于危墙之下直到灭亡，中等智慧的人，能利用危局保全自身，真正的智者，却根本不抱什么侥幸心理，提前避难了。为太守大人着想，不如开门迎纳汉军，避免下愚之败，而收中智之功。”

陈康默思良久，觉得这话很对，当即决定归附刘秀。然后布下伏兵，大开城门，等待刘玄的尚书令谢躬投网而来。

溃败的谢躬，什么情况也不知道，见城门敞开，抖缰直入。

但听一声鼓响，两边的伏兵伸出铁索，绊倒坐骑，摁住谢躬，结结实实缚了，提到岑彭面前。

岑彭指着谢躬数落罪状，吴汉大步走来，剜了一眼谢躬，厉声喝道："何必与这混账费口水！"拔出宝剑，便刺死了他。

邺城问题解决了，仍然让陈康做太守，吴汉和岑彭引兵离开。

谢躬的副官马武，进城时见谢躬被俘，立时打马转身，单骑闯出，加鞭急奔，直接去降刘秀。

刘秀接纳了马武，安排在部队里工作。

在庆捷宴会上，马武起身斟酌，专门敬酒刘秀。

刘秀神色喜悦地举杯同饮，说道："子张啊，你去统率旧日部队镇守邺城吧，我看你行。"

马武伏地叩头，说："镇守一地，固然也好，但大丈夫志在沙场，臣愿随着明公，冲锋陷阵，而不愿蹲在后方。"

刘秀叹曰："勇将也。"就将坦直的马武留在中军，常以其为先锋。

在刘秀摆宴庆功的时刻，黄河南岸，赤眉军兵分两路，一路攻破武关，逼近长安，一路攻破陆浑关，同样剑指长安。刘玄急忙派遣兵马，分头抵御。

宴会之后，刘秀得到来自长安的军情快报，凝视着新的作战地图，陷入沉思。

寇恂

要不了多久，长安必为赤眉所破，自己乘机西进，等赤眉吃掉刘玄，立足未稳之时，一举便可吞并关中。

但河北、河南，仍然未能全部平定，各处股匪，骚扰不止，谁能率军西进，保证取胜呢？

惟老同学仲华，谋怀深睿，堪当大任。

刘秀请来邓禹，说明心思，拜邓禹为前将军，分麾下精兵两万，归邓禹执掌调度，副手、偏将，让邓禹自己挑选。

邓禹挑选韩歆做军师，挑选李文、李春、程虑为祭酒，冯愔、樊崇、宗歆、邓寻、耿䜣、左于等为各总队首领，数日组建起一支大军。

部署完毕，邓禹向刘秀辞行时，刘秀正为河内太守人选犹疑不定。

韩歆原系河内太守，河内归服之后，韩歆就安排在军中工作，现在邓禹要率军西进，刘秀也即将领兵徇行黄河北岸各地，河内重地留谁做太守？

刘玄派朱鲔陈兵洛阳，河内与洛阳相对相望，太守一职选用不当，可能造成无法弥补的后患。

邓禹说："从前高祖选用萧何主管关中，免了西顾之忧，所以东行成就大业。今河内北通上党，南迫洛阳，比之关中，分量更重。我看寇恂有牧人御众之才，堪当此重任。"

刘秀遂拜寇恂为河内太守，行大将军事，行政、军事一把抓。

寇恂先辞后受，说："明公这么信任我，我一定尽心竭力。但河内新定，地近洛阳，部队离开之后，朱鲔、李轶必来骚扰。请命一将军，在河内与洛阳之间立功。"

寇恂半身绣像

刘秀即命冯异为孟津将军，统领河内和魏郡两郡兵马。

诸事安排已毕，邓禹统率六位将军，引兵向西，以乘更始、赤眉之乱，拓土开疆。

刘秀率吴汉、耿弇、陈俊等将，踏雪北上，欲定关东。

冯异大军南下，扼守河上，屏蔽洛阳。

冯异率领河内、魏郡兵马，选择要塞，深沟高垒，像一道山岭横亘在河内与洛阳之间，震慑更始帝的洛阳守军朱鲔、李轶。

河内太守寇恂免除了外事之忧，专心为各路大军筹备粮草，整治器械，“伐淇园之竹，为矢百余万，收租四百万斛，转以给军”。

有寇恂源源供给的充足粮草，刘秀的汉军北进神速，荡平元氏、北平、顺水等地，意欲彻底捣毁五校、大彤、铁胫等地方军阀势力。

前将军邓禹则激战十天，破箕关而入河东，进围安邑。

更始帝刘玄，多方受敌，慌乱部署。派大将军樊参率领数万人，渡过茅津，解安邑之围。

邓禹留下军师韩歆与祭酒李文、李春、程虑等少数兵力，佯攻安邑，自己率冯愔、樊崇、宗歆、邓寻、耿䜣、左于等引兵东下，绕道跑到更始军屁股后头，将樊参杀得大败。

三

却说更始帝刘玄在危急存亡之际，想借重洛阳，再图天下，于是命大司马朱鲔和河南太守武勃立足洛阳，扩大根据地。

朱鲔觉得洛阳腰粗，如同铁桶一般，兵多将广，粮草充足，无懈可击。

刘秀去北方弄事情了，邓禹也往西游动了，河内空虚了，只剩下冯异一支孤军在黄河边，势单力薄，朝它进击，必获大胜。

朱鲔遂遣苏茂、贾强为正副手，统率三万多兵马，进攻河内。又知会驻扎在河边的李轶，严密注视冯异动静，若冯异去救河内太守寇恂，就立即打冯异的屁股。

双方的侦查员不停地飞马报信，孟津将军冯异分析情报后，思索半日，写了封亲笔信，派一个精明小将往送李轶。

精明小将化装成百姓，给李轶府上送柴，偷偷地向李轶呈上冯异的密信。

信曰：现在更始帝已经完了，大臣离心离德，赤眉兵临郊外，王侯相继构难，四方分崩，异姓并起，希望季文你能觉悟形势，早定大计，转祸为福。如待到猛将长驱，严兵围城，虽有悔恨，亦无及矣。

李轶翻来覆去地看信，一会儿默坐席上，眉头紧皱，一会儿起身踱步，长吁短叹。

他想起从前，跟哥哥一起，与刘秀共谋于宛城，宗族都遭到了王莽政权的诛杀，那时候跟刘秀兄弟相处得多好啊。

悔不该在昆阳战役后，参与杀害了刘縯，跟刘秀结下了嫌隙。

刘玄眼看着成了兔子尾巴，刘秀明显已有争雄天下之势，冯异的分析合情入理啊。

李轶踌躇良久，复信一轴，回忆了自己与刘秀的友谊，说：“今天我守洛阳，你镇孟津，也算千载难逢的交好机会，惟请将愚之心意，达于大司马将军，以佐国安人，也不枉了领兵一度。”

冯异读罢李轶的复信，顿消顾虑，只留数千人屯守孟津，而自己督率精兵一万余众，放心出征，在上党一带——今天山西东南部扫荡一圈，回师渡过黄河，三下五去二，占领了洛阳以东十三个县份，收纳降兵十多万人。

河南太守武勃，在洛阳的办公室里得到军情报告，气怒交加，吹胡子瞪眼，立马送信李轶军部，请求援助，一面率将士万余，出徇洛阳东部，企图收复失地。

冯异引军截住武勃，李轶却不发一兵相助河南太守。

冯异的军队愈战愈勇，斩获脑袋五百多个。武勃的将士争相奔逃，冯异驱马直追，大刀劈去，腰斩武勃于马下。

战后，冯异遣使汇报战绩，也将李轶原信送禀刘秀。

刘秀看了李轶的函卷，久久沉默无语。眼前，浮现出兄长的身影，耳边，回响起兄长的话语。想到跟兄长起兵时的盟誓，兄长对未来的设想和兄长遭谗被诛的惨景，更想到自己一直在委曲求全的种种样样的苦衷。

刘秀把李轶的信给随着自己的部属们传看，然后亲笔复书：“李轶城府过深，狡诈难信，今移书示警，希勿大意。”

没几天传来消息，李轶被朱鲔杀死了。

朱鲔与李轶自陷害刘縯以来，关系一直很铁，但李轶叛变的消息不知怎地让朱鲔知道了，原来洛阳失守，是这家伙做了内鬼！

随后朱鲔先下手为强，快速进攻河内，以期断绝刘秀的归路。

朱鲔派苏茂、贾强率领三万多兵马进攻寇恂，却在温邑全军覆没。

寇恂大获全胜，打算追到洛阳，便渡过黄河，跟冯异的精兵汇合，向朱鲔发动进攻。

朱鲔刚刚吃过败仗，将士惶恐不已。他逃进洛阳城，反身就把城门闭死了。

寇恂、冯异一同追到洛阳城下，团团围住，攻了一昼夜不能下，反正洛阳守军的力量已遭重创，遂收兵而回，各自修书，向刘秀报捷。

刘秀正在设宴庆祝河北平定，收到寇恂的捷报，大喜道："子翼担当重任，果然不负厚望。"

诸将联翩为刘秀敬酒，都说趁此时机做皇帝吧，刘秀不答应。

大喝家马武起身来到刘秀面前，举着斟满美酒的大觥，一饮而尽，大声道："天下无主久矣。大王自甘谦退，难道就不想想全国人民吗？请即尊位，再议征伐。否则，名声不正，大家怎能四方驰骋，收复各地？"

刘秀大惊，沉下脸来，道："将军怎么乱说！再乱说要杀头的。"

马武趋前一步，说："这不是我一个人的想法，是大家的意见。"

刘秀心中藏着南阳算卦先生蔡少公"刘秀当为天子"的谶言呢，但他老觉得时机还不成熟，遂说："饮酒的时候不商量这事。"宴罢班师南归。

诸将只好听命出发。行至中山城，谍报说有个叫公孙述的，在成都称帝了。

诸将又着急起来，都找刘秀说："现在四川那什么什么龟孙都称帝了，咱也赶快称吧。"

刘秀不允，引军离开中山城，继续南行。

行至南平棘城，汉兵诸将再一次联合进表，请刘秀上尊号。

刘秀说："贼众未平，正在赶路，为什么非要急欲称尊呢？"

诸将见刘秀仍无许意，面面相觑，正要退出。前将军耿纯跃出班列，亢声言道："我们大家背井离乡，远弃亲戚，归附大王，甘冒矢石，为什么？就是想攀龙鳞、附凤翼、做大官嘛。今功业既定，大王违背众意，不肯正位称尊，那俺们各自走散算了。臣恐怕人心一散，难以复合。大王何苦如此推脱，自失众心呢！"

刘秀沉思良久，说："言辞激烈，道理不浅。可以考虑。"

四

话说邓禹率大军西征，在安邑被更始帝刘玄派来的人马围住。

刘玄的人是定国上公王匡、襄邑王成丹、抗威将军刘均一拨子，部卒十多万。

邓禹敌不过，军师韩歆及诸将都说，咱连夜跑吧，邓禹不听。

第二天邓禹还没有休整过来，王匡若火速攻打，肯定胜了，但王匡听算卦的说"今日不宜出战"，不动窝儿，让邓禹获得了重新整兵的机会。

第三天，王匡的随军卦师说"宜战"，王匡悉发大军。

邓禹严令自己的部队坚守不动，让王匡朝兵营前推进。越来越近，越来越近，邓禹一声令下，战鼓雷鸣，诸将并出，把王匡军打得稀烂。

王匡弃军逃窜，邓禹率轻骑紧追不放，接连杀掉了王匡的后卫大将杨宝、刘均、弥强等，获得大量兵器、辎重。

邓禹平定了河东地区，拜祭酒李文为河东太守，属下各县也都安排了新的令宰，配置了新的班子。

邓禹做着进击长安的军事准备，有军情报告说，樊崇的赤眉军弄了个叫刘盆子的人称帝了。

原来赤眉大军占领了京师以东大片地区，正待进军，有巫士进言说你们得立个皇帝，方名正言顺，可大举进兵。

于是赤眉军在部队中搜寻姓刘的，找到了七十余人，其中有兄弟两人，刘茂和刘盆子，他们是为樊崇的手下小将放牛的，人皆呼为牛吏。

这七十多个人，让谁做皇帝呢？他们想了个抓阄的方法。

准备了一些书札，一个写“上”字，其余都是空的，同时放入笥中，让他们抓，以有字的书札决定人选。

按照齿序，依次抓阄，刘茂等人都摸了个空札，年纪最幼的刘盆子最后去笥中探取，得到了“上”札。

这是天意啊！就是刘盆子了。

樊崇扶刘盆子南向站立，率众朝谒，再拜称臣。

刘盆子十五岁，满面灰垢，披散着头发，穿着破衣服，光着脚丫子，蓦然见到诸将向自己下跪，口呼“万岁”，吓得心惊肉跳，捂着脸哭。

他哥刘茂毕竟年长几岁，哄劝刘盆子说：“不要惊慌。把你抓到的符札好好藏到腰里。”

刘盆子听了哥哥的话，越发惊惧，把符札甩到坛场上，捂着脸跑了，还要去放牛。

赤眉军把刘盆子拉回来，立为帝，为他缝了一身酱色的衣服，绣花鞋，置备了大马轩车，使其服御乘坐。

刘盆子很不适应，常常偷着换上往日旧衣，与其他牧牛郎闲游玩耍。

皇帝有了，群臣也各个加封为大官，拿到列卿、将军等爵位。

樊崇本来想当丞相，但因为自己是个大老粗，不识字，也不会算账，遂做了御史大夫。狱吏出身的徐宣做了丞相。

赤眉军名正言顺了，鼓噪西进，直抵高陵。

长安震动，刘玄惊恐。

王匡、张印，被邓禹打得大败，丢失了河东地面，逃回长安，私下跟心腹商量："河东丢了，赤眉来了，长安气数尽了，不久要被灭了。怎么办，不如赶快抢掠城中，然后跑向南阳。事若不济，再返山泽，也比死在这里好啊。"

众人深表赞成，去说更始帝。

更始帝大怒，不听。

京城内部开始骚乱，宫门起火，张印破门攻入，更始帝慌忙开了后门，领着内宫百余人众，东逃投奔赵萌军中。

张印的叛乱，使刘玄亦怀疑到了王匡，打算一并除掉。

赵萌设计传帝命召王匡、陈牧、成丹入营开会。王匡迟了一步，听说陈牧、成丹一到就被赵萌杀了，慌忙回身，跟张印合兵，对更始帝开战。

刘秀在南行中，获悉了这一切，自己是否在此时称帝，难以决断，他不知道时机是否已经真正成熟，此时称帝是否大吉大利，想啊想的，竟然做起梦来。

刘秀梦中觉得自己上了天庭，低首俯视时，只见下面一片大水，波涛翻滚，心中骇然不安，惊醒后，征召孟津将军冯异议事。

刘秀详细询问洛阳和长安的动静，在心里卜算，称尊是否适时。

冯异说：“长安早已乱套了，天下无主。上为高祖宗祠，下为百姓社稷计，惟仗大王，大王宜从众议。”

刘秀说：“我夜中做噩梦，现在尚觉心悸，是不是还不得宜呀？”

冯异道：“托梦给大王乃是天命所归，大王醒后心悸，是为事慎重，这些都是治理天下的征兆。”

说话时，警卫报告，说有一名叫强华的儒生，自称是大王的故人，在外求见。

刘秀略一思忖，说：“哦，是我以前的同学。我学管理，他学图谶。天天夜里开卧谈会的。快请进来。”

当年刘秀在太学，和邓禹的宿舍里还有个哥们儿，就是强华，名字起得怪厉害，其实修的是神神道道的谶纬之术。

刘秀迎进了强华，寒暄之后，强华从怀中掏出一册手抄本，卷首赫然是《赤伏符》三个大字。

展开来，强华指着其中两句话给刘秀看：四夷云集龙斗野，四七之际火为主。

“这什么意思？”刘秀皱起眉，问强华。

却说这个强华，本是个马屁精，他揣摩了天下形势，也揣摩了刘秀目下的心思，就恰到好处地出现了。

千秋亭

刘秀一问，他忙答道："汉，尚火德，赤，即火色，伏，有藏意，故曰《赤伏符》。乱世之际，火德复兴，非大王莫属。愿大王勿疑，早定帝位是也。"

刘秀又想起了早年跟着姐夫邓晨，听到的术士蔡少公"刘秀当为天子"的谶言。

其实这些年他不断想起那句谶言，只是形势总是不利，他怕自己一旦主动去"兑现"那句谶言，把它兑丢就糟糕了，因而总在蛰伏着。

今天莫非真的到了"兑现"的时刻？刘秀的心一阵狂跳。

然而，他还是要印证印证，便笑道："这些小册子，这么编排，果然可信乎？"

强华咕咚跪在地上，拜道："可信可信。此乃谶文，当然可信。"

"老同学，你说可信，我可真的就要听你了啊。"

刘秀斯时正在柏乡县的鄗城镇，即命部下在鄗城南郊的千秋亭前，五菽陌间，修建拜坛，高约丈许，择日受朝。

部下太高兴了，马上要成为朝廷机关工作人员了，立时奉命，破土动工，几天工夫就筑起高达数丈的拜坛。

公元25年，六月上旬，己未日，为黄道日，恰值天清气爽，风和日丽。鄗城拜坛周围旌旗飘飘，人声鼎沸。高坛顶层树着红色大纛，上绣斗大的金黄色"汉"字。

礼仪部门宣布准备就绪，躬请刘秀即位。

在斧钺仪仗引导下，羽林军分列两边，刘秀戴着帝冕，穿着龙袍，乘着御车，由大批将领拥戴着，来到了鄗城南郊。

公元25年刘秀即帝位

登基大典开始，黄门鼓吹手奏起了庄严的乐曲，金钲、大鼓、排箫、编钟、拊搏、箛、笛、竽、琴、籁，各种乐器，交响轰鸣。

在巨大的响声里，刘秀缓步登上坛场的顶层，威然站在红色大纛之下。

燔柴被点燃，滚滚浓烟像蘑菇云，冲上苍天，向上天“报告”新主的消息。

刘秀庄严隆重地焚香叩头，祭祀水、火、雷、风、山、泽，之后，礼宾司官员大声宣读祝文，以达皇天后土。

祭祀完毕，刘秀就座，南面称尊，接受诸将朝贺。

刘秀将这年定为“建武元年”，宣布大赦天下，顺便把鄗邑改成了高邑，以示地利上的纪念。

当上皇帝第一天，刘秀回到邑中，夫人郭圣通恰好临盆，生下了皇子刘强。

喜上加喜，高邑载歌载舞，连日欢呼不止，为从未有过的喜庆气氛所弥漫。

自公元18年春陵起兵，七个春秋南征北战，终于达成与兄长早就定下的目标，可以告慰兄长的在天之灵了！

刘秀将从高邑跨入洛阳，将开打一场收复全国的统一战争，将在中国历史上开写东汉王朝的史卷了。

第五十章

社稷略定

贾复

一

刘秀公元25年夏七月即大位，开启东汉王朝。

三十岁，汉光武帝，真正的三十而立。

登基就要封官，刘秀开始封了。以大将军吴汉为大司马，以野王令王梁为大司空，以邓禹为大司徒。

又封了些将军。耿弇，二十出头，最年轻，建威大将军；景丹，骠骑大将军；盖延，虎牙大将军；朱祐警卫有功，建义大将军。

邓禹征西未归，无法当面受封，刘秀遣使者执节去往军中，任命邓禹为大司徒。

制诏前将军禹：深执忠孝，与朕谋谟帷幄，决胜千里。斩将破军，功效尤著。今遣使授印绶，封司徒，食邑万户。敬之礼。

另外各地只要拜贺称臣，愿意接受领导的，刘秀都给发一顶官帽子。

汉宗室刘茂，有兵十多万，给刘秀发来贺信一件，刘秀封他为中山王。

高邑是个小地方，不能久留，刘秀君臣启程南行。

七月中旬，到了怀庆。怀庆，今天的沁阳，出山药的地方。

刘秀——汉光武帝派建威大将军耿弇率领精锐部队前驻荥阳，扼守要塞，廓清洛阳外围。再派大司马吴汉，率建义大将军朱祐、廷尉岑彭、执金吾贾复、扬化将军坚镡、右将军万修、骁骑将军刘植、积射将军侯进以及冯异、祭遵、王霸等十一位大将，围攻洛阳。

将军们带兵先行，刘秀的中央机关继续南进，到了河阳，老百姓都出来看热闹，地方官就组织他们高呼口号，拥军拥政。

占领了河东的大司徒邓禹，渡过黄河，直逼长安。然而，更始帝刘玄看不到危在旦夕的形势，忙于进行内讧和火并工作。

运筹军事，部署大战，刘秀的部队快速扩编，需要大量军粮和被服供应，这一切，均由河内太守寇恂“以辇车骊驾转输，前后不绝”。

光武帝数次写信慰问寇恂，说：“我们老寇在全国解放战争中功比萧何，河内人民的贡献也是老大老大啊，代表中央表示感谢。”

寇恂的门生董崇建议寇恂说：“您此时占据大郡，功名卓著。但功名卓著的时候，也是小人谗言最多的时候。当今陛下所用将领，都是他姓刘的宗族昆弟，或者立有战功的将领，君侯当应谨慎一点啊。”

寇恂认为董崇说得有理，就写信给光武帝，称病不能料理太守之事，希望另任得力干部。

战争时期，军需是多大的事情啊，正在加强保障的紧要关头，根据地怎么突然软下来了呢？

刘秀亲到河内调研。

寇恂说：“战鼓催人，不想在地方上呆着，请求从军征战。”

刘秀说：“河内是我们最重要的郡邑，除了子翼你呀，没人能挑得起这副担子。河内的工作需要你，你不要离开河内。”

寇恂跪拜在地，数次请求，刘秀就是不允。

寇恂说：“侄儿寇张、外甥谷崇，年轻勇武，也各有骑兵若干，请陛下让他们做先锋，代我上前线吧。”

刘秀说：“这个很好，让寇张、谷崇跟着我吧。”遂以二人为偏将军。

寇恂不再辞职，河内军需物资的组织和供应又走上了正规，源源地运送到各个战场。

大司马吴汉，领着属下十一名将军，日夜攻打洛阳城。

弓弩、撞车、云梯，都用上了，然而洛阳不是一般的土围子，加之朱鲔在洛阳城内拼死相拒，攻一天，攻一天，岿然不动。

吴汉进不了洛阳，朱鲔也不敢出战，双方胶着中，旬月无变化。

而在赤眉军主帅大帐里，樊崇将军队分为三十个纵队，每纵队约万人，经过恶战，更始帝布局在长安附近的营垒全部溃散，樊崇攻入长安。

在长安守军散烟儿的时候，更始帝刘玄单骑出逃。

侍郎刘恭还真是个优秀奴才，他从赤眉军归降刘玄之后，一直毕恭毕敬，本家弟弟刘盆子作赤眉皇帝了，他仍然死死追随刘玄。

刘恭像狗似的寻找主子，追到渭水之滨，见到了刘玄。

君臣两人，抱头痛哭，踽踽前行。

恰有右都尉严本在附近巡逻，撞见刘玄，托辞说要“护驾”，把刘玄弄进营中，押往高陵，秘密地监禁起来。

赤眉军未能俘获刘玄，总认为是撇下了一条祸根。

刘盆子的丞相徐宣起草文件，由御史大夫樊崇颁发，说刘玄若投降，将被封为长沙王，文件有效期二十天，二十天后，当作战犯对待。

刘玄在高陵，看到了招降文件，哭得鼻涕一条泪两行。然后带着奴才刘恭跪地请严本同意，去赤眉大营求降。

樊崇准令刘玄归降。

昔日的更始帝，成了今日的阶下囚。

与牛打交道、与牧儿相嬉戏的刘盆子，看到分散日久的哥哥刘恭跪地代刘玄苦苦求情，刚要开口免其罪过，先期投降的张卬、王匡愤恨中鼓动刘盆子杀掉刘玄，甚至挥刀舞剑，以相逼迫，刘盆子话到嘴边咽了回去。

最后还是赤眉军老头领樊崇开释了刘玄，让刘盆子封他为长沙王。

二

却说刘秀的大司马吴汉领着十一位大将，攻洛阳，不能克。

汉光武帝部署的洛阳解放战役，从夏天到秋天，已经两个多月，再耗下去，到冬天也进不了洛阳城，于是刘秀改变了策略。

岑彭，曾经当过朱鲔的校尉，刘秀遣使到前线，令其前往洛阳招降朱鲔。

吴汉让大军后撤，岑彭也不骑马，步行直达洛阳城下，要跟朱鲔对话。

朱鲔来到城头，岑彭抱拳相见，两人互相问好之后说，“你攻得好辛苦！”“你守得好辛苦！”

岑彭说：“想当初，我们的队伍才开张，本人执鞭侍从将军，蒙受提拔，常思报恩。更始已经完了，新帝平定燕、赵，尽有幽、冀之地，百姓归心，俊贤云集，天下形势早已变化了，公守着洛阳，在等待什么呢？不如速降，以为上策。”

朱鲔叹气说："刘玄真是扶不起来的一抔臭屎，今日的下场也是他应得的。悔不该大司徒被害时，我参与了他的计谋，后来又谏刘玄，压制司隶校尉。自知罪过深重，不敢投降啊。"

岑彭说："将军勿要急躁，待我报知光武帝。"遂辞别朱鲔，禀报刘秀。

刘秀笑道："干革命事业，怎能计较个人恩怨。朱鲔若投降了，官职还可以保留，怎么会治他的罪？"

刘秀说完，指着滚滚东去的洛河，说："你瞧着我发个誓。"

刘秀将身上的玉佩摘下来投进流水，意思是，说话不算话，像这块玉一样祭河。

岑彭又到洛阳城下，将拜见光武帝的全部情况相告。

朱鲔让人放下一条绳索，说："你若说话算话，敢于承当，就顺着这条绳索上来。"

岑彭毫不犹豫地抓住绳索，快速地爬上了洛阳城头。

朱鲔说："服了服了，降！"

朱鲔换了衣服，捆绑了自己，跟着岑彭，去光武帝在洛河边的大营帐里觐见。

光武帝不计前嫌，亲解其缚，赐座接待，说："你交还了完整的洛阳城，让满城百姓免遭战争苦难，算是有功，我不会治你的罪的。"

刘秀让岑彭连夜护送朱鲔回洛阳城。

第二天早晨，阴云散去，天空格外晴朗。朱鲔大开洛阳城门，率领全城军士和百姓，举着五彩小旗子，出城接引光武帝的车驾入城。

汉魏洛阳故城宫殿柱础

公元25年，金秋十月，汉光武帝刘秀入洛阳，封朱鲔为扶沟侯，并拜作平狄将军。

刘秀驾幸洛阳南宫却非殿。这里曾经是刘邦设宴庆功的地方，刘秀觉得无比自豪。随后出来，视察洛阳宫城容貌。

洛阳虽经连年争战，但前朝帝王留下的城郭没有受到严重破坏，乍看上去依然高大巍峨，气势壮丽。

刘秀自己作为更始帝刘玄的司隶校尉，当初修建的郭墙，版筑夯迹，历历在目。

巡行了大半圈，回宫坐定，刘秀决意立都洛阳了。

洛阳城，宫殿巍峨，街道宽阔，但多年战争毕竟还是害处很大，导致生活萧条，物业凋敝，社会治安也相当糟糕。

尽管光武帝立都了，权威尚未树立起来。洛阳又一度成为天子脚下之地，政治统治实际上青黄不接。寇贼、强盗起五更搭黄昏地出没，劫财掠物，坑蒙拐骗，溜门撬锁，打架斗殴，很多。

自古以来，洛阳做惯了帝都，至不济也是陪都，经济发达，珍藏丰富，连年打仗，洛阳比之其他地方，内里还是十分丰厚的，藏着元气呢。

部队进洛阳后，流寇习气有所发作，将士们眼红这个大都市蕴藏着的金银财宝。

大多长官能够执行刘秀发布的律令规条，严管部下，不使其轻举妄动，但少数不行。

有个将军名叫萧广，松弛军规，放纵部属。他的兵士在背街小巷四处流窜，

河内郡故地今日风光

抢劫掳掠，奸淫妇女。深宅大院、店铺瓦肆，不时传出令人心悸的哭叫。

百姓十分惶恐，大白天的闭门不出，以至于街市冷清，行人稀少。

首善之都，天下瞩目，绝不应该是如此面貌，而应该是街市繁华，人烟阜盛，民心欢乐啊。

刘秀令侍御史杜诗主管洛阳治安。

杜诗，字君公，河内郡汲县人，自小就有管理才能，后来供职在郡府，以处事公平著称。奉了刘秀的诏令，带着人上街公干。

杜诗收集群众反映和控诉之后，找到萧广，向他宣读光武帝的诏文，令他严明军纪，约束将士。

萧广放纵部属，自己从中获得了大量好处，侍御史杜诗官位比他低得多，因此他表面上说皇上的指示坚决照办，杜诗走后，不以为意，依然如故。

乘乱发财，但要出现了带头的，随后便会有大量仿效的，一时间，洛阳城乌烟瘴气，怨声载道，百姓说新来这个刘秀跟其他土皇帝没有区别，甚至更糟。

杜诗先礼而后兵，这次带着羽林军，亲赴萧广营中，下令将萧广捆起来，押赴洛阳中心菜市场。

杜诗对着前来观看的黎民百姓，历数萧广“不遵法纪、侵害百姓、损坏军威”的罪行，宣布判处死刑，立即执行。

杀了萧广之后，杜诗将案卷整理好，向光武帝汇报。

翌日，百官朝拜已毕，光武帝特别对杜诗提出表彰，称赞他执法如山，赐给他木戟一副，作为出巡时的尚方仪仗。

官员拥有木戟，如同王公之拥有斧钺，是地位和权威的标志。杜诗品级不

千秋亭古石刻

高，侍御史得此殊荣，可见皇上对他的充分肯定。

杜诗谢恩出朝，巡逻洛阳城，愈加尽职尽责。每外出，鸣锣开道，举着圣赐木戟，神色肃然地端坐马上。

大街小巷，杜诗过处，骄兵悍将人人敬畏，不敢扰民了，寇贼强盗望风逃窜，不敢犯罪了，帝都洛阳，渐渐恢复秩序和繁荣了。

刘秀的汉光武帝做得比较稳了，即遣侍中傅俊去南阳迎接阴夫人，并征召妻哥阴识。

刘秀在兄长刘縯被内奸杀害的日子里，为了虎穴栖身不受怀疑，执雁聘得佳偶阴丽华。

阴丽华是刘秀念过太学后回到南阳，去姐姐家玩，由姐夫邓晨介绍的美人儿。在哥哥的热丧中，刘秀娶得阴丽华，亦悲亦喜。

后来刘秀奉刘玄之命行司隶校尉事，整修洛阳宫室，遂与阴夫人告别。阴夫人在校尉傅俊的护送下，与偏将军哥哥阴识归居南阳新野。

刘秀修葺洛阳宫室后，以大司马职务徇行河北，希望得到真定王刘扬的军队，接受了刘扬许配其甥女郭圣通的条件。

郭圣通虽不及阴丽华秀雅，却也别有风韵，况出身王家，有贤母风度。刘秀娶了郭圣通，由敬生爱，由爱生宠。

在千秋亭登帝位的日子，郭夫人为刘秀生了个儿子以为祝贺，就是大皇子刘强。

刘秀是与阴夫人新婚一个月分别的，漫长的等待过去，荣华富贵来了。

久别胜新婚。阴夫人来到洛阳，帝宫里立刻充满了柔情蜜意。

刘秀下诏册封阴丽华、郭圣通同为贵人。

家人当然都要接到洛阳了。刘秀遣使奔走各地，接来了叔父刘良一家；接来了侄儿刘章、刘兴；接来了大姐刘黄。

刘秀本有两兄、两姐、一妹。刘縯、刘仲两位哥哥与二姐刘元先已殉难，妹妹伯姬嫁李通做妻子，已居入卫尉府邸了。自舂陵起兵以来，四处飘零的一家人，总算欢聚在洛阳帝宫里。

刘秀先娶的阴丽华，所以在议立皇后的时候，考虑的是阴丽华。

可阴丽华雅性宽仁，说郭贵人已有子嗣，且人家出身高贵，坚决辞让。

于是，刘秀立郭圣通为皇后，立两岁的幼儿刘强为皇太子。

郭、阴两门姻亲也获得了分封。

郭皇后十七岁的弟弟郭况由黄门侍郎拜为侯爵。阴贵人的大哥阴识初至洛阳，拜为关都尉，封为阴乡侯。阴贵人的二哥阴兴，官为典将武骑。

刘秀追谥长兄刘縯为齐武王，二兄刘仲为鲁哀王。将叔父刘良、族父刘歙、族兄刘祉、族弟刘终皆封为王，两个侄子也封了王。

大姐刘黄封湖阳公主；二姐刘元追封新野公主，使其长子邓泛为吴房侯，以奉公主之祀；封妹伯姬为宁平公主，拜妹夫李通为大司农，封固始侯。

三

作为汉代中国的西部战略要地，长安的赤眉军、刘盆子据守未稳，又面临着邓禹所率汉军的争夺。

刘盆子名为皇帝，实际上是个木偶，住长信宫，也不知道开会。

每次宴乐，赤眉军将帅们集中起来，没有一个听刘盆子的，还争言喧哗，互相吵架，拔出宝剑，“咣咣咣”地砍柱子，谁也不让谁。

京郊所属各郡县，迫于军令，进献牛酒慰劳，赤眉军各总队将士一哄而出，乱争乱抢，大出打手，时出人命。

没有军纪的兵士，“又数虏暴吏民，百姓保壁，由是皆复固守”。

赤眉军变成了一支流氓军队，三辅吏民不堪其苦，觉得还是更始帝当天子时倒好一点，“皆怜更始”，居然怀念起刘玄来。

由是，京郊郡县互相串联，暗中活动，打算结众去救出被赤眉军软禁在谢禄府里的长沙王刘玄，再让他干皇帝。

这时候，邓禹乘胜西进，军队很有纪律，不糟害老百姓，各村各寨都出来拥军，吏民“皆望风相携负以迎军，降者日以千数，众号百万。禹所止辄停车住节，以劳来之，父老童稚，垂发戴白，满其车下，莫不感悦，于是名震关西”。

刘秀听到前线战报，数次作书，遣使者去邓禹军中，进行嘉奖。

西边的战事让人操心，眼下的洛阳百废待举，让人忧心。刘秀思来想去，还得强化干部队伍建设。

听说有个伏湛，特有名望，于是刘秀派豪华公车去请他到洛阳做官。

伏湛是琅琊郡东武县人，现在的山东诸城，字惠公，文化家庭出身，承继家学，收罗弟子数百人，官至平原太守。

后来天下动乱，四方起兵，伏湛不为形势所扰，一边做公务员，一边照旧课徒不废。

伏湛他老婆说："你看现在乱成什么样子了，你带全家出城避避乱吧。"

伏太守说："老百姓还都在城里呢，我们怎能逃跑。不但不能逃跑，还要维持良好的局面。"

伏湛的手下有个大力士，想借伏湛的名望起兵。伏湛憎恨其作为，将他抓起来斩了，并高悬头颅在城墙上示众。

由于伏湛严治地方，其他郡县兵匪厮杀，哀鸿遍野，惟平原一郡，辖区内十分清静，吏民安居如常。

伏湛欣然而来，谒见光武帝。

刘秀跟伏湛会谈之后，任命他为尚书，专管参照前朝旧制，典定司法条款。

伏湛是个学究，他认为：治国安邦最重要的不是制作法典条令，而是施行礼乐教化，进行思想政治教育，以使人心归善。

刘秀一听，觉得伏湛太有文德了，尚书有点小用，当宰相也没问题。

于是没几天提拔伏湛为大司直。由于大司徒邓禹西征关中，由伏湛行大司徒之职事。刘秀离开洛阳，则由伏湛临时镇守，主持朝廷工作。

富平地方军阀徐少，聚兵万余人，劫夺军粮，骚扰运输。光武帝派副将冯孝前往招安，徐少不降，发兵攻打，又打不赢，急切间无计可施。

徐少说："我若归降，只愿降大司徒伏公。"

冯孝把情况汇报给光武帝，光武帝知道伏湛德高望重，为地方吏民所信服，说："伏先生只好辛苦一趟了。"

伏湛出使到了平原郡，徐少顺顺当当归降了。

伏湛晓以大义，徐少伏地认罪，一同回到洛阳，谒见刘秀。

四

邓禹率军向西前进，沿途黎民百姓都出来迎接，送鸡蛋慰问。

部下建议，趁着群众基础最好的时刻，赶快打长安吧。

邓禹不同意，说：“不可。我们在转战中，前进后退，都缺乏军需。赤眉刚刚破了长安，城中财富充实，其锋锐也未可挡也。但赤眉缺乏战略，粮食武器虽多，也难长期坚守。上郡、北地、安定，五谷牲畜很多，我们到那里休整，静观长安变化，择机图之最好。”

邓禹引军向北，所到之处，猛然出击，把赤眉的个个郡县守官都消灭了，西河太守也投降了。

长安三辅吏民满怀希望，期待汉军夺取政权，谁知他们走了，就又商量着营救刘玄，让刘玄复辟。

王匡、张印相继向樊崇说知情况，樊崇把谢禄叫来，交代他乘机动手，杀死刘玄算了。

谢禄就部署了一番，邀刘玄同到郊外遛马。

马群受惊，把刘玄挤落下来，谢禄的亲信们装着搀扶，“缢杀之”。

刘玄丧命于荒郊郊外，宛王刘赐从武关过来，护送刘玄夫人与刘玄的几个孩子到洛阳，拜伏在金殿下，请刘秀发落。

刘赐曾经向刘玄举荐刘秀执节河北、行大司马事，算有功的，现在又护送刘玄后裔到洛阳，光武帝说值得嘉奖，遂封刘赐为慎侯，将刘玄的后人也都封了封。

只是邓禹久不进兵，关中局势不定，光武帝着急，发敕令给邓禹，要他快点“镇慰西京，归定人心”。

邓禹奉诏，遣建威将军邓寻、赤眉将军耿䜣、军师将军左于，分别进攻长安外围各县，自己则带着军师韩歆、祭酒李春、程虑向北地郡集结，伺机动作。

说话已是腊月，樊崇在长乐宫置酒肉，列珍馐，设大宴，让刘盆子坐在正位，公卿们也都到了。

尚未坐定位子，又开始争功，喧哗吵闹，声如鼎沸。

其中一人起身离座，直接去刘盆子面前，拉过一卷竹简，以刀作笔，刻下自己的姓氏，欲留名史册。

其他人争相仿效，举着刀剑，抢夺竹册，把酒菜案子都挤翻了。

大司农杨音实在看不下去，怒目按剑，骂道：“在座大多是老同志，乱成这样像话吗？儿童嬉戏也没这么乱，都可杀掉。”

众人根本不服杨音，辩驳不止，刀剑都亮了出来。

外面的兵众看到机会，闯进会厅，争掠酒肉，大喝大嚼，乱杀乱砍。

刘盆子吓坏了，钻进后庭的床底下躲过这场灾难。

警卫团长诸葛稚领兵入内，格杀百余人，方才稳住局面。

宫廷内外，死尸横卧，刘盆子害怕得哭泣不休，夜间不敢独睡，藏进上观阁里，与黄门官同卧，不问外面事情。

没过几日，要春节了，樊崇又召集赤眉军各级将领，举行宴会。

刘恭怕兄弟遭到祸患，暗中叮嘱刘盆子乘机归还玺绶，教他辞让的方法。

殿堂上摆满了大瓮酒、大盘肉。樊崇请刘盆子坐上席。

刘盆子跟着哥哥刘恭，胆战心惊地登上了正殿。

刘恭首先开口，对众人说："承蒙各位将军美意，让我弟弟做皇上，但他确实镇不住台子，惟请诸君省察。"

樊崇谢罪道："上次混乱，都是我的过错，我未能约束部下，与皇上无涉。请皇上就座，开席受贺吧。"

刘恭反复声明刘盆子不会做皇帝，在场赤眉军诸将听得厌烦，等得焦躁，都发起脾气来，有个就厉声喝道："我们立的天子，你来啰嗦什么，再乱说话，绝不容情了。"刘恭才惶恐地退下。

刘盆子很害怕，刚刚坐上御座，又赶紧下来，解下玺绶，以手掂着，伏在地面连续叩头说："诸君尊立我为天子，我感谢诸君。可我实在、实在是干不了啊。如果大家非杀了我不可，我也不逃跑。可怜可怜我，让我退位吧，各位老大！"

刘盆子磕头求饶，哭得泪湿衣襟。

樊崇及会者数百人，竟又无所措起来。

樊崇说："都怪俺们不懂规矩，有负陛下。请陛下升殿，开始宴会吧，从今以后，俺们再也不敢放纵了。"

樊崇语毕，扶起刘盆子，抱上御座，把玺绶重新挂到他脖子上。

刘盆子仍然哭泣不止，泪水鼻涕不断。

酒喝不成，樊崇只好把抽抽咽咽的刘盆子护送回宫，劝解半天。然后命各营严守纪律，市井变得有秩序了。

五

汉光武帝对曾给予自己巨大支持的河内郡青眼有加，当上皇帝的头年腊月，就到河内视察。

刘秀到了河内后，遣使者去招降更始帝原先安插在河东的太守鲍永。

鲍永是上党人，其父鲍宣曾因不附王莽而遭诛。

鲍永年轻时亦被王莽派人追杀，幸得当时的上党太守苟谏保护，才免于一死。

国仇家恨迫使鲍永走上了反抗王莽政权的道路。他在上党郡为吏时，就常在太守苟谏面前表示自己反抗王莽的决心。

鲍永参加了绿林军，有些战功，被刘玄封为中阳侯，任为尚书仆射，“行大将军事，持节将兵，安集河东、并州、朔部，得自置偏稗，辄行军法”。

鲍永十分忠诚于刘玄，刘玄败死于长安，他还不知道呢。

刘秀派人来招，鲍永惟恐受骗而背叛刘玄，便先将刘秀的使者囚禁起来，而后派人去长安打探消息。

当他确知刘玄已死后，封存了大将军印绶，解散了军队，穿着平常的服装，仅带少数部下，到河内就降。

刘秀问鲍永的人马哪里去了，鲍永说：“我不愿意以人多势众来为自己谋求富贵，都把他们解散了。”

刘秀心说："你这货色！本朕正在用人之际，你反把人给弄没有了。"

刘秀对鲍永很不满意。但鲍永本是刘玄的死党，既已归降，还能怎么要求他呢？

刘秀遣将攻打怀邑，今天的沁阳，怀邑守吏也是更始的死党，负城抵抗，攻拔不下。刘秀就让鲍永去招降。

刘秀说："朕攻怀，已三日，不能下，这一带还是信服先生的，先生可否辛苦一趟，以故人之情，说其归附？"

鲍永愿意，刘秀就拜鲍永为谏议大夫。

鲍永不负所命，到怀邑就让守宰打开城门，归降了汉光武帝刘秀。

刘秀大喜，赏赐洛阳上好地段的房产给鲍永，鲍永固辞不受。

刘秀只好说："咱们一起吃个饭吧。"于是，设佳肴，与鲍永对食，以表感谢。

正月，新春佳节时日，汉光武帝也跟平常一样，风尘仆仆，到各个郡邑巡察，安抚当地，任用贤良，洛阳周围，混乱的局面逐步稳定。

但刘秀的大司徒邓禹，治军打仗确实不咋地。占有上郡、北地、安定三郡后，要进攻长安了，自己发生了内讧。

积弩将军冯愔与车骑将军宗歆闹矛盾。他俩地位相等，彼此不服，以至于争权相攻，冯愔杀了宗歆，领兵反叛邓禹，西向天水而去。

邓禹无法遏止冯愔的叛逃，连忙派使者飞马驰奔洛阳，奏报刘秀。

刘秀问使者："冯愔最亲信的人是谁？"

使者回答是护军黄防。

刘秀说："你可回报大司徒，让他不必担忧，护军黄防会缚住冯愔的。"

使者应诺而去，刘秀派尚书宗广持节往关中行事。

宗广到关中半个月，军营中就传闻冯愔拥兵，是要杀泄密的黄防。黄防听说，先下手抓住了冯愔，押送给了宗广。

宗广把冯愔押回洛阳，缚交朝廷。

冯愔用膝盖一下一下挪到殿前，向光武帝刘秀谢罪，愿痛改前非，刘秀说："赦免你了。"

却说赤眉军，流寇本性难以按捺，闭营自守没几天，见街头熙熙攘攘，推车载货，热闹异常，手又发痒，出营掠夺。一动百应，各营争先恐后地肆意抢劫，乌烟瘴气。

城中吏民怨声四起，眼见存粮已经快尽，邓禹的大军越来越近，赤眉军遂收拾尽了长安的珍宝，纵火烧毁宫室，套上马车拉着刘盆子，拔营西行，最终进入安定北部一带打游击。

邓禹未战而得长安，扎营屯兵，大飨将士，安抚百姓。

邓禹去高祖庙里，捡到了十一位先帝的神主，遣府掾以车送到洛阳。

汉光武帝在洛阳南宫的却非殿里，迎接了先祖的牌位。然后阅读邓禹收复长安的喜讯，此时又传来大司马吴汉所率王梁、杜祐等九将军平定河右的捷报。

光武帝非常高兴，大封功臣，功大的封到四个县的地盘，位为列侯。

譬诸邓禹，被封为食四邑的梁侯，吴汉为食四邑的评侯，其他将领，三县、两县、一县不等。

封赏诏书曰："人情得足，苦于放纵，快须臾之欲，忘慎罚之义。惟诸将业

耿纯

远功大，诚数传于无穷。宜如临深渊，如履薄冰，战战兢兢，日慎一日，其显效未训，名籍未立者，朕将差而录之。”

博士丁恭劝谏道：“古来帝王封诸侯，地不过百里，强干弱枝，邦国大治，现在封诸侯四个县，不合古制，怕不利于社稷啊。”

刘秀笑道：“古之亡国，皆因无道。朕没听说过功臣地多而导致灭亡的。”

封赏之后，汉光武帝率领臣子到洛阳南郊，设坛祭天，然后，举土木，起高庙，建社稷祠。

真定王刘扬反感和嫉妒了。同为高祖九世孙，刘秀称帝，自己为何不可以呢？

论姻亲，刘秀还是自己的外甥女婿，长辈跪拜小辈，刘扬心里怎能平衡？

刘扬与个别亲信郡邑勾通，私下谋反。他脖子有病，长个大瘿，于是借着因由，诡造谶文，曰：“赤九之后，瘿扬为主。”

汉光武帝遣骑都尉陈副、游击将军邓隆征召刘扬。

刘扬紧闭城门，不予接纳。

刘秀有点发愁了，天下还没有真正平静，内争又起，真定王是皇后的姻亲，自己的外戚，天下人怎样看？不行，不祥的苗头必须掐灭在萌芽状态。

刘秀复遣前将军耿纯持节行赦令，出徇幽、冀一带，临行，秘密地对耿纯说：“刘扬谋反属实，定斩不赦。”

耿纯带着数百名吏士，与陈副、邓隆相会，去到真定，调查谋反之事，欲抓捕刘扬。

刘扬因耿纯的母亲出自真定刘氏宗族，认为耿纯不敢为难自己，根本没把这个钦差大臣放在眼里，遣使约耿纯来王府见面。

耿纯答复使者说："奉帝命拜见王侯牧守，我不得擅自先行。如想会面，请到宾馆来。"

刘扬听了使臣的复述，决意去见耿纯。

刘扬弟弟刘让及从兄刘细，各拥兵万计，岂能怕你小小的耿纯不成？遂带兄弟二人以及王府官属，昂然前往宾馆。

耿纯毕恭毕敬地出门相迎。

刘扬兄弟以为耿纯惧怕他们，不再戒备，把兵士留在外面，轻身随耿纯入内。

耿纯谈笑风生，和刘扬周旋。待几重门关闭后，立即下令逮捕，数其谋反罪，当场诛杀之。

耿纯杀了刘扬，勒兵而出，悬首示众。真定震恐，无人敢动。

刘秀说："刘扬谋反基本上算是未遂，念其征讨王郎有功，封其子刘德为真定王。"

耿纯回到洛阳，请命光武帝说："目今天下略定，臣无所用志，情愿试治一郡，为朝廷尽力。"

光武帝大笑道："你是立了武功，又欲修文呀！这正是朕心中所想，只可叹天下尚未最后平定啊。你做东郡太守吧，能够施展。"

东郡靠近帝都洛阳，在今洛阳东北一带，盗贼强人很多，境内并不安宁，耿纯主持工作，大刀阔斧，数月见效。

第五十一章

飨祀高庙

一

话说刚刚“解放”，全国各地，并不安宁，草头王出现不少。

南郡人秦丰在刘秀家乡一带作乱了，自称楚黎王，占据了襄阳、湖阳等十多个县邑。

另有董䜣、许邯，也起兵自大，不听洛阳。

汉光武帝在朝会上，把各地告急文书摔得啪啪响，说：“郾城，宛城，闹得这么凶，还得了吗？谁敢带兵去平了他们？”

执金吾将军贾复起身立正道：“臣愿意去平定郾城。”

贾复常常跟着光武帝作战，没有吃过败仗，身受重伤二十余处，因为他总是跟着刘秀，属于近卫军，不曾当过野战先锋，故而大功较少，每次行赏都轮不上，坐在角落不吭气。刘秀因此曾安慰他说：“贾复的功劳，我心里有数。”

刘秀见贾复挺身而出，笑道：“执金吾出马，朕还有什么忧虑呢？宛城谁去？大司马去吧。”

贾复、吴汉承命而去。

一个多月后，贾复消灭了秦丰，收复了郾城，又顺势拾掇了召陵、新息等地土匪，汝南郡得以平定，班师北归洛阳。

经过颍川的时候，贾复的心腹部将耍威风，杀百姓，为颍川太守寇恂抓捕，按律杀头。

战争时期尚未过去，军营里犯法者比较常见，寇恂执了法，贾复很恼火，说：“见了寇恂，必让他吃我一刀！”

贾复带着警卫连过来了，寇恂令属县好酒好肉招待，自己闪了一下，赶快借口离开，方未冲突。

刘秀听说了这个情况，就把寇恂找到洛阳谈话。

事先召了贾复，贾复看到寇恂来了，起身想退，刘秀叫住了他，说：“别走别走，朕今天想和两卿喝几杯。时局未定，两虎岂可互伤！”

刘秀设宴，跟贾复、寇恂共饮，宴罢下殿，两人就成了好朋友。

公元26年是建武二年，春上，光武帝通知渔阳太守彭宠到洛阳汇报工作。

彭宠在渔阳，本来就有点离心离德，思忖莫非是自己乱做生意，转卖粮谷，给人告发了？那么，会是谁告发了我呢？朱浮，幽州牧朱浮。

彭宠有个性情刚愎的老婆，她觉得老公厉害，可以当皇帝，她更可以当皇后，就劝彭宠自立。

彭宠说：“皇帝先不急，收拾朱浮是必要的。”

于是，拜署将帅，兵出渔阳，进发蓟城，攻打朱浮。

彭宠认为上谷太守耿况跟自己情况相似，都属于功高赏薄的地方大官，都该封王而没有封上，就遣使者去劝说耿况，跟自己联兵。

耿况忠于刘秀，把彭宠的使者杀了，紧闭城门，不作反应。

朱浮是汉朝命官，彭宠攻打朱浮，就是叛乱。

战情文书报知汉光武帝，光武帝立即派遣游击将军邓隆引兵救援朱浮。

朱浮与邓隆布阵完毕，画了军事帛图呈送刘秀。

刘秀一看他们布阵幼稚，大惊失色，连连顿足：“两军相距这么远，一处有事，另一处哪里来得及救援。速速回去，让他们靠拢。”

使者走得慢，战事发展快。

彭宠重兵挡住邓隆，再发骑兵三千，绕到邓隆阵后，前后夹击，邓隆大败。朱浮救应不及，孤军不敢深入，只得退守蓟城。

彭宠胜了，又结纳了涿郡太守，合起两郡兵马，气焰越发炽盛……

汉光武帝想部署军力，对付骚乱的重要郡邑，又怕洛阳空虚，思来想去，还是得李通来洛阳才好。

李通当年与刘秀在宛城商议起兵，助刘秀反王莽，宗族曾惨遭诛杀，后来在战争中，娶了刘秀的小妹伯姬为妻，可谓真正的自己人。

李通在镇守荆州。

刘秀遣使者持节赴荆州召李通来到洛阳。

刘秀迎到李通，执手叙话，先拜为卫尉，转即封为固始侯，拜大司农，居守京师，镇抚百姓。

李通与伏湛同治洛阳，果然不负所望，制定刑罚，修建学宫，法治与教化并举，把洛阳治理得愈来愈和谐，吏民都说好。

大司马吴汉在南阳郡一带平乱，接连攻下宛城、穰城、郦城、新野诸地，继续南向，一直攻打到昌城，把铜马军余部收拾了个干净。

却说大司马吴汉，本是一员虎将，在战争中屡立大功，也有正气。

以前，曾有个小县，拥有兵丁的豪绅据城造反，驱逐县令，诸将都说要镇压，吴汉不同意。

吴汉说：“地方官是笨蛋，不能安抚民众，才会出事故。地方反叛，是县令的罪过。再说去镇压者，我杀了他。”

吴汉发文到郡牧那里，责成他没收了县令的公章，并亲自出面向全县干部群众谢罪。

造反的豪绅大为服气，老老实实投了降。

吴汉手下诸将都说：“吴将军不战而胜，我们望尘不及也。”

但吴汉在宛城，治军松懈，多有侵民，新野也遭到他的部下的劫掠。

破虏将军邓奉回乡省亲，见故居老屋成为废墟，不由怒气上升，聚集族众乡邻，扯旗造反。

邓奉的叔父邓晨，娶的夫人就是光武帝的二姐刘元，说起来，还是皇亲贵戚，他一呼百应，当即领军攻入淯阳，把大司马吴汉的守兵打跑了。

董欣也是新野人，起兵响应邓奉，攻进宛城，后战败逃走。

檄文传到洛阳南宫，光武帝极为震怒，说军纪松懈，祸患无穷，遂令祭遵整饬军法，形成文字，下发到各部基层连队。

然后拜岑彭为征南大将军，去收拾邓奉和董欣。

已经没有军队的更始帝廷尉执南阳太守事王常，带着老婆孩子，来洛阳请罪。

刘秀喜出望外，说：“昔日起兵，几度艰难，王廷尉多次助我，岂敢相忘。”

王常听了刘秀的话，感慨道：“咱们相交于宜秋，会战于昆阳，难忘啊。听说陛下即位河北，我做着更始的南州太守，未便响应。今日得见阙庭，死无遗恨。”

刘秀走下御座，扶起王常，对群臣说："颜卿与朕，相遇兵中，出生入死，互善互厚。每当回忆起共患难，同杀敌的情景，心中激动，难以忘怀。"

接着赏赐王常，拜为左曹，封山桑侯。

军队要出发了，在饯行宴会上，光武帝指着王常，对南征诸将说："王将军是汉室忠臣，曾率下江诸将，辅翼汉室。即日迁升为汉忠将军，与岑彭带你们一同南下。"

岑彭和王常，率兵南向。

董欣恐惧，向邓奉乞援。

邓奉率精锐部队一万多人，援救董欣，两人并力与汉军对峙。

二

邓禹，光武帝的老同学，不知怎么弄的，去云阳巡守，让打仗成性的赤眉军又夺走了长安。

刘盆子的赤眉军在外靠游击为生，实在觉得艰苦，想来想去还得进长安。谁知一打就把邓禹的留守部队打败了。

汉中王刘嘉有个部将叫延岑，延岑乘着地方不靖，在杜陵自立山头。

赤眉军左大司马逄安率十余万人去杜陵，试图收复延岑。

邓禹于是认为逄安的精兵不在长安城中，刘盆子与老幼羸弱不堪一击，领兵偷袭，长安可以复得。

邓禹在长安与前来救助的赤眉军右大司马谢禄相遇，竟然惨败，引少数士卒退至高陵。

部队征不到粮食，靠吃野菜度日，仗是没法再打了，邓禹赶紧作书，插上鸡毛，飞马送洛阳，求中央火速接济。

刘秀反复斟酌：三辅郡县乱象丛生，邓禹兵疲力尽，不堪再战，必须另派良将精兵，方可平定局面。

将军们征戍各地，不在洛阳，惟有阳夏侯冯异扫荡淮阳贼寇后回朝复命。

冯异智勇双全，在河北已崭露头角。

刘秀召见冯异，赐以乘舆与宝剑，要他进兵长安，说："三辅遭王莽、更始之乱，又受赤眉、延岑之酷，生灵涂炭，久不得安。今天朕派你去，并不要略地屠城，旨在平定地方。其他人，不是仗打得不好，主要是治军松懈，老是免不了劫掠。卿平日以严格著称，特委以重任。"

冯异顿首领命，拜别光武帝，向西进发。沿途施信布威，军民莫不畏服，弘农郡好几股土匪都主动前来投降，当正规军。

冯异的汉兵离长安越来越近，赤眉军胆怯，人心早已涣散。

光武帝连得情报，知道了冯异的本事，决计把邓禹召回洛阳，捎信不让他再打了。

刘秀担心邓禹不愿放下兵权，又专发诏书。

卿请不要跟赤眉再打了，不要与穷寇争锋，他没有粮食吃，自然要跑回东部来，我有部队吃得饱饱的在这里等着痛打他，卿请将部队清点好，交给冯异，速回洛阳来吧，不要盲目再打了。

邓禹很脸红，领大任而不能建功，又多次督着饥饿的士兵出战，没打出什么名堂。

其实赤眉军也饿，老弱兵士的饭食一不注意就被强壮的抢吃了。

在饿极了的时候，赤眉军还把西汉王朝的皇帝墓冢都掘开，用里边陪葬的财宝换粮食吃，尸骨扔得到处都是。

公元26年冬天，赤眉军实在不行了，放弃长安，朝东退却。

他们哪里是退却啊，是朝汉兵的刀尖、刀刃上撞过来。

洛阳西部有两个主要县邑，扼守着西来的两个路口，南边的是宜阳，北边的是新安。光武帝部署兵马，守死了这两个重镇。

屯扎宜阳的是建威大将军耿弇，屯扎新安的是破奸大将军侯进。刘秀交代他们，赤眉军若从北边过来，宜阳兵去会新安；若从南边过来，新安兵去会宜阳。

冯异领兵继续西进，在华阴与赤眉军相遇，打了十几仗，胜负各半。

但汉军毕竟是政府军了，保障充裕有力，加之冯异为人宽厚，赤眉军将领刘始、王宣等人就投降了，带来五千多兵马。

公元27年春上，汉光武帝遣使送去委任状，拜冯异为征西大将军，全权督率西行人马，并让邓禹交割信符和军队，限期还洛阳。

邓禹东归途中，见到冯异，说："咱们就在这里共同攻打赤眉军吧。"

冯异说："我跟赤眉打好几仗了，虽说俘获了他几个将领，但余下的还不少，我计划继续招降，比用兵强攻好一些。赤眉军东边，已有将领在渑池屯驻，我打他西边，全力歼灭，不留遗患，这是上策。但急不得。"

邓禹只当冯异不肯分功给他，说："这样行是行，太慢了，我看可以决战了。"遂用自己面黄肌瘦的兵马做前阵，与赤眉军开打。

邓弘请战，要做先锋，带领人马击鼓进攻。

赤眉军佯装败退，丢下大量军备物资在道上。

一车车的炒黄豆，其实底下是泥巴，汉兵不知有诈，欢呼雀跃，他们太饿了，扔下兵器，围住粮车争着抓来填进口里。

有计谋的赤眉军回身包抄，杀声震天动地。吃豆的汉兵，顷刻间死的死，伤的伤，逃的逃，窜的窜。

观战的邓禹，看到邓弘败了，忙招呼冯异，催动将士冲上去。

赤眉军后退了一箭之地，停在那里，观察动静，伺机反扑。

冯异说："他们不是真的退却，我军刚才败了一阵，不宜再攻，收回来吧。"

邓禹说："用兵贵在一鼓作气，敌人正料我退军，其心稍怠，正可进攻。"随即命令部队继续向赤眉军冲杀。

短兵相接之际，忽闻一声唿哨，两侧林中的赤眉军伏兵呼喊着跳出来，向汉兵合围，势要一锅烩了他们。

戈矛交错，拼杀几个回合，邓禹和冯异的部队很快就被打散。

汉军死伤三千多人，大败而退。

邓禹在二十多个亲兵的保护下，杀开一条血路逃出。

冯异逃到一个叫做回溪的地方，只见溪水汹汹，不知道有多长，旁边是悬崖峭壁，没有办法，只好下马，手脚并用，爬山而逃，回到大营。

还好，大营并没有受到赤眉军的进攻。

冯异下令关闭营门，坚守不战。

在分析了赤眉军新胜生骄的弱点后，冯异写下战书遣人送往。

赤眉军瞧不起吃了败仗的汉军，挥笔在战书上签字同意。

会战日，冯异挑选善战的壮士组成敢死队，让他们吃饱了酒肉，换上赤眉军的衣服，染红了眉毛，提前秘密地悄悄潜伏在大道旁，以鸣金为号，夹击赤眉军。

天刚刚亮，双方就对圆了阵势。

冯异派出千余精兵与赤眉军接战。

赤眉有万余人，杀气十足，见汉兵人数寥寥，更加骄横。

赤眉军中，刘盆子的丞相徐宣对樊崇说："冯异万儿八千的兵马，哪里能抗住我们十万大军？冲将过去，活捉冯异，好回营吃早饭。"

樊崇点头同意，出动全部军队来攻冯异。

冯异打开营门，纵兵而出，与赤眉军展开了激战。

仗打得极是惨烈。戈矛相撞，叮当作响，刀起剑落，血肉横飞。

赤眉军未吃早饭，本欲速战速决，谁知一直杀到日中，肚子咕咕叫，没有气力了。冯异见此情景，大吼："鸣金。"铜锣当当当地急促敲响。

敲锣本是退兵的信号，赤眉军听到锣声，认为对方要退，先自泄了气。

谁知埋伏道侧的汉兵，早已摩拳擦掌憋足了劲头，锣声一响，奋勇跃出。

赤眉军一看，跟自己一般装束，一般红眉毛，以为援军来了，纷纷靠拢以求保护，谁知"自己弟兄"举着大刀，向自己砍来，端着长戈向自己刺来，眨眼间，死伤无算，"赤眉不复识别，众惊溃"。

冯异督军追赶赤眉残余，追到崤山脚下，有十多万赤眉军逃向宜阳，八万多跑不动的，拥挤在山路间。

冯异发令，缴枪不杀，投降不死，于是赤眉兵卒放下武器，束手归附。

冯异打扫战场，捷报上奏洛阳。

刘秀特赐御书，表彰冯异。

邓禹奔还洛阳，呈上大司徒、梁侯印绶，向刘秀谢罪。

刘秀免除了邓禹的大司徒官职，收回了梁侯印绶。

三

赤眉军残部向东游动，汉光武帝刘秀亲率六军，在宜阳“迎接”。

刘秀勒兵宜阳，阵势浩大。

大司马吴汉的骑兵精锐布置在最前方，骑兵后面是中军大营，两边，武卫、骁骑层层肃立，后面是野战大队，兵戈如林，旌旗遮天。

赤眉军惶惶东奔，到宜阳境内，猛一睁眼，撞上大军。

金黄色的大纛迎风飘扬，其下端坐着威风凛凛的汉室光武皇帝。

赤眉军的红眉毛霎时惊成了土黄色，不知怎么办才是。

樊崇和左右大司马逄安、谢禄及丞相徐宣商议，说：“我等转战多年，到了这步境地，惟有乞降一途了。”

谁去乞降呢？刘恭既是汉室宗亲，又与光武帝有一面之缘，刘恭去吧。

刘恭小碎步走到大军前面，伏地叩头，参拜刘秀，问说：“盆子要领着我们归降陛下，敢问下场如何？”

刘秀高声道："可保不死便了，还能再记一功吗！"

刘恭退回去如实汇报。

樊崇令刘盆子及丞相徐宣以下全体干部全部脱去衣物，排着一队肉人到光武帝面前乞降。

刘盆子用膝盖朝前挪了几步，呈上黄布包着的公章。

樊崇的军队全体缴械。器械兵甲，堆积与山相齐。

刘秀令宜阳全县厨子动手做饭，供应酒肉，让饥馁的十万红眉毛降卒都吃了顿饱饭。

赤眉军起兵反王莽比刘秀的春陵兵还早，转战各地，都已经成了职业军人，刘秀心想他们若是叛乱，不好收拾。思索了半夜，决意吓唬吓唬他们，让他们害怕而后顺服。

次日，朝霞升起的时辰，汉军的兵马大检阅开始了。

洛水岸边，兵马战阵望不到边，戈矛在阳光下闪着寒光，透着杀气。

汉光武帝检阅部队，令刘盆子君臣跟在后面。

刘盆子们见汉军兵精马壮，怕是这天要杀他们，脸都吓白了。

刘秀说："盆子，你知道不知道你是战犯，是应当处决的？"

刘盆子咕咚一声双膝跪地，慌忙答道："若论罪，应当处决。幸运的是陛下可怜我，赦免了我。"

刘秀笑道："这孩子脑子灵光得很呀。我们刘家原本就没有憨子。起来吧！"

转过身，刘秀对樊崇等人说："你们后悔归降吗？朕今天允许你们回到营

东汉洛阳南宫故地

中，组织老班人马，咱们打一场，决个胜负，你们打赢了，朕支持你们粮草，放你们走。”

徐宣赶快趴在路上磕头，说：“俺们一出长安东门，就商量着归降陛下了。现在能受降，就像逃出虎口，见到亲妈，欢喜还欢喜不过来呢，一点都不后悔。”

刘秀叹息，对徐宣说：“你把大汉比母亲，真是想得出来啊。你是铁中的硬球，庸人中的佼佼者。起来吧。”

检阅了部队，回到大营，刘秀对降将们说：“你们转战四处，所过坑人害命，但还有三条优点。一，长安都破了，还没有换老婆；二，立君主，找了个姓刘的；三，其他贼寇投降时都把他们的君主脑袋割下来立功，你们把刘盆子囫囵个儿地交给了朕。”

降将们异口同声地道：“应该的，应该的，优点都是应该的。”

刘秀说：“因此，朕宽大你们，允许带着老婆孩子，在洛阳生活，给你们每人一套房子，二亩地。以后严格遵守法度，共享太平社会。”

降将跪下一片，咚咚咚地叩头谢恩。

公元27年，正月十三日，光武帝下文件，曰：贼莽失德，群盗蜂起。盆子窃尊号，惑乱天下。朕奋兵征讨，应声瓦解。先帝玺绶，归之王府。斯皆祖宗之灵所佑，朕曷足以享哉！其择吉日，飨祀高庙……

五天后的二月十八日，在洛阳南宫，汉光武帝率众臣祭奠于高庙大殿，于先祖神主位前受传国玉玺，把自己的“名”给正了。

四

却说刘秀拜岑彭为征南大将军，王常为随军参谋长，令他们南征宛城一带造反的邓奉和董欣，仗并不好打。

邓奉造反，起因是吴汉部队的军纪恶劣。虽然是皇帝的老家，他们照样掳掠一空，所过之处，老百姓怨声载道。

邓奉是刘秀姐夫邓晨的侄子，刘秀起兵的时候，就跟着刘秀，因为战功，当上了破虏将军。

邓奉回老家新野探亲，发现家里的房子已被烧成废墟，又听到吴汉部队的残暴行为，顿时怒气满胸，纠合人众，于新野起事，老百姓纷纷加入他的部队。

不久，邓奉攻下了当阳城。董欣、许邯也率众入了伙，声势愈来愈烈。

岑彭奉汉光武帝刘秀之命，征讨邓奉。大军先击败了许邯的部队，随后却为邓奉、董欣一万多人所围。

邓奉的部队都是汉军掳掠的受害者，所以打起仗来个个都是拼命三郎，岑彭等人的部队根本不是对手，建义大将军朱祐也被邓奉抓住了。

公元27年春天，刘秀看到南阳迟迟不能剿平，亲自率军出战了。

刘秀的部队开出洛阳，走了两天，到了叶县，被邓奉一股几千人的小部队阻拦，竟不能前进。岑彭赶来接应，才打败了邓奉的小分队。

但邓奉知道自己不是光武帝的对手，乘黑夜逃跑，岑彭大军立即就追，刘秀也带兵在后面追。

邓奉终究将单兵少，最后只能夺路而逃。逃着逃着，但见四面都成了汉兵，没有办法，只好向刘秀提出投降。

刘秀念及邓奉以前的功劳，并且考虑到事情的起因是吴汉部队军纪太坏，所以准备宽大他。

岑彭等人力主杀了邓奉，说："他背恩造反，劳动王师，连陛下都惊动了。他不知悔悟，竟然还率兵对阵，直到失败了才投降，他的罪不应该赦免。如果不杀他，怎么能镇唬住其他奸贼。"

刘秀见众将都要求杀，就把邓奉斩首示众。

斩了邓奉，刘秀心下犹自不安。

邓奉事件，揭示出军队纪律的重要性。于是，刘秀在军营中发布诏书，再度强调各军，再有劫掠，严加惩处。

邓奉事件刚刚结束，刘秀接到了幽州牧朱浮发自蓟城的告急文书。

渔阳太守彭宠嫌自己有功而无禄，心里难受，光武帝让他到洛阳述职，他怀疑是幽州牧朱浮告发了他，刘秀招他杀头的，便攻打朱浮。

刘秀遣游击将军邓隆引兵救援朱浮，却被彭宠的军队杀得大败。

当此之际，涿郡太守张丰也背汉起事，自称无上大将军，与彭宠联手，攻打朱浮，朱浮只能不停地派人到洛阳求救。

刘秀接到朱浮的求救，实在无兵可派，只得让来人回去告诉朱浮，坚守城池，不要出战，增援部队很快就到。

朱浮固守了好几个月，望穿秋水，也望不来光武帝的援军。

城里，粮食也吃完了，外面，彭宠的攻击越来越猛。有几次，彭宠的人马都爬上了城墙，被守兵死命地掀了下去。

朱浮准备向外逃，可是外面围得和铁桶一样，眼见得是朝不保夕了。幸亏上谷太守耿况派了三千人马来增援，朱浮开城杀出，才逃得性命，可是他却把蓟城丢失了。

很快，彭宠又攻下了上谷、北平等县，于是自谓燕王，北与匈奴建立外交关系，南与张步、张丰等势力联合，于一隅建政称雄了。

汉光武帝却是顾不上朱浮，因为吴汉、盖延的部队在跟盘踞睢阳的刘永打仗。

刘永是前更始皇帝封的梁王，睢阳是他的根据地。

盖延攻下了睢阳，刘永撤走了，当盖延离开睢阳，去别处平乱时，刘永又很快收复了睢阳，睢阳百姓立即迎接刘永再次当家。

睢阳百姓为什么不愿意“归汉”？

仍然是汉军太坏，仗着是皇上的军队，抢掠奸淫，甚至烧杀，非常混账。

盖延回军征讨刘永，没有进展。

吴汉赶来支援，遇到了刘永的将军苏茂，双方发生激战。

三两下吴汉军就被刘永军打败了，吴汉的坐骑中箭，把他摔下了马，幸亏部下救援及时，才逃了性命，但是膝盖受伤，髌骨破裂，不能站立。

刘秀为睢阳战事发愁，遥远又遥远的幽州他怎顾得上呢?

谁知不意间局面发生了戏剧性的变化，刘永的一个手下人杀死了刘永，投降了汉军，睢阳自然“解放”了。

到公元28年，彭宠已经称燕王一年多。五月间，刘秀准备亲自率领大军征讨彭宠了。

老学究、大司直伏湛进谏道：“兖、豫、青、冀各地，土匪乱乱嚷嚷，尚未收复，渔阳逼近塞外，大军需走两千多里，怎么能先去攻打它呢？陛下舍近求远，弃易求难，实在让我不理解啊。”

刘秀于是不去了，在宫中迎来了又一个儿子的产生——阴贵人生了，小东西额头非常宽，脖子是红的，术士说有上古明君帝尧之貌。

刘秀异常欣喜，为新生的儿子取名字刘阳。

汉光武帝未去征讨，彭宠就仍然做燕王，干得还可以呢。

奇巧的是，彭宠跟刘永一样，手下亲信中也出了一个叛徒，趁彭宠不注意杀了他，持着彭宠的首级投降了汉军，渔阳也自然归附了刘秀。

后山不由得赞曰：附庸大势力的小人总是在无防备的时候出现，总是在被信任的时候作恶，这是政治上的“损不足以奉有余”，正是这种损自立以奉强权的民族特色，一步步建立起了硕大而又向心的极权社会。

邓奉，因汉军作恶而起事，彭宠，嫌刘秀寡恩而造反，这两件事，影响很大。

刘秀有所觉悟，彭宠事件之后，便把在危急时刻支持汉朝的上谷太守耿况调到了首都洛阳，封为牟平侯。

第五十二章

镇反平叛

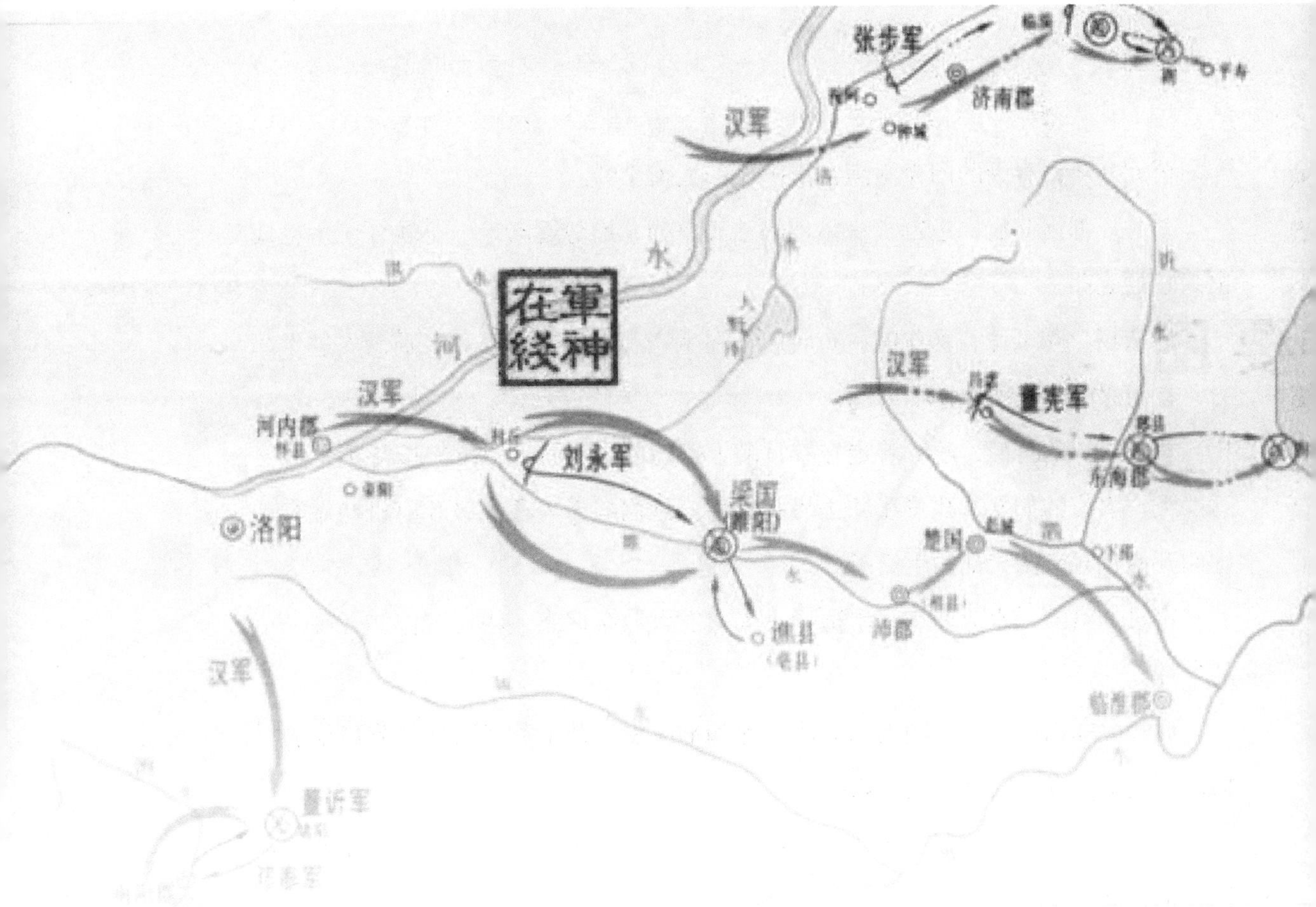

一

公元28年，春天的阳光洒满在洛阳城的大街小巷。

刘秀立都洛阳后，进行了一系列的治安整顿，形势逐渐走上正轨，民生也现出兴旺的萌芽。

铸造场、陶工坊、木作铺、布履店，在生产和销售中，国家级别的先进生产力，在新兴的东汉王都悄悄启动。

背筐挑担的行商，吆喝着走在春日的人家门前，不时地停下来接待买主。

大户人家的妇女选购彩线回去缀绣物件。她们的男人在各级政府机构做官，她们开始过起清闲无忧的生活了。

春日的洛河，水势尚小，岸边田土上，农人散布期间，耕耪劳作，开始一年的生计。

而在北邙山的北边，阔大的孟津坡地和平原上，乃至黄河对岸刘秀最早的根据地河内郡，春日农事，尤其欢闹。

世人在忙碌，自然在演化，大树在长芽，小草在开花，惟汉光武帝办公的宣德殿里，极是宁静。

建设新洛阳，建设新社稷的构想，已经在刘秀胸中成型，他前几日发布了一个重大命令：修建洛阳太学。

刘秀是读过太学的，深知学问在人生中，在国事中的作用。

没有学问的人，一开口光说差窍话，谁看得起啊。有学问的人，之乎者也，

东汉太学石经残石片

开会发言明显高人一等。

设若培养大批大批有学问的士人，挑选他们成为士人，上至朝廷，下到乡县，干部队伍成员无不文质彬彬，谁还造反呢！我的大业不就长治久安了吗?

刘秀所读过的太学是中国古代第一所大学，西汉时所建，但规模甚小，只有三千人。

王莽时，天下散乱，礼乐分崩，典文残落，太学生们，怀携图书，遁逃林薮，太学很快即烟消云散了

刘秀现在要在洛阳建设一所十倍于老太学的新太学，目标是三万人，级别定为国家部级，采求经典阙文，重立五经博士，吸引四方学者，云会京师，用于“稽式古典，修明礼乐”。

建筑部门已经做好了“三通一平”，洛阳太学奠基大礼的日子到了。

刘秀的车驾一大早就到了距离南宫八里的开阳门外。

礼宾官吏请驾，刘秀缓步上前，洒酒祭天地，宣布破土动工，吏民欢呼雷动。

《资治通鉴》卷四十一载，洛阳太学，选址于洛阳城南开阳门外的一处巨大土丘上，距离皇宫甚近，便于朝廷视察，便于召见三好学生。

打天下时期，用的全是赳赳武将，要治理天下了，需要大量的儒雅学究，升朝时，高阶之下要肃立两列说话温雅的文官，那气氛才像回事。

太学的培养方向，刘秀在心里明定了。

修建太学的项目付诸实施。

宽大的素帛地图摊开在几案上，刘秀俯身审视着，眉毛忽而舒展，忽而紧

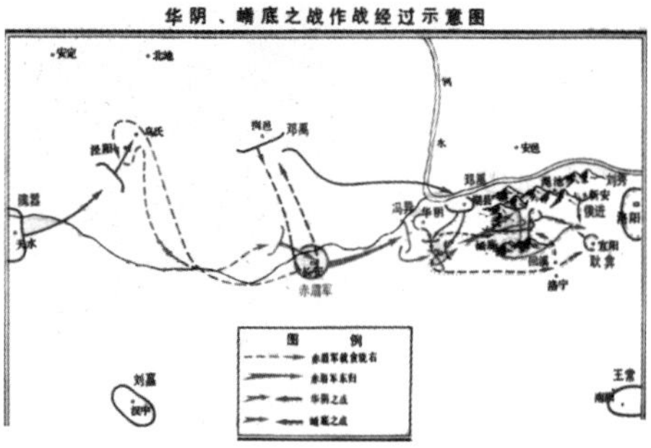

刘秀部队平灭赤眉主力示意图

皱，他开始苦心思索着下一步的“靖边”战略。

定都洛阳了，势力范围实际上只有洛河流域乃至黄河南北的中原地区，而中原地区周围，则是乱纷纷的割据势力纷争不息。

刘永、彭宠，这两股大势力消除了，但青州有个张步，东海有个董宪，庐江有个李宪，西边，天水，有隗嚣。隗嚣拥有十多万的兵力，虽使用了我大汉的“建武”年号，但摇摆在顺服与反叛之间。西南有蜀地的公孙述，结交关中，窥视江陵；南郡、夷陵的田戎，兵也不少。

四周的割据势力，互不统属，自霸一方，反使洛阳像个孤岛。

对洛阳政权威胁最大的，是关中的割据势力。

赤眉军虽降，但关中几乎每个郡县都处于独立状态。军阀们各称将军，拥兵多者万余人，少者数千人，相互攻击，无有宁日。

冯异在长安，尚能稳扎稳打，对远近的割据者，先行招安，若其不从再做攻剿。

正值青黄不接的晚春，关中出现大饥荒，一斤黄金只能换五升黑豆。军需运输困难，部队断了粮草，战士们饿得东倒西歪。

为解决冯异部队的军粮，汉光武帝诏封老家南阳的大户赵匡为右扶风，协助冯异作战。赵匡在南阳调集大量衣物粮食，送予冯异的军队。

军队有了吃穿，士气陡涨，高呼光武帝好领导，打仗更有劲。冯异指挥他们，诛杀顽抗的地方豪强，很快平定了关中一带。

更始帝刘玄原来分封的汉中王刘嘉，听从一个叫来歙的人劝导，归顺刘秀，并来洛阳面君。

来歙，字君叔，原籍南阳新野，他母亲是刘秀的姑奶奶，两家是亲戚。

王莽当政的时候，以来歙跟刘姓的关系，逮捕了他，他的宾客冒死劫救，方才保全性命。

后来，来歙在更始帝刘玄的部队里做个小官，进长安后，曾经数次给刘玄提建议，刘玄不听，他就知道刘玄长不了，称病辞官，回到原籍。

汉中王刘嘉的夫人是来歙的妹妹，来歙认为，刘秀称帝跟别的草头王不一样，就到汉中劝导妹夫归附光武帝。

刘秀见到来歙，欢喜得紧。

来歙一路风尘仆仆，衣裳十分破旧，刘秀当即解下自己的锦袍给来歙披上，对坐叙旧，再拜为太中大夫。

刘秀忧虑陇上和蜀地的局势，问来歙说："陇上隗嚣，还没有真正归顺，蜀地公孙述在那里称帝，两处都很险远，如何对付他们，君叔你有什么妙计吗？"

来歙说："联陇制蜀、西和东攻，乃是可取之策。"

刘秀说："能一计平定二处，最好不过。愿闻其详。"

来歙说："隗嚣最初起兵还打着汉家的旗号。臣在长安，与隗嚣曾经有缘。因此，臣愿意亲赴陇上，向隗嚣宣知陛下的圣德，他必定会听我的，归附陛下。公孙述失去了隗嚣这些地方势力的遮挡，必然越来越弱，平定他，只是时间问题。"

刘秀称善，遂遣来歙为使臣，执节出使陇右。

来歙果然使隗嚣上书诣阙，臣服于汉光武帝，还附带送了个孩子作人质。光武帝报以礼遇，致诏慰藉。

吕鲔是个被冯异打跑的小军阀，他降了公孙述，领公孙述之命进攻冯异。

归汉之后的隗嚣派兵佐助冯异，取得胜仗。

捷报飞传至洛阳，光武帝亲笔手书，猛夸隗嚣一通，把什么鲍叔牙都拉出来乱做比喻，直将隗嚣乐得迷三倒四，忘了天高地厚。

蜀地皇上公孙述派遣使者送“大司空扶安王”印绶给隗嚣，隗嚣说：“他妈的我比你还厉害呢，做你的臣子，我脸上挂得住吗！”就把公孙述的使者给斩了。

斩了公孙述的使臣还不到底，隗嚣又发兵攻击，连破蜀军。

关中的将帅们多次上书，谏议汉光武帝攻打公孙述。光武帝把这些书议资料送给隗嚣，让他攻打，试探他的诚信度。

隗嚣回书说，三辅力量薄弱，未便轻举妄动。

刘秀一看就知道隗嚣不想出力，只想维持现状。于是，自己也不动声色。

隗嚣与公孙述之间互相牵制的局面已经形成，基本上能使关中一带暂时安宁，刘秀可以集中兵力，对付关东地面了。

二

前曾叙道，公元27年秋天，光武帝刘秀派虎牙大将军盖延攻下睢阳，灭了自立称尊的刘永。刘永的儿子和刘永的心腹都跑了。

刘永的儿子刘纡，跑到了垂惠城，今天的安徽蒙城西部地方小城。

在垂惠城，刘永的铁杆部下苏茂和周建一干人，收集散卒，又立刘纡为梁王，企图东山再起。

刘纡占住垂惠城，遣使者送文件给齐地军阀张步，通报自己已经称王的情况，寻求合作。

张步占据的地方叫剧城，他把自家弟弟都安排了，以二弟张弘为正将军，三弟张蓝为玄武大将军，四弟为高密太守。这样攻战可以一心。

张步拥兵拓土，把胶东、北海、济南、东莱、城阳十二郡都弄到了手里，光武帝派遣太中大夫伏隆作使臣，来招安，他竟把伏隆杀了。

张步接到刘纡的文件，想尊刘纡，以保自己大片领土的安宁。

琅邪太守王闳说张步："刘永曾经长据睢阳，所以山东一带听他，可是他的儿子，恐怕众心未必相从。况且现在乱世，不可不加防备。"

王闳是王莽的叔伯弟兄，很有胆识，曾带剑从汉哀帝幸臣董贤手中夺回传国玉玺。王莽当皇帝后，忌惧王闳，就拜他为东郡太守。刘玄为帝时，迁其为琅邪太守。

张步起兵后，王闳号召所述六个县份集中数千兵力，跟张步大战，不能取胜，遂单人独马去见张步。

张步在阵前怒视王闳，质问道："我有什么罪过，你跟我过不去，这么和我对打？"

王闳毫无惧色，按剑答道："我作为太守，奉朝廷之命保卫地方。你拥兵割据，不服朝命，我是攻城讨贼，怎么叫过不去？"

张步想了好一阵子，下马称谢，请王闳喝酒，当贵宾看待，末了还要他通掌各郡之事。

张步拥齐地十二郡，称王一方，不肯归顺洛阳，又听王闳的，不受刘纡节制。

公元28年夏天，光武帝派捕虏将军马武、副将王霸等，进攻垂惠，要把刘纡收拾掉，这个孩子，太讨厌。

刘纡听说大军来了，赶紧向郯城的海西王董宪求救。

董宪觉得自己厉害，领着兵就出发。走到半路，得到情报说，兰陵守将贲休举城降汉了。兰陵是董宪的属下，这还不让人发怒吗！

董宪调转马头，去围攻兰陵，要活捉贲休，再斩了他的头。

光武帝的虎牙大将军盖延与平狄将军庞萌此时正屯兵楚郡，闻听新降的兰陵被围了，主动请战，要前去解围。

刘秀说："直接进兵去打董宪的老窝郯城就行了。"

盖延得到光武帝的指示，说："领导就是英明，攻打郯城，解救兰陵，一举两得。"于是奉诏出发。

盖延行军途中，不断接到兰陵飞马告急：快来吧，再晚就玩完了！

盖延心想，先去救一下兰陵也可以嘛。拐路去救贲休。

董宪也是个会打仗的人，他派出一个小小的副将迎战，装作失败，引诱盖延追杀。盖延追着追着，追进了兰陵城。

情况不熟悉啊，睡了一夜，天还不亮，董宪已经大军围城，要聚歼之。

盖延这才知道中计了，组织敢死队，拼命突出重围，带着稀稀拉拉的部队去攻郯城。

前一夜盖延占据兰陵，睡觉的时候，董宪已经指示郯城严加布防。

盖延下令进攻，屡攻不下，而董宪已经把捉到的贲休杀了。

刘秀得到情报，紧急传谕，责备盖延：“让你先去攻打郯城，是出其不意。你跑来跑去，敌人什么都清楚了，你还解个什么围？”

盖延攻不下郯城，转而朝别的地方，彭城、邳城，乱打。

尽管盖延未能战胜董宪，但他牵制了董宪不能去救刘纡。

刘纡派他的大司马、淮阳王苏茂出城征兵，召集失散的旧部，拢到了四千多人，回救垂惠城。

刘纡派精锐骑兵，截击汉军后勤供给路线。

汉军捕虏将军马武率兵迎战。

苏茂跟马武厮杀，刘纡又派将军周建打开城门冲出去，夹击马武。

马武腹背受敌，兵败而退。退到副将王霸的大营前，高呼大叫，让王霸出来帮忙。

王霸坚壁不出，对马武吆喝着说：“敌人太厉害了，我要出去，咱俩都得失败。我在这里坚守，将军你努力打吧！”

马武见王霸不肯相救，勃然大怒，转身收集败卒，愤然下令：“杀一个够本，杀两个有功，同志们，跟我冲啊！”

马武挥戈厮杀，奋勇无比。

兵将都杀红了眼，喊声震天，战尘蔽日。

在王霸的大营里，军吏们纷纷劝王霸出去救援。

王霸说：“敌军都是亡命之徒，来势凶猛。捕虏将军拖刀败还，我军将士心里已经害怕，开营接战，必败无疑。我闭营不救，敌兵必然乘胜轻进，捕虏将军也必定拼命死战。等到敌军锐气消退，我军迅猛杀出，肯定打个打胜仗。诸位不必心焦，快去做好战斗准备。”

军吏这才明白王霸的意思，赶快整甲顺枪，待命出击。

外面的喊杀声渐渐弱了，大营里的壮士们憋不住了，断发请战。

王霸遂下令打开后门，引精兵潜至敌人背后，齐呼高喊，猛冲暴杀。

马武正在危急中，猛听王霸出救，勇气顿长，长戈翻飞，刺中了周建。

周建负痛逃跑，王霸又劈向苏茂，苏茂也夺路遁走。

王霸的兵马，非常生猛，争先恐后地追杀敌人，直撞倒垂惠城前，喷着鼻子转了两圈才返。

过了两天，周建、苏茂聚众出城，直奔王霸的营寨报仇。

无论他们如何挑战，王霸只是坚守不理，在大营里，犒劳吏士，饮酒作乐，酒香和歌声一阵阵飘荡出来。

营寨外的苏茂、周建气坏了，下令善射的锐卒，一起搭弓射箭。

箭矢如雨，飞落进王霸的营寨里。

有支箭似乎长了眼睛，直奔王霸的面颊。

王霸端起酒樽，轻轻一挡，“叮当”一声，利箭坠于面前地上。

好在酒樽为青铜铸就，能作盾用。

见此情景，众皆变色，而王霸安坐不动。

部下说：“他们前日已败，又来挑战，出去再把他们打败一次算了。”

王霸沉着气说：“他们粮食不足，难于相持，光想快一点打胜，所以一次次挑战。我们紧闭城门，以逸待劳，此即不战而屈人之兵也。”

苏茂、周建不得交战，只好引兵回营。日暮天晚，城门早已关闭。守城门的是周建的侄子周诵。周诵高踞城头，死不开门接纳。

苏茂、周建叫不开城门，只得引兵逃奔，去投董宪。周建竟然活活气死在路上，苏茂弃其尸体而去，半夜到得下邳，与董宪合军一处。

周诵次日降了汉军，迎接马武和王霸入城。

新梁王刘纡惊闻变故，化装投奔附近的军阀佼强。

佼强遣使分别到东郡、清河郡等地，动员曾被汉军进剿过的五校、高平、获索等地兵众，又组织起不少兵马，很快，攻城邑，杀令长，又成气候了。

三

公元29年三月，平狄将军庞萌杀了楚郡太守，反了，自号东平王，率兵进攻虎牙大将军盖延。

盖延在东海郡内四处野战，正在肃清刘纡、佼强等地方军阀，猝不及防，吃了败仗，渡过泗水，靠沉船毁桥，才暂时阻断庞萌的进攻。

汉光武帝接到军情急报，得知庞萌反叛，异常震怒。

刘玄曾拜庞萌为冀州牧，属尚书令谢躬调遣，谢躬被杀后，归附了刘秀。刘秀即皇帝位，拜他为侍中。

庞萌为人逊顺，刘秀非常信任他，常常称誉说："可以寄百里之命，托六尺之孤。"

这次平叛，刘秀拜盖延为虎牙大将军，庞萌为平狄大将军，但只下给盖延一份诏书，庞萌没有。庞萌疑心盖延打了自己的小报告才有如此结果，于是就反了。

震怒的汉光武帝带兵离开洛阳，前往征讨，与诸将说："我常常把庞萌当成社稷之臣，你们不会笑我的话吧。这个老贼应该灭族。"

董宪获悉帝驾亲征，即刻与刘纡固守于下邳。又命苏茂、佼强率兵三万援助庞萌，各股反汉势力合在了一起。

二十多天后，吴汉所率东郡兵马已与汉光武帝汇合，光武帝督率大军，庞萌、佼强、苏茂抵挡不住，争相溃退，数万人归附董宪，屯守昌虑城。

昌虑城在今滕州地方，现已荡然无存，但遗址、遗迹、残碑断碣还有。

汉光武帝奖赏将士，催马挥戈，四面围攻昌虑。

大型撞车推过来，对准城门，一次次地猛冲猛撞，撞得城门坑坑洼洼，城墙也不停地晃动。

高耸的云车并排列在城墙前，步兵手持大盾，掩护着弓箭手。强弩硬弓，利矢如雨射进城中。

董宪顾了南门，顾不了北门，顾了东门，顾不了西门，勉强守了三天，汉军的撞车撞塌了一个城角，无数兵士从墙豁口涌进城中。

短兵相接的巷战，厮杀十分惨烈，死尸枕藉，血流遍地。

董宪惶然跨马急奔，与庞萌一起逃进缯山。

苏茂逃往齐地，依附军阀张步去了。

刘纡逃跑不及，东躲西藏，被军士高扈割了脑袋。

佼强扔掉兵器，率众跪地乞降。

光武帝命大司马吴汉率军追剿逃脱的董宪、苏茂、庞萌。

吴汉大军追到缯山，缯山峡谷深邃，原始森林茂密，隐蔽董宪、庞萌躲过了搜捕，他们召集散卒百余骑，返入郯城。

吴汉返身继续追捕，董宪、庞萌又窜入朐城。

朐城属东海郡，地势险固，储粮颇多，易守难攻。吴汉围困朐城，董宪、庞萌则死守不弃。

公元30年春天，朐城粮食吃完了，董宪、庞萌半夜潜出偷袭。

黎明前烽火报信，琅邪太守陈俊引兵前来襄助，一场激战，董宪、庞萌兵卒殆尽，甲胄不全，落荒而走。

董宪被校尉韩湛追上杀了，庞萌奔入一农家。农家原来是个堡垒户，佯装好客，热情招待，待其熟睡，割了他的头。

草头王的首级串成一串，送到洛阳，汉光武帝嘉奖功臣不提，关东的局势已逐渐稳定了。

现在还有两个大军阀，如鲠在喉，不拔不行。

这两个大军阀，一是青州的张步，据齐地十二郡，拥兵称齐王；一是舒城的李宪，占据庐江九郡，自尊为天子。

四

汉光武帝平定关东的战争进程迅速，北伐、南征、东攻一大圈，战功卓著。

灭了彭宠，平定了燕、蓟及其以北的广大地区；灭了秦丰，平定了南郡；灭

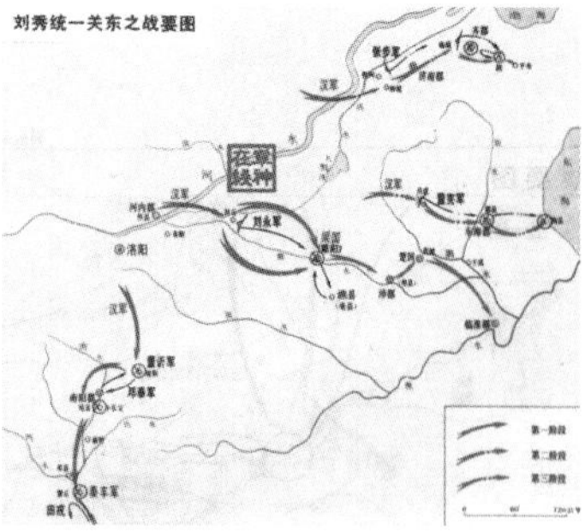

刘秀平灭关东示意图

了刘永、董宪，平定了梁郡，就剩下舒城李宪和青州张步了。

舒城李宪，占据庐江九郡，地盘不算太大，但自称天子。

张步做着齐王，据有齐地十二郡地面，势力甚大。

汉光武帝遣扬武将军马成率刘隆、宋登、王赏三名副将讨伐李宪。

李宪是颍川郡许昌县人，王莽时以其为偏将军平定庐江地方，王莽之后，李宪据郡自守。更始帝刘玄时候，他自称淮南王。去岁自立为天子，设置朝廷机构，封拜百官，俨然一处小天下。

李宪虽说只有兵将十多万，但他一直在庐江做地方官，苦心经营，很有群众基础，颇难攻取。

马成奉光武帝诏命，征发会稽、丹阳、九江、六安四郡兵马，择日出征。

汉光武帝亲至寿春，犒劳将士，设坛场，做动员，鼓励早奏凯歌，将士们大受鼓舞。

马成领着刘隆、宋登、王赏，指挥着辎重车辆，倍道兼行，进围舒城。

马成安下大营后，带着诸将绕城察看，但见舒城，池深城高，四门紧闭，城上刀戈林立，设防严密，不好攻啊！

马成对部下说："舒城全靠外邑供应粮食，我们就在这里守着，他吃完了粮食，我们就能拿下它了。"

马成下令四门各扎一营，营寨四面筑栅，栅外挖有很多陷坑。四营相接，形成铁围。

城中李宪，见汉兵围城，遂点齐兵马，由上将军率领，出城挑战。

马成严令各营坚守不出，敢言战者斩首。

李宪的上将军率众怒骂，从天早骂到天晚，只是无人应战，暮色苍茫时只好悻悻然返回城里。

马成不战，却分兵遣将，袭取李宪的粮道。

汉兵占据有利地形，勇猛冲杀，押运粮草的舒城兵众难于抵挡，弃了辎重粮草而逃。舒城后继断绝，时日自然无多啊。

汉光武帝不断收到各方捷报，惟征伐庐江郡的马成没有半点喜讯。

有人上书光武帝，说马成怯阵，不是个将才。光武帝遣使前往，催令进攻。

马成陪着使者，步行察看舒城形势，又上表详细汇报，强调以守为攻的战术。

刘秀读了马成的奏折，并仔细询问使者，复谕马成，支持他因情因地制宜，围而不攻，久困李宪，待其自溃。

然而，对于盘踞青州的齐王张步，汉光武帝却发起了猛烈的攻势。

讨伐张步的是建威大将军耿弇。

耿弇在幽、蓟，曾收上谷兵马，配合其父耿况、其弟耿舒，与祭遵、刘喜灭了燕王彭宠，多有大功。奉诏引兵东向，渡过济水，直扑张步的齐地十二郡。

张步派大将军费邑屯兵历下和祝阿，沿钟城至泰山列营数十座，专待汉军前来交锋。

耿弇调动主力，抢攻祝阿。

祝阿守将，未曾料到汉军首先来攻，仅守半日，便有些吃不住。

耿弇故意“围三阙一”，开城一角，放敌逃走。祝阿的守军全都逃向钟城。

钟城守军见败军涌来，惊慌害怕，扔下兵器，也逃，剩下一座空城。

耿弇未占钟城，而是进攻其东的巨里城。

巨里是济南的门户，丢了巨里，就要威胁到张步的王都——剧城的安全。巨里危险，费邑必须重兵援助。

耿弇派出士卒，到处砍伐树木，准备攻城云梯。

费邑唯恐巨里有失，率精锐三万人救援。

耿弇分兵两部，一部佯攻巨里，一部在山间路上设伏。

费邑督兵走到山前，猛听鼓响，半山腰竖起“耿”字大旗，急令士兵列阵对付。等了半天，又没动静了。虚惊一场，整顿将士，继续赶路。行不及里，鼓声又起，人影复现。费邑勒马，再次结阵，准备厮杀。结果，又是白等了半天。

走走停停，停停走走，心中窝火，将士困乏。

正在这时，战鼓响起，杀声震天，树上、石后、草丛中，跃出无数汉兵，势如山洪暴发，汹涌地压向费邑大军。

费邑慌忙应战，几个回合，便被耿弇刺死于马下。主帅丧命，众军溃散。

耿弇乘胜连破四十余营，闪电般占领了济南。

张步在剧城，先闻费邑防线崩溃，又闻费邑人死城亡，十分震惊，赶忙派其弟张蓝率领两万精兵迎战。

耿弇虚虚实实，声东击西，又打败了张蓝。

张步使淮阳王苏茂去平寿召集旧部，自己与张蓝、张廷、张寿三个弟弟，率领重兵，号称二十万，要吃掉耿弇。

耿弇占领了临淄，按兵不动。张步攻不克，连汉光武帝的朝臣也都着急了，议论纷纷，忧虑形势有变。

耿弇接到诏令，复奏光武帝，曰：“臣深堑高垒，张步疲劳饥渴。他若进攻，我诱进来，他若后退，我追上去。以逸待劳，以实击虚，旬日之间，张步脑袋可得也。”

刘秀把耿弇的信给朝臣传看，说：“昔日在信都，我就看出小家伙有大意思。至今久经百战，伯昭鹏程之志，果然不同凡响啊。”

耿弇在淄水岸边列开军阵，使都尉刘歆、泰山太守陈俊各带一支军队，驻扎在临淄城下。

张步则于临淄城外连营数十里，派大将重异径来耿弇营前挑战。

耿弇故意撤退，以盛张步的锐气，让他轻敌。

重异果然以为耿弇怯了，越发骄横。耿弇退入城中，重异随即冲向刘歆、陈俊的阵地，两下厮杀起来。

耿弇在城头眺望战况，见两军交战难分难解，握戈上马，打开东门，率轻骑精兵向张步大军横冲过去。

张步应战不及，阵形大乱。转身喝令弓弩手对准耿弇发射。耿弇以盾遮挡，且战且进。

突然，一支箭飞来，射中了耿弇的大腿，鲜血流了出来。箭又卡在了衣甲里，拔不掉，耿弇索性拔出佩刀，削掉箭把子，照旧督兵作战。

张步兵马太多，似乎砍杀不完，两军战到日暮天黑，方才鸣金收兵。

翌日，耿弇扎好腿伤，起五更勒兵出城，复与张步大战。

张步人虽多，但离开了剧城老地盘，仗越打越被动。

忽然听说汉光武帝向东出巡来了，遣使提前向耿弇报信，要亲自助阵杀敌。

陈俊对耿弇说："剧城兵马为数仍然众多，我们不如闭营休整，等陛下来了，合兵再战。"

耿弇奋然道："陛下要来，臣子应当牵牛抬酒迎接，怎么能留着敌人给陛下！"

说罢擂鼓进军。张步亦策马催兵，双方接住厮杀。又干了一整天，张步兵马被挫败，积尸无数，填满沟堑。

张步收集败将散卒后退，耿弇预先令副将分左右两翼绕道急行，埋伏在张步退路的两侧截击。

沉沉暮色中，张步引兵行不数里，突闻鼓声骤作，伏兵从两侧突出，截断退路，而屁股后面，耿弇呐喊着追过来，三路人马纵横驰骋，所向披靡。

张步伏鞍奔逃。汉军在后追出八九十里，没追上，回来收拾战场，得辎重车辆两千余，戈矛无算。

汉光武帝车驾到了临淄，耿弇率领将士迎谒。

刘秀亲握耿弇之手，并在大会上嘉谕之，说："我没有错看伯昭，有志者事竟成啊。"

耿弇谢恩后，说："请陛下允许我继续领兵追杀张步。"

张步逃回剧城，喘息未定，听说刘秀督战，更加惊惧，弃城投往平寿城的苏茂。耿弇紧追不舍，将平寿围了起来。

刘秀捎信招降张步，说继续作对，就是战犯，如若杀了苏茂，率众起义，前罪不咎，还可以封侯。张步就乘苏茂不备，砍下了苏茂的脑袋，自己脱光上衣，到耿弇军前请降。

耿弇命令部下，树起城阳、琅邪、高密、胶东、东莱、北海、齐、千乘、济南、平原、泰山、临淄十二郡的大旗，召开军民大会，欢呼胜利。之后，把张步带回，请光武帝发落。

刘秀封张步为安邱侯，其他下级军官一律免罪。

刘秀起驾归洛阳，耿弇也振旅随回。

洛阳军民列于城外，高呼口号，热烈欢迎汉军奏凯归来。

起义将领张步，封侯后在洛阳住了一个月不到，觉得还是不如做山大王舒服，就带着老婆孩子半夜走了，潜至老根据地，招买旧部，被琅邪太守陈俊逮捕，处以死刑，才算作罢。

公元30年正月，平定庐江九郡的扬武将军马成，亦攻下了李宪固守的舒城，杀了李宪，奏凯归还洛阳。

第五十三章
得陇望蜀

一

刘秀建设洛阳太学，是标志其“倡文好儒”的“仁爱”精神的。

刘秀虽说马上得天下，但却反对流血杀戮，战争中能招安则招安，能瓦解则瓦解。起兵以来，四方已经陷于乱世，四处杀伐，实属不得已，所以一经定都洛阳，天下基本太平，就恢复了其自幼温柔敦厚的脾性。

八竿子祖宗刘邦有威加海内、衣锦还乡之举，刘秀择时就想仿效一下，反正洛阳和春陵相距也不远。于是就驱辇回了趟老家。

刘秀觉得春陵其名有所不美，于是赐改为“章陵”，尽免徭役。

在家乡，刘秀居旧宅，观田庐，兴致勃勃。

刘秀在老家旧宅搞了个空前规模的大饭局，请老乡们不论男女都来吃吃喝喝，放开肚子痛饮他带回来的宫中好酒。

街坊邻居以至于四村八乡的人都到了。大家说“白水出龙”啊，“龙飞白水”啊。白水，正是刘秀老家前面的一条河。

酒至半酣，醉意朦胧，婶子大娘们见这个做了皇帝的大侄子一点不忘本，一点没有架子，还惦着老家的人，都非常高兴，嘻嘻哈哈进行点评。

“文叔啊，你这孩子吧，自小就诚实厚道，不计较小事情，没有什么弯弯绕，什么都好，就是太柔了点儿。”

刘秀听了哈哈大笑：“吾理天下，亦欲以柔道行之。”我现在治理天下，也打算用软办法呢。

老乡们听了刘秀接话，相率欢腾，直闹到月光如银洒满大地，才罢宴散席。

宗室众人连夜动手，把光武帝的话书写装裱起来，供奉在先人宗庙里，顶礼膜拜，不敢忘记。

光武帝谕令有关部门和地方政府，为老家宗室修建大型祠堂，然后起驾还洛阳。

回洛阳的路上，刘秀看到百姓渐渐能够安居乐业了，他们结束了多年的流离之苦，有的在耪地，有的在搭草房，心想，三年后，就会有更好的局面了。只可惜陇西和巴蜀的人民，如今还在水深火热之中。

占据陇西的，是西部军阀隗嚣。

当初，刘秀让邓禹和冯异进攻关中时候，对隗嚣采取了拉拢的手段，他还亲写书信，对隗嚣说："手书相闻，勿用旁人解构之言。"

但是，当刘秀约隗嚣一道进攻盘踞巴蜀的公孙述时，隗嚣竟托词拒绝，只说自己兵单将寡，实际他已经准备起兵反对刘秀了。

隗嚣为了起事，遣使者周游前来洛阳，假称向光武帝问好，实是探看中原情形，搜集情报。谁知周游没有周游到洛阳，走到长安时，竟然被仇家杀了。

当时征西大将军冯异在长安，于是人们都传言冯异将要背汉，自立为咸阳王，所以杀掉了周游。有人写匿名信给汉光武帝，就此内容告冯异的御状。

冯异这时已经在长安驻扎三年多了，听到这些谣言，心下害怕，就上书光武帝，请求回洛阳。刘秀下诏不许。

冯异一面感谢刘秀对自己的信任，一面反复恳请，刘秀只好让他回洛阳了。

冯异到了洛阳，刘秀接见他，把告发的匿名信给他看了，然后烧掉。

开会时，汉光武帝当着众大臣的面说："公孙是我起兵时的主簿，为我披荆斩棘，略河北，定关中，功劳很大呢。"说着，让黄门郎拿来珍宝、衣服、钱帛相赐。

冯异跪拜，受赐，刘秀扶他起身，让他与自己对坐，说："芜蒌亭的杂豆粥，滹沱河的粗粮饭，我现在都没有忘。深情厚谊，久不相报，非常惭愧，就是请你喝五斗酒，也是不够的。"

冯异稽首道："管仲曾经对桓公说，愿君不要忘了我用箭射过你的带钩，臣不要忘了大王用囚车装过我。他们两人有这样特殊的感情，能互相勉励，齐国终于雄霸天下。我今天也愿国家不忘河北之难，我自己也不敢忘了皇上的巾帛之恩。"

刘秀说："你说得太好了。君臣之间，老分着高下，影响建国大业。说到统一天下，我想听听你怎么看陇、蜀形势。"

冯异说："隗嚣和公孙述，分据西南，非大动作难以降服。臣虽不才，但愿为朝廷效力。"

刘秀说："长安是陇蜀的枢纽，是最紧要的战略要地，你是不可以离开的，实在不得已，我会亲到长安，调度兵马。"

先行伐陇，还是先行讨蜀，君臣两人细致研究陇蜀地势、出兵方略等，直到天色黄昏。

冯异在洛阳停留旬日，不断地被刘秀引见，相商出兵大事。不久，奉旨带眷属，挈妻孥，返回长安，引军征讨公孙述。

刘秀认为，自己跟隗嚣有过书信来往，不算陌生，汉军进攻巴蜀，隗嚣可能

窦融

会坐视不救，不会公然与汉朝决裂。

但是，汉军进攻巴蜀的战斗一打响，隗嚣就打出了反汉的旗帜，声援公孙述，陇西的汉军受到了隗嚣部队的袭击。

刘秀听说汉军败了，传谕众将保守长安。他则写信和送礼给河西太守窦融，拜之为凉州牧，希望得到支持。

河西五郡大将军事、属国都尉：有劳您镇守五郡，兵马精强，仓库有蓄，民庶殷富，对外折挫羌胡，对内给百姓造福……

刘秀极尽美辞，将窦融夸得不轻，同时赠予窦融黄金和大量奇珍异宝，还下令扶风太守整修窦融父亲的坟墓，并用太牢祭奠。

窦融是前汉文帝皇后的后裔，这时驻扎在陕西北部地区，刘秀的拉拢很见成效，书信说让窦融自己拿主意，窦融即时决定跟隗嚣相绝，后来虽通使节，不过虚于周旋而已。

汉朝得到窦融的支持，隗嚣在大西北更加孤立了。

二

公元31年，春节刚过，汉光武帝即派遣建威大将军耿弇率盖延等七位将军，讨伐公孙述。

誓师大会后，中郎将来歙奉着光武帝的亲笔信往说隗嚣，希望借道天水，共伐西蜀。

来歙曾经作为使者，调停过隗嚣与光武帝的关系，那时隗嚣还是十分客气

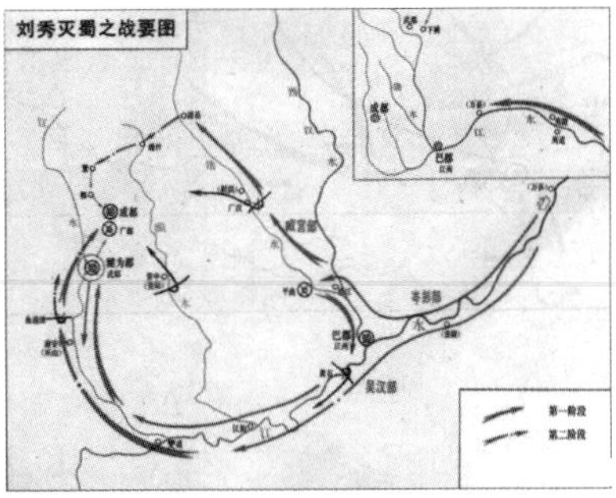

东汉大军伐蜀示意图

的，光武帝也不断好言好语安抚隗嚣。此刻呈上书信，隗嚣看了，却咬着嘴唇，久久不发一语。

急性子来歙，见隗嚣阴晴不定，模样讨厌，大声问道："借路出兵，行与不行，总该有个爽快的答复。"

隗嚣仍是犹豫不断，来歙愤然数落隗嚣说："陛下致书给你，这是君臣交信。你也曾经向陛下称臣，现在又叛主负义，岂不违背忠信？今日吃我一剑算了！"

来歙说着，拔剑去刺隗嚣。

隗嚣慌忙起身，闪入内室，勒兵要杀来歙。

来歙杖节出门，快速登车而去。

来歙东归洛阳，复命汉光武帝。

汉光武帝在桂影宫召开军事工作会议，商量对策。

祭遵说："隗嚣那家伙，蓄谋反叛，已经很久。如果慢慢进兵，难于攻下，不如速进，打他个措手不及。"

刘秀从其议，诏以祭遵为先锋，后随建威大将军耿弇、虎牙大将军盖延、捕虏将军马武、汉忠将军王常、骁骑将军刘歆等，直奔陇西。

汉军进入新关地界，但见群山起伏，道路崎岖。行近陇坻，又见大量木石塞住道路，越发难走。看样子是隗嚣的防务，但未见旌旗，似乎没有伏兵。

盖延下令清除障碍，继续进军。

前队搬开巨木，后队推着辎车移动。羊肠陡路，弯弯曲曲，两边怪石嶙峋，荒林茂密，风吹林吼，猿啼虎啸，令人心悸。

东汉的辎车

汉军喘着粗气，艰难地行进着。突闻战鼓轰鸣，喊声震天。隗嚣大将王元手持长戈，挥师杀将过来。

汉军人困马乏，又被压在低谷险道中，既无天时，又无地利，慌忙败退。前队多被杀死，逃得性命的撞向后队，自相践踏，死伤无数。

耿弇、盖延且战且退。马武断后，眼见隗嚣、王元步步紧逼，不禁怒发冲冠，大喝一声，调转马头，督率勇士，不要命地反冲。

顷刻间，陇西兵众倒下一大片。

先锋祭遵见马武奋勇，也返身回来冲杀。

隗嚣唯恐有失，急忙鸣金收兵，汉军得以回到陇下，依次安营。

隗嚣得胜，使王元和行巡二将作前队，向长安三辅进攻。

汉军飞马向洛阳汇报战况，将隗嚣的凶猛进攻禀告光武帝。

汉光武帝为了震慑隗嚣，便通牒说，你再进攻就把你的人质杀了。隗嚣想成大事，不理刘秀，刘秀就杀了隗嚣的儿子。

隗嚣豁上了，大举东进。

兵出陇右，但见宫阙巍峨，钟磬回响，隗嚣心想洛阳应该更加美丽吧，越发滋生要占取中原的野心。

然而王元和行巡遇上了冯异和祭遵，被打得土崩石散。

汉光武帝行诏嘉奖，使冯异领北地太守事，军事兼政府权力集于一身。

斯时，隗嚣的将军马援屯田上林苑。

马援字文渊，曾祖父子通，曾仕汉，为重合侯，因受其兄牵连，伏法受诛。

马援少年丧父，哥哥马况将他养大。兄长病逝后，马援守孝三年，吃住在墓

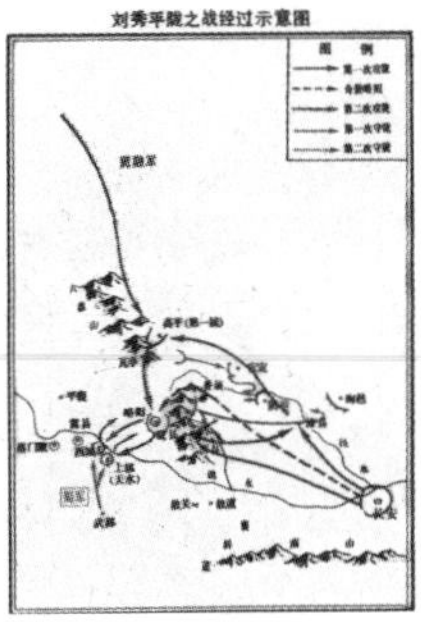

刘秀平灭陇右之战

侧。他非常敬重嫂嫂，衣冠不整，不敢进见。

马援长大，做了郡里的督邮，有次押送囚犯到司马府，囚犯辗转哀叫，其妻涕泣不已。马援动了英雄侠义之心，放了囚犯，自己亦跑到遥远的北方。

王莽上台大赦的时候，马援在草原上牧畜为生。几年时间，财富增加，牛羊数千头，谷物数万斛。

王莽末年，四方兵起，天下大乱，马援叹息着把家产尽数散分给亲戚朋友，自己只留下一套羊裘皮裤。

隗嚣在天水，广招雄俊，请到了马援，拜为绥德将军。

马援往往有真知灼见，人皆佩服，深为隗嚣信用。隗嚣曾派他到成都和洛阳考察，他因此跟刘秀在洛阳的南宫见过面。

屯田上林苑的马援审时度势，数次作书，建议隗嚣固守陇西，勿要冒进，以免吃亏。

隗嚣以为马援背叛自己，鞭笞马援的信使。

马援见隗嚣不可理喻，反过来亲近了刘秀，说："不是我负隗嚣，实是隗嚣负我。愿献破嚣之计，为汉所用。"

汉光武帝召见马援，对座促膝，讨论翦除隗嚣之事。

讨论之后，即命马援率五千精锐骑兵，前往陇右，先翦羽翼、继攻腹心、最后灭掉隗嚣。

马援领兵，驰骋陇西，奔走往来，游说隗嚣的大将，向羌族酋长言明祸福，还展开汉光武帝亲笔帛书，告诉他们，跟着隗嚣不是罪过，执迷不悟要受惩罚，弃暗投明可获赦免。

英雄马援

诏命所至，人心浮动。隗嚣的地方官们，闻大兵卒至，惊恐归汉，隗嚣不能禁止。

眼看不能自保，隗嚣又给刘秀写信讨饶，以为缓兵之计。

刘秀回信道：“我已接近四十岁了，在部队也逾十年，最讨厌虚浮之词，别给我来这一套。”

公元31年七月，跟隗嚣决裂，被汉光武帝奉为凉州牧的窦融遣刘均和窦友赴洛阳向朝廷汇报工作。走到高平邑，隗嚣嫡系的地盘，过不了，只得返回。

窦融又派司马席封，绕行山间小路，到洛阳谒见光武帝。

光武帝作亲笔书信，交给席封，带给窦融兄弟，备加慰抚。

窦融得到刘秀的书信，愈发忠诚于刘秀，写信给隗嚣，严辞谴责其负汉之为，劝其“稽首北面”“欣服高义”。

隗嚣恨透了窦融的反叛，不仅不看窦融的书信，反而羞辱使臣，乱棒打出。

窦融召集河西五郡太守，厉兵秣马，上书汉光武帝，请示出兵攻打隗嚣。

汉光武帝极力嘉美窦融，又把外方进贡的许多方物转赐窦融。

窦融拜谢谕书，砸碎隗嚣以前所给将军印绶，发兵攻入金城，杀了隗嚣的部下张玄，与陇西彻底决裂。

紧接着，窦融发五郡兵马，大破隗嚣的盟友金城太守封何，斩首千余级，得牛羊万头，谷物数万斛。

隗嚣看到自己已经处于孤立无助的境地，忙遣使到蜀地去送礼，向偏居一隅的公孙述俯首称臣。公孙述立隗嚣为朔宁王。

隗嚣觉得有靠了，聚拢步兵、骑兵三万人攻略地盘，接连被冯异的汉军打败，损兵折将。

隗嚣手下大将王遵，劝隗嚣向刘秀服软，因言辞激烈，遭隗嚣大骂，他还想杀了王遵泄愤。

王遵性格豪侠，又有才辩。来歙向隗嚣借路天水时，他曾私下对来歙说，自己愿意作内奸："我不避矢石，不是为了爵位。人思旧主啊，我祖上蒙汉厚恩，常思报效。"

汉光武帝这时令来歙写信招降王遵。

王遵携家带口，偷跑出来，到洛阳拜见刘秀，刘秀拜他为太中大夫。

公元31年秋天，隗嚣进攻安定。汉光武帝认为大决战的时刻来到了，决定亲率军队西征。

大臣们都反对刘秀亲自出征，郭宪说："东方初定，车驾不可轻易远行。"还挥剑砍断车绳，强力阻拦。

这时以前曾在隗嚣那里待过的马援坚持说："王师一进，必破无疑。"同时在刘秀面前堆米为山，陈述进兵之策。

刘秀听了马援的军事分析，高兴地道："都不要再阻拦我了。老贼已在我的手心里了。"

刘秀派大将来歙轻骑疾进，伐山开道，沿樵夫所走小路，穿过番须、回中，出其不意地攻进略阳城中，杀死守将，攻占了这一陇西重镇。

刘秀高兴地对众将说："攻克略阳，便是捣入了隗嚣的心腹，心腹一坏，肢体必然瓦解。"

隗嚣闻略阳丢失，大惊失色，连连顿足道："汉军从哪里来的？有这样神速？”遂亲自率军数万人，企图夺回失地。

汉光武帝的大军走到右扶风的漆邑，诸将纷纷进言：“王师重大，不宜涉险。”

光武帝踌躇难断，欲召马援相问。

月光如银，铺满山间，已是三更时分，梆声忽然响起，恰是马援在大营前求见。

刘秀喜出望外，披衣而起，使卫尉引马援入内室，述及群议，询问对策。

马援长期率部活动于陇右一带，对隗嚣内部情况了如指掌。他驳去众议，独抒己见，说：“隗嚣已有必破之状。”

次日，光武帝就推马援为进军先锋，麾师急行，由漆县经长武，进至高平。窦融率领五郡太守以及羌族小月氏步骑数万兵马前来相会，带辎车五千多辆。

窦融先派外交人员询问觐见光武帝的礼仪。

刘秀很是欣赏窦融。于是，置酒高会，待以殊礼，引见于百官，连窦融的弟弟窦友和窦士都封了官，然后，全面犒赏窦融带来的官兵，进行了收编。

汉军势如劈竹，隗嚣节节溃败，退保天水。

前来支援隗嚣的蜀将也都退却了。

汉光武帝进入略阳城，大摆盛宴，犒劳将士。

来歙攻守有功，赐坐特席，位居诸将之首。欢宴毕了，又赐来歙夫人布帛千匹。

王遵弃隗嚣而归汉，也是有功的，随驾出征，参与军事，深得光武帝信用。他与隗嚣的另一大将牛邯比较有交情，光武帝便作书让王遵遣人送给牛邯。

牛邯得到刘秀的书信，犹豫了十多日，觉得西州一隅，终非长久之计，到头来玉石俱焚，莫若早早归了洛阳。遂谢绝士众，带领心腹起义了。

刘秀任命牛邯为护羌校尉。

榜样力量巨大。牛邯是隗嚣骁将，雄踞边陲，有勇有才，一经归汉，惹得四周人心耸动。于是，隗嚣十六个属县，十三员大将，十多万兵卒，俱来降汉。

公元32年，汉兵解除略阳之围，隗嚣的主力基本被消耗掉。他带着妻孥，逃到西城，依附那里的少数民族酋长去了。

刘秀本想一鼓作气，彻底消灭隗嚣，这时，洛阳传来急报：颍川农民造反，河东守兵也反汉了。

刘秀禁不住叹息，懊悔地说："在洛阳时，我没有听郭宪的话，现在才知道费事了。"于是率领大军，马不停蹄，赶回洛阳。

三

汉光武帝车辇回归洛阳，对留下的众将消灭隗嚣很有信心。

他在半路上给将军岑彭写了一封信，说："如果打败隗嚣，就率大军向南攻击公孙述。人生最辛苦的是不知足，既得到陇，复望着蜀，每发一次兵，我的头发就白了不少，不知道什么时候能肃清天下。"

刘秀回到洛阳后，派将军寇恂前往颍川平叛。

寇恂原为河内太守，继任颍川太守，再迁为汝南太守。在颍川一带颇有群众基础。

刘秀说："颍川迫近京师，只有卿亲往，亟应平叛。"

寇恂回答道："颍川民风，素来喜好角力，听说陛下在陇西，长期未回来，盗贼惑众，乘间作乱。若其一旦听到陛下乘舆南下，必然惧怕，何敢抗命？臣愿为陛下做先锋。"

刘秀说："好吧，你前边走，我后边随。"

寇恂充当先锋，即日南征。

光武帝亲率兵马，随后启程，直指颍川。

盗贼看到车驾阵势，果然恐惧，主动都来了，说："杀掉我们吧。"

寇恂也不客气，直接把他们的头领杀了，其余赦免。

颍川群众扶老携幼，欢迎寇恂，欢迎刘秀，他们跪到光武帝的面前叩拜："请陛下让寇君在这里做官吧！"

光武帝依从民意，留寇恂在颍川主持工作。

车驾回到洛阳，尚未坐稳南宫，警报又来了。东郡、济阴，盗贼群起，攻城劫掠，地方大乱。

刘秀遣大司空李通领兵前去围剿。

汉军出了洛阳，刘秀陷入了沉思：为何帝驾一旦离开京师，便有盗贼蜂起？

颍水吏民拦路求寇恂留下为官，说明地方官的人选极其重要。

东郡是洛阳的郊区，尤需保障清宁太平。谁能够镇住这样的地方呢？刘秀想到了以威信著称的耿纯。

耿纯曾经短期做过东郡太守，视事数月，境内安然无事。后来其属下一个县令自杀，耿纯受到牵连，调回朝廷候命。不久前才封为东光侯，到郧地任职了。

刘秀立即援笔下诏，遣使拜耿纯为太中大夫，调任东郡。

东郡干部群众听说耿纯来了，无不奔走相告。近万名蟊贼，都丢掉武器，脱光膀子，到耿纯面前跪降。

汉光武帝正式玺书传诏，拜耿纯为东郡太守，地方变得平静了。

曾说光武帝离开关中后，写信给围攻西城的岑彭，言西城若下，便可将兵向南，进击蜀地公孙述。岑彭懂得光武帝的大一统用心，与吴汉奋力攻打西城。谁知西城十分坚固，月余未能拿下。

吴汉探知西城守将杨广病逝，加紧攻城，日夜不休。

隗嚣守城大将王捷，登城大呼道："汉军听着，我等为隗王守城，誓死无二心。请你们退开，我自杀以明志。"说着，横刀颈上，自刎而死。

西城还没有攻克，隗嚣的救兵——西蜀公孙述遣大将来了。

鼓声四起，旌旗飘扬。汉军大惊，乱了阵脚，不知蜀地来兵有多少。

吴汉勒马败退。耿弇、盖延，也相随退去。岑彭烧毁辎车，率领健卒横戈断后，慢慢退归陇下。

安定、北地、天水、陇西，又都成了隗嚣的地盘。

汉军败退中，校尉温序与从事王忠陷入重围，被隗嚣的将军苟宇逮住了，迫其归降。

温序斥骂道："我为汉家臣子，你等叛虏，怎敢胁迫大汉将军？"

苟宇的从属纷纷向前，欲杀温序。

温序面不改色，从容道："岂能死于贼手，污我名节。我自己来！"说着，冷不防抢过一把利剑，自杀身亡。

荀宇说王忠："温将军有种！你把他收敛了吧。"

王忠收敛了温序的尸骨，送归洛阳。

汉光武帝赐墓地安葬了温序，追认为烈士，召其二子入宫抚养。

四

公元33年正月，祭遵病逝军中，遗诫部下曰：牛车载归，薄葬洛阳。

祭遵为人克己奉公，所得赏赐，尽分将士，家无私财，身无华服，夫人衣衫无彩。

祭遵的丧车到了洛阳，光武帝车驾素服亲迎，过城门的时候，哭得鼻涕一把泪一把。安葬时，慰问眷属，见其家中贫寒，越发哀痛。

后来朝会之时，刘秀常叹息说："安得忧国奉公之臣如祭征虏者？"

卫士长铫期道："陛下至仁至义，哀念祭遵不已，群臣看在眼里记在心上，都愿为陛下出力。"

这时传来军情报告说，隗嚣移居冀城，冀城人多粮少，食物供应不及，有朝食而无晚餐。隗嚣饿着肚子出城筹粮，寻了半日，只得数斛陈米，篝火煮熟，粗糙难咽。返回城中，双腿乏力，越思越恨，恚愤而死。

隗嚣的部下王元、周宗等立隗嚣的次子隗纯为王，向公孙述称臣乞援。

公孙述遣大将田弇、赵匡，率兵押运物资，送进冀城。

汉光武帝令冯异行天水太守事，率军进攻冀城。

隗纯有公孙述送来的粮草装备，守得很牢固。冯异攻打数月，未能攻下。

留屯长安的来歙，上书汉光武帝，曰：目前陇西、天水是公孙述的屏障，彻底荡平二郡，是大计所在。然军队饥馑，缺粮严重。臣知道国家大局要均衡考虑，然有国家粮草保障，才能打胜仗啊。

刘秀觉得来歙言之有理，遂命令粮食部门预备谷物六万斛，征集四百头驴子，驮运到西部前线，以作军粮。

随后，刘秀又诏命来歙为监军、马援为副，统率建威大将军耿弇、虎牙大将军盖延、扬武将军马成、武威将军刘尚等五人，汇合冯异的部队，共同进攻天水。

却说公孙述在成都称帝，势头颇为不小。他欢迎隗嚣称臣，乃是希望蜀地、陇西连成一片，与刘秀争夺天下。

公孙述封自己的两个儿子为王，各管不少县份，群臣多进谏，以为成败尚未可知，将士们披甲征战在外，先立王子，会伤了将士们的心。

公孙述听不进，说："有史以来，不都如此嘛！"

汉光武帝先礼后兵，给公孙述信说，乱世之际，人皆欲为君事耳，所以不算反叛，早为定计，留条后路最好。天下神器，不可乱争，请自己想想吧。

公孙述见不惯刘秀的大架子，王侯将相宁有种乎，甩了刘秀的书信到一边，派大将率兵，直下江东，拔巫城、夷陵，占据了荆门。

公元34年夏天，有了粮食吃的汉军，在西部战场大败蜀兵，杀了蜀将田弇、赵匡。不幸的是，冯异将军病逝军中。

汉光武帝赐谥冯异为节侯。

褒扬和追认冯异之后，刘秀决定再次亲自率军西征，要把西部彻底按下去，

汉魏洛阳故城铜驼大道遗址

按稳当。

光武帝的车驾到了长安，寇恂劝阻道："长安道路方便，皇上宜驻军城中，安定陇西。敌人闻说皇上驻在长安，必然害怕，自会望风来降，如果以皇上万乘之躯，亲自到危险的地方去，实在不合适。上次颍川事件，就是前车之鉴，不可忘记。"

但是，刘秀没有采纳，驱马前行。

将军寇恂和来歙奋勇进击，日紧一日。

隗纯的将士已经丧胆，不能守城。周宗、行巡、苟宇等，拥着隗纯出降。王元率领残部，突围奔往蜀地去了，陇右自此悉平。

刘秀得陇后，转身望蜀，集中优势兵力，对付成都的公孙帝。

刘秀部署了两路汉军，一路由大司马吴汉统率，发荆州兵六万，马匹六千，与征南大将军岑彭会合于荆门，由长江入蜀；一路由中郎将来歙统率，从北面入蜀，南北并进、水陆齐击。

公孙述东依三峡、北靠巴山，凭借蜀道天险，与汉军抗衡。遣将占据长江天险荆门、虎牙两山之后，在江上筑起浮桥斗楼，立木赞柱，断绝水道，阻止汉军溯江西上。北部呢，公孙述拜王元为将军，据守北方的河池，防止汉军由大水南下入蜀。

岑彭命部下打造战船数千艘，从各郡募集熟识水性的兵勇，训练水师，研究突破三峡的战法。吴汉率军来会后，岑彭下令军中：募集进攻浮桥的勇士，先登者受上赏。偏将军鲁奇应募而出，愿为前行。

鲁奇驾起装满易燃物的楼船，鼓帆直冲浮桥。浮桥上的蜀兵涌过来，举刀截

丝绸之路上的驼队

击。鲁奇殊死奋战，同船的勇士点燃火炬，乘势飞掷桥楼上。

桥楼皆系松材，一经燃烧，势不可挡。

蜀兵顿时大乱，争相跳水逃命，溺毙数千人。诛虏将军刘隆跃登岸上，生擒了守桥将官程泛。

岑彭上表叙鲁奇战功，并荐刘隆为南郡太守，随即率辅威将军臧宫、骁骑将军刘歆，长驱直进。

在进军中，岑彭规定了严格的军事纪律，不准掳掠沿途，有犯者杀无赦。沿途百姓，看见汉兵这么好，纷纷牵牛端酒排队拥军。

中郎将来歙是刘秀的亲戚，忠心耿耿，率虎牙大将军盖延、扬武将军马成，引兵出陇西，进入蜀地。在河池打了个大胜仗，斩首数千级。王元、环安败退成都。

来歙乘胜疾进，再下辨城，方始安营休兵。

蜀人惊惧，苦思对策。

环安重金聘用刺客，夤夜潜入大营，一刀刺中了倚案而眠的来歙。

匕首在来歙的前胸上竖着，血流不止。他强忍疼痛，令惊醒的卫士飞马招来盖延。

盖延奔入帐中，见来歙惨遭毒手，伤势严重，满面淌汗，禁不住热泪滚滚，伏地悲泣，不能仰视。

来歙以手卡着前胸，叱责盖延道："虎牙怎么变软蛋了？我为刺客所伤，无以报国，故招你来嘱托军事，你反哭哭啼啼。我虽有刃在身，发火了照样命人收拾你！"

盖延收住眼泪，起身接受诫命。

来歙让吏属取来笔帛，一手捂着伤处，一手自书上表，曰：贼人中臣要害，臣不敢自惜，诚恨奉职不称，为朝廷蒙羞。治理国家，得贤为本，太中大夫段襄，正直可任，愿陛下裁夺……

写至此处，来歙疼痛难忍，投笔抽刃，血涌而出，气绝而光荣牺牲。

汉光武帝看到来歙的绝笔，悲哀恸哭，策书嘉奖曰："中郎将来歙，为了革命事业，忧国忘家，平定羌、陇，连建大功。遭贼谋害，呜呼哀哉！"

刘秀追封来歙为"节侯"，遗体还洛阳时，刘秀临吊送葬，又将汝南郡改名为征羌郡，以志来歙平羌、定陇之功。

第五十四章

桴鼓偃声

一

话说汉光武帝刘秀，望蜀而必欲得之，又出征了，时在公元31年夏天。

公孙述在蜀地做皇帝，本也不是什么坏事。但中国的大锅饭意识深入骨髓，强势者具有此等意识，就非得让平民百姓做炮灰不可。

后山不想盲目评说正在打天下、夺地盘的刘秀，在“打”和“夺”的过程中，谁不是光想弄得多一些，弄得大一些呢?

设若公孙述坐洛阳，刘秀在西蜀，公孙述也会“打”和“夺”，这就是中国统治者的“革命”本性。革了对方的命才算，他们不会共生共存的。

中郎将来歙牺牲之后，刘秀命扬武将军兼天水太守马成为中郎将，督率六军征蜀。

公孙述赶忙遣大将侯丹率两万兵马屯守黄石。令部将王元、延岑、吕鲔、公孙恢等，出兵拒守广汉、资中要隘。自己则高坐成都，静候佳音。

汉朝益州牧岑彭，设下疑兵计，使西蜀降将率降卒截击延岑，自己分兵溯江而上，袭击侯丹，占取了黄石。随即倍道疾行，飞驰两千余里，径取武阳。

岑彭占据武阳后，使精锐骑兵进击广都。

广都离成都数十里，今日双流是也。汉军势若疾风暴雨，所到之处，蜀兵奔散。

公孙述做梦也没有想到，岑彭会绕过延岑军后，到广都了已经。

公孙述惊慌变色，以杖击地，顿足乱问：“汉兵为何这等神速？汉兵为何这等神速？”急忙使人飞报延岑，令其转身，向后方靠拢。

汉军大举进攻，出乎延岑的意料。他登山观望，见汉兵三路齐进，山上、岸边、江中，真不知有多少人马，先自怯阵，又接到了成都的告急文书，急忙后撤。

汉将臧宫，是当年追随刘秀的昆阳十三勇士之一，纵兵追击，大破延岑军，斩首溺死数万人。

延岑奔回成都，余众悉数降汉。

臧宫得降卒十余万，进至平阳，又接纳了来降的蜀将王元。

光武帝玺书嘉奖臧宫，送六千匹帛布慰劳将士。

岑彭屯武阳，臧宫屯平阳，马成屯下邺，吴汉出夷陵，这些地方都在蜀地周围，也就是说，围绕着公孙述，已经是一圈老虎了，南北并进、水陆齐击之势已成。

公孙述坐卧不安，近臣劝谏送降。

公孙述大怒：“气数有度，废兴由命，岂有投降的天子！”

公孙述遣其弟公孙恢守涪城，今绵阳，汝宁王延岑守成都，魏党、公孙永守鱼涪津，今乐山，大司徒谢丰、执金吾袁吉率兵十余万，出击汉军。

兵马部署已毕，公孙述又派特工去杀岑彭。

岑彭进击广都，途中安营，日暮天晚时分，有遭了鞭罚的蜀官黄门来降。岑彭见他伤势挺重，说得又挺凄惨，便留住营中。

岑彭不知道对方玩的是苦肉计，不知道黄门郎是个阴险的特工，睡至半夜，遇刺身亡了。

汉光武帝车驾刚刚回到洛阳，跟着屁股就来了岑彭的噩耗，不胜伤悲，谥曰“壮侯”。敕令大司马吴汉接替岑彭之职，讨伐公孙述。

岑彭严于治军，邛谷王任贵非常敬服，数千里遣使进贡物到洛阳。

刘秀将任贵所贡土特产尽数赐给岑彭的夫人，以为抚恤。

蜀地百姓敬慕岑彭，在武阳为他立庙，岁时焚香祭祀，隆重纪念。

却道大司马吴汉，沿江而上，进入鱼涪津，一战而败魏党、公孙永，进武阳，又败公孙述遣来的救兵。

吴汉并率原属岑彭的军队，进占广都。

臧宫挥师西进，拔绵竹，破涪城，斩了公孙恢，又攻下繁县、郫城，前后收得近千枚各种公章。

险关要隘，俱为汉军所破，蜀郡将帅恐惧，日夜都在叛离公孙述。公孙述诛杀他们的老婆孩子，也不能禁止干部队伍的瓦解。

汉光武帝通牒西蜀帝：今以时自诣，则家族完全，若迷惑不悟，委肉虎口，痛哉奈何！

公孙述不降。大司马吴汉兵临蜀都城下。

求胜心切，吴汉设营锦江北岸，使副将刘尚屯江南，两军相隔二十多里。

公孙述发兵进攻。其大司徒谢丰、执金吾袁吉率兵十余万，摇旗猛攻吴汉。又另派万余人截击刘尚，令其不能相顾。

吴汉吃了亏，回营坚守。

第三天夜里，吴汉下令多树旗帜，马衔枚，人含叶，悄无声息地引军疾走，渡过锦江，杀向蜀兵。刘尚不失时机，也领军杀出，你应我合，击败蜀军。

汉军与蜀军，在广都、武阳间转战，渐渐打到了成都外城。

公孙述手足无措，向延岑问计。

延岑答道："男儿当死中求生，奈何束手待毙？财物易聚，不足牵怀，拿出来发挥作用吧。"

公孙述把仓库里的金帛全拿出来，招募了五千人，组成敢死队，与汉兵厮杀。

延岑又率奇兵，进攻吴汉后阵。汉军腹背受敌，溃败奔散。吴汉落入水中，拽着马尾，得以生还。

臧宫率兵进攻成都咸门。公孙述使延岑攻击臧宫，他自己率数万人，大开城门，出击吴汉。

吴汉藏精锐骑兵于阵中，诱公孙述进攻。

从清晨战到午时，双方都没有吃饭，饥饿疲惫。吴汉却给骑兵送了干粮和饮水，骑兵进食后，领命突入蜀军阵中。

蜀兵见汉军凶猛无比，无心接战，调头逃窜。

公孙述在战斗中受了重伤，流血过多，当夜去世。

延岑孤军难撑，放下武器，投降了吴汉。但吴汉还是把延岑杀了。

吴汉率军进入蜀城，斩下公孙述首级，送往洛阳，灭了公孙氏全族，之后纵兵烧杀奸淫，大作其恶。

刘秀得知灭了公孙述，非常高兴，闻听吴汉入城屠掠，异常恼怒，派使者重责曰：城攻下来了，老百姓都屈服了，那些老人和小孩有上万人，你们却纵兵掳掠，竟能忍心？

又责副官刘尚：你是我刘家的子孙，也曾经做过官，为什么还这样残暴？你们看看天，再看看地，天地能放过你们吗？

责骂归责骂，火已经放罢。可怜豪华的锦城帝宫，化为废墟了。

二

公元35年的腊月天，公孙述的首级送到了洛阳。

天寒地冻的日子，老公孙的头脸一点也没有改色。

汉光武帝遣有司验看，那头似乎还在摇动，嘴角撇着。真是靠啊！皇帝你姓刘的做得，我公孙做不得吗？

刘秀对吴汉又犯烧杀劫掠的毛病，心怀恼火，但太远了，将在外不由帅，只好诏曰：访求贤良，提拔做官，表彰英烈，予以抚恤。

吴汉晓得自己在成都作祸太大，宫室烧尽了，财物全都入囊了，年轻女子淫遍了，老百姓都认为汉兵是恶魔了，遂努力照住光武帝的指示办。

公孙述的旧将，有水平的，择才招纳为新公务员，李育、程乌等就是这样。

公孙述的文臣常绍和张隆，曾经劝公孙述投降，尽管公孙述很坚强，两个软蛋毕竟是“向汉”的，加以旌表。

至于百姓，受到劫掠的没法澄清，也就算了，但被大户用为奴婢的可以自己申诉，或者由基层干部统计，一律放归社稷，做普通百姓。

吴汉做了以上安抚工作，干部群众渐渐都顺服了，先前的怨恨烟消云散了。

汉光武帝听过来自蜀地的战后工作汇报，拜辅威将军臧宫为广汉太守，管那里的事情。命大司马吴汉浮江而下，领兵回来，路过南阳老家，可以去上上坟，为祖先扫扫墓。并赐谷两万斛，让吴汉在老家分赠族人。

既得陇，复收蜀，陇西、蜀地都平定了，朝野欢呼。

洛阳城百姓在干部组织下，“自发地”走上街头，载歌载舞。

官员们纷纷上表称贺，凉州牧窦融也遣使奉来一份。

刘秀考虑到西域的长治久安，诏命窦融与五郡太守到洛阳开会。

窦融与武威太守梁统、张掖太守史苞、酒泉太守辛肜、敦煌太守竺曾、金城太守厍钧等，带着大量的随吏，还有千余辆车载着的土特产，牛、马、羊十几万头，浩浩荡荡，来到洛阳。

移近洛阳西郊，窦融即派手下飞跑进城，缴上凉州牧、张掖属国都尉、安丰侯等一大堆公章，表示自己什么也不贪，听从发落。

刘秀说：“客气了，客气了。把这兜印绶还带回去，即使易地为官，也可以留作纪念嘛。”

刘秀的相敬之意令窦融等人十分感动，心说：比隗嚣强多了。

即日，光武帝召见窦融，听了窦融的工作汇报，升窦融为冀州牧，冀州并没去，一转屁股又升为大司空。

这就算朝官了。可窦融总觉得自己不是汉光武帝身边旧臣，每次入朝，位居功臣们之上，心里打鼓，举措不安。跟光武帝说话，表情言辞极其卑恭，光赞美别人的功绩，老检讨自己的不足。

窦融越是谨慎，刘秀越是敬重他，弄得他很是不安，数次辞让爵位。

窦融上疏曰：臣融年五十三，有子年十五，质性顽钝。臣融朝夕教导以经艺，不得令观天文，见谶记。诚欲令恭肃畏事，恂恂遁道，不愿其有才能，何况乃当传以连城广土，享故诸侯王国哉！

刘秀说窦融："莫要客气嘛。朕委卿以国事，实是信任，陇蜀之地长治久安，还得靠你这样的原地老臣呢。"

刘秀对臣子们，态度诚恳，言语温和，所以洛阳朝廷气氛美好，上下皆不拘谨，个例窦融，后来也放得开了。

刘秀与群臣闲聊时，问他们："如果不是适逢历史机遇，你们估计自己会做什么？"

太傅邓禹答道："我要是没有遇到陛下，可能是一个五经博士了。"

大将马武说道："我要是没有遇到陛下，一定是做县里抓强盗的捕头了。"

刘秀笑道："马武，你不去做强盗就万幸了，哪还指望你抓强盗？"

刘秀的仁爱与风趣使群臣开怀大笑，其乐融融。

在家宴上，刘秀更是没有架子。

二姐夫邓晨喝了几杯酒，谈起故旧平生，说早年和刘秀一起去蔡少公府上"听谶"的事情。

那天蔡少公说"刘秀当为天子"，人们都嚷嚷"是国帅刘歆吧"，坐于末席的刘秀应声道："怎么断定不是我呢？"

邓晨回忆至此，从容地对刘秀说："现在断定是了。"

刘秀捧腹大笑不止，在座的人也全都笑得前仰后合。

然而，数次家宴、郊游，一大家人快乐和谐，时不时总见湖阳长公主低头无语，闷闷不乐。

忘不了当年，妹妹伯姬尚幼，母亲照看幼妹时，刘秀就跟着大姐刘黄，听大姐读洛阳书生贾谊的文章。

在动荡不安的形势中，父亲刘钦病逝于南顿令任上，那时候刘秀刚刚九岁。大哥刘縯仿佛一夜长大，挑起了担子，封闭府库，接待宾客，为父亲治丧。而内务女眷则由小于刘縯三岁的刘黄掌管。

堂兄弟刘嘉、刘仲前后帮衬，阖府事有条理，丧而不乱。料理完丧事，全家扶着父亲的灵柩，返归春陵。

在春陵老家，母亲长久陷于悲哀，久病不愈，所有家事由刘黄代替母亲掌管。

作为长姐，刘黄格外疼爱小弟刘秀，缝纫浆洗，必使干净利落。

刘秀喜欢夜间看书，刘黄怕弟弟腹饿疲倦，总是变着花样煮调羹、做宵食，寒暑无易。

姐姐的抚养深情，刘秀永志不忘，为了报答，刘秀把大姐封为湖阳公主后，又在洛阳城最好的地方狄泉修建了大花园，赐给姐姐。

狄泉又名翟泉，流水潺潺，林木丰茂，珍禽怪兽，数不胜数。建满了亭阁楼台，湖阳公主住在里面应该称心了吧？

非也。战争结束了，弟弟做皇帝了，该享福了，刘黄却病死了丈夫。寡居之人，花园再好，也提不起精神。富贵代替不了感情，看见弟弟、妹妹成双成对地出入掖庭，哪里能乐得起来？

刘秀担忧姐姐的孤寂，有意与其谈话，评价朝臣的优劣，试探做了湖阳公主的姐姐对哪一个感兴趣。

湖阳公主说：“大司徒宋先生有威有德，其他人比不上。”

刘秀点头道：“我明白了，择机会吧，不能操之过急。”

大司徒宋弘，汉哀帝、汉平帝时曾经做过侍中。赤眉军占据西安后，想让他做官，他不想做。跟着使者，行至渭桥，趁不注意，投入水中自杀。后由家人救出。

光武帝即位后，听说宋弘的节操，请到洛阳，拜为太中大夫。

宋弘上朝极其严肃，不苟言笑，于是光武帝更加敬重，升迁为大司空，加封为栒邑侯。

宋弘为官清廉，过日子又很节约，所得俸禄，常常分赠九族，虽说是个正部级干部，跟一般县令似的寒素。

光武帝又改封宋弘为宣平侯，官更大了，所得更多了，然而宋弘依旧分给族人，自己府中不留多余的钱，朝野称赞不已。

光武帝曾让推荐博学之士，宋弘举了个桓潭。

刘秀拜桓谭为议郎、给事中，因桓谭懂音律，每次举办宴会，就叫桓谭鼓琴。

本是举荐栋梁之才，结果却是隆重推出了一名琴手，宋弘悔恨自己，等到桓谭出宫，派人召至府中，朝服正座，严辞重责。桓谭顿首谢罪，说再也不敢弹琴了。

改日光武帝大会群臣，又指名要桓谭入殿弹琴。

桓谭看见宋弘在席，吓出了一身冷汗，举止失措，坐立不安。

刘秀问：“这是怎么回事？”

未待桓谭回答，宋弘自己离开座位，摘下官帽，谢罪说：“臣所以荐桓谭，乃是冀望他能以忠正之才为圣上服务，他却令朝廷沉湎于郑声淫乐，这是臣所荐非人，理应承担罪责。”

刘秀闻言，立即改变政策，让宋弘戴上冠冕，使桓谭放下乐器，宴会上从此不再演奏了。

冯翊了，桓梁了，蔡茂了，等等，有的为相，有的为公卿，都很有政绩。

宋弘为人如此，婚事该会如何呢？一天散朝，刘秀单独留下大司徒蔡茂。

蔡茂与宋弘的私交甚厚，他由广汉太守来洛阳就职，就是宋弘的举荐。

刘秀同蔡茂谈了几句朝事，问：“卿可知栒邑侯与夫人的感情如何？”

蔡茂听了这话，一时摸不着头脑，只好如实地回答道：“臣没有听说大司空与夫人不和的事。”

几个月过去了，事情没有一点眉目，刘秀有些着急，他想直接试探宋弘。

这天午后，刘秀在南宫嘉德殿单独召见宋弘，并在殿后竹帘里设了个座位，让姐姐刘黄坐在那里。

宋弘进谒，见御座旁新置的一道屏风，一色是由上等绢帛制成，上面画的都是姿色娇美的仕女。又见光武帝数次顾盼，眉目有情。

宋弘很严肃地坐在那里，看在眼中，说：“唉，好德如好色就好啦。”

刘秀面色一红，即刻令人撤掉屏风，笑着对宋弘说：“说得对，就照办，总算可以了吧！”

宋弘伏地回答道：“陛下从善如流，为臣不胜欣喜。”

刘秀扶起宋弘，谈起朝事，应酬几句，笑着说：“谚语曰：‘贵易交，富易

董宣惩凶

妻’，贵了换朋友，富了换老婆，这是人之常情吧。”

宋弘听到这话，正色道：“臣也听说一句谚语：‘贫贱之交不可忘，糟糠之妻不下堂’。”

刘秀回顾竹帘，对湖阳长公主说：“没戏啦。”

宋弘不解地问道：“臣不知什么没戏了，请陛下明示。”

刘秀说：“哦，我们已经谈完了工作——就是这么个意思。”

三

却说湖阳公主刘黄遭受大司徒宋弘拒婚，心里很不舒服。

光武帝刘秀怜惜姐姐，经常给她很多的赏赐，刘黄于是就豢养了许多家奴，总共有好几百人。这些家奴中，有几个坏东西，经常依靠公主的势力为非作歹，横行不法。其中有一个竟然白天在街上杀人。

由于凶手作案后藏在湖阳公主的家里，地方官员不好去捉拿，结果成了悬案。

洛阳令董宣下决心办这个棘手的命案，派衙役化装后架网布控，伺机捉拿。

董宣，字少平，最初是北海的地方官，有清正之名。他刚当上北海令时，当地一个大绅士公孙丹盖了房子，预备入住，请一个术士看风水，那个术士说这个房子虽然盖得很好，但是犯了克星，住进去要死人的。

公孙丹心里非常害怕，就问有什么办法可以破解。

那个神职人员说只要杀一个人，把尸首埋在院子里就没有事了。

公孙丹果真就让他儿子杀了一个人埋在院子里。

董宣得到举报后，就派人把公孙丹抓来，推出去杀了。

公孙丹的族人不服气，召集了三十多个亲戚朋友，拿着兵器到县衙闹事，威胁董宣。董宣以其勾结土匪、企图造反为名，把这三十多个人都杀了。

青州刺史以董宣滥杀为罪，把他判成死刑，送到洛阳最高法院核准执行。

汉光武帝听说这个奇案，就派人询问董宣，董宣如实报告。

刘秀认为董宣做得非但没有错，还非常正确，就开释了他，不久任命他为洛阳县令，专管天子脚下这片热土。

洛阳作为首都，达官贵人成堆，官僚子弟成群，他们根本不把一个小小的洛阳令放在眼里。但是董宣不管他们位高势大，只要他们犯了罪，必要依法处置。

这日，湖阳公主外出闲游，那个杀人的家奴也跟在旁边。

恰巧董宣来视察布控情况，看到跟着公主的那个家奴正是杀人犯，就上前拦住公主的车马，不让走，要抓那个家伙。

董宣拔出佩刀，使劲朝地上一插，说："报告公主，你的家奴杀了人，犯了死罪，我现在要抓捕凶手，请您同意。"

湖阳公主非常生气，说："我的这些家奴经常不怎么出门，怎么会杀人？你不要搞错了。"

董宣听了，指着那个杀人的家奴，大声地说："就是他大白天杀了人！许多人都看到了，你要是不相信，我可以让他们来作证。"

公主看到董宣这样说，就有些软了，她说："这个家奴很能干，我不能没有他，如果他杀了人，请你看在我的面子上，给他留个活命吧。"

董宣听了，对公主道："都是因为你平常管教不严，你的家奴才敢胡作非为，他既然杀了人，就应该偿命，你现在竟然还替他求情。"

那个杀人犯吓得直朝公主的背后躲藏，董宣命令手下人把他从车上拉下来，也没有审判，当着公主的面，就给杀了。

这一来，湖阳公主刘黄就气坏了。

刘黄跑到皇宫里，对刘秀哭诉，说董宣胡乱杀人，连基本司法程序都没有，请光武帝为她报仇。

刘秀以为董宣欺侮了姐姐，不由得勃然大怒，就派人把董宣喊来了。

董宣来后，刘秀先责骂他冲撞了公主，然后吩咐内侍当着湖阳公主的面，责打董宣，想替公主消气。

董宣对着刘秀叩了一个头道："先别打我，让我说完了话，我情愿死。"

刘秀生气地道："事已至此，你还有什么可说的？"

董宣说："皇上是以德行平定了天下，使国家得到复兴的。公主的家奴杀了人，我不怕得罪公主，把杀人犯杀了，是为了维护国家的尊严。皇上如果听任公主的家奴任意杀人，又怎么能以法治国呢？我不想被人用棒打死，我自己死好了。"

董宣说完，一头撞向殿上的大柱，登时血流满面。

刘秀知道董宣做的没有错，也觉得不该责打他，就让人把他拉住，不让他再撞，但是为了给公主一个面子，让他给公主叩个头，赔个礼。

董宣认为自己没有错误，宁愿撞头，不愿磕头。

刘秀让人把董宣拉到公主的面前，强摁着他的头，逼着他给公主叩首。

犟筋董宣

董宣是个犟筋，坚决不道歉，一屁股坐在地上，用双手撑着地，挺直脖子，死不低头，连象征性地低一下也不肯。

内侍知道光武帝并不想把董宣治罪，可又得给光武帝下个台阶，就大声地说："回陛下的话，董宣的脖子太硬，摁不下去。"

刘秀也只好笑了笑，下命令说："把这个硬脖子撵出去！"

湖阳公主在边上看着，对刘秀说道："文叔为白衣时，藏亡匿死，官吏都不敢惹你，现在成了天子，难道连一个小小的县令也治服不了？"

刘秀说："正因为我做了天子，就更要论理，不能像白衣那么蛮干了。"

不久，光武帝下诏，赏赐董宣三十万钱，奖励他执法严明。

董宣把三十万钱全分给了他手下的官员，"由是搏击豪强，莫不震栗"，京师号为"卧虎"。

董宣秉公执法，震慑了整个洛阳，洛阳的地痞流氓听到他的名声都吓得发抖，社会治安从此大好。

董宣赢得了"强项令"的美誉，百姓歌之曰："桴鼓不鸣董少平"——罪恶偃息，社稷安定，没有人再击鼓鸣冤了。

四

洛阳城南的太学，是东汉初年规模宏大的文化工程。

太学建成招生后，汉光武帝多次亲幸，接见师生，视察工作。

历史进入二十一世纪，文物工作者对洛阳太学遗址进行了勘察发掘。

东汉太学遗址

太学遗址，分为东西两大部分，也即是说，当时的洛阳最高学府，分为东西两个校区。

洛阳太学东校区，面积在三万平方米以上，西校区也有两万平方米左右。遗址区域内，夯土建筑基础一排排地，或作东西长方形，或作南北长方形，井然有序。

刘秀到太学视察工作，主要是钦鉴博士们的相互驳难，考究诸生的作业文章，观看他们“雅吹击磬”等娱乐活动，并物质奖励博士弟子以劝学。

有个叫桓荣的，是沛郡人，常说自己乃齐桓公之后，曾经在长安半工半读，后来王莽败，天下乱，桓荣抱着经书与同学逃匿山谷中，虽常饥困，学习不辍。现在进了洛阳太学，品学兼优。

南方蛮夷之邦进贡了一批芒果，刘秀视察太学时，奖赏给三好学生。

得到芒果的，都揣进了怀里，惟独桓荣，莲花指托着芒果，叩拜恩情。

刘秀笑着对大家说：“什么叫儒生？这就是真正的儒生啊。”

洛阳太学，风气积极，生机勃勃，关键在于被禁锢的文化突然放开的活力迸发。

夏、商、周三代，是没有平民教育的，只有贵族的孩子念书，师长多为退职官员，思想古板老化。

春秋时期，社会变革巨大，对人才的需要量增加，教育冲破了“学在官府”的局面，出现了私人讲学之风。至于战国，出现了学术思想领域的百家争鸣。

秦及西汉，专崇铁腕统治之术，摧残、禁锢文化，阉割了教育。

当东汉之时，官方敦倡学问，使平民教育和贵族教育以比以前更大的力量爆发出来。

东汉太学归“太常”管辖。“太常”为九卿之一，取“欲令国家盛太常存”之意，太学隶属太常，更有其实际意义。

在管理上，太常持重的是选拔总领纲纪的祭酒，即校长，和选拔学识渊深的博士——教师。

规定“祭酒”必须是“有聪明威重者”，条件高于博士，或称博士领袖。

西汉的博士，官大就可以做，无选试之法。东汉很强调博士的师表风范，即“既欲其为人师范，则不容不先试其能否”。

所以，东汉规定，太常卿每选任博士都要经过一定测试，并要上奏其能否达到“德行高妙，志节清白，经明行修”的标准。

博士是教师。学生呢？洛阳太学的学生有多种称呼，称“诸生”“博士子弟”“礼生”“弟子”，也称“寄学”“散生”“游士”，在太学学习称“受业太学”“游太学”或“观太学”，并不叫“上太学”。

东汉太学的管理干部，除祭酒外，还有各种太学吏：舍人、军谋、主事、司成等。

洛阳太学的生源比较广泛。

六百石俸禄以上的官员，可以直接送孩子入学；郡国级高材明经者或国家级明经下第者也可直接入学。

各郡国五十以上、七十以下的耆儒，年纪大，地方保送即可。

地方政府单独派遣，也行，如杨终，“年十三，为郡吏，太守奇其才，遣诣京师受业”。

另外，名儒推荐，在校生介绍，也让入学。

洛阳太学入学既然没有特别的门槛，来自各地的学生就非常多，非常杂。还有留学生呢，来自匈奴和西域的。

不过洛阳太学的学生还是分类的，有正式学籍的，在于名录；勤工俭学的，为诸生做佣工而旁听。后者中如庾乘，算是有成就的。还有个宋均，“以父任为郎，时年十五，好经书，每休沐日，辄受业博士”。

洛阳太学的学生居住条件、方式，亦各不相同。有住校生，有走读生。

住校生中有集体群居者，也有单独居住者。更有举家居住者，如鲁恭，即与弟弟鲁丕及母亲俱居太学，时恭年十五，弟丕年仅十岁。

东汉太学的学生如何解决伙食？

《后汉书·梁鸿传》说，少年梁鸿诣太学受业，由于他性情孤独，不与人同食，同屋学生炊饭后，招呼梁鸿趁热锅做饭，梁鸿不肯，竟“灭灶更燃火”。孤僻得不轻啊。

看来洛阳太学并没有集体食堂，学生在宿舍外架设灶釜，自营炊事。估计鲁恭兄弟俩都在读书，家里有俩钱，他妈就是管做饭，来陪读的。

洛阳太学的修业期限可不算短——规定八年，但也看学分。

学生们基础不一，入学前即已通数经者，专门师事某一博士学习某一门经典者，自然不需很多时间，学分修够就行了。

据史书记载，还有不少二次入太学学习的学生。

学校对学生年龄也无统一规定，就史书所见，自十二岁至六十多岁不等。

年少游太学者不在少数。

颍川杜安，“少有志节，年十三入太学，号奇童”；臧洪，年十五，“以父功拜童子郎，知名太学”；汝南谢廉、河南赵建，年时十二，各能通经，拜为童子郎。那个年仅十岁的鲁丕，更小了。

洛阳太学学生，在校期间可自拜社会名儒，学习太学中未开设的课程。

博士一般在阶梯教室上大课，听课人数不等，最多者达千人。

然亦有小课堂教学。因为学生自己支配的时间较多，又有较好的自学条件，既有学识渊深的博士，又有本来就享有盛名的高才学生，学生有随时发问、请教的条件，还不耽误参与一些社会上的外事活动。

在洛阳太学的博士中，相互论难，蔚然成风，受其影响，学生中亦有浓郁的学术气氛。由于研读风气甚浓，很多学生都思维敏捷，“善于论难”。

洛阳太学还有意识增加学生的社会实践环节，举行乡社典礼时，礼生即以太学生充伍。

学生学习采取单科结业方式，每家经典学完后，要由博士主持答辩。

单科结业答辩为五十道题，解释多者为“上第”，引文明者为“高说”。若不依先师，义有相伐者，皆以为非，就算错了。这点死板。

洛阳太学的单科答辩，难免有些束缚思想，但就整个学业教育而言，又是提倡不同学派之间争论和提高不同学派学术地位的保证。

洛阳太学的学生毕业，按照“学而优则仕”的标准分配工作，随才而用。

学习满两年，试通二经者，补为文学掌故。不能通者补考，通过亦得为文学掌故。

已为文学掌故者，满二年，考试能通三经者，高擢为太子舍人。不能通过者随后补考，通过者亦得为太子舍人。

已为太子舍人满二年者，考试能通四经者，推其高第，为郎中。其不得第者，补试，通过者亦得为郎中。

郎中满两年，试能通五经者，推其高第补吏，预备队，随才而用。其不得第者，补试通过后亦得补吏。

东汉国家最高学府洛阳太学，无疑为朝廷培养了大量干部。

但你切莫以为，洛阳太学所有的学生都有这么好的毕业待遇。

以上特殊待遇之规定，是专门针对干部子弟的。贫寒学生毕业后，是留不到洛阳的，不想当“洛漂”就得返回原籍，所谓“哪来哪去”，建设家乡嘛。

第五十五章

英雄命舛

一

话说汉光武帝刘秀平定了天下，想过几年安定的日子，于是大封列侯，“优以宽科，完其封禄”，给他们优厚的礼遇，让他们尽情地享受。

据说刘秀一次就封了三百六十个列侯，其中最大的列侯可以收取四个县的税赋作为俸禄，尽管腐化好啦。这也是不言兵事，退功思安的一个招数。

谁承想，过了不到三年的时间，南方就出事了。

岭南的交趾出了两个女英雄，一个叫征侧，一个叫征贰，两姊妹在南方驱除汉官，自己做起了大王。

起初，汉光武帝下诏地方官员，让把那姊妹俩剿平，谁知地方官却被征侧、征贰打得大败。

过了一年多的时间，征侧、征贰的部队占领了岭南六十多座城池，发布律令，治理起来，九真、日南、合浦，尽皆响应。

后山认为这事情其实是很好的，刘秀的“汉朝”跟征侧、征贰的“岭南”建立外交关系就不错；或者去南巡一下，在那里的大海边画一个圈，设立一个经济特区，专搞来料加工，更牛气。

然而，刘秀觉得，既然我做了老大，你们就不能割出一片地方单干。经济特区？那种劳什子，即使搞，也不到时候，得留给子孙们捣鼓。

于是，刘秀拜陇西太守、虎贲中郎将马援为伏波将军，刘隆、段志为副将，率大部队劳民伤财地南征了。

马援雕像1

马援雕像2

马援字文渊，少年丧父，哥哥马况将他养大。兄长病逝后，马援守孝三年，吃住于墓侧。

马援长大，做了郡里的督邮，有次押送囚犯到司马府，囚犯辗转哀叫，马援动了英雄侠义之心，放了囚犯，自己亦跑到遥远的北方。

王莽上台大赦，马援在草原上牧畜为生，也劳动致富了，牛羊数千头，谷物数万斛。

王莽末年，天下大乱，马援叹息着把家产尽数散分给亲戚朋友，自己只留下一套羊裘皮裤。

隗嚣在天水广招雄俊，请到了马援，拜为绥德将军。

马援常有真知灼见，深为隗嚣信用。隗嚣曾派他到成都和洛阳考察，他因此跟刘秀在洛阳的南宫见过面。

马援审时度势，数次作书，建议隗嚣固守陇西，勿要冒进，以免吃亏。

隗嚣以为马援背叛自己，大骂马援，鞭笞马援的信使。

马援见隗嚣不可理喻，反过来亲近了刘秀，说："不是我负隗嚣，实是隗嚣负我。愿献破嚣之计，为汉所用。"

后来，在东汉平定西域的战略中马援力主进击，是立了大功的。

汉光武帝打败隗嚣后，令大军班师回朝。

汉军前头撤走，西方的羌人随着屁股就"东犯"了。

来歙奏汉光武帝说："先零羌人侵扰，非马援莫能定。"

刘秀遂任马援为承西太守，进行镇抚。

马援使用三千人的军队，击败临洮先零羌的主力，斩首数百级，获马、牛、

马援雕像3

羊万余头。

首战告捷，先零羌人闻“汉”丧胆，八千多守寨羌军不战自降。但在多处关隘要塞的羌军，居险死守，拒抗汉军。

羌人用辎重塞住山间通道。

马援使部将与羌人周旋，自己率精锐从山间小路迂回到羌人营地，猛然冲杀，羌军大败。

马援率军紧追，以精锐骑兵小分队绕到羌军背后，乘夜放火，击鼓助战。

羌人溃不成军，被斩了千余颗脑袋。余下的羌人逃亡塞外。

马援身中箭矢，光荣负伤，又因军队太少，不能穷追，收兵而还。

汉光武帝玺书嘉奖，把马援缴获的牛羊全部赏赐给了他。马援当然吃不完那些牛羊，就分给宾客和部属们享用。

羌区以西地方，湟中，孤悬于远处，朝臣多以路途遥远，难于防守，主张放弃。

马援上书，极力反对放弃湟中之议。

马援说：“湟中一带，堡垒多数完整牢固，可以依守，那里田土肥壤，灌溉流通，适合耕作，如果让羌人占据，将会贻害无穷。”

刘秀赞成马援的观点，依马援奏请，置长史于其地，修城郭，开水田，劝耕牧。遣羌人豪绅杨封为使臣，劝说塞外诸羌友好往来。

湟中郡平安乐业，各族和睦相处，吸引周边很多少数民族归顺，互结亲戚，走动往来，气氛融洽。

马援又上书建议“羌人治羌”，恢复羌人部落的侯王君长制，由汉朝皇帝赐给印绶。

汉光武帝全都照办了，说："文渊论事，与我意合。"

以后马援每有所谋上书，刘秀也未尝不用。

却说马援奉命南征，行军到了合浦，副司令段志得病身亡。

段志本来是统领水师的，光武帝就诏令马援兼率水师。

公元42年的春天，汉军到达了清浪滩。

清浪滩一带，山险水恶，毒气缭绕。北方人到这里无不头晕眼花。

马援满面糊着征尘，身穿破旧的军装，伫立清浪滩头，观察着清浪滩的险恶形势，禁不住心潮起伏，一首《武溪诗》脱口而出："啊！滔滔武溪，多么幽深！鸟飞不度，兽不敢临……"

此一带，瘴疠毒气非常严重，其实主要是过敏及中医所谓热毒，马援访问当地土医，说吃薏米可以预防。带壳的薏米像个袖珍版的宝葫芦，砸开看着像大麦，又比大麦粒要肥一些。

马援通知各部将士采摘薏实，做饭吃，熬汤喝，以避瘴疠之毒气。纵然如此，汉兵病死的仍然不少。

马援总算带着部队到了岭南，与二姊妹的交趾兵开战，毕竟汉兵打仗多年，练出来的，南兵大败，征侧、征贰觅路逃走。

马援的汉军割脑袋数千级，接纳降兵万余人。

初战获胜的汉军，在马援的率领下，乘胜追击。

征侧和征贰逃到了禁溪谷。

禁溪水势湍急，两边群峰险峻，易守难攻。

马援下令军士，随山伐木，筑起巨栅，把禁溪谷团团围住。

北方士兵到南方，许多水土不服得了病，病死的人差不多达到一半了，但是马援抱着彻底消灭征侧、征贰的决心，绝不退兵。

马援死死守溪口，又分兵略定各郡，收聚粮食，转运军前。

征侧、征贰姐妹俩在禁溪谷中，军需不继，企图突围而出，但是每次都被汉军猛砍猛杀，最后全军覆灭。

马援割下两位美女英雄的头，包装起来送往洛阳。

这些年洛阳得到的人头不在少数，但美女头颅还是首例呢。

刘秀非常高兴，封马援为新息侯，食邑三千户。

马援杀牛摆酒，犒劳全军，宴会时，马援说："我有个老弟，常常怜悯我的慷慨大志，他说，人这一生，衣食不缺，有辆车坐，有匹马骑，在郡县做个小官儿，守着祖宗坟墓，乡里称善人，就可以了。光想贪多，自讨苦吃罢了。我在清浪滩期间，看见毒气把飞鸟都熏得掉落水中，就想起来我老弟的话。我们求什么呢？有功是大家的，谁单人匹马，都别想那么多。"

马援一番话，推心置腹，把众吏士说得，酒也喝不下去了，杯子一扔，趴在地上乱喊万岁。

马援随后在当地四下转战，进击九真城的时候，斩获征侧、征贰的余党五千多人。

马援所过之地，皆为郡县制定律条，原有律条与汉法冲突者，一律以汉法为准。

马援指导各处郡县，修筑城郭，开渠灌溉，造福百姓，并在岭南各地设立了不少铜柱，上书“大汉伏波将军马援建此”，称作汉朝边界。

铜柱，作为中国古代一种特制的界碑，马援是首用者。《林邑记》曰：“马援植两铜柱于象林南界，与西屠国分疆。”象林，是东汉日南郡属县中最南端的一个，故址在今越南广南名叫茶桥的地方。

马援回军路过清浪滩，想起救命植物薏米。

北方怎么没有薏米这种奇妙的东西呢？于是命军士们大量采集，装运上车，想弄到洛阳做种子，让百姓种植。

马援大军归还洛阳的时候，朝中百官都出城迎接。

看到围着篷布的大车，满载着“财物”，留守洛阳朝廷的干部们吐着舌头，相互示意，不胜羡慕。

二

汉光武帝刘秀赐马援兵车一乘，封新息侯，朝见时位次九卿。

却道朝中百官看见马援军中有一辆装满物资的大车，心下疑惑，但转念想想，人家提着脑袋卖命去了，还不能拾掇点南方的珍宝细软吗？

大家还是络绎不绝地前往马援休息的驿馆，向他致以热烈的祝贺。

平陵人孟冀是马援的老朋友，也来了。

当孟冀向马援祝贺的时候，马援说：“从前大将军路博德，开辟了南方七个郡，也只受封几百户，今天我只不过杀败了两个女人，是一个小功劳，皇上却赏给我许多，功薄赏厚，怎么能够保持长久，希望先生能够告诉我该怎么做？”

孟冀回答说："我实在不知道该告诉你什么。"

马援说："现在匈奴乌桓，不断骚扰北方，我想请求皇上让我去攻打。男子汉应当拼死疆场，以马革裹尸而葬，怎么能躺在床上，让儿女们养活自己！你说呢？"

孟冀击节赞叹，说："烈士之心，应当如此。"

刘秀听说了马援的话，也大大地感慨了一番。

马援和刘秀认识，还是在刘秀准备西征的时候。

那时候，陇西的隗嚣准备独立，派心腹马援前往成都和洛阳，看看两个皇帝哪个值得结交。

马援去过成都，又到了洛阳。

刘秀早就知道马援这个人：他少年的时候，失去了父亲，和哥哥在一起长大，从小就志向远大，曾对人说，丈夫立志，穷而弥强，老而弥坚。还说，一个人发财致富，最可贵的是能够救济别人，不然的话，就是金钱的奴隶。

当时，刘秀在洛阳南宫的宣德殿接见了马援，和马援开玩笑道："你在两个皇帝之间自由来往。想到我不能像你那样，我感到很惭愧。"

马援说："当今时代，不但皇帝选大臣，大臣也选皇帝呢。"

马援感叹完了，话题一转道，"公孙述是我的同乡，我到成都时，他还要戒备森严才肯接见我。我到您这里来，您难道不怕我是刺客，竟然敢这样平平常常让我进来？"

刘秀笑着说："你不是刺客，只是一个说客罢了。"

马援说道："现在天下很乱，欺名盗世的太多。见到您洒脱的气度，我才知

马援祠堂

道皇帝有真的呢。”

两人初次见面，彼此都留下了很深的印象。马援回到陇西，劝隗嚣和刘秀来往。

遗憾的是，隗嚣没有采纳马援的意见。

马援带着全家离开了隗嚣。

刘秀要亲自率军征讨隗嚣的时候，众大臣都反对，只有马援力主御驾亲征。刘秀采纳了马援的建议，亲自率军西征，隗嚣果然被剿灭了。

马援征南凯旋，回到洛阳，刘秀怎能不特赐与厚赏呢。

马援出战时，军吏死于瘴疫的多达半数，马援将实际情况予以汇报，请得许多银子和粮食，用于抚恤死伤兵士家属。

马援的抚恤举动，受到多方赞美，因为有史以来，往往是“一将功成万骨枯”，马援顾念烈士和烈属，自然赢得人心。

形势刚刚稳定不过月余时光，匈奴、乌桓又一次大举寇边。

扶风、三辅等地告危，马援毅然上书，请求出征。

光武帝即命马援率兵三千征北。

光武帝的两个小女婿，梁松和窦固，前来送行。马援认为自己和他们的爹一辈儿，同朝为官，就对两人说：“人这一辈子侥幸得到了富贵，也容易失去，如果要使富贵能够长久，就必须居高思危，小心谨慎，希望你们不要把我的话忘了。”

马援一生为人豪爽，待人说心里话，他对梁松、窦固两人说的话，本是好意，但是让他们很不高兴。

马援名声太响了，匈奴、乌桓见马援率军而来，不战自退。

说话到了公元48年，武陵地区出了一股土匪，驻守当地的武威将军刘尚剿匪时全军覆灭。刘秀命大将马成等前去征讨，但是过了好几个月，坏消息一个又一个地传到洛阳，朝廷为之震惊。

马援请求出征武陵。

马援已经过了花甲之岁了，在朝中虽然不算高龄，但上马打仗就让人担心。

刘秀不知道答应他好，还是不答应他好，最后说："你年纪太大了。"

马援不等光武帝说完，就大声地道："我虽然六十二了，但是还能披甲上马，不是你想象得那么老。"

刘秀仍然不答应，马援便走到殿外，取来甲胄，穿戴起来，令卫士牵马过来，他一跃而上，左右顾盼，英勇不减当年。

刘秀看着，大声赞叹道："这个老头子，真英雄啊！"

刘秀诏准马援率中郎将耿舒、刘匡、孙永等出征，发十二郡兵马及劳改减刑者四万多人，远讨武陵。

马援兵马临行之际，朋友都去洛阳东关送他。

在萧索的秋风中，马援的白须随风飘动，他对朋友们说："我受朝廷厚恩，年近日暮，常恐自己死在不该死的地方，这次我接受任命率军出征，万一有个三长两短，我死也可以闭眼睛了。只怕有些人在皇帝的旁边说一些诬蔑我的话，如果真要有这样的事情，怎么会不让我这一颗赤诚之心遗恨呢？"

马援说这个话，是因为他知道，自己已经得罪了一些人。

前几天，他有病躺在床上，梁松来看他，直走到他的床前，他也没有起身向他答礼。其实那个时候，他也没有力量离开床榻。

等到梁松走了，他的儿子们说："梁松是皇帝的女婿，在朝廷中很有影响，王公大臣没有不怕他的，父亲为什么不向他答礼呢？"

马援说："我是他父亲的朋友，他虽然很尊贵，难道他不知道长幼尊卑吗？"

梁松心怀怨恨，马援当然也从别人的口中听说了，所以他这次出征之际，才有这样的话。

三

马援率军到了湖南，正逢一股匪徒攻打县城。

马援接战，大破蛮兵，斩获两千余人。其他匪徒卒众四散，潜逃到竹林里。

马援探明进入武陵有两条路，一条走充县，路虽然远但地势较平，一条走壶头山，虽然山峦叠嶂，地形险恶，但是近。

马援决定走壶头山，众将多半主张从充县走。

大家一时决定不下，只好说："咱们先宿营，歇歇，写信给皇上，听他的决定。"

过了些日子，刘秀回信说，听马援的。

大军于是从壶头山进发。

已经晚了。土匪占据了壶头山中的战略地势，凭高守隘，堵住关口。

壶头山峻险陡峭，沟谷纵横，土匪固守，不好穿越了。

马援只好命大军驻扎下来，等待形势的变化。

适值酷暑，燠热难耐，汉军滞留山中，不服水土的士卒，纷纷染疫身亡。

马援也得了重病，头晕眼花，行走困难。为减少疫病，保存战斗力，马援下令凿石为窟，以避暑气。

马援总想着自己在效命朝廷、安定社稷，不断强撑病躯，登上壶头山，观看、了解、掌握军势，时刻准备战斗。

蛮兵每一次升隘鼓噪，马援都扶病而出，观察战情，决定进退。

马援的精神，感动着南征的将士，部属为之流涕。

将军耿舒，曾经坚持从充县走，现在看到大军被困在深山里，就上书给汉光武帝，告御状。

耿舒说："当初我认为应当从充县走，那里路虽然远一些，粮食难运，但是兵马容易发挥作用，几万人的部队，大家争着向前，武陵早到了，现在大军困在壶头山，不能前进，士兵都染上了瘟疫，只能坐在这里等死，真是可惜。"

刘秀接到信后，就派梁松为中郎将，带着圣旨，来责备马援，同时催促马援快点进兵。

梁松到达前线的时候，马援已经病死了。

马援之死，给了梁松报私仇的机会，他状告马援贻误军机，还告马援上次在南方作战，曾经取得很多珍宝，人称"明珠文犀"的东西，就有一大车。

什么狗屁"明珠文犀"，就是那可入药、可熬粥的薏米种子。

没承想，多年来一直随着马援征战南北的马成等将，也异口同辞，诬蔑马援。这都是因为马援往常讲话过于戆直，才招祸患。

刘秀见这么多人都朝一面说，就相信了，大怒不已，在“海内不知其过，众庶未闻其毁”的情况下，削了马援的官爵，没收了新息侯大印，同时下诏治罪。

马援的灵柩运回洛阳的时候，马援的老婆孩子不敢发丧，也不敢让马援的棺木归葬祖茔，只在城西买了几亩荒地，草草地把他埋了。

英雄末日，可怜之至，马援往日的朋友没有一个人来他家吊丧。

马援的儿子害怕治罪，就同马援哥哥的儿子一起，用草绳自缚上朝，去见汉光武帝，向他诉冤。

刘秀把梁松等人的信拿给马援的儿子看，儿子才知道父亲被诬陷了。

马援的儿子开始了漫长的上访伸冤，历史记载说，直接向光武帝喊冤就有六次。

马援一生交了许多朋友，也帮助了许多朋友，但是当他身陷冤屈时，没有人为他辩解，那些曾经在他的手下做宾客幕僚的，此时都好像哑巴一样。

云阳县令朱勃，马援可能并不认得，但他正直，给光武帝写了一封信，替马援申冤。

朱勃在信里说：“我听说好德行的帝王，不忘别人的功劳，看到别人不好的东西，不会求全责备别人。

“大将在外打仗，小人讲一些坏话，稍微有点过失就记下来，而大的功劳却忘记了，如果就国家的利益来说，应该慎重。

“我听说伏波将军新息侯马援，他曾在陇西很有名望，因为钦慕皇上，所以不畏生死，投奔皇上，他为了向皇上进言，经常不顾个人的安危，提出和其他大臣不一样的意见。

“皇上西讨隗嚣时，众臣都犹豫不定，马援提出了应该进兵的计策，于是平定了陇西。

“等到吴汉攻下陇西，回来的路却被西羌阻断了，士兵缺衣少粮，处在生死之间，马援奉命西进，镇抚一方，把大军从困苦中解救出来，保住了几乎要灭亡的城池。

“陇西和河北平定后，马援一个人镇守边关，每次进兵都能为国立功，遇到敌人没有打不败的。

“攻打先零的时候，马援掉入山谷，敌人的利箭射穿了他的腿骨，但他仍力战不退；出兵岭南的时候，很多士兵都染上了瘟疫，马援几乎要与妻子生别，但他毫不吝惜自己，最后完成使命。

“这次他南到武陵，很快就攻下了宁乡，本来他为了立功而出师，可是他没有完成自己的誓言却死了，虽然士兵们染上了瘟疫，但是马援自己也没有生还。

“打仗，有人以为打得久了就应该立功，有人以为快了容易失败，其实深入不一定是对，不进兵也不一定是错，从人的常情出发，谁愿意在绝境中长待，不想回来呢？

“马援为国尽忠二十二年，向北，他进过沙漠，向南，他渡过大海，他死了以后，竟然被人冤枉。

“我听说《春秋》有言，获罪者但因有功可以免除，有德行的皇帝理应爱护臣子，像马援，可以说是为国鞠躬尽瘁而死的了。”

马援并不认识的朱勃，给刘秀的长信，可以说是对马援一生的中肯评价。

汉光武帝看到这封信，才允许将马援挖出来，埋入祖坟。

但是隔日，汉光武帝就好像忘了马援这个“葬不归墓”、“饮恨黄泉”的英雄军人。苍天，黄土，不知以后何年何月，伏波将军的奇冤才得辨清？

第五十六章

情债终偿

一

取得天下，靠马上纵横，治理天下，靠什么呢？

更始帝刘玄的命运，汉光武帝刘秀记忆犹新。

刘玄刚进洛阳的时候，军帅李淑就曾上书进谏：“陛下建立基业，靠下江、平林各军的力量，那是临时借用的，建都之后就不能依赖了。宜建章立制，延揽俊贤，因才授爵，匡定社稷。”

李淑的奏书，观点非常明确，借用农民战争取得天下，但治理天下，需用才士。

昏庸的刘玄不但不听，反而把李淑投进了大狱。

天下神器，得之也难，失之也易。不听李淑的诤言，仅一年多光景，只知盲目享乐的更始帝刘玄就身首分家了。

教训是活生生的，更是血淋淋的。

汉光武帝不仅经历了更始王朝覆灭的全过程，而且与之有千丝万缕的联系，他今天主持中央工作，不能不慎重啊。

显然，刘秀赞成李淑的观点，他即位以后，给开国的武将们封以食邑，赐以厚禄，但不想让他们再待在朝廷。他需要文臣，于是兴建太学，广招书贤。

汉家旧臣伏湛，就是刘秀在这样的思想支配下，召拜为大司直的，专管法令、律条的制定。

还有个号称博学的张纯，刘秀也用公车拉到了洛阳来。

严光

张纯在汉哀帝、汉平帝时，做过侍中，郊庙、婚冠、丧葬等礼仪，一套一套的，拉拉杂杂，全能来得。

只要有官员申报读经、注经的项目，刘秀都会拨款支持。

尚书令韩歆建议，洛阳太学为一些“易传”设立博士教学点，刘秀朝会后，约公卿、大夫、博士，会聚云台殿，商议之后就设立了。

也有坚守志节，死不出仕的，譬如严光。

刘秀恭请严光，执礼最躬。

严光就是严子陵，会稽人，曾与刘秀同游长安，太学同窗，交契甚厚。闻知刘秀即位，乃变名更姓，隐身不见。

刘秀清楚严光的本事，欲请出山，就使画工绘成肖像，做成寻人启事，各处张贴。

有人上报道：“齐地郡内，有一男子，身披羊裘，垂钓泽中，甚似。”

刘秀大喜，说：“这就是严光，他喜欢钓鱼。”

刘秀备了豪华车，载着礼品，遣使者去请。

往返多次，严子陵才勉强同意，被载入京师，安置在星级宾馆，多位服务小姐殷勤伺候。

大司徒侯霸，字君房，与严光相识，派下属侯子道拿着书信到宾馆问好。

严光高坐于上，接过书信览罢，问道：“君房素来有痴呆症，现在官做大了，痴呆症是否好转呢？”

侯子道恭敬地说：“他级别很高了，高干，没有痴呆症呀。”

严光说：“既然他没有痴呆症，派你来我这里做什么？”

侯子道转述侯霸慰问之言，说："他说让我来问候大人您的。他说远来辛苦，好好歇息，有了官职，就为朝廷效力。改日见面，好好喝一壶。"

严光笑道："你还说他不痴呆，这些难道不是痴呆话吗？天子请我多次，我方才来到洛阳。皇帝我还不想见呢，我难道想见某个臣子？"

侯子道说："你得给我复书一封，回去好交代。"

严光说："我手不能写。"

侯子道求他嘴头子说一说，以录音笔录一下。

严子陵就说了一句，侯子道嫌少，请他再添几句，严光大笑道："你又不是来买菜，添那么多有什么好处？"

改日，汉光武帝派朝廷接待处的礼宾官员请严光进宫，跟严光对坐交谈，累日不疲。

刘秀问严光道："卿看朕与昔日相比怎么样？"

严光回答说："陛下胜似往日。"引得刘秀拊掌大笑。

午饭后休息，刘秀说："咱俩就在这里歇息吧。"

于是，在南宫中，刘秀与严光睡在一条大席上。

严光坦然酣睡，一只脚放到了刘秀的肚子上，刘秀也不拿开。

刘秀封严光为谏议大夫，严光没有表态，仰着脸走出宫门，不辞而别，径直到山中，躬耕垂钓去了。

严子陵不慕富贵，不当公务员，不为人民服务，自甘贫贱，神经兮兮地溜走了，刘秀也未加追究。

可见刘秀除了对待战功显赫的马援，其余一概比较宽怀。

当然，古往今来，想当官的，大有人在。

司直王良推荐了杜林，杜林又荐举了同郡的赵秉、申屠刚以及陇西的牛邯等。刘秀尽皆擢用。

朝廷干部中懂得经文的，礼聘到洛阳太学讲经，听讲的人济济一堂，执经求问，蔚然成风。

杜林，字伯山，在隗嚣手下干过，刘秀跟他研讨经理，滔滔不绝，最后还赐以车马衣物。

朝廷中形式主义横行，关于郊祀之礼，朝臣多以为应该祭祀得“历史”一点，从“尧”开始。惟有杜林反对。

杜林说：“新社会了，为政宜柔，礼仪宜简。人都不是傻瓜，觉得汉朝好，不是因为尧。尧离汉朝太远，人们多不知道。《诗》曰：‘不愆不忘，率由旧章。’我建议，郊祀，祭一祭后稷，就很好，让百姓努力种庄稼。”

刘秀依从杜林之议，郊祀后稷，舞动耒耜，开垦阡陌。百姓仿效，稼穑尽心，稻谷丰收，郡邑安宁。

后山曰：刘秀是个非比以往的皇帝，他确实想容留大批贤士，把东汉朝廷弄成一个文采焕然的领导集团，让全国百姓紧密团结在以自己为核心的朝廷周围，共同建设小康天下。

二

总体看来，汉光武帝是一个秉性温和的皇帝。

东汉铜奔马（马踏飞燕）

后山认为，有些一般人做不到的宽宏，刘秀都做到了，洛阳和东汉，应该感谢他的治理。

在王莽新朝时期，征徭、兵役、赋税、刑法，都非常重。那是一个特殊的过渡时期，社会生产力遭到空前的破坏，农民不是四处流亡、转死于沟壑，就是失去家园、沦为奴隶。

王莽末年，旱蝗肆虐，他们竟然认为那是“神虫”，不敢扑打，致使多数郡县粮食绝收，一斤黄金只能换一斛小米，民不聊生，饿殍载道。

西汉平帝年间，国民经济已经濒临崩溃边缘，全国人口尚有五千九百多万。迨至王莽垮台，“天下户口减半”，仅剩两千多万了。生齿急遽减少，又加速了经济的快速萎缩、衰颓。

东汉王朝的诞生，伴随着惨烈的战争。推翻新朝、吞并铜马、收编赤眉，灭掉董宪、秦丰、彭宠、隗嚣等草头王，灭掉另外一些天子如刘永、李宪、公孙述，再加上各种自然灾害，凋零惨状可想而知。

《后汉书·食货传》记载汉光武帝刚上任时的景况曰：“野谷旅生，麻草尤盛，野蚕成茧，被于山阜。”不惟城郭皆空，山川间触目也是遍地荒凉。

身经百战的汉光武帝深知，要弥定祸乱、建设社稷并非易事。智慧的他，选择了“柔道”，比之“刚术”，确乎见效。

在东汉初年，连俘虏都是宝贵的，为什么？人力资源贫乏。

王莽统治时期，大量的社会劳动力沦为奴婢。汉光武帝从建政次年——公元26年五月起，到公元38年十二月止，下达了关于奴婢的九道诏令。

“民有嫁妻卖子欲归父母者，听之。敢拘执，论如律。”

“天地之性人为贵。杀其奴婢，不得减罪。”

“益州民自八年以来被掠为奴婢者，皆一切免为庶人；或依托为人下妻，欲去者，恣听之；敢拘留者，比青、徐二州以掠人法从事。”

汉光武帝的九道诏令，获得执行，全社会释放了大量奴婢，他们成为庶人，自由稼穑，较快地恢复和发展了社会生产力。

王莽“五钧六管”，立律严苛，吏民百姓摇摇头、摆摆手、抬抬腿、努努嘴，都会治罪。押往长安的犯人不绝于途。

刘秀作为刘玄的大司马执节河北时，常常“平遣囚徒，除王莽苛政，复汉官名”。执掌朝廷后，立即“解王莽时之繁密，还汉世之轻法”。公元26年到31年，七次大赦刑徒。

刘秀发现社会冲突的根源是因为有严酷的律令。因而他规定，十岁以下，八十岁以上的人，不许抓捕，不许判刑。真犯了大罪，也要减刑处理，送到边疆去，他如果逃跑，去他家里罚款就可以了。

女人如果判了徒刑，不予执行，许其还家，出钱雇人至山中伐木，送给公家盖房子用，就行啦。

统治者对庶民的剥削，都是通过赋税来体现的。比较可悲的统治者，都是疯狂征敛赋税的好手，巧立名目，搜刮不休。

王莽统治时期，就征收“假税”，吏民开荒，要交“农业税”，砍柴，要交“林业税”，挖野菜，要交“湿地保护税”，名目繁多，不一而足。

汉光武帝主持朝廷工作，山林川泽，允许百姓自由利用，随意渔猎樵采。铁矿的采炼和铁具的铸造，除官府经营外，亦允许私家经营。

特别是在农业上，刘秀体恤民情，柔和宽待。

公元30年，正月，下诏曰：往岁水旱蝗虫为灾，谷价腾跃，人用困乏。朕惟百姓无以自赡，恻然悯之。

面对灾荒，刘秀命令官家拿出库谷，救济高年老人、鳏、寡、孤、独及笃疾重病、家贫不能自存者，每家给五斛小米。

同年六月，又下诏曰："今百姓遭难，户口耗少"，而县政府人浮于事，严重超编，特布令司隶、州牧进行统计，各郡县省减官员。

十二月，又一次下诏减税，将"什一之税"减为"三十税一"。

同一年内，连下三个中央文件，可以清楚地看出，光武帝为了对付自然灾害，恢复社会生产，采取了最为具体的、切实可行的措施。

减轻负担，予民实惠。这在"赋敛之毒有甚是蛇者乎"的统治者中是罕见的。

由于人口贫乏，兵役成为农民的沉重负担。军队为统治者带来了很多利益，却把农民逼入了贫困的深渊，推进了依附化乃至奴婢化的火坑。

反抗统治者的起义，往往与征戍调发兵役有直接的关系。地方部队的存在更是隐患。刘秀意识到了，大刀阔斧地变革了兵役制。

公元31年，刘秀下诏："今国有众军，并多精勇"，所以，诸郡的地方兵制度，即此撤销，正规部队中的车兵、骑兵、工程兵、楼船兵及其他非野战军编制人员，一律复员。

汉光武帝的"大裁军"，不仅减轻了郡县的沉重负担，而且有利于王朝的统一和社会生产力的发展。

厚葬之风，古来有之。这是最为劳民伤财的蠢举。

赤眉军第二次入长安，皇家陵园都被挖掘了，惟独霸陵汉文帝遗冢安然无恙。

文帝素尚节俭，鄙视奢华，拒绝厚葬，墓里边没东西。

汉光武帝于公元31年正月诏曰：世以厚葬为德，薄终为鄙，至于富者奢僭，贫者单财，法令不能禁，礼义不能止，仓促乃知其咎。其布告天下，令知忠臣、孝子、慈兄、悌弟，薄葬送终之义。

刘秀对干部队伍的治理，也有可以圈点之处。

公元40年，一次大封功臣三百六十五人，封刘家列侯一百三十七人。

干部队伍是扩大了，但他们手中的权力被薄化了，弱化了。

刘秀让邓禹带头交出了将军的印绶，换给他们以王侯的待遇，让他们享清福。

打天下的数百位功臣，不再重用了，但多多地给他们俸禄，让他们过安乐日子。

当然，每当朝廷进行大宴的时候，刘秀不会忘记把众功臣召来，让大家一块儿高兴高兴，多喝几杯。

朝廷中，刘秀多选用那些没有贪念的人，像蔡茂、杜林，都是清廉的官员。

至于地方高级长官，也是选用那些一向有好名声的人来担任。九真太守伍延，桂林太守卫飒，卢江太守王景，都能为民兴利。

当时的江陵县令刘昆，在县里发生大火时向火叩头，大火熄灭了。由于他平时对老百姓仁爱有加，百姓都认为是他的仁德感天。

刘秀北徇渡河之处

后来刘昆做了弘农太守。弘农地方山多，山上有很多老虎，刘昆到任以后，老虎都渡河到别的地方去了，地方治安难得的静好。

刘秀听说了，把刘昆召来，问道："你以前在江陵的时候，大风竟把火吹灭了，后来到了弘农，老虎都渡河跑了，你是做了哪些好事，以至于发生这样的奇妙结果？"

刘昆回答说："不过都是偶然凑巧罢了。"

旁边的人都吃吃地笑。刘秀却赞叹刘昆是真正的忠厚老实人，说话一点不滑头，如果换了别人，不是自夸，就是阿谀奉承，于是加封刘昆为光禄勋。

在国家富裕之后，刘秀不断给地方官员涨俸禄，使他们经济上和政治上同样风光。

汉光武帝以"柔道"治天下，恩遇百姓，礼待官员，民富国强，威望日隆，连海上小国日本也不嫌遥远，派遣特使，奉贡朝贺。

公元57年，"倭奴国"的一帮子来到洛阳了，光武帝令礼宾部官员接待他们，安置住宿，安排参观，是处都让倭客们一愣一愣的。

光武帝刘秀专门制作"汉倭奴国王印"一枚，金的，赐给当时的日本君主。《后汉书》对这印章有专门记载。

后来日本人大意，把该金印弄丢了。

长期里，日本人提起丢印的事，就拍大腿。

公元1784年，日本福冈市志贺岛挖地基，哈，挖出来了这颗宝印！

"汉倭奴国王印"，通体高二点二厘米，印台高零点九厘米，台上有蛇形印纽，印面正方形，边长二点三厘米。

经专家鉴定确认，该出土物正是《后汉书》里所记载的那一枚金印。

需要说明的是，“倭”字在金印上作“委”字，汉时文字并不严格，“倭”和“委”是一回事。

近代变法人士黄遵宪，著有《日本国志》，里边说，他当时做驻日本公使，“尝于博览会中亲见之”。

现在这颗金印收藏在福冈市博物馆中，被日本政府定为“国宝”。

当年挖出金印的地方，日本人立了一通石碑，上刻“汉委奴国王金印发光之处”。

却说汉光武帝以“柔道”治天下，明慎政令，量时度力，退功臣而进文吏，止兵戈而牧马牛，此类举措，效果确实显著。

汉光武帝的“柔道”所治，终于使社会生产力从破坏、瓦解状态，走上了恢复、发展的道路。官属忠其职守，百姓乐其所业。

三

公元39年，新春刚过，洛阳还沉浸在节日的气氛中，汉光武帝收到了大司马吴汉的上书：请定接班人。

莫非吴汉不知道刘强已经是皇太子了？

信息不灵，真要命。吴汉已经上了几封同样的奏疏了，这真是，皇帝不急，急死吴汉呀。

听说吴汉上书，搀和的大臣还很多。

大司空窦融、固始侯李通、胶东侯贾俊、高密侯邓禹等，纷纷奏称：定号位，广藩辅，尊宗庙，重社稷，当立皇太子。

他们不知刘强已经是皇太子了？

大臣们的心思，真不好说。

汉光武帝沉吟点头。从千秋亭即位那天，郭夫人为他生下第一个儿子，到今天，稳坐洛阳南宫，他已经有十一个儿子了。

郭皇后生了五个，刘强、刘辅、刘康、刘延、刘焉；阴贵人毫不示弱，也生了五个，刘阳、刘苍、刘荆、刘衡、刘京；许美人瞅空子也给生了一个，刘英。

刘秀的十一个儿子，除了嫡子刘强已经立为皇太子外，其余皆无封号。

先都封一封吧。于是以太牢做庙祭，按年序封皇子。

刘辅为右翊公，刘英为楚公，刘阳为东海公，刘康为济南公，刘苍为东平公，刘延为淮阳公，刘荆为山阳公，刘衡为临淮公，刘焉为左翊公，刘京为琅邪公。

诸子受封，才及月余，又诏天下州郡：查人口、论田亩，检核垦田户口。

刺史太守，依诏施行，次第奏报。

陈留吏文牍中夹着一张帛条，书语云："颍川、弘农可问，河南、南阳不可问。"

刘秀问陈留吏："这是什么意思？"

陈留吏说："不知道，是在洛阳的长寿街上捡到的那张条子，随手夹在那里了。"

刘秀心生疑惑，脸现怒色。

这时，旁边只有十二岁的东海公刘阳插话说：“这是教他核查土地的。”

刘秀就问儿子：“那为什么颍川、弘农可问，河南、南阳不能问呢？”

刘阳答说：“河南郡是首都嘛，洛阳嘛，中央高级官吏都住在这里；南阳是陛下的故乡，陛下的亲戚多居住于那里。因此对这两个地方的田亩数字，违反规矩的自然要多，负责检查的官员们当然不好认真核查了。”

刘秀遽然醒悟，让虎贲将诘问陈留吏。

情况果然和儿子刘阳所判断的一样。

东海公刘阳，十岁通《春秋》，刘秀视为神童，今日听了他一番议论，越发喜爱，自悔立嗣太早，这可怎么办呢？

郭皇后察言观色，窥透皇上的心思，免不了出语风凉。这使刘秀十分不快。

本来，在郭圣通的舅父兼大媒人真定王刘扬当年举兵谋反的时候，刘秀派耿纯收拾了他，那时就有借口废掉郭圣通，但他没有动作。

后来，迎接阴丽华到洛阳宫中，也是一个跟郭圣通离婚的机会。可是，雅性宽仁的阴丽华，以女人对女人的同情心，说服刘秀，保持原状。

在议立皇后的时候，阴丽华说郭贵人已有子嗣，且人家出身高贵，在战争年代确实对丈夫有所帮助，自己一直隐居故后，不当皇后也罢。

由于阴丽华的坚决辞让，郭圣通才被刘秀立为皇后，刘强成了皇太子。

刘秀平定陇、蜀的时候，太子刘强已经十多岁了。由于长期征战，刘秀有些讨厌战争。刘强经常在他的旁边，有时说起攻战方略，刘秀就斥责他说：“这事不是你应该问的。”

话头让郭圣通知道了，她很敏感，老操心自己的皇后位子和刘强的太子位子。

郭圣通毕竟不是阴丽华，她自阴丽华入宫以来，没有感激对方“让位”，反而一直感到自己的地位受着威胁，只觉不快。

以前刘秀曾经训斥刘强，说征战不是你操心的事，现在刘秀又喜欢阴丽华生的儿子了，老郭的更年期毛病发作了，指桑骂槐，谁也不顺眼。

刘秀大怒，遂于公元41年十月，一次帝后吵架之时，下诏废后、立后。

“皇后怀执怨怼，数违教令，不能抚循它子，训长异室，宫闱之内，若见鹰鹯，岂可托以幼孤，恭承明祀？

“阴贵人乡里良家，归自微贱。‘自我不见，于今三年。’宜奉宗庙，为天下母。”

一贬一褒，缘分情债，一本账算清了。

此诏一下，群臣都很吃惊。

大臣郅恽说：“我听说夫妇之间的事情，父子之间都不大好讲，何况我们这些做臣子的，哪里好讲话？但是希望皇上能够谨慎一些，不要令天下的人议论继承的事情。”

刘秀说：“卿能恕己量主，知朕必不有左右事而轻天下。”

你们能体谅我的想法，我也不会过分的。于是就没有立即废掉皇太子。

非但没有废掉皇太子，刘秀还将废后郭圣通生的老二刘辅晋封为中山王，他妈老郭成了“中山太后”，老郭所生其他皇子，皆由公爵晋封为王爵。

当然，随即把阴皇后所生儿子也都晋封了王爵。

刘秀觉得，让郭圣通继续留在宫中，对当事各方都是一种伤害。彻底分开，让中山王刘辅奉养她，也是对她的安慰，至少比她在宫中过着不尴不尬的生活要好得多。

刘秀仅是废掉了皇后郭圣通，并没有废掉郭圣通所生的皇太子刘强。

这年，河南郡的单臣等人，巫术发展成了邪教，聚众作乱，攻占了原武城。

汉光武帝遣太中大夫臧宫率军往讨贼众，久攻不下，死伤了不少士卒。

光武帝召集群臣商议惩治邪教的方略。

群臣都说："现在天下太平，岂容贼寇作乱，请重赏军队，灭掉他们。"

东海王刘阳独自进言道："他们属于术士妖巫相胁为乱，势难持久。因为肯定有许多人心里悔恨，想逃出来，只是因为外面包围得很紧，没有办法脱身，只好拼命死守。现在应该下令围城放松一些，让他们出逃，贼众一散，那些带头的就孤立了，一个亭长就可以把他们抓住。"

刘秀遣使军前，依东海王之言而行，很快传来捷报。

由此以后，刘秀越发喜爱刘阳。

皇太子刘强因生母被废，常常不安，又见刘阳日益受宠，越发生忧。

大臣郅恽对刘强说："你处在这样的位置，对上你不伺候你的母亲，有违孝道，对下你个人也很危险。按照《春秋》上的道理，母以子贵，我为你考虑，不如自己让位，回去奉养你的母亲，这才对得起你母亲生你一场。"

久处疑位，必有危机。母以子贵，不如引退。

刘强于是上表，主动请求废掉自己。

刘秀不准刘强之请，他不想这么快。

刘强再托诸王近臣恳请。刘秀再不准。

刘强说："为父再不准，我就要自尽了。"

刘秀不再坚持，准了，他怕儿子真的想不开啊，反正以后还是要废掉的嘛。

汉光武帝诏曰："皇太子强，崇执谦退，愿备藩国。父子之情，重久违之。其以强为东海王。东海王阳，皇后之子，宜承大统。其立阳为皇太子，改名庄。"

刘阳改名刘庄，成了皇太子。

刘强和刘庄，倒了一个个儿。

刘秀一点也没有委屈刘强。为了安慰刘强，他不惜再次违反规矩，一下子封给了刘强两个郡国。

顾念旧情的刘秀，废了郭后母子，却多方优待他们。郭圣通的娘家兄弟都因之封了官爵。郭况为阳安侯，郭竞为新亭侯，郭匡为发干侯。郭况是郭圣通的亲弟弟，食邑加倍。

郭况为人谦恭，颇有声望，迁升大鸿胪，车驾屡至府第，会集公卿诸侯饮宴，赏赐金钱缣帛，丰盛莫比，洛阳人称郭况家为"金穴"。

平衡之下，刘秀嫌封郭圣通不够，转迁其为沛太后。

沛太后的母亲病逝，汉光武帝亲自吊孝，大会百官，排排场场办了丧事。

沛太后是公元52年病逝的，葬于北邙山，当然今天找不到了。

汉光武帝哀怜沛太后早逝，把自己与阴丽华所生小女儿嫁给了郭况的儿子郭璜，调郭璜进朝廷，参议大事。

郭圣通吃醋，吃成了废后，反倒全家升官发财，史所仅见。

四

皇太子重新定位，变成了刘庄。

汉光武帝大会群臣，诏问群臣谁可为太子傅。

为皇太子延聘家庭教师，不是小可之事。群臣承望圣意，都说执金吾——洛阳市公安局长阴识最好。

博士张佚听不惯这些话，道："陛下立太子，是为阴氏呢？还是为天下呢？若是为阴氏，那么阴侯可以作太傅，若是为天下，应该选用天下贤才。"

汉光武帝称善，说："你讲得太好了。想定太子傅，正是为了培养太子的君主之德。今天博士能直言谏朕，何况教导太子呢？"

刘秀拜张佚为太子太傅。太傅有了，还得有个少傅——助教。聘请桓荣做太子少傅。随即为太傅和少傅都配备了专车。

是岁边境无事，域内百姓家给人足。

太子少傅桓荣与大司直张纯建议，立《诗》《书》《礼》《乐》《易》《春秋》《论语》七经，建辟雍，设明堂，开州郡学堂。

汉光武帝依议行之，出现了兴旺的文化景象。

光武帝"偃武修文，崇德报功，勤政治，兴礼乐，宣教化，表孝义，励风俗"。"继以明章，守而不失，于是东汉之风，忠信廉耻及于三代矣。"

不过，实话说，东汉一朝，自刘秀，乃至后面一世一世，在他们的统治下，皇亲国戚，一代一代，在他们的割据把持下，也没有弄出什么文化上的大动静来。

太学的主要课目，自然是读经了。事实上东汉是个神学喧嚣的王朝，因而其经学也被熏陶得“神气”氤氲。

五经博士，学的全是宗法经典，传授培养用于王朝统治的奴才之学。

洛阳太学毕业的学员，再经过“官考”——公务员大考，合格者可进入仕途。

公务员大考的过程也是个舞弊弄假的过程，他们在经学评分上做功夫，也四处求告“纬学”的帮衬。

“纬学”是后山所提出的一个与“经学”相应的东西，也即“谶纬之术”，八卦预测者也。

东汉统治者盲目密信“纬学”。刘秀早期一直不敢盲目做朝廷，后来在千秋亭匆忙着上黄袍，就是谶纬在起作用。

公元56年，光武帝东巡狩猎，进幸泰山封禅，更是这个“纬”字所导演的历史闹剧。

第五十七章

谜案见解

一

却说刘秀根据强华献上的谶文登上帝位，等到平定天下，他觉得谶文实在是灵验，做事往往去谶中找根据。

刘秀准备修灵台，又准备在谶文中找根据，对臣子桓谭说："我想用谶文来决定这件事，你看怎样？"

桓谭是议郎给事中，学问家，具有唯物思想，说："我从来不看谶文。"

刘秀问桓谭："为什么不看谶文？"

桓谭回答说自己不相信谶文，借机劝刘秀，莫要对奇闻异事太感兴趣。

"反谶"的桓谭道："我以前看先辈们记下的东西，都是把仁义作为行事根本，没有凭借奇谈怪论的东西。"

桓谭说："老天的事情，圣人都能完全说清楚的。制作纬书的半瓶子醋们能懂吗？"

现在有一些人以自己的小聪明，把过去书上的东西增一点改一点，假称是谶文，来骗那些贪图办事省力的人，皇上为什么不让他们走远一些呢？

我听说皇上懂得黄、白等家学问，现在又听信谶文，有点不大合适。

谶文说的虽然和一些发生的事情一样，但这就像算卦一样是偶然罢了。

皇上应该施展自己的聪明才智，阐述五经的大道理才好呀。

桓谭的边鼓把刘秀敲得面红耳赤，他大怒道："你在指责朕做事没用先王之道吗？非议古贤，这是杀头的罪呀！"

桓谭吓得趴在地上拼命叩头，直到血流满面，刘秀才让他起来。

随即，桓谭被贬官为六安郡丞，郁郁就之，不久就死了。

后山细致辨察了刘秀的一生，他信谶很深，是无疑的。

跟着姐夫邓晨去蔡少公府上听到那句“刘秀当为皇上”的谶语，谶纬就在刘秀心里深深地扎根了，他小心翼翼地，绝不操之过急地称帝，就是恐怕那句谶言由于自己的莽撞而落空了。

刘秀在北徇的仓惶中，手下多次怂恿他称帝，他均以条件不备而拒绝，但在千秋亭时，情况并无什么改观，就登台称帝了，关键在于那个名叫强华的半瓶子醋拿出了《赤伏符》中“四夷云集龙斗野，四七之际火为主”的谶言。

公元54年，刘秀六十岁，去东方视察，到了济南，跟随的大臣，都上书称颂他的功德，认为他应该趁机到泰山行封禅之礼。

据《后汉书·张纯传》记载，张纯就是进谏汉光武帝封禅泰山很积极的人。

张纯说：“自古以来，受天帝之命而做人间帝王的，治理国家有了成绩，一定举行封禅大典，向天帝报告自己的成功。

“目睹陛下受天之命，中兴汉朝，平定海内，恢复传统，给人民的恩惠像雨水滋润在地一样，使全国人民安居乐业，连边外四夷也羡慕您的恩义！

“因而，皇上应该趁着极好的时机，遵循古代尧舜的典则，在泰山举行封禅大典，以宣传您中兴汉室的功绩。并在泰山刻石，记载功勋，酬报天神；还要在梁父山设立斋坛，祭拜地神。这是传福祚于子孙后代的盛事啊。”

张纯显然在猛拍马屁，刘秀听了之后，有点面红耳赤，自觉难堪。

刘秀说：“我即帝位三十年，老百姓怨气满腹。你还要我去欺骗上天吗？别

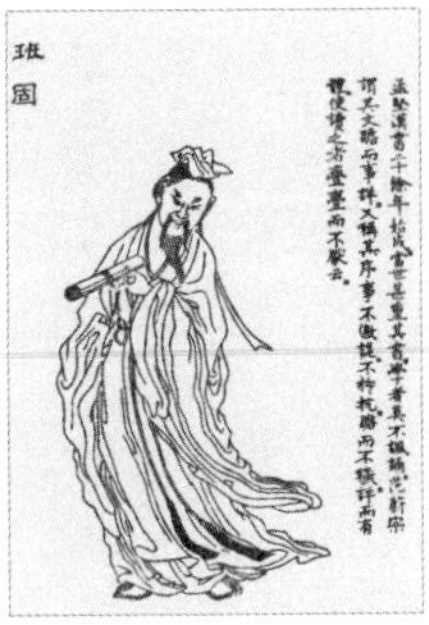
班固

说封禅，就是各地方再派人来给我祝寿，乘机进行不切实际的吹捧，让我干一些没用的事情，我一定把他的头发剃掉，发配他到边疆开荒去。”

这个时候的刘秀显然没有糊涂，知道国内还有不少国家级贫困县，各个领域还有许多问题没有解决，驳斥张纯的谀词，算很清醒的。

可是事隔不久，刘秀却一反常态，决心要到泰山封禅了。

公元56年正月，有一天，刘秀翻阅下人进贡的纬书手抄本《河图会昌符》，读到了“赤刘之九，会命岱宗。不慎克用，何益於承。诚善用之，奸伪不萌”这样几句，有感觉了。

《河图会昌符》是本谶纬小册子，内容多半是虚构和附会的吉凶征兆以及巫师方士的符咒之辞。

一生信谶极深，凡事要在谶语中寻找根据的刘秀认为这几句“模糊语言”正是在暗示他到泰山封禅。

刘秀派人去搜索前代封禅的一些材料，知道曾经有九人封禅，封了三十六次。

可见史上是有人热衷这类劳什子的。

朝中的大臣都知道刘秀想去封禅了，就不失时机地上书给他，请求封禅。他立即批准了。

秦始皇上泰山，其事甚秘，司马迁慨叹无从述证。汉武帝上泰山，随从极少，班固的记载语焉不详。只有东汉光武帝刘秀上泰山，随从众多，细节可稽。

刘秀一行，公元56年正月二十八日从洛阳出发，二月九日到山东，十二日到奉高——现在的泰安，十五日开始斋戒，斋戒六日，二十二日登山。

是晨，在泰山下东南方举火焚柴，加牛羊于火上做祭牲，然后出发。

刘秀居车，人挽而上，大臣步从，迤逦满途。

中午以后，刘秀到达山顶，待诸大臣陆续上山之后，开始祭天，念祷文，盖玉玺，并为刻满歌功颂德套话的纪功石揭幕，诸大臣及随从，山呼万岁，峰鸣谷应，十分雄壮。

仪式结束，天色将晚，刘秀命令随从百官依次下山，自己则复居于车，由数百人簇拥而下。

山道窄小，互相推挤，队伍绵延近二十里。

天色已黑，人们还在高举火把顺着崎岖陡峭的山道蜿蜒而下。

俗话讲，上山容易下山难，有的大臣年事太高，走得上气不接下气，加上饥肠漉漉，呻吟之声不绝于途，至次日天亮后，所有人员才下山完毕。

次日，刘秀前往梁父山祭地，这是与封禅拜天相对应的仪式。

朝阳之下，刘秀站在宽阔的平原上，率领众人，向泰山告别。

后山认为，刘秀是个细心的人，此时此刻，他仰目泰岱，定当感悟不绝：为什么泰山能巍峨万世，享有五岳独尊之位？是因为它的周围都是平原啊。朕的山陵，也要筑造在平原上！

以平原来彰显高陵，后山“派”给刘秀的这一感慨，也不自觉地阐释了刘秀作为帝王企望“巍峨万世”的隐秘心结。

后山“有原而出陵”的见解，在各个时期的洛阳史志和孟津史志上都得到了印证，因为据记载，汉光武帝刘秀的墓俗称刘秀坟，学名就叫“原陵”。

二

公元57年，光武帝刘秀已经是六十三岁的高龄了，在东汉时期，活过六十岁的人确乎不算很多呢。

年事已高，但刘秀精神还很好，经常天一亮就上朝，直到天黑了才下班。

空闲了，就把一些有文化的人或懂谶纬的人叫到身边，跟他们讨论经书中的文章，切磋纬书中的词语，直到夜静了才睡觉。

太子刘庄心疼老爸的健康，对他说："皇上的圣明比得上大禹、商汤，但是却不大符合黄老清静无为的要求，未免有点太累了吧！我想您还是从现在开始多养养精神，过一过悠哉悠哉的日子。"

刘秀摇摇头说："我喜欢这些事情，并不感到疲劳。"

话虽然这样说，但是终究年纪不饶人，公元57年春季的一天，刘秀鸡鸣早朝去，只觉得眼皮滞重，身体倦怠，跌倒在洛阳南宫前殿上，再也没有够站起来。

刘秀的遗诏是："朕无益百姓，皆如孝文皇帝制度，务从约省。刺史、二千石长吏皆无离城郭，无遣吏及因邮奏。"

刘秀不让百官离开工作岗位为他吊孝，他做到了对人"最后的感动"。这比后世，头领翘了，让全国人民戴着白花大哭，真不知"先进"多少！

刘秀生逢乱世，王莽政令朝出暮改，生灵转徙沟壑，饥民揭竿造反，绿林、赤眉遥相呼应之际，乘势揭竿，志在匡复汉室江山。

昆阳之战，以少胜多，杀王莽灭新朝；攻邯郸，诛王郎，可谓波澜壮阔。高邑登基，延揽英雄，削平天下，定都洛阳，偃武崇文，以柔道治国，终使社稷安宁，百姓乐业。

刘秀的寿陵是公元51年正月开始修建的，当时寝陵工程总指挥长窦融上表说，洛北大原，十分广袤，不用考虑面积，应该壮观威严，彰显帝王气派。

刘秀看了窦融的表奏，坚决不同意，批示说："古者帝王之葬，皆陶人瓦器，木车茅马，使后世之人不知其处。文帝能明终始之义，景帝能述遵孝道，遭天下反复，而霸陵独完受其福，岂不美哉！今所制地不过二三顷，无为山陵，陂池裁令流水而已。"

刘秀反对奢华铺靡，力行节俭薄葬，革除"厚葬为德、薄终为鄙"的陋习，自己是身体力行的。

前已表过，刘秀打天下、治天下，妙招不少，奉行轻徭薄赋的经济政策，使黎民安居乐业，百事繁荣兴旺，可他登极直至驾崩，对占卜、预决之类活动笃信有加，正史野史均有记载，他的葬地的选择亦是一例。

汉光武皇帝陵，当地百姓叫它刘秀坟，静穆地蹲在黄河岸边。

出洛阳市，东北行约二十公里，现在的孟津县白鹤镇东北不远，就看到陵园浓绿如云的森森古柏和若紫若蓝的腾腾云烟了。

光武陵距离黄河之近，总使人担忧滚滚波涛会横杀过来，造成某种后果。

是的，我国历代皇帝选择寝葬之所，皆是"背山面河"，以开阔通变之地形，象征其襟怀博达，驾驭万物之志，这样的墓葬太多了。

惟光武陵，一反数千年封建帝王葬地选址常规，头枕黄河流水，脚蹬邙山丘陵，成为两千年封建社会史上之孤例，给世世代代的后来人，留下了一个百思不

东汉牛耕图

解的谜团。

不知道曾经有多少人试图解释这个千载之谜，但极少发现令人信服的说法。

任见先生二十世纪在北京宣读的论文《东方天象与中国帝制的辅成关系》中，对汉光武帝的寝陵选址曾有简要而又独特的“任见之分析理解”，顺势谓之“见解”，可惜淹没不闻。

民间甚多关于刘秀的传说，其中就有刘秀为自己选墓地的趣事。

说是：刘秀的儿子刘庄生性叛逆，做事倔犟，虽然尊处帝王之家，跟其父犯起犟来，和一般老百姓的孩子毫无二致，民间的总结是：“让他往东他偏往西，叫他打狗偏要抓鸡”，一切反着来。

真是家家都有本难念的经，做皇帝的也因儿子凡事对着干伤透了心，随着年事渐高，刘秀为自己的后事焦灼不安。

北邙山是秦岭的余脉，绵延到洛阳一带，石层减少，黄土变厚，而且土质砂黏适度，干燥清爽，十分适合建造墓地，所以古来就有“生在苏杭，葬在北邙”的说法。

后山索性来拆一下汉字吧：“邙”，左“亡”右“邑”——亡人之邑也。

所以帝王将相、王公贵族、富商大户，无不大肆破费钱财，在北邙山上掘坑挖穴，安置骨肉之身，以了“不朽”之夙愿，以至于北邙山“墓冢累累”，几无卧牛之地。

刘秀作为一朝天子，若要崩后葬埋于北邙山，他要多大地盘都是不成问题的。实际上他正想百年之后葬在北邙。

俗话说“知子莫如父”，了解儿子脾气的刘秀就正话反说：为朕我命中缺

汉明帝刘庄

水，你要把我葬在黄河中。

刘秀的心思是，儿子一定会逆着他的旨意，把他葬在邙山顶上的。

谁知，做儿子的良心发现了，想：老爷子南征北战，辛辛苦苦打下江山，又治理得民富国强，老爷子一死，整个江山就是我的了，可我一辈子都没有听过老爷子的话，也太对不起他老人家了。老爷子叫我把他的墓地定在黄河里，这个最后的旨意一定要遵从。

于是，刘秀死后，他的坟墓果真被安置在了黄河之中。

过了许多年后，黄河水向北滚动，刘秀的墓地才与黄河南岸连接起来，成了现在这样的状况。

陵墓怎么弄进河里呢?

于是，关于“葬进黄河心”，有了更为离奇的“后续”传说。

那时候当然不会修筑围堰，将上游下游都挡起来。“刘秀治丧委员会”的做法是，集合起朝中所有大臣，排好队站在北邙山头，一个个地问：黄河会不会向北滚过去?

忠厚老实的大臣们一个个地回答：我看它不会轻易滚动；说实话我看滚不了……这些大臣一个个都丢了脑袋。

杀了快一百个人头的时候，有人不那么死心眼儿了，说：“会滚。”

于是奇迹竟然出现了：黄河忽忽悠悠眼瞅着就向北边退过去了。

还有的传说更加邪乎，说不是大臣一个个地被杀，而是童男童女百十人一个个地遭殃。

这类民间故事显然是穿凿附会，极其荒谬的，为解释那个“在水之侧”的墓

孟津东汉帝陵陵园遗址（发掘中）

汉光武帝陵神道3

地选址，不惜祭起了“神话”的法宝，甚至还弄得血淋淋的，令人发指。

其实，继任刘秀的东汉明帝刘庄不是以上传说中那样差劲的人物。

刘秀第四子刘庄，是刘秀和阴丽华的第一个儿子。从小资质过人，十岁通晓《春秋》，十一岁时在帐幄后面听刘秀理政，发表的意见曾让刘秀称奇。

即是前有述及的“度田”活动中，对陈留吏汇报材料的夹带中“颍川、弘农可问，河南、南阳不可问”字样的解释——河南郡是帝城，多近臣，南阳郡是帝乡，多近亲，田宅之事，这两个地方违反规矩的自然要多，不好认真核查，让光武帝对刚刚十二岁的这个儿子另眼相看。

历史上的明帝非但不是一个愚蠢的叛逆分子，相反还在即位后继续执行其父光武的各项政策，比如宽和百姓、予民休息的做法，基本上一直没有改变，尽管他对各级官吏十分严苛。

这样一个沿袭成规的继位者怎么会“让他往东他偏往西，叫他打狗偏要抓鸡”，最后还要先帝要个小聪明才能入土为安呢？

更加重要的历史依据，是陵墓的修造时间，据《后汉书·光武帝纪》和《东观汉记·卷一》记载，刘秀公元56年春季曾向陵墓建设指挥部负责人窦融交代：参照霸陵的修造模式办。

这就是说，光武帝陵墓的修建在他去世之前两年就已经开始了。

汉明帝忠于父皇的性格和彼时史家的记载，都在证明：陵墓位置是刘秀自己决定的，不是遗嘱儿子造成的。

后山在前面已经引述了关于汉光武帝原陵的“任见之分析理解”，刘秀把自己安葬在洛阳北部最为肥美的平原上的独特选择，在泰山封禅的时候就有

汉光武帝陵神道1

汉光武帝陵神道2

注脚了。

三

话说刘秀把自己安葬在洛阳北部最为肥美的平原上，造成陵墓位置的千载悬疑，确实，问题接踵而来了——

东汉时期，具体地讲，刘秀为政时期，“原陵”所处位置是洛阳北部最为肥美的平原吗？当时的黄河又在哪里呢？如何解决墓地高水位的难题呢？怎样避免甚至杜绝盗墓贼的光顾呢？

东汉光武皇帝时期的洛阳城在今洛阳市东十二公里的地方，光武陵位于其正北的平原上。

现在，寝陵与黄河十分切近，不过半箭，可是东汉初年，黄河并不在这里。

按照流体力学的基本原理，一条河如果形成一处弯流，没有人力干预的话，它不会自己变直，而只能越来越弯，因为水流的冲击方向是弯流内弧的最高处。

流水冲击弯流的内弧，把沉积物堆放在弧的半径一带，形成滩涂和陆地，携带大量泥沙的黄河，淤沉尤其严重，每过数百年，淤沉平原变得阔大而高起，雨季泄洪受到阻挡，河流便突然改变位置，滚到相对变低的淤沉平原的另一边去。

黄河孟津段以下，除了入海三角洲一带属不规则摆动外，几乎一直处于这样的左右漂移之中。

洛阳正北方向的黄河河道，每隔数百年也会来一次漂移，即老百姓所说的“滚动”。

如今的这一段黄河，显然是向南弯曲的，在更加古老的历史上它可能比现在更加偏南，但是，在东汉光武帝时期，它是弯向几十公里以外的北方河内郡的，而且靠近河内郡的郡治。

后山这样说，是有根据的。

据商务印书馆香港分馆《中国古今地名大辞典》记载：汉河内郡，治怀，在今河南武陟县西。

近期出版的《中国古今地名大辞典》有这样的解释："怀庆，汉河内郡，后魏置怀府，元改曰怀庆路，明曰怀庆府，清因之。属河南省，民国废。治河内，即今河南沁阳县。"

怀庆所辖地区，包括今天黄河北岸的沁阳市、温县、孟州、武陟县、博爱县、修武及焦作市的其他部分地区。

以上记载互相印证，可以看出东汉时期的河内郡位于今天黄河以北至少三十公里的地方。

东汉时期黄河毗邻河内郡治所，这个论点不是后山的虚妄之谈，有翔实的历史记载堪为佐证——

《后汉书·寇恂传》中记载了大司马邓禹的一段话："河内带河为固，户口殷实，北通上党，南迫洛阳。"

如果河内郡离黄河像现在一样远，岂能谓之"带河"？

又，东汉崔瑗曾在河内郡为官，《后汉书》表扬他："视事七年，为开稻田数百顷，百姓歌之。"

《太平御览·职官部·良令·崔氏家传》中记其事更为具体："开河之水造稻田，薄卤之地更为沃壤，民赖其利，长老歌之曰：……穿渠广溉灌，决河

汉光武帝陵前碑

汉光武帝陵石雕

汉光武帝陵内门

作甘雨。”

崔瑗能用大量淡水冲洗卤土，改卤地为稻田，并没有搞“南水北调”，说明当时的黄河就在其附近。

我们知道了东汉时期黄河在北方，离孟津很远，也就对当时孟津堪称洛阳北部最为肥美的平原没有疑义了。

那么，刘秀要在这个“原”上建造自己的“陵”——原陵，他当然还要寻找谶纬的支持。

学问家桓谭劝刘秀不要相信奇谈怪论，差点掉了脑袋。

其他臣僚有眼色的，忙不迭地搜罗谶纬符瑞，哪怕只要有点滴兆头，就赶忙汇报给刘秀。

有目的的寻找，自然大有收获，除了各种小册子上的片言断语，还在孟津平原上挖出多块带有黄色圆斑的“河图”之石，其中三块藏有“方位”暗示。

于是，根据上天的图谶，寝陵得以定位了。

接下来，必须解决孟津平原高水位的问题。

年过花甲的刘秀当然研究过历史上的重要墓地，他秘密交代陵墓建设指挥长窦融：例以霸陵。

霸陵者何？霸陵是西汉文帝刘恒的陵寝，在汉长安城未央宫前殿遗址东南三十公里，位于今西安东郊白鹿原东北隅毛西乡杨家屹塔村。

据《长安志·关中记》记载，霸陵“因其山，不起坟”，在白鹿原的原头山上凿洞为玄宫，以石砌衬，坚固异常。

由于霸陵斩原为冢、凿崖为墓，因山为陵，加以“其事严密”，山陵内部结

东汉石辟邪

东汉铜镜

构，后人不得其详。

我们不妨据霸陵模式加以推测：现在可见的光武皇帝墓冢，极有可能只是陵墓的入口，真正的墓室在其以南甚至深藏在非常偏南的北邙山腹内，也不是没有可能的。

再一个必须考虑的问题是：防盗掘。赤眉军挖皇陵的事还历历在目呢。

汉光武帝陵现在高二十米，周长约五百米，墓区占地逾五万平方米。其墓冢历史上也许更为高大，并未发现盗掘迹象，也没有被盗掘的记录。

北邙山多的是盗墓高手，“洛阳铲”更是探穴取物的利器，导致洛阳一带的古墓十室九空，难道他们故意留下刘秀的陵墓不动？

历史记载，刘秀临终，特别公开下诏：葬事“务从俭约，葬皆以瓦器，不以金银铜锡为饰”。

无论其墓葬秘密埋进了多少东西，官方异口同声告诉人们的是：没有金银珠宝的陪葬，英明的皇上鄙弃厚葬，希望自己永久清静、平安。

盗墓者必定先是历史研究者，没有较为确切的辨析，他们一般不会轻易堕入风险的，这当为汉光武陵未遭盗掘的原因之一。

更加重要的是：刘秀墓冢所在的孟津平原属于深层流沙型地质结构，“流沙”是盗墓贼的克星。

后山告诉你，地下的流沙非常可怕，陷人不眨眼，一般挖掘工具无可奈何，就是出神入化的“洛阳铲”也难施身手。

葬于近河平原，独具此般优势，恐怕汉光武帝刘秀现在还会在历史深处微微发笑的吧？

汉光武帝陵柏林

汉光武帝陵武士柏

关于汉光武帝陵，后山为你论辩了四个要素：孟津平原、图谶定位、霸陵模式和流沙结构。

以上诸元素，联合构成的东汉光武皇帝墓冢位置这个千古谜案，至此已被层层揭开了。

汉光武帝陵是今天的洛阳旅游地之一，墓园里面，现存古柏约一千五百株，一园千柏，拔地通天，蓊然肃穆，国内仅有。据说晴好春日，有若紫若蓝的云烟袅袅出于其上。

汉光武帝陵的柏树，品种奇特，柏体杏质，木坚性柔，史来称奇。

陵园里面有一棵“苦恋柏”——古柏的树干中竟然长出了一株苦楝树，苦楝树跟古柏树中部的树枝还有一个连接处，就像两个人拉着手行走的样子。

汉光武帝后阴丽华是在刘秀驾崩后七年善终的，她与刘秀合葬于此，所以人们说“苦恋柏”是二人爱情的见证。

你看，文叔哥哥正牵着他的丽华小妹，游走于亦真亦幻的千古浪漫之中。

第五十八章

缘来西域

一

却说汉光武帝于公元57年一个春日，寿毕归天，太子刘庄当然嗣位，是为孝明帝，改定次年为永平元年。

汉明帝刘庄继承大统，就上正位，年龄已达三十岁了，他命令太尉赵熹做先帝治丧委员会主任，主持丧事。

经过多年战乱，先朝典籍都找不着了，典籍上记载的礼仪规矩早也飞散了。

方王们前来洛阳奔丧，莽莽撞撞，跟新天子就坐在一起了，跟朝廷百官没有区别。

赵熹当然是知道先辈子老规矩的，他横剑站在殿前，把吊孝的郡王们一个个扶下台子，按照等级，排队，说："以后吊孝就这次序，你们都去宾馆吧，每日只许朝夕各来一回。"

赵熹严令有关部门，拦截随意想进灵堂的人，治丧大事的眉目才出来了。

光武帝有遗言：一切葬具，务从节省，不得妄做破费。因此屏去一切纷华，多从简约朴实。

皇家的丧葬，再说简约，也是很慢的，刘秀还要等待皇太后阴丽华，一起入土为安。于是，刘秀的真正安葬，实际上等到了七年之后的公元64年。

就是说，公元64年，东汉王朝在洛阳北部的孟津平原上堆起了光武帝的巨大墓冢——原陵——刘秀坟。

但在公元59年，汉明帝刘庄很有气派地召开了一届重要的中央工作会议，作出了《关于旌表在全国解放事业中建立功勋的重要将领的决定》。

会议之后，按照决议，在洛阳南宫云台阁，为开国元勋们建了一个人民英雄纪念馆。

汉明帝追忆功臣，命画工图绘开国将军神貌，供奉在云台阁纪念馆。

当时不少将军已经物故，对过世的，则使画工遍访将军们的故旧，依据述说，作出他们的遗像。

赖有云台遗迹，功勋表著千秋。

其为“云台二十八将”，现将他们的姓名、籍贯、官爵实录如下。

邓禹，字仲华，南阳新野人，太傅，高密侯。

吴汉，字子颜，南阳宛城人，大司马，广平侯。

耿弇，字伯昭，扶风茂陵人，建威大将军、好畤侯；岑彭，字君然，南阳棘阳人，征南大将军、舞阳侯。

冯异，字公孙，颍川父城人，征西大将军、阳夏侯。景丹，字孙卿，冯翊栎阳人，骠骑大将军、栎阳侯。

盖延，字巨卿，渔阳要阳人，虎牙大将军、安平侯；杜茂，字诸公，南阳冠军人，骠骑大将军、参蘧侯。

朱祐，字仲先，南阳宛城人，建义大将军、鬲侯；寇恂，字子翼，上谷昌平人，执金吾、雍奴侯。

耿纯，字伯山，钜鹿宋子人，东郡太守、东光侯；臧宫，字君翁，颍川郏县人，城门校尉、朗陵侯。

祭遵，字弟孙，颍川颍阳人，征虏将军、颍阳侯；马武，字子张，南阳湖阳人，捕虏将军、扬虚侯。

刘隆，字元博，南阳宛城人，骠骑将军、慎侯；刘植，字伯先，钜鹿昌城人，骁骑将军、昌成侯。

傅俊，字子卫，颍川襄城人，积弩将军、昆阳侯；王梁，字君严，渔阳要阳人，河南尹、阜成侯。

万修，字君游，扶风茂陵人，右将军、槐里侯；贾复，字君文，南阳冠军人，左将军、胶东侯。

陈俊，字子昭，南阳西鄂人，琅琊太守、祝阿侯；王霸，字元伯，颍川颍阳人，上谷太守、淮阳侯。

任光，字伯卿，南阳宛城人，信都太守、阿陵侯；李忠，字仲都，东莱黄县人，豫章太守、中水侯。

马成，字君迁，南阳棘阳人，中山太守、全椒侯；坚镡，字子佶，颍川襄城人，左曹、合肥侯。

铫期，字次况，颍川郏县人，卫尉、安成侯；邳彤，字伟君，信都人，太常、灵寿侯。

以上二十八将，加上横野大将军、山桑侯王常，大司空、固始侯李通，大司空、安丰侯窦融，太傅、褒德侯卓茂，合成三十二人，都作为神仙，供奉起来了。

没有马援？是的，没有伏波将军马援。

马援也是个战功卓著的大将军，光武帝误听梁松的鬼话，冤枉了马援，难道明帝也糊涂着的吗？

却说马援蒙冤，儿子整日痛哭父亲，也死去了，马夫人蔺氏不胜悲悼，患了精神病，家中一应繁琐，全由几个小女整办，且勤且俭，事若成人。

在汉光武帝尚未崩逝时，马援的侄子马严即上书吁请征收马家女儿入宫。

马严说三个堂妹，大者十五，次者十四，小者十三，仪状发肤皆上中以上，且孝顺小心，婉静有礼。她们万一得充掖庭，则“援不朽于黄泉矣”。

马严冒死上书，刘秀总算恩准，派遣宫监到马援家中选女，仔细端详，小老三最为韶秀，乃将她选入东宫。

马家三姑娘只有十三岁，只能当阴夫人的侍女。后来渐渐成年，身材颀长，头发黑亮，亭亭玉立，袅袅花姿，如此淑女，能不惹人爱怜吗?

因此，汉明帝未即位时便非常喜欢小马了，一俟嗣承大统，就将她册为贵人了。

公元59年，亦即永平二年，刘庄把贵人马小三立为皇后。时间呢，巧与云台纪念馆绘像同时。

东平王刘苍是刘庄的亲二弟，妈都是阴夫人，刘苍到云台观图，惟独不见马援遗容，转问明帝道：“何故不画伏波将军遗像？”

汉明帝只是微笑，不作回答。

莫非因为马援成了刘庄自己的岳父了，不便列入?

其实，举功勋，不避亲，大大方方地列入，又有何妨!

不过，马援不列云台中，其女儿马皇后却以美德懿行，传名千古。

马后即位正宫的时候，并无子嗣，嫔嫱中美人贾氏生了个男孩子，马后勤加抚养，像自己生的一样。

马皇后常常对左右说："女人未必一定要自己生孩子，但一定要会爱孩子。"

看到皇子不多，马后总是忧叹，只要看到后宫漂亮的女子，就推荐给皇上。

马后持躬节俭，曾用粗布做裙子，每月初一和十五，后宫里女子们聚会，见马后袍衣疏厚，凑近注视，方知是寻常大粗布，禁不住微笑起来。

马后见状，解嘲道："这布特别好染色，所以我用它做裙子，都别怀疑了。"说得大家直叹息。

马皇后好读《春秋》，明帝想试试她的才学，故意将群臣的奏牍，让马后阅判，竟很有条理，很见水准。

汉明帝看到朝政渐渐大治，开始出游。

马后说："怕你冒风寒，还是少出去两次吧。"实是怕他荒芜了朝政大事。

汉明帝一日车驾往游洛阳北部的濯龙园，六宫妃嫔，多半相随，马后说："我就不去了。"

妃嫔们都敬重皇后，请明帝邀请，明帝笑说道："皇后不喜欢我逸乐，来了亦不高兴，不如由她自便罢！"

改日马皇后听说了明帝这话，笑说："皇上说得对，知道我的心思。"

汉明帝继承他爹，把个大业弄得挺红火的，越发想享受。玩在濯龙园多了，决定扩建临近濯龙园的洛阳北宫。

其时天气亢旱，盛夏不雨，洛阳一带禾苗枯焦，尚书仆射钟离意上疏切谏，明帝才下诏停止扩建工作。

二

后山前曾述说，刘庄是个具备治国安邦大智慧的新皇帝。他于人生最顶峰的年龄继位，一上台，即采取了与其父大不相同的用事方略。

汉光武帝性格宽仁，奉行“以柔治国”之道，因此在对待宗室、外戚、功臣等方面，虽然也力求公允，但是往往不求细察，处罚只是特殊现象，很多时候就是“装糊涂，和稀泥”，比如像对待湖阳公主和洛阳令董宣的纠纷。

法律对权贵来说，总是缺乏威慑力的。光武帝时期，之所以没有出现什么大的乱子，只不过是因为权贵们同时也尊刘秀，讲情面。

光武帝崩了，年轻的明帝主政。在一班皇亲国戚眼中，刘庄当然没有他爹那么大的“面子”，皇亲国戚中比他年长，比他有资历的更不在少数。

明帝的话，自然没有光武帝的权威，故而明帝再不强化法律，对皇亲国戚严加约束，肯定是不行的。

刘庄十二岁的时候，就能明察秋毫，看出陈留干部汇报材料中夹带的意思，如今三十岁，火眼金睛，在监察方面的能力自然更强，谁敢欺瞒他。

汉明帝仔细地观察身边每一个官员，一旦发现有人犯了什么过错，无论是谁，无论是什么级别，他都会立即当面批评。

明帝也常常对各部委的政务进行抽查，一旦发现问题，哪怕是一个微小的漏洞，他都要追究，他在大殿壁上挂了一根棒子，专门用来揍那些出大错的官吏。

东汉的这个时期，西域的高鼻子常常有不远万里来洛阳做生意的，谓之“胡商”。他们自发地结成队伍，在路上防御力量强些，有的到了洛阳送给朝廷一些礼物，说是其国皇帝让“交好”的。

对于主动交好的外商，朝廷是要“回赏”的。汉明帝心里清楚，他们哪里代表他们的国王啊，于是，赐物也是适可而止。

有一天，又有西域行商谒见明帝，之后，明帝批了十匹丝绸给他们。

有个尚书郎负责写出库单，竟然马虎到把“十”字弄成了“千”字，多了一撇。

“十”字上面是“缎”字，也或是把“缎”字的小撇看到“十”字头顶上了？

尚书郎将出库单交给大司农，上账时，大司农疑惑地说：“不可能吧？皇上这次批这么多？”遂对数目进行复核，发现了问题。

明帝索要簿卷查看。这还得了，整个多了百倍！

明帝大怒，急召尚书郎重新进殿，质问他：“该不该受扁？”

尚书郎知错，觳觫地答：“该扁，该扁。”

明帝命令左右将其按下，自己手持大棒，狠狠朝那糊涂蛋的屁股打去。

尚书台长官仆射钟离意，在宫外听说，部下正在里边挨打，急急进殿，叩首求情说：“请让我领回去狠狠教训他。郎官是我的属下，我也有责任，陛下要现在处罚就处罚我好了，亦足以惩戒百官。”

朝廷官员知道凡事都较真，是新天子的脾气，谁也不敢再疏忽大意，工作作风都渐渐严肃起来。

在明帝的严格督责之下，大汉朝廷纲纪整肃，吏制谨严，各个部门上班工作都提着精神，不敢游戏，渐渐出现了严肃清明的政治局面。

大臣们比较容易搞定，因为君臣关系，上下分明，大臣面对皇帝，本来就只有服从的份儿。宗室和贵戚们，就难对付了。

东汉的宗室和贵戚，在光武帝建政早期还好一些，到了光武帝老年时段，他们已经养成一身毛病了。

明帝的威信远不如光武帝，如果像对付小小郎官那样，抡起大棒暴揍一顿宗室和贵戚，搞不好是要惹出大乱子的。

明帝是有他的理政之法的，对待宗室和贵戚，他采取了另一种手段。

刘荆是光武帝与阴夫人的第三个儿子，明帝刘庄的亲三弟。跟老二刘苍不一样，他比较无聊，总想着要造反，当皇帝。

刘荆先是冒充大鸿胪郭况，写信给前废太子东海王刘强，劝其举兵以取天下。

刘强收到了一封如此信件，二话不说，立马连信带送信人都押送到京城洛阳，交给明帝查办。

明帝搞侦察最有一套，很快查清了真相。

但是，明帝并没有立即捉拿刘荆是问，而是加强了对刘荆的监视，从此刘荆的一举一动，都在明帝的掌控之中。

刘荆这人属于“差一火”，他看明帝没动他，还以为可以干得更大一点呢。

适逢西部羌人造反，刘荆就想跟着同时发难，结果还没动手呢，明帝就把他改封为广陵王，而且立即就藩——到长江南岸的封地去。

刘荆只好去了，可他还是不思悔改，到了新的封地，又私下里问占卜的术士："我长得像先帝，先帝三十岁当皇帝，我今年也三十岁，我可以起兵吗？"

术士是个老油条，几句话应付了，心说："您要造反啊？对不起，我可不想陪着送死。"回去就打了小报告。

刘荆知道后，觉得事情闹大了，就自己走进监狱，住在了里边。

汉明帝于是裁减刘荆的卫队、随从，仅此而已，仍未过分追究。

刘荆探头探脑，发觉形势平静了，就走出了监狱。他不死心，又安排巫师，运用巫术诅咒明帝早死，结果明帝马上又知道了。

刘荆终于明白了一个道理：自己的一切动静，都掌握在皇帝大哥手中，想造反，是不可能的。于是完全破灭了伟大的理想，在绝望中自杀了。

楚王刘英，系许美人所生，也是汉明帝的一个小哥，本来跟明帝的关系一直很好，但是现在也想当皇帝。

刘英一到楚地，就张罗着结交宾客，私造金龟、玉鹤，刻上文字当做符瑞，跟一些朝中官员勾结，在封国设置准朝廷机构，大封将相，结果被一个叫燕广的人告发。

刘英的事情比刘荆明显得多，证据确凿。

司法部查实了刘英，上报汉明帝发落。

明帝犹豫之后，仅将刘英废为庶人便罢了。

当皇亲国戚们都看到攫取大权不可能，这时候自然也就没有人选择谋反了。

汉明帝做到了监督、威慑与究办相互配合，形势比他爹的时期一点也不差。

三

话说中国与广大的西域地区，甚而直到古罗马地方，早在汉代，甚至其前，就有了一条西北商路，以洛阳为东方起点，经长安，嘉峪关，撒马尔罕，继续西行，一直延伸到罗马。

在通过这条漫漫长路进行贸易的货物中，以产自中国的丝绸最具代表性，十九世纪末年，德国地质学家李希霍芬将这条路誉为“丝绸之路”。

接着，德国人胡特森在多年研究的基础上，撰写成专著《丝路》，丝绸之路这一称]谓得到世界的承认。

传统的丝绸之路，东起洛阳，西至罗马，是最长、最早，也是最久的连接东西方文明的商业、文化、政治、科技的通道。

可以说，古代东西方文明碰撞出的每一朵光辉，都离不开丝绸之路。

概括地讲，丝绸之路是自古以来，从东亚开始，经中亚，西亚进而联结欧洲及北非的这条东西方交通线路的总称。

丝绸之路是古代亚欧大陆的交通动脉，也是中国、印度、希腊三种主要文化的交汇的桥梁。不仅互通商贸，还促进友好文化往来。

对于古代中华文明而言，一点不夸张地说，丝绸之路，就是最重要的“经济命脉”，中原在实现粮食自给的基础上，所生产的一切高附加值的产品，都是通过丝绸之路销到国外去的。

王莽当政时，对周边少数民族采取歧视政策，导致中原王朝与周边少数民族

班超塑像

的关系一度非常紧张。丝绸之路也被迫中断。

经过东汉光武帝多年的宽仁政策，到明帝的时候，汉朝与边疆少数民族政权的关系已经得到了改善。恢复丝绸之路的机会终于来了。

匈奴已经彻底分裂，南匈奴坚持与汉朝和亲、结盟，北匈奴则仍采取与汉朝敌对的政策，后者既是汉朝的心腹之患，也是西域的“主要不稳定因素”和丝绸之路复通的“最后障碍”。

汉明帝经过利弊权衡，决定采取积极进攻的战略，消灭北匈奴。

西汉时期的汉武帝酷好打仗，他的办法是发兵讨伐匈奴。

到了东汉明帝，他很聪明地采取了新的战略：以匈奴制匈奴。

南匈奴以及很多北方少数民族，这时候都已经是东汉王朝的同盟，所以明帝只派出了一些将军，率领南匈奴及乌桓、鲜卑等少数民族组成的骑兵部队，出塞北征。

游牧民族善于骑射，他们组成的骑兵部队，在军事成本和军事技能方面，都远胜由中原汉民组成的骑兵部队。汉人骑兵，无论如何进行特殊强化训练，都胜不过草原人。

这样，汉明帝通过民族合作的方式，使自己处于一种占据优势的状态。

奉车都尉窦固，策划作战，在天山击败北匈奴呼衍王部。

代司马班超，率兵一路追杀，直追至蒲类海——今天的新疆巴里昆湖，占据了伊吾城——今天的新疆哈密西四堡，斩俘众多。

班超本在洛阳做个小抄公，靠替官府抄写文书维持生计。原是其兄班固被明帝召入洛阳，任校书郎，即编辑，班超和其母亲随之迁居至洛阳的。

班超题跋像

班超每日伏案挥毫，常辍业投笔而叹息："大丈夫应该立功异域，以取封侯，安能久事笔墨纸砚乎！"

旁人嘲笑班超，他不在乎，跑去相面，相面的人说："祭酒，别人都做了，你当封侯万里之外。"

班超求解，相面的人说："先生一副雄鹰相貌，属于高飞而吃肉的种类，这就是万里侯之相也。"

过了不久，汉明帝问班固说："你弟弟现在做什么呢？"

班固说："替人抄抄写写，用挣来的钱奉养老母亲。"

于是，汉明帝就任命班超为兰台令史，掌管奏章和文书。

奉车都尉窦固出兵攻打匈奴，班超随从北征，任假司马——代司马，官职很小，但小班的志向很大。

征北之战，班超显示了与众不同的才能，窦固很赏识他的军事才干，派他和郭恂一起出使西域。班超为队长，郭恂为队副。这是永平十六年，亦即公元73年的事情。

经过短暂而认真的准备之后，班超和郭恂率领三十六名部下向西域进发了。

班超先到了鄯善，现在的新疆罗布泊西南一个地方。

鄯善王对班超等人先是嘘寒问暖，礼敬备至，后突然改变态度，变得疏懈冷淡。班超凭着自己的政治敏感，估计必有原因。

班超对部下说："他怎么这样对待我等？我算着必是有北匈奴的使者来了，他不知道怎么办了。"

于是，班超便把接待他们的鄯善礼宾官员找来，出其不意地问他："匈奴使者来了这么些天，住在哪里呀？”

鄯善接待处处长出乎意料，仓猝间找不到转弯抹角的余地，只好把情况照实说了。

班超把鄯善接待官员扣了起来，以防泄露消息。接着，立即召集部下三十六人，饮酒高会。

饮到酣处，班超故意激怒大家说：“弟兄们与我抛家弃乡，置身死地，都是为了立大功、博富贵。我告诉诸位，匈奴的人到鄯善好几天了，鄯善王也不招待我等了。假若鄯善人抓住我等，送给匈奴，那我等的肉身就该成了豺狼的伙食了。弟兄们说，怎么办？”

众人齐声说：“我等已沦入危亡之境，无论生死，听从司马的！”

班超说：“不入虎穴，焉得虎子？当下之计，只有连夜进击匈奴人了。以火攻之，使他不知我们虚实，必然惧怕，可望一举全歼之。吃掉了匈奴人，则鄯善人肯定吓破胆，就万事大吉了。”

有部下说：“这么大的军事行动，应当预先跟郭副队长沟通一下吧？”

班超大怒，说：“什么时候，还沟通呢！郭队副一介文吏，听说此计必然害怕，害怕就保不定会泄密。我等就全玩完了，死无葬身之地。”

部下一致称是，说：“那我等就先做壮士，奋勇杀敌吧！”

这天，天刚黑，班超率领将士直扑匈奴使团驻地。

其时天刮大风，班超命令十个人拿着鼓，藏在敌人驻地之后，约好一见火起，就猛敲战鼓，拼命呐喊，造成大部队来攻的假象。其他人拿着弓弩刀枪，埋伏在大门两边。

安排已毕，开始行动。

班超顺风纵火，火随风势，风助火威。三十多人眼见火起，前后鼓噪，其声喧天。

匈奴人乱作一团，逃遁无门。

班超亲手搏杀了三个匈奴人，他的部下也杀死了三十多人，其余的匈奴人都葬身火海。整个匈奴使团灰飞烟灭了。

第二天，班超将此事告诉了郭恂。

郭恂先是吃惊，接着脸上出现了不平之色。

班超猜知郭恂心存嫉妒，便说："你虽没去，功劳也有你一半。"

郭恂这才放下了脸色。

班超于是请来了鄯善王，"咚"地一声把匈奴使团团长的脑壳扔到他脚下，给他看。鄯善王大惊失色，无比震恐。

班超好言抚慰，晓之以理。鄯善王表示愿意归附汉朝，并且同意把王子送到汉朝作人质。

班超完成使命，率众而回，把情况向窦固作了汇报。

窦固大喜，上表奏明班超出使经过和所取得的成就，并请汉明帝选派使者再度出使西域。

明帝很欣赏班超的勇敢和韬略，认为他是难得的人才，对窦固说："像班超这样的干部，为何不派而要再挑选呢？现在提升班超为司马，令他再往建功好了。"

窦固认为班超手下的人太少，想给他再增加一些。

班超却说："够了够了，如有什么意外，多了反为所累。"

班超带人向西域进发，不久，到了于阗——新疆和田。

于阗王新近攻破莎车，正牛气哄哄呢。匈奴人还派有使者驻在于阗，名为监护其国，实际上掌握着该国的大权。

班超到于阗后，于阗王对他颇为冷淡，更谈不上什么外交礼遇。

于阗巫风炽盛，巫汉对于阗王说："神对汉人发怒了。汉朝人有匹马，快点牵来伺候我。"

于阗王派人向班超讨要马匹。

班超早已清楚事情原委，痛快地答应了，但是提出要神巫自己来牵。

神巫来了，能掐会算的神巫，却没算出性命到头。班超不由分说，将他杀死，把首级送还于阗王，晓以利害，责以道义。

于阗王听说过班超在鄯善国诛杀匈奴使者的作为，颇为惶恐，当即下令杀死匈奴使者，归附汉王朝。

班超拿出财物，重赏了于阗国王及其臣子们。

斯时，匈奴人扶立了一个龟兹国，地点在今天的新疆库车县城东郊。龟兹国王倚仗匈奴的势力，肆行无忌，不久前刚刚攻占了疏勒国——今天新疆喀什。

在于阗进行过休整，班超带手下人从小道向疏勒国进发。

班超行至距离疏勒王城九十里的地方，派手下吏员田虑去招降。

班超指示说："那个头目不是疏勒人，是匈奴安插的，疏勒人肯定不为他卖命。他若不投降，抓起来就是。"

田虑只身前往，那头目见田虑势单力孤，根本没有投降的意思。

田虑乘其不备，抢上去扭住了他。变起突然，那头目的喽啰惊惧奔窜。

田虑乘马疾驰，到班超处复命。

班超当即进入疏勒城，把疏勒的文武官员全部集中起来，向他们陈说龟兹王的种种无理行径，宣布另立原来被杀掉的疏勒国君的侄儿叫“忠”的当国王。

疏勒人大悦，班超又伺机宣讲大汉王朝的威德信义，收了疏勒。

至此，班超两次出使，凭借智勇，先后使鄯善、于阗、疏勒三个小王国与汉朝建立了友好关系。

四

却说班超奉命出使西域以来，自王莽时期被中断的中原与西域的贸易通道——丝绸之路，开始逐步恢复。

汉明帝刘庄以地方民族合作、优势互补的方式，孤立和打击匈奴的策略，取得了成功。西域又一度走向平定。

明帝继承了光武帝的遗风，推崇经学。他命令皇太子、诸侯王及功臣子弟，都要读经。

至于外戚樊氏、郭氏、阴氏、马氏家族的子弟，刘庄又在南宫为之专立学馆，聘任高明的经师传道授业。

刘庄在“七经”之中，独重《孝经》，倡导“以孝治天下”，他甚至命令卫戍部队的兵士都要背诵《孝经》。

对礼仪制度，刘庄也非常重视，他亲自约东平王刘苍，讨论制定了祭祀天地

白马寺

和祖先的仪式，按等级建立了一套天子、王侯、百官的车服制度。

刘庄为太子时，曾跟博士桓荣学过《尚书》，继位以后，仍非常谦虚地尊桓荣以师礼。

桓荣以少傅调任太常，刘庄常常亲临太常府中，听桓荣讲课。

刘庄自己喜好读书，还学着他刘秀，亲至太学论经。

当然，以上只是一个侧面，汉明帝的谶纬之好，并不稍差，甚至连做个梦都要细细致致地分析、批解。

话说有日，刘庄寝殿春睡，梦中看见一位金人，头上有道白光，在大殿内来回飘游。待要发语相问，却又飞升空中，径直往西去了。

刘庄惊醒过来，睁眼一看，残灯尚明，原是一梦。

上朝后，刘庄讲给群臣听，命他们解梦。

群臣甚感奇异，但都不敢盲目判断吉兆凶示。

博士傅毅博学多闻，挺身奏答曰："臣听说西方天竺有位得道的神，号称佛，全身放射着光芒，能够飞身于虚幻中。

"先帝元狩年间，骠骑将军霍去病出击匈奴，曾缴获休屠王供奉的金人十二座，安置在甘泉宫中，焚香致礼。久经战乱，那十二座金人早已不知去向。

"陛下所梦金人，大概似乎也许好像可能就是佛的幻影吧！"

刘庄甚感兴趣，自己竟能梦到金佛，这是多么不凡的机缘啊！

刘庄于是大喜不已，拨出专款，派遣郎中蔡愔和博士秦景，带着博士弟子王遵等十三人，西往天竺，访求佛道。

汉朝访佛代表团，浩浩荡荡，越过旷无人烟、寸草不生的八百里流沙，攀上

白马寺齐云塔

东汉繁华洛阳

寒风驱雁、飞雪千里的茫茫葱岭，继续前行，到了大月氏国。

大月氏国在今阿富汗境至中亚一带，恰遇正在那里宣教的印度高僧摄摩腾和竺法兰，汉朝访佛代表团看到了佛经和释迦牟尼像。

蔡愔和秦景喜出望外，用白马驮来了求到的经卷，还邀来了摄摩腾和竺法兰。

三年后的永平十年，即公元67年，汉使梵僧以白马驮载佛经、佛像同返国都洛阳。

这就是梦中金人的化身啊！

汉明帝对来自西域的摄摩腾、竺法兰二位高僧极为礼重，亲予接待，并将他们安置在当时的外交部官署——鸿胪寺暂住。

随后，刘庄诏命，在洛阳城西雍门外三里处，御道北侧，立塔建寺，次年建成，名曰“白马塔寺”，或曰“白马寺”，以安置德高望重的印度名僧，储藏他们带来的宝贵经像等物品。

佛教崇尚白色，驮运佛经、佛像，在印度多用白象，在中国多用白马。故而位于东汉洛阳城西的中国佛教第一古刹以“白马寺”名之。

白马寺是印度样式的，按照摄摩腾和竺法兰两位高僧的意见，中心是座四方楼阁式佛塔，塔顶上具九重相轮，周围建有周廊百间，信徒们绕塔起居或进行礼佛活动。

从此，摄摩腾和竺法兰两位高僧就在白马寺里做住持，学汉语，译佛经。

摄摩腾和竺法兰在白马寺翻译了一些佛经，《四十二章经》——佛的四十二段语录，即系其中之一。

白马寺一隅

别看《四十二章经》简短，在东汉时候，两个初学汉语的外国人，能译成一段一段的中国话，那是已经相当地不简单啦。

两位客僧，此后一直在洛阳从事佛教传播，圆寂后，就葬在白马寺。

如果说，尚儒是对传统秩序稳定性的一种维护，那么，佛教的引进，或许可以理解为汉明帝在维护传统秩序的同时，也在积极地寻求和吸纳别样的文明?

白马寺是佛教传入中国后建造的第一座官办寺院，因而有中国佛教“祖庭”、“释源”之谓。

白马寺位于今天洛阳市城东十公里处，代有毁建。

岁转月移，白马寺的东汉建筑规模早已不存。

现在的白马寺，五重大殿，四个大院，占地四万平方米。山门外，一对石狮和一对石马，分立左右，山门内，东西两侧有摄摩腾和竺法兰二僧墓。

寺内五重大殿，由南向北，依次为天王殿、大佛殿、大雄殿、接引殿和毗卢殿。每座大殿都有造像，多为元、明、清时期的作品。

毗卢殿在清凉台上，清凉台为摄摩腾、竺法兰翻译佛经之处。

左右对称分布着多宝阁和藏经阁，以及东、西厢房。

整个建筑群落布局严整，像一座中国传统的四合院。

其实，现今中国大多寺院形制莫不如是，殿堂层次清楚，等级元素明显，早已丧尽佛教老家以塔为中心、廊房平等环绕的寺院风格了。

汉明帝刘庄盛情迎来了佛教，他其实没时间过问，第二年方才驾临白马寺，看了一看。

无论如何，白马寺是中国佛教的一个起点，在“儒”和“神”大行其道的国度，舶来的佛教由洛阳向全国，传播和渗透了。

后山告诉你，游走洛阳，到白马寺，能够体验中国对外来文化由包容到随附的奇异景象。

如今的白马寺，香火旺盛。在旅游被大肆鼓励，而山水风光相对欠缺的国度，人们无处发泄时尚之火，便四处奔跑，你挤我扛地涌入寺庙。

静修之地，闹嚷嚷地，日日超过赶集，这也是眼下旅游的中国特色。

外国人说，在中国旅游，白天看庙，夜里睡觉，问旅游内容，一概不知道。试问他们，旅游欧洲的人，不也是到处跑着看教堂吗?

第五十九章

儒神怪胎

一

话说汉明帝联合西北多个少数民族共同对付北匈奴的战略，加上派员出使，西域诸部渐渐归服，汉朝就在西域建置了都护府。

汉明帝公元76年寿终，其子刘炟继位，是为汉章帝。

焉耆国乘汉王朝大丧的机会，围攻西域都护，杀死了都护陈睦。

龟兹、姑墨等国也屡屡发兵，进攻疏勒，班超处于孤立无援的境地。

班超跟疏勒王分兵拒守，首尾难应。

汉朝距离西域，路途遥远，要想对之实现完全有效的控制，确实有很大的现实困难。

西域都护陈睦已死，班超独处边陲，难以支持，汉章帝因此最终决定放弃西域，诏令驻留西域的汉朝人员全部回国。

诏命到达西域，班超受命将归。

追随汉朝的西域各国陷入一片恐慌，疏勒国都尉黎弇说：“汉朝使节弃我而去，我国必为匈奴所灭。”

信心崩溃的黎弇竟然当场自杀。

班超率领归国人员的马队经过于阗时，于阗国的王侯百姓都放声大哭，他们死死地抱住班超坐骑的马腿，说什么也不让他离开。

班超大受感动，自知于阗父老决不会让他东回，而他也想留在这里，完成他立功异域的宏愿，就给汉章帝上书，请求允许他留在西域。

章帝刘炟读了班超的上书，多方考虑后，终于同意了班超的请求，允许他长驻西域。

班超决定：重返疏勒。

疏勒有两座城在班超走后，已经重新归降了龟兹，并且与尉头国联合起来，图谋大乱。

班超捉捕反叛首领，扫灭了尉头国，杀死六百余人，使疏勒恢复了安宁。

紧接着，班超又率疏勒及附属部落士兵一万多人，进攻姑墨，将其攻破，斩首级七百个，孤立了龟兹。

由于班超的威力，西域各国从此大都臣服于汉朝，汉朝由此获得了很好的外交环境和实际利益。

汉章帝对班超的工作非常满意，授予他代表东汉朝廷在西域行事的权力，班超从此成为汉朝在西域的最高决策人。

汉章帝对班超一再支持，使得汉朝同西域的关系日益紧密，贸易往来，互通有无，经济进一步繁荣，中原汉族和西域各民族也团结得更加紧密了。

公元80年，班超上书给汉章帝，分析西域各国形势及自己的处境，提出了趁机平定西域各国的主张。

汉章帝览表，非常满意，准备增加班超的力量。

平陵人徐干与班超志同道合，请求奋身异域，辅佐班超。章帝当即任命他为代理司马，派他带领一千人去增援班超。

莎车人以为路途太远，汉朝人不会来，于是投降了龟兹，疏勒都尉番辰也随之反叛。

徐干到达疏勒，班超与徐干一起，杀掉了番辰，斩首千余级，平息了叛乱。

班超攻破番辰之后，想进军龟兹。

当时，乌孙国兵力强盛，班超认为该借助它的力量，便遣乌孙使者到洛阳，送来班超的汇报材料，章帝完全同意班超的意见。

时间是公元83年，汉章帝拜班超为将兵长史，假鼓吹幢麾，升任徐干为司马，另外派遣卫侯李邑护送乌孙使者，赐乌孙国以锦帛。

李邑走到于阗，正赶上龟兹进攻疏勒，吓得不敢再向前行。

怕死鬼李邑为了掩饰自己的怯懦，上书给汉章帝，说西域之事劳而无功，又说班超“拥爱妻，抱爱子，安乐外国，无内顾心”。

班超听说了李邑的行径，叹息不已：“如此遭谗，恐见疑于当时矣。”毅然让老婆孩子离开了自己。

汉章帝深知班超公忠体国，下诏书切责李邑，诏书中说：“纵超拥爱妻，抱爱子，思归之士千余人，何能尽与超同心乎？”

就算班超抱着爱妻，拢着子女，他部下一千多人也都想家啊，怎么还能跟着班超齐心协力保卫边防？刘炟是个明白皇上啊！

汉章帝命令李邑接受班超的管辖调度，说让班超根据情况决定是否让李邑留在西域。

班超当即让李邑带着乌孙国王的人质儿子回洛阳。

徐干劝班超说：“李邑说先生坏话，想让先生败在西域。既然皇上让先生决断，何不留下他，换别人送质子？”

班超说：“你这话没见识。因为李邑谤毁我，所以我让他返回洛阳。自己肚里没有鬼，何惧别人乱嚼舌。为图自己快意，留下而后收拾他，这不是忠臣的干法啊！”

次年，汉章帝又派和恭为代理司马，率兵八百，增援班超。

班超调集疏勒、于阗的兵马两万多人进攻莎车。

龟兹王则发温宿、姑墨、尉头等地兵力五万救援莎车。

敌强我弱。班超用调虎离山计，召集将校和于阗国王，商议军情，故意装出胆怯的样子说：“打不过了，不如逃走。”安排了各部的逃跑路线和时间。

随后，班超嘱托故意放松对龟兹俘虏的看管，让他们逃回去报信。

龟兹王闻之大喜，将兵力派驻远方各处要道，预备打伏击。

班超侦知敌手已经分散出兵，迅速命令诸部齐发，鸡鸣时分，直扑莎车大本营。

莎车国中无备，军士四散奔逃，班超追斩五千余首级，大获其马畜财物。

莎车国只好投降，龟兹王等也只好散去。班超由此威震西域。

大月氏，是西域重要的国家之一，属于今天的阿富汗地方。

当初，大月氏国曾经帮助汉朝进攻车师有功，于是公元87年，大月氏国王派遣使者，来到班超驻地，向汉朝进贡珍宝、狮子等物，提出要娶个漂亮的汉朝公主，做小老婆。

班超代替汉家皇帝拒绝了大月氏的要求，大月氏王由是产生了怨恨。

公元90年夏天，大月氏副王率兵七万，东越葱岭攻打班超。

班超兵少，大家都很恐慌。

班超说：“月氏兵虽多，他数千里跑来，后勤跟不上，又何惧哉！只要坚守城池，他们饿透了自然投降，不过数十日，战事就完了。”

大月氏副王进攻班超，无法攻克，抢掠粮草，又无所得，果然疲惫不堪。

班超估计其粮草将尽，必派人到龟兹求救，预先命几百士兵在路上埋伏。

大月氏人果然派兵带金银珠宝去龟兹求援。班超伏兵大出，杀死了使者。

大月氏副王大惊，进退无据，只好遣使向班超请罪，希望能放他们一条生路。班超放他们回国，大月氏由是与汉朝和好如初。

第二年，龟兹、姑墨、温宿等国也都投降了。

朝廷任命班超为西域都护，徐干为长史。

此时，西域诸国，只剩焉耆、危须、尉犁三国未归汉了。

公元94年秋，班超调发龟兹、鄯善等八国的部队七万人，进攻焉耆、危须、尉犁，获得大胜。

至此，西域五十多个小国家都归附了汉王朝，中原王朝与西域各国的“一体化”开始形成，班超终于实现了建立功勋的理想。

二

章帝刘炟在位期间，东汉还可称为盛世，但已是尾巴了，他在位期间，播下了导致王朝衰败的种子。

光武帝和明帝，都是限制外戚权力的，章帝继位以后一改旧例，他的养母马太后，对他很好，他就破格提拔马太后的兄弟们。

外甥照顾舅舅，于礼于理也都说得过去，尽管有大臣反对，章帝不当回事，马氏外戚仍然坐了火箭朝上升。

在章帝又一次加封马氏兄弟官爵的时候，为事公正的马太后看不下去了，站出来反对。

马太后说："从前高祖有约定，没有军功的不封侯。我的那些兄弟，你的那些舅舅，对国家没有一点功劳，怎么能与辅佐汉室中兴的阴、郭两家相比？而且凡是富家贵族、职位重叠的朝政，都很难持久。"

马太后说，不要再升迁马氏的官职了。她劝刘炟，把工作的重点放在抵抗天灾、平抑物价、安抚百姓上才是。

伏波将军马援的公忠精神尚在啊！

汉章帝见太后态度坚决，只好听命服从。

马太后凭自己的理智与威望，成功地阻止了章帝刘炟的危险举动，但是她不可能永远监督儿子，提醒儿子。

公元78年，马太后去世，汉章帝册立已故大司徒窦融的曾孙女为皇后，又开始面向窦氏家族滥发委任状，窦氏一族也鸡犬升天了。

开始，还有大臣像当初马氏兄弟受封的时候一样出来反对，但是都没有效，因为窦皇后不是马太后。

马太后是伏波将军马援的三女儿，亲身经历了马援生前因功高位重而遭奸人算计，死后几乎家破人亡的惨状。她一直做人低调，待人亲和。

窦皇后则不然，她出身豪门，曾祖父前大司徒窦融风光无匹，到了她爹窦勋一代，因获罪而导致家道中落。

所谓虎落平阳受犬欺，窦氏一族受尽衰落而致的不幸，就把原因归结于失去权势。

所以窦皇后及其一家，都渴望家族复兴，窦皇后不仅不反对章帝对其家族的加封，反而极力促进之。

窦家身份崛起，重新获得权势，不把任何人放在眼里，甚至连刘姓诸王、公主都受到他们的欺侮，这样，汉章帝就不能不管了。

沁水公主刘致，有一处园田，非常不错，被窦皇后的哥哥窦宪用极低的价格强买了去。妹妹反映情况，章帝还不相信呢。

找来窦宪一问，窦宪支支吾吾，说不成囫囵话。

汉章帝大怒，说："你造孽吧！我要抛弃你，就如抛弃一只臭老鼠那么简单，我不会有什么可惜的。"

窦宪连忙跪地求饶，连连请罪，保证速速退还园田。

怒归怒，刘炟还是不忍心以铁腕对待窦氏外戚。只要外戚做得不太过分，他还是偏袒他们。

窦皇后的弟弟窦笃搞特殊化，跟执法如山的洛阳令周纡属下的一个亭长发生了冲突。窦笃找到章帝和窦皇后，添油加醋地说自己被周纡给欺负了。

恶人先告刁状，汉章帝并不明察，将亭长逮捕，并将周纡免职。

东汉一朝，三世之后，一路下坡，原因自然很多，但后山认为，若依照"大一统"的狗屎观点来看，汉章帝刘炟这个糊涂虫，屁股坐在外戚一边，是坏了他家大事的根源之一。

汉章帝，还自认是个文化皇帝呢，有一种书体"章草"，就是他弄的。

"文化人"汉章帝，要干"文化事"。

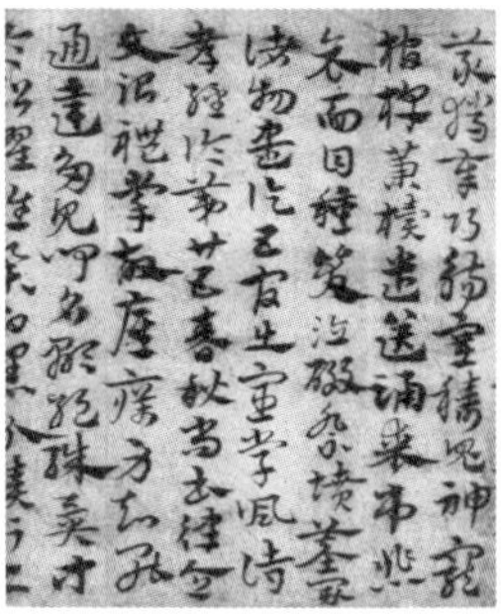

汉章帝的“章草”

公元79年，汉章帝亲自主持，在白虎观举办了一个高层经学论坛。

白虎观位于洛阳南宫的白虎门内，也算是个大型会议室。

却说汉朝建政以来，尊崇礼教的儒学思想渐渐得到重视，汉武帝时期，采纳董仲舒之议，罢黜百家，独崇儒术，攻读儒学成了经师们走向荣显的专门行道。

“自武帝立五经博士，开弟子员，设科射策，劝以官禄。讫于元始，百有余年，传业者寖盛，支叶藩滋，一经说至百余万言，大师众至千余人，盖利禄之路然也。”

这是《汉书·儒林传赞》的话，毫不避讳儒术与做官的关系。

当时的儒学思想面对的一个最大矛盾，就是古文经学与今文经学之间的冲突。

西汉末年，哀帝和平帝之际，儒家内部，经学的今文古文派之间就开始打架，此后，二派斗争日趋激烈，你消我长。

古文经，是指秦始皇统一以前的儒家经书，今文经，则是指汉初由老儒背诵、口耳相传的经文与解释，由弟子用当时通行的隶书记录下来的东西。

秦始皇讨厌儒学，既焚又坑，先秦的儒学资料都被销毁了，所以汉初以来，儒家思想的主流一直是今文经学在演小品。

当然，焚书坑儒不可能灭尽儒学，民间有些儒生，半夜三更将一些古文经书埋藏起来，这些老简，后来陆续被发现了。

某些儒者认为，古文经典是正宗，便撅着屁股去研究古文经典，这样就形成了古文经学。

古文经学出现之后，在文字、思想、师说各方面都同今文经学派发生分歧，双方于是就展开了激烈的斗争。

序入东汉，光武帝于公元56年宣布图谶于天下，把儒家经义与谶纬图书等迷信东西结合起来，完成了东汉国教的包装和填充。

所谓谶，就是神灵启示人们的一种预言。谶与纬连称，是一种长期的发展结果。

东汉人用谶纬解释一般性质的儒家学说，使神家的预言与儒家的经典结了婚，使神灵的启示与圣人的教条相交配。

儒学跟谶纬一家子了，这样，孔丘自然就成了神人。

问题是，从西汉，到东汉章帝的时期，今文、古文经学的论争没有谢幕，又添上了谶纬与儒学的杂烩。

如此混乱一锅粥，当然影响统治者的使用，于是就有了汉章帝的“白虎观高层文化论坛”。

这个也是历史发展、政治发展和文化发展的必然。

汉武帝以来，叫嚷“独尊儒术”，汉光武帝和汉明帝，表面上都奉行以儒治国的基本国策。

乍一看，汉朝的政治基础和法律基础，都是儒家思想。那么，对儒家思想，就很有必要以最高的权威来确定一个大家都能认同的“最权威的解释标准”，做出个决议，来解决儒家思想内部正日益严重的矛盾和问题。

儒家的“天人感应”，试图用谶纬神学来解释经学，从而使后者更加神圣化和具有权威性。这一点，也正迎合了皇权统治的需要。

皇帝也好，朝臣们也好，学者们也好，都鼓着肚子使劲，要把这个“解释标

白虎通義卷一

扶風班固孟堅撰

爵

天子者爵稱也爵所以稱天子者何王者父天母地爲天之子也故援神契曰天覆地載謂之天子上法斗極鉤命決曰天子爵稱也帝王之德有優劣所以俱稱天子者何以其俱命於天而主治五千里內也尚書曰天子作民父母以爲天下王何以知帝亦稱天子也以法天下也中候曰天子臣放勛書無逸篇曰厥兆天子爵何以言皇亦稱天子也以其言天覆地載俱王天下也故易曰伏羲氏之

大杂烩《白虎通义》

准”尽可能延伸到一切领域，从而使自己的影响力达到最大化。

汉章帝召集全国知名的“学者”，太常、大夫、博士、议郎、郎官及诸生、诸儒，他们基本都在洛阳官场和洛阳太学工作，如魏应、淳于恭、贾逵、班固、杨终等，辨讲五经。

论坛由五官中郎将魏应秉承皇帝旨意发问，侍中淳于恭代表诸儒作答，章帝亲自裁决，决定取舍。

这次论坛，把当时流行的谶纬迷信与儒家经典好好糅了一顿，使儒家思想进一步神学化了。

譬如，这次论坛，就明确肯定了“三纲六纪”，并将“君为臣纲”列为三纲之首，使封建纲常伦理系统化、绝对化。

考详经文同异的讨论，一连进行了数月，形成了一套白虎观奏议。

钦定的奏议，赋予了光武以来儒家经典与谶纬迷信相结合的神学性与国教化性质。

论坛之后，汉章帝命学问家班固带领皇家秘书处，整理全部“纪要”，作为钦定的经典，刊布于世。

班固作为史臣，听从汉章帝的指示，对当时的白虎奏议加以系统整理，称作《白虎通义》，有的学者叫它《白虎通论》《白虎通》等。

《白虎通义》极尽杂糅、混合之能事，将《易》《诗》《书》《春秋》《礼》《乐》《论语》《孝经》以及各种逸文，和图书谶纬搅拌在一起，做了一锅大杂烩，成了洗脑用的“思想宪法”。

《白虎通义》对“天人感应”的神学说论进行升级，融人了谶纬之说、五行之说和儒家伦理之说，从而提出了一套完整的儒家神学世界观。

就是说，《白虎通义》将儒学与谶纬进行了充分搅拌后，成了东汉的理论基础和统治思想。

《白虎通义》杂烩到什么程度?

后山告诉你，这么一部极为“正统”的官方经典，连全国人民的性问题也作出了规定，说“授之道……阴阳夫妻变化之事，不可父子相教也”。

哈哈，汉章帝领导的秘书班子再三论证之后，指出，性知识不可以在家里由父亲向儿子传授，真是神经兮兮复又兮兮神经了。

三

却说汉章帝特会宠外戚，给他们封官，让他们发财，但这些都挡不住他的后院冒烟起火。

窦皇后虽然得宠，但是无子。宋贵人生了个儿子刘庆，已经被立为太子，窦皇后的地位受到了威胁。

梁贵人的肚子也有动静了。

梁家送了两个女儿进宫给汉章帝享用，梁贵人和梁大贵人。

梁家指望着多送两个女孩儿进宫，生孩子可能多一些，将来母凭子贵，没准儿能当上皇后、太后，梁氏家族当然也就能获得更大的权势了。

梁贵人倒也争气，十月怀胎后成功地生下个小皇子，取名刘肇。

但是梁家人只猜中了开头，没有猜中结尾。

窦皇后虽然没有生育能力，但她可是个狠女人，绝不肯坐视自己的权力地位就这样被推翻。

宋贵人生了那个刘庆，梁贵人生了这个刘肇。窦皇后以后还有好日子过吗？

窦皇后擅长数学，知道负负为正的道理，决定把两个不利因素结合起来，变成有利因素。

窦皇后开始行动了。她跟梁贵人套近乎，以利害打动梁贵人。

什么利害呢？便是太子的位置。

窦皇后说："我是皇后，可是没有子嗣，你有子嗣，却不是皇后。你生的这个刘肇呢，不是皇上的长子，前面还有宋贵人生的刘庆。所以，刘肇做你的儿子，只能屈居人下，而如果做了我的儿子，那就成了嫡长子，就能当上太子，将来就能当皇帝。"

儿子的前途重于一切呀，在窦皇后入情入理的分析之下，梁贵人真听了她，把刘肇送给了窦皇后。

于是，刘肇从一个非嫡非长的普通皇子，一下子成了嫡长子。

孩子一到手，窦皇后立马翻脸了，大搞"匿名信"战术，罗列罪名，诬告梁贵人，连带梁大贵人也一块儿告了。

告密这招还真灵，汉章帝还真信，最终梁家姊妹俩被逼自尽而亡。

梁家派出两个美女进宫，结果不仅"战利品"归了别人，还落得个全军覆没的下场。

窦皇后的障碍还没扫净，前面还有个太子刘庆呢，有刘庆在，刘肇还是当不上太子啊。

这个好办。窦皇后买通了宫中侍女，指证宋贵人，说她搞蛊毒，弄个小小的布袋人儿，扎上小刀子，诅咒章帝早死。

汉章帝连匿名信都能信以为真，现在有人作证他更信了，于是，宋贵人也被迫自尽。

宋贵人一死，小刘庆成了没娘的孩子。没娘的孩子是根草，想当皇储，门儿都没有，很快被废掉。

窦皇后终于使太子接力棒传到了“自己儿子”刘肇的手中。

虽然一般“皇权”思想作祟的人，经常说外戚专权不好，但不得不承认的是，窦皇后娘家一族人，对东汉王朝是忠心耿耿的。

窦氏外戚集团的领军人物窦宪，将要拔掉北匈奴这个折磨东汉王朝多年的毒刺，成为稳境靖边的大英雄。

四

序入公元89年，东汉王朝又换皇帝了。刘炟伸腿，刘肇领命登基，是为汉和帝。

刘肇做朝廷时，年仅十岁。

刘肇本是个苦命的孩子，亲妈和大姨都死于宫廷争斗。当然，他的异母兄长刘庆也苦命。

刘炟共有八个儿子，因为窦皇后及早收养了刘肇，刘肇于苦命中得获大幸。

汉和帝刘肇继位后，最大的国家问题是北国风光为滚滚狼烟所遮蔽。

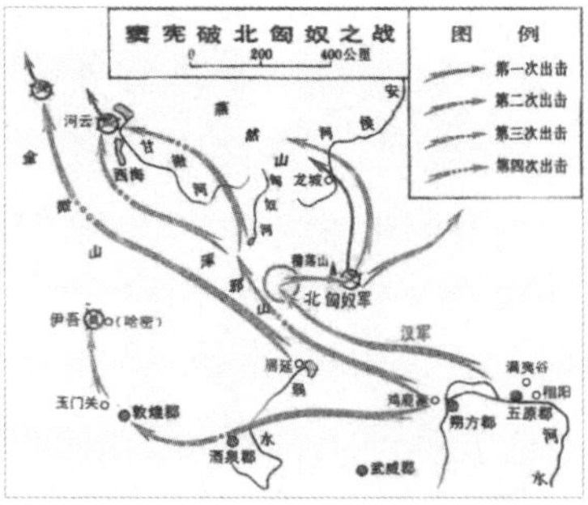

窦宪击匈奴图

窦太后

还是由来已久的北匈奴祸乱。祸根是当年那个差窍王莽，说汉宣帝颁给呼韩邪单于的地方大官的名分不算数了，激起了匈奴的不满，从此跟汉朝结上了仇怨。

光武帝刘秀怀柔了南匈奴。北匈奴却狼性不改，非但坚持与汉朝为敌，还跟他周围的西域少数民族掐架。

历经光武帝、明帝、章帝三代，东汉与北匈奴的战事没有间断过，虽说汉朝总是处于优势，但是终究没有办法彻底消灭北匈奴。

窦太后听政了，在“儿子”刘肇刚刚就任的公元89年，派窦宪率领汉军，联合南匈奴的部队，出击北匈奴，大获全胜。

窦宪的平乱战役，共斩杀匈奴兵将一万四千人，俘获马、牛、羊、驼百余万头，招降二十多万人众。

恐慌的北匈奴提出归降汉朝，但是北单于本人不肯到洛阳，希望继续留在原地。

窦宪认为北单于使的是缓兵之计，继续穷追猛打，不给以任何喘息的机会。

这样，汉军穷追北匈奴直至公元91年，终于在金微山——今天的阿尔泰山——再次大破北匈奴，斩首五千余级，连北匈奴单于的老妈都俘虏了。

此役之后，北单于率领所剩无几的残部离开蒙古高原，西逃至乌孙。

从此以后，北匈奴虽然偶尔对汉朝控制的西域地区小有侵犯，但再无力量返回蒙古高原，更无力量攻击汉朝本土了。

窦宪终于消除了困扰东汉多年的北匈奴祸患，为东汉王朝立下了丰功伟绩。

窦家本来已经完全掌握了朝政，窦宪又立下如此大功，当然要大加封赏，于是汉和帝拜窦宪为大将军、爵武阳侯。

大将军本应是在三公以下的，可是窦宪的大将军后面有一个括弧，里边是“太傅之下，三公之上”一句注解。

括弧注出的是极大的荣耀和特权。

正所谓“一人得道．鸡犬升天”，窦宪因功获封，其他没出什么力的窦氏成员也大获奖赏，窦笃升为卫尉，窦景、窦环升为侍中。

一时间窦氏家族的权势，登峰造极，“朝廷震慑，望风随旨，无敢违者”。

汉和帝继位时只有十岁，从他当皇上起，东汉王朝的朝政就一直把持在窦太后的手中。

窦太后所倚重的，自然是窦氏家族。

当年窦家由盛转衰，虎落平川，吃了不知多少苦，全是因为明帝的“明察”。

窦家把女儿送进宫里，就是为了争夺权力，再度扬眉吐气。

现在，窦宪算是把窦家的面子挣足了，权力也达到了顶点。

然而人的野心没有止境，窦宪的权力恶性膨胀之后，竟然打算除掉小皇帝刘肇，夺取大汉江山，自己干皇帝，他认为自己会干得更好。

可窦宪所处的时代，汉朝还是很有威信的，朝廷里忠于汉室的大臣很多。

尤其是，全国人民也都比较邪气，喜欢一家做天子永远做下去，反而讨厌窦氏一族。

从窦太后临朝算起，五年的时间，即使在窦氏家族的威权压迫之下，大臣反对窦氏的公开上书就高达十五次之多，可见窦氏家族不得人心的程度了。

窦宪肆无忌惮，“阴”谋，很快变成了“阳”谋。

小皇帝刘肇迅速从“线人”那里得到了窦宪将要政变和谋害自己的消息。

汉和帝手握重要情报，但是他根本无法与大臣接触，于是，干脆就坑和泥，请来自己比较信任的异母大哥千乘王刘庆，又唤来宦官头领中常侍郑众，共同商议如何除掉窦宪。

郑众虽然是个宦官，却很有两把刷子，不仅出谋划策，而且积极联络司徒丁鸿、司空任隗、尚书韩棱等忠心于和帝的大臣，很快协助和帝编好了一张巨大的网罗，撒向正做着美梦的窦宪。

汉和帝刘肇在一切都准备妥当之后，离开了南宫。

东汉时期的洛阳皇宫，分为南北两宫。两宫之间相距七里路，有通道，通道上有雨棚遮盖。整个宫城平面是个“吕”字。

南北宫城各有四个同向同名的城门，南为朱雀，北为玄武，东为苍龙，西为白虎。

南宫是皇帝及群臣朝贺议政的地方，北宫主要是皇帝和妃嫔寝居的地方，也建有百官朝会殿，南北两宫建筑都非常豪华气派。

刘肇离开南宫，猫身于北宫的平洪殿，亲自指挥剿灭窦氏外戚集团的战役。

入夜，刘肇首先命令司徒丁鸿率兵紧闭洛阳所有城门，不许任何人出城。

而后，又令执金吾、五校尉同时行动，拘捕窦宪的党羽，包括射声校尉郭璜、郭璜的儿子侍中郭举——这是窦宪的女婿，还有卫尉邓叠、邓叠的弟弟步兵校尉邓磊等人。

这些人没有一点防备，都束手就擒了。

外围已被彻底廓清，窦宪本人却还蒙在鼓里。没有手机真误事啊！

后半夜，窦宪全家被汉和帝的首席特使——谒者仆射带着一群大兵叫了起来。

明晃晃的刀枪之下，窦宪明知自己反抗已经没有意义，乖乖地按照汉和帝圣旨上的要求．交出了大将军印。

对于窦家的亲戚郭璜等人，汉和帝毫不迟疑，当即下旨，全部处死。

因为不想让窦太后过分伤心，汉和帝在收回了窦宪的兵权之后，只是勒令其离开洛阳，回到自己的封国居住。等他们到了封地，才又派人强迫他们自尽。

于是，窦宪、窦笃、窦景都“被自杀”了。

小小年纪的汉和帝不简单，处置谋反之举也开了个先河，以后东汉朝廷对付那些失势的皇亲国戚和重臣，常用这种“先遣返回封国，再迫令其自杀”的好方法。

窦氏兄弟中的窦环，没有证据参与谋反，汉和帝免除了他的死罪，这就算没有株连吧。

权倾朝野、威震海内的窦氏家族，一夜之间烟消云散了。

故事的发生和结束，是这样干净利落，让人实在难以相信是由一个十四岁孩子指挥的。

汉和帝应该是年少有为的，但非常可惜的是，他的身体一向不好。清除窦氏外戚以后，开始亲政，因皇帝工作确乎劳心费力，愈是加速了他身体的衰败。

公元105年，汉和帝刘肇崩于洛阳南宫章德殿。

邓绥

汉和帝算是早逝，在封建皇权时代，这是一件可怕的事情，因为这样一来，继位的通常会是个娃娃皇帝，太后自然临朝，外戚必然专权。就像汉和帝初年的窦氏家族一样。

事实上，东汉的娃娃皇帝很多，太后临朝也自然常见。

绝大多数临朝的太后都是像窦太后一样，放纵外戚，专权弄势，不仅对国家无益，反而为害一时。

然而刘肇不同，他娶了个好媳妇。

汉和帝的皇后邓绥，不仅有功于东汉王室，而且极大地影响了后世。

第六十章

权力烧饼

一

却问邓绥者何人？

邓绥是邓训的女儿，邓训是东汉开国元勋邓禹的儿子。

邓绥的母亲，是汉武帝刘秀的妻子——光烈皇后阴丽华的侄女。

邓训本人官居护羌校尉，也是一位举足轻重的重臣，所以邓绥是真正的豪门望族出身。

显赫的家族背景，却没有给邓绥以负面的影响。她自小就遵循法度、克已奉礼，全无“骄”、“娇”二气，是个真正的淑女。

邓绥的奶奶，即是邓禹夫人，对孙女小绥绥很是宠爱，绥绥五岁的时候，老奶奶不顾自己老迈年高，非要亲自给绥绥理头发不可。

邓奶奶确实视力昏花，手里的剪刀给绥绥的额头划了一条子。一般的孩子这时肯定要哇哇哭了，可小绥绥硬是一声不吭，坚持让奶奶剪完了头发。

事后家里人问她疼不疼，为什么不哭不叫，邓绥说：“我不是不疼，只是奶奶那么爱我，她那么大年纪了，还为我理头发，我怎么能伤她老人家的心呢？所以我就不叫，忍着。”

邓绥从小就是这样一个懂得体贴别人、牺牲自己的姑娘，后来她进宫当了皇后、太后，这种优秀的品质发扬光大，使得整个国家受益了。

本来，出身豪门的邓绥，入宫嫁给皇帝，不会有什么悬念，一切都可以顺理成章。但刘肇和邓绥的婚事还是出了点意外。

公元92年，十三岁的邓绥被东汉宫廷选美机构选中，要入宫了，邓训突然去世。邓绥毅然决定放弃入宫的机会，在家为亡父守孝三年。

守孝三年一般是儿子的事情。邓绥真是个好女儿。

三年后，十六岁的邓绥守孝期满，再次报名参加选美，再次入选并成功进宫。

其时，和帝已经有了皇后阴氏，邓绥被封为贵人，位置仅次于皇后。

邓绥容貌和品德都很优秀，深得和帝的宠爱，同时也深得阴皇后的妒忌。

阴皇后极力诋毁邓绥，邓绥则一方面对皇后一味地忍让，一方面“恭肃小心，动有法度”。

嫔妃们的化妆扮靓是很厉害的，邓绥却坚持从不浓妆艳抹，衣服也保持朴素，哪怕衣服颜色跟阴皇后的相似，也立即换掉。

总之，邓绥努力低调，不与任何人争风，不让阴皇后抓到任何小辫子。

汉和帝刘肇真心宠爱邓绥，阴皇后嫉恨，又想不出什么有力的办法，就用巫术诅咒邓绥。

没想到，巫术没能咒倒邓绥，却害了阴皇后自己，汉和帝后来查出阴皇后私下搞巫术，很生气，就将阴皇后废掉，改立邓绥了。

汉和帝死，出生仅百天的小儿子刘隆继位。

刘肇有不少皇子，但大都夭折了。

刘肇怀疑是身边有人在谋害他的儿子，便将剩余的皇子秘密送到民间抚养，这个办法还真管用，活下来两个儿子，刘胜和刘隆。

汉和帝驾崩后，宫中已经由邓绥掌权了，立哪个孩子做皇帝，全在邓绥的决定。

刘胜是长子，应当立。但刘胜自幼生有怪病，多年不愈，邓绥认为他不适合做皇帝。于是，刘胜被封为平原王，刘隆被接回宫中，尊为皇帝。

刘隆这个百日娃娃，是刘肇跟一个宫女的结晶，是最年轻的帝王，上了东汉吉尼斯。

以太后的身份临朝称制的邓绥，极有才能。她一临朝，就着手整顿各种弊政，下达诏令，大赦天下，安定人心。

邓太后的大赦非常彻底，连光武帝时期积累下来的囚犯也都释放了。

邓绥甚至又将在前朝被废而获罪的皇后亲族马、窦两家赦免。

由于邓绥的品行和智慧，不但没有外戚干政，东汉王朝的经济还出现了可喜的上升。

称为“四大发明”之一的造纸术，便是邓绥当政时期的一大功绩。

笔、墨、纸、砚，是中国传统的文房四宝，有人找到记载说，纸张在西汉时期就已经出现了，但西汉时期，即使有了纸张，它也确实没有成为普及性的信息载体，竹简、木牍和绢帛，仍旧是广泛使用的东西。

东汉初年也有纸张，主要有两种。一种是丝绢纸，另一种是麻纸。

丝绢纸的原料是漂丝过程中脱落的丝纤维碎屑，利用它制成极薄的丝绢，像无纺布，达官显贵用它来写字，也包装一些如药粉之类的物品，朝廷有时也会用这种“纸”奖励学习成绩比较好的太学生。

丝绢纸是丝绢的副产品，故而极少，价格极其昂贵，大多数人根本使用不起。

蔡伦塑像

麻纸用纺织物的下脚料制成，价格相对便宜，但是纤维粗糙，书写效果很差。偶尔用来画个示意图，写几个大字还凑合，要作为普遍性的书写用纸，还真难为那些斯文的读书人。

竹简和木牍太沉重，丝绢纸价格太贵，麻纸太粗糙，中华文化在发展中迫切需要良好的载体，为解决这个问题，蔡伦出现了。

蔡伦是名宦官，邓绥被册封为皇后以后，蔡伦想讨好邓绥，可是邓绥主张俭朴，连各地郡国的珍奇贡物都一律不收，令人犯难。

有心者事竟成。就在别人都犯难的时候，蔡伦却发现了一个秘密，这个发现使他改写了历史。

蔡伦发现，邓绥特别喜欢书法。

女人家写很多字，搬动竹简和木牍当然不合适，很贵的丝绢纸，又不符合邓绥的俭朴主义，麻纸又写不出好字。

蔡伦观察得非常准确，也抓住了机会。

蔡伦既是侍中，还兼任主管宫内御用器物和宫廷御用手工作坊的小官——尚方令。尚方令管的都是工匠，跟他们摸爬滚打，交流摸索，蔡伦还真找到了门路。

蔡伦从原料入手，放弃了昂贵的丝和粗糙的麻，而选择树皮。树皮容易找到，数量比丝和麻都要多得多，可以大大地降低成本，提高产量。

不利的是，树皮中所含的木素、果胶、蛋白质远比麻类高，因此树皮的脱胶、制浆要比麻类难度大。

蔡伦领着手下，猛搞科技攻关，居然找到了用草木灰水制浆取代石灰制浆的办法，提高了纸浆的质量，造出了既细密又廉价，非常适合用于书写的纸张。

公元105年，汉和帝尚在世的时候，蔡伦把他制造出来的一批优质纸张献给和帝。和帝高兴极了，大加赞赏，下令向全国推广蔡伦的造纸之法，蔡伦造纸术很快传遍各地。

可惜汉和帝没有看见新纸张发挥的社会作用，就病故了。

邓绥临朝以后，加封蔡伦为龙亭侯，于是这种用新技术制造出来的纸张，就被称为“蔡侯纸”了。邓绥使用了蔡侯纸，觉得价廉物美，非常不错。

于是，蔡侯纸被不断地推广和普及。

纸张在承载信息、传播文化方面的优越性愈来愈显著，最终取代传统的竹简和木牍，成为“文房四宝”之一。

二

谁承想，百日龄的小皇帝隆隆，一年不到，不知得了什么急病，突然夭折。

邓太后以为刘胜有病不可立，立了刘隆，没想到刘隆的身体还不如刘胜. 这么快就死掉，又上一次东汉吉尼斯。

没办法，公元106年八月，邓太后又要重新选皇帝了。

刘祜，是章帝时被废的太子清河王刘庆的儿子，刘庆因为窦皇后从中作梗，不仅母亲被害死，本人也被废为清河王。

好在汉和帝刘肇不但很同情刘庆，还非常器重和信任刘庆，所以，在和帝的时候，刘庆的日子过得还是很滋润的。

刘庆对刘肇的照顾也很感激，从未有过要把皇位从弟弟手里再夺回来的意思，可偏偏这皇位又转回到了刘庆一脉的手里。

国不可一日无君。太后邓绥连夜召兄长邓骘进宫，商议立新皇帝的事情。

兄妹商议的结果是：拥立刘庆的儿子、十三岁的刘祜做皇帝。

选择刘祜很好，刘祜年仅十三，还不能亲政，拥立刘祜，便于邓氏继续掌权。

刘祜的父亲是汉和帝的哥哥，与和帝关系亲近，拥立刘祜也合乎礼法。

刘祜幼时深得和帝喜欢，经常被召进宫里进见。

邓太后也偏爱刘祜，刘庆离开洛阳去封国就藩的时候，邓太后特别下旨，让刘祜继续留在洛阳的清河王府居住。

既然邓太后如此喜欢刘祜，与之关系亲密，就更有利于保障邓氏家族的地位。

于是，邓骘就在当天夜里亲迎刘祜进宫，拥立刘祜为帝——汉安帝。

刘庆当年意外失去的皇位，现在却意外地又由儿子拿回了。刘庆受不了这种政治过山车的刺激，在刘祜继位四个月后，他就去地下找列祖列宗去了。

国事仍由邓太后执掌。

青年丧夫的邓太后，将全部精力都用在朝政上，只是不肯放权给汉安帝，即使到安帝成了年，也不放给他。

邓太后的专权，使得汉安帝刘祜对太后产生了强烈不满，但他却也无招。

邓太后二十多岁开始守寡，情感上长久空置，内分泌严重失调，再加上她不要命地工作，身体严重受损，在公元121年突然病倒，在病床上躺了一个月，终于辞世。

汉安帝刘祜得到彻底解放，开始亲政。

被严重压抑的心灵突然释放，这个刘祜决定做一切自己想做而过去不能做的事情。

于是，刘祜爆封“亲信”。

他先是加封自己的奶娘王圣为野王君，接着加封自己的皇后阎氏的亲族，把个阎氏一族迅速捧成了新一代“外戚集团”。

王圣和阎家都痛快了。可是邓氏一族还在朝中握着大权，这让他们很不爽快。于是，王圣和阎皇后开始想方设法，对邓氏一族下手。

很快，宫里有些从前曾经受过邓太后处罚的人出来，诬告邓悝、邓私、邓闾、邓访，说他们曾经谋划废掉汉安帝。

刘祜本来就因为邓太后迟迟不肯归政于他而心存不满，现在听说此事，大怒，好，算总账的时候终于来到了。

于是，邓家的邓广宗、邓忠、邓珍、邓甫德、邓广德都被废为庶人。

在群臣中最有威望的邓骘并未牵涉进这个案件，也被免去官职和尊号，逐回封地，而且还被籍没了家产。

邓氏家族所有做官的，也都一律罢官，遣归故里。

又是“虎落平阳”一例。

邓家失势，地方官吏毫无顾忌地逼迫侮辱他们，邓氏一族人员都先后自杀了，只有邓广德家，因为母亲和阎皇后是亲戚，才得以留在洛阳，苟活下来。

邓氏家族，由于邓太后始终坚持对其亲族采取严格约束的政策，加之邓氏家族自邓禹以来，一贯有着严格的家教，“修整闺门，教养子孙，皆为后世法”，所以邓氏家族虽握大权，在德行上，堪称楷模，更为国为民立过不少功劳。

汉安帝刘祜一亲政，就把将他扶上帝位的邓氏一族，害得家破人亡，借用的还都是些“莫须有”的罪名，连邓骘这样公认的忠臣都没有放过，着实缺德。

邓骘死后，刘祜还在作祟，不许他葬于祖坟。

刘祜如此狠毒，引起群臣的不满。

大臣们纷纷为邓骘鸣冤，无奈之下，刘祜只好同意将邓骘葬于祖坟之内。

刘祜“仇恨邓太后”的恶果，算是熟透落地，也把他的威信搞得“落地”了。

汉安帝刘祜既凶恶，又懒惰，只擅长酒色，不会处理政务，将大事小事，都托付给自己的老婆阎皇后和阎氏一族外戚集团。

阎氏家族可不是邓氏家族。

阎皇后本人尤其狠毒异常，对付敌手，必致死地。

有个李姓宫女，为刘祜生了一个儿子，取名刘保。阎皇后听说了，暴跳如雷，直接差人送去一杯毒酒，将李氏毒死。

刘祜再没有别的儿子，刘保被立为太子。

阎皇后越看刘保越不顺眼，就勾结中常侍樊慧、野王君王圣等人，编造罪名，伪造罪证，诬陷太子刘保谋反。

阎皇后杀害刘保他亲妈的时候，刘祜不闻不问，现在刘保被诬陷，刘祜更是听阎皇后的了，他认定儿子要政变，传旨废刘保为济阴王。

阎皇后和阎氏家族把持下的东汉王朝小人当道，国境每况愈下。

三

话说汉安帝刘祜不理朝政，沉湎酒色，把国家大事都交给阎皇后和阎氏家族。

国内乱象纷生，反政府起义不断，譬如杜琦领导的反政府军；边疆也狼烟连连，羌人、鲜卑人等少数民族以入侵汉朝疆土为乐事。

鲜卑人在光武帝时期与东汉王朝有过小摩擦，后来被怀柔了，一直都是汉朝的盟友。

明帝的时候，鲜卑人还经常配合汉军打击北匈奴和乌桓。

和帝的时候，南匈奴内附，北匈奴被窦宪打跑，大草原一下子失去了主人。鲜卑人趁其所虚，渐渐将其占有。

鲜卑人突然获得大片草场，又没有了匈奴这个“天敌”，再加上很多原来臣属匈奴的部落现在又都来归附鲜卑，于是鲜卑人的数量很快多了起来。

鲜卑人多，生产力却照旧落后，没有任何改变，游牧经济很脆弱，遇上天灾人祸就要饿肚子。

眼看着汉朝有粮有钱，鲜卑人难免就要来掠取。

就是说，匈奴问题解决，鲜卑问题又大起来。

汉和帝的时候，鲜卑人就多次入侵，攻打肥如、北平和渔阳，大肆抢劫。

渔阳太守张显，曾经大发其火，领着弟兄们出塞追击鲜卑人。

鲜卑人渐渐把汉军引入了凶险的地带，兵马掾严授劝张显不要再急于追击，恐怕中鲜卑人的埋伏。建议先安下营寨，派出轻骑兵去打探一下再追也不迟。

张显认为严授太胆小了，气得几乎当场就要斩杀严授。

张显下令急速追击，结果真的中了鲜卑人的伏击，张显本人中箭阵亡，手下士卒四散逃跑。

被张显称为“胆小鬼”的严授，不仅没有逃跑，反而杀死多名敌人，自己身负十余处伤，最后壮烈牺牲。

刘祜当皇帝，人怨天亦怒，全国很多地方发生地震，旱灾、涝灾、蝗灾接连不断。

刘祜的酒色享乐不受影响，关在宫中，大聚妃嫔宫女，进行昼夜淫乐，管它什么天下和百姓啊！

汉安帝刘祜，在洛阳享乐犹觉不够，他还要到南方去巡幸。

说走就走，刘祜带着阎皇后，以及很多皇亲国戚，浩浩荡荡地离开洛阳，向南方进发。

天有眼睛。刘祜在路上得了重病，上吐下泻，赶紧往北返回，刚走到离洛阳还有三百里的叶县，就翘了。

昏君汉安帝刘祜，暴死于路，根本没来得及确立继承人。

阎皇后恐怕安帝暴毙的消息传到京城，大臣们会拥立刘保，就秘不发丧，一直回到洛阳，才发讣告，公布刘祜的死讯。

阎皇后和阎氏家族，为了继续把持权势，先尊阎为太后，接着扶立章帝刘炟的小孙子刘懿为皇上。

刘懿自然是个傀儡，一切大权都掌握在阎太后手中。

阎太后掌握着小刘懿，得以更加尽情地发挥心狠手辣的特长。

阎太后跟刘祜的奶娘野王君王圣是同伙，现在刘祜死掉了，阎氏一族大权在握，王圣还有什么用处？没有了，卸磨杀驴，得其时也。

在阎太后的授意之下，很快就有大臣上奏，密告了一个反革命集团。

“大将军耿宝与中常侍樊丰、虎贲中郎将谢恽、恽弟侍中谢笃、大将军长史谢宓、侍中周广、安帝乳母野王君王圣、王圣的女儿永及永婿黄门侍郎樊严等人，内外勾结，上下串通，结为死党，刺探禁省机要，皆大逆不道。”

阎太后和其兄长阎显立即将樊丰、谢恽、周广处死，谢宓、樊严处以髡刑，王圣母女被流放到雁门，耿宝被贬职，遣送封国，路途中“被自杀”。

大清洗之后，阎太后及阎氏外戚集团，牢牢地掌控了国家最高权力，为所欲为，不可一世。

然而，人算不如天算，就在阎氏一族得意之时，刘懿继位一年不到，突然一命呜呼了。

现在刘祜的儿子刘保该当皇帝了吧？

刘保的生母李氏被阎皇后害死，刘保被废掉太子之位，刘祜死掉的时候，刘保想进宫哭丧，阎皇后也不准，狗屎理由是：你已经被废，不算是安帝的儿子了，不准你吊孝。

刘保连自己死爹的面也见不上，情急之下，就在宫外号啕大哭了一回。

刘保回府后，不吃不喝，仍是不住啼哭。

刘保宫外哭爹，博得了很多人的同情，包括朝中的官员，也包括宫中的一些宦官。

宦官这种奇特的公务员，人们往往认为他们品质卑劣，但这并不是说所有的宦官都没有正常的情感，中常侍孙程就比较正义，尤其同情刘保

公元125年十月，刘懿病危，孙程得到消息，赶紧跟刘保的近侍商议，一旦刘懿不行了，就推翻阎氏外戚集团，拥立刘保继位。

刘懿亡后，阎太后重演故伎，秘不发丧，同时派人去找其他藩王的儿子继位。

阎太后蒙骗得住朝外的官员，蒙骗不住宦官。

孙程等很快知道消息。大家认为，如果等姓阎的把生米做成熟饭，刘保就彻底没机会了，趁着外藩王子未到，帝位空缺，推翻阎太后，大事即可成就。

孙程召集了十九位宦官，聚集在刘保所居住的德阳殿，割衣盟誓，然后直扑章台门。

阎太后的几个死党都在。

孙程等人突然冲到，也不多说，“咔嚓”几刀，结果了江京、刘安和陈达，只剩下雍乡侯李闰，在一旁筛糠。

孙程提着血淋淋的大刀，问李闰是否支持拥立刘保做皇帝，李闰哪敢不从，连说：“支持，支持，坚决支持！”

孙程二话不说，拉上李闰回到德阳殿，以李闰的名义拥立了刘保。

孙程立即派遣人马，将阎太后软禁起来，并以刘保的名义，调动禁军和外朝的大臣，镇压阎氏外戚集团。

只一夜的工夫，孙程就完全控制了局面，不可一世的阎氏集团，彻底覆灭。

刘保历经艰难，终于坐上了迟来的皇帝宝座，因为太不顺了，后人谥号之为

汉顺帝。

汉顺帝刘保非常感激孙程等宦官对自己的恩情，一继位，就加封孙程等十九人为列侯。

李闰是阎氏死党，曾经积极参与诛灭邓氏和陷害刘保等事，但毕竟最后参与了拥立，所以维持原状，不封不赏。

事至于此，东汉的宫廷局面为之大变，外戚集团偃旗息鼓，宦官集团鸣锣登场。

四

汉顺帝刘保重用宦官，但他也不忘外戚，还是扶持了自己的老婆梁氏一族。

梁氏一族，非常谦恭温和，一反历代外戚专权跋扈的作风，甚获好评。

早在章帝刘炟的时候，两家就嫁到宫中两个女子——和帝的生母梁贵人和大姨梁大贵人。

窦皇后花言巧语，骗走了梁贵人生的孩子刘肇，又弄死了梁家二姊妹。

后来，汉和帝刘肇以霹雳手段清洗了窦氏家族，却没有处理窦太后。

窦太后去世，梁家才将刘肇舅家的史实向刘肇说明，坚决反对将窦太后与汉章帝合葬，以对得起蒙冤而死的梁贵人。

刘肇却因为窦太后对自己确有养育之恩，不忍搞大动作，只是追封了梁氏为太后，并且封赏了梁氏族人。

梁太后的兄弟梁棠被封为乐平侯，梁雍被封为乘氏侯，梁翟为单父侯。

汉和帝刘肇在位期间，对外戚管束甚严。

和帝以后，邓氏外戚集团掌权。邓氏以后，阎氏集团横行。一直没有轮到梁家登场。

梁家人自己也选择了低调的生存态度，偃声敛迹，不求显贵，只求安稳。

汉顺帝刘保继位后，梁家开始得到重视了，要显贵了。

公元128年，是顺帝刘保的永建三年，梁雍的儿子梁商，两个女儿进入皇宫做嫔妃。四年后，大女儿被册为皇后，妹妹被立为贵人。

梁氏出了皇后，其家族就被贴上了外戚集团的第一张标签。

顺帝刘保显然很想扶持自己皇后的家人，以平衡朝中宦官的势力。但是梁家似乎从窦氏、邓氏以及阎氏家族的兴衰中看透了命运的轮回，对顺帝的提拔显得比较淡漠。

刘保想封梁皇后的哥哥梁冀为襄邑侯，结果梁皇后的父亲梁商谦让不接受。

刘保又想加封梁商本人为大将军，结果梁商干脆称病不再上朝了。

刘保铁了心要让梁家掌权。梁商在家泡了一年病号，刘保不仅没有放弃，反而派组织人事部的吏员，捧着策书，亲赴梁府授官。

梁商没办法，只好接受大将军的任命了。

梁氏家族最终还是被汉顺帝拉下了水，可是梁家坚持自己的哲学。

梁商总是强调，自己只是靠着裙带关系才当上了大将军，没什么真才实学，遇到有学问的人就虚心请教，发现民间有人才就积极举荐。

于是，很多人才都被梁商推举做官了，如陈龟、周举、李固等人，他们确实德才兼备，做了不少好事。

梁商很得人心，汉顺帝自然更加器重他。这样难免引起一些人的妒恨。

公元139年，宦官张逵诬陷梁商和另外两个宦官曹腾、孟贲谋划废掉顺帝另立新君。

汉顺帝根本不相信。

张逵竟然仿造假诏书，把曹腾、孟贲抓了起来。

顺帝知道后大怒，一面把曹腾和孟贲二人放出来，一面将张逵及其一伙都捆住进行审问。

张逵在承认自己有罪的同时，又胡招乱供，牵连了大批朝臣。

张逵诬陷梁商的时候，梁商没有作什么辩解，现在却挺身而出，替受到牵连的大臣们进行辩护。

梁商对顺帝说："施刑面不宜太宽，听说审查中常侍张逵等人时，他们的供词牵连到许多大臣。一旦大案兴起，必然就会累及无辜。"

梁商认为，把该判死刑的罪犯长期关押，把一些小问题演变成大案，这不是顺应天地、安定国家、教化百姓的办法。

梁商主张尽快结案，停止那些纷繁的搜捕，以免演变成一场大规模冤狱案件。

汉顺帝同意了梁商的奏议，适时地制止了事态扩大化的危险。

官场如此险恶，梁家自然更加谨慎行事。

每遇灾荒年景，梁商就要把自己收取的田租运到城门口，用来赈济那些没有粮食的灾民，还不说是梁家的善举，只说是国家发放的救济。

在梁商的带动下，梁家上上下下，都很注意自我约束，不敢利用权势干非法的勾当，只有梁商的儿子——大混蛋梁冀除外。

公元141年秋天，梁商病危，把儿子梁冀叫到床头，交代后事。

梁商说“我没有大的功德，却享受了许多福分。生前没辅佐好朝廷，死后却会耗费国家的钱财。可是，穿上光鲜衣服，口里含着珠宝，对朽骨来说又有什么益处？

“你看，百官熙熙攘攘，拥挤在道路上，只不过增加路上的尘土罢了，百年千年之后，谁还知道他们呢！虽说按照礼节，可以操办丧事，但礼节也可以灵活处理。

“现在边疆有战争，内地有盗匪，怎么可以为我的丧事破费国家财富呢？我死之后，不要另外裁制新衣服，就让我穿平时穿过的旧衣服，也不要任何吹吹打打，把我运到坟墓前，马上装殓入棺下葬，就行啦。”

梁商交代：“祭祀时用的食物，就像我在世时吃的一样，不要用猪、牛、羊这三牲的大祭礼。”

梁商说梁冀：“是孝顺的儿子就应该按照父亲的意愿办，你们不要违背我的话啊。”

梁商权高位重，却能公忠体国，作为东汉历史上的掌权外戚，在他主持下，自己的家族跟其他外戚家族截然不同，非常难能可贵。

然而，令人遗憾的是，他的儿子梁冀却完全违背了梁商做人为事的准则，最终将梁家拖进了毁灭的深渊。

中国史系（四）

404年 ～ 元兴三年

- 刘裕自京口起兵讨桓玄，玄挟安帝还江陵，后败死

405年 ～ 义熙元年

- 刘毅破江陵，迎安帝还建康

407年 ～ 义熙三年

- 赫连勃勃称大夏天王，夏始此

409年 ～ 义熙五年

- 后燕亡。冯跋建立北燕
- 刘裕北伐南燕，围广固

410年 ～ 义熙六年

- 刘裕破广固，南燕亡
- 卢循、徐道覆北进，攻长沙、豫章等郡，进逼建康，为刘裕所败

411年 ～ 义熙七年

- 卢循败死，孙恩、卢循起义遂告结束

412年 ～ 义熙八年

- 法显航海回国，次年至建康，著有《佛国记》

414年 ～ 义熙十年

- 西秦袭取乐都，秃发檀降，南凉亡

417年 ～ 义熙十三年

- 刘裕北伐入长安，后秦亡

418年 ～ 义熙十四年

- 赫连勃勃陷长安，称帝

420年 ～ 宋永初元年

- 刘裕废晋恭帝自立，是为宋武帝刘裕，国号宋，史称刘宋，南朝始此

421年 ～ 宋永初二年

- 宋武帝死，太子义符立，是为宋少帝刘义符
- 北凉沮渠蒙逊攻破敦煌，西凉亡

423年 ～ 北魏泰常八年

- 北魏太武帝信用道士寇谦之，于平城起天师道场，道教大盛
- 魏筑长城，东西二千余里，以防柔然

424年 ～ 宋景平二年

- 宋少帝被废杀，宜都王刘义隆立，是为宋文帝刘义隆

431年 ～ 元嘉八年

- 夏灭西秦，北魏攻夏，夏主赫连定西迁，为吐谷浑所俘送魏，夏亡

436年 ～ 北魏太延二年

- 北魏灭北燕

439年 ～ 北魏太延五年

- 魏太武帝拓跋焘灭北凉，北魏统一北方，十六国结束，北朝始

444年 ～ 太平真君五年

- 太武帝禁私养沙门、巫觋，不得私立学校

445年 ～ 太平真君六年

- 盖吴起义

446年 ～ 太平真君七年

- 太武帝纳崔浩言，禁佛教，毁经像、塔寺，坑杀僧人

449年 ～ 太平真君十年

- 太武帝大破柔然，收人户畜产百余万，柔然从此衰落

450年 ～ 太平真君十一年

- 太武帝以修史“暴扬国恶”的罪名，杀司徒崔浩
- 太武帝率大军南进瓜步，扬言渡江，建康大震

453年 ～ 宋元嘉三十年

- 太子劭杀宋文帝自立。刘骏立为孝武帝，杀劭

460年 ～ 北魏和平元年

- 柔然攻高昌，以阚伯周为高昌王，高昌称王始此
- 云冈石窟约从本年起开凿，至太和十八年完成

462年 ～ 宋大明六年

- 祖冲之奏上《大明历》

465年 ～ 北魏和平六年

- 魏献文帝即位，十二岁，丞相乙浑专权

466年 ～ 天安元年

- 冯太后临朝称制，立郡学，置博士、助教、生员

471年 ～ 皇兴五年

- 太子拓跋宏即位，是为孝文帝

476年 ～ 延兴六年

• 魏冯太后称太皇太后，再次临朝称制

479年 ～ 齐建元元年

• 萧道成迫宋顺帝禅位，宋亡。道成称帝，是为齐高帝萧道成，国号齐

482年 ～ 齐建元四年

• 齐高帝死，太子赜即位，是为齐武帝萧赜

484年 ～ 北魏太和八年

• 魏始“班禄”，每户增调帛三匹、谷二斛九斗，以供百官之禄；另增调外帛二匹。给禄之后，赃满一匹者死

485年 ～ 齐永明三年

• 唐寓之暴动

485年 ～ 魏太和九年

• 北魏颁行均田制

486年 ～ 齐永明四年，北魏太和十年

• 唐寓之攻占钱塘，称帝，国号吴

• 改宗主督护为三长制

494年 ～ 北魏太和十八年

• 孝文帝发平城，迁都洛阳。诏禁士民胡服

• 洛阳龙门石窟约从本年起开凿

495年 ～ 北魏太和十九年

• 魏禁在朝廷讲鲜卑语；禁迁洛北人还葬北方。在洛阳立国子、太学、四门、小学

496年 ～ 北魏太和二十年

- 魏定族姓，改拓跋氏为元氏，其余鲜卑诸姓均改为汉姓。鲜卑八姓与汉四大姓同等

497年 ～ 北魏太和二十一年

- 高昌王马儒为部下所杀，立嘉为王。高昌氏政权始此

500年 ～ 齐永元二年

- 雍州刺史萧衍在襄阳起兵
- 祖冲之死，生前首次把圆周率准确数值推算到小数点后七位数

501年 ～ 齐永元三年

- 齐南康王宝融在江陵即位，是为和帝
- 萧衍入建康

502年 ～ 梁天监元年

- 萧衍为梁公、梁王，杀齐明帝诸子，称帝，是为梁武帝萧衍，国号梁，齐亡

506年 ～ 梁天监五年

- 梁魏大战

507年 ～ 梁天监六年

- 范缜发表《神灭论》

515年 ～ 北魏延昌四年

- 孝明帝立，胡太后临朝称制

516年 ～ 梁天监十五年

• 梁筑浮山堰城，引淮水灌寿阳。秋，堰坏，沿淮城戍村落十余万口漂流入海

523年 ～ 北魏正光四年

• 怀荒镇民起义。破六韩拔陵率沃野镇兵民起义，杀镇将，六镇起义始此

528年 ～ 武泰元年

• 尔朱氏之乱

531年 ～ 普泰元年

• 高欢起兵讨尔朱氏，立元郎为帝，是为后废帝

532年 ～ 普泰二年

• 高欢废节闵帝及后废帝，立元修为帝，是为孝武帝，自为大丞相

534年 ～ 永熙三年

• 高欢举兵向洛阳，孝武帝奔关中，依宇文泰。高欢入洛阳，立元善见为帝，是为东魏孝静帝，魏从此分东西。东魏迁都于邺

• 闰十二月，宇文泰毒杀孝武帝，立元宝炬为帝，是为西魏文帝，都长安

535年 ～ 西魏大统元年

• 西魏丞相宇文泰定新制二十四条。苏绰制定公文格式及计帐、户籍之法

541年 ～ 西魏大统七年

• 宇文泰颁布六条诏书

547年 ～ 东魏武定五年

- 东魏高欢死，子澄嗣。孝静帝被澄幽禁
- 杨衒之撰《洛阳伽蓝记》

548年 ～ 梁太清二年

- 侯景之乱。侯景于寿阳起兵反梁，渡江直入建康，围台城

549年 ～ 梁太清三年

- 侯景陷台城，梁武帝萧衍死，侯景立萧纲为帝，是为简文帝

550年 ～ 北齐天保元年，西魏大统十六年

- 高洋废东魏孝静帝，自立，是为齐文宣帝高洋，国号齐，都邺，史称北齐
- 北齐始立九等之户
- 西魏宇文泰创立府兵制

551年 ～ 梁大宝二年

- 侯景废简文帝，立萧栋，又废栋自立，国号汉

552年 ～ 承圣元年

- 王僧辩、陈霸先克建康，侯景东逃
- 萧绎在江陵即位，是为梁元帝

553年 ～ 西魏废帝二年

- 西魏攻占益州

554年 ～ 恭帝元年

- 西魏陷江陵

555年 ～ 梁绍泰元年

- 萧在江陵称帝，称藩西魏，史称后梁

556年 ～ 西魏恭帝三年

- 西魏仿《周礼》建六官。宇文泰死，世子觉嗣，侄护统理军国事，岁末宇文护迫魏恭帝禅位，西魏亡

557年 ～ 北周孝闵帝元年，梁太平二年

- 宇文觉称天王，是为孝闵帝，北周建国。宇文护废觉，立宇文毓为天王，是为明帝
- 陈霸先代梁称帝，是为陈高祖陈霸先，国号陈

560年 ～ 北周武成二年

- 宇文护废明帝，立宇文邕为帝，是为周武帝宇文邕

561年 ～ 保定元年

- 北周上番服役由八番改为十二番

564年 ～ 北齐河清三年

- 北齐颁新律令。又重新颁布均田令

574年 ～ 北周建德三年

- 周武帝禁佛、道两教，毁经、像，命沙门、道士还俗

575年 ～ 北周建德四年

- 周大举攻齐，连战皆捷，旋退

577年 ～ 北周建德六年

- 周武帝率兵入邺，北齐亡

579年 ～ 大成元年

- 周宣帝传位于太子阐，是为静帝

580年 ～ 大象二年

- 杨坚总国政，先后平定起兵反抗他的相州总管尉迟迥、郧州总管司马消难、益州总管王谦难

581年 ～ 隋开皇元年

- 二月，杨坚称帝，是为隋文帝杨坚，国号隋，都长安
- 铸五铢钱，统一钱币。颁行《开皇律》

582年 ～ 隋开皇二年

- 于长安故城东南营建新都大兴城。颁均田及租调新令

583年 ～ 隋开皇三年

- 迁都大兴城
- 隋军败突厥，突厥分裂为东、西两部
- 废郡，行州县二级制

584年 ～ 隋开皇四年

- 凿广通渠

585年 ～ 隋开皇五年

- 诏诸州置社仓
- 东突厥沙钵略可汗称臣于隋，南迁入塞

588年 ～ 隋开皇八年

- 十一月，以晋王广为统帅，伐陈

589年 ～ 隋开皇九年

- 正月，隋军克建康，俘陈叔宝，陈朝亡
- 废行台，置并、扬、益、荆四总管府

590年 ～ 隋开皇十年

- 诏府兵入州县户籍。令丁男年五十，免役收庸

599年 ～ 隋开皇十九年

- 东突厥突利可汗内附，隋以其为启民可汗，筑大利城处其部落

600年 ～ 隋开皇二十年

- 废太子杨勇，改立杨广为太子
- 日本使者小野妹子抵隋

604年 ～ 仁寿四年

- 七月，文帝去世，太子广继位，是为隋炀帝杨广
- 是岁，除妇人、奴婢、部曲之课

605年 ～ 大业元年

- 营建东都。开通济渠。疏浚邗沟

606年 ～ 大业二年

- 迁都洛阳

607年 ～ 大业三年

- 遣羽骑尉朱宽、海师何蛮使流求
- 颁《大业律》。改州为郡，改部分台、省、府、寺官名
- 炀帝北巡至榆林，启民可汗来朝

608年 ～ 大业四年

• 开永济渠

609年 ～ 大业五年

• 炀帝亲征吐谷浑，置西海、河源、鄯善、且末四郡。伊吾吐屯设内附，以其地置伊吾郡。高昌王伯雅朝见炀帝于张掖

• 全国郡一百九十；县一千二百五十五；户八百九十万余，口四千六百余万

611年 ～ 大业七年

• 炀帝将攻高丽，集百万大军于涿郡，又强征百万民夫运粮械。邹平民王薄起义于长白山。刘霸道、孙安祖、窦建德、张金称、高士达、翟让、杜伏威等相继起义，隋末农民起义爆发

612年 ～ 大业八年

• 二月，炀帝渡辽水，一征高丽。七月，战败，撤兵

613年 ～ 大业九年

• 四月，炀帝二征高丽，围辽东城，不下。六月，杨玄感起兵反炀帝于黎阳，围逼东都，炀帝被迫撤兵。八月，杨玄感兵败被杀

614年 ～ 大业十年

• 炀帝三征高丽。高丽遣使请和，炀帝撤兵

615年 ～ 大业十一年

• 八月，炀帝北巡，为东突厥始毕可汗围困于雁门。九月，解围，还东都

616年 ～ 大业十二年

- 炀帝幸江都宫，以越王侗等留守洛阳
- 李密加入瓦岗军。瓦岗军大败隋将张须陀于荥阳

617年 ～ 大业十三年

- 翟让推李密为魏公，据洛口。四月，瓦岗军进逼洛阳，与洛阳守将王世充相持
- 五月，李渊起事于晋阳，七月，进军关中，十一月，攻占长安，立代王杨侑为帝

618年 ～ 唐武德元年

- 三月，江都兵变，推宇文化及为首，杀炀帝，立秦王杨浩为帝，引众西返
- 五月，李渊废隋恭帝杨侑，称帝，国号唐，是为唐高祖李渊。隋朝亡。
- 东都隋朝群臣立越王杨侗，改元皇泰，史称皇泰主。
- 九月，李密为王世充所败，降唐。
- 宇文化及杀杨浩，称帝于魏县，国号许。
- 十一月，窦建德定都乐寿，国号夏

619年 ～ 唐武德二年

- 二月，初定租庸调法
- 四月，王世充在洛阳废皇泰主，称帝，国号郑

621年 ～ 唐武德四年

· 七月，窦建德被杀于长安，部将刘黑闼复起义于河北，次年，起义失败

623年 ～ 唐武德六年

· 三月，唐诏分天下户为上、中、下三等

· 八月，杜伏威余部在辅公祏率领下起义，国号宋，都丹阳

624年 ～ 唐武德七年

· 四月，唐颁行《武德律》及均田、租庸调法

626年 ～ 唐武德九年

· 六月，李世民伏兵玄武门，杀太子李建成及齐王李元吉。八月，李世民即位，是为唐太宗李世民

· 东突厥深入，逼长安，唐太宗亲临渭水，与颉利可汗结便桥之盟，突厥退兵

627年 ～ 贞观元年

· 分全国为十道

628年 ～ 贞观二年

· 诏各地置义仓

· 薛延陀首领夷男受唐封为真珠毗伽可汗，建汗庭于漠北。

629年 ～ 贞观三年

· 松赞干布即吐蕃赞普位

630年 ～ 贞观四年

· 李靖俘颉利可汗，东突厥亡。日本遣唐使抵唐。

635年 ～ 贞观九年

- 各乡置乡长。诏天下户分为九等
- 李靖大破吐谷浑，其主慕容伏允及子先后为左右所杀，唐立伏允孙诺曷钵为可汗
- 景教僧侣阿罗本将景教传入唐
- 东突厥阿史那社尔附唐

636年 ～ 贞观十年

- 府兵军府改名折冲府，以折冲都尉为长，果毅都尉为副

637年 ～ 贞观十一年

- 颁贞观律令格式

638年 ～ 贞观十二年

- 高士廉等撰《氏族志》成，又称《贞观氏族志》

640年 ～ 贞观十四年

- 八月，侯君集克高昌，唐以其地置西州。九月，置安西都护府于交河城，置庭州于可汗浮图城

641年 ～ 贞观十五年

- 文成公主入吐蕃，与松赞干布和亲

642年 ～ 贞观十六年

- 魏王李泰等撰《括地志》成

645年 ～ 贞观十九年

- 玄奘取经还，抵长安

- 太宗征辽东，无功而还
- 铁勒九姓大首领率众降唐
- 《大唐西域记》成书

647年 ～ 贞观二十一年

- 于铁勒诸部置羁縻州府

648年 ～ 贞观二十二年

- 黠戛斯内附，唐置坚昆都督府
- 唐赴天竺使者王玄策俘摩揭陀国王阿罗那顺而归
- 契丹内附，唐置松漠都督府
- 奚内附，唐置饶乐都督府
- 阿史那社尔平龟兹，唐始置安西四镇

649年 ～ 贞观二十三年

- 五月，太宗去世。六月，太子治即位，是为唐高宗李治
- 是岁，蒙舍诏首领细奴逻建大蒙国，自称奇嘉王，遣使入贡于唐

651年 ～ 永徽二年

- 瑶池都督阿史那贺鲁叛唐，统西突厥十姓之地
- 大食第三任哈里发奥斯曼遣使来唐，唐与大食的官方联系始此
- 唐颁《永徽律》

653年 ～ 永徽四年

- 长孙无忌等撰修《律疏》成
- 睦州女子陈硕真起义，自称文佳皇帝，不久，失败

655年 ～ 永徽六年

• 废王皇后，立武则天为皇后，迁都洛阳

656年 ～ 显庆元年

• 《五代史志》（即《隋书》诸志）修成

657年 ～ 显庆二年

• 苏定方擒阿史那贺鲁，西突厥亡。唐以其地分置昆陵、蒙池二都护府，并隶安西都护

659年 ～ 显庆四年

• 诏改《贞观氏族志》为《姓氏录》

• 颁《新修本草》，此为世界上第一部官修药典

660年 ～ 显庆五年

• 苏定方破百济，擒其王

661年 ～ 龙朔元年

• 以萨珊朝波斯王子卑路斯为波斯都督府都督

663年 ～ 龙朔三年

• 吐谷浑为吐蕃所破，其可汗诺曷钵率众内附，居于凉州

668年 ～ 总章元年

• 高丽内乱，唐遣李绩等攻灭之，俘其王高藏，以其地置安东都护府

670年 ～ 咸亨元年

• 吐蕃陷龟兹拨换城，唐废安西四镇

671年 ～ 咸亨二年

• 义净自广州浮海赴天竺学佛学

679年 ～ 调露元年

• 裴行俭平西突厥阿史那匐延都支，重建安西四镇，以碎叶代焉耆

682年 ～ 永淳元年

• 后突厥骨咄禄崛起，回纥受其压迫，西徙甘、凉二州之间

683年 ～ 弘道元年

• 高宗去世，太子显即位，是为中宗，武则天执政

684年 ～ 嗣圣元年

• 二月，中宗被废，弟李旦立，是为睿宗，武则天执政。九月，徐敬业于扬州起兵反武则天，三个月后兵败被杀

创作札记：洛水逶迤

洛河古称雒水、洛水，是流经古都洛阳的一条著名河流，也是中国文化史上的一条著名河流。

洛河流域是中国原始农业起源最早地区之一。洛河与黄河汇合的河洛地区，是中华文明和中华民族的重要发源地。

洛河，黄河下游南岸大支流，发源于陕西省蓝田县境华山南麓，洛南县洛源乡的黑章台，向东流入河南境，经卢氏县、洛宁县、宜阳县、洛阳市，到偃师市杨村附近纳伊河后称伊洛河，在巩义市洛口以北入黄河，全长467公里。流域面积1.8881万平方公里。

洛河源头位于洛南县西陲洛源镇境内秦岭深处，距县城65公里，是洛南县境内最大河流。

洛河源头由流泉飞瀑、原始森林、峡谷草坪以及奇石古树等组成，分别分布在长约5公里的龙潭沟内。

沟内青苔如茵，奇石遍布，藤萝倒垂，古木参天，茂林修竹满山遍野，奇花异草目不暇接，溪涧瀑布随处可见。

走进沟里，可领略到绝壁生野竹，飞瀑挂悬崖。松涛漫山滚，清泉草下流。怪石斜老树，青藤织碧萝。飞鸟噪密林，长天成一线的天然美景。

长期以来，洛河源头以其幽闭、险峻、雄奇、秀美吸引着无数旅游探险者前去游玩观光。

洛河流域内最大的洛阳盆地东西长约100公里，南北宽达20公里，土地肥沃，水源充沛，是中国原始农业起源最早地区之一。

古都洛阳因位于洛河以北而得名。相传，洛河里有洛神。

大致以洛宁的长水为界，上段洛河穿行在峡谷和盆地之间，多险滩急流；范里至长水一段，两岸悬崖陡壁，谷深在200米左右；出长水后，洛河脱离山区，水面渐宽，水中多沙洲。流域面积在100平方千米以上的支流有24条。其中最著名的是涧河。

洛河流域拥有源远流长的河洛文化，培育一代又一代善良勤劳的河洛儿女，在这里创造了悠久灿烂古代的文化，洛书出处就在洛河流域。

洛河流域是夏王朝（建立于公元前21世纪）活动的中心地区。远在七八千年前即有谷物种植和畜牧业。传说周代已有水利灌溉，东汉开阳渠引洛为漕，隋建通津渠，明修大明渠，清代继有发展。

洛河流域属暖温带季风气候，年均温18.1–24.5℃，无霜期182–245天，年降水量500–900毫米，黑石关站多年平均径流量34.3亿立方米，年平均输沙量1830万吨。7、8月多暴雨，是黄河三门峡以下洪水的主要来源区之一。

洛河流域内重要城市洛阳，是中国四大古都之一，又是中华民族文化发祥地之一。洛河流域，有仰韶文化等多处新石器文化遗址分布。

河出图，洛出书。

河图洛书是以黑点或白点为基本要素，以一定方式构成若干不同组合，并整体上排列成矩阵的两幅图式。

河图洛书最有名的出处来自于《易传·系辞》中的“河出图，洛出书，圣人则之”这句话，并据此认为八卦就是根据这二幅图推演而来的，从而成为易学研究的重要课题之一。由于历代皆认为它们是“龙马负之于身，神龟列之于背”，所以多少世纪以来，它一直披着神秘的外衣，公认为是中华民族文化之源的千古之谜。

河图洛书所表达的是一种数学思想。

数字性和对称性是“图书”最直接、最基本的特点，“和”或“差”的数理关系则是它的基本内涵。

可以用数学方法证明或推导出河图洛书，并证明河图与洛书同出一源。还可以发现，河图洛书与算盘”和“万字符”存在着一定程度的联系。

洛书：古称龟书，传说有神龟出于洛水，其甲壳上有此图像，结构是戴九履一，左三右七，二四为肩，六八为足，以五居中，五方白圈皆阳数，四隅黑点为阴数。

华夏文字，在汉朝时称为“汉字”，在汉以前称为“书”或“书契”。《说文解字》说，汉字单体曰“文”，合体曰“字”。因此，“洛书”的“书”，应该指“文”，因为先有“文”后有“字”。而“文”指“纹样”。因此，“洛书”就是“洛文”。

“洛”字从水从各。“各”意为“十字交叉”（例如“网络”的“络”，字从丝从各，为“丝线十字交叉”之意；又如“道路”的“路”，字从足从各，为“街道十字交叉”之意），因此“洛”本义为“十字交叉的河流”。这样，“洛书”的词义应该是：“从洛水中浮现的十字交叉纹样。”

“洛书”中，居中的“五”是典型的“十字纹样”核心，处在中心“5”上下和左右两端的数字之和都是10；两条对角线组成了一个转角45度的“十字纹样”，每条线两端的数字之和也是10。

实际上“戴九履一，左三右七，二四为肩，六八为足，五居中宫”的洛书是术数中乘法的起源。

4　9　2

3　5　7

8　1　6

洛书与所谓河图在本质上存在一致性。

有洛氏是居住在洛河流域的是一个勤劳勇敢的民族。

伏羲的女儿宓妃加入有洛氏，并教会有洛氏百姓结网捕鱼，还把从父亲那儿学来的狩猎、养畜、放牧的方法也教给了有洛氏的人们。

这天，大伙儿劳动之余，宓妃拿起五弦琴，奏起优美动听的乐曲来。不巧，这悠扬的琴声被黄河里的河伯听到，这个浪荡公子便潜入洛河，看到宓妃，一下子就被宓妃的美貌所吸引。于是河伯化成一条白龙，在洛河里掀起轩然大波，吞没了宓妃。

宓妃被河伯押入水府深宫，终日郁郁寡欢，只好用七弦琴排遣愁苦。这时，后羿来到了宓妃的身边。后羿原是位善射的天神，曾射死天帝的九个儿子。

后羿听说了宓妃的遭遇，非常气愤，将宓妃解救出深宫，回到有洛氏中间，并与宓妃产生了爱情。那河伯本来就窝了一肚子火，听说了后羿宓妃之间的恋情，更是恼羞成怒。他化作一条白龙潜入洛河，吞噬了许多田地、村庄和牲畜，后羿怒火填膺，射中了河伯的左眼，河伯仓皇而逃。

河伯自知不是后羿的对手，只好跑到天帝那儿去告状。天帝早就知道了所发生的一切，并不向着河伯说话，河伯这下只能灰溜溜地回到水府，再也不敢管后羿与宓妃的事了。

从此，后羿与宓妃这对情侣便在洛阳居住下来，过上了美满幸福的生活。

《洛神赋》为曹植于公元223年所作。

《洛神赋》最早见于萧统《昭明文选》，其序称曹植由京城返回封地时，途经洛水，忽然有感而发，并作此赋。

《洛神赋》原名《感甄赋》，其写作牵涉到曹植与魏文帝曹丕之妃甄氏之间的一段错综复杂的感情。

据《文昭甄皇后传载》：甄氏乃中山无极人，上蔡令甄逸之女。建安年间，她嫁给袁绍的儿子袁熙。东汉献帝七年，官渡之战，袁绍兵败病死。曹操乘机出兵，甄氏成了曹军的俘虏，继而嫁曹丕为妻。

曹操的夫人刘氏生长子曹昂，早年殁于宛城。次夫人卞氏生四子：曹丕，笃厚恭谨；曹彰，勇而无谋；曹植，聪明机警，却嗜酒放纵；曹熊，身体病弱。

曹植天赋异禀，博闻强记，十岁左右便能撰写诗赋，颇得曹操及其幕僚的赞赏。

当时曹操醉心霸业，曹丕也援有官职，而曹植则因年纪尚小、又生性不喜争战，遂得以与甄妃朝夕相处，进而生出一段情意。

曹操死后，曹丕于公元229年登上帝位，定都洛阳，是为魏文帝。魏国建立。甄氏因激怒曹丕，不仅未能封后，最终亦惨死，据说死时以糠塞口，以发遮面，十分凄惨。

甄后死的那年，曹植到洛阳朝见哥哥。甄后生的太子曹睿陪皇叔吃饭。曹植看着侄子，想起甄后之死，心中酸楚无比。

饭后，曹丕将甄后的遗物玉镂金带枕送给了曹植。

曹植睹物思人，在返回封地时，夜宿舟中，恍惚之间，遥见甄妃凌波御风而来，一惊而醒，原来是南柯一梦。

回到封地鄄城，曹植脑海里还在翻腾着与甄后洛水相遇的情景，于是文思激荡，写下了《感甄赋》。

四年后，明帝曹睿继位，觉原赋名字不雅，遂改为《洛神赋》。

由于此赋的影响，加上人们感动于曹植与甄氏的情感纠葛，就把甄后认定为洛神了。

宋人刘克庄说，这是好事之人乃“造甄后之事以实之”。明人王世贞说：“令洛神见之，未免笑子建伧父耳。”清代又有何焯、朱干、潘德舆、丁晏、张云等人，群起而鞭挞之。

曹植爱上嫂嫂很不可能。他没有那么大的胆量写《感甄赋》。

曹丕与曹植兄弟之间因为政治的斗争，本来就很紧张，曹植写《感甄赋》，岂不是色胆包天，不怕掉脑袋了吗?

图谋兄妻，这是“禽兽之恶行”，“其有污其兄之妻而其兄晏然，污其兄子之母而兄子晏然，况身为帝王者乎？”

魏文帝曹丕向曹植展示甄后之枕，并把此枕赐给曹植，“里老所不为”，何况是帝王呢？极不合情理，纯属无稽之谈。

然《感甄赋》确有其文，“托词宓妃以寄心文帝”，“其亦屈子之志也”，“纯是爱君恋阙之词”，就是说赋中所说的“长寄心于君王”？

黄初三年，余朝京师，还济洛川。古人有言，斯水之神，名曰宓妃。感宋玉对楚王神女之事，遂作斯赋，其辞曰：

余从京域，言归东藩，背伊阙，越轩辕，经通谷，陵景山。日既西倾，车殆马烦。尔乃税驾乎蘅皋，秣驷乎芝田，容与乎阳林，流眄乎洛川。于是精移神骇，忽焉思散。

俯则未察，仰以殊观。睹一丽人，于岩之畔。乃援御者而告之曰：“尔有觌于彼者乎？彼何人斯，若此之艳也！”

御者对曰：“臣闻河洛之神，名曰宓妃。然则君王所见，无乃是乎？其状若何，臣愿闻之。”

余告之曰：其形也，翩若惊鸿，婉若游龙，荣曜秋菊，华茂春松。仿佛兮若轻云之蔽月，飘飖兮若流风之回雪。远而望之，皎若太阳升朝霞。迫而察之，灼若芙蕖出渌波。

秾纤得衷，修短合度。肩若削成，腰如约素。延颈秀项，皓质呈露，芳泽无加，铅华弗御。云髻峨峨，修眉联娟，丹唇外朗，皓齿内鲜。明眸善睐，靥辅承权，瑰姿艳逸，仪静体闲。柔情绰态，媚于语言。奇服旷世，骨象应图。

披罗衣之璀粲兮，珥瑶碧之华琚。戴金翠之首饰，缀明珠以耀躯。践远游之文履，曳雾绡之轻裾。微幽兰之芳蔼兮，步踟蹰于山隅。于是忽焉纵体，以遨以嬉。左倚采旄，右荫桂旗。攘皓腕于神浒兮，采湍濑之玄芝。

余情悦其淑美兮，心振荡而不怡。无良媒以接欢兮，托微波而通辞。愿诚素之先达兮，解玉佩以要之。嗟佳人之信修兮，羌习礼而明诗。抗琼珶以和予兮，指潜渊而为期。执眷眷之款识兮，惧斯灵之我欺。感交甫之弃言兮，怅犹豫而狐疑。收和颜而静志兮，申礼防以自持。

于是洛灵感焉，徙倚彷徨。神光离合，乍阴乍阳。竦轻躯以鹤立，若将飞而未翔。践椒涂之郁烈，步蘅薄而流芳。超长吟以永慕兮，声哀厉而弥长。

尔乃众灵杂遝，命俦啸侣。或戏清流，或翔神渚。或采明珠，或拾翠羽。从南湘之二妃，携汉滨之游女。叹匏瓜之无匹兮，咏牵牛之独处。扬轻袿之猗靡兮，翳修袖以延伫。体迅飞凫，飘忽若神。凌波微步，罗袜生尘。动无常则，若危若安。进止难期，若往若还。转眄流精，光润玉颜。含辞未吐，气若幽兰。华容婀娜，令我忘餐。

于是屏翳收风，川后静波。冯夷鸣鼓，女娲清歌。腾文鱼以警乘，鸣玉鸾以偕逝。六龙俨其齐首，载云车之容裔。鲸鲵踊而夹毂，水禽翔而为卫。于是越北沚，过南冈，纡素领，回清阳，动朱唇以徐言，陈交接之大纲。

恨人神之道殊兮，怨盛年之莫当。抗罗袂以掩涕兮，泪流襟之浪浪。悼良会之永绝兮，哀一逝而异乡。无微情以效爱兮，献江南之明珰。虽潜处于太阴，长寄心于君王。忽不悟其所舍，怅神宵而蔽光。

于是背下陵高，足往神留。遗情想象，顾望怀愁。冀灵体之复形，御轻舟而上溯。浮长川而忘返，思绵绵而增慕。夜耿耿而不寐，沾繁霜而至曙。命仆夫而就驾，吾将归乎东路。揽騑辔以抗策，怅盘桓而不能去。

记曰：植初求甄逸女不遂，后太祖因与五官中郎将，植昼思夜想，废寝与食。黄初中入朝，帝示植甄后玉镂金带枕，植见之，不觉泣下。时已为郭后谗死。帝仍以枕赍植，植还。度轩辕，息洛水上，因思甄氏，忽若有见，遂述其事，作《感甄赋》。后明帝见之，改为《洛神赋》。

植在黄初，猜嫌方剧，安敢于帝前思甄泣下，帝又何至以甄枕赐植？此国章家典所无也。若事因感甄而名托洛神，间有之耳，岂待明帝始改？皆附会者之过矣。

黄初三年，我来到京都朝觐，归渡洛水。古人曾说此水之神名叫宓妃。因有感于宋玉对楚王所说的神女之事，于是作了这篇赋。赋文云：

我从京都洛阳出发，向东回归封地鄄城，背着伊阙，越过轘辕，途经通谷，登上景山。这时日已西下，车困马乏。于是就在长满杜蘅草的岸边卸了车，在生着芝草的地里喂马。自己则漫步于阳林，纵目眺望水波浩渺的洛川。于是不觉精神恍惚，思绪飘散。

低头时还没有看见什么，一抬头，却发现了异常的景象，只见一个绝妙佳人，立于山岩之旁。

我不禁拉着身边的车夫对他说："你看见那个人了吗？那是什么人，竟如此艳丽！"

车夫回答说："臣听说河洛之神的名字叫宓妃，然而现在君王所看见的，莫非就是她！她的形状怎样，臣倒很想听听。"

我告诉他说："她的形影，翩然若惊飞的鸿雁，婉约若游动的蛟龙。容光焕发如秋日下的菊花，体态丰茂如春风中的青松。她时隐时现象轻云笼月，浮动飘忽似风吹落雪。远而望之，明洁如朝霞中升起的旭日；近而视之，鲜丽如绿波间绽开的新荷。

"她体态适中，高矮合度，肩窄如削，腰细如束，秀美的颈项露出白皙的皮肤。既不施脂，也不敷粉，发髻高耸如云，长眉弯曲细长，红唇鲜润，牙齿洁白，一双善于顾盼的闪亮的眼睛，两个面颧下甜甜的酒窝。她姿态优雅妩媚，举止温文娴静，情态柔美和顺，语辞得体可人。洛神服饰奇艳绝世，风骨体貌与图上画的一样。

“她身披明丽的罗衣，带着精美的佩玉。头戴金银翡翠首饰，缀以周身闪亮的明珠。她脚着饰有花纹的远游鞋，拖着薄雾般的裙裾，隐隐散发出幽兰的清香，在山边徘徊倘佯。忽然又飘然轻举，且行且戏，左面倚着彩旄，右面有桂旗庇荫，在河滩上伸出素手，采撷水流边的黑色芝草。”

我钟情于她的淑美，不觉心旌摇曳而不安。因为没有合适的媒人去说情，只能借助微波来传递话语。但愿自己真诚的心意能先于别人陈达，我解下玉佩向她发出邀请。可叹佳人实在美好，既明礼义又善言辞，她举着琼玉向我作 出回答，并指着深深的水流以为期待。我怀着眷眷之诚，又恐受这位神女的欺骗。因有感于郑交甫曾遇神女背弃诺言之事，心中不觉惆怅、犹豫和迟疑，于是敛容定神，以礼义自持。

这时洛神深受感动，低回徘徊，神光时离时合，忽明忽暗。她像鹤立般地耸起轻盈的躯体，如将飞而未翔；又踏着充满花椒浓香的小道，走过杜蘅草丛而使芳气流动。忽又怅然长吟以表示深沉的思慕，声音哀惋而悠长。

于是众神纷至杂沓，呼朋引类，有的戏嬉于清澈的水流，有的飞翔于神异的小渚，有的在采集明珠，有的在俯拾翠鸟的羽毛。洛神身旁跟着娥皇、女英南湘二妃，她手挽汉水之神，为瓠瓜星的无偶而叹息，为牵牛星的独处而哀咏。时而扬起随风飘动的上衣，用长袖蔽光远眺，久久伫立；时而又身体轻捷如飞凫，飘忽游移无定。她在水波上行走，罗袜溅起的水沫如同尘埃。她动止没有规律，像危急又像安闲；进退难以预知，像离开又像回返。她双目流转光亮，容颜焕发泽润，话未出口，却已气香如兰。她的体貌婀娜多姿，令我看了茶饭不思。

在这时风神屏翳收敛了晚风，水神川后止息了波涛，冯夷击响了神鼓，女娲发出清冷的歌声。飞腾的文鱼警卫着洛神的车乘，众神随着叮当作响的玉鸾一齐离去。六龙齐头并进，驾着云车从容前行。鲸鲵腾跃在车驾两旁，水禽绕翔护卫。车乘走过北面的沙洲，越过南面的山冈，洛神转动白洁的脖颈，回过清秀的眉目，朱唇微启，缓缓地陈诉着往来交接的纲要。

只怨恨人神有别，彼此虽然都处在盛年而无法如愿以偿。说着不禁举起罗袖掩面而泣，止不住泪水涟涟沾湿了衣襟，哀念欢乐的相会就此永绝，如今一别身处两地，不曾以细微的柔情来表达爱慕之心，只能赠以明珰作为永久的纪念。自己虽然深处太阴，却时时怀念着君王。洛神说毕忽然不知去处，我为众灵一时消失隐去光彩而深感惆怅。

于是我舍低登高，脚步虽移，心神却仍留在原地。余情缱绻，不时想象着相会的情景和洛神的容貌；回首顾盼，更是愁绪萦怀。满心希望洛神能再次出现，就不顾一切地驾着轻舟逆流而上。行舟于悠长的洛水以至忘了回归，思恋之情却绵绵不断，越来越强，以至整夜心绪难平无法入睡，身上沾满了浓霜直至天明。我不得已命仆夫备马就车，踏上向东回返的道路，但当手执马缰，举鞭欲策之时，却又怅然若失，徘徊依恋，无法离去。

“河中之水向东流，洛阳女儿名莫愁。莫愁十三能织绮，十四采桑南陌头。十五嫁为卢家妇，十六生儿字阿侯。卢家兰室桂为梁，中有郁金苏合香。头上金钗十二行，足下丝履五文章。珊瑚挂镜烂生光，平头奴子擎履箱。人生富贵何所望，恨不嫁与东家王”。

南朝梁国开国皇帝萧衍的这首诗，说的是洛阳女儿莫愁姑娘，不远千里，从

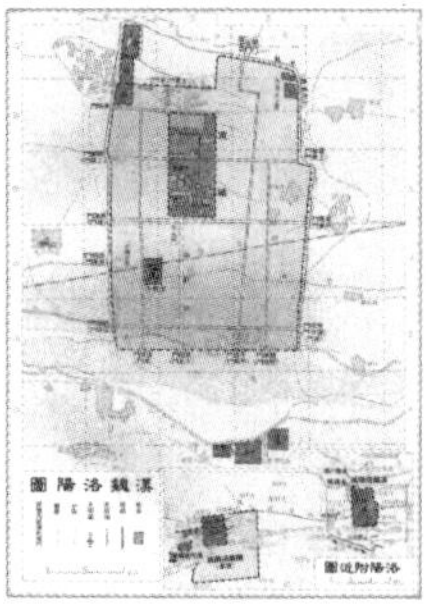

汉魏洛阳城地图

汉魏洛阳城东北角残存的城垣

北朝到南朝，从中原到江南生活的故事。

相传，南齐时洛阳女莫愁，貌美善良，聪明勤劳，采桑、养蚕、纺织样样都会，还和父亲学了一手采药、治病的本领，但家境贫寒，卖身葬父，被建康（南京）豪富卢员外买来，成了员外的儿媳。后来丈夫征调去了辽阳边塞，杳无音讯，家业又在变乱中破败，只好和儿子阿侯相依为命。

按说，莫愁在诸多变故中应是愁肠百结，但她化愁为不愁，把精神寄托在帮助邻里、扶贫济难之中，经常为乡亲们采药治病，以此为乐。

莫愁死后，乡邻们在痛惜、同情和怀念之中，把她居所旁的石城湖改称“莫愁湖”。由于莫愁女特别喜爱郁金香花，常常插满一屋，人们又把她的寓所叫做“郁金堂”。

汉时的太学、灵台、明堂，都是在洛河的北边。

隋时，李密在汉魏洛阳故城西北建有李密城。

历代帝王常祭祀洛河。洛河像乳汁一样哺育着两岸的人民，也滋润着肥沃的田园。

据史料记载，洛河的水路交通历史悠久，漕运更为发达。

西汉时，每年从洛阳运往长安的粮食多达四百万石。

东汉时，城东(今佃庄，翟镇一带)太仓的码头，是当时全国大型的内河航运港口之一。

贯穿祖国南北的隋唐大运河，以洛阳为中心，南抵余杭，北达涿郡，全长近9000里，沟通了海河、黄河、淮河、长江、钱塘江五大水系。

有名的隋炀帝行幸江都，俗说的“下扬州观琼花”，“发显仁宫，出洛

汉魏洛阳故城城墙

汉魏洛阳故城保护区之一

口，御龙舟。舟四重，高45尺，长200尺，上重有大殿，朝堂；中二重有房百20间，皆饰以金玉沉檀。挽船士8万人，美女9000人，皆衣以锦锈之采；艳丽夺目，舳舻相接200余里”。

这样庞大的艨艟，众多的人役。试想，洛河水如不宽不深，何以承受。

不难想象，当时的洛河一定是波浪滔天，汹涌澎湃。

唐武则天大足元年（701），在洛阳立德坊南，营建新潭。“天下舟船所集、常万余艘，填河路，商旅贸易，车马填塞。”

那时，洛河上“漕船往来，千里不绝”。

北宋初年，洛河水运仍很发达，是洛阳、陕西、河东向汴梁运货的交通枢纽。

元代之后，随着国都的变迁，漕运也逐渐衰退，但是伊洛河依然通航。

甚至在20世纪50年代初期，洛河上照旧是桅樯如林，伊河上仍舟楫如梭。

伊洛河，是伊河与洛河二水交汇后的称谓。

古代的伊河与洛河相交于偃师西部，甚至原洛阳境内。

《汉书·地理志》：“伊水，出弘农卢氏熊耳东北，入洛。”

《辞源》说，伊河，“水名，出河南卢氏县东南，东北流经嵩县，伊川、洛阳，至偃师，入洛河。”

伊河发源于栾川，流经嵩县，伊川、洛阳，至偃师，入洛河，全长347公

汉魏洛阳故城东北角

汉魏洛阳故城东墙

里，在偃师境区仅37公里（由西马村至杨村），流域面积565平方公里，占全县总面积的63%。河床最宽处（东石罢）3.2公里，最窄处（马驾滩至王庄）为0.38公里。其支流有沙河、干沟河、刘涧河、马涧河。

古代伊河，亦有航运之利，上游的橡檩多结排放筏至下游。古籍载，伊水盛产鲂鱼，味甚鲜美，与黄河鲤鱼齐名。

据地方志记载，伊河有几次暴涨，出龙门口后，直冲正北方向，也就是今洛阳南关外，与洛河汇合。

《禹贡》说："伊洛瀍涧，既入洛河。"

今天，洛河和伊河在偃师市杨村附近汇聚，汇聚后名伊洛河。伊洛河在巩义市洛口以北入黄河。

伊洛河水流量大，每秒达168立方米；最高水位达106.25米，平均流速每秒0.67米。

伊洛河是一条沿线灌溉河流，陇海铁路、郑西高铁及连霍高速公路在偃师与巩义交界处跨越伊洛河。

据《洛阳伽蓝记》载，北魏时，伊河与洛河的交汇处，当在今佃庄南部。

洛河在古代的方位偏南，夏斟鄩的二里头，原在洛河之阳。

《史记》载：禹"导伊水入河，又导洛水。"就是说，大禹先治理伊河后，才又去疏导洛水，使二水同归于黄河。

伊洛河两岸，垂柳拂依，白杨矗天，树阴下或结网捕鱼，或荡棹击水。

碧空蓝天倒映河中，鱼鹰或浮，渔歌对答呼应，船悠悠，水悠悠，游哉乐哉。

筏上炊烟缭绕，篙头点起波光，潋滟粼粼，清澈见底，鱼沉浮上下，蛙和鸣高低。

面对伊洛美景，怎不叫人纵情高唱。

《河南府志》“杨村晚渡”云：野渡潇潇蓼叶红，沙鸥乱舞夕阳风。长曳万里烟霞外，短篷一声杨柳中。何处归人呼南岸，向来羸马立残春。玄机懒问津头路，唱罢渔歌月已东。

第伍卷

帝都传奇

任见 著

河南人民出版社

目 录

第六十一章

翻云覆雨

汉顺帝刘保

一

东汉洛阳城，经过累代建造，昔日大周的东城区，今朝已经成了繁华热闹的大都会。

每天公鸡唱过三遍，最后一通更鼓响罢，各个方向的城门就洞开了。

待阳光洒下来，官家的车杖人马，游出宫城或王府，迤逦赴往郊外，行商贩夫，肩筐挑箩，自四面八方拥入洛阳，进行农产品、畜产品交易。

话说东汉一朝，儒术大兴，比不上谶纬受宠，虽说洛阳宫廷内部斗得血淋呼啦，朝廷之外各种思想观念还都比较活跃，有的还一呼百应呢。

洛阳的谶纬研究会很多，反正不需要注册备案，聚在一起，喝杯小酒，就算成立了。

识字人及非识字人咸宜的群众文化活动莫过于谶纬了，皇家的权力烧饼翻转不休，顾不上此类玄妙，由它自己在民间滋生吧。

佛教在洛阳生长多年，摄摩腾和竺法兰学会汉话，已将《二十四章经》译了出来，识字人附庸风雅的，展纸张，研香墨，运了气，恭敬地转抄，背诵，在学佛小组里讨论，谈心得，较开悟。

除了进口的佛教以外，土生土长的道学也很热火。

汉顺帝刘保当政的时候，有个所谓道家“真人”来到洛阳了。这人叫张凌，或叫张道陵。

张道陵是沛郡丰县人，自幼聪慧，同乡老农说他七岁就读懂了老子的《道德

炼丹炉（想象图）

被神化的张道陵

经》，传言他还游过太学，河图洛书、谶纬之学无不通晓。

可张道陵这个聪明人就是仕途不顺，曾被举了一次“贤良方正”，最终也没机会就职。

张道陵眼看年过半百，不称意啊，而且身体不适，经常闹病，仰天长叹道：“想我一世饱学，竟然对自己的身体和年寿，却没有半点益处，不如改弦易辙，学些长寿不死的本领吧。”

汉代有点学问的人都授徒，张道陵也不例外。既然决定修身养性去，学生们就得放长假。

张道陵宣布放假，一个名叫王长的弟子，愿意继续跟着他，于是，遣散其他学生，带着王长离开了家乡。

师徒二人遍游名山大川，在江西云锦山住了很久。

下山时，形象已塑造得差不多了。

人们传说，张道陵在山岩上发现了一种密码，照着密码炼出了“龙虎神丹”。

故事说，炼到一年的时候，红光满室，炼到第二年时，有五色云气覆于鼎上，经久不散，第三年，神丹终于炼成，一条青龙、一只白虎，出现在空中，时时刻刻护卫张道陵，他从此成了神仙真人。

汉顺帝坐朝廷的第三年，张道陵带着弟子王长来到洛阳，参观了洛阳城的大街小巷，见识了皇家景致、官府威风之后，隐居到了北邙山。

张道陵和王长，在紧贴洛阳的北邙山上，找到了当年老子李耳炼丹的遗址，凭吊一番，搭起草寮，便快速地开展了一系列项目，当然，主要的仍然

张道陵在北邙山炼丹

被供奉的张道陵

是架釜炼丹。

所谓炼丹，以现代科技的眼睛来看，就是用水银等毒物，封进釜中，燃火在下面，每天死烧死炼，坚持多日不懈，希望最后结出“丹珠”来。

重金属之类，长久烧炼，若烧干了，揭开鼎盖，自然红光照室，若未烧干，自然有五色蒸汽，他们的眼特殊，看这些都是祥瑞。

炼丹炼到最后，运气好的话，可能会得到一个球球，但漫长的烧炼过程，已经产生了大量剧毒的副产品——汞蒸汽或其他重金属毒气。

据说张道陵在北邙山上的“丹”炼得更好，于是，先名扬首都洛阳，后风传全国各地，他也就成了神仙真人，谓张天师。

丹成之后，师徒俩名声呱呱响，就差汉顺帝刘保接见和朝廷电视台采访了。

张道陵和王长二人被隆重地请到这里，请到那里，做访问学者，当客座教授，吃香喝辣，一住就是几年几年的。

有天，张道陵做白日梦，梦中一位白衣使者从天而降，告诉他说：“洛阳西山，有座石室，藏有黄帝九鼎宝经，依法修炼者，可以即身升仙。”

哦，西山，就是黄帝当年辞去朝廷工作，专事修炼，最后骑着猪龙升天的地方！后山在本书偏前处已有详细述载。

在西山，黄帝眉开眼笑地跨上猪龙的脊背，抱着猪龙的脖子，给那家伙驮走了。

黄帝，比老子早得多啊，越早越牛气啊。

张道陵立即动身，拜访洛阳西山。

张道陵进了西山石室。脚下的石砖，发出“空空”的响声。他循声翻开石

太上老君

砖，果然找到了所藏的典籍。

荒古时期的竹木质量真高啊，硬是都没沤烂。

这就算得到了真神指点，之后，人们纷纷传说，幸运的张道陵修成了最高的道术。

张道陵“高”得如何？胜过小日本的麻原彰晃，不仅能在天上漂游，还能听见极远的声音，又能分身隐形，比如他能一面在池上划船，同时又在堂上吟诗，变化万千、神奇莫测。

汉顺帝年间，某夜，张道陵像往常一样解衣就寝。午夜时分，太上老君率领众仙，降临了。太上老君就是老子。

先是一个身穿黄光甲、头戴通天冠的仙人，走进张道陵的梦中，对他说：“道陵，快醒，老君正率领众仙降临，传授你无量神功呢！”

张道陵陡然惊醒，闻听仙乐阵阵，但见香花满地，慌忙翻身下拜。

太上老君命随从的仙将，取出三洞经书、金丹秘诀、雌雄二剑、全套符箓、一枚都功印及一份“天师”的委任书，赏给撅着屁股猛拜的张道陵，要他诛灭乱鬼杂神，力推道教成为至尊。

得到太上老君真传之后，张道陵道法大进，奋力精修千日，炼成了种种类类的降魔法术。

说是蜀地鬼多，张道陵便带着王长到蜀地实习。

刚飞到蜀地山中，当地人就听说了，前来拜师受道的老男老女，竟达数万人之多。在这些人众中，张道陵又选了一个弟子，叫赵升。

张道陵有俩研究生了。

青城山

被魔化的张道陵

这时，八部鬼帅看张道陵预备停当，就领着共亿万数的鬼兵来了，他们带来各种瘟疫疾病，任务是残害众生。

张道陵和所带两个神道研究生，在青城山上设下道坛，鸣钟叩磬，呼风唤雨，指挥神兵和恶鬼部队在天上大战。

猜其恶战情状，大概酷似傀儡戏吧？

张道陵站在琉璃座上，任何刀箭，只要接近他，就立刻变成了莲花。

鬼众又放火来烧。真人用手一指，火焰又烧了回去。

鬼帅大怒，又招来千军万马重重包围，不料真人以剑空挥一下，所有鬼兵都纷纷叩头求饶。

鬼帅不服，又请来六大魔王，围攻。

张道陵非常“蛋定”，又使丹笔发威，所有的鬼都死光了，只剩下六个魔王倒在地上，变得稀软，爬不起来。

张道陵使出道家大法术，把六个魔王困在山底下，永世不能为害人间。

张道陵这么酷，追随他的百姓更多了，拜他为师的数不过来。

张道陵飞回北邙山，在“道皇”大殿里，苦思冥想。

有了！把追随他的信众们组织起来，制定律令、安排职务，分头发展。

就这样，慢慢成立了道教团体“天师道”，而张道陵本人，也就名副其实地成了道教的祖师爷。

张道陵为了统领太多的教众，把“天师道”分为“二十四治”，相当于二十四个教区。

张道陵奉黄帝和老子为教祖，以《老子五千文》为主要经典，作了《老子注》，还作了二十四卷所谓新道书，阐明“天师道”的微言奥义。

若说《老子五千文》是天师道的思想基础，张道陵的新道书便是天师道的行动纲领。

张道陵还规定教众，要信仰太上老君，除每年五月、腊月的吉日祭祀祖先，二月八日祭灶神外，不准跪拜其它的神，更不准胡乱行祭。

有了天师道，东汉百姓像打了兴奋剂——鸡血？稼穑之外忙宗教，不亦乐乎。

佛教，你得出家绝欲，道教却像尘间赶集，太有意思了。

张道陵的教会又称“五斗米教”，因为他规定，进入他的教会注册，一律需交五斗米。

二

所谓“天师道”，跟反政府起义不一样，它不是谋反，无意取得天下，但是规模大了，形势乱了，也非常讨厌。

汉顺帝刘保，听从大臣的建议，竭力扩建太学，加强思想政治教育，以掩盖宗教的生长。

刘保一次次地批准洛阳太学的基建项目和招生项目，办出了一座空前“大型”的高等院校，在校生员达三万三千人之众。

上有好之，下必效之，甚而过之，各地郡国也纷纷修建起学校来，房地产项目全是在盖教学楼，一时间“四海之内，学校如林”。

东汉太学生

太学生们同官僚士大夫有着十分密切的联系。刘保没有预见到，来日，为数庞大的太学生们同官僚士大夫的合作力量，会使他的王朝晃荡不止，几欲翻船。

太学生们同官僚士大夫尚在蓄势阶段，刘保浑然不觉，扩大了太学，却懒得管它，转身忙着南宫、北宫的事情。

前几任汉家小皇帝，除了安帝刘祜坏事做尽，其他，都十分短促。刘保想多坐些年头，自然得多费心机，把朝廷弄稳当。

却说在汉章帝的时候，梁家把两个女儿送进宫中——梁贵人和梁大贵人。梁贵人生了汉和帝刘肇，却被窦皇后花言巧语骗成了养子，刘肇的亲妈和大姨也被弄死。梁家人自此偃声敛迹，低调生存，不求显贵，只求安稳。

汉顺帝刘保继位后，公元128年，梁家梁商的两个女儿又被选入皇宫做嫔妃。

梁家毕竟还是高官大族，生得美不美，选美总是沾光的。

四年后，梁商的大女儿被册为皇后，妹妹被立为贵人。梁氏又成了第一外戚集团。

刘保觉得，宦官势力太大不是好事。怎么平衡呢？让外戚势力也大起来。他很想对自己皇后的家人猛劲地扶持一把。

此前有几波外戚家族翻云覆雨，窦氏、邓氏以及阎氏，下场都很不好，他们的兴衰轮回在为梁家“上课”，于是，刘保越想拔擢，梁家当家的梁商越是淡漠。

刘保想封梁皇后的哥哥梁冀为襄邑侯，梁冀十分乐意，但其父梁商一再谦让，不让儿子接受。

李固

梁冀

刘保想，这咋办？干脆封丈人吧！于是又想加封梁商本人为大将军，结果梁商说自己身体不好，不再去上朝议事了。

梁商在家泡病号，汉顺帝不断慰问，没有放弃让岳父受大衔、受高衔的心思，半年后，遣人捧着策书，亲赴梁府授官。

刘保铁了心要让梁家掌权了。

梁商最终还是被汉顺帝拉下了水。他没办法，只好接受大将军的任命，但自己为人处世的哲学还要坚持。

梁商说，自己当上大将军，靠的是裙带关系，没什么真才实学。

梁商不是说空话的，遇到有学问的人，真的虚心请教，还主动接触民间，发现人才，积极举荐。

于是，德才兼备的周举、李固等人都被梁商送上了官场，他们有学问、爱百姓、做事正直，在岗位上做出了广受赞誉的政绩。

梁商因此很得人心，顺帝自然更加器重他。这样就引起了宦官的妒恨。

公元139年，阉公务员张逵公公诬陷梁商图谋政变，说他和个别宦官公公曹腾、孟贲等合谋，要废掉顺帝，另立新君。

刘保了解自己岳父，怎么会信这个呢，根本不信。

张逵见汉顺帝“不作为”，竟然仿造假诏书，把自家同部门的曹腾和孟贲抓了起来。

刘保大发其火，一面把曹腾和孟贲放出来，一面将张逵及其同伙都抓起来审问。

张逵被阉了鸡鸡，性格也阉得变态了，不仅承认自己有罪，而且胡招乱供，

曹腾

凡是他知道名字的朝臣，都是同伙。

案件源于张逵对梁商的诬陷，梁商没有为自己作辩解，看到广为株连，却出来替那些无辜蒙冤的大臣们辩护。

梁商对汉顺帝说，张逵的供词牵连到许多大臣，若都抓了，可能会累及无辜，伤及忠良。这不是顺应天地、安定国家的办法。办案子要会“切割”，少株连。

梁商建议顺帝，停止搜捕，尽快结案，把该判死刑的罪犯终生监禁即可，以免兴起大狱，使干部队伍的元气受到损伤。

刘保同意了梁商的奏议，及时结案，制止了案件的扩大化。

这件事情，给梁商上了“官场险恶”的一课，梁商以此教育子孙，行事应更加谨慎。

梁商确实想做个优秀的外戚，遇到灾荒年，把自家收取的田租运到洛阳的几个广场上，赈济灾民，并不说是梁家的善举，只说是朝廷发放的救济。

老百姓领了梁家的救济粮，都说：“天大地大没有朝廷的恩情大，爹亲娘亲没有朝廷亲呀！”

梁商这个大家长，谦恭谨慎，忠君爱国，赢得了朝野支持，把梁家领导得非常上道，老少大都严于律己，不敢以权谋私。可是老子英雄儿浑蛋，梁商养了个混账儿子梁冀，他除外。

梁冀生得凶悍阴险，“双肩耸似鹞鹰，双目如豺狼般凶光直射”，冷不丁看谁一眼，就能吓谁一跳半。

梁冀嗜美酒、爱女色、好赌博，斗鸡走狗、骑马射箭，样样精通。

汉顺帝给梁冀安置了个河南尹的官职，就是洛阳市第一把手，梁冀自然要搞恶政，非法之事干得一串一串的，但梁冀狡猾，总能瞒过他老爹。

洛阳令吕放是梁商的老朋友，向梁商略微表示了些对梁冀的担忧，梁冀知道后，恐怕父亲会因此察觉自己的罪恶，竟然把吕放给杀了。

梁冀杀完吕放，一面嫁祸于他人，一面假惺惺地保举吕放的弟弟继承吕放的职位。

结果，梁商不仅没有怀疑儿子反而更看好他了。

梁商病危时也不忘清廉，他把儿子梁冀叫到床头，交代了丧事简办的方针。

梁商说："我没有什么功德，却享受了许多福分。生前没辅佐好朝廷，死后不能耗费国家的钱财。穿上光鲜衣服，口里含着珠宝，对朽骨来说又有什么益处呢？虽说按照礼节，可以操办一番，但礼节也可以灵活掌握嘛。

"百官熙熙攘攘，拥挤而行，只不过徒增路上的尘土罢了，真正"归于尘土"的时候，自己什么也都不知道了，大操大办有什么意义呢。

"现在边疆战争不断，内地盗匪时作，更不可以为我的丧事破费国家财富了。

"我死之后，不要另外裁制新衣服，就给我套上平时穿过的旧衣服，也不要吹吹打打，把我运到坟墓前，马上装殓入棺下葬了事。"

梁商交代："祭祀时用的食物，就像我在世时吃的一样，不要用猪、牛、羊这三牲设祭了。”

梁商说梁冀：“是孝顺的儿子，就应该按照父亲的意愿办，你可不要违背我的话啊。”

这是公元141年秋天，位高权重却公忠体国的大将军梁商最后的话。

梁商不愧忠于朝廷的老一辈革命家，廉洁奉公的大汉忠臣。

梁商死后，梁冀不仅继承了梁商的爵位，还袭任了梁商大将军的职衔。但梁冀却完全违背了乃父的行为准则，抛弃了梁商谦恭清廉的德行，最终害了梁家。

三

汉顺帝刘保当皇帝年头不算少，十九年。

刘保的最大功劳，是利用宦官，推翻了外戚阎氏家族集团。

但刘保是个并不接受教训的人，推翻老阎家后，他不停地扶持外戚梁商——自己的丈人。好在梁商谦恭清廉，不谋私利，局面维持得不错。

汉顺帝刘保公元144年驾崩。

又一个“年轻”的皇上继任了，这就是年仅两岁半的刘炳，汉冲帝。

刘炳他妈是虞贵人，无有背景势力，因此，受益的是梁太后及其娘家梁氏家族。

阴险狡诈、凶暴残忍的梁冀手握重权，虞贵人能保其性命就算烧高香了，想从小皇帝刘炳的身上分得半点利润，门儿都没有。

梁冀说："还当什么贵人，她就省省吧！"

虞贵人的封号就省略了，虞家自然也没有得到任何封赏。

梁冀的专横跋扈很明白：虞贵人及其家族，哪儿凉快哪儿呆着去，小皇帝归我掌握。太后仍然是自己的妹妹，往后，天下就瞧好儿吧。

谁知道，小皇帝刘炳心中有数，他不让拥立了自己的梁冀阴谋得逞，不足三岁就毅然决然地死了。

刘炳一死，梁冀气得咬牙切齿，太他妈不合作了。

婴儿做皇帝，对专权者来说最是有利，想干什么就干什么。

婴儿皇帝死掉了，若换个皇帝是成年人，我梁冀的日子就没那么随心所欲了。

朝臣们成心作对梁冀。太尉李固带头，提出拥立"年长有德"的清河王刘蒜。

是的，刘蒜，抱歉，名字有点蔬菜化。

李固虽说贵族出身，然而毫无纨绔弟子的习气。他自少年时代起就胸怀大志，雅好读书，常不远千里，跋山涉水，寻访名师，研究学问，结交四方有志之士，很多人慕名而向他求学，他不急于功名，当时地方官五次推举他做孝廉，他都没有答应和接受。

汉顺帝在位时，一度政局不稳，加上天灾，人心就更不安了。

朝廷下诏要求人们指出时政弊端，提出良策。

在大家推动下，李固出来"对策"。一开头他就疾愤地说："古时候当官靠品德，而今当官凭财力。"

李固毫不避讳地指出，梁氏不应该垄断朝廷权力，总结历史经验道："自古以来，后妃家族之所以很少保持长久，主要是因为他们爵位高，权柄重，而又不知克制退让，终于不得不颠仆毁败。不要讲远，在此之前，外戚阎氏专权受祸，就是一例。"

李固还将矛头指向宦官，建议罢减宦官，夺其重权："设常侍二人，小黄门五人，使内朝与外朝同出一门，合为一家，如此即太平可致了。"

汉顺帝看了李固的奏议后，提拔李固做了议郎。

但，汉顺帝对外戚梁家的权力扶持并未减弱，梁冀就是那时候升为河南尹的。

李固愤而欲辞去官职。这时为人宽厚的梁商支持敢于谏言的李固，建议皇上提拔他为从事中郎。

李固毕竟是李固，并没有因为梁商帮他升了官，放弃反对外戚专权的斗争。

梁商死后，梁冀继承父职为大将军，借故调李固去做泰山太守。

李固治理地方也是把好手，政绩突出，声望很高，多位大臣要求他回朝执事。

梁冀出于压力，不得不同意将李固调回朝廷，官任太尉。

自此，李固与梁冀在朝廷内的斗争就更激烈了。

李固带头赞成立清河王刘蒜为帝，不是说刘蒜"味道辣"，而是说说刘蒜"年长有德"。

梁冀当然坚决反对，他怒喝道："年长，年什么长！有德，有什么德！一头

跋扈将军

蒜而已。我看刘瓒就可以。”

刘瓒是渤海王刘鸿的儿子，年仅八岁，正在其祖父刘宠家中跑着玩儿呢。

梁冀和梁太后强势，不听李固们的，决定了立这个儿童为帝，就遣派使者持节把刘瓒迎入洛阳南宫，即位。

刘缵在东汉宗庙的祀台上被尊为“质帝”，这个孩子的内心质地确实非同一般。

梁冀拥立刘缵，完全是为了自己专权，他自然不会把这个八岁小儿放在眼里。

梁冀在朝中专横无道，为所欲为，谁也不敢吱声儿，只有李固等少数老臣还敢与之争辩，也往往以失败告终。

汉质帝刘缵每天专注观察，发现了朝廷的症结所在，但又毕竟是个孩子，心里有想法防不住就倒出来了。

一日，在朝堂上，刘缵看到大将军那副横行无忌的傲慢相，实在耐不住了，目示梁冀对群臣说：“此跋扈将军也。”

尽管刘瓒的声音很小，但还是传到梁冀耳中。

梁冀吃了一惊。这个八岁的小混账也太他妈早熟了，竟然有他自己的主意，哪儿能当好一个傀儡啊！

梁冀决定除掉刘缵，他预备了毒药，吩咐手下心腹伺机投放。

东汉这个时期，小米仍然是百姓的主食，但已经有小麦种植。收获了小麦，要吃它不再用舂臼捣着脱皮了，西汉时期出现的石磨，到了东汉也能磨出细粉了，显贵人家开始食用小麦粉做的白饼了。

洛阳人刚刚学会做小麦面食，全是死面一团或者一片。因为是死面，所以叫做“饼”，煮熟了吃，叫“汤饼”，焖熟了吃，叫“蒸饼”。

刘缵喜欢吃饼，梁冀就让凶手把老鼠药下在饼里。

刘缵吃了面饼，肚子里火烧火燎，极是难受。小皇帝知道李固是忠臣，就派人快快召李固来。

李固连忙进殿，此时刘缵已经快不行了，李固赶紧问：“陛下得了什么病？这是怎么回事儿？”

刘缵支持着说了句：“吃了饼，肚子痛，如果有水喝，应该还能活。”

小小的汉质帝专门召来李固，向他要水，说明这个早慧儿童已经猜出是身边人下毒了，如果让身边的人救自己肯定不行，李固是忠臣，或许肯救自己一命吧？

梁冀当时就站在旁边，听小皇帝说“如果有水喝，应该还能活”，怕小皇帝真的喝了水能得救，就插话说：“肚子疼了还能喝水？那不越喝越疼吗？不要喝了。”

身边的人听了，当然就没有人敢找水给刘缵了。

李固匆忙进宫，当然没有带水，在出现争议的情况下，他也没有权力决定在宫里找水给小皇帝喝，只有眼看着汉质帝活活痛死了。

《后汉书》记载这日的情况曰“质弑以聪”，质帝太聪明了，才招得梁冀杀害了他。

梁冀淘汰了汉质帝刘缵，东汉王朝的皇帝宝座再次空了下来。

梁冀又跑进内禁，跟妹妹梁太后商议立谁家的儿子做皇帝。

梁太后有个妹妹，叫梁莹，十三岁了，梁太后正在张罗着把梁莹嫁给十五岁的蠡吾侯刘志。

这时候，刘志已经从封国赶到了洛阳城北的宾馆，准备迎娶新媳妇。

梁冀跟梁太后一合计，不如干脆就让刘志当皇帝吧，一来这孩子岁数不大，容易控制，二来他马上就要娶自己的妹妹，他当了皇帝，妹妹就是皇后，梁家的外戚身份不就更硬朗了吗！

蠡吾侯刘志，看来是对梁家最有利的人选，梁冀决定就立刘志了。

立马通知召开紧急常委会，宣布：拥立之事迫在眉睫，刘志非常合适。

可是，朝臣们还在惦记着"年长有德"的清河王刘蒜呢，对拥立蠡吾侯为君这个选择感到不能接受。

大将军梁冀和太尉李固各有一班支持者，他们在朝堂上争论不休，结果，都不能说服对方，只好暂时散会，明日再开。

他们各回各家，寻找更有利于自己的武器，准备在明日的常委会上击败对手。

梁冀回到府里，为如何对付李固们苦思对策。天晚时，一个重要的人物前来拜访他了。

此人是中常侍曹腾。张逵陷害梁商和众多大臣，曹腾也是其中之一，跟梁家也算"患难之交"吧。

梁冀见曹腾来了，就问曹腾，谁做皇帝合适。

梁冀想借此询问，探明宦官势力对立君之事的态度，看看中常侍站在哪一边。

曹腾的回答很让梁冀感到“知心”。

曹腾说：“将军累世为皇后至亲，统摄万机，并且宾客那么多，又颇多过失。清河王严明，假如他即位做皇帝，那么将军受祸的日子必定不会远了。不如立蠡吾侯，可以长保富贵。”

梁冀长出了一口气。他知道，朝中阉公公的头领跟自己是一条船上的人，这就好了，放心大胆地立刘志，什么也不用怕了。

第二天，再次开会，继续研究立谁当皇帝的问题。

梁冀当即宣布立蠡吾侯刘志，说：“一头蒜不行。不要再商量了，没有什么商量的余地。”

大臣中，胡广、赵戒原本反对立刘志，一看梁冀的态度，不敢再坚持己见了，连忙改口附和说：“我们都听大将军的!”其他大臣也都说，听大将军的。

李固仍然坚持立刘蒜，还有杜乔等人也是，但梁冀干脆不让他们发言，大吼一声“散会”，话音未落自己一扭头走了，这就算通过了立刘志做皇帝的决定。

随后，梁冀用青盖车将刘志接人洛阳南宫，领着群臣三叩九拜，拥立了，史称汉桓帝。

梁冀恨透了李固，认为李固一直在跟自己作对，必欲除之而后快。

没过多久，梁冀串通梁太后，诬陷李固和杜乔等人阴谋政变，将他们都处死了。

四

却道汉桓帝刘志娶了梁冀的妹妹梁莹，梁冀因此就对桓帝表现得恭顺了吧？——那是不可能的。

拥立有功，应当封赏，于是梁冀获得了更大的权势，连梁太后他也不在乎了。

前大将军梁商那么大能耐，还搞不定自己这个儿子，梁太后一介女流，能摆平自己的哥哥吗？

至此，天下大权，尽归梁冀。

梁太后只是跟皇帝聊天方便，再就是可以对一班阉公公发号施令。

好在汉桓帝刘志适时扩大了后宫的男女公务员队伍，宦官们多了，成为抗衡梁冀的一堆小砝码。

以前做尽坏事的汉安帝刘祜好改元，光想翻开新的一页，顺帝刘保也改过五次，现在桓帝刘志，更是不断头地改，公元150年新改了个和平元年，大概是期望天下和谐、宫内平静，谁知刚刚改元，梁太后走到了生命的尽头。

梁太后临终，牵挂家族大事，她下诏归政于桓帝，并交代桓帝与梁冀，搞好团结，双方“好自为之”。

姓梁的女人偏袒自己娘家呀，他不想让桓帝对梁冀怎么着。

汉桓帝面前的梁家，真的是权倾朝野，富贵满门。三皇后、六贵人——家族女子都供应宫中了，七侯、七诰命夫人和女封君、二大将军、三驸马——炙手的权位都搂自己家了，卿、将、尹、校，数量无算。

汉桓帝刘志是抱定了“好自为之”的主意的，甚至花了不少血本——对梁冀礼遇之优，超过了萧何，封地之广，超过了邓禹，赏赐之厚，超过了霍光。

在朝廷，梁冀权力多大?

官员被任命，都必去拜见梁冀，而无须朝见汉桓帝刘志，反而桓帝日常的饮食起居，必须按时报与梁冀知晓。

梁家若在梁冀的带领下，“好自为之”，别祸害社会，也行，可梁冀是个“好自为之”的货色吗?

梁冀豢养了很多走狗，祸害民间，宛县令吴树将梁冀的一些不法走狗按律治了罪，就引祸加身了。

梁冀说吴树大有公心，要提拔吴树为刺史，以此为由，召吴树到梁府喝酒。

吴树喝至第三杯，就是毒酒了，一会儿毒发身亡。

郎中袁著，少年气盛，他年仅十九岁，大着胆子给汉桓帝写信，建议让梁冀离休，免得“功高震主”，招致灾难。

按说，袁著关于离休的建议，对梁冀并无伤害。可梁冀侦知此事，马上派人逮捕袁著。

袁著吓坏了，一面假装自己病死，用蒲草捆扎结起来，假作“尸体”下葬，一面改名换姓，远逃他乡。

但袁著是逃不出梁冀手心的，结果还是让梁冀查明踪迹，抓到洛阳，活活打死。

郝絜是位文人，跟袁著是朋友，自然受到牵连。

郝絜也逃窜，后来实在逃不出梁冀布下的天罗地网，无奈之下，只好叫人抬着棺材，去见梁冀，并在梁府门前服毒自尽，惟求梁冀放过自己的家人。

梁冀对国人狠毒如此，外宾若撞在他的枪头上，也不能幸免。

东汉后期的洛阳，商业已是十分发达，公司老总很多，成了梁冀的敛财对象。

南宫西边有个“金市”，买卖铁匠们打制的东西。东门外和南门外有马市和羊市，大城东部还有个很大的“粟米”市场，都是粮店和粮摊。

外国人也跑到洛阳经商，城南的宾馆“蛮夷邸”和“胡桃宫”常常住满了高鼻子黄头发的胡商。

有位西域公司的老总，在洛阳经商，住“胡桃宫”觉得闷了，出来散心，于草地上抓到一只兔子，想掂回去改善生活。

高鼻子老总刚走出草地，手中的兔子就被说是梁家的。

梁冀不仅杀了西域客商给兔子偿命，而且大加株连，血洗了西域老总的整个公司，得到不少汗血马及奇珍异宝。

本来，梁冀也“多遣宾客车骑出塞，交通外国”，贩运货物到洛阳销售，进行聚敛，但超长途贩运，综合成本很高，有了敲打外国公司的法子，自然不断地找茬口，发大财。

梁冀胡作非为，无法无天，汉桓帝都忍住了。

但汉桓帝忍着，不便发作。不管怎么说，他刘志是梁冀拥立的，梁冀还没有废掉甚至杀害他的意思。

实际情况是，汉桓帝想消灭梁冀，夺回权力，连个帮手都很难找。

自李固、杜乔被害以后，梁冀以残酷的手段打击政敌，清除异己，朝中几乎全都是梁冀的人了。

当然，刘志可以利用宦官。梁太后生前即曾倚重过宦官，如今后宫里这类阉公务员数量更多。

问题是梁冀也深知宦官的重要性，当年他就是在跟宦官统一了思想后，才拥立刘志为帝的，所以宫中很多重要的宦官，即使不跟梁冀是同党，至少也不反对梁冀，甚至于他们中很多人，早就被梁冀发展为心腹，成了帮助梁冀监视桓帝一举一动的眼线。

直到有一天，梁冀做出了让刘志再也不能容忍的事情，迫使刘志铤而走险。

第六十二章

阉党擅权

一

权臣梁冀，无法无天，杀人害命，胡作非为，汉桓帝刘志有位无权，极是恼火。

桓帝是梁冀拥立的，他一直做着傀儡，想消灭梁冀集团，连个帮手都找不到。

后宫宦官比以前多，利用宦官诛除外戚，是祖宗们的常用之法，但梁冀也深知阉公公重要，他们中很多人，早就被梁冀发展成心腹眼线了，难以甄别，一不留神掉进梁冀的罗网，那就是脑袋落地的结局啊。

直到有一天，梁冀做出了让刘志不能再容忍的事情，迫使刘志铤而走险，对梁氏集团下手了。

公元159年，皇后梁莹去世，汉桓帝开始宠爱贵人梁孟女。

梁孟女虽然姓梁，其实他的生父是开国太傅邓禹的孙子邓香。

邓香死得早，妻子带着女儿邓孟女改嫁给梁纪。这个梁纪跟那个梁冀都姓梁，但仅同姓而已。要说关系，是梁纪的外甥女孙寿嫁给了梁冀，梁冀是梁纪的外甥女婿。

邓香的妻子改嫁于梁纪，邓猛女也就成了梁孟女。

梁冀的妻子孙寿给梁纪叫舅舅，梁孟女就是表妹了，是孙寿的表妹，那也就是梁冀的“小姨子”。

鉴于以上背景，孙寿保荐了梁孟女入宫做贵人。

梁莹死去，梁孟女受宠了。

汉桓帝刘志觉得，既然宠幸梁孟女，梁孟女家族就得受优待，刘志将梁孟女的母亲晋封为长安君。

封长安君，梁冀接受不了。梁孟女的母亲一族，羽翼丰满起来，当然会影响自己家族的专权，于是梁冀差人刺杀长安君。

长安君人机智，刺客没有得手。

长安君调查了情况，就跑到桓帝那里去告发梁冀。

桓帝再也坐不住了，下决心除掉梁冀。

汉桓帝刘志扳着手指头，数来数去，数不出什么可用之人。

梁冀大权在握，党羽众多，生杀予夺在其念间，要想除掉梁冀，用人稍有疏忽，莫说朝廷坐不下去，脑壳也得搬家。

刘志想遍了周围的人，觉得宦官唐衡还算忠于自己，就准备发展唐衡来实现自己的大计。

选定了唐衡，刘志也不敢随便跟唐衡商量事儿，梁冀安插在刘志身边的耳目很多，一举一动、一言一语，梁冀随时掌握着呢。

汉桓帝存心寻找时机。有一天，借口上厕所，让唐衡服侍。

进了厕所，桓帝观察四周墙壁上确实没有窃听设备，就压低声音问唐衡：“你知道咱们周围的人里，有谁跟梁冀有矛盾吗？”

汉桓帝真是有备而问。这话巧妙得很，连唐衡都考了。

如果唐衡不可靠，刘志可以搪塞说是关心梁冀的安危，而如果可靠，这句话就是合作的激活代码。

唐衡还真挺可靠，立即回复刘志："禀告陛下，中常侍单超、徐璜、具瑗、左悺，都对梁冀十分不满，只是敢怒而不敢言。"

汉桓帝觉得自己召集太监们开会多有不便，就说需要捶腰，先把单超和左悺叫进了自己的密室。

刘志说："梁冀把持朝政，架空本朕，内宫和外朝都是他在控制着，这样的奸臣，你们说如何除掉？"

单超和左悺一听陛下这话，想都没想就回答说："梁冀奸贼，早该除掉了。只是小的们没什么智谋，不知道陛下的想法到底是什么？"

刘志说："我的意思很明确嘛。你们密谋一下，把梁氏消灭掉就是啦。"

单超说："如果陛下真的要灭掉梁氏，我们就要采取果断行动了。小的们怕就怕陛下中途犹豫。"

刘志说："奸贼理应除掉，没有什么可以犹豫的！"

随即，汉桓帝又悄悄召来具瑗和徐璜，桓帝用牙咬破了单超的手臂，六个人歃血为盟，共谋大计。

随后，五个宦官以桓帝的名义招来司隶校尉张彪，组织部队，由单超亲自指挥，突然围住了梁冀的大将军府。

梁冀权倾朝野，但是作恶太多，只是从前没有人敢于公然地反抗他，现在有人奉朝廷之命要诛灭他，人们立即倒向宦官一方，没有为梁冀卖命的。

单超很快拿下梁府，没收了梁冀的大将军印。

查抄梁府，果然惊见煊赫。

外面看得着的，梁冀凭借自己的权势，强占无数民田，洛阳近郊到处都有他的花园、别墅。

内里看不到的，梁冀逼迫良民做自己的家奴，数量近万人之多。抄出的家财竟有三十多个亿，相当于当时全国财政收入的一半。

梁冀知道自己罪大，必死无疑，就和老婆孙寿一起自杀了。

梁冀家族，卫尉梁淑、河南尹梁胤、屯骑校尉梁让、越骑校尉梁忠、长大校尉梁戟等，以及其他宗亲数十人，皆被处死。梁家的女婿——当然除了桓帝刘志——也都锒铛入狱。

汉桓帝刘志已经二十七岁，从十五岁就位，到将近而立，足足干了十三年的傀儡，一朝下定决心，动用阉将，梁氏外戚集团就灰飞烟灭了。

若不是为了梁孟女，还真不知道刘志要“傀儡”到什么时候。

二

在诛灭外戚梁冀的斗争中，宦官单超、左悺、徐璜、具瑗、唐衡等五人，为汉桓帝刘志立了大功，因此同一日被朝廷封侯。

《后汉书·宦者传·单超》说：“五人同日封，故世谓之‘五侯’。”

单超，新丰侯，徐璜，武原侯，左悺，上蔡侯，具瑗，东武阳侯，唐衡，汝阳侯。

汉桓帝刘志经历过傀儡身份的痛苦，一朝大权在握，必然就将其牢牢抓住，不肯轻易放开。

为了保证权力最大限度地掌握在自己手里，刘志尽可能地使用所谓的“旧故恩私”，其中最得信任和器重的，就是宦官。

刘志重用宦官，乍一看是宦官在刘志夺取实权的过程中起到了关键性的作用，实际上是刘志觉得宦官便于使用。

宦官的权势，直接来自皇帝本人，而不是他们自己的背景。

相对于外戚和士大夫，汉桓帝更喜欢宦官。不中意的宦官可以随时换掉，而不必顾忌他们的背景和地位。

却说宦官这些阉过的公务员公公，心理都有点变态，但凡有点条件便要报复社会，他们一旦专权，贪婪骄横，无所不为，把个朝廷倒腾得更加黑暗。

“五侯”在洛阳近郊，为自己修建住宅，模仿皇宫，住宅中的楼阁、池塘、苑园较皇宫也不逊色。

得势的宦官，居功自傲，横行朝野，作威作福，残害百姓。

宦官党如侯览、曹节、王甫等，败坏朝政，为祸乡里，令人发指。

侯览曾夺人宅舍三百八十一所，土地一百一十八顷，其家兄谋财构陷无辜，聚敛财富上亿。

汉桓帝刘志重用宦官倒也罢了，他还对士大夫们持一种讨厌的态度。

梁冀专权的时候，除了李固等少数几人对梁冀进行了抵抗之外，绝大多数朝臣，都充当了梁冀的走狗，以至于后来清除梁冀的余党之后，朝廷竟然为之一空。

很多部委，严重缺编，没人上班了，给宦官和外戚以难得的唯亲任用的机会。

官僚、士人的擢选，完全由宦官和外戚及其爪牙控制，权门请托、贿赂公行。所谓“举秀才，不知书。察孝廉，父别居。寒素清白浊如泥，高第良将怯如鸡”乃其真实写照。

难怪刘志不信任士大夫阶层，干部队伍已经坏透了，他们多数只会谋利营私，确实拿不出像样的政绩让刘志欣赏。

所以刘志认为，士大夫是最靠不住的一群人，干不成任何有实际意义的事情。

士大夫们不甘遭受压抑，开始对宦官进行打击，从而引发了宦官与士大夫之间的一系列激烈冲突。

南阳太守成晋恨透了宦官，当先发难。

成晋逮捕了与宦官关系密切的当地富商张汜，还没审判呢，遇上汉桓帝宣布大赦。

成晋为了打击宦官，竟置朝廷大赦令尚未全面贯彻的当口，不仅杀了张汜，还杀了张汜的宗族以及宾客二百多人。

接着，汝南太守刘质逮捕了小黄门赵津，也是不顾朝廷的赦令，先将赵津拷打致死，之后才向朝廷上报。

两案被处决的当事人都从属于宦官势力，受到从重从快处理，性质上是士大夫集团打着执法的旗号，打击宦官集团。

宦官们本来也不在乎自己在士大夫心中的“道德形象”，因此毫不客气地展开“反击”。他们纷纷向刘志告状，同时鼓动张汜的妻子上诉。

李膺

汉桓帝闻知情形，勃然大怒。

在刘志看来，这根本就是地方执政者公然对抗中央命令，闹独立啊。于是当即下诏，将成晋、刘质两个太守一并逮捕，予以斩处。

在你死我活的斗争中，士大夫们当然不会就此屈服。

野王令张朔是宦官张让的弟弟，性情残暴，时常作恶，有一次杀了一位孕妇，事后躲在张让家中。

司隶校尉李膺得到控告，亲率吏卒，搜捕张让的家，从夹壁墙里将张朔搜出来，捕获法办，处以死刑。

此案一办，在京都洛阳，李膺声誉鹊起。

许多宦官因害怕李膺，不敢走出宫门，为害有所减少，李膺因此受到士大夫们的尊敬。

刘志讨厌士大夫，作为“后备士大夫”的洛阳太学的生员们，感到仕途受到了堵塞，未来的政治生命没了保证，十分不满，跟各州郡的学生相互联络，联合较为开明清廉的士大夫，声援李膺，揭露宦官的罪恶，评价朝廷政治，进行猛烈的舆论作战。

这样，在东汉京都洛阳，渐渐形成了一个反对外戚和宦官擅权的政治营垒，领袖人物就成了李膺。

士大夫们如此顽强地抵制以汉桓帝本人为总后台的宦官集团，当然会招致来自桓帝和宦官集团的共同打击。刘志准备对李膺下手了。

公元166年，宦官在桓帝耳朵边诬告，说李膺与太学生及郡国生结成“党人”，朋比为奸，“诽讪朝廷，惑乱风俗”。

窦武

宦官告诉汉桓帝刘志，陛下应该为此震怒，速速制裁。

刘志果然发火，下诏逮捕李膺乱党，并公告天下，好让天下人都憎恶他们。

受到株连的士子和太学生二百多人惨遭逮捕，即使有人逃亡，也都被悬赏通缉。

奉命传达捉拿党人公文的使者四面出发，数量多得在大道上互相可以打招呼。

李膺在狱中受审，供辞故意牵连宦官家人。

宦官害怕受到牵连，加之太尉陈蕃极力劝谏，外戚窦武也上书请求，刘志的怒气才稍稍缓解，宣布赦免党人，不再治罪，但仍将其全部罢官，名字记入黑单，终身不许为官。

汉桓帝刘志干的这件猛事，史称“党锢之祸”之第一次。

通过党锢，汉桓帝打击了士大夫势力，也打击了正义，强化了皇权，也使得宦官集团就地坐大。

三

有道是，男人有钱就变坏，傀儡有权就变态。

汉桓帝刘志，长期受到压抑，冷不丁获得了无上权力，有点“权力暴发户”的感觉。

暴发了怎么办？娶老婆，多多益善，后宫搞成女性的海洋。

过去刘志要讨好梁氏家族，梁太后在世时，专宠梁皇后一人。梁太后死后，胆子大了些，但也非常有限，梁皇后也死了，专宠贵人梁孟女。

“梁”来“梁”去的，刘志实在讨厌“梁”这个姓氏，就给梁孟女改姓“薄”，希望像西汉时文帝他妈那样贤惠。

后来查清，梁孟女生父是邓香，就给她恢复邓姓，称为邓孟女，立作了皇后。

汉桓帝刘志，在男女之事上并不怎么出格呀？

一位皇后，少数几名宠妃，与大多数皇帝并无差别嘛。

你别着急，随着时间的推移，邓皇后渐渐人老珠黄，青春不再了。而刘志消灭了梁氏集团，亲掌天下大权，正值而立之年的猛烈时光，程序已经被激活，心思开始偏离邓皇后了。

邓皇后当然不爽了，以前那么受宠，为了自己，刘志都敢杀大手遮天的梁冀，现在怎么就变化这么大呢？

邓皇后对桓帝刘志宠幸其他妃子开始不满。

邓皇后一不满，刘志觉得邓皇后跟自己灭掉的梁氏家族差不多，立即施以“报复性反抗”。

汉桓帝拿出除灭梁冀时的魄力，一道诏书，废了邓皇后，并软禁起来，直至邓皇后较快地死去。

好了，无障碍了。汉桓帝开始在全国范围内大规模征召美女入宫，后宫女子数量高达五六千，创了东汉的吉尼斯纪录。

按照五千名来计算，刘志一天不重样地“宠幸”一个，日日宠，夜夜幸，他得忙十三个年头，有什么快乐可言吗？简直是受罪啊。

桓帝的“无遮大会”

所以说，傀儡有权就变态。

刘志着实是个变态狂，以纵情声色来填补自己心理的空虚。

这家伙如何纵情？兴头上来，竟然把数千嫔妃全都集中起来，脱光衣服，让自己的宠臣们跟她们做肉体“游戏”。刘志一边喝酒，一边瞪着充血的眼睛，四下巡看，时不时还放声狂笑。

汉桓帝的嫔妃大军可谓浩荡，但依据封建礼法，只有皇后才算是他真正意义上的老婆。

邓皇后死了，刘志很快立了一位新皇后——大司空、安丰侯窦融的曾孙女，城门校尉窦武的女儿窦妙。

不知道窦妙参加没参加令桓帝兴奋不已的五千人“无遮大会”，但有一点清楚明白：刘志压根儿不喜欢她。

刘志不喜欢，窦妙虽然十二分地不满，也只能把满肚子的妒醋封起来，不敢泄露出一点酸味儿，她惟恐成为邓皇后第二。

这时候，助汉桓帝掌权而受封过宦官单超、左悺、徐璜、具瑗、唐衡“五侯”成气候了，他们重演权臣梁冀当年演过的一幕，滥行淫威，专横霸道，他们一出现在哪里，哪里的人连大气儿都不敢出。

“五侯”中的单超死了，剩下的四侯照样作恶，无论是内廷还是外朝，都得向他们臣服。

人们起了不同的绰号来形容这四条恶虎：左悺“左回天”，具瑗“具独坐”，徐璜“徐卧虎”，唐衡“唐两堕”，东汉朝廷完全落在他们的手心里了。

曹操

曹操画像

“五侯”及其亲族党羽的势力越来越大，汉桓帝总算发现问题严重了。

桓帝以“请托州郡，聚敛为奸，宾客放纵，侵犯吏民”的理由，逼左悺自杀，将具瑗贬为都乡侯，很快死在自己家里。徐璜和唐衡相继死掉了，跟“五侯”相近的宦官多也免除爵位了。

宦官中，惟有一个曹腾不受影响。

在拥立桓帝的事情上，曹腾是有“不世之功”的。

刘志能够当上皇帝，跟曹腾对梁冀所说过的话，有着直接的关系。

“将军累世为皇后至亲，统摄万机，并且宾客那么多，又颇多过失。清河王刘蒜严明，假如他即位做皇帝，那么将军受祸的日子必定不会远了。不如立蠡吾侯刘志，可以长保富贵。”

曹腾传达了宦官集团支持刘志当皇帝的信息，梁冀才有勇气强势排挤李固、杜乔等大臣，拥立刘志即大位。

刘志后来拐弯抹角地知道了曹腾的话，认为曹腾是自己的“大贵人”、“大恩人”。

刘志对曹腾恩宠有加，晋封曹腾为费亭侯，并且让他出任长乐太仆之职，后来又升为大长秋——宦官老大。

汉桓帝在收拾“五侯党”的时候留下了宦官曹腾——东汉王朝的掘墓人，掘墓这伟大的功劳，恐怕连曹腾自己也从来没有想到过。

曹腾是宦官，自己不能生儿子，收养了一个，取名曹嵩。

曹嵩最近刚刚当爹，生了个儿子，取名曹操，字孟德，小号儿阿瞒。

东汉王朝快要大乱了，在未来的天下大乱中，曹操“奉天子以令不臣”，为

曹休墓出土的印章

洛阳发现曹休墓

他的儿子曹丕建立魏朝打下了瓷实的基础。

汉桓帝没有眼光，若能看到后世，预知结果，估计也要把曹腾给宰了。

却说汉桓帝拥有当时世界上最多的女人，不顾一切地放纵自己，三十六岁这年他又改元“永康”，想永远健康，但是，晚了，改元不久就病了。

东汉王朝的首都洛阳，来了一群金发碧眼、高鼻深目的白人，他们自称奉大罗马帝国皇帝的差遣，不远万里，从欧洲来到中国，来到洛阳。

白人们向汉桓帝献上了象牙、犀角、玳瑁等稀奇古怪的礼物。

东汉朝廷里没有翻译人才，听不懂洋人的话语，汉桓帝弄不明白这些洋人的真实身份，史学界至今同样也没有扎实的证据，来搞清爽这些洋人的来历，至少他们是一些远道而来的友好商人吧。

有朋自远方来，不亦说乎。

汉桓帝刘志招待洋人喝酒，也是太大方，太实诚，刘志当晚自己喝醉了，后来一连数日，恢复不佳，后宫玉体排队横陈，怎么也发动不起来。

汉桓帝最后的工作是“驾崩”。

桓帝崩了不大要紧，一个严重的问题摆在了东汉王朝的面前：这个拥有女人数目享受东汉吉尼斯的男人，竟然没有半个儿子。

四

汉桓帝刘志在后宫搞女人最多，然而浩浩荡荡的妃嫔军团，只是破了大汉吉尼斯纪录，却没有给他生下半个儿子。

汉灵帝

刘志的老婆窦皇后做主，从皇族宗室里寻找继承人，扶立新皇帝。

按照外戚的心思，只能立幼，不能立长，立幼好操纵，立长是给宦官办好事儿的。

窦皇后跟自己的父亲窦武商量，选了个年仅十二岁的刘宏，做皇位继承人。

窦皇后升格成了窦太后，窦武则以大将军资格辅政。

刘宏是刘志的堂侄，在东汉太庙的谥号曰“灵帝”，是东汉最后一个真正的皇帝。

刘宏本来的爵位，连个县侯都不是，只是一个解渎亭侯，属于贵族的最末级别，如果再往下降，那就跟刘秀他老爸一样，成地方人士了。

因为汉桓帝刘志没有儿子，其远房侄子刘宏就交了宏运，一跃而登上天下第一宝座。

仅仅是当上皇帝，还不算是运气太好，质帝、冲帝，也都当上了皇帝，但当上就死掉，是坏运气。

桓帝刘志当皇上也很早，那是别人在专权，他开始真正掌握朝廷大权，已经二十八岁了。

汉灵帝刘宏十二岁被外戚拥立，却是个扎手的刺儿头，把窦太后气得一愣一愣的，惹得外戚、宦官对咬，刘宏没费劲，外戚集团呼啦啦地倒了。

刘宏生性非常操蛋，超出寻常孩子，令窦太后和窦武苦不堪言。

窦武不把十二岁的刘宏当一回事儿，虽说皇帝是打不得的，但有时刘宏太讨厌了，窦武就会揪住他的头发，扭过他的脸来教训，想把他往“正道”上引。

刘宏知道自己是皇帝啊，总被揪头发，伤自尊不说，头皮也疼啊，于是刘宏就报复窦武。

刘宏让宫女在给自己梳头的时候，把一些绣花针插在头发里，尖朝外，外面看不出来，但每一根都处于待命状态。

刘宏当着窦武的面故意操蛋，故意胡来，窦武急了，上来就抓刘宏的头发，一把抓住了无数钢针。

窦武和梁冀是有本质区别的，若是梁冀，早翻了脸，把刘宏拾掇利落了。窦武虽是外戚权臣，但却属于士大夫集团，他注重自身德行操守，被公认是一个正人君子。

窦武再正人君子，架不住刘宏“略施小计”，让他成了“血手”，尽管窦武以后真的不敢再揪刘宏的头发了。

在窦武看来，国家现在的形势这么糟糕，全是因为宦官才造成的。因此窦武在政治立场上，同情党人，嫉恶宦官。

窦武掌握权力以后，希望通过重用“党人”来打击宦官，达到阻止国家的腐败衰落，复兴大汉王朝的目的。

窦武重新起用被罢免的陈蕃等党人，将他们召同朝廷，委以重任，形成了外戚与士大夫联合对抗宦官的“反宦官联盟”。

窦武、陈蕃与宦官做斗争，精神可嘉，可是他们选择了愚蠢的斗争手段。

窦武提拔了一个忠于自己的小宦官山冰当黄门令，让山冰作伪证，诬告大宦官郑飒。

郑飒被抓进监狱，遭到严刑拷打。受刑不过，郑飒供出了曹节、王甫等人许多罪行。

窦武决定乘此机会，铲除宦官。他命人写了根治宦官专宠的奏章送给太后。

不料，管奏章的宦官把奏章送给了朱踽。

朱瑀是宦官公公们的队长，是最有能耐的一个，他看了窦武的奏章后，立刻召集宦官开会，公布了窦武的奏章。

朱瑀极力煽动宦官与党人的仇恨，宦官们都被激出“火性”来了。他们推曹节为“平叛”指挥长，先把汉灵帝和窦太后都控制了起来，然后关闭大内，以灵帝的名义下诏，杀山冰，救郑飒，调兵逮捕窦武、陈蕃。

窦武急忙集合部队，力图收复失陷的皇宫。

七十多岁的陈蕃也积极行动，发动了小百十个太学生，手举家伙，冲向南宫，一边冲还一边喊：“大将军忠君爱国，阉人谋反害朝廷！”

口号不怎么顺溜，但不停地喊叫，勇气可嘉。

结果，陈蕃的人被宦官组织的大部队一下全部俘虏了。

陈蕃老夫子还想跟宦官理论。宦官们可不吃他那一套，拥上去连踢带骂，折腾到半夜，把陈蕃给活活折腾死了。

窦武也不知为何那么倒霉，碰到的竟然是刚刚从西北边疆回来的大将张奂。

张奂尚未了解局势，宦官假传平定窦氏叛乱的诏令骗过了他。

张奂信假诏令以为真，遂与少府周靖率五营士兵，加上大宦官王甫所率千余虎贲军、羽林军，收拾窦武。

张奂带的是虎狼之师，而被重重围困的窦武，率领的禁军则是一群京洛少爷兵，两下打了一夜，窦武一方损失惨重。

第二天一早，宦官们决定，加上攻心战，由王甫喊话。

王甫尖声尖气，对窦武的军队喊道："禁军兄弟们，你们的家，都在洛阳，你们的责任，就是保卫皇宫，你们怎么可以起来攻击你们所保卫的皇宫呢？放下武器，赶快投降吧，投降的有赏。"

反复喊话的结果是，窦武的军队慢慢给瓦解了。

窦武无奈，拔剑自尽。

外戚与士大夫联手发动的"反宦行动"，以失败告终了。

但马蜂窝被捅了一下，阉公公们被激怒了，开始了疯狂的报复，一场比汉桓帝时期更为惨烈的"党锢之祸"开场了。

宦官们乘机大肆搜捕"党人"，李膺、杜密、翟超、刘儒、荀翌、范滂、虞放等一百多名党人骨干又被拉了出来，处死。

有人趁着月黑风高，在洛阳外廓城的朱雀楼上书写"反动标语"，指斥宦官罪恶，导致宦官集团再次疯狂，大肆搜捕党人和太学生，又抓了一千多人。

宦官又操纵汉灵帝下诏，规定"党人"的门生、故吏、父兄子弟及五服以内的亲属，都一律免官禁锢，终身不得解脱，演成了"第二次党锢之祸"。

两次"党锢"之祸，外戚集团和士大夫集团都遭到了毁灭性的打击，使东汉王权遭受重创，后宫的阉公务员集团开始在灵帝一朝专擅独大，使汉末宫廷乱象百生。

最有权势的宦官有十二人，简称十常侍，分别是张让、赵忠、夏恽、郭胜、孙璋、毕岚、栗嵩、段珪、高望、张恭、韩悝、宋典。

张让、赵忠等阉人，把小小的汉灵帝玩弄于股掌之中，哄着让灵帝说："张常侍是我爹爹，赵常侍是我妈妈。"

之后，宦官们自己卖官鬻爵，横征暴敛，不用说了，他们的父兄子弟遍布天下，横行乡里，祸害百姓，同样无官敢管。

宦官血洗外戚和士人集团的事变，发生在灵帝刘宏继位八个月的时候，窦氏家族像一颗流星一样干净彻底地退出了历史舞台，窦太后因为拥立刘宏做皇帝，受到特赦免死，但再也没有力量控制刘宏以及后宫了。

刘宏的生母被接到洛阳北宫，成了董太后。

董太后亲自充当刘宏的监护人，刘宏能天天在亲妈的羽翼之下健康成长了。

十二岁，在位仅八个月，就扫除外戚，"收回"政权，这事儿虽非刘宏本人能力所成，但论及他的运气，还真不是一般的好啊。

只可惜，刘宏的个人运气虽好，却没有把好运带给东汉王朝，反倒制造了很多闹剧，酝酿了最大的祸殃。

五

汉灵帝刘宏彻底放开了手脚，没有了像窦武那样的外戚束缚，不怕做不到，就怕想不到。

刘宏赶过集，觉得熙熙攘攘的农贸集市十分让人过瘾，于是，命在后宫建起市场，让宫女、嫔妃和宦官们开商店，摆地摊，出售或消费，刘宏混迹其间，有时买进，有时卖出，玩得好不快活。

渐渐地，后宫市场允许外人进入，算命的、卖艺的甚至小偷都来了。

汉灵帝刘宏，少年经商有成，每天挖一桶金，董太后这当妈的打心眼儿里高兴。

董氏是由灰姑娘变成皇太后的，虽然已经母凭子贵，富有四海，可还是想把普天下的真金白银都攥在自己的手里，于是就跟刘宏商量。

董太后说："儿子啊，宫里开大市场，虽然好玩，可归根结底是在赚咱自己的钱，如果再算上建市场的投资，那咱就赔了。"

刘宏说："那妈你说怎么办呢？总不能真的把东两卖到宫外去吧？"

最后娘儿俩一合计，有些东西还真是可以卖到宫外去的，那就是自由和权力。

于是，东汉王朝开始卖"自由"，准确地说就是卖赎罪权。凡是犯了罪的人，只要花一定的钱，就可以免罪。

花钱赎罪，在汉代本是常例，但有一定的限度，一般仅限于官员的失误性犯罪。可汉灵帝则是无限制地恶搞，连杀人放火的恶性刑事案件，花钱都一律可免掉处罚。

但是，犯法的人毕竟是少数，犯法而且有钱的就更是少数了，所以这个市场很小，赚不着大钱。

真正有潜力的赢利项目应该是"权力"，任何有钱的人，都渴望权力，这个市场，那是相当的大了。

于是，汉灵帝开始做起了其祖宗都“做不出水平”的赢利项目——卖官鬻爵。

灵帝刘宏在洛阳西园建立了“官爵交易所”，将上至三公、关内侯，下至虎贲、羽林，乃至郡守、县令，各种官职，一律开出价格，公开销售。

刘宏还别出心裁，实施拍卖。一个官职，大家竞价投标，谁出的价最高，准就获得它。

拍卖的官职，成交后，可以现金交易，也可以交个首付，余款分期分批，慢慢付清，当然这样有利息的。

官职的价格还是“双轨制”。三公九卿一类高官，公开价格极高，可以卖到一亿钱，一般人买不起。但是那些跟皇家有特殊关系的人，能用内部价买到。

宦官曹腾的养子曹嵩，就花了一亿钱，买了个三公之一的太尉。

像曹嵩这样，买“三公九卿”之类高官的，主要是为了装点门面，混个“三公之家”的荣誉，脸上有光彩。可是那些买郡守、县令一类的，十之八九是为了捞钱，为了加倍地赚回来。

因为官位可以任意买卖，刘宏也就对官员全无尊重之心，甚至在玩狗的时候，他给自己的狗戴上文官平时戴的进贤冠，把狗儿唤作“爱卿”，带着到处取乐。

灵帝把卖官鬻爵当成生意，却没有想过将导致怎样严重的后果。

花钱买官的人上任之后，为了收回成本，拼命地盘剥百姓，使之“寒不敢衣、饥不敢食”，从而加快了东汉王朝社会经济的崩溃速度。

百姓苦不堪言，被逼上了死路，没有办法，只有起来拼命。

第六十三章

鱼死网破

蔡邕

一

东汉中期以来，豪族地主拼命兼并土地，外戚和宦官轮流把持朝政，官场越来越黑，加以自然灾害相继不断，使农民陷于死亡的边缘。

做尽坏事的汉安帝即开始埋祸根了，各种民变了，边疆部族入侵了，虽说规模都比较小，持续时间也比较短，但是在“积累”啊。

其后数十年时间，冤民上访不断，全国起义连绵，到了灵帝这时候，东汉王朝已经腐败得发臭了。

话说四月十五，是温德殿例会日。汉灵帝刘宏主持中央常委扩大会，刚要升座，殿角狂风骤起，只见一条大青蛇从梁上飞落下来，盘踞在宝椅上。

刘宏吓得晕死过去，左右急救，百官俱避。

刘宏因惧致病，拉稀多日，御医忙着用药，还没止泻呢，洛阳地震，坏却房屋无数。

东南沿海有报告来，说发生了超大海啸，沿海居民，尽被大浪卷入海中。

异象报告就更多了，山岸崩裂，冰雹如拳，母鸡打鸣，黑鼬上殿，种种不祥，非止一端。

汉灵帝惊恐中下诏问群臣灾异之由，议郎蔡邕说：“蜺蛇堕落，雌鸡化雄，乃由妇人干政，或由非男非女之人弄权所致，亟待陛下进行改革，拯救顽民于水火。”

蔡邕是个文化名人，去年还在儒生们要求下，在洛阳太学搞系列讲座。

讲座之后，趁着热乎劲儿，应太学之请，应灵帝之命，为太学书写“石经”——以古文、篆体和隶书三体文字书写《诗》《书》《易》《礼》《春秋》等五部典籍，然后刻在四十六块石碑上，立于太学报告厅门外，以供阅读，一天到晚，观看和摹写者，你来我往，络绎不绝。

妇人干政，不祥丛生。文化名人也顾不上“文化”了，

蔡邕之言颇为切直，汉灵帝连连叹息，说：“此言，此言……朕要上厕所，上厕所。”

阉人们向来有“隔幕听会”恶习，这天是宦官曹节在偷听，听了蔡邕的言论，立马跑回去宣告给同类。

宦官们设毒计陷害蔡邕，刘宏罢了蔡邕的官。

东汉王朝卖官鬻爵，阉竖弄权，严酷专制，空前的高税负，有史以来最大的贫富差别，终于激起了全国规模的“黄巾大起义”，领导人叫张角。

张角，钜鹿人，河北巨鹿，信奉黄老学说，是个道教人物，对东汉当朝流行的谶纬时尚深有研究，又是个兼修巫医的术士，拥有很多“粉丝”。

汉灵帝建宁年间，公元180年前后，疫病流行。机会来了。

张角带着他的两个弟弟，张梁和张宝，前往灾情特别严重的冀州一带，借治病为名，进行传教活动。

张角用法术、咒语到处为人医病，许多生病的百姓都来喝下他的符水，然后鼓吹他的灵验。

张角又培养了八个心腹，谓之“八使”，分赴各地，如法炮制。

追随者愈来愈多，信徒愈来愈众，遍及青、徐、幽、冀、荆、扬、兖、豫八

苍天已死，黄天当立

大州，几乎占了当时全国四分之三的地方。

人们听说张角神灵，兄弟爷儿们，不惜变卖家产，结伴投奔，千里迢迢，争先恐后，沿途挤得水泄不通，据说在路上被踩死的就有万余人。

张角成了“活仙”，信徒渐多，发展到了几十万人，便自称“大贤良师”，创建了“太平道”。

张角跟张天师张道陵不一样，张角对天下有想法。

张道陵领着教众，每年五月、腊月的吉日祭祀祖先，二月八日祭祀灶神，稼穑之外，也就是个祭祀。张角是干革命的。

张道陵为了统领太多的教众，把“天师道”分为“二十四治”，相当于二十四个教区。

张角则把自己的信徒们编为三十六方，大方万余人，小方六、七千人，相当于三十六个师团，每方有个心腹做头目，全由张角控制，可以战斗了。

眼看时机一天天成熟，张角决定在“甲子”年秋收季节发动起义。

张角处心积虑地想出了十六字口号，“苍天已死，黄天当立，岁在甲子，天下大吉”，隆重颁布了。

同时，张角派人在洛阳的寺门及州郡官府的墙上，到处用白土写上“甲子”两个大字，作为起义的舆论装备和标志口号。

甲子年，是公元184年，张角命令他所封的大方长马元义带领南方的数万名起义群众赶到邺县集中，准备配合京城洛阳及各地的大起义。

马元义几次潜入洛阳，从事地下工作，组织宦官徐奉等为内应，约定在这年的三月五日一同起义。

黄巾起义形势图

黄巾起义

但是在二月间，起义军内部出了叛徒。张角的一个门人唐周，把马元义的起义计划向东汉政府告了密。

东汉政府立即采取措施，搜捕于洛阳。

结果，马元义被捕后受车裂之刑，壮烈就义，信奉太平道的一千多名官兵、百姓，也都牺牲了。

东汉政府下令冀州官府，搜捕张角等逆党。

张角知道事情已经泄露，就连夜派人通知各方，立即举行起义。

张角的起义军头上都裹着黄巾，是为标记，因此称之为“黄巾军”或“蛾贼”。这次有组织、有准备的反政府大起义，提前在早春二月爆发了。

张角自称“天公将军”，他的弟弟张宝称“地公将军”，张梁称“人公将军”，天地人统一指挥战斗。

张家三兄弟，攻打州郡，焚烧官府，杀害吏士、四处劫略，一个月内，全国七州二十八郡都发生了战事。

黄巾军到处没收豪族财物，许多地方官吏闻风逃窜。

全国各地百姓纷纷响应“黄巾”，参与起义，京都洛阳为之震动。

有的官吏比较清醒。什么年代都有比较清醒的官吏。有个郎中，张钧，表奏皇帝，明白指出，黄巾起义是外戚宦官专权逼出来的。

张钧说：“张角所以兴兵作乱，万人所以乐于附庸，病根儿在十常侍。”

十常侍让他们的父兄、子弟、三表哥他四舅，七姑子她八大姨，都当上一个个州郡的常委，把持权力，贪财谋利，侵害百姓。百姓又不能上访，上访了也没人管，为百姓做主的牌子仅仅是书法作品，吊在那里欣赏的，只好聚起来，呼啸

刘备

绿林，变成大起义了。

汉灵帝斥责道："时至如今，找原因有个屌用啊，朕要计策，计策！"

众臣见太平道如此厉害，无不建议调兵遣将，部署对洛阳的军事防御。

刘宏的大舅子何进本来开个小型的肉联厂，他的同父异母的妹妹小何被选入宫廷，被灵帝喜欢了，何进于是弃商入政，官拜郎中。

小何在宫内进一步被宠幸，成了皇后，何进进一步升官，成为虎贲中郎将。

现在国难当头，灵帝就拜何进为大将军，率左右羽林军五个营的士兵，整点武器，屯于都亭，负责保卫洛阳。

何进觉得出力的时候到了，他有责任挽救社稷。

汉灵帝和何进又在函谷、大谷、广城、伊阙、轘辕、旋门、孟津、小平津等八个京都关口，设置都尉驻防，加强守卫。

几乎在同时，灵帝刘宏下诏各地，严防死守，命各州郡扩招军队，铸造兵器，准备作战。

全国各地，家有资财的富人，也都插起招兵旗，收拢吃粮人，商人苏双、张世平就资助了一股军队，有个叫刘备的人就在这支小部队里。

黄巾军将士皆系赤贫百姓，活不下去了的，扛起枪参了军，入伍后吃饱了饭，打仗极其厉害，把个东汉王朝弄得风雨飘摇。

二

南阳、颍川、汝南、邵陵各郡，相继为黄巾军吃掉。

北方的广阳郡——今天北京一带的黄巾军杀掉了幽州刺史郭勋和广阳太守刘卫，大片地域改属。

黄巾军的节节胜利，使东汉朝廷惊恐万状，一天开好几个中央常委会研究对策。

汉灵帝刘宏一迭连声地询问："都说啊，说啊，说说咋办，说说咋办？"

中郎将皇甫嵩上谏，说："东汉政权到了最危险的时候，赶紧把党禁解除了吧，让他们戴罪立功。"

皇甫嵩还建议把西园的良马牵出来送给部队，把皇宫里的钱财拿出来奖励功臣。刘宏都同意了。

大臣吕强对灵帝说："党锢之祸积怨日久，若果他们与黄巾合谋，恐怕就无救了，不要他们戴罪立功，而是陛下要大赦他们，解除全社会的后顾之忧，全民动员，讨伐逆贼。"

刘宏接纳了吕强的提案，大赦党人，发还囚徒，在全社会招纳军事人才，要求各公卿捐出马、弩，推举众将领的子孙及民间深明战略的人，到公车署接受面试。

很快，招募了大批将士，充入政府军。

汉灵帝刘宏遣卢植、皇甫嵩、朱俊率领政府军，进攻黄巾军的主力。

卢植负责北方战线，与张角主力周旋，皇甫嵩及朱俊各领一军，共四万多人，讨伐颍川一带的黄巾军。

朱俊又上表，召募下邳的孙坚为佐军司马，带同乡里少年及募得各商旅和淮水、泗水精兵，共千多人，合军作战。

曹操雕像

汉军首战并未得利，朱俊被打得卷了回来，皇甫嵩被围，士气低落。

黄巾军并未因汉室的扑灭动作而有败退的迹象。

洛阳朝廷见皇甫嵩被围，派骑兵都尉曹操率军救援。

曹操是前中常侍曹腾养子曹嵩的儿子，字孟德，曹嵩原名夏侯嵩，给曹腾当义子，姓了曹。此时的曹操已是个相当能干的青年军官了。

被困的皇甫嵩也在自救，趁傍晚大风，利用火攻之计，命士兵暗暗出城，点燃黄巾军营寨上风头的杂草。

前边猛烧，后边擂鼓进军，黄巾军大乱，四处奔走。逃跑的黄巾军又遇上曹操的援军。

皇甫嵩、朱俊和曹操三面夹击，斩杀数万人，汉军打胜了。

南阳太守秦颉反攻，斩杀了黄巾军司令张曼成。

黄巾军改以赵弘为司令，占据宛城。

皇甫嵩与朱俊继续进击汝南的黄巾军，把黄巾军都打进了宛城。

孙坚破城攻入，众军蚁附般推进，大获胜利。豫州一带的黄巾军遭到了挫败。

北方战线的汉军将领卢植，是一文武兼备的大将，数战得胜，大破张角，斩杀万余人。

张角的部队，前仆后继，英勇作战，最后撤到广宗城据守。广宗在今天的河北威县东部地方。

卢植率政府军设置鹿砦、挖掘壕沟，制造云梯，攻战城池。

攻城本来就很困难，汉军虽然精锐，但是数量却少于黄巾军，几经变换攻城

董卓

办法，却一直没有能攻下广宗城。

汉灵帝刘宏派宦官左丰视察军情。

阉人爱财，有人劝卢植贿赂左丰，卢植生性刚正，拒绝贿赂。

督军宦官回洛阳后，向灵帝诬告卢植作战不力，是个无能之辈，而且还有叛变可能。

汉灵帝大怒，派了一辆囚车，去把卢植装回洛阳治罪，改派董卓领兵去河北镇压。

董卓围攻广宗两三个月，广宗依旧巍然不动。

东汉政府再次交换人马，撤了董卓的职，调镇压反政府军老手皇甫嵩北上。

皇甫嵩到达广宗时，张角不幸病死，形势发展转为有利于官军了。

尽管如此，当时由张梁统率的广宗义军，依然精勇善战，汉军束手无策，皇甫嵩不得不紧闭营门，伺机而动。

十月间，黄巾军疏忽大意，皇甫嵩深夜出兵，突然袭击。

黄巾军仓促应战，结果张梁在阵前牺牲，三万多名黄巾军战死，还有五万多名黄巾军被逼入河中，死于激流。

紧接着，皇甫嵩攻破张宝据守的下曲阳城，屠杀了十多万黄巾军。

黄巾起义被平息，汉室统治也遭受了严重的打击。

汉灵帝没有接受教训，反而继续享乐。于是，各地依旧不断发生小型叛乱，产生许多散在的军事势力。

黑山、白波、黄龙、左校、牛角、五鹿、羝根、李大目、左髭丈八、苦蝤、刘石、平汉、大洪、白绕、司隶、缘城、罗市、雷公、浮云、飞燕、白爵、杨凤、于毒，这些都是黄巾之后的新“杆子”，势力小的数千人，大的甚至有百万人。

巴郡大山里的“五斗米道”也坐不住了。

他太平道威风了一阵子，我们比他们厉害，我们还收五斗米呢，于是组织了“五斗米师”，攻打郡县，杀人掠货。

公元188年，黄巾军余部死灰复燃，二月，攻略太原郡、河东郡等地。四月，汝南、葛陂，十月，青州、徐州，黄巾军再起，复占郡县。

东汉王朝派遣鲍鸿进讨声势最大的葛陂黄巾，双方大战于葛陂，鲍鸿的政府军吃了败仗。

黄巾各部，此伏彼起，声势虽比不上第一次黄巾起义盛大，但却令汉室十分头痛。

太常刘焉谏议汉灵帝，将部份刺史改为州牧，由宗室或重臣担任，让其拥有地方军、政之权，以便加强地方政权的实力，有效进剿黄巾余部。

汉灵帝觉得可以，就照办了。

下放权力的副作用，是助长了地方军阀拥兵自重，群雄互攻，逐鹿中原，甚至，东汉皇帝在军阀手中也如同无物了。

不过，因为乱事，大赦党人，令许多原先遭遇禁锢的干部得以重新受任。

“党人”与宦官集团有着累世刻骨之仇，借此机会重见天日，大多或投身于军阀，或本身发展成为军阀。

因此，最终将各地乱纷纷的反政府起义镇压下去的，不是东汉朝廷官军，而是各方地主武装。

刘协

后来分别开创了魏、蜀、吴三国基业的曹操、刘备、孙坚，都是在这一时期靠镇压反政府军起家的。

地方军阀镇压反政府军的方式也与官军大不相同，不是一味“屠杀战俘”，而是“整顿收编”，以为己用，从而使自身实力日益发展壮大。

这样，各地的起义渐渐平定，但是各方地主军阀势力借机兴起了。

很多军阀的主力其实就是原来的黄巾军。

曹操在打败青州一带的黄巾军后，汰弱留强，收编了很多人马，仍称“青州军”，成为日后横扫中原的骨干班底。

不过曹操当时尚无养军条件，便部署青州军就地开荒，生活。他自己接受朝廷任命，去当济南相了。

三

汉灵帝刘宏是个守财奴，镇压黄巾大起义在经济上让他出了不少血。

破费钱财，损失宝马，战事迟迟不停，铜钱流水似的花掉，刘宏实在心疼至极，刚打完仗就气得病倒了。

刘宏有两个儿子。长子刘辩，何皇后所生，从小寄养在史姓道士家，人称史侯。次子刘协，王美人所生，王美人被何皇后毒死，灵帝将刘协交给母亲董太后抚养，人称董侯。

刘辩虽为嫡长子，但为人轻佻，缺少威严，不具备做皇帝的范儿。

灵帝于是有心废长立幼，让刘协做太子，可是顾忌何皇后的哥哥大将军何进手握兵权，只好作罢。

刘宏为此动了脑筋。

公元188年，是东汉的中平五年，刘宏将宦官蹇硕提升为上军校尉，并以元帅之职督统其他校尉，从而使大将军何进在名义上也受蹇硕领导了。

次年，刘宏病重了，临终之际，召中常侍蹇硕到病榻前，说出了自己的心思，交代蹇硕，让他拥立次子刘协做皇帝，并说："你为事，朕放心。"

蹇硕说："皇上您英明伟大，您选的接班人我们一万个拥护。不过，废立之事不同一般呐，何大将军权高位重，他不听您就弄不成啊。皇上您要另立太子，得先杀掉何进，方能绝除后患。"

刘宏授命蹇硕，发出诏书，召何进商量要事，事先安排刀斧手藏在暗处，预备何进一进宫就杀掉他。

何进没有提防，接到通知就来了。

何进平时老进宫，在宫里人脉甚广，宦官潘隐出来救了他一命。

潘隐官居司马一职，跟何进是老朋友，看见何进大摇大摆奔着宫门来了，就迎上去打招呼，同时以极夸张的表情给何进使眼色，让他返回去。

何进反应挺快，知道有问题了，冷汗都出来了。

幸亏有人通风，否则大祸临头啊。二话不说，掉头就跑，潘隐还装模作样地还在后面追着喊："大将军，怎么跑啦？快回来呀!"

何进抄小道跑回军营，立即集合部队，把大军开进各郡各国驻京办事处的广场，自己则自称有病，住在中军帐内，不出来了。

何进能把军队开进郡国驻京办事处的广场，意味着他与地方势力也建立起了

袁绍

一定的默契。就是说，郡国是支持他的，至少不反对吧。

这与“党人”重新进入权力阶层有直接关系。

党人在汉灵帝初年与外戚一同被宦官消灭，他们同宦官有深仇大恨，支持或至少不反对外戚，也在情理之中。

何进在军帐中，可没闲着。他反复思谋，认定局势危急，千钧一发，这当头是你死我活啦。

事不宜迟，连忙请来一班同僚商议对策。

下属曹操、袁绍等人全被请到了。

何进说：“我们得动手啦，一不做二不休，嘁哩喀喳杀光这帮阉党是时候啦，一股脑儿，杀光，一个不留！”

众人有的赞成，有的反对。

正拿不定主意的当口，耳目报说：皇上已经崩了，十常侍决定秘不发丧，还在设计诱引大将军入宫，他们计划除掉大将军之后，再立刘协为皇帝。

曹操说：“将计就计，皇上驾崩了，就是没有皇帝了，我们现在立一个，立了皇上，奉旨诛杀贼子，名正言顺。”

何进一听曰“善”，大家也说曹将军此计最妙。

何进问：“谁愿意跟我进宫去，扶新君，诛阉党？”

司隶校尉袁绍说：“我愿去，我现在就有五千精兵，带上进宫。”

何进和袁绍率领精兵五千，冲入内宫。他们将四岁的刘辩抱到灵帝的棺柩前面，拥立为新君，三叩九拜，山呼万岁。

然后，袁绍带兵包围了皇宫，捉拿十常侍及所有的宦官。

十常侍身体不全，脑子反而灵光，知道大事不好，何进来要他们的命了。他们中张让、郭胜等九个人按住蹇硕一个人把他头割下来了。

九常侍掂着血淋淋的人头，一起进入后宫，叩见何皇后，齐声喊："太后啊，坏事都是蹇硕一个人干的，小的们已经把他宰了，太后您得给小的们做主啊。"

何皇后唤何进到后宫，说他道："你我兄妹，出身市井，身份低贱，当初若不是宦官们帮忙，哪能有今日的大富大贵，你若把他们都杀了，往后谁来帮我们的忙呢？他们今日都知罪了，就饶了他们吧。"

何进听了妹妹的话，觉得大概似乎好像也有道理，走出来，对袁绍说："我调查清楚了，想谋害我的是蹇硕，跟其他公公没有关系，现在蹇硕已经被杀掉了，账目就了结啦。诸位保立新君，功劳巨大，我要论功行赏，回营！"

刘辩小儿做了皇帝，何进大将军的名头之上又加了个国舅的冠冕，大权握在手中，十分显赫，国家大事何进说了算。

袁绍、曹操这些大臣向何进建议：九常侍还得杀掉，当下手软，必成后患。

何进最后想通了，得杀，要杀。

垂帘听政的何太后仍然不同意。太后不同意就不好下手。

当时朝野普遍认为，是宦官祸乱了东汉天下，要想过太平日子，就必须消灭宦官集团。

问题是，何进本人及其家族，与宦官集团并无太大的私怨，尤其是何太后。当年何太后入宫，入宫后得宠，完全靠的是宦官的支持。

因此，虽然何进想打击宦官，但何氏家族尤其是何太后，从私人角度出发，却非常同情宦官。

宦官们深谙其中微妙，私下找到何太后的母亲舞阳君及弟弟何苗，送上无数珍宝，请他们代为求情。

舞阳君与何苗被宦官们哭得心软，进宫找到何太后，替宦官们说话。

何太后本来就对宦官没有什么恶意，听母亲和弟弟一讲情，就对宦官再次委以重任。

宦官集团的势力重新强大起来。

何进一看不干了。这么一来，自己不是要走当年窦武的老路吗？

在汉桓帝一朝，窦武和老学究陈蕃定计翦除宦官，事机泄露，兵败而死。

士大夫们也不干了，这不是等着再来一次“党锢之祸”吗？

宦官们曾经两度占上风，大量士人受屠杀，遭禁锢，冤声尚在耳边啊。

可是，何进作为外戚，其权力基础就是太后，既然何太后要重用宦官，他这个当哥哥的，还真就想不出什么应对的办法。

袁绍见何进没招了，就来了馊主意，说太后再强，不就一女人吗？干脆，调动地方部队进京戒严，维持治安。地方部队以前跟洛阳没有什么来往，进京后告诉他们，宦官要反了，这样就可以逼迫太后，清除宫廷，平定朝内。

调外地兵马。调谁呢？

想来想去，比较厉害的是现任西凉刺史的董卓。

何进就让主簿陈琳代皇帝起草诏令，调董卓率兵进京。

陈琳秘书长是个读书人，不懂军事，可还是看出这事儿太玄了，当即表示反对。

曹操当时也在旁边，就说：“要杀宦官，一个狱卒就够了，调什么外军啊。万一控制不住怎么办？”

曹操懂军事，按说何进该听了吧？结果何进急了，说：“孟德，你也有私心吗？”

曹操是宦官曹腾的养孙子，算有宦官背景吧，何进这话明摆着是对曹操的不信任。

曹操一听话音不对，连忙闭嘴。

退出何进府来，曹操不禁仰天长叹：“弄乱天下的，必定是何进了。”

何进代新少帝刘辩制作了诏书并写私信一封，快马飞递，召董卓火速带兵入京。

何进哪里知道，他不听曹操之言，这一轻率之举，招来了一把“西凉大砍刀”。

大砍刀进入洛阳，将狂挥乱舞，杀瓜切菜，生灵涂炭，血流成河。

都城洛阳，此时，是否有灾难预感？

军阀董卓，拥兵大西北，日夜发愁找不到称雄中原的机会，机会说来就来了。他接到诏书和密信，一分钟不到，就传令：集合大军，进发洛阳。

四

何进远邀西凉刺史董卓来洛阳，近调自己的部队在孟津搞实战演习。

黄河滩上的何进大兵们，天天挥动戈矛，高声呼喊：“杀宦官——杀！杀宦官——杀！”

到了这个份儿上，何太后还是坚持保护宦官，何苗也找到何进，提出跟宦官讲和。

何进被何苗说得有些动摇，就跟袁绍商议。

袁绍一听，说：“开弓能有回头箭吗？您要再这么犹豫不决，窦武的下场就要在您身上重演了。”

何进觉得，还是袁绍看问题比较准确，何苗哪里懂得国家大事？开始信任袁绍，把大权交给他。

袁绍一朝权在手，便把令来行，命令各郡各国，捕杀宦官的家属。

袁绍给正在赶路的董卓打招呼，让董卓火速呈递报告，请求何太后诛杀宦官，并且要求到洛阳后进驻平乐观待命。

这样一来，等于是何进向何太后摊牌了：要么你同意清除宦官，要么我放大军进城，亲自动手。反正宦官我是灭定了。

何太后终于起反应了，传旨，除了像潘隐那样跟何进关系特好的之外，将大部分宦官都驱逐出宫，尤其是所谓的十常侍，勒令其回到封国养老。

何进对这个处理结果比较满意，认为就此可以罢手了。

但是，士大夫和宦官双方，却都不满意。

士大夫们不满意，是恐怕有一天这些宦官再来个咸鱼翻身，那么自己就要受更大的报复。

宦官们不满意，是因为以往宗亲权臣因罪被逐回封国后，大多难逃被逼自杀的下场。

袁术

尤其是宦官们，深知自己人缘太坏，天下没有不恨他们的。一旦失去权势，就算何进罢休了，向他们索命的人也有的是。

阉公务员行事一向出奇的狠毒，何进已经把他们逼得没有了活路，那么他们就是死，也不惜跟何进拼了。

九常侍带头，喽啰们跟着，一同跑到何太后面前哭求，请太后出面调停。

阉官们哭哭啼啼，说："大将军听信外人，还是非要杀掉小的们九个人不可，小的们只有功劳没有罪过啊，请太后做主救小的们的命。"

何太后说："这事好办，你们去大将军府上请一请罪，说一说好话嘛。"

阉官们说："不敢，小的们怎敢去啊，去了还不是送命吗？请太后宣大将军到宫里来，小的们当面向大将军道歉、赔罪。有太后在这里，小的们真心实意，大将军也相信。"

何太后于是弄了一份诏书，宣何进到宫里来。

何进接到诏书，立马带着袁绍和曹操进宫，为防万一，由袁绍的弟弟袁术率领一千精兵随行。

到宫城门口，何进说袁绍、曹操和袁术："你们在这儿等候吧。"

说完，何进自己一个人进入宫中。

何进满心去跟妹妹商议要事的，刚走进第二道宫门，就发现宫门被悄然关上了。心里正在疑惑，尚方监渠穆拔出宝剑，将何进前心后背穿了个通透。埋伏好的刀斧手也冲出来，嘁哩喀喳，何进就被乱砍致死了。

何太后没想到，她这一诏，要了她哥的命，也给自己和大汉王朝带来了灭顶之灾。

曹操他们在宫门外等呀等呀，时间老长，不见何进出来，就大声喊叫。

张让站在城门楼上，扔下一颗人头来，说："何进谋反，已被诛杀，你等快快退去，免得一同受死。"

袁绍见状大怒，连骂那些阉人的祖宗八辈。

何进手下的心腹将领，吴匡、张璋，气愤不过，率军攻进皇宫。

武贲中郎将袁术听得消息，也及时率军跟吴匡、张璋合兵一处。

吴匡、张璋、袁术们看宫城不容易打下，就下令火烧南宫。

烧毁宫门，杀入宫中，发现何苗也在其中，吴匡大喊："何苗跟宦官是一伙的，谋害大将军，大家为大将军报仇啊！"

何进虽然没有什么军事才能，但是能尊重将领，体恤士卒，待部下仁厚，人缘非常好。吴匡一喊叫，在场的将士都哭着喊着冲上去，何苗转眼间被剁成肉泥。

袁绍觉得还不解气，命令关闭宫门，将所有的宦官，不分老幼，尽数杀死。

宫里的人很多，有些人虽然不是宦官，但没有留胡子，或者下巴剃得干净，都被当作了宦官，大兵杀得红眼，把他们全都宰了。

一场恶杀，两千多名宦官掉了脑壳。

汉少帝刘辩呢？宫内大乱伊始，宦官张让即胁持了他逃走，

本来张让等还胁持了何太后，但是何太后被卢植救走了。

张让带着小皇帝刘辩和小王爷刘协，顺南北通道，出南宫，入北宫，又窜出北宫后门，越过北邙山，朝孟津方向逃亡。

幸好夜色降临，有掩护。

张让死不放手，牵着眼泪哗哗的皇上小哥儿俩，一直望北逃命，半夜时分逃到一处黄河渡口——小津渡，费尽心思，却找不到一条渡船。

莫说渡船，连条小划子也找不到，莫说小划子，连个百姓的影子也找不到。

可真是个“雾失楼台，月迷津渡”呀，回首把京城望断，早无寻处。

夜空中，看到洛阳上空火光闪闪，张让知道大势已去。

刘辩和刘协兄弟俩，一个四岁，一个九岁，合起来才十三岁，知道什么呀？

陈留王刘协大点，还能忍住饿，刘辩贵为天子，毕竟年岁不饶人，太小了，只晓得哭着叫喊，要吃东西。

本来早就该用晚膳的，一路奔逃，目前只有长河冷风。

非常寒冷，早春的深夜，慌不择路奔逃时还没有什么，一停下来，汗水落了，小皇上只晓得饿上加冷。

孟津警察局局长闵贡，奉袁绍飞传军令，指派军队正在搜捕潜逃的宦官，马嘶戈鸣，声声传来。

手里握着皇上，没用啊，变成累赘了。张让等人知道这回死定了，没活路了。

张让伏身在地，给皇帝和陈留王磕头。磕头，磕头，冉磕头。

张让趴着说：“皇上啊，陈留王啊，天下已经大乱，奴才于大难中救出皇上，救出陈留王，可到目前，只有以死相报啦。奴才走后，皇上……陈留王……善自为之……”

张让叩首毕，起身，转身，缓缓地走向黑暗夜幕下的黄河。

在刘辩和刘协的哭叫声中，张让投河自尽了。

刘辩和刘协兄弟俩被丢弃了。他俩惊恐万状地离开黄河小津渡，回身向邙山上寻找藏身处……

曹操和袁绍、袁术杀尽了宦官，却也找不到皇帝了。不仅皇帝找不到，连陈留王刘协也丢了。

检点军队，调查是不是乱杀乱剁，把皇帝也给剁掉了？汉灵帝只有刘辩和刘协这两条根，若全部剁断了拿什么去服天下呀？

调查结果是好像没有杀呀。宦官已经杀干净了，不可能窝藏了。那，丢哪儿去了呢？

这时候，听说奉诏进京的凉州刺史董卓带着大量兵马，昼夜兼程，行近洛阳。

袁绍和曹操开始担心，情形起变化了，何进已经被杀了，小皇上失踪了，董卓重兵在手，势如虎狼扑食啊。

第六十四章

血火惨变

一

却说董卓此人，屯兵凉州，在西域几乎建立了一个独立王国，但他心里觊觎的，是汉家天下。

汉灵帝时期，中央政府一方面想极力抑制地方豪强，另一方面，又不得不利用地方豪强来镇压农民起义和少数民族的反抗，董卓就在这样的情况下，成了官府招抚和利用的对象。

董卓最早出任州兵马掾一职，负责带兵巡逻，在边塞上转悠，外加维护地方治安。

董卓在西域干巡逻队长，有机会、有条件接触更多的羌人，树立权威，控制他们，为他今后发展自己的势力奠定了坚实的基础。

渐渐地，不管是在官府，还是在民间，董卓都具有举足轻重的地位，成了闻名陇西的风云人物。

边地豪强，当着不错，随着地位的相继上升，随着势力的不断膨胀，董卓不满足了，认为自己能够在更加广阔的政治空间戏耍一番。于是，他开始进一步蓄积力量，窥伺机会。

东汉朝廷在忙着内忧，宫廷里外戚和宦官战斗不止。而外患危机，东汉政府根本就束手无策，只得求救于地方豪强。对于西羌人制造的变乱，只有靠西域的豪强来办理。

于是，有眼色的陇西地方官吏便极力向朝廷推荐董卓。这无疑给董卓创造了一个发展势力、满足贪欲和野心的良机。

汉桓帝时，董卓被任命为羽林郎，统管汉阳、陇西、安定、北地、上郡、西河六个军区的部队。不久，又被提升为军司马，跟从中郎将张奂征讨并州反叛的羌人。

在征战中，董卓极力表现自己，充分发挥勇猛强悍的优势，左右开弓，纵横冲杀，厉害极了。

由于战绩突出，董卓迁升为郎中，兼任广武县令，继而升任郡守北部都尉、西域戌已校尉，不久官拜并州刺史、河东太守，可谓平步青云。

期间，董卓曾应命镇压黄巾军一次，失败了，又被派回陇西。

当时特殊的社会政治环境，董卓狂妄的野心，都决定了他不会甘于失败和寂寞。

董卓已在西北建立了一支以凉州人为主体、兼杂胡人和汉人的混合军队，整个陇西都成了董卓的根据地。

董卓不仅掌握强大的武装力量，成了地方军阀豪强，而且还是朝廷命官、边陲重臣。凭借强大的实力，极度膨胀的野心促使他开始着手设计问鼎中央政权的具体步骤。

汉廷局势骤变，机会这就降临了，有诏书，并附有何进的密信，还等什么，带兵进京！

在路上，董卓听说灵帝驾崩了，少帝刘辩继了皇位。

董卓的探马报告说，刘辩年幼不晓事，何太后在临朝主政。宦官和外戚，双方不惜采用一切手段，相互间的战斗越发激烈了。

董卓心中暗自高兴，拿定主意，密切注视朝廷各派动向，随时准备见机行事。

董卓在路上让手下识字的人起草奏表，按何进的意思，写上不日引军进京，以“逐君侧之恶”，收回张让的一切权力，把朝廷里边的奸秽全部扫除干净。

可是忽然又探得何进被张让等阉人杀掉了，少帝刘辩和陈留王刘协半夜出逃，生死不明。

凌晨时分，董卓的大军到了洛阳郊外。

行进中，董卓在马上远远望见洛阳南宫一片火海，遂发出更多的探马打听消息，关键是少帝刘辩和陈留王刘协的消息。

刘辩和刘协在黄河边走投无路，又试探着朝邙山返回。

皇上弟兄俩走了一夜，又饥又冷，在荒郊野外的乱草丛中捱到天明，刚刚被人们找到，突然间又被蜂拥而至的大军团团围起来，吓得惊慌失措，索索发抖，泪流满面。

董卓威风凛凛，大摇大摆地过来了，大声问：“皇上在哪儿呢？”

在场有个前任太尉崔烈，心里装满了老规矩，见董卓这么吆五喝六的，就让他回避。

董卓恼了，大声吼道：“老子不分白天黑夜连跑千百里来清君侧，回什么避！信不信我指头一动砍掉你的狗头？”

在场众人，尤其是少帝刘辩，看董卓相貌凶恶，而且手下军队众多，都吓得不敢说话。

“宫里怎么回事，告诉我？”董卓向少帝刘辩询问事变经过。

刘辩结结巴巴，语无伦次，实在也说不清楚怎么回事。

董卓说刘辩：“哎呀，真是个废物，他们怎么会让你干皇帝呢？”

董卓转过头来问陈留王刘协，刘协向董卓讲述了事变的经过，从头到尾，条理清楚，毫不含糊。

董卓大惊，觉得陈留王同样是个孩子，比少帝强多了。

听说陈留王是由董太后抚养成人的，董卓说：“到底是董太后把你抚养大的，就是聪明，沾我们董姓人的光嘛。我是董卓，跟董太后是本家，让我抱着你回去吧!有我在，量谁人也不敢咋地，我看皇帝可以由你来干。”

二

董卓引兵进入洛阳，正值外戚宦官恶斗，两败俱死之后，南宫“血火大戏”已经散场，京城军事空虚的当儿，对他太有利了。

要想征服百官，控制朝廷，手中必须得有强大的军事力量。

董卓长期带兵打仗，深深地知道枪杆子里面出政权的道理。

为了给洛阳造成强烈的军事威慑，董卓玩弄了一个花招：夜深人静的时候，命令他的部队分散行动，悄悄溜出洛阳，第二天早上，在远郊找个地方集合，再排着队，大张旗鼓，浩浩荡荡开进洛阳，旌旗招展，战鼓震天，给人的感觉是千军万马源源不断。

这样一连多日，洛阳的人都闹不清董卓到底调来多少兵马。

董卓瞒天过海，招摇军力，包括朝廷官员在内的所有洛阳人都被董卓如此强大的气势所吓倒，不敢乱说乱动。

明眼人是有的。有个叫鲍信的，就对董卓有较清醒的觉察和认识。

鲍信对司隶校尉袁绍说："董卓为人奸诈狡猾，野心不小，而且已经拥有强兵，如果现在不想办法除掉他，今后必将受其所害。现在董卓军队人员混杂，军心不稳，组织不严，正可趁早除掉。"

但袁绍当断不断，没有采取行动。

随着时间推移，董卓愈加有恃无恐，为所欲为。

董卓迫使朝廷免除大司空刘弘的职务，自己干大司空。

接着，为了进一步独揽中央政权，董卓决定换皇帝。

为了独揽大权，董卓要废掉少帝，另立陈留王刘协，招来心腹部下李儒商议。

李儒说："好啊，你这样干有几个好处。第一你立了陈留王，陈留王一定感谢你，将来会更加重用你，第二可以看出洛阳的官员哪些拥护你，哪些反对你，正好把那些反对你的人除掉，这叫一举多得。"

董卓和李儒商议半夜，定下计策，决定做做样子开个会，宣布废掉少帝，另立陈留王刘协。

开会前，董卓找到袁绍，试探地跟袁绍说："当今天子，愚昧懦弱，不能管理社稷，没有资格担任万乘之主，应该废掉，改立陈留王为天子。"

袁绍作为刚刚过去的宫廷战争的实际策划者和执行人，不同意董卓废立，说："当今皇上年纪虽小，但并没有什么恶行被传布天下。无理由搞废立，恐怕

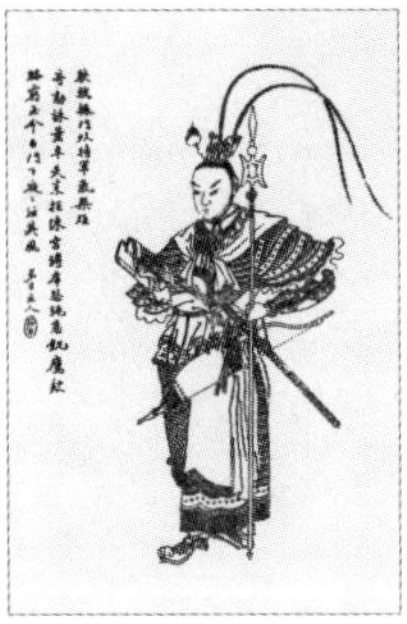

吕布

天下人不会赞同吧？”

董卓一听袁绍这话，当即拔出剑来，呵斥袁绍说：“我有心重用于你，你却不识抬举，今天不杀了你，你也不知道老董的厉害!”

袁绍司隶校尉，不能怕事啊，也“刷”地抽出宝剑，怒视董卓说：“我的宝剑难道是吃素长大的吗！”

袁家四世三公，而且袁绍本人极具威望，董卓终于没敢妄动。

其他人赶紧出来打圆场，双方都收剑回府。

当晚，袁绍在别人的劝说下离开了洛阳。

董卓主持召开中央常委会了，把说给袁绍的话又说了一遍：“当今皇上，愚昧懦弱，不能管理社稷，没有资格担任万乘之主，应该废掉，改立陈留王为皇上。”

在场官员们慑于董卓的淫威，对他独断专行、随心所欲的行为虽然心中反对，但都闷不吱声，谁也不作表态，只有丁原当面提出反对意见。

丁原说：“少帝只不过是年龄幼小，他并没有什么错啊。年龄幼小，他会慢慢长大。他总会懂得如何治理国家的。”

丁原是并州刺史，也是何进约来洛阳诛杀宦官的。跟董卓一样，丁原到达洛阳后，外戚和宦官都死过了。

丁原跟董卓职级相等，又有军队在洛阳，所以敢于表态。

董卓一听，勃然大怒，想杀了丁原，但看见丁原的手下大将、干儿子吕布威风凛凛地站在丁原身后，就把火气咽下去了，说：“既然有人反对，那废立之事，就下次再说吧。”

董卓使了个缓兵计，派吕布的同乡好友李肃携带大量金银珠宝，并带上一匹

吕布与赤兔

吕布雕像

来自西凉的宝马“赤兔”，去劝降吕布。

吕布是个势利小人，当天就杀了干爹丁原，提着丁原的脑袋投降董卓，又认董卓作了干爹。

除掉了丁原，又得了吕布这样一员大将，董卓愈加肆无忌惮，挖掘帝陵，奸乱公主、夺略官人，大肆屠戮，还纵容他的部下在京城洛阳烧杀抢劫。

董卓见洛阳城中富足，贵族府第连绵，家家殷实，金帛财产无数，便放纵手下士兵，实行所谓“收牢”运动。

董卓的士兵到处杀人放火，奸淫妇女，劫掠物资，残暴百姓，把整个洛阳城闹得鸡犬不宁，怨声载道。

董卓的部属均是地方土霸和羌胡豪酋，非常的野蛮残暴，坏事只有想不到的，没有做不出的。

洛阳东边的登封有个庙会，百姓都在那里做买卖，董卓的部队把集市围起来，把所有的男子都杀死，割下人头，一串串挂在车辕上，将妇女和财物装在抢来的牛车上，耀武扬威地回到洛阳，扬言杀贼大胜，歌呼不止。

没多久，董卓也不开会了，直接废掉了少帝刘辩，降刘辩为弘农王，另立陈留王刘协做了皇帝，是为汉献帝。

又不久，董卓干脆诛杀了刘辩，也害死了何太后。

三

话说董卓换立了汉家皇帝，紧接着升自己，把自己的官职迁为太尉，成了三公之一。

太尉掌管全国军事，超过以前的大将军，然而他犹觉不够，复自封郡侯，让献帝刘协拜自己为国相，跃居三公之首。

董卓成国相了，一人之下，万人之上，但实际上他的特权远远超越皇帝。

董卓“赞拜不名、入朝不趋、剑履上殿”，根本不用像别的官员，小碎步，而是大踏步咚咚咚就到了皇帝跟前，还腰挎刀剑，指手画脚，刘协也得看他脸色。

自己封了，家人也得封。

董卓先封自己的娘，将老妪封为池阳君，照皇帝家女人的资格配备家臣和仆役。接着封自己的弟弟，雩侯，左将军。第三代是个小孙女，封为渭阳君。还有侍妾怀里抱着的小东西呢，也都封了侯。

要在庞大的中央官僚体系中纵横捭阖，单靠自家人是远远不够的。况且当时朝中许多有一定势力和影响的官僚，根本不服董卓。

董卓还是看到了形势利弊的，在玩弄权术的过程中，暗中培养亲信，广为收罗爪牙，以拉拢、诱惑、排挤等手段，打击和陷害一切于己不利的势力和集团。

董卓利用手中特权，重新提升和任用大批党人，如吏部尚书周铋、侍中伍琼、尚书郑公业、长史何颙、司空伍处士等。

不仅如此，只要是与党人有关的知识分子，董卓都把他们拔为列卿，一时之间，“幽滞之士，多所显拔”。

当朝文学大家蔡邕，也被董卓拉拢和征召了。

蔡邕原来是议郎，曾经给灵帝刘宏解释“异象”，“蜺蛇堕落，雌鸡化雄，

蔡邕的焦尾琴

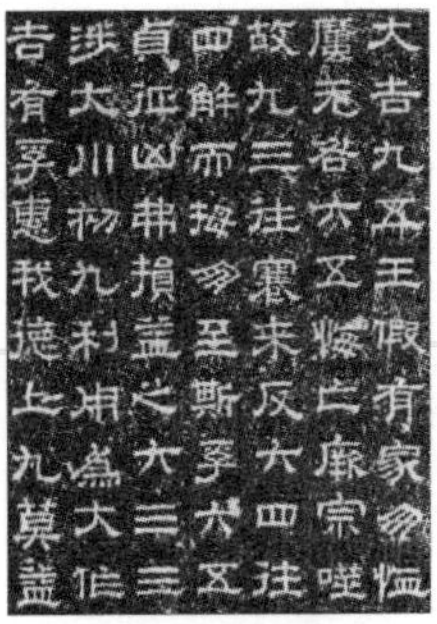
蔡邕书法拓片

乃由妇人干政，或由非男非女之人弄权所致，亟待陛下进行改革，拯救顽民于水火”。

蔡邕遭阉公务员毒计陷害，削职放逐朔方，后来遇赦返回故乡陈留。

陈留吏王智与蔡邕有私怨，便弹劾蔡邕有诽谤朝廷的言论，蔡邕被迫再度离家逃命，浪迹江湖，历时十二年。

蔡邕四处游荡期间，以音乐享誉远近。

有人在弹奏中有一点小小的差错，也逃不过蔡邕的耳朵。

蔡邕关于琴的选材、制作、调音，都有精辟独到的见解。流浪中，他舍弃了很多财物，就是舍不得丢下心爱的琴。

在隐居吴地溧阳的日子里，蔡邕常常抚琴，借用琴声来抒发自己壮志难酬反遭迫害的悲愤和感叹前途渺茫的怅惘。

有天抚琴时，在隔壁灶间烧火做饭的女房东将木柴烧出了“噼里啪啦”的响声，十分清脆。蔡邕听到，心中惊讶，跑往灶间炉火边，顾不得火势猛烈，伸手就将那块刚塞进灶膛的烧柴拽了出来，“别烧别烧，这可是做琴的好材料啊！”

那是块桐木。蔡邕又吹又摸。手被烧伤了，也不觉得疼。

好在抢救及时，桐木基本完整，蔡邕就将它精雕细刻，做成了一张琴。

新桐木琴，弹奏起来，音色美妙绝伦，盖世无双。

这把桐木琴流传下来，成了世间罕有的珍宝，因为琴尾有少许烧焦的痕迹，人们叫它“焦尾琴”。

董卓对蔡邕的盛名和才气早有所闻，特别征召他进洛阳任官，蔡邕恐惧政治，婉言拒绝。

董卓便威胁蔡邕："如不听命，诛杀全族。"

这话更让蔡邕恐惧了，只好留在洛阳。

董卓说："就是嘛。拜大官，有什么不好的！"

董卓任命蔡邕为祭酒，接着不断擢升，三天之内，历遍"三台"，官至宫廷随从官，人称"蔡中郎"。

董卓除了在中央各部委安置亲己势力外，还通过任命太守、刺史等手段部署地方爪牙。

在不长的时间内，董卓通过层层安置耳目，基本上已经控制了中央和地方的主要政治力量，只要是不满他的官员稍有动作，他便毫不留情地予以彻底铲除，杀鸡骇猴，威慑朝野。

张温曾任太尉，素来对董卓飞扬跋扈、野蛮残忍的行为极为不满。董卓也视张温为眼中钉，肉中刺，为了除掉这一心头大患，董卓便诬蔑张温与袁术勾结，对抗朝廷，笞杀了张温。

在董卓的淫威逼迫和阴谋陷害下，他的竞争对手和朝中许多忠义之臣，不是被逼迫出逃，就是被铲除消灭。

董卓觉得杀一两个，三五个，办法比较单调，得把干部们集合起来，统一震慑震慑。便设招待会，邀请在洛阳的全体干部赴宴。

官员们都来了，莫名其妙，不知董卓葫芦里到底装的什么药。

董卓却兴致高昂，招呼大家不要顾忌，畅怀痛饮。

酒过三巡，董卓突然起身，神秘地对在场的人说："为了给大家助酒兴，我将为各位献上一个精彩的节目，请欣赏！"说完，击掌示意，狂笑不已。

王允

董卓把抓到的几百名所谓反叛者押到宴会场正中央，先命令士兵剪掉他们的舌头，然后有的人被斩断手脚，有的人被挖掉眼睛。

天黑时，董卓又命把没有杀完的反叛者用布条缠绑全身，头朝下倒立，然后浇上油膏，点上火，活活将他们烧死。

整个宴席变成了瘆人的刑场。手段之残忍，令所有在场官员和士兵惨不忍睹，许多人手中的筷子都被吓得抖落在地。

董卓却若无其事，仍然狂饮自如，脸上还流露出洋洋得意的神色。

“性残忍不仁”的董卓，想用罪恶来征服朝臣，征服洛阳，但在本质上，他也是在为自己掘墓。

已成众矢之的的董卓满心以为残暴可以震慑洛阳，岂不知，在他的身边早已有人谋划着要取他的性命了。

越骑校尉伍孚，十分痛恨董卓的倒行逆施，发誓要亲手杀死董卓。

伍孚揣着一把杀羊刀，向董卓汇报工作，趁董卓不备，拔刀便戳。由于杀人心切，用力过猛，没有刺中。

董卓虽说很胖，反应却快，抓住伍孚持刀的腕子扭打起来。

吕布赶上去扭住了伍孚。

董卓命令，将伍孚拉出去，剖腹杀死示众。

前面的勇士死了，没有吓退后面的勇士。司徒王允便是痛恨董卓而居心深邃的勇士之一。

四

王允假称自己过生日，邀请部分大臣到家中赴宴。

宴会上，王允忽然大哭起来。众人十分奇怪，问："先生庆贺生日，何故痛哭呢？"

王允说："不是我的生日呀，我只是想跟诸位聚会，怕董卓怀疑，才想了个请客的法子。目今董卓专权，朝廷蒙难，天下遭殃，我们没有能力除掉董贼，我越想越伤心，故而痛哭啊。"

王允说完接着哭，老臣们平素人云亦云，都没有什么主意，这时候只有陪着王允哭，鼻涕眼泪儿的。

骁骑校尉曹操却大笑起来，说："没出息，都没出息，这样子对哭，难道能把董卓哭死不成？我有一个计策，可以杀掉董卓。"

出生于沛国谯县的曹操，从小聪明机灵，二十岁当上京城洛阳北部尉，派出所所长，管理片区治安。他一上任，就叫工匠做了二十多根五色大棒，悬挂在办公室，犯了禁的，不管是谁，都得大棒伺候。太监蹇硕的叔父横行不法，被曹操抓住，用五色棒一阵痛打，那个恶霸经受不起，当场就死了。

王允赶忙离开座位，给曹操作一个揖道："孟德有什么计策，快请讲来。"

曹操说："我曹操虽说没有才能，倒愿意舍身前去，割下董贼的头来，上报天子，下谢百姓。听说您有一口七宝刀，请把它借给我，明天我去见董卓，就说是献刀，到他跟前，一刀宰了他。"

貂蝉雕像

孟德献刀

王允大喜过望，立马取出七宝刀给了曹操，说：“孟德壮烈可嘉，壮烈可嘉！当此危亡之际，有了孟德，真是天下的大幸啊。那就拜托了！”

接着，王允亲自斟满酒杯，敬给曹操。

曹操接过酒来，沥洒发誓，然后庄重地一饮而尽。

屏风后面站着个小美女，名叫貂蝉，她把这一幕清清楚楚地看在眼里。

小美女十分激动，敬佩王允的忧国之心，崇拜曹操的英雄气概。

第二天，曹操就带着七宝刀，前往董府，拜见董卓。

董卓靠在长榻上休息，恰好吕布出去了，董卓又翻身朝向里侧。因为肥胖，曹操跟他打过招呼，他还没有转过身来。

大好时机，合该老贼送命！曹操拔出宝刀就砍。

董卓听到了刀锋出鞘的声音，忽地转过身来问：“孟德你干啥？”

曹操忽又听见吕布掀帘子声响，疾速以双手平托了七宝刀，说：“新近得到一口宝刀，特地献给丞相。”

董卓一听很是高兴，说：“好啊好啊。”起身，接过刀，翻来覆去看了看，见上面嵌饰的七颗亮星与凛冽的刀锋相映生辉。

果然是把好刀，宝刀，董卓又敲了敲，转手交给吕布收起来。

曹操已经浑身冒汗，解下刀鞘给了吕布，说：“我该走啦，该走啦。”

曹操出门上马，头也不回地窜出洛阳，逃往陈留去了。

曹操的父亲曹嵩在陈留有点财产。征得父亲同意，曹操花费家财，招兵买马，准备讨伐董卓。

曹嵩说：“孟德我儿，不错，目今正是起义兵、图大业的好时候，只是我们家中资财还不算多……唔，我想起来了，这附近有位孝廉，名叫卫弘，是个巨富之家，而且仗义疏财，如果有他帮助，肯定能成。”

父子商议了，就置办酒席，请来卫弘。

喝到好处，曹操说：“现在是汉室无人、朝廷无主啊。董卓把持大权，却又欺君害民，普天下没有不恨他的。我想挺身出去拨乱反正，可恨力量不足。孝廉公您是著名的忠义之士，不知敢不敢请你相助一臂之力？”

卫弘听了，说道：“我跟你一样想法，只是一直没有遇到英雄啊。既然你胸怀大志，决定兴兵，没说的了，一应后勤保障，全包在我身上。”

卫弘拿出很多钱财和粮食，来帮助曹操。

插起招兵旗，就有吃粮人。很快，前来应征入伍的好比风起云卷，有的是单独个人，有的则领兵带将，没有多久，曹操的大旗之下已经有了上千兵马。

不久，曹操的堂弟曹洪从别处带来一千人，这样，曹操逐渐聚集了五千多人马，浩浩荡荡，声震一方。

曹操一边历练兵卒，一边书写兴兵檄文送达远近各路诸侯。

操等谨以大义布告天下：

董卓欺天罔地，灭国弑君，秽乱宫禁，残害生灵，狼戾不仁，罪恶充积。

今奉天子密诏，大集义兵，誓欲扫清华夏，剿灭群凶，望兴义师，共泄公愤，扶持王室，拯救黎民，檄文到日，可速奉行……

曹操走后，董卓进一步强化防范，谁想动一动他更不容易了。

董卓颁布的法律刑罚，混乱无度，不成体统，全都取决于他个人的意志：对普通老百姓往往实施严刑酷法，而对亲信家族，则违法不究。

为了聚敛巨额财富，董卓大量毁坏通行的五铢钱，还下令将所有的铜人、铜钟和铜马打破，重新铸成小钱。

粗制滥造的小钱，不仅重量比五铢钱轻，而且没有纹章，钱的边缘也没有轮廓，不耐磨损。

劣质小钱的流通，直接导致了严重的通货膨胀：货币贬值，物价猛涨。买一石谷就要花数万钱。

百姓生活陷于极度痛苦之中，董卓却利用搜括来的钱财，整日歌舞升平，寻欢作乐，生活荒淫无度。

董卓的政治野心与残暴本性相结合，直接导致了他对东汉政权和社会的巨大破坏。其他豪强军阀和地方官吏很不甘心，他们不愿臣服董卓，纷纷决定，发兵讨伐。

先是，议郎杨勋与左将军皇甫嵩秘密商议，准备共同讨伐董卓，由于皇甫嵩忽然被征调外出，离开洛阳，杨勋势单力薄，暂时罢休。

初平元年——公元190年，冀州刺史韩馥、兖州刺史刘岱、豫州刺史孔伷、南阳太守张咨等，纷纷起兵，反对董卓。

不久，长沙太守孙坚率领军队征讨董卓。

接着，河内太守王匡屯兵黄河渡口，也准备进攻董卓。

董卓打仗是有一套的，没过多长时间，不少反对势力都被他收拾了。

第二年，孙坚重新收拢流散部属，准备再度讨伐董卓。

董卓派胡轸、吕布迎击孙坚。由于胡轸、吕布二人心存芥蒂，不能相处，还没交战，士兵就涣散逃离。孙坚趁机出击，胡轸、吕布大败而逃。

董卓见势不妙，不得不派部将李傕向孙坚求和。

孙坚不理，继续进攻距洛阳只有九十里路的大谷。

董卓被迫率军出战，被孙坚击败。

袁绍逃出洛阳后，为冀州牧韩馥收留，让他做渤海太守。袁绍很快就依托韩馥的势力，在渤海郡组织了一支人马，是所有地方武装中人数最多的。

袁绍发布征讨檄文，并招募天下英雄豪杰，组织联军。都来吧，帮助我，你们也立功。

有袁绍打头，曹操、孙坚、公孙瓒、刘备等人，都带着人马投奔来了，加上同样从洛阳逃出的袁绍的兄弟袁术从鲁阳带来的军队，一共十几万。

大家在酸枣镇结盟，共推袁绍做盟主，酸枣在今天的河南延津地方。

结盟后，整肃大军，操练新兵，虎视洛阳。

冀州刺史韩馥、兖州刺史刘岱、豫州刺史孔伷、南阳太守张咨、河内太守王匡等，飞速响应，山东民间豪杰也纷纷揭竿，剑指洛阳，讨伐董卓。

五

却说董卓得报酸枣结盟，大惊，赶紧组织军队，准备迎战。

尚书郑太出来说：“掌握政权在于德行，而不在于将广兵多。”

董卓是个军阀，听这话不高兴了，说：“你这么说，是不是说军队就没一点用处呢？”

郑太说他不是这个意思，“我只是认为，关东诸侯是不值得明公动用大军征伐的，您没必要费那个劲。”

为什么这么说呢？郑太提出了三个理由。

您从年轻时就担任将帅，崛起于西凉这样的战乱之地，熟习军事。而袁绍是个什么东西？说得好听是四世三公，其实就是个纨绔子弟、公子哥儿一个。

跟袁绍合谋的那些人呢？张邈，严肃古板，坐在堂上连东张西望都不会。孔伷，吹牛大王，最大的本事就是褒贬他人的是非。

袁绍那一拨人，全都不懂军事，如果真的在战场上相遇，凭什么跟明公您较劲呢？

还有，他们的官职都是自封的，互不统属，一旦真的在战场上交兵，势必会保存实力，坐观他人成败，绝不会同心同力、共进共退。

重要的是，崤山以东地面，多年太平无事，军队和百姓都对打仗感到陌生，而函谷关以西地区，老受羌人、胡人攻击，在这样的环境下，妇女都可以弯弓射箭，上阵作战。

所以我说，天下最可怕的军队，莫过于并州、凉州以及羌人、胡人的军队，而您，正是以这些力量作为自己爪牙的。

您驱使来自西北的军队去打他们，就好像驱使猛虎对羊群，又好比是用强风扫除枯叶，谁能抵抗呢？

可是，既要防守洛阳，又要多方出击，您的军队不够，必须临时大量征兵，那么反而会侵扰地方，引起动乱，因而对您不利。

郑太说："上策是，没必要出击，就蹲在洛阳，等他们来一股，收拾掉一股就是了。"

郑太真能白话儿，话题一扭，把董卓捧得滋滋儿的，高兴。

高兴归高兴，董卓还是会算计的，毕竟关东诸侯的势力至少十倍于自己，西域虎狼之兵恐怕也不是对手。

想来想去，董卓决定：避开关东诸侯的锋芒，不再防守中原。放弃洛阳，挟持献帝逃跑吧！

董卓于是召开紧急会议，说根据一本叫做《石包谶》的谶纬之书介绍，皇上应当离开洛阳，才能顺应天意。

群臣知道董卓瞎扯，但是谁也不敢反对。

司徒杨彪说："光武帝建都洛阳，时间已经很久了，城市建设先进，百姓安居乐业。迁都改制，乃是关系天下命运的大事，无缘无故地抛弃皇室的宗庙与先帝的陵园，恐怕会惊动百姓，招致大乱。《石包谶》就是一本妖书，不能相信。"

董卓一看用迷信唬不住杨彪，又说："我在西域多年，知道那里土地肥美，又出产木材，还有当年西汉时留下的很多遗产，只要用心经营，一定可以安顿好的。至于百姓，跟他们有什么可商量的？我可以派军队把他们赶到海里去。"

董卓说到最后一句话的时候，已经充满杀机了。

既然军队可以把百姓赶到海里，难道就不能把你们这些朝臣投到河里吗？

然而，杨彪还是不肯屈服，据理力争。

太尉黄琬也起来支持杨彪。

董卓恨得咬牙，第二天就操纵汉献帝，免去了二人的官职，还要杀掉他们。

杨彪和黄琬害怕了，便手牵手跑到董卓面前请罪。

二月间，董卓制伏了朝中反对迁都的力量，正式下令结束洛阳作为东汉王朝首都的历史。

董卓迁离洛阳，主要是受到来自袁绍为首的关东诸侯的压迫，因此恨透了袁绍，当即下令，将当时在朝中为官的袁绍的叔父太傅袁隗、袁隗之子太仆袁基处死，同时处死的还有袁家大小六十多人。

为了搜刮钱财，董卓下令近万兵士洗劫洛阳的富户人家，逮捕洛阳城中富豪，将他们插上“反臣逆党”的牌子，予以斩杀。

董卓将洛阳富豪的财物全部没收，达数千车。

董卓不仅祸害活人，连死人也不放过。他命令吕布率领军队，挖开了历代的皇陵和公卿及以下官员的墓地，搜罗珍宝，大发死人财。

为了防止官员和百姓恋家不走，董卓下令将整个洛阳城以及附近二百里内的宫殿、宗庙、府库等建筑物尽数焚火烧毁。

洛阳这座自西周以来，历经数百年惨淡经营的繁荣都城，被董卓这个大军阀毁于一旦，宫室被焚，帝陵被掘，奢华美艳荡然不再。

然后，董卓派军队一批批地驱赶百姓西行，有人走得慢的，一刀砍倒，即使没有砍死，也会被后面来回奔突的军马踩死。一时间死去的百姓不计其数，沿途之上，堆满了尸体。

昔日兴盛繁华的洛阳城，成了一片废墟，凄凉惨景，比目皆是，令人顿足痛惜。

董卓凶残不仁，倒行逆施，整个洛阳城废墟连片，狼藉不堪，郊外方圆二百里，千疮百孔，满目疮痍，鸡犬之声，尽皆消失。直臣曹操对此悲愤不已，为诗以志其哀。

贼臣持国柄，杀主死宇京。荡覆帝基业，宗庙以燔丧。播越西迁移，号泣而且行。瞻彼洛城郭，微子为哀伤。

董卓将汉献帝刘协送到长安，把百姓驱赶到长安，中断了洛阳作为都城的首善地位，自己则仍盘踞于洛阳废墟上的军营，对抗诸侯军。

第六十五章

美人险计

一

董卓伤天害理，恶贯满盈，理当天下共讨之。

然而，曾经被寄予厚望的东方诸侯联军，却正如尚书郑太所预料的那样，不仅目光短浅，缺乏战略能力，而且离心离德，根本难成大事。

不仅郑太看出了诸侯军不能成事，鲍信也看出来了。

鲍信在董卓刚进洛阳，立足未稳的时候，就对董卓军事势力的膨胀有较清醒的觉察和认识，劝袁绍杀掉董卓，袁绍优柔寡断，酿成今天的后果。

鲍信对曹操说：“现在奸臣乘机出来颠覆皇室，英雄豪杰愤然对抗，而天下响应的原因，是因为大义所在。

“袁绍当盟主，利用权利为己谋私，可能是另一个董卓，如果我们对抗他，恐怕力不从心，如果跟他同流合污，那又怎么说得过去？不如现在待在黄河以南，静观其变。”

鲍信是高看曹操的，他说：“当今谋略出众，能够拨乱反正的人，恐怕只有孟德你了。如果不是像你这样的人，即使再强大，也一定会失败。你应该是上天派来的。”

这个话在当时大多数人看来，是没什么眼光的，因为当时的曹操实在还没有什么名气和威望，根本不能跟袁绍、袁术，甚至张邈、孔仙相提并论。

但曹操用事实证明了自己，证明了鲍信的眼光。

董卓迁走了汉献帝，驱遣了百姓，自己仍据守洛阳，对抗诸侯联军。袁绍等竟然吓得不敢前进了。

曹操急了，对大家说："我们兴起义兵，是为了诛除暴乱，现在大军已经集结，诸位还在疑虑什么？

"如果董卓借着皇帝的权威，向东进军，那么虽然他残暴无道，也会对我们构成很大的威胁。但是现在他烧毁了宫殿，强迫天子迁徙，屠杀百姓，甚至偷坟掘墓，基本上可以定性为恐怖分子了，那么天下还有谁肯跟从他呢？

"洛阳哀鸿遍野，全国人心惶惶，这实在是上天赐给我们消灭董卓的最好时机，只需要一战，我们就可以平定天下了，为什么还要犹豫不决呢！"

曹操慷慨激昂，可大家一点也不热心。

连盟主袁绍都没什么反应，谁还愿意先动手呢？

曹操看出他们不想打董卓，只想保存实力，很生气，对这些新军阀们失望透了，决定带着自己的五千人马，单独进兵。

张邈是个正人君子和忠厚长者，不忍袖手旁观，就拨出一部分军队，赞助曹操一同出征。

曹操率领队伍进攻洛阳，兵少，跟董军一交战，就垮了下来。

曹操骑着马往后撤退的时候，肩上中了一箭，他赶紧拍马逃奔，又是一支箭，射伤了坐骑。那马一受惊，把曹操掀了下来。

追兵呐喊声越来越近。正在危急的时候，幸亏曹洪赶上。

曹洪跳下马来，扶起曹操。曹操骑上曹洪的马，才脱了险。

损兵折将的曹操回到酸枣城，再看看他的同盟军，不但按兵不动，将领们还每天喝酒作乐，根本没想讨伐董卓。

曹操满心气愤，跑到袁绍他们摆酒宴的地方，指责道："你们以起义兵为名，却在这里饮酒作乐，让天下百姓失望。我真替你们害臊啊！"

可是，诸侯军们已经抱定不再进取的决心，虽然遭到曹操这样激烈的批评，仍旧每天只是窝在营里喝酒吃肉，无所事事。

曹操彻底绝望了，觉得跟这些人一起，根本成不了大事，恰好有朋友建议扬州一带小有灾荒，可以招募人马。

于是曹操起身到扬州去，准备重整旗鼓，另谋发展。

酸枣镇的军阀们，养着几十万军队，不久吃光了粮食，喝光了酒，也就四下散去，各自回到自己的地盘，当土皇帝去了。

董卓一看关东诸侯联盟不攻自破，心中大喜，美出了一脸鼻涕泡泡。

为了扩大和巩固自身势力，董卓自进入洛阳以来，也没忘了拉拢朝中的官员。

王允，作为元老重臣，久负盛望，在拜托曹操刺杀董卓失败之后，更深地隐蔽自己，不惜矫情曲意，来换取董卓的信任。

董卓于是渐渐地便把王允当作了自己的心腹亲信。

王允取得董卓信任后，私下里联络各种反董势力，跟尚书仆射士孙瑞、司隶校尉黄琬、尚书郑公业等人经常秘密开会，研究如何消灭董卓。

因为强大的关东诸侯联盟已经崩溃，从纯军事的角度打败董卓的可能性已经近乎于零，王允他们就回归旧法，重新锁定相对比较"恐怖"的"行刺"方案。

想要行刺也确实不容易，董卓力大无穷，身边有很多警卫员，关系远的人接近不了他，能接近他的人大多不是他的对手。

像王允这样的“亲信死党”，倒是能接近董卓，但不要说那些警卫员，他连半个董卓也打不过。所以寻找合适的刺客就成了关键。

公元192年，四月间，王允与士孙瑞借拜神的机会又一次秘密商量。

士孙瑞说：“现在时机大好，我们正可趁天下沸腾之际，主动采取措施，消灭罪魁祸首！”

王允同意士孙瑞的意见，可是考虑到董卓平时戒备森严，而且他本人武力强健，如果不采取周密措施，恐怕不易得手。

他们认为，要想除掉董卓，必须找到一个可以亲近董卓的人做内应才行，思来想去，董卓的干儿子吕布是这么个角色。

吕布年青勇猛，武力超群，袭杀丁原投奔董卓以来，深得董卓喜爱，收他为义子，并提拔他担任骑都尉，后来又迁为中郎将，封为都亭侯。

董卓把吕布当作自己的贴身侍卫，不管走到哪里，吕布总是形影不离，负责保护董卓的生命安全。

然而董卓性格粗暴，又很偏激，吕布做他的中阁守将，一不留神就出岔子了。

数月前，吕布说话不小心，惹怒了董卓，董卓随手抽出刀戟向吕布掷去，幸亏吕布眼疾脚快，闪电般躲开，才得以幸免。

吕布向董卓谢罪，董卓便不再追究，之后也没把这件事放在心上。

可是，吕布却已经心怀芥蒂了，王允觉得恰好可以利用吕布的情绪。

王允把诛杀董卓的计划告诉吕布，并要求他充当内应。

吕布不同意，说：“奈何如同父子一样！”

貂蝉

王允开导说："你姓吕，他姓董，又不是骨肉亲情。况且董卓现在是人人得而诛之的国贼，你难道还认他作父亲吗？他向你掷刀戟的时候，把你当儿子看待吗？"

吕布还是犹豫不从。

王允心想，要吕布答应"刺董"，功夫下不到不行啊。

不久以后，王允采取美人计，起用女英雄貂蝉，演出了一幕轰轰烈烈的锄奸大戏。

二

话说在东汉末年的政治军事纷争中，小美女貂蝉立了大功，现在，她出场了。

这个貂蝉，是中国古代美人儿中极其神秘的一个。

貂蝉非常热爱政治，似乎天生就是作地下工作者的料，所以就成了政治玩家们相互博弈的筹码。

有人考证说貂蝉姓任，小字红昌，有人考证说貂蝉姓霍，这些当然没有什么根据，可能性也不大。

古代美女，决心于大事业者，一般都不随便公布姓氏的，像今天的美女们不公布年龄一样。

貂蝉十六岁被选入宫中，只管库房里的一种帽子：貂蝉冠。

貂蝉冠是皇帝陛下分赐给臣属的帽子，装饰着臭貂的尾巴和鸣蝉的翅膀，用这东西来给官贵们定级别。

中国人历来好分个级别，历史悠久，源远流长啊！

十六岁的美女管理貂蝉冠，人们就叫她貂蝉了。

貂蝉与西施、杨贵妃、王昭君为中国古代四大美女。貂蝉数第一。你看，有姓氏的，排队都偏后吧？所以貂蝉可能没有姓氏。

不是说绝对没有，而是她不曾公布过，等同于没有。

西施有心脏病，杨贵妃太肥胖，王昭君呢……

后山在撰著《刘禹锡传》和《白居易传》的时候，专门深入调研过湖北秭归的宝坪村，出生在那里的王昭君，天生丽质，聪慧异常，琴棋书画，无所不精，只因和屈原是老乡，所以爱起皇帝来跟屈原有一拼，奋不顾身远嫁匈奴去了。

貂蝉跟她们几个不一样。

传说貂蝉降生人世三年间，她家附近的桃花杏花吓得都不敢开放了，有的稍稍开点，看到貂蝉就赶紧蔫了，谢了。月亮也不敢露脸，它比不过貂蝉哪。

史书上说，貂蝉身姿俏美，小小的耳朵，大大的碧环，静默时分，文雅有余，行起路来，风摆杨柳，可见貂蝉之美，堪为奇观。

中国几千年家天下，皇帝是最大的土财主，皇宫就是财主家。

何进杀宦官，宦官杀何进，袁绍清君侧，董卓践宫廷，这个最大的土财主家里乱了，人人自保不暇，下人只有逃散。

貂蝉也是个下人，闭月羞花也是个下人，阶级成分在那儿放着呢。

貂蝉跑出宫廷，给司徒王允收留了。

王允收留了貂蝉，貂蝉人美丽，嘴巴也很甜，当时就叫他“义爹”。

王允视貂蝉为义女，最初也许是管吃管喝，考虑寻觅个正经人家把她嫁出去？反正这事情不好考究了。

后来王允怕浪费资源，顺便让貂蝉做了心爱的小妾。

不经意间，王允如今又要以貂蝉作为软式核武器，实现自己报效汉家皇上的宏大志向了。

却道在此期间，董卓放弃了废墟洛阳，西撤到了河南、陕西交界的地方。

董卓在河南、陕西交界的地方，使役民夫二十五万人，建筑了一个城堡，曰“郿坞”，他自己称万岁坞。

郿坞的城墙修得又高又厚，各超过七丈，其“城郭高下厚薄一如长安，内盖宫室，仓库囤积二十年粮食；选民间少年美女八百人实其中，金玉、彩帛、珍珠堆积不知其数”。

董卓把从百姓那里搜刮得来的金银财宝和粮食都贮藏在郿坞城堡，单是粮食，会计事务所算了算，就足足够二十年吃的。

郿坞筑成之后，董卓有时候把汉献帝刘协也弄到这个城堡，吃吃喝喝，搓搓麻将，玩玩美人，当然这种状况，朝廷就算临时在这里办公了。

董卓是郿坞大王，自称太师，专横跋扈与日俱增，让献帝给他喊“尚父”，就是干爸爸，文武官员说话一不小心，触犯了董卓，霎时就丢了脑袋。

董卓十分得意地对人说：“以后，天下就是我的。我要在万岁坞里，安安稳稳，一直住到老。即便有谁造反，万岁坞结实，他也别想打进来。”

司徒王允决心加快除掉董卓的步伐。

董卓那个干儿子兼警卫员吕布，左右不离，随时保护。董卓走到哪里，吕布就跟到哪里。

姓吕的像藏獒一样凶猛，别人无法下手。但若针对他策反成功，要他杀董卓，那是手起刀落的事儿。

董卓和吕布两人一个毛病：好色。那就要针对这两个人的“阿格硫斯脚后跟”来搞。

王允邀请貂蝉到牡丹亭中，倒头便拜，吓得貂蝉不知所以。

貂蝉赶忙扶起王允，说：“先生有什么难处，妾下为您分忧。”

王允慢慢地把自己的计谋说了出来，最后强调道：“方今奸贼篡政，天下失常，朝纲败坏，百姓遭殃，我们使出此计，也是无可奈何。”

王允强调，兹举凶险万分，“事若泄漏，将遭灭门”，他也是痛苦多日，才忍泪请求貂蝉的。

貂蝉知道自己一旦卷入政治纷争，凶多吉少，甚至有去无回，但她知险勇进，说：“小女曾见大人委托曹操刺杀董卓的场景，为之感动不已。今能以一己之身，使朝廷恢复秩序，社稷再现和谐，百姓重回安宁，纵使粉身碎骨，亦绝不推辞。”

接着，貂蝉毅然决然地请求王允“望即献妾与彼，妾自有道理”。

王允说：“唉，只是苦了你了，我的亲爱。请允许我代表朝廷，代表百姓，再一次感谢你啦。”

三

十六岁的貂蝉，皇宫里的前帽子女官，端的是丽质超群，貌美绝伦，又能歌善舞，乖巧伶俐，哪个男人不动心？

哪个号称英雄的男人心里头没有一块软肉？

在兵荒马乱，朝政隳颓的时候，男人最怕心里有块软肉。

王允先是拉拢吕布，常常邀请吕布到他家里，一起喝酒聊天。喝到中途，让貂蝉出来佐酒。

貂蝉一出来，客厅就闪光。小美人浑身发着香味，莺声燕语地劝酒，外加唱歌跳舞。

吕布见貂蝉人长得太美了，歌唱得好，舞又跳得软，心里发慌，酒也喝不成了。

王允趁机悄悄对吕布耳语："喜欢我女儿了？你若喜欢，就把她嫁给你。"

貂蝉也对吕布嫣然一笑，轻轻地道："大将军，小女好崇拜你，是你的粉丝，日夜等着你的哟。"

吕布心头活像鹿撞，慌忙离席给王允磕头，说："备好聘礼，就来迎娶，迎娶。我都等不及了。"

改日，王允又找机会把董卓请到家里喝酒。

喝到中途，又让貂蝉出来敬陪。

貂蝉袅袅婷婷，软玉温香地劝酒，外加唱歌跳舞。

董卓人老心不老，见貂蝉人长得太美了，歌唱得好，舞又跳得好，心里起贪念，酒也喝不下去了。

王允趁机对董卓道："喜欢这姑娘吧？太师喜欢，就把她送给太师做个小老婆好啦。"

董卓一听，酒也不喝了，说："好好好，小妞妞儿，来坐我腿上，坐我腿上。"

貂蝉过来，娇柔地坐上了老东西的大腿，董卓便自上而下地摸。

貂蝉又扭又喘的，故意说明董卓摸得有水平。

摸了一阵子，董卓想立即回去享用小美人儿，说："我这就带走了。"起身带着貂蝉就走啦。

吕布跟着董卓来的，只不过在外面站岗放哨，他见董卓带走了貂蝉，就慌里慌张窜进来质问王允："怎么回事？许给我的人儿，怎么回事？"

王允说："不要多心，这回是你义爹替你考虑了。他将貂蝉带回府中，是要选个良辰吉日，给你们两个举办婚礼的。"

吕布这才高高兴兴地告辞："啊，是这样。那我走了。"

哪知道，心急火燎的吕布，耐着性子，一连等了好多日子，不见董卓为他和貂蝉举办婚事。

非但没有举办婚事，而且，董卓修建了一个暖阁，跟貂蝉猫在里面，日也不出来，夜也不出来，吃酒喝茶都是让人送进去。

这不是……这不是……老家伙他自己把貂蝉享用了吗！

难得有一天，貂蝉头发散乱、衣服草率地出来，瞅准个机会，哭着对吕布说："他不停地强暴我。怎么办？怎么办呀？"

貂蝉的急切求救，直让吕布血液沸腾，直冲脑顶。

貂蝉回到暖阁里，又对董卓叫苦："你那个好儿子，老是调戏我，还想摸我呢，你得为我做主，为我做主哟！"说着又对董卓哭。

有天，趁董卓瞌睡的时机，吕布邀约貂蝉到后花园的小亭子相会。

貂蝉钻进吕布怀里，一边拱一边哭一边诉："奉先哥哥，小女一心跟你过日子的，谁知被他弄脏了，不能服侍英雄了，干脆跳下去死了算了。"说完便抬动美腿，往水池跳，吕布慌忙抱住。

谁知董卓提前醒了走出来，踅到了后花园，看到吕布正在戏弄貂蝉，三脚两步冲上去，举起长剑便刺。

幸亏吕布身子灵活，猛地一扭，躲过了锋刃，没有被董卓刺着。

董卓把貂蝉弄回去，假意试探说："你是不是有意于奉先啊？你若有意，我就把你送给他。"

貂蝉一听，大哭大闹，抓过墙壁上挂着的宝剑，要以死明志。

董卓赶忙抱住她，又摸又揉地哄道："玩的，玩的，小妖精，我怎会舍得你？"

此后董卓多了个心眼儿，不让吕布当警卫团团长了。

吕布连貂蝉的影儿也见不着了，心里很不痛快，见到王允就发牢骚。

王允听了挺高兴，说："你以往还说你们跟父子一样，你看看，老贼他不是个人呀。他是国贼，社稷的祸害，又趁机夺走了你的心爱人儿，这下你认清他老流氓的嘴脸了吧？"

吕布咬牙说："操他娘！杀了他，夺回貂蝉！"

时间在公元192年，汉献帝生了一场病，多日不愈，四月份，天气转暖，好了。

天子大病初愈，自然需要百官庆贺，朝中文武大臣要集中开会，恭贺天子龙体康复。

王允决定利用时机，实施刺杀行动。

王允偷着向汉献帝做了汇报，弄了一份诏书，回头找吕布策划了一番。

他们假称皇上这天要禅让，把位子让给董卓，让董卓到宫里去接受。

王允事先准备了一些宫廷侍卫的服装给吕布，吕布让骑都尉李肃等十几名心腹勇士穿上后，混在卫兵队伍里，守在宫殿侧门两边。

董卓离开郿坞，去见汉献帝。

董卓此番多了个心眼儿，在朝服里面套穿了铁甲，提防暗算。

董卓在乘车进宫的大路两旁，派卫兵密密麻麻排成一条夹道。还叫吕布扛着方天画戟走在队伍最前方，开路。这样安排，他认为万无一失了。

董卓的座车一进宫门，李肃等人突然对他发动袭击，一根长戟刺向他的胸口。

长戟碰住董卓胸前的铁甲，刺不进去。

急促中董卓用胳膊一挡，被戟割伤了手臂。他忍着痛跳下车，大叫："吕布！吕布！"

吕布果然立即从前面返回，只是手里多了份圣旨，高声宣布："奉诏讨贼，董卓看枪！"

干儿子背叛了。董卓大骂：“狗奴才，你竟敢……”

骂还没完，李肃已再次举起长戟，猛地戳穿了董卓的喉头。兵士们拥上去，把董卓的头砍了下来。

官吏、百姓受尽了董卓的残酷压迫，听到除了奸贼，成群结队跑到大街上唱歌跳舞。许多人还变卖了衣服首饰，换了酒肉，大吃大喝，大庆大祝。

董卓死后，其三族皆被诛杀，无有残留。

据说董卓被暴尸街市，守尸吏把点燃的捻子插入董卓的肚脐眼中，烧天灯。因为董卓肥胖脂厚，天灯“光明达曙，如是积日”，数天不灭，火苗子呲里呲啦，旺得很呢。

谁知，竟有人身披麻衣为董卓哭灵。

军士们将哭灵人提往王允处，众人视之，乃大文豪蔡邕也。

王允不解蔡邕何意，详细询问之下，蔡邕才徐徐言道：“冒死为他哭一番，是报他知遇之恩也。”真不知蔡邕如何理解自己的“上位”的。

蔡邕也知自己犯了大罪，求大司徒饶命，愿以有生之年，续完汉史。

太傅马日磾等人怜蔡邕之才，劝王允饶了他。

王允不听，命军士推出蔡邕，囚于狱中，很快又杀了。

马日磾深感惋惜，背后对众官叹道：“像蔡邕这样站错队的人，应该免去他的罪，让他人尽其才，续完汉史，也是利国利民的一件大事。连对这样的人都不愿宽赦，恐怕难以长久啊。”

果如马日磾所言，不久后，王允遭报。

恶贯满盈的董卓被消灭后，王允和吕布无法摆平董卓拥有的庞大军队，百姓的灾难并没有完。

王允为了“维稳”，承诺赦免董卓的骨干力量——凉州兵，可是后来又反悔，要解散凉州兵，调函谷关以东的军队去替代他们。消息一传出来，凉州地方大乱。

董卓部将李傕、郭汜乘机起兵，一路杀伐，攻陷了长安。

王允被杀，吕布出逃，汉献帝又成为李、郭二人控制的傀儡。

不久，李傕又与郭汜发生内讧，最后双双毙命，汉献帝被李傕部将杨奉劫回已经残破不堪的洛阳，时间是公元196年——建安元年的七月。

洛阳一度又重新成为汉朝的首都，只是堂堂大城已遭劫毁，河洛大地仍在哭泣，难以重归当年升平，再现昔日繁华了。

四

吕布把貂蝉弄到了手。

吕布除了脑子欠点，要说也算个帅哥，貂蝉执行了最危险的任务，完成了地下工作，当了帅哥的小妾，但几乎注定的是，巾帼女侠没有爱情，命运也不会简单结尾。

貂蝉这位传奇美人，从头至尾都是悲剧，她的美貌让鲜花蔫去，令月亮害羞，使权贵惊讶，让淫贼昏迷，但她却无法得到一份真爱，甚至连个确定的归宿都没有。

有道是：原是昭阳宫里人，惊鸿宛转掌中身。只疑飞过洞庭春，按彻梁州莲步稳。好花风袅一枝新，画堂香暖不胜春。

只可惜那个时代，不缺少英雄，但缺少对美人的怜慕和惜爱。

只可惜那个时代，只讲成败，再美的容貌，也只是阴谋交易的工具，或是政治博弈的筹码。

貂蝉是中国古代四大美人中最美丽的一个，也是最神秘的一个。因为史无明载，所以历史上是到底有过没有这样一个美人，都难断定。

貂蝉不但生得国色天香，风华绝伦，而且聪慧伶俐、深明大义。

王允在牡丹亭里叩头拜请，要貂蝉替他演一出“连环美人计”，除掉贼臣董卓时，这位只有十六岁的小美女面对“事若泄漏，将遭灭门”的巨大险难，毅然接受了任务。

中国古代四大美女中，除却杨贵妃，其他三位的人生都缭绕着以身救国的悲情气氛，貂蝉最是突出，她几乎是毫不犹豫，投身险恶的政治漩涡的。

这位小美女，大概天生就是干地下工作的料，不但有“万死不辞”的莫大勇气，而且有“望即献妾与彼，妾自有道理”的冷静和智慧。

先许吕布，未及迎娶，又献于董卓，董、吕两人的矛盾挑起了。貂蝉对此心领神会，智慧操作，无可挑剔。

平心而论，先是和吕布眉来眼去，秋波传情，把大将军的魂勾得是颠三倒四，又大秀妖艳舞技和美妙歌喉，推杯换盏，将董卓迷得一塌糊涂，这是一项极其艰巨的任务。

董卓权倾一时，去王允府上赴宴都要带着武装部队，气焰可谓嚣张，老鬼又老又丑，肥胖如猪，小美人儿要在董卓怀里圆满完成任务，不但要有一流的演

吕布殒命

技，而且要有极好的心理素质，不能恶心。

董卓吕布，枭雄对峙，在这两个男人之间演出，任何一个小小的细节失误，甚至一个惊慌的眼神，都可能招致杀身之祸。

貂蝉表演得优秀。一会儿在吕布面前扮成早已以心相许却被董卓霸占的痴情人儿，一会儿又在董卓面前装作受吕布调戏的无辜者。从而使得董、吕二人彼此恨之入骨，终于反目成仇。

司徒妙算托红裙，不用干戈不用兵。

有司徒王允的编导，有貂蝉的出色演技，顺利地铲除了朝中一大祸害，圆满地写就了一个千百年来为人乐道的历史传奇。

那么，貂蝉终归何处？元杂剧、野史典籍或民间传说，各有安排。

说法一是在董卓被诛后，正式成为吕布的小妾。

说法二是吕布殒命后，貂蝉被曹操赏给了刘备，后来被老刘他结拜二弟关羽斩于月下。

说法三是关羽向曹操索要貂蝉做小妾，曹操便送给他了。

说法四是在董卓被诛时，貂蝉化清风而去……

后山认为，“说法四”这种结局比较合适。

因为，一个介于历史和文学之间的人物，真真假假，假假真真，哪些是历史的真实，哪些是渲染和演绎，都难分难辨了，十六岁的小美女，早已幻化成一个历史的符号，这样的美人儿，怎么着也应该超越历史了。

第六十六章

孟德勤君

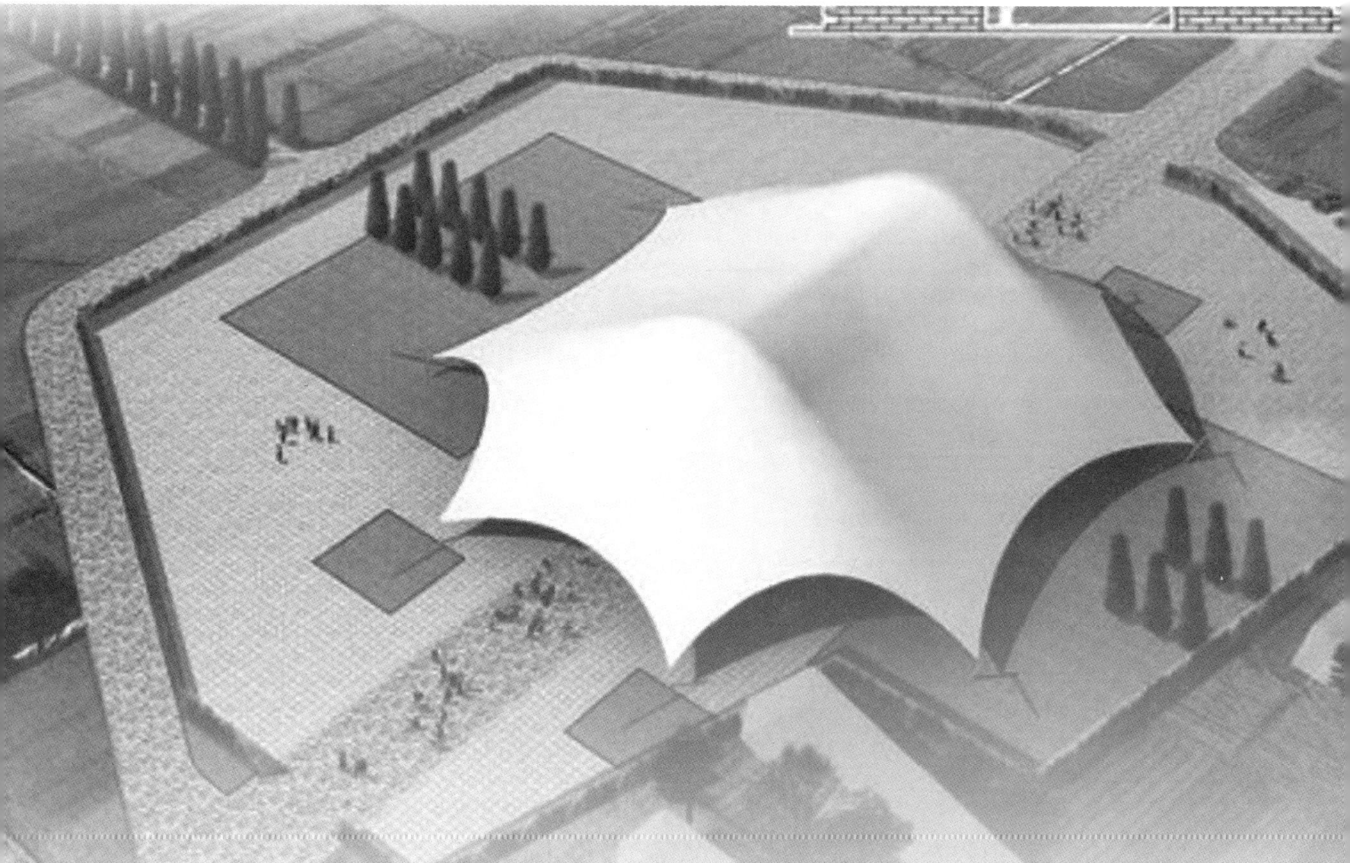

一

话说天下大势，彼伏此起，汉献帝刘协在轮流充当各方军阀的傀儡，一向不引世人重视的曹操发展壮大了。

我们不妨简略回顾一下曹操的政绩，以更好地认识他。

曹操曾在公元174年被地方推举为“孝廉”。当时有了孝廉资格，就可以做官了。

尚书右丞、京兆尹司马防推荐曹操出任洛阳北部尉——公安派出所所长及分局局长，走上仕途，管理一方治安。

洛阳权贵太多，治安工作难做。年方二十的曹操，为了把治安工作搞好，修缮了城北四道门，制作了若干五色大棒，挂在城门两边。然后申明禁令，凡是违反治安条例的，不管是平民百姓还是豪绅权贵，一律用五色棒打杀。

宦官蹇硕他叔，违反禁令，还跟曹操犯犟，曹操便把他押到城门处，当着群众的面，宣布了他的罪行，毫不留情地用五色棒把他处死。

杀一儆百，轰动了洛阳城的大街小巷，老百姓都称赞曹操不畏权势、坚决执法的行动，洛阳北部就此很快成了治安模范区域。

当然，蹇硕对曹操恨之入骨。

由于曹操是按照治安条例办事，舆论又多是赞扬曹操的，蹇硕抓不着把柄，只好怂恿汉灵帝把曹操升为顿丘县令，让他离开了洛阳。

黄巾军造反，汉灵帝需要大量军事人才镇压，曹操有了机会，被拜为骑都尉，受命进攻，大胜之，迁升为济南相。

曹操在官阶上迈了一大步。这时候他的祖父曹腾已死，万贯家财已归其父曹嵩所有，曹操作为曹嵩的唯一合法继承人，对于富有的老家并无兴趣，踌躇满志地赴济南上任了。

汉朝的王国、侯国，实际上相当于一个郡，其王或侯，只能享有封区的赋税收入，没有行政权力。而国相是中央政府派到王国管理政事的官吏，职位与郡太守相同。

济南相的官职已经是部级了，曹操决心运用手中掌握的实权，按照自己的理想，大干一番，将这一地区治理出个样子来。

因此，曹操治事与之前历任方相截然不同。

济南位于今天山东济南一带，管有十余个县。各县长吏，依附贵势，贪赃枉法，无所顾忌。曹操到职，大力整饬，该免职的免职，该拿下的拿下。

本在乱世，原先的方相置之不问的贪污腐败，曹操整治起来动真格的。

在曹操主持下，十分之八的长吏遭清算，肩头扛有罪责的纷纷逃窜，一时间“政教大行，一郡清平”。

曹操治理济南有功，朝廷封他为议郎。

汉灵帝卖官鬻爵，导致官场极端黑暗，曹操不肯为黑暗的朝廷效力，托病回归谯县乡里隐居。

曹操这一大胆反常的举动，使朝中人士大为不解。

一个三十三岁的青年，风华正茂，仕途亨通，正可大展雄才，居然辞官不做，实在不可思议。

其实曹操的这一举动，是经过深思熟虑的。

曹操回到家乡，没有居住在老屋，而是在谯县城东五十里僻静处，盖了一座幽雅的草舍，春夏读书，秋冬射猎，文武并进，积蓄力量，观察局势，以俟良机。

公元188年，八月，汉灵帝为了对付全国军阀混战的局面，加强守护京师、保卫皇室的力量，组建一支新军，在西园成立了统帅部，下设八个校尉。

西园新军，可以说是洛阳的禁卫军团，职责是随时应付可能出现的动乱局面。

组建西园新军，灵帝选中了宦官蹇硕，武官袁绍，也选中了曹操。

曹操被任命为八校尉之一典军校尉之职。

其他的几个校尉是上军校尉蹇硕，中军校尉袁绍，下军校尉鲍鸿，助军左校尉赵融，助军右校尉冯方，左校尉夏牟，右校尉淳于琼。

典军校尉这一将领任命，对曹操极具诱惑力，他结束隐居生活，怀着激动的心情，到洛阳就职了。

打入皇室核心武装并任要职，连大宦官蹇硕也要同他共事，这说明他在又迈上了仕途中的一个新台阶。

曹操担任典军校尉，铁面执法，一如既往，引起黑社会震恐。

但政局多变，前途难卜，为典军校尉半年之后，朝廷又发生了重大变化。

汉灵帝死，外戚何进与宦官蹇硕大打出手，人头纷纷落地。

何进死前招来平定宫廷的西凉刺史董卓于公元189年进入洛阳，在郊外找到流落荒草中的少帝刘辩和陈留王刘协，进入南宫。

曹仁

曹仁与夏侯惇

接着，董卓废少帝刘辩，改立刘协。

董卓先自任太尉，后当相国，专擅朝政。

年方九岁的汉献帝成了董卓任意摆弄的傀儡，东汉王朝只剩下一个空壳，名存实亡。

董卓作恶多端，为害洛阳，举国怨恨，壮士切齿。

曹操一腔热血，执刃刺董，未遂，逃出京师洛阳，潜回陈留，“散家财，合义兵”，号召天下英雄，讨伐逆贼。

曹操很快建立起一支武装队伍，基本力量是宗族家兵，其如曹仁、曹洪、夏侯惇、夏侯渊等。

曹仁，字子孝，自小喜好快马弯弓。夏侯惇，字元让，是汉初大将夏侯婴的后代，以刚烈闻名。夏侯渊，字妙才，曹操少年密友。

曹操的侄儿曹休、曹真，也成了曹操的亲兵爱将。

曹休，字文烈，十多岁时丧父，随母亲渡江到吴地求生。听说曹操起兵，改名换姓从江东来到荆州，又北上投归曹操。曹操对左右说：“这是我家的千里驹啊！”

曹真，字子丹，因其父曹邵为曹操募兵，被豫州刺史黄琬所害，曹操把曹真当成亲生儿子一样看待。

曹真勇武善射，狩猎时为虎所逐，他忙中不乱，回身搭箭，将猛虎射倒，摆脱了危险。

曹操称曹真英勇，让他和曹休一起统管“虎豹骑”宿卫。

此外，还有族外人来投归。东郡卫国人乐进，字文谦，性格“胆烈”，曹操

出战的曹真

曹真

曹休

以其为侍卫亲信“帐下吏”。

经过一个多月的努力，曹操组建了一支五千人的军队，每日里，加紧训练，并广募匠作，打造各种各样的尖兵利器。

公元190年，全国各大军区已纷纷起兵了，后山前已述及，大家共推渤海太守袁绍为盟主。曹操也领军参与，为“奋武将军”。

董卓看到大事不好，胁迫献帝迁离洛阳，命军队火毁宫室，开挖王陵，劫掠民间，洛阳方圆二百里横遭血火之灾。

天怒人怨之际，袁绍惧怕董卓精锐的凉州军，屯兵酸枣镇不敢前进。

曹操认为董卓“焚烧宫室，劫迁天子，海内震动”，洛阳哀鸿遍野，全国人心惶惶，这实在是上天赐给我们消灭董卓的最好时机，只需要一战，我们就可以平定天下了，赶快发兵啊！

袁绍他们扎着架势，却心怀鬼胎，只在伺机发展各自实力。

曹操忍无可忍，率领自己有限的军队奋勇进攻董卓把持的洛阳，只有张邈看不过去，出了点兵添进曹操的队伍。

曹操在荥阳与董卓大将徐荣交锋，军队数量悬殊，曹操士卒死伤大半，自己也为流矢所伤，回至酸枣，催促诸军围困董卓，诸将不从。

曹操气愤地指责他们让天下百姓失望，随后绝望地离开酸枣，另谋发展。

二

曹操接受别人建议，带夏侯惇等人到扬州一带招募人马，重整旗鼓。

扬州刺史陈温、丹阳太守周昕，见曹操伸张大义，给了曹操以很大支持，拨给曹操四千多兵众。

没想到，带着这四千多人往回走，到了龙亢——今天安徽怀远时，这些士兵嫌伙食不好，发生叛变。

叛兵于深夜放火烧掉曹操营帐。曹操率诸将杀死数十人，把叛兵赶跑，查一查，剩下的只有五百多人了。

曹洪回到谯县招兵，招到一千多，去龙亢会合曹操。

兄弟相见，欢喜万分。

不错的是，在北归的路上，他们又收得兵众一千多人，至此，合计已经拥有三千左右兵马了。

曹操军队扩充，给养当然也是个难题。

有人给曹操建议说，大型墓葬中有很多财宝，反正死人用不着，莫若取来，以供军需，好吃饱肚子，为人民打天下。

曹操觉得有意思，那些厚葬之物，多是墓主人一辈子搜刮和积蓄的，让其贡献出来吧。遂设“发丘中郎将”、“摸金校尉”等职，从执其事。

发丘中郎将领兵寻找到永城芒砀山，今河南商丘地面，在汉梁孝王刘武墓前祭祀一番，开始挖掘了。

“操发兵入砀，发梁孝王冢，收金数万斤。”《水经注疏》说。

后世盗墓贼，称“摸金校尉”，追根溯源，就到曹操这儿了。

曹操北归后，得知在酸枣的诸路军，粮食和酒肉已经耗尽，各自散伙去了，有的相互间还打了起来。

曹操想到之前讨伐董卓的事，袁绍总是推说力量不够，要慢慢来，如今讨董联盟名存实亡，一拨人又火并起来，曹操真是又急又气。

但自己实力不强啊，没办法，只好又带着部队到河内去投奔袁绍。

袁绍见曹操来投归自己，也想依赖曹操的力量，便对曹操十分客气。

袁绍向曹操征求意见："如果我们讨伐董卓不能成功，那么可以向什么地方发展势力呢？"

曹操没有回答，反问道："您的打算呢？"

袁绍说："我想，北面凭借燕、代，南面据守黄河，还有乌桓少数民族也愿意跟随我向南争夺天下，这样就可以成功了吧！"

曹操说："我不认为另起炉灶是最好的选择。借重现成的君王，就无往而不胜了。"

袁绍没有重视曹操的意见，心中另有计划。

果然，到了年底，袁绍提出了一个另立皇帝的方案，同曹操商量。

袁绍害怕与董卓硬拼，于己不利，便以"献帝年幼，又被董卓所困，不知是否还活着"为由，同冀州牧韩馥一起谋立"汉室俊贤"幽州牧刘虞为帝，并且私下把皇帝的玉玺都刻好了，已经派人去幽州劝刘虞称帝了。

曹操认为此举不妥，他说："董卓之罪，天下皆知。我们同盟举兵，远近无不响应，因为我们是正义的。现在皇帝幼弱，受制于奸臣，但他并没有罪过，凭什么要废掉他呢？

"如果我们把当今皇上废掉，别人也来效仿，另立他人，那天下就会更不安定了。你们真的要这么干，那就请'诸君北面，我自西向'好了。"

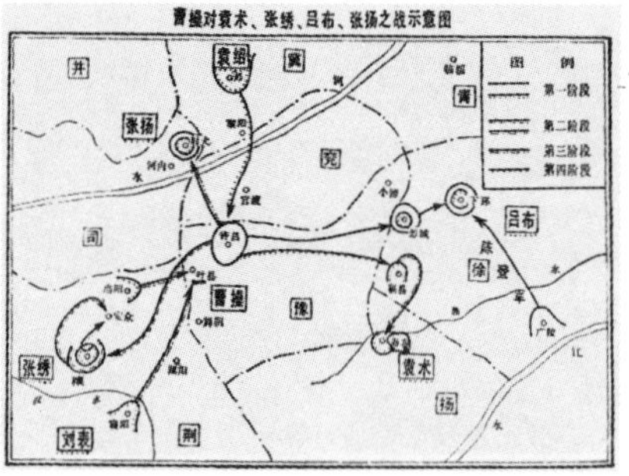

曹操扫荡四方示意图

“北面”是崛起屁股向北称臣的意思，因为皇帝朝南坐，“西向”则是向西讨伐董卓，救出汉献帝。

不久，袁绍和袁术兄弟间争斗起来，袁术想自己做皇帝，不听袁绍的。

连袁氏兄弟都内讧起来，曹操感到以联盟的方式讨伐董卓是根本不可能了。而自己又无能力与董卓相抗，只有另做打算。

鲍信向曹操建议了：“袁绍以盟主身份，乘机发展个人势力，将会成为第二个董卓。但我们没有足够的力量对付他，搞不好自己还可能陷于危难境地。不如先向黄河以南发展势力，以待局势变化。”

曹操曰：“善。”连一块自己的地盘都没有，确实不行。

曹操决定先建立一块根据地，站稳脚跟，积蓄力量，然后再同董卓之类的军阀进行斗争。

于是曹操率部南下，占领了青州和兖州做根据地。

到了公元195年前后，曹操终于成为一方强大的割据势力，有了数万人的军队，其中相当多的是他当年招安后安排开荒、生活的青州黄巾军。

当时，除参加讨伐董卓的关东诸军外，其他地方军阀也都没闲着，分别割据一方，发展势力。

公元196年的时候，各地区的主要武装割据势力如下。

袁绍占据冀州、青州和并州——今天的河北中南部、山东东北部和山西大部；公孙度占据辽东——今天的辽宁一带；刘虞、公孙瓒先后占据幽州——今天的河北北部。

曹操占据兖州——今天的河南东部和山东西南部；张绣占据南阳——今天的

刘表

张鲁

河南西南部；袁术占据扬州一部分——今天的淮河下游南部；陶谦、刘备、吕布先后占据徐州——今天的江苏北部。

孙策占据江东——今天的长江下游以南地区；刘表占据荆州大部——今天的湖北、湖南交界一带。

刘焉、刘璋占据益州——今天的云贵川交界处；董卓、李傕、郭汜等先后占据司隶——今天的陕西中东部、河南西部。

张鲁占据汉中——今天的陕西南部；马腾、韩遂占据凉州——今天的甘肃、宁夏和青海湟水流域。

各家地方军阀，为了扩大自己的势力，争夺土地和人口，相互间展开了一系列的兼并战争，掐个不停。

关东，公孙瓒打败幽州牧刘虞，然后，同袁绍交兵不已。

南方，袁术占据扬州。袁绍为了对付袁术，结交荆州刘表，使刘表牵制袁术。

袁术派孙坚进攻荆州，在围攻襄阳时，孙坚被刘表大将黄祖射死。其子孙策统领其众，将势力发展到江东。

在兖州、徐州，曹操同袁术、陶谦、刘备、吕布的战争，反复较量，也甚是激烈。

在这期间，有于禁、吕虔、满宠、毛玠等人来投到曹操帐下。

于禁，字文则，曾是鲍信部下，曹操以其为军司马。

吕虔，字文恪，有胆略，曹操以其为从事。

满宠，字伯宁，十八岁为郡督邮，后代理高平县令，曹操以其为从事。

满宠

毛玠，字孝先，年轻时做过县吏，以清廉公道著称，曹操以其为治中从事。

谋士毛玠对天下大势有自己的分析。

毛玠认为，天下分裂，天子流徙，人民放弃本业，因灾荒而逃亡他乡，国家连一年的粮食储备没有，百姓失掉了安居本业的念头，这样的局面难以持久。

袁绍和刘表，百姓众多，军队强大，但他们都没有什么眼光，没有什么远大谋划，或者说，都没有什么长打算，没有什么事业心。

乱世拼力量。打仗取胜，保持地位，凭借的是气粗与否。

毛玠建议曹操不失时机，“奉天子以令不臣”，以天子的名义号令那些不履行臣子义务的地方诸侯，谁操蛋收拾他，另外，“修耕植，畜军资”，发展农业生产，积储军用物资。

有了天子的名义，有了深厚的财力，就气粗了，就可以成就霸业与王道了。

曹操非常认可，认为毛玠说得对，深与己意相合，恭敬地表示采纳，随即提升毛玠为幕府功曹——高级参谋。

这个时候，恶贯满盈的董卓已被大司徒王允设美人计杀死，但董卓部将李傕、郭汜乘机起兵作乱，将王允也杀了。

未几，李傕与郭汜内讧，双双毙命，汉献帝被李傕部将杨奉劫出，护送回已经残破不堪的洛阳，位归“正殿”了。

曹操决定，带兵亲往洛阳，“拯救天子刘协”。时在公元196年。

邺城博物馆2

邺城博物馆1

三

却道公元196年的夏天，洛阳废墟上青草森森，野兔窜跃，生机盎然。

军阀杨奉等人护送汉献帝刘协回到墙框尚存的南宫，抓紧时间，修好了几座殿堂，然后四处清扫，分别安置。

刘协归回洛阳，惊悚暂定，百感交集，不过总体上觉得安生不少。

对国家来说，汉献帝虽然没用，但他毕竟还是最高权力的象征。谁把他抢到手，谁就有政治上发号施令的主动权。譬如杨奉等人，官职就加封了。故而不少人动脑筋，动干戈。

在刘协身边的人，沾着光，不愿抛弃他，离他较远的人，也在想办法把他弄到手。

袁绍手下有个谋士，叫沮授，就向袁绍献计："趁在冀州站稳了脚跟，去迎接献帝，把他迁到邺城来。"

邺城也属于中原北部重地嘛，这样我们就可以挟天子以令诸侯，蓄士马以讨叛逆，谁能抵挡！

袁绍觉得沮授的话有道理，想照住办，但他的另一个谋士郭图却反对。

郭图说："当今天下，英雄并起，各据州郡，聚集徒众，都想争夺国柄。正是所谓'秦失其鹿，先得者王'。如果我们把献帝迎到身边，一举一动少不得向他请示。听从他，我们的主意难以实行；违背他，则又是抗拒君命。不好。"

袁绍听了郭图的话，觉得也有道理，复又犹疑不决了。

邺城博物馆3

邺城曹操塑像

沮授坚持自己的观点，说："先把献帝迎来再说。现在迎他，既合道义，又合时宜，如不早定大计，采取行动，只怕有人抢先了。"

郭图坚持反对迎汉献帝，主张自起炉灶。

袁绍做不出决断，只好把这件大事撂在一边。

正如沮授所料，有人热心于现成的皇帝——曹操抢先动手了。

由于遍地军阀，曹操的勤君行动并非十分轻松。

曹操先是遭到袁术部将苌奴的阻击，又受到汝南、颍川两郡何仪、刘辟、黄邵、何曼等黄巾军余部的威胁。

何仪、刘辟、黄邵、何曼等，各有数万兵马，追随的是袁术或孙坚。

曹操对他们展开攻击，最后杀死黄邵，收降刘辟、何仪，占据了要地许县，址在今天的河南许昌东部一带，控制了豫州东南。

曹操观察了动态，分析了局势，打算劝说献帝离开故都洛阳，住进他的地盘许县，由他负责朝廷的饮食起居。

曹操召开会议，请大家就此事充分发表意见。

不少人认为，现在立足未稳，关东地区尚未平定，杨奉、韩暹、张杨等联合在一起，很难将他们制服，从他们手中请出献帝。不如暂缓一缓，集中力量，把根据地建设好。

谋士荀彧不同意这种保守之策，他坚决支持曹操的想法。

荀彧举出历史上的例子来说服众人。

从前晋文公发兵把周襄王护送到京师，诸侯响应，终成霸业；汉高祖为义帝戴孝发丧，天下人都倾心于他。现在，皇帝西徙东流，居无定所，人们心系王

洛阳令董昭

荀彧

室，担心社稷命运，这时迎奉天子，正符合社稷的愿望。

荀彧说："迎奉皇帝，正是忠于帝室，以此行动来镇服四方雄杰，最有说服力，必能招引更多英才归附。杨奉等人，不足为虑。"

荀彧呼吁曹操当机立断，及早行动。不然，后悔就来不及了。

曹操听了荀彧的发言，很是高兴，说："有道理有道理。"遂当场决定：请迎汉献帝刘协。

刘协在洛阳又把朝廷健全了一番，封了些官僚。

车骑将军杨奉，兵马强势，刘协让他率军镇守梁县——今天的洛阳市汝阳县以东地方，大司马张杨去驻守野王，现在的沁阳市，留守洛阳的是董承与韩暹。

杨奉、张杨、董承、韩暹诸人，表面上是个联合体，实际上勾心斗角，矛盾重重。

曹操写了封信，通过在朝廷任议郎的旧好董昭转交给杨奉，愿与他合作，共辅王室。

曹操在信中说："操仰慕将军义气，愿与将军推心置腹。将军护卫天子，历尽千难万险，终于回到故都洛阳，辅佐之功，举世无匹。

"如今群雄逐鹿中原，四海颠簸不宁，国家安定不是某人的力量所可实现，需要群贤鼎力，精诚合作。

"将军可在朝内为主，我愿在外为援。将军有兵，我有粮食，正好有无相通，互相补充，如能生死与共，大事可成。"

其时杨奉的粮食确实很紧张，见到曹操的信，喜出望外。

杨奉对手下说："曹操有兵有粮，又据守许县，离我们很近，应该依靠他。”

很快，杨奉带领诸将一同上表，请汉献帝拜曹操为建德将军，没几天又升为镇东将军，曹父原系费亭侯，把这个爵位也翻找出来，让曹操袭领。

曹操觉得朝廷一下子给的官爵太多了，先后推辞，《上书让封》《上书让费亭侯》。

汉献帝听杨奉等大臣的，不准谦让，曹操这才上《谢袭费亭侯表》，表示接受。

四

韩暹和张杨自恃辅助汉献帝归回洛阳有功，在重建洛阳的多项施工期间，专权跋扈，恣意胡为。董承十分不满，又无力对付，便于暗中请汉献帝密诏曹操进京。

曹操接到诏书，十分高兴，率领军队，火速进入洛阳，朝见汉献帝。

汉献帝接见了曹操，君臣就“当前局势与我们的任务”进行了广泛深入的交谈。其后曹操上表，请治韩暹、张杨的罪。二人自料不妙，赶忙逃出洛阳。

汉献帝命曹操录尚书事，兼司隶校尉，还授给他尚方节钺。

录尚书事，即总领尚书台即各部委之业务，总管朝政；司隶校尉，是公安部长，监察百官，维护朝廷和京师地区治安；节钺更是要紧，表明曹操有了节制统领内外诸军的权力。

组织权、治安权、军权，东汉朝廷的三项大权归于曹操一人之手，意味着曹操的事业取得了阶段性的重大成功。

曹操开始行使权力。为了树立权威，他一方面将横行不法的尚书冯硕、议郎侯祈、侍中壶崇除掉，以儆效尤，一方面封卫将军董承、辅国将军伏完等十余人为列侯，以争取支持。

当然，曹操新得重权，想要巩固，逐步做到像毛玠所说“奉天子以令不臣”，还要付出更大的气力。

“现在我已经在洛阳了，你看我应该怎样做？”曹操问计于董昭。

董昭认为，曹操兴义兵，诛暴乱，适时入朝，辅佐王室，乃是五霸之功。“但朝中将领，各怀异志，未必都能服从。因此，留在洛阳，必有许多不便。”

董昭建议曹操，将天子迁到许地，便于匡辅朝政。

“不过，朝廷这些年已经折腾得够呛了，再移动他，恐怕会造成麻烦，希望将军权衡利弊，慎取对策。”

曹操说：“移于许县，此计甚好。但恐杨奉有所阻挠，事情不顺。”

董昭说：“杨奉势孤少援，愿意同将军合作。将军升迁封侯，是杨奉起的作用，应该尽快派遣使者，厚厚答谢，把他稳住。”

董昭还建议，不要迁移许县，只说洛阳残破，丁齿稀少，粮食匮乏，短期尚难恢复元气，想暂时把献帝接到许县去，粮食供应没有困难。

杨奉为人勇而无谋，曹操这样一说，果然表示同意。

曹操便把汉献帝刘协转移到了许县。

汉献帝觉得新地方，应该有个新开端，便改年号为建安，同时加封曹操为大将军，武平侯。

杨奉发觉上当，起兵想抢回献帝，结果被曹操打败。

杨奉手下将领徐晃也投降了曹操，杨奉只好率败兵逃奔袁术去了。

曹操把汉献帝弄到手，袁绍非常后悔，他摆出盟主的架势，要求曹操将献帝迁到鄄城。

鄄城离袁绍的老窝冀州比较近，便于控制献帝。

袁绍心想，鄄城是曹操的地盘，曹操容易答应。可是他低估了曹操的智商。

曹操不但拒绝了袁绍，而且还让汉献帝发诏责备袁绍："你地大兵多，却未出师勤王，独居一隅也罢，你还闲不着，老同别人互相攻伐，差劲啊你！"

袁绍无奈，只得上书表白一番，澄清自己。

曹操见袁绍服软，便又以汉献帝的名义任袁绍为太尉，封邺侯。

太尉虽是"三公"之一，却位于大将军之下。

袁绍见自己地位逊于曹操，大发脾气道："操！他几次失败，都是我救了他，现在竟然挟天子命令我来了，操！"

发了火，袁绍拒不接受任命。

曹操一看情势，发觉让步最好，便把大将军的头衔让给了袁绍，自己任大司空，代理车骑将军，以缓和同袁绍的矛盾。

车骑将军次于大将军和骠骑将军，比袁绍位置低，但曹操手里有个刘协，仍

乐进

然等于总揽着朝政。这着棋，把袁绍给稳住了。

曹操抓紧时机，提升和安排官员，当然都是自己的人了。

升荀彧为侍中、尚书令，负责朝中具体事务，升满宠为许都令、董昭为洛阳令，控制新旧都城。

升程昱为尚书，又让他做济阴太守，都督兖州事务，巩固这一最早的根据地。

分别升夏侯惇、夏侯渊、曹洪、曹仁、乐进、李典、吕虔、于禁、徐晃、典韦等为将军、中郎将、校尉、都尉等，控制军队。

汉献帝觉得曹操真好，把散失的中央集权都一步步找回来了。于是曹操提出建议，请他号令诸侯，或拟出诏书，让他签发，他都同意，曰：“照准。”

第六十七章

扫荡东南

一

东汉末年，长期战乱，人口大量死亡或者流散，土地撂荒严重，以洛阳为中心的中原地方，粮食尤为缺乏。

曹操在政治上取得了“挟天子以规不臣”的地位之后，必须为更多的军队和人群的吃食操心了。

毛玠曾经建议曹操，“修耕植以蓄军资”，确实，任何军队、任何政权、任何时候都必须考虑解决粮食问题。

曹操自打陈留起兵，就经常为军队给养所困扰。难忘讨董卓失败，到扬州募兵，回来路上，由于伙食差，导致新兵叛逃，教训深刻。

当然，其他武装集团一样缺粮。

袁绍的冀州，素称富足，军队有时也饿肚子。

袁术驻军寿春，经常依赖水中的贝类充饥。

有的军阀，缺乏粮谷，不战自败，起哄不多久，就“散烟儿”了。

严酷的现实告诉曹操，不能让将士们吃饱吃好，就难以吃掉对手，最终会在群雄角逐中败下阵来。

历史的经验说明，强兵足食，是建政立国的基础。

问题是，战争已使生齿快速减少，生产遭受严重破坏，“修耕植以蓄军资”说起来容易，做起来，到底该从何下手呢？

曹操召开会议，要大家权衡利弊，就此发表不同意见。

曹操的屯田运动

武将们干脆，说："出兵打仗，扩大地盘，地盘大了，粮食不就有了吗？"

夏侯惇的部将韩浩坐在曹操身边，曹操问他："你看如何解决好？"

韩浩回答说："当急田。"抓紧时间开荒种地。

曹操说："武将也有主张种地的嘛。应当赶快开荒种地。高明。"

"我希望大家进一步开动脑筋。'修耕植'，'当急田'，都不错，但具体办法必须想出来。"曹操进一步鼓励大家献计献策。

羽林监枣祗，提出开办国营农场的议案："解决军粮这一急迫问题，鄙以为，最可行而最有效者，莫过于屯田。战争使大量土地荒芜，失掉了主人，划定连片田亩，建起国营农场，由政府组织耕作，军队适当参与，数月即可见效，坚持下去，必有大成。"

枣祗的屯田意见提出来后，大家觉得有理，经过讨论，形成了《关于实行屯田确保粮食供应的决议》。

曹操说："安定国家之计，在于强兵足食，秦国掌政者优先发展农业，兼并了六国，统一了天下；汉武帝推行屯田，粮谷充足，平定了西域，巩固了西北边防。先代人做出了良好榜样，值得我们效法。"

曹操发布了"置屯田令"——《关于实行屯田确保粮食供应的决议》，任命枣祗为屯田都尉，任峻为典农中郎将，负责部署实施屯田事宜。

屯田生产，由政府直接经营管理。得有两个要素，一是国家直接控制的土地，二是可以利用的劳动力。

土地是有的。连年战乱，农民死亡流散，地主也不是铁打的，同样死亡流散，大量土地无主撂荒，都算公家的了。

人呢，曹操在战争中，先后控制兖、豫二州，在镇压招抚青州、颍川和汝南的黄巾军时，获得了好多人及他们的家属，都是有经验的农业劳动力，有些还拥有耕牛、农具，重新组织起来，就是大农场了。

国营农场，再招募那些没有着落的流亡农民为劳动力也是可行的。

枣祗、任峻等干部，受命在国家控制的土地上划出了农场的地界，将劳动力以军事组织形式加以编制，立即展开了轰轰烈烈的大生产运动。

屯田组织，即官办农场，不统属于郡县，它自成系统，由大司农及农业部全权管理。

典农中郎将，官位相当于郡太守，直接隶属于中央朝廷的农业部长，对部长负责。

屯田都尉，或称典农都尉，官职官位相当于县长，对农业部的局司负责。

屯田的基层组织称为屯，由屯田司马管理。时至今日，中国大地上，还有很多称为“屯”的地名，当是屯田之举的历史影子。

官办屯田区的生产者，称屯田民或屯田客，是付出劳力、辛勤稼穑的佃客。

如何对佃客收租？开始时存在意见分歧。

不少人主张采用“计牛输谷”的办法，按使用耕牛的多少，向政府缴纳定额租赋。曹操也同意了。

枣祗经过仔细思考，觉得“计牛输谷”这个定额收租的办法，未考虑收成好坏，不尽合理。

按“计牛输谷”的办法，收成好的年份，国家只能按规定的定额收租，增加不了收入，而收成坏的年份，农民负担得不到减免。

于是，枣祗向曹操讲明情况，建议采用“分田之术”，即“比例之法”，根据每年的实际收成，按一定的比例交纳租谷，丰收时多交，歉收时少纳。

枣祗建议，屯田客用官牛耕种的，将收成的60%交给国家，自己得40%；用自己的牛耕种的，收成各得50%。

曹操又主持会议讨论。

军祭酒侯声表示看法说：“按租用官牛的头数收租，对屯田客有好处，按枣祗的办法收租，对官家有好处。”

曹操便同意了枣祗的分成收租办法。

其实枣祗的“比例之法”，剥削并不轻，但做屯田客的，不用负担兵役和徭役，在战乱未平的年月，还是比较合算的。

屯田制推行后，很有成效。第一年，就取得了得“谷百万斛”的好收成。

曹操非常高兴，下令扩大屯田，四五年的时间，就使粮食产量大增，装满了仓廪。

这种由屯田民进行生产交租的屯田模式称之为民屯。

随着曹操统治地区的不断扩大，屯田地区也随之不断增多。民屯的主要地区有颍川、安丰、弘农、沛国、东海、淮南、庐江、扶风、上党等郡。

除民屯外，曹操又建立了军屯。

军屯就是由士兵参加生产，展开战时作战，平时务农的部队大生产运动。

尽管有“军屯”，但战争太频繁，曹操的屯田还是以民屯为主，实施的中心区域在中原。

民屯制的推行，将劳动力与土地结合起来，使许多贫困农民和流民重归土地，解决了他们的生计问题，有力地支援了兼并战争。

可惜首倡推行屯田的功臣枣祗，却不幸早逝。

曹操撰文、讲话，多次表彰枣祗，并为其子加以封爵。

对推行屯田有功的典农中郎将任峻，曹操也极为看重，表为都亭侯，食邑三百户，并以其为长水校尉，成为京师禁军将领之一。

后来任峻去世，曹操痛惜不已，立即让其子任先继承了爵位。

随着社会条件的变化，屯田客越来越不满意集中生活，想做自耕农，逃亡事件时有发生。有关部门则用强制办法来补充屯田的劳动力，遭到不断反抗。

沛国南部都尉袁涣劝曹操说：“百姓安土重迁，不能一下子加以改变。应该顺其心意，乐意的加以招募，不愿意的不要强制。”

曹操接受了袁涣的建议，不许屯田都尉和屯田司马强征人力，情况才好了些。

二

汉献帝刘协的朝廷，实际上是曹操在主持全面工作。

既然主持全面工作，曹操就想主持得有声有色。

需要粮食，解决了。还需要人才，大力罗致吧！

曹操在推行屯田的同时，要求官员积极推荐各种各样的智谋之士。荀彧是曹

郭嘉

操信任的参议员，热烈响应曹操的伟大号召，搜罗和举荐人才。

荀彧先向曹操绍介了颍川人戏志才。

戏志才，名字非常酷，好像个演员，有志于表演艺术，但上班没几天不幸病死，曹操难过得不行，写信给荀彧说：“戏志才死后，几乎就没有可以与我计议大事的人了。您看谁可以接戏志才的班呢？”

荀彧见信后，向曹操推荐了颍川阳翟人郭嘉，阳翟是今天的河南禹县。

郭嘉，字奉孝，少有大志，及长，尤有谋略和远见。

郭嘉曾经投奔袁绍。袁绍当时有实力和声望，对郭嘉很敬重，并给以礼遇。可是郭嘉与袁绍相处数十日之后，便有了自己的看法。

郭嘉对谋士辛评说：“袁公虽想礼贤下士，却不知道用人的机窍。他好用谋略，却做不出恰当的决断。想要同他一起安济天下，成就霸王之业，是非常困难的。我将另行择主，不知你如何打算？”

辛评不以为然，回答说：“袁先生有恩德于天下，人们都来归附，况且他势力强盛，别处有比这里更合适的吗？”

郭嘉不说了，拾掇拾掇行李，独自离开了袁绍。

经荀彧推荐，曹操召见郭嘉，同他讨论天下人事，谈得很是投机。

曹操深感郭嘉见解精深，非常高兴地对别人说：“助我成就大事业的，必定是这个人啦。”

郭嘉也高兴地感叹：“明智的人，一定要审慎地选择明主，方能有所作为，建立功名。曹公是我的明主啊！”

曹操安排郭嘉担任了司空祭酒，留在自己身边，参谋军政大事。

荀攸

接着，曹操又会见荀彧，说："很多时候，需要众多谋士开会讨论啊。谁能像您和奉孝一样，加入咱们的谋士团队呢？"

荀彧说："有人。"遂向曹操推荐了钟繇和荀攸。

钟繇，字元常，祖父是个知识渊博的学者，门生千人。其父曾为郡主簿，因党锢之祸，塞了仕途。钟繇曾任尚书郎和阳陵令。

曹操听从荀彧的荐举，用钟繇为侍中、尚书仆射，作为尚书令的副手，参与掌管朝廷中枢大政。

荀攸是荀彧的侄子，字公达，可他年纪比荀彧大。何进掌权时，荀攸做过黄门侍郎。董卓乱朝时，他参与过谋刺董卓，事情败露入狱。董卓被杀后，荀攸获释放，弃官居闲归家。后被任为蜀郡太守，因道路不通，暂寓荆州。

荀彧荐后，曹操给荀攸写信说：方今天下大乱，正是智谋之士发挥作用的时候，您却滞留在荆州，观望时变。耽搁时间太长，于己于国都是损失啊。

荀攸回信，表示愿为曹操效劳，曹操便任其为汝南太守，没多久迁升为尚书，进了朝廷机关，很快又擢做军师。

曹操多次同荀攸谈论时政，认定荀攸确是智谋之士，非常高兴地对荀彧说："公达是非凡之人，我能够跟他一起计议军国大事，天下还有什么可忧虑的呢！"

除了请人推荐，曹操也自己征召，如有杜袭、赵俨等人投归。

杜袭字子绪，出身名士之家，曹操以他为西鄂县长，治理今天河南南阳北部一带地方。

赵俨字伯然，认为曹操有治世才干，顺应时势，必能安济天下，遂投曹操。

曹操以其为朗陵县长，治理今天的河南确山县南部一带地方。

河内郡温县人司马朗，字伯达，与其弟司马懿都比较有脑子，曹操召其为司空掾属，掾属，副手也。

江夏郡平春人李通，字文达，生性武勇，投归曹操，被任命为振威中郎将，率兵驻守汝南西界。

在曹操征召和前来投归的人才中，也有的非常扯淡，造成一些麻烦，主要的是孔融和祢衡之流。

孔融，字文举，小时候很聪明，得到过李膺的夸奖。董卓擅权时，出任北海相，参与镇压黄巾军，被击败。后任青州刺史，又被袁绍的儿子袁谭击败，丢了城池。曹操不以孔融为差窍，让他专管基建。

孔融自视智能超群，以安邦定国为己任，但华而不实，所论虽引经据典，却脱离实际，没办成什么正经事情。

祢衡呢，字正平，非常狂妄。曹操身边可谓人才济济，然而祢衡谁也看不上，以胡乱挖苦为能事。

祢衡多少有点看得起的，是孔融和另一个叫杨修的人，但也很不尊重他俩，称孔融为“大儿子”，称杨修为“小儿子”。

孔融向曹操说祢衡聪明，曹操就想跟祢衡谈话，祢衡却称病不肯前往，而且还在背后讥讽曹操，以显摆自己。

后来祢衡又在众人面前羞辱曹操，光着膀子、敲着小鼓，唱着骂人。

曹操见祢衡实在不能为己所用，又不好杀他，便对孔融说：“这小子竟如此无礼，我要杀他像杀麻雀老鼠那样容易。考虑他有些虚名，杀了他，人们会以为

马腾

我太计较，还是把他送回荆州吧。”

祢衡到达荆州，刘表对他很看重，但祢衡同刘表及其部下一干人，还是处不好，刘表不满，又把他送给部将黄祖。

黄祖性情暴躁，当祢衡又狂妄骂人时，黄祖一怒之下，命刀斧手把他砍了。

由于曹操有胆有识，知人善任，众多文武人才都来辅佐助佑，使曹操的政策方针得以顺利贯彻实施。

特别是由荀彧、郭嘉、程昱、荀攸等人组成的骨干谋士智囊团，对曹操势力的成长起了“肥”与“水”的作用。

在政治上，挟天子令诸侯，在经济上，兴屯田蓄军资，在人事上，纳贤才敬智囊，曹操多方胜人，成了往后兼并战争中的胜利者。

三

现在我们来看一下各地军阀对中原政权的影响，亦即对曹操管理的汉献帝的影响。

北边是冀州袁绍，东南是淮扬袁术，东边是徐州吕布，南边是南阳张绣、荆州刘表，西北是马腾、韩遂。

诸军阀中，袁绍势力最强，马腾、韩遂太远了，几乎构不成什么威胁。

经过分析，曹操定下了北和袁绍，由近及远，先弱后强，各个击破的战略大计。

公元197年，曹操管理汉献帝刘协的第二年，正月，曹操亲率大军收拾

贾诩

张绣。

董卓被杀后，张绣跟随其叔父张济在李傕、郭汜手下干事，张济为骠骑将军、平阳侯，张绣为建忠将军、宣威侯。去年冬天，张济在战场上死于流矢，张绣接收了张济的部队，占据南阳，屯驻宛城。

张绣有个谋士，叫贾诩。老贾年长，张绣拿他当父辈看待，言听计从。

贾诩曾想让张绣依附刘表，自告奋勇到襄阳去见刘表商谈，但贾诩接触刘表之后，有些心灰意冷，回来对张绣说："算了，放弃。"

贾诩说，在天下太平时，刘表具有做三公的才能，在天下大乱时，他就看不清形势，而且多疑不决，缺乏主见，成不了大事。

兹后，张绣在南阳地区招兵买马，训练军队，势力日渐强大，这不能不引起曹操的注意，以致引领大军来征。

曹操来了，张绣迎战，不利，贾诩分析之后，劝张绣投降了曹操。

曹操轻易取胜，难免骄傲，置酒高会，热烈庆祝。

在庆祝大会上，曹操见张济的小妾花容月貌，很感兴趣，就收归自己用了。

张济的女人，是张绣的小婶娘啊！张绣接受不了，心下不满，但未便表现出来。

张绣手下，有个骁勇的将领，叫胡车儿，曹操差人送给他许多金钱，以示欣赏。

张绣听说了，怀疑胡车儿要帮助曹操杀害自己，便与贾诩计议，先发制人。

半夜，张绣领兵偷袭曹营，曹操慌忙应对。幸得校尉典韦率兵狙击，曹操才得以脱身。典韦继续激战，负伤十多处，在大骂反贼中壮烈牺牲。

在这场猝发的夜战中，曹操右臂中箭，险些丧了性命，长子曹昂和侄儿曹安民也被杀害。

曹操率领残兵败将，退到舞阴，现在的河南泌阳县西北一片树林，喘气。

天亮了，得知典韦英勇战死的消息，曹操流下热泪，派人抬回典韦的尸体，搭起临时灵堂进行哭祭，然后派人送回其陈留家乡安葬。

在曹军的败逃中，平虏校尉于禁的军队没被打散，且战且退，追上了曹操。

曹操高兴地对于禁说："将军在混乱中能保持队伍的整齐，治军坚固，势如壁垒，便是古代名将，也不过如此啊！"

说话间，张绣的军队追来。曹操立即命令于禁迎战，于禁出马就把张绣打跑了，乘势追击不停。

张绣向荆州刘表方向逃窜，最后投了刘表。

于禁占领了南阳和章陵，章陵在今天的湖北枣阳东南地区。

曹操召开战后总结会，讲话说："窝囊，窝囊！我接受张绣投降，留下他的小婶母娘做人质，这个人质不是他的亲人，不起作用，以致引起他的反叛，造成这种后果。现在我明白过来了，大家看吧，从今以后我不会再遭到这样的失败了。"

后山不由为老曹的无理辩解发笑："孟德啊你那是扣押的人质吗？你若狠一点，把张绣和贾诩做了那女人的陪嫁男仆，则安定和谐，妙不可言矣。"

实际上，曹操失败的真正原因，在于他骄傲轻敌，不在其他。

四

曹操战张绣失利，表封了英雄于禁之后，派武将裴茂征讨李傕，李傕战败被杀。郭汜也遭手下人杀身。董卓、李傕、郭汜集团，遂告消失。

为了集中力量在中原一带用兵，曹操遣司隶校尉钟繇持节往督关中诸军。

钟繇到达长安后，写信给马腾、韩遂，讲清利害，稳住了西凉地方。

秋收时节，曹操率军击败了侵犯陈地的袁术，之后到临近淮、汝一带视察。

猛将许褚率领一批壮士前来投归，曹操十分高兴，当即任为都尉，许褚跟典韦一样，做了警卫团团长。

张绣投刘表后，渐渐缓过劲来了，跟刘表屡屡向北进犯。曹操派曹洪进讨，曹洪作战不利，以致张绣愈发狂妄。

十一月间，曹操自己再次率兵南征张绣。

在宛城附近，曹操想起上次在这里阵亡的将士，进行祭奠，痛哭了一番，部下无不感动，纷纷请战。

曹军攻下了湖阳。攻城时，许褚率领壮士冲锋在前，生擒了刘表部将邓济。曹操立即火线提拔许褚为校尉。

回军休整，蓄势再战，过罢年新春伊始，曹操第三次南征张绣。

军师荀攸劝阻曹操说："张绣与刘表互相依靠，势力比较强大。但张绣外来，没有根基，军需全靠刘表，时日久了，刘表后勤吃力，两人势必发生摩擦。不如暂缓进击，以待其变，或者相机再次诱降张绣。若逼之太极，他们互相救援，我们反而不易取胜。”

曹操急于讨伐张绣，没有采纳荀攸的建议。

曹军南征，进围张绣于穰城——今之河南邓州。张绣向刘表告急，刘表立即发兵救援。

这次战役，曹操三打两胜，使南方的局势得以缓和。

南方缓和了，北方的袁绍正在同公孙瓒厮杀，东方的吕布跟袁术刚刚火并，两败俱伤，荀彧建议趁此有利时机，东征。

曹操从荀彧之计，挥戈东征，直指袁术。

袁术看天下大乱，想做皇帝，召集手下人商议说：“目今刘氏微弱，海内鼎沸。我家世代为高官，百姓都知道的。我想应天顺民，登基称帝，不知诸君意下如何？”

这件事关系重大，大家都不愿吱声，只有主簿阎象发言，认为时机不成熟。

袁术心中不高兴，问前来投归的张承：“我以土地之广，士民之众，仿效汉高祖当皇帝，不行吗？”

张承回答道：“这在于德，不在于强。有德，实力会逐步增强，可以兴霸王之功。如果仅凭势大而僭称皇帝，不合时宜，想兴盛是不可能的。”

散会后，袁术给江东的孙策写信，心想老部下总该支持自己称帝吧。

不料孙策回信说：“董卓贪残淫逸，骄奢横暴，擅自废立，招致天下痛恨，你怎么能步他的后尘呢？你家五代都是朝廷名臣，辅佐汉室，享受荣誉恩宠，无人能比，理应效忠守节，报答王室，这是天下人所期望的。”

袁术看罢，大失所望，气得生了一场病。病好后，恰值曹操出兵南征张绣之

关羽

机，自己就赶忙称帝了。

袁术急不可待地自己干上了皇帝，郊祀天地，分封公卿百官，然而日子并不好过，朋友、同伙都不愿承认他。

袁术请老朋友沛相陈珪来辅佐他，陈珪不干，还回信加以责备。

袁术想任命兖州刺史金尚为太尉，金尚坚决不干，还打算逃跑，袁术一气之下竟把他杀掉了。

孙策得知袁术称帝，表示同他断绝关系。曹操赶紧抓住机会，表举孙策为讨逆将军，进封吴侯。

曹操东征之前，袁术与吕布刚打过仗，袁术军队死伤惨重。曹操乘势宣布袁术罪状，意在一举剿灭。

袁术自知不敌，仓惶向南逃去。留下部将桥蕤、李丰、梁刚、乐就等人抗拒曹操。曹操领兵进击，将桥蕤、李丰、梁刚、乐就等一揽子斩杀了。

袁术退到淮水以南，简直像一只丧家之犬。

走投无路之际，袁术想向河北投靠袁绍，便从徐州北上青州。

曹操得知袁术北逃的消息，马上命令新近投归的刘备截击。

刘备，字玄德，关羽，字云长，张飞，字翼德，这三人在镇压黄巾军的时候结拜为异性弟兄，招兵买马，渐渐成了小军阀。

袁术走到下邳，今天江苏睢宁县西北一带，被刘备的兵马拦住去路，在毫无能力抵抗的情况下，只好掉头逃向淮南。

逃到江亭时，袁术终于病倒了，连粮食都没有，惟以麦屑充饥。

适值盛夏，天气炎热，袁术口渴已极，想喝一口水也办不到。

袁术坐在铺草上，大声喊道："我袁术也是做过皇帝的人，怎么落到了这个地步啊！"喊得太猛，吐了很多血，"驾崩"了。

五

吕布，字奉先，司徒王允谋诛董卓，收买他将董卓杀掉。

吕布被王允提升为奋武将军，二人共秉朝政。董卓部将李傕、郭汜进攻长安，杀了王允，劫持汉献帝，吕布先投靠袁术，后又投靠袁绍。

吕布自认膂力过人，武艺出众，时人又称赞："人中有吕布，马中有赤兔。"因此趾高气扬，不可一世，看不起袁绍手下诸将，认为都"不足贵也"。

吕布在袁绍的地盘内，大肆抢掠，还要求袁绍给他增加军队，好打回洛阳，引起了袁绍的不满。

吕布又暗地里逃走，投归河内张杨。

后来，吕布在陈留太守张邈的支持下，占据曹操兖州的大部分地区。

曹操曾将吕布打败过一次，吕布逃向徐州，跟当时的徐州牧刘备结伙。由于袁术的离间，吕布调转枪头，向刘备重地下邳发动突然袭击。

刘备的拜把子老三兄弟张飞在守下邳，张飞措手不及，失败逃走，刘备领兵来救，也被吕布打败。

刘备转而投归曹操。曹操以刘备为豫州牧，仍屯原地，对付吕布。

此际，曹操的东征大军吃掉了袁术，掉头进抵吕布据守的彭城。

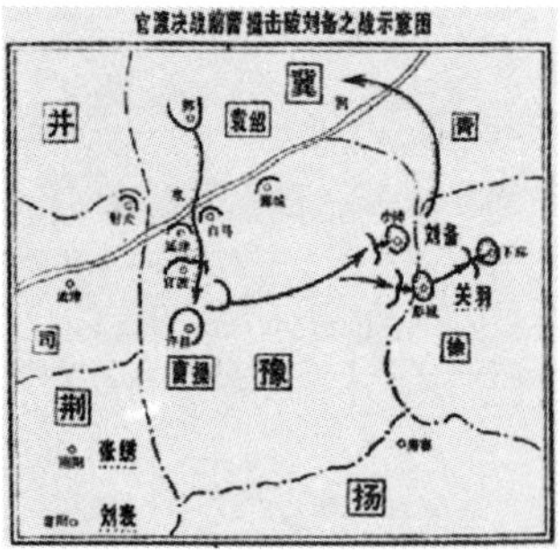

曹操击破刘备形势图

曹操军队攻势凌厉，很快拿下了彭城。吕布仓惶逃走，退守徐州治所下邳。

下邳坚固，很难攻下，曹操打算撤军。

荀攸、郭嘉劝阻曹操说：“吕布有勇无谋，几次作战都失败了，锐气已经丧失。三军以将帅为主，主将的锐气大减，全军也就没有斗志了。我们应趁吕布的锐气还没有恢复，加紧进攻，必能获胜。”

曹操认为有道理，便激励士气，继续攻城。

刘备的结拜老二关云长，听说下邳城中有个美妇人——吕布部将秦宜禄的小妾杜氏，十分貌美，又善解风情，而秦宜禄给吕布派出搬救兵去了，便向曹操申请，自己奋力攻城，城破后让他娶了杜氏。

曹操心说，老关你还有这个嗜好啊，顺口道：“没问题，城破了给你。”

关羽拼了命地进攻下邳，却不知怎的，越攻越不放心，老怕攻克了城曹操不给他杜氏，攻攻，停停，又数次去向曹操落实：“说好了啊，杜氏归我。”

曹操说：“答应了嘛。”

关羽走出军帐，曹操问左右：“姓关的老惦着杜氏，莫非那娘儿们真的倾国倾城？”

为了尽早攻破下邳，曹操下令掘引下邳西边的泗水、沂水，进行水攻。

大水将至，吕布感到实在难以坚持下去了，于是登上城楼向下吆喝说：“你们，不要再围城了！我奉先，向明公自首就是！”

吕布带着部分亲将，登上南门城楼。

下邳的这个城楼是白色的，人谓“白门楼”。

在白门楼上，吕布让左右割下自己的头去献给曹操。左右不忍，于是吕布走下城楼，开门出降，束手就擒。

曹操率文武官员登上白门楼，当众处置吕布一伙。

吕布对曹操说："从今以后，天下可以安定了。"

曹操觉得吕布说话没头没脑，问："你说这话，是什么意思？"

吕布说："明公所忧虑的，主要是吕布，吕布现在已经降服了。如果明公统帅军队，让吕布带领骑兵为先锋，何愁天下不会平定。"

曹操爱猛将，听了吕布的话，对杀之与否有些犹豫。

吕布见刘备在曹操身边坐着，便对刘备说："玄德公，您是座上客，我是阶下囚，绳子把我捆得太紧了，您就不能为我说句好话吗？"

刘备没有开口，曹操接下来说："捆绑猛虎，不能不紧啊！"

曹操命人给吕布松绑，说："你何不直接对我说，而要去求刘使君呢？"

主簿王必一看曹操想让吕布活命，急忙向前劝阻说："吕布是一介强虏，其部众就在附近不远，不能给他松绑啊！"

曹操听了，对吕布说："我本来想给你松绑，主簿不同意，怎么办呢？"

刘备一直静观事态变化，一言不发，他见曹操有让吕布活下来的意思，就顺势加一把火，说："是不能松绑。明公难道忘了吕布是怎样跟随丁建阳和董太师的吗？"

丁建阳是丁原，董太师是董卓，都是吕布杀过的主人。

刘备的话，一下子提醒了曹操，他想起吕布卖主求荣，反复无常的履历，感到确实不能养虎为患，于是向刘备点了点头。

吕布见此情景，瞪着眼睛骂刘备说："玄德我操你妈，你这小子最不拉

下邳古城遗迹

张辽塑像

人屎！”

曹操口称“可惜”，下令处死了吕布。

关羽着急地寻觅机会，要娶那个美人儿杜氏。

曹操派人把杜氏找来，不看不知道，一看吓一跳，果然美艳无比，天下无双，便说：“留在后帐，备用。反正下邳城也不是老关攻克的。”

关羽白操心一场，白猛打一仗，未得到美人儿，心里很是难受，从此开始记恨曹操。

曹操消灭袁术、擒杀吕布，势力范围扩展到了东南。

战争结束后，曹操还得到了不少有用人才。主要的有陈登、陈群、张辽、臧霸等。

陈登字元龙，是陈珪的儿子，二十五岁时任东阳县长。在围攻下邳时陈登立了功，曹操提拔他为伏波将军。

陈群字文长，张辽字文远，臧霸字宣高，都是有功的。

臧霸协助曹操招降了孙观、吴敦、尹礼等小军阀。曹操对这些小军阀们厚加款待，将他们全都任为郡守、国相，让他们发挥才能。

臧霸还为曹操收降了徐翕和毛晖。这两个原为曹操的部将，吕布同曹操争夺兖州时，他俩背叛了曹操。曹操平定兖州后，他俩投奔了臧霸。

曹操说：“得要徐翕、毛晖的脑袋。”

臧霸说：“明公是想成就王霸之业的人，还是请以大义为上。”

曹操接受了臧霸的意见，不再追究徐翕、毛晖的罪过，反而把他俩都任命为郡守。

第六十八章

曹袁角力

桃园三结义

一

后山前文已绍介刘备，字玄德，河北涿县人，他自己声称是中山靖王刘胜的后代。

中山靖王刘胜搞女人无数，儿子一百多个，世系中发岔子太多，实际上，刘备不过姓刘而已。

刘备少时，和母亲织草席贩草鞋维持生活。十五岁跟着公孙瓒去同郡名士卢植的私塾认字读书。

但刘备不是读书料，只喜欢玩狗骑马，倾慕豪侠，因之反而结交了当地不少同类——整天扫荡街面的不良青少年。

公元184年，黄巾军起义的时候，二十四岁的刘备组织起了一支义勇军，名义上是助朝廷镇压黄巾起义，本心是对天下有想法。

资助刘备钱财的，是涿县大商人张世平和苏双。

刘备选了两个贴身卫士，一个是河东解县，今天山西运城西南地区人关羽，一个是河北涿州人张飞。

关羽在家乡犯事，潜逃到了幽州涿郡。张飞家是个大富户，刘备生法儿让张家为他出了不少马匹和军饷。

在张飞家的小桃园里，刘备跟关羽和张飞喝了鸡血酒，结了生死义，发誓"不求同年同月同日生，只愿同年同月同日死"，开始了他们的军阀生涯。

黄巾军非常厉害，刘备吃了败仗，无奈去幽州投奔师兄公孙瓒。

公孙瓒赏给刘备一个平原国相的职务。结拜兄弟关羽、张飞也分别封为分部司马，各统部队。

命运好转了，刘、关、张三人常常挤在一张床上睡觉，一是为安全计，二是刘备对二弟、三弟不辞辛劳随身守护心存感谢，以示亲密。

期间，公孙瓒派刘备领兵支援青州刺史田楷，攻打袁绍，刘备伺机将公孙瓒手下的将军赵云——字子龙——挖到了自己手里。

曹操东征徐州陶谦，刘备领兵去救援陶谦。

曹操退了，陶谦表举刘备为豫州刺史。

陶谦死后，刘备接替陶谦，为徐州牧。

吕布无处去时，曾来投奔徐州，刘备接纳了他。谁知道吕布看上了刘备的老婆，寻找机会攻打刘备，刘备战败，投归曹操。这正是曹操在处置吕布犹豫时，刘备加一把火害死吕布的缘由之一。

程昱建议曹操说："刘备这家伙，'阴'得很，而且有野心，终究不会甘居人下，不如趁早除掉他。"

曹操没有决断，征求郭嘉的意见。

郭嘉说："程昱的话有道理。不过您起义兵，为百姓除暴乱，以诚信招揽俊杰，还担心他们不肯前来呢。现在刘备既有虚名，又是失败来投，若把他杀了，岂不落下一个害贤的坏名声？"

"天下荒乱，正值用人之际，杀了刘备，其他有本事的人就会产生怀疑，另择主人，您将依靠谁去平定天下呢？"郭嘉说，"除掉一人之患，却使四海人才失望，是不可不仔细考虑得失的。"

青梅煮酒

曹操听了，笑道："奉孝考虑事情全面。您说得确实有道理。"

曹操回头又对程昱表态说："现在正是收揽英才的时候，杀掉一个人而失去天下智士的心，这是不可以的。"

于是，曹操表举刘备为豫州牧，并分给他一些兵力，让他仍屯驻小沛，以对付徐州的吕布。

现在曹操攻克下邳，诛除了吕布，觉得应该将刘备带在身边，方为妥当。遂以车胄为徐州刺史，表举刘备为左将军，任命关羽、张飞为中郎将。

刘、关、张三个拜把子兄弟只好跟着曹操回军，内心并不安生。

怎么不安生？刘备"胸怀大志"，关羽为下邳城的美人儿杜氏吃闷醋，张飞更想让大哥早日称帝，自己好干军委主席。

公元199年是建安四年，三月间，刘备动了杀机。

刘备同汉献帝的岳父、车骑将军董承等密谋，伺机除掉曹操，好执掌朝廷大权。

刘备暗中紧锣密鼓，明里却故意隐藏锋芒，以麻痹曹操，避免曹操对他的怀疑。

刘备的韬晦之计，是闭门拒纳宾客，每日在后院种菜，以表示对政治不感兴趣。

青梅时节，曹操请刘备喝酒，聊天。

在花园一隅，曹操命人摘来新鲜的青梅，煮进酒里，一边取饮，一边谈说天下大事。

酒至半酣，曹操突然感叹说："现在天下英雄，惟有刘使君和我了。"

刘备听到吓了一跳，以为曹操觉察了他的密谋，连手中刚刚拿起的筷子也掉在桌上。

这时，天头正好滚过一阵雷声，刘备乘机掩饰说："暮春迅雷巨震，竟也如此厉害，吓得我手抖啊。"

曹操笑道："大丈夫也惧雷声吗？它并不很响啊。"

刘备觉得曹操已经对他存有戒心了，对关羽、张飞说："曹操必然会怀疑我，不能再种菜了，此地不可久留了。"

刘备在寻找脱身时机，下邳地方骚乱的消息传来，刘备借机请求前往帮助地方进行平定。

曹操认为刘备对下邳一带很熟悉，便又拨给他点军队，让他带着老二、老三去了。

程昱、郭嘉听说刘备借机脱身溜走，赶紧前来劝曹操说："您上次不肯杀掉刘备，考虑得确实深远。让他随在军中，也是明智的做法。但如今您给他兵马，让他出征，不太合适，他肯定怀有二心了。"

董昭也急急前来，说："刘备大愚表象之下深藏阴险，又有关羽、张飞作为羽翼，放出去就不好办了。"

曹操听了大家的话，有些后悔，说："可是我已经应许他了呀！"

考虑到刘备已经走远，追赶也来不及了，曹操只好作罢。

刘备果然反了。到达下邳，在徐州刺史车胄迎接他的时候，突然袭击，杀了车胄，公开打出了反叛曹操的旗号。

刘备让关羽守下邳，行太守事，自己和张飞率军驻守小沛。

曹操在徐州的统治并未牢固，前已骚乱的郡县借势脱离曹操，归附刘备，使刘备的势力有所增强。

不过刘备实际控制的地盘并不算多，鉴于此，他派部下孙乾去河北联合袁绍，共同对付曹操。

曹操说："这家伙到底还是成了祸害。"马上派司空长史刘岱、中郎将王忠领兵讨伐刘备。

刘备和他的拜把子弟兄们反叛得正起劲，甚至有点锐不可当，笑话刘岱和王忠说："像你们这样的角色，就是来一百个，又能把我怎样呢？就是曹操亲自来了，结果如何也未可断定呢！"

刘备反叛，暗算曹操的小集团也暴露了，但董承他们没有跟着刘备逃窜。

董承是汉献帝的老丈人之一，纵然如此也无法宽饶，曹操把他抓起来，判了死刑。

二

公元200年，袁绍在刘备的撺掇下，集中大军七十万，举起了"消灭曹操，保国安民"的大旗。

箭已上弦，弓已张满，大决战随时爆发。

为了避免两面受敌，在同袁绍决战之前解除后顾之忧，曹操想亲自东征，以除掉刘备这个蟊贼。

有人劝阻曹操："现在最大的敌人是袁绍，他眼看就要南下了，而您反而去

田丰

东征刘备，要是袁绍乘机攻打我们后路，怎么办呢？”

曹操说：“留下刘备，已成祸患。袁绍兵马不少，但他优柔寡断，反应迟钝，不会立即采取大的行动。”

诸将仍怀疑虑，惟郭嘉赞同曹操的决定，说：“明公谋断有理。刘备刚刚得势，众心还未归附，急速进兵攻打，一定能够取胜。至于袁绍，他确实多疑而迟钝，不会很快就到的。”

曹操认为郭嘉说得很对。于是在官渡一线布置防务，对付袁绍。

官渡在今天洛阳以东数百里河南中牟县北部一带。

曹操在官渡安排已毕，亲率精兵以迅雷不及掩耳之势，扑向徐州。

刘备以为曹操在忙着袁绍，不能亲自率兵东征。当他得知曹操到来的消息，不禁吓得觳觳觫觫，不防尿在了裤子里。

刘备急忙让张飞和赵云应战，结果被曹操打得大败。

刘备夹着尾巴逃往冀州，投靠袁绍去了。曹操活捉了刘备部将夏侯博，又俘虏了刘备的两个老婆。

曹操赶跑刘备，又到下邳围攻关羽，关羽抵挡不过，向曹操投降。

曹操夺回了徐州后，安排董昭为徐州牧，自己快速回军官渡。

袁绍的谋士田丰，先是反对袁绍向曹操进兵，可当曹操收拾刘备的时候，他又劝袁绍快速出击，说：“曹操不可能很快脱身，我们立即举兵袭击他的背后，可以一往而定胜局。”

袁绍对形势吃不透，说：“你先说不打，现在又让我快打，什么意思吗？这两天我孩子有病，等病好了再说。”

田丰气得拿着手杖乱戳地面，说："唉！大事完了。遇到这样一个好机会，却因一个婴儿有病而白白扔掉，太可惜了。"

袁绍的另一个谋士逄纪，跟田丰关系不好，乘机告田丰的黑状。

袁绍一怒之下，要杀田丰。众人跪地求情，袁绍才缓解点怒气，命把田丰押入大牢，说杀败曹操回头来再跟他算账。

曹操、郭嘉确实料着了袁绍的性格，曹操乘隙急袭刘备大获成功，巩固了徐州的统治，避免了同袁绍较量时两面作战的被动可能。

此时，袁绍派使者去南阳的穰城，约张绣从南向北进攻曹操，还给贾诩写了信示好。

张绣觉得袁绍兵多势大，想响应袁绍。

不料，在座的贾诩却对袁绍的信使说："你回去问问袁本初，他们兄弟间尚且不能相容，怎么能容天下人士呢？"

张绣思想不会转圈，一听这话，大惊失色，不禁脱口道："您怎么这样说呢？"

贾诩只说别的，没有接张绣的话。

打发袁绍的使者离去后，张绣忙问贾诩说："您拒绝了袁本初，我们今后怎么办呢？"

贾诩又出乎张绣的意外说："不如归附曹公为好。"

张绣说："袁绍强大，曹操弱小，我们又曾经与曹操结下冤仇，杀死过他的儿子和侄子，这怎么行呢？"

贾诩胸有成竹，不慌不忙地对张绣分析道："将军所言，正是我们归附曹操的原因。”

贾诩为张绣作了一番分析，论证投靠“奉天子以号令天下”的曹公之名正言顺。

贾诩的意见是：袁绍势强，我们以这么少的兵众投奔他，他必定不把我们看得很重。曹公兵众较少，得到我们的这支兵力，肯定会高兴。

贾诩说：“凡是有志于建立霸王之业的人，向天下展示的是他博大的胸怀，不会计较个人私怨，曹公就是这样的人。”

贾诩的这番话，是他几年来对曹操其人和天下形势多方观察的结果。

贾诩见张绣势单力弱，很难独自发展，必须依靠强者。刘表靠不住，吕布、袁术均已死去，只能在袁绍、曹操之间选择了。曹操虽然力量暂弱，但前途宽阔，因此他劝张绣依附曹操，不要疑虑。

张绣见贾诩分析得很有道理，便大着胆子，率部投归曹操。

正如贾诩所料，曹操气度昂扬，胸怀宽阔，不计较张绣杀自己子侄和爱将之仇，热情地欢迎了张绣，立即任命他为扬武将军，表封他为列侯，为示诚意，还与他结为儿女亲家，让儿子娶了张绣的女儿。

张绣一遍遍向曹操表决心，要效力，要立功。

曹操对贾诩，不仅是热情欢迎，而且还非常感激，他拉着贾诩的手说：“使我取信于天下的，就是先生啊！”

贾诩劝张绣投归曹操，给曹操向天下人显示自己胸怀宽阔，不计私怨的机会，这对曹操取信于天下，争取更多的智能之士投归，当然有积极作用。

曹操先任命贾诩为执金吾——首都公安局长，表封都亭侯，后很快迁升为冀州牧。

因冀州在袁绍实际控制之下，曹操便将贾诩留在了身边，参与军事。

这样，贾诩便同荀攸、郭嘉等谋士在一起，成为曹操智囊团中的重要一员，开始为曹操的北战西征出谋划策。

三

话说曹操用兵河南，荡平徐淮，消灭了袁术，擒杀了吕布，打跑了刘备，收降了张绣，从而控制了黄河以南的大片地区。

袁绍在河北地区同公孙瓒交兵，向四外扩张势力，也屡屡得手。

袁绍字本初，籍贯河南上蔡，人称“四世三公”，“门生故吏遍天下”。

“三公”是当时掌握最高军政大权的三个官：太尉、司徒和司空，太尉执掌全国军事，司徒执掌全国行政，司空执掌全国的监察执法。

这些年头，趁着乱世，袁绍占据了冀、青、幽、并四州，控制了黄河以北地区。

袁绍以长子袁谭为青州刺史，中子袁熙为幽州刺史，外甥高干为并州刺史，自己以大将军、冀州牧坐镇邺城。

袁绍要讨伐曹操。曹操的部下很是震惊，有些人认为曹操无力抵抗，有失败的危险。

曹操对于自己的短处和长处是很清楚的。

短处是兵、粮都比较少。由于曹操占据的中原地区是战乱的中心，生产遭受的破坏较大，虽然施行屯田，粮食有了一定积蓄，但同袁绍还是不能相比。

就长处而言，在此之前，荀彧、郭嘉曾经对比袁绍，归纳了曹操的一串子优胜条件。

袁绍为政随意，放纵豪强大族，百姓讨厌他。曹操为政，严、猛兼具，抑制豪强，亲抚百姓，较有威望。

袁绍任人，看门第资历，惟亲是擢，跟着他的，多为务虚名而没有实际本领的人。而曹操则不问亲疏远近，任人惟才，手下多为有真才实学，想干一番事业的人。

袁绍表面宽厚而内里猜忌，任人而又不信人，内部裂痕丛生。而曹操则宽宏大量，用人不疑，内部比较团结。

袁绍不懂得用兵要领，军令不严，士兵虽多而难以发挥作用。而曹操则法令严明，赏罚必行，又用兵如神，士众虽少却能拼死战斗。

袁绍遇事犹豫不决，常常失去大好时机。曹操处事果断，善于随机应变。

荀彧和郭嘉有很强的政治洞察力，不为表面现象所迷惑，能抓住根本性的特点，他们的分析，是比较符合实际的。

曹操对战胜袁绍自然是有信心的，他开导部下说："老袁野心大而智谋少，表面上气势汹汹，实际里胆小如鼠，忌人之能，缺少威严，兵虽多而分化不明，将骄惰而政令混乱。他土地虽广，粮食虽丰，那都是给我们准备的。"

曹操的这段话是实在的，对大家是个鼓舞。

在曹操的阵营内，惟孔融散布失败情绪。

孔融说二话道："袁绍地广兵多。有田丰、许攸这样的智士出谋划策，有审

许攸

配、逄纪这样的忠诚之吏处理政事，有颜良、文丑这样的勇将带兵打仗。我们同他较量，净等着他取胜了。”

荀彧反驳孔融说：“袁绍虽地广兵多，但法纪不明。田丰个性刚强，同袁绍合不拢。许攸贪得无厌，不识大体。审配专断独行，没有谋略。逄纪心胸狭窄，骄傲自大。这几个人在一起，互不相容，久必生变。至于颜良、文丑，无非匹夫之勇，一战就可以擒获。”

荀彧言而有据，语气中肯，孔融咂咂嘴没啥说了。

曹操为了有效地对付袁绍，及时充实了关中、河内、青州的守备队伍，以防止袁绍进犯。又派于禁屯驻黄河岸边，从正面阻挡袁军。自己则驻军于官渡。

袁绍派使者去荆州联络刘表，让刘表从南方攻击曹操。

刘表答应了袁绍，实际则按兵不动，坐山观虎斗。

刘表的中立态度自然对曹操有利了。

四

袁绍手下有个酸臭文人，名叫陈琳，能写文章，袁绍命他写了一篇密信给刘备。

陈琳东拼西凑，胡拉乱扯，弄成了一封臭婆娘裹脚似的密信，也就是流传的《为袁绍檄豫州文》。

盖闻明主图危以制变，忠臣虑难以立权。是以有非常之人，然后有非常之事；有非常之事，然后立非常之功。

夫非常者，固非常人所拟也。曩者，强秦弱主，赵高执柄，专制朝权，威福由己；时人迫胁，莫敢正言；终有望夷之败，祖宗焚灭，污辱至今，永为世鉴。

及臻吕后季年，产禄专政，内兼二军，外统赵梁；擅断万机，决事省禁；下陵上替，海内寒心。

于是绛侯朱虚兴兵奋怒，诛夷逆暴，尊立太宗，故能王道兴隆，光明显融：此则大臣立权之明表也。

我听说，圣明的君主面临危局制定策略来平定变乱，忠心的臣子面临灾难寻求对策来确立自己的地位，所以先有了不凡的人，然后有不凡的事；有不凡的事，然后能立不凡的功勋。

这个不凡，是普通人无法想象的。从前强秦的国君软弱，赵高执政，专权控制，作威作福，最终导致灭族之祸，至今背负骂名。

到了吕后时期，吕禄、吕产专权，擅自处理政事，以及宫内事务，下级欺凌上级，全国的人都感到寒心。

于是绛侯周勃、朱虚侯刘章，愤怒起兵，诛讨叛乱，尊立刘氏皇帝，所以能国家兴隆，他们也光照史册，这就是大臣立功的典范。

司空曹操：祖父中常侍腾，与左棺、徐璜并作妖孽，饕餮放横，伤化虐民；父嵩，乞匄携养，因赃假位，舆金辇璧，输货权门，窃盗鼎司，倾覆重器。

操赘阉遗丑，本无懿德，僄狡锋协，好乱乐祸。

司空曹操，其祖父曹腾是从前的中常侍，与左悺、徐璜，同时兴风作浪，骄横放纵，损害风化，虐待百姓，他的父亲曹嵩是曹腾的养子，借助曹腾的地位，乘坐金车玉辇，勾结权势，篡夺皇位，颠覆皇权。

曹操是宦官阉人的后代，本来就没什么品德，狡猾任狭，喜欢制造动乱和灾祸。

幕府董统鹰扬，扫除凶逆；续遇董卓，侵官暴国。于是提剑挥鼓，发命东夏，收罗英雄，弃瑕取用。

故遂与操同谘合谋，授以裨师，谓其鹰犬之才，爪牙可任。

袁绍统领豪杰，铲除奸佞，又遇董卓专权，欺凌百官，虐待百姓，于是拔剑击鼓，发动诸侯，召集英雄，不追究他们从前的过错，都予以任用。

袁绍和曹操共同商讨讨伐董卓，本来以为曹操是英雄之才，委以重任。

至乃愚佻短略，轻进易退，伤夷折衄，数丧师徒；幕府辄复分兵命锐，修完补辑，表行东郡，领兖州刺史，被以虎文，奖蹙威柄，冀获秦师一克之报。

谁知曹操愚昧短见，轻易发动进攻，打了大败仗，丧失了许多兵力；袁绍又分给他军队，上表让他担任东郡太守，兖州刺史，让他披着虎文将袍，执有奖罚的权利，希望他能够像秦国将军孟明视那样将功赎罪。

而操遂承资跋扈，恣行凶忒，割剥元元，残贤害善。故九江太守边让，英才俊伟，天下知名；直言正色，论不阿谄；身首被枭悬之诛，妻孥受灰灭之咎。

但是曹操趁机飞扬跋扈，愈是变本加厉，剥削人民，残害贤能良善的人。前任九江太守边让，英才俊逸，天下出名，直言正色，从不阿谄奉承，却被曹操杀死，悬挂头颅示众，妻子儿女都被杀害。

自是士林愤痛，民怨弥重，一夫奋臂，举州同声。故躬破于徐方，地夺于吕布；彷徨东裔，蹈据无所。

从此官员怨愤痛恨，民怨更加沸腾，一个人振臂一呼，整个州都群起响应。所以曹操被徐方打败，土地被吕布夺取，逃到东部故乡，没有立足之地。

幕府惟强干弱枝之义，且不登叛人之党，故复援旌擐甲，席卷起征，金鼓响振，布众奔沮，拯其死亡之患，复其方伯之位。则幕府无德于兖土之民，而有大造于操也。

袁绍本着扶弱惩强的意愿，而且不和屡屡叛变的吕布同党，于是又发动兵马，征讨吕布，金鼓震天，吕布败北，消除了吕布对曹操的威胁，就算袁绍对兖州无惠，也对曹操有恩。

后会銮驾返旆，群虏寇攻。时冀州方有北鄙之警，匪遑离局，故使从事中郎徐勋，就发遣操，使缮修郊庙，翊卫幼主。

后来皇帝迁居洛阳，群贼乱政。当时冀州正有北边的疆土之患，所以派从事中郎徐勋为使者，下令给曹操，让他缮修洛阳宗庙，保护年幼的皇上。

操便放志，专行胁迁，当御省禁，卑侮王室，败法乱纪。坐领三台，专制朝政；爵赏由心，弄戮在口。

所爱光五宗，所恶灭三族。群谈者受显诛，腹议者蒙隐戮。

百僚钳口，道路以目。尚书记朝会，公卿充员品而已。

曹操却趁机放纵专行，住在宫内，玷污王宫，败乱法纪。一个人担任三项重任，专制朝政，封爵、赏赐都出自自己的想法，判罪、刑罚都出自他一人之口。

他喜欢的人就让其五族都受到恩惠，他讨厌的人就夷灭人家的三族。在公众场合议论的都被公开处决，私下发牢骚的就秘密杀害。

百官都不敢说话，在路上只敢用眼色打招呼。尚书只是名义上主持朝会，公卿们只是名义上做官而已。

故太尉杨彪，典历二司，享国极位。操因缘眦睚，被以非罪，榜楚参并，五毒备至，触情任忒，不顾宪纲。

前任太尉杨彪，历任司马、司徒、司空，位置极高。曹操因为小的怨恨，诬告他的罪名，棒打鞭抽，什么刑罚都用上，恣意虐待，不顾法律的约束。

又议郎赵彦，忠谏直言，义有可纳，是以圣朝含听，改容加饰。操欲迷夺时明，杜绝言路，擅收立杀，不俟报国。

又有议郎赵彦，忠谏直言，他的建议都值得采纳，所以朝廷奖励他，给他加官晋爵。曹操打算篡权，杜绝言路，擅自逮捕并杀害了他，事先都不让皇帝知道。

又梁孝王，先帝母昆，坟陵尊显；桑梓松柏，犹宜肃恭。而操帅将吏士，亲临发掘，破棺裸尸，掠取金宝。至令圣朝流涕，士民伤怀！

还有梁孝王，是先帝的亲弟弟，他的陵墓很是尊贵，松柏桑梓，庄严肃穆。而曹操率领将领士兵，亲自发掘他的陵墓，打破棺椁，露出尸体，盗取金宝，让朝廷流泪，百姓感伤！

操又特置发丘中郎将、摸金校尉，所过隳突，无骸不露。

曹操还成立所谓的发丘中郎将，摸金校尉，他的军队所过之处，肆意抢夺，没有坟墓不被挖掘的。

身处三公之位，而行桀虏之态，污国害民，毒施人鬼。加其细致惨苛，科防互设，罾缴充蹊，坑阱塞路，举手挂网罗，动足触机陷，是以兖、豫有无聊之民，帝都有吁嗟之怨。

历观载籍，无道之臣，贪残酷烈，于操为甚。

曹操身处高官，却做桀纣之事，祸国殃民，毒害人鬼，再加上苛捐杂税，提人们互相提防加害，罗网布满田野，陷阱充塞道路，人们稍微一动手就碰上罗网，一动脚就踩到陷阱，所以兖州、豫州百姓无法生活，京都洛阳民怨沸腾。

历观古今书籍，所记载的无道大臣，曹操是最厉害的。

幕府方诘外奸，未及整训，加绪含容，冀可弥缝。

而操豺狼野心，潜包祸谋，乃欲摧挠栋梁，孤弱汉室，除灭忠正，专为枭雄。

袁绍忙于征讨叛乱，没来得及教诲曹操；以为对他宽容，或许他自己有所收敛。

谁知曹操豺狼野心，包藏阴谋，竟然想毁坏国家栋梁，孤立大汉皇帝，杀害忠正之人，自己成为枭雄。

往者伐鼓北征公孙瓒，强寇桀逆，拒围一年。

操因其未破，阴交书命，外助王师，内相掩袭，会其行人发露。

瓒亦枭夷，故使锋芒挫缩，厥图不果。今乃屯据敖仓，阻河为固，欲以螳螂之斧，御隆车之隧。

去年袁绍北征，讨伐公孙瓒，公孙瓒也是个大贼寇，抵抗了一年。

曹操趁袁绍还没有打败公孙瓒，暗地发布命令，打算借皇上的名义，偷袭袁绍，所以领兵到了黄河边，正要过河，行藏败露。

公孙瓒也被袁绍平定，所以使得曹操锋芒被挫，企图没有实现。现在他又屯兵在敖仓，以黄河为屏障，打算以螳螂一样的胳膊，挡住袁绍的大车。

幕府奉汉威灵，折冲宇宙，长戟百万，胡骑千群。奋中黄育获之士，骋良弓劲弩之势，并州越太行，青州涉济漯。

大军泛黄河而角其前，荆州下宛叶而掎其后。雷震虎步，若举炎火以焫飞蓬，覆沧海以沃熛炭，有何不灭者哉？

袁绍身负汉帝委托，声震宇宙，雄兵百万，骁勇众多。策动像中、黄、育、获一样的勇士，和良弓、劲弩的强势，并州横跨太行山，青州疾进到漯河。

大军渡过黄河作为先锋，荆州出兵宛叶作为后援。聚集猛士，兵临敌军，就像举起烈火来烧蓬草，倾覆沧海冲刷一切，有什么消灭不了？

方今汉室陵迟，纲维弛绝，圣朝无一介之辅，股肱无折冲之势。方畿之内，简练之臣，皆垂头搨翼，莫所凭恃。虽有忠义之佐，胁于暴虐之臣，焉能展其节？

如今汉室衰弱，纲纪废弛，朝廷没有一个贤人辅佐，担任辅臣的没有一个有气魄的。朝廷之内，精明能干的人臣，都垂头丧气，无所依赖。就算有忠义之人，被暴虐的曹操所胁迫，如何能施展能力？

又操持部曲精兵七百，围守宫阙，外托宿卫，内实拘执。惧其篡逆之萌，因斯而作。此乃忠臣肝脑涂地之秋，烈士立功之会，可不勖哉！

曹操又派七百精兵，围守皇宫，对外说保卫皇上，其实是拘禁天子。担心他篡位的打算，趁机发作，这是忠臣肝脑涂地的时候，烈士立功的机会，怎能不把握住啊！

操又矫命称制，遣使发兵。恐边远州郡，过听给与，违众旅叛，举以丧名，为天下笑，则明哲不取也。

现在曹操矫诏称制，派遣军队，担心边远的州郡，不听指挥，违抗命令叛变于自己，以发丧的名义，被天下人耻笑，这是聪明的人不做的事。

即日幽并青冀四州并进。书到荆州，便勒现兵，与建忠将军协同声势。州郡各整义兵，罗落境界，举武扬威，并匡社稷，则非常之功于是乎着。

从现在起幽州、并州、青州、冀州，四州同时进兵，各县各郡也整顿义兵，包围曹操的边界，显示威风，共同匡扶社稷，不凡的功劳，就要获得了。

其得操首者，封五千户侯，赏钱五千万部曲，偏裨将校诸吏降者，勿有所问。

能获得曹操人头的，封为五千户侯，赏钱五千万！曹操部下偏将官吏有投降的，一概不予追究。

广宣恩信，班扬符赏，布告天下，咸使知圣朝有拘迫之难。如律令！

广宣恩信，大加厚赏，布告天下，让大家都知道皇上有难了。请大家认真学习俺这篇檄文，就像学习朝廷文件一样吧！

袁绍的豢养文人陈琳，把他听说过的、历史上的恶事丑闻堆积在一起，连篇累牍，无所不用其极地大吹大擂袁绍，猛砸猛扁曹操。

抹脏、涂污敌手的檄文弄出来不久，公元200年早春，袁绍大军开进黎阳——今天的河南浚县东北一带地方。

袁军在黎阳建立了前线指挥部，准备督军渡过黄河，同曹操决一雌雄了。

第六十九章

官渡大战

一

却说袁绍让陈琳写了一篇《讨曹檄》，除了送给盟党刘备，还抄了无数份，四处张挂，八方送人，抹脏和涂污曹操，将战争舆论造了起来。

有人得到袁绍讨伐曹操的檄文，卷起一份，上报曹操。

曹操看了，对恶心自己的言语好像视而不见，对其文采却赞赏不已，拍着大腿说："好有劲道的文章，这杆笔很不简单啊！"

檄文再厉害，挡不住袁绍用兵水平差，打仗靠的是枪杆子，不是笔杆子。

曹操是有策划的，他的应对战略是先挑选河内要地，楔下自己的钉子。

早在曹操围攻吕布时，河内太守张杨不长眼，吆喝着要支援吕布，被部将杨丑杀死。可是，张扬部下每人都有自己的小九九，张杨的另一部将眭固又杀死杨丑，率众依附了袁绍。

袁绍表扬眭固干得好，让他领兵屯驻射犬。

射犬，名字很萌，是个小镇，在沁阳东北，属野王县地面。

射犬小地方，战略地位很重要。

曹操带曹仁、徐晃、史涣等将领，组织精锐部队，渡过黄河，北攻射犬。

眭固见曹军势盛，怕守不住射犬，让自己的部下缪尚等人坚持战斗，自己带领一部分兵力疯狂北奔，说是去向袁绍求救，实为逃跑。

谁知曹军先去截击眭固，眭固没弹腾几下子，就给杀掉了。

曹操亲自在前线指挥军队，围攻射犬。缪尚等人无力抵抗，率众投降。

结束了战斗，曹操任命魏种为河内太守，配备了一个班子，加强河内地区的防务。

这样，曹操在黄河北面有了一个战略据点，可以有效地在西侧牵制袁军了。

接着，曹操又把军事触角伸向青州，派臧霸等人，连续用兵青州，最后攻下齐和、北海等地，在东侧牵制了袁军。

袁绍的东、西两翼都被镇住了，他要进攻曹操，只能从正面向南发动攻势。

曹操的正面防御如何呢?

侧面不用忧虑了，曹操几乎将全力都用在了正面，在黄河南岸布置了层层防务，对付袁军。

曹操选派大将于禁驻守延津——今天河南新乡东南，选派东郡太守刘延扼守延津东南的白马——今天河南滑县东部，选派程昱守卫白马东南的鄄城——今天河南与山东交界地方。

后山在引述“原陵谜案见解”——《汉光武陵位置见解》时早已述论清楚，东汉时期的黄河比今天的黄河弯向北部数百里，当时的延津、白马和鄄城，都位居黄河南岸，曹操将它们组成了一道军事防线，隔河对望北岸的黎阳——今天的河南浚县东北，袁绍的前线指挥部所在地。

在黄河沿线布防的同时，曹操还派兵加强了官渡——今天河南中牟县北部——的防务。

官渡属于正面防务，袁绍挥剑所指，便是这个方向。

在北部防线中，守鄄城的程昱兵众最少，只有七百人，曹操准备给他增加两千，程昱从大局出发，不肯接受。

程昱说："分兵给了我，你那里减少了兵力，对全局战略没有好处。袁绍拥有数十万之众，自以为所向无敌，见我兵少，必定不放在眼里，不会轻易前来攻打我这几百人。如果给我增加兵力，袁绍反而可能先来攻打。若他来攻打，两千多人仍然守不住。所以，不要增加兵员了，请主公不要忧虑我这里。"

曹操同意了程昱的意见，没有给他增兵，对贾诩说："程将军的胆量，史所罕有啊！"

袁绍进驻黎阳前线指挥部不久，听说程昱手下的兵很少，果然认为不值得去攻打鄄城，而是派遣大将颜良领兵渡过黄河，进攻白马。

沮授见袁绍让颜良打先锋，担任这次进攻的主将，谏阻说："颜将军性情急躁，沉不住气，虽然十分勇武，但不能安排他独当一面。"

袁绍说："你们这些谋士，每逢我有部署，就要说三道四！"不听。

颜良率军到达白马，即对曹军展开猛攻。

驻守白马的东郡太守刘延向曹操告急。

当时曹军总共不过三四万人，曹操不敢贸然分散兵力安排救援，惟命刘延坚守城池。

颜良围困白马一个多月，曹军死伤不少。

到了四月间，曹操见袁绍没有大举南渡的迹象，决定前去救援白马。

荀攸向曹操献计，说："强敌在前，我军兵少，正面交锋恐怕不易得手，应设法分散袁绍的兵力。主公您领兵向延津作出渡河袭其后方的姿态，袁绍必然向西堵截，这时我们以轻骑突袭白马，攻其不备，一战就可以擒获颜良了。"

“声东击西，很好！”曹操赞同这一作战方案，亲自引兵，佯向延津。

袁绍果然分兵，前往阻截。

曹操见袁绍中计，立即调头率轻骑向东，直插白马。

二

这时候，在徐州被俘的关羽仍在曹操军中。

曹操十分喜欢关羽的武勇，想把他留下来为己所用。

曹操似乎忘了下邳美人儿杜氏之事，也忘了刘备哥儿几个叛变之事，任命关羽为偏将军，并给刘备老婆派了好几个侍女。

曹操对关羽的厚待，就是整天设宴，请关羽吃肉喝酒。大宴不断，小宴更繁，一边吃肉喝酒一边跟关羽聊天。

察言观色的曹操，偶然想起了关羽对下邳美人杜氏的热烈要求，便进行“补课”——赠送了很多美女给关羽。可时过境迁，这一招无法令关羽动心。

再怎么办？送财物吧。

凡是好东西，曹操便大堆大堆地送给关羽，但同样不起作用。

曹操看到关羽的袍子旧了，便让人取异锦数匹，量身定做战袍一领相赠。

哪知关羽把曹操赠送的新袍子当内衣穿，外面还要罩上刘备给他配发的旧袍子。

曹操见关羽穿戴不伦不类，笑曰：“云长这穿戴……为何如此节俭呢？”

关羽说：“不是节俭。旧袍乃是俺大哥所赐，我穿上就像见到了大哥。不敢以明公新赐，而忘兄长之旧赐，所以套起来穿。”

曹操叹道：“穿衣都如此讲究，云长真义士也。”

曹操只道将军爱骏马，便命牵来从吕布手中缴获的名马“赤兔”，赠送给关羽。关羽痛快地拜谢收下，还一拜再拜复三拜。

曹操奇怪，问关羽：“吾累送美女金帛，公未尝下拜；今吾赠马，乃喜而再拜，何贱人而贵畜耶？”

关羽说：“吾知此马日行千里，今幸得之。若知兄长下落，可一日而见面矣。”

美人杜氏留遗憾，美骏赤兔可拥有。为什么？一旦打听到刘备信息，乘上此马，一日即可团聚嘛。

曹操何等精明啊，综合分析，即觉察关羽心神不定，多种迹象表明，他绝无久留之意。

曹操唤来张辽，说：“你跟老关一向交好，你问问他，到底怎么想的。”

张辽去问关羽，关羽道：“以前的事情，不说了。现在曹公待我不错，我十分清楚。然而，我和刘大哥是拜过把子的呀，发誓死也要死在一起。这个誓言不能违背。最后我也不能留在这里，打听到大哥的消息我就要离开。不过，走之前，我会报答曹公这段礼遇恩情。”

张辽将关羽的话转告了曹操，陈寿也将关羽的话记进了《三国志·蜀书·关张马黄赵传》里。

曹操说：“哎呀，云长真是有仁有义。他若不走，这样的人我定得重用。你估计他什么时候离去呢？”

张辽回答说："关云长受主公厚恩，听他话音，必定在报效主公之后才能离去。"

此时白马前线，袁绍的大将颜良与淳于琼等，进攻白马愈来愈疯狂了。

曹操佯进延津，朝袁绍打了个马虎眼，诱使袁绍上当之后，立马率军反身，以张辽和关羽为前锋，杀奔白马。

曹操援军切入神速，离白马只有十多里路，颜良才发觉，慌忙放弃围城，扭头迎战。

曹军精锐，如入无人之境。

颜良军队势大，将军的主车非常招摇，成了关羽的目标，他打马飞一般地冲到颜良跟前，颜良还未反应过来，便被斩于马下。

关羽下马割了颜良的头，掂着，奔回阵中交给曹操。

武将单挑，直入敌阵，轻取对方将军首级，这是正史《三国志》明确的记录之一，我们不妨全盘加以采信。

曹操乘势掩杀，袁军阵脚大乱，纷纷溃逃，曹军取得胜利。

曹操解了白马之围，但估计白马很难守住，便将军队撤出，并迁出城中人员，沿黄河向西转移。

关羽认为，自己对曹操已经有所"报答"了。

关羽说过报答了曹公的礼遇恩情再走，曹操猜测关羽可能准备走了，于是厚加赏赐，向皇上表彰，封他为汉寿亭侯，期望再次挽留。

却说袁绍攻战白马失败，丧失了大将颜良，气急败坏，十三分恼火，便下令大军渡河追击曹操。沮授又来劝他。

沮授对袁绍说：“现在我们最好的办法，还是将大军驻扎在黄河北岸，分些兵力去攻打官渡，如果能够攻下，大军再过河也不为晚。假使贸然南下，万一失败，恐怕有全军覆灭的危险。”

骄傲自负的袁绍根本不听沮授的劝告，暴躁地说：“田丰不让我出战，你不让我进兵，你们都他妈没安好心！”

袁绍的大军开始强渡黄河。

沮授面对滔滔的河水，不禁叹息说：“上面固执骄傲，下面贪图战功。滚滚的黄河水啊，我们还能北渡回来吗？”

沮授感到气馁，便推说有病，向袁绍辞职。

袁绍还在气头上呢，不但不准许，还又将沮授教训了一通，说等破了曹操以后再治他的罪。

袁绍领军进至延津以南，派大将文丑和新近投附的刘备领五六千骑兵追击曹操。

曹操登高远望，见敌军越来越多，便下令骑兵解鞍放马，同时将粮草器械等辎重散放在路上。

将士们不明白曹操的用意，看敌军人多势众，有些恐慌，要求彻底扔掉辎重，收军撤回，以确保营寨安全。

荀攸在旁，忙对诸将说：“这些辎重就是道具，为擒捉敌人用的，怎么能把它们白白扔掉呢？”

曹操看着荀攸，知道荀攸明白了自己的用意，会心的微笑点头。

袁军赶到，见状误以为曹军在仓惶溃逃，便纷纷四散，收取马匹、辎重。

曹操见诱饵起作用了，乘势率领骑兵掩杀过去，袁军大败。文丑也在混战中被曹操大将徐晃斩杀。

有人说文丑是关云长斩杀的，《三国演义》也这么说。瞎掰的，因为这一仗关云长没来，他在旅社里陪刘备的两个老婆呢。

刘备见势不妙，率喽啰避走。

徐晃在延津斩杀袁绍大将文丑，立了大功，曹操立即擢升徐晃为偏将军。

曹操和袁绍双方在白马、延津激烈交战的时候，曹操已经提前派遣于禁和另一员大将乐进率领步骑五千，从延津西面，北渡黄河，绕到袁绍后方的汲县、获嘉，发动突然袭击。

于禁和乐进，精骑突进，采取闪电攻势，连续毁掉袁绍城寨三十多座，俘、杀数千人，迫使袁绍部将王摩、何茂等二十多人投降，有效地牵制了袁军主力，支持了曹操的正面战场。

战争告一段落，曹操论功行赏，迁于禁为裨将军，其他参战有功者，均获相应奖励。

关羽在解除白马之围中斩杀颜良，曹操已上表让汉献帝封关羽为汉寿亭侯，但关羽从延津战役回来的将领口中得知刘备投奔了袁绍的重大消息，本来时刻准备着的，这下知道朝哪里跑了。

关羽将曹操所赏赐的侍女和财物全部留下，把汉寿亭侯的大印挂在墙上，给曹操留下了一张纸条，说了些感谢的话，然后带着刘备的两个老婆，私自窜出曹营，寻找刘备去了。

曹操部下听说关羽离去，要求前往追赶。

曹操说："云长是奔他的主子去了，不要追吧。"

曹操通知各处关隘守将，看到关羽一干人等，不要盘问，只管放行。

谁知那时节通讯实在落后，通知人员没有关羽跑得快，关羽闯了曹操五处关隘，竟杀了六员守关大将，连连夺路奔逃，百里不曾歇脚。

老关以"斩颜良"的实际行动对曹操所作的报答，又被他的大刀乱砍抵消净尽，甚至大过特过之矣。

但曹操认了，未作任何追究，只是厚葬了死于关羽刀下的守关将士。

后山行文至此，也不由不击节赞叹：关云长，真乃我堂堂华夏第一奴仆也！

三

在白马、延津两次战斗中，曹操机智果敢，采用机动灵活的战术，声东击西、出奇制胜。

曹操的胜利，鼓舞了将士们的士气，打击了袁军的威风。

颜良、文丑两员大将被杀，袁军为之震恐，曹军为之振奋，必将影响战局的发展。

当然，曹操胜了两局，并未根本改变袁强曹弱的形势。

曹军无论人数，还是粮食，仍然只有袁军的十分之一，接下来硬性决战，很可能吃大亏，因此，曹操撤退到官渡一线，加强防守，寻找机会。

袁绍连连失利，又折损颜良、文丑两员大将，急恨交并，迫不及待地要将曹操置于死地。

战云密布的官渡

这年夏天，袁绍率主力军，推进到阳武，在今天的河南原阳县东南，官渡以北，扎下大营，欲与曹操进行大决战。

这时沮授又来劝阻袁绍，分析说：“我军人数众多，但不如曹军果敢勇猛，曹军的粮食和物资，却不如我们充足。因此，曹军希望速战，我军则利在缓搏。我们用持久战的办法消耗曹军实力，最后就把它拖垮了。”

沮授的“论持久战”，对袁军来说，是可行的。

袁绍高傲轻敌，自以为同曹操决战定能取胜，不需延缓。

八月，暑热季节，袁绍军队逼近官渡，安下营寨，进行决战的准备。

九月，曹操派兵对袁军发动了一次试探性的进攻，未能取胜，此后便深沟高垒，固守营寨，不再出门玩了。

袁绍见曹操坚壁不出，便命令士兵在曹军营外堆起土山，在山头上筑起瞭望台，居高临下，以箭射击曹军，有时候也能射伤城中活动的兵士，因而曹军士兵在营中来往行走，都得举着盾牌，或匍匐运动，很是不便。

曹操心说：你那两把小箭厉害？瞧我的！

曹操命工匠连夜赶造了一种发石车。以简单的机械原理，向敌方阵地抛射石块。由于抛射石块时响声隆隆，像打雷一般，故而又称“"霹雳车”。

曹军用“霹雳车”抛射石块，将袁绍的瞭望台砸得粉碎。

天上不行，我就地下。袁绍又命令士兵暗中挖掘地道，直通曹营，以便进行偷袭。

曹操感到了脚下的震动，便命令士兵在营区之内，沿着墙壁，挖掘长堑，截断袁军挖掘的地道。袁军一旦挖透，露出头来，便遭剁杀。

就这样，双方之间，你来我挡，道高一尺，魔高一丈，前后折腾了一个多月。

袁绍虽然粮食充足，但十多万大军齐聚官渡一线，补给线拉长，难免有很多破绽。于是曹操考虑在袁绍的粮道上做做文章。

曹操就此问计，荀攸说：“袁绍的运粮车队，早晚之间各来一次，押车的将领叫韩猛。这个人能打能冲，但很轻敌，可派兵去偷袭他，一定能成。”

曹操认为此计可用，遂问：“派谁领兵去执行任务合适呢？”

荀攸说：“可以派徐晃去。另外，史涣也可以的。”

曹操派徐晃、史焕率领精兵突袭袁绍运粮车队。

当袁绍的数千辆运粮车快要到达官渡时，曹军闪电出击。第一批军队人人抱着易燃物，抛向袁军粮车；第二批军队各个手执火把，逢车放火。

眨眼间，长蛇一般的车队烧成了火龙。

袁军的补给粮被曹军烧掉，自然是重大损失，袁绍一时间不能发动对曹军强有力的进攻了。

可是，曹军方面的困难也越来越严重。

由于袁绍的营寨太多，东西绵延数十里，曹操需要分兵与之对抗。三四万军队一分散，变得星星点点。曹军一个营寨要招呼袁军近十座营寨，极易疲惫。

曹操的粮食供应也日益困难，数次面临断粮的危险。

就在这时，袁绍派遣刘备领着小股人众跑到汝南，在曹操屁股后面不断骚扰。先曾投降曹操的汝南黄巾军首领刘辟，此时又投降了刘备。

曹操得到报告，心中很是忧虑。

曹仁请求前往收拾刘备。

曹仁说："南方一些县，以为我们正同袁绍大军在官渡对峙，情势危急，加上刘备又兵临城下，所以背叛了我们。不过，刘备刚刚统领袁绍给他的军队，还没有得心应手。我们快速行动，定可击破之。"

曹操立即派曹仁率领骑兵南击，果然到那里就打败了刘备。

刘备光杆一身跑回袁绍大营。

叛曹的汝南小军阀刘辟也被曹仁拾掇掉了。

刘备败回，见到袁绍，诓骗袁绍说："刘辟不好好合作，致有此败，将军若再能给我点军队，让我重赴汝南开辟根据地，然后伺机说服荆州刘表，联合抗曹，必有效果。"

袁绍遂又拨给刘备一些军队，让他再去汝南打游击。

刘备二赴汝南，恰逢另一个小军阀龚都起来反对曹操，刘备便归附了龚都。

龚都、刘备合在一起，有数千人之众，虽不算太大的力量，但足以对曹操后方构成一定的威胁。

曹操派大将蔡阳领兵进讨汝南，结果被龚都、刘备联军杀死。

将士疲劳，粮食不足，后院起火，这些问题的叠加，使曹操感到同袁绍在官渡长期周旋下去，是很危险的，便萌生了退兵之意。

曹操致书留守许都的荀彧，征求意见，荀彧很快回信，不赞成退兵。

"袁绍这次把主力部队全都拉出来，集中到官渡，是要与主公决一胜负的。主公如果不能打败袁绍，势必给他造成机会，正值关系全局成败的关键时刻，不宜撤退。

“主公以十分之一的兵众，坚壁固守，扼住了袁绍的咽喉，使他寸步不能前进，已有半年了。在此要害之际，先退兵者，势必屈居劣势。

“眼见袁军就要势竭力尽，此时正是用奇谋战胜敌人的好机会，主公万万不可失去啊！如今，军中粮食虽然短缺，但还没到绝对危急的时候。”

曹操读了荀彧的信，很受鼓舞，非但不要退兵了，而且增强了同袁绍周旋到底的决心。

为慎重起见，曹操又征询随军谋士贾诩的意见。

贾诩说：“主公的贤明胜过袁绍，武勇胜过袁绍，用人胜过袁绍，决断军机也胜过袁绍。有其‘四胜’，却用了半年时间，还没平定袁绍。原因在于主公只想做得万全无失。耐心等待时机，果敢决断，局势会改观的。”

曹操听后说：“我知道您的意见了。谢谢您。”

曹操乃设法解决粮食补给问题，稳定军心，巩固后方，命令军队加强防守，注意观察敌军动静，寻找有利战机。

就在此时，镇抚关中的钟繇送来战马两千多匹供军前使用。

曹操大喜过望，给钟繇回信说：“得到了您送来的战马，很应我这里的急啊！将军此举，同昔日萧何镇守关中，供给刘邦前线军需，一样分量啊！”

四

秋收时节，袁绍重新筹集了一万多车粮草，囤积于大营以北的乌巢，由大将淳于琼领兵守护。

沮授认为粮草之事至关紧要，建议袁绍加强囤粮地的兵力，可派大将蒋奇率军驻守在淳于琼的外侧，互为犄角，以防备曹军抢夺和破坏。

袁绍说："淳于琼勇猛，足可守好粮草重地。无需多虑。"

袁绍手下另一个谋士叫许攸，字子远，自小跟曹操是要好的朋友，清楚曹操的性格，知道曹操的用兵特点，他建议袁绍分兵两部，一部原地应战，一部袭击曹操的老窝许都。

许攸说："曹操军力都在官渡，许都势必空虚。派轻骑兵昼夜兼程，去袭击许都，定能成功。那时就可以奉天子以讨曹操了。即使拿不下许都，也可使曹操首尾失顾、疲于奔命，这对我们仍然是有利的。"

许攸这一掩袭之计确实是高明的，也是曹操所担心的。袁绍当然也不难做到。

但袁绍生性多疑，知道许攸跟曹操有旧，不相信许攸对战局的分析，不采纳许攸的掩袭建议，他傲慢地说："费那个劲干嘛，我要在这里捉住曹操。"

许攸吃了一碰，很不高兴。

这时留守邺城的审配又派人来向袁绍打许攸及其家属的小报告，袁绍更加认定许攸是暗中帮助曹操的，将之痛骂一顿，赶出营帐。

许攸恼火极了，星夜离开袁绍大营，投奔曹操。

曹操与许攸是年轻时的朋友，听说许攸前来投归，曹操急忙出迎，连鞋子都没来得及穿，光着脚一溜小跑，拍手笑着说："子远这一来，我的大事

曹操会友

可成了。”

两人手拉着手，到营中坐定。

许攸先问曹操：“袁绍兵力很强，您打算怎样对付他呢？”

曹操正在考虑回答，许攸又问曹操军中现在还有多少粮食。

曹操回答说：“粮食支持一年，没有问题。”

许攸听后笑着说：“不是这样，您还是说实话吧！”

曹操说：“至少，还可以支持半年。”

许攸不高兴地说：“您是不是不想打败袁绍啊？为什么还是不肯说实话呢？”

曹操知道瞒不过了，只得告诉许攸说：“都是戏言，戏言。其实军中只有一个月的粮食了。诚恳期望子远教我破敌之策。”

许攸见曹操信任自己了，便向曹操介绍了袁军的情况，说：“袁绍的粮草基地，守备并不严密。乌巢守粮将官淳于琼是个酒鬼，日日喝酒，天天昏醉。可以选派一支轻兵，冒充袁军，前去袭击，出其不意地烧掉那些粮草，不过三天，袁绍军队就会自己溃败了。”

许攸的计策，正合曹操出奇制胜的意图，曹操非常高兴。

曹操采纳了许攸的计策，留下曹洪、荀攸守大营，自己率领张辽、许褚、徐晃、于禁及精锐步骑五千人去偷袭乌巢。

曹操手下人好多心存疑虑，认为曹操过于相信来自袁军的许攸，万一许攸有诈，后果就不堪设想了。惟有荀攸、贾诩认为许攸可靠，请曹操尽管放心依计而行。

天黑了。曹操率军出发。

曹军穿着袁军的服装，打着袁军的旗号，每人都背一捆干柴。为了不发出声响，他们每人口中含着一根草棍，马嘴也加上嚼子，抄小路向乌巢摸去。

途中遇到袁军盘问，曹军就回答说“袁将军怕曹操偷袭粮草仓库，特意派我等去乌巢加强守卫”，袁军麻痹大意，信以为真，也就放行了。

曹军到达乌巢，立马围住粮草大垛放起火来。

营中袁军看见四处起火，顿时大乱。

淳于琼不知虚实，出战不利，只得退回营中，等待袁绍派救兵来。

袁绍得知乌巢遭袭，不派重兵去救，反以为这是进攻曹操官渡大营的好机会。

袁绍对长子袁谭说：“趁曹操在祸害乌巢，我们去夺取他的大营，只要把他的大营拿下，他就无家可归了。”

袁绍派大将高览、张郃等做前锋，去进攻曹操大营。

张郃说：“淳于琼怕抵挡不住曹操。若淳于琼失败，粮草没了，大势就危险了。我们还是赶快去解救淳于琼吧。”

袁绍说：“攻打曹操的大本营，曹操必定撤军回救，乌巢危险自然解除。”

张郃又嘟哝说：“曹操军营坚固，恐怕一时很难拿下。如果淳于琼等人战败被抓获，我们这些人也可能成为他的俘虏。”

袁绍固执己见，说：“休得多言，休得多言。”别说了，别说了。

袁绍派张郃、高览率领重兵，去攻打曹操官渡大营。

果如张郃所料，曹操的大本营防守坚固，袁军打不下来。

曹操得知大本营被攻的消息后，并不撤军回救，坚决要把乌巢攻破，亲自指挥士兵，猛烈攻击淳于琼。

袁绍派了几千人来救援乌巢，曹操的侦察员报告说："敌人的骑兵越来越近了，快分兵去迎击吧！"

曹操只顾猛攻淳于琼，喊道："等敌人到我的身边再报告！"

曹军将士奋不顾身，拼死作战，很快攻破淳于琼大营。

淳于琼受伤溜走，其余袁军部将大多都被杀死，前来救援的袁军，见大势已去，纷纷逃散。

打扫战场时，曹军抓住了淳于琼，割下他的鼻子，押送给曹操。

曹操过去曾与淳于琼同列西园八校尉，淳于琼是右校尉，也算同僚，曹操不想杀他。

许攸提醒曹操说："他以后一照镜子，就会想起来自己是怎么掉了鼻子的。"意谓淳于琼是要记仇、报仇的。于是曹操下令把淳于琼杀了。

攻打曹营的袁军将士，听说乌巢粮食被烧光、淳于琼等被杀的消息，军心动摇，攻营无力。

袁绍又催命说："攻不下曹军大营，提头回来！"

张郃同高览商量之后，将攻城器具烧掉，二人一起降了曹营。

曹操回营后，见张郃领着高览来降，非常高兴，任命张郃为偏将军，封都亭侯，夸奖说：“将军弃暗投明，勇气可佩，精神可嘉，理当重用。”

曹操见形势有利了，便组织全军向敌人发起全线进攻。

袁军士气低落，毫无抵抗能力，全线崩溃。

袁绍见大势已去，连地图、文件都来不及收拾，带领八百骑兵，和儿子袁谭仓惶出逃，曹军追之不及，袁绍父子侥幸逃脱。

官渡大战，曹操前后消灭袁军将士七万多人，缴获了袁绍大量的辎重、财物。

袁绍的谋士沮授被曹操军队获得。

曹操爱惜沮授的智慧才能，想劝他投降，说：“袁本初没有谋略，不采用您的计谋。如今天下尚未平定，这正是我们共商大事的时候。”

沮授推托说：“我家人都在冀州，他们的性命握在袁氏手中，希望您能谅解我，还是让我快点死吧！”

曹操听了不禁感叹，说：“我要是早日得到此人，打天下还会有什么可以忧虑的呢！”感叹之后，仍是不想杀，暂送沮授到营中安置。

但沮授打算逃归袁氏，在路上被守关将士杀了。

曹操派人清理袁军丢下的资料，发现一批信件，其中有些是从许都、曹军中发出的。曹操手下人认为其中准有人同袁绍暗中勾结，主张严加追查。

曹操说：“老袁强盛的时候，我都感到难以自保，何况他人呢？”

为了解除关涉人员的疑虑，曹操下令将这些信件全部烧毁了。此一举措，使

官渡之战故地今貌

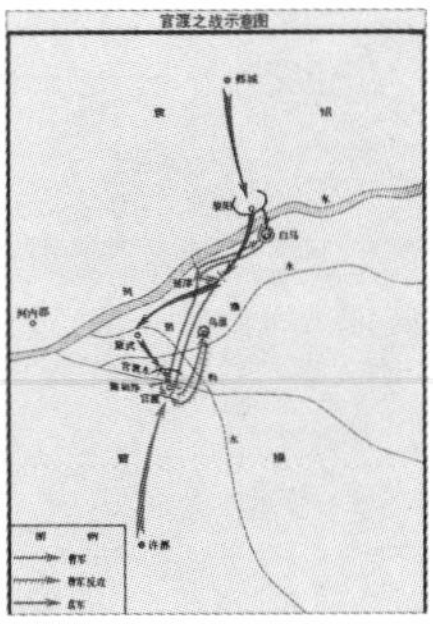

官渡之战要图

那些原来暗通袁绍的人都放下心来，弃袁而亲曹了。

袁绍军败北逃，有人对被袁绍关在狱中的田丰说：“您劝阻袁绍南征，事实证明是正确的，袁公回来后，肯定会重用您了。”

田丰摇头说：“袁公表面宽和，内心嫉恨。若他得胜回来，在欢喜之余，还能饶我一命。战败之后又气又恼，肯定要向我发泄，我是活不成的。”

田丰算计得准。袁绍回到邺城，果然杀了他。

官渡之战，改变了袁曹之间的力量对比，曹操由劣势转化为优势，往后就是消灭袁氏残余势力，推进北方统一了。

第七十章

倾城佳丽

孙权

一

话说官渡一战，曹操以少胜多，袁绍元气大伤。曹操见袁绍蔫了，对自己构不成威胁了，计划进兵江东。

江东原有孙策控制，孙策新死，其弟孙权继承权力，尚未稳固。

曹操手下侍御史张紘劝阻曹操说："趁别人办丧事的机会出兵讨伐，这不符合道义。若不能取胜，反而增加一个仇人。不如利用这个机会厚待孙权，也好给自己留条路。"

曹操接受了张紘的意见，表举孙权为讨虏将军，兼会稽太守。并派张紘为会稽东部都尉，希望他逐步影响孙权，让孙权归向曹操。

公元201年春天，曹操的军队在兖州东平进行了休整，说："那咱就去打刘表吧，刘表过去长期和袁绍同盟，非常讨厌。"

荀彧建议曹操，先别挥师南下："袁绍新败，部众离散，正应趁他处境困难的时候，彻底打败他。若您远道劳师江汉之间，一旦袁绍势力复活，乘虚袭我之后，大事就坏了。"

曹操听了荀彧的话，觉得有道理，于是打消南征刘表的念头，决定进军河北，彻底消灭袁氏势力，平定冀、青、幽、并四州。

在北进之前，曹操突然南顾，亲自率兵扫荡汝南的龚都和刘备一伙。

此时关羽已经找到了刘备，拜把子弟兄们又团聚了。

龚都未战先逃。刘备也慌忙忙地开溜，同关羽、张飞、赵云等带着喽啰们到荆州投靠刘表。

曹操没打上仗，转了一圈，便肃清了汝南的心腹之患。

公元202年是建安七年，青黄不接的春月，曹操回了趟故乡谯县，见到家乡父老遭受的战争灾难，很是痛心。

于是他下了一道《军谯令》，说："吾起义兵，为天下除暴乱。旧土人民死丧略尽，国中终日行，不见所识，使吾凄怆伤怀。

"其举义兵以来，将士绝无后者。求其亲戚以后之，授土田，官给耕牛，置学师以教之。

"为存者立庙，使祀其先人。魂而有灵，吾百年之后何恨哉！"

我起义兵，是为天下攘除暴乱的。中原逐鹿，导致人民大量死亡，终日行走不见人影，使我万分悲痛。

自我兴起义兵以来，凡是牺牲的将士没有后代的，要寻觅他们的亲戚来作为后代，发给他们抚恤金，分给他们土地和耕牛，由官府设立学校，免费培养他们的子弟。

曹操又命令为烈士们建立纪念馆，树立纪念碑，让后人祭祀他们。

"这样，如果死者地下有知，我死后去见他们时，也就不感到脸红了。"曹操说。

曹操利用战争间隙，组织技术人员测绘，用以工代赈的方法，主持修建了沟通汴、淮水系的睢阳渠，这项大型水利工程，对中原东部广大地区的脱贫致富，起到了重要作用。

此一时期，曹操还写下了《薤露行》《蒿里行》等表达恤民、靖难意识的重要诗作。

惟汉廿二世，所任诚不良。沐猴而冠带，知小而谋疆。犹豫不敢断，因狩执君王。白虹为贯日，己亦先受殃。

贼臣持国柄，杀主灭宇京。荡覆帝基业，宗庙以燔丧。播越西迁移，号泣而且行。瞻彼洛城郭，微子为哀伤。

关东有义士，兴兵讨群凶。初期会盟津，乃心在咸阳。军合力不齐，踌躇而雁行。势利使人争，嗣还自相戕。

淮南弟称号，刻玺於北方。铠甲生虮虱，万姓以死亡。白骨露於野，千里无鸡鸣。生民百遗一，念之断人肠。

接着，曹操率军进驻官渡，作进军河北的准备。

袁绍可能感应到巨大的打击即将来临，竟然病倒，而且干脆死了。

袁氏集团失去了主帅，但仍有一定势力，仍控制着冀、青、幽、并四州。

袁绍的小儿子袁尚，继承袁绍的爵位，为冀州牧，驻扎邺城。其长子袁谭仍为青州刺史，驻扎临淄，中子袁熙仍为幽州刺史，驻扎蓟城，外甥高干仍为并州刺史，驻扎晋阳。

袁氏兄弟之间，矛盾也比较复杂，袁谭和袁尚在争夺继承权的斗争中，关系逐渐激化。

原来，袁绍喜欢幼子袁尚，打算立他为后嗣，然袁谭为长子，则理当为继承人。正在袁绍心情矛盾，犹豫未决时，他离开了人世。

袁绍手下的主要官员也是两派。支持袁尚的审配、逄纪，立即同袁尚他妈刘氏勾结，假托袁绍遗命，立袁尚为嗣子。

袁谭自然很是不满，但见大局已定，跟支持自己的辛评、郭图等，也就勉强接受了这个现实。

袁尚派袁谭领兵去镇守黎阳，以抵御曹军进攻，袁谭只好接受命令。但袁尚不信任袁谭，派逢纪去做监军。

袁谭见曹操大军压境，请求袁尚给他增派军队，袁尚听审配的话，怕他势力大起来，不给他添兵。

袁谭一气之下，把袁尚的亲信逢纪给杀了。这样，他们兄弟之间的矛盾便空前激化了。

曹操在九月间率军渡过黄河，进攻袁谭。

袁谭吃了败仗，向袁尚告急。

袁尚怕黎阳有失，想派兵增援，又怕袁谭吞掉他的军队，于是留审配守邺城，自己亲自领兵赶赴黎阳上阵。

袁尚、袁谭弟兄俩合起来，也不是他曹叔叔的对手，数战数败，只得退到城中固守。

在此之前，袁尚已经布置了西北战事。派他所任命的河东太守郭援，同并州刺史高干，联络匈奴的狐突泉单于、凉州刺史马腾，共同发兵，面向东南。

针对这种新的情况，曹操通知司隶校尉钟繇摆平西北。

钟繇一方面进兵，一方面派员前去说服马腾改变立场。马腾同意了，派长子马超率领一万多人合兵钟繇。钟繇打了几场胜仗，杀死或收降敌将，很快解决了问题。

邺城遗址2

邺城遗址1

公元203年二月，曹操率军奋力进攻黎阳，不日攻克，袁尚、袁谭败逃邺城。

黎阳是冀州的桥头堡，曹操占据黎阳，自然取得了战略主动权。他乘胜追击袁军，四月间到达邺城。

邺城守备坚固，曹操想进行攻坚，早日拿下它。

郭嘉献策于曹操说："主公请勿着急。袁绍生前没有确立两个儿子哪个是继承人，如今这弟兄俩各树党羽，互相争斗，我们进攻太急，他们就会联合起来对付我们，我们暂缓攻击，他们之间就会发生火并。"

曹操说："那我们退避三舍，静观其变？"

郭嘉说："不妨作出向南征讨荆州刘表的姿态，待到形势变化，再来进攻。"

荆州刘表此时确实在瞅着中原局势的发展，时刻准备着打过来。回师南下，也可以对刘表产生一定威慑作用，使他不敢轻举妄动。

曹操接受了郭嘉的建议，安排了黎阳的守备，于五月间率军离开了河北。

二

曹操率军离开河北，休整三个月后，于八月间动身南征，到达西平——今天的河南西平县以西地方，便接到了袁尚、袁谭互相攻伐的消息。

原来曹操一撤军，袁谭便要袁尚给他的军队更换新的铠甲，以便追杀曹操，袁尚不给。袁谭大怒，领兵攻打袁尚。

袁谭和袁尚在邺城外空地上展开激战，结果袁谭大败，退守南皮，今天的河北沧县西南。

袁尚继续追打，袁谭逃到平原，今天的山东平原县南边。

袁尚领兵将平原团团围住，攻打甚急。

在袁尚的多次围攻下，袁谭越来越难以支持，无计可施，便派手下人辛毗向曹操求救。

辛毗见到曹操，说明袁谭求救之意，曹操立即召集僚属们商议对策。

意见各种各样，不少人说应该先平定荆州，荀攸力主趁机去收拾袁氏兄弟。

荀攸认为，天下混乱，刘表却坐保一隅，可见其没有征服四方的雄心壮志，不足为虑。袁氏兄弟如果和睦相处，承守袁绍的基业，河北四州之地是很难驯服的。如今两兄弟间关系恶化，势不两全，只要一方吃掉另一方，其力量就会专一，力量专一就难以图谋了。

荀攸的意见，实际上是对原来郭嘉意见的引申，曹操认为对，便采纳了。

十月间，曹操率军北上，到达黎阳，剑指邺城。

袁尚得知曹操要攻打自己的老巢，慌忙解除平原之围，回师邺城。

袁尚回军时，其部将吕旷、高翔叛归曹操，曹操封二人为列侯。

袁谭暗中给吕旷和高翔送来将军的印绶进行拉拢，曹操知道了，表面上依然友好袁谭，派人去平原为自己的儿子聘求袁谭的女儿，以稳住袁谭。

袁谭怕曹操起疑，就答应了亲事。

之后，曹操借口粮食不足，又率军退回黄河南岸。

甄洛

袁尚一看曹操退走，留审配守邺城，又亲自领兵攻打平原。

弟兄俩刚刚开战，曹操乘机挥师，直捣邺城。

邺城守备坚固，曹操指挥将士，起土山、架云梯、挖地道，招数用完，都不奏效。

最后，曹操在城的四周开挖壕沟，长约四十里。但壕沟又窄又浅，拍马一跃即过，审配在城头上望着，吃吃发笑。

只有曹操清楚，邺城的陷落已是难免了。

薄暮时分，漳河流水滔滔，莽莽田野上严霜覆盖，出来巡营的曹操，远望着指日可下的名城，昂首迎风，踌躇满志。

附近营帐中有人作歌，随风传来即兴编出的词句。

"……围城将破，玉帛何多，千金万金，不如此奴，哦……哦……哦……围城将破，玉帛何多，千金万金，不如此奴，哦……哦……哦……"

曹操听得，忽然悟到了所唱所指，不觉一笑，心里半天未得平静。

军士们唱的，是邺城中倾国美貌的女子，袁绍中子袁熙的妻子甄氏，中山郡无极县人，名字唤做甄洛。

甄洛的家庭累世簪缨，本属高门望族。其先祖中有位叫做甄邯的，曾经做过汉室太保，终身辅佐朝廷。甄洛的父亲甄逸，官居清原令，也名重一时。

可是正如俗话所讲，水满则溢，月满则亏，甄家不久又归于败落。

甄洛三岁丧父，十岁殁兄，只留得孤母寡女，相依为命。后来又遭战火，烧得片瓦不存，无处可以栖身。

幸有甄逸生前好友野城令刘复怜她母女生活无着，把她们接到家中居住。

刘桢塑像

翩若惊鸿——甄洛

两家并为一户，生活虽非旧日可比，倒也衣食充裕，心绪安宁。

刘复有位公子，名叫刘桢，字公干，生得眉清目秀，英俊潇洒，而又才思敏捷，下笔成章，远近誉为第一才子。甄洛小刘公子两岁，素以义兄相称，时常向他学习诗文。

甄洛的胞兄在世时，就常引导甄洛诵读诗书，甄洛也常用胞兄的笔砚习字。如今寄宿刘家，义兄是出名的文士，教她著诗作文正是她十分愉悦的事情。

甄洛整日“祯哥”地唤，刘桢教她的诗文学得奇快，一两遍后，即可出口成诵。

甄洛自小就美艳惊人，遐迩皆知，及长，又博览群书，成了远近闻名的才女，堪称才色双绝了。

甄洛最爱的，也许就是《关关雎鸠》和《蒹葭苍苍》了。

怀春年龄的甄洛从义兄向她讲解这两首诗的神情里，或许敏锐地察觉了义兄的心迹？

关关雎鸠，在河之洲。窈窕淑女，君子好逑。

参差荇菜，左右流之。窈窕淑女，寤寐求之。求之不得，寤寐思服。悠哉悠哉，辗转反侧。

参差荇菜，左右采之。窈窕淑女，琴瑟友之。参差荇菜，左右芼之。窈窕淑女，钟鼓乐之。

蒹葭苍苍，白露为霜。所谓伊人，在水一方。溯洄从之，道阻且长。溯游从之，宛在水中央。

蒹葭凄凄，白露未晞。所谓伊人，在水之湄。溯洄从之，道阻且跻。溯游从之，宛在水中坻。

蒹葭采采，白露未已。所谓伊人，在水之涘。溯洄从之，道阻且右。溯游从之，宛在水中沚。

时光荏苒，夏走冬去，无数个夜晚，烛影灶旁的欢聚，花丛月下的嬉戏，使刘桢和甄洛灵犀相通、心照不宣。

谁知天有不测风云，野城同以前的清原一样，燃起了熊熊战火。

袁绍的军队攻打野城，刘桢在战乱中逃失，甄洛不幸为兵士所虏获。

在三天的争战中，刘复率领守城将士抵抗得极是英勇，连杀了袁绍的几员大将，袁绍大怒不已，下令攻入城中之后杀尽刘复一家老小。

也是甄洛命不该绝，千钧一发之际，袁绍的秘书陈琳一句话将她救了下来。

就是后来代袁绍撰写《讨曹檄》的陈琳，字孔璋，他看到甄洛姑娘闭月羞花般美人，顷刻就要做了鲁莽军士的刀下鬼，顿生怜悯之心，喝令军士住手，要放她逃生。

军士们听得陈琳断喝，不敢下手，但又怕违背了袁绍的命令，就把甄洛抻到内帐，请袁绍决断。

袁绍看到甄洛面若三春桃花，艳绝天地之间，既不忍杀，又不肯放，思量半晌，最后决定赐给次子袁熙为妻。

袁熙本是一介武夫，性格粗悍，相貌丑陋，跟甄洛那翩翩年少、才俊超人的义兄刘桢相比，简直是地下天上。

甄洛厌恶袁熙，怀念义兄，可是事到如今，哪里敢道半个不字。

嘴上不敢略有微词，心里依旧爱憎分明，新婚之夜的洞房内，甄洛嘤嘤悲泣，拒不就范。

恼怒的袁熙抽出一把利剑吓唬她，满屋里寒光闪闪，杀气逼人。

甄洛不敢再哭，也不敢再叫了，双手掩面，听任摆布。

袁熙的胸毛刺在甄洛娇嫩的皮肤上，使她颤栗不止，感觉仿佛猛兽压身。

袁熙的铁手，正是猛兽的利爪，袁熙发泄兽欲时，口角的馋涎渌渌地流在她白皙的脖颈上……

很快，袁熙奉命出守幽州，他要将甄洛带到任上去。

甄洛万分害怕，犹如一只小羊即将被牵进屠场。她借口留在邺城照顾婆母刘氏，才由刘氏出面将她暂时留在了邺城。

谁知袁熙出守幽州不久，曹操的大军这就来了，围困了邺城。

甄洛终日心情惊恐，坐卧不安，无异于笼中的一只惊鸟。

那个陈琳，本是袁绍的亲信，当初救过甄洛一命，甄洛嫁给袁熙之后，陈琳出入袁府，他们偶尔见面，陈琳教她学习诗文，还用《讨曹檄》作过教材呢。

甄洛根本不知道，陈琳在檄文中所列数曹操的恶行，十之八九属于妄笔诬言。

她认为那些都是真的，曹操像魔鬼一样为害天下，杀戮无辜，恩将仇报，五毒备至，简直太可恨了，太可怕了。

外人都清楚，曹操早年与袁绍一起兴兵结盟，盟军分崩后各据一方，其实是袁绍小肚鸡肠，导致互相间的征战没有止息，到得今日，袁氏父子与曹操已互为死敌了。

袁绍数月前病死，曹操并未因此延缓攻击。

人们也在忧虑，曹操一旦攻破邺城，袁家上下老小，包括甄洛，焉有命在？

其实曹操不是人们所想象的那样，他巡营回到帐内，即传令三军：“城破之日，无论何人均不准擅自进入袁氏宅第，违者必严加究办。”

诸军将士以为曹操在曲意保全袁氏家属，都觉得他顾念旧情，难能可贵。

三

当天深夜，曹操突然命令军队，将所挖数十里壕沟加宽加深，各为两丈。

黎明之际，又宽又深的壕沟挖成了，曹操下令，决引漳河，以水灌城。

邺城一下子变成了汪洋中的孤城。

随后整个夏天，三个月时间，邺城为大水围困，城中缺粮，有一半以上的人活活饿死。

袁尚得知邺城危急，率兵一万多人回来解救。

曹操召集部下商讨对策，不少人认为，袁尚回救老巢，势将死战，不如避开锋芒，撤向一边。

曹操说：“侦察一下。他要从大路来，说明他不顾安危，下定必死的决心，我们可以避开。若走西山小路而来，说明他心虚胆怯，可以打他。”

袁尚从小路跑回来了，离邺城不远，举火向城中发出信号。

邺城守将审配知道援军已到，一面举火呼应，一面率军出城，企图里应外合，打个胜仗。

曹操早有计划。出城的审配受到曹军强力阻击，又卷回城中。

接着，袁尚军队也被英勇的曹军打败。

袁尚领着残兵败将，逃到漳水边上，还没结下营寨，又被曹军包围。

袁尚见大势完了，吆喝说要“投降”。曹操不答应，加紧围攻。

袁尚的部将都降了，袁尚带着几十个人逃窜了。

城中袁军得知袁尚惨败，顿时士气低落，斗志瓦解。

审配还给部下打气，说：“曹军已经疲惫不堪，我们要坚守死战，幽州袁熙将军的救兵就要来了。袁熙也是我们的主人，怕什么呢！”

但是，审配的侄儿审荣，部将苏由等人，趁审配不注意，打开东城门，投降了曹军。

邺城易主的这个时间，是公元204年，汉献帝建安八年。

随曹操在军中作战的儿子曹丕，字子桓，年轻气壮，带领先锋队，打头冲进邺城。

审配率兵与曹军展开巷战，“杀！杀！杀！”，喊声冲天。

审配战不过，躲进井里藏起来，被曹军发现，活捉了他。

曹操钦佩审配忠于袁尚的骨气，想把他留下来。

可审配在镇守邺城期间，杀了想投降曹操的副将辛评一家老小，原先郭嘉劝辛评离开袁绍，辛评不悟，后来觉醒，想投降曹操，让审配杀了。辛评的弟弟辛毗痛哭不止，坚决要审配抵命，曹操只好把审配处死了。

却说曹操在郡衙内，处理一应接收事务，难以分身。忙碌得差不多之后，想到艳名满天下的甄洛了。

曹操问降将苏由："听说袁绍的几个儿媳妇都很美，到底怎么样？"

苏由是个善于察言观色之人，回答道："老袁的几个儿媳，确实个个貌若仙子，但在这几个儿媳中，却要数这二媳妇甄氏最美。不仅姿色绝伦，而且还知书达礼，善解人意。刘夫人在袁府中是以脾气古怪闻名的，谁也侍候不好，只有这个二媳妇甄氏，最合刘夫人的脾气，刘夫人十分的喜爱。甄氏在袁府中调和上下，亲融内外，府中人人都喜爱她。"

一员守城武将说起这甄氏来，都如此头头是道、心驰神往，可见其美名，实在是家喻户晓啊。

曹操舒舒臂，展展腰，正待命令部下处理袁氏家属之事，回顾时，却不见了曹丕在身旁。

曹操以为曹丕年少好动，观光街巷去了，心里说："小小邺城，让袁绍荒废多年，也有景致好瞧吗？"

岂不知曹丕自有盘算，只待父亲不在意时，偷偷溜出郡衙，领着几个贴身卫士，策马直奔袁氏府第。

军士把守着袁府大门，见曹丕下马就朝里进，横戈拦住，说道："奉将令守门，任何人不得入内。"

曹丕拔剑大喝道："吾正是奉命行事，还不快快让开。"

随从们借威呼喝："让开，让开！"

军士们认识随军作战的曹公子，既怕违了将令，又怕得罪了曹丕，事在两难之间，不免犹疑无计。

曹丕不失时机地持剑挡开戈戟，大踏步闯进门去，贴身卫士随拥而进。

岗哨们不敢上前阻拦，只得遣人飞报中军。

曹丕进入袁府一看，重门叠院，朱阂绣户，倒也显示出富丽繁华，只可惜战乱失修，加之时在晚秋，花草枯萎，黄叶铺地，门窗自开，笼鸟饿死，一片荒凉景象。

曹丕伫立院中侧耳静听，萧萧秋风送来一阵隐隐哭声，遂手持利剑，循声找进一间偏房。

曹丕进入外间，发现内间的门还在紧闭着，哭声正从里间传出来，遂猛踢内门，喝问道："谁人在里面哭泣？"

屋里没有回答，但即刻停了哭声。

曹丕将脸贴在门缝看进去，发现是一女子席地而坐，正吓得浑身打颤，双手捂着面孔，由指缝里惊恐地偷看着门口。

曹丕厉声道："事到如今，还不开门出降，难道等死吗？"说着用力推门，推得吱吱嘎嘎。

屋内女子哆嗦着来到门边，犹豫片刻之后用颤抖的手拉开了门闩。

曹丕进入内室，见室中女子倭髻歪斜，衣衫凌乱，虽说哭声稍歇，犹然泪珠婆娑。

女子显然是个聪明人，见对方满面恼怒，剑闪寒光，急忙伏身于地，哀声求饶说："将军饶命，将军饶命。"

女子声音恐惧、凄凉，听之楚楚可怜。

曹丕伸手抓住女子的头发，朝上一提，使她仰起脸来。

这时曹丕猛吃一惊，心头立刻软了。他万万没有想到这张面孔竟是如此地光艳照人：不是桃李，比桃李更艳，不是荷花，比荷花更美，不是春风，比春风更柔，不是明月，比明月更媚。

曹丕是个公子哥儿，见过美人无数，相比之下，其他所谓美人都变成了乌鸦，而眼前的人儿，简直是只金凤凰。

这时，曹丕又发现老太婆一名，躲在门后的墙角，吓得浑身筛糠，说不出话来。

曹丕说："出来。告诉我，你们是什么人？"

老太婆趋出来，颤颤巍巍地说："老妪我是袁、袁绍之妻刘氏，这少妇，是我次子袁熙之妻，甄氏。"

曹丕的心咚咚咚地跳将起来，面前的美妇人原来就是名闻遐迩的甄洛啊，怪不得艳光耀目，令人心旌摇动。

曹丕喜爱击剑，又善于骑射，武功不凡，同时又读书万卷，通晓古今，做得一手锦绣文章，写得动人爱情诗篇，他此时年届一十八岁，对美貌少女常怀爱慕之情，站在甄氏面前，怜香惜玉之意更是油然升起。

他说道："险些伤了绝代佳人，真是太鲁莽了。我是曹将军之子，五官中郎将曹丕，让你们受惊了。"

刘老太婆说："将军绕了我婆媳性命，就是至恩大德，一定犬马相报。"

这时候甄氏的情绪稍稍安定下来，才敢怯怯地打量曹丕。她发现曹丕的霸气已经消失了，脸上现出了温和的神色。

在甄氏的眼睛里，头戴束发金冠、身披锦绣战袍的曹丕，个子矮了一些，面孔稍显黑瘦，但双目炯炯，富有神采，整个儿的人于威武之中透着几份儒雅。

曹丕收甄

论长相，这位将她刀下放生的青年军官虽不及义兄刘桢，但比较袁熙，却是强过千倍。

曹丕久久瞩目甄洛，不愿移动目光的情形被刘氏看在眼里，她不失时机地说："曹公子如果不嫌甄氏粗陋，老妾愿将她献出，服侍公子。"

此时曹丕已是有意收纳美艳的甄氏了，就命令卫士好生照看，任何人不得欺辱她。

甄洛被曹丕软禁在袁府一所华丽的小院里，独坐空房，不由思绪纷纭。

她已从剑下逃生了，可往后的命运还是难以预料。

春天险些死于袁氏之手，及秋，又几乎丧命于曹家刀下。

这太可怕了。高门望族，刀剑如林啊，尤其在这兵荒马乱的年月。

她再也不愿生活在公侯将相之家了，她愿飞到乡里，飞到林间，飞到草泽，飞到浦上，作一只自由自在的小鸟儿，虽没有锦衣美食、奴婢仆役，却可免遭胆战心惊的性命之虞。

然而，她无力自主，只能被动地等待着命运的拨弄。

过了一个时辰，曹丕再度进入袁府。他径自进入甄氏所在的房间，甄氏已然沐浴过了，也梳了头发，换了衣装。

曹丕满眼只见到美艳动人，鼻端只闻得幽香丝丝，早已痴了。

曹丕忘了战争，忘了曹家的事业，甚至疏忽了周围的一切存在，觉得世间再没有比这个女子更可爱、更重要、更值得为之拼命争取的东西了，伸臂便将柔软的甄氏拥进怀里，拥向床榻……

曹植

四

接收邺城，事务繁杂。曹操在郡衙内忙到黄昏，才忙够一个段落，这时想起心事，命人立即去把甄洛接来相见。

左右奉命，去了一会儿，就转来回禀：“报告！五官中郎将午间进入袁府，听说已经纳了甄夫人。”

曹操听了，面色由红转白，由白转青，半晌没有做声。

曹操的谋士孔融，字北海，虽说有点另类，曹操从没有低看他，还是让他同别的谋士一样随军，享受高级待遇。孔融是个精巧的人，看到曹操的情绪变化，就说：“曹公，武王破纣的时候，将美貌的妲己赐给周公，至今传为美谈呢。”

曹操听了一怔，想了想，说：“北海博览群书，请问此事载于何处？”

这是孔融编造的，历史上是没有此事的，孔融微微一笑，从容地答道：“将古比今，大概应该有这样的事吧。”

曹操明白了孔融的意思，乃是策略地劝谏他罢了念头，将计就计。

这时曹丕也不失时机地出现了，并不直接向他老爸说甄洛之事，而是找来富豪崔琰说项，撺掇着将崔琰的小侄女许配给弟弟曹植。

事既至此，别无他法，曹操索性大笑起来，下令将甄氏许配给曹丕为妻，将崔琰侄女许配给曹植，并决定次日为曹丕完婚。

袁氏的旧府变成了曹家的新居。

为了给曹丕完婚，院落打扫得干干净净，门窗擦洗得纤尘不染。

一度萧条的宅第顿时热闹起来，人来人往，笑脸相映，丝竹管弦，不绝于耳。

烽火甫熄，喜事登场，曹、袁双方的属吏，尽数冠服一新，从四面八方的街巷走来祝贺，战争劫难之后残破的邺城，因此显得花团点点。

婚礼之后，新人双双拜见尊长，曹操这才见到此前军营中兵卒们吟唱的美人儿。

曹操在座上细看甄氏，相貌、神情、体态、举止，果然没有半点瑕疵。

新人拜罢，双双站起。

曹操含笑说道："子桓，你今年十八岁了。新妇不愧为人间绝色，又温柔知礼，我想你也应该知足了吧？"

曹丕连忙点头称是，看一眼甄洛，难掩满心欢喜。

曹操又说："从此应该收起心来，致力正事，做好我的臂助，再不可像往日般的孩子气了。"

曹丕恭敬答道："是，父亲。孩儿一定收起心来，致力正事。"

曹操转过面孔，温言柔语说甄氏道："我与袁将军是故交啊，征战的事，实属无奈，事已至此，也就不必多说了，我只是记挂着，袁显奕还在幽州……"

袁显奕即是守任幽州的袁熙，曹操此时提及他，自然是是想借之了解一下新儿媳妇的心事。

甄氏很聪明，接口说："公公请不必说下去了。显奕娶了我，实际两人相聚的日子不足三月，彼此又合不来，因此他出守幽州，我就自愿留在了邺城。今日由公公做主，子桓和我名分已定，以前的事就当它是一场梦吧。"

曹操听得，极为高兴，忘形地道："这才是好孩子。只要曹氏得昌，一定不会亏待了你。子桓还不够老成，真要有什么不如意的事，你尽管来跟我说，我自然与你做主。"

甄洛微抬眼睑，望一眼面前英雄盖世而又儿女情长的尊长。

与曹操视线相接的一刹那，甄洛大受震动，不禁赶忙低下眉来。

曹操根本不是陈琳所形容的恶魔，而是十分温和、慈祥，尤其是那目光，令她又惊又羞，难以自持。

直至回到内室更衣时，曹操那双特殊的眼睛仿佛仍亮在甄洛面前，教她心潮动荡不定，情绪纷乱不休……

洞房设在华丽的天香阁。

天香阁也曾是当初袁熙与甄氏成亲的地方，不同的是，如今鸠巢鹰占，另换新郎了。

三更敲过，万籁俱寂。院子里照路的灯笼已然熄灭。窗外有了脚步声，接着门被推开，曹丕走进来了。

甄氏的心绪早已不再惊恐了，她觉得曹家比之袁家，使人愿意接受，曹丕也绝然不同于袁熙，感情丰富细腻，而且，他尊重她。

两天以来，厮守交谈，曹丕知道甄氏甚通文墨，甄氏也发现曹丕具备很高的诗人天赋，这无疑使双方的感情锦上添花。

甄氏双颊红晕，睫毛微闪，灯光下更显得娇艳万分。

曹丕走近来，拥起她，她则就着他的一抱之势，轻盈地偎进他的怀里，眯起美丽的眼睛，迎接他忘情的亲吻。

接下来的夜间，曹丕精力充沛，永无止息，真正地挑动了甄洛的女性情怀。

甄洛觉得，就在一夜之内，自己成熟了，像一朵花，舒展地开放，比以往更艳，更盛，更加荡心动魄了。

自这个夜晚起，甄洛的生活发生了改变，她眼睛里的邺城也随之改变了，再不像以前那样整日灰暗着，漂浮着满天风沙了。

曹丕放弃了狩猎活动，荒废了政事参赞，甚至疏远了诗文密友，全心全意都在甄洛的身上，早上看着她巧手整衣，对镜理妆，到晚间再看着她洗尽铅华，美玉横陈，不愿有一时一刻的分离。

满足与喜悦相因相成，在曹丕与甄洛之间生长、弥漫，他们感觉整座邺城都被踏在脚下了，没有谁可与他们比肩了。

曹丕常常说："洛洛，我此外什么都不需要了。有了你，世事样样成空，只有你才真实地存在。我此生不能没有你，无论将来怎样，我们永远不分开。"

第七十一章

建安风骨

一

今者曹操本无懿德，好乱乐祸……历观载籍，无道之臣，贪残酷烈，于操为甚……

而操豺狼野心，潜包祸谋，乃欲摧挠栋梁，孤弱汉室，除灭忠正，专为枭雄……

这是陈琳《为袁绍檄豫州文》中慷慨激昂的言辞，甄洛记忆犹新。

然而跟曹丕婚后，随着时日渐久，甄洛知道了那些全是陈琳瞎编的鬼话，他感到了英雄曹操的明辨事理和胸襟博大。

曹操解放邺城之后，即刻颁行予民以休养生息的种种措施，扶持百姓生产，加快恢复惨遭战火荼毒的经济，确实受到了各界的赞赏，百姓唱："解放区的天是蓝莹莹的天，解放区的人民好喜欢"。

甄洛喜爱诗文，惊喜地发现曹家原来是个诗书之家，公公曹操笔力雄奇，丈夫曹丕辞章俊美，还有个小弟曹植，十四五岁，诗文灵秀超众。

这日，甄洛蛮有兴致地在大杳阁里抄写曹丕的诗作《燕歌行》，一边抄，一边咏，一边感叹。

秋风萧瑟天气凉，草木摇落露为霜，群燕辞归雁南翔。

念君客游思断肠，慊慊思归恋故乡，何为淹留寄他方？

贱妾茕茕守空房，忧来思君不敢忘，不觉泪下沾衣裳。

援琴鸣弦发清商，短歌微吟不能长。明月皎皎照我床，星汉西流夜未央。牵牛织女遥相望，尔独何辜限河梁？

秋风萧瑟，草木零落，白露为霜，候鸟南飞……萧条的景色牵出思妇的怀人之情，映照出她内心的无限寂寞。

良人无奈淹留寄他方，迟迟不得归，一定思归恋故乡，女子呢整日在相思中过活，忧来思君，苦闷不堪，想借琴歌排遣，却又短歌微吟不能长，只好望月兴叹了。

你说，他的笔致怎么如此委婉呢？

你说，他的辞采怎么如此清丽呢？

你说，他的体察怎么如此精微呢？

你说，他的情感怎么如此缠绵呢？

曹丕回来了，没有像往常那样喜乐地与甄洛说话，热烈地表示亲爱，而是闷闷地坐在那里。

甄洛发现曹丕神情异常，就推开砚台，放下笔管，走过来问他："你心神不定的，外面有什么事吗？"

曹丕问她："我似乎听你说过一句，你认识陈琳？"

曹丕这突兀地一问，甄洛的心猛烈地颤抖了几下。

曹军破邺入城前夕，甄洛见过陈琳一次，当时情况十分危急，陈琳安慰她和刘氏不要惊慌，就忙着去了郡衙。

不过大军入城后，直至今天，他不晓得陈琳的下落和消息。不意这时曹丕突然问起，她怎能不感到讶异呢。

甄洛问曹丕，说的是陈孔璋吧？曹丕说是的。

她说："陈孔璋是袁绍的秘书，曾经教过我诗文，应该说，他也是我的老师。"

曹丕脸色一变，急忙说："快别这么讲，难道你不怕受连累吗？"

甄洛吃惊起来，问："到底出了什么事？"

曹丕说陈琳已经被抓起来了，很多将领主张斩首。"但有几位文友找到我，要我在父亲面前替他说话。"

甄洛惊恐不定，半晌，突然大声说："他又不是战犯，不能杀他。"

曹丕沉吟了一会儿，说："你不知道，他曾对我们曹家信口雌黄，污言秽语，连祖宗三代都骂了吗？"

"可……他救过我的命，"甄洛说，"而且，他是天下有名的文士，你也是这样爱才的，怎能让才子被杀掉啊！"

曹丕说："我去见见父亲。"说完就走了出去。

甄洛不由俯身在床榻上痛哭起来，哭着说："孔璋你是我的救命恩人，如今我却不能救你，我无能，我无能啊……"

哭了一阵，她爬了起来，心想我还得设法救陈琳，不能老在这里哭啊。

可是救他，能有什么办法？

想来想去，甄洛还是只能等曹丕回来，再求他去公公那里为陈琳说情。

曹丕去了不久就回转来，甄洛急切地向他询问陈琳的吉凶祸福。

曹丕说："父亲没有说话。"

甄洛央求曹丕，无论如何要再设法相救陈琳。

曹丕叹息了一声，说天已晚了，对陈琳的处置也许要放在明日，他去同阮瑀、徐干等文士再商议一下也好，说不定大家能想出救助陈琳的计策也未可知。

晚餐之后，曹丕去了，天也黑了，甄洛忽然生出一个莽撞而大胆的念头：自己去面见公公，帮助陈琳化险为夷。

曹操暂时住在袁府后院。

晚上的首长驻地，灯影幢幢，卫士如林。

甄洛终于悄悄地来到了曹操的窗下。

屋内烛火放光，映照出曹操的身影。是在处理军机文件，还是在读书？她不敢贸然打扰，就停住了脚步。

她听曹丕说过父亲有夜读的习惯，无论战事多忙，行军多累，从不间断。三十年来的戎马生涯中，他手不舍卷，登高必赋，远望必诗，出言豪放不羁，为语慷慨壮烈。

过了一回儿，甄洛断定曹操是在抽闲读书，就轻手轻脚地走了进来。

曹操听到了动静，侧头一看，见是甄洛走了进来，顿时惊喜异常地站起了身，说：“哦，你来了。”

甄洛这才发现，自己根本没有想好，以什么借口，用什么理由，替陈琳说话，为陈琳开脱。来在曹操面前，脑袋里忽然变成了一片空白，蓦然间满面发热，额上生出微微细汗。

曹操问：“你一个人来了，子桓呢？”

甄洛强自镇定着，回答道：“他同几位文友会聚，晚餐后就去了。”

曹操却也不再多问，让她坐了，找话说：“我方才在处理文件，又看到了陈琳骂我的文章。邺下，有人才呀。”

甄洛怯怯地说："孩儿也读过陈琳的诗文。陈琳确是文采灿烂，妙笔生花，读他的文章，如啖脍炙，余香不尽。"

曹操说："你也有这样的见地？不愧是我曹家的媳妇。陈琳作得这么好的诗文，本该是明辨之士，不应误入歧途，助纣为虐。他该知道袁绍昏庸，败所必然。"

甄洛的心像小兔子，咚咚咚地猛跳起来，想听曹操继续说下去，听出点眉目来，曹操却不说了。

停了片刻，甄洛只好试试探探地问道："似乎听子桓说起，部下已经缚住了陈琳？"

曹操说："是的，而且还不止一个人建议杀掉他，我不想那么做。

"有人说，作下长篇文章，无理辱骂，言语污秽，不堪入目，如今不杀，更待何时？

"我说不要怕骂，尤其不要怕查无其实的空骂。真正强大的人是骂不倒的。陈琳代表袁绍骂我，我不是反而更为强大了吗？

"有人说我唯才是举，爱才若渴，固是大德，然而，才情愈高者，也便为祸愈烈，譬如刀剑越快，也越能伤人，以此看来，还是将陈琳斩首为好。

"我说陈琳既然肯于归顺，我们还是应予接纳，快刀不用，授柄他人，乃是下策。"

甄洛听到此处，心里豁然高兴，但她还是掩饰了，顺水推舟地说："公公赦他无罪，必得天下文士之心。"

二

却说甄洛莽里莽撞地面见曹操，虽然没有暴露为陈琳说项的企图，但丝毫没有准备退路的她到他面前之后，知道说项有效了，却又胆战心惊，怕他忽然问她一些让她答不上来的话。

曹操始终没问可能使她窘迫的话。

说完陈琳的事情，曹操又扯起生活的话题，很快使她平静与轻松下来。

曹操问她的家世，问她以前习诗学文的情形，问她现在的生活里有没有什么委屈，像一位慈爱的父亲，而又不仅仅是一位慈爱的父亲。

曹操聊着天，在房间里踱步，不意间走到了她的身侧，很自然地抚着她的肩背，说知道她的棋艺，什么时候得闲了要同她围棋，夸赞她是好孩子，自小以来流离颠沛，生活坎坷，却懂得自立、上进，诗书琴棋，样样使人高兴。

她没有领受过父爱，默默地听着，心尖儿突突乱颤。

还有，曹操的豪迈、苍劲，加仁慈、和蔼，又是这样地令人崇拜，她忍不住就要扭过身来，扑进他宽厚的胸怀。

当然，甄洛这天晚上没有胡乱冲动，道过“晚安”，依依不舍地离开了曹操。

次日，陈琳就被曹操封为军师祭酒，与阮瑀同管军谋记室，掌管机要文书，算是重用了。

斯时，正值战乱频繁的年月，全社会追尚武功，忽略文事。曹操重视陈琳之举，大开了招贤纳才之门，四海文士，无不企踵延颈，遥望邺下。不长时间，邺下一城之微，竟荟萃百名文士，可谓人才济济，大观洋洋。

令人惊喜的是，甄洛的义兄刘桢也出现在邺城。

桢哥，他也回来了！

另一方面，曹操抽空，对袁绍的妻子进行慰问，对袁绍的家人进行优抚，还亲自到袁绍墓前祭奠，而且痛哭流涕，见者无不动容。

曹操在文学方面的帅才，引来大量的文士，而他在政治上的仁爱之举，更引来许多文武才俊，集于旗下。除了前面说到辛评的弟弟辛毗铁心归附外，还有崔琰、牵招等。

辛毗，字佐治，听名字就是个参谋，他先跟着兄长辛评辅佐袁绍，后跟从袁谭。袁尚攻击袁谭，袁谭就是派辛毗去曹操处求救的。辛毗倾心于曹操，在战争中所做的参谋，都是不利于袁氏兄弟的。

崔琰，字季珪，年轻时尚武，二十岁以后发愤读书，为袁绍骑都尉时，曾劝袁绍不要过黄河与曹操决战。袁谭兄弟相争时，他托病哪个也不支持。

牵招，字子经，名字很酷，先为袁绍督军从事，袁绍死后，追随袁尚。曹操围攻邺城时，袁尚派牵招到上党督办军粮，还没有回来，袁尚就被打败逃走了。

为袁绍写讨伐曹操檄文的陈琳，不用说了，曹操也重用了他。

曹操问陈琳："你为袁本初写檄文，尽可以列举我的所谓罪状就是了，怎么还把我的父亲和祖父也牵连上了呢？"

陈琳说："唉，什么叫罪过？这就是罪过，罪过。我实在没什么好辩解的。"

黄巾军攻冀州

可是原来的谋士许攸出问题了。

许攸自恃逃离袁绍投降曹操后，在曹氏胜袁氏的战争中立了大功，曹操解放邺城后，他经常和曹操逗乐取笑，甚至当着众人的面，也毫无分寸。

开会前，对着很多人，许攸大声地说："阿瞒，你若是没有得到我的帮助，是不会得到冀州的。"

曹操口说"是的是的，没错"，心里不是滋味。

许攸有一次出邺城东门，向左右的随从说："若不是我许攸，曹家哪能出入此门呢！"

有人把这话捎给了曹操，曹操认为许攸既然归附自己，对自己就得有起码的尊重，接连发生大不敬的事故，是脑子有问题了，于是把许攸下狱。

许攸进了小号，仍不改悔，后来就被处死了。

曹操解放了冀州首府邺城之后，上了一道表文，给汉献帝作全面的汇报。

献帝看过表文，发来诏书，让曹操兼任北方的最高长官——冀州牧。

这时的曹操，已将"知天命"，他在治理邺城的同时，放眼四外，觉得需要他去平定的地方还是太多，他还不能稍有休息。

曹操怀念家乡，怀念中原，巡视邺城防务时，情不自禁地吟出一首著名的《却东西门行》。

鸿雁出塞北，乃在无人乡。举翅万余里，行止自成行。冬节食南稻，春日复北翔。

田中有转蓬，随风远飘扬。长与故根绝，万岁不相当。

奈何此征夫，安得驱四方！戎马不解鞍，铠甲不离傍。冉冉老将至，何时返

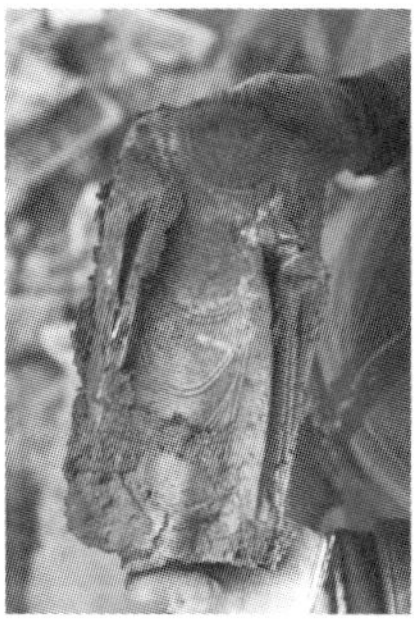

邺城遗址出土的铠甲

建安风骨

故乡？

神龙藏深泉，猛兽步高冈。狐死归首丘，故乡安可忘！

曹操的诗，慷慨多气，风骨傲拔。形式上也大开大阖、舒缓从容，表现出非凡的气度和胸襟。《却东西门行》以沉郁悲凉之笔，抒老英雄思乡之情。

转战年久，“老之将至”，战争连绵，自然对故乡愈加思念。然而，四方军阀作乱，祸害百姓，作为老兵，他仍然要“戎马不解鞍，铠甲不离旁”，继续战斗下去。

此后许多年头，曹操以邺城为工作重心，出去征战时，让曹丕守邺，这里的经济建设和文化建设没有间断。

三

话说曹操实际上已经执掌了东汉王朝的政治权力，但他沉着冷静，不思篡夺，这样，汉献帝刘协的“建安”年号，便一直使用了二十五年，“建安”之后，还续了个所谓“安康”。

公元196年是“建安”元年，公元220年改为“安康”，前后24年的时间，是为“建安”。“建安文学”，“建安风骨”，或曰“汉魏风骨”，乃是中国文学史上最为闪光的篇章。

汉献帝建安时期，是曹操和曹丕的统治盛年，建安文学的繁荣，主要在于曹操这位国家文联主席对自由文学的爱好和提倡，曹丕、曹植和文士们对曹操文学观念的追随，他们前呼后拥，形成了以曹氏父子为中心的文学集团，及盛极一时

壁画建安七子

曹氏父子诗选

的邺下文风。

以曹氏父子为代表的建安文学，从当时的现实土壤中炽热地生长起来，与当时社会生活的各个方面息息相关，在中国史上，在中国文学史上，放射出前所未有的绚美异彩。

原先大汉极权统治者竭力推崇的一些思想垃圾，譬如所谓儒术，都在非常的社会变乱中，失去了支配地位，人们的意识获得了空前的大解放，曹操的作为就标志着清爽、自由的新方向。

曹操、曹丕、曹植三人为代表的文学创作，反映了社会的动乱和民生的疾苦，同时，又表现了统一天下的理想和壮志，有着鲜明的时代特色。

高扬的政治理想、浓郁的悲剧色彩、强烈的个性、人生短暂的哀叹，这些东西合起来，就构成了建安或汉魏的“文学风骨”。

建安风骨的代表人物，除了曹操、曹丕、曹植“三曹”，再就是孔融、陈琳、王粲、徐干、阮瑀、应玚、刘桢等“七子”。

“三曹”、“七子”直接继承了汉乐府民歌的现实主义传统，普遍采用五言形式，以风骨遒劲而著称，并具有慷慨悲凉的阳刚之气，所形成独特的诗歌风格，被后人尊为典范，成为文学批评史上的一个重要的概念，一个主要的标准。

后山需要说明的是，无论是“三曹”，还是“七子”，都长期生活在以洛阳为核心的中原大地，其骏爽刚健的风格早已成为河洛文化的组成部分。

所谓“风骨”，乃是精神气质和骨格形态的结合，二者密不可分，合而为一。

风，是文学的生命力，是一种内在的、能感染人的精神力量，有了风，文学作品才能鲜明而生动，当然，“风”比较虚化，跟内容和情感有关，但又不是内容和情感自身。

骨，是文学的表现力，概念比较实在，直接体现在语言的运用上，语言准确、简练、明晰，文学作品就富有表现力，富有感染力了。

“风”和“骨”不能分开，是个囫囵的概念。

南北朝的刘勰领会得好，他的《文心雕龙·风骨》篇，有精到的见解：“怊怅述情，必始乎风；沉吟铺辞，莫先于骨。故辞之待骨，如体之树骸；情之含风，犹形之包气。结言端直，则文骨成焉；意气骏爽，则文风生焉。”

关于曹操，自汉及今，评价丛簇。

有说曹操英雄气概，大家风范的，有说曹操菩萨心肠，儿女情怀的，也有人曹操他阎王脾气，小人嘴脸的，后山要再给曹操加上一个评价：文化旗手，诗歌元帅。

曹操爱好文学，奖励文学，招揽文士，带头创作，他的周围，才能聚集众多的人才，继承汉乐府民歌的现实传统，掀起了空前壮美的诗歌高潮。

曹操的文学创作，后山告诉你，一个字：大气。

史界论曹操曰：“明略最优，”“横槊赋诗，固一世之雄也。”

曹操对文学、书法、音乐等都有深湛的修养。

曹操的散文很有特点，如《让县自明本志令》，光明磊落，字字真挚，状述经历，分析时势，剖析心志，其“设使国家无有孤，不知当几人称帝，几人称王”句，极其坦率，为人称道。

而曹操的文学成就，主要表现在诗歌上。

短歌行

曹操的诗，全是乐府体。内容有歌咏时事的，表述理想的，少量游仙的。

曹操领兵打仗三十多年，手不释卷，登高必赋，及造新诗，被之管弦，皆成乐章。就是说，他的诗都可以配乐高歌。

曹丕记述其老爸曰：“雅好诗书文籍，虽在军旅，手不释卷。每每定省，从容常言：人少好学，则思专，长则善忘；长大而能勤学者，唯吾与袁伯业耳。”

曹操的时事诗，人所广知的，《薤露行》《蒿里行》《苦寒行》《步出夏门行》等，以简练的语言，高度概括斯时情景，人誉“汉末实录，真诗史也”。

《薤露行》《蒿里行》，前一篇，何进密谋诛宦官，事败遭杀，董卓乘隙入洛阳，作乱宫廷；后一篇，关东各州郡，兴兵讨董，又各怀野心，互相杀伐。意思连续，篇章相补。

《蒿里行》尤其可贵，曹操以深切同情的笔调，写出了百姓所罹的战乱苦难。铠甲生虮虱，万姓以死亡，白骨露于野，千里无鸡鸣，生民百遗一，念之断人肠。

“烈士暮年，壮心不已”的曹操，在进军途经碣石时，观沧海而生“老骥伏枥，志在千里”之咏叹。“秋风萧瑟，洪波涌起，日月之行，若出其中；星汉灿烂，若出其里”，气势磅礴，格调雄放，包容宇宙、吞吐日月。

曹操抒写理想的诗，著名的有《度关山》《短歌行》《对酒》等。所设想的太平盛世，是贤君良臣，和衷共济。

游仙诗有《气出唱》《秋胡行》等。曹操是不信方士神仙之说的，所以他的游仙诗别有所寄，同秦皇、汉武的求仙觅神，祈求不死是截然不同的。

曹操的诗歌，朴实无华，不尚藻饰，以感情深挚、气韵沉雄取胜。

三曹塑像

曹操的诗歌，慷慨悲凉，沉郁雄健，因为他这个国家文联主席，在这一方面最为典型，最为突出，所以其气度，情绪，成了建安文学的共同基调，共同追求。

四

建安风骨，由“三曹”引领，“七子”打头阵，邺中文人奋勇鼓噪，方成气候。

三曹中，曹操是旗手、领袖，战将自然是曹丕和曹植了。

曹丕以诗歌和文学批评最为突出。他后半生做了皇帝，但他年轻时期在邺城所写的诗，文人气息颇为突出，除了个人生活写照，便是征夫思妇类拟作。

有老爸的大树罩着，有甄洛的爱情滋养着，曹丕过着诗酒留连、优游宴乐的雅致生活，《芙蓉池作》《于玄武陂作》《夏日诗》等，即此记录。

当然，曹丕在军旅中跟战士们一样摸爬滚打，艰险备尝，《燕歌行》二首、《清河见挽船士新婚与妻别作》《杂诗》二首等，“丧乱悠悠过纪，白骨纵横万里，哀哀下民靡恃，吾将以时整理”，拟征夫思妇的口气，写他们内心的苦楚，哀悯百姓，伤感离乱。

曹丕的笔致，十分细腻，特别是那些思妇、弃妇、寡妇题材的作品，都对她们的心理活动有较好的刻画，写得凄婉动人，赚到了甄夫人好多泪水。

曹丕的语言，不尚繁缛，通达流畅，民歌风味相当浓厚，因而格调清新，“洋洋清绮”。如《出妇赋》《寡妇赋》等，哀婉凄楚，比较感人。

曹丕的散文成绩，甚至超过了他爹。

《与吴质书》，叙说情谊、悼念亡友，语言质朴诚恳。《典论》，更是重要的文学理论著作，他写了好多篇，秘书没有保存好，仅剩两篇囫囵的，《自叙》和《论文》。

《自叙》篇，写自己，具体生动，学习武艺，及与人比试，语言、表情、动作，均入木三分。

《论文》篇，诠衡人物、评论文章，简洁而准确，三言两语，即能抓住要害，做出比较透彻的分析。《论文》实际上是作家作品的合论，开了综合评论的先河。

曹丕的《论文》，论述了文学批评的态度问题，批判了文人相轻的风气，认为应当“审己以度人”，摒弃那种“各以所长，相轻所短”的陋习。

曹丕对“建安七子”逐个进行了分析评论，既肯定各人的优点，也指出其不足。

曹丕对朋友们的评价各有尺度，他认为“文以气为主”，文学创作要体现每个作者的气质，不应强求一律。气有“清浊”不同，作品的“巧拙”自然相异。

跟传统的以文学创作为“童子雕虫篆”的猥琐观念相反，曹丕阐释文学为“经国之大业，不朽之盛事”，给文学批评家撑了腰，后世批评家，但引用了这句名言，便直起腰杆，觉得文学半点也不酸臭了。

曹植，字子建，自小聪慧，及长，出言为论，下笔成章，深得曹操的宠信。

公元210年，曹操在邺城建成铜雀台，召集文士“登台为赋”，众人之中，

铜雀台

独有曹植略加思索，一挥而就，第一个交卷，文曰《登台赋》。曹操看后，赞赏不止。

曹植为人，不拘小节，不循礼法，颇有名士风度。早期，他的生活和创作的外部环境，同曹丕一样，因而他的作品，主要是歌唱理想和抱负，洋溢着乐观、浪漫的情调，对前途充满信心。如《白马篇》。

白马饰金羁，连翩西北驰。借问谁家子，幽并游侠儿。

少小去乡邑，扬声沙漠垂。宿昔秉良弓，楛矢何参差。控弦破左的，右发摧月支。仰手接飞猱，俯身散马蹄。狡捷过猴猿，勇剽若豹螭。

边城多警急，虏骑数迁移。羽檄从北来，厉马登高堤。

长驱蹈匈奴，左顾凌鲜卑。弃身锋刃端，性命安可怀？父母且不顾，何言子与妻！名编壮士籍，不得中顾私。捐躯赴国难，视死忽如归。

曹植赞赏幽并游侠儿的高超武艺和爱国精神，寄托了自己对建功立业的渴望和憧憬。

在《美女篇》中，曹植放开笔触，描写少女的丰姿艳丽，更是光彩照人。

美女妖且闲，采桑歧路间。柔条纷冉冉，叶落何翩翩。

攘袖见素手，皓腕约金环。头上金爵钗，腰佩翠琅玕。明珠交玉体，珊瑚间木难。罗衣何飘飘，轻裾随风还。顾盼遗光彩，长啸气若兰。行徒用息驾，休者以忘餐。

借问女安居，乃在城南端。青楼临大路，高门结重关。容华耀朝日，谁不希令颜。媒氏何所营？玉帛不时安。

佳人慕高义，求贤良独难。众人徒嗷嗷，安知彼所观？盛年处房室，中夜起

洛神赋图（局部）

长叹。

曹植也写有《薤露行》，以“愿得展功勤，输力于明君。怀此王佐才，慷慨独不群”和“孔氏删诗书，王业粲已分。骋我径寸翰，流藻垂华芬”自许。

曹植善用比兴手法，语言精炼，词采华茂，比较全面地代表了建安诗歌的成就，对五言诗的发展颇有影响。

曹植的诗，“骨气奇高，辞采华茂，情兼雅怨，体被文质。”

曹植既不同于曹操的古直悲凉，又不同于曹丕的便娟婉约，而能兼有父兄之长，达到风骨与文采的完美结合，成为当时诗坛的杰出代表。

曹植也善辞赋。他的《洛神赋》抒情优美，富于神话色彩，影响甚大，是建安时期抒情小赋的代表作品。

《洛神赋》，赋中名篇，通过梦幻境界，描写了一个人神恋爱的悲剧。

赋中先用大量篇幅描写洛神宓妃的容貌、姿态和装束，然后写到诗人的爱慕之情和洛神的感动之意。通过这些描绘，把洛神多情的性格也刻画的非常突出。最后写到人神道殊，洛神含恨而去，和诗人失意追恋的心情，悲剧气氛，十分浓郁。

曹植笔下的“洛神”，“其形也，翩若惊鸿，婉若游龙。荣曜秋菊，华茂春松。仿佛兮若轻云之蔽月，飘摇兮若流风之回雪”。

远望洛神，“皎若太阳升朝霞”，近看洛神，“灼若芙蕖出渌波”。

洛神“秾纤得衷，修短合度，肩若削成，腰如约素。延颈秀项，皓质呈露，芳泽无加，铅华弗御。云髻峨峨，修眉联娟，丹唇外朗，皓齿内鲜。明眸善睐，靥辅承权，瑰姿艳逸，仪静体闲。柔情绰态，媚于语言。奇服旷世，骨象应图”。

洛神“披罗衣之璀粲兮，珥瑶碧之华琚。戴金翠之首饰，缀明珠以耀躯。践远游之文履，曳雾绡之轻裾，微幽兰之芳蔼兮，步踟蹰于山隅。于是忽焉纵体，以遨以嬉。左倚采旄，右荫桂旗。攘皓腕于神浒兮，采湍濑之玄芝”。

美人如此，“余情悦其淑美兮，心振荡而不怡，无良媒以接欢兮，托微波而通辞。愿诚素之先达兮，解玉佩以要之”……

有人说，洛神就是甄洛，曹植的嫂嫂兼意中情人。若非甄洛，怎能让这支笔迸发出如此耀目的光辉?

曹植的其它散文，不论议论或叙事，也都富于感情，骈散结合，气势充沛，《与吴质书》《与杨祖德书》《求自试表》等，都是为人传诵的名篇。

“建安七子”，又号“邺中七子”，孔融、陈琳、王粲、徐干、阮瑀、应玚、刘桢，追随曹氏父子，都是诗、赋、散文的优秀作者。

孔融字文举，据说小时候演过小品《让梨》。

因为孔融年龄较大，位居“七子”之首，他的《荐祢衡表》《与曹公论盛孝章书》，辞藻华丽，《杂诗》写丧子之痛，哀婉动人。

陈琳就是那个陈孔璋，年龄约与孔融相当。曾经替袁绍写檄文，把曹操骂得狗血喷头。

陈琳的诗歌代表作《饮马长城窟》，假借秦代筑长城的故事，揭露繁重的徭役给民间带来的苦难，比较深刻。

王粲字仲宣，幼时往见左中郎将蔡邕，蔡邕见而奇之，倒屣以相迎——太慌张，鞋子都穿颠倒了。

王粲记性特好，跟朋友看碑林，碑上的字，看一遍全都背下来了，不丢一个；观人围棋，把棋局抖散，王粲复为重置，不误一道。

王粲有《七哀诗》三首，《登楼赋》一篇，最为人称道。

《七哀诗》之一《西京乱无象》，写他所见饥妇弃子场面，使人怵目惊心。《登楼赋》抒发思乡之情和怀才不遇之恨，富于感人力量。

徐干字伟长，曾穷处陋巷，而不随流俗。

徐干的主要著作《中论》，曹丕称赞“成一家之言，辞义典雅，足传于后”。情诗《室思》，也写得一往情深。

阮瑀字元瑜，起草文件很出色，名作有《为曹公作书与孙权》。诗有《驾出北郭门行》，描写孤儿受后母虐待的苦难遭遇，比较生动形象。

应玚字德琏，有文赋数十篇，代表诗作《侍五官中郎将建章台集诗》。

刘桢字公干，甄洛她情哥哥是也。文学成就，主要表现在诗歌、特别是五言诗创作方面。《赠从弟》诗三首为代表作，言简意赅，通俗晓畅。

建安时期，中国文坛“俊才云蒸，作家辈出”，“三曹”、“七子”等人为代表，成就了文学史上光辉灿烂的黄金时代，在大分裂、大动荡和军阀大混战中，放射出绚丽的文化异彩，垂耀后世，增益及今。

第七十二章

平靖北方

一

话说曹操挂帅，曹丕、曹植为中坚，带领邺中文士，开辟了前所未有的文化盛世，热烈而文雅，呈一时之美景。

“三曹”、“七子”的诗文，“慷慨以任气，磊落以使才，造怀指事，不求纤密之巧，驱词逐貌，惟取昭晰之能”，其现实主义精神，即谓“建安风骨”，竟成了后世诗文创作的标的，及文学批评的尺度。

但当曹操扬起头来，看到国家乱象仍然没有止息，雄心壮志复被激发，“老骥伏枥，志在千里”了。

曹操占领邺城后，袁谭并没有无所作为，他乘机夺取了冀州东北部的地盘，进击猫在中山国的袁尚。袁尚毕竟嫩，败了，逃到幽州去，找他二哥袁熙。

袁谭收纳了袁尚余部，准备夺回邺城。

曹操在观察着呢，这时派遣使者给袁谭送战书，指责袁谭背信负约，宣布断绝亲家关系，准备开打。

这时是公元204年冬天，曹操挥军，进攻袁谭。

袁谭哪里是曹操的对手，退守南皮，他的渤海郡治所，河北省东南。公元205年正月，曹操不顾天气寒冷，身先士卒，跟袁谭大战于南皮城下。

从早晨一直打到下午，曹军远来，伤亡很大。

曹操见硬拼效果不佳，想后撤一下，另想办法。本家侄子曹纯建议，不撤，继续猛打。

曹纯说："我军远道而来，前进尚无法克敌，后退必定有丧军威，有伤军心。我们是孤军深入，难以持久，现在敌人新获胜利，势必傲慢，我们坚持不撤，胜利就在眼前。"

曹操认为侄子有道理，便亲掌鼓槌，擂鼓督战，结果袁谭大败逃走，被曹纯的骑兵追上，砍下了脑壳。

袁谭手下有个王修，去外面为袁谭运粮，回来听说袁谭已经死了，便来见曹操，要求收葬袁谭的尸首。

曹操答应了王修，同时要求王修顺便将拒不投降的乐安太守管统的头取来。

王修认为管统不降，杀了不是办法，就说服管统，一起来见曹操。

曹操对王修的做法很满意，赦免了他俩。

曹操攻破邺城时，抄没审配等人的家产，数以万计，这次攻破南皮，查阅官吏，见王修家谷物不满十斛，藏书倒逾万卷。曹操感叹不已，立即任命王修为司空掾，司空副手，另代理司金中郎将，管财务。

曹操破南皮，还征召了士人刘放为己所用。

刘放，字子弃，曹操得邺城后，刘放曾劝上司王松归附曹操。曹操在南皮攻打袁谭时，王松让刘放代笔给曹操写回信，然后投归了曹操。

曹操见信很有文采，又听说王松的来归是刘放劝说的结果，非常高兴，以刘放为军事参谋。

接着，曹操领兵北上，进攻盘踞幽州的袁熙。

在曹操大军压境的形势下，袁熙部将焦触、张南突然发动兵变，打得袁熙措手不及，带着袁尚投奔乌桓去了。

袁熙带着袁尚跑了，留守幽州的焦触和张南率领一些郡县的官员向曹操投降。曹操接受了他们的投降，封焦触、张南为列侯。

经历了数月的征讨战争，到了八月间，曹操占据了幽州的大部地区。接下来，要讨平的，轮到并州刺史高干了。

公元206年，建安十一年，正月份，曹操进行了充分的准备，亲自领兵西征。

此时天气，已经进入严寒季节，军队经过太行山，行军异常艰难。

在行军途中，曹操触景生情，写下了《苦寒行》一诗。

北上太行山，艰哉何巍巍。羊肠坂诘屈，车轮为之摧。树木何萧瑟，北风声正悲。

熊罴对我蹲，虎豹夹路啼。谿谷少人民，雪落何霏霏。延颈长叹息，远行多所怀。

我心何怫郁，思欲一东归。水深桥梁绝，中路正徘徊。迷惑失故路，薄暮无宿栖。

行行日已远，人马同时饥。担囊行取薪，斧冰持作糜。悲彼《东山》诗，悠悠令我哀。

向北登上太行山，山势高耸，多么艰难呀。山坡上的羊肠小道崎岖不平，车轮都因此而摧毁。树木萧条冷清，北风送来悲伤的声音。

巨熊盘踞在我们的前方，虎豹在路的两旁咆哮。山谷中少有人居住，而且正下着大雪。伸长脖子眺望时，不禁深深叹气，这次远征，内心感触尤多。

内心郁抑不平，几乎想要返回。水面深广，没有桥梁，行军途中，迟疑难进。迷失道路，因而困惑，接近天黑时，还找不到过夜的地方。

走啊走啊，不觉已有好久，人与马也都饿了。我们担着行囊，边走边捡柴火，宿营时，开凿冰块，煮成稀饭。

想起《诗经里》的《东山》诗，让我产生连绵不绝的哀伤。

环境恶劣，行军艰辛，内心的感受无比苍凉。但比之于当年周公的东征平叛，曹操最后落笔削平群雄，实现统一的愿望，抒发了自己的阔大胸怀。

二

曹操包围了高干所在的壶关，现在的山西壶关县，两个月后，夺取了壶关城。

高干跑到南匈奴，求救，但南匈奴单于不愿意得罪曹操，拒绝帮助他。

高干无奈，只好带几个随从，南去荆州投奔刘表。在路上被上洛都尉王琰抓住杀死。王琰把高干的头颅送给曹操，曹操封他为列侯。

这年八月间，青州东莱郡长广县三千多家贫苦百姓造反，领头人叫管承。另有徐州东海太守昌豨，为人反复无常，降而复叛。

曹操又挥师向东，前去平定管承和昌豨。

曹操到了淳于——今天的山东莱阳市东南地方，派乐进、李典率兵前去攻打管承，派于禁、臧霸前往讨伐昌豨。

管承失败，逃海上小岛去了。

昌豨耐打，曹操又派夏侯渊前去支援，昌豨战败请降，将军们都认为他服软了，可以赦免他。

于禁却说“你们难道不知道曹公一贯的命令吗？敌人提前投降，可以接纳，在被围以后投降的，一律不予赦免。奉行法律，遵守命令，这是我们侍奉曹公的大节，昌豨还是我以前的朋友呢，纵然是朋友，我也不会为此丢掉原则。”

之后，于禁亲自到昌豨那里与他诀别，说：“我很难受，但没办法。”

于禁流着眼泪将昌豨斩首了。

曹操听说这件事后，叹息说：“他不到我这里投降，而去找于禁，这不是命中注定要死了吗？”

公元207年春天，曹操打了一圈胜仗。

论功行赏。曹操此番大封功臣，给汉献帝写了个请示报告，擢拔二十多人为列侯，其余的，也按功劳大小依次奖励，还下令抚恤牺牲将士家属，免除他们的徭役负担。

曹操把自己封地的收入拿来，给将士们又奖了一遍，下文件说：“我和诸位共同征战，有智之士出谋划策，全体将士竭力奋战，才克服险阻，平定叛乱，我享受着三万户的封邑，现在把封地的租税分给大家，以表心意。”

在这次大总结过程中，曹操特别对尚书令荀彧、军师荀攸提出表彰，说：“忠心正直，精心谋划，镇抚内外的是荀文若，仅次于他的是荀公达。”文若是荀彧，公达是荀攸。

荀彧、荀攸早已分别封为万岁亭侯和陵树亭侯，曹操便申请汉献帝，给荀彧增加食邑一千户，荀攸增加食邑六百户。

曹操向汉献帝申请的奏议《请增封荀彧表》，是一份关于荀彧的先进材料。

以前袁绍叛逆，连兵官渡。当时我军数量较少，粮食不多，想退。尚书令荀彧，深刻向臣指出坚持下去的好处，启发臣改变了原来不高明的主张。

兹后，坚固营垒，稳固防守，击毁了袁绍的粮仓，打败了强大的敌人，转危为安。

袁绍被打败以后，我军的粮食也用完了，臣尤要放弃进取河北的计划，想谋取荆州之地。荀彧又详细说明利害得失，使臣改变了原来的想法，回师攻打冀州，取得了平定北方的巨大胜利。

荀彧提出的这两个计策，转亡为存，变祸为福，计谋和功劳都不同寻常，是臣赶不上的……

后山赞曰：曹操手握重权而不贪人功，对荀彧的策划给予了充分认识和肯定。不能不说他具有优秀政治家的博大襟怀，特别是公开承认自己赶不上属下，难能可贵啊！

北方大部平定，幽州的一角还没有收复，就是辽西。

袁尚、袁熙在辽西，依靠乌桓族的势力，进行反抗。于是曹操又展开了针对乌桓的军事行动。

三

乌桓，是古代居住在我国辽宁西部和河北东北部的少数民族，东汉初年，光

乌桓故地

武帝刘秀曾封他们大小首领八十余人为侯王，设置了校尉统治他们。

在相当长的时期内，乌桓和内地的汉族相贸互易，相安无事。

东汉末年，乌桓的势力逐渐强大起来。

袁绍曾经利用乌桓力量攻打公孙瓒。公孙瓒败后，袁绍假托汉献帝名义，封蹋顿为乌桓单于，封辽东属国乌桓大人峭王苏仆延为左单于，封右北平乌桓大人汗鲁王乌延为右单于。

袁绍死后，乌桓继续为袁氏效力，收留袁尚、袁熙，发兵攻击曹操的部属，曹操因之要收拾它。

为了保证军粮供给，曹操派董昭开凿了平虏渠和白沟两条水运通道——北方运河。

平虏渠和白沟沟通了黄河和海河水系，是曹操在北方中国大地上创造的水利奇迹。

要出兵了，曹操召集文武官员讨论。

不少人担心北征乌桓，荆州的刘备会劝说刘表袭击屁股，后方不利，后悔可就晚了。

郭嘉极力赞同远征。

郭嘉认为袁氏在河北影响深远，又有恩于乌桓，如给他们留下反扑的机会，青州、冀州仍有丢掉的危险。乘乌桓人不备，突然袭击，一定可以取胜。

至于刘表，他对刘备有戒心，委刘备以重任，怕控制不了，不予重任，刘备也不会真心实意帮助他。因此，刘表不会有大的举动，曹公不必多虑。

郭嘉之见正合曹操心意，曹操遂决定出兵。

曹操军至易县，今天的河北雄县西北，郭嘉又对曹操说："兵贵神速。我军辎重太多，行动迟缓。敌人得知消息，必然做好防备。不如留下辎重，轻兵昼夜兼程，出其不意，快速制胜。"

曹操采纳郭嘉意见，轻装前进。

接近乌桓领区的时候，遇到了湿地，非常难走。曹操深为忧虑。这地方很有威信的地方军阀田畴归附曹操，他给曹操出了一个好主意。

田畴，字子泰，袁绍父子多次给他将军印绶，都被他拒绝。田畴不满乌桓侵扰，想讨伐，力量不够。

曹操听说了田畴的情况，派人去请，田畴愉快地归附，曹操任命他为县令，但暂不赴任，先随军参战。

田畴了解当地情况，曹操同他商量如何进军。

田畴说："这条道路沿海，夏秋时节，经常涨水，浅的地方不能通车马，深的地方又不能行船。但我知道一条小路，可以通行。乌桓以为我大军被阻，不得前进，放松了戒备。我们如果绕道而去，掩其不备，袭其空虚，蹋顿可以不战而擒。"

曹操采纳了田畴的建议，立即佯退，派人在路旁立下"方今暑夏，道路不通，且待秋冬，再行进军"的大木牌，蹋顿得到情报，信以为真。

曹操惑敌成功，组织轻兵，疾进山路，逼向乌桓。

乌桓王蹋顿和袁尚、袁熙得知曹军忽到，慌忙率数万骑兵迎战。

蹋顿军多，曹操人少，但曹操镇定地稳住阵脚，登上高处观察敌情。见敌军人数虽众，但彼此分散，阵容不整。

这时，大将张辽意气风发地催马过来请战，曹操便以张辽为前锋，率众出击。

张辽居高临下，一马当先，率骑兵向敌军冲击，蹋顿联军抵挡不住，节节败退。曹军乘势追击，杀死敌军无数。蹋顿在逃跑时，被曹纯的部骑擒获，当即斩首。

曹操挥师前进，扩大战果，汉族和少数民族投降、归附者有二十多万人，走投无路的袁尚、袁熙及苏仆延、乌延、楼班等人，逃往辽东郡，投靠辽东太守公孙康去了。

曹操手下人主张乘胜追击袁氏兄弟，斩草除根。

曹操说："我要让公孙康把袁尚、袁熙的头送来，不需要将士们再辛苦了。"

大家听了，迷惑不解。

退兵不久，公孙康果然将袁氏兄弟及苏仆延、乌延、楼班等人杀掉，把他们的头颅穿成一串，给曹操送来，表示归附。

众人只叹曹操如神，胆大的向曹操请教其中奥妙。

曹操笑着回答说："公孙康素来畏惧袁氏，二袁投降他之后，如果我们攻打他们急了，他们就会联合起来对付我们，我们不打，他们之间就要互相残杀，这是势所必然的。"

曹操立即任命公孙康为左将军，封襄平侯，继续实行乌桓自治。

四

乌桓人败北，袁氏残余势力归零，意味着曹操完胜，统一了北方，彻底结束了中原地区的长期混战。

客观上，曹操对中国社会经济的恢复和发展，已经建起功勋了。

平定乌桓之后，曹操把所得十多万汉族降众编入军队，又挑选一些乌桓骑兵，组建“天下名骑”，在以后的战争中，他们都是立了功的。

曹操班师南返，经过渤海之滨，登上碣石之山，迎着萧瑟秋风，俯瞰澎湃浪涛，夕阳西下，碧海金光，遥望远处时隐时现的岛屿，想起经过艰苦奋战得来的胜利，脱口吟出《观沧海》诗，以志壮丽景色，激动心怀。

东临碣石，以观沧海。水何澹澹，山岛竦峙。树木丛生，百草丰茂。秋风萧瑟，洪波涌起。日月之行，若出其中。星汉灿烂，若出其里。幸甚至哉，歌以咏志。

在这首气势雄伟的诗歌里，日月、星辰、山海、树木、花草，大自然诸种风光汇于一体，展示了曹操的壮阔胸襟。

诗中因水见山，由树写草，自风及波，从日月写到星汉，立体的画面，特别是那大海吞吐日月星辰的宏大气势，表达了曹操的豪迈情怀。

返回军营，曹操仍心潮起伏，久久不能平静。

他想：北方的袁绍、蹋顿虽然已讨平，南方的孙权、刘备却仍然盘踞一方。一统天下的大业尚未实现，豪情壮志仍在胸中沸腾。

想着想着，豪情又起，大踏步跨至案前，挥笔写下另一名诗《龟虽寿》。

神龟虽寿，犹有竟时。腾蛇乘雾，终为土灰。老骥伏枥，志在千里。烈士暮年，壮心不已。盈缩之期，不但在天。养怡之福，可得永年。幸甚至哉，歌以咏志。

传说中可以活到三千年的神龟，终有死亡的一天，能够腾云驾雾的龙蛇，也免不了化为尘灰。人的有生之年，更其短暂匆促。虽人生近暮，但要像伏在马棚里的老骥一样，志在千里之外。

人的寿命，有长有短，这不仅仅在于自然，如果能够精神愉快，讲究养生，也是可以益寿延年的。争取更多的时间吧，实现自己的抱负。

《观沧海》和《龟虽寿》，同属《步出夏门行》四章，总体表现老当益壮、志在千里的积极进取，胸怀壮志、平靖天下的豪情壮志。

在班师途中，有一件事使曹操非常伤感——重要谋士郭嘉不幸病逝，年仅三十八岁。

曹操痛心地对荀攸等人说："你们的年龄都和我差不多，唯独郭奉孝最年轻，我准备平定了战乱，把身后的事情托付给他，不料他英年早逝，这莫非是命里注定吗？"

曹操上表汉献帝，请求给郭嘉增加封赏。

“军祭酒郭奉孝，与臣共事，忠诚善良，智慧渊深，品性美好，通达时务，尽节为国。每逢商议重大事情，发言纷纷，而他能恰当处理，提出很好的建议，没有失算过。

“十多年里，奉孝和臣行则同车，坐则共帐。东擒吕布，西取眭固，斩杀袁谭，占据并州，扫荡乌桓，奉孝的功劳是很高的。

“奉孝不幸早逝，事业未得终结。追念他的功勋，实在非常重要。对上，臣为陛下惋惜失去良臣；对下，臣为自己痛心丧失极好的助手。

“臣建议追加郭奉孝的封邑，由二百户增至一千户，以表彰去者，鼓励后人。”

曹操还给在朝中的荀彧写信，对郭嘉的才干和品行给予热情的赞扬，对郭嘉的逝世表示深切的悼念。

第七十三章

挥戈南向

一

曹操说："礼不可以治兵也。"

礼，是中国文化里最酸的醋，你来我往，酸对酸，很有趣，但用它治军，则会坏事。

曹操注有《孙子兵法》，在诠释中，他强调"以法治军"的原则，提出"设而不犯，犯而必诛"的主张。

曹操多半生在打仗，胜仗也多，每得到新解放区，他就想从军队中选拔有战功又有才能的人担任地方长官。这是统治的需要，又是对功臣的奖赏。

公元203年，建安八年，曹操发布《论吏士行能令》，论功，赏能。

有的人认为，军官有战功和才能，但郡国长官应论德行。

管仲说过，使贤能的人凭才能得到俸禄，统治者就能受到尊重，战士凭战功获得奖赏，士兵作战就能不怕牺牲。

我没有听说，无才能的人和不勇敢的军士，只凭所谓德与礼，就得到爵禄和奖赏，而可以建功立业，使国家兴盛的。

所以，贤明的君主，不提拔没有功劳的臣子，不奖赏不怕牺牲的军士。

太平时期可以崇尚德行，战乱时期要奖赏有功劳有才能的人。

奖赏必须及时。曹操在《孙子兵法注》中说："奖赏不及时，白白浪费财力、人力。奖赏也不能过时。"他不仅是这样说的，而且每一次也都是这样做的。

曹操北征乌桓形势图

曹操说，自己起义兵以来，每战必胜，是文武官员献策出力的结果。天下还没有完全平定，还要带领大家一起去平定，独自占有功劳，自己于心不安。

曹操进行封赏，态度严肃认真。

有功劳该封赏的，本人谦让也要想办法要他接受。

公元203年，曹操奏封荀彧万岁亭侯，荀彧推辞，他给荀彧写信说，您帮着纠谬辅政，举荐人才，周密谋划，提出计策，已经做得太多了。立功不一定都上战场。希望您不要推让了。

公元207年，给荀彧增封时，荀彧又辞让，曹操又写信说，您的功劳，不只是我在表奏中所说的事。您前后反复谦让，想学战国时的鲁仲连先生吗？那实在是节操通达的圣人所不看重的啊。

荀彧先生，您的周密谋划，使我获得荣誉，用表奏的两件事来报答您，您还推辞不受，为什么谦恭推让这么多次呢？

曹操肯定荀彧功劳的同时，对他过于谦让提出批评，荀彧才接受了增封。

曹操远征乌桓时，田畴是立了大功的，曹操表封田畴为亭侯，食邑五百户。田畴认为自己没有替旧主幽州牧刘虞报仇，是不义行为，不应该享受荣誉。

曹操体谅田畴的心志，没再勉强。

南征荆州后，曹操还惦记着田畴，说，田畴一再辞让，成全了一个人的声名，却违背了论功行赏的国家制度，损失是很多的。应该按照前表封赏，不要使我“过失”下去。

曹操又耐心地做了不少说服工作，田畴还是坚决辞让。

无论如何，曹操执行论功行赏的原则，是认真的、严肃的。

惩罚罪过，当然一样严明。

公元203年曹操发布《败军抵罪令》，说，自从我派遣将领出征以来，只奖赏有功的，而不惩办有罪的，这是不符合国家大法的。

现在命令：众将领兵出征，打了败仗，要依法治罪，造成损失的要免除官爵。

惩罚罪过的规定，纠正了以前只赏功而不罚罪的偏向，体现了曹操以法治军的总体精神。

对待士卒不能一味地施恩惠，也不能一味地行惩罚，否则，他们就像娇惯的孩子，与你喜怒相对，不服管教，这样反而害了他们，不能很好地使用他们。

曹操治军，赏罚并用，增强了将士的责任感，调动了上下的积极性，提高了军队的战斗力。

至于战术规则，曹操制定颁布的，就更加细致了。

在军营中，不准拉开弓弩，在行军中可以拉开，但不准搭上箭；行军中举直矛戟，展开旗帜，擂鼓行进，走出三里地后，才可以斜扛矛戟，卷起旗帜，停止擂鼓；还有“不得砍伐民间的桑柘棘枣”等具体纪律。

曹操订立的《步战令》规定，临阵不准喧哗，静听鼓音，指挥旗指前则向前，指后则向后，指左则向左，指右则向右，具体、明确。

军事法庭建设，是曹操一大创举。

为了依法办事，使法令条例贯彻落实，公元214年，曹操下令，选拔在军中执掌刑法的人，任用精通法理的人，来掌管军事处罚事宜。

曹操专门在丞相府设置了全国最高法院——理曹。任命深明法理，执法公正的高柔为理曹掾。

曹操在《以高柔为理曹掾令》中说，国家安定时，把礼义放在首位，平定乱世时，把刑罚放在前面。高柔先生您清明公正，深明法理，要勉力体察、秉公执法啊！

曹操制定了军事纪律，便严加督察，譬如行军时不得践踏田中的禾麦，违犯者要处死。

有一次，行军途中，曹操的马受惊乱跑，践踏了麦田，他立即要主簿给自己议罪。

主簿说："依《春秋》之义，罚不加于尊。您是军中主帅，是不能治罪的。"

曹操听了，严肃地说："制定法律的人，自己违犯了，如果不治罪，怎么统帅部下？我是一军的主帅，不能杀掉，但也要处罚。"

最后曹操拔出佩剑，把自己的一绺头发割下来，掷在地上，受了"割发代首"的髡刑。

髡刑是古代剃去头发的一种刑罚。千年落后社会，人们认为身体发肤受之父母，毁伤了它乃大不孝。因此，人们一般是不剪剃头发的，割发被列为一种刑罚。

统治者宣扬"刑不上大夫"，"罚不加于尊"，曹操能够表示自己不置身于法外，已是难得，割发表明曹操对以法治军的重视。若因为战马乱了蹄子，就硬要他"自裁"，那就教条得可悲了。

二

曹操统一了中原，地盘变大了，治理国家提上了日程。

有政治头脑的人，能打天下，也会治天下。曹操说："文，注重德，武，崇尚法。两手抓，两手都要硬。这才行。"

曹操认为，天地间，人是最宝贵的，君主统治老百姓时，要任用贤能的官吏，使人民能够得到休养生息。这在他的《度关山》一诗中即有反映。

天地之间，人为至贵。立君牧民，为之轨则。

车辙马迹，经纬四极。黜陟幽明，黎庶繁息。於铄贤圣，总统邦域。封建五爵，井田刑狱。有燔丹书，无普赦赎。皋陶甫侯，何有失职?

嗟哉后世，改制易律。劳民为君，役赋其力。舜漆食器，畔者十国，不及唐尧，采椽不斫。世叹伯夷，欲以厉俗。

侈恶之大，俭为共德。许由推让，岂有讼曲？兼爱尚同，疏者为戚。

为了使百姓休养生息，过上和谐的日子，曹操罢斥邪恶，提拔贤良，对豪强地主势力进行抑制和打击，也就是拾掇那些坏蛋，还人民以安宁。

曹操的一贯态度是抑强扶弱，在当洛阳北关公安分局局长的时候，就这么干了。

曹操曾经任命满宠"打黑除恶"，打到了曹洪的一个喽啰，下狱。

曹洪给满宠写条子求情，满宠不理，曹洪找曹操，曹操答应了解一下情况再说。

满宠听说了动静，抓紧时间处死了罪犯，曹操说："干得好，应该这样干。"

曹操委任杨沛为邺城令。这个老杨，也是打黑除恶的能手，豪强们害怕，都提前派人骑马跑到邺城，告诫子弟宾客，各自收敛，不得造次。杨沛自然治绩突出，后来被提升为护羌校尉。

曹操抑制豪强大姓的又一招数，是对盐、铁实行计划管理。

盐、铁这两种东西，关乎民生，也关乎国家的财政收入。以前，由私人经营，为地方上的豪强富户所垄断，牟取暴利，有的盐铁商达到了万金之富，太富了，还以此图谋不轨。

西汉财政部长桑弘羊，实施盐铁官营政策，国家垄断，抑制了豪强巨商经济力量的增长，中央政府的财政收入大量增加。

"罢盐铁之禁，纵民煮铸"，是东汉和帝时，窦太后临朝听政时"让一部分人先富起来"的馊干法，豪强富商又开始煮盐冶铁了，产生的严重问题延续了下来。

曹操正式恢复盐铁官营政策，设"司金中郎将"，即金融监管委员会主任，进行管理，有效抑制了豪强势力的发展，增加了财政收入。

与此同时，曹操实行了新的"田租""户调"制度。

要治理好国家，财富缺乏不是严重的问题，可以设法增加，最怕分配不公，财富不均，悬殊过大。

袁氏父子统治时期，曾经纵容豪强大族恣意横行，兼并土地。贫困软弱的小民替他们交纳赋税，变卖了家财，还不够应付。审配家族甚至藏匿罪人，成为逃亡罪人的窝主。像这样，想得到老百姓的拥护，使甲兵强盛，几乎是做梦。

现在，曹操规定，对百姓人家，每亩地收谷四升，每户交纳绢二匹，绵二斤，他全年的上缴任务就完成了。除此之外，不准擅立名目，额外征收。

郡守和国相，曹操告诉他们，责任就是严格检查，不让那些豪强大户有所隐藏，不使贫苦百姓有任何赋税负担的增加。

“每亩地收谷四升，每户交纳绢二匹，绵二斤”，就是所谓“田租”“户调”定额制度，是一项减轻农民负担的重大改革。

曹操的田租制，定额是比较低的，一亩收租四升，就是与汉朝最低的“三十税一”相比，也要低很多，自耕农、半自耕农，在增产情况下，也不用多交纳，生产积极性大为提高。

“户调”制的要点，是按户征收。

汉末长期战乱，人口流动性太大，按人口多少统计，很不方便，而按户，统计起来也比较容易。

“每户交纳绢二匹，绵二斤”，不牵涉钱币，避免了换钱的麻烦，减少了买卖过程中商人的盘剥，给男耕女织的小农家庭，带来了方便，而当时由于当时战乱的原因，换钱十分困难。再说，一年的上缴数量也不算多。

曹操的“田租”、“户调”，负担较轻，又不准地方官额外征收，对于改善农民的经济生活，恢复和发展生产，稳定社会秩序，起到了积极的作用。

曹操还规定地主官僚们，向国家交纳更多的赋税。

曹操自己带头，要他家乡谯县的县令按章收取他家应交的赋税。

曹操还规定了一个考核地方官员政绩的标准，要求他们招徕、安抚流亡民众回乡生产，按照各郡县增加的户口数目和垦田数目，来进行赏罚。

关中地区，在董卓的部属李傕、郭汜反乱之后，百姓流入荆州的，有十万多户，他们听说家乡恢复了秩序，社会比较安宁，都希望回归，但他们又没有生产资料，农具啊，耕牛啊什么的，都没有。

留镇关中的卫觊便给荀彧写信，建议将食盐专卖的收入，用来购买牛、犁等，送给归乡的农民，帮助他们勤耕积粟，以丰殖关中。

荀彧将此建议转给曹操，曹操很快予以采纳。实行后，扶持了不少自耕小农，恢复和发展了地方经济，效果很好。

曹操治下的各级地方官吏，各出奇招，招集安抚流民，救贫扶弱，一时间，各地“百姓布野，勤劝农桑”，藏在山里的老百姓都出来安居了。

扶持小农，帮助稼穑，成绩最为突出的，是河东太守杜畿。

杜畿崇尚宽怀仁惠，让百姓休养生息。他督促农户畜养牲畜，上自母牛、母马，下及鸡猪，都有管理章程。百姓们勤于农业生产，家家都很富足，政府的赋税收入也就大量增加了。后来曹操西征马超、韩遂，军粮全赖河东供给。

曹操高兴地下令表扬杜畿：“河东太守跟我的思路一模一样，我们之间没有隔阂。现特增加他的俸禄为中二千石。”

兴修水利，是曹操的又一功劳。

曹操主持开挖了几条发挥了巨大军事、经济功能的大运河，如沟通了汴河和淮河水系的睢阳渠，如沟通了黄河和海河水系的平虏渠与白沟等。

曹操鼓励夏侯惇在陈留郡率战士修建“太寿大坝”，谓太寿陂。这一蓄水工程，方便了屯田将士种植水稻，附近老百姓的私田也借了光，“民赖其利”。

曹操支持扬州刺史刘馥修治和兴建了芍陂、七门堰、吴塘等水利工程，灌溉稻田，使“官民有蓄”，公田私田都受了益。

曹操亲自督促修筑了冀州天井堰，共计十二道堤堰，堤堰之首，各设引水闸门，灌溉范围绵延二十里。

曹操又将过去邺城地方官西门豹开修的渠道加以修复和改进，引漳水灌溉邺地。对多数自耕小农的私田生产有很大帮助。

三

曹操治理国家，注意整顿社会风气，对那些影响团结、不利于稳定的结党营私、造谣诽谤、颠倒黑白、挟嫌报复等歪风邪气，大力革除，绝不手软。

公元200年，是建安五年，曹操曾经下了一道命令《为徐宣议陈矫令》，说，自从国家发生祸乱以来，社会风气颓废，诽谤言论不绝。建安五年以前的此类案例，不再追究，此后再若发生，必以其人之道还治其人之身。

曹操的这一道命令，针对的是徐宣诋毁陈矫案。

徐宣和陈矫原来都在广陵太守陈登手下，后来都被曹操征召为司空掾属，加以信用。可他俩相处不睦，常闹矛盾。

陈矫原姓刘，过继给舅父改姓为陈，又娶了刘氏本族之女为妻，徐宣便以此为借口，肆意诋毁，污辱陈矫“窝里搞”。

曹操认为，徐宣在对陈矫进行有意伤害，不利于二人之间的团结，也不利于干部队伍建设。为了制止这种恶劣风气，曹操下了这份文件。

禁绝胡言乱语的《为徐宣议陈矫令》下达后，干部队伍的面貌为之改善，只有个别人觉得官大，还敢顶风违纪，比如孔融，说二话，不在乎。

曹操对颠倒黑白、无中生有的匿名诽谤，更是深恶痛绝。发现居心不良者，必予严查。他在公元205年秋天，就为此下了一道《整齐风俗令》。

阿党比周，先圣所疾也。闻冀州俗，父子异部，更相毁誉。

昔直不疑无兄，世人谓之盗嫂；第五伯鱼三娶孤女，谓之挝妇翁；王凤擅权，谷永比之申伯；王商忠议，张匡谓之左道：此皆以白为黑，欺天罔君者也。吾欲整齐风俗，四者不除，吾以为羞。

结党营私，是古代圣贤所痛恨的。听说冀州的风俗，父子分属两派，互相诽谤。

历史上有过这样的事：直不疑没有哥哥，有人说他与嫂嫂私通；第五伯鱼三次娶失去父亲的孤女为妻，有人却说他殴打岳父；王凤擅权，谷永却把他与申伯相比；王商忠义，张匡却说他搞歪门邪道。

以上这些，都是以白为黑，欺骗上天和蒙蔽君主的例子。我想整顿社会风气，像这四种恶象，不能根除，我以为是耻辱。

曹操举出的四个例子，都是汉代的事情。直不疑，西汉文帝时官至中大夫，第五伯鱼，东汉光武帝时，为淮阳国医院院长。

王凤是王莽的伯父、西汉成帝他舅。为大司马大将军时，干坏事，引起众人不满。谷永想向上爬，便舔王凤的腚，上奏成帝说王凤“有申伯之忠”。申伯是周宣王的大臣。王凤因此提拔谷永做了光禄大夫。

王商字子威，西汉成帝时丞相，为人忠直，不满王凤专权，遭到王凤排挤。太中大夫张匡见王凤陷害王商，便迎合王凤，向成帝告王商的黑状，诬陷王商“执左道以乱政”，王商因此被罢官。

颠倒黑白，诽谤诬陷，不单是个人品德修养问题，而是关系到朝廷政治能否清明的大是大非问题，因此曹操下决心要除掉这种弊端。

曹操说，革命干部只应当尽忠于国家，效力于王事，即使用千匹绢万石谷，私下结好他人，都是不会有什么好结果的。

曹操说，革命干部不要私下拉拉扯扯，搞小集团，要尽心竭力效忠国家，争权夺利的事情绝不要沾，干部队伍中不因为争利而伤害自己的名声，不因为追求高官显爵而损害自己的品德。

仅仅停留在干部队伍的治理是不够的，曹操意识到，整个社会的文化建设是个正事。

建设文化，要办教育。曹操下令设置自上而下的教育官员，促进教育发展。

汉代的教育是比较盛行的。洛阳曾经有中央太学，各地方竞相仿比，官学和私学的规模都比较大。东汉末年，长期战乱，教育停滞，学校多都散了伙。

曹操一直重视教育，但早期逐鹿中原，忙于打仗，不具备发展教育的社会环境，打败袁绍后，统治趋向稳定，就着手恢复废弃多年的学校教育。

公元203年，秋七月，曹操下了一道《修学令》。

战乱以来，已有十五春秋，青少年仍不见有仁义礼让的修养，我非常痛心。

现在命令，郡、国都要修倡文学，满五百户的县要设教育局，建直属学校，挑选乡里优秀的青少年，给他们以教育，或许可以使先王之道不致废弃，而有益于天下。

尽管当时曹操还没有力量恢复国家的最高学府——洛阳太学，但他在连年亲率大军南北征伐的同时，能够注意恢复发展教育事业，难能可贵。

曹操明白正面教育的迫切性，也大力提倡重视科学，反对迷信的新观念。

曹操认为，公报私仇十分可恨，大办丧事非常讨厌，违背科学的旧风俗则尤其不能容忍。

在公元206年的《明罚令》中，曹操就对大冬天寒食节不动火的旧俗严加禁止。

太原、上党、西河、雁门等郡，在冬至后一百零五天，过所谓寒食节，不烧火，吃冷食。据说是为了纪念介子推。

介子推是晋文公重耳那时候的一个精神异常者，在重耳流浪列国，路上发饿时，他曾经割下自己大腿上的肉，熬汤敬奉重耳。

重耳得济，老介争官不成，跑进绵山中。晋文公想起来封赏他时，他死不出来。于是，放火烧山，想把他熏出来，没承想这个老介死抱着大柳树，自取“火葬”了。

晋文公为了悼念介子推，带头在老介的忌日不举火，吃寒食，后来老百姓乱加仿效，形成恶习。

寒食旧俗，直接导致每年都有不少人患上严重的胃肠炎而死亡，对老百姓身心健康为害极大。

曹操在《明罚令》中说，伍子胥的尸体沉没江中，吴国人没有因此不喝水。

纪念介子推，却要人们吃寒食，这岂不是一种偏向吗？况且北方特别寒冷，老人、小孩瘦弱，逼他们严寒天气吃冷食，将会有忍受不了的灾难。

曹操说，此令下达之后，任何人不准再用寒食。如有违犯，主管干部判刑一百天，县长扣发一个月工资。

强化干部队伍的廉政建设、推动青少年培养的教育建设，反对迷信的的科学文化建设，曹操所做这些，皆属大治之举。

四

却说曹操平定了北方，又对中原进行了巩固治理，南征荆州刘表及刘备，进而讨伐江东孙权的战略事宜，提上了日程。

刘表字景升，公元190年任荆州刺史，后改称荆州牧。曹操翦灭群雄期间，刘表一直不与合作，有时还以曹操为敌。

曹操向张绣用兵时，刘表曾经支持张绣。

官渡战争的时候，刘表与袁绍相勾结，只是没有发兵支援而已。

刘备反对曹操，被打败，逃往荆州，刘表接纳了他，让他屯驻新野，即今河南新野县地面。

新野位居荆州的北面咽喉，刘表也是想让刘备在那里站岗，防备曹操南下进攻。

曹操北征时，刘备鼓动刘表袭击曹操的大本营许都，刘表未听他。

刘备夹在曹操和刘表之间，位置尴尬，经常发愁。

诸葛亮

刘备虽说跟其他军阀同时借讨伐黄巾军起家，但在群雄逐鹿中原期间，他始终没有地盘，没有军队，先后辗转依附公孙瓒、陶谦、曹操、袁绍、刘表等，四处奔命，寄人篱下，至今前程渺茫。

刘备认识到，他被动的关键，是没有得到聪明人的帮助。于是下决心寻找有智谋的人。

经司马徽和徐庶的先后推荐，刘备亲自到一个叫隆中的偏僻农村，“三顾草庐”，请出了一个叫诸葛亮的人。

诸葛亮，字孔明，人很年轻，性格出奇的奸诈，刘备拜他做了军师。

诸葛亮这个高参，帮着刘备，曾经在新野北面的博望坡，以烧屯伪遁之计，打败过曹操的守将夏侯惇。

刘备诚恳地告诉诸葛亮，自己想争夺天下，复兴汉室，请求妙计。

诸葛亮对刘备说，曹操虽然是主要敌人，但他力量强盛，有大批智谋之士辅佐，又有“挟天子以令诸侯”的有利地位，不能同他争锋。孙权占据江东，地势险要，民众归附，可以跟他联合。荆州是个战略要地，刘表却没本事守住它，刘璋占据的益州，号称天府之国，但刘璋不会治理。

分析了天下大势，诸葛亮说，荆、益二州，可以考虑。有了这两个地方，跟西边和南边的戎、越人，保持和好关系，东边，结好孙权，局势一有变化，就可命令得力将领向洛阳一带进攻，将军您自己则率领益州军队北出秦川。

你想想，到那时，老百姓谁不带着好饭美酒，到您面前热情拥军呢？

如果能够做到这一步，将军统一的事业就可以指日成功，担任皇帝的愿望也就能够旦夕实现了！

刘备一听，高兴得直冒鼻涕泡，要军师施展妙计。

诸葛亮就帮助刘备扩大军队，用清查流动人口的办法，软硬兼施，招兵买马，很快将军队由数千人扩大到数万人。

这时候，刘表已身怀重病。他担心曹操、孙权的威胁，想借刘备的力量以图自保。刘备乘机提出愿意屯驻与襄阳仅有一水之隔的樊城，以保卫荆州，刘表同意了。

曹操对刘备的不甘人下，早就有所了解。他与刘备也不是没有交过手，所以把刘备看成主要敌人之一。

曹操担心刘备占据荆州。特别是得知刘表病重、依赖刘备的情况后，南征荆州的心情更加急迫了。

江东孙权呢，字仲谋，聪明而有决断，其兄孙策死时，把大印传给了十八岁的孙权。

孙策对孙权说：“举江东之众，与天下争衡，在战阵之间决机取胜，你不如我；举贤任能，使他们尽心竭力，以保江东，我不如你。你应该好好干出一番事业来。”

孙策临死前交代张昭等人好好辅佐弟弟。

发展到此时，孙权已拥有会稽、丹阳、吴郡、豫章、庐陵、庐江六个郡的地盘，但统治并不稳定。

孙策的部下，有人见孙权年轻，对他能否成就大业，持怀疑态度。

鲁肃

孙权靠张昭、周瑜等人的帮助，才把孙策旧部逐渐安抚下来。

张昭，字子布，曾被孙策任为机要秘书兼抚军中郎将，孙策死后，他带头率领僚属们辅佐孙权，要求内外将校们忠于职守，绥抚百姓。

周瑜，字公瑾，同孙策是好朋友，因他年轻美貌，吴中人呼为“周郎”。孙策死后，铁心辅佐孙权。

在张昭和周瑜的共同支持下，孙权团结了文官武将，那些徘徊观望以及想另找新主的人，也都稳定下来。

鲁肃，字子敬，是周瑜的朋友，经周瑜介绍来辅佐孙权，深得孙权的器重。

孙权有次同鲁肃合榻欢饮，请教建立功业之事，问鲁肃有什么高见。

鲁肃回说：“依我看来，汉室不可能复兴，曹操也不能一下子被除掉。为将军打算，只有先巩固江东，以观察天下形势的变化。逐步将长江一线据为己有，然后称帝王，图天下。”

孙权对鲁肃的见解很佩服，说：“往后仰仗先生啦！”

曹操在公元202年写信给孙权，要孙权派个人质，双方进行战略合作，周瑜说孙权：“不能派。”

将军继承父兄资业，兼有六郡之众，兵精粮多，将士用命，铸山为铜，煮海为盐，境内富饶，人不思乱，怎么能送人质呢?

送人质，就是听命于曹操，最多不过是个封侯的待遇，哪能与南面称孤相比呢？不要急于派遣，慢慢观察一下形势再说。

孙权听了周瑜，不跟曹操合作，没有派遣人质。

公元203年开始，孙权按照鲁肃的建议，一次次地讨伐刘表的江夏太守黄祖，均无果而返。

孙权大将甘宁献策说："将军应早日占领荆州，不可落后于曹操。要消灭刘表，必得先消灭黄祖。黄祖一破，便可下荆州，向巴蜀发展。"

孙权接受了甘宁的建议，亲率水陆大军，猛打黄祖。最后吃掉了黄祖，掳走了江夏城中男女数万人口。

曹操得知孙权动静，愈加感到南征荆州和江东迫在眉睫，片刻不可松缓。

第七十四章

奇缘异情

一

曹操要对付南方了。中原的统治地位得先弄稳。

曹操跟汉献帝刘协商量中央机构改革，精简冗员，把司徒、司空、太尉“三公”废除了。

献帝提议恢复丞相之制，曹操说：“有必要。”

汉献帝就说：“寡人认为您当丞相最合适不过，朝廷内外方方面面的工作，都归口到您这里，我过问起来也方便。”

曹操一再谦让，不肯接受。

献帝说：“朕根本不是虚让的，换了别人为相，莫说朝廷，社稷天下恐怕也难以稳当。国家需要之际，切望先生担起重任。”

曹操便受了，正式当了丞相，总揽朝政，全面主持朝廷工作了。

对曹丞相，朝廷大臣基本上全是支持的，惟酸菜孔融有点不良反应。

孔融对曹操看不顺眼，由来已久。

公元197年，曹操发现前太尉杨彪勾结袁绍，要杀杨彪。孔融反对：“杨先生大儒出身，海内有名，怎么可以杀呢？你若杀了他，我明天就走，不来上班了。”

孔融态度非常强硬，说着作势要走，对着曹操怕屁股。

曹操说：“好了，不杀。”孔融才又转了回来。

后来孔融的朋友祢衡在公开场合多次侮辱曹操，脱了衣服敲着小鼓，乱骂，孔融非但没有劝解，还帮腔指斥曹操。

公元200年曹操下《为徐宣议陈矫令》整顿干部作风，对建安五年以前的诽谤言论，从宽不予追究，以后再有犯者，“以其罪罪之”。可孔融不在乎，乱说二话，甚至顶风违纪。

曹操为了节约粮食，下令禁酒，孔融反对，并写了一篇专门讲吃酒有好处的文章，四处送人，让曹操难堪。

公元205年，光禄勋郗虑上表弹劾孔融，献帝罢免了孔融的官职。

孔融在家住闲，但他不是安安生生地宅着，反省己过，却整日举办酒会，邀请宾客畅饮，端起酒杯，想说啥说啥，还念叨曰：“座上客常满，杯中酒不空，我没有忧愁，我没有烦恼！”

曹操写信给孔融，表面是调解他与郗虑的矛盾，实际上是劝诫他以后言行要注意。在信的末尾，曹操警告道：“我身为大臣，进不能风化海内，退不能建德和人，然而抚养战士，杀身为国，打击浮华交会之徒，还是有余力的。”

孔融有点害怕了，给曹操回信，表示对曹操的苦心相劝，终身不忘，要同郗虑和好。

曹操因此又奏明汉献帝，起用孔融为太中大夫。

但孔融恶习难改，还是不跟曹操合作，常常讽刺挖苦。

公元208年，江东孙权派遣使者来见曹操，孔融当着孙权使者的面，讪谤曹操，大声说：“阿满不能跟你家大哥比啊，阿满自己也知道的，哈哈！”

曹操实在不能容忍了，于是提拔郗虑为御史大夫。

郗虑收集到孔融一些新的违纪言行，指使参谋长路粹上书告发孔融，说他

“谤讪朝廷，大逆不道”，“招合徒众，欲谋不轨”。

汉献帝批示由丞相曹操处理。

曹操对孔融进行了调查，发表了判决书《宣示孔融罪状令》，列举其“违反天道，败论乱理”的罪行，要人们不要被孔融的“虚名”所欺骗，不要为孔融的“浮艳”所眩惑，他的死，是罪有应得。

曹操诛杀孔融，固然有孔融自身性格的原因，更重要的是，曹操是在对“浮华交会之徒”进行清洗，是在远征前夕，对后方进行稳固和安定的果断举措。

二

话说曹操要对南方作战，西北还是个不大稳定的地方呢。

西北军阀马腾十分勇毅，军队也不少，曹操率领大军南征，一旦马腾在后面向中原动手，后果不堪设想。

公元202年袁尚在黎阳跟曹操互掐的时候，曾派使者去联络关中马腾、韩遂的军阀势力，意图袭击曹操后部。

那时，曹操曾表奏钟繇为侍中，领司隶校尉，持节督关中诸军。

钟繇给韩遂、马腾写信，陈述利害，韩遂和马腾才表示听朝廷和曹操的，方免了曹操的西顾之忧。

后来，匈奴单于作乱，侵略北方，钟繇等进攻围剿，不克，袁尚的部将郭援、高干又乘机勾结韩遂、马腾，想结成同盟，袭击曹操。

坐镇长安的钟繇派遣部属张既前往游说，马腾听从了张既的劝告，让儿子马超率领一万多军队，听命钟繇，打败了郭援和高干。斩了郭援的脑袋，收降了高干与匈奴单于。

此次曹操将南征荆州，出兵前要化解马腾等拥兵割据关中的问题，于是派张既持节率团，再度出使，去请马腾离开西北，到中央来工作。

张既军事使团受命，五更启程。

军事使团有个副团长名叫王图，本是卫戍部队的营长，未能随团出发，天已大亮才匆忙现身。

军令如山，这个王图竟然如此儿戏，于是被宪兵队捆绑起来，送交军事法庭，斩首示众。

紧要时刻，有一美丽的女子哭着跑进曹操的办公室，为王图求情。

这个胆大的女子何人也?

女子唤作来莺儿，曾是洛阳城里色艺俱佳的知名歌女，曹操做西园典军校尉的时候，即闻其大名，有次到“失足妇女”办公室视察，惊喜地见到了十六岁的来莺儿。

来莺儿婉转的歌喉与曼妙的舞姿，征服了曹操。于是，一代枭雄与洛阳女儿成了无话不谈、无事不做的异性密友。

董卓统治洛阳的时候，曹操花钱为来莺儿赎了身，指使她离开了即将战乱的京都，远赴乡下暂避。

后来的年月，曹操戎马倥偬，刺杀董卓，结盟关东，擒杀吕布，收降刘备，决战袁绍，征服乌桓，不得片时消停，然而来莺儿心系这位乱世英雄，每时每刻都想舍身追随。

曹操与来莺儿

曹操平定北方

曹操平定北方，回到中原，来莺儿找到了他，曹操就让她居于营中。

来莺儿仍然如从前一样漂亮多情，在战争的空隙里，以她的动听的歌喉与美妙的舞姿，为曹操带来了欢乐，一扫他戎马生活中的枯燥和寂寞。

曹操将来莺儿当作善解人意的知心异性，但曹操毕竟年老了，正值青春年华的来莺儿，难耐寂寞，在军营里，一双大眼睛四下乱看，寻索不停。

一个英俊的身影闯进了来莺儿的眼帘，继而，渐渐深入了她的心底。这人就是曹操府中的青年警卫营长王图。

王图一表人才，魁梧而机警，颇得曹操的赏识，经常受到曹操表扬和嘉奖。

来莺儿很快爱上了英俊帅气的王图。

曹操忙于军国大计，并不知道来莺儿的变化。

却说曹操这次委王图以使团副团长的大任，让他跟从张既前往西北“请”马腾进朝廷工作。本是立功的事情，当然也艰巨和危险。

曹操老英雄，很忙，不是每天夜间都能“访问”来莺儿，王图便就坑和泥，在跟来莺儿温存的时候，把使命告诉了她。

来莺儿想到不可预测的未来，泪流满面地抱着王图不放，不觉鸡啼天晓，让王图错过了五更出发的时间。

天亮了王图才出现，被抓了起来。

来莺儿为救王图，什么也不顾了，对曹操说出了她与王图的私情。

来莺儿说，是她抱着王图硬不让他起身的，并情愿代替王图一死。

其实，一个人死是容易的，但活着的人敢于将自己最见不得人的东西公之于众，尤其是把“身在曹营心在王图”的秘密说出来，是需要极大的勇气的。这意味着来莺儿已经做好与情人王图共赴黄泉的决心。

曹操在战场上运筹帷幄，决胜千里，在官场左右逢源，如鱼得水，在文学上诗文并茂，极负盛名，然而，在他的雄才大略背后，也隐藏着极大的孤独。

曹操对人世间的至情和至性，有着超乎常人的鉴别能力。

因此，对来莺儿的真情表白，曹操没有气愤，没有嫉妒，反而十分感动。

曹操想进一步试探来莺儿的真情挚爱，说："既是如此，我也不会很快处置王图。你来莺儿在一个月内，为我训练一个小型歌舞团吧，只要能训练好了，我就同意你代情人一死。你死了之后，你的这些学生好替你为我演出。"

来莺儿坦诚地接受了这一交易。

来莺儿的想法是，除了搭救情郎之外，也希望在自己死后，能有人接班，为曹操分忧解难，以报答曹操的相救之恩。

在曹操的丞相府，一个小型歌舞班开始了紧张地训练。来莺儿为了救王图一命，夜以继日，毫不保留地传授技艺。

很快，新的歌舞侍女都取得了明显的进步，尤其是有个叫潘巧儿的漂亮侍女，更是出类拔萃，几乎能与来莺儿并驾齐驱了。曹操知道后十分赞赏。

一个月后，来莺儿到了曹操的面前，请求代王图一死，说："有人伺候您了，我也死而无憾了。"

曹操这时非常激动。

眼前的人儿，已经大难临头，还为别人着想，真是一名重情重意的奇女子也！

然而王图呢？曹操召见王图之时，王图却坦率地告诉他，自己对于来莺儿，只不过逢场作戏而已，并没有真正的爱情可言。

曹操一听，火冒三丈，一脚踢倒王图，之后将他逐出了丞相府。

曹操没有把这个残忍的真相告诉来莺儿。若告诉给她，即使能够阻止她赴死，但她勉强地活下去，一定会比去死更痛苦。

曹操打定主意后，只对来莺儿说："王图已经释放，逐回家乡，念你一片真情，且训练歌女有功，将功折罪，可以不死。现在，你走吧！"

来莺儿感谢曹操成全她和王图的爱情，却不愿接受曹操饶她不死的恩惠。

来莺儿说只有死才能洗清自己的罪过。但曹操还是劝她走。

来莺儿郑重地向曹操行了跪拜大礼，之后，转身而去。

来莺儿去得那样坚决，去得那样坦然，去得那样义无反顾。

望着来莺儿孤独走去的背影，不知经过多少大风大浪，不知经过多少悲欢离合，不知经过多少生生死死，不知经过多少恩恩爱爱的曹操，此时此刻，这个坚强无比的男人，也不由自主地感到一阵凄然，流下了两行泪水。

三个月后，张既送回报告：他到西北，费了不少唇舌，说服马腾到朝中做官了。

曹操以马腾为卫尉，以马腾之子马超为偏将军，统领马腾的军队，继续留守关中。

马腾父子落在了曹操的控制之中。

曹操基本上解除了西北问题，便于公元208年的七月间，亲率大军，南征刘表。

三

曹操向荀彧请教南征事宜，问计，荀彧建议袭取荆州。

“中原地区平定了，刘表应当知道他面临打击，会强化防务。我们大张旗鼓地发兵南进，却在暗中另遣精壮骑兵，从小道掩袭刘表，当可获胜。”

谁知，刘表惊恐，快速病死，他两个儿子，长子刘琦守江夏，次自刘琮继承了老爹的爵位

刘琮及其亲信，软弱无能、贪生怕死，尚未开战，即投降了曹操。

这时，序入九月，曹军已到达新野，驻扎樊城的刘备，训练军队，准备迎敌。听到刘琮投降的消息，曹操的大军已经离樊城不远。

刘备派人追问刘琮咋搞的，刘琮派人说明情况。

刘备暴跳如驴，“靠啊，这不是害了我吗！怎么这样办事呢？胆小鬼，不顾朋友，靠啊！”

刘备怎么办？军师诸葛亮很清楚，抵御不了曹操，只好建议向江陵撤退。同时派老二关羽，去江夏向刘琦求援。

江陵是南郡的郡治，即今湖北江陵。

江陵要地，刘表在这里屯有很多军械、粮草，曹操唯恐刘备抢先，轻军赶到襄阳，得知刘备过去了，便率五千精骑，以一昼夜三百多里的速度追赶。

刘备退到当阳长坂，今天湖北当阳县东北，给曹操骑兵追上，让打得七零八落。

危急时刻，赵云将刘备儿子刘禅塞进裤裆里扎住，舞枪冲出了重围，又找到了刘备的老婆甘夫人。

刘禅在赵云的裤裆里，可能捂得时间偏长，缺氧，导致脑子障碍，长大后……后话，容缓叙之。

刘备谋士徐庶的母亲也被曹操俘获了。这迫使徐庶不得不归附曹操，以保全母亲的性命。

刘备、诸葛亮和张飞、赵云等，仓惶南逃。

通向江陵的道路已被曹军截断，刘备们只好向汉水方向撤退，同由水路赶来的关羽会合，一帮子全部窜到了夏口。

曹操没有继续追赶刘备，而是占领了江陵。

占领江陵后，曹操下令“荆州吏民，与之更始”——除旧布新，建设经济。

随后，又有长沙、零陵和桂阳三郡归降。这样，荆州南部四郡，全部纳入曹操统治之下，只剩江夏郡还在刘琦手中。

曹操获得荆州后，收编七八万人，得大小船舰一千多艘。

接着，曹操奏明汉献帝，论功封赏。有蒯越等十五个人被封为侯。

蒯越，字异度，是刘表的重要谋士，官渡战争的时候，他曾劝刘表归附曹操，刘表不听。近期，蒯越也劝刘琮降曹。

曹操得到蒯越，非常高兴，任为光禄勋，并给荀彧写信说：“得荆州无所谓，得蒯异度，我高兴啊。”毫不掩饰他对蒯越的重视。

韩嵩乃荆州名士，刘表曾派韩嵩侦察曹操驻地，韩嵩回来后，光说曹操的好话，劝刘表劝归附曹操，把儿子送去作人质。

大怒不已的刘表将韩嵩关进了大牢，这回曹操把韩嵩放出小号，任他为大鸿胪，当成至交好友，让他推举人才。

文聘，字仲业，是刘表的大将。刘琮投降曹操时，文聘反对，曹操渡过汉水后，他见大势已去，才来投附。

曹操对文聘说："仲业真乃忠臣也！"任其为江夏太守，并继续统领军队。

傅巽、邓羲、刘先、韩暨、曹属、裴潜、王粲、和洽、刘讷等人，在此次表彰中，都有封赏或擢升。

曹操解放了荆州，威震天下，连远在益州的刘璋也向曹操表示服从，给曹操送来军粮和钱物。

刘璋派自己的别驾张松押运兵饷，见到曹操表示敬意时，张松有意就归，曹操的主簿杨修也劝曹操接纳张松。

曹操新胜，骄傲得很，张松个头短小，其貌不扬，又不拘小节，似嫌傲慢，曹操便比较冷淡，张松悻悻而返。

曹操几乎兵不血刃地袭占了荆州，得到了大量的人力、物力和军力。

傲气快速滋长，曹操根本没把狼狈逃窜的刘备放在眼里，就是对占据江东的孙权，也以为大军一到，他就会俯首听命，即使交兵，也必定轻易取胜。

四

曹操强势进逼，孙权和刘备被迫联合，以求生存和发展。

刘表刚死时，鲁肃建议孙权派他去吊丧，同时劝说刘备，让他笼络刘表部下，大家同心一意，共同对付曹操。

鲁肃到达夏口，刘琮已经投降曹操，刘备也已逃走。

鲁肃赶忙去找刘备，在当阳长坂相遇，总算拉住了这个伙伴。

刘备派诸葛亮跟着鲁肃，前往柴桑面见孙权。柴桑在今江西九江西南。

孙权召集部下开了个会，介绍诸葛亮跟大家认识，几番切磋，统一了共同对付曹操的认识。

在曹操集团里，是否立即向孙权用兵，有不同的主张。

贾诩是个儒生，说："明公昔日攻破了袁氏，今天又收取了荆州，威名远扬，军势大盛，别再打了，犒赏吏士，安抚百姓，让他们能安居乐业，孙权羡慕，就会稽首归服了。"

贾诩的话显然有点滑稽，曹操正雄心勃勃，要立即拿下孙权，统一江南，怎能听得下去?

曹操派人给孙权下战书说："最近我奉皇上之命，讨伐有罪之人。军旗指向南方，刘琮束手投降。现在已调集水军八十万人，要与将军在东吴合作打猎啦。"

这封信到柴桑，引起了孙权内部小地震。

孙权部下被震成了两派：主降和主战。

主降派以张昭、秦松为代表，被曹操的声势吓破了胆，主张不战而降。

主战派以周瑜和鲁肃为主，尤其是周瑜，说："曹操舍鞍马，登战船，是弃长就短，而且季入寒冬，曹军给养不足，北方士兵远涉江湖，不服水土，必然要发生疾病。这些说明曹操是自己送死来了，请将军给我精兵三万，进驻夏口，保证为将军打败曹操。”

孙权激动了，拔剑砍去案子一角，叫道：“他妈！我跟她拼了！谁还敢说投降，就和这奏案一样！”

孙权下决心抗击曹操，少不了联合刘备，于是刘备一拨人就归孙权指挥了。

曹操的大军和孙刘联军在长江南岸的赤壁相遇。

赤壁在今天湖北赤壁市西北。

刚一接战，曹操的先头军队就被孙刘联军打败，撤退到北岸的乌林，今天的湖北洪湖市东边，与主力会合。

双方隔江对峙，准备鏖战。

曹操的军队，确实很疲劳，加上水土不服，连续发生疾病。而且，曹军多数不习水性，不惯于乘船，受不了江上风浪的长时间颠簸，晕船呕吐，影响了战斗力。

曹操见此情况，便下令用铁链将一个个战船结连在一起，成为水寨，以减轻船身的摇晃。

这样一来，士兵在船上就如在陆地上一样，情况好多了。

时间是冬十一月十五日，天气晴朗，风平浪静，曹操下令当晚在大船上摆酒设乐，款待众将。

晚上，天空的月亮非常明亮，长江宛如横飘的一条素带。

再看船上众将，个个锦衣绣袄，好不威风。

曹操非常高兴，先以酒奠长江，随后满饮三大杯，横槊讲话说：“同志们！我自起兵以来，为国除害，扫平四海，使天下太平。我执此槊，破黄巾，擒吕布、灭袁术、收袁绍，深入塞北，直达辽东，纵横天下，颇不负大丈夫之志，在这良辰美景，我来作歌，你们跟着唱和。好不好！”

众将士齐声叫好。

曹操就着明月，江水，吟出了叱咤风云的大诗《短歌行》。

对酒当歌，人生几何！譬如朝露，去日苦多。

慨当以慷，忧思难忘。何以解忧？唯有杜康。

青青子衿，悠悠我心。但为君故，沉吟至今。呦呦鹿鸣，食野之苹。我有嘉宾，鼓瑟吹笙。

明明如月，何时可掇？忧从中来，不可断绝。越陌度阡，枉用相存。契阔谈宴，心念旧恩。

月明星稀，乌鹊南飞。绕树三匝，何枝可依？

山不厌高，海不厌深。周公吐哺，天下归心。

后山在此不妨与你欣赏吟咏则个。

面对美酒伴以高歌，人生短暂岁月几何？好像晨间的露水一般，过去日子已经太多。

席上的歌声慷慨激昂，心中的忧愁却难以遗忘。用什么来排解忧愁？只有那美酒名曰“杜康”。

“青青”的是您的衣襟，悠悠的是我的愁心。只是因为您的缘故，让我轻声吟诵至今。

“呦呦”的是麋鹿在鸣叫，因为它食到了野外的苹草。正是因我有高贵的客人，才奏起瑟琴，吹起笙笛。

明亮得如同天上的月亮，什么时候我才能够摘取？忧伤正从中而来，连绵不绝从未停止。

越过田间交错的小路，屈就了您前来拜访。久别重逢长谈畅饮，心中重温着往日情深。

月亮皎洁，星辰稀疏，乌鹊振翅，正向南飞。绕着大树徘徊不止，有哪个枝头是可以依附的呢？

山岭从不满足于自己的高大，海洋从不满足于自己的深广。我愿如周公一般礼贤下士，望天下英杰，真正归心。

五

却说周瑜的部将黄盖，发现了曹军锁连战船的弱点，向周瑜建议火攻。

周瑜认为好，立即采纳实行。

为了接近曹营，周瑜同黄盖等人商量决定，由黄盖诈降。

黄盖给曹操写了一封降书，派人送到江北曹营。

降书中说，黄盖受孙氏厚恩，长期担任将帅，主人待我不薄。但是，天下事情，要看大势。以江东六郡，抵挡“中国”，众寡之殊，海内明白。黄盖从实际出发，愿意归顺曹公，战场效命。

曹操得到降书，觉得内容合乎情理。

为了慎重，又特别召见送降书之人，了解虚实。经过仔细审问，也未发现破绽，便信以为真，同对方约定了黄盖投降的具体事宜。

不久后的一天夜里，老天忽然出奇地刮起了东南风。

黄盖抓住时机，乘着东南风，率领十只大船，装满浸着油液的干柴枯草，外面用布幕裹好，插上跟曹操约定的旗号，在每艘大船的后边拴上机动灵活、便于快跑的“走舸”，向曹军水寨急驰。

曹军见状，以为黄盖来降，毫无防备，伸长脖子观望，还呼喊道：“黄盖来投降了。哈哈！黄盖来投降了。哈哈！”

黄盖的船只靠近曹军水寨时，突然同时纵火。

火船冲劲不止，火借风势，风助火威，顷刻间，曹军的战船大都燃烧起来，继而整个水寨淹没在火海之中，烈火很快又延烧到曹军岸上的旱寨。

黄盖的兵士早已跳上“走舸”跑了。

曹军驻地火光冲天，连长江岸边的石壁，都被照得一片火红。

这个突然袭击，使本来因各种原因缺乏战斗力的曹军，为之大乱。

周瑜、刘备适时率领水军冲杀过来。

曹军丧失了抵抗能力，人马很多被杀死、烧死、淹死。

曹操领着残兵败将，匆忙从弥漫的烟火中逃跑。

尽管慌乱，曹操还没忘派兵把没烧着的战船和其他带不走的军用物资统统烧掉，以免落入孙、刘联军手里。

曹操逃跑的道路叫做华容道，在今天的湖北监利县西北，斯时属于湿地，非常泥泞难走，败逃的曹军，战马陷入泥潭里，需要人拉肩扛。

曹操只好派兵去找枯枝杂草填在路上，才勉强过得去。

败兵，争前恐后互相践踏，年岁大的，身体弱的，陷入泥中无法出来，被人

赤壁之战

马踩死的，不计其数。

好不容易摆脱了敌军的追击，走过了泥泞的华容湿地，到一狭窄处时，曹操不禁哈哈大笑起来。

手下人奇怪，问丞相笑什么。

曹操回答说："刘备是一个不会打仗的人，拿主意又很慢。如果他早点派人到华容道这里埋伏，放火狙击，我们今天就全玩完了。"

在《三国演义》中，有"诸葛亮智算华容，关云长义释曹操"一段小故事，实际上是没有其事的。

正史不载，野史乱编。刘备人手很少，只有拜把子弟兄几个光杆，他没本事抽出兵力，事先到华容道设伏。

曹操在慌忙逃遁之中，想到这次惨败，不禁怀念起屡建奇策的郭嘉来。

"若郭奉孝在，是不会让我落到这样一个地步的！"曹操悲痛极了，"悲哀啊奉孝！痛心啊奉孝！可惜啊奉孝！"

曹军败退，孙刘联军可风光了，水陆并进，乘胜猛追。

赤壁之战，是中国历史上一个"以多败少"的著名战役。

曹操骄傲轻敌，急于求成，舍己之长，以水战为主，使骑兵失去作用。联结战船，给敌军以可乘之机。又麻痹不慎，中了黄盖诈降火攻之计。从而化优势成劣势，陷于失败。

赤壁之战的孙、刘一方，周瑜、诸葛亮等人，长期生活在长江、汉水之间，熟悉长江中下游一带的气象变化，在东南风出现时加以利用，也算有运气。

至于《三国演义》中诸葛亮"披发仗剑登坛借风"，编造娱乐而已。

曹仁壁画像

赤壁战后，曹操退回北方，一时无力南下。

周瑜出兵攻打驻守江陵的曹仁。江陵城池坚固，曹仁勇敢善战，坚守一年多，渐觉孤军不利，遂放弃江陵北撤，退保襄阳、樊城。

孙权取得了江陵及其以东大片土地。

刘备占据了荆州江南部分。

由于刘备在赤壁之战中的配合，并且在战后占据荆州大部，孙权不得不认可了刘备，

孙权他妈看到刘备耳朵大，认为其有福气，把孙权的妹妹嫁给了刘备。

为了利用刘备，抵御曹操，在鲁肃的建议下，孙权还同意刘备的请求，将南郡地面借给了刘备，即史上所谓“借荆州”。

第七十五章

收取西北

一

赤壁战后，曹操休养了一年多，期间曾回到邺城，恢复受挫的情绪。

打败袁绍，占领邺城后，这座中原重镇在曹操治下，一直没有停止建设，早已是清凌凌的水来蓝莹莹的天。

邺城百姓安居，市场繁荣，加上风调雨顺，田地丰收，郊外的农产品源源不绝地输入城市，使新生的邺城一天一个样。

曹操看到精力充沛的曹丕把个邺城招呼得不错，甚感欣慰。

曹丕朱冠锦袍，雄姿英发，骏马来去如风。

甄洛呢，显然原先那沉静的情怀给子桓撩动了起来，美得愈加成熟，像一朵花开放得更盛，更有荡人心魄的艳冶，并世无俦的风情了。

尽管折戟赤壁，老英雄架子不倒，实力犹在，宏大志向丝毫不改。

羞愤渐渐淡忘的曹操，只是蜷曲一下，蓄势以图再起了。

同往时一样，曹操对待妻儿，永远是一位温柔的家长。絮絮叨叨地闲话家常，查问查问这个，又吩咐吩咐那个。

甄洛请安，把公公乐得闭不拢嘴，忍不住对卞夫人说：“这孩子真不愧是我曹家的媳妇啊。”又扫一眼曹丕道：“子桓，你一定要善待洛洛，佳人难再得啊！”

曹丕和甄洛告辞时，曹操又说："子桓，趁我在邺城有些日子停留，你该多来，听我说些国家政事。如果洛洛寂寞，也不妨一起来。"

"是。父亲。""是。公公。"二人一同答应。

曹植请安总是迟到，还在半醉半醒，亢声吟哦，曹丕说："子建又有点迟了。"

曹植似乎未看见曹丕，只看见了甄洛，愣一下，忽然喊声"嫂嫂留步"，弄得甄洛不敢扭头也不敢答应。

到得郡衙门首，曹植方有醒悟，问陪客杨修要托词："昨夜大醉，至今头昏，德祖给我想个理由吧。"

杨修凑到曹植耳边说："晋见曹公时，你不妨再醉得厉害些，下官自有说辞，管保曹公转怒为喜。"

曹植见到曹操，果然醉眼迷离，语无伦次。

曹操见聪明风雅的儿子变成了这般光景，难免心中不快，正待发作，忽见旁边的杨修，向曹植脸上一看再看。

曹操不由诧异，问："德祖看子建有什么不对？"

杨修摇头叹息，说："子建忧国忧家，忧虑曹公军务，数月未见，竟然憔悴到这个地步了？"

曹操这才发现儿子的气色确实不好，便温颜地道："子建不要自苦，其实一切都无需担心。天下滔滔，军阀割据，胜败兵家寻常之事。在我眼里，他们那些乌合之众，到底不堪一击。德祖你说是也不是？”

“当然当然。大将军神威盖世，正是汉家擎天一柱。”

曹植此时精神一振，醉意全消，也如往常般高谈阔论起来。

曹植最擅长歌功颂德，每句话说来都十分拍马又十分得体。

曹操说：“也不过就剩下西川和东吴了，解决了这两处地方，天下十定八九，可以偃武修文了。子建，我想在漳水岸边修建楼台，以会天下才子，你看怎样？”

曹植拍掌笑说：“太好了，太好了。天下才子尽归于我，何愁没有声色。”

随后不久，曹操就选定邺城西北，开挖了大池，引入漳水。又修造战船，放入水中，操练水战。

曹操常常让儿子们跟着他，观看军演、舰战。

训练水军一年多光景，觉得差不多了，曹操对儿子们说：“就选定这片地方建设一处公园吧，流水、树林都不错。一年多，也没有顾上邀请文士们相聚，国家文联的工作都荒废了，公园建成后，文学工作咱们要好好补一补。”

曹氏父子成立了一个风景设计专家组，让他们借流水、大池、树林等自然美景，扩建成园，内中修建数座别墅状建筑，最大的为铜雀、金虎、冰井三组，拟定于最近一个“五年计划”内完成公园建设。

安排了邺郡事宜，再度进入征战。

公元210年，七月间，曹操率领新练的水军，从涡河进入淮河，再经肥水，到达合肥。

曹操对坚守淮南的部队进行视察和抚慰时，看到当年的烈士家属遭受痛苦，想起了连年战争，以及疫病，导致大批死亡的将士，心中痛苦，便下了一道《存恤吏士家室令》。

近年以来，军队多次出征，有时遇到疫病，官兵死亡不少，家属失去依靠，生活困难，流离失所，仁爱的人难道愿意这样吗？是不得已啊！

凡我军烈士，家属没有财产、不能养活自己的，县政府要保障他们的口粮供应，有关部门要常对他们抚恤、慰问，以符合我的心意。

合肥是个战略要地，曹操将扬州治所迁至合肥，留下张辽、乐进、李典三位大将统兵七千人镇守，自己领兵离开。

离开合肥，曹操率军到达谯县。

这时候，曹仁在周瑜的压力下，已从江陵退保襄阳、樊城。

这样，襄、樊就成了曹操同孙权、刘备争斗的战略前沿。

曹操自知暂时还不具备吞并孙权、刘备的条件，便在稳定内部的同时，将兵锋转向关西地区及关中、陇右。

公元210年，曹操镇抚了一遍关中，消除了西部不安定因素。次年，决定再次对孙权用兵。

曹操让秘书阮瑀代笔写信给孙权，意思说，我的企图，您是清楚的。

您以为我势少力乏，不能远征，想划江据守，贪图安逸吗？绝不是这样的。

您以为凭借水军作战，在长江扼守险要，王师便始终不能渡江了吗？这也未必能做到。

您如能内取张昭，外击刘备，用行动来表示归附之意，我将长期委托您治理江南广大地方，给您以高官和显爵。

这样，上可以免去朝廷对东方的担心，下可以使老百姓得到平安，您可以享受荣华，我也得到好处，这岂不是很好吗？

孙权自然不会屈服于曹操的威胁和利诱。

曹操便在公元212年十月，亲率大军南征，次年正月，打了个大胜仗，俘获了孙军都督公孙阳。

前锋臧霸阵中立功，曹操任命其为扬武将军。

此后，曹、孙双方相持月余，你来我往，互相厮杀。

曹操部将孙观，左脚被流矢射中，流血不止，仍然不下火线，勇猛作战。

曹操很受感动，对孙观说："将军伤势很重，还勇气十足，同敌人奋力作战，但是您要为国家爱惜自己的身体啊！"

曹操当即提拔孙观为振武将军，但孙观因伤势加重，流血过多，壮烈牺牲。

不久，孙权乘坐一只快船，在众将的保护下，开到曹军营寨前面。

曹军将领主张迎击，曹操不准，冷静地说："这是孙权亲自前来观看我军的阵势。"

孙权转了一圈，从容退走，还滴滴嗒嗒奏起了军乐。

曹操当然也观察了比自己小二十七岁的孙权，见小子军伍整肃，进退自如，不由得想起了刘表的两个儿子刘琮和刘琦，感叹地道："生子当如孙仲谋。刘景升的儿子，跟猪儿狗儿没区别啊。"

二

却道孙权其人，野心确实不小。他同曹操相持到二三月间，雨水转多，写信给曹操说："春水方生，公宜速去。"背面又添了一句："足下不死，孤不得安。"

曹操拿孙权的信让诸将传看，说："孙权说的是实话，不是瞎话。"

雨季来临，再拖下去确实不利，曹操便下令撤军，于四月间北归。

五月，汉献帝又给曹丞相升职了，晋封曹操为魏公。

建安十九年是公元214年，孙权发兵侵占了皖县，太守朱光和守城官兵都当了俘虏。刺激得曹操又要南征。

在南征途中，曹操智囊团重要成员之一、尚书令荀攸病死。荀攸跟随曹操二十多年，运筹帷幄，智谋深远，常受曹操称赞。

曹操痛哭流涕，为表对荀攸的悼念之情，曹操下了一道手令说：我与荀公达共事二十多年，他无毫毛可以指责。温、良、恭、俭、让，五德具备，实在是一个贤人啊！

曹操进驻合肥，观察战局。见孙权严阵以待，无隙可乘，便想乘机向西，夺取军阀张鲁的汉中，于是在十月间快速退离合肥。

这次离开前，曹操为了防备孙权进攻合肥，留下了一封密令，装在一个封套里，写上"贼至乃启"四个字，给护军薛悌保管，交代他，孙权军队到来时，再打开看。

张鲁，乃是张道陵的孙子。

你记得那个“五斗米道”教主张道陵吧，或者叫张陵。张道陵的儿子张衡承其父业，继续收五斗米，仓库都装得溢出来了。

张角以“太平道”组织农民，发动黄巾起义的时候，张衡也不闲着，赶快在汉中也率众起义，攻打郡县，与黄巾军遥相呼应，官民皆呼其为“米贼”。

“米贼”张衡养了个儿子，就是这个张鲁了。

张衡死后，张鲁接管了他的家传集团，继续传道，自号“君师”。

张鲁比他爷爷耍的还大，起了很多神神道道的称呼，跟着他信道的人叫“鬼卒”，信道较深的人叫“祭酒”，担任他部队的连长，迷信得更深的，叫“治头大祭酒”，封给营长、团长干。

由于张鲁不断地收米，军粮不成问题，因而总体上，闹得声势不小。

张鲁居于汉中，以宗教控制民众，挖断所有通往外界的道路，东汉朝廷派使者去送通知，他一概杀掉。

朝廷十分头疼，既然无力镇压，就招安吧，任命张鲁为中郎将，兼汉宁郡太守。

教派头领，耍的过大，摇身变作地方高级干部，成了一个封建统治者了。

益州牧刘璋，碰了几次张鲁，都被张鲁打败了。

刘璋想让刘备打张鲁，刘备耍滑头，只做样子，不动势儿。

张鲁这个土皇帝越做越大。

曹操不是刘璋，也不是刘备，他收拾张鲁，是非要捏住张鲁的鼻子灌他喝一壶不可。

关中还有马超和韩遂。

马超是马腾的儿子，马腾、韩遂原来曾一起反抗朝廷，后来表示归附，接受朝廷任命，实际上心怀异志，总想称雄割据。因此，曹操还是想彻底消灭马超、韩遂的势力。

由于马超、韩遂名义上是朝廷的封官，骤然发兵攻击他们，在舆论上对曹操不利。

曹操便大张旗鼓地用兵关中，引诱不明就里的关中军阀举兵反叛，再讨伐他们，就出师有名了。

关中诸军阀探知军事情报，果然以为朝廷大军是来袭击自己，纷纷举兵反叛，其中以马超的势力最强，态度也最坚决。

马超与韩遂联合关中诸将侯选、程银、杨秋、李堪、张横、梁兴、成宜、马玩等，共十部，约有十万人，向潼关集中。

曹操派大将曹仁率领将士西征，吩咐说："关西兵非常精悍，你们暂时坚守营垒，等着我前去对敌。"

曹操于七月间亲临西部前线指挥作战。

曹操在潼关，与韩遂、马超等联军对阵，却暗中派徐晃、朱灵率领小股精兵，西渡黄河，直插渭北，建立营寨。

闰八月，曹操领兵由潼关北渡黄河，去与徐晃、朱灵会合。

曹操让大队人马先过，自己留在南岸断后。大队人马刚刚过去，马超掩杀过来，喊声震天动地，箭如飞蝗乱窜，曹操险些受伤，许褚用马鞍做盾，遮蔽曹操，才护他过河。

过河后，诸将纷纷请安，无不又悲又喜。

曹操笑着说："今天差一点被小贼困住了！"

曹操与徐晃、朱灵会合后，沿河向南用大车和木头筑起了一条甬道，输送粮食辎重，向南推进，直达渭北。

曹操避开正面，直取侧翼的作战行动，打乱了韩遂、马超的计划，迫使他们放弃潼关，收缩到渭水南岸。

曹操很快突袭渭南取胜。

马超向曹操请和，愿割让黄河以西的土地。

曹操的目的是彻底消灭割据势力，自然拒绝了马超的请和。

没多久，曹操策划了一场渭南大捷，关西联军招架不住，被打得大败。结果马超、韩遂各自逃往凉州。关中地区大部分落入曹操手中。

"君师"张鲁，眼看成了瓮中之鳖。当然他不愿意灭亡，调集民夫，开山采石，在各处关隘修造了大墙御敌。

八月间，曹操率军到达阳平关，址在今天陕西勉县西北。

曹操的军队士兵，都是中原子弟，不善于水上作战，也不长于在山地作战。曹操看到阳平关的地势，也觉得眼晕，说："这里真是个妖魔鬼怪住的国度。有这个地方，跟没这个地方，又有什么区别啊。"

但既来之，必战之。

曹操用夜间偷袭的办法，突破了张鲁修造的石头"长城"。

天堑无法抵挡，张鲁害怕了，要逃走。

有人劝张鲁烧掉库存的小米和财物，不使落进敌人手中。

张鲁说："烧掉太可惜了，五斗五斗积攒起来，不容易啊。"

张鲁把仓库中的粮食和宝货统统封好，逃往巴中去了。

曹操兵不血刃地进入汉中的郡治南郑城，看到仓库一概完好，便毫无损失地接收了张鲁的全部珍宝财物贮存，对张鲁的做法很感满意。

南郑，在今天的湖北南郑的北边，汉江北岸地方。

有个传说，说是老早老早的古代，周朝时候吧，居住在今陕西华县一带的一部分人为躲避犬戎侵略向南逃至汉中，而他们的另一批乡亲则逃到了河南新郑聚居下来，为了纪念跟新郑的亲戚关系，便以"南郑"来命名了。

却说曹操见张鲁有归附之意，派人到巴中去做说服工作。

巴中人的首领朴胡、任约等，先率其部众归服了曹操，很快，张鲁带领全家回到南郑，降服曹操。

曹操任命张鲁为镇南将军，封阆中侯，说他："以后别再收米度人了，他们都太穷了。好好为国家工作吧。"

张鲁允诺。他的五个儿子也都被提了干。

原先马超、韩遂手下的将领，兵败逃到汉中的，也来投归曹操。曹操不咎既往，收纳了他们。

马超的大将庞德，也来了，曹操非常高兴，命其为立义将军，封关门亭侯。

曹操见南郑实在太穷，百姓衣食无着，便决定把此地居民迁往山外。

迁民工作推开后，曹操去视察，走在斜谷道里，天如一线，感叹地对部下说："你们看看，斜谷像不像一个五百里长的石洞啊？南郑简直就是在天狱之中，我们让百姓出去，是正确的。"

曹操想借此机会，把汉中的各项工作好好理顺，谁知幽、冀一带农民造反了，爆发了战火。

恐怕后方不稳，曹操留下夏侯渊和张既镇守关中，自己率军东归。

曹操回到洛阳时，留守邺城的曹丕已经将幽、冀之地的农民造反平复了。

曹操收复汉中，可谓功劳巨大，汉献帝于建安二十一年即公元216年晋爵曹操——由魏公而魏王。

曹操上表汉献帝，清理阶级队伍。

清理阶级队伍犯了扩大化的毛病，杀了尚在朝中为官的马腾。

马超为了替父报仇，收聚"羌、胡"兵众，公开起兵反曹，攻陷了冀州。

冀州以杨阜为首的老干部们强力反抗马超，马超收拾不住，想去汉中投奔张鲁，可张鲁已经归附曹操，没法去了，只好走小路转向益州，投靠刘备。

夏侯渊奉曹操之命，继续攻打西北的其他小军阀，将陇右地区的敌对势力全部平定，曹操取得了统一西北地区的重大胜利。

曹操取消原凉州区划，改设雍州，以张既为雍州刺史，统辖三辅及西域。

三

果然未出曹操所料，当曹操收降张鲁、平定汉中之际，孙权率军十万进攻合肥了。

张辽、乐进、李典的合肥守军，只有七千人，同敌军相比，非常悬殊，如何抵御孙权，成了一个严重问题。

护军薛悌同三位将领一起，将曹操留下的密令启封，密令说：若孙权军队来到，张辽、李典二将军率领一部分军队迎战，乐进将军带一部分军队坚守，薛护军不要参与作战。

原来，张辽、乐进、李典都是曹操手下的重要将领，资历、能力和地位相差不多，因此他们之间平时并不和睦，所以曹操派护军薛悌节制他们。

此次拒敌，曹操怕他们互不服气，行动失谐，特意安排密令，旨在使他们协调一致，团结对敌。

对曹操这个近乎先知的部署，大家有些疑惑，本来人马不多，既要出击，又要守城，这怎么能行呢？

倒是张辽最先悟出门道，说：“曹公意在指示我们趁敌人尚未合围的时机，主动出击，挫其锐气，以安军心，然后就容易守城了。”

张辽说：“成败的关键在此一战，不必疑虑。否则我愿意单独出击。”

李典为张辽勇当重任所感动，也表态奋勇作战。

他们连夜杀牛宰羊，供将士们享用，选拔八百名敢死队员，准备次日同敌人拼死搏杀。

二日，张辽与李典率领将士，猛冲敌阵。从早晨一直战到中午，使孙军锐气大伤。

后晌，张辽回军，严守合肥。

诸将对张辽的武勇谋略无不表示佩服，决心共同把合肥城守好。

孙权围攻合肥多日无果，不想耗费更多的时间，损失更多的兵力，遂引军撤退。

孙权撤退时，张辽乘势追击，勇猛无比，把孙军打得屁滚尿流，孙权最后泗水而逃，侥幸脱险。

张辽顿足怪自己认不出孙权，否则就拧住他龟儿子了。

这时，北方的南匈奴内部分裂，三个头领皆自称单于，不从郡太守管理。曹操派遣副丞相裴潜持节出使，将南匈奴分为五部，每部置帅一人，由匈奴贵族担任，以汉人为司马，监督他们，解决了南匈奴的问题。

北方弄好了，曹操又于十月整军征伐孙权。

经过合肥，曹操特地视察张辽打败孙权的战场，赞扬张辽的机智勇敢。然后给张辽增加了军队，让他跟随自己一同南征。

公元217年正月，曹操统兵到达居巢，今天的安徽巢县东北地方，打败了孙权的军队。

孙权派都督徐详为使，前来曹营求和。

当时曹军发生了流行性感冒，不便久留，曹操便顺水推舟，同意休战，并表示要继续同孙氏结为姻亲。

说“继续”，是曹操曾把弟弟的女儿许配给孙策的小弟孙匡，又为儿子曹彰娶了孙权堂弟孙贲的女儿为妻，所以他才表示继续和亲。

三月间，曹操率军北还。

临行，曹操留下夏侯惇、张辽、臧霸等将军，驻守居巢。

居巢成了同孙权较量的重要前方据点。

曹操又要对有功将士进行赏赐了。

曹操特别奖给张辽一支歌舞乐队，说：“春秋时有大功者，会领受钟磬和鼓乐的赏赐，将军您也有这样的资格。”

中国史系（五）

647年 ～ 贞观二十一年

- 于铁勒诸部置羁縻州府

648年 ～ 贞观二十二年

- 黠戛斯内附，唐置坚昆都督府
- 唐赴天竺使者王玄策俘摩揭陀国王阿罗那顺而归
- 契丹内附，唐置松漠都督府
- 奚内附，唐置饶乐都督府
- 阿史那社尔平龟兹，唐始置安西四镇

649年 ～ 贞观二十三年

- 五月，太宗去世。六月，太子治即位，是为唐高宗李治
- 是岁，蒙舍诏首领细奴逻建大蒙国，自称奇嘉王，遣使入贡于唐

651年 ～ 永徽二年

- 瑶池都督阿史那贺鲁叛唐，统西突厥十姓之地
- 大食第三任哈里发奥斯曼遣使来唐，唐与大食的官方联系始此
- 唐颁《永徽律》

653年 ～ 永徽四年

- 长孙无忌等撰修《律疏》成
- 睦州女子陈硕真起义，自称文佳皇帝，不久，失败

655年 ～ 永徽六年

- 废王皇后，立武则天为皇后，迁都洛阳

656年 ～ 显庆元年

•《五代史志》（即《隋书》诸志）修成

657年 ～ 显庆二年

•苏定方擒阿史那贺鲁，西突厥亡。唐以其地分置昆陵、蒙池二都护府，并隶安西都护

659年 ～ 显庆四年

•诏改《贞观氏族志》为《姓氏录》

•颁《新修本草》，此为世界上第一部官修药典

660年 ～ 显庆五年

•苏定方破百济，擒其王

661年 ～ 龙朔元年

•以萨珊朝波斯王子卑路斯为波斯都督府都督

663年 ～ 龙朔三年

•吐谷浑为吐蕃所破，其可汗诺曷钵率众内附，居于凉州

668年 ～ 总章元年

•高丽内乱，唐遣李绩等攻灭之，俘其王高藏，以其地置安东都护府

670年 ～ 咸亨元年

•吐蕃陷龟兹拨换城，唐废安西四镇

671年 ～ 咸亨二年

•义净自广州浮海赴天竺学佛学

679年 ～ 调露元年

•裴行俭平西突厥阿史那匐延都支，重建安西四镇，以碎叶代焉耆

682年 ～ 永淳元年

- 后突厥骨咄禄崛起，回纥受其压迫，西徙甘、凉二州之间

683年 ～ 弘道元年

- 高宗去世，太子显即位，是为中宗，武则天执政

684年 ～ 嗣圣元年

- 二月，中宗被废，弟李旦立，是为睿宗，武则天执政。九月，徐敬业于扬州起兵反武则天，三个月后兵败被杀

686年 ～ 垂拱二年

- 唐军为吐蕃所败，安西四镇再度失守

687年 ～ 垂拱三年

- 唐大将黑齿常之败后突厥于黄花堆

690年 ～ 天授元年

- 武则天废睿宗，称帝，改国号为周，称洛阳为神都

692年 ～ 长寿元年

- 武则天遣王孝杰等大破吐蕃，夺回安西四镇

694年 ～ 延载元年

- 摩尼教由波斯人佛多诞传入唐

696年 ～ 万岁通天元年

- 契丹李尽忠与孙万荣等叛唐，陷营州，攻略河北诸州。唐诏山东近边诸州置武骑团兵，以御契丹

698年 ～ 圣历元年

• 置武骑团兵于河南、河北，以抗突厥

• 靺鞨首领大祚荣建震国于东牟山、奥娄河

699年 ～ 圣历二年

• 突骑施首领乌质勒遣子朝唐

702年 ～ 长安二年

• 始置武举

• 分安西都护府天山以北之地为北庭都护府，治庭州，辖西突厥十姓部落

703年 ～ 长安三年

• 遣使括户

705年 ～ 神龙元年

• 正月，张柬之、崔玄等人发动政变，杀张易之、张昌宗，逼武则天退位，复立中宗李显。二月，复国号唐

706年 ～ 神龙二年

• 唐与吐蕃首次会盟

707年 ～ 神龙三年

• 七月，太子李重俊发动政变，失败被杀

709年 ～ 景龙三年

• 金城公主和亲于吐蕃赞普弃隶赞

710年 ～ 景龙四年

• 六月，中宗去世，韦后临朝，立子重茂为帝。睿宗子隆基与太平公主发动政变，杀韦后及安乐公主，逼重茂逊位，拥立睿宗

- 刘知几撰成《史通》

712年 ～ 开元元年

- 八月，李隆基即位，是为唐玄宗李隆基

713年 ～ 开元二年

- 以河北诸州刺史统领团结兵
- 以靺鞨大祚荣所部为忽汗州，大祚荣为都督，封渤海郡王，其地始专称渤海

721年 ～ 开元九年

- 令监察御史宇文融主持括户

722年 ～ 开元十年

- 吐蕃夺小勃律九城，小勃律首领没谨忙联合唐军大破吐蕃，唐封其为小勃律王

723年 ～ 开元十一年

- 纳张说建议，募兵宿卫，号长从宿卫。改政事堂名为“中书门下”，置堂后五房

724年 ～ 开元十二年

- 僧一行制成铜黄道游仪

725年 ～ 开元十三年

- 长从宿卫改称骑
- 一行与梁令瓒制成铜铸水运浑仪。南宫说等人以一行之术实测子午线1°之长

733年 ～ 开元二十一年

• 改全国十道为十五道，各置采访处置使

734年 ～ 开元二十二年

• 以裴耀卿为江淮、河南都转运使，于运河沿线置仓，分段转运江淮仓米

• 唐蕃会盟于赤岭，各树界碑

737年 ～ 开元二十五年

• 募诸色征行人及客户为长征健儿

• 定令一千五百四十六条，共二十七篇、三十卷，是为《开元二十五年令》

738年 ～ 开元二十六年

• 封南诏皮罗阁为云南王，赐姓名为蒙归义

• 《唐六典》成书

742年 ～ 天宝元年

• 全国兵数为五十七万四千名，边兵占四十九万

744年 ～ 天宝三载

• 葛逻禄、回纥两部败拔悉密部颉跌伊施可汗。回纥部骨力裴罗自称骨咄禄毗伽阙可汗

745年 ～ 天宝四载

• 后突厥为回纥所灭

• 玄宗敕改波斯（景教）寺为大秦寺

746年 ～ 天宝五载

• 敕天下度僧尼，并令祠部给牒

• 封回纥骨力裴罗为奉义王、怀仁可汗

747年 ～ 天宝六载

• 八月，安西四镇节度副使高仙芝破小勃律

749年 ～ 天宝八载

• 诏停折冲府上下鱼书，府兵制废

• 陇右节度使哥舒翰攻拔吐蕃石堡城

750年 ～ 天宝九载

• 安禄山身兼范阳、平卢、河东三节度使

• 安西节度使高仙芝袭破石国

• 南诏背唐，附吐蕃

753年 ～ 天宝十二载

• 十二月，鉴真抵日本

754年 ～ 天宝十三载

• 唐相杨国忠征兵全国，令剑南节度留后李宓进攻南诏，大败于太和城

• 是岁，全国户九百零六万九千一百五十四，为唐朝之盛

755年 ～ 天宝十四载

• 十一月，安史之乱爆发。唐诏令军事要冲置防御使。

• 十二月，叛军陷洛阳。唐监军边令诚奉诏杀封常清、高仙芝于军中

• 吐蕃赞普弃松德赞即位

756年 ～ 天宝十五载

- 正月，安禄山称帝于洛阳，国号燕。
- 六月，叛军陷潼关。玄宗奔蜀，至马嵬驿，军士哗变，杀杨国忠，玄宗被迫缢杀杨贵妃。太子李亨走灵武。叛军陷长安。
- 七月，李亨即位于灵武，是为肃宗

757年 ～ 至德二载

- 正月，安禄山为其子安庆绪所杀。
- 九月，唐军与回纥军克长安。
- 十月，唐军克洛阳，安庆绪逃往邺郡
- 置左右神武军，至此北衙始有六军

758年 ～ 干元元年

- 唐以鱼朝恩为观军容使，总监郭子仪等九节度使大军数十万围安庆绪于相州(邺郡)
- 置度支、盐铁、都团练使；废采访使，更置观察使

759年 ～ 干元二年

- 三月，史思明增援安庆绪，败九节度使兵于邺城，旋杀庆绪，还范阳，四月，自称大燕皇帝，九月，攻占洛阳

761年 ～ 上元二年

- 三月，史思明为其子史朝义所杀

762年 ～ 宝应元年

- 四月，玄宗、肃宗相继去世，张皇后谋立越王，宦官李辅国、程元振幽张皇后，杀越王，拥立太子李豫，是为唐代宗李豫

- 八月，浙东袁晁起义

763年 ～ 宝应二年

- 正月，史朝义自缢，余党降唐，安史之乱结束
- 十月，吐蕃攻占长安十余日，代宗奔陕州。十二月，代宗返长安，神策军扈从，入为禁军

764年 ～ 广德二年

- 始税青苗地头钱。吐蕃取凉州

766年 ～ 大历元年

- 吐蕃取甘州、肃州，唐河西节度使徙治凉州
- 南诏王阁罗凤立《南诏德化碑》于其都太和城

776年 ～ 大历十一年

- 吐蕃取瓜州

779年 ～ 大历十四年

- 五月，代宗去世，太子李适即位，是为唐德宗李适

780年 ～ 建中元年

- 正月，废租庸调制，行两税法，时全国土户一百八十万；客户一百三十万

781年 ～ 建中二年

- 正月，成德李惟岳、淄青李正己、魏博田悦三镇叛唐。二月，山南东道梁崇义亦叛。六月，唐以淮西节度使李希烈讨梁崇义

782年 ～ 建中三年

• 四月，卢龙节度使朱滔叛。十一月，河北三镇相约称王，又邀淄青李纳称齐王。十二月，李希烈自称建兴王，联合四镇叛

783年 ～ 建中四年

• 正月，唐蕃会盟于清水，第三次议界

• 十月，长安发生泾卒之变，拥前卢龙节度使朱泚为秦帝，德宗出奔奉天

• 征茶税

786年 ～ 贞元二年

• 四月，李希烈为部将所杀，“四王二帝之乱”平

788年 ～ 贞元四年

• 诏定户等，规定三年一定，以为例程

• 回纥改称回鹘

790年 ～ 贞元六年

• 吐蕃攻占北庭

791年 ～ 贞元七年

• 吐蕃攻占西州

794年 ～ 贞元十年

• 异牟寻与吐蕃绝，联合唐军败吐蕃，受唐封为南诏王

796年 ～ 贞元十二年

• 六月，置左右神策军护军中尉，以宦官为之

801年 ～ 贞元十七年

• 贾耽绘《海内华夷图》，撰《古今郡国县道四夷述》成。杜佑撰《通

典》成

804年 ～ 贞元二十年

- 日本学问僧空海抵长安留学

805年 ～ 贞元二十一年

- 正月，德宗去世，子李诵继立，是为顺宗。八月，宦官俱文珍、节度使韦皋等逼顺宗让位于太子纯，改元永贞，是为唐宪宗李纯，史称“永贞内禅”
- 二王八司马被贬，革新失败

807年 ～ 元和二年

- 李吉甫撰《元和国计簿》成，总计全国方镇四十八，州府二百九十五，县一千四百五十三，每岁国家财赋倚办止于东南八道四十四九州岛，一百十四万户，比天宝税户四分减三

808年 ～ 元和三年

- 牛僧孺、李宗闵等应直言极谏科，指陈时政，宰相李吉甫恶之，贬主考官，抑牛僧孺等人，启牛李党争之端
- 沙陀朱邪尽忠背吐蕃附唐，中途被执杀，子执宜率余众至灵州，唐置其于盐州，以执宜为阴山都督府兵马使

812年 ～ 元和七年

- 魏博节度使田季安卒，军中拥立田兴，田兴归命于朝

813年 ～ 元和八年

- 李吉甫撰《元和郡县图志》成

814年 ～ 元和九年

• 淮西节度使吴少阳卒，子元济自领军务。唐发诸道兵讨之

815年 ～ 元和十年

• 裴度为相，继续讨伐淮西

817年 ～ 元和十二年

• 十月，唐邓随节度使李愬雪夜袭蔡州，擒吴元济，淮西平

818年 ～ 元和十三年

• 发五道兵讨淄青李师道

819年 ～ 元和十四年

• 平定淄青，成德、卢龙两镇节度使自请入朝，藩镇割据局面暂时平定

820年 ～ 元和十五年

• 正月，宪宗为宦官陈弘志等所杀，子李恒即位，是为穆宗

821年 ～ 长庆元年

• 卢龙、成德二镇复叛

822年 ～ 长庆二年

• 魏博镇叛，河北三镇又恢复独立状态

823年 ～ 长庆三年

• 唐蕃会盟碑立

824年 ～ 长庆四年

• 正月，穆宗去世，子李湛立，是为敬宗

826年 ～ 宝历二年

• 十月，敬宗为宦官刘克明等所杀，弟李昂立，是为文宗

829年 ～ 大和三年

• 南诏攻占成都，掠男女工匠数万而去

835年 ～ 大和九年

• 十一月，文宗与李训、郑注等谋杀宦官，失败，宦官大杀朝臣，史称甘露之变

837年 ～ 开成二年

• 新罗在唐留学生达二百余人

838年 ～ 开成三年

• 日僧圆仁来唐求法

840年 ～ 开成五年

• 正月，文宗去世，弟李炎立，是为唐武宗李炎

• 回鹘为黠戛斯所灭。回鹘族人被迫迁徙：其西迁葛逻禄者与邻近部落建哈剌汗国；西南迁西州、龟兹者称西州或高昌回鹘。西迁甘州者称甘州回鹘；亦有南迁附唐及迁入吐蕃者

844年 ～ 会昌四年

• 平定泽潞刘稹之叛，史称会昌伐叛

845年 ～ 会昌五年

• 武宗下令废佛，同时罢萨宝府、禁毁祆教、景教、摩尼教祠寺，僧徒并令还俗。史称会昌废佛

846年 ～ 会昌六年

• 三月，武宗去世，皇叔李忱立，是为宣宗

• 李德裕罢相，从此牛党当权，牛李党争结束

848年 ～ 大中二年

• 张议潮率沙州百姓起义，逐吐蕃守将，自摄州事，遣使上表唐朝廷

851年 ～ 大中五年

• 八月，张议潮兄议潭入朝，献沙、瓜等十一州图籍。宣宗以议潮为归义军节度使

859年 ～ 大中十三年

• 八月，宣宗去世，子李漼即位，是为懿宗

• 十二月，浙东裘甫起义，占领象山

860年 ～ 咸通元年

• 二月，裘甫攻占剡县，自称天下都知兵马使，改元罗平，铸印曰天平。八月，起义失败，裘甫被杀

863年 ～ 咸通四年

• 南诏攻占交趾

868年 ～ 咸通九年

• 七月，徐州戍卒庞勋起义于桂州，卷旗北归。十月，庞勋攻占徐州

• 王阶刻印《金刚经》，此为现存所标年代最早的雕版印刷品

869年 ～ 咸通十年

• 九月，庞勋战败牺牲，起义失败

873年 ～ 咸通十四年

• 七月，懿宗去世，子李儇立，是为僖宗

875年 ～ 干符二年

• 年初，王仙芝与尚让等起义于长垣。五月，黄巢起义于冤句，以应王仙芝

876年 ～ 干符三年

• 王仙芝、黄巢分兵作战

878年 ～ 干符五年

• 二月，王仙芝战死于黄梅，尚让引余众与黄巢汇合，推黄巢为黄王

• 是岁，义军受阻，遂挥师南下，由浙趋闽

879年 ～ 干符六年

• 九月，黄巢攻占广州。冬，义军大举北伐

880年 ～ 广明元年

• 十一月，义军克东都。十二月，僖宗与宦官田令孜等奔蜀，义军入长安，黄巢称帝，国号大齐

• 沙陀李克用兵逼晋阳，后为唐军所败，与其父李国昌逃入鞑靼

881年 ～ 中和元年

• 唐赦李国昌、李克用罪，用以镇压义军。僖宗至成都，田令孜总领禁军，遂专制朝政

883年 ～ 中和三年

• 四月，黄巢放弃长安东撤

• 李克用任河东节度使，自此据太原。朱温任宣武节度使，自此据汴州

884年 ～ 中和四年

• 六月，黄巢牺牲于狼虎谷，起义失败

• 秦宗权称帝于蔡州，遣军四出攻略

885年 ～ 光启元年

• 僖宗返京。冬，李克用、王重荣攻逼长安，僖宗奔凤翔

887年 ～ 光启三年

• 李茂贞据凤翔

888年 ～ 文德元年

• 三月，僖宗去世，弟李晔立，是为昭宗

891年 ～ 大顺二年

• 王建攻占成都，据有西川

892年 ～ 景福元年

• 唐以杨行密为淮南节度使

893年 ～ 景福二年

• 唐以钱镠为镇海军节度使

• 王潮攻占闽五州之地

896年 ～ 干宁三年

• 唐以马殷为湖南节度使

• 李茂贞攻长安，昭宗奔华州，依韩建

898年 ～ 光化元年

• 昭宗还长安

900年 ～ 光化三年

- 十一月，神策中尉刘季述、王仲先等废昭宗，立其子李裕

901年 ～ 天复元年

- 正月，昭宗复位，杀刘季述等。二月，封朱温为梁王。冬，宰相崔胤召朱温入关，谋诛宦官，宦官劫昭宗走凤翔，依李茂贞。朱温兵围凤翔

902年 ～ 天复二年

- 唐封钱镠为越王。封杨行密为吴王
- 南诏权臣郑买嗣杀其王舜化真，建大长和国，蒙氏所建的南诏亡

903年 ～ 天复三年

- 李茂贞势蹙，被迫送昭宗出凤翔。朱温拥昭宗还京，废神策军中尉，以朝臣为枢密使。唐封王建为蜀王

904年 ～ 天复四年

- 正月，朱温逼迁昭宗于洛阳。
- 八月，朱温遣人杀昭宗，立其子李，是为哀帝

905年 ～ 天佑二年

- 唐以刘隐为清海军节度使
- 朱温贬逐朝臣，旋杀被贬朝官三十余人于白马驿，投尸于河，史称“白马驿之祸”
- 杨行密卒，子杨渥立，军政大权旁落大将徐温、张颢之手

907年 ～ 后梁开平元年

- 四月，朱温逼哀帝禅让，自即帝位，改名朱晃，是为后梁太祖朱晃，改国号为梁，史称后梁，都开封。唐朝亡

• 后梁封马殷为楚王；钱镠为吴越王。任高季兴为荆南节度使

• 契丹耶律阿保机统一八部

• 王建称帝，国号蜀，史称前蜀

909年 ～ 后梁开平三年

• 后梁迁都洛阳。封王审知为闽王

912年 ～ 干化二年

• 六月，朱温次子朱友珪杀朱温自立

913年 ～ 干化三年

• 二月，朱温第三子朱友贞发动政变，朱友珪自杀，朱友贞即位，是为末帝。复都开封

916年 ～ 贞明二年

• 契丹首领耶律阿保机称帝，是为辽太祖耶律亿，建契丹国

918年 ～ 贞明四年

• 刘岩改国号为汉，史称南汉

920年 ～ 贞明六年，契丹神册五年

• 后梁陈州人毋乙、董乙起义，数月后失败

• 辽太祖颁行契丹文字

921年 ～ 契丹神册六年

• 五月，辽太祖定法律，正班爵

923年 ～ 后唐同光元年

• 晋王李存勖称帝于魏州，是为后唐庄宗李存勖，国号唐，史称后唐。

十月，庄宗攻入开封，后梁末帝自杀，后梁亡。冬，后唐都洛阳

925年 ～ 后唐同光三年

- 后唐灭前蜀，以孟知祥为西川节度使

926年 ～ 后唐同光四年，契丹天显元年

- 正月，孟知祥入成都
- 十月，王延翰称王，建闽，仍称臣于后唐
- 七月，阿保机死，次子德光即位，是为辽太宗耶律德光

930年 ～ 长兴元年

- 后唐并盐铁、户部、度支三使为三司使一职

932年 ～ 长兴三年

- 后唐令国子监依西京石经本校定九经，雕版印制，官府大规模刻书自此始

934年 ～ 应顺元年

- 孟知祥称帝，国号蜀，史称后蜀，都成都

936年 ～ 清泰三年

- 夏，河东节度使石敬瑭上表，以幽蓟十六州为代价，换取契丹援助，叛后唐
- 九月，契丹军南下，大败后唐军
- 十一月，辽太宗册封石敬瑭为帝，国号晋，史称后晋
- 闰十一月，石敬瑭攻入洛阳，末帝从珂自杀，后唐亡

创作札记：历史遗址

在洛河沿岸、东西不足30公里的范围内，分布着二里头遗址、偃师商城、东周王城、汉魏故城、隋唐洛阳城等5处大型遗址。

如此密集的都城遗址，规模之大，时间跨度之长，在世界范围内都极为罕见。

洛阳片区大遗址群，包含了自夏至唐近三千年中华文明与文化重要起源和发展阶段的大规模遗存，不仅在历史文化内涵上具有一定的文明发展延续性，而且在分布区域上具有显著的关联性，是我国文明发展史上极为重要的区域。

二里头遗址位于偃师市二里头村，大部分为耕地所覆盖。

该遗址南临古洛河、北依邙山、背靠黄河，范围包括二里头、圪当头和四角楼等三个自然村，面积约3平方公里。

作为全国重点文物保护单位，二里头遗址对研究华夏文明的渊源、国家的兴起、城市的起源、王都建设、王宫定制等重大问题具有重要的参考价值，学术界公认为我国最引人瞩目的古文化遗址之一。

1899年甲骨文的发现和1928年安阳殷墟的发掘，证实了殷商的存在。

对《史记·殷本纪》的肯定，必然引发出《史记夏本纪》也为信史的认识。由此，20世纪50年代考古界提出了夏文化探索的课题。

1959年夏发现了二里头遗址，从此拉开了夏文化探索的序幕。

该遗址范围为东西约2公里，南北1.5公里。包含的文化遗存上至距今5000年左右的仰韶文化和龙山文化，下至东周、东汉时期。

此遗址的兴盛时期的年代为公元前21世纪至公元前16世纪的夏文化时期，考古界将其主要阶段称为“二里头文化”。

宫城位于二里头遗址中东部，平面略呈长方形，形制规整方正，保存完好的东北角呈直角。

宫城东西宽近300米，南北长约360米至370米。但宫殿区开始没有围墙，它的围墙始建于二里头文化二、三期即早、晚期之交，延续使用至二里头文化末期。

城墙保存状况较差，其中东墙、北墙保存较好。四个拐角中仅残存东北角，其余均遭破坏或为民房所压。

墙体用纯净夯土筑成，夯筑质量逊于宫殿区同时期的大型夯土基址。墙宽约2米，残存高度在0.1米至0.75米。

宫殿区的四周有环城大路，宽达10余米至20米左右。4条大路纵横交错大体呈“井”字形，构成二里头遗址中心区的道路网。

发掘发现，上述大路由二里头文化早期至晚期一直延续使用，路土踩踏面坚实致密。新发现的宫城城墙就是沿着已探明的4条大路的内侧修筑的。

在宫城内发现了两组排列有序的宫殿建筑群，它们分别以著名的1号、2号大型宫殿基址为核心，每组都有明确的中轴线。

宫城、大型建筑以及道路都有统一的方向，显现出极强的规划性。

这座宫城建于距今约3600年前，其面积达10.8万平方米，是迄今为止可以确认的我国最早的宫城。

此前，我国可确认的最早的宫城遗迹，见于商代早期的偃师商城遗址，面积约4万平方米。

二里头遗址是我国古代最早的具有明确规划的都邑，其规划缜密、布局严整，开中国古代都城规划制度的先河，后世中国古代都邑营建制度的许多方面都可以追溯至二里头，如纵横交错的道路网、方正规矩的宫城、宫城内多组具有中轴线规划的建筑群、建筑群中多进院落的布局、坐北朝南的建筑方向以及许多土木建筑技术等。

二里头宫城可以看作是中国古代宫城的祖源，此后的中国古代宫城连续演进，在明清时期营建的北京紫禁城达到了顶点。

1961年至1975年，考古工作者先后对二里头遗址宫城区内发现的1号宫殿基址进行了考古发掘。

发掘显示，该基址总面积达1万平方米。正殿居基址北中部，四周回廊围列。

正殿之南为一宽敞的庭院，过庭院为面阔8间的牌坊式大门。这是当时发现的国内最古老的宫殿建筑基址。

1977年至1978年，考古人员对2号宫殿基址进行了全面发掘，基址面积约4000平方米。在宫殿区内发现6座大型夯土宫室建筑基址，即3、4、5、6、7、8号建筑基址。

3号和5号建筑基址建于二里头文化二期。二者东西并列，其间的通道下发现了长达百米的木结构排水暗渠。

3号建筑基址部分被2号基址所覆压，其年代比1号宫殿基址的年代还早百年左右，是目前我国发现的年代最早的大型宫殿建筑基址。

该基址已探明的长度150米，主体部分至少有三重庭院组成，院内还发现成排的贵族墓。从中出土数十件（组）铜器、玉器、漆器、白陶器、原始青瓷、绿松石工艺品、蚌制工艺品等随葬品。一些器物如斗笠状白陶器、大型绿松石器等饰品均属首次发现。

4号建筑基址台基长近40米、宽12米，位于2号宫殿基址的正前方。二者大体同时期，且有共同的建筑中轴线，应属同一建筑群。

6号建筑基址始建于二里头文化四期，这是首次在二里头遗址内发现属于二里头文化四期的大型建筑。

7号、8号基址的始建年代应为二里头文化二、三期之交，一直延续使用至二里头文化四期晚段或稍晚。

考古发掘显示，由于宫城城墙及1、2、4、7、8号等夯土基址大体同时兴建于二里头文化三期，使这时的宫殿区布局为之改观。

仅就宫殿区东部的建筑基址群来说，始建于三期的2、5号基址与始建于四期的6号基址，都是在属二里头文化二期的3号基址被彻底废毁后又在其原址上兴建起来的。

早晚两个时期的建筑格局发生了显著变化，由一体化的多重院落布局演变为多个单体建筑纵向排列。

在3号基址院内发现的成排的中型墓葬，共5座。墓葬均为土坑竖穴墓，多铺朱砂，有棺痕，出有铜器、玉器、漆器、白陶器、印纹釉陶器（或原始瓷）、绿松石器、成组蚌饰、海贝和大量陶器。

从层位关系和随葬遗物看，这些墓葬均为3号基址使用时期的遗迹，时代为二里头文化第2期。

这是二里头遗址发掘中，首次在宫殿区内发现的随葬品丰富的贵族墓。

偃师商城遗址，是我国唯一保留下来的一处未遭破坏的商代早期都城遗址，也是洛阳闻名的“五大都城遗址”之一。

1983年被中国社会科学院考古研究所首次发现以来，引起了国内外学术界的普遍关注。

国外学者将偃师商城的发现，与19世纪德国考古学家谢里曼在小亚细亚发现的著名的特洛伊古城相提并论，联合国教科文组织将偃师商城遗址的发现列为1983年世界十七大发现之一。

该遗址于1988年被国务院公布为第三批全国重点文物保护单位。

偃师商城遗址位于今偃师市二里头村，北依邙山、南临洛河、西距汉魏洛阳故城10公里、西南距二里头遗址约6公里。

偃师商城遗址北依邙山，南濒洛河。唐代以后，城址被淤积土层覆盖，现埋藏深度0.5米～5米，城垣大多仍保留1米～3米不等的高度。

城址自1983年发现以来，考古工作者对该遗址进行了持续考古发掘，通过对城墙、城门、护城河、道路、水渠、宫城（宫殿建筑群、祭祀遗存和池苑遗址）、府库、手工业作坊（铸铜、制陶等）、官署性建筑、普通民居和墓葬等的勘探和发掘，对城址的相关问题有了比较清楚的了解。

偃师商城城址规模庞大，设计考究，布局严谨，先后建有小城和大城共两重城垣，大城城垣是在小城城垣的基础上扩建而成。

小城时期即城址的初始时期，城址平面形制呈长方形，南北约1100米，东西约740米，面积近80万平方米，城墙宽约六七米。

城墙走向及城内主要建筑的朝向皆北偏东7°——10°，四面城墙中部，可能各有一座城门。

城址的布局特征可概括为：面朝后市，择中立宫，对称布局。

城南部地势略高之处是宫城和官署区，国库位于城西南隅；铸铜作坊位于城外东北靠近河流的地方；普通居住区和手工业作坊主要分布在城的北部等。

宫城平面大体呈方形，外围有宽约2米的夯土围墙，面积接近4万平方米。

宫城布局结构清晰，层次分明，设施完备。由南往北，按功用可分宫殿区、祭祀区和池苑区三大部分。

宫殿建筑分为东西对称的两区，东侧可能为宗庙区，西侧是朝寝区。朝寝区以南北平行排列的三大主体建筑为基础，构成前朝后寝制。

祭祀区场面宏大，设置考究，祭祀内容丰富，种类繁多，仅猪牲就发现近百头之多。

池苑区的核心是一人工开凿、石头垒砌的长方形水池，长约130米、宽约20米，有石砌渠道引水、排水，形成完善的自流水系。

府库平面呈方形，外围有宽约2米的围墙，面积超过4万平方米，里面整齐而密集地布满长条形的库舍，总数超过90座。

大城时期即城址的繁盛时期。城址向北、东方向进行了大规模扩建。

新城南北超过1700米，东西愈1200米，城垣宽度一般为17米～19米，城外环绕以护城河，河宽约20米，深近6米。

城门共6个，以对称、均衡为原则设置，东、西城墙上各设2门，南、北城墙中部各设1门。

宫城改造的同时，规模进一步扩大，在保持原有格局的基础上，绝大多数宫殿建筑得以改扩建或重建，宫殿建筑追求奢华，呈现出阁影楼台、宇盖错落的盛世景象。

整个国库在原址被统一翻建；在宫城东北，按原有国库设置布局，新建了又一座大型国库。

此后约百年间，城址的总体布局没有发生大的变化，但宫殿区规模继续扩大，在改扩建原有宫殿建筑的同时，又新修了数座宫殿建筑，并出现了单体面积近万平方米的超大规模宫殿建筑；府库亦进行了修缮。

在城内发现有东西向大路5条，南北向大路6条，路面宽6～10米，其中一些道路与城门方位基本对应。

城内南半部有3座小城，宫城居中，为正方形，内有成组的大型宫殿基址；另外两座小城位于宫城的东北和西南，均为长方形，内有成排建筑，可能是武库、粮仓或屯兵防卫的城堡。

偃师商城既有大型宫殿建筑，又有军事防御设施，具有早期都城的规模和特点，专家一致认为：距今3600多年前的偃师商城遗址是迄今为止所发现的我国商代早期城址中年代最早、规模最大、保存最好、便于全面进行科学研究工作的一座帝都。

偃师商城经过周密规划，选址得当、重点突出、主次分明、布局合理。总结了我国自仰韶文化晚期开始造城的经验，开创了其后建造都城的先河，在我国都城建设史上起着承前启后的作用。

偃师商城的宫城不但是我国迄今所知年代最早的宫城遗址，也是我国夏商周三代唯一被考古全面发掘出的可供全面研究的宫城遗址。

宫城及其内的宫殿建筑，是研究我国早期帝王都城，尤其是宫城制度、宫殿建筑布局的珍贵资料。

商朝的都城，目前发现的有偃师商城、郑州商城和安阳殷墟等几处，而偃师商城是目前发现的早期城址中年代最早、规模最大、保存最好的一处，极其珍贵。

为长期、有效地保护这一重要遗址，这里以大型遗址公园的形式展现在世人面前。

东周王城遗址位于今洛阳市王城公园一带，遗址上多为现代建筑。

公元前770年，周平王东迁洛邑，建都于东周王城。由平王至景王加上后来的赧王，先后有二十五王在此执政达五百余年之久。

东周王城的规模、布局和演变，历代文献多有记载。但因年代久远，昔日壮观的景象如今已荡然无存。

20世纪50年代初，中国科学院考古研究所为寻找东周王城的踪迹，根据文献记载，在今洛阳市王城公园一带、涧河两岸进行了大规模的考古调查和发掘工作，并在涧河东岸的小屯村发现了汉河南县城遗址。

因汉河南县城与东周王城之间存在着沿袭关系，于是考古工作者就以汉河南县城城址为基点，很快在其外围找到了沉睡地下近三千年的东周王城遗址。进而摸清了东周王城的具体位置、布局和范围。

以后，又多次在此区域有重要发现，特别是在王城东部发现了大型车马坑和大型墓葬之后，揭开了东周王城陵区之谜，为了解东周王城的全貌提供了新的珍贵资料。

2002年7月，东周王城广场准备开工建设。在考古勘探过程中，“天子驾六”的发现举世震惊。

考古工作者先后发现了18座车马坑，对其中的17座车马坑进行了发掘，并在规模最大的车马坑内发现了“驾六马”的“天子之乘”——一辆马车前面，对称摆放着6匹马的骨骸，虽然经过了近3000年的时间，车辕、车身构件以及马的骨骼清晰可见，印证了古文献当中“天子驾六”的记述。

“天子驾六”保存之完好、规模之宏大，在世界上独一无二。

在随后的大规模考古发掘中，这里还出土了大量珍贵文物，其中残留有墨书“天子”字迹的石圭以及刻有“王作宝彝”铭文的青铜器等都备受瞩目。

2004年春天，在南距唐宫路约360米、东距光华路约60米的工地内发现了东周王城东的一段城墙。

此段城墙呈南北走向，长20、宽11.9米。

发掘区域内的城墙由Ⅰ、Ⅱ两期夯土组成。Ⅰ期夯土建于一条南北向的路上，路土堆积厚达0.14米，其上有4条清晰的车辙，车辙间距1.1米。

道路的年代当在春秋至战国早期。

从发掘情况看，此路使用时间较长，车辙间距规整，应非一般的民用小路，对研究东周王城的修筑、使用及布局等方面，提供了重要的资料。

汉魏故城遗址，即周、汉、曹魏、西晋、北魏都城遗址。在洛阳市东15公里偃师、孟津相邻处。

西周初营建洛邑，在此筑城，称成周。因城在洛水之北，战国时称洛阳。

西汉刘邦初都于此，后迁长安。东汉光武帝建武元年（25）在此定都，改洛阳为雒阳。曹魏定都时复改为洛阳。

西晋亦以此为都。

北魏孝文帝十八年（494）自平城迁都于此。

隋大业元年（605）在今洛阳市区处建东都，故城遂沦为废墟。

因该地在汉魏两代最为繁盛，故史称汉魏洛阳故城。1961年中华人民共和国国务院公布为全国重点文物保护单位。

从公元25年，东汉光武帝刘秀定都于洛阳开始，曹魏、西晋、北魏等朝代均在此建都，四代建都时间累计330年以上。直至北魏孝武帝永熙三年（534），东、西魏分立，各营新都，此后战乱频繁，沦为废墟。

整个汉魏故城占地面积约十六平方公里，东西长约三千米，南北长约四千六百米，呈不规则长方形。每隔百步有一座防御工事。

城门有十二个：北有二门，西叫夏门，东叫谷门；东有三门，自北向南为上东门、中东门、耗门；南有四门，自西向东是津门、小苑门、平城门、开阳门；西有三门，自北向南为上西门、雍门、广阳门。

城内共有二十四条街道，都通向城门。

十二座城门大小不一，但都有三个门道与城中三条街道相通，旁边两道较窄，中间较宽。中间门道也叫“御道”，是专供皇帝出入使用的，御道两侧筑有防护墙。城门（除夏门）皆两重，距地百尺，门外耸立双阙。

阙是门前两侧的了望楼，上有楼关，下有通路；阙外有亭。

东汉洛阳的皇宫分为南、北两宫。两宫之间以有屋顶覆盖的复道连接，南北长七里。

复道就是并列的三条路。每隔十步设一卫士，侧立两厢。南宫的北门与北宫的南门两阙相对。整个宫城平面呈“吕”字形。

南、北宫城均有四座同向同名的阙门，门两侧有了望楼。南为朱雀门，东为苍龙门，北为玄武门，西为白虎门。

南宫的玄武门与北宫的朱雀门经复道相连，南宫朱雀门作为皇宫的南正门与平城门相通而直达城外。

由于皇帝出入多经朱雀门，故建筑格外巍峨壮观。

南宫是朝贺议政的地方，建筑布局整齐有序。主体宫殿坐落在南北中轴线上，自北而南依次为：司马门、端门、却非门、却非殿、章华门、崇德殿、中德殿、千秋万岁殿和平朔殿。

中轴线东西侧各有两排对称的宫殿建筑。

西侧两排自南而北依次排列。东排为鸿德殿门、明光殿、宣室殿、承福殿、嘉德殿、玉堂殿、宣德殿、建德殿；西排为云台殿、显亲殿、含章殿、杨安殿、云台、兰台、阿阁、长秋宫、西宫。

东侧两排、西排为金马殿、铜马殿、敬法殿、章德殿、乐成门、乐成殿、温德殿和东宫；东排为侍中庐、清凉殿、凤凰殿、黄龙殿、寿安殿、竹殿、承风殿和东观。

中轴线两侧的四排宫殿与中轴线两侧的四排宫殿与中轴线平行。

这南北五排建筑若按与中轴线直交的横向排列，又可分为八排。

这样，每座宫殿建筑的前后左右都有直道与其他宫殿相通。因此俯视南宫地面，会看到一个格子形的布局。

北宫宫殿少于南宫，建筑也没有南宫的规整和对称。坐落在中轴线上的依次为：温饬殿、安福殿、合欢殿、德阳殿、宣明殿、朔平暑，平洪殿。

北宫的中轴线西只有半排建筑，自南而北分别依次是：崇德殿、崇政殿、永乐宫。

崇德殿南有两门，东金商，西神虎。两门南面有两观，东增喜观、西白虎观。

中轴线东有两排建筑，自南而北分别依次是：西为天禄殿、章台殿、含德殿、寿安殿、章德殿和崇德殿；东为永宁殿、迎春殿、延休殿、安昌殿、景福殿和永安殿。

灵台、明堂、辟雍为“三雍” 。

三雍之中，灵台居首。

灵台整个建筑面积达四点四万平方米。深入地下的台基长宽各约五十米，高度为十三至十四米间。

在夯土台四周，各有上、下两层平台。

下层平台，周围原系环形回廊，北面正中有坡道可通达上层平台。

坡道两侧的回廊，东西各五间以上，每间面阔二点五米，进深约两米；上层平台四方各有建筑物五间，每间面阔二点五米。

明堂上圆下方，共有十二个堂，以合一日十二时辰；九室，以合天下九州；一室八窗，共七十二窗，合帝王之尊；一室十二门，合阴阳之数。

明堂建制规模，经勘察得知，占地面积东西三百八十六米，南北四百米，周围筑高墙，中心为一直径六十多米的圆形建筑。

辟雍占地面积一百七十米见方，四面各筑一门，中心边长为四十五米的方形建筑。

璧雍除北面外，三面环水，以使观者不得靠近，北面无水，使供出入使用的。

太学——教育基地。

整个太学规模宏大，为南北长、东西阔的长方形，长十丈、宽三长，四周有墙壁，面积达三万平方米以上。有二百四十间房，一千八百五十室，排与排之间的距离相等划一，排列有序。

隋唐洛阳城遗址是中国隋唐两代的东都城遗址，北依邙山，南望龙门，东逾瀍水，西至涧河，洛水横贯其间。

隋炀帝即位后，改洛阳为东京，大业元年（605）开始大规模营建洛阳。次年东京建成。

唐贞观年间，唐太宗把洛阳作为巡察东方的行宫，号洛阳宫，并两次下令进行修葺。

唐高宗即位后，下诏改“洛阳宫为东都”。

武则天临朝称帝，改国号为周，“改东都为神都”。

唐中宗即位，“复国号为唐”，“复神都为东都”。

五代时，后梁、后唐、后晋均以洛阳为都。

后汉、后周和北宋以洛阳为西京。

1988年隋唐洛阳城被国务院公布为第三批全国重点文物保护单位。

隋唐洛阳城是中国古代历史上持续建都时间最长、建筑规模最大的都城之一，是当时世界上著名的文化和商业贸易中心，是隋唐时期丝绸之路的东方起点，这些都充分彰显出隋唐洛阳城在中国古代史、中国古代都城史和中国古代建筑史上的重要地位。

隋唐洛阳城的规划设计，既影响了中国古代的都城规划，也对周边国家和地区的城市规划产生了深远的影响。

隋唐洛阳城遗址面积47平方公里，主要由宫城、皇城、郭城、东城、含嘉仓城、上阳宫、西苑、离宫等八部分组成。

隋唐洛阳城已列入国家重点投资保护的大遗址名单，正在以新的面貌走向世人面前。

第陆卷

帝都传奇

任见 著

河南人民出版社

目　录

第七十六章

铜雀深情

曹丕

西园雅集图（局部）

一

说话到了公元217年的春天，曹操率军回到邺郡。

南征北战这么多年，平定了大半个中国，他想暂时休息一下啦。

照管邺郡及其周边广大地域的曹丕是个忙人，除了政务军务，邺城连续多年大兴土木，其中重点工程便是修建了西园。

西园修建期间，曹丕常常在工地上调研，忙得连文人士子们的定期聚会也顾不及了，忙得连身怀六甲的妻子甄洛也顾不及了。

惟曹植无所事事，除了每日饮酒赋诗之外，就是走马斗鸡，或是由一些心腹陪着，四处游荡，譬如小科长丁仪、丁廙兄弟俩，便是不离曹植左右的密友。

甄洛自然晓得曹丕干的是重要公务，也不打扰他，听从婆婆卞夫人的劝告，平日里由四个丫鬟陪着，在曹府里转悠转悠，说是活动活动气血，有利于生产。

也不知是平日生活营养太好，还是甄洛腹中的胎儿就是个龙种，与众不同，发育明显地比普通胎儿大。

身材纤瘦的甄洛，有点不堪重负。一日下来，总感身心疲惫。但从胎儿不时的躁动中，又感到了丝丝的幸福和安慰。

甄洛常常浪漫地遐想，希望生下来的孩子能集中曹丕和她的优点。

若是男孩，就像曹丕那样，潇洒能干。

若是女孩，像她这样有一双忽灵灵的大眼睛，高翘翘的小鼻梁，精美的鼻头，深深漾起的酒涡——喝得醉男人！

铜雀台

曹叡

孩子要聪明善良、性格真诚，有宽大的胸怀，又很爱他的母亲。

生了。甄洛在公元214年为曹丕生下了儿子曹叡，长门长孙，曹丕和母亲卞夫人欢喜极了。

帝王之家，宗祧的延续非常重要，那是基业相传的保障啊。

曹叡出生的时候，西园也建成了。双喜！

西园在邺城西北，借赖曹操训练水军的几处大池，利用漳水和树林等自然美景，扩建而成，环境幽雅，空气新鲜，最出色的建筑是数座别墅状台楼，曹操名之为铜雀、金虎、冰井。

中间的铜雀台，高逾十丈，有屋一百二十余间，远看耸阁飞檐，飘入云头，俯视漳水如带、城郭如玩，端的是万千气象。

曹操此番回到邺城，绝不似以往的情状了，而是丞相魏王，占有了全国最高的风光。

曹丕说："爸，去看看吧！"

适值阳春，万木葱茏，生机勃发的邺城，在阳光中闪耀着分外美丽的光辉。鼓乐奏起，曹操身着大红锦袍，率领众人，缓缓登上铜雀台。

列席分坐了。老英雄左顾右盼，乐不可支，大笑道："中原人物看来全在这里了，今日铜雀盛会，愿与诸君一剖心曲。"

文武僚属纷纷应和，齐声称颂曹操的威德，称颂铜雀台宴会大厅的美异。

此时的曹丞相，人生崎岖已然走过，丰功伟业已然成就，在文武群僚的欢呼中，内心的喜悦可想而知。

曹操举起酒爵，朗声道："铜雀台，以后就是我们较武功、论文事的地方，今日首聚，文武咸集，来，为庆贺我们多年的愉快合作，干一大觥！”

曹操饮过几巡酒后，再也掩抑不住深藏的心事，拈着须髯，慨然有情地演说起来。

想当年，我最初的心意，不过只是想在谯郡以东五十里，筑一精舍，夏秋读书，冬春射猎，以俟海晏河清。

后来国家变乱，征为典军校尉，乃欲为国家立功讨贼，身后得题墓道云“汉故征西将军曹侯之墓”，则于愿已足。

董卓擅政，逼迫我兴起义兵，然而又常常自我抑损，害怕兵力太多，反为祸害。

及袁绍据河北，自问不敌，聊尽人事，幸而歼之于官渡。更南征刘表，定之，西巡关中，平之。

及今，身为宰相，人臣之贵极矣。假若天下无有曹操，不知会有多少人称帝，多少人称王？

或有谓我有不逊之意，每用耿耿。

以大事小，方为天下至德。齐桓公、晋文公所以能够垂称今日，正是他们以其才能侍奉周室不使其坠。

然而，让操就此释放兵权，就身国事，势所不可。

诚恐离开军队即便遭害，为国为家，当然不可慕虚名而处实祸。

诸位，此是心底之语，肝膈之要，希望诸位理解，并能正确传达，使更多的人知道我的心意。

曹操娓娓道来，无比实在，可把满堂文武听得发呆了。

铜雀台赋

文武官员们攀龙附凤，期待的就是有朝一日曹氏代刘，得享尊荣富贵。曹操忙着平定天下，从来不说这些，他们就总存着越来越大的期望。今日曹丞相忽然袒露心迹，无意代汉，话语又是这样合情合理，不容他们不相信，不容他们不失望。

曹操发觉了满座的沮丧情绪，开始后悔了。

然而，话已出口，不能收回，他想了想，说：“子建，盛会宜有所颂，你是不是即席作一篇《铜雀台赋》来，看看可有长进？”

曹植文思敏捷，记忆力超人，十多岁时，就能背诵《诗经》及一些辞赋，文章也写得特别好，以至于曹操竟怀疑是不是他自己写的。

“子建，是自己写的，还是请人代作的？”

“自然是孩儿写的，不信可以当面测试，怎么是请人代作的呢？”

自那以后，曹操越发看重曹植的文采。

曹植知道，父亲点名要他作《铜雀台赋》，当然是知道他的实力，想让他展示一下。

曹植索取纸笔，略加沉思，便一挥而就，呈上父王，前后至多用了一盏茶工夫。

从明后以嬉游兮，登层台以娱情。见太府之广开兮，观圣德之所营。建高门之嵯峨兮，浮双阙乎太清。立中天之华观兮，连飞阁乎西城。

临漳水之长流兮，望园果之滋荣。立双台于左右兮，有玉龙与金凤。连二桥于东西兮，若长空之蝃蝀。

俯皇都之宏丽兮，瞰云霞之浮动。欣群才之来萃兮，协飞熊之吉梦。仰春风之和穆兮，听百鸟之悲鸣。

天云垣其既立兮，家愿得乎双逞。扬仁化于宇宙兮，尽肃恭于上京。惟桓文之为盛兮，岂足方乎圣明？

休矣！美矣！惠泽远扬。

翼佐我皇家兮，宁彼四方。同天地之规量兮，齐日月之辉光。永贵尊而无极兮，等君寿于东皇。

御龙旗以遨游兮，回鸾驾而周章。恩化及乎四海兮，嘉物阜而民康。愿斯台之永固兮，乐终古而未央！

曹操抑扬顿挫地从头念起，只觉文辞辉煌，音韵铿锵，立即命赐给曹植美酒，自己也邀请众人共饮一大觥。

曹植文采不错，遣词用典，十分简古。

后山不惮费事，转为现代汉语，使你便于体会汉魏才子的豪迈诗情。

跟随丞相，游春观景，登上铜雀台，欢娱莫名。

仰望长天，无比开阔，俯瞰大地，全是圣德的经营。斯楼雄伟而高大，两边的高台好似漂浮在空中。美丽的飞阁高接云天，闪亮地装点着西城。

远望漳河，清水长流，近看园景，郁郁葱葱。左右两边，高台并立，上面雕着玉龙和金凤。两座长桥，凌云伸展，仿佛长空之中飘动的彩虹。

俯视皇都，宏伟壮丽，仰视云霞，荡漾流动。欣喜于贤才荟萃，就像周文王梦见吉祥的飞熊。依着和煦的春风，我们听见百鸟的争鸣。

天云垣竣工之后，我的两个愿望都能实现。在世间宣扬仁德，京都也尽显庄严神圣。有了齐桓公和晋文公才能出盛世，君王该怎样做，才能称得上圣明？

汉献帝

就这样吧，已经很好了！美好的恩泽，正在传扬。

辅佐皇帝，安宁域内，遵循天地规律，与日月齐晖。永世尊崇显贵，没有尽头，与太祖东皇一样，长寿无疆。

擎着龙旗，遨游天地，驾着鸾车，周游四方。恩德广布五湖四海，美物富足，百姓安康。祝愿此台永远牢固，万民之乐永远畅享！

事实证明，曹植文采无双，更难得的是倚马可待。

曹植的密友杨修及丁仪、丁廙兄弟俩大为高兴，捧爵向前道：“子建文采，不仅为铜雀台增色，而且是丞相千秋伟业的颂赞，万世之后，人们吟咏之，也会想见今日盛况。”

曹操高兴地下令道：“有了子建的《铜雀台赋》，文事已就。既有文事，不可不观武功，诸位将军干了酒，可于台前比较骑射。”

武将们吃闷酒，正在心燥呢，听得丞相发话，张辽、徐晃、夏侯渊、张郃等都离席前去台前操练，最后徐晃夺得锦袍一领，其余优胜者各得锦缎一匹。

欢呼声震撼铜雀台。

被簇拥的曹操，指点风景，乐不可支。

二

汉献帝遣使来到邺城，加封曹丕为副丞相，准其置府设署。

其实曹丕的权力本身已经在邺城酝酿，汉献帝只是顺应形势而已。

诏谕颁布，大势所趋，人心纷纷归附，曹丕隐然成为一方重镇。

但军政大权依旧在老爸曹操手中，曹丕知道自己参政的真正时机还没有到来，还需要平静处之，甚至以退为进。于是他暂时忘情于政治，每日只和文学侍臣们诗酒高会。

刘桢、王粲、徐干、陈琳、阮瑀、应瑒，这些人文采风流，属于国家重点作家，名为曹丕的侍臣，实际上全是他的密友，天天在副丞相府盘桓，吟咏。

春日迟迟，酒兴高涨，也不知由谁提起，话题转到了甄夫人身上。

有人借着五分酒意说道："甄夫人天香国色，又是文采出众的人，我等只读到夫人的诗文，但恨无一面之缘。今日盛会，极尽欢娱，可否请夫人参与一下？"

说这话的人当然不是刘桢和陈琳。

刘桢是甄洛的义兄，陈琳曾经与甄洛相互搭救。不过他们希望见到甄洛的心情也许更为迫切。

曹丕这时也有些薄醉，随口笑答道："有什么不可以的。她也久慕诸君文名，常常跟我提起呢。"

大家拊掌称好，紧张而又高兴，都道："请夫人！请夫人！"

曹丕便命左右去请甄夫人出堂，与诸文友相见。

女性被深藏起来，她是寂寞的，何况美绝人寰的甄洛。她毫无迟疑地答应了，开始更衣理妆，像是要去参加一场隆重的典礼。

甄夫人一笔一笔地画眉点唇，侍女们在身后为她重整高髻，而锦绣衫裙正在熏笼上"加香"。

好久没有这样着意打扮了，看看铜镜里的容颜，依然青春靓丽，窄窄的春衫，衬托出曼妙的躯体，产子后线条更加突出。他开心地笑了。

内堂在认真打扮，外间在屏息等待，双方都有一种紧张的期望。

终于，画屏后有了环佩声响。

女侍们曼妙地报告："甄夫人出堂——"

甄洛出现，香风飘拂，裙裾如波，带来满堂的春天气息。

宾客们虽说都有醉意，却还没有忘记礼数，不约而同地纷纷离席，俯首欢迎。

曹丕依次向夫人介绍自己的文友，每及一人，甄洛便能即时报出他们诗文的篇名，让他们惊喜不置。

介绍到刘桢，夫人说："这是我的义兄，战乱中非常惦念呢，后来知道兄长回到邺城，才放下心来。"

刘桢说："感谢夫人。曹丞相和五官将解放邺城，是我们的福分，是百姓的福分。"

到了陈琳，曹丕说："孔璋不用多介绍了，历来是河北一支笔嘛。"

甄夫人看到个个都还在低着头，忙对曹丕说："诸君都是诗文盖世的名士，请让大家不要太拘礼，好吗！"

曹丕道："夫人说得对，诸位请随意一些吧。"

文士们一时激动，吵着请甄夫人出来相见，可甄夫人真地来到面前，却又都紧张不已，不敢随便平视。

惟有刘桢，目光灼灼，望着"洛洛"，只说不出话来。

不能这样僵持啊，于是，甄夫人盈盈一笑，道："既然诸君依然拘谨，我就告退了。诸君请继续讨论文事吧。”

甄洛言行有度，举止有节，实际上也只能跟大家这样闪电般见一下面，不能久停。坐在这儿逗乐儿，成何体统？

甄洛一直惦念义兄刘桢，今得一见，却无法表达更多，于是在临转身之际，又深情地望了刘桢一眼。

刘桢依然痴痴地，望着甄洛，望着。

别的人也许都没有发现他们最后的对视。

甄夫人的长裾如水波，浮漾着转过去了，香风渐渐远了，环佩声也渐渐去了。

全堂寂然，人人都僵化于原先的姿态。

曹丕咳了一声，说：“诸君归席吧，夫人已经走了。酒都冷啦。”

大家纷纷归位，只有刘桢还在发痴，全堂都望着他，他自浑然不觉。

“公干……”曹丕苦笑道，“酒冷了。大家都等着呢。”

刘桢这才从梦中醒来似的，“哦”了一声，接说“是的，是的”，缓缓坐回原席，跟大家对饮。

文人雅士们宣扬描摹，比网络还快捷，比电视还厉害，效用十分了得，甄夫人的美，由传说变成了现实，又一度轰动整个邺城。

有的野史把刘桢平视甄夫人演义得非常过分，说曹家因此将他办进大狱，其真实性都是无法考究的。

曹家的声望已经走上高峰，宗庙也在这年修建起来。

汉献帝又礼聘曹操的三个女儿为贵人，小女儿年龄尚幼，仍旧留在家里，名

华歆雕像

分已经有了。

曹操无意间得到了皇后伏氏过去写给她父亲屯骑校尉伏完的一封密信。

伏皇后在信中说曹操罪恶深重，希望父亲暗中想办法除掉曹操。伏完见信后，未敢贸然行动，一直“伏”着，直到“完”了。

不知怎么弄的，伏完病死，密信却没有毁掉。

曹操查实了，认为无可饶恕，便逼迫汉献帝废掉伏皇后。

汉献帝在曹操的指挥下，颁了一道《策收伏后》的诏令，数落伏皇后的罪过。

皇后伏寿，自从入宫为贵人、皇后，已有二十四载。然而，其既缺乏美好的德性，又没有谨慎立身、安享尊荣的福分；相反，却暗怀嫉恨，包藏祸心，不配承受天命，祭祀祖宗。

唉，伤心啊！这是伏寿的自作自受！没有依法治罪，已经是她的幸运了。

尚书令华歆领命，仗剑带兵，径直进了皇宫，搜捕伏皇后。

伏后得知消息，吓得让人紧闭宫门，自己躲进夹墙里边，浑身发抖，不敢露头。

华歆命军士劈开宫门，拆毁夹墙，把伏皇后搜了出来。

小兵们不敢动皇后，华歆就亲自将伏皇后揪来见汉献帝。

伏皇后披散着头发，赤着脚走到刘协面前，流着泪对刘协说：“皇上，您不愿意救我吗？”

献帝流着眼泪，无法回答，迟疑良久，低声说道：“连朕自己的命运都不好预料啊。”

邺城一景

汉献帝对侍立身边的御史大夫郗虑说："郗公，天下难道一定要发生这样的事吗？"

郗虑没有啥说，默不做声。

伏皇后和她所生的两个儿子都被杀掉了，并且株连伏皇后的兄弟及宗族，被杀者共有一百多口。

伏皇后被诛，身为贵人的曹操的三个女儿曹宪、曹节、曹华，身份依序上升。

不久，曹节晋升为皇后。

汉献帝彻头彻尾被控制起来，老老实实做曹家的女婿了。

三

功业大成的曹操在邺城等于休假。

曹丕和甄洛常常带着儿子曹叡来陪伴曹操和卞夫人，有时候曹植也带着妻子崔罘过来，听曹操分解天下政事。

小小的曹叡，天生的聪明伶俐，曹操对他的这个孙儿疼爱有加，甚至超过了他对当年曹丕的疼爱程度。

由于"爱乌及屋"，曹叡母亲甄洛在公公曹操的内心深处，位置也不亚于曹丕、曹植等。

曹操爱围棋，巧的是甄洛也是个棋手，翁媳二人得闲时自然可以围上几局了。

围棋时，曹操往往科头跣足，无拘无束。

甄洛先是有点忧惧，慢慢地也神往于曹操那豪放的性格了。

曹操天赋有一种引人的魅力，这也是他能凝聚当世人才的原因。

具备优秀的人格魅力的男性，对于女性的影响更大，纵然年岁偏长，但苍老与豪迈相加，足以使敏感的女性为之倾倒。

甄洛对曹操的感情就是这样一种崇拜与颤动的揉和。

曹操缓缓地说："洛儿，解救你出袁府，于今年头不少了，人事沧桑，白驹过隙，你还是当年模样，而我却垂垂老矣！"

甄洛默默地听着，有些脸热，有些娇羞，不敢抬头去看公公的眼睛，听到末了，她忽然仰起脸，急急地说："不，您一点也没有老！我想，凡是真的英雄，永远都是年轻的，您尤其是。"

曹操满怀深意地望甄洛一眼，捻起一粒白棋布下，正好组成天罗地网，拢起了她的一角黑棋。

甄洛发现被围，娇媚地叫起来："啊！我完了，您围住我了。"

曹操微笑道："试试看，还能不能突围？"

她轻轻地说："不行，您关住了我，您关住了我。我这么快就陷落于您了，怎么办，怎么办呀？"

曹操得意地轻轻敲着棋盘，眼中闪耀着光辉，"几乎没有人能从我手中突围的。你说，怎么办呢？"

甄洛看见，自己蒙在棋缸上的手在微微地颤抖，手背上丰腴白皙的皮肤也泛出了红色。为了掩饰内心的激动，她捏起一粒棋子，想胡乱地布一下，谁知却使

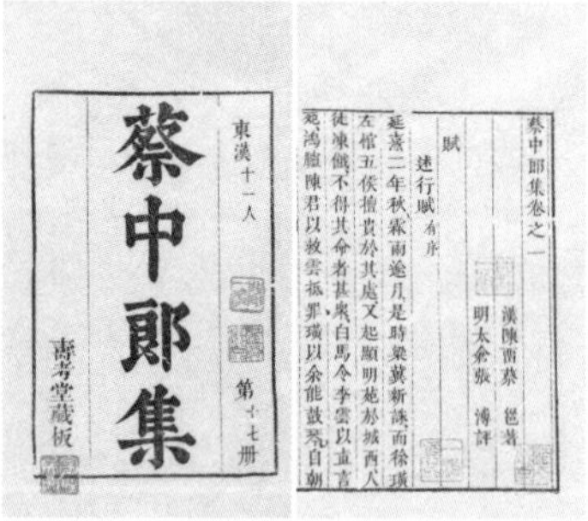
蔡中郎集
東漢十一人
第十七册
壽考堂藏板

蔡中郎集卷之一
漢陳留蔡　邕著
明太倉張　溥評
賦
述行賦 有序
延熹二年秋，霖雨逾月，是時梁冀新誅，而徐璜
左悺五侯擅貴於其處，又起顯明苑於城西，人
徒凍餓，不得其命者甚衆，白馬令李雲以直言
死，鴻臚陳君以救雲抵罪，璜以余能鼓琴，白朝

蔡邕文集

蔡邕书法

她的激动表现得更加明显，她简直不晓得如何应对了，只在无意识地布子。

曹操笑道：“你下错了。洛儿，你自己在送给我吃啊。”

“哦。”甄洛半掩着眼帘，觉得脸颊热得发烫，“我现在头昏，不能再下了。”

“我扶你到榻上靠一下好了。我常在上面午睡，很舒服的。”老英雄脸上现着哄孩子似的笑容，“洛儿，休息好了我们继续围棋。”

四

这日，曹操在府中闲话，扯到旧交故友，忽然想起一个人来，就是死于董卓之难的大文豪蔡邕。

蔡邕乃是东汉末年一代大儒，素与曹操相善，甚至可称得上莫逆之交。

原为议郎的蔡邕曾经给汉灵帝刘宏解释“异象”，“蜺蛇堕落，雌鸡化雄，乃由妇人干政，或由非男非女之人弄权所致，亟待陛下进行改革，拯救顽民于水火”。遭阉公务员毒计构陷，削掉了职务。

接着，蔡邕又受到小人诬害，说他诽谤朝廷，他只好离家逃命，浪迹江湖，历时十又二年。

蔡邕在文学、音乐诸方面均有较高造诣，董卓占据洛阳时，老想借重蔡邕的盛名和才气，便特别征召他进洛阳任官。

蔡邕本已恐惧政治，董卓擅权，朝廷尤其黑暗，便婉言拒绝。

董卓威胁蔡邕说：“若不从命，诛杀全族，跑不掉的。”

蔡邕恐惧了，只好回到洛阳。

董卓迎到蔡邕，哈哈大笑，说："这就对了嘛。拜为朝官，效命社稷，有什么不好的！"

董卓任命他为祭酒，接着连续擢升，三天之内，历遍"三台"，官至宫廷随从官，人谓"蔡中郎"。

司徒王允设美人计，以美人儿貂蝉挑起董卓和其义子吕布之间的矛盾，吕布因为貂蝉杀了董卓，人心大快。

董卓造孽过多，又极肥胖，军士们恨之入骨，在暴尸街头的董卓脐部插上捻子烧起天灯。

谁知竟有人身披麻衣为董卓哭灵。

军士们将哭灵人提往王允处，众人视之，乃大文豪蔡邕也。

王允不解蔡邕何意，详细询问之下，蔡邕才徐徐言道："冒死为他哭一番，是报他知遇之恩也。"

蔡邕也知自己犯了大罪，求王允饶命，愿以有生之年，续完汉史。

太傅马日磾等人怜蔡邕之才，劝王允饶了他。

王允不听，命军士推出蔡邕，囚于狱中，很快又杀了。

马日磾深感惋惜，背后对众官叹道："像蔡邕这样站错队的人，应该免去他的罪，让他人尽其才，续完汉史，也是利国利民的一件大事。连对这样的人都不愿宽赦，恐怕难以长久啊。"

果如马日磾所言，不久后董卓的部下李傕、郭汜率兵造反，杀了王允。

蔡邕有一女儿蔡琰，字文姬。自小博学多才，长于诗歌，精于音律。

蔡琰塑像

六岁时，小姑娘躺在床上听父亲在外屋弹琴，忽然琴弦断了一根，她马上说：“是第二根弦断了。”

蔡邕又故意拨断一根弦，她立即判断“这是第四根弦断了”。

小文姬说得都对，蔡邕极是高兴，重点就文学、音乐对女儿进行培养，蔡琰进步超快。音乐奥林匹克女才子。

蔡琰十六岁那年，由父母之命，媒妁之言，嫁给了卫仲道。卫家当时是河东世族，卫仲道也是个出色的大学子。

蔡琰和卫仲道，小夫妻非常恩爱，可惜好景不长，结婚不到一年，卫仲道因咯血而死去。

蔡琰不曾生下一儿半女，卫仲道就死了，卫家的人怀疑是蔡琰命硬，克死了儿子，常常恶言恶语对待她。

才高气傲的蔡琰，如何忍受得了公婆这样地对待，一气之下，不顾父亲蔡邕的反对，毅然回到了娘家。

蔡邕被王允判了死罪那年，二十三岁的蔡琰又在战乱中被匈奴贼寇掳去。

蔡琰在匈奴一待就是十二年。这十二年她生活得究竟如何，谁人也不清楚。

只传说蔡琰被掠到匈奴后，被匈奴左贤王纳为王妃，并生有二子，其余的事，就不得而知了。

在说话中，曹操忍不住为蔡琰叹息。

曹操清楚，蔡邕任议郎时，蒙冤流亡，襁褓之中的蔡琰也成为罪隶，随父亲一同充军到北方荒凉之地，后蔡邕一家亡命江海，远迹吴会多年，蔡琰十三、四岁时才随父亲回到洛阳。

曹操叹曰："文姬这姑娘，自幼命运多舛，婚后又叠遭不幸，至今寄身蛮荒，怎不让人揪心！"

听到这里，在座无不为蔡琰的遭遇深感同情，卞夫人则更是热泪涟涟。文姬小时候，她是见过的，极是聪明伶俐，没想到这丫头的命竟是这么苦。

曹操越想越感到心酸，立即派周信为特使，携玉璧四双，黄金百镒，赴匈奴去赎回蔡琰。

周信领了丞相令，率领二十余人组成的迎归队，去南匈奴迎接蔡琰归汉。

第七十七章
胡笳悲风

一

却说周信带领外交使团，经过几个月的跋涉和艰难的磋商，最终说服南匈奴左贤王，同意放还蔡琰。

蔡琰久处远荒僻地，已经很少有人知道她了。不过对于她的父亲蔡邕，大家却是有所了解的，知道他死于董卓之难，是曹丞相的故友挚交。

曹操接蔡琰归汉，一则念故交之谊，不忍看着他唯一的骨肉长期流落匈奴，长年遭受寒风沙尘之苦，二则他知道文姬自小博闻强识，文才过人，且妙解音律，乃是女中罕见的文学家和音乐家，接文姬回来，好使她完成其父蔡邕未尽心愿，续完汉史。

邺城在翘首以盼，希望早日得睹蔡琰的绝世风采。

人们传说，痛苦的岁月和漠北的风沙并未减少她的美丽，三十有六，依然风姿绰约，芳华未逝。

蔡琰的归来，给邺郡带来不小的震动。不仅家喻户晓，街谈巷议，而且酒楼茶肆，几乎所有人所谈的话题，都围绕着她的归汉，竟日不断。

蔡琰走进曹丞相府，是在曹操专意为她举办的欢迎仪式上。

仪式盛大而隆重，聚集了国内著名的文臣雅士，当然建安的文学才子们一个也没少。

曹操以空前规格的欢迎宴会，为远道归来的蔡琰接风洗尘，蔡琰非常感动。

蔡琰在宴会上亲自弹奏和演唱了自己精心创作的叙事长诗《胡笳

胡笳十八拍

十八拍》。

《胡笳十八拍》分上下两阙，加以中间节，共十九节，以幽婉的琴声和如泣的歌声状叙了她屈辱与痛苦的人生历程，令人唏嘘沾襟。

我生之初尚无为，我生之后汉祚衰。苍天不仁，降下乱离的灾祸，大地不仁，让我生逢此时。干戈不息，民卒流亡。烟尘蔽野，胡虏乘隙。

戎羯逼我为室家，将我行兮向天涯。云山万重，归路飘渺。疾风千里，扬尘飞沙。人多暴猛，如虺如蛇，控弦被甲，为骄且奢。

越汉国兮入胡城，亡家失身兮不如无生。毡裘为裳，骨肉震惊，羯膻为味，枉遏我情。鼙鼓喧喧，从夜达明，胡风浩浩，晦暗塞营。伤今感昔，恨何时平。

无日无夜兮不思我乡土，禀气含生兮莫过我最苦。天灾国乱兮人无主，唯我薄命兮没戎虏。

殊俗心异兮身难处，嗜欲不同兮谁可与语！雁南征兮欲寄边心，雁北归兮为得汉音。雁飞高兮邈难寻，空断肠兮思愔愔。

冰霜凛凛兮身苦寒，饥对肉酪兮不能餐。夜闻陇水兮声呜咽，朝见长城兮路杳漫。追思往日，悲欲罢弹。

日暮风悲兮边声四起，不知愁心兮说向谁是！

原野萧条，烽戍万里，俗贱老弱，少壮为美。逐有水草，安家葺垒，牛羊满野，聚如蜂蚁。草尽水竭，羊马皆徙。衔悲流恨，恶居于此。

天有眼吗？为何不见我独漂流？神有灵吗？何事处我天南海北头？我不负天，天何配我殊匹？我不负神，神何殛我越荒州？

天无涯兮地无边，我心愁兮亦复然。人生倏忽兮如白驹之过隙，然不得欢乐兮当我之盛年。怨兮欲问天，天苍苍兮上无缘。举头仰望兮空云烟，空怀情兮谁与传?

城头烽火不曾灭，疆场征战何时歇?杀气朝朝冲塞门，胡风夜夜吹边月。故乡隔兮音尘绝，哭无声兮气将咽。一生辛苦兮缘别离，十分悲深兮泪成血。

我非贪生而恶死，不能捐身兮心有以。生仍冀得兮归桑梓，死当埋骨兮长已矣。

日居月诸兮在戎垒，胡人宠我兮有二子。鞠之育之兮不羞耻，愍之念之兮生长边鄙。哀响缠绵，痛彻心髓。

东风应律兮暖气多，知是汉家天子兮布阳和。羌胡蹈舞兮共讴歌，两国交欢兮罢兵戈。忽遇汉使兮称近诏，遣千金兮赎妾身。喜得生还兮逢圣君，嗟别稚子兮会无因。

不谓残生兮却得旋归，抚抱胡儿兮泣下沾衣。汉使迎我兮四牡騑騑，胡儿号兮谁得知?

与我生死兮逢此时，愁为子兮日无光辉，焉得羽翼兮将汝归。一步一远兮足难移，魂消影绝兮恩爱遗。肝肠搅刺，人莫我知。

身归国兮儿莫之随，心悬悬兮长如饥。四时万物兮有盛衰，唯我愁苦兮不暂移。

山高地阔兮见汝无期，更深夜阑兮梦汝来斯。梦中执手兮一喜一悲，觉后痛吾心兮无休歇时。弦急调悲，涕泪交垂，河水东流，情难具陈。

再还汉国兮欢心足。心有怀兮愁转深，日月无私兮曾不照临。子母分离兮意难任，同天隔越兮如商参，生死不相知兮何处寻!

蔡文姬墓

气填胸兮思茫茫，我与儿兮各一方。日东月西兮徒相望，不得相随兮空断肠。对萱草兮忧不忘，弹鸣琴兮情何伤！

今别子兮归故乡，旧怨平兮新怨长！泣血仰头兮诉苍苍，胡为生我兮独罹此殃！

去时怀土兮心无绪，来时别儿兮思漫漫。塞上黄蒿兮枝枯叶干，沙场白骨兮刀痕箭瘢。风霜凛凛兮春夏寒，人马饥尪兮筋力覃。岂知重得兮入长安，叹息欲绝兮泪阑干。

是知丝竹微妙兮，均造化之功，哀乐各随人心兮，有变则通。胡与汉兮异域殊风，天与地隔兮子西母东。苦我怨气兮浩于长空，六合虽广兮受之应不容！

随着蔡文姬如泣如诉的弹唱，我们仿佛看到汉末之乱给中原普通百姓带来的极大灾难，仿佛看到青春年华的蔡文姬，正在匈奴士兵的胁迫下，离乡背井，远涉沙漠。

毫无人性的匈奴士兵，对那些行走不动的人非打即骂。听着他们痛苦哀号，不仅没有一丝同情，反而像一群泯灭人性的野兽，对着他们的猎物肆意地践踏，之后便发出阵阵得意的大笑。

匈奴地僻遥远，中间又有大沙漠阻隔，所以无论晴好还是阴雨，朔风怒号，飞沙走石，路途之艰，超出常人的想象。长期生活在中原的娇弱女子，如何经历过这般痛苦？

在匈奴士兵的长鞭驱赶之下，人们只能一步步迈向那永远也走不完的大沙漠。沙漠那边是什么样子，他们不知道。思念故土，思念远隔千里的亲人，他们的泪只能往肚里吞。

举首叫天，苍天默默不语，俯首望地，大地默默无声。

天不应，地无灵。只有漠漠的黄沙，只有凛凛的朔风。

苍天啊，你就不能俯首察看一下你的众百姓，是你生养了他们，哺育了他们，但你为什么对他们身受的如此不堪之苦，而不能施下怜悯，或洒一掬同情的泪水呢？

大地啊，难道你睡着了吗？看不见发生的一切，还是你聋了，听不见我们发出的哀号！还是你故意掩面，视而不见，或是装聋作哑，任凭他们胡作非为？

胡笳本自出胡中，缘琴翻出音律同。十八拍兮曲虽终，响有余兮思无穷。

余音袅袅，历久不绝。全座之人无不耸然动容，唏嘘涕下。

曹操站起身来，太息道：“文姬啊，我的侄女，年虽不大，却饱受人间痛苦。今幸大难不死，看来苍天还是对你不薄。你的归来，也是我汉室大幸。我会让你继承老友蔡邕未尽之志，续完汉史，为国留名。”

说到此处，曹操话题一转，“但女人不可一日无家。今老友不在了，我愿代她为女儿择一佳偶。”

曹操唤过董祀，说：“小董啊，我知你二十有六，尚无婚配，今将侄女文姬赐予你为妻，另择吉日为你们完婚，希你善待于她，不得有误！”

既然是丞相作主，董祀和蔡琰无法有不同意见，只能唯唯应下。

二

铜雀园，亦即西园，内中树林丰茂、水池盘绕，是文人雅士们游宴赋诗的最佳去处。

曹家父子对文学的热衷和参与，也为铜雀园、铜雀台增添了活力。

他们经常来到这里，饮酒听乐，吟诗作赋，非常快乐。

甚至夜间也有他们游玩的身影。曹丕的《芙蓉池作》就描述了芙蓉池畔的优美夜景和游客的怡悦心情。

乘辇夜行游，逍遥步西园。双渠相溉灌，嘉木绕通川。

卑枝拂羽盖，修条摩苍天。惊风扶轮毂，飞鸟翔我前。丹霞夹明月，华星出云间。上天垂光采，五色一何鲜。

寿命非松乔，谁能得神仙。遨游快心意，保己终百年。

开篇即点明行游及游池的时间和地点，“夜”间“逍遥步西园”，乃是统治分子奢华生活的写照。

因为是逍遥之游，景物才是那样赏心悦目，令人陶醉。突出了浓厚的游兴，也奠定了后文的基点。

两条水渠相连，嘉木遍布河川，茂密葱茏的树木环渠而生，相互掩映衬托。上者遮天蔽日，直达云表，下者枝叶横生，遮途塞路。

一切有生命和无生命的物体似乎都在争献殷勤，惊风吹拂，飞鸟翔跃，悠闲自得的心情，跃然字里行间。

夜游，优美景物可能看不详细，但粗线条的勾勒，动静结合的手法，更适宜表现优美的意境，展示芙蓉池无限勃发的生机。

夜空之美，尤为动人。万紫千红的晚霞之中，镶嵌着一轮皎洁的明月，满天晶莹的繁星，于云层间时隐时现，含情眨眼，组成了一幅色彩绚丽的画面。

在这优雅如画般的景色之中，曹丕和朋友们简直已置于仙境，而忘却了肉身的存在，不自觉地感慨：上天垂光彩，五色一何鲜。

远古神仙赤松子和周灵王太子晋都是得道成仙的奇人，他们的事迹实难考究。但芙蓉池的夜景光怪陆离，五彩纷呈，在这如画的景色之中，适性游乐，身心愉悦，自然可以长寿。

曹丕不愧是建安诗坛的二把手，虽说立意奇崛、诗风宽阔比不上他爹，但《芙蓉池作》辞藻的华丽，景象的壮观，却极少有人能够企及。

曹氏父子组织的游乐宴饮，与文学活动结合在一起，对改善当时的社会文化现实，起了不小的作用。

状述游园的欢乐情景，文士们几乎都写过《公宴》诗，写吃肉喝酒之乐，也忘不了对曹氏歌功颂德。

总之，曹家带来了浪漫生活，邺中文人都是感激的。

古时候人口稀少，野物到处都是，西园没有人居住，也是一处猎苑。

曹操到西园打猎时，往往带着曹丕、曹植和一些文人，让他们身临其境，体验骑射生活，即兴吟诗作赋。

曹丕、曹植的《登台赋》之外，王粲的《羽猎》，应瑒的《西狩》，刘桢的《大阅》，陈琳的《武猎》，都是对游狩的记述，都非常有名，其中以王粲的《羽猎》为最好。

遵古道以游豫兮，昭劝助乎农圃。用时隙之馀日兮，陈苗狩而讲旅。济漳浦而横阵，倚紫陌而并征。

相公乃乘轻轩，驾四骆，驸流星，属繁弱，选徒命士，咸与竭作。旌旗云扰，锋刃林错。扬晖吐火，曜野蔽泽。山川于是摇荡，草木为之摧拨。

禽兽振骇，魂亡气夺，兴头触系，摇足遇挞，陷心裂胃，溃脑破颊。

鹰犬竞逐，奕奕霏霏。坠者若雨，僵者若坻。清野涤原，莫不歼夷。

作为文武全才的曹操，喜欢血火的围狩，也喜欢悠然的音乐。

其实，曹操是精通音律的，否则他的诗歌不会写得那么斩截铿锵，富含魄力。他开辟西园，修建铜雀台，主要目的就是用来享用，重要内容之一就是欣赏音乐。

曹操喜欢的音乐，不是阴沉而僵死的雅乐。

雅乐自周朝衍传下来，是朝会郊祀用的贵族之音，主旋律，直慢反复，缺少变化。

鲁国的孔丘捏着鼻子听了雅乐，曾经恶心得“三月不知肉味”。

孔丘是个小学教师，算个小知识分子了，而且老孔舍命捍卫宗法制度，是个人伦等级的疯狂吹鼓手，他都听不下去，你可以想想，那雅乐什么味儿吧。

当然孔老师作为宗法等级的卫道士，恶心也听，要听，坚持听。

曹操喜爱的是俗乐，即流行音乐。

当时的俗乐，主要以弦管乐器演奏，声音富有变化，清新悦耳，为朝野士庶所普遍喜爱。

洛阳人杜夔，音乐很在行，丝竹八音，无所不能。汉灵帝时干过雅乐郎。天下乱起来的时候，杜夔依附了荆州牧刘表。刘表的儿子刘琮投降曹操后，杜夔也被带过来了，曹操的政策是人尽其用，让杜夔做军谋祭酒，主管音乐。

《魏志》记载说：“夔总统研精，远考诸经，近采故事，教习讲肄，备作乐器，绍复先代古乐，皆自夔始也。”

可见杜夔对于因长期战乱而散失的古乐的发掘整理是做出了贡献的。

有个铸钟匠叫柴玉，心灵手巧，所铸的钟为达官贵人所喜爱，很是闻名。

杜夔让柴玉给公家铸口钟。铸成了，杜夔听听音儿，觉得“声均清浊多不如法”，令他重铸。

重铸，还是不行。如是者数番，柴玉恼火地说：“你杜夔简直就是个外行，外行领导内行，只在坏事罢了。”

杜夔和柴玉都把状告到了曹操那里，曹操说：“用这口钟演奏演奏，我听听。”

曹操经过反复测听，裁判杜夔是正确的，问题在于铸匠柴玉。对其“妄作”做出了处置，罚他当马夫去了。

由于曹操不仅喜欢音乐，而且精通音律，所以他创作的诗篇都是声律和谐，音韵铿锵，磅礴恢弘，适于演唱的。

《魏书》说：“太祖御军三十余年，手不舍书。书则讲武策，夜则思经传。登高必赋，及造新诗，被之管弦，皆成乐章。”

细味曹操的诗作，当会发现其音乐修养确乎不在一般。

曹操的书法造诣同样出众，草书、隶书均为人乐道。

唐代书画理论家张怀瓘有评鉴著作《书断》，在其中卷和下卷中，有神、妙、能三品之说，曹操的草书被列入“妙品”，评语说他“尤工章草，雄逸绝伦”。

曹操注意网罗书法人才，主动跟书法家交朋友。譬如蔡邕，譬如钟繇。

蔡琰记书

当时的大书法家梁鹄更为曹操所重，以其为军中假司马，作为亲信僚佐。曹操把梁鹄的书法作品悬挂在军帐中，作战间隙，品味玩赏。

曹操的这些风雅做法，对国粹艺术的发展，起了积极的推动作用。

当然曹操最为重视的，还是文赋诗作，他从南匈奴赎回蔡琰，就曾询问蔡邕原来的藏书流落何处。

战乱频繁，早已无可寻索，蔡琰说自己背诵过的还可以回忆起来。

三

蔡琰禀告曹操，家父蔡邕的藏书，只能抢救到十分之一了。

“父亲生前，留给文姬的书有四千多卷，但是几经遭难，散失已尽，一卷也没有留下来。好在当年我都读过，至今能够记诵的，计有四百多篇。”

曹操深为珍贵书籍的散失感到可惜，听蔡琰说还能背出四百多篇，遂转忧为喜地说：“好，好，等你的生活安顿好了，我派十个文吏，帮助你把能够背诵的内容都抄记下来，传诸后世，你看怎么样？”

蔡琰说：“文姬在匈奴多年，自己未废文字，按照记忆抄写出来，于文姬也不为难，因此只需明公给一些纸笔，文姬自己就可抄好。”

曹操同意了，说：“好的。一定解决你的后顾之忧，好让你安下心来回忆、记录，整理出那些重要的文献。”

却说董祀听从曹操的吩咐，把蔡文姬领回家，等待丞相另择吉日为他们完婚，心里像打翻了五味瓶，不知如何形容是好。

蔡文姬吟悲愤诗

蔡文姬纪念馆

董祀家庭富有，本人少年英俊，而且很有文才，平日自恃极高，在曹丞相府任文职官员。

虽然董祀年已二十有六，尚无婚配，但是蔡文姬已三十有六，大了董祀十岁，年龄上总是让他觉得不快。

蔡文姬在匈奴做左贤王的老婆，属于上层统治者的夫人，也算养尊处优，三十六岁，风韵仍在。

但不管怎么说，文姬总属徐娘半老，而且在匈奴还留有两个孩子，让她牵肠挂肚，愁苦最易老啊。

蔡大姐的才华，董祀那是佩服的五体投地。尤其是她以音乐形式向曹丞相“汇报”离乱遭遇，当众演奏的那首自创体《胡笳十八拍》，董祀更是感喟不已。

十八拍，十八章，情景交融，感人肺腑，字字血泪，催人泣下，董祀几乎每听一章，都要为蔡文姬流下同情的泪水。

妙解音律的蔡文姬，竟能把胡笳之音融入汉琴之中，融入骚体诗歌之中，这是一个大胆的尝试，更是空前绝后的创造。若没有高深的音乐造诣，是绝难做到这一步的。即使别人能够做到，也无法达到蔡文姬的高深与完美。

所以，董祀与后山先生同感：蔡文姬姿色动人，命运感人，文学超拔，艺术不易！

但小董万万没有想到，曹丞相竟做出决定，把蔡文姬嫁于自己为妻。

可以欣赏蔡大姐的姿色，可以感叹蔡大姐的命运，可以赞赏蔡大姐高蹈的文学艺术水平，但，出乎意料地娶她回家，是不是……有点……苍天不公啊？

这个大媒是曹丞相做的，当着天下文人雅士的面，一再叮嘱自己要善待文姬，不得有误。丞相虽然和颜悦色，但董祀听得出，在他的温言婉语下，潜藏着的重大能量，他小董就是有一千个一万个不满意，哪敢去忤逆丞相的美意呢?

六日后，曹操派人往董祀家里送去了为蔡文姬准备的丰厚嫁妆。

第七日，婚了。从丞相府到董祀家，张灯结彩，一路喜庆，吉时降临，新人拜了天地。婚后，夫妻二人结伴往曹府，向曹操拜谢赐婚之恩。

四

董祀和蔡琰过日子，倒也可以。谁知在查办一个犯罪集团时牵涉到董祀，被抓了起来，议为死罪。

董祀到底犯了什么律条，史载不详，以至于有人说是曹操为了蔡琰所使的计谋。这个揣测很有故事，但可能性微乎其微，甚至没有。

蔡琰不顾一切，跑到曹操那里去为董祀求情。

曹操正在举办宴会，公卿名士，云集一堂。听说蔡琰求见，赶忙放下酒觥，说:“文姬侄女啊，请她进来好了。”

蔡琰脸色苍白，身体瘦弱，披头散发，还光着双脚，进来就俯身曹操面前，叩头请罪。众宾客见颇有姿色的人儿成了这般模样，莫不大感惊讶。

曹操听完文姬的申诉，点了点头说:“你的申诉有一定情理，可是法院已经把判罪的文书下达了，怎么办呢?”

蔡琰见曹操态度有了转变，便哀求说:“明公厩马万匹，虎士成林，何必可惜一匹快马而不派急使去救一条将死的人命呢？”

曹操一听说：“是啊！”

立即写下赦免手谕，派人飞马撤销判决，着将董祀之罪另行议处。

随后，让人取来头巾和鞋袜，送给文姬，穿戴起来。

董祀不久免罪回到家里，职务也恢复了。

惊惧过后，董祀对紧急关头文姬冒险救他感恩不已，对文姬的爱自然升了一个档次。

文姬背写文献的速度也更快了，没多天就完成了几百篇文献，工整清爽，送给曹操。

曹操没有遗漏地细细看了恢复不易的四百来篇重要文献，十分满意，命送给蔡琰报酬，并将文献藏入国家图书馆。

后世能够看到的汉魏以前的重量级文献，有数百篇是蔡琰女士耗费心血背写下来的。

当然蔡琰的聪明过人、博学多才，在于她的文学及音乐创作。除了《胡笳十八拍》，这位著名的建安女诗人的代表作是《悲愤诗》。

汉季失权柄，董卓乱天常。志欲图篡弑，先害诸贤良。逼迫迁旧邦，拥主以自强。海内兴义师，欲共讨不祥。

卓众来东下，金甲耀日光。平土人脆弱，来兵皆胡羌。猎野围城邑，所向悉破亡。斩截无孑遗，尸骸相撑拒。马边悬男头，马后载妇女。长驱西入关，迥路险且阻。还顾邈冥冥，肝脾为烂腐。所略有万计，不得令屯聚。

或有骨肉俱，欲言不敢语。失意几微间，辄言弊降虏。要当以亭刃，我曹不活汝。

岂敢惜性命，不堪其詈骂。或便加棰杖，毒痛参并下。旦则号泣行，夜则悲吟坐。欲死不能得，欲生无一可。彼苍者何辜，乃遭此厄祸。

边荒与华异，人俗少义理。处所多霜雪，胡风春夏起。翩翩吹我衣，肃肃入我耳。感时念父母，哀叹无穷已。

有客从外来，闻之常欢喜。迎问其消息，辄复非乡里。邂逅徼时愿，骨肉来迎己。己得自解免，当复弃儿子。

天属缀人心，念别无会期。存亡永乖隔，不忍与之辞。儿前抱我颈，问母欲何之。人言母当去，岂复有还时。

阿母常仁恻，今何更不慈。我尚未成人，奈何不顾思。见此崩五内，恍惚生狂痴。号泣手抚摩，当发复回疑。兼有同时辈，相送告离别。慕我独得归，哀叫声摧裂。

马为立踟蹰，车为不转辙。观者皆嘘唏，行路亦呜咽。去去割情恋，遄征日遐迈。悠悠三千里，何时复交会。

念我出腹子，胸臆为摧败。既至家人尽，又复无中外。城廓为山林，庭宇生荆艾。白骨不知谁，纵横莫覆盖。出门无人声，豺狼号且吠。茕茕对孤景，怛咤糜肝肺。

登高远眺望，魂神忽飞逝。奄若寿命尽，旁人相宽大。为复强视息，虽生何聊赖。托命于新人，竭心自勖励。流离成鄙贱，常恐复捐废。人生几何时，怀忧终年岁。

《悲愤诗》一百零八句，五百四十字，是我国文学史上第一篇由女子创作的五言长篇叙事诗。

蔡琰的《悲愤诗》，叙述了遭祸被虏的原由和被虏入关途中的苦楚，叙述了在南匈奴的生活和听到被赎消息悲喜交集，以及和“胡子”骨肉别离时的惨痛，叙述了归途情景和到家后所见所感，凝聚着辛酸的血泪。

《悲愤诗》又是一首具有强烈感人力量的抒情诗，通过对自己惨痛遭遇的回顾，反映了东汉末年动乱的社会面貌和广大百姓在动乱中流离失所、家破人亡的悲惨命运，哀怨时如泣如诉，愤懑时汹涌澎湃，其抒情风格，对后世诗歌创作产生了深远的影响。

曹操把蔡琰从匈奴赎回来，在保存古代典籍文献上做了一件好事，也为蔡琰创造条件，使她能够成为我国诗歌发展史上第一位杰出的女诗人，因此，史上把“文姬归汉”传为美谈，载入书籍，搬上舞台，摄入荧幕，广为流传。

五

话说曹操做上魏王以后，势大权重，年岁也长了，难免变得昏庸起来。

有个叫杨训的人上表称颂曹操的功业。

一些人说杨训虚伪。杨训是中尉崔琰介绍做官的，崔琰也被人指责为“举荐不当”。

崔琰找来杨训的表文底稿，看过后给杨训写信说：“我阅览了。不过是魏王的事迹太好罢了。时代呀，该会有变化的时候。”

崔琰的信文玩弄辞藻，含混不清，好事者便向曹操告密说崔琰怨谤曹操。

曹操看过信后，觉得“罢了”及“会有变化的时候”都不是好话，于是下令对崔琰处以髡刑——剃个头，然后送他去服苦役。

服刑中的崔琰并不屈服，说话时直瞪着眼睛，还抖动起像蛇一样的胡须，貌似瞋怒。

曹操听到管理人员的汇报，遂下令崔琰自杀。

崔琰没想到曹操会如此对待他，得知曹操给他留下十天的时间，他立即就愤恨无比地自杀了。

尚书仆射毛玠认为崔琰无辜，嘟哝了几句，顺便说老天久不下雨是因为刑法有问题。

毛玠很早就随曹操干了，曾建议曹操“奉天子以令不臣，修耕植以蓄军资”，不简单哩。

曹操知道了毛玠嘟哝的二话，大怒，立即逮捕了毛玠。

大理官——最高法院干部是钟繇，他审理毛玠案时，毛玠说从没有说过刑法有问题的话，是受人诬陷了，请求同告发人进行对质，钟繇不同意。

侍中桓阶、和洽两人到曹操面前为毛玠说情，要求核实情况，说毛玠出自群吏，特别受到大王的恩宠，历来刚直不阿，忠心为公，为群臣所惧，以情理推断，他不会胡乱说话。但人心莫测，还是应当认真审查核实，以使曲直分明。

曹操辩说："我之所以不想细查，是想保全毛玠，又想保全检举人。"

和洽说："毛玠若真的说了诽谤的话，就应当在大街上斩首示众，若毛玠没有说过那样的话，是检举者诬陷大臣，以误主听，也应该严肃处理。不进行审核，臣私下里感到不安。"

曹操说："眼看就又要打仗了，哪能为了一两句话就兴师动众去核实一番呢？不治其罪算了。"

曹操没有治毛玠的罪，只是将毛玠罢了官。他所谓"想保全毛玠，又想保全检举人"，其实只是保全了告密的小人。

第七十八章

曹魏都洛

一

公元218年，曹操彻底安抚了北方，尤其是借助迎蔡文姬归汉使团的外交努力，他将南匈奴分成了左、右、前、后、中五部，各自确立了头领。

南匈奴左、右、前、后、中五部，都有匈奴人为帅，不见得就能保证长治久安，于是曹操向他们各部都配派了汉人司马，协同工作，进行监管。

北方安宁了，匈奴的干部们都来拜贺魏王曹操。

凡是来的匈奴高级官员，曹操都以礼相待，当然低级官员由有关部门接待，陪着吃喝就是了。

曹操因此声威远播，汉献帝听说了，钦差大员，命曹操设置旌旗。

旌旗是天子礼仪，只有干皇帝的人才有资格享用，只要旌旗出现，所有行人都须回避。

旌旗还不算，过了个把月，汉献帝再一次厚待老丈人，命曹操像天子那样，头戴悬垂有十二根玉串的朝帽，冕旒冠，乘坐特制的六驾金银车。

六匹马拉的车，那是“天子驾六”啊。

这样，曹操名义上是“魏王”，实际上已经是帝王了。他无法再向上升了，位已极矣。

还操什么心呢？对了，定继承人，立嗣。

曹操特别重视后继之人的问题，态度非常慎重，别出心裁地考察，比较，辨析，确定。

曹操共有二十五个儿子。不是一个老婆生的，是众多妻妾共同努力的结果。

结发妻子丁夫人没有生儿子。长子曹昂他妈姓刘，刘夫人早亡，丁夫人很慈爱地抚养大了曹昂。曹丕是老二，与其弟曹彰、曹植、曹熊，都是卞夫人生的。其他老婆生了曹冲、曹据、曹宇等一溜子。

依据封建宗法原则，太子人选应按曹昂、曹丕、曹彰的次序排列。

曹昂当年在攻打张绣的战争中英勇牺牲了，曹彰呢他本人对太子之位没兴趣，看起来革命重担要落在曹丕肩膀上了。

不是“排队”的问题，曹操对封建宗法嗤之以鼻，所谓先嫡后庶、先长后幼，在他眼里都属扯淡。

曹操看重的是本人的才能和德行，故而在在较长的时期内，他在诸子中观察物色自己的继承人，一视同仁，并不考虑什么年龄。

曹操发布了一份《诸儿令》，说：“小时见爱，而长大能善，必用之。吾非有二言也，不但不私臣吏，儿子亦不欲有所私。”

儿子们虽然小时候都被我喜爱，但长大后德才兼备的突出人才，我必定重用。我说话是严肃的，我对属下不偏私，对儿子们也不想有所偏爱。

曹操生活的年代，是真正的战争年代，因此他要孩子们既习文，又练武，文武兼备，全面发展。

有的儿子喜欢文，曹操就要他们练武。

曹操曾将一批百炼宝刀发给诸子中“不好武而好文”者，曹丕和曹植就各得了一把，可见为父的良苦用心。

曹彰体量大，膂力强，从小喜欢骑马射箭，敢于同猛兽格斗。

曹冲称象玉雕

曹操对曹彰说：“你不读诗书，不念文章，而喜好骑马击剑，这不过是赳赳武夫的本事，有什么值得看重的。你得给我读书。”

曹彰不读书，说：“为人要像卫青、霍去病那样，率领骑兵，驰骋沙漠，驱逐戎狄，建立功勋，怎么能去做博士呢？”

曹操要曹彰具体一点说说如何做将军，曹彰回答说：“身披坚甲，手执锐器，身先士卒，奋不顾身。部下有功劳的一定要奖赏，有罪过的一定要惩罚。”

曹操听后哈哈大笑，说：“你既如此热衷武艺，也就不勉强你了。”

立嗣，曹操先是看中了年岁比较小的曹冲，这孩子五六岁时就聪慧过人。

孙权送给曹操一头大象，北方人从没见过这样的大家伙，都很惊奇。曹操想知道它有多重，无法称量。

在大家苦恼时，小曹冲说：“把大象牵上空船，在船的吃水线刻个记号，把大象拉下来，拿石块装船，当达到与载象的吃水线相同时，分别把船上的石块称称重量，全部加起来就是象的重量了。”

果然是个妙办法，人们很快称出了大象的体重。

曹操知道“曹冲称象”的方法后，非常为儿子高兴。

曹冲不但聪明智慧，知识渊博，并且为人宽厚，心地善良，曾经设法救了看守仓库而被老鼠咬坏马鞍的小吏，使之免于受到重罪的惩罚。

曹操特别喜欢曹冲，曾多次在官员中称赞曹冲聪明仁爱，表示将来要传位给他。

不幸的是，曹冲十三岁因病医治无效，死去了。

曹操非常悲痛。曹丕前来劝慰时，他说：“他死了是我的不幸，却是你们的幸运啊！”

曹操也曾倾向于立曹植为嗣子。他曾有意安排曹植守邺城一次，显然是给曹植以锻炼的机会，对他进行考验。

公元211年，曹操封曹植为平原侯，曹丕则被任命为五官中郎将，后成为副丞相。曹操在观察他们兄弟俩，想看准哪一个是最为德才兼备的。

老家伙用心良苦，动机和做法寓含深意，但却引起了曹植、曹丕之间的矛盾和争斗，互使心计。

曹操领兵出征之际，诸侯百官送行，曹植对老爸说话，歌功颂德，辞语华美，条理清楚，在场的人赞许，曹操也很受用。曹丕却怅然若失。

曹丕的亲信吴质赶紧耳语献策说：“只要流泪哭泣就可以了。”

曹丕照着做，扶着老爹的马镫，抱着老爹的腿，只哭着说“父亲保重，保重”。曹操很受感动，觉得曹丕实在。

曹操要考查一下曹植和曹丕的实际才能。让他俩分别出邺城去办事，并事先秘密下令守门人不得放行，看他俩如何处理。

曹丕走到城门口，守门人不让出去，他就返回来了。

曹植事先得到了密友杨修的提示：“奉魏王之命出城，假如守门人阻挡，就把他杀掉。”曹植照办。杀人，出城。

最后，曹操对曹植皱了眉头。

曹植好酒，好醉，公元217年春上，有次酒后乘车在城内横冲直撞，并逼门官打开王宫的司马门，一直冲奔到里面的金门。

曹植如此无视禁令，让曹操极是不快。

曹操一怒之下，下令处死了门官，说：“我认为子建是儿子中最能成大业的，错了。”

在选立太子的过程中，曹操先后分别征求过贾诩、崔琰等大臣的意见，他们几乎都倾向于曹丕，促使曹操最后下了立曹丕为太子的决心。

公元217年，十月，曹操下了一道《立太子令》。

“汝等悉为侯，而子桓独不封，而为五官中郎将，此是太子可知矣。”

你们都已封侯，可是只有子桓不封，任五官中郎将，立他为太子可想而知了。

二

话说曹丕被曹操立为王太子，曹植不高兴了。

曹操怕曹植就此消沉，于公元219年——建安二十四年关羽围攻襄阳和樊城时，以曹植为中郎将兼征虏将军去前线援救曹仁。

谁知军令到时，曹植这厮喝得酩酊大醉，无法起身，致使曹操对这个儿子更加失望。

曹植的密友杨修，不断为曹植出一些狗屎主意，挑拨与曹丕的不和，曹操担心自己死后杨修仍然这样，干出不利于曹丕统治地位的事情和不利于曹丕曹植兄弟团结的事来，便借故把杨修杀了。

杨修他爹杨彪是个太尉，甚有名望。为了缓解与杨彪的矛盾，曹操给杨彪写了封信，对杀掉杨修一事进行了解释。

我与您共扶汉室，您不遗弃我，以贤能的儿子辅助我。如今周边地区还未平定，军队征伐之事重大。我制定的军令，令郎作为主簿应当遵守。

可是您的儿子，仗着父亲的显赫权势，常常与我二心。要纠正他的过失，他即表示怨恨；想对他宽容些，他又转向放纵。

假使再宽容他，将会牵连您的一家，所以下令把他处死。想到您父子之情，我也感到悲伤，但这样做未必不是件幸运的事情。

杨彪只好给曹操回信表示感激，但对儿子的死仍然既悲且惧。

公元219年，曹操立曹丕生母卞氏为王后，说："夫人无私地抚养子女，有做母亲的德行。现在晋封她为王后，太子、诸侯兄弟以及陪同的群卿前往祝贺，国内也要因此表示宽让，所有罪囚减刑一等。"

其实，曹操代汉称帝的各种条件早已齐备，但他还是不愿意把皇帝的名号戴在自己头上。

公元219年，金秋季节，曹操住在洛阳，策划城市建设，尤其是"建始"等宫殿的修建。

在洛阳，曹操拉拢江东孙权，杀掉了汉中刘备的前将军关羽。

关羽围攻襄阳和樊城时，曹操的御敌大将是于禁。当时大雨连日，汉水暴涨，于禁所率领的七军都被大水淹没，将士纷纷往高处避水，而关羽则乘水势，坐大船，耀武扬威，进行攻击，史称"水淹七军"。

于禁没办法，向关羽投降。

其后，关羽进一步围困曹军大将曹仁于樊城，并另派遣军队包围襄阳。

曹操委派的荆州刺史胡修、南乡郡太守傅方都投降了关羽。

孙权因为盟友刘备耍小聪明，不断地背弃，十分恼恨，命吕蒙为主帅偷袭荆州，次第攻陷关羽守卫的江陵等地盘。

曹操派遣大将徐晃救援樊城，徐晃认为很难与关羽抗衡，有点犹豫，曹操便又先后派遣徐商、吕建等将领以及殷署、朱盖等十二营兵马增援徐晃，徐晃出战，最终击走了围困樊城的关羽军队。

关羽军士的家属多在江陵，得知江陵失陷于孙权，士卒渐渐溃散，退至麦城。

吕蒙料知失败的关羽要逃走必然走麦城西边的小道，于是事先派兵埋伏。

孙权派使者到麦城劝关羽投降。关羽提出了个条件，让吴军退兵十里，然后在南门相见。

吕蒙果然退兵十里，等候关羽。

哪里知道，关羽及其长子关平趁机带着十几个骑兵，偷偷地溜出北门，向西逃窜了。

关羽诈降缓兵之计，实际还在吕蒙的部署之内，逃窜路上，被预先埋伏的吴军潘璋部将士活捉。

关羽被绑起来，押见孙权。

孙权再度劝降，关羽硬着脖子，根本不屑于投降，与其子关平一并被杀。

孙权派人把关羽的脑袋送到洛阳，给曹操看。

孙权是做戏给刘备欣赏的，寓意是：杀关羽主谋乃曹操也。

孙权的干法让曹操有点恶心，曹操冷笑一声，说：“罢了，给云长的那颗头配个檀木身子，以诸侯之礼葬了吧。”

洛阳关林

关林庙内的牌坊

曹操遂将关羽葬埋于洛阳。

关羽的葬地今天叫关林或关帝庙，前面有几重院落，后面有个大土丘，是谓前院后冢布局，旅游季节有喧嚣，有香火。

游人们参观了洛阳龙门石窟，回头一般会到关林看一看。毕竟关羽是是我堂堂华夏第一奴仆啊！

关羽的性格，在当世就颇受争议，江东陆逊说关羽："羽矜其骁气，陵轹于人。"陈寿评论关羽："羽刚而自矜，以短取败，理数之常也。"

关羽的骄傲有着人之常情的一面，也有着不利于他交际的一面，把他的骄傲定论为失败的全部原因，这太过火了，骄傲的性格，只是一个辅助因素，是"火上加油"的那瓢油。

依后山看，荆州悲剧，原因很多，关羽只是众多责任人的其中之一，不能全部算在他一个人的头上，刘备、孙权、诸葛亮、鲁肃、周瑜、吕蒙、张飞等，都脱不了干系，惟关羽是直接责任人罢了。

但关羽缺乏外交观念，也缺乏政治理念，是真的。

关羽的自尊心过强，《三国志·蜀书》中的《黄忠传》和《费诗传》记载，关羽听到黄忠与他一同被授予将军衔，老大的不服气，他无法容忍黄忠这个"老卒"与他这个"大丈夫"同列，最后还得依靠费诗的一番安抚方才罢休。

这当然是关羽对自己的期望值过高的性格所造成的。

将相不和，是常有的事，像廉颇那样的大将军也不能例外，廉颇妒嫉过蔺相如，想要和对方拼命，最后因认识到自己的不是，才得以化解矛盾。

要是关羽能够与黄忠见上一面，或许不会是这样的了？

关林庙内的狮道

关羽不服黄忠，是因为他不了解黄忠，他了解张飞，所以对张飞就不这样。所以他狭隘。

黄忠在与曹魏交战赢得胜利后，诸葛亮曾对刘备说：“马、张在近，亲见其功，可尚喻指；羽遥闻之，恐必不悦。”

然而，就是这样一位二军阀，由生前一位将领、侯爵，死后逐步晋封为公、王、帝君、圣人，直到登峰造极作为“武庙”主神，与孔丘“文庙”并祀，受到后人的万分尊崇。

人们不禁要向，本是一介武夫的关羽，论德，远不能“配天地”，论能，只会打打杀杀，论绩，只限于刘备一小撮喽啰，论才，是被杀了头的败将，他是怎样变成神的？他又怎能被神化到了如此程度？

是通俗读物《三国演义》的“功劳”。

《三国演义》的作者，充分“神化”了关羽，把关某人虚造成了一个勇猛忠义的大英雄。

“惟于关羽，特多好语，义勇之概，时时如见矣。”这是周树人说《三国演义》的。

三

英雄崇拜，说明了人与生俱来的软弱面，需要英雄的强悍支持，关羽的生平与其被后人附加的东西，正是人们缺少和期盼的。

在人类社会历史发展进程中，当科学不发达，人无法克服自然力，解决社会矛盾时，人们必然会有所寄托，这样，便制造了“神”，作为精神的支撑和安慰。

每一个民族都可以而且有理由拥有自己崇拜的英雄形象。如果没有，这个民族势必要制造一个英雄形象。

一般而言，一个民族推出的英雄形象，虽不说十全十美，但在各个方面都是比较完美的，因而才能具有强烈的亲和力、感召力和示范效应。

中国古代社会，民间盛行繁杂的鬼神崇拜。

中国民间对历史人物的供奉鲜有客观标准，任何生前有影响的人物，无论其功过是非，死后都可能受到奉祀或崇拜。

范阳一带祀安禄山、史思明为“二圣”，蔡州则有吴元济祠。此三位在唐朝是有影响的人物，但皆唐室叛臣，奇怪的是，而直至北宋他们尚庙食一方。

只要是某地人或死于某地，某地的先民们就可能立庙崇祀，成为一方之神灵，甚至形成一种区域性的信仰和崇拜。

关羽信仰和关羽崇拜，正是区域性信仰和崇拜的泛滥，情况最初出现在其死难的荆州，继而流布各地。

古代民间祭祀的战神，本是“兵主”蚩尤，但关羽一步步取而代之了。

关羽还有运气被历代统治者无限抬高，在封建社会，祠庙遍布各地，为中国神明中祠庙最多的一位。

就官方的祭祀而言，唐初开始便有武庙，主祀神是周朝名将姜子牙，关羽为从祀。但到了宋朝末年，民间供奉关羽的庙宇已经遍地开花，“郡国州县、乡邑井间皆有”。

各朝皇帝，都以关羽为忠义的化身，教育百姓忠君爱国，号召黎民“学习关羽好榜样”。

各级官吏，都不是选举的，而是被“上边”提拔的，惟“上边”马头是瞻，于是，纷纷热烈响应统治者的教化，上有好之，下必过之，过而又过之。

中国所谓“文以载道”，载的也全是统治者之道。

中国戏剧中相当数量的“三国戏”和“关公戏”，其关公形象，都是完美的英雄，面如重枣，长髯飘拂，形象威武。即使在《走麦城》里，老关竟也照样。

随着关羽地位变得显赫，关羽更被尊称为“武王”、“武圣人”，与鲁国的私学教师孔丘并肩而立——也算般配啊。

正因为关羽变得显赫了，除了军人、武师奉他为行业神崇拜外，就连杂货业、旅店业、房地产业、命相家、羊肉汤店等等不相干的行业，也推崇关羽，也将他变成武财神，亦是五文昌之一。

关羽正是这样，一步步被推上神坛的。

当然，我们应该注意到关羽形象的异化——人们通常在关帝庙见到的关公，非正史里的关羽，而是按照后世人们的心理需求和理想观念，重新塑造和组合的关公。

这款另类关公，承载着现实人们的希望和寄托，千秋凛然，尤其是，成为全球华人社会维系圈内社会联系和公共生活的特殊纽带以及亲情认证。

西方社会的早期英雄形象，大多是从古希腊神话中拉出来的，可我们中国人历来“不语怪力乱神”，故罕见神话人物，英雄形象只能在现实中找，然后加以主观改造。

这样一来，一些历史人物不得不“走样”，甚至面目全非，所谓武圣关公就是如此。

毫无疑问，关羽作为“二”军阀，历史牛人，牵涉关羽的各种野史、话本、戏剧、传说等铺天盖地，官方、民间都极为推崇，惟有出生在洛阳夹马营小街的赵匡胤不以为然。

赵匡胤是个自信而直率的人，有事情喜欢摆在桌面上说。

赵匡胤有名的“杯酒释兵权”，不用汉高祖和明太祖的伎俩去屠杀，也达到了较好的目的。

宋朝不杀文化人的规矩，就是赵匡胤定下来的。

关羽在这方面实在比较差劲，经常犯目中无人的毛病，在蜀汉阵营里，关羽没有朋友，尤其与文化人搞不好关系。这样胸怀狭窄、缺乏自信的人，自然不会得到赵匡胤的青眼。

关羽在军事上也无突出建树，没有什么韬略，起码在赵匡胤的意识里是这样认为的。

关羽号称“万人敌”，实际没打过像样的胜仗，连荆州也守不住，毁了刘备的根本。

赵匡胤就不同了，他武艺高强，骑马射箭是一流高手，未做皇帝前曾以大将的身分亲自参加战斗，收复了不少北方失地。

赵匡胤在位十七年中，着重军事，削平了南方独立或半独立的许多小国家，使得北宋没有继五代之后成为第六个短命朝代，说明赵匡胤胸有韬略，眼光长远。

关羽阵中投降和打仗争妾的污点，《三国志》有记载，后山在前面也提到了的。

赵匡胤自然希望手下的兄弟们不要学关羽的样子。

不管是真投降还是假投降，总之，关羽投降就得挨骂。

战争中争别人的老婆就更不好了，所谓天涯何处无芳草，男子汉大丈夫，找个女人有何难哉？用得着向曹操“预订”秦宜禄的小妾杜氏吗？

赵匡胤褒贬历史人物，爱推己及人。他认为关羽的人生并不成功，而“功业始终无瑕”的人，才有资格进入武王庙，这也是他自己一生为之奋斗的宗旨，虽然他并不稀罕自己进入。

其实，历史上有没有“功业无瑕”的朝代，有没有“功业无瑕”的人物，还不一定呢。

赵匡胤自己就不见得“功业始终无瑕”。按照这个标准来评价古人，那些以悲剧结束的英雄们就要吐血了，何况关羽最后还败走麦城，掉了脑袋瓜子。

赵匡胤的世道也不是永久的，到了明清时期，随着《三国演义》的传播，关羽后来居上，最终取代了姜太公，把武庙变成了自家的私地，赵匡胤泉下有知，也只好无奈了。

四

却说孙权送关羽脑袋给曹操的时候，还上的有书，称说顺应天道，希望曹操当皇帝，自己愿意老老实实地称臣听命。

曹操把孙权的信给臣下看后，说："孙权这小子，想把我放在炉火上烤啊！"

不管孙权请曹操当皇帝是不是出于真心，曹操的臣下可全是实实在在想让曹操当皇帝的。

前将军夏侯惇说："自古以来，能够为民除害，使百姓归附的，就应该成为人民的主人。殿下戎马征讨三十多年，功德著于黎民百姓，为天下所依归。既应天命，又顺民心，当皇帝还有什么可犹疑的呢！"

侍中陈群说："天下人都知道汉朝的气数已经尽了，一个新的朝代已经兴起了。殿下十分天下而有其九，群生注望，远近臣服。应期知命，没什么值得谦让的！"

曹操听了群臣的发言，对大家道："只要掌握了政治实权，能对天下进行管理，何必一定要皇帝这个虚名呢？"

反正就是不当。究其原因，可能也许大概与其健康状况有关？

曹操年轻时，身体很棒，好踢足球，常以"蹴鞠为学"，中年身体也不错，甚至花甲之年仍然在亲自领兵南征西讨，不过曹操得了一种头痛病，就是神经痛，缠绕着他，多次治疗也不见效。

后山设问：曹操也许认为，自己整天头痛，再亲自干皇帝，会受不了的？

曹操的病情确实重了，不光是失眠、惊梦，又加上了难以忍受的头脑疼痛，久治不愈，百官忧愁无奈。

时任御史大夫的华歆进谏说："让华佗来诊治，也许可以。"

华佗

华佗1

华歆详细介绍说，华佗字元化，也是谯郡人。他的医术出神入化，世间罕有。

一般患者，华佗或者用药，或者用针，随手就治愈了。

病在五脏六腑之内，药、针难以奏效的，先让他喝下麻沸散，就像醉死过去一般了，这样，华佗就用尖刀剖开他的胸、腹，以药汤清洗脏器，病人感觉不到疼痛，洗完了用药线缝合刀口，再敷上药膏，二十天，一个月之后，刀口平复，病也没有了。

华佗的医术神妙到这种程度，就请他来诊治自己的神经痛吧。

华佗现在金城，离洛阳不远。请来了。

曹操每次发病，华佗就给他扎针，也能止点疼痛，就是断不了根。

曹操问华佗如何才能断根，胆大包天的华佗说："大王脑袋痛，是中了风邪。现在风邪还在里边。风邪不除，再服汤药也是枉然。我有一个治法：先服下麻沸散，然后用利斧砍开脑壳，取出风邪，也就除掉病根了。"

真是个憨大胆儿啊！他的所谓"脑中风邪"，不知长什么样儿？

曹操听了，说："你要杀我吗？"

华佗说："大王不想如此治疗便也罢了，怎么会如此害怕、如此疑人呢？"华佗说着，脸上分明浮上了些嘲笑的神色。

曹操不悦地说："头痛难道可以随便用利斧劈开脑袋吗？"

这不是屠夫吗！不惟曹操接受不了华佗的治法，在座文武百官也无不瞠目结舌。

曹操多少有点猜疑华佗是不是受仇人指使，但找不到更多的线索和迹象。

曹操退一步，希望华佗住在府中，随时给自己治病。

华佗托辞老婆有病，得回去服侍，请假不来。

华佗走了，病痛还存留在曹操的头上。

曹操派人去了解，发现华佗在撒谎，老婆没病，于是大怒，将华佗逮捕入狱，打算把他处死。

荀彧劝说：“华佗到处行医，名声很大，建议从轻发落。”

曹操气呼呼地说：“此等鼠辈，有什么杀不得的。难道天下就再没有医生了吗？”

曹操把华佗杀了。

有人说，曹操杀了华佗，没有人再能医治他的头痛，直到最后病死。

其实不见得是这样，不过曹操身边的人，大都为华佗的死感到惋惜。

曹操不肯承认自己做错了事，自我解嘲地说：“华佗这小子是存心不给我治病，即使我不杀他，他也不见得会治好我的病。”

进入公元220年了，一天，巡视洛阳城建工作之后，曹操的头疼病再次发作，加上劳累过度，不堪重负，终于病倒。

五

曹操病重，做了遗令，交代曹丕和所有臣下，死后薄葬即可。

我在军中依法办事是正确的，至于小的忿怒，大的过失，不应当效法。

天下还未安定，不能遵守古代丧葬制度。

分香卖履

我有头疼病，很早就戴上了头巾，就戴着吧。我死后，穿平时的礼服，不要用金玉珍宝陪葬。

安葬之后，文武百官要脱掉丧服；驻防各地的将士，都不要离开驻地；官吏们都要各守职位。

曹操一生，“食不过一肉，衣不用锦绣”，他曾在《内诫令》中说，我的衣被都使用十多年了，年年把它拆洗缝补一下罢了。

曹操在遗令中特别强调节俭，不是害怕盗墓贼惦记，这是和他一生的风格相一致的。

曹操所用的器物，讲究实际，不追求华美，不涂彩色油漆。坏了修理或者缝补，从不轻易更换。

曹操规定家人，不得得用朱红、紫、金黄几个颜色作刺绣衣服，不得穿丝织的鞋子。只有一次，他得自江陵的一批战利品中，有各种花色的丝鞋，为免销毁浪费，才分给家人穿了，当时约定，穿完这些鞋子，不准仿作。

曹操在遗令中，针对他的女人们，有两句话，一句是“余香可分与诸夫人。诸舍中无可为，可学作祖履卖也”，一句是“吾历官所得绶，皆著藏中。吾余衣裘，可别为一藏。不能者，兄弟可共分之”。

香，是平时求神拜鬼时点用的香，除此之外，一无用处，女人们以之换钱还是可以的。

祖，是平时用来戴在头上的簪缨类饰物。履，鞋子。

随侍曹操身边的女人，地位有高有低，但总不会低至婢女一流，在主人逝世之后，她们分到的不是金银首饰，绫罗绸缎，竟然只是一些神香加上一个“学作祖履”以维持生计的临终指示。

曹操夫人卞氏，跟曹操一样节俭，认为俭朴是美德，曹操死后，卞夫人依旧保持勤俭持家之风，不准子孙们奢侈铺张。

曹操交代完后事，于正月二十三日薨去，终年六十六岁。

曹操死后，曹丕继承曹操为魏王、丞相，这年十月，汉献帝退位，“以众望在魏，乃召群公卿士，祀辞高庙”，硬把宝座让给曹丕。

汉献帝让群臣拟写了禅国诏书，又命符宝郎取出玉玺，将诏书和玉玺交给华歆捧着，率领文物百官迤逦来到魏王宫殿禅位。

朕在位三十二年，遭天下荡覆，幸赖祖宗之灵，危而复存。然今仰瞻天象，俯察民心，炎汉之数既终，行运在乎曹氏。

是以前王既树神武之绩，今王又光耀明德，以应其期。历数诏明，信可知矣。夫大道之行，天下为公，今追踵尧典，禅位于丞相魏王，王其勿辞。

贾诩谏议曹丕说：“不能这样轻易接受，虽然诏书说得清楚，玉玺也送了来，殿下还是得上表推辞一番，免除边远逆臣作乱的借口，便于稳定海内，大治天下。”

曹丕听从了贾诩，命令王朗写作表章，称说仁德菲薄，不敢领命，请皇上另求大贤，以传承天位。

华歆谏议汉献帝再下一次诏书，以使魏王允从。

献帝命再拟诏书，遣使持节奉玺再度送进魏王宫中。

咨尔魏王，上书谦让。朕窃谓汉道凌迟，时日已久。幸赖武王操奋扬神威，刈除凶暴，清定宇内，今王丕继承前绪，德被四海，仁泽八区。

天之历数，实在曹氏，汉承尧运，有传圣之义，特使臣持节奉皇帝玺绶，王其受之。

曹丕看到这二度诏书，心中高兴，但又思忖，这样地得到天下未免太过简单、太过草率了，连一点威仪也没有，朝野怎么看待，日后如何治理？

曹丕将心事说给了贾诩。

贾诩说："好办。再让使者把玺绶拿回去，告诉华歆，教献帝筑一座高台，叫做受禅台。台筑好了，选择吉日良辰，集中大小公卿都到台下，让献帝亲手捧着玺绶，把天下禅让给大王，不就郑重其事、名正言顺了嘛。"

汉献帝听从谏议，选择地址，筑起了三层高台，定下吉期，请曹丕登台受禅。

台下站着朝廷大小干部四百多人，御林禁军超过三万。

汉献帝亲手捧着玉玺，在近臣陪护下，一步一步走上高台，又宣读了一份新的禅位诏书。

咨尔魏王，昔者尧禅让于舜，舜亦以命禹，天命不于常，惟归有德者。汉道衰微，世失其序，降及朕躬，大乱滋成，群凶恣逆，宇内颠覆。

赖武王操神威，拯难于时，保我社稷宗庙，今王丕钦承前绪，光于乃德，恢宏文武大业。

呜呼，天之历数，在乎尔躬，用率唐典，敬逊尔位，君其顺礼，以承天命。

曹丕从汉献帝手中接过了玉玺，受了献帝的禅位大礼，登极为君。

魏文帝曹丕，在洛阳正式建国，定号为大魏，纪年为黄初，随即传令大赦天下，广施皇恩。

睿智的魏文帝曹丕

整个皇位禅替过程，没有引起社会震动，反而是处一排祥瑞之声。

汉献帝刘协被魏文帝曹丕封为山阳公。

东汉王朝历经十四个皇帝，存在了一百九十六年，至此彻底灭亡。

汉献帝刘协的晚年，是亡国之君当中最轻松愉快的，也算得上是东汉历代皇帝中享寿较高的一位。

刘协“退位”之后，移居山阳城，与他的妻子，也是曹操的女儿、曹丕的妹妹曹节，以及曹节生的几个儿子共同生活。

刘协所丢掉的，只是皇帝的名义，至于皇帝的生活待遇，并未因此改变。

曹丕给予刘协的，饮食起居，住房装修甚至交通用车，都仍然保持着皇帝的规格，他的政治地位，在法律上比曹家的宗室还要略高一点。

刘协离休，反而甩掉了傀儡的负担，不必担心某一天被人推翻、杀掉，心理轻松了，于是从此幸福地活着，天天散步，锻炼，又活了十四年，终年五十四岁，仅次于他祖先汉光武帝刘秀的六十三岁。

公元220年，秋十一月，曹丕追尊曹操为魏武皇帝。

曹操自己没有当皇帝，但由于他已经实际控制汉献帝，并为他的儿子正式代汉创造了条件，过去人们在封建正统思想的奴役下，在旧小说、旧戏剧的渲染下，往往把曹操当成奸臣，而加以否定，其实，曹操是一个英雄，至少是一个很有本事的高级干部。

曹操一生的活动，对历史的发展，是起了促进作用的。

曹操的天下是他自己打出来的。

曹操实现了以中原为核心的广大地区的统一，结束了社会分裂，对人民生活、社会的发展是有利的。

曹操恢复发展生产的措施对社会经济是有利的。

曹操在文学方面的成就和贡献，是有口皆碑的。

曹操控制朝政，实行开明政策，适应了社会发展的要求和劳动人民的期望，和刘家汉朝末年的腐朽统治相比，是明显的进步。

曹操是一位杰出的政治家，《三国志》的作者陈寿称赞他为“非常之人，超世之杰”。

陈寿说：汉末天下大乱，雄豪并起，袁绍虎视眈眈，占据四州，其强盛没人敢与之对敌。太祖运用谋略，用兵海内，采用申不害、商鞅的法令政策，运用韩信、白起出奇制胜的策略，按人的不同才能，授予不同官职，发挥其特长，克制感情，不念旧恶，争取更多人才，终于掌握国家大权，完成宏大事业，这实在是和他深明事理、谋略出众分不开的。

文曹操和武曹操并行不悖。

曹操是建安时期国家文联主席，真正的文坛领袖，他广为网罗文学人才，提高他们的地位，调动他们的创作积极性，使建安文学呈现出空前绝后的活力。

曹操本人，给四言诗注入了新内容，把五言诗的创作推向了高峰。

曹操还写出了大量别开生面的散文，高深的文学修养使他无愧于杰出文学家的称号。

当然，曹操也有过，战争中杀人太多，性格中有残忍忌刻的一面，等等，但这些，都掩不住一代雄杰的综合魅力。

第七十九章

黄初大治

建始殿

一

话说曹丕即位，继承乃父的稳健经济政策，治国业绩，比较突出。

曹丕对洛阳进行了大规模的营建，清除了东汉末年的破败，宏大的新王朝新皇都新气魄新景象，出现了。

曹魏洛阳，北控邙山，南达洛河，规模浩大，气势雄伟，建始殿、太极殿居中，城内大街纵横交错，周遭共有大夏、清阳、平昌等十二座气魄宏伟的城门。

曹丕登基后，首先平定武威地方叛乱，收回了上庸三郡。多次击败鲜卑侵扰，巩固了北疆的安宁。

曹丕派遣军队在河西一带大破羌胡联军，势力快速西进，收编大量陇西土地，乘胜又遣使复通西域，恢复了中原王朝对西域的控制权，并且设立西域长史府进行管理。

曹丕派大将军毋丘俭征伐高句丽后，朝鲜半岛的一半地区也并入了曹魏版图。

曹魏置司、豫、兖、青、徐、凉、雍、冀、幽、并、荆、扬等州，北部幽州的地境达于辽东，南部诸州大致依秦岭、淮河分别与汉、吴地区相接。

魏文帝曹丕的成功开拓，使曹魏的地盘，东达黄海滨及高句丽，北至辽东、山西及河北，西至甘肃及今天新疆南部的广大地区，拥有八十七郡及十二州，户六十六万余，人口四百四十余万。

当时，华夏大地的主要部分基本上归曹魏统治了，只有东吴军阀孙权占据着

幽州风光

统一了北方的北魏

江东一带，西蜀流寇刘备盘踞在四川一隅。因此，史家又称此一时期为三国时代。

多年来，曹操跟孙权和刘备不断交手，属于一辈人，现在魏国为曹丕领导，曹丕明显低着一辈呢，他与孙权、刘备相比较，能力如何呢？

后山告诉你，在三国的开国之君中，魏文帝曹丕最为年轻，巩固边疆不用说了，治国也是最有方略，最有水平的。

吴国和蜀国，尤其是蜀国，不断耍政治流氓，挖经济墙脚，曹丕继承乃父曹操遗志，实施稳健的政策方略，先后击败了它们，保持了国计民生的安全与活力，并为最终消灭吴、蜀准备了条件。

东汉末年，天下战乱不休，直到三国时期，经济还动不动坐过山车，货币购买力忽上忽下，统治者焦头烂额，防不胜防，控不胜控。

曹操是有经济本领的，他在世时，强调一个稳定，所以曹操统治的地区比之江东要好不少，比刘备蜷居的蜀地更是好得太多了。

曹操当年推行屯田令和积谷法等一系列经济改革，以河洛流域为中心的中原地方经济得到比较快速的新生。

军事平定之后，曹操即在中原恢复发行汉制五铢钱。

曹操的五铢钱非常实在，面值是五铢，铸造用铜的重量也是五铢。

这就意味着，即使发行货币的政权势力倒台，钱币面值无法保障了，持有者把钱熔化，至少还存有等价值的铜金属。

当时的金属铜是可以保值的，因为开采量相对无变化。

总之，曹魏实际重量为五铢的五铢钱，币值相当稳定。

但东吴和蜀汉的货币政策就不行了，尤其是蜀汉，政府盘剥民脂民膏变本加厉，货币成了刘备向百姓吸血的工具。

刘备不会治理地方，他和他的结拜弟兄也一直穷困不堪。

刘备在统治荆州时，荆州就出现了“粟金同价”、“人易食之”的恐怖现象。小米和黄金一样贵，人们无奈交换孩子吃。

打刘璋时，刘备通告士兵们，攻破了城池，官府钱库里的钱财随便抢。

刘备攻入成都后，兵士们把武器一扔，更是不要命地哄抢官家府库。

钱财都让当兵的抢去了，刘备的财政困难仍然没有得到解决。

于是刘备听从狗腿子的建议：铸钱，铸“直百钱”。

蜀汉的一个钱使用十五铢铜。按道理他的钱是“十五铢钱”，但流氓是不讲道理的，刘备在钱上标示“直百”字样——面值为一百个五铢钱，一个钱当一百个钱花。

也就是说，流氓分子以十五铢的铜换取民间价值数十倍的物资和劳务，“数月之间，府库充实”。

刘备的府库充实了，老百姓惨了，连那些抢到旧币的士兵也惨了，他们抢到的钱严重贬值，三十个、五十个才能换得刘备一个钱。

后来刘备称帝，大肆挥霍，同时发动大规模的东征，手头又紧了，便把“直百钱”的重量由十五株减少为五铢。

他一个五铢钱，顶别人一百个五铢钱。这是什么流氓才做得出来的？

曹丕继承了曹操的政策，无论经济如何变化，始终坚持“真实体现经济情况”的货币原则。朝廷再缺钱，也不铸“大钱”，一个五铢钱仍然是五铢铜的

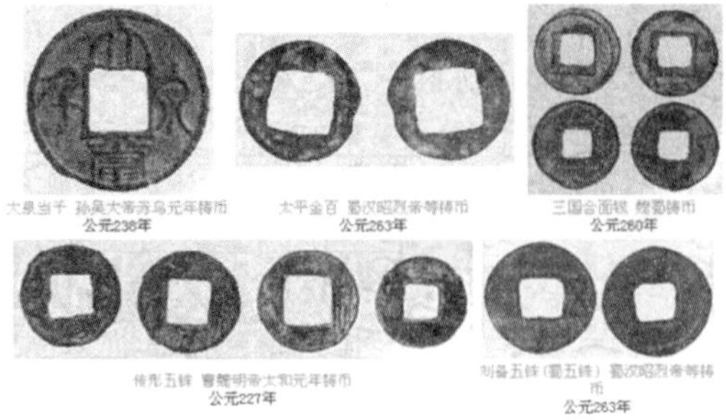

曹魏与蜀吴的金融战

重量。

这样，在曹魏只值一钱的一个五铢钱，到了西蜀重新熔化，再铸成新币，就能值一百个钱了。

按照货币“趋利流通”的规律，曹魏的五铢钱必然要大量流向西蜀。

刘备的西蜀政权贪得无厌，它在经济实力最弱的情况下，通过发行大钱，不断地榨取治下百姓的血汗，也在疯狂地吸纳魏国的财富。

西蜀“直百钱”疯狂涌入中原，热钱导致曹魏政权治下出现了严重的通货膨胀，粮价暴涨起来，穷人的肚子开始出现半饥饿状态了。

国民经济被西蜀挤兑到了崩溃的边缘。

曹丕面前只有两个选择：要么像西蜀流氓一样铸虚值大钱，要么让国民经济生生地死掉。

当同样的问题也出现在吴国时，吴主孙权的选择是铸更大的钱。

孙权铸造的钱更大，“大泉五百”，“当千钱”，比刘备的猛五倍，猛十倍，阻止了钱币外流，代价是物价翻着番地上涨。

西蜀跟东吴较上了劲，刘备这个流氓干脆把“直百钱”的含铜量减少为两株半，进一步贬值，孙权一边骂刘备养孩子没屁眼，一边铸造超级面值的货币“大泉五千”来对付。

结果可想而知，东吴和西蜀铸成的不是钱，是空前的经济灾难。

曹丕却很智慧地化解了刘备的经济侵略。

在货币刚开始趋利地流向西蜀时，曹丕就认定不能学流氓铸大面值的钱。过了一段时间，面对严峻的货币形势，曹丕抛出了一个绝招：“停用货币”，暂时退回到以谷、帛等实物进行交易的经济状态。

从经济理论上讲，以物易物是落后于货币交易的，但在狙击金融流氓的过程中，这种“退回原始社会”的“野蛮打法”却成了制胜奇招。

曹魏具有强大的农业生产基础，曹操和曹丕只把货币视为反映农业经济的一种工具，坚持不通过货币政策来榨取百姓的血汗，曹操和曹丕这种实打实的态度，保障了中原社会的正气和元气不受伤害，成了最终的赢家。

曹丕暂时“停用货币”的战略，使经济危机迅速得到解决。

以疯狂榨取百姓血汗为能事的刘备蜀汉政权，从此滑入经济灾难之中，越陷越深，直至灭亡。

二

曹丕的文治大于武功，作为文人的他，性格是比较洒脱与随和的，而且是一位有情有义的文友。

“七子”之一的好朋友王粲死后安葬时，曹丕和文友们前往吊唁。

王粲性格幽默，平时喜欢学驴叫，曹丕便即兴提议：仲宣生前喜欢学驴叫，今天咱们都学驴叫，就算是为他送行吧。

于是，大家就在王粲的墓前学起了驴叫。

曹丕是位皇帝，以这种非常“幽默”而独特的方式为亡友“送行”，在中国历史上，是独一无二的文史佳话。

作为一代皇帝，作为魏朝政治上的最高领导人，曹丕为全国的文化发展创造了比较宽松的环境，他本人在文学上的内容、形式创新、对文学理论的探索尤为突出，有学者认为，曹丕是建安文学的真正领导人。

确实，相对于其父曹操的操劳政事，其弟曹植受政治地位限制，曹丕本身具有合适的时机和合适的身份，都使他在建安文学中发挥了十分重要的作用。

曹丕的文学态度是客观的，在他身上，存在着文学自觉、“文人相重”等优秀的文学品质。

曹丕还非常重视创作个性，提出了“文气”说，即“文以气为主，气之清浊有体，不可力强而致”以及“诗赋欲丽”的观点。

曹丕这些与众不同的理论，在政治文化专制的封建社会里，由一个封建统治者，一个喜好文学的书生皇帝提出来，确实是难能可贵的，为促进当时文化的空前繁荣注入了强劲的动力和活力。

曹魏时代的文学，经曹丕的提倡，结束了作为儒家附庸的卑贱与怯懦，开始取得独立的、不低于学术著作的地位，在中国文学史上起了不可忽视的积极作用。仅此一项功绩，曹丕在中国文学史上的地位即无人可以否定了。

陈寿在《三国志》中是这样概括曹丕的：“文帝天资文藻，下笔成文，博文强识，才艺兼该；若加之以旷达之度，迈志存之道，克广德之心，则古之贤王，何远之有哉！”

作为魏文帝的曹丕，在文化建设上，组织编纂过《皇览》一书，把先代经传典籍，随类相从，重加编排。

《皇览》全书规模很大，凡千余篇，可惜后人没有保存好。

曹丕恢复建设了洛阳的太学，开张了高等教育，第一批授予博士职称的有十九人。

黄初年间，曹魏洛阳太学不断招生，到魏明帝时，生员已达数千。太学毕业生，通过考试可以走进干部队伍，补为掌故、太子舍人、郎中等。

曹丕最大的功劳，最重要的政治作为，是确立了公务员察选之法。

曹丕在干部队伍改革上，发明了对后世影响巨大的“九品中正法”，又谓“九品官人法”。

其制为，在各州郡，选择“贤有识见”的官员，担任“中正”，中正的秩级为二品，由“中正”来察选贤人，组成预备梯队，供中央任用。

各州的中正叫大中正，各郡的中正叫小中正。

大小中正们，选择后备干部的标准有几条，一是看“簿世”，家族历史，二是观“行状”，日常表现，三是组织鉴定小组进行评定，将候选人分成九品，即上上、上中、上下、中上、中中、中下、下上、下中、下下，一级级上报，到中央司徒署，备选。

曹丕的最高组织部，给中正们颁布了评定“九品”的具体条例。

忠：忠恪匪躬；孝：孝顺父母；和：友于兄弟；洁：谦虚清廉；信：诚实可信；学：热爱学习。

中正制度还规定，九品的评定不是一成不变的，每隔三年，要将在册的人才重新评定一次，对于德才有所提高的，就升高其等级，对于德才有亏缺的，就降低其等级。

有人盲目赞美后世的科举制度，认为是选拔公务员的最好办法，读书人十年寒窗，一级级赶考，考上做官，考不上回家复读，再考，考不上，再复读，读一辈子。他们说曹魏的九品中正制不好，“只重家世，不问贤愚”，导致“上品无寒门，下品无世族”，出现了官二代、官三代的畸形现象。

但科举制度经历了一个相当漫长的历史进程，无论怎样换汤换药，作为“选贤任能”的重要通道，两千多年来，官方都在不遗余力地推崇它和实行它。

在科举制度形成之前的古代中国，长期使用的是“荐举法”，由现任官员推荐他所认识的人做官。

先秦时期，国家政权是贵族们的私产，几乎全部官位的重职、要职，都由贵族成员把持了。虽然个别年份兴过所谓“乡贤”的选举，但也只是选拔个小小的村官而已。

西汉开始出现察举制度，中央政府要求地方官员察举贤良方正者，还分派有指标呢。

东汉时期，为了纠正开后门等举荐作弊，防止没有真才实学的人混入干部队伍，开始引入考试程序，但仍以推荐为主，考试为辅。

在推荐基础上加强考试，荐举为主，考试为辅，是两汉察举干部的基本做法。

两汉干部制度的坏处显而易见，就是各级官员滥用职权，结党营私，贻误贤才，“举秀才，不知书；举孝廉，父别居；寒素清白浊如泥，高第良将怯如鸡”，官宦世家大量出现，“四世三公”屡见不鲜。

汉末，天下大乱，察举制度已经完全败坏，不堪一提了。

正是在这样严峻的形势下，立足洛阳的曹魏中央政府，在曹丕的倡导下开始谋求新的公务员选择制度。

两汉干部察举制度的突出问题是“弄虚作假”，曹丕觉得，归根结底，是“负责考察的人”和“考察的标准”不够明确。

曹操在位之时，先提出“唯才是举”的用人标准，在急需人才的战争时期，集拢了大量的有用之才。但在“德”上有亏缺的人才也被使用了。所以，后期曹操又亲定“权立九品”的考察标准，优化干部队伍。

曹丕正是在曹操基本人事政策的基础上，加以总结和发展，推出“九品中正法”的，他的目的就是为了解决传统察举制度的种种弊端，如果说比此前的两汉察举法还不如，后山是不赞同的。

曹丕的“九品中正制”，为保障选出真正的人才，在制度上改变了由地方推荐为主的模式，转而由朝廷高官重臣负责具体选拔工作，吏部主管对士人的评定，司徒掌握官职的任命。整个过程的主导者都是朝廷，人才的选举完全掌握在中央手中了。

九品中正法，扩大了被品评者的范围，配套了一系列鼓励和监督机制，这也算是体制上的小进步吧。

九品中正法，在制度上，将职称和任官分别开来，解决了两汉察举制度“士有所举必有所官”的痼疾，被品评者无论获得多么高的分数，要得授官，必须再经吏部的考核。

怎么能盲目地说“只重家世，不问贤愚”呢？

历史地来看，没有九品中正法，是不可能由察举制度直接发展出科举制度的。九品中正法，比前代进步，比后代不如，恰是文明进步重要环节的特色之一。

三

洛阳宫中，早朝之后，曹丕留下已是丞相的华歆商议国事。

曹丕拿出了几份文书，让华歆阅看。其中有吏部尚书陈群所上对遴选各级官员的《九品中正法》总结和改进的奏折，有曹丕亲手所写的《殡葬阵亡士卒令》，等等。

作为曹丕的臂膀，华歆、贾诩、王朗等大臣是尽心竭力，功不可没的。

华歆看过一应文书，对进一步深入推行《九品官人法》和实施《殡祭战亡士卒令》等表示赞同。

华歆说："战乱连绵多年，以致人才流散无定，这个九品之法在各郡设中正吏，评定排列人才的高下以备选用，十二分的不错。再者，多年来跟从先帝与陛下四方转战，死于疆场的将士，国家平定了，更不能忘记他们。"

曹丕说："正是这样。为大魏而洒热血、抛头颅的士卒，有些当时连收殓都未来得及，想起他们我就心中难过，要为他们建立英雄纪念碑，要令告各郡设祭、殡殓，将灵柩送回他们的家里，并安抚他们的家庭。"

曹丕告诉华歆，“朕还有一个决定。卿随我来。”

华歆跟从曹丕走到外面，顺着曲径回廊前行，到得一片青砖幔铺的平台上，凭着石栏，站在台边。

这里是个亮堂之地，满洒着秋日的阳光。

曹丕挥臂指向远处，华歆随之看去，那里是新建宫殿的顶巅，金黄色琉璃瓦，颤颤闪闪，浮泛着气流的衍光，煞是美妙。

曹丕说：“它就要落成了。”

华歆附和道：“是的，就要落成了。”

那是长秋宫，主建筑已经告竣，只剩内部装设和附属建筑了，工匠们正在夜以继日地紧张盖造这座占地三十多亩的大魏后宫。

曹丕望着远处，沉缓而有力地说：“朕决定，宣诏甄夫人前来洛阳，入主长秋宫。”

华歆听了曹丕的这个决定，赞美道：“太好了。臣以为，陛下宣诏甄夫人为后，主居长秋宫，必将受到普天下的颂扬。”

曹丕说：“朕这就拟写诏书。相国着即安排使臣，立时启程，前往邺下。接夫人来洛阳。”

华歆说：“陛下尽请放心，老臣尊旨办理。”

华歆说时，毕恭毕敬地揖手哈腰。

曹丕细看，方见华歆衣装朴素陈旧，肩头上的布面早已经纬疏落，不胜浆洗了。

为曹魏立下汗马功劳的老臣，官拜相国了，还是这样的清贫、这样的窘迫啊。曹丕的心感动得抖颤起来。

他说："相国你也不能这样苦寒了，朕赠赐你衣服，另再赠赐布匹，妻子男女人人都要穿上新装。还有，再赐奴婢仆役五十人，供相国日常使用。"

华歆忙说："陛下，臣子素来清贫，已经成了习惯……"

曹丕道："爱卿不要推辞，有功于魏，理当受禄。放开一些，像你助朕受禅一样挥洒自如。朕近日还想往洛南秋猎，爱卿同去开开心吧。"

夜深下来，静下来的时候，曹丕的另一女人郭贵嫔气得咻咻不定。因为婢女让她穿着果绿色内衣让曹丕"幸"了一次，惹出了曹丕满腹心事。

淡淡的果绿色，曾经是甄夫人喜爱的颜色。

最初，甄洛跟曹丕欢爱的时候一定穿的是果绿色的绣褐?

该死的婢女竟让我穿了果绿色的内衣，皇上的"幸"变成了"祸"。皇上昨天夜间，一定打好了主意，要接甄夫人来洛阳入主后宫了。

果然，深夜，郭贵嫔她哥郭侍郎匆匆忙忙地前来报知，说皇上拟写了诏书，要派遣使者前往邺城了，要宣甄氏前来洛阳。

郭贵嫔一听，脑袋嗡地一声懵了。最为担心的事情终于发生，而且这么快，让人措手不及，多少年月的苦心努力一夕间付之东流。

越想越气，越想越恨，一腔怒火终于公开地朝婢女爆发了。

都是你这活该打杀的奴才，让我穿戴那件果绿绣褐，惹得皇上想起甄氏，你这活该打杀的，活该打杀的猪狗东西!

婢女忙忙地认罪和申辩：婢子有罪，婢子是无意的……

幸好这个婢女跟郭贵嫔她哥常来常往，俗话说"有一腿"，紧要关头她一只手伸到背后去捏郭侍郎的手，求援。

老郭说话道："别怪她了。这诏书实是皇上登极之时就写好了的，只不过朝政繁忙，搁至今日了。你不要胡思乱想，伤了脑筋。我们还是快快商议当下良策为好，兹事紧迫，耽误不得。"

婢女这才敢小心地帮衬着说："说得有理。即便真的是奴婢无意间选错了绣襦使娘娘不快，以后再怪罪奴婢不迟。目今情况紧急，不容拖沓呀。"

郭贵嫔被提醒了，方才惊慌不安地问怎么办？

郭侍郎也蹙起眉眼，反问如何是好？

三个人面面相觑，一时间陷于沉寂。

默然良久，郭贵嫔问她哥："那诏书是怎么写的，你可知道？"

老郭道："哎呀，获知遣发了这封诏书已是费尽心机，岂能有人不怕丢掉脑袋，胆敢偷阅。"

郭贵嫔还是猜度着说："莫非诏书上已经将甄氏册立为后？若是如此，可该怎么办呢？可该怎么办啊？"

郭侍郎沉吟着，说："无论诏书上是否已将甄氏册立为后……不可能，立后是大事，须要册封仪式，所以诏书……诏书只是宣甄氏来洛，不会以书册立，不会以书册立。"

郭贵嫔急说："若是这样，必须阻止甄氏来洛阳。怎样才能阻止，快想办法！"

老郭拧着眉说道："现有两个办法可供选择。"

郭贵嫔欠身向前，催其快讲。

郭侍郎说："第一个办法是火速遣人前往邺城，会合邺城尉王机，商量进一步的计策，阻止甄氏，让她不来洛阳。王机是自己人。"

郭贵嫔说："阻止甄氏是容易的吗？甄氏肯定望眼欲穿，巴不得旦夕之间来到洛阳作皇后，既有诏书到了，她还会能迟疑？再说，王机能想出什么计策呢，即使想出来了，用计生效，甄氏心有摇动，可她终究也不敢违抗天命啊。这个办法，我看没底。快说第二个听听。"

老郭说："第二个办法，要比第一个直接，可也比第一个冒险。遣往邺城的使者离开洛阳这才不过几个时辰，依照马匹的行速估算起来，天黑之前不曾过得黄河，现时还在孟津。这就是说，诏书，现时还在孟津……"

郭侍郎说到这里，停了话，故意以探询的目光瞧着郭贵嫔。

郭贵嫔凝眉道："你的意思是，改了那诏书？"

婢女自知不便多听，赶忙抬动脚步离开二人，到门窗处望风。

郭贵嫔接着说："也只有如此了。作速动身去办，而且一定要机密之人，此事火燎眉毛，怠慢不得啊。"

老郭慢慢地说："兹事绝非小可。若有半点差池，是要掉了脑袋、诛了全族的呀。到了孟津，必得先找一找孟津令杨进。杨进以前在宛城同我有一面之交，不过此人略好钱财。"

郭贵嫔听出了话音，说："现有黄金八十两，我这就秘密着人给你，孟津需用多少，由你斟酌而定，见机行事，其余备你置办业产和日常消耗。"

老郭说："我的花费事小，得获诏书事大。"

这夜，一丸冷月高悬天头，使得漠漠夜色益发灰中见青。纷纷马蹄声，敲破着北邙山至黄河间驿道上的荒凉、阒寂。

一行数骑，转山下沟，由南而北，疾速前往。他们进入孟津，径直到得县衙门前，下马便要门吏报知县令杨进。

门吏看这些人来头甚大，就不顾夜阑更深，连忙报将进去。

杨进正在梦中优游，一听有人从洛阳方向来，又是直接找他，不敢怠慢，穿衣戴帽，走出衙门。认出是散骑侍郎老郭带着数名随从。

杨进上前施礼，道："侍郎尊驾光临，小县不胜荣幸。请！"

杨进迎客进入衙内客室，请茶相叙。

郭侍郎说："宛城相别，转眼就是几年了啊。"

杨进说："时光如梭。可是每想起来，恍惚还像昨日似的。"

老郭说："孟津地处京畿，自是好于他处。"

杨进说："借托皇上洪福，五谷丰登，六畜兴旺。"

短暂叙旧之后，两人进了偏阁。偏阁位于后堂一侧，深邃，宁静，是杨进平日接待私客的地方。他已看出郭侍郎深夜前来，必有机密事情。

在偏阁里坐定了，杨进说："侍郎夤夜到此，莫非……"

老郭即悄声问道："奉诏书赴邺城的使者今天可过孟津？"

杨进答说："傍晚到的本县，说送他们过河去，但用餐之后天已不早，因为是钦差，带有诏书，不敢贸然在夜间横渡黄河，便安排他们留宿衙后驿馆里。"

郭侍郎听了，将心放下一半，凑过身来，对着杨进的耳朵，唧唧哝哝说了一阵，说得杨进的眼睛由眯着到睁开，由转悠到发直了，扭过身子，连声说道："这、这……这……"

郭侍郎说："这什么！大事若成，还能薄待了你吗？"

说着潜心察看杨进的动静，从对方眉目间发现时机渐至成熟，便就袖中顺出一个狭长精巧的小盒，说："些小意思，先请收纳。"

竹盒放在了几案上，打开来，只见一顺溜排列着三锭黄金，火烛之下，闪耀着动人的色彩。郭侍郎轻轻推推，要杨进收去。

斯时，夜正深沉。外面，街寂人静，冷月下惟有黄河在滔滔奔流。

老郭与小杨商量到了正题，就是如何从钦差那里盗出诏书，修改之后，再神不知鬼不觉地送回原处。

两人凝眉苦思，搔首拂额，继而在偏阁里你来我去，穿插踱步。半夜，终于有了良策，于是不再迟疑，说干就干。

四

曹丕非常喜欢甄洛给他生的长子曹叡。

曹叡十五岁被封为武德侯，十六岁封齐公，十七岁封平原王。

曹丕自然也非常宠爱甄洛，但他根本不曾想到，宣甄洛到洛阳来入主长秋后宫，派了使团去邺城迎接她，甄洛接到诏书后竟无动于衷，还没来由地说什么既然如此，我在这里还清静些呢。

而且，不知怎么回事，邺城地方随后不断地送来汇报材料，邺城尉王机等人不断告发甄氏，说她口无遮拦，胡说乱话，指斥圣上，辱没朝廷。

如是过了半年，曹丕气愤极了，一纸诏书并赐一丈白绫，让甄洛自我了断啦。

可怜绝世美女，又寄身帝王家，甄洛竟是以自缢方式离开了世界。

甄氏被陷害致死，曹丕对曹叡的态度也有所淡化。

司马懿

鉴于甄洛一再抗旨之过，曹丕没有正式册立曹叡为太子，甚至一度想另立其他儿子做太子，但后来又打消了这个念头。

原因是有一次曹叡陪曹丕去打猎，见一头母鹿带着一头小鹿。曹丕弯弓搭箭射去，母鹿应声倒地。曹丕回过头来让曹叡射那头小鹿，没想到曹叡拒绝射鹿，并解释说："父皇已经杀了其母，儿臣不忍再射其子。"说完竟流下了眼泪。

儿子一席话，令曹丕大为惊奇，半天说不出话来，更没有再射箭。但是从这一刻，他内心已经确定了未来的接班人，就是曹叡了。

公元226年，黄初七年，魏文帝曹丕病重，立曹叡为太子。

曹叡进入东宫后，一不问政事，二不交朝臣，只是潜心读书养性，进行资格准备。

这年冬天，魏文帝曹丕驾崩，曹叡即皇帝位，是为魏明帝。

曹叡做了皇帝，次年改元"太和"。因为他坐天下时间较久，后来又改元数次。

魏明帝曹叡登基后必须应对的首要问题，就是各种敌对势力对魏国的入侵。

年轻的曹叡始终保持沉着和冷静，对吴、蜀采用战略防御方针，派大将曹真、司马懿镇守关中，抵御好战的蜀汉，派满宠驻守淮南，防备东吴的进攻。

曹叡的战略是正确的，因之多次成功地击退了蜀、吴的骚扰，并平定了一些地方叛乱。

随着和平的到来，曹叡开始追求享乐，在洛阳大兴土木，营建宫殿，花费掉了无数钱财。

大臣们一个个连续上表劝告，希望曹叡勤俭节约，可他不但不听，反而对劝告的大臣进行打击。

大臣中，只有司马懿一直不吭声。

曹叡见司马懿不阻挡自己的行动，在战争中还立有功勋，就封他为太尉，国防部长，掌管国家的兵权。

公元239年，幽州刺史毌丘俭报告说，辽东太守公孙渊自称燕王，公然造反，多次进攻幽州。幽州兵少，很难御敌，请朝廷派兵援助。

公孙渊他爹叫公孙康，曾任辽东太守，当年曹操打败袁绍，袁绍的儿子袁尚、袁熙逃到幽州、辽东一带，为公孙康所杀，献给曹操，曹操封公孙康为广平侯。

公孙渊世袭了公孙康的太守职位，但这家伙反复无常，一会儿投降吴国，一会儿投降魏国，现在又干脆自封燕王，公开和魏国叫板了。

曹叡立即请司马懿来商量对策。

司马懿说："公孙渊造反没什么大不了，我领四万兵马去就可以收拾他了。"

曹叡问司马懿："依卿之见，公孙渊大概会采取什么战术？"

司马懿说："见我大军压境，公孙渊最好的战术是赶快逃走。若不逃走，中计是坚守辽东。若他既不逃跑，又放弃辽东，只蜷缩在襄平老巢，那他就死定了。"

襄平即今天的辽宁省辽阳市。

曹叡问："公孙渊会采取上计或中计吗？"

司马懿说："公孙渊不懂兵法，他会选择最猪头的下策。这样，我方大军，去程一百天，回程一百天，作战一百天，休整六十天，最多一年工夫，就可以胜利归来了。"

司马混战

曹叡就派司马懿领兵征讨公孙渊。

公孙渊听说司马懿来打自己，非常紧张，赶忙派出使者，向东吴求救。

吴主孙权早就想除掉公孙渊，便假意发兵，缓慢前进，专等公孙渊兵败时好乘机摘桃子。

司马懿大军到达辽东，第一仗便把公孙渊打怕了。

吃了败仗的公孙渊退回营中，死守不出。

司马懿知道公孙渊是想拖垮自己，便用了个声东击西的计策，军马向南撤走，像是粮草不足不得不退的样子，暗地里却派轻骑进攻襄平。

公孙渊果然派出兵马向南追赶，等到听说襄平被困，追赶的部队赶快掉头回保襄平，半路上中了司马懿的埋伏，全军覆灭。

司马懿将全部军马用于围困襄平。

这时，正逢秋雨连绵，河水猛涨，魏兵军营四面涨水，日子非常难过。

许多将军请求马司懿把军队移到远处高地上驻扎，司马懿不同意："公孙渊兵多粮少，眼看坚持不住了，他军心一乱，我们就可乘机进攻，消灭他了。"

天一放晴，司马懿立即下令攻城。

城中守兵死伤极大，加上粮草已快用完，公孙渊只得派人出城请降。

司马懿不准，杀了使者。

怕死的公孙渊再次派遣使者到司马懿军前说，愿先把儿子送来作抵押，自己随后率领全体干部来投降。司马懿怒骂说："去你妈的吧！"

公孙渊山穷水尽，半夜里偷开城门，向南逃跑，被魏军团团围住。

公孙渊父子、家属、随行官员等一千多人全被杀掉。

第八十章
三国归晋

曹爽

一

且说司马懿打仗有术，三下五去二收拾了公孙渊，稍作休整，带兵返回。

行军中接到了来自洛阳的明帝诏书，要司马懿别回洛阳，就黄河北岸西进，直接将军队带到长安镇守，等候新的命令。可没过几天，又来了新的诏书，要他火速领兵回到首都洛阳。

几天之内，接到内容相反的诏书，司马懿揣测朝中有新情况了，遂不敢怠慢，加紧赶回洛阳。

原来，魏明帝曹叡身体出了问题，让自己的宗族弟兄燕王曹宇主持朝廷工作。曹宇听说司马懿得胜回朝，便拟写了一份诏书让他到长安驻守去。

曹叡重用曹宇，有人反对，中书监刘放和中书令孙资就去曹叡面前打曹宇的小报告，说曹宇已经是燕王了，王爷掌管朝政大权，会出现意想不到的后果。他们推荐曹真的儿子曹爽，说曹爽能干。

曹叡已经病得很重，听了刘放和孙资的话，便让他俩代自己拟定一份诏书，任曹爽为大将军，司马懿继续为太尉，令曹爽和司马懿共同辅佐曹芳。

当时的交通非常落后，行军全是地奔，司马懿日夜兼程，也快不到哪里去，直到公元239年正月才赶回洛阳，一到洛阳就立即被召进宫中。

魏明帝在病榻上握着司马懿的手说："朕不行了，以后的事儿就托付给你了。"他指着身边八岁的养子曹芳对司马懿说："这就是嗣君，他就靠你了。"

曹叡说完，命令曹芳上前见司马懿。

春临万安山

万安山冬景

曹芳乖巧地抱住司马懿的脖子，司马懿有所感动，连忙表示一定竭尽全力辅佐嗣君。

曹叡叹气说："在这个世界上，唯有死是最难忍耐得住的，朕强忍着不肯死，就是为了等你回来呀。现在你回来了，朕把这件事向你托付，就是死了，也可以瞑目了。"

曹叡又召曹爽进来，拜曹爽为大将军，都督中外军事，嘱其与司马懿一同辅佐曹芳。全部交代完毕，就正式册立曹芳为太子。

曹叡托孤于曹爽和司马懿，安排完了后事，没过几个时辰就在洛阳宫内的嘉福殿告别了人世。

魏明帝驾崩后，曹芳就在当天被司马懿和曹爽共同辅佐登基，是为魏少帝，又称为齐王，改元正始。

魏明帝的寝陵位于"洛水南大石山，去洛城九十里"。大石山者，万安山也，即今洛阳市汝阳县内埠乡茹店村东南二里许的霸陵山下，陵谓"高平"。

继位的魏少帝曹芳，时年八岁，根本不懂事，国家一应事务都由曹爽和司马懿两人决定。

曹爽觉得自己年轻，没有经验，把司马懿当成长辈看待，凡事都要请教司马懿后才敢办理。

这时候的司马懿，真正掌握国家大权了。

曹爽的手下，有五个人受曹爽的信任，他们是毕轨、何晏、邓扬、李胜、丁谧。曹爽当了大将军以后，老是请教司马懿，实际上把大权交给司马懿，他们气很不顺。

万安山秋色

国家大权应该由曹氏家族的人来掌握，怎么能让姓司马的人说了算？假如司马懿有心谋反，你怎么能控制得住他？

曹爽觉得有道理，问应该怎么办才好。

何晏建议封司马懿为太傅，官职是最高了，没有实权了，兵权归你自己掌握，这样才能确保曹家王朝的安全。

曹爽去拜见太后，又见了少帝，说司马懿功劳大，声望高，应该当太傅，管理军队这样的事情可以由年轻人来做。

太后和少帝都同意，于是司马懿被封为太傅，交出了兵权。

曹爽趁机提拔自己的弟弟曹羲、曹训、曹彦几个，把他们都安排在军委高层。朝廷中的军政大权，一起转到了曹爽弟兄几人的身上。

司马懿呢，太傅就太傅，不吱声儿，冷冷地，伏在那里等候机会。

年复一年，曹爽兄弟权势越来越重。

司马懿长年称病，也不上班。

曹爽更加放心，一面私自建筑宫殿，一面四处游玩享乐，各地方贡送给朝廷的物品，都经过曹爽挑选以后才给少帝曹芳送去。

曹爽特别喜欢出外打猎，经常离开洛阳，多日不归。

有的大臣为之担心，劝曹爽不要经常外出，京城洛阳情况复杂，防止生变最为要紧，他不听。

曹爽虽然不听劝告，但他对司马懿总还是不放心的，想派人去看看司马懿到底是真病还是假病。

恰好心腹谋士李胜被封为荆州刺史，即将上任，曹爽就让李胜去向司马懿告

司马昭

别，顺便观察一下情况。

李胜来到司马懿家中，见司马懿歪靠在床上，脸色苍白，头发散乱，眼睛半开半闭，老是重复地大声问李胜叫什么名字，基本不认识人了。

“我叫李胜，被任命为荆州刺史了，是来向您告别的!”

李胜大声地问告诉司马懿，司马懿也听不见，胡乱应对，差三落四。

直到李胜用笔写出来自己要到哪里去任职，司马懿才搞清楚。

搞清楚了，司马懿指自己的嘴，旁边两个女仆赶忙端来茶汤。司马懿喝时，没进嘴里几滴，却泼了一身，随即累得倒在枕头上喘不过气来。

李胜不好再说什么，告别了司马懿的儿子司马师和司马昭，来到曹爽的大将军府，把司马懿的现状一五一十向曹爽汇报，曹爽更加放心了。

司马懿根本没有病，结实着呢，每天还在家中锻炼身体呢，正跑十圈，倒跑十圈，他装出一副病恹恹的狗熊样，目的是麻痹曹爽，让他不再提防自己，好乘乱下手。

公元248年春日，曹爽兄弟随同魏少帝曹芳，一起去给曹叡上坟，祭扫高平陵。

扫完墓，曹爽带着自己的一班亲信在万安山打猎游玩。司马懿行动了。

司马懿派儿子司马师和司马昭，先发兵夺了曹爽弟兄在洛阳城中的军营，打开武器库，将自家的军队重新武装一遍，然后控制了洛阳的各座城门。

司马懿进人皇宫，向郭太后奏说：“大将军曹爽任用小人，不理国事，应该夺去曹爽弟兄的兵权，免得出大漏子。”

郭太后本来就不大喜欢曹爽，马上同意了司马懿的意见，以太后的名义，按司马懿的意思下了一道诏书。

司马懿又派侍中许允、尚书陈泰去向曹爽送信，说只要曹爽交出兵权，就不会伤害他弟兄们的生命。

许允、陈泰走后，司马懿又命殿中校尉尹大目再去劝说曹爽，说交出兵权就可保全其兄弟和家属的性命，老司马说这些话时，指着洛河赌咒发誓。

司马懿让尹大目带上自己给皇帝曹芳的一份表文，说曹爽任命一大批小人，把持了朝廷的军权，上上下下都很不满，万一国内因此发生变乱，后果不堪设想，自己起仁义之兵，目的只是为了维护朝廷的稳定，而且太后已经同意罢免曹爽弟兄的大权了。

正在猫着腰打猎的曹爽，一连串接到几起急报，说太傅司马懿发动了兵变，要夺自己弟兄几个的兵权，当时就吓得木头人似的。

随行大臣中有人清醒，劝曹爽当机立断，请少帝发诏书，组织兵力对抗司马懿，但曹爽贪生怕死，最后决定跟曹芳一道回城，交出兵权，向司马懿投降。

曹爽一回洛阳，司马懿便给曹爽弟兄四个安了个图谋造反的罪名，弟兄四人和亲属，连同亲信们都被逮捕了，全被杀了头。

老谋深算的司马懿，又一次独揽了魏国军政大权。

公元251年司马懿病死，权力传到了他的两个儿子司马师、司马昭的手中，曹魏的天下，已经尽归司马氏掌控了。

曹芳怎么也没想到司马氏会这样无情，非常愤恨，但又无可奈何。就暗中找心腹密谋，准备削夺司马兄弟的兵权。

曹芳觉得有几个人可以担当打击司马师的重任。

张皇后的父亲张缉对司马师非常不满。

司马师曾说张缉女儿当了皇后，自己就不愿再在朝中做官了，因为外戚会干扰国家大事。他要继续做官，张缉必须卸掉一切职务。司马师多强势啊，张缉只好做了白身，他恨司马师。

曹爽的好朋友夏侯玄恨司马师。曹爽是被司马懿杀了的，夏侯玄对司马师掌权更加反感。

夏侯玄的好朋友李丰，儿子娶了公主，算是皇亲，曹芳也把他列为心腹之一。

曹芳这天退朝回到后宫，召集张缉、夏侯玄和李丰等人商量除掉司马师的事情。说到伤心处，鼻涕眼泪一齐流下来。

李丰见皇帝这么难过，带头发誓，要帮皇帝除掉司马师。

他们议定，曹芳下一道诏书，封夏侯玄为大将军、张缉为骠骑将军。再以封贵妃为名义，召集朝中大臣参加宴会，在宴会上，由夏侯玄和张缉乘机捕杀司马师。

不料几个窝囊废，会议事，不会办事，不知怎地泄密了。

司马师先发制人，发兵将李丰、夏侯玄、张缉三人抓起来杀掉，又冲进皇宫，把张缉的女儿张皇后抓出来关进冷宫，几天后就不明不白地死了。

司马师随即逼令太后下诏废黜曹芳，降为齐王，迁居旧宅，规定没有皇上的宣召，齐王不能出入朝堂。

曹芳乘坐牛车，辞别太后及群臣，哀哀而去。

司马兄弟另立曹丕的嫡孙曹髦为帝，改年号为正元，后又改元甘露。

曹髦本来的爵号为高贵乡公，高贵乡公没想到自己转身成了魏帝。

二

曹髦虽然年少，但是王室发生的巨大变故使他过早地成熟起来，人说他“才慧夙成”，“有大成之量”。

曹髦初进洛阳，群臣都在西掖门南迎拜，小曹髦没见过这样的大场面，吓得连连还礼。

负责礼仪的官员在旁边对曹髦说：“按礼仪，君不拜臣。”

曹髦却回应道：“我现在也是人臣啊。”

到了皇宫止车门，曹髦按照规矩下轿步行。左右又有人对他说：“你现在有资格坐轿进去。”

曹髦却回答道：“我受皇太后征召而来，还不知要做什么呢。”一直走进太极殿东堂，拜见太后。

小曹髦初次登场，就显得非常稳重和谨慎，全然不像一个十三四岁的小孩子，不禁让满朝文武心里为之一震，忠于曹魏的大臣们都在想，如此少年英主，曹魏宗室或许还有希望中兴吧？

曹髦也确实把中兴国家大业视为自己的一份责任，一继位，就派出自己的使节，到四方去了解民间问题，慰问百姓疾苦，调查有没有冤情和官员的失职。

同时，曹髦严格约束自己，力求做一个道德典范，命令后宫减少车辆和衣服的开支，除掉各种不实用的器物。

曹髦还多次下诏，对在战争中牺牲的将士和因战争蒙受苦难的人们进行抚恤救助，表达自己的怜悯之情。

曹髦的各种举措，各级官员都觉得不错，惟有司马兄弟非常担心。

司马师和司马昭采取对策，进一步强化自己的威权，提高自己的地位，使自己离皇帝的宝座更加接近。

司马师和司马昭强令曹髦赋予自己“假黄钺，入朝不趋，奏事不名，剑履上殿”等特权，而且“复进大将军司马文王位为相国，封晋公，加九锡”，这样，他们的政治待遇达到了顶点，离篡朝谋位只有半步之距了。

司马师死了，司马昭继续专权，气焰更加嚣张。

即使在平时，司马昭也穿着皇帝的龙袍，连走路的闲人都知道他要干什么了。

曹髦“见威权日去，不胜其忿”，终于忍无可忍，在公元260年，即甘露五年，对身边的近臣说：“司马昭之心，路人皆知。朕不能这么坐等他废掉，忍受侮辱，今日找大家来，就是要商量一下，出宫讨伐他。”

尚书王经劝谏说：“权力落入司马家族，已经很久了；满朝文武不顾逆顺之理也不是一天两天了。皇上的警卫部队，数量又少，装备又差，凭什么作战呢？还是放弃这个念头吧。”

没想到曹髦断然说道：“是可忍孰不可忍！朕已经下定决心，不可能更改了，大不了就是一死，死又有何惧哉!”

曹髦拔出宝剑，高高举起，亲自率领宫中的护卫和仆役，老幼残障一共数百人，敲着战鼓，开出云龙门，去讨伐司马昭。

早有奸细把消息报知了司马昭。

曹髦们走到东止车门，就遇上司马昭的部队。

曹髦大喊一声："我是当朝皇上，你们谁敢怎样？"

司马昭的军队竟然都纷纷躲避，真的不敢把他怎样。

最后遇到司马昭的亲信爪牙贾充，曹髦用宝剑猛力击杀，贾充的喽啰仍旧不敢向前。

贾充一看急了，跟帐下大将成济说："司马家族完蛋了，你们还能活吗？还不快动手？"

成济是个二蛋货色，答应一声就冲上去了，只一刀把曹髦刺了个透心凉，刀从前面进去，刃从后背出来。曹髦当即倒地身亡，年仅二十岁。

曹髦被杀后，司马昭才故作惊讶，跑出来治办丧事。

司马昭把罪名推给了二百五成济，将成济杀了头。

司马昭猫戏老鼠还没有戏够，他还不想立即当皇帝，他想把这个任务留给自己的儿子，于是在杀了曹髦后，又立了一个曹家的子孙干皇帝——燕王曹宇的儿子曹奂，是为魏元帝，又称为常道乡公。

曹奂一切听命于司马昭，毫无权力可言，是个名副其实的小傀儡，毕竟，有曹髦的例子在那儿明摆着，如果不想也来个透心凉的话，就老老实实的吧。

司马昭执掌了朝廷大权，觉得可以拿掉西蜀的刘家小政权了。

刘备早已死了，其子刘禅世袭了他的权柄。刘禅小名阿斗，小时候被蜀将赵云塞在裤裆里逃命，闷出了毛病，他为人怯懦，更不会当家，只顾自己花天酒地，把当地弄得水深火热，所谓蜀汉，早已风雨飘摇了。

影视剧中的刘禅

司马昭派征西大将军邓艾和镇西将军钟会各领一路兵马，进攻西蜀。

邓艾有勇有谋，与其子带三万多精锐，抄阴平险道，直捣蜀国。

成都城中乱作一团，刘禅大吃一惊。

魏兵真的进了西蜀了吗？刘禅急得直哭，不知是逃跑好还是投降好。最后决定保全生命为上，出城投降。

刘禅脱光了上身，将自己捆绑起来，抬着棺材，带着全体臣子，出城向邓艾投降。

刘禅投降了，邓艾任命他为车骑将军。

三

却说钟会在剑阁接受了蜀国小流氓姜维的投降，种下了祸根。

姜维本是刘禅的军师，奉命守卫剑阁。

姜维假投降，钟会没有辨清，加之钟会人格有问题，在姜维的鼓动下，向司马昭诬陷邓艾谋反。

司马昭接到钟会的书信，一面下诏书让钟会发兵逮捕邓艾，将邓艾押送到洛阳来，一面又担心钟会谋反，便亲自领兵，带着皇帝一道向西，作出进蜀的样子，说是帮助钟会捉拿邓艾。

钟会接到司马昭逮捕邓艾的命令，立即让监军卫茛带兵突袭，捉住邓艾父子，自己率领十万大兵驻进成都，把邓艾的军队全部收编了。

钟会进了西蜀的老巢成都后，果然在西蜀小流氓姜维的撺掇下谋反。

钟会将部队全体官兵集中起来，要他们表态，讨伐司马昭。大家在高压下，只好赞同。

姜维说："将官们口服心不服，应该全部杀掉。"

钟会即将大开杀戒之际，护军胡烈的儿子胡渊听说父亲被看守起来，性命难保，带兵冲进官衙。

冲进来的魏兵越来越多，钟会和姜维抵挡不住，被乱兵砍成了肉泥。

钟会死后，监军卫瓘生怕邓艾放出来后会对己不利，便派大将田续领兵追上正在赶回洛阳的邓艾父子，二话不说，杀死了建树平蜀大功的父子二人。

司马昭派贾充入蜀，将刘禅押到洛阳。

刘禅到洛阳时，基本上成了孤家寡人，只有郤正等几个小官员还跟随着。

司马昭封刘禅为安乐公，实际上是侮辱和戏弄他，可刘禅却高兴得很。

司马昭有天在宫里举办大型宴会，叫刘禅也来参加。

宴会中，刘禅喝酒吃肉，了无忧伤。

司马昭想试探一下刘禅的心思，让乐工吹奏蜀国的音乐，让舞女们跳蜀国的舞蹈，刘禅看得开心极了。

司马昭故意问刘禅："你想不想回到蜀国老家去啊？"

刘禅答说："在这里过得很快活，不想蜀国老家。"此间乐，不思蜀。乐不思蜀。

宴会结束，郤正对刘禅说："下次晋王再问您想不想家，您就说父辈的坟墓都在蜀中，怎能不想家呢？这样，说不定他能放您回到蜀地去。"

后来司马昭又说起同类话题："洛阳待您不错，您还想念蜀地吗？"

司马炎

金墉城城墙

刘禅果然用郤正的话来回答，并竭力装出悲伤的样子，但挤不出眼泪，只好闭上眼睛。

司马昭看刘禅这个垃圾模样，心里早明白了一大半，笑着说："这话好像是郤正的。"

刘禅吃惊地睁开眼睛，连忙点头说："对，对。正是他教我的。"

刘禅这么老实，使司马昭大大高兴，司马昭手下的人也都笑话刘禅痴呆，真是个"扶不起来的阿斗"。

话说魏元帝曹奂，他就是个关门的，只是为了结束而存在着。

公元265年，司马昭死了，其子司马炎找到魏元帝曹奂，双方和和气气地办了个交接手续。

曹魏帝国正式结束，取而代之的是司马家族建立的晋朝。

曹魏灭亡后，曹奂被司马炎封为陈留王，迁居金墉城，后来又迁至邺城，直至死在那里。

司马炎代魏建晋，是为晋武帝。

蜀汉早已经被魏所灭，三国中只剩下一个吴，还偏安于东南一方。

公元279年，大臣王睿、杜预同时上表，请司马炎发兵灭吴。

王睿在表章中说：目前，吴国皇帝孙皓极其残暴，内部君臣不和，正是攻克吴国的大好时机。

杜预在表章中说：吴国政权已经到了摇摇欲坠的时候，错过了这个时机，就没有这么好的机会了。

当王睿和杜预的表章送进皇宫的时候，司马炎正在和张华围棋。

山涛

张华听说他们主张进兵伐吴，立即站起身来对司马炎说："对，吴主孙皓已经失去了民心，这时候出兵会一举成功，不必犹豫。"

司马炎又向贾充、荀勖等人问计，他们却认为不能出兵。

组织部的山涛，字巨源，还发表怪论说："天下统一了，迟早会出问题。不如留着吴国这一股敌对势力，大家总忧虑外患，才便于内部安定和谐。"

司马炎想来想去，最后决定出兵伐吴，统一海内。

公元279年11月，司马炎以贾充为主帅，杨济为副帅，调集二十几万大军向吴国进军。

当司马炎任命贾充为主帅时，贾充不愿意干，司马炎恼火地说："你若不去，朕当亲征！"

贾充见司马炎不高兴了，有点害怕才答应出征。

晋朝的二十几万兵马，一路从滁州方向出发，一路从江西出发，一路从武昌进发，一路从江陵出发，一路从益州出发……

晋的多路队伍，势如破竹，第二年春天，吴首都建业被攻克，吴主孙皓把自己捆得像个大粽子似的出城投降。

公元280年，司马炎灭吴，结束了长达几十年的动乱和战争，结束了三国时代，晋朝统一了全国。

司马炎说孙皓："等你到洛阳来，已经很久了。"

贾充问孙皓："听说你在吴地，经常凿人的眼珠，还剥人的面皮，这叫什么刑法呀？"

孙皓回答贾充说："对待臣下弑君或者奸诈不忠的人，就处以此类刑罚。"

司马家族，就是臣下弑了君上的，而贾充等人相对于魏国来说，自然也算是十足的奸诈不忠之人，所以孙皓这番话，说得晋武帝和贾充都哑口无言。

司马炎算有肚量，并没有因为孙皓说话让自己下不来台就为难他，而是把他封为归命侯，让他在洛阳郊区住闲。

孙皓不服水土，仅过三年就死掉了。

四

司马炎做上皇帝后，召开第一届中央常委会。

司马炎讲话说："这下好啦，全国都解放了，往后过太平日子啦。今天为朕召集大家，只讲一件事：解散各州郡的武装部队，不再养那些吃粮的；地方兵工厂也关门大吉好啦。"

大多官员闷不做声，当然也有直言进谏的。

组织部长山涛说："州郡配备武警，维持稳定，自古以来就有。边地州郡的兵力，还兼任防守边关的重任，不宜仓促解散，谨请明君三思。"

司马炎说："汉末以来，天下大乱，地方州郡养军用兵，情有可原，现在全国解放，海内一统，还要那么多地方部队干什么？适当留几个人也行，大郡一百，小郡五十。就这样定啦。"

司马炎不听山涛谏言，尽罢州郡武备。非但居安不再思危，甚而带头腐化堕落，以至后来民变蜂起，州郡失措，酿成乱局。此系后话，容当缓叙。

晋武帝司马炎也不是个大白痴，心里也想事儿。

司马炎不断思忖司马氏取代曹魏的前因后果。

曹魏为什么灭亡？我司马家为什么会取代它？想来想去，有结论了，那就是曹魏只知道任贤用能，没有分封宗室，最终才让司马家族轻易地篡夺了政权。

为了避免曹魏的悲剧在西晋司马家族上演，晋武帝决定大封自家人——将全国的权利分摊给自家宗室。分封！

历史又回到了似曾相识的时候。

晋武帝来了一场中国历史上前所未见的大分封。

封皇叔祖父司马孚为安平王，皇叔父司马干为平原王，司马亮为扶风王，司马仙为东莞王，司马骏为汝阴王，司马肜为梁王，司马伦为琅玡王。

封皇弟司马攸为齐王，司马鉴为乐安王，司马几为燕王。

封皇从伯父司马望为义阳王，皇从叔父司马辅为渤海王，司马晃为下邳王，司马瑰为太原王，司马圭为高阳王，司马衡为常山王，司马子文为沛王，司马泰为陇西王，司马权为彭城王，司马绥为范阳王，司马遂为济南王，司马逊为谯王，司马睦为中山王，司马凌为北海王，司马斌为陈王。

封皇从父兄司马洪为河间王，皇从父弟司马茂为东平王。

后又封扶风王司马亮为汝南王，兼任大司马、大都督、假黄钺，以加强宗室的实权。

改封南阳王司马柬为秦王，始平王司马玮为楚王，濮阳王司马允为淮南王.并假节之国，各统各州军事。

接着，司马炎立皇子司马乂为长沙王，司马颖为成都王，司马晏为吴王，司马炽为豫章王，司马演为代王，皇孙司马遹为广陵王。

司马炽

司马颖

同时，立濮阳王之子司马迪为汉王，始平王之子司马仪为毗陵王，汝南王次子司马羕为西阳公。改扶风王司马畅为顺阳王，畅弟司马歆为新野公，琅砑王觐弟司马澹为东武公，司马繇为东安公，司马灌为广陵公，司马卷为东莞公。

哎呀呀，排列都排列不过来，鸡零狗碎，一朝全体升天。

晋武帝司马炎对司马家族进行兜底大分封，被分封的诸王，许多都拥有数量不小的军队。州郡的部队都解散了，诸王的亲兵却都还有。

司马炎希望“分封”可以使晋朝得到最大的保障，殊不知反而埋下了天下大乱的伏笔。

罢州郡之兵，百姓负担减轻，社会经济得到一定程度的恢复，渐渐有吃有穿了，君臣们却早已开始荒淫了，全国上下，从朝廷到诸王，再到各级公务员，早已开始疯狂地享受生活了。

斯时，全国人口一千万，好色的晋武帝司马炎使其中千分之一的人都成了自己的老婆。

先是，他在中级以上的官员和普通士族家庭中挑选了五千名美女进宫服务，灭吴以后，又在吴地选择美女五千人，总计一万人。这一万美女可不是其他服务员，而是轮流侍寝的。

万名美女，每夜一名，夜夜不空，全弄一遍，司马炎得连续“吭哧”近三十年，还不累他个贼死！

就算司马炎金刚不坏，能够连续作战三十年，轮到后面的宫女见到皇帝时，早已成老太婆了。

因为宫女太多，司马炎眼花瞭乱，每天退朝后发愁晚上跟哪个睡觉。

晋武帝羊车游后宫

善于奉迎的太监想出了一个歪点子，建议皇帝每日散朝后乘着三只羊拉的车子，任凭羊随意游历后宫，既没有一定去处，也没有一定栖止，但逢羊车停住哪个宫门，就在哪里下车，赏那位宫女“一夜情”。

整日空旷，坐等红颜老去，十分痛苦，而一夕遭“幸”，可能改变终生命运，因此宫女们为了能让司马炎幸一幸自己，动尽了脑筋。

有位宫女，为了早一天献身皇帝，想出了一条妙计：在门户上插满竹叶，地上洒上盐汁，引逗羊车停驻。

羊喜吃竹叶和食盐，走到门口，自然停下来一饱口福。宫女遂出迎御驾，把司马炎弄上床，弄上身。

司马炎乐得随缘就份，相拥而眠。

没几天，其他宫女纷纷仿效，户户插竹，处处洒盐，吸引羊只。

至于吃喝玩乐，变着法子寻开心，司马炎更是花钱如流水，把纳税人的钱不当回事，常常在吃过山珍海味喝够琼浆玉液后身心俱泰，以至忘了当天是什么日子。

历史上的开国皇帝在一统天下之后，因为纳税人增多，很自然想到减税以收买民心。司马炎灭吴后，纳税人数增加了一倍，可他不但没减税，还想尽花样向老百姓要钱，甚至卖官鬻爵，疯狂腐败。

上好之，下必过之。晋武帝好享乐，全国公务员紧跟、仿效，无所不用其极。

晋武帝并没有想过，统治者骄淫奢侈，就意味着下层百姓要更多地付出。而上层的贪欲没有止境，下层的产出却是有限的，发展到最后，总有人们吃不上饭

插石崇的珊瑚

烈女绿珠

的一天，到了那时候，又该怎么办呢？

管他呢！晋武帝不愿想那么多。

五

在晋武帝司马炎的领导下，晋朝很快形成了夸耀富贵、狂摆阔气的恶劣风气，玩女人不用说了，各级官吏衣食住行大肆奢靡被当成了最体面的事情。

京都洛阳有三个出名的大富豪：一个是掌管禁卫军的中护军羊琇，一个是晋武帝司马炎的舅舅王恺，还有一个是散骑常侍石崇。

羊琇、王恺都是外戚，他们的权势比石崇来得大，但是在豪富方面却比不上石崇。

石崇的钱财到底有多少，谁也说不清。

石崇的钱是哪儿来的呢？

原来，石崇当过几年荆州刺史，期间，他除了加紧搜刮民脂民膏之外，还干过肮脏的抢劫勾当。

有些外国的使臣或行商经过荆州地面，石崇就派部下敲榨勒索，甚至像江洋大盗一样，公开杀人劫货。这样，他就掠夺了无数的钱财、珠宝，成了当时最大的富豪。

石崇曾经以珍珠十斛换了一个歌姬，叫绿珠。

在位于洛阳城东北的私家园林金谷园中，石崇专门为绿珠修建了一座高逾“百丈”的崇绮楼，琼阁藏娇。

金谷园

金谷园故地一角

据说有见过绿珠者，无不讶其艳质，“忘失魂魄”。

王恺是皇太后的弟弟，家中富得四下流油，人们艳羡不已，独石崇不尿他。

他们参加晋武帝主持的扩大会议，散会时一起走出，相互夸耀起来。

王恺说：“家中好东西太多了，真没办法。我家吧，顿顿使糖水刷锅。”

石崇说：“是吗！我家也多得发愁，烧火做饭不用柴，用蜡烛。”

同僚们见他俩争个不休，纷纷说只是斗嘴没意思，两位先生休要争论了，家中有啥奇珍异宝，摆出来斗一斗，高下自见。

王恺说：“是啊。”石崇说：“使得。”大家叫好。

多事者把王恺和石崇要斗富的事汇报给晋武帝，武帝一听高兴极了：“有趣有趣。朕倒想看看他们谁能斗过谁。”

王恺把家里所有的房屋都用香料水刷了一遍；石崇则用红色的石蜡到处涂抹，连外墙也糊满了。

王恺岂能服输！又在自家门前的大路两旁，用紫丝编成步障，总长四十里。谁要上王恺家，都要经过这四十里紫丝的欢迎。这个奢华的装饰，真真地把洛阳城轰动了。

石崇成心压倒王恺。他用比紫丝贵重的彩锦，连路面带两侧，绕来绕去铺设了五十里，比王恺的步障更长，更豪华。

王恺又输了一着。但是他还不甘心罢休。

晋武帝知道了，就把宫里收藏的一株两尺多高的珊瑚树赐给王恺，好让王恺在下一轮较量中获胜。

有了皇帝帮忙，王恺比阔气的劲头更大了。

王恺特地请石崇和一批官员上他家吃饭。

宴席上，王恺得意地对大家说："我家有一件罕见的珊瑚，请大家观赏一番怎么样？"

大家当然都想看一看。

王恺命令侍女把珊瑚树抬了出来。

珊瑚有两尺高，色泽粉红鲜艳，枝条匀称和谐。不愧是海边方国送进朝廷的上等贡物。大家看了赞不绝口，都说真是一件罕见的宝贝，全国少见。

石崇在一边冷笑。笑过，看到案头正好有一支铁如意，顺手抓起，朝着大珊瑚树正中，砸下去。"乒乓"几下，一株红珊瑚被砸得粉碎。

周围的干部全都大惊失色。

主人王恺更是满脸通红，气急败坏地责问石崇："你……你，这是干什么！你没有这样的宝贝，羡慕嫉妒恨，所以要砸碎它，是不是！"

石崇大笑道："生什么气呀，你想要什么样的，我还你就是了。"

王恺又是痛心，又是恼火，连声说："好，好，好！你还我来。"

石崇立刻叫随从回家去，把他家的珊瑚树搬来一些，让王恺挑选。

不一会儿，石崇的一群随从抬来了几十株珊瑚树。这些珊瑚，三四尺高的有六七株，大的竟比王恺的高出一倍。株株造型奇特，光彩夺目。至于像方才敲碎的那样的珊瑚，就更多了。

人们都看呆了。这场比阔气的闹剧，闭幕了。

石崇的豪富在洛阳出了名。

大臣傅咸，深怀忧虑，上了一道奏章给晋武帝，说：“现在大晋官场上这种严重的奢侈浪费之风，比天灾还要严重。这样比阔气，比奢侈，不但不被责罚，反而被认为是荣耀的事。这样下去，后果不堪设想啊。俭以兴邦，奢以丧国，史鉴不少啊。”

晋武帝司马炎看了奏章，说傅咸道：“他俩比赛，跟国家兴废有何干系！”

本质上，司马炎跟石崇、王恺一样，一面加紧搜刮，一面穷奢极侈。

司马家族的王朝一开始就这样腐败，注定要发生大乱的。

第八十一章

杨傅遭诛

晋灭吴

司马衷

一

晋武帝司马炎在全国中级以上干部家庭中挑选了五千名美女，灭吴后，又在吴国后宫和地方搜罗美女五千人，总计一万人，为他进行“性服务”。

万名美女，司马炎不停不歇，每夜宠幸一名，他得连续吭哧约三十年。想一想这艰巨任务就要先趴下啦。

实际情况还真是，司马炎贪心有余，身体不济，沉溺声色没几年，便振不起来了。

司马懿、司马昭、司马炎祖孙三代，全是精明里的精明，狡猾中的狡猾啊。可谁知道，基因会变异，司马炎一生，搞出来有上百号儿子——后来封得遍地都是“王”，导致相互残杀。然而嫡长子司马衷，却是一个十足的智障人，土俗称憨子。

智障当皇帝，未来的朝廷大戏会演成什么样呢？

很多大臣都说太子性格过于质朴，而朝廷大事诡谲无定，恐其难以应对，劝司马炎废掉这个太子。

司马炎为难。因为太子司马衷的母亲杨皇后的家族，势力很大，随便废掉她生的儿子，会引起大乱子。所以一直拖着。

司马衷已经十三四岁，开始选太子妃了。

太子是将来的皇帝，太子妃是将来的皇后，所以，此等选妃大事，引得朝廷大臣人人关注。

贾南风

车骑将军贾充，于当年助晋代魏有功。就是他，帮助司马昭杀掉了曹髦。

贾充的小老婆郭氏是个醋坛子，生性妒忌，生下女儿贾南风后，更是变本加厉。她对贾充身边的所有女性都心怀戒备，看到谁同贾充有来往，必定要闹得贾充人仰卵翻，不可招架。

贾南风酷似其母，身高接近一米四，鼻孔朝天，嘴唇包地，面目黑青，奇丑逼人。

更加要害的是，贾南风嫉妒成性，居心歪斜。

若是公平地竞争，贾南风绝然成不了太子妃。可是，贾充和郭氏想法不同，他们认为，走走后门，说不定就成了。

贾充夫妻买通宫里所有可以买通的人，让他们去杨皇后面前拼命吹嘘贾南风如何如何聪明，如何如何好品行，美中不足，只是相貌长得过了一点。

杨皇后被说动了心，就去对司马炎说："贾充是晋朝的功臣，他的女儿贾南风既有德行，又有才学，至于相貌不怎么好看，比太子大两岁，都不算什么问题。"

晋武帝司马炎经不住杨皇后的劝说，有点动心。

一次，在和大臣们宴会时，司马炎说起为太子选妃的事。被贾充夫妻买通的部分大臣，趁机猛夸贾南风，夸得天花乱坠，司马炎一高兴，说："那就这么定了。"

司马衷娶了贾南风，结了婚，智力也不见丝毫长进。

对于太子司马衷的痴呆无能，朝廷上人人心照不宣。

不少忠正清直的大臣为国家前途计，都委婉地向晋武帝表示忧虑，一个一个地强调：太子“纯质”，“有淳古之风”，不了解治国大事。如果君临天下，恐怕难以应付局面。

晋武帝对儿子是块什么料，不能说心里没有一点儿数。

司马炎思忖，太子问题，不仅无法回避，而且再也无法等闲视之了。得彻底察看一下太子的本事，若实在笨得无法收拾，那只有废掉他，另换一个太子了。

司马炎想出了一条妙计，要在所有朝廷大臣面前检验太子，决定存废，以便平息几年来朝野间沸沸扬扬的议论。

这一天，晋武帝在凌云台大摆宴筵，下令东宫所有官员无论职位高低一律前来吃喝。

司马炎时期，已经有考试院，在曹魏“九品中正制”的基础上，考试选官了。

司马炎命考试院的官吏，当场就治国理政之事出了一张试卷，派人给太子送去，要太子写出答案来。

司马炎再三叮嘱信使，务必令太子立即答卷，不得稽留，待答卷完毕，再亲自带回。

信使去了，司马炎与群臣在筵席之上，且饮且谈，静候结果。

信使到达东宫，贾南风见到密封的函卷，不禁惊出一身冷汗。

贾南风深知皇上用意，一想到此举直接关系到太子的地位与自己的前程，不敢掉以轻心。

眼下东宫内已无一个官员，都被招去皇上的宴会喝酒了，贾南风只得买通信使，到宫外请来一个文人代答。

书法家卫瓘

酸臭文人不明底细，答词引经据典，只管卖弄学问。

旁边侍立的东宫小太监张泓，悄悄提醒贾南风：“太子本来不读书，没有多少才学，若答卷多引古义，必会露出马脚，到时追查起来，太子反倒吃不消。依小人看来，不如就事论事，直接回答。”

贾南风一听，大喜过望，对张泓说：“对，亏得你提醒一下。那你就给我好好做份答卷，我不会忘了你的忠心，来日少不了你的荣华富贵。”

张泓得到贾南风的赞许，提笔以日常话语答了试卷，让太子重新誊写一遍，交给信使带走。

总算交了差，贾南风心里仍在怦怦直跳。

晋武帝司马炎看到太子的答卷，虽然很不高明，也算有板有眼，头头是道，顿时喜形于色，立即交给太子少傅卫瓘。

卫瓘看了，对庸才竟然答出卷子迷惑不解，只好佯装酒醉，局促不安，不敢说啥。

司马炎命人念了试卷及答案，席面上众官吏这才知道今日酒宴的真相，都赶忙高呼“万岁”。

从此，朝廷上再也没人对太子有所议论了。

晋武帝舍不得废掉司马衷太子之位，还有一个奇特的内因，就是太子有个聪明儿子，叫司马遹，是武帝的才人谢玖所生的。你看这家乱不乱！

原来，司马衷不懂男女之事，一直没有小孩儿。

武帝恐怕太子绝后，就在自己的才人之间挑选最有床上经验的去教太子。其中有个谢玖，印象最深。

司马炎每次宠幸谢玖，都为谢玖的本事折服，简直出奇地没法说。于是派谢玖去对太子司马衷进行言传身教，进行科普。

谢才人果然不负厚望，没实验几次，就怀孕了。

可太子妃贾南风就是不会怀孕。

贾南风气急了，随手操一支戟要刺杀怀孕的谢才人。

谢才人多机灵啊，一看不对头，连忙跑回武帝身边，扑进武帝怀里。

谢玖告状，武帝愤怒，要废了贾南风。

司马炎对杨皇后说："当初朕说卫瓘的女儿好，你们都说贾充的闺女好。你看看，丑、短、黑，心肠又如此之恶。"

杨皇后说："哎呀，贾公对朝廷有功，且忠心可鉴，岂能因为他闺女而忘记了这些乎！是不是乎？"

后来，谢玖就在大内生下了孩子司马遹，这个遹遹一直长在晋武帝身边，司马衷什么也不知道。

有一夜宫中失火，光焰冲天，司马炎登上楼台，观望火势。五岁的遹遹扯着司马炎的衣袖，往黑暗的地方走，并且说："深夜宫内失火，应防意外变故，不可站在亮处，让别人看到。"

又一回，司马炎视察猪圈，遹遹对"爷爷"说："猪长得这么肥，为什么不杀了请客，还尽让它浪费饲料？"

司马炎大为叹赏，认为司马遹跟自己祖父司马懿有得一拼，对众人说："朕皇孙聪明得紧哪，看失火时警戒朕隐蔽，在猪圈时又提出杀猪建议，大才呀，大才呀！朕听你们乱说，曾经想换太子，有皇孙如此聪明，坚决不换太子啦。"

司马衷留下的玉玺

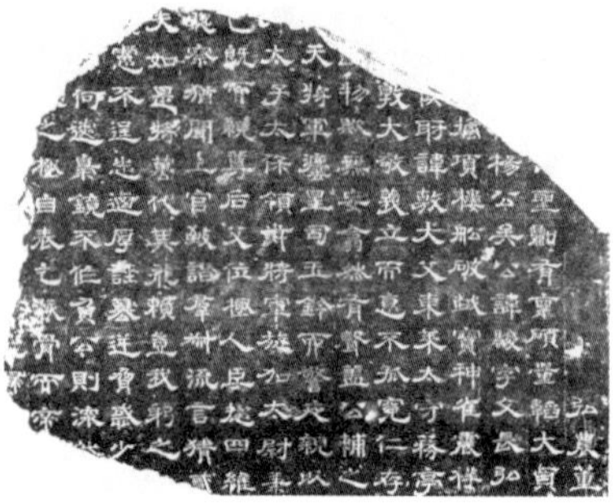

杨骏的墓志（残片）

群臣连忙道贺，山呼万岁。

只有尚书卫瓘前言不搭后语地嘟哝：“可惜，可惜那个座位呀。”

不看皇子看皇孙，万世基业有希望。司马炎彻底打消了废黜司马衷的念头。

司马遹长到十几岁，太子进宫见武帝，武帝才指着司马遹对太子说：“你知道吗？你早就有儿子了，就是他。”

司马衷愣怔着，半天，不理解自己为何老早就有了孩子。

二

话说公元290年，春好时节，晋武帝司马炎却病了。

病势转笃，阎王爷催他结账，司马炎觉得该交代后事了，诏命洛阳卫戍区战车部队司令杨骏进入内宫。

杨骏，字文长，弘农郡华阴县人，当过县令，因其女儿杨芷为晋武帝幸了，成了皇后，他也随之受到宠信，连得擢升。

杨骏为人处事有问题，诸多大臣都建议晋武帝：杨将军小器，不可以重任。

武帝斥责道：“朕自有数，不必多言。”

晋自公元280年改元太康以后，武帝深陷酒色，不问朝政，一概事务由杨骏协同他的两个弟弟杨珧、杨济拨弄，一时间势倾天下，时称“三杨”。

近几个月，晋武帝病重，杨骏一直在禁中，不肯离去，别的大臣都无法近前。

杨骏有想法，要趁机将自己的心腹都提拔起来。

晋武帝一时清醒一时糊涂，杨骏专拣他糊涂时奏事，要他出诏。武帝清醒来，就正色训斥："怎么搞的！"

汝南王司马亮是司马炎的叔叔，尚在洛阳，未到封国去。司马炎知道了，命作诏书，让司马亮和杨骏共同辅佐朝廷工作。

司马炎看罢诏书，喝药汤，一喝昏迷了，杨骏赶紧篡改诏书，内容变成了命司马亮作速准备赴封国上任。

司马炎转醒，问汝南王来没有。

杨骏说："禀陛下，没有来。"

司马炎又喝药汤，又昏迷。半个时辰转醒，复问他小叔汝南王，杨骏说："还没有来。"

杨皇后趁着武帝半清半醒，奏告说："陛下让我爸辅政，尽可放心。"

司马炎不能说话，点点头算数。

杨皇后说："那就赶紧作份诏书？"

司马炎又点点头，算数了。

杨皇后喊来侍中华廙、何劭等，嘱其快快起草，提升杨骏为太尉，三军总司令，兼录尚书事。诏书末尾还添上一句，不伦不类地催促司马亮速赴封地。

晋武帝再度清醒时，对伏在病榻之前的杨骏说："朕将皇太子托付给你啦。希望你念在椒房亲戚的份上，殚心尽力，辅佐大业。"

杨骏回道："臣得陛下特殊待遇，不敢不思报效。惟请陛下保重龙体，这是全国人民的期望。"

司马炎又把近臣都招到了榻前，表扬说："你们都怀抱忠义之心，政治上非

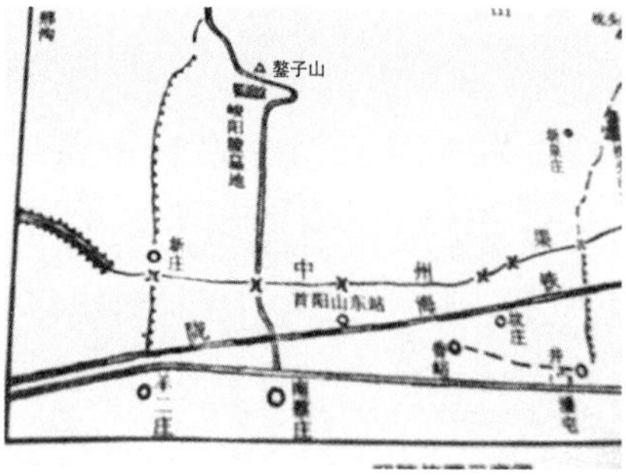

洛阳东北的鳌子山

常可靠，往后辅佐皇子，还要始终如一啊。”

晋武帝司马炎崩了，太子司马衷即位，为晋惠帝，改元永康。

大臣们个个涕泣不止，司马衷也哭得乱流鼻涕。

杨骏为了把持朝廷局面，干脆将办公室设在太极殿里，里外数百名警卫，荷戟佩剑，到处悠转。

汝南王司马亮听说皇帝驾崩，慑于杨骏的威势，不敢吊丧，怕治“违诏不之封地”罪，只能在自己的大司马府门外哭，哭了，递上报告，请求参与武帝的葬礼，送武帝入土为安再赴封地汝南。

杨骏恐怕司马亮在洛阳不走，伤害他的权力，暗地里部署军队，要把司马亮收拾掉。

司马亮素来胆弱，听说杨骏有动静，吓得只想尿尿，跟廷尉何勖商量：“哎呦呦，这可怎么办啊？他要讨伐我了。”

何勖大笑道：“放眼今日朝野，惟抱大望于您。您不能讨伐别人，难道还怕别人讨伐您不成！”

司马亮说：“姓杨的势大，但趋避为上。”咱躲开吧。说毕立马准备，夤夜出都，带着随从和家眷逃奔去了封地。

朝廷定了日期，举办晋武帝的丧事，葬之于峻阳陵。

峻阳陵在洛阳以东不远的地方，今天的偃师市南蔡庄北的一片山坡上，背倚鳌子山，面临平坦广阔的伊洛平原。再概观之，邙山主脉障其后，巍峨的伏牛山瞻于前，风水形势还比较美壮呢。

你莫觉得司马炎不咋样，在晋朝皇帝中，司马炎还属于最有治功的一个，在鏊子山数十座晋墓中，峻阳陵地位最尊，规模最大，只不过现今已无墓冢了。

却说杨骏指导着晋惠帝办了他老爹的丧事，举哀已毕，接着，指导晋惠帝发诏书，升任杨骏为太傅，主持朝廷全面工作。

文武百官都得看太傅杨骏的脸色了。

司马衷又发诏升前才人谢玖为太妃，定司马遹为皇太子。

说话间到了五月，气候越来越热，杨骏只觉自己的权势赶不上气候，于是要大面积封赏，以求媚于众，增进威望。

尚书右丞傅咸说："自古以来，没听说过因为先帝驾崩而臣下论功的事情，不可以这样干啊。"

杨骏说："有什么不可以，干就干了，怕什么！"

杨骏让晋惠帝发诏，朝中大臣及各地方主要干部普升一级。

杨骏当然再次高就了：太傅大都督，假黄钺，总摄朝政。

散骑侍郎何攀说："当今皇上在东宫住了二十多年，未行文武而承大业，现在颁赏赐爵，更其不看政绩，比老一辈革命家那时候还厉害。

"大晋是要传下去的，现在的办法后世要仿效的，若一味普升官职，普涨俸禄，数世之后，朝中人头岂不全都成了公卿？不适当啊，请明公三思。"

杨骏说："我已经三思了，没什么不适当！就这样。"

权势熏天的杨骏，谁也不怕，惟忌惮性格险悍、又多权略的皇后贾南风。

为了控制晋惠帝，防止贾南风插手朝政，杨骏任用外甥段广为近侍官，专门在惠帝司马衷身边掌管机密事务。

北军中候王佑，被杨骏调任河东太守，杨骏另任用了亲信张邵为中护军，掌握中央卫戍部队。

凡有诏命，杨骏阅处之后交给晋惠帝，同时由段广转呈皇太后杨芷，使贾南风无隙可乘。

太傅杨骏与皇太后一手遮天，贾南风早已心怀不满。

贾南风很想参与朝政，但朝廷大权被杨骏一手垄断了，那家伙是皇太后杨芷的父亲，是武帝司马炎临终托权之人，是居太极殿，辅弼弱主，执掌大内的强梁啊。

贾南风惧怕吗？哪里话！

贾南风经过十余年宫廷争斗的熏染与磨炼，何惧之有。她处心积虑，无时不在地伺机除掉杨骏，取而代之。

其实，杨骏的专权，早已引起了宫室怨愤，朝野沸议。

形势发展对贾南风越来越有利。

杨骏的弟弟杨济和外甥李斌都看出了问题，劝杨骏对宗室诸侯王有所怀柔，建议召来汝南王司马亮，一起辅助晋室。

杨济曾对尚书右丞傅咸表达过内心的担忧："当今朝野，议论纷纷，家兄根本不放在心上，恐怕祸患将至矣。若家兄能即刻召回汝南王主持朝政，自己退避山野，为贤人让路，或许能保全令名，不然怕有灭门之灾呀！"

傅咸认为："退避山林倒也未必，只要召回大司马汝南王，就会万事大吉。宗室与外戚，本来唇齿相依，唇亡齿寒的道理是很明白的。若外戚因专控朝纲而将宗室疏散于外，恐非吉兆。"

与杨骏交往密切的冯翊郡太守孙楚看到事态严重，到洛阳述职时，奉劝杨骏说："公为外戚，居炫目之位，握大权，辅弱主，应效法前贤至诚谦顺之道，不应独断朝政。宗室诸王，分藩裂土，拥兵势重，公不与他们共参大事，内怀猜忌，外树私党，恐怕得预防祸患呀。"

杨骏对众人苦口婆心的劝说充耳不闻，依旧我行我素。

宗室诸王与内外臣僚对杨骏的不满，日甚一日。

杨骏的表弟蒯钦，一次一次地以言语冒犯杨骏，让旁边的人直捏冷汗。

蒯钦解释道："杨文长这人虽说很黑，但还不至于杀我。我冒犯他，他只会疏远我。疏远我就好了，将来遭到灭族的时候，我就可以免除一死了，不然肯定会做陪死鬼。"

王彰是个出名的贤人，杨骏派人拿着组织部门的文件，让他做司马。

王彰听知消息赶忙逃走。人很奇怪，问他原因。

王彰说："疏远君子，麇集小人，专权自恣，无所不用其极，我逃往东海犹嫌太近，奈何接受他的委任？武帝眼睛被遮蔽了，嗣子既然不克负担，托重又非其人，天下大乱不远啦。"

说的是。杨太傅家族内，宫廷，民间，明眼人无处不有。

在杨骏的对面，狡诈阴毒、残忍无情的贾南风已经出场，西晋皇室萧墙之内的血雨腥风、悲云惨雾已经无可避免了。

三

当初晋武帝立司马衷做太子时，想娶卫瓘的女儿做太子妃，说："卫家的种好，子女又高又帅，贾家的种劣，子女又短又丑。瞧他那闺女，还恁黑。”

由于贾充夫妻做了许多地下贿赂工作，太后、皇后，臣子荀勖、周顗都在武帝面前说贾家的好话，晋武帝昏了头，顺了他们，为太子娶了贾南风。

贾南风一朝入宫，便即恶性暴露。

司马衷半憨不灵，又不懂夫妻伦常之事，心性妒诈的小贾根本不甩乎他。

司马衷怕小贾，小贾更监督得严格，宫女中留意太子的，莫说拉拉手，摸摸太子的小肚子一带，便是敢有向太子抛个媚眼儿的，都难逃小贾的毒害。

晋武帝听说小贾太恶，随便敢杀死宫女，想干脆废掉她。

杨皇后替小贾说好话，让晋武帝考虑考虑贾充的功劳，才保住了小贾的太子妃身份。

后来杨皇后多次劝说小贾，培德性，养妇道，小贾不知道是为自己好，反而储蓄了对杨皇后的大量愤恨，甚至暗地里辱骂杨皇后。

晋惠帝司马衷即帝位，贾南风成了皇后，非但对杨皇后——皇太后愈加无礼，她自己也愈加淫荡恣肆，放纵无人能比。

贾南风本来就嫌自家男人呆痴无味，不解风情，她早就与可以自由出入宫掖的官员或下人淫乱了，太医令程据就是她的男宠之一。

皇上年轻，身体无恙，太医整天清闲无事，蓄得势头足足，贾南风享受起来嗷嗷叫爽。

司马衷毕竟要上朝，贾南风借机搜罗男宠供自己淫乐，搞得朝野上下沸沸扬扬。

贾南风手下，有批人专门给她到处物色健美少年，秘密送到宫中，供她享用。

洛阳城南的小区住着一名小干部，在公安局缉盗科上班，长得相貌堂堂，英俊潇洒，却整日不讲卫生，衣衫褴褛，垢秽四处。

忽然有一天，缉盗科的小公安洗得白白净净，身着极其华丽的衣服上班。大家见了，都怀疑衣服是他偷来的。长官也心有疑虑，让他当众说个明白。

这小科员为了洗刷自己，就讲出了一个故事。

前几天，我在路上遇到一个老太婆，她说，家里有得重病之人，巫师讲应找家住城南的少年来驱邪消灾，想暂时让我走一趟，事后必有重谢。

我答应随她去。上了车，她放下帷布，将我装在一个大竹木箱中。走了约十余里，过了六七道门，才把我从箱中放出来。

我抬头一看，眼前琼楼玉宇，富丽堂皇，甚是气派。

我问他们："这是到了哪儿？"

有人告诉我说是"天上"。我也不敢再多问了。

接着，就让我洗了热水澡，那水中香气袭人，从未享受过。

刚洗完澡，就有人送来漂亮的衣物，还端来美味佳肴。

待酒足饭饱，忽见一个女子，看上去大约三十五六岁的样子，身材矮小，脸色青黑，鼻子朝天，嘴唇包地，她留我住了几晚，与她同床共枕，极尽欢美。

从"天上"出来时，那女子赠给了我这些衣服。

众人听他讲完，都明白那女子就是皇后贾南风了，便讪笑着散了。

洛阳经常发生俊美男子失踪的事，原来都是被贾南风弄到宫中，供其淫乐后，被秘密杀死埋掉了。城南小吏不但生得貌端，而且生性乖巧，能说会道，很得贾南风怜爱，想下次再用一用，他才捡了一条命，活着出来。

贾后淫荡，令人讶异，然其权略，也不稍弱。

晋惠帝每次临朝听政，贾南风必定要坐在珠帘之后，大臣有所奏报，她必定在惠帝决断之前发话干预。

身为太傅的杨骏实在看不下这个骚丑女人的做派，朝议时，大声说："天上不能有两个太阳，朝廷不能有两个主人。陛下春秋正当年，又英明睿智，安需身后垂帘，以女流扰乱朝会？应速速撤销帘子，该回内宫的，到内宫凉快去！"

贾后听到杨骏的斥骂，羞惭得黑脸泛红，一时又无话应对，扭头进入后宫去了。

贾后岂能吃下杨骏的话头？

虽未在朝堂上跟他对骂，贾南风心里早已是怒火爆燃，恼恨极了，焦急地寻思门路，要杀了杨骏老贼。

贾南风冥想诡计，黄门中郎将孟观和李肇两人看出来了，主动请缨。

孟观和李肇两人都受过杨骏的侮辱，跟贾南风一拍即合。

贾后当然大悦了，问他们："有什么妙计能把老畜生拾掇了？"

孟观和李肇说："臣下有计，依计而行，可将老畜生弄死。"

宦官董猛正在给贾后捏腰，参言道："不好。现在满朝都是他的心腹，于朝内生法，皆不可取，弄不好要产生大乱子。以小人之见，莫若娘娘矫诏一封，使人持报汝南王司马亮，让他多带兵马，来京执行戒严任务，择机除贼。"

贾后说："小猛子还真动脑筋了。说得不错。"

于是，贾南风着人以晋惠帝名义制作诏书一份，派孟观携诏书飞速去许昌搬汝南王司马亮领兵进洛阳。

司马亮比晋惠帝辈分高，老奸巨猾。他虽受杨骏排挤出京，也说杨骏凶暴，败死指日可待，却不愿听贾南风的调度，并不出兵。

孟观见不能说动司马亮，想了想，又前往荆州密报楚王司马玮。

司马玮是惠帝司马衷的弟弟，年轻气盛，性情暴戾，有勇无谋，他见李肇前来求援，慨然答应兴兵入朝。

司马玮咬着牙说："我早就恨死杨骏老东西了，也只有我引兵入洛阳才能收拾得了他。"

孟观说："殿下不要仓促进入洛阳，请屯兵城外，臣先报知皇后，策划内应，然后一举将其拿下。"

司马玮带着大部队，连夜进发，不日抵达洛阳，屯驻于司马门外。

后山感叹：大晋时期通信好不发达呀，行军路线这么长，军事动静这么大，杨骏竟然不知道，还镇日介在宫内跟喽啰们一起喝酒呢。

孟观进宫向贾南风做了汇报。

贾氏说："好，好。现在你们联名奏本给皇上，说杨骏谋反，请速下诏逮捕。若有迟延，老贼探知洛阳城外有新来的军队，我等就玩儿完了。本宫会催促皇上同意收贼，发下诏书，楚王率兵进城，你们同时发动朝廷禁卫军围捕，老贼就被收拾啦。"

孟观领了贾南风之命，赶紧伙同李肇等向晋惠帝呈送奏本，称杨骏欲夺帝位，宜早图之，迟疑了大事要坏，臣等有心杀贼也无力回天了。

司马衷问："你们怎么这样说？这是真的吗？"

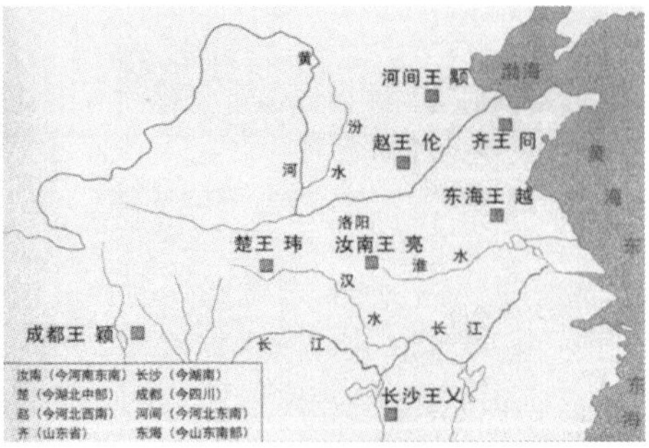

西晋八王的封地

西晋八王之乱致洛阳再度毁弃

孟观说："是真的。而且老贼头一个要杀的就是皇上您哪，不是一刀杀，是零割碎剐，活生生地疼死啊！"

司马衷大惊失色，贾南风不失时机地指点司马衷道："死到临头怕有什么用，赶紧发诏，拿下老贼！"

黄门令董猛被招进内室草诏，曰：杨骏谋反，命司马玮和司马繇率领各自的亲兵入朝，协助中郎将孟观诛杀之。

西晋历史上"八王之乱"的序幕就此拉开，时在公元291年，三月八日，深夜。

孟观得诏，一边火速部署卫戍部队，一边迎进楚王司马玮的部队，一边召请时在洛阳的东安王司马繇，以其亲兵参战，协助司马玮。

午夜，军事部署已定，孟观报知贾南风："现在急需娘娘矫皇上手诏，去宣杨骏入宫参加重要会议，方可干掉他。然后，臣等率兵洗抄其家，灭其三族，祸害就除净了。"

四

贾南风高兴啊。当即假托晋惠帝拟写诏书，派人去宣扬骏入宫参加临时常委会，讨论军国大事。

杨骏领了圣旨，便欲进宫。他的弟弟杨济、杨珧一起阻拦，说："前日兄长当面骂走了珠帘后面的贾氏，今日半夜宣入内宫议事，现已探知楚王引军驻于城南，隐约还在行动，怕有奸诈的阴谋等着呢，不能去，去了坏菜。"

杨济和杨珧还说："形势越来越不妙。来日大朝之时，咱们兄弟三人一并呈请皇上告老退休算了，免得招引祸端，连累三族。"

杨骏说："若大内有什么变故，杨太后必定会捎信儿给我的，忧虑那么多干啥！现有皇上诏书，不能不往。"

俩兄弟建议快速召集参谋们开个小会，问问计策。

杨骏心间有点转圈了，当即召集心腹属下，说："我老杨尽忠报国，从未怀有二心。现圣上手诏，召我入宫同议军国大事，俩老弟说此中藏有阴谋，大家帮我决断一下。"

主簿朱振说："楚王无故突然率军到了洛阳，其中必有问题。料想乃系宫中阉竖在作祸，对明公极是不利。"

杨骏道："照你这样分析，大事有点不好。你说怎么办？"

朱振建议，作速派人去放火烧了云龙门，然后以搜捕纵火罪犯的名义，调集兵马拥皇太子入宫，把该杀的全都杀掉。惟有此法可以快速奏效。

杨骏听了朱振的计策，犹豫地说："云龙门系魏明帝所建造，耗费大量人力物力，至今仍是洛阳最为高大的建筑，烧了它岂不可惜？"

这边杨骏府中正在犹豫，那边深宫之内皇太后杨芷听说她家危险了，急忙亲自写了封公开信，抄了数份，让人用箭射出城外，信上说，谁能救得杨太傅，赏千金加封万户侯。

偏有一封信给贾南风宫中人拣到了，飞跑送呈于贾南风。

贾南风这下可抓到杨太后的把柄了，立马宣布杨太后跟她爹共同谋反，急令孟观指挥警卫部队并催司马玮和司马繇出兵协助包围杨骏府第。

杨骏见自家大宅被围，兄弟成了瓮中之鳖，大惊失色，跟着两个弟弟逃入后院马厩。

马厩哪里藏得住人啊，乱兵一拥而入，就地将杨骏砍了个稀碎。

杨济、杨珧、段广、张劭等，一个个都被抓了起来。

在贾南风直接授意下，孟观斩瓜切菜一般，把杨府三族一律处斩，死者数千人，杨骏亲属及亲信党羽杨珧、杨济、张劭、李斌、段广、刘豫、武茂、杨邈、蒋骏等人无一幸免。

杨骏府内被洗劫一空，府第亦被大火焚烧。

说话间天已亮了，有人火速将战况和结局报知皇太后杨芷。

贾南风夷其三族之事让杨芷震惊而又愤恨，上车奔往贾氏宫中，质问贾氏，怒斥贾氏，责骂贾氏。

杨太后骂道："先帝当初根本没有看上你，不肯娶你给太子，是我劝说先帝，成全了你。现在你翅膀硬了，反而害绝我一家，是何道理？"

贾南风对骂杨太后："老贱妇，你老爹暗中谋反，依照大晋王法合该诛杀，你有什么脸面反来骂我!"

杨太后和贾南风骂着扭打在一起，太监和宫女们急忙拉架，送杨太后回宫。

贾南风心头怒气不息，召孟观问道："诛了杨家三族，皇太后还在，她肯定不会善罢甘休。我想除掉她，你有什么妙计？"

孟观说："杨家兄弟都死了，太后已经失势，朝廷大权到了娘娘你的手里，你代皇上发一诏书，送她去金墉城好啦。"

金墉城位于大洛阳城西北不远的地方，是曹魏时期魏文帝所筑建，魏明帝时期有所加固，一般用于安排废帝废后居住。

贾南风听得孟观的计策，十分高兴，立马矫晋惠帝诏命一封，交由孟观去安置杨太后。

孟观入后宫，向杨太后宣诏，杨太后大惊道："本宫没有任何罪过，为什么要废掉？"

孟观说："太后不该与太傅共同谋叛啊。贾后奏知皇上，一人叛逆，九族皆诛。皇上不忍加诛太后，只得发旨，命臣送太后迁徙。"

杨太后不跟这个宦官理论，哭着说要去见惠帝，问个明白。

孟观让从人扯住杨太后两只袖子不放，推她上车，快速驶出皇城，送入金墉。

孟观回报贾后，贾后大为高兴，奖赏百匹锦帛给孟观，并说："还得劳卿等启奏皇上，汇报皇太后同杨骏谋反，让皇上诏令太后自裁，这样就绝了后患了。"

孟观说："此事绝对办好，请皇后放心。"

于是，孟观与李肇上朝便奏报曰：皇太后自绝于朝廷，罪在不赦，宜早决之，以免留下后患，悔之迟矣。

晋惠帝不晓得怎么办才好。

中书监张华奏说："一人造逆，九族应诛。以圣上与太后有母子之情，可以免死，废为庶人。"

晋惠帝未及决断，贾后立即代其下诏到金墉城，废杨太后为庶人。

杨家只剩了一个庶人杨芷，杨骏及其心腹全都遭了戮杀，竟无人为杨骏收尸。舍人阎纂看不下去，以故旧之情将杨骏盛殓葬埋。

第八十二章

周处靖边

一

却说贾南风诛杀了杨骏一族，废除了杨芷的皇太后名分，犹觉自家权势不够，召宦官董猛、孟观，说："我想主持朝廷全面工作，也要主持全面工作了，需要辅弼大臣，你们给我推荐推荐。"

孟观说："汝南王司马亮，辈分高，算一个，尚书卫瓘，字写得好，人们都很仰慕，这两个人又都是先帝时的重臣，能服众。"

贾后曰："辈分高，字写得好，善。"

次日，晋惠帝司马衷设朝，贾南风从后殿转出来，说："杨骏犯罪，已经处决，连带处决掉了一大批追随他的朝臣。现在上边空了，没人参辅军国大事了。汝南王司马亮和尚书卫瓘，政治上可靠，先帝考察过的，任用过的，应该提拔到高位来。"

司马衷说："朕也看到今日上朝稀稀拉拉，没啥人，不热闹。提拔吧。"

于是擢升司马亮为太宰——朝廷大管家，录尚书事，卫瓘为太保——纪律检查委员会书记。

司马亮正大光明进洛阳了。未动一刀一枪，太宰到了手，他乐得偷偷笑。

司马亮回到洛阳后，位高权大，自感如鱼得水，决定提拔一批干部为自己所用，令手下在全国搜罗候选，合计得一千零八十一人。

傅咸是御史中丞，劝司马亮说："罚当罪，赏有功，历来如是。斯一千零八十一者，无功而获重赏厚禄，引致干部队伍堕怠不作，加重全国百姓负担，此

西晋官吏在练功

贾南风秉政

乃祸患之源，请能三思后行。”

司马亮说：“现在又不打仗，干部们怎么立功？选择重用一批，于稳固大晋统治，确保永久执政大有好处嘛。”

大批官吏都受到了提拔和加俸。

官吏加俸，百姓负担加重，生活不下去了，要告状，都被各级官吏压下去了，乍一看社会还怪稳定哩。

自此，司马亮说啥算啥，凡有军国大事，根本不开会研究，当然，他还是跟卫瓘通气的。

楚王司马玮和东安王司马繇不服气：杀杨骏，我们出了多大的力呀，你啥事没干，混得如此之展，我们还在底下憋屈着不能秉政，这他妈太不公平啦！

司马亮探知司马玮和司马繇腹中有气，思忖之后，密告贾南风说：“东安王司马繇和楚王司马玮有意见，而且司马繇兵权过重，若不警惕，可能酿出事端。”

“司马繇和司马玮意见过大？”贾南风问，“怎么办？”

“现有一计可用：废掉司马繇的封号，把他的军队划归司马玮。既可解决司马繇的威胁，又安抚了司马玮，使其安静。”

贾南风觉得司马亮的智商很高，意见很妙，就矫诏称司马繇谋叛，即日起废为庶人。

司马繇无端受到冤枉，见司马亮挟天子裹皇后，势力太大，不敢反抗。

废了司马繇，贾后立即再度矫诏，命楚王司马玮代领司马繇的所有部队。

司马玮势力忽然变大了，但他并不领晋惠帝和司马亮的情，整天抖擞着羽毛，想对洛阳来一下子。

司马亮见司马玮处处逆着自己干，后悔原先的计策是个被窝窍儿。

现在晚了，司马玮专立威名，晋惠帝也怕。想夺掉他的兵权吧，没有什么理由，没有什么办法。

司马亮想来想去，心里打鼓，乃跟卫瓘商量，说："玮这家伙，恃权独断，比之于繇，更坏。我想夺掉他的权力，但我文化欠缺，脑子里没有计策，卿可有什么妙招，能杀了此跋扈货色？"

卫瓘说："司马玮并无过错，焉能随意加害？但削去他部分权力还是必要的，某有一计，可解忧愁。"

司马亮急问何计，卫瓘道："升职；镇边。"

司马亮听得不清不爽，说："我急死了，请快道其详。"

卫瓘说："来日入朝，殿下可向圣上奏称，楚王司马玮勇略双全，可封为大将军，使镇西部边陲，这样，功臣得到重用，盗贼不敢犯境。司马玮走远了，一应朝廷大事不就任殿下摆布了吗！"

司马亮叫道："妙计妙计，正合我意。明日入朝，便照此奏闻皇上。"

谁知道司马玮的通讯业务发达，司马亮和卫瓘的动静早被司马玮手下探知。

司马玮痛恨司马亮和卫瓘，也想出了一个计策。

司马玮暗地里见到贾南风，神神秘秘地问："听说汝南王和太保同谋，欲举大事，除掉娘娘，娘娘知道不？"

贾南风惊诧得一蹦而起："咋能有这事呢？我咋没听说呢！"

司马玮说："我那些眼线厉害得很，报告给我的。"

贾南风骂："我如此重用这两个家伙，俩家伙倒怀着异心，要拾掇我，我必要杀了这俩家伙。"

司马玮加一把火说："要杀得早下手，迟了，泄密了，他们就动手了。"

贾氏说："得有杀手啊。谁能利落地把这活给做了？"

司马玮道："咱有人哪。李肇。可不是您那个黄门公公，是臣手下一员虎将，也叫李肇，其勇万夫不当。派我这个李肇去收拾两个家伙，必然手起刀落，喳，喳，好了。"

贾氏说："那叫李肇来。"

李肇来了，贾氏暗授机宜，如此如此。

贾氏弄了个假诏书，让李肇持去，引禁卫军五百，铁桶也似围起卫府。

李肇登堂入室，宣旨曰太保阴谋叛逆，奉诏收拿。宣毕，招进军士，将卫瓘并其子卫恒及其孙九人一并杀害。只有卫玠等人因病不在府内，侥幸躲过劫难。

李肇随即转身引军冲进汝南王府，将司马亮擒了。

司马亮喝道："何处小人，敢来执我？"

李肇呵呵冷笑："奉圣旨来杀先生，请就刃吧！"

司马亮说："我之忠于朝廷，肝胆可剖示天下。为何遭逢残贼，枉成无辜冤魂！"质问未毕，被李肇砍掉了头颅。

接着，司马亮惨遭屠家。其最小的儿子司马羕，因在襁褓之中，被一位下人乘乱抱着逃出王府，藏匿于临海侯裴楷家中，仅得幸免。

李肇收兵，报知贾南风。贾氏大悦，悦了一阵子，想起来问李肇："汝南王临死说了什么话？"

李肇报："汝南王临死说他忠于朝廷，肝胆可剖示天下。为何遭逢残贼，枉成无辜冤魂？"

贾南风听及此语，心里忽然转过弯子来。莫非处决两个老家伙是司马玮的计谋？

是！越想越是！嗷呀呀，要老娘，要老娘的。

司马玮如此歹毒，不可久留。然而，怎么才能除掉这个祸患呢？

二

李肇走了，贾氏在宫中独自郁闷。

这时外甥贾谧来到，见贾后情景，就问姨妈所患何事。

贾后把前前后后一概对贾谧说了。

贾谧道："汝南王乃先帝旧臣，他若欲谋叛，岂能等到今日？楚王性情生猛，屡逆诏旨，该杀的是他，你却反而杀了汝南王，弄反了，弄反了呀！"

贾后说："后悔也无用，赶快想法除掉楚王。"

贾谧说："死者不能复生，悔之确实于事无补。宜速讨楚王，不可迟疑。"

"楚王现在不比从前，兵多权重，何计可施？"贾后问。

贾谧说，现为黄门侍郎的张华足智多谋，可与其相商，同定讨贼妙计。

贾南风便请张华一并觐见晋惠帝。

贾氏先装模作样地向司马衷汇报了除掉两个老贼的工作，然后问张华："现在重权落到司马玮手里了，司马玮为人强暴，朝廷恐怕因他产生变故，想除掉他，没有理由，卿有妙策，请说出来。”

张华说：“楚王谋害了太宰、太保，大权全都握在了手中。非但圣上不安，为臣也觉得寒心。请圣上追查他诛杀太宰、太保之罪，以此理由收拾他，谁敢为他说话！”

贾南风说：“具体一点，如何实行？”

张华说：“可派禁军司马王宫，持驺虞幡，去向司马玮的部队宣皇上旨，曰：‘司马玮假托圣意，屈杀太宰司马亮及太保卫瓘，制造惊天惨案，圣上雷霆震怒，特派我来宣知各级军官兵士，放下武器，作速离开，回到营地待命，不许跟随元凶，继续作恶。听从诏令者，宽大处理，有违诏旨者，定斩不赦！’如此一来，司马玮身边军队必会溃散，收拾他便易如反掌了。”

贾氏说：“此计甚好。圣上以为如何？”

司马衷看看这个，瞅瞅那个，跟着说：“朕以为，甚好嘛。”

于是，宣卫戍部队将军王宫到内宫，对他解说了计策，命他持着“奉旨解兵”的驺虞旗帜，率领五百禁卫军精兵，直接扑向楚王司马玮府邸。

司马玮乘着车辆刚出府门不远，见王宫站在战车上，高举着驺虞幡，大声念道：“查：司马玮假托圣意，屈杀太宰、太保，制造惊天惨案，圣上雷霆震怒，特派我来通知各级军官兵士，放下武器，作速离开，回到营地待命，不许跟随元凶，继续作恶。听从诏令者，宽大处理，有违诏旨者，定斩不饶！”

王宫话音甫落，跟随司马玮的数百甲胄呼啦啦扔掉武器，星散而去。

司马玮左右没有一人了，成了光杆子一根，左瞧右看，不知所措，王宫喝令部下，上前拿住，斩了脑壳。

王宫收兵回奏。贾后大悦，惠帝也大悦。遂提升张华。

贾谧奏惠帝说："张华出身文化家庭，自己又有筹谋。而且张华为人谦逊，既不会逼迫圣上，又能为朝野各界所接受。所谓可以寄百里之命，亦可以托六尺之孤也。依微臣之愚见，宜委以朝纲重职。"

于是，张华被拜为少傅、侍中、中书，开建官府，职同三司，并赐予金印和紫绶。

张华再三推辞，不领高职。

晋惠帝说："让你干，你就干。你干事，朕放心。"

张华只得谢恩领旨，兹后与诸多下属，如武职贾模、文职裴頠，尽心戮力，同辅朝政，弥缝补缺，把个晋惠帝也辅佐得像个摸样了。

史家评价道："虽虐后之朝，而海内晏然，乃张华尽忠匡辅之功。"

事实上，大权在贾南风握中，她通过任用亲信，扶植私党，培植自己的势力，发号施令，专制天下，威服内外。

司马氏建国后，士族门阀势力猛涨，公门有公，卿门有卿，只要祖上是高勋上品，子弟就不愁仕途腾达，因而"上品无寒门、下品无士族"。

贾南风把庶族出身的张华拉入领导核心，是她清楚张华没有什么政治野心。

张华性好书籍，家无余财，惟有文史卷帙溢于箱箧，搬家时要装三十车书。

张华有许多旮旮旯旯的知识，别人不知道的，他都知道。

南昌人雷焕，是个神职人员，到洛阳游学，张华召之座谈，共观天文，预测吉凶。

两人同登楼头，仰观天象，雷焕说他看到斗牛之间颇有异气。

张华私约雷焕

西晋鸡头壶

张华询问，雷焕说是宝剑之精光照到天上了。

张华说：“我小时候算过命，说我年出六十要位登三公，还会得到宝剑，莫非此预言即将兑现了吗？”

雷焕说宝剑在豫章郡丰城县，张华乃任命雷焕为丰城令，为他寻找宝剑。

雷焕到丰城就任，让人四处挖掘，在监狱的墙根下，四丈深的地方得到一副石函，内中有一双宝剑，并刻有字，一曰“龙泉”，一曰“太阿”。

雷焕用南昌西北岩下之土洗磨宝剑，光芒照人。

雷焕遣人送了一柄剑到洛阳，给张华，另一柄雷焕自己挎在腰间。

雷焕说，“龙泉”和“太阿”系古人墓中之物，灵异之至，藏之或佩之可以辟邪。

张华回信说：“得两送一，雷公为什么要欺瞒呢？详观剑文，乃‘龙泉’也，‘太阿’未得睹之。”

以此足见张华知识之丰富也。

不过，张华确实是个居心平和的大臣。为了使贾南风亲族太盛的情形有所收敛，他作了一篇《女史箴》献给贾南风以作讽谏。

贾南风为巩固胜利果实，放手让亲族扩张势力。

在贾南风的支持和扶植下，侄子贾谧权过人主，红极一时。

贾谧嗜好令名，在他的门下，聚集了一批名士，即西晋历史上有名的“二十四友”。

所谓“二十四友”，即是渤海石崇、欧阳建，荥阳潘岳，吴郡陆机、陆云，兰陵缪征，京兆杜斌、挚虞，琅玡诸葛佺，弘农王粹，襄城杜育，南阳邹捷，齐国左思，清河崔基，沛国刘瓌，汝南和郁、周恢，安平牵秀，颍川陈眕，太原郭彰，高阳许猛，彭城刘讷，中山刘舆、刘琨。

二十四人中，左思、陆机等人，才高八斗，学富五车，是真正的文人。潘岳性轻躁、趋势利，对贾氏谄媚屈事，每见贾谧出行，常常望尘而拜。石崇、刘琨等人，恃家中财大气粗，侈糜无度，相对独立。

二十四人，性情、操守各有不同，依附贾谧，各怀心事，形成了晋朝社会中的一大怪象。

贾南风对前任皇太后杨芷的迫害，却没有停止。

前任皇太后杨芷，被软禁在金墉城里，随同她的尚有十余名侍女。

侍女们怜爱杨氏，服侍得十分尽心。生活费很低，她们变着法儿让杨氏过得好一些。

没多久，贾南风便开始抽调杨氏身边的人了，到得元康二年即公元292年，过春节时，杨氏已成了孤身。她愤懑不已，绝食七日，正月初八凌晨，含恨离世。

杨氏离世的日子，天降寒雪，为其送行。

杨氏屈枉而死之后数月，饥荒降临大晋天朝。

春季再无滴水下落，随着天气越来越热，干旱越来越烈。地火流动，植物干死。

入夏，东海一带突然落下拳头大的雹子，继而荆、扬、青、兖、豫、徐各州，大水肆虐。

刚入秋季，皇家兵器库又发生超级火灾。

晋惠帝：何不食肉糜？

世人传说，王道乱了，天道要变了。

天下饥馑，百姓饿死。作为皇帝，司马衷不能无动于衷。

各地闹饥荒，老百姓没有饭吃，这个问题严重，他觉得不需要有关部门研究，自己就能解决。

智慧的司马衷向前来汇报灾情的民政大臣说："既无粮，何不食肉糜？"——"既然没有粮食吃，为什么不想办法，吃肉末和肉粥也行嘛！"

司马衷真聪明！民政部长和随行副官被"指示"得呆若木鸡，不知所对。

大晋宫廷里自然感觉不到自然灾害，尤其是晋惠帝的日子，一天天照旧快活。

司马衷爱到华林园游玩，一个傍晚，游玩中听到一片蛙声，觉得有趣，就问内侍道："这些东西，呱呱乱叫，到底是为官事还是为私事？"

侍者回答说："在官田里叫的是为官事，在私田里叫的是为私事。"

司马衷说："为官事的，应该享受公务员待遇。给它们造表册，开工资，发补助，发交通费、误餐费。那为私事的，往后就不要乱叫了！"

晋惠帝治理西晋王朝的能力你还怀疑吗？不需要怀疑。

三

却道张华以计处置了司马玮，朝廷获得了一时的安宁。

不久，卫瓘的女儿上书申告，要求为其父平反昭雪，以告慰九泉之下的冤魂。

张华和裴頠看了卫瓘女儿的书信，方拟奏报皇上，听说太保秘书刘繇举着黄旗，敲鼓打锣喊冤，被警卫部队捉了，送见皇上。

晋帝问是干什么的，刘繇说："臣为太宰和太保喊冤的。"

问喊什么冤，刘繇说："太宰、太保尽忠报国，屈冤而惨死，请陛下念其功勋，为平反昭雪，恢复其爵称与谥号，则彼二人九泉之下感陛下大恩。"

司马衷说："这事情得研究，材料交给有关部门，你先走吧。"

张华和裴頠上朝时表奏道："太宰司马亮、太保卫瓘二公，忠贞无贰，实系屈死，陛下应该恢复其爵称，明定其谥号。"

司马衷说："照准了。"

朝廷遂发文平反二位老臣，并谥司马亮为"文成王"，谥卫瓘为"成侯"。

张华等大臣推动朝廷工作，按照惯性运行。

后来，张华加任司空，地位特高——这是再也没什么官职好升了，而给的一个高级名头。不过，名头愈多，责任自然愈大。

这年夏天，北地起乱。匈奴、氐羌及冯翊郡少数民族，杀死北地太守，各各自称大王。

军事情报送至朝廷，贾南风不知道怎么弄。

张华奏晋惠帝，请发诏委任赵王司马伦为征西大将军，并雍州刺史解系，合计起兵五万，前往除贼靖边。

解系接知诏令，去见元帅——赵王司马伦，说："敌人现在是三部分，在三处侵掠，我们也要分成三部分去镇要害。若是集堆儿一处，另外两处就会失掉。

百姓都投降了，再收复就难了。”

司马伦听了解系的话，未置可否。

司马伦最宠幸的下人孙秀趴到他耳朵下，悄声说：“殿下是元帅，军事宜自主，解系是下级，听他的干什么。殿下自己督军，发则发，止则止，最后必定获胜。”

司马伦扭头对解系说：“我是督军，发则发，止则止，你操什么心！不能分兵，分兵了，哪还有战斗力？”

解系被呛得一时没话说。

司马伦解释道：“先平定一处，得胜了继续讨平其他二处，自然大获全胜。”

解系听了不悦，回营就给朝廷写信，说赵王听信佞人孙秀胡扯八道，非打败仗不可，而且有证据表明，孙秀跟敌人来往，强烈建议诛除孙秀，以杀敌人气焰。

司马伦探得解系动静，也快速奏报朝廷，说解系不懂军事，胡乱掺乎。

惠帝司马衷左手一封信，右手一封信，不知道怎么办。

张华奏道：“战前两人先斗嘴，必然会贻误大事。陛下可通知司马伦回洛阳，派遣梁王司马肜去领兵打仗。”

司马衷照准，诏遣梁王司马肜往西北去代替赵王司马伦。

司马肜领命即行，张华见到他，交代：“殿下到了边关，可先将佞人孙秀捕杀，然后分兵作战。维护边境平静即可，不必过分，以免反引大乱。”

司马肜赴西北，见到司马伦。

司马伦接了诏书，心中好不烦恼，越发痛恨解系。但没法子，只得从脖子上解下符印，交给司马肜。

司马肜得到大元帅符印，即要诛除孙秀，还未动手，孙秀大骂着逃窜，窜到司马肜的参军傅仁面前求救。

傅仁是孙秀的老同学，好朋友，见孙秀求救，即对司马肜道："孙秀乃赵王宠幸之人，殿下诛他，赵王怎么处事？依臣愚见，不若省了，放其回洛阳，让朝廷处置。"

司马肜说："本王巴不得省一事。"

于是孙秀保住了性命，跟着司马伦走了。

司马伦回洛阳一路上，跟孙秀"卿卿我我"，到洛阳面君，先求晋惠帝保全孙秀："孙秀没有犯错误，他对我很重要，得留着他。"

司马衷说："你留着，便留着。"

这样，司马伦对于孙秀，就有了救命之恩，孙秀越加卖命地报效司马伦。

孙秀对司马伦说："观察现今朝廷大事，全在贾后掌握。要想得到高官厚爵，必须结贾后的欢心。"

司马伦说："依你之见，如何结那女人的欢心？"

孙秀说："我瞅着侍中贾模可以利用。核算着，使七百斤黄金，外加一条玉带，差不多可以让他向贾后举荐殿下。贾后若听信举荐，必委殿下以朝政，像什么太宰，什么录尚书事，指日可以到手。"

司马伦说："你的计谋，正合我的心意。称七百斤黄金，加一条玉带，你去办吧。"

孙秀把黄金和玉带运进了贾模府内，拜见贾模，说："赵王刚从边疆回来，没有离奇的物品相送，预备了黄金七百斤，玉带一副，令小臣拜奉足下。"

贾模说："赵王客气了，太客气了。"

孙秀说："赵王想做录尚书事，伏求侍中大人鼎力举荐于皇后面前。必有重谢，必有重谢。"

贾模笑嘻嘻地说："你回去拜复赵王，这些东西本欲完璧归还，又觉得却之不恭，权且替他保管着吧。我入宫见到圣后，自当竭力保举，听好消息吧。"

孙秀去了，贾模便入宫见贾后，夸奖司马伦是先帝重用的大才，做宰相绰绰有余，而且他特别敬爱娘娘，每次问候，都毕恭毕敬，诚恳极了。

贾南风听得心花绽放，道："那，有机会自当用他。"

贾模说："委以录尚书事，比较合适。他若上位，可保娘娘万福，万福。"

贾后说："好吧，听你的吧。"

次日朝堂上，贾后即向司马衷说，可晋升赵王司马伦录尚书事。

张华和裴頠听贾南风要提拔司马伦，皆曰不可："赵王虽是先朝老臣，然信用小人，朝野非议，若使参政，必伤朝纲。"

贾后未得到司马伦什么实际好处，无非建议一下，张华、裴頠反对任用，她也就罢了。

由于遭到张华和裴頠的反对，上位不能，赵王司马伦痛恨二人不已。

四

秋八月，牧草微黄的季节，氐羌头目齐万年，以七万之众，掠夺秦川腹地之泾阳，百姓惶恐，不可终日。

西北各州郡纷纷入朝表奏，请发大兵征讨。

朝廷要有关部门研究，而后方定大略。

研究到十一月，地方表奏不断，晋惠帝设朝，问这事了：“谁可去那里打仗？”

张华奏举御史中丞周处：“周处智勇皆备，委其前往征讨，不日定可奏捷。”

司马衷照准张华所奏，召周处至金阶下，当即封为建威大将军，拨五千军士，令其听令于梁王司马肜，和安西将军夏侯骏会合，征伐齐万年。

中书令陈准，出班奏曰：“不可如此任用周处。”

陈准说：“梁王司马肜当初以权谋私，周处弹劾过他，他必然怀恨周处。让周处受梁王指挥，周处忠勇刚直，臣虑其有进无援。若梁王果然令周处为前驱，打起仗来不作救援，有意使其陷落，肯定要失败了。”

晋惠帝道：“依你这么说，还得换个人？”

陈准说：“梁王是宗室，夏侯骏是贵戚，他们都不是将帅之才，想让他们立功，他们不需要荣誉，若是他们败退，也根本不怕治罪。因此不能依靠他们打仗。”

司马衷说："你越说越多，朕反而越听越不明白了。"

陈准说："请容臣下解释。臣以为，不能依靠梁王和夏侯骏打仗，而应该再给周处增加至少一万精兵做前锋，让周处做主将，自行作战，方好取胜。"

司马衷道："你说的办法，朕觉得日怪。"

最后晋惠帝未听陈准的谏议，周处只得领着五千兵士，跟着夏侯骏去西北。

到得西北，周处参见梁王司马肜。

果然，司马肜想起以前遭到周处弹劾的事，暗自冷笑，对周处说："氐羌十分雄盛，屡战不分胜败。你领着你的五千兵，做前锋，跟他战，我做你的后盾。"

周处听了，无语半天，只得领命，引军出发，屯驻于前线泾阳。

氐羌首领齐万年，听说晋廷用周处为大将，召集酋长们开会说："周府君素有武才，听说这次他要做总司令来了，我有点觳觫啊。"

齐万年开着会呢，细作报告说，晋廷以梁王司马肜为帅，夏侯骏为副，周处为将，他们正在部署呢。

"哈哈！"齐万年大笑起来，"方才还在觳觫，如今变得硬爽爽啦。哈哈！"

时间到了公元296年深冬，周处驻五千军于泾阳前线，而对手齐万年，以七万兵屯聚于泾阳对面的梁山。

司马肜、夏侯骏命令周处立即向梁山进击。

周处说："战而取胜，关键在于后援。军无后继，必败无疑。我败了，身死而已，但却是天朝的莫大耻辱。今日以我五千兵去战敌人七万，若无后援，结局必死。"

司马肜厌恶地说："命你进击就进击！吾以大兵做后应，行了吧！"

周处说："得好好做一餐饭食，让我的五千兵士吃饱了，才能出战。"

梁王司马肜忘了他"氐羌十分雄盛，屡战不分胜败"的话，说："氐羌十分羸弱，你不必做饭吃了，速速进兵即是。"

周处越听越愤怒，又没办法，只得驱兵而出，朝齐万年阵地冲杀而去。

周处披坚执锐，与齐万年大战五十余合，不分胜负。

从上午到天黑，两军混战不休。

周处的部队没有吃饭，饿着肚子，氐羌兵力又十数倍于周处，日暮时分，五千人已经快完了。

夜色渐渐升起，周处披星戴月，战得弓尽弦绝，却没有一个援兵出现。

周处的军士只剩数人了，他们说："明显是梁王陷害将军，一卒不援，将军不能再战了，我们护着将军，退吧！"

周处按剑怒喝道："我周处为国而战，虽死不会后退半步！"

残军听得周处豪言，也不饿了，拥着周处再度冲杀，直至全部战死。

司马肜与夏侯骏闻听周处力战而死，惶惶无措，害怕获胜的齐万年继续进兵，就传令下去，严防死守，坚不出战，一边跟敌人死拖，一边向朝廷请救。

齐万年回军休整，说："仗打胜了，但周处没了，让人怪伤感的。"

第八十三章

金墉鸩杀

一

却说轮到贾谧值班，到东宫陪太子。

贾谧门下有二十四个能人，都是学富五车、才高八斗的角色，把贾谧簇拥得够劲，于是他就在太子面前得瑟起来。

恰巧成都王司马颖拜访太子，看到贾谧对太子的倨傲不礼，朝那儿一坐，叱贾谧道："小贾，太子位居天子之下，万人之上，你怎么对他如此没有礼貌啊！啊？"

贾谧说："没有啊，没有啊。这不是什么也没有吗？"

贾谧出了东宫，对司马颖的无端指责甚为恼恨，遂转入内宫见贾后，说："成都王颇有武才，适合出镇远方，譬如邺郡。若留在洛阳，怕哪天会造成忧患。"

贾南风说："既是这样，要他出镇邺地，也得有所戒备。"

贾谧说："可以封河间王司马颙做镇西将军，坐在关中，以制衡之。"

贾南风次日就让晋惠帝司马衷出诏，以成都王司马颖为平北将军，驻邺郡，以河间王司马颙为镇西将军，守关中。

成都王与河间王受命，各自离开洛阳，到驻地去了。

却说贾南风在后宫，淫风日甚一日，太医令程据之流男宠，常换常新，城南小区的公安局缉盗科小警察之类健美少年，不断地由公车秘密载入后宫，供其日夜享用。

有道是：杀司马亮和卫瓘，朝野震动，宠爱男色不知疲倦，全国传扬。

裴頠与张华商议说："皇后淫污后宫，影响实在太坏。我预备奏请皇上，废黜贾后，另立谢淑妃，若之何？"

时贾模在座，说："贾后确实太不检点，但目今诸王各结朋党，势头甚劲，若因废黜皇后惹出祸患，导致身死国休，对社稷反而无益。"

裴頠说："公之所言，颇有道理。然作为中宫，昏虐如此，大乱也是快了呀。"

张华说："两位上卿，都是中宫的亲戚，说话皇后可能会听的。建议多在她面前摆摆利害，倘若有效，戒除恶习，仍算可以救药，天下也不至于因此就乱了，我们也能够平安地干到退休。"

裴頠与杨骏、与司马亮，都是儿女亲家，加之他本人在有晋一朝属于名士，说话还是有力道的。

但皇后毕竟女流，裴頠思忖再三，拜托广成君郭槐去跟贾后拉家常——他倒省心，郭槐是贾南风她妈。

贾模呢，本是贾后的堂兄，可以直接跟贾后说话，多次跟贾后讨论福祸之预，谁知贾后觉得，本宫不是貌正风华，也是人正当年，堂兄总来败坏自己的兴致，就不见他了。

晋惠帝司马衷当然管不了贾南风了，想当年他不懂人事，先帝派了才人谢玖来床上教他，让贾后妒得火冒三丈。谢玖生了太子司马遹，更让贾后恨得咬牙切齿。

司马遹自小聪慧，夜里宫中失火，拉着"爷爷"躲往暗处，视察猪栏时，建议宰杀肥猪，既待了客又节约饲料，故武帝司马炎非常喜爱。

司马炎曾对群臣说："孙子遹遹跟祖父司马懿在智力上有一拼。"

司马炎本来想废掉智障太子司马衷的，因孙子聪明也不再废了。

当时，有些以神职为吃饭能事的人，说广陵一带有天子气，晋武帝听了他们，封司马遹为广陵王。

司马衷继位，成了惠帝后，司马遹在公元291年成了太子，出就东宫。

司马遹出自贾南风最嫉妒的谢才人，因之最为贾南风所恨，时刻想着要废了他。

贾南风不断地对外宣扬太子的短处，为废黜做舆论准备。

司马遹年龄大起来，为糜烂的宫廷生活所熏染，不爱读书，只知与手下小宦官游乐玩耍。

小阉宦李已、刘才，都是贾后安插的，他们媚谀司马遹说："将来天下都是殿下的，贵为太子，趁着年轻随便玩乐享受吧，拘束自己是最愚蠢的了。"

司马遹于是益加慢傲不礼，性格自私。

司马遹常在宫中设市肆，贩鱼卖肉，时日多了，以手代秤，估计轻重，竟斤两不差。

司马遹在宫中开设副食品市场，什么鱼盐、鸡面、牛羊肉及各色调味料，收缴利润，乐此不疲。

司马家的来历人们都知晓，篡位登基，挖掘不出什么经商分子，好事的便挖掘司马遹的生母谢玖。

一挖掘，还真的找出了根源。

王衍

谢玖她爹是屠夫，卖肉的，谢玖入宫前，老谢每天挑着肉担子从北邙山上下来，自北门进洛阳，走街串巷："好肉！好肉来了，谢家肉肉！"

原来外公家有个小小的肉联厂，难怪司马遹搞经济这么有料！

后山叹曰：若论华夏中国的资本主义萌芽，司马遹的东宫副食品市场甚有特色，有兴趣者不妨认真研究一下。

可大臣们怕司马遹长此下去，自招祸患，中书舍人杜锡就常劝他修德业、保令名，言辞恳切。

司马遹非但不听，还在杜锡经常坐的毡垫中藏了一些针，尖头朝上，杜锡猛然一坐，把屁股扎得流血不止。

司马遹这种不知自重、奢靡威虐的举止，正好授人以柄，给贾南风抓住不放。

贾后她妈，广成君郭槐，年老变善，劝女儿说："你年龄一年大一年，不幸没有生养。太子虽说跟你没有一点血缘，但为长远计，你应该慈爱他，这样可保长久平安。你妹妹贾午，嫁给韩寿，所生女儿，你可做主，使为太子妃。不然的话，将来若有变故，家族难保啊。"

贾南风即召其妹妹贾午入后宫，就老妈的教诲进行讨论。

贾午说："太子不是姐姐你生的，我女儿不许给他。闻说太尉王衍有两个闺女，大的漂亮，叫王惠先，小的丑些，叫王惠风。姐姐你选定其中一个，妹妹去替你说和。"

贾南风说："既然大的漂亮，聘给贾谧，小的丑陋，聘给太子好了。"

于是，遣人知于王衍，说皇后代贾谧选定了其长女惠先，为太子选聘了其次女惠风。

司马遹得知贾后代他聘了王衍家的丑闺女王惠风，心里像吃了苍蝇似的厌恶，但又不敢说啥。

贾后她妈病重，唤贾后到卧室，抓住女儿的手，做最后的交代："慈爱太子，没有坏处。"

交代完，死了。贾后以后妃之礼祭葬了母亲之后，把母亲的临终嘱托扔到了脑后。

二

尽管晋惠帝司马衷分不清公蛤蟆和私蛤蟆，尽管晋朝各方边境连续失地，关中一带大片土地改姓，氐羌、匈奴已经在渭河饮马了，洛阳的各项工作还是依靠强大的惯性运行，没有人想猛烈地予以改变。

晋惠帝为太子司马遹举办了大婚典礼，娶了王衍家的小女儿王惠风。

太子大婚，百官朝贺，诸侯们也都率领代表团从各自封地赶到洛阳送礼。

繁琐的婚礼之后，又是派对，又是晚会，热闹了数天数夜，新闻媒体大肆炒作，少不得夸赞皇上和贾后的超级眼力，为太子选了个"惠妃"。

司马遹看不上王惠风的长相，但她漂亮的姐姐王惠先被贾后派给了贾谧，又有什么招呢？好在小妃子惠风和畅，心地不错，就先如此这般吧。

别以为贾南风给太子订了亲，办了大婚，就遵循她妈的遗嘱，爱太子了。那是绝对不可能的。

贾南风深藏着的谋算，明眼人都知道，暗地里传扬纷纷，但她根本不怕。

贾谧娶了王惠风的漂亮姐姐王惠先，司马遹咋看贾谧咋不顺眼。贾谧则仗着中宫的势力，跟司马遹瞪眼。连襟俩每当碰面，总有不欢。

忍耐到了永康元年，公元299年，这年司马衷改元了，想开创新时期。

正月，贾谧给贾南风拜年，朝司马遹下刀子了。

贾谧说："这些年，东宫可蓄了不少私财啊。发现他以私财广结小人，对贾家十分不利。不如尽早诛除之，以免将来祸延三族，悔之迟矣。"

贾后说："是的。一直在想办法。是不能再拖了。"

贾谧走后，贾南风捎信让其妹妹贾午来内宫叙话。

贾南风说："太子整天结交朋党，强化羽翼，都是对着贾家来的，我要废黜他，只恨我没有儿子，真是个难题。"

贾午性情奸佞，正好施展，说："不难不难。我加紧搞出孕来，然后住在你这里休假。到时候你把枕头塞在怀里，对皇上说怀孕了，十个月后，我生出个孩子，归你抚养，将来先当太子，后掌国家。"

贾南风说："亏你想得出来，此计大妙。"

贾午说："况且你不是真的怀孕，身体跟往常一样结实，只管想法害死司马遹，贾家三族这不就安如泰山了吗！"

贾南风说："说的是。但你一定得生个男孩才好，加油！"

姊妹俩为妙计兴奋，击了个掌。

贾午让韩寿加油搞，果然就搞得怀了孕。于是贾后诈称自己有喜了，奏告晋惠帝，惠帝高兴得嘻嘻笑。

贾后按照正常怀孕的情形，先往裤裆里装小枕头，后装大枕头，装了十个月，抽出来扔了——贾午生了。

贾午生了个男孩，贾后冒充为自己生的，抱着给司马衷看："看看，皇上，这是你的亲生儿子。"

司马衷嘻嘻笑道："亲生儿子，好，好。"

其实没有不透风的墙壁，朝野都知道贾后怀里的小把戏是韩寿搞的，晋惠帝哪有这样大的本事呢。

贾后"生"了儿子，司马遹的太子资格危险了。

贾后日夜图谋，废黜甚至诛杀司马遹。

禁卫军中有个小军官，叫刘卞，为太子担忧，找到张华说："皇后之心，路人皆知。太子若被废掉，朝廷由谁接班？"

张华说："你想叫谁接班呢？"

刘卞说："公若给我命令，愿率精兵万人，助太子进宫即位，废了皇上和皇后，只需两个小太监就能把他们送到金墉城。"

张华说："不可。这是陷太子于不孝，虽可能成功，但免不了太子的罪过。何况如今满朝都是大权在身的外戚，成功也困难啊。"

不知道是不是张华透了风，贾后得知刘卞想帮助太子，赶忙问贾午。

贾午说："在洛阳杀他不好，影响太大。先升他的官，派他到外地去，再图其性命。"

贾后遂让刘卞去当雍州刺史。

刘卞知道泄密了，性命难保，自己吃安眠药死掉了。

贾南风对贾午说："不能拖了，司马遹得赶快死，给我个计策。"

贾午的奸佞又遇上了施展机会，她附到贾南风的耳朵边，说出了一个阴险无比的诡计来。

贾南风听了握拳道："就这么着，就这么着。"

改日，贾后说晋惠帝病了，派遣宦官去东宫找皇太子司马遹。

司马遹不知就里，简单拾掇一下便跟着太监来到后宫。

贾后说过一会儿去拜见皇上，让小宫女们簇拥太子进入一间内室。

司马遹刚刚坐定，宫女陈舞抱着酒瓮进来，说："圣上赐太子香酒三升，请太子立即饮下。"

司马遹感觉不妙，说道："此时不饮。"

陈舞说："圣上所赐，安敢推辞？圣上命奴婢监督太子，必要立时饮下，否则奴婢不能复命。"

圣命难违，司马遹无法推辞，只得把三升酒喝了，喝完便醉。

贾后召来小黄门潘岳模仿着太子的口吻书写了一篇表文，逼迫酩酊大醉、神志不清的司马遹照样抄写一遍。

司马遹醉中，晃晃悠悠，给人扶着脊背，搀着胳膊，照着草稿誊抄。迷迷糊糊，脑子昏沉，手不听话，字大半写得不清，一会儿即又醉迷不醒。

贾后让宦官补上笔划，收藏起来。然后将司马遹抬上车，送回东宫。

太子在醉昏中抄写的表文是："陛下宜自了；不自了，吾当为了之。中宫亦宜速自了；不自了，吾当为了之。已与谢妃约定发难，灭绝后患……"

第二天早朝，贾后哭着上殿，将太子所写呈予晋惠帝阅览。

司马衷看了，不辨真假，一见太子要他自己了结自己，大为震怒，

司马衷立时召集在京诸王和公卿们会商，让黄门侍郎董猛把太子的表文给他们传阅，说："要弑朕，要弑朕。当赐死，当赐死。"

诸王和公卿们面面相觑，都不敢说话。

张华上前一步，奏曰："自古及今，废黜正嫡，酿成祸乱者，不在少数。此事关系国运盛衰，请圣上详察，谨慎处之。"

接着裴頠奏请，说："应着有关部门认真鉴定太子手书，以防中有诈妄，导致悲剧。"

贾南风见机行事，立即命人拿出太子平日所上的十几份奏章，众人反复比较笔迹，也没有比出个所以然，但谁也不敢断言不是太子手笔。

贾南风又指使董猛对司马衷说："此事应速速定夺，群臣你一言我一语，要争到何时？谁不服从诏令，军法从事！"

贾后对群臣的威胁并没有奏效，直到夕阳西下，大殿内的争议仍没有结果。

贾南风见张华等人意志坚定，不同意处死皇太子，担心节外生枝，便退了一步，建议晋惠帝废太子为庶人，留他一条性命。

众大臣再也无法相争，太子司马遹遂被立即囚禁到洛阳西北的金墉小城。

太子的儿子司马虨、司马臧、司马尚也随父囚之。

贾南风以太子表文中"已与谢妃约定发难"字样，奏准晋惠帝，处死了司马遹的生母谢玖。

接着，贾南风又指使小黄门投案自首，承认欲与太子谋逆，对已废的太子穷追猛打。

司马遹的岳父王衍怕有祸患，就自己上表，请求解除司马遹和女儿王惠风的婚约，把王惠风领回娘家。

王衍的“离婚表”未受理睬，却遭到女儿的谴责。

王惠风义正词严地说：“妇女离婚，在百姓家，心怀志气的女性也做不出来，何况高官的女儿，王储的妃子！干那些为天下耻笑的事情，想落下万世笑柄吗？”

申叱老爹已毕，王惠风挎起包袱，追随丈夫和儿子去了金墉城。

三

巴西人阎缵，雅节高贵，又博览坟典，尤爱交结英豪，曾为太傅杨骏的舍人。

阎缵洛阳太学毕业后，国子祭酒邹湛荐举其为秘书监，没上任呢，听说太子为贾后所废，义愤难平。

阎缵预备了一口棺材，着人抬到皇宫门口，自己持表替太子喊冤。

惠帝司马衷览毕阎缵慷慨鸣冤的表章，说：“我研究研究，你先回去吧。”

阎缵知道皇上惧怕贾后，终不能纳其议，不免涕下，群臣也无不欷歔。

右卫督令司马雅，曾经在东宫走动，与殿中郎士猗等人合议，废掉贾后，匡复太子。

士猗说：“这个事情，必须有当权者领着干才可，否则大祸降临，累害全族。”

司马雅说："大将军赵王司马伦，手中握有兵权，让他承头最好。他手下有个嬖子叫孙秀，只要说动了孙秀，就能解决问题。"

士猗说："这样的话，我去见见孙秀。"

他们知道，司马伦手握兵权，因为对贾南风屡加谄媚，很得贾后青睐，因此司马雅担心孙秀不会说服司马伦寻机起事对付贾南风。

士猗说："我去试试便知。事关赵王前程，量其也不会不做反应。"

士猗见到孙秀，道："如今朝廷没有继承人，社稷十分危险了。早就听说足下与赵王跟中宫关系密切，关于前太子的事情，足下与赵王必定都知道。现在，大臣们要举大事，若惹起祸患，必然会影响足下与赵王。足下与赵王宜先行绸缪啊。"

孙秀说："先生说得不错。待我见到赵王，转达给他。"

士猗辞后，孙秀即入赵王府，详细为司马伦转述士猗的话。

赵王司马伦高兴地说："动手——正合吾意！"遂遣人安排宫中内应。

决定起事的日期到了，孙秀却又来阻止，说："缓一缓。"

司马伦瞪眼问："一切就绪，正待动作，又缓一缓，为何？"

孙秀说："臣细致观摩了太子的性格，若他回到东宫，必不受制于人。"

"嗯？"司马伦有所不解，"今不动手，还有机会吗？"

"明公跟贾后，素来关系密切，人所共知，太子心中有数。虽然冒死再度拥立太子，但太子会认为您是迫于形势，为了免罪自保，以背叛贾后而求洗刷自己，到时绝不会对您感恩戴德，日后他若再寻衅找茬，还是难逃厄运。"

"如此说来，不必匡扶太子，反为更好？"

贾南风与太监的恩爱

孙秀说："迁延其期，大有好处。贾后不久必定要害死太子，等她害死了太子，明公借口起而为太子报仇，废掉贾后。非但免除了祸患，还会博得大忠之名。"

司马伦说："啊。我明白了，明白了。歇歇了。"

于是，孙秀为司马伦设计，反间贾南风，故意差人放出风去，谓皇上欲复还太子地位，废黜贾后名分。

贾南风得知这一消息大惊，心想做事太慢真不成啊。

恐慌的贾南风，为了断绝司马衷的念头，为了自己能长期擅权，断然决定除掉太子。

贾南风连夜制作假诏书，命太监孙虑找太医令程据拌制毒药，毒死司马遹。

孙虑带着贾后伪作的诏书，带着程据制备的毒药，至金墉城司马遹囚禁处，说："今圣上诏命诛杀殿下，微臣不敢加刃，谨上药酒一升，请殿下自裁。"

言讫，就在司马遹当面，将药粉倾入酒内，请司马遹饮用。

司马遹不肯饮酒，逃进厕所躲避。

孙虑追进厕所，以手中舂药杵朝司马遹头上猛砸，至死。

太子被杀，贾南风假意充好人，请晋惠帝以王礼埋葬，并惩治凶手。

贾南风认为，后患尽除，从此之后，她可以无忧无虑，随性放肆人生、恣意专掌朝政了。

她哪里料到，二十三岁的太子被囚金墉小城，未几，又被加害，朝野震惊，天下喊冤，众情愤怒，局面严重，更加血腥的政治风暴即将来临。

据说，司马遹二月被杀，三月，洛阳以东洒落血雨，没几日，太白昼出，中台星陨，妖星连连在南天闪现，怪象不少。

张华的小儿子张韪劝其老爹：“天道提示，大乱将起。大人宜早日辞职归乡，免得遭受祸害。”

张华说：“天道幽渺，岂能尽信？不如修德养性，以不变应万变，静候结果。”

四

贾南风抓紧时机，提拔干部，培植亲信。

当然，为执政计，她擢升的，多是当时名望很高的人。

王衍、王戎、阮瞻、乐广、谢鲲、毕卓等一干名士，都走上了高级领导岗位，还有一位叫胡母辅之，名字酷毙了。

晋惠帝司马衷后期，朝野动荡不安，大权变动不居，官员们唯求自保，新受贾后提拔的也不例外，他们不以国家大事为重，整日介“清议”、“玄谈”。

见面时，名士们满口另类话题，仿佛一个个白眼世俗，放荡形骸，回到家，满脑子考虑的只是自己的退路——如何在纷繁变乱的局势中，长久生存，得以善完。

王衍，就是那个一靓女嫁贾谧、一丑女适太子的王衍。

王衍，就是那个太子司马遹失势即要索回女儿的王衍。

王衍，字夷甫，外表清明俊秀，内里多有不堪，长处是会讲话，善卖嘴。

王衍幼时，有一次去拜访山涛——山巨源。山乃当世的大名人，有眼力，看到王衍，听到王衍说话，连续叹惋。王衍离开了，走出老远，山涛才对从人发出评定。

山涛说："不知是哪个妇女竟然生出如是舌粲莲花之子！然而他若做了官，误尽社稷和百姓的，一定是这样的人啊！"

王衍他爹曾任平北将军，向上级汇报工作，常常得不到及时回应，于是就派十四岁的王衍直接到仆射羊祜的办公室，口头申报公文内容。

少年王衍见到大官羊祜，丝毫没有自卑屈节的神色，陈述言辞条理适当，清晰明白。羊祜及其办公室所有人员都惊讶至极："这个小货色，太适合天朝所用了！"

青年王衍，生长在晋武帝司马炎时期。武帝听到王衍善于说话，问当时在朝为官的王衍堂兄王戎："当朝谁可以跟你堂弟一比高下？"

王戎说："夷甫之口才，当世没有人超越，应该去古人中搜求可比者。子贡，也许？"

早在曹魏正始年间，有文人何晏、王弼等，崇尚老子和庄子，以清谈玄论为能事，创设了一种玄幻之学，后世称之为"正始玄学"。

正始玄学说，天地万物，以"无"为本。"无"这东西，无处不在，它开创了世间一切。阴和阳，依赖"无"化为生命，天地间万物，依赖"无"成为形体。

正始玄学认为，"无"左右着人的命运，"无"运化得当，没有爵位也能够尊享富贵。

王衍是正始玄学的忠实信徒，非常推重“无”的神秘功力。

王衍容貌俊雅，聪明敏锐，开口如有神助，以谈玄为追求，加上他擅长玄论，专爱谈论《老子》《庄子》，谈论时，经常手持白玉柄的尘尾，手和玉柄的颜色一样白皙，这使他名气越来越大，为当世文人们所倾慕，称他“一世龙门”。

“无”及“玄”，假、大、空，并不好谈，前言不搭后语在所难免，王衍在和别人谈玄的时候，觉得道理有什么不妥当的地方，前边说了，后边马上更改，人们又笑他“口中雌黄”。

王衍由于擅长卖嘴，连连受到提拔。

玄谈升官，乃系晋朝的一大特色。在野人士，凡求仕进，没有不景慕仿效王衍的；凡被朝廷擢用的官员，都认王衍为榜样。

王衍老婆姓郭，跟贾南风她妈郭槐是堂姊妹，绕远亲戚使之可以凭借皇后的权势，颐指气使，不可一世。

王衍的弟弟王澄，十五岁时看到郭氏让奴婢挑粪，不准休息，就劝郭氏说：“这样做不好。”

郭氏大怒，卷起袖子就要打王澄：“老夫人临终把你托给我，不是把我托付给你。”

王衍知道妻子的种种劣行，崇尚“无为”的他并不去禁止。

同乡李阳，任幽州刺史，武功十分厉害，名震京师，郭氏谁也不怕，惟怕这样的武把式。

王衍因此说郭氏：“不只是我劝你安闲一些，李阳也说过你那样做不好。”

郭氏听到李阳的名号，才稍微收敛了一些。

郭氏素来喜爱财富，王衍则鄙夷金钱，口中从来不提“钱”字。

郭氏想试试王衍究竟会不会“钱”字，就让婢女用钱绕着床堆了一圈，使他走不出来。

王衍醒后，看到一座“钱城”困着自己，就说：“把这些阿堵物都拿走!”

王衍跟裴邈因为论玄发生分歧，裴邈总想攻击王衍，抓不到把柄，便故意找碴，肆意辱骂，想让王衍应答，然后诽谤他。

王衍声色不动，缓缓地说：“我只是给你个白眼儿而已。”

崇“无”尚“玄”的王衍，自制力非常突出，但有时也十分古直。

彭城王司马权有一头快牛，骑上它走路，快如疾风，司马权非常爱惜。王衍和他赌射，赢得了这头牛。

司马权说：“你如果要自己骑就算了，如果想杀掉吃肉的话，我愿意挑选二十头肥牛代替它。你既有很多肉吃，又能留下我喜爱的牛牛。”

王衍不换，把赢来的快牛杀掉吃了。

王衍其人，历任北军中侯、中领军，最后贾南风升拔他为尚书令。

尚书头领，相当于宰相，可王衍无所任事、专谋自保的脾性不改。

严重的问题在于，王衍这样的人，都做了大官，根本是只吃俸禄，不虑国家大事，整日除了喝酒，就是“清议”、“玄谈”，或者卡拉OK放歌，晋朝何以生存，何以发展?

第八十四章

浮妄洛城

阮籍

一

王戎，字濬冲，琅琊临沂人，是王衍的堂哥，处政为事，跟王衍有得一拼。

王戎自小聪慧，据说与同伴在路边玩耍，道旁有结满李子的李树，别的孩子争相去摘，惟王戎声色不动，问其故，说：“树在道边，人们伸手可及，却结着这么多果实，肯定是苦的。”片刻，吃了李子的小孩纷纷吐出，果然太苦。

青年王戎，身材短小，却风度翩翩，能言善道，时人称奇。

王戎其爹王浑，为尚书郎。

还有一个尚书郎叫阮籍，跟王浑交好。

阮籍常常到王浑家蹭饭吃，每至王家，不跟王浑朝一块儿坐，说：“跟你说话，不如与阿戎聊天。”

而阮籍比王戎年长二十四岁，以此足见王戎清谈的水平了。

王戎承袭了他爹的贞陵亭侯爵号，后被司马昭升为掾属，在洛阳做过黄门侍郎、散骑常侍，之后去河东当了一阵子太守，迁为荆州刺史。

王戎任荆州刺史时，笼络当地吴人，举荐了因与吴主孙皓不和而辞官的吴国臣子石伟，王戎被晋武帝征为侍中。

王戎再度成为京官，南郡太守刘肇贿赂他，暗地送了十丈细布，王戎没有收布，但写信对刘肇示谢，因为此事，王戎为司隶校尉刘毅所弹劾。

晋武帝看了刘毅的弹劾状，不作处理。

虽然文人们对王戎清议不断，晋武帝还是提拔王戎做了吏部尚书，从事国家人事工作。

组织人事工作是个肥差。想当官、想升官，都得给组织人事干部输财送礼。王戎因之广收八方，家里积攒的宝贝货钱，数以万亿计。

组织部长王戎，钱财太多了，手执牙筹，昼夜算计。天下之人谓之膏肓之疾，不可救药。

王戎既豪富无比，反更加吝啬，他家有棵上好品种的李树，上市去卖，怕别人得到种子，种出树来，就给所有李子的核都钻个孔，因此名声很臭。

晋武帝驾崩后，晋惠帝司马衷即位，大权在于杨骏。

杨骏让王戎做太子太傅。

杨骏被诛，贾后执政，不倒翁王戎迁尚书左仆射，主持吏部工作。

在主持吏部期间，王戎创制了甲午选仕法。凡选公务员，先过试用期，试用期满，考察其政绩，再决定征用或辞退。

甲午选仕法也无不可，但王戎在执行中变了味，“户调门选”。依门第高低铨选官吏，他的很多门生故吏都沾了光。

实际上，王戎的“试用期”法，就是为自己的特权服务的，增加一个收受钱财的机会。

王戎自己既无闻望，凡所赏拔之人，也专事虚名，会讲假、大、空话而已。

有个叫阮瞻的，读书不甚研求，非常热衷于弹琴，想做官，来拜访王戎。

王戎让座看茶，考核阮瞻，问道：“老庄明自然，儒学重礼仪，他们有什么相同和不同？”

阮瞻不阴不阳地回答：“将无同。”

竹林七贤

阮瞻实际上是不知道，答不上来。

王戎却非常惊异与欣赏阮瞻的回答，当即录用其为掾吏，人们听说了，“夸奖”阮瞻为“无同掾”，“三字掾”。

司隶傅咸对王戎有意见，说：“刚刚选出来的官吏，板凳还不曾坐热，王戎就奏报朝廷要人家走了，而他随意另选，却加重用。去故迎新，流水不断，期间多生巧诈，伤政害国。应该免掉王戎的吏部职务，以恢复干部队伍秩序。”

王戎家跟贾后是亲戚，因而不但没有被撤职免官，还于不久后迁为司徒。

王戎任司徒，不负责任，把政事交给下级办理，自己常常骑着小马，从便门出游，找朋友一道游玩。

晋惠帝的太子司马遹被贾后废黜，以至于杀死，这么大的事情，百官纷纷发言，王戎没有说一个字。

像王戎这样的高官，惠帝司马衷朝比比皆是。

司马衷，吃饱撑，干部们，口若悬河，语如瓶泻，身享厚禄，清谈终日，不干正事，只擅虚妄。

由于朝廷宣传导向是假、大、空，朝野之人，也颇多效慕，演成风习。

二

话道阮籍，字嗣宗，是建安七子之一阮瑀的儿子。

阮籍崇奉老庄之学，政治上则取谨慎避祸的态度。

有人把嵇康、阮籍、山涛、向秀、刘伶、阮咸、王戎编成一串，谓之“竹林

阮籍长啸台

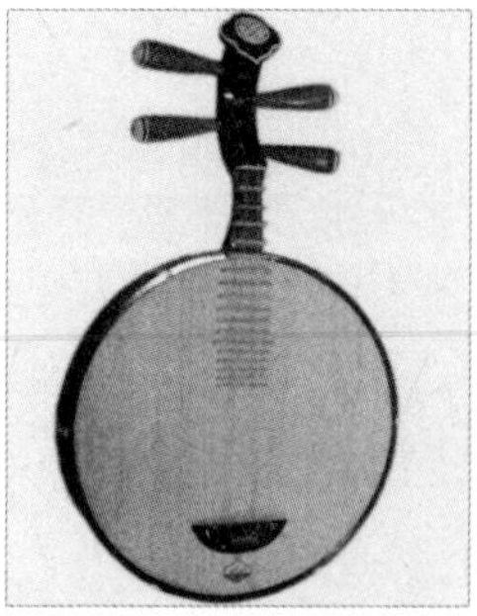

乐器阮咸

七贤”，他们七人也确实常于竹林之下，肆意酣畅，不论早迟。

阮籍嗜烈酒、善弹琴。喝酒弹琴，往复长啸，得意时忽忘形骸，甚至在猪粪边也能即刻睡去。

所谓的啸，就是撮着嘴吹口哨。

古时候，啸是一种音乐，有专门的乐章，可惜早已失传。据《世说新语·栖逸》记载：阮籍吹的口哨，声传数百步远。

有次，阮籍去拜访隐居在山中的孙登，向孙登提出了很多问题，可孙登冷漠如冰，连眼珠子都不动一下。

阮籍无奈，就干脆对着孙登吹起了口哨。

孙登听了，开了尊口：“请再来一遍。”

阮籍再次为孙登长啸一遍，就下山了。到了半山腰，山谷中忽然回荡起优美的啸声，原来是孙登在回报阮籍，以示志向相同。

受到孙登啸声的感染，阮籍写出了著名的《大人先生传》。

《大人先生传》，其全文甚长，掐出一两节，欣赏则个。

‘世人所谓君子’惟法是修，惟礼是克。手执圭璧，足履绳墨。行欲为目前检，言欲为无穷则。少称乡闾，长闻邻国。上欲图三公，下不失九州牧。

“且汝独不见群虱之处于裈中，逃乎深缝，匿乎坏絮，自以为吉宅也。行不敢离缝际，动不敢出裈裆，自以为得绳墨也。饥则噬人，自以为无穷食也。然炎丘火流，焦邑灭都，群虱死于裈中而不能出。汝君子之处区内，亦何异夫虱之处裈中乎！”

后山把这两节白话一下吧。

人们所说的君子，遵守法度，合乎礼仪。他们手里捧着礼器，脚下循规蹈矩。做事想成为大家的榜样，说话想成为后世的典范。年轻时乡里出名，长大了邻国也听说了。力争上游，欲做三公，至不济兮，也要混个州级干部。

群虱生活在裤裆里，在幽深的缝隙居住，以臭败的坏絮遮身，自以为占据了高档的社区。他们行不敢离开缝隙，动不敢钻出裤裆，自以为得着了高尚的规矩。然而失火之际，四处爆燃，群虱在裤裆里，根本逃不出去。所谓君子在天朝上国，与虱子在裤裆深处，有什么区别乎？

阮籍曾参观楚汉战场，叹道“时无英雄，使竖子成名”。实为登胜迹而怀古，与《大人先生传》之绝妙讽今，异曲同工。

阮籍在思想上崇奉老庄。这一方面是鉴于当时险恶的政治形势，他需要采取谦退冲虚的处世态度，道家思想正好可以做他的精神依托，另一方面也是受了当时盛行的玄学的影响。

阮籍是魏晋玄学中的重要人物，也是“正始之音”的代表，他透过不同的写作技巧，如比兴、象征、寄托，借古讽今，寄寓情怀，形成了一种“悲愤哀怨，隐晦曲折”的诗风。

阮籍的诗，以《咏怀》八十二首最为著名。

除诗歌之外，阮籍还长于散文和辞赋。今存散文九篇，最有代表性的，就是那个《大人先生传》。另有赋文，如《清思赋》《首阳山赋》等。

阮籍虽不拘礼教，然发言玄远，杳渺难追，对晋朝的玄议有所影响。

阮籍的侄子阮咸，字仲容，历官散骑侍郎，武都太守，始平太守等。

阮咸是竹林七贤中的老六。他生平放浪不羁，却是位琵琶高手，作有《三峡流泉》曲。

据说阮咸改造了从龟兹传入的琵琶，后世亦称那种长脖子琵琶为阮咸，简称“阮”。

“阮”，至今已发展为包括高音阮、小阮、中阮、大阮及倍大阮等的乐器组。他们音色圆润柔和、醇厚丰满、细腻流畅、韵味深长。

阮咸为人放诞，不拘礼法，偷着跟其姑母的鲜卑婢女谈恋爱，为人嘲笑。

阮咸母亲去世，阮咸服丧，前来吊孝的姑母也要回夫家去，阮咸请姑母留下婢女，姑母答应了，但离开时阮咸正在款客，姑母就临时改变主意把婢女带走了。

得知心上人走了，还穿着丧服的阮咸立即借了客人的马去追，追上后与婢女共骑一马归来。

七月七日，按当时风俗，各家都把华贵的衣物拿出来晾晒。

夏天阴雨比较多，七月七日左右，雨季基本上过去了。晋朝人住的房屋不是楼房，窗小墙矮，防潮性能很差，衣服如果不晾晒一下，会发霉的。所以富人们纷纷晾晒衣服，阮咸对门的富户，衣服尤其多，花团锦绣，粲然耀眼。

既是晒衣服，也是一种独特的比富大赛。

面对富家的灿烂声势，穷人们都自惭形秽，不敢把自家的破衣服拿出来见太阳。

阮咸不怕“拼穷”，拿了个竹竿，把自己的破粗布裤头拿了一件，对着富人家，高高挑起来，也晒在路边。

人们纷纷惊怪，阮咸却不以为然地说：“未能免俗，凑个数吧。”

新城魏晋墓画像砖·坐享酒食图

阮咸不喜与人结交，只喜与亲族一起饮酒弦歌取乐，尤其与侄子阮修意气相投。

族人群聚，必要喝酒，他们不用普通的小碗，而是把酒盛在大缸里，几个人围坐在瓮前相向而酌，有的随便用容器，有的直接用手掬。

魏晋时代，人们还不会蒸馏技术，酒的度数都很低，所谓浊酒，至多相当于现在啤酒的度数，所以可以放开肚皮喝。

有位族人把头伸进酒缸里喝得痛快，其他人跟着效法，脸上、头发上，沾满了酒，酒缸中也掉进不少人的头发、汗水和污垢，阮家大伙儿不以为忤，且喝且笑，手舞足蹈，快乐似神仙。

有一群猪，闻到香味，也拖着笨重的身躯来寻酒喝。

猪们走近酒缸，把脑袋伸进去，“呱唧呱唧”喝起来。

阮咸不知是醉得迷糊了还是怎么着，也不嫌猪臭，就在猪中间，挤进脑袋，把嘴伸到酒里，和猪共饮。众人捧腹，传为笑谈。

阮咸的侄子阮修，字宣子，不修人事，善于清言。家中总是没有吃的，空空如也。他跟兄弟们住在一起，整日介悠游山林。

阮修平日不爱坐车，常常步行，以百钱挂杖头，路过酒店，便酣畅独酌，见到富贵之人，也不肯扭脸。

阮修年过四十，未得家室，有王敦等名士凑钱为他介绍对象，因为太穷，介绍不成。

阮修穷得响叮当，王敦当上了鸿胪卿，问他：“伙计，你老是没饭吃，不行啊。到我那里当差，能挣点俸禄，你干不干？”

阮修说："也可以嘛。"遂往鸿胪馆做了个清洁工。

胡母辅之，这个名字酷毙的先生，更爱喝酒，也同样放任，不拘小节。胡母辅之很能讲话，面对媒体滔滔然霏霏然"如锯木屑"，诚为奇才。

胡母辅之家贫，经过公务员考试，做了繁昌县令，后为乐安太守。

谢鲲，字幼舆，自小出名，不修威仪，雅好老庄，不仅卡拉OK唱得好，还擅长鼓瑟。

东海王司马越听说谢鲲善言，收到自己手下为小吏。

谢鲲工作官邸的邻舍姓高，高家闺女甚为漂亮，谢鲲就隔着墙头挑逗人家，高姑娘跨下织布机，顺手向谢先生投掷了一梭子，打掉了他两颗门牙。

时人讥笑谢鲲，谢鲲傲然吹一声口哨，道："照样能吹。"

谢鲲能吹，后来升为长史——国务总理办公厅主任，又牛，又抖。

还有个毕卓，豁达豪放，为吏部侍郎，特别嗜酒，尝饮酒废职。

毕卓夜间醉后去偷酒，被店家捆住，丢在酒缸边。次晨店家一看是毕吏部，大惊之下，解缚谢罪。他却大笑道："让我闻一夜的酒香，多谢了。"

毕卓曾对人言："得酒满数百斛，载于船上，四时甘味置榻边，右手持酒杯，左手持蟹螯，终身饮酒船中，便足了一生。"

毕卓为组织部门官员，如此嗜酒，难免遭人讥笑。河南尹——洛阳市市长乐广就笑他说："名教中自有乐子，何必费恁大劲。"

大晋公务员们，王衍之徒，大抵如是，以浮诞为美，废弛职业。

三

在晋朝惠帝时期的干部队伍中，与张华一起辅佐大内的裴頠是比较不一般的一个。

裴頠，字逸民，博学稽古，宏雅识远，御史中丞周弼评价裴頠曰："頠若武库，五兵纵横，一时之杰也。"

河南尹乐广跟裴頠讨论，欲以理服之。裴頠词论丰博，乐广但笑而无对，最后说裴頠："真乃言语之林也。"

却说大晋时俗，崇尚放荡，行尸走肉，仕不理事，王衍之流，声誉太盛，不尊实学，争相仿效虚空，裴頠十分忧虑。

裴頠不像那些清谈玄论的芸芸众官崇尚"无"，他反对"贵无"论，提出了大相径庭的"崇有"论。

裴頠认为，"万有"是最根本的"道"，万有不是由"无"产生的，而是"自生"的，"自生而必体有"，万物生化有其规律。

裴頠著《崇有论》，从"崇有"出发，重视现实存在，鞭挞轻视事功的放达风气，主张脚踏实地的务实作风。

其论曰：利欲可损而未可绝有也；事务可节而未可绝无也。谈者深列有形之累，盛称空无之美，遂薄综世之务，贱功利之用，高浮游之业，卑经实之贤。人情所徇，名利从之。

于是立言藉其虚无，谓之玄妙；处官不亲所职，谓之雅远；奉身舍其廉操，谓之旷达。故悖吉凶之礼，忽容止之表。渎长幼之序，混贵贱之级，无所不至。

夫万物之生，以有为分者也。故心非事也，而制事必由于心，不可谓心为无也；匠非器也，而制器必须于匠，不可谓匠非有也。由此而观，济有者皆有也，虚无奚益于已有之群生哉！

裴頠先做国子祭酒兼右军将军，因诛杨骏有功，迁为尚书。每授一职，裴頠殷勤固让，最后实在不行，才谨慎接纳。

贾后专朝，以裴頠资深名高，进为尚书左仆射，专任门下事。

裴頠提倡“崇有”，以释王衍之辈玄谈清议之弊，人们都说有道理，有见识，但仅靠裴頠的这个理论，哪里救得了病入膏肓的大晋天朝呢！

四

晋朝皇族之间争权混战，干部队伍只知谈玄，各地百姓纷纷起义，西北各少数民族步步南逼。

晋惠帝司马衷设朝，有太子洗马者江统，慨然表奏。

江统建议，速发诏书，将少数民族迁出中原，迁出关中，否则天下危矣，社稷危矣。

当是时，中原小半地方为北方少数民族居住，散在的少数民族居民更不用说了，在北方，对东南称王称霸的至少有五股力量。

匈奴刘渊，居晋阳，羯戎石勒，居上党，羌人姚弋仲，居扶风，氐人苻洪，

从奴隶到皇帝的石勒

五胡内迁

居临渭，鲜卑慕容廆，居昌黎。旧史谓“五胡”也。

西北一带，渐渐涉足中原虎视大晋朝廷的“五胡”，不仅饮马黄河，而且在渴望洛水了。

江统认为，戎狄祸患中华，应当尽早断绝其为祸的根源。

西戎禀性贪婪、凶暴强悍，无仁爱之心。东夷、南蛮、西戎、北狄四夷之中，戎、狄最为恶劣。

夏朝当年逼迫戎狄迁居边远，戎狄服从了安排。然而，纵观戎狄历史，他们势力衰弱时，对中原敬畏而服从，势力强大时，则叛乱侵扰。这些都是已经发生过的。

有道的君王，处理夷、狄事务，就是常防不懈。

虽然夷、狄叩头进贡珍奇宝物，边城也不放松守备。当夷、狄作乱时，军队也不过分远征，保障疆域安宁而已。

周王朝失去纲纪，诸侯恣意征伐，彼此疆域极不稳定，诸侯因为利害关系而各存异心，西戎、北狄得以乘隙进入中原。有的诸侯招抚利诱他们为自己所用，从此四方各族交相杂入，与中原人错综而居至今。

中原王朝越来越强大，兵威震邻，攘胡逐越，中原地区不再有各种夷族了。

东汉建武年间，马援担任陇西太守，征讨叛乱的羌人，迁徙羌人残余到关中，让他们居住在冯翊、河东的空荒之地，在那里繁衍生息。

东汉永初元年，羌人叛乱，消灭了当地守军，屠城破邑，邓骘也被击败。羌人竟南下侵入河内郡。

此后，残余火种不灭，稍有机会，他们就不断骚扰叛乱。

曹魏兴盛之初，与蜀国分隔，疆场上的戎人，也分属两国，魏武帝迁徙武都的氐人到秦川，想以此而削弱乱寇，增强国力，抵御西蜀，实际是权宜短计，而不是万世长策。

关中，土地肥沃，物产丰饶，曾经是帝王居住的地方，没有听说过，西戎、北狄应当在这块土地上长期生存繁衍，发展壮大。

“非我族类，其心必异”，不属于我们的族类，他们的想法必定不同。

因为戎狄衰弱，把他们迁到离京城不远的地方，士人百姓习以为常，玩忽对待，欺侮他们的软弱，使他们的怨恨刻骨铭心，一旦人口繁育强盛，便产生反叛之心。

所以说，戎狄本性贪婪强悍，又心怀愤怒，机会合适，就要作祸。

戎狄居住在封疆之内，没有障碍工事阻隔，抢掠没有防备的人，收掠散野的财物，所以，成为祸患，迅速蔓延，危害不可测度，这种必然的趋势，已被事实验证了。

当今最好的办法是，迁徙冯翊、北地、新平、安定界内的各部落羌人，安置在先零、罕、析支等地；迁徙扶风、始平、京兆的氐人，让他们还归陇右，安置在阴平、武都地区。

当然，要发给他们路上所需的口粮，足以使他们自己到达。

戎狄各自返回故乡，归附本族，让属国都尉、抚夷护军等官员依所辖地区集中安置他们。

这样，即使他们有为乱华夏之心，兴起战争，也隔山阻河，离洛阳就更远了，即使为寇作祟，所乱地区也不会太大。

石崇王恺比富

江统的奏本，臭长，即后来史上所谓《徙戎论》，幼稚而又保守。

晋惠帝看了《徙戎论》的开头，即脑子发昏，说："你做表文可真啰嗦呀，研究研究再说。"

五

话说晋武帝统一中国后，确实出现过短期的安定局面，经济有所发展。

晋朝安定了没几年，财富迅速聚集到少数人手里，产生了一批极力聚敛、大肆挥霍的大晋富豪。

著名如石崇，"财产丰积，室宇宏丽，后房百数，皆曳纨绣，珥金翠，丝竹尽当时之选，庖膳尽山陆之珍"。

石崇与贵戚王恺斗富，穷奢极侈，成为奇谈。前已述及。

又如王戎，"广收八方园田，水碓周遍于天下，积实聚钱，不知纪极"，仍"昼夜计算，恒若不足。"

在晋一朝，权落臣下，政出豪门，势位之家，更相荐托，有如五市。

姓贾的和姓郭的——贾南风她妈姓郭——两族横行恣肆，贪得无厌，从皇帝到各级政府官员，巧立名目，卖官鬻爵，拼了命地搜刮。

官员们爱钱成癖，如和峤，"家产丰富，拟于王者，然性至吝，以是获讥于世"。人皆以为和峤有钱癖，财富精神病。

晋武帝将卖官鬻爵的钱纳入私人小金库，到了惠帝司马衷时，权钱交易愈演愈烈，"货赂公行"，"天下谓之互市"。

大晋天朝的干部们，靠钱当官，当上了官就要拼命地“捞”回来。

《晋律》公然规定，有钱可以赎罪。死罪只要有黄金二斤，或相当于黄金二斤，就可以释放了。法律的尊严屈服于金钱的威势，可见社会风气腐败之甚。

有识之士和广大民众强烈不满。

隐士鲁褒，伤官场之贪鄙，忧纪纲之败坏，就写了篇《钱神论》，奏上朝廷。

钱之为体，有乾坤之象。内则其方，外则其圆。

其积如山，其流如川，动静有时，行藏有节。市井便易，不患耗折，故能长久，为世神宝，亲之如兄，字曰“孔方”。失之则贫弱，得之则富昌。无翼而飞，无足而走。

解严毅之颜，开难发之口。钱多者处前，钱少者居后。钱之为言也，泉也。无远不往，无幽不至。京邑衣冠，疲劳讲肄，厌闻清谈，对之睡寐。见我家兄，莫不惊视。

钱之为神，往无不利，何必读书，然后富贵？

由此论之，谓为神物。无德而尊，无势而热。排金门，入紫闼，危可使安，死可使活；贵可使贱，生可使杀。

是故忿争非钱不胜，幽滞非钱不拔，怨仇非钱不解，令闻非钱不发。洛中朱衣，当涂之士，爱我家兄，皆无已极。执我之手，抱我终始。

路中纷纷，行人悠悠，载驰载驱，唯钱是求。朱衣素带，当涂之士，爱我家兄，皆能无已。执我之手，说分终始。

不计优劣，不论贤否。宾客辐凑，门常如市。谚言：“钱无耳，何可谙

王戎的最爱——孔方兄

使？”岂虚言哉？

鲁褒说，神农之后，人们耕作养蚕，交易使用丝织品。有聪明的人改变了交易方式，铸铜成“钱”。

因为天圆地方，所以把铜钱里面的孔铸成方的，好像大地；把铜钱外面铸成圆的，好像天穹。

钱作为一个实体，把它堆积起来，就好像山岭，它流通起来，又好像河流。

钱在街市上使用很方便，流通与储蓄，有一定的规则。

钱没有翅膀，却能飞向远方，钱没有蹄爪，却能到处走动。它很难腐朽，好像那些长寿的人；它不断地流通却不会穷尽，就像“道”一样运行不息，所以它能够流传这么久。

钱，对于世人，如同神明宝贝，大家像敬爱兄长那样爱它，便给他起了个名字叫“孔方兄”。

没有了钱，人们就会贫穷软弱，得到了钱，人们就会富足强盛。钱能够使威严的面孔露出笑脸，能使拿着保密费的人打开口风。

钱多的人干什么都能占先，钱少的人便得乖乖地排在后面。排在前面的人就是君长，而排在后面的只是臣仆。那些作君长的富足并且闲钱很多，而那些作为臣仆的贫困并且钱财远不够用。

《诗经》里说：“富人哪，总是那么欢乐；孤独的人，好可怜！”恐怕指的就是这个吧！

“钱”得名于“源泉”的“泉”，百姓每天都要用到它，官家一直在铸造，钱的源泉是不会缺乏的。再远的地方，它也能去，再深的地方，它也能到。

洛阳城中的达官显贵，在太学中总是疲倦得打不起精神的子弟，对于学习一事极度厌恶，每遇学习便瞌睡得不行，可是见到孔方兄便不同了，没有不惊醒凝视的。

钱所能够给人们带来的祐护，可以说是吉祥，没有不利的。

为什么要通过读书达到富贵呢？只要有钱，就会有享不尽的功名利禄。

钱这东西可真是神物了。它没有地位却受人尊敬，没有势力却那么红火，它能够推开富贵官宦之家的朱门、紫闼。

有钱的地方，可以化危机为平安，可以让死的重新复活；可要是没钱了，那贵的就要变成贱的，活的也得把它杀喽。

所以，和人争辩、打官司，没有钱是无法胜利的；势孤力单，没有出仕的人，没有钱就不会被提拔；愁怨忿恨，没有钱就没有办法化解；好的声名，没有钱便不可能被传播。

洛阳城中，身居官位的人，对于孔方兄的热爱，从来都不曾停止。

他们拉着钱的手，一直抱钱在怀中，不管它们的样子是优是劣，也不管它们有多大年岁。在孔方兄的家中，宾客们总是聚得满满的，门前就同集市一样热闹。

谚语说：“钱虽然没有听觉，却可以暗中指使别人做事。”这话难道是假的吗？又说：“有钱便可役使鬼神。”更何况人呢？

子夏说：“死生是命运所决定的，富贵是上天所决定的。”错。死生并非命运所决定，富贵也不过因为钱而已。

为何这样说呢？因为钱可以转祸为福，变失败为成功，使危险的人变得平

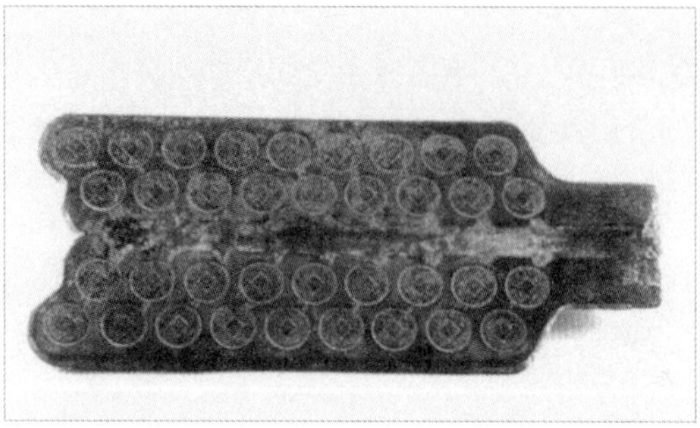
鲁褒论钱古今独步

安，使死人得以生还。性命的长短，官位、俸禄的高低，都是在于钱的多少，天又怎么能决定呢?

天有它的短处，钱有它的长处。

对于四季的运行，万物的生长，钱肯定比不上天的作用；而使穷困的人显达，使处境窘迫的人得以摆脱，上天的力量就不如钱大了。

史上认为，有臧武仲的智慧，卞庄子的勇敢，冉求的才艺，再用礼仪和音乐来修饰，就可以算得上一个完人了。然而如今要成为一个完人又何必那样？只靠孔方兄便可以了。

钱可以使政治上不得志的人变得通达，使富贵的人过得温暖、舒适，使没有钱的人变得勇猛、凶悍。

国君没有钱财，士人就不会前来，国君没有奖赏，士人就不会跟随他卖命。

谚语说：“做官如果没有靠山，那还不如归田务农。”

即使有在朝的官员，却没有孔方兄，那么和没有脚却想要行走，没有翅膀却想要飞翔又有什么分别呢?

即使你的才学和颜回一样好，容貌和子张一样漂亮，手里没有钱却想要奋起，有什么希望呢?

做官没有钱，还不如早些回家，发展种植或养殖吧。

在人们的来往中，对于孔方兄的使用，所有的人，包括所谓的君子，其实都是一样的。在交接钱的时候，可是特别能显示出一些人的生命和地位啊。

鲁褒的《钱神论》，愤世疾时，晋惠帝看了开头，说：“你比江统更啰嗦。闲时再命有司研究。不早了，散朝吧。”

第八十五章

石潘就刃

一

话说晋惠帝朝晚期，文恬武嬉，干部队伍问题极其严重，除了以权营私，狂聚私财，就是骄奢淫逸，胡吃海塞。

早在晋武帝司马炎的时候，玩奢侈品、享高等宴席已蔚成风气。

晋武帝是带头人，弄了一万多美女藏在后宫，天天吃饱喝足了，就是乘着三只羊拉动的小车，在美女阵中游荡，由羊“安排”他的“幸”事。

领导垂范，晋朝的各级官吏不再把经济邦济世、治国安民当回事，而是把全部精力用于追逐纸醉金迷、吃喝嫖赌的荒唐生活。

先做太尉、后拜太傅的何曾，“帷帐车服，穷极绮丽，厨膳滋味，过于王者”。

何曾其实并不糊涂，有一次告诉他的儿子说：“我每次参加御前会议或御前筵宴，从没有听到谈过一句跟国家有关的话，只是谈些日常琐事。这不是好现象，你们或许可以幸免，孙儿辈恐怕逃不脱灾难。”

何曾说了句清楚的话，但他不是从自己做起，利用手中的权力来阻止这种全社会的堕落倾向，而是认为，一个人的力量改变不了社会，不去作任何改变社会的努力，一边发着高论，一边奢侈腐败。

每次参加御宴聚饮，何曾根本看不上御厨的菜肴酒食，不动筷箸。

甚至，连蒸饼上没有裂成十字花纹，何曾也不吃。他一日饮食费钱一万，还说“无下箸处”。

何曾的儿子何劭，官至司徒，其“骄奢简贵，亦有父风。衣裘服玩，新故巨积”，一日伙食费耗钱二万，食必全是四方的珍禽异兽。

按《晋书·食货志》记载，晋代的一万钱，相当于两百石粮谷，当时可买十只羊，十匹官布或一两黄金，相当于一千个平民百姓一个月的伙食费。

跟皇帝他舅斗富的石崇，天天豪华酒席宴客，百宴不烦。

宾客在石崇府上，吃饱喝足后上“洗手间”，发现男厕所内居然有十多个玉骨冰肌的少女袒胸露臂，每人手里捧着一个托盘。

第一个托盘盛着锦衣华服，供客人更衣用；第二个托盘盛着沉香兰麝等名贵香料；第三个托盘盛着高级洗漱用品；第四个托盘盛着高级护肤化妆品……

进厕所的宾客，都得脱下旧衣换上新装才能去大小便。

宾客不好意思在少女面前赤身裸体的，只好憋着退出去，但憋极了，又得进去。

权臣王敦与众不同。王敦进厕所后，当着美女的面脱得一丝不挂。

王敦慢吞吞地换穿新衣，故意让自己的武器昂起来，美女看见他那不安分的东西，皆红着脸转过头去。

权臣王济，喜欢跑马，首都洛阳人多地贵，他看上了一块价格最贵的地段，就把跑马场那样大的一块地段用钱币铺满，把这块“地王”买下了。

王济“其性豪侈，丽服至食”。皇上驾幸其家，王济供奉皇上的食物，非但丰盛味美，而且全部使用琉璃器具。其中一味蒸小猪肉，鲜嫩可口，味道独特，问其原委，王济答道：是用人乳饲养的小猪儿。

这些豪贵近乎疯狂挥霍的吃喝风，享乐风，一方面追求奇异的滋味，一方面

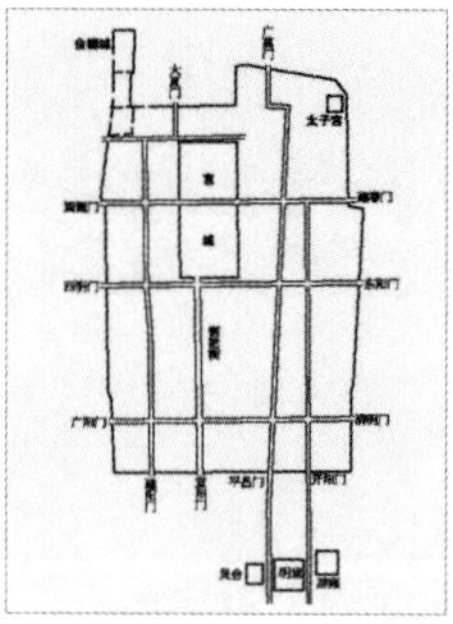

晋王朝洛阳城

满足变态的心理。

中国的饮食文化是丰富的，说到“疯狂美食”，任何时候都不是一般平民能够享受的，而是有钱有势的强者在分享。

中华民族是一个勤劳节俭的民族，晋王朝时期是古代的一个例外。

秦汉时代，美食还只停留在锅里炖肉的低级水平，区别仅仅是官阶高的餐桌上多支几口锅而已，晋朝成为最重要的分水岭。

晋朝真是个花样百出、离经叛道的朝代，贵族们百倍、千倍地享受自己拥有的特权。

晋朝的干部队伍中，流行化妆之风。

染头发，打腮红，大群大群，猬集在主席台上，个个赛过二婚、三婚的老郎官——是这样的吗？不是。晋朝公务员们，是把自己弄得“雪白”。

翻开史籍，凡提到晋朝公务员的，必要仔细描绘一下他的外貌，莫不是形貌俊朗，肤色白皙，招人眼目，观者如堵。

太子洗马卫玠，就是被粉丝们“看”死的。

《晋史》说，卫玠出场，“观之者倾都”，满洛阳都疯狂了。

有人说，卫玠像雨珠一样圆润，又有人说，跟他走在一起，把自己映衬得像个猪头。

晋朝公务员上班前必定要抹粉熏香，不仅要抹得面如白玉，而且要熏得香气扑鼻，然后才信心十足地握着拂尘上班去。

上班不是玩电子游戏，网络游戏，晋朝公务员上班就是聊天。

打扮和聊天是公务员们每天的重要功课。

具有讽刺意味的是：美男子组成的国家，居然是最奢侈最荒唐也灭亡最快的国家，可见男人的“美”着实可怕，金玉其外的男人往往败絮其内。

全朝腐化，干部队伍整体堕落，有识之士，如车骑司马傅咸，就一再上书，借古论今，指出荒淫奢华的危害，建议朝廷倡导节俭，惩治腐败。

拥有智慧的人总是寂寞的。傅咸的话，皇帝听不进去，臣僚们也认定他在自找苦吃，放着眼前的福不享，分明有自虐倾向。

奢侈之害，烈于天灾。尚书仆射裴頠也深为忧虑。

裴頠奢想通过任用廉洁的官吏改变现状，听说有能干而勤俭的人，就急忙推荐——他向张华提举了平阳人韦忠。

韦忠这人，出身贫寒，少小慷慨，及长，不入政门，虽处乡闾之间，却对朝廷政治和官僚们的所作所为有自己的观点。

裴頠多次与张华谈论起韦忠，想征聘韦忠做官：“韦忠有庙廊之才，公辅之器，提拔了这个人，必能对朝廷工作有所匡济。”

张华说：“早就听说这人，没见过。若真有才干，我们应该擢用他。”

派人去请韦忠。韦忠故意出远门，不相见。

韦忠越躲避，官方大员越是固执，要请到他。

实在躲不开，韦忠就称病。说传染病，吓跑了他们。

有人问韦忠怎么不做官，韦忠说：“吾乃草茅下士，一点儿没有宦情。弃典礼而附贼后，岂大丈夫之所宜行耶!他们有心用我，我怕洪涛卷起，余波将我淹死。”

索靖是敦煌人，与同乡范衷、张彪、索紒、索永一起在洛阳读太学，同学们

司马冏

称他五人为“敦煌五龙”。

五龙中，索靖“博览经史，兼通内外”，是最厉害的。

索靖任尚书郎，跟张华相熟，张华清楚索靖的才能，擢升他为雁门太守。

索靖知道天下即将大乱，出得洛阳宫门，便去拜门前的铜驼雕塑，“驼驼啊，不太久，你就要沉进荆棘丛、没入榛莽中了，悲哉，惜乎！”

二

话说公元300年——好年份啊，整数！——赵王司马伦觉得是时候了，对嬖人孙秀说：“咱俩商量过的事情，可以干了？”

孙秀说：“是时候了，可以干了。”

司马伦恐力不及，画鹄不成反类鸦，问孙秀有何计策。

孙秀说：“殿下所举，盖世之事。独立完成是非常难。臣见齐王司马冏也常怀忿然，约他共同起兵来干，可以成也。其他都是庸碌之辈，别让他们知道。”

司马伦即使人请来司马冏一起喝酒。

酒至半酣，司马伦屏退左右，谓司马冏：“皇上是个憨子，贾南风凶悍，专擅朝纲，杀害了太子，将一班贼党委以重任。眼看天下就要改姓了，若不早举大计，我等难以幸免啊。”

司马冏说：“他妈的，我早就看他们不顺眼了。”

司马伦接着说：“我想邀侄子跟我共同起兵，诛杀贾氏，以正纲纪，侄子意下若何？”

司马冏说：“我早想杀掉贾贱人，因力不及，既然如此，咱两家就此起兵，矫诏废后，诛其贼党，以靖朝廷，谁敢阻拦！”

司马伦说：“咱俩都有这个心，奈何兵力不足啊？”

在一旁侍坐的孙秀开腔道：“不难不难。”

司马冏问：“卿有何妙计，快说来听听。”

孙秀说：“明天早上，惠帝升朝，殿下可上奏，称早年东安王司马繇因犯错误被处理过，但他后来一直住在东安，年头多了，甚得民心，严重的是，他常常心怀不平，时生异志，早晚要成为祸患。

“皇上宜乘东安王司马繇还没有作乱，早派亲信大臣领兵剿伐，压制其恶念，可保大局安宁。

“皇上定会同意殿下的奏报，问谁人可往剿伐东安，镇守一方。赵王殿下即力举齐王殿下，皇上会拨派兵马，给齐王指挥。

“兵马到了齐王手中，即以其包围宫廷，矫诏先废贾后，再诛除现在当权的那一帮子，大功告成，岂非大快之事。”

司马伦和司马冏抚掌大笑，连连称赞孙秀之计大妙特妙，就这么着了。

司马冏辞别司马伦，归回自己府中，兴奋得彻夜未眠。

翌日，赵王司马伦洗漱已毕，抖擞精神，手执牙笏走入朝班，上奏惠帝。

“臣下听说，东安王司马繇被处理后，一直在东安收买民心，怨望朝廷，并且，暗地里结盟私党，谋划不轨。陛下可速派得力干将，去收捕司马繇及其羽翼，得保东安平静。倘若迟慢不作，司马繇恶念一兴，陛下就大祸临头了。”

司马衷一听“大祸临头”几个字，着实吓得不轻，愣怔之后，问如何是好。

司马伦说："齐王是个文武全才，派他前往，即可万无一失。"

晋惠帝一反常例，不跟贾后商议了，立即任命司马冏为车骑将军，授以兵符，拨给他两万五千兵马，让他快去东安，处置司马繇。

司马冏捧着符印，谢主隆恩，散朝就找司马伦，问下一步咋办。

司马伦叫孙秀说话，孙秀道："下次皇上设朝，齐王殿下便可登台矫诏，废黜贾后。"

司马冏问："废黜之后，又该咋办？"

"殿下上朝之前，即以部队把守皇宫，以防他人部队干扰。废黜贾后已毕，即可请旨诛除张华、裴頠、贾谧等一干党人。"

于是，赵王司马伦、齐王司马冏依照孙秀的计策，各自准备。

司马伦派司马雅去打探张华动静，说："赵王想跟先生共同匡扶社稷，为朝廷除害，先生以为何如？"

张华说："目今朝廷比较稳定，各级干部正常上班，随便匡扶什么？中宫虽说暴虐，尚未导致大的灾难，随便除什么大害？莫非要效法杨骏乎？"

司马雅忿忿地说："有些人，刀都要架脖子上了，还在那儿逞能哩。"

司马雅把见到张华的情况如实汇报给司马伦，司马伦眉一拧，说："操！"

当天夜里，司马伦通知三军都督，召开紧急会议，敕道："贾后、贾谧等，伪造圣旨，谋杀太子，罪大恶极。现在，本王奉皇上密诏，黜后杀贼。你们听随我的，赐爵封候，不从者，严惩不贷，格杀三族。"

三军都督，皆愿从命，竞表态度。

天亮了，赵王司马伦派兵一千，把守宫门，阻挡内外通路，所有宫人都不得出入。

梁王司马肜听说有临时军事行动，也来跟凑，分一杯未来的羹汤。

齐王司马冏，执锐披甲，领兵一千，直入后宫，揪起跟贾后共欢的太医令程据，斥责贾后道："淫乱宫室，污秽朝廷的贱女人，什么时候，还在作乐！"

贾后脖子一梗，对斥道："未宣擅入内宫，该当何罪？"

司马冏高声说："皇太后有什么罪过，你废黜了她，杀害了她？皇太子有什么错误，你废黜了他，杀害了他？今奉圣上密诏，废你为庶人，火速收拾，往金墉城去，不许片刻迟慢！"

贾后说："所有诏书都从我这里出，你的诏书是哪里来的？"

司马冏说："我的诏书乃圣上亲手所写。短黑贱人，还要怀疑吗！"

司马冏喝令军士将贾南风推出去。

贾南风朝后坐着屁股，死不前行，还遥望金銮殿，大叫道："废黜本宫的人听着，你久后不得好死！不得好死！不得好死……"

齐王司马冏大怒不已，让军士将贾氏塞上车子，迁去金墉城。然后勒兵而出，会同赵王司马伦、梁王司马肜等，请晋惠帝登殿。

惠帝司马衷见几位藩王，各各身挎刀剑，领兵到来，大惊失色，筛糠不止。

司马伦俯伏奏道："臣等为朝廷计，为社稷计，并无谋逆之意，不敢劳动陛下有所惊慌。"

司马衷这才不再觳觫，坐在正位上，道："奏本吧。"

司马伦说："贾后淫乱后宫，悍虐朝廷，废弑太后，谋杀太子，已为臣所废黜。侍中张华、仆射裴頠、太常贾谧，多时以来，助后为虐，罪不可赦，陛下可下诏诛除之。”

司马衷听得一愣一怔，末了，又不得不从司马伦之言，下了诏书。

于是，司马伦先抓捕贾谧、赵粲、贾午等，斩了。随后，又将董猛、孙虑、程据等小臣一拨子杀了。

司马伦通知召开五品以上干部会议，于是，张华、裴頠都到了。

司马伦命抓了裴頠，夷其三族。又命将张华执于庭中。

张华诘问道：“卿等今日欲害忠臣耶？”

司马伦说：“卿为宰相，眼看着太子被废，为什么不能以死而保节操？”

张华说：“我上了奏议的，档案里存的有，卿可以找出来看看。”

司马伦说：“你的奏议皇上又没有采纳，当时为什么不辞职？”

张华无言以对，司马伦命他回家写出深刻检讨。

张华走了，司马伦遂命孙秀去处置张华。

孙秀带着兵士直登张华府上，说：“奉旨前来斩除先生。”

张华大惊说：“不是让我回来写检讨的吗？”

孙秀斥骂道：“休啰嗦，啰嗦死快点！”

张华说：“我乃先帝老臣，忠心耿耿，不料生于多难之秋，祸不可测也。”

张华话未说完，孙秀使人将张华架上刑车，押往市曹斩首，亦灭其三族。

张华曾经委派豫章郡丰都令雷焕为其掘地找得宝剑“龙泉”和“太阿”，系古人墓中之物，灵异之至，藏之或佩之可以辟邪。然大祸临头之际，宝剑也无可施救了。

张华六十九岁，死于司马家的火并残杀，遭诛之后，“龙泉”剑不知去向。

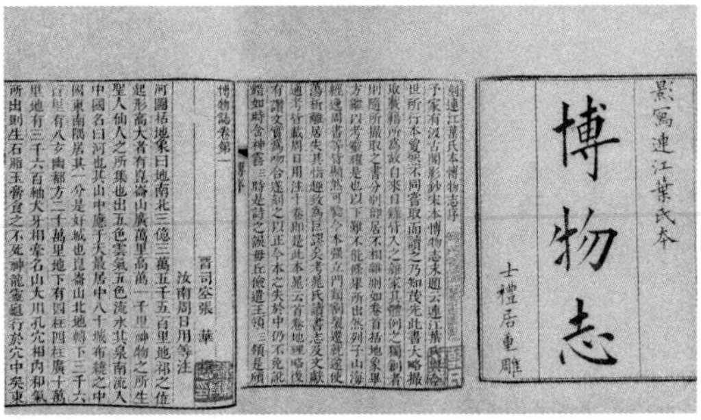

张华著《博物志》

雷焕留下自佩的“太阿”剑也无所踪。

张华博览群籍，知识丰富，著有《博物志》十篇，及若干散文。

晋朝此番屠戮之甚，世所罕见，血流遍地，腥秽扑鼻，朝野震悚，士民恐避。

只有阎缵不怕，到刑场上，抚着张华的尸首，恸哭：“我早就劝你辞职，你不听我，到底有今日啊！”

阎缵又见到贾谧的尸体，啐一口道：“你死得太迟了，乱国小贼子！”

阎缵哭罢张华，上疏奏表：张华之死实为冤屈。

恰汉中缺个太守，晋惠帝便派阎缵去任。

有大臣说：“尚书令王衍，在其位不司其职，太子被黜时，他要领回自家闺女，太子被诬杀，少不了他的责任，应该追究。”

司马伦便判王衍终身监禁，惠帝也予以同意。

司马家族相残，洛阳城又一度遭遇血洗。

血洗之后，司马伦自我提拔为相国，都督军事——宰相加军委主席，擢孙秀为中书令，兼军委副主席。

司马伦又以李重、荀组为左右长史，以王堪、刘模为左右司马，荀松，陆机为参军，束晳为秘书。

李重清楚司马伦的心思，坚不受官，司马伦逼其接受封赠。

李重只好在撕拽之下受命为长史，没几天便自尽了。

司马伦为收买人望，洛阳城里，文武官吏数千人受到封赏。又一批干部粉墨上场了。

司马伦让晋惠帝发布诏令，追复太子司马遹的名号，加以谥封，立司马遹之子司马臧为皇太孙、临淮王。

三

且说赵王司马伦废黜贾后，诛除张华、裴頠等，总握兵权，开始了自专朝政的幸福日子。

司马伦自为相国，以嬖人孙秀为侍中。

司马伦没什么谋略，孙秀是实际掌权人。

这个孙秀，字俊忠，本是个五斗米道的道徒，投奔司马伦后，大肆发挥其善于谄媚的长处，成了司马伦的帐中之宠。

孙秀将朝廷大权玩弄在手里，洛阳的忠良官吏都遭了殃。

孙秀的徒子徒孙都登上了卿相之位，受到随心所欲的封赏。尤其是跟孙秀合结阴谋者，提拔起来超越官阶位次。小兵小卒，打杂的役奴，巴结他的，都获得了爵位。

召开干部会议，满座都是貂蝉冠，因为制作官帽的貂尾巴不够用，有很多是狗尾巴代替的。

孙秀玩弄权术有方，司马伦非常看重他，有话必听。

孙秀对司马伦说："斩草不除根，势必还要萌发。贾南风虽说被废作庶人了，还在金墉城住着呢，若不弄掉这个女人，以后会成祸患的。殿下可伪作一份诏书，诛了她。"

司马伦说："正合孤意。这事情交给你办啦。"

于是，孙秀伪造了晋惠帝的诏书，派心腹王全，携带金屑毒酒，到金墉城杀贾南风。

使者王全进入贾南风住所，逼贾氏跪下聆听圣旨。

贾氏说："我不跪！我不听！"

王全朗声宣读诏书道："稽查贾氏：废弑皇太后，谋杀皇太子，既无妇道，复无母慈。祸乱社稷，淫恶昭著。天地共厌，人神共怒。金屑酒一壶，特赐其自尽，勿得推故。"

贾氏不肯跪，耳朵听得清。听完了，大骂赵王司马伦为逆贼乱臣，骂完了，饮毒酒而死。

王全回洛阳宫内报知司马伦。

司马伦说："干得好。"重赏了王全。

却说淮南王司马允，性情沉毅，虽不多说话，将士皆畏服。司马伦专主朝政后，为笼络司马允，加他为骠骑将军，统帅中护军。司马允当然看得穿司马伦和孙秀，预备兴兵讨伐。

司马伦和孙秀的耳目很多，探悉了司马允的密议，立即擢升司马允为太尉。

太尉官阶高了，兵权却丧失了。

司马允大怒，不予就职。

司马允愤恨司马伦和孙秀夺其兵权，集合亲兵，讲话道："司马伦、孙秀，名为佐君，实则谋反，我要讨伐他们，肯跟着我干的，脱掉左袖，举起手来！"

从者甚众，手举如林。

司马允率兵包围了相府。

司马伦得知司马允兴兵，引数千人出来应战。

两军相交，战不到四五回合，司马伦之兵死伤数百人，赶忙逃回，紧闭府门。

司马允在宫城承华门前扎下营寨，准备大战。

中书令陈淮，想做司马允的内应，对近惠帝说："淮南王司马允，以兵与司马伦争权，战过一场，形势没有丝毫缓和。请陛下委臣五百禁卫军，前往解和，使司马允退兵，否则两虎相斗必有一伤，受害的还是朝廷。"

司马衷不知道怎么应对，殿前将军伏胤奏道："臣只需要三百兵士，即可前去解决问题。"

司马衷说："那你去吧。"

伏胤听命，持着白幡，带着三百军士出宫。

汝阴王司马虔是赵王司马伦的长子，他在门下省，看见伏胤领兵经过，赶忙窜出来，对伏胤说："先生能助我家，定当共享富贵。"

伏胤问："此话当真吗？"

司马虔说："当真！此时何时耶，能不当真！"

伏胤道："殿下既然如此许诺，我便去杀了司马允可也。"

伏胤言讫，领兵飞驰至承华门外司马允营寨前，大叫奉诏来支持淮南王，请火速打开军阵，让他进去宣读诏书。

司马允信以为真，命令岗哨放行，让伏胤进入营寨。

伏胤领兵直入淮南王军帐，假意宣诏，趁司马允跪下听受，挥剑将之刺死。

伏胤收拾了司马允，回见司马伦。

司马伦大喜，立马升伏胤为大将军，跟伏胤一道入朝，奏告惠帝，说淮南王司马允谋反，已被诛杀，请皇上发诏诛杀其族。

司马衷说："好。"遂由司马伦和孙秀领诏，诛杀司马允三族。

深秋洛阳，司马家又有数千人同时丧命，血流如河，朝野惊惧，百姓恐慌。

四

潘岳，字安仁，晋武帝司马炎曾经到洛阳郊区视察农业，参与了一下劳动，潘岳赶忙做了一篇赋文，美赞领导亲民，因此大出其名，被叫做"小巴结"。

小巴结后来做了河阳令，命全县大规模栽植桃花，弄出了"河阳一县花"的政绩，却没有收获桃子，百姓因之返贫。

潘岳还嫌官小，整天郁闷。

后来，小巴结进入贾谧的"金谷二十四友"行列，翻身了，升为黄门侍郎。

潘岳为人浮躁，逐势趋利，跟石崇等人都在贾谧门下。贾谧外出，他们站在门首护送，车马远去了，他与石崇还在望着烟尘，拜揖不休，为人不齿。

贾谧的不少文章都是潘岳为其代笔的，潘岳自己署名的文字，有《闲居赋》为人所知。

岳读《汲黯传》，至司马安四至九卿，而良史书之。题以巧宦之目，未尝不慨然而叹也。曰："嗟乎！巧诚有之，拙亦宜然。"

潘岳感喟自我，调动了八次，职务只升了一级。"虽通塞有时，抑亦拙者之

潘岳掷果

效也”。别再孜孜以求了吧。

“览止足之分，舒浮云之志，筑室种树，逍遥自得。池沼足以渔钓，租税足以代耕。灌园鬻蔬，供朝夕之膳；牧羊酤酪，俟伏腊之贾。”可也。

潘岳主要是生得端丽。

潘岳正当年时，坐着车子经过洛阳的街市，路边的妇女们惊为天人，都拉住车帮，不让走，想多看几眼，挤不到跟前的，就投掷水果挑逗之，最后潘岳竟然得到满车免费水果。

晋代洛阳女人，可该怎么说她们?

潘岳追随贾谧，做黄门侍郎后才走上人生发达之路。

潘岳最看不起的是孙秀，有机会就恶心孙秀，两人间矛盾不浅。

孙秀得志了，想杀掉潘岳，一直在寻找机会。

孙秀听说“金谷二十四友”中的石崇有个爱妾，名叫绿珠，艳美无比，又擅长音乐，笛子吹得尤其悦耳，便差派下人，到石崇家索要。

石崇建了个金谷园，便是“二十四友”经常聚会之所。金谷园位于洛阳以北的邙山谷涧间，今天的孟津县境内偏东之地。

金谷园，随地势高低，筑台凿池。园内清溪萦回，水声潺潺，景色一直为人们传诵。

石崇因山形水势，筑园建馆，挖湖开塘，周围几十里内，楼榭亭阁，高下错落，金谷水萦绕穿流其间，鸟鸣幽村，鱼跃荷塘。

石崇派人用大量绢绸茶叶、铜铁器等去南洋群岛换回珍珠、玛瑙、琥珀犀角、象牙等贵重物品，把园内的屋宇装饰得金碧辉煌，宛如宫殿。

崇绮楼故址

每当阳春三月，风和日暖的时候，金谷园桃花灼灼，柳丝袅袅，楼阁亭树，交辉掩映，蝴蝶翩跃飞舞于花间；小鸟啁啾对语在枝头。

郦道元《水经注》谓金谷园“清泉茂树，众果竹柏，药草蔽翳”。

石崇于金谷园内，筑有百丈高的崇绮楼，登斯楼也，可“极目南天”。小妾绿珠来自南方，崇绮楼即是石崇专为绿珠所建，使绿珠登高可以望远，望到家乡，以慰绿珠思乡之愁的。

崇绮楼里面，珍珠、玛瑙、琥珀、犀角、象牙等宝物最多，可谓穷奢极丽。

石崇每次宴客，必命绿珠出来歌舞佐酒，见者都忘失魂魄，因此绿珠之美名闻于天下。

石崇正与绿珠在金谷园一处凉亭游玩。

一大群姬妾围绕着，绿珠坐在石崇的大腿上。

孙秀的心腹使者径直登上凉台，见过石崇，说：“孙侍中闻知足下家有美妾，极善歌舞，特派某来求要一个，足下同意否？”

石崇说：“美人儿有的是。”乃让其姬妾全都出来。

近百名小妇女，皆着绫罗绸缎，抹得香喷喷的，让使者过目。

使者说：“君侯的这些美人儿，都艳若天仙。然而某受侍中之命，只要一名叫做绿珠的，请挑出来。”

石崇听得孙秀索取绿珠，勃然作色，说：“绿珠系我最爱，绝不可以出让！”

使者道：“足下博古通今，照远察近，孙侍中的暴脾气，想必也知道吧？请趁早别干那些噬脐莫及的事情。”

石崇斥孙秀

石崇说："我啥不知道？不必多说啦！不可能的。"

孙秀的心腹跑回洛阳，报告孙秀说，石崇非但不肯出让绿珠，还出言不逊，辱骂侍中。孙秀大怒不已。

孙秀入殿见到赵王司马伦，说："现已查知，石崇与潘岳二人在秘密谋划，要替淮南王司马允报仇。若不早除掉这两个贼子，恐怕要乱了。"

司马伦说："潘岳、石崇想作乱？那你就把他俩除掉吧。"

孙秀得命即出，召集禁卫军卒四百人，逮捕潘岳与石崇两家所有人等。

斯时，石崇正怀抱绿珠在崇绮楼上设宴作乐，武警战士闯入，道："奉诏收捕，作速下楼！"

石崇这时才害怕了，哭着对绿珠说："我为了你，得罪了他们，今不知死于何所了。"

绿珠亦哭泣道："君侯为妾，得罪了他们，妾岂敢奉事第二姓，使君蒙羞，今当效死君前，报君厚爱，不令贼人得逞。"

绿珠言讫，扑向栏杆，自崇绮楼上跳下而死。

武警人员逼迫石崇快走。

石崇说："绿珠死了，绿珠死了。我不过交结广泛，朋友众多，又没犯什么罪，何苦这样逼我啊！"

石崇和家属们被押赴洛阳中心街市刑场，方知自己要遭斩，石崇大哭道："混蛋们看上我的家财了！混蛋们看上我的家财了！"

行刑警察说："知道财富惹祸，咋不早点分散给别人？"

石崇不知对什么好。

投分寄石友，白首同所归

这时，武警押着潘岳及其家属也来到刑场。

石崇问潘岳："卿怎么也来相陪？"

潘岳流着泪道："白首同归呀。"

潘岳在送石崇出任西晋征虏将军的金谷饯行游宴欢会中，曾题《金谷诗》，句云："春荣谁不慕？岁寒良独希。投分寄石友，白首同所归。"现在应验了。

须臾，监斩官到位，石崇与潘岳并二人家属尽被斩首。

果如石崇所料，于其身后，全部家产都被别人弄走了。

司马伦与孙秀执掌朝廷，洛阳惶恐不安。有人上奏晋惠帝，宜亲理万机，不要把大事随意托付。

司马衷说："那，亲理万机，咱不是不会嘛。"

第八十六章

齐王专政

斧钺

一

却说赵王司马伦想起了齐王司马冏。

司马冏在襄助司马伦废黜贾南风一事中是有功的，得封赏。

司马伦跟孙秀商量后，升司马冏为游击将军。

司马冏恼火了，说："惩治贾南风，是我和你戮力合作才实现的，现在你当了相国，叫我干游击队，什么玩意儿！"

孙秀的细作探听得司马冏的愤恨不平，怕司马冏闹将起来，不好收拾，乃请司马伦把司马冏的官职再往上升一升。

于是司马伦升司马冏为东平将军，镇守许昌。

司马冏仍然不满，意见在肚子里，自不做声而已。

赵王司马伦和侍中孙秀召集全体在洛阳的干部会议，评功行赏。

会上，孙秀讲话说："废贾后之功在赵王，应加赵王九锡。"

何谓"九锡"？九种特赐的最高待遇。曰：车马、衣服、乐悬、朱户、纳陛、虎贲、斧钺、弓矢、秬鬯。

车马是金车大辂和兵车戎辂，加黄马八匹。衣服是衮冕之服，加上配套的赤鞋一双。乐悬是定音、校音器具。朱户是红漆大门。纳陛是登殿时特凿的陛级，犹VIP专用通道。虎贲即守门警卫员，三百人。斧钺是斩首用的大斧头。弓矢指特制的红、黑色的专用弓箭。秬鬯乃以稀见的黑黍和郁金草酿成的香酒，供祭礼用。

羊献容

察看历史，西汉曾授王莽九锡，东汉曾授曹操九锡，曹魏无奈也授予司马昭九锡。不过他们都是走过场的，摆样子的。

现在，司马伦要挟制晋惠帝，授给自己九锡了。

吏部尚书、老臣刘颂带头反对。

刘颂不唱“颂歌”，说：“过去，汉朝赐九锡给曹魏，曹魏赐九锡给晋，都不过是临时应付，如今断乎不可。历史上功劳巨大的人多了，都没有享受什么九锡待遇嘛。”

武将张林，巴结司马伦和孙秀，拔剑要杀刘颂，孙秀阻止了。

孙秀轻声对司马伦说：“我们杀张华、裴頠，朝野意见太大，不要杀刘颂了。”

司马伦说：“啊。就是让同志们发表意见的，啊。有意见提出来，不追究的。”

其余干部看见刘颂险遭刀剑，都不敢提不同意见了。

晋惠帝乃下诏书，赐给赵王司马伦九锡之礼。然后又给司马伦的儿子司马乂升官，孙秀、张林也再度获得擢拔。

孙秀贪淫而又狡诈。人以群分，物以类聚，跟孙秀来往的，大多非邪即佞，只晓得贪图荣利，而且心性乖异，互相憎疾，你想情景如何?

废掉贾南风之后，晋惠帝司马衷没有老婆了，他不着急，孙秀着急，便奏惠帝，娶了孙秀死党尚书郎羊玄之的闺女羊献容为皇后。

孙秀形貌短陋，其子孙大抵酷似，然孙秀成了最大的权臣，又给皇上保过媒，贪心大起，想做驸马，乞娶河东公主，遭到朝野耻笑。

西凉风光

流民起义示意图

司马伦无什么识见，他基本上听从孙秀的摆布，但谋位之心久已有之。

司马伦怕贾氏的亲戚益州刺史赵廞成为敌手，就让成都刺史耿滕代赵廞之职，让赵廞回洛阳任“大长秋”。

大长秋是京官，管理宫中一应后勤事务，没有任何兵权。

赵廞害怕回到洛阳丢了性命，觉得晋朝不会长久了，想一直把持蜀地，以策安全。于是心生一计，趁着当时四川大量流民起义，就打开国家粮库，赈助流民，尤其厚待流民头领李特兄弟，希望李特兄弟为他卖命。

成都刺史耿滕秘密上奏朝廷，说流民实为盗贼，蜀地居民胆小害怕，主不制客，必成祸乱，皇上宜镇压流民起义。

赵廞知道耿滕的表奏内容，恼火耿滕，想赶早把耿滕收拾了。

恰在此时，朝廷让耿滕代替赵廞的职务。赵廞觉得时机也到了，借耿滕就职益州之际把他杀了。

赵廞自称为益州牧，整顿干部队伍，重新任命各县县令。

还有个散骑常侍张轨，向赵王司马伦汇报说：“现今天下不宁，西凉盗贼也乘势生发，屡屡攻略郡县。臣请为将，领兵征西，到那里就把蟊贼收拾了。”

司马伦同意张轨意见，擢拔张轨为凉州刺史，予以兵马二万，派其讨伐西北。

于是张轨，提升宋配、汜瑗为参谋长，率军进入凉州地方，与鲜卑等少数民族作战。数月间打了几个大胜仗。

张轨扎根凉州，招军马，集粮草，逐步名震西土，成为强者。

二

公元301年——晋永宁元年，赵王司马伦认为自己要干皇帝不能迟疑了。

司马伦召入侍中孙秀，说："现在我想把惠帝废掉，自己干，你说怎么样？"

孙秀说："司马衷那个憨子，历来是个摆设。大权全在殿下，此时行事甚好，迟慢反会生变。来日，殿下可通知百官于府堂聚会，予以公布。指鹿之事，正得其机，谁有不同意见，杀头就是。"

"好的。"司马伦说，"好的。"

次日，司马伦大排宴席，请百官都来喝酒，发送请帖的马匹，在洛阳城中往来穿梭。

公卿们惧怕司马伦和孙秀，谁敢不到？紧紧张张地都到了。

百官入席，司马伦腰挎长剑，踱着方步，亦入席。客气已毕，令手下执盏劝酒。

喝过数巡，司马伦亲自举杯，请百官："干！"

干了酒，讲话。"同志们！"司马伦说，"今日请大家来，有大事。"

众人都站起来，屏住呼吸，肃听司马伦演讲："天子，万乘之主，是治理天下的人。现在的天子，脑子进水，没有威仪，上不可以奉宗庙，下不可以对社稷。

"先帝曾有密诏，说惠帝昏愚，未可为君。因此，我想让惠帝做太上皇，我来主持朝廷全面工作，等候有德者出现，我即让出位置。大家说怎么样？”

有人说话道：“历史上，商朝，太甲昏聩，伊尹将之囚禁于桐宫，让他反思，后来还是辅助他，回到朝廷。现今皇上虽然懦弱，可他并无罪过，殿下之议，莫非不可乎？”

司马伦怒斥道：“天下，是我司马家的天下，你姓什么，胡乱说话！同意我的，都能活着，忤逆分子，必遭诛除！请便吧。”

群臣都不敢再说话了，也不敢喝酒了，哧溜哧溜都走了。

翌晨，司马伦派孙秀部署兵马于朝门之外，司马伦自己带武警数百人，仗剑登殿，请晋惠帝出来，然后点名，百官敢有不到者，即命处斩。

群臣惧怕，全体列于班次，些小动作都莫敢有。

司马伦拔出宝剑，握在手中，说：“今帝昏庸，不能掌朝廷，理社稷。我已经去祭告太庙，以惠帝为太上皇，搬到金墉养老。现在，群臣静听策诏——”

司马伦令孙秀宣读诏书。

昔武帝不幸崩逝，孝惠皇帝嗣位，承绍海内，仰望太平。而惠帝昏庸，政出后宫。弑皇太后，不孝于母；杀皇太子，不慈于亲。

昏蒙弱暗似此，岂堪继承大统！今公卿大臣孙秀等请告主庙，以惠帝为太上皇，限即日迁徙，不许迟延。

赵王司马伦，素有仁德，朝野仰识，天下共知，宜登大位，以任社稷。是斯诏示群众，和宜应天顺人，以慰生灵之望。知悉。

孙秀读罢诏书，命左右扶拉惠帝离开龙椅，解掉惠帝的玺绶，令其跟群臣一起，北面而立。

司马衷“哈哈哈”地号哭不已，群臣亦悲泣流泪不止。

孙秀扶赵王司马伦坐上龙椅。

过了半天，群臣都迷过来了，山呼万岁，满殿拜舞。

群臣表演过了，司马伦对司马衷说：“自古以来，有废有立。你虽然不会做皇上，但我念及至亲关系，不忍加害。你赶快到金墉城去吧，月给粮米，生活水平也不让你降低，往后没有召唤不许出来。”

谕毕，命禁卫军取来车仗，护送司马衷并其宫妃，去金墉城。

司马伦做了皇帝，孙秀总领国家军事。凡司马伦所下诏令，孙秀总要做些修改，或者孙秀自写诏书。

孙秀总在提拔阿谀逢迎他的官吏，因此委任书不断下发，撤职令也不断下发，百官转易不休，似如水流。

司马伦登基，自然也要封侯赐爵，印玺刻制不出来，就先给张白纸画的玺样，谓之“白版封”，干部提升太多，铸钱不够使唤，库储俸米告罄，就打白条。

司马伦坐上龙椅仅仅一个月，齐王司马冏再也忍不住怒火了。

司马冏召自己的心腹偏将军王义，说：“我要起兵讨伐司马伦，你有何高谋，说与我听。”

王义说：“君侯要举大义，单枪独马，力量有限，可传檄诸王，同讨篡逆。”

当下拟定了诸王为：长沙王司马乂、成都王司马颖、河间王司马颙，及新野王司马歆，还有匈奴左贤王刘元海。

王义说："若诸侯皆做响应，领兵至洛阳城下，然后举行声讨大会，声讨司马伦篡位之罪，再然后同时攻伐，诛司马伦党羽孙秀等，迎惠帝重新入主洛阳宫，则君侯大勋建就矣。"

司马冏说："你的计策正合我意。为我做道檄文。"

王义于是为檄文曰：贼臣孙秀，谄附逆王，废帝金墉，共谋篡位，天地不容，人神共怒。公等分茅列土，蒙受皇恩，理合勤王，共讨篡逆，望踊跃先登，毋使防风后至。——不要像防风部落酋长，集会迟到，让大禹杀了。

司马冏命人抄写檄文多份，送往全国各王侯处，动员他们起兵。

成都王司马颖得到檄文，问臣下卢志："赵王司马伦篡逆，现在齐王传来檄文，邀我起兵讨伐司马伦，我觉得兵力不济，卿有什么招数？"

卢志说："扶顺讨逆，招兵买马，百姓必然愿意参军吃粮。"

成都王树起招兵旗，远近适龄青年都来应征入伍，不数日招到十几万。不过司马颖心下犹疑不定，未敢引军出发。

司马颖有个嬖人姓王，对司马颖说："赵王司马伦，离正根儿近些，齐王司马冏，离正根儿远些。依臣下之意，莫若反过来，助赵攻齐为好。"

听到姓王的发言，参军孙询高声反驳道："赵王司马伦，篡权谋位，理当受到普天下讨伐。说什么近些远些，近远算什么标准！军国大事，小人何得妄言！"

司马颖听得孙询义正词严的说辞，遂定了心，应齐王司马冏之约，发兵向洛阳征讨司马伦。

再说河间王司马颙，他本来跟齐王司马冏有矛盾，收到了檄书，却反着干，派张方领着兵去助司马伦。

忽有细作报告，齐王与成都王共有四十万军队，非常雄盛，司马颙赶紧召回张方的部队。

司马颙召集军事会议，商量对策。

会议决定，不再援助赵王司马伦了，回头援助齐王司马冏。于是，张方的五万兵也会合于司马冏了。

这时候，长沙王司马乂、新野王司马歆、匈奴左贤王刘元海各路兵马也都到了，均在洛阳附近安营扎寨。

齐王司马冏为首的“多王联军”，号称百万，耽耽虎视洛阳皇宫。

司马伦惊惶不定，赶紧问孙秀咋办。

孙秀说：“咋办？凉拌。兵来将挡，水来土拥，怕什么！迎战就是了。”

于是，司马伦分兵两路，一路以孙辅、张泓、司马雅为将军，率兵十万，一路以孙会、士猗、许超为将军，率兵十万，前者对付齐王司马冏，后者对付成都王司马颖。

三

张泓领司马伦之命，带兵出洛阳城。

远看齐王司马冏兵威甚锐，张泓先自害怕了，仓皇退回城时，相互践踏，折损四万余人。

张泓在城门口扎下营寨，谓司马雅：“彼众我寡，白日战则不胜。不若乘夜间前去劫营。”

司马雅说：“对头。”于是，通知部队一更造饭，二更开拔。

齐王司马冏得胜，对诸将说：“今天胜了第一仗，乃是因为众寡悬殊，他们人少。张泓会猜想我得胜骄傲，不加防备，来劫我营寨。”

诸将认为司马冏分析得对。

司马冏遂分拨将领，出去四下埋伏，单听号炮招呼，引兵杀回。

时辰将及三更，张泓率部杀至司马冏寨，见是空的，知中了计策，连忙退兵。正在退时，但闻号炮齐鸣，但见伏兵四合，前后左右火把照耀得如同白昼。

张泓人马被围，只得接战，混杀直至天明，兵士损伤大半，仍然左冲右突，不见出路。

危急时刻，司马雅引援军万人杀入重围，救下张泓。

张泓跟随司马雅回到营中，数了数残余兵将，仅存一万多。

孙会、士猗与许超等，领兵跟成都王司马颖战斗。

孙会是孙秀的儿子，子因父贵，志得意满，命许超与司马颖的大将卢志交锋。许超胜了卢志。卢志损折了人马，败而退走。

成都王司马颖说引军回来的卢志：“敌兵士气旺盛，我们不如撤兵吧。”

卢志说：“胜负乃兵家常事，哪能因为小战失败就胆怯退阵！敌人得胜必骄，骄则必败。我有一个计策，明天殿下您挥军正面出战，臣今夜就引奇兵绕到敌人屁股后面，明天开战，两下夹攻，管保取胜。”

当夜，卢志带领精兵插入敌后，在洛阳城西的溴水之侧埋伏下来。

却说司马伦，听说孙会打了胜仗，立马派遣使臣，持节至其司令部，加封孙会、士猗、许超为大将军，并以白金二百斤作为物质奖赏。

孙会、士猗、许超恃胜而骄傲，次日，还没有准备，成都王司马颖指挥大队兵马攻至寨前，他们举止无措，自动溃散了。

司马颖见孙会、士猗、许超败逃，挥军痛击。

孙会等拥挤着后退，卢志埋伏的精兵杀出，两下夹攻，杀得尸如山积，血若川流，孙会等抱头鼠窜，涉过溵水，奔回洛阳城去。

成都王司马颖报捷于齐王司马冏、河间王司马颙及诸侯王，诸王缩小包围圈，大军进一步挤压洛阳。

却说朝中有很多官吏，厌恶司马伦，见兵临城下，心甚欢喜。

左卫将军王舆，率禁卫军五千人，攻进中书省，抓住孙秀，斩了其首。

王舆率兵打开城门，迎接诸王兵马进入洛阳。

齐王司马冏率师收捕了司马伦，将之囚禁于金墉城。收捕了司马伦的家眷及党羽。将孙秀家人三族全部斩首于市曹。

战事结束。算一算，自齐王司马冏、成都王司马颖兴兵，至今两个多月，一共死了近十万人。

齐王司马冏、成都王司马颖、河间王司马颙及长沙王司马义、新野王司马歆、匈奴左贤王刘元海、左卫将军王舆等，召群臣，备车驾，一起到金墉城，接出晋惠帝司马衷。

惠帝的金舆玉辇进入端门大街，缓缓行进，到了皇宫，诸王扶着他复登大位，坐上龙椅。

司马衷看见朝殿内摆设并无变化，喜悦地说：“这就好了。”

第二天，惠帝实施封赏。以齐王司马冏为大司马，加九锡，以成都王司马颖为大将军，也加九锡。以河间王司马颙为侍中、太尉，以长沙王司马义为抚军大将军，新野王司马歆也受到赏赐。

新野王司马歆巴结齐王司马冏，对司马冏说："成都王兵权太重，若有变异，难以制服之，建议早日削弱他，免得以后出问题。"

司马冏说："有道理。这就采取措施，慢慢减少他的权力。"

长沙王司马义追随成都王司马颖，对成都王说："齐王不是个善人，莫若早点将他收拾掉，以免将来后悔。"

司马颖转述司马义的话给部下卢志，问该如何处之，卢志说："两雄不能俱立，不如找个借口，上奏皇上，要求治理地方，把大权都留给齐王，等待齐王犯下罪过，兴兵讨伐，大功可建也。"

司马颖觉得卢志之计高妙，遂依计上表，夸赞齐王司马冏功德深厚，可领万机，建议皇上委以重任，本人自己，请去镇邺城算了。

晋惠帝同意了。于是，司马颖谦虚敬慎的美德传遍天下。

司马颖到了邺城，采用卢志之谋，将九锡殊礼分让给当地政府主要官员，调集五谷丰收地区的米粮，赈济遭受自然灾害地区的百姓，士民皆归服之。

司马颖离开了洛阳，司马冏放心地主持朝廷工作。

司马冏重用心腹是肯定的。升刘殷为大司马，曹摅为书记，江统、荀晞为参谋长，孙惠为参谋，顾荣、王豹为秘书，何勖为元帅，董艾为机要员。

但住在金墉城的司马伦是司马冏的心病，必欲除之而后快。

这日，晋惠帝升朝，司马冏奏告说："司马伦谋叛，大逆不道，陛下应明正其罪，以彰法律，庶使臣下，不敢效尤，而朝廷可得永久安宁。”

司马衷问怎么做，司马冏说：“陛下颁诏，送金屑酒，令其自了。”

于是，司马衷派侍郎王催，拿着诏书和金屑酒，到金墉城，赐司马伦自己了断性命。

王催赴金墉城，至司马伦住处，说：“臣下奉诏送金屑酒请殿下自裁。圣旨紧急，请殿下快点，臣下好回宫复命。”

司马伦大哭起来，哭着说：“孙秀害了我，孙秀害了我啊！”

司马伦接过金屑苦酒，泪流满面，摇头再四，只得一饮而尽，嘴里还在说着“孙秀害了我”。

金屑酒效力很快产生，司马伦言未讫即倒地而死。

四

齐王司马冏主持晋朝中央工作，提拔了一大批忠实于自己的官吏。

如外戚羊玄之，皇后羊献容他爹，为尚书右仆射；如权臣皇甫商，秦州刺史皇甫重的弟弟，为大将军。

司马冏擅权骄恣，直言劝谏遭到诛杀，仗义建功反成罪过，渐渐失掉了人心。

当时的大司马主簿顾荣，见司马冏宠信嬖佞，任用不公，怕工作愈多，招祸愈多，于是终日喝得醉醺醺的，府上诸事皆荒废了。

司马冏找他谈话，他说：“为臣忝在班列，心里有话不得不说。古人教导我们：‘谦受益，满招损’，今殿下举手投足，势压群下，这不是君子的节操啊。”

顾荣接着说：“再强的势头，也有尽的时候，尽了，就要倾覆。兵权在手，贵为卿相，旦夕失势，则为匹夫。宠辱变幻，眨眼之际，荣枯反掌，转瞬之间，难道不令人恐惧吗？”

司马冏道：“你的话非常有水平，接着说。”

“惟请殿下平易待下，安分自处，那么，鬼神也害不了殿下，殿下的福气也会源源不绝。臣不避斧钺之诛，献这些逆耳之言，希望殿下理解。”

司马冏耳朵听了，嘴上说是好话，心中厌恨顾荣，根本不予采纳。

顾荣见友人冯熊。

冯熊听说顾荣整日醉酒，不干工作，说：“酒，可以合欢，也可以使人丧失本性，所以古人说酒者狂药，非佳味也。日夜衔杯，沉溺曲香，不是贤人的爱好。嗜酒致祸，寻衅、打架，醉驾，枉语，实在太多。愿足下察知善恶，勤于工作，限制酒量，休要落了败德的名声。”

顾荣答说：“谁不知道酒之为祸也。齐王司马冏骄恣欺人，危机四伏，要不了多久必然失败。我在大司马府主事，害怕城门失火，殃及池鱼啊。所以放开肚皮喝酒，为消释腹中忧患呢。”

冯熊说：“既然这样，不必忧愁，我教你个脱身之计。”

顾荣请教，冯熊将嘴去他耳边，说出了一个办法。

顾荣称善，喝罢酒二人分别。冯熊开始设计操作。

没几天，冯熊在多位大臣面前说道，顾荣好酒，王府大事岂是一个酒鬼所能主持的？应该将之迁任外官，以免延误政务。

司马冏知道了，说："看他是个名士，我才用他。既然如此，改授中书侍郎算了。"

顾荣担任了中书侍郎，认真工作，不再喝酒了。

冯熊问："怎么前醉而后醒呢？"

顾荣忽然惊觉。是啊，司马冏疑我欺诈，怎么是好，于是又喝起来。

张翰是顾荣的老乡，找到顾荣说："不纳忠谏，必有祸败，我想逃窜了。"

顾荣听张翰之言，拉起张翰的手，语重心长地说："想到一块儿了，想到一块儿了！改日起个五更备车逃窜，咱俩去深山里整俩大棚，种菜吧。"

这时候，一阵秋风吹过来，张翰叹道："好风！真想老家的菰莱、鲈鱼呀。"

顾荣接叹："人生贵在适志而行，数千里跑到洛阳来，咱们追求什么恼人的名爵啊！"

语毕，两人放开肚皮猛喝，至醉。

未几日，顾荣和张翰相约，从洛阳消失了。

司马冏发现干部队伍有问题，就搞了个大宴会，预备做一下思想政治工作。

大家喝得兴奋的时候，司马冏的老部下董艾说："侍中稽绍善于丝竹，殿下不妨让他弹奏一曲，以助欢乐。"

司马冏说："好啊。"遂使左右搬进琴来，命稽绍奏弹。

稽绍不干。司马冏说："今天如此高兴，侍中为什么推故？"

稽绍说："明公主持朝廷，当以身作则，垂范下士。稽绍虽说系一粗鄙之

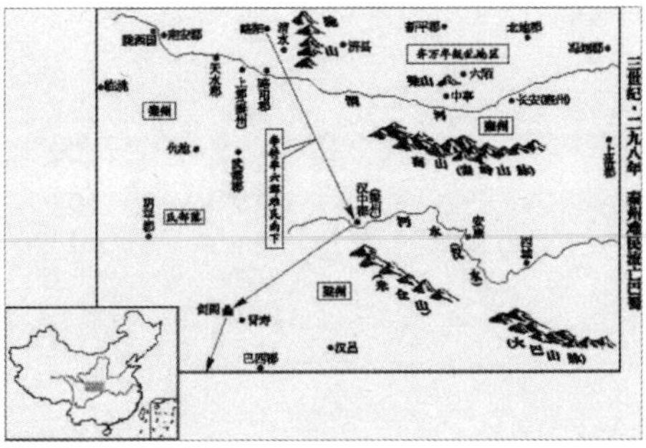

李特、李庠率难民流亡图

人，然忝列部委，头戴貂蝉，腰扎玉绶，岂可操动丝竹，做那些戏子才做的事情。若是下班以后，脱了官服，卸了冠冕，私人宴会，陛下让我为乐，肯定不会推辞。”

司马冏不敢再做强迫，说：“不弹奏，喝酒，放开喝，喝好。”

晋朝官吏喝酒有水平，于是畅饮，欢醉，至晚，至夜深。

五

却说赵廞，在杀死朝廷任命的刺史耿滕以后自领益州牧，他的枪杆子是流民起义头领李特。

李特的弟弟李庠，作战骁勇而能服众，赵廞忌恨，老想杀他而无理由。

恰逢一日酒会，李庠建议自据一方的赵廞自称皇帝，赵廞突然作色，说：“我以你为挚友，不想你如此大逆不道！”遂命手下执出斩之。

李特因此大怒，挥兵抓住赵廞当场斩了。

李特派使者赴洛阳上表，汇报赵廞违诏杀害朝廷任命刺史耿滕的罪状，并报已经代朝廷诛杀了赵廞，请另派益州牧来。

梁州刺史，名谓罗尚。当初赵廞杀了耿滕的时候，朝廷准备讨伐赵廞，罗尚上表说赵廞本是个窝囊废，不须出兵，且待他自己败亡好了。朝廷因此没有理睬他。

赵廞被杀了，朝廷自然想起来罗尚，遂以罗尚为益州刺史。

罗尚携带家眷到任益州，李特派其弟李骧送给罗尚好多金银珍宝，罗尚接受了，宴请李特兄弟。

李特杀赵廞有功，罗尚拟申奏朝廷加以封赏。

广汉太守辛冉想贪功归己，阻拦上报，还建议罗尚除掉李特。

李特也与辛冉结下了梁子。

朝廷下诏，并派遣御史，督促蜀地流民返回秦地家乡，限当秋启程。

流民行动不易，李特数次请求停留至冬季。

广汉太守辛冉大怒，于大街小巷散布公告，悬赏缉拿李特兄弟。

李特暗中遣人将布告扭曲意思，改之为“募六郡豪杰，如能得流民一首者，赏帛百匹”，使得流民人心惶惶，纷纷投靠李特，旬月之间筹得两万余人。

冬十月，辛冉与部将李苾谋划说：“罗尚贪婪无断，日复一日，使得流民奸计得以施展。李特兄弟皆有雄才，我们在不久的将来，必为他们的阶下之囚。现在，宜趁其羽翼未丰，将其消灭。罗尚那里，不必再去理会了。”

辛冉遣广汉都尉曾元、牙门将张显、刘并等率步骑三万，偷袭李特大营。

曾元军进入李特营寨，发现其中鸦雀无声，正待观察，号炮大作，伏兵四起，死伤惨重，曾元、田佐、张显尽皆战死。

于是，蜀地六郡流民共推李特为镇北大将军，进攻辛冉于广汉。

辛冉以兵出城，大骂：“流贼焉敢谋反！”

李特大怒，骂说：“我等尽忠报国，你何无故加兵！”

李特持刀掩杀，将辛冉杀得大败，逃奔德阳。

李特入据广汉郡，数日后进兵成都，军队纪律严明，又施舍赈济蜀民，受到广泛欢迎。

辛冉败了，见罗尚说："使君对李特那么好，看看今日如何？"

罗尚说："李特没有反心，卿等催促流民甚为急迫，激其作乱。事已至此，宜继续攻讨，可向梁州及南蛮求救。"

辛冉说："你这话对。"

罗尚于是列兵布阵，跟辛冉一并与李特作战。

河间王司马颙听知蜀地战事，遣督护使卫博带兵前来平定。

李特派其子李荡率领五千兵马迎战卫博。

卫博，李荡，两军于德阳结阵交战。

李荡出马，与卫博交锋，未及三合，卫博败走，其众全部降了李荡。

自此，李特自称大将军、益州牧，转过身来，攻打罗尚。

朝廷诏张微为广汉太守，引军讨伐李特，败了。

罗尚令辛冉率精兵二万去战李特，李特命其弟李骧迎击，将辛冉打得屁滚尿流。

后，罗尚组织反击，以套索擒获李特，绑缚押回益州，斩首后，将李特脑袋送洛阳给晋惠帝过目。

李特壮烈牺牲，李雄等子弟继续作战，最后占领蜀地，自立朝廷。

第八十七章

惠帝奔命

一

齐王司马冏认为，自己要长久主政，非但要控制晋惠帝，还要控制继任者。

皇上司马衷子孙都没有了，于是司马冏为司马衷挑选接班人。

清河王司马覃是武帝司马炎的孙子之一，年方八岁，给司马冏遴选了出来。奏请晋惠帝，惠帝说："好嘛。"就立为皇太子。

借着新立太子的东风，齐王司马冏升职为太师，东海王司马越也被提拔为司空，两个人把洛阳朝廷罩住了。

司马冏耽于宴乐，嬖宠用事，也不上朝，让百官到自家府第汇报工作。

他自己实际上已经是皇帝了，于是，起造媲美皇宫的高大官邸，过分的是，还建设了个西宫，收藏漂亮妇女。

侍中稽绍，上书表给晋惠帝，说："灾勿忘欠，存勿忘亡。臣愿陛下别忘记了金墉之辱，时常以其告诫自己。"

司马衷瞪着眼，不知道稽绍写的是什么个意思。

处士郑方，上奏疏给晋惠帝，说："臣子发现了不少问题。居安不思危，宴乐昼连夜。宗室本是骨肉，近年猜忌未竟。流民起义，蛮夷侵扰，百姓困穷，不闻措施。只封赏将军，忘记了战士，大量死难者得不到抚恤，家庭返贫。这些问题若不能早日解决，诚恐朝廷不稳、社稷不安啊。"

司马衷翻翻眼皮，不知道郑方的议论怎么处置。

大司马府曹掾孙惠撰写《谏齐王冏》，抄送晋惠帝一份。建议司马冏功成身退，归返封地。

司马冏说孙惠：“胡言乱语！”

晋惠帝也随着道：“瞎扯。”

孙惠称病辞职，挂冠而去。司马冏因是问秘书曹摅：“天子为贼所逼，没有人能奋起救助。是我率领天下义兵，兴复王室。今天辅佐朝廷，振兴危难，有人劝我回到食地去，在你意下如何？”

曹摅说：“扫平国贼，复兴国统，从古到今，作为人臣的功劳，没有比殿下更盛大的了。然而，天下大道，没有兴隆就没有衰退，世间万物，没有强盛，也就没有萎败啊。

“殿下您私下里向我发问，是信任我，看得起我，我哪里敢不说心里话呢。

“我衷心希望，殿下在自满时想着谦虚，在高位时想着危险，秉持公心，摒弃私欲，推举贤才，更进善才，为朝廷找到栋梁。

“然后，您自己还是用油脂涂好车轴，用草料喂好马匹，向皇上深深地作个揖，回到自己的封邦去吧。那样，朝廷与百姓会同喜同庆，曹摅等也会感到幸运。”

司马冏说：“你说得不少，口干了吧？今天就这样吧。”

秘书王豹发挥专长，给司马冏写了份报告，说“明公抱大名，挟大功，怀大德，执大权”，此四大者，天下很难容纳，圣贤之人战战兢兢，白天吃不下饭，夜间睡不着觉。

为什么，因为“君子不有远虑，必有近忧，忧至乃悟，悔无所及也”。

王豹说，河间王、成都王、新野王，均在血气方刚之岁，他们都有不少兵马，各自扼守要地，而明公挟震主之威，独据洛阳，专执大权，不是什么福分。

王豹建议司马冏，居住在洛阳的王侯，宜全部遣归封国。

明确成都王为北州伯，镇治邺地，明公您做南州伯，镇治宛地，各统王侯，夹辅天子，就可以了。

当时，长沙王司马乂在司马冏处喝酒，见到王豹的材料，对司马冏说："这小子离间我们骨肉，何不以铜锤打死？"

司马冏听从司马乂之恶言，斥王豹为臣不忠不顺不义，命人打死。

王豹快见阎王的当儿，喘着气，说："把我的头悬挂在大司马门首，我要看着有人来攻杀……"

却说司马家宗室中，河间王司马颙，愤恨司马冏挟主专权，欲举兵讨伐，怕力量小，向长史李含问计。

李含道："成都王司马颖，让权，外放，威信很高。齐王擅政，朝野侧目。"

司马颙说："是的。事实正是如此。"

"君侯可写信，发动长沙王司马乂，让他讨伐齐王司马冏。诛杀了司马冏，君侯再做计策。"

司马颙说："然也。"写信陈述司马冏罪过，请司马乂击之立功。

长沙王司马乂是捆干麦秸，一点火便爆燃。立即派遣将领董艾率军出发，攻打大司马府后门，司马乂自己则挥引更多兵马，攻打大司马府前门。

齐王司马冏尽出府兵迎战。

洛阳城内爆发大战，死者相枕相藉。晋惠帝吓得面如土色。

齐王司马冏与长沙王司马乂连战三日，司马冏败了，被司马乂收捕斩首。

司马乂随即进入大司马府，捕司马冏余党，夷司马冏三族。

晋惠帝司马衷早带着太监、宫女躲避出了洛阳东城门。

司马乂踩着满地鲜血，去奉请惠帝天子还宫。

司马衷坐回龙椅，犹自浑身筛糠。

司马乂说：“平安无事了。”

司马冏之世道霍然结束，司马乂之世道开启。然而司马乂不知道如何执理朝政，大事小情都要使人咨询成都王司马颖。

“快去邺城，请问则个。”“快去邺城，请问则个。”

二

却说河间王司马颙，采用部下李含的计策，鼓动长沙王司马乂诛除了司马冏，自己没有从中捞到好处，心下甚为不快。

而成都王司马颖，当初听从卢志的建议，离开洛阳到邺城驻守，获得了好名声。但他恃功骄恣，心里也老觉得在邺城憋屈。

“操！司马乂一介吃才，竟然执掌大内，活活气煞我也！”尽管司马乂逢事请教，成都王司马颖仍然觉得自己不能随心所欲，非常难受。

司马颖想联络河间王司马颙，一起进入洛阳，拾掇了司马乂，伸张自己的威风。

卢志说：“明公辞掉宠爱，放弃权力，于官民中收获了威信，现在应该继续下去。兴兵入朝，乃是霸王做法，不可为也。”

如今不是以前了，司马颖听不进卢志的建议。

参军邵续也建议司马颖：“兄弟情谊是最可宝贵的，人说犹如手足。现在君侯希望获得天下大权，却要先砍掉一只手脚，不可以啊。”

司马颖照样不听。按照自己的意愿，派心腹潜会河间王司马颙，上表晋惠帝。

司马颖和司马颙联合奏本，说：长沙王司马乂，与仆射羊玄之、将军皇甫商专擅朝政，皇上应该命司马乂回到封地去，应该将羊玄之等奸佞诛杀之。倘不从忠谏，即举兵入洛阳。

晋惠帝览表，无法处置，传给司马乂看。

司马乂恼怒道：“颖、颙，竟敢向朝廷发难，这不是反了吗！陛下宜颁诏镇之。”

于是，晋惠帝发诏书给司马颖、司马颙：“胆敢举兵向阙，朕当亲率六军予以讨平。”

司马衷听长沙王司马乂的，将司马乂擢升为太尉，都督全国军事。

司马乂领命即点兵重新布防洛阳城。

诏书传给河间王司马颙，司马颙一看，怒火冲天，派都督张方领精兵七万人直扑洛阳。

成都王司马颖呢，以陆机为都督，以孙拯为副，以石超、牵秀等为将军，率军二十余万，向洛阳进发。

惠帝闻听河间王和成都王的军队来洛阳闹事，即和长沙王司马乂督起六军十三万众，开出洛阳，御敌。

司马颙的都督张方来得快，司马乂派遣大将军皇甫商带一万精兵对付张方。

皇甫商在洛阳养尊处优惯了，跟张方交战，打不过，大败而逃。

张方挥军掩杀，兵势太盛，压垮了晋惠帝和司马乂的中军。

洛阳以南以东那么多城门，晋惠帝竟然一个都没够着，回不了洛阳，无奈由几个卫士保驾，直向洛阳东边的荒草间奔逃。

惠帝的老丈人羊玄之见惠帝丢失，死生不明，不由得忧惧交加，竟至一命呜呼。

惠帝司马衷所背的玉玺袋子掉下车一次，仓皇从草丛中捡起来。

又跑了一阵，歇息时，发现其中两枚公章不见了。派个小太监返回去寻找，也没有找到。

四处兵马混乱，卫士保护着司马衷越跑越远，天将暮时，投到一处山庄。

庄主是位老太公，把晋惠帝他们接进庄内，招待酒饭。

司马衷把身上背着的玉玺袋子安顿在墙角，问太公姓名。

太公道："老夫姓缑，世居于此。六十多岁了，没有孩子，只有一个闺女，叫缑桂英，年及十八，精通武功，尚未许配他人。"遂命女儿出来相见。

缑桂英身量高大，跪拜晋惠帝呼"万岁"时声音倒也好听，司马衷十分喜悦，说："平身吧。"

司马衷对缑太公说，要聘缑桂英为才人。

缑太公谦虚地说："那太运气了，只怕民女不堪荣幸。"

司马衷说："就这样，荣幸吧。"

当夜，缑太公即命缑桂英“侍寝”皇上——让司马衷试睡。一睡，司马衷惊喜不止，农家风味，比在洛阳深宫里爽快哦，爽……快……哦！

兵乱之时，山庄之夜，鸾凤交鸣，好不热火。

天色未明，大军来到。原来是成都王司马颖的部队，为首者，将军牵秀也。

牵秀探知，兵乱之际，不知轻重，晋惠帝还在缑庄由民女陪宿，乃引兵五千围了庄院。

司马衷大早准备再揉一揉新鲜的山野民女，未来的才人，听得兵马之声大作，吓得全身筛糠不住。

缑桂英笑道：“陛下一整夜加起来，没有此一刻觳觫之甚，好笑人耶。”

司马衷只顾觳觫，说不出话来。

缑氏女说：“陛下不必恐惧，臣妾可以打退他们。”

司马衷这才减轻了发抖，说：“那……这……好吧。”

缑桂英穿起衣服，披挂上马，执枪在手，带领众庄客，足有五百人，各执兵器，出庄与牵秀作战。

牵秀与缑氏交锋，大战二十余合，缑氏愈战愈勇，容颜不变，牵秀则渐渐归于软弱，终于气力不加，转回本阵。

缑桂英驱庄客追击，杀得牵秀大败逃窜，晋惠帝鼓着巴掌叫好。

却说张方乘胜挥军进入洛阳城，占领了首都，纵容兵士奸淫抢掠，致洛阳百姓死伤数以万计，妇女受辱无算。

长沙王司马乂战败，弄丢了晋惠帝，一直找不着。第二天才为手下侦查员探知在缑家庄上，赶忙跑去。

缑家庄今貌

君臣在缑太公和缑桂英面前相见，面对面地痛哭流涕。

哭过了，司马乂说："皇上，咱回洛阳吧！"

司马衷说："好嘛。带着她。"

司马衷背起朝廷公章袋子，要领着新纳的才人缑桂英回宫。

那当然好，缑太公深表赞许，送闺女给晋惠帝，然后送他们上路，一送再送，老远不肯回去。

司马乂护着司马衷，走到建春门，看到了成都王司马颖的部队，将军是傅咸。

傅咸挡住路，不让过。

司马乂派手下战将王瑚开路。王瑚拍马直取傅咸，刀来戟迎，约摸十个回合，傅咸被王瑚杀掉。

司马乂说王瑚："乘胜前进，你快率军去攻打司马颖的都督陆机，我保皇上回宫！"

王瑚大喊一声："得令！"引五千军攻打陆机的大营。

精兵冲突，陆机没有防备，大败逃窜。跑到七里河，半渡之际，被王瑚追上，猛加斩杀，死者堆积，涧水为之拥塞。

三

当初，成都王司马颖在洛阳的时候，有个太监叫孟玖的，颇受司马颖之宠。

司马颖去了邺城，孟玖就向司马颖开后门，让自己老爹当邯郸县令。

都督陆机说："邯郸县干部队伍里有的是人才，怎么能轮到阉公公的爹？"

孟玖听说了，因此恼恨陆机，寻觅报复机会。

孟玖的弟弟孟超是陆机部队里的小军官，战争中不受约束，掠夺财物，胜过土匪。

陆机想杀了孟超，以正军纪。还没杀呢，孟超即死于敌人王瑚之手。

孟玖疑心弟弟是被陆机杀死的，便向司马颖告歪状，"陆机私通长沙王，宜早日除掉他，莫使成患。"

司马颖没有轻易相信孟玖的话，他毕竟深爱陆机之才。

孟玖又买通牵秀和王粹，二人也都向司马颖告陆机的黑状。

告状的人多，司马颖信了，让牵秀抓捕陆机。

陆机听说牵秀来了，脱去军装，仅着白衬衣接见牵秀，被牵秀喝令兵士扭起来杀掉了。

司马颖又让牵秀收捕陆机的弟弟陆云、陆耽，以及文武双全的将领孙拯等人。

书记员察克、王统等人哭泣劝阻。

司马颖想宽大处理陆云，孟玖则催司马颖三下五去二，除却后患。于是，陆云、陆耽遭到诛杀。随后他们都被夷了三族。

孙拯被关进军事监狱的小号。

孟玖暗地里唆使审案军警拷打孙拯，逼迫他招认陆机和陆云早就怀有二心，阴为叛逆，而他跟陆机、陆云是同谋。

军警百般拷打孙拯，两只脚的脚踝骨都打得露出来了，孙拯始终只有一句话："陆机冤枉，陆云冤枉。"

军警说："陆家兄弟冤枉，谁不知道？先生怎么不爱惜自己的身体呢？硬顶没用啊，早点招了免受皮肉之苦。"

孙拯仰天哀叹说："陆君兄弟乃今世奇才，我受到他们信任，共同服务于军队。我不能救他们的性命，怎忍心于他们死后再诬陷他们？"

审讯军警报告孟玖，孙拯不肯招认二陆叛逆之谋。

阉人就是非同凡响，孟玖说："你们不会假造一份口供，说他招了吗？真是猪啊！"

军警乃假造了孙拯的口供一份，报告给司马颖。

司马颖命杀孙拯并诛三族。

有军官貌似为孙拯喊冤者，也遭到司马颖杀害。

司马颖杀害了重要军事将领，兵势快速衰减。

河间王司马颙的大将军张方占领了洛阳，纵兵奸淫妇女，抢劫财物，杀害市民，作恶甚大。

司马乂护送着晋惠帝自建春门回洛阳时，张方看见皇上车辇，不敢交锋，传令部队退出洛阳城。

张方退离洛阳五十余里，部下都以为他害怕了，还会继续退，遂嘀咕着夜间逃走。

张方召开紧急军事会议，讲话道："胜负兵家之常，今天我虽退出洛阳，大家不必为此有什么忧虑。善用兵者，以退为进。我胸中已有奇谋，组织尖头部队，出其不意，下一步战事，必获大胜。"

于是，当天夜里，张方指挥大军向洛阳城池进逼七里，协同成都王司马颖合围京师，筑寨安营，构建堡垒，调集粮草以供军需。

司马颖和张方预备长久围困洛阳，等待城中粮草尽绝，再行攻占。

长沙王司马乂护着晋惠帝回归洛阳宫，仅损失了两枚公章，以为自己获得了巨大胜利，以为围困洛阳的外兵不足为虑。先喝酒庆功吧！

及至洛阳外围深沟高垒都成就了，司马乂派兵出击，很快被打卷了回来，才发现问题严重了。

洛阳城被死死围住，十二座城门，没有一座可以出入。

城内物资渐渐匮缺，物价日夜上涨，一石米竟要一万钱了。

司马乂发愁之际，主簿祖逖说有退兵解围的办法。

“雍州刺史刘沈，素怀忠义，而他所拥兵力，足以制服河间王司马颙。现在宜请皇上发诏书给刘沈，命其举兵攻打司马颙。司马颙被打疼了，必然会召张方回去救他。张方一走，剩余部队就很少了。此乃孙子围魏救赵之谋也。”

司马乂听从祖逖的计策，告诉晋惠帝：“危亡在即，请陛下速发诏书，令刘沈发兵攻打河间王。”

司马衷战战兢兢，说：“那赶紧发，赶紧发。”

司马乂趁深夜把使者缒下城墙，使者飞奔出围，在郊区政府找到马匹，持诏打马，日夜兼程，到达雍州。

雍州刺史刘沈奉诏集合军队两万余人，紧急进发，攻打司马颙的老窝长安。

长安告急。时在长安与洛阳之间军帐中的司马颙接到情报，拟招张方退兵西还，救援长安。

谁知张方在洛阳城中劫掠时，获得数千名宫女和诸侯官府的奴婢，以及大量财物，致使行动迟缓，只好先令部分兵马先行回撤。

司马颙得到张方遣回的兵马，派部将张辅带领，与雍州刺史刘沈作战。

张辅身先士卒，杀得刘沈军队接连溃散。

刘沈自己独立奋战，寡不敌众，被俘虏了。

司马颙想招降刘沈，刘沈说："我岂能违背天子之诏，苟且求生，但死而已。"

司马颙大怒，斩了刘沈。

在张方逐步退兵的时候，东海王司马越坐不住了。

司马越并非因为张方围困洛阳，府中缺粮，而是妒忌长沙王司马乂执政，自己没有用武之地。

外兵围困洛阳，正是作为内应，除掉司马乂的大好时机。

听说司马颙受到刘沈攻打，张方要回军去救，一旦张方撤走，大好时机就失去了，赶快行动！

东海王司马越连夜召集心腹们会商。

"成都王、河间王以强兵外攻京师，非为圣上故，乃恨长沙王司马乂也。今洛阳城，里无粮草，外无援兵，已是鳖困瓮中。卿等何不护我收捕司马乂，则战火自熄，朝廷解除危难，社稷可保平安。"

司马越手下诸位将领十分赞成，纷纷请战。

初更时分，司马越悄悄集结部队完毕，三更过后，挥军直入内宫，抓捕了长沙王司马乂。

次日一早，东海王司马越上奏晋惠帝司马衷：昨夜已经执了司马义。

司马越说：“长沙王专擅朝政，引致成都、河间二王谋反。目今洛阳粮草已尽，救兵无踪，臣等请陛下认清大局，尽速处理长沙王，以退困城之兵，不然，朝廷危险，社稷遭难。望陛下火速降诏，以慰众望。”

司马衷说：“司马义这人不赖呀。”

司马越说：“废一人可安社稷，恕一人将害苍生。陛下岂不明白乎？”

诸将士均发言支持司马越，要求处置司马义，司马衷说：“那好吧。”

晋惠帝下诏撤销长沙王司马义一切军政职务，令其迁住金墉城。

处置了司马义，大开洛阳各处城门，放成都王司马颖将领入城。

打开城门之后，洛阳三军司令们发现，外面围城的并没有什么军队，心生后悔，想从金墉城中救出长沙王司马义，再把河间王司马颖的军队打回去。

东海王司马越闻知情报，害怕得倒抽凉气，连忙遣派心腹秘密告知张方：“赶快杀掉长沙王吧，迟慢将生祸变。”

张方得到司马越的密告，即命军队攻入金墉，提押司马义到得军前，命刀斧手斩之。

司马义大叫自己无罪，说自己是“金枝玉叶，谁敢来杀”！

张方说：“不杀了。”

张方命人将司马义捆绑在铁柱上，在四周架起炭火，慢慢烤，将司马义做成了烤肉。

行刑军警见司马义遭受酷刑，直至毙命，亦不免为之涕下。

成都王司马颖进入洛阳，朝见晋惠帝，自己做了丞相，让东海王司马越做了尚书令。

司马颖在大会上表彰张方的战功，会后，指使张方领兵去废掉了皇后羊献容和太子司马覃的名分。

司马颖控制了洛阳。因部将石超在包围洛阳的战役中立下战功，命令其卫戍洛阳。

石超重新部署岗哨，以更多的兵力守卫洛阳十二座城门。

宫城的戍卫也悉数更换，安排的全是司马颖的心腹，原来殿中宿卫将士，凡为司马颖所讨厌者，都割了脑袋，其余悉数遣散。

四

却说成都王司马颖主持了朝廷工作，合伙人河间王司马颙倒没有太大意见。

司马颙上表给晋惠帝，推举司马颖为皇太弟，而自己为太宰并领雍州牧。

晋惠帝说："好吧。"下诏同意。

司马颖，同样不是一只好鸟，既为皇太弟，淫乐奢侈，佞嬖用事，无所不用其极，大失人望。

东海王司马越看不下去，对右卫将军陈眕说："成都王废黜了皇后和太子，下一步就是废掉皇上了。若不讨伐他，他肯定会得逞。希望卿能助我，杀了这个跋扈分子。"

陈眕说："殿下有主张，臣愿效犬马之力。"

司马越和陈眕带领军队进入云龙门，启奏晋惠帝，督促惠帝发诏讨伐司马颖。

司马颖和禁卫军头目石超一看形势不对，起身逃离洛阳，奔往邺地。

东海王司马越立即宣布，恢复皇后羊献容和太子司马覃的名分，然后请晋惠帝诏集六军和百官，扶惠帝登上鸾驾，浩浩荡荡，讨伐司马颖。

同时，司马越下令征兵——招四方之壮丁，补充讨逆大军。

大部队起行，侍中稽绍随驾出征。

却说这个稽绍，刚到洛阳参与“洛漂一族”的时候，有人告诉王戎说：“在人群中曾见到嵇绍，看他气宇轩昂，恰如野鹤立在鸡群中。”王戎说：“你还没见他爹呢。”

稽绍他爹叫做嵇康。对，就是那个曹魏中散大夫嵇康。

在行军队伍中，侍中秦准问稽绍：“前去战斗，安危不测，卿有快马吗？”

稽绍厉言正色道：“臣子扈从皇舆，死生置之度外，要快马干什么！”

却说东海王司马越的征兵令见效了，走到安阳，队伍即壮大到十余万众。

朝廷大军未至，司马颖已经恐慌，急忙集会群僚，讨问计策。

东安王司马繇说：“此系天子亲征，违拗不得，宜身着缟素，出迎请罪。”

司马颖说：“在洛阳，惠帝都是听我的，我岂能请罪，只有迎战！”乃予石超五万兵马，使之布阵，预备迎战晋惠帝和司马越。

陈彤的弟弟陈昭在司马颖的部队吃粮，听说皇上亲征，自己的哥哥陈彤为将，乃于深夜逃离司马颖的部队，投降东海王司马越。

司马越向陈昭打问邺中情况，陈昭说：“司马颖的军队听说皇上亲征，大多都离开部队，各自散去。”

陈昭的回答明显具有“小巴结”心态，或者说是编造的谎话，东海王司马越信以为真，不甚戒备，以为必然要活捉司马颖了。

晋惠帝和司马越的大军，慢吞吞地走到汤阴县地面，忽然矢石如雨，遭到石超五万兵马迎头掩杀。

司马越措手不及，石超的精兵已突入中军，愈杀愈勇。

司马越大败逃窜，扔下晋惠帝不管了。

晋惠帝脸上中了三箭，侍御百官也都跑光了，只有稽绍在矢雨中爬上车辇，以身护卫惠帝。

石超的军队包围了晋惠帝的车辇，抓住稽绍要杀。

司马衷说：“是忠臣，不能杀。”

众兵士说：“奉太弟的命令，只不伤害陛下一人，其余一概不予轻饶！”遂杀了稽绍。

稽绍的鲜血喷溅到晋惠帝的衣服上，惠帝也吓得趔趔趄趄，掉下车辇。玉玺袋子从车辇上掉进草丛，公章散落四处。惠帝赶忙趴着寻找，找来找去，最后，又有六颗找不着了。

后山喟叹曰：司马衷先生的权力着实在不断丢失，奔命缑家庄时丧失两个办公厅，今日可能又丧失六个部委了呢。

石超护送进惠帝的车驾回到营中。

惠帝说：“朕快要饿毙了，速速做点肉糜。”

石超说：“俺们多天在路上等待陛下，哪里见过肉肉啊！”

石超命人给惠帝端来一碗粗米饭，“以此补充点能量吧。”

左右从人又给晋惠帝拿来了一些又小又瘪的秋桃子，补充维生素。

司马颖闻听捷报，带领邺城的所有干部，列队欢迎晋惠帝入城。

司马衷到了司马颖手里，有酒有肉了，说："好，好吃。"

左右侍臣见司马衷的龙袍上有血，请他脱下来让女服务员洗一下。

司马衷鼻涕眼泪儿都流了出来，嘟哝说："忠臣啊，勿得浣也。"别洗啊。

洛阳，右卫将军陈彤收集败将残兵，登记造册，然后奉太子司马覃，守备洛阳，以待惠帝。

司马越带着剩余的部队回到东海封地，孙惠说："殿下虽说败了，还可以再起东海。"

司马越问："你有什么高谋，能让我再起东海？"

孙惠说："结交其他侯王，邀请天下藩镇，时机成熟，再举大旗，可保殿下复兴。"

司马越让孙惠复述一遍，用心地听了，点头称善，提拔孙惠为参谋长。

第八十八章

保朕还洛

鲜卑骑士

乌桓善射

王浚

一

且道司马越败退东海，问计于孙惠，孙惠建议他通信全国，发动各地藩王，共同起兵。

司马越采纳孙惠的计策，派人四出活动。

东瀛王司马腾、幽州都督王浚等，当先响应串联，起兵讨伐成都王司马颖。

王浚跟河间王司马颙之间存有裂隙，怕受到暗算，也想再拉点军事势力，便遣人笼络来了乌桓、鲜卑等少数民族。

成都王司马颖在邺城，得到军事情报说，王浚结连乌桓及鲜卑，起大军前来进攻，急忙聚集文武百官商议对策。

王戎发言说："乌桓、鲜卑，善于骑射，不可轻敌，只有派人拿着礼物，跟他们媾和，方为上策。"

司马颖说："大家讨论讨论，迎战，讲和，孰利孰弊？"

刚立过大功的石超说："王浚久居幽州，无大眼光，虽拉拢乌桓、鲜卑，也不足惧怕，何必向其鼠辈求和？"

王戎说："将军有所不知。我看王浚，士广兵强，手下智谋之才，勇烈之将，不在少数，怎能说他是鼠辈呢？"

石超笑道："公知其一，未知其二。王浚不会治军，其将领，或专而无谋，或刚而犯上，或果而无用，或匹夫之勇。而且，军队内部不相团结。庸碌之辈，纵有数百，又何足惧哉？"

王戎不再说话，司马颖说："石将军料敌如神，我看观点正确。"

司马颖唤将官们听令。

前将军刘代、后将军田忠，领兵五万，打着我司马颖的旗号，向北八十里埋伏，不可轻进，放王浚过来。我自己将兵十万，出城拒敌，待我杀退了王浚，你等杀出，可获全胜。

刘代、田忠领兵去讫，司马颖随后领兵出发，行三十里，扎下营寨，构筑高垒。

次日，司马颖挥军十万出发，先派遣石超领兵五万，正面前行，攻击王浚，石超得令即往。

石超的部队快速前进，碰上了王浚的兵马，两下交战，二十余合，石超后军忽然作乱，喊声四起，兵众溃逃。

石超急忙拖刀回马，见击溃后军者乃东瀛王司马腾也。

石超遭到了夹攻，心中发慌，不敢恋战，引军后退至司马颖军前。

王浚与司马腾一起追赶，赶到邺城脚下，跟司马颖、石超大战一场。

王浚以乌桓兵出阵，掩杀，司马颖、石超弃甲抛戈，大败逃回邺城。

乌桓恐邺城有备，乃收兵，合于王浚、司马腾部队，撤了。

司马颖部署的前将军刘代、后将军田忠两部，未起作用，只得陆续撤回城中。撤军途中，受到乌桓和鲜卑军队攻击，溃散约三中有二。

因见大势危急，司马颖奏告晋惠帝，封匈奴头领刘渊为左贤王，没几天，又加为大单于，想让刘渊领兵击退乌桓和鲜卑。

刘渊遣部下胡延攸拜见司马颖，说："今闻王浚及东瀛王为乱，与战不利。

然今左贤王之祖父在匈奴病故，左贤王欲回国奔丧，命臣告知殿下，请批准还国。还国之后，将说服匈奴五部国王，合兵来救国难，不知殿下以为如何？”

司马颖说胡延攸：“能动员更多的兵马，当然太好了。你可令他速去速回。你也不必面君了，我奏报一下就是。”

于是，刘渊次日亲到邺城辞别，再次强调要帮助司马颙。

随后刘渊起行北归。回到左城国，积草聚粮，招军买马，二十多天，得新兵二十余万。

在刘渊弟弟刘宣等人的撺掇下，刘渊自建国号曰“汉”。

匈奴刘渊，自此，成为史上所载“五胡乱华”之肇端者也。

却说王浚、司马腾及乌桓、鲜卑军队，退去未过几日，复又杀向邺城。

驻守邺城的成都王司马颖已经缺兵少将，只好坚守城门，不与交战。

坚守城池，亦非久计。司马颖会同文武，同见晋惠帝，商议战略战术。

司徒王戎说：“邺城并不坚固，粮草又少，倘敌人围困下去，结果必然糟糕。不如乘此时城下堵塞未严，逃出城去，还归洛阳。”

晋惠帝说：“好好，赶紧回洛阳吧，在这里要死了。”

于是，司马颖派军打开南门，护着晋惠帝车杖与王妃宫人，望洛阳而奔逃。

此时司马颖只剩五千兵马了，全用于保卫晋惠帝。

王浚和司马腾侦知司马颖护着晋惠帝逃了，挥军追杀，护送的五千兵马又惊慌逃走大半。

由于“朝廷”逃离邺城极为仓促，连钱也没有，司马衷脑子有水，胃口却好，肚子太饿，催着向路上乡镇政府借钱买饭吃，可又借不来。

有人发现小太监们在被子里藏了三千私钱，司马衷说："赶紧借来，赶紧借来！"

拿出来三千钱之后，买到饭食，用瓦盆凑合着加加热，给司马衷吃。

逃出邺城时，司马衷为保卫玉玺背包，跑丢了鞋子，大冷的天还光着脚，有个太监赶忙脱下自己的鞋子给皇上穿了。

吃不好，穿不好，奔波赶路，劳顿不堪，司马衷忍不住哀哀直哭。

二

河间王司马颙，听说晋惠帝弃邺城奔洛阳，而司马颖大败之后，兵马尽失，叫道："是时候了！轮到我了！"

司马颙会聚众文武商议，如何到洛阳去掌握大权。

给司马颙提过建设性意见的李含，又点火了，说："往日天子蒙尘，是君侯首兴义兵，只不过遇上雍州刺史刘沈乱打，君侯当时未能到得洛阳。现在不但要去洛阳，而且到洛阳还要把皇上接到长安来。"

大家都说："就是就是，非常时刻，做非常之事，建非常之功，把皇上弄到咱地盘上，一切都好办了。"

司马颙大喜，说："那咱们还愣什么，计点兵马，火速启程吧！"

仆射荀藩说："殿下得给王浚和司马腾各写一封信，就说洛阳粮食欠缺，请皇上暂时到长安住一阵，吃点好的，养养身体。"

司马颙说："太正确了，非但给他俩写信，也得给朝廷大臣们写封公开信。”

司马颙命令张方率领五千骑兵，带着他写好的信件，先到洛阳，并一再叮嘱张方如何如何，张方说：“臣知道怎么办。”

张方的骑兵日夜飞奔，抵达洛阳时，晋惠帝还没有到呢。

张方向北边迎，于深秋寒风中，在孟津白鹤渡口迎着了晋惠帝等一干子疲君乏臣、太监宫人。

身着戎装的张方走到晋惠帝的车驾之前拜见。

惠帝问：“卿从哪儿来？”

张方说：“回皇上：臣奉河间王之命而来。河间王听说乌桓和鲜卑侵犯皇上，使臣引兵前来保驾。河间王随后将带领大军来迎皇上。”

张方保护晋惠帝归还洛阳宫，让跟随惠帝的疲敝从官随军吃饭。

皇太弟司马颖，把大军和大权尽皆玩丢，至此已经差不多混同于普通老百姓了，也去排队吃饭。

张方大军驻扎洛阳，而洛阳饱受司马家族的战祸，百姓死伤过半，十分穷困，因此军粮不敷，乃集中将士，商议司马颙所授迁都之计——劫持晋惠帝往长安。

众将士皆予支持，嫌在洛阳不舒服。

张方于是引兵入宫，奏晋惠帝说：“洛阳混乱日久，宫室受损，难以修葺，更兼粮米欠缺，转运不至，后勤日益困窘。长安地面，民物丰备，足可接待皇上銮舆及百官宫人。臣已排办完毕，请陛下登辇启行。”

张方大军在后撑腰，没有任何商量的余地。

大晋君臣皆惧怕张方，谁也不敢说不去长安。

司马衷不想离开洛阳，张方命令拉来皇辇，架起他，塞进车里。

司马衷留着眼泪，对张方说："请卿，再派几辆车，载上宫人，载上宝物，同行。"

张方说："没问题，你想带着的，都给你带上。只是宫人那么多，路上我管不起饭，我决定，分给我的将士们，让他们分管，也可以使用。哈哈哈……"

司马衷无奈地说："那漂亮的，我得留着……"

张方手下将士，纷纷掳掠后宫美人儿，分争后宫府库，连殿内帷幄都被割了下来包财物用了，魏晋及今，官府所积累的珍宝，扫地无遗。

按照河间王司马颙之前的安排，仆射荀藩及司隶刘暾留守洛阳。

张方分拨军马，宣布开拔，即时驾起。

张方让皇太弟司马颖、豫章王司马炽等随在自己车旁，其余百官跟在后面，望西进发。

走到新安，地近黄河，寒风忽骤，天降大雪，寒冷之甚，司马衷冻得直打哆嗦。哆嗦着，哆嗦着，忽然坠于车下，崴伤了右脚。

大家又把司马衷抬到车上，继续行进。

司马衷又冷又疼，哀哀哭叫。

二十天后，张方"押解"晋惠帝，到了霸上，进入征西将军府安歇。

翌日，河间王司马颙引文武百官，迎接晋惠帝入长安。

司马颙安排公府作为朝堂，让惠帝坐在上面，接受文武百官朝贺。

司马颙让惠帝下诏，以河间王司马颙为录尚书事，都督中外军事，以东海王司马越为太傅，与司马颙共同辅佐帝室。

完成了权力过渡，司马颙奏请晋惠帝，诏准仆射荀藩及司隶刘暾等在洛阳为留守大员，承制行事，称洛阳为“东台”，长安为“西台”。

却说惠帝司马衷，起初有兄弟二十五人，虽说不是一个妈，但都是武帝司马炎的种子，到得此时，存者只剩成都王司马颖、豫章王司马炽及吴王司马晏三个了。

河间王司马颙开始自专朝政了，他让惠帝废掉司马颖的太弟名号，贬司马颖离开朝廷，回邺城去，换封豫章王司马炽为皇太弟。

调整百官。以张方为参军，录尚书事，以王戎参录朝政，以王衍为左仆射。

却道这个王衍，乃是王戎的堂弟，因小女儿王惠风嫁给了皇太子司马遹，官运亨通，太子遭废黜即要索回女儿，丢人现眼。

王衍在贾南风专政时期，曾经官拜河南尹，转任尚书，又任中书令。

赵王司马伦诛除贾南风后，判王衍终身监禁。

齐王司马冏诛除司马伦，释放了王衍，但王衍不愿做司马冏的官。

王戎、王衍、王澄堂兄弟几个，真算是晋朝的不倒翁。这不，河间王司马颙专政，王戎、王衍又上位了。

却说打破邺城的王浚和司马腾，纵军进入邺城，打开官仓，搜掠一空，然后出城，回各自的封地去了。

匈奴主席刘渊，已自称“汉王”，闻听司马颖兵败，逃离了邺城，说：“真是个笨蛋呀！然而我有言在先，不能不帮助他。”

刘渊因此预备发兵攻打乌桓、鲜卑。

汉王刘渊

其弟刘宣谏说："晋朝是把我们当奴隶看待的，现在他们骨肉相残，是上天要抛弃他们，而让兄您光复祖上之大业也。"

众官也谏："乌桓、鲜卑，跟我们匈奴一个老根儿，不能支援他们倒也罢了，奈何还要攻打他们？"

刘渊说："你们说得不错。但大丈夫，当效法汉高、魏武，说话不算话，有点小家子气吧？"

刘渊因在邺城对司马颖有过承诺，坚持组织军队，要行救援之事。

汉王刘渊，调兵遣将。派遣刘曜领兵一万攻打太原，取泫氏县。派遣乔晞领兵一万攻打西河，取介休县。二将领命，各引兵去。

乔晞攻破介休，抓获了介休令贾浑，让贾浑投降，贾浑不，乔晞就斩了他。

乔晞见贾浑的小妾宗氏十分貌美，乃逼迫她做自己的内室，小妾哭着骂乔晞流氓，乔晞一怒之下也杀了她。

汉王刘渊大怒，训斥乔晞："贾浑是个忠臣，为什么要杀他？天道有知，会怎么处罚我们呀！"

刘渊将乔晞降官三级，并命其为贾浑及其小妾收尸、安葬之。

三

永兴二年，公元303年，四月，张方心血来潮，又逼迫晋惠帝，把皇后羊献容废黜了。

东海王司马越手下有个中尉，叫刘洽，说司马越："张方罪大恶极，不杀不足以平民愤，明公为何不起而讨之，把天子接回洛阳，反而坐视其叛逆？”

司马越说：“咱不是力量不到嘛，恐怕对付不了他。”

刘洽说：“现在督管徐州的东平王司马楙，粮足兵强，若有了他，足可以成大事。徐州长史王修，跟东平王关系不错，可请他去把徐州要过来。”

司马越请王修帮忙，王修去见东平王司马楙，说：“司马越要讨伐张方，迎天子还洛阳，兵力欠缺，想借大王徐州诸军，大王尊意如何？”

司马楙说：“为国为民的事情，本王怎么会不支持呢。”

司马楙听从王修的意见，把徐州赠送给司马越，自己仅做兖州刺史。

司马越得到徐州，兼任徐州都督，起兵声讨张方。

在北方，范阳王司马虓闻知惠帝被张方劫驾，迁居长安，心里也十分窝火。

司马虓，名字好凶猛，老虎的叫声，其实很爱学习，课堂发言字句脆亮，是其一代弟兄中最年轻的，脸最白的。

长史冯嵩得知司马虓的心意，建议说：“河间王司马颙，劫帝入长安，时日久了，必然篡逆。殿下若联络令兄平昌王，以军兵去接皇上回到洛阳，大功勋就建立了。”

司马虓说：“我在宗室，排在所有人屁股后头，谁会听呢？”

冯嵩说：“那么，东海王司马越，很英雄，君侯是不是推他为盟主，聚义起兵呢？”

司马虓说：“这个意见好。”

司马虓派人请东海王司马越喝酒，共商起义大事。

司马越忻然接受邀请，说：“太好了！正需要盟友。”带着警卫连就来了。

今日冀州一景

司马虓大排宴席，并邀来了平昌王司马模。

宴会之中，长史冯嵩率人扳倒一匹白马宰了，祭拜天地，歃血结盟，东海王司马越为盟主，司马虓的兵马也归司马越调遣。

冯嵩说："要打胜仗，需兵更多。豫州刺史刘乔，部下精兵不少。可使人持节去招他同起义兵，我们就更有把握了。"

司马越说："对。"即使人持节，招降刘乔。

刘乔说："我乃朝廷命官，岂能胡乱听命于人！"不但不听，反而起兵讨伐司马越。

司马越说司马虓："你有事干了。"拜司马虓为都督、骠骑大将军，令其引兵跟刘乔作战。

刘乔虚晃一枪，按兵不动了。

司马虓说："既如此，我们也不多事。"

东海王司马越留琅邪王司马睿留守徐州、下邳，司马睿想让参军王导做自己的司马，同守根据地，司马越同意。

司马越集结将士，令吃饱喝足，兴师开拔。未几日，屯兵三万于萧县，司马虓则屯兵于荥阳。

司马越调动豫州刺史刘乔去冀州做刺史，让司马虓做豫州刺史。

刘乔严词拒绝，说："这算什么调令，跟天子有关系吗？"

细作回报说，刘乔拒绝合作，司马越和司马虓大怒不已，整点军马，大驱进攻。

却说东平王司马楙，在兖州加大税收，百姓不堪压迫。司马虓听说了，发调令调司马楙去青州，派通事令史荀晞去当兖州刺史。

荀晞领命到兖州上任，司马楙火了，说："我把徐州都送给东海王了，东海王才能举大事。现在又来换我兖州，贪心不足啊！想换也可以，除非把徐州还给我。"

荀晞只得回到司马虓处。

荀晞白去上任一回，司马楙已被得罪。

司马楙暗地里联系刘乔，攻击司马虓。

却说河间王司马颙，抓着晋惠帝这棵大稻草，听说司马越、司马虓弟兄起兵，心中大为惊惧，赶紧表奏惠帝："山东、河南大乱，不日惊扰长安，望陛下诏成都王复职，都督河北军事，以为牵制。"

晋惠帝照准，派使者持诏飞奔往邺城，恢复成都王司马颖的官职。

使者去了，司马颙照样发愁，无计对付司马越、司马虓。想来想去，奏告晋惠帝，请发诏书，命司马越、司马虓各自领兵回去，不得造乱。

如今的诏书，司马越、司马虓岂能领受？

司马颙无计可施，复奏晋惠帝，起三路兵马，镇压叛乱。

一路是，派遣张方率军五万，增援刘乔；一路是，诏令镇南将军刘弘、征东将军刘准起兵平叛；一路是，驰书使成都王司马颖与石超等，预备支援刘乔。

其实张方的部队，无组织无纪律，所过之处，奸淫抢掠，祸害百姓，不惟民间恐慌，官吏也离心离德，张方进洛阳后，就有不少离队的。

刘乔闻知朝廷派遣张方援助自己，大军将至，乃以精兵四千攻击司马虓的营寨。

司马虓见张方将至，恐怕自己不敌，领兵逃往河北。

司马越驻扎在萧县，离刘乔、张方较远，闻司马虓无奈撤走，也向东稍退。

却说范阳王司马虓逃至冀州，四顾苍茫，竟然无处安身。

军政参谋长刘琨说："某与冀州刺史温羡，曾有半面之识，我去说服他，让殿下屯扎冀州，以为权宜，等待机会，再图大计。"

司马虓说："目今腊月，实在寒冷，粮草不济，要玩完的。卿赶紧去说服温刺史，若他不同意，请赶紧回来，咱好想别的办法。"

刘琨别了司马虓，即入冀州拜见温羡。

温羡见到故人忽然来访，胜如至亲，握手言欢，置酒相待。

喝到半酣，温羡问刘琨"是什么风吹来的"，刘琨实话实说："范阳王兴义兵，欲诛除张方，清扫朝廷，恢复清明。谁知被刘乔攻击，无处安身，逃难到此。范阳王想请足下一起干，未审尊意，可接受其人拜否？"

温羡说："张方劫驾，暴掠百姓，孰不思食其肉寝其皮，我老早就想讨伐他了，恨力不及耳。既然范阳王来了，我让出冀州，共讨跋扈，有何妨哉？"

温羡说着起离酒席，要刘琨快去邀请司马虓入城。

司马虓进入冀州，温羡让出刺史职位，参加了司马虓的部队。

刘琨又帮司马虓联络了以前的幽州都督王浚，让王浚领兵攻打成都王司马颖——司马颖重出江湖，很快募兵两万，还占领了洛阳。

司马颖取了洛阳，欲迎回皇上车驾。

刘琨做书，送给王浚，王浚见到刘琨亲笔信，即发兵渡过黄河，到达荥阳。

占据洛阳的成都王司马颖，派遣将军石超引兵三万，迎战王浚。

石超与王浚交锋，十余回合，石超败了，向洛阳逃回。王浚挥军追杀，石超兵马溃散，尸横遍野，血流成河。

石超逃进一处山洼，藏身不住，被王浚的军队包围，杀死。

东海王司马越闻王浚大胜，以二万军队攻打屯扎谯县的刘祐——刘乔的儿子。刘祐没有任何防备，被司马越抓住杀了。

刘乔得知儿子刘祐壮烈牺牲，自己也已将缺兵残，赶快撤离，转移。

东海王司马越引大军，与王浚合兵，乘胜西进，围迫洛阳，必欲下之。

四

却说东海王司马越大军压迫洛阳，据守洛阳的成都王司马颖害怕，深夜潜出西门，偷偷逃往长安，留下了张方孤军。

东海王司马越围洛阳而未攻，使人送信长安，给河间王司马颙说："与你没有关系，我只是要奉帝还回洛阳，恢复局面，即便回兵。"

刘乔打败仗时，身在长安的司马颙就心生恐惧了，想罢兵休战，恐怕张方"将在外不由帅"，于是，秘密找到张方的部将郅辅，诱之以利害，使其诛杀张方。

司马颙告诉郅辅："东海王、范阳王起兵，不是我有什么过错，他们恨张方劫持皇上来长安，并废皇后太子。现在他们很厉害，难以抵御。东海王派人捎信说，杀掉张方，奉驾还洛阳，即会罢兵。今圣上密诏在此，有能诛张方、退山东之兵者，得封万户侯。我找到你，是觉得只有你可以杀掉张方。"

郅辅说："既圣上有诏，小臣即斩张方，把他脑壳送给东海王，让他退兵。"

司马颙说："卿若完成此项光荣任务，我即保奏卿为万户侯。"

郅辅领命，深夜组织心腹五十余人将张方杀了，拎着张方的脑袋，天未明就送与东海王司马越，要司马越撤退。

司马越说："皇上尚未迎回洛阳，本王岂能就此罢兵！"

司马越派部将祁弘等立时动身，领兵赴长安，迎接晋惠帝车驾返回洛阳。

祁弘等到了长安，入内奏道："臣等奉东海王之命，引兵至此，迎请陛下车驾，即回洛阳办公。"

晋惠帝感动地撇着嘴说："哎呀，朕想死洛阳了。卿等既来保朕还洛阳，那咱就快走吧！"

于是，晋惠帝通知文武百官，说走就走。

长安至洛阳，山径狭窄处甚多，不堪车驾时，晋惠帝就换乘牛辇，百官则只好以步当车，艰难跋涉。

咕咕咚咚走了半个多月后，惠帝车驾到了洛阳。

东海王司马越引群臣夹道欢迎，奉晋惠帝重新入主洛阳宫。

随后半年，司马越命工匠修葺洛阳的宫室殿宇，复建了塌圮的太庙和社稷台，复立了皇后羊氏。

晋惠帝以东海王司马越为太傅，录尚书事，以范阳王司马虓为司空，命其镇守邺城。

又以胡母辅之——这个酷名先生！——为从事中郎，庾敳为军咨祭酒，郭象为主簿，阮修为行军参军，谢鲲为掾。

需要后山为你指出的是，胡母辅之、庾敳、郭象、阮修、谢鲲，这几个人皆清谈玄议高手，心不在世故，行为亦十分放诞。提拔这些假、大、空分子，说明为晋一朝，血腥再甚，也压不住虚妄啊。

自此，关中也归服了司马越，河间王司马颙只在长安享福而已。

这年九月，范阳王司马虓患病不治，竟然故去。

长史刘舆，听说司马虓病故，恐怕多年长期据守邺城的司马颖，没了牵制，又在邺地乘隙作乱，伪称圣诏赐司马颖死，送药酒害了司马颖。

司马颖的部下全都逃散了，惟有卢志不走。

司马颖死后，卢志为其收尸殡葬。

太傅司马越闻知司马虓先卒，司马颖也追随死去，心中大喜。

司马越召卢志，擢升其为军咨祭酒，又召刘舆，意在提拔。

左右对司马越说："刘舆是片劣质口香糖，食之腻歪，唾之污染环境。"司马越就应付性的简单提拔了一下。

但是，刘舆是个有心人，整天钻研地图，钻研器械，钻研仓库管理，钻研牛马役使，每次开会，侃侃而谈，应机辨画，无不有理，渐渐博得了司马越的好感，于是，委任刘舆为左长史，军国大事，悉由办之。

却说司马越，想立一个新皇帝，好进一步控制国务。

惠帝司马衷受尽颠簸，不仅尚在，而且身体结实，一顿能吃三碗肉糜，怎么实现另立皇帝的伟大举措呢？

司马越有办法：贿赂太监，将毒药放在饭食中进上。

司马衷吃了几口便腹中绞痛，扑倒在地，四处翻滚。御医跑来时司马衷已经伸腿了，鉴定结果：毒发而崩。

晋惠帝崩了，百官举哀声，洛阳流鼻涕。

惠帝既崩，司马越恐羊皇后想干皇太后，会立清河王司马覃为帝，乃急忙会议大臣，要立太弟司马炽为帝。大家举手表决了，即请司马炽入宫即位。

司马炽坚持推辞，说："清河王是太子，应该立他，我可不敢当。"

司马越说："太子体弱多病，摄政日理万机，那么劳累，他怎能胜任？设若硬立了他，以后倘有异乱，我们心下何安？不如接受群臣之美意，以保大晋福祚万年。"

司马炽这才同意，跟着太傅司马越入宫，即皇帝大位，改元永嘉，时在公元307年。

司马炽谓晋怀帝，其字丰度，是司马炎的第二十五个儿子，当年被自专朝政的河间王司马颙立为皇太弟。

晋怀帝司马炽，上任后，尊羊氏为惠皇后，请居弘训宫，立其妃子梁氏为皇后。司马越呢，继续做太傅，总摄朝廷全面工作。

晋怀帝既立位，拨乱反正，大搞洛阳卫生，建设样板小区。每次宴会群臣，都能听到他跟大家讨论公务、考据经籍的声音。

太监等宫人们，精神也比较振奋，黄门侍郎傅宣说："咦，仰观皇上，颇有点武帝之风采呀。"

第八十九章

西晋之殇

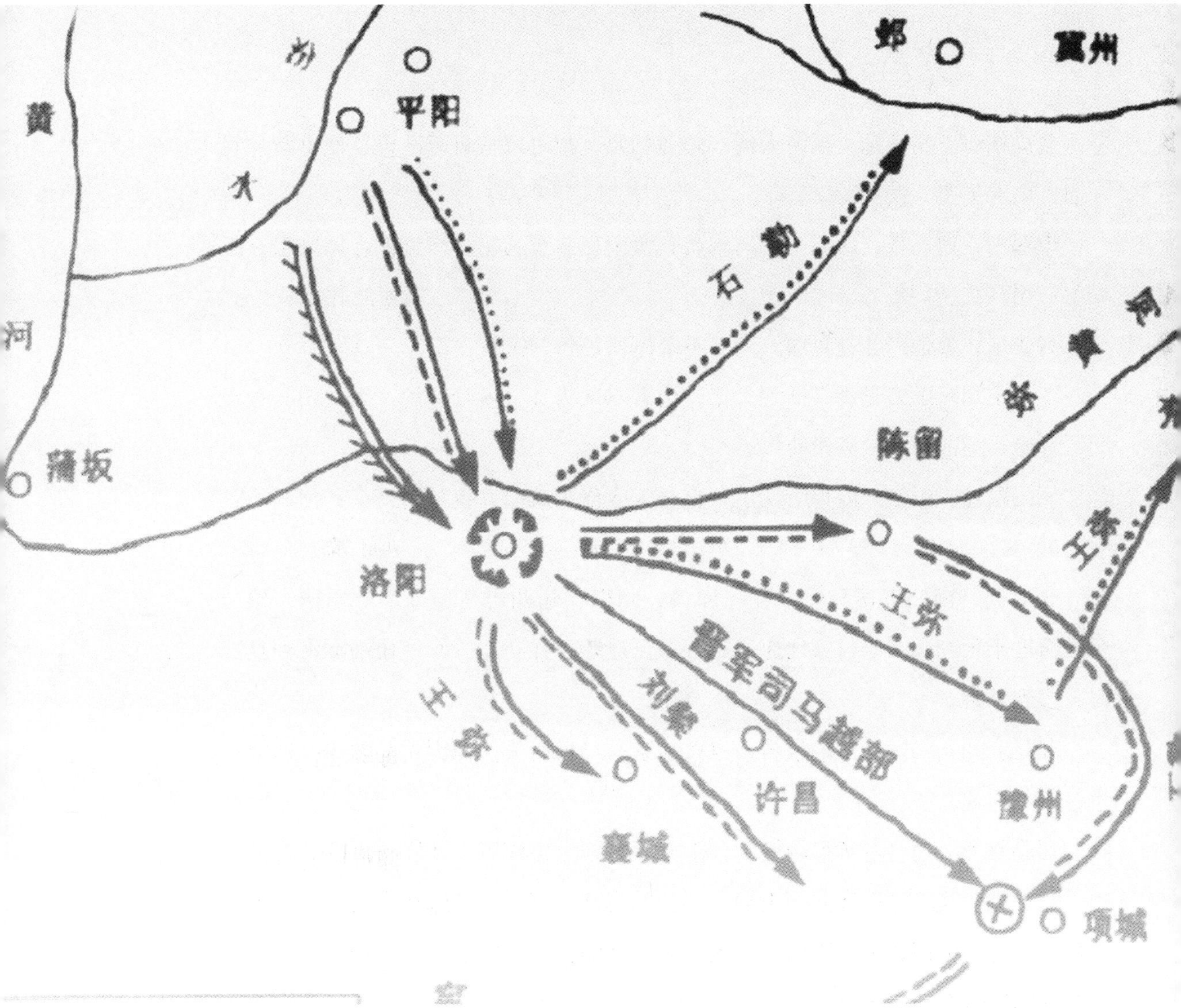

一

且说东海王司马越，复为太傅，总揽朝政，担心宗室再起乱子，便重新分封一遍，以求平衡。

琅邪王：司马睿；西阳王：司马兼；汝阳王：司马祐；南顿王：司马宗；彭城王：司马纮。

封毕了，着他们各赴封国。五王不敢停留，各领家眷去讫。

河间王司马颙乃是现存惟一大佬，他若再次为乱，就较麻烦。因此司马越奏明晋怀帝，诏征司马颙为司徒。

司马颙这时候已经变得听话了，自长安入洛阳就职，也是高升了，何乐不就呢，就。

这时候，南阳王司马模，驻扎许昌，闻得朝廷调司马颙进京当司徒，怕司马颙再度干预朝政，于自家仕途不利，乃派遣杀手在狭路等候，司马颙将到新安时，遭到杀害。

朝廷获知司马颙被杀的报告，也察知系司马模所为。但因司马颙本身罪孽较重，未加追究。

司马颙死，司马越觉得轻松了，举办酒宴，大会谋臣，计议国事。

长史刘舆说："臣闻并州出现了严重的自然灾害，百姓流离失所，更兼北方少数民族连年为寇，抢掠不休，令人忧虑。请明公为绥靖之计，委任一员能将，替换并州守将东燕王司马腾，不然，并州就要丢失了。"

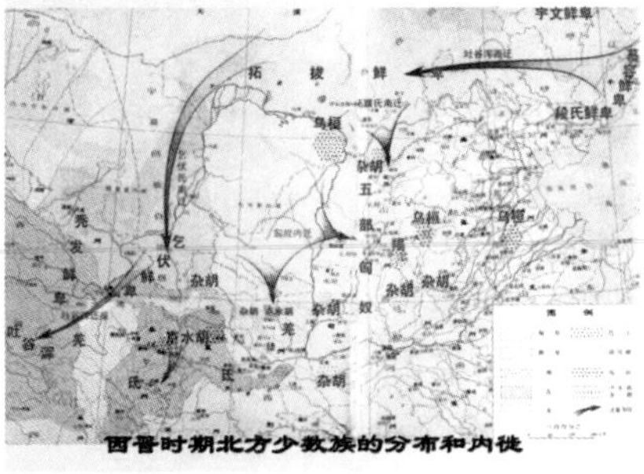

西晋时期北方少数民族的分布和内徙

司马越问谁人可以，刘舆推荐刘琨，于是司马越即遣刘琨去镇并州，改封司马腾为新蔡王，命镇邺城。

当时并州饥馑如何？司马腾离开的时候，百姓万余人随着司马腾去冀州逃荒要饭，号为“乞活”。刘琨就任并州，招兵都招不来。

却说并州饥民，在行将饿毙之际，有不少为人贩子所贩卖。贩卖到山东的，其中就有一个极善骑射的羯人。

羯人被卖给茌平人师欢做奴隶，师欢看到其状貌奇异，就免了他的奴隶身份，给予盘缠，让其逃命。

羯人后来以石为姓，以勒为名——姓石名勒，与人结聚兴兵，攻城略地。此时已在进攻邺城。

司马越派部将苟晞领二万军争夺邺城，石勒才暂时退却。

却说晋怀帝司马炽当政时，晋朝内忧外患有增无减，四处饥民造反，北方所有少数民族都在南下，谋取地盘。刘渊、石勒，乃其中较为突出者也。

公元308年五月，刘渊派遣部将王弥，引兵二万，进犯洛阳。

凉州刺史张轨，忠于晋朝，赶紧派兵三万，保卫洛阳。

张轨所遣将领，叫北宫纯。北宫纯与刘渊部将王弥遭遇在轩辕关——位于今天的登封北部一带地方，会战于伊水岸畔。

王弥轻轻一打，北宫纯三万人马败走。

王弥引兵，压向洛阳。

晋怀帝大惊失色：“我们大晋的部队，怎么如此不经打呢！”急聚文武百官商议御敌之策。

群臣皆说：“司徒王衍有本事，出战可以打退敌人。”

于是，晋怀帝命王衍为都督出战，王衍点集三军，未及出城，王弥已经在火烧建春门，王衍出不去了。

北宫纯自轩辕关败绩，十分不忿，纠集残余勇士五百人，组成敢死队，从王弥屁股后头杀来。

王弥后队遭到攻击，顷刻阵脚大乱。

洛阳城中的王衍望见王弥军队自乱，派左卫将军王秉为前锋，杀出城来。

王弥在夹攻之下大败而逃，望风远窜。

王秉追杀一阵返回，北宫纯亦领着敢死队进入洛阳。

北宫纯是凉州刺史张轨派来勤王的，因此在杀败王弥，解洛阳之围的伟大战斗中，有功于朝廷，晋怀帝遣使持诏，去西凉封张轨为西平郡公。

当时洛阳危急，连附近的宗室也没有相救的，全国只有张轨惦记着朝廷，朝廷也是知恩有报的，怎不感激呢，怎不封赏呢！

外乱不止，内祸又生。

刘舆、潘滔对司马越说：“中书令缪播、尚书何绥、散骑常侍王延、太史令高堂冲，这一帮人，并参机密，权力过大，若不早除掉，明公必遭其谋。”

司马越说：“这几个人没有罪，怎么杀呀？”

刘舆、潘滔说：“遍看我国历史，要杀大臣，必得诬之以谋反。倘不诬之以谋反大罪，怎么也杀不掉。”

司马越说：“说得不错，你们跟着我，再预备甲士三千，干！”

司马越有了异动迹象，中书监王敦对亲属说：“太傅司马越专执威权，近来必有所诛。皇上当太弟的时候，跟缪播很好，及即位，便重用之。尚书何绥、太史高堂冲、散骑常侍王延，也皆皇上所重。这些人性命堪忧啊。”

果然，司马越抓捕了缪播、何绥、王延等十多人，押上大殿。

晋怀帝问：“为什么抓了这么些人？”

司马越答说：“这十几个家伙谋反，故来请示陛下，判处死刑，立即执行。”

言讫，让晋怀帝发诏，交付廷尉。

怀帝叹息流涕，不得不同意将十余人杀掉了。

何绥是何曾的孙子。当年，何曾“帷帐车服，穷极绮丽，厨膳滋味，过于王者”，频繁出席晋武帝的豪华宴会，回到府第，摇头对孩子们说：“我参加御前宴会多了，从没有听到谈过一句跟国家有关的话，只是谈些日常琐事。这是凶兆啊，你们或许可以幸免，孙儿辈恐怕逃不脱灾难。”

何绥遭死，他哥何嵩大哭道：“我爷爷真是圣人，真是圣人啊！”

何曾当大官时，日食万钱，坐上宴席，蒸饼上没有裂成十字花纹，他不吃，还说没有下筷子的地方。何绥及其弟弟何机、何羡，奢侈尤甚。人谓“造孽太甚，必获报应”——报应说来就来了。

司马越擅权滥杀，百官畏惧。

太尉刘寔，因此请老。朝廷不许其退休。

刘寔坦言：“古之养老，以不事、不吏之为重，陛下宜听臣子所请。”晋怀帝才同意刘寔病退，归第。

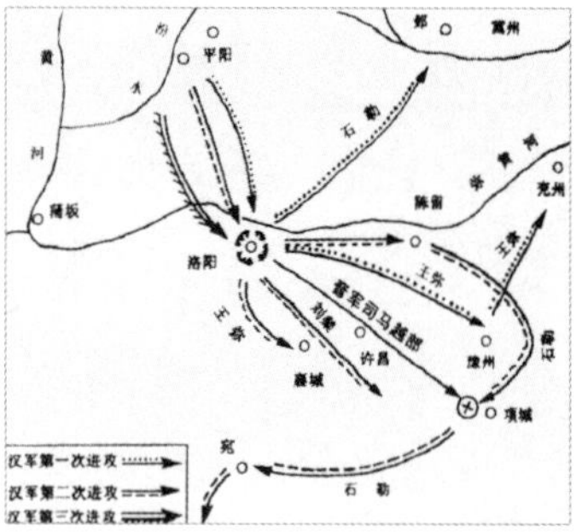

汉军三打洛阳

王旷

二

却说北将石勒，四处转战，粮草不敷，乃归兵刘渊。

此后，石勒益战益胜，取得巨鹿、常山二郡三十余城，羯等少数民族踊跃参军，共有兵三十余万，战将千余员，声威大振。

石勒聚众宴会，问众将："我打仗，胜利太多了，今又得降兵二十余万，下一步咋干？"

部将说："英雄威名，天下所知，不如因此摆脱汉主，自立朝廷，跟汉主结为兄弟，然后横行四海。"

石勒说："我受命于汉，并无多时，怎可这么快就背叛？"

石勒使人向刘渊报捷，请予更多支持。

刘渊大悦，命石勒为前锋都督，又遣刘聪与王弥来协助石勒，攻打洛阳。

石勒兵近洛阳，群臣急奏晋怀帝司马炽，司马炽大惊，请太傅司马越商议。

司马越说："圣上不须忧虑，臣等与众将拒之可也。"

于是，司马越即遣河南内史王旷、将军施融，以兵五万，出洛阳拒敌。

王旷要抢渡黄河，长驱而前，施融说："应该扎营孟津，阻水为固，看形势发展再做决定。"

王旷大怒道："胡寇入关南犯，主上坐卧不安，今委我等击之，恨不得一战擒虏，你竟如此发软！你扎营吧，我自前进！"

施融只好随着王旷前进，以兵济黄河，直奔太行山，与汉军相遇。

汉将刘聪拍马挺枪出战，杀得晋军大败如流水，王旷也死于乱军之中。

刘聪的汉兵战败王旷后，大举南进，将至洛阳，晋朝又派将军曹武引兵拒之。

刘聪与曹武交战，未经三合，曹武也败了，弃众逃溃，单骑窜回洛阳。

汉军长驱直进，攻至洛阳西明门。

洛阳守将北宫纯，谓部下："刘聪远道而来，兵士疲敝，宜乘其安营未定，作速出兵击之，可以制胜。"

大家都说北宫纯的意见要得。

当夜三更，北宫纯亲率勇士三千人攻打汉营。行路辛苦的汉兵闻晋兵突至，不敢当锋，胡乱提着衣服逃窜。

刘聪见晋兵甚盛，收众屯于洛水之侧，计点诸将，始知死伤溃散甚巨，乃连夜退却，使王弥引军进驻轩辕关。

河南、汝南、颍川、襄城、南阳，数万百姓，素来为当地贪官污吏所苦，纷纷起义，斩杀地方官，归服王弥"吃粮"。

京师洛阳，饥困日甚，太傅司马越制作鸡毛信，广征天下有志之士，尤其是王室各人，入援京师。

晋怀帝接见临行的使臣，说："你们请诸侯走快点，洛阳尚可救，慢了则后悔无及矣。"

使者向各个方向去了，一天又一天过去，没人来救洛阳。只有荆州都督山简派了五千兵，行至半路被汉王打败逃走。

晋怀帝害怕，急召文武商议迁都，王衍坚决反对，卖掉自家的车和牛，支持

西晋所沿用汉魏洛阳故城•内城城垣遗

守战，以表死赖洛阳的决心。

太傅司马越，见天下益乱，朝廷不安，乃身着军装，见到晋怀帝，沉重地说：“臣请出讨石勒。”

怀帝司马炽恐慌地说：“胡虏进逼，日甚一日，公若远离，朕之根本就要动摇了。”他害怕了。

司马越说：“倘若有幸破贼，则朝廷可振，强于困守洛阳，坐以待毙也。”

司马炽同意了。司马越自领豫州牧，用王衍为军师，朝廷中的高级干部尽皆点名随军，率甲士出洛阳。

于是，京师洛阳无官无兵了，致使盗贼公行，百姓饥死日甚，情况危急万分。

扬州刺史周馥，以洛阳孤危，上表晋怀帝，请赶紧向南迁都。

司马越认为，周馥向皇上提建议隔过了自己，大怒，派人召周馥问罪。

周馥恐惧，不见司马越。司马越秘密遣琅邪王司马睿攻打周馥。

周馥败了，司马睿即以部下王敦代周馥为扬州刺史。

大将军苟晞，愤恨司马越，奏本晋怀帝。

晋怀帝亦渐渐厌恶司马越专权违命，遂密诏苟晞讨之。

苟晞奉诏兴兵，讨伐司马越。先令骑兵收捕司马越的党羽。尚书刘曾、侍中程延都被抓住杀了。

司马越忧愤成疾，召集王衍及心腹将士到卧室，说：“本王起兵，收拾成都王、河间王至今，得卿等戮力襄助，攻战必克。今遭所困，无能解救。气病交加，量必不起。汝等忠义，望毋懈怠，保辅少主……”

司马越泪下如雨，托付王衍等照顾其子，然后卒去。

司马越既卒，众将士推王衍为帅。王衍不敢当，说："先把大王丧事办了再说。"

晋怀帝闻知司马越逝世，诏以苟晞为大将军，都督青州、徐州、兖州、豫州、荆州、扬州军事。苟晞发达了。

却说汉王刘渊卒，屡立战功的侄子刘聪历经周折，接主其政，一日设朝谓群臣："辅汉将军征南，积岁不还，未知胜负如何？"

辅汉将军者，石勒也。

石勒此时不仅转战中原，连襄阳、巨鹿、常山、江西等郡，都占领了。

有臣奏刘聪说："前日有表，奏说辅汉将军大捷，今军屯于洛阳附近，未便轻进。"

刘聪说："朕欲另派一领军，以助辅汉将军，拿下洛阳，谁肯为朕往之？"

言未毕，一人出班请战，乃刘聪其父养子刘曜。

汉主刘聪，以兵五万给刘曜，使去助石勒，攻打洛阳。

刘曜领命，次日领军出发，到得黄河以南，入帐见石勒。

石勒置酒，为刘曜接风洗尘。

刘曜说："汉主遣某前来，同君共攻洛阳。"

石勒大喜道："殿下给力，洛阳可图矣。"

言讫干杯，饮至天晚，石勒方送刘曜回营。

次日，石勒和刘曜兵分二路，石勒为前部，刘曜为后部，攻打洛阳城。

其时乃正月，春节气息也被战争掩盖了，晋怀帝司马炽闻听刘曜与石勒围住了洛阳，大军共有二十万，极是惊惧，急聚文武大臣商议，然后派军民上城，日夜守护。

石勒和刘曜攻打月余，洛阳不下。

石勒请刘曜喝酒，商量，说："今缺少粮米，不如暂时退却，使人回国搬兵，再来攻打。"

刘曜说："我也是这么想的。"

刘曜跟石勒商议，自己攻三台城，石勒去攻打邯郸城，攻取二城后，屯扎休整，钱粮得继，待春暖主上军至，合兵复攻洛阳。

于是，遣使回国，次日，拔寨起行，领军攻打邯郸、三台。

三

却说汉王刘聪设朝，太保刘殷说："有消息报道，刘曜和石勒奏请添兵攻打洛阳。"

刘聪问谁可领兵征南，大将呼延晏请行。

刘聪喜道："有卿引兵协助二人，马到必然成功。朕予精兵二万七千，来日卿可便行，望旦夕奏凯。"

呼延晏领兵来到洛阳城下，听说刘曜和石勒攻邯郸、三台去了，呼延晏即决定：独自攻打洛阳。

呼延晏传令，五日攻下洛阳，若攻不下，团级以上军官全部斩掉，于是三军齐心，志在必克。

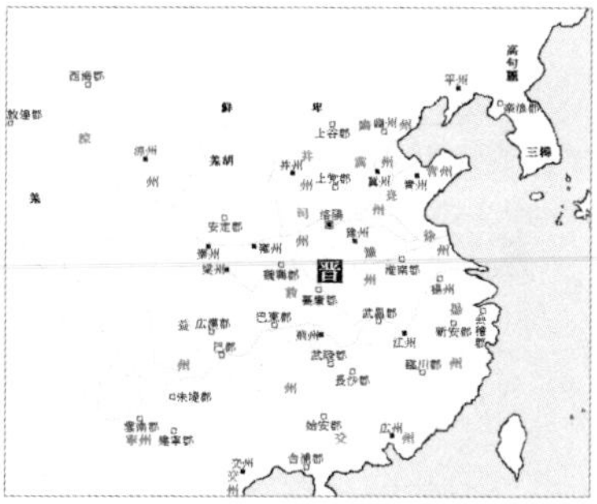

西晋行政区划图

晋怀帝又大惊，急使前将军张进出城迎敌。

张进出马跟呼延晏战斗四五十合，未见输赢。

呼延晏部下曹奇，纵马挥刀，上前助战，张进部下高见，挺枪迎击。

四员将军团团乱转，不分胜负。

张进阵中夏洪引军冲出，呼延晏部下潘仁则连放号炮，伏弩齐发，箭手皆涌向前，暴雨般乱射。

张进军队败绩，退向洛阳，呼延晏驱兵掩杀。

晋朝军队自相践踏，逃入城中，坚闭城门，不敢再战。

呼延晏进逼洛阳，就城下寨。

潘仁建议呼延晏拨兵运土，在城边筑起土山，登山一可见城中虚实，二可令军人于山上放箭。居高临下，洛阳城可得。

呼延晏于是挑选各营膀宽腰圆之力大军夫，挑土堆山，于洛阳周围筑起二十余里长的土山，限十日内堆就，迟慢者，斩不饶。

北国军队垒土为山，旬日筑成五十座，上立哨楼，寓弓弩手于其中，望洛阳城中乱射。

洛阳城中惧怕，人皆头顶木板遮箭。

忽闻一声梆子响，五十座土山上矢下如雨，晋朝军人全都趴在地上不敢动弹。

城中军人趴着防箭，土山上呐喊嘲笑。

侍中王隽，以前代魏王曹操之霹雳发石车图纸奏呈晋怀帝，怀帝急令人依图照做，连夜成数百辆，分布城墙下。待土山上弓弩手将放箭时，命军士拨动石车

王隽霹雳发石车图

机关，大石从车中飞出，砸向土山上的哨所，北军弓弩手多被砸死。

呼延晏谋士潘仁又献一计：挖地道，从地下钻入城中。

呼延晏从之，组织掘进军，昼夜挖掘不停。

王隽见北军没有了动静，对晋怀帝说："臣料敌人在挖地道。"

怀帝问如何对付，王隽说："好办，绕城墙一圈，挖掘长堑，灌进城市下水道的臭水，他的地道就没用了。"怀帝依其言而行，果然大胜呼延晏的掘进军。

洛阳攻守战，双方相持一月余，城中粮尽，百姓饿死过半。

晋怀帝发愁，王隽说："跑吧。"

怀帝确实害怕了，说："跑。"

将欲跑时，众公卿犹豫不决——他们怕再也回不到洛阳，况各自家中财物无法带走。

晋怀帝想轻车自逃，禁卫军也已自行散了，没人赶车。

于是，晋怀帝司马炽自己背着玉玺包袱，徒步冒险出了西掖门。跑到铜驼大街，看见强盗在抢掠，不敢走了。

财政局长魏浚出现了，因为职务原因，他所藏至丰，适值荒歉，换得谷麦甚多。魏浚见怀帝没有吃的，就从家中拿出不少，送予怀帝。

晋怀帝本来想逃出洛阳，不好明说，又被热心干部魏浚送回宫中，窝囊死啊！

刘曜、石勒、王弥闻洛阳城将被攻破，立马引兵赶来，至城下安营。

呼延晏见大军都到了，十分高兴，次日集中十二万余人，飞马先行攻破平昌门，冲进洛阳即放火焚烧官府。

西晋的官员

没多大功夫，宣阳门也破了。北军潮水般涌入，洛阳城内大乱。

晋怀帝预知洛阳城无法守住，与王隽、庚珉等于洛河上备有不少舟船，想乘之逆流西上，走往长安。呼延晏攻破洛阳后，巡视到洛河边，见一片船只，遂命军士放火焚烧，一艘不留。城破的时候，怀帝与王隽、庚珉跑到洛河边，见船已被烧尽，只得返还宫中。

北军涌入午门，怀帝急忙与王隽、庚珉跑往华林园，欲潜逃出去，被军士抓获。

军士们把晋怀帝等押来见呼延晏。

呼延晏已经坐在了金鸾殿，见押来晋怀帝、王隽、庚珉等，便命监押。

石勒在军帐中坐定，呼叫抓到的主公大臣前来与他相见。

王衍来了，石勒问他以晋朝事情，王衍陈说：晋朝败亡，早有定数，自己是没有责任的，年轻时就不喜欢参与政事，只想避祸免患，并趁机劝说石勒自称皇帝。

石勒大怒说："你身居显要职位，名声传遍天下，年轻时即被朝廷重用，一直到头生白发，怎么能说不参与朝廷政事呢？晋朝败亡，正是你的罪过。"

石勒问他的参谋孙苌："我转战天下多年，从来没有见过这样无耻的人，还应该让他活下去吗？"

孙苌说："他是西晋朝廷的三公，一定不会为我们尽力，有什么值得可惜的呢？"

石勒说："他官阶甚高，不要加刃害他吧。"

石勒命令士兵推倒墙壁把王衍压死了。

次日，呼延晏将后宫金宝珠玉库藏一应搬出，装载上车，传令将晋怀帝、大臣王隽、庾珉等也押上车，领兵还国。石勒乃自引兵，屯扎于许昌。

刘曜见皇后漂亮，自己纳了。又遣人发掘晋帝诸陵，焚烧晋帝太庙。

斯时洛阳，死伤枕藉，几为空城。

王弥看见洛阳还有不少房屋，便说刘曜："洛阳位于天下之中，历来为政治家所重，城池宫室基本完好，殿下请皇上以洛阳做首都吧。"

刘曜说："四面受敌，有什么好！"

刘曜不采纳王弥的建议，命诸军放火，焚烧宫殿。

王弥怒骂道："你个屠沽子，你家哪有一点帝王的福分！"乃自引兵东去，屯于项关。

呼延晏领军还国，押晋怀帝、王隽、庾珉等人刘聪之汉朝。

汉主刘聪大为惊喜，以呼延晏为镇南大将军。

刘聪命解开捆绑晋怀帝及大臣王隽、庚珉等的绳子，赐以平身，说："朕父于你家先帝有恩情，我不杀你们，你们都在我手下做臣子，如何？"

晋怀帝司马炽听见刘聪的话，只得与臣下一起谢恩。时间在公元311年六月，地点在平阳，今天山西临汾一带。

汉主刘聪封司马炽为平阿公，命房管局分给司马炽等人住房，又发诏洛阳，加刘曜为车骑大将军，命往取长安，取下后即驻扎彼地，镇守关中。

刘曜得命，领军离开烧杀已毕的洛阳，前去祸害长安。

稍后，刘聪又将原晋怀帝司马炽改封为会稽郡公。大宴群臣时，命司马炽穿上僮仆的青衣，侍立席边，为大家酒。

司马邺

司马炽不堪羞辱，满面悲愤，西晋旧臣见状，也都放声大哭。

刘聪大怒不已，将司马炽连同其旧臣一并赶出宴席。事后，派人用毒酒毒死了司马炽。

司马炽被害，凶信闻至长安，皇太子司马邺与百官举哀。众官请太子加服而即帝位。太子即大位，改号为建兴元年。

是时，长安城可怜之至：户口不满一百，像个小自然村的人数，城内蒿荆成林，公车私车一共四辆，朝廷百官，没有官服，各个部委司局，没有印绶。

汉大司马刘曜进入长安，司马邺投降后，被杀掉了。按谥法，“在国遭忧曰愍”，其为晋愍帝。

刘曜既得长安，再度领兵东归，洗劫洛阳。

洛阳吏士军民闻风奔溃，城中空空荡荡。

刘曜入洛阳，捕尽晋之宗室，悉行诛戮。惟见前皇后王氏惠风，不忍杀之，赐予其部将乔属做老婆。

王惠风，即是王衍的小女儿。

乔属领王惠风归帐，命左右整备筵席，要与成亲。

乔属拉着王惠风的手同坐，王惠风忽然拔下乔属佩剑在手，怒道：“吾乃大晋太尉公之女、晋皇太子之妃，生为晋妇，死作晋鬼，安肯嫁给你小胡子为妻！”

王惠风斥骂着，仗剑剑刺向乔属。

乔属大怒，抓过下属的佩剑，一剑刺死了王惠风。

四

话说晋自惠帝开始，宗室纷争，戮杀不休，血流遍地，北方少数民族趁机起兵，致中原陆沉。

兹后，进入东晋时期。

东晋政权，偏安建康，比较软弱，全国各地乱纷纷地，先后建立了大批分裂割据政权。建立地域，南至淮河，北至阴山，西至葱岭，东至东海，东北至鸭绿江下游以北，西南至澜沧江以东。

而入主中原的，有五个主要部族，即匈奴、羯、鲜卑、氐、羌，这十六个政权，史称“五胡十六国”或“东晋十六国”——

前赵、后赵、前凉、前燕、前秦、后秦、后燕、西秦、后凉、北凉、南凉、南燕、西凉、夏、北燕、冉魏、西燕。

西晋时，秦、雍、并三州膏腴之地已为羌、氐、匈奴所聚居。汉民大量流亡梁、益、荆、豫等州求食。

西晋门阀士族独占政权，统治力量急剧削弱。刘渊于公元304年举兵反晋，称汉王，建庭左国城，今山西离石县东北地方，声称继承汉祚，立汉家皇室神主祀之。

公元310年刘聪继刘渊位。公元311年，刘聪遣刘曜、王弥、石勒等攻陷洛阳，俘虏晋怀帝。

公元316年，刘聪又遣刘曜攻陷长安，俘虏晋愍帝，灭亡西晋。

公元319年，刘曜即帝位于长安，改国号为赵，改祭匈奴冒顿单于及刘渊，史称前赵。

后赵为石勒所建。公元311年石勒与刘曜、王弥攻陷洛阳。后火并王弥，南攻江、汉。纳谋士张宾计策，以襄国——今河北邢台市——为根据地，取幽冀二州。公元319年称赵王，史称后赵。公元329年灭前赵，迫前凉称藩，统一北方。

石勒是羯族人，公然明定胡人劫掠中国士人免罚，胡人有所需，可以任意索取一般中国人。同时又忌讳中国人称游牧民族作胡人，而称“国人”。

但石勒也有宽怀的时候，章武内史樊坦朝见他，衣帽破烂不堪，石勒问他出了什么事，樊坦未假思索，说羯贼抢了他。石勒笑说：“羯贼如此强盗吗？应当赔偿你。”

樊坦发觉犯了忌讳，赶快磕头泣谢。

石勒不但没有处分樊坦，还给他车马衣装钱三百万。

后赵公元350年为汉族政权冉魏所灭。但冉魏公元352年为前燕所灭。

此后，中原为前燕和前秦所殖民，凉州则一直为前凉割据。

公元301年，张轨任凉州刺史，平定州境，守土安民。张轨曾多次派军保卫洛阳。西晋亡后，中原士民多避难于张轨地面，史称其政权为前凉。

前凉公元376年为前秦所灭。

鲜卑慕容部，经济文化落后，原居辽河流域，先后徙居大棘——今辽宁义县，龙城——今辽宁朝阳，蓟——今北京，公元352年灭冉魏，徙都邺城，史称前燕，公元370年灭于前秦。

氐族富豪苻洪，后赵时为流民都督。后赵亡后，其子苻建坚率众西归关中，称王，都长安，国号秦，史称前秦。公元357年，苻坚即帝位，先后灭前燕、前凉、代国，占领西域及北方。

前秦公元385年为后秦所灭。此后中原为后燕，后秦所殖民，凉州则为后凉占据。

西燕乃鲜卑慕容冲公元384年所建，慕容冲死后，慕容永继承，公元394年为后燕所灭。

后燕为鲜卑慕容垂公元384年建立，都于中山——今河北定县，公元397年北魏攻占中山，后燕徙都龙城。公元407年慕容熙为冯跋所杀，国亡。

冯跋立高云为帝，史称北燕。北燕公元436年为鲜卑魏所灭。

公元398年鲜卑慕容德建南燕于滑台，今河南滑县，为北魏所逼，乃率众东取青州诸郡，公元410年灭于东晋。

公元384年，羌人姚苌叛苻坚，建后秦，都长安，公元394年姚兴继位，公元417年，后秦为东晋所灭。

公元385年，陇西鲜卑乞氏建西秦，都金城，今甘肃兰州，公元431年为夏所灭。

公元386年前秦大将氐人吕光自西域回师，据守凉州，建后凉，都姑臧，今甘肃武威，公元403年灭于后秦。

公元400年李嵩建西凉，初都敦煌，后徙都酒泉，公元420年灭于北凉。

公元397年，河西鲜卑秃发氏建南凉，都乐都——今青海乐都，公元414年灭于西秦。

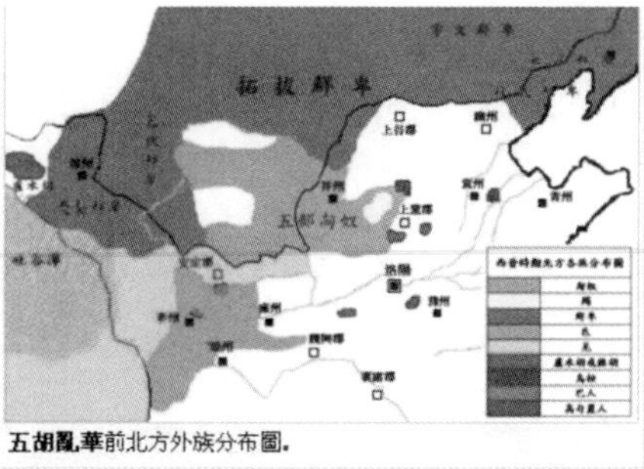

西晋末年北方少数民族

公元397年，临松卢水匈奴人沮渠蒙逊建北凉，另说北凉为汉人段业所建，都张掖，后徙姑臧。公元439年灭于北魏。

公元407年匈奴赫连勃勃建夏，都于统万城——今陕西靖边县东北白城子，公元417东，赫连勃勃击败东晋部队，取长安，公元431年赫连定灭西秦，后为吐谷浑所袭，乃亡。

话说西晋一朝，统一局面至为短暂，只有区区十一年，就发生了所谓的“八王之乱”及“五胡乱华”，导致中原地区十室九空，人口在八年之内消失了90%，剩余不及三百万。

幸存的中原人，为躲避战火，大量南迁，据载，“东晋十六国”时期共有六次南迁高潮，累计南流人口过百万。

第九十章
冯后出帷

北魏故都平城

一

话说北方的匈奴、鲜卑、羯、氐、羌等少数民族，都是马背上打天下，抱有“以武制胜”的思想，洛阳地处中原，属于“四战之地”，利于农商，而不利于武功，因此他们让洛阳暂时休息了。

公元386年，鲜卑王子拓跋珪在牛川——今内蒙古呼和浩特东边——建立北魏国，史称北魏道武帝。

后来，北魏把首都建在了山西平城，今天的大同一带。

北魏建国伊始，就咄咄逼人，攻灭了独孤、贺兰等草原部族，随即迅速向南开拓，破掉了中原强国后燕，占据了黄河以北的广大地区，加入了中原争霸的行列。

北魏相对宽容的政策取得了河北、山东等地的著名士族豪强的支持，他们帮助北魏从原始的游牧生活向较为稳定的农业定居生活转化，参照前朝政治，制订出一系列礼仪和法律制度，推广，逐步见效。

北魏的开国君主拓跋珪曾经被中原的军队俘虏过，他因此结识了当地的汉人士大夫，学到了不少了汉文化和汉人的军事知识。

建立了北魏以后，拓跋珪仿照洛阳的城市建设，修筑了自己的都城平城。

拓跋珪非常重视汉人的文化，不少汉族知识份子在他统治的时候得到重用。

崔燕是后燕的汉族大臣，非常有名声，在北魏攻打后燕的时候，崔燕在逃跑中被俘虏，拓跋珪不以他是汉族人而低觑，拜他为尚书。

拓跋弘雕像

崔燕在北魏朝廷主持了当时很多战略性的重大决策，如不久就提议拓跋珪建立太学。

拓跋珪依照崔燕的提议，很快在平城建立了太学，学生达到三千多人。

在宴请汉族官员的时候，拓跋珪谦虚地询问一位士人："您说什么可以让人增长知识和智慧呀？"

汉族士人回答道："书。"

拓跋珪听了，立即派员到各地去收集书籍，运往平城，建立国家图书馆。

公元423年是北魏泰常八年，北魏第二任皇帝拓跋嗣攻占了洛阳。

此后，历经太武帝拓跋焘、南安王拓跋余、文成帝拓跋濬、献文帝拓跋弘六代皇帝的征战和经营，北魏渐渐占领并统治了包括洛阳在内的整个北方地区。

拓跋家族统一黄河流域之后，疆域扩大，但民族矛盾和阶级矛盾仍然尖锐，青州、齐州、洛州、豫州、冀州、秦州、雍州、徐州、兖州等，相继发生变乱，北方边镇一带反抗和逃亡频繁。

北魏新生的封建中央集权与旧部落显贵的矛盾，北魏统治集团与汉族地方豪强的矛盾、及其与各族人民的阶级矛盾，到拓跋宏统治时期已是十分尖锐了，形势逼着他实施政治、经济、文化诸方面全面而深入的改革。

公元471年，是北魏昌兴五年，献文帝拓跋弘将皇位禅让给年仅五岁的太子拓跋宏，自己退位，做了太上皇。

斯时献文帝拓跋弘也才十九岁，军国大事自然得过问。

照理说，十九岁的拓跋弘，正是意气风发，大有作为的年龄，怎么会突然要撂挑子不干了呢？

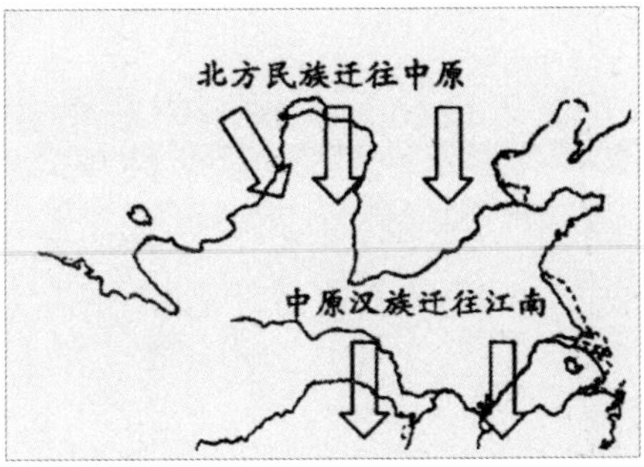

西晋末年人口流迁示意图

冯太后（永固陵壁画）

原因可能是，宫中权利为太后冯氏专擅，拓跋弘觉得工作太难做。

二

却说北魏冯太后，乃长乐郡信都县——今天的河北冀州市——人，其祖父冯文通曾经是北燕的国君。

西晋末年，战乱不息，北方的游牧民族乘虚而起，各显神通。匈奴、鲜卑、氐、羯、羌，纷纷越过北方草原，进入中原地区，形成混乱局面。

冯氏所在的北燕正是在这种局势下崛起的一方诸侯。

按照冯家的说法，他们的祖先可以追溯到先秦时期魏国国君的始祖毕万。

毕万在晋献公时因功封为魏地大夫，毕万即以魏为姓氏。魏国被秦国吞并后，魏氏的一支流落到山西境内的冯乡，遂改为冯氏。

此后，冯氏宗族历经世变，几经流徙，在三晋之地苦苦支撑。

后来冯太后的曾祖因军功渐渐发达，他的两个儿子冯跋、冯弘——这个冯弘就是冯文通——竟先后做了北燕的国主。只是没多久，北魏太武帝进逼北燕，冯文通被迫逃往高句丽，最终死在那里。

冯文通十分生猛，把哥哥冯跋为他留下的一百多个侄子杀个了片甲不留。

冯文通自己的儿子中，有个冯朗，怕父亲手痒，将刀架上他的脖子，也为防遭后母慕容氏谗陷，跟弟弟冯崇、冯邈联手出逃辽西，投降了北魏。

冯朗被北魏加封为西城郡公，领秦州和雍州刺史。

冯朗就是冯太后的爹。冯太后的母亲姓王，乃冯朗在北燕时所娶女子。

因多年生活动荡，直到随夫任官长安后，生活暂时得以安定下来，王氏夫人才给冯朗生下一个儿子，取名冯熙，就是冯太后的同母兄长。公元442年王氏又生了一个女儿，就是后来这位北魏冯太后。

冯后出生之时，北魏太武帝拓跋焘已完成了中国北方的统一，并与南朝形成了对峙之势。

冯后出生后不久，哥哥冯熙就因叔叔冯邈战入柔然，被人抓获，带到氐、羌中生活，多年以后才得找回。

因为冯邈投降过柔然，冯家因此受到牵连，飞来横祸：冯朗被北魏太武帝下令诛杀，家中的女人被没入官家为奴。

冯氏因为年幼，被没入宫中，成了拓跋氏的婢女。也算是不幸中的万幸，冯氏在宫中得到了姑母冯昭仪的多方照应。

原来，冯朗兄弟逃出北燕投降北魏后，冯文通穷蹙已极，向北魏请罪称藩，乞求太武帝，愿以小女儿充入掖庭，以求生路。

北魏太武帝答应后，冯文通就派人将最小的女儿送给了太武帝，不久被立为左昭仪。

在冯氏没入北魏宫廷后，冯昭仪向皇帝求情让小冯姑娘与自己同住。这样，小冯避免了学做苦役的营生。

“世祖左昭仪，后之姑也，雅有母德，抚养教训”，小冯虽然仍是卑贱的宫中婢女，但有人像慈母般罩着，她幼小的心灵得到了几分宝贵的温情。

小冯入宫后，还有另外一个人对她影响很深，这个人是北魏文成帝的保姆——常氏。

常氏也来自辽西，因罪充公为奴，被选为当时还是皇孙的拓跋濬的乳母。所谓老乡见老乡，两眼泪汪汪，何况是两个在乱世中飘零的女人。

小冯因经历同常氏相似，加之小冯很懂礼貌，常氏对于小冯甚是照顾。

多亏了姑母与常氏的悉心照料与抚养，小冯慢慢长大成人。

耳濡目染，小冯逐渐熟悉了北魏皇宫内的礼仪和其间的微妙，积累起了丰富的人生阅历，也养成了复杂的感情性格。

所以说，小小的冯氏，饱经人世沧桑，为她将来在危机四伏的宫廷斗争中每每取得先机提供了锻炼的机会。

如果是在平常时候，小冯的命运就是那样了。从奴隶到将军少之又少，奇之又奇，但在乱世，却是什么事情都有可能发生。

公元452年，北魏宫中发生了一场重大事变。太监宗爱谋杀了太武帝，并诛杀了太武帝的领导班子所有大臣，立吴王拓跋余为帝。

宗爱则自为大司马、大将军、太师，都督中外诸军事、领中秘书，爵封冯翊王。既录三省，又总戎禁，坐召公卿，大权在握。

拓跋余深以宗爱为忧，谋划削夺其权，结果又被宗爱杀死。

短短几个月，宗爱连杀两任皇帝，引起朝野震动。

不过，宗爱专擅军政大权，毕竟是个阉公公，不可能自己坐皇帝的位子。不久，大臣们又迎立了宗室拓跋濬，即北魏高宗文成皇帝。

为稳定局势，文成帝拓跋濬果断地诛杀了宗爱、贾周等作恶不法的宦官，夷灭三族。

祸起萧墙，你杀我诛，风云变幻，令人眼花缭乱，残酷的宫廷斗争，使小冯深为触动。

北魏文成帝拓跋濬登基后，常氏被封为保太后——保姆太后。常太后考虑到身后之事，又加上和冯昭仪的关系不错，所以就穿针引线，把小冯姑娘撮合给了拓跋濬做贵人。

小冯离开抚养自己长大成人的姑母，来到了文成帝的寝宫。

陪王伴驾的生活是和美的，小冯也更有条件熟悉和了解国家最高层的政治运作。

由于用人得当，特别是由于重用汉族大臣高允，文成帝统治时期的北魏基本上处于较为稳定发展的状态，社会矛盾相对缓和。

小冯对文成帝拓跋濬不拘民族成分，宠重汉族出身的高允，感到十分钦佩。文成帝的施政风格使小冯深为佩服，二人的感情也与日俱增。

公元456年——北魏太安二年，正月二十九日，十四岁的小冯被文成帝立为中宫皇后。

冯后被立为中宫之主，除了她的聪慧与才貌外，也与她在宫中生活多年深谙宫内诸多关节有关。

北魏宫中有个奇妙的规矩，嫔妃要得正位中宫，必须先要手铸金人，若能铸造成功，则视为吉祥如意，若是铸而不成，则妃嫔不能立为皇后，这在北魏历史上属于“故事”，也就是定制。

为什么要铸金人才能遂愿？史书上只说是“以成者为吉”，但因何“以成者为吉”，没有言明，推测恐怕与鲜卑旧俗有关。

却说佛法东渐以后，在北魏统治的地方，曾经发展得无法无天，太武帝拓跋焘愤而禁之，但效果不佳，文成帝即位后，群臣都一再要求彻底解除对佛教的禁令，因而北魏宫中的“手铸金人”，也有可能是佛教造像之一种。

公元452年，文成帝拓跋濬颁诏解除祖上的禁令，准许各州县建立佛寺，准许剃度出家，并在僧侣的建议下，于京师平城西北约三十里的武州山南麓，开凿五所石窟，每窟中雕凿石佛像一座，像高达六七十尺，遂成著名的山西云冈石窟造像的缘起。

冯氏手铸金人成功，从卑贱的宫中婢女，跃为贵为天下国母的皇后。

但早谙世事的冯后，并无多少骄矜之色，只是勤劳地操持宫中事务，并不时关注着国事。

小冯姑娘很是幸运啊。却不料，文成帝拓跋濬在一次偶然的机会看到了从南朝掳掠过来的绝色美人李氏。

虽然冯后也是姿色过人，可毕竟比不得从江南过来的李氏娇嫩。

人的审美情趣，总是倾向于离自己远一点，陌生一点的人。因此拓跋濬狂热的宠幸李氏，冷落了冯后。

李贵人也争气，很快就给文成帝拓跋濬生了一个产业继承人，即后来的献文帝拓跋弘。

小冯后又恨又生气。老公被抢走了，人家儿子也生了，地位日益稳固了。

常保太后也很生气，她把小冯姑娘介绍给拓跋濬是希望日后有所寄托。现在倒好，自己还在，文成帝拓跋濬就另有新欢，岂不白忙活一场？

常保太后决定出手，只一招便把集皇帝万千宠爱于一身的李贵人置于死地。方法很简单，就是立李贵人生的拓跋弘为太子。

三

且说保太后常氏，见文成帝拓跋濬宠幸李贵人，心中不悦，欲置李贵人于死地——撺掇文成帝，立李贵人所生儿子为太子。

儿子立为太子，母亲就将置于死地？

是的。北魏朝廷，从老辈就传下来一个规矩，为了防止母以子贵，专擅朝政及外戚干政，后妃如果生了儿子被立为储君，那么这位妃子就会被处死，“后宫产子将为储，其母皆赐死”。

所以北魏有三种皇太后，一种是皇帝的生母，太后，另一种是保太后——皇帝的保姆，还有一种是运气好没生儿子而活下来的皇后。

常氏得逞，李氏被赐死，冯后自然便担当起了太子的养育之责。

冯后也有良心，将拓跋弘视若己出，竭尽慈爱，使拓跋弘也深感快慰。

所以，冯太后和拓跋弘名为母子，其实没有半点血亲关系。在冯太后眼里，拓跋弘是她情敌的儿子，以后更成了她的政敌。

其实，从另外一个方面来说，冯太后应该感谢李贵人才是，虽然在一时之间她夺去了皇帝的宠爱，可不也挽救了她小冯的性命吗？如果是冯太后先生儿子，很可能会被立为储君，那么按祖宗家法，被处死的就会是冯太后了。

贵为皇后的冯氏，深深地理解文成帝拓跋濬为国操劳的艰辛，尽力为他排解各种烦闷与不快，尤其注意在生活上给他以温存体贴。

每次拓跋濬巡查、出征归来，冯后都以她的百般柔情，化解皇上的一路风尘。

拓跋濬在冯后身边，仿佛忘却了朝廷上大臣的争斗，忘记了柔然、刘宋于南北二方的威胁。

冯后与拓跋濬的后宫生活是美满和谐的。

然而，天不作美。未及十年，偕鸳效鸯、鸾凤和鸣的生活就画上了休止符。

公元465年，二十六岁的文成帝拓跋濬竟英年早逝，崩于平城皇宫的太华殿。

晴天霹雳！丧夫之哀，令冯后痛不欲生，她一连几日以泪洗面，呜咽不止，既为丈夫离她早去而悲伤，更为自己命运多舛而哀痛。

三日后，按照北魏的老俗旧制，焚烧拓跋濬生前的御衣器物，朝中百官和后宫嫔妃一起，亲临现场哭泣哀吊。这种葬俗至今在中国北方的一些乡村仍有遗存，谓之“烧三”。

当火光燃起，悲哀不已的冯后突然高声悲叫着，扑向熊熊燃烧的大火。

周围的人都被她的举动惊呆了，回过神来，急忙冲上去从烈火中救出冯后。

幸亏及时，冯后才未被烧死，但烟熏火烤，她早已不省人事。过了很久，她慢慢地睁开眼睛，周围的人们方松了口气。

冯太后很优秀地表演了一把，《北史》记载了这件事情，“后悲叫自投火，左右救之，良久乃苏”。

公众场合殉夫，自然不会得逞，但为冯后博得了极高的声望。

公元465年五月，文成帝死后第二天，年仅十二岁的皇太子拓跋弘即位，是为北魏献文帝，冯后被尊为皇太后。

献文帝即位后，丞相乙浑欺凌这孤儿寡妇，贪权狂傲，飞扬跋扈，诛杀朝廷重臣，最后竟图谋篡逆，北魏中枢政治又面临严重的危机。

丞相乙浑，老婆为拓跋家族庶出之女，想求公主之号，三番五次向吏部尚书贾秀说这事。

贾秀总是沉默。后因公事，贾秀去见乙浑，乙浑和妻子都坐在厅堂，厉声对贾秀说："凡是你所求的事情我没有不办的。但是我请公主之号，你却不帮办，这是为什么？"

贾秀慷慨对曰："王姬称谓，公主名号，何等尊荣啊，不是什么人想称谓就能给个名号的，吏部工作也是应该守规矩的。我贾某宁愿死在今朝，也不会枉法行事，贻笑后世。"

乙浑心怀愤恨，只能默口无语。

他日，乙浑在太医杨惠富的手上写了"老奴官悭"几个字，让他去贾秀那里，让贾秀看看。

侍中拓跋丕听知这一消息，知道乙浑谋反已是迫不及待，便急告朝廷。

冯太后立即进行秘密布置，下令侍中拓跋丕、陇西王源贺和大臣牛益等人率兵收捕乙浑，夷灭三族。

诛杀乙浑，稳定朝政，冯太后表现出果敢善断的政治才干。

接着，冯太后再展锋芒，宣布由自己临朝称制，掌控朝政大权，以杜绝因皇帝年幼发生朝廷遭奸臣欺凌的现象。

公元467年八月，献文帝拓跋弘的妃子小李生了一个儿子——拓跋宏。

冯太后喜得长孙，十分惬意。见拓跋宏长得白白胖胖，更是格外舒畅。时隔不久，她就决定停止临朝，不听政事，转而带孙子了，由已十四岁且已为人之父的献文帝自己主持工作。

随后数年，献文帝拓跋弘做出了不少业绩。

拓跋弘在位期间，“勤于为治，赏罚严明，拔清节，黜贪污”，使北魏吏治面貌大为改观。

北魏前期，百官无俸。鲜卑族建立北魏时，政治文化相当落后，明显带有原始社会晚期的痕迹。这样的社会，自然没有一套合理的行政系统。官员们脱胎于原来部落的各级小头领，收入主要来自战争的掳掠和上级的赏赐。

这种情况在部落制及战争时期勉强可以，进入稳定统治阶段就不行了。

为了整治贪污受贿之风，拓跋弘制定了强硬的法律，“吏受所监临羊一口，酒一斛者，死，与者以从坐论”，还进一步规定，“有能纠告尚书以下罪状者，随所纠官轻重授之”。

拓拔弘用严苛的办法，暂时收到明显效果，“于是魏之牧守始有廉洁著闻者”。当然，也得罪了许多横行不法，骄纵不羁的鲜卑贵族。

拓跋弘也改革了赋税制度，“命因民贫富为三等输租之法，等为三品，上三品输平城，中输他州，下输本州”，既不影响赋税征收，又解决了远途输赋、疲于赋役的问题，同时也使贫富缴税有所差别。

在边事上，拓跋弘也是武功赫赫。

公元470年，拓跋弘“舆驾北伐，诸将俱会于女水，大破虏众”。这次战争，北魏狠狠地收拾了柔然。

柔然是雄踞漠北上百年的游牧民族，武力强悍，一直是北魏王朝的心腹之患。

说起柔然，你也许陌生。但提起花木兰，你会知道的，花木兰代父从军，去抗击的侵略者就是柔然。

拓跋弘重用大将尉元，收降宋将毕众敬、张谠等，取得刘宋的徐州和兖州，拓宽了北魏的南疆。

所以可以说，北魏献文帝拓跋弘年少有为。

拓跋弘想进一步奋发图强，有所开拓，渴望乾纲独断，政由己出，贬斥了不少冯太后宠重与信任的人，并试图重用提拔一些对冯太后不满的人，以结成自己的心腹。然而，他越是这样，就越是要得罪深孚人望、精于权术，同样雄心勃勃的冯太后。

早期，冯太后对献文帝的所作所为虽然感到心中不快，但也没有立即发作。到了公元470年，再也忍无可忍了。

四

冯太后系帝王后裔，似乎天生有着对权力的热爱和敏感。何况她守寡的时候才二十三岁，正是精力无限充沛的年龄。

一个女人，适值欲望强烈的年龄，自然热爱权力，自然不会长期安处后宫带孙子。

而拓跋弘，身体里流淌着拓跋氏锐意豪放的血脉，有着与生俱来的领袖气质，这样的人只能容忍自己一人独掌乾坤，裁决天下。

随着拓跋弘的逐步成长和成熟，冯太后和拓跋弘的关系日益紧张起来。毕竟他们没有真正的血缘亲情，以致最后竟没有转圜的余地。

年轻的冯太后不耐守寡的孤寂与冷清，再加上北魏乃是少数民族政权，这一时期的拓跋氏，在婚姻关系上尚保留着许多原始婚姻形态与粗粝的遗风，男女之防不甚讲究，贞节观念更是淡薄，冯太后就注意那些美貌男子，以便选来做伴。

冯太后看上了南部尚书李敷的弟弟，“美容貌，有才艺”的李奕。

二十出头的冯太后跟仪表堂堂，风流倜傥，兼之多才多艺、善解人意的李奕如胶似漆，弄得朝野皆知。

冯太后和李奕的私通，使踌躇满志、意气风发的拓跋弘感到非常难堪。

拓跋弘本来对冯太后干预朝政不满，又出了这档子事，拓跋弘决定有所动作。

在老丈人李惠的指点安排下，公元470年秋天，李奕的兄长、尚书李敷的好友——相州刺史李䜣因罪被告发，主持审理案件的法官接受机宜，暗中提示李䜣牵连李敷兄弟。李䜣为了自保，竟无端捏造、罗列李敷所谓不可告人的“隐罪”二三十条。

献文帝拓跋弘借机下令，将李敷兄弟打入死牢。

这年冬天，李奕与哥哥李敷、堂兄弟李显德等人同时被杀，李䜣不但无罪开解，还又被献文帝擢为尚书，参决国政。

拓跋弘将李敷、李奕一家连锅端掉，使得冯太后失去了一位心上人，情感极难平静，据《北史·后妃传》载，献文帝诛李奕，“太后不得意”。

冯太后有苦难言，愤怒异常，尤其对李䜣更是无法容忍，从而也为后来拓跋弘的人生悲剧打下了楔子。

冯太后利用自己的声威与势力逼迫献文帝拓跋弘交出皇位。

拓跋弘本人虽则刚毅有断，但生性喜好黄老之道，浮屠之学，常常与朝中士大夫和沙门僧人相会，高谈玄理，“雅薄时务，常有遗世之心”，给人一种淡远富贵、厌倦国政、不以天下事为意的印象。

在冯太后的强大压力下，献文帝曾想传位给当时较有威信的叔父拓跋子推，但遭到宗室大臣和宦官们的联合反对。

无奈，拓跋弘只得在公元471年八月，禅位给不满五岁的皇太子拓跋宏。

“上迫于太后，传位太子。”《魏书·天象志三》如此记载。

拓跋宏，这个名字的读音听上去跟他父亲一样的皇帝，坐在那个万人景仰的座位上，即是历史上著名的北魏孝文帝。

献文帝做了太上皇，这一年，他只有十八岁，可能是历史上最年轻的太上皇了。

关于拓跋弘的提前离休，后人颇多争议，解释为热衷老庄、佛图之学，看破红尘的最多，但“迫于太后”的含义如何理解？

因为杀李奕以及长期积累的其他矛盾，使得拓跋弘和冯太后的关系已经形同水火，没有一方做个姿态后退的话，一场火并在所难免。

冯太后铲除乙浑，在朝中有相当大的影响力，而且她归政于拓跋弘后，一直没有放弃对朝廷事务的发言权。这使得她的身边有一个庞大的政治势力集团，足以和作为皇帝的拓跋弘抗衡。

拓跋弘看到了自己和皇太后矛盾背后的这种巨大危险，他可能不愿意因此而使朝廷处于动荡之中。

再说，拓跋弘毕竟是冯太后一手带大的，怎么说也有母子之情，他是一个“仁孝纯至”的君主，要他断然下手对付有恩于己的冯太后，确实也难办到，所以决定自己做出姿态，后退一步。

还有，拓跋弘整顿吏治，以极为严厉的手段打击贪污腐败，给他自己制造了许多敌人。推行依法治国以及在鲜卑族里提高教育水平的行为，遭到了许多守旧大臣的反对。这些，也都使得拓跋弘很有挫败感，需要休养生息。

当然，拓跋弘主动禅位，也可以看作是“以退为进”的策略。

拓跋弘以其儿子为皇帝，他自己是太上皇，那么冯太后就成了太皇太后，辈分上更远，她就没有多少理由再干预朝政了。

实际情况是，拓跋弘想将冯太后逐出北魏的最高权力中枢，是不可能的。

冯太后多年主抓朝廷工作，早已是树大根深，多年的皇帝任免工作也由她做主，权力难以动摇。

不过，对于拓跋弘来说，朝廷大权和军权都抓在他手里的时候，他若能以李奕事件为突破口，既拔萝卜又带泥，乘胜追击，还是有胜算的。可惜这个被人称之为果敢坚毅的男人，沽仁义之名，钓孝道之誉，以致最后遭了自己“母后”的毒手。

却说孝文帝拓跋宏即位之初，移居崇光宫的太上皇拓跋弘并没有完全放弃手中的权力，儿子毕竟太为幼小。

重要的国务处理，各部委司局都要向太上皇拓跋弘奏闻，拓跋弘还屡屡颁布诏书，行使大权，甚至亲自率兵，北征南伐。

公元475年冬十月，太上皇拓跋弘在白雪皑皑的平城北郊，对柔然部落朝献的贡物举行大阅典礼……

拓跋弘当然无法放手休息，儿子太小嘛。

但这一切，使冯太后越来越觉得，自己要再次出面执掌朝政，太上皇已经有碍手脚。

公元476年，孝文帝十岁，第一次改元。刚刚改为承明元年，六月的一日，北魏朝廷突然宣布京师戒严。气氛陡然紧张，宫廷之内更是森然如铁。

太上皇拓跋弘接到通知，进宫谒见冯太后，伏兵一拥而上，将其擒拿，软禁起来。

随后，冯太后将拓跋弘鸩杀于平城永安殿。

太皇太后冯氏，再度临朝听政，成为北魏的政治领袖。而此时的冯太后，已年过而立，无论才识、气度还是政治经验，都更加成熟了。

当然，冯太后再掌朝纲，也面临着新的挑战。

事实证明，北魏孝文帝拓跋宏，乃是颇有作为的一代英主明君。但即使以普通人的要求来看待，他的人生也是极为凄凉悲惨的。

拓跋宏出生后便为祖母所抚养，不到三岁，生身母亲即遵照祖制被赐死。直到祖母去世，拓跋宏仍然不知道自己的母亲是谁。

拓跋宏，他在这个世界上最为亲密的两个人，父亲和祖母，关系势同水火，最后，父亲竟为祖母所害。

拓跋宏自己，爱上了一个女人，最后竟遭到她无情的背叛。不仅如此，她居然妄图加害丈夫。拓跋宏年富力强，治国大有成效之时，再也无法继续下去。

限于篇幅，本章就此打住，后话再述。

中国史系（六）

901年 ～ 天复元年

- 正月，昭宗复位，杀刘季述等。二月，封朱温为梁王。冬，宰相崔胤召朱温入关，谋诛宦官，宦官劫昭宗走凤翔，依李茂贞。朱温兵围凤翔

902年 ～ 天复二年

- 唐封钱镠为越王。封杨行密为吴王
- 南诏权臣郑买嗣杀其王舜化真，建大长和国，蒙氏所建的南诏亡

903年 ～ 天复三年

- 李茂贞势蹙，被迫送昭宗出凤翔。朱温拥昭宗还京，废神策军中尉，以朝臣为枢密使。唐封王建为蜀王

904年 ～ 天复四年

- 正月，朱温逼迁昭宗于洛阳。
- 八月，朱温遣人杀昭宗，立其子李，是为哀帝

905年 ～ 天佑二年

- 唐以刘隐为清海军节度使
- 朱温贬逐朝臣，旋杀被贬朝官三十余人于白马驿，投尸于河，史称“白马驿之祸”
- 杨行密卒，子杨渥立，军政大权旁落大将徐温、张颢之手

907年 ～ 后梁开平元年

- 四月，朱温逼哀帝禅让，自即帝位，改名朱晃，是为后梁太祖朱晃，改国号为梁，史称后梁，都开封。唐朝亡

· 后梁封马殷为楚王；钱镠为吴越王。任高季兴为荆南节度使

· 契丹耶律阿保机统一八部

· 王建称帝，国号蜀，史称前蜀

909年 ～ 后梁开平三年

· 后梁迁都洛阳。封王审知为闽王

912年 ～ 干化二年

· 六月，朱温次子朱友珪杀朱温自立

913年 ～ 干化三年

· 二月，朱温第三子朱友贞发动政变，朱友珪自杀，朱友贞即位，是为末帝。复都开封

916年 ～ 贞明二年

· 契丹首领耶律阿保机称帝，是为辽太祖耶律亿，建契丹国

918年 ～ 贞明四年

· 刘岩改国号为汉，史称南汉

920年 ～ 贞明六年，契丹神册五年

· 后梁陈州人毋乙、董乙起义，数月后失败

· 辽太祖颁行契丹文字

921年 ～ 契丹神册六年

· 五月，辽太祖定法律，正班爵

923年 ～ 后唐同光元年

· 晋王李存勖称帝于魏州，是为后唐庄宗李存勖，国号唐，史称后唐。

十月，庄宗攻入开封，后梁末帝自杀，后梁亡。冬，后唐都洛阳

925年 ～ 后唐同光三年

• 后唐灭前蜀，以孟知祥为西川节度使

926年 ～ 后唐同光四年，契丹天显元年

• 正月，孟知祥入成都

• 十月，王延翰称王，建闽，仍称臣于后唐

• 七月，阿保机死，次子德光即位，是为辽太宗耶律德光

930年 ～ 长兴元年

• 后唐并盐铁、户部、度支三使为三司使一职

932年 ～ 长兴三年

• 后唐令国子监依西京石经本校定九经，雕版印制，官府大规模刻书自此始

934年 ～ 应顺元年

• 孟知祥称帝，国号蜀，史称后蜀，都成都

936年 ～ 清泰三年

• 夏，河东节度使石敬瑭上表，以幽蓟十六州为代价，换取契丹援助，叛后唐

• 九月，契丹军南下，大败后唐军

• 十一月，辽太宗册封石敬瑭为帝，国号晋，史称后晋

• 闰十一月，石敬瑭攻入洛阳，末帝从珂自杀，后唐亡

937年 ～ 后晋天福二年

• 后晋迁都开封

• 徐知诰废吴帝杨溥，自即帝位，国号大齐

938年 ～ 后晋天福三年，契丹会同元年

• 徐知诰改名李，改国号为唐，史称南唐

• 石敬瑭割燕云十六州与契丹

• 辽太宗诏以皇都为上京，升幽州为南京，南京为东京

942年 ～ 契丹会同七年

• 后晋高祖石敬瑭卒，侄石重贵继位，史称出帝或少帝

945年 ～ 后晋开运二年

• 南唐灭闽

946年 ～ 后晋开运三年

• 十二月，辽兵攻下开封，俘后晋帝石重贵北迁，后晋亡

947年 ～ 后晋开运四年，辽天禄元年

• 二月，河东节度使刘知远称帝于太原。六月，复都开封，国号汉，史称后汉

• 正月，辽太宗耶律德光入汴京，改国号辽，四月，辽太宗北返，至栾城卒。耶律倍子阮即位镇阳，是为世宗

948年 ～ 后汉干佑元年

• 正月，后汉高祖刘知远卒，子承佑继位，是为隐帝

950年 ～ 后汉干佑三年

• 郭威自邺城起兵，攻入开封，隐帝被杀，后汉亡

951年 ～ 后周广顺元年

• 正月，郭威称帝于开封，是为后周太祖郭威，国号周，史称后周

• 刘知远弟刘崇称帝于太原，改名旻，国号汉，史称北汉

• 南唐灭楚

954年 ～ 显德元年

• 正月，后周太祖郭威卒，养子柴荣继位，是为后周世宗柴荣

• 十月，世宗大阅禁军，置殿前军，以殿前都点检、副都点检统之

955年 ～ 显德二年

• 世宗下令废佛寺三万余所，僧尼括为编户，销铜佛像，铸为钱币。后周败后蜀，得秦、阶、成、凤四州

957年 ～ 显德四年

• 世宗令大臣汇编律令为《大周刑统》

958年 ～ 显德五年

• 南唐主李璟献江北、淮南十四州于后周，称臣，去年号

959年 ～ 显德六年

• 后周世宗趁辽内乱，亲征，取瀛、莫、易三州及瓦桥、益津、淤口三关

960年 ～ 显德七年

• 正月，陈桥兵变，拥立殿前都点检赵匡胤，是为宋太祖赵匡胤，国号宋，废恭帝，后周亡

961年 ～ 宋建隆二年

• 罢宿将典中央禁兵

• 南唐中主李璟卒，子后主李煜继立

963年 ～ 干德元年

• 宋出兵攻周保权，假道江陵，高继冲纳地归降，南平亡。周保权降宋，湖南全境平

965年 ～ 干德三年

• 宋兵攻蜀，孟昶降，后蜀亡

971年 ～ 开宝四年

• 宋兵破广州，刘鋹降，南汉亡

975年 ～ 开宝八年

• 十一月，南唐后主李煜为宋军所俘，南唐亡

976年 ～ 太平兴国元年

• 宋太祖暴卒，弟赵光义夺取帝位，是为宋太宗赵炅

978年 ～ 太平兴国三年

• 钱俶纳土朝宋，吴越亡。陈洪进以泉、漳二州降于宋

979年 ～ 太平兴国四年，辽干亨元年

• 北汉主刘继元降宋，北汉亡

• 宋进军辽南京。辽军击败宋军于高梁河

983年 ～ 辽统和元年

• 改国号大契丹

986年 ～ 宋雍熙三年

• 宋军分路攻辽，于歧沟关等地大败

990年 ～ 辽统和八年

• 封李继迁为夏国王

993年 ～ 宋淳化四年

• 王小波、李顺起义。二月，四川王小波起义。十二月，败死；所部推李顺为帅

994年 ～ 宋淳化五年，辽统和十二年

• 五月，李顺失败，余部推张余为帅

• 十月，契丹定均税法

995年 ～ 宋至道元年，辽统和十三年

• 二月，张余败亡

• 四月，辽圣宗诏诸道民户应历以来胁从为部曲者，仍籍州县

996年 ～ 辽统和十四年

• 改诸部族令稳为节度使

1002年 ～ 宋咸平五年

• 李继迁攻陷灵州

1004年 ～ 宋景德元年，辽统和二十二年

• 契丹大举攻宋，交战双方订立澶渊之盟

1029年 ～ 辽太平九年

• 东京舍利军详稳大延琳称帝返辽，国号兴辽，年号天庆；次年败死

1038年 ～ 西夏天授礼法延祚元年

• 党项首领元昊称帝，是为西夏景宗李元昊，建都兴庆府，国号大夏，史称西夏

1039年 ～ 西夏天授礼法延祚二年

• 西夏定朝仪，建蕃学（党项学）

1041年 ～ 宋庆历元年，西夏天授礼法延祚四年

• 西夏军攻宋，败宋军于好水川

1042年 ～ 宋庆历二年，辽重熙十一年，西夏天授礼法延祚五年

• 宋向契丹岁贡增银、绢十万两、匹

• 西夏景宗攻宋镇戎军，大败宋军于定川砦

1043年 ～ 宋庆历三年，西夏天授礼法延祚六年

• 宋、西夏议和成，宋册元昊为夏国主

• 宋范仲淹实行变法，旋罢

1044年 ～ 辽重熙十三年，西夏天授礼法延祚七年

• 辽兴宗亲率诸道兵攻西夏，败绩

1048年 ～ 西夏天授礼法延祚十一年

• 太子宁凌噶与浪烈等刺杀西夏景宗，谅祚（毅宗）即位，是为西夏毅 宗李谅祚。没藏太后、国相没藏讹庞执政

1041年 ～ 1048年宋庆历年间

• 毕升发明活字印刷

1061年 ～ 西夏䙰都五年

• 西夏毅宗杀没藏讹庞，废党项蕃礼，改用汉仪

1063年 ～ 辽清宁九年

• 契丹皇太叔耶律重元叛乱，败死

1066年 ～ 辽咸雍二年

• 复号大辽

1069年 ～ 宋熙宁二年

• 王安石任参知政事，始实行变法

1071年 ～ 宋熙宁四年

• 王韶开拓熙河

1077年 ～ 辽大康三年

• 北院枢密使耶律乙辛图篡权，暗杀皇太子耶律浚

1081年 ～ 西夏大安七年，宋元丰四年

• 西夏梁太后囚禁惠宗

• 宋军攻西夏，败于灵州

1082年 ～ 宋元丰五年，西夏大安八年

• 宋改革官制

• 西夏军攻宋永乐城，大败宋军

1083年 ～ 辽大康九年，夏大安九年

• 耶律乙辛谋叛辽投宋，被西杀

• 西夏惠宗复帝位

1085年 ～ 宋元丰八年

• 宋神宗病死，高太后秉政，起用司马光，始推翻熙宁新法

1094年 ～ 宋绍圣元年

• 宋哲宗亲政，重新召用变法派贬逐守旧派

1102年 ～ 宋崇宁元年

• 宋徽宗任蔡京为相，立元佑党人碑

1104年 ～ 宋崇宁三年

• 宋军克鄯州、廓州，进据河湟一带

1105年 ～ 宋崇宁四年

• 设应奉局，置花石纲

1114年 ～ 辽天庆四年

• 女真完颜阿骨打起兵反辽，取宁江州，出河店之战大败辽兵，进占宾、咸、祥等州

1115年 ～ 宋政和五年，金收国元年，西夏雍宁二年

• 正月，阿骨打称帝，是为金太祖完颜旻，国号大金

• 宋军败西夏军于古骨龙城，又攻臧底河城，宋军败绩

1118年 ～ 宋重和元年，辽天庆八年，金天辅二年

• 宋遣使渡海往东北，始与金朝商议夹攻辽朝

1119年 ～ 宋宣和元年，金天辅三年，西夏元德元年

• 宋军攻西夏统安城，大败。西夏军围宋震武城，败于宋军。双方罢兵讲和

• 金颁行完颜希尹所制女真文字

1120年 ～ 宋宣和二年，辽天庆十年，金天辅四年

• 宋两浙、江东爆发方腊起义

• 金太祖取辽上京，辽天祚帝逃至西京

1121年 ～ 宋宣和三年，辽保大元年，金天辅五年

• 方腊兵败被俘，牺牲

• 辽都统耶律余降金，金大举攻辽

1122年 ～ 辽保大二年，金天辅六年，西夏元德四年

• 金军取辽中京、西京。辽天祚帝逃入夹山，耶律大石、回离保（萧干）等大臣拥立耶律淳称帝，改元建福，旋病死，燕京降金。西夏出兵援辽，兵败

1123年 ～ 宋宣和五年，辽保大三年，金天会元年

• 宋以代税钱向金赎回燕山府等地

• 金太祖病死，吴乞买即位，是为金太宗完颜晟

• 辽回离保还箭山自立，号奚国皇帝，改元天复，旋即败亡

1124年 ～ 宋宣和六年，辽保大四年，金天会二年，西夏元德六年

• 宋征免夫钱

• 辽耶律大石率部西走，自立为王。天祚帝率军出夹山，败于金军

• 西夏向金称臣

1125年 ～ 宋宣和七年，辽保大五年，金天会三年

• 金兵俘辽天祚帝，辽亡

• 金完颜宗翰、颜宗望两路攻宋

1126年 ～ 宋靖康元年，金天会四年

• 金军攻破开封

1127年 ～ 宋建炎元年，金天会五年

• 金军俘宋徽、钦二帝北还，北宋亡。宋康王赵构于南京应天府即位，是为宋高宗赵构，建立南宋

1128年 ～ 宋建炎二年，金天会六年

• 二月，金完颜宗翰、完颜宗辅大举攻宋。宋东京留守宗泽联合各地义军，击退金军进攻，旋卒

1129年 ～ 宋建炎三年，金天会七年

• 金军进逼扬州，宋高宗逃往江南，将行在迁至杭州。宋苗傅、刘正彦发动政变，旋败。金军渡江，宋廷流亡海上

1130年 ～ 宋建炎四年，金天会八年

• 金军迭遭挫败，退至江北。宋军大败于富平，陕西大部遂相继失陷。金纵秦桧归宋，立宋降臣刘豫为大齐皇帝，都大名府

• 洞庭湖滨钟相、杨么起义，旋即失败，杨么等率余部继续武装斗争

1131年 ～ 宋绍兴元年，金天会九年

• 宋吴玠军于和尚原大败金完颜宗弼军

1133年 ～ 宋绍兴三年，金天会十一年

• 宋吴玠军败于饶风关。齐军占夺襄汉之地

1134年 ～ 宋绍兴四年，金天会十二年

• 宋吴玠军于仙人关大败金军。宋岳飞军克复襄汉六郡，东援庐州

1135年 ～ 宋绍兴五年，金天会十三年

• 金改定政治制度

• 金太宗死。完颜亶即位，是为金熙宗完颜亶

• 杨么起义失败

1136年 ～ 宋绍兴六年，金天会十四年

• 岳飞军突击伊洛。齐军攻淮南，战败。岳飞军击退金、齐军进犯，兵临蔡州

1137年 ～ 宋绍兴七年，金天会十五年

• 宋淮西爆发兵变，郦琼率左护军大部降齐

• 金熙宗废刘豫齐国，置行台尚书省于汴

1138年 ～ 金天眷元年

• 正月，金颁行女真小字

1139年 ～ 宋绍兴九年，金天眷二年

• 金归宋河南、陕西之地

• 金熙宗以谋反罪杀完颜宗盘、完颜宗隽、完颜昌等大臣，以完颜宗干为太师，领三省事，完颜宗弼任都元帅

1140年 ～ 宋绍兴十年，金天眷三年

• 完颜宗弼率金军毁约南犯，宋刘锜军大败金军于顺昌。岳飞进军中原，郾城之战大败金军，宋廷迫使班师

1141年 ～ 宋绍兴十一年，金皇统元年

- 宋金在淮西会战，宋军胜于柘皋，败于濠州。宋廷罢岳飞、张俊、韩世忠兵权。吴璘军于剡家湾大败金军。宋金议和，史称绍兴和议。岳飞被害

1142年 ～ 宋绍兴十二年，金皇统二年

- 宋金划分地界，宋高宗以“臣构”名义上誓表，金册康王为宋帝

1149年 ～ 金皇统九年，金天德元年

- 金海陵王完颜亮刺杀金熙宗，即帝位

1152年 ～ 金天德四年

- 海陵王迁都燕京

1159年 ～ 金正隆四年

- 海陵王图谋攻宋，造战船，籍诸路兵丁及军器

1160年 ～ 宋绍兴三十年

- 宋始发行东南货币会子

1161年 ～ 宋绍兴三十一年，金大定元年

- 五月，金西北路契丹人撒八、移剌窝斡等起义
- 六月，海陵王迁都汴京
- 九月，海陵王统三十二总管兵攻宋。十月，金征南万户完颜福寿、完颜谋衍等还军东京，拥立东京留守完颜雍即位，是为金世宗完颜雍。宋李宝军于胶西陈家岛海域歼金朝舰队。十一月，海陵王攻宋，采石之战金军渡江失败，海陵王被部将所杀

· 是年，移剌窝斡杀撒八称帝。金爆发济南耿京等起义

1162年 ～ 宋绍兴三十二年

· 宋高宗传位于赵，是为宋孝宗赵

1163年 ～ 宋隆兴元年

· 金大定三年

· 东南宋军北上，大溃于符离

1164年 ～ 宋隆兴二年，金大定四年

· 隆兴和议，宋金重订和约

· 金世宗遣张弘信等分路通检诸路物力，后又屡次实行通检推排

1165年 ～ 宋干道元年，金大定五年

· 正月，宋金议和成，宋称侄皇帝，割海、泗、唐、邓、商、秦等地与金，岁贡金银、绢二十万两、匹

1170年 ～ 西夏干佑元年

· 权相任得敬胁迫西夏仁宗李仁孝分西南路及灵州罗庞岭与之称楚国；西夏仁宗杀任得敬

1189年 ～ 金大定二十九年

· 正月，金世宗死，皇太孙即位，是为金章宗完颜璟

· 二月，诏放宫籍户及奴婢为良

1190年 ～ 西夏干佑二十一年

· 西夏骨勒茂才纂《番汉合时掌中珠》成

1191年 ～ 金明昌二年

· 十二月，诏罢契丹字

1194年 ～ 宋绍熙五年

· 赵扩在吴太后支持下即位，是为宋宁宗

1195年 ～ 宋庆元元年

· 宰相赵汝愚等被贬斥，韩侂胄掌权，始实行庆元党禁

创作札记：北邙厚土

北邙山，又名北芒、邙山、北山、平逢山，太平山，郏山。

北邙山海拔300米左右，东西横亘数百里，位于河南省洛阳市北，黄河南岸，是秦岭山脉的余脉，崤山支脉。

主峰翠云峰，峰上树木郁郁葱葱，苍翠若云，故称“翠云峰”。翠云峰风景秀丽，是消夏胜地。

相传老子曾在邙山炼丹，山上建有上清观以奉祀老子。

附近还有道教寺观吕祖庵、武则天避暑行宫、中清宫、下清宫等古建筑。

唐宋时期，每逢重阳佳节，上邙山游览者络绎不绝。唐朝诗人张籍诗云：“人居朝市未解愁，请君暂向北邙游。”

每当夕阳西下，万家灯火，如同天上繁星，登阜远望，伊洛二川之胜，尽收眼底。“邙山晚眺”，被誉为“洛阳八大景”之一。

上清宫，道教名观，位于北邙山翠云峰上。相传即为太上老君炼丹之处，始建于唐代，初称老君庙。

唐高宗李治乾封元年（666）追尊老子为玄元皇帝，开元二十九年（741）诏令两京诸州置庙祭祀，因而上清宫又叫玄元皇帝庙，后因避玄宗讳，改称为元元皇帝庙，最后改为上清宫。

当时上清宫规模宏伟，殿堂巍峨，门外有石狮石马，内有“画圣”吴道子所绘的《五圣千官像》，十分辉煌壮观。

历代文人在上清宫中留下了不少墨宝。

诗人杜甫于公元749年登上玄元皇帝庙，一览洛阳的山河形势，写出“山河扶绣户，日月近雕梁”的名句，宋代的苏东坡也曾于此刻石题句。

金元废上清宫，明代嘉靖十四年（1535）重建，因为山高风大，改殿顶小瓦为大型釉瓦(俗称琉璃瓦)，屋脊置铁瓦，故称大殿为铁瓦琉璃殿，今庙内尚存有当时的铁瓦数块。

嘉靖三十四年地震时，上清宫殿宇被震毁，其后历经康熙、雍正等朝重修，民国时亦曾整修。

抗日战争期间惨遭日军炸弹破坏，仅翠云洞和洞上平台、三间五脊歇山顶老君殿幸存。

附近还有道教寺观吕祖庵、武则天避暑行宫、中清宫、下清宫等古建筑。

公元543年，两魏第四次大战（邙山大战）揭开序幕。此次战争的导火索是由于高敖曹的哥哥高仲密以北豫州投降西魏引起。而更深入的原因，则是由于高欢的儿子高澄贪色引发。

高澄十四岁时就因与其父的宠妾郑氏通奸，差点被高欢杀掉，经司马子如从中周旋，杀掉首告的奴婢灭口，父子才重新和好。

后来，高澄又看上高仲密美丽的妻子李氏，一见面就扑上去乱扯衣带想要强奸。李氏不从，衣带尽裂，脱身后向高仲密哭诉。恰值高仲密即将外放为北豫州刺史，惊惧气恼之下，一到任上就向西魏投降，东魏的战略要地虎牢关落入西魏之手。

宇文泰亲师诸军接应高仲密，军至洛阳，包围河桥南城。

高欢亲自将兵十万，自黄河北岸渡河，据邙山为阵，数日不战。

宇文泰尽留辎重，趁夜登邙山想突袭高欢。

侦察骑兵火速通知高欢，说西魏军只携兵械士粮而来，已距高欢四十里。

高欢勒兵待敌。

黎明时分，两军相交，高欢大将彭乐以数千骑兵直冲入西魏北军，所向皆溃，一直深入西魏营内。有人奔告高欢说彭乐临阵叛逃，高欢大怒。

不久，西北方向尘土飞扬，彭乐遣使告捷，俘获西魏临洮王元柬等五个王爷及督将参谋等总共四十八人。

高欢鸣鼓进击，俘敌三万余人，斩首三万余级。

高欢派彭乐追击宇文泰。

宇文泰狼狈不堪，边跑边在马上向彭乐哀求："这不是彭乐将军吗？今天你杀掉我，明天你还有用吗？干嘛不马上还营，把我丢下的金银宝物一并取走呢？"

彭乐粗人，也觉此话有理，舍掉宇文泰，回至宇文泰丢弃的营中把一大袋金宝放在马上奔回向高欢复命。

看来"玩寇"、"养寇"不是唐朝将领发明，自从勾践诛文仲，刘邦杀韩信，"兔死狗烹"一直是武人最害怕的事情，以后被唐、元、明等诸多武将奉为长策，时不时就纵"匪"漏网，这样天下有事，才保武人位重权尊，更免鸟尽弓藏之祸。

彭乐见高欢，张着大嘴报告："黑獭侥幸逃跑，已经吓得破胆。"

高欢既高兴彭乐大战，又极怒他放走宇文泰，命彭乐趴在地上，亲自上前抓住老爷们的大脑袋猛往地面撞，咬牙切齿良久，手中刀举了几次要当场砍下彭乐脑袋，权衡再三，未忍下手。

彭乐满脸是血，扬头乞求高欢再给他五千人马，回阵复追宇文泰。

高欢骂道："你把人都放跑了，还说什么回阵复追。"遂派人取来三千匹绢压堆在彭乐背上，因以赏其战胜之功。

转天，东西魏两军重整旗鼓复战。

宇文泰三军合击东魏军，高欢大败，步兵全被俘虏。

高欢一时间连坐骑也被射死，手下赫连阳顺自己下马把马让给高欢，连同七个人随后保护。

追兵聚至，高欢的亲信都督尉兴庆说："大王您赶快离开，我囊中有百箭，足以射杀百人，保护您撤走。"

高欢感动说："如果我们都能生还，以你为怀州刺史。如果你战死，让你儿子做刺史。"

尉兴庆说："我儿子太小，希望用我哥哥吧。"

高欢允诺，连声说："好好好。"

尉兴庆一人殿后拒战，矢尽，被西魏兵乱刀砍杀。

东魏有投降的兵士为了请功，把高欢逃跑的方向西魏报告，宇文泰招集三千敢死队，都执短兵，以大都督贺拔胜为首带军急追。

乱阵之中，贺拔胜发现正在仓惶逃命的高欢，执槊与十三骑追赶上来，追了数里，好几次槊尖都几乎刺及高欢，大喊："贺六浑（高欢字），我贺拔破胡（贺拔胜字破胡）今天一定宰了你！"

高欢力竭惊恐，几乎心脏病发作登时死在马上。

高欢的随从在旁边发箭，射翻西魏两骑，又毙贺拔胜坐骑。

等到副马赶到，高欢已经跑得没影。

贺拔胜叹道："今天竟然忘记带弓箭，真是天意啊！"

战后，高欢回邺城，把贺拔岳留在东魏的几个儿子全部整家杀尽。贺拔胜听说后活活气死。

宇文泰听到贺拔胜死讯，流泪良久，对左右说："诸将临敌，神色都显慌张，惟独贺拔公临阵颜色如常，真正是大勇之人啊。"

由于西魏赵贵等五个将领的手下军队败退，战场形势又发生变化。

东魏兵重新集结，冲杀过来。

宇文泰出击，不敌而退，率军逃跑，东魏军队追击。

由于独狐信等人收集西魏散卒从后袭扰东魏追兵，宇文泰才得幸逃脱，屯军渭河上游。

高欢将兵入陕州，部下封子绘劝高欢乘胜追击，定能一统两魏。但其余将领皆无斗志，志气衰竭，不敢再战。

其时宇文泰已成强弩之末，只要高欢军至，必死无疑。高欢见众将志沮，便下令还军，失去绝佳的机会。

一直为宇文泰坚守桓农粮仓的王思政听说西魏军大败的消息，不仅不逃，反而让人大开城门，自己解衣躺在城楼上，慰勉将士，以激励士卒，表示自己的胆略。

几天后东魏兵杀到城下，见城门大开，又知道王思政的名声，心中大怯，竟不战逃走。

东魏军自此重新夺回北豫州和洛州，侯景俘获高仲密妻儿送至邺城。

公元564年的冬天，北齐重镇洛阳被北周十万大军围困，守城部队已经弹尽粮绝，形势岌岌可危。

如果洛阳陷落的话，将直接威胁到北齐政权的存在。

北齐武成帝万分焦急，急诏全国各地的军队前去解洛阳之围。

北齐全国各地的军马星夜兼程赶到洛阳城外，冲向将洛阳围成铁桶的北周军队。三军将士竭力拼杀突破了北周军队围城打援的第一道防线后，再也无力向前挺进了。

眼看着北周攻城军队逐步地加强攻势，洛阳城的守军心里已经绝望了。

如果北周军队攻下洛阳城，转回身再来对付北齐援军的话，北齐的援军面临的就是灭顶之灾了。

就在这危急的关头，北齐军队的一员将军，率领了五百士兵冲向千军万马的北周军队。

这位将军身穿铠甲，手握利刃，在人群中格外醒目，然而最吸引人的是他的脸部，他的脸上带了一个面目狰狞的面具，看到叫人不寒而栗。

这位将军骁勇异常，加上他脸上的狰狞面具给敌人心理上的震撼，北周的军队竟然拦不住他。他率领五百士兵在北周军队中杀出一条血路，冲到洛阳城下。

此时的城内守军已成惊弓之鸟，疑心有诈，不敢贸然打开城门。他们要求这位将军摘下面具，亮出他的本来面目。

将军答应了，当他摘下面具以后，城内的守军顿时欢声四起，因为这位戴面具的将军不是别人，正是北齐一代名将，兰陵王高肃。

因为兰陵王容貌出奇的俊美，像个美丽的女子，所以在战斗中往往会被敌人所轻视。兰陵王为了震慑住敌人，命人打造了面目狰狞的面具，以后每次出战，都戴上这个面具。

当守城的士兵们知道戴面具的将军是兰陵王以后，打开城门和兰陵王的军队一起杀向北周军队，北周军队大败。

这一场大战被史称“邙山之战”。

史书这样记载北周军队惨败的样子：“丢营弃寨，自邙山至谷水，三十里中，军资器械，弥满川泽”。

北邙山不仅是军事要地，也是绝佳的风水宝地，因此历史上许多王公将相都选择最后在此安息，唐朝就有诗云：“北邙山头少闲土，尽是洛阳人旧墓。”

北邙山的西端有仰韶文化遗址，这是新石器时期黄河中游地区人类文明的一个标志。

北邙山山势雄伟，水深土厚，伊、洛之水自西而东贯洛阳城而过。立墓于此，即圆了古人所崇尚的“枕山蹬河”的风水之说。

而且，在北邙山地表以下5—15米的土层，渗水率低、粘结性能良好、土壤紧硬密实，因此邙山被视为殡葬安冢的风水宝地，自后汉建武十一年城阳王刘祉葬于北邙山，其后王侯公卿多选墓地于此，就连朝鲜半岛的百济国国王在客死他乡后，也选择了邙山为自己的安葬之地。

唐代诗人王建说“北邙山头少闲土，尽是洛阳人旧墓”；白居易则问“何事不随东洛水，谁家又葬北邙山？”俗语道：“生在苏杭，葬在北邙”皆源于此。

北邙山自东汉以来就是洛阳人的墓地。现存有秦相吕不韦、汉光武帝刘秀、西晋司马氏、南朝陈后主、南唐李后主之陵，有唐朝诗人杜甫、大书法家颜真卿等历代名人之墓。

公元前235年，文信侯吕不韦死去，被其宾客偷偷安葬在洛阳北芒山。

《史记·秦始皇本纪》载：“十二年，文信侯不韦死，窃葬。”

唐代司马贞《史记索隐》云：“不韦饮鸩死，其宾客数千人窃共葬于洛阳北芒山。”

帝陵是洛阳邙山陵墓群的主体。

“生在苏杭，葬在北邙。”今天洛阳北部的邙山上分布着大量的古代陵墓和陪葬墓群。

从夏商开始，前后有十三个王朝在洛阳建都，时间长达千余年。邙山上到底埋葬着多少帝王？他们又分别在什么地方？千年过后，这些帝王陵还都完好如初吗？陵墓内是否还有价值连城的陪葬品？

邙山，地势起伏平缓，高敞而空旷，中间高而四周低，黄土土层深厚，黏结性好，坚固致密，渗水率低，周围河流潺潺，是理想的营茔之所。历代达官贵人以能在此安葬为荣。

邙山古墓葬有数十万之多，号称“无卧牛之地”，其分布之密、数量之多、延续年代之久，堪称中国之最。这其中的陵墓群又是全国最大的陵墓群遗址之一，是中国帝陵体系的重要组成部分。

北邙山上埋葬着东周、东汉、曹魏、西晋、北魏、后唐六代共计24座帝王的陵墓及其陪葬墓群。

历代帝陵主要有9个集中分布区。

西郊三山村东周陵区、东郊金村东周陵区、东周王城陵区、邙山东汉陵区（北兆域）、邙山北魏陵区、偃师万安山东汉陵区（南兆域）、偃师首阳山西晋、曹魏陵区、偃师景山唐代陵区。

区域面积达750余平方公里，地跨洛阳市所属的孟津县、偃师市、西工区、老城区、涧西区、河区、洛龙区七个县区，涵盖了20多个乡镇，360多个自然村。

陵墓群西至孟津县常袋乡酒流凹村—洛阳市郊红山乡杨冢村一线，东至偃师山化乡南游殿村—山化乡忠义村一线，大致呈东西向长条形分布。

北邙山陵墓群已经发现包括东周时期的王墓8座，东汉帝陵5座，曹魏帝陵1座，西晋帝陵5座，北魏帝陵4座，五代后唐帝陵1座。

东汉帝陵分别是光武帝原陵、安帝恭陵、顺帝宪陵、冲帝怀陵、灵帝文陵。

曹魏帝陵为文帝首阳陵。

西晋帝陵分别是宣帝高原陵、景帝峻平陵、文帝崇阳陵、武帝峻阳陵、惠帝太阳陵。

北魏帝陵分别是孝文帝长陵、宣武帝景陵、孝明帝定陵、孝庄帝静陵、

永宁寺塔基遗址

后唐帝陵为明宗徽陵。

帝陵周围还密布着大大小小的墓冢，它们是王公贵族、皇亲国戚的陪葬墓。

公元前510年周敬王出居成周，子朝居于王城，敬王以后11王均居于成周，这些周王的葬地应在成周附近。其陵墓区位于洛阳市郊白马寺镇金村附近。

公元25年，刘秀定都洛阳，东汉5帝葬于邙山。

东汉陵区主要位于孟津县送庄乡三十里铺村及其附近地域，汉魏故城的西北方。面积近40平方公里，墓冢的年代和规模与《帝王世纪》、《古今注》等文献记载的邙山五陵的方位一致。

公元220年，魏文帝曹丕定都洛阳，265年，西晋代魏，仍以洛阳为国都。曹魏、西晋陵区，位于东汉陵区以东，汉魏故城的东北方，邙山东段首阳山南北两侧。

据文献记载，曹文帝首阳陵、西晋宣帝高原陵、景帝峻平陵、文帝崇阳陵、武帝峻阳陵、惠帝太阳陵分布在这里。

1982年，中国社科院考古所发现了位于偃师市南蔡庄北的晋武帝峻阳陵和位于后杜楼西北的文帝崇阳陵，并对两处帝陵陵园遗址进行了钻探和发掘。

公元494年北魏迁都洛阳。北魏陵区位于东汉陵区的西侧，洛阳瀍河东西两岸，汉魏故城的西北方，分布在孟津县朝阳乡、洛阳市郊的红山乡等7个乡镇的50余个村庄。

公元907年至960年的五代时期，后梁、后唐、后晋均曾建都于洛阳。

孟津县送庄乡的护庄村西南有一座覆斗形大冢，地望和文献记载相符，覆斗式封土又是唐以来帝陵通常采用的形制，可以确定此即后唐明宗徽陵。

从历史记载看，由于各种原因，邙山陵墓群破坏甚重，墓冢数量减少，墓室被盗掘，封土和陵园遗址遭毁坏。

东汉末年社会混乱，军阀饥民发掘帝陵及其陪葬，掠夺财宝。

对皇室新陵旧冢的大规模盗掘，起于董卓，他打开位于城北的文陵，将墓中珍物一扫而光。

曹操设置机构与官员，专司刨坟挖金，以应军需，洛阳城外的皇家陵园也难以幸免。

唐末五代战乱之际，洛阳的帝王陵墓普遭盗挖。

清朝末年，西方列强在中国搜刮古物，洛阳首当其冲。1904年汴洛铁路动工经过邙山南麓，毁坏了一批古墓，出土的随葬品使欧美竞相购求。

1928年-1932年间，位于邙山脚下的东周金村大墓曾遭到当地村民疯狂盗掘，出土珍贵文物数以千计，皆被加拿大传教士怀履光和美国人华尔纳买走，流失海外。

邙山深藏着大量秘密，人们仍旧知之甚少：多数帝陵的确切位置不详，陪葬墓的数目不清，主要陪葬墓的墓主人不确定；整个陵墓群的范围和各个陵区的范围不清楚；对帝陵和陪葬墓的分布、形制、结构、埋葬制度，以及陵园的建筑结构和制度了解不多，考古调查与勘测的任务繁重。

许多人为和自然原因正不断地侵蚀着陵墓的封土，威胁着陵园的文物安全。

邙山陵墓群，是国家文物局确定的100处重点保护大遗址之一，也是洛阳市文物保护工作的重点。

多年来，洛阳市通过明确属地管理职责、聘请业余文物保护员、整体保护与分区域保护结合、建设博物馆、建立联动机制等措施，多策并举，密织“保护网”，为邙山陵墓群“保驾”。

经过多年努力，洛阳市先后普查了近千平方公里，调查古墓冢、古墓葬1175座。累计发掘遗址面积2.9万平方米，发掘古墓葬216座，为进一步开展邙山陵墓群文物保护工作奠定了基础。

在邙山陵墓群的文物保护管理中，洛阳市划定保护范围、制定保护标志、完善保护档案，并按照“属地管理”原则，以陵墓所在的行政区域为单位，完善文物保护责任制度；聘请业余文物保护员，切实加强保护力量；开展日常宣传教育工作，协调、规范陵墓群周边村民生产生活行为，鼓励村民参与文物保护协助工作；在基本建设中，严格落实“先勘探后开工”审批制度，严格控制文物保护区域内各类建设。

2009年，文物工作者在考古挖掘时发现了曹魏征东大将军、大司马曹休墓。为保护这一珍贵遗产，洛阳市筹建了曹休大将军博物馆。

为加强邙山陵墓群保护范围内田野文物的安保工作，市公安、建设、国土、文物等部门联合建立文物保护工作联席会议制度，加强协商和信息沟通，排查整治各类安全隐患，共同打击文物犯罪，以确保邙山陵墓群的安全。

邙山陵墓群保护区分布地域广，保护难度大。

文物保护是项社会性工程，需要社会各界的广泛参与。为此，洛阳市制定了《洛阳市邙山陵墓群保护条例（草案）》，不仅对邙山陵墓群的范围和建设控制地带进行了准确界定，还制定了不少加强对重要墓葬和遗址保护的禁止性规定，违反禁止性规定的行为将受到相应处罚。

《条例》规定：任何单位和个人都有权对破坏邙山陵墓群及其风貌和自然环境的行为进行制止、举报；对于在保护过程中有显著成绩的单位和个人，市政府或市文物部门将给予奖励。

近年，洛阳市相继实施汉魏故城阊阖门遗址、隋唐城定鼎门遗址、偃师商城西城墙以及隋唐城宫城核心区等大遗址保护展示工程，大遗址保护展示工作取得重大进展。

邙山陵墓群的大遗址保护展示条件也逐步成熟。

为确保邙山陵墓群长久安全，建设邙山陵墓群和洛南东汉帝陵国家大遗址考古公园，以公园化、生态化模式，统筹邙山陵墓群的安全保护与开发利用。

邙山上冢垒嵯峨，几无卧牛之地，地下随葬品埋藏极为丰富。引得商人“不惜重金，购于黑市”。

由于偷挖古墓中明器的需要，洛阳的凹形探铲，明代中叶即流传于民间。此后，洛阳铲为后人逐渐改进。

洛阳铲因为是要作为挖掘探洞、采集探土之用，故而铲身不是扁形而是半圆筒形，类似于瓦筒状。

常见的洛阳铲铲夹宽仅2寸，刃口呈U字半圆形，铲上部装长柄。

洛阳铲虽然看似半圆，其实形状是不圆也不扁，关键的是成型时弧度的打造。

洛阳铲长20至40厘米，直径5至20厘米，装上富有韧性的木杆后，可打入地下十几米，通过对铲头带出的土壤结构、颜色和包含物的辨别，可以判断出土质以及地下有无古墓等情况。

洛阳铲的制作工序有20多道，成型时需要细心敲打弧度，稍有不慎，打出的铲子就带不上土。

通常制造一把洛阳铲，需要经过制坯、煅烧、热处理、成型、磨刃等近二十道工序。

随着时代的发展，一般的洛阳铲已经被淘汰，新的铲子是在旧洛阳铲的基础上改造的，分重铲和提铲（也叫泥铲）等。

由于洛阳铲铲头后部接的木杆太长，目标太大。所以现在弃置不用，改用螺纹钢管，半米上下，可层层相套，随意延长。平时看地形的时候，就拆开，背在双肩挎包里。

而今，洛阳铲的家族已经十分庞大，比如电动洛阳铲，俨然一个小型的钻探机。

据传，“洛阳铲”的发明者是洛阳的一些盗墓人。

自20世纪初以来的100多年间，神奇的“洛阳铲”，使得中国古墓葬最集中的洛阳邙山地区十墓九空，古物大量外流。“洛阳铲”由此恶名远播。

“洛阳铲”曾广泛使用为盗墓，而今则成为考古学工具。

在中国著名的偃师商城、殷墟等古城址的发掘过程中，洛阳铲发挥了重要作用。

“洛阳铲”已被正式作为田野考古工作者的特备工具，在教科书上划出图形，介绍其使用方法，向全国推广使用，并因此而形成了中国独有的考古钻探技术，也成了中国考古钻探工具的象征。

可以说，在世界范围，“洛阳铲”也是最好的考古工具之一。

如今，学会使用洛阳铲来辨别土质，是每一个考古工作者的基本功。

20世纪50年代，洛阳成为重点建设城市。工厂选址常遇到古墓，以机器钻探取样，费时费工，于是工程施工人员就利用这种凹形探铲，准确地探测出数千座古墓。

洛阳铲传到东欧和亚非各国，驰名中外。

如今，洛阳铲是中国考古钻探工具的象征。20世纪70年代初，中国考古代表团访问阿尔巴尼亚时，曾赠送一把打造精致的洛阳铲。

洛阳铲更是被广泛应用于国家基本建设、科研和工业上。

曹魏曹植《送应氏》：“步登北邙阪，遥望洛阳山。洛阳何寂寞，宫室尽烧焚。垣墙皆顿擗，荆棘上参天。不见旧耆老，但睹新少年。侧足无行径，荒畴不复田。游子久不归，不识陌与阡。中野何萧条，千里无人烟。念我平常居，气结不能言。”

北魏郦道元《水经注·谷水》曰：“北对芒阜，连岭修亘，苞总众山，始自洛口，西逾平阴，悉芒陇也。”

晋张载《七哀诗》：“北邙何累累，高陵有四五。借问谁家坟，皆云汉世主。”

唐韩愈《赠贾岛》：“孟郊死葬北邙山，从此风云得暂闲。天恐文章浑断绝，更生贾岛着人间。”

唐沈佺期《北邙山》：“北邙山上列坟茔，万古千秋对洛城。城中日夕歌钟起，山上惟闻松柏声。”

唐白居易《浩歌行》：“贤愚贵贱同归尽，北邙冢墓高嵯峨。古来如此非独我，未死有酒且高歌。”

唐沈千运《古歌》：“北邙不种田，但种松与柏。松柏未生处，留待市朝客。”

唐王建《北邙山》：“北邙山头少闲土，尽是洛阳人旧墓。旧墓人家归葬多，堆著黄金无买处。天涯悠悠葬日促，冈坂崎岖不停毂。高张素幕绕铭旌，夜唱挽歌山下宿。洛阳城北复城东，魂车祖马长相逢。车辙广若长安路，蒿草少于松柏树。涧底盘陀石渐稀，尽向坟前作羊虎。谁家石碑文字灭，后人重取书年月。朝朝车马送葬回，还起大宅与高台。”

金元好问《北邙》：“驱马北邙原，踟蹰重踟蹰。千年富贵人，零落此山隅。”

明薛瑄《北邙行》：“北邙山上朔风生，新冢累累旧冢平。富贵至今何处是，断碑零碎野人耕。”

第柒卷

帝都传奇

任见 著

河南人民出版社

目　录

第九十一章

起乎北地

一

话说公元471年，北魏最高领导人献文帝拓跋弘突然宣布离休，放弃皇位，把不足五岁的年幼太子拓跋宏推到了前台。

拓跋宏——孝文帝，这个名字的读音听上去跟他父亲一样的皇帝，身高还不及那个万人景仰的座位，就被扶上去坐了。

幼儿园中班的拓跋宏，提前登基，是他父亲和祖母权斗和妥协的结果，因而小小年龄的他，只是一枚政治棋子，被布在了天元要位上。

拓跋宏的祖母，也即他的奶祖母，是心志强悍、善于权力的冯太后。

北魏后宫有个奇特的祖宗家法，“后宫产子将为储，其母皆赐死”。为了防止外戚干政，后妃如果生了儿子被立为储君，那么这位妃子就会被处死。

拓跋弘和拓跋宏的生身母亲都是被赐死了的。

冯太后既不是拓跋弘的亲妈，更不是拓跋宏的亲奶奶，但她却不仅带大了拓跋弘，也带过拓跋宏，应该说，对他们父子是比较慈爱的。

但，冯太后跟拓跋弘、拓跋宏毕竟没有半点血亲关系，而且说起来拓跋弘还是她情敌的儿子，当然也是政敌，因而冯太后与拓跋父子的关系就不好定义了。

后山帮你分析过十九岁的拓跋弘让位于五岁儿子的原因之一：他自己做太上皇，那么冯太后就成了太皇太后，辈分上更远，她就没有多少理由再干预朝政了。

但拓跋弘没有认识到，冯太后多年主抓朝廷工作，早已树大根深，权力难以

洛阳出土北魏陶俑

动摇，要想将冯太后逐出北魏的最高权力中枢，不是那么容易的。

拓跋弘在位时，干的一件大事，是在老丈人的帮助下诛除了冯太后的情人李奕。若他那时节拔萝卜带泥地穷追猛打，直至限制“母后”的自由，或有胜算。但他顾忌仁义孝道的个人形象，恐怕脏了羽毛，这就被动了。

拓跋弘逊位时，不到十九岁，极欲有所作为的意愿并未稍减，事实上仍在行使着皇帝的权力，离而不休。

太上皇的东征西讨没有停止，打击了北方的柔然、敕勒、吐谷浑，又勾头向南，进犯刘宋，即刘裕立于建康——今之南京——的朝廷，基本确定了北魏的疆域。

拓拔弘治理干部队伍也下了功夫，所谓“慎择牧守，进廉退贪”，廉洁的晋升，贪污腐败者收拾掉。

前曾有叙，在改革了北魏史上官员无俸的规矩后，拓跋弘把治绩考核提到了较高的位置。地方牧守，评分甲等、乙等的可以连任，满一年涨一级工资，丙等、丁等的，即使就任不久，也要受到撤职处罚，甚至责其辞职。

在刑狱方面，拓拔弘不准轻易判处死刑，“大刑多令覆鞠”，当然这也是在替小皇帝收买人心。该判快判，不准超期羁押，他说：“滞狱诚非善治，不犹愈于仓猝而滥乎！”——老不判决，比随意快判还坏。

拓跋弘还禁止滥杀牲畜，不准以耕牛献祭，以保护农业生产。

但在重视农业方面，他做得过了，颁布诏令，让工商业者一律关门撤柜，务农种田去。

公元473年，拓拔弘南巡洛阳，回程路过怀州——今天的河南沁阳，有个叫薛虎子的求见。

薛虎子这人，原在朝中掌理百官奏折，秘书，权力不小。冯太后临朝，他不怎么配合，还对冯太后的风情韵事颇有微词，冯太后就贬他为枋头守将，一个乡镇小官。再后来又将他免官为卒。

现在，薛虎子趁机要求拓拔弘，恢复枋头守将的官职。

薛虎子说："鄙人本无过错，贬为枋头镇将，差可接受，然复斥为兵卒，实是不该。"

拓跋弘听薛虎子申诉，觉得有道理，遂恢复其枋头镇将的官职。

为薛虎子平反还官，摆明了是跟冯太后公开作对。冯太后对此十分生气，加重了对拓跋弘的猜忌。

不过，冯太后毕竟比拓跋弘年长，她已二十六岁，又有政治手腕，就假装不知，忍了下来。

公元474年六月，二十一岁的拓跋弘再次下令，整顿司法秩序。为了缓和自己与冯太后的关系，下令前，专门请示冯太后。

冯太后自然也给他面子，一概照准。

此次，规定审理一切案件，都要以事实为依据，以法律为准绳，而且必须程序合法，量刑合理。

公元474年，拓跋弘发布诏令，整顿州、郡、县争收公粮与牲畜的混乱局面，规定只能由县一级征收，征收时不准使用大斗、长尺、重秤，超过市场通用标准的，严加追究。

冯太后认为，种种迹象都在表明，拓跋弘逊位是假，以退为进，一步步地全面占领权力是真。

冯太后是一个不甘退出政治舞台的女人，而且这时她又有了新的情人。她还知道，宫廷斗争你死我活的特性。假若失掉权力，非但情人保不住，自己也将有性命之虞。所以她绞尽脑汁，策划对付拓跋弘之计。

公元476年系孝文帝延兴六年，孝文帝十岁，在奶奶冯太后和父亲拓跋弘主持下第一次改元。

刚刚改为承明元年，六月的一日，举国庆祝，宫里也在多个夜间举办歌舞晚会。下了狠心的冯太后在毫无迹象的时候提前动手了。

冯太后派人请太上皇拓跋弘进宫谒见。没有防备的拓跋弘被伏兵擒拿，软禁起来。冯太后则对外宣称：太上皇病了。

随后，冯太后派人灌了拓跋弘毒酒，将之鸩杀于平城永安殿后室内。

孝文帝拓跋宏年岁还小，太皇太后冯氏，再度临朝听政，成为北魏事实上的政治领袖。此时的冯太后年近三十，无论才识、气度还是政治经验，都更加成熟了。

冯太后知道，朝廷不是家庭，再掌朝纲，必然面临新的挑战。

果然，太上皇拓跋弘死后，朝内局势又动荡起来。不仅如此，朝廷之外，官吏的腐败堕落、贪残刻薄，重新泛起，百姓度日艰难，反叛屡生，四处反政府起义不休。

为了北魏朝野的长治久安，也为了巩固自己的权力地位，冯太后恩威兼施，开始充分施展其超人的政治智慧和政治才能。

二

却说当年，文成帝拓跋濬逝世之初，荣任太后的冯氏就不耐守寡的孤寂与冷清，很注意那些美貌男子，想办法将他们弄来做伴。

青年才俊李奕，系南部尚书李敷的弟弟。李奕二十出头，跟冯后年龄相当，不仅仪表堂堂，风流倜傥，而且多艺多才，善解人心，两人私通之后，如胶似漆，弄得朝野皆知。

新上台的天子拓跋弘，踌躇满志、意气风发，正欲大干一场，谁料“母后”做出如此风流不羁之事，让他感到非常难堪。

献文帝拓跋弘本来反感冯太后干预朝政，又出了桃色事宜，拓跋弘觉得正好，于是在老丈人李惠的指点安排下，反击了。

公元470年秋天，李奕兄长李敷的好友、相州刺史李䜣因罪被告发，主持审理案件的法官接受机宜，暗中提示李䜣牵连李敷兄弟。

李䜣为了自保，竟听命于人，无端捏造、罗列李敷所谓不可告人的“隐罪”数十条。拓跋弘借机下令处死了李敷、李奕兄弟，并夷其族。

出卖李敷、李奕的李䜣，不但无罪开解，还又被献文帝擢为尚书，参决国政。

冯太后气得连死的心都有了，《北史·后妃传》载，献文帝诛李奕，“太后不得意”。

这样惨烈地失去心上人，谁受得了啊？情感丰富的冯太后暗自以泪洗面，难以终日。

有苦难言，渐成愤怒。冯太后窝着一肚子火，恨献文帝拓跋弘，对李䜣更是无法容忍。再度掌权，自然要给心上人报仇了：诛杀李䜣。

冯太后对李䜣痛下杀手，既给心上人报了仇，又除掉了一个恶劣的官吏，开了整顿吏治的头。

其他的贪官污吏，一个个被揪了出来，审判，处刑。

秦州刺史、雍州刺史因为贪赃，掉了脑袋，长安守将因为作风腐败被流放。

拓跋弘的老丈人，南郡王李惠，曾策划诛杀李奕，现在跑不了啦。

冯太后以谋反大罪诛除了李惠三族。为了清除隐患，不惜搞扩大化，因猜忌嫌疑遭覆灭者十余家，死者数百人。

冯太后的干部队伍整顿，只诛杀不表彰，肯定要招闲话，于是她找出勤于政事、心系百姓的基层干部，表彰为模范，给予重赏。

朝中大臣，有的也受到安抚笼络。当然冯太后得确知他们没有政治野心。

对个别特殊人士的处理，冯太后出人意料。如献文帝的亲信娄提，得知献文帝被谋害，愤然拔刀自刎，血流满地，幸而有人速以毛巾裹伤，未能死掉。冯氏不仅没有审查他，反而下文件嘉奖他的忠义。

冯太后大刀阔斧对朝局的整治，在很大程度上化解了潜在的不稳定因素。

最后，冯太后培植了一个以她为核心的领导集团，成员有朝廷大臣，也有内廷宦官，有拓跋贵族，也有汉族名士，当然都是她的宠幸之臣。

三十出头的冯太后，私生活依旧毫无顾忌。

谁能管得了冯太后呢，不少强壮健美的男子成为她的新宠。新宠中，会当官的，任以要职，睡榻上翻云覆雨，政治上也是耳目股肱。

崞山

北魏洛阳城城墙遗迹

王叡，自称出身太原，自幼传承父业——算卦，因“姿貌伟丽”荣获最高领导人冯太后宠幸，一下就被越级擢为侍卫官。

接着，王叡在床榻上连续立功，职阶连续攀升，散骑常侍、侍中、吏部尚书，太原大公。

这个王叡也真不是吹的，冯太后和年纪尚小的孝文帝拓跋宏去崞山游玩，带着王叡，遇到猛虎，王叡奋不顾身地冲上去，赶跑了那匹大虫。

李冲，籍贯陇西，因其风度不凡，姿貌丰美，“器能优长”，为冯太后看中，得到重用，成了她的情夫。

冯太后恩幸李冲，每得快活，便将一些珍宝御物相赠，李冲生活越来越富，参与朝政也越来越深。

李冲作为冯太后最亲近的心腹，在工作上尽职尽责，谋划了许多改革措施。

李冲对孝文帝也非常好，明断缜密，竭忠奉事，孝文帝也对他“深相仗信，亲敬弥甚”，史称“君臣之间，情义莫二”——团结协作的好榜样。

拓跋丕、游明根、高闾等，虽说距离冯太后的睡榻较远，但他们都是一时名士，朝廷委重之臣。每次开会，冯太后褒美王叡、李冲等人，也不忘表彰拓跋丕一班，以示公允。

宦官公公，在大内上班，生活在帝妃周围，近水楼台，冯太后临朝称制，对其中有才干者，自然要引为心腹，大加委任。

阉公务员杞道德、王遇、张祐、苻承祖等，皆由底层得到提拔，一岁之中，进至王公。

冯太后重用阉公公，即所谓“中官用事”，但她没有让局面失控，她对宦官

北魏坐佛

北魏陶马

的行为进行了严格的限制。

《魏书·皇后列传》称：太后性严明，对阉官虽假以恩信，待以亲宠，决不放纵自流。左右之人，虽有纤介之愆，便遭棰楚杖责，多者至百余，少亦数十。不过太后生性宽豁仁裕，不计前嫌，事后仍待之如初，有的还因此更加富贵。正因如此，人人怀于利欲，至死而不思退。

冯太后在任用宦官方面，水平甚高，因而在她临朝听政时期，没有发生宦官专权、胁迫朝廷的不良现象。

由于朝廷大臣和内宫宦官都能紧密地团结在冯太后周围，冯太后的临朝专政十分成功，所谓“事无巨细，一禀于太后，太后多智，能行大事。杀戮赏罚，决之俄顷，多有不关帝者。是以威福兼作，震动内外”。

冯太后运用高超的政治智慧和钢铁般的手腕，纵横捭阖，排除干扰，会同渐已长大的孝文帝，运作了为人称道的内政改革，如再确俸禄、分田分地、健全乡村组织机构等，在北魏历史上，留下了一位卓有成效的改革家的形象。

在外交上，此一时期的北魏，频繁派员外出访问，频繁地接待外国代表团，有心的冯太后，还收获了一位来自南国的情人。

三

太和，是北魏孝文帝第三次改定的年号。

太和年号沿用了二十多年，期间有一系列行政动作，史称“太和变法”。

太和元年，是公元477年，孝文帝十八岁，长大了，具有真正的行政能力了，因此有的历史研究者把“太和变法”的功劳记在孝文帝的账本上，有人还径直称为“孝文帝改革”，忽视了冯太后的作用。

实际情形是，冯太后比孝文帝年长十八岁，在公元490年——太和十四年，也就是孝文帝三十二岁之前，一直是北魏的实际执政者。

既然实际执政，冯太后就应该是“太和变法”真正的主持人。

孝文帝比较孝顺、忍让，因而在政治上比较听从冯太后，给人的感觉是，跟冯太后配合比较默契，时人誉为“二圣”。

北魏，自从拓跋珪开国，各级官吏就没有俸禄，他们的收入或财富，公开的，来自皇帝的随意犒赏，暗地里，来自掠夺和贪污。

北魏在大漠草原的时候，是纯粹的游牧民族，官吏没有俸禄不足为奇，它占领中原大片地区后，以掠夺为主要办法的财富分配方式带来严重的问题。

战争减少，兵荒马乱中的掠夺机会少了，各级官吏的私欲没有收缩，因此他们便毫无顾忌地盘剥、搜刮民脂民膏，导致社会矛盾激化。

献文帝拓跋弘，当年为了消减执政危机，曾下诏给官吏发放俸禄，可惜并未连续实施下来，冯太后找出政策短命的原因，予以解决之。

公元484年，六月，冯太后说：“俸禄一事，前关税收，后涉廉政，必欲细致规定。”

孝文帝说：“是的，先帝为我们开了路，我们得越走越好才是。”

于是，北魏很快制定下达了红头文件《关于班俸禄的决定》。

决定增加税收，作为长久的俸禄来源。在原来的收缴之外，每户增布三匹、谷二斛九斗。

接着实施工资制度改革。文武朝臣、地方官吏，重新划定工资标准。

源头保障了，俸禄有秩级了，也按时足量发放了，法制自然要跟上，此后，再贪赃满一匹者，一律处以死刑。

新税法，对普通百姓而言，加重了负担，然而，配套的吏治法令，使当官的不敢再行搜刮，总体衡量，对百姓是有好处的，所谓“一时之烦”换得了“永逸之益”。

鲜卑贵族自行搜刮高于俸禄收入太多了，因此他们反对新办法，淮南王拓跋佗就旗帜鲜明，奏求断除俸禄，仍行古法。

冯太后和孝文帝举行常委扩大会，讨论《关于班俸禄的决定》到底好不好。

纪律检查大臣高闾发言，说：“上天行大道于世界，君王礼待臣下，臣下忠于君王，所以，级别是存在的，住房坐车应该有所不同。君王规定俸禄，臣下接受之，自古以来，就是这个道理。

“今我二圣，对先帝的规矩，进行改进，颁布再确俸禄的修正案，全国都是非常欢迎的。因为新规定，阻止了仕途贪残之心，劝勉全体干部为国效力。

“设若没有这个文件，喜欢贪污的大肆贪污，清正廉洁的干部也难以自处，这简单的道理，灼然可知。怎么能朝令夕改，中止刚刚实行的俸禄制度呢？淮南王的提案，我觉得是荒谬的。”

高闾的发言，代表了当时一批具有远见的官僚的意见，符合领导的心思。

冯太后在总结讲话中说：“高闾所议，是正确的。班禄制度，非但不可更改，而且要加大力度，深入推行。”

为了将新的俸禄制落到实处，北魏朝廷派出工作组，到各地巡察，检举处置食禄之外贪残犯赃的害群之马。

孝文帝的舅舅李洪之，时任秦州兼益州刺史，双料官职，也双料贪污，冯太后和孝文帝下令，把李洪之加上脚镣手铐，押回京师，召集文武百官，进行审判。

拓跋宏亲自主审，一条条宣布李洪之的罪状，之后判决他归家自裁。

同时查处牵连有关的腐败窝案，坐赃处死四十余人，监禁六十余人。

严加整饬后，吏治大有改观，贪赃受贿的官员，无不恐慌，贿赂的事，几乎绝迹。

翌年秋天，大臣李安世，上疏建议“均田”，就是对土地进行重新分配。

均田之议提出，土豪恶霸的土地，要拿出来大部，分给佃农自耕；那些无主荒田，按人口分授给农民，使失去了土地的农民重新回到土地之上。

在均田中，十五岁以上的男子，每人配给无树农田四十亩，女子每人二十亩，奴仆婢女，各有十亩；农民如果有一头牛，加配农田三十亩，但以四头牛一百二十亩为限。

如果是贫瘠土地，则加倍或加两倍配给。

农民身死之后，土地缴回官府。

均田令规定，第一次配给土地的男子，应拿出二十亩至少种桑五十裸，这种“桑田”可以世代经营，身死之后也不必缴回官府。

种桑是为了保障养蚕吐丝，织造衣物的需要，跟工业沾边，因此是鼓励的。

地方官员，也有土地。在衙门附近，依照等级，配给公田一份，自给自足，离职时移交给继任官员，若谁卖掉公田，要治罪的。

原先，好多人口荫附于豪强名下，其实豪强对他们的剥削照样十分严重，比朝廷厉害得多。现在，这些佃客借益于新政，摆脱了束缚，跟流亡无居者，都成了政府的编户良民，成了国家控制的劳动人口和征税对象。

政府规定，土地承包制度五十年不变，得到田地的农民，生产积极性大幅度提高。

北魏社会经济结构非常落后，均田制度，使其迅速向先进的经济结构过渡，就是说，很快地，封建化了——学到了汉人的方法。

汉族的封建统治方式为北魏统治者所用，不仅使北魏社会经济得到发展，而且，历经北齐、北周，到以后的隋唐，约三百年时光，一直在沿袭和发展。

故而说，北魏的均田制，对中国历史的确做出了重大贡献，也给后世留下了宝贵的遗产，二十世纪和二十一世纪的统治者还在借鉴呢。

却说西晋王朝灭亡后，居于北方的豪强世家，大多聚族而居，设置壁垒，对外防御，对内自给自足。北魏统治了，任命把持一族的豪强地主为“宗主”，宗族长，相当于村组长，行使地方行政权力，谓之宗主督护制。

在宗主督护制的掩盖下，社会上存在十分严重的户口隐匿现象。

政府按照户口征收税赋，宗主的申报往往失实，他们把三五十家报作一户，千人百丁一个户口本，而当时北魏的“户调法”叫做“九品混通”，小门小户的自耕农和宗主管理下的“大户”等量齐观，一个征收标准。这样就轻重失衡了。

依据户籍上登记的户口，征收户调——赋税，实际缴纳比例相差巨大，既影响国家的财政收入，又遗留社会隐患。

把基层隐匿的劳动人口编入国家户籍，能增加政府税收，又能抑制豪强势力，冯太后和孝文帝发扬民主，请大家想办法，定方案。

大臣李冲提案：废除宗主督护制，实行“三长管理法”。

李冲说，汉族社会的基层组织叫做“伍什里甲”，不妨搬过来，谓“邻、里、党”。五家为一邻，五邻为一里，五里为一党，邻、里、党各设一长，合称“三长”。

三长，由本乡推举，让那些守法有德、善于办事的人担任。他们负责检查户口，管理生产，维护治安，催征赋役。

三长数目很多，因此任三长者不可能都由朝廷发放俸禄，可免除其家中一至二人的官役，是为职务酬报。

冯太后对李冲的提案赞不绝口，立马批转孝文帝阅览，接着，召集公卿进行讨论。

太尉拓跋丕极力赞同“三长管理法”，说：“太后、陛下，臣以为此法若行，公私皆可受益。”

总理办公厅主任郑义、政府秘书长高祐等，反对，认为推行起来，涉及面广，难度太大。

郑义还以退为进，吓唬冯太后：“太后倘若不信，就只管试行好了，有日事败，就知道臣等所言，皆属珍贵之议。”

著作郎傅思益又酸又臭，尽管只有空话，还是危言耸听：“三长之法，倘或推行，恐生扰乱，臣以为不可，不可。”

有的大臣见风使舵，爱和稀泥，这会儿发挥“泥才”了：“此时季节交替，适值农忙，猝然改制，新旧杂合，恐惹出怨怼，反为有害，莫若等待秋收以后，冬季来临，百姓守盆向火，再慢慢动手。”

提案人李冲早已胸有成竹，不同意缓行，他说：“早一日建立健全基层管理组织，早一日受益——国家受益，百姓受益。农忙来临，从速改制，正可使百姓更深切地感受新制度的好处，使他们明白朝廷的良苦用心。现在正是推行新制的大好时机，太后和陛下不劳犹豫。”

众人莫衷一是，意见很难统一。

只见冯太后与孝文帝耳语几句，忽然一挥纤纤素手，止住了沸沸扬扬的争论。

冯太后以眼光扫视了一遍在座群臣，说：“先请皇上指示。”

孝文帝道：“基层组织机构建立和健全，已经到了迫不及待的时候。推行三长之制，朕是赞成和支持的。”

冯太后接着讲道：“三长之制，是科学的，立了三长，则税赋有了均衡的标准，宗主羽翼下的庇荫之户都可以请出来了，逃避税收的侥幸之心也可以从此休矣。好处如此之多，有何不便实施？”

显然，孝文帝没有异议，冯太后更是成竹在胸了，到了此时，持有异议的干部都闭口缄默、俯首听命了。

于是，冯太后和孝文帝当即部署了轰轰烈烈的基层改制运动。

秋收完毕时，北魏大地上，较为完善的地方基层组织“邻、里、党”建立健全了。

三级体制，既便利户口清查，又均匀了赋税课征，阻断了大地主播弄权力的可能，企图逃避者无法再钻空子了，中央政府的权威提高了，整体国力也增强了。

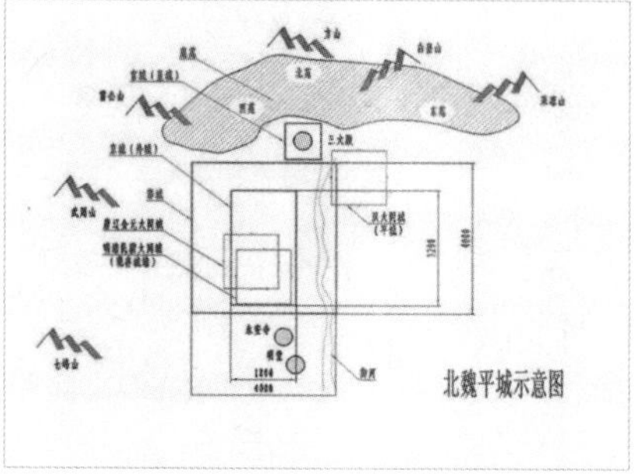

北魏原都平城示意图

后山曰：北魏的“再确俸禄”“均田承包”和“三长体制”，皆属于重大的社会改革措施。这些改革措施，促进了鲜卑族落后的生产方式向先进的生产方式的过渡，推动了封建化的进程。

而且，为了使鲜卑族逐渐适应新的生活方式和礼仪制度，北魏朝廷大兴教育，尊崇文儒，加速了鲜卑族的汉化。

在鲜卑族的汉化进程中，心里最明白的是孝文帝拓跋宏。

鼓励鲜卑干部学习汉家典籍，后山认为在去杂求精、去伪存真方面，拓跋宏较汉家天子做得还要好。

拓跋宏下诏说：“卜筮、谶纬之类，出现在夏、商、周三代时期，然其既不是治理国家的大典，反而被邪恶的野心家所利用，危害朝廷，危害社稷。从现在开始，凡是此类神秘预言书，一律焚烧。保有和传播这种书的人，以死刑定罪。”

拓跋宏还严厉禁止男巫、女巫等神职人员厮混街头巷尾，摆摊设点，一旦发现，绝不轻处。

北魏此一时期的外交事务频繁而有效。

拓跋宏派外交部副部长李彪，率领代表团出访南齐。

南齐帝国则派骁骑将军刘缵回访北魏，修建友谊。

北魏外宾接待处处长李安世负责接待来自南国的刘瓒，安排刘瓒在北魏都城的旅游观赏事宜。

刘瓒本是南齐土鳖一枚，一朝出国，便借机搜求各种宝物。

李安世是个精明的官吏，见刘瓒疯狂采购，怕他把北魏的珠宝采购光了，就把皇宫里的珠宝，拿给商人在市场上出售，故意带刘瓒去看到。刘缵打问价钱，

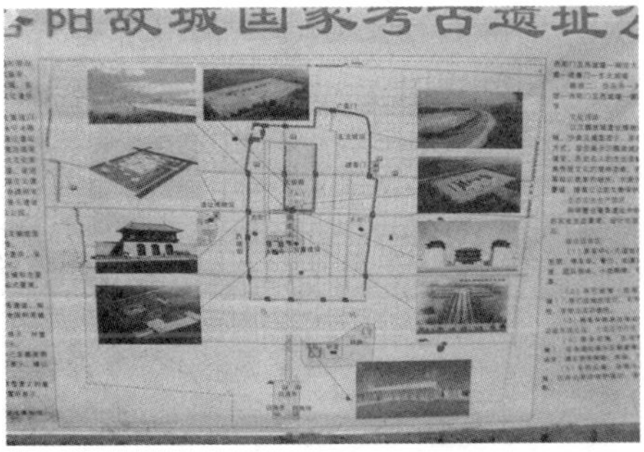

汉魏故城国家考古遗址公园设计

竟低贱得令人吃惊。

刘瓒叹说：“哎呀，不问不知道，一问吓一跳。贵国的金银珠宝这么便宜，一定是因为深山大河多，净出产这些东西。”

李安世说：“我们国家，谁把珠宝当一回事呢，太多太多，没办法，所以价格便宜得好像瓦砾。”

刘缵本来预备多买一些带回南齐，听了李安世的话，惭愧得脸都红了，停止了疯狂采购。

这个刘缵，对北魏印象太好，后来申请他们南齐的皇上，不断地率代表团出使北魏，冯太后觉得南方人怪新鲜的，就一次次地会见刘瓒，与之私通起来。

四

却说北魏孝文帝拓跋宏，乃是其祖母冯太后带大的，冯太后对拓跋宏比较慈祥，训导得皇孙雅有至性。

同样，孝文帝不断地感触祖母太皇太后的和蔼可亲，也为她临朝时那钢铁般的性格和无所畏惧的气度所威慑，对她产生了深深的敬佩与仰赖。

正因祖孙二人如此互为深知，才被颂为“二圣”，在建设北魏政权的过程中，发挥着相辅相成的作用。

冯太后辅导、监督，特别注意言传身教，以身作则，拓跋宏读书手不释卷，成了一位颇有才学的皇帝。

冯太后看着拓跋宏一天天长大，作了《劝戒歌》三百余章和《皇诰》十八篇，

冯太后墓

向他灌输治理天下的思想方法。

太皇太后的《皇诰》——《皇家训词》十八篇完成的正月十五日，大摆筵席于太华殿，当着文武百官，正式授予拓跋宏。

冯太后虽是一个率性、放达的女人，可是她却没有因为热爱床笫活动而影响了朝政。

史云，王叡“姿貌伟丽”，李冲“姿貌丰美”，然查阅史实即知，冯太后挑选的这些大帅哥，都还是胸怀大才之人，他们一面受冯太后美遇，一面为治理国家、推行改革做出了不少贡献。

在历史上所有的强势女人里面，私情与国政平衡得最好的，要数冯太后了。

却说冯太后宽爱情人及大臣，对情人及大臣出手大方，自己却“性俭素，不好华饰，躬御缦缯而已”，个人生活十分简朴，不似那平常女子，一旦情欲上涨了，便分不清东南西北。

临朝之初，冯太后还下令取消各地的奢侈品进贡项目，禁绝朝廷玩赏那些豪华而无用的东西。

在冯太后的表率之下，孝文帝也养成了节俭朴素的性格，平日穿着打扮多是浣濯之衣，坐骑的鞍辔是铁木做的，并无金雕玉镂。

冯太后对孝文帝的简朴，极表赞赏。

冯太后在政治上全力培养拓跋宏，也非常关心他的婚姻，也许是出于使冯氏家族世代贵宠的私心，或许是她不放心让别人家的女儿来到宫里，冯太后特意把同胞长兄冯熙的三个女儿纳作孝文帝的皇后和昭仪。

冯太后逝世于公元490年——太和十四年九月，四十九岁，临终时，曾降遗旨，交代自己的后事：山陵之制，务行俭约，棺椁修造，不必劳费，陵内帐幔瓷瓦之物，一概不要。

对太皇太后的陵墓修造，高闾等大臣要求按太后遗旨办，孝文帝坚持再拓宽六十步，成为国君的礼葬规格。

冯太后的死，使孝文帝痛不欲生，五日之内，他陷于哀悼，滴水未进。

跟着祖母去方山度假的情景，历历如在昨日——

在群臣百官、蕃国使者、诸方渠帅济济一堂的酒宴上，冯太后高兴，翩翩起舞作歌，孝文帝见状，赶紧率领群臣随着节拍起舞，放开歌喉相和，一时间，酒筵之上，歌舞四起，与太后和歌高唱者达九十余人，何等祥和、欢快啊。

复想起祖母在自己身上倾注的大量心血，孝文帝拓跋宏怎不万分伤情呢?

司法部长杨椿，劝阻说："陛下承受祖宗大业，君临万国，责任至高，怎么可以像一个平民一样，为了讲究小节而使身体受到伤害，倒地不起。

"圣人所订礼教，再大的悲哀，不可以灭绝人性。即令陛下自己想在历史上，创造空前绝后的哀悼记录，却不知道把皇家社稷置于何地？"

拓跋宏为杨椿说动，道："那朕就吃一次稀粥吧。"

太尉拓跋丕也谏言道："回想祖先们亡故时，只有扶柩的时候才穿丧服，太后遗言也说，安葬之后，即脱下丧服。陛下天性至孝，悲哀沉痛，伤害身体，已超过祖例的要求，为臣内心不安。

"听说陛下不惟停止吃饭，还无论昼夜腰上扎着麻布条子。臣等捶胸闭气，无可奈何。愿陛下能稍微克制，遵守先朝立下的典章制度。"

拓跋宏说："哀痛到极点，伤害身体，是常有的事，不必担心我。"

第九十二章

徙诸河洛

一

冯太后故去，北魏的冯太后时代随之远去，孝文帝拓跋宏时代真正来临。

这年正月的第一个朝会，拓跋宏主持元旦庆祝活动，正式开穿汉族皇帝的衮龙袍，开戴汉族皇帝的冕旒帽。

衮龙袍，是汉族乃至东南亚多数国家皇帝的专用服装，圆领，早期颜色各异，隋朝之后一律黄色，但肯定绣着蟠龙图。

冕旒冠，顶端有一块长形冕板，其前后檐，垂有彩线穿组的若干串珠玉，在皇帝的眼前晃悠。

冕旒的好处是，首先，与众不同，其次，隔着珠帘，你无法看到他的眼睛，而他则可以洞察你。

衮龙袍和冕旒冠出现在北魏皇宫，说明什么，可想而知。

太尉拓跋丕等，借机奏请孝文帝册封皇后，定立太子。

拓跋宏遂册封冯清为皇后。冯清是太师冯熙的女儿，冯熙是冯太后的哥哥。在辈分上，拓跋宏是娶了小表姑母的。

东汉明帝主持的白虎论坛论文集《白虎通义》说：“王者不臣妻之父母”，拓跋宏知道这句话，下诏命岳父冯熙呈递奏章时，不再称“臣”，朝见时不再叩拜。冯熙则坚决辞让。

拓跋恂是拓跋宏的嫡长子，乃宫人林氏所生，应命成了太子。

公元491年——太和十五年，北魏孝文帝拓跋宏开始操作他掌握实权后的第

老平城风光

平城旧观

一件大事，把都城迁往洛阳。

鲜卑拓跋部，起初建立的国家，都城在盛乐，今天的内蒙古呼和浩特的和林格尔县，是个游牧民族聚居中心。公元386年，改称魏，迁到了平城，即今之山西大同。

迁到平城后，北魏势力日益向中原拓展，连洛阳都占领了。

北魏越向南拓展，自己的首都越显得偏僻。

平城僻处塞上，自然条件差，气候寒冷干燥，节令无常，常是风沙弥漫，甚至六月雨雪，周围地面粮食产量极低。

曾经担任尚书令——总理的王肃，有《悲平城诗》曰："悲平城，驱马入云中。阴山常晦雪，荒松无罢风。"彭城王元勰也为句云："问松林，松林经几冬？山川何如昔，风云与古同。"足见平城气候之劣。

纬度较高的平城，粮食供应历来是皇家头痛的难题。"恒代无运漕之路，故市瘠民贫"，用牛车连续不断地运输，也是杯水车薪，而且加重了沿途百姓的负担。

孝文帝即位后，平城一带的自然灾害有增无减，经济的艰难窘迫没有明显改观。

公元487年的诏文中说："春旱至今，野无青草。百姓无辜，将罹饥馑。"

公元489年，诏文说："春夏少雨。七月，京师大风，发屋拔树。"

此外，京师一带还时常发生地震。

面对连年灾害与饥馑，北魏朝廷纵然采取了一些措施，诸如开仓赈恤，或放民出关就食，也于事无补。

严重的问题还有，京师权贵麇集，不劳而食者众多，他们的消耗是一般市民的无数倍，粮食供给的压力越来越大，严重动摇着北魏朝廷的根基。

平城周围地区农业落后，北魏公务员和市民的粮食一直依靠中原供应，没有漕运，车马装载，数量有限。

还有，平城文化落后，精神食粮同样欠缺。

再说，柔然民族老是在北部骚扰，日夜伺机进犯，让人恶心不止。

孝文帝心里有许多想法，要大刀阔斧地进行汉化改革，为减少阻力，也需要一个文化根基厚实，保守势力薄弱一些的城市。

当然同时，也是为了子孙后代的万年之计。

孝文帝对子侄们说："朕欲卿等子孙渐染美俗，闻见广博；若永居恒北，复值不好文之主，不免面墙耳。"

我想让你们的子孙受到美好风气的熏陶，增加见识。若老在恒山以北不挪窝，再遇上不懂礼仪的皇帝，他们净朝着墙哭了。

当然，就地利因素来讲，首都作为国家中枢，应该便于控制天下。平城行使首都的职能，赶不上中原城市，偏居一隅嘛。

在此以前，不是没有迁都之议。

当年北魏开国之初的几个皇帝，都有过迁都洛阳的想法。但是，那时候北方的局势不稳定，迁不成。

到了孝文帝时期，不仅整个北方已经为北魏所有，中原汉人与鲜卑人的关系也得到了很大的缓和。"太和变法"使中原百姓得到了实惠，对北魏政权甚为拥护，对"迁都"的接纳已不成问题。

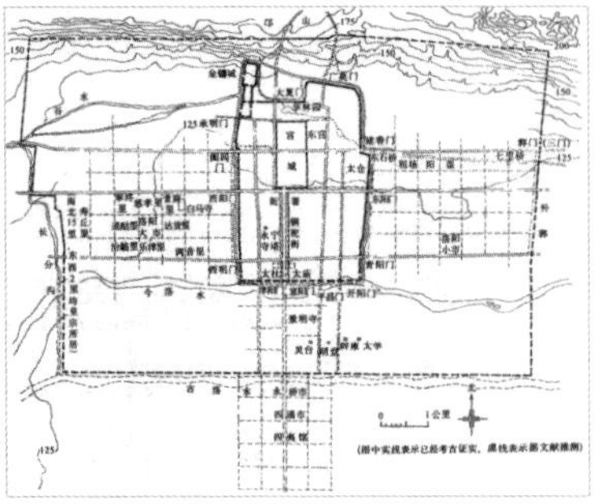

北魏洛阳城与邙山、洛河的位置关系

前几年，大臣崔浩曾谏言迁都邺城，缓解北方的饥荒。

崔浩煞费苦心，替拓跋家的政权稳固想方设法，其主张在当时也确属高瞻远瞩，代表着北魏王朝的长远利益，尽管崔浩只是出于吃饭的考虑。

邺城“据河北之襟喉，为天下之腰膂”，拥有良好的经济和交通条件，后赵、前燕朝廷先后在那里办公。孝文帝也曾一度在邺西营造宫室，引见群臣。

但，邺城毕竟位于黄河以北，后赵、前燕，也都短命，前倾后覆，建都于邺，不吉利也。

孝文帝的迁都理想之地是：洛阳。

首都的选择，是重中之重的大事。尤其是在古代交通信息及经济不发达的条件下，选择一个怎样的城市作为首都，事关王朝的兴衰存亡。

对于北魏来说，即使没有改革这个课题，迁都中原也是必然的事情。

只有迁都洛阳，才能更好地控制已被其征服的广大黄河流域地区。只有定都于文化先进、经济发达的中原腹地，才能更好地被当时居于中原的各民族所接受。

洛阳地处中原腹心地带，气候相对温和湿润，均田制和租调制在中原地区逐步推行后，农业生产恢复较好。

洛阳北有黄河、涧水，南有洛河、伊水，漕运较为便利，优势为当时其它地区所不具备，一旦需要，四方粮食可源源不断运输而来，可望解决粮食供应问题，进而促进市面经济的发展，从而保障政权的运行。

洛阳“地处天下之中”，西依秦岭，东接嵩岳，南有伊阙耸立，北有邙山屏障，从东周起，经东汉、曹魏、西晋诸朝，前后数百年，一直是京城所在。

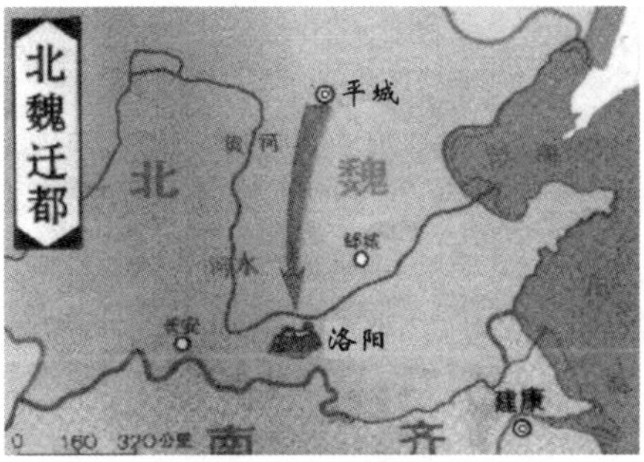

北魏迁都图

偏安北土的拓跋王朝迁都洛阳，自然还有利于显示自己的正统地位。

因而，孝文帝说：“崤函帝宅，河洛王里。伊洛南北之中，乃天地氤氲，阴阳风雨之所交会。昔太祖神武应天，迁居平城。朕虽虚寡，幸属胜残之运，故欲移宅中原，肇成皇宇。”

在平城生活了二十四个春秋的拓跋宏，认清了平城的不利因素，看准了洛阳的有理因素，早就感到：要巩固北魏对中原的统治，并继续向南拓疆，必须把统治中心从北方平城移向中原洛阳。

在冯太后临朝的十多年间，朝廷的注意力集中在“再确俸禄”“均田承包”和“三长体制”等重大社会改革措施上，无暇顾及迁都问题。

现在，班禄、均田、三长设置均已到位，迁都应该提上日程了。

迁都，是个极具政治勇气的动作。因为人类社会自身是有惯性的，官员们都在原来的首都安好家了，生活也都习惯了。要打破这种已经形成的平衡以及习惯，不可避免地要遇到极大的阻力。

虽说鲜卑人出身马背，历史上经常逐水草而迁徙，但定居平城地区已有百年，他们早已习惯了定居地的气候、环境和风土人情，不少鲜卑贵族还置下了丰厚的家业，政治势力有了一定的根基，政治圈子也划好了。要他们离开久居的平城，迁往差异很大的中原去，面对许多的不确定因素，他们能愿意吗？

深受冯太后熏陶和影响的孝文帝，也养成了办事果断的性格。既已决定迁都洛阳，不达目的是决不肯罢休的。

为尽可能减少阻力，孝文帝精心导演了一出“外示南讨，意在谋迁”的活剧。

二

公元493年，亦即北魏太和十七年，五月的一天，孝文帝召集群臣开会，商议讨伐南齐。

北魏曾有惯例，凡有重大军事行动，之前都要占卜吉凶，孝文帝执政后，放弃了。但这天不一样了。

会议开始后，孝文帝命祀祷官员王谌操作占卜。

王谌拨弄了一番，占出一幅“革”字卦来。

孝文帝非常高兴，说：“好啊，革命，改变。大吉大利。伐齐行动，顺应天意，一定能取胜的。”

群臣们奇怪，皇上对占卜、预决之类劳什子，历来不赞成，怎么今天一改常态，还为占卜结果叫好呢?

而且，他没有一点征象地仓促决定发动战争，抽风了啊？谁看不出来轻率和马虎啊?

况且，皇上先开了口。不似往常，让臣子们先发言。

群臣你看看我，我看看你，不敢说话。

孝文帝他叔任城王拓跋澄憋不住，大声地说：“《周易》说的‘革’，意思是变更不错，它指的革君王之命，像商汤、周武那样的行动，占得‘革’卦才叫做吉兆。陛下还没有出师征伐，却得了汤武革命之卦，未必是吉利之象。”

拓跋澄的话，如一盆冷水泼下。

孝文帝愣了一刹那，不高兴地反问："《周易》的革卦，卦辞说得很明白：'大人虎变'，这又如何不是吉兆呢？"

拓跋澄毫不示弱，略含讥讽地反诘："陛下承继大业，龙运正旺，为什么要'虎变'呢？"

拓跋澄的话噎住了孝文帝，噎得他不知怎么应对了。

眼看无法说服拓跋澄，拓跋宏摆出皇帝的威势，沉着脸道："国家，是朕的国家，任城王故意设坎儿，难道就是为了阻挠大臣们听命于朕吗？"

拓跋澄针锋相对地道："陛下代表国家，可臣是国家的公务员，岂能看着国家罹险，而不说话？"

孝文帝被弄得面红耳赤，想要发作，又感不宜，只能压着气恼，口气缓和地说道："看法各有不同，犯不着伤了和气。"说完就宣布散会。

孝文帝回到宫中，想着刚才不欢而散的争论，闷闷不乐。

论辈分，拓跋澄是叔父，论才干，拓跋澄能文能武，在王公大臣中，威望极高，说话很有影响力。

孝文帝本来就担心遭到反对，现在果然，叔父代表皇亲勋臣出马了。

倘若不能做通拓跋澄的思想工作，争取他的支持，其他人自然随着他反对。那样，只怕难以出师，迁都之事终会成为泡影。

精心安排的活剧演不下去，怎么成呢？

孝文帝越想越感到与拓跋澄沟通不能耽搁，于是他下令召拓跋澄进宫议事。

一散会，拓跋澄就意识到自己顶撞皇上太过分了，思摸着如何找机会向孝文帝解释，听得孝文帝招呼，立马赶往宫中。

拓跋澄急匆匆地入宫，拓跋宏乐呵呵地迎接。

在殿门口，拓跋宏就说：“任城王，朕还想接续刚才的争论，故而召你入宫。朕在大会上对你发火，并不是想要压服你，而是怕群臣接着你的发言，竞相阻挠朕的决策。”

拓跋澄说：“很是抱歉，臣确实起了个不好的带头作用。”

拓跋宏接着说：“朕疾言厉色，实是假作恼怒，威吓文武大臣，想来你听了朕的此番解释，就不会往心里去了。”

拓跋澄见孝文帝温和地解释，倒有些过意不去，赶紧说道：“陛下请放心，臣并不介意。”

孝文帝微笑了，“不介意就好。”

孝文帝恭敬地请拓跋澄就坐，又把左右侍从都打发下去，然后对拓跋澄说：“朕请你来，想跟你推心置腹地商谈一件大事，望你不吝赐教。”

拓跋澄见孝文帝如此谦恭，不免诚惶诚恐，颇为感动地答道：“陛下有事尽管吩咐，臣一定竭诚尽力，办好。”

孝文帝说：“今天召集文武大臣开会，研究南伐之事，并非是真的要出师齐国，本意在于，借兴兵南伐之计，谋迁都洛阳之实。”

孝文帝就此做出了一番解释。

所以声张南伐，是因为深知，旧人怀土，多所不愿，忽闻将移，不能不惊扰也，故谓迁都之举，殊为不易。

回想我国，起于朔北，后来徙居平城。虽然拥有四海，日益强盛，但文轨未一。平城确实属于用武之地，但它确实不利于文治。

现在，我国已拥有中原，土地广大，人口众多。要实现统一天下的目标，应当向中原学习，移风易俗。可是在平城这个用武之地，加之人们地域感情深厚，关系盘根错节，灌输新式观念，实在是太难了。

最好的办法，就是把中央政权迁到中原腹地洛阳去。

朕的这个打算，任城王以为如何？

孝文帝如此信任和器重，把机密大计和盘相告，拓跋澄非常感动，一时竟不知说什么才好了。

拓跋宏见拓跋澄不做声，以为他心有顾忌，不敢直言，赶忙宽慰道："这里只有我们两人，你有什么意见，尽管直说，朕决不会怪罪的。"

拓跋澄终于想明白了，他平抑了一下情绪，字斟句酌地说："洛阳，位居中原腹地，乃一统天下之根本所在。陛下打算迁都洛阳，以谋求全国统一，这正是兴业良策。天下百姓得知这一消息，一定会欢呼雀跃的。"

拓跋澄明确表态，支持迁都洛阳。

孝文帝非常高兴。他又诚心诚意地问拓跋澄："朕还要向你请教。北方人不像南方人，性喜探险，他们最不喜欢离开老家。倘使他们得知联决定迁都，肯定感到吃惊，出来阻挠刁难的恐怕不在少数。这，又该怎么办呢？"

拓跋澄说："迁都洛阳，既不是俗常之人所能决定，自然也不是俗常之人所能理解的。只要陛下果断决定了，谁再反对也阻挡不了。"

孝文帝听罢，哈哈笑道："朕早就说过，识大体者，非任城王莫属。有了你的全力支持，朕还有什么好担心的呢！"

任城王拓跋澄坚决支持了，孝文帝到洛阳坐朝廷的决心更加不可动摇了。

春末夏初，孝文帝下令：在汛期来临之前，于黄河上架起浮桥，为向南进兵进行交通准备。同时，秘密召集李冲等心腹大臣，为迁都洛阳进行周密的研究和安排。

六月半，孝文帝向全国宣布了南伐的决定，要求青年人踊跃参军，投身光荣的战斗。

中央政府秘书长卢渊上疏，认为："从前，太平时代的君王，从不指挥大兵团作战，在两军阵前，生死对决。因为胜利了并不威风，不胜反而有损威望。想当年，曹操只用一万人便大破袁绍。胜利和失败，决定于转眼之间，不在人数多少。"

拓跋宏回曰："太平时代的君王，所以不亲自率军作战，有的是天下统一，所向无敌，有的是懦弱卑怯，苟且偷安混日子。曹操所以取得最后胜利，因为他名正言顺，指挥得当。岂是'少'一定能胜'多'，'弱'一定会胜'强'？"

六月底，各项准备工作都完成了，孝文帝命令太尉拓跋丕和广陵王拓跋羽留守平城，自己率领三十万步骑军队，开出平城，大举南下。

出发前，孝文帝命令重要文武大臣，尤其是鲜卑贵族，携带家眷，随军而行。

离开平城，气候还没有什么不好，越朝南走，雨水越多。

天气很热，汗流浃背。雨后行军稍微凉快一些，然而道路却愈加难行。

前军走过，泥路早被踹成了一片浆汤，后军不得不在其中艰难跋涉，叫苦连天。

部队人数众多，家眷事情繁琐，因而行动十分缓慢，八月底才过了黄河，到得洛阳，已入九月。

彼黍离离，彼稷之苗

三

九月恰是洛阳的雨季，大雨连绵不止，北魏孝文帝率领人众到了洛阳。

将士们疲惫不堪，城内四处积水，行动备极不便。鲜卑贵族和他们的家眷，心中尤不乐意。

对部下的情绪，孝文帝故意装作视而不见，冒着阵雨，兴致勃勃地在洛阳四处游览。

洛阳是孝文帝向往已久的古都，他早就盼望着能有机会观赏古都的遗迹了。

昔日繁华的都城洛阳，如今到处是断墙颓垣，刹棘野草，西晋王朝的宫殿，因为久无人烟，满目荒凉凄惨。

想到洛阳的兴兴衰衰，孝文帝深有所感，对身边的侍臣说：“西晋，不修德政，弄得宗庙崩坏，荒毁到这般地步，朕看了，心中十分伤感。”

说完，又情不自禁地吟咏起《诗经·黍离》。

彼黍离离，彼稷之苗。行迈靡靡，中心摇摇。知我者，谓我心忧，不知我者，谓我何求。悠悠苍天！此何人哉？

彼黍离离，彼稷之穗。行迈靡靡，中心如醉。知我者，谓我心忧，不知我者，谓我何求。悠悠苍天！此何人哉？

彼黍离离，彼稷之实。行迈靡靡，中心如噎。知我者，谓我心忧，不知我者，谓我何求。悠悠苍天！此何人哉？

那糜子呵，排列成行，那高粱呵，生出苗儿来。缓慢地走着，心中恍惚不安。了解我的人，说我有忧愁，不了解我的人，说我有所求。遥远的苍天啊，这都是谁造成的呢？

那糜子呵，排列成行，那高粱呵，抽出穗儿来。缓慢地走着，心中如酒醉般昏昏沉沉。了解我的人，说我有忧愁，不了解我的人，说我有所求。遥远的苍天啊，这都是谁造成的呢？

那糜子呵，排列成行，那高粱呵，结出粒儿来。缓慢地走着，心中难过，哽咽难言。了解我的人，说我有忧愁，不了解我的人，说我有所求。遥远的苍天啊，这都是谁造成的呢？

吟到伤心处，侍臣们也跟着抹起了眼泪。

拓跋宏暗下决心，一带要认真地重建洛阳，恢复这个泱泱大都的应有风貌。

从西晋宫殿出来，拓跋宏又专程参观位于城市东南的洛阳太学。

洛阳太学，始建于公元33年，即东汉光武皇帝刘秀立都洛阳的第二年——建武二年，是东汉乃至曹魏时期的最高官办学府。

几经战乱，太学也已是断壁残垣，破败不堪。只有校园里阶梯教室门前的《石经》依然列队肃立。

拓跋宏对《石经》仰慕已久，知道是汉灵帝命书法家蔡邕把《诗》《书》《易》《礼》《春秋》等五部典籍，以古文、篆体和隶书三体文字书写，然后刻在四十六块石碑上，立在太学报告厅门外，供学生们阅读的。

当年观看和摹写者，一天到晚，你来我往，络绎不绝，而今冷落雨中，无人相顾。拓跋宏目睹石经，不免怅然。

在洛阳住了六天，一直阴雨连绵。

六天后，老天没有放晴的意思。一大早，拓跋宏命令吹号，集合部队。

部队根本没有歇过来，强打精神站在雨中。

拓跋宏身着戎装，跃马扬鞭，威武不减，要继续南征，下令先头部队：出发。

劳累不堪的将士们害怕跋涉，文武官员和他们的家眷更是叫苦不迭。未吃过苦的鲜卑贵族们一声不吭地全都跪倒在孝文帝马前的泥水里。

拓跋宏故作疑惑，问他们排队伏地这是干什么，“南伐计划早已定下，现在朕要亲率大军继续前进，你们还有话要说吗？”

李冲是参与迁都密谋的，此时故作糊涂，哭丧着脸，说道：“陛下御驾亲征，意在统一全国，臣等愿意效死尽力。可是，将士们离开平城，即遇不测气候，行进吃力。目今，天雨不止，道路泥泞，再往南走，定然愈加艰难。”

早已明白孝文帝心思的任城王拓跋澄，也说：“洛阳境内的小河细水，已给我们带来了很多麻烦。前面的路途，更加遥远，尤其是浩瀚的长江，更不是我们北方人所可以随便征服的。即使赶造船只，也得长时滞留。到那时，马乏人困，粮草断绝，为时迟矣。”

拓跋宏铁青着脸，毫不让步，高声道：“朕志在一统，早有明示。决定在平城已经做出，断无中废之理！”

李冲有意要把冲突弄得更激烈一些，好帮着皇上达到目的，就佯装气愤地说：“陛下这样干，所有的人都在反对。臣不知道陛下究竟要打一场怎样的战争。我们都有一肚子的意见，既然陛下不听，我们都不要再提了，只有以死来做最后的请求了。”

拓跋宏故作怒容，声色俱厉地道："休想以死来吓唬朕。朕行大事，你们这些儒生，总是怀疑和阻挠，是可忍孰不可忍。朕告诉你们：不要自讨苦吃，斧钺是无情的！"

孝文帝说完，扬鞭策马，又要出发。

大司马拓跋休看到孝文帝发怒，执意继续南进，吓得面如土色，大哭着请求孝文帝就此止步，千万不要继续南进了。

大司马一哭，地上跪着的所有官员都哭起来。

一时间哭声大作，庞大的军队，好像变成了举哀送殡的人群。

孝文帝估摸着时机成熟了，便勒马收势，说道："别哭了，听朕讲。我们此次兴师动众，劳民耗财，影响甚大。若这样半途而废，草草收兵，怎么给子孙后代作榜样呢?

"我们拓跋鲜卑，世居塞北荒僻之地。对建设统一大业，十分不利。因此，朕想把中央政府迁到中原办公。

"曾经立于洛阳的西晋，是个正统王朝，我们北魏呢，是继西晋之后惟一的正统王朝，肩负统一全国的重任。而要统一全国，中央政府偏居边地，是不行的，应该像以前各个朝代一样，定都洛阳。

"现在，既然你们都不愿意南伐，那么，就抓住已到洛阳这个千载难逢的好机会，定都于此，且待以后，继续南伐。这样，你们该不会反对吧！"

满地大臣这才明白，皇上此次南伐，原来是醉翁之意不在酒，在乎立业洛阳也。

可是，大多数人不仅反对南伐，而且也反对迁都。

孝文帝指明要在洛阳立都，使他们十分为难。

不同意吧，皇上要南伐，同意吧，又实在不情愿。无可奈何，都假装忙于大哭的善后工作，擦鼻涕，抹眼泪，没一个应声的。

拓跋宏毫不放松，让众人表态，以马鞭比划道："何去何从不容拖延。赞成迁都的，站在左边，不赞成的，右边去。"

大司马拓跋休，自恃辈分高，是拓跋宏的叔祖父，大摇大摆地，带头站到了右边。

拓跋休往右边一站，反对迁都的大臣好像有了撑腰的，一个个都随到了右边，为数不少。

拓跋宏原以为大臣们害怕继续南伐，就会被迫同意迁都洛阳，谁知最后还是在右边站了一大群，心中恼火。

但拓跋宏克制了自己，没有发作，他想等一等反对者和支持者的反应再说。

拓跋休说："启禀皇上，我们长居雁北，已经适应那里的气候，洛阳水湿之地，假为长居，深恐不宜。"

拓跋宏看一眼右边的臣子们，忽然唤出一名青年干部，说："朕有水利专家，小郦，可讲一讲，洛阳是否水湿之地。"

青年干部叫郦道元，自幼喜爱水利，应声说道："洛阳近河，然而黄河在北邙山之外，且高差甚大，洛河、伊河，水流适中，以山川形势论之，洛阳并非水湿之地也。"

沉默了一刻，南安王拓跋桢出列，说话了。他激动地表示支持皇上。

拓跋桢说："目光长远的人，能见微知著，聪明而又高尚，无畏世俗议论，成就非同寻常的事业。迁都洛阳，古时候有周公的榜样，今天陛下又要果断实行。此事关系到王业的兴衰，离开边僻，扎根洛阳，势在必行。臣等愿从陛下决断，从今往后，在洛阳办公。”

孝文帝舒了口气，向拓跋桢投去感激的目光，随即转向右边，对那些反对迁都的大臣们说道：“南安王的话，你们顽固分子都听到了吗？有什么意见，也尽管说。”

站在右边的大臣，哪里还敢再说什么，出溜出溜，一个个都趋到了左边。

好了。历时三个月的风雨，一场由孝文帝拓跋宏导演和主演的“外示南讨，意在谋迁”的大型活剧终于落下帷幕，往后的大戏，要在洛阳上演了。

四

公元493年，洛阳秋高风清，临时驻跸金墉城的孝文帝拓跋宏正式下发红头文件，迁都洛阳。

李冲向拓跋宏建议，说：“要在洛阳大干一番了，可是宫殿及政府各部委办公场所，都要整修或者新建。我们不能一直骑在马背上，走来走去，等待它们落成。

“希望陛下暂时返回平城，待文武官员在洛阳盖好宫殿房舍，再乘坐大驾，在宁静平和的銮铃声中，莅临新都，最好。”

拓跋宏说：“现在不应该先回平城。朕正要巡查中原各州郡，正可利用这个机会，先到邺城，稍作停留，今冬明春，再回洛阳。但派要员返回平城，向留守官员宣布迁都消息，加以安抚勉励，是必要的。”

于是，派任城王拓跋澄和镇南将军于烈折返平城宣诏。

拓跋宏问于烈："关于迁都，没听你表态，你的意见如何？"

于烈说："陛下为了长远利益，施展圣明的谋略，不是浅陋和愚昧的人所能议论的。不过我暗中比较，拥护迁都的人，依恋旧土的人，各占一半。"

拓跋宏说："你没有公开反对，就是认同。即使反对，你也不说出来，朕很感谢你。"

拓跋澄和于烈他们离开洛阳北去的时候，拓跋宏说："今天方是'革卦'上真正的'革'，你们要把事情办好。然后任城王返洛阳来，镇南将军就在平城，协助留守政府的事务了。"

随后，孝文帝拓跋宏在金墉城召开首都洛阳重建工作会议，任命国务总理李冲为总指挥长，将作大匠董尔为总工程师，共同负责新洛阳的建设。

朝廷有关部门的重点工作，全部围绕洛阳建设展开。

在金墉城，拓跋宏接见了跑来寻求政治庇护的南齐政府秘书长王肃。

王肃向拓跋宏进献讨伐南齐的策略，头头是道。

拓跋宏跟王肃交换看法，大为动容，不知不觉间，一次次把座位往前移动，以便听得更为仔细，也不知不觉地，时间自然流逝，长谈几乎不能中止。

从此之后，王肃一天比一天受到拓跋宏的重视，亲信或旧有重臣，都无法动摇君臣二人的感情。

拓跋宏有时摒退左右，单独跟王肃议事，谈到半夜，仍然兴趣浓厚，深恨跟王肃相见太晚。

孝文帝十分器重王肃这位汉族大臣，亲切地呼他为"王生"。

没多少天，拓跋宏便任命王肃为辅国将军兼长史——中央政府副秘书长。

拓跋宏说王肃："朕欲在洛阳新都建成之后，大力推广儒家学派的礼仪和雅乐，以汉人的风俗，来改变鲜卑传统旧习。卿请为朕起草详细的宣传材料，展示帝王威严，推行文治方略。"

十月上旬，拓跋宏到豫州政府所在地虎牢视察，中旬，视察滑台。黄河两侧，转了一遍。

十月二十六日，拓跋宏率众到了邺城。

二十八日，拓跋宏即派遣安定王拓跋休率领一批文武官员到平城去迎接皇家眷属，给他们两个月时间，把皇后、妃姬、太监公公都弄到邺城，今冬明春，驾临洛阳时，好让他们及时入驻后宫，聚集人气。

第九十三章

脱“卑”入“汉”

北魏洛阳宫城今天相对位置

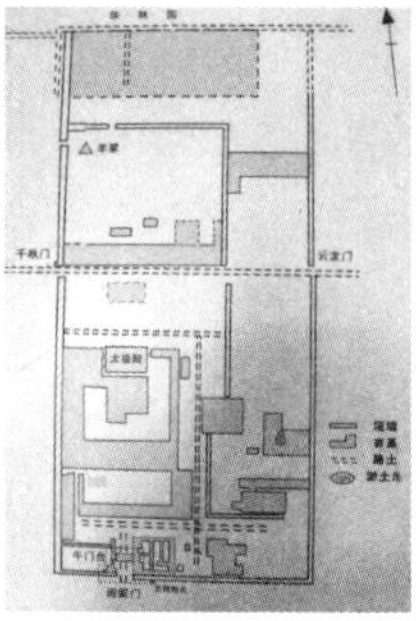
北魏洛阳宫城示意图

一

经过秋季和冬季的修建，规模宏大的洛阳新城粗具气象。

总指挥长李冲和总工程师董尔，及从附近州郡征发的劳动大军，已经将宫殿修建得差不多了。

市区规划了很多里坊，有的府第和民居正兴建中，有的尚在夯土筑墙。

魏晋洛阳城规模庞大、布局严谨，皇宫分为南宫和北宫两个部分。

南宫是朝贺议政的地方，建筑布局整齐有序，以永安宫为主要宫殿。北宫以皇后居住的长秋宫为中心，是皇帝家的后院。

整个南北宫城的建筑，都坐落在横贯南北的一条中轴线上。主体宫殿，自北而南依次为：司马门、端门、却非门、却非殿、章华门、崇德殿、中德殿、千秋万岁殿和平朔殿。

南宫内，中轴线东西侧各有两排对称的宫殿建筑。

西侧两排。东排，自北而南依次为建德殿、宣德殿、玉堂殿等八座；西排，自北而南依次为西宫、长秋宫、兰台等九座。

东侧两排。东排，自北而南依次为东观、承风殿、竹殿等八座；西排，自北而南依次为东宫、温德殿、乐成殿等八座。

中轴线两侧的四排宫殿，各有一条中轴线。这四条中轴线跟中间的大中轴线平行。

每座宫殿建筑，前后左右都有直道与其他宫殿相通。因此俯视南宫地面，会

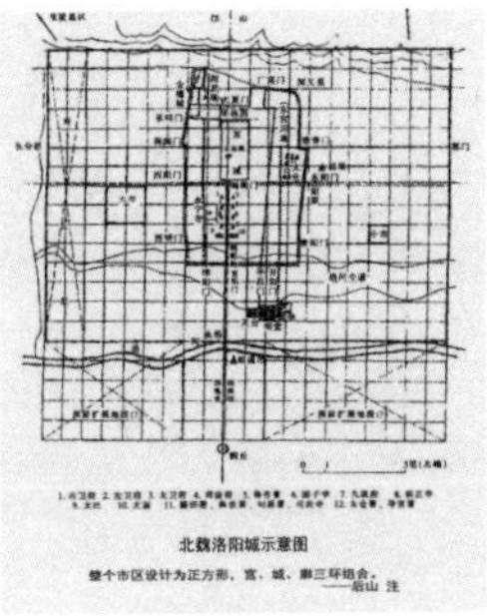

北魏洛阳城示意图

北魏洛阳城复原图

看到一个棋局状形的城中城。

北宫，殿宇少于南宫，建筑也没有南宫的规整和对称。

坐落在北宫中轴线上的依次为温饬殿、安福殿、合欢殿等七座，中轴线东有两排建筑，中轴线西只有半排建筑。

洛阳城原有的三雍建筑——明堂、灵台、辟雍，也在整修中。

实际上，经历世纪战乱与风雨摧残，魏晋洛阳宫城已难以简单修复，北魏建设的，大部分是自己的洛阳宫城和市城，很多地段，只有城墙是利用东汉、魏晋旧有的。

除东汉的开阳门以外，洛阳十二座城门的名称都被魏晋时期改过了，若所改尚好，北魏则沿用之。

北魏明确上东门为建春门，中东门为东阳门，望京门为青阳门。

上西门、雍门、广阳门，分别明确为阊阖门、西阳门、西明门。

平城门改称平昌门，小苑门改称宣阳门，津门改称津阳门。

谷门和夏门分别改称广莫门、大夏门。

以上十一座城门，都在汉代的旧址上重建了，仅西阳门从汉代的雍门旧址北移约一里路。此外，在西城墙北端靠近金镛城处，新开了个承明门，方便金墉城和洛阳城的联系。

总指挥长李冲和总工程师董尔，复建洛阳之初，请示孝文帝，对新都城的构架做出了重大改变。

废除了东汉以来的南北两宫，建立了单一的宫城。

北魏洛都以汉魏洛阳旧城为基础，展开改造重建，北倚邙山，南临洛水，故

阊阖门遗址的石柱础

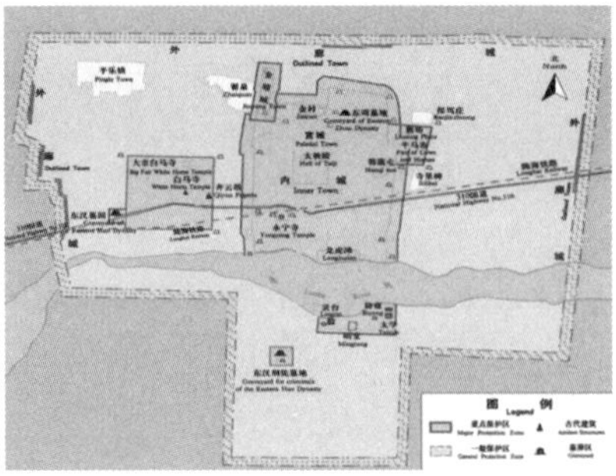

北魏洛阳城遗址保护区

采取了渡洛河向南发展的方案。因而城市重心随之南移，把宫城集中设在了内城中央微偏西北处。

宫城于汉魏北宫的基础上兴建，长方形，四面筑墙。今人考古可见，东墙和西墙各长一千四百米，南墙和北墙各长六百六十米。

宫城南墙近西端处，是宫城巨大的正门——阊阖门。

正殿叫做太极殿，位置在宫城的前部，与阊阖门对直处，今人发掘遗址，测量其南北进深约六十米，东西宽约一百米，规模宏大。

由于宫城的范围和个别城门位置的改变，北魏新洛阳城内的街道，也有许多变更。

南宫废弃了，在广莫门和平昌门之间修建了一条纵贯全城的南北向大街。

雍门没有了，雍门大街亦不存在。新开了承明门，增添了由此门通入城内的大街。

建春门和阊阖门之间有了一条横贯全城的东西向大街，将宫城分为南北两半，南半部是朝会之所，北半部为寝宫所在。

新建的西阳门正好与东阳门对直了，所以东汉以来的中东门大街被延长，贯通于东阳门和西阳门之间。

中东门大街从宫城南墙外通过，成为全城的一条分界线，北面是皇家的宫殿和园囿，南面则分布着官署，寺院和贵族的宅邸。

宫城的南门——阊阖门与南城的宣阳门对直了，所以自阊阖门至宣阳门的南北向大街——红砂岩石板路面、路宽四十二米的铜驼大街就成了全城的中轴线。

今天，洛阳已经复原展示了一段约数百米长的铜驼大街。中心御道宽二十二

发掘出来的铜驼大街局部

米，两侧偏道各宽八米，御道与偏道的隔离墙各宽一米，御道中间四米宽的石板路面，采用与北魏时期同材质同规格的红砂岩石板铺垫，其余路面均采用小鹅卵石铺垫。

铜驼大街御道两侧的夯土隔离墙，也各复原了一定长度，路两边的衙署和官舍，暂付阙如。

当时，北魏宗庙、社稷和太尉府、司徒府等高级官署，分布在铜驼大街的两侧，后来有名的永宁寺即建在铜驼大街的西侧。

按“左祖右社”之制，北魏新洛阳通过延伸原城市南北主干道铜驼大街，直抵南郭圜丘，加强了城市中轴线的主导作用，拉出了一个气势恢弘的都城大结构。

铜驼大街一直向南，过洛河，过洛河的大桥叫“永桥”。

永桥南的铜驼大街东侧，是“四通市”所在地，再往南，分别是四夷里和四夷馆——外商区和大使馆区，再朝南很远，达圜丘。

北魏洛阳城，辟建了三处交易市场，内城东有洛阳小市，为粟米粮食、牛马牲畜交易之所；内城西有洛阳大市，范围占有四个里坊；内城南有四通市，是首个外贸市场，异国商客在此做生意。

后山留意到，在四通市和四夷馆之间，有两个很有趣的里坊，白象坊和狮子坊。

白象是公元453年乾罗国贡献来的。乾罗国在今天的印度附近，又叫野菠萝国，为印度所灭。

乾罗国国王送来的白象，“背施五彩屏风，七宝坐床”，其上能容十余人，

北魏洛阳永宁寺复原鸟瞰图

当时之人叹为巨型异物。

狮子乃波斯国所献。波斯即今天的伊朗。狮子曾为西北的匈奴大酋长万俟丑奴所得，北魏收拾掉了万俟丑奴，连狮子也整回来了。

北魏皇家有意思，把外国人都安顿到洛河南，把外国来的大动物也安置在这里，若逛四通市，或去那一带参观，连人带兽，一并都看齐了。

另外，有皇家园林华林园，位于宫城之北，邙山脚下以至半坡。园中有人工海，海内有蓬莱山，山上有仙人馆。

海西，建设有藏冰室，每至酷暑季节，取出藏冰，由皇帝赏赐百官。

华林园内有拐枣，其果如枝，又似万字符“卍”，故称万寿果。拐枣核细如针，经霜后甜，味道极美，可生食或酿酒；园内又有仙桃，清澈晶莹，扁圆如饼，想来若今之蟠桃也。

却说北魏洛阳城，平面近于长方形，南北约合汉代九里，东西约合汉代六里，俗称“九六城”。

北魏洛阳城周长约十三公里，城内主要街道纵横交错，共二十四条，宽二十米至四十米不等，均三道并行，公卿尚书等走中道，一般行人走左右道。

北魏在新洛阳城建设中，合理利用了一些遗留的城垣，维持了“九六城”传统形制。

但北魏的洛阳城设计，不是复旧，其形制和布局，和两汉以来的都城相比，如上所述，出现了划时代的变革，为后世的都城建设开创了先河。

北魏洛阳新城，是中国封建中期城建中无与伦比的杰作。东、西、北三面城垣，至今尚存。

二

北魏建设新洛阳，投入军力不小，征用民工更多，将洛阳城的小吃行业、日用品市场也带动了起来，市面喧哗热闹，挣到小钱的人多了，脸上挂着笑容，见面乱打招呼，一片和谐景象。

公元494年的正月二十八日，孝文帝由邺城到了洛阳。

二十九日，孝文帝拓跋宏到西宫视察工程进度。中书侍郎韩显宗提出四项建议。

韩显宗奏表说："我听说本年夏天，御驾打算巡查山东、河北。"

"而去年整个冬天，御驾都在邺城。当时是农闲时节，每一家都为朝廷出差役，劳苦花费，百姓已不堪负担。何况现在已经开春，耕田、养蚕，都需要大量人手，再度征调他们来服差役，他们如何活命？"

"再说，大军在炎热气候中行进，问题很多，譬如瘟疫流行，就很难办。"

"所以谏议陛下，先回北都平城，免除各州因为巡视而产生的沉重负担，使洛阳重建工程早日收尾。"

"再者，洛阳宫殿虽有毁损，大架子仍在，至少基础仍在，都是曹魏帝国财大气粗的时代所建造，已经有人讥讽它过分奢侈豪华。现在不妨利用修复的机会，加以裁减，缩小规模。"

"还有，陛下近来既不驻平城，也不驻洛阳。听说平城的富豪之家，趁着陛下南巡，竞相建筑豪华住宅。而来到洛阳的权势贵族，趁着陛下离开和洛阳新兴之机，也在大肆膨胀房地产。这些都是不好的苗头。”

“建议皇上利用迁都的机会，整顿平城和洛阳的物业，该限制的一定要限制，设法把财力用在交通建设和水利建设上。”

“另外，陛下上次在洛阳时，警卫部队非常单薄。君王在宫门之内行动，都要严加戒备，何况爬山渡河，怎么可以不加重视呢。”

韩显宗谏议的内容不算少，拓跋宏看了，表示嘉许，并叫来韩显宗谈话，希望听到更多的意见。

韩显宗说，现在各州郡向朝廷保荐人才，多数有“秀才”和“孝悌”的名声，没有“秀才”和“孝悌”的实质。朝廷则只注意核实被保荐人的门第和家世，而不管保荐人欺诈与否。希望能够纠正。

门第和家世是父辈和祖辈遗留下来的声望，对国家有什么益处？

对国家有益的只是贤能的人才。只要有才能，纵然是屠夫、钓客，圣明的君王也会录用他们。假定没有才能，即令是三代皇家的后裔，也会堕落成社会渣滓。

我们的政策应该是，真正遴选出有才能的人，哪怕他只比别人多一寸之长，增一铢之重，就应该录用。

说了人事，再说法律。刑罚的基本精神，不在严厉，而在透明和公正。

凡是犯罪的人都难逃法网，则虽然处罚很轻，人也不愿犯罪。如有可能侥幸避免，则虽然屠灭三族，也无法禁止犯罪。

而今公安人员为了谋求名望，比赛谁对犯人更狠，结果，逼、供、信成为风气。

陛下身居深宫，视人民如赤子。某些公务员，不过有点小权力，就把百姓视若仇敌，社会不能和谐，原因就在于此。

故而陛下应该下诏，告诫全国的干部：人民至高，百姓至上。

韩显宗最后提了个很具体的意见：皇上宜改变赏赐的办法和方向。

君王把天下当作家，不可稍有私心，国库中的储藏，是为了供给官府和军队的，除非有大功劳或大贡献，不该赏赐。

朝廷中的高官显贵，享受的俸禄已不算少。陛下近来对他们的赏赐，动辄以百千计。如果能赏赐给病儿、孤老、鳏夫、寡妇，相信意义更大。

拓跋宏拉起韩显宗的手说：“你的意见太好了，太好了。”

拓跋宏这次驾临洛阳，视察新都建设，访问百姓生活之外，还专程到位于城西二里的白马寺，与僧侣讲论佛义。

三月份，孝文帝拓跋宏回到黄河北岸的邺城，引见百官于邺城的会议厅，晓谕道：“朕将迁都洛阳，大臣中支持的很多，反对的也不少。今天，朕想听听反对的声音，君臣交流交流，诸位有反对意见的，不需顾忌。”

燕州刺史穆罴出班，跪奏道：“依臣的笨想法，暂不宜迁都。”

拓跋宏没想到穆罴第一个发言，竟然是反对的。但此时不是当初未宣布迁都令的时候了，拓跋宏当然不必再担心，他哈哈一笑，道：“讲讲你的理由吧。”

穆罴振振有词地说：“后有柔然，前有南齐，西有吐谷浑，东有高句丽，都未曾宾服。四方尚待平定，国家尚待统一。以此相推，所以不可。”

拓跋宏问：“四海未平，便可推出不可迁都的结论？”

穆罴说："征服四方，需要打仗，打仗，需要戎马。洛阳连马都不能牧养，怎能取得胜利？"

拓跋宏反驳道："马常出北方，那里的牧场都是我们的，何必担心无马？洛阳位居九州之中，历来为帝王之都，正是这个缘故，朕要迁都洛阳。"

穆罴仍不服气，接着非难道："臣听说黄帝把首都定在涿鹿。"

拓跋宏应声道："黄帝未定天下时居于涿鹿，既定之后，不也迁都洛阳了吗？"

尚书于果接着道："伊、洛固美，然自先帝以来，久居北方，百姓已安，一旦南迁，众人未必乐意。"

平阳公拓跋丕以老臣自居，也不无责备地说："陛下去年亲率六军讨伐南齐，到了洛阳，于大雨中宣布迁洛。乍奉恩旨，心中惶惑。迁都大事，应当问卜询筮，审定是否大吉大利，然后定夺方好。"

拓跋宏耐心地说："周公、召公，古代圣贤，他们营洛邑前询筮问卜，可以理解。今天没有周公、召公这样的圣贤，占卜又有什么益处！况且《左传》上说，卜以决疑，不疑何卜'。

"帝王者，四海为家，哪能常居一个角落。朕的远祖，世代居于塞外荒凉之地，影响健康发展，制约统一大业，朕为什么就不能迁都中原，迁都洛阳？"

孝文帝拓跋宏一席话，说得反对派哑口无言，辞屈而退。

翌日，孝文帝再次主持召开扩大干部会议，在邺城的干部全部到场，宣布诏令：有条件到洛阳办公的机关单位，尤其是中央机构，五日内出发，赴洛阳办公。

三

又一个夏季来临，孝文帝拓跋宏离开平城，巡视北方边疆。

拓跋宏临朔州，登阴山，观云川，视察怀朔、武川、抚冥、柔玄等军事重镇，还亲自视察了多处边防哨所，对将士们进行勉励。

一路上，拓跋宏接见百姓，访贫问苦，见到没人照顾的孤老，总要赠送给他们衣服和粮食。

九月中旬，返回平城，孝文帝未顾上歇息，又着手考核全体干部三年来的政绩。

尚书令陆叡、尚书于果、左仆射元赞、散骑常侍元景、中庶子游肇等，十多个高级干部，因不能尽职尽责，拓跋宏当面列举他们的过失，或解除职务，或降低秩级，或削夺俸禄。

吏部尚书、任城王拓跋澄，居功自傲，也被解除部分职务。

在考绩会议上，孝文帝意味深长地说：“鲜卑人总爱讲，咱们是质朴粗鲁的民族，读什么书啊！朕听到这样的话，心中真不是滋味。

“中原一带，知书的人很多，他们难道都是圣人吗？不是的，关键是看一个人他学不学啊！

“朕亲政九年，今年对百官实行三载考绩，志在移风易俗，引导良好风习，恩惠亿万百姓。”

秋风起时，孝文帝以太尉、平阳公拓跋丕为太傅，录尚书事，留守平城。

河阳牧场今景

孝文帝郑重地拜辞太庙，将祖宗牌位请上金车，从平城出发，经过邺城，于十一月下旬，回到新都洛阳。

为建设新的干部队伍，拓跋宏擢升清河大族、尚书崔亮为吏部郎——组织部副部长，负责人才拣选。

迁都洛阳后，部队战马缺乏，为解决这一难题，孝文帝命将军宇文福为司卫监，在附近开辟牧场，到北地调运马匹。

宇文福领命，到处跑着调查后，选定洛阳稍北的孟县——今河南孟州市——南边直到黄河岸边的大片地方，作为新牧场，取名“河阳牧场”。

每年，从平城以北的代州草原挑选大批牲畜，先把它们转运到并州，今山西太原一带，在并州牧养数月，再步步南迁，到河阳牧场，这样，使马匹渐习水土，养大后即可服役。

河阳牧场常年畜养戎马十万匹，另有杂畜无数。

宇文福管理牧场有方，牲畜不但健康成长，而且繁衍生息，只增多不减少。

却说孝文帝的皇后、妃姬、太监公公们，在邺城住了一时，早已送进洛阳后宫，各级干部的家眷也都迤逦到了洛阳，愿意随迁的百姓也跟着来了。

随着迁都的进行，鲜卑人源源不断地涌入内地，北魏政府又面临着许多新问题。

鲜卑人多数不会说汉语，鲜卑服饰跟汉人所着汉服也大不相同，新迁之民初来洛阳，不擅农业，生产生活不能自立，住的地方是简单的，吃的饭食是寒素的，新生活不习惯，不如意，就怀恋旧地。

如不及时解决“融入”问题，将会严重地影响各民族间的交往，阻碍经济文

壁画上的胡服

胡人的毡帽

化的发展，最终不利于北魏政权的巩固。

王肃、李冲、李彪、高闾等，都是汉族士人，他们全力支持孝文帝迁都洛阳，迁洛之后，在他们的继续支持下，孝文帝着手改革鲜卑旧俗，全面推行汉化，以进一步缩小民族界限，取得汉族地主和百姓的更多支持。

孝文帝颁下一系列诏书，强力推行汉化政策。

第一步，改革官制，采用"九品中正制"选拔官吏。

孝文帝任用王肃，参考魏晋南朝的制度，对北魏的官职名称、礼仪和法律进行改革，使北魏政权从组织上进一步汉化。

规定，在任用官吏时，重视选拔汉族人才，在选拔中采用韩显宗的建议，凡贤能的汉人都可得到重用。

原先在四方征战中，北魏的部队招纳了不少汉人，但汉人在拓跋部队内备受欺压，随便可以打死，被胡来喝去，称为"一钱汉"——只值一文钱的汉佬儿。

拓跋宏的政治改革提高了汉人的地位，连各种风习也要向汉人靠拢，汉人兵卒也扬眉吐气了，有不少还提干了。

第二步，孝文帝下令禁胡服、断北语、改姓氏。

在服饰方面，抛弃了夹领窄袖鲜卑服，一律着汉制袍褂。朝廷百官改着汉族官吏的宽大朝服。

十二月三十日，孝文帝大会群臣于光极殿，颁赐官帽朝服，百官穿戴之后，列位面君，一下子朱紫满座，好不热闹。

关于服饰，孝文帝拓跋宏看重汉人的宽袍大袖，然而，后山不得不提出一些

汉人的履

传统汉服

保留看法。

话说当年不穿裤子只穿汉人袍子的赵武灵王，看到所谓“胡服”非常实用，干脆利落，且具有节奏优势，便敏锐地把胡服的积极元素注入中原汉人的传统服装中，创造了面目一新的“改良”胡服，就是沿用至今的上褂下裤的基本制式。

胡服兼具节奏优势，犹似“重金属”。

汉人祖传服饰，软不邋遢。头戴“委貌冠”“以尺布裹头为巾”，下着“深衣”——宽身阔袖大袍子，或“上衣下裙”，裙子里面穿“绔”。有钱人穿“纨绔”，没钱人穿“麻绔”。

绔者，护腿也，开裆套裤也。无裆，只两条裤腿，以绳子吊扎在腰间，给腿保暖，屁股没份。也就是说，汉服大袍子里面，屁股是光的。

宽身阔袖的“深衣”，加“绔”，不仅女子，连男人们的服装都是这个样式。

你明白了，汉人无论男女，大袍子里面的屁股，非常方便抓痒。

履呢，丝帛为面，绣以美花，麻缕为底，或多层棉布缀之为底，朝会之舄，则用木底，这种履舄多为直头，短帮，无后跟，既浅且松。

履的应用，是“趿”不是“穿”，只能拖沓前趋，超前“跐”着行走，不能抬起脚步，否则履就要掉了。

趿着汉人的履，过去，地面上留下一条痕迹，谓之“履历”。因为抬不起脚，只要你走过，履历是非有不可的。

对啦，穿着汉人的履“跐”过的痕迹，现在形容“生活经历”。让你填表，

胡服骑射图

博大的汉服

履历表，就是。

汉人服装，从头到脚，非缠即裹，平时穿着，举手投足，翩然若仙，然做起事情来，绊手拖脚，至为不便。

你想啊，尺布裹头为巾，改用胡人的毛毡尖帽或皮革筒状帽子，免去缠裹之劳，朝脑壳上随手一扣便得，何等方便与利落！

你想啊，无扣衣裳，直到地面，腰间需“绦带”围腰系住，扎结多么繁杂？如果你是做官的，腰带还会非常厚重，上面挂满奇怪物事，那精彩，啧！

改用胡人以皮革制成的腰带，打有小孔，带头部分装一金属环扣，并缀有扣针，使用时将皮带穿过环扣，收紧以扣针固定，不比半匹布的“坤带”利索与牢固了吗？

后山告诉你，今天汉人使用的便捷腰带，就是胡人发明的。

你想啊，汉人的大袍子，内部没有裤子，或仅有开裆裤子，做某些事情是方便，但不方便的时候是不是更多啊？

胡服为紧身小袖对襟衣，上衣至胯部，很少有过膝的，下身着“裤褶之制”的长裤，革去深衣绕身自缠之弊，多么利于骑射作战，尤其利于奔走骑马啊！

是啊，胡服很像今天的基本服装啊。

胡服之中，还有所谓“半臂”者。古称半臂，今言马褂，或曰T恤。你说方便不？

你想啊，扔掉松松垮垮的平口履，改为胡人的“连径履”，即皮革制就的短统靴，走起路来要灵快多少啊？登鞍跨马要利索多少啊？

实际情况也是，因为胡服轻便实用，所以很快从军队传至民间，被广泛采用。

后来又有汉灵帝，也喜着胡服。《后汉书·五行志一》说："灵帝好胡服、胡帐、胡牀、胡座、胡饭、胡空侯、胡笛、胡舞，京都贵族皆竞为之。"

汉家拖泥带水的"冠、冕、衣、裳"，变成胡人干脆利落的"长帽、短靴、合襟袄、裤子"，何其进步也吁！

到了这个北魏孝文帝，却明令禁止鲜卑胡服了。不是后山不理解，是有些人的想法，真不好说。

不过，对于孝文帝拓跋宏的关于改穿汉服的诏令，我们还真的应该给予宽容和理解——他带着家人和部队来到中土，要融合，不改自家，势必要改汉人，而刚刚占领，就改汉人千百年的风俗，他改得动吗？

视"传统"为圭臬的汉人，若你是外族朋友，你来改一改试试？

你恐怕更要改自己了。

四

北魏孝文帝汉化改革的第三步，是整饬语言。

在语言方面，鲜卑族原用本民族语言，朝廷上，则鲜卑语、汉语杂用，定都洛阳后，孝文帝召集群臣，商议禁绝"胡言"——"断诸北语，一从正音"。

孝文帝问群臣道："你们想使魏朝与殷、周比美，还是想让汉、晋独自超越前代？"

咸阳王拓跋禧答道："群臣愿陛下超越前代圣王。"

孝文帝又问：“然则应当变风易俗，还是继续因循守旧呢？”

拓跋禧答道：“自然愿圣上政治日新。”

孝文帝接着问：“仅仅为了自身，还是想传给子孙后代呢？”

拓跋禧答道：“谁想仅仅为了自身呢，愿传之百世。”

孝文帝说：“如果这样，那就必须改革，你们就不得违令了。”遂向百官宣布道：“从今以后，要禁绝鲜卑语和北方其他少数族人语言，一律使用汉人语言。年达三十以上，习性已久，口拙舌硬，或许难以骤然改变；三十以下，凡朝廷中一切人等，不得使用旧语。若明知故犯，则降爵黜官，各人宜深以为戒！”

继而，孝文帝当众严厉斥责尚书左仆射李冲，说：“朕曾与李尚书议论此事，李尚书却说什么‘四方之人，言语不同，不知当以谁为是？帝王说的，即是标准语言’。这叫什么话！”

转而面对李冲数落道：“如此辜负国家，应当令御史牵下治罪！”

拓跋宏一番责问，吓得李冲不轻，赶紧脱下官帽，连连叩头请罪。

接着，孝文帝又严厉谴责有关部门：“昨日望见宫中妇女，有的仍然穿着夹领小袖，鼓着前胸，撅着屁股，有司为何不遵前诏，进行处罚？朕的话如果不对，你们应当廷争。为何入则顺旨，出则不从呢？”

后宫管理局正副局长一齐请罪。

孝文帝说：“朕再强调一遍：不得以北俗之语，言于朝廷，若有违者，免所居官。”

全体干部山呼万岁，保证一体遵旨办事，再无怠慢之理。

却说鲜卑之民，多为复姓，或多字姓，如拓跋、独孤、步大孤等，与汉族不同，显示着民族差异，自然不利于民族合作。

孝文帝下令，把鲜卑复姓改为音近的单音汉姓："迁到洛阳的诸功臣旧族，若为复姓，皆要更改。"

于是，皇族拓跋氏改姓元氏，拔拔氏改姓长孙氏，达奚氏改姓奚氏，乙奚氏改姓叔孙氏，丘穆陵氏改姓穆氏，步六孤氏改姓陆氏，贺赖氏改姓贺氏，独孤氏改姓刘氏，贺楼氏改姓楼氏，勿忸于氏改姓于氏，尉迟氏改姓尉氏，"其余所改，不可胜记"。

改姓以后，鲜卑族姓氏不再奇僻繁杂，与汉姓完全相同了，鲜卑族在汉化的道路上又迈出了新的一步。

孝文帝还借机确认了门阀制度。

拓跋氏改为元姓，因系皇族、名望最高，其余的穆、陆、贺、刘、楼、于、稽、尉为鲜卑族首姓，与汉族的著族大姓相当，从而彻底抛弃自我，实现了脱鲜卑而入汉，促进了鲜卑族与汉族的进一步合流，民族矛盾显著缓和。

当然，孝文帝的"门阀主义"并非得到广泛支持，汉族重臣李冲等人就坚决反对，他们纷纷以"贤才主义"为宗旨，站在士人立场上，抵制门阀主义矫枉过正的形式化。

但，中华之事，有时要达至成功，往往需要"矫枉过正"才能行得通。

凡事皆有利有弊，孝文帝大兴门阀，胡、汉高门倒是一泯界限，北朝的"寒人"阶层除有武功外，却再无寸进之阶。

因此，武人阶层乐于见天下"有事"，没事就着急。

原先的六镇鲜卑将士逐渐丧失了“国人”的崇高地位，见摒于“清流”之外，最终揭竿而起，给北魏皇权造成了致命的打击。

在推行门阀制度的过程中，有人建议加薛氏为河东茂族，孝文帝不同意，说：“薛氏，蜀姓也，岂可入郡姓？”

正巧，当时担任宫廷执勤任务的警卫连连长薛宗起正在殿门口，听孝文帝如此说，便气呼呼地直入中堂，禀道：“臣之先人广德，一生在汉朝做官，时人呼为汉臣。九世祖永，确实曾经入蜀为官。二世之后，薛家又迁回河东，至今六代相承，早已不是蜀人了！陛下是黄帝后代，受封北土，难道就是虏姓了吗？”

年少气盛的小薛，言毕把手中铁戟摔在当庭，仰着头出去了。

孝文帝笑了。他忙派人召薛宗起回殿，说：“爱卿你说你薛家不是蜀姓也就罢了，奈何又挤兑朕为胡虏呢？”

于是宣布薛姓为河东郡姓。

接着，孝文帝又鼓励薛宗起：“爱卿名宗起，实为起宗啊。”

孝文帝与薛宗起的争执和化解，传为佳话，足以说明孝文帝不乏大度、幽默和宽容，不像个别汉族皇帝，忌刻而阴毒。

为了断绝拓跋贵族的最后一丝念想，孝文帝拓跋宏——现在是元宏了——规定，随迁至洛阳的所有鲜卑人，一律以洛阳为籍，所有公务员，死后也必须葬在洛阳，不得还葬平城。

迁到洛阳的鲜卑平民，也全都成了河南郡洛阳县人，他们经营起小块土地，筑起房屋，办了户口，逐渐成为中原地区的农民。

元宏下令，免除随都迁居的鲜卑人三年的租赋，鼓励他们在朝廷新授的土地上耕种。他们中的许多人还被选为羽林、虎贲，光荣参军了。

为使鲜、汉两族进一步融合，孝文帝还大力提倡鲜卑人与汉人通婚。

孝文帝带头“以范阳卢敏，清河崔宗伯、荥阳郑羲、太原王琼四姓，衣冠所推，咸纳其女以充后宫”。

当然，孝文帝也有矫枉过正之嫌。

咸阳王元禧娶了个鲜卑族姑娘为妻，孝文帝“下诏切责”，并命令他的六个弟弟重新纳娶汉族正室夫人，“前者所纳，可为妾媵”。好好的鲜卑贵族女子，一下子因为此道“命令”全都变成了小老婆。

第九十四章

英年俊像

太和五铢钱

北魏永安五铢钱

一

话说鲜卑人，原本是游牧民族，喜欢以物易物进行交易，不爱使用货币，谈不上什么商品经济。

孝文帝元宏下令铸造太和五铢钱，还允许民间私铸，但不论公私冶铸，都必须讲究钱币质量，不能杂以它物。

新币铸成后，元宏下令在京师洛阳及诸州镇流通，内外百官俸禄，也都按绢的标准折价给钱，每匹绢折钱二百。

五铢钱很快通行洛阳并中原及北方各地，促进了商品交换的发展，推动了社会经济的进步。

公元495年——孝文帝太和十九年，元宏视察山东，到鲁城，今天的山东曲阜，去作揖参拜孔丘，当面提拔了四个姓孔的、两个姓颜的——孔丘的高足穷学生颜回的后人——做了官，又在孔氏宗族中选取一人封了个崇圣侯。

离开鲁城的时候，元宏拨款命兖州官员修复孔丘的陵墓，重新树碑勒铭。

回到洛阳，元宏诏令在洛阳城内设立国子学、太学、四座小学，教授礼义廉耻、忠君孝长等一干子内容。

这日，孝文帝在侍臣的陪同下，视察太学后，又游览华林园，观赏昔日的景阳山。

这处名胜是曹魏明帝所修，一度奢华无比，后因长期兵燹战乱而残破。

黄门侍郎郭祚进言说：“仁者乐山，智者乐水。应该把它们重新修复，作为游览胜地。”

触景生情的孝文帝慨叹道：“魏明帝以奢侈而失败于前，朕岂可因袭于其后啊！”

是日午餐，嘴说不能奢侈的孝文帝大宴群臣。

盛宴之上，摆满了各种美味佳肴和鲜卑人喜好的羊肉酪粥，君臣共庆改革的胜利。

豫州刺史王肃，刚从南齐叛逃来到北魏之时，不食羊肉及酪浆等物，常常吃饭食鱼，尤好饮茶，京师士子见王肃一饮一斗，给他送个外号叫“漏卮”——装不满的葫芦。但这次王肃却吃了很多的羊肉酪粥。

孝文帝奇怪地问王肃：“羊肉比鱼汤怎样？饮茶比酪浆如何？”

王肃回答说：“羊肉是陆产之最，鱼乃水族之长，所好不同，都是珍品，从味道说，各有千秋。羊好比齐、鲁大邦，鱼好比邾、莒小国，只有茶不好作比，给酪浆当奴仆吧。”

孝文帝大笑，兴致盎然地设一字谜作酒令，让群臣自猜，只见他高举酒杯道：“三三横，两两纵，谁能辨之赐金钟。”

御史中尉李彪脑筋聪明，应声答道：“沽酒老妪瓮注甎，屠儿割肉与秤同。”

尚书右丞甄琛接着答道：“吴人浮水自云工，妓儿掷绳在虚空。”

彭城王元勰大声地说：“臣猜它是个‘习’字。”

三人都猜对了，只是李彪、甄琛答得含蓄，而且语句对仗、押韵，紧扣谜面，又富有文采，孝文帝高兴地把金钟赐给了速度最快的李彪。

孝文帝设‘习’字谜为酒令，用心良苦，暗示臣僚们不要再留恋旧都、反对汉化，“习”得时间长了，就好了。

金秋十月，新都洛阳营缮工程告竣，平城六宫、文武最后一批人马也全部迁到了洛阳。

孝文帝元宏，以皇帝的权威对北魏进行的改革也“大头落地”了，脱“卑”入“汉”之举，全面而又强势，多数朝臣、贵族接受了现实。

可以说，孝文帝的汉化改革，不但在中国历史上，即使放到世界范围里，也是一次最为彻底的自我革新。

孝文帝的汉化改革的深度和广度，比后来俄罗斯彼得大帝向西方学习的改革更为深刻，范围也更大。

这是历史上第一个君主，第一个少数民族对扑面而来的大汉混合文化张开双臂，勇敢、热情而全面的拥抱，或曰“扑入”，这不能不说是自信而大度的表现。

试想，征服者甘愿放弃自己的优越，甘愿抛弃自己民族的一切，积极地学习被征服的民族、融入被征服的民族，这是怎样的胸襟呢。

北魏孝文帝也为后来南北统一厘清了“华夷”之辩。

可惜，元宏这样一个光辉的榜样立在那里，后来的那些少数民族入主中原时，还是只知道烧杀掳掠。

后来之契丹、女真、蒙元等，与孝文帝相比，都差得太多啦。

而被我们现在一些人热情讴歌的满清呢，除了“剃发易服”“满汉不婚”等等诸多民族歧视之外，留给我们的只有血腥、丑陋及不堪的记忆。而这样的统治者竟然有人前仆后继地为之抹粉涂脂，化妆打扮出一个个明君英

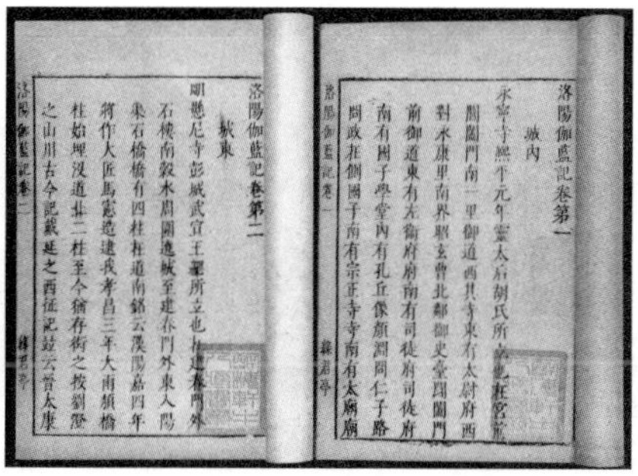

洛陽伽藍記卷第一

城內

永寧寺熙平元年靈太后胡氏所立也在宮前閶闔門南一里御道西其寺東有太尉府西對永康里南界昭玄曹北鄰御史臺閶闔門前御道東有左衛府府南有司徒府司徒府南有國子學堂內有孔丘像顏淵問仁子路問政在側國子南有宗正寺寺南有太廟廟

洛陽伽藍記卷第二

城東

明懸尼寺彭城武宣王勰所立也在建春門外石橋南穀水周圍繞城至建春門外東入陽渠石橋橋有四柱在道南銘云漢陽嘉四年將作大匠馬憲造逮我孝昌三年大雨頹橋柱始埋沒道北二柱至今猶存衒之按劉澄之山川古今記戴延之西征記並云晉太康

洛阳伽蓝记

云冈石窟大佛

主的形象！

正是北魏孝文帝恢弘的气度，奠定了中原繁荣的基础，后来才出现大气磅礴、华丽斑斓的隋唐盛世。

从孝文帝汉化可以看到，改革要有彻底革新的信念、需要勇往无前的魄力，首鼠两端、瞻前顾后不是改革，也不可能取得革命性的成果。

孝文帝改革不但带来了民族文化上的大融合，更带来了经济上的富庶繁荣。

孝文帝的改革使北魏的统治在数年后达到了空前绝后的巅峰。

半个世纪后，散文家杨炫之在他的《洛阳伽蓝记》中这么追述：“当时，四海晏清，八荒率职，缥囊纪庆，玉烛调辰，百姓殷阜，年登俗乐。鳏寡不闻犬豕之食，孤独不见牛马之衣。”

吃饱了肚子，穿好了衣服，精神层面的讲究就来了，譬如宗教——佛教。

说到南北朝的社会文化，一般研究者都会向人们介绍两个字，“玄”和“佛”。

南朝佛学的热烈，不消说了，在北方，你莫觉得温度低，其实火烫火烫的。

北魏早期，佛教是泛滥过的，人都跑去做和尚，土地没人种了，国家也没有税收了。

为了避免国家陷于瘫痪，北魏太武帝拓跋焘发起了一场空前剧烈的灭佛行动。

但拓跋焘的灭佛运动没有掌握好尺度，犯了扩大化的错误，引发了比较严重的政治危机。

文成帝拓跋濬即位后，翻了过来，又大力扶持佛教，平城于是出现了

进入龙门石窟

南朝四百八十寺，多少楼台烟雨中

“云冈石窟”。

当然，文成帝的扶持不是没有条件的。僧侣们必须得向世俗政权低头。

本来，宗教就有一定的麻痹作用，叫人放弃反抗，接受现实。佛教在思想意识领域不但顺从，而且充当北魏的马前卒。

到了献文帝拓跋弘，他连天子之位也不太稀罕，十八岁就把皇位让给不满五岁的儿子元宏，自己一边做太上皇，一边做佛教徒。

孝文帝也是崇尚佛法的。立足洛阳甫稳，佛教徒们就申请在洛阳多个地点兴建新的寺院。

佛教徒们，四处踏勘，发现了洛阳南边青石壁立的龙门山，具有雕凿佛像的大好条件，于是申请开建石窟寺。

西晋灭亡以后，洛阳虽说陷于贫困，但是佛教的发祥地啊，到得孝文帝主政洛阳的此时，尚有佛教寺院近百所，僧尼两千多人。

尽管如此，朝廷依然批准了以“国家投资加民间和信徒集资”的办法，兴建新寺院和凿建“龙门石窟”。

离洛阳不远的嵩山少林寺，也是孝文帝时期开始修建的。

所以说，南北朝时期，“南朝四百八十寺，多少楼台烟雨中”，北朝对佛教的热情丝毫不低，佛教工程的数量和规模一点也不亚于南方。

北魏孝文帝的全面汉化改革及各项经济文化建设，看起来较为顺利，其实同一切社会改革一样，遭到保守势力的反对不可避免。

次年夏天，反对改革、反对汉化的事变便在朝廷内部发生了。

原生态的1990年洛阳龙门

龙门远眺

二

且道北魏太子元恂，“体素肥大，苦河南地热，常思北归”。

元恂又不愿说汉语、穿汉服，对所赐汉族衣冠尽皆撕毁，仍旧编发左衽，顽固保持鲜卑旧俗。只留一套汉制朝装，上朝时穿穿，做做样子，一回东宫，就又换上“胡服”了。

中庶子高道悦为东宫属官，常常苦谏，劝元恂别惹父亲不高兴。

元恂这位十四岁的大胖孩子，不仅不领情，内心还十分仇恨高道悦这位绕着屁股转的唠唠叨叨的大儒。

其实，元恂的表现也不过是青春期正常的叛逆心理，放在常人身上也就罢了，但身为太子，一举一动就是天大的事情。

公元496年，八月，孝文帝巡幸嵩岳，太子元恂在洛阳。气候实在热得太狠了，宫中又没有电扇，更没有空调器，元恂上蹿下跳，解不了暑。

后山十分理解元恂。洛阳这个地方，实话实说，极端气候是有的。

整个西欧夏季平均温度不超过二十五摄氏度，洛阳至少有三个月日夜连续在三十六摄氏度以上，最高达四十度左右，在凉爽的平城长大的元恂受得了吗？

北欧诸国，借赖大西洋暖流，冬季并不十分严寒。最冷的日子，位于北极圈的冰岛，其国家南部的气温在零下五摄氏度左右，农民还照样在收拾菜地，而洛阳早已低于零下十五度了也。

你老在“自我享受”什么“四季分明”，你不知道地球上其他地方气温怎么样，不怪你。

且说元恂快要热死了，脑子轰轰轰地发胀。

高道悦不看眼色，苦口婆心，让人不得安闲，热急了眼的元恂拎起刀子豁过去，这个属官便被刺死了。

元恂随即与心腹密谋，召来牧马轻骑，想率众逃离洛阳，夜奔平城。

察见宫内乱起，同为宗室的禁军首领元俨立刻守住皇宫及洛阳各个城门。

元恂毕竟年少，羽翼未丰，东窜西突，撞到半夜也没能跑出去。

尚书陆琇得知消息，跨马连夜疾驰，奔告孝文帝。

孝文帝得报“大骇”，急忙折返洛阳。回洛阳后，立刻把元恂逮至御前，怒不可遏，列举其罪，亲手用大棒教训他。

元恂不听教训，仍旧声言：“洛阳热死人，我要回平城。”

气急之下，孝文帝又令其弟咸阳王元禧代自己猛揍这个忤逆之子一百多杖，直打得皮开肉绽，才拖出门外，囚禁于城西别馆。

太子挨打后，“不起者月余”。

唉，老热的天儿，孩子的伤不知感染了没有？

十月，一个多月后了，元恂的伤势有所好转，方才起床行走。

十月十五日，孝文帝于清徽堂召集群臣，议废太子。

太傅穆亮，少傅李冲，都是太子名义上的老师，他们俩免冠稽首，一齐请罪。

孝文帝说：“你们请罪是出于私情，朕所议论的是国事。‘大义灭亲’，古人所贵。元恂想违父叛逃，跨据恒、朔二州，犯了天下的头条大罪！这个小子今日所为，乃是国家祸端，不加严惩，待朕百年之后，恐怕又要发生晋末之乱。”

于是，废元恂为庶人，拘于河阳牧场旁边的无鼻城，派兵看守，给些布衣粗食，不至饥寒而已。

元恂身陷囹圄，方知咎悔，常常一卷佛经在手，很是归心向善的样子。

但是，生于天子之家，有些过错，是绝对犯不得的。

翌年，中尉李彪不知出于什么私欲，秘密上奏说，太子又与左右谋逆。

已经对元恂大感寒心的孝文帝，不问真伪，派兄弟元禧与中书侍郎邢峦携诏书毒酒赶赴河阳，于河阳监所赐死元恂。

时年十五岁的元恂，死后，“以粗棺常服”，随便找个地方在当地埋掉。

更可惜的是，元恂的母亲当年白死了，儿子并没有当成皇帝。

元恂被废的当月，恒州刺史穆泰、定州刺史陆睿相互合谋，暗中勾结镇北大将军元思誉、安乐侯元隆、抚冥镇将鲁郡侯元业、骁骑将军元超及阳平侯贺头、射声校尉元乐平、前彭城镇将元拔、代郡太守元珍等人，阴谋推举朔州刺史阳平王元颐为首领，起兵割据。

元思誉是汝阴王元天赐之子，元业是平阳公元丕之弟，元隆、元超皆为元丕之子。

这些人，大都是鲜卑旧贵族及其后裔，他们不满意孝文帝亲任中原儒士，对于迁都变俗、改官制服、禁绝旧语都抱着反对的态度。

元丕甚至公然在盛大的朝会上独穿鲜卑旧服而毫无顾忌，孝文帝看他年老体衰，并未强责。

迁都洛阳之初，元隆、元超还曾企图劫持太子元恂留居平城，起兵割据雁门关以北的恒、朔二州，阴谋虽未得逞，但叛逆之心不死，这次又与穆泰等人酝酿更大的叛乱。

元颐佯装许诺做首领，以稳住穆泰等人，暗中将叛乱阴谋密报孝文帝。

当时，任城王元澄卧病在床，孝文帝立即召见他。

孝文帝说："穆泰图谋不轨，煽诱宗室叛乱。今迁都不久，北人恋旧，倘或引起南北纷扰，洛阳难以保住。此系国家大事，非你不能办。"

"你虽有病在身，但要强打精神，去北方跑一趟。根据形势，妥善处理。如果叛党势弱，直接前往擒获；若已强盛，可用朕的命令调发并州军队，进行剿讨。"

元澄答说："穆泰等，愚蠢而糊涂，由于迷恋旧生活才这样做，没有什么深谋远虑。臣虽不才，足以制伏他们，陛下不必担忧。臣这点小病，怎敢辞绝大事呢！"

孝文帝笑着说："任城王肯去，朕还有什么忧虑的。"

遂授给元澄以节旄、铜虎符，配给部分军队，让他代领恒州刺史。

元澄受命，倍道兼行，直趋平城。

接近平城的时候，元澄先遣参谋长李焕，出其不意，单骑入城，晓谕穆泰同党，示以祸福，叛党顷刻瓦解。

穆泰无计可施，仓促率麾下数百人逃往城西，束手就擒。

元澄清查穆泰同党，收捕百余人下狱，然后将平叛始末写成奏章，上报朝廷。

孝文帝大喜，召见公卿大臣，出示奏章，说："任城王可谓社稷之臣。看他审案的狱辞，就连古代的皋陶也未必能超过啊！"

皋陶，就是夏代老禹手下的大臣，那个牵着独角兽执掌刑罚的中国首任司法部长。

这次叛乱，留在平城的鲜卑旧贵族多数都参与了，只有于烈一族没有卷入。因此，于烈更加受到孝文帝的器重，后来被提升为领军将军。

叛乱平息后，孝文帝看到鲜卑旧贵族和北方各少数族酋长实在不堪洛阳暑热，四季住在洛阳，确实受罪，便允许他们秋冬居洛阳，春夏还平城，或回部落，像候鸟似的，当时人称他们为“雁臣”。

说话就是公元497年正月了，孝文帝元宏又立皇子元恪为太子。

连坚决反对汉化的原太子元恂都被处死，谋反的宗室分子也被以雷霆手段剿灭之，其他反对新法、阴谋作乱的鲜卑贵族，尽管心中还怀有不满，也不敢有所动作了。

改革措施大幅度推行，内部隐患一步步消除，北魏的国力显著提升，接着，元宏将工作重心转移到开疆拓土上，具体地讲，即是再度对南齐做开了军事功课。

即便如此，元宏也不忘考察汉化政策的实行情况，走在洛阳城簇新的街道上，看到有妇女穿着鲜卑民族服装，就要责令有关部门的大臣。

“看那个小妇女，衣服穿得恁紧，胸前鼓着，屁股也撅着，怎么回事？咹？这片城区是谁包干的？”

三

在中国这片广袤的大地上，如果想长久地统治，必须得有一套划分等级、维持秩序的思想。

宗法与等级，是每个王朝行使政权的伦理基础，否则只凭强权，再无敌的军队也无法阻止天下的分崩离析。后山认为，元宏是想到了这一层的。

元宏的目光已经越过了滚滚长江，投射到了烟雨苍茫的南方大地。

他怕他的王朝像匈奴，以及其他很多个游牧民族建立的国家那样，只是在辽阔的北方大地上像一阵狂风刮过，扬起满天黄沙后便烟消云散。

元宏日夜企盼着能有一天，“魏”字大纛能飘扬在日月照耀下的每一寸土地上。他力排众议，推行汉化，正是为了那一天做着准备。

孝文帝元宏的“汉化”，本质上乃“儒化”也。

“儒化”，使北魏滚下马背，摆脱了野蛮粗鲁的生活习惯，进入了所谓“高一级的文明”。

“儒化”，却也使北魏像一个正常的人接触了毒品，渐渐落入宗法等级制的泥淖，慢慢地领受“没顶之灾”。

此说并非危言耸听，请听后山为你解释——

在无力创造更为合理、更为先进的理论之前，用固有的、较为强势的思想体系作为政策的基础，是异族面对新天地无奈而明智的选择，这也就是元宏实施儒化改革的本质。

以宗法与等级为核心的儒家思想，被历朝历代统治者精心培植，已经高高凌驾于百家学说之上。

汉武帝后，儒学就已经是每一位雄主的首选意识形态文化。因而外来民族入主中原后的汉化，当然也就是儒化的代名词。

出则仪卫塞满路，归则歌吹连日夜

在羯鼓琵琶强劲的节奏里，在丰盛的羊肉酪浆的香味里，元宏独坐深宫，轻轻咂着奶茶，恭恭敬敬地翻阅儒典经书，目光生涩地在一列列方块字之间游走，如饥似渴地寻觅下一步的方向。

元宏期望他的朝廷里依序站立的，不再是那些筋肉暴起、虬髯满面、满身腥膻的粗豪大汉，而是一些峨冠博带、大袖飘飘、文质彬彬、低眉顺眼的白净书生。

元宏视为圣教的儒家思想，潜移默化的力量确实是巨大的。

不管你曾经是多么野蛮的民族，只要真正开始把儒家的理论作为统治的政策，无论真心也好，借用也罢，天长日久，渐渐地就会不知不觉受其浸染。

几年间，元宏也真的逐步浓化了朝廷的儒学氛围。

从马背上翻身下来的北魏王朝，沉醉于儒学的熏风，缓缓地褪去野性，慢慢地消磨桀骜，渐渐地滋生温柔了。

儒家的宗法等级教诲，使北魏统治者弯弓握剑的一双双毛茸茸的大手渐渐低垂，皲裂而宽大的手掌渐渐变得白嫩光滑，小指不知不觉地翘起来了，状如兰花了。

昔日翱翔在北方的无敌雄鹰，让敌人闻风丧胆的北魏军团，就这么在儒家理论的熏陶下，慵懒地享受起宗法等级的大福，一日日地穷奢极欲起来。

没多久，北魏王朝宗室和贵臣便开始互相比富，暴殄天物了。

高阳王元雍，富可敌国，宫室园圃和皇帝的不相上下。他有僮仆六千，乐伎五百，出则仪卫塞满路，归则歌吹连日夜，一顿饭就吃掉几万钱。

尚书令李崇和元雍身家差不多，但他生性吝啬，常对人说：“高阳王一顿饭，够我吃一千天的。”

河间王元琛，常常想和元雍斗富，在“财富论坛”上打败对手。他养马的马槽都以纯银打制；窗户之上，玉凤衔铃，金龙吐珠。跟诸王宴饮时，酒器有玛瑙碗、赤玉杯，制作奇丽，举国所无。

元琛大张女乐、名马以及各种奇珍异宝，又带着诸王遍观自己府库中耀人眼目、不可胜计的金钱宝物和绫罗绸缎。

元琛为不能跟前朝的洛阳著名富豪石崇“斗富”而心怀遗憾，对章武王元融说：“不恨我不见石崇，恨石崇不见我。”

鲜卑的帐篷早丢了，仅仅几年，他们的洛阳园宅，就已“飞馆生风，重楼起雾，高台芳榭，花林曲池”，这是《洛阳伽蓝记》中的纪实描绘，连见多识广的南朝豪贵出差到洛阳，看到了都瞠目结舌。

腐败堕落，是儒家种子必然要结出的宗法等级之恶果。

各级干部的奢侈糜烂，必然埋下王朝滑向覆亡的祸根。

而在北魏王朝的脊背后面，正像开疆拓土时期的北魏那么矫健的突厥人、柔然人，血红的瞳子死死地盯牢了这个渐在变得温情脉脉和无比糜烂的朝廷。

突厥和柔然根本不晓得什么宗法等级的儒学理论，只是一下又一下用力地磨砺着刀、箭，在大漠、在草原，无日无夜地操练着武功，刚饮过马血的猩红嘴角，遥对着北魏洛阳巍峨的宫阙，流露出讥讽而又残酷的冷笑。

甚至轮不到突厥和柔然发难，即使是北魏自己肚子里，有些见到方块字就咬牙切齿的武将早就不耐烦了，日日夜夜地在阴森森的密室里，用鲜卑语重新浇灌着野性，让它生长。

也许是元宏的眼光太远了?

元宏在天下未定，尚需武力的时候，用礼乐治世的儒家学说，削弱了自己原本强壮的身体，冀望脱胎换骨的武士过早地吸食了大量的海洛因或冰毒，结果呢?

譬如一只急剧生长中的龙虾，再需要换壳，也先得等战胜身边的敌人，廓清战场之后。否则，为了那个更舒展、更宽裕、更有纵横余地的新壳，而早早在危机四伏的战场上蜕下旧壳，露出毫无抵抗能力却香嫩诱人的肉身，结果必将成为仍旧披着坚硬老壳的对手的美餐。

何况元宏的族人也跟不上元宏的思路和步伐，不理解主上的高见远识，因而北魏王朝的“换壳成果”不得不变得扭曲和丑陋起来。

就算是同样的健壮，同样的敏捷，同样的训练有素，双方交战，其中一方念念不忘三纲五常，常常深思仁义道德，那么，他的动作将会因为他的思想而迟缓、沉重，他的锋刃也会因此而钝软、无力，他必定会败给全部精力集中于手中武器和攻击目标的对手。

在遥远的西方，古希腊时期，对于文明与武力在统治中的轻重作用，斯巴达和雅典就进行了多年的实践尝试。

斯巴达的子弟，出生就得洗“酒精”澡，熏晕了的扔掉，七岁就得进入军营，光头赤脚，布衣草席，严格军事训练，定期鞭抽棒打以锻炼耐受力，直到六十岁。他们全员从军，十分排斥文化，只要求能读会写，讨厌夸夸其谈。

而雅典却盛行文学与哲学，人人言辞华丽，谈吐侃侃，出了大量的诗人、哲学家，创造了辉煌的文明。

雅典人崇尚稳定，害怕军事，只鼓励人们娱乐——愚乐，在“伯利克里”时期，官方竟然设立“观剧津贴”，谁去看晚会给谁发钱。

可是当斯巴达和雅典发生肢体碰撞时，诗人和哲学家就不可避免地输给了排斥文化的斯巴达——公元前410年前后数十载的“伯罗奔尼撒”战争便是如此生动的一课。仅仅过了几十年，迅速崛起的马其顿，灭亡了整个希腊。

造化无情，冷兵器时代，世界总在庙堂之外，在蛮荒之处，源源不断地产生着一批批新的野蛮力量。

新的野蛮力量，直接、干脆，所有的心思都在血与火，他们用兽皮包裹着钢铁般的肌肉，腰间系着战败者滴血的人头，挥舞着冰冷锋利的大刀，从荒寒苍凉的远方呐喊着，咆哮着，向所谓温柔敦厚的“新文明”冲杀而来。

可能，新的野蛮力量会在胜利之后也将变得温柔敦厚，但一般来说，血迹未干，更远的远方，嘶叫着的鸣镝会再度破空，惊心动魄的马蹄声回再度响起……

后山认为，“儒”是不足以与佛、道抗衡的，它是伦理之学——世俗的人际关系学，创建者孔丘明言“不语乱力怪神”，因而后山谓之“儒理”，儒家理论，或曰“儒家学说”，因而它再鼓肚子，也跳不进宗教的坑里。

后山告诉你的是：北魏，不仅自堕儒学罗网，后来竟还不知刹车，一头撞进佛教里，断送了王朝小命。此系后话，容当缓叙。

第九十五章

析离弼辅

孝文帝南征

一

话说北魏孝文帝元宏迁都、汉化之后，觉得在洛阳站稳了脚跟，便开始南伐。

作为一个雄心万丈的君王，孝文帝当然不会安于只是作为黄河流域的统治者。

“白日光天无不曜，江左一隅独未照”，这是他渴望一统华夏，君临万方的真实写照。

元宏具有“天无二日，土无两王”的正统思想，要把北魏正在实施的礼教推广到江南。江南人民还在反动派统治中，北魏要去“解放”他们，带给他们“光明”，让他们生活在阳光下。

事实上，与在孝文帝治下的北魏相比，当时南方的老百姓许多时候还真是在水深火热之中乱扑腾呢。

孝文帝迁都洛阳，就包含着“先之营之，后乃薄伐”“化总元天，方融八表”的意思。

迁都包括着南征的考虑，南征则是迁都的必然延续。

王肃等南朝官员跑到北魏，力主南征。王肃使元宏清楚地了解了南齐的政局和皇室斗争的内幕，坚定了南征的决心。

元宏征发冀州、定州、瀛州、相州、济州兵卒二十万人，号称百万，准备重创南齐，并吃掉它。

留任城王元澄与仆射李冲、御史中尉李彪等人守洛阳，元宏自率六军，出发。

元宏让皇太弟彭城王元勰做中军元帅，元勰辞谢说：“亲疏并用，君臣之道。臣屡蒙陛下宠授，心中不安。”

过去有陈思王曹植，上表魏文帝，求率兵攻吴蜀，而得不到允许，今日我不请而得征伐重任，都是皇弟，差别咋就这样大呢？

孝文帝听了元勰的话，大笑，拉着他的手，亲热地说：“二曹以才名相忌，我和你以道德相亲嘛。让你干你就干，何必想那么多。”

元宏引军南下，直趋襄阳方向。

彭城王元勰等，左、中、右部队前后相继，人太多了，每人吹一下嘴唇就会形成九级大风。

孝文帝元宏，约束部队非常严格，颁布了三大纪律八项注意，“粗修桥梁，通舆马便止，不须去草铲为平地”；“军事须伐民树者，必留绢以酬其值，民稻粟无所伤践”。御驾亲征，谁敢不听！

几天后，大军在汝南安营，稍事休息。

孝文帝讲武于汝水西岸，杀牛宰羊，犒赏六军，以激励士气，壮大声势。又宴飨将士，并发出声讨南齐的檄文。

继续行军，遇上连日雨水。孝文帝命撤去伞盖，与士兵一样淋在雨中，并且亲自慰劳生病的士兵。

行军到了赭阳，今天河南方城，分派诸将攻取，自率大军继续南进，奔袭宛城。宛城仍东汉宛城也。

宛城外廓当晚攻克。齐国南阳太守房伯玉在宛城内城顽抗。

孝文帝派嗓门洪亮的国务秘书孙延景到阵前，对房伯玉喊话：“我大北魏皇上，这次要荡平南方，统一全国，不像以前那样，转一圈就走了，没有克获，决不还兵。”

“你这座城池，首当其冲，不得不先攻取，慢者一月，近者七日。或者封侯拜官，或者斩首示众，事在顷刻之间，自己想想吧！”

房伯玉不吃这一套，率众坚守，闭门不开，北魏军队没辙。

孝文帝留下咸阳王元禧等人攻南阳，自己引兵到新野，又遭到南齐新野太守刘思忌的顽强抵抗，不能攻下。

南齐政府又派步骑两万余人增援襄阳。

相持月余，不能取胜。

十一月份，有韩秀芳等十五个将领投降北魏，北魏才算在沔水以北取得一次小小的胜利。

整个冬季，北魏军团都在苦战，到第二年春上，接连获胜了，攻占了雍州的南阳、新野、邓城等郡，杀掉了刘思忌，房伯玉被迫出降，共俘获两万余人。

孝文帝乘胜进击，率众十万，围攻樊城，南齐雍州刺史曹虎闭门不战。

待北魏军队懈怠，曹虎冲出，于涡阳杀散魏军。

转瞬之间，反胜为败。北魏军一万多人死亡，三千多人被俘，军资、器械、财物损失上千万。

北魏急忙调兵，增援涡阳，南齐军队才撤退了。

孝文帝整合原军和援军之后，下令进军，夺关拔寨，又斩获两万多人。

南齐军铩羽，又连连溃退。

面对北魏接连不断的军事攻势，南齐明帝萧鸾忧郁患病，终至驾崩，其子东

汝水今景

悬瓠故地

昏侯萧宝卷继位。

孝文帝听说南齐明帝死了，就台阶下驴，说“礼不伐丧”，引魏兵耀武而还。

此次南征，孝文帝战绩显赫，南齐萧家王朝的河北五郡——南阳、新野、北襄城、西汝南和北义阳皆为北魏所占。

回军中，孝文帝在悬瓠——今河南上蔡停留了半年之久。主要是休整军队，择机反身南进。期间，听到了大臣李冲的死讯，孝文帝不胜悲痛。

而元宏本人，长期的帝王生活和鞍马劳顿，也使他身患重病，十多天不能引见侍臣。派人昼夜驰驿至洛阳，召御医徐謇。

徐謇一日一夜赶数百里至悬瓠，诊治下药，“果有大验，内外称庆”。

元宏自己的高兴也可想而知，特地聚集百官于汝水岸边，为徐謇庆功，元宏将徐謇推坐于上席，在其面前摆满了美酒佳肴。

元宏命左右宣讲徐謇妙手回春之能，“救摄危笃振济之功”，又下诏褒扬其“诚术两验，忠妙俱至”，给予重大奖赏，鼓励其继续诊治。

公元499年正月，孝文帝风尘仆仆，回到洛阳宫。但他一回宫，便毋顾病魔缠身，鞍马劳苦，忙于处理政事。

回到洛阳第二天升朝，孝文帝面带怒容地责问任城王元澄：“营国之本，礼教为先。朕离开洛阳这多时日，风俗人情多少有些进步不？”

元澄心中惶恐，小心翼翼，低声答道：“圣上教化，余音仍在，洛阳风情，月异日新。”

孝文帝瞪眼道：“朕昨日入城，看见铜驼大街上的小妇人，还头戴帽子、身着小袄儿，怎能说得上月异日新！难道你没有上过街？”

戴帽子、穿小袄，是鲜卑女子从前的常服，汉化了，就不能如此穿戴打扮了。

元澄解释说："穿旧服的少，穿新装的多。"

孝文帝一听，心中十分不快，道："好奇怪你！你莫非想使洛阳全城尽着旧服吗？这不就叫做一言丧邦吗？可令史官记下你这条任城王语录了。"

元澄慌不迭地脱帽请罪，留守百官面面相觑，也赶紧陪着请罪。

好了。且说南齐，为了夺回雍州所丢各郡，派总司令陈显达、平北将军崔慧景，率军四万，收复失地。

南齐军队围攻襄阳以北三百里的马圈城达四十余日，城中粮食断绝，将士以树皮和死人肉充饥，最终，北魏将士被迫突围，死伤千余人。

陈显达的反攻，给北魏造成严重的军事压力。

孝文帝十分忧虑，觉得不亲自出马就无法制服陈显达。

三月初，孝文帝抱病又一次御驾亲征，命大将军于烈据守洛阳，辅将是右卫将军宋弁。

自孝文帝患病以来，彭城王元勰常在身边侍奉医药，蓬首垢面，昼夜不离，衣不解带，睡不安席。

孝文帝久病心烦，易于动怒，侍臣稍有过失，动不动就要诛斩。元勰乘间劝谏，匡救不少人命。

鉴于孝文帝身体原因，这次出兵，以元勰都督军事，统率全军。

元勰辞谢说："臣侍候疾病，苦无空闲，怎能治军？愿另选一王，总管军权，臣得以专心侍奉医药。"

孝文帝感慨地道："朕病成这样，恐怕日子不多。治六军、保社稷，除了你还能有谁？怎能更选他人，以违诚心相托之意呢？侍疾、治军，都要依靠你。"

北魏军进至马圈城，遭遇南齐军。

孝文帝坚持部署，指挥战斗。南齐军一战而败，司令陈显达化装南逃，丢失军资数以亿计，尽为北魏所得。

北魏军乘胜追奔至汉水，南齐军十之七八被杀或自溺而死，共计三万余人。

三月底，百花正艳，北魏孝文帝病情恶化，虽有御医徐謇随侍在侧，也无能为力，被迫北还。

要说孝文帝也许还能坚持一些时日，谁料一个炸雷般的后宫消息，使他惊骇之极，快速走向生命的终点。

二

当年，冯太后给元宏安排的皇后和昭仪，是冯氏哥哥冯熙的女儿，异母姐儿俩。

先为皇后的是妹妹小冯皇后冯清。后来，小冯皇后的庶妈小姐姐冯润进宫，被册封为昭仪。

昭仪冯润进宫后，与小冯皇后冯清争宠。冯清本性虽不妒忌，但也时有愧恨之色。

皇后冯清没看出来丈夫更愿意做自己的姐夫，还比较差窍，不合时宜地拒说汉语，拒穿汉服——在鲜卑人中生活久了，以说鲜卑语、穿鲜卑衣为荣。

冯皇后的男宠高菩萨

昭仪冯润，又时不时地在孝文帝面前构毁小冯皇后，——枕边风最恶——小冯皇后被废为庶人，罚去寺庙做尼姑，后又被赐死，史称冯废皇后。

冯昭仪冯润，入宫比其妹略晚，却升成了皇后。

这个“二冯后”冯润——为了区别于冯后和冯太后，后山称之为“二冯后”——生得美丽非凡，气质高贵，聪明伶俐，妩媚动人又善于察言观色，对汉学非常有兴趣，史载“后有姿媚，偏见宠幸”，深受孝文帝的宠爱。

孝文帝和二冯后卿卿我我，非常投缘，其他嫔妃很少被临幸。

孝文帝频频南征，不在洛阳，冯润有一点和她姑姑太皇太后冯氏很相似，情感和生理需求都很旺盛，耐不住寂寞。

宫中有个宦官叫高菩萨，仪表堂堂，雄壮有力，是个未阉割干净的男子，靠欺骗手段混进宫中的，冯润和高菩萨便勾搭在一起。

冯润是一个酷爱男人的女人，十八九岁，动起情来，全然忘了自己是母仪天下的皇后，更不顾皇上在外征战时还日夜惦记着自己，只顾喜欢和接受高菩萨的雄健有力。

大太监高菩萨呢，则爱冯润的妩媚多情，二人互相勾结，表里为奸，环抱日日，春宵夜夜。

高菩萨很有些笼络人的本领，他手下有一批爪牙，甘心为他卖命。

冯润也培植了一批亲信，非常恶，尽管宗室中有人知道了他们的丑事，也无人敢管。

冯润跟高菩萨听说孝文帝在汝南病重，不知是减少了顾忌还是有意追寻刺激，比往日更加公然不讳地宣淫于后宫，表演于内室，丑态百现。

二冯后的丑闻，是如何被孝文帝知道的呢？

却说孝文帝的小妹妹彭城公主，嫁给了宋王刘昶的儿子，但不久丈夫不幸去世。彭城公主在北魏宫中最为美丽动人，年纪轻轻就当了寡妇，难免引起富家子弟的觊觎。

二冯后的同母弟弟冯夙，垂涎彭城公主的美貌，一心想得到彭城公主，就三番两次求小姐姐帮忙。

二冯后为这事曾求孝文帝帮忙，孝文帝爽快地答应了。

谁知彭城公主与死去的丈夫情深意笃，热丧之际，不愿马上嫁人，即使嫁人，也不愿意嫁给冯夙这样的平庸之辈。

冯夙太想早日怀抱美人儿归了，组织人马，要强娶。

二冯后的胆子也和她姑姑一样大，趁孝文帝不在身边，竟然同意其弟强娶彭城公主。

彭城公主岂能甘愿就擒？

危急之中，彭城公主看到自己在洛阳势单力孤，无人可倚靠，就偷偷地带着十余名家婢侍童，乘轻车，冒霖雨，赶到前线，去见孝文帝。

孝文帝看着伤痛万分的小妹妹，答应解除她与冯夙的婚姻关系。

这不就结了？哪知彭城公主也属年幼无知，不知怎么的，未看哥哥的病情，不慎将二冯后与高菩萨之事也抖了出来。

孝文帝听说皇后冯润与高菩萨的丑闻，不仅大吃一惊，将信将疑。

他不敢相信自己那么宠爱而对自己百般温顺的冯润会做出这种事情。他叮嘱小妹妹不要泄露此事，等回宫后慢慢查来。

二冯后得知彭城公主投奔孝文帝后，害怕公主泄露自己的丑行，就派几个心腹以慰问为名，前去探听情况。

但是其中的一个宦官叫苏兴寿的，把事情如实报告给了孝文帝。

回到洛阳，孝文帝马上逮捕了以高菩萨等为首的几个人，并让他们揭发后宫的恶劣现象。

在威严的孝文帝面前，高菩萨一一招认了跟二冯后的奸情。

元宏心如刀绞，多天来掩藏着的疑问证实了。回想起冯润往日的柔情蜜意，趁他不在宫，竟都裸体献给大太监了，那种恶心场景，令他肝肠寸断，加上旅途的劳累，很快就病得起不来了。

晚上，孝文帝命人押来高菩萨等，捆了，在外间排成一排，又派人把冯润叫来。

冯润涕泣涟涟，趴在地上一个劲儿地叩头，请求孝文帝宽恕。

元宏长时间地说不出话来，此时此刻，也不知如何教训冯润才是。

冯润说，她愿意独自向孝文帝招供。

孝文帝答应了她的请求。

孝文帝只留一个卫士在旁，又用棉絮塞住卫士耳朵，由冯润自己陈说淫乱本末。所以，冯润所供淫乱故事，自古至今，天下只有她和孝文帝两个人知道。

听着冯润对自己跟别的男人睡觉的招供，元宏脸色铁青，心如刀搅。

听冯润招供完后，元宏全身剧烈地颤栗着，命人召进彭城王元勰、北海王元颢。

元勰和元颢见冯润在，不敢盲目进入。

元宏对他们说："昔是汝嫂，今为路人，但入勿避！"

元勰和元颢拜见了，孝文帝说："唉，这个女人，一点妇德也守不住，实在是坏透了。"

孝文帝命令诛杀了高菩萨，但不忍心废掉冯润，怕连续废掉两个冯家女儿，冯太后在九泉下寒心，决定让冯润住进冷宫反省，如果她有良知，自己去死也好。

孝文帝的病，经二冯后这么一气，御医和御厨都觉得发愁。

治疗和将养月余，气候转暖，病势转轻，孝文帝觉得统一大业时不我待，于是，以大将军于烈留守洛阳，自己再次抱病率军南征。

孰料，在军事进展的同时，孝文帝的病也进展不止，于南阳跟陈显达打了几仗，病情恶化，被迫北还，行至谷塘原——今天的河南鲁山县地面小镇，走不动了，驻军休息。

元宏自知命在旦夕，发出诏令，送所有妃子回洛阳，准许她们另行改嫁。

元宏召进彭城王元勰，说："唉，沉疴日深，估计起不来了。天下未平，嗣子幼弱，社稷所依，唯在于你。过去有异姓受托的，何况你是亲兄弟，且有贤德，能不努力！"

元勰哭对说："臣以至亲，久参机要，位显职重，海内莫及，所以敢受而不辞。陛下明如日月，请宽恕臣不知退避的过失。

"今又委以大任，总握机要，震主之威，必然会自取罪过，外人不服。如此，虽则陛下爱臣，臣却未敢轻易担当。"

元宏默默无言，思虑良久，说："你确实有道理。"

元宏

北魏宣武帝版画像

于是元宏放弃原来的计划，以王肃、元详、元嘉、宋弁、元禧、元澄等六大臣共同辅政。

临别世界之际，元宏交代彭城王说："皇后失德，若不除掉，日后垂廉称尊，淫乱国家，则为祸害。朕死后，可以朕之遗令将她赐死，然后按照皇后的礼节安葬她，千万不要坏了冯家的名声。"

之后，孝文帝召来众宰辅，遗诏说："惟我太祖之业，与四象齐茂，累圣重明，属鸿历于寡昧，兢兢业业，思纂乃圣之遗踪。

"迁都嵩极，定鼎河瀍，庶南荡瓯吴，复礼万国，以仰光七庙，俯济苍生。困穷早灭，不永乃志。公卿其善毗继子，隆我魏室，不亦善欤？可不勉之！"

想我太祖基业，与日月齐辉……

迁都洛阳，定鼎中原，期望荡平南方，复礼万国，光耀祖宗，普济苍生。怎奈病魔无情，早离人世，大志难遂。诸位爱卿重臣，好好辅佐嗣子，兴我魏室，不也很好吗？大家尽力吧！

四月初一日，孝文帝元宏以三十三春秋之龄，驾崩了。

彭城王元勰、任城王元澄与王肃、元祥、元嘉、宋弁、元禧等秘密商议，恐凶讯外露，陈显达返兵追逼，故秘不发丧。将孝文帝遗体奉于车中，每日视疾进膳，有如平常，"六军内外，莫有知者"。

行抵鲁阳，今河南鲁山县，遣中书舍人——国务秘书张儒征请太子元恪，并将凶讯密告洛阳留守将军于烈。

太子元恪火速赶到军中，跪迎父亲的灵柩，返回洛阳。

元勰和元颢遵从孝文帝遗命，以毒酒赐死二冯后。

孝文帝元宏长陵

位于孟津县朝阳镇的北魏孝文帝长陵

冯润死活不肯服毒，一边哭一边到处躲藏，两个王爷揪住她，强行把毒酒灌进她的嘴里。

二冯后死了，又依照孝文帝遗嘱隆重安葬了。

因冯润末期曾经被囚禁，故而谥为冯幽皇后。

元勰、元澄、于烈、王肃、元详、元嘉、宋弁、元禧等大臣偕文武百官扶太子元恪于太极殿继位。

元恪即皇帝位，是为北魏宣武帝。

元恪即位后，为其父发丧，葬于长陵——今天洛阳瀍水西，孟津县朝阳镇官庄东，敬谥庙号曰高祖。

胸怀“南荡瓯吴，复礼万国”、重新统一神州雄心壮志的孝文帝死后，南北朝之间的战事仍在继续，新的转机会产生的。

至于孝文帝嘱托后事的大臣，彭城王元勰颇具才华，早受赏识，其余七人，三个是汉人，其中虽有元氏四个宗室，他们却也都是支持汉化改革的。

孝文帝这种安排，反映出试图于其身后延续既有政策的良苦用心。

三

北魏孝文帝是拓跋家族——元氏家族的优秀分子，是北魏“太和变法”“迁都洛阳”和“汉化改制”的主要领导者，是北魏朝廷卓越而又杰出的领导人。

孝文帝在数十年的革命斗争中，爱臣亲民，北战南征，历尽艰险，为北魏王

孝文帝陵文物碑

朝的成长壮大，为革命战争的胜利，为建设新洛阳和新中原、新中国，做出了卓越的贡献。

他的一生，是革命的一生，是光辉的一生，是为民族解放事业英勇奋斗的一生。他的不幸逝世，是北魏政权和军队的重大损失。

孝文帝喜好读书，一生手不释卷。精通五经，博涉史传。善谈《庄子》《老子》，尤其通晓佛教义理。舆车之中，戎马之上，不忘讲经论道。

孝文帝聪慧博学，擅长文章，诗赋铭颂，任兴而作，即令口占，由侍臣笔录，不改一字，辞旨也精当可观。

孝文帝文笔有神，自太和十年以后，诏令、策书必要亲手拟写。至于议定律令，饰修辞旨，刊定轻重，也必要亲自下笔润色。所撰其他文章，不下百余篇。

孝文帝任用人才，亲贤择能，扬长抑短，建立了一支能打硬仗的干部队伍，在推行新政、改革旧俗方面发挥了重要作用。

孝文帝不辞辛劳，勤于为政。操劳于朝堂之中，奔波于疆场之上，十几年如一日。奏案，大多坚持亲自审阅。而对大小百官，文武群臣，无不留心，务使周洽。

孝文帝常说："人君怕的是不能处心公平，推诚待人。能做到这两点，则敌人都可以变成兄弟。"

孝文帝虚心纳谏，从善如流。他常对史官说："直书时事，无隐国恶。人君作威作福，史官又不写，将何以有所畏惧。"

孝文帝用法严谨，虽王公、贵戚、大臣也从不宽贷，但是不计小过，温和待

孝文帝长陵和昭文皇后墓

人，偶遇难堪，一笑了之。

孝文帝还有一个功德无量的政治决定："不杀太子母。"

防外戚擅权而"必死太子母"，这个野蛮残酷的祖宗家法，使得孝文帝的父祖和自己自小失去母爱，备尝人间孤苦，所以他做出了这么一个人道的决定。

不过封建专制制度，其本质纵容私性，培植"你死我活"的争夺，孝文帝这个充满人性之善的改变，却在十数年后把自己的家族王朝推入了万劫不复的深渊。

只叹啊，孝文帝政务太忙，龙体欠安，荒芜了后宫二冯后，让高菩萨辛勤耕耘，结果呢，皆大悲哀。

尽管孝文帝三十三岁英年早逝，他的改革措施再也没有逆转，中国历史上掌握了政权的非汉民族统治者最主动、最彻底的汉化最终得以实现。

元宏的汉化、儒化改革，尽管一头撞进了宗法等级的罗网，但在中国封建社会史上是空前绝后的。

不搞宗法等级，你还奢望他实施民主选举、四年一届吗？

历来，凡是进入中原农耕地区的少数民族，无论是被掳掠或强制迁入的，还是作为征服者来君临天下的，最终都免不了成为文化上的被征服者。

为什么？因为，经过几百、几千年的封建制度浸泡腌制的中原民族，远比其他民族风俗习惯强势和浓厚得多，也比游牧民族的奴隶制文化"进步"得多。

面对拥有比自己新鲜而先进的汉文化，少数民族统治者为了使统治长治久安，不得不选择中原的宗法等级观念，但出于生活惯性，群体惯性，又必须采取一系列的措施来保持本民族的传统。

孝文帝长陵简介

孝文帝的可贵，在于他的汉化改革完全是自觉、积极、主动的，更是彻底的。

孝文帝迁都、汉化的直接结果，是百余万包括鲜卑和北方各族文化在内的移民，迁入洛阳和中原，使洛阳再次成为北方乃至整个亚洲的中心，使吸收了鲜卑各族北方文化的中原主体文化的丰富性，远远超越了南方的地域文化。

可以这样说，在融入汉文化的同时，鲜卑文化的精华成了汉文化的一部分。鲜卑文化主动汉化，也在一定程度上，使汉文化鲜卑化或“胡化”了。

在北魏力求巩固自己在中原的统治的时候，与其对峙的南朝也在发展。

中原王朝本来是经营中原的，受到北方游牧民族的不断威胁、挤压，拥有农耕文明的中原人一次次地退守南方。当时南方众多少数民族农耕水平相对落后，中原汉族南下之后，与少数民族的接触联系日益频繁，南方的融合与发展也加快了。

当时，南方少数民族，主要有蛮、傒、俚、僚、爨等。其中，蛮族人数最多，占地最广。

蛮族作为农耕民族，也生产米、谷、布、绢，与汉人相似。

南朝政府一般只从蛮族收纳米谷，不征徭役，所以常常有汉民为逃避繁重的徭役而逃到蛮族地区。

作为正统的农耕民族，南朝在文学、史学、哲学、宗教以及艺术、科学等方面都深具特色，对后代影响较为深远。

尽管北魏孝文帝进行了汉化改革，但游牧文化的烙印还没有完全消除，真正继承、发展了农耕文明的，还是偏安南方的南朝。

不管怎么总结，孝文帝元宏是伟大的。

史上有英明的汉人君主赵武灵王，向胡人学习弓马骑射，最终使得国势大盛，孝文帝元宏的改革，比赵武灵王还坚决彻底，义无反顾。

在华夷对立还很强烈的古代，汉人君主赵武灵王，肯于放下架子，向国人视为蛮夷的胡人学习，无疑是伟大的。

但一个君主，虚怀若谷，能够清楚认识本民族的落后之处，正视自己民族落后的现实，最终带着本民族融入被自己征服的民族之中，营造宗法等级大社会，这样的封建帝王，又如何评定呢？

四

话说北魏宣武帝元恪，孝文帝的第二个孩子，接班啦。

元恪他哥元恂，反对迁都洛阳和全面汉化，让他爹孝文帝不分青红皂白处置掉了，元恪得以在十六岁登上大位。

十六岁不算小，从北魏各皇帝即位年龄来看，甚至是很大了，应该是有独立执政能力的。

然则孝文帝要为他安排辅政大臣，不让他一开始就独掌国政。

孝文帝可能是正确的。他对元恪的才干有所顾虑，而且他在南伐路途中要驾崩，太子并未随军锻炼，功劳欠缺，不安排顾命大臣，平衡各种权力，可能军事政变。

六位辅政大臣，平均年龄二十五岁，其中，咸阳王元禧、北海王元详年轻，夺权欲望不大，给了他们顾命之权，至少他们有满足心理，会制约和牵制其他诸王的不良干法，任何一王对皇位的觊觎，都会遭到他们的反对。

没错，元恪的皇权弱化了，但不会在短期内出现皇位被篡的危险。待到元恪翅膀硬了，自会采取措施，控制权力。

六位顾命大臣的职务安排，是有轻重的。

咸阳王元禧为太尉，北海王元详为司空，两人位登极品，十分荣宠。相比之下，其他辅官，在尚书省，实际是国务总理、副总理。

可见孝文帝的安排有其策略，当然也有不得已。

孝文帝末年，北魏政局由于李冲和李彪发生矛盾，一死一黜。

李冲是尚书仆射，李彪是御史中尉兼财政总管，两个人瞪眼，李冲气而病，病而死，李彪被“除名还乡”，回家种地去了。

孝文帝失去总理大臣和财政部长二人的佐助，感到缺人实在不行。

在孝文帝的几个弟弟中，彭城王元勰最有才干，故而老在皇兄身边，“参决军国大政”，北巡南伐，也都随着，出谋划策。

孝文帝病重之时，元勰更是挑起了重担，“秉务辑政，百司是凭；纲维折衷，万揆获济；安外静内，功臣大道”。

孝文帝最后一次抱病亲征南伐时，本是要把辅弼大事托给元勰一人的，元勰担心自己Hold不住局面，孝文帝乃决定委托一个辅政“班子”。

既然是个班子，相互之间产生矛盾是难免了。

其中，王肃，起初是从南朝投奔北魏政治避难的，到被任命为尚书令——国务总理，承担辅政之责任，还不满六年。之前，他的官职一直低于任城王元澄。

元澄辈分高，是宣武帝的堂叔祖，不过三十多岁，但在接受顾命的四位宗室诸王中，年纪最长，从政经历也属丰富。

尚书令王肃的官职忽然高于任城王元澄，元澄颇为不满。

颇为不满的元澄老想有个什么机会，借来打击王肃，把他打下去。

恰巧又有个南齐干部叛逃来北魏了，见面礼就是告发王肃暗地跟南齐有来往，“图为叛逆”。元澄于是赶紧上表，说王肃要叛变了，请皇上速加处理。

王肃遭受诬告，没有确凿证据，但似乎好像亦有点蛛丝马迹。

比王肃晚一年，有一个叫沈陵的南齐大臣投降北魏，孝文帝给他的待遇较王肃低一些——南徐州监军、刺史。

孝文帝死后，沈陵暗生叛心，长史赵俨密告于朝廷。

尚书令王肃替沈陵说话，不但保沈陵，还批评赵俨：“没证据不要乱告状。”孰料小人沈陵不给王肃面子，果然带着部队，深夜叛归南齐去了。

无论王肃自己叛变与否，庇护叛徒，难道算是清白无辜吗？

元澄就上奏宣武帝元恪，把王肃抓了起来。

为了除掉王肃，南齐政府实施的反间计在逐渐奏效。

首辅咸阳王元禧，二辅北海王元详，却站在王肃一边，“奏澄擅禁宰辅，免官归第”。

咸阳王元禧和北海王元详的做法奇怪吗？不奇怪。

元禧和元详是否真的支持王肃，不好说，史无明证，但他们借机打压任城王元澄，好进一步专断朝政的可能性是存在的。

因为，他们未来便于对付的，是资浅根浮的王肃，难以对付的，才是资深望重的任城王元澄。

元澄和王肃的矛盾，转化为元澄与元禧、元详之间的矛盾，还在于，任城王元澄曾与彭城王元勰一道参与了孝文帝去世时的国政处理，这意味着他们掌握有更隐秘的朝中实情。

彭城王元勰，暂不在朝，短期不会影响咸阳王元禧和北海王元详，而任城王元澄，则直接威胁元禧和元详的政治利益。

元禧和元详如果支持元澄排挤王肃，下一步，将有可能出现元禧和元详不愿看到的情形。

结果，任城王元澄被宣武帝派到远离洛阳的梁州，甘肃西和县东南原有个仇池，是其治城，任刺史去了。

在尚书右仆射、任城王元澄被排挤出朝以后，尚书令王肃亦在其任辅政大臣不足八个月的时候，出朝外任江西都督兼车骑将军了。

彭城王元勰回朝。北海王元详发现，元勰又成他的障碍了，又暗地里对宣武帝说元勰的坏话，宣武帝就想把元勰也弄出去。

江西土地，是南齐豫州刺史裴叔业政争失败投降北魏而带来的，为重视这块新得的地面，北魏宣武帝元恪就以彭城王元勰为骠骑大将军，随王肃之后，“率步骑十万以赴之”。

表面上看，王肃和元勰手中有不小的军政大权，其实质是被排挤出朝廷了。

随着任城王元澄、中书令王肃和彭城王元勰相继出朝外任，孝文帝临终精心安排的“六臣辅政”大计宣告破灭。

后来，元澄和元勰，被召回洛阳，辅弼大权却是没有了。

第九十六章

后宫斗法

一

公元500年——又一个世纪之交！——十月，北魏宣武帝元恪在洛阳宫太极殿举行庆祝大会，宣布改元“景明”。

庆祝会后，诏征彭城王元勰入朝，任司徒、录尚书事。

原先王肃、元澄、元嘉三人所担任的尚书省全部长官职务，由元勰一人所取代了。孝文帝用多位尚书省长官与多位王公制衡的辅政设计，至此完结。

这样，出现了首辅咸阳王元禧和二辅北海王元详、三辅彭城王元勰共同协作的局面。

但实际执政是首辅咸阳王元禧，而非二辅北海王元详和三辅彭城王元勰，史谓“咸阳王元禧为宰辅，权重当时”。

元禧当上首辅，渐渐变得骄矜不法。他为了专断朝政，控制禁卫军，与禁卫军司令于烈发生了激烈冲突。

于烈在元宏时即任领军将军，元恪称帝后，于烈“宠任如前”。

元禧派遣家僮向于烈索要羽林虎贲军，于烈说：“若有诏书，我不敢违背，要想让我私给，断无此理。”

元禧极其傲慢，回话说：“我是先帝之弟，天子之叔，身为元辅，我的话与诏书有何区别？”

家僮又去要，转述了元禧的话，于烈仍然严词拒绝，说：“想要于烈的头，好说，想要羽林军，没门儿！”

索要羽林部队失败后，咸阳王元禧对于烈采取报复措施，奏请宣武帝元恪，派遣于烈去做恒州刺史。

于烈频频写报告，祈求朝廷停止“藩授”，并且密令其子长水校尉于忠进言宣武帝：“诸王等意不可测，宜废之，早自览政。”

宣武帝得到了一个可靠的信息：禁卫军站在自己一边，这是夺权主政的大好机会。

其时，于忠的弟弟于景也是禁卫军武官，宣武帝通过于景联络于烈，与于烈取得协同。

在宣武帝元恪策划下，于公元501年正月，“王公并致斋于庙东坊”之前夜，召于烈的儿子于忠，说：“你爸是忠允贞固的社稷重臣。明天让他起个五更，早点来，朕有事跟他商量。”

第二天凌晨，于烈提前到了。

元恪说：“几个辅政大臣越来越怠慢，渐渐地无法信用了。今欲使卿出力，卿可以不可以？”

于烈说：“老臣历奉累朝，颇以忠勇受到赐识。今日之事，万难不辞。”

于烈领旨后，率兵将咸阳王元禧、北海王元详、彭城王元勰全都“请”到了宣武帝面前。

到得此际，元禧、元详、元勰，只有叩头请罪的份儿了。

宣武帝元恪又一次利用矛盾，依靠禁卫军的有力支持，成功地发动了一场不流血的宫廷政变，彻底废黜了孝文帝所设立的顾命大臣——主要是专断朝政的咸阳王元禧。

二

且说北魏宣武帝元恪在禁卫军主帅于烈的全力支持下，将主政大权抓到了自己手里。

元恪为防止诸位叔父对其君权再次产生威胁，对他们的生活起居给予了格外的优容，暗地里则加强了对他们的防范。

宣武帝办完了辅弼大臣的事情以后，一度将工作重心转向经济建设。

公元501年，兴建洛阳外廓城和大量供市民居住的小区——里坊。

洛阳外廓城，面积约为内城的五倍，“东西二十里，南北十五里”，虽说南北少五里，但加上南部预留的规划区，也是二十里，所以新洛阳是方的，范围极其广大。

洛阳外廓城中，规划和建设三百二十三个方形的居民小区。各个小区均四周筑墙，每边长三百步，即当时的一里，因此谓之“里坊”。

这样，北魏洛阳城就扩大得非常多了，东汉以来的旧城变成了北魏洛阳的内城，宫城则位于内城之内偏北之处。宫城、内城、外廓城，三环相套，蔚为大观。

就是说，北魏洛阳城，不仅成功地发展了宫、城、廓三者层层环套的配置，而且将规划布局成功地进行了分工。

城为政治中心，以宫为主，结合布置官署衙门等政治性功能区。

廓为经济中心，以市为主，结合布局手工作坊、服务行业区等经济分区以及工商业者居住区和其他居住区。

城市居住区，大致遵循职业分类，改变了过去按官僚秩级、按阶层组织的聚居形制，主要取决于居民的职业，并不是十分强调礼制等级与方位尊卑等秩序。

城市居住小区的基本单位——“里坊”，则仍系封闭状态，四周筑有里垣，临街设有里门，里内住户，出入均经里门，不得私自临街开门。

研究北魏洛阳城规划，从里坊制式，从全城整体设计的方形网格系统，我们仍可看到井田用地制的本质特色。

但，全城经济分区占地比例较大，政治性分区比例较小，城市各主要部分的比例关系，趋于进步了。

宣武帝元恪时期的北魏洛阳城市建设，是从实际出发，以发展的观点来进行的，譬如“市”的重要性大幅提升，成为整个外廓城的规划重心了。

在宫城以南，内城以外，辟建了许多工商业交易市场，如金市、马市等，原来外廓城东部的“小市”，西部的“大市”及南部的“四通市”等，也都扩大了，其性质、规模、相互配合度，以及街市与闾里的协调，都比前代更科学了。

当时的北魏洛阳，已经是一个国际丝绸贸易中心。

洛阳居民中，有十分之一是来自国外的商旅人士，其中很多是来自波斯、罗马的丝绸商人。

洛阳除拥有资本雄厚的官营丝织业外，还有大量个体丝织专业户。

大市，在西阳门外，其四周，有十个工商业里坊，分别为：达货、通商、调音、乐律、退酤、治殇、慈孝、奉忠、准财、金肆。

北魏宣武帝北邙山打猎处

“凡此十里，多诸工商货殖之民，千金比屋，层楼对出，重门启扇，阁道交通，迭相临望，金银锦绣，奴婢缇衣，五味八珍，仆隶毕口。”

里坊内，工商从业人员所穿的锦绣，就是从达货、通商的丝织专业户那里买来的。

北魏洛阳的丝织产品相当丰富，绸缎贸易十分活跃。“葱岭以西，百国千城，莫不欢附，商胡贩客，日奔塞下”，“天下难得之货，咸悉在焉”。

在任何一个朝代，经济建设与政治斗争往往都并行不悖，果然，咸阳王元禧的报复开始了。

咸阳王元禧，有政治野心，权欲突出，宣武帝元恪对其权力的剥夺自然要产生后遗症。

元恪独自掌理朝政，王公们想觐见一次很不容易。元禧被废黜了辅弼大臣之位，更难以进入朝廷一步。

咸阳小将领刘小苟，或者奶名儿就叫小狗，长大了把“狗”字改成了“苟”，好撺掇事儿，他对元禧道：“听天子左右的人说，要诛杀明公您啦。”

元禧本来恐惧，这不就更害怕了吗？乃找亲信们开会商议对策。

黄门侍郎李伯尚，是元禧妃子的家哥，来了，仇池氐王杨集始、杨灵祐、乞伏马居也来了。是的，乞伏马居是个人名，酷吧？

适值宣武帝去北邙山打猎了。

北魏时期，环境保护得好，邙山上植被茂盛，野物很多的。

元禧与其死党会聚在城西住宅，欲选择时机，发兵偷袭宣武帝，先派遣长子元通窃入北邙山对面的河内地区，当然也是黄河对面，举兵相应。

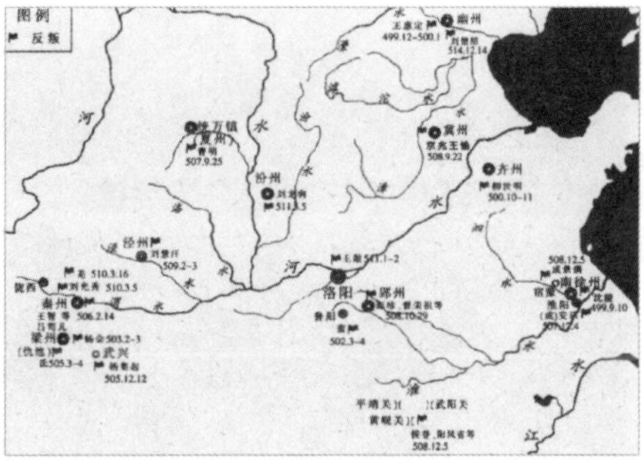

北魏宣武帝时期反抗活动区域示意图

秘密会议出席者都劝元禧带兵包围北邙山，作速杀掉宣武帝元恪。

元禧犹犹豫豫，前怕狼后怕虎，不能决断。

乞伏马居说："殿下若不想引兵上邙山，那就占领洛阳，然后紧闭城门。太阳落了，天子没地方去，他只好归回平城。殿下等他过了黄河，立马毁掉桥梁，在洛阳当皇上，跟他隔河而治。机不可失，时不再来呀。"

然而众人，进军还是后却，认识不一，元禧更是拿不定主意，从早上到傍晚，就在家里磨蹭，磨蹭到最后，决定后半夜行动。

其中氐王杨集始，不知怎么想的，出了元禧家大门，就飞跑上北邙山，告诉宣武帝去了。

天黑，宣武帝元恪在孟津图河边的浮图寺就寝。

禁卫军连长苻承祖、副连长薛魏孙是元禧的亲信，已知元禧要动作，薛魏孙想立功，要潜入内室，杀掉元恪。

宣武帝根本不知外面苻承祖与薛魏孙的密谋，搂着妃子在睡。

苻承祖说薛魏孙："听说杀天子者，当有身痛之祸，不是头痛就是腰痛。"薛魏孙不敢进去了。

氐王杨集始，这个奸细，跑到了，猛敲浮图寺门，告曰："事急！事急！"

守门兵卒引杨集始见宣武帝，杨集始立即将元禧之谋据实报禀。

元恪大惊，怎奈左右武士都趁着夜色去猎野兽了，只留有几个警卫，仓猝间不知道如何办。

左中郎将于忠，御林军长官于烈之子，奏说："臣之老爸，领军留守京城，防遏有备，请陛下不必忧虑。"

柏谷坞

元恪着急地说："那你快去看看情况。"

于忠飞马奔回洛阳城。

于烈分兵严备，丝毫没有破绽，听了儿子的述说，道："臣虽老朽，心力犹可。猖狂之徒，不足为虑。愿陛下清跸徐还，以安众心。"

于忠复飞马奔向宣武帝身边，将其老爸之言禀复皇上。

元恪这才安下心来，拍着于忠的肩膀，说："小鬼啊，干得不错，不错！"

宣武帝心里踏实了，命备驾还宫，

却说元禧，根本不知道事已败露，与一群姬妾和心腹跑到自己在洪池的别墅——洛阳以东二十里，派遣刘小苟去向皇上汇报工作，说自己在东郊检查种植和养牧工作呢。

刘小苟跑到北邙山上，碰到很多军人。

军人说刘小苟穿的衣服不对，要杀掉他。刘小苟情急之下，说"我是去向皇上禀告有人谋反的"，军人才放了他。

时辰已至半夜，元禧的长子元通已经到了河内，指挥部队，把守路口，释放囚徒，干开了。

洛阳城内，剑拔弩张。禁卫军司令于烈派遣叔孙侯率领虎贲将士三百人收捕元禧。

元禧在东郊听得动静，出了洪池，望东南逃走，身边只有僮仆数人。

元禧过了洛河，跑到一个叫做柏谷坞的地方，追兵到了，被擒将起来。

虎贲将士押解元禧回到洛阳，宣武帝当面诘责其反，让他回家去死。

元禧被赐死后，其同谋数十人，均坐谋反之罪，遭诛。

宣武帝元恪赐帛五百匹给于忠，奖励其临危救难之功，说："事逢危急，不慌不乱，卿名曰忠，其实相副啊。"

三

宣武帝元恪当政，大自然也凑趣。

有关勘探部门报告，国内发现两处有色金属矿藏。

长安骊山，银矿，二石矿石可炼得白银七两。

恒州白登山，银矿，八石矿石可得银七两，并得锡三百余斤。

宣武帝诏令，将以上两处定为国营矿山，设置银官，负责开掘，铸成锭子，输送朝廷。

此外，汉水一带，史有于水沙中淘金之俗，也让他们年终送往朝廷。

但汉水流域的沙金，为数稀少，后来梁州刺史上表请别再上贡，就不上了。

《魏书·食货志》说的这些事情。其记载弥足珍贵。

宣武帝诏令开采、进贡白银、黄金，并不考虑如何利用资源，振兴社会工商业，他同其余所有帝王一样，满脑子都是朝廷政治——权力分配。

北海王元详，这个喜爱告密的宗室王，没有被宣武帝免掉原职。宣武帝除了保留他以司徒、录尚书事之职务外，其余诸王都疏远了。

最值得注意的，乃是外戚高肇及其家族势力在宣武帝朝的崛起。

《魏书》卷八十三，有辞曰：景明初，宣武帝"追思舅氏，征肇兄弟"入朝任职。

元恪他妈文昭皇后姓高，高肇即文昭皇太后之兄也。

元恪他外公高飏，被追“赠左光禄大夫，赐爵勃海公。谥曰敬”。

元恪又诏命高飏的嫡孙高猛袭领勃海公的爵位。高肇呢，封为平原郡公。

原先，元恪没跟舅家人见过面，要封拜官职了，赐送衣帽，而后在华林苑的都亭之内接见高家兄弟。因此，高家“数日之间，富贵赫异”。

却道元恪夺取最高统治权后，咸阳王元禧不乐意，在亲信们撺掇下，想取而代之，未遂，被宣武帝收拾掉，赐死。

元禧的所谓叛乱被平定后，宣武帝论功，在抓捕元禧活动中发挥了关键作用的最高禁卫长官于烈，及其子值寝官于忠，再受重用。

宣武帝“以烈为散骑常侍、车骑大将军、领军，进爵为侯，增邑三百户，并前五百户。自是长直禁中，机密大事，皆所参焉”。

于烈，位显，权重，大家都看到了，眼皮活络的就挤着巴结，乱把于家的适龄闺女给宣武帝介绍。

于烈的弟弟于劲有个女儿，十四岁，年龄正好。

官员们向宣武帝吹风，说小于如何如何的绝色，如何如何地美如天仙。

那些人说了，元恪还不以为然，只是一笑置之。然而三番五次地有人在元恪的耳边提说于氏，元恪也很好奇。到底这个女子有多美？

舌头长的，舌头急的，干脆劝元恪现在就将十四岁的于氏纳进宫里作嫔妃，他们说：“陛下现在身边的美女，若和于氏相比，就像泥沙对珍珠，都成木雕纸糊的了。”

三寸不烂舌，吊起了元恪的胃口，他便下旨将于氏召进皇宫里，册封为贵人。

等到见了于氏，元恪多少有些失望，因为于氏虽然长得美丽，但决称不上什么天姿国色，后宫里的美女比她美艳的随手都可以拢一大把。

元恪眼睛稍微一耷拉，当初极力推荐于氏的大臣，吓得腿肚子直哆嗦。

他们当初为了巴结讨好于烈，昏了头，没有想一想，假如皇帝不喜欢于氏的话，他们岂不是欺君之罪。

当元恪将于氏纳进宫里，他们才越想越后怕，有几个胆小的就吓病了。

话说这世上的女子，分两类，一类是初次见面让人失魂落魄，称得上惊艳之美，但是时间长了，越来越寡味；另一类是初次看见觉得相貌平平，但是特别耐端详、耐寻味，她的魅力是从里向外地发散的，于氏属于后一类。

所以，于氏入宫之后，渐渐地得到了元恪的宠爱。

听说元恪十分宠幸于氏，那些后怕的大臣，这才一颗石头落了地，纷纷奔走相贺。

元恪还对那几个极力推荐于氏的大臣由衷地说："你们真是有眼光。"

小于关键的是性格好，她既静默又宽容，对其他的嫔妃没有妒忌，在后宫里很有人缘，重要的是，对元恪体贴入微。

次年，小于生下一个儿子，取名叫元昌。

就在这次年，于烈因病去世。于烈死后，宣武帝继续以于氏家族成员担任禁卫长官。

接替于烈担任禁卫军首领的，便是于烈之弟、皇后之父于劲。

秋天，宣武帝去邺城视察军队，留北海王元详与右仆射高肇、领军于劲留守京师。

于劲任禁军首领期间，权势很大，史称“时于劲方用事，势倾朝野”。

于忠呢，左中郎将、值寝官，负责殿廷禁卫工作，其父去世，丁忧，未几，起复原职。

于忠后来跟北海王元详发生矛盾，受到排挤，不做禁卫武官了，担任一般列卿，先为太府卿，后为卫尉卿。

然而，于氏家族成员在朝任职，与北海王元详及其他诸王的矛盾还是次要的，对外戚权臣高肇来说，却如鲠在喉。

宣武帝元恪向高肇——他大舅嘛——“输送”权力，是没有尽头的。

高肇被封为平原郡公没多少日子，就被任命为尚书左仆射、领吏部——尚书、冀州大中正，又迁升尚书令——国务总理大臣。

高肇的弟弟高显、高猛，也都获得提拔，前者为护军将军，后者为殿中尚书。

高氏之受宠，不仅表现在社会政治地位的提高，而且还包括经济实力的增强。史谓“咸阳王元禧诛，财物珍宝奴婢田宅，多入高氏”。

而咸阳王元禧被诛前，其家拥有“奴婢千数，田产和盐铁公司遍于远近，臣吏僮隶，相继经营”，显然，高肇家族由此成为北魏巨富。

不仅如此，高肇还娶了平阳长公主做老婆。

平阳长公主是宣武帝的姑姑之一。平阳长公主命短，不久去世。宣武帝又将其另一个姑母高平长公主嫁于高肇。

高平长公主是元恪的亲姑姑，于是高肇就又成了“附马都尉”，皇上的大舅加皇上的姑父。

高肇他哥高偃早已故去，宣武帝又“纳其女为贵嫔”。

这还不够，元恪又把自己的妹妹嫁给高肇的儿子。

至此，宣武帝他妈、他妻子，皆来自高氏家族，其两个姑母，及同母妹则先后嫁与高氏家族成员为妻。

高家与帝室，姻亲关系如此密切，即便是此前的冯太后，其娘家冯氏家族也没有此等尊荣。

高氏家族的代表人物高肇，至此已具有皇帝舅父、姑父、岳父等多重身份。

宣武帝元恪如此抬高外戚高氏的地位，在北魏历史上前所未有。

他为什么如此毫无顾忌地重用外戚呢？

宣武帝从诸王宰辅手中夺取了最高统治权后，对诸王——他的那些叔父们，戒心很大。

咸阳王元禧的干法，使元恪肯定了自己的判断——诸王对皇权有着巨大的威胁。

怎样制衡宗室力量？他只能想到外戚。

因此，史谓“世宗初，六辅专政，后以咸阳王元禧无事构逆，于是遂委信肇”。

再说，外戚高肇出身低微，他作为异姓，觊觎皇位的可能性较小，也远比尊贵显赫的宗室诸王容易控制。

北魏宗室早已积累了雄厚的政治实力，宣武帝夺了他们的权力，自然强化了他们与朝廷之间的离心力。

这些因素集合起来，促使宣武帝下决心制约诸王，重用外戚。高肇在皇权卵翼之下很快便暴发起来。

宣武帝倒是集中了君权，但它却导致了新的问题。

高肇没有政治资本，势单力孤，于是他便急于凭借君主信任的有利条件，培植亲信，“颇结朋党，附之者旬月超升，背之者陷以大罪”，顺者昌，逆者亡。

高肇所针对的，主要是宣武帝所宠幸的皇后于氏及其家族成员，乃至后宫倖臣和诸位王侯。

四

于忠为人戆直，对朝廷、对宣武帝从无二心，高肇忌其权力渐渐变大，就暗地里采取措施。

高肇对宣武帝说：“中山，要镇也，需悍才方可，以于忠之能力，宜于到那里发展。”

元恪听从了高肇，遂诏于忠出授安北将军、定州刺史。

高肇清楚，于氏成员对宣武帝有大功大恩，他们与禁卫军关系极其密切，更主要的是，于劲之女为宣武帝皇后，要孤立于皇后，必须打击于忠。

高肇还有一个目的，那就是他希望以高氏之女替代于氏而成为皇后，通过进一步联姻，提升与皇室关系，以期专断朝纲。

谁知宣武帝诏令于忠为定州刺史，旋即就后悔了，“复授卫尉卿，领左卫将军、恒州大中正”。

愧悔而立马纠正的元恪派遣宦官偷偷对于忠说：“自比股肱褫落，心膂无寄。方任虽重，比此为轻。故辍兹外任，委以内务。当勘夙无怠，称朕所寄也。”

啊，好像卸掉了胳膊腿，心里老不踏实。镇守边关，责任虽重，比之这几个内职，还是轻一点。故而别走了，依旧在朕身边干。希望像以前一样，莫要懈怠，让朕放心。

后来，在一次宴会上，宣武帝赐于忠以剑杖，端着酒爵，嘱咐于忠：“卿世秉贞节，故恒以禁卫相委。卿才堪御侮，以所御剑杖相赐。循名取义，意在不轻。其出入周旋，恒以自防也。”

你家世代忠于天朝，所以一直担当禁卫军重任。你的本领胜任戍卫工作，朕奖给你这些。担子不轻啊，也希望你以它防个身。

不久，宣武帝要拜于忠为侍中兼禁卫军司令官。

于忠谦虚地说：“臣无学识，不堪兼文武之任吧。”

元恪则道：“当今有学识、有文化者，不在少数，但心直不如卿。欲使卿劬劳于下，朕当无忧于上。”

没有将于忠排挤出朝，高肇只得另想办法。

不过，功夫不负有心人，高肇的侄女小高氏终于被元恪纳入后宫，封为贵嫔。

小高氏乃宣武帝小舅高偃之女，实际上是元恪的表妹。

小高氏姿色美艳，颇受元恪青睐。

自从小高入宫以后，元恪虽然仍是十分宠幸皇后小于，但不像以前那样专一了。

小高氏生下一个儿子，可是生下不久就夭折了，次年又生下一个女儿。

小高氏非常想要一个儿子，来巩固自己的地位，但是，自从生下女儿建德公主后，再也不生育了。

小高氏知道，女人娇媚的容颜只在一时，若没有儿子，很可能宠遇衰竭。于是，一腔怒火发泄在于皇后的身上。

小高氏是个妒忌心极强的女人，她恨不得将于皇后撕成碎片。

尚书令高肇当然更不满于氏一家得势，千方百计要把小高氏扶上皇后的宝座。

于是高肇与小高氏暗中合谋，要毒死于皇后。

此时的于皇后，沉浸在抚养幼子的喜悦中，根本没有料到自己的危险。

公元243年，正始四年，一天夜里，于皇后忽然得了暴疾，太监们急忙请来御医王显。

谁知王显是高肇已经买下的心腹，他装模作样地诊脉，处方，慢慢吞吞，吞吞慢慢……

待到三更过后，煎好他开的药，让于皇后服下，未几，人就呜呼了。

宫禁内外，都知道是小高氏下的毒。

但小高氏的阴谋没有破绽，而且高肇左右朝政，谁也不敢说出实情。

于皇后的父亲于劲孤掌难鸣，没有证据，也不敢说什么。

元恪虽然隐约猜到了事情的真相，但此时正宠爱小高氏，也不想深入调查，只是将于皇后依礼埋葬了，谥为顺皇后。

于皇后虽死，宣武帝并未抛弃于氏家族，因为这一家族与他的政治生命息息相关。甚至到了他的晚年，于烈之子于景还一直在担任禁卫武官。

于皇后死时，儿子昌昌只有二岁，因为是元恪的长子，如果不出什么意外，这个昌昌将来很可能会继承帝位。这是小高氏最不愿意看到的。

于是，过了不到一年，趁昌昌伤风感冒的时候，小高氏勾结的御医王显，逆症下药，不到两天孩子就病死了。

元恪只有这一个儿子，忽然夭逝，他的心里十分悲痛。

小高氏又假惺惺地在一边劝解，要他节哀了，顺便了，别伤了自己的身子骨了，等等。

种种迹象表明，高肇与小高氏勾结，谋害了皇后和年幼的皇子。可能是下了毒药，也可能是通过其党羽御医王显之手实施的，也或者是王显故意不予认真治疗。史谓“时顺皇后暴崩，世议言肇为之。皇子昌薨，佥谓王显失于医疗，承肇意旨”。

光阴流淌，时过境迁，元恪将于皇后和幼子惨死的事渐渐忘到了脑后。

于皇后死后仅数月时间，由于高肇的建议，宣武帝不顾彭城王元勰等大臣的反对，立了高氏为皇后。史又谓“高肇欲其家擅宠，乃鸩杀于后及皇子昌，而立高嫔为后”。

小高氏——高皇后实现了夙愿，高肇也实现了夙愿。

高肇恃势骄横，权倾朝野，随意剥夺大臣的封秩，胡乱修改先朝的制度，一时间怨声载道，朝野侧目。

高后貌美心妒，其他的后宫嫔御，都没有接近元恪的机会。

元恪已入中年，自从幼子被高氏谋害后一直没有子嗣，心里十分焦虑。

高氏当了皇后没有多久，宫中又来了一个姓胡的嫔妃，她是司徒胡国珍的女儿。

小胡不仅姿色倾城，而且秀外慧中。

胡国珍编撰了一个神秘故事，说女儿出生的时候，家里笼罩着红色的光芒，向术士询问吉凶，术士说这个女孩儿当为天地之母，生天地之主。

胡国珍的舆论工作做得非常好，洛阳人都知道他家的神秘故事。

宣武帝元恪听说了，特意将小胡氏召入掖庭，册封为世妇。

高后见新来的小胡氏纤丽动人，很顾忌她得宠。

但小胡氏十分机敏，行止乖巧，善伺人意，一颦一笑，自成风流，就是女人见了也不自禁地喜欢她，因此貌美性妒的高皇后也觉得她楚楚可怜，更别说元恪这样的血肉之躯了。

小胡氏宠冠后宫，真像一颗一碰就淌水的葡萄，元恪被她引得昼夜颠倒地在床帷间销魂，在胴体上施展。

几天作业，小胡氏居然怀了身孕，六宫嫔御都替她祈祷，但愿只生公主，别生太子。

原来他们害怕北魏的古制——子贵母死。儿子被立为皇位的继承人，母亲必须死去，以防将来外戚擅权。北魏先后已有八位帝母做了这种制度的牺牲品。

小胡氏慨然对元恪说："依照国家的旧制，儿子为储君，母亲应赐死，但妾却不怕一死，宁可让皇家有可以继承的人而不愿贪生!"

小胡氏曲折辗转，也是再提醒元恪：另外考虑其结局。

元恪哈哈一笑，说："多心了。先帝已经改了这个旧制，朕自然要听从的。"

小胡氏十月怀胎，一朝分娩，果然是一个男婴，取名为元诩。

元恪怕高后嫉妒，再害死儿子，特意另外选择乳母，将诩诩严密看护起来，不仅高皇后不能过问，就是小胡氏也不允许探抚。

元诩被册立为皇储的时候，元恪宣布了先帝元宏在世时的讲话，说先帝废除了"子贵母死"的不人道规定，小胡氏不但不必自尽，反而进封为贵嫔。

高皇后她大伯高肇的希望落空，心里十分不服。

高皇后更加愤恚，私下图谋，欲置小胡氏于死地。

小胡氏不比没有心计的于皇后，更不是一盏省油的灯，早就在枕头边督促元恪采取对策了。

元恪提前将小胡氏迁居到另外一座秘密宫室，命士兵严加守卫，连一只蚂蚁都不许进去。

第九十七章

波诡云谲

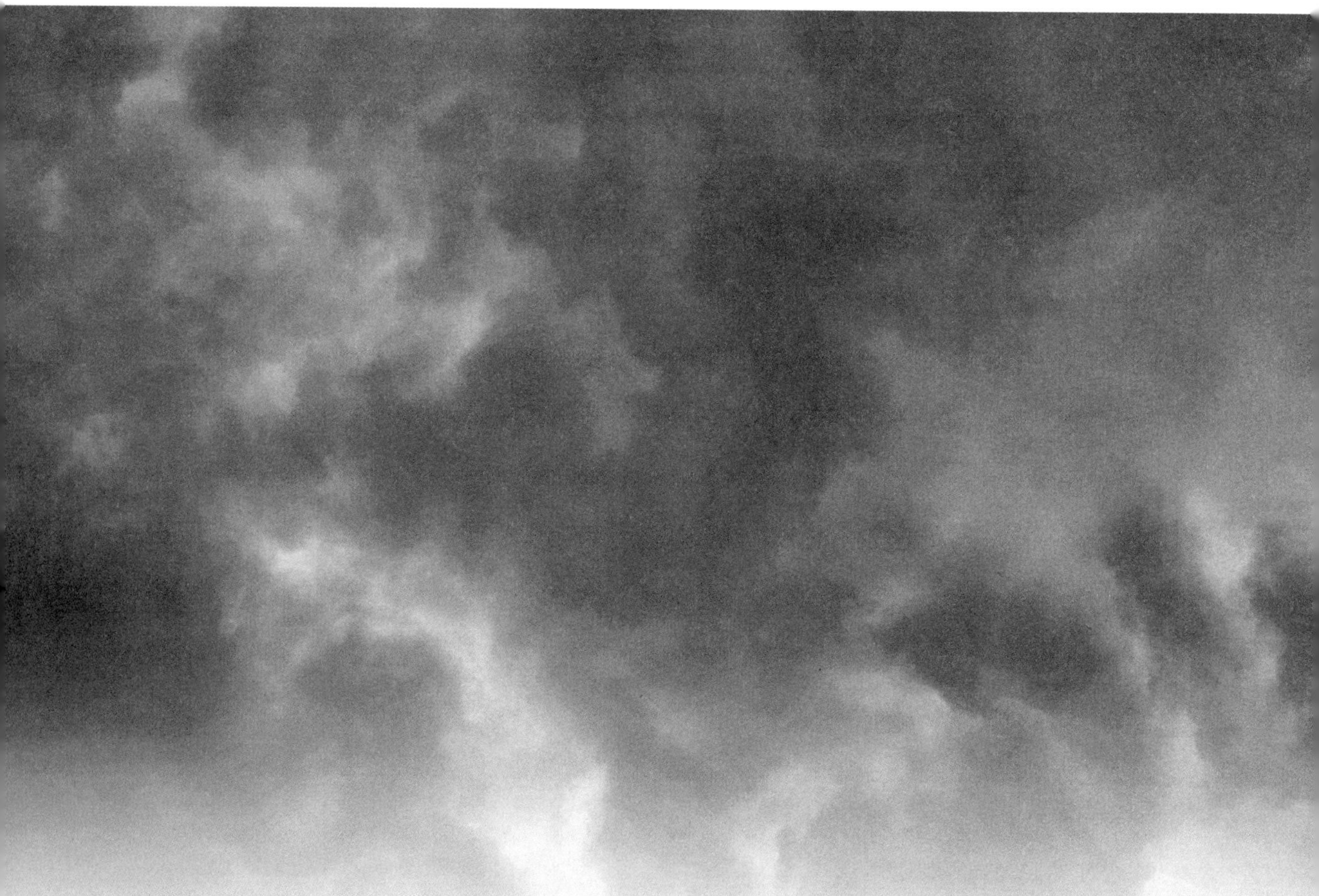

一

却道在宣武帝元恪刚刚亲政的时候，原来东宫的服务人员受到重用，最初的宿卫侍从之臣也都沾光，获得要职。

服务人员和宿卫侍从，出身卑微，没有野心，便于控制和操纵。

但服务人员和宿卫侍从不学无术，没有实际本事，虽一朝见幸，势倾朝野，但只要受到打击，便很快稀里哗啦，也为君主所抛弃。

有个叫赵脩的，最先得到宣武帝的宠幸，宣武帝“每适郊庙，脩常骖陪。出入华林，恒乘马至于禁内”。

咸阳王元禧叛乱被诛除后，其万贯家财，除赐予高肇外，剩余的都赐给了赵脩。

赵脩贵宠极盛时，死了爹，“财用之费，悉自公家”，所有丧葬花费，全是公家出的，而“百僚自王公以下无不吊祭”。

王公贵族，尽管趋炎附势以避祸患，但于其内心，却根本瞧不起赵脩。

赵脩不懂得政治权术，不但无法得到王公贵族的真心支持，反而为官僚贵族集团对他实施打击提供了机会。

赵脩回老家殡葬老爹，“道路嬉戏，殆无戚容，或与宾客奸掠妇女裸观，从者嘈杂喧哗，诟詈无节，莫不畏而恶之”。

你说赵脩这货色，还是个人吗?

赵脩赴丧在外，不在宣武帝跟前献媚了，史谓“因其在外，左右或讽纠其罪”，于是“自其葬父还也，旧宠小薄”。

赵脩官至三品之光禄卿，仅仅低于尚书令、尚书仆射、吏部尚书及中书监等宰枢之职。光禄卿“掌诸膳食、帐幕器物、宫殿门户等事”，实际是个总后勤部长，无权参与军国大政的决策。

赵脩得宠，在于他经常在宣武帝身边忙活。离朝葬父，失去了这一优越条件，以高肇为首的朝臣们，便乘机向宣武帝奏本，揭露赵脩的不法行为。

赵脩的党羽，主要是跟御医王显、御史中尉甄琛、黄门郎李凭等组成的“四人帮”，他们都一样，容易接近皇帝。

然而，这些人都是势利鬼子，谁有权势投靠谁，道德良心无所谓。

譬如甄琛，身为监察长官，“俛眉畏避，不能绳纠贵游。凡所劾治，率多下吏”，不敢动大官，只会治小吏。

你说这事儿难整不难整？

你若是甄琛，工作在中央，你敢光检举处理大官不检举处理小官吗？

说的是他们势利眼，“初，王显祇附于脩，后因忿阋，密伺其过，规陷戮之”“赵脩盛宠，甄琛顷身事之”“至脩奸诈事露，明当收考，今日乃举其罪”。

赵脩墙倒被众人推，甄琛们便赶紧加入反对阵营去，“脩党惧相连及，争助肇攻之”，肇，就是高肇。甄琛暗通高肇，揭发赵脩最为卖劲儿。

尽管甄琛们检举揭发有功，赵脩被杀的时候，党附赵脩的人仍然受到了惩治。

宣武帝给赵脩的判决是“免死，杖一百，徙敦煌为兵”，但检讯执刑官元绍太恨赵脩了，乘机将其杖罚而死。

司徒、录尚书事、北海王元详等，上奏弹劾甄琛和李凭，宣武帝皆免其官，归其本郡。王显则因身为御医，免受处分。

赵脩败亡，“左右相连死黜者三十余人”。

赵脩“四人帮”败亡，主谋是高肇，史谓“高肇、甄琛等构成其罪，乃密以闻”。可见，甄琛虽在“四人帮”中，暗地里却是高肇的人。

所以，甄琛因系赵脩党羽被免官，不合高肇之本心。但那是元详等诸王的意思，高肇也没啥好说的。

可见，高肇虽已开始专权，影响力终是有限啊，至少在这当儿。

后来，高肇权势盛起，感激甄琛“阴除”赵脩之恩，“大见亲宠，委以门下庶事，出参尚书，入厕帷幄”，又起用甄琛为散骑常侍、领给事黄门侍郎，后又升河南尹，转太子少保，官职嗖嗖嗖地又长起来了。

宣武帝元恪，也真是那个！赵脩败亡之后，没多少日子，便又恩幸了一个宠臣：茹皓。

茹皓原是伺候孝文帝的，宣武帝即位之初，“皓侍直禁中，稍被宠接”，“及世宗亲政，皓眷赉日隆”，越来越受到重用。

赵脩当初排挤茹皓，茹皓被外派做郡守。赵脩死了，宣武帝反身就把茹皓召入朝中，任骁骑将军，主管华林园扩建。

茹皓舍得花钱，把个华林园弄得金堆玉砌，“性微工巧”，宣武帝见苑囿精美，一高兴，升茹皓为冠军将军。

茹皓“贵宠日升，关与政事”，极受宣武帝宠幸，甚至还参与朝廷人事任命的决策。

茹皓势倾全朝，肆无忌惮，派遣阉公公刘腾到徐州和兖州大量“采召民女”，以供床上使用。

茹皓为自己的弟弟寻聘安丰王延明的妹妹，延明不许。

元详酸不溜秋地对延明说：“欲觅官职，如何不与茹皓婚姻也？”

延明说：“你说好，咱就好。”竟然听从了。

当时，宣武帝常常让茹皓留宿于宫内，协助传阅文书，茹皓因此获得比赵脩更大的权力。

茹皓受到专宠，内廷里，刘胄、常季贤、陈扫静等侍臣跑前跑后，与之结成新的“四人帮”。

北海王元详一干子人等，全都讨厌茹皓，但又不得不依附于他。外戚高肇更绝，把自己的堂妹嫁给了茹皓。

是时，北魏天灾人祸频仍，时局潜藏危机，中书博士崔光上奏宣武帝元恪，指出了严峻的形势，质问曰：“陛下纵欲忽天下，岂不仰念太祖取之艰难，先帝经营劬劳也？”

当然，崔光也提出了许多建议，“爰发慈旨，抚赈贫瘼。简费山池，减撤声饮，昼存政道，夜以安身，博采刍荛，进贤黜佞”，云云。

真没想到，宣武帝看崔光奏议后“大悦”，茹皓就遭殃了。

事情就这么简单吗？不是的。

崔光起了作用，外戚高肇才是决定性因素。

高肇与诸王，面和心不合，是政敌关系，当北海王元详等诸王与茹皓走得亲近时，高肇决定拾掇茹皓，以收一箭双雕之效——既除茹皓，又打击宗室诸王，

比丘惠感造像记拓片

从而开辟其专权道路。

元详和茹皓交往，中间人是刘胄，而刘胄担任禁卫武官，是元详举荐的。刘胄“常感详恩，密相承望，并共来往”。

高肇便密报宣武帝说，茹皓等人“将有异谋”，于是，茹皓及刘胄、常季贤、陈扫静“四人帮”被挖出来，都处死了。

至此，高肇前后搬掉了两个“四人帮”，丝毫未受到宣武帝元恪的怀疑。

二

除掉前后两个“四人帮”，只是高肇专权的序幕，是他的第一步。

元氏宗室，尽管为宣武帝元恪疏远，但仍然是北魏统治集团中最强有力的政治势力，具有很强的竞争力和挑战性。

高肇凭借其与宣武帝多重亲戚的有利条件，开始收拾宗室诸王。

对高肇专权，威胁最大的，乃司徒、大将军、录尚书事、北海王元详。

北海王元详在辅政大臣中，地位次于咸阳王元禧。宣武帝疏远宗室诸王，对元详却还在重用，所谓“礼敬尚隆，亲尊权重，凭寄无替。军国大事，总而裁决”。相比之下，高肇也有点赶不上。

高肇认为，只有打倒总理朝纲的北海王元详，才能真正掌握权力。

史书上这样说：高肇“尤忌诸王，以详位居其上，欲去之，独执朝政。乃谮之于帝，云‘详谋为逆乱’”。

高肇陷害元详，宣武帝元恪又听了，下诏免除元详的官爵，贬为庶人。“如

元详造像记拓片

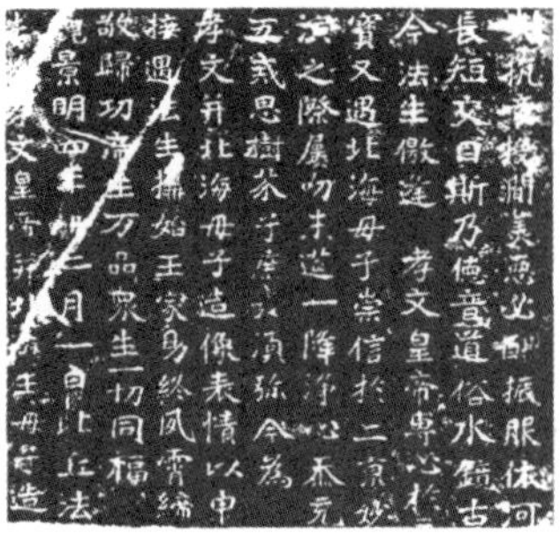

比丘法生为北海王元详母子造像记

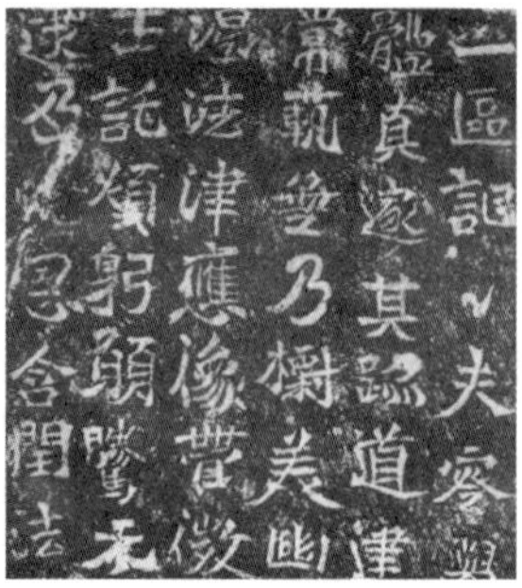

慈香窑造像记拓片

法禁卫，限以终身”。比软禁还要“硬”呢。

元详的家奴们倒是忠于元详，他们密谋把元详劫出来，一起跑到别处去。

家奴造反，岂有结果?

还真有结果了，结果是：事败。

事败，连累元详被宣武帝赐死。

元详死后，热爱元详的人们，心绪久久无法平静。他们采取各种措施进行悼念。有比丘为在龙门石窟群落中造像，即其一例。今天仍可看到“比丘法生为北海王元详母子造像记”等内容。

高肇“构杀”元详，搬掉了专权道路上最大的绊脚石。尚书令总理朝政，成了北魏第一重臣。

高肇犹不罢战，乘势出击，“高肇说帝，使宿卫队主帅羽林虎贲守诸王第，殆同幽禁”。派御林军把宗室诸王的府宅都守起来，限制他们的活动。

散骑常侍崔休，爱才好士，荐举了不少干部，宗室中的广平王元怀很欣赏崔休，设宴请崔休谈论。

宣武帝怪崔休交游诸王府，撤了崔休的职。

广平王元怀是宣武帝的弟弟，足见当时诸王所遭受的禁锢何等森严。

宣武帝元恪的政策取向，甚是明显，“疏薄宗室，委任高肇”，侍御史中有个叫阳固的，觉得有问题，谏议“当今之务，宜亲宗室，勤庶政”，元恪看一眼就扔一边了。

于时，“政出权门，事由外戚”，宗室权益大受侵害，反对声浪四起。

却说宣武帝一朝，十数年间，各地叛乱基本没有停止过。

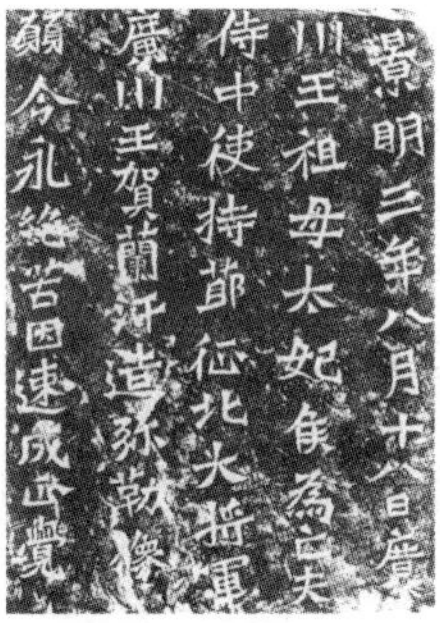

贺兰汗造像记拓片

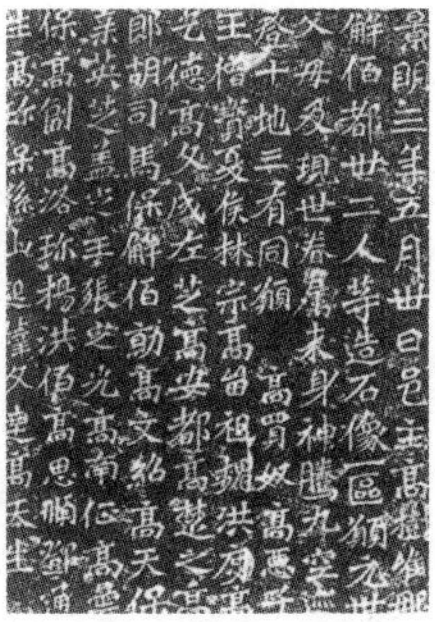

高树造像记拓片

比丘惠成造像记拓片

查阅史书，宣武帝主政十六七年间，未曾出现变乱记录者，仅有五年。但，一般性的变乱，规模都不算太大。

对北魏王朝统治影响最大的，是公元508年，即永平元年皇弟京兆王元愉的叛乱。

却说宣武帝元恪的皇后于氏，系协助元恪亲政的禁卫军首领于烈的侄女。元恪纳了于氏后，为其弟京兆王元愉娶了皇后于氏的妹妹为妻。

但元愉觉得包办婚姻，极不称心，担任徐州刺史时，又私自找了个流行歌手杨氏为小妾。

杨氏小妾曾为戏子，阅人众多，还会瑜伽，尤其擅长床上活动，垫上功课，元愉宠幸杨氏，有点嫌丢人，便把杨氏改姓李氏。

杨李氏为元愉生了个男孩，取名宝月。

正夫人于氏失宠，非常不满，找机会把杨李氏弄进府内，暴打一顿，强削其发，令其为尼，元宝月则归于氏抚养。

于氏的泼妇行为，对元愉的感情造成严重的伤害。

随后，元愉破罐子破摔，广招宾客、崇信佛道、竞慕奢丽、贪纵不法。总而言之，就是胡来。

不走正道的元愉，引致其兄长兼连襟的宣武帝不满，结果，受到杖击五十，并贬官冀州刺史——离开首都洛阳，这自然是较重的处罚。

凡此种种，均令元愉对宣武帝，对宣武帝后宫，对宣武帝所重用的臣子，尤其对高肇专权、排挤宗室的政策，充满仇恨。

《魏书》说：“京兆王元愉出为冀州刺史，恐不见容，遂举兵反，以诛尚书

比丘道匠造像记拓片

令高肇为名，与安乐王诠相攻于定州。”

冀州刺史、京兆王元愉，反叛了，影响不可谓不大。

元愉采用强大的宣传攻势，印发大量传单，言称“国变”，自己则是应运革命。他将传单散往各个郡县，争取更多的地方官员投入他的阵营。

与冀州相邻的定州，刺史元诠，非常敏锐，赶紧起兵，主动替朝廷平叛。

元诠的态度对于扭转局势发挥了重要作用，“诠具以状告，州镇帖然”。

陇西李虔，时任相州清河太守，他对于京兆王元愉的革命亦采取不合作态度。

元恪的北魏朝廷不管当地的地方长官是否积极抵抗，只要不与京兆王元愉合作，均给予嘉奖鼓励。

朝廷派遣统帅李平征讨元愉，定州刺史元诠、相州刺史王显、济州刺史高植、瀛州刺史李坚，均自觉或受命担负起配合征讨的职责。

王显本是御医，在宫中干过不少难以鉴定的事情，但在宣武帝“罢辅”之时他曾经发挥过秘密作用。

高植乃高肇之子，“自中书侍郎为济州刺史，率州军讨元愉”。

元愉起兵，打的旗号即是“替天行道，打倒高肇”，如果革命成功，则高氏家族便不复存在。高植积极平叛，既是出于对朝廷的忠诚，更是为其家族的荣誉乃至生存而战。

李坚，名字硬朗，实际是个阉公公，软的很，因而，他“勒众征愉”，上来就被元愉打败了。

不过，朝廷派遣的总司令李平，忠诚而又能干，曾长期担任相州刺史，对河

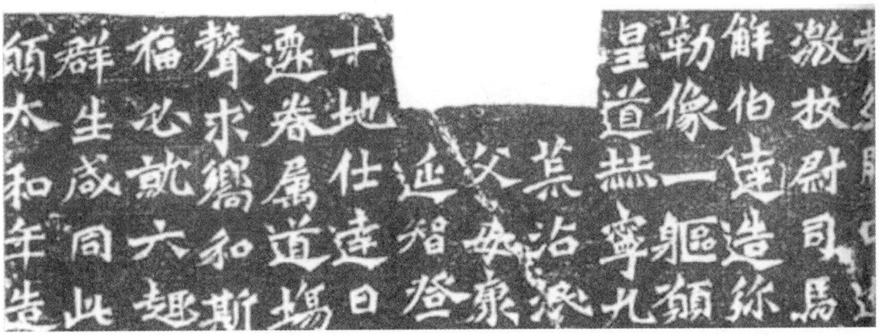

解伯达造像记拓片

北局势非常了解，在当地有着广泛的影响力。

李平出征前，宣武帝就征讨事宜进行具体部署，特别是对平叛原则做了明确交待：别管他是朕的弟弟不弟弟，只管“大义灭亲”“应期摧殄”，迅速彻底，予以消灭。

在最初的战斗中，政府军的战绩并不理想。

李平只好发布文告，“劝以重赏”，靠巨额银子催动，“士卒乃前，大破逆众”。

看起来，聪明的军人都没有为朝廷而战的心态，获赏才是其主要目标。

在征讨元愉的战斗中，散骑常侍宋夔“为征北李平司马，颇有赞谋之功”。

还有个高颢，由符玺郎中出任冀州别驾，未上任，元愉叛乱了，遂加入李平军府，参与平叛，“引为录事参军，仍领统军，军机取舍，多与参决”，比较卖力。

三

却说北魏宣武帝朝，“尚书令高肇以外戚权宠，专决朝事”，近亲“宗室大臣，相见疏薄”，政治环境十分恶劣。

冀州刺史、京兆王元愉反叛了，外任完毕回到洛阳担任太子太保的任城王元澄，为了保全身家性命，则不怕人笑话地装疯卖傻。

“于时，高肇当朝，猜忌贤戚。澄为肇间构，常恐不全，乃终日昏饮，以示荒败。所作诡越，时谓为狂”。

任城王元澄，自己佯狂保身，还对儿子元顺，猛加教训，让其夹起尾巴。

“时尚书令高肇，帝舅权重，天下人士，望尘拜伏。”

有次，元顺揣着名片，去高肇府上办事。守门的保安看他年少，说：“里面正在接待贵客。”不肯为元顺通报。

元顺骂道：“我操你母亲！任城王的儿子，可是贱客也!”

保安害怕，赶紧通报。元顺雄赳赳气昂昂，跨过大门廊，径直走进去，登上大堂，跟高肇以礼相见。

高肇家里，坐满了王公先达，他们见小子元顺不知轻重，皆显怪罪之意。

高肇朗声对众宾客道：“哈，哈哈哈，小儿豪气如此，况其爹乎！”

元顺告辞的时候，高肇专门送到大门外。

元顺回到家，将故事告知其父。元澄听说，大怒不已，撸起袖子，狠揍儿子五十大棒。

你老爹整天装疯卖傻，还不够艰难吗？你小儿竟然去老虎头上得瑟！

由此可见，任城王元澄对权贵的畏惧已到了无以复加的地步了。

元澄的防身策略比较有效。彭城王元勰没有装疯卖傻，就暴露在高肇的枪口下。

彭城王元勰是孝文帝元宏第六弟，宣武帝元恪的小叔，在北魏宗室中，人品才干最为杰出，时任侍中、太师。

孝文帝生前曾欲以元勰为顾命大臣，但元勰坚决推辞，最后为顾命班子成员之一。

元勰曾经数度沉浮。先是，受到北海王元详谗言构间而外任，两年多之后，

元勰墓志

宣武帝在改元“景明”的大贺庆典上，又起用元勰担任太师、加侍中，以报答拥立之恩。

宣武帝对六叔元勰说：“朕猥以冲年，纂临宝历，实赖叔父匡济之功，诚宜永兼将相，以纲维内外。”

虽然地位极高，但元勰手中所握的实际权力却非常有限。显然，宣武帝给他的，仅是礼貌而已。

彭城王元勰与宣武帝、高肇的政见截然不同，他对高肇专权是反对的。

后来高肇谋害皇后于氏和宣武帝的小儿子，建议宣武帝纳其侄女小高氏为皇后，元勰更是反对。

高肇因此以元勰为眼中钉，千方百计，促使宣武帝对元勰狠下毒手。

京兆王元愉出任冀州刺史之后，元勰向宣武帝建议，让自己的舅舅潘僧固去当了冀州下辖的乐陵太守。此次元愉谋反，他老舅也被逼参与了。

因为元勰他老舅是经他建议担任乐陵太守的，宣武帝和高肇自然要将元勰与元愉的叛乱联系起来。

《魏书》说，“因僧固之同愉逆，肇诬勰北与愉通，南招蛮贼”。宣武帝“乃信之”。

宣武帝“乃信”不大要紧，彭城王元勰性命有虞。

经宣武帝元恪批准，高肇授意左卫将军元珍，将彭城王元勰杀害。

元珍也系北魏宗室，不过跟宣武帝距离稍远，他是高肇的死党，史载其“世宗时，曲事高肇，遂为帝宠昵。彭城王元勰之死，珍率壮士害之”。

元勰一直无法获得宣武帝的真正信任，最终高肇的谗言得起作用。

彭城王元勰墓于民国八年即公元1919年在“洛阳城北张羊村西一里出土”，《元勰墓志》极其简略，仅载，其死于永平元年九月十九日，终年三十六岁。

由元勰简陋之葬，不难理解其死于非命，以及死后之恶劣待遇。

宣武帝听信高肇谗言，杀害元勰，是北魏一朝的最大冤案。

“勰既有大功于国，无罪见害，百姓冤之。行路士女，流涕而言曰：‘高令公枉杀如此贤王!’在朝贵贱，莫不丧气。”足见彭城王元勰之死，可谓惊天地恸世人也。

宣武帝从诸王宰辅手中夺权亲政后，排挤压抑诸王，尽管彭城王元勰拥立之功甚大，也难例外。

咸阳王元禧和京兆王元愉的叛乱，都以夺取皇位为目标，宣武帝元恪自然地认为，宗室诸王是最大威胁，而彭城王元勰德高望重，威胁更剧。

而且，孝文帝晚年，元勰一直在侧侍奉，君臣关系十分密切，元恪也许怀疑，元勰手中握有关系他命运的重要证据?

彭城王元勰虽然坚辞孝文帝对他的委任，然而孝文帝临终，正是元勰接受遗诏，并迎立太子元恪即位称帝的。

因此，宣武帝元恪尽管感激皇叔拥立之恩，但深重的疑心总难消泯。

元勰还曾坚决反对宣武帝纳小高氏为皇后，宣武帝心中肯定不悦。高肇则更要除之而后快。

再说，此时的高肇，正处于权力的巅峰状态，元勰是其垄断朝权的最后一个障碍，高肇便使出比以往加倍的努力，来进行诬陷。

宣武帝呢，也比以往任何时候更加听信高肇。

元勰谏言将自己的舅舅任命为冀州下辖的乐陵郡太守，高肇所谓彭城王元勰“北与愉通”的诬辞，正可为宣武帝所轻信。

南齐豫州刺史裴叔业政争失败投降北魏而带来江西土地，宣武帝曾以彭城王元勰为骠骑大将军，“率步骑十万以赴之”，此行也为高肇诬陷其“南招蛮贼”提供了借口。

加之最重要的是，京兆王元喻尚在叛乱，若在洛阳的彭城王元勰是其同谋，那皇位丢失、人头落地不是顷刻之间的事情吗?

宣武帝元恪被迷惑得发疯了，一切顺从高肇的拨弄，杀掉了于己有功的叔父——彭城王元勰。

四

彭城王元勰被杀掉了，京兆王元愉之乱，历经四十一天，也被平定。

《魏书·高颢传》载曰：此次平叛，“斩首数万级”，一见元愉实力不弱，二见政府军劲头也不小。

元愉之乱，没有造成革命性后果，但还是严重破坏了当地经济。

当时河北一带发生的饥馑，与这一次战争有极大关系。后来河北一带发生大乘佛教徒造反，也可以看作光荣传统的延续吧?

李平率军攻克元愉之冀州首府信都时，“元愉北走”，剩在信都的冀州牧韦超、右卫将军睦雅、尚书仆射刘子直、吏部尚书崔朏等，都被杀了。

“群臣请诛愉。帝弗许，诏送京师。”

在押送元愉往洛阳的路上，经野王——今天的河南沁阳市，元愉对众人道：“虽主上慈深，不忍杀我，吾亦何面目见于至尊？”

元愉道罢，嘘唏流涕，绝气而死，年二十一岁。

元愉如此简单就死了，很难解释得通。

“绝气而死”，显然属于史官曲笔，“或云高肇令人杀之”。

从当时的情况来看，京兆王元愉应该是自尽，不排除高肇密谋杀害的可能性，不过更可能是受宣武帝密诏而被赐死。姑且存作一疑吧。

随后，录事参军高颢建议，惟办首恶，胁从宽宥，宣武帝采纳之，“别党千余人”。甄别对待，竟有千余人免死，可谓惨案中的善举了。

元愉的小妾杨李氏，怎么处理？“群官无敢言者。”

宣武帝说：“戏子得势，乱朕国家，此可忍孰不可忍！”诏令中书令崔光，凌迟杨李氏。

崔光看流行歌手杨李氏貌美如花，听说肚子里还怀着崽子，“逡巡不作”。而后奏告皇上赦免之。

崔光曰：“伏闻当刑元愉妾李，加之屠割。妖惑扇乱，诚合此罪。但外人窃云李今怀妊，例待分产。

“且臣寻诸旧典，兼推近事。戮至刳胎，谓之虐刑，桀纣之主，乃行斯事。君举必书，义无隐昧，酷而乖法，何以示后？

“陛下春秋已长，未有储体，皇子襁褓，至有夭失。臣之愚识，知无不言，乞停李狱，以俟育孕。”

宣武帝元恪“纳之”，算是崔光救下了杨李氏，使其免于被屠割之痛楚。

洛阳女儿名莫愁

然杨李氏分娩之后，如何受死，不得而知，产子完毕难免一死，怕是定运。

暂且放过歌手出身的杨李氏，宣武帝召开平叛庆功大会，奖赏将士。

定州刺史、安乐王元诠，政治立场坚定，站在朝廷一边，主动兴兵，参与平息京兆王元愉叛乱，宣武帝首先表彰他，“寻除侍中，兼以首告之功，除尚书左仆射”。

高肇之子高植，作战勇敢，“讨破元愉，别将有功”，蒙封赏时，不受，云：“家荷重恩，为国致效，是其常节，何足以应进陟之报。”

高植懂得礼数。京兆王元愉，就是对着他爹来的，他不冲锋，谁冲锋？

京兆王元愉的僚佐，跟元愉离心离德者，亦不乏其人。

元愉的首席军政僚佐、长史羊灵引，司马李遵，均是其反对派，因为反对，被元愉杀掉。宣武帝各“诏赐帛二百匹”，追认革命烈士称号，颁发烈士证书。

却说宣武帝元恪在主持朝廷大事，贵嫔小胡氏则请来了清河王元怿，在崇训宫旁的园林间，步月谈禅。

淡月轻风之下，长草乱石之间，小胡氏和元怿谈说《华严》，共享心得。

小胡氏说元怿：“今天得了一份南朝诗稿的抄本，极其妙丽，你猜猜看，那是谁的手笔？”

“谁？沈约？江淹？”元怿猜了远近闻名的几个文采高手，都不是。

小胡氏叹道：“想不到，竟是萧衍的手笔。”

元怿也惊讶了，“南朝梁帝？啊，我也听说他的《莫愁歌》了。萧衍号称‘风流僧帝’，最喜夸耀自己的怜香惜玉，故而写了一位洛阳女儿，莫愁。”

河中之水向东流，洛阳女儿名莫愁。

莫愁十三能织绮，十四采桑南陌头。十五嫁为卢家妇，十六生儿字阿侯。

卢家兰室桂为梁，中有郁金苏合香。头上金钗十二行，足下丝履五文章。珊瑚挂镜烂生光，平头奴子提履箱。

人生富贵何所望，恨不嫁与东家王……

第九十八章

脱“儒”入“佛”

一

话说高肇，权势达到顶峰，北魏统治集团内部，反对高肇的力量，也在逐渐积聚。

高肇谋害彭城王元勰是个导火线，朝野之人，都开始厌恶他了。

“肇既当衡轴，每事任己，本无学识，动违礼度，好改先朝旧制，出情妄作，减削封秩，抑黜勋人。由是怨声盈路矣。”

公元512年——宣武帝延昌元年，正月，高肇由尚书令迁为司徒。

表面看来，司徒位登极品，极其优崇，但实际上，手中却没有多大实权。“虽贵登台鼎，犹以去要，怏怏形乎辞色。众咸嗤笑之。”招人笑话了。

担任司徒，就不能参决朝政。

当然，高肇的权势不会完全消失，毕竟宣武帝元恪的皇后仍为高氏。

斯时，宣武帝所依靠的主要大臣，有崔光、于忠、甄琛及广阳王元渊、高阳王元雍等。

外戚于氏家族的代表人物于忠，初任散骑常侍、尚书、左卫将军，又“迁侍中、领军将军”，执掌禁卫军权，并参与门下决策。

甄琛“除散骑常侍、领给事黄门侍郎”，“大见亲宠，委以门下庶事，出参尚书，人厕帷幄”。又迁河南尹，转太子少保，黄门原职仍在。

学识渊博的老臣崔光，受到的礼遇最为尊崇，“迁中书监，侍中如故”，后为太子少傅，又“迁右光禄大夫，侍中、监如故”。原职如故，复又加官。

北魏宣武帝景陵

公元513年，宣武帝到东宫视察，崔光与甄琛、元渊随行。

到了东宫，赐坐。宣武帝元恪语重心长地对崔光说："卿是朕的西台大臣，当太子师傅吧。"

崔光赶忙起身，不住地辞谢："不敢当，不敢当。"

元恪说："朕的心意，卿应能理解。不要推辞啦。"遂命太子元诩出来，拜崔光为师傅。元诩拜师，旁边十多个人，都跟着拜。

崔光又赶紧谢拜，仍是辞让不休。宣武帝复不蒙许其辞，让太子元诩再拜。

詹事官王显，出来启奏宣武帝，要跟着太子一起拜。王显这一举动不打紧，其下一溜子干部都赶紧申请，参与从拜。

崔光不敢答拜太子，惟向宣武帝拜谢。

拜毕了，宣武帝赐给崔光彩绣一百匹。甄琛、元渊等也都跟着沾光，五十匹、三十匹不等。

其中王显，乃系高肇死党，居然提议包括他自己在内的东宫臣僚，随着太子一起向崔光行拜，说明高肇的权势已经日薄西山了。

高肇做上大司徒，也不能老在洛阳享清福啊。公元515年十一月，宣武帝以高肇为大将军、平蜀大都督，统率步骑十万，西伐。

宣武帝元恪办事干脆，公元516年正月，得了重病，三天后医药无效去世。

宣武帝驾崩，儿童太子元诩连夜即位，是为北魏孝明帝。

孝明帝他妈胡氏，指使孝明帝尊皇后高氏为皇太后，轻轻巧巧，就架空了高氏的权力。胡氏被尊为皇太妃。

高阳王元雍和任城王元澄裁决庶事。

当初害死于皇后的王显，想操弄权柄，与高太后商议后，请元诩发诏书，火速通知出兵远征在外的高肇回朝录尚书事。

高肇在函谷关接到元诩的诏书，知道老皇帝已死，新皇帝立了，恐怕内廷有变，于己不利，三脚并作两步，匆匆赶回洛阳。

禁卫军首领于忠等，先发制人，在王显入殿的时候将他杀死。

高肇身穿哀服进入太极殿时，也被抓捕、处死。

高肇被诛，高太后心绪不安，像热锅上的蚂蚁，在室内转来转去，没有一点办法。

胡氏比高太后还要狠，随即勒令高太后剃发为尼，徙居瑶光寺，在青灯泥佛下打发光阴，除非大节庆日不得进宫。

不久，胡氏被尊为皇太后，入居崇训宫。

朝臣讨好胡氏，说孝明帝元诩年幼，奏请太后临朝听政，胡氏也不客气，便大大方方，朝那儿一坐，垂帘称制起来。

却说胡太后这位女士，不仅善于诗文，辞章不凡，而且习过骑射，射箭能穿钱孔，可以说是一位巾帼奇才。

胡太后初临政，还假借皇帝的命令行事，不久群臣上书称她为殿下，又不久，称她为陛下。

胡太后将计就计，干脆自称为朕，公然当起了皇帝，并养了许多面首，与他们轮流“相通”。

胡太后专权之后，一心扑在两件事上：一是想方设法满足自己的生理需求，二是四处建设奢丽的佛寺为自己的生理需求消灾。

清河王元怿，风神潇洒，是一位美男子，胡太后还是小胡氏的时候就看上了，经常想方设法与其相聚，或静室交谈，或宫苑散步，现在，又授元怿以重要职位，不论大事小情，都要请元怿商议。

这日，胡太后又把元怿请进了后宫，方入座，只见侍女设宴上来，胡太后要跟元怿坐在一起喝酒。

元怿不敢，乃向西而坐。胡太后向北坐。饮酒间，言谈语笑，胡太后不断以眉目送情。

元怿多次辞归，胡太后不许，半夜了，还不撤席。

时光太晚，明显走不出去了，胡太后让元怿睡在翠华宫中，还派了两个多情多艺的美女侍寝。

元怿磕头辞谢，不敢便睡，胡太后说："这两个姑娘是朕赐与你的，你明日出宫即带家去，此时何必客气，让她俩陪你睡吧。"

元怿无奈，只好留宿翠华宫。

翠华宫中，铺设华丽，珍奇宝物无不备列。

侍寝宫人指着那些东西，说："这些都是太后赐给王爷的。"

元怿很不乐意，穿着衣服躺下休息，让两个美女端着灯，直到天亮。

胡太后听说了情况，心问："这家伙果然是铁石吗？"

口中虽叹服，心里割舍不下，次日又跟元怿聊天，直至晚上，胡太后依然留住元怿，不让他出宫。

三更，元怿正要就枕，只见胡太后悄悄走入，对元怿道："卿知道朕的意思吗？良缘宜就，不宜推辞呀！"

清河王元怿，听得太后言明心迹，不由慌乱起来，伏地叩头说：“臣罪该万死，愿陛下自爱。”

胡太后伸出素手，抚着元怿的肩头，说：“咱俩把君臣关系略去，便敞开来，叙一叙人伦之情，又怕什么呢。”

哪知胡太后越抚弄，元怿越不肯动作，最后，竟然直挺挺地趴在地上，如死人一般，不做反应。

胡太后见元怿模样，又好气又好笑，默然走出。

过了一会儿，侍女来对元怿说：“王爷起来安寝吧，太后回宫了。听太后说明日就放王爷出宫了。”

元怿闻明日放归之言，心下稍安，就睡了。

谁知第二天，眼看到下午了，胡氏还不放元怿，只是来了个侍女，说：“大王祸事到了。昨夜大王惹娘娘发怒，娘娘有旨，今夜如再不从，就要赐死宫中。”

史载“清河大惧，默然半晌”，叹道：“与其违命而死，不如从命而生罢。”

那个宫女听元怿“从”了，赶紧去奏知太后。

胡太后一听大喜，连连说：“天快点黑吧，快点黑吧。傍晚就可以了，傍晚就可以了。”

半下午，胡太后就命布置晚餐，请清河王享用。

胡太后让御医悄悄地在元怿所喝的饮料中做手脚：“加多点。”御医心领神会，朝里边添加了不少专门长时间起作用的物事。

晚餐毕，天色尚早，胡太后就偕同元怿进入寝宫，就有关房中技术问题进行友好交流。

胡太后已经捱过了三天，急不可耐啊，元怿喝了核动力饮料，根本就刹不住车。

两个人进入椒房，先研讨技术理论，没几句话，四目相对，火焰腾腾烧起，就开始实习。

元怿与胡太后拥抱着，在床帷之内，交流了一个销魂的春宵。

二

胡太后的妹夫、侍中领军名叫元叉，宝称夜叉，奸恶异常，又恃宠骄横。

清河王元怿曾经想依法处理元叉，因而两人之间有隔阂。

中常侍刘腾，有次在上朝时，奏请其弟为郡守，清河王立即奏请不要采纳刘腾的谏言，刘腾也因此跟与元怿结怨。

元叉和刘腾一拍即合，密谋诛杀元怿。

元怿是胡太后的宠爱，要想扳掉他，除非诬他谋反。

当时的清河王府中小官通直郎宋维，浮薄无行，元叉就偷偷地找到宋维，告以阴谋，许诺事成之后共图富贵。

宋维便写了封密信说，都尉韩文殊父子是清河王的心腹，欲扶立清河王的儿子为帝，日夜在商议谋逆。

元叉乘胡太后不在朝时，把宋维的密信呈送给孝明帝元诩。

孝明帝看了宋维的密信后赶紧去见太后，说清河王要谋反。

胡太后道："清河王？清河王？不会的，不会的。这个状告得……其中必有隐情。须召集诸臣，细问真假。"

元叉，胡太后尚是小胡氏的时候，他们"通"过，也算有一腿呢。

但小胡氏甩了元叉。

一，没有趣味。元叉粗鲁不堪，不知循序渐进，还像市井流氓似的，动不动歪脖子瞪眼。二，不讲卫生。不好洗澡，气味熏人，把脏唾液弄得人胸上、腹上、腿上、脚上，到处都是。

被甩了他肯定忌恨，报复元怿了？

孝明帝与胡太后共临前殿，察问其事。

朝中大臣都知道元怿是冤枉的，竭力为元怿辩雪。继续调查，找不到证据，胡太后遂怒斥宋维诬陷好人，要杀掉他。

元叉说："杀掉宋维容易，就怕以后真有谋反的，没人敢告发了。"

元叉一句话，保住了宋维一条命。

元叉没有害死清河王元怿，问刘腾："古人有言，斩草除根。既然与元怿结成了如此大仇，今日我不害他，日后他必害我，奈何？"

刘腾说："我有个办法，足以除掉他。"

元叉说："有办法就快讲，讲了我们就干。"

刘腾说："御厨胡定，是皇上的亲信，也跟我相近。如果以千金送给他，让他去皇上面前告状，说清河王想当皇帝，指使他往御食内下毒，害死皇上，并许以重报，皇上肯定会相信。皇上相信了，清河王必死无疑。"

元叉说："太后若不信，又该如何？"

刘腾说："好办。先向皇上吹风，离间其母子关系，把太后幽禁于北宫，断其出入。那时朝权尽属你我，一百个清河王，杀起来也容易。"

元叉大喜，遂封装黄金千两，送于胡定，叫他依计行事。

这日，孝明帝元诩在南宫，胡定故作惊慌状，报告说："人们说清河王谋反，小臣不相信，今天他果然反了。"

孝明帝问胡定："你怎么知道的？"

胡定说："事情太大，臣不敢说。"

孝明帝说："朕让你说，你还不敢说？尽管说来。"

胡定说："今天早上，清河王叫臣在御食内暗下毒药，以谋害皇上。许臣事成之后荣华富贵，这不是谋反吗？"

孝明帝一听大怒，欲立即汇报给太后。

胡定说："不能告知太后。太后正以清河王为忠臣，焉肯治其反罪。不若召元叉、刘腾议之。"

孝明帝召元叉和刘腾二人，告以胡定之言。

元叉说："这是陛下的福气啊，上天让胡定暴露清河王的阴谋。不然，陛下何以得免？看起来，前日宋维告清河王反状是事实，只因太后曲意保全，酿成其恶。"

刘腾说："陛下欲保安全太平，宜独临前殿，断决此案，无必要告知太后。治罪清河王，明国法之威，则诸王都不敢生二心了。"

时年孝明帝元诩十一岁，觉得二人的话正确，扬脸道："朕早想主持工作了，你们好好给朕谋划吧。"

二人得计。是夜，也不出宫了，就浑衣住在中常侍办公室。

交五更天，刘腾带领心腹内侍，锁闭永巷门，断了太后临朝之路。

元叉进入南宫，伺候着孝明帝到显阳殿去。

天色黎明，诸臣齐集。清河王来上朝，被元叉厉声喝住，不许进入。

清河王说："夜叉你想造反吗？"

元叉说："我夜叉不反，正要把谋反者捆起来。"随即命武士执起元怿，拥入含章殿东跨间，以禁卫军守住，转身上殿奏道："元怿已被拿下，请降明旨治罪。"

刘腾传旨下来道："清河王元怿，欲谋弑逆，暗使御厨胡定下毒。现在元怿已经伏罪，姑念先帝亲弟，不忍动刃，从轻赐死。"

诸王和大臣，相现惊骇，见皇太后没有出来，十一岁的少年孝明帝独自临朝，明知朝局有变，又都恐惧元叉和刘腾的权势，不敢说话。

在后宫嘉福殿的胡太后要去前朝，宫女报她说后宫与前殿的通道——永巷门被锁了，闻说皇上因为清河王谋反，已自升金殿，不用娘娘临朝了。

胡太后闻之，大惊失色，暗想必是元叉和刘腾在使奸计。然而大权已失，只能徒唤无奈。

元叉和刘腾杀了清河王元怿，又伪造了一份太后的诏书：自称有病，还政于帝。

幽禁皇太后的宫门昼夜长闭，内外断绝。刘腾把钥匙穿在自己的裤腰上，谁也不能去见胡太后，连孝明帝元诩亦不得见。

元叉和刘腾，把持了北魏朝政，只管纵情拨弄。

杨大眼造像记拓片

杨大眼造像记（局部）

元叉抓紧时间在宫里建设了一个小院，日夜享乐。看到洛阳街上漂亮的女儿，就抓来装进粮车，载入宫内小院，供其淫用。

北魏王朝经元叉和刘腾这么一折腾，越来越蔫乎了。

胡太后呢，服膳俱废，叹息道：“古语云，养虎反噬，今吾朝之谓矣，今吾朝之谓矣。”养老虎做宠物，最后它要吃你的，在我朝应验了，在我朝应验了。

朝野之人，闻听清河王元怿被处决，无不悲痛万分，纷纷举行不同形式的悼念活动，年轻人夜里还成群成群的，在洛河边点燃蜡烛，缅怀冤魂。

孝明帝元诩后来不知怎地迷过来了，带领文武百官去看望他妈，把他妈放了出来。

再度临朝执政，胡太后放纵依然。

胡太后其爹胡国珍有个参军，名叫郑俨，姿容秀美，甚至超过了元怿。胡太后将郑俨引为中书舍人，每天夜里同睡一席，研习技术。

流氓郑俨，又为胡太后引进了徐纥、李伸等一个班的面首，挨个儿与胡太后交流，通宵不倦。

虽说面首一大群，胡太后最钟情的还是郑俨。

郑俨是有家室的，得回家啊。胡太后只允许他偶尔回家一趟，回时还必派小宦官跟着，到了家中，只允许跟妻子说话，不得有身体接触。

北魏名将、南秦王杨大眼，有个儿子杨白华，英俊而又轩昂，胡太后也暗送痴情，经常召杨白华入宫，入室，畅叙床第之欢娱。

英雄世家的杨白华，孔武有力，功夫上乘，让胡太后几欲仙死。

但杨白华却感到十分羞耻，每次出门，像大老鼠似的，溜着墙根，抬不起头来。

日复一日，日复一日。杨白华不甘心就这样，作为一个面首，庸庸碌碌，浑浑噩噩，毫无作为，便趁夜色率领部下逃出洛阳，投奔南朝去了。

杨白华不辞而去，让胡太后痴思不已，每到深夜，暗自垂泪，愁肠百转，找不出哪儿得罪了小杨，竟慢慢谱出《杨白花歌》一曲。

“阳春三月，杨柳齐作花；春风一夜入闺闼，杨花飘荡落南家；含情出户脚无力，拾得杨花泪沾臆；秋去春来双燕子，愿含杨花入巢里。”

词作音韵意象，很不错的。可见胡太后，若深爱起来，实是富有灵性的。

却说胡太后啊，总不想亏待自己的生理需求，便放纵无羁。

放纵无羁，又觉得是个“罪”。

为了消弭罪过，胡太后继承北魏王朝的光荣传统，拿着公家的钱，在洛阳城内城外，四处建造豪华的佛寺、雕塑巨大的佛像，开凿石窟，广度僧尼……

北魏王朝，本来崇佛佞佛成习，火正烧得旺呢，胡太后再加一把油，再喷一把天然气，你想效果如何?

三

话说北魏之时，佛教在中国已经生长得有些年头了。

北魏诸帝，大多信奉佛教。

在国家老板的带领下，佛教的传播和影响，成了当时社会生活中的大事。

当北魏还是北方的鲜卑族拓跋部落的时候，佛教势力对它的政治并没有什么影响。

《魏书·释老志》说：“魏先建国于玄朔，风俗淳一，无为以自守，与西域殊绝，莫能往来。故浮图之教，未之得闻，或闻而未信也。”

拓跋氏逐渐强大，在统一中国北方，建立北魏王朝的过程中，与汉地的交通、思想和文化交流也频繁起来，也开始与佛教有所交涉。

道武帝拓跋珪攻略黄河北岸时，所过僧寺，均致以礼敬。

道武帝阅过佛经，曾派人致书隐于泰山的著名僧人释朗，以表恭敬之意，当然他也感兴趣于汉人中的黄老之术。

地处西北的凉州，是汉地与西域的交通要道，佛教历来发展兴盛。

北凉虔信的佛教徒们译有《大集经》《悲华经》《金光明经》《菩萨戒本》等多部大乘佛教经典，还有对中国佛教思想发展影响最大的《涅槃经》。

凉州译经，或谈佛性，或论涅槃境界，或讲密咒效验，或为佛菩萨本生，大多带有很大的宗教实践性，对中国佛教佛性论及顿悟说的产生起过重大作用。

北魏太武帝拓跋焘公元439年平定凉州，将凉州居民数万户迁往京师平城，其中著名的沙门、佛学也随之东迁，于是北魏佛教很快地发展起来。

伴随着佛教的发展，平城出家的僧尼数量越来越多。

出家为僧，可免去政府的赋税徭役，所以许多在权贵剥削和压迫下无法谋生的百姓被迫出家，也有为逃避赋税徭役而进入寺院的。

后来僧尼数量无节制地增长，家家寺院，僧满为患。

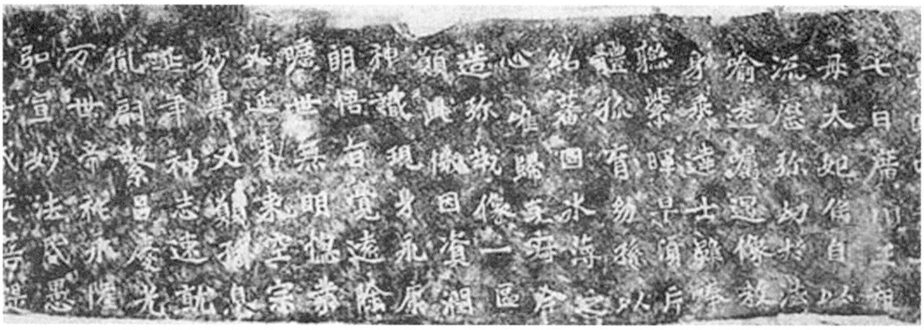

太妃侯为幼孙造像记拓片

在僧尼泛滥的情况下，统治者认为有必要成立一个僧务机构，以便于进行统一管理。北魏就建立了管理僧务的机构“僧管会”，最初名监福曹，后来改名为昭玄寺。

昭玄寺置大统一人，统一人，都维那——经理三人。并置有功曹、主簿等官职，以管理诸郡沙门。因而又叫“沙门统”。

京内有管理僧务的机构和官员，地方上，各州、镇、郡则有维那、上座、寺主等地方僧官，构成地方僧务管理机构。

北魏的僧官管理僧人，除了依据朝廷的法典外，主要靠僧律，戒律。

中国佛教的戒律，相传起始于东汉末期的昙柯迦罗。

据《高僧传》等史料记载，天竺沙门昙柯迦罗来到洛阳，因见“道风讹替”，出家为僧者没有自己的戒律戒规，只是剃去头发以示与在俗者的区别，乃应当时一些僧徒之请，译出《僧戒》，此为中国佛教有戒律之始。

后来，随着修行实践的需要，一些高僧也曾因地制宜地制立过某些寺制僧规，用以肃众。

东晋时的释道安就曾制订过行香定座、六时礼忏、布萨诸法等三例僧制，一时各处佛院参照遵行。

北魏沙门统曾刊定僧禁四十七条。这些僧制的具体内容，现已无迹可觅，但在当时，这些具体条令可能确实是佛界的行为规则。

公元508年，即北魏永平元年，朝廷规定：“自今以后，众僧犯杀人以上罪者，仍依俗断，余犯悉付昭玄，以内律僧制之。”

从中可以曲折地看出，出家人和在家人遵循的法律是有所不同的。

尉迟造像记拓片

魏灵藏造像记拓片

元燮造像记拓片

僧人触犯了法律，除了杀人之罪外，一般的犯法行为，不受世俗法律之惩罚，而可按照佛教的僧制加以处罚。

难怪众人都要“出家”了，免除税务与徭役在先，宽容刑罚与规矩在后，连宋代僧人也羡慕北魏：“为僧者苟未修行，但能避刑宪，亦逍遥之上士也。”

当时佛教得以迅速发展的另一重要原因，是寺院经济力量的不断强大。

寺院不仅拥有大量钱物，还拥有大量的田地和房产。之后的隋唐时代，中国佛教宗派四立，就跟寺院经济的无限制膨胀有密切关系。

佛有大则曰：僧人应靠乞食为生，不能拥有私人财产。这是佛的基本教义，但是，僧人太多了，国家资助不及，信徒、施主的施舍不够，怎么办?

为了维持日益庞大的佛教僧团的日常生活，更重要的是维持社会稳定，必须使僧人有比较经常的经济来源。

这样，佛教寺院经济的发展就顺理成章了。

东汉末年以至北魏，封建土地所有制显著发展，占有大量土地的豪强地主逐渐形成地方割据势力，这种威胁统一局面的政治因素一直不能消解，宗法等级的儒学非但无法减弱它，还会增强它。于是统治者就要寻找另外的教化方式来应对局面。

冯太后和孝文帝元宏实行改革，立三长、行均田，与豪强地主势力争夺荫附，是行政措施。

但思想教育、人心打理，也得跟上，孝文帝表面上“高倡礼乐，尊崇儒学”，实际上却不得不“借重佛释，扶助僧寺”来教化民众，维持治安。

拓跋宏画像

伊阙

孙秋生造像记拓片

寺院经济在多种因素作用下，自然要成长，成长，蓬勃成长。

蓬勃成长的寺院经济，结果是无度膨胀，乃至失控。

《释老志》言，公元518年，洛阳城内佛教寺院已超过五百座，而且“空地表刹，未立塔宇”者，“不在其数”，洛阳民宅总面积被寺院夺去三分之一。

比之“南朝四百八十寺”，洛阳一城就超越了。

北魏全境更有大小寺院约两万所。

《洛阳伽蓝记》对寺佛泛滥成灾有更详细的描述，恕不赘引。

首都洛阳疯狂，州镇的僧寺也发癫，比赛一般侵夺小民，广占田宅。如长安中兴寺的寺属田地望不到边，还有百顷的大果园。

全国“凡厥良沃，悉为僧有”。这还得了吗?

北魏的皇帝、妃嫔、权贵、大臣，为求所谓功德，造寺立像，所费更其无数。

《魏书·释老志》是北魏当朝史官魏收所撰，详细记载了北魏王朝恶作剧式的“哈佛”与“佞佛”——

公元454年——兴光元年秋，魏文成帝拓跋濬在五级大寺内造释迦立像，各长一丈六尺，用铜二十五万斤。

文成帝拓跋濬和平年间，公元460年至465年，朝廷命大僧昙曜，于平城西边武州塞凿山石壁，开窟五所，镌建石像各一，高的七十尺，低的六十尺。

昙曜还依山就石，建立了一个大佛寺，名曰灵岩寺，可容三千多人，所凿佛龛，栉比相连，这就是闻名于世的山西大同云冈石窟。

公元467年——兴安二年，魏献文帝拓跋弘造七级塔，高三百余尺，基架

马振拜造像记拓片

孙保造像记拓片

伊阙题石

博敞，为天下第一。又于天宫寺造释迦立像高四十三尺，用铜十万斤，金六百斤。不久又造三级石塔，高十丈，全部用大小石块构成，成为京华壮观。

孝文帝拓跋宏——元宏迁都洛阳，石窟开凿也由平城泛滥到洛阳。

宣武帝元恪统治时期，于洛阳南边伊阙山，仿平城灵岩寺石窟，前后开凿石窟三所，共耗人工八十万。此即洛阳龙门石窟开凿之始。

公元516年至518年，孝明帝元诩熙平年间，胡太后在洛阳城内起永宁寺，大殿中有丈八金像一躯，较短金像十躯，绣珠像三躯，织成像五躯，僧房楼观一千余间。

永宁寺中有九级木塔，“架木为之，举高九十丈，有刹，复高十丈，合去地一千尺，去京师百里已遥见之。”

永宁寺塔比举世闻名的山西应县木塔高出一倍，每层周围所悬金铃铎，大小如咸菜坛子，共一百二十枚，另有银铃五千四百枚。塔顶的金宝瓶，能容粮二十五石，宝瓶下有承露盘。

规模如此宏大的寺庙，如此高大的木塔，在中国古代建筑史上都是绝无仅有的。

北魏统治者不仅大量建寺造像，还广度僧尼——

文成帝拓跋濬于公元452年下诏，令诸州郡县于众居之所建塔，凡是愿意出家为沙门者，不论长幼，听任出家，许大州五十人，小州四十人，边远地区三十人。

此后，拓跋濬利用各种借口，先后共度僧尼三万余人。

孝文帝元宏时，每逢四月八日及七月十五日，听任大州度百人为僧尼，中州五十，下州三十，觉得过瘾，便“令以为常准”，以后照此为例，猛度可也。

胡太后带头在永宁寺设“太法供”，一次就亲度僧尼一百多人。

公元477年——孝文帝太和元年，北魏官方统计局统计，全国各地有寺院六千四百七十八所，僧尼七万七千二百五十八人。

至宣武帝元恪、孝明帝元诩时，北魏境内寺院已达一万三千七百二十七处。“略而计之，僧尼大众三百万矣，其寺二万有余。”

第九十九章

佛不相救

一

北魏最高统治者为首的大批权贵们，疯狂地搜刮百姓，建造佛堂寺院，洛阳城内，宫里宫外，到处都是。

他们为什么呢？幻想靠“礼佛”消减他们的罪恶，延续他们的特权。

北魏孝文帝元宏改良了内宫“子贵母死”的旧制，于是宣武帝元恪便留下了自己的皇后胡氏，至孝明帝元诩称帝，胡氏做了太后。

胡太后专擅朝柄，宠养臣下，广蓄男宠，旷古罕见。清河王元怿、参军郑俨，并其他面首，侍寝宫中，人皆耻之。

轻脱放纵的胡太后，极端好佛，建了个瑶光寺，又于铜驼大道西侧兴建了宏伟的永宁寺。

永宁寺极尽奢华，史叹：“自佛法入中国，塔高之盛，未之有也。”

永宁寺主佛殿如同皇宫太极殿一样宏伟，南门如皇宫的端门一样巨大，寺高中有僧房千间，珠玉锦绣充斥其间，骇人心目。

永宁寺内，供奉一丈八尺高的纯金实心佛像一座，如同真人一般大小的实心金像十座，玉石巨佛两个。

九级浮屠永宁寺塔，地基深及黄泉，上刹凌及天心。夜深人静之时，浮屠风铃飘动，声闻十里之外。

宣武帝元恪当朝时，曾派宦官白整为其父孝文帝和文昭高皇后在龙门山开凿两个石窟，皆逾百尺之高。

宦官名字叫白整，事情可决不是白整的，花费的全是民脂民膏。

太监刘腾牵头集资，为宣武帝元恪开凿一个石窟，二十五年之间，用工十八万二千多，到元恪死，竟然还不能完工。

可见，凿佛、开山、修庙的耗费是无比庞大的。

胡太后不停地营造寺庙，并下令各州郡一律兴建五级浮屠，民力为之疲惫。

她还下令民众子弟入佛门为僧，国内从事生产、军旅的人越来越少。尽管如此，仍然斋会不断，大加施舍，动以万计，府库为之虚竭。

洛阳城内，诸王、贵人、宦官、公主等各建寺庙，相互斗比，但北魏政权从未有过任何施惠子民的举措。

朝廷好之，民间过之，洛阳一带，除了龙门，今天的偃师、孟津、新安、伊川等县境内，凡有石壁，必事开凿……

由“哈佛”到“佞佛”，由“热烈”到“疯狂”，这个“无我”而“痴呆”的北魏王朝必须为此埋单。

其实，早在公元446年，北魏太武帝拓跋焘为平定盖吴起义到了长安，就曾经严令“灭佛”。

朝廷有关直属部门，在长安某大寺内的麦田里牧马，太武帝入寺检视良骏，该寺沙门偷偷地请太武帝随从官吏饮酒。

太武帝的从官在寺内转悠，见其便室私存大量弓矢矛盾等兵器，赶忙奏报。

当时从行的朝廷重臣司徒崔浩，乘机鼓动太武帝严厉处置之。

太武帝拓跋焘怒曰：这些武器“本非沙门所用。当与盖吴通谋，规害人耳”。遂命有司案查抄该寺。

当即搜查，竟又发现该寺有酿酒器具，搜刮囤积隐藏大量钱财，甚至发现该寺“又为地下窟室，与贵室女私行淫乱”。

酿酒、聚财、勾引和玩弄妇女，这酒、财、淫三条，均严重违反了佛教戒律，又严重触犯了北魏法令。

寺僧被抓了重罪现行，还有什么可说？

一寺几十人至百把人便被诛杀了。

稍后，太武帝拓跋焘诏令全国，清查寺院，诛杀僧尼，王宫贵胄限时交出各自私养的沙门，“过期不出”，一旦查获，则“沙门身死，容止者诛一门”。

负责监国的皇子拓跋晃见其父不加甄别，一概诛杀僧尼，心生怜悯，加以规劝，提议调整政策，封闭寺门就可以了，如是则“世不修奉，自然毁灭”。

但太武帝不许。皇子见自己建言不被采纳，便“犹缓宣诏书，远近皆预闻知，得各为计”。文件下发得慢点，先走漏风声让远近的“对象”们听到，提前采取应对计策。

《释老志》记曰，“四方沙门，多亡匿获免，在京邑者，亦蒙全济。金银宝像及诸经论，大得秘藏。而土木宫塔，声教所及，莫不毕毁矣”。

皇子拓跋晃不仅设法放过了全国大多数的沙门，让其携经卷藏图像逃命，而且还亲自出面款曲规劝，保护著名高僧。

灭佛政策在执行中被部分贵族官员打了折扣，而太武帝出于种种考虑，对皇子等庇护佛教僧侣并未追究，而是不了了之。

不管怎么说，北魏太武帝拓跋焘的灭佛是比较严厉、残酷和血腥的。

至少，违法乱纪、惹祸事发的那家佛寺僧侣全部被杀，全国有小部分不改信仰、逃跑窜逸的沙门被杀。

在佛界看来，中国政教关系史上大规模诛杀僧侣的北魏灭佛，是“法难”史上殷红的一页。

二

北魏太武帝拓跋焘灭佛前，有个疏远、排斥、限制佛教的发展演变过程，而在这个过程中，僧俗地主间的经济矛盾也是朝廷排佛、限佛的因素之一。

北魏统治者的主体，基本为鲜卑拓跋部落。而北方中原地区，则是中华文化的发源地之一。因此，北魏统治者要巩固自己的政权，必须取得汉族地主阶级的支持。为了这一目的，他们力图标榜自己是华夏正统。

而夏夷之争，历来是儒佛斗争的一个重要内容。

东晋时，有道士顾欢，曾作《夷夏论》来论证道居佛上，十六国时，后赵著作郎王度曾以佛为戎神而劝其主石勒废佛。

太武帝拓跋焘“灭佛诏”中明确说，因后汉荒君，信惑邪伪，才使佛教传入。

拓跋焘的“灭佛”比较严厉，但因为一个鼠辈的行径戛然而止——宦官宗爱谋杀了太武帝。一夜之间，严厉的灭佛突然结束了。

太武帝的嫡长孙拓跋濬在祖父以后直接继位为文成帝。

北魏文成帝拓跋濬大赦天下，也就赦免了那些抗拒灭佛的人。他上台九个月后便“初复佛法”，佛教很快又兴盛起来，死灰复燃，愈爆愈烈。

拓跋焘地下有知，不知该作何表态？

拓跋焘曾说："朕承天绪，属当穷运之弊，欲除伪定真，复羲农之治。其一切荡除胡神，灭其踪迹，庶无谢于风民矣。"

诏中称佛为"胡神"，并说自己要"复羲农之治"，可见是标榜自己为上承三皇五帝、下挑社稷重任的"华夏正统"了。

但北魏的正统学说显然是牵强的，难以为汉族的地主和百姓所接受。

世俗地主因为不承认北魏为华夏正统，心存芥蒂，加上佛教的过分增生，过分膨胀，如前所述，必然会侵夺一部分世俗地主的经济利益，愈加引起他们的不满。

皇帝作为世俗地主阶级的总头目，他发起的取缔佛教势力的这场斗争，其实就是世俗经济力量和寺院经济之间斗争的总爆发。

佛教僧尼不必负担国家的租税赋役，寺院控制的农户只向寺院纳粮，不向国家交租，减少了国家的编民和收入。

就是说，北魏寺院经济的过分发展，控制了大量的民户，成为朝廷的重大损失和威胁。

统治阶级中的一部分人看出了这一矛盾，于是不断提出建议，要限制佛教的发展。

孝明帝元诩当朝，张普惠曾竭力谏止胡太后崇法造寺。

张普说："殖不思之冥业，损巨费于生民。减禄削力，近供无事之僧，崇饰云殿，远邀未然之报……愚谓从朝夕之因，求祇劫之果。未若先万国之忻心，以事其亲，使天下和平，灾害不生也。"

任城王元澄也是反对佞佛崇法者，《释老志》中记他曾先后两次上表反对崇佛，一次是因缮兴佛寺斋会，耗费国库之藏，另一次是奏请禁止私建寺院。

史载，孝文帝元宏曾下令汰除沙门，胡太后也曾下令不得私度僧尼，规定奴婢不得出家，实际上是为维护权势阶层的利益，以免他们的奴婢都躲到寺院里去。但他们的规定都没能落实，只是做样子。

总体看来，北魏统治者对于佛教的态度是纵容的，兴佛远高于灭佛，灭佛赶不上兴佛。

北魏后期，国势衰弱，各民族造反彼落此起，统治者顾之不暇，即如有一些限佛禁令，也被束之高阁，佛势无度膨胀，为北魏埋下了覆亡的祸根。

三

北魏王朝的胡太后，这个北魏晚期政治舞台上的超级大腕，“临朝听政”十三年之久，“位总禁要，手握王爵”，在北魏晚期的政治生活中，扮演过极为重要的角色。

前曾有述，胡太后是个轻脱放纵而又笃信佛教的妇人。

轻脱放纵和笃信佛教应该是矛盾的，然而胡太后硬是将两者拢在了一起。

胡太后出生于一个极端崇尚佛教的家庭。

其父胡国珍，生有四男，其中，一男名僧洗，另一男名僧敬。由给儿子的取名不难看出其敬佛的心态。

胡国珍的妹妹，即胡太后的姑姑，曾出家为尼，精通佛理，好谈佛事，是洛

永宁寺塔状貌图

永宁寺遗址出土的泥塑

阳城内著名的尼姑，常出入禁中，为皇后、嫔妃及公主、贵夫人等说经讲课。

天长日久，耳濡目染，胡太后成了一名佛教徒。

胡太后的老爸胡国珍“年虽笃老，而雅敬佛法时事洁斋，自强礼拜”。故其去世时，胡太后下诏，自薨至七七，天天为老爹设千僧斋；百日设万人斋。

《洛阳伽蓝记》中对胡太后崇佛及其为父母立寺祈福也有记载。

胡太后主持国家工作的时代，北魏政局并不稳定。虽然她有“亲览万机，手笔断决”的所谓能力，也泼不灭一次次国民反抗的烈火。

在孝明帝元诩统治的十五年中，爆发了十次暴动，有四次是僧侣领导的。加上孝文帝时期的两次，一共发生了六次僧侣起义。

北魏的僧侣起义，不但捣毁官府，杀死地方官吏，同时还对外公开宣称：“新佛出世，除去众魔。”

胡太后是佞佛的，她认为僧侣作乱，是因为他们违背了佛祖的戒律，变成了“异教”。

要铲除“异教”，就必须弘扬“正教”——进一步广建寺院，求法，“弘法”，追求纯正的“原教旨主义”，普渡众生。恶性怪圈啊！

因此，胡太后在洛阳铜驼大道建造了永宁寺，企望保佑她远离劫难，同样保佑北魏王朝“永久安宁”。

永宁寺开工之日，胡太后亲率文武群臣，“表基立刹”，填土奠基，表现了她对修造该寺极为重视的态度。

前面讲过，永宁寺的形制极其浩大，周围筑有围墙，墙上有木椽，椽上有瓦覆盖，这和当时皇宫的宫墙完全一样。东、西、南、北四面各有大门一座。寺院

现存永宁寺塔塔基

永宁寺塔基遗址

的范围比今天的白马寺还要大两倍以上，内有僧房楼观达一千多间。

永宁寺拔地九十丈的超高浮屠，距京师洛阳百里以外，就可以远远地看见它的身影。浮屠周围垂挂的金铃，晚上和风吹动，十余里外都可听见响声。

永宁寺浮屠每面各层都有三门六窗，装饰十分华丽，柱子围以锦绣，门窗涂红漆，门扉上有五行金钉，并有金环铺首。

豪奢无比的永宁寺，建造花费之巨，尤为旷古罕见。

当时朝中大臣们，多数反对永宁寺的浩大投资，胡太后一意孤行，不为所动。

《周书·寇隽传》记载："减食禄官十分之一，造永宁佛寺。资费巨万，主吏不能欺隐。寺成，尤极壮丽。"

此外，胡太后还主持建造了景明寺七级佛图、冲觉寺五级佛图等。

为了弘扬佛法，胡太后又于公元518年——神龟元年派遣崇立寺沙门惠生、敦煌人宋云去印度求取真经。四年后还京师，取得经论一百一十七部。

胡太后在内享受众面首的尽心服务，对外离奇地笃信佛法。

"上有好者，下必甚焉"，一时间，京城内外，全国各地，遍地修建寺院，善男信女纷纷出家，为僧为尼。

当时的洛阳市长——洛阳尹郦道元着人统计，洛阳城的佛寺已经达到一千四百所。而此时全国的佛寺已膨胀到三万余所，僧尼人数超过两百万。

胡太后之佞佛，让许多有识之士恐慌不安，纷纷谏言，俾便朝廷认清佞佛之害，加以限制。

主簿李玚就陈言"民多绝户而为沙门"之可怕情状，并措辞激烈地斥佛教为

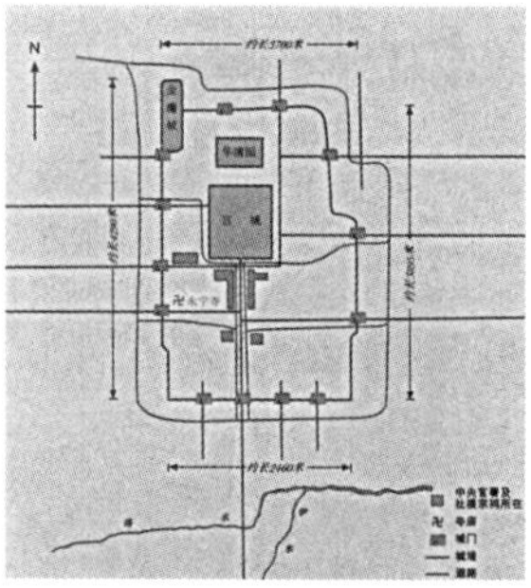

永宁寺地理位置图

古阳洞

"鬼教"。

李玚之论激怒了沙门统僧暹等，他们哭诉于胡太后，最后罚没了李玚半年工资，方才收场。

公元519年，八月，胡太后率群臣上永宁寺游玩，兴致很高，登上九层佛屠，向洛阳城各个方向眺望。

回朝后，老臣崔光上《谏太后登永宁寺九层佛图表》，谏太后：身为人主，不可轻举妄动，否则上行下效，无法制止。

当年九月，胡太后临幸嵩岳，崔光又上表谏之，规劝其不可扰民。

其他大臣也纷纷上书，奏称"今之僧寺，无处不有。或比满城邑之中，或连溢屠沽之肆，或三五少僧共为一寺""侵夺民田，广占田宅"，应加以限制。

他们还谏议胡太后，不可过于崇信佛教，尤其不要临幸京师近郊佛庙，以免官员效尤。

对胡太后大兴佛寺之举，元老重臣李崇上《灭佛寺功材以修学校表》，建议"罢尚方雕靡之作，颇省永宁土木之工，并减瑶光瓦材之力，兼分石窟镌琢之劳，及诸事役非急者"，以其资本，兴办学校。

对于这些谏言，胡太后听一听，看一看，该怎么干还怎么干，佛教泛滥，有增无减。

因此，胡太后当朝时，所在编户之民相与入道，假借沙门，逃避调役，猥滥之极，自中国有佛法以来，未曾见过。

胡太后及其家族，开凿洛阳龙门石窟，大兴法事，同样形势浩大。

龙门石窟的窟龛之一

龙门石窟的窟龛之二

龙门石窟古阳洞南壁、西山老龙窝、西山莲花洞北壁和西山火烧洞中，仔细辨认，迄今还可见到与胡太后及其家族有关的题记。

龙门石窟古阳洞南壁造像记谓：正光三年九月九日，比丘慧畅仰为皇帝、太后、师僧、父母、兄弟、姊妹一切众生，敬造弥勒一铺，悉皆同时成佛。

龙门西山莲花洞北壁西端上层有题记。

中明寺比丘尼道扬、道积、道保，依方峙行道愿造贤劫千佛，但愿司空皇甫度及陈夫、兄夫贵鉴夫人、柳夫人诸贵人等、北海王妃樊，仰为皇帝陛下、皇太后、旷劫诸师、七世父母、所生父母、见在眷属，十方法界、天道众生，生生世世，侍玄劫千佛、发善恶心，弥勒三会，愿登初首，一时成佛。大魏孝昌元年八月十三日记。

龙门石窟西山老龙窝，有北魏邑义为胡灵太后造像题记。

正光五年十一月廿五日，道俗廿八人共造像一区，上为皇帝陛下、皇太后，下为法界苍生，离苦得乐……迳攸保，愿众生同登正觉。都维那刘景和、邑子显宝、邑子李崇启、邑子显叶、邑子赵洪始、邑子史兴宗……

龙门石窟西山，火烧洞西壁南段，有北魏清河王元亶妃胡智——胡太后侄女及其子元善见等人造像记。

十年七月吉日，清信女佛弟子清河王妃胡智，敬造释迦像一区，愿国祚无疆，四海安宁，离苦常乐。弟子元善见侍佛。弟子元敬孙侍佛。弟子元仲华侍佛。

洛阳龙门石窟的营建，是在胡太后时期进入高潮的。

龙门石窟始凿于公元493年——北魏太和十七年，当时云冈石窟刚刚落

龙门石窟托塔力士造像

龙门石窟的窟龛之群

成，油漆未干，孝文帝元宏便同意在新都洛阳营建规模更大的石窟群——龙门石窟了。

著名的龙门三窟即系为孝文帝、文昭皇太后和宣武帝而建的，它们几乎全都是在胡太后的支持下，才得以基本完成。

公元518年——北魏熙平二年，胡太后亲率文武群臣，临幸龙门石窟，以示她对佛之虔诚和对石窟营造事业的重视。

在胡太后执政的十余年间，龙门涌现出一大批中小型窟龛，如龙骧将军洞、来思九洞、弥勒北一洞、弥勒北二洞、地花洞、六狮洞等。药方洞也开凿在此时，只是未竣工而已。

故而说，胡太后时期是龙门开窟造像的盛期。

四

公元534年，早春二月，永宁寺巨塔，被一把天火焚燃。

在哔啵爆响的烈火下，在遮天蔽日的浓烟中，人们不顾生死的疯狂扑救，却近乎小儿玩耍。

大火熊熊，三月不灭。甚至一年以后，在战争的烽火中，永宁寺依然弥散着袅袅不尽的烟雾。

近年考古工作者对永宁寺遗址进行发掘，发现其地下基础规模惊人。

一百多平方米范围内，发现残存的巨大础石一百二十四个，从清理出来的现场可以看到，塔基四周遭火焚后的柱桩，黑黢黢地蹲在那里，仿佛在痛苦地冥想。

永宁寺塔周边的围墙呢？《洛阳伽蓝记》详细地说，“寺院墙皆短椽，以瓦覆之，若今之宫墙也。四面各有一门，南门楼三重，通三道，去地二十丈，型制似今之端门。”

所有记载，无不炫耀，其实，巨型佛塔和豪华围墙，合起来是一垛血腥四溢的民脂民膏。

民脂民膏堆起来的永宁寺浮屠，是当时洛阳的标志性建筑，是北魏王朝的一个象征。犹如巴黎的埃菲尔铁塔，伦敦威斯特敏斯特教堂的大笨钟，纽约哈得逊湾的自由女神。

但，倚山山倒，临水水流，靠佛佛走。

北魏大势要去时，佛祖并不相救。

边将逃降，宗室谋逆，陆续又有柔然、朔州胡人、沃野镇民破六韩拔陵——酷姓名又一个，姓“破六韩”，名“拔陵”——聚众起义，高平镇民赫连恩，南秦州豪强等造反，后来，北部边防六镇军民，不堪虐待，全都反了，四处狼烟卷动，天下终至大乱。

北方六镇，是北魏在平城以北设置的六个军镇，自西而东为沃野、怀朔、武川、抚冥、柔玄、怀荒，大致排布在今内蒙古河套地区以东，阴山山脉以南地区，目的是防御来自北方的侵扰。

孝文帝元宏迁都洛阳后，着重经营中原，鲜卑贵族子弟受到歧视，仕进非常艰难，六镇将士地位日益低下。

后期派去防戍边关六镇的人，多为流犯或死囚。

流犯或死囚的集中营，等于一座军火库，朝廷派往北镇的边防干部，贪污腐败，等于一根又一根雷管，这不，连续爆炸了。

解决内忧外患，佛法不管用。

解决暴乱的办法，只能是“以暴制暴”。

胡太后诏令各地和中原偏北的藩镇：兴兵平叛，还我天朝升平，还我社稷安宁。

胡太后并不知道，平叛中，崛起了尔朱荣、高欢、宇文泰……一个个豪强。而他们，正在乱世中捕捉机会——皇帝轮流做，明年到我家！

五

话说月食这种天象，北魏的人是弄不清爽的，说是天狗在吃月亮。

月亮有一角黑了。没过多大时辰，半个月亮都变黑了。

天狗的长吻还在贪婪地吞噬。洛阳城，宫内宫外，都在敲锣驱赶天狗，哐哐哐，哐哐哐，哐哐哐……

胡太后手攀着殿角的帘幔，仰脸望着天际。

天狗太恶了，吃得那是相当地快。

胡太后身子和脸面没动，口中发问：“这天狗食月，乃非常之征。你们说说，应着什么？”

身后的臣子们不敢乱说，只在那里嘤嘤嗡嗡。

良久，方有一个声音于暗影里发出：“这个……臣愿单独上奏。”

胡太后说：“准奏。他人回避片刻。”

干部们都向四外散去，神秘大臣方才奏上。

“月者，阴也，贵也，应为我朝女主。自古及今，国无二主，而我大魏朝，却竟有两位皇太后。高太后虽然已在瑶光寺落发出家，但封号并未去除。臣以为，二主之争，必有一败，这天狗食月之象，正是天示其警。陛下，宜有决断。”

胡太后不禁打了个寒噤。

有顷，胡太后咬住下唇，右掌击在殿柱上，低声道：“好。朕怎能与她分享皇太后的名义？今夜月食之象，是天灭高氏，她须怪不得朕！”

随后，胡太后即起诏，命人到瑶光寺给高太后送去一丈白绫、一壶药酒、一柄御用腰刀。

长期明争暗斗，胡太后觉得自己本来就不应该让这个仇人还留在世上。尽管，如今的高太后早已万念俱灰，甘于做一个与世无争的尼姑了。

听高太后女儿建德公主说，高太后自落发后，日夜诵经不止，已悟出不少高明的佛理佛义，学问日进了呢。

高太后常常在瑶光寺毗卢阁讲经，引无数洛阳仕女前往聆听，甚至南朝都有人传抄高太后注的《小乘经十二疏》。

尽管《小乘经十二疏》只是发微探幽的短小文字，但由于出自北朝太后之手，还是颇为令人瞩目。

胡太后隐隐觉得，高氏一介失败者，其超然姿态和注经成就，会收获更多的社会敬意，而自己呢，夙夜匪懈、日劳宵旰，除了得到屁股后头的臣子夸一声

“女主英明”之外，还得到了什么？

杨白华的叛逃，使胡太后受到来自朝野的各种讥笑非议，甚至有人写了诗、编了曲儿来嘲弄她。

而高氏，智慧、勇气、才能、美貌均落后于她的女人，凭什么在大权旁落后，还能在瑶光寺中安享尊荣？

傍晚，前往瑶光寺下诏的内侍，带回了高太后已死的消息。

据说，高太后一眼看到那个皇宫内侍所送托盘，旋即合掌为什，平静地念佛道：“阿弥陀佛，有因必果。因果报应，毫厘不昧。”

“我常谓恶业不少，为何至今无有报应？常存疑惑之念。今见此物，我心乃安。”

“我佛慈悲，为免弟子永堕地狱，竟让弟子我在寺中学习三年佛法，以明本心。我佛，弟子愿世世诵经，以完此劫！”

高太后前往毗卢阁，手敲木鱼诵《华严经》后，重返精舍，写下两份遗书，闭目接过毒酒，一饮而尽。

剧毒发作，高太后脸色乌青、口鼻流血，忽然间，她挺直身体，嘶声道：“修行三年，我当不堕无间地狱。”

“来生不愿为女身也。多苦难、多怀忧、多嫉妒，薄命悬之人手，即为天下母仪，终亦难逃此厄。若必托生为女儿，我愿为一民妇，善侍翁姑、相夫教子。”

“慈悲佛陀，倘有万一可能，我只求为一平民男子，安然度过一生。”

向来读书不多的高太后，临终前居然有这样一番富有释义的诀别之辞，令胡太后吃惊不小。

胡太后有些茫然地接过内侍跪交的高太后遗书，共两封，一封给十岁的建德公主，一封给高家几个在朝做官的子弟。

高太后在遗书中，没有涉及当今后宫，只说自己缠绵病榻已久，料知不久于人世，故打算饮药自尽，要他们效忠于大魏和胡太后，为国分忧。

胡太后览毕两信，扔了回去，吩咐道："交给建德公主和高家的人罢。"

高太后本来是个心狠手辣、敢做敢为的女人，而如今，却变得如此懦弱、迂腐、无能、伪善……

胡太后心里矛盾重重地自问："莫非笃信佛法、长期修行的结果，就是这样令人作呕吗？"

第一百章

情绝太极

一

却说孝明帝元诩，十一岁了，母亲胡太后一点也不给他权力，他为此苦恼。——这么小的年龄就想当政，真乃帝王种子啊！

在朝中，只有崔光体谅元诩，主要是崔光年老，看元诩是个幼儿，哄着元诩慢慢成长而已。

孝文帝元宏，曾经盛赞崔光的文才“浩浩如黄河东注”，因而宣武帝授命崔光为元诩的老师，崔光数次拜辞，不得蒙许。非得让他当不可。

北魏王朝在北方雄霸多年，西边各小国进贡不绝，又和南朝往来贸易，府库充盈，万物皆备。就是说，国库里十分富有。

胡太后有一次去盛放绢布的仓库巡玩，心血来潮，对从行的一百多干部下令，让他们“各依自己力气，随意取绢”。

北魏的中央干部们，听得胡太后命令，使尽气力，左夹右扛，成百匹地往家里搬，丑态毕现。

章武王元融和尚书令李崇最贪心，负绢过重，颠仆在地，一人伤腰，一人伤脚。

胡太后又笑又怒，让卫士把两人赶出仓库，一匹绢也不给他们，被人传作笑柄，四处流行。

惟独崔光，只取两匹绢。胡太后很奇怪，问他：“为什么取这么少？”

崔光回答：“臣两手，只能拿两匹。”

听崔光答言，一旁众人都涨红了脸，羞愧难当。

崔光虽属忠臣，但随时俯仰，进退有度，属于明哲保身的一款。

元诩干着急，难以主持朝廷工作，只能恨自己长大得太慢。

帝王种子毕竟是帝王种子，住在显阳殿的孝明帝元诩，念书学习，课外活动时间，主动“操练”上朝理政之术。

胡太后这日带着女官、内侍走过崇训宫的后院步道，听得显阳殿里隐隐约约的人声，不禁皱起眉头，冷冷地自问道：“国事日繁，深宫中谁竟敢这么肆无忌惮？”

显阳殿有四个守门宫人，看到胡太后来了，请一句安就连忙要进去禀报皇帝。

胡太后厉声喝止了宫人：“住着！朕要见皇上，还须你去通报吗？”遂掀帘径自进入殿内。

显阳殿前后六进，每进十间，堂宇宏丽，周殿四柱，复殿重敞，宏壮高显，美轮美奂，原是先帝元恪常住的地方，元诩就位以后，一直也住在这里。

胡太后朝务繁忙，很难走到显阳殿，平日她与儿子见面也少，元诩入宫向她请安，她也只是顺口问问他的身体和功课，便让他回去。

走到显阳殿正中的大屏风前，胡太后已经听见了儿子元诩的声音：“众爱卿——平身——”

胡太后吓了一跳，莫非这小东西在召开秘密会议？

接着听元诩道：“赵爱卿所见高明，着晋爵一等，加封邑三百户。诸位爱卿，还有本奏吗？”

胡太后大惊失色，谁敢越过她向小皇帝奏事？

难道真如外界传说，小皇帝已经向大臣们表示自己想亲政，并且得到了大臣们的拥护？

但转瞬之际，却听到一个娇媚清脆的女孩儿声音：“皇上，臣有本奏……”一语未毕，奏本之人已经笑得喘不过气儿来了。

胡太后狐疑着，移步到帷帐边，向殿里看去。

她看到，小皇帝元诩高坐在一把扶手椅上，下面，小内侍、宫女和侍卫分列两排，手中捧着各色象征牙笏的木片子，完全按照朝礼，在举动进退。

看样子，这绝不是第一次“临朝听政”，说不定这个小兔崽子弄好久了。

少年元诩，面容端肃，大约天天在研习朝听政的礼仪，看上去已隐隐现出帝王气概。

但见元诩威严地扫视了一眼上奏的女子，说：“朝廷之上，卿家不得喧笑，否则，朕将治卿失仪之罪。”

元诩语音稚嫩，内中却富有声威，令胡太后不免心下悚然，这个在她面前永远沉默寡言的小东西，竟有如此气概，确乎不可小觑。

奇怪的是，胡太后心中，非但没有升起一种母亲的骄傲和惊喜，反而塞满了无法言说的恐惧。

元诩竟然在显阳殿中排班听政。

这绝不是游戏，而是……而是一种反抗，一种挑战，一种争夺！

胡太后曾经想过，再过几年，元诩大一点，她归政给他，自己与他共治朝事、分享皇权。而元诩，也会对她孝爱恭敬、百依百顺，现在看来，这完全是一厢情愿的梦想。

不难想象，当有一天，元恂羽翼丰满时，将会怎么果断地夺去权柄，幽禁母后，甚至将他妈送入瑶光寺，落发为尼！他敢不敢？他敢的。

默然思索的胡太后，不禁感到一阵绝望。

由于元诩一生下来就与她分离，由保姆女官抚养，母子二人在元诩六岁时才第一次见面，彼此感觉难免陌生。

后来的四年，她忙着料理朝政，打击政敌，难得的闲暇，又都与元怿，杨白华等男子泡在一起，无暇照料儿子，母子俩在太极殿见面的几分钟，元诩又木木讷讷，连话都说不囫囵，亲情岂不疏淡？

胡太后心下一阵急痛，不能自控地冲了进去。

元诩猛然看见母亲，不禁脸色大变。

宫女、内侍们也悄然扔掉手中的笏板，纷纷伏在地下。

胡太后扫视了一眼跪伏的人群，冷冷道："都出去！下一次，再瞒着朕的眼睛弄这些鬼花样，朕叫你们一个个都死！"

殿中几十个宫女、内侍都不敢做声，爬起来从大殿的侧门鱼贯而出。

元诩沉默着，既不辩解，也不回驳。

胡太后厉声道："以一国之尊，与群小狎昵，体统何在？威仪何在？即日起，将显阳殿侍候的人等全部换过，换成一批老成有德的宫女和内侍。"

小皇帝元诩，没有辩解，没有恳求。

显阳殿中一片沉寂，偶尔间，有风穿窗而入，留下短促的呼啸声。

胡太后主动打破了静寂，转而温和地问道："诩儿，你认为妥当否？"

殿内只有他们母子两人了，元诩却依然沉默不语。

胡太后觉出，她和儿子之间似乎已经隔了一堵厚厚的墙，并且越来越厚。

元诩走到窗前，漠然地看着窗外惨白的天，缓缓流下泪水。

儿子的眼泪，唤醒了胡太后心中沉睡已久的母性，她忍不住走上前去，将元诩揽入怀中："诩儿，诩儿！"

"母后！"元诩心中有一丝感动，但更多的却是别扭。像是陌生人的母后，紧紧地抱着他，让他觉得生疏和异样。

胡太后体会不了元诩的感受，她将自己的脸贴住元诩的脸，喃喃道："叫我娘！叫我娘！从今以后，你要叫我娘……"

元诩迟疑片刻，才低声唤道："娘……"

胡太后泪盈于睫，欣喜万分："好儿子！"

"能不能不换显阳殿的侍人？他们都没有什么过错。"元诩试探地问道。

胡太后心中一寒，不由自主地放开了元诩，她缓缓站直身体，答道："不。"

元诩倒吸一口冷气。母亲到底还是让他领略了擅权的冷酷和无情。

二

孝明帝元诩的年龄一天大一天，北魏的内忧外患也一天重一天。

元诩十六岁这年的冬天，亲近宦官给他送来一封涂着火漆的密信。

密信是卫将军、平北大都督尔朱荣托人送到洛阳，又几经周折才送到元诩手中的。

尔朱荣，是已经被杀的清河王元怿的妻弟，外藩王尔朱家的能干小子，是北魏著名的猛将，目前兵力强盛，隐隐有问鼎三公之势。

尔朱荣在信中向元诩推心置腹地说，胡太后宫禁不修，又不恤民生，天下怨声载道，都渴望少年皇帝元诩早日亲政。倘使陛下愿意，可命尔朱荣率五万生力军，进洛阳勤王，翦除胡太后及其党羽。

尔朱荣的信，在元诩袖子深处已经藏了三天，元诩仍然犹豫不决。

元诩深知，尔朱荣有这个实力，而且尔朱荣性格耿直狷介，甚有文才武略，重要的是，尔朱荣一直对元诩忠心耿耿，希望能用自己的兵力，替元诩快刀斩乱麻。

元诩当然渴望亲政。他早就渴望亲政了，但对于胡太后，他毕竟仍存着一份亲情，不愿用武力来解决母子间的矛盾和冲突。

无论母后如何对待他，她总是他的生身母亲。他不忍下手。

然而胡太后却在继续施展对儿皇元诩的铁腕控制。她告知元诩，必须大婚了。

胡太后说："若还不大婚，到了十八岁时无法册封皇后，为朕怎能放心你去亲政？你又怎能让天下相信你已经具备人君的资格？"

元诩说："那好吧，我要娶小潘儿。"

原来元诩早已自己谈了个对象，是内侍中的一个女子。

胡太后沉沉地道："不准。洛阳城的名门闺秀，任你选择。"

平生第一次，元诩和母亲争执起来："皇儿非小潘儿不娶。"

胡太后大怒，端起面前的茶盏，直掷出去，茶水和瓷片飞溅了一地，立在一边的建德公主吓了一跳。

建德公主忙走过来，满面笑容地劝解道："母后何必与皇上动怒。小潘儿现在身怀六甲，他们相互恩爱，皇上不忍在这时候别娶皇后，也是人情之常，还望母后万勿责怪。"

建德公主温言蔼语，令这对脾气固执的母子同时沉静下来。

元诩甚至觉得这个同父异母的姐姐，比母后还要通人情得多。

建德公主虽是高太后的女儿，但自小由胡太后抚养，胡太后对之恩宠甚隆。建德公主对胡太后也十分敬爱。

殿中一片寂静。

建德公主打破沉默，含笑问元诩："小潘儿已经怀了几个月的身孕？"

元诩闷闷不乐地回答："已经三个月了。若别娶新人，却令她向隅而泣，岂不惨然？"

胡太后怒道："皇上大婚，是宫中大事，也是国家大事，她怎敢不知好歹？她毕竟出身卑微，没有母仪天下的资格。再胡闹下去，不怕将她送到漠北去吗？"

"母后，民间都兴自由恋爱啦！"元诩不明白，为什么母后年龄越大，脾气越乖戾刻薄。她欲势倾天下、手操生杀的至高权力至何时啊？

胡太后充满威胁意味地逼问："皇上到底答不答应？"

元诩颓然答道："皇儿……答应了。"

元诩告退之后，胡太后也满腹忧虑地站了起来，向建德公主叹道："可恨有些奸佞，总是撺掇不停。不愿大婚，只想亲政，好让那些对皇权虎视眈眈的外臣钻空子，不可不防啊。"

胡太后已得知鼓动元诩亲政的，有都统胡僧敬、侍郎元顺等人，隐约又有报告说，驻守晋北的大都督尔朱荣，也与皇上秘密地通了不少信件。

尔朱荣，一介藩王之后，游击将军出身，是朕拨给他人马粮草，命他平定北方六镇叛乱，他才得以大壮实力，以至于如今带甲十万，雄踞一方的，竟结谋褫夺朕之权力。

尔朱荣得势，胡家能有好日子过吗？

尔朱荣以用兵凶狠著称，连他也支持元诩亲政，真的不可大意也。

三个月后，胡太后借故在宫宴上捕杀了元诩身边的亲信绍达和谷会，试图切断元诩与尔朱荣的联系。

谁知结果出乎意料，元诩悲愤异常，多日找理由不向她请安。

非但如此，元诩还在暗地里修复与尔朱荣的“交通线”。

胡太后在洛阳城外截获了元诩的信使，竟发现元诩在给尔朱荣的信中有“戾后”字样，而且说她神志不清、所为昏悖，待归政后，要劝她去修行听经。

胡太后对儿子有些心灰意冷了。

三

元诩终于大婚了，迎娶胡太后的本家侄女胡帜为皇后。

北魏宫廷里，到处铺锦叠绣，所有的宫殿门前都高悬大红纱灯。作为大婚中心的显阳殿，更是富丽到了极点，廊柱栏杆全都淹没在绫锦丛中。

洛阳城里，凡新人车队要经过的大街，一律铺以黄澄澄的新土，洒以清凌凌的新水。道旁的树木，也都张满了彩绸，挂满了灯笼。

元诩的相好小潘儿即将分娩，被迁到北宫一处偏僻房间去了。

崇训宫中，郑俨将脸扑在胡太后的织锦长裙上，正半真半假地抽泣着向胡太后倾诉。

郑俨说："皇上越来越恨臣入骨了，在宫宴中，皇上竟然当着许多大臣的面辱臣为'奸人'。陛下，皇上大婚后，必然会亲政，他手操生杀大权，要办的第一件事，只怕就是将臣满门抄斩……陛下，臣死无妨，只是，臣的体面也是陛下的体面……"

元诩，他想将母后逼至绝境吗?

胡太后早已答允了元顺等人，皇上大婚后，就归政于他，自己退居崇训宫，不再过问朝事。四十多岁的她已厌倦朝政，能与情郎郑俨在宫中厮守，以度尽余生，就是大吉大利。

哼！胡太后震怒了，忤逆儿还没亲政，就已如此咄咄逼人，待亲政之后，他又会怎么做?

郑俨嘟哝着说，皇帝年龄长大，实在是天底下最大的坏事情，若皇帝一直是个幼儿，多好……

小潘儿已将临盆，倘若生下皇嗣，立为幼帝，胡太后就自然成了大魏朝的太皇太后，临朝称制该何等轻松……

郑俨的话，听似无意，实则暗藏杀机，竟令胡太后的心跳得异样了。

此时外面奏起音乐，迎娶皇后的大典即将开始。

元诩是个重情面的固执人，直到此时，还在北宫偏房里陪着小潘儿。

小潘儿阵痛催动，即将分娩。元诩竟然在大婚之际，陪着一个下等宫女，而置母亲为他挑选的胡帜于脑后。

胡太后吩咐女官："对皇上说，两刻钟后必须穿上礼服，到现场来。"

元诩听话了，两刻钟后到了大典现场，婚礼按时举办。

文武百官，山呼万岁。新闻官吏，媒体吹手，于箫鼓声中奔走相告，将天大的喜庆消息，由洛阳散往全国。

由于皇上大婚，朝廷发布赦免文告，大罪减刑一级，小罪释放回家，洛阳百姓，喜笑颜开。

婚典办毕，毫无笑容的元诩将新人引入显阳殿寝宫，便又跑到北宫小潘儿那里去了。

十六岁的大魏皇后胡帜，在显阳殿枯坐一夜，没有看见皇上的人影。

年轻娇美的胡帜，本是父母的掌上明珠，整日呵护有加，没有想到，做上皇后，刚刚入宫，就遭到这样的冷遇。

甫入显阳殿，便成为怨妇，难道这是命运的暗示不成？

元诩也于北宫内枯坐了一夜，天亮的时候，为小潘儿接生的嬷嬷走出内室，跪下奏道："已经生了，是个公主。可惜她，没有为皇上生下储君。"

元诩道："这有何妨？迟早要叫她为朕生一个太子的。"

却说胡太后得报，思忖片刻，召来元诩说，希望他能早日立好储君。

元诩有些摸不着头脑，不由得问："为什么？"

胡太后道："我这不就要归政逊位嘛，我想选座寺院，去闭门读经。但行前不能不为皇上打算一下。如今朝中，宗室重臣不少，他们见你专宠小潘儿，议论不一。你昨日大婚，下个月将亲政，目前人心不稳，不能不有所举措。”

元诩听见母后轻声细语地和他说话，心下不禁涌起感动，问：“那依母后之见呢？”

胡太后一狠心做了个决定，道：“马上颁下诏书，说所生是个男儿，即刻立为太子。”

元诩听见母后这个古怪的决定，想也没想就说：“这……只怕不妥吧？”

“母后都是为你好。立了‘太子’，一者可以维持朝廷平稳，让宗室消去野心，二者也可以尊荣潘家。只要立太子的诏书一下，母后就擢升小潘儿为贵嫔，潘家的子弟也可封侯拜将。将来小潘儿生了儿子，再改立太子也不迟，你看呢？”

元诩理解不了，终于还是迟疑地点了点头，胡太后心下一喜，推开内室门，大步走了进去。

这天下午，宫中传出由胡太后和皇帝元诩共同加印的大魏诏书，称已得小皇子，即时册封新生的小皇子为太子。

已为人父，亦将亲政，元诩从内心深处泛出一种喜悦之情，他要大刀阔斧地革旧布新，废去旧臣，起用新人。

眼望着窗外初升的红日，元诩感到自己的身体里充满了力量。

四

话说孝明帝元诩，大婚已过百日，依照旧制，胡太后不必再到太极殿听政了。

胡太后十几年来已经习惯了早起上朝，想到明天起，再也没有机会议决国事，极大的失落感压将下来。

失去皇权，亦即失去价值，她的人生将由此改变。

变成什么呢？一个丧偶多年的老妪？一个被天下人嘲骂的荡妇？一个永伴青灯、孤苦伶仃的失落女人？

有女官于门首报告说郑俨将军求见太后。

胡太后命宣进。她前曾风闻郑俨跟建德公主私通，虽查不清楚，她还是心中不快，疏远了郑俨这个薄情少年。但最近三日，鬼差神使，她又连续召见了郑俨。

或许是元诩独自临朝日期的逼近？

或许是别人都不向她说实话，只有郑俨能为她送来朝廷内外的最新消息？

阴暗的纱灯，若在以往，是那样浪漫，可是今晚，却只显得瘆人。

胡太后痴痴地看着郑俨，想起了另一个人儿：杨白华。

当年的杨白华，是那样单纯和清澈，是杨白华，让她知道了，什么是真正的两情相悦，眠不思朝。

但听郑俨伏报道："陛下，臣已经将毒药交给了胡皇后。"

"毒药"二字使胡太后如梦方苏，紧张地喘息起来，她赶紧问："毒……药，什么毒药，什么胡皇后？"

郑俨也突然加剧了紧张，怔了半天，膝行到她身边，说道："不是陛下亲口吩咐臣下去办的吗？臣已将精制毒药交由胡皇后下在皇上的茶水中……"

胡太后大叫起来："朕吩咐了吗？朕难道吩咐你去毒死朕唯一的儿子、大魏的天子？”

郑俨见胡太后像真的发怒了，赶紧抱住她的膝头，大哭道：“陛下恕罪，陛下恕罪。但此刻只怕已经来不及前去阻止……”

胡太后奋力推开郑俨，叫道：“来人！”

随着她的叫声，披头散发的嬷嬷推门撞入，伏地大哭：“太后陛下！皇上他忽然重病，已经喘不过气来了！”

胡太后呆呆地坐在那里，两行冰冷的清泪沿着她的面颊淌了下来。

皇上元诩，怎么也不会料到自己会在亲政的前夜被毒死。

在宫廷权力之争中他还是稚嫩啊。

当胡太后听郑俨建议另立幼主的时候，当胡太后在北宫中说动元诩用皇女冒充太子的时候，杀机就已经埋下了。

可怜的元诩，一生无机会真正过问一次大魏的政事，只因为他有一个与众不同的母后。

胡太后匆匆走到显阳殿，元诩已气绝多时。

元诩钟爱的女子小潘儿面无表情，在为元诩更换衣服，恰好让胡太后看到元诩胸前的挂饰。

那是一件黄金小老虎。

北魏永平三年，肖虎的年份，那年她生下了诩诩。十多年了，原来儿子一直将母后最初的爱意留在心口啊。啊……

刹那间，巨大的悲痛和悔恨袭中了胡太后，她摇晃着扑倒在元诩的身体上，昏死过去。

北魏的文武群臣，谁都没能想到，他们没有等来皇上元诩亲政，而是等来了皇上崩殂的噩耗。

经历过大事的胡太后，当天颁下诏书，宣布：太子是个女儿身，为了稳定人心才谎称是男儿。现在，从宗室中重新选择，立元钊为帝。

“皇家握历受图，年将二百；祖宗累圣，社稷载安。高祖以文先天，世宗以武经世，股肱惟良，元首穆穆。

“及大行在御，重以宽仁，奉养率由，温明恭顺。

“朕以寡昧，亲临万国，识谢涂山，德惭文母。属妖逆递兴，四郊多故。实望穹灵降祐，麟趾众繁。

“自潘充华有孕椒宫，冀诞储两，而熊罴无兆，维虺遂彰。于时直以国步未康，假称统胤，欲以底定物情，系仰宸极。何图一旦，弓剑莫追，国道中微，大行绝祀。

“皇曾孙故临洮王宝晖世子钊，体自高祖，天表卓异，大行平日养爱特深，义齐若子，事符当璧。

及翊日弗愈，大渐弥留，乃延入青蒲，受命玉儿。暨陈衣在庭，登策靡及，允膺大宝，即日践阼。

“朕是用惶惧忸怩，心焉靡洎。今丧君有君，宗祏惟固，宜崇赏卿士，爰及百辟，凡厥在位，并加陟叙。

“内外百官文武、督将征人，遭艰解府，普加军功二阶；其禁卫武官，直阁以下直从以上及主帅，可军功三阶；其亡官失爵，听复封位。谋反大逆削除者，不在斯限。清议禁锢，亦悉蠲除。若二品以上不能自受者，任授兒弟。可班宣远迩，咸使知之。”

诏书粗略解释了指女为男的原因，大赏卿士。

新皇上元钊，年仅三岁，本应是元诩亲政的日子，胡太后扶着元钊出现在太极殿上。

公侯百官，鸦雀无音，连寒冷的春风吹动帷幕的响声都听得真切。

胡太后自然是太皇太后了，她于殿上正襟危坐，像一座神一样威严——她又找回了习惯，又找回了自信和力量。

胡太皇太后面前的小皇帝元钊，却扭屁股弯腰地坐立不安。

忽然间，元钊站起来把着鸡鸡叫道：“尿尿，尿尿……”

没有人敢笑，也没有人想笑，他们的心底，同时在叹息：这元家王朝，怕只剩尿尿的本事了吧？

第一百零一章

河阴噩梦

一

孝明帝元诩之死，像在水潭里扔了一颗石头，泛起浪花和涟漪，但很快便趋于平息，胡太皇太后一如往常地临朝听政，指示工作。

这日开启朝班，气氛大异于平日，半天没有大臣奏报事情。

胡太皇太后冷冷地发问："平安无事？"

殿头官立即摇铃，催促阶下众臣："有事但奏，无事卷班了！"

黄门侍郎元顺，出班含泪奏道："据可靠情报，仪同三司、大将军尔朱荣，称先帝枉死，已经树起反旗，勒兵直望洛阳而来，要擒拿奸佞，为先帝鸣冤。"

胡太后心中陡然一惊，但很快又显出一种波澜不惊的气度。

她巡视了一番阶下群臣，咬了咬牙，道："尔朱荣谋反，自然不可饶恕。着郑俨为领军将军、仪同三司，徐纥、李伸为弼将，带精兵十万，北击尔朱荣！"

元顺讶然地抬起脸，众文武也同样吃惊。

郑俨这个洛阳城中出名的轻薄之才，情场将领，能抵挡得住用兵如神的尔朱荣吗?

果然，郑俨虽在太后的睡榻上飒爽英姿，冲锋陷阵，此刻早已吓得稀软如泥，他畏畏缩缩地奏道："陛下，臣，臣，近来，身体……多病，只怕，只怕，不能……不能胜任。"

胡太后扫郑俨一眼，冷笑一声道："是吗？你总是向朕要求将军之衔，一次也没说过你体弱多病啊？国有危难，用将之时，胆敢退缩，你这样做，是想以你的脑袋来谢天下吗！”

满殿大臣愕然不置，他们疑问：什么时候起，这个俊美面首开始失去圣宠了？什么时候开始，放荡一生的胡氏太后改过自新了？

郑俨吓得哪敢再说一个“不”字，徐纥、李伸也只好唯唯诺诺。

估计，以胡氏太皇太后现在的威望，她派遣别人也难派遣得动。

郑俨以及徐纥、李伸，在胡氏太皇太后的睡席上都是逞过英豪的，为国尽忠的机会来了，也该让他们展示一番了。

谁知道，三个奇葩男宠，更有绝妙招数。领着军队出了洛阳城，郑俨、徐纥、李伸脚下抹油，先跑了，不知踪影了，大部队顷刻间自动解散了。

尔朱荣路过邺城时，顺势拿住了居于邺城的彭城王元勰之子元子攸，然后，捎着元子攸继续南行。

尔朱荣未遭到任何抵挡，大军开到黄河边，浩浩荡荡地渡河，在孟津扎下营帐，派先头部队冲进洛阳，捉拿胡太皇太后和小皇帝元钊。

胡太皇太后见大势已去，下令后宫嫔妃和她一起到瑶光寺出家为尼。

出家为尼，也得半天一晌的工夫吧。还没出呢，尔朱荣的劲兵直扑洛阳内宫，抓住了胡太皇太后和小皇帝，押回孟津军营。

胡太皇太后哭哭啼啼，不停地求饶，说自己受佞臣蒙蔽，请求尔朱荣放过她，让她出家。小皇帝元钊吓得直打哆嗦，也啼哭不止。

尔朱荣是一员堂堂武将，受不了妇女儿童连哭带闹的折腾，最后下令将他们装入大筐，投进黄河。

胡太皇太后和她杀害儿子后扶持的小皇帝，连同她的时代，一筐载走了。

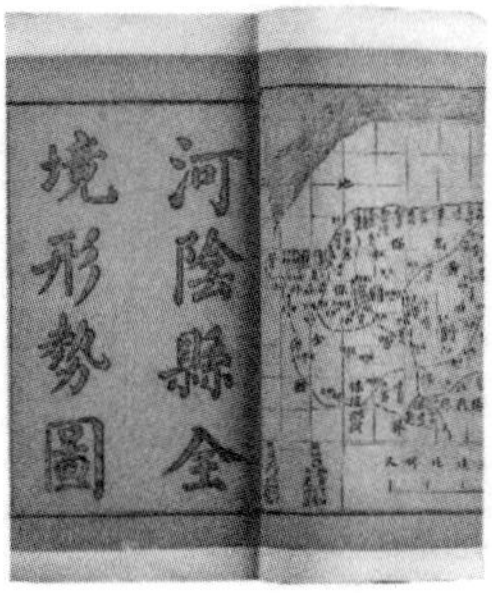

河阴

尔朱荣想做皇帝，可是他很迷信，三次用铸像的方式占卜，结果都铸不成，破例铸了第四次，也失败了，便对自己称帝失去了信心。

尔朱荣的部属劝他还是拥立北魏宗室为帝的好，于是，他就拥立元子攸做了皇帝，是为孝庄帝。

尔朱荣的亲信慕容绍宗曾说："洛中人士繁盛，骄侈成俗，不加芟翦，终难制驭。"恰好部属费穆也有同样建议，于是他采纳了，计划尽杀北魏朝中百官。

尔朱荣以祭天为名，邀请朝中所有官吏到河阴之陶渚，拜谒新君，并参加祭天仪式。

河阴，即今天的孟津，陶渚，在出山不久的黄河边。

北魏王公大臣们聚齐的时候，有两千多人，尔朱荣排列精骑，把他们团团包围。

尔朱荣讲话说："天下丧乱，孝明帝崩殂，皆因群臣贪虐，不相匡弼造成，你们所有的人，都要对此负责。"讲完话，开始纵兵屠戮。

铁骑巡围，飞矢交加，北魏两千多大员一并就死，血漫黄河。其中包括诸王元雍、元钦、元略、元邵等。

长风为之号泣，苍天为之改色。

胡太后及幼主沉河，两千多大臣束手就戮，酿成了惨烈的"河阴之变"。

后山曾经感叹过冷兵器时代的所谓"造化无情"：世界总在庙堂之外，在蛮荒之处，源源不断地产生着一批批新的野蛮力量。

新的野蛮力量，直接、干脆，所有的心思都在血与火，他们以兽皮包裹着钢铁般的肌肉，腰间系着战败者滴血的人头，挥舞着冰冷锋利的大刀，从荒寒苍凉

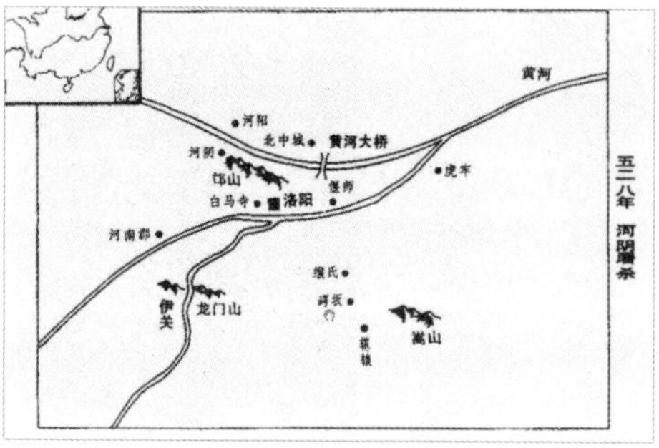

河阴之变示意图

河阴之难故地

的远方呐喊着，咆哮着，向所谓温柔敦厚的“新文明”冲杀而来。

可能，新的野蛮力量在胜利之后也将变得温柔敦厚，但一般来说，血迹未干，更远的远方，嘶叫着的鸣镝再度破空，惊心动魄的马蹄声将再度响起……

后山的感叹，终于由这个尔朱荣来兑现了。

二

河阴之难，是社会底层对腐败的当权官员的一种报复，也是庶姓对门第士大夫的一种报复，自然人心大快，但也为社会带来恐怖。

通过河阴之变，尔朱荣将迁到洛阳的汉化鲜卑贵族和出仕北魏政权的汉族大家消灭殆尽。

随后，尔朱荣将北魏孝庄帝元子攸送至洛阳宫殿。

北魏政权名义上仍挂元氏旗号，实已成尔朱氏天下。

不久，北魏宗室北海王元颢见家族遭戮，洛阳内乱，南朝借机入侵，思谋再三，想出个脱身避祸的权宜之策：让舅舅、殷州刺史范尊代行自己相州刺史的一应事务，自己带着儿子和左右亲信投奔了南梁。

元颢见到南梁武帝，涕泣陈情，请求立自己为魏主，帮助自己杀回北地，光复大业。

元颢言辞颇为壮烈豪迈，给梁武帝留下了很好的印象。

南梁武帝萧衍，觊觎北方久矣，见北方暴乱未平，朝廷内乱又起，政权有些不大稳定，早生了趁乱取利的念头。

现在见元颢有志复国，萧衍遂借势同意了元颢的请求，封他为魏主，并借予他兵将，护卫他回到北方建立傀儡政权。

有强大的南梁作后盾，又有兵马护送，回到故土去重建新朝廷，这是求之不得的好事，元颢当然高兴了。

其实，梁武帝借给元颢的兵马并不多，只有区区七千，可这支军队的统帅陈庆之却甚是了得。

元颢没打算真的打下洛阳，出兵不久就不想动了，封陈庆之为卫将军、徐州刺史、武都公，命其继续督军西上，进攻荥阳。

陈庆之下荥阳、克虎牢，指日便攻占了洛阳，孝庄帝元子攸跑到黄河边，藏进了孟津的山里。

尔朱荣岂能吃下陈庆之这一套?

尔朱荣发火了，挥军扫荡陈庆之。三天打了十一仗，最后把陈庆之的部队打得死伤惨重。尔朱荣乘胜派遣特种部队，去把元颢也杀掉了。

尔朱荣找到孝庄帝元子攸，又把他送回洛阳宫，继续做皇帝。

尔朱荣此番平叛，既立了特大功勋，又在中原确立了真将军的光辉形象，孝庄帝元子攸封其为天柱国大将军。

尔朱荣借机把闺女也嫁给了元子攸，以从根本上握牢权力。

但尔朱荣举止轻脱，丝毫不通衣冠礼乐，惟喜驰射，或在酒酣耳热时狂跳胡旋舞蹈，狼嚎不止。

尔朱荣还爱逼群臣同乐共舞，王公妃子亦不能相免，直至闹得天昏地暗才善罢甘休。

只要不是烂醉如泥，尔朱荣又总在操控朝政，一手遮天。

尔朱荣本质上喜怒无常，刀槊弓矢，片刻不离于手，心中稍有不顺，即行杀戮，就连亲近左右也朝不保夕。

尔朱荣性格上的粗俗，与汉化已深的北魏君臣格格不入。

自古以来，君王和权臣之间从来都是你死我活的争夺。尔朱荣的暴虐和猖狂甚于董卓，孝庄帝元子攸身上保有的也是漠北狼族的基因，流淌的也是漠北狼族的血液，他不会心甘情愿地沦为尔朱荣的笼中之鸟，他决意要破笼而出，即使最终拼得笼破鸟亡，也在所不惜。

元子攸清楚自己的处境，他虽身为皇帝，但自身实力却与尔朱荣相差甚远。尔朱荣虽说也是个外戚，但其桀骜性情和极权企图，使人凛然。

尔朱荣拥有能征善战的军队，只要他一动手指头，元子攸便无还手之机和还手之力了。

元天穆、尔朱世隆等尔朱荣的亲信，占据着朝廷的要害位置，元子攸左右的内侍也都是尔朱荣安排的。

尔朱荣不仅称雄关中，现在，山西、河北、山东也全部掌握了。

而我元子攸，只有洛阳，只有穷途末路，难道祖宗江山就要从我手中沦陷了吗？

不！从名分讲，我是君，尔朱荣是臣，北魏的皇位，我坐得名正言顺，尔朱荣若越雷池，必要背负篡位的恶名，难得人心。

我元子攸和洛阳百官，对中原文化早已融会贯通，尔朱荣是羯族遗种，粗俗不堪，只擅酒肉驰射，对衣冠礼乐更是一窍不通，毫无政治远见。

元子攸分析局势之后，觉得自己只要抓住时机，果断出击，依然可以挽狂澜于既倒。

孝庄帝元子攸满心不甘，满腔仇恨，咬牙切齿，时刻准备着铲除尔朱荣，但实力的悬殊让他如履薄冰，优柔寡断。

尔朱荣却无任何忧虑，他认为皇帝已是自家囊中之物，江山迟早会落入自己手里，因此愈加有恃无恐。

尔朱荣继续提拔自己的堂弟尔朱世隆。

尔朱世隆原为尚书左仆射，现在擢升为吏部尚书，包揽了朝廷主要工作。

尔朱荣知道洛阳一带的重要，这一带的鲜卑人汉化最深，对他的抗拒最强，更是元子攸的惟一借赖，他就以自己的党羽逐渐替换洛阳一带的地方干部。

元子攸也知道，洛阳是自己翻身的惟一本钱，便斩钉截铁地拒绝了尔朱荣关于地方干部任免的一揽子意见。

尔朱荣授意多位亲信进行游说，元子攸依然死死守住底线不放。

上党王元天穆替尔朱荣说话道："尔朱荣既拥立陛下，匡扶社稷，又于讨破北海王有大功，为天柱国大将军，更若请普代天下官，恐陛下亦不得违之，如何推荐数人为州官，竟然不用？"

元子攸针锋相对地说："尔朱荣若不愿为人臣，可把我也一并替代；如还有臣子之节，无代天下百官之理！"

后来尔朱荣转换了策略，对孝庄帝元子攸说："参军许周劝我取九锡，我讨厌他的话，骂了他一顿。"

九锡之礼是天子的最高奖赏，包括车马、斧钺、弓矢、衣服等，九样。

在与北魏百年对立，只有一江之隔的南朝，“九锡”已被玩得炉火纯青，动不动就来了。南朝宋、齐、梁的几位开国皇帝，刘裕、萧道成、萧衍，都接受过前朝的九锡之礼，然后立马制造“禅让”，改朝换代。

因此，九锡之礼在当时已成了篡逆的代名词。

北魏自建朝以来，无人享受过九锡的赏赐，只有此时的尔朱荣，提出了这一要求。

尔朱荣当然用了点计谋。手下不懂事，说该给我九锡，我自己很低调。

话外之音很清楚：元子攸，有些事儿你该主动一点，别老让催着逼着，怪无趣的。

尔朱荣投石问路，元子攸就坡下驴，马上夸奖尔朱荣做得很好，很有臣子之节。

这个元子攸也真是！公平地讲，尔朱荣的功劳也值得九锡，你就赏给他便如何？

元子攸内心还是弱啊，他怕尔朱荣权势大了不好收拾。

权势大了不好收拾，可怨气大了同样不好收拾啊。

三

尔朱荣暂时消停，回到并州休养生息。元子攸放心了。

到了公元530年，八月，尔朱荣的活宝女儿——现任皇后即将产子，尔朱荣以之为由，要进洛阳探望。

洛阳人人都认为，尔朱荣已完成了准备，此行返回，必定怀揣着巨大的阴谋。

元子攸身旁的亲信，虽说是尔朱荣安插的，但跟着元家皇帝久了，觉得享福，怕元子攸这棵大树倒掉，所以竭力劝元子攸趁此次机会杀掉尔朱荣。

元子攸矛盾。他对尔朱荣依然保有幻想——只要不抢皇位，相安无事也可，先下手若失利，便是自蹈死地啊。

尔朱荣的排场很大，带来了更多的骑兵，一路车马滚滚。

看到尔朱荣阵势赫人，年轻的元子攸，又冲动地想干掉尔朱荣。

尔朱荣的得力干将元天穆此时在并州，若洛阳有变，他必然要发兵叛乱，于是元子攸编了个理由把元天穆骗入洛阳，准备一并除之。

此次君臣见面，元子攸和尔朱荣都很敏感，各怀鬼胎，然而又不得不摆出一副赤诚相待的模样，一有点风吹草动，马上就剑拔弩张。

尔朱荣是个武将，粗人，但心里还是坦荡的，整天转弯抹角，他受不了，准备打开天窗说亮话。

在朝中做官的人，做事情非常恶心。有人向尔朱荣告密，说天子想谋害他。有人向元子攸告密，说尔朱荣将会废帝再立，如皇后生子，则立此幼儿，如果生女，便立尔朱荣的小女婿陈留王元宽为帝。

而在敏感之际，尔朱荣与元天穆竟然上奏说：近来官吏皆不习武，风气太软，陛下宜率领五百骑，出去打打猎，长长精神。

元子攸可不傻，尔朱荣这明摆着不是调虎离山之计嘛！

元子攸认定，尔朱荣必反无疑，自己已危在旦夕。胜败只在于谁能抢先一步，制对手于死地。

虽然满朝文武皆曰尔朱荣可杀，可一见到尔朱荣，他们早已两腿发软。

元子攸无所倚仗，只有北魏宗室元徽、杨侃、高道穆等人，可他们手中几乎没有一兵一卒，要杀尔朱荣，像鸡蛋去撞石头。

即便刺杀成功，光是洛阳城中这几千契胡武士，也能把北魏朝廷捏得粉碎。所以这迫在眉睫的刺杀行动，必须思虑周密。

幸运的是，元子攸找到了一个杀手——尔朱荣安插在元子攸身边的警卫员奚毅。

奚毅曾屡次表示“臣宁死陛下，不能事契胡”，但元子攸如惊弓之鸟，一直不敢轻信他。

奚毅锲而不舍，终以赤诚打动了元子攸。

元子攸痛下决心，召见中书舍郎温子升，让温子升讲述东汉朝廷除董卓的故事，以便参照。

温子升把董卓就诛的连续剧播送完后，元子攸感慨又唏嘘，终至激愤而豪迈。

有王允的前车之鉴，元子攸只打算除掉尔朱荣、元天穆两人，其余全部赦免——他冀望尔朱荣被杀后，一纸赦令能保江山。

刺杀细节也设计好了，将尔朱荣与元天穆骗入宫中，伏兵突出，乱刃砍死，而元子攸发令后立即从别门逃出，以防尔朱荣突袭，并身藏利刃，以备自卫。

机会来了。元子攸刚刚在宫中埋好伏兵，尔朱荣和元天穆便来拜见天子了。

谁料，只喝了三杯酒，尔朱荣似乎嗅到了危险气息，便与元天穆匆匆离去。

元子攸惟恐夜长梦多，大计泄露，急切地盼着尔朱荣再次入宫。可是，一天又一天，尔朱荣不来。

第四日，尔朱荣再次入宫了，可他只跟元子攸打了个照面，又匆匆跑到他的小女婿陈留王家喝酒去了，结果喝得烂醉。

尔朱荣喝高，本是寻常事，但这次他竟然说喝病了，待在府上养病，频日不出。

元子攸心下大恐，担心尔朱荣已知密谋才托病不出，思谋对策。

太危险了，太危险了！

倘若失败，肯定是血流成河、社稷坠地的结局，容不得半点闪失啊。

元子攸聚众商议后，又在明光殿布置伏兵，决定到时以元徽行拜为暗号，刀斧手一齐杀出。

然后派元徽去喊尔朱荣，说皇后“生”了，请他做外公的前去探望。

元徽是个好演员，跑到尔朱荣府上时，尔朱荣和元天穆正在酣赌，他故意上前，游戏地一把摘下尔朱荣的帽子，告之喜讯，又在其面前盘旋欢舞，以表庆贺。

跟着的殿中传言官也在一旁猛敲锣边，催促尔朱将军和元将军快快动身。

尔朱荣信了，说：“即刻便到。”

元子攸惴惴不安，闻听尔朱荣要来了，身上刚刚恢复的一点狼性又瞬时消失。

侍立身侧的温子升见皇上沉不住气，赶紧提醒：“陛下安静，慎勿失色。”

元子攸连忙要酒，咕咚咕咚灌了一气，抹抹嘴巴，说：“哼！失什么色！”

遂令温子升书写赦文。

温子升算是个快刀手，取过绫子和笔墨，一挥而就。

尔朱荣进殿时，正看到温子升手捧圣旨，便诧异地问是何文书。

千钧一发，温子升却能淡定，说：“赦书。”

尔朱荣直肠子，又昏着头要看外孙，竟然没有继续追问是给谁的赦令，而是带着元天穆径直走入殿去。

元子攸一脸严肃，尔朱荣和元天穆站在前面，君臣刚刚寒暄几句，元徽突然进入，向元子攸行了一拜。

埋伏好的刀斧手自各方涌入，乱刀齐下，将尔朱荣和元天穆砍了个稀巴烂。几乎在同时，尔朱荣的儿子尔朱菩提等人亦被杀掉。

元子攸自豪于诛除尔朱荣的壮举，欣喜若狂，亲登闾阖门检阅百姓，并大赦天下。

一顿乱砍，是痛快了，但尔朱荣这枚维护北魏安稳的定海神针没有了，潘多拉之盒再度打开，北魏王朝又将陷入群魔狂舞之中。

四

尔朱荣被杀，洛阳城内的尔朱荣党羽急忙会聚天柱将军府，群情激愤，要攻占皇宫。

贺拔胜力排众议道：“朝廷既行大事，必然戒备充足。此时行动，无疑送死。但得出城，更为他计。”

其实他们若直接杀进朝廷，元子攸也就玩完了。

贺拔胜作战无比勇猛，遇上剧变却怕狼畏虎，失却机会，反救了孝庄帝元子攸一命。

尔朱家族里，此时惟一当家的尔朱世隆，胆子最小，遭遇危难，只会逃跑。他收拢残部，带着尔朱荣的老婆孩子，趁夜色夺门逃出洛阳，奔往孟津。

在孟津喘口气，尔朱世隆准备渡黄河，回并州，为其手下司马子如劝住了。

司马子如认为，关键时刻选择逃命，尔朱家族将难以东山再起。应该趁着洛阳慌乱，元子攸兵力稀少，杀他个回马枪。

尔朱世隆见司马子如分析得头头是道，便回军杀向洛阳。

契胡战士，确实骁勇，在他们的进攻下，奚毅驻守的洛阳外围防线如同纸糊，一攻即破，奚毅也被擒杀。

朝廷大惧，孝庄帝元子攸急忙派人前往尔朱世隆处说好话。

尔朱世隆报仇心切，一刀斩了使者，派尔朱度律率千余骑，皆着缟衣，杀奔洛阳，讨要尔朱荣尸首。

元子攸登上广莫门城楼，试图劝降契胡兵士："太原王尔朱荣曾有大功，然而晚节不保，阴谋篡位，已被正刑。诸位只要投降，为国效力，官爵不受影响。"

契胡兵士义愤填膺，元子攸的空头支票没有用处。

尔朱度律在城楼下马背上慷慨陈词："臣等从太原王入朝，为朝廷建功，忽致冤酷，万分悲痛，不忍空归。愿得太原王遗体，运回安葬，生死无恨。"

尔朱度律的话，沉痛无比，掷地有声，话语未毕，突然哀不自胜，痛哭起来。

跟随尔朱荣出生入死的契胡武士，也个个号啕，人人挥泪，城下哭声一片，极其震撼人心。

城楼上的元子攸，见此场景，也回想起尔朱荣的种种好处，不禁怆然泪下。

本是一场攻守战，却为了缅怀尔朱荣，变成了敌对双方合开的追悼会。

然而，政治不相信眼泪，洛阳城不相信眼泪，追悼会后，双方还是不共戴天的敌人。

空谈无效，元子攸又派使者送给尔朱世隆免死铁券，以示诚意。

尔朱世隆见元子攸失胆，更加气骄意满："我等为太原王报仇雪恨，绝无软蛋之理！"

孝庄帝元子攸不敢幻想了，死战吧。于是，他不惜血本，将国库财物全部搬出来作为奖赏，组织敢死队。

洛阳人怕契胡报仇，遭受血洗之灾，数千人踊跃报名，加入战斗。

然而，洛阳之人早不习武，虽数量众多，却一打就败。面对城下千余骁勇兵士的挑衅，北魏朝廷竟如坐针毡，计无所施，惟有紧闭城门。

危难时刻，散骑常侍李苗挺身而出。

李苗本为南朝之人，因其叔父有异图，为梁武帝萧衍所杀，李苗为报家仇，投靠了北魏。

李苗慷慨陈词："朝廷有不测之危，正是忠臣烈士效节之日。臣虽不武，请以一旅之众，杀出洛阳，去为陛下切断黄河桥。"

李苗不但有勇，而且有谋——尔朱世隆的部队虽猛，但人数稀少，整日逡巡于洛阳城下，只要断其后路，使首尾难顾，后勤失继，稍假时日，自然逃散。

元子攸几乎愁死，见李苗愿为国捐躯，连忙应承。

李苗立即在敢死队里组织尖刀连，于夜色掩护下潜出洛阳，绕道黄河上游，然后，顺流而下，离孟津黄河桥还有数里，便点燃火船。火船冲向大桥，大桥燃烧起来。

守桥的契胡士兵连忙救火。

风大火猛，哪里救得。河桥遭受火焚，承受不住，契胡军溺死无数。

李苗大功告成，于黄河中的小洲上等待援军接应。

朝廷的援军迟迟不至，尔朱世隆恼羞成怒，回军攻杀，李苗最后投入黄河，壮烈牺牲。

南朝英雄为北魏尽了忠。

经李苗折腾，尔朱世隆实力大损，再无速战速决之心。

北魏孝庄帝元子攸暂时躲过了一劫，可他几乎没有喘息的机会。

环顾洛阳四周，到处是尔朱家族的地盘。

北边的晋地，是尔朱兆的天下。尔朱兆打仗勇猛无比，常亲自冲锋陷阵，他若出兵南下，数日便可插进洛阳。

东边，徐州一带，为尔朱仲远所掌控，尔朱仲远是尔朱荣的堂兄弟，尔朱世隆的哥哥，兵力甚强。

西边，关中，尔朱天光占着呢，也是骁勇的尔朱家兄弟。

尔朱家族里，尔朱世隆是最弱的，但他手下尔朱度律的千余铁骑，逡巡在洛阳四周，虎视眈眈，足已让洛阳不得安宁。

元子攸此时才明白，尔朱荣死了，他依然给北魏朝廷留下了难以逾越的障碍。

尔朱兆已经占据晋阳，又疾驰与尔朱世隆合兵。

尔朱兆和尔朱世隆合兵后，另立中央，以太原太守北魏宗室元晔为帝，对抗元子攸。

新皇既立，理当加官晋爵。于是，尔朱兆被封为大将军，尔朱世隆被封为乐平王，尔朱仲远被封为尚书左仆射，尔朱天光被忘了。

尔朱兆、尔朱世隆发兵西北，尔朱仲远发兵东南，一起杀向洛阳。

关中的尔朱天光没有领到官帽，非常恼火。

元子攸向“反意未显”的尔朱天光伸出了橄榄枝，封其为王，进行笼络，希望他忘记家仇，为国效忠。

尔朱天光极其狡猾，他一面向元子攸表忠，迷惑元子攸，一面又让手下散布自己即将进攻洛阳的言论，想逼走元子攸，自己好占领洛阳，再立一个皇帝。

元子攸竭力挣扎，四处招兵买马。

参加朝廷军队的人一律免于政治审查，干过强盗、当过叛贼的也无所谓，比如高乾、高昂两兄弟，不良少年出身，劳改释放履历，元子攸全都收罗起来了。

高乾弟兄几个，他是老大，知逢乱世，轻财重义，结交好汉，拦路抢劫。二哥高慎，出淤泥而不染，好经史学问。高昂是老三，“龙眉豹颈，姿体雄异”，舞刀弄枪，胆力过人，是个黑社会分子，受过管制。

“河阴之难”后，北魏朝廷为之一空。高乾兄弟率领族人造了反，和朝廷干了起来。

高氏兄弟训练的队伍勇猛异常，屡屡打败北魏朝廷的正规军。

元子攸坐稳天下，招安了高乾，提拔他到朝中担任黄门侍郎。

尔朱荣解了高乾兄弟的职，高乾回乡后与高昂继续招兵买马，阴养壮士。

尔朱荣身亡，高家兄弟披甲执戈，猛虎出柙。在洛阳城下与契胡兵士到处作战，非常骁勇，元子攸连忙加封——高乾为河北大使，高昂为直阁将军。

元子攸除了笼络高氏兄弟这种人外，还直接招安山西的土匪，用来袭击尔朱兆，抵挡尔朱兆南下。

元子攸用人却发生了一个巨大的失误，就是把城阳王元徽当成心腹，言听计从。

五

却道北魏末帝元子攸把城阳王元徽当成心腹，言听计从，可真算眼睛、耳朵都出了问题。

元徽诡计多端，小聪明十足，可运筹帷幄、调兵遣将实在低能。

元徽还有个要命的毛病——妒忌，怕别人抢功，军国大事，元子攸与其谋，一旦朝臣中有人献出好计，他便百般阻挠。

有了个元徽，元子攸闭目塞听，无力自拔，可被害惨了。

低能、善妒之外，元徽还有个男人最不应有的毛病：小气。皇上赏赐，他分发时，还要斤斤计较，短斤缺两，甚至出尔反尔，刚赏罢，便要人家退回来。

元徽经常说大话宽慰元子攸："小贼何虑不平！"

元子攸被鬼话迷惑，在江河日下的危急时刻，竟听着元徽，高枕不知忧愁，不知尔朱家族的反扑势头已如野火烈风，海滚山啸。

东边的尔朱仲远，不受皇封，攻城拔寨。

关中的尔朱天光生性狡猾，首鼠两端。

北边，尔朱兆一路猛攻，打下太行丹谷要垒。

元子攸的将领，或死、或降。

元子攸最怕愣头青尔朱兆。尔朱兆起兵后，朝廷的北边防务接连溃败，洛阳城只剩下一条黄河的保护了。

元子攸准备御驾亲征尔朱兆，殊死一搏。

关键时刻，元氏家族的叛徒、华山王元鸷劝慰元子攸："黄河天险，无需忧虑。"

元子攸再次昏头，停止了进剿，也忽略了强固河防。

老天也帮尔朱兆的忙。

尔朱兆日夜兼程，赶至黄河。往日滔天巨浪的黄河，竟然浅得不过马腹，大军轻松渡过了天险。

尔朱兆到达孟津，天又刮起暴风，尘埃滚滚。

沙尘暴成了尔朱兆进攻洛阳的最好掩护。契胡骑兵直接攻至皇宫，皇宫卫士全部散走。

皇上元子攸连匹马也找不着，靠两条腿，地奔，拼命跑，到了云龙门外。

元徽带着人马，携着钱财刚好路过，元子攸连忙呼救，元徽此时只管自己逃命，哪愿捎上元子攸这个累赘。

元徽“不顾而去”，元子攸眼睁睁地看着救命稻草飘走，这才明白自己所托非人，可惜为时已晚。

元徽不愿报效君王，元子攸为尔朱兆生擒。

元徽带着五十匹马和一大堆金银财宝，躲到了亲信寇祖仁家。

老寇当过洛阳令，是元徽提拔的，所以元徽以为，到老寇这里足够安全。可元徽算错了。老寇出卖主子，青出于蓝。

寇祖仁听闻尔朱兆以千户侯悬赏捉拿元徽，又见元徽如丧家之犬，前来投奔，便定下一举两得之计：先杀死元徽，将他携带的财富接收了，再用其人头，邀功于尔朱兆。

寇祖仁谎称官府前来搜捕，把元徽骗至山上。在半山腰埋伏杀手，砍下元徽的脑袋，送给了尔朱兆。

洛阳不幸，在劫难逃，黯然神伤地匍匐在征服者的脚下。

洛阳，不到三年工夫，竟然迎来了三位征服者：尔朱荣、陈庆之、尔朱兆。

洛阳，曾经睥睨万城，百国来朝，如今，却沦落如风尘女子，人尽可夫。不知当时执意迁都于此的北魏孝文帝，在地下会如何反应?

元宏本想让元氏子孙在这座伟大之城抒写永不衰亡的千秋伟业，可半个甲子刚刚流逝，这光芒四射的伟大之城，只能低吟让人伤心欲绝的哀歌了。

孝文帝苦心经营的事业，至此，终于一败涂地。

第一百零二章

替周建隋

一

却说尔朱兆为他叔父尔朱荣复仇，攻陷洛阳。

尔朱兆抓获了北魏孝庄帝元子攸，继而放开手脚，四处掠抢。洛阳城刚刚在前几次浩劫后恢复了点元气，现在又狼藉一片。

尔朱兆把元子攸锁在寺庙的栏杆上，又摔死了刚出生的小皇子，其他诸如奸淫后宫嫔妃、肆意杀戮大臣、破坏公共财物之类坏事，不胜枚举。

尔朱兆对元子攸恨之入骨，极尽折磨之能事。寒冬腊月天，不给热饭吃，元子攸央求一块头巾取暖，也被断然拒绝。

天寒地冻，元子攸只能搂着根冰冷的铁链，哆哆嗦嗦地度日如年。

飞扬跋扈的尔朱兆轻易占领洛阳，连尔朱世隆这位小叔也看不顺眼了。他把尔朱荣之死的责任推给尔朱世隆，责骂尔朱世隆没做好保卫工作。

尔朱家族废掉了北魏孝庄帝，还不习惯于自己当皇帝，即考虑另立拓跋家族的人。

元恭是孝文帝元宏的侄儿，广陵惠王元羽的儿子，此前七八年气愤于朝政败坏，敢怒不敢言，一直装聋作哑。

尔朱家族知道元恭很有名望，又是宗室近支，就想拥立他为皇帝，可是又顾虑他是个聋哑人。尔朱世隆派人找到元恭，比比划划地向他表明意图。

没想到装聋作哑多年的元恭听说自己能当皇帝，大喜过望，连声说：“天何言哉！天何言哉！”急切表明自己并没有真哑，太愿意当皇帝了。

尔朱世隆立元恭为帝，是为节闵帝，从此，尔朱氏完全掌握了北魏实际上的的军政大权。

尔朱兆在洛阳城，逍遥没几天，后院起火了——河西强盗袭其老巢。

尔朱兆留下尔朱世隆镇守洛阳，星夜带兵赶回并州晋阳。

北魏孝庄帝元子攸这位可怜的原任天子，被尔朱兆装入囚笼，捎回晋阳。

河西强盗杀势甚恶，尔朱家连吃败仗，尔朱兆恼羞成怒，索性勒死元子攸祭旗。

元子攸二十四岁殒命，距他杀尔朱荣仅三个月，在位仅有三年。

乱世之中，嗜血的舞台只垂青强者，元子攸一柔弱小生，能展袂登台，与尔朱群狼共舞，苦撑三年，已属不易。

尔朱家族的一些将领，乃是一群暴徒，比河阴惨案中被杀死的那些北魏官员，更为贪虐腐败。

尔朱荣招纳的降将、冀州刺史高欢，看到尔朱家族是兔子尾巴，便于元子攸被杀的次年在信都起兵，声言讨伐叛逆。

公元532年，高欢起兵的第二年，果然打败了尔朱家族。

高欢进入洛阳，废掉尔朱家族扶植的北魏节闵帝元恭，立元朗为帝。

没多久，高欢觉得元朗的血统距离北魏正宗元家较远，遂废之，立了孝庄帝元子攸的族侄元修，是为孝武帝。

元修，字孝则，是魏孝文帝孙子、广平王元怀的第三子。

高欢世居北方六镇之一的怀朔，今天的内蒙古固阳县，是个苦出身的鲜卑人。高欢没有上过学，斗大的字不识一升，又在艰苦奋战中成长，非常淳朴，对自己扶植的北魏皇帝元修，极是礼敬。

元修却不知天高地厚，成天不满意，他跟元子攸一样想专制，于是和镇守长安的大将宇文泰秘密联络。

公元534年，乘高欢回其老根据地晋阳调研的机会，元修征伐河南各州兵马，准备消灭高欢。没想到高欢很快得知情报，率大军二十万南下，击溃了忠于孝武帝的部队，打回洛阳。

元修无奈，只好西奔长安，投靠了军阀头子宇文泰。

宇文泰起初非常尊重元修，后来发现这个家伙只会淫乐，到长安未久，就与宇文泰的同胞妹妹勾搭成奸，让宇文泰极其恶心。于是一日元修外出游玩后回宫，回宫便用晚餐，用完便肚子疼，疼完便死了。

宇文泰扶植元宝炬为帝，已经被称作“西魏”了，政权实际握在宇文泰手里。

宇文泰借机出军南方，打败了南梁，也安置了一个傀儡皇帝，建号“后梁”，听他的。

宇文家族控制着西魏皇上，拨弄了几任，最后干脆替代了，宇文氏成立了个“北周”政权。

却说西魏立国于危险之中，高欢军事强势，视西魏为劲敌，急欲将其扼杀于襁褓。但宇文家族并非他想象的那样软。

高欢在洛阳，认真跟百僚商议后，又立清河王元亶为帝，元亶是清河王元怿的儿子。

后来，高欢说北魏皇帝的辈分太乱了，改立元亶的儿子——十一岁的元善见，是为孝静帝。

元亶心间惶恐不安，着轻装，骑快马，逃出洛阳。

高欢听说情况，追赶上元亶，说："你咋这么迂阔哩，有福不会享！儿子做皇上，你当太上皇，多舒服。跟我回去吧！"劝回了元亶。

高欢实在，还真没有难为元亶，元亶是公元537年善终的。

元亶和元善见的这个朝廷，被称作"东魏"。

东魏、西魏，力量悬殊。

东魏地广国富，人口逾两千万，兵强马壮，高欢能调动的军队不下二十万。

西魏地狭国贫，人口不满千万，宇文泰直接掌握的军队不过三万余众。关中又遭自然灾害，人心混乱。

宇文泰不畏艰险，进行了不少政治革新，提拔武功人士苏绰为相，参与机密，状况大有改善。高欢打了几次，也没占到什么便宜。

据说宇文泰曾跟苏绰密谈治国之道，苏绰授以"一手用贪官，一手反贪官"的窍门：用贪官可以建死党，反贪官可以除异己，杀贪官可以得民心，没收贪官财物可以充实国库。

然而这个谋臣苏绰的言论经不起考究，一般疑为后人附会。

宇文泰其人，脑子不清爽，想获得西北部鲜卑人的支持，瞅空子开展了一场声势浩大的"鲜卑复辟"运动，把北魏所改汉姓全都改了回去。

东魏的元善见，没有他老子幸运。

高欢死后，元善见为高欢长子高澄控制，整日不得开心颜。

高澄没有他爹的淳朴，只是好喝酒。

高澄有次请元善见喝酒，元善见不能喝，高澄就强迫他喝。

元善见推辞再三，高澄生气地问道：“我叫你饮，你为什么不饮？”

元善见急了，说：“朕怎么也是个帝王，你怎么能这么逼迫朕？”

高澄一听，大怒，骂道：“朕、朕、朕，狗脚朕!”于是孝静帝就有了个雅号“狗脚朕”。

后来高澄为家奴所刺，身亡，孝静帝以为自己可以从此成为真正的皇帝了，却不幸被高欢次子高洋所废。孝静帝被废后一年，被高洋毒死。

高洋，“貌若不足，内则明敏”，于公元550年代东魏，建北齐。

西魏权臣宇文泰死后，其第三子宇文觉，于公元557年废西魏帝自立，建北周，亦谓后周，宇文周。

公元577年，北周武帝宇文邕起兵收拾宿敌北齐。

北齐斯时已是朝纲紊乱、徭役繁重、民力凋尽、国势空殚。后主高纬根本不把这一切放在心上，自称“无愁天子”，常常执起瑟琶，自弹自唱，宫内近千名太监、奴婢一齐伴唱，整个皇宫歌声缭绕，一片太平盛世景象。

高纬宠幸天生尤物冯小怜，日夜不释，开会的时候也要抱在怀里，放在膝上。

高纬见大臣们垂涎，干脆“独乐乐不如众乐乐”，让冯小怜脱光光，“玉体横陈”在朝堂的案几上，并时不时的做出各种动作，让大臣们排着队，来一个两眼共雾色，秀色共氤氲。

高纬听着大臣们赞不绝口的谀词，手舞足蹈，忍不住当场就来了个A片的现场直播。

“小怜玉体横陈夜，已报周师入晋阳。”

君臣淫荡嬉的欢声笑语未歇，但听震心的鼙鼓就骤然响起来了。

北周武帝宇文邕御驾亲征，讨伐不义，灭掉北齐，统一了北方。

事实上，“河阴之变”后，北魏王朝就已经灭亡了。

“脱卑入汉”的北魏，不知刹车，继续滑行，“脱儒入佛”，崇佛无度，佞佛不悟，穷凶极恶，穷奢极侈，笃信永宁寺可以保其永宁，笃信永宁寺顶巅的巨大“宝瓶”可以保其万世平安，孰知佛不相助，亦不相救。

遥想孝文帝时期的北魏，何等雄心勃勃啊，然而，延传下来的王朝，到底没有打到江南去。

江南的几个袖珍小朝廷，也终究没有再问鼎洛阳，只在原地行乐，所谓“北伐”云云，也无非是宫廷争斗的花把式罢了。

黄河流域，成了匈奴、羯、鲜卑、氐、羌等北方少数民族和汉族血火拼杀的战场。北方少数民族大量地进入中原，进入洛阳，渐渐超过了汉族的人数。

据史书记载，塞外内附有三十万人，入塞匈奴有数十万人，羯族和其他进入中原大地的十九个种族有一百多万人。

南北朝时期，更有北方各种民族大批进入中原，人数远多于中原土著。

当然，由于战乱，原有汉族人口也早已减少过半。

南迁的政权在江南，宋、齐、梁、陈，相递相替。

北方少数民族，则分别在中原的土地上建立自己的国家，称霸一时。

北魏之后，东魏、北齐，西魏，北周，你方唱罢我登场，不断有国家成立和灭亡。

连年战乱，洛阳的文化、建筑遭到严重破坏，文明古城数度成为灰烬。

北魏先“脱卑入汉”，后“脱儒入佛”，结果是丢失了自己，导致外来的佛教远远压过了汉人推崇的儒理。

战国、秦汉时期的文化艺术，早已看不到了，洛阳城内外，到处矗立着大大小小的庙宇，供奉着外来的泥像或石像。

北魏以降，外来的佛教文化渐占统治地位，异族的音乐、舞蹈、佛教的雕塑、绘画主导了中国、主导了洛阳的文化艺术。

此一时期，分裂，使人们怀念统一，佛盛，使人们怀念儒学，实现统一成为社会历史发展的必然趋势，儒家尊奉的中央集权也成为全中国各阶层各族人民的迫切要求。

在弘农郡华阴县——今陕西省华阴市，一个名叫杨坚的人应时而生。

二

杨坚，隋文帝，汉族，弘农郡华阴县人。

隋朝人有篇《天命论》，把杨坚猛夸一通说：“帝体貌多奇，其面有日月河海，赤龙自通，天角洪大，双上权骨，弯回抱目，口如四字，声若钏鼓，手内有王文，乃受九锡。昊天成命，于是乎在。顾盼闲雅，望之如神，气调精灵，括囊宇宙，威范也可敬，慈爱也可亲，早任公卿，声望自重。”太不凡了耶！

宇文泰的大侄子宇文护，帮助宇文泰的儿子宇文觉，于公元557年建立了北周王朝，统一了中国北方。

杨坚

杨坚之父杨忠在北周为官，曾随同宇文泰东征西战、屡立战功，被封为“随国公”。

杨坚虽然生于贵族之家，但其母亲出身贫寒，缺少文化修养，因此，杨坚从小就练习骑射，反而不喜用功读书。

公元556年，十六岁杨坚成为骠骑大将军，并加开建府邸的资格。

杨坚刚刚步入仕途，便依靠父亲的功勋，获得如此之高的爵位，在于宇文泰对杨坚的赏识。

宇文泰第一次见到举止深沉的杨坚，就感叹：“此儿不像能经常出现的人物啊！”

公元557年，晋国公宇文护以大冢宰的身份专断国家大权，北周孝闵帝宇文觉两次密谋，想诛杀宇文护这个大族哥。

宇文护反扑了。把宇文觉的两个心腹调贬到地方做官，接着，捕杀了宇文觉更多的党羽，逼迫宇文觉退位，废封为略阳公。一个月后，宇文护派人暗杀了宇文觉。

宇文觉之后，宇文泰的长子宇文毓被立，是为北周明帝。

宇文毓表面温弱，其实内里有主见，不肯处处听命宇文护。

宇文护假意交出了部分权力。

宇文毓处理国事、进行改革了。宇文护怕不好控制宇文毓，便指使一个叫李安的宫人，以毒糖饼害死宇文毓。

宇文毓遭毒临终前传位于自己的四弟宇文邕——是为北周武帝。

公元559年，杨忠进位为柱国大将军，继而被封为随国公，食邑万户，别食竟陵县一千户的租赋。

杨忠的儿子杨坚也受到武帝宇文邕重用，进位大将军，升成了随州刺史。

杨坚到任地不久，又奉召还朝。

公元561年，杨坚得到鲜卑族大贵族、柱国大将军、卫国公独孤信的赏识，独孤信将自己的第七个女儿许配给了杨坚。

独孤信是北周明帝宇文毓的岳父，而现任皇上宇文邕，又比较尊重其大哥宇文毓，独孤信的分量可想而知。

独孤信是杨坚他爹的老上司，选定杨坚做女婿，无疑对杨坚的仕途有着推波助澜的重要作用。

《隋书·后妃传》载，二十六岁的杨坚与十四岁的独孤伽罗结为夫妻，非常恩爱，杨坚“誓无异生之子”，独孤伽罗“亦不失妇道”。

杨坚娶了独孤伽罗的次年，其父杨忠病故，父爵子袭，因而杨坚在其父之后继任“随国公”，便开始了对北周神器的窥伺。

杨坚与独孤氏结为夫妻后，他在北周王朝的地位扶摇直上，引起朝廷大臣的戒心，大冢宰宇文宪就对武帝宇文邕说：“此人恐怕难以预料，陛下宜尽早除掉他。”

内史王轨也向武帝进言说杨坚“有反相”。

北周武帝宇文邕是个有作为的皇帝，“沉毅有智谋”，“能断大事”，在位期间，“修富民之政，务强兵之术”，对强盛北周有重大贡献。他不主张以貌取人，闻听不同意见，淡淡地说：“若一定是天命所在，人又有什么招数呢。”

宇文宪和王轨的进言未起作用，还是被杨坚知道了，从此他“深自晦匿”，夹起了尾巴。

北周武帝宇文邕宽待杨坚，一是对他比较欣赏，二是宇文邕处心积虑，想除掉的是专擅朝政的宰相宇文护。

公元572年新春，北周武帝宇文邕终于诛杀宇文护，掌握了军政大权，进入富国强兵、开疆拓土的战略阶段，这倒给了杨坚施展才能的机会。

这年七月，武帝亲自统率六军，东向而伐北齐，三十五岁的随国公杨坚被委为水军司令，于孟津的黄河桥一带击破北齐部队，大获全胜。

次年，尝到甜头的武帝宇文邕再伐北齐，杨坚为右三军元帅。又大获全胜，杨坚因此晋升为柱国。

公元577年，北周武帝率大军灭掉北齐，统一了中国北方。

北周灭掉北齐后，杨坚先后被委任为定州刺史、亳州刺史和兖州刺史。

公元578年，北周武帝宇文邕三十六岁，崩于外出视察的车辇上，英年而逝。

太子宇文赟继位，乃是宣帝。宇文赟胸无大志，不务正业，又好亲近小人，虽为天下瞩目，却无任何德声。

武帝宇文邕曾向万年县县丞乐运问太子："卿认为太子是个怎样的人呢？"

乐运直爽地答："太子是个中等之人。"

武帝听乐运如此答对，便对旁边的齐王宇文宪说："朝中百官都称太子聪明，富有智慧，花言巧语奉承朕而已。只有乐运忠正直率。"

武帝接着向乐运询问对太子的具体看法。

乐运说："若有贤相如管仲者辅佐之，可以成就霸业，倘有佞臣如竖刁者搀和，则将昏乱无成。简而言之，既可以为善，又可以作恶。"

武帝说：“卿不必多言，朕知道太子是个怎样的人了。”

于是，武帝宇文邕提拔乐运为京兆丞——首都行政副官，副市长，并精心挑选东宫官员辅佐太子宇文赟。谁知宇文赟只知饮酒作乐，根本不长进。

武帝为了锻炼太子，派其领军征西，他游玩了一通回来，受到武帝的杖责。

宇文赟畏惧父皇的威严，但又不肯改掉荒唐的毛病，便想方设法掩饰自己，尽力不让自己的丑行和罪过传入武帝耳中。

武帝宇文邕看看次子，也没才干。

其他儿子，都尚在婴幼年龄，因此难以更换接班人。

风云叵测，祸福难料，北周武帝宇文邕突然驾崩，二十岁的宣帝宇文赟继位，开始毫无顾忌地纵欲奢侈了。

父皇尚未入殓安葬，宇文赟用手摸着被父皇杖责留下的伤疤，连声大骂说：“老家伙，死得太晚了！”

武帝刚刚下葬，宇文赟就甩掉了孝服。他厌恶臣下进行规劝，一个个地杀掉敢于进谏的大臣。

在父丧期间，宇文赟两眼全在父亲后宫的妃嫔们，逼迫那些女性满足自己的荒淫欲望。

六月，宇文赟立杨坚之女为皇后，以杨坚为上柱国、大司马，入宫辅政。

这个北周宣帝宇文赟，道德败坏，恣情声乐，常陈鱼龙百戏于殿前，夜以继日，喧闹嬉乐。还到处搜寻美女，充实后宫，后宫妃嫔多得无以数计。

杨坚的女儿杨皇后性情柔弱顺从，又不妒忌他人，其他四位皇后以及下面的妃嫔无不爱戴她，但喜怒无常的宇文赟横加罪名，指责她，气愤的时候说：“非把你家满门杀尽不可！”

宣帝召见杨坚，对左右卫士说：“待他来后，看他脸色有变，就立即杀死他。”

杨坚来到殿上，神情镇定自若，未为女儿说话，因此没有被杀。

宇文赟日夜沉湎在后宫，不是宴饮，便是狎玩，有时一连十余日不上朝，群臣有大事必须奏请，只能通过宦官。

京兆丞乐运实在看不下去，不顾一死，令人抬着棺材进谏，陈述“宣帝八过”。

一是独断专制，不听宰辅大臣意见，谁说话谁遭殃。

二是搜寻美女充实后宫，干部的女儿不许自行出嫁，除了个别的丑八怪，都必须先行接受皇上的挑选。

三是奢侈享乐，有违先帝教导。

四是一入后宫，只在女人腹上忙活，数日不出。

五是不断修改刑罚，宽严无序，各级政府机关难以执行。

六是增加百姓赋役，供奉歌妓、戏子消费，给戏子们高官贵爵。

七是上书直言，多遭治罪。

八是德政不修——赶快施行德政吧，再晚就来不及了，周朝宗庙祭祀就会断掉了！

宇文赟被揭出这么多短处来，不胜恼羞，要杀死乐运。

洛阳人元岩机智地救了乐运：“乐运抬着棺材进谏，是想博得忠臣美名的，为陛下计，不如慰劳一番，将他放了，也显得圣上宽宏。”

宣帝宇文赟于是请乐运吃了顿饭了结，但他的骄奢淫逸却变本加厉了。

随后，有一批贤臣如王轨、元岩、宇文孝伯、宇文神举都先后受到侮辱，之后被杀害。

公元580年，做了两年皇帝的宇文赟因荒淫无度而短命死去，终年二十二岁，留下年岁幼小的周静帝宇文阐什么也不会干。

北周静帝只有八岁，杨坚平素名望甚高，御史大夫柳裘、内史大夫韦谟、内史郑译、御史皇甫绩等，共同建议杨坚辅佐静帝，掌管朝政，“总知中外兵马事”。

随国公杨坚掌握了军政大权。

杨坚让宇文阐以杨后为皇太后，宇文阐的生母小朱氏为帝太后，而其他皇后都命做尼姑去，

杨坚设置丞相府，自任丞相，处理北周军国大事，并命工程兵部队修建洛阳宫殿。

北周王室的藩王们，多次寻找机会刺杀杨坚，杨坚的部下元胄、李圆通等，从中保护，杨坚因此得以幸免。

杨坚以各种借口，杀掉了藩王宇文贤、宇文纯、宇文招、宇文盛等。

相州刺史尉迟迥看出大丞相杨坚将危害北周王室，谋划发兵。

尉迟炯宣言说：“杨坚凭借着自己是皇后之父，挟持幼主，作威作福，谋反形迹已经公然，我身受先帝委任相州，朝廷安危不敢忘记，今日集合忠义勇士，匡扶社稷，保卫朝廷，誓死取胜！”

尉迟迥本是北周的“宿将重臣”，举兵后各地“从者如流”，聚起相州、冀

州、瀛州、沧州、青州、齐州、胶州、光州等地兵众数十万人，讨伐杨坚。

与此同时，地方军阀司马消难、王谦也分别在陈州和蜀州发难。

杨坚采用军事参谋李德林的建议，重用大将军韦孝宽击败了尉迟迥。

在随后一年里，杨坚又依赖地方，平定了司马消难和王谦的军事割据，司马消难跑到南朝去了。

朝外局势稳定下来，公元580年，是北周大象二年，北周正式废除左右丞相制度，任命已经做了大丞相的杨坚为相国，统辖百官，并晋爵为随王，划定安陆等二十郡为随国，另加九锡之赏。

三

公元581年，早春二月，随王杨坚建立府阁，设置百官，诏令王妃独孤氏为王后，长子杨勇为世子，出任东都洛阳总管、东京冢宰，监督洛阳周围的地方势力。

大将军庾季才和大将军卢贲劝杨坚于二月甲子日称帝，其理由是这天开基吉祥。

杨坚高兴地同意，派人为周静帝宇文阐起草退位诏书。

惊恐不安的宇文阐听从杨坚手下的指挥，奉册书、玺绂，禅位于随王杨坚，嘟哝着说，杨坚“众望有归”。

杨坚装模作样地再三谦让，最后受了天命。

这个“禅”实际上是“篡”。史家云：“古来得天下之易，未有如隋文帝者。”

杨坚接受册、玺，换上早已做好的天子纱帽、黄袍，举行大朝会，临光殿里，祭烟缭绕，杨坚正式即皇帝位，他这年四十一岁。

杨坚本要把国号定为“随国公”“随王”的“随”，想了想“随”有“跟着走”的不佳含意，便定号为“隋”，改元“开皇”，随即大赦天下，宣示皇恩，史称杨坚为隋文帝。

不过具有讽刺意味的是，隋文帝虽然改不大吉利的“随”为“隋”，他的王朝也未能逃脱“随”的命运。

宇文阐让贤后，被人领到偏僻的小殿居住，被封为介公——北周宇文氏所有藩王降低爵位，一律称“公”。

杨后得知父亲辅政是很高兴的，得知父亲篡周自立，就愤愤不平了，在言语和态度上都有表现。

杨坚把女儿的名号由皇太后改封为乐平公主，心中深感愧对女儿，想将女儿改嫁，女儿誓死不从，久乃作罢。

原北周上柱国窦毅的女儿，其母是北周的襄阳公主，听说随公接受禅让的消息，捶胸叹息说：“只恨我不是个男儿，不能救我舅家的天下！”

窦毅夫妻急忙捂住女儿的嘴，说：“小祖宗，当心会灭掉全族啊！”

不过窦毅内心深处对这个小女儿另眼看待，这个女儿长大后，嫁给了一个名叫李渊的人。

杨坚坐上皇位不久，就对宇文家族开刀了。

北周太祖的孙子、谯公宇文乾恽，冀公宇文绚，闵帝的儿子宇文湜、宇文

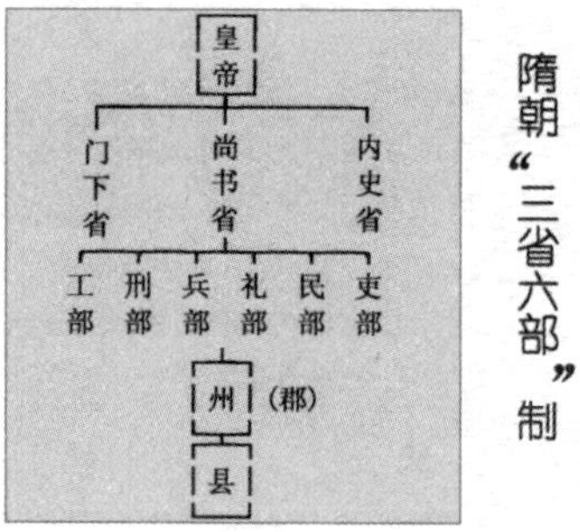

隋朝的三省六部

贞、宇文实，武帝的儿子宇文赞、宇文贽、宇文允、宇文充、宇文兑、宇文元，宣帝的儿子宇文衎、宇文术，尽被处死。

随后，九岁的周静帝宇文阐被杀，隋文帝杨坚消除了可能的后患。

为巩固隋王朝的统治，杨坚吸取宇文氏没有强宗固本的教训，大封同姓诸侯王，使隋王朝尽快成为杨氏的家天下。

隋文帝封他的弟弟杨慧为滕王，另一弟弟杨爽为卫王，兼雍州刺史；封次子杨广为晋王，兼并州刺史，封三子杨俊为秦王，兼洛州刺史，封四子杨秀为越王，兼益州刺史，封五子杨谅为汉王，后接任并州刺史；封侄儿杨静为道王，侄儿杨智积为蔡王。

杨坚封众子为王，并且各管一州，同时又兼管周围各州军事，还分别配备亲信重臣，辅佐诸王，其目的无疑是为了加强杨家王朝对地方的控制。

四

隋朝建立初期，是一个百废待兴、百乱待治的局面。

隋文帝杨坚对政治制度进行了一系列的重大改造。

中央政府，恢复了汉魏时期的体制，基本上确立了三省六部制度。具体讲，就是在中央设立了三师、三公和五省以及六部。

三师、三公属于高级荣誉虚衔。掌握政权的是五省，即内侍省、秘书省、门下省、内史省和尚书省。

内侍省是宫廷的宦官机构，管理宫中事务。秘书省掌管书籍历法，事务较少。内侍省、秘书省在国家政务中不起重要作用。起作用的是其他三省，最高政务机构内史省、门下省、尚书省。

内史省负责决策，门下省负责审议，尚书省负责执行。这就是后来被唐朝继承了的三省制。

尚书省下设吏、民、礼、兵、刑、工六部。每部设尚书，总管本部政务。具体办事机构就是这是六部。

吏部，掌管全国干部的任免、考核、升降和调动。

民部，掌管全国的土地、户籍以及赋税、财政收支。

礼部，掌管礼仪、祭祀和对外交往。

兵部，掌管全国军官的选拔，和兵籍、军械等。

刑部，掌管全国的刑律、司法。

工部，掌管各种工程、工匠、水利、交通等。

六部最初叫六曹，即六个办事机构。六部的长官为尚书，即从前的尚书令，国务总理。

三省六部制，分工明确，组织严密，对唐及以后历代王朝影响都十分巨大，逐渐成为后代封建国家中央政权的固定体制，一直沿袭到清朝。

接着，杨坚听从河南道行台兵部尚书杨尚希“存要去闲、并大去小”的建议，对地方机构进行了简化，废郡，改为州、县二级制。州设刺史，县设县令。

同时，裁汰大量的冗官，大大节省了政府的开支，提高了行政效率，减轻了百姓的负担。

为了更好地行使权力，控制地方，杨坚下令，九品以上的官员一律由中央任免。

官吏的任用权一概由吏部掌握，禁止地方官就地录用僚佐。而且每年都要由吏部进行考核，以决定奖惩、升降。

隋文帝自己发现好的官吏，自然要提拔了。

齐州公安局有个押解员叫王伽，州府令他押送李参等七个判处流放的囚犯，途中，王伽见流囚披枷戴锁行路辛苦，便将他们的枷锁去掉，约定日期到达京师某地，并说，众位如有逃脱，“吾当为汝受死”，然后令他们自行前往。

流囚感激王伽，全部按期到京城某地报到，一无逃窜。

隋文帝闻知此事，大为惊异，召见王伽，称赞良久。

杨坚令将这七名流囚一律赦免，还赐宴于殿庭，诏书天下，强调思想政治工作的重要性。

“凡在有生，含灵禀性，咸识好恶，并识是非。若临以至诚，明加劝导，则俗必从化，人皆迁善。

“往以海内乱离，德教废绝，官人无慈爱之心，兆庶坏奸诈之意，所以狱讼不息，浇薄难治。朕受命于天，安养万姓，思遵圣法，以德化人，朝夕孜孜，意在于此。而伽深识朕意，诚心宣导。参等感悟，自赴宪司。

“明是率土之人非为难教，良是官人不加晓示，致令陷罪，无由自新。若使官尽王伽之俦，人皆李参之辈，刑厝不用，其何远哉！”

大肆表彰之后，破格提拔王伽为雍县令。

王伽在雍县勤勉从政，业绩突出。

在奖励良吏的同时，隋文帝对贪官污吏也是要惩治的。

杨坚派人侦察官员，一旦发现有违法行为，便进行追究，连儿子也不例外。

杨坚的三儿子杨俊，拜秦王兼洛州刺史时才十二岁。杨俊十六岁转任山南道行台尚书令，兼山南道行军元帅，督三十总管，水陆十余万众，“渐奢侈，违犯制度，出钱求息，民吏苦之”。

杨坚派臣察问处理，发现是个窝案，“相连坐者百余人”。

杨俊非但毫无改悔，反而变本加厉，“盛治宫室，穷极侈丽”，最后被隋文帝召回京师，免除其一切职务。

大司徒王谊是隋文帝的同学，旧交颇深，又是佐命功臣，其子娶了隋文帝的第五个女儿为妻，故而他们又是儿女亲家。

王谊犯了法，“公卿奏谊大逆不道，罪当死”。

隋文帝下诏说：“谊，有魏之世，早豫人伦，朕共游庠序，遂相亲好。然性怀险薄，巫觋盈门，鬼言怪语，称神道圣……此而赦之，将或为乱，禁暴除恶，宜伏国刑。”

杨坚诛杀王谊时，怆然说道：“老同学，我难受，可法不容情啊！”

第一百零三章

蓄势待起

Legend
乌兰巴托
单于庭
伊尔库次克
乌鲁木齐
西域都护府
车师后国
车师前国
蒲类后国
玉门关
阳关
敦煌郡
酒泉郡
张掖郡
武威郡
西宁
兰州
金城郡
安定郡
天水郡
陇西郡
北地郡
长安
汉中郡
广汉郡
蜀郡
巴郡
益
汉
荆
扬
朔
方
上谷郡
渔阳郡
右北平郡
辽西郡
辽东郡
玄菟郡
乐浪郡
平壤
太原郡
中山国
常山郡
河内郡
河南郡
颍川郡
汝南郡
南阳郡
江夏郡
庐江郡
九江郡
丹阳郡
会稽郡
杭州
南京
上海
哈尔滨
长春

一

却说原来北周的法律，时宽时严，没有规矩。

北周宣帝宇文赟时，法令愈加繁苛，还编写了什么《刑经圣制》，非但“更峻其法”，而且完全由权力说了算。

隋文帝杨坚上台，下令制订《开皇律》。

《开皇律》将传统的宫刑、车裂、枭首等残酷刑法予以废除。规定一概不用灭族刑。“制死刑以二：曰绞、曰斩，改鞭为杖，改杖为笞，非谋反大逆无族刑”，“唯大逆谋反叛者，父子兄弟皆斩，家口没官”。

开皇十五年起，又完善了死刑复奏制度，规定凡判处死刑的案件，“三奏”而后决。

大隋《开皇律》，后世的唐朝都基本上继承了，影响深远。

话说中国封建时代的法典，自汉律以来，总的趋势是由简入繁。南北朝时期，已经形成“刑网大密，犯者更重”的不良局面。

北齐武成帝高湛意识到问题，曾经简化法律，简化为十二篇。然而，北周却复辟旧制，走回头路了，“大略滋章，条流苛密，比于齐法，烦而不要”。

隋文帝立意革除旧律繁苛的弊端，敕令苏威、牛弘等大臣修订刑律。

隋律取北齐律的“轻简”之长，弃北周律的“烦苛”弊端，以北齐律十二篇为基础，加以必要的调整和改进，仍成十二篇。

《开皇律》十二篇，计分《名例》《卫禁》《职制》《户婚》《厩库》

《擅兴》《贼盗》《斗讼》《诈伪》《杂律》《捕亡》等。

新律减去死罪八十一条，流罪一百五十条，徒、杖等千余条，所定留的仅有五百条。

《开皇律》颁布施行之后，“刑网简要，疏而不失。于是置律博士弟子员。断决大狱，皆先牒明法，定其罪名，然后依断”，“自是诸曹决事，皆令具写律文断之”。

北齐律设有“重罪十条”，而北周律则“不立十恶之目”，《开皇律》上承北齐律，“又置十恶之条，多采后齐之制，而颇有损益。一曰谋反，二曰谋大逆，三曰谋叛，四曰恶逆，五曰不道，六曰大不敬，七曰不孝，八曰不睦，九曰不义，十曰内乱”。

关于“十恶”的法律规定，暴露了《开皇律》的专制本质，凡直接危害皇帝权力和封建礼教的行为，“犯十恶及故杀人狱成者，虽会赦，犹除名”——“十恶不赦”，严厉打击。

“十恶”列于《开皇律》刑律总则《名例律》的“五刑”之后，成为后世中国各代法典的圭臬。

《开皇律》还继承了魏、晋的“八议”内容，设立了“例减”的规定。

所谓“八议”，是指对于亲、故、贤、能、功、贵、勤、宾等八种权贵分子的优待条款，这八种人及七品官以上者犯罪例减一至三等，可以铜代绢，赎而泯之。

《开皇律》规定了贵族、官僚在法律上所有享有的特权，为违法犯罪的特权阶层提供了明确、可靠的司法保障，当然，因其规定详细也易于操作，因而亦为后世所继承。

从世界范围来看，《开皇律》比东罗马帝国的《查士丁尼法典》晚半个世纪，但它奠定了东方法系的基础，与《查士丁尼法典》遥相呼应，在法制史上各自享有重要的地位。

却说宇文家族建立北周后，逐步设置了兵农合一的“府兵”制度。

宇文泰曾下令，所有将军改回鲜卑姓，部下官兵部属一律和将领同姓。这样一来，主将与部属既是血缘上的宗长，又是部落意义上的酋长。

北周府兵分为六军，由宇文泰统领。

后来，北周扩大兵源，在关陇地区广募豪强地主的部曲，收编义务兵，使之隶属于六军，加强了国家政权对地方豪强武装的控制。

但鲜卑人不善耕种，府兵中的耕种任务落在汉族人员的肩上。这就导致了兵、农实际上的分离。

由兵农分离转向兵农合一，是由隋文帝杨坚完成的。

公元590年，隋文帝下达诏书，由汉姓改鲜卑姓氏的重新改回汉姓，并对宇文家族所设的“府兵制”进行调整。

“魏末丧乱，宇县瓜分，役车岁动，未遑休息。兵士军人，权置坊府，南征北伐，居处无定。家无完堵，地无包桑，恒为流寓之人，竟无乡里之号。朕甚闵之。

“凡是军人，可悉属州县，垦田籍帐，一与民同。军府统领，宜依旧式。罢山东、河南及北方缘边之地新置军府。”

隋文帝回顾了自西魏、北周实行府兵制以来的历史，在新的条件下，令府兵军士的“垦田籍帐，一与民同”，都归州县领导，变兵民分治为兵民结合，兵农合一。

至于军队的统率，隋文帝沿用魏、周的十二大将军遗制，设立“十二卫”。每卫统领一军，设大将军一人、将军二人，十二卫大将军为府兵的最高将领，直接对隋文帝这个“军委主席”负责。

兵农合一，使隋王朝的武装力量得以加强，军事统率权集中于皇帝一人，进一步强化了中央集权。

在改造府兵制，使其真正兵农合一的同时，隋文帝杨坚整顿户籍，推行了均田制。

二

隋朝的均田制，是北魏、北周均田制度的继续和发展。

北魏孝文帝均田，“均给天下之田，还受以生死为断”，农田每人三十亩，妇女二十亩，每头牛三十亩，年老失去劳动能力或死亡时则由国家收回，而分给每人桑田或麻田十至二十亩，属于自留地，子孙继承。

北魏另外分给农民有菜田，分给官吏有公田——南朝也有，叫禄田，下了班自己耕种，收了粮补贴家用。

北魏的均田，平均分配，是进步的改革尝试。

《隋书·食货志》记载了隋文帝实际上倒退了的“均田新令”。

“及颁新令，制人五家为保，保有长。保五为闾，闾四为族，皆有正。畿外置里正，比闾正……十八以上为丁，丁从课役，六十为老，及免。”

“自诸王以下，至于都督，皆给永业田，各有差。多者至一百顷，少者至四十亩。其丁男、中男永业露田，皆遵后齐之制并课树以桑榆及枣。其园宅，率三口给一亩，奴婢则五口给一亩。”

“京官又给职分田，一品者给田五顷。每品以五十亩为差，至五品则为田三顷，六品二顷五十亩，其下每品以五十亩为差，至九品为一顷。”

“外官亦各有职分田。又给公廨田，以供公用。”

记载很清楚，官吏受永业田——世代享用，可以买卖，多的竟达百顷！

官吏拥有的奴婢也可以受田，因而大官僚、大地主可拥有相当多的耕地，土地私有制在均田制度的幌子下猖獗起来。

农民受田，虽依照北齐办法，有规定数目，但那数目是最高限额，在大多数的情况下，农民得不到，地少人多的“狭乡”尤甚。

大官僚、大地主肆意掠夺耕地，国家将大量土地赏赐给贵族、功臣，屯田又占去了大量土地，因而均田制并未能改变农民缺地少田的状况。

隋文帝曾多次派使者下基层，推行均田法令，有些官员也敢于执法，稍微限制了强权对土地的兼并，使农民获得了多少不等的耕地，开荒数量亦有所增加，恢复和发展了农业。

隋文帝在均田新令中，也规定了租调额度。

“丁男一床，租粟三石，桑土调以绢絁，麻土以布，绢絁以匹、加绵三两，布以端，加麻三斤。单丁及仆隶各半之。未受地者皆不课，有品爵及孝子、顺孙、义夫、节妇，并免课役。”

隋代洛口仓遗址

其他如年十五以上未娶妻的男子、奴婢、耕牛，其所交数额依此类推。对于孤独、老病、贫穷不能自存者，由“三长内迭养之”。

所谓“三长”，是北魏在颁布均田令的同时，所颁行的“三长管理法”。谓“邻、里、党”。五家为一邻，五邻为一里，五里为一党，邻、里、党各设一长，合称“三长”。

隋朝的是所谓“新三长制”。“五家为保，保有长。保五为闾，闾四为族，皆有正。畿外置里正，比闾正，党长比族正，以相检察焉。”

可见，隋文帝建立新的三长制度，健全农村基层组织，其用意是为了大规模地检括户口，便于对农民进行剥削。

在清查户口的基础上，把每个农户应当负担的国家赋役数额以簿籍的方式确定下来，如数征收。

检括户口，使许多逃亡农民从豪强地主的荫庇下摆脱出来，调动了贫苦农民的生产积极性，使国家赋税收入大为增加。

收的粮食多了，隋朝政府在各地都修建了许多粮仓，备战备荒。

著名的大粮仓，有兴洛仓、回洛仓、常平仓、黎阳仓、广通仓等，存储粮食皆在百万石以上，绢帛各有数千万匹。

《通典》卷七《食货典·丁中》记载：“隋氏西京太仓，东京含喜仓、洛口仓，华州永丰仓，陕州太原仓，储米粟多者千万石，少者不减数百万石。天下义仓，又皆充满。京都及并州库布帛各数千万。而锡赉勋庸，并出丰厚，亦魏、晋以降未有。”

隋文帝临终时，天下仓库的积储尚可供全国五六十年正常使用。

考古学者1969年在洛阳发现隋朝含嘉粮仓，面积达四十五万多平方米，探出二百六十多个粮窖。其中一个粮窖还留有已经碳化的谷子五十万斤。

隋朝的富裕与强盛，可见一斑。

隋文帝爱花费民脂民膏建宫殿，也会“秀”爱民节目。

公元595年，即开皇十四年，关中大旱，隋文帝为此而流涕，自己降低膳食标准，还“率民就食于洛阳”，一路上对灾民多所“慰勉”。

然而此时，杨隋王朝的国家粮仓中，储藏的粮食多得发霉，至少可供一二十年需用，他却不肯下令开仓放粮，赈济灾民，实在不知杨坚的体恤百姓，究竟有几分诚意？

倒是在国家设立的大型仓窖外，隋文帝采纳了长孙平关于设置义仓的奏疏，诏令天下各地设立义仓——民间仓储，以备凶年。有的义仓在灾年发挥了作用。

在商业方面，隋文帝重新统一了度量衡，重点统一了币制，废除私人铸造的钱币，一律改为官铸五铢钱，世称“隋五铢”。

隋初，货币相当紊乱，不仅形状、轻重极不划一，而且劣质钱数量很多。

隋文帝下令改铸新的五铢钱，每枚铜钱重为五铢。

新五铢钱，“背面肉好，皆有周郭，文曰五铢，而重如其文。每钱一千，重四斤二两”。

“肉”是圆钱的周边，“好”是圆钱的方孔。新五铢钱正反两面的边缘和方孔，都有凸出的圆郭和方郭，以防磨损毁坏。

钱的正面，在方孔两边，分别铸有“五”“铢”二字，钱的重量与钱上铸有的五铢标称相一致。

就是说，“隋五铢”质如其文，每一千枚钱重量为四斤二两。

当时的洛阳，有三个大市场。东市名丰都，南市名大同，北市名通远。

隋朝洛阳商业的发达程度惊人，其中通远市周围六里，“其内，郡国舟船，舳舻万计”，丰都市“周八里，通门十二，其内一百二十行，三千余肆。甍宇平齐，遥望一加，榆柳交阴，通渠相注。市四壁有四百余店，重楼延阁，互相临映，招致商旅，珍奇山积”。

隋朝的境外贸易，陆路主要是西北经西域的所谓“丝绸之路”，海上主要是经南海的少量对外贸易。

另外，“战亡之家，给复一年”“人年五十，免役收庸”等仁德之政，也为隋文帝挣得了较高的评分。

隋文帝在位期间，疆域辽阔，幅员万里，开皇年间人口即达到七百余万，而且政权稳固，风调雨顺，户口速增，积蓄充盈，文化昌盛，强甲锐兵，被认为是人类历史上农耕文明的巅峰时期。

西方人到中国来，非常吃惊，尊杨坚为“圣可汗”。

隋文帝时期的国家外交也达到了一个黄金阶段。当时的东亚邻国包括新罗、渤海国、日本等国家的政治、文化等方面都受隋的影响。

这个朝代，是惟一让日本对中国称臣朝贡的朝代，大隋帝国与倭国是宗主与藩属的关系。

三

隋文帝杨坚小时候整日素衣素食，养成了爱穿简吃素的好习惯。

虽说贵为天子了，但杨坚和夫人独孤伽罗一样崇尚素食不重肉，饰品不用金玉，妃妾一律不戴美饰。

独孤伽罗监督有方，杨坚不宠爱第三者。

杨坚结婚时向独孤伽罗保证过，不跟别的女人养孩子，独孤伽罗记住了，常常落实这事儿，有时把个杨坚“教育”得狗血喷头。

杨坚夫妻俩对自己的儿子当然严格要求了，在杨坚夫妇看来，俭朴与忠贞本来就是最好的品质，理应让儿子继承。

杨坚颁布给儿子们的根本律条，就是要节俭和忠贞，说国家没有因为奢侈腐化而能长治久安的。

可是太子杨勇本性率直，忍不住，不仅吃喝宴乐，而且对父母给选定的媳妇——原西魏帝室元孝矩的女儿——深为不满，乱搞男女关系，把老爸老妈气得要死。

二儿子晋王杨广极力表现俭朴，不穿高档衣服，不摆豪华酒席，甚至不用漂亮的侍女，让其爹妈颔首称好。

俗话讲，男大当婚，女大当嫁。杨坚夫妻俩开始操心杨广的婚事了。

杨广贵为皇子，又是个美少年。

杨广是个混血儿，父亲杨坚是汉人，母亲独孤伽罗是个鲜卑化的匈奴人，尽管她家在填写履历表时硬要填写“汉人”，但漠北血统抹杀不掉。

杨坚的婚姻当然更要讲究门当户对了。

既然皇太子杨勇选择了西魏帝室的女儿，老二杨广的岳父应该由谁来当呢?

最高统治者，考虑更多的是政治联姻，结一门亲事就要建立或巩固一方外交关系，进一步巩固自己的政权。

却道数百年来，位于北方的多个北朝政权，都曾南下，攻打南朝那些小朝廷，但又都止步于长江。

因而南朝的小朝廷都认为，有长江天险，他们根本不用担心。

南朝小朝廷中的后梁——不是写《莫愁歌》的萧衍所建那个南梁，而是萧衍的南梁为西魏所灭后，由西魏扶植起来的“后梁”，地盘很小，杨坚建立隋朝以来，不断对它进行笼络，基本上“招安”了。

后梁主萧岿，是个白面书生，他自知傀儡皇帝工作难做，于是数次拒绝了臣下劝其起兵北进的建议。

隋文帝主政北方，萧岿立即奉表致贺，隋文帝对萧岿的表现深为嘉许，给予丰厚赏赐。

公元582年，萧岿又亲自押送贡物，表示忠心。

隋文帝更欢喜，下诏说，萧岿的政治地位应当在王公之上，后梁不是地方，是个藩国。

萧岿南归江陵不久，隋文帝即派使者携带大量礼物往江陵，礼聘萧岿的女儿做二儿子杨广的媳妇。

杨坚对主动归顺的后梁萧氏，礼遇恩隆，也不无历史原因。早年杨坚他爹扬忠和独孤伽罗她爹独孤信都曾投奔南朝，受到过梁武帝的高规格接待，所以双方友谊也是有根底的。

还有一个原因特别重要，后梁萧氏门阀高贵还笃信佛教。独孤皇后对萧家崇佛抱有好感，婆婆的观点非常有分量。

梁主萧岿对于这门亲事喜出望外，跟大隋皇帝结成儿女亲家，那不就一切都稳固了吗？

萧岿有好几个女儿，哪个嫁给杨广做晋王妃，萧岿说了不算，隋朝代表团里有神职人员，管看生辰八字的，说了算。

结果不美。萧岿身边的三个女儿都给掐算了一遍，竟没有一个跟杨广的生辰八字合拍的。萧岿束手无措，愁眉紧锁。

有些聪明的臣子小心翼翼地向他建议，是不是考虑一下寄养出去的那个女儿。

江陵一带，后梁时期，有个出奇的民间风俗，说是早春二月生下的子女命运乖离，妨害父母。这个民间风俗不知道为何如此邪门儿。

萧岿当然不允许宫里有个灾星，但亲骨肉也不忍遗弃，遂将这孩子送给堂弟萧岌抚养了。

孩子也是苦命，萧岌夫妇在她八岁的时候先后去世，孤苦无依，又被辗转送到舅舅张轲家。

张轲有点年老，但是个文人。在这样的家庭，小小年纪的萧氏一方面要干些力所能及的伙计，一方面有了读书习诗的条件，便努力为之。

光阴荏苒，秋去春来，由于萧氏天性聪颖，渐渐变成了一位温柔娴静、知书达理的美丽少女，算算年龄，这年十四岁了。

当萧岿把年已十四的的女儿接回宫时，萧氏已是明眸皓齿，亭亭玉立了，而且诗琴书画无不出色，还崇敬佛祖，是个小信徒呢。

生辰八字一算，嗷耶，大吉大利，大隋代表团团长深为满意。

萧岿立马组织团队送女儿到隋朝京师。隋文帝和独孤皇后见到小萧姑娘，当然又少不了一番考察。

史说：小萧“性婉顺，有智识，好学解文，颇知礼仪，高祖大善之”。

小萧氏综合得分甚高，杨家大为欢喜。即派大臣柳庄再赴江陵，代表杨家与萧家商议儿女婚事。据历史记载推断，柳庄“往来四五反”，方才定出眉目。

公元583年早春，隋文帝为二儿子杨广和小萧氏举办了隆重的婚礼。

尽管杨广是老二，但皇子大婚，轰动全国，盛大的歌舞宴会一连举办多日，社会上有名的戏子联袂献艺，各级干部都有表示，而杨坚则“颁赐备有差”。

先定亲家，再选女儿，显然不是自由恋爱，但小萧氏的确让杨广喜爱。

小萧出身帝王之家，长于普通百姓墙院，基础既好，又没有一点娇生惯养之气。性格温顺，善解人意，聪明能干，能书善画，很有才气，各种优点一大串，让杨广非但深为倾心，而还“甚宠敬焉”。

结婚后，小两口百般恩爱，十分和谐。

杨广重担在肩，军务繁忙，与小萧的蜜月是在其领地晋阳度过的。

公元583年，年底，萧妃为杨广生下了长子杨昭，第二年又生了一个，次子杨暕。连生两个儿子，你说这个萧妃能干不能干？

联姻，使后梁与隋朝的关系拉得更近了，独孤皇后特意提醒杨坚：“梁主萧岿，是亲家翁了，自家人了，你在他那里还设有军分区，对着他，不合适吧？”

隋文帝说：“还真就是不合适了，啊。”遂下令罢除江陵军分区。

后梁方圆百里，不驻扎隋军，这是让杨广他老岳父全面独裁，享受当真皇帝的滋味啊！

翌年，萧岿由自己王宫的内史令柳顾言陪同，朝见隋文帝。

杨坚带着许多女演员，迎接到远远的郊外，就地来了一码迎宾歌舞。

当天，隋文帝在大兴殿举办隆重的迎宾大典，当晚又是盛大的歌舞宴会，把个亲家翁萧岿乐呵得要死。

不过，那时节交通不便，远在晋阳的杨广未能拜见自己的岳父，萧妃也未见到自己的爹，杨昭和杨暕小弟兄俩也无运气见到他们的外公。

萧妃喜爱文化，对提高杨广的政治识见、艺术情趣、文学修养等，影响甚大。更可贵的是，萧妃“有辅佐君子之心”，非凡啊！

晋王府的书房，是小萧平素看书的地方，也是杨广会见至交密友之处。

书房面阔五间，进深两间，除楠木书案，其余空间几乎全被书架占据，架上有线装本，也有竹简。很多书打开了未合上，有些书夹有花签——说明主人在涉猎中。

有一次，隋文帝突然到杨广家视察，发现其客厅悬挂的琴连弦都断了，上面还落满了灰尘，一看就是从来不弹的样子，对杨广的抱朴守真大为赞赏。

随着年岁的增长，杨广对萧氏之外的小女人感兴趣的越来越多，据说暗中养有许多妃子，也养有黑孩子，只不过那些可怜的小生命刚到人世就遭扼杀了。

杨广在爱情婚姻方面很会做秀，公开场合，父母面前，一定只与小萧在一起，表现得恩爱无比。

小萧也真算与众不同，不知是太有城府了还是咋的，总之她配合着丈夫、纵容着丈夫，跟公公婆婆演戏，烘托丈夫的“专一”。

隋文帝觉得，老二的道德操守达标了。

杨广在公务上，也表现出仁爱的美德。有次出去打猎，天降大雨，仆人要给杨广穿上雨衣，他却不接受，大义凛然地说：“士兵们都被雨淋湿了，我怎么可以独自穿这件雨衣呢？”

杨坚知道了老二的先进事迹，那叫一个感动，这孩子好啊，真随我。

但老皇帝还想考察考察二儿子的真本事。

你还别怀疑，杨广的武功文治，哪一样都不差。

公元589年，杨坚封年方二十的杨广为武卫大将军、兵马都讨大元帅，派他率领大军，扫荡江南。

四

话说南朝的陈国，陈宣帝驾崩，隋文帝派代表团赴陈国吊唁，刚刚即位的陈后主在回复的国书中，妄自尊大，出言不逊。

南陈的夜郎二百五让隋文帝杨坚极是不满，于是杨坚下令在汉水大造战船，准备攻伐。

有人建议保密，隋文帝说：“保什么密？代天诛罚，大张旗鼓！”

隋文帝又命令信州刺史杨素在永安——今四川奉节——建造特大军舰“五牙号”和辅舰“黄龙号”。

杨素是隋文帝杨坚的老乡，远门子堂弟，若论军事谋略，没有什么高明的，但性格冷苛，手段阴毒。

杨素带兵，只要两军对垒，大战在即，他便要挑些小毛病斩杀一批军士祭旗，少则十数，多则百余，流血盈地，以杀立威。及战，先令一二百人冲阵，胜则可，若不胜则不问缘由一律加以刀锯。下一波，加大剂量，二三百人，继续冲阵。

因而，杨大人带兵，“将士股慄，有必死之心，由是战无不胜，称为名将”。

奇的是，军士却偏爱随杨素征战。

原因何在？其实并非隋军有什么自虐倾向，根源全出一个“利”字。

随杨素出征，虽可能随时会遇上变态的杀戮，但他地位显贵，是皇上的红人，每有征战，“微功必录”，跟了其他老大可就不行，战功虽著，也常遭文吏隐去，既然都是拼命，当然是拼有所值才好。

却道巨舰“五牙号”，五层，通高十余丈，即三十多米，顶巅建有望楼和旗帜，两边船舷装有六组巨大的机械臂，用作拍击靠近的敌船，全舰可载武装将士八百名。

“黄龙号”系护卫舰和后勤补给舰，载粮食、弓箭和第二梯队战士。

与“五牙号”和“黄龙号”配套的，还有大量平乘、舴艋等大小兵船。

其实，隋文帝杨坚即位不久，就想讨伐陈国了。

但彼时他没有意气用事，而是从长计议，向尚书左仆射高颎询问攻取陈国的计策。

高颎说："陈国那地方，江北一带，海拔偏高，气温偏寒，庄稼成熟偏晚，而其江南水乡，庄稼也早熟不到哪里去。

"预计在南陈收获的季节，我国已将庄稼收打入仓了，我方征调兵马粮草，宣布要过江袭击，他们必然要屯聚兵马，进行防守，抵御。这样，他们就会耽误收获。当他们兵马聚集起来后，我们便解甲收军。

"我们如此弄他三年，年年如此，他们便会习以为常。

"然后，我们真的调集军队。他们得到消息，也不会认为这次真的会'狼来了'，趁他们懈怠，我方大军渡江登陆，与其交战，定能取胜。"

杨坚闻听此计，连说"大妙"，"不过，他们即使备战，还是要收获点粮食的，派游击队过去干扰，四处毁粮，不知如何？"

高颎说："圣上英明。江南土地瘠薄，山高石头多，房舍多以竹木茅草搭建，且其地湿，所有积蓄都不能储藏在地窖之中。

"倘秘密派遣游击队，潜过江去，乘风纵火，烧毁他们的房舍积蓄，则其全年必会陷入饥荒。如果他们重新建起竹屋茅舍，我们就再派人过江，四处纵火焚烧，不出几年功夫，南陈的储备和财力都将穷困了。"

隋文帝说："好。就用此计。"

采纳并施行多股小兵偷渡放火的策略，疲敝和耗损南陈，果然奏效，南陈逐步陷入军事和经济困境。

隋文帝向高颎请教，希望高颎荐举具有文武才干的将领，高颎推介了贺若弼和韩擒虎。

洛阳人贺若弼，字辅伯，少年即怀大志，博览群书，饶有文采，且性格骁勇，擅长弓马，曾为北周伐南陈，攻拔城池有功。

韩擒虎，有胆略，好读书，具文武才能，随北周武帝东伐北齐时，曾说服齐金墉城守将投降，对付南陈，也打过不少胜仗。

于是，隋文帝任命贺若弼镇吴州，驻广陵——今天的江苏扬州，任命韩擒虎镇庐州，驻庐江——今天的安徽合肥，让他们“潜为经略”。

贺若弼和韩擒虎志气激昂，时刻准备渡江作战，“伐罪吊民，除凶翦暴”。

第一百零四章

大军南向

一

却说南朝之“陈”，位于建康——今之南京，乃是南梁大臣陈霸先于南梁末季所创建。

陈霸先当过村长，当过油库管理员，机关通讯员，后来慢慢升起来，身经百战，多次立下大功。

陈霸先之所称帝，并不是在四方平定、八面颂歌的时候，而是于无望之时，于危难之际，挑起了一副沉重的担子。

南梁朝多次惨遭横祸，颓势已无可挽回，“敬皇高让，将同释负焉”，南梁帝退位，陈霸先主持政局，既为时局所迫，也是民情所需。

陈霸先倜傥大度，志度弘远，不理家产，“而明达果断，为当时所推服”，称帝后，任贤使能，政治清明，局势渐趋稳定。

南陈政权，弯弯曲曲传了四世，权位到了荒淫不堪的后主陈叔宝手中。

陈叔宝做天子，起于其兄弟间的血腥厮杀。

其爹陈宣帝陈顼身患重病，作为太子的陈叔宝和老二陈叔陵、老四陈叔坚一同被召入宫中，服侍医药，陈叔陵操起歹心了。

这个陈叔陵，老二，为人奸诈，平时喜好挖掘古墓葬，寻找里面的宝贝。其生母彭氏病故的时候，他恰好在梅岭挖开了东晋太傅谢安的陵墓，棺材还没坏呢，于是就坑葬人——于原穴中埋了他妈。

陈叔陵看看切药的刀，说掌管药刀的太监：“怎么搞的，刀这么钝？要磨得锋快。”

药石无效，陈宣帝病死。入殓的时候，都趴着哭，陈叔陵抽出切药刀，冷不防地向太子陈叔宝砍去。一刀砍中脖子，叔宝当即倒地。

陈叔宝的生母柳皇后急忙跑过来救护儿子，陈叔陵又连砍柳皇后数刀。

陈叔宝的乳母吴氏赶紧从身后拽住陈叔陵的胳膊肘，他砍不成了。

陈叔宝忍痛爬起来，陈叔陵又紧紧揪住陈叔宝的衣服，陈叔宝奋力搏斗，最后挣脱逃出。

老四陈叔坚用力夺掉陈叔陵手里的切药刀，将陈叔陵扤过去，使他的折袖将他捆绑在柱子上。

乳母吴氏扶助太子陈叔宝逃离现场，喊叫御医包扎伤口。

老四到处找太子陈叔宝，想要太子下命令决定陈叔陵的死活。

谁料陈叔陵气粗力大，扯破绑缚，冲出殿外，驾快车逃回府第，凑集近千名兵卒，图谋拒守，然后事变。

斯时，南陈各路军队都驻防在长江沿岸，对抗隋军，京城内十分空虚。

老四陈叔坚禀告柳皇后，派快马征召右卫将军萧摩诃回家平叛。

老萧接令，立即率领数百骑兵赶回。

陈叔陵害怕了，派人收买萧摩诃，萧摩诃说：“必是大王亲信将领前来，方敢听命。”

陈叔陵于是派亲信戴温、谭麒麟到萧摩诃军中，两人眨眼间被萧摩诃砍了头。

萧摩诃将戴温和谭麒麟的头高挂起来，宣誓保卫太子。

陈叔陵见大事已坏，带着妃子张氏及宠妾七八十来个，数百名护兵，乘小船渡过秦淮河，想投奔隋朝，但遭到萧摩诃部队的拦截，陈叔陵被杀死。

太子陈叔宝包扎好脖颈上的刀口，即皇帝位，是为陈后主。

陈叔坚和萧摩诃拥立有功，陈后主以前者为骠骑将军、开府仪同三司兼扬州刺史，以后者为车骑将军、南徐州刺史，封绥远公。

陈后主因为养伤，不能临廷，大小政事由长沙王陈叔坚决断，以致陈叔坚骄傲放纵，权力倾朝。朝廷中都官尚书孔范、中书舍人施文庆都厌恶他。

孔范和施文庆朝夕寻找陈叔坚的短处，到陈后主那里构陷，陈后主借机撤掉了陈叔坚的官职。

陈后主坐稳皇帝宝座后，便大兴土木，猛造宫殿。

陈叔宝在光昭殿前又建临春、结绮和望仙三阁，各高数十丈，连延数十间，装修奢侈华丽，内设宝床、宝帐。阁下堆积石山，引水为湖，山水之间，遍栽珍奇花木。

陈后主把所有的美女都集中到临春阁、结绮阁和望仙阁，在三阁之间设架空中通道，交相往来，随意到哪间楼阁亲幸美人儿，极是方便。

陈后主又命宫中有文学才华的官员，都到三阁中，侍奉后庭，饮宴游乐。

每次聚宴，夜以继日。君臣之间，不论尊卑上下，统称“狎客”。

陈后主让他的妃嫔们、狎客们一同赋诗，相互赠答，挑选其中最绵软、最艳丽的，配以新曲，选出千万宫女，分成声部，连续演唱。

丽宇芳林对高阁，新装艳质本倾城。映户凝娇乍不进，出帷含态笑相迎。妖姬脸似花含露，玉树流光照后庭。花开花落不长久，落红满地归寂中。

这便是著名的《玉树后庭花》。

还有《临春乐》等，无聊地歌颂嫔妃们的花容月貌。

陈后主同他的臣下、嫔妃们，沉湎在歌舞声中，温柔乡里，通宵达旦，习以为常。

陈后主最为宠幸的贵妃张丽华，发长七尺，黑亮如漆，并且脸若朝霞，肤如白雪，目似秋水，眉比远山，顾盼之间光彩夺目，照映左右。更难得的是，张丽华还灵敏聪慧，举止娴雅，顾盼凝视，鉴貌辨色，善于体察男人心思。

陈叔宝发现张丽华后，非常喜爱，宠幸无比，“耽荒为长夜之饮，嬖宠同艳妻之孽”，到了国家大事也“置张贵妃于膝上共决之”的地步。

张丽华起初只执掌内事，后来开始干预外政。

南陈后宫家属犯法，只要向张丽华乞求，无不代为开脱。王公大臣，如不听从内旨，也只由张丽华一句话，便即疏斥。其权势炙手可热，气焰熏灼四方。

江东小朝廷，不知有陈叔宝，但知有张丽华。

张丽华经常假借鬼神祈祷的法术，在宫中设置违背礼制的淫祀，聚集巫女，击鼓跳舞，玩乐起来，跟陈后主也实在般配。

陈后主讨厌听别人提建议，因此朝堂上兴的是歌舞升平，文过饰非。说实话的要被杀掉，花言巧语假大空则破格任用。

修建宫殿，沉醉声色，挥霍浪费，穷奢极欲，致使国库空虚，财政枯竭，就加重百姓赋税，税率年年增长几十倍。

忠臣失势，奸佞升天，卖嘴升官者呼朋唤友，相互引荐，满朝垃圾，腐臭无比。

北方的隋文帝即皇帝位后，励精图治，陈后主却在嫔妃和群小的包围之中，穷奢极欲，日夜淫乐，等待陈后主的，将会是什么结局呢？

二

公元588年三月，隋文帝下达诏书，为讨伐陈叔宝做舆论准备。

诏书说，陈叔宝占据巴掌大一块地方，肆意扩张贪得无厌的私欲，劫夺闾里百姓，使他们倾家荡产。

诏书说，陈叔宝斩杀直言的志士，诛灭无罪的人家，欺侮于苍天，造孽于百姓，祭祀恶鬼以求得恩惠，盛饰美女充斥内宫，穷奢极欲，昼夜颠倒，自古以来的昏君，也难以与此相比。

南陈君子潜逃，小人得志。天灾地孽，人妖物怪，士人闭口不言，道路以目。

南陈背离道德，违背诺言，犯我边疆，鼠窃狗盗。

普天之下都是朕的臣民，听到或省览江南百姓遭受苦难的奏疏，伤怀怜悯。

出动大军并授予戒律，顺应天命而诛灭暴逆，肃清吴越地面，解放穷苦百姓，成败在此一举，务使家喻户晓，全力支持。

隋文帝发诏书之后，设立淮南行省，省会寿春，今天的安徽寿县西南，任命次子晋王杨广为淮南行省省长，代表朝廷行使各种权力。

同年十月，隋文帝下令：渡江作战，解放江南。

杨坚任命晋王杨广、秦王杨俊、清河公杨素三人分别为三路行军元帅。任命尚书左仆射高颎为晋王元帅长史——参谋长，尚书右仆射王韶为司马，军中大事由他们参谋晋王杨广。

命令：晋王杨广从六合出兵，秦王杨俊从襄阳出兵，清河公杨素从永安出兵。

命令：荆州刺史刘仁恩从江陵出兵，蕲州刺史王世积从蕲春出兵，庐州总管韩擒虎从庐江出兵，吴州刺史贺若弼从广陵出兵，青州刺史管燕荣从东海出兵。

隋文帝举行誓师大会，并于誓师大会后，亲自为南征将士们设宴饯行。

出征的官兵总计五十一万八千人，全部由晋王杨广指挥调度。

大军东起大海，西至巴蜀，在横亘千余里的漫长战线上，舰船满江，旌旗蔽空。

十二月，隋军元帅杨广列马长江北岸，以前敌总指挥的身份，向敌方发出了征讨檄文。

杨广的这篇檄文辞藻华丽，文思佳美，虽署名杨广，恐怕不是杨广写的，后山怀疑是晋王府中一等大秘书薛道衡的文笔。

鉴于此篇檄文，行云流水，气概非凡，鼓舞全军士气，瓦解敌方斗志，作用不小，故而节选引之。

南北虽殊，风云在望。载怀虚迟，寤寐为劳。献岁犹寒，比当清豫，匡赞乎国，良亦殷勤。

寡人忝膺朝寄，董律专征，跋涉山川，今次江际。公等文儒自立，器用适时，冠盖二世，齿德兼重。

孔、老殊教，名、墨异家，金匮珠韬，银编玉策，莫不誊于舌杪，散在笔端。邃古成败之机，近代安危之迹，照同悬镜，明若观火，无待指南，自应神悟，犹恐思之未审，差以毫厘，聊烦翰墨，略申梗概……

蕞尔吴越，自相君长，窃拟王者之仪，妄谈天子之气，偷安假息，绵历世祀。我大隋之肇开宝祚，光有神州。

皇帝感曜魄之灵，应太微之座，千年启圣，万代一时，深仁至德，宁济群品。越海穷河，东渐西被，旄头之属，历代之霸，作我臣民，匍匐服裳。

惟彼江表，独隔皇风。夫物极则反，否终斯泰……

圣主膺期而出，欲以区区之陈国，违上天之冥数，其不可存者一也。

大必包小，天地之常规；明能通暗，日月之常理。论道德，以唐陶而征有苗；语众寡，举海内而当群小。在长江舟楫之用，矜其积习，而山川共有。

我据上游，鼓棹之能，吴楚不异，高舻巨舫，东西万里，扼喉抚背，水陆千途。彼之兵士，不过十万，首尾分布，所在危急。

加以屯戍边方，淹积岁序，风雨以为栉沐，虮虱生于甲胄，望我宽仁，思倒戈戟，通在戎行，更成敌国。

守以时月，则鱼烂土崩；接以锋刃，则乌惊鹿走。理在必然，不假枚卜。此不可存者二也。

丰侯好酒，实丧厥邦；梁伯役民，溃其宗社。彼之伪主，覆车是袭，日夜沉湎，曾无节度，缮造宫室，莫知穷已……虽欲勿丧，其可得乎？此不可存者三也。

伪主忌能护短，酷法淫刑，骨鲠之臣，尽见疏斥，谏诤之士，皆被屠害，遐迩结舌，衣冠解体，人妖鬼怪，触类呈灾，稚齿耆年，咸知残灭。此不可存者四也。

以此小邦，摄于大国，边烽夜动，照彼都城，戍鼓晨严，震其宫殿，累棋其二，方此未危，悬缕千钧，比斯非切，而莫知忧恐，更自骄矜，曾无事大之心，专行犯上之志。侵轶我边鄙，招纳我叛亡……

吴、会雄俊之人，湘、郢耿介之士，乞师请命，盈庭满阙。

帝乃悯然，矜彼黎献，授钺推毂，吊民伐罪，已有别诏，惟废伪主之身，自馀士庶，普从肆眚。

向所陈说，咸是格言，非曰游谈，共相欺误。且刘叔纳谯周之计而获存，孙皓用薛莹之词而致福。

此二子者，终有良臣之誉，皆无陷君之讥。何则？所耻者小，所存者大。

若宪章往彦，聿遵前轨，则为主享封侯之业，祖祢延血食之期，江东士民，实受其赐。公等身保荣贵，名垂竹帛，岂不美欤？

若胶柱不移，守迷莫变，率其蚁众，敢拒王师，军有常刑，悔无及矣。

祸成俄顷，宜早图之。使人今还，迟有委曲，言不尽意，岂复多云。

三

且说江东、江南一带，自东汉末年起，就没有统一过。

先是孙权称帝，建立吴国，接着是洛阳西晋消亡后流落到南朝的东晋，东晋之后，宋、齐、梁、陈。前后六个割据政权，史上谓之“六朝”。

大隋战舰五牙号

正因为“六朝”没有统一，引致了文化的繁荣发展。

六朝时期，北方战乱严重，大量北方汉人逃避兵灾，徙于江南，他们带着相对先进的生产技术，融入南方的山泽草野，推动了江南的经济发展，中国的经济重心也被他们捎到了南方。

经济的发育，尤其是北方的门阀大户带着宗族、乡党整族南迁，逐步改变了江南社会的政治结构，促进了文化发展。

南方也是有小朝廷的，有小朝廷，就有残酷的皇位争夺，内乱连绵，加之江南熏风吹拂下的荒淫腐败，南方的小朝廷，没有一个像模像样地北伐过。

相反，强大的北方政权总在虎视眈眈，总要弯弓南下。

正如漠北的战马铁蹄要扫荡中原一样，中原皇室强大起来，势必要吞吃南方政权。

当杨坚称帝，建立隋朝的时候，就“阴有并江南之志”。此前北方的突厥人整日不消停，再说，统一战争非同小可，得进行长时间的准备，现在总算可以开打解放战争了。

以大击小，稳操胜券，大隋五十多万军队，陈朝连民兵预备役也都撮上，不过十万。

杨广伐陈檄文自然口气吞天。

说南朝陈国小，不错，但实际军力，光护卫京师建康的就超过十万，加上长江防务部队，约在二十五万左右，也不很少。但檄文嘛，口气怎么大怎么来。

隋文帝的战略是：上游虚张声势，吸引敌人，下游秘密渡江，袭取建康。

西路军先动作。元帅杨素驱使“五牙号”和“黄龙号”战舰，以及大量平乘船、舴艋舟，顺流而下，拉开了战幕。

陈后主赶紧派大将周罗睺领军迎击于长江三峡出口处。

周罗睺分出军队，遣戚昕率青龙舰百余艘，驻守一片叫狼尾巴滩的水域。

杨素趁南陈军队扎营未稳，率水军乘夜顺流掩袭，衔枚而下，大破陈军，首战告捷。

更处下游的南陈守将吕仲肃，连忙把预先准备的三条大铁链拉起来，横在江上，企图绊住隋朝的船只。

杨素却利用夜色掩护，以尖刀连悄悄上岸，袭破陈军营寨，找到锁江铁链的联接处，把它砸开了。

隋舰“五牙号”，两边的拍击装置委实厉害，只要开过去，陈朝小舰哗哩哗啦便会被击碎两溜子。

陈朝水师四下乱窜，杨素的舰队浩浩荡荡，盖满江面，“舟舻被江，旌甲曜日”，这是《隋书·杨素列传》的赞叹。

陈朝小兵们望见坐在巨舰高处的杨素，吓得直打哆嗦。

杨素率水军，冲出长江三峡、顺流东下，陈朝的信州刺史顾觉、荆州刺史陈慧纪望风而逃，湘州刺史陈叔·遣使请降。

前线失败的情报连连上奏南陈朝廷，佞臣施文庆、沈客卿将之全部压下，不让后主陈叔宝知道。

以前，曾有后梁宗室萧岩、萧献叔侄二人，害怕隋朝大军，率众来降南陈，陈后主对萧岩、萧献有所疑忌，把他们摆布到扬州、吴州一带，并派领军任忠出任吴兴郡——今浙江吴兴地方太守，镇乎萧岩和萧献。

现在，陈后主不知形势危急，又召东南一带藩王回京师参加元旦晚会，耀武扬威，故意给萧岩和萧献看，向他们显示南陈的威风。

然而，要害的问题是，杨素的大军阻隔了长江上游各州的驻军，下游发生战事，上游无法由水路增援。

南陈湘州刺史是陈叔文，陈后主也疑忌他，遂提拔施文庆出任湘州刺史，让施文庆带两千名精兵，去长沙替换陈叔文，顺便抵挡隋军。

施文庆受擢升，自然高兴，又担心离京出任后，别人告自己的状，于是将行之前，推荐同伙沈客卿代替自己在朝中的原职。

施文庆与沈客卿两人，共同掌握着南陈朝廷的机密要事。

征西将军樊毅，向南陈国务总理袁宪和骠骑将军萧摩诃建议，以精兵并配备战船镇守京口、采石，防备隋军。京口系今天的江苏镇江，采石乃今日的安徽马鞍山，都是重要地方。

袁宪和萧摩诃都认为樊毅建议得好，便要奏请陈后主，按照樊毅的意见部署兵力。

施文庆和沈客卿觉得别人建议，后主采纳，不利于他们的专权，便在朝廷上说："诸公提建议不必面见皇上，写出奏章即可。"

袁宪们信以为真，施文庆和沈客卿却在转呈奏折的时候，乘机说陈后主，若向京口、采石派遣精兵和战舰，会引起不必要的惊扰。

昏庸的陈叔宝听信了施文庆和沈客卿，不派。

情报人员频频报急，袁宪们再三恳求朝廷，派出精兵和战舰，以加强防务。

施文庆却说："大型元旦晚会已经临近，今日如果调部队出京，晚会上缺少人气，恐怕威势不够啊。”

陈后主道：“北齐大军曾三次来犯，北周也曾两次大举进兵，没有一次不是被我军打得丢盔卸甲，屁滚尿流的。这次隋军前来，谅它也难放出一个响屁。”

施文庆和沈客卿踊跃赞美陈叔宝的豪言壮语。

都官尚书孔范也屁颠颠地附和：“长江天堑，固若金汤，今日北方胡虏难道长有翅膀，能飞过来不成？边境守将想要立功，没有不说军情紧急的。”

孔范说：“臣总忧虑自己官位低下，敌人若来了，真好建功业当太尉公。”

有人在一旁说隋朝的战马不服水土，已经死了很多，酸败货色孔范脸一拉，口出狂言道：“隋军战马渡了江，肯定都是我们的了，现在怎么能死掉呢？”

陈后主哈哈大笑，“讲得太好了，讲的太妙了！”

对隋军的南下，陈朝不作防备，后主陈叔宝带头，照旧在后宫饮酒作乐，沉醉声色。而整个长江下游江防空虚，江面上竟没有一艘战舰。

隋军的战略，是以杨俊、杨素两个集团军，在上游牵制陈军主力，掩护杨广集团军在下游偷渡长江，进袭建康。

隋军以各种假象迷惑了敌方，南陈看到杨素方面军放船至汉口，与集于该地的杨俊方面军会师，十多万部队，扎着架子，要继续进军，根本想不到隋军会把劲头使在下游。

四

公元589年元旦，江南大雾弥天，建康城里，陈后主在皇宫，大会群臣，饮宴终日。

晚上，是超大规模的迎新晚会。醉醺醺的陈叔宝在大臣和宫女的簇拥下，观赏欢庆歌舞，《玉树后庭花》什么的。

就在此时，隋军开始了长江下游的军事行动。

杨广大军乘雾进至长江北岸，派其左右两员猛将贺若弼、韩擒虎偷渡过江。

贺若弼在广陵——今天江苏扬州——已经营多年，采用了多种麻痹敌人的战术。

贺若弼为迷惑对岸的陈朝军队，故意用老马换取旧船，停泊在江边，陈国侦查员侦察到这些表面现象，误以为中原连战船都没有。

每到换防的时候，贺若弼要求沿江军兵大集中，遍举旗帜，遍设军营幕帐。陈军误以为隋兵要大举进攻，急忙进入一级战备状态。后来隋军聚而复散，陈军方知系隋兵换防，便又撤除战备。

贺若弼还故意派兵沿江打猎，人马喧嚣鼓噪，南陈军队看得多了，慢慢地不在意了。

而对长江南岸的情况，贺若弼则一清二楚。他不时地派间谍潜入江南，收集情报。

几年来，贺若弼始终在全神贯注地等待渡江作战、解放江南这一天。

麻痹敌人的战术奏效，准备工作充分，所以新年伊始，贺若弼率军一万两千人神速地渡过长江，南陈守军竟然没有发觉。

另一路，韩擒虎也率五百精兵乘着夜色轻装渡过长江，到达采石，位置在今天安徽马鞍山市西南。

南陈的采石守军也办晚宴了，官兵个个烂醉如泥，韩擒虎眨眼间就将他们全部擒获，拿下了采石镇。

杨广集团军之贺若弼、韩擒虎两支先遣队飞越长江天险，南陈朝廷上下一片恐慌。

初二早上，南陈后主陈叔宝紧急召集公卿大臣入朝商讨对策。

商议了半晌，下诏书，宣布“京城内外一体戒严”，“隋军侵凌，进犯窃夺我土地，犹如蜂螫，毒虫侵人，应及时扫灭。朕当亲御六师，廓清八表”，打败隋朝侵略军。

陈后主任命萧摩诃、樊毅、鲁广达为都督，司马消难和施文庆并为大监军。

军情紧急，陈叔宝也不让施文庆去长沙赴任换防了。

委任完将领，集结军队。军队不够，拉上民兵预备役。预备役不够，“僧尼道士尽皆执役”。僧尼道士人数少，保家卫国，男女老少齐上阵。入伍的入伍，支前的支前，并重新制定、提高奖赏有功将士的赏赐标准。

随后，派遣南豫州刺史樊猛，率领水军防守江面。

由于陈朝荒淫腐败，早已烂透，先期渡江的隋军贺若弼、韩擒虎两支人数不多的先头部队，竟是所向披靡，取得一连串意想不到的战果。

贺若弼攻下京口，活捉了陈朝的南徐州刺史黄恪。

贺若弼将所俘陈军士兵六千多人全部释放，释放时每人发几份隋文帝的敕书——暴扬陈后主之恶的文件，并予路资，遣返回乡，让他们分道散发，进行宣传。

攻心战术果然奏效，隋解放军被南陈百姓目为仁义之师，所到之处，陈军望风溃散。

在采石，韩擒虎兵少，并不急于杀向建康，而是率军向西，进攻姑熟——今天的安徽当涂，仅用半天就攻克了。

南陈的南豫州刺史樊猛应召赴建康，由其子樊巡代理政事，结果樊巡全家都给韩擒虎捉住了。

陈朝大将鲁广达的儿子鲁世真、鲁世雄，率部投降，并派人持书信招降驻守建康的父亲鲁广达。

鲁广达接到儿子的劝降信，又气又怕，亲到南陈朝廷，请求治罪，陈后主好言慰劳，额外赏赐他黄金。

但率领水军游弋于江面的樊猛，却遭到猜忌，陈后主企图派任忠代替他，樊猛得知后极为不满，陈叔宝又乱了方寸，只好作罢。

开始进攻了。贺若弼从北道，韩擒虎从南道，齐头并进，夹击建康。

南陈沿路守军，尽皆望风奔命，投降接连不断。

隋军未受任何磕绊，贺若弼进据钟山，韩擒虎进驻新林，虏获了不少南陈干部家属，接下来要砸建康的大门了。

隋朝晋王杨广，一面准备率大军渡江，一面向父皇上表，禀送告捷战报。

隋文帝得报大喜，特意召集在朝群臣，举爵庆贺。

此时，南陈首都建康城中，尚有部队十来万人，而隋朝渡过长江的贺若弼、韩擒虎两军，加起来还不足三万，南陈若是主动出击，指挥得当，完全有可能击败南渡的隋朝两支偏师，至少猛打一番，应该没问题的。

但陈后主怕呀，只知道日夜哭泣，朝廷诸事、军情处置，一概委任施文庆办理。

施文庆知道众将疾恨自己，唯恐他们建立军功，便对陈叔宝说：“那些货们，平素还不服管教呢，紧迫时刻，岂能信任？”

因而，诸将凡有作战请求，全都无法得到批准。

萧摩诃请示说：“贺若弼孤军深入，立足未稳，营垒不坚，加紧出兵袭击之，必能取胜。”

陈叔宝说：“别着急。”

陈叔宝喊来任忠，与萧摩诃共议军事。

任忠说：“按照兵法，客军贵在速战，主军贵在坚持。如今国家兵足粮丰，宜固守京城，沿秦淮河建立栅寨，北军来攻，不与交战，再分兵切断敌兵归路，不使其互通消息。”

萧摩诃对任忠的看法表示认可，点头附议。

任忠要求陈后主拨发精兵一万，快艇三百艘，由他率领径直突袭杨广。

“这样，杨广必以为他们过江的军队已经被消灭了。我再扬言将率军进攻徐州，断敌归路，杨广将不战自退。待到雨季，春水上涨，上游周罗睺的部队可以顺流而下，增援下游，这才是退敌保国的良策。”

任忠对敌我双方军情的分析，尤其是其对策，似谓高见。

但陈后主不能用：“别着急。”

陈叔宝想听施文庆的，施文庆有个屁呀。

第二天早上，陈叔宝自己着急了，吆喝着说：“操娘的，久不决，人心烦，萧郎你出去打吧！”

陈后主心存侥幸，认为出战或许能赢，命萧摩诃草率出击。

任忠苦谏说：“陛下，万万不可如此出战啊！”

丧门星孔范却拍马屁上奏道：“决一死战，决一死战！臣当为陛下刻石记载战功。”

萧摩诃说：“从来领兵作战，都是既为国家，也为自身。今日出兵，保卫朝廷，也是为着解救被掳的妻儿老小，记什么功！”

陈后主让宫人搬出很多金帛，交给萧摩诃，说：“用这些做奖品，奖励给立功的将士。朕就不信了，堂堂大陈，咱打不败个小隋！”

第一百零五章

江表嗟怨

一

话说南陈后主陈叔宝要作战了，“大陈”要收拾“小隋”了。

陈叔宝派鲁广达布阵于白土冈，处在各路军的最南面，往北依次是任忠的部队，樊毅的部队，孔范的部队，萧摩诃的军队摆在最北面。

由南而北，南陈军队阵势达二十里，但十万大军没有总帅，或者说总帅就是陈叔宝，首尾进退，相互联系不上。

隋军贺若弼部仅有八千人，按杨广元帅的部署，并不想打大仗。

杨广要贺若弼坚守钟山，等待大军渡江后，合围建康。

但军情瞬息即变，贺若弼登上钟山，看到陈军竟弄了一条奇怪的“长蛇”。自己人虽少，但去冲击一下，斩断其一节，完全没有问题。

贺若弼急驰下山，与部下紧急商议，挥兵杀出。

陈军方面，大将萧摩诃心里最为矛盾，他甚至不想打这个鸟仗——陈叔宝前不久看上他的娇妻，竟哄着跟她私通。真他妈的恶心极了！

只有鲁广达对陈后主有所感恩，力战死拼，两军相交，四番逼迫隋军后退，杀死隋兵近三百人。贺若弼施放烟火，掩护隐蔽，才摆脱鲁广达包围。

陈军初得小胜，自乱阵脚，士兵拎着隋军人头，纷纷跑回献功，请求领取金帛奖赏。

贺若弼看出陈军混乱，扭头再度冲击孔范的军阵。

甫一接战，曾经在陈后主面前空话、大话、怪话连篇的孔范就带头逃跑，部卒哗然而散。

长蛇阵中的其他部队望见孔范的部队逃跑了，纷纷学着溃奔，士卒相互践踏，不可复止，死者逾五千人。

愁眉苦脸的萧摩诃于战阵之中为隋军所擒，南陈十万大军，顷刻间烟消云散。

萧摩诃被送交贺若弼，贺若弼让部下推出斩首。

萧摩诃临死不惧，神色自如，贺若弼见状便以礼相待，把萧摩诃释放了。

任忠单骑急驰，进入宫城，谒见陈后主，陈述兵败如山倒之情状，说道："皇上好自珍重，臣是无能为力了。"

陈后主赶紧拿出两串金子，要任忠去招募士兵，再次出战。

任忠说："陛下，咱不能再打了。陛下只有准备船只，到上游依靠周罗睺的大军才是出路。"

陈后主乃令任忠出外部署安排，自己与一班宫女收拾行装，等待出发。

等待好久，不见任忠到来，陈后主嘟哝说："奇了怪了。"

任忠出官后，占据新林的隋军韩擒虎部也向宫城扑来，陈军朱雀门警卫连连长蔡徵惊恐逃窜。

任忠感到陈朝已无可救药，遂率部下数骑，到石子岗向韩擒虎投降。

韩擒虎接受了任忠，由任忠导引，仅率五百精骑，大摇大摆径直进入朱雀门。

路上遇到零星陈军士兵抵抗，任忠挥手说："老夫尚且降矣，你们还挡什么？"

陈军士兵闻言，全部散走。

建康城内的文武百官都窜了，树倒猢狲散，宫中一片冷清，只有尚书仆射袁宪在殿内陪着陈后主，尚书令江总等数人呆在尚书省中。

后主不无感慨地对袁宪说："往日朕待卿并不好，危难时却只有卿在身边，惭愧啊。今日败亡，不是朕一人失德无道，也是江东干部队伍丧尽了气节啊！"

宫外杀声震天，惊慌失措的陈后主想要逃走并躲藏起来，袁宪严肃地对他说："北方兵马入殿，不至于侵侮陛下，大事既已如此，还有哪里可躲藏呢？不如端正衣冠，坐在正殿之上，也不失皇帝体面。"

陈后主说："你算了吧。锋刃之下，岂能安全交接？别管了，朕自有计。"

陈叔宝下了御榻，飞奔出殿，带着嫔妃宫女十多个人，逃到后堂景阳殿，就要投井——那里有一口井。

后阁舍人夏侯公韵苦劝，陈叔宝不听。

夏侯公韵乃以身子遮挡井口，陈叔宝竟顾不得皇帝尊严，动手拉扯，很久才得以跳人井中。嫔妃宫女都随着跳了下去。

隋兵杀进宫来，进入殿庭，四处搜寻，来到井边，向井中窥视并且大声喊话，井下无人回答。

隋军士兵扬言要向井中投石头，这才闻听井下声音说："有人，有人！"

于是抛下绳索往上拉人，军士为十分沉重而感到诧异，直到拉上来一看，原来是陈叔宝把自己同张贵妃、孔贵嫔都系在同一条绳子上了。

众人看到一串蚂蚱，忍不住哈哈大笑。

而沈皇后，却像往常一样，居于宫中，并不惊慌。

南陈太子陈深，年方十五，闭门而坐，太子舍人孔伯鱼侍奉在一旁。隋军士兵叩门而进，陈深安坐如故，向隋军士兵慰劳道："远道而来，不疲劳吗？"

隋军士兵因此觉得南陈太子不简单，都向他致敬。

二

却说南陈王城建康失守，王公贵族、群臣百官，纷纷出来向隋解放军投降。

鲁广达仍率残兵与贺若弼苦战不止，直到天色已晚，才下令解甲休息。

鲁广达面向内城再拜而痛哭流涕，对部下说："一身尚存，不能拯救国家，负罪深重啊我！"

士卒们都哭泣哀叹，然后束手就擒。

贺若弼连夜放火烧毁建康北掖门，率部进入皇宫，才得知韩擒虎已抓了陈叔宝，不觉心头火起，自己以少胜多，击垮陈军主力，功劳却落在韩擒虎之下。

贺若弼命人把陈叔宝唤出来瞧看。

陈叔宝惊慌恐惧，浑身颤抖，汗流满面，向贺若弼一再叩拜。

贺若弼对陈叔宝说："小国之君，相当于大国的公卿，按礼应该跪拜，没什么的。即使把你押到隋朝去，仍不失封归命侯，无须恐惧。"

贺若弼与韩擒虎争吵，拔刀而出，夺取陈叔宝乘坐的专车归己所有，未能如愿，于是把陈叔宝押在自己军中。

总帅高颎进了建康城，其子高德弘是晋王杨广的秘书，杨广派高德弘急速赶到高颎处，令高颎将张丽华留下。

高颎说："张丽华也算是战犯一个，怎可留下？"

于是，高颎在青溪将张丽华割了脑袋。

高德弘跑回去向杨广汇报，杨广气得变了脸色，说："无德不报啊，我一定要报答高先生的。"

隋元帅杨广进入建康，下令斩除为害于民的南陈奸臣施文庆、沈客卿、杨慧朗、徐析、史暨慧五人，向三吴百姓谢罪。

随后，杨广命行军秘书裴矩计点南陈朝廷的图籍档案，封存府库。

隋文帝收到平陈捷报，下达诏书给杨广，专意肯定了贺若弼和韩擒虎的功绩，"平定江表，乃贺若弼与韩擒虎之力也"，特赐予贺若弼与韩擒虎布帛各万匹。

隋文帝将陈国灭亡的消息告知陈国驻隋大使许善心。

许善心身穿丧服，放声痛哭。

次日，隋文帝诏令许善心，赐给一套衣服，任命他为隋朝的散骑常侍。

许善心再次大哭陈朝，尽表哀痛，然后入房更衣，出来面北而立，垂泪接受隋文帝的任用时，又伏泣于殿下，悲哀得不能站立。

隋文帝回顾左右，对侍臣们说："朕平定南陈，只获得这样一位人才。如此怀念旧主，当然也就是朕的忠臣了。"

隋军占领建康，抓获了陈叔宝，宣告南陈灭亡，但南陈境内广大地域并没有全部平定。

南陈上游水军都督周罗睺，尚仍率军驻守江夏——今天的湖北武昌。

南陈荆州刺史陈慧纪率三万将士、千余艘楼船，沿江而下，企图入援建康。受到秦王杨俊阻挡，无法前进。

下游战事结束之时，上游战斗还在激烈进行。

如何尽快解除上游陈军的武装，最好的办法自然是招降。

隋元帅杨广命陈后主亲手书写招降书，派樊毅等送至上游，招降周罗睺等。

周罗睺接到陈叔宝手书，知道抵抗已无意义，于是带领诸将面向东方大哭，军心即刻涣散了。

周罗睺下令解散部队，自己到汉口向秦王杨俊投降。

接着，南陈荆州刺史陈慧纪也向隋军投降了。

南陈各地司马、太守纷纷投降。惟十八岁的湘州刺史陈叔瑱——陈叔宝的弟弟，不降。

湘州城中将士，无有固守的心思。陈叔瑱设酒召集文武官吏，喝得尽兴时，感叹说："陈朝君臣间的大义，到此就算完结了吗？"

长史谢基，伏在地上流涕。

湘州警备司令陈正理也在座，站起来说道："今逢大难，正是我们效命的时机。即或不能成功，也能展现我们作为臣子的气节。时机在握，不可犹豫，先响应者有功，后响应者斩首！"

众官员均表示跟着陈叔瑱战斗，于是，杀牲盟誓，派人向隋军将领庞晖递交诈降书。

庞晖相信了陈叔瑱，按约定日期入城接收。陈叔慎事先埋伏的甲士突然冲出，抓捕了庞晖，将他砍头示众，随同前来的兵士也都遭到杀害。

陈叔瑱几天当中又聚募士兵五千。

陈叔瑱刚有了点军队，附近的衡阳太守樊通、武州刺史邬居业都请求救援。还没救援呢，隋朝的新任湘州刺史薛冑率兵到来。

陈叔瑱派警备司令陈正理出兵抵拒，被隋军击败。

隋将薛冑乘胜攻入城中，俘获了陈叔瑱。随后樊通和邬居业也被隋军俘获。

薛冑将陈叔瑱等俘虏押送汉口，斩了首。

这样，隋军几乎没费多少周折，就全部平定了长江上游地区。

建康下游，属于三吴会稽地区，这一带的南陈军队也很快停止了抵抗，只有来自后梁的萧岩叔侄，害怕隋朝收拾他们，在其管辖区域内兴风作浪，抵御隋师。

萧岩叔侄二人既为萧梁后裔，降南陈后，在三吴地区时间也不短了，在当地士民中有了点威信，陈亡后，企图趁机恢复梁武帝的祖业。

晋王杨广并不因为姓萧的是自己的妻舅子而姑息他们，派遣行军司令宇文述，率军东下征讨。

面对强大的隋军，萧氏叔侄自知不敌，只好投降。二人被俘，遭到斩首。

岭南地区，距建康较远，隋文帝派将领韦洸等前往安抚，也算平定了。

隋朝灭陈战役，两三个月获得全胜。南陈三十个州，一百多个郡，四百多个县，全部并入隋王朝的版图。结束了中国南北四百年的分裂局面，实现了又一度大统一。

隋的统一，符合人民的愿望。斯时，江南人民痛恨陈朝“主昏于上，民荫于下”的垃圾状态，欢迎隋朝解放军渡江作战。解放后，各地人民热情拥军拥政，决心团结在以隋文帝为核心的大隋朝廷周围，建设新社会。

平定南陈

因此说，隋朝一统南北的意义，远远超过以往单纯的改朝换代。

杨广呢，在隋文帝策划的统一战争中，因缘际会，担任前敌总指挥，其名字亦永远镌刻在了这划时代的里程碑上。

三

公元589年，三月，亡国的陈叔宝君臣老小及其王公百官，被押回北方，队伍断断续续，前后扯了五百里长。

四月，隋文帝亲自慰劳凯旋归来的远征大军。

随后，按古礼在太庙举行献俘仪式。

隋文帝下令将陈叔宝带上来，同被带上来的，还有原陈国的太子、诸王二十八人，司空司马消难以下至尚书郎二百多人。

隋文帝命内史令宣诏，责备陈国君臣，不负责任，祸害黎民。

陈叔宝及其群臣惭愧恐惧，伏在地上，屏住呼吸，无言答对。

隋文帝最后赦免了他们。

司马消难曾跟隋文帝的父亲杨忠交好，因而杨坚一直以对待叔父的礼节对待他，此次司马消难被俘，隋文帝没有为难他，带着旧日的情分见面。

数日后，隋文帝宴请将士，搬出府库中的布帛，按功劳等级给予赏赐，共用去三百多万匹。

杨广被隋文帝加迁为太尉，受赐辂车、乘马、衮冕之服，还有玄圭和白璧各一。

杨素被晋封为越公，其子杨玄感为仪同三司，另一个儿子被任命为清河郡公，赏赐给他们家布帛万匹，粟米万石。

高颎因军功受到重赏，加封上柱国，晋爵为齐公，赐布帛九千匹。

隋文帝慰劳高颎道："在卿伐陈后，有人说卿谋反，朕已经把那个人杀了。君臣之间，以道相合，岂是谗言所能离间。"

隋文帝赐给贺若弼布帛八千匹，加官位为上柱国，晋爵为宋公，并把陈叔宝的一个漂亮妹妹赐给贺若弼为妾。

让贺若弼回顾战事，贺若弼说："臣下领兵，在钟山与陈军殊死决战，大败敌军精锐士卒，擒获陈军骁将，振武扬威。韩擒虎，他很少与陈兵交战。"

韩擒虎忍不住争辩道："晋王命令臣下与贺若弼同时出击，然而，贺若弼提前行动，遇敌便与交战，将士死伤甚多。臣下只率轻骑五百，兵不血刃，直取建康，收降任忠，活捉陈叔宝，捣毁敌人巢穴，控制南陈府库。贺若弼到傍晚才烧开北掖门，进入建康宫城。贺若弼请罪还来不及，怎能与臣下比功？"

隋文帝说："二位大将，都有大功。"遂赐韩擒虎布帛八千匹，晋为上柱国，把陈叔宝的另一个漂亮妹妹赐给了他。

隋文帝命高颎与战将们一道回顾平定南陈的战争。

老高说："臣仅仅是个文职，怎敢与大将们议论功劳！"

隋文帝闻高颎言，大笑，说："卿真谦让，高风亮节。"

却说杨广已在建康诛杀陈国的五个奸臣，当时尚不知道都官尚书孔范等人的罪恶，待到此时，昭彰了，隋文帝厌恶丧门星孔范等人，便将他们发配到边远地区，让他们以此向吴越百姓服罪。

隋文帝待陈叔宝不薄，多次接见，丰厚赏赐，还给予同三品公卿的待遇。

每当有陈后主参加的宴会，隋文帝不让奏吴地的音乐，以免引起他的伤心。

后来，负责监管陈叔宝的人禀报说："陈叔宝说自己现在经常抛头露面，参加朝廷活动，没有官职，不大合适，希望给一个。"

隋文帝笑叹道："哦，没脑子呀！"

监守人又汇报说陈叔宝整天喝酒，经常饮酒大醉，很少有清醒的时候，还"嗜食驴肉"。

隋文帝问陈叔宝每天能饮多少酒，监守说他跟从人每日饮酒一石。

隋文帝苦叹道："哎呀，饮才呀！"

杨坚叹了，说："节制他的酒量。"转口又说："还是让他任性饮吧，不然他靠什么过日子呢。"

隋文帝由此担心南朝陈氏家族的子弟无事生非，遂将他们分别安置于边远州县，"并配于陇右及河西诸州，各给田业以处之"，级别和待遇不减，使他们安然度日。

出于笼络江南士人的考虑，南陈的文官武将，大多数录用为隋朝公务员。

公元589年四月，隋文帝发布了天下大同、偃武修文的"四月诏书"。

往以吴、越之野，群黎涂炭，干戈方用，积习未宁。今率土大同，含生遂性，太平之法，方河流行。

凡我臣僚，澡身浴德，开通耳目，宜从兹始……

朕为帝王，志存爱养，时有臻道，不敢宁息。内外职位，遐迩黎人，家家自修，人人克念，使不轨不法，荡然俱尽。

兵可立威、不可不戢；刑可助化，不可专行。禁卫九重之余，镇守四方之外，戎旅军器，皆宜停罢。

代路既夷，群方无事，武力之子，俱可崇文，人间甲仗，悉皆除毁……

颁告天下，咸悉此意。

四

且道晋王杨广——哦，也是隋朝太尉杨广，平定南陈，凯旋班师，受赏之后，重新回镇并州，跟北边的突厥瞪眼。

公元590年刚刚降临，其老爸隋文帝亲临晋阳巡视。那时候的晋阳乃系今天的山西太原市。

杨坚也不怕冷，去北部边防察看，跟儿子拉呱，在晋阳待了两个多月，给予杨广以足够的器重。

为了更好地控制新近收复的江南大地，隋文帝下令杨俊，将建康城邑宫室，全数拆毁，夷为平地，“平荡耕垦”，退城还田，而将钟山改名蒋山，建小城，置蒋州，管理地方。

六朝故都建康城，自此为蒋州替代，成了大隋朝版图内的一般郡县了。

然而，捣毁一座城堡，就能有效地控制江南，巩固统一局面了吗？非也。

六朝割据江南，近四百年，大江南北，文化背景差异很大，要建立新的统一，促进文化合流，比军事征服更艰巨，更复杂。

隋朝时期的长江流域，跟西晋灭吴时相比，除了南方原有的根深蒂固的大门阀，新兴地方豪族不断涌现，遍布浙闽及岭南广大地区。

所谓“溪涧酋豪”，早在梁朝与陈朝交替之际，就趁乱起兵，割据州郡，控制了地方政权，南陈的方针是尊重事实，承认他们。

隋朝灭南陈，江南门阀和各地豪族，并未参与抵抗。他们对腐败的陈朝不抱希望，它灭亡就灭亡，他们关心的是既得利益能否延续，在新朝能否继续掌握势力。

若隋朝照着南陈的路子走，承认各地土豪，他们就会成为隋王朝的支持者，社会或能实现平稳过渡。

然而，隋朝起于关中，骨子深处是“关中本位”，不信任南方基层干部，剥夺了他们一切政治经济特权，另派遣大量北方干部南下，接管地方。

隋朝在江南新设吴州、洪州、广州、桂州、潭州、永州、杭州、循州等八个地方总管府，全以关陇人士主政，南陈地方官吏，一律革职，“牧民者尽更变之”，“一律改委北人”，使江南各地那些经过多方钻营获得官位的庶族地主，地位一落千丈，变成了丧家之犬。

公元590年，隋朝命令“江表依内州责户籍”，检括江南户口，褫夺世家大族不税不役等特权，驱散其荫户，使江南豪簇拥有的大量依附人口，成为国家编户，直接贡赋纳税。

北魏孝文帝以来，北方建立了完善的乡村基层组织三长制，经验成熟，隋朝在其基础上实施“五家为保，保有长。保五为闾，闾四为族，皆有正。畿外置里正，比闾正，党长比族正，以相检察”的“新三长制”，也在江南新解放区强力推广了，以利于控制各地。

隋文帝的“四月诏书”，令吴越之野，“戎旅军器，皆宜停罢”，“人间甲仗，悉皆除毁”，针对的更是江南，随后又颁行一系列细则，收缴南方人家的武器。

以上种种措施，皆“尚关中旧意”，其“关陇”意识非常明显，让江南土著甚为反感。

江南大门阀、琅邪王胄，属于人所谓的“王谢”大家出身，“自恃才大”，却不被新朝廷任用，于是，“郁郁于薄室，每负气凌傲，忽略待人”。

隋朝当然是出于巩固统一的考虑，但方式方法简单粗暴，未能针对江南地区的历史特征，以“南人治南”，收揽人心，南方人士大失所望，郁闷而思乱。

隋朝也曾“承周武之后，大崇释氏，以收人望”，试图利用当时民众普遍信仰的佛教，来消除南北地域在社会心理、文化风俗上的差异，维护社稷安定，但其政策却比北方严厉得太多了。

南陈境内，原本佛教寺庙林立，隋朝通知，“克定江表，宪令惟新，一州之内，止置佛寺二所，数外伽蓝，皆从屏废”。

在北方，大隋继承前世各朝，营造经像，任听人们出家，对南方佛寺，却如此大加限制，不明显表现出对南方教派的歧视吗?

隋朝也知道大做“思想政治工作”，将儒家之“五教”在江南大力推行。

五教者，五种伦理道德，即父义、母慈、兄友、弟恭、子孝是也。

推行五教，虽然是宣传教育，但难免犯有将江南人视为“化外之民”的嫌疑，也就不能不引起南方人士强烈反感了。

而且，在推行“五教”的政治运动中，大隋的“南下干部”措置不当，作风粗暴，“加以烦鄙之辞”，“使民无长幼悉诵之”。

学习材料拉杂无聊，还强迫男女老少都得背诵，于是，“士民嗟怨”不止。

百姓之间还流传隋朝要大迁民了，南人均要“徙之入关”，以致“远近惊骇”。

终于，新的“隋解放区”，遍地火药开始燃烧，江苏，浙江，福建，安徽，江西，各地巨家大室，先后揭竿自立，“大者有众数万，小者数千，共相影响”，规模巨大的反隋叛乱，在原南陈境内全面爆发。

南陈亡后，不足两年时间，大隋王朝不得不陷入较之灭陈更为艰苦的平叛战争之中。

中国史系（七）

1161年 ～ 宋绍兴三十一年，金大定元年

- 五月，金西北路契丹人撒八，移剌窝斡等起义
- 六月，海陵王迁都汴京
- 九月，海陵王统三十二总管兵攻宋。十月，金征南万户完颜福寿，完颜谋衍等还军东京，拥立东京留守完颜雍即位，是为金世宗完颜雍。宋李宝军于胶西陈家岛海域歼金朝舰队。十一月，海陵王攻宋，采石之战金军渡江失败，海陵王被部将所杀
- 是年，移剌窝斡杀撒八称帝。金爆发济南耿京等起义

1162年 ～ 宋绍兴三十二年

- 宋高宗传位于赵，是为宋孝宗赵

1163年 ～ 宋隆兴元年，金大定三年

- 东南宋军北上，大溃于符离

1164年 ～ 宋隆兴二年，金大定四年

- 隆兴和议，宋金重订和约
- 金世宗遣张弘信等分路通检诸路物力，后又屡次实行通检推排

1165年 ～ 宋干道元年，金大定五年

- 正月，宋金议和成，宋称侄皇帝，割海、泗、唐、邓、商、秦等地与金，岁贡金银、绢二十万两/匹

1170年 ～ 西夏干佑元年

- 权相任得敬胁迫西夏仁宗李仁孝分西南路及灵州罗庞岭与之称楚国；

西夏仁宗杀任得敬

1189年 ～ 金大定二十九年

• 正月，金世宗死，皇太孙即位，是为金章宗完颜璟

• 二月，诏放宫籍户及奴婢为良

1190年 ～ 西夏干佑二十一年

• 西夏骨勒茂才纂《番汉合时掌中珠》成

1191年 ～ 金明昌二年

• 十二月，诏罢契丹字

1194年 ～ 宋绍熙五年

• 赵扩在吴太后支持下即位，是为宋宁宗

1195年 ～ 宋庆元元年

• 宰相赵汝愚等被贬斥，韩侂胄掌权，始实行庆元党禁

1196年 ～ 金永安元年

• 金兵分两路北攻鞑靼

1198年 ～ 金永安三年

• 金将完颜襄等出临潢击退鞑靼，遂起临潢左界至北京路修筑壕障，以御北边部族；西京、西北路亦仿修边堡

1201年 ～ 金泰和元年

• 十二月，修《泰和律》成

1202年 ～ 宋嘉泰二年

- 宋弛庆元党禁

1206年 ～ 宋开禧二年，金泰和六年，西夏应天元年

- 五月，宋军分路攻金，大多失败。十月，金军大举攻宋
- 西夏镇夷郡王安全（襄宗）废桓宗纯佑自立。金册安全为夏国王
- 蒙古国建立，铁木真称成吉思汗

1207年 ～ 宋开禧三年，金泰和七年，西夏应天二年

- 宋吴曦据四川叛变，被杀
- 宋金始议和
- 蒙古成吉思汗攻西夏，破斡罗孩城
- 蒙古遣使招降吉利吉思等部

1208年 ～ 宋嘉定元年，金泰和八年

- 宋金重订和约，宋以韩侂胄之首换取失地
- 宋史弥远始专权

1209年 ～ 西夏应天四年

- 成吉思汗攻西夏，围中兴府，西夏襄宗纳女请和
- 畏兀儿亦都护归附蒙古

1211年 ～ 金大安三年，西夏光定元年

- 成吉思汗攻金
- 红袄军首领杨安儿复起义于山东
- 西夏大都督府主遵顼废襄宗自立，是为西夏神宗

· 哈剌鲁阿力麻里归附蒙古

1212年 ～ 金崇庆元年

· 山东刘二祖起义

· 金北边千户契丹人耶律留哥叛金，攻隆安、韩州

1213年 ～ 金贞佑元年，西夏光定三年

· 春，耶律留哥自立为辽王

· 八月，金将纥石烈执中政变，杀卫绍王。九月，金宣宗完颜即位

· 是年，蒙古分三路攻金

· 西夏军攻金

1214年 ～ 宋嘉定七年，金贞佑二年

· 金宣宗献子女、金帛，向蒙古求和，迁都汴京，史称“宣宗南迁”

· 宋罢金朝岁币

1215年 ～ 金贞佑三年

· 蒙古军取金北京、中都

· 金宣抚使蒲鲜万奴据辽东称天王，国号大真

· 成吉思汗还蒙古，遣速不台讨蔑里乞残部

· 木华黎讨灭锦州张致，取辽东诸郡

1217年 ～ 宋嘉定十年，金兴定元年，西夏光定七年

· 四月，金军攻宋，双方从此处于长期战争状态

· 十二月，成吉思汗攻中兴府，西夏神宗留太子守城，走西京

- 木华黎封太师国王，奉命经略中原，专事攻金
- 成吉思汗遣术赤征服吉利吉思等部，遣哲别灭屈出律，征服西辽。蒙古军追灭契丹叛人于高丽，高丽向蒙古称臣纳贡
- 成吉思汗西征花剌子模
- 木华黎取山西诸路

1220年 ～ 金兴定四年

- 九公封建
- 蒙古军取不花剌、撒麻耳干等城，花剌子模算端摩诃末逃入里海岛上，死
- 蒙古军取玉龙杰赤及呼罗珊诸城，追击花剌子模算端札阑丁至印度河，札阑丁败逃入印度
- 木华黎取陕西诸地，围凤翔
- 哲别、速不台败斡罗思、钦察联军于阿里吉河

1224年 ～ 宋嘉定十七年

- 宋宁宗死，史弥远废皇子竑，另立赵昀为帝，是为宋理宗赵昀

1225年 ～ 宋宝庆元年，金正大二年，西夏干定三年

- 北方义军将领彭义斌攻蒙古军，战死
- 金、西夏议和成，西夏以兄事金

1226年 ～ 西夏宝义元年

- 蒙古军取西夏西凉府，围中兴府

1227年 ～ 西夏宝义二年

- 蒙古灭西夏
- 成吉思汗死于清水县，幼子拖雷监国
- 窝阔台即蒙古大汗位，颁大札撒，定中原、西域税法，遣搠里蛮攻打札阑丁
- 蒙古置十路征收课税所，命耶律楚材主其事
- 窝阔台、拖雷统兵征金
- 拖雷军入汉中，假道宋境攻金。窝阔台取金河中府
- 搠里蛮灭札阑丁
- 蒙古军侵入高丽

1232年 ～ 金天兴元年

- 钧州三峰山之战，蒙古拖雷军歼金军，进围汴京。金哀宗逃离汴京

1233年 ～ 宋绍定六年，金天兴二年

- 正月，金哀宗至归德，金京城西面元帅崔立政变，以汴京降蒙古。六月，哀宗至蔡州。是年，宋应约出兵与蒙古联合灭金，合围蔡州
- 蒙古军灭东真国

1234年 ～ 宋端平元年，金天兴三年

- 正月，金哀宗让位东面元帅完颜承麟，自缢死。蔡州城破，末帝承麟被杀，金亡
- 宋出兵复东、西、南三京，被蒙古军击败

- 蒙古诸王贵族大会
- 窝阔台命建和林城
- 遣拔都等诸王西侵斡罗思、钦察诸国，阔端、阔出等攻南宋，唐古侵高丽
- 蒙古括中原诸路民户
- 窝阔台以中原民户分赐诸王、贵戚、勋臣，定五户丝制。重新制定中原赋税制度
- 拔都等灭不里阿耳、钦察诸国。阔端取成都
- 拔都等攻入斡罗思
- 蒙古考试中原诸路僧、道、儒生
- 蒙古征服阿速国
- 拔都等攻陷乞瓦等城，征服斡罗思诸国
- 拔都分军侵入马札儿、孛烈儿。蒙古军击溃孛烈儿、捏迷思等军于里格尼茨
- 窝阔台死，乃马真皇后称制

1242年 ～ 宋淳佑二年

- 余玠镇守四川，始全面推行依山筑垒，抵抗蒙古军的方略
- 贵由即蒙古大汗位
- 吐蕃萨斯迦派法主萨斯迦班弥怛奉召至凉州，次年见阔端，以乌思藏纳里地归附蒙古

- 贵由死，斡儿立海迷失皇后称制。拔都召集诸王贵族会议，推举蒙哥为大汗，窝阔台、察合台两系诸王反对

1251年 ～ 宋淳佑十一年

- 宋收复襄阳与樊城
- 蒙哥即大汗位，捕窝阔台孙失烈门等，穷治其党。命忽必烈总领漠南汉地军国重事，统军南征；旭烈兀总领阿母河以西诸地军国重事，统军西征
- 忽必烈征大理。旭烈兀出兵西征
- 蒙哥亲征南宋，以阿里不哥留守蒙古

1258年 ～ 宋宝佑六年

- 旭烈兀攻陷报达，灭哈里发
- 蒙哥统西路军入四川。诸王塔察儿统东路军攻宋，不利，命忽必烈统之

1259年 ～ 宋开庆元年

- 蒙哥汗久攻合州不克，死于军中
- 贾似道援鄂州，向忽必烈求和，忽必烈北还
- 旭烈兀侵入叙利亚

1260年 ～ 蒙古中统元年

- 忽必烈即大汗位于开平，立中书省、十路宣抚司。罢侵高丽兵。阿里不哥即大汗位于和林城西夏宫，遣阿蓝答儿等取关陇地。忽必烈自统兵讨阿里不哥，败之，遣大臣夺取关陇，杀阿蓝答儿等

• 发行中统元宝交钞

1262年 ～ 蒙古中统三年

• 二月，益都李反；七月，败死

1263年 ～ 宋景定四年

• 推行公田法

1264年 ～ 蒙古至元元年

• 七月，阿里不哥降

• 八月，改燕京为中都

• 十二月，罢汉人诸侯世守，立千转法

1268年 ～ 蒙古至元五年

• 立御史台

• 忽必烈用南宋降将刘整策，发兵围襄、樊

• 窝阔台系后王海都与察合台系后王八剌联兵反元

1269年 ～ 蒙古至元六年

• 二月，立四道提刑按察司

• 颁行八思巴字

• 是年，海都、八剌和术赤系后王忙哥帖木儿在答剌速河谷举行忽里台，划分各自势力范围

1270年 ～ 蒙古至元七年

• 正月，立尚书省。二月，立司农司，后改大司农司

1271年 ～ 元至元八年

- 十一月，建国号大元。是年，命皇子北平王那木罕出镇阿力麻里

1272年 ～ 元至元九年

- 二月，改中都为大都

1273年 ～ 宋咸淳九年，元至元十年

- 襄樊之战，正月，元军破樊城。二月，襄阳降

1274年 ～ 元至元十一年

- 以伯颜为统帅，发大军二十万征南宋。十二月，下鄂州

1275年 ～ 宋德佑元年，元至元十二年

- 二月，元、宋在池州下游丁家州会战，宋军大败。元军连克建康、平江、常州等地，进逼临安。文天祥等起兵勤王
- 元立阿力麻里行中书省，行枢密院

1276年 ～ 宋景炎元年，元至元十三年

- 正月，南宋幼帝赵请降，元军取临安。五月，益王赵即帝位于福州，是为端宗。元军入福建、广西
- 北平王那木罕所部宗王昔里吉叛，执那木罕送忙哥帖木儿处，以安童送海都处

1278年 ～ 宋祥兴元年

- 宋端宗病死，张世杰、陆秀夫等拥立卫王赵为帝，移驻广东新会海中之崖山

• 文天祥战败被俘

1279年 ～ 宋祥兴二年，元至元十六年

• 正月，元军攻破崖山，宋帝溺死，宋亡

• 三月，忽必烈用郭守敬言，遣官四出测晷度，四海测验之所凡二十七

1281年 ～ 元至元十八年

• 忽必烈发军侵日本，遇台风，全军覆没

• 郭守敬等制定《授时历》，颁行天下

1283年 ～ 元至元二十年

• 江南各族人民起义，凡二百余所。十月，福建建宁黄华起事，有众十万，号头陀军

• 元朝发军侵缅国

1284年 ～ 元至元二十一年

• 元军侵占城、安南

1286年 ～ 元至元二十三年

• 五月，元军复侵安南，六月退还

• 十月，元军再次侵缅国

1287年 ～ 元至元二十四年

• 三月，发行至元通行宝钞

• 四月，诸王乃颜反，忽必烈亲征，乃颜战败被擒，处死

• 忽必烈又发兵侵安南

1289年 ～ 元至元二十六年

- 二月，籍江南户口
- 七月，海都军进攻漠北，忽必烈亲征，复和林、留伯颜镇守
- 江南各族人民起义，凡四百余处

1291年 ～ 元至元二十八年

- 二月，改提刑按察司为肃政廉访司

1293年 ～ 元至元三十年

- 七月，开通惠河，海运漕粮可直达大都

1294年 ～ 元至元三十一年

- 正月，忽必烈死。四月，铁穆耳即帝位，是为元成宗铁穆耳

1303年 ～ 大德七年

- 三月，《大元大一统志》编成

1304年 ～ 大德八年

- 元朝与西北诸王约和，各遣使赴伊利汗处宣谕和好之意

1307年 ～ 大德十一年

- 正月，元成宗死。三月，侄爱育黎拔力八达发动政变，夺取政权，自北方迎其兄海山。五月，海山即帝位，是为元武宗。爱育黎拔力八达被立为皇太子

1311年 ～ 至大四年

- 正月，武宗死。爱育黎拔力八达执政。三月，即帝位，是为元仁宗爱

育黎拔力八达

1313年 ～ 皇庆二年

- 十一月，行科举

1320年 ～ 延佑七年

- 正月，元仁宗死。三月，太子硕德八剌嗣帝位，是为元英宗硕德八剌

1323年 ～ 至治三年

- 二月，《大元通制》成，颁行天下
- 八月，硕德八剌自上都还，驻南坡，为铁失等所杀
- 九月，晋王也孙铁木儿即帝位，是为泰定帝

1328年 ～ 天历元年

- 七月，泰定帝死
- 九月，泰定皇太子阿剌吉八即帝位于上都。燕铁木儿于大都发动政变，迎元武宗之子图帖睦尔为帝，是为元文宗图帖睦尔。上都、大都两政权并立
- 十月，上都政权失败。

1332年 ～ 至顺三年

- 八月，元文宗死。十月，明宗和世次子懿璘质班被立为帝，十一月死，庙号宁宗

1333年 ～ 元统元年

- 六月，和世瓎长子妥欢帖睦尔即帝位，是为元顺帝妥欢贴睦尔

1344年 ～ 至正四年

- 五月，黄河决口，山东、河北皆受灾

1345年 ～ 至正五年

- 十月，《辽史》《金史》《宋史》修成

1351年 ～ 至正十一年

- 四月，修治黄河，发民工十三万，军队二万。十一月，黄河堤成
- 五月，颍州刘福通起义

1352年 ～ 至正十二年

- 二月，濠州郭子兴、孙德崖等起义。闰三月，朱元璋投奔郭子兴

1355年 ～ 至正十五年

- 二月，刘福通迎韩山童之子韩林儿为帝，建国号宋，改元龙凤。韩林儿号小明王

1356年 ～ 至正十六年

- 二月，张士诚部渡江攻克平江等地。三月，朱元璋取集庆

1359年 ～ 至正十九年

- 北方元军反攻，三路北伐相继失败，九月，汴梁破，韩林儿、刘福通逃至安丰

1363年 ～ 至正二十三年

- 朱元璋与陈友谅在鄱阳湖决战，陈败死。张士诚出兵袭安丰，刘福通、韩林儿为朱元璋救出。张士诚自称吴王

1364年 ～ 至正二十四年

- 正月，朱元璋称吴王

1366年 ～ 至正二十六年

- 八月，朱元璋发《平周檄》，大举进攻张士诚。十二月，朱元璋将韩林儿沉于江，宋政权亡

1367年 ～ 至正二十七年

- 九月，朱军攻破平江，张士诚被擒自杀。朱元璋命徐达率大军北伐。十一月，浙东方国珍投降朱元璋。是年，北方军阀混战

1368年 ～ 至正二十八年，明洪武元年

- 正月，朱元璋在应天府即帝位，国号明，是为明太祖朱元璋
- 闰七月，元顺帝逃往上都，史称北元。八月，明军占领大都，元亡
- 明定田赋额，编定役法，定卫所制度

1374年 ～ 明洪武七年

- 定屯田法。颁《大明律》
- 罢市舶司。严海禁

1378年 ～ 明洪武十一年

- 改南京为京师

1380年 ～ 明洪武十三年

- 胡惟庸案发，左丞相胡惟庸以谋反罪被杀，株连三万余人
- 罢中书省，废丞相制度。改大都督府为五军都督府。罢御史台，废御

史大夫

1382年 ～ 明洪武十五年

- 置锦衣卫。置都察院。置殿阁大学士，以备顾问

1385年 ～ 明洪武十八年

- 三月，郭桓案发，郭下狱死。株连者数万人
- 十月，颁《大诰》

1386年 ～ 明洪武十九年

- 福建僧彭玉琳组织白莲会，称晋王，旋被镇压

1393年 ～ 明洪武二十六年

- 蓝玉案发，凉国公蓝玉因谋反被杀，株连死者一万五千余人

1398年 ～ 明洪武三十一年

- 闰五月，太祖死，皇太孙朱允炆即位，是为建文帝。即位后议定削藩，削废周、齐、湘、代、岷五王

1399年 ～ 建文元年

- 靖难之役起，七月，燕王朱棣起兵北平

1402年 ～ 建文四年

- 六月，燕兵渡江，攻入南京。宫中起火，建文帝不知所终。燕王朱棣即帝位，是为明成祖朱棣

1403年 ～ 永乐元年

- 二月，改北平为北京

1405年 ～ 永乐三年

- 命宦官郑和与王景弘等使南洋各地，郑和下西洋自此始

1407年 ～ 永乐五年

- 《永乐大典》成书，凡二万二千九百三十七卷，一万一千零九十五册

1421年 ～ 永乐十九年

- 迁都北京，以南京为留都

1424年 ～ 永乐二十二年

- 成祖病死。皇太子高炽即位，是为仁宗

1425年 ～ 洪熙元年

- 五月，仁宗病死。六月，太子瞻基即位，是为宣宗

1433年 ～ 宣德八年

- 郑和第七次自西洋还。郑和下西洋炫耀，前后二十八年，经三十余国

1435年 ～ 宣德十年

- 正月，宣宗死，太子祁镇即位，是为英宗
- 以宦官王振掌司礼监，明代宦官乱政由此始

1457年 ～ 天顺元年

- 正月，宦官曹吉祥及其党羽石亨等乘景帝病危，迎太上皇英宗复位，史称夺门之变。二月，景帝死

1464年 ～ 天顺八年

- 正月，英宗死，太子见深即位，是为宪宗。始以内批授官，时称传

奉官

1477年 ～ 成化十三年

- 正月，置西厂，太监汪直掌之

1487年 ～ 成化二十三年

- 八月，宪宗死。九月，太子佑樘即位，是为孝宗。遣散传奉官两千余人

1505年 ～ 弘治十八年

- 五月，孝宗死。太子厚照即位，是为武宗

1508年 ～ 正德三年

- 置内行厂，由刘瑾领其事

1510年 ～ 正德五年

- 霸州文安人刘六、刘七起义，为明中叶规模最大的一次起义

1518年 ～ 正德十三年

- 佛郎机使者至中国

1521年 ～ 正德十六年

- 三月，武宗死。四月，武宗从弟厚熜即位，是为明世宗朱厚熜

1566年 ～ 嘉靖四十五年

- 十二月，世宗服丹中毒死。子载垕即位，是为穆宗

1567年 ～ 隆庆元年

- 张居正入阁

• 李成梁御土蛮有功升副总兵，守辽阳

1569年 ～ 隆庆三年

• 海瑞以右佥都御史巡抚应天，贪官污吏不敢作恶

• 戚继光任总兵官，镇守蓟州等地

1572年 ～ 隆庆六年

• 五月，穆宗死。六月，太子翊钧即位，是为明神宗朱翊钧

• 张居正任首辅

1579年 ～ 万历七年

• 诏毁天下书院，凡毁六十四所

1583年 ～ 万历十一年

• 爱新觉罗·努尔哈赤袭封为指挥使，起兵攻尼堪外兰

1588年 ～ 万历十六年

• 努尔哈赤统一建州五部

• 耶稣会教士利玛窦到京，神宗允许在京师建教堂传教

1615年 ～ 万历四十三年

• 努尔哈赤建立八旗制度

1616年 ～ 万历四十四年，后金天命元年

• 正月，努尔哈赤在赫图阿拉称汗，国号金，史称后金

1620年 ～ 明泰昌元年，后金天命五年

• 七月，神宗死。八月，太子常洛即位，是为光宗。光宗病，鸿胪寺丞

李可灼进红丸九月朔，光宗死。时人疑下毒致死，是为红丸案。廷臣恐光宗选侍李氏操纵朝政，迫令迁宫，是为移宫案。皇长子由校即位，是为熹宗

1621年 ～ 明天启元年，后金天命六年

- 后金攻陷沈阳，又陷辽阳。后金迁都辽阳

1625年 ～ 明天启五年，后金天命十年

- 魏忠贤兴大狱，捕杨涟、左光斗、魏大中等人，杨、左、魏受刑死。杀前辽东经略熊廷弼，罢孙承宗。命放弃关外各城
- 三月，后金迁都沈阳，是为盛京

1626年 ～ 明天启六年，后金天命十一年

- 苏州居民因反对滥捕东林党人，发生民变。后颜佩韦、杨念如等五人挺身投案被杀，葬于虎丘，称五人墓
- 八月，努尔哈赤死。九月，皇太极即位，是为清太宗皇太极
- 后金制订严禁八旗奴仆逃亡的“逃人法”

1627年 ～ 明天启七年，后金天聪元年

- 皇太极攻宁远、锦州、被袁崇焕击退，时称宁锦大捷
- 八月，熹宗死，弟信王由检即位，是为明思宗朱由检。十一月，宣布魏忠贤罪状，魏自缢死

1628年 ～ 明崇祯元年，后金天聪二年

- 以袁崇焕为兵部尚书，总督蓟辽

- 陕西连旱，王嘉胤、高迎祥等起义，明末农民战争始
- 张溥、孙淳等联合几社、闻社、南社、匡社等结成复社

1629年 ～ 明崇祯二年，后金天聪三年

- 后金大举攻明，袁崇焕入援。崇祯帝中后金反间计，将袁下狱
- 开历局，以徐光启监督

1632年 ～ 明崇祯六年，后金天聪七年

- 冬，高迎祥、李自成、张献忠等于陕西米脂起义，渡黄河南下，进入豫西

1636年 ～ 明崇祯九年，清崇德元年

- 高迎祥在盩厔为孙传庭所败，被俘牺牲。李自成代为闯王
- 四月，皇太极即帝位，改国号为清

创作札记：国色天香

“唯有牡丹真国色，花开时节动京城”。

牡丹，为多年生落叶小灌木。洛阳是十三朝古都，有“千年帝都，牡丹花城”的美誉。

“洛阳地脉花最宜，牡丹尤为天下奇。”其栽培始于隋，鼎盛于唐，宋时甲于天下。

国色天香的牡丹，雍容华贵，富丽堂皇，寓意吉祥富贵、繁荣昌盛，是华夏民族兴旺发达、美好幸福的象征。

洛阳牡丹花朵硕大，品种繁多，花色奇绝，有红、白、粉、黄、紫、蓝、绿、黑及复色9大色系、10种花型、1000多个品种。

花开时节，洛阳城花海人潮，竞睹牡丹倩姿芳容。

洛阳牡丹为多年生落叶小灌木，株高多在0.5—2米之间，根肉质，粗而长，中心木质化，长度一般在0.5—0.8米，根皮和根肉的色泽因品种而异。

牡丹枝干直立而脆，圆形，为从根茎处丛生数枝而成灌木状，当年生枝光滑、草木，黄褐色，常开裂而剥落。

牡丹叶互生，叶片通常为三回三出复叶，枝上部常为单叶，小叶片有披针、卵圆、椭圆等形状，顶生小叶常为2—3裂，叶上面深绿色或黄绿色，下为灰绿色，光滑或有毛。

牡丹总叶柄长8—20厘米，表面有凹槽。

牡丹花单生于当年枝顶，两性，花大色艳，形美多姿，花径10—30厘米。

牡丹花的颜色有白、黄、粉、红、紫红、紫、墨紫（黑）、雪青（粉蓝）、

洛阳白牡丹

洛阳豆绿牡丹

绿、复色十大色。

洛阳牡丹雄雌蕊常有瓣化现象，花瓣自然增多和雄、雌蕊瓣化的程度与品种、栽培环境条件、生长年限等有关。

牡丹正常花的雄蕊多数，结籽力强，种籽成熟度也高，雌蕊瓣化严重的花，结籽少而不实或不结籽，完全花雄蕊离生，心皮一般5枚，少有8枚，各有瓶状子房一室，边缘胎座，多数胚珠，骨果五角，每一果角结籽7—13粒，种籽类圆形，成熟时为共黄色，老时变成黑褐色，成熟种子直径0.6—0.9厘米，千粒重约400克。

牡丹以它特有的富丽、华贵和丰茂，在中国传统意识中被视为繁荣昌盛、幸福和平的象征。

牡丹作为观赏植物栽培，则始于南北朝，据唐代刘禹锡《刘宾客嘉话录》载：“北齐杨子华有画牡丹极分明。子华北齐人，则知牡丹亦矣。”

又据《太平御览》：“南朝宋时，永嘉水际竹间多牡丹。”

牡丹这一名称的发现，标志着牡丹栽培历史的开始。明代李时珍《本草纲目》说：“牡丹虽结籽而根上生苗，故谓‘牡’，其花红故谓‘丹’”。

隋代，隋炀帝（公元605年—618年）时“辟地周二百里为西苑……昭天下境内所有鸟兽草木驿至京师……易州进二十箱牡丹”。

《隋志素问篇》中说道：“清明次五时牡丹华。”说明牡丹作为观赏植物栽种规模更大。

唐代（公元618年—907年）牡丹栽培开始繁盛起来。

洛阳牡丹

洛阳牡丹三姊妹

洛阳东傍嵩山，西依秦岭，南含伊阙，北靠邙山，自古有“九州腹地，十省通衢，河山拱载，形势甲天下”之誉，得天独厚的地理位置为牡丹的繁衍生息提供了良好的自然条件，故有“洛阳地脉花最宜，牡丹尤为天下奇”之称。

牡丹在栽培演化过程伊始就与洛阳结下了不解之缘。始于隋，盛于唐，而“甲天下”于宋，至今已有1500多年的历史。

在这漫长的历史进程中，洛阳牡丹不仅以其雍容华贵，国色天香而美誉遐迩；以也其造化钟情，天下君临而总领群芳。洛阳也成为人们心目中牡丹之圣地。

唐朝洛阳，出现了从事牡丹专业人员。“洛人宋单父，善种牡丹，凡牡丹变异千种，红白斗色，人不能知其术。”

宋单父精于园艺，他种的牡丹，红白斗色，变异千种，被时人尊称为花师，惊服他有“幻世之绝艺”。

宋单父应唐玄宗李隆基之召，到骊山种了一万多本，颜色各不相同。至少有5种颜色：殷红、深紫、桃红、通白、黄色，同时出现了重瓣品种。

“兴唐寺有牡丹一窠，元和中着花一千二百朵，其色有正晕、倒晕、浅红、浅紫、紫白、白檀等，独无深红，又有花叶中无抹心者，重台花者，其花面七、八寸。”

“穆宗皇帝殿前种千叶牡丹，花始开香气袭人，一朵千叶，大而且红。”

后唐庄宗（公元923年—926年）曾“在洛阳建临芳殿，殿前植牡丹千余本”，其规模不亚于长安唐宫。

宋欧阳修《洛阳牡丹记·风俗记第三》载，宋时有一复姓东门、人称“门园子”的人，是一位牡丹接花高手，富豪人家都请他嫁接牡丹，秋天接花，到来年春天见花再付钱，接活一株，价值五千。

宋人张邦基《墨庄漫录》亦载，宋徽宗宣和年间，洛阳有一位欧姓花师，用药壅培白牡丹根下，次年花开浅碧色，人称“欧家碧”，极为珍贵，每年作为贡品，供奉朝廷。

北宋时，洛阳牡丹规模为全国之冠。牡丹出“洛阳者，为天下第一也”。

洛阳人对牡丹不呼其名，“直曰花。其宰谓天下真花独牡丹”。“春时，城中无贵贱皆插花，虽负担者亦然；花开时，士庶况为遨游。”

可见，洛阳人养牡丹、赏牡丹已成为民风民俗。

其时，牡丹的栽培技艺普遍提高，在播种繁殖的同时，用嫁接的方法固定变异，牡丹“不接则不佳”，使得新品种不断出现。

刘禹锡《赏牡丹》：“庭前芍药妖无格，池上芙蓉静少情。唯有牡丹真国色，花开时节动京城。”

白居易《买花》：“帝城春欲暮，喧喧车马度；共道牡丹时，相随买花去。贵贱无价，酬值看花数：灼灼百朵红，戋戋步束素……家家习为俗，人人迷不悟……”

从以上这些诗篇可以看出当时栽培牡丹的盛况。

随着政治中心的转移和洛阳名园的毁夷，至南宋时，四川天彭牡丹继起，有小洛阳之盛。

从陆游的《天彭牡丹谱》中所列60多个品种看，大都是从洛阳引进的。

明代，盛极一时的安徽亳州牡丹也有许多是从洛阳引进的老品种。

清代，曹州牡丹取代亳州牡丹而代之，洛阳牡丹又直接或间接地和曹州牡丹存在一定的渊源关系，足见洛阳牡丹的传播和影响。

当今洛阳牡丹更传到意大利、德国、法国、日本、美国、荷兰、南非、澳大利亚和中国台湾、香港等地区。

“洛阳地脉花最宜，牡丹尤为天下奇。”

由于洛阳气候温和，雨量适中，土地肥沃，加之园艺大师们巧植善种，培育出许多色，型皆佳的珍品，使牡丹变异千种，名品日增，誉满全国，遂有“洛阳牡丹甲天下”之称。

洛阳地区有丰富的牡丹资源，是中国野生牡丹的原生地之一。

当前全国牡丹野生种有8个品种，其中河南就有6个，洛阳是中国野生牡丹最主要的发源地。

洛阳邙山为中国野生牡丹最主要的发源地，邙山古代又称凤凰山，“凤凰山牡丹”简称凤丹牡丹。汉代就有凤丹牡丹的药用记载，距今已有1900年的历史。

洛阳牡丹开得硕大鲜亮确实与洛阳的独有地脉有关。

据介绍，伊河洛河带来的火山岩元素沉积下来，使洛阳土壤中所含有的微量元素锰、铜、锌、钼明显高出其他地区，其中锰的含量平均高出26．7倍，加上该地区适宜的气候，使得洛阳牡丹具有了得天独厚的生长条件。

当前，洛阳已拥有黑、红、黄、绿、白、紫等9大色系的牡丹品种1100多个，保有数量达5000多万株。

牡丹枝条属半木质结构，很难长得高大，一般寿命在百年左右。

牡丹花不仅具有观赏价值，牡丹全身还都是宝，花、种、根、粉都有着很高的经济价值。

除观赏外，其根可入药，称“丹皮”，可治高血压、除伏火、清热散瘀、去痈消肿等。

《神农本草经》，将牡丹列为“中品”，“除症结瘀血，安五脏”。

洛阳牡丹作为商品进行交易，见于唐代记载。

白居易《移栽牡丹》诗中有“金钱买得牡丹栽”的词句。其价值有数十千买一株的，有数万买一株的，还有“一朵值千金”的。牡丹花王姚黄、花后魏家花嫁接苗的一个接头竟值钱五千。

明代亳州人尚以黄金购洛阳牡丹一株魏家花者。

当代洛阳牡丹商品化生产取得了长足的发展，取得了良好的经济效益。

洛阳牡丹甲天下，得益于洛阳的山川形胜。

而洛阳的山川形胜，托起了十三朝古都、六朝陪都，坐上了105位皇帝。君临天下，才有了让他们“养眼”的牡丹，有了装扮他们首善之地人居环境的牡丹，有了他们粉饰太平的牡丹。

当然，牡丹不单为统治者而开。一方水土养一方人，一方水土也养一方花。

牡丹在洛阳长得好好的，但到了外地，就慢慢退化了，花朵没有过去大了。外地的牡丹本来一般化，到了洛阳，一下就变大变靓了。很多人都有这种感觉。

古人云：“种植好牡丹，必取洛阳土。”

除却人为的因素，洛阳确实是牡丹的天堂。“洛阳居三河间，古善地。”

其气候符合牡丹的生长周期。

“立春”时节，牡丹的幼芽开始膨大，并逐渐绽裂，而这时洛阳的平均气温已回升到0℃以上，适宜牡丹发芽。“谷雨”时节，洛阳气温稳定在17℃左右，牡丹自然进入开花期。

河洛地区有黄河、洛河、伊河等众多河流，冲积盆地土壤肥沃，且黏性较大，相对喜爱稍显干旱而怕涝的牡丹生长十分有利。

洛阳牡丹得到大自然的爱怜，得到皇帝的垂青，得到庶民的钟情，得到文人骚客的推波助澜，定然会开出国色天香，“竞夸天下无双艳”，“万家流水一城花”。

洛阳牡丹演化的结果，使得牡丹的观赏价值大大提高，但也造成了牡丹有性繁殖能力的降低。

千百年来，洛阳花师们正是利用牡丹的这种演化、变异，经过自然和人工选择，创造出数以百计的牡丹新品种，对花卉研究做出了重大贡献。

洛阳牡丹品种的颜色随着新品种的培养而不断增多。

洛阳野生牡丹为白色的杨山牡丹和紫斑牡丹以及其他牡丹种，经过人工栽培后，唐时出现了黑色（如军容紫），宋代出现了黄色（如姚黄等）、绿色（如欧家碧）、紫色（如左花等）和复色（如添色红）以及奇特的转枝花（如潜溪绯）等。

此外，洛阳牡丹还出现了许多过渡性的花色。

而今，洛阳牡丹的花色甚丰，有红、白、粉、黄、紫、蓝、绿、黑及复色等9大色系，五彩缤纷，万紫千红。各个品种差异分明，各具特色。

洛阳春日最繁华，红绿阴中十万家。谁道群花如锦绣，人将锦绣学群花。

春日洛阳人观赏牡丹是一种风俗，从古至今沿袭不变，花开之时，也是全城沸腾之日，只有等到牡丹凋谢之后，古城才慢慢趋于平静。

1982年9月21日，洛阳市人大常委会通过决议，命名牡丹花为洛阳市“市花”，每年4月15日至25日举办洛阳牡丹花会。后易名为牡丹文化节。

每当春回大地，万物复苏，洛阳市大街小巷的空地上、分布市内的公园里牡丹绿叶伸展，花苞满枝，预示着又一届牡丹花事的繁荣。

宋人欧阳修（1007—1072），字永叔，号醉翁，晚年又号六一居士，籍庐陵（今江西吉安），撰《洛阳牡丹记》。

花品叙第一

牡丹出丹州、延州，东出青州，南亦出越州。而出洛阳者，今为天下第一。

洛阳所谓丹州花、延州红、青州红者，皆彼土之尤杰者。然来洛阳，才得备众花之一种，列第不出三已下，不能独立与洛花敌。而越之花以远，罕识不见齿然，虽越人亦不敢自誉以与洛花争高下。是洛阳者，是天下之第一也。洛阳亦有黄芍药、绯桃、瑞莲、千叶李、红郁李之类，皆不减他出者。而洛阳人不甚惜，谓之果子花曰某花云云，至牡丹则不名直曰花。其意谓天下真花独牡丹，其名之著，不假曰牡丹而可知也。其爱重之如此。

说者多言洛阳于三河间古善地，昔周公以尺寸考日出没，测知寒暑风雨乖与顺于此。此盖天地之中，草木之华得中气之和者多，故独与他方异。予甚以为不然。夫洛阳于周所有之土，四方入贡道里均，乃九州之中。在天地昆仑旁礴之间，未必中也！又况四方上下，不宜限其中以自私。所谓和者，有常之气，其推于物也，亦宜为有常之形。物之常者，不甚美，亦不甚恶。及元气之病也，美恶隔并而不相和入。故物有极美与极恶者，皆得于气之偏也。花之钟其美，与夫瘿木臃肿之钟其恶，丑好虽异，而得一气之偏病则均。（洛阳城围数十里，而诸县之花莫及城中者，出其境则不可植焉。岂又偏气之美者，独聚此数十里之地乎？此又天地之大不可考也。已凡物不常有而为害乎人者曰灾，不常有而徒可怪骇不为害者曰妖。语曰：天反时为灾，地反时为妖。此亦草木之妖而万物之一怪也。然比夫瘿木臃肿者，窃独钟其美而见幸于人焉。

余在洛阳四见春天：圣九年三月始至洛，其至也晚，见其晚者；明年，会与友人梅圣俞游嵩山少室缑氏岭、石唐山紫云洞，既还不及见；又明年，有悼亡之戚，不暇见；又明年，以留守推官，岁满解去，只见其蚤者，是未尝见其极盛时。然目之所瞩，已不胜其丽焉。余居府中时，尝谒钱思公于双桂楼下，见一小屏立坐后，细书字满其上。思公指之曰：“欲作花品，此是牡丹名，凡九十馀种。”余时不暇读之。然余所经见，而今人多称者才三十余种，不知思公何从而得之多也？计其馀虽有名而不著，未必佳也。故今所录，但取其特著者而次第之：

姚黄、魏花、细叶寿女、鞓红（亦曰青州红）、牛家黄、潜溪绯左花、献来红、叶底紫、鹤翎红、添色红、倒晕檀心、朱砂红、九蕊真珠、延州红、多叶紫、粗叶寿安、丹州红、莲花萼、一百五、鹿胎花、甘草黄、一擫红、玉板白。

花释名第二

牡丹之名，或以氏，或以州，或以地，或以色，或旌其所异者而志之。姚黄、左花、魏花，以姓著；青州、丹州、延州红，以州著；细叶、粗叶、寿安、潜溪绯，以地著；一擫红、鹤翎（l í ng）红、珠砂红、玉板白、多叶紫、甘草黄，以色著；献来红、添色红、九蕊真珠、鹿胎花、倒晕檀心、莲花萼、一百五、叶底紫，皆志其异者。

姚黄者，千叶黄花，出于民姚氏家。此花之出于今未十年，姚氏居白司马坡，其地属河阳。然花不传河阳传洛阳，亦不甚多，一岁不过数朵。

牛黄亦千叶，出于民牛氏家。比姚黄差小。

真宗祀汾阴，还，过洛阳，留宴淑景亭，牛氏献此花，名遂著。

甘草黄，单叶，色如甘草。洛人善别花，见其树知为某花。云独姚黄易识，其叶嚼之不腥。

魏家花者，千叶肉红花，出于魏相（仁溥）家。始樵者于寿安山中见之，斫以卖魏氏。魏氏池馆甚大，传者云：此花初出时，人有欲阅者，人税十数钱，乃得登舟渡池至花所，魏氏日收十数缗。其后破亡，鬻其园，今普明寺后林池乃其地，寺僧耕之以植桑麦。花传民家甚多，人有数其叶者，云至七百叶。钱思公尝曰："人谓牡丹花王，今姚黄真可为王，而魏花乃后也。

鞓红者，单叶深红花，出青州，一曰青州红。故张仆射（齐贤）有第西京贤相坊，自青州以橐驼驮其种，遂传洛中，其色类腰带鞓，谓之鞓红。

献来红者，大，多叶浅红花。张仆射罢相居洛阳，人有献此花者，因曰献来红。

添色红者，多叶花，始开而白，经日渐红，至其落乃类深红。此造化之尤巧者。

鹤翎红者，多叶花，其末白而本肉红，如鸿鹄羽色。

细叶、粗叶寿安者，皆千叶肉红花，出寿安县锦屏山中，细叶者尤佳。

倒晕檀心者，多叶红花。凡花近萼色深，至其末渐浅。此花自外深色，近萼反浅白，而深檀点其心，此尤可爱。

一擫红者，多叶浅红花，叶杪深红一点，如人以三指擫之。

九蕊真珠红者，千叶红花，叶上有一白点如珠，而叶密，蹙其蕊为九。

一百五者，多叶白花。洛阳以谷雨为开候，而此花常至一百五日开，最先。

丹州、延州花，皆千叶红花。不知其至洛之因。

莲花萼者，多叶红花，青趺三重，如莲花萼。

左花者，千叶紫花，叶密而齐如截，亦谓之平头紫。

朱砂红者，多叶红花，不知其所出。有民门氏子者，善接花以为生，买地于崇德寺前治花圃，有此花。洛阳豪家尚未有，故其名未甚著。花叶甚鲜，向日视之如猩血。

叶底紫者，千叶紫花，其色如墨，亦谓之墨紫花。在藂中旁必生一大枝，引叶覆其上。其开也，比他花可延十日之久。噫！造物者亦惜之耶。此花之出，比他花最远。传云：唐末有中官为观军容使者，花出其家，亦谓之军容紫，岁久失其姓氏矣。

玉板白者，单叶白花，叶细长如拍板，其色如玉，而深檀心。洛阳人家亦少有。余尝从思公至福严院见之，问寺僧而得其名，其后未尝见也。

潜溪绯者，千叶绯花。出于潜溪寺，寺在龙门山后，本唐相李藩别墅。今寺中已无此花，而人家或有之。本是紫花，忽于蘩中特出绯者不过一二朵，明年移在他枝，洛人谓之转（音篆）枝花，故其接头尤难得。

鹿胎花者，多叶紫花。有白点如鹿胎之纹，故苏相（禹珪）宅今有之。

多叶紫，不知其所出。初，姚黄未出时，牛黄为第一；牛黄未出时，魏花为第一；魏花未出时，左花为第一；左花之前，唯有苏家红、贺家红、林家红之类，皆单叶花，当时为第一。自多叶、千叶花出后，此花黜矣。今人不复种也。

牡丹初不载文字，唯以药载《本草》。然于花中不为高第，大抵丹、延以西及褒斜道中尤多，与荆棘无异。土人皆取以为薪。自唐则天已后，洛阳牡丹始盛，然未闻有以名著者。如沈、宋、元、白之流，皆善咏花草，计有若今之异者，彼必形于篇咏，而寂无传焉。唯刘梦得有《咏鱼朝恩宅牡丹诗》，但云"一蘩千万朵"而已，亦不云其美且异也。谢灵运言"永嘉竹间水际多牡丹"，今越花不及洛阳甚远，是洛花自古未有若今之盛也。

风俗记第三

洛阳之俗，大抵好花。春时城中无贵贱皆插花，虽负担者亦然。花开时，士庶竞为游遨，往往于古寺废宅有池台处为市，井张幄帟，笙歌之声相闻。最盛于月陂堤、张家园、棠棣坊、长寿寺、东街与与郭令宅，至花落乃罢。

洛阳至东京六驿，旧不进花，自今徐州李相（迪）为留守时始进。御岁遣牙校一员，乘驿马一日一夕至京师，所进不过姚黄、魏花三数朵，以菜叶实竹笼子藉覆之，使马上不动摇，以蜡封花蒂，乃数日不落。

大抵洛人家家有花，而少大树者，盖其不接则不佳。春初时，洛人于寿安山中斫小栽子卖城中，谓之山篦子人家，治地为畦塍种之，至秋乃接。接花工尤著者一人，谓之门园子，豪家无不邀之。姚黄一接头，直钱五千，秋时立券买之，至春见花乃归其直。洛人甚惜此花，不欲传。有权贵求其接头者，或以汤中蘸杀与之。魏花初出时，接头亦直钱五千，今尚直一千。接时须用社后重阳前，过此不堪矣。花之木去地五七寸许，截之乃接，以泥封裹，用软土拥之，以蒻叶作庵子罩之，不令见风，日唯南向，留一小户以达气，至春乃去其覆，此接花之法也（用瓦亦奇）。

种花必择善地，尽去旧土，以细土用白敛末一斤和之。盖牡丹根甜，多引虫食，白敛能杀虫，此种花之法也。浇花亦自有时，或用日未出，或日西时。九月旬日一浇，十月、十一月三日、二日一浇，正月隔日一浇，二月一日一浇，此浇花之法也。一本发数朵者，择其小者去之，只留一二朵，谓之打剥，惧分其脉也。花才落便翦其枝，勿令结子，惧其易老也。春初既去蒻庵，便以棘数枝，置花丛上，棘气暖可以辟霜，不损花芽，他大树亦然。此养花之法也。花开渐小于旧者，盖有蠹虫损之，必寻其冗，以硫磺针之，其旁又有小穴如针孔，乃虫所藏处，花工谓之气葱，以大针点硫黄末针之，虫乃死，花复盛，此医花之法也。乌贼鱼骨用以针花树，入其肤，花辄死，此花之忌也。

纵观洛阳牡丹的发展史就是一部中国历代兴亡的演变史。

著有《洛阳名园记》的北宋文学家李格非叹曰：“天下之治乱，侯于洛阳之盛衰；洛阳之盛衰，侯于园辅之废兴”，此言甚切。

论曰：洛阳处天下之中，挟肴渑之阻，当秦陇之襟喉，而赵魏之走集，盖四方必争之地也。天下常无事则已，有事，则洛阳必先受兵。予故尝曰：“洛阳之盛衰，天下治乱之候也。”

方唐贞观、开元之间，公卿贵戚开馆列第于东都者，号千有余邸；及其乱离，继以五季之酷。其池塘竹树，兵车蹂践，废而为丘墟；高亭大榭，烟火焚燎，化而为灰烬，与唐共灭而俱亡者，无余处矣。予故尝曰：“园圃之兴废，洛阳盛衰之候也。”

且天下之治乱，候于洛阳之盛衰而知；洛阳之盛衰，候于园圃之废兴而得，则《名园记》之作，予岂徒然哉？

呜呼！公卿士大夫方进于朝，放乎一己之私意以自为，而忘天下之治忽，欲退享此乐，得乎？唐之末路是矣！

唐薛涛《牡丹》：“去春零落暮春时，泪湿红笺怨别离。常恐便同巫峡散，因何重有武陵期？传情每向馨香得，不语还应彼此知。只欲栏边安枕席，夜深闲共说相思。”

唐李白《清平调》：“一枝红艳露凝香，云雨巫山枉断肠。借问汉宫谁得似，可怜飞燕倚红妆。”

唐韦庄《白牡丹》："闺中莫妒新妆妇，陌上面惭傅粉郎。昨夜月照深似水，入门唯觉一庭香。"

唐白居易《惜牡丹》："惆怅阶前红牡丹，晚来只有两枝残。明朝风起应吹尽，夜惜衰红把火看。"

唐白居易《秦中吟·买花》："帝城春欲暮，喧喧车马度。共道牡丹时，相随买花去。贵贱无常价，酬值看花数。灼灼百朵红，戋戋五束素。上张幄幕庇，旁织笆篱护。水洒复泥封，移来色如故。家家习为俗，人人迷不悟。有一田舍翁，偶来买花处。低头独长叹，此叹无人谕。一丛深色花，十户中人赋。"

唐白居易《牡丹芳》："牡丹芳，牡丹芳，黄金蕊绽红玉房。千片赤英霞烂烂，百枝绛点灯煌煌。照地初开锦绣段，当风不结兰麝囊。仙人琪树白无色，王母桃花小不香。宿露轻盈泛紫艳，朝阳照耀生红光。红紫十色间深浅，向背万态随低昂。映叶多情隐羞面，臣丛无力含醉妆。低娇笑容疑掩口，凝思怨人如断肠。秾姿贵彩信奇绝，杂卉乱花无比方。石竹金钱何细碎，芙蓉芍药苦寻常。遂使王公与卿士，游花冠盖日相望。庳车软舆贵公主，香衫细马豪家郎。卫公宅静闭东院，西明寺深开北廊。戏蝶双舞看人久，残莺一声春日长。共悉日照芳难驻，仍张帷幕垂阴凉。花开花落二十日，一城之人皆若狂。三代以还文胜质，人心重华不重实。重华直至牡丹芳，其来有渐非今日。元和天子忧农桑，恤下动天天降祥。去年嘉禾生九穗，田中寂寞无人至。今年瑞麦分两岐，君心独喜无人知。无人知，可叹息。少我愿暂求造化力，减却牡丹妖艳色。少卿干爱花心，同似事君忧稼穑。"

唐刘禹锡《赏牡丹》："庭前芍药妖无格，池上芙蕖净少情。惟有牡丹真国色，开花时节动京城。"

唐元稹《牡丹》："簇蕊风频坏，裁红雨更新。眼看吹落地，便别一年春。"

唐王维《红牡丹》："绿艳闲且静，红衣浅复深。花心愁欲断，春色岂知心。"

唐徐凝《赏牡丹》："何人不爱牡丹花，占断城中好物华。疑是洛川神女作，千娇万态破朝霞。"

唐王维《红牡丹》："绿艳闲且静，红衣浅复深。花心愁欲断，春色岂知心。"

唐罗隐《牡丹花》："似共东风别有因，绛罗高卷不胜春。若教解语应倾国，任是无情亦动人。芍药与君为近侍，芙蓉何处避芳尘。可怜韩令功成后，辜负秾华过此身。"

唐李正凡《牡丹》："国色朝酣酒，天香夜染衣。丹景春醉容，明月问归期。"

唐皮日休《牡丹》："落尽残红始吐芳，佳名唤作百花王。竞夸天下无双艳，独立人间第一香。"

宋陆游《栽牡丹》："携锄庭下莕苔，墨紫红手自栽。老子龙钟逾八十，死前犹见几回开。"

宋欧阳修《洛阳牡丹图》："洛阳地脉花最宜，牡丹尤为天下奇。我昔所记数十种，于今十年半忘之。开图若见故人面，其间数种昔未窥。客言近岁花特异，往往变出呈新枝。洛人惊夸立名字，买种不复论家资。比新较旧难优劣，争先檀价各一时。当时绝品可数者，魏红窈窕姚黄肥。寿安细叶开尚少，朱砂玉版人未知。传闻千叶昔未有，只从左紫名初驰。四十年间花百变，最后最好潜溪绯。今花虽新我未识，未信与旧谁妍媸。当时所见已云绝，岂有更好此可疑。古称天下无正色，似恐世好随时移。鞓红鹤翎岂不美，敛色如避新来姬。何况远说苏与贺，有类后世夸嫱施。造化无情疑一概，偏此著意何其私。又疑人心愈巧伪，天欲斗巧穷精微。不然元化朴散久，岂特近岁尤浇漓。争新斗丽若不已，更后百载知何为。但令新花日愈好，惟有我老年年衰。”

清王国维《题御笔牡丹》：“摩罗西域竞时妆，东海樱花侈国香。阅尽大千春世界，牡丹终古是花王。”

第捌卷

帝都传奇

任见 著

河南人民出版社

目　录

第一百零六章

夺嫡改嗣

一

话说大隋一朝，骨子深处“关中本位”，不信任南方官吏，剥夺了他们一切政治经济特权，而派遣大量北方干部南下，接管基层工作。

公元590年，四月，隋朝发布的“太平诏书”，令吴越之野，“戎旅军器，皆宜停罢”，“人间甲仗，悉皆除毁”，随后颁行一系列细则，收缴南方人家的武器，针对的更是江南地区。

隋朝还在江南推行“五教”思想政治运动——父义、母慈、兄友、弟恭、子孝。当然是好事啊，然而“南下干部”措置不当，“加以烦鄙之辞”，整了很多拉杂无聊的学习材料则，“使民无长幼悉诵之”，既做秀，又粗暴。

于是，“士民嗟怨”，遍生反感。

崇尚释氏，“以收人望”，也是一招，然其居高临下之态又遮掩不住。

在北方，承前世各朝，营造佛门经像，任听人们出家，对南方却横加限制，“克定江表，宪令惟新，一州之内，止置佛寺二所，数外伽蓝，皆从屏废”。

隋朝种种措施，未能针对江南地区的历史特征推行，尤其未能以“南人治南”，收揽人心，反而“尚关中旧意”，负气凌傲，歧视加欺侮，可恨的“关陇”意识，当然会让江南郁闷而思乱。

终于，新的江南“隋解放区”，遍地火药开始燃烧，江苏，浙江，福建，安徽，江西，各地巨家大室，先后揭竿自立，“大者有众数万，小者数千，共相影响”“船舰被江”“周亘百余里”“寇贼交横，寺塔烧尽”，规模巨大的反隋叛乱，在原南陈境内全面爆发。

造反者遍布旧陈全境，有的自称“司空”“都督”，攻略州县，有的“自称天子，署置百官”，兵众之多，声势之大，令人骇异。

隋文帝急遣宰相杨素平叛江南，“任以大兵，总为元帅，宣布朝风，振扬威武，擒翦叛亡，慰劳黎庶，军民事务，一以委之”。

杨素受命，率军自扬子渡迅速过江，投入战场，果然不负厚望。

南陈王朝不复存在了，江南的反隋山头，难以形成合力，方便了杨素的各个击破。

杨素的朝廷大军，后勤充足，先扫荡了三吴地区，随后平定了晋陵，即今之江苏常州，抓获不少叛军将领，然后转向浙东。

浙东草莽英雄高智慧，实在不高也不智慧，布阵不知道握起拳头，而是在浙江东岸一百多里，绵延砌造营垒，战船也一字排在江面。

杨素召开军事会议，部将来护儿建议偷渡浙江，奇袭敌后。

来护儿名字弱弱的，计策还真不错。杨素于是给他数百精兵，找准高智慧的防线缺口处，乘夜飞渡对岸，突袭营垒，纵火焚烧。

在高军惊恐失措之际，杨素大部队正面渡江，发动猛攻，大破之。

高智慧于穷蹙间充分发挥自己的高明智慧，踩着舢板，窜到大海上去了。

有些叛乱，平而复聚，像野火似的，不好彻底扑灭。他们变成游击队，四处流动，最后多数都汇集到岭南，试图整合后再决雌雄。

杨素派遣平叛将军史万岁——名字这么酷，皇上也不管？——率领军卒两千人，越山翻岭，前往追剿。

史万岁转战千余里，整了七百多场恶战，一百多天毫无消息。

那时候既无电台，也没手机，通讯全靠肉腿地奔，派个送信儿的吧，还光迷路，再说打仗打得忙，人手更金贵，也轻易派不出送信儿的。

杨素以为史万岁全军覆没了，没承想小兵们在江汉子里汲水，捡到个竹制的“漂流筒”，弄开一看是史万岁的“军情简报”，急速呈交杨素。

惊喜的杨素迅疾将史万岁的英雄事迹报告朝廷。

隋文帝见表，连声称奇，立马赏给英雄家属十万大钱。

杨素接应史万岁出山，又转战温州、天台、临海、会稽，又作战一百多次，追捕漏网溃逃的叛军。

叛军残部中有个王国庆——好现代化的名字——被追到了大海上，窘迫中抓到了在大海上乱漂的高智慧，押着向杨素赎自己的罪。

杨素在福建泉州斩了高智慧，“其余支党，悉来降附”。

这时，隋文帝又把两个儿子杨广和杨俊互相调换了防区，杨俊往镇并州，杨广南下，出镇扬州。

二十二岁的杨广，临危受命，又一次来到南方。随杨广南行的将军有郭衍、宇文述等。

朝廷希望杨广以皇子的份量，镇服颠簸不定的东南大地。

杨素血腥镇压，杨广重在招抚。杨广在前年灭陈之役中，不战而屈人之兵，尝到甜头，此次照着办理，剿抚并重，攻心为上。

杨广派部将郭衍领精锐万人屯驻京口，进兵皖南，于“黟、歙诸地，尽灭叛军”。又派参军段达，率军平定方州、滁州和宣州。

坐镇江都的杨广，高接远送，招抚了吴郡世族名士陆知命。

陆知命感恩戴德，到处游说，一下子动员了十七股叛军归降，所以说，杨广的平叛功劳比杨素也不差。

岭南形势比较复杂，汉族与少数民族杂居，南陈灭亡后，隋朝派员巡抚，没有挡住岭南发生大规模叛乱。

番禺人王仲宣首先举起反隋大旗，四方群起响应。

隋朝安抚大使韦洸在平叛中战死。隋军力量相对单薄，当地俚族酋领冼夫人曾被招抚，她的态度至关重要。

冼氏，“世为南越首领，部落十余万家”，韦洸死后，其副将慕容三藏为土匪王仲宣所围，冼氏派孙子冯盎前往救援隋军，与慕容三藏内外合击，击溃了王仲宣。

解广州之围后，冼夫人“乘介马，张瑞伞”，护卫隋朝安抚大使裴矩，巡抚岭南，使二十余州的首领都出来参谒，由裴矩重新任命他们为刺史、县令。

鉴于冼氏在平定岭南中的功勋，隋文帝追册冼夫人为谯国夫人。

岭南的归附，再一次显示了怀柔政策的威力。

杨广在江都镇守，从公元590年到599年，前后整整十年。他抛弃了“关中本位”的高压政策，广泛收纳江南人士，调和南北感情，自己带头说江南方言，睡江南女子，使易动难安的江南地方安宁平复，和谐大治。

其实，江南门阀士大夫，文化素养不低，他们眼中的北方人粗野不文，尤其是关陇武夫，趾高气场却是一包谷糠。杨广对他们尊崇宽大，优礼有加，满足了他们的自尊心，他们愿意归顺。

二

杨广爱学习，重文化，起用旧陈博士潘徽，组织江南诸儒，编撰《江都集礼》一百二十卷，并借此东风，制礼作乐，深得南方各界的赞誉。

潘徽在《江都集礼》大序中，称颂杨广多才多艺，能文能武，说杨广推重江南典章文物，不光是对江南人士的怀柔，而是为南北文化交流和政治统一做出了贡献。

杨广生长于佛教之家，懂得宗教特殊的劝善化民、资助王治的功效，他当然要利用宗教收揽江南人心。

杨广以江南佛教的最大护法者自许，把隋朝平陈及平叛二次战役中，江南佛塔被毁的责任推到叛乱分子身上，对无所依恃的僧侣表示深切的同情。

江南的佛教和道教，已兴盛了几百年，在江南社会上有极大影响力。

梁武帝时，佛教最盛，梁武帝为了资助僧侣，曾四次舍身寺院为寺奴，由群臣以大量金钱奉赎回宫。当然是公款了。

四次国家财政的公然“输送”。

后来，陈后主如法炮制，佛教寺院的政治和经济地位可想而知。

北朝皇帝中有废佛的，南朝一个都没有。南朝诸帝，反而个个佞佛，使整个南方社会，上下左右都弥漫着丰厚呛人的宗教气氛。

杨广出镇扬州不久，即在江都建立了四道场——佛教的慧口、法云二道场，道教的玉清、金洞二道观。广泛招集江南高僧道士，齐集江都，“追征四远，有名释李，率来府供”。

杨广的猛弘佛道，与灭陈之时隋文帝对江南教界的严厉态度形成鲜明对照。

杨广自己对扬州四道场的建设和延揽到那么多高僧名道也十分得意。

天净宿云卷，日举长川旦；飒洒林华落，逶迤风柳散。孤鹤逝追群，啼莺远相唤。莲舟水处尽，画轮途始半。

江浐各自遥，东西并与叹。已熏禅慧力，复籍金丹杆。有异三川游，曾非四门观；于焉履妙道，超然登彼岸。

这是杨广的自夸诗，描摹四道场优雅的环境及感召四方的宗教魅力，炫耀是自己的无量功德。

青年杨广，在政治上日益成熟，既有北御突厥、南灭陈朝的功勋，又取得安定江南、建设文化的政绩，终于“声名籍甚，冠于诸王”，在兄弟五人中，独得父母钟爱。

有个相面师傅，名叫来和，隋文帝密令他相看自己的五个儿子。来和看过后，诡秘地对文帝夸奖杨广，说老二“眉骨高耸，贵不可言”。

隋文帝问其几个儿子，谁能得以嗣位，来和说：“至尊、皇后让最喜爱的儿子嗣位，臣下是不敢乱猜的。”

这个传说似乎解释了隋文帝夫妇偏爱杨广的因由。

其实不然。杨坚对扬广“特所钟爱”，除了杨广自小美姿仪，长得俊秀外，更多的还在于扬广的成绩和善于表现。

相比而言，杨广的哥哥杨勇是时代的宠儿，最为幸运的是，他以嫡长子身份，平流直取，成为大隋皇位的继承人。

杨勇性情宽厚，待人接物非常实在，作为太子，参与朝政，有时候所提建议很有见地。

山东地区战乱刚平息，人民不得安居，不少编户逃亡流徙，隋文帝派遣专使前往追捕，并试图将所抓民户流放北部边境。

杨勇认为追捕和流放的做法简单粗暴，不能解决根本问题，上书进谏：“窃以导俗当渐，非可顿革，恋土怀旧，民之本情，波迸流离，盖不护已。”

谏书头头是道，言之有理，且文才斐然，其意不俗，隋文帝读后十分高兴，予以嘉奖，自后不再提移民实边之事。

但东宫发生了一件事，却使隋文帝对太子开始有看法了。

冬至节，百官到东宫朝见杨勇，杨勇设鼓乐接受百官祝贺。

隋文帝听到动静，格外警觉，问近臣道："冬至佳节，东宫如此接受内外百官朝见，这是什么礼法？"

近臣说，官吏们到东宫是祝贺节日，不是什么朝拜的。

隋文帝说："表示祝贺，或几人，十几人各自前去就是了，为什么有通知，官员一时同集，太子穿朝服、设鼓乐来接待。东宫这样干，于礼制有乖离。"

随即下达诏书：礼有等差，君臣不杂，爰自近代，圣教渐亏，俯仰逐情，因循成俗。皇太子虽属上嗣，义兼臣子，而诸方岳牧，正冬朝贺，任土作贡，别上东宫。事非典则，宜悉停断。

却说杨坚"天性沉猜"，从此之后，杨勇"恩宠始衰，渐生疑阻"。

太子杨勇吧，长处的有的，短处也太短，即宠爱女色，极是过分。宫中有个云氏，尤其受杨勇宠幸，弄得跟个正配似的。

杨勇的妃子元氏无宠，患心脏病加上生气，一发作两天便去世了。

老妈独孤皇后怀疑此事有其他缘故，对杨勇甚为责备埋怨。

责备埋怨也没用啊，云氏专断东宫内政，生了三个孩子，其他女宠也比赛着生，东宫里生得一群一群的。独孤皇后愈发愤愤，经常派人伺察，寻求杨勇的问题。

老爸隋文帝是听信独孤皇后的，皇后的态度有决定性作用，因此太子杨勇的处境愈发不妙。

老二杨广得知隋文帝及皇后对哥哥的猜疑和不满，见有机可乘，愈发故意作秀，掩盖本真。

杨广只跟萧妃居处在一起，将其他女人所生的孽种全弄死了，独孤皇后不清楚，因此而称赞杨广“专一”。

隋文帝夫妻每派亲信到杨广的处所，无论贵贱，杨广与萧妃都迎于门外，为他们摆设美食款待，走时赠以厚礼，这些婢仆们无不称道杨广与萧妃仁孝可嘉。

杨广将美貌姬妾全部藏匿在另外的地方，惟留年老貌丑的侍女于室中，身穿深色麻衣，侍候左右。

渐渐地，隋文帝对杨广的钟爱，超过其他儿子了。

杨广从扬州进京朝见，将要返回藩镇的时候，入宫向母后告辞，有意伏拜在地下流泪，母亲也伤心泣下。

见气氛弄好了，杨广对母后说：“儿臣生性愚下，常信守兄弟间的情义，只是不知由于什么过错得罪了东宫，太子积蓄盛怒，想加害儿臣。因为总是担心暗害，所以时时忧虑，惧怕蹈入危亡。”

杨广当然在编谎话，但独孤皇后不以其危言耸听，反而信以为真。

独孤皇后愤怒地说：“为他娶了媳妇，他不按夫妇的礼仪对待人家，专门宠幸别的女人，元妃好像许配给了猪狗一般。前不久元妃死去，妈也不能穷究整治。

“妈现在还活着，他就这样，如果妈死了，你不就成了他刀下的鱼肉了吗？

“东宫竟无嫡长子，皇上千秋万岁之后，让你们兄弟向云氏生的小东西跪拜问候，那该是何等痛苦的事情啊！”

杨广听了母亲的话，心中暗喜，表面仍然悲痛地呜咽，不能自止。

被杨广弄得不胜悲哀的独孤皇后，从此便决心废太子杨勇而另立杨广为太子了。

杨广为使部将宇文述忠于自己，奏请朝廷以宇文述为寿州——今天的安徽寿县——刺史。

杨广向宇文述询问谋取嗣君的计策，宇文述说：“皇太子失宠久了，大王才能盖世，又以仁孝著称，皇上与皇后钟爱，四海也都归心。

“然而，废立皇太子，是国家大事，处于父子骨肉亲情之间，不是他人所容易谋划的。朝廷大臣之中，能改变皇上主意的，唯有杨素一人。我与他的弟弟杨约有旧，请让我借入京朝见的机会，与杨约图谋此事。”

杨广高兴极了，给予宇文述许多金银财宝供宇文述进行公关。

三

杨广向宇文述询问谋取嗣君之位的计策，宇文述建议走杨素兄弟的路线，杨广给予宇文述大量财物，让宇文述活动。

杨素之弟杨约，是朝廷大理少卿。杨素若有大事必要跟杨约筹划而后动。

宇文述宴请杨约后，跟杨约玩赌博游戏。宇文述故意让杨约赢，将所带珠宝全部输给杨约。

杨约赢得珠宝既多，向宇文述略表谢意，宇文述趁机说珠宝都是杨广王的赏赐：“我只是跟您玩玩，转个手而已。”

杨约惊讶地问：“这是什么意思？”

宇文述便道出了杨广的意图。

“遵循正道，固是常情，然背离常规，却又合乎道义，也是通达事理者的最佳图谋。您的哥哥功名盖世，反遭太子切恨，一旦主上驾崩，凭谁来庇护？如今皇太子失宠，您是知道的。请立晋王，在于令兄一言而已。果能建立大功，晋王必定永远铭记。去除累卵之危，得享万世富贵。想想吧！”

杨约如梦方醒，便转告杨素。

杨素闻知，欢喜得搓着手掌说：“我也不算傻，可还真没有想到如今这种地步。”

杨约对杨素说：“如今皇上无不听从皇后。寻个机会，结托于皇后，可长保荣华俸禄，传福子孙。兄长若有迟疑，情况变化，皇太子掌政，恐怕祸患降临。”

杨素听从了。有个机会，侍奉独孤皇后饮宴，便试探说：“晋王的性格脾气，很随皇上啊！”

杨素是在试探皇后。只见皇后流泪说道：“您说得正是。这个儿子十分孝敬，媳妇也令人怜爱。哪里像东宫，终日酣宴，亲近小人。”

杨素知道了独孤皇后的心意，便极力说太子的坏话，皇后便说支持他谏议皇上废立太子。

关于皇后决心废黜皇太子的阴谋和活动，杨勇那里的墙也不是死不透风，但杨勇忧虑恐惧，苦无对策，只好派神职分子王辅贤施行巫术。

老王的巫术非常拙劣，在后花园修庶人村，房屋低矮简陋，让杨勇寝息，以草垫为褥……希望用“忆苦思甜”的鬼办法来阻挡废立。

隋文帝知道杨勇不安，派杨素观察杨勇。

杨勇性子直，不会掩饰，窃知祸根儿是杨素，相见时面带怒色。

杨素正好向隋文帝奏太子的本：“太子恨皇上啊，恐怕会生变故，宜多加防备。”

隋文帝更加猜疑杨勇了，皇后也在暗中烧火，细微的小事夸大诬饰。

隋文帝便设置暗探，伺察太子动静。

杨勇心中明白父皇的用意，心中愈发不快。

朝廷内外，马屁精们察知皇上心意，也纷纷编造假话，落井下石，告发太子。

隋文帝上朝时，对群臣说：“太子不堪承当嗣君的重任，已经是很久的了。他媳妇当初死去，朕怀疑是遭受毒害，曾责备过，他还怨恨呢。云定兴的女儿，就是云氏，乃私生女，这样的身份，生下的儿子将来继承帝位，怎么可以？今日想废黜他，以安定天下。”

朝廷大臣都不吱声，惟左卫将军元旻说：“在有些情况下，谗言是没有边际的，陛下宜兼听明断。”

隋文帝不理元旻，而是让东宫的太监们检举揭发太子。

太监姬威已被杨素收买，屁颠颠地答对说：“太子从来骄奢，他说进谏的都该斩杀，杀死一百多个，自然没人敢多嘴了。”

有太监说：“太子下令营建宫殿台阁，一年四季都不让停。东宫所用物品，有些按规定不能领取，太子便发怒说三品以上的朝官杀他一两个，他们就知道怠慢东宫的后果了。”

又有太监说：“太子常让巫师占卜吉凶，对臣下说，皇上的期限快到了。”

隋文帝听了阉宦们的检举揭发，伤心地流泪，说：“谁人不是父母生养，小子竟然堕落如此，朕心深处发痛啊。”

于是，隋文帝下令由杨素禁闭太子杨勇以及他的所有儿子，逮捕杨勇的党羽。进言隋文帝“兼听明断”的元旻也被押进了监狱。

专案主任杨素，在东宫查获了大量火燧，人们感到很奇怪，大惑不解。

原来是庭中有株老槐，已经干枯，杨勇问左右还能做什么用，有人说古槐树适于取火。当时卫士身上都佩“火燧”，取火用，杨勇便让工匠锯掉老槐树，制造了几千枚火燧，分赐给左右。

姬威告发太子经常饲养上千匹马，说什么“若直接守住城门，他们自然会饿死”。

杨勇责问杨素，说道：“公家养马数万匹，我杨勇身为太子，养马千匹便是反叛？岂有此理！”

杨素又于东宫中找出珍玩和服饰，陈设于庭，作为杨勇的罪证。

杨勇不服，但感觉到来头不一般。

隋文帝派人召见杨勇，杨勇惊恐地问：“是不是要杀我？”

隋文帝召集文武百官和皇室亲戚，命人将杨勇和他的儿子们带入，由内史侍郎薛道衡宣读诏书，废黜杨勇及其儿女的封爵，一同降为庶人。

杨勇稍减惊恐，再拜谢恩，左右无不沉默怜悯。

杨勇的长子请求作皇宫侍卫，辞情悲哀恳切，隋文帝有点怜悯，杨素赶紧进言说：“圣心应如蝮蛇，不应软弱犹疑。”文帝遂不许。

诏令下达，太子集团中有元旻等七人处斩，妻妾子孙皆没入官府为妾为奴，另有集团成员免死，但获杖刑，妻子、资财、田宅皆没入官府，还有赐死，令其自尽的。

表彰破案有功之臣，奖励杨素布帛三千匹，杨约一千匹。

四

公元600年——啊，世纪之交！——是开皇二十年，十一月，隋文帝宣布立晋王杨广为太子。

同时，宇文述被任命为太子警卫连连长，洪州总管郭衍曾参与杨广谋划夺取嗣君之事，被征召任命为东宫把门官。

隋文帝把原太子杨勇囚禁于东宫，交付给新太子杨广看管。

杨勇多次伸冤，都遭杨广遏止，不能上报于天子，于是他爬到树上，大声呼叫，希望呼喊声能传到父皇耳朵里，得到召见。

杨素趁机制造谎言，说杨勇患精神病了，已不可救药。

隋文帝对杨素的谎言信以为真，不召见杨勇。

隋文帝还有三子杨俊、四子杨秀，五子杨谅。

在伐陈战役中，杨俊也立了功，先后总管扬州等四十四州军事和并州等二十四州军事。后来，逐渐奢侈，违犯制度放高利贷，百姓官吏颇有意见。

杨俊又极好女色，王妃崔氏嫉妒投毒，把他害成了残疾。

残疾的杨俊不思悔改，穷奢极欲，直至病重，不能起床。

杨俊病死时，隋文帝“哭之数声而已”，然后命焚毁杨俊生前所有奢侈华丽之物。

葬了杨俊后，杨俊的僚佐请求为之立碑，隋文帝说：“想要求名，一卷史书就足够了，立什么碑！如果子孙不肖，立碑也只能被他人用作镇石而已。”

杨秀呢，“有胆气，容貌瑰伟，美须髯，多武艺，甚为朝臣所惮”，镇守蜀地，同他三哥一样，奢侈无法。

晋王杨广被立为太子后，担心杨秀成为后患，暗使杨素谗害杨秀。

杨广命人暗地里制作木偶人，背缚双手，戴上枷锁、手铐、脚镣，在木偶人身上书写隋文帝和其第五子杨谅的姓名，秘密埋在华山之下。然后，令杨素派人发掘出来，控告成罪。

隋文帝惊愕不置，茫然问道："天下有这样的不孝之子吗？"

隋文帝要处置"蠹害民众"的杨秀，将之交付司法官员，立案审理。

杨秀后来被废为庶人，幽禁于内侍省，不许与妻子、儿女相见，只拨给两个獠人奴婢使用。

杨素与杨广勾结，借杨秀一案，朝廷大臣很多遭殃的。

汉王杨谅，管辖着并州等五十二州，蜀王杨秀获罪，杨谅感到不安，暗中谋划，笼络旧将。

隋文帝知道后，说杨谅："你小子听着，一旦你爹不在世时，人家取你如同笼内捉鸡一样，什么旧将心腹，又有何用！"

却说杨广开始窥望皇帝宝座了，其老妈独孤皇后忽然于八月去世。

杨广在隋文帝和宫人面前，悲痛大哭，几乎断气，悲哀地要死过去。然而回到自己居所，这位伪装多年的大孝子谈笑风生，胡吃海塞，比平常还欢实。

为母守孝期间，应该吃素，杨广则令人进米，私下令将肉脯和鱼酱藏在竹筒中，以蜡封口，埋藏在米袋里运入，暗地里享用。

据《隋书》记载，独孤皇后"性尤妒忌，后宫莫敢进御"。由于独孤皇后在那里，没有人敢向隋文帝进献美女，偶尔有偷着弄的，独孤皇后便要杨坚吃苦。

尉迟迥的小孙女，极有美色，杨坚发现了，曾于别宫"悦之，因此得幸"，独孤皇后知道了，“伺上听朝，阴杀之”。

小美女被独孤皇后偷偷杀害，隋文帝气急大怒，单骑出走，“不由大路小径，入山谷间二十余里”。

高颎、杨素见皇上跑了，急忙追赶，于深山中扣马苦谏。

隋文帝流泪叹息：“干皇帝竟要如此窝囊吗？窝囊啊我！”

直至半夜，隋文帝始回后宫。独孤皇后见皇上归来，流涕认错，加之众臣和解，风波才算平息。

独孤氏死，杨坚解放，可以毫无拘束地亲近女色了，于是日日欢宴，夜夜笑歌。“宣华夫人陈氏、容华夫人蔡氏俱有宠”，一下子弄一群。

特别是宣华夫人小陈，乃系南陈后主的小靓妹，金枝玉叶，聪明而美艳，她的两个姐姐被隋文帝赐给了贺若弼等大臣为小妾，她现在长成了。

宣华夫人小陈，生长于锦绣丛中，说不尽肌如玉琢还输腻，色似花妖更让妍，语处娇莺声睨婉，行来弱柳影蹁跹，态度闲雅，举止风流，徐行缓步，流盼低眉，再没心思的人，也能被她引得火热。

容华夫人蔡氏，丹阳人，也是一南方美女，大得文帝喜爱，以至于“参断宫掖之务，与陈氏相亚”——有得一拼。

隋文帝杨坚，本性简朴，独孤皇后死后，没人严管，放纵于美色，就此弄得身体有恙了，“精华稍竭，由是发疾”。

隋文帝宠幸陈氏、蔡氏二夫人，发疾，心颇惑之，对沉湎女色深感悔恨，谓侍者曰：“使皇后在，吾不及此”。

身体有恙，大赦天下以求痊愈，却是无用。

且道杨广任太子后，杨素、杨约兄弟，及其叔父文思、文纪、族父杨忌，一同加官为尚书、列卿，杨素的儿子们没有尺寸之功，也都官至柱国、刺史。

杨素大肆经营房地产业，所获数不胜数。

杨素的宅第华丽奢侈，比拟宫廷，家僮超过千人，后庭中身穿绫罗丝绸的妓妾也多以千数。

朝臣们无不拜倒在杨素的权势之下，畏惧依附，敢于与杨素相抗衡而又不屈不挠的，独有个别硬骨头者而已。

公元604年，隋文帝外出到行宫去，术士章仇太翼坚持谏阻，隋文帝不听。

章仇太翼——巫家的姓名总是这么酷！——说："没有别的意思，是怕銮驾再也回不来了。"

隋文帝闻听此言，以为大逆不道，勃然发怒，将章仇太翼投入小号，说："待朕游玩归来斩汝之首。"

隋文帝出宫，诏令凡属赏赐、财政支出，政事无论巨细，全部交付太子杨广处理。

章仇太翼的乌鸦嘴，真是见效，隋文帝七天后病危。

隋文帝卧在病榻上，与百官辞别，握手叹息，未忘让太子杨勇赦免章仇太翼。

唉，杨坚一生英武，如今精神状态确乎不佳，要"崩"了。

太子杨勇，被废为庶人，给隋文帝精神上所带来的刺激很大；三子杨俊这个不成器的儿子，曾给隋文帝带来很多不快；隋文帝听信谗言和诬陷，废四子杨秀为庶人，受到心理重创；独孤皇后驾崩，为隋文帝增添了悲哀。

史载，隋文帝患病，身旁除了他所宠爱的宣华夫人陈氏、容华夫人蔡氏外，尚书左仆射杨素、兵部尚书柳述、黄门侍郎元岩等人，都入阁侍奉医药，隋文帝也召皇太子杨广，交代事情。

杨广考虑到父皇会很快死去，便提前安排必要的事情，以防发生变故。

杨广亲自手书一信，密封后送去询问杨素。

不巧，宫人将该送给杨素的信误送到隋文帝手里，文帝看后，十分愤怒。

宣华夫人陈氏，天亮时上厕所之后，被太子杨广召至别室，乱摸乱弄。

小陈夫人奋力抗拒，方得脱身，仓皇逃回皇帝寝宫。“既还。衣绉发乱”，隋文帝见她神色有异，感到奇怪，询问缘故，陈氏悲伤流泪，回答说：“皇太子为非礼。”

隋文帝闻言大怒，拍着床铺大骂道：“畜生啊，畜生！死狗啊，死狗！怎可把国家大事交付给他？是独孤后，误了朕的大事啊！”

这个所谓“亵母佳话”，野史上乱传，后山认为可能性有欠。

杨广不是没有女人玩，他没有必要如此“晕色”。父亲已经病重，他若真的想“通”父亲的妃子，也没必要如此“急色”。

兵部尚书柳述乃系隋文帝的女婿，杨广的妹夫，与黄门侍郎元岩侍奉在侧，隋文帝招呼柳述道：“召我儿来！”

柳述赶紧召太子杨广，急火攻心的隋文帝说：“不是这个东西！是勇儿，勇儿……勇儿……”

柳述和老臣元岩奉命出阁，起草敕书召杨勇，被杨素看到了，杨素反身赶快告知太子杨广。

千钧一发，不容犹疑！

杨广立马伪造诏书，逮捕柳述、元岩，押入大理寺狱。又急调东宫卫士来把守宫门，但有出入，一律由宇文述签署通行证。

杨广命右庶子张衡侍奉父皇医药，将其余所有宫人赶出寝殿。

第一百零七章

河洛帝国

一

且道隋文帝杨坚临崩，后悔了，唤着“勇儿”，命召已废太子杨勇。

杨素发现情况，连忙向太子杨广告密。杨广不但伪造诏书，逮捕了文帝身边的侍臣，而且全班换掉警卫，将所有宫人赶出文帝的寝殿。

宣华夫人陈氏与后宫人等，闻知事变，相顾失色。

黄昏时，太子杨广派使者送给陈夫人一个小金匣，贴着太子的亲笔封条。

陈氏以为是赐来让自尽的毒药，惊惧惶恐，手软得启不了封。

在使者的催促下，陈夫人哆哆嗦嗦打开小金匣，见里面是表示恩爱的同心结。

宫女们见此情景，相互说道：“可免一死了。可免一死了。”

小陈夫人坐在那里，愤怒地不肯致谢。在宫人的催促下，才勉强拜了。

当日夜晚，太子杨广要求小陈夫人侍寝，污染了小陈夫人。

容华夫人小蔡，也成了杨广的“小菜”，其“自请言事，亦为太子所淫”。

陈氏“天性聪慧，姿貌无双”，是陈宣帝陈顼的小女儿，大隋灭陈之后，充入隋宫为嫔妃。独孤皇后将杨坚看得紧，后宫不能乱进美女，这位战后进御的南陈美公主姿色动人，性格和善，不仅隋文帝喜欢，独孤老太太也乐意。

杨广当初一看到这位比自己年龄还小的南陈小公主就迷上了，曾多次偷偷地进献金银和玉璧取悦。

小陈姑娘也是有良心的，废立皇太子之际，曾为杨广帮忙说话。

独孤皇后死后，隋文帝可以放肆地幸御其他女人了，陈氏得以“专房擅宠，主断内事”。

谁知杨坚病笃，身不由己，最喜欢的两个小美女竟然都遭到儿子强暴，隋文帝老皇上雪上加霜，气上加恨，一伸腿，一瞪眼，崩！

后山考察历史，发现“隋炀帝淫后母”等后宫秽事颇值思量，甚至经不起推敲。

杨广“矫情饰行”二十载，自制力还是有的，何以会在担任太子四年之后，父皇弥留之际，贪吃父皇的窝里草？

常言道，小不忍则乱大谋，天下美女何其多哉，极具耐心的杨广，承继大统在望，竟会自履薄冰，如此轻佻吗？

再说宣华夫人，既然聪慧，在老皇帝断气之前，会贸然说出“皇太子为非礼”的白痴之语吗？

好了。隋文帝杨坚驾崩，皇太子杨广即皇帝位，是为隋炀帝。

为隋文帝发丧时，隋炀帝杨广召见伊州刺史杨约，派杨约去替换看守原废太子杨勇的卫士。

杨约伪称奉先帝诏命，赐予杨勇毒酒，令其自尽。

杨勇不肯就范，杨约竟将其活活勒死，然后，集结军队，宣誓效忠炀帝。

隋炀帝杨广，闻知杨约之所作为，对杨素说：“没有看错人。令兄的弟弟，果然能承担国家大任。”

汉王杨谅，是隋文帝的第五个儿子，曾受隋文帝宠信。

隋文帝事先与杨谅密约：“若用玺书召你，在敕字旁多加一点，又与玉麟兵符相合，你即可带兵入京，保卫父皇。”

隋文帝驾崩了，隋炀帝杨广派车骑将军屈突通送伪造的隋文帝临终诏书。

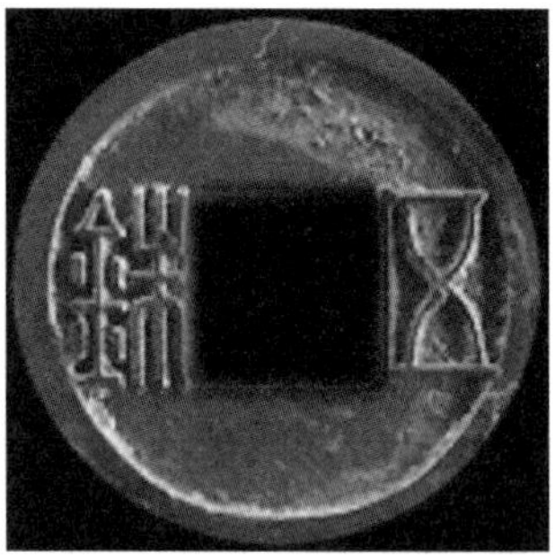

隋五铢钱

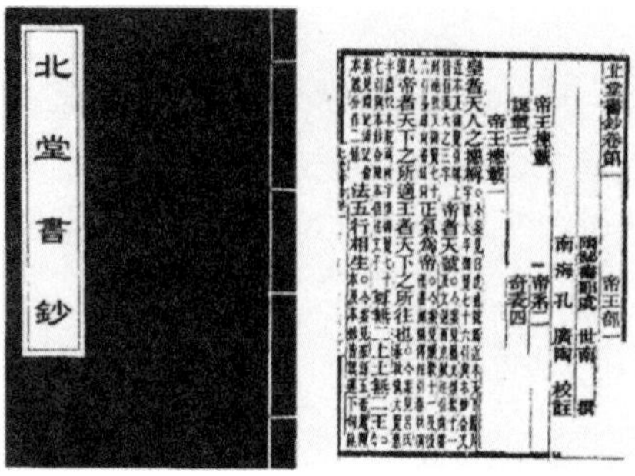

隋图书

杨谅打开诏书一看，发现“敕”字旁没有加点，又与玉麟兵符不合，但是，与自己打探到的大内消息有出入，便审问屈突通。

屈突通虽是杨广的人，却不知内情，审问不出缘由，于是杨谅起兵反叛。

杨广任命杨素为并州道行军总管、河北道安抚大使，率众数万人，讨伐杨谅。

杨谅于清源一带，今天山西清徐，被打得大败，只好退兵保守晋阳。

杨素进兵，围攻杨谅于晋阳，困窘之中，杨谅向杨素投降。

杨素得胜班师，隋炀帝赐给杨素布帛五万匹并杨谅的妓妾二十人，还为诗礼赞。

群臣上奏说，应当处死汉王杨谅。

下贱的著作郎王邵，为了求媚，特意上书，“请改杨谅姓氏”。

已是绝对胜利者的隋炀帝杨广，这时当然可以随意大发慈悲了，说：“朕终鲜兄弟，情不忍言，欲屈法恕杨谅一死。”

于是，废杨谅为庶人，“绝其属籍”——不承认幼弟是皇室成员，并终身幽闭。

而对杨谅部下吏民，隋炀帝则绝不手软，受牵连而被处死、流放的，多达二十余万家。

唉！后山叹曰：隋文帝杨坚，算是个聪明人，吸取北周王室诸藩王力量微弱的教训，把儿子们分封到全国各地，每人镇守一方，结果，谁想仍是相互倾轧，皆不善终。

当然，隋文帝的几个儿子，因权失德，骄奢淫逸，势必要导致自相诛杀夷灭。五子内争，终究是隋王朝短命的祸根啊。

却道杨广继承隋朝大位，首都局促、妨害朝务的挠头问题，随即凸显出来。

隋先都于残破不堪的长安旧城，宫室形制狭小，各部委办公地点都十分拥挤，不能适应新建的统一国家的需要。加之城市污物沉淀，壅底难泄，饮水供应也成问题。因此，隋文帝杨坚于长安东南选择新址，建造新都，名曰“大兴”。

建设总指挥长宇文恺参照北魏洛阳城的规制，数月时间，就弄出了一个格局均衡对称，街道整齐划一的新城。

但杨坚节俭爱民，舍不得剥削，故而民众能够安居乐业，人口也飞一样的飙升，曾经号称沃野千里的关中，供养近百万日益滋盛的人丁生齿，明显感到力不从心了。

大兴城虽则可用，关中四塞险固也不错，但毕竟偏安一隅，交通封闭，窝囊自见。

享受封闭与安稳，就得承受饥荒和贫困。

帝国的经济命门被牢牢扼制，正在一步步陷于狼狈不堪的境地。

远望洛阳，皇皇大都，有史以来处于国家的中心地带，无论旱路或是漕运，都不成问题，重要的是，统治者居于洛阳，可以有效地治理江南和控制北方。

隋炀帝杨广继位之初，胸怀大志、眼界宽阔，加之他多年以藩王资格南北征战，见多识广，另外，关中毕竟不是他熟悉的地方，宫闱内外，也都是老爹杨坚的故臣旧友，与其无聊地纠缠其间，莫若大刀阔斧，另辟新境。

于是，公元604年，仁寿四年，十一月，新任大隋皇帝杨广毅然决定：移巡洛阳。

二

公元604年，深秋时节，草橙树黄。

洛阳北邙山上，簇新的夯土高台，台顶足有五丈见方。

台上台下，执戟卫士四向而立，大隋帝国的一般臣僚们分东西两排，在台前站定，大隋天子杨广在近臣的簇拥下，走出帷帐，端步登上高台。

隋炀帝身后紧跟着的，是尚书左、右仆射杨素和苏威。

高台上，巨大的黄罗伞盖在风中飘动着流苏。伞盖下，杨广轻捻髭须，望着眼前沃野平阔的洛阳川。

北邙山连绵百里，将滔滔东去的大河挡在身后，洛阳从来没有遭遇过黄河水患，不过每每江山易手，英雄角力，这里总要饱受一轮轮战火的烧燎，剑戟的耕犁。

洛水从西南而来，在邙山下的南展平原上，向东流去。

向西看，蜿蜒着洛阳通往关中的官道，官道盘桓于洛水岸畔，渐渐远行。

首阳屏障于东。南方，伊阙山和香山壁立成阙，伊水由中而出，东去与洛水汇合。战国时代秦将白起大败韩魏联军斩首二十余万，便在伊阙山下。

古时空气清新，目望遥远，站在北邙之巅，隋炀帝杨广显然被正南方远处的天造壮阙吸引了。

杨广的目光久久地驻留在伊阙之间，不禁叹道："此非龙门耶？自古何因，不建都于此，而偏东耶？"

隋朝之前的汉魏故城，在偏东十八里的地方，故而隋炀帝有此一问，伊阙也从此有了“龙门”的称谓。

身后右仆射苏威听得真切，立马紧步上前，朗声奏道：“自古非不知，以俟陛下！”前朝不建，是留着等陛下来建的呀！真会说话。

杨广此行，目的非常明确，建新都之意已决，这趟是来考察地形的。手下群臣自然心中有数，也都想在这历史性的时刻露一把脸，在新皇面前多一点表现。

十一月十日，杨广决定明年改元“大业”，并下达了历史上著名的营东京诏。

乾道变化，阴阳所以消息；沿创不同，生灵所以顺叙。若使天意不变，施化何以成四时；人事不易，为政何以厘万姓。

《易》不云乎：“通其变，使民不倦”“变则通，通则久”“有德则可久，有功则可大”。

朕又闻之，安而能迁，民用丕变。是故姬邑两周，如武王之意，殷人五徙，成汤后之业。若不因人顺天，功业见乎交，爱人治国者可不谓欤！

然洛邑自古之都，王畿之内，天地之所合，阴阳之所和。控以三河，固以四塞，水陆通，贡赋等。故汉祖日：“吾行天下多矣，唯见洛阳。

自古皇王，何尝不留意，所不都者，盖有由焉。或以九州未一，或以困其府库，作洛之制所以未暇也。

我有隋之始，便欲创兹怀、洛，日复一日，越暨于今。念兹在兹，兴言感哽！

朕肃膺宝历，纂临万邦，遵而不失，心奉先志。

历代帝王都想立都洛阳，但原因不一，无法实现梦想，现在我可以实现了。

今者汉王谅悖逆，毒被山东，遂使州县或沦非所。此由关河悬远，兵不赴

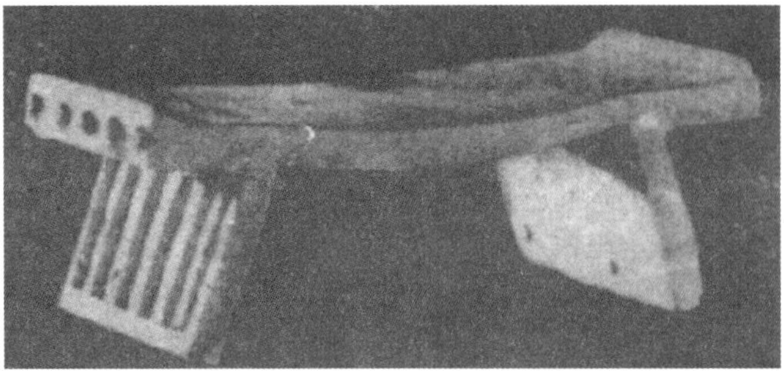

隋朝的几案

隋朝白釉壶

急，加以并州移户复在河南。周迁殷人，意在于此。况复南服遐远，东夏殷大，因机顺动，今也其时。

确实，隋炀帝杨广继位之时，正是大隋帝国极盛之际，老爸留下了殷实的家底，建都洛阳，实现梦想，正得宜也。

群司百辟，佥谐厥议。但成周墟脊，弗堪葺宇。今可于伊、洛营建东京，便即设官分职，以为民极也。

夫官室之制本以便生，上栋下宇，足避风露，高台广厦，岂曰适形。故《传》云："俭，德之共；侈，恶之大。"宣尼有云："与其不逊也，宁俭。"

岂谓瑶台琼室方为宫殿者乎，土阶采椽而非帝王者乎？是知非天下以幸一人，乃一人以主天下也。

民惟国本，本固邦宁，百姓足，孰与不足！

冀所营构，务从节俭，无令雕墙峻宇复起于当今，欲使卑宫菲食将贻于后世。有司明为条格，称朕意焉。

大隋迁都洛阳，"大业"当有作为，隋炀帝一诏定之。

其实，隋文帝时代即有迁洛之议，当时江南名士陆知命上《太平颂》，建言杨坚，"保太平，应都洛"。

当时，隋刚建大兴城不久，杨坚又以崇俭著名，不可能连续折腾搬家的事了，所以有议而未果。

大隋营建洛阳，除了杨广于诏书中所提及的因素，从当时军事、经济诸方面分析，亦为必要。

隋承北周而起，以僻处西隅的秦陇关中为根据地，进而南下，统一中国。统治者者多为关陇勋贵，而外族侵扰，突厥和吐谷浑，亦多来自西北，建都关中，

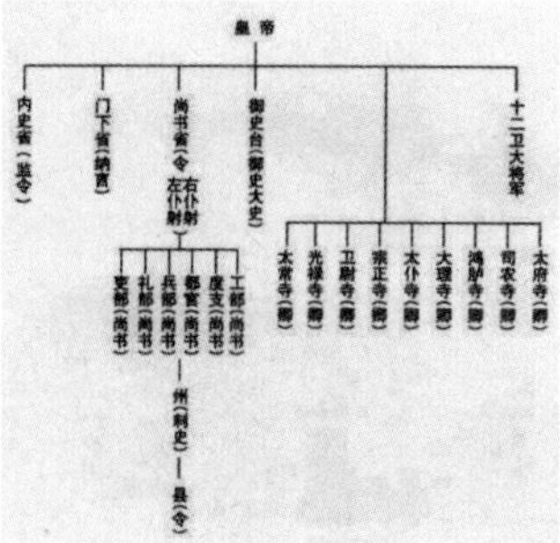

隋朝三省六部结构图

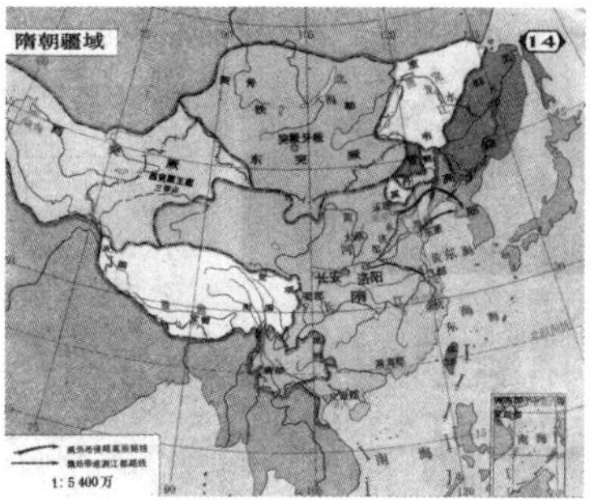

隋朝疆域图

便于指挥抗击。

统一全国后，东部地区幅员广大，人口众多，长期受东魏、北齐统治，入隋后，不安定因素很多。

江南大片国土，复杂性超过关中，南陈亡国后，江南人士心怀惊恐，离心力更强。虽说南人的反叛都被镇压了，但“况复南服遐远”，隋王朝老觉得鞭长莫及。

当年，东汉光武帝刘秀，深感中原形势重要，于公元25年建都洛阳，使洛阳很快成为繁盛的东方大都市。

东汉时期的洛阳宫阙何如？古诗《青青陵上柏》有记。

青青陵上柏，磊磊涧中石。人生天地间，忽如远行客。斗酒相娱乐，聊厚不为薄。驱车策驽马，游戏宛与洛。

洛中何郁郁，冠带自相索。长衢罗夹巷，王侯多第宅。两宫遥相望，双阙百余尺。极宴娱心意，戚戚何所迫？

东汉末年，董卓放火，巍峨的宫殿被烧成废墟，洛阳遭到毁灭性破坏。

步登北邙阪，遥望洛阳山。洛阳何寂寞，宫室尽烧焚。垣墙皆顿擗，荆棘上参天。不见旧耆老，但睹新少年。

侧足无行径，荒畴不复田。游于久不归，不识陌与阡。中野何萧条，千里无人烟。念我平生亲，气结不能言。

其后曹魏文帝曹丕公元220年于洛阳废墟上重建新都，此即历史上有名的洛阳“汉魏故城”。二十一世纪的今天，已被列作“大遗址”工程，予以保护和复建。

西晋使用曹魏的洛阳城，征用民工进行了扩建，但西晋末年的“八王之乱”，又将洛阳乱成了一片瓦砾。

隋代古港遗址

隋朝的干部

北魏孝文帝由平城迁洛阳，新生了洛阳城。

北魏洛阳，南北十五里，东西二十里，城内外寺院一千三百余所，“金刹与灵台比高，宫殿共阿房等壮”，洛阳成了北魏政治中心和佛教文化中心。

北魏政权，脱“卑”入“儒”，继而脱“儒”入“佛”，很快灭亡，洛阳再度“城阙为墟”，“内外官寺民居，存者什之二三焉”。

然洛阳“世称朝市，上则于天，阴阳所会，下纪于地，职贡路均”，实在是最为理想的帝王之宅基。

再说，洛阳经济水平超过关中，这是经济重心逐渐南移的必然结果。

关中虽也属膏腴之地，但秦川面积有限，跟一望无际的黄、淮大平原相比，其分量自然下落了。

由于皇家所居，关中人口增加，“地狭人繁”，使粮食供给发生困难，隋文帝还一筹莫展呢，曾因为关中“大旱人饥”，率关中户口，“就食洛阳”，被称为“逐粮天子”。

关中之种种弊端，在新天子隋炀帝看来，难以容忍，与其“就食洛阳”，不如迁都洛阳，使“水陆通，贡赋等”，利国又利民。

三

皇上拍了板，国家重点工程中的重点工程上马了。

离开破败的汉魏洛阳故城，向西十八里的伊河、洛河汇流地带被确定为隋洛阳新城址。

当年冬天，划灰线，定木桩，先用水平法测地面高下，以削高填低，整平土

隋兵工厂

地，以测日出日落的标杆之影法，在白天参正午最短之日影，夜间参北极星，确定道路和城门朝向的标准方位。

公元605年——大业元年，春三月，百万军夫、役工，齐集洛阳，轰轰烈烈的新都营建大会战全面展开。

三月吉日，隋炀帝诏尚书令——国务总理杨素、纳言——总检察长杨达、将作大匠——建设部部长宇文恺，以及阎毗、裴蕴、裴矩、何稠、元弘嗣等，组成“新都洛阳建设指挥部”，负责营建新洛阳。

据《隋书·食货志》载，杨素代表朝廷，是工程总指挥长，杨达是前任的工部尚书，副总指挥长，宇文恺是总工程师。

杨素、杨达、宇文恺们，决心为大隋建造一座规模气势空前绝后的新洛阳，大洛阳。

宇文恺是鲜卑人，早年杨坚替周自立时，大杀宇文氏，他也在清洗之列。但因宇文恺家族与北周宗室宇文氏并非同一先祖，加之其兄宇文忻拥戴杨坚有功，杨坚飞马传敕，留得小恺一条活命。

宇文恺出身武将世家，却对弓马刀枪不感兴趣，喜欢博览群书，尤其爱好建筑方面的学问，北周时他就已经供职于工部，擅长大策划，大营造，大制作。

宇文恺“揣帝心在宏侈，于是东京制度穷极壮丽，帝大悦之”。

古人营建国都，有一定的规格法式。《考工记》曰：“匠人营国，方九里，旁三门，国中九经、九纬……”其中王宫要正对中经，即正中的街道，中轴线。

实际上各朝都因地制宜，没有教条地按照古法去做。

据文献资料和考古证实，隋都洛阳城也没有死板硬套，选址于汉魏故城之西约二十里，由郭城、皇城、宫城三大部分构成。

含嘉仓160号窖遗址内窖底的碳化物谷层

含嘉仓第160号粮窖

皇宫建在全城地势最高的西北角上。这里是全城最高处，且风景秀丽，可俯视全城，南望伊阙。

显然，皇宫位于全城最高处的布局，更突出了皇权的至高无上，体现了大隋王朝俯瞰天下的气势。

宫城、宫内的三大殿、皇城、皇城的主街道以及外郭城的正门，都正对着南面二十里开外的伊阙龙门！

大隋洛阳，宫城“在皇城北”，“都城之西北隅”，“有隔域四重”。

隋宫城北对曜仪门——又号“曜仪城”，其北有圆壁门——号“圆壁城”。

大隋洛阳宫城，系中国历史上规模最大者，后世的紫禁城是无法企及的，我们现在所看到的明清北京紫禁城，其规模还不及隋唐东都宫城的三分之一。

皇城其北，其东，为含嘉仓，乃国家粮食储备库。仓有城，号“含嘉城”。

据测算，含嘉仓城若贮满粮食，足够数十万人一年的食用。隋炀帝再不用像他爹一样，做“逐粮天子”了。

洛阳郭城，“南广北狭，凡一百坊，市居其中焉”，“都内纵横各十街，分一百三坊”，“每坊东西南北各广三百步，开十字街，四出趋门”。

新洛阳的定鼎门街，宽度百步，上东街、建春街，各宽七十五步，分别跟定鼎门街九十度交叉，长夏门、厚载门、永通门、徽安门、安喜门及当掖门等街，各宽六十二步，其他小街，各宽三十一步。

据遗址发掘可知，隋洛阳城的宫城，东西壁各长约一千三百米，城墙内外均包砌砖块，中间夯筑黄土宽约十五米，西南隅厚达二十米。

宫城，即紫禁城，又曰“禁省”，殿堂林立，有乾阳殿、大业殿、文成殿、文清殿、修文殿、仪鸾殿、观象殿、观文殿、含凉殿等。

含嘉仓的铭砖

沿用时间最长的洛阳定鼎门

乾阳殿是举行大典和接待重要外宾之所在，金碧辉煌，最为华丽。

“基高九尺，从地至鸥尾高一百七十尺，十三间二十九架，三陛轩，六捏镂槛，栾护百重，粢拱千构，云楣彩柱，华攘璧趟，穷轩甍之壮丽，其柱大二十四周，倚井垂莲，仰之者眩曜，南轩垂以珠丝网络，下不至地七尺，以防飞鸟，四面周以轩廊，坐宿卫兵”。

大业殿、文成殿，是商议军国大事的场所。

安福门内北院是天子寝殿，亦“雕饰最华”者。

整个宫城，遍植枇杷、海棠、石榴、梧桐及各种名药奇卉，风景如画。

皇城，三条大道贯通南北，大道之侧，建有社、庙、府、寺，是百官衙署和禁军卫府的驻地。

皇城正门是端门，两边是左、右掖门，右掖门内有个“子罗仓”，也是座粮库。

郭城，即是外城，也叫罗城，布满百官府第和百姓街坊。

据发掘显示，隋洛阳郭城，平面近似方形，四壁各长约七千米，规模宏伟，整齐有序。

洛阳郭城，正南门为建国门，渡天津桥，南通伊阙，北对端门至建国门的南北大街，叫天津街或天街，宽一百二十一米，长约八里。

天津街是全城中轴线，主干道，两边栽植樱桃、石榴、榆、柳，“中为御道，通泉流渠”，夹道成荫，流水成景。

洛水，自西而东，穿过大隋洛阳城，洛水上建有桥梁四座。

除洛水外，城中还有伊水、瀫水穿流，漕渠交通。

隋新洛阳城辟建了三处贸易市场。北者为通远市，西者为大同市，南者为丰

夜市

都市，各占两坊之地，且都傍着便于船只驶行的河渠，货船可直达市中。

大隋洛阳城内，佛塔祠庙林立，还建有“四方馆”“胡袄祠”“袄神庙”“波斯胡寺”等，以接待外国和少数民族使者。“袄教”，由波斯人所罗亚斯特所创立，崇拜火，俗谓拜火教。

首都，少不了各地驻京办事处，为各郡长官朝见天子的住所。

洛阳新城建设的顺序，是由内向外。宫城工地最早开始，密密麻麻的军夫，计有七十万之众，运输队伍延袤三十余里。

长官督责严苛，工程苦累交加，以至于东起城皋——今天的河南荥阳，北达河阳——今天的河南孟州，有关部门运载民工死尸埋沟填河的车辆不绝于道。“每月载死丁，东至城皋，北至河阳，车相望于道”。

隋唐时代，建造城墙，法为“挖槽版筑”。

挖槽就像今天的开挖地基，城墙厚度十五到二十米，开挖的基槽至少要在二十五米左右，有的地方一直挖到地下的卵石层，然后在上面铺上红土夯实。

出了地面后，两边用模板固定，中间填以大概一尺厚的黄土，用夯砸实后，将模板高移，再筑一尺高。夯到需要的城墙高度，撤去模板，加盖顶砖，城墙就好了。

六十日，十五到二十米厚、十五米高的紫禁城城墙完工。

古代的夯土城墙，甚是有趣，有的厚度超过高度，这样的城墙，只可能局部坍塌，不可能整体倒下。

大隋洛阳紫禁城，巍峨壮观，宫墙内外各用五层青砖包砌，砖砌层内外各达一米左右，整整高出大隋长安宫城城墙一丈三尺。

非但宫城，洛阳的皇城、外郭城城墙，也全部都用青砖包砌，这在当时的城市建设中几乎属于孤例。因为那时候的长安，三重城墙也都是土质立面，仅在城门外轮廓和城墙拐角处砌装有少许青砖。

城墙内，是规模庞大的宫殿群，诸殿基及诸墙院，又役十余万人。

算下来，整个洛阳都城的营建，共征调木工、瓦工、金工、石工十多万人，好多工匠因在此役中的华美表现而深受官方赏识，在工程完工后不久，被政府由各地迁居到了新都，安排到了洛河南岸东边临河的几个专业里坊居住。

宫城和皇城的建设，需要大量的砖瓦，于是乎洛河以北的宫城、皇城工地内外，大大小小数十个砖瓦窑场被建立起来，烟火昼夜不绝，掺杂于蝼蚁般涌动的筑城人群中，烘托出热火朝天、蔚为壮观的景象。

中国传统建筑和西方建筑比较起来，一是用料不同，二是结构有异。

隋唐以前的中国建筑，大多为夯土墙壁，所以即便是普通的一堵屋墙，有个两米厚也不足为奇；西方建筑则多用石块砌筑，一砌到顶。

中国古代建筑一般都有内在的木料框架，因此大型、超大型的建筑宫殿，木料的选择至关重要。

隋之前，洛阳为都，已历周、汉、魏、晋，五代，城池屡毁屡建，每一次新生，都以周边生态的牺牲为代价，伊洛一带，甚至整个中原地区，有点样子的林木已被砍伐殆尽。因而建筑新宫殿所需的大木料，要从遥远的豫章郡运来。

豫章，即今之南昌，隋朝时候，山深树大。

《贞观政要》卷二中说，隋室初造之乾元殿，“楹栋宏壮，大木非近道所有，多自豫章采来，二千人拽一柱，其下施毂，皆以生铁为之，中间若用木轮，动即火出。略计一柱，已用数十万，则余费又过倍于此。”

路途运输，极其艰辛。从豫章郡采集大树用为宫殿的大梁巨柱，一棵要两

隋都洛阳城位置

千人才能拖得动，所用平架轮车，行一二里，铁轮子便压坏了，只好由数百人尾随，铸铁，搬运，专门供应车轮。

路上不停地更换车轮，运输非常缓慢。一棵大树运到洛阳，不算沿途食宿费用和铁轮车成本，仅脚力一项，即花费数十万工，其他花费更是巨大。

工役劳苦不堪，一半人累死在运输途中。

隋唐洛阳城遗址是全国重点文物保护地。大体包括今天的洛阳市区，北接邙山，南对龙门，地跨洛河两岸。

考古发掘证实，隋洛阳外郭城，东北角在唐寺门村，西北角在苗南村，东南角在城角村，西南角在古城村，城垣周长约二十八公里，略呈正方形，共有八座城门，以南面中门之定鼎门最为宏伟。

四

大隋洛阳建设一期工程，于公元606年即大业二年春天完竣。

堂堂洛邑，皇皇大都，即将横空出世，演绎它未来五百多年的跌宕雄迈、婉转风流。

洛阳与长安之间，崤山、函谷相连，“峻阜绝涧，车不可方轨”，为了改善这种恶劣的交通状况，隋炀帝又“废三崤旧道，令开葼册新道”。东西交通为之改善。

“发河北十余郡丁男凿太行山，达于并州，以通驰道”。

复征黄河以北十多个大郡的民工，在太行山里，开出一条快速路，北达于并州太原府，使东都洛阳的北部交通焕然开朗。

隋时西苑一景

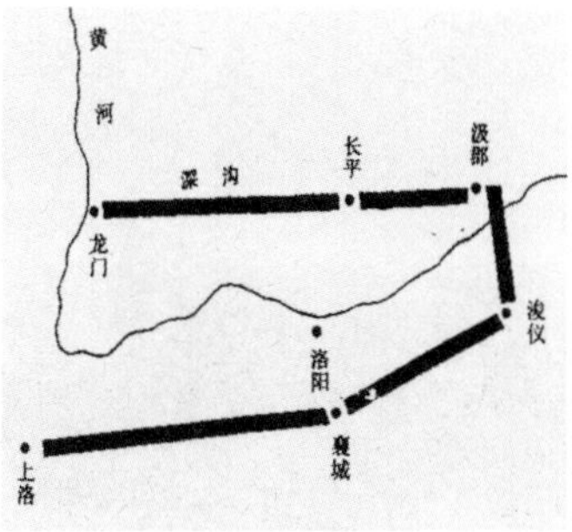

隋代长堑示意图

在营建洛阳新城的同时，隋炀帝为确保洛阳安全，又大兴工役，修筑了一系列拱卫东都的国防工程。

譬如，“诏发丁男数十万，掘堑，自龙门东接长平、汲郡，抵临清关，渡河，至浚仪、襄城，达于上洛，以置关防”。

所谓“堑”，即是阻断交通的长沟。

“隋炀帝长沟”，这项规模宏大的数百公里工程，自洛阳以北两百里开外修起，横跨今山西、河北、山东数省，横断于华北平原，延绵数千里，并在沿线各地设置哨所，构筑了一条大包围圈似的洛阳防线。

“隋炀帝长沟”这项工程浩大的国防工事，其作用是隔阻骑兵，目的在于防止北方的叛乱。

隋炀帝开挖长堑，可能是鉴于汉王杨谅反叛，可能用以对付北疆游牧族的铁骑。

不过长堑作用有限，数年后隋炀帝又大兴工役，修筑长城，用以防范塞外的突厥骑兵。

在中国历史上，万里长城和秦始皇的名字联系在一起，就是说，战国后期就修建长城了。

隋炀帝修过两次长城，每次个把月，一在公元607年，一在公元608年。

前次“发丁男百余万”筑长城，“西距榆林，东至紫河，一向而罢，死者十五”，累死的民工有二分之一。

后次，“发丁男二十余万筑长城，自榆谷而东”。

当时，缘边诸郡遭到旱灾，本来民夫饥饿，又修建长城，结果造成一片凄惨景象。

西苑今日小景

隋炀帝没有感到自己有过错，亲至边塞视察时，为古诗《饮马长城窟行》，以示群臣，气势非常豪迈。

萧萧秋风起，悠悠行万里。万里何所行，横漠筑长城。岂合小子智，先圣之所营。树兹万世策，安此亿兆生。

讵敢惮焦思，高枕于上京。北河秉武节，千里卷戎旌。山川互出没，原野穷超忽。摐金止行阵，鸣鼓兴士卒。

千乘万旗动，饮马长城窟。秋昏塞外云，雾暗关山月。缘严驿马上，乘空烽火发。借口长城侯，单于入朝谒。

浊气静天山，晨光照高阙。释兵仍振旅，要荒事万举。饮至告言旋，功归清庙前。

却说大隋洛阳建设的二期工程，要数西面紧靠京城的西苑，又称芳华苑，“周二百里”，保守估算也折合现在的六百平方公里。

洛阳西苑，水系水网，四通八达，宫阁园囿，星罗棋布，亭台楼榭，缀饰其间。

西苑内，方圆数百里的各个工地上、建筑工、装饰工再加上运输工，役工总数超过三百万人，创造了中国历史上单个工程用工量的一个空前也可能是绝后的记录。

西苑内的主要行宫，叫显仁宫。皇家的这处近郊行宫，是宫城建设二期工程中的重点所在。风景旖旎，宫室富丽，“游赏之美，以斯为最”。

从《隋书·食货志》看，显仁宫周围，苑囿连接，北至新安，南及嵩山，西至渑池，周围数百里，“诏天下境内所有鸟兽草木驿至京师洛阳”。

为西苑建设，“易州进二十箱牡丹”。洛阳，从此有牡丹了！

第一百零八章

天子派头

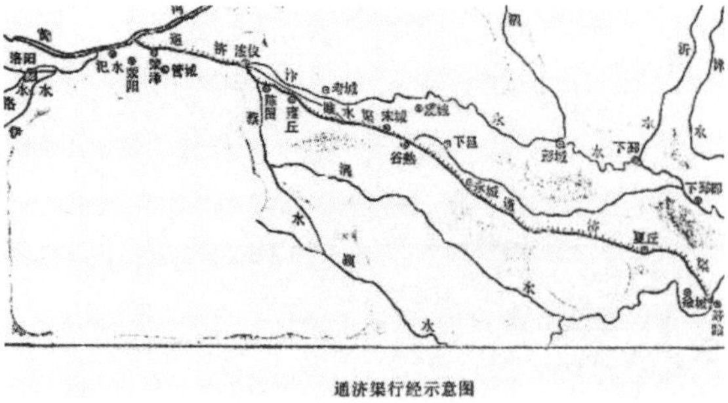

通济渠

运河风光之一

一

南北大运河，是我国古代最为宏伟巨大的水利工程，世界闻名。

大运河是与隋炀帝的名字紧密联系在一起的。开凿以洛阳为中心沟通南北的大运河，是隋炀帝即位后，于大业年间完成的“大业”之一。

公元605年三月，几乎在下令“营建洛阳”的同时，隋炀帝“发河南诸郡男女百余万”，启动了更大规模的开凿大运河的工程。

黄河与淮河间的人工运河，叫通济渠。

通济渠开挖的同年，隋炀帝“发淮南民十余万开邗沟”，连接淮河与长江。

接着，又开挖北至涿郡的“永济渠”。

后，又从京口引长江水直达余杭，入钱塘江。

南起余杭，中经江都、洛阳，北至涿郡，沟通海、河、淮、江、钱塘五大水系，贯穿今浙江、江苏、安徽、河南、山东、河北六省及北京、天津两市，全长四千华里的南北大运河——隋炀帝干的！

“隋炀帝大运河”，作为中国古代贯通南北交通的大动脉，是世界上开凿最早、航程最长、最雄伟的一条人工运河。

依照地理划分，大运河总共分为四段：通济渠、邗沟、永济渠、江南运河。

通济渠又称汴水、汴渠、汴河，渠广四十步，全长六百五十公里。

通济渠自河南荥阳的板渚出黄河，至江苏盱眙入淮河，历现今三省十八县市。

通济渠连接了黄河与淮河，贯通了洛阳到扬州，作为大隋时期的交通大动

今日运河船队

今日运河一景

脉，“枢纽天下、临制四海，舳舻相会、赡给公私”。

黄河和淮河之间的水运，战国时已为鸿沟所沟通。西汉以后，这条运输通道道便逐渐被汴渠所替代。

曹魏、两晋和南北朝时期，对汴渠有整修和局部改建。

隋炀帝在其基础上，加开了洛阳段，即自“西苑”开始，开通济渠，“引瀔、洛水达于河”，大概循着东汉所开阳渠的故道，由偃师至巩义的洛口入黄河。

通济渠与汴水分流后折向东南，最后入于淮水。

邗沟又名渠水、韩江、中渎水、山阳渎、淮扬运河、里运河，北起山阳——今天的江苏淮安，南达江都——今天的江苏扬州。

春秋时期，吴国开凿了沟通长江和淮河的“邗沟”。东汉末年，地方割据，运道并不通畅。东晋时，邗沟开始出现渠化堰坝。

隋炀帝发淮南民夫十余万，在邗沟旧有基础上大规模整修，疏通扩大了邗沟旧道，形成运河规模。

永济渠，“南达于河，北通涿郡”——南起黄河，北到北京，

东汉时期，曹操为征讨乌桓运输粮草，曾开白沟和平虏渠，沟通黄河和海河水系。隋之永济渠，以曹魏旧渠为基础，拓展成为大渠，全长两千多里。

开挖永济渠时，男丁不足，妇女也被迫上阵了，从开工到建成，仅用了不到一年的时间。

永济渠的宽度不及通济渠，但深度大，运输能力强，可航行庞大的龙舟。

江南运河，又称江南河，是曹魏时期的吴国为了沟通南京和太湖平原而开凿的运河，隋炀帝征发民夫，重新疏凿和拓宽，形成了江南运河。

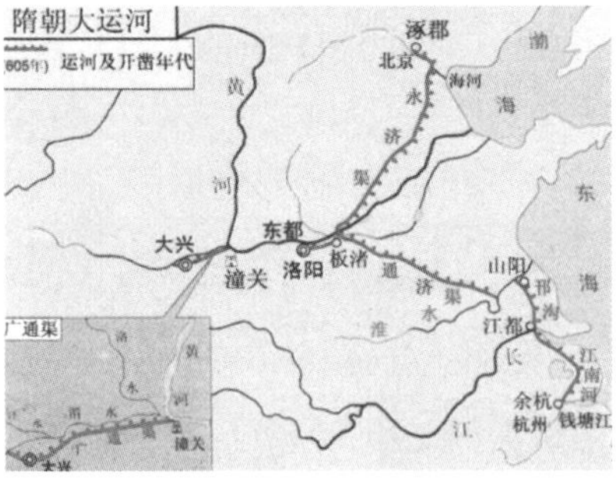

隋运河

隋代漕运

江南运河，至今鲜活，船很多，船帮压得低低的，几乎与河面一样平，有的还组成船队，宛如水上火车，浩浩荡荡，神气十足。

从某种义上说，有江南运河，才有新上海、新浦东，才有新常州，才有新宁波，总之，才有新长江三角洲，这是一点都不夸张的。

长江三角洲的高楼大厦，高耸入天，而且林立，统统源自运河船上的石材、沙料。天天运、时时运，一刻不停，运了几十年，还要运下去。

运河，是为了运输而开凿的人工河流，或疏浚自然河流使其达到通航要求的水道。由河流和运河进行的运输，叫做漕运，开运河的目的就是为了漕运。

开凿运河，工程量极为浩大，在古代生产工具十分落后的情况下，开挖四千多里长的大水道，其艰辛困难，可想而知。

隋炀帝刚刚上台主持工作，为何不遗余力地开挖大运河？

种柳开河为胜游，不语青山对水流？传统说法。非也。

重大历史事件，总会有它的历史背景和发展必然，大运河的开凿，也有其客观的需要，宜认真仔细地考察、分析。

古代交通运输，除了修路，就是开河。

生产力水平低下的古代社会，陆地交通全靠人力畜力，运输量少，耗费大，特别是远程运输，所运物资抵不上路途中运夫和马牛所食，因此，利用河流进行水上运输，在古代是最便捷最经济的，没有比舟船更划算的了。

行船载量大，航程长，是陆路车马无法企及的。

为此，历代王朝都以国家力量组织漕运，充分利用长江、黄河、淮河、海河等自然河流，行船输运。

中国地势，西高东低，主要河流都是由西向东的，长江、黄河，源于青藏高

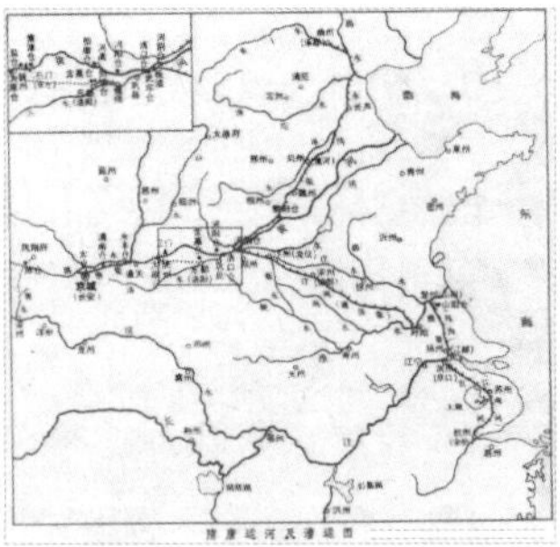

隋朝漕运重点港口

隋洛河漕运

原，穿越崇山峻岭，奔腾呼啸，进入东部平原，一泻千里，徐徐人海。

是的，地形决定，中国没有一条南北走向的大河流。

因此，在古代中国，人工开凿南北走向的运河水道，沟通主要水系，形成水路交通网，以利漕运，也就成为古代中国英雄的事业和追求。

邗沟、鸿沟和汴渠，即是隋前历史上的人工运河。

历代封建帝王，包括秦始皇、汉武帝、汉光武、曹操、孙权及隋炀帝的父亲隋文帝在内，都不遗余力地开凿过运河，隋炀帝的不同之处在于，开凿规模超过任何一代帝王。

大隋王朝，结束了南北朝分裂割据状态，以南方的经济来支撑北方的政治，把南方的经济重心与北方政治军事重心联系起来，以适应各方面的需要，是统一王朝面临的历史任务。

在原有运河基础上，整修和开凿一条沟通南北五大水系的大运河，显然是利国利民的宏伟功业。

隋炀帝开挖南北走向的人工运河，以弥补东西走向自然河流的交通缺憾，服务统一大业，实为大眼光，大作为。

促使隋炀帝定下大决心，兴办如此浩大的工程，也有深刻的经济政治原因。

秦汉时期，只有北方的黄河流域得到开发，及隋，南方长江流域，经济已经发达，南方经济区在全国经济中的地位日益突出，成为国家财富的重要来源地。

近些年对洛阳含嘉仓城及洛口、回洛城考古发现，其所储藏，确实主要是来自南方的粮米。

大运河，还具有运兵输军的功能。

开凿南北大运河，在军事上，可以加强隋中央政府对江南地方及北部边塞

运河风光之二

运河风光之三

的控制。其“北通涿郡”——今天的北京市，就为征伐高句丽——今天的朝鲜半岛，做了交通准备。

当然，既然是交通动脉，大运河也就拥有旅游功能了。

后山乱曰：由于经济的发展，出于政治的统一，为加强南北联系，促进物资交流，为强化中央集权，支撑军事统治，在以河道为主要交通干线的时代，连接南北的大运河的开凿，势在必行。

所以说，大运河的开凿，是历史发展的必然产物。

二

要说隋炀帝杨广，最是一位英雄与魔鬼的复合形象，说他没有功劳，谁也不会相信。

修建大运河，是杨广突出的业绩。

大运河绝对不是一蹴而就的，隋炀帝分三期大规模征用民力，投入这一宏伟工程。

第一期是公元605年即大业元年三月，征发河南诸郡男女一百余万人丁，开凿通济渠，自洛阳西苑引瀫、洛之水人黄河；又自板渚——今之河南荥阳东北引黄河之水，经过荥泽进入汴水；最后在开封之东引汴水进入泗水，复通至淮水。

同年，隋炀帝征发淮南民众二十万，整修邗沟，即山阳渎，自山阳——今之今江苏淮安，引淮水至江都——今之江苏扬州，进入长江。

第二期是公元608年即在大业四年初春，征发河北诸郡男女一百余万人丁，开凿永济渠，引沁水向南到达黄河，向北通往涿郡——今之北京。

大运河杭州段

第三期是公元610年即大业六年，隋炀帝又下令开江南河，将京口——今之江苏镇江和浙江余杭连通起来。

三期大工程，三批大征发，三次大挖河，先后动用民众数百万，对人民来说是极大的伤害，但不可否认，创造了前所未有的全国水上交通新环境。

隋炀帝动用这么大的力量修建大运河，有人说主要目的是他的个人享乐，但即若如此，其个人享乐之外的客观功劳也是巨大的。

事实正是如此，大运河开通之后，立即成为南北交通的大动脉，促进了南北经济文化的交流和发展，也强化了南北的统一。

整个大隋帝国的水利工程如同一个蜘蛛网，洛阳城就在这个网的中央。

帝国的财富自四面八方源源不断地流向洛阳城，流向帝国中心。

斯时，通远市“天下之舟船所集，常万余艘，填满河路，商贩贸易，车马填塞”，丰都市“其内一百二十行，三千余肆，四壁四百余店，货贿山积”，工商业繁荣，盛况空前。

贸易市场附近，酒店旅馆云集，成为洛阳最繁华的旺地。

而向京城洛阳输入财富，是以劳动者的大批死伤为代价的。

《隋书·食货志》记有黄门侍郎王弘、上仪同于士澄往江南诸州采大木，“引至东都”的史实，“所经州县，递送往返，首尾相属，不绝者千里。而东都役使促迫，僵仆而毙者，十四五焉”。死者几乎达半。

隋炀帝声称：“兼三才而建极，一六合而为家，”“日月所照，风雨所沾，孰非我臣！”

开远夷，通绝域，克平九宇，威加八荒，是隋炀帝的“中国梦”，而洛阳城就是他圆梦的舞台。

在营建新洛阳的同时，开挖大运河，在大运河如火如荼的开挖中，新洛阳二期工程亦告竣了。

隋炀帝对新都洛阳的建设十分满意，“大悦之”。

洛阳建设工程的两个负责人宇文恺和杨素得到了嘉奖。

宇文恺荣升工部尚书，赐房地产于城东南履道里。

杨素已位极人臣了，隋炀帝只好在洛阳城东北上好的地段赏赐了他大宅子——最高级的房地产，上东门内积德坊，一坊之地，尽为所有！

杨素是个很会享受的人，宅子经他手一番装修布置，“僭于宫省”。杨宅门院五重，“高斋曲池”，冠绝洛城。

大隋洛阳城建成后，便是充实人口，聚集人气。

为使洛阳尽快繁盛起来，附近居民以及天下富商、工艺户数万家，都奉诏安置到洛阳城内居住。

公元605年，三月，隋炀帝下令：“徙豫州郭下居民以实”洛阳，又“徙天下富商大贾数万家”于洛阳。

公元606年，五月，又“敕江南诸州，科上户分房入洛阳住，名为部京户，六千余家”。

公元607年，十月，又“敕河北诸郡送工艺户”入洛阳三千余家。

史载，隋炀帝新建洛阳后，洛阳有两万零三千多户，若每户按五口人计，洛阳即有人口一百万以上。

官方组织的人口充实运动，使得大隋洛阳新城的经济文化很快发展起来，成为政治、经济、文化中心和国际性都会。

原先所建的含嘉仓城，已经很大了，其四周有墙，南北长七百二十五米，东

洛口仓区今貌

西宽六百一十二米，面积四十二万平方米。

仓城内分布有近三百座密封式地下圆形窖穴，一般口径在十五米左右，深度八米左右，窖底经火烧处理，纵横铺木板两层，周围砌木板，上油漆，防潮措施完善。

含嘉仓建在高处，既无风雨水火之虑，又省虫鸟啄食之耗，仓室密封后，与空气隔绝，使虫害减少，的确是较为优越的储粮办法。

考古工作者对隋唐洛阳城的含嘉仓进行了系统发掘，探出粮窖二百六十多个，并发掘了其中六个。仓贮粮食已经碳化的“粟”，尚有数十万斤。

洛阳城人口快速膨胀，含嘉仓已远远满足不了庞大需求。为此，隋炀帝又新建了洛口仓和回洛仓，来储备粮食。

洛口仓和回洛仓的规模之大，也是前所未有的。

《资治通鉴》说：置洛口仓于巩东南原上，筑仓城，周回二十余里，穿三千窖，窖容八千石以还，置监官并镇兵千人。十二月，置回洛仓于洛阳北七里，仓城周回十里，穿三百窖。

粮食储备如此，食盐的储藏量也非常惊人，《大业杂记》记录：街西有子罗仓，仓有盐二十万石。

且说隋之得天下，与利用道教制造“神授”舆论分不开。因此，大隋尊佛更敬道，隋炀帝立都洛阳之后，没有忘记道观的位置，在洛阳市区布建了二十多所。

隋炀帝是个著名的享乐主义者，注重今生、厌恶来世的中国道教，正对他的脾胃，他拨出专款，在北邙山翠云峰上建了一座老子庙，周围遍植松柏，大搞环境绿化，弄得绿色四合，鸟语花香。

坍塌的洛口仓粮窖

此后，隋炀帝又出钱举办道教高峰论坛——玉清玄坛，召开道教代表大会后，又组织学者撰著“新道书”，服务其统治。

三

在轰轰烈烈的大隋建设热潮中，隋炀帝怀念他曾经收取辉煌战果的南方地面，刚刚下令营建洛阳，即又发布“巡历淮海”的诏书。

听采舆颂，谋及庶民，故能审政刑之得失。是知昧旦思治，欲使幽枉必达，彝伦有章。

而牧宰任称朝委，苟为徼幸以求考课，虚立殿最，不存治实，纲纪于是弗理，冤屈所以莫申，关河重阻，无由自达，朕故建立东京，躬亲存问。

今将巡历淮海，观省风俗，眷求谠言。

隋炀帝说，自己“昧旦思治”，营建东都洛阳，目的就在于“躬亲存问”，便于听政。

为了进一步体察民情，眷求谠言，诏告天下，将“巡历淮海，观省风俗”，听采舆论，跟平民百姓交换意见。

怀念，也应该是个原因吧？

别乱指责应该吧，后山曰：二十二岁曾经建功立业的“龙兴故地”，换做谁，内心深处也怀念啊！

南下巡游，是件大事，前提是得有交通，于是下诏火速完备通济渠和邗沟的扫尾工程，赶紧通水，连接黄淮，以达江都。

数日后，隋炀帝又遣黄门侍郎王弘、于士澄等前往江南，办理材料，制作龙

隋炀帝视察工作

舟以及各色船舰数万艘。

隋炀帝既有魄力一声令下征发百万民众营造东都，又征发百万民夫开凿运河，当然同样有魄力下令为巡游而建造大量豪华船只。

粗算一下，造船所役夫工，亦在数十万之多，加上巡游路上所费，需用将是不亚于营建洛阳、开挖运河的又一大工役。

历时五个月，王弘、于士澄在扬州督造的船队如期完成，加班加点，赶赴洛阳，“奉迎”隋炀帝。

《大业杂记》说，龙舟船队有楼船伍千一百九十一艘。

《隋书·炀帝纪》跟《大业杂记》抬杠说：“数万艘。”

船队不仅数量庞大，而且规制特别，用工精致，各色船只在形制、功用、大小、花色上，均有明显区别。

隋炀帝乘坐的龙舟，形貌巨大，豪华无比，堪称水上巨无霸宫殿。

《大业杂记》记录其尺寸为：“龙舟高四十五尺，阔五十尺，长二百尺”，雕镂奇丽，金碧辉煌，其四重。上一重有正殿、内殿、东西朝堂，中二重有一百六十个房间，皆饰以丹粉，装以珠翠，下一重为大房间，经济舱，住内侍宦官及操舟水手。

最上层是办公场所。中间两层网络朱丝，极尽奢靡，是生活和娱乐场所。下层都是服务员。

龙舟“以青丝大绦绳六条，两岸引进”。

旧小说有诗曰：“牙作帆樯锦作缆，兰为橹楫桂为桡。繁华不信人间有，疑是龙宫蜃气高。”

翔螭舟是皇后乘坐的船，翔者，盘旋而飞，螭者，无角之龙也，一种吉祥物，刻画在船首。

翔螭舟规制虽较龙舟“差小”，身量稍小，但其装饰却与龙舟无异。

妃嫔乘“浮景舟”，贵人、美女乘“漾彩舟”，均为二重，跟在皇后翔螭舟的屁股后面。

随行干部所乘船只，也按级别分配。

诸王公主和二品以上的乘五楼船，四品和僧尼、道士乘二楼船，六品至九品的从官，只能乘黄篾舫，竹篾编制顶盖的篷船。

乘船者总数，依最低限度的估计也超过了十万人。

公元605年，夏八月，水势最好的月份，隋炀帝自洛阳西苑出发，先乘小舟，由漕渠出洛口，至黄河，在黄河上换乘王弘、于士澄开来“奉迎”的龙舟。

庞大的龙舟船队，沿着大运河，浩浩荡荡，向隋炀帝的江都故地驶去。

通济渠上，“舳舻相接，二百余里，照耀川陆，骑兵沿两岸而行，旌旗蔽野”。

皇上的头船已经开出去五十天了，最后一艘船才刚刚离开黄河。

隋炀帝命左武卫大将军郭衍为前军，右武卫大将军李景为后军，护卫船队。河道内千舸竞发，两岸边彩旗招展，威武雄壮，无可比拟。

船除载人外，还载有“兵器帐幕”及“内外百司供奉之物”，甚是沉重，由两岸挽夫牵引行进，两岸共用招募来的挽船民夫达八万余人。

船只规制不一，乘坐者身份尊卑高低有别，纤夫也分成了不同的等级。

挽引“龙舟”的称“殿脚”，有一千零八十人，分为三班，每班三百六十人，还有工作服呢，中央政府供给纤夫们的服装鞋帽，花红柳绿，煞是美艳，皆“著杂锦采装子袄行，缠鞋袜”。

到底是为中央首长服务，尽管干的是粗笨的力气活，还是要光鲜体面的。

挽引“翔螭舟”的名“殿角”，九百人，挽引“浮景舟”的称“船脚”，每船一百人，其他纤夫，每船约五十人，都穿着黄衫子。

十二禁卫军的官兵船，兼载军备物资，由士卒自己拉纤，不分配民夫。

船队错落有致，鱼贯前行，船队之间，快捷的小飞舸来回出没，为“宫人、习水者乘之，往来供脚”，供饭食，送物品，打捞不慎落水者。

运河两岸，修筑好了柳树成荫的御道，八万多名纤夫行走，还有两队骑兵夹岸护送，合计二三十万人。

河上行驶着光彩耀目的船只，陆地上飘扬着五色缤纷的彩旗。

南巡船队，上万条大船，船头船尾连接起来，竟有二百里长，像滚滚洪流，沿新修的运河，徐往东南。

供给皇家船队的食宿生活，沿途民众苦不堪言。

为了满足船队大批人员的享受，沿途各级干部命令两岸的百姓，给隋炀帝他们准备吃的喝的，叫做“献食”。

“所过州县，五百里内皆令献食，多者一州至百辇，极水陆珍奇”，一个州甚至出动一百辆牛车，用来装载精美的饮食。

“后宫厌饫，将发之际，多弃埋之”。

劳民伤财的佳肴过于丰盛，后宫美女们吃得发腻，就抛进河里。

州县领导，逼着百姓办酒席，不办不行啊，送的酒席多到百千桌。大量剩菜，就在岸边掘个坑埋掉。

被迫献食的百姓，每天都在十数万众，以致沿途骚然，农事抛荒，民不得安居，都弄得倾家荡产了。

曾经，宿州在疏浚濉河时，发掘出许多稷子，令考古人员困惑。

当地百姓传说，隋炀帝下扬州时，此段河道地势较高，水势枯竭，不能通船，当地干部乃以稷子拌香油铺在干河床上，纤挽龙舟滑行，有歌曰：“大隋炀帝下扬州，楚国稷子伴香油”。

传说真假难辨，百姓的爱憎却明白无误。

超大规模的船队，空前盛大的仪式，可谓空前绝后，百姓叫苦，隋炀帝却以《泛龙舟》诗叫好。

舳舻千里泛归舟，言旋旧镇下扬州。借问扬州在何处，淮南江北海西头。六辔聊停御百丈，暂罢开山歌棹讴。讵似江东掌间地，独自称言鉴里游。

侍臣虞世基、虞世南兄弟俩，拍马屁迎合，各有《奉和幸江都应诏诗》，虞世基说：“泽国翔宸驾，水府泛楼船。”虞世南说：“安流进玉舳，戒道翼金吾。”

斯时隋朝大臣们没有二话，全是高叫和谐盛世，升平气象的。

隋炀帝下江都，心中不存白姓，是其问题所在。然而在旧小说中，江都巡游则留下了满路淫秽。

四

《隋书·食货志》记载，龙舟船队挽船纤夫都是招募来的壮男，小说《大业拾遗记》改成“择妙丽长白女子千人，执雕板镂金楫，号为殿脚女”。

《隋炀帝艳史》更奇妙，描述王弘向隋炀帝提议，选取吴越十五六岁的女子牵缆，说：“以女子牵缆原要美观，添入男人便不韵矣。若虑女子单调，莫若再选一千嫩羊，与美人相伴而行，岂不妙哉！”

《隋唐演义》也以吴越美人锦牵绣挽，玉曳珠摇，百样风流，千般袅娜，加之嫩羊上套，古来未见，激动得头晕眼花。

蛾眉作队，一千条锦缆牵娇；粉黛分行，五百双纤腰挽媚。香风蹴地，两岸边兰麝氤氲；彩袖翻空，一路上绮罗荡漾。

沙分岸转，齐轻轻斜侧金莲；水涌舟回，尽款款低横玉腕。袅袅婷婷，风里行来花有足；遮遮掩掩，月中过去水无痕。

羞杀凌波仙子，笑他奔月姮娥。分明无数洛川神，仿佛许多湘汉女。似怕春光将去，故教彩线长牵；如愁淑女难求，聊把赤绳偷击。

正是：珠围翠绕春无限，更把风流一串穿。

旧小说迎合小市民趣味，杜撰本领确实非凡，《隋炀帝艳史》中还有分教：“天子风流不让仙，看花特地泛龙船。绿荫两岸垂杨度，红袖千行锦缆牵。丽胜西池羞穆主，富于牛头笑张骞。君王岂不欣欣乐，只是斯民实可怜。”

前边隋炀帝出尽淫丑，后面倒说到了点子上，不顾百姓死活，乃一昏暴之君。

旧文学传诵千百年，其描述是否历史真实呢？

隋炀帝不惜耗资巨万，即位之初，便造就如此盛大空前的船队，匆忙巡游江都，乍看浮华已极，但仔细分析，此等规模的南巡，仅为一时兴起，心血来潮，是难以说得通的。

隋炀帝玩出这么高的水平——大规模巡游江都，和营造东都洛阳、开凿大运河，是紧密联系在一起的，他应该是通盘考虑的了。

营建洛阳，在于加强对东部和南部地区的控制，以维护王朝大一统。

盛张仪卫，大讲排场，其实也是要以皇帝的威风震慑江南，稳固统治。

正因如此，隋炀帝南巡，特意带着南陈后主陈叔宝的遗孀沈婺华。

陈叔宝死后，沈婺华“自为哀辞，文甚酸切”，隋朝宽恕了她。

隋炀帝带着这位知书识礼的亡国皇后，其用意，显然是联络南人的感情，怀柔江南的干部们。

若是为了游玩和享乐，带此老妇岂不碍事也乎？

当然，隋炀帝初登九五，即猛作显摆，炫耀功业的心理肯定是有的，你们看看，当年坐镇江都的青年藩王，如今腰粗到何种程度，哼哼！哼！

同时，南巡也是联络旧交，赏赐功臣的机会。

龙舟行至东平郡，今天的山东郓城一带，太守吐万绪迎谒皇上，隋炀帝让他登上龙舟，问长问短，吐万绪“陈谢往事”，“吐槽”有术，吐出千头万绪，隋炀帝激动不已，对老吐又是加官，又是赏钱。

事实上，隋炀帝到了江都，送给江东父老的第一件礼物，就是宣布大赦江淮，免除五年租赋。

第二件好事，是好纳女人的隋炀帝盛张礼仪，将旧陈后主的第六个女儿陈娴封为贵人。

因为隋炀帝与小陈娴的感情，原先被隋文帝流放至边远的陈朝皇室子弟，隋炀帝让他们“尽还京师，随才叙用”，“并为守宰，遍于天下”，都翻身又当上了国家干部。

你说陈朝子弟命运的巨变归功于女子得宠，那么隋文帝的小妾宣华夫人也让隋炀帝“宠”了，那旧陈的皇室子弟咋不翻身见太阳呢？

事情只能说明，政策变化，动因更深。

说明，隋炀帝纳陈姛，是政治联姻，是为了疏通大隋皇室与南朝人士的感情，令旧陈遗老感恩戴德，真正地收复他们的心。

因此说，隋炀帝纳陈姛，对融合南北士人，维护国家长久统一，具有深远的意义。

隋炀帝巡视江都期间，对文化建设十分看重。

他离开洛阳时，命人把国家收藏的名画书法“尽将随驾”，到了江都，便开办展览，让南人认识北方艺术，可谓用心良苦。

随行人员，既有中原鸿儒，如大文豪薛道衡，博学通识的牛弘，还有大批僧尼道士，让他们到隋炀帝当年开建的江都四道场，讲经弘法，以宗教慰人。

炀帝杨广也是佛徒天子，莅临南方，继续他以前对江南宗教人士的怀柔政策，敬设蔬饭，赐物山寺，恭听讲经，谦称弟子，拉拢僧徒。

杨广派遣散骑侍郎兼通事舍人张乾威，两次送给天台山寺“大铜钟一口、袈裟一领、褊袒二领、衣物三百段、飞龙绫法衣一百六十领”及多量生活用品。

天台寺僧人“伏惟皇帝陛下起居万福”，虔诚得不可开交。

九月二十六日，炀帝让通事舍人李大方宣敕江南诸州僧人们至扬州相见。在会晤中，杨广称高僧作“师”，自己谦为“弟子”。

隋炀帝的这一姿态，表明他在延续当年藩居江都时宽容的宗教政策。

后山认为，隋炀帝迫不及待地巡历淮海，躬亲存问，感化笼络江南人以成天下一统伟业的目的，是存在的。

第一百零九章

豪奢西苑

一

话说隋炀帝在江都，展示文化，玩弄派头，当然也要回顾当年风流，尽情游玩享乐。

历史记载，为了装饰一个出巡时候用的仪仗，就花了十多万人工，耗费的钱财更是上亿论万。

在江都半年，搜罗了大量美女，隋炀帝要耀武扬威地回归了。

新都洛阳即将全面竣工，杨广迫不及待地要入主洛阳。

隋炀帝发布诏令，命吏部尚书牛弘等议定舆服、仪卫制度，向江南士民显示朝廷的盛大礼乐文明，使其叹服，然后排排场场地归还洛阳。

舆服和仪仗的实际制作者是太府少卿何稠。

隋炀帝说："今天下大定，朕承洪业，服章文物，阙略犹多。卿可讨阅图籍，营造舆服羽仪，送至江都。"

何稠的先祖是西域胡人，聪慧精巧，博览群书，贯通古今文物典章。接手这么一件意义非常的形象工程，这位何大人怎敢不殚竭心智，倾力以赴呢？

"智思精巧，博览图籍，参会古今，多有损益"，何稠把隋炀帝的分派当作严肃的政治任务，发挥创见，在天子礼服上绣出太阳、月亮和星辰，还用漆纱制成皮帽子。

何稠还别出心裁地制造黄麾三万六千个。

黄麾是旌旗模样的皇家装饰物，一种仪仗，行路时由卫士高举，作为先导。

至于辂辇、车舆和皇后的仪仗，文武百官的礼服，也都不惜血本，务求华丽壮美，以使隋炀帝满意。

为搜罗赶制羽仪所需的羽毛，甚者还进行全国总动员，给各州县摊派了任务。

一时间，“网罗被水陆，禽兽有堪氅毦之用者，殆无遗类”，全国人民大肆捕捉飞禽，在陆地和水边，都布下天罗地网，只要有羽毛可做装饰品的，一律捕杀。

为博天子一朝光鲜，大隋的山林做出了牺牲，鸟兽也跟着以小命做出了奉献。

有个叫乌程的地方，有棵三十多米高的大树，枝干挺拔，且少有附枝，很难攀爬。树顶上有一个鹤巢。当地居民要取鹤毛，被迫伐树，上面的老鹤，日日坐高望远，看多了人类的这些剥皮拔毛的“禽兽”行径，为了护仔，不得已壮士断腕，竟“自拔氅毛投于地”。

疯狂的人们还认为这是一个祥瑞，曰：“天子造羽仪，鸟兽自献羽毛。”真是不可思议。

隋炀帝还派人前往检查工作，“毫厘无舛”才最后交差。

结果，造出五花八门各色舆服，又制定五品以上文官的车驾，上朝时的礼服，以及武官坐骑的装饰。

华盛无比的皇家豪华设计隆重出炉了，“所役工十余万人，用金银钱帛巨亿计”。

何稠将各种羽仪衣冠皆依期送于江都。

羽仪填街溢路，光怪陆离，连绵排开二十余里。

隋炀帝对皇帝的新装——豪华的行头十分满意。当天就穿戴上身，出发北

隋壁画车马图

隋壁画出行图

行。决定自后每次出行，也要使用。

隋炀帝的队伍，二十万人之庞大，还有妃侍、诸王、公主、百官、僧、尼、道士、蕃客按品位，或远或近，分别随后。

大隋天子的“威仪”是淋漓尽致地展示出来了，隋炀帝心里乐呵，江南江北、天下百姓不知作何感想？

大业二年夏天，隋炀帝离开江都，乘龙舟溯运河北返。

隋炀帝从江都回来，引得整个洛阳官方和民间都兴奋不已。

建国门外，宽阔的御道上，早已铺上了筛罗精细的黄土。御道两侧，武警战士们执戟挎刀，背向而立，在路边成为两排。戟刃映着阳光，熠熠生辉，和着下面偶尔拂动的红缨，空气也变得万分紧张了。

伊河边，临时搭建了足有五十丈宽的巨大码头，上面站满了吉服盛装的大隋朝廷干部。他们身后的官道上排列着十多里长气势磅礴的天子法驾。

所有的人都在引颈遥望。

终于，终于，远处东北方的河面上，天子换乘的小龙舟出现了！

隋炀帝的大龙舟过于巨无霸，进不了伊洛河，所以昨晚在洛口停歇后，换乘了小龙舟。

大部分随行的中小官员、僧尼和兵士已经上岸，他们已从陆路直接进入洛阳。

龙舟靠岸，杨广款步下船，在巨大的码头上站定，群臣黑压压地跪倒一大片，山呼万岁。

行礼过后，杨广登上了六匹骏马的华盖车辇。

顷刻间，大臣们上马的上马，乘车的乘车，十多里长的队伍一阵骚动。

侍郎“请发”。皇上下达了出发命令，队伍启动了。

旌旗招展，遮天蔽日，车马运行，波澜壮阔。这样一个宏大阵容，从伊洛河口行进到洛阳城下，整整用了一个多时辰——两个多钟头。

当杨广的金辇缓缓驶入建国门幽长的门洞时，队伍的尾巴才刚刚离开伊阙。

三个多时辰的等待，再加上一个多时辰的蜗行，使得身着盛装手执各种笨重礼器的官员和卫士们疲惫不堪。

礼炮、锣鼓骤然响起！

在刚竣工的洛阳新城门口，隆重的入城式开始了。

入城式算是胜利结束此次南巡，验收新都洛阳的超级大典礼，旗鼓大张。随后，炀帝乘着“天子驾六”，巡游新都洛阳。

武警军卒，车辆开道，仪仗队簇拥，文武百官，千乘万骑，鱼贯随从，浩浩荡荡。由西到东，再由南到北。

巡游之后，大部队缓缓到达皇城南的端门。

隋炀帝亲御皇城端门，站在城门楼上，向普天下宣布新都洛阳竣成，免除全国人民当年的所有租税，以示庆贺。

次日，隋炀帝主持朝廷常委会，研究了与新都洛阳配套的干部作风改革问题。

会议规定，五品以上文官，可以坐车，办公时可以穿便服，佩挂璧玉。武官的马勒，加以白螺装饰，身穿“骑马装”，头裹“包头巾”。

没几天，太子杨昭从长安到洛阳朝见。

太子在洛阳太累，该返长安时，请求多留几日，杨广不准。

杨昭主要是身体肥胖，不堪负荷，不停地下跪起立、起立下跪，遂因过度疲

洛阳西苑风景之一

洛阳西苑风景之二

劳，引起疾病。疾病又紧急，没防备就逝世了。

杨广到底是皇帝，没有俗人情长，哭他的儿子，只几声就停止，随后马上命乐队演奏、歌女登场，跟平常日子没有差异。

二

洛河在东西流经端门前，被分为了三股，分别为黄道渠、洛水和重津渠。

最北边的称黄道渠，宽二十步，上有黄道桥三通。

从黄道渠到中间的洛河主河道，这段路两边，隋代有左右候卫府，大概为守桥之设。

过黄道渠二百步，就是洛河的主水道，雄跨洛河主水道和南面重津渠的桥梁，叫做天津桥，赫赫有名。

顺着洛河上溯，上溯，就进入了大隋洛阳西苑。

西苑地处都城之西，周长二百余里。隋炀帝每日到西苑游玩，觉得大是大了，需要充实建设的项目还有很多很多，于是，诏令围绕显仁宫，向整个西苑辐射式扩大建造。

《资治通鉴·隋纪四》记载了这处王朝重点工程的建设及隋炀帝的宴饮作乐。

再筑西苑。其内为海，周十馀里；为方丈、蓬莱、瀛洲诸山，高出水百余尺，台观宫殿，罗络山上，向背如神。

在这所周二百里的大隋皇家禁苑里，洛河、榖水流经之处，开凿了一个人工海，周围十多里。海中按照神话传说，堆砌出方丈、蓬莱、瀛洲三座仙山，相距

洛阳西苑风景之三

龙鳞渠

三百步，各高百余尺。山上台观殿阁，上下错落，苍松翠竹，郁郁葱葱。

北有龙鳞渠，萦纡注海内。缘渠作十六院，门皆临渠，每院以四品夫人主之，堂殿楼观，穷极华丽。

北来的龙鳞渠，宽二十步，架有飞桥，粼粼清波不断注入人工海中。

龙鳞渠两旁，修建了十六所大门临水的宫殿，号为十六院——延光、明彩、凝辉、丽景、合香、承华、飞英、流芳、百福、万善、耀仪、结绮、清暑、明德、长春、永乐，各安置一位四品妃子居住。

隋炀帝不仅将他从南方挑选来的美女分别安置在十六座宫苑里，还把每座宫苑的美女人数配备为二十名，这样，无论他到了哪座宫苑，享受起来，都够热闹，睡觉时，主侍若干名，陪侍一大群，超过神仙境界。

性别使然，十六院竞以肴馐精丽相高，求施恩宠。

十六院的妃子为了争取隋炀帝来自己居所过夜，争相烹调精美的食品进献，把隋炀帝赏赐的补贴费全都买成人参、马鞭、牛杠之类，熬成一锅一锅的羹汤了。

天下的嘉木异草、珍禽奇兽，都充实到了西苑中。

宫树秋冬凋落，则剪彩为华叶，缀于枝条，色渝则易以新者，常如阳春。

十六院风光旖旎：庭院幽深，花木掩映，每当北雁南飞，花叶凋零，就用各色绢帛剪制出彩花绿叶，缀在枝条上，颜色稍稍衰退，立即予以更新。因此，即便在秋风肃杀或寒气逼人的季节，这里依然春意融融。

沼内亦剪彩为荷芰菱芡，乘舆游幸，则去冰而布之。

沼池中也用绢帛制作荷叶菱花，在隋炀帝来游玩时凿冰装点。

上好以月夜从宫女数千骑游西苑，作《清夜游曲》，于马上奏之……

隋炀帝把很多时光消磨在西苑中。喜欢在夜幕降临，明月初上之际，率领数千名宫女，从外郭城西北边的闾阖门乘马进入西苑。

隋炀帝谱写了数十首《清夜游曲》，由宫女们在马背上演奏歌唱。

夜静更深，音乐声依旧袅袅如缕，不绝于耳。

杨广每天都在洛阳西苑，于林木亭台之间，摆设筵席，观看散乐表演，宴饮作乐，酒菜极为丰富。

杨广跟他宠爱的美女同坐一席，和尚、尼姑、道士、道姑同坐一席，他的孙子燕王杨倓，同几个承恩的贵族、官僚为一席，杨坚的小老婆们坐一席，各席紧相连接，酒食丰盛，你劝我让，常常是杯盘狼藉，共坠醉乡。

当然，酒醉饭饱，无论什么事都做得出来，再怪诞的行为都被认为十分平常。

杨家妇女中美丽的，也往往由杨广先使用一遍。

宇文皛是杨广的侄孙子，从小养在宫中，杨广甚亲昵之。

每有游宴，宇文皛必侍从，至于出入卧内，伺察六宫，往来不受门禁限制，其恩幸如此，令人诧异。

时人号宇文皛曰宇文三郎。宇文皛与宫人淫乱不绝，至于妃嫔公主，亦时有丑声。

萧皇后将宇文皛的丑事告诉隋炀帝，宇文皛害怕，数日不敢见。

宇文皛的哥哥宇文协奏告炀帝说："宇文皛长大了，不宜久在宫掖。"

炀帝问宇文皛在哪里，宇文协说在朝堂。炀帝也不怪罪，叫进来，像以前一样待宇文皛。

至于隋炀帝杨广自己的小老婆们，以及公主们，也不断传出丑闻，杨广并不责罚。

隋炀帝命在西苑内繁育牡丹，每到三月修禊节日，便要举行狂欢赏花聚会。

修禊又称祓禊，原为临水而祭，祓除不祥，后来变为水边宴饮，踏青游春。

届时，隋炀帝与众姬妾及群臣，在西苑观赏牡丹，把酒欢宴，丝竹笛箫，终日不散。

皇帝享乐无度，有时候出现意料不及的紧急情况，也紧张不安。

四月的一日，大业殿西院的显阳门失火，宫城一片混乱。隋炀帝以为是盗贼杀入宫中，吓得连忙奔向西苑，猫在乱草丛中，直到大火熄灭后才钻出来。

大隋西苑，万园之园，已隐入袅远的历史烟云，在史书的章节间沉浮无定。

不过，今天的洛阳，在开发洛河南岸大片新城区的过程中，已经建设了巨大的“隋唐洛阳遗址公园”，供人们休憩、凭吊曾经风光无限的大隋王朝。以天津桥为中轴线的隋唐城市景观，也在复建中。

除营建东都洛阳外，隋炀帝还在全国到处修建离宫别所，以供自己巡游驾幸。

《隋书》记载，隋时全国各郡有宫室二十六所，《资治通鉴》记载，仅在洛阳至江都，即有离宫四十余处。

这些离宫，皆系营建洛阳的配套工程。当然，所有宫室不都是隋炀帝新建的，有些是前朝遗留下来的。隋炀帝对前朝行宫离院之遗存，不仅金部修缮保留，而且滥用民力，续有扩建。

拥有如此多数的离宫，每座离宫都养了一批宫女，这当然反映了隋炀帝的荒淫。

隋炀帝是把离宫当成自己的办公场所的，隋炀帝无日不在巡游，在外需要行宫便殿。

然而，如果说离宫的修筑有其工作必要，那么，不常居住的洛阳宫殿和洛阳西苑，也大修特修，岂不是浪费吗？

三

却道这个隋炀帝杨广，经济战略上眼光独到，登基伊始即运筹有力，大兴工役，建不世之功的同时，于文治方面，也算顺应大势，有所创新，有所作为，干得可圈可点。

中国的选官制度，起初为贵族世袭，而后发展为举荐，两汉时期出现了成较成熟的察举制度。

东汉末年，察举制度死亡，魏文帝曹丕创立的九品中正制，又称九品官人法，成为魏晋南北朝时期公务员的主要选录方法。

九品中正制的必然衍生物，是士族门阀。

一些士家大族，垄断了高级官员的人选资格，高官只能在士家子弟中选择，普通平民再优秀，也注定与高官无缘。

士族门阀家族日益腐败堕落，愈发展，愈恶劣，引致低级庶族士人的反击越来越剧烈。九品中正制不再适应社会发展的需要了。

但最高统治者仍然迫切需要选用最优秀的人才，把他们都笼络到自己的旗下。

怎么办呢？隋文帝杨坚曾经用分科考试的方式，面向社会选拔了一批官员，这可以算是科举制的最初尝试。

杨广坐了朝廷以来，大规模地开拓，大手笔地建设，他需要更多的能干人，于是于公元606年，下旨没立进士科，进行进士试。

进士科举，是隋炀帝创立的，以政论文章为主要考试内容。考试成绩优秀，“文才秀美”的人才，授受各种级别的官职。

后来，逐步完善的科举考试，被列为正式的国家选官制度。

杨广发明的科举取士制度，关键在于考试，这样，就使社会各个阶层包括贫穷者中有才华的人，都有机会为政府效力。

相对于察举制和九品中正制，科举制的好处是显而易见的。

科举制度，使平民知识分子获得了“朝为田舍郎，暮登天子堂”的机会；按照能力，量才任事，“大者登台阁，小者任郡县”，也体现了用人的公正性。

更重要的是，选拔人才和任命官吏的权力，从世家豪强手里转移到了中央政府，强化了中央集权，维护了政局稳定。

因此，科举制度一经推出，便展示出极强的生命力，也为后世所袭用。

科举制度在中国历史上存续一千三百多年，直到清朝末期才废除，此后经常死灰复燃，甚至，以各种变态的面目出现，被专制的统治者奉为圭臬，用来录用公务员。

后来，杨广又规定：文武百官不能因考绩优秀，就可升迁，必须同时具备品德恩行和明显的功勋，才可加官晋爵。就是，要政治审查过关。

杨广需要人才，又对官位比较吝惜，干部应该升迁的，杨广多数都教他们兼任或代理。即令有缺，宁可保留，也不补实。

杨广下诏：改州为郡，废除伯爵、子爵、男爵，惟留王爵、公爵、侯爵。

朝廷行政改革大刀阔斧，取消上柱国以下散官等级，改称“大夫”。

光禄大夫、左光禄大夫、右光禄大夫、金紫光禄大夫、银青光禄大夫、正议大夫、通议大夫、朝请大夫、朝散大夫，称“九大夫”。

设立殿内省总管皇宫，与尚书省——国务院、门下省——立法院、内史省——检察院、秘书省——皇家图书院，共为五院。

增加谒者台——巡察署、司隶台——国家安全署、御史台——总监察署，合称新三署。

从太府寺——宫廷库藏部分出若干业务，设立少府监——皇宫物资特别供应署，以及工程部、水利部。

作为军委主席，杨广改组了禁军府，将十二军府增加为十六军府。

吏部尚书牛弘、总理苏威、十二禁军第一军军长宇文述、十二禁军第七军军长张瑾、内史侍郎虞世基、御史中丞裴蕴、黄门侍郎裴矩，同时负责处理全国人事行政，和官员的升迁调补，时人称之为“官场七贵”。

然而，此“七贵”者，外表上，虽然遇事同时会议，事实上，决定权握在虞世基之手。

“七贵”们喜爱贿赂，贿赂多的可以越级擢升，没有贿赂的，只不过把功劳勋绩，记载在簿册上而已。

司徒杨素，建有大功，仗恃功劳，态度倨骄傲慢，金銮宝殿朝见，或皇上宴会的时候，不肯遵守臣属礼节。杨广记恨在心，但不说出口，外表特别优待，内心情谊淡薄。

天文局的官员警告说：“故随国地区会有影响社稷安宁的灾难。”

杨广乃把杨素改封为楚公爵，“楚国”“随国”同一地区，让他承当厄运。

杨素患病卧倒，杨广总派出名的御医前去诊治，赏赐最贵重的药品，然而每次都秘密盘问御医，杨素什么时候会死。

杨素也知道自己的名望地位，已到山顶上了，所以，不肯服药，也不谨慎调养，对他的老弟、已担任立法局长的杨约说：“我难道还想活吗？还有意思吗？”

杨素逝世，葬礼隆重而盛大。

杨广追赠杨素为太尉，弘农等十郡总长，弘农乃今天的河南灵宝。

扬素逝世后，有一次杨广对亲近侍从说：“假使杨素不死，最后全族也会屠灭。”杨素的儿子杨玄感隐约听到这句话，跟弟弟们暗中在心里谋划了。

没过多久，久病的高颎也去世了。老臣越来越少。

四

公元607年，四月，杨广巡视北方。

逗留在赤岸泽时，瀚海沙漠中的东突厥汗国第十任可汗阿史那染干派他的儿子阿史那拓前来朝见，请求准许他亲自来迎接圣驾。

杨广说：“赤岸泽那么远呢，别太客气啦。”

阿史那染干当年在其国内战争中吃亏，受到隋文帝杨坚的帮助，杨坚还挑了个杨家女儿嫁给他，安义公主。

安义公主夭年太短，水土不服，死去。杨坚又挑了个杨家女儿嫁给阿史那染干，后嫁者名谓义成公主。

义成公主，既不像远嫁匈奴的王昭君那么有名，也不像许身吐蕃的文成公主那么神圣，同样是政治需要，进入突厥部族，依靠少女俊俏的面容、丰美的臂膀，笼络那些吃生肉、喝冷血的草原强人。

“隔山买牛”婚姻，没有浪漫情感可言，然义成公主恪尽职守，把瑰丽的青春献给了陌生的突厥可汗，也献给了隋朝的“靖边事业”。

义成公主这个执著的少女，是史书文献中一道诡秘的幽灵，尽管没人刻意关心她的喜怒哀乐、生老病死，《隋书》和《资治通鉴》却时常浮现出她“救世主”般的身影。

赤岸泽在今天的陕西省大荔县西南一带。

离开赤岸泽，杨广到了雁门郡，现在的山西代县，雁门郡守丘和呈献十分精美的饮食，便内迁丘和为博陵郡守，博陵乃今之河北定州。

杨广之后抵达马邑，现在的山西朔县，马邑郡守杨廓送的饭太家常，杨广大不高兴，遂命杨廓前往博陵当副手，让他向丘和学习。

各地的地方干部从此都晓得怎么干了。

杨广所到之处，互相竞赛着呈献丰富奢侈的酒食，杨广及其部下，吃得滚瓜流油。

杨广到榆林郡——内蒙古托克托县，想穿过突厥汗国前往涿郡——今之北京，炫耀军威，先派武卫将军长孙晟去阿史那染干处打招呼。

阿史那染干召集他属下的酋长们集中，听取长孙晟指示。

阿史那染干中央御帐前面生有乱草，长孙晟发现了，打算命阿史那染干亲自清除，以向各部落酋长显示中国皇帝的威严。

长孙晟指着其中一根草，说：“这根草定奇香无比。”

阿史那染干拔起来嗅了一下，说：“一点也不香。”

长孙晟说：“天子巡视，所到之处，封国国君都要亲自清除道路，洒水扫地，以表示尊敬。而今你的御帐前面，竟然乱生杂草，我以为定有异香，你才把它留下的。”

阿史那染干醒悟了，说：“哎呦呦，我罪过罪过。中国皇上对我那么好，能有机会贡献体力，岂敢推辞。只不过久居边僻荒凉之地，不知道规矩，幸得劈面教诲，乃是你的恩德，我的幸运。”

说完拔下腰间佩刀，趴在地上亲自割草。

汗国贵族和酋长们，见状争着割草，没有刀的徒手拔将起来。

阿史那染干和义成公主，到榆林行宫亲自拜见隋炀帝后，阿史那染干表示忠心，投入全国劳力和财力，从突厥汗国中央御帐开始，经榆林到蓟城，开凿御道，供隋炀帝车马行走。

隋炀帝知道了阿史那染干主动修路的原委，对长孙晟十分嘉许。

突厥启民可汗阿史那染干再一次上疏，说：“大隋先帝怜悯我，赏赐给我安义公主和义成公主，供应物资，使我们不愁吃穿花用。还命我当突厥的大可汗，我所受恩德，无法用言语表达。

“现在我已不是突厥的可汗，而是陛下的臣民，我愿率领部落，全体改变服装，穿中国的衣服，扎中国的头巾。”

杨广回诏说：“沙漠北方，并未平定，保卫边关，任务仍然艰巨，只要心里恭顺，何必改变服饰。”

杨广认为，向突厥汗国炫耀他的权力和财富，是必要的，遂命宇文恺制造巨大的篷帐一顶，可容纳数千人，在榆林城东空地上张开。

杨广“御驾亲临，仪队警卫森严”，于大帐篷中宴请阿史那染干及其部众，由杨广所带的中原歌舞演员、杂耍演员表演各种歌舞及特技、小品，弄得突厥人惊骇而又欢乐。

突厥各酋长争着奉献牛、羊、马、骆驼等畜生，达数千万头。

杨广则赏赐给阿史那染干和他的部下绸缎两千万匹——可怕的天文数字，莫非是史官瞎吹牛？

并，准许阿史那染干使用乐队旌旗，乘坐御马御车，奏报皇帝时不再自称姓名，朝会时位置排在亲王之前。

杨广从榆林出发，率领五十万余众，战马十万匹，往蓟城。

旌旗遍野，辎重千里，还有可以移动的城堡，周围长两千步，用木板当作城墙，以布包木板，上画彩图，设有城楼和望台，沿途大为惊骇，认为神仙降临，十里之外，下跪叩头。

八月九日，经过突厥汗国中央帐篷之前，阿史那染干举杯敬酒，极显恭顺，其手下没有敢仰头看杨广一眼的。

萧皇后也亲到义成公主的锦帐慰问，拉家常。

杨广赏赐阿史那染干和义成公主每人一个金瓮，及彩色绸缎、衣服被褥，也依照等级分别赏赐了汗国公爵以下官员。

杨广往蓟城走了一遭，回驾，于八月二十六日抵达太原，下诏兴建“晋阳宫”。然后对御史大夫张衡说：“快到河内你的家了，朕打算拜访你家。”

张衡先行飞马奔回河内，今天的河南沁阳，备办酒席。

杨广九月十三日抵达河内济源，驾临张衡住宅，欢宴三天，赏赐丰厚。

张衡奉献的精美食物太多，杨广命转发给文武百官，以及警卫连的卫士们，大家都沾上恩惠了。

杨广的大部队于九月二十三日渡过黄河，经由孟津，返回洛阳。

第一百一十章

多面皇王

一

隋炀帝杨广继位后，觉得其老爹“禁网深刻”，《开皇律》太严苛了，于是“又敕修律令，除十恶之条”。

杨广帝命牛弘等重修《开皇律》，把“不赦”的“十恶”之条去掉了，不过还是保留了其中八条内容，于公元607年修成《大业律》并颁布天下。

《隋书》卷二十五是《刑法志》，述记得很清楚，《大业律》十八篇，名例、卫宫、违制、户律、婚律等，凡五百条。

侵犯皇权罪、危害公共安全罪、职务犯罪、妨害管理秩序罪、军事犯罪、其他方面的犯罪等，都重新进行了界定。

法律有所修订，文化也要有所改进。

杨广是重视文化事业的，迁都洛阳后，他立即诏令恢复了被隋文帝废掉的国子学、太学以及州县各级学堂。

学校招生，不让学校管，而在政府里设置了“高招办”“中招办”“小招办”，招权在握，招好了，再给学校。

热热闹闹，开始了招生。

隋文帝杨坚，当初也是大力办学的，但后来发现学生们入校之后，学习懈怠，“多不精励”“徒有名录，空度岁时”，简朴的文帝不能容忍学校靡费，断然取缔，予以“俭省”。

《隋书·儒林传·序》说：“炀帝即位，复开庠序，国子郡县之学，盛于开皇之初。”

隋炀帝发布“兴学诏书”，把兴学作为教化民众、移风易俗的主要措施。

君民建国，教学为先，移风易俗，必自兹始。

而言绝义乖，多历年代，进德修业，其道寖微。汉采坑焚之余，不绝如线，晋承板荡之运，扫地将尽，自时厥后，军国多虞……上凌下替，纲维靡立，雅缺道消，实由于此。

朕纂承洪绪，思弘大训，将欲尊师重道，用阐厥繇，讲信修睦，敦奖名教，方今宇宙平一，文执攸同，十步之内，必有芳草，四海之中，岂无奇秀！

诸在家及见入学者，若有笃志好古，耽悦典坟，学行优敏，堪膺时务，所在采访，具以名闻，即当随其器能，擢以不次。

若研精经术，未愿进仕者，可依其艺业深浅，门荫高卑，虽未升朝，并量准给禄。

庶夫恂恂善诱，不日成器，济济盈朝，何远之有，其国子等学，亦宜申明旧制，教习生徒，具为课试之法，以尽砥砺之道。

这是有关文教事业，培养和选任人才的施政纲领，思弘大训，尊师重道，兴办学校，奖掖人才，岂不令莘莘学子倍感振奋！

隋炀帝复开学校后，国子学改为国子监，置博士、助教、学生，并设立奖学金，“征集学行优敏者，予以不次待遇”。

地方郡县，各级学校也设有儒官，有的叫学官，秩级在九品以下，虽不入流，也由朝廷发给工资，使各地办学积极性空前高涨。

江都人曹宪是个秘书学士，聚徒办学，教授五经，有学生数百人，当时公卿以下干部好多是从他那里毕业的。

在偏僻山区，坚持办学，成绩较大的，有个柳旦。

柳旦被拜为龙川郡太守，龙川在广东东北，“民居山洞，好相攻击，旦为开设学校，大变其风，炀帝闻而善之，下诏褒美”。

百姓住在山洞里，常常为小事打架，柳旦兴办教育后，改善了社会风气，没有斗殴的了，皇上当然要号召“向柳旦同志学习”了。

隋炀帝本人，文化程度高，又素好风雅，对各种学术也相当重视。

除儒学外，还有史学。东海人包恺跟着老师王仲通研究《史记》《汉书》，很有成果，被破格擢用为国子助教。

隋炀帝还下令潘徽，与著作郎陆从典、太常博士褚亮、欧阳询等，协助杨素修撰《魏书》，后因杨素病死，才停了工。

隋朝国祚不长，教育建树不少。

隋朝创设的教育管理机构，创办的职业专科学校，除国子学、太学外，还有书算、律学、史学等，皆为后世所效法。

二

隋炀帝杨广，跟他爹一样，雅好收藏图书。

隋文帝令于寺院与秘阁内庋藏佛经。“并官写一切经，置于寺内，而又别写，藏于秘阁”。

隋炀帝做晋王时，也曾在王邸中设“宝台经藏”，储存佛教经典。

晋王府的佛教经典，共分四藏。藏经卷十万轴，分为正本和副本，正本自藏，副本分送各大寺院庋藏。

伐陈胜利后，杨广也曾命“收陈图籍”，把南陈的图书收集起来，运往北方。

对于那些珍贵秘本，杨广命有关部门抄录副本，分别收藏于洛阳观文殿的东、西厢书库中。

观文殿书库，是隋炀帝敕建的国家级大型图书馆，是洛阳历史上最重要的典籍库。不仅藏书数量巨大，而且多为精品。

观文殿隶属于秘书阁，即秘书省。沿袭前朝旧制，设有秘书监、丞各一人，秘书郎四人，校书郎十二人，正字四人，录事二人。

曾任秘书丞的许善心，“奏遣李文博、陆从典等学者十许人，正定经史错谬”，申请对隋国家藏书进行全面整理，做出完备的目录。

隋炀帝就任天子后，把主持图书收藏、管理的秘书省级别提高，跟殿内省、尚书省、门下省、内史省并列为五省，图书管理干部的秩级也随之提高。秘书监由正三品升为从二品，秘书少监为从四品，秘书郎由正七品升为从五品。

杨广为发展官府典藏，倡导大肆抄书。

“秘阁之书，限写五十副本”，且“分为三品，上品红琉璃轴，中品绀琉璃轴，下品漆轴”。“是时制成新书凡三十一部，总一万七千余卷，入观文殿宝厨”。

杨广还于东都洛阳观文殿内东西厢设立美术艺术品官藏体系。

“于东都观文殿东西厢购屋以贮之，东屋藏甲乙，西屋藏丙丁。又聚魏以来古迹名画，于殿后起二台，东曰妙楷台，藏古迹，西曰宝迹台，藏古画。又于内道场集道、佛经，别撰目录。”

不久，官府藏书地除观文殿秘阁外，增加修文殿、嘉则殿二处。

史说“东都修文殿有《大业正御书目录》，另有五十副本”。

因为“炀皇好学，喜聚逸书，而隋世简编，最为博恰”。这是《旧唐书·经籍志》的记载。

隋朝政府收藏图书，共计三十七万卷，是中国历朝历代朝廷中藏书最多的王朝之一。

国子监，既是大隋的最高学府，也是大隋的教育管理与藏书机构。

隋炀帝确立了以国子监藏书为主体的中央官学藏书体系，地位仅次于皇室藏书和中央官府藏书，此后沿袭一千三百多年，成为我国古代藏书文化的重要组成部分。

大隋藏书，纸墨精良，装帧豪华，在全国范围内招集工书之士抄写，书用材料也都由全国最著名产地提供。书轴、书签，用不同颜色的琉璃、玛瑙、象牙制作，以区分书的上、中、下三品。

至于藏书楼建筑，更是富丽堂皇，体现无与伦比的皇家气派。

据《文献通考·经籍考》载，大隋洛阳观文殿内，不仅陈设珍丽，还设计有自动取书的机器人，极为精巧。

在收集图书方面，热爱图书的大臣牛弘奏请朝廷“猥发明诏，兼开购赏”，建议“勑之以天威，引之以微利”。

因此朝廷做出了规定：“分遣使人，搜访异本，每书一卷，赏绢一匹，校写

虞世南

既定，本即归主”，凡献出异本书一卷者，就赏赐一匹绢作为报酬，待朝廷校定缮写之后，仍将旧本归还原主。

“由此民间异书，往往间出，一二年间，篇籍稍备”。

权力加赏赐的征书办法，不但当时取得明显效果，对后世也产生了积极的影响。

此后，朝廷征书大都采用在普遍诏谕，施加压力的同时，优赐、赏官予以酬谢的双管齐下原则，并基本形成定制。

除了藏书，隋炀帝还组织编写图书。

杨广组织编写的《长洲玉镜》有四百卷，而地图集《区域图志》有一千二百卷。

《长洲玉镜》是部“类书”，也就是“大典”，据考证，其参照蓝本应该是《华林遍略》——由虞世南等人负责编纂的。

《华林遍略》编得不错，但有不少重复拉杂之处，《长洲玉镜》取其长而抑其短，添加了一些新内容，很快，仅仅一年半时间，就搞定了。

《长洲玉镜》属于“诏命编修”，而“奉敕编撰”的还有杜公瞻的《编珠》。

文人编著也进入了良性时期，如虞世南在秘书省时辑了《北堂书钞》，诸葛颖辑了一部《玄门宝海》。

《区域图志》，又称“隋区域图志”或“隋区宇图志”，是隋朝的全国性地理总书，为中国第一部官修全国性地理志，在中国地理学史、地图学史、方志学史上均有重大影响。

据《隋书经籍志考证》说，《区域图志》系隋炀帝敕撰，而“三经重修”，研讨重编三次而成的，全一千二百卷中，“卷头有图，别造新样，纸卷长二尺，叙山川则卷首有山川图，叙郡国则卷首有郭邑图，其图上有山川城邑”。

《区域图志》是部国家区域地图集，因为唐人保管不善，弄丢了不少，后世编纂的《隋书·经籍地志》抢救收录了一百廿九卷，已系残本了。

强势的隋炀帝是厌烦谶纬的，在全国禁绝古怪无稽的谶纬之书，“发使四出，搜天下书籍。与谶纬相涉者，皆焚之，为吏所纠者至死。……自是无复其学，秘府之内，亦多散亡”。

隋炀帝搬掉了谶纬这块障碍文化健康发展的绊脚石，扫除了迷信，恢复了经学、佛学、道学、史学的本来面目和淳朴学风。

隋炀帝的禁纬，施以雷电般的政治魄力和严厉的行政手段，对流传中国数百年的谶纬糟粕，一焚了之，烧个精光。

凡以鬼怪巫术蛊惑人心者，严惩不贷，就是皇亲国戚，也不例外。

隋炀帝禁绝谶纬的行动，是历史上最彻底的一次，其成绩超过以往历朝历代，使东汉以来风靡盛行的谶纬杂学彻底沦丧了。

谶纬迷信泛滥，曾多次造成社会动荡，隋炀帝禁绝谶纬，客观上利于维稳。

谶纬至隋灭绝，有隋炀帝禁之，也有深刻的文化原因。即是佛教、道教等宗教神学广泛传播了，荒诞不经的谶纬自己也要衰亡。

隋炀帝是中国历史上少有的热心于工艺技术的皇帝，对工程技术、天文历算及医学表现出极大的兴趣。

在隋炀帝倡导下，隋时工艺技术领域出现了不少发明，何稠、宇文恺均奉上命，发挥巧思，造作了不少军用、民用神奇之物。

隋炀帝曾“征天下历算之士，咸集于洛阳”修历。

史载：“隋大业中，耿询造浑天仪成，进之，炀帝召太史令袁充、少府监何稠等检验，二辰度数，昼夜运转，毫厘不差，帝甚嘉之”。

据说，耿询制作的是水运浑象，不用人力，显示的星象，与实际契合。

耿询还跟宇文恺合作，弄出了个“称水漏”，只要向下面的盘中滴漏出一斤水，就是时间过了一刻，是个水钟表。

隋炀帝对医学也很热心，隋朝的最高医学管理机构是太医署，由太常寺统辖，下有主药、医师、药园师、医博士、助教、按摩博士、祝禁博士等二百二十人。

另外，隋朝还有尚药局，实际是中央保健局，隋炀帝时归殿内省管辖，其长官称奉御。

隋炀帝对医道是感兴趣的，有次在观文殿的会议前，对侍臣诸葛颖说：“朕昔有寿禅师，为之合诸药，总纳一竹筒内，随候施用，亦按验耳。”

三

隋炀帝作为一代帝王，有人骂他政治残暴，有人嗤他淫乐无度，有人说他经济有方，有人赞美他文采风流。

是的，杨广并不是单有膂力的孔武英雄，那么他个人在文化造诣上，到底情形如何呢?

杨广自幼好学，文学水平颇高。后山已与你欣赏过杨广的《饮马长城窟》，塞外关山，金戈铁马，乘空烽火，晨光高阙，千里戎旌，好不威武！你不觉得有魏武曹操的风格吗？

隋炀帝的边塞军旅诗，慷慨朴实，苍莽豪迈，气象恢宏，劲健峭拔，也有宏大的战斗场面，给人以身临其境的真实感。

其实杨广还有许多软诗、月诗，不落窠臼，一帜独树，才华摇曳，风情斐然。

柔情浪漫，杨广更在行。

“暮江平不动，春花满正开。流波将月去，潮水带星来。”被赞为“绝世”之律。

洛阳春稍晚，四望满春晖。杨叶行将暗，桃花落未稀。窥檐燕争人，穿林鸟乱飞。唯当关塞者，溽露方沾衣。皇上就是有胸怀，诗尾忘不了慰问哨所的战士。

《迷楼歌》曰：宫木阴浓燕子飞，兴衰自古漫成悲。他日迷楼更好景，宫中吐艳恋红辉。

隋炀帝爱诗，史载“帝退朝之后，便命入阁，言宴讽读，终日而罢”，“每有文什，必润色加工，然后示人”。

隋炀帝在创作态度上极为严谨认真，“每有篇章，必先示自直，令其诋诃。自直所难，帝辄改之，或至于再三，俟其称善，然后方出”。自直者，著作郎虞自直也。

隋炀帝当皇太子期间，受南方诗人影响，多写景抒情，不无宫体韵味。干上皇帝后，除写景抒情外，创作了大量边塞军旅诗，《饮马长城窟行》等即是。

隋炀帝的写景诗，形式比较艳丽，描写浓艳，情感丰富。代表作有《夏日临江诗》和《春江花月夜二首》等。

夏潭荫修竹，高岸坐长枫。日落沧江静，云散远山空。鹭飞林外白，莲开水上红，逍遥有余兴，怅望情不终。境界雄奇，场面壮美。

日落沧江，云散远山，是博大情景，鹭飞林外，莲开水上，是细小物象。情景交融，表达了怅然忘归、含蓄慰藉的意境。

鹭飞林外白，莲开水上红。对仗上极为工整，色调对比强烈，空间意象审美，红和白两种颜色的反差，增强了视觉效果，技巧上很见功力。

远水翻如岸，遥山倒似云。断涛还共合，连浪或时分。日落沧江静，云散远山空。鹭飞林外白，莲开水上红。文士情怀，婉然在焉。

隋炀帝的此类诗歌不少，《早渡淮诗》《临渭源诗》《正月十五日于通衢建灯夜升南楼诗》等，后山不再赘述了。

他也有宫体诗，内容题材如出一辙，风格品貌大同小异，对隋炀帝的个人生活和宫廷生活研究，是有用的。

通观隋炀帝的诗歌，既见帝王霸气，又见文士秀气。

隋炀帝甫一继位，就想建功立业，有所作为，“以天下承平日久，士马全盛，慨然慕秦皇汉武之事”。对自己的文学才能也相当自负，“尝谓侍臣曰：天下皆谓朕承藉绪余而有四海，设令朕与士大夫高选，亦当为天子矣”。

君临天下的帝王之尊以及文学上的自负心理，驱使着杨广，写了许多充满帝王霸气的壮丽诗篇。

扬威内外，夸耀武力，或是描写漠漠大荒、气势雄浑的塞外风光，或是描写旌旗飞扬、鼓角悲鸣的出征情形，或是描绘兵戈交加、沙场厮杀的悲壮场面，或是描写班师凯旋、高歌奏捷的宏大气势，显现的全是帝王的霸气。

隋炀帝生活在南方时间很长，受南方文化的熏陶和影响，文化心理和艺术旨趣南方化，加之他思想感情丰富，诗才甚高，使诗歌具有浓郁的南方风韵，呈现着文士的秀气。

隋炀帝一生诗歌不少，当时有五十五卷之多，后来都遗失了，如今流传的主要是《先秦汉魏晋南北朝诗》中收录的四十四首。

虽说杨广漠视百姓，暴殄天物，四处奔游，大泡群妞，但是综上诸项，难道不是杨广为中国文化事业做出的巨大贡献吗?

四

隋炀帝热衷于四方来朝。好大喜功，贪慕虚荣，毋庸讳言。

原先的外事接待处，升格为大隋“四夷馆”，提高了行政级别，扩大了接待规模，专门进行豪奢的展示和大方的款客。

东西南北，各个国家，能来的，隋炀帝都请他们来，因而遣使来朝的外国、外藩的使臣，络绎不绝，相衔于路。

那些不能来的国家，就派人去。仅大业初年，隋炀帝就派出了朱宽出使琉球，裴清出使倭国，常骏、王君政出使赤土国，韦节、杜行满出使西域，李昱出使波斯。

“诸蕃至者，厚加礼赐；有不恭命，以兵击之。”

为了夸耀大隋帝国的富强鼎盛，隋炀帝大慷百姓之概，疯狂铺排待客。

前来洛阳朝贺的四夷人员，受到隋炀帝大把大把的赏赐，不友好者，发兵攻打，毫不客气。

每岁正月，万国来朝，留至十五日，于端门外，建国门内，绵亘八里，列为戏场。

百官参与，起棚夹路，从昏达旦，以纵观之，至晦而罢。

伎人皆衣锦绣缯彩。其歌舞者，多为妇人服，鸣环佩，饰以花毦者，殆三万人。

初，课京兆、河南制此豪华衣饰，而两京缯锦，为之中虚。

每岁的大隋洛阳国际博览会期间，洛阳城胡商云集，店肆林立，成了世界政治、商业和娱乐的中心。“蛮夷嗟叹，谓中国为神仙”。

公元610年，大业六年，春天，牡丹盛开的季节，诸夷大献方物，突厥等国，皆国主亲来朝贺，参观游赏。

隋炀帝又一次在端门街大陈百戏，戏场方圆五千步，执丝竹的管弦乐队达到一万八千人，喧闻数十里。

戏乐自昏达旦，灯火照彻天地。

从北方一个叫臭码头的地方请到洛阳来的著名戏子，谓“懒羊”者，主持所谓开幕大典，一夕出场，扭摆半个时辰，便从政府那里轻松地捞得数千万钱。

瀚海沙漠群中的蕞尔小邦突厥汗，第十任可汗阿史那染干，感激隋炀帝去岁的驾幸，申请来中原大隋朝回访和旅游。

杨广说：“好啊，来看看我国洛阳，多么幸福。”

杨广曾经向阿史那染干夸耀过武力，现在要让他知道中原帝国是如何的富庶欢乐了。

太常少卿——礼宾司司长裴蕴，迎合杨广心意，奏请："调查搜索天下北周帝国、北齐帝国，南梁帝国、南陈帝国特技演艺人员及其子弟，都列为演艺户籍，其中六品官员以下直到平民，有精于音乐舞蹈或其他特技的，都隶属于礼宾司。"

杨广批准说："可以。在洛阳城南辟建新的小区，让他们居住。"

最后，洛阳原有的演艺人家，加上新进的演艺人家，共达三千多户，在洛水以南，安排了十二个小区居住，史称曲艺"十二坊"。

各地民间杂耍，大量集中在洛阳西苑积翠池旁边，公开为外宾表演。

你看，先出场的是八哥鸟，来回跳跃，把街道泼弄得一片大水，接着上阵的是鼋——巨大的鳖，鼍——也是老鳖，龟——鳖的远亲，以及各种鱼类和水上表演人，披挂面具和彩服，奔跑翻腾，满地奔走。

有一个节目是鲸鱼喷水成雾，遮蔽天际。

忽然间，雾中出现了一条七八丈长的黄龙，当然是人装扮表演的。

又有一个节目，是两人各于头顶竖一根竹竿，舞女在竹竿上跳舞，在两竿间跨跃，眨眼时，两个人已交换位置。

《列子·汤问》里有个故事，说渤海之东，有大海沟，海沟中有五座山，这五座山都没有根基，只好随波逐流——可能是冰山吧？上帝恐怕它飘流到西极，遂命十五只巨鳌，分别顶住，从此，五座山才不动了。

十五只巨鳌顶山的故事，也被活灵活现地表演出来了。

法术师不甘落后，表演的"口中吐珠""裆内起火"，千变万化，惊险奇异。

所有演艺人员，都穿绫罗绸缎，歌妓舞女，都戴着碰撞时发出鸣声的金环玉佩，满身装饰羽毛、鲜花，观众们都购买发光棒，乱晃，购买自动巴掌片子，乱摇，配以歇斯底里的吆喝，热闹得要翻天。

政府下令以绫罗仿造盛开的牡丹，备极硕大、鲜艳。

政府下令给演艺人员供应衣服，长裾阔袖，红绿招摇。

洛阳和长安的绸缎都全部耗空了。

杨广带头创作艳丽的诗赋，命皇家音乐署的乐正——乐师，和国家音乐学院的教师，加谱新曲，交付歌唱。

柔软哀怨的音调，使杨广大为高兴，对文化部部长白明达说："突厥汗国不过像我国的一个小乡村，还装模作势地为乐师加封什么爵位。现在天下统一，朕正要提拔你，使你富贵，好好干吧。"

为了向各国来宾炫耀隋炀帝领导的太平盛世，娱乐区所有的树木均以彩布包扎，所有的酒店都装饰一新，连菜摊子也用龙须席铺地，执秤的摊主都坐着安乐椅，悠悠地摇晃。

各家饭店你撕我拽，争相请外国人喝酒、用餐。

外国人酒足饭饱，付钱时，店主一概不要，口径统一地告诉他们："本朝过于富饶，酒食例不取值。"外国人被震得目瞪口呆。

外国人中比较机敏的，自然看出破绽，指着缠绕绢帛的树木问道："树木自能防寒，用绢帛缠裹它们干什么？贵国也有衣不蔽体的穷苦人，何不把绢帛用来救济他们？"

面对即兴质询，土鳖店主没有受过对外接待培训，加之心虚胆怯，一时间竟找不到合适的话来回答。

隋炀帝主要是用金钱引诱西域人来朝，命令西域人所经过的地方，郡县一律要殷勤招待。

西域人走的时候，隋炀帝大手大脚，给予丰厚无比的赏赐。

我得到了高高在上的荣誉，自然要给你背不动、驮不完的金银珠宝财物。

这算什么干法？纯粹是为了炫耀他领导的大隋王朝的厉害，炫耀自己的文治武功。

自古未有的万国相率来朝，自古未有的洛阳盛大烟火综艺晚会，自古未有的东方强大帝国，这些都给隋炀帝带来了巨大的精神满足。

挥金如土、暴赐蛮夷，耗费国家巨额钱财，用以引诱各国商人和使者前来朝贺，虚幻的面子赚足了，真实的财物也赔老了。

四夷八方靠不足挂齿的讨好，就得到了巨大的物质回报，但是，创造这个花花世界的蝼蚁贱民，因此而负担剧增，备受荼毒，他们付出的是巨大的代价，收获的却是淹没自己的水深火热。

好大喜功，且急功近利，掘长堑、营东都、凿运河、造龙舟、巡游江都、奢制羽仪、侈建西苑，等等等等，一项工役未完，新的工役又起，绵绵无绝期。

唉，是啊，南征北战，南水北调，世纪大工程，国际性大都市，世界博览会，这些激动人心的丰功伟绩，被隋炀帝在十年内不顾人民死活地玩了个遍。

百役繁兴，六军不息，大兴土木，竭尽国力，“视亿兆如草芥”，惟权力意志是用，要创不世之业，以千百万人的白骨为阶，自然是要有“后果”的。

国计富足的大隋，因为自我作践，国祚眨眼玩尽，惟庞大西苑中的各色牡丹，一年年地复绿、绽彩，不管它城头大王旗在如何变幻。

第一百一十一章

诛赏猎巡

一

隋炀帝是个强者，其强势也表现在国防工作上。

他爹杨坚当朝的时候，派他收拾过突厥，隋军“清边制胜”，突厥向隋求和称藩。北部边患消除，南下亡陈，方收大功。

为挑战四方蛮族，需要大量制造兵器，宇文述向杨广推荐云定兴，负责武备。

这个云定兴，乃大隋废太子杨勇的岳父一名，其女儿昭训小云，为杨勇所私爱，生了孩子三个，杨俨、杨裕和杨筠。

小云受太子宠幸的程度远远超过太子妃元氏，惨遭夺爱的元氏患心脏病而逝，让隋文帝和独孤皇后愤愤不平，暗中派人调查死因，最后废掉太子，改立了杨广。

所谓树倒猢狲散，太子杨勇被废，作为太子岳父的云定兴在劫难逃，他的妻子儿女也被官府贬为奴婢。

待到隋炀帝杨广登基，杨勇被杀，按常理，云定兴在政治上没有希望了。但是，不。

云定兴以明珠络帐贿赂杨广的宠臣宇文述，宇文述自然是喜出望外了，肉麻地把云定兴先生当老哥看待。

通过宇文述，云定兴又获得了与他有杀婿之仇的杨广的赏识，为杨广监造兵器甲仗。

稍后，宇文述对云定兴说：“老哥啊，你所监造的兵器甲仗，完全符合皇上的心意，可是你加不了官也晋不了爵。知道为什么吗？这是因为皇上的侄子、杨勇之子、你的外孙子们这些后患，迄今还活在世上啊！”

云定兴恍然大悟，慷慨激昂地说：“那几个没用的东西，丧家之犬，你为什么不劝皇上把他们除掉，劝皇上杀了他们算了。”

宇文述遂奏报杨广，说：“废太子的几个儿子，都慢慢长大。现在陛下要出兵征伐四邻，教他们随驾行动，看管比较困难，如果集中管理，恐怕又发生问题。反正他们也没有用处，请早日决定处分。”

这有何难？于是乎，杨广派人用毒酒毒死了亲侄儿、杨勇之子、云定兴之外孙长宁王杨俨，而杨俨的所有弟弟，包括嫡亲的和庶份的一共七个，流放岭表——大庾岭以南，在流放途中，派出杀手，把七人全部诛掉了。

兹后的一天，隋炀帝去检查军器库，称赞器甲精美，收过云定兴好处的宇文述乘机进言：此皆云定兴之功也。

杨广龙心大悦，立即下旨，提升云定兴担任太府丞。

人面兽心的云定兴，感激涕零，可想而知。

扬广征求能够出使天涯海角、绝远地区的人才，国务院工程部屯垦司文书常骏说，他知道南方有个赤土国，请求前往招抚。

杨广大为高兴，命常骏携带绸缎五千匹，用以赏赐赤土国王。

赤土王国，是南中国海外的遥远国度之一，在今天的马来西亚宋卡城。

常骏在海上航行一百多天，抵达赤土国海岸。

赤土国王利富多塞，派三十艘船舶出海迎接，用黄金锁链拴住常骏等的船只。

登陆后又走了一月有余，到了赤土王国的首都。

赤土王国皇宫使用的器具物品，十分华丽珍贵，招待中国使节也很优厚，利

今日林邑风光

富多塞派他的皇子那邪迦，随从常骏到隋朝进贡。

不过，常骏耳朵长，赤土国更遥远，来往了一次，事情也就罢了。

杨广听说南方远处的小国林邑有珍奇宝物，很感兴趣，便遣刘方为远征军司令官，进攻林邑。

林邑，乃今天的越南归仁县，其国王梵志，派军扼守险要，拒抗隋朝解放军。

林邑军队的坐骑是巨象，作战时，从四面八方冲出来，给刘方的隋朝解放军以重创。

隋朝解放军情势不利，就想办法，挖掘大量小坑，上面覆盖乱草，然后派兵挑战，一旦接触，远征军假装战败逃走，林邑军自然要追杀。于是，很多巨象踏进小坑，大为惊恐，混乱成一团。

刘方用强弓射击巨象。没有陷进小坑的巨象，转身逃走，反而践踏林邑军大营。

林邑军大败，被杀及被俘的，以万为单位计数。

刘方率军追击，连战连捷，经过当年马援将军竖立铜柱的地方，又行军八日，抵达林邑王国首部。

梵志放弃自己的首都，乘船逃往大海。

刘方进城，搜到梵志皇家祭庙中以黄金铸成的祖先牌位十八个。

刘方树立石碑，刻上远征的战功，班师。

然而，士卒不服水土，全身发痒，卵子溃烂，双足肿胀，难以治疗，死亡达半。刘方也患病了，逝世在归途中。

起初，国务院秘书长李纲，反战，反对向林邑出兵，遭到朝廷厌恶。林邑战争后，国务总理苏威故意派李纲前往南海，办理林邑王国善后事宜，很久不让他回来。

李纲觉得苏威不是个东西，索性自己回到洛阳，汇报工作。

苏威弹劾李纲擅离职守，移送司法机关，调查议罪，幸好遇上隋炀帝大赦，仅只免除了官职。

李纲于是断绝社交活动，隐居陕西户县去了。

杨广任命十六禁军第二军军长薛世雄为玉门兵团总司令，跟东突厥启民可汗阿史那染干组成联军，攻击西域的伊吾国——现在的新疆哈密。

薛世雄的部队远渡沙漠，奋勇西进。

伊吾国王认为隋朝的军队慢着呢，没防备，忽然间听到薛世雄军越过沙漠的消息，大惊失色，请求投降。

薛世雄接受伊吾国王的投降，在汉王朝时代所建故伊吾城的东边，再筑新伊吾城，留下银青光禄大夫王威，军队一千余人，驻防，然后班师报捷。

隋炀帝高兴极了，说：“大隋军队征战，所向披靡。朕平了西域，要征讨高句丽了。高句丽一帮兔崽子，反反归归，归归反反，太他妈操蛋！”

二

却说新疆及中亚细亚东部各国商人，很多到甘肃张掖做生意的，隋炀帝杨广派人事部副部长裴矩前往负责管理。

人事部副部长也能去管理外贸？

皇上想派谁派谁，说不行就不行行也不行，说能行就能行不行也行，你别有意见！

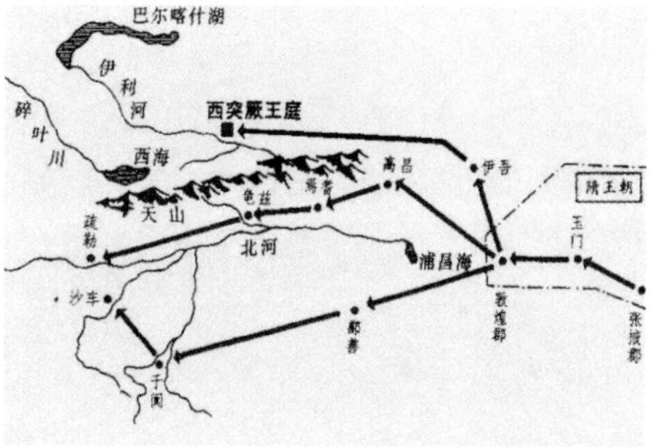

隋朝裴矩所画西域三道图

裴矩知道杨广好大喜功，企图在远方立威，外国商人来的时候，裴矩就向他们打听他们国家的山川形势和风土人情，连君王和平民穿的什么衣服，佩的什么饰物都问到了，然后撰写包括四十四国地理风物在内的《西域图记》三卷，奏报中央。

裴矩另外绘制了西域各国的地图，自甘肃朝西两万里，所有险关要隘，一概加以注明。

从甘肃敦煌出发，前往西海——中亚细亚依斯克湖，裴矩画出了北、中、南三条道。

北道，经伊吾——新疆哈密，中道，过高昌——新疆吐鲁番，南道，历鄯善——新疆若羌东北，而敦煌是出发的总枢纽。

裴矩回到洛阳，奉上奏疏说：“以中国的恩德和威武，并将领士卒的骁勇，越过昆仑，获取西域，简单得犹如翻一下手掌。但，西突厥汗国的氐羌人部落，吐谷浑汗国的匈奴人部落，拦腰切断了交通。

“其实西域各国，都在暗中盼望当陛下的臣民。而今，宜趁西域商人东来做生意赚钱之便，加以安抚、连结，接受他们的归服。

“然后，派出皇家使节，用不着动用武力，各国都会服从，中间的西突厥和吐谷浑被消灭，天下所有蛮族和汉人，将统一在一个强大帝国之内！”

杨广览奏，乐不可支，赏赐裴矩绸缎五百匹，每天让裴矩登上御榻，坐在身旁，亲自询问西域安抚对策。

裴矩说：“西域各国，奇珍异宝太多了。而且，西突厥汗国和吐谷浑汗国，不难征服。”

杨广怦然心动，兴起豪情壮志，企图把西域重新纳入版图。

杨广任命裴矩为黄门侍郎，把经略蛮族的任务全部交给裴矩，再派裴矩前往张掖，以重利引诱西域各国人士前来。

裴矩规定，外国朋友所经过的郡县，地方政府都要招待供应，怎么大方怎么来，怎么豪奢怎么办。

于是，外宾知道是沾大光的，前后相继，不绝于途。

沿道郡县，叫苦连天。送往迎来，不仅十分疲惫，而且花费以万万计算。

后来，西域客商和旅游团队，越过甘肃，迤逦进入中原洛阳，接待规格更高，规模更大，以至于人力缺乏，财力枯竭。

裴矩终于以其非比别人的智慧，推动大隋王朝，越来越快地向灭亡走去。

杨广认为裴矩的怀柔谋略非常见效，擢升他为正三品的银青光禄大夫。

北部，有个铁勒汗国，在今天的新疆东北部及外蒙古北部，向南侵略。

杨广派将军冯孝慈，迎击铁勒汗的军队，久战不决。杨广又命裴矩前去以“软法”安抚，竟然奏效，铁勒汗国派使节道歉，请求归降。

裴矩的名气愈发上涨。

听说西突厥汗国处罗可汗阿史那达漫，思念他的老妈，裴矩立即谏议隋炀帝派使节安抚。

阿史那达漫他妈，向女士，是汉人，先嫁给西突厥汗国的泥利可汗，泥利可汗逝世后，按照游牧民族的规矩，顺嫁泥利可汗的老弟阿史那婆实。

阿史那婆实偕向女士走娘家，回中国省亲，自己国中却发生变故，回不去了。

向女士的儿子阿史那达漫经过争夺，成为国主，掌握了国家的权力，想念老妈了。

隋炀帝便遣大巡察官崔君肃，携带诏书，前往沟通感情。

阿史那达漫接见崔君肃时，态度倨傲，也不下跪。崔君肃便教训他。

你们突厥，原先也不算小啊。后来中间裂开了，成为敌对的两国，每年都有战争，经过数十年残杀，仍然不能击败对方，说明了什么？势均力敌。

可是，东突厥汗国不一样，其第十任可汗阿史那染干，率领他的部落，谦卑委屈，作大隋皇帝的臣属，他为了什么？

只不过因为东突厥汗国跟你有仇恨，自己不能制服你，打算请求隋朝协助，共同吃掉你西突厥而已。

隋朝的文武百官，一致认为，应该答应阿史那染干的请求，事实上，皇上也已经批准，大军定期就要出发了。

而你的娘亲，向夫人，恐惧你被消灭，日夜不断地跪在宫城门下，痛哭流涕，哀求皇上派使节召唤你朝见、归降。皇上怜悯她爱子情深，所以命我到此。

哈！想不到你竟如此懵懂无知，傲慢无礼。

那么，你的娘亲向夫人就是在欺骗天子了。欺君之罪，必将横尸法场，悬头示众。

而大隋远征军势必择日出发，加上东突厥汗国的部队，左右夹攻，贵国的灭亡就在眼前。

我真想不通，你为什么不肯叩一个头，而宁愿断送娘亲一命？又为什么不肯说一句称臣的话，而宁愿使汗国成为废墟？

阿史那达漫大为惊讶，流泪叩头，跪下接受诏书，派使节随从崔君肃，前往洛阳进贡当地特产汗血马。

西域基本平定，隋炀帝杨广大为高兴，设置四个新郡。西海——今之青海天

日本国遣隋遣唐使访都之地

峻，河源——今之青海兴海，鄯善——今之新疆若羌东北，且末——今之新疆且末。集合全国的罪犯到这四个新郡当屯垦战士。

截至此时，隋王朝共有一百九十郡、一千二百五十五县、八百九十余万户。按每户平均五口人计算，全国约四千五百万人。

国土，东西长九千三百里，南北宽一万四千八百一十五里。面积呢，你算一算就知道啦。

不过，由于塞外新郡不能自给自足，西京长安周围郡县，以及西北各郡的田赋捐税，全部运送塞外，每年以亿万计算。

地势险恶，路途遥远，盗匪肆虐，人夫牛马往往死在途中，政府反而认为百姓拒缴赋税，于是严厉惩罚，使他们家破人亡。

在西北大地上，农民流离逃散，无人从事生产，困境已在酝酿。

当时的倭国——今天的日本，也是大隋的属国之一，常来进贡纳宝。现在你走到洛阳定鼎路的周公庙，于院中台上能看到日本人立的石碑，碑上赫然刻着“日本国遣隋遣唐使访都之地”一串字样。

从公元607年开始，日本国隔年就要派一个代表团到隋都洛阳来，有个叫小野妹子的，就当过两次代表团团长。

小野妹子，不是小野的妹子，不是小的野妹子，也不是小野他妹子，而就是小野妹子。别乱想，直不愣登地理解就对了。

小野妹子第一次来到洛阳，向隋炀帝递交了一份国书，题目是《日出处天子致日没处天子书》。

隋炀帝看到国书的题目，极不痛快，说：“往后像这样的垃圾书信就不要让朕看到了。”

但为了宣扬大国之威风，隋炀帝仍然派遣团长裴世清率十三名使者随同小野妹子到日本去回访。

既然小野妹子是来做文化交流亲善访问的，隋朝就送给了他很多“回礼”：字画、雕刻、文学出版物等。

小野妹子后来做了出家人，日本的出家人。在京都六角堂小池塘旁，主持的地方叫顶法寺。

据《日本书纪》载，裴世清一行，四月份到达日本竹斯。竹斯即后来的筑紫，今天的九州岛。六月十五日到大阪。八月三日，谒见日本国王。

次年三月，“倭国多利斯比狐入贡至洛阳”，小野这个妹子又当着向导来了。四月，大隋再派裴世清回访。

几年间，裴世清和小野妹子，像拉锯似的玩了四个来回。

隋王朝，外观上的强盛，至此已达到巅峰。

三

却说大隋元德太子杨昭，是从长安到洛阳朝见父皇的时候，因病逝世的。

原因呢是太子肥胖，整日介下跪起立，起立下跪，折腾死了。依照顺序，齐王杨暕应是合法的太子人选。

原太子杨昭所属官员及卫士两万余人，全移交给了杨暕。

隋炀帝还特别遴选优秀官员，做杨暕的僚属。

光禄少卿——宫廷后勤部长柳謇之是杨暕的秘书长。

隋炀帝对柳謇之训谕道：“齐王的品德学业，若均能长进，富贵荣华自会进入你的家门；若他行为不好，罪过也会加到你头上。”

杨暕渐渐受到其老爸宠爱，文武百官都去晋见，车马塞满道路。

杨暕渐渐骄傲起来，不可一世，亲近卑劣的宵小人物，乱干违法败德的事情。

杨暕指定总部官员乔令则，专门为他寻找美女，指定库狄仲錡、陈智伟，专门为他寻找名马。

乔令则得令，无法无天，探听到某家有美女，立即召唤出来，送到杨暕住处，供杨暕奸淫污染，进行“评定”，然后送回。

乔令则不停地造计划，要经费，组办各种名目的娱乐活动，评比各种款式的“超级”女戏子，进献给杨暕，唱堂会，开躺会。

库狄仲錡及陈智伟，前往遥远的陇西，日夜拷打匈奴部落酋长，命他们奉献名马，最后弄到几匹汗血马，带回洛阳，送给杨暕。

隋炀帝的姐姐，乐平公主杨丽华，就是原北周宣帝宇文赟的皇后，对杨广说：“柳家有个闺女，美貌绝伦。”

杨丽华不知是想说给皇上的，还是想给杨暕介绍的。

杨广听了，没有什么表示。

过了很久，杨丽华把小柳姑娘介绍给杨暕，杨暕把她接走了。

又过了很久，杨广问老姐：“你说过，柳家有个闺女，在哪里？”

杨丽华说：“在杨暕那里。”

杨广一听，大不愉快，但仍然没说什么。

秋季，杨广带着杨暕，前往汾阳离宫，饮宴之后，上山打猎。

汾阳离宫位于山西省宁武县，旁边的山是管涔山。管涔山上，野物很多。

杨广率了两千多人马，命杨暕率一千士卒，进入猎场。

中午，杨暕猎到大量麋鹿，来献给老爸，而杨广手下两千多人马，猎到的野物却非常有限。

杨广责备狩猎的官员，官员们一致说是，杨暕左右的武士老在阻拦野兽，不让野兽跑过来。

杨广怒火冲天，这个兔崽子怎么这么绝乎呢，他娘的！查查他有什么问题没有。

当时有项法令，规定县长不准无故离开县境。而伊阙县县长皇甫诩，受杨暕宠爱，不在县里上班，竟跟着杨暕到汾阳宫来了。

监察御史韦德裕逢迎隋炀帝的意向，依纵容官员擅离职守弹劾杨暕。

于是，隋炀帝派武装战士一千多人，搜查杨暕住处，穷追猛究，并让官员们继续揭发问题。

杨暕的妃子小韦早就逝世了，杨暕跟小韦的姐姐元夫人通奸，生了个女儿。

杨暕召唤相面师，相他的后宫美女们。

相面师察言观色，指着元夫人说："这位生女儿的，将来会当皇后。"

杨暕的哥哥、前太子杨昭有三个儿子，杨暕怕轮不到自己继承帝位，曾暗中祈求鬼神，使用邪术，诅咒侄儿们快死。

杨暕的种种罪行劣迹，全都揭开了盖子。

隋炀帝杨广，调查已毕，怒火中烧。斩了杨暕的狗腿子乔令则等人。命韦妃的姐姐元夫人自杀。杨暕总部官员全部放逐到边疆去。柳謇之不能辅佐杨暕走入正道，开除一切职务。

杨昭已死，杨暕如此，隋炀帝还有个小儿子杨杲，年纪还小，只有两岁，显然难当大任。

隋炀帝对侍从说："朕只有杨暕这个大点的儿子，要不然，当拖到法场斩首，以正国法威严。"

从此，杨暕所受的恩宠，一天减一天，虽说河南尹——洛阳市市长的职务未被解除，大隋中央政事已不能再参与了。

杨广派虎贲将军监视杨暕住宅，杨暕只要有一点过失，虎贲将军必须立马奏报。

杨广担心杨暕叛变，所以派到他左右的卫士，都是老弱残兵，充数而已。

国家气象局局长庾质，儿子在齐王杨暕府上当助理官员，杨广问庾质说："你不能全心效忠于朕，竟然教你的儿子去效忠齐王，为什么薄此厚彼？"

庾质回答说："臣事奉陛下，儿子事奉齐王，只有一心，没有二意。"

杨广不满意庾质，将他贬出中央机关，到甘肃庆阳做个小县长去了。

薛道衡，内史侍郎，才干学问，闻名于世。隋文帝时，薛道衡在中央掌握权柄，备受信任。文帝末年，出任襄州刺史。杨广登极，改薛道衡当番州刺史，番州，今天的广州。

薛道衡曾与晋王杨广一起伐陈，杨广对薛道衡的文才极其爱慕。

有一次，薛道衡遭到弹劾，被流放岭南，出刺广州。当时杨广正坐镇扬州，听说后，秘密派人到长安通知薛道衡，让他取道扬州到岭南，想等他到了扬州，就上奏皇帝，把他留在扬州幕府中。

但薛道衡讨厌杨广，没有走扬州路，而走了江陵道。

薛道衡当了几年广州一把手后，杨广已即位，对薛道衡尚有一丝爱慕之心，命他回京，打算用他当秘书监——国家图书馆馆长。

但薛道衡不识时务，不知怎么想的，回到洛阳，呈递了一篇《高祖文皇帝颂》给杨广看。

薛道衡高估了皇帝的心胸，最要命是高估了自己的分量。杨广看了以后，大怒，对苏威说：“仿效《鱼藻》诗篇，赞美先朝政府，来意不善。”

《鱼藻》是《诗经》中的一篇，属于一个小制作，小情趣，小普通。

鱼在在藻，有颁其首。王在在镐，岂乐饮酒。鱼在在藻，有莘其尾。王在在镐，饮酒乐岂。鱼在在藻，依于其蒲。王在在镐，有那其居。

鱼在海藻里游，好大的头。君王居在镐京，快乐饮游。鱼在海藻里游，好长的尾。君王居住镐京，饮酒沉醉。鱼在海藻里游，紧傍着水草。君王居于镐京，屋美楼高。

杨广却能发掘其中微言大义，用来杀人。

杨广临时改命薛道衡当司隶大夫，准备择机对他下手。

司隶刺史房彦谦看出苗头不对，劝薛道衡卑屈言辞，闭门谢客，在政治上放低姿势，以求保全。

房彦谦是聪明人，家中有个小朋友叫房玄龄，可木脑袋的薛道衡说：“没那必要吧。”

正巧，杨广下诏搞一个刑法修正案，大家议论纷纷，久不能决。

薛道衡说：“假令高颎仍在，还会如此吞吐吗？早就决定而且施行了。”

薛道衡出语尖刻，有人受不了，就密报了隋炀帝。

高颎曾经在杨广与杨勇争夺太子之位的斗争中站在杨勇一边，而高颎是杨勇一边的人，这事情也被杨广想起来了，岂能容忍。

杨广大怒说：“你想高颎是不是？想跟着他去是不是？”下令有关部门查办薛道衡。

正好，担任御史大夫的裴蕴，知道隋炀帝讨厌薛道衡，就上奏弹劾，说："道衡负才恃旧，有无君之心。见诏书每下，便腹非私议，推恶于国，妄造祸端。论其罪名，似如隐昧，源其情意，深为悖逆。"

欲加之罪，何患无辞，隋炀帝览奏大喜，称赞裴蕴说："对极！朕从前和他一起平南陈，他瞧不起朕这个无知少年，跟高颎、贺若弼等，专权独断，作威作福。及朕登上宝座，他心里不能平衡，幸好天下无事，才没有谋反。卿认定他心存叛逆，真是观察入微，真知灼见。"

命令，成立专案组，办薛道衡。

薛道衡认为自己没有大的过失，还在傻乎乎地催促专案组早日结案。

薛道衡呈上奏报，申明自己无罪。他相信杨广一定会赦免他，让家人准备饮食，待还他自由时，宾客们前来道贺慰问，好吃喝一番。想不到，案卷奏报上去，杨广批复下来，命他自杀。

薛道衡仍不在意，不肯服毒，继续伸冤，请专案组再行审理。

专案组第二次奏报，杨广下令把他绞死。

可怜文臣薛道衡，七十岁登上绞刑架，其妻子儿女被流放到遥远荒凉的西域且末郡。

天下人无不为薛道衡呼冤叫屈。

四

隋炀帝问给事郎蔡征："自古以来，天子狩猎田野，巡视四方，本是正当礼仪。然而江东那些小帝王，只知道坐在深宫，涂脂抹粉，不跟人民见面，什么道理？”

蔡征回禀说：“这正是他们国家所以短命的原因啊。”

猎！巡！公元609年，隋炀帝杨广西巡河右。于大河之右，今天的青海一带，疯狂狩猎，随后，大破吐谷浑军。

吐谷浑汗国穷途末路，国王率男女十余万人，向大隋投降。

杨广说：“小子，这就对了。”

杨广继续西游，抵达甘肃张掖。命裴矩游说高昌王国麴伯雅、伊吾将军吐屯等，承诺给予大量金银财宝，请他们朝见。

杨广抵达燕支山——今甘肃永昌胭脂山——的时候，麴伯雅、吐屯以及西域二十七国君王或使节，夹道迎接。裴矩命他们佩金戴玉，身穿绸缎和毛织品，摆设香案，演奏音乐，有歌有舞，隆重非常。

杨广仍不过瘾，下令甘肃武威、张掖两郡所有青年女子，一个个服装华丽，都来围绕观看。

衣裳不漂亮、车马不新鲜的，由当地政府负责改善，于是，马匹、车辆、美人、艳服，拥挤喧哗，沸腾热火，场面长达数十里。

隋炀帝铺张成性，邀请高昌国王麴伯雅、伊吾将军吐屯，入席欢宴。其他二十余国的少数民族使节，演奏“九部乐”和马戏，娱乐嘉宾，然后依照等级，排队领取赏赐。

吐谷浑汗国有个民间传说：把母马带到湖上，就会有龙前来交配。

杨广说：“嗨，咱试试！”

遂于青海湖畔设立牧场，驱逐母马两千匹，到牧场的山川河谷，希望得到龙种，结果你想，能有成效吗？

杨广东返，经过甘肃民乐县南的大斗拔谷，山路险恶，大部队只能鱼贯而行，适逢交加雨雪，天色灰暗不明，文武百官浑身上下湿成一片。

饥寒交迫，深夜赶路，怎么也赶不到指定住宿营所，士卒冻死大半，马驴冻死十之八九。

后宫美女、宦官、公主，有的狼狈走失，只好跟军队士卒混杂睡在一起，互相抱着或者活动着取暖。

两个月后，隋炀帝到达长安，又两个月后，才回到洛阳。

且说裴蕴，管事不少。他认为全国户籍不实，多报岁数，或少报岁数，以逃避差役的，为数很多，于是奏请隋炀帝，检括户口，只要发现一个人作假，有关干部即行撤职，谁只要检举一个人，就命对方代他缴纳赋税或代他服役。

重新查了一遍全国的人数，找出适合服役的青年二十万三千人，新近投降归附的人口六十四万一千五百。

杨广在金銮宝殿上阅览奏章，对文武百官说："前代没有人才，以致户政败坏，而今户口确实，都是裴蕴的功绩。"

从此，隋炀帝对裴蕴愈加亲近信任，擢升他当御史大夫——最高检察院检察长，跟裴矩. 虞世基共同主持中央工作。

裴蕴是公务员中的战斗员，观察皇帝脸色的本领，那是一流的，他能迅速正确的猜中皇帝心里在想什么。

对杨广意欲加害的人，裴蕴一定扭曲法律，编成罪状，置于死地。

对杨广想要包庇的人，裴蕴也一定寻出最轻微的条款，予以释放。

大隋的官司，无论大小，都由裴蕴说了算。裴蕴"内定"的案子，最高法院不敢表示异议，甚至他们自己处理案件，也一定先了解裴蕴的意向，然后才敢判决。

裴蕴性情机警，反应迅速，能言善道，舌粲莲花，口若瓶泄，量刑轻重，全在他一张嘴巴子。

杨广经常夸奖的高级干部，除了裴蕴，还有虞世基、裴矩、宇文述、郭衍，这几位都以摇尾拍马为能事，受到隋炀帝宠爱。

宇文述工夫也十分精密，容貌举止，无一不迎合杨广的心意，杨广让左右侍从干部，都“向宇文述同志学习”。

郭衍曾经向杨广建议，每隔五天出席一次朝会，说杨广：“不要效法先帝那样白白辛苦，该享受就享受。”

杨广认为郭衍忠心耿耿，说：“只有郭衍的心，跳得跟朕合拍。”

裴矩，所有禀报都是杨广心里早计划好，还没有说出口的，杨广说：“裴矩太了解朕的意向了，不是心系朝廷，怎么能够如此？”

第一百一十二章

野火暴燃

一

隋炀帝杨广又到瀚海沙漠中的突厥汗国视察了，启民可汗阿史那染干御帐中正巧接待有高句丽使节，不敢隐藏，命晋见。

裴矩奏说了自己关于高句丽事务的意见。

高句丽本是殷商大臣箕子的采邑，汉王朝设立郡县。西汉武帝曾在高句丽半岛北部设立四郡。

东汉王朝末年，公孙度盘踞在那里，传到公孙渊，为曹魏帝国所灭，以后直到晋王朝，都设郡县。

今天高句丽不肯臣服，俨然另成一个国度。现在正逢陛下盛世，怎么可以使其沦落成为蛮荒之邦！他们的使节亲眼看到突厥汗国臣服，正可以利用这种恐惧心理，胁迫他们国王到洛阳朝觐。

杨广采纳裴矩的谏议，命牛弘向高句丽王国使节宣读诏书。

朕因为启民可汗阿史那染干诚意事奉朝廷，故而亲自驾临他的御帐。明年，朕将往涿郡。

回去告诉你们国王，应该前来朝见，不要惊疑恐惧。朕接待他的礼仪，跟接待启民可汗一样。

如果你们国王不来，朕就率领启民可汗，前往巡视你们的国土。

高句丽国王高元，割据一方，快活久了，居然不吃杨广这一套。

隋炀帝杨广，决定出军讨伐高句丽。

当时，每匹战马高达十万钱，为了购买战马，杨广下令增加全国富人的捐税。同时全面检查武器辎重，力求新颖精良，如果发现粗制滥造，不合规制，就要立即斩杀监制干部。

公元611年——大业七年，二月二十六日，杨广下诏讨伐高句丽王国。

随之，设立总部，饲养战马，供应大军。

杨广命幽州军区司令元弘嗣前往山东的海边，自春季开始，建造军舰三百艘。

由于监工官员严厉督促，建造军舰的全体工匠日夜站在水中，片刻不敢休息，腰部以下都生了虫蛆，死亡十之三四。

隋炀帝诏令全国，无论路途远近，各地军队都到涿郡集合。

另，征调长江、淮河以南水手一万人，弓箭手三万人，岭南短矛突击手三万人。四方人潮，像江河奔流一样，涌向涿郡。

四月份，杨广抵达涿郡的临朔宫，大量九品以上文武官员随从而行，一律由涿郡政府负责拨付房舍，安顿住宿。

五月，杨广训令全国，制造辎重运输车五万辆，用来装载军装、盔甲、帐幕，又征调黄河南北地区民夫，用于支援前线。

七月，再征调长江、淮河以南民夫和船只，运输黎阳仓、洛口仓的粮食和武器、铠甲及攻城器具到涿郡，大小船舶，前后相连一千余里，日夜不断。

各地牛车也全面上阵，塞满道路。

日夜有数十万人在路上行动，“道为之阻”。

运粮的车辆和拉车的牛只，因为车毁牛死，全都一去不返。

士卒民夫，中途大量死亡，尸体压着尸体，天气炎热，相继腐烂，脓血满路，臭气扑鼻，天下因之骚动。

这年夏天，山东、河南发生大水灾，三十余郡遭淹没，百姓饥馑。

秋季，黄河中游三门峡的中流砥柱山崩塌，堵塞河床，形成堰塞湖，河水倒流数十里。

即使如此，也没有阻挡隋炀帝东讨的步伐。

没有遭受灾荒的地方，由于大规模的战争准备，农民的耕种收割失去时令，农田很多荒芜。粮食价格飞涨，东北边区尤甚，一斗米值数百钱。

各郡县运送的谷米，被认为粗糙恶劣，甚或腐败变质的，官员就让民夫于沿途购买缴纳。

政府征调的小型鹿车——独轮车——车夫，有六十多万人，每二人推米三石。

道途遥远，路况险恶，谷米三石，不够二人干粮之用，抵达辽东时，三石食尽，已无粮可缴，车夫怕罚，于是全都逃亡了。

官员贪污凶暴，利用职权，贪赃枉法，人民穷苦困厄，财产和体力同时枯竭。

安分守己则无衣御寒，无食果腹，死亡迫在眉睫，起而抗暴，还有可能苟且生存。于是，百姓开始聚集，四出抢劫。

山东邹平人王薄，聚集部众劫掠齐郡、济北，自称“知世郎”，看透了世情。

王薄撰写《莫向辽东送死歌》，以感动劝导人们逃避兵役差役，人们都投奔他的游击队。

漳南人窦建德，胆量和臂力超过普通人，素来喜好行侠仗义，政府招募壮士远征高句丽，窦建德以骁勇受到重视，被任命为中队长。

漳南乃今天的河北故城，其同县人孙安祖也以骁勇被选为远征战士。

孙安祖家，房屋田产被洪水冲走，妻子儿女又都饿死，申请免役，县长不

窦建德举义

窦建德

准，反而逮捕孙安祖，鞭打不休。

孙安祖刺死县长，逃奔窦建德，窦建德把他藏起来，政府出动军警搜捕，跟踪到窦建德家。

窦建德对孙安祖说："天下已经大乱，大丈夫不死当建伟业！"

窦建德给了孙安祖数百人，孙安祖进入叫做高鸡泊的一片平原抢夺财物，供应窦建德的大部队。

群盗来往漳南，杀人放火，打家劫舍，却从不进入窦建德所居街道，郡县政府因此认定其跟盗贼私通。遂逮捕窦建德的家人，全部屠杀。

窦建德率部属逃亡，孙安祖牺牲了，部众全投靠了窦建德。

窦建德礼贤下士，跟士卒同甘共苦，因此人们争着归附，愿为他牺牲性命，部下武装战士多达一万余人。

各地民变蜂起，数目无法计算，不仅不再支前，而且攻城掠地。

杨广下诏，动员郡县武警及民兵，追捕变民，就地斩首。然而，无法禁止。

二

隋炀帝在任时，对高句丽发动了三次战争，劳民伤财，得不偿失。

南北朝初期，随着匈奴、鲜卑等东北各民族的主体大量南下，辽东地区出现了大片真空地带，高句丽王国趁机将势力扩展到了整个中国东北。

隋炀帝受不了此类骚扰和欺负，便将征服的箭镞对准了讨厌的高句丽。

公元612年，大业七年，隋炀帝又一次御驾亲征辽东。

此番天子远征，气派较之上次更加惊人。

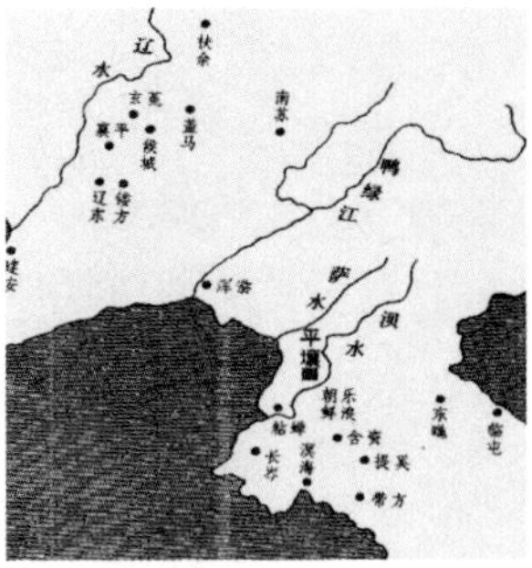

辽东

在誓师大会上，隋炀帝杨广向大军慷慨训话，鼓舞士气，交代注意事项。

“同志们！我们现在采取军事行动，完全是拯救人民，讨伐罪犯，不是为了建立功业，寻求美名。

“大家进军时，应分兵三路，发动攻击，互相通知，不可单独前进，防备损失伤亡。所有军事措施，都须奏报，等候批准，不可自断专行。”

征辽大军一百一十三万，号称二百万。分成二十四军。每天出发一军，每军首尾相距达四十里，前后鱼贯前进。

二十四军连起来，那就是九百六十里。

九百六十里人马还只是战斗部队，加上总后勤部二百万军需支持人员，共五百多万人，排成纵队，超过三千里。

高句丽自称“三千里江山”，我们大隋人民解放军只是排排队，都能把整个朝鲜半岛给它排满！

旌旗连绵，战鼓及号角声音，互相听得清楚。出军景观，有史以来还从来没有如此盛大过。

四十天后，大军才出动完毕。

将军段文振在行军途中病重，上书说：“私下观察，高句丽王国不过一个小丑，没有接受过惩罚。竟使我们派出六军，劳动御驾亲征。高句丽无穷险诈，必须谨慎防备，对方如果投降，不应马上接受。

“而今阴雨不停，大水行将成灾，不宜久作逗留。愿陛下发动闪电攻击，出其不意，平壤孤城，必能攻克。”

段义振奏疏后，逝世于军中，杨广很感可惜。

大隋人民解放军抵达辽河西岸，构筑庞大阵地。

高句丽军拒守在辽河东岸。

隋左屯卫大将军麦铁杖，请求充当先锋，对三个儿子说：“大丈夫性命，上天自有安排。活到将来，用艾叶在额上烧灸，用瓜蒂在鼻孔喷汁，怎么治都不能退烧，死在儿女之手，有什么意思！今天就是战死，死得其所，你们也得到富贵。”

杨广命工程兵司令宇文恺建造三座浮桥，在辽河西岸建造既成，向东移动，想不到桥身太短，还有一丈差距，不能到达东岸。

高句丽大军涌到，在高岸上俯身拦击。

隋军勇士跳水接战，无法登岸，大量死伤。

麦铁杖一跃而上，跟虎贲指挥官钱士雄等，全部战死。

隋炀帝追封麦铁杖为一级战斗英雄，领“宿关爵”，他的儿子麦孟才、麦仲才、麦季才，都升了职。

杨广命总后勤部部长何稠制造更长的浮桥。

新浮桥成，隋朝各军顺序渡辽河前进，打得高句丽军大败，死亡数以万计。

大隋东征军接近辽东城——即今之辽宁辽阳市，杨广安抚辽左百姓，停收其田赋捐税十年，并趁机会下诏，赦免天下罪犯。

高句丽军发动几次反击，不能取胜，便坚守城池，不再出战。

隋炀帝此次进军，犯了个致命的小错误，既然是御驾亲征，凡事必须请示我皇帝本人，否则“御驾”意义何在！这却构成了麻烦。

杨广派军恨攻，辽东城每次情势危急，眼看陷落在即，高句丽军就声言投降。隋军主将停止攻城，去请示隋炀帝。等到杨广回话同意，准备接纳投降，高句丽人已经把被打破的城墙修好，又不投降了，重整旗鼓，继续抵抗。

如此这般，来了三次，杨广始终不能觉悟。

从春天打到夏天，辽东城不能攻下。

杨广召集各将领，责备说：“你们是不是把朕当成一个糊涂虫？朕今天倒要看看你们的能耐，怕死，不肯尽力，难道朕不敢砍你们的人头！”

可无论如何攻打，高句丽都坚守不降。

右翊卫司令来护儿，走的是另一路，他率长江、淮河一带水军，船舰连绵数百里，横渡黄海，从大同江逆流而上，进击高句丽首都平壤。

来护儿大破高句丽军，打算乘胜攻击平壤时，副司令周法尚阻止，要他等各军会合后再进。

来护儿不听，遴选精锐部队四万人，直抵平壤城下。

高句丽在外城埋伏军队，出兵迎战，假装战败回城，来护儿乘胜攻击，尾追入城，命士卒大肆抢劫，队伍完全散了。

高句丽伏兵突然发动，来护儿大败，仓皇逃出，士卒生还的不过千人。

来护儿退到泊船码头，心胆俱裂，不敢再战。

左翊卫司令宇文述，率领大军自陆路进击平壤。

高句丽王国派重要官员乙支文德前往宇文述大营，宣称投降，事实上是探听隋的军事实力。

司令宇文述和副司令于仲文，准备软禁乙支文德，隋军中的“受降特使”刘士龙坚决阻止。

于仲文会见乙支文德后，放走了他。可是一放就后悔了，请宇文述率军追赶。

乙支文德发现中国东征军士卒满脸疲惫，于是，每一接战，即行后退。

宇文述挥军急进，七战七捷，遂全力前进，东渡清川江，距平壤城二十里，紧傍山麓扎营。

乙支文德再派使节，前来诈降，对宇文述说："你们如果班师，我们就捆住国王高元，送给你们皇上。"

宇文述士卒疲惫，无力再战，而平壤城高壕深，十分坚固，难以一时攻克，既然高句丽投降，那就退兵呗。

于是，隋军结成方阵班师。

霎时间，高句丽军从四面八方发动袭击，隋朝大军瓦解，士卒四散，逃窜的将领一日一夜撒丫子四百五十里，跑回鸭绿江边。

誓师东征时，隋朝九个军，共三十万五千人，现在，只剩下两千七百人了。武器辎重，全部丧失。

高句丽棒子们拿天朝士兵的尸体搭积木，堆成一个个的方垛，扔在那里，风吹日晒。

杨广大怒，锁拿宇文述等败军将领归案，准备进行军事审判。

七月二十五日，杨广自涿郡南返，九月十三日，还抵东都洛阳。

刚回到洛阳，工程兵司令宇文恺就逝世了。

宇文述呢，本要审判其败绩的，但因一向受杨广宠爱，杨广不忍诛杀，便将他和于仲文撤除职务了事。

"纳降特使"刘士龙坚持释放乙支文德，被斩首向全国人民谢罪。

三

次年春天，隋炀帝杨广又要征伐高句丽，安排越王杨侗和金紫光禄大夫樊子盖留守洛阳，命令全国军队再到涿郡集合，并募集勇士，组建敢死队。另扩建辽东古城，用以储备军粮。

二月，杨广复起宇文述，诏说：“宇文述失败，是后勤部供应物资不及时，不是宇文述的罪过，现在恢复他的爵位官职。”

杨广说：“高句丽不过一个小丑，竟敢陵侮天朝！现在就是移动一座高山，填平一片大海，都会成功，何况高句丽这个小王八羔子。”

左光禄大夫郭荣上奏劝阻：“千钧强弓，不会只为了一只小老鼠发箭，为什么劳动御驾，去亲自对付小贼呢？”

杨广说：“朕意已决。你不想打，就别上阵好了。”

四月，御驾亲征的杨广率领大部队，东渡辽河，派左光禄大夫王仁恭，攻击扶余，推进到新城。扶余和新城都在今天的辽宁省境内，前系昌图，后为新宾。

高句丽军数万人迎战。

王仁恭率劲旅一千人击破高句丽军，高句丽军返回城中固守。

杨广命宇文述与杨义臣，进击辽东，准许各将领使用自己认为最好的攻击方法。

于是，高空作战的飞楼、摧击城堡的撞车、攀登城墙的云梯，以及深入城中的地道，东征军四面八方，发动攻势，日夜不停。

隋朝东征军及高句丽守军死伤同样惨重。

高句丽守军在城中竭力抵抗，隋军二十多天攻不下来。

云梯高达十五丈，敢死队勇士攀缘其上，奋勇攻城。

勇士沈光爬到顶端，跳上墙垛，跟高句丽守军短兵相接，肉搏拼杀，干掉十数人。

高句丽士卒集中攻击，沈光摔下城墙，还没摔到地面，正巧云梯上有一根绳子垂在那里，沈光抓住，翻身爬上云梯，再度厮杀。

杨广在瞭望台上看到沈光的英勇行为，为之感动，当即任命沈光为从五品朝散大夫，后来经常留在自己左右。

隋炀帝带着部队，在辽东跟高句丽猛掐，背后的中国大地到处野火燃烧，百姓造反，人数少的有数万，多的十余万。

地方干部都不会打仗，政府官员每次跟造反军接触，都只会望风而逃。

山东齐郡二把手，郡丞张须陀，勇敢果决，率领郡政府军，在泰山下迎战变民军王薄的队伍。

王薄仗恃自己一直战胜，大意了，为张须陀大破之。

王薄残部北渡黄河，张须陀尾随追击。

王薄会同北方的造反军孙宣雅、郝孝德等部，合计十余万众，进攻章丘——今天有很多蔬菜的山东地方，张须陀率步骑兵二万人迎战，又胜了。

忽然又有造反军裴长才部两万人抵达章丘，大肆劫掠，张须陀来不及集结部队，只率领五名警卫员就打起来，造反军一拥而上，将他包围一百余重，张须陀身上数处受伤，反而愈战愈勇。

援军赶来，造反军才后退。

张须陀指挥反击，裴长才大败逃走。

造反军太多了，此伏彼起，郭方预等反政府联军攻陷北海，继而攻陷青州，大肆劫掠。

张须陀对部属说：“急驰前往，出其不意，必能击破盗贼！”

张须陀选精锐士卒，加倍速度前进，大破反政府联军，杀死数万人，获取辎重，无以计数。

罗士信，十四岁，随从张须陀作战，飞骑杀人，斩下人头，抛到半空，用长矛接住，挑起来在造反军阵前炫耀，造反军目瞪口呆，不敢接近。

张须陀取胜时，罗士信奉命追击造反军，每杀一个人，就割下那人的鼻子藏到怀里，等回大营之后，计算数目。

张须陀对罗士信至为欣赏，提拔为副手。

皇上杨广听说张须陀和罗士信的英勇事迹，命画师画张须陀、罗士信作战实况图，传达下发，鼓励东征军将士。

却说大隋开国元勋杨素的儿子杨玄感，系中央政府礼部尚书，精于骑射，骁勇善战，又喜欢读书，爱好宾客，全国知名人士，多跟他交往。

杨玄感跟左翊卫府亲卫郎将李密友善，李密有才略，有志向，轻钱财，重朋友。

李密是个知识分子，小时候为佣工，放牛时把"《汉书》一帙挂于牛角上，一手捉牛纼，一手翻卷读之。"这是《旧唐书》说的。

后世王应麟编写幼儿读物《三字经》，引用李密的故事"如负薪，如挂角，身虽劳，犹勤学"，哄孩子们读书。

杨玄感有时故意欺侮李密，李密警告他说："在战场之上，两军对垒，把握决战良机，怒吼呐喊，使敌人恐惧屈服，我不如你。可是集结天下贤良俊杰，安排在适当位置，使其发挥最大才能，你不如我。怎么可以仗恃官阶稍微高一点，就看轻我等知识分子！"

杨玄感哈哈大笑，说："太佩服你了，激一激你玩的。"

杨广东征高句丽，命扬玄感监督后勤辎重运输。杨玄感跟王仲伯、赵怀义等

李密

暗中密谋截留运输船只，打算使东征军缺粮战败。

杨广派人催促，杨玄感说水路沿途全是盗贼，粮船应集中行动，不能孤舟独进，我们在集中呢。

杨玄感的弟弟杨玄纵，朋友杨万石，随朝廷大军东征高句丽，杨玄感暗中派人，联络朋友斛斯政——兵部侍郎，安排杨玄纵和杨万石逃出部队南下。

杨万石大意，走到河北高阳，被当地干部发现，抓了他这个逃兵送到涿郡斩了脑袋。

右骁卫大将军来护儿，从山东莱州出发去攻打高句丽，杨玄感派家奴扮作政府官员，称来护儿叛变。杨玄感宣称讨伐叛徒来护儿，设立官署，制造盔甲，发布文告，召集郡守县令及押运粮草的官员开会。

杨玄感说："暴君虐待天下，身陷荒远绝域，上天要灭亡他。我当亲自率领正义之师，诛杀无道帝王，你们意下如何？"

左骁卫长史游元严肃地说："你父亲身受皇家大恩，无人可比。你们兄弟不是穿青，就是着紫，互相辉映，满门富贵，自应尽忠天朝，报答皇恩。想不到你老爹坟土未干，你就反咬一口。我惟有一死，不敢从命。"

杨玄感大怒，将游元囚禁，逼迫威胁，游元仍不屈服，最后被杨玄感杀了。

杨玄感挑选体壮力健的兵士八千余人，杀牛宰猪，与众盟誓，说："主上暴虐，残骸生灵，死在辽东的人，数以万计，以致天下大乱。今天，我跟你们奋起抗暴，建设新社会，大家说好不好？"

大家都跳起来，欢呼万岁，愿意随从。

杨玄感秘派家僮，召唤李密和其弟杨玄挺，李密很快到了杨玄感所在的黎阳，今之河南卫辉。杨玄感大为高兴，把李密当智囊。

杨玄感问："你一向把拯救人民当作己任，而今时候已到，你认为应该怎么办？"

李密说："皇上远在辽东，距幽州尚有千里。你率领大军，出其不意，占领蓟城，他的归路既被切断，高句丽得到消息，一定攻击他的背后，顶多十天半月，粮秣辎重罄尽，他就会崩溃，用不着流血，可以把他捕获，这是上等策略。"

杨玄感说："好。告诉我次等策略。"

李密说次等策略是占领长安，徐图进取。

杨玄感问再次等的策略，李密说："遴选精锐部队，日夜兼程，袭取洛阳，然后号令四方。问题是，洛阳一旦不能攻克，隋的全国援军从四面八方而来，以后的结果我就不知道了。"

杨玄感说："攻克洛阳事实上是上计！"遂领军南下洛阳。

这时杨玄挺也来了，杨玄感派杨玄挺率勇士千人为前锋，先取河内。

河内太守唐祎，固守城池，杨玄挺毫无收获。

唐祎派人飞报越王杨侗和洛阳留守长官樊子盖，洛阳立刻进入一级战备状态。

杨玄感的部队在汲郡南渡黄河，追随他的人，多得像赶集似的。

四

杨玄感命其另一弟弟杨积善率军三千人，自偃师顺洛水向西挺进，杨玄挺翻越北邙山南下，杨玄感跟在后面，相距十里许，自称主力，锋指洛阳。

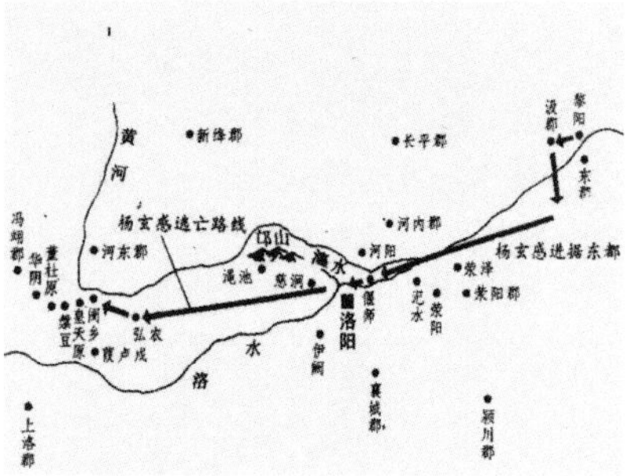

杨玄感行军图

杨军士卒皆无盔甲弓箭，惟持单刀与柳木盾牌。

东都洛阳派洛阳县长达奚善意，率精锐部队五千人向东抵抗杨积善，另派洛阳市政府秘书长裴弘策，率八千人往北抵抗杨玄挺。

达奚善意和裴弘策，堪称一对草包，比赛着失败，一经接战，就崩溃了，士卒四散逃命，铠甲武器抛弃大半。

裴弘策逃了三四里，集结残兵败将，再度筑垒。

杨玄挺慢慢追上裴弘策，就在阵前休息，休息了很久，骤然发动突击，裴弘策又败，逃走。

这样的小品连续重演了五场。

杨玄挺前进到洛阳城门口，裴弘策率十余骑兵，奔进宫城，其余人员全投降了杨玄感。

杨玄感命人打开粮仓，赈济百姓，父老们争着呈献牛肉和美酒拥军。

杨玄感驻军洛阳东北的上春门外，对将士们说：“我在朝中官居从一品，家里黄金万两，荣华富贵，再无所求。现在，不怕全族屠灭，只是为了解除人民的苦难！”

听杨玄感这么表白，大家内心喜悦，百姓子弟纷纷到大营“参军光荣”，每天增加兵员千人。

隋朝宿将韦洸的侄儿韦福嗣，出兵拒抗杨玄感，被杨玄感俘虏了。杨玄感对他十分礼遇，让他跟自己的手下胡师耽共同负责文秘工作。

杨玄感命韦福嗣执笔，写信给洛阳留守司令樊子盖，警告说：“今要罢黜昏君，另立明主，请不要受小节限制，自招忧患。”

樊子盖原来是涿郡太守，刚刚调到中央，洛阳原有官员很多对他并不尊敬，若干军事机密，甚至不告诉他，也不太听他。

裴弘策被造反军打败，樊子盖命他出城再战，裴弘策不干，樊子盖立即命拉出去斩首示众。

国子祭酒杨汪，态度稍有傲慢，樊子盖也要杀他，杨汪叩头叩得前额出血，才逃得一命。

于是，将领震撼，官吏肃穆，没有人犯犟了，樊子盖的命令得以执行，禁令也得以贯彻。

杨玄感出动所有精锐部队，攻打洛阳。

樊子盖随机应变，坚守城池。杨玄感无法攻克。

各地的官宦子弟们听说洛阳告急，都来救援，听说裴弘策被处死，不敢进洛阳了。

韩擒虎的儿子、杨雄的儿子、虞世基的儿子、来护儿的儿子、裴蕴的儿子、郑善果的儿子、周罗睺的儿子，四十余人，都投降了杨玄感。

杨玄感把投降来的官二代全都当作亲信对待，委任重要工作。

杨玄感的反政府军有五万余人，派五千人封锁洛阳东的慈涧道，派五千人封锁洛阳南的伊阙道，再派三千人包围荥阳，五千人攻击虎牢。

荥阳令顾觉投降了杨玄感，杨玄感命顾觉当郑州州长，镇守虎牢。

时在长安的大隋代王杨侑，派刑部尚书卫文升率军四万，增援洛阳。

卫文升东行，经过陕西华阴，挖掘杨玄感他爹杨素的坟墓，把杨素的尸体用火烧毁，向士卒显示必死的决心，然后穿过崤谷，直奔洛阳。

杨玄感迎击卫文升于洛阳城西。

卫文升屡战屡败。

杨玄感每次攻击，都身先士卒，勇不可当，所到之处，无不摧陷。他又善于安抚部属，很得部属欢心，将士都乐意为他战死，因此每次战役，都传出捷报，而部众越来越多，高达十万人了。

卫文升挖杨玄感他爹坟墓的时候怪厉害，打仗却不咋着，死伤超过大半，几乎全军覆没。

卫文升的部队已无斗志了，每次作战，刚刚接触，就抛弃武器，坐在地下，以白布缠头，睁眼看着反政府军在行动。

卫文升收拢残余部众，撤退至邙山南麓，跟反政府军决战，一天十余场战斗，接触即败。

杨玄挺不知怎么的披流箭射死，反政府军才停歇了战斗，稍微向后撤退了一下。

却说隋炀帝杨广围攻辽东城，久不能克，命人制造布袋一百余万个，满装泥土，计划从城外平地堆起，直与城墙等高，使战士攀登攻城。同时制造八轮攻城战车，高出城墙，战车上载装弓弩射击手，居高临下，俯射城中。

杨广已经定好总攻日期，城里高句丽守军感到情势危急，十分恐惧。

就在这时，杨玄感兵变消息传到，杨广把纳言苏威召唤到御帐，问说：“杨玄感这娃儿聪明，会不会造成后患啊？”

苏威说：“杨玄感思考疏略，粗心大意，后患谈不上。害怕的是，他揭开了天下大乱的序幕！”

杨广又听说高官二代都跑到了杨玄感那里，越发愁闷，思谋着赶紧退兵，离开东辽，回军洛阳。

第一百一十三章

四野惊惧

一

且道兵部侍郎斛斯政，跟杨玄感是朋友，杨玄感兵变，斛斯政跟他秘密勾结，按照杨玄感的招呼，暗中安排杨玄感之弟杨玄纵等逃亡。

隋炀帝杨广对杨玄纵党羽打算穷追猛查，斛斯政心里不安，六月二十六日连夜投奔高句丽王国。

鉴于杨玄感反叛，隋炀帝决定退兵，秘密召集主要将领，命他们将武器辎重、攻城用具等军用物资保持原状，营垒、篷帐，也一律不动，全部舍弃，二更时分撤退。

高句丽守军发觉隋朝军队动静，不明真象，不敢追赶，只是在城中擂鼓呐喊。

第二天，高句丽派出侦查分队，细心侦查，仍怀疑隋军使用诈术，经过两天，才派小股队伍尾追，但仍然心存惶恐，不敢逼近。

杨广大军过了辽河，高句丽才觉醒，开始攻击殿后部队。

隋炀帝的部队大啊，殿后部队即有数万人之多，且系老弱病残，几乎被猛冲猛杀的高句丽军全部干掉。

隋炀帝回到蓟城，派左翊卫大将军宇文述、右候卫将军屈突通，讨伐杨玄感。

来护儿的部队奉命开往辽东，行至东莱，听说杨玄感包围了洛阳，召集高级将领会议，研究回军救援洛阳。

大多数将领认为，正在向东行军，没有中央军委的命令，不可擅自回头。

来护儿声色俱厉，训斥那些教条主义分子。

“高句丽违抗大隋，是皮肤上的疥癣小疾，洛阳被围攻，是心脏和腹部的大祸事。国家大事我们应该怎么应对，不是很清楚吗？擅自回头的责任，我来护儿负，跟你们没有关系。有反对的，刀斧伺候！”

来护儿当天即反身回军，救援洛阳。同时派儿子来弘整，乘政府驿车飞报杨广。

扬广在涿郡蓟城接见来弘整，问明情况，下诏给来护儿说：“朕正要下令你回军，你已经回军救援洛阳，虽然相隔遥远，君臣却如有灵犀，实在难得。”

杨广告诉来弘整，现在来护儿军中的右武侯大将军李子雄，有人控告他有罪，回去让你爸逮捕了他。

来弘整回到其父军营，转达皇上的旨意。

来护儿派人抓捕李子雄，李子雄杀开血路，逃奔了杨玄感。

李子雄一到杨玄感军中，就劝杨玄感称帝。

扬玄感征求李密的意见，李密说：“阿谀奉承，不是我的性格。我直说了。起兵以来，还没有一个郡县响应。洛阳的守卫，仍然很坚硬。各地救援洛阳，军队将越来越多。现在尚在人家城门之下，应该奋身作战，怎么急于把自己推到高处，成为别人痛打的目标呢？”

杨玄感一听，哈哈大笑道：“在理在理。”遂不再提及称帝之事。

却说杨玄感困洛阳，不久前俘虏了韦洸的侄儿韦福嗣后，极是礼遇和重用，不再专信李密了。

但是，韦福嗣每为杨玄感做策划，总是预留退路，李密看出了窍道，对扬玄感说：“韦福嗣不是我们的原始盟友，而且行事奸诈，听他在中间拨弄是非，会被他耽误，还是把他杀掉吧！”

杨玄感说：“哪有那么严重。多虑了吧？”

李密退出来，对自己的心腹说：“有人喜爱造反，却不知道如何取得最后胜利。看来，我们就要变成瓮中之鳖了。”

隋炀帝派遣的宇文述、屈突通的政府军，到了河阳——孟津县的黄河对面。

杨玄感向李子雄征求对策，李子雄说：“不能让他们过河，他们过不了河，洛阳城里，樊子盖、卫文升就势孤力单，较易攻克。”

杨玄感认为太好了，派军北进，到孟津抵挡。

樊子盖料中了杨玄感的阴谋，趁机攻打杨玄感大营，使杨玄感无法分身。

屈突通军渡过了黄河，杨玄感被迫分为两军，一边对付卫文升，一边对付屈突通。而樊子盖的洛阳守军，也大规模出城攻击，杨玄感屡战屡败。

李子雄建议杨玄感说：“我们不断战败，此地不可久留，不如进入关中，开仓赈救贫民，然后再招兵买马，面向东方，跟杨广争夺天下，成就霸王事业。”

李密说：“不妨宣称陇上留守元弘嗣反隋，派人邀你前往加盟，可能唬住大家，带部队西行。”

恰有陕西华阴杨家宗亲派人前来，充当向导，杨玄感于是解除洛阳包围圈，宣称已击破洛阳，现已找到了盟友元弘嗣，要攻取关西大地，开拔了。

宇文述等政府军见杨玄感撤走，在后拼命追击。

弘农郡长官杨智积是皇上杨广的堂弟，想套住杨玄感，生擒活捉他。

杨玄感兵临灵宝城下，杨智积登上城墙高声诟骂。

杨玄感大怒，停下来攻城，要杀了杨智积。

李密劝阻杨玄感说："你是在欺骗部属的情况下向西撤退，政府军就要追到，路上怎可耽搁？如果不能进入潼关，后退无路，大军势将一哄而散，你以什么方法生存？"

杨玄感在火头上，岂听李密，硬着脖子发动攻击，焚烧杨智积的城门。

谁知道杨智积也纵火，大火使杨玄感的军队进不了城。

围攻三天，耽误了不少宝贵时间，不能取胜，杨玄感只好率军继续西上，而此时，政府军将领宇文述、卫文升、来护儿、屈突通等，已经率领各自的大军追上来了。

杨玄感且战且走，一天三败，最后单人匹马，带着十余名警卫员，向南逃命。

杨玄感逃了一程，左右一瞧，仅余自己和弟弟杨积善了。马匹也受了伤，弟兄俩只好舍弃马匹，地奔逃亡。

杨玄感知道难逃一死，对杨积善说："哥这条命，不能让别人侮辱，你把哥的头取了吧！"

杨积善说："事已至此，愿陪兄长一道。"就抽刀把杨玄感砍死，然后自杀。

杨积善自杀之事尚未完成，就被追兵捕获，连同杨玄感的人头，一并送往隋炀帝行宫。

隋炀帝下令，把杨玄感的尸体切成碎块，在洛阳示众三天，再剁成肉酱，用火烧成灰烬。杨积善则被拴在柱子上，凌迟至死。

然后，屠灭杨玄感全族。杨素一门，至今全部死于刀下。

二

斛斯政投降高句丽，让隋炀帝气坏了，陇上留守元弘嗣是斛斯政的亲戚，杨广认为元弘嗣也有反骨，命宫城警卫副司令李渊飞马前往抓捕。

隋炀帝还下诏让李渊接替关中总留守职务，辖十三郡：天水、陇西、金城、枹罕、临洮、汉阳、灵武、朔方、平凉、弘化、延安、雕阴和上郡，陕南到陕北，陇东到陇西，地面好大了。

李渊长相不凡，杨广回想起李渊相貌堂堂，仪表奇异，越回想，心中越是疑惧不安，很快就又将李渊调回中原随驾。

李渊的外甥女小王在杨广后宫工作，职务是杨广的小老婆之一。

李渊从关中回来后没有及时晋见，杨广问小王：“你舅为什么来得这么慢？”

小王回答说她舅病了，谁知杨广顺口问道：“那会不会死呀？”

李渊听到这事情，恐惧极了，再不敢显露才干，每天喝得酩酊大醉，以自我掩饰。

却说杨玄感全族被诛杀，杨广命大理卿郑善果、御史大夫裴蕴、刑部侍郎骨仪，以及洛阳警备司令樊子盖，搜捕捉拿杨玄感的党羽。

骨仪，又是个酷名字，其实他是个天竺国侨民，天竺者，印度也。

杨玄感的同党不少，杨广因此告诉裴蕴说：“杨玄感振臂一呼，应者即有十万，这是天下人口太多了。天下人口不可多，多了就会去当强盗。”

樊子盖本性凶残，而裴蕴又奉到杨广嫌人太多的旨意，于是大开杀戒，没几天就杀了三万多人，当然冤死的过半。判处流放西域四郡的，又有六千多人。

杨玄感包围洛阳时，曾打开粮仓赈济百姓。现在，凡吃过杨玄感救济粮的，全部驱逐到洛阳南郊，于洛河边上，活埋。

杨玄感带着反政府军西上时，韦福嗣看出其兔子尾巴长不了，自己跑回洛阳自首。当时，类似这种情形的人一律宽大处理，不作追究。但现在樊子盖要重新审查他们。

樊子盖检查杨玄感的档案文件，查出韦福嗣被杨玄感重用的证据：计划、方案，尤其是发现杨玄感警告樊子盖的信，原来是韦福嗣起草的。

“今要罢黜昏君，另立明主，请不要受小节限制，自招忧患。”全是韦福嗣的字迹。于是密封起来，呈报皇上杨广。

杨广命抓捕韦福嗣，押送行宫所在。

李密在战争中逃亡，但被政府军擒获，也送到了洛阳。

樊子盖用铁链把韦福嗣、李密、杨积善、王仲伯等锁成一串，押往杨广南返途中的高阳行宫——杨广走到河北高阳了。

李密跟王仲伯暗中商议逃窜，把他们携带的所有黄金，拿给押送警察看，说：“拜托你，我们死的那天，把这些黄金用来埋葬我们的尸体，剩下的全部相赠，作为报答。”

押解官贪图财宝，满口应承，押解中本来对他们防范很严，黄金出面后，也渐渐松懈了。

李密请押解官准许他们自买酒食享用，获准，于是喝酒吃菜，喧哗呼叫，整夜不睡，押解的警官也不在意。

抵达一个偏僻驿站时，李密等把押解人员灌醉，在墙上凿洞逃走。

李密让韦福嗣一道逃走，白痴韦福嗣说："俺没有罪，天子不过想当面骂俺一顿罢了，俺不逃。"

李密和王仲伯逃跑了，杨积善和韦福嗣被押解到了高阳。

杨广把缴获的书信草稿等证据摔到韦福嗣面前，斥骂道："事至于此，有何话说！"将韦福嗣判交最高法院大理寺审办。

宇文述上奏说："叛逆之徒，臣属共同痛恨，如果不用重刑，就没法警戒将来。"

杨广批复："言之有理。凭你安排。"

宇文述在广场上竖立木桩，把杨积善、韦福嗣等人绑到木桩上，用车轮套住脖子，集合九品以上所有干部，手拿弓箭，一起攒射。

乱箭射到杨积善、韦福嗣等身上，人变成了大刺猬。身躯已经如蜂窝般碎了，头仍套在车轮之中。再将杨积善和韦福嗣的尸体施以车裂酷刑，最后焚化成灰，扬弃之。

杨广对樊子盖和卫文升进行表扬，赏赐大量财物。

然而，凶暴的镇压，扑不灭四处燃烧的烈火，全国各地，起兵络绎。和尚道士也不甘沉默，聚众成军，攻略郡县。

河北唐县有个魔术师，叫宋子贤，能自变佛祖，说"本佛是弥勒"，远近全部坚信。

宋子贤借祈福活动，怂恿大家跟着他造反，当地政府派兵扫荡，杀了宋子贤的跟风者一千多家。

陕西风翔有个和尚，叫向海明，也声称自己是弥勒，说凡是归附他的人，都会做好梦，而且三天后，好梦成真。

京畿三辅平民百姓，过不了恶劣生活，成群结队，寻觅好梦，向海明聚众数万，自称皇帝。

隋朝的将军们都去各地镇压民变了，洛阳缺人，杨广派畜牧部部长杨义臣去讨伐向海明。

刘元进在江东造反，时间长，势力大，隋政府军吐万绪部，渡江平叛。

吐万绪，就是隋炀帝南巡江都的时候在路上接见过的那个地方官，“陈谢往事”，“吐槽”有术，吐出了千头万绪热爱朝廷的言辞。

刘元进跟吐万绪拉锯。政府军进，我退，政府军退，我进，热闹了一百多日，渐渐不支，被杀数以万计，刘元进只身逃走。

吐万绪乘胜剿杀其他民变力量。

黄山上有朱爕，管崇，起兵日久，连营百里，吐万绪也将其敲碎了，管崇战死，朱爕逃出一命，男女三万余人被俘。

然而各地百姓，参与起义，如同赶集，败了星散而去，不久就再度集结，声势愈发盛大。

浙江会稽造反厉害，吐万绪继续转战。光禄大夫鱼俱罗是其副官，行军中，两人商量，军队太疲惫了，稍微休整二三十日，等开春再打吧。

奏报皇上，杨广不允，严令继续作战，不得停歇。

王世充

民变形势，风起云涌，不是短期内可以拾掇得了的，鱼俱罗思忖再三，害怕留在洛阳的儿子们遭难，暗派仆奴，去接出来。

杨广察知情形，大怒不已。

拍马屁的随侍干部乘机参奏，说鱼俱罗懦弱怯敌，光打败仗。

杨广命令斩杀鱼俱罗，召吐万绪前来行宫听训。

吐万绪悲愤而又忧愁，死在路上。

刘元进、朱燮聚众再起，杨广派江都郡政府秘书长王世充领军讨伐。

刘元进、朱燮的新部队不会作战，为王世充所败，刘元进、朱燮皆阵亡，部众投降或逃走。

王世充是个阴毒的主，召集先降的士兵，焚香祭佛，回头是岸，并承诺赦免他们，请他们吃肉喝酒。

四散逃命的变民听说有甜头，十天半月之间，几乎全部回来自首。

百姓本是没吃没喝才造反的，如今王世充开恩，怎不回来？

王世充说要让他们大吃大喝，把所有的投归者引诱到江苏苏州的黄亭涧，封锁起来，全都屠杀，人数超过三万。

杨广闻听汇报，认为王世充有大将之才，越发宠爱和信任。

北方的延安，有个刘迦论，组织了十万人起义，自称皇王，还立了个年号，叫“大世”，跟西北的稽胡部落结盟，到处抢粮食吃。

杨广任命屈突通为关内剿匪总司令，调发武装部队，镇压刘迦论。

屈突通在陕西的上郡——今天的富县，来了一场大会战，抓住刘迦论，正了法，杀了刘迦论的将领士卒一万余人，俘虏变民男女达数万人。

杨广对全国的民变，恨得咬牙，下令没收变民的所有家产，以归地方。

于是，郡县官员各逞权威，任意诛杀，因为全国到处都是变民，故而全国到处无法无天。

三

春季再度降临，隋炀帝杨广下诏举行常委扩大会，商议讨伐高句丽事宜，开了几天会，没人敢发言。

公元614年，大业十年，杨广当了十载天子啦，大隋朝廷征调全国武装部队，向东北进发，征讨高句丽。

气象局局长庾质，忍不住劝阻杨广说："近年来，讨伐高句丽，人民筋疲力尽，太过劳苦。诚望陛下，缓行征战，鼓励人民耕田种桑，过他三年五载，库藏稍丰，再出平定，比较合宜。"

杨广览奏，大不愉快。

庾质遂称有病，难以随驾行动。

杨广大怒，命逮捕庾质，下在狱中。

庾质身体真的不行，竟死于狱。

杨广乘着豪华车驾，走在前往涿郡的路上，所率部队，士卒却纷纷逃走。

走到半路的临渝宫，驻跸，祭祀天帝，斩杀逃兵，用鲜血祭祀战鼓。但士卒仍然借深夜继续逃亡，无法禁止。

秋季，杨广巡视辽宁，天下愈加混乱，向各郡征调的军队，逾期不能抵达。

当然，高句丽也吃不消了。隋朝右翊卫大将军来护儿此次率军挺进，数度打败高句丽军，乘胜南下，预备横渡鸭绿江，扫荡高句丽老窝平壤。

高句丽国王高元惊慌，派使节请求投降。

奸诈的高句丽，诈降次数太多，这次为了取信，把隋朝降将斛斯政捆起来，用囚车装着，作为礼物，送给来护儿。

因为东突厥作乱，加之全国各地反声四起，隋炀帝未命来护儿进军，而是要来护儿把斛斯政押回行宫审办。

来护儿自作主张，要进攻高句丽老巢平壤。

行军秘书崔君肃坚持反对，主张听从皇上的诏令。

来护儿说："我在京师之外，军事可以独断。宁愿擒获高元而受处罚。舍弃今日战机，以后永远后悔。东征三次，都不能解决小贼高句丽，三番辛劳，没有战绩，羞死人了。现在，高句丽怕了，我们乘胜攻击，几天就可取胜。现在我命令：杀进平壤，活捉高元小王八羔子！"

崔君肃对各位将领说："如果听由元帅拒抗诏书，大家势必一齐倒霉。"

将领们恐惧，异口同声请求来护儿遵诏行事。

来护儿回军了，杨广命羁押斛斯政，下诏征召高句丽国王高元来行宫朝见，高元仍然不予理睬。

八月初，东突厥有动静，隋炀帝无奈从辽宁班师。

班师路上，受到河北邯郸反政府军首领杨公卿的袭击，被抢走骏马四十二匹，杨广非常生气。

生气归生气，还得去塞北解决东突厥问题。

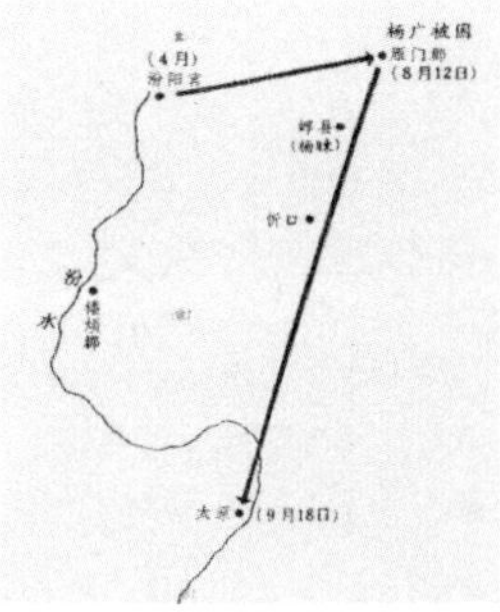

杨广被困雁门示意图

却说东突厥汗国始毕可汗阿史那咄吉渐渐强盛不安，裴矩曾谏议杨广，挑个皇家女儿，嫁给阿史那咄吉的弟弟阿史那叱吉，分裂他们兄弟。

谁知阿史那叱吉不敢接受，其兄阿史那咄吉却大为恼火。

阿史那咄吉有个谋士，叫史蜀胡悉——有点不太像人名儿，可确实是人名儿，受阿史那咄吉宠信。

裴矩以贸易谈判为诱饵，招来史蜀胡悉，杀死，然后派人对阿史那咄吉说：“史蜀胡悉前来投降，我已替你诛除了他。”

阿史那咄吉不傻，知道怎么回事，从此忌恨隋朝。

杨广此次东征高句丽，阿史那咄吉出动骑兵数十万人，准备乘机收拾了杨广。

是义成公主派人飞奔告警，杨广回军北进，阿史那咄吉的骑兵才收敛。

八月十二日，杨广抵达山西雁门，齐王杨暕率部队殿后，驻扎在崞县，今天的崞阳。

突厥急攻雁门城，流箭扫过杨广肩膀，杨广心胆俱裂，抱着他最小的孩子杨杲，流泪哭泣不止。

八月十三日，突厥汗国大军包围了雁门。

雁门城中有十五万军民，而粮食仅能支持半个月。隋朝官员吓得手足无措，拆除民宅，收集木头铁器，制造守城武器。

紧接着，雁门郡所属四十一座城池，为突厥攻克三十九座，只剩下杨广的雁门和杨暕的崞县。

宇文述劝杨广挑选精锐骑兵，突围。

苏威建议守城："骑兵追击正是突厥的特长，陛下万辆战车，怎可轻率行动？"

樊子盖也支持坚守的观点，说："身在危险之境，突围乃侥幸之举，万一失败，后悔不及，不如固守城池，征召四方人马增援。"

樊子盖谏议隋炀帝，亲自安抚士卒，宣布不再东征高句丽，再高悬奖赏，这样自必人人奋发，成功可待。

内史侍郎萧瑀，是萧皇后的弟弟，进一步解释说："假设陛下公开宣布赦免高句丽，专心讨伐突厥，则将士们惧怕再去攻打高句丽的后顾之忧解除，势必人人奋战。"

虞世基也劝杨广，罢绝东征，奖赏士卒。

杨广同意了大家的意见，视察战场，慰劳将士，鼓励他们奋勇攻击突厥反贼，只要能保住城池，所有士卒都会富贵。

"朕保证，绝不让有关文职人员玩弄笔墨，抹杀或贬低你们的功勋。"

杨广下令，凡守城有功的人，平民、士卒，直升六品官，赏绸缎一百匹，官员则加升一级。并派出慰劳使节，站在大街上，一个接连一个。

于是，军心大振，欢呼腾跃，尽管死伤非常惨重，还是抗住了突厥的猛烈攻击。

杨广下诏向全国招募兵马，各郡县领导纷纷奔赴一线，解救皇家急难。

警备副司令李渊的儿子李世民，是年十六岁，也投身军旅，隶属屯卫将军云定兴——前废太子杨勇的岳父，出卖外孙赢得富贵的那个货色。

李世民建议云定兴猛擂战鼓，发动佯攻，造成敌人惊慌。

李世民说："阿史那咄吉如此狂妄，当是估摸我们不能立刻援救。所以，最好是白天旌旗招展，数十里连绵不断，夜晚则锣鼓呼应，整夜喧嚷不停。突厥蛮虏一定认为救兵涌到，望风而逃。不然的话，我们以少对多，难以持久。"

云定兴照李世民的建议办事，突厥惊慌旁顾，不知深浅。

这时，隋炀帝又派密使，潜见义成公主，求救。

义成公主派人告假警给阿史那咄吉，说北方边界出现紧急情况，阿史那咄吉解除了对隋军的包围，退走。

杨广的内弟萧瑀，皇亲国戚，有才干和品德，但性情刚直，不断提出劝告，对杨广多有冒犯，雁门包围解除，杨广对文武百官说："突厥狂妄悖逆，泥鳅翻不起大浪！只因没有赶走他们，萧踽就害怕得浑身发抖，不可原谅。"遂贬萧瑀为河池郡守，当天就命他上道，河池乃今陕西凤县也。

候卫将军杨子崇是扬广的族叔，曾不断请求杨广早早撤退，杨广也以其胆小如鼠，不可担当大任，贬为山西离石郡守。

扬广返抵太原时，苏威建议去长安，宇文述却建议回洛阳，说官员眷属多在洛阳，杨广听了宇文述。

十月三日，抵达洛阳

杨广在大街上左顾右盼，对侍从说："人还多得很嘛!"

不知道杨广的言语后面藏有什么深意。是处置叛将时株连太少，还是外出征战牺牲的将士还不够多?

隋炀帝返回洛阳后第一件事，是诛杀在押的斛斯政和高句丽王国的使节——当初送还斛斯政的那些平壤代表。

诛杀斛斯政，使用诛杀杨玄感弟弟杨积善的方法，捆到柱子上凌迟。

斛斯政的肉被割下来，扔在大锅里煮熟，命文武百官吞食。有的马屁精为了表忠心，竟至吃得饱嗝连天。

斛斯政的骨骸被焚烧扬灰，头颅被送到皇家祖庙，祭告祖先。

苏威谏议说："雁门被围时，所悬赏的奖励太高太重，应该再加斟酌。"

樊子盖则请求皇上遵守承诺，保持信用。

杨广质问樊子盖："怎么？你打算收买军心吗？"

樊子盖恐惧得不敢回话。

杨广奖励功臣，十分吝惜。平定杨玄感时应该升官晋爵的很多，朝廷重新制定散官级别，一级降低一阶。

此次守卫雁门的将领士卒一万七千人，被承认有功的才一千五百人。依照杨玄感事件的前例办理，首战立功，升官一级，三战一功，升从八品，参与四战，晋升一级，再没有其他赏赐。

然后杨广宣布大赦天下，但军队由于奖赏过低，还在怨恨中。

四

隋朝的天下已经像气球一样，虚空之至。隋炀帝也发现了这一点。

不过杨广看到的是农民逃亡太多，到处跑着参加起义军，户口混乱。

既然是"农民起义"太多，那，为预防农民起义，咱就去掉农民，搞"城市化"。

中国历史上最早的城市化运动，在千疮百孔的大隋末世，轰轰烈烈地展开了。

隋炀帝下诏，高价出售官地，鼓励房地产开发商，大肆开发新的城市居住区。

开发商若缺钱，就由银行贷款支持。

农村人全部迁到城里居住，买房子若没钱，让银行按揭，也等于贷款支持，然后分期还款，每月还。

土地，官家在出卖，价位不停的朝高处攀升，直至骇人的高度。

卖房的、买房的，全是银行在操纵。

官大的人，跟银行有关系的人，能搞到钱，就买了房产再卖掉，赚取差价，有的人买到多套，乃至数十套，数百套，囤积起来，等待价格更高。

房地产价格一直上涨，差价越来越大，政府和开发商的利润一路走高，全国各地热闹得要死。

总之吧，弃农进城，疯狂不休。

先是开发大城市，后来，郡县政府所在、驿马车站，甚至小镇子、大村庄，都开发了，到处筑起了大大小小的住宅区，买房的人在反政府起义的连绵炮声中，歌舞升平。

土地经济、泥瓦匠经济，加上传统的厨子经济，大隋媒体声言说，每年都保持不低于百分之八的增长率。

房地产买卖呈疯狂状态，一时间，山野草莽的小女子嫁人，再丑再傻，也都要按照家中老妈的要求，逼迫男方去郡县政府所在地购买住房——这又造就了

“丈母娘经济”——否则让对方打光棍。

光棍们其实并不害怕，到处都在招兵买马，参军去。

参加了造反军还缺饭吃吗？还缺女人睡吗？

其实，落空的还是那些乱要住房的女子们，最后都以自己的肉身，一夜一夜地“支援”造反军了。

大隋天朝的房地产行业大膨胀，各地出现了很多“鬼城”——住宅成片，无人居住，日无市声，夜无灯影。

不怕，天朝上国，惯性巨大，该嘛样还是嘛样。

只是全国人民，听着媒体宣传，看着房价猛涨，心里呀，热乎乎的！

大隋的这个时候，思想控制隳颓，巫家的“修禊”习俗发展了。

三月三日到三月八日，人们附庸风雅，呼朋引类，去水边狂欢祈福，俊男靓女，也恋一把爱，拍一把拖。

修禊也称“祓禊”，有说是郑国的风俗，“郑国之俗，三月上巳，溱、洧两水之上，招魂续魄，秉兰草，祓除不祥”。

春日，万物生长蠢动，易生疾病，于水上洗濯，防病疗病，也或是根由之一。“是月上巳，官民皆洁于东流水上，曰洗濯祓除，去宿垢，为大洁。”

说是三月的“上巳”日——这年是三月七日，修禊一般离不开女巫，女巫用香薰花草沐浴后，除鬼魅，作祈禳，玩势弄法，人们都信呢。

话道隋炀帝杨广，三月七日，率文武百官、王妃宫女，在洛阳西苑的龙鳞渠水边，饮酒欢宴。

杨广提前命编撰学士杜宝做了一篇《水饰图经》，考查古代有关水上游戏的故事，找到了七十二种，命朝散大夫黄衮用木头把故事情节雕制出来，其中的画舫、酒船、人物都能自动行走，栩栩如生，钟、磬、筝、瑟等乐器，也都能自动演奏。

当然，杨广的女子乐队玩的是肉身真人，队伍庞大。

忽有报曰，两只孔雀飞出西苑，飞到洛阳宝城——宫城金殿之前，亲卫府兵团长高德儒等十余人都看见了，飞报皇上，认为是鸾凤降临。

孔雀停了一下，已经飞走，事实无法验明，但文武百官和王妃宫女仍是一齐祝贺，山呼万岁。

杨广不打仗就想游玩，杨玄感造反时，烧毁了杨广的龙舟水殿，现在杨广下诏，命江都郡政府重新建造数千艘，规模品质都要超越以前。

为再度南巡做准备，杨广命江苏毗陵——今之常州副郡守路道德集合十郡工程兵数万人，于郡城东南兴筑宫殿林苑，周围十六里，建离宫十六座，以洛阳西苑为蓝本，但奇特华丽，必要超过之。

杨广还想在会稽——今浙江绍兴筑建大型行宫，但天下大乱已起，四处兵燹狼烟扑鼻，实在弄不成了。

第一百一十四章

祸殃东都

一

且道大隋社会的民变越来越厉害，反政府军开始四处转战，哪里富庶攻略哪里，长距离行军，大规模行动，比比皆是。

涿郡反政府军首领卢明月，率部众十万人，一路劫掠，跑到河南中部偏南的陈汝。

江苏东海反政府军首领李子通，则运动到山东，与当地的反政府军首领左才相结合。

李子通有部众万人，左才相无才而又嫉妒，李子通便率军南渡淮河，跟转战淮南的反政府军首领杜伏威会师。

李子通阴谋诛杀杜伏威，获得杜伏威的军队，派军突然袭击，杜伏威身受重伤，掉下马背。

杜伏威手下将领西门君仪有个勇力兼备的妻子，背起杜伏威就跑。随后部将王雄诞换着背负，到苇草中隐藏。

隋政府军打败了李子通，李子通率领残余部众约两万人，逃奔海陵——江苏泰州。

杜伏威重整旗鼓，声势渐渐又起来了。

隋王朝第十六军军长陈棱，奉命讨伐杜伏威。

陈棱胆小鬼，老不敢出战，杜伏威很着急，送给他妇女穿的衣服，称他“陈姥姥”。

陈棱被激怒后出战了，被杜伏威打得大败，仅陈棱逃出一命。

杜伏威乘胜攻克江苏高邮，后据守历阳，自称历阳军区总司令。

正月一日，是大隋例行的庆贺朝会和娱乐晚会，杨广亲自主持，二十余郡的代表团未能按时到达，原因是有些郡已经沦陷，落入反政府军之手，走不过，有些代表团被阻在中途或覆灭于路。

往年有个重要节目，是主持晚会的戏子宣读各地州郡和边地主要哨所发来的贺词，今年改了，改成了对在战争中牺牲的烈士的哀悼，和对各地反政府军的谴责。

当时，所有反政府军首领都十分残忍，胡打乱杀，最残暴的要数蓟城——今北京反政府军首领张金称，所过之处，不留一命。

张金称攻陷河北武安、钜鹿、清河，杀人如麻，攻陷河北曲周的平恩城，一个早上就屠杀男女一万余人。

各地农民反政府军首领对百姓凶残掳掠，比之政府，过分百倍。

隋炀帝向左右询问全国反政府军的情况。

马屁大将军宇文述说："逐渐减少，逐渐减少。"

杨广问减少几成，宇文述说："目前剩下的，十分之一不到。"

苏威怕问，把身子歪到殿柱后面，杨广发现了，故意把他叫到前面问他。

苏威回答："这是统计局的工作，所以我不清楚盗贼到底有多少。但我知道，盗贼距我们大隋中央政府越来越近了。"

杨广问是什么意思，苏威这才侃侃道来。

从前盗贼盘踞山东白山，距洛阳直线距离一千一百里，现在盗贼盘踞荥阳汜水镇，距洛阳直线距离一百一十里。

关于盗贼数目，各地奏报都不真实，因而中央不能正确判断形势，难以早日消灭。

从前征收到的田赋捐税，今天怎么没有了？征收不上来啊。

杨广听了，大不高兴，说："今天就这样，退朝吧。"

五月五日，是端阳节，文武百官向皇上进献各种珍宝，惟苏威特殊，贡呈《书经》一部。

有人诬陷说："《尚书》中有《五子之歌》，苏威不怀好意。"

却说《五子之歌》，乃是夏朝帝王太康的五个弟弟在洛河边哭唱太康失掉皇权的歌曲。

弟兄五人，走出斟鄩城，闷闷不乐地到了洛河边。

逝水滔滔，西来东去，世事变易，无法留驻，情况糟糕，无可回退，干着干着，天下让别人兜底撮去了，你说大哥他咋就这么失败呢？

夕阳泼过来血样的惨红，晚风掠过草树，响起呜咽的鬼声。

哥儿几个说，如何才能散一散胸中块垒啊？

我们干脆哭吧，对天，对地，对流水，也是替太康，哭出失国的愧悔，哭出复国的企望吧。

第一个哭道：我爷爷大禹哦，天下第一牛人，扫平了九州哦，获得了新社稷，我爸爸夏启哦，也牛得不轻，杀了很多人哦，没谁敢逞能了。

可是我大哥哦，不好好工作，内亲女色哦，外迷打野猪。女人好漂亮哦，野猪肉好香哦，可是万家诸侯都仇视他。

后羿来到斟鄩哦，一揽子夺走了朝廷，东夷人牛起来了，咱后悔有什么用哦，有什么用哦，有什么用哦……

第二个接着哭：我们的爷爷哦，伟大的领袖，教导我们说，在内贪恋女色哦，在外奔命猎场，爱搞歌舞晚会哦，宫殿修造得堂皇……

这些事情哦，只要有一桩，你就有可能哦，把天下玩儿光！太康他，玩儿光了，玩儿光了，鬼太康，鬼太康……

第三个哭：当年尧做天子，舜做天子，都施行正道，天下平稳，我们家太康，紊乱了纲纪，自取灭亡啊！

第四个哭道：我们伟大的爷爷，比尧和舜都辉煌。他订立了法度典章，还有贡献暂行办法，赋税征缴条例，按照他的方法，我们的库房日日膨胀，我们享不尽的荣华绵长。

我们家太康，弄丢了一切，也断了宗庙祭祀，宗亲危如累卵啦，呜呜呜……

第五个接哭道：万民百姓全都憎恨我们了，我们还能去依靠谁呢？太康玩丢了国家，我们肠子悔青，又怎能挽回呢？

唉，唉，我心好郁闷，好郁闷啊，我心好伤悲，好伤悲啊……

他们对着暮霭昏昏，对着洛水汤汤，称颂爷爷大禹，批判哥哥太康，痛哭流涕，捶胸顿足。

很多人听到，都感动得哭了，陪着他们，鼻涕一把泪一把，互相说："这一家子哭得真有水平！"

苏威呈献《尚书》，是为的《五子之歌》这个集体哭唱？杨广大怒不已。

不久，杨广忘了自己在雁门镇的承诺，又要拾掇高句丽，命苏威提出策划案。

苏威打算让杨广知道全国到处都是民变的事实，回答说："若再东征，我认为不需要正式军队了，只要赦免天下强盗，就会有数十万大军了。他们高兴可以赎罪，一定争着立功，高句丽自可消灭。"

杨广听着苏威的话味道有问题，蹙眉不语。

苏威退出后，御史大夫裴蕴奏称："故意夸大，天下哪有这么多盗贼。"

杨广说："这个老军头，一肚子诡诈，想以盗贼多来威胁朕，朕早就想掌他的嘴，一直忍着呢。"

裴蕴看出了意思，就让洛阳平民张行本检举苏威，说苏威从前在高阳随便授人官职，在雁门关，畏惧突厥汗国，曾经请求皇上退军。

杨广命有关单位调查审理苏威的问题，审理完毕，全都属实。

杨广下诏，一条一条数说苏威的罪状，之后开除苏威的一切职务，贬作平民。

过了些日子，又有人奇怪地上疏，检举苏威跟突厥汗国勾结，阴谋叛变。

杨广命裴蕴立案调查苏威，裴蕴判决苏威死刑。

苏威无法表明自己的清白，只有叩头流血，为自己的罪行道歉。

杨广释放了苏威，说"不忍马上诛杀"，但连同苏威的子孙，都剥夺了政治权利。

二

公元615年，隋大业十一年，江都新造的龙舟完成了，顺着大运河运到了

决定再下江都

洛阳。

宇文述极力怂恿隋炀帝杨广前往江都游逛，私下里对着杨广耳朵说："去吧，这一辈子，应该再去享乐一番。北方不宁啊。"

杨广欣欣然同意，心想洛阳确实危险。

当然，不能让人们看出我老杨在"逃跑"。

再说，年龄也这样了，再老也就游不出什么意思了，江南美女，细肤嫩肌，横陈于前，朕却翘不起来，岂不老羞穷急——而死！

十六禁军第六军军长赵才规劝说："现在盗贼蜂起，国库空虚，政令已不能正常推行。但愿陛下能罢了江都之游，安抚亿万疲惫劳苦的人民。"

杨广大怒，逮捕了赵才，交付有关部门处理，经过十数天，怒气渐平，才把赵才释放了。

大隋中央政府的干部们，知道路上危险，到处都是反政府军，都不愿远行，而杨广却意志坚决。

六品官建节尉任宗上疏竭力劝阻，杨广命人就在金銮宝殿上，用棍棒把任宗活活打死。

杨广预备动身前往江都，再没人敢乱加劝阻了。

杨广命越王杨侗，与光禄大夫段达、后勤部长元文都、财政部长韦津、禁军第四军司令皇甫无逸、国务院秘书卢楚等，共同留守洛阳。

洛阳西苑，如云美女簇拥着杨广，争相申请随侍。

她们害怕战事起来，吃亏丢命，都想跟着皇上巡游南方，但人数太多了，毕竟有留守洛阳西苑空宫的，杨广就做诗跟她们"相约明年"。

豪华的出游

旱地行船

“我梦江都好，征辽亦偶然。但存颜色在，离别只今年。”

涂涂脂，抹抹粉，好好等着我，明年就回来了……了了……了……

这时候，不长眼的奉信郎崔民象，上疏劝阻不长眼的杨广了。

崔民象是当时西苑区副区长，类似于城管办主任，每日带队巡逻，他看到遍地起义，怕杨广下场不好，趁杨广到西苑转悠的时候递交了一份《劝阻报告》。

《劝阻报告》使杨广怒火冲天，用刀将崔民象的面颊划得像红布条似的，划完了又砍头。

反政府军确实太多，可以说遍地都是。虞世基担心伊洛河交汇处的洛口仓被打破，请求派军驻防。

杨广说：“你如此胆怯，只说明你是个文弱书生。”

讽刺归讽刺，杨广还是采纳了虞世基的意见，训令有关单位，把箕山府和公路府迁到洛口城内，另加建围墙，防范意外。

箕山府不是管山的，公路府也不是管路的，它们都是管征兵的。

杨广出游前夕，宇文述逝世。丧事草草办了，以免影响大局。

隋炀帝杨广，带着萧皇后，带着儿子杨暕、杨杲——杨杲才十来岁——皇亲国戚以及后宫大量美人，出发南巡了，官船到得伊洛河下游的汜水镇，奉信郎王爱仁再上疏请求杨广回驾。

王爱仁跟崔民象一个级别，一种官职。

杨广冷冷地说：“妈的，又一个城管！斩首。”

杀了王爱仁，继续前进。

隋炀帝的大队人马到了梁郡，梁郡干部群众都出来阻拦，跪倒一大片，其代

隋末民变

翟让起兵

表苦兮兮地说："陛下不能离开洛阳，若陛下一定要驾临江都，恐怕天下就不再为陛下所有了。"

杨广说："这次出巡日怪了，咋就全是这种烂话呢？"

命将跪着进谏的全部斩首。

杨广走一路，杀一路，鲜血淋淋地杀至江都。

到江都后，杨广立即游赏刚刚修建的十六座离宫，查验每座宫殿的美女人数及质量，每天轮流到各个宫殿作乐。

天下大乱，大隋江山已经摇摇欲坠，以杨广的文武水平，岂有不知危机之理？

以后山的凡眼观察，杨广只是不敢面对，只能混一天算一天，以纵情享乐麻醉自己罢了。至于结局，他是很清楚的。

当时，江苏海陵有反政府军李子通的部队，淮河以北有左才相、江苏六合有杜伏威的驻军，河北定州、高阳有反政府军首领赵万海活动，这些都是率部众数十万人，声势浩大的。

杨玄感的总参谋长李密，被隋朝政府逮捕后于押解途中逃亡，投奔了山东反政府军首领郝孝德，后再投齐郡反政府军首领王薄。

郝孝德和王薄都没有发现李密的才能，李密只得离开。

李密穷困贫乏，忍饥受饿，甚至靠野菜树皮果腹。没办法的时候，改名换姓，在河南淮阳的民间村落，教农家子弟读书识字。

当地政府巡逻员不久就发觉了，出动搜捕，李密再度逃亡。

在东郡政府工作的翟让，因被控有罪，判处死刑。监狱看守警员黄君汉，十

瓦岗寨乡今貌

瓦岗军

分钦敬翟让的骁勇，于深夜秘密打开翟让的脚镣手铐，释放了他。

翟让逃到河南滑县东南的瓦岗寨，聚众起兵。

东郡人单雄信，强健勇敢，精于长矛，投奔翟让，领了重任。

有个名叫徐世勣的小伙子，年十七岁，深有谋略，建议翟让，兔子莫吃窝边草，可到荥阳郡和梁郡一带水上，劫掠商人旅客，供应军需。

荥阳郡乃今天的郑州，梁郡系今天的商丘。

翟让听取了徐世勣的意见，率军进入荥阳郡和梁郡，做水上强盗，抢夺公私船只，财富量增加，归附的人众越来越多，很快超过万人。

当时又有外黄的王当仁、济阳的王伯当、韦城的周文举、雍丘的李公逸等，相继起兵，这都是河南东部的地方。

李密逃亡到此，于各路首领之间游说。

开始时，没人相信，都认为李密荒唐，虚妄。久而久之，逐渐有人信了李密削平群雄、夺取天下的计策，商量说："这个人说得有道理。"因此逐渐尊敬李密了。

李密看到翟让的力量最为强大，遂和翟让见面，为翟让拟定策略，游说各小股反政府军归附，翟让大为高兴，凡事跟李密计议。

李密高瞻远瞩，说："杨广在上昏暴，人民在下怨恨，政府精锐部队，全死在征讨高句丽中了，和平共处原则也被突厥汗国破坏。可是，杨广不知危机，前往游逛扬州、越州，抛弃洛阳，此时正是奋起之际。以你之英雄才能、远大谋略，强兵壮马，足以席卷洛阳，铲除暴政，隋王朝政府只有灭亡的下场。"

谁知翟让胆怯，说："我们这些盗贼，苟生于乱草之间，朝不保夕。你说的

翟让同心又见李密处

这些，我担当不起啊。”

有一人叫贾雄，以看相算命为能事，是翟让的军师。

李密用心结纳贾雄，使贾雄假托阴阳八卦，说服翟让。

翟让以李密的话问贾雄可以不可以，贾雄回答说：“大吉大利，贵不可言。”

但贾雄又警告翟让：“你若自己当王，恐怕不见得成功，如果拥护那个人，一切困难都会迎刃而解。”

翟让因而改变了对李密的看法，李密遂继续游说翟让。

“而今，四海鼎沸，人民失业，你的人马虽多，全靠野地劫掠，供应时常中断，延误日久，敌人压境，大家必然四散逃命。不如取下洛口仓，养得士壮马肥，然后争先。”

翟让听从，率军行动，攻取荥阳金堤关和荥阳郡属各县。

荥阳郡副守张须陀，迎战翟让。

翟让从前屡败于张须陀，心中恐惧，打算逃走。

李密说：“张须陀有勇无谋，可以活捉。你只管严阵以待，我保证为你获胜。”

李密派部队埋伏于树林。

张须陀瞧不起翟让，以方阵推进，十余里之后，李密发动伏击，张须陀战败。

李密、翟让、徐世勣、王伯当，各路联合围攻，张须陀终于阵亡。

张须陀的副官贾务本，身受重伤，率领残兵败将投奔梁郡。

河南剿匪总司令裴仁基迁驻虎牢，清剿翟让。

突厥故地今貌

突厥草原

翟让拨给李密部队，让他建立大营。李密有队伍了，军令严整，所得财宝全部分发给部属，因此，很多英雄豪杰都甘愿为他效力。

翟让想返回瓦岗根据地，从此告别，李密劝说无效，自己率军西进，游说几个城池投降，取得大量军用物资。

翟让后悔了，又返回来追随李密。

三

话说瀚海沙漠中的东突厥汗国，正处于上升时期，力量强盛，牛气熏天，看到中国大乱，不断侵略滋扰北部边疆。

隋炀帝杨广命晋阳——山西太原——留守司令官李渊，会同马邑——山西朔州——负责人王仁恭，率兵马迎击突厥。

李渊行军在山西灵石，跟反政府军甄翟儿部遭遇。

甄翟儿反政府集团，在一个叫雀鼠谷的山涧，把李渊包围了好几层。

李渊的次子李世民，率领精锐骑兵增援老爹，奋力攻击，把李渊救出雀鼠谷，才得以继续行军。

东突厥汗国弯弓骏马，箭法精准，兵员充足，李渊、王仁恭的军队，合起来不满五千人。

王仁恭害怕，李渊呢，挑选骑兵神射手两千人，强化训练，弄成了沙漠突击军，跟突厥遭遇，就以这支特别部队机动穿插，不断传出捷报。

王仁恭喜欢收受贿赂，对贫民却不赈济。

王仁恭手下有个将领叫刘武周，勇敢侠义，王仁恭十分厚待，命其驻防内宅。谁知刘武周跟王仁恭的小老婆谈起了恋爱，睡在了一起，恐怕事情败漏，就斩了王仁恭，之后自称郡守，开仓赈贫，并投降了东突厥汗国。

却道杨广攻打高句丽的时候，积存在涿郡的物资太多，蓟城居民殷实丰富，数万人的驻军太少，致使郡守、副守相互猜忌，发生内讧，形势飘摇。

而黄河以北广大地面，反政府军首领张金称、郝孝德、高士达、杨公卿、孙宣雅等，攻陷城池，即行屠杀，隋王朝政府军接连失败。

畜牧部部长杨义臣，讨伐张金称，但深挖壕沟，高建垒墙，不出来交战。

张金称每天率军大骂，杨义臣就是不开城门。

张金称炫耀兵力一月有余，杨义臣坚不出战。

张金称认为杨义臣胆怯，不断逼近营垒，对杨义臣侮辱诟骂。

杨义臣遂在城头上告张金称："你明天早上来，我一定出兵。"

张金称慷然允许，不再戒备。

当天夜晚，杨义臣以精锐骑兵两千人，自河北馆陶渡越过清河，埋伏停当，待天色拂晓，张金称率军离营，立即攻击其营中家属。张金称急回军抢救，杨义臣再攻其后部，张金称大败。

过了月余，杨义臣的部将杨善会在一次大扫荡中擒获张金称，于闹市竖立木架，把张金称的头绑在上面，把手脚四肢张开，绑在两旁，命受过他迫害虐待的仇家，一块块割他的肉吞食。

张金称断气之前，一直高呼口号："打倒隋朝政府！建立清平世界！"

张金称残余部众，都归附了另一反政府军首领窦建德。

后来，朝廷任命杨善会当清河郡副守。

涿郡副守郭绚，率军一万余人，讨伐反政府军首领高士达，高士达自知不如窦建德，便擢升窦建德当司令，交给他军权。

窦建德请高士达留守大营，保护辎重及眷属，自己挑选精兵七千，迎战郭绚。

窦建德诈降，声称跟高士达闹翻，愿戴罪立功。

郭绚相信，不再戒备，跟窦建德合兵。

窦建德择机突袭，砍下郭绚人头，呈献高士达。

畜牧部部长杨义臣前来进行大扫荡。

窦建德说高士达："杨义臣能战，不可轻视，请你率军先行躲避，等其消耗岁月，将士疲惫，斗志消失，然后攻击，可以破之。不然的话，恐你不敌。"

高士达不信，命窦建德留守大营，自率精锐，迎战杨义臣，刚一接触，即稍获胜，遂大摆筵席，欢宴庆贺。

窦建德吃惊道："没有打败敌人，先自如此骄傲，大祸就要临头了。"

五天之后，杨义臣大破反政府军，在阵前斩了高士达，随后直扑反政府军大营。

窦建德率一百余骑兵逃到河北饶阳，招兵买马，又集结三千余人。

杨义臣忽视了窦建德，班师返回，窦建德得以重振军势。

一般反政府军，擒获隋政府官员及其家属子弟，一律诛杀，只有窦建德温和对待他们，因此隋王朝官员基本上不抵抗他，有时干脆献出城池，投降，窦建德声势日盛，达十余万人。

畜牧部长杨义臣列出剿匪经过，奏报中央。

隋炀帝杨广叹息说："我从来没有听说有盗匪，怎么一下成了这个样子，杨义臣剿除的盗匪，怎会这么多呢？"

随行的法制局局长虞世基回答说："小偷大盗，郡县政府追逐搜捕，眼看完全消灭，陛下不要放在心上。只是，杨义臣长久手握重兵，恐怕对朝廷没有裨益。"

杨广说："这倒是。"

杨广调回了杨义臣所有军队，民变因此再度泛滥。

最高检察院副检察长韦云起，弹劾虞世基和裴蕴："盗匪实在很多，却硬说很少。陛下既然听说很少，就不会派出大军，以至众寡悬殊，不能扑灭，使盗匪益多。请把二人交给有关部门议罪。"

而最高法院院长郑善果则奏称，韦云起诋毁天朝重要高官，作无稽指控，属于诽谤，应予处置。

于是，韦云起遭到降职处理，由四品降至从五品，成了一个小庭长。

话说隋炀帝杨广游玩在江都，江淮一带郡县负责人晋见的，杨广什么都不管，只问呈献的礼物多少。礼物丰富的越级提升，礼物稍薄，则停职或免职。

江苏扬州市政府秘书长王世充，献给杨广铜镜和大屏风，立马被擢升为副郡守。

安徽历阳郡政府秘书长赵元楷，献给杨广鲜美奇异的饮食，很快被提拔为大郡江都的政府秘书长。

从此，郡县政府干部为使贡礼盖世豪华，疯狂比赛剥削地方。

百姓外受反政府军劫掠，内被郡县干部逼缴捐税，加以天下饥荒，生活极度艰难。起初还有草叶树皮，后来只有把稻草捣成粉末，羼杂泥土煮食。最末，人类相互格杀吞食的惨烈场面出现了。

其实，隋朝各地官仓存粮非常充足，但因为那是国家储备库，地方干部不敢开仓赈济百姓。

马屁精王世充，不管局势危急，不管百姓死活，秘密挑选江淮间大量美女，进献给杨广污染。

娇体美姿，杨广至爱，王世充因之愈发受宠。

四

李密游说翟让："机会！洛阳空虚。越王杨侗年龄才十四岁。其他留守高级干部互相不服，又无计谋，都不是敌手。此时进军洛阳，可以获得天下。"

翟让派裴叔方前往洛阳侦查。

洛阳留守干部发觉了，立即兴建防御工事，并急报江都。

李密说："局势明朗，先则制于己，后则制于人。洛口仓没有防备，如我大军进袭，洛阳肯定来不及救援。夺取洛口仓，发放粮食，救济穷苦，无论远近，谁不归附？百万大军，朝夕可就，养精蓄锐，等待时机。然后发出檄文，号召四方，招揽豪杰，遴选勇士，灭亡杨家王朝，大事可成。"

翟让说："这是一项英雄策略，我恐怕不行。你干吧，我听你指挥，你在前面，我当后卫。"

李密、翟让率精锐七千，攻击洛口仓。

李密派人劝洛口仓守将张季珣出降，张季珣死不投降，而且用尽所有脏话，诟骂李密。

李密部众数十万，合围洛口仓。

洛口仓城四面全是悬崖绝壁，守军不过数百，张季珣意志坚决，誓死不屈。但被围困的时间久了，军资用完，饮水枯竭，士卒病倒，无法支持，遂致陷落，张季珣壮烈牺牲。

李密打开仓窖，由百姓随意搬运。

前来取粮的人，扶老携幼，塞满道路。

远近的隋朝政府干部，投奔李密的不少，因为大家都受够了。

留守洛阳的首席军政执行官、越王杨侗，派虎贲将军、宫廷后勤专供部部长刘长恭等，率步骑兵两万五千人，东进讨伐李密。

洛阳认为，李密不过一群为饥饿所迫的盗米贼，乌合之众，容易击破。

各界人士竞相响应政府征召，踊跃参军抗战，国立太学、国立四门专科学校在校生，以及皇亲国戚、世家贵族子弟，都上阵了，军服华丽，旌旗蔽天，锣鼓声音，震动天地。

刘长恭正面进军，而命河南剿匪总司令裴仁基，攻击反政府军后背，约定会师洛口仓，举行奏凯庆贺。

李密、翟让消息灵通，挑选骁勇战士，分作十队埋伏，等待裴仁基，而在正面，严阵以待刘长恭。

洛阳朝廷军没有吃早饭就遭到李密、翟让进攻，饥饿疲倦，只好大败。

刘长恭等脱下鲜艳的大将战袍，猫腰逃得一命，窜回洛阳，兵卒被杀十之五六。

裴仁基进军迟缓，听到刘长恭战败，大为恐惧，不敢前进，屯兵半路，进退失据。

李密获知裴仁基处境狼狈，派人游说，承诺以高官贵爵。

副将贾闰甫也劝裴仁基投降李密。

裴仁基问："监军萧怀静怎么办？"

贾闰甫说："树枝上的睡鸡，有什么担心的。"

裴仁基派贾闰甫去见李密，请求投降。

李密接受裴仁基投降。用贾闰甫为元帅府参谋，使他带信给裴仁基，表示欢迎。

裴仁基的监军萧怀静秘密上奏隋炀帝杨广，检举裴仁基。

裴仁基得知情报，斩了萧怀静，向李密投降，李密任命裴仁基为上柱国。

却说刘长恭逃回洛阳，年轻的首席留守杨侗还算明智，赦免了刘长恭等，并加以安抚。

李密、翟让获得政府军的大量优质铠甲武器及重要物资，声威大振。

翟让推举李密当头儿，李密即设立高坛，登极称帝，以翟让为上柱国，大封百官。

单雄信，被李密封为左武侯大将军，徐世勣为右武侯大将军。

河南、河北，长江、淮河以北，各地变民军队全都响应李密了。李密也全部加授他们官爵，让他们各率原有部众。

李密军开仓放粮

程咬金

李密为各地反政府军备案，设立“百营名册”，遥相统领。

各地变民，前来投奔吃粮的，源源不绝，好似流水，李密的部众增加到了数十万。

李密在洛口扩建城池——洛口城，地点在今天的巩义市东边，城墙周围四十里，城内面积有十平方里，作为“行军元帅府”所在。

李密遣军向南，先后攻克汝南、济阳、淮安和安陆，前三处地方在今天的河南境内，安陆在今天的湖北境内。

黄河以南的郡县，都是李密的了。

李密还得到了两位勇士，一为裴仁基部将秦琼，又名秦叔宝，一为山东东阿人程咬金，都任命为骠骑将军。

李密的骠骑将军共有四位，遴选骁勇壮士八千人分别配给四位骠骑将军用作警卫，称为“内军”。

李密常说：“这八千人，足以抵挡百万雄兵。”

李密命孟让为总司令，率步骑兵两千人，乘夜攻入洛阳，大肆劫掠财物，并纵火焚烧丰都市，天将亮时才撤退。

贼寇祸害，洛阳外城居民都迁入宫城避难，政府机关的办公室，住满了难民。

三日后，李密又派裴仁基、孟让，率两万余人，袭击洛阳，大肆劫掠，纵火焚烧洛水上的天津桥。

隋朝政府军出战，裴仁基和孟让才撤出洛阳。

第一百一十五章

异军突起

洛河上游风光

一

隋炀帝杨广，一面疯搞形象工程，一面接连对外征战，老百姓被连累得纷纷破产败家，情势万分危急，还影响不了杨广变着花样“享受生活”，有天理吗？

东方大都城洛阳，已经陷于战火狼烟之中，穷人逃难，富户人家也在收拾细软，整点家兵，预备离开生活享乐了十五年的各个里坊。

大隋洛阳城，共有里坊一百多座，分布在洛河南北两岸。

定鼎门外二里处有连通伊水和洛水的甘泉渠，渠上架通仙桥五道，时人称之为五桥，文人篇什中又称“午桥”的，桥南北有各高百余尺的华表，煞见气势。

坊的设置，早于先秦，起初称“里”，后来也称坊。

里，设“里正”管理。古代一“里”为三百步，大隋东都的一百余“里”，就是按照这么一个大概规格建造的。

“每坊东西南北各广三百步，开十字街，四出趋门”，每坊坊墙都有三米的厚度，四面各开一门，称“闾”。四个坊门一般都有两重屋檐，华丽壮观。

古时人们以右为尊。在坊里，财大气粗有势力的地主居于里门右侧，故而称呼为“豪右”。贫贱且社会等级比较低下的人，在坊门的左首一侧居住，所以有“闾左”这一概念。

闾旁建门房称“塾”，里面坐有看管坊门的保安，监视由“闾”出入的人。

但也并不是所有的人出入都要经坊门，三品以上的高官可以直接向大街开门。坊墙上开有宅门的高官，他的住宅就不叫宅了，叫“第”。

定鼎门大街正对皇城端门，两侧之坊就多为皇族贵戚高官所住。

里坊之内，房屋建造，不能随意，“其士庶公私第宅，皆不得造楼阁，临视人家”。如果私搭乱建，最严厉的处罚可以“流三千里”。

洛水以北的坊，除东北角几坊略小外，其他都能达到四百亩以上，可容纳居民过万人，洛水以南的坊，大致也都在四百余亩以上。

坊内的十字大街把坊分为四大块，其中每大块里又有十字街，称为巷。

因此一个坊被大街小巷很规矩地分割为十六块，日本现在，譬如京都，一坊十六町的格局，就是中国大陆的传承。

坊内的十六个单元，又被更小的街道“曲”继续分割，百姓的住宅就在诸曲之内了。

坊内不单有住户，还有寺院和道观，官宦的苑囿，政府的衙门，手工业工场和商铺。一坊，如同一个小城镇了。

大隋洛阳的居民分布也有一定特点。

洛水两岸居民较少，瀔水、洛水上涨，近岸的里坊首当其冲。

远离城市中心的里坊，居民也比较少，生活不方便嘛，城东即是如此。

然而，洛阳城东风景秀美，“城东桃李”，相率绽放，又成了部分仕途失意者和文人学者的理想居所。

大隋洛阳北市，居住穷人较多，不过也不乏高官显贵。老臣杨素的宅第就占了积德坊一坊之地！

上东门大街入朝很是方便，很多大腕级的人物，都住在上东门大街边的里坊里，靠着上东门大街的时邕坊，就住着国务总理苏威大人。

上东门大街旁边还有个立行坊，住着宇文述——隋炀帝的第一宠臣。

早年杨广夺嫡时，宇文述参与了谋划。

宇文先生打仗也颇在行，内外胜仗无数，征高丽时，中了棒子的诈降计，三十多万兵马被宇文将军玩得剩下两千七百人。

宇文述有个性，“述素好著奇服，炫耀时人”。

宇文述还好别出心裁。搞个马鞍，专门在后角上缺方三寸，露出白色来，惹得大家争相效仿，时称“许公缺势”。

冬天入宫宿卫，定制厚厚的双层头巾保住双耳，时人又纷纷学之，形成一大品牌：“许公帕势”。

天下大乱，民变四起，宇文述暗地里劝隋炀帝避险江都，寻求苟安。

事实上，没骨气的杨广离开洛阳，南下江淮，已经在放弃他的江山了。

立行坊里，有上东门操场，系练兵之用。操场东北角有一个高台，当时的洛阳人都传说是西晋款爷石崇的宠姬绿珠之墓。

石崇以国家公职人员的身份从事抢劫等非法勾当并以此起家富甲宇内，以珍珠十斛易得美姬绿珠，据说有见之者无不“忘失魂魄”，专修号称“百丈”之高的崇绮楼，琼阁藏娇，自此绿珠之美，名于天下。

后来石崇失势，佞臣孙秀讨要绿珠，石崇守住男人的底线，宁可一死也决不交出自己所钟爱。绿珠坠楼自殒殉义，石崇也被斩杀于市。

洛阳其他里坊，也居住着各色宝贝。

隋炀帝的儿子，齐王杨暕住在宜人坊，占一坊之半。

隋炀帝的儿子，老大晋王元德太子死的早，老小赵王又生的晚，所以老二杨

波斯商人卖到洛阳的角杯

暕几乎是隋炀帝的心肝独苗了。

隋炀帝爱子心切，打算将宜人坊四百多亩地全赐给儿子做宅基，后来得知此为“宜人里”，炀帝不仅要问“即号宜人，奈何无人？”，这么大的一个叫宜人的地方只住我儿子一家，怕是不够宜人吧？

于是，杨暕吃了里坊名字的亏，居住面积缩水一半。

杨暕仗着老子是皇上，自己又是帅哥，所以行事不明就里，做人太过嚣张，不知廉洁自律，毁坏政府形象，看中的女子直接抢，老爹怀里的女人也敢摸。

杨暕屡屡犯忌，杨广的老脸终于也挂不住了，一度险些动杀心，父子关系恶劣到失去了基本的信任。

毓财坊里，是洛阳县县政府办公室等机构。

修文坊里，扎着国子学，名至实归。

隋朝的全国最高学府国子监，设在观德坊。观德其名，出自隋炀帝在此设的百官射艺观德活动。不是打仗的“射箭”，而是礼乐之射，“以射观德”，看人射箭，考察人的品德。

射箭需要平心静气，集中精力。而且还要经过长期的训练。所以，能射好箭的人，必然心情不浮躁，专心一致。

那些无知之徒，是射不好箭的，在古代射艺是人有修养的表现。

大同坊，里面是洛阳三市之一的大同市。大同市设于隋炀帝立都洛阳第六年。

靠近南市的修善坊，最为繁华，有很多车坊和酒肆，还聚集着大量的胡商，建有一座波斯胡寺呢。

明义坊，住着杨广的四弟蜀王杨秀。

杨秀被杨广废为庶人，一直没有出头。

隋炀帝讨厌五行风水、八卦占卜，曾搜罗这方面的术士骨干，把他们集中到道术坊，“遣使检察，不许出入”，此坊也因此得名。

道德坊里，有隋炀帝侄子杨浩的家宅。

隋炀帝三弟，秦王杨俊，生活作风很成问题，宠幸小妓，老婆吃醋，竟然给其下毒致亡。杨俊两个儿子，老大就是杨浩。

当年东汉光武皇帝，青年时混迹乡里，爱上了一个乡姑阴丽华，阴丽华后来做皇后，生下了汉明帝刘庄。

大隋洛阳的履道里，住着一位也叫“丽华”的女士——隋炀帝的姐姐、北周宣帝宇文赟的皇后杨丽华。

杨丽华对老爸杨坚篡夺宇文氏的江山一辈子耿耿于怀。

隋朝建立后，杨丽华由前朝的皇太后变成当朝的乐平公主，老爸几次安排她改嫁，她都誓死不从。

弟弟接班后，在履道里给杨丽华安排了豪宅。

随炀帝知道这位老姐这辈子活得不舒坦，每次出去玩都带上她，在西巡张掖的途中，杨丽华病死。

东都洛阳城的总设计师宇文恺的宅子，也在履道里。

履道里在后来的唐朝，居住过诗人白居易。

如今，大隋将“失其鹿”，天下纷纷共逐之。人人皆造反，个个有机会的时代又来临了，皇亲、逆臣、叛将、草莽，无不跃跃欲试，洛阳居民，无论穷家富户，都在手忙脚乱地告别十五春秋的里坊岁月。

李密奉祖

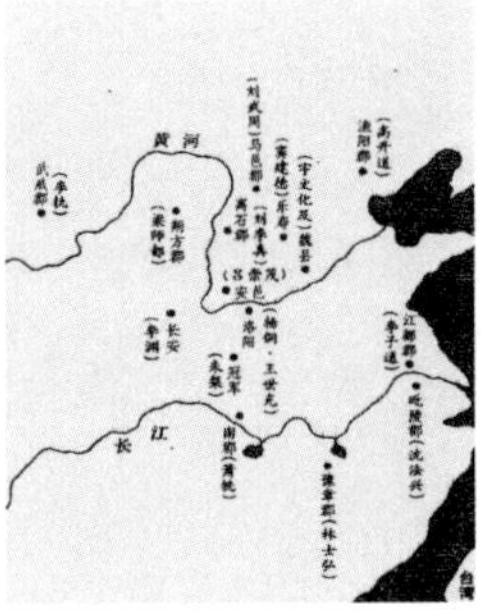

公元619年中原局势

而此时洛阳城里的军队还有二十余万，在留守政府的组织下，敲击木梆，互通声息，将士不脱铠甲，日夜戒备，随时准备痛击胆敢来犯的盗贼。

二

洛阳城内绸缎布帛，堆积如山，以至于竟“以绢为汲绠，燃布以爨”。

宫里甚至把丝绢当作绳子，以之汲水，把布匹当作柴薪，烧燃煮饭，而粮食非常缺乏。

越王杨侗命人前往回洛仓运粮，派军五千人驻守东区丰都市，五千人驻守上春门，五千人驻守北邙山，前后呼应，保障运粮通道畅通。

公元617年，四月十九日，转战安徽一带的李密回来了。

李密率部众三万人，左边骑兵，右边步兵，中间是膂力强劲的弓弩手，千万战鼓一齐擂动，千万人马一齐冲锋。

隋军大败，如水流泻。

李密占领了洛阳城北的回洛仓，对洛阳构成巨大压力。

隋王朝派一品官光禄大夫段达率军七万去战李密，接触一下，即告败退。

四月二十一日，李密发布檄文，交由驿站，传达郡县，列数杨广十大罪状，说：“罄南山竹，写不完杨广的罪状；决东海堤，流不尽杨广的罪恶！”

越王杨侗见情状危急，派祭祀部秘书长元善达，偷走小路，辗转穿过反政府军控制地区，前往江都，面见杨广。

元善达奏报说：“李密拥有精兵百万，洛阳已被围得铁通也似。陛下如能早还，乌合之众，一定四散。不然的话，洛阳不保。”

元善达上奏之际，悲痛不已，忍不住呜咽流涕，杨广也觉得怪沉重。

可佞臣虞世基轻松，他微微冷笑，说：“越王年纪小，周围诓骗他。设若洛阳真的被围成铁桶，元善达怎么能够出来，又怎么能走到这里？”

杨广恍然大悟，勃然大怒，咆哮说：“妈的个元善达，你这小子怎么出了铁桶？竟敢在金銮宝殿上侮辱朕的智商，朕是白痴吗？”

随后，杨广命元善达穿过反政府军控制区，前往东阳催运粮草。

东阳是今天的浙江金华，反政府军非常厉害，元善达在中途死于反政府军之手。

此后，朝廷内外所有干部，人人闭口，再没有人敢禀报反政府军的消息。

虞世基沉默寡言，但只要说话，差不多都深合杨广的心意，因此特别受杨广的宠爱，没有人能跟他相比。

虞世基的亲友党羽，也仗恃他的权力，公开收受贿赂，贪赃枉法，卖官鬻爵。趋炎附势的人整日往他家跑，热闹得好像赶场。

对虞世基深怀痛恨的人太多了，但立法院立法官封德彝竭力谄媚虞世基，帮助虞世基顺从杨广旨意。

杨广对虞世基的信任日益增加，隋政府的政治日益败坏。

宇文述也是隋炀帝的宠臣，权倾朝野，隋炀帝对他，也是言听即从。

左卫将军张瑾与宇文述官职相同，曾评论宇文述，偶然说出他不中听的话时，宇文述便张目叱之，使张瑾惶惧而走，文武百官再也莫敢与之相违忤。

宇文述为人贪婪卑鄙，以至“知人有珍异之物，必求取之”，这是《隋书·

宇文化及

宇文述列传》说的。

一些富商大贾和陇右诸胡的子弟，争相送金银宝物，宇文述皆将其封官晋级，并呼之为儿。从此，这些人更争相贿赂宇文述，以至金银财宝堆积如山，数不胜数。

宇文述荣华富贵之盛，无人能比。其家后庭的宠妾美女有数百人，家僮更达千余人，同时还养着许多良马。

宇文述在征讨高句丽的战争中，吃了大败仗，隋炀帝曾将宇文述下狱。宇文述平时得宠于隋炀帝，并且其子宇文士及娶了隋炀帝之女南阳公主，所以隋炀帝最后又为宇文述开脱责任，官复原职，待之如初。

宇文述不顾天下大乱，形势恶劣，亟需皇上坐镇洛阳，指挥平叛，反而揣摩隋炀帝的享乐心思，怂恿隋炀帝到江都游玩，宇文述当然也得以在江都尽情享受。

此等误国害民的佞臣，上帝不会饶恕，不久，宇文述便一病不起。

隋炀帝不断派人探问宇文述的病情，并打算亲自去看望，后被众大臣苦劝乃止。

隋炀帝派遣司宫老魏去问宇文述："必有不讳，欲何所言？"还有什么话要说的？

当时宇文述的两个儿子，宇文化及、宇文智，及都因触犯律条，被收在监中，宇文述遂对老魏说："臣之子，早预籓邸，愿陛下哀怜之，"放他们一马啊！

隋炀帝闻后竟然潸然泪下，道："吾不忘也"。

杨广料不到，被他恩准宽释，放出监狱的宇文化及，未来竟然会是结果他性

隋炀帝宴乐图

隋炀帝与萧皇后

命的人。

却道隋炀帝杨广，在江都的一连串离宫里，荒唐淫乱，超越他这一生中的任何一个时期。

宫内几百套别墅，全都十分舒适豪华，满住美女，每天由一座别墅作东，宴请杨广。

江都郡政府秘书长赵元楷，负责供应酒肉。

杨广跟萧皇后，以及他心爱的小老婆，一房挨一房吃喝欢宴，酒杯一刻也不离口。一千余位小老婆，也常常一齐酩酊，随其入醉。

天下即将颠覆，杨广不晓得吗？

他很清楚。因为清楚结局，所以心情烦躁，无法安宁。每日就扎着头巾．穿着短衣短裤，提着手杖，遍游官里的亭台楼阁，急于欣赏各种景致，唯恐没有看够，直到夜晚。

夜晚，又忙着左搂右抱，摇涌颠浪，花态百现，弄到天亮。

弄不动的时候，跟萧皇后喝茶穷聊，使用吴地方言对萧皇后说：“想害我的人恐怕很多了。不过你最后至少也会得个什么爵号，不必烦恼，一起跟我欢乐吧！”

喝着茶，又要酒，灌一肚子酒，沉醉中拿着镜子自照，回身对萧皇后说：“好脖颈，谁当斫之？”多好的脖子，只是不知以后会被谁砍了呢？

惊惶的萧皇后劝他他别说这样不吉利的话，他却哈哈大笑，道：“富贵贫贱，痛苦欢乐，轮流交替，何必悲伤。”

中原已经大乱，杨广没有心情回到北方，赖在江都，死不动窝。

游乐

江都粮食已经吃完，护驾的武警多是关中人，客居日久，思念故乡，很多人想逃走。

武警指挥官窦贤，率领他的部属逃跑，杨广派骑兵追回来，斩了，仍然不能禁止警卫人员逃亡。

臣子们和警卫们的家属都在北方，怎么能不忧虑？

想逃亡的愈来愈多。

虎贲指挥官司马德戡、元礼，直阁将军裴虔通，带头结交老乡，立法院和检察院、皇宫管理局的干部，乃至御医，都参与其中，他们公开讨论逃亡计划，既不遮掩，也不畏惧。

有宫女报告萧皇后说：“有人在偷偷结伙，准备谋反。”

萧皇后说：“你报告皇上去吧。”

宫女报告杨广，杨广大怒：“宫女什么身份？向朕说这种话！斩首。”

斩了打报告的宫女，有跟萧皇后亲近的宫女心中有疙瘩，向萧皇后倾诉。

萧皇后叹气说：“天下事一旦弄到这个地步，没有人能够挽救，何必多说，徒使皇上忧愁。”

三

洛阳的求救文书，雪片般飞到江都。

隋炀帝派江都郡代理秘书长冯慈明带了支小部队增援洛阳，冯慈明被李密的纠察队员抓住，送交李密营中。

李密听说过冯慈明，请他上座，慰问远道辛苦，既礼貌又诚恳，说：“隋王朝的气运已尽，请先生和我共同建立功业。”

冯慈明说：“你们李家，几代人蒙受皇恩，享受荣华富贵，你却跟杨玄感一块造反，幸而逃出罗网，活到今天，还在让门第受辱，不知道你用意何在。我只求死，不敢听你。”

李密大怒，囚禁了冯慈明。

冯慈明说服狱卒，暗中放了他。冯慈明让那狱卒携带他的奏章，前往江都报送。

冯慈明逃到雍丘，今天河南杞县，又被李密的部将李公逸捕获。

李密说：“我钦佩此人，放他走吧。”

冯慈明走到营门口，被二百五翟让看见，翟让手起刀落，把他杀掉了。

洛阳不停地告急，杨广当然不能不管，又命监门将军庞玉、禁军副将霍世举，率领武装部队，增援洛阳。

庞玉和霍世举的部队刚刚出发，复遣江都副守王世充率长江、淮河精锐战士北上救援洛阳，另发诏书，着河南剿匪司令王辩、河北剿匪司令韦霁、四川剿匪司令王隆，各率当地部队，联合讨伐李密。

隋炀帝没料到，野心勃勃的王世充，早在觊觎大隋江山了。

就是这个王世充，不仅图谋篡逆，后来还夺去了隋炀帝心爱的长孙杨侗的性命。后话缓叙。

李密的手下柴孝和，建议李密，前往山川坚固的秦地，建设帝王大业。

“最好由翟让留守洛口，由裴仁基留守回洛，你自己率领精锐部队西上，攻

瓦岗军扫荡洛阳西苑

克长安，然后再挥军东下，扫平河洛。”

李密说：“这个谋略当然很好，可是昏君仍在江都，那边军队仍然很多，此其一也。我的部属，都是洛阳一带人，洛阳没有攻下，谁肯跟我西上？此其二也。手下将领，大多出身盗匪，留他们在这里，互不相服，一旦内斗，难以保全。此其三也。有此三忧，岂能轻易西上？”

柴孝和说：“那么，我想从小路秘密前往，看有没有机会。”

李密同意了，给柴孝和数十名骑兵。柴孝和走到崤山，归附他的变民就达到了一万余人。

李密的兵力算是强大的，杨广耗尽民脂民膏所建西苑，李密的部队多次在里边拉网，隋政府军疲于奔命，招架不了。

可是在一次扫荡西苑的战斗中，李密中了流矢，被战士们抬回大营疗养。

越王杨侗获知情报，派段达及庞玉等，于夜晚进击李密。

裴仁基率军迎战，却败了，兵力损失过半，李密只好放弃回洛仓城，撤向洛口仓城。

西行路上，柴孝和刚集结的部众听到李密败退的消息，纷纷逃散。

柴孝和轻装匹马，驰回河洛，西上策略宣告完结。

其实，根据形势，李密真的也别“西上”了，因为另一个姓李的，在紧紧地盯着长安，他就是：李渊。

李渊有四个儿子：李建成，李世民、李玄霸、李元吉，有一个女儿，嫁给了大隋行宫侍卫官柴绍。

李渊的二儿子李世民，有见识，有胆量，看到隋政府玩完了，暗中酝酿大志，降低身份，礼贤下士，结交宾客，以谋大下。

李世民的妻子，是大隋右骁卫将军长孙晟的女儿。

右骁卫是禁军，禁军征兵府指挥官孙顺德是长孙晟的族弟，还有陕西人刘弘基，他们为了躲避征讨高句丽的征兵，到晋阳投靠李渊，跟李世民成了好朋友。

隋朝晋阳宫总管裴寂、晋阳县令刘文静，在一起拉呱。

裴寂叹问："我等身家贫寒，地位卑贱，碰到战乱，骨肉离散，怎么能够保命呢？"

刘文静笑着答道："隋失其鹿，天下共逐。大局如此，谁也无奈。只要我等相知，何必担心贫寒卑贱！"

刘文静惊异李世民的相貌，用尽心机跟他结交，对裴寂说："他不是个俗常之人，虽说只有二十一岁，却已是一代英雄了。"

刘文静跟李密是亲戚，因此被捕，曾被囚禁于太原监狱。李世民前去探望，跟他商讨大事。

刘文静分析了天下形势，说："我当了数年县长，能看出谁是豪杰。你李世民若招兵买马，至少能集结十万人，你父亲的武装也有数万，趁隋政府空虚，占据潼关以里，发号施令，谁敢不从？最多半年，帝业可就。"

李世民笑说："你这番话，正合俄意。"

此后李世民开始了暗中部署，其老爹李渊并不知道。

因为李世民跟李渊说过心中的意思，被李渊教训了一通。所以李世民恐怕李渊反对起事，深藏在胸，不敢明言。

李世民曾提醒李渊："现在盗匪一天多似一天，大人奉命讨伐，盗匪岂能完

李世民动员李渊反隋

全消灭？到了最后，仍免不了有罪，即使功劳太大，性命也是危险的。借机发动正义之师，才是顺应民心之举。”

李渊大惊说：“你怎么说出这种叛逆的话，俄现在就要奏报天子。”拿起纸笔，要写奏疏。

李世民说：“现在人民穷困，到处都是战场，俄观察了天时人事，才敢出口。一定要举报俄，俄愿一死了之。”

李渊叹息说：“俄能忍心举报你吗？但你要从此谨慎，不可再说。”

李渊跟裴寂是老朋友，刘文静希望裴寂能说服李渊，遂介绍裴寂跟李世民结交。

李世民从私人积蓄中拿出数百万钱，让太原令高斌廉跟裴寂赌博，一次次的输给裴寂，裴寂高兴，每天跟李世民厮混，渐见亲昵。

李世民把大计划告诉裴寂，委托裴寂说服自己老爸，裴寂愿意。

裴寂把隋炀帝储存在晋阳宫的美女，一批批地秘密送给李渊，让李渊轮换污染。

有天，李渊跟裴寂喝酒，酩酊大醉时，裴寂说：“你家二郎暗中训练人马，打算创立大业。大家已同心，你意下如何？”

李渊说：“俄儿果有大志，俄有什么想法？听他的吧。”

四

刘文静质问裴寂：“你是隋晋阳宫负责人，竟然把宫中美女送人奸淫，你不是死定了吗？你死定了就死定了，为什么还要害死李渊！”

裴寂说：“咱不是想让他起事的嘛。”

刘文静又质问：“那你为什么不劝李渊早早起兵，却一直拖延呢？你不知道先发制人，后发被制的道理吗？”

裴寂是关西大富豪，家中财产好多来历不明，若将宫中美女送人奸淫事发，揭开盖子，死罪不止一两条，裴寂十分恐惧，不断催促李渊行动。

李渊遂命刘文静伪造一份杨广的诏书，声称要去解放高句丽，规定二十岁以上、五十岁以下男子，全体入伍从军，于是人心沸腾。

恰在此时，组织了反政府军的刘武周攻陷汾阳官。

李世民再次提醒李渊：“大人是留守长官，竟然未能阻挡盗匪。若不早定大计，灾祸即刻来临。”

李渊这才集合将领开会，问大家说：“刘武周打破了汾阳宫，俄等未能阻止，一旦问罪，全族屠灭，你们说怎么办？”

留守副官王威等全都恐惧了，不停地叩头。

李渊说：“地方政府征集调度军队，一举一动，都要报请中央批准。而今，江都在三千里外，盗匪却在眼前，大家说怎么办？

王威等说：“你的地位，既是高级首长，又是皇亲国戚，跟天朝同生共死，若要奏报中央，怎么能来得及？只要可以平定盗匪，大家支持你独断专行。”

李渊的外甥女在隋炀帝的皇宫工作，职务是伺候皇上睡觉，职称是小老婆，所以这位皇亲国戚并高级干部，以无奈的语气，道：“既须如此办理，必要先行充实兵力。”

李渊兴兵反隋

于是，李渊命李世民、刘文静、长孙顺德、刘弘基等，招兵买马。

李渊趁机大开粮仓，赈济贫民。

远近百姓，听到征兵消息，纷纷前来吃粮，投军当兵的人每天都在增加。十天半月便集结万余，李渊命分为三军，每军再分左右两翼。

同时，李渊派遣密使，到河东召回儿子李建成，李元吉，到长安召回女婿柴绍。三个人都被接回来了。

李渊手下，两位副留守王威、高君雅，看到大军迅速扩张，疑心李渊阴谋叛变。

李渊立刻采取行动，暗中差人打报告诬陷王威、高君雅招引突厥，李渊假装大吃一惊，召开大会，公开阅读举报信，斩了王威和高君雅。

突厥汗国军数万人，真的来攻打晋阳了——今天的太原，人们因此坚信王威、高君雅勾结突厥，是有罪的。

李渊派部将王康达率一千余人出城迎战，全军覆没，军民大为恐惧。

李渊再派军队，于深夜秘密出城，二天起五更杀敌，突厥不明就里，在郊区乱杀乱抢一番就跑了。

刘文静建议李渊，结盟突厥汗国，利用其兵马，壮自家军威。

李渊接受刘文静的建议，写了封言辞谦恭、态度卑屈的书信，配上厚重的礼品，送予突厥汗国始毕可汗阿史那咄吉。

阿史那咄吉见信，对其左右说："杨广这个人，我算看透了，假若他从江都回来，一定是先害死李渊，再攻打我们。假如李渊自己干皇帝，我愿意支持他。"

阿史那咄吉写信回复李渊，明确表述了自己的意思。

使节回太原复命，将领们兴奋极了，请李渊顺应突厥，登极称帝。李渊拒绝了。

裴寂、刘文静都建议李渊，扶立代王杨侑当皇帝，安抚隋王朝的官兵，然后传令各郡县，改用红白旗帜，向突厥汗国表示独立之意。

李渊说："这可真是捂起耳朵偷钟啊。不过时局逼人，又不得不这么做。"

李渊批准了这项计划，领兵南向，同时，派使节把这项决定报告给阿史那咄吉。

西河郡——今之山西汾阳，反对李渊。

李渊派李建成、李世民，率军攻打西河郡。

李渊的儿子们身先士卒，部队又秋毫无犯，百姓非常支持，攻破了西河。攻破西河后，惟办首领，其余不问。

儿子们得胜返回，追上大部队，前后只有九天。

李渊高兴地说："照这样的威力和速度，横行天下，必无敌手。"

裴寂等尊称李渊为"大将军"，李渊认了，让裴寂当秘书长，刘文静当军政司马；封世子李建成"陇西公爵"、左翼禁军司令，李世民"敦煌公爵"、右翼禁军司令，各自设立官属，建立健全干部队伍。

李渊遣刘文静去突厥汗国，晋见阿史那咄吉，请求军援，约定：进入长安，人民和土地归李渊，金银财宝，突厥可尽情抢劫，绝不阻拦。

阿史那咄吉大喜，说："主意不错，咱这就准备大部队了。"

占据关中要地的李渊，写信给包围洛阳的李密，说正在向长安运动，请求合作。

李密自认兵强马壮，打算自己单打独斗，命祖君彦起草回信，说：“我们都姓李，但实际上不属于一支。”要求李渊率步骑兵数千人，前来洛阳孟津，当面盟誓。

李渊接到李密的复信，笑说：“李密自我膨胀，暂且由他狂妄吧。”

李渊复信表示谦虚，说自己年岁大了，希望全在老弟李密一边，将来给封个爵号，就荣耀了。汾晋一带，需要安抚镇压，孟津会盟，恐怕不能约定时间。

李密看到复信，十分高兴，命将领们传阅，说：“李渊如此推许我，天下很快就会平定了。”

天降阴雨，久不停止，隋军挡路，通行不能。

李渊反政府军行动受制，宿营艰苦，粮食匮乏，向突厥汗国求援的刘文静不知怎么回事，久久不归。

有人说突厥不会支援，而会利用李渊后方空虚的机会，夺取晋阳。

李渊召集军事会议，不再南进了，打算北返。

裴寂等都赞成，说：“向南险要，不易突破。李密虽然表示结好，但其奸诈难测。突厥贪婪无信，只识金银财宝。太原是个大城，家属都在那里，是咱的根据地，不如回军，再谋发展。”

李世民反对，说：“而今季节，遍野庄稼，怎谓无粮？南边挡路的隋军，轻率急躁，一战即可解决问题。遇到小挫，立刻班师，困守太原孤城，有何前景？”

李建成也认为如此，可是李渊不接受，下令北返。

李世民准备再劝，天色已晚，李渊要睡觉。李世民进不去，就在大营外号啕大哭。

李渊传唤李世民进入寝帐问话。

李世民说："进能克敌，撤则溃散。若回军北返，敌人在后攻击，部众于前散逃，死亡在即，怎不悲痛！"

李渊醒悟，说："后军已经改为前军，下午已经出发北返了，估计也已走了不少路程，怎么办？"

李世民说："右翼尚未出发，左翼走不太远，我亲自前去，追他们回军。"

李渊说："儿子啊，成败都在于你，还多说什么，爹听你的，大事随你决定。"

李世民乃跟李建成连夜追赶，命已经出发的左翼各军返回。

不日，前往突厥汗国为使的刘文静返来，李渊得知突厥态度，心下踏实了，自说："二子眼光远大，处事果断，行啊。"

第一百一十六章

胜败无常

一

在河南，有李密，在陕西，有李渊，在江都，宇文述的儿子们有戏了。

赵行枢和杨士览，二人看到隋炀帝杨广兔子尾巴了，跟司马德戡等人约定，组团逃亡。

赵行枢和杨士览同建筑部副部长宇文智及一向友好，便领着司马德戡见宇文智及，告诉以逃亡计划。

宇文智及说：“主上无道，但余威尚在，你们结队逃窜，不是追随窦贤，找杀头吗？”

武警指挥官窦贤率部属逃跑，被骑兵追回来杀头的事，没几天啊。

司马德戡问：“依你之见，我们怎么应对目前危局？”

宇文智及道：“而今上天已决心断掉隋朝的福祚了，英雄好汉，纷纷起事。此际江都同心逃亡的有数万人，何不用这些人，做成大事？”

谁牵头呀？赵行枢建议拥护宇文智及他哥——右屯卫将军宇文化及做领袖，大家同意了，签订好盟约，去报告宇文化及。

宇文化及听说要自己带头拾掇隋炀帝杨广，脸色大变，浑身淌汗，但最后还是接受了这个光荣任务。

司马德戡奉命去御用武警部队做工作，他派张恺和许弘仁在战士们中间散布消息说，陛下听说禁军中打算叛逃的人太多，正在酿制大量毒酒，打算利用宴会，全都毒死，让江都的地方部队接管大内防卫任务。

战士们一听，都大为恐慌，相互转告，参与政变的积极性越发高涨。

公元618年，三月十日，司马德戡召集禁卫军主要军官，告知行动计划，大家异口同声地表示："全听将军指挥，保证步调一致！"

当天下午，天气阴暗，又忽然刮起大风，白昼如同黄昏。

傍晚，司马德戡准备好了武器，又去偷出皇家御厩的精良马匹。

这日晚上，元礼、裴虔通在皇宫值班，负责殿阁安全，唐奉义在守城门。裴虔通跟唐奉义相约，所有城门都不上锁，仅只虚掩而已。

半夜三更，司马德戡集结禁军数万，燃起火把，跟城外部队互相呼应。

内殿中的杨广看到外面火光熊熊，紧接着听到人声喧哗，问发生了什么事，裴虔通回答说："草料库失火，都在那儿扑救哩。"

当时隋炀帝没有手机真误事啊，可谓闭目塞听。

簇拥着杨广的小妇女们则捏着细腔，劝陛下继续放心享乐，草料库失火，很快会扑灭的。

司马德戡和裴虔通率领数百名骑兵进入内宫。

右屯卫将军独孤盛问裴虔通："哪里来的军队，怎么有点奇怪啊？"

裴虔通喝令他不要乱说乱动。

"老贼你想造反不是！"独孤盛来不及披挂铠甲，大骂着跟裴虔通及其兵士对战，顷刻间为乱兵所格杀。

御前带刀卫士独孤开远，前往内殿门口，呼喊说："陛下，盗匪进了宫廷。军队武器，尚都整齐，陛下如果出来亲自督战，人心自然安稳，击破盗匪不难，不然，大祸就要临头了！"

内殿之中，一片沉寂，无人答应，见此情景，独孤开远所率士卒开始四散逃窜。

政变军捕获了独孤开远，敬佩他的忠义，把他释放了。

杨广为保障禁宫安全，挑选勇敢健壮的官奴数百人，组成部队，用以防备突发安全事件，待遇非常优渥，甚至把宫女赏赐给他们睡觉，该部队的头领是宫女小魏。

宫女，特别警卫部队，奇葩吧！

小魏已经被宇文化及收买了，充当内应。这晚小魏假传圣旨，给大家放假休息，因此岗位上没有一个人。

司马德戡等，率军进了宫城。

里面的杨广急忙换穿普通服装，逃到西阁躲藏。

杨广已经预感大难临头，经常备有一瓶毒药，对他所有心爱的小女人说："盗匪打进来，你们先喝，然后我喝。"

政变发生了，找人去拿毒酒，左右侍从早就四散逃走，竟无法拿到。

裴虔通跟元礼率军来到东阁，小魏打开门，把政变军迎入。

裴虔通问："皇上何在？"

有一个江南小美女出来，以纤纤手指瞄着西阁，告诉了他。

西阁里，杨广抱着萧皇后，说："莫非是老二作乱？"

老二就是齐王杨暕，从来得不到老爹杨广的宠爱，父子之间，一直互相猜忌。听到变乱消息，情况不明，杨广对萧皇后提出了自己的怀疑。

校尉令狐行达拔刀直向西阁。

杨广放开萧皇后，隔着窗棂问令狐行达："你是不是打算杀朕？"

令狐行达说："不敢，只是打算请你跟我走。"说着闯入门去，挟住杨广走出来。

却说杨广当晋王的时候，裴虔通是他的亲信，现在，杨广看到裴虔通，就说："这不是老朋友吗？有什么怨恨，一定要谋反？"

裴虔通说："不敢谋反，只是将士们都不想在江都玩了，打算请你北返而已。"

杨广说："要是这样，问题不大。我也一直想回洛阳，只因上江运粮船老来不到，才拖延着，现在你说走，咱就走。"

裴虔通让军士看管杨广，派人迎接宇文化及。

时间是三月十一日黎明了。宇文化及没有干过大事，害怕得说不出话，有人前来晋见，只会手扶马鞍，连称"罪过"。现在，怕也不行，得出面了。

司马德戡把宇文化及接到金銮宝殿，尊称他为"丞相"。

裴虔通说杨广："文武百官都集合好了，陛下须自去慰劳。"说着拉过自己所骑的马来，让杨广上马。

杨广嫌马鞍和缰绳破旧，不肯上，裴虔通命换了新鞍新缰，杨广才上马。

裴虔通一手提刀，一手拉缰，走出宫门，政变军大为兴奋，呐喊欢呼，声震天地。

杨广问："虞世基在哪里？"

政变军将领马文举说："已砍下人头。"

二

前几天政局出现危机端倪，江都郡江阳县令张惠绍飞奔报告裴蕴。

裴蕴遂跟张惠绍密谋：假传圣旨，逮捕宇文化及等，并援救杨广。

计议已定，派人报告虞世基，虞世基怀疑政变消息不实，压住裴蕴跟张惠绍的建议，不许行动。

转眼之间，政变爆发，裴蕴叹息说："有虞世基这货，果然误了大事。"

却说宇文化及看到隋炀帝杨广，心下不安，说："把这个东西弄出来干什么？还不在里边下手！"

政变军又把杨广拉进寝殿，准备在这里收拾他。

见裴虔通、司马德戡等，钢刀出鞘，站在那里，杨广抖起皇帝最后的余威，怒斥说："朕有什么罪过，你们这样待朕？"

裴虔通、司马德戡不语，马文举冷笑着回答道："您老人家奢侈荒淫，穷兵黩武，使得青壮男子战死在沙场，妇女儿童饿死于野外，百姓流离失所，天下混乱不堪，粉饰太平，拒绝规劝，怎能问有没有罪过的废话呢？"

杨广这才觉得有点不好意思，就说："朕确实对不起天下百姓，但朕有对不起你们的地方吗？你们跟着朕享尽了荣华富贵，朕吃肉，你们也没少喝汤啊。你们告诉我，今天这事儿谁是挑头的？"

三人不想跟他废话，大声喝道："天下人全都对你恨之入骨，岂会只有一人挑头？"

杨广在位十三年

宇文化及派封德彝宣读对杨广的判决书，条条指斥杨广的罪状。

杨广说封德彝："你乃是知识分子，怎么也做这种事！"

封德彝感到惭愧，念不成了，退出去让宇文化及换人。

杨广最疼爱的小儿子杨杲，年十二岁，在杨广身旁悲哀号哭不停，裴虔通举刀一挥，砍下杨杲人头，鲜血喷到杨广衣服上，紧接着就要向杨广动手。

萧皇后吓得半昏，哭着求告："皇上尽管不贤，可待你们确实不错啊。看在他从前的恩情上，留他一条活命，把他降职为一般干部好吧？"

众人说："大妈你拉倒吧，要不是你家老杨，我们还干不了那么多坏事儿呢。今天杀了他，也是替我们自己赎罪了，莫要啰嗦！"

亮晶晶的大刀片子高高举了起来。

杨广大叫："皇帝自有皇帝的死法，怎么可以死于刀锋！不劳你们动手，朕要喝毒酒。"

裴虔通说毒酒太费事儿，坚持要砍。

马文举等抓住杨广领口猛地一按，按得杨广跌坐在地。

杨广软了，哭了，说："朕怎么说也是一天子啊，你们就行行好，给朕留个全尸吧!"说着解下自己的腰带递过去。

令狐行达被杨广哭得心软，就接过腰带，和士兵们一起把他勒死了。

杨广归仁时，年五十岁。

宇文化及派人诛杀杨暕，杨暕认为是老爹杨广逮捕他，哀求说："钦差请勿下手，孩儿不负老爸。"

政变军也不回答，把他拖到大街上，斩首。

老爹杨广怀疑儿子杨暕变乱，儿子杨暕怀疑老爸杨广诛他。父子之间，猜忌到死，不明所以，堪称大隋一奇。

隋王朝杨姓皇族，以及皇亲国戚，不管是老人或是婴儿，一律被处死。只剩下杨广的侄子、杨俊的儿子杨浩一个。

杨浩平日跟宇文智及常有来往，宇文智及设计保全了他。

虞世基已经被杀了，现在，最高检察长裴蕴、御史大夫来护儿、皇家图书馆馆长袁充、右翊卫将军宇文协、御前带刀卫士宇文晶和他们的儿子也都就刃了。

宇文化及宣称，奉萧皇后命令，由杨广的孙子杨浩继任皇帝。

但宇文化及仍派军严密看守杨浩，下诏时让杨浩签字而已。

宇文化及自称大丞相，总管全国文武官员。任命其弟宇文智及为国务院副总理，宇文士及为国家立法总局局长，裴矩也当了国务院副总理。

宇文化及任命陈棱担任江都郡守，自己则带领朝廷大队，要返长安。

宇文化及将隋炀帝萧皇后和后宫的女人们集合成为御营，然后搜括江都船舶，取道水路西返。

虎贲将军麦孟才，是战斗英雄麦铁杖的儿子，跟同僚沈光秘密商量，说：“我们受大隋皇家厚恩，而今低头事奉仇敌，有什么面目苟活啊？我们要诛杀匪徒，即令死去，也无怨恨。”

麦孟才等约定三月二十八日早晨出发时，袭击宇文化及。

想不到消息泄漏，宇文化及深夜躲藏，命司马德戡等讨伐麦孟才。

司马德戡率军诛杀了麦孟才和沈光，及其部下数百人。

却说隋炀帝杨广死讯传出，洛阳留守官立即拥立隋炀帝的孙子、杨昭的长子杨侗为帝。

杨侗追尊祖父杨广为“明皇帝”，庙号“世祖”，追尊其爹杨昭为“成皇帝”，庙号“世宗”，尊其老妈刘良娣为皇太后。

杨侗任命段达、王世充为纳言——左右总检察长，另封元文都、卢楚、皇甫无逸、郭文懿、赵长文五个辅弼大臣，时谓“七贵”。

而在关中，天时大吉，李渊也不需要突厥支援了，率军挺进长安。

河西郡县纷纷降附李渊。华阴令李孝常还献出了永丰仓。

李渊派李建成、刘文静率军数万人，屯驻永丰仓，以御从东方进攻的军队。遣李世民、刘弘基率军数万人去渭北，对长安形成战略包围。

李世民所到之处，吏民归之如流，至泾阳时已有军队九万人。

李渊亲赴永丰仓劳军，并开仓赈济饥民。随后部署多路大军，进攻长安。

听说隋炀帝已经没有了，长安恐慌得不能抵抗，很快为李渊所拿下。

李渊入驻长安，即立十三岁的代王杨侑为恭帝。

杨侑以李渊为假黄钺、使持节、大都督内外诸军事、尚书令、大丞相，进而封为唐王。

军国机务、文武设官、宪章赏罚的权力皆归相府，并设丞相府官属，以裴寂为长史，刘文静为司马，以李建成为唐世子，李世民为京兆尹、秦公，李元吉为齐公。

洛阳杨侗、长安杨侑，加上宇文化及在江都拥立的隋炀帝的孙子、杨俊的儿子杨浩，中国大地上迅速出现了三个“大隋天子”。

三

不久，已经被扶立的长安新天子杨侑下诏，加授李渊“九锡”。

李渊说：“这是马屁精出的馊主意。我掌握政府大权，却加授自己富贵荣华，既骗上天，又欺人世，岂不是笑话。”

李渊把丞相府改为相国府，将“九锡”之类荣耀，退给了有关部门。

又不久，杨侑不想当皇帝了，遂把宝座禅让给李渊，自己返回了代王府。

公元618年，五月二十日，李渊在长安登极称帝。

新皇帝李渊，派国务院司法部长萧造，于长安南郊，禀告上天，以“唐”为瑞，改年号曰“武德”。

李渊任命李世民为国务院总理，裴寂为国务院副总理，刘文静为总检察长，其余封官一大片。

封定后，唐王朝皇帝李渊，派李建成、李世民率军前往洛阳西苑，展示军威，试探动静。

唐军在潼关受到隋朝大将军屈突通的抵挡。

屈突通曾经平定杨玄感的“叛乱”，并转战各地，镇压反政府起义，为隋朝立下战功。

隋炀帝南巡江都，委屈突通镇守潼关，以策长安的军事安全。

屈突通坚守潼关，抵挡李唐军队，但隋炀帝成仁的消息使其部下心态沮丧，战败了。屈突通为唐军所俘获。

李建成、李世民劝屈突通投降。

屈突通思左想右，最后说："那就降了吧。"

屈突通降唐，后来受到了唐朝的重用。

李建成、李世民过潼关而东下，直至洛阳西苑驻扎，耀武扬威。

隋王朝洛阳朝廷对李建成、李世民不予理睬，李密却来攻打了一下。

李密和唐军过了一招，双方即罢。

四月四日，李建成、李世民班师，说："洛阳发现咱们撤退，可能尾追。"遂在西苑以西的三王陵设置三道埋伏，严阵以待。

隋洛阳朝廷光禄大夫段达，果然率兵一万，出城追赶。

李建成和李世民回军反击，逼至洛阳城下，杀四千人，方才离开。

隋洛阳朝廷，长期紧闭城门，以致人心浮动，六品朝议大夫段世弘等，计划秘密联络长安唐朝来的军队，而李建成和李世民已经撤走了，于是转身向东联络李密，约定四月二十日深夜迎接李密入城。

四月十九日，隋洛阳朝廷警觉，皇帝杨侗命王世充逮捕段世弘，斩首。

李密听知洛阳城中事情泄露，内应被诛，赶忙跑回去了。

隋第三朝廷，即是宇文化及搞的那个流亡朝廷，有部众十余万。然而宇文化及比之于隋炀帝的荒淫，有过之而无不及，占据六宫，把杨广的数千小女人，没日没夜，挨个儿地"办"，豪华奢侈，甚至超越了隋炀帝。

宇文化及坐在御帐中，手下进帐请示工作，他一句话也不说，等到下班，才拿过全部请示文件，跟唐奉义、牛方裕、薛世良、张恺等一帮心腹，讨论裁决。

也算"集体领导、集体决策"吧？

宇文化及手中的傀儡皇帝杨浩，由国务院派十余名卫士严密看管，需要在文件上签字的，要他签字，文武百官也不朝见他。

船队抵达彭城，今之江苏徐州，运河失修，行不通了。

于是，宇文化及向民间搜括车辆和牛只，共弄到两千辆牛车，装载宫女、珠宝。武器铠甲则全由士卒自己扛在肩上，道路遥远，身心疲惫，人们无不怨恨。

司马德戡暗中对赵行枢说：“你建议拥护宇文化及当头儿，可把我们大家害苦了。宇文化及昏庸愚昧，信用卑劣小人，一定会失败的，有什么办法？”

赵行枢说：“这全看我们的手段，罢黜他也没有什么困难。”

司马德戡、赵行枢，跟将领尹正卿等密商，准备用后卫军袭斩宇文化及，另行拥护司马德戡做盟主。

他们前往联络山东曹县反政府军首领孟海公作为外援。

因为等孟海公回信，事情有所拖延，许弘仁、张恺听说了，向宇文化及告密。

宇文化及派宇文士及假装打猎，前往后卫军。

司马德戡不知消息走漏，出营迎接，宇文士及逮捕了他，带回宇文化及大营帐。

宇文化及责备司马德戡：“我跟你同心协力，九死一生。大事刚就，该享福了，你为什么又要谋反？”

司马德戡说：“诛杀昏君杨广，是他荒淫暴虐，我们无法忍受。拥护阁下，是希望拯救大家，逃出水火。想不到，阁下比昏君还胜出一筹。心下难受，不得不如此嘛。”

宇文化及听不下去，命绞死司马德戡，其党羽十余人，也遭到杀害。

反政府军首领孟海公，没有配合司马德戡，却畏惧宇文化及，满载酒肉，迎接。

河南东郡副守王轨，献出郡城，宇文化及也不嫌地方小，就在东郡城中，胡乱折腾。

李密的地盘在前面了。

李密可不惧宇文化及，部队朝那里一扎，跟宇文化及对打。

宇文化及的军队，原系隋炀帝的近卫军，是隋军精锐中的精锐。

坐在洛阳的皇帝杨侗，虽然满心准备着，想干掉反贼宇文化及，为隋炀帝报仇，但实在力有未逮，反而还要担心被宇文叛军灭了自己，因此忧心忡忡。

李密和宇文化及大打出手，洛阳乐得他们鹬蚌相争，看热闹。

宇文化及裹挟着傀儡皇帝杨浩和很多隋朝将领的家眷，声势不小，打仗却很拙劣，很快为李密俘虏。

傀儡皇帝杨浩和隋朝干部家眷也都落进了李密手中，成为筹码。

四

当时一般人认为，洛阳皇帝杨侗为隋之“正统”。

杨侗十几岁，生得很漂亮，而且性情宽厚温和。以前隋炀帝出巡地方，都有意让杨侗留守洛阳。最后游江都，也由杨侗坐镇中原。

李密、翟让的反政府军袭击洛阳，几番争战，占领了附近不少郡县。

王世充奉隋炀帝之命，由江都前来增援洛阳，在洛阳，奉杨侗之命攻打李密。

先前曾有浙江余杭的刘元进、昆山的朱爕、常熟的管崇三支反政府军，在江都附近捣乱。三支队伍联合了，推刘元进为主，占据吴郡，称天子，立百官，越闹越大。

隋炀帝曾派将吐万绪、鱼俱罗镇压，二人都是身经百战的老将，有经验，击破了管崇，把刘元进和朱爕围困起来。

连续作战，将士劳累，吐万绪和鱼俱罗请求暂时休兵一段时间，不知是谁向隋炀帝打小报告，说该二人故意不进攻，乃有不臣之心。

隋炀帝大怒，即刻将吐万绪、鱼俱罗撤职法办。随后，在淮南征募了数万新兵，命王世充指挥，进攻刘元进。

隋炀帝交给王世充的这批淮南兵，后来成为王世充的子弟兵，起家资本。

王世充以生力军进攻刘元进、朱爕，连战皆捷，刘元进和朱爕先后战死，但仍有不少余部散在各处。

王世充找了个黄道吉日，集合有关人员，到通玄寺的佛像前焚香立誓，约定降者不杀。

刘元进、朱爕的余部听说后，纷纷投降，不到一个月，吴郡就平定了。

不料王世充是个背信弃义之人，大局平定后，把所有投降的共三万余人全部坑杀了。

经过这次镇压活动，隋炀帝发现王世充有将帅之材，此后就经常派王世充镇压各地反政府军。

王世充也多次获得胜利。

山东反政府军首领孟让，率部十余万进攻江都，王世充故意示弱，孟让中计，十分轻敌。

孟让军中缺粮，孟让居然解散部队去各地抢粮。王世充趁机突袭，孟让全军覆没，仅以身免。

河间郡反政府军首领格谦，聚兵十万，自称燕王，王世充前往镇压，格谦战死，余部在高开道率领下逃走，后来高开道占领了北平。

王世充献给隋炀帝青铜屏风，大得隋炀帝欢心，将王世充从江都郡丞提拔为江都郡守，从行政官员变成了军政一把手。

既有军事才能，又懂溜须拍马，很少见啊。

在隋炀帝调全国各地精兵救援洛阳的军事行动中，有王世充率领的江淮劲卒两万人。

王世充等各路援军齐集洛阳后，隋朝在洛阳的兵力，达到十余万。

王世充向李密挑战，双方在洛口对阵。

王世充首战告捷，李密重要将领柴孝和丧生。

李密以部分兵力牵制王世充军主力，亲率精兵进攻王世充设在黑石关的大本营，王世充军狼狈撤退，李密乘机追击。

后，王世充和李密两军。又经历了两次战役，王世充军都是先胜后败，丧师无数。

最后一次，王世充逃跑到河阳——黄河北岸，自知无可推卸责任，于是在河阳上书杨侗，引咎辞职并自请处分。

王世充又羞又怕，以为真要被撤职法办了。

杨侗如果有政治水平，应该处理王世充，至少要对他加以节制，可是杨侗或者根本不懂政治是怎么回事儿，非但没有计较，还派王世充的哥哥当使者，带着赐给王世充的金银和美女，前往安抚，王世充这才又回到洛阳。

三连败后，洛阳兵力大受损伤，王世充只能勉强苦守孤城，不让李密冲进来，至于要消灭城外耀武扬威的李密军，那是有心无力了。

但王世充并不感戴杨侗的宽容厚道，相反他觉得杨侗软弱可欺。

这时的杨侗，虽尚无力号令天下，但在洛阳一城之内，却“皇帝”得名副其实。

问题是他的“七贵”大臣彼此有隙。

元文都和卢楚二人认为，洛阳兵力实在不足以抵御，宇文化及又快过来了，不如与李密暂时联合，因此建议杨侗招安李密。

杨侗于是钱元文都联络李密，李密倒也爽快，愿意接受招安。

欲招安李密，引起了洛阳军方的极度不满。

昨天还是仇敌，今天忽然成为战友，这种事只有政客能够做成，那些在与李密的战斗中失去了无数部下和同事的军人们，无法理解，无法接受。

李密接受招安后，洛阳朝廷认为天下从此太平，于是在上东门摆庆功宴。

席间，各级干部纷纷歌功颂德，只有王世充跳出来扫兴，说：“国家官爵只可以给有功之人，如今却给了李密这反贼头子，到底是怎么想的？”

元文都听到这话大为不快，从此与王世充间生出罅隙。

王世充是外军将领，元文都是洛阳地头蛇，兵力并不弱于王世充。

本来王世充处于弱势，但元文都等人低估了洛阳部队对李密的反感和不信任，从而给了王世充以可乘之机。

元文都、卢楚、郭文懿、赵长文等，看王世充有反心，密谋杀掉他。

王世充先发制人，发动政变，将元文都等人全予处死。皇甫无逸见势不妙，逃往长安，投奔李渊去了。

李密蜷回自家军营，复与洛阳对立。

王世充狼子野心昭然，杨侗仍然重用他，原因是王世充鼻涕一把泪一把地向杨侗忽悠说自己是忠于大隋的，元文都等人要谋杀他，不得已才先下手的。

厚道过分的杨侗被王世充打动了，就跟王世充盟誓，互相绝不猜疑，让王世充继续统领军队。

王世充再度掌权后，洛阳与李密之间的虚假和平彻底烟消云散，李密又开始围攻洛阳。

洛阳粮食储备已所剩无几，一斛米卖到八九万钱，形势十分危急，眼看将支持不住。

王世充不得已，决定破釜沉舟，与李密做拼死一战。

洛阳守军，兵员不足，士气低迷，轻举妄动一定全军覆没，为了鼓励士气，王世充找了一个叫张永通的普通士兵，说周公三次给这个张永通托梦，答应帮王世充保卫洛阳。

人们知道最初的洛阳城是周公修建的，所以认为他老人家托梦保卫洛阳也是理所当然。

王世充请了个巫师去周公庙祷告，这巫师梦了一会儿周公后，就说周公让他转告洛阳守军，应当立即进攻李密，周公会保佑守军大吉大利，若不听话，周公会降瘟疫来惩罚守军。

王世充的部下主要是江淮人，对鬼神尤其敬重，完全相信了王世充编排的鬼话，纷纷写决心书请战。

王世充见军心已盛，于是以全部军队两万人，主动出城，攻击李密。

出发前，王世充进行了简短的誓师仪式，说明此战的性质，不是胜负，而是生死，成则共享富贵，败则死无所葬，“所争者死，非独为国”。

为了表示有神明相助，王世充命令在所有旗帜上都写上永通二字，因为周公托梦给张永通了。

现在看来，十分滑稽，但当时的王世充军队确实就在这永通旗下，士气昂扬地开出洛阳了。

第一百一十七章

萧墙火并

一

且道王世充破釜沉舟，以区区两万兵力，要跟李密大决战了。

出战之际，王世充祭奠周公，假托周公在保佑将士，激起了士气，人人请战，个个想当敢死队员，必胜气氛笼罩全军。

进发之前，王世充派了一支二百多人的小部队潜入北邙山内，埋伏于李密军阵之后，待机杀出。

王世充亲自率部，正面进攻李密大营，军队拼死对杀，李密因轻敌，准备不足，王世充军渐渐占据上风。

王世充早已准备了一个相貌与李密类似的人，关键之际突然将此人押出来，声言捉到了李密，军队士气倍增，高呼万岁。

李密的军队则不知真假，人心浮动。

这时，王世充埋伏于北邙山的军队突然杀出，袭击李密后背，李密终于彻底溃败。

李密的反政府军迅速瓦解，李密单骑逃走，奔长安投李渊而去。

李密从宇文化及手中获得的废傀儡皇帝杨浩和许多隋朝将领家眷，转入王世充手中了，其中就有王世充的儿子王玄应、王玄恕，方便了王世充全家团圆，比较令王世充惊喜。

王世充占领了李密原来的地盘，势力范围从洛阳一城猛然扩展到整个河南。

王世充还得到了李密部下的秦叔宝、程咬金、单雄信、裴仁基、罗士信、陈智略、邴元真、张童儿等将领，手下因而人才济济。

对王世充而言，北邙山之战，简直就是一鼓而定天下了。

历史有时就是这么玄妙，李密在双方势均力敌时，多次让王世充惨败，却在几乎必胜的情况下，戏剧性地一败不可收拾，简直让人怀疑是否真有周公在暗地里拨弄战局。

王世充军被“周公”麻醉后，在精神力量的支持下，爆发出来的战斗力实在可怕。

王世充声威大震，被人们奉若神明。

杨侗封王世充为太尉，朝中大小事务，皆由太尉府论决，三省六部，徒存虚名。

王世充摆出一代贤相的架势，开放太尉府大门，凡自以为有文武之才者，有治国之方者，有未雪之冤者，均可随时入府陈述。

于是登门求见者日以百数，王世充均亲自接待，殷勤抚慰，来者皆大欢喜，以为言听计从，却不料王世充只是做做样子，过后无一施办者。

时人评论为“口惠而实不至”，“徒为儿女之态，以悦下愚”，不过，王世充也算善于收买人心，起码肯亲自陪笑脸，说好话，不似某些朝代，百姓想见个像样的干部难死了矣。

当一个太尉，王世充是不满足的。

王世充的内心被不少人看出来，马屁精们就以什么天象，什么王气，什么祥瑞，来劝他自己称帝，仿佛他王世充早就是真命天子了。

王世充开始“篡”了，依他自己的设计，是开始让杨侗“禅”了。

第一步，派段达去向皇帝杨侗要求，给王世充加“九锡”。

这有王世充自我要求的嫌疑，杨侗不愿意随便就失了君臣之份，遂搪塞段达说：“王公破李密有功，已经封他当太尉了，等以后立下新功，再加九锡不迟。”

段达倒也诚实，进一步说道“太尉欲之”，太尉想要啊。哎呦，就算苏秦张仪转世复生，只怕也找不出比这更好的理由了。

杨侗当场气得发昏，目瞪口呆地看了段达半晌，然后说：“那就随你们好了。”

次日，王世充被封为相国、郑王，加九锡之赏。

杨侗这时想要节制王世充，已是根本没用。他悲哀地估测，天下快要不再姓杨了。

王世充第二步就要求加殊礼。

加殊礼是赋予某位大臣以准皇帝的身份，百官以对待皇帝的礼节对待此人。

大概上次冒充周公得了甜头，王世充又动起了巫蛊心思。

王世充派人抓了些鸟，弄些布条来写上“郑王当有天下”之类的字样，把布条系在鸟脖子上然后放飞，之后又布置人手，装作无意间捕获这些鸟，发现布条后，就说是天将降大任于王世充。

朝中大臣都不傻，还有不长眼的吗？于是百官联名劝进。

杨侗只好下令加王世充殊礼。

王世充连连谦让，连上了三次表章推辞，无奈杨侗和百官太坚决了，执意要给。

隋末群雄割据图

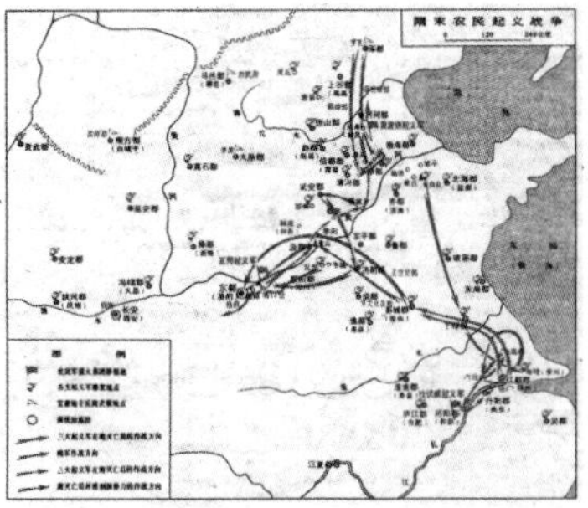

隋末战争形势图

王世充见“盛情难却，民心所向”，也就勉为其难地接受了。

关键步骤，启动了。

王世充派段达等十几个大臣去劝皇帝让位给王世充。

杨侗怒不可遏地斥责段达等人说：“大隋天下是高祖的天下，大隋洛阳是世祖的洛阳。如果隋德尚在，你们不可以说这种话，如果天命真的要变，也用不着什么禅让!你们或奉先朝有功，或勤今王有劳，说出这种话来，朕真为你们感到羞耻！”

杨侗神色凛然，振振有词，竟把身边的侍卫吓得直冒冷汗。

王世充万万没想到杨侗这么顽强，根本不怕自己，没办法，只好又祭起忽悠大法，遣人劝杨侗说：“现今四海不靖，宜由年长者为君，等天下太平了，一定位还原主，绝不食言。”

杨侗去找太后，生性软弱的太后得知情况，只会大哭，杨侗也被哭得没了志气，无奈之下就同意禅位给王世充了。

公元619年四月，王世充即皇帝位，改国号“郑”。

王世充当然不会信守承诺，仅过两个月，即派侄子王仁则带上毒酒去杀害杨侗。

杨侗临死之前请求见母亲最后一面，王仁则不允许，逼迫杨侗立时饮下毒酒。

杨侗点燃香烛，虔诚发愿说：“但愿来世不要降生帝王家。”说完将毒酒一饮而尽。

随着酒盏的当啷落地，大隋王朝彻底煞戏。

二

王世充登基后，似乎想当个好皇帝。丝毫不摆皇帝架子，经常轻骑简从，在洛阳城内视察，也不要警车开道。

王世充经常说："以前的昏君，深居内宫，不解民情，自然会被奸臣蒙蔽，我不能重蹈覆辙。"

王世充欢迎天下人评论朝政，专门开了两个接待办公室，一个负责接待上访伸冤者，一个负责接待直言进谏者。

亲民措施，大有成效，诉苦告状的，献策上书的，每天都有数百人。

也许是成效好得过了头，王世充发现，原来当一个亲民的皇帝如此之累，于是慢慢地也开始"深居九重"了，两个接待办，也精简掉了。

在乱世里，称帝标志着一种惟我独尊的志向，所谓天无二日，王世充称帝，也就明确表示了他要消灭其他势力的军事取向。

这样，王世充就得罪了已称皇帝的李渊，也得罪了另一股较大的势力窦建德反政府军。

不过没有办法，中华九州之地，王世充只占了豫州一地，要想一统中国，李渊和窦建德是必然要得罪的。

李渊，名义上与李密是盟友，曾派李建成和李世民进攻过洛阳西苑，在王世充三连败的晦暗日子里，耀武扬威，王世充当然不会忘记。

王世充对李渊的唐朝展开了一系列军事行动，接连取得胜利，乘机杀掉了唐的大将张善相、李公逸等人。

这个张善相，原是李密部将。李密部队被王世充消灭后，张善相不肯投降，去了李渊那里。

张善相为唐朝死守孤城，力尽被擒，宁死不降，被王世充杀了。

李密本来去投奔李渊的，刚走到张善相的防地，也被王世充捉住杀了。

李渊悼念张善相，评价甚高。

王世充剿杀了半年，基本消灭了李唐王朝在河南的军事势力。

可是，形势变化出人意料，李世民消灭了其领地的一些盗匪之后，挥戈东向，进攻王世充，局面迅速改变。

王世充已有抵抗准备。然而豫州郡县不知怎么的，纷纷不战而降，都落入李世民手中，仅仅三个月的时间，洛阳又成了一座孤城。

局势不利，王世充求和。

隔着洛水，双方大声谈判。

王世充发言："常言道，井水不犯河水。你帝关中，我帝河南，我没有打关中，你为什么打河南？"

李世民发言："大唐志在四海，谁挡路也不行，你自己想想吧！"

王世充继续发言："罢兵讲和，不亦善乎？"

李世民继续发言："我爸命我灭你，不曾授权讲和。"

谈判破裂，王世充只得全力迎战。无奈人心已失，连战皆败。

攻坚打不过，咱偷袭如何？

李世民作为主帅，有个独特的习惯，喜欢只带少数手下，到最前沿去察看地形或侦察敌情。王世充知道李世民的这个爱好，便猫着腰，等待合适的机会。

机会出现了！这天，李世民登上宣武陵，就近巡视洛阳城外的战地。

宣武陵是北魏宣武帝元恪之墓，又称景陵，建在洛阳北面，是洛阳城边少见的高地，从来攻打洛阳的军队没有不抢占这个制高点、爬到元恪头上射箭的。

李世民只是巡视战地，身边也就没像平日上战场那样，带上一大溜的骁将护驾，他只带了五百骑兵。

离洛阳甚近，位置又甚高，风险似乎甚大，洛阳城内能看到他在就近窥探。

但洛阳城内有什么风吹草动，李世民也能马上觉察，一鞭即可逃离。

谁知道，王世充早派步骑兵万余人自远处的两侧城门突出，绕向李世民两翼，刹那间将宣武陵团团围困了。

唐军主力得知情况危急，大将屈突通领援兵拼命来救，被王世充的部队拦住。

王世充的大将单雄信杀散李世民的卫士，直冲到李世民马前。

眼看李世民就要当不成以后的唐太宗了，局面突转，出现了奇迹——在单雄信举槊刺向李世民的一刹那，唐朝将军尉迟敬德手起一枪，从侧面把单雄信挑落于马下。

尉迟敬德护着李世民杀出重围，和前来接应的唐军主力会合。

尉迟敬德反身向王世充发起反冲击，如入无人之境。士气大振的唐军，紧随其后，结果反让王世充全军覆没，仅以一身幸免。

王世充失去独自对抗唐军的能力，不得已，派使者向窦建德求援。

窦建德并不是王世充的朋友，而是敌人，故而说，王世充此举，实为饮鸩止

杨坚

渴，但巨渴之下，你不饮鸩，又有何法可以补充体液呢？

窦建德回信表示，同意援救洛阳。

但窦建德不怀好意，希望李世民和王世充继续掐，掐到两败俱伤时，他来收取渔翁之利，因此，只说不练。

好在洛阳城做了多年首都，防御能力极强，守城器械里包括当时最强大的武器大炮飞石机和八弓弩箭机。

大炮飞石机能将五十斤的大石掷二百步远，杀伤力强。

八弓弩箭机，“箭如车辐，簇如巨斧，射五百步”，强大到魔幻的程度。

靠着坚城利“炮”，王世充的守城战获得了胜利。

然而，跟当年李密围城时一样，洛阳的粮食又快完了。

王世充决定，断粮前全力一搏，希望能重现上次击败李密的奇迹，于是，开城出击。

不知是否巧合，王世宠军出击的人数与破李密时相同，也是两万。

李世民和王世充都亲自上阵，两军血战于洛阳城下。

王世充军在此战中斗，士气极高，死战不退，给唐军造成很大伤亡，连李世民都险些牺牲。

李世民手下大将段志玄一度被俘，王世充没有看好他，他又跑回唐军了。

可惜最后王世充军仍然不敌，在战死七千人后不得不撤回洛阳。

这一战，是王世充最后一次战略出击。之后，王世充只有咬牙死撑了，每日里，除了拼命守城，就是望眼欲穿地盼望窦建德的援军。

粮食奇缺，洛阳的形势一天比一天恶化，百姓吃完城内的草根树叶，无奈只

洛阳隋唐植物园

隋唐女士的裙子

好把米屑混上泥土做成饼来吃，城内尸体相枕于道。

李密围洛阳时，郊外百姓为避战火，逃入城内的有三万家，现在还活着的，连三千家都不到了。不仅是百姓，就算贵为公卿，也只能有些糠吃，饿死的同样不少。

情势困窘，人心离散，洛阳城内密谋开城投降李世民的，前后有十三次之多，只是王世充防范严密，十三次都没有成功。

其实只需成功打开城门一次，王世充就完了。

其中有一次，官吏独孤机联络多人，即将打开城门，被发觉，抓获，王世充斩了独孤机。

围城的李世民也不轻松。他的军队持续作战已逾半年，洛阳久攻不下，将士疲敝思归，李渊也发来密信，要李世民暂时撤兵。

李世民认为，如果撤兵，所有辛劳将功亏一篑，因此不撤，号令军中说洛阳一日不下，我军一日不还，再有敢说撤退的，立即处斩。

李世民派封德彝去向李渊汇报战况，以期取得李渊谅解。

就在洛阳攻守双方互拼耐力之时，窦建德认为机会成熟，于是，出现在洛阳城东的虎牢关。

窦建德号称三十万军马，声势极盛，唐军将领大为恐慌，屈突通等重臣大将，都纷纷请求李世民暂避锋芒。

李世民认为窦建德短期内绝无可能与洛阳城内的王世充会合，因此正是各个击破的好时机。

李世民留李元吉领一半兵力，继续围攻洛阳，自己率另一半兵力，赶去虎牢

隋唐洛阳城“一区一轴”保护展示项目

隋唐洛阳城国家遗址公园鸟瞰图

关，迎击窦建德。

李世民在大白天堂而皇之的撤走一半兵力，去虎牢关作战，王世充在洛阳城头看在眼里。明知援军已到，却没有能力出城接应，夹击唐军，取胜的机会就这样被错过了。

若窦建德能在半月前到达，王世充的两万子弟兵出城夹击，说不定就赢了。

如今，王世充已丧失战斗力，唐军可以轻松调动军队，迎击窦建德，王世充心中五味齐升，无法形容。

王世充梦想着窦建德能解洛阳之围，不料事与愿违，两个月后，王世充在洛阳城上看到了兵败被俘的窦建德。

窦建德为援救王世充而来，却比王世充提前一步落入李世民之手。

王世充粮尽援绝，无力突围，只得开城投降。

攻克洛阳后，李世民饶了王世充全家性命。王世充的将相大臣就没有那么幸运了，段达、单雄信等人皆被处斩。

单雄信早年与徐世勣一同随翟让起兵，曾是并肩作战的好友，二人誓同生死。前不久，若不是尉迟敬德单骑救主，单雄信就要生擒了李世民。

徐世勣随后归附于唐，与单雄信情谊不磨。

徐世勣向李世民请求，以自己全部的功勋官爵换单雄信一命，但被李世民拒绝了。

李世绩固请不得，痛哭而出。

单雄信临刑前，徐世勣割自己大腿上的一块肉送于单雄信，说：“使此肉随兄为土，庶几不负昔日之誓。”

隋唐皇帝冕服

隋唐洛阳的市场

唉！朋友之间发誓生死与共，自古多有，但真肯同年同月同日死的，连曹魏时期的小军阀刘备、关羽、张飞桃园三兄弟也没有做到，像徐世勣和单雄信这样的朋友，也可以名传千古了。

李世民凯旋，将王世充、窦建德献于李渊。

窦建德被处斩，王世充则因降获赦，贬为庶民，流徙四川。

由于押解人员还没有准备好，王世充一家暂被关押。某日，忽然来了几个唐官，称李渊有旨，王世充急忙出应，不料那几人立刻乱刀齐下，王世充的伙食账就此结清。

杀王世充的几个人，带头者系独孤修德。

独孤修德他爹独孤机在李世民围攻洛阳时，企图开城降唐，被王世充所杀，独孤修德是为父报仇的。

三

隋亡，唐继。唐是隋的亲戚，故而一般合称“隋唐”。

李唐替代杨隋后，中国再度逐渐走向大一统局面。

唐朝军队大战王世充、生擒窦建德后，又镇压了当时最大的一股民变军刘黑闼部，大势遂定。

刘黑闼和窦建德是“发小”，长大后，两人仍是知己好友。

刘黑闼参加了李密的队伍，成为偏将。李密降唐后，刘黑闼为王世充俘虏。王世充以刘黑闼为骑将，派他守新乡。刘黑闼看不起王世充，不久率部逃回河北，投奔了窦建德。

窦建德为李世民的唐军所败，刘黑闼逃归乡里，当了个蔬菜专业户。

窦建德被押解到长安，没有受到优待，被李渊斩杀。

这样，就激怒了窦建德那些逃散的部下，他们长叹“若不起兵报仇，实亦耻见天下人物”，乃起兵反唐。

窦建德旧将数人聚齐之后，找到刘黑闼，刘黑闼杀牛请大家喝酒，以百十号人，一举袭破漳南县城，得到器械甚多及兵马千余。

刘黑闼于漳南设坛，祭奠窦建德，然后自称大将军，正式起兵。

窦建德故将旧吏，纷纷杀死唐朝官吏，响应刘黑闼起义，突厥可汗看到情形，也派人马支援。

半年之间，刘黑闼全部恢复了窦建德原先的地盘。

公元622年正月，刘黑闼自称汉东王，定都洺州，今天的河北永年县东南地方，文武官僚，立法行政，都因循窦建德。

李世民率唐军，与刘黑闼决战，败了，损折大将罗士信。

后来，刘黑闼军队没粮食吃了，李世民掘开附近的洺水，淹刘黑闼，刘黑闼亡奔突厥。

唐军占领洺州——永年境内镇子，疯狂杀戮，刘黑闼那些逃跑的军官都被以死罪悬名缉捕，抓获必斩，老婆孩子也都不能幸免。

刘黑闼借得突厥兵，反身回来，旬日之间，“尽复故城”。

唐朝又命太子李建成率军镇压刘黑闼。

刘黑闼与唐军相峙于昌乐——今天的河南南乐，李建成采纳手下谋士魏征

十八学士

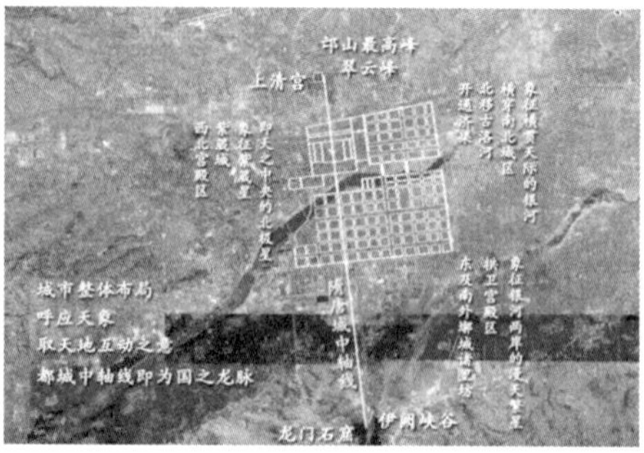

隋唐洛阳城市布局

的建议，释放俘虏以招诱之。

刘黑闼的部队又没粮食吃了，部分将士动摇，叛变。刘黑闼恐表里受敌，率数百骑夜走馆陶，李建成命骑将刘弘基追击。

刘黑闼到达饶州——今河北饶阳，仅仅剩下百余人，想进饶州吃顿饭。

饶州刺史诸葛德威假意出迎，待刘黑闼入城时，以伏兵突袭，刘黑闼受伤被擒，大骂诸葛德威："狗辈负我！"

诸葛德威抓住了刘黑闼，开城降唐。

李建成斩杀刘黑闼，中原乃定。

却道李渊起兵晋阳——太原，到统一全国，其家老二李世民，威望日隆，但李建成是嫡长子，被封为太子。

李渊称帝之后，小老婆们为他生了几十个儿子，但在称帝之前，只有四个儿子，李建成、李世民、李玄霸、李元吉。李玄霸已经夭亡，李元吉年龄尚小，所以明争暗斗主要在于李建成、李世民之间。

由于晋阳起兵是李世民参与谋划的，他跟那时的显官要吏关系密切，在与王世充对战洛阳后，李世民获得大批文臣武将，如秦叔宝、程咬金，进入长安后，四方豪杰纷纷归附，李世民继续人才网罗战略，长孙无忌、房玄龄与杜如晦等都附于其周围，为其出谋划策。

"海内渐平"，转以文治，因此，李世民以开办了一个文学馆，延四方文人一十八枚，号"十八学士"。

房玄龄、虞世南、褚亮、姚思廉、李玄道、蔡允恭、薛元敬、颜相时、典签苏、于志宁、苏世长、薛收、李守素、陆德明、孔颖达、盖文达、许敬宗。

隋唐骑士

初唐文吏

初唐女服

李世民将文学馆这些学士“分为三番，更日值宿，供给珍膳，恩礼优厚”。他自己“朝谒公事之暇，辄至馆中，引诸学士讨论文籍，或夜分乃寝”。

这实际上是以房玄龄、杜如晦为首，组织起来的一个智囊团。

如果说李世民在战争过程中招安军事人才，可以理解为军事需要，那么，在战争结束后尊崇文士，只能说明他对政权已怀有野心了。

当然，其兄李建成、其弟李元吉的府中，也都有各自的亲信，太子宫中的王珪、魏征、韦挺等人，都很有政治才干。

兄弟三人中，李建成与李世民之间有地位之争，李元吉站在李建成一方，因为这个老四“行为放荡骄奢”，李世民非但不器重，还讨厌他，于是他跟大哥李建成结盟，以期后来某日除掉对自己构成威胁的二哥。

当时，突厥屡次入侵关中。

李渊曾经设计与突厥合作攻占长安，突厥没有表现，后来却一次次不请自来关中“转悠”，讨厌了。

有人建议焚烧长安而迁都，“则胡寇自息矣”。

李渊心想这办法使得，安排臣下选择新都地址。

李建成、李元吉以及裴寂表示赞成，李世民反对，说：“戎狄为患，自古有之。陛下以圣武龙兴，光宅中夏，精兵百万，所征无敌，奈何以胡寇扰边，遽迁都以避之，贻四海之羞，为百世之笑乎！”

李世民说，给我点军队去打败突厥，若实在不行，再议迁都未晚。

李渊认为老二讲得好，李建成却嘲笑李世民空口说大话，于是二人在老爹面前辩论起来。

李渊说别争吵了，诏令李世民、李元吉率兵出御突厥。

自此之后，“上每有寇盗，辄命世民讨之；而事平之后，猜嫌益甚”。

李建成不断贿赂李渊的妃嫔，说李世民的坏话：“突厥虽屡为边患，得赂即还。外托御寇之名，内欲总揽兵权，成其篡夺之谋耳！”

李渊得知两个儿子矛盾日深，虽对太子多有不满，但鉴于李世民功劳日高的事实，对李建成有所偏袒，而对李世民则难免有“猜嫌”之心。

李渊明白，李世民胜过李建成，是强者。

他作为父亲，怎能不偏袒弱者呢?

李渊对李世民说：“首建大谋，削平海内，皆汝之功。建成年长，为嗣已久，吾不忍夺也。且观汝兄弟似不相容，同处京邑，必有纷争，当遣汝还行台，居洛阳，建天子旌旗，自陕以东皆主之，何如？”

李世民闻言涕泣，不愿远离父亲。

李渊解释说：“天下一家，东西两都，道路甚迩，吾思汝即往，毋烦悲也。”

李世民预备遵照父亲的旨意，前往东都洛阳。

李建成、李元吉得知李世民的意思后，谋划说，老二“若至洛阳，有土地甲兵，不可复制；不如留之长安，则一匹夫耳，取之易矣。”

李建成、李元吉秘密指使人上书密告李渊，说李世民左右“闻往洛阳，无不喜悦，视其志趣，恐不复来”。

李渊又改变了主意，令李世民镇守洛阳一事遂告中止。

李建成、李元吉，让后宫妃嫔日夜吹枕头风，不由李渊不信，要归罪于李世民。

陈叔达劝谏说，李世民“有大功，而且性格刚烈，如果加以抑制，恐怕于事不好，或有不测之疾，陛下悔之何及”？李渊便没有动作。

然而，李建成、李元吉与李世民的矛盾，至此确已剑拔弩张，无可调和，一场流血事件难免要发生了。

四

李建成、李元吉用计，使李世民手下将领谋士渐被调出。程咬金放外任，为康州刺史，房玄龄、杜如晦也被逐，形势日益复杂。

长孙无忌是李世民的妻兄，他会同高士廉、侯君集、尉迟敬德等，劝李世民及时果断地除掉对手，致双方斗争进入白热化阶段。

这时，突厥再度南犯，李建成推荐李元吉前往作战，李渊同意。

这时，老大与老四秘密商议，与老二“饯于昆明池，使壮士拉杀之于幕下，奏之暴卒，主上宜无不信。敬德等，宜悉坑之”。

一场大屠杀眼看就要降临。

紧要关头，太子府中有人向李世民告密，李世民忙找长孙无忌、尉迟敬德等人商量对策。

众人劝李世民抢先下手，李世民顾虑自己力量远不如老大、老四，而且他们分居两宫，一旦交兵，有可能两面受敌，陷入险境。

但事已如此，文武臣僚态度坚决，李世民终于打定主意，硬着头皮干。

当然，事情非同小可，以弱制强，行动方案至为重要。

李世民遣长孙无忌密召房玄龄、杜如晦商议决策。

房玄龄、杜如晦以前曾建议过李世民诛杀李建成、李元吉，但没有被采纳。现在仍怕李世民疑而不决，半途变卦，便想再激他一下。于是他们说："被逐之臣，害怕皇上怪罪，不敢乱加建议。"

长孙无忌如实回来报告，李世民大怒，取下佩刀授之，说："这不是叛俄吗？你并敬德再去一趟，若仍不愿来，可断其首回报俄。"

长孙无忌和尉迟敬德重新找到房玄龄、杜如晦，说了情况，四人乃分散走路，最后集中到李世民府邸，经过一夜商议，大计终定，分头行动。

这一天，是公元627年——唐武德九年，六月二日。

翌晨，李世民密奏父皇，说李建成、李元吉与尹德妃、张婕妤淫乱，并合谋杀人，"臣于兄弟无丝毫负，今欲杀臣，似为王世充、窦建德报仇。臣今枉死，永违君亲，魂归地下，实耻见诸贼"！

李渊听之愕然，但也不敢轻信，便说："明言鞫问，汝宜早参。"

李渊下令通知有关人员，明天早朝，公断曲直。

六月四日，早朝，裴寂、萧瑀、封德彝、陈叔达、宇文士及、窦埏、颜师古等均已到了，专等李建成、李世民、李元吉兄弟。

而此时此刻，李世民带领尉迟敬德、侯君集、张公谨、刘师立、公孙武达、独孤秀云、杜君绰、郑仁泰、李孟尝等九人，却正埋伏于玄武门内。

玄武门是内廷重地，出入内宫必经之路。

张婕妤已经把李世民告密的消息反映给了李建成、李元吉。

李元吉担忧，提出"托疾不朝，以观形势"。

李建成却道：“兵备已严，当与弟入参，自问消息。”

原来这天值守宫门的北军将领是李建成的亲信常何，李建成放心。他根本不知道，常何早已叛变了他，让李世民将刀斧手埋伏在了玄武门内。

两人将近玄武门才觉有变，想掉头回马，李世民已骑马迎面而来。

李元吉仓皇张弓射箭，未中，李世民已经取弓还射，李建成当即中箭而死。

尉迟敬德带领骑兵赶来，左右连射，李元吉坐骑中箭，弃马逃往树林中。

李世民纵马急追，不巧树枝挂住衣服，坠马落地。

李元吉趁机回身，压住李世民。

眼看李世民性命堪忧，尉迟敬德跃马而至，李元吉奔逃，尉迟敬德引箭便射，将之杀死。

这时，东宫精兵两千余人赶来，鼓噪进攻。

尉迟敬德展示李建成、李元吉首级，士兵见主子已被杀，遂溃逃而去。

随即，李世民派尉迟敬德面见李渊，报告说李建成和李元吉作乱已诛，李世民“恐惊动陛下，遣臣以宿卫”。

李渊见事已变化，也无可奈何，遂改立李世民为太子，军政事宜，无论大小，委其处决。

八月，高祖李渊退位做了太上皇，传位于李世民，是为唐太宗。

第一百一十八章

药佛情僧

玄奘雕像

玄奘故里的香火

偃师玄奘故里

一

话说李世民在玄武门火并胜利后，建立以他为中心的唐中央政府，改元“贞观”，君臣和谐，上下一心，全国的经济很快得到了好转。

过了八九十来年，五谷丰登，牛马遍野，百姓丰衣足食，夜不闭户，道不拾遗，出现了欣欣向荣的升平景象。

唐太宗李世民主政期间，曾经三度到洛阳办公，合计时间两年有余。

贞观初年，洛阳偃师的缑氏镇陈河村，出了个僧人名叫陈祎，法名玄奘，有志在胸。

陈祎生于隋朝，少时因家境困难，在崇奉佛教的大潮中，跟其二哥陈素一起被送进洛阳净土寺住学，跟着法师长捷，先认字，后学经。五年间，由一个蒙童变成了小和尚。

公元615年，陈祎十三岁，洛阳官家度僧，被破格入选。

已经熟读《妙法莲华经》《维摩诘经》的陈祎，开始听讲《涅槃》，从学《摄论》，升座复述时，理解透彻，分析详尽，博得大众的钦敬。

隋炀帝大业末年，兵乱饥荒，覆盖洛阳，玄奘跟长捷法师前往长安，后得知当时名僧多在蜀地，因而又同往成都。

在成都，三五年间，究通佛经诸部，声誉大著。公元622年在成都受具足戒。其后，离开成都，沿江东下，云游参学。

玄奘先到了荆州天皇寺。讲《摄论》《杂心》，淮海一带的名僧闻风来听。

玄奘故里

玄奘故里碑

玄奘负笈图

六十高龄的大德智琰，也对他执礼甚恭。

继而，玄奘往赵州从道深学《成实论》，又到扬州听惠休讲《杂心》《摄论》。

唐太宗李世民开始主持大唐中央工作的公元627年，玄奘重游长安，学习外语，和佛学。

玄奘前后遍访佛教名师，先后从慧休、道深、道岳、法常、僧辩、玄会等，修学《摄大乘论》《杂阿毗昙心论》《成实论》《俱舍论》以及《大般涅盘经》等经论，造诣日深。

越学，玄奘越觉得中国的佛家经籍十分琐碎，异说纷纭，甚至很多地方相互抵触，无从获解，难得定论。

于是，玄奘发下“西天取经”的宏愿，要去佛教起源的地方，请来“正经”，以弘正法。

唐太宗上任不久，玄奘找到同具西行壮游之心的佛家友好陈表，请往天竺——今天的印度，求取佛法。但未获唐太宗批准，办不了护照。

然而玄奘决心已定，遂决心偷渡出国，“冒越宪章，私往天竺”。

玄奘到达高昌王城时，受到高昌王麴文泰的礼遇。高昌国在今天的新疆吐鲁番境内。

高昌王鞠文泰无比看重大唐来的僧人，管他有护照没护照，想留下玄奘担任其国家宗教局局长。

玄奘胸怀大志，岂能拘于蕞尔小邦，于是绝食抗议，“水浆不涉于口三日，至第四日，王觉法师气息渐惙，深生愧惧，乃稽首礼谢”。

唐僧玄奘西行时讲经处之一

唐僧玄奘西行时讲经处之二

麴文泰怕外宾死于自己的国家，影响太坏，遂罢了原来的提议，退而求其次，与玄奘拜把子，约定玄奘从天竺返回时，住在高昌三载，受其供养，讲经说法。

玄奘经库车、凌山、素叶城、迦毕试国、葱岭，南下，经过今天的阿富汗、巴基斯坦，到达迦湿弥罗国。

玄奘这位唐僧，于迦湿弥罗国学佛两年，又赴磔迦国，现在属于巴基斯坦旁遮普邦，跟着一位老婆罗门读经。

后来，玄奘在今印度北部地区的各个古代小国的寺院间云游挂单，最末落脚在摩揭陀国的纳烂陀寺。

玄奘在纳烂陀寺，历时五载，备受优遇，被选为通晓三藏的十德之一，所谓十佳僧人吧。

离开纳烂陀寺后，玄奘又在天竺国内的众多寺院访师参学，悉心研习佛家经典。

有个天竺地方酋长国，国王以玄奘为论主，在曲女城召开佛学辩论大会，附近十八个国王出席，三千个大小乘佛教学者和两千名各界学者参加。由玄奘讲论，任人问难，无一人能说败玄奘。

玄奘因此名震五印，并被大乘尊为“大乘天”，被小乘尊为“解脱天”。

天竺国坚请玄奘参加五年一度、历时七十五天的无遮大会。会后赠予玄奘大量佛教经典，高送归国。

唐僧玄奘历时十几年，来往行程十余万里，于公元646年，载誉回到长安，带回佛经六百五十七部及舍利子一百五十粒。史载当时“道俗奔迎，倾都

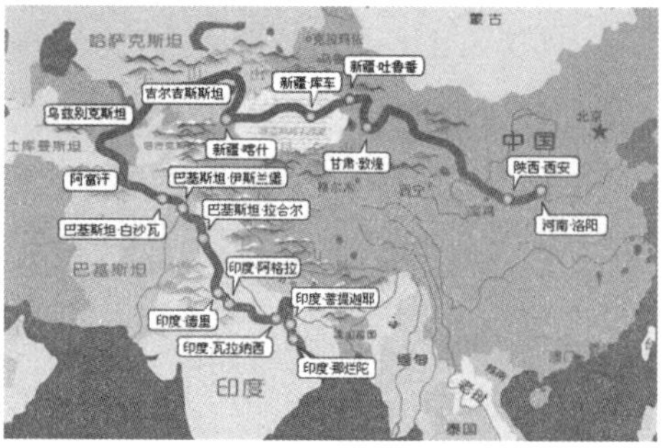

玄奘之路

玄奘所取经典

罢市”。

唐太宗李世民也不再追究玄奘的偷渡了，亲自热情接见玄奘，劝其还俗出仕，担任大唐宗教局局长，玄奘婉言辞谢。

唐太宗说：“佛国遐远，灵迹法教，前史不能委译，师既亲睹，宜修一传，以示未闻。”

李世民让玄奘留在弘福寺译经，由朝廷财政供给所需，并召各地名僧二十余人助译，分任证义、缀文、正字、证梵等职，组成了完备的翻译院。

玄奘带领众僧，五个月即创译《大菩萨藏经》二十卷。

朝廷命于长安城内慈恩寺的西院筑五层塔，用以贮藏来自天竺的经卷，此五层塔即今天的大雁塔。

公元1962年，慈恩寺内建立了玄奘纪念馆。大雁塔遂成为玄奘西行求法、归国译经的建筑纪念物。

随后唐太宗支持玄奘健全国立译经院。

参与译经的优秀学者，来自全国以及东亚诸国，在今西安北部约一百五十公里的铜川玉华宫，花了十几年时间，翻译了一千多卷佛经。这些佛经后来从中国传往越南、朝鲜半岛和日本。

唐僧玄奘取经，是历史上的一个壮举，是了不起的一件事情。

二

佛教兴盛于南北朝时期，因为语言原因，斯时所翻译的佛经，难以阅读，别说梵文的佛经了。

佛经的翻译难度很大，因此一直有人想到印度去看看，佛教到底是怎么回事，真正的佛典是怎么样的。

东汉明帝时期，朝廷曾拨出专款，派遣郎中蔡愔和博士秦景，带着博士弟子王遵等十三人，西往天竺，访求佛道。

汉朝访佛代表团，浩浩荡荡，越过旷无人烟、寸草不生的八百里流沙，攀上寒风驱雁、飞雪千里的茫茫葱岭，继续前行，到了大月氏国。

大月氏国在今阿富汗境至中亚一带，恰遇正在那里宣教的印度高僧摄摩腾和竺法兰，汉朝访佛代表团看到了佛经和释迦牟尼像。

蔡愔和秦景用白马驮来了求到的经卷，还邀来了高僧摄摩腾和竺法兰。

汉明帝刘庄诏命，在洛阳城西雍门外三里处，御道北侧，立塔建寺，曰“白马塔寺”，或曰“白马寺”，以安置德高望重的印度名僧，储藏他们带来的宝贵经像等物品。

曹魏时期，也有人到西域求法，两晋南北朝时期，到西方去求经之人尤多。

晋时僧人法显，佛学修养深，梵文基础好，西行求法到北天竺和中天竺，历三年，带回很多经书。

法显去的时候走的陆路，回国走的是水路。

回来时，坐船从印度到斯里兰卡，在海上遇到了风浪，辗转漂流，到了苏门答腊，再坐船漂到中国广州，之后又在海上漂流很久，才靠岸。上岸一看，山东青岛啊！

法显算一算，从斯里兰卡开始，在海上走了三年。了不起。

玄奘西天取经，虽非第一人，但成就特别大，影响特别大，文化意义特别深远。

玄奘取经，一是为了解决佛经中的疑惑，二是当时东土的经文太少，他要阅读更多的经文，为天下黎民苍生寻找离苦得乐之路。

玄奘西天取经的重大意义，除了佛教的，当然还有世俗的。

唐太宗巡察洛阳时，又在洛阳接见玄奘，敦促玄奘将他在西域、印度的所见所闻撰写成书。

于是，玄奘口述，由弟子辩机执笔的《大唐西域记》一书，开始撰写，于贞观二十年七月完成。

《大唐西域记》，十二卷，共十余万字，书前冠以于志宁、敬播两序。

《大唐西域记》卷一，记载了今天新疆和中亚的广大地区，即玄奘初赴印度所经之地的风土人情，山川形貌。卷二之首有印度总述，然后，直到卷十一，分述天竺即印度与附近各国的概况。卷十二，记载了玄奘返国途中经行的帕米尔高原和塔里木盆地南缘诸国概况。

《大唐西域记》记载了我国西域及其以外广大地方的历史、地理、风土、人情，气候、湖泊、地形、土壤、林木、动物等情况，而世界上流传至今的反映该地区中世纪状况的古文献极少，因而成了全世界珍贵的历史遗产。

后世作家吴承恩，据《大唐西域记》撰出大型历史传奇《西游记》，广为人知。

《西游记》写唐僧率徒儿孙悟空、猪八戒、沙僧，赴西天取经的故事。

沿途妖魔众多，妖魔们听说唐僧的肉鲜嫩，想吃，想方设法套住唐僧，预备蒸，或煮。

妖魔们烹饪之前必给唐僧脱得光溜溜的，洗澡。吃，要讲卫生嘛。

每逢给唐僧洗完澡，徒儿孙悟空等就来搭救，降妖伏魔，搭救走了。

后山读《西游记》，每每暗笑。又洗个澡。又洗个澡。又洗个澡……师徒四名，赶路辛苦，臭汗满身，只有当师傅的一次次地享受“五星级”洗浴，别的货色都脏死了，特权厉害啊！

最后，《西游记》里的徒儿们在唐僧领导下，克九九八十一难，到达西天，取得真经，修成正果。

唐僧玄奘故里，如今新修了，比较浩大，让喜欢走马宗教遗迹的人参访、拍照、谈说、缅怀。

玄奘之后，天竺国遣使访问唐朝中国，唐太宗李世民派行卫尉寺丞李义表为代表团团长、洛阳人王玄策为副团长，随天竺使节回访。

其后多年间，王玄策又奉命三次出访天竺。

天竺北部的蕞尔小国中，也有比较操蛋的，如比哈尔邦北部蒂鲁特国王阿罗那顺，名字啰嗦得要死，还发兵呢，生擒了王玄策代表团团员三十多人，王玄策自己逃脱，奔至吐蕃西境求援。

吐蕃赞普松赞干布，非常欣赏唐朝的富庶与繁荣，曾遣使赴唐求婚，唐太宗为沟通关系，结好吐蕃，求得西部边境的安宁，将宗室女儿文成公主许配给他。

松赞干布是中国的女婿，自然为中国竭力，立即发兵一千二百人，另通知泥婆罗——今尼泊尔发兵七千骑，共助王玄策，收俘了阿罗那顺。

王玄策回到长安，唐太宗李世民得知自己的手下在外面争气，自然惊喜不已，立即给王玄策连升两级，册封他为朝散大夫，并举行了隆重的仪式，押阿罗那顺于太庙，杀其头以祭奠先人。

王玄策在作战中，还俘获了一名印度和尚，名叫那罗迩娑婆。

王玄策迎合李世民乞求长生不老的心理，将那罗迩娑婆献给了李世民。

这个印度和尚，看样子不过五六十岁，却漫天吹嘘，说自己有二百岁高龄了，专门研究长生不老之术，连续服用丹药几十年，因而越活越年轻。

那罗迩娑婆信誓旦旦地说，吃了他炼的丹药，一定能长生不老，甚至可以在大白天飞升到天宫里去，成为仙人。

那罗迩娑婆大言不惭，“潜伏”在唐太宗李世民身边，不知道用何种手段“俘虏”了李世民，李世民就命他给自己造“延年之药”。

那罗迩娑婆获得了巨额科研经费，隔三差五拿一些五颜六色的小药丸给李世民吃，终于把个唐太宗李世民毒得沉疴加身，起不了床啦。

太宗沉疴，起不了床，太子李治侍奉于侧，一来二去，跟太宗一个姓武的小老婆勾搭上了。

武氏小老婆，名叫武媚娘，工作是跟唐太宗睡觉，职称是“才人”。

却说这个武媚娘，日后叫武则天，跨上了大唐中央的政治舞台，自做主角，在大都洛阳演出了一场为时二十多年的女权主义大戏。

武氏乃一女中奇才，以胜过男人的智慧、能力、谋略与胆识，治理了一个泱泱大国，改写了历史，改变了女人的地位，但她亲手杀死自己的一个又一个骨肉，害死后宫中一个又一个受宠而又“挡路”的女性，英雄形象又难掩魔鬼本性。

武则天，御政有术，治国有方，能伸能屈，识人善用，却又蛇蝎心肠，杀人

武士彟的出身

成性，残暴凶狠，罪孽深重，收养男宠，淫荡后宫。

因此，武则天死时，下令给自己竖了一块无字碑——连她自己也不知道自己是千古罪人，还是流芳百世的名主，所以只好留下一片空白给后人。

三

且道当年长孙皇后病逝时，唐太宗李世民下诏选妃，各地干部屁颠屁颠地响应，到处跑着寻找。

荆州刺史盖文达点选了年方十四岁的美女武媚娘。

武媚娘她爹武士彟，在隋炀帝时经过商，贩卖过木材。

隋炀帝连年大兴土木，卖木材致富相当地快。武士彟发财后，弃商从戎，在李渊的并州军区部队中担任参军，逐渐成了李渊的近臣。

李渊“行于汾、晋”到时候，就和“家富于财，颇好交结”的武士彟交好，经常“休止其家”，接受热情款待。

武士彟在近卫军中供职期间，留在原籍的夫人相里氏和一个儿子相继死去。武士彟勤于职守，没有回家。相里氏死后，留下两个男孩。

李渊知道情况后，特予表彰。还主动为武士彟考虑续娶的问题。

李渊选中隋朝贵族杨达的女儿，令桂阳公主作伐和主办婚礼，嫁给武士彟，结婚费用全部由公家支给。由此可见，李武两家关系之密切。

武士彟和杨氏结婚以后生了三个女孩，武媚娘生于公元624年，是其次女。

武媚娘月貌花容，让盖文达大喜过望，只是名字中有个“娘”字怪讨嫌的，盖文达便把武媚娘的名字改为武照，献给皇上。

加入“后宫三千”的佳丽丛中，命运如何呢？完全是未知数。

若得到皇帝宠幸，要忍受同行的嫉妒，甚至要不惜代价，以阴险手段争得一夕之欢。可是也许未得宠幸，苦度终日，从青丝到白发，终至香销玉毁。

很多家庭，听到选妃都很恐慌，家里有年轻貌美的姑娘，就匆匆择个人家嫁掉。可是小武姑娘很镇静，她带着满脸喜悦，盼望着入宫侍奉皇上。

武媚娘离开母亲，经过十几天的路途奔波，被地方干部以专车送进京师。

小武姑娘被送进了嫔妃们居住的掖庭宫，稍事休息，用罢皇帝赐的膳食，接着就是沐浴、梳妆。

小武看着铜镜中的自己，心里说：“谁说红颜多薄命，试试看吧！”

老宦官奇怪地笑着，告诉武媚娘侍寝时应该注意的事项，小武只是默默地点头。

初更二刻，武媚娘由提着红绢灯笼的宦官引导，到当时天子住的甘露殿接受宠幸。

武媚娘很是不安，不知道要见的天子是什么模样，但是另一个声音却在心底呼喊：“啊！终于！俄要觐见天子啦！嗷耶！哇噻！”

唐太宗也觉得新鲜，当然，他要的就是新鲜。

当小武这个美艳的少女站在李世民眼前的时候，见过太多美貌女人的李世民也不禁赞叹：“可真叫粉嫩呀！”

紧张的武媚娘也在偷偷地打量着皇帝，李世民黄袍加身，相貌英俊，虽过不惑之年，依然精神威武。她暗自打心眼儿里高兴。

小武面对唐太宗的宠幸，不但不羞怯，还认为这是抓住皇帝的机会，事实上，也居然如有神助，她脱光了衣服，不惧骚耻地舍身而上，把“身经百战”的唐太宗伺候的神魂颠倒，筋骨皆醉，如登九重天际。

第二天，唐太宗就加封武媚娘为才人，提升“月下老”盖文达为弘文馆学士。

从此，唐太宗几乎夜夜召武才人侍寝，被她的青春、粉嫩、大胆、热烈给迷住了。

当时盛行一种马球，唐太宗也很喜欢，经常组织表演赛。

最大的马球场在玄武门内，唐太宗常带领朝臣、亲王、公主、妃子等观看，有时也亲自参加比赛。

嫔妃与侍女看得多了，产生了欲望，想打。

唐太宗知道后，准许嫔妃与侍女们组建球队。在一百多个应征侍女中，选了四十名，组成了甲、乙两队，武才人是甲队队长。

中秋节打比赛，嫔妃与侍女脱去女装，穿上男式的艳丽绸服，脚蹬红色高筒靴，和男人一样跨坐在马背上，煞是耐看。

唐太宗也来观战了。

鼓声响起，排列整齐的小娘子们，翻身下马，以铜铃般的声音三呼万寿无疆，然后翻身上马，在马球场内厮杀起来。

娘子军千娇百媚，武才人带队有方，在拼杀中获胜。

几天后，唐太宗又来到玄武门内的马球场，观看驯马，武才人和其它侍女及宦官也跟随在侧。

明主爱良马，内外皆知。前不久，西域进贡一匹骏马狮子骢，威武健壮、性情暴烈。唐太宗喜欢它的剽悍，又苦于它桀骜不驯的烈性，负责驯练它的宦官们已有多人受伤了。

说时迟那时快，骑在狮子骢身上的宦官又被甩了下来。

唐太宗对身边的文武大臣说道："如此良驹，竟无人能够驾驭吗？"

这时，武才人飘然转到太宗面前，躬身应道："臣妾可以驾驭。"

唐太宗惊讶地看了看武媚娘，冲她笑道："你？凭什么可以驾驭这匹狮子骢？"

武才人一本正经地说道："回陛下，臣妾只需三样东西，管保教它服服帖帖。"

唐太宗好奇地问道："哪三样东西？"

武才人说："第一、铁鞭，第二、铁锤，第三、匕首。先用铁鞭打，如不服驯，就用铁锤砸其脑袋，如再驯不服，就用匕首割断它的喉咙。虽是千里马，却不能为人所驭，留它何用。"

在场的人为武才人的话所震惊，全都愕然不置。

唐太宗也大为震撼，他怎么也不敢相信，一个小小女子，内心竟会如此冷酷、残忍、凶悍和血腥。

李世民看着眼前的武才人，心想真是个"武"才人哪，口中却道："朕原以为你是一个弱女子，听你这番话，勇气不让须眉，有胆略，有气魄，堪称巾帼女杰。"

唐太宗说完，转身离去，越想越不安，竟出了一身冷汗。

从此以后，唐太宗疏远了小武，再也没有宠幸过她。

不知情的武才人仍在一天天地盼望着皇上的大幸，结果十天过了，半月过去了，一个月过去了，总是没有皇帝的诏命。

以前皇上三天不到就要宠幸一次，如今这是怎么了?

武媚娘百思不得其解。因为宫中最近并没有进新人，即便有新人，武才人知道谁也代替不了自己，自己给皇帝的是其它女人所不能给的。

是什么天大的事情让皇帝冷落了自己呢?

武才人感到前所未有的空虚与不安，懒得梳妆，懒得吃饭，人也渐渐地昏暗消瘦下去。她深刻地感受到，靠别人的宠爱而生活，是多么脆弱与危险啊。

艰难危险，玉人于成，武才人慢慢长大，学会了观察、思考和笼络人。

她发现，宦官和婢女，是宫中最低层的人，却负责宫廷日常生活的全部，他们才是宫中真正的“主人”，他们构成了一张几乎无所不知的情报大网。

为了自己的性命，为了自己的将来，武才人决定用感情与金钱拉拢和利用那些宦官和婢女。

同时，小武把目光盯上了李治，她要借助李治来改变自己的命运。

四

话说此时的唐朝，出了一件“因情而动刑杀”的特大新闻。

高阳公主，本是唐太宗的爱女，十分骄傲。被父皇李世民许配给了大功臣房玄龄的次子房遗爱。

高阳公主根本不喜欢房遗爱，从结婚的那一夜起，就不准房遗爱上床。

房遗爱不敢违背公主意愿，一点荤腥也没够着。

高阳公主为了安慰这个驸马，赏赐给他两个美女，让他使用。当然，房遗爱是个官二代，不学无术的浪荡公子，本来也不缺女人。

婚后不久的一个双休日，高阳公主跟随房遗爱去狩猎，发现距猎苑不远处，有个茅草庵，茅草庵里住着一个和尚，法名辩机，他在潜心翻译梵文《瑜伽经》，遂去造访。

辩机正在专心翻译佛经，看到十五六岁的高阳公主，赶紧起身招呼。

高阳公主看眼前的僧人年轻英俊，不觉面红心跳，虽然已为人妻了，毕竟还没有真正谈过恋爱，见男人就有反应。

辩机二十多岁，看到眼前高贵美丽的少女，不觉心慌神乱。

两人深深被对方吸引，一见钟情了。

高阳公主提出借一借宝地，辩机同意。

高阳公主命侍女把携带的帐、床等用具，抬到茅草庵，安置好后，说：“你们都退出去吧。”

侍女都清楚往后的演出内容，赶紧退出。

高阳公主把辩机召到自己床前，送以热烈的眼神。

辩机面红心跳，被高阳公主的美貌与高傲的气质所俘虏，心一酥，魂一醉，腿一软，人一硬，就投进了高阳公主的怀抱。

紧张，兴奋，干柴烈火，越燃越猛，差点把座茅草庵烧毁了。

高阳公主为了堵住房遗爱的口，为了让他同意并支持自己和辩机的地下革命活动，又送给房遗爱两个美丽的侍女，合计四个啦！

房遗爱和高阳公主，这对有名无实的夫妻，就这样享着各自的福。

谁想，就在高阳公主欲壑大开，情僧辩机难以自拔的时候，一个小偷出场了。

小偷是在大街上被抓到的，在他的赃物中，发现了一个华丽的皇家玉枕，引起了公安局的警觉，一打，招了，说是从弘福寺一个僧房里偷出来的。

刑警队立即派人前去调查，原来那是辩机的住处。

一个和尚房间里怎么会有一个贵重的玉枕呢，还是皇家的物品？

警察立刻逮捕辩机，起初，辩机只字不说。不说好办，打。辩机受刑不过，他供出了“乃是高阳公主所送”。

公安局一听关系到皇上的爱女，只好立即上报。

唐太宗李世民非常震怒与气愤。自己的女儿怎么和一位和尚做这种违背纲常的事情？

他妈的这个秃驴！不杀不足以平朕之愤恨。

李世民立刻下诏，将辩机押赴市场，先割鸡鸡，后予腰斩。

辩机成了偷情的牺牲品，爱欲的牺牲品。

处死辩机后，高阳公主身边的侍女数十名也因包庇犯罪，被处以死刑。

辩机被割了鸡鸡并腰斩，高阳公主心疼如绞，恨透了昔日疼爱她的父皇，再也不愿见到这个狠心的爹了。

长孙无忌还嫌处理得轻，杀得少，说高阳公主犯罪，与房遗爱家教不严有关，房遗爱也得就法。

于是，唐太宗杀房遗爱。

房遗爱，房遗爱，房子里遗下的，哪有爱，只有恨啊！

第一百一十九章

云雨之谋

一

却说唐太宗有个诤谏之臣，魏征。像个老教师一样，整天教导唐太宗这个学生。

魏征曾为谏议大夫、左光禄大夫，为了维护和巩固李唐王朝的统治，据说先后陈谏二百多事。

也有君臣顶牛的时候，然魏征神色自若，不稍动摇，李世民最后也得服软。

公元632年，唐贞观六年，八月，长乐公主下嫁，唐太宗以公主是长孙皇后所生，敕令嫁妆甚至要比永嘉长公主多一倍。

魏征说不合理，长公主辈分高，公主之礼不应超过长公主。

长孙皇后听到此事，也说魏征有理。还自作主张，给魏征家送去五百匹布帛。

公元637年，唐太宗在洛阳显仁宫办公，嫌弃各州县官吏供奉不好，魏征认为，皇上忘记俭约作风了，就批评。

魏征说："隋炀帝就是嫌弃供奉不精丢了江山的。上天让陛下执掌社稷，正应该以隋为鉴，厉行节约，怎么能这样呢。"

李世民听了，只好说："那咱不挑剔，送啥吃啥吧。"

魏征比较唠叨，但忠心奉国啊，有利于长治久安啊，唐太宗就当着大臣的面表扬魏征："有人说魏先生举动邋遢，俄觉得怪妩媚。"

魏征生活简朴，为官清正，以至家无正堂。太宗下令停止营造小殿，用其木材为魏徵建造正堂。建成后，又根据魏征的好尚，给他清素的屏风、被褥、几、杖等。

公元642年夏天，魏征病了，卧床不起。

唐太宗李世民揪心呐，亲手作书慰劳："不见数日，朕过多矣。今欲自往，恐益为劳。若有闻见，可封状进来。"

魏征受到鼓舞，不顾疾病在身，又上奏疏，教导了不少事情。

次年初春，魏征病情恶化，唐太宗赐药膳无数，又命一中郎将住在他家中，及时通报病情。

太宗带着太子和御医，两次亲临病榻看望魏征，并许将衡山公主下嫁给魏征的儿子叔玉。

魏征医治无效而去世，唐太宗悲恸之极，安葬时，"登苑西楼望丧痛哭"。并亲自撰写碑文，亲自援笔书写。

唐太宗思念魏征不已，对侍臣说："人以铜为镜，可以正衣冠，以古为镜，可以见兴替，以人为镜，可以知得失。魏徵没，朕亡一镜矣！"

严重的问题是，太子李承乾也是个老病号，病情正在朝不美的方向发展。

老三李泰想取代老大做太子，野心愈来愈强烈。

老四李佑更着急，竟然靠造反抢班夺权。

太子李承乾受到大逆事件连累，被贬为庶人。

四月，唐太宗在他妻哥长孙无忌的要求下，立老八儿子李治为太子。大排行是老八，小排行是老三——长孙皇后一共生了三个儿子，李治是老三。

到了这年九月，李世民决定将庶人李承乾流放到黔州去，长孙皇后所生的老二李泰，则先降为东莱郡王后，又改封为顺阳郡王，流放到均州去。

两个儿子远行，虽是生离，也等于父子间的永别，日夜啮噬着李世民的心。

初冬，唐太宗的病奇迹般地好转，他觉得今生最大的事情应该是像隋炀帝杨广那样去教训一把高句丽，于是，十月十四日，行驾洛阳，部署东征。

公元645年，二月底，唐太宗亲率六军，威风凛凛地从洛阳出发，远征高句丽。

折腾到十月份，亲征失败，李世民懊悔万分地回到辽宁营州，又慢腾腾地于公元646年初春回到洛阳，再回到长安。

跟着王玄策到中土来的印度和尚那罗迩娑婆，自称能为“延年之药”，多次申请经费，唐太宗批得不少，长生不老丹也炼出来不少。

中国道家用丹砂炼药，丹砂就是汞矿石，有毒的，越纯，毒性越大，练出来的汞当然就是汞，流体金属，极重，渗进其他药物中，服用后自然中毒。

印度佛僧更狠，他们制造的神药，名叫“佐塔”，是用“八珍八铁”炼出来的，也就是说，至少有八种有毒的重金属。按照最笨的算法，应该比中国道家的丹药毒八倍！

有人说，“佐塔”在道教里面叫做“丹头”，做“九转七返灵砂丹”的药引子，治疗各种疾病。

平头百姓服不上丹药，皇帝特权极大，似乎也敢多服，因此唐太宗只要服用了长生不老的丹药，病就变重。

越来越重了，唐太宗下诏：军国政务交由太子李治处理。

此后，太子李治隔日听政，朝罢，入内服侍药膳。

寝殿里，气氛非常沉闷。

御医们在另一个房间里调制汤药，那罗迩娑婆也在其中。侍女们将药汁端来，交给太子，所有的人都手忙脚乱。

侍女中，偶尔遭过太宗一二次宠幸的，日夜哭泣，因为皇帝驾崩后，她们将被送往尼庵，一直到死为止。

侍女们已经无心做事，只有武才人，外表还能冷静地完成工作，内心却刮着狂风暴雨。

进宫十二年了，想到自己从此就要当尼姑去，真是柔肠寸断。

不能这样坐以待毙，一定得想办法！

武媚娘与其他宫人自是不同，她看愁容满面的太子，眼光最为温柔体贴，次数多了，已然成为李治温暖的安慰和鼓励。

武才人终于有机会了。

李治这日去方便，武才人悄悄地跟了过去，等李治出来，她赶紧跪着，手捧洗手盆，献给李治洗手。

李治一看跪着的武才人，妩媚俊俏，甚是动人，情不自禁地把手上的水滴洒在武媚娘的脸上，嘴里轻轻念道："昨忆巫山梦里魂，阳台路隔奈无门。"

心里有数的武媚娘怎会放过这样的机会，她忙娇滴滴地答道："未曾锦帐风云会，先沐君王雨露恩。"

娇柔的微笑，灯光下灿若桃花的脸蛋，甜蜜温柔的声音，尤其是露骨的对句，还直接称"君王"呢，李治听了，欲心大动。

当下两人眉目传意，各自暗示情怀。

李治说道："看你才色俱美，深得俄意。"

武媚娘站起来后，立刻用手巾裹住李治的双手，从上面轻轻握住，以媚人的眼睛大胆地凝视着对方。

李治刹那间精神恍惚，眼前仿佛有千万条白光晃动。

李治甩开毛巾，用力将武媚娘抱在怀中，贪婪地吮吸着她樱红的唇，柔软的身躯，如兰的香气，包围着他，陶然忘我。

李治牵着武媚娘的手走出了大明宫。

武媚娘把李治带到自己在掖庭宫的小屋，进入帐幔之内，互相宽去衣衫。

两人在云端雨头，饥渴地享受闪电的刺激和雷霆的震撼。

武媚娘使出浑身武艺，把个太子李治伺候的神魂颠倒，难以自制。

李治已是六个孩子的爹了，除了太子妃王氏没有生育之外，其它的妃嫔都有子女，李治感到，把她们捆在一起，也抵不上一个武媚娘。

云散雨收之后，武媚娘低语道："妾侍至尊，感承垂爱，蒙陛下之情，实犯通奸之罪，如日后荣登宝座，君置妾于何地？"

李治赶紧发誓："俄登皇位之后，册立汝为皇后嘛。"

武媚娘问："小妾怎能相信此言呢？"

李治拍拍胸口，又誓道："有违此言，天诛地灭。可以了吧？"

富有心机的武媚娘机警狡猾地说："口说无凭，须留信物。"

李治解下腰带上的九龙玉佩，塞进武媚娘手中。

武媚娘的谋略得逞，信物使不伦之情被固定。以后，李治兑现了自己的诺言，九龙玉佩改变了武媚娘的人生命运，让这个女人登上九五之尊，改写了中国没有女皇的历史。

偷情之后，李治逃不出武媚娘的“迷魂阵”了。

第三天，忍无可忍的李治又来到小武的小屋，两个又沉没在孽情欲海之中。

二

唐太宗腹泻不止，病体垂危。密诏太子到寝榻旁，托付后事。

李世民说：“父皇生病期间，难得你衣不解带，亲尝汤药侍奉，你能如此孝顺，父皇死也无悔了。”

李治哭泣道：“儿子尽孝是应该的。”

“如父皇不起，满朝文武最让父皇不放心的就是李勣，他在隋末独霸一方，后归本朝，久经戎场，知兵善战。只是你对他无恩，年纪又轻，恐你驾驭不了他。现拟故意把他黜降出京，马上启程。父皇之后，你重用他，他必感恩，为你尽力。他如接诏之后，犹豫不走，你可杀了他，以免后患。”

李勣原名徐世勣，归唐后李渊赐其姓李。

这个李渊，真是乱赐!

徐世勣变成了李世勣。后来皇帝成了李世民，李世勣其名更有问题了，乍听之，像皇帝的弟兄哥们儿，于是，改名李勣。

李治被父皇的处心积虑所感动，哭着说：“儿臣遵命，请父皇放心。”

结果是李勣左迁叠州，“奉诏即付，竟不还家”，连家也没回，直接奔外地去了。

唐太宗召来长孙无忌和褚遂良，交代后事。

长孙无忌是李治他舅，国戚，一见太宗就跪在床前，哀不自胜。

太宗用手为长孙无忌擦去眼泪，半天说不出话来。长孙无忌更加感动，泪如雨下。

稍后，褚遂良轻声说道："请陛下吩咐，臣等一定照办。"

半天，太宗才有气无力地说道："太子仁孝，二卿所知，望善加辅助。"转头又交代李治，"父皇之后，一切你都要信赖于二卿。"

最后，唐太宗又交代了一件最让他放心不下的事："朕之后，让武才人和那些年轻的嫔妃去感业寺出家为尼，永不许回宫。"

唐太宗李世民认为，送武媚娘去当尼姑就会天下太平，他怎么也想不到，他的孝顺儿子李治已经跟武才人续上孽缘。

日后提拔——即若送进感业寺，也敢提拔出来——是肯定的了。

公元649年，贞观二十三年，五月二十六日，唐太宗李世民咽下最后一口气，与世长辞，享年五十二岁。

李治凝望着如同睡眠中的父皇，一下子昏迷过去。

宫女们眼睛都哭得红肿，惟武媚娘一滴泪也没有流下，她走到太子身边，像对待幼儿一般，温柔地将他扶起，劝他节哀顺变，考虑大事。

二十九日，大唐朝廷以正殿为殡宫，将太宗皇帝入殓，向天下宣布国丧。

六月一日，太子李治宣布父皇遗嘱，在先帝的灵柩前即位，是为高宗。

唐高宗即位，遵照父皇的遗嘱，调回"左迁叠州，奉诏即付"的李勣，委以重任。

武才人和一群年轻的嫔妃被送往感业寺，第一件事就是削发。剪掉一头乌黑发亮的秀发，昔日美丽的宫人们，摸着秃头，痛哭不止。

若说后宫是个牢笼，那么感业寺就是坟墓。不准外出，也不准会客，吃的是非常简单的蔬菜。

有些人得了抑郁症，不久就发疯去世。

有的人因营养不良，郁积成病。

武媚娘心有不甘，惟一的希望，在新帝李治身上，他能来救自己走出这个坟墓吗？他能为了自己，违背先帝的遗言吗？他能不顾伦理道德，无惧文武百官的反对而我行我素吗？

东周邹国——今之山东邹城教师孟轲曰："天将降大任于斯人也，必先苦其心志，劳其筋骨，饿其体肤，空乏其身，行拂其所为，所以动心忍性，增益其所不能……"

后山曰："孟轲曰得对，媚娘宜照办。"

从此，武媚娘除了诵经之外，就是练习书法，或写诗词，以此来填补自己空虚与寂寞的日子，等待李治的征召。

武媚娘常常握着李治的信物"九龙玉佩"，把一切希望都寄托在了这根腰带上。

此时，也就是说，身为尼姑的武媚娘，对权力的欲望，非但没有丝毫减少，而且越来越强如烈焰，日夜炙烤着她的心灵。

当然，情欲的压抑更加折磨着武媚娘，她的思绪常常飞出感业寺，飞到皇宫，飞到李治的龙榻上。

岁月匆匆，转眼经年，人近三旬，花之将凋。

唉！自古皇宫佳丽无数，粉黛成群，圣上怎么会把俄这个出家的尼姑放在心上呢？想到这一层，武媚娘又不由得悲从中来。

看朱成碧思纷纷，憔悴支离为忆君。不信比来常下泪，开箱验取石榴裙。

其实，李治并非薄情之人，他没有忘记武媚娘。

霓裳转云路，风驾俨天潢。云星凋夜靥，残月落朝璜。促欢今夕促，长离别后长。轻梭聊驻织，掩泪独悲伤。

可知，李治也想早日见到武媚娘，怎奈国事太忙，有舅舅长孙无忌和褚遂良，又有王皇后和萧淑妃监督着，再说，出家后的嫔妃不允许回宫，更何况是父皇的才人，苦于没有借口啊。

机会终于来了，唐太宗的忌日，李治要去给父皇进香。

唐高宗李治率领宗室、朝臣、皇后、嫔妃、宦官、侍女等，浩浩荡荡前往昭陵祭祀父皇。

祭奠后，高宗借口去探视曾经侍奉过先帝的嫔妃们，表面上，是对先帝的一份孝心，实乃是想见他日思夜想的武媚娘。

驾临感业寺，先到正殿进香，然后来到偏殿。

住持老尼带领削发为尼的众嫔妃前来拜见。

李治一眼就看出了武媚娘，他简直不敢相信那个面色红润、身体健康的女人就是武媚娘。

武媚娘头戴青色布帽，穿着灰色的布衣布裤，但无论如何还是掩饰不住她健康的颜色和动人的线条。

武媚娘见了李治，虽无动于衷，但内心却在痛苦地煎熬。

李治恨不能一把拥她入怀中，为她拭去泪水，可虽为帝王，他也不能随心所欲，何况在皇后、长孙无忌和褚遂良等面前。

唐高宗只好赏下一些金银，给这些可怜的尼姑们，然后痛心地离去。

回到皇宫，武媚娘悲切凄凉的眼泪让李治怎么也忘不掉。回想当初销魂的偷情，充满无限魅力与诱惑力的相思，更加使他茶饭俱废，夜不能寐。

唐高宗决定带一位贴身侍从，微服私访感业寺，去私会自己日思夜想的女人。

两天后，李治又一次来到感业寺，他终于如愿以偿地单独会见了武媚娘。

武媚娘惊喜的泪水如同珍珠断了线，她扑过去低泣地说道："皇上还没有忘记臣妾……"

李治安慰道："朕怎能忘。今日到此，就是为了重续旧情。"

武媚娘感到一阵温暖，她从怀里掏出了李治当年给她的信物"九龙玉佩"，低泣道："它每天带在臣妾身上，看到了它就像看到了陛下一样。寂寞凄凉的日子，是它陪臣妾度过了每一个日日夜夜。"

李治说："朕一定把你从这里接出去的，朕一日不能没有你。"

"臣妾知道，陛下一定不会让臣妾在这种地方久等的……"

两人诉罢相思之苦，又急切地重温旧梦，所谓清静的圣地也被云雨污染了。

时间在两人如火的炽恋中慢慢溜走。

眼看夜深，贴身宦官不断催促，两人只得难离难舍地分开。

晚风习习，寺院内清冷的钟声响起，李治泪流满面。

听着马车在浓郁的夜色中响起，武媚娘再也忍不住掩面长泣。

从此，唐高宗李治欲罢不能，干脆放纵，经常微服私访感业寺，和武媚娘私会、偷情。

对于一个皇帝来说，接一个女人进宫，并不是什么难事，但，武媚娘并不是一个单纯的尼姑，她是先帝的才人。

父皇的临终遗言，一直像紧箍咒一样，在李治的耳边回响："让武才人和那些年轻的嫔妃，去感业寺出家为尼，永不许回宫……回宫……宫……"

正当高宗痛苦、烦恼时，武媚娘说自己怀孕了。

尼姑怀孕，本身就是怪事，何况又是龙种。

三

李唐王朝，本是崇奉道教的，认为道教始祖老子李耳是他们的远祖。

可是后来渐渐变成了崇佛抑道。

唐的崇佛抑道，原因是多方面的。

在崇佛方面，客观因素是隋唐以来，佛教的发展一直扬着头，上自官宦，下到百姓，以崇佛为摩登，为时髦。

唐初玄奘大和尚赴天竺取经回到中土，由皇家财政支持，组织翻译佛经，在知识分子中也造成很大影响，佛教探讨蔚然成风。

主观方面，指的是统治者"主观意识"里面是崇佛的，认为"佛"比"道"更"神"。

杨坚

唐高宗李治继位第二年，就到洛阳视察。

在全社会崇佛的温暖馨风中，李治在洛阳，接见了白马寺及各寺院的僧人，听取了佛教界人士的汇报，受着官员们的簇拥，登临龙门山。

龙门山的伊阙口，西面山崖上，始自北魏的佛教造像为数众多。

隋代开国皇帝杨坚，自幼受到佛教的熏陶，所以隋代三十七年中，迎藏舍利，兴建佛塔寺院等大规模佛教活动不少，龙门“佛建”亦未中歇。

公元616年——隋大业十二年，凿刻在宾阳中洞、南洞附近的小龛像，所涂色彩尚在。

大唐以来，官方倡导，伊阙造像热度再起。

洛阳宗教局负责同志向唐高宗李治汇报龙门造像概况。

公元637年，贞观十一年，有刘太妃在破窟西壁开龛造像。

十五年，豫章公主和宰相岑文本，各在宾阳南洞南壁开龛造像。

贞观十六年有石坦妃在宾阳南洞南壁也开龛造像。贞观二十年，有张世祖者，向龙门佛教管理处捐款，获准在莲花洞外口南侧开龛造像……

高宗李治听取汇报后，在伊阙察看。

大唐以来，未见开窟。造像皆系前代已成窟龛，在已成窟龛中寻找空隙之地，假借位置，施以雕凿。“供养人”越来越多，可利用的空余之地也越来越少。

“见缝插针”，见隙坐佛，有的洞窟，地面也雕上了。

零碎遍布，雕绩满眼，委实也好，但昭彰大唐气象的大型洞窟，为什么不可以来一座呢！

李治想到了父皇，功盖天地啊。发一宏愿，在龙门伊阙为父皇凿建一座巨窟，是可以的。

李治想到了自己，不知怎么回事，年龄不算老，眼花得烦人，建一座巨窟，为自己“度”一“度”，也是非常必要的。

于是，唐高宗李治发诏：由洛阳宗教局牵头，组织勘察、设计队伍，在伊阙西壁，选址建窟，作为国家级重点工程，朝廷优先扶持。

洛阳佛教界、全体洛阳吏民，欢欣鼓舞。

洛阳人做事情，雷厉风行，唐高宗几日后离开洛阳时，勘察、设计队伍即告建立健全。

建造指挥部大眼光、大气魄地选择伊阙西壁中间高处为址——国家拨款的重点工程，一般人、一般机构单位雕凿不起的地方，放开了干！

讨论研讨，定下宝称“奉先寺”，后面依山凿窟，窟前就地建寺，寺内住持僧人，服侍窟中宝像。

“奉先寺”建设企划书上报朝廷，李治诏准。

奉先寺佛教造像的构图设计，一稿，一稿，又一稿，比较，论证，上报，修改，再次上报……一年半以后，定下来了。

唐太宗啊，就是惦记尼姑小武。自洛阳回宫，就又一次次地微服私访感业寺。

皇上的“爱情”动静，引起了王皇后的注意，而恰巧王皇后正在同萧淑妃争宠。

王皇后和其母亲柳氏买通关节，向宦官打听出，皇上一次次地秘密外出，原来是去探望感业寺先帝遗留的武才人。

王皇后不知转了哪根筋，为了打败萧淑妃，竟然申请皇上，由她把武媚娘再度接进后宫。

这大大地出乎唐高宗李治的意料，让他兴奋不已。

真是瞌睡来了个枕头，武媚娘赢得了这个千载难逢的好机会，由此摆脱了尼姑生涯。

王皇后病急乱投医，“引狼入室”，高宗却夸她真是一个通情达理的好皇后。

柳氏还自鸣得意，对女儿王皇后说：“常言道，以毒攻毒。只要武媚娘为俄所用，就能一举多得。第一，用这个女人对付萧淑妃。第二，皇上欠了你一个人情。第三，这个尼姑也感激你的恩德，成为你的力量。”

武媚娘心下明白，皇后之所以收容她，并不是出于爱心，只是想以她作为一把利剑，刺杀情敌萧淑妃而已。

唐高宗在王皇后宫里见到了武媚娘，又惊又喜又感激王皇后。

李治摆上酒宴，迎接他心爱的人再次入宫。

酒筵中，李治喜不自胜，武媚娘千娇百媚，雍容大方。

武媚娘等的这一天，盼的这一日，终于到来了。

这年是公元654年，唐永徽五年，武媚娘三十一岁。

高宗李治，牵着武媚娘的纤纤细手，来到寝榻旁。

再也不用偷偷摸摸了，虽然唐高宗知道大臣们会强烈反对，特别是舅舅长孙无忌，但，他们现在还不知情。

有孕在身的武媚娘不敢过于“放肆”，已早把李治弄得醉生梦死、神魂颠倒。

李治一连数日留在武媚娘的寝宫，早就把萧淑妃忘在了脑后。

武才人有身孕，经常劝李治去王皇后寝宫。

王皇后高兴，知道这都是武媚娘在报答自己的恩情，看来她不是一个忘恩负义之人。

武媚娘每天定时去向王皇后请安，为皇后做好一切事情。为免其他侍女反感，她始终保持着谦虚的态度。

王皇后高高兴兴地把武才人当作自己的心腹。

萧淑妃一连数日不见皇帝的身影，探听后才知道有一位新人入宫，而且是先帝的才人。更加离谱的是，竟然是当朝的王皇后把她接进宫中的，萧淑妃十分震惊与恼火，也感到了威胁与压力。

这日，李治终于想到了萧淑妃。

萧淑妃又喜又气又难过。有道是有了新人忘旧人，萧淑妃伤心赌气地对李治说道："皇上怎么有闲工夫来到臣妾这里了？"

李治见萧淑妃不乐，而自己这些天确实冷落了她，就愧歉地说道："朕这不是来了吗？"

萧淑妃呜呜地哭了起来："皇上一个多月都没来了。听说新来的还是个尼姑，皇上喝了她什么迷魂汤了，被她这样迷住。"

萧淑妃口无遮拦地埋怨让李治生气："爱妃你怎么能这样说？"

萧淑妃又质问："那个尼姑究竟有什么好，让皇上把臣妾给忘了？"

李治越听越反感，怒气冲冲地说道："她什么都比你好。"说完拂袖而去。

武昭仪

李治气愤地离去，萧淑妃只有痛哭和伤心的份儿了。

萧淑妃感到事态严重，遂召来娘家哥，哭诉。

萧淑妃的哥哥转身密告了了长孙无忌。长孙无忌大吃一惊，不敢相信高宗会干出这种败坏纲常的事情，更不明白，王皇后怎么会这么胡涂。

长孙无忌气冲冲地找到高宗李治，奏请除掉祸乱后宫的武才人。

平素听舅舅话的李治，这次却有了自己的主见，他告诉舅舅："媚娘已有身孕，不可杀。"

"那就等她生下龙子以后。"长孙无忌退让了一步，又接着劝说，"历来出家为尼的嫔妃不能再度回宫，皇上怎可破了规矩而授柄于人？再说，那毕竟是先帝的才人，先帝的临终遗言，皇上没有忘记吧？"

长孙无忌本想威吓李治，以使其悬崖勒马，哪知李治已被武媚娘迷住，谁的话也听不进，甚至认为，谁反对武媚娘就是反对他。

很快，宫中丑事就被传得沸沸扬扬，众臣大惊。

褚遂良等纷纷上书反对李治宠爱武媚娘，李治根本不看那些奏折。大臣们只好于朝议时提出反对，李治装聋作哑，不予表态。

朝野议论不休，不明白，这个比皇上还大四岁的先帝才人，用什么魔法迷住了皇上，令后宫三千粉黛尽失颜色？

三月晚春，武媚娘在李治特命准备的房间里产下一名男婴。皇子！

这是唐高宗的第五子，取名为李弘，为表彰武媚娘产子有功，封其为昭仪。

昭仪是仅次于四夫人的九嫔之首，行政级别为正二品。

武昭仪抓住时机，立即请求唐高宗追赠亡父的职位，并把母亲杨氏接进宫中。

宫廷是个你死我活的险恶环境，充满抢夺和杀戮，到处是血腥。武昭仪知道，即使有了儿子，也不可疏忽大意。因此，武昭仪反而变得格外谦恭了。交过满月，便又恢复了过去每日向皇后请安的习惯。

武媚娘生产后一个月，李治就频频出击，不断临幸，武媚娘则如狼似虎地满足着李治，结果，不到三个月，便又怀孕了。

王皇后借助武媚娘，打败了萧淑妃，失宠的萧淑妃只有在失意中痛苦，在痛苦中伤心，在伤心中发病了。

唐高宗听说萧淑妃病了，心中难过，感觉对不起萧淑妃，是自己冷落了她，害了她。

李治苦闷，便找武媚娘。

武媚娘像伟大的母亲，包容李治的喜怒哀乐，又以妻子的柔情把李治揽在怀里，安慰他，为他抚平忧伤与茫然。

除了会揣摩李治的心思，武媚娘特别体贴李治，知道李治什么时候想要什么，让李治常常陶醉在她的温柔乡里，感觉天天都有新花样，新惊喜。

武媚娘心如深渊，她决不甘心只让自己的儿子做皇子，她要让自己的儿子做太子，将来做天子，做大唐的皇帝。

她知道，自己真正的敌人不是萧淑妃，而是王皇后，只有扳倒了王皇后，自己才能坐上皇后的位置，自己的儿子才能被册立为太子。

王皇后申请唐高宗李治，立自己的义子陈王李忠为太子，李治虽答应了，但一直没有正式册立。

王皇后怕夜长梦多，让舅舅柳奭串通长孙无忌、褚遂良等大臣，强烈要求正式册立李忠为太子。

高宗只好答应，诏令满朝庆贺三天。

这时陈王李忠十岁，迁入东宫，由尚书左仆射于志宁和张行成分别担任太子的老师，教以文史和礼仪。

这是李忠的生母刘氏连想都不敢想的事情，因为刘氏身份低微，又得不到皇上的宠爱，太子的光环突然罩在了他们母子身上，受宠若惊。

武媚娘听说陈王李忠被册立了太子，心中不舒服，表面上若无其事，对李治更加温柔体贴。这样的宽宏大量，使李治觉得她才是知己，贴心人。

李治喜欢文学，武媚娘就投其所好，谈诗论词，李治感到只有在武媚娘这里才快乐、温馨、浪漫、风骚。

然李治毕竟性情敦厚，立了太子后，深感对不起萧淑妃和萧淑妃所生的雍王李素节。

李治更喜欢雍王，也想立雍王为太子，他想向萧淑妃解释一下，求得她的谅解。

高宗来到萧淑妃寝宫，却不见萧淑妃出来接驾。

有一侍女禀告说："皇上，娘娘病体不便迎驾，说请皇上回吧。"

四

却道王皇后高兴啊。自己收养的儿子被立为太子，舅舅柳奭升为宰相，萧淑妃已经失宠，武昭仪对自己来说，真算个有功之臣。

王皇后得意之时，上帝又眷顾上了她，多年不孕的她突然怀孕了，真是一件天大的喜事。

王皇后的母亲柳氏喜的得意忘形，哥哥王守一也在府中收集甘露，祈求上天，愿妹妹能生一龙子。

武昭仪通过眼线得知情报，大为吃惊。

李忠立为太子已是心腹大患，让王皇后再生个孽子，对自己更加不利啊！

武昭仪动作了。她让最贴心的侍女做个桃木人，写上唐高宗李治的生辰八字，往桃木人身上扎满钢针，偷偷放到王皇后的睡榻之下。

桃木人被宫女发现，武昭仪又添油加醋地煽诱李治，李治听信了，捉拿皇后的哥哥王守一，驱逐皇后的母亲柳氏，又欲废黜皇后。

明眼人知道此事必有人栽赃陷害。

在群臣极力苦谏下，王皇后得以保全，但王守一却被拷打致死。

王皇后有口难辩，肚子里怀上龙种的事还没来得及告诉皇上，就被无形中的魔爪控制了。她十分惧怕，决定封锁怀孕消息，以保障腹中小生命的安全。

武昭仪自然不会就此罢手。

武昭仪也害怕高宗知道了王皇后怀孕之事，一旦知道，铲除更加不易，她要尽快行动。

这时候武昭仪又为高宗产下一个女儿，小公主一团粉肉，甚是喜人，高宗每天下朝回宫必看望小公主。

王皇后深入简出，极少出来走动。这天早上，却鬼使神差地来到武昭仪的寝宫，看望刚出生不久的小公主，也是想联络一下武昭仪的感情，使自己平安。

偏巧武昭仪去晨练了，侍女和奶娘见皇后来了，都站立一旁。

王皇后说："俄看看小公主，你们忙你们的吧。"

王皇后怜爱地抱起小公主，逗着玩了一会儿。想到自己也快做母亲了，心里很是高兴，临走还怜爱地亲了一下小公主。

武昭仪回来，听说皇后来过，询问了一下经过，心跳骤然加速。

唐高宗李治早上是照例要来的。

为了党国大业，牺牲一个女儿吧！

武媚娘快速进入小公主的卧室，把孩子抱在怀里，审视了一会儿，说："不是为娘狠心，是上天要让你立一功哩。"

说完闭上眼睛，掐住女儿的脖子，女儿很快停止了呼吸。

武昭仪为小公主重新盖好被子，走出了孩子的卧室，坐在台前，若无其事地化妆。

李治来了，武昭仪挽着他，一块去小公主室内看望小公主。

来到小床前，轻轻地掀开棉被，武昭仪故作大惊失色，李治也看到小公主嘴唇青紫，早已死去。

武昭仪叫："是谁害死了俄的女儿！"

高宗也嚷："孰杀朕女？"

惊叫招来了侍女和奶娘，武昭仪故意装作不知情地问道："早晨有谁来过？"

侍女和奶娘早已吓得觳觫，惊恐地禀报道："皇后来过。"

奴婢们为了洗刷责任，一致咬定，皇后进入小公主的卧室，还抱了小公主，最后用手捂着脸，走得很匆忙。

武昭仪听完，向李治哭诉："皇上要为臣妾做主，要为臣妾做主啊。"

李治极为震怒，立刻命人审问王皇后。

王皇后跳进黄河也洗不清，一切都已晚了，谁让她当初引狼入室呢？

唐高宗李治决心废黜王皇后，于是召开常委会，说这事。

长孙无忌、褚遂良、李勣、于志宁到了内殿，得知是废立皇后之事，圆滑的李勣说："此系陛下家事，何必更问外人。"李治认为李勣说得好。

褚遂良反对，说："皇后是先帝为陛下所娶，先帝临终说臣等，'朕佳儿佳媳，今托付诸公'，陛下亦闻，言犹在耳。皇后并无大错，怎可轻易废除？"

李治反驳道："皇后害死朕女，怎说没有大错？"

褚遂良接道："陛下必要废立，何必挑选武氏？有一言臣冒死犯上：武氏曾经侍奉先帝，众所周知，若母仪天下，有损皇上圣德，万望陛下三思。"

褚遂良说完，放下笏板，脱却幞头，道："褚遂良奉还笏板，只求皇上准许臣之骸骨还归故土。"遂一头撞在石基之上，鲜血直流。

李治没有想到褚遂良竟然以死要挟，又气又急，怒喝道："把他给朕拖出去！"

这时幕帘背后传来武昭仪激动、愤慨的声音："还不捶死这个老贼！"

长孙无忌扶起流血的褚遂良，说道："身受先帝遗命，岂可轻易处罚。"

高宗见舅舅发话，不好再治褚遂良的罪，不高兴地宣布散会。

聪明的武昭仪看大臣们全都反对立自己为皇后，就来了一个缓兵之计，向李治说道："臣妾也不想为难陛下，就改立臣妾为宸妃吧！"

谁知臣子们照样反对，说“宸”字只有天子可用，做臣子的岂能使唤。

李治和武媚娘未想到，立个“宸妃”也遭到如此阻力，这让他们苦恼和气愤。

唐高宗和武昭仪心情不好，为了缓解，到离宫万年宫休养。

在万年宫，唐高宗李治却和武媚娘的姐姐贺兰氏产生奸情，武昭仪发现了，十分气愤。

武昭仪决不允许任何人抢占属于她的东西，即便是自己的姐姐也一样。但目前自己又有了身孕，不能频繁的伺候皇帝，她只好选择暂时沉默。

武昭仪知道，天下最靠不住的就是皇帝的宠爱，自己真正要的不是那个，而是权力、地位和尊严。

于是武昭仪密告唐高宗，编造了王皇后逼她报恩，王皇后的舅舅柳奭请求长孙无忌立陈王李忠为太子，以及她生儿李弘以后王皇后和萧淑妃联手攻击她的一系列故事，高宗李治遂厌恶起王皇后以及家人。

柳奭感到压力，以退为进，辞去宰相职务。高宗立刻批准，一点挽留的意思都没有，他日东山再起的可能性被彻底扼杀。

柳奭下台，王皇后最有力的保护墙，被推倒。

武昭仪意外告捷，登上皇后宝座已是迟早的事情。

第一百二十章

紫帐行政

一

唐高宗祭祀昭陵，五服以内皇族、文武百官、地方干部和刺史、外国使节等，还有皇后、嫔妃、侍女、宦官等随行，浩浩荡荡，车马塞途。

山路颠簸，车子摇摆，武昭仪一着急，竟在车中产下一个男婴。

唐高宗特别高兴，为新生的第六个儿子起名李贤。

祭祀先帝寝陵回来之后，大唐的政治舞台上出现了拥护武昭仪的谋将许敬宗和李义府。

许敬宗他爹隋朝末年被宇文化及所杀。唐朝兴起，许敬宗被李世民吸纳为十八学士之一。高宗即位后，许敬宗感到前途暗淡，想搏一把，于是站在武昭仪一边。

李义府呢，因为过失，长孙无忌要贬他为壁州司马。李义府的朋友王德俭出主意说，皇上想立武昭仪为后，长孙无忌极力反对，你敢挺身而出，公开支持，或会转祸为福。

李义府当夜写出奏疏，贿赂宦官呈上。

唐高宗和武昭仪正待睡觉，看到李义府的鸡毛信，哈，有人站出来支持我们了！

“臣闻皇后王氏行为有失妇德，行为乖戾，有碍圣躬，且不孝有三，无后为大。应承天意，顺民心，请陛下即予废之。武昭仪早生龙子，且德才兼备，万民同仰，堪称六宫典范。陛下宜立为皇后，则为天下万民之幸。”

武昭仪喜极，让唐高宗连夜召见李义府并赐珠宝一斗，诏命留任原职。

这是高宗不听舅舅长孙无忌的话，公开和他决裂了。

李义府把受赐的一斗珠宝送给了王德俭，以示感谢，王德俭将珠宝转送给了自己的舅舅许敬宗，许敬宗于是在上朝时公然扛起“拥立武昭仪为后”的旗帜。

武昭仪有了李义府、许敬宗等人，对抗反对派长孙无忌、褚遂良等，认为已到了孤注一掷的时刻，撺掇高宗废黜王皇后。

唐高宗这才下决心兑现自己当年偷情时的承诺，立武昭仪为皇后。

“皇后及萧淑妃企图以鸩酒害朕，废为庶人。其母及兄弟一律除名，流放岭南。”

所谓除名，就是把名字从皇室的玉牒中剔除，再点名就没有他们了。

废后诏书颁下后第六天，文武百官要求皇上立武昭仪为后。

唐高宗迫不及待，立刻颁下新诏，册立武昭仪为正式的新皇后。而武皇后也把自己的名字改作武则天——上天的规矩都在她身上了。

册立大典在十一月一日。这日，九品以上的文武百官盛装而立，外国使节分站东西，排列整齐，高宗穿着宽大的礼服，坐上宝座，与新皇后武则天一起接受拜贺。

拜贺完毕，依照惯例，皇上和皇后就要脱下礼服。可武皇后不，她要巡游全城，接见民众。听到这个史无前例的命令，文武百官无不愕然。

斯时凡是中等以上的家庭，不论皇族、豪门、高官之家，女性都躲在深闺里，除了近亲之外，一律不准直接出现在异性之前，何况贵为国母乎？

武后带着三十名侍女，穿着血红的大礼服出行了，沿途招手致意。

两边追随的文武百官都很灵醒，转瞬之间，发出“皇后万岁”“万寿无疆”的高声欢呼。

百姓拥挤观看，对他们来说，能一睹大唐皇后的风采，也是莫大的荣幸。

武则天之敢于创新，也敢于打破先例的做法，由此发端，在她以后的政治生涯中迭出不穷。

大典之后，高宗和武后行幸并州文水。

文水是武后的原籍，虽说她没有在家乡生活过，但是父亲的亲戚故旧都在这里啊。

武后宣布接见武氏家族的亲朋邻居，凡是妇女，都准予觐见皇后，获得赏赐。更对并州八十岁以上的妇女颁授郡君称号，相当于正四品或正五品。

过去从没有一个皇后对自己故乡人如此优渥，更别提什么特殊的恩宠了，也只有武后能做到史无前例。

村民们高兴得流下了眼泪，争相夸奖皇后的美德。

武后由封后大典、巡街接见民众到衣锦归乡大赏大赐，声望像原子弹爆炸，响声、火光、辐射和冲击波，轰向全国各地。

王皇后和萧淑妃被囚禁于密室，实际上即是小号，只有一扇门上开有小孔，“以通食器”。两人在里面不见天日，整天以泪洗面。

王皇后连累了家族，更是追悔莫及，一天到晚地念叨：“想以毒攻毒，没承想，姓武的她更毒，毒如蛇蝎啊！”

王皇后本想自杀，但身怀六甲，又希望能生个皇子，将来好为自己报仇。

萧淑妃也劝王皇后把腹中的孩子生下来。同病相怜的人，除了一起咒骂武则天外，就是盼望孩子平安降生。

度日如年，日思夜盼，孩子顺利地降生了，而且是个儿子。

武则天立时获知消息，杀心大起。密命宦官杜回杀害王皇后母子。

幸好杜回是个善心人，知道王皇后是被陷害的，接到武则天的密令，杜回名正言顺地把太子救了出来，乘着深夜，怀揣太子一路飞奔至江夏王李开方的王府。

在武则天快要杀尽李氏子孙的时候，这个孩子被保留了下来。

唐高宗某日忽动恻隐之心，想去看看王皇后和萧淑妃，乘武则天不备，他命宦官引导他来到囚禁二妃的地方，内疚地见了两人。

高宗李治想把二人放出，可武则天的眼线遍布后宫，高宗回头就遭到问罪，吓得唯唯诺诺，连声认错。

说不定高宗什么时间又会去冷宫看望后、妃，想到这里，武则天决定置王皇后和萧淑妃于死地，不留后患。

武则天来到冷宫，命宦官责罚王皇后和萧淑妃每人一百大板。

还不解恨，又命剁下二人的手脚，将二人投于酒翁之中，说道："还想皇上吗？俄让你们骨醉。"

几天后，武则天看二人还没死，就逼着高宗将二人斩首。

高宗听说后妃已成人彘，胳膊腿都已没有了，伤心的同时，不忍再让二人受此大罪，就下令处死二人。

王皇后谢恩说："皇上万岁，俄得解脱。"

萧淑妃破口大骂："武贱人没有人性，不得好死。来生俄为猫，武贱人为鼠，世世代代噬其肉，饮其血！”

二人死了，萧淑妃的临终诅咒回响在武则天耳边，久不消失，武则天遂下令，宫中禁止养猫。

武则天阴暗心理作祟，命令将王氏改为蟒氏，将萧氏改为枭氏。

无论恩人与敌手，武则天一律施以毒辣与残忍，大唐后宫不寒而栗，从此无人敢与争宠，武则天威震后宫，进而专擅朝政，威慑百官。

二

武则天为了稳固地位，密令许敬宗奏立太子。

许敬宗巴不得买这个人情，也是邀宠的一次大好机会。

第二天早朝，许敬宗即上奏说：“以前皇上无嫡子可立，暂以李忠代之，实属无奈，现在皇后有亲生子，已立正嫡，社稷之福气也。”

其实可怜的太子李忠已经主动提出退位了。

以王皇后养子而立，李忠没有感到荣耀，反而战战兢兢，王皇后被废，高宗立武氏为皇后，他更是终日恐惧，担惊受怕，悄悄地向父皇说，要让出太子之位。

李忠也毕竟是高宗的亲儿子，还是老大，高宗犹豫不决之际，许敬宗推了一把。

唐高宗正式下诏，废太子李忠，封为梁王，任梁州刺史。这个薄命少年，没多久又被贬到更加偏远的房州，今之湖北房县。

立武后所生儿子李弘为太子，庆贺的宴会风光奢侈、晚会热烈疯狂，持续三天三夜，还宣布大赦，另改元为“显庆”。

武则天又让高宗追封亡父武士彟为司徒，赐爵周国公，封母亲杨氏为代国夫人，姐姐武氏为韩国夫人。

李义府和许敬宗，官位步步高升，前者加封为中书门下三品——国务总理，后者也被列为正三品，并担任太子的师傅。

李义府倚仗皇上和皇后的宠爱，担任宰相不久，就枉法徇私，胡作非为。

洛阳大理寺监狱中关押一名女罪犯淳于氏，非常漂亮。李义府从心腹口中得知这个消息，立刻叫来大理寺丞毕正义，强迫他释放淳于氏，准备纳为自己的小老婆。

大理寺卿段宝玄，平素看不惯李义府的无法无天，立马将这事禀告唐高宗。

唐高宗命令御史大夫刘仁轨调查。刘仁轨惧怕权势，不但不追究李义府，反倒把大理寺丞毕正义关进牢中。

李义府怕毕正义泄漏了秘密，命他在牢中自缢。

案件的当事人死去，不了了之。唐高宗和武皇后睁一只眼，闭一只眼，不再追究。可偏偏有个御史大夫王义方，看不过。

这天，王义方下班回家，给老母亲说道：“身为检察官，职责就是弹劾奸臣，否则就是不忠。可是奸臣受皇上和皇后宠爱，弹劾之后，自己有性命之忧，这样的结果可能就是不孝。儿子纠结于忠孝之间，不知如何是好？”

老太太听后，对儿子说道：“忠为大，孝为小；当然要以国家为重，放弃个人私利。”

王义方听了母亲的话，第二天就上奏折弹劾李义府强迫大理寺丞毕正义自缢之事。

结果，高宗和武后庇护李义府，没有定罪。

相反，王义方却被贬往莱州。

武则天不治李义府的罪，是因为长孙无忌这颗大树还没有倒，李义府毕竟是长孙无忌的对立面，武则天还要让朝臣们看看，皇后的权威多么强大。

对李义府是包庇，对自己的姐姐，则是鸩杀。

当时在万年宫，武则天有孕，其姐贺兰氏乘虚而入，和李治私通，武则天发现了，不想拂逆李治，所以装聋作哑，暂且容忍。

贺兰氏和高宗偷情，怀孕了。她知道妹妹不会容忍，就去找母亲杨氏。

杨氏只有求二女儿原谅大女儿了，她劝武则天："无论你姐姐多么不对，毕竟是你的姐姐。如果你不能给姐姐一个名份，孩子生下来就归你抚养，对外就说是你所生，看在为母的份上，希望你答应。"

武则天听了母亲的话，又气又恨又意外。她感到姐姐恩将仇报，辜负了她的情意，但她还没有做出决断，姐姐贺兰氏就早产了，一名男婴。

唐高宗很是高兴，给孩子取名李贤，封为沛王。

武则天容不下姐姐，但听了母亲的话，还是把姐姐生的孩子收为养子了，对外说是自己亲生。

次年正月初五，武则天生下了次子李显。跟李贤离得很近。

为了让大家相信李贤是自己所生，武则天把李显的年龄往后推了十个月，定为十一月初五。

武则天怕姐姐不能保守儿子李贤的秘密，怕李贤懂事以后知道了自己的真实身份，更加不能容忍姐姐的存在了。

武则天把姐姐召到自己的寝宫，设宴款待，以毒酒把姐姐秘密杀害。

这一年，唐高宗李治干了一件大事：进击高句丽。

朝鲜半岛已经分成了三个国家：高句丽、百济和新罗。高句丽与百济联军攻新罗，新罗遣使赴唐乞援，高宗命左武卫大将军苏定方担任司令，率领十万水陆大军前去征讨高句丽。

当时的高句丽领土较大，甚至到达中国的东北地区的东南部。

唐高宗虽然懦弱，但他觉得机会难得，想亲征高句丽，一展雄风。

武则天知道后，劝李治他："皇上龙体尊贵，岂可无谓冒险。"

武则天了解李治，优柔寡断，懦弱仁慈，根本不适应亲征沙场。

李治不动了，大将军苏定方和薛仁贵，带领二十万大军分为水、陆两路进攻高句丽。

唐军到达鸭绿江，高句丽军誓死抵抗，唐军几经苦战，终于大破高句丽军，斩杀高句丽军首级三万，其余全部获降。

唐军乘胜进击，在高句丽老巢平壤撒了一番欢儿。

大获全胜，举国欢庆。

作为大唐天子的高宗李治，睡在寝宫之内，不费"吹灰之力"战胜了高句丽。自隋朝以来，历代帝王想征服高句丽的愿望终于实现了。

唐代的版图，以高宗此时为最大，东起朝鲜半岛，西临突厥之乌兹别克，北到贝加尔湖，南至越南横山，此后维持了三十多年。

第二年，武后又产下一子，这是武后第四子，起名李旭轮。半年后封为殷王，后来这孩子成了唐睿宗。

随着武后在宫中政治地位的不断提高，跟高宗的夫妻关系并不像以前那么融洽了。

武则天在宫中与道士搞巫蛊活动，诅咒这个，诅咒那个。

为了驱逐王皇后和萧淑妃的幽魂，武后召来道士郭行真作法祈祷，一连三天三夜，武后和郭行真两人在寝宫中反复折腾，不许任何侍女和宦官入内。

消息传到高宗耳朵里，高宗平时的不满完全爆发。

身为当朝皇后，居然和一个男人长时间关在密室里，虽是道士，但仍是一个完整的男人啊！武器齐备啊！

郭行真，“行”的还全是“真”的，谁受得了？

你道士郭行真受得了，俄高宗老李受不了啊！

身为天子，俄老李连个像样的嫔妃都没有，可你姓武的，根本无视天子的威严与尊崇，跟一个臭道士在宫中，明做巫术，暗行房中，是可忍孰不可忍！

唐高宗终于忍无可忍，密令刚被升为宰相的西台侍郎上官仪，起草废后诏书。

只要正式发表诏书，皇后就会从九天之上，一下子坠入地狱，甚至性命难保。

唐高宗和上官仪太天真和太简单了，武皇后不是王皇后，她手握皇权，眼线遍布宫内各个角落。废后诏书墨迹未干，早有情报员报知武则天。

武则天立刻到高宗处察看，废后诏书尚在案上。

武则天抓起诏书，匆匆看过，愤怒地撕成碎粉，抛在地上。

然后怒目而视李治，镇定而又凶恶地问道：“怎么回事？立刻给臣妾解释清楚！”

李治早已吓得缩成一团，低垂着头，不敢说话。

武则天不依不饶：“一心一意帮你处理政务，费心劳神却落得这个下场，实在令人心寒！臣妾问你：为何要这样做？”

懦弱的李治本能地洗刷自己，结结巴巴地道：“这……朕也不想这么做，都是……上官仪……教……教的嘛。”

凶神恶煞的武则天忽地转身怒视上官仪。

上官仪吓得倒退两步，扑通一声跪倒在地。

上官仪没有任何辩解，也没有任何埋怨。

之后，武则天与许敬宗密谋，诬陷上官仪和宦官王伏胜串通废太子李忠，组成反革命集团，密谋作乱。

上官仪以“大逆之罪”被打入大牢，不久死于其中。

上官仪的儿子上官庭芝和宦官王伏胜被斩首，上官家唯一的后人，年仅一岁的女儿上官婉儿和母亲郑氏一起充为宫婢。

凡涉及到此案或和上官仪交往密切的人，一律被贬官或流放。

废太子李忠被赐死在流放地。

武则天又一次施展权术，震慑了胆敢胡思乱想的唐高宗李治，重重地打击了朝臣中的反对派，武则天的政治权力迅速增长，也更加稳固了。

从此，武则天对权力的欲望与渴求更加狂热，每当高宗临朝，武则天必“垂帝于后，政无大小，皆与闻之”。“天下大权，悉归中宫，黜陟杀生，决于其口，天子拱手而已”。高宗一般只是随着武则天的意愿，点头而已。

群臣朝拜和中外表章奏议，皆合称皇帝与皇后为“二圣”。

三

却说武则天心狠手辣，却对付不了鬼魂。残害了王皇后和萧淑妃以后，她几乎天天做噩梦，猫来吃她，常常半夜被惊吓而醒。

虽然武则天下令禁止宫中养猫，但萧淑妃临死前的咒语，依然像魔法一样让武则天严重失眠，折磨得她精力憔悴，疲惫不堪。

于是武则天建议唐高宗，把中央政府迁往洛阳办公。

公元657年——显庆二年十二月，唐高宗发诏，宣布洛阳为东都。

很快进行了准备，即和武则天起驾向洛阳。

把太子李弘留在长安做“监国”。

皇辇走到霸上，今白鹿原，即听到报告，说李弘大殿里哭，哄不下。

武则天看李治，李治看武则天。武则天说：“把他接来吧。”

皇家车杖停了下来，把天真可爱的李弘接来，坐上了车。

一个多月后，李治和武则天在洛阳的宫殿双双临朝，被当时的人们称为东都“二圣”。

大唐中央政府，一边工作，一边大规模修葺洛阳。

唐洛阳城，因袭隋洛阳城格局，郭城平面接近正方形，考古发掘证实，南北最长处七千三百一十二米，东西最宽七千二百九十米，周长约二十八公里，面积约四十六平方公里。

唐洛阳设八个城门，东、南各三门，北面二门，西面无门。

洛水自西南向东北，穿城而过，分全城为洛北、洛南两部分。洛北区西宽东窄，故只能把占地大的皇城、宫城建在西端，恰好西部向南二十里左右可以遥望两山夹水的伊阙，遥对美景，煞是不错。

位于全城西北角的宫城，即“大内”，集中建中央官署。东、西、北三面，有东宫、西隔城和陶光园、耀仪城、圆壁城等重要瓮城环拥。

宫城的正门、正殿、寝殿等，都南北相重，形成一条轴线，此轴线向南穿过皇城正门端门后，跨越洛水上的天津桥，进入洛南区，直指南面外郭城门定鼎门，形成全城的主轴线，即谓定鼎门大街。

定鼎门大街，宽度一百二十一尺，是全洛阳最宽的街道，其余连接城门的街道，宽度在四十尺到六十尺不等。

皇城，绕宫城东西南三面修筑，皇城之东又有东城，东城之北为国家粮食储备库含嘉仓城。

坊市建在洛阳郭城内，洛北区的东部和洛南区。

定鼎门大街的东西两侧，由垂直交叉的道路划分成若干方形或长方形里坊。里坊有坊墙，四面设门，内为大十字街套着四个小十字巷。

定鼎门大街以东，有九行里坊，以西有四行里坊。每行由南而北各分六坊，另在沿洛水南岸又顺地势设若干小坊，以三坊之地建有二市。

在洛北区，皇城和含嘉仓以东，也布置里坊，东西六行，每行由南而北四坊。这片里坊之南，有运河经过，称漕渠，自西面引洛水入渠东行，供自东方运送物资入城之用，漕渠与洛水之间又建五坊。

合计洛北区共有二十九坊，以一坊为市。洛水南有八十一坊、两市。

整个洛阳城，共一百零九个坊、三个市。南北两区街道虽不全部对称，但都是规整的方格网，各坊大小基本相同，街道网也非常匀整。

风和日丽的公元658年春天降临了，盛开的牡丹为朝廷上下、干部群众带来欢欣，观赏牡丹之后，唐高宗李治、皇后武则天带着百官和宫人，前往龙门伊阙。

规模巨大的国家佛建项目奉先寺已经基本完工。许多民工，在凿刻佛像之外的空间部分。

高宗李治看到自己的宏愿即将变现，非常高兴。

武则天跟着表达快意。百官与宫人相遇雀跃。

唐高宗做出加快进度的指示，宗教局管理人员和执凿的民工们深受鼓舞。

话说洛阳这个大都市，春天花红，夏天叶绿，秋天果黄，冬天清爽，武则天在洛阳耀武扬威，再不做噩梦了。

不过，武则天醉心于拥抱权力，常常冷落得唐高宗李治成了一个“怨夫”。

李治感到后宫形同虚设，常常苦恼。

就在李治寂寞无聊的时候，有一位青春美丽的少女闯进了他的生活，这个女孩就是武则天姐姐贺兰氏的女儿魏国夫人。

武则天鸩害姐姐后，感觉亏欠了外甥女，就加封这个小女孩为魏国夫人，秩级为正一品。

几年后，魏国夫人出落的像自己的母亲一样美丽、风骚，也像自己的母亲一样，舍得用身体侍候李治。

魏国夫人看到姨父李治贵为皇帝，身边连一个像样的女人也没有，少女心里五味荡漾。

唐高宗干枯的生活里，突然出现了一片绿洲，两个人顾不及辈分，也不管长幼，就痴狂、陶醉地黏在了一起。

李治想给魏国夫人一个名份，好公开将她纳入后宫，日夜厮守。可一想到凶恶的武则天，他就有点发软了。

魏国夫人年龄小，盼望着入后宫，当贵妃，若皇帝有意，以自己年少貌美，说不定胜过姨妈，做成皇后。哇塞，那可就太美啦！

后山曰：骄傲又痴傻的女孩，你不知道，姨妈乃是吃荤长大的啊。

魏国夫人老是钻进唐高宗怀里撒娇："皇上，什么时候让妾正式入宫啊？"

面对这个问题，高宗没有答案，只好无奈地安慰魏国夫人："再等一等，有了机会，朕一定……一定……"

武则天的情网，撒哪儿效哪儿，情报网，疏而不漏，尤为厉害，早就得知老公和外甥女的私情，她把憎恨和嫉妒先埋了起来，预备机会来时，再收拾他们。

机会来了。武则天的两个堂兄武惟良和武怀运，因为顶撞过武则天的母亲，现在来负荆请罪。

武则天她妈杨氏摆宴席招待，唐高宗和武则天都来了。

武则天姐姐的两个孩子贺兰敏之和妹妹魏国夫人一直跟着外婆杨氏的，自然也要掺乎。

宴席间，武则天问武惟良和武怀运："听说你俩带的有食物，可拿出来。"

武惟良和武怀运说："是，是的。"取出几条白鱼。

武则天接过，命随从送厨房加工。

白鱼加工好了，武则天端到魏国夫人面前，说："你母亲去世早，姨妈十分怜爱你，你又代姨妈侍奉皇上也很辛苦，先替皇上尝尝白鱼吧，也是姨妈的感谢之意。"

魏国夫人受宠若惊，道："姨妈胜似亲母，甥女年幼无知，还靠姨妈多加教诲。"说罢，高兴地先尝了白鱼。

谁知两口下肚，魏国夫人立刻浑身痉挛，捂着胸口倒在了地上。

家宴顿时大乱，唐高宗没了主张，武惟良和武怀运更是惊慌无措。

就在大家乱做一团时，冷静沉着的武则天突然厉声喝道："你们两个忘恩负义的贼子，竟然如此恶毒，敢以白鱼毒杀圣上。来人，拿下！"

武惟良和武怀运浑身颤抖，还想申辩。

武则天哪里容许？片刻之间就斩了二人。

兄弟二人稀里糊涂做了刀下鬼。他们死后，武则天又削去二人的武姓，将其家族改为蝮姓。

武则天一箭三雕，高宗李治愣怔着，心里说魏国夫人："小心肝儿，你死得蹊跷，死得蹊跷啊！蹊跷啊！啊！"

四

唐高宗身体确实出了问题，头痛、目眩、视力减退，无法正常听政。

于是，高宗让武则天代为主持朝政，裁决政务。

武则天终于等到了这一天，虽无天子之名，却有天子之实。

武则天在欣喜的同时，蓄意抓住机会，展现自己的政治才能与权运智慧。

果然不负众望，甚至出乎人们意料，武则天对百官奏文的裁决，迅速准确，早朝的气氛也因其英明论断而充满活力，比高宗“一切权力归宰相”厉害多了。

大臣们这才更加认清眼前的这个女人，精明睿智，手腕果断，不得不佩服与敬畏啊。

武则天下令改革百官官衔：改门下省为东台，尚书省为中台，中书省为西台，侍中为左相，中书令为右相，左仆射为左匡政，右仆射为右匡政，左、右丞相为左、右肃机，六部各尚书为太常伯，侍郎为少常伯。

此外，凡二十四司、御史台、九寺、七监、十六卫都改了名称。

最新颖的是：“今后皇帝称为天皇，皇后称为天后。”

借着成为天后，改变文武百官的服装。干部们都换上了新制服，参加天皇、天后亲临的宴会。

真是个操作权力必欲极致的女人。

在洛阳太极殿，武则天又提出了十二条政治主张《建言十二事》，以唐高宗的名义诏告社会。

劝农桑，薄赋徭；省工费，止力役；禁浮华，绝奢侈；停止用兵，以道德化天下；广开言路，杜绝谗言；王公以下，习《道德经》；京官八品以上者，加俸；文武百官中才高职低者，可以越级晋升……

《建言十二事》，以当时的国情、民情为据，堪称具有深远意义的富国强民之招。

建言十二事很快推广下去，大唐又一次获得了空前的发展与繁荣。

但是，武则天掌握大权，其羽翼爪牙，也越来越猖狂，特别是李义府，管着组织人事，他家成了大唐卖官的专业户，全家人包括儿子、女婿都横行不法地卖官鬻爵，民怨极大。

有人将李义府恃宠而骄、目无王法之事秘奏唐高宗。

唐高宗召来李义府，并不严厉地说："卿的儿子女婿很不谨慎，多有不法之事，让朕难以为卿掩饰，卿也应该注意一些才是。"

有武则天的面子，李治确实比较客气，可李治万万没有想到，他的"好意"却使李义府勃然变色，愣着眼质问李治道："是谁告诉皇上的？"

李治压抑着怒气，不高兴地说："朕有必要告诉你是谁吗？"

李治反驳，李义府才满脸通红，转身离去。

唐高宗看着李义府离去的背影，十分窝火，半天说不出话来。他打算背着武则天，治李义府的"大不敬"之罪。

李义府非常信服与尊敬吉凶占卜人员杜元纪，李义府的母亲去世，让杜元纪给母亲望一处风水阴宅。

为了敝人耳目，李义府化妆成普通商人，天不亮就和杜元纪一块儿出洛阳城，上北邙山，于大量各代皇陵之间，搜觅地望。

有人又一次密告唐高宗，高宗对李义府上次顶撞自己耿耿于怀，立刻命令司空李勣和刑部尚书刘详道严厉弹劾。

武则天这时候已经厌倦李义府了，李义府的恶行也让她头疼，未予施救。

李义府被逮捕，严酷拷问之下，承认了一切罪行。遂被开除一切职务，流放到岭南去，领受报应了。其子、其婿也都被除了官，流放到僻远的地方。

武则天顾不上翼覆原先的那些奸佞之辈了，一是她到洛阳后，新收纳了许多亲信，二是高宗让她主持大唐中央全面工作，千载良机，他得抓紧时间，施展拳脚呢。

在着手改革措施后，武则天又加紧招募人才。改变从州县推荐人才的旧习，而是直接取阅他们的文章和著作。凡是优秀者，无论身份高低一律采用，并分别授予适当的爵位。

武则天还选出对文学有深厚造诣、文笔流畅的人，当著作郎，整理著作。

这样来擢拔人才，是以前所没有过的。

武后都洛阳期间，由文学官吏著述，她亲自监修的有《玄监》一百卷，《古今内范》一百卷，《少阳政范》三十卷等。

武后对“文学官吏”非常信任，也让他们参与政策的决议。

朝臣们参加早朝，按规定从南门进出，文学士则从北门进出。这个知识集团的成员，时称“北门学士”。

上官仪因罪死于狱中，年仅一岁的上官婉儿和母亲沦入掖廷宫，这时她已十四岁，婷婷玉立。

虽在困境下，婉儿还是特别爱学习，由母亲做启蒙老师，后来去习艺馆，跟博士学习。

上官婉儿记忆好，不久就崭露头角。经书、史书，甚至于书法、算术、吟诗，以及宫廷的礼节、棋弈，均有优秀的成绩，尤其做诗，更有非凡才能。

传到武后耳里，武后亲自召见上官婉儿，非常欣赏婉儿的才学和胆识。

武后早已听惯了千篇一律、老掉大牙的言论，而那些侍女，胸大脑残、蠢笨如猪，听到上官婉儿真正有思考、有内容的声音，十分喜悦，遂不顾前隙，把婉儿留在身边做秘书。

且说武则天对附庸之事大感兴趣，游洛阳龙门，参看佛窟时，诏从臣赋诗为乐，许以锦袍做奖品，做得好的，获奖锦袍一领。

臣子们纷纷应制谄媚，好不热火。

左史东方虬不一会儿就把诗写好了，武则天看过，不错，赐赠锦袍。

奉宸院院士宋之问是歌功颂德的行家，极尽谄媚之能事，写出来一首让武则天更动心的诗歌，武则天赞不绝口，就命东方虬把锦袍交出来，给宋之问。

奉宸院，乃是后殿管理局，人员尽是一些从各地挑选而来的年轻美貌的男子，兼职为武则天效劳，从事垫上运动，据说宋之问“伟仪貌，雄于辩”，当选了。

宋之问的艳诗也写得好，武后惊讶之余，非常看重。

这个宋之问，的确是难遇之才，只是他口臭熏人，让领导不快。

中国史系（八）

1583年 ～ 万历十一年

- 爱新觉罗·努尔哈赤袭封为指挥使，起兵攻尼堪外兰

1588年 ～ 万历十六年

- 努尔哈赤统一建州五部
- 耶稣会教士利玛窦到京，神宗允许在京师建教堂传教

1615年 ～ 万历四十三年

- 努尔哈赤建立八旗制度

1616年 ～ 万历四十四年，后金天命元年

- 正月，努尔哈赤在赫图阿拉称汗，国号金，史称后金

1620年 ～ 明泰昌元年，后金天命五年

- 七月，神宗死。八月，太子常洛即位，是为光宗。光宗病，鸿胪寺丞李可灼进红丸九月朔，光宗死。时人疑下毒致死，是为红丸案。廷臣恐光宗选侍李氏操纵朝政，迫令迁宫，是为移宫案。皇长子由校即位，是为熹宗

1621年 ～ 明天启元年，后金天命六年

- 后金攻陷沈阳，又陷辽阳。后金迁都辽阳

1625年 ～ 明天启五年，后金天命十年

- 魏忠贤兴大狱，捕杨涟、左光斗、魏大中等人，杨、左、魏受刑死。杀前辽东经略熊廷弼，罢孙承宗。命放弃关外各城
- 三月后金迁都沈阳，是为盛京

1626年 ～ 明天启六年，后金天命十一年

• 苏州居民因反对滥捕东林党人，发生民变。后颜佩韦、杨念如等五人挺身投案被杀，葬于虎丘，称五人墓

• 八月，努尔哈赤死。九月，皇太极即位，是为清太宗皇太极

• 后金制订严禁八旗奴仆逃亡的“逃人法”

1627年 ～ 明天启七年，后金天聪元年

• 皇太极攻宁远、锦州，被袁崇焕击退，时称宁锦大捷

• 八月，熹宗死，弟信王由检即位，是为明思宗朱由检。十一月，宣布魏忠贤罪状，魏自缢死

1628年 ～ 明崇祯元年，后金天聪二年

• 以袁崇焕为兵部尚书，总督蓟辽

• 陕西连旱，王嘉胤、高迎祥等起义，明末农民战争始

• 张溥、孙淳等联合几社、闻社、南社、匡社等结成复社

1629年 ～ 明崇祯二年，后金天聪三年

• 后金大举攻明，袁崇焕入援。崇祯帝中后金反间计，将袁下狱

• 开历局，以徐光启监督

1632年 ～ 明崇祯六年，后金天聪七年

• 冬，高迎祥、李自成、张献忠等于陕西米脂起义，渡黄河南下，进入豫西

1636年 ～ 明崇祯九年，清崇德元年

• 高迎祥在盩厔为孙传庭所败，被俘牺牲。李自成代为闯王

• 四月，皇太极即帝位，改国号为清

1637年 ～ 明崇祯十年，清崇德二年

- 宋应星所著《天工开物》刊行

1638年 ～ 明崇祯十一年，清崇德三年

- 明廷推行招抚政策，张献忠据谷城受抚，但拒绝解甲。李自成屡为明军所败，兵力微弱，起义军入商雒山中
- 清多尔衮大举攻明。高阳失守，孙承宗殉难。卢象升奉命督天下兵。十二月，卢象升在巨鹿阵亡

1639年 ～ 明崇祯十二年，清崇德四年

- 五月，张献忠在谷城再起，破房山、保康。九月，杨嗣昌出京督师

1640年 ～ 明崇祯十三年

- 张献忠、罗汝才合兵攻四川，破绵州，逼成都。李自成重入河南

1641年 ～ 明崇祯十四年，清崇德六年

- 张献忠东进。正月，破明军于川东开县黄陵城。二月，破襄阳，进破光州等地。是年，李自成攻入洛阳，杀明福王朱常洵

1643年 ～ 明崇祯十六年，清崇德八年

- 八月，清太宗死，子福临即位，是为清世祖福临。以郑亲王济尔哈朗、亲王多尔衮辅政
- 九月，李自成进兵汝州，大败孙传庭。十月，破潼关

1644年 ～ 明崇祯十七年，清顺治元年

- 正月，李自成陷西安
- 三月，李自成率大顺军攻占北京，明崇祯帝自缢死，明亡

• 四月，山海关之战，李自成败退，明山海关总兵吴三桂引清军入关。五月，多尔衮率清军入北京。九月，福临（顺治帝）入北京，十月，即帝位。以多尔衮为叔父摄政王

• 五月，明福王朱由崧在南京即帝位，建立南明弘光政权

• 十二月，颁圈地令

1645年 ～ 清顺治二年

• 二月，遣多铎移师经略江南。四月，清军破扬州，明督师史可法不屈遇害。五月，占南京，弘光政权覆灭。八月，攻占江阴，死难者十七万余人

• 重申剃发令，违者无赦

• 颁行汤若望制订的《时宪历》

• 明鲁王朱以海在绍兴监国；唐王朱聿键在福州即帝位

• 江南抗清义军纷起

1646年 ～ 清顺治三年

• 九月，明桂王朱由榔在肇庆监国后即帝位

• 明郑芝龙降清，子郑成功不从，在海上起兵抗清

1650年 ～ 清顺治七年

• 十二月，多尔衮卒，福临亲政

1657年 ～ 清顺治十四年

• 十月，编成《赋役全书》，颁行天下

• 顺天、江南发生科场案

1661年 ～ 清顺治十八年

- 正月，福临卒，玄烨即位。是为清圣祖玄烨，改元康熙。以索尼、遏必隆、苏克萨哈、鳌拜等四大臣辅政
- 十二月，吴三桂率清军入缅，俘朱由榔，旋杀之。南明政权最后覆灭
- 郑成功率军驱逐荷兰殖民者，收复台湾

1667年 ～ 康熙六年

- 玄烨亲政

1669年 ～ 康熙八年

- 禁传天主教
- 五月，清除鳌拜集团

1673年 ～ 康熙十二年

- 玄烨下令撤藩
- 十二月，吴三桂发动叛乱，耿精忠、尚之信等举兵响应

1682年 ～ 康熙二十一年

- 达赖五世死，第巴桑结嘉错匿丧不报长达十五年之久

1683年 ～ 康熙二十二年

- 八月，郑克爽降清，台湾统一

1684年 ～ 康熙二十三年

- 开放海禁

1685年 ～ 康熙二十四年

- 四月，停圈地

• 雅克萨之战。六月，清军驱逐沙俄侵略者，收复雅克萨城

1686年 ～ 康熙二十五年

• 四月，设广州十三行。洋行制度由此始

1689年 ～ 康熙二十八年

• 七月，中俄《尼布楚条约》签订，划分中俄东段边界

1690年 ～ 康熙二十九年

• 玄烨亲征准噶尔。八月，清军与准噶尔军发生乌兰布通之战

1691年 ～ 康熙三十年

• 四月，玄烨与喀尔喀三部首领于多伦会盟

1696年 ～ 康熙三十五年

• 五月，清军于昭莫多大败准噶尔军，史称昭莫多之战

1697年 ～ 康熙三十六年

• 春，玄烨亲赴宁夏，命费扬古、马思哈分两路出兵进剿准噶尔残部，噶尔丹兵败仰药自尽（一说暴病而死）

1703年 ～ 康熙四十二年

• 始在承德修建热河行宫（避暑山庄）

1712年 ～ 康熙五十一年

• 玄烨派出图理琛使团探望土尔扈特部

1713年 ～ 康熙五十二年

• 册封班禅五世罗桑意希为“班禅额尔德尼”，承认班禅的宗教地位

1717年 ～ 康熙五十六年

· 准噶尔部策妄阿拉布坦派大策零敦多布领兵侵袭西藏

1718年 ～ 康熙五十七年

· 九月，命皇十四子胤为抚远大将军，驻节西宁，指挥进藏平叛各路清军

1720年 ～ 康熙五十九年

· 清军逐准部出西藏

1722年 ～ 康熙六十一年

· 十一月，玄烨卒，胤禛继位，是为清世宗胤禛，改元雍正

1726年 ～ 雍正四年

· 《古今图书集成》定稿

· 云贵总督鄂尔泰上疏请在西南地区实行改土归流

· 中俄双方先后签订《布连斯奇条约》《阿巴哈依图界约》《色楞额界约》《恰克图条约》

1730年 ～ 雍正八年

· 迭兴文字狱

1735年 ～ 雍正十三年

· 八月，胤禛卒，弘历继位，是为清高宗弘历，改元乾隆

1761年 ～ 乾隆二十六年

· 文字狱迭起

1771年 ～ 乾隆三十六年

· 土尔扈特部在首领渥巴锡率领下，长途跋涉，从沙俄重返中国。九

月，渥巴锡汗在热河行宫朝见弘历

• 大金川土司索诺木与小金川土司僧格桑再次发动反清斗争，清廷命温福等往攻大金川，五年后平定

1773年 ～ 乾隆三十八年

• 开《四库全书》馆

1784年 ～ 乾隆四十九年

• 美国商船“中国皇后号”从纽约出发，绕道非洲好望角，驶抵广州

1792年 ～ 乾隆五十七年

• 乾隆帝定金瓶掣签决定达赖、班禅转世灵童之制

1793年 ～ 乾隆五十八年

• 颁布《钦定西藏章程》。六月，英国马戛尔尼使团到达大沽；八月，乾隆帝在热河行宫接见英国使节

1795年 ～ 乾隆六十年

• 九月，立皇十五子颙琰为皇太子，定明年继承皇位，改元嘉庆

1796年 ～ 嘉庆元年

• 正月，举行授受大典，颙琰即位，尊弘历为太上皇帝

• 川、楚、陕、甘、豫五省白莲教起义爆发，九年后失败

1799年 ～ 嘉庆四年

• 正月，弘历卒，颙琰亲政

• 处死大学士和珅，籍没家产

1813年 ～ 嘉庆十八年

• 九月，天理教起义。林清率领的起义军攻入紫禁城，旋即失败

1820年 ～ 嘉庆二十五年

• 七月，颙琰卒，旻宁继位，改元道光

• 大和卓之孙张格尔在浩罕封建统治者与英国殖民者支持下，潜入南疆发动叛乱

1838年 ～ 道光十八年

• 十一月，命林则徐为钦差大臣，前往广州办理禁烟事宜

1840年 ～ 道光二十年

• 鸦片战争爆发。清廷命琦善为钦差大臣，赴广州与英谈判。林则徐被革职。十二月（1841年1月），英军攻陷虎门外沙角、大角炮台

1841年 ～ 道光二十一年

• 一月，清廷下诏宣战。二月，英军攻陷虎门炮台。四月，英军攻击广州城，主持广东军务的奕山向英军乞和，签订《广州和约》，七月以后，英舰队北犯，攻陷厦门、镇海、宁波

1842年 ～ 道光二十二年

• 五月，英军攻陷吴淞炮台，英国舰队进入长江，六月，攻陷镇江，七月，进抵南京江面，七月二十四（8月29日）清廷被迫签订《江宁条约》（《南京条约》）

• 十二月，魏源着《海国图志》五十卷

1843年 ～ 道光二十三年

• 八月，中英在虎门签订《五口通商附粘善后条款》（《虎门条约》）

1844年 ～ 道光二十四年

• 先后签订中美《望厦条约》、中法《黄埔条约》

1845年 ～ 道光二十五年

• 十一月，英国驻沪领事与上海道台订立《上海租地章程》，是为外国侵略者在中国设立租界之始

1850年 ～ 道光三十年

• 一月，旻宁卒，奕欣继位，改元咸丰

• 十二月，太平天国金田起义始

1852年 ～ 咸丰二年

• 二月，太平军自永安突围，大败清军向荣、乌兰泰部，四月，破全州；十一月占汉阳、汉口；十二月攻克武昌。清廷命在籍礼部侍郎曾国藩帮办湖南团练

• 捻军张乐行在安徽蒙城雉河集起义

1853年 ～ 咸丰三年

• 二月，太平军沿长江东下，占领南京，定为首都，改称天京，四月，派林凤祥、李开芳率军北伐，突破黄河天险，九月直抵静海；同时，派胡以晃、赖汉英率军溯江西征。清军在天京城东孝陵卫建立江南大营，在扬州建立江北大营，包围天京

• 八月，上海小刀会首领刘丽川起义，两年后失败

1855年 ～ 咸丰五年

• 太平军北伐失败，主将林凤祥、李开芳阵亡

• 各路捻军会集雉河集，推张乐行为盟主

• 贵州苗民起义，十七年后失败

1856年 ～ 咸丰六年

• 二月，太平军大败江北营统帅托明阿部，五月，攻破江南大营，向荣自杀，八月，天京事变，韦昌辉诛杀东王杨秀清，十月被处死。石达开回天京提理政务

• 云南回民起义，攻占大理，建立政权，十六年后失败

• 英国借口亚罗号事件，挑起第二次鸦片战争

1857年 ～ 咸丰七年

• 五月，石达开受洪秀全猜忌，率十万众自天京出走

• 十一月，英法结成联军，占领广州

1858年 ～ 咸丰八年

• 四月，英法联军攻陷大沽炮台

• 沙俄东西伯利亚总督穆拉维约夫胁迫清黑龙江将军奕山签订《瑷珲条约》

• 五月，俄、美、英、法逼迫清廷相继签订《天津条约》

• 八月，陈玉成等再破清军江北大营，十月，太平军在安徽三河城歼灭湘军精锐李续宾部

1860年 ～ 咸丰十年

• 美国人华尔组成“洋枪队”，协助清廷镇压太平军

• 六月，英法联军在北塘登陆，占领天津；八月，进攻通州城西八里

桥，奕欣逃往热河；英法联军攻陷北京，抢掠、焚毁圆明园；九月，恭亲王奕欣与英、法、俄分别签订《北京条约》

- 十二月，清廷设立总理各国事务衙门

1861年 ～ 咸丰十一年

- 七月，奕欣卒，九月，慈禧政变，逮捕载垣、端华、肃顺等赞襄王大臣。载淳即皇帝位，改元同治。慈禧、慈安两太后垂帘听政，史称辛酉政变
- 曾国藩创办安庆内军械所，后李鸿章在上海设立江南制造总局，清代洋务运动自此始

1863年 ～ 同治二年

- 四月，石达开在四川大渡河紫打地兵败自投清营，被杀

1864年 ～ 同治三年

- 四月，洪秀全死。六月，天京为清军攻陷，太平天国失败。捻军和太平军遵王赖文光部联合，举赖文光为领袖

1865年 ～ 同治四年

- 捻军在山东菏泽高楼寨击僧格林沁，歼全军七千余人。清廷急调曾国藩为钦差大臣，督湘淮军攻捻

1866年 ～ 同治五年

- 李鸿章接曾国藩任钦差大臣，督师“剿捻”。捻军遵王赖文光、鲁王任化邦等率部留在中原地区活动，称东捻军；梁王张宗禹、幼沃王张禹爵等率部进军西北，往联回众，称西捻军

• 左宗棠在福建马尾设立福州船政局；后调任陕甘总督，镇压西捻军和西北回民起义

1868年 ～ 同治七年

• 六月，蒲安臣在华盛顿代表清政府与美国订立《蒲安臣条约》

• 东西捻军相继覆没

1871年 ～ 同治十年

• 沙俄出兵强占新疆伊犁地区

1872年 ～ 同治十一年

• 李鸿章在上海创办轮船招商局，侨商陈启源在广东南海县创办继昌隆缫丝局，中国民族资本主义近代工业始出现

• 容闳等奉命率一批幼童三十名到美国留学，是为近代第一批留学生

1874年 ～ 同治十三年

• 十二月，载淳卒，载湉继位，是为清德宗载湉，改元光绪。慈禧太后再度垂帘听政

1875年 ～ 光绪元年

• 清廷任命左宗棠为钦差大臣，督办新疆军务

• 英国入侵云南，发生“马嘉理事件”

• 七月，清廷以兵部侍郎郭嵩焘任出使英国钦差大臣，为中国正式派遣驻外使节的始

1876年 ～ 光绪二年

• 左宗棠出师讨伐阿古柏，收复乌鲁木齐，天山北部平定

• 英国以“马嘉理事件”为借口，迫使清政府与之订立《烟台条约》

1883年 ～ 光绪九年

• 中法战争爆发。法军占领河内、南定，越南国王请刘永福所部黑旗军助越抗法，四月，两军在河内城西的纸桥激战，大败法军，击毙法军司令利瓦伊业中校

1884年 ～ 光绪十年

• 五月，法国派遣远东舰队司令孤拔率舰队侵入福建马尾，福州水师覆没。七月，清廷下诏对法宣战。法国舰队占领台湾基隆炮台，封锁台湾海峡

• 新疆改建行省

1885年 ～ 光绪十一年

• 镇南关——凉山大捷。四月，李鸿章和法国公使巴德诺在天津签订《中法会订越南条约》即（《中法新约》）。中法战争结束

• 台湾改建行省

1888年 ～ 光绪十四年

• 十月，康有为第一次向皇帝上书请求变法，未达

• 北洋海军建成，以丁汝昌为提督，林泰曾、刘步蟾为左右翼总兵，拥有舰船二十五艘，四万余吨

1889年 ～ 光绪十五年

• 二月，光绪帝载湉亲政

1894年 ～ 光绪二十年

• 中日甲午战争爆发。七月初一（八月一日）中日两国同时宣战。八月十六，日军进攻朝鲜平壤，清军败绩。两日后，北洋海军与日舰队在黄海激战，清军败绩。九月，日军渡鸭绿江攻入中国境内。十月，占大连、旅顺。十二月，日军在山东半岛荣成湾龙须岛登陆

• 孙中山在檀香山创立兴中会，提出“驱逐鞑虏，恢复中华，创立合众政府”的革命纲领

1895年 ~ 光绪二十一年

• 一月，日军攻占威海卫，北洋海军覆没。三月李鸿章与日本政府签订《马关条约》，把辽东半岛和台湾全岛及所有附属各岛屿（包括澎湖列岛）割让给日本。俄、德、法三国照会日本，劝告放弃辽东半岛，日本被迫接受，清政府以银三千万两赎回，史称三国干涉还辽

• 康有为联合十八省会试举人一千三百余人“公车上书”

• 是年起至光绪二十四年，直隶、山东、河南、江苏、安徽、浙江、福建、湖南、湖北、广东、广西、四川等十余省先后发生群众抗租、抗税、抢米风潮

1896年 ~ 光绪二十二年

• 四月，李鸿章与沙俄代表签订《中俄密约》

1897年 ~ 光绪二十三年

• 德国武装占领胶州湾；沙俄出兵强占旅大

1899年 ~ 光绪二十五年

• 山东义和团朱红灯部在平原县起义

· 八月，美国国务卿海约翰先后照会英、俄、日、意、法、德诸国，提出在中国实行“门户开放”政策

1900年 ～ 光绪二十六年

· 义和团猛攻北京东交民巷使馆区和西什库教堂。五月，清廷发出宣战诏书。八国联军占领大沽炮台后攻陷天津，七月，北京陷落。慈禧挟光绪帝仓惶逃走

· 东南互保。刘坤一、张之洞等与驻沪各国领事商定《东南互保约款》

· 沙俄制造海兰泡与江东六十四屯惨案，并派侵略军十余万人大举入侵东北

1901年 ～ 光绪二十七年

· 七月，以庆亲王奕劻、李鸿章为全权大臣，与俄、英、美、日、德、法、意、奥、比、西、荷十一国公使签订《辛丑条约》

1902年 ～ 光绪二十八年

· 英国再次入侵西藏

· 一月，梁启超在日本横滨创办《新民丛报》，鼓吹保皇

· 三月，中俄签订《交收东三省条约》

1903年 ～ 光绪二十九年

· 拒俄事件发生

· 闰五月，《苏报》案发生，章炳麟、邹容被捕系于租界西牢

· 十二月，日俄战争爆发

1905年 ～ 光绪三十一年

• 废除科举制度

• 同盟会在东京召开成立大会，通过会章，选举孙中山为总理，机关报《民报》创刊

1908年 ～ 光绪三十四年

• 清廷颁布《钦定宪法大纲》

• 十月二十一日，载湉卒，溥仪继位，改元宣统，由摄政王载沣监国。次日，慈禧卒

1910年 ～ 宣统二年

• 发生国会请愿运动。清廷宣布将原定九年的预备立宪期缩短为三年。

1911年 ～ 宣统三年

• 三月，广州起义失败（黄花岗之役）

• 辛亥革命。八月十九日（10月10日），武昌起义爆发。十一月，各省代表会议在南京举行，选举孙中山为临时大总统

1912年 ～ 中华民国元年

• 1月1日，南京临时政府成立。孙中山就任临时大总统，定国号为中华民国

• 2月12日，清帝溥仪宣布退位，清亡

• 孙中山向临时参议院提出辞职，15日，参议院选举袁世凯为临时大总统

• 5月9日，共和党成立

• 8月25日，国民党成立

• 27日，民主党成立

• 河南宝丰人白朗在故里组织农民起义

1913年 ～ 中华民国二年

• 1月，津浦铁路全线通车

• 4月，中华民国第一届国会成立

• 5月29日，进步党成立

• 孙中山流亡日本

• 10月6日，袁世凯威迫国会选其为正式总统

• 11月4日，袁世凯下令解散国民党，并撤销国民党籍国会议员

1914年 ～ 中华民国三年

• 1月10日，袁世凯命令解散国会

• 2月28日，袁世凯下令解散各省省议会

• 5月1日，袁世凯废除《中华民国临时约法》，公布《中华民国约法》

• 7月8日，孙中山在日本成立中华革命党

• 8月，第一次世界大战爆发。中国宣布在欧战中中立

• 9月2日，日本借口对德宣战，派兵强行在山东半岛龙口登陆

1915年 ～ 中华民国四年

• 1月18日，日本提出亡中国的“二十一条”要求

• 12月12日，袁世凯恢复帝制，改国号为“中华帝国”

• 25日，蔡锷通电组织护国军讨袁，护国战争爆发。孙中山发表《讨袁宣言》

1916年 ～ 中华民国五年

- 2月18日，中华革命党在武昌、长沙起事失败。革命党人蔡济民等于武昌两湖策动马队起义失败
- 2月21日革命党人杨王鹏等率百余人去长沙袭击将军署及警署，失败，杨等十余人被捕遇害
- 22日，袁世凯下令撤销帝制
- 5月9日，孙中山发表《第二次讨袁宣言》
- 6月6日，袁世凯死，黎元洪继任大总统。黎元洪令恢复《临时约法》，并任段祺瑞为国务总理

1917年 ～ 中华民国六年

- 8月14日，北京政府对德、奥两国宣战，参加第一次世界大战
- 日本向段祺瑞政府提供“西原借款”

1918年 ～ 中华民国七年

- 苏俄政府公告废除中俄不平等条约
- 3月，安福俱乐部成立
- 9月4日，选举徐世昌为大总统
- 11月11日，第一次世界大战结束。北京政府、广州军政府先后发布停战令，南北战争暂停

创作札记：古道声息

先秦时期是中华民族的孕育时代，也就是历史上第一次民族大迁徙、大融合的时代。

据传说和考古发掘，炎黄时代至尧、舜、禹时期，黄河中游的炎、黄两大部落，不断地碰撞融合，结成联盟向东推进，战胜了以泰山为中心的太昊、少昊集团，建立起号令黄河流域各部落的大联盟，并击败江汉流域的苗蛮集团，成为可追溯的中国早期民族融合的核心。

所以说，黄河中下游是华夏文明的摇篮和发祥地，是华夏族肇兴的腹地。

华夏族是汉民族的前身。

“华夏”融夏、商、周三族初具雏形之后，就像滔滔东注的长江，涵化万水，汇合百川，最后形成一个庞大的民族集团。

大体在周代，在这个族体中，既有涵盖了共同尊奉黄帝为始祖的夏、商、周三族的“华人”，又有华夏化了的戎人、氐人和夷人。

东周时期，民族融合进一步发展。

当时，中原地区“华夷”逐渐走向一体，内迁异族已被华夏吸收、融合。中原四周，齐、鲁吞并诸夷，秦霸西戎，楚征服统一诸蛮，边疆地区民族融合、兼并的速度也在加快。

诸侯经过激烈的兼并、分化、吸收、统一，到战国时期只剩下齐、燕、韩、赵、魏等几个大国和在它们夹缝中的几个小国了。

即使是原来被称为“蛮夷”的秦、楚已同被称为“诸夏”或“中国”，与周边各族出现了进一步融合的趋势。

唐朝两京古道

这一时期，中原大地及其周边各族，不断地凝聚、兼并、扩张，融合成一个新的民族——华夏族。

华夏族自诞生之日起，又以迁徙、聚合、民族战争等诸多方式，频频与周边各民族碰撞、交流，不断吸收新鲜血液，像滚雪球一样不断地融入众多非华夏族的氏族和部落。

中华民族的历史上，黄河故道中、下游地区是古代文明的发祥地，也是古代中国人口分布的重心所在。

直至秦、汉之际，此地区的人口在全国总人口的比重大体保持在80%左右。

西汉末年长达数十年的社会动乱，致“人相食，城郭皆空，白骨蔽野”，黄河流域人口受到严重损失。

东汉末年至三国末年前后九十年间，中原地区战乱频多，此地区人民纷纷向相对安定的南方逃亡，使“中原户口，十不存一”。

而匈奴、鲜卑、羯、氐、羌等北方和西方的少数民族陆续内迁，到西晋初年，人数达到几百万。他们同汉族长期杂居，互相影响，民族界限日益缩小。

黄河流域及附近地区出现“名都空而不居，百城绝而无民者不可胜数”，结果黄河流域人口比重由80%下降至60%，直至唐中叶的“安史之乱”前，全国人口分布，大致稳定在这一局面。

发生在天宝十四年（755）的“安史之乱”，第二次造成了中原人民大量南移。“天下衣冠士庶，避地东吴，永嘉南迁，未盛于此”。

“安史之乱”后，中原地区“人烟断绝，千里萧条”，官方人口统计只剩约

1700万人，总数不到此一历史事件发生前的三分之一。

这次战乱虽仅持续七年（755~763），但中原地区人民南迁并没有因战乱的结束而终止，直至唐末和五代十国时，南迁的中原人民仍相望于道。

经过“安史之乱”后中原人民的南迁，南、北方的人口比例，首次出现均衡的状态。

北宋末年的“靖康之难”，再次导致中原人民南迁，其规模之大，持续时间之长，可与历史上的“永嘉之乱”“安史之乱”相伯仲，其结果使南方人口第一次超过北方，最终完成了中国人口、经济、文化重心从黄河流域向长江流域的转移，从此中国社会便进入南盛北衰的阶段。

此后中原人民南迁并未停止。

宋末元初，元末明初，明末清初的几次社会大动乱，又一次次导致中原地区的人口在全国总人口中的比例下降。

尤其是蒙古人、满洲人入主中原之初，迫使中原人民纷纷南逃避难，而先期迁徙到长江中、下游地区的中原移民则部分流往岭南、赣南客家人因迫于清廷颁布“迁海令”而返迁其祖居地陕南。

清统治者颁布“迁海令”的目的，是企图通过对东南沿海地区居民强制迁移，隔绝收复台湾的郑成功的反清武装与内地反清势力的联系，防郑再次北伐。

按“迁海令”的规定，江苏、浙江、福建、广东等沿海各省，划地为界，令居民限时迁出。

“初立界去海二十里，犹以为近也，再缩二十里，犹以为近也，又再缩十里，凡三迁而界始定。”

广东最早实行迁界和受害最重的是粤东客家人聚居地，“坠县卫城廓以数十计”，“尽燔庐舍，民间积聚器物，重不能致者，悉纵火焚之。乃著为令，凡出界者，罪至死。”

“迁海令”实施前后持续约二十年之久。

它的施行给包括客家人在内的沿海地区的居民带来惨重的灾难，迁民颠沛流离十不存八九，渔舟、商船禁止出海，致众多的商港、渔村变为废墟，阡陌良田也成灌莽荒丘。

在此情形下，客家人冒险远走南洋，北返西北其祖地，是理所当然的。

发生于19世纪五六十年代的太平天国事件，再次导致闽、粤、赣边客家人纷纷外迁。

太平天国战争期间，中国的十八个省，尤其是江、浙、皖、赣等东南沿海各省成为太平军和清军、外国侵略者反复较量的战场，其中不少是客家人聚居地。

在这些地方，清军及外国侵略者残酷地烧杀抢掠，地方民团也为虎作伥肆意蹂躏百姓。

为避战祸和反动势力的报复、清军的追杀，大批的客家人被迫外逃，迁徙到他们自认较为安全的地方。

战后，不少客家人聚居地“荆榛塞路”“十室九空”，有些地方人口减少过半。可见其时客家人外迁现象是多么严重。

从1世纪开始，中国以北以西的匈奴人羯人鲜卑人和氐羌，由于种种原因，都像潮水一样涌进了中原。

内乱使民族因素的定时炸弹引爆，释放出惊人的能量，酿成巨变。

《晋书·文帝纪》载："是以东夷西戎，南蛮北狄，狂狡贪悍，世为寇雠者，皆感义怀惠，款塞内附或委命纳贡，或求置官司。九服之外，绝域之氓，旷世所希至者，咸浮海来享鼓舞王德，前后至者八百七十余万口。"

可见当时迁入中国境内的北方移民总数竟然高达870多万人。

据有关学者研究，其中匈奴人有八九十万人，羯族约有三十余万，氐族有七八十万，羌族则和氐族大体相当，乌丸有二三十万，鲜卑更多，达四百余万，加上巴氐，丁零，高句丽，夫余等其他胡族，合计870多万。

而西晋全盛时中国汉族人口是多少呢？

《晋书》记载："太康元年，平吴，大凡户二百四十五万九千八百四十，口一千六百一十六万三千八百六十三。"

这里需要说明的一点是，古代中国的户口统计通常只包括汉族人，由此可见280年的中国汉人为1600多万人，其中吴国遗民人口为："其户五十二万三千，男女口二百四十万"，原蜀国遗民人口为："其户二十万，口九十万"，如果再去掉淮南和荆州北部的原魏地人口二百余万，西晋时期中国北方的汉族人口就只有1000万多人，那么按《晋书》的数字，胡人移民的人口已非常接近了中国北方汉族人，占中国北方总人口总数的43%左右，几乎达到半数。

北方民族分布的状况和民族力量对比，产生了巨大的变化，致使胡汉两族力量对比发生了质的变化，成为新的不稳定信号。

民族比例剧变，势必引起民族利益重新分配，导致民族关系紧张。

汉人在人口比例上被日益边缘化，中国汉人开始由人口绝对优势转变为微弱相对优势，北方少数民族所代表的落后的生产方式必然会和中国先进的生产方式产生激烈的冲突，并通过民族矛盾和民族斗争反映出来，释放。

事实上，早在刘渊起兵之前，民族冲突的前奏已经是此起彼伏，诸如匈奴刘猛的叛乱，匈奴郝散之变，鲜卑族秃发树机能变乱，等等，当时的民族关系已经是山雨欲来风满楼了，特别是中国内部又爆发了长达16年之久的“八王之乱”，这场残酷的战乱使得大批中国汉族百姓和士兵丧命，死者不下百万，使得中国汉族的实力进一步大大削弱，这就大大加速了蛮族移民危机爆发的到来。

自东汉末年，由于政治的日益腐败，统一的多民族大帝国分崩离析。

之后，历三国和西晋的短暂统一，又出现了东晋十六国并立和南北朝对峙的局面。

在这政权分裂、战乱频仍的三百多年中，中国社会处于一个巨大动荡的旋涡之中。

与此同时，由于民族大迁徙和民族大杂居，出现了中国历史上第二次空前的民族大融合。

与汉族及其前身华夏族有着密切联系的各族，他们出现在中原政治舞台上以后，骤然间加快了民族融合的过程，纷纷离散聚合。

建立过政权的许多民族都纷纷与汉族融合。

不论南方还是北方，民族之间双向或多向的迁徙、对流，是这一时期民族融合的特点。

在北方，史称“五胡”的匈奴、鲜卑、羯、氐、羌等塞外民族纷至沓来，在黄河流域建立了许多政权。

孝文帝建立北魏政权后，为了巩固统治，发展经济，增强国力，他顺应民族融合的发展趋势，模仿汉政权建立了封建政治制度，实行了三长制、均田制，改胡姓为汉姓，改胡服为汉服，提倡胡汉联姻。

其中均田制的推行，使北方经济逐渐恢复和发展，有利于少数民族由游牧生活向农耕生活的转化，对民族融合产生了有力的促进作用。

迁都洛阳，更可以直接地接受汉族先进文化，这大大加速了胡汉民族融合。

在南方，自秦汉以来，就有不少华夏或汉族大批进入蛮族区、西南夷及岭南地区。

进入魏晋南北朝时期，汉族为了逃避战乱和苛重的税役，或迁往河西陇右，或随晋室南迁而偏居江左，甚至在传统的蛮、俚、僚、爨等族聚居区，也能看到他们的踪迹。

豫州蛮、荆、雍州蛮向北推移，爨人被征调内地，成为南朝的编户齐民。

通过这种双向的、对流式的迁徙杂居，以及不间断的武力征伐、联姻结盟和左郡左县的设置等多种渠道，南方地区汉族的夷化和夷族的汉化现象也日渐普遍。

就在西晋“八王之乱”接近尾声的时候，也就是公元304年，蛮族移民之一的南匈奴在今山西离石县起兵，民族战乱遂起，并很快不可避免地蔓延到普通胡汉民众之间，加上某些胡酋贵族为了满足其奴役其他民族的欲望，也极力鼓动本民族的民众去屠杀掠夺汉族人民，竭力把民族矛盾扩大到人民中去，化其成为极其野蛮落后的民族仇杀。

当时胡人部族的狭隘民族复仇习惯还很严重，加上这些落后原始部落对农耕劳动力的价值还普遍缺乏足够的认识，他们普遍认为抢掠比劳动生产更为光荣，至于屠杀造成的社会继续增殖力的大量死亡，就不是一时的破坏和影响了。

虽然各落后部族不可能把中国带回到他们自己所处的原始社会或奴隶社会，但是短期内却给中国的社会发展造成了近乎毁灭性的打击，使得中国社会的发展至少停滞了两到三个世纪。

南北朝前期可谓中国历史上最混乱、最血腥、最黑暗的岁月，也是民族冲突最为激烈的时期，刀光剑影，血流漂杵，尸骨满野，相互之间为了争夺生存空间而反复惨杀，数以百万计的人口在战乱中死亡。

数以百万计的人口背井离乡，千里跋涉，去寻找安宁的场所、

差不多每年都有成千上万甚至数十万人成为战俘，被驱赶到新的地区。

幸存的汉族人民则随时都要拿起刀剑，修筑星罗棋布的坞堡来争取自己生存的权利。

地狱般的岁月，使得人们付出了极为高昂的代价，流淌了太多的血和泪，各族民众由于相互之间的仇视与隔阂而一再卷入民族仇杀，无数人为此惨死丧命，成为民族仇杀的牺牲品，其中以汉羯两族间爆发的仇杀最为激烈，残酷。

自五代十国以后，历史进入大分裂、大混乱之后的大统一的辽宋夏金元

时期。

这一时期民族融合有两个主要的特点：一是民族融合先在各民族政权统治区域内进行，亦即主要在边疆进行。二是在北宋——辽——西夏、南宋——金——西夏对峙、纷争、冲突与逐步走向统一的过程中，由于民族大迁徙而再次改变民族分别格局，从而促进了一次新的民族大融合。

建立辽的契丹源于鲜卑。它东灭渤海，频繁征伐回鹘、新罗、吐蕃、党项、室韦、沙陀、乌古等民族，向南扩张，随着向南发展，治下的汉人日益增多。

西夏党项族又是以党项羌为主体，吸收氐、羌、吐蕃以及西北地区其他民族成分而形成的重要民族，建国后，势力迅速扩大，相继与北宋、辽、金、南宋形成鼎立局面，盛时辖今宁夏、陕北、甘肃西部和内蒙古的一部分。

源于黑水靺鞨，崛起于东北的女真，灭辽亡宋建立了金。

金灭辽后，在南下过程中，把大批俘获的汉人迁往东北，又把大批的女真人迁出故地，散居契丹、汉人地区。这种民族间的迁徙、杂处，促进了民族融合与文化交流。

各大政治实体之间，在冲突与纷争的同时，还通过遣使、朝贡、互市、联姻等方式进行频繁交往，进行更为广泛的经济文化交流。其结果不仅有大量的少数民族融于汉族，还有不少的汉族融合于少数民族。

契丹人在南宋时大批进入中原，至元代中叶已被元朝政府视同于汉人。

陶宗仪在《南村辍耕录》中所列汉人8种就有契丹人，元代后期“契丹”之名便逐渐消失了。

女真人的内迁从金太宗至金末，一直没有停止，特别是金宣宗因受蒙古人的压迫迁都汴京，内迁的女真人更多，约占女真人总数的一半。

女真人与汉人错杂而居，互为婚姻，改用汉姓，民族特色已逐渐丧失。

元代统治者将女真人、汉人、契丹人同列为第三等级，政治待遇相同，这在客观上消除了女真人与汉人的民族畛域，促使女真人更加汉化。

迨至元末，中原地区的女真人已完全融入汉族中了。

蒙古贵族建立的元朝对农民残酷剥削压迫，阶级矛盾与民族矛盾日益激化，水旱蝗疫不断，民不聊生，使河南、山东、河北皖北等中原地区“道路皆榛塞，人烟断绝”，人民无法生活下去，只有揭竿而起，反抗元帝国的残暴统治，仅至正元年，山东、河北、湖广等地就以生了百余次人民反元起义。

红巾军起义之后，郭子兴、朱元璋在濠州起义，元军出其精兵锐将与农民军决战，攻城掠地，掳掠杀人，干尽了残暴之事。

后来元军正规军精兵使尽，无力把农民起义军镇压下去，一些地主武装，为了维护本身利益也配合元军与农民作战，山西的王保保（扩廓帖木儿）父子，陕西的李思齐，也出兵豫、陕、鲁和两淮，终于把红巾军镇压下去。

元军攻打农民军所据之地，多是“拔其地、屠其城”，使豫、鲁、苏北、皖北之民十亡七八，名城扬州城中当时被杀的仅余有十八家。

后来朱元璋出兵江淮，派徐达、常遇春北伐，进取山东，收复河南，北定京都，元帝出亡漠北，这样元末长达十六年的兵乱才算结束。

元朝末年除兵乱之外，水、旱蝗、疫也接连不断。

黄、淮河又多次决口，使中原之地“漂没田庐无算，死亡百姓无数，村庄城邑多成荒墟。”

据《元史》载，仅元朝末年的雨旱灾，山东19次、河南17次、河北15次、两淮地区8次。造成“漂没民庐、死者众”，“禾不入地、人相食”。

元末中原地区不但水患严重，大蝗灾也频频而至，从至正元年到二十五年，大蝗灾计有十八九次。元时的大名路，至正十二年六月“开、滑、浚三州元城十一县，水旱虫蝗，饥民七十一万六千九百八十口”。

中原地区从元统三年到至元末年，大饥荒十五次，几乎年年“大饥”。

至正十八年“京师大饥，彰德亦如之”。至正十九年冀、鲁、豫大饥，通州民间五杀其子而食之。保定路孽生盈道，军士掠孱弱以食。山东、河南之孟津、新安、渑池出现“民食蝗，人相食”的惨状。

同时，危害极大的瘟疫又多次流行于河南、山东、河北、陕西以及南方诸省。

以上种种，兵乱水旱蝗变疫相辅而至，百姓非亡即逃，使中原地区人烟稀少，土地荒芜，元政府只好把一些路降为州，如“降徐州路为武安州”。

到了明朝，由于人粮剧减，不得不把许多州，府降格，开封就由上府降为了下府。

明朝洪武十年，河南等布政司所属州县“户粮多不及数”，“凡州改县者十二，县并者六十”。

到了洪武十七年全国各地又把不足3000户的30余州降为县。

各地官吏纷纷向明政府告具各地荒凉情形，中原地区处处“人力不至，久致荒芜”，“积骸成丘，居民鲜少”，“多是无人之地”，“累年租税不入”。

劳动力严重不足，土地大片荒芜，财政收入剧减，直接威胁明王朝统治，就连朱元璋也深知：“丧乱之后，中原草莽，人民稀少，所谓田野辟，户口增，此正中原之急务”，于是采纳了户部郎中刘九皋、国子监宋纳等人的奏议，为维护明王朝的封建统治，决定了移民屯田的战路决策。

于是，一场大规模的官方组织的历时五十多的移民开始了。

明朝洪武年间开始大量移民，农业生产刚刚有所恢复，又发生了“靖难之役”，四年的战争又加剧了中原地区的荒凉局面，为此必须继续迁民。

明太祖朱元璋死后，建文帝继位，为了巩固中央集权，采取了”削藩”措施。

燕王朱棣以入京诛奸为名，从北京进取南京，所过河北、河南、山东、皖北、淮北等地，与政府军反复拉锯作战，进行了四年的战争，这就是中原地区盛传的所谓“燕王扫碑”。

据《明史》记载，燕军在战争中，抢掠屠杀甚为严重，如“燕军掠真定，顺德、广平、大名”，在真定“斩首三万级”，白沟河仗，燕王“乘纵火奋击，斩首数万，溺死者十余万人”。

当时一部分地区的老百姓也自行组织武装，拒抗燕王军队，这反映了人民要求安居乐业，恢复生产的愿望。

朱棣胜利后，对忠于建文帝的军队和百姓杀无遗漏，河北、山东等一些族谱中记载，燕兵所至，村城成墟，当燕王打到冀、豫交界处时，遭到地方武装“十八村联谊会”的把抵抗，燕王无标转路攻取南京，后朱棣把一带人杀的只留狐、刘两家。

盖燕王靖难兵起，在建文时南北构兵，南兵大军追袭，则南兵自南而北，北兵胜大军犯阙则自北而南，想尔时，或杀，或刮，或逃，东西六七百里，南北近千里，几为丘墟焉。

“靖难之役”加剧了中原地区荒凉局势，民非杀即逃，这也是必须移民的又一原因。

当元末中原地区荒疫兵乱之时，山西却是另外一种景象，兵乱及各种灾疫很少波及，大部地区也没有发生水旱虫灾，风调雨连丰收，同邻省相比社会安定，经济繁荣，人丁兴盛。

元人钟迪在《河中府（蒲州）修城记》中说：当今天下劫火燎空，洪河（黄河）南北噍类无遗，而河东一方居民丛杂，仰有所事，俯有所育。

虽然是溢美之词，但也说明其安定程度，再加邻省难民流入山西，使山西南部人口十分稠密。

洪武十四年，河南人口一百八十九万一千多人，河北人口一百八十九万三千多人，而山西人口却达四百零三万零四百五十口，等于河北、河南人口的总和。

据历史记载，明洪武年间从山西洪洞大槐树一带大规模移民10次，永乐年间移民8次，共计18次，迁移姓氏1230个，人数近百万。

根据《明史》《明实录》《日知录之余》等正史及笔记史料的记载，洪洞大槐树移民分布在30个省市，2217个县市。

其中河南123个县市，北京、天津、河北142个县市，山东109个县市，山西104个县市，江苏、安徽、湖北、湖南316个县市，陕西、甘肃、宁夏182个县市，黑龙江、吉林、辽宁171个县市，浙江、福建、江西227个县市，广东、广西、贵州248个县市，四川、内蒙古、青海274个县市，云南、西藏、新疆210个县市，海南、台湾111个县市。

另外，海外移民主要分布在亚洲、非洲、欧洲、美洲、大洋洲的100多个国家。

1. 1373年，“（洪武）六年，徒山西真定民屯凤阳。”

2. 1376年，“（洪武）九年十一月，迁山西及真定民无产业者于凤阳屯田，遣赍人冬衣给之。”（洪武）九年十一月，迁山西及真定民无产者田凤阳。”

3. 1380年，“（洪武）十三年五月，山西民为军者二万四千余户，悉还为民。”

4. 1388年，“（洪武）二十一年八月，徒山西泽、潞二州民之无田者，住彰德、真定、临清、归德、太康等闲旷之地。”

“（洪武）二十一年八月，徙泽、潞民无业者垦河南、北田，赐钞备家具，复三年。”

5. 1389年，“（洪武）二十二年九月，后军都督朱荣奏：“山西贫民徙居大名、广平、东昌三府者，凡给田二万六十七十二顷。”

6. 1389年，“（洪武）二十二年九月，山西沁州民张丛整等一百一十六广告愿应募屯田，户部以闻，命赏从整等钞锭，送后都督佥事徐礼分田给之。”

7. 1392年，“（洪武）二十五年八月，冯胜、傅友德帅开国公常升等分行山西，籍民为军，屯田于大同、东胜、立十六卫。”“（洪武）二十五年八月，冯胜、傅友德等在大同等地屯田。计平阳选民丁九卫，太原、辽、沁、汾，选民丁七卫……每卫五千六百人。”

8. 1392年，“（洪武）二十五年十二月，后军都督府佥事李恪、徐礼还京。先是命恪等往谕山西民愿迁居彰德者听，至是还报，彰德、卫辉、广平、大名、东昌、开封、怀庆等七府徒居者凡五百九十八户。”

9. 1395年，“（洪武）二十八年正月，山西马步官军二万六千六百人往塞北筑城屯田。”

10. 1402年，“（洪武）三十五年九月，徙山西民无田者实北平，赐之钞，复五年。”

“（洪武）三十五年九月，户部遣官核实太原、平阳二府，泽、潞、辽、汾、沁五州，丁多田少及无田之家，分其丁口以实北平各府州县。”

11. 1403年，“（永乐）元年八月，定罪囚于北京为民种田例。其余有罪俱免，免杖编成里甲，并妻、子发北京、永平等府州县为民种田。礼部议奏：山东、山西、陕西、河南四布政司就本布政司编成里甲……上悉从之。”

12. 1404年，“（永乐）二年九月，徙山西民万户实北平。”

“（永乐）二年九月，徙山西太原、平阳、泽、潞、辽、汾、沁民万户实北平。”

13. 1405年，“（永乐）三年九月，徒山西民万户实北平。”

“（永乐）三年九月，徙山西太原，平阳、泽、潞、辽、汾、沁民万户实北平。”

14. 1406年，“（永乐）四年正月，湖广、山西、山东等郡县吏李懋等二百十四人言愿为民北京。命户部给道里费遣之。”

15. 1407年，“（永乐）五年五月，命户部从山西之平阳、泽、潞、山东之登、莱等府州五千户隶上林苑监，牧养栽种。户给道里费一百锭，口粮五斗。”

16. 1414年，“（永乐）十二年三月，上以其（隆庆）当要冲，而土宜稼樯，改为隆庆州……而以有罪当迁谪者实之。”“本州原编东南，西南，东北，西北四隅，红门，黄报，白庙，版桥，富裕，红寺六屯，谓之前十里，谪发为事官吏充之。榆林、双营、西桑园、泥河、岔道、新庄、东园、宝林、早民九屯，连关厢谓之后十里，迁发山西等处流民充之，每户拔田五十亩，任种办纳粮差。”

17. 1416年，“（永乐）十四年十一月，徙山东、山西、湖广流民于保安州，赐复三年。”

“永乐十四年十一月，徒山东、山西、湖广流民二千三百余户于保安州，免赋役三年。”

18. 1417年，“（永乐）十五年五月，山西平阳、大同、蔚州、广灵等府州申外山等诣阙上言‘乞分丁于北京、广平、清河等宽闲之处，占籍为民，拔田耕种，依例输税，庶不失所，’从之。仍免田租一年。”

在山西第一次大规模移民之前的3个月，即洪武三年（1370年）六月，朱元璋就下令从江南苏州、松江、嘉兴、湖州、杭州五郡，征发无田产者4000余户，约2万人，移民至其故乡临濠（即安徽凤阳）。这是明朝历史上第一次大规模的移民活动。

后来朱元璋又多次从全国各地移民充实凤阳府，加上军籍移民18.8万，洪武年间，凤阳府一共迁入移民约48.8万。

与此同时，明朝政府从江南（苏南、浙北）移民33万，从江西、徽州各移民约16.6万，充实扬州、淮安二府，又移山西人3.6万至徐州府，加上军籍移民约10万人，苏北地区接受外来移民达80多万。

不仅是皖北、苏北所在的两淮地区，同样的大移民还发生在江西与湖广（今湖南、湖北）之间，史称“江西填湖广”。

据统计，在洪武年间，江西移民到湖北、湖南、安徽和江苏者高达210多万人。

“江西填湖广”后不久，作为移民迁入地的湖广地区，又有约80万人移民四川，形成“湖广填四川”的第一次高潮。

除此之外，洪武初年，明朝将历次俘获的塞外军民约60万人移入北平及附近州府，而胶东半岛则有数万军籍移民来自四川、云南。

明朝实行军户制度，军属都随军迁徙，由此在辽东、晋北、陕西、四川、云南、贵州以及东南闽浙、两广地区都形成了数量不小的军事移民。

一次又一次大规模的移民运动共同组成了中国古代历史上范围最广、人口最多、影响最深远的移民浪潮，历史上称之为“洪武大移民”。

朱元璋移民垦荒的政策取得了显着的成效：人口不断增长，垦殖土地的面积也不断增加。到洪武二十四年，增加为387万顷。

经过几代人的努力，移民中渐渐出现了地主、富农，家道殷实又重视教育的人家开始出现有文化的后代，有的甚至考取了功名，成为官宦之家。

按旧制，庶民之家不许建家庙，祭祀祖先也仅限祖父母、父母两代，洪武十七年改为曾、祖、孙三代。但士大夫立家庙、修家谱的现象越来越普遍。

宋嘉靖十五年（1536年），礼部尚书夏言奏请天下臣工皆可立家庙，获准。从此，平民百姓也开始修家谱、立祠堂。

此时距明初大移民已有一个多世纪，最初的移民祖先大多没有文化，几代之后，人们连祖先的名讳、故乡何处都搞不清楚了。可修家谱又必须追溯祖先姓名、故里和代际传承，于是移民后裔，甚至当地土著纷纷利用早已模糊不清的移民传说，为自己的祖先创造一段历史。

于是，盛行北方十数省的大槐树移民传说就这样诞生了——“问我祖先来何处，山西洪洞大槐树。祖先故居叫什么，大槐树下老鹳窝。”

洪洞县的一棵大槐树成为数亿中国人共同的记忆故乡。

承载了亿万移民后代故园想象的大槐树，是对明初山西百万移民潮的一种社会性追忆。

清代是我国统一多民族国家巩固的一个重要时期。

较之前代，清代的民族融合、民族交往波澜壮阔，高潮迭起，并且呈现出一些新的特点。

早在清军入关，满汉之间已经有了接触。

清军入关后，随之满族大批迁入关内，客观上打破了满汉之间的地域界线，形成了交错杂居的局面。

为了巩固统治，满清统治者还主动寻求与汉族地主阶级以及其他少数民族上层的联合。

在多民族长期的杂居相处中，满族因融入汉族和其他民族成分而日渐壮大。同时，也有部分成员分离出去，融入其他民族。这种血缘的交流，既有利于满汉之间的融合，又密切了各兄弟民族间的关系。

清初，今天我国境内的55个少数民族已基本上形成，他们主要分别在边疆地区，呈大杂居、小聚居、普遍散居的状态。

清朝定鼎北京后，先后平定了准噶尔部的分裂活动和回民大小和卓的叛乱，册封了西藏宗教首领和派驻藏大臣，加强对边疆地区的控制与管理。客观上，既加强了边疆与内地的联系，又有利于边疆各民族间的融合。

内地汉族人民因战乱、灾荒、饥馑等诸多原因，亦大量流入北部边疆，与他族杂居。

不同民族成分之间的辗转流动与交错杂居，在北方广阔的地区，掀起了以汉、满、蒙古的融合为核心，维吾尔、达斡尔、鄂温克、鄂伦春等族也纷纷卷入的民族融合高潮。

满族贵族在入关之初，曾推行过圈地、投充、剃发等一系列扰民政策，在南下剪除南明政权、平定“三藩”战争中，八旗军也曾扰害汉民。各民族人民在共同反抗清统治中加强了联系。

清后期，统治日益腐朽，列强纷纷染指中国，狼烟四起，边患频仍，民族危机加深，内忧外患交相逼迫。中华民族在患难与共的斗争中，不断凝聚与融合，形成新的社会状态。

第玖卷

帝都传奇

任见 著

河南人民出版社

目　录

第一百二十一章
臣去君哀

一

话说隋唐洛阳城，是洛阳历史上最有规模、最见档次的时期，很是大气啊。

隋唐洛阳城是方的，中国古代城市基本上都是方的或长方的，只要不是山形水势所限，必定弄出棱角来。

中国人认为“天圆地方”，地上的城市嘛，应该是方形的。

其实有内在的文化因素。

后山告诉你，中国人性格内敛，骨子里喜欢“曲径通幽”，天生乐意墙壁，怕溜地开窗子，找理由说“安全”，越走越阴暗乏光，觉得可美了，因此中国古代城市的小区都是有方格形墙壁的。

西方人不一样，他们以豁达敞亮为佳，独自找片开阔地，周围全是草坪，盖套别墅，墙壁做成玻璃的，甚至没有墙壁，那才大好特好。性格开放嘛。

再有，中国古代人都是地奔的，到了隋唐这两个大朝代，车还是牛马拉的，牲畜拉车最怕乱拐弯，它们看不到前途，常常畏缩，挤扛，车套容易混乱，谓之“乱套”，于是洛阳城就“大道直如发”了。

西方人最爱捣鼓机器，工业革命就是他们先弄的，交通革命也是。汽车有发动机，自己跑，城市里道路，如果像中国一样是处都是直角，那不等于天天考执照了，因此西方的城市道路都像蜘蛛网似的，有个中心广场，外面一圈一圈又一圈，大体上是圆的。

当然今天的中国比外国狠，大建设有过之而无不及，有的大城市已经暗下决心，要摊八到十三环的大煎饼了，你想办个事情，让你一天到晚走不到该去的地方。

隋唐洛阳城，大，大，方，方，超越了历史上任何一个王朝，任何一个时期。武则天坐镇摆布，威风八面。

武则天在长安，夜里老做噩梦，一挤上眼，萧淑妃幻变成的猫就来撕咬她这只母老鼠，到洛阳好了，能睡着觉了，跟面首们做游戏也可以放得开了。

恼火的是，武家原来一大宅门，现在已经后继无人。

武则天她妈，一辈子养了三个女儿，小女儿早亡，大女儿贺兰氏被二女儿武则天害死，如今，就剩下武则天了。

武则天同父异母的兄弟武元庆和武元爽，早已不在人世。两个堂兄弟，武惟良和武怀运，因为顶撞过武则天她妈，带着礼物负荆请罪，武则天要除掉外甥女魏国夫人，嫁祸于两个堂兄弟，把他们斩了，让他们陪着死了。

不但武则天他爹武士彟的爵号一直在那里空放着，贵为国母的武则天，目标是九五之尊，将来没人继承，也终是个问题。

本家、亲戚，扒拉一遍，武则天只好选姐姐的儿子贺兰敏之。

她把贺兰敏之召到自己的寝宫，对他说："敏儿，姨妈想把你改为武姓，继承你外公的爵位，再安排一些官职，你看可否？"

贺兰敏之先发愣，后大喜过望。

贺兰敏之不敢相信这么大的好事会落到自己头上，怕是二姨妈在做什么算计。因为自己的母亲和妹妹都是被这个狠心的姨妈害死的，她怎么会对自己法外开恩，施行慈悲呢？

左思右想过后，贺兰敏之困惑地摇了摇头。但姨妈坚定无误的话语，又不得不让他相信事情是真的。

于是在武则天重新说了一遍之后，贺兰敏之跪拜在姨妈脚下，感激涕零，愿肝脑涂地，效忠姨妈。

贺兰敏之当然不是武家的最佳继承人，武则天也知道，可武家折腾这多年，折腾得没人了呀。

贺兰敏之改名武敏之，继承了武士彟的爵位，他却忘了效忠武则天的誓言。

没多少天，有个宦官磕头告密："报告皇后，皇上和武敏之偷偷地研究魏国夫人的事情，皇上流着泪说魏国夫人死的蹊跷，前一天夜里和第二天早晨伺候皇上，都高高兴兴的呢，吃口白鱼就死了，问武敏之知道什么内情。"

武则天想不出魏国夫人之死有什么破绽，但当时手下人粗心，往白鱼里下毒药的时候让武敏之看见了也未可知，遂急问武敏之怎么回皇上的话。

宦官顺杆爬："武敏之只是伤心哭泣，好像有什么话不便说似的。"

武则天听了，心里不快。

皇上怀疑我，武敏之这个小东西也怀疑我了，看来不能大意，就吩咐宦官，往后更加严密地监视武敏之。

接下来，武敏之犯了跟所有官二代相同的罪过。

自从袭了外公的爵位以后，武敏之飞扬跋扈，无法无天，不但挨个儿污染宫中侍女，还色胆包天，诱奸了太子李弘的已经定下的妃子小杨。

这个小杨，是司卫少卿杨思俭的女儿，是武则天为自己千挑百选的儿媳妇，大婚的日期已经定下。

小杨的妩媚俊俏传到了武敏之耳朵里，武敏之心想：我如今姓武了，我小武风流英俊啊！我男子气啊！我般配啊！

武敏之打心眼儿里瞧不起病弱的表弟李弘，认为把如此一个美女给李弘，实在是浪费资源和摧残花朵，这种美人儿应该属于自己。

于是，武敏之以金钱开路，收买了小杨的奶妈，让奶妈不停地在小杨耳朵边说“有个美少年”的好话，同时，武敏之发挥“聪明才智”，大肆做诗，在丝绢上写满勾引的句子，由奶妈送到小杨手里。

起初，小杨姑娘还怪奶妈多嘴、多事，后来武敏之的诗句一绢绢地送来，太流氓了，竟拨动了她的心弦。

小杨情感起了波澜，再也无法平静，哪一日收不到流氓诗，就焦躁不安，失魂落魄，生着法子打问奶妈的快递公司为何这样拖沓。

时机成熟了，奶妈偷偷告诉小杨，那流氓诗人是当今武皇后的外甥、美少年武敏之。

小杨一听，双颊绯红，不好意思地垂下了头。

杨小姐在端门大街上见过这位风度翩翩的美少年，眉清目秀，英俊潇洒，白马银靴，玉带紫袍，佩着黄金装饰的宝剑，哇，真教人暗自思慕。

奶妈的快递公司升级成了客运公司。

经奶妈从中联络，热心服务，武敏之得以潜入杨小姐的闺房。

武敏之英俊多情，玩女孩儿本是老手，杨小姐情窦初开，不能自禁，忘了自己已是准太子妃身份，先脱履，后解带，再宽衣，投入武敏之的怀抱，陶醉在如梦如幻的情爱里，浪漫风流享不了。

他们忘了是谁赏赐的荣华富贵，忘了武则天可是吃荤长大的。

武则天快速获知武敏之私通太子妃的一级情报，再也无法容忍武敏之这个忘恩负义的王八蛋了。

武则天即刻通知杨思俭，取消内定的婚期。

杨思俭得知奶娘教唆女儿犯下了私通之罪，恼羞成怒，处死奶娘，命女儿自尽了。

武则天让皇上下诏，废了武敏之的武姓，恢复他原有的贺兰氏，撤销一切爵号和职务，流放之于荒僻的岭南雷州。

武敏之复变成贺兰敏之，飞扬跋扈、倜傥风流荡然无存，像只败下阵的公鸡，被铁链捆绑着，头发披散着，押送岭南。

押到韶州——今天的广东曲江，押送的警察实在不想再走了，就趁贺兰敏之不备，用马缰绳拴住他脖子，挂在路边的树上，将其勒死后回洛阳复命，说送到雷州了。

贺兰敏之完了，武则天总要找个人来承继武家香火，左思右想，想起了自己同父异母的哥哥武元爽的儿子武承嗣。

再也找不出合适的人选了，不能让武家断后，只有让武承嗣走运了。

武承嗣意外袭承爷爷的爵位，并就职于国务院。

二

武则天每看到小女儿太平公主，便忍不住要想起为了嫁祸于王皇后而自己亲手掐死的大女儿。

当然武则天也不后悔，用一个小生命换来自己今天的地位、权力、荣耀和儿子的地位与前途，她认为是值得的。

大女儿对自己是有功的，但自己对大女儿是有罪的。

上天有眼，在看着呢。

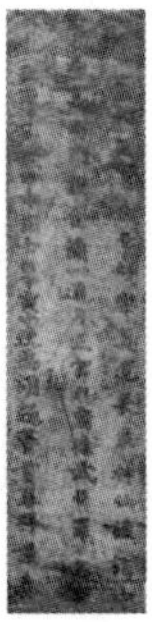

武则天除罪金简

为了赎罪，为了寻求心灵安慰，也因手中有了无限权力，武则天奏请唐高宗，追封为她的野心付出小小生命的大女儿为安定公主，以致缅怀之意。

当初地位很低，敌对势力强盛，悄悄把可怜的安定公主埋葬在德业寺的后院，如今，武则天权势至高，想到做到，亲回长安，把为自己事业献身的小公主改葬于崇敬尼寺，并以最高规格重建该寺，使之成为名刹之一。

武则天权势日炽，对高宗李治的儿子们——其他女子生的——格外敏感。

唐高宗李治共有十二个子女，武则天生了三男二女，太子李弘是武则天所生的老大，还有其姐姐生的李贤——按照其老妈的设计，对外称为是武则天生的。

之外，李弘还有四个异母兄长，刘氏所生废太子李忠、郑氏所生二皇子李孝、杨氏所生李上金和萧淑妃所生李素节。

李忠和李孝，一个被赐死，一个病故了。忠、孝都消失了。

李上金和李素节还活着，引得武则天经常挂念，夜不安枕。

特别是她所杀害的萧淑妃所生的儿子李素节，高宗曾经想立为太子呢，武则天岂能忘怀！

武则天说李素节有传染病，逼着高宗下诏“终身不得进朝”。

李素节接到莫名其妙的诏令，知道绝非父皇的意思。

李素节有个随臣，叫张柬之，正直、聪明，拥护李唐，反对武后。他撺掇着李素节写了篇《忠孝论》，进呈朝廷，期望以此能够恢复高宗和李素节的父子“对话”。

张柬之跟从被贬的李素节，离开朝廷太久，不了解情况，不知道皇帝早已成了聋子的耳朵，真正把握朝政的是皇后武则天。

武则天看到李素节写给高宗的《忠孝论》，暗笑："小子，要小聪明啊，还嫩得很哩！"

武则天有把柄了，"师出有名"了。她以李素节"试图贿赂"皇上为罪名，发令软禁其于袁州——今天的江西宜春。

同时——武则天每一箭都要射掉多只鸟雀——诬陷另一皇子李上金跟李素节勾结，将李上金幽禁于澧州——今天的湖南澧县。

可怜李上金，糊里糊涂吃上个大罪。

高宗另外三个妃子所生的这四个儿子，全都解决了。

还有王皇后所生儿子，武则天密派宦官杜回去杀害，为善心的杜回所营救，暗藏于在江夏王李开方家中，武则天还不知其下落。杜回也失踪了，武则天遣人打探，一直没有消息。

萧淑妃为高宗生了两个女儿，王皇后和萧淑妃被武则天害死后，这两个女儿一直被囚禁在掖庭宫里，渐渐长大，无人知晓。

太子李弘听说自己的两个同父姐姐的情境，很是惊讶与愤慨。

李弘当年太小，不知道他妈妈武则天制造的宫廷惨案，当然也没有人敢对他提说王皇后和萧淑妃的先成人彘、后被谋命的恐怖往事，他只知道两个公主被幽禁在掖庭宫中长约二十年之久，母后太冷酷了，父皇太懦弱了。

李弘带领宦官来到幽禁两位公主的地方，看望两个苦命的姐姐。

两个天真无邪的少女一关二十年不见天日，她们的心早已死了。没有人来看过她们，更别说是太子了。

听说太子李弘来看她们，被幽禁的两位公主不敢相信地睁大了眼睛，惊讶异常。

李弘看到两位姐姐脸色惨白，憔悴不堪，神情呆傻却惊恐万状，他痛苦地叫了两声姐姐，禁不住流下了眼泪。

两个姐姐跪倒在地，什么话也说不出来，也在悲伤地流泪。

李弘告诉两位姐姐，自己一定要救她们出去。

两位公主感激地叩头不止。

李弘立刻找到母后武则天，以强硬而又激动地口吻说道："儿臣请求母后放出两位公主，无论她们的母亲有什么过错，两位公主并无什么不对，望母后能善待她们。"

武则天说："哦，母后疏忽了她们，孩儿说的对。"

两位"剩女"公主，在惊喜与恐惧中被释放出来，立刻被命令下嫁给禁卫军中两个当天正在值班的士卒，一个男人叫权毅，一个男人叫王遂古，没有嫁妆，没有陪送，没有车马，没有歌舞酒宴。

像嫁寡妇似的，也许就是武则天对太子李弘"多事"所故意采取的对策？

武则天的老妈荣国夫人长寿，活到九十二岁，逝世。

武则天心里怪不是滋味，半个世纪以来，风风雨雨，孤军奋战，亲人一个个都在她的计谋中"被死去"，只剩下老母亲，如今也升天了。

武则天这时才感到寒冷。

父母走了，姐妹走了，同父异母的兄弟走了，童年记忆里的人全都走了。她什么也不怕，惟生老病死，让她感到畏惧。

武则天大权在握，文武百官、王妃公主、外国使节等，都到荣国夫人宅第吊唁，行大礼。

接奉武家香火的武承嗣，三把鼻涕两把泪水，大声嚎哭不休。

悼念活动，荣国夫人享受了超越皇后母亲的殊荣。

还没有完。武则天又借机让唐高宗下诏，追封早已故去的父亲武士彟为太尉、太子太师、太原王。

荣国夫人杨氏进而被追谥为太原王妃，建造规模超过皇帝的陵墓。

三

远离首都的国家边缘地区，历来是不怎么安宁的。

闽地潮州“蛮僚”啸乱，唐高宗派陈政、陈敏、陈敷三兄弟率五十八姓军校入闽平叛。

东北的高句丽，正如隋炀帝所斥责的那样，反反顺顺，顺顺反反，操蛋极了。这不，又对泱泱大唐侵扰挑衅了。

前几年，唐高宗派苏定方和薛仁贵，带领二十万大军，分水、陆两路去收拾高句丽一回，打进其老巢平壤一下，看起来没有解决问题啊。

虽说高句丽也没有什么大动作，但不停地在那里挠一下，挠一下，放纵了他，他有可能更加大胆妄为，大唐国威在周边附属国家面前还有吗？

唐高宗又拜李勣为辽东行军总司令，征讨高句丽。

适逢唐朝很多地区遭受自然灾害，大旱，农作物几乎绝收，是处物价暴涨。发动全国支援前线，军用物资根本难以调拨到位。

大唐帝国军队进退两难，时胜时负，苦战经年。

已经是公元668年冬天了。辽东的冬天，严寒而漫长，眼看要过中国传统大年，士卒还不知道什么时候结束战争，回家团圆，于是开始逃跑。

李勣

环境太恶劣了，逃出军营的人，有被宪兵队抓回来的，有耐不住饥饿与寒冷，时常遭到敌人袭击，只好又回来自首的。

抓回来的，狠打，逃亡转而自首的士兵，也受到降低军阶的处罚，之后，他们都又被送往前线。

三番两次逃跑，或逃跑没有回来自首，第二次被抓回来者，依军法处斩，通知其原籍地方，没收家产，同班的士卒也受连累，遭处罚。

太子李弘听说了辽东前线的惨状，非常心痛，上书进谏。

“儿臣闻辽东前线，环境恶劣，致士卒逃亡。被捕归者，或逾期自首者，皆被关押，籍没家产。儿臣以为，逃亡必事出有因，不宜一概而论，更不宜连累家人。”

李治没有看到李弘的奏疏。武则天先看了，看过，扔在一边。

太子李弘仁慈、宽厚，然而性格懦弱，还有点神经质，哪里是个政治家的料啊！让一个懦弱仁慈、满怀正义的人做接班人，实在让武则天叹气。

但这个太子是自己的儿子，武则天不得不沉默着，将其奏疏扔到案下筐子里了事。

不过，唐高宗无招中生出一招，倒使李勣的东北野战军获得了难得的安慰。

唐高宗诏命军队，不必急于进击。安营扎寨，不时出动小分队突击高句丽一下子，而大军可以集结休整，等待战机即可。

李治这以静制动的招数还真奏了效，高句丽不知道什么时候会挨一下打，局促惶顾，反多失利。

远东战局，朝廷内部事务，压力不小，需要提醒上天，多加保佑。

唐高宗和武则天于是商量决定封禅，封泰山。

封禅，不顺。离开洛阳时天就下大雨，大雨还不停，洛河暴涨，两岸里坊都淹没了，一千多家打水漂了。

皇上、皇后决定了的封禅活动当然不能中止，鬼神工作者的理由多，在周围攒聚，怂恿。

继续东行，往泰山进发。

报说长安也遭水灾了，唐高宗揪心。

两京水灾过去，旱灾来了，旱灾未毕，蝗灾来了。蝗虫遮天蔽日，沿途禾稼都让吃光了。

中原和关中，粮价一日日地翻着番地上涨，“民不聊生，人相吞食”。人间惨景，影响不了皇上和皇后。山要登，禅要封。

或许唐高宗认为越是灾祸频仍，越得封禅祈求保佑？但另一方面，他的所谓仁慈形象也在垮塌啊。

封了泰山，李治和武则天还计划连封“五岳”。不过，连封也不能马不停蹄，得回洛阳处理朝廷大事。

封禅不解决问题，武则天怂恿李治改元。

武则天不断地建议改元，想以精神胜利法来扭转不利局面。

老天不听她，越改元，麻烦越多，外患未靖，内忧频生。

北方各地的大旱没有解除，延误了小麦播种，一连旱到春夏季节，反而蔓延到更大区域，益州、泸州、茂州、隆州等十九个州，以前很少干旱，现在也不下雨了。

据大唐天朝统计局的统计，受灾面达三十六万七千六百九十多户，饿死不少人。

唐时东北爆发流星雨

旱灾未完，括州又发生了海啸，括州乃今之浙江丽水，淹死九千零七十人，牲畜无数，受灾六千八百四十三户，田地遭到淹没者四千一百五十万顷。

旱灾水灾没有解除，东北天空出现了流星雨。

流星雨是外空间的尘埃颗粒闯入地球大气层，与大气摩擦，尘埃颗粒燃烧气化发光所形成的，是美丽的自然现象，过眼瘾就是了，观赏，可大唐子民，他们不懂啊。

大唐子民认为是巨大的天灾，跟天狗吃日、吃月差不多，此乃吃星，吃得太暴了，溅出来的火花。

一般的认识是，天灾屡降，源于天子失德，是上天在对其进行告诫与惩罚。

皇上也不懂天文学，唐高宗李治因此心情沉重，头更痛，眼更花，导致失眠加剧，成夜成夜地翻饼子。

其实，李治患的是白内障，眼球里面晶状体混浊，超声乳化或手术摘除玻璃体再植入人工晶状体就好了，御医们拿着高工资，没一个懂的，日夜猫在一起研究，调配明目大补汤，汤药一盅一盅喝下去，根本无效。

明目大补汤的主药是蝙蝠屎，入中药，中医叫它“夜明砂”，跟老鼠屎同类。

中医的理论是，吃啥补啥，蝙蝠夜间飞行，嗖嗖地那叫一个快！由此推知它的视力定是出奇地好，把它拉的屎熬一熬喝，自然会明目。

实际上蝙蝠夜间飞行根本不靠眼睛，人家有超声仪，雷达。

唐高宗整天喝蝙蝠屎汤，白内障依旧。

上了年纪的大臣们，自认为经验丰富，他们议论，皇上贵恙及其他一切不详，都是“公鸡歇鸣，母鸡司晨”导致的。

“女人当政，阴阳颠倒”。“上天不容，必以谴之”。

保守派的议论传到了武则天的耳朵里，武则天召亲臣许敬宗商议。

武则天问许敬宗是否听到了议论。

许敬宗说：“旱灾水灾，倒没引起太多议论，主要是流星雨，断断续续，数月不止，大家都说这是在向朝廷发出警告。”

武则天说：“狗屁！都是唯心主义，自欺欺人。你向皇上奏告，就说：流星雨在东北，是高句丽将亡的征兆，于大唐乃祥瑞也。”

许敬宗称诺退下，立即上奏唐高宗：“流星雨现于天之东北，臣以为主高句丽将亡，请圣上宽心，不劳为此烦恼。”

高宗哀叹道：“唉！身为天子，焉能嫁祸于蕞尔蛮夷，何况，高句丽百姓，也是朕的子民啊。”

武则天骂保守派唯心主义，自欺欺人，心里却在盘算，当此紧要关头，硬是把着朝政，容易引起反感，于己不利，莫若暂且“下野”，以退为进。

于是，在许敬宗上奏的第二天，武则天为自己上了一本。

“妾承蒙陛下厚爱，得以辅助朝政，处理万机，如今陛下身体见好，太子也已成人，妾想离休静养，安度晚年，特此申请，企盼垂爱。”

武则天怕李治看不清，专门写的大楷，字字像鸭蛋似的。

李治看了武则天的奏折，十二分惊讶加十三分意外，不敢相信嗜权如命的武则天竟愿意交出权柄，主动引退，太想不到了，想不到了。

唐高宗没有一点心理准备，不知所措。

眼下内忧外患，天灾人祸，武则天在前面抵挡，他做一个甩手高宗，还省点心。武则天并非一般的女流之辈，其政见、才能、处理国家大事的本领，连李治

唐朝高级干部

唐朝基层干部

自己也不得不钦佩。如今要一下子完全甩开这副拐杖，李治担心自己还真没法走路了。

唐高宗召来颇为信任的宰相郝处俊，给他看武则天的折子。

郝处俊看后，说："皇后圣明。"

李治皱着眉头，理解得十分吃力。

郝处俊进一步说："帝后，阳与阴、乾与坤、日与月也，宜各有所主。也就是说，这就对了。如今太子已经成人，若皇上觉得难弄，可以让太子监国嘛。"

四

在内忧外患中，高宗让太子李弘学着听政了。

李弘开始部署救灾，并处理征讨高句丽军队的士卒逃亡问题。

李弘的仁慈得到了充分显现，有些大臣欢呼，大唐将要出现贤明的仁君了。

杨思俭的女儿本和太子订婚了，因为贺兰敏之私通小杨，婚约被取消，小杨被其爹逼死，太子至今尚未论婚。

每当高宗和武则天要给太子说媳妇，太子就沉默不语，或者推脱曰："太子理应以朝廷为重，以社稷为重，个人之事，再大也是小事。"

东宫有很多宫女，侍妾和婢女们生得漂亮的不少，太子没有宠幸过一个。反而有宦官告武则天说，太子跟一个小男子过从甚密。

高宗和武则天担心李弘精神出问题，同性恋，便急着选太子妃。

大唐帝国的干部们总是要养女儿的，左金吾将军裴居道的女儿，年龄合适，人又贤良，被择为太子妃。

数月后的早春，高宗和武则天为太子李弘完婚。

小裴姑娘担任了东宫太子妃，果然谦虚贤淑，不失众望，服侍太子，成为体弱多病的太子真正的的贤内助，内政管理的有条不紊。

过去不近女色的太子，因爱情滋润，变得容光焕发。

唐高宗兴奋地对左右侍臣说："太子妃很好啊，朕不用费心了。"

武则天在静观变化，还没有完成"天命"，她不可能这样简单地就退出政治舞台。

春暖花开，辽东战况大有进展。

征辽总司令李勣率军攻破鸭绿江要塞，打得高句丽连连败退，李勣乘胜追击，连拔数城。

太子李弘发令，动员全国人民支援前线，军用物资源源运往李勣的部队，动员识字的女青年向保家卫国的将士们写慰问信，做绣花鞋垫，士气大振。

半年后，唐军包围了平壤。

包围平壤一个多月，两军僵持不下。

唐军召开誓师大会，即将发起猛攻，高句丽服软了，投降了。

要说唐太宗李世民，英武吧，有胆有识吧，久经沙场、厮杀大半生吧，可在他战无不克的业绩中，亲征高句丽，是失败而还的。

英明领袖唐太宗带着遗憾走了，而接收了他的小妾武则天的他的儿子李治，在武则天面前懦弱无能，却坐在深宫内院，既锻炼了太子，又指挥军队征服了高句丽。你不信命，还真不行吧？

唐军凯旋而归，百姓欢呼雀跃，夹道欢迎英雄们归来。

百姓们都在地方干部安排下，"自发走上街头"，拥军。

今日高句丽一景

老大娘操着鸡蛋篮，把涂得鲜红的熟鸡蛋塞进子弟兵手中，老大爷捧着热汤面，挨个儿地往子弟兵面前送："孩子，喝吧，热的！当年那些逃兵，可吃大亏啦！"

高宗在太极殿内外大摆庆功酒宴，祝贺为大唐浴血奋战的将士们荣归，并论功行赏，加官晋爵。

"隐退"的武则天也出现了，跟唐高宗一起接见凯旋归来的指战员，召见远道跟来的高句丽俘虏。

大唐朝廷赦免了高句丽王的罪过，封他一个"员外"，高句丽其他官员按照名单，分别担任刺史、县令，纳入大唐组织人事部管理。

大唐在平壤设立安东都护府，接收整个高句丽成为附属地区。

高句丽原有五"道"，一百七十六城，六十九万余户，唐廷将其分为四十二州，一百零一县。

薛仁贵率领的两万士兵，转为地方武警部队，镇守高句丽当地。

征讨高句丽的总司令李勣，年事高迈，凯旋归来就病倒了，唐高宗让御医司药，并亲自送到床前。

李勣有勇有谋，是国之栋梁，唐太宗李世民临死要了个计谋，告诉李治说，李勣在隋末独霸一方，归唐后也很受尊重，父皇怕你玩不住他，特决定贬了他，由你再行起复，他必感戴于你，拼死效力。

复告诉李治，贬李勣外任，他若没有怨言，立马就走，就很好了，若他支支吾吾，不肯启程，你就立刻把他杀了。

李勣不傻，李世民的这点小伎俩，他看得破，接到无故贬黜的诏令，家也没回，转身就走，保全了自己。

高句丽是历朝历代都想征服而又都没有征服的野地，高宗派李勣这个老将出马，果然不负众望，一个顶俩。

李勣征服了高句丽，为大唐累出了病，唐高宗过意不去，握着李勣的手，说：“朕让最好的太医为卿诊治，卿好好养病，朕会再来探望的。”

李勣说：“臣本布衣，躬耕山东。遇先帝英明，得位极人臣。蒙皇上厚爱，为大唐立功。如今八十有余，夫复何求？死已无憾了。”

唐高宗伤心地哭了一场，说：“纵然年迈，卿也要好好活着，朕离不开卿，大唐离不开卿啊！”

唐高宗回宫了，李勣想起房玄龄和杜如晦。艰苦奋斗，弘扬家门，因子孙不肖，毕生努力付诸流水，后怕，乃诈称康复，叫来弟弟李弼会宴。

宴会上，堂下子孙满排而立，气氛神秘。

李勣对李弼说：“我自知必死，怕你悲哭，所以假装病情转好，为此宴乐。你现在脑子清醒，听我讲话。我死后，你搬到这里来，代我抚育幼小，严格管教，细加防察，如有不肖子孙，操行不伦、结交非类，马上打杀，然后奏之朝廷，以免倾覆家族。”

李勣交代完，便与世长辞了。

唐高宗听知李勣逝世消息，失声痛哭。

高宗想起舅舅长孙无忌、老臣魏征、褚遂良、房玄龄，一个个相继而去，剩下一个李勣，也没留住，悲叹道：“朕，从此真成了寡人啦。”

高宗追擢李勣太尉职务，并将其陪葬于昭陵之侧。

李弼没能阻挡家庭悲剧的发生。李勣的长子早已去世，长孙李敬业继承了李勣的爵号。李敬业后遭武则天贬官，心生怨恨，与唐之奇、骆宾王等聚兵造反，遭到诛杀，连累得李勣也被掘墓鞭尸。

第一百二十二章

见解龙门

一

武则天早年对自己的亲生儿子李弘是很在意的。

武则天记得，第一次到洛阳主持工作，把李弘留在长安做监国，李弘身边没有亲人，在大殿里哭了起来。

武则天听说情况，让皇家车队停了下来，让李治遣人把李弘接出。

皇家的车队全停下了，在霸上等了几天，等到了天真可爱的李弘。

可李弘后来硬是被他的老师和四书五经害了，什么事情也不闻不问，读成了书呆子，读成了精神障碍者，身体也垮了。

如今的太子李弘，一点也不被武则天看好，觉得这孩子太像他爹，怯懦软弱，性慈心善，遵守旧规，缺乏创新，当不了政治家。

李弘也反对母后参政，认为女人参政有失古训。遂更加失爱于武则天。

唐高宗命令李弘监国，主持工作，加剧了母子关系的紧张。

武则天听说李弘的身体又不好了，特意为李弘准备了一顿滋补身体的药膳。

邀太子用膳。太子感觉身体不适，太子妃小裴让他恳辞，他没听劝，还是勉强出席了。

武则天询问李弘的病情，劝李弘用药膳。

憔悴焦虑的李弘很是感动，说话时，刚叫完一声母亲就声泪俱下。

武后竟也有些哽咽，说明她是有母爱的。

饭间十分和睦，饭后天色已晚，弟妹们离开桌子去玩耍，武则天让李弘喝茶。

李弘说喝过清茶之后，就要回东宫。

武则天站了起来，说她要去看皇上。

然而，武则天还没有走出殿门，就听到小儿子李旦和小女儿太平公主声嘶力竭地喊叫声，“哥哥……哥哥……”

武则天扭转身，迅速跑过来，见李弘已摔倒在地，嘴里溢出鲜血。

武则天赶紧将李弘抱在怀中，绝望地呼喊着李弘的名字，抚摸着李弘的头发，轻轻舒展着李弘缩成一团的身体，任意让泪水滴在李弘冰冷的脸上。

李弘死后，废朝三日，举国同哀。

朝廷以天子的规格在洛阳远郊为李弘建造了恢弘的陵墓。

李弘之死，是一个谜，人们有很多猜测。宫中传说太子是被天后毒死的。

太子李弘，就是为了武则天而来到这个世界上的。

李弘出现在武则天的肚子里，武则天才得以从感业寺再次进宫；由于李弘的出生，武则天由皇后身边的一个侍女荣升为昭仪；因为有李弘，武则天打败了没有子嗣的王皇后，被立为皇后。

武则天因李弘，步步高升，贵为皇后、天后，垂帘听政，临朝称制，权力越来越大，野心越来越膨胀。

可是，长大的李弘成了武则天的政治对手，权力的分享者，她能容忍吗?

太子之死，成了一个永久之谜，也许只有武则天本人知道谜底。

太子暴毙，让唐高宗万分悲伤，病情又加重了。

武则天比高宗平静得多，除了沉默，几乎没有眼泪。

武则天找来一个相士，让这位相士安慰唐高宗。

相士这个同志，既觉又悟，就是俗话讲的“觉悟很高”，自然明白武则天的意思，对高宗说道：“太子生前，鄙人给他相过面。太子面色赤红，命门幽暗，非是长寿之人。陛下欲禅位于太子，太子命中无此大贵，又折了寿数。寿由天定，人无法左右，陛下就节哀吧。”

唐高宗听了相士的话，内疚又后悔，下诏追赠太子为孝敬皇帝。

太子没了，新立一个。李弘的弟弟——高宗和武则天姐姐贺兰氏所生，武则天对外称为“己出”的李贤，按照顺序，成为新立的皇太子。

李贤容貌英俊，举止端庄，喜读书，善骑射，文武双全，深得高宗喜爱，大臣们也认为他有太宗遗风。

李贤不像李弘那样体弱多病又无子嗣，他身体十分健康，已是三个儿子的父亲了。

悲痛中的唐高宗，对新立的太子充满信心与信任，说：“诸子如贤，大唐无忧矣。”

斯时，洛阳出了个叫明崇俨的人，乃是个巫师，却号称“崇俨”。

武则天信谶言纬语，明崇俨就利用武则天的心理，神神叨叨地为她算计，得到了武则天的信任与赏识，被封为正四品的正谏大夫。

明崇俨知道了李贤不是武则天所生，知道了天后决不允许他人的儿子称帝的心理，即便是自己姐姐的孩子，就找了个机会，悄悄地对武则天说：“从八字上看，太子李贤没有天子之命，倒是李显，与先帝太宗的相貌相似。”

明崇俨不会任何政事，揣摩主子心理却十分到家，再次得到了武则天的赏赐。

武则天自然不会让李贤称帝，因为自己称帝的时机还不成熟，她在观望、等待。

在观望、等待中，武则天发现太子李贤对自己愈来愈疏远，看自己的眼神也和以前大不一样了。

宫中人多嘴杂，难免会有话传进李贤的耳朵里，何况那些暗中反对自己的人，更会拿此事来说事儿。自己鸩杀姐姐之事，难道李贤知道了？

即便没有这些事情，武则天也决不允许他人称帝，废掉李贤的太子名分是迟早的事。

李贤听说明崇俨在母后面前挑拨是非，并怂恿母后废掉自己的太子之位，坐卧不安，神情恍惚。

这时，李贤身边的亲信告诉李贤："最好有所防范，以免束手就擒。"

李贤身边的人真如猪猡一般啊，给武则天送把柄。

李贤听从猪猡的建议，四处搜集盔甲和刀剑，将收集的兵器，全部暂存在东宫的马厩里。

武则天的眼线遍布任何一处角落，何况东宫这样敏感的所在，很快，李贤被查出叛逆企图，废为庶民，流放巴州——今天的四川巴中。

二

却道李唐王朝本是崇奉道教的，认为道教始祖老子李耳是他们的远祖。

可是到了武则天协助高宗李治掌权的时期，渐渐变成了崇佛抑道。

唐的崇佛抑道，原因是多方面的。

在崇佛方面，客观因素是隋唐以来，佛教的发展一直扬着头，上自官宦，下到百姓，以崇佛为摩登。

唐初玄奘大和尚赴天竺取经回到中土，由皇家财政支持，组织翻译佛经，在

武周明堂遗址局部

武周天堂遗址局部

知识分子中也造成很大影响，佛教探讨蔚然成风。

主观方面，指的是统治者“主观意识”里面，是崇佛的，认为“佛”比“道”更“神”。

武则天她妈是个佛教徒，她自小耳濡目染，留下了深刻印象，长大了忘不掉。至于道教，小时候没有人向她介绍过。

唐高宗李治怕老婆，好多大事做不了主，靠武则天处置。武则天让他拨款，从事佛事活动，修建佛教设施，他就拨了。

武则天自己执掌朝廷财政大权，就更顺当了，想造什么样的佛像或佛塔就造什么样的佛像或佛塔，想建在哪里就建在哪里，一张嘴拍板，一支笔划款。

武则天划拨专款，整修各地寺院。

不但修旧，而且建新，一时间，国内佛殿骤增，“殿堂佛宇，处处皆有”。

洛阳天章台，又称“天堂”，南边是皇家大会堂“明堂”。天堂高过明堂三倍，用以贮存一座以夹层苎麻粗布做成的巨型夹苎佛像——“天像”。

“天像”，位于皇宫后面。其多高？二百多尺。其多大？“小指犹容数十人”，神头之上做有灵光，一圈一圈的。

巨型佛像先是露天的。露天不是显得有点不敬嘛，建一座天堂罩起来。

可能建筑商偷工减料了，“天堂”刚完工，被大风吹倒，于是重建。

洛阳的大型、超大型佛建工程，可不是一两处，每天有超过一万人上阵。

唐廷派员到长江、岭南砍伐、运输巨木，长途跋涉，运入洛阳，用于佛建，花费以万亿为单位计算，国库都倒腾净了。

武则天常在洛阳举办无遮大会。无遮大会乃佛教布施僧俗的斋会。在斋会上，金钱如乎粪土，随便挥霍抛撒。

唐朝的行商

天堂今景

为哄抬气氛，制造人气，武氏命太监在会场上撒钱，一下子撒十车。

人们为了抢拾，蜂拥而至，互相践踏，成为事故，死伤不少人。

武则天还鼓励寺院开设戏场，用百姓喜闻乐见的形式表现佛经教义。每逢新戏开场，观众络绎不绝。

每年正月，万国来朝，洛阳端门外、建国门内布列戏场，绵延八里。从黄昏到清晨，演员们纵情表演，观众随时可以仰起傻脸，尽意观看。

武则天举办的这些活动，使佛教文化逐渐世俗化、民俗化。

在武则天的特别操作下，佛教成了国教，洛阳也成了佛教之城。

洛阳民间，修佛造像的热潮多年不减，行商坐贾，经营丝绸或香料、珠宝，挣了钱，也投入宗教事业。

龙门石窟的开凿造像，北魏时是一个高潮期，到了唐朝，又是一个高潮，而且唐人到更高更大的石壁上去整，更舍得花钱。

今天在龙门石窟巡赏，仍能看到唐代洛阳商人社团营造的佛窟。

“北市财帛行净土堂”，其门楣南侧，刻有两列行书小字：“北市香行：王元翼、李谏言、刘义方、王思忠”等，说明此窟是由北市香行和北市财帛行共同捐资凿建的。

龙门石窟高处栈道中段的“北市丝行像龛”，窟室内前壁北侧刻有“社老李怀壁、平正严知慎、录事张神剑、杨琼璋”等二十八个人的姓名，另一侧刻有“社老刘某、社官宋应、社人魏智”等十三个人的姓名。

两条石窟铭记，说明“北市丝行像龛”是由北市丝行中的两个社团共四十一人捐资营造的。

位于古阳洞北、药方洞左上方两米处的“北市香行社造像龛”，高一米六，

伊水龙门

明堂和天堂

深一米五，宽一米七，供有一佛二菩萨。

因为在悬崖半腰，香行社造像窟内，佛像保存完好。

窟内北壁上方，有完好的铭刻题记一方，凿刻字样为：“北市香行社：社官安僧达、录事孙香表、史玄策、常行师……社人一心供奉”。

唐高宗李治主政以后，发愿在洛阳龙门为他的父亲唐太宗李世民建造最大的石窟“奉先寺”，凿刻卢舍那大佛像。

奉先寺和卢舍那，工程太大，连年累月地干，公元672年，基本上建成了。

武则天去龙门视察，见民工们在打磨造像，前边的寺院，地基已就，但无施工。

察问工程管理人员，方知经费不够。

经费已经拨过多次，数量庞大，但仍然欠缺，不说明别的，只是因为皇上发愿建造的佛像壮硕而又威武啊！

武则天道：“目今建佛项目甚多，投资甚巨，挤挪资金，财政多有不便。宫内的衣饰费、化妆费、保养费、洗理费，尚可压缩。本朕带头捐赠脂粉钱，以助工程经费，促其完成吧。”

武则天只是意思一下，不想大肆朝龙门拨款。

奉先寺卢舍那项目不是她搞的，她搞的佛建项目，庞大的，豪华的，毁而复弄的，多的是啦。

有一种传讹之说：卢舍那大佛像是武则天拿出脂粉钱建的。

后山已经阐明：卢舍那大佛像，是唐高宗李治登基之初诏命凿建的，跟武则天关系并不直接。武则天捐助两万贯脂粉钱，是用于后期收尾工程的。

对此，《河洛上都龙门山之阳大卢舍那像龛记碑》的记载比较清楚。

奉先寺大像龛，“大唐高宗天皇大帝之所建也。佛身通光座高八十五尺、二菩萨七十尺。迦叶、阿难、金刚、神王各高五十尺”。

“粤以咸亨三年壬申之岁四月一日，皇后武氏助脂粉钱二万贯。奉敕检校僧西京实际寺善导禅师、法海寺主惠暕法师、大使司农寺卿韦机、副使东面监、上柱国樊玄则、支料匠李君瓒、成仁威、姚师积等。至上元二年乙亥十二月三十日毕功。”

咸亨三年，即公元672年，上元二年，是公元675年。

“调露元年己卯八月十五日，奉敕于大像南置大奉先寺……至二年正月十五日大帝书额，前后别度僧一十六人，并戒行精勤、住持为务。”

在中国历史文化中，右为尊，西为尊，北为尊，故而“大像南置大奉先寺”，乃在大佛像下面或曰前面修建大奉先寺。

调露元年系公元679年，二年即公元680年，寺院建筑工程完成挺快的。

但据《旧唐书·五行志》记载可知，奉先寺殿宇，以砖木构件为主，又是献礼工程，质量不怎么好，没几年就遭水冲坏了。

卢舍那佛，身着通肩大衣，衣褶舒缓，飘逸浩荡，虽然看似流水，却于薄薄的衣襟下显示出身材的壮硕和健美。

卢舍那面型丰肥，两耳下垂，略呈微笑样，略作俯视态。

整座佛像形势圆满，平静恬然，不男不女，脱俗超凡。

由于卢舍那大佛像凿造得很富态，便有了愈加奇妙的传讹。富于想象的人说那就是依照武则天的模样弄成的——皇后一定是很富态的。事实上，这个可能性太小了。

奉先寺完成规划、开始凿建的时候，小武还在感业寺做尼姑，没有打回后宫呢。

即令武则天毋顾历史，提前打回后宫，那她跟王皇后、萧淑妃的斗争还得些年头呢，他还一直做着第三者呢。

难道唐高宗李治会交代设计或施工人员：照着感业寺那个尼姑的样子去造？照着排在王皇后和萧淑妃后面那个小武的样子去造？

后山探赜索隐，查阅了大量历史文献，白纸黑字记载：太平公主前额宽广，颧骨突出，面孔呈倒三角形，脑中计策特多，一翻眼就是一个。武则天认为女儿外貌和性格“皆类于己”，因而特别宠爱、特别厚待太平。

“前额宽广，颧骨突出，面孔呈倒三角形”，是太平公主的脸相，也是她妈武则天的脸相——武则天自己落实过的事儿。

卢舍那大佛“前额宽广，颧骨突出，面孔呈倒三角形”吗？非也。

你去查一下武则天给太平公主的封邑户数和其他远远超过亲王的待遇就知晓端底了。

再说，超级巨大的造像工程，一开始的勘察地形、设计图纸定然十分周详，人物相貌定然都预先画成了，也向皇上报批了。否则，在整体石山上凿建佛像，一边凿一边改，那是戏耍，弄不成的。

所以，卢舍那不男不女的相貌，本身就是“佛”的“非性别”“无性别”特征的突出体现，这是其设计和建造者最大的成功之处。

佛教中，观音菩萨，俗世认为，际近女流，实际上是“非性别”“无性别”“不男不女”的。

卢舍那又曰“净满佛”，乃真佛之三变化身之一，在佛经中的意思是智慧与光明。

说武则天是卢舍那的模特儿，纯属无稽之谈。

在唐朝，奉先寺的石顶并未垮塌的时候，它是个巨型方龛，东西进深有三十九米之多，南北宽三十三米，巨龛之前建的寺庙，叫大奉先寺。

计算一下，奉先寺大龛，单是石方开凿，就至少三万九千六百立方米，别说内中大佛群像的雕建了，这个规模，在工具落后的唐代，真是得连续干几十年的。

佛龛归奉先寺管理，奉先寺消失后，卢舍那石窟袭其名而代之。

如今，深龛早已无存，卢舍那大佛双手及腿部以下因地质层的裂隙结构及气温变化因素而塌毁，首、身仍保存完好。

三

洛阳龙门石窟，雕凿发端于北魏，起起伏伏，延至隋唐。

公元2000年11月30日，联合国教科文机构将龙门石窟录志为“世界文化遗产”之一。

这处古老的石头的奇迹，使多少人为之频频地回眸与久久地思索。

然而，由于龙门石窟凭佛而生，借佛而在，很大程度上障碍了人们的眼睛，限制了人们的脑筋，千秋百代以来，仅看到“佛”的人太多太多。

洛阳龙门石窟的重要佛窟奉先寺，位置居中，分量至重，若以它为原点，则第一象限、第二象限是龙门山头的苍松翠柏，是石窟群雕的柔美的背景；第三象限是古阳洞、石窟洞、火烧洞、药方洞等次大型洞窟；第四象限分布着宾阳洞、潜溪寺、摩崖三佛及万佛洞等。

第三象限和第四象限的这些次大型洞窟大致对称，而且它们均位于奉先寺高度之下，呈拱卫之势。

依此看来，“原点”不仅仅是个重要的位置，而且是个解析与认识的关键。可以说，认识了奉先寺，也便基本上认识了龙门。

如果我们能够退得更远一些，退到可见其更宽更大的社会历史文化背景的开阔地，就会发现封建法则对一千多年前石窟的设计者和开凿者潜意识的左右。

让我们进一步地走进这个巨大的雕像村落的中心——“中央集权”之所在奉先寺——看一看吧。

国人本来就有造像膜拜的传统习性，一个泥胎面前可以跪倒千千万万的人，东汉永平年间去印度请来佛人和佛经之后，国人的这种传统习性大行其道、大得发展。

发展到什么程度？不满足于印度式佛教造像的交错、混乱、难悟甚至无解，不断地将造像推向人间化、现实化，亦即世俗化、封建化。

奉先寺就是世俗化、封建化的极致之作。

奉先寺内造像，计一佛、二弟子、二菩萨、二天王、二力士、二供养人。

佛卢舍那居中，其他人物对称分列两边。近佛者是两位大弟子——迦叶、阿难，其下是文殊、普贤两位菩萨，再下是多闻、增长二天王及二力士，力士也称为金刚。另在菩萨与天王的间隙处各有一供养人。

主尊卢舍那，坐像高度超过十七米，其余雕像虽为立姿，高度却依次递减，菩萨十三米多，天王近十一米，力士九米多，二供养人最为矮小，仅有六米。其高下差别判然不同，等级显而易见。

看看“艺术处理”。群雕设计、雕工处理方面的等级差别也十分突出。

你看：主尊有头光、身光层层扩散，胸前的衣纹也是对称的半圆以烘托面

唐代净藏禅师塔

部——中心的中心。

卢舍那两旁依次下列的人物，其神情、动作也无不对本尊做出各种各样的呼应，尤其是文殊、普贤这对菩萨，面部略嫌呆板，身姿也略输僵硬，但这决不是古代艺匠的败笔，而是为了突出主尊卢舍那的端庄仪表、宏大气势。

这一切一切，使得奉先寺这一著名巨龛之内的人物群体主次分明、等级森严，宗法特色十分明显。

如此尊卑有序、高下有别，这样的布局处理在佛经中是找不到根据的。

在佛教经典里，众生是一律平等的。

等级制是佛教的死敌。佛教诞生于对婆罗门教“种姓等级”的强烈反对。婆罗门教崇拜血迹斑斑的种姓制度，是新生的佛教的对头。

在印度原籍，佛寺佛堂的中心物是浮屠，就是塔，存置寂化僧人灵骨的设施，周围是修行的建筑。

印度的僧院，本名就叫“众园”，大家绕塔修行，师徒和乐无间。

佛祖释迦牟尼与他的弟子的关系也只是师徒关系，师傅比徒弟地位高一些，但也不是高到了不得了的地步，因为佛教的本谛是“平等”，无论是乞丐还是国王，是贩夫还是走卒，一样地沉浮在无边“苦海”中，一样地需要“回头是岸”。

进入中国之后，佛住进了四合院模式的寺院，石窟中人物的排布呢，也超越了古印度僧人间的师徒关系，成为侨居中国后的世俗化物类。

那么，等级森严、主次分明、尊卑有序、高下有别的这种违逆了佛教本谛的“奉先寺格局”，它的注脚在哪里？

四

等级特征突出的奉先寺格局，它的注脚不在别处，就在中国封建宗法社会久已形成的定势之中。

后山告诉你，这种“奉先寺格局”与宗法专制下的封建社会处处相契、重重相合，是中国封建制度的一个绝妙的缩影。

你看奉先寺，不是一个世俗的“家庭”吗？

居中是家长，左右是儿子，往下是妻妾、家丁、护院、奴仆。

菩萨的性别虽然令人迷惑，有说其亦男亦女、忽男忽女者，盖为随缘而变之变性形象，但是《灵宝经》《楞严经》《大悲观音》等经典，宋人管道升的《观世音菩萨传略》以及宋人朱弁的《曲洧旧闻》等俗著，均言观音为女性。

据实考察，与其他造像的衣着、神情进行比较，至少可以说，后山认为奉先寺中的这两尊菩萨近似女性——妻妾形象——不是妄言谬说。

再看奉先寺，它同样是一个世俗的“朝廷”。

真命天子高高在上，恭侍两侧的是一老一少左右丞相，一个是饱经风霜、老成持重的迦叶，一个是温驯文静、朴实谦逊的阿难。

文殊、普贤两菩萨，着艳服，佩宝饰，自然是皇后、嫔妃。

多闻、增长神貌严峻、披挂铠甲、手托宝塔、脚踩夜叉，二力士目眦尽裂、赤膊上阵、其状咄咄、其势汹汹，则是几位勇猛威武的将士，随时准备为朝廷效力，为皇上捐躯。

封建宗法的内核——家长制、等级制等等特征，在奉先寺内是何等地充分而又突出啊。

这就是我们所要寻找的解析与认识龙门石窟的关键——龙门艺术群落的“原点”。

这个“原点”当然不是佛教的。那么，它是不是非佛和反佛的呢？

佛教的基本教义，建立在释迦牟尼坐在菩提树下的“无上之觉”——“四谛”的理论基石之上。

“四谛”是这样的：苦谛，人生一切皆苦，集谛，一切苦难之根源全在人之一身，灭谛，灭绝苦难以到达涅磐的最高境界，道谛，自我净化刻苦修行是走向终极目标的唯一途径。

所谓“知苦思断集，慕灭乃修行”，就是“四谛”之说的集中概括。

修行，修到什么程度？

要修到明了“三世因果”“六道轮回”，最后才能进入“常、乐、我、净”的无量佛国。

常，是永恒的存在，乐，是无痛苦的真欢乐，我，是身心俱忘的大我，净，是根除了一切欲望的至净境界。

通俗化的释经者，进一步将佛教的教义诠释为“三大法印”，即三项可资验证的“要义”。一曰诸行无常，说的是万物均无永恒，因而四大皆空；二曰诸法无我，说的是万物均无实体，因而“生”无意义；三曰涅磐寂静，说的是摆脱人世间因果轮回、七苦八难，进入极乐世界，灵魂则得以寂静安宁。

“三法印”更为具体地告知人们：世界变幻莫测，人生飘渺无定，世俗的一

祆教祭火图

切都是虚无的，应当厌弃的，惟有佛国乐土，才是真正的归宿，苦海无边，回头是岸。

这就清楚了，佛教的精义、要旨是“出家”“绝世”。

同时我们也清楚了：奉先寺所具有的浓厚的世俗家庭气息、封建王朝色彩与佛教“出家”“绝世”的精义、要旨，是如何地水火不容、相逆相悖。

当我们伫立于洛阳龙门石窟之前，驰骋思想之余，又不禁佩服中国人在造像膜拜方面的聪明与机巧——将势同冰炭的两个极端浑然相柔，压进一龛，障碍了多少人的眼睛，限制了多少人的脑筋。

至今，奉先寺乃至龙门石窟的“等级”观念仍在不知不觉地朝前来参观的每一个人的潜意识里渗透。

后山曾有一篇研究论文，曰《见解龙门》，其中有对龙门石窟明确而辩证的解析：一处古老的石头奇迹，一组等级森然的群像，一副中国特色的宗法标本。

奉先寺凿成之后，在漫长的历史时期，香火旺盛。

当然，香火总归是要渐渐熄灭的。

五

皇上和朝廷大员，乃至一般干部、平民百姓，为了灵魂的皈依和心灵的安慰，常常进行天地祭祀、宗教祭祀、鬼神祭祀、山水祭祀等等。

唐高宗李治为了求得庇佑，建康身体，就下诏要去举办嵩山大祭，又叫中岳封禅。

谁料诏书颁发不久，李治病得起不了身，只好改期到明年。

这时是公元683年。早在公元681年，李治和武则天封过一回泰山。

封禅泰山，期逢洛阳大雨。五月二十三日，洛河泛滥成灾，淹毁两岸里坊，一千多家打了水漂。而长安也先大涝，后大旱，再蝗虫漫野。

中原和关中，粮价翻着番地上涨，每斗粟米卖到四百钱，弄得两京“民不聊生，人相吞食”。但人间惨景，也没有改变唐高宗要封禅的决心。

封罢泰山，还要连封“五岳”，只是急着返回洛阳，没有马不停蹄地封下去。由此可见，所谓仁慈的高宗也是凶恶的啊！

公元684年，八月，李治要祭奠嵩山了。

皇辇出发，咕咚咕咚，走到洛阳以东的登封。登封，就是今天的河南登封。李治病势转重，无奈只好下诏取消祭奠。

李治主要是头部的问题，昏眩沉重，抬不起来，而且眼睛也近失明，后山曾猜想是白内障，现在看来，还不好说呢。

御医秦鸣鹤来诊疗，切脉之后，认为，如果在头上刺出鲜血，则有望痊愈。

武则天在珠帘后面暴跳如驴，说：“秦鸣鹤竟然敢在天子头上刺出鲜血，应该斩首！”

蔡鸣鹤赶紧趴在地上，叩头乞求饶命。

李治病痛得太难受，说：“不见得有害处，不妨刺刺看。”

秦鸣鹤遂用长针刺入“百会”和“脑户”。此二穴位，一在脑门子上，一在后勺子上，《旧唐书》说“秦鸣鹤刺，微出血，头疼立止”。

李治说："哦，朕不太痛了，似乎也看得见了。"

武则天以手加额，说："这是上天的恩赐。"赏给秦鸣鹤彩色绸缎一百匹。

后山看出来，武则天其实迫不及待地想要李治升天了。

李治挡着她的皇帝之路，她历来也就根本瞧李治不起。

宫廷大权已经在武则天的手中了，她想要李治死，跟谋害一条猪一样简单。但她不动声色，宁肯让李治自己慢慢地自然死亡，因为谋杀帝王，事体太大，阴谋极易泄漏，她不愿意冒这个险。

唐高宗李治，如此疾病，更像是一种慢性中毒——重金属慢性中毒。

武则天喜好"用毒"，对自己的亲生女儿、亲生儿子，对姐姐的女儿，对本家的兄弟，下手时都不眨眼的，慢慢地毒死李治，对她而言，顺理成章。

当然，后山没有调查，没有证据，综合分析，推理而已。

这年十一月，东突厥可汗阿史那骨笃禄——瞧这名字——那咕嘟噜这咕嘟噜的，人却很野心，向南犯疆，大唐朝廷派新四军——右武卫，属于整军后的禁卫军第四军——军长程务挺，率部队前往北方，保卫边境。

唐高宗李治病稍微好一点，就下诏定立太子李显。

李显是武则天为李治生的第三个儿子。

高宗诏命太子李显监督国政，裴炎、刘景先、郭正一等大臣，为东宫平章事——太子宫的驻宫干部。

李治把太子李显的事情摆布罢了，又惦记着去封嵩山。

走到登封的离宫"奉天宫"，病危了。你看这事弄得窝囊否？

立马调头，返回洛阳。

公元683年，十一月二十四日，文武百官在洛河的天津桥南头迎接唐高宗，连车帷都不敢掀开。

李治真是鞠躬尽瘁啊，想接见百姓，宣布赦令，可是剧烈的气喘使他无法登上端门的门楼，就命百姓进到殿前，向大家宣告。

十日后的十二月四日夜晚，唐高宗觉得紧急了，召唤裴炎入宫，接受遗诏，辅佐下任皇帝，遗诏之后迅速驾崩，享年五十六岁。

太子李显，在老爹灵柩前接受朝廷事务。

李显摄政后，遇有军政大事不能裁定时，就请示老妈武则天，然后处理之。

李治临崩，还顺带诏命撤销三处离宫。

三处离宫，李治都没有用上过，很泄气。分别是万泉宫，在陕西蓝田，芳桂宫，在河南渑池，奉天宫，在洛阳登封，几次没走到的那个。

裴炎这会儿也附势起来，上奏给武则天称，太子执政经验还需磨练、增强，没有资格颁发诏书，有紧急情况，希望以武后的名义，下令给中书——国务院和门下——检察院实施。

武则天巴不得如此，夸奖裴炎说："裴炎同志的态度，是对朝廷负责任的态度，向裴炎同志学习！"

十二月十一日，二十八岁的李显正式登极，大赦天下，是为唐中宗。

唐中宗尊武则天为"皇太后"，军国大事，概由皇太后做主决断。

皇太后说，泽州刺史李元嘉——李治他弟弟、李显他叔叔——地位尊贵，声望崇高，不是好事，恐怕引起什么变化，宜加授他们三公等高位，作为安抚。中宗李显就同意，加授了。

李显的正房老婆姓韦，成了韦皇后。

韦皇后她爹韦玄贞受到拔擢，担任豫州刺史。

紧接着李显想任命岳父韦玄贞当侍中、最高检察院检察长，又打算任命其奶妈的儿子当国务院办公厅厅长。

裴炎反对了，因为裴炎认为，姓韦的人，他不姓武啊。

李显冒火说：“朕就是把整个国家送给韦玄贞也是可以的，一个小小的最高检察长有什么不可以！”

裴炎赶紧报告皇太后武则天，密谋罢黜皇上李显。

武则天在洛阳宫召集全体干部会议，让裴炎宣读“天后训令”：罢黜李显，贬作庐陵王。贬于房州，今之湖北房县，在十堰。把韦玄贞流放到岭南钦州——广东钦州。

裴炎宣读完毕，武则天命人把李显从皇帝宝座上拉下来，强扶出殿。

李显挣扎扭动着，问自己有什么罪。

武则天说：“你打算把国家送给韦玄贞，岂不是罪？”

武则天贬黜了李显，让小儿子李旦当皇帝，是为唐睿宗。

李旦这年二十三岁，虽说也不算小，但母后太巨大了，国家大事全由武则天决定。

李旦的正妻小刘陪着丈夫住在偏殿，李旦只被允许跟皇后玩乐，不准过问政府事务。

十多个禁卫军战士在小巷的小酒馆喝酒，议论，说早知道这个皇上没有封爵升官的赏赐，还不如拥护那个皇上。

其中有个人立刻离座，前往检举揭发，酒席还没有散，大家就全被捕了。

说话的人斩首，其他的人罪名是“知情不报”，一律绞死。

检举揭发的被任命为五品官。

此后，告密风气大盛，靠告密升官成为一种时尚。

武太后对已遭贬的废太子李贤不放心，派禁卫军第十一军将领丘神勣前往巴州“检查李贤住宅，防备外来侵犯”。

“检查李贤住宅”和“防备外来侵犯”竟也能不伦不类地连在一起，成为理由？其实是暗授机宜，诛杀李贤。武则天对自己的“儿子”——甥儿，真算情绝义尽啊。

丘神勣抵达巴州，把李贤囚禁起来，逼其自杀了。

李贤死亡的消息传出后，武则天在洛阳宫显福门为李贤举行追悼会。

武则天把责任推到丘神勣身上——工作粗暴、逼死人命，贬之到叠州工作，叠州是今天的甘肃迭部。

外贬丘神勣，是个策略，不久该丘就被召回洛阳，官复原职。

武太后嫌弃唐高宗，五月十五日，派车拉着高宗的灵柩由洛阳出发，送往长安，安葬于乾陵。

第一百二十三章
义兵檄文

一

唐高宗崩了，唐中宗遭囚禁了，唐睿宗李旦住在东宫，不能自由活动。

武则天让了句李旦："你主持工作吧！"

李旦吓得乱退，连连恳请说："主持不了，主持不了。老妈您净主持了，您净主持了。"

关中上疏说：新丰东南，平地冒出一座小山。

新丰是陕西临潼，《两京道里志》记载有这个事情：当山初出地面时，约高六、七尺，渐渐升高到三百尺。当然，一座山，并不是一天之间就三百尺了，而是每天长一点，每天长一点，日积月累，逐渐隆起的。

武则天因此下诏，把新丰县改名庆山县。

四方人士涌到洛阳，向武则天祝贺庆山县的诞生。

江陵人俞文俊是个唯物主义者加唯心主义者，上疏说："天气不和谐，冬寒夏热就不分明；身体不和谐，肉瘤赘肉就容易发生；地理不和谐，高大的土丘就会出现。"

俞文俊深得"比兴"之三昧，随后就说："当今陛下，以一个女主人的阴柔身份，坐在男主人的阳刚位置上，使阴柔和阳刚颠倒翻转，地气受到压制，就憋出土丘来了，这实际上像是灾难。"

俞文俊说，陛下改名新丰为"庆山"，我认为无"庆"可言。我愚昧的看法是，陛下应该虔诚地修养自己的品德，用以回应上天的谴责，不然，大祸就要从土丘里钻出来了！

武则天气急了，把俞文俊流放到岭外——大庾岭以南，又让当地干部杀了他。

武则天对宰相班子进行频繁的调整，多次重组宰相班子，主要目的是选用效忠于自己的执政亲信。

武太后独握大权了，宝座上发出的是更为威武的女人声音。

实际上，武则天也深信自己前途光明，来日方长。

武太后觉得自己的胜利，以什么方式庆祝都不够劲，仿佛穷人发了横财，要兴高采烈，欢饮达旦，放荡喧闹，不然，就不够排场，不够气派。

兴奋激昂达于顶点的武太后，甚至觉得非建筑一栋房子，屋顶向地，屋底向天，要建筑一座宝塔，塔座向天，塔尖向地，才心满意足。

无须再假装谦虚了，公元684年，九月六日，武则天大赦天下，宣布东都洛阳改称“神都”，洛阳官改称“太初宫”。

天后陛下颁布圣旨，采用新旗帜，金紫两色，浮华炫耀。

政府机关名称，全都更换为欢乐喜庆华美的，重做招牌。

官员制服，九、八品干部，蓝色，七、六品，绿色，五、四品，红色，三品以上，紫色。

接下来，开始大肆改名了！

金銮宝殿左侧的门下省更名“鸾台”，右侧的中书省更名为“凤阁”，御书房更名为“麟阁”，尚书省改为“文昌阁”。

朝廷六部也改了名称。“吏部”改为“天部”，“户部”改为“地部”。“礼部”“兵部”“刑部”“工部”各改为春、夏、秋、冬部。

朝廷机构都像是昆仑顶上王母娘娘的神仙福地。

在光辉灿烂之中，在神仙福地中央，蹲着皇太后、天后、女神仙武则天。

全国干部热烈支持，尤其是洛阳一带中原干部欢呼雀跃，认为洛阳进入了新阶段，新时期，到处寻找“祥瑞”，进献邀宠。

嵩阳县令，就是登封县令，樊叟，樊老头，没找到什么祥瑞，就拿了一块石头，说某日它发光了，献给洛阳朝廷。

武则天把樊老头进献的那块石头捎到金銮宝殿，让文武百官开眼。

冯元常，国务秘书，深受先帝高宗信任。高宗晚年不断患病，文武官员奏报请示时，常说：“朕精神不足，让冯元常看吧。”

冯元常曾秘密对高宗说武后的权势过大，应该加以限制，高宗说：“卿看得太准了，但朕限制不了她呀。”

冯元常说：“一块普通的石头，吹嘘得天光乱射，这种事简直是谄媚和诈欺，不可随意认为天下人都是瞎子。”

武则天一听冯元常的发言，大不高兴，说：“陇州那地方很是重要，老冯你收拾一下行李，明天就到那里工作吧。”

第二天，冯元常就应命离开中央，到陕西山中的国家级贫困县工作了。

其实，洛阳的干部、全国各民族的干部，组成的乃是猪群一般的团队，他们都没有想到武则天的心里。

天后也不是道学专家。历代明主贤君，生活里不也有太多的异性吗？为什么女王不应该与她的情人享乐呢？

成了一国之主，要享帝王当享之乐。身为国君，无一“嫔妃”，何以消闲？

何以取乐？

但是又怎么设置“嫔妃”呢？

明说吧，需要男人。这个心思，只有武则天亲戚中的女性揣摩到了。

武后之女太平公主有个“硕大”的男人，觉得十分美好，让母后试用。

二

武承嗣也在用心地“揣摩圣意”。

武承嗣跑到前台，奏请武太后追封祖先王爵，并立武姓七座祭庙。

中国儒学的中心理论，就是祭祀，而立七座祭庙，是儒家等级规定中只有皇帝才可以享受的，武则天说：“善。立。”

武则天命国家建设部设计修造武姓祭庙。

最高法院院长裴炎劝阻说：“太后做天下所有母亲的表率，应大公无私，不可对自己的亲人太过偏心，难道看不见吕雉的结果吗？”

吕雉是西汉皇帝刘邦的老婆，刘邦死后，吕雉临朝称制，不遗余力地迫害刘邦家人，连亲生子也赶尽杀绝，重用吕姓子孙。吕雉死后，天下大乱，刘氏诸王，群起杀“吕”，大翻盘。

武则天说：“我跟她不一样。她把大权交给活着的人，所以失败，我是追尊已经去世的人，有什么关系！”

裴炎说：“凡事应从细微处开始注意，才不致滋生可能的问题，最后难整。”

“卿的意见提得很好，”武则天说，“七座祭庙也要建好。”

唐朝的文士

骆宾王

公元684年，九月二十日，身为傀儡的儿皇帝李旦下诏，追尊皇太后武则天的祖祖宗宗。

李旦从武则天的五世祖封起，一直封到武则天他爹武士彟，武氏一族全成了前皇帝和前皇妃。

全族受封，武氏家人要求在故里文水建祠纪念，武则天说："善。建。"

于是，武则天命财政部拨款，于山西文水兴建"武氏五世祠堂"。

武家班掌握政府，李姓皇族人人自危，全国人民个个不乐意。

原大臣李勣的儿子、眉州刺史李敬业，其弟周至县令李敬猷，以及并不姓李的唐之奇、骆宾王、杜求仁，都因马屁精的告密，先受到调查，后遭罷贬谪。

李敬业贬作柳州司马——广西柳江县政府秘书长，李敬猷免官为民，唐之奇贬作括苍县令——浙江丽水县长，骆宾王贬作临海县丞——浙江临海县政府秘书，杜求仁贬作黟县令——安徽黟县县长。

他们被贬后，在江都聚会喝酒，怨恨不平，乃商议以拥护李显复位作号召，发动革命。

李敬业们找到了一个据说跟李显很相像的人，声言说李显跑到了江都，命大家反抗武则天的残暴统治。

树起招兵旗，吃粮人就来了，旬日之间，竟聚拢兵马十多万。

骆宾王是一介文士，诗文俱佳，据说七岁做出《咏鹅》诗，"鹅鹅鹅，曲项向天歌。白毛浮绿水，红掌拨清波"。

骆宾王曾在京师高门做过幕僚，也在薛仁贵进讨吐蕃的大军中当参谋，经历过边塞烽火，戍楼狼烟，回到京师后，因得罪权要，"坐赃"被捕。

“西陆蝉声唱，南冠客思侵。那堪玄鬓影，来对白头吟。露重飞难进，风多响易沉。无人信高洁，谁为表予心？”就是骆宾王在监狱里作的。

唐高宗立皇太子的时候，大赦天下，骆宾王被赦了出来。

出狱后的骆宾王，被任做临海县政府秘书。

骆宾王在临海县工作，脑子里翻腾的是对国事的忧伤，并预感到一场政治风暴将会降临。

其时，武则天独掌朝柄，已致天下愤怨。骆宾王虽然遁迹边城，也常常纵情山水，但却时刻关注着朝廷的风云变幻，忧国之情日深。

现在，在强烈的使命感的驱使下，他们起兵了。

骆宾王非常激动，连夜写了篇《代李敬业传檄天下文》，发往远近。

伪临朝武氏者，性非和顺，地实寒微。昔充太宗下陈，曾以更衣入侍。

洎乎晚节，秽乱春宫。潜隐先帝之私，阴图后房之嬖。入门见嫉，蛾眉不肯让人；掩袖工谗，狐媚偏能惑主。

那个姓武的妇女，非法把持朝政，她出身卑下，性情乖戾，绝非温和善良之辈。当初是太宗的姬妾，利用去厕所的机会跟太子上床，而得以奉侍左右。

后来不顾伦常，与太子勾搭暧昧。毋顾先帝曾经的宠幸，谋取宫中霸主的地位。选入宫里的妃嫔美女，个个都遭到她的嫉妒，而她善于榻上风情，像狐狸精那样迷住了皇上。

践元后于翚翟，陷吾君于聚麀。加以虺蜴为心，豺狼成性，近狎邪僻，残害忠良。杀姊屠兄，弑君鸩母。神人之所共嫉，天地之所不容。

终于，这个妇女，穿着华丽的礼服，登上皇后的宝座，把君王推到乱伦的丑恶境地。心如蛇蝎，凶残成性，亲近奸佞，残害忠良，杀戮兄姊，谋杀君王，毒死母亲。为人神所共愤，为天地所不容。

犹复包藏祸心，窥窃神器。君之爱子，幽之于别宫；贼之宗盟，委之以重任。

呜呼！霍子孟之不作，朱虚侯之已亡。燕啄皇孙，知汉祚之将尽。龙漦帝后，识夏庭之遽衰。

这个女人，包藏祸心，图谋帝位。皇上的爱子，被幽禁在冷宫里；而她的亲属党羽，却委派以重要的职位。

呜呼！忠贞的重臣，再也不见出现；强悍的宗室，也已消亡了。

“燕啄皇孙”歌谣的出现，人们知道汉朝的皇统已归末路；孽龙的口水流淌在帝王的宫廷里，标志着夏的王朝气数已尽。

敬业皇唐旧臣，公侯冢子。奉先帝之成业，荷本朝之厚恩。宋微子之兴悲，良有以也；袁君山之流涕，岂徒然哉！

是用气愤风云，志安社稷。因天下之失望，顺宇内之推心。爰举义旗，誓清妖孽。

我李敬业，大唐臣下，是王公贵族的长子，奉行的是先帝留下的训示，承受着本朝的恩典。宋微子为故国的覆灭而悲哀，有他的原因；桓谭为失去爵禄而流泪，难道是毫无道理的吗！

因此，我愤然而起，要干一番事业，目的是安定大唐江山。依随着天下失望的情绪，顺应着举国推仰的心愿，高举正义之旗，发誓要清除害人的妖物。

南连百越，北尽三河；铁骑成群，玉轴相接。海陵红粟，仓储之积靡穷；江浦黄旗，匡复之功何远！

班声动而北风起，剑气冲而南斗平。喑呜则山岳崩颓，叱咤则风云变色。以此制敌，何敌不摧？以此图功，何功不克？

南至偏远的百越，北到中原的三河，铁骑成群，战车相连。海陵的粟米多得发酵变红，仓库里的储存无穷无尽；大江之滨，旌旗飘扬，光复伟业，还会是遥远的吗！

战马在北风中嘶鸣，剑光直冲天上的星斗。战士的怒吼使山岳崩塌，云天变色。以此对付敌人，有什么敌人不能打垮；凭其建立功业，有什么功业不能成就！

公等或居汉地，或协周亲；或膺重寄于话言，或受顾命于宣室。言犹在耳，忠岂忘心。

诸位或世代蒙受国家封爵，或者是皇室的姻亲，或者是负有重任的将军，或者是接受先帝遗命的大臣。先帝的话音还在耳边回响，岂能忘却应有的忠诚？

一抔之土未干，六尺之孤何托？

倘能转祸为福，送往事君，共立勤王之勋，无废大君之命，凡诸爵赏，同指山河。

若其眷恋穷城，徘徊歧路，坐昧先几之兆，必贻后至之诛。

请看今日之域中，竟是谁家之天下！

移檄州郡，咸使知闻。

先帝的坟土尚未干透，我们的幼主却不知被贬到哪里去了！

如果能转变当前的祸难成为福祉，好好地送走死去的旧主和服侍当今的皇上，共同建立匡救王室的功勋，不至于废弃先皇的遗命，那末各种封爵赏赐，一定如同泰山黄河那般牢固长久。

如果留恋既得利益，关键时刻犹疑不决，看不清事物的征兆，必要招致严厉的惩罚。

请看今天的世界，到底会是哪家的天下！

此檄文颁布各州郡，请大家都明白。

骆宾王的檄文写得有声有色。然而李敬业到底会不会打仗，才是革命成功与否的关键所在。

三

且说李敬业组成反政府军，其军师魏思温建议李敬业进军洛阳。

魏思温道："我们既然以拥李复唐作号召，就应该率领大军，擂动战鼓，直扑洛阳，天下人知道你的志向在于拯救朝廷，必然闻风响应。"

然而李敬业的行军司马薛仲璋有精神障碍，说金陵一带有"王气"，安全，先打到那里去，奠定霸业基础，然后北上，图谋中原，最好。

金陵即今江苏南京，曾称建康，南陈小朝廷住过的。

隋文帝杨坚灭南陈后，为了更好地控制江南大地，下令毁掉建康。城邑宫室，全数拆毁，"平荡耕垦"，退城还田。但随着时代发展，人烟又起来了。

李敬业违背起兵时匡扶李唐王朝的誓言，去占金陵，性质变化，则等于真正"反"了。

李敬业驻军的下阿溪

乱世造反可以，在武则天的强硬统治下，造反就难免被动了。

魏思温说："洛阳一带英雄豪杰，早对武氏专权恨之入骨，听到你起义了，都自蒸馒头，备作干粮，拿起锄头，当作武器，眼巴巴地等着你去，好参军呢。不趁这种大好形势，建立奇功，反倒先找个巢穴，蜗居一处，志士们听到这个消息，准不灰心丧气？"

李敬业听从精神障碍者薛仲璋的计策，不认为魏思温有道理，要追求"王气"，留下将领唐之奇守江都，自己率军渡长江，去攻击润州——今天的江苏镇江，朝金陵方向使劲了。

李敬业生擒了润州刺史李思文。

李思文是李敬业的叔父，知道李敬业的阴谋，先已经派使节去洛阳，报告紧急事变，后坚守城池，直到力量枯竭，才被俘虏。

李敬业的总参谋长魏思温主张斩李思文示众，李敬业不，他羞辱李思文："我这个小叔，爱做武则天的狐群狗党，把他改姓'武'就对了。"

随后李敬业攻克了曲阿——今天的江苏丹阳——等地，其中俘虏了个叫尹元贞的，忠于武则天，李敬业的反政府军把利刀架到他脖子上，他仍拒绝投降，始终不屈服，最后被割掉了头颅。

李思文的紧急军报送到洛阳，武则天命禁卫军第七军司令李孝逸为总指挥，第二军副司令李知十、马敬臣为副总指挥，率兵三十万，讨伐李敬业。

李敬业得到政府军南下作战、即要抵达的情报，撤离润州，回军抵抗。

李敬业自己的部队驻扎在高邮湖的支流下阿溪畔，命其弟李敬猷进军江苏淮阴，再派将领韦超、尉迟昭，进驻江苏盱眙县南的都梁山，互为犄角。

李孝逸率政府军抵达临淮，今安徽泗县，派偏将雷仁智向反政府军挑战，谁知跟反政府军一交手，政府军败了。

李孝逸被吓得不轻，命令大军驻足，坚守营垒，只吃饭不打仗了。

宫廷派于军中的政治委员魏元忠警告李孝逸说："帝国安危，系于此战。天下承平日久，忽然有人发疯，人民都在侧耳等待叛徒伏诛的消息。而今，将军怯阵，不敢进兵，远近失望，势所必然。万一中央另派一个将领，接替你的职务，你有何计逃避畏惧作战、抗旨不前的罪名？"

李孝逸被行军政委的一番厉言吓坏了，赶紧道："咱……您知道，咱不是在蓄势嘛，这就蓄得差不离了，作速攻打都梁山！"

四

听到李敬业聚众起兵的消息，而李敬业军中那个精神障碍者薛仲璋又恰恰是国务总理裴炎的外甥，裴炎暂且装着不知道。

武则天就当前的战乱征求裴炎的意见。

裴炎说："现在的皇上不能亲自处理国事，全国上至各部委司局，下到科长股长，全是武家的追随者，所以那群小子才有了借口，起兵叛乱。如果太后把政权交给皇上，自己轻松，用不着动武，叛乱就可平息。"

武则天觉得，裴炎的话味道极其不对。

监察御史崔詧嗅到了气息，立马上疏弹劾裴炎："老裴受先帝托孤重任，手握帝国大权，如果没有阴谋，为何逼迫太后？"

武则天得到崔詧的奏本，在常委会上大声念出来，然后命令最高检察院组成专案组，调查裴炎。

专案组正副组长骞味道、鱼承晔揣摩透了武太后的心思，迅疾逮捕裴炎，囚入监狱。

裴炎既被逮捕，言辞面色，毫无卑屈。

有人劝裴炎知趣一点，说些软话，以求免祸，裴炎说："宰相一旦下狱，岂能乞得宽赦？"

国家立法局干部李景谌，是个善于摇尾巴的角色，他在金銮宝殿上按规矩是站在最后面的，却走上前大声地说："报告太后，我可以作证，老裴他确实谋反！"

最高检察院干部刘景先和最高法院干部胡元范，一起站出来，说裴炎不会谋反："裴总理乃帝国元老重臣，对朝廷有巨大贡献，一心侍奉皇上，天下人所共知，我们以人格担保，他绝不会谋反。"

武则天说："裴炎谋反，证据确凿，只是你们不知道罢了。"

刘景先和胡元范说："如果裴炎谋反，我们也是谋反的了。"

武则天说："难得你们当堂自首。那好吧，成全你们，跟老裴一起坐监！"遂将刘景先和胡元范一并下狱。

"裴炎专案组"正副组长骞味道、鱼承晔严刑拷打，办出了一个庞大的反革命集团，立了大功。

武则天擢升骞味道为最高立法院院长，秩级三品，提拔李景谌为国务院副总理，从三品。

这时候，禁卫军征兵府副司令姜嗣宗，由洛阳奉派至长安出差。西京留守长官刘仁轨向他打问洛阳的情况，姜嗣宗说裴炎反革命集团被抓出来了，并说："我早就觉得老裴有问题。"

刘仁轨重复问姜嗣宗："你早就看出来了？你自己认为确实如此？你确定？"

姜嗣宗吹牛道："是嘛。这还用说！"

刘仁轨说："我碰巧有事上奏，盼望你能顺便带去。"

姜嗣宗说："没问题呀，当然可以。"

翌日，刘仁轨把写好的奏疏封了起来，交给姜嗣宗。

姜嗣宗带着刘仁轨的奏章回到洛阳，进呈武则天。

刘仁轨的奏章正是检举揭发姜嗣宗的，说"姜嗣宗明知裴炎阴谋叛变，却不检举"。武则天看罢，当即着人在金銮宝殿上扭断了姜嗣宗的四肢，然后拖进监狱，命将他同裴炎一同绞死。

刘仁轨这个老一辈"武"派革命家，陷害起人来，眼都不眨啊！

公元684年，十月十八日，裴炎被绑到了都亭——洛阳驿马车总站的广场上。

裴炎将死，环顾因他而被判刑的本家兄弟，叹息说："各位兄弟做官，都靠自己奋斗，我没有尽一分之力，而今因我的缘故，要流放边荒，太可悲了啊！"

午时三刻，裴炎和姜嗣宗等一并被绞死。

随后，查抄没收裴炎的家产，发现一贫如洗，没有一石粮食的储存。

同情裴炎的刘景先被流放到了普州——今四川安岳，胡元范被流放到了琼州——今海南琼山。

裴炎有个侄子，叫裴祐先，年十七岁，已经当上了中央办公厅秘书，官位从六品上，比芝麻官还高，这当然是近水楼台先得月，他呈递“亲启密奏”，请求晋见皇太后。

武则天接见裴祐先，劈头就教训：“你老伯背叛帝国，你还有什么话说！”

裴祐先说：“我为陛下着想，才来提建议的。”

武则天道：“既是如此，那你就说话吧！”

裴祐先说：“陛下身为李家的媳妇，先帝逝世之后，立刻掌握大权，不断改换皇上，排斥李姓皇族，安排武家子弟。我的伯父忠君爱国，反倒诬告他有罪，连子孙都难逃一死。陛下所作所为如此，我实在感到可惜。

“陛下应早把政权还给李家，回到深宫过清闲日子，武姓家族，可以保全。否则的话，一旦天下有变，后果无法预知。”

武则天大怒道：“一个小娃子，竟然这样胡说八道，带出去！”

裴祐先犟着说：“今天采纳我的建议还不算晚。”

警卫人员拖拽裴祐先，裴祐先还没完，高声补充：“再晚，可就算晚了！”

武则天喝道：“拉到中央办公厅，先打一百棍，然后流放海南，永远不得回来。”

第一百二十四章
女权试水

一

且说唐朝皇廷和武则天为更加有效地镇压李敬业反政府军，再任命禁卫军第三军司令黑齿常之，作为江南方面军总指挥。

黑齿常之，这个人比大周的周公黑肩名字还要酷，可能其祖上有人是黑牙齿，于是当时的奴隶主便以“黑齿”为其姓氏了。

黑齿常之带了更多的部队，开赴江南，与李孝逸合兵。

据守都梁山的反政府军将领韦超，召集军事会议，结论是：据守险要，但求自保。

政府军将领也举行军事研究会议。

大家认为：在此弹丸山地，步兵无法勇猛冲杀，骑兵无法奔驰突击，盗匪困在山上，穷途末路，定要死战到底。我军如果正面强攻，将会有很多士卒丧命。莫若分兵，小部分在此围山，大部分也就是主力直扑江都，挖了他们的巢穴再说。

后勤参谋薛克构不同意分兵战术。

薛克构说：“我们多留军队，主力会减弱，少留军队，恐怕结局难料。韦超虽然据守险要，但军队很少，不如全面攻击，拿下都梁山，淮阴、高邮的盗匪听到风声，自会瓦解。”

朝廷护军代表魏元忠，则建议先攻淮阴守敌李敬猷，消灭了李敬猷，李敬业自然成为孤军，再全力清剿，可获全胜。

另外几位将领说：“先攻李敬猷，若李敬业率军增援，则我军陷于腹背受敌的苦境。不如先攻李敬业，李敬业失败，用不着再战，李敬猷会投降的。”

魏元忠说：“盗贼精锐，全在下阿溪，他们希望的正是一次性大决战，若我军失败，大势难以挽回。李敬猷不懂军事，且其兵力薄弱，我方大军进逼，不必下马就可看到战果。即令李敬业来援，时间已经不许。攻克淮阴，乘胜追击，纵然白起、韩信复活，也无法抵挡了。”

魏元忠这么一解释，将领们觉得先胜弱敌，再战强敌，也属上策。

黑齿常之命李孝逸进击韦超，韦超乘夜晚逃走，黑齿常之率军进击李敬猷，李敬猷抛弃他的军队，只身逃窜了。

李敬业驻军于下阿溪南岸，严阵以待。

政府军将领苏孝祥，奉命攻击李敬业。

苏孝祥率军五千人，于夜晚分乘小船，渡溪作战。

反政府军士气高昂，一鼓作气打败了渡溪的政府军。

政府军士卒被逼到溪水中淹死的，超过一半。苏孝祥阵亡，禁卫军第九军征兵府副司令成三朗被反政府军生擒。

反政府军将领唐之奇宣称成三朗就是李孝逸，打算斩首。

成三朗大叫说：“我不是李孝逸，我是成三朗！政府军大举开到，你们失败就在眼前。我死，妻子儿女享受荣华富贵，你们死，妻子儿女被没收当奴隶，你们永远不如我！”

“你最好再喊两句口号，武太后万岁什么的。”

唐之奇戏耍成三朗一番后，斩了他。

随后，李孝逸集结兵马，发动了几次攻击，都被反政府军击败。

李孝逸害怕得光想尿尿，酷思撤退良方。

随军政治委员魏元忠和行军机要秘书刘知柔，坚决主战，对李孝逸说：“现在猛刮顺风，花草干枯，正是有利时机，可以火攻啊！”

李敬业、唐之奇的反政府军日夜戒备，不能睡觉为时已久，士卒体力不继，军心不稳，队伍凌乱。

李孝逸命部队顺风放火，果然大奏其效，将反政府军烧得唧哇乱叫，溃不成军，被杀七千余人，淹死的不计其数。

李敬业骑快马逃回江都，会同李敬猷及骆宾王，携带妻子儿女，南下润州，打算买舟横渡东海，前往高句丽半岛躲避。

李孝逸乘胜进驻江都，派军分头追捕。

唐之奇和魏思温落网被杀。

李敬业的船出海后，十一月十八日遇上顶头风，又被吹了回来。其部将王那相看着逃不走了，遂反戈一击，杀了李敬业、李敬猷及骆宾王，提着他们的人头，向政府军投降。

政府军把王那相和叛匪人头送到神都洛阳，向武则天报功。

写出雄文《代李敬业传檄天下文》的骆宾王，有人说他没死，但下落不明。

《旧唐书》和《资治通鉴》，资料源于《唐实录》，都说骆宾王被杀了，像后山讲叙给你的一样。

《朝野佥载》则说“宾王后与敬业兴兵扬州，大败，投江水而死”。

《骆宾王文集序》和《新唐书》，说骆宾王兵败逃亡了。

王那相带着二十五颗人头向武则天投降，鉴于骆宾王是这次兵变的要犯，又是讨武檄文的起草者，是朝野最注目的人物。所以即使骆宾王没有被杀，王那相为了邀功，自然也会谎称其中有个人头是骆宾王的。

另外，朝廷就算知道骆宾王逃亡，为消除政治影响．也会制造舆论，说骆宾王已被杀掉。

郄云卿是武则天死后，受朝廷委派，搜集骆宾王诗文，为之结集作序的人。生活年代与骆宾王同时而稍后，他在搜集骆宾王诗文的过程中，走访了众多关系人。称骆宾王“兵败逃亡”，似必有据。

《朝野佥载》的作者张鷟，也是和骆宾王同时代而稍后的人，称骆宾王兵败“投江水而死”，倒可以作为兵败逃亡的佐证。

王那相率众哗变，一时船上大乱，骆宾王乘机跳水。消息传出，张鷟就说投水而死。事实上跳水的结果未必是死。

骆宾王是个诗才，人们不想让他就刀而死，可以这样想：时间是晚上，船又靠山边，只需稍通水性，自然就逃脱了。

流传甚广的传说，是骆宾王入灵隐寺为僧了。

唐人孟綮说，李敬业兵败若干年后，诗人宋之问贬职江南，夜游灵隐。但见月光如水，四周一片寂寥。因做诗云：“鹰岭郁岧峣，龙宫锁寂寥。”后面就是续不上。

室内有一老和尚，在禅床打坐，见宋之问行吟甚苦，代其续曰：“楼观沧海日，门听浙江潮。”

宋之问大喜，反复吟思，觉得和尚所赠实为全诗警策之句。

宋之问次日一早再去拜访，老和尚已不见踪影。询问寺僧，原来老和尚竟是大名鼎鼎的骆宾王。

骆宾王传记中，引用有这个故事。其实无可稽之。

宋之问和骆宾王是诗友，骆宾王在诗中称宋之问为“故人”，他们私人关系非同一般。异地重逢，岂有晤面不识之理？

再说，宋之问贬职江南已是武则天去世以后，朝廷正在为骆宾王恢复名誉，如果他还在人世，肯定成为天下轰动的新闻。

即使骆宾王不想吭声，宋之问声张出去，也定然会被众多文史家记于笔下，而实际上并没有。

所以“灵隐为僧”的传说，仅是人们怀念骆宾王而编织出来的一段“佳话”，并非实情。

回顾起来，李敬业这个志大才疏的贬官，起兵纯属搅局。

假如李敬业最初能用魏思温的战略，大军直指洛阳，以拥护李家皇帝复位为惟一明确目标，支持者会很多，胜算可能性也会很大。即令作战失败，身被诛杀，或可仍留忠义名声于人世。

可是，他却听信精神障碍者薛仲璋愚妄的的胡言乱语，追求什么金陵王气，成为真正的叛匪，不失败难道还有别的结局吗？

平定李敬业叛乱后，武则天下诏削去李敬业爷爷和老爹的爵位，刨坟斫棺，鞭尸扬骨，并复其本姓徐氏。直系子孙被杀得精光，偶然有旁支逃脱的，“皆窜迹胡越”，不知所终。

大唐功臣李勣——徐勣——徐世勣临终时的担忧不幸兑现，让弟弟李弼——徐弼管教子孙，也没挡住诛戮全族的下场。

跟徐敬业叛乱事件有关联的，还有个将军程务挺。

程务挺是禁卫军第三军副司令，在北部边境单于道做安抚大使，单于道在内蒙古以北，主要是对付东突厥汗国的侵略。

程务挺跟唐之奇、杜求仁是好朋友。在裴炎获罪入狱的时候，程务挺秘密上

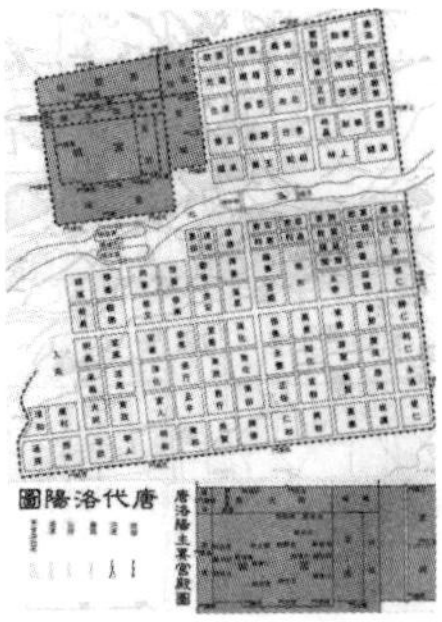

唐洛阳里巷图

疏，为裴炎辩护，因此冒犯了武则天。

武则天以“程务挺跟裴炎、徐敬业暗中勾结”的罪名，派第三军将军裴绍业前往北疆大营，就地斩杀程务挺，没收他的家产。

东突厥汗国听说程务挺死了，举行宴会，大肆庆祝，又给程务挺兴建庙院，每次出军向南征战，都在他的塑像面前祈祷。

跟程务挺有军务关系的夏州军区司令王方翼受到株连，夏州军区驻地为陕西靖边，驻军任务就是靖边，跟程务挺共防边疆，他们平时又很亲善，加之王方翼是已故王皇后的亲戚，武则天就肯定不能容他了。

武则天征召王方翼进京汇报工作，一到洛阳，即逮捕下狱，继而流放崖州，今天的海南琼山，王方翼最后死在那里。

陷害禁卫军征兵府副司令姜嗣宗，阴险无比地要了姜嗣宗小命的西京长安留守老干部刘仁轨，活到八十四岁，自己死掉了。

而在徐敬业叛乱中坚守润州、飞报军情的李思文——徐思文，徐敬业的那个小叔，忠心可嘉，武则天特别免除他的连坐处分，任命他做了畜牧部副部长，管理牲口。

武则天对徐思文说：“徐敬业教你改姓‘武’，我看挺好，不要改回‘徐’了。”

二

话说洛阳城市越来越繁华，小商小贩满街满巷，有个摆地摊卖野药为生的，名叫冯小宝，主打药品是“大力丸”。

真正的大力丸由人参、枸杞、五味子、熟地、黄柏、茯苓等物，加蜂蜜炼制而成，冯小宝所卖是假冒货，地瓜面做的，广告语是：大力丸，真给力，吃了大力丸，女友真欢喜！

为了宣传药效，得把自己锻炼得精神点，卖药之前还要先比划几招。冯小宝以打拳摔跤吸引观众，好逞筋骨之能，以御女奇术自夸，时间长了，还真锻炼得结实魁梧，加上能说会道，在洛阳闹市之中出名了，备受女士们青睐。

冯小宝所从事，属于特殊行业，被一家豪宅的侍女看上了，成了侍女的情人。

这个侍女经常偷偷地把冯小宝带到住处幽会，幽会的次数多了，被主人察觉了。主人者谁？乃是武则天的小女儿太平公主。

侍女偷人！太平公主勃然大怒，但是看看跪在地上的冯小宝三十出头，年富力强，一表人才，也就原谅了他，不仅没有惩罚，还把他留用了。

留用之后，经过一番检验，太平公主觉得冯小宝本钱雄伟非常，确实奇妙不凡，是难得的人才。

太平公主本人当时正在努力讨好武则天，于是又把冯小宝包装包装，孝敬给了武则天，武则天遂予以笑纳。

冯小宝，其人活泛，其势巨硕，深得武太后欢心，从此，武太后常召冯小宝入宫。

太平公主并非贤德之女，与母亲共事冯小宝，联合作战，如同参与宫闱阴谋一样。

暗中来去，冯小宝并不注意自己的名字。但是一个粗壮的汉子叫小宝，不但卑俗，亦且淫邪。

卑俗是自生的，淫邪是跟太后、公主合作练就的，然武则天名义上还是不要这些的。

因为太平公主嫁了薛绍，武则天就赐冯小宝姓薛，改名怀义，令薛绍称呼冯小宝为叔父。

名字改了，辈分升了，冯小宝低微的出身也消失了。

总是让薛怀义直接进宫，自然不妥，皇太后多少要顾及点影响啊！

看到薛怀义深得母亲宠爱，而母亲为幽会之事犯难，太平公主有主意了。

当时宗教气氛浓厚，和尚道士出入宫廷非常顺当，太平公主献计把薛怀义变成和尚，让他主持洛阳名寺白马寺的工作，宗教界的任职级别上去了，这样经常出入武太后的寝宫就自然了，也方便了。

武则天照女儿的计策行事，非常好。

日复一日，日甚一日。武氏深深地为薛怀义所迷，没有薛怀义就过不了日子，放任薛怀义为所欲为。

武则天虽然没有母爱，却深深了然自己身为妇人。

忘记了皇太后身份，只觉得是个女人，政治上的严厉果决，在对薛怀义的情爱里，溶化得一干二净了，在一个江湖摔跤卖药分子的胯下，竟软弱无力了。

也许，武则天觉得，富贵荣华非如此不可，做神仙一定要这样纵情。

薛怀义渐渐使她相信，她是如来佛再世，所以她下令，在皇宫后面建一夹苎“天像”，高二百多尺，罕见的巨大，“其小指犹容数十人”，神头之上做有灵光，一圈一圈的。

武则天把恩宠赐予薛怀义这个市井无赖，就和其他帝王把荒村小巷之女纳入皇宫一样。

在皇宫内，薛怀义受到的待遇和一个驸马相同，如果说这个“驸马”无有其名，却是大有其实。

武则天把御马厩的马赐给薛怀义，薛怀义骑马走过宫中道路，常常是几十个宦官伺候左右，呼喝不止。

官员无不向薛怀义卑躬行礼，最尊贵的政府官员，譬如国务总理，遇见他都得匍匐在地，用手脚爬到他面前晋谒。

就连在朝廷里威风八面的武则天的内侄武承嗣和武三思兄弟，也甘心在薛怀义面前低三下四，跟狗奴才似的，亲自给他牵马拉缰，以讨他的欢心。

若出宫，薛怀义骑在马上，大批身着皇宫官服的差人在前面开路。

在洛阳的街道上，薛怀义或让马信步缓行，或放马疾驰飞奔。来不及让路的人，不管是谁，就得挨几下铁链子。

无论是小官员还是平民，遇见薛怀义都远远逃避，有走近他的，常被打得满头流血，抛到路边，薛怀义扬长而去，不管对方死活。

薛怀义则深信自己靠身体武器控制了武太后，以往的市井流氓习气丝毫不改，成了洛阳宫中和街上的一个大祸害。

薛怀义被尊称薛师，人人都知道他的身份地位非同寻常，不敢直呼其名。

薛怀义聚集一群年轻力壮的地痞流氓，命他们全部出家当和尚，到处惹事犯法，没有人敢说一句话。

洛阳地方监察官冯思勖，依法处理过薛怀义手下的犯罪歹徒，有一天，薛怀义在路上碰到冯思勖，立刻命随从抓住痛殴，几被打死。

武则天为巩固自己的统治，连年不断调换国务大臣。

公元686年，六月三日，又调换高官一次，任命国防部副部长岑长倩当最高立法院院长，任命地方总监察官韦思谦当最高检察院检察长，韦待价当右宰相，苏良嗣当右宰相。

苏良嗣到国务院上班，薛怀义从皇宫前门进宫，往武太后的居处去，大摇大摆，神情傲慢，。

苏良嗣本是一位道貌岸然的谨严长者，向薛怀义打招呼，薛怀义态度轻视，不予还礼。

苏良嗣大怒，斥责道："贼秃子，焉敢如此无礼，进来宫中干什么？"

薛怀义捋胳膊，卷袖子，就要把他卖大力丸时常用的摔跤本领露几手儿，在朝廷宫门里咆哮一顿。但苏大人令侍卫制服了他，痛打了他数十个嘴巴。

薛怀义骂说："你等着！他妈你等着！"退着离开，跑到武则天的宫院英贤殿向武则天告状。

武则天听了大笑起来："南宫是宰相走动的地方，你应该从北边的后门出入才是啊。"

大唐洛阳皇宫分南北二域，南城也称"南牙""朝堂"，是中央政府各院部司局办公的地方。北城也称"后宫""后庭""禁中"，是皇帝，皇后、小老婆、宦官居住的地方。

薛怀义诉了委屈，武太后不想扩大化，没有找苏良嗣的什么事，宽衣解带，以身体安慰了薛怀义一番。

武则天知道薛怀义的政治素质太低，担心他到外面乱吹牛，散播宫闱丑闻，更不愿意这位白马寺方丈须臾离开身边，于是让薛怀义兼管皇宫和御花园。对外宣称：薛怀义心思灵巧，所以命他在后宫负责工程设计。

后宫工程设计负责人，又成了公然进入宫廷后院的借口。

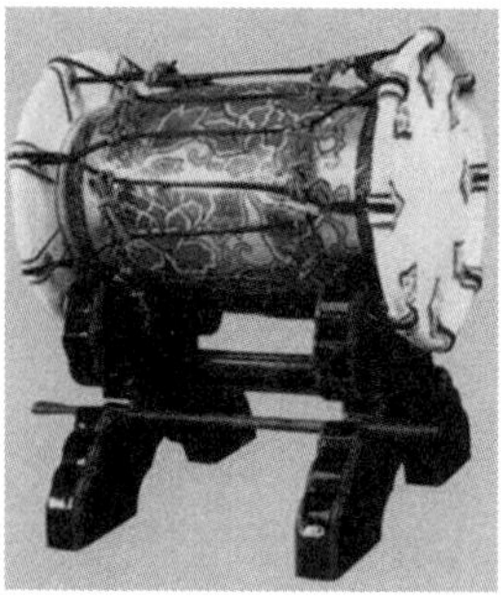

唐朝宫廷乐器——羯鼓

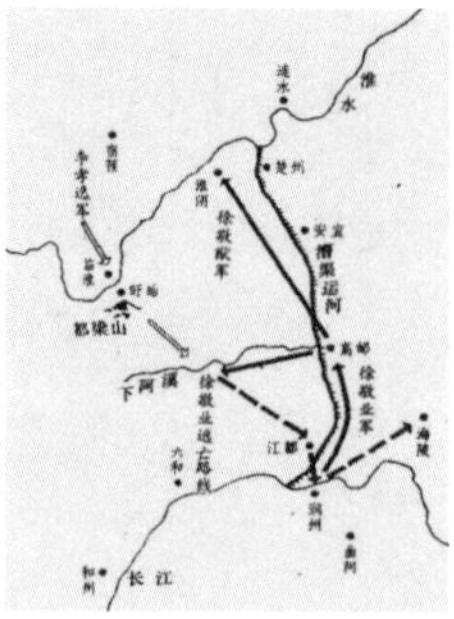

徐敬业起兵及覆灭路线图

皇宫中嫔妃的住所一向只许女人进入。现在允许一个真正的男人进去，颇惹闲言碎语。

左补阙御史王求礼，恪尽职守，遵崇儒法，上疏说："太宗时，有个人叫罗黑子，琵琶弹得很好，太宗割掉他的生殖器，让他到后宫当嫔妃们的音乐教师。今天陛下如果认为薛怀义心思灵巧，打算长期放在后官差遣，我请求先把他的生殖器割掉，以保持嫔妃们的贞节，宫廷的洁净。"

王求礼实在是个问题男人，武则天在与男权交火中，扛起女权主义大旗，旗杆就是薛怀义，去掉大旗杆这个武器，怎么向封建礼制宣战？

武则天阅完王求礼的奏本，哈哈大笑，说："求礼，求礼，求得何其荒唐。阉掉小薛，核武器没有了，那朕要他还有用吗？"

三

原先徐敬业举兵时，国家检察院干部鱼承晔的儿子鱼保家，工科毕业，被徐敬业雇佣，作军备官，在反政府军中制造兵器，如刀剑、弓箭、战车等。

徐敬业失败，鱼保家逃出一命。

唐朝人想做官，可以参加科举考试，或者写诗、画画甚至隐居都有机会上位，聪明的鱼保家不打算费力，他要根据自己的专长——"科技发明"来实现当官的目标。

现在，鱼保家到了洛阳，上疏给武则天，建议铸造告密铜匦，来接受全国人民的秘密奏章，这是一个科技发明方案。

鱼保家设计的铜匦，内部分隔成四个小箱，小箱顶上各有一个细长的开口，纸张可以投进去，却只能由管理人从底下打开，方可取出。

铜匦东面黄色，名“延恩”，专收拍马屁的文章及当官申请书；南面红色，叫“招谏”，专收批评政府缺失的奏疏；西面白色，曰“伸冤”，专收上访材料，伸冤诉状；北面黑色，称“通玄”，专收奇计秘谋的条陈和吉凶之谈的册页。

武则天看过鱼保家的奏章后，称这是下意上达的绝妙设计，立即吩咐工部尚书依图铸造。

垂拱二年三月八日，铜匦造好，被设立在洛阳朝堂的宫门旁边。

铜匦由检察院负责，指定左补阙、右补阙、左拾遗、右拾遗这些初级干部和见习干部轮流管理。

遇到有人前来投放资料，先盘问他对铜匦各箱性质的了解，再随他们的意愿投入文件。

铜匦里的文件，武则天仔细过目的，就是举报材料，告密材料，从中发现线索，扼杀敌对势力。

武则天下令，在洛阳的各个角落张贴布告，介绍铜匦的用法用途，号召天下普通民众都来向皇帝进言献策，大胆告密。

为了鼓励告密，武则天命令各级、各地官员，对告密者，不分读书人、农民、樵夫还是渔民，一律平等，不得歧视。

只要是自称告密的，任何官员都不准询问，哪怕他是乞丐，也要依照五品官的待遇供给他吃饭，然后让他优先乘坐政府的驿马车，专门送他到神都洛阳。

告密人，都要安排在洛阳的涉外酒店食宿，即安排到鸿胪寺——藩属事务部所属的星级宾馆。

武则天亲自召见告密者。接见时，告密者的应对让武则天很满意，就超越正常轨道，任命他当官。告密者说的如果是假话，也不处罚。

于是，四面八方的告密者，像蜂群一样，涌入洛阳。

在告密风气下，全国成为恐怖的地狱，人们不敢随便移动脚步，甚至不敢用力呼吸——告密“PM2.5”发威，厉害啊。

随着“告密之门”洞开，大批官吏被处斩或罢免，另外大批人因告密有功，被提拔升迁。

做官从政，又多了一条捷径——进京告密。

“告密铜箱”的发明者鱼保家，更是备受武则天重用，不仅得到很多赏赐，还破格加官晋爵，一时颇为光彩得意。

然而好景不长，有一封匿名告密信出现了，乃其仇人检举指控鱼保家曾为起兵造反的徐敬业设计制造过刀剑弓弩，杀伤了很多朝廷平叛将士。

经过调查，情况属实，鱼保家被判处当街腰斩，其全家老少均被诛杀。

鱼保家为武则天设计了铜匦，铜匦却让鱼保家保不了他的家——武则天让鱼保家为史上留下了一个乌黑的大幽默。

自从徐敬业叛变以来，武则天疑心天下人都对她怀有阴谋，又因自己长期独裁专权，而且私生活荒淫靡烂，知道李姓皇族和高级官员都对她心存反感，武则天选择了血腥镇压。

要镇压，就得公开鼓励告密。

却说此时就有一个老外，不远万里来到中国告密，帮助武则天的杀人事业。

这个外国人，就是深目高鼻，满脸胡须的著名酷吏索元礼。

索元礼，胡人也，性情残忍凶暴，以诬告陷害他人为能事，死在索元礼之手

唐代旅居洛阳的胡侨

的冤魂有数千人之多。

索元礼来到洛阳，巴结上了武则天的男宠薛怀义，经薛怀义推荐入宫。

索元礼发明了两大刑讯逼供的法宝：“狱持”和“宿囚”。

“狱持”即以铁箍圈在人头上，再加楔子，附以折肋骨、钉竹签、悬头发、热汤灌耳、逼吞秽溺，等等。

“宿囚”是白天不让吃饭，夜间不让睡觉，车轮审讯，直到其胡招乱供为止。

《新唐书》说：“元礼揣旨，作铁笼加囚首，加以楔，至脑裂死。又横木关手足转之，号‘晒翅’。或纺囚梁上，缒石于头。讯一囚，穷根柢，相牵联至数百未能讫，衣冠气褫。后数引见赏赐，以张其威，故论杀最多。”

索元礼经手的第一桩案子就是审讯鱼保家。

鱼保家死活不肯招供，索元礼喝了一声：“来呀！取我的铁笼子！”

一个铁笼被抬了过来。

鱼保家看见这种新奇的刑具，有个仅能容纳头颅的小口，旁边还有一些上粗下锐的小木橛，用来“楔”进犯人头部的各个部位，吓得立即招了供，被判处死刑。

后来“来呀！取我的铁笼子！”便成了索元礼的口头禅，让人闻风丧胆。

索元礼开了先河，一时间，酷吏纷纷涌现。

和索元礼齐名的是来俊臣和周兴，索元礼和来俊臣，“天下谓之‘来索’”，即来要命的意思。

武则天擢拔索元礼当游击将军，来俊臣当副总监察长，周兴当司法部副部长，这几个人各畜养地痞流氓数百人，唯一的任务就是告密、构陷、害人。

他们如果决定陷害某一个人，就命地痞流氓在各处同时动手，告密内容完全一样，然后快速究办。

来俊臣和最高法院助理干部万国俊，臭味相投，两人不仅联手发明了十种枷刑，还合编了一套数千字的《罗织经》。

他们像参加酷刑比赛一样，发明的逼供新法，一曰定百脉，二曰喘不得，三曰突地吼，四曰着即承，五曰失魂胆，六曰实同反，七曰反是实，八曰死猪愁，九曰求即死，十曰求破家，一法狠似一法。

每次审问，先把刑具陈列出来，教被告观看，一边观看一边听讲解，没有不恐慌颤抖，汗流浃背，仰望法官颜色，自己竭力诬陷自己，承认有罪的。

《罗织经》有阅人、事上、治下、控权、制敌、固荣、保身、察奸、谋划、问罪、刑罚、瓜蔓等章节。教导他们属下的地痞流氓，如何无中生有，编造一件谋反故事，陷害清白无罪的人。

“事上”，讲解和皇上相处的秘诀：“上无不智，臣无至贤。功归上，罪归己。戒惕弗弃，智勇勿显。虽至亲亦忍绝，纵为恶亦不让。诚如是也，非徒上宠，而又宠无衰矣。”

“瓜蔓”，讲制造大案的秘诀：“事不至大，无以惊人。案不及众，功之匪显。上以求安，下以邀宠，其冤固有，未可免也。”

据说宰相狄仁杰看《罗织经》，出了一身冷汗。

武则天看完则叹道：“如此机心，朕未必过也。”

每次朝廷颁布大赦令之前，来俊臣就马上命监狱官提前诛杀囚犯，怕他们命好，被赦免了。

无论中央或地方，对索元礼、来俊臣和周兴这几个虎狼，没有不谈之色变

陈子昂

幽州台

的。武则天却认为他们忠心耿耿，越发宠爱信任。

专制制度豢养的走狗，施用酷刑，不是要你供出隐瞒，而是要你招出从来没有的事，编造致自己于死的罪行。

审问官发现你的口供不能称他的心，如他的意，就一定怒不可遏，只有施用酷刑，才能充分启发你罗织自己罪状的想象力。

告密是一种恶行，专制制度最大的危害，就是把这种恶行，通过强大的政治作用，变成深受鼓励和美誉的善行，使黑白倒错。

四

陈子昂，是皇家图书馆的校对员、诗人，有著名的《登幽州台歌》。

“前不见古人，后不见来者。念天地之悠悠，独怆然而涕下。”

陈子昂还有许多寓意深邃、苍劲有力的诗作。

陈子昂上疏了，认为当权派痛恨徐敬业之辈，为了堵塞奸邪的泉源，穷追细查他的党羽，以至于使陛下大兴政治监狱，但有一点点嫌疑或是踪影，或口供上有拐弯抹角的涉及或是牵连，没有一个人不被缉捕归案。

有些恶徒，利用陛下的危机感，迷惑朝廷，辗转诬陷，希望换取荣华富贵。

这些，恐怕都不是陛下制裁罪过、怜悯百姓的本意。

陈子昂说，扬州叛乱前后五十日，但其他地方一派升平，尘土不惊。因此扭住不放，任意使用酷刑，使人失望。敝臣愚昧不明，深感困惑。

我亲眼看到，一个案件，逮捕囚禁数百数千人之多，而一百人中没有一人真的犯有罪过。

陛下慈爱宽恕，竟不惜扭曲法律，包容那些特务，使恶徒党羽，称心快意。

现在，一旦有一个人告密，或一个人告一个人的密，就会有一百个人被塞进监狱。陛下为了爱一个人而谋害一百个人，全国惊慌失措，不知什么地方才是安全之所。

谋反大狱，一旦兴起，就可能牵连无罪的人，受冤的囚犯悲苦叹息，伤害天地祥和，引起瘟疫流行，人民既然失业，闯祸生乱之心就会接着发生。

古代圣明君王对使用刑法，至为慎重，就是心中有这种恐惧。

古人说："前事不忘，后事之师。"但愿陛下考虑。

武则天览毕陈子昂的奏疏，说："卿写得不少，字也挺黑。但朕忙着兴造大型佛像，顾不上此类琐碎，来日再议吧。"

斯时气候正在入夏，五月将尽时，武则天铸成了一尊超大型佛像，蹲在皇宫北门，也就是玄武门外。

接着，唐睿宗李旦，封皇子李成美为"恒王"、李隆基为"楚王"、李隆范为"卫王"、李隆业为"赵王"。

在洛阳，武则天铸造佛像、唐睿宗大封皇子，在北疆，东突厥作乱了。

东突厥汗国十八任可汗阿史那骨笃禄攻击朔州和昌平——前者在山西，后者在北京——为害甚大。

武则天命燕然方面军总司令黑齿常之和副司令李多祚：组织御敌。

黑齿常之率二百余骑兵冲锋，东突厥汗三千余骑兵抛下铠甲逃走。

当晚，黑齿常之命营中燃起火炬，东突厥军主力反攻时，发现东南方到处都是火炬，疑心增援部队赶到，趁夜撤退。

作战的地方叫做黄花堆，在今天的山西朔州。

阿史那骨笃禄逃跑，黑齿常之追击四十余里，直追到其溃散，士卒各自向沙漠北部逃命。

黑齿常之得到朝廷的大量赏赐，跟以往每一次一样，全都分散给将士。黑齿常之就是这样的怜恤下属，下属才拼死作战，屡获胜利，北部边疆得以安宁的。

黑齿常之对士卒的好，是出了名的。

有次，黑齿常之的一匹骏马被一个士卒伤害，将领们要求鞭打那个士卒，黑齿常之说："马是我的，战士是国家的，不能为了我的马鞭打国家的战士。"

部队因此紧密团结，勇猛对敌，即或粮草不济，也都能咬牙坚持，相互鼓励，没有逃走的。

黑齿常之和英勇的将士们守卫着边疆，武则天在洛阳开凿佛像，兴修庙宇。

长安皇宫中王皇后、萧淑妃的冤魂，给武则天留下的恐怖太深刻了，公元689年，为了表明"以洛阳为都，永不返长安"的决心，武则天在洛阳兴建李渊、李世民、李治三座皇家祖庙，往后就在洛阳告祭了。

武氏又在洛阳为"崇先庙"，祭祀武家的列祖列宗，同样可以在洛阳完成了。

在皇家祖庙和崇先庙修建过程中，武则天召开朝廷干部会议，讨论祭祀室的数目。

祭祀部礼仪司司长周悰的拍马屁意见是：武家设立七个祭祀室，而把唐王朝的皇家祖庙，减作五个祭祀室。

敦育部副部长贾大隐，明确表示反对，说："依照古礼，天子七庙，封国国君，五庙。这个规矩，百代不变。周悰的奇异意见，只能看出崇拜宝座、谄媚权威的特色，没有正常的规矩。皇太后接受托孤重任，发扬光大李家精神，所以，

今日明堂一角

臣以为皇家祖庙七个祭祀室不宜改变，‘崇先庙’应跟封国国君一样，设立五个祭祀室。”

由于贾大隐的据理力争，七个和五个祭祀室按照正常数目确定下来。

皇家祖庙和‘崇先庙’建好了，武则天要兴建皇家大会堂——明堂。

明堂是中国最早的建筑模式，先秦统称“堂”。

古代的堂前没有门，有两根楹柱，堂之东西两壁称“东序”“西序”，序的外侧各有一个小夹室，叫“阁”，东阁、西阁又谓之东厢、西厢。

堂所对应，是“户”，大人物即称“中堂”。

皇家的明堂比百姓的“堂”阔气千百倍，是其会议和祭祀场所。

唐太宗李世民和唐高宗李治，当年在位时，都曾经想过兴建皇家大会堂。但儒家学派的学者们极端认死理，就形式和格局一再讨论，讨论不出个所以然。

儒生们吃着皇家的饭，喝着皇家的酒，成月成月地开会，仅形成了一个大致的意见，认为皇家大会堂应位于首都南方稍微偏东位置，距离洛阳城三里之外，七里之内，皇上遂罢议。

武则天主持中央工作，行使职权，不让酸臭儒生们作什么无谓的讨论了，仅单独和以著作郎为主的“北门学士”们商议，就定了——拆除乾元殿，在其原址上兴建。

乾元殿是三十年前的，破旧了。武则天下令拆除之，在原址兴筑皇家大会堂——明堂。

薛怀义是宫廷基建局局长，自然由薛怀义当工程总管和总监督，一肩挑，征调数万人充当工匠，灰土扬天地干了起来。

第一百二十五章

万象神宫

一

却说早在公元668年东北天空出现流星雨那时候，武则天向唐高宗呈奏说自己要离休，高宗犹疑无着，有个叫郝处俊的大臣极表赞成。

那时候，唐高宗头昏脑胀，视物昏花，失眠也很严重，心里有点想把权力正式交给武氏的苗头，听说东北天空出现流星雨，朝野说三道四，最大的声音是："女人当政，阴阳颠倒"，"上天不容，必以谴之"，心下矛盾。

武则天使心腹许敬宗上奏高宗说："流星雨现于天之东北，主高句丽将亡。"

斯时，大唐正在征讨高句丽。唐高宗说："高句丽虽说是蕞尔蛮夷，可百姓也是朕的子民，焉能嫁祸于它！"

看到高宗拿不定主意，武则天想激一下他，好让他死了心地交出权力，就以退为进地申请离休静养。

高宗果然惊讶和感到意外，没有一点心理准备。朝野混乱，尚有武氏在前面抵挡，她要离休，自己不知在内忧外患、天灾人祸的形势下如何决断了，召宰相郝处俊计议。

郝处俊极力反对武则天摄政，见机怂恿高宗"照准"，"若皇上觉得难弄，可以让太子监国嘛"。

唐高宗"照准"了武则天的申请，武则天恨死了郝处俊。

郝处俊的孙子郝象贤如今是太子通事舍人——东宫管理局官员。

郝象贤的家奴嫌工资低，要求加薪无果，遂诬告郝象贤谋反。

虽说郝处俊之事已经过去十三年，武则天一直在找机会报郝处俊之仇，现在终于抓到郝家的小辫子了。

武则天接到告密，立马命令国务院司法部副部长周兴立案调查。

揣摩透了武则天心思的周兴，装模作样地弄了几天，便判决郝象贤叛变罪，全族屠灭。

郝象贤的家人前往中央上访，找到监察御史——检察院干部任玄殖诉冤。

任玄殖调阅了郝象贤案的卷宗，指出郝象贤被控叛变没有证据。

武则天根本不听，反而把任玄殖免职了。

郝象贤既遭全族毁灭之灾，解除了一切后顾之忧，在绑赴刑场途中，用尽所有脏话诟骂武则天，高声揭发武则天的隐私和淫行，并且闯到路边，夺取看客挑卖的木柴，用来攻击刽子手。

负责维持街市秩序的武警士卒见街市大乱，囚徒押不到市曹刑场了，就一拥而上，把郝象贤乱刀砍死。

武则天下令，将郝象贤的尸体割成碎块，再挖掘他的老爹及祖父郝处俊的坟墓，捣毁棺木，焚烧骨骸——郝处俊之仇，终于报了。

郝处俊不过阻挠了一次武则天的摄政，事隔十余年，武则天以屠灭全族的酷刑予以报复，胸襟不可谓不窄狭，心灵不可谓不毒辣。

郝象贤把武则天的丑事淫行大声广播，是人皆知，留传世上，洗刷不掉。

为了避免再有囚犯当街詈骂武则天的情形出现，从此，大唐帝国每次处决囚犯之前，都要先行割断囚犯的喉管，然后给囚犯围上大围巾，让其无法出声，看上去非常之“乖”。

武周洛阳宫城

武则天的侄子武承嗣，挖空心思，投好献媚。

武承嗣派人在一块白色石头上凿出了“圣母临人，永昌帝业”八个字，然后把红色石块磨成粉末，再羼杂皮胶水，将它填平，做出自然色彩的效果，埋进洛河里。

之后，武承嗣指使洛阳居民唐同泰去河里挖出那块石头，连水带泥地进献给武则天。

武则天大为喜欢，说，所献石头是“宝图”，提拔唐同泰当了游击将军。

公元689年，五月十一日，武则天说要准备准备，去叩谢洛水。

武则天先到洛阳南郊祭祀天神，完毕后接见在京的所有干部，宣布祭祀洛水的日期为七月一日。当即发布诏令，让全国各省州县、各大小军区、武警部队负责人及皇族王公、蛮族酋长、道士和尚代表，限时于六月二十日前，齐集神都洛阳，误事者斩。

五月十八日，武则天为自己加封，曰“圣母神皇”。

六月一日，老天就显示了“态度”——日蚀。

武则天的反对派说：“天谴开始了。”

洛阳宫城内外，猛敲脸盆，试图赶走吞吃太阳的天狗。

武则天不怕，说：“唯心主义猖獗。朕不但称‘圣母神皇’，往后红头文件还要盖上‘圣母神皇’的大印。”

武则天说到要做到，命朝廷玺宝管理局雕刻了三枚硕大的“圣母神皇”公章。

这时候，徐敬业当年被流放的弟弟徐敬真发了个案子。

徐敬真是流放广西的，他跑了回来，要投靠东突厥汗国，洛阳县长张嗣明是其朋友，送给他路费，让他北逃。谁知他笨，逃到河北定州被公安局抓住了，张嗣明自然也遭到逮捕。

徐敬真和张嗣明一案，被酷吏们严办，牵连出全国大量知识分子及民间乡绅，都被斩了首。

徐敬真和张嗣明不仅被斩首，还全家遭诛，所有家产被没收。

却说唐高宗李治在位的时候，酷吏周兴是河阳县令，李治想升周兴的官，但有大臣说周兴名声不好，李治遂罢了此事。

周兴不知端底，仍然去朝堂等待圣旨。圣旨当然没有。所有宰相都不吭声，财政部长魏玄同最后忍不住，对一直在晕等的周兴说："周县长可以走了。"

周兴认为是魏玄同破坏自己前途，怀恨在心。

这时周兴得势了，就告密：魏玄同嫌弃皇太后，曾说拥护皇上李旦还耐久些。

武则天就下令魏玄同在家中自杀。

监刑官房济说魏玄同："老先生为什么不上疏告密，以面见太后，申诉冤枉？"

魏玄同叹息说："各种死法，没有区别。自杀算了。"遂自杀。

武则天又下令，秘密处死国务院国防部副部长崔督。

因为告密盛行，其他中央及地方高级官员，被诛杀的很多。

武则天派刽子手前往彭州——四川彭县，杀害县政府秘书长刘易。

刘易在当地很有威望，将要绑赴街市斩首时，官员和百姓念其德政和沉冤难申，纷纷自发赶来，争着脱下衣服铺到地上让刘易走过，"为秘书长祈求黄泉幸福"。

当时有会计师事务所评估地上衣服的价格，总值达“十余万钱”。

随之，武则天诛杀李姓皇族、鄂州刺史李璥等六人，将其六个儿子流放到大庾岭南的荒山僻谷。

最大的冤案，是周兴诬告燕然道集团军总司令黑齿常之密谋叛乱，武则天召黑齿常之到洛阳，逮捕下狱，很快绞死。

告密成风，滥杀无辜，不影响武则天奸佞成群，歌舞升平。

七月一日到了，全国各省州县、各大小军区、武警部队负责人及蛮族酋长、道士和尚代表，也都于六月二十日前，齐集神都洛阳，住在各个驻京办事处，等待着着庄严的一天。

一些重要的王公皇族却请假了，他们相互传说，武则天要借聚会洛阳之机，将他们一网打尽。

不知道武则天到底如何思谋，但王公皇族们请假，无疑对她是个不良刺激。

上午九点半钟，武则天前往洛阳城西南叩拜洛水，睿宗李旦及皇太子李成器，充任随从，中央及地方文武百官、部分王公宦侍及蛮族酋长、道士和尚，浩浩荡荡，齐聚洛河岸边，分列于主席台两侧。

珍贵的飞鸟、奇异的野兽及各种宝物，陈列祭坛之前，仪仗的盛大，大唐立国以来，未曾有过。

军乐奏响，烟火燃放，旋转拜舞，山呼万岁。

武则天宣布，把武承嗣弄成的“宝图”改称“天授圣图”，把洛水改称“永昌洛水”，封洛水神为二品“显圣侯”，禁止百姓在洛河里捕鱼捞虾。

其后灾荒年景，百姓也不敢在洛河打鱼，因此饿死的人不在少数。

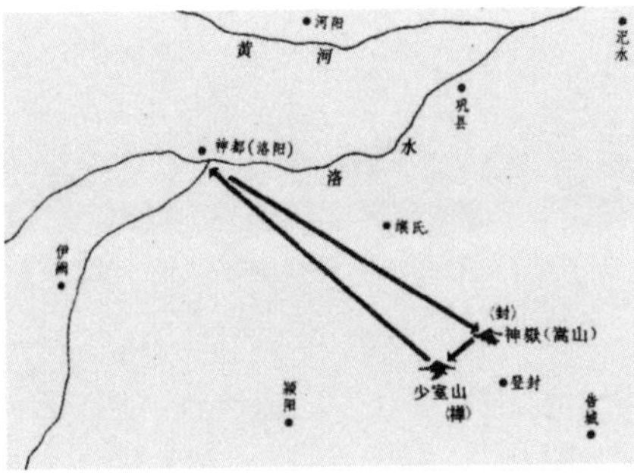

武则天封嵩山

嵩山今景

祭祀洛水的仪式，繁琐而又繁琐，事先用石头在挖出“天授圣图”的水湾子砌成了一个方坑，武则天缓缓走到方坑前，领导众人拜舞，命名方坑为“圣图泉”。

命名“圣图泉”还不够，武氏还在“圣图泉”岸边的村落，设置永昌县——现在洛阳西南某处，并给这个袖珍小县任命了县令。

这天，武太后精神好极了，意犹未尽，顺便把中岳嵩山也封了一封，改名为“神岳嵩山”，宣布嵩山神为“天中王”。

像给洛水神授以官职一样，加授“天中王”政、军各一职，政职为三师之一的“太师”，军职为神岳都督——神岳军区总司令。

二

武则天密谋推翻由她当皇太后的李姓王朝，另建由她当皇帝的武姓王朝，路人也看出来了。

武则天在逐渐屠灭李姓皇族，李姓皇族在各地任职的宗室暗中交通，准备解除武则天的权力，恢复李唐朝局。

绛州李元嘉、青州李元轨、邢州李灵夔，三亲王都是高祖李渊的儿子。豫州李贞是高宗李治的儿子。另外还有李譔、李绪、李凤、李蔼、李融、李冲，是这些亲王的儿子。

这些李姓皇族亲王、州郡领导人，都因才干、品德，享有盛名，武则天对他们十分猜忌。

李譔写了封信，插上鸡毛，给李贞，这样说："我妻子病势日渐沉重，宜火速诊疗，如果拖到冬季，恐怕无可救药。"

这封鸡毛信，李贞在武则天通知皇亲国戚到洛阳集中，要大祭洛水之前就收到了，他转寄了几个亲近的堂兄弟，都会意了，认为武则天计划在大宴群臣的时候，故意让人告密，把李姓皇族一网打尽，全部暗杀，不留一个活口。

李譔伪造了一份睿宗李旦下达给李冲的诏书："朕被禁中，速来营救。"

伪造的诏书先送给了李蔼。李蔼是李渊的孙子、李灵夔的儿子。

李蔼派使节转送伪造的诏书给李冲和李贞，告诉他们，若全国所有的亲王同时起义，大事定会成功。

李冲嫌李譔弄的诏书不像，就自己修改了修改："皇太后欲易'李'为'武'，朕被禁中，事实危急，着各亲王，出军营救！"

李冲召见自己的心腹，政务秘书长萧德琮等，给他们看了"睿宗的诏书"，命他们招兵买马，并分别通报李元嘉、李元轨、李灵夔、李贞，这几位都是他的长辈，另通知堂兄弟们，各自起兵，"会猎"洛阳。

各亲王们秘密结盟，使节来往，还没有商定共同举事的日期，性急的博州刺史李冲已先行发难。

李冲募集到五千兵马，可是所行之处，地方干部都认为他是叛匪，或闭城不纳，或率军攻击，临时集结的士卒没有作战经验，见到对手就纷纷逃跑，李冲无法禁止，最后只剩下了奴仆侍卫数十人。

李冲起兵仅只七天，无奈返回博州，被城门官刺死，彻底归于失败。

武则天接到紧急军报，任命左金吾将军丘神勣为清平兵团总司令，率军十万，讨伐李冲。

继而命左豹韬将军麹崇裕为中军司令，内史岑长倩、侍郎张光辅为副司令，领兵三十万，平定各地。

丘神勣率军扑向博州，李冲已经死去，博州政府的干部们都穿着白色降服，出城迎接，丘神勣把他们全部斩首，一千余户家破人亡。

武则天下令褫夺李冲的皇族身份，改其姓为“虺”。

李冲起兵时，其他亲王都还在愣神儿，豫州刺史李贞仓卒间狼狈响应，发动起义，派军攻陷了上蔡——今之河南上蔡。

李贞事先派使节告知他的姑妈常乐长公主。

常乐长公主强烈支持李贞，义愤填膺地说：“现在，李姓皇族正临危境，譬如朝露，随时干竭，你们这些亲王，皆是先帝的儿子，如果不能抛弃生命，实践大义，灾祸就要临头。大丈夫宁为忠义鬼，不要死得毫无意义！”

李冲失败的消息传到豫州，当先响应的李贞十分恐惧，打算自己戴上刑具，前往神都洛阳皇宫门前自首。

但李贞新攻下上蔡，任命了上蔡县令傅延庆，新招募到士卒两千余人，新干部和新兵员使他改变了主意，命宣传干部对众称说，李冲已攻破相州、魏州等数州之地，相州系今之河南安阳，魏州乃今之河北大名，并说李冲大军二十万人，很快就打过来了。

李贞欺负百姓信息失灵，利用宣传攻势，无中生有，征调所属各县民兵共五千人，分作五营，让汝南县政府秘书长裴守德当大将军，率领作战。

李贞随即又任命九品以上官员五百余人，充实到部队里。

火线受命的干部，身受胁迫，不敢反抗，但不思打仗，只想回家领着老婆孩子逃窜。

只有裴守德跟李贞一条心，因为李贞把女儿嫁给了裴守德，裴守德天然就是心腹了。

李贞把汝南的道士及和尚都集中起来，行咒使符，念经作法，祈祷反抗成功。

积极的神职人员，用黄纸制作了很多“避刀符”，让将士们揣在身上。

麴崇裕的政府大军到豫州城东四十里了，李贞派裴守德及幼子李规前往迎击，想不到所率军队一哄而散，裴守德和李规俩人逃了回来。

李贞这才真正恐惧了，没有了兵卒，只得紧闭王府，藏在内院的阁楼里。

麴崇裕大军到城下了，李贞左右侍从说他：“大王，你怎么可以坐在这里等着挨刀啊！”

李贞惊慌中与裴守德、李规及他们的妻子，一起自杀。

李贞自起兵至自杀，比李冲多十日，为十七日。

李贞们的人头跟李冲的人头，排列在一起，悬挂在神都洛阳的则天门上。则天门以前叫应天门。

三

李冲、李贞失败，武则天打算借机动作，把各亲王一起诛杀，命监察御史苏珦秘密立案调查。

苏珦调查的结果，是没有亲王叛乱的证据。

于是有人告密说苏珦跟韩王李元嘉、鲁王李灵夔勾结谋反。

武则天召见苏珦质问，苏珦据理力争，不肯屈服。

武则天说："你是个知识分子，搞政治不行。这个案子不要你办了，朕另命周兴来办。"

苏珦被派到河西工作，国务院司法部副部长周兴接手办理"亲王专案"。

眨眼间周兴就逮捕了李元嘉、李灵夔、李譔和常乐长公主，由各地分别押解至洛阳，胁迫他们自杀，他们的亲戚朋友，也全被屠灭。

随后武则天任命国务院秘书狄仁杰去做豫州刺史，其时，周兴正在查办李贞的同党，受牵连的官民高达六七百家，被政府没收当奴婢的有五千多人，被指有罪的，最高法院已经下令，要迅速执行。

狄仁杰向武则天呈递密奏，说："牵连的人太多。我本欲公开上疏，但那样好像替叛乱分子叫屈，但不替他们说话，又恐怕辜负陛下仁慈怜悯的本意。"

要受刑罚处死的人数确实太多，武则天接受了狄仁杰的谏议，下宽恕诏，让把他们流放丰州——今天的内蒙古五原地方。

流放大军前往丰州，中途经过甘肃宁州——狄仁杰工作过的地方，宁州父老听说了，来迎接慰劳。

宁州父老流涕说："狄大人在我们这儿的时候就是个善官，我们给他立的有德政碑，他救了你们的命，我们一并感激他啊！"

流刑犯在当地人带领下，到德政碑前哭泣流泪，供奉素食三天，之后才继续赶路。

当时，平叛军队张光辅部，仍在豫州，将领士卒，仗恃战功，向州政府大肆索取。

其实李贞是自杀了的，他们有什么战功?

狄仁杰不答应张光辅部的无礼要求。

张光辅发火说：“刺史有什么了不起，胆敢轻视元帅！”

狄仁杰说：“李贞死了，现在变出了一万个李贞。”

张光辅问：“哎我说老狄，你这话什么意思？”

狄仁杰款款说道：“阁下率领大军，汝南官民欢迎。可你看看，大营四面，庄稼地都践踏成了广场，你还在放纵将士，凶暴抢劫，人民的鲜血染红了原野，把已归降的人杀掉，作为自己的功劳，这不是一万个李贞，又是什么？”

狄仁杰正告张光辅：“我恨不得有一把尚方剑砍断你的脖子，即令被处死，也视如回家，那我才愉快。”

张光辅张口结舌，无话应对。

张光辅回洛阳后，控告狄仁杰漠视皇家军队，对首长傲慢无礼。

武则天听信张光辅，把狱仁杰贬得更远，到复州——今之湖北仙桃工作了。

李冲的反抗，曾得到济州刺史薛凯及其弟弟薛绪、薛绍的响应，制造武器，招兵买马，李冲遽然失败，薛凯又赶紧杀掉其参谋长高纂灭口。

武则天斩了薛凯和薛绪，薛绍因为是驸马——太平公主的老公，免除砍头，改为打一百大棍，囚入小号，不给饮食，活活饿死。

李贞起兵时，曾派使节要申州刺史李融在河南信阳响应。

李融先是响应，后受部属逼迫，无奈逮捕了李贞的使节，奏报武则天。

李贞败后，武则天擢升李融为太子宫事务参议，谁知不久同党的口供泄漏了隐情，李融被绑到洛阳市曹斩首，家产全部没收。

有人告密说，青州刺史李元轨跟李贞勾结，武则天乃褫夺其所有官职和爵号，流放黔州——四川彭水。

押解警察把李元轨装上囚车，运到陈仓——陕西宝鸡——的山路上，发现他已经死了。

宫廷管理局局长裴承先，是唐王朝开国功臣裴寂的孙儿，在株连中也受到密告，被斩首。

四

公元689年，十二月二十七日，洛阳皇家大会堂——明堂落成，高二百九十四尺，方三百尺。

明堂三层：下层四方，象征一年春、夏、秋、冬四季，每季有每季的方位，每方位有每方位的颜色。

中层十二方，象征每天子、丑、寅、卯、辰、巳、午、未、申、酉、戌、亥的时辰。

上层是个圆形屋顶，象征全年立春、雨水、惊蛰、春分、清明、谷雨、立夏、小满、芒种、夏至、小暑、大暑、立秋、处暑、白露、秋分、寒露、霜降、立冬、小雪、大雪、冬至、小寒、大寒二十四节气。

明堂下面装饰有九条龙，好像在撑着房屋，顶上耸立一只铁铸的凤凰，高一

万象神宫

丈，外贴金叶。

明堂里面，中央有一根巨大木柱，十个人才抱得住，从地下直伸屋顶。

由巨柱向四方伸出横梁，横梁上再竖短柱，短柱旁有辅助柱，有斜柱，像一棵大树向各个方向伸出的树枝。

中央巨柱又像个伞柄，撑起一把硕大的雨伞，雨伞周围，环绕用铁铸成的河槽，流过潺潺清水。

武则天在明堂出现了，全体文武干部跪满一地，山呼万岁。

武则天宣布大摆酒席，招待大家，随后举办连环晚会。燃起炭火，让男女戏子们穿着极少的衣服，手舞足蹈，呈媚献艺。

在狂欢之时，武则天又给明堂起了一个绰号，曰“万象神宫”。全体干部复又贴地跪下聆听。

欢庆过后，明堂对百姓开放，准许拖儿带女，进入参观。

皇家媒体工作人员，欢天喜地，不停地采访。

百姓都知道媒体从业人员是朝廷的喉舌，知道怎么跟“喉舌”说话，一致表示：幸福不忘武太后，一定要紧密团结在以武太后为核心的中央领导班子周围，建设更加美好的社会。

宫廷基建局局长薛怀义，因为建造明堂的大功，被任命为禁卫军第九军大将军，并封梁国公爵号。

那个请武则天阉割薛怀义的王求礼又上疏了，他在奏本上说：“古代的明堂，屋顶都用茅草，不加修剪，椽柱都保持木料初砍下来的原状，不作加工。而今我们的明堂，颜色华丽缤纷，珍珠宝玉作为装饰，铁铸凤凰高插九霄，金饰蛟龙隐现云雾，夏癸的‘瑶台’，商辛的‘琼宫’，都超不过我们。”

武则天览毕，说：“这是明堂礼赞嘛。”

武则天一高兴，又兴土木，在明堂以北建造共计五层的“天章台”，又称“天堂”，将前所建二百多尺高的巨大夹苎佛像遮盖进去，就是被称作“天像”的那尊，“其小指犹容数十人”，神头之上做有一圈一圈灵光的。

据说，天章台高达三百多尺，即一百多米，是整个洛阳城最高的建筑。太高了，人们登上第三级，明堂就在眼下了。

可惜天章台和大佛像一起毁于岁月流年，壮观景象早不复存。其遗址在今天的唐宫东路与定鼎路交叉口，2012年，在遗址上，明堂和天堂都又仿建起来了。

却说三天后，是新的一年正月一日，武则天在万象神宫举行皇家大祭。

武则天头戴皇冠，身穿龙袍，手捧巨大的玉圭，首先呈献祭品。睿宗李旦随后呈献祭品，皇太子李成器第三批呈献祭品。

叩拜了天帝，叩拜人间帝王李渊、李世民、李治，再叩拜武则天的老爹武士彟，然后才叩拜其他神位，最后是武则天接受拜贺。

正月初五日，明堂又一度热闹。

武则天复临明堂，大宴文武，宣布政府施政纲要，颁发九条训辞，用以勉励全体干部。

其后，武则天总是在明堂举行朝廷活动。

最高立法院副院长宗秦客，是武则天堂姐的儿子，不务正业，制造了十二个新汉字呈献给武则天。武则天选用其中的“曌”字做自己的名字。

武则天最初被荆州刺史盖文达献入宫中时，盖文达曾给她改名武照，现在她起用那个名字，以“曌”替换了“照”。

武则天——武曌，觉得“诏书”二字中的“诏”字读音同“曌”，得避讳，于是改称“诏书”为“制书”。

先发份制书试试！——第一份制书，提升男宠薛怀义为禁卫军第二军军长，封爵号为鄂国公。

随后颁发一连串制书，调整高级干部人选。

武承嗣、岑长倩：左右宰相；侄孙武攸宁：最高检察院检察长；王本立：国务院财政部长。

这年春上，武曌命令把连年在长安举行的“大试”搬到洛阳皇家明堂举行。于是，国家考试院应命，二月十四日，在明堂举行全国“贡士考试”。

在皇家大会堂里考试贡士，自此开始。

贡士，是各地进贡给朝廷的人才。

唐朝时候，贡士有三个来源。学校毕业的称“生徒”——应届毕业生；地方政府保荐的称“乡贡”——同等学力；中央直接征召的称“制举”——破格选拔。

生徒，不用解释了，乡贡，先要经过地方考试，一般需要当过秀才，才可参加“进士考试”，“明经选拔”的考生来源，则是官僚推荐。

进士考试，考的是文采，明经选拔，测试的是经学背诵能力。

进士考试之后，还要经过吏部即人事组织部门的“铨试”，方可依照能力，配以官职。

铨试对应的是“书判测验”——制作判词案卷的本事。

唐朝的文人们轻视“明经选拔”，认为它的前提是“托关系”，“走门子”。实际上大唐的“进士考试”污垢更重。

每逢春闱会试，前一年秋冬，考生们就得奔走于首都的高门大户，送礼请托，谓之“行卷”，乌烟瘴气。大富人家的子弟送了贵礼，等着到时候录取，穷人家孩子走投无路，欲哭无泪。

武曌把举行在长安的考试搬到洛阳，说明在她心目中，洛阳已然完全替代长安了。

后山的观察是，考取了大唐的“进士”学位之后有做大官的，但他们无论如何也赶不上武曌的侄儿武承嗣、武三思之辈，大权在握，专制独断，连宰相都在他们面前低头。

当然也有不惧权势的，极少数，譬如国务院副总理韦方质。

韦方质病了，武承嗣、武三思前往问安，韦方质斜靠着身子，对他们的叩拜不作反应。

身边人提示韦方质还礼，韦方质说：“生死天定，大丈夫委曲自己，巴结皇亲国戚，就能逃出灾难了？”

没过几天，韦方质就被周兴陷害，没收家产，流放海南儋州。

大唐洛阳皇城西面有两个门，北者“宣耀门”，南者“丽景门”。武曌当政的时候，洛阳制狱——关押政治犯的国家监狱，设在丽景门的瓮城里。

凡被投入丽景门监狱的人，除非死亡，永远不能出来。因此，人说那里是“例竟门”——照例完毕生命的地方。

当干部的，在进宫朝见的路上，就会被特务秘密逮捕，所以每天早上离家上班，总是跟家人告别说："今天不知道能不能回来。"

干部们恐惧被抓住，路上相遇，不敢谈话，只能互传眼神，相祝平安。

武曌豢养的特务和法官，竞相比赛残酷，只有最高法院主任秘书徐有功、杜景俭，心怀公平和宽恕，被告密的人说：遇到来俊臣，一定死；遇到徐有功，能活命。

徐有功问案，以宽大为原则，从不拷打囚犯。没有责打过一个人，案子都办得很好。受到诬陷的人，徐有功前后救出数十、数百。

徐有功曾经在金銮宝殿上为囚犯辩护。

武曌声色严厉，节节盘问，在场干部都惊骇颤抖，徐有功脸色如常，据理力争。

武曌喜爱杀人，但知道徐有功正直，对他相当尊重和忌惮。

最高法院另一位主任秘书李日知，也是个公平和宽恕的人。副院长胡元礼打算杀一个囚犯，李日知认为不可，引得四次讨论案卷。

胡元礼咆哮说："只要我在最高法院一天，这个囚犯没有活命之理。"

李日知说："只要我不离开最高法院，这个囚犯没有处死之理。"

胡元礼这个司法干部，跟他"对方儿"索元礼真有一拼的。但也只有李日知不怕他。

最后，两份截然相反的意见一同奏报上去，李日知的判决被批准。这当然是一件个案，一个孤例，囚犯和李日知的命都悬在空中。

第一百二十六章
酷歌烈政

一

却道武承嗣和周兴，这两个揣摩圣意的高手，诬陷隋州——今湖北随州——刺史李上金、舒州——今安徽潜山——刺史李素节叛乱。

武曌下令，把两个亲王带到神都洛阳治罪。

李上金和李素节都是唐高宗李治的儿子。

李上金自杀。李素节非常悲观，离开舒州时，听到有人家办丧事，在哭，叹息说："一个人能病死是幸运的啊，还要哭什么？"

李素节被押解到龙门南，还没有看到他爹为他爷凿建的大佛像卢舍那，接到武曌命令绞死他的制书，他即被就地绞死。

武曌吩咐武承嗣和周兴把两个亲王的所有子孙及跟他们走得较近的朋友全部屠杀。

两个月后，武曌诛杀最高检察院副检察长裴居道和国务院秘书长张行廉。

又过八日，诛杀李颍等皇族十二人，又用皮鞭抽死已故太子李贤的两个儿子，把高宗与贺兰氏的根苗除净了。

接着穷追猛打，武曌搜罗李姓皇族的亲戚朋友数百家，屠杀之。

至此，大唐王朝李姓皇族几乎全被杀光，年弱病残的，也被流放到大庾岭以南，不给生活费，生不如死。

惟有李渊的女儿千金长公主，极度害怕，请求当武曌的女儿，并主动改姓"武"，得以保全性命。其实她在辈分上是武曌的姑妈。

武曌想杀的人，都被杀掉了，该办个喜事了。

独生女太平公主，丈夫薛绍被饿死在监狱，已寡居二年，武曌此时操持着让她再嫁。

武曌瞄准了自己伯父武士让的孙儿武攸暨。

武攸暨是禁卫军第二军的军官，现有正妻一名。武曌着人暗杀了武攸暨的正妻，命他做太平公主的新老公。

嫁闺女，武曌又大办了一回，娶亲车队经过的洛阳大街边，燃起很多火炬，烤死很多树木。

太平公主前额宽广，颧骨突出，整个面部为倒三角形。思考事情的时候，微微翻动小眼睛，片刻就有了计策。

武曌认为，女儿外貌很像自己，所以特别宠爱，母女俩时常秘密讨论天下大事，交流使用男人、驾驭男人的诀窍。

武曌觉得女儿的性格也随自己，因而特别厚待。

唐朝亲王的采邑，不过千户，公主的采邑不过三百五十户，但太平公主的采邑，一直是三千户，此际武曌又给她加到了一万户。

武曌已经是实际意义上的皇帝，善于揣摩主人意志的周兴，上疏请求撤销唐王朝李姓皇族的身份。

薛怀义的徒弟，洛阳“东魏国寺”和尚法明等，呈疏武曌，恳请武曌代替唐王朝，成为新的国家元首。

武曌下令，大量复制周兴和尚法明等的奏疏，发放全国，覆盖所有村民小组和街道小区，要求基层干部带头学习，带头发言，畅谈学习心得和思想体会。

善于揣摩主人意志的哈巴分子，不仅在朝者不少，而且在野者同样甚多。

关中就有九百名百姓，在检察院干部傅游艺的鼓动下，一窝蜂地跑到洛阳宫城呈递奏章，请求废除唐王朝，建立周王朝，命现任皇帝睿宗李旦改名“武旦”。

武曌一看，傅游艺这货猛得很啊，立马调进内宫工作，官职为给事中，正五品上，就是御前走动的东西。

傅游艺受到擢升，榜样力量无穷，于是文武百官、国戚皇亲、道士和尚、四方蛮族酋长、首都洛阳百姓和全国各族人民，共六万余人，上疏武曌，内容都是从傅游艺奏疏上抄来的，一模一样。

连皇帝李旦也上疏了，自己请求，变成“武旦”——武打女戏子。真叫“二”呀！

寻找祥瑞的官员，到处奔窜，他们说发现凤凰从明堂飞到上阳宫，又飞到最高检察院，落在梧桐树上，跟人们点头致意后，才向东南方飞走。

并没有凤凰。但有人说看到了，越传人越多，凤凰也越多，最后大家嘴里的凤凰多至数万只。

汇报给武曌，武曌哈哈笑。

公元690年，九月七日，武曌批准皇帝李旦及文武百官的请求了。

九月九日，盛大的典礼在则天门广场隆重举行。

参加大典的洛阳六十万军民齐聚于此，翘首期待着一个历史时刻的到来。

下午，申时，武曌率领中央主要领导人登上则天门城楼，就是那个应天门城楼，皇帝李旦——武旦宣布典礼开始。

在百官和群众的欢呼声中，武曌用她那带着并州口音的语调洪亮地宣告：“武周王朝，中央政府，今天成立了！”

顿时，则天门广场上群情激昂，欢声雷动，鼓乐高奏，礼炮轰鸣。

随即，举行盛大的阅兵式。

在文武百官的“万岁”呼声中，在百姓经久不息的叫喊声中，禁卫军各军兵种列成方阵，骑着战马，扛着武器，由东向西，分列式通过广场。

新组建的战车部队，也以战马拖着城车——可以跟隋炀帝的“移动兵城”媲美的巨大物事，轰隆轰隆地奔驰而过，接受检阅。

阅兵式持续近两个时辰。

天色已晚，广场上，各处都燃起了火炬，人们“自发”地围成圆圈，载歌载舞，纵情狂欢。

武曌情不自禁地探身栏杆外，不停地向广场上的群众挥着帽子致意。

武曌本来是只有围巾没有帽子的，可现在手中有。

大典圆满完成，“周始皇”武曌在文武百官的簇拥下，去明堂——皇家大会堂吃肉、喝酒。

明堂，烛火无数，明亮异常。

在宴会上，武曌接受了文武百官向她呈献的尊号“圣神皇帝”。改元“天授”，称唐睿宗武旦为“皇嗣”，皇太子李成器则为皇太孙。

宴会后，盛大的歌舞晚会开始了。

薛怀义等四个主持人，站在舞台上，一人一句，大声吆喝：“皇歌嘹亮！

激情飞扬！提神鼓劲！再创辉煌！”

二

且说大唐王朝开国七十三年，平静地覆亡在一个老太婆的手里——武曌本年六十七岁。

九月十三日，武曌下达制书，在首都洛阳兴建武姓皇族祖先七座祭庙——终于皇家化了，追赠尊贵称号，从可以找到的老老老祖宗开始，都成了大皇帝，配偶都成了大皇后。

封了死人封活人。武承嗣：魏王；武三思：梁王；武攸宁：建昌王。

武士彟弟兄们的孙子辈一大群，武攸归、武重规、武载德、武攸暨、武懿宗、武嗣宗、武攸宜、武攸望、武攸绪、武攸止、武延基等，个个都是郡王，他们的老妈，人人都是长公主。

然后，调整中央各主要部委的干部。

史务滋：最高检察长；傅游艺：副检察长。武曌堂姐的儿子宗秦客，进献了“曌”字，有功，被安排为最高立法院院长。

傅游艺与国务院左右总理岑长倩、张虔勖，大将军丘神勣，来子珣等，都赐姓“武”，变成武游艺、武长倩、武虔勖、武神勣、武子珣，一大窝武氏子孙隆重上场了。

武曌规定：全国武姓家族，差役赋税完全免除。

改姓“武”的好处立马显现出来，不过国务院这些改姓“武”的，前路难

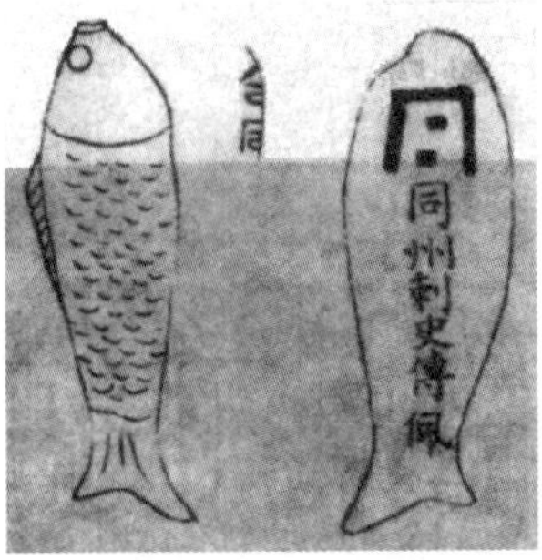
唐朝的鱼符

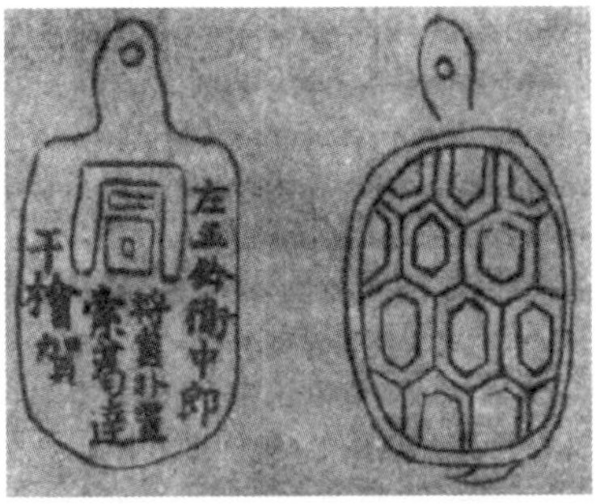
武周的龟符

料啊，小命难料啊。

斯时，九、八品干部服装为蓝色，七、六品为绿色，五、四品为红色，三品以上为紫色。博游艺一年之内，自九品直线上升到三品，遍穿四种颜色的服装，被称作“四季官宦”。

武曌高兴过度，颁下制书，废除全国的“州”，一律改为“郡”。

有大臣谏议道：“陛下刚刚建立武周帝国，却下令废‘州’，‘州’，音‘周’，似乎好像，不太吉祥。”

武曌一听，他妈是的呀！

“急销前制”，派史务滋等十多名高级干部，奔赴各地追缴已经散发的制书，手忙脚乱，不亦乐乎。

武曌曾拨款支持佛教译经所，现在又一部佛典《大云经》翻译完成了。

武皇训令：神都洛阳、西京长安所属各州，一律兴筑大云寺一座，收藏《大云经》的副本。

参与注释及阐扬经义的和尚云宣等九人，都因其成果立功，获封七品秩级，得到紫色袈裟及银龟袋的赏赐。

唐王朝的干部身份证是一种鱼形的符，配个袋子挂在腰间。实际是半片鱼，一显示官位，二供朝廷征召时验证。五品以上是银质鱼，三品以上是金质鱼。武曌的“大周”，取消鱼符，改龟符了。

公元691年，十一月一日，“周始皇”武曌六十八岁，在万象神宫宣布了两项决定。

于神都洛阳，兴筑社稷坛。祭祀农业之神，祈祷风调雨顺，庆贺全国农业连续丰收年。

以红色为吉祥色。旗帜，一律改用红色，红旗。制书镶红边，皇家媒体出版各种庆贺专刊，一律“套红”印刷，是处弄得血色淋漓，非常震撼。

这年冬季，“武氏太庙”于洛阳建成，武曌举行仪式，把武家祖先牌位送进太庙。

原来长安供奉唐王朝李姓皇族的太庙，改称“享德庙”，李渊以上祖先的祭室，一律封闭，不再祭祀。已经建在长安的武氏家庙“崇先庙”改称“崇尊庙”。

老武真喜欢改名啊！此一癖好，也反映在纪年上。当皇后的时候，就鼓动唐高宗改过十四次年号，当皇帝后，又改过十七个，前缺古人，后乏来者。

简单看一下之前使用过的年号吧。

光宅：明亮的大房子。继承了庞大的家产，走到了前台，心情很爽。

垂拱：大宅子的新鲜感消失，兴奋变成了冷静。铺设“道路”，制造舆论，暂且“垂拱”，预备“转正”。

永昌：武承嗣的“神图”杰作，洛河石头的启示，想万世昌隆吧？

载初：要让历史记载一个新的开始？

天授：这就开始了。女人也可以获得上天的眷顾，男女平等，不，女男平等，不，女胜于男！

新的一年开春，武曌嫌洛阳不够热闹，人气尚欠，遂出台训令，命迁移关中居民数十万人，“以实洛阳”。

告密工作也要加强啊！鼓励告密是武曌执政治国的不二法宝，自己立朝

酷吏治国

了，非但不能放弃，还要大兴特兴。

武思文，就是那个李思文、徐思文，在徐敬业起义中坚守唐朝城池、飞报洛阳消息的地方干部，后来做了国务院财政部长。当时徐敬业骂他是武氏的走狗，让他姓武，武曌表扬他，勘定了其武姓。

现在有人告密，诬陷武思文参与了徐敬业的叛乱，武曌不加甄别，流放武思文到岭南。

三

道州——今湖南道县——刺史李行褒，受陷害，酷吏判决屠灭全族。国务院司法部领导徐有功，发现其冤，竭力平反，竟无法实现。

周兴上疏告发徐有功，说他宽恕囚犯，应该处斩。

武曌不愿杀害徐有功，但既然有告密的，说明存在一定问题，于是解除徐有功官职，过了一段时间，又让他干检察官。

徐有功在二度任职前，晋见周始皇武曌，匍匐在地，流泪辞让。

徐有功说："臣听说，梅花鹿逛游山林，可是它的性命却在厨房里被决定。陛下重用臣，臣决不敢扭曲法律，所以会因忠于职责而死。"

武曌说："干吧。说你行你就行。"

副总检察长李嗣真也比较公允正直，他上疏说，告密案件纷乱如麻，凭空诬陷的多，真实揭发的少。古时候，判决了，部长级官员还要举行听证，君王必定三次要求宽恕，直到实在无法宽恕，才命行刑。可是现在的情形不

请君入瓮

是这样。

特务乘坐驿马车，奉陛下命令前往调查，法官根据特务的片面之辞判决，也不再做调查。

权柄导致滥刑，有人含冤而死，陛下也不知道。

何况有的办案人员，连九品级别都不到，却拥有处理案件的全权，手握人的生死，这些卑微的酷吏，实际上在偷窃君主的威势。

办案没有正常程序，政府统治百姓的利器轻率地掉到个别人手中，恐怕帝国要承受灾难。

武曌说："字写得不错，奏章很啰嗦。"

周始皇信佛，要落实在行动上，下令禁止全国屠宰家畜和捕杀鱼虾。

制书颁下后，长江淮河之间大片州郡大旱、饥馑，百姓却不能违背禁令，打猎和捕鱼，饿死人很多。同情百姓，要求减轻租赋的地方干部，常受到谋反的诬陷，他们也不敢怎么说话了。

主管宫廷服饰的刘行感兄弟得罪了检察官武子珣，武子殉指控其谋反。

史务滋和来俊臣调查刘行感兄弟。史务滋在调查中稍有同情，来俊臣就又告密说史务滋意图掩饰刘行感的犯罪。

武曌命来俊臣将史务滋一并调查，最后史务滋因恐惧自尽，刘行感兄弟则全被诛杀。

有人密告说周兴跟武神勣同谋叛乱，武曌也命来俊臣调查。

来俊臣跟周兴是经常合作的著名酷吏，常在一起喝酒，这天又一起喝，来俊臣问周兴，很多被告不肯招供，有什么新招数，能让他们屈服。

周兴说："容易得很。架起一个大瓮，把被告放到里面，四面烧起炭火，还有什么供不招的？"

来俊臣立即命打手们抬来大瓮，四周烧起炭火，然后起身对周兴说："奉皇上密令，要兄长招供，现在请入瓮吧！"

周兴吓得直尿，赶紧贴地跪下，叩头不止，主动承认罪行。

依照法律，应该斩了周兴。武曌看在周兴办案杀人极多的份上，命流放岭南。

在流放的路途上，周兴被仇家诛杀，他的仇家遍地都是。

武神勣自然跑不了，以跟周兴合谋叛乱被诛杀。他觉得自己太冤枉，没办法。

周兴跟索元礼、来俊臣，这几个流恶千古的酷吏，一个比一个更残暴。

周兴和索元礼手中各有数千条人命，在来俊臣手下家破人亡的，也有一千余户。在处置周兴的时候，武曌顺便斩了索元礼，以化解社会怨恨。

来俊臣作祟不休，密告武虔勖阴谋叛乱。

武虔勖觉得冤枉，向徐有功投诉。

来俊臣听说了，大怒不已，于公元691年的八月二十二日，命卫士把武虔勖乱刀砍死，割下人头，悬挂示众。

建设部部长苏干，以前在魏州工作过，来俊臣诬指他在魏州的时候曾经跟亲王李冲勾结谋反，诛杀之。

这年九月八日，岐州——今陕西凤翔——刺史云弘嗣遭到指控。武曌让来俊臣去调查。

唐代《礼宾图》

来俊臣到了岐州，不问一句话，不录一句口供，先砍下云弘嗣的人头，然后在宾馆里编造一份云弘嗣自动招认的假口供，奏报武曌。武曌看后，全部批准。

副总理乐思晦和禁卫军第二军将领李安静也受来俊臣的诬陷，遭诛杀。

在丽景门监狱，来俊臣审问李安静阴谋叛乱的情况，李安静说："我就是这样一个老干部，要杀就杀！想问什么阴谋叛乱，我没话说。"

乐思晦的儿子还不满十岁，被没收到总理衙门，做小奴。

武曌视察工作时，见国务院有个小孩儿，便召之问话。

乐家小朋友说："我老爸被处死，我已经没有家了。我可怜陛下的法律受来俊臣们玩弄。陛下如果不相信，不妨挑一个陛下最信任的好人，交给来俊臣调查，包管他很快会招认自己是个大坏蛋。"

武曌有点醒悟，说："讲出真话的，往往是小孩子。"

武游艺，就是那个鼓动关中九百名百姓到洛阳宫城呈递奏章，请求废除唐王朝，建立周王朝，改李旦为"武旦"的那个马屁精，是武曌登上皇帝宝座任命的首批国务大臣之一。

首批众臣基本上都被杀了，武游艺期望继续高升，梦见自己登上了湛露殿，醒后把梦中景象告诉了亲近的朋友。

朋友中却有人告了密，武游艺遭逮捕下狱。

武游艺怕受刑，买通看守警察，弄到一包老鼠药，喝下去自杀了。

还有一个人，跟武游艺有一拼。这人是河南修武的，叫张嘉福。

张嘉福怂恿洛阳人王庆之等一大帮哈巴类，组成请愿团，上疏武曌，请封武承嗣为皇太子。

国务总理武长倩认为，身在东宫的武旦已是皇太子，不应该废之另立，上疏请求责备王庆之等，并解散所谓请愿团。

财政部长格辅元，支持武长倩。

武承嗣不乐意了，向他姑妈告武长倩的密。

武曌说武长倩："吐蕃王国一直在边疆捣乱，你去打他们吧。"

武长倩奉命出征，刚刚过了黄河就又被召了回来，投入丽景门监狱。

善于揣摩圣意的来俊臣诬陷格辅元和武长倩的儿子武灵原，逮捕了他们，命他们指证礼宾司的欧阳通等数十人共谋叛乱。

欧阳通遍受五毒重刑，无罪可供。来俊臣就伪造了一份自动招认的口供，于十月十二日将武长倩、武灵原、格辅元、欧阳通等，全部诛杀。

拥有炽盛权力的武曌，听任佞臣告密，动辄杀戮，不管对方是何等人，一念之转，即是最高判决。

酷吏杀人，实际上就是武曌杀人，因为她在撑腰，在支持。

朝臣中，人人觉得快刀在脖子后上方闪耀，生辉。

武曌自诩天后，神皇。神皇，比皇后厉害，比皇上厉害。欲与则与，欲废则废，可封官赐爵，可赐予权势，使人炙手可热。可赐死，可贬谪，可消除毁灭，令人尸碎骨粉。

有心的史学家开列的有武后杀人表，你得空可以找来翻一翻，你翻过之后，答案将只有一个字："如麻"，或三个字："如麻"。

武曌发怒时令人毛骨悚然，而真正更令人恐怖的是她对你亲切友好之时。

因为，她让你放松警惕了，转身儿就会下道圣旨，教你落地一个人头。

无论是在大庭广众之前，还是在私人生活方面，武则天已经是极端了，已经是极点了，达于极端和极点，还能像个一般媳妇、一般太后、一般皇上吗？

却道哈巴狗王庆之，串通人等，上疏请换太子，武曌召之询问："皇嗣武旦是朕的儿子，你为何上疏要求罢黜他？"

王庆之回答说："现在是武家天下，皇太子应该真正姓武的当！"

武曌说："就这样吧，朕知道了。"

王庆之本系一介刁民，进宫趴在女皇脚下极其满足，不想出去，便又朝前匍匐一步，脑袋挤在武氏两只脚中间，誓死坚持，不肯离开。

武曌觉得王庆之触着两只脚还怪美哩，就拿过一张盖着大印的皇宫通行证，说："你想见朕的时候，把这个给门口的保安，就可以进来啦。"

这下好了，王庆之手持通行证，一天好几次，不断进宫谒见。

王庆之素质这么差，武曌烦他，就让立法院副院长李昭德"敲打他几棍"。

李昭德把王庆之带到洛阳宫城南面广场，告诉"棍警"说："狠捶这个毛贼。他要皇上罢黜皇嗣，另立武承嗣当太子。"

棍警得令，把王庆之眼睛、耳朵都打出了血，最后这家伙在乱棍之下断了气，他的请愿团也灰飞烟散。

李昭德交代了棍警，就进宫奏报武曌说："先帝是陛下的丈夫，皇嗣是陛下的儿子。陛下建立万代大业，当然要传给子孙，侄儿怎能当继承人！侄儿和姑妈，亲密的程度怎么能跟儿子和母亲相比？自古以来，还没有听说侄儿当天子，而送姑妈进皇家祖庙的。

"陛下的江山，是受先帝托付而来的，如果传给武承嗣，则先帝再也享受不到祭祀香火了。"

武曌说："是吗？朕还真没想这么多。"

李昭德接着说："现在武承嗣权势已经太重，既是陛下的侄儿，又是亲王，还是宰相，实际权力跟君主一样，长此以往，陛下在天子宝座上，恐难持久。"

武曌吃惊地瞪着李昭德说："你的话有道理，我从没有想到。"

四

疯狗一般的来俊臣，罗织罪状，检举副总理任知古、财政部副部长狄仁杰、建设部副部长裴行本、祭祀部部长崔宣礼、国务院前秘书长卢献、副总检察长魏元忠、潞州——今山西长治——刺史李嗣真"七人帮"，阴谋叛变。

这些干部全被抓了起来。

来俊臣说有皇家训令，首次审问就自动招认的，免除死刑，或减轻一等处分，诱惑他们招认。

判官——审判员侯思止审问魏元忠，魏元忠理直气壮，不肯屈服，侯思止命打手捆绑了魏元忠，用绳拉住双脚，在地上倒拖，像中东恐怖分子对待民众中的奸细那样。

魏元忠幽默地叫骂："老子运气真背，像是从驴背栽下来，脚挂在蹬上被畜牲倒拖着走。"

侯思止越加发怒，命打手拼命跑，加快倒拖速度。

魏元忠说：“侯思止你这害人求宠的王八蛋，要我的头，只管砍下，何必要我承认叛乱！”

判官王德寿审问狄仁杰，狄仁杰说：“周王朝革命维新，万物重生，唐王朝旧有臣僚，再无用处，甘愿一死。我们确实阴谋叛变。”

王德寿对狄仁杰说：“鄙人受上级驱使，身不由己。想依靠办你们这个案子谋求小小升迁。请你在口供中顺便牵连一下副总理杨执柔，是不是可以？”

狄仁杰悲怆不已，说：“天地神明，你们竟让我干这种伤天害理的勾当呀！”说完一头撞到柱子上，血流满面。

王德寿有点良心，赶紧说：“对不起对不起，不想牵连就算了。”

但狄仁杰那句“我们确实阴谋叛变”就算招认了。既自动招认，就上疏奏报，等待批复，所以对他的看押稍有放松。

狄仁杰撕下一块被面，撰写冤状，藏在棉衣里，说天气渐热，让家人改成夹衣，送了出去。儿子狄光远得到冤状，紧急告发。

武曌看过狄仁杰的冤状，询问来俊臣。

来俊臣说：“他们在监狱里受到特别优待，别说挨打，我连他们的衣服都没有碰过。假如他们无罪，岂会自动招认？”

武曌派遣法院助理干部周綝去监狱里察看，来俊臣命狄仁杰等暂时穿上官服，戴上官帽，站成一排，让周綝看。

周綝怕来俊臣，应声点头，连眼皮都不敢抬。

来俊臣说，狄仁杰等人撰写了一篇《感谢诛杀表》，给周綝带回禀报。

武承嗣跟来俊臣，坚持要诛杀“七人帮”，武曌未准。

来俊臣退一步就说裴行本罪状严重，必须斩首，其他人罪行可以再议。

徐有功为了救下被冤枉的七个人，冒着危险上疏说：“英明的君王有再生之恩，来俊臣违背旨意，是在破坏陛下的威望。”

检察院干部霍献可，是崔宣礼的外甥，为了表示耿耿忠心，不袒护自己的亲戚，跟崔宣礼划清界限，在武曌面前力主斩杀其舅舅，说：“陛下不斩崔宣礼，臣就死给陛下。”以头猛撞台阶，血流满地。

武曌渐有变化了，没有因为这个恶心的哈巴狗就斩了崔宣礼。

霍献可此后便用一条绿色的绸子包裹额头上撞伤的地方，在冠帽下面稍微露出一点，希望武曌能够看到，想起来他的忠心。

呜呼，后山不得不叹：这样的外甥，真是天下舅舅们的灾星啊！

武曌召见狄仁杰等，问他们为什么承认谋反，狄仁杰回说：“不承认谋反，已死在酷刑之下了。”

武曌问为什么呈递《感谢诛杀表》，狄仁杰等说：“竟然有《感谢诛杀表》？臣等一概不知道。”

武曌把周綝从丽景门监狱带回的奏章拿给他们看，终于拆穿了来俊臣的诡诈伎俩。

于是，释放七人，另行安排工作。任知古：江夏令；狄仁杰：彭泽令；崔宣礼：夷陵令；魏元忠：涪陵令；卢献：西乡令。裴行本、李嗣真：流放岭南。

来俊臣随意勒索已成习惯，向禁卫军第一军大将军泉献诚勒索黄金，得不到手，就诬告泉献诚谋反，逮捕，下狱，绞死，时间是一月九日，公元692年。

泉献诚很亏，他本是高句丽人，随其父泉男生降唐，以善射著名。在唐军中，东征西战，功劳不小。

武曌听说泉献诚冤枉，于八年后为他平反，以礼改葬。

武曌宠信来俊臣，很多人剖析原因，不好解释，后山认为简单：武曌不知道政治运动的威力，全凭一个来俊臣在弄，一个来俊臣顶一连串政治运动的杀人威力，自然显得出乎其类、拔乎其萃了。

第一百二十七章

天堂纵火

一

武曌如意呀！于是，公元692年，四月一日，大赦天下，改年号“如意”。

改组中央政府。宰相：武承嗣；武攸宁：建设部部长；杨执柔：财政部部长；崔元综：检察院副检察长；李昭德：立法院副院长……

武承嗣去武曌面前打李昭德的小报告。

武曌道：“任用李昭德，朕晚上才睡得了觉。你别说了。”

斯时，酷吏仍在横行，官员无不震恐，只有李昭德，敢在金銮宝殿上，不断揭发他们的欺诈与恶行。

武曌喜爱吉兆祥瑞，有地方干部呈献一块灰黄色的黄河石，上面有块红色斑点和纹路，主管官员问奇异之处在哪里，那干部说：“它有赤心。”

李昭德发火道：“它有赤心，难道其他石头都在谋反？”在场大家哄堂大笑，那地方干部灰溜溜的。

襄州，今湖北襄阳，有个叫胡庆的，用红油漆在乌龟肚皮上写了几个字“天子万万年”，不远千里，拎到洛阳来呈献。

李昭德用刀刮了漆，把全裸的老鳖交付法庭，奏请严肃处理。

武曌说：“他没有恶意，让他把鳖掂走算了。”

可惜的是，像李昭德这样痛快的干部太少了。

武曌当权以来，任用酷吏，先诛杀唐王朝皇亲国戚数百人，后诛杀高级官员数百家，州刺史、军队司令员以下，更是无法统计。

朝廷、政府，鼓励告密，告密的人泛滥全国，武曌也厌倦了，让检察院干部严善思调查那些受到“诬告”的，一次竟过滤出八百五十多人。

严善思打击了恶势力，恶势力就诬陷他，终于，严善思被流放到驩卅——这个地方远，过了广西，进入越南，对，是今天的越南荣市。

武曌知道严善思冤枉，很快征召他回到洛阳，委任他为比较清闲的国家气象局局长。

检察院干部周矩，也是个清楚人，善良人，他上疏揭发酷吏的暴行，为那些“蓄意谋反”的人鸣冤叫屈。

周矩说，酷吏们相互炫耀他们虐待被告的成绩：重枷套脖子，枷上堆石头，铁圈箍头颅，圈中加木楔，十指下签，梁吊头发，不让吃饭，不让睡觉……被告都是肉身，非木非石，为救眼前痛苦，只好问啥招啥。

都说现在天下太平，生活幸福，为何还有那么多人造反？难道有那么多英雄豪杰，每人都想当帝当王？不是啊。是受不了毒刑，自己诬害自己。

臣请陛下放宽刑罚，多施仁爱，天下社稷有幸，干部群众有幸！

武曌接受了周矩的谏议，其后，酷吏政治有所收敛。

武周时期的干部队伍，不光是酷吏问题，还有“屁吏”问题——强烈要求杀掉老舅，磕头又扎绿布条的霍献可算一个，安徽庐江人郭霸，也是个马屁精。

据说，在徐敬业起义叛乱时，郭霸向朝廷高呼“抽其筋，食其肉，吸其髓，饮其血”，因而升官，由九品宁陵县政府秘书升任监察御史——最高检察院的科长，时人称郭霸为“四其干部”。

升了官的郭霸更加卖力地谄媚自己的上司老板。

御史中丞魏元忠——很多人替魏元忠伸冤，武曌就又起用魏元忠出任检察院副院长了——患病，面黄肌瘦，体力不支，在家卧床。检察院的干部们都去探望，走时，郭霸故意落在后边，问可曾请过郎中，魏元忠说："前日圣上派来御医，号脉问切，已经服用了几副药。"

"中丞大人须安心静养，定会早日康复。"

郭霸先行安慰，后又小声对魏元忠说："魏中丞，某能饮便液察病情，令某为中丞诊断一下吧？"

魏元忠有些惊悚，也有些难为情。

郭霸却说："这没什么，只要大人能早日痊愈，莫说喝小便，就是吃大便，某也乐意！"

魏元忠为郭霸解出了点尿液，郭霸喝了，欢天喜地，说道："大人的尿液，味道如果是甜的，就应该忧虑，可是，今天它的味道既馊又苦，乃可喜之事，说明大人就要痊愈了，不必担心!"

老郭的诊断术，应当是个神秘的发明？他背过身去，应当会疯狂呕吐？

反正，魏元忠是大为厌恶，对郭霸的糖尿病诊断术嗤之以鼻。

谄媚分子连老板的便溺都可啧啧下咽、喜形于色，功夫之高，使人叹为观止。有干部如此，何愁风气不歪！

你看到高官显贵在主席台上，抑扬顿挫，训话致辞，想一想，他昨天傍晚说不定喝过更大阔佬的"青龙汤"，你还能忍得住冷笑吗？

武周的官吏堕落到这种程度，不是"严重的问题在于教育干部"吗？

想一想，酷吏和屁吏，本是一个体制的多个侧面，多个极端。体制放在那里，美景自会叠相出现，奇葩自会纷纭盛开，实不足怪也。

二

宫中宦官管理局干部裴匪躬、范云仙，被密告了。

有人检举裴匪躬和范云仙秘密晋谒皇嗣武旦。于是，武曌命绑至市场，腰斩。

范云仙伸冤说，他事奉过几位皇上，如今却被陷害，实在死得冤枉。

监刑官来俊臣割下范云仙的舌头，不让他发言。官民见之，无不心胆俱裂。

自此以后，部长级以下官员，都不准晋见武旦。

告密的人变本加厉，检举说武旦要有军事行动了。武曌命来俊臣调查武旦的侍从。

太监们受不过刑，都打算自诬招认。

东宫修缮工匠安金藏向来俊臣高声哀号说：“你不信我的话，我只有把心挖出来，证明太子清白！”

安金藏说完拿起佩刀剖开自己腹部，五脏流出，鲜血满地。

武曌得到报告，派御医把安金藏的五脏纳进肚子，以桑皮线缝合裂口，敷上药物，过了一夜，安金藏才还魂。

武曌看望安金藏，说：“好好养伤。东宫的事情不再调查了。”

检察院干部王弘义被流放琼州，在一处驿站，假托接到武曌的新制书，转身返回洛阳。已经过了汉水，碰上他的同事胡元礼。

胡元礼说：“这家伙不是被流放琼州，到琼崖工作了吗，怎么往北走？”

搜查，盘问，发现真相，胡元礼把王弘义乱棍打死在路上。

这个胡元礼回到洛阳，向武曌做汇报时，说他处置了王弘义也就罢了，还添油加醋，胡乱发挥，告发说流放到岭南的政治犯太多了，他们已经组成军队，阴谋叛乱。

武曌听了胡元礼的检举揭发，派最高法院助理审判员万国俊前往岭南调查。

万国俊走到岭南，集合岭南道所有流刑犯训话，说周始皇下令他们自杀。

流刑犯心中不服，哀呼悲号，万国俊就将他们数百人全部斩首，然后假造口供，返洛阳覆命。

万国俊顺便又提醒武曌说："全国各地的流刑犯，也必有人谋反，宜及早铲除之。"

武曌一听，万国俊有理。这么有水平的干部应当重用。

武曌擢拔万国俊当检察院副院长，然后派刘光业、王德寿等五人，分赴各地，调查所有流刑犯。

万国俊靠大肆杀戮获得高升，刘光业、王德寿等五人，竞相效法，大开杀戒。

资料记载，刘光业杀七百人，王德寿杀五百人，其他每人杀的都在二百人上下，连普通民事犯也都杀了。

杀得红红火火，气候为之作证，九月一日，天狗吃日——日蚀。公元693年。

却说魏王武承嗣不管日蚀不日蚀，联络了五千人联名上疏，请武曌接受尊号"金轮圣神皇帝"。

佛教说"佛"就是"轮王"，或曰"转轮王"。

武曌选择九月九日前往万象神宫接受尊号，赏赐武承嗣，大赦天下。

武曌还真地制造了七种轮子，谓之"七宝"——金轮宝、白象宝、女宝、珠宝、马宝、主兵臣宝、主藏臣宝，陈列在金銮宝殿的博古台上。

武承嗣得到甜头，继续顺着杆子爬，联络两万六千余人，联合签名，呈献武曌新的尊号“越古金轮圣神皇帝”。

武曌也真叫“武”，立马登上则天门楼，正式接受这项新的尊贵称号，并改元为“延载”。

武曌觉得自己已经变成了真的“圣神”，因而对佛家人士礼遇有加。

洛阳麟趾寺，有个老尼，自谓“净光如来佛”，声称能预知未来。

嵩山人韦什方，自称生于曹魏那时候，快五百岁了。

老尼和老韦，互相呼应，装神弄鬼，迷惑世人。

又有一位胡人老汉更猛，称自己已经过了五百岁，发誓说二百年前就见过薛怀义，现在看到他越来越年轻了。

武曌对此类“高人”非常感兴趣，赏赐他们无数多的财物。改嵩山老韦姓“武”，武什方。任命武什方当最高检察院顾问，兼任副总理。

魏王武承嗣献“尊号”获宠，梁王武三思坐不住了，联络四方蛮族酋长，请求熔合铜铁，铸造耸天巨柱——天枢，竖立在洛阳皇城正南的端门之外，贬黜唐王朝的落后，歌颂大武周的先进。

武曌自然批准。武三思发动所有胡人捐钱一百万亿，购买铜铁。不够，组织“征铁小分队”，强迫去农民家里，征收犁、锄等耕田器具，征收铁锅等炊事器具，添加进去。

武承嗣和武三思比赛献媚，武家有个后生武攸绪，却截然相反。

武攸绪担任禁卫军第一军“千牛卫”——将军，被封为安平王，但他从小就品行高尚，淡泊名利，没有政治欲望，此时申请辞去官职，到嵩山南麓实验农业项目。

武曌疑心武攸绪耍花样，目的是去山里搞军事基地，立即批准，暗中派人侦查他在做什么。

武攸绪进了嵩山，安闲优雅地游山玩水，冬季住在用茅草盖成的房屋，夏季则住在石洞里，生活清苦简单，完全是个隐士。

武曌所赏赐和王爷公爵所赠送的衣服器具和装饰品，武攸绪一概不再使用，堆在那里，落满尘埃，而他自己买了一些田地，领着奴仆耕种，跟一个平民没有两样。

武曌见武攸绪没有建立什么基地组织，才松了心。

这时候，酷吏来俊臣犯事儿了！贪污罪。

检察官纪履忠，弹劾来俊臣五大罪状，来俊臣被贬同州——今之陕西大荔，做行军参谋。

来俊臣在同州又犯贪污——他真是贪污成性了，召回洛阳，被捕下狱，按照法律应该处死。

武曌念来俊臣杀人太多，功劳太大，贬作平民。

后来，来俊臣当了明堂街道办事处门口的保安，又进入农业部做一般工作。

来俊臣倒了，李昭德起来了。

李昭德仗恃武曌的信任和倚重，当着最高立法院院长，除了薛怀义，他谁都不怕。薛怀义曾经挥出老拳教训他，他惊慌恐惧地赶紧趴下，自认错误，请求宽恕。

李昭德变得专权独断，盛气凌人了，很多人痛恨他。

组织人事干部丘愔——别光听名字的读音——上疏给武曌说："陛下命李昭德参与高层决策，本是重用。可陛下已经批准的事情，他却偏要另生枝节，炫耀权力。

"李昭德胆子大过身体，鼻孔朝天，气冲霄汉。根据美誉归于君王，责任自己承担的大义，不应如此。蚁穴虽小，可溃巨堤，针尖虽细，可炸气球，大权旁落，收回不易。"

洛阳卫戍区副司令员邓注，更是撰写了数千言一卷书，描绘李昭德独裁专断的形状，立法院干部逄弘敏借阅后，觉得活灵活现，就奏报武曌圣览。

武曌对李昭德感到厌恶了。

于是，降李昭德为明堂街道办事处保安，不久忽然宣布李昭德死刑，减刑一等，流放到南宾——广西灵山。

三

武曌七十二岁了，觉得自己的尊号字数还不够多，于是自我加封，曰"慈氏越古金轮圣神皇帝"。

武曌标榜自己"慈"，真乃中国历史上一个乌黢黑乌黢黑的大幽默。

庆祝活动是个无遮大会，由得力男宠薛怀义操办。

薛怀义把国家的金钱看得如粪土一般，随意挥霍，要多少武曌批多少，一句话也不盘问。

薛怀义现在已经不喜欢进宫了。几十年来，他像一只雄蜂，靠献身蜂王而活。竟然不喜欢进宫了。

在外人看来，假若不是体力不支，当是因为七十二岁的老太婆不比二十七岁的少妇有吸引力了?

武曌多年来在宫中生活，化妆水平很高，单看样子不见衰老。

为了显示自己身体仍然不老，武曌向全国颁发制书，宣称她的老牙齿脱落，长出了新牙齿——这可不是马齿徒增啊！

薛怀义不进宫，却在忘我地从事另一项“工作”——度壮汉为僧，已经达到千人之多了。

检察院干部周矩怀疑薛怀义有所图谋，请求调查。

武曌说：“你先回办公室吧，我教他去你那里报到。”

周矩前脚回到检察院，薛怀义后脚就跟了进来。骑马直到办公室门前台阶下，下马后，不管不顾，径直走进，露着肚皮坐在榻上。

周矩喊来一个书记员，预备问口供，薛怀义却一跳而起，出门跨上马背，飞奔而去。

周矩又去向武曌汇报，武曌说：“他现在疯癫了。你处置了他度的那些和尚吧。”周矩就把那千名肥壮的和尚流放边远了。

薛怀义由是不想进武曌的寝宫，久而又久之，薛怀义真的懈怠于床笫了。

在薛怀义懈怠之际，御医沈南璆乘隙进去了。

薛怀义不积极，武曌也觉得他不新鲜了，新鲜的沈南璆本事不差，同样受用。

武曌心想，薛怀义既然厌倦了垫上运动，替补队员沈南璆上来了，那就让世人知道：薛怀义一心向佛了，事情岂不过度得甚好嘛。

公元695年，十一月十六日，武曌在明堂举办无遮大会。

在地下掘出一个大坑，深达五丈，用成匹的绸缎结扎成帐篷状，帐篷中有个大佛像，以隐藏的绳索把帐篷连同佛像从坑底缓缓拉上来，声称佛像有灵，自己升堂了。

唐人饮宴图

接着，一边杀牛祭祀，一边让薛怀义现场表演，刀刺膝盖——当然不是真刺，不过隔着绸缎衣服，极像真的，以“自己的”鲜血，在黄绸布上绘制“高二百尺”的巨幅佛像——头像，当然也是预先勾好了线的，他填色。

你猜着了，实际是用杀牛祭祀的牛血在画，是的。

十一月十七日，紫红色的牛血佛头画像悬挂在洛河天津桥南端广告牌上，前面摆设九十九桌素食菜饭，招待上千名和尚尼姑就餐，庆贺。

薛怀义有了新的艺术成果，心里却不舒服。

若在平日，大功立过，夜间床榻上，那是横行、深入，想咋地就咋地。可如今，徒弟们，给发配边地了。上台表演的出力活，咱干了。那个施展奇技的床榻，沈南璆盘踞了。这个孤寒的夜晚，留给我老薛——老冯了。

薛怀义——冯小宝，越想越丧气，奔进“天章台”，掏出打火机就点燃了那尊巨大的夹苎造像。

夹苎造像，里边是苎麻，外面是油漆，燃起火来，分外旺盛。

大火上冲霄汉，把洛阳城照耀得如同白昼，连南边的明堂也被烤燃了。

根本没救。烧到天亮，天堂和明堂，全部化成了灰烬。

火灾原因调查结果使武曌又羞又愧，只好隐瞒真相，公布说是临时工的责任。临时工在修葺佛像，不小心燃着了粗麻佛像，烧毁了天章宫和皇家大会堂。

当时武曌正在端门城楼上会宴百官，检察院见习干部刘承庆请求立即撤销筵席，以回应上天的震怒。

检察长姚踌说：“陛下不必贬低自己，大火是大周兴隆的标志。”

武曌说：“姚踌之言在理。大家继续饮宴。”

就在这个宴会上，武曌下令重建明堂和天堂，仍然命薛怀义担当工程总指挥长，以打消人们对纵火犯的最后一点怀疑，以安抚薛怀义的酸醋意识。

在这个宴会上，武曌颁发制书，下令铸造代表天下的“九鼎”。

九鼎，又叫神都鼎。

四

武曌看重的洛阳麟趾寺老尼，吹牛说能预知未来。

武曌召问：“洛阳这么大的火灾，你怎么没有预知出来？”老尼无言以对。

有人反映，老尼白天吃素念佛，夜里杀猪宰羊，大肆享乐，收容年轻尼姑一百余人做徒弟，在暗房中蓄养男人，终夜荒淫放荡，坏事做尽。

武曌派皇宫管理局的宦官们包围麟趾寺，突击逮捕，一网打尽，全体尼姑充当政府女奴。

嵩山人韦什方被武曌赐姓“武”，又提干。武什方声称自己四百多岁了，拥有长生不老药的秘方。武曌派了政府专车，让武什方采集药材，配制神药。

武什方在偃师听说老搭档——麟趾寺老尼犯事儿被抓，怕自己招摇撞骗的罪行泄露，赶紧上吊自杀了。

薛怀义看到武曌非但没有追究他的纵火，反而封给他重建皇家大会堂和天章宫指挥长的职务，越来越傲慢狂悖，终于惹得武曌厌恶了。

公元695年，二月四日，武曌秘密命令建昌王武攸宁率健壮宫女一百余人埋伏于瑶光殿，待薛怀义出现，一齐跃出，乱棍将其打死。

春季，牡丹盛开时日——隋朝时引种牡丹，至于武周，已经繁衍很多了，端门前的擎天巨柱——“天枢”落成，牡丹的艳丽跟天枢的雄强相呼应，轰动洛阳，轰动全国。

“夏四月，天枢成。高一百五尺，径十二尺，八面，各径五尺。下为铁山，周百七十尺，以铜为蟠龙麒麟萦绕之。上为腾云承露盘，径三丈，四龙人立捧火珠，高一丈。武三思为文，刻百官及四夷酋长名。工人毛婆罗造模。太后自书其榜，曰‘大周万国颂德天枢’”。

“天枢”，又曰“灵枢”，是北斗七星中第一星的中文名称。

以“天枢”作为巨大的金属纪念碑的尊号，“铭纪功德，黜唐颂周”“纪革命之功，贬皇家之德”云云，形而上的政治宣传性质是十分突出的。

据说，洛阳武氏天枢，是中国历史上天枢之最，仅下部的铁山，即耗铁二百万斤，铁山周围不仅有铜铸的蟠龙、麒麟，还有石头雕成的怪兽环绕。

九月九日，又是一度“大周”国庆日，到来了。

武曌前往首都洛阳南郊祭祀天地二神，为自己加尊号曰“天册金轮大圣皇帝”，大赦天下，改元“天册万岁”。

公元696年，武曌封禅中岳，祭祀天地，复改元“天册登封”。

这年三月十六日，复建的皇家大会堂“明堂”落成，规模设施比原先的那个略小，但原先顶上的铁铸凤凰高一丈，现在的高两丈。

因为高两丈，比例有问题，没几天就被大风吹折。

复建的明堂增加了巨大的铜火珠——铜球表面浮雕火焰，一群龙在下方把它高高捧起，因而新明堂又号称“通天宫”。

十一月一日，武曌在通天宫举行大规模祭祀活动，广赦天下，改年号“万岁通天”。

翌年春天牡丹盛开的四月，九鼎也铸成了。

“洛阳鼎”即“豫州鼎”，高一丈八尺，可容纳粮食一千八百石，其他冀州鼎、雍州鼎、兖州鼎、青州鼎、徐州鼎、扬州鼎、荆州鼎、梁州鼎，各高一丈四尺，各可容纳粮食一千二百石。

九鼎上，铸有其各个代表地的山川、物产图画。

九鼎总共用铜五十六万零七百余斤，合三十三万五千公斤。注意，这个斤秤可能是浮夸的。

武曌打算再用一千两黄金，把九鼎镀成金的，最高检察院院长姚踌谏议“罢之”。

姚踌说：“九鼎作为神圣的宝器，尊贵之处在于自然朴实。新铸造的九鼎十分明亮，已经在发着五色光芒，用不着拿黄金炫耀。”

武曌说：“如此，就不鎏金了。”

武曌命将新铸成的九鼎运至通天宫安放。

各宰相、各亲王，率南北宫城禁卫军士卒，出动宫廷豢养的大牛、白象，合力牵引，搬运九鼎进入通天宫。

恰巧这时候阿拉伯帝国——今天的阿拉伯半岛麦加，要赠送两匹狮子到洛阳来，姚踌上疏让武曌拒绝。

姚踌说：“从遥远的地方，逐站转运活物，劳民伤财。陛下从不豢养猎鹰猎狗，又禁止渔猎，而狮子非肉不食，将来很难满足伙食供应，势必饿死。而饲养猪羊，饲喂狮子，又等于其夺食于人。陛下待人菲薄，而待野兽丰厚，不是好的名声啊。”

姚踌一番胡话，使华夏生物种类不得增多，尽管狮子不一定能服中原水土，活得长久，但对中国外交事业不利，是肯定的了。

第一百二十八章

太子更易

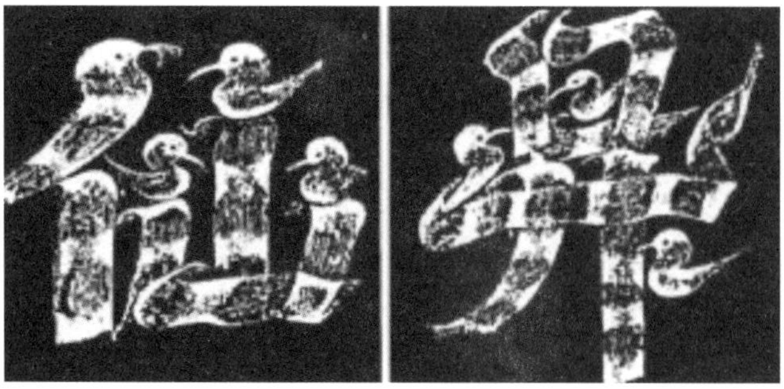
升仙太子碑之碑额

一

话说武曌七十多岁，古稀年龄，垫上运动，兴致反而更高。可能大人物特征如此吧。

薛怀义被打杀之后，御医沈南璆给武曌侍寝，久之也不新鲜了。

太平公主察言观色，不失时机地将自己的男宠张昌宗送予母亲解闷儿。

张昌宗小名“六郎”，虽是个男宠，却非绣花枕头。他容貌俊美，精通音律，也工于心计，堪称公鸡中的“战斗机”。

武曌和所有的帝王一样都追求长生登仙之术，传说中的周灵王太子姬晋，登仙成功，她最羡慕。

太子姬晋饱读诗书，尤好音律。周灵王命巧匠，琢碧玉为笙，以赐太子。姬晋吹之，声如凤鸣，音色清越，响入天际。

后来周灵王疑忌太子，不能消释，废姬晋为庶人。

姬晋随浮丘公修炼求道，最后升仙而去，成仙后还乘白鹤现于缑山，人称“升仙太子”。

武则天曾留宿缑山升仙太子庙，一时触景生情而撰碑文，并亲为书丹。碑文表面记述周灵王太子晋升仙故事，实则以婉约笔法称颂武周盛世。

升仙太子碑历经一千多年风雨沧桑，依然矗立于河南偃师市缑山之巅，系国家重点保护文物。

升仙太子碑碑额“升仙太子之碑”六字，以“鸟体”书就，有人叫“飞白书”，飞白笔划中丝丝露白，巧隐十个鸟形笔划，作为唐代鸟书遗存中的佼佼者

上官婉儿

而被书法界推崇。

武三思讨姑妈的欢心，将她最羡慕和最心爱的人扯到一起，说：“我以为六郎之美，已非凡世所能有，他一定是太子晋转世。”

武则天很喜欢这个比喻，下令造鹤麾并制木鹤，将张昌宗打扮成她心目中的太子晋模样，果然仿若神仙中人。

宫中游宴赏莲，有马屁精诵扬道：“六郎似莲花。”

谁知高手还在后面，宰相杨再思的发言更胜一筹：“非也，正谓莲花似六郎。”

这些马屁，足以证明张昌宗的美色非同凡响，始能先动太平公主，再动武曌，在传说中还打动了武曌的美女秘书上官婉儿。

上官婉儿之父上官仪，帮助唐高宗李治写字，被武则天办成“大逆”之罪，死于狱中，上官仪的儿子上官庭芝也被杀了，止余一岁的上官婉儿于其母亲，给充入宫掖。

上官婉儿长大了，以品貌文采得武则天赏识，用为秘书。

上官婉儿生得妖冶艳丽，秀美轻盈，加上天生聪秀，过目成诵，下笔千言，文采过人，尤其书法秀媚，仿若簪花。武曌所下制诰，多出自其手笔。

武曌将上官婉儿倚为心腹，甚至与张昌宗等于床榻间“交通”时也不避忌。

武曌肆意同张氏兄弟共欢床笫，上官婉儿的情愫免不得被引动，加上张昌宗姿容秀美，不由地心如鹿撞。

上官婉儿与张昌宗，有天私相调谑，被武则天撞见，拔取金刀，刺入上官婉儿前髻，伤及左额，且怒目道：“偷尝禁脔，罪当处死。”

亏得张昌宗替上官婉儿跪求，才得赦免。

上官婉儿因额有伤痕，便在伤疤处画一朵红色梅花，借以遮掩，谁知却益加娇媚。

宫女们偷偷效仿上官婉儿，以胭脂在前额点红，渐渐地，宫中便流行起了这种“梅花妆”。

张昌宗得宠时，武曌想得“多侍”，也就是多个人侍寝，俗谓“多P”，一床红缎被子“大庇天下美男俱欢颜”，张昌宗就举荐了自己的堂兄张易之。

张易之是个“尚乘奉御”，即宫廷总管府的御马饲养员，年轻力壮，容貌俊美，跟族哥张昌宗一并侍候武曌于榻上，深受武曌宠爱。

张氏兄弟脸上涂抹脂粉，衣服无比豪华，更美的是官运亨通，不断升迁。

张昌宗升到从三品的散骑常侍，即宫廷最高顾问。张易之升到从四品的司卫少卿——军械供应部副部长。

张氏兄弟的母亲，臧氏、韦氏，都被封作“太夫人”，赏赐之多，无法数算。

武曌年事已高，很多政事就由张氏兄弟处理了，二人权倾朝中，连武曌的侄儿武承嗣、武三思等，都争着为二人执鞭牵马。

张昌宗和张易之分别掌管“控鹤监”和“秘书监”，都受武曌宠信，二人比赛似的显示豪奢和残暴。

张昌宗制作一个大铁蒸笼，笼下燃着炭火，火旁边放一个铜盆，盆里盛着五味汁。置鹅鸭于其中，受到烘烤，必然焦渴，饮那汤汁，而汤汁也已被烤热。这样，鹅鸭内外受热，不一会就毛落肉熟而死。

张易之则建造一间小房子，密不透风，中间燃上炭火，火旁放置五味，把一头毛驴拴在房中，像张昌宗烤鹅鸭似的直到把驴肉烤熟，供他们食用。

据说兄弟俩听说油煎马肠好吃，就牵来一匹马，一刀划开肚皮，扯出肠子挥刀斩断，当场油煎食用，惨不忍闻。

张易之“为母阿臧造七宝帐，金银珠玉宝贝之类，罔不毕萃。旷古以来，未曾闻见。铺象牙床，织犀角簟，鼲貂之褥，蛩蟁之毦，汾晋之龙须、临河之凤翮以为席”。

张易之的母亲老臧，多年守寡，不甘寂寞，看上了年轻俊秀的国务院秘书李迥秀，想要与李迥秀成亲，李迥秀非常苦恼，但在张易之和女皇的双重压力下，被迫答应了。

“迥秀畏其盛，嫌其老，乃荒饮无度，昏醉是务，常频唤不觉。”

成亲当夜，老臧满脸的皱纹、满头的白发，还是远远超出李迥秀的心理承受能力。

老臧用一对鸳鸯酒杯跟李迥秀饮酒，取其长相依伴、永以为好的寓意。

李迥秀几近疯狂，却无力反抗，从此只能终日买醉，唤之不醒。老臧和张易之非常不满，便请武曌将李迥秀贬到恒州担任刺史。

武曌年龄老化，榻上作业兴致不减，国家的内忧外患却麻痹了。

现在是公元697年，北方的契丹和突厥不断南犯，尤其是契丹，让大武周帝国非常头疼，轮番遣将派兵，北上作战，败多胜少。

在洛阳城中，贪官污吏照常横行不法。

酷吏来俊臣受处分后，在农业部当过一般干部，又调到畜牧部当副部长，权势重新回到手中。

现在的来俊臣，得意忘形，转移了工作重心——到处夺取美女奸淫。

无论官员或百姓，只要妻子或小老婆漂亮，来俊臣必千方百计夺取到手，若有阻力，便使人罗织对方的罪状，向武曌告密，使他们变成囚犯，然后假传圣旨，没收囚犯的妻子或小老婆，为自己所用。

二

却道来俊臣作为武曌的朝廷干部，前后经手诛杀的人多到无法计算。

但搜寻线索、诬陷罗织，已经是历史了，他如今的方法是，把宰相以下的官员，按照姓氏笔画列出名册，然后抽签，决定谁当倒霉鬼。

李昭德一向厌恶来俊臣，来俊臣当然也厌恶他。

李昭德遭流放后又回到洛阳任检察官，来俊臣拉拢他人共同诬陷李昭德密谋叛乱。武曌命逮捕李昭德。

来俊臣告密有功，武曌赏赐他十个婢女，让来俊臣在农业部没收的女奴中挑选。

来俊臣察看一遍农业部没收的女子，没有满意的，却发现来访的西突厥可汗阿史那斛瑟罗有一位年幼婢女，歌舞俱佳，十分入眼，于是告密诬陷阿史那斛瑟罗谋反。

好可笑啊，来访的外宾谋反。

西突厥可汗阿史那斛瑟罗，被来俊臣诬陷阴谋叛变，还真被大武周警察逮捕了。

阿史那斛瑟罗的部下纷纷到皇宫门前，哀号哭冤，他们割破耳朵，划破脸面，泪血纷飞。

来俊臣有个宏大的计划，就是罗织罪状，挨个儿诛杀武姓皇族各亲王和武曌的女儿太平公主，还准备诬陷皇嗣武旦，然后勾结皇宫南城、北城重要官员，一同叛乱，最终夺取政权。

来俊臣的阴谋受到太平公主的检举，但武曌仍然以为来俊臣曾有功于大周，不想杀。

最高立法院干部王及善上疏提示武曌："来俊臣凶狠狡猾，贪婪恶毒，实属帝国首恶，千古逆贼，不处决他，贻害无穷。"

武曌游览花园，询问牵马警卫吉顼，民间有什么事。

吉顼说："民间对陛下不舍得诛杀来俊臣深感奇怪。来俊臣聚集流氓无赖，诬害忠良，接受的赃物，堆积如山，枉死的冤魂，塞满道路，不知为何要留着他。"

武曌决定杀来俊臣了。

公元697年，六月三日，来俊臣和重新回朝上班不久的李昭德，被绑赴刑场斩首。

全国人民对来俊臣的伏法，大呼"快哉"，但痛惜李昭德。

来俊臣的仇家成千上万，他们争着吞吃来俊臣的肉，转眼工夫，肉被撕光。

有人割掉来俊臣的耳朵，有人挖出来俊臣的眼睛，有人剐下来俊臣的脸皮，有人剖开来俊臣的胸膛，揪出心脏，抛到地上，践踏成一滩血泥。

武曌一看，来俊臣的民愤如此之大，就强调说，应该对他追加全族屠灭的刑罚，用以平息全国各族人民的深刻怨恨，并没收全部家产。

来俊臣全族灭失，家产充公后，干部群众都舒出一口气，说："可以一觉睡到天亮了。"

来俊臣被诛杀，北部的外宾阿史那斛瑟罗才获释放

来俊臣不光诬陷杀人，安插同党也非常疯狂，国务院多名副部级干部都接受

过来俊臣的请托，违法任命来俊臣的心腹。来俊臣判处死刑后，他们排着队向武曌自首。

武曌斥责自首的副部长们。

副部长们说：“臣等辜负陛下，诚为死罪，或被杀头，但，若违抗来俊臣，则会全族被屠！”

武曌听了，赦免了他们的罪过。

皇家绿色果蔬特别供应局局长侯敏，一向谄媚来俊臣，无论供应任何无公害产品，都是先由来俊臣挑个够，侯敏的老婆董氏眼亮，警示说：“来俊臣是个祸害，最好离他远一点。”

侯敏接受老婆的警示，绿色无公害产品不再先供应来俊臣了，来俊臣发怒，罗织罪名，奏请贬谪侯敏去广西当武龙县令。

侯敏磨磨蹭蹭，不想出发，董氏叫道：“即刻动身，连一眨眼工夫都不要耽搁！”

来俊臣遭诛后，党徒全部流放岭南，只有侯敏得以脱罪。

牵马警卫吉顼，促使武曌最后下决心诛除来俊臣有功，擢升为肃政中丞——最高检察院副检察长。

六月份，契丹因为内讧，作乱北国结束，武曌派河内王武懿宗、立法院副院长娄师德，已提前任命的冀州刺史狄仁杰等，分别巡察河北，安抚百姓。

之前，契丹酋长何阿小，杀人如麻，不眨一眼，现在河内王武懿宗同样凶残，所到之处，大肆屠杀。

被契丹俘虏裹胁而去的百姓逃奔回来，武懿宗认为他们全是叛徒，捆绑起来，开胸剖肚。

“平定”北方凯旋回到洛阳的司令官武攸宜，上疏武曌，认为投降契丹的百姓都是投敌叛国，就应该全族屠杀，武懿宗干得好。

姓武的都是这么“恶”啊！

检察院干部王求礼，就是那位曾经请求割掉薛怀义鸡鸡的，那位认为皇家明堂建设得超过夏癸的瑶台、商辛的琼宫的先生，在金銮宝殿上听到武攸宜的无耻谰言，当面反驳说：“平民百姓，从来没有用过武器，根本无法战胜契丹盗贼，他们投降，不过是救自己不死，怎么会有叛国之心?

“武懿宗也曾经被皇上派去攻打契丹，他手握重兵数十万，望见契丹，拔腿就跑，使盗贼越发猖狂，现在反把罪状都推到手无寸铁、流落荒野的小民身上，只能证明他这个臣属没有忠心。臣请陛下诛杀武懿宗，向河北人民道歉。”

武攸宜张口结舌，无言辩解。

最高法院院长杜景俭，也当即表示支持王求礼，说“被胁迫的人请全部原谅”。

武曌采纳了宽待河北百姓的意见。

九月二十一日，举行中央常委会，武曌说：“自从周兴、来俊臣死后，再没听说谁又叛乱，那么，以前诛杀的那么多人，难道没有被冤枉的?”

国防部部长姚元崇回答说：“周兴、来俊臣，罗织陷害，大肆株连，毒刑施加，枉法成招。岂止被告含冤，纵是陛下派去的贴身侍从，也得不到真实情况，因为他们同样害怕报复。臣以全家百口人命担保，自今以后再也没有谋反，再也没有叛徒了。”

武曌说：“从前的宰相，都同意所有的死刑判决，让朕变成了一个滥刑好杀的君王。你的话方合朕之心意。”

副总检察长魏元忠，前后被判决斩首、流放达四次之多。

魏元忠遭周兴陷害，死刑，改判流刑。被来俊臣陷害，判死刑，遇赦。后来还被张昌宗陷害，流放……后来很多人替魏元忠喊冤，他就又上位了。

武曌问魏元忠不断被人攻击是什么原因。

魏元忠说："我不过是一只鹿，贼子们打算割我的肉做羹汤，我往哪里躲？"

这年十月二十一日，武曌召狄仁杰回到洛阳，任命为副总检察长。又任命杜景俭当立法院副院长。

却说魏王武承嗣、梁王武三思，都想当太子，暗中托人提醒武曌："自古以来，天子立太子，都是立同姓后生。"

武曌犹豫这事情，无法立嗣君。

副检察长狄仁杰，在气氛融洽的时候，对武曌说："儿子跟侄子到底谁亲？儿子继承大位，陛下离开人世后，牌位送到太庙，跟先帝共享香火，直到永远。没有所说过侄儿当皇帝，把姑妈的牌位送到太庙的。"

狄仁杰建议武曌召回流放外地的原唐中宗李显。

最高检察长王及善、副检察长王方庆，也都跟狄仁杰观点一样。

武曌就不再考虑让武承嗣、武三思当接班人了。

吉顼、张昌宗、张易之，都在宫廷供应部工作，吉顼提示"二张"说："你们兄弟能享今天的大福，可不是品德或才干的原因，天下人怒目而视、咬牙切齿的多了。如果不能建立大功，我真担心你们将来的命运。"

张昌宗和张易之大为恐惧，赶紧请教自救的办法。

吉顼说："全国各族人民，都在思念庐陵王李显。圣上年事已高，大业待托，武姓亲王，皆不中意，你们何不劝告圣上，以庐陵王为接班人，用以免除祸灾，保持长久富贵？”

张昌宗和张易之认为正确，利用机会，建言武曌。

武曌觉得奇怪，问说：“这不是你们的话，是谁教你们的？”

二张互对眼色，只得说是吉顼教的。

武曌召见吉顼询问，吉顼又认真地向武曌分析继承人遴选的利害，武曌这才下定了决心。

武曌声称庐陵王李显患病，派人去房州迎接李显夫妻及子女，返回首都洛阳诊治。

三

公元698年，六月六日，武曌派淮阳王武延秀去东突厥汗国娶媳妇。

武延秀是武承嗣的儿子，武曌想让他去娶东突厥汗国十九任可汗阿史那默啜的女儿。

陪客是禁卫军第九军大将军阎知微，禁卫军第四军将领杨齐庄，他们带着唐朝国库备好的价值万亿以上的金银珠宝，作为聘礼。

立法院干部张柬之说风凉话：“中国亲王，蛮族媳妇，自古以来没听说过。”

武曌道：“这就让你听说一回。听说完了吗？去四川合州做刺史吧。”

求婚队伍抵达阴山北部，渡过黑沙，到了东突厥汗国。

阿史那默啜咆哮说：“你们什么意思！我打算把女儿嫁给李姓皇家，怎么冒出来的是姓武的小子？咹？怎么回事？李姓皇家被消灭了？咹？什么？还剩两个儿子活着？本王现在就率军南下，辅佐他们登极！”

准新郎武延秀被阿史那默啜逮捕，囚禁了。

阿史那默啜又封阎知微为“南部可汗”，意思是武周统治区的可汗，使他集结唐王朝遗民起义。

阿史那默啜出动大军，声势振奋，横扫山西与河北，所到之处，向地方干部发放突厥官服，并将宣战文告传送到洛阳的大周政府，责备武曌。

你们赠送给我们的谷米，竟是蒸熟的，种到田地里，不会发芽，罪行之一。

你们赠送我们的布匹绸缎，又薄又稀，穿上不结实，也不暖和，罪行之二。

送给我们的金银器具，不是真正宝物，都是劣等滥货，还有毒，罪行之三。

我大可汗赏赐给地方干部的红、紫官服，你们竟然没收，不让穿，罪行之四。

我们大可汗的女儿要嫁给李姓皇帝的儿子，你们送来的却是小门小户姓武的，门不当，户不对，假冒皇族，意图骗婚，罪行之五。

“为了惩罚这些罪行，我阿史那默啜动员大军，已经夺取黄河以北，洛阳指日可下！准备好迎接北方的英雄吧！”

黄河以北各州，正逢秋收，州政府却调发正在收割玉蜀黍的农民，增修城池备战。

卫州——今河南卫辉——刺史敬晖则说：“金城汤池，没有粮食也守不住。”命立刻停修城池，放农民回家收庄稼，百姓欢悦。

魏王武承嗣，自己不能当太子，怅惘失望，儿子去娶亲又被突厥逮捕，生气极了，干脆病死拉倒，就病死了。

武承嗣死，皇嗣武旦坚决请求退位，把皇帝接班人让给兄长李显。

武曌批准武旦的意见，于九月十五日封李显当皇太子，武旦为相王，大赦天下。

后山看出，武旦是个聪明人。

武旦先不吭声，是因为以前武曌并不希望武承嗣、武三思做接班人，现在提议自己退位，是武曌希望李显继承大统。

武曌实际是在保护自己的儿子武旦。

武旦对皇位没有兴趣，也不培养自己的私家力量。李显则不一样，这些年表面上老老实实，暗地却跟朝中很多人保持联系。他老婆韦氏，更是一刻也不曾放弃野心。武旦若继位，即令李显不会怎么着他，韦氏和韦氏一族，会放过他吗?

武曌知道自己一天天老了，朝中当年惧于自己而拥“武”反“李”的人，心中蠢蠢，欲拨乱反正。

李显上位，是正儿八经地继承了高宗李治，而武旦，在人们心中已经是武家的继承人了，显然，对于势力潜在的“拥李派”而言，李显比武旦更容易接受。

既然如此，又何必把武旦烤于火上呢?

武曌不忍心夺掉武旦的皇嗣之位，毕竟是自己的亲生儿子。倒是武旦聪明，看出机关所在，主动让位给李显。

武旦——李旦，一生多次逊让权位和名利，先让给母亲，后让给哥哥，将来还有一次，让给自己的儿子李隆基。自己只在深宫中，读文章，练书法，皇位对他来说好像无意义似的。

李旦庙号“睿宗”，确实大智慧，懂得顺势而为。

却说武曌改立了李显为皇太子，之后提拔武三思到最高立法院工作，狄仁杰成了最高检察院院长，苏味道当了立法院次长。

苏味道前时当宰相好几年，见风转舵，投机取巧，曾对人言：“做人处事，千万不可坚守原则，最好模棱两可。”时人“赞誉”其为“苏模棱”。

武曌让国务院部级以上官员每人推荐一位司局级干部，狄仁杰推荐自己的儿子狄光嗣当财政部会计司副司长。

狄光嗣非常胜任，武曌大喜，对狄仁杰说：“卿足可以承担举贤不避亲的美誉了。”

九月十七日，武曌命皇太子李显为河北集团军大元帅，狄仁杰为副元帅，出御突厥。

此前招兵买马，每月参军保家卫国的不足千人，听到皇太子李显出任元帅，参军的人可踊跃了，不久就超过五万人。

皇太子并不亲往前方，狄仁杰“知元帅事”。

出发时，武曌亲自送行，勉励将士奋勇杀敌，建功奏凯。

九月二十六日，东突厥可汗阿史那默啜，这个生坯子，把所俘虏的河北男女一万余人，全部屠杀，然后从五回岭向北逃跑。所经之处，烧杀抢掠，残忍程度，无法形容。

河北集团军副元帅狄仁杰，率军十万，无法追上阿史那默啜。

狄仁杰只好在河北，转运粮食，救济穷苦，整修驿站，安抚人民。

阿史那默啜撤退时，释放了他所封任的“南部可汗”阎知微。

阎知微不知哪根筋出了问题，不治疗，又跑回了洛阳。武曌下令，将阎知微绑到洛河天津桥南的广场，命所有干部乱箭向阎知微发射。

河内王武懿宗距七步发箭，一箭都射不中。

其他干部箭法好的还占多数，最后阎知微被射成了刺猬，又砍断四肢，分尸而死。

武曌接着命令对“磔死”的阎知微“挫碎骨肉，屠灭九族”。

阎家一些小儿女才七八岁，前往刑场伏诛时，沿途观看的人哀怜，扔给他们一点饼干、水果，小儿女们还互相争夺，监刑官“于心不忍，奏请赦免”。

处置了阎知微，处置宗楚客、宗晋卿兄弟。

宗楚客是国务院秘书长，宗晋卿是农业部部长，他们犯赃款总额超过一万串的贪污罪，以及住房面积超标准，用车档次超标准，判处流刑。宗楚客流放播州——贵州遵义，宗晋卿流放峰州——越南永安。

武曌的独女太平公主跟着大家参观宗氏兄弟的住房和车辆，叹息说：“妈呀，看了他们的排场，我们简直是白活一场。”

冬天降临，腊月十五日，武曌命皇太子李显改姓武，大赦天下。但人们还都认为李显姓李。

公元699年，二月四日，气候还相当寒冷，武曌前往嵩山。

经过缑氏，武曌又晋谒“升仙太子庙”。

五天后的二月七日，武曌感冒了，重感冒，派御前官阎朝隐前往少室山祈祷。

阎朝隐自己充当献祭的牲畜，洗澡净身，不顾严寒，趴到剁肉的砧板上，请上天准他代替皇上受难，甚至愿意献出生命。

武曌病势渐轻，但登不了嵩山了，十二日自缑氏返回洛阳，厚赏阎朝隐。

最高检察院检察长娄师德先生，因病医治无效，逝世。

娄师德四十余年，勤勉恭敬，毫不懈怠，且性情宽厚博爱，狄仁杰被擢升宰相就是娄师德的推荐，可是狄仁杰却不知道，言谈之间，常对娄师德流露轻视之意，甚至想把娄师德排挤出中央。

武曌问狄仁杰：“娄师德是不是贤能之人？”

狄仁杰回答："他做将领，仅能守住边疆而已。贤能不贤能，臣不好说。"

武曌又问："娄师德有没有知人之明？"

狄仁杰说："我跟他同事这么多年，没有听说他有知人之明。"

武曌说："朕信任你，就是有娄师德的推荐，应该可以说他有知人之明。"

狄仁杰大为惊讶，出宫后，叹息说："娄先生恩德盛大，我被他包容太久了，我根本不了解他。"

武周时期，酷吏横行，多年间，不断有高级干部被陷害，大狱相连不断，娄师德长期担任将领和宰相，保持荣华富贵，最后得以善终，不能说绝无仅有，也堪称难见其匹。

四

公元699年，三月二十日至二十五日，武曌在神都苑赏牡丹。

神都苑即是原先隋炀帝修建的洛阳西苑。

文武百官，宫女侍臣，前呼后拥，几天下来，十分疲劳。"不得不承认，人会老啊！"武曌心想。

年纪愈老，忧虑就愈多。武曌担心自己之后，皇太子李显跟武家各亲王不能相容，于是在四月十二日，召集太子李显、相王武旦、太平公主，跟定王武攸暨等，写下盟誓，刻在铁券上，在明堂焚香禀告天地神灵后，藏在国史馆中。

武曌觉得如此一来就可以放心了，然而实际情况将会怎样，会不会给一个耳光呢？她不知道。

最高立法院院长王及善，清廉正直，节操高尚，不畏权势，每见张昌宗、张易之兄弟在宫中陪伴武曌饮酒作乐，放荡任性，没有臣属的礼节，就向武曌提意见。

武曌不想听，说王及善："你上年纪了，不适合游戏欢宴，只管立法院的事就行啦。"

王及善遂称病请假，一月有余，武曌不闻不问，王及善于是请求退休，武曌又不准。

吉顼是武曌的心腹，和武懿宗在武曌面前争功。

吉顼身材魁伟，反应迅速，武懿宗矮小而又驼背，吉顼对武懿宗，声色俱厉，惹得武曌大不高兴：朕在这里坐着，还看不起我们武家，一旦某一天来临，怎么可以依靠他？

吉顼有天报告政事，正从古到今，博引旁征，武曌忽然变脸，大怒说："你那一套，我早听够了，不必多说。"

当年，太宗有匹马，名叫'狮子骢'，肥大健壮，无人能骑。我当时为宫女，在一旁侍候，向太宗建议，只需三件东西就可制服它：铁鞭、铁锤、利刃。先用铁鞭打它，它不服，就用铁锤捶击它的头，仍不服，就用利刃割断它的咽喉。太宗赞扬我的壮志！你今天难道认为有资格弄脏我的利刃吗？

吉顼惊惶恐惧，大汗淋漓，跪下叩头，哀求饶命。

武家子孙痛恨吉顼拥护太子李显，共同告发吉顼伪造学历，武曌遂贬谪了他。

辞行那天，武曌召见吉顼。

吉顼哭泣说："今日离开洛阳，恐怕再难回归。臣但愿说最后一句话。"

武曌道："说吧，坐下。"

吉顼说："敢问陛下，土加水，和合成泥，'土'和'水'二者之间，还有没有争执呢？"

武曌说："当然没有了。"

吉顼说："如果把泥分开，一半塑成佛陀像，一半塑成道神像，二者之间，有没有争执？"

武曌说："这就会有了。"

吉顼复起身叩头，说："皇族、皇亲，各有其位，天下平安。而今，太子已定，而皇亲仍然封王，这是陛下逼他们将来非斗不可，他们双方，都没有安全感。"

武曌叹息说："朕何尝不知，然而局面已经成了今天这个样子，不这样又有什么办法！"

第一百二十九章

回归皇后

一

公元699年，腊月二十五日，武曌再登嵩山。

登罢嵩山，公元700年，一月十七日，最冷的季节，去汝州洗温泉。

洗了温泉，武曌一月二十八日返回神都洛阳，接受武三思的建议，命于告成——河南登封兴建三阳宫。

春末夏初，赏了牡丹，武曌就去三阳宫居住，游览嵩山。

回到洛阳后，改“控鹤府”为“奉宸府”，后宫管理机构，任命张易之负责。

武曌每有宴乐欢聚，总是命武姓皇族和张昌宗、张易之兄弟到场嬉笑，消遣取乐。

为掩饰丑闻，乃明令公布，张家兄弟跟北门学士李峤等在内宫编撰《三教珠英》。

所谓三教，乃佛、道、儒也。

但后山告诉你：“儒”实在不足以与佛、道抗衡，它只是伦理之学，世俗的人际关系研究而已，创建人孔丘明言“不语乱力怪神”，因而，再往脚底抹油，也滑不进宗教的坑里。

武曌又大量遴选美貌少年，听差于寝殿。

右监门卫侯祥等，把手放于大腿间，自我炫耀，申请进御，轻薄丑恶，不知羞耻。

张昌宗、张易之，互相竞赛豪华奢侈，其弟张昌仪当洛阳县长，卖官鬻爵，为非枉法。

有次一薛姓候补官员，拦马献金五十两，连同名片一份。张昌仪收下黄金，把名片给了国务院文官部副部长张锡。

张锡把那人的名片丢了，受到张昌仪诟骂，不知道姓薛的是谁，最后，候补官员中姓薛的六十多人全部得到擢拔。

张昌仪真有良心，收受了贿赂，必以官职报之。

闰七月二日，武曌在三阳宫避暑后返回洛阳。

受了佛教洗礼，武曌要在洛阳铸造大佛像，打算发动全国各族人民，每人每天捐助一文钱，共同完成。

狄仁杰规劝说："今天的佛教寺庙，规模早已超过皇宫。建造这些庞大的东西，鬼神没有出半点力，出力的全是世人。建筑材料不会从天上掉下来，毕竟还要靠地上供应，不压榨人民，怎么能够到手？

"现在，市场闹区，佛堂精舍林立，大街小巷，遍布读经坛场。化缘游荡的和尚，都假托佛法贻害世人。寺院的捐献需要，比政府征税还要急迫，做法事的要求，比皇上的训令更为严厉。

"如来佛祖创立佛教，立意慈悲，怎肯驱使人民，装饰自己？

"最近中原大地，水灾旱灾相接而至，边境又不安宁，再行榨取民力，有地方告警也无法援救。"

武曌说："卿教朕走正路，朕怎么会不听！"遂罢铸像之事。

武曌对狄仁杰，至为敬重信任，称他"国老"。

狄仁杰

有次狄仁杰陪同武曌游逛，忽然大风吹翻狄仁杰的帽子，坐骑受惊向前奔跑，武曌命太子李显追上去拉住马缰，让狄仁杰把帽子戴好。

狄仁杰进宫朝见，武曌总是阻止他下跪叩头，说：“看见国老下跪，连朕身上都感觉难受。”

狄仁杰年老多病，不断请求退休，武曌都不允准，但免除了狄仁杰在国务院的轮值夜班，除非军国大事，同僚都不许麻烦他。

武曌问狄仁杰：“朕打算提拔一个真正的人才，用他当大将、宰相，国老认为谁是？”

狄仁杰推荐了贬谪到荆州的张柬之，“虽说比我还老，但有宰相器宇。”

武曌擢升张柬之当洛州司马——京畿卫戍区总司令部军务秘书长。

过了几天，武曌又问狄仁杰同类问题。

狄仁杰说：“陛下还没有用张柬之当宰相呢。”

老狄也真是，干部任用总得一步一步来吧！

武曌就又擢升张柬之当国务院司法部副部长，当了一任，才升为宰相。

狄仁杰又推荐姚元崇、桓彦范、敬晖等数十人，最后他们都成了大干部。

九月二十六日，狄仁杰因病医治无效，以七十一岁年龄逝世。

武曌哭泣说：“南宫空矣！南宫空矣！”

以后，中央政府每遇大事，不能决定的时候，武曌就要叹息：“上天为什么这么早夺走朕的‘国老’？”

本年，禁止屠宰令还在执行，已八年有余。大灾不断，百姓饮食艰难，却不能渔猎。

立法院干部崔融上疏说："宰杀烹煮牲畜，打猎获取禽兽，是圣人允许的。禁屠之后，富贵之家照样鱼肉不断，受苦的只是贫贱百姓，屠宰却无法绝迹，高压政策，只不过鼓励奸诈而已。"

崔融说得有理。十二月十四日，朝廷解除屠禁。

翌年三月，丽景门监狱的囚犯三百余人，无事可干，在狱室外面，做了一个长达五尺的大脚印。半夜里三百人同声喊叫，看守询问，囚犯们说半夜来了一个圣人，身长三丈，脸泛金色，说你们都被冤枉，不要害怕，天子万岁会降恩赦免，放你们出去。看守以火把照看，果然发现大脚印，遂报告武曌。

武曌让宦官去看，查实脚印存在，便大赦囚犯，改元"大足"。

改元"大足"后没几天，洛阳下大雪。

屁官苏味道认为大雪是祥瑞，率领手下干部们进宫朝贺。

王求礼阻止道："三月下雪是瑞雪，那十二月打雷，岂不是瑞雷？"

苏味道不听王求礼的，坚持带领大家进宫朝贺。

入宫后，只王求礼不肯下跪，反而奏报说："现在春暖花开，草木欣欣向荣，牡丹也将绽放，天气突然变冷，降下大雪，分明是自然灾害，倒春寒，怎么能信口开河，指为祥瑞？哈巴狗！马屁精！"

武曌说："不要朝贺了，去扫扫雪吧。"

当时还有人呈献三只脚的牛，宰相们也相约进宫朝贺。

王求礼急奏说："这属于进化缺陷，发育畸形，或者叫妖怪，硬要找象征意义，那就是：三条腿的牛，象征国务院三公愚昧无知，需要补课！"

武曌说："唉。朕真感到哀伤啊！"

河北武邑地方干部苏安恒上疏说："太子孝顺，年龄正壮，如果能出主朝政，身登金殿，跟陛下亲自主持，并无区别。军国大事，责任繁重，陛下年龄高迈，势必疲惫厌倦。何不传位东宫，自己静养圣体。"

苏安恒又进奏建议，把武姓亲王改封公侯，分别给他们闲散轻松的职位。

"陛下二十余个孙儿，应分割国土，封他们当王，再精选师傅，教他们长进，使他们辅佐王朝，保护皇家光荣，方为十全十美。"

武曌派皇家专车，接苏安恒到洛阳，跟他一起吃饭，慰劳和解释，然后送他回去。

武曌老矣！七十八岁了，军国大事，很多交给张昌宗、张易之兄弟处理。

武承嗣的儿子武延基和其老婆李仙蕙暗中议论张氏兄弟权力过大，遭到"自杀"的处罚。

公元701年冬季，老年武曌怀念关中了。十月二十二日，率领百官西上。过函谷，入潼关，抵达长安，大赦天下，改年号曰"长安"。

二

公元703年，十月三日，武曌离开长安，二十七日，回到神都洛阳。

又去嵩山转悠了一趟，武曌命拆除三阳宫，将建材运往洛阳西南的山里，筑造"兴泰宫"。

拆除三阳，另建兴泰，工程耗费巨大，百姓负担沉重。这又是太子宾客武三思的馊主意。

兴泰宫位于今天的宜阳县境内，赵堡乡西赵村上沟与下沟之间，遗址坐落在山凹中，坐北朝南，平面呈长方形。

兴泰宫公元704年筑成，武曌即幸临该宫，一住几个月，把该宫所在寿安——宜阳县全年的差役都免除了。

武曌又决定在洛阳塑造巨大佛像，预算投资一万亿钱之多。

学士李峤奏说："塑造佛像，首批投资现款就用十七万余串，如果施舍，一个人发放一千钱，可以救济十七万余户，拯救挨饿受冻的穷苦民众。节省人民的的勤苦劳力，顺应佛祖的慈悲心肠，人神共悦，功德无量。"

检察院干部张廷珪也持同样意见：佛教教义是解救苍生，减少浪费。即使有钱，也要巩固边坊，充实国库。

武曌遂下令停止了大佛像的施工。

立法院副院长姚元崇，因娘亲年老，辞职回家侍奉。武曌让姚元崇到相王武旦府上工作，不用上班，俸禄官阶未予减少。

国务总理苏味道请假回河北栾城故乡安葬老爹，武曌下令让栾城州县政府出公款办理丧事。苏味道趁势侵占邻居田地，而且驱使人民服劳役，武曌因此将苏味道贬作坊州——今陕西黄陵——刺史。

东突厥汗国可汗阿史那默啜不想打仗了，把软禁六年半的淮阳王武延秀放了回来。

武延秀，武承嗣的儿子，就是被武曌派去大漠娶媳妇的那个倒霉蛋。

秋末，八十一岁的武曌患病，移居迎仙宫长生院，即长生殿。

唐王朝和武周王朝，把皇帝的寝殿，一律叫做长生殿，因此长生殿很多。

张昌宗、张易之侍候武曌，宰相们几个月见不到武曌的面。

公元704年，正月一日，武周政府大赦天下，改年号为“神龙”。改为神龙，武曌病情依然不见好转。

张昌宗、张易之在宫中弄权。一些高级干部，张柬之、崔玄玮、敬晖、桓彦范、袁恕己等，看不惯，共同密谋诛杀张氏兄弟。

张柬之动员禁卫军第二军将领李多祚参与。

张柬之问：“将军今天做着朝官，享受富贵，都是谁给的？”

李多祚答：“是先帝提干，才得职位。还不都是先帝给的。”

“两个张姓瘪三正在危害先帝的两个儿子，你难道不想回报先帝的大恩，有所行动吗？”

“只要是报答先帝，对社稷百姓有利，我李多祚听从宰相指示！”

姚元崇从宁夏灵武回到首都洛阳，张柬之又动员姚元崇参与。

当时，太子李显为了伺候患病的娘亲，在皇宫北门下榻，桓彦范、敬晖去晋见李显，秘密汇报他们的计划，李显同意。

正月二十二日是约定动手的日子，张柬之等前往东宫迎接太子李显出来坐镇。

惊疑不定的李显不敢出面，其女婿王同皎——定安公主之夫——说：“先帝把神圣的帝国传给殿下，殿下无缘无故被罢黜二十二年，人神共愤。而今上天启发我们行动，南牙北宫同心合力，诛杀凶顽，恢复国家秩序，请殿下急速出镇。”

李显说：“事情要干。可皇上身体欠安，会不会惊吓到她？各位不妨暂且退了，再作打算。”

李湛说：“大家冒着屠灭全族的危险尽忠报国，怎能把大家推到滚油锅里！”

李显这才出来，王同皎扶他上马，到玄武门。张柬之等击斩门警而入，斩了张昌宗、张易之。

然后，前往长生殿汇报给武曌。

张柬之说：“禀陛下，张昌宗、张易之谋反，我们奉太子之命已将二人诛杀，恐惊扰陛下龙体，所以不敢先行奏报，罪该万死！”

武曌看到李显，说：“是你干的？暴徒既已伏诛，那你仍回东宫去吧。”

桓彦范说：“陛下，太子怎能再回东宫？先帝把心爱的儿子托付给陛下，现在他年龄已大，老住在东宫，天心民意，为之不爽。但愿陛下把宝座传给太子，以足天人之望。”

武曌看到李义府的儿子李湛，说：“我待你们父子不薄，你也来杀二张？”

李湛说：“臣是为陛下着想的。”

看到崔玄暐，武曌说：“其他的人都由于别人推荐才进入中枢当官。你是我亲自提拔的，竟然也在这里逼迫我？”

崔玄暐回答说：“我这样作，正是回报陛下的大恩。”

武曌说：“朕可以考虑你们的意见，都去吧。”

于是，张昌宗、张易之的亲族、同党，多人均遭捕杀，他们的人头都悬在天津桥南岸的高竿子上示众。

正月二十三日，武曌命太子李显监督国政，二十四日，武曌把皇帝宝座让给了李显。

正月二十五日，李显甩掉“武”姓，登极称帝，其后来的庙号仍是中宗。

唐中宗李显封太子妃韦氏当皇后，追赠韦皇后的老爹韦玄贞当“上洛王”，韦皇后的老妈崔氏成了洛王妃。

李显加授相王武旦为“安国相王”，加授太平公主为“镇国太平公主”。

李姓皇族，子孙被发配当奴隶、婢女的，全部恢复皇家户籍，并依照能力任命官职，加封爵位。

李显将所有被周兴等陷害的人，全部昭雪，他们那些给官府当奴婢的子女，也全部获得释放。

正月二十六日，武曌被尊称“则天大圣皇帝”，移送上阳宫休养，由李湛率领警卫部队负责。

李显重新组阁，任命张柬之、崔玄暐、袁恕己为国务总理，敬晖、桓彦范，同当最高检察长，其他官员依照功劳晋升和赏赐。

二月一日，李显率领新的官僚组合，前往上阳宫向武曌请安，自此之后，李显每十天前往请安一次。

二月四日，李显恢复唐王朝国号，政府机关名称、官员服色、旗帜颜色、公文用语，全都恢复高宗李治以前的规定。

武周王朝的武姓皇家祖庙七座牌位，被扔在车上，送往长安武家崇尊庙。

十六岁的武周王朝，于兹寿终偏殿。

十六年来，武曌诛杀唐王朝李姓皇族所有亲王、妃妾、公主、驸马等，接连不断，他们尸骨流失，无人掩埋，子孙流放岭表，有的长年累月，囚禁监牢，有的逃到民间，当人家的奴仆。

现在，皇上李显下诏，寻找李姓皇族的棺材灵柩，以适合他们身份的礼节改葬之，并恢复他们的官位爵位，由他们的子孙继承，没有子孙的，由政府代他们物色后裔安置。

不久，李姓皇族子孙，陆续回到东京洛阳，李显全都召见，大家悲喜交集，一面哭泣，一面叩拜。

李显特别诏命“蟒姓、枭姓，恢复原姓”，王皇后家人曾被改为“蟒姓”，而“枭姓”也是强行塞给萧淑妃家人的。

李显又下诏：“则天大帝当政以来，被抄家的政治犯子孙，一律恢复旧有的资历及庇荫，只徐敬业、裴炎除外。”

三

却说李显在房州被软禁时，每听到皇宫使节抵达的消息，就吓得心胆俱裂，觳觫着要自杀，韦氏总是劝阻：“祸福没有程序，既然早晚都要一死，何必提前！况且时节送来的，不一定全是坏消息。”

韦氏是李显活下来的勇气，因此李显承诺她：“将来再见天日，你想干什么就干什么，绝不禁止。”

现在韦氏第二次当上皇后，就干涉朝廷政治，如同武曌当初的情形一样。

韦皇后生了个儿子，早死，在李显的流放路上，韦氏生下安乐公主，当时条件很差，李显脱衣裹住她，因名李裹儿，李显特别喜爱这个女儿。

安乐公主李裹儿，跟武三思的儿子武崇训恋爱，嫁给了他。

聪明敏捷的上官婉儿，熟悉官场政治，文笔很好，武曌十分喜爱她。李显仍然倚重，收上官婉儿当了小老婆——十四级婕妤，命她专门负责处理诏书及撰写皇家指令，上官婉儿又在宫中掌握大柄了。

据说，武三思曾跟上官婉儿通奸，所以上官婉儿也是武家的力量之一。

上官婉儿把武三思推荐给韦皇后使用。武三思得以来往内宫寝殿，逐步做到了跟李显共商国家大事。

魏元忠升任了宰相，唐中宗李显任命武三思也当了宰相，而张柬之等大臣则全部被压制于武三思之下。

武三思和韦皇后，隔几天就发生一次作风问题。

有一天，武三思和韦皇后刚刚完了“交通”之事，便衣衫不整地在床上开赌了，唐中宗上完早朝之后，见二人正赌，就兴致勃勃的帮他们数钱。

韦皇后招引武三思上床，李显睁眼闭眼，因此，武家势力再度膨胀。

张柬之等大臣眼见又要重演武则天的旧事，力劝唐中宗除掉武三思，李显无动于衷。

李显非但容忍皇后的奸情，还常常身着休闲服，戴着“绿帽子”，去武三思家串门。

哎呀，这个唐中宗，叫后山怎么形容他？自己是皇帝，爷爷是皇帝，父亲是皇帝，弟弟是皇帝，老妈是皇帝，将来儿子也是皇帝，真是颗出色的“糖潮六位帝皇丸”呀！

检察院干部崔皎密奏说：“唐王朝刚刚复国，则天皇帝尚在上阳宫，武周官员，多数留在政府，陛下怎么不警惕呢？”

武周灵枢示意图

武周墓志怪字

猪头李显竟然把崔皎的话告诉了武三思，武三思把崔皎恨得咬牙切齿。

张柬之痛心疾首，有时抚摸座位，叹息愤慨，有时手指紧攥，掐出鲜血，说：“谁能想到，竟然如此！我们还有什么办法？”

李显认为张柬之、武三思等，以及武攸暨、郑普思等十六人，都是功臣，遂赏赐他们免死铁券，除非叛乱谋反，每人都赦免刑事犯罪类、经济犯罪类十次死刑。

军械供应部长杨元琰，看到武三思官位不降反升，认为大祸迫在眉睫，请求辞职，去当和尚，中宗李显不准。

敬晖笑说：“我如果早知道，一定劝皇上批准，剃光你这个胡人的头. 岂不妙哉！”

杨元琰是个连面胡子，好像胡人，所以敬晖这么戏言。

杨元琰说：“大功已就，盛名已得，不知退让，危险不远。我诚心诚意出家，不是没有原因。”

敬晖了解他的意思，楞在那里，不大同意。

后来，敬晖等被定罪，络腮胡子杨元琰却得以免祸。

公元705年，十一月二十六日，武曌逝世于洛阳上阳宫，年八十二岁。

武曌的遗诏是：“撤销皇帝称号，改称‘则天大圣皇后’。王皇后、萧淑妃二人家族以及褚遂良、韩瑗、柳奭亲属，全部赦免。”

可怜王、萧二人家族蒙难超半个世纪，褚遂良、韩瑗、柳奭的亲属，也已被流放五十年矣！

至于武曌自己，希望安葬乾陵，可以立碑，但“无需着字”。

武曌女士，是中国历史上一个可怕的怪胎，一个空前邪门的女强人，没有谁比得上。

武曌所拥有，乃聪明、理性、无情、恶毒、政治欲望和无与伦比的好运气。

武曌善于发挥才智，敢于纵情杀戮、挑战父权、夫权，于中国传统封建的父系社会之上，建立女性主宰的帝国，其他女性是办不到的。

武曌暮年，在上阳宫躺了十月之久，热闹不再，权力滑走，情夫一个个被杀，武周王朝烟消云散，手中没有点滴筹码，一生对太多的人忘恩负义，最后被所有的人抛弃，曾经使世人震悚的这个政坛大玩家，不知作何思想?

武曌最后对权力的处置，陷入了无奈的境地。

传给儿子吧，自己亲手夺取的江山就没有了，传给侄儿——她原来计划确实如此，偏偏武家一群脓包，陷害别人绰绰有余，但要管理一个帝国，却没一个有这种本事。

武曌为接班人问题所困，最后只好无奈地回归皇后行列。

唐中宗李显给老妈守丧，任命宰相魏元忠摄政三天，代理皇帝主持政府工作。

忠贞正直的魏元忠，声望很高，中央及地方都对他有所依靠，有所听从。武三思心怀畏惧，为了拉关系，假传武曌遗诏，慰勉魏元忠，赏赐他实封采邑一百户。

一般皇上赐封采邑，都是虚数，大概而已，要打折扣的，“实封”则采邑户数足足超过。

魏元忠手捧诏书，感激涕零，看见的人为之叹息。

十二月二十一日，李显在同明殿接见全体干部，命把娘亲武曌同老爹李治合葬乾陵。

御前监督局局长严善思上疏说："乾陵地宫，巨石砌就，铁汁封门，神明需要幽静，倘要大批工匠打开，开山挖岭，势必惊动冒犯。何况夫妻合葬，并非古代礼仪，其始于曹魏，盛于晋朝。臣以为在乾陵旁边，另选吉宅，再建一墓，灵魂有知，幽冥之中自当相会，若其无知，合葬也没有什么意义。"

李显不理会严善思的建议，照原决定行事。

四

却道唐中宗李显，怕老婆，纵容韦皇后，韦皇后独揽大权，肆无忌惮地大卖官爵，李显也不加制止，韦皇后乘机诬陷宰相魏元忠与太子勾结谋反，将其贬出京城。

安乐公主李裹儿一样威风八面，有时安乐公主自己写好诏书，掩住正文让李显盖印，李显竟看也不看地把印盖上。

唐中宗李显听凭韦皇后母女俩弄权，自己则只顾过着淫靡的生活。

元宵节，唐中宗在韦皇后的怂勇下，带着公主和宫女数千人，全都换上平民的服装出宫逛灯市，赶热闹。

夜深回宫，一查人数，数千宫女逃走了十之五六。怕声张出去有损体面，只得不了了之。

唐中宗在皇宫内召见百官，命令三品以上的官员抛球和拔河，供他和韦后

唐中宗遇害

欣赏。

朝臣多数是文官，不好嬉戏，直弄得他们个个丑态百出，尤其是上了年纪的大臣，体力不支，扑倒在地，一时站不起来，手脚乱爬。中宗和韦后见状，开怀大笑。

公元710年5月，地方干部燕钦融上疏，指责韦皇后作风败坏，干预朝政。

李显看了燕钦融的奏文，露出了很难看的脸色，召燕钦融诘问。

韦皇后喝令卫士当众将燕钦融活活摔死。

韦皇后怕唐中宗查究她的淫乱之事，安乐公主则希望母后效法武则天，临朝称制，自己当皇太女。

韦皇后母女便密谋害死唐中宗。

韦皇后知道李显喜欢吃饼，于是命令情夫马秦客配置了毒药，她亲自将毒药拌入饼中，蒸熟，命宫女送入。

正在翻阅奏章的李显，见饼送来，随手取吃。不一会儿，腹中绞痛，扑倒在榻上乱滚。

太监急忙去报告韦皇后，韦皇后故意磨蹭，拖了许久才来，见李显痛苦的样子，还假装问怎么了。

唐中宗李显已经说不出话来，只是用手指着嘴呜咽地呻吟，没多久便驾崩了。

睿宗李旦的第三个儿子李隆基，发动御林军攻入宫中，诛杀韦皇后、安乐公主及上官婉儿等，与太平公主等一起拥立睿宗李旦复位。

李旦复位之后，面对朝中两大势力——儿子李隆基和妹妹太平公主的竞争，没有能力平衡，觉得皇帝工作极是难做。

太平公主随着年事渐长，慢慢变成了跟她母亲一样的政治野兽，朝中七个宰相，竟然有五个是她的心腹。

李旦看到三儿子李隆基是个爷们儿，想把难题甩给这个儿子，遂于公元712年正式下诏，禅位给李隆基，自己跳出皇帝工作的藩篱，享受真正的自由去了。

李隆基庙号唐玄宗。

智慧的李旦看准了。李隆基称帝后迅速削平了太平公主的势力，而且任贤用能，开创了唐代，也是整个中国封建历史上，最为辉煌鼎盛的时代——“开元之治”。

公元717年，唐玄宗李隆基觉得长安物资供应困难，决定移驾洛阳。

此后，李隆基在洛阳与长安之间，轮流办公，他一生在洛阳居住的时间，合计超过十一年。

唐玄宗李隆基颇能用人，他创新了中国封建社会的用官制度。

历朝历代，都是京官犯了错误才被贬作地方干部，京地之间高下判然，皇上看不起地方，地方自然不大想对得起皇上，问题到处产生。

李隆基不一样了，他采纳属下建议，制定了官吏的迁调制度。

所谓“迁调”，即选取京官中有能之士，将其外调为都督、刺史，以训练他们的处事才能及培养行政经验，同时又选取都督、刺史中有作为者升为京官。这样内外互调，增进了中央与地方的沟通、了解和信任。

优秀的朝官到地方，有才干的地方干部到朝廷，官员能上能下，朝廷地方成了一体，效用可想而知。

唐玄宗将全国分为十五道，於各道置采访使，以监督地方州县的官员，并考察地方干部的政绩。

在选拔人材方面，唐玄宗亦对科举制度作出了改革，限制了进士及第的人数，以减少冗官的出现，提高了干部队伍的整体素质。

李隆基先后以姚崇、宋璟、张嘉贞、张说、李元纮、杜暹、韩休、张九龄为宰相，他们各有所长，并且尽忠职守，使得朝政充满朝气。

而且，年轻的李隆基亦能虚怀纳谏，因此政治清明，朝局稳定。

李隆基一改武则天以来后宫的奢靡之风。遣散宫女，以节省开支。

唐廷清查全国的逃亡户口及籍外田地，共查得八十多万户，大幅增加唐朝的税收及兵力来源。

唐玄宗李隆基措施得力，许多“高山绝壑，耒耜亦满”，因而唐朝财政丰裕，粮仓充实，致使物价十分廉宜，“米一斗十三文，绢一匹二百一十文”。

东至宋汴——今河南开封，西至岐州——今陕西凤翔，夹路列店肆待客，酒馔丰溢，还享受免费旅行，“每店皆有驴凭客乘，倏忽数十里，谓之驿驴”。

南诣荆襄——今湖北江陵、襄樊，北至太原、范阳——今北京，西南至蜀川——今四川成都，西北至凉府——今甘肃武威，“皆有店肆，以供商旅，远适数千里，不持寸刃”。

足见当时之物产丰富，商业繁茂，道路畅通，行旅安全。

第一百三十章

青烟碧草

李林甫塑像

一

经过连年经营，大唐国力日盛。而唐玄宗李隆基的进取之心，却渐渐消退，对于忠臣的劝谏也听不进去了。

宰相张九龄常给唐玄宗提意见。

唐玄宗本来尊重张九龄，但是意见提多了，就开始厌烦。

当时后宫最得宠的是武惠妃，其子寿王李瑁也最受玄宗宠爱。

有个小吏叫李林甫的，看出了机巧，谄附武惠妃，托宦官禀告惠妃：“愿护寿王为万岁计。”将拥护寿王登上皇帝宝座。

武惠妃闻禀，感激涕零，经常在玄宗面前称颂李林甫之“政德”。因此李林甫得以擢升为黄门侍郎。

唐玄宗想提升李林甫为宰相，跟张九龄商量。

张九龄清楚李林甫不是正路人，就直截了当地说：“宰相的地位，关系国家安危。陛下如拜李林甫为相，只怕将来国家要遭难。”

张九龄的话传到李林甫耳朵里，李林甫恨得咬牙切齿。

朔方——今宁夏灵武——驻军都督牛仙客，目不识丁，但是特能理财，唐玄宗想提拔牛仙客入朝为财政部长，张九龄没有同意，说考核一个人选应当全面。

李林甫在唐玄宗面前说：“像牛仙客这样的人，别说财政部长了，当宰相也是人选。张九龄书呆子，不识大体。”

唐玄宗不听谏言，硬是于公元734年罢免了张九龄，提拔李林甫做了宰相。

李林甫是个奸相，汉语成语“口蜜腹剑”就是他的专利。

李林甫与众宦官、妃嫔交情深厚，故而对皇帝一举一动最先知道，对宫内动静了如指掌，对唐玄宗的心思揣摩得透亮，玄宗找他商量什么事，他都能对答如流，跟玄宗肚子里的蛔虫一样。

因此，李林甫每次都能顺皇帝心态奏旨，获得唐玄宗赏识。

玄宗觉得李林甫又能干，又听话，比张九龄强多了。

李林甫善于玩弄权术，表面上甜言蜜语，背后却阴谋暗害。

凡被唐玄宗信任的人，或反对李林甫的人，李林甫总会亲往交结，然后，寻找时机，设计去除此人。即令老奸巨猾，也往往败在李林甫的手下。

李林甫当上宰相，第一件事就是要把唐玄宗和百官隔绝，不许大家在玄宗面前提意见。

李林甫说：“明主在上，群臣将顺不暇，亦何所论？君等独不见立仗马乎，终日无声，而饫三品刍豆；一鸣，则黜之矣。后虽欲不鸣，得乎？”

皇上圣明，做臣下的只要按皇上意旨办事，用不到大家七嘴八舌。你们没看到立仗马吗？它们的饲料标准，相当于三品官的待遇，但是，哪一匹马要是叫了一声，就被拉出去不用，后悔也来不及了。

后人把李林甫的“马料论”当成“官场箴言”，殊不知他并不是在传授经验，而是在对不顺从的官员进行疾言厉色的威胁。

不听李林甫的话，上奏本给唐玄宗提建议的干部，第二天就会接到降职外任的命令。大家都知道是李林甫干的，以后谁也不敢向玄宗提意见了。

大臣中凡强于自己的，李林甫就千方百计地把他们排挤掉。

李林甫要排挤一个人，表面上不动声色，笑脸相待，却在背地里放射暗箭。

唐玄宗有次在楼上隔着帘子眺望，兵部侍郎卢绚骑马经过楼下。玄宗看到卢绚风度很好，随口赞赏几句。第二天李林甫就把卢绚降职为华州刺史。卢绚到任不久，又被诬他身体不好，不能称职，再一次降到县里。

严挺之是被李林甫排挤在外地当刺史的，唐玄宗想起他，跟李林甫说："严挺之还在吗？这个人很有才能，还可以用呢。"

李林甫说："陛下既然想念他，臣去打听一下。"

退了朝，李林甫连忙把严挺之的弟弟找来，说："你哥哥不是很想回京城见皇上吗，我倒有一个办法。"

严挺之的弟弟见李林甫这样关心他哥，当然很感激，连忙请教该怎么办。

李林甫说："叫你哥哥上一道奏章，就说他得了病，请求回来看病。"

严挺之接到他弟弟的信，真地上疏一封，请求回京师看病。

李林甫拿着严挺之的奏章去见唐玄宗，说："真是太可惜了，严挺之现在得了重病，不能干大事了。"

唐玄宗惋惜地叹了口气，也便罢了。

张九龄之后，曾有李适之为相。李适之行事疏乎而不慎密，中了李林甫的埋伏。

李林甫对李适之说："华山下面有金矿，开采了可以给国家增加财富。但是皇上并不知道啊。"

李适之相信了他的话，找到一个机会，把"华山金矿"事上奏唐玄宗。

他玄宗非常高兴，征询李林甫的意见。

李林甫说："我很久以前就知道华山底下有金矿。但华山是皇上的本命啊。王气所在，不可开采。因此，我不敢向皇上提起这件事情。"

李隆基从此特别轻视李适之，对他说："从今以后，凡是向我奏请的事，先跟林甫商议一下，不要太轻佻随便了。"

李适之的手脚从此被束缚住了，再也不能单独向玄宗皇帝奏事了。

像严挺之、李适之这样上当受骗的，还真不少。

但是，不管李林甫装扮得怎么巧妙，他的阴谋诡计到底还是要被人们识破。

人们说李林甫这个品种，"嘴上像蜜甜，肚里藏着剑"。成语"口蜜腹剑"即是这样来的。

李林甫深知，要想一手遮天，必须举好皇上这把大伞，所以时刻留心揣摩皇上心思，哪里痒痒挠哪里。

史称李林甫"善刺上意""善养君欲"，其结果是皇上"深居燕适，沈蛊衽席"，也就是说，不顾朝政繁忙，关起大门躲进后宫沉湎声色、纵情享乐去了。

李林甫把持着选人才、用干部的大权，"非谄附者一以格令持之"。不看能力和成绩，只看是否跟他"一条线"，对于正直之士、不与他同流合污的人，一概设法铲除。

李林甫的府上有处月堂，每当要"排构大臣"的时候，李就住进去闭门不出，苦思冥想。

排构大臣，用现在的话说，大约就是"密谋策划"。等到他喜滋滋地出来，肯定就有大臣要家破人亡了。

"公卿不由其门而进，必被罪徙；附离者，虽小人且为引重。"干部们"无敢正言者”，一个个乖乖地做起“持禄养资”的“仪仗马”了。

李林甫为自己斩获了极大的权力空间，可叹的是，他既无道德文章，也无经世之才。史称其“发言陋鄙，闻者窃笑”，可见连作个“重要讲话”的能力都没有。

一般来说，小人得志后的所思、所想、所行，都离不开如何巩固自己的权势和地位。李林甫自然也不例外。

本来，唐朝对番将的使用是有节制的，功劳再大都“不为上将”，而由汉臣文官担任节度使。可李林甫对汉臣却深为忌惮，进谗言说：“夷狄未灭，原因就是文臣为将，贪生怕死，不如重用番将。”

唐玄宗于是将番人安禄山、哥舒翰等擢为大将，把边地兵权拱手送给他们。

唐玄宗晚年，洛阳宫中闹鬼。玄宗召集宰相们开会，说自己想回驾西京。

宰相裴稷山、张曲江劝阻说：“百姓现在正忙于收割打场，请皇上等候到冬闲时再回驾西京吧。”

李林甫暗暗体察到玄宗的心思，待到退朝时，假装脚瘸留在后面。

唐玄宗问他脚怎么瘸了，李林甫回答说：“我的脚没有病，不瘸。我是想单独向皇上谈谈我对回驾西京的看法。”

玄宗说：“卿有话就讲。”

李林甫对玄宗说：“洛阳、长安二京，乃是皇上的东宫与西宫。皇帝要上哪宫，难道还用选择日子吗？如果会妨碍百姓收割、打场，单独免去他们部分赋税就可以了嘛。”

李林甫请李隆基允许他指示有关部门，安排大驾行动事宜。

安史之乱

李隆基非常高兴，连曰："善，善，善。"

唐玄宗最后变得十分厌烦政务，对群臣说："我打算高居无为，把中央工作交给李林甫，由他负责打理。"

玄宗晚年，与近臣裴士淹谈话，品评大臣，论及房琯时说"非破贼才也"，说到宋璟，则鉴定道"卖直以取名耳"，给李林甫的评价是"妒贤疾能，举无比者"。

裴士淹很感奇怪："陛下诚知之，何任之久邪？"皇上全知道，为何还老在任用他？

唐玄宗默然不答。

是啊，明知道眼前站着的是个小人，却舍不得赶走他，反而任其将满朝文武"炮制"成不发一言的"仪仗马"，唐朝之由盛而衰，李林甫固然罪无可恕，然坐拥深宫的孤家寡人唐玄宗李隆基，不更是个历史的罪人吗？

唐玄宗任用奸佞，自我孤立，为国家的安定统一局面埋下了隐患。

不久，兵力可敌中央、久怀叛逆之心的藩镇安禄山、史思明，大举起兵叛唐。

二

唐代经历唐太宗、唐高宗、武则天之世，比及唐玄宗，国势大增，文治武功在开元年间达至极盛。

唐太宗、唐高宗等在位期间，屡次开疆拓土，先后平定辽东、西突厥、吐谷浑等地区，使盛唐成了一个国境极为辽阔的国家。

为了加强中央对边疆的控制、巩固边防和统理异族，唐玄宗于开元十年便在边地设立十个兵镇，由九个节度使和一个经略使管理。

此等以数州为一镇的节度使，不单管理军事，而且兼领按察使、安抚使、支度使等职，兼管辖区内的行政、财政、人民户口、土地等大权。

原来得为一方之长的州刺史，都变成了节度使的部属。

节度使“既有其土地，又有其人民，又有其甲兵，又有其财赋”，因而雄踞一方，尾大不掉，早就成了大唐中央政权的危机所在。

天宝年间，边镇兵力达五十万，安禄山一人兼任平卢、范阳、河东三镇节度使，拥兵二十万，三镇之间，地域相连，后勤实力也非常强大。

相反，当时中央兵力则不满八万，形成外重内轻的军事局面。

唐玄宗开元之治晚期，承平日久，国家无事，丧失了进取精神。改元天宝后，政治愈加腐败。

唐玄宗李隆基，耽于享乐，宠幸贵妃杨玉环，日夜玩弄塞满后宫的女人。

皇帝周围女性多，有史以来如此。太多了，那些女子为求一夕之幸，挖空心思，想尽办法，甚至不惜诬陷、暗害，即便如此，大多数还是终岁空旷，无缘一奉肉身。

皇上也发愁啊，天天看花了眼，今晚幸哪个美人儿，让哪个承欢，无法决断。

唐玄宗聪明得紧，他生了个妙招。

唐玄宗李隆基让女子们都到后宫大院场上，头顶簪满鲜花。真个是花的海

胡旋舞浮雕

安禄山

洋，好像油菜地。李隆基居高临下，放飞一只蝴蝶，看蝴蝶第一站降落到谁的头上。

蝴蝶翩翩飞动，旋转，滑翔，落下了，太监们一拥而上将那女子捉了，背到水房，洗得白白净净，背到玄宗的龙床上。

贵妃杨玉环当然非常讨厌这种“蝶幸”游戏。

杨贵妃好做诗，有《咏张云容舞》诗曰：“罗袖动香香不已，红蕖袅袅秋烟里。轻云岭上乍摇风，嫩柳池边初拂水”，她喜爱鲜花，却讨厌常常夺走了玄宗的蝴蝶，没有为蝴蝶写过一个字。

唐玄宗幸遍了蝴蝶为他拉皮条拉来的美人儿，冲锋陷阵一大圈，最后还是觉得杨玉环有味道，复又跌落在杨玉环的温柔乡里。

唐玄宗宠幸杨贵妃，连傻子都看到了。安禄山看得更透。

安禄山借机拜杨贵妃为“干妈”，以肥胖身躯讨好杨贵妃，为其大跳“胡旋舞”，招引杨贵妃笑得花枝乱颤。

杨贵妃爱洗澡，从水里出来，身上什么也没有，唐玄宗看得兴起，就作《咪咪颂》曰：“软温新剥鸡头肉”。

鸡头，可不是咯咯叫的那种鸡婆的脑壳，而是池沼湖泊里睡莲所结的籽实疙瘩，剥开来，色泽嫩白可人，它腹中包着许多小豆子，中医叫芡豆。

安禄山也在直着眼睛陪同参观美人出浴呢，嬉笑着插科打诨，弄了个《咪咪颂》下阕，曰：“滑腻初凝塞上酥”。

你看这组“3P”，乐呵的！

不但宠幸女人，唐玄宗渐渐地也由提倡节俭变为挥金如土，他曾将一年各地

安禄山起兵

之贡物赐予李林甫一人。

李林甫病死后，唐玄宗又把国政交由杨贵妃之族兄杨国忠把持。

安禄山献媚于杨玉环，却讨厌杨玉环的堂哥杨国忠。

杨国忠是宰相，也忌恨安禄山，两人因而交恶。

唐玄宗只管跟杨玉环睡觉，其他一概不管。

久怀异志的安禄山，回到驻地，便以讨伐奸臣杨国忠的名义举兵叛唐。

安禄山大举三镇之兵，联合契丹、突厥、同罗、奚、室韦等民族，起兵范阳——今北京，河北州县依次瓦解，地方干部或逃或降，河南部分郡县也望风瘫痪。

安禄山从范阳起兵，长驱直进，仅三十五天时间就攻占了洛阳。

东京留守李憕和御史中丞卢奕不肯投降，被俘后为安禄山所杀，河南尹达奚珣投降安禄山。

安禄山焚烧宫殿房屋，滥杀洛阳居民，就像收割庄稼一样净尽，清除野草一样随便。

唐玄宗得知军报，相当震怒，立即任命安西节度使封常清兼任范阳、平卢节度使，接着任命他的第六皇子荣王李琬为元帅、右金吾大将军高仙芝为副帅，率领政府军，讨伐安禄山。

安禄山抓紧时间在洛阳称帝了，国号大燕，改元圣武。

安禄山的盟友史思明则攻陷常山，抓住了拼死抵抗的大唐守将颜杲卿，执送洛阳。

安禄山责问颜杲卿：“你原先的职务仅仅是范阳户曹，是我奏请朝廷，让你

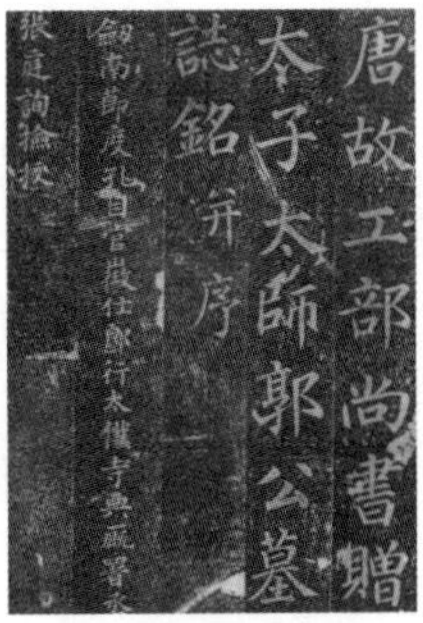

颜真卿书迹

当上营田判官，你才一步步升为光禄寺丞、太常寺丞和常山太守的。我哪一点对你不住，你不归服我？”

颜杲卿驳斥道：“你本是营州的牧羊羯奴，皇上提拔你身兼三镇节度使，恩宠无比，哪一点对不住你，你要造反！我家几代都是大唐的臣子，我岂能因为你曾举荐过我，就追随你造反。我为国家讨贼，恨没能杀掉你，这怎么叫背叛？你这狗娘养的，要杀要剐快点！”

恼怒万分的安禄山命令割掉颜杲卿的舌头。

颜杲卿吐着鲜血，声音不清，仍大骂不止。

安禄山又命把颜杲卿捆在洛河中桥的柱子上，凌迟处死。

颜杲卿忍受着巨大的疼痛，大骂逆贼，直到断气为止。

颜杲卿的幼子和一个侄儿，以及同事袁履谦，也以同样方式遇害。

颜杲卿的弟弟，大书法家颜真卿后来找到了侄儿的头颅，哀痛不已，作《祭侄文》纪念。

安禄山率兵西上，剑指长安。

政府军元帅封常清和副帅高仙芝商量，坚守潼关，御敌于关外山下。

唐玄宗听了监军宦官的汇报，以怠战之罪处斩了封常清、高仙芝。之后，任命哥舒翰为统帅，镇守潼关。

潼关地势险要，道路狭窄，哥舒翰利用关隘优势，死守不出。

安禄山的将领崔乾佑，在潼关外屯兵半年，没法通过。

潼关的大唐政府守军，每天晚上在烽火台烧起一把火，作为平安的信号。

关内的烽火台接到信号，也一座接一座放起“平安火”，一直传到长安，让长安人民放心。

叛军攻不进潼关，唐朝中央却发生了内讧。

哥舒翰主张坚守，郭子仪、李光弼也从河北前线给唐玄宗上奏请求引兵北上，攻打安禄山的老巢范阳，要潼关政府军千万坚守，不要出关。

但宰相杨国忠却反对。

杨国忠痛恨哥舒翰，于是，挑唆皇上，借刀杀人。

有人对杨国忠火上浇油说："现在重兵都在哥舒翰手里，如果哥舒翰打胜了，回到长安，你的宰相位子就保不住了。"

杨国忠知道自己这个宰相不得人心，听了这番话，更加害怕，就在唐玄宗面前说潼关外的叛军已经不堪一击，哥舒翰守在潼关，死不出去，会丧失歼灭叛军的时机。

昏庸的唐玄宗，听信杨国忠，接二连三派使者到潼关，逼哥舒翰出关作战。

哥舒翰这个窝囊废，只知道"把关"，根本没有想过出关作战，晕头晕脑，不知所以。

关外，崔乾佑早已养精蓄锐，只等唐军露头。

崔乾佑派精兵埋伏在灵宝西面的山谷里。哥舒翰的大军一出关，就中了伏击，几乎全军覆没，二十万人马只剩下八千，哥舒翰也被俘虏了。

潼关地势奇险，唐室本可利用潼关暂时死守，保卫京师。可是潼关破了，都城长安失陷在即，朝廷万分震恐。

从潼关到长安之间的地方官员和守兵，纷纷弃城逃走。

烽火台上的"平安火"不见了。

到这时候，唐玄宗李隆基才着急起来，要杨国忠想办法。

杨国忠召集紧急会议，所有干部都只会干着急，谁也想不出一个好主意。

杨国忠知道留在长安，没有生路，就劝玄宗逃到蜀地去。

唐玄宗起了个大五更，带着杨贵妃、杨国忠和一批皇子皇孙，在将军陈玄礼和禁卫军的护送下，悄悄打开宫门，逃出长安。

他们派个宦官先到沿路各地，要求地方干部接待。哪知才到咸阳，派出的宦官和县令都已经逃窜了。

唐玄宗一伙人，走了半天，吃不上饭，随行太监好不容易找到当地百姓，向他们讨了点粮食，还没法做熟。

有几个百姓，送上一点水煮高粱面窝头。

窝头，皇子皇孙们平时养尊处优，哪里吃过这样的饭！

但是，实在饿得慌，也顾不得什么体面，没有碗筷，皇子皇孙们就用手捞着吃，最后还是吃得精光。

唐玄宗勉强咽了几口窝头，噎得直流眼泪。

有个老人挤到车前，对唐玄宗说："安禄山想造反，已经不是一天了。这么多年来，有人向朝廷告发，反而被关、被杀。陛下周围的大臣，只会奉承拍马，外面的情况，陛下一概听不到。我们普通百姓早知道有这么一天，不过朝廷宫门太深，百姓的意见陛下听不到。要不是到了今天这步田地，我们怎么能站在陛下面前说话呢！"

唐玄宗垂头丧气地说："朕太糊涂，现在后悔也来不及了。"

走走停停。第三天，到了一个叫做马嵬驿的地方，今天的陕西兴平县西。

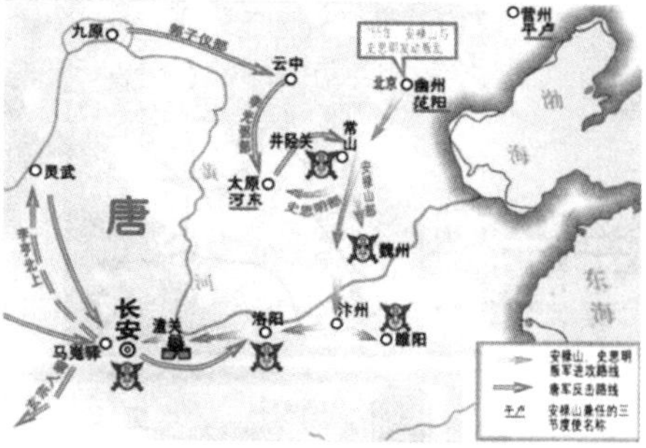

马嵬驿地点所在

随行将士又累又饿，实在忍不住了。他们越想越气，好好的长安呆不住，弄得到处流亡，受尽辛苦，全是受了奸相杨国忠的害，这笔账，得向杨国忠算。

这时，有二十几个吐蕃使者拦住杨国忠的马，向杨国忠要粮食吃。

杨国忠没来得及答话，周围的兵士已经嚷起来："杨国忠该死！杨国忠该死！"一面嚷，一面就射起箭来。

杨国忠慌里慌张想逃走，几个兵士赶上去，将其砍死了。

兵士们杀了杨国忠，情绪激昂，把唐玄宗和杨贵妃住的驿馆包围了起来。

杨贵妃正在给唐玄宗按摩，听到外面闹哄哄的，唐玄宗问是怎么回事，左右太监告诉他，兵士们已把杨国忠杀了。

唐玄宗大吃一惊，不得不扶着拐杖，走出驿门，面见兵士，要他们回营休息。

兵士们不理唐玄宗的话，照样吵吵嚷嚷。

李隆基无奈，派大内宦官局局长高力士找到陈玄礼，问他的部队是怎么回事。

陈玄礼说："杨国忠谋反，杨玉环是根源，她当然也不能留下来。"

这下可把唐玄宗难住了，他怎么舍得杀死这个宠爱的妃子呢？刚才杨玉环还在光滑柔软地给他按摩、祛除车马疲劳呢。

李隆基低着头站了半晌，才推推脱脱地说："贵妃，跟朕，住在一起，她怎么知道，杨国忠，谋反呢？"

高力士知道不杀杨贵妃，不能平息兵士的气愤，就说："贵妃是没有罪，但是将士们已经杀了杨国忠，如果留着贵妃，朕是有得用了，将士们哪会心安呢。

杨贵妃

希望陛下慎重考虑，将士们心安，陛下也就大安了。”

三

却道这位杨贵妃，杨玉环，与西施、王昭君、貂蝉并称为中国古代四大美女。

杨玉环是公元719年人，丽质天生，美貌羞花，所谓“回眸一笑百媚生，六宫粉黛无颜色”，堪称大唐第一美女，此后千余年，无出其右者。

杨玉环出身宦门，祖父杨汪是隋朝的上柱国、吏部尚书，唐初为李世民所杀，父亲杨玄琰是蜀州司户，叔父杨玄珪曾任河南府士曹。

杨玉环的童年是在四川度过的，十岁时，父亲去世，她被寄养在洛阳的三叔杨玄珪家。

在洛阳，杨玉环受过优越的教育。她具备较高的文化修养，性格婉顺，精通音律，擅长歌舞，琵琶弹得尤其好。

唐玄宗的女儿咸阳公主在洛阳举行婚礼，杨玉环应邀参加。在这个婚礼上，咸阳公主之胞弟寿王李瑁对十七岁的杨玉环一见钟情，求婚成功。

婚后，李瑁和杨玉环两人生活和谐，甜美异常。

唐玄宗宠爱的武惠妃病逝，玄宗郁郁寡欢。在心腹宦官高力士的示意下，唐玄宗把目光投向了和武惠妃样貌相似的儿媳妇杨玉环。

唐玄宗把韦昭训的女儿嫁给儿子李瑁，换二十二岁的杨玉环出了寿王府，为障人眼目，令杨玉环出家为女道士，道号“太真”。

没多久，杨玉环离开道观，入宫服侍五十六岁的唐玄宗，被册立为贵妃。

唐玄宗废掉其原先的王皇后，未再立后，杨贵妃名为贵妃，实相当于皇后。

杨玉环入宫做贵妃，聪明。她不过问朝廷政治，不插手权力之争，以自已的妩媚温顺及过人的音乐才华，换得玄宗的百般宠爱，虽曾因妒而触怒玄宗，以致两次被送出宫去，但最终，玄宗还是难以割舍。

有次杨贵妃恃宠骄纵，被李隆基谴归娘家。可是她出宫后，李隆基饮食无味，宦官班长高力士只得又把她召了回来。

公元750年，杨贵妃偷了唐玄宗一个庶子的紫玉笛，“独吹自娱”，自已偷偷地吹着玩。

“金舆还幸无人见，偷把分王小管吹”，事发，又被送出宫外。

这次杨贵妃出宫后剪下一绺青丝，托中使张韬光带给唐玄宗，玄宗大骇，怕她自杀，又令高力士把她召回。

杨贵妃的诗“罗袖动香香不已，红蕖袅袅秋烟里。轻云岭上乍摇风，嫩柳池边初拂水”收在《全唐诗》中，以女人之笔，写女人的舞姿，比之秋烟芙蓉，若隐若现，复比之岭上风云，飘忽无定，更比之柳丝拂水，婀娜轻柔，衬以罗袖动香，可谓出神入化。

唐玄宗喜爱杨玉环的天真性格，更欣赏杨玉环的出众文采，尝语后宫人曰：“朕得杨贵妃，如得至宝也。”

唐玄宗亲谱《霓裳羽衣曲》，令乐工奏此新乐，在乐声中赐杨玉环以金钗玉钿，并亲自插在杨玉环的鬓发上。

杨贵妃和着“霓裳羽衣曲”，当即起舞弄影，如仙女飘逸，极尽其美，使李隆基快活之至。

杨贵妃有三位姐姐，皆属国色，也应召入宫，侍奉玄宗，封为韩国夫人、虢国夫人、秦国夫人，四人合计每年脂粉费五百万钱。

虢国夫人排行第三，以天生丽质自美，杜甫《虢国夫人》诗：“虢国夫人承主思，平明上马入金门。却嫌脂粉宛颜色，淡扫蛾眉朝至尊。”乃其写照。

唐玄宗整日与杨玉环形影不离，朝廷大典、百官宴饮，无不把杨玉环带在身边，专为杨贵妃织造锦缎的工匠就多达七百人。

杨贵妃爱洗澡，玄宗就在骊山华清宫的华清池专为她开辟了温泉浴池。

“杨贵妃好食荔枝。南海所生，尤胜蜀者，故每岁飞驰以进。”

唐玄宗不惜人力、物力、财力，派人从数千里之外用驿马昼夜不停地运送新鲜荔枝，以供杨玉环享用。

“长安回望绣成堆，山顶千门次第开。一骑红尘妃子笑，无人知是荔枝来。”后世岭南荔枝有“妃子笑”者，据说得名于此。

李隆基和杨玉环在华清宫的华清池洗澡，荔枝送到，侍臣遂奏曲《荔枝香》为报。

杨贵妃得到重宠，她的兄弟均获赠高官厚禄。

杨国忠是杨贵妃的远房兄长，原叫杨钊，为一市井无赖，因善计筹，唐玄宗与杨氏诸姐妹赌博，令杨钊计算赌账，赐名杨国忠。

唐玄宗游幸华清池，以杨氏五个家族为扈从，每家一队，着一色衣，五家相续，五彩缤纷。沿途掉落首饰遍地，闪闪生光，其奢侈无以复加。

杨家“出入禁门不问，京师长吏为之侧目”，时人有“生女勿悲酸，生男勿喜欢”之谣。

杨氏兄弟姐妹五家，“甲第洞开，僭拟宫掖。车马仆御，照耀京邑，递相夸尚。每构一堂，费千万计”。

范阳节度使安禄山立过边功，唐玄宗宠信，令杨氏姐妹与安禄山结为兄妹，杨贵妃则认安禄山为干儿子。

谁知安禄山不仅在谒见时调戏杨贵妃，还起兵造反，逼得玄宗向蜀地逃奔，至此马嵬坡，六军不发，杀了杨国忠，又得要杨玉环的命。

唐玄宗为了保自己的命，只好狠了狠心，叫高力士把杨玉环哄出去，带到一个小庙里，由将士们勒死她。“缢死于佛室。瘗于驿西道侧”。

杨贵妃终年三十八岁，她死后，四军罢乱，消气回营。

今天的陕西兴平，有杨贵妃墓，占地三千平方米，墓侧有白居易、李商隐、林则徐等历代诗碑。

临潼骊山北麓有华清池，传为杨贵妃“春寒赐浴华清池，温泉水滑洗凝脂”的遗迹，其中以“贵妃池”著名，传为杨贵妃专用的浴池，故又称“妃子汤”，池侧有“晾发亭”，传为杨玉环浴罢，晾发梳头之处。

这些地点，中外游客都想沾染点杨贵妃的香气，因而比较热闹。

后来，一年零六个月后，玄宗密令中使改葬杨贵妃，发现“肌肤已坏，而香囊仍在”，“内官以献，上皇视之凄婉，乃令图其形于别殿，朝夕视之”。

有个疑问，始终困扰着后世学人，那就是既然唐玄宗迷恋杨玉环，杨玉环却为什么一直是个贵妃，而没有成为皇后呢？

这个问题，史书无载，后人只能挖掘线索，进行论证和推测。

蛛丝马迹说明，唐玄宗之所以没有册封杨玉环为皇后，很可能因为杨玉环曾经是他的儿媳妇。

收取儿媳妇宠爱之，固然可见杨贵妃的迷人。

唐朝开放，文化政策兼容并包，外来风俗落地开花，封建伦理被践脚下，李隆基明目张胆地扒灰才没有遭到反对。

但抢夺儿媳妇，毕竟不是光彩事情，儿子表面不敢说，暗地里肯定耿耿于怀。

所以，唐玄宗尽管极其宠爱杨贵妃，将所有恩惠都施加到她身上，但却一直未肯加封她为皇后。

还有一个重要原因，是当时太子已立多年，而且成长正常，唐玄宗和杨贵妃终日共寝，杨贵妃却奇怪地一直没生孩子。

没有子嗣，肯定是封她为皇后的一大障碍。

古代皇后，要垂范万众、母仪天下，没能生个儿子，总是个欠缺吧。

如果唐玄宗霸王硬上弓，立杨贵妃为皇后，很可能引起儿子——寿王李瑁甚至朝廷大臣的反对，发生宫廷政变，那样就得不偿失了。

杨贵妃事实上享受的待遇规格早就是皇后的标准了，何必还去在乎皇后的名号呢？

杨贵妃也比较聪明，没有请求唐玄宗立自己为皇后。

既然已经达到了一个女人所能达到的极致，得到了天子的万千宠爱，她只需要发挥自己的美艳多才，把唐玄宗伺候得舒舒服服，便永远都是实际意义上的皇后。杨玉环重情，不迷恋权力，也堪为智慧之最了。

另外，杨贵妃的下落，也是个谜。

《新唐书》与《旧唐书》记载大致相同：杨贵妃死于马嵬坡。后人出于一种美好的愿望，传说杨贵妃没死。

多种说法，大前提都是“侍女替死”，而“太真”本人则被安排逃逸而去，流落民间。

有种离奇的说法，是杨贵妃未死于马嵬驿，而是被人带往遥远的美洲，做了华侨。真敢想！想者是台湾人。

日本人说杨玉环到了他们蕞尔之邦。

说，禁军将领陈玄礼惜杨贵妃貌美，不忍杀之，遂与高力士谋，以侍女代死，贵妃则由陈玄礼的亲信护送南逃，行至现上海附近，在某海港购买了船票，乘着邮轮，至日本久谷町久津，后在日本终其天年。

今日的日本山口县“杨贵妃之乡”建有杨贵妃墓。

日本艺员山口百惠，就称自己是杨贵妃的后裔。

其实杨贵妃必死于马嵬坡，不妨设想，陈玄礼对杨贵妃垂涎日久，关键之际拟于相救，条件是做他的秘密小妾，而杨玉环大义凛然，怒斥小人，最后英勇就义。赚眼珠吧？

唉！马嵬坡！马嵬兵变的结果是，唐玄宗像惊弓之鸟似的，急急忙忙逃到成都去了，太子李亨留下来主持朝政。

马嵬坡士兵哗变，实质上是由太子李亨和宦官李辅国、高力士等策划的一场争权斗争。

太子李亨曾遭李林甫打击，李林甫病死后，又遭杨国忠打击，极为恼火，因此借着危机，除掉了杨国忠和杨贵妃。

李亨收拾残余队伍，从马嵬驿一路北上，于公元756年七月，在宁夏灵武自行即位，为唐肃宗，遥尊唐玄宗为太上皇。

唐玄宗听到李亨继位的消息，无可奈何，只好默认了。

唐肃宗李亨封将军郭子仪为朔方节度使，郭子仪又上表推荐李光弼担任河东节度使，两人奉诏讨伐安禄山和史思明。

第一百三十一章

星河灿烂

一

安禄山患有白内障，在洛阳坐朝廷后，视力渐渐减退，至于双目几近失明，看不清楚物体。

安禄山还患有严重的皮肤病，难受，性情变得格外暴躁，对左右侍从稍不如意，非打即骂，小有过失，便行杀戮。

安禄山常居洛阳深宫，诸将很少能面见他议事，他有话就让近臣严庄转达。

严庄虽受亲重，也时而遭受鞭挞。

宦官李猪儿常为安禄山穿衣解带，服侍左右，挨打最多，怨气也大。

安禄山宠幸的段氏，生下一子名唤庆恩，也受宠爱，安禄山常想以安庆恩代长子安庆绪为太子。

安庆绪时常担心被废，严庄恐怕宫中事变，于己不利，于是，严庄与安庆绪、李猪儿串通一气，谋害安禄山。

深夜，安庆绪与严庄、李猪儿三人悄悄进入安禄山住所。

侍卫见是严庄和安庆绪，谁也不敢乱说乱动。

严庄、安庆绪持刀站立帐外，李猪儿手持大刀直入帐内，对准躺在床上的安禄山腹部猛砍一刀。

安禄山平时总放在床头防身的佩刀，事前已被李猪儿偷偷拿走，这时他挨了一刀，知大事不好，急忙去摸刀，哪里还摸得着？

安禄山气急败坏地摇着帐竿大声喝叫严庄，在喝叫声中，血和肠子从腹部流出，很快死于非命。

安庆绪当即在安禄山的床下挖了一个数尺深坑，用毡子裹着其爹的尸体，连夜埋在坑中，并诫令宫中严加保密。

次晨，严庄对部下宣告说安禄山病危，诏立安庆绪为太子，军国大事皆由太子处分。

安庆绪随即登上帝位，尊安禄山为太上皇，然后宣布死讯，发丧。

安庆绪杀了老爹，自立为帝，年号载初。

史思明在太原作战，被唐朝军队李光弼部击败，安庆绪命失败的史思明回到范阳驻守，令蔡希德等继续围攻太原。

唐肃宗李亨的军队收复了长安，开始东向平叛，攻占洛阳。

安庆绪放弃洛阳，退逃至邺城，即今河北临漳，其部将李归仁率精锐及胡兵数万人，溃归范阳史思明。

安庆绪对史思明收其溃散的残部不满，欲找机会除掉史思明。

范阳本是安禄山的老窝，安禄山从洛阳和长安所掠取的珍宝，多半都运往范阳存放，已是堆积如山。

渐渐地，史思明恃富而骄，欲独占范阳，不想再受安庆绪节制。

史思明向唐肃宗李亨奉上归降书，愿以所领十三郡和八万兵马投降唐朝。

唐肃宗得报大喜，封史思明为归义王，兼范阳节度使。

史思明“外示顺命，内实通贼”，不断招兵买马，引起唐肃宗警觉，策划剿灭他，不料计划外泄，史思明因此复又叛变，跟安庆绪遥相声援。

公元758年，唐朝元帅郭子仪等统兵二十万围困安庆绪，后又增兵至六十万。

由于唐肃宗李亨的孱弱和猜忌，诸军不设统帅，指挥失灵，以致战事久拖不下。

次年春，叛军得史思明之助，唐政府军被打得大败。

由于宦官鱼朝恩的谗毁，郭子仪被朝廷解除兵权。

不久，史思明杀安庆绪，接收了安庆绪的部队，返回范阳，建立朝廷，自称“大燕皇帝”。

公元761年，史思明的“朝廷”内讧，史思明为其子史朝义所杀，史朝义率军南下，占领了洛阳。

公元762年唐代宗李豫继位，借用回纥军，在洛阳北邙山激烈战斗，杀史朝义军六万，捕获二万，最后收复洛阳。

史朝义率轻骑数百仓皇东逃。

桀骜野蛮的回纥盟军根本不听唐朝的使唤，进入洛阳城后，疯狂烧杀奸淫。

回纥军肆意抢掠士女、财物，洛阳人死伤数以万计，洛阳城几十天火焰不灭。

洛阳城士女惧怕，便成群躲到圣善寺和白马寺的阁楼上，回纥军纵火焚烧阁楼，看着惨象鼓呼不止。

大唐官军也借口洛阳及东面和南面一带“已为贼境”，借机疯狂抢掠三个多月，残存人家荡然一空，只能以草遮身。

史朝义奔逃莫州——今河北任丘。一年后，史朝义干将田承嗣送史朝义母亲及妻子于唐军。

史朝义率五千骑逃往范阳，史朝义部下李怀仙又向唐军献出范阳。

洛阳丝绸之路公园

史朝义无路可走，于林中自缢而死。

二

却说自唐高宗李治后，吐蕃的势力日渐强大，成为西部的严重威胁。武后统治末年，东突厥复兴于漠北，契丹崛起于东北，又造成唐朝北方形势的紧张。许多在唐朝初期归属唐朝的地区重又脱离控制。

唐玄宗曾经加强国境邻接地区的军事存在，重新兴设屯田，充实防务，建立了九个边疆军区，一个岭南五府军事特区，收复陷于契丹二十一年的辽西十二州，重置营州都督府。

漠北的大片土地重新归顺唐朝后，西突厥与唐之间也开始了友好往来。

吐蕃势力蜷缩一隅，不敢乱动，陇右、河西的军镇巩固了河西走廊的安定，保证了中国和中亚、西亚的交通顺畅。

当时中国和中亚、西亚乃至欧洲和非洲的交通，被德国地理学家费迪南·冯·李希霍芬称作“丝绸之路”，或“丝路”。

其实，起于古代中国腹地洛阳，通往世界各地的经商通道有多条。

洛阳至西域，洛阳至北匈奴，洛阳至林邑——今越南，洛阳至倭国——今日本，洛阳至掸国——今缅甸，洛阳至中天竺——今印度，等等都是，至少七条。

李希霍芬所谓“丝绸之路”，指的是起于古代中国腹地，跨越陇山山脉，穿过河西走廊，通过玉门关和阳关，沿新疆绿洲和帕米尔高原通过中亚、西亚和北非，最终抵达欧洲和非洲的主要商业贸易路线，其功用是运输中国丝绸。

丝路行旅

以前认为“丝绸之路”的东方起点是西安，但这有点狭隘。

因为，最早在商朝，丝绸之路中国段就有了，现在洛阳偃师出土的商朝时新疆的和田玉，如玉圭和七孔玉刀等，就是明证。

西汉末年，西域脱离王朝独立，丝绸之路在西域即中亚段中断了，东汉政权重新收复西域，丝绸之路再通。

东汉首都在洛阳，曹魏、西晋也都建都在洛阳，期间通达西域的经商贸易，自然都是从洛阳出发的。

只有作为古代中国政治、经济、文化中心的地方，才有可能成为丝绸之路的起点。

当然，丝绸之路作为我国古代与西方、政治、经济、文化交流的通道，其起点不是一成不变的，而是随着古代中国政治、经济、文化中心的变化而变迁的。

山东自古盛产丝绸，远销四方，但不足以成为丝绸之路起点。

古都长安无疑是丝绸之路的起点，但非惟一起点。

大量资料证明，古代洛阳亦是丝绸之路的一个重要起点。

丝绸之路如从西汉伊始，那么洛阳最晚也自东汉迄于隋、唐作为丝绸之路东端的起点。其为时之长，规模之大，以及影响之深远，较之长安，亦有过之而无不及。

封建王朝对西域诸国的有关政策都是在洛阳制定和发出的。

丝绸之路沿线西域各地的军事设施及管理机构都是由洛阳下令设置的。

丝绸之路的打通都是洛阳派员进行的。

洛阳使节、僧人的西去和西域使节、僧人的东来，都是以洛阳作为起点和终点的。

以上是洛阳作为丝路东方起点的政治理由。而经济理由的重点在于古代蚕桑业和古代纺织业。

以蚕桑丝织业为代表的古代纺织业在夏商时期的洛阳一带就十分发达。

曹魏时，马钧在洛阳将旧织机的踏板减少了三十八至四十八个，减轻了劳动强度，提高了生产率，将洛阳地区的丝绸生产推向一个新水平。

北魏迁都洛阳后，丝织业得以迅速发展。

汉唐间，洛阳及其周围地区，已经成为当时蚕桑业与丝织业最发达的地区。

洛阳及其周围地区，汉唐间丝绸产量巨大，除满足区域内的消费外，还有大量丝织品剩余。与长安及其所在之关中有很大不同。

尤其是唐代，洛阳地区不独丝产量居全国之首，而且丝织技术也是全国最先进的。

除了宫廷丝织业，还有大量纺织个体户。

纺织品种类多，计有布、缦、绫、绮、缬、锦绣、罗、绸、彩、越、葛、绢、缣等数十种。

纺织品生产数量大，史载洛阳地区年产绸帛最低不少于一万六千匹。

汉唐之际，洛阳作为“当时惟一之大市场”，商业之发达，其他城市难与比肩，直接促使丝织产品转化为商品。

商业发展的率先性，加之汉唐数朝，国势强大，亚欧商人，纷纷来到洛阳营销其本域商品，采购丝织品和其它商品。

外商活动兴盛，商品经济发达，对外贸易频繁，这是促使洛阳成为丝绸之路东端起点最根本和最活跃的因素。

自汉以来，印度、安息、波斯和罗马的商队源源不断地来到洛阳，以外国的珠宝、香料、胡粉、马匹等商品换取中国的丝绸、茶叶。洛阳不但成为丝绸之路的东端起点，也是中西文化交流的东方中心。

龙门石窟高处栈道中段的“北市丝行像龛”，窟室内前壁北侧刻有“社老李怀壁、平正严知慎、录事张神剑、杨琼璋”等二十八个人的姓名，另一侧刻有“社老刘某、社官宋应、社人魏智”等十三个人的姓名。

两条石窟铭记，说明“北市丝行像龛”是由北市丝行中的两个社团共四十一人捐资营造的。

洛阳丝绸行业协会，社团多，社会活动多，社老、社官、平正、录事等，组织完善，隋唐洛阳丝绸营销规模，于此可见一斑。

佛教沿丝绸之路传入中国，最早即传入洛阳。中国最早的寺院、佛经翻译、沙门受戒和比丘尼都在洛阳。

随着佛教的兴盛，西域的建筑、绘画、音乐、舞蹈等文化艺术大量传入中国，成为中国古代文化史的重要组成部分。

洛阳是丝路东方起点的主要理由，还有其居“天下”之中的地理优势。

在古代中国人的思想里，洛阳一带八方辐辏，是朝会、贡赋中心，是中国古代水陆交通网络的中心，特别是大运河的开通，洛阳交通枢纽的地位得以充分的体现。

大运河开通后，由洛阳向四方扩散出去的水陆要道，与七条丝绸之路相衔接，通达四夷，连接八方。

唐代货币

史籍说明，从东汉开始，历曹魏、西晋、北魏等朝，当时人们在计算丝绸之路上西域各国里程时，就是以洛阳为起点的，这是丝绸之路东端起点的重要标志。

唐时，招待蕃客之事归于鸿胪寺，武周时，设来庭县廨，管理蛮夷酋长和西域商人。

由于在洛阳长期居住的突厥、回鹘、中亚、西亚商人众多，他们在洛阳立德坊、修善坊、会节坊、宁远坊、南市西坊等街坊，建造有“波斯胡寺”“胡祆祠”“胡神庙”等，作为聚会和祈福的场所。

公元1955年，洛阳出土十七枚波斯萨珊王朝银币。

1981年，洛阳又出土一枚罗马金币，正面为一头戴王冠的男像，两侧有十字架，右手执长柄钩状器，左手持一类似地球仪的东西。

这枚金币是东罗马皇帝福克斯时代的，其铸造时间为公元605年。它说明罗马商人确曾在洛阳进行过丝绸贸易，至少也有罗马商人的代购业务。

公元2003年，在洛阳关林附近发现三十多座唐墓，出土了一批珍贵的彩绘陶俑和其他精美随葬品，总数两百余件。

根据墓葬形制、陶俑的造型和出土器物组合，考古工作者确定这三十多座墓葬的年代跨越了唐朝早、中、晚三个时期，其中五座被确定为早期墓葬。

这些唐墓的形制都是竖穴斜坡道洞室墓，墓的规模不大，均为中小型，因未遭盗挖，墓中出土的随葬品非常丰富：以陶俑为主，俑的造型比较多，最高的陶俑有半米多高，其中较引人注目的，是三座留大胡子、长高鼻梁、着大开领胡服、腰挎皮水囊的胡俑。

这些胡俑的发现，反映出洛阳在唐代中西文化交流中的重要地位，也证明洛阳是丝绸之路的东方起点。

三

且说唐代社会经济繁荣，文化事业的发展必然受到推动，其中唐诗最为后世称道。散文运动在唐朝也大为发展。其他如音乐、绘画、雕刻、塑造等艺术，也无不成就高显。

唐文学是中国历史上继建安文学之后又一个规模空前的发展时期。

自东汉建安以来，文学形式重视声律和对偶，至唐，达到了完善的境界。

近体诗和古文是唐朝文学的主要文体，由此，破坏了或者派生了其他文体，极大地影响了后世文学。

南北朝时期的南朝，士族生活优裕，偷安成习，以能作五言诗为能事，不会做诗，就无法参与社会活动。

诗被提升到无限高的地位，实是南朝士族衰朽堕落，精神萎靡的表现。

南朝士人做诗，“世俗以此相高，朝廷据以取士，禄利之路既开，爱尚之情愈笃”，还未曾明文规定诗为禄利之路。

南朝的“诗歌陋习”，到唐朝，愈益盛行。

唐朝进士科考，使做诗成为禄利正途，非科第出身的人，不得为宰相。

唐朝科级以上干部，几乎无一不是诗人，做诗，只有好与不好的区别，不存在能与不能的问题。

唐时，诗人既多，诗篇自然也不少，经过时间的淘汰，较好的部分被保存下

杜甫

杜甫南瑶湾故居

来，诗人以千计，诗作以万数。

被淘汰的诗篇和诗人，数目要大得多，当然，没有价值的，湮没无闻，是毫不足惜的。

大抵诗人必须先有高尚的抱负，哪怕是迂阔不堪的抱负，也得有。有抱负，才能产生意境，高尚的意境产生高尚的作品。

当然，技巧也很重要，但始终居于辅佐地位，做主导的不能不是意境。

杜甫，唐朝诗人第一，成功在于他有高尚的抱负。“致君尧舜上，再使风俗淳”，自比稷与契，很不切实际，但高尚的意境却由此产生。

事实远不如杜甫所想的那样顺利，使得他“穷年忧黎元，叹息肠内热”，对坏人坏事，采取“嫉恶怀刚肠”“饮酣视八极，俗物都茫茫”的态度。

在杜甫以前，没有一个诗人能造出“朱门酒肉臭，路有冻死骨”的名句，因为他们没有杜甫那样的抱负和意境。

唐前期的诗，沿袭南朝，无非“竞一韵之奇，争一家之巧，连篇累犊，不出月露之形，积案盈箱，唯是风云之状”，连创业英主唐太宗李世民，作起诗来也是蹈矩循规，雄伟气概都被抹杀了。

唐太宗时，名士张昌龄等应进士科，都被考官斥退了。

唐太宗问斥退缘故，考官对曰：“华而少实，文风浮靡，如果录取他们，后生相慕成风，扰乱朝廷提倡的风雅之道。”

所谓风雅之道，就是温柔敦厚。

浮靡恰恰是敦厚的反面，唐太宗虽然赏识张昌龄等人的文藻，却只好承认考官所说有理。

唐高宗李治时，王勃、杨炯、卢照邻、骆宾王四人同时噪起文坛，号为“四杰”。

但文武双全的裴行俭看不起所谓“四杰”，说：“士人要有器识，其次才是文艺。”

就诗来说，王勃、杨炯、卢照邻、骆宾王运用声律，大有特色，在他们所生存的时代，无疑是代表人物。

杜甫评论说：“王杨卢骆当时体，轻薄为文哂未休，尔曹身与名俱灭，不废江河万古流”。

王勃、杨炯、卢照邻、骆宾王为人，都缺乏高远的思想，诗意跳不出个人荣枯悲欢的小范围，没有什么深切感人的力量。

继而有诗人沈佺期、宋之问，倡导和定型律诗，音韵调谐，对偶精密，句数有定准，通篇不犯声病，美得像锦绣，其实走进了死胡同。

武则天游龙门令群臣赋诗，东方虬诗先成，得赐锦袍。及读宋之问诗，大加称赏，夺东方虬锦袍转赐宋之问。这样的予夺之举，对诗风有很大影响。

唐中宗李显曾令赋诗，群臣献诗百余篇。中宗命小老婆上官婉儿选一篇谱曲。

上官婉儿独取宋之问诗。

沈佺期诗，落句云：“微臣雕朽质，羞睹豫章才”，自认为很好，说上官婉儿遴选不公。

上官婉儿说：“你那收联，词气衰竭，老宋的‘不愁明月尽，自有夜珠来’，强健而有余力。”

沈佺期听了上官婉儿的评语，心中服气，不敢再争，只嘟哝着说：“还‘强健而有余力’呢，谁不知道老宋那人品，给张昌宗捧夜壶……”

正当近体诗——“律诗”成熟的时候，不拘声律对偶的古体诗，以陈子昂为代表，起而力争自己应有的地位。

士人都作近体诗，惟陈子昂作古诗，与流俗对抗。

近体诗固然是新产生的优美品种，但古诗也不容从此废弃，自陈子昂张扬古诗的旗帜，唐诗始备古、近二体。

做诗能直抒己见，和沈佺期、宋之问走相反的道路，这在当时，非有豪杰的气概，是不敢这样做的。

杜甫作《陈拾遗故宅》诗，给予陈子昂很高的评价，说：“有才继骚雅，哲匠不比肩。公生扬马后，名与日月悬……终古立忠义，《感遇》有遗篇。”

唐玄宗李隆基开元时期，唐朝政治经济发达到了最高峰，唐朝的文学也达到了最高峰。

开元年间，天下安宁，士大夫生活富裕，有人制得佳篇秀句，即传诵人口，流播远近。

有些诗人的诗作被谱上乐章，名登朝廷，在春节联欢晚会上演唱，诗人一夜成名。

做诗是得名的捷径，因此几乎全部文人，都在拼全力做诗，大诗人接踵而出，每个大诗人都得到社会的尊敬和优厚的待遇。

诗人李白拜见中央政府秘书长贺知章，呈上了他的诗作《蜀道难》。

噫吁嚱！危乎高哉！蜀道之难，难于上青天。蚕丛及鱼凫，开国何茫然！

尔来四万八千岁，不与秦塞通人烟。西当太白有鸟道，可以横绝峨眉巅。地

李白

崩山摧壮士死，然后天梯石栈相钩连……

剑阁峥嵘而崔嵬，一夫当关，万夫莫开。所守或匪亲，化为狼与豺。朝避猛虎，夕避长蛇。磨牙吮血，杀人如麻。

锦城虽云乐，不如早还家。蜀道之难，难于上青天，侧身西望长咨嗟！

唉呀呀多么危险，多么伟岸！蜀道太难攀，难于上青天。蚕丛和鱼凫建立蜀国，实在久远，无法详谈。

从那时至今，四万八千年，秦蜀隔开，不通人烟。西边太白山，有飞鸟小路，顺那小路前行，可达峨眉山巅。山崩地裂，壮士为修路牺牲，秦蜀才有天梯栈道，两地通连……

剑阁崇峻巍峨，高入云端，一卒把守，万军难攻占。驻守官员，若非皇家近亲，难免化为豺狼，踞此造反。清晨要避猛虎，傍晚要防长蛇。豺狼虎豹，磨牙吮血，食人如麻。

锦官城虽说是个快乐地方，但路途如此险恶，还不如早早返还。蜀道太难走啊，难于上青天。侧身西望，不免感慨与长叹！

贺知章看了《蜀道难》，叹赏李白说："你是个下凡的仙人啊！"

李白从此声名大振，被任为翰林院供奉。

李白二十五岁浪迹天下，到处娶老婆，许氏、刘氏、鲁氏、宗氏，换来换去，小三、小四，也多了。带着美妾小妓，遍踏名山胜地，所到之处，地方干部高接远送，大口吃肉，大碗喝酒。

盛唐的诗，是诗的顶峰，大诗人多至数十。

唐玄宗李隆基尊崇道教，道教属于"杂凑"之学，贪求物欲，充满荒幻，妄想永远享受饮食男女的乐趣。李白正是道教思想的代言诗人。

李白想长生不死，但实在未曾见过不死的人，感到无有前途，“生者为过客，死者为归人。天地一逆旅，同悲万古尘。月兔空捣药，扶桑已成薪。白骨寂无言，青松岂知春。前后更叹息，浮荣何足珍”。

无奈啊！那就沉湎醉乡吧！“三百六十日，日日醉如泥”。

李白诗大部分内容，不是饮酒，就是女色，尤合妓院的需要，因而颇为流行。

酒色之在唐朝，实是常事。韩愈是名公，元稹是才子，都为色丧名，其余相似文人，一扫一簸箕，再一扫又一簸箕。

诗人王维，表面上溺信佛教，实际是大地主兼做官能手，仕途颇顺，得宋之问蓝田别墅，系著名大庄园，又享尽恬淡隐居的乐趣，安适到无复可再了。

四

洛阳大诗人杜甫，自称少年时能“读书破万卷”，所以长大后“下笔如有神”。

从老杜诗之精致来看，熟读万卷书，确是事实，并非自夸。

杜甫对政治的看法，比李白更天真。对朝廷绝对忠诚，“葵藿倾太阳，物性固莫夺”。

安史之乱，杜甫曾陷身贼中，但不曾为贼所污辱，经历艰危，逃出贼窟。

之后，“麻鞋见天子，衣袖露两肘；朝廷愍生还，亲故伤老丑”，这种困苦

唐人的麻鞋

和狼狈，李白、王维是不能忍受的。

杜甫的诗被称为“诗史”，有《杜工部集》传世。

杜甫一生写诗一千五百多首，其中很多是传颂千古的名篇，比如“三吏”和“三别”。

“三吏”为《新安吏》《石壕吏》和《潼关吏》，“三别”为《新婚别》《无家别》和《垂老别》，都是“安史之乱”期间，诗人在洛阳以西一路上的“旅行作品”。

客行新安道，喧呼闻点兵。借问新安吏：“县小更无丁？”

“府帖昨夜下，次选中男行。”“中男绝短小，何以守王城？”

肥男有母送，瘦男独伶俜。白水暮东流，青山犹哭声。“莫自使眼枯，收汝泪纵横。眼枯即见骨，天地终无情！我军取相州，日夕望其平。

岂意贼难料，归军星散营。就粮近故垒，练卒依旧京。掘壕不到水，牧马役亦轻。况乃王师顺，抚养甚分明。送行勿泣血，仆射如父兄。”

旅客走在新安县的大路上，听到按户籍名册点兵。

请问新安县的干部：“难道因新安县小，壮丁已经抽完，才抓这些不成丁的少年？”

干部说：“政府的文件昨夜才下达，命令没有壮丁就依次往下抽派。”

“抽出来的少年实在太小了，他们如何能守得住王城呢？”

好一点的少年，还有母亲相送，运气不好的少年，由于父母在战乱中去世，只有孤苦伶仃。河水日夜向东流，青山还留着哭声呢！

不要让眼泪哭干，收住你们纵横的泪水吧。眼泪哭干了会露出头骨，天地都不能改变这悲摧的安排，终归是无情的。

官军艰苦作战，日夜盼望收复其地。可是贼心难料，致使官军溃败。

便去原先营垒就食，练兵也依凭着洛阳。挖掘壕沟，也不会深得见水，放牧军马的劳役，也还不算太重。

何况朝廷军队是正义的，一切必然顺利，爱护战士一目了然。不要哭得那么悲伤，长官郭子仪本像你们的父兄嘛。

兔丝附蓬麻，引蔓故不长。嫁女与征夫，不如弃路旁。结发为君妻，席不暖君床。暮婚晨告别，无乃太匆忙！

君行虽不远，守边赴河阳。妾身未分明，何以拜姑嫜？

父母养我时，日夜令我藏。生女有所归，鸡狗亦得将。

君今往死地，沉痛迫中肠。誓欲随君去，形势反苍黄。勿为新婚念，努力事戎行！

妇人在军中，兵气恐不扬。自嗟贫家女，久致罗襦裳。罗襦不复施，对君洗红妆。

仰视百鸟飞，大小必双翔。人事多错迕，与君永相望！

兔丝依附着柔弱的蓬麻生长，当然是长不长了。一个女人家嫁给了出征的丈夫，还不如丢弃在路旁等死。

我和你结为夫妻，没想到，连床被都来不及睡暖。我们傍晚才结婚的，你一大清早就要离开了，未免也太匆忙了吧？

你这一去，虽然只是戍守在不远的河阳，而我的名分还没有真正确定，叫我怎么去拜见公公婆婆呢？

想当初我爹娘抚养我时，把我当宝一样藏起来，不许我抛头露面。然而，身为女人的我，本应该嫁鸡随鸡，嫁狗随狗的。

你现在就要去战场上送死了，我沉痛得像要断肠！

我真希望能跟着你一起去，但眼前的情势又是那么紧急。

我只能忍着泪劝你，不要太过于思念这段情感，要努力为国家作战才行。

一个女人家，如果真的跟到军中去，恐怕会影响了军威啊。

我悲叹自己出身贫穷，好不容易才有机会穿上这件新婚礼服。我发誓，这件礼服不会再为第二个人穿了，我当着你的面，卸下美丽的粉妆。

唉！抬头看看天上的飞鸟，它们不论大小，都是成双成对地飞。偏偏人世间的事情，是这么运气背，然而，尽管命运如此，我对你的爱情，永远坚贞不渝！

杜甫高于一般诗人之处，在于他无论叙事抒情，都能做到立足生活，直入人心，剖精析微，探骊得珠，通过个别反映一般，准确传神地表现时代真实，概括劳苦人民包括诗人自己的辛酸和灾难。

老杜的诗，博得“史”“圣”之美称，不是偶然的。

公元744年，唐天宝三年，杜甫在洛阳居住，李白来结识他。

两位诗人在洛阳相会，而后同往开封、商丘游历，次年他们又同游山东，赋诗作歌，亲同手足。

隐居诗人孟浩然，边塞情景诗人岑参和高适，也很著名。

道州刺史元结、苏州刺史韦应物，同样的性格刚直，做诗却一个复古，一个闲淡。

洛阳诗人刘禹锡、白居易、元稹，也都非常出众，后将专叙。

第一百三十二章

茗香朵艳

唐三彩俑

唐三彩马

唐朝釉罐

一

唐一朝，是中国封建社会的鼎盛时期，经济上繁荣兴盛，文化艺术上群芳争艳，其中，以造型生动逼真、色泽艳丽和富有生活气息而著称的工艺品——被称为“唐三彩”的彩色陶器为其代表物之一。

制陶业盛于唐朝，唐陶器造型生动，色泽艳丽，富有生活气息。

唐陶器呈浅黄、赭黄、浅绿、深绿、天蓝、褐红、茄紫等多种色彩，但多以黄、赭、绿三种基本色为主，又在唐代形成特点，所以被后人称为“唐三彩”。

唐三彩是一种低温铅釉陶器，在色釉中加入不同的金属氧化物，经过焙烧过程中的化学变化，色釉浓淡交融、互相浸润、斑驳淋漓、色彩自然协调，花纹流畅，风格独特。但其胎质松脆，防水性差。

唐代盛行厚葬之俗，不惟高官显贵，平民百姓也是如此。

当时青瓷和白瓷已经出现，质地结实，实用性强，为人们生活中所常用。而质量逊于瓷器，色彩非常艳丽的唐三彩，唐人就以其为冥器了，即殉葬品。

洛阳唐三彩的出土地点，多集中于隋唐洛阳城的四郊，即城北邙山，城南关林和龙门，城西谷水一带。在偃师、孟津、伊川等地的唐墓中也多有出土。

从发掘资料的综合研究得知，洛阳唐三彩多出现在武则天至唐中宗时期的墓葬中，这个时期正是唐朝国力强盛的阶段，唐玄宗开元天宝以后的唐墓中就很少见到了。

1905年至1909年，修建陇海铁路洛阳段时，毁坏了洛阳北邙山一批唐代墓

洛阳出土的骆驼载胡人俑

唐三彩乐舞俑

葬，首次发现为数众多的唐三彩随葬品。

后来几十年，随着建设规模的扩大，速度的加快，被动发掘的唐代墓葬越来越多，三彩器物的发现也越来越多。

唐三彩器物，有三彩马、骆驼、仕女、乐伎俑、枕头等。

三彩骆驼，背载丝绸或驮着乐队，仰首嘶鸣，那赤髯碧眼的骆俑，身穿窄袖衫，头戴翻檐帽，再现了中亚胡人的生活形象。

较为人所喜爱的是马俑，有的扬足飞奔，有的徘徊伫立，有的引颈嘶鸣，均表现出栩栩如生的姿态。

至于唐三彩的人物造型，仕女、文官、武将、胡俑、天王等，根据人物的社会地位和等级，刻画出不同的性格和特征。

常见的出土唐三彩陶器，贵妇面部丰圆，梳着各式发髻，穿着色彩鲜艳的服装，文官彬彬有礼，武士刚烈勇猛，胡俑高鼻深目、天王怒目威武、气概雄壮。

唐三彩，不仅釉色浓艳瑰丽，在唐朝时期的国际市场上，极负盛名，成为中外经济文化交流的重要物品之一。

唐以前，人们崇尚的是素色主义，到了唐代，它吸收了各种文化，包容了好多外来的文化，这个时候，从绘画、陶瓷、金银器的制作到花卉欣赏习惯，都出现了强烈的“好色”特征。

隋唐时期，洛阳人结识了两种植物，茶叶和牡丹，前者降脂，后者养眼。

我国人民发现茶和利用茶历史已经很久远了。

远古时期，居住在中国土地上的人类祖先就有了对茶的认识。

《神农本草》中说：“神农尝百草，日遇七十二毒，得茶而解之”。也就是

唐三彩驼

唐三彩鸳鸯壶

说，早在几千年前，我们的祖先由狩猎时代演变到养殖和耕种的时代，就已经发现和利用茶叶了。

秦代以前，中国各地的文字还不统一，茶的名称也多。唐人陆羽著作《茶经》问世，成为世界上第一部茶叶专著，注释曰："从草当作茶，其字出开元文字音义。从木当作茶，其字出本草，草木并作茶字"。

茶之为用，最早从咀嚼茶树的鲜叶开始，发展到生煮羹饮。

生煮者，类似现代的煮菜汤。

云南基诺族至今仍有吃"凉拌茶"习俗，鲜叶揉碎放碗中，加入少许黄果叶，大蒜，辣椒和盐等作配料，再加入泉水拌匀食之。

茶作羹饮，有《晋书》记"吴人采茶煮之，曰茗粥"，甚至到了唐代，仍有吃茗粥的习惯。

唐代洛阳，官僚机构庞大，人数众多，以他们为主体的所谓"上流社会"，赶时髦、追时尚，蔚然成风，敬佛、饮茶，不一而足。

当然，唐人饮酒也是风习。然饮酒之豪放，显示武士本色，士人尚文，饮茶之婉约，尤适合官场。

上朝罢，下班后，三两好友相聚，出新茶，出好茶，且烹且饮，也甚见情调。

中国制茶历史悠久，自发现野生茶树，从生煮羹饮，到饼茶散茶，从绿茶到多类茶，从手工操作到机械化制茶，期间经历了复杂的变革。

初步加工的饼茶仍有很浓的青草味，经反复实践，发明了蒸青制茶。

蒸青制茶，即将茶的鲜叶蒸后碎制，成饼，穿孔，贯串烘干，去其青气。但仍有苦涩味，于是，又通过洗涤鲜叶，蒸青压榨，去汁制饼，使茶叶苦涩味大大

唐代的茶杯

唐人煎茶

降低。

《茶经》记述："晴，采之。蒸之，捣之，拍之，焙之，穿之，封之，茶之干矣。"

可见，唐朝时期，已经出现完整的蒸青茶饼制作工序。

因茶有提神益思，生津止渴功能，故唐代寺庙，崇尚饮茶，在寺院周围植茶树，制定茶礼、设茶堂、选茶头，专呈茶事活动，形成一系列的茶文化。

唐朝，具体说是唐代中期以后，在我国茶业和茶叶文化发展史上，具有划时代意义。

史称"茶兴于唐"或"茶盛于唐"。

茶叶产业，为什么到唐代就兴盛起来呢？有这样几个原因。

交通发达，运销便捷；僧道生活，间接刺激；文人好茶，直接鼓吹。

以上三点，特别是交通条件，是唐代茶业蓬勃兴起的重要原因。

中唐之时，"滂时浸俗，盛于国朝，两都并荆、渝间，以为比屋之饮"。

中国的茶叶，最早向海外销售，可追溯到南北朝时期。

北朝之际，中国商人在与蒙古毗邻的边境，通过以茶易物的方式，向土耳其输出茶叶。

隋唐时期，随着边贸市场的发展壮大，加之丝绸之路的开通，中国茶叶以茶马交易的方式，经回纥及西域等地，向西亚、北亚和阿拉伯等国输送，也辗转西伯利亚，最终抵达俄国及欧洲各地。

唐代茶叶贸易以黄河流域为主，但不限于中土。"始自中域，流于塞外，……回纥入朝，大驱名马，市茶而归"，由中原进一步扩展到了西北边疆的少数民族

唐代茶事

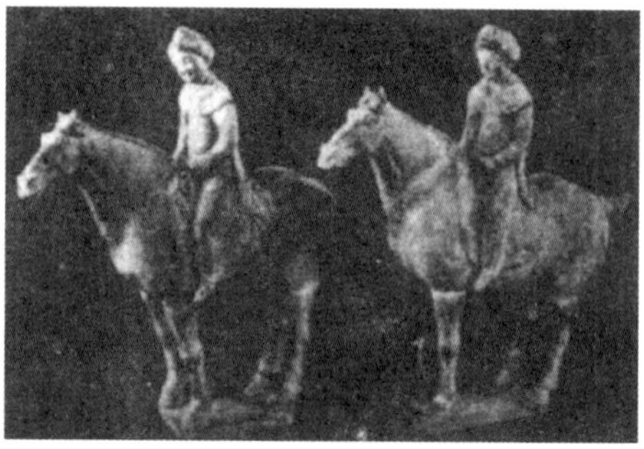
唐朝骑马女俑

地区。

茶叶运输路线，实际则“马帮之路”，后世谓之“茶马古道”，具有一定的旅游价值。

随着茶叶生产、销售的发达，唐代统治者不断地对茶马交易进行干预、管理、控制和收税。

查证史料可知，唐朝的茶政，即围绕所谓“榷茶”实施。

榷，本意是独木桥，引申为专利、专卖、垄断。《史记·王宗世家》说：“榷者，禁他家，独王家得为之。”

榷茶其始，不无荒谬。唐太和年间，基于国家财政需要，“籍民圃而给值，工自撷暴”，甚至“使茶山之人移树官场，旧有贮积，皆使焚弃”。

很多人认为“令百姓移茶树就官场中栽植，摘茶叶于官场中造作”，“有同儿戏，不近人情”。不久，废止了，但“禁民私卖茶”依旧。

唐武宗李炎时，东南地区的茶叶，由政府统一收购，卖与商人贩运。对种茶农民专置户籍，称为园户。

园户纳税，以茶折值，“官定课额，预支本钱”。额茶和额外余茶，全部由政府按官定价格收购，不得私卖。

茶税，虽然是强加于园户、茶商和广大消费者的一种沉重负担，但也说明这时的茶业，已然成为国家赋税所赖的一种重要的社会生产了。

说起牡丹，这种花大色鲜的植物，隋朝时，洛阳西苑就有栽植了，到唐朝，一城之人，为其疯狂。

洛阳牡丹二乔之一

洛阳牡丹二乔之二

二

牡丹为落叶亚灌木植物，宜燥惧湿，喜凉恶热，据说可耐零下三十度的低温，在年平均相对湿度低于百分之五十的地区可正常生长。

牡丹喜欢光，亦耐阴。要求疏松、肥沃、排水良好的中性壤土或砂壤土。

古人弄不清楚，认为牡丹和芍药是一种植物。实际呢，牡丹是落叶灌木，是木本植物，芍药是宿根块茎型草本植物。

洛阳牡丹很特殊，株高一米到三米，老茎灰褐色，当年生枝黄褐色，羽状复叶，老者绿，嫩者黄。

关键在于牡丹的花——这种植物的生殖器，艳丽硕大，色彩丰富。

牡丹花径达三十厘米，有白、黄、粉、红、紫及复色，还有单瓣、复瓣、重瓣和台阁状、吊钟状花朵，等等。

洛阳牡丹，雍容华贵，富丽堂皇，素有“国色天香”和“花中之王”的美誉。

唐代洛阳的权贵人家，自开私园，栽植牡丹成风。

唐代洛阳也出现了牡丹“花市”，有人培育各色各类牡丹出售。

传说有个精于园艺的唐代洛阳人叫宋单父，柳宗元在《河东先生龙城录》中说：“洛人宋单父，字仲孺，善吟诗，亦能种艺术，凡牡丹变易千种，红白斗色，人亦不能知其术。上皇召至骊山，植花万本，色样各不同，赐金千余两，内人皆呼为花师，亦幻世之绝艺也。”

清丽

洛阳金牡丹

《河东先生龙城录》，有说是伪作的，但我们至少从中看到的历史影像是比较具体的。

宋单父给李隆基召去培育牡丹，且“万本”各有不同花色，堪称大师矣。

公元1000年前后各一个世纪的二百年间，洛阳牡丹品种之多，栽培技术之系统和完善，达到了令人惊讶的程度，较为完整的成熟经验，催生出不少研究牡丹栽培管理的理论专著。

“洛阳地脉花最宜，牡丹尤为天下奇。”这是宋人欧阳修在《洛阳牡丹图》中的名句。

欧阳修强调“地脉”，决不是说洛阳的土地肥沃，氮、磷、钾不缺，而首先是指洛阳的地气，甚至王都之气。

洛阳牡丹甲天下，得益于洛阳的山川形胜。

于牡丹而言，洛阳确实是个怪异的地方。

牡丹长得好好的，移植到了外地，就慢慢退化了，至少花朵没有过去大了。而外地的牡丹本来一般化，到了洛阳，一下就得靓丽不凡了。这是园林工作者的说法，也是很多有心人的感觉。

河洛地区有黄河、洛河、伊河等众多河流，由于它们的共同冲积，形成了洛阳盆地。

洛阳盆地土地肥沃，且沙黏适中，这对相对稍喜干旱而怕水涝的牡丹生长十分有利。

古人云：“种植好牡丹，必取洛阳土。”

除却人为的因素，洛阳确实是牡丹的天堂。“洛阳居三河间，古善地”。其

洛阳墨牡丹

斗艳

气候基本与我国“二十四节气”同步，四季分明，符合牡丹的生长周期。

“立春”时节，牡丹的幼芽开始膨大，并逐渐绽裂，而这时洛阳的平均气温已回升到摄氏零度以上，适宜牡丹发芽。

“谷雨”时节，洛阳气温稳定在摄氏十七度左右，牡丹进入绽花期。

洛阳冬季没有东北寒冷，夏季没有南方湿热，有利于牡丹的冬眠、越夏。

公元2004年4月，河南省地质调查院和洛阳市地矿局公布了一项科研成果。

经过对五百六十平方公里土壤的考察研究，发现洛阳一带土壤的各种微量元素，特别是锰、铜、锌、钼元素明显高出其他地区，其中锰的有效含量是其他地区平均含量的二十多倍。

锰、铜、锌、钼这些微量元素能有效促进植物细胞生长，促进叶绿素、糖类、酶类的合成及花蕾的形成。

洛阳土壤微量元素含量如此丰富，在于伊洛流域广泛分布着古老的火山岩，经过亿万年的风化、冲积、搬运，形成了洛阳适宜农作物种植尤其是花卉种植的特色。

由此可见，“种植好牡丹，必取洛阳土”，这一谚语千真万确，而欧阳修的“洛阳地脉花最宜”，也不是虚话、套话。

古人崇尚天人合一，便是人为和自然的融合。

洛阳牡丹得到大自然的爱怜，得到上至皇帝、下到万民的钟情，得到文人骚客的推波助澜，定然是“竞夸天下无双艳”，“万家流水一城花”啦。

牡丹，自唐代起就是骚人墨客的讴歌对象。

王维、李白、刘禹锡、白居易、李商隐等一些著名的唐代诗人，都写有牡

唐玄宗

唐朝干部游春

丹诗。

在历史上，没有哪个时代的人们像唐人一样，对花卉尤其是牡丹，显露出澎湃的激赏和热情，他们将牡丹视为一种高级的圣物，视为内蕴生命力和魂魄的奇特生灵。

唐人知道，饮茶、品茶，毕竟色彩欠缺，观花、赏花，若再加上美人相伴，人花互佳，岂一般踏青游春活动可以比拟?

《唐国补史》载："京城贵游尚牡丹三十余年矣。每暮春，车马若狂，以不耽玩为耻……"

死活不爱当皇帝的唐睿宗李旦禅位给自己的儿子李隆基后，鉴于长安物资供应困难，唐玄宗李隆基决定移驾洛阳。

之后，大唐朝廷经常在长安、洛阳之间轮流办公。

公元713年到公元741年，李唐君臣们励精图治，改革创新，出现了政治安定、国力强盛、百姓富庶、文化昌明的巅峰式大好局面，史谓唐玄宗的"开元盛世"。

开元中，皇宫内兴庆池东沉香阁前牡丹盛开，唐玄宗与其贵妃杨玉环乘夜游玩，诏翰林学士李白赋诗助兴，成千古绝唱《清平调》数章。

云想衣裳花想容，春风拂槛露华浓。若非群玉山头见，会向瑶台月下逢。

一枝红艳露凝香，云雨巫山枉断肠。借问汉宫谁得似，可怜飞燕倚新妆。

名花倾国两相欢，常得君王带笑看。解释春风无限恨，沉香亭北倚栏杆。

云想衣裳花想容，两个"想"字，化实为虚，虚实结合，把唐玄宗最为得意的"名花"与"爱妃"巧妙地联系起来了。

天上多姿的彩云，犹如贵妃翩翩的霓裳，而眼前娇艳无比的牡丹，恰似贵妃的动人容貌。

盛开的牡丹和美艳的妃子，正所谓“国色天香”。

李白举重若轻，用七个字，一行诗，天衣无缝地联系在一起，遐想联翩，妙不可言。

三

公元830年前后，亦即唐大和、开成年间，唐文宗李昂探问，京城中咏牡丹，谁为第一。

左右答曰：“中书舍人李正封。”说李正封的牡丹诗有“国色朝酣酒，天香夜染衣”句，传颂一时。

唐诗当然是中国文学的高峰之一，唐诗与牡丹，珠联璧合，相映生辉。

大政治家、大文学家刘禹锡《赏牡丹》诗曰：“庭前芍药妖无格，池上芙蕖净少情。唯有牡丹真国色，花开时节动京城。”

刘禹锡将牡丹推崇到“国花”的地位，沿传下来，至今为洛阳人奉作典章警言，成了向中外宣传牡丹的得力佳句。

在唐代文人的笔下，牡丹花千种神态，万般风姿。

据不完全统计，仅《全唐诗》中收录了五十多位诗人的一百多首吟咏牡丹的诗歌，这些诗歌，在思想性和艺术性上都有很高的成就。

盛唐之后，吟咏牡丹的诗篇汗牛充栋，佳作亦是层出不穷，这在某种程度上，与其说是诗歌咏物传统的继承，毋宁说是对于牡丹审美的再发现。

白居易《牡丹芳》唱道："牡丹芳，牡丹芳，黄金蕊绽红玉房。千片赤英霞灿灿，百枝绛点灯煌煌。

"照地初开锦绣缎，当风不结兰麝囊。仙人琪树白无色，王母桃花小不香。宿露轻盈泛紫艳，朝阳照耀生红光。红紫二色间深浅，向背万态随低昂。"

"映叶多情隐羞面，卧丛无力含醉妆。低娇笑容疑掩口，凝思怨人如断肠。浓姿贵彩信奇绝，杂卉乱花无比方。石竹金钱何细碎，芙蓉芍药苦寻常。"

白居易综合性地、多样化地把各种艺术手法融合在一起，多方位、多侧面地状摹出牡丹的美丽，极尽体物之妙，借以传达细腻的思想情感。

丰富的想象，大胆的夸张，巧妙的拟人，加上大胆的夸张，使这首诗犹如一幅国画，工笔之处细腻，写意之处驰骋，把牡丹花的丰姿神韵韵，尽行托出，给人以身临花丛之感。

姿容美艳，性情敏慧，洞晓音律，多才多艺的红笺主人薛涛，以其出众的诗才，和元稹、白居易、刘禹锡等都有唱酬交往。薛涛赠情人元稹的牡丹诗，短幅中无限蕴藉，深藏着无数曲折。

"去春零落暮春时，泪湿红笺怨别离。常恐便同巫峡散，因何重有武陵期？传情每向馨香得，不语还应彼此知。只欲栏边安枕席，夜深闲共说相思。"

薛涛将牡丹比作久别的情人，倾诉着绵绵不断的情思。

不语还应彼此知——为什么呢？因为传情每向馨香得！"传情""彼此知"，把人花同感、相思恨苦的诗情底蕴勾勒出来。

牡丹为花中翘楚，唐诗为诗史巅峰，后山认为，二者在历史中的相遇决非偶然：正是唐人的时代精神，昭示了牡丹华冠群芳、诗歌千载独步的气质。

唐代，牡丹，帝王知遇，朝野推重，身价扶摇直上，美妙亦美妙矣，但牡丹繁盛的表象之下，却是百姓的不堪重负。

白居易就敏锐地发现了牡丹背后隐藏着的社会问题。

“帝城春欲暮，喧喧车马度。共道牡丹时，相随买花去。贵贱无常价，酬直看花数。灼灼百朵红，戋戋五束素。上张幄幕庇，旁织笆篱护。水洒复泥封，移来色如故。”

“家家习为俗，人人迷不悟。有一田舍翁，偶来买花处。低头独长叹，此叹无人喻：一丛深色花，十户中人赋。”

京城暮春，大街小巷轩车高乘，呼朋引伴，争先恐后地赶着买花。

此时，农村的境况呢？青黄不接，农事正加倍繁忙哩。

牡丹的价格呢？鲜艳的红花一百朵，价值二十五匹帛，“戋戋”一大垛。驱车走马之辈，可真是挥金如土啊！

富贵者买了花，上面张起帷幕遮盖，周围还编起篱笆保护。为花枝洒上水，给树根封上泥，移栽到自家园子，颜色依然如故。

土里刨食的种田老叟，偶然来到买花的地方，看着这一切，不禁低头深深地叹息。

他为什么叹息？贵族所购一把深色的牡丹花，是十户中等人家一年所交的赋税数，“富贵闲人一束花，十户田家一年粮”啊。

古代牡丹园，皆属私产，黎民百姓无缘一睹其枝叶，更遑论花瓣。

如今新社会，情况大不同。政府投资在洛阳兴建了多处牡丹园林，为老百

洛浦公园水边垂钓人

洛浦公园内的步道

姓提供赏花便利。

公元1982年洛阳市人大常委会批准牡丹为洛阳市市花，并决定每年春季四月份举办洛阳牡丹花会。

牡丹花会，使牡丹的知名度越来越高。

作为古都的形象使者，洛阳牡丹在英、美、法、德、澳大利亚、荷兰、比利时、新加坡等二十多个国家生根开花。

以花为媒，古都洛阳先后同日本、法国、保加利亚、美国、韩国等国家的一些城市结为友好城市。

洛阳市的牡丹系列宣传活动声势浩大，使海内外对牡丹和洛阳有了更多的了解。

洛阳的牡丹品牌效应逐渐显露，牡丹经济产业链不断延伸，牡丹经济正在激发城市的活力。

洛浦公园、伊滨公园各长约数十公里，以这两座巨型公园为代表的绿地休闲娱乐场所，已成为洛阳城市的项链和明珠。

单是牡丹旅游，每年都为市财政带来不下数十亿元的收入，这不是间接统计了购票赏花的老百姓的人数吗？多啊。

洛阳牡丹花会的“级别”一直在不断上升，由“洛阳”而“河南”，由“河南”而“中国”，一次次摇身转型，办家越来越勇敢，规模越来越浩大，参与观礼的各级官员和唱歌跳舞的娱乐人士越来越踊跃，牡丹畦边也越来越喧闹了。

元稹

四

唐代诗界宏才元稹，是洛阳的骄傲，他写了不少牡丹诗、讽事诗和爱情诗。

“曾经沧海难为水，除却巫山不是云。取次花丛懒回顾，半缘修道半缘君。”“花向琉璃地上生，光风炫转紫云英。自从天女盘中见，直至今朝眼更明。”便是元稹的佳句。

元稹，字微之，是北魏皇族后裔，童年不幸，父亲早逝，跟着母亲元郑氏住舅家。

母亲教元稹学习文化，做诗为文，九岁，声名鹊起，十五岁，获“明经试第一”。

唐代，明经擢第后，甚至进士及第后，都不能直接授官，还要参加吏部考试。因而青年元稹在开元观里读书备考，期间还曾到河中府河中郡当差。

公元800年——唐贞元十五年冬天，河中发生兵变，军士作乱，掠夺地方。元稹的远房小姨妈带着女儿莺莺路过河中，十分惊骇，为了免受乱兵骚扰，捎信让元稹帮助。

当时在河中府蒲城县任职的元稹，因与蒲城守将有所交善，不负委托，安置姨妈一家于普救寺，并请蒲城守将派军吏保护，使她们母女于险难中保持平安。

兵乱之后，小姨妈特意答谢，请元稹吃饭，并让女儿莺莺作陪，以兄长之礼见之。没承想，却成就了一场旷古奇恋。

二十二岁的元稹仪形美俊，风流倜傥，十六岁的莺莺颜色艳异，光辉动人，两人一见钟情，相互爱慕，继而倾心相爱。

莺莺的婢女叫小红娘，在红娘的帮助下，元稹与莺莺藏在西厢房内，天黑悄悄地进去，天亮秘密地出来，差不多有一个月的时间。蜜月。

不得不离别时，莺莺为元稹弹琴，弹奏常请他赏听的《霓裳羽衣曲》，由于过分悲哀，平日动听的乐曲竟然不成调调，最后，莺莺只顾伤神落泪。

对于元稹而言，则可谓得之于西厢，失之于考场，次年的吏部铨试，因为缺乏复习而落第了。

少女莺莺，针织女红不用说了，诗词书算也非常出色。

元稹的才华横溢与莺莺的多情美色堪称双绝。

这个爱情故事本来可以非常美好，但它以幽怨伤感为结局了。

对元稹的始乱终弃，莺莺只有思慕而无怨恨。

元稹为自己的辩解是，莺莺太美了，不是一般人可以配得上的，德不足如我元稹者，岂可据而有之耶？

莺莺具有较高的文化知识，能写非常优美的诗文，向往自由的爱情，她热情大胆、内心丰富而又羞涩温婉、情感炽热，她和元稹早就逾越了感情的界限，以至于元稹在以后的岁月里，无论如何也难以忘怀他们在一起的充满诗意的爱情生活。

可以说，少女莺莺的影子深深地刻在了元稹的心版上。

莺莺成了元稹一生不能忘怀的最隐秘、最记挂的情侣。这个情侣的影子，一直隐藏在他的潜意识里，一有机会就会浮现出来。

公元805年——贞元二十年九月，元稹与老朋友李绅闲聊，将发生在普救寺里的故事说给李绅听，李绅于惊奇之余作了篇《莺莺歌》，后来，元稹以普救寺经历为本，写下了《传奇》，即《莺莺传》。

元稹未曾想到，他的《莺莺传》，被后世演绎成广为流传的《西厢记》，成了千百年来中国爱情传奇中的翘楚。

及于宋代，学者王铚经过艰辛的学术努力，排列元稹的生活年限和活动区域，追索《莺莺传》里的张生究竟是何人，写了《〈传奇〉辩证》一文，考证其为元稹本人。

元稹后来参加朝廷举行的才识兼茂、明于体用科制试，在录取的十八人中名列第一，官拜右拾遗，步入仕途。

元稹和白居易是好友，他虽然年龄小白居易七岁，却是白居易仕途的引进人之一。

白居易二十九岁考中进士时，元稹已在京师混得风生水起，于是，元稹介绍白居易结识了李绅、刘禹锡、张籍、王叔文、柳宗元、韦执谊等，使白居易较快地融入了京师的文士队伍。

元稹是位耿直不阿的好干部，做监察御史，弹劾了许多别人不敢搬动的大佬，以至于在华阴县敷水驿住宿时，遭到大佬走狗的报复。

元稹天将暮时到敷水驿，被安排入住上厅。

半夜里，宦官仇士良也来了，仇公公要求元稹让出上厅，给他住宿。

元稹本就讨厌宦官，当然不肯让出高级房间。

一言不合，仇士良指使手下砸开元稹的房门，另一宦官刘士元使马鞭对元稹大打出手，打得元稹满头是血，穿着袜子逃出上厅。

宦官们可不是见好就收的人，仍对元稹追打不舍。

元稹与薛涛

仇士良、刘士元一帮宦官，曾经杀过一个公主、两个亲王还有四个宰相，连皇帝都畏惧三分，元稹跟他们过不去，自然要吃风险了。

元稹官拜右拾遗之后，京兆尹韦夏卿将年方十九的小女儿韦丛许配给元稹为妻。

元稹刚刚入仕，俸禄并不丰厚，甚至还十分清贫，韦丛甘心情愿地跟他过着精神富有、物质欠缺的生活，无怨无悔，努力地料理家务，“顾我无衣搜荩箧，泥他沽酒拔金钗。野蔬充膳甘长藿，落叶添薪仰古槐。”既可爱又难得。

从元稹较多的诗中可以看出，韦丛确实是一位集许多美德于一身的女人，知书达理，善解人意，不好虚荣，贤惠勤劳，为爱付出……

不幸的是，元稹和韦丛这对关系和谐、感情深厚的清贫夫妻，仅仅度过了不足三年的婚姻生活，韦丛就因病去世了。

韦丛不幸逝世，元稹痛不欲生，稍定之后，他以诗歌寄托自己的哀思。

在元稹的后半生，怀念贤妻韦丛的诗，计有三十三首之多。他还撰有《悼亡妻韦氏文》，情恸意挚，动人心弦。

公元810年，已是监察御史的元稹奉使巡按四川，查办剑南东川节度使严砺，在梓州邂逅了巴蜀女诗人薛涛。

薛涛性情敏慧，姿容美艳，洞晓音律，多才多艺，曾经镇蜀的韦皋、袁滋、武元衡、李夷简、王播、杜元颖、郭钊、李德裕等都对薛涛十分青睐和敬重，皆请她以清客身份出入幕府。

薛涛的诗，多以清词丽句见长，也有一些思想深蕴的诗章，慷慨大气，不让须眉。

薛涛毕竟是个情感细腻的女人，深切渴望真正属于自己的爱情。

与薛涛交往的名流才子甚多，如白居易、牛僧儒、令狐楚、张籍、杜牧、刘禹锡、张祜等，都与薛涛有诗文酬唱，但真正让薛涛动了深情的，却是监察御史元稹。

薛涛凭着丰富的人生阅历和卓越的才情，一经交往，便使元稹这位京都清贵陷入了粉红色的温柔乡里。

元稹是薛涛生命中迟到的春天，这男人也正是她梦寐以求的人。有诗为证：双栖绿池上，朝暮共飞还；更忙将趋日，同心莲叶间。

年少多情的元稹也为薛涛绮丽的情意而沉醉，他给薛涛的诗就是当时深情的记载：诗篇调态人皆有，细腻风光我独知。月夜咏花怜暗淡，雨朝题柳为欹垂。

然而，好梦不长，不足一年的时光，元稹完成了在蜀的公务，跟薛涛挥泪而别。

元稹后来担任尚书左丞，为重振朝纲做了不懈的努力。

元稹仕途坎坷的时候，惜民爱民，官运亨通的时候，也并没有作威作福，忘乎所以。即使最后入朝，召为尚书左丞，仍然念念不忘“务振纲纪”。

元稹写过一些御制诗，以迎合宫中情趣，但绝非毁沉、堕落，属枝节之轻者也。

元稹一生，为政公直不阿，为文孜孜矻矻，却也有人说三道四，譬如，说他和阉公公交过朋友。

碧玉纵是有瑕，也不掩其洁白，元稹积极用世的进取精神和他的优质诗作一样，激励着后辈士人和学人。

第一百三十三章

雁过留声

刘禹锡站像

一

在大唐文化天空的璀璨闪烁中，我们已经注意到两颗相互辉映的星宿：刘禹锡和白居易。

后山研究过多数帝王，几乎为从古到今的大多数帝王作过“演义”。具体到唐代，后山研究过众多的大唐文化才士，为他们做过详细的“年谱”，著有《宏才情圣》《少年刘禹锡》《诗豪梦得》《大唐情人》《香山居士》等。

后山的长篇历史传记著作《刘禹锡传》和《白居易传》，是以唐代历史为背景，以人物的政治活动、文学创作为重点，以他们的人生际遇、情感历程为主线，创作来的。

后山版《刘禹锡传》和后山版《白居易传》决非史料堆砌，而是景象具体、史实有据、情节跌宕、行文饱满的真正的历史小说，编辑反映、读者反映均甚为喜人。

非常奇特的是，刘禹锡和白居易两人同庚，族源近似，在朝为官秩级类同，贬谪各地都是刺史，离休之后均居于洛阳，而且，他们的祖父名字还相同呢，各为“对方儿”：刘锽、白锽。

刘禹锡出生在诗书刘家。

刘禹锡出生时，他的母亲卢氏已届中年，而他也并无兄长或姐姐。刘禹锡的出生可谓奇迹降临，他的弄璋之迟使翘盼已久的全家无比欣喜。

尤为出奇的是，刘禹锡之后，他也没有弟弟妹妹出生，好像天赋大任，要他的父母把全部眷爱都倾注到他的身上，要他本人往来随性，玉成其孤傲不群的人

胸襟开阔的刘禹锡

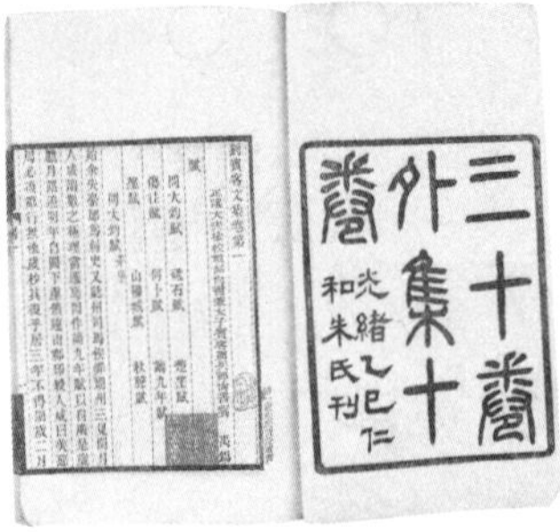
刘禹锡文集

格和独立天地的诗风。

据说刘禹锡出生前夕，他的母亲做了一个梦，梦中大禹给她送儿子。汇报给刘绪，于是刘绪给儿子起名“禹锡”，以为纪念。

刘禹锡的七世祖刘亮在南北朝时期的北魏曾任冀州刺史、散骑常侍等职务。

孝文帝迁都洛阳的时候，刘亮带领全家追随入洛，定居洛阳都昌里，并定姓“刘”。

刘亮辞世后安葬在洛阳北邙山。

北邙山是历代官贵逝后争相殡葬的风水宝地，尺土寸金，时日多了，连卧牛的空隙也不好找。刘家数代入葬之后，墓区显得狭小了，就在荥阳的檀山原开辟了新的茔地。

刘禹锡的曾祖父刘凯做官至博州刺史。自刘凯起，刘家人逝后都安葬在荥阳，刘家荥阳墓地的坟茔排布，左尊右卑，序列分明。刘禹锡因而称自己“籍占洛阳，家本荥上”。

刘禹锡的祖父刘锽，先曾任洛阳主簿，后转任殿中丞、侍御史，被追赠为尚书祠部郎中。

刘禹锡的父亲刘绪是天宝末年的进士，本来可以在朝做官的，谁知有唐一朝发生连延八年的“安史之乱”后，地方军阀割据，中央政权力不从心，朝野乱势不止，刘绪只得流转于各地“幕府”工作。

公元793年，刘禹锡以二十二岁之龄，考中进士并登博学鸿词科。

公元795年，二十四岁的刘禹锡通过吏部铨试，被授予九品秩级的太子校书。

次年，其父刘绪病故，刘禹锡依制丁忧守丧三载，之后进入杜佑的徐泗濠节度使幕府，任掌书记，年底，转任淮南节度使掌书记。

公元802年，刘禹锡调补到长安京兆府，任渭南县主簿。

公元803年是贞元十九年，刘禹锡升为监察御史，与韩愈、柳宗元等同在御史台工作。

两年后，刘禹锡由宰相杜佑力荐，授官从六品上阶的屯田员外郎，兼盐铁采购专员。

前后近三年的时间，刘禹锡为京师重臣，与多位高官来往频繁，关系密切，除宰相杜佑外，还有中书令韦皋、中书舍人崔邠、工部侍郎张荐、司空严绶、吏部郎中韦执谊等。

公元805年即永贞元年，刘禹锡与深得唐顺宗李诵宠幸的户部侍郎王叔文、右散骑常侍王伾以及礼部员外郎柳宗元四人组成革新集团。

他们限制藩镇，惩处阉党，遣散无恶不作的宦官，制裁贪赃枉法的京兆尹李实，风雷激荡，举国称好，时号“二王刘柳”。

新旧唐书均记载，柳宗元看不惯时任御史中丞的武元衡，武元衡很快就被降为太子右庶子，侍御史窦群奏劾刘禹锡等人“挟邪乱政”，当天就被罢了官，宰相韩皋对永贞革新意见很大，没多久也被贬为湖南观察使。

唐顺宗李诵，当太子时就患了偏瘫，登极不久便被其子李纯弄到了一边，李纯上位了，庙号唐宪宗。

唐宪宗李纯，口味与其父大相径庭，王叔文等人立时遭殃。

王叔文、刘禹锡等十人一起遭到贬逐，时称“二王八司马”。

李纯还从根儿上将他们办成铁案：规定以后“纵逢恩赦，不在量移之限”。

唐代贬臣改任离京师较近之地或适当升职谓之“量移”，一般要等大赦之年皇帝开恩。

但这十个人，李纯一开始便不给任何翻身的机会了，可谓仕途渺茫，黑暗无边。

公元805年，刘禹锡被贬为朗州司马，一沉十载，从三十四岁到四十四岁。

当时的朗州，在今湖南省西北部，按《元和郡县图志》载，东西一百里，南北一百七十五里，所辖只有两个县，一曰武陵，一曰龙阳。川间，河患频仍，山上，民生荒凉。

三十四岁，年富力强，正在大有作为，眨眼间被赶出朝廷，苦闷是可想而知的。

但刘禹锡不是别人，他干什么都与众不同，绝不人悲亦悲，人哀亦哀。

悲秋，历来是诗人的职业病，刘禹锡却偏要反其道而行之，认为天高气爽的秋天使人心胸开阔，更有诗意。

“自古逢秋悲寂寥，我言秋日胜春朝。晴空一鹤排云上，便引诗情到碧霄。”

刘禹锡不仅心胸开阔，遇事想得开，而且有一股不服气的倔劲儿。

刘禹锡被贬朗州，呆了十年。召回长安后，因到玄都观去赏桃花，整了一首惹祸的诗《游玄都观》。

“紫陌红尘拂面来，无人不道看花回。玄都观里桃千树，尽是刘郎去后栽。”如今满朝新贵，像盛开的桃花一样红火，都是我刘郎被赶出长安以后，爬上来的呢。

因为这首诗，刘禹锡又被贬到连州，今之广东清远西北。

连州一贬，又是十四年，等刘禹锡五十七岁再回到长安时，玄都观里的桃花荡然无存，只剩下一片乱草。

老先生不怕惹祸，又整了一首诗：《再游玄都观》。

“百亩庭中半是苔，桃花净尽菜花开。种桃道士归何处？前度刘郎今又来。”

满朝新贵，曾经像盛开的桃花一样鲜艳，如今又都默无声息了，可是我这个当年被赶走的刘郎，今天又回到这里啦，哈哈！

不仅如此，他还在小序中声言要“以俟后游”，就是说他以后还要来，看看这玄都观还会变成个什么样子。

二

在古代，只要是以皇帝的名义被惩处的，即使有冤情，也不敢怨天尤人，皇帝即便错了也不能算错，这叫“臣罪当诛，圣上英明”。

但刘禹锡，对自己的逐臣身份耿耿于怀，始终带几分桀骜不驯。

“二十余年作逐臣，归来还见曲江春。游人莫笑白头醉，老醉花间能几人！”

其实，做人就该有这么点倔劲儿，何必厚道得左脸挨了打再把右脸伸过去呢，皇帝怎么着？皇帝也有错！

刘禹锡的大作《天论》，非常有价值。

刘禹锡研究哲学，与柳宗元不同，与唯心的韩愈更不一样，因而他的《天论》是超越的，是长久放射光辉的。

“天”是什么？在统治者强大的时候，“天”不知弄到哪里去了，当统治者弱小的时候，“天”就被抬出来敬奉了。

关于人的立身处世，刘禹锡也能通过哲学的深思，把生活中的愁恨化解为一种具有历史深度的感悟。

朗州之后，刘禹锡又被贬连州、夔州、和州。

一贬再贬，在扬州会见白居易时，刘禹锡还劝白居易不要太灰心。

“巴山楚水凄凉地，二十三年弃置身。怀旧空吟闻笛赋，到乡翻似烂柯人。沉舟侧畔千帆过，病树前头万木春。今日听君唱一曲，暂凭樽酒长精神。”

弃置于巴山楚水这样的凄凉之地二十三年，回来后成了出土文物一样的老古董，许多朋友都死了。悲凉啊！

刘禹锡看到的却是“沉舟侧畔千帆过，病树前头万木春”。

尽管他把自己比作“沉舟”，“病树”，内心悲苦，但他把这种悲苦摆到时光流逝的广阔背景上来观照，悲苦便化作了透彻的哲理。

刘禹锡的胸怀，确实与众不同，与白居易登上高塔时，还得意洋洋地高唱呢。

“步步相携不觉难，九层云外倚栏杆。忽然笑语半天上，无限游人举眼看。”

站在塔顶上大声说笑，晚年的他居然以此为乐。

刘禹锡的诗，意象鲜明，内涵浓厚，语言精练自然，乍看没有什么新颖之处，但特别经得起咀嚼。

刘禹锡的咏史诗，用经过精选的意象，以虚实相生的手法，来抒发对历史沧桑的感叹，既深沉又悲凉，历来为人所称道。

譬如《石头城》：“山围故国周遭在，潮打空城寂寞回。淮水东边旧时月，夜深还过女墙来。”

依山修建，以长江为天险的石头城，地形险固，曾经是六朝时镇守南京的军事重镇。然而，陈朝灭亡以后，城垣逐渐颓败，最后变为一座空城。

六代豪华全都消逝了，没留下一点痕迹，只有这四在的青山、长江的波浪和天边的明月，还在寂寞地守候。

如今，连空城也没有了，然而刘禹锡这首诗，却依然醒目地刻在石头城的历

斯是陋室，惟吾德馨

史上。

白居易曾经预言，后来的诗人凭吊古城，都无法避开作为一代诗豪的刘禹锡“潮打空城寂寞回”这警句的挑战。

果然，北宋著名词人周邦彦，写《金陵怀古》词，用有“潮打空城寂寞回”句。

元代颇有名气的诗人萨都剌，写《金陵怀古》这首名词，也把“潮打空城寂寞回”的意象，巧妙地组织在诗里，“听夜深寂寞打孤城，春潮急”。

再譬如《乌衣巷》：“朱雀桥边野草花，乌衣巷口夕阳斜。旧时王谢堂前燕，飞入寻常百姓家。”

桥边的野草野花映照着夕阳，燕子在普通百姓家里飞出飞进，这是人人都能看到眼前实景，说不上有什么新奇，但第三句突然一跌，出实入幻，以几百年前显赫赫一时的王谢两大家烟消云散，提醒当时那些炙手可热的权贵，不要得意忘形：历史无情，何必那么不可一世！

是啊，当年疯狂弹劾刘禹锡的那些官僚，都像枯叶一样凋落了。然而“人间要好诗”，一千多年来，刘禹锡的诗文永远滋润着后人的审美快感。

遭贬和州的时候，刘禹锡在厅事堂西侧构建一处小斋，以为公余退息读书之所，题名“陋室”。

“陋室”前有小院、石阶，背依小山、龙池，周围有翠林绿茵。

刘禹锡为作《陋室铭》自娱。

山不在高，有仙则名。水不在深，有龙则灵。斯是陋室，惟吾德馨。苔痕上阶绿，草色入帘青。谈笑有鸿儒，往来无白丁。可以调素琴，阅金经。无丝竹之乱耳，无案牍之劳形。南阳诸葛庐，西蜀子云亭。孔子云：何陋之有？

刘禹锡贬谪夔州的时候，写了一些七绝，也是后代诗人极力尊崇的差不多超越了新乐府的诗作。像《竹枝词》。

“白帝城头春草生，白盐山下蜀江清。南人上来歌一曲，北人莫上动乡情。”

白帝城头，白盐山下，当地人来来往往，唱着当地的民歌，日子过的如鱼得水。

可是，诗人是北方人，还是被赶到这里来的，看着此情此景，却别是一番滋味在心头。

“山桃红花满上头，蜀江春水拍山流。花红易衰似郎意，水流无限似侬愁。”

婚姻嫁娶这样的必然事件，女子也总会有一种不安全感，原因正在于重男轻女的小农意识。

“杨柳青青江水平，闻郎江上唱歌声。东边日出西边雨，道是无晴却有晴。”

“东边日出”是“有晴”，“西边雨”是“无晴”。天晴的“晴”与多情的“情”同音，由于这种双关隐语，使这首诗情致无限，传诵千年。

作为政治家、哲学家、文学家的刘禹锡，一生胸襟开阔，积极向上，在公元837年，即开成二年春三月的洛滨修褉时，分司东都的老干部们揽美妓，执美酒，忘情狂欢，独有刘禹锡，赋诗中还期望裴度带领诸位东山再起，报效社稷。

开成二年的刘禹锡已经六十六岁了，裴度更要年长得多，连“年龄不饶人”都全然忘光的刘禹锡，真是一员屡败屡战的革命老将啊！

三

白居易出生于新郑县东郭村一个小官僚家庭，但新郑并不是白家的世居之

白居易

地，白家祖上曾经占籍韩城和徙居下邽。

当初，白家高祖为官司空，有功于北齐，诏赐庄宅两所，位于同州府韩城县。

白家上祖白志善，生子白温，官至朝散大夫兼检校都官郎中，迁徙于华州下邽县。故自司空而下，都官郎中而上，白氏家人逝后皆安葬于韩城。

白居易祖父白锽，公元774年——大历八年五月三日遇疾不治，殁于长安，春秋六十八岁，厝于故乡下邽县下邑里。

白锽任官河南巩县令，退休后，曾购宅于荥阳郡新郑县北之临洧乡居住。

后来，白居易父亲白季庚又率领全家迁居新郑县西之东郭村。

白居易的祖父去世，遵照当时的礼节，白季庚等五弟兄都得丁忧居丧，守孝三载，所以白居易两岁到四岁间，跟随父亲生活于下邽，之后再度返回新郑县东郭村，度过了他天真宁馨的童年时代。

白居易将近三十岁时赴京参加“进士试”。

长安都城，轩车高乘络绎不绝，笙萧歌舞喧闹不止，可应考功名者，只能向隅而立，苦诵苦背，日暮霞落，青山空空，夜半三更，明月寂寂，卷帘下，是应试者的满腹愁绪，怅惘中，是思乡人的两眼泪光。

进士试，百里选一的及第率，考生姓名亦不密封，都为权贵提供了舞弊之机。

因此，考生们怕白费了十年苦读，竞相置办礼物，奔走豪门，希望得到推荐，得到提携，增加及第的把握，是为“行卷”。

白居易自然也希望得到帮助，但作为一个文采斐然的才子，他需要的不是试外援引，而是主试官的正直公允。

怎奈“行卷”恶风铺张，一介文士无力幸免，白居易也向朝廷管理局局长投递“行卷”，长信措辞虽然不亢不卑，企求得到吹嘘揄扬的心思已然传达。

进士试如期举行，白居易以第四名高中。在同榜进士十七人中，时年二十九岁的白居易还是最年轻的一个。

白居易的诗，如《古原草》，如《卖炭翁》，如《长恨歌》，如《琵琶行》，因为中学课本的关系，都脍炙人口了。

据说，白居易初到长安，首善大都的一切都使他感到新奇和兴奋。

房舍屋宇鳞次栉比，殿堂楼阁星罗棋布，大街小巷纵横交错，红男绿女人山人海。店肆兴旺，商业忙碌，有时兴的刺绣、绫罗、锦缎，有精美的陶瓷、铁物、铜器，有西域来的石榴、葡萄等水果，甚至还有夜明珠之类的稀奇珍宝，琳琅满目，多不胜收。

但白居易有自己的事情要做，没有心思欣赏飞光溢彩的都市生活。

在驿站中稍事休息，便袖着诗文遍访京城大家，其中有位重量级人物——颇富盛名的著作郎顾况。

顾况担任掌管编纂国史和起草朝廷重要文件的著作郎，无论在朝在野，都极负人气，求见者极多，常常昼夜等待，门庭若市。顾况十分高傲，一般士子求访不易，更难得到他的赞赏。

白居易拜谒顾况，一方面是想得到这位前辈诗人的指教，另一方面，也跟一般求取功名的年轻人一样，企望获得名家褒扬的荣誉。

初次见面，顾著作很有点瞧不起白居易这个初出茅庐、年未弱冠的陌生少年，就疑惑地问：“你是谁啊？”

白居易连忙答道：“晚生姓白名居易，从东都来冒昧拜见先生。”说完就恭

就这也把朱全忠吓得不轻。

一个李克用，已经让他难以招架，各路诸侯若是全来，他真的就危险了。

朱全忠害怕不好收场，就想杀掉唐昭宗，立一幼主，以谋禅代。

于是，他派判官李振赴洛阳，与枢密使蒋玄晖、左右警备司令朱友恭、氏叔琮等秘密行事。

秋天的一个夜晚，唐昭宗李晔睡在皇后椒殿，蒋玄晖带着百名将士，连叩宫门，口称有紧急军情，亟待御前面奏。

李晔起身，便见大事不好，绕着柱子逃命，最终也没能躲过厄运，被政变军人杀死。

蒋玄晖宣布两个妃嫔是杀害昭宗的凶手，把她们残忍地杀死。

朱全忠得知唐昭宗已被杀掉，去了一块心病，却装出十分震惊、悲恸的模样，伏在昭宗灵柩上哭得死去活来，鼻涕涎水乱甩。

朱全忠扶昭宗十三岁的儿子李柷继位，史称唐哀帝。

接着，朱全忠借口护驾兵士在街市抢米，向哀帝奏称，朱友恭对军卒不加管束，把他贬至外地，未及动身，又赐朱友恭、氏叔琮二人自尽。

朱友恭就刑时大声骂道："朱全忠你王八蛋！除掉我来堵天下人的嘴，你这狗娘养的，断子绝孙，决没有好下场！"

朱全忠驻兵大梁，势力急剧膨胀，不但控制了中原地区的大量地盘，而且在朝廷中布满了心腹眼线。

朱全忠急于改朝换代，当皇帝，觉得受禅的传统程序很缓慢，妄图一口吃成胖子，直接干。

公元907年早春，唐哀帝被迫两度派御史大夫薛贻矩向朱全忠宣布禅位，又让宰相、百官劝说朱全忠接受禅让。

朱全忠得意极了，但事到临头，害怕速而不达，假惺惺地，辞让不就。

三月份，唐哀帝派出官员充当册礼使、押传国宝使、押金宝使，由他们率百官，备法驾，东赴大梁，下达御札，禅位于朱全忠。

四月，朱全忠在大梁金祥殿即皇帝位，将自己名字也改了，变成了朱晃，定国号大梁，史称后梁，以大梁为东都，洛阳为西都。

李克用跟朱全忠誓不两立，以复兴唐朝为政治号召，长期与朱全忠建立的后梁争战不休。

李克用公元908年去世后，其子李存勖继承爵位，继续跟朱全忠对打，于公元923年取代后梁，统一北方，建立后唐，都于洛阳。

后唐的疆域约为今河南、山东、山西三省，河北、陕西的大部及甘肃、安徽、宁夏、湖北、江苏的一部分，并短期占有四川，势力扩展到长江上游，推动后唐进入鼎盛时期，成为当时疆域最大的国家，南方诸国中，仅南汉、南吴与后唐抗衡。

但李存勖重敛急征，惹得百姓怨愤，抢掠魏州妇女入宫，激起魏州兵变。

李存勖的养子、蕃汉总管李嗣源借助兵变力量，夺取了汴州——今河南开封。

李存勖在洛阳被乱兵杀死，李嗣源遂入洛阳称帝。

李嗣源即位后，改革弊政，杀宦官，诛奸臣，废苛法，均田税，政局小安。

但李嗣源也猜忌大臣，又年老多病，公元933年病卒，其子李从厚继位。

公元934年，李嗣源的养子、河东节度使李从珂起兵，杀了李从厚，自立为帝。

公元937年，李嗣源的女婿石敬瑭以燕云十六州为代价，联络契丹，攻入洛阳，李从珂自杀，后唐为石敬瑭所建的后晋所取代。

受契丹扶持而立的石敬瑭，除向契丹割地外，还岁贡绢帛三十万匹和其他玩好珍异之物，加之契丹兵在中原烧杀抢掠，大失民心。

石敬瑭的河东节度使刘知远抓住时机，称了一把皇帝，国号曰“汉”，后攻克中原，政权传给二儿子刘承佑。

刘承佑性格猜忌，派人诛杀邺城留守郭威，郭威不得已起兵反叛，建立后周。

郭威在政治、经济和军事方面进行了一系列改革，减轻百姓疾苦，逐步改变了中国北方的残破局面，“武功文治”颇为史家称道。

老成厚道的郭威把皇位传给了养子柴荣。

年轻的柴荣，胸怀壮志，严于律己，人皆曰“明”而“惠”，继位后，击败后蜀，收复秦、凤、成、阶四州，又降服南唐，得淮南、江北十四州，后来收复了辽占领的莫州、瀛州、易州三地方，开辟了统一全国的道路。

但柴荣不幸于公元959年三十九岁时病故，儿子柴宗训继位，年仅七岁。

公元960年，后周群臣正在举办元旦联欢晚会，忽报辽国南侵，后周兵马元帅赵匡胤应命率领禁军诸将前去抵御。

在开封城北的陈桥驿，赵匡胤被其弟赵匡义等披上天子黄袍，拥立为帝，史称“陈桥兵变”。

赵匡胤称帝，建立了宋朝，史称北宋。后来死而复生，南迁杭州，叫做南宋，两宋合起来三百一十九年。

其后的辽、金、元，都是中华大地上的北方少数民族政权。

到得金时，洛阳已是相当地可怜，没有什么气象了，成了一座“九里之郭”

的小城。

公元1140年，金以洛阳为“中京”。

由于洛阳历经战火，破坏严重，“宫室烧焚，十不存一”，金遂于其大正元年——公元1224年重建洛阳。

元《河南志》载曰：“金初仍宋制，正大初，以河南为中京，改河南为金昌府，筑城。”

金洛阳城，四座城门，东曰“建春”，西曰“丽景”，南曰“长夏”，北曰“安喜”。环城有池，倒也易守难攻。

然而金毕竟“小巧”，筑出的洛阳城也难免“袖珍”。它太小了，仅仅是今天洛阳市的一个最小的区。

金的小洛阳，既不是九经九纬的周王城，又不是以皇宫为中心的魏晋国都，更不是恢弘壮观、横跨洛河两岸、外郭城达八十华里的盛唐国际性大都市，而是十字布街，四关四隅的普通小城。这样的格局，在中国版图上，比比皆是。

辉煌的活剧，已经谢幕，十三朝古都，成了明日黄花，从国都、陪都滑落到府县合一的地步。

在中国六大古都中，洛阳跌得最惨，最终连个省会也没有捞着，成了一个地地道道的“废都”。

三

朱元璋建立的元朝，爱新觉罗氏建立的清朝，共五百四十三年，期间洛阳无声无色。

清朝末年，渤海、黄海、朝鲜半岛一带出现了近代新军——北洋军。1912年起，北洋军组建了所谓“北洋政府”，他们选出了中华民国大总统与国务院国务总理，开始掌握中国政局。

北洋军阀头子袁世凯在金筑洛阳小城西五六里的地方，修建了一些房屋，驻军。

1911年10月10日，武汉新军工程第八营打响了辛亥革命第一枪，1925年7月1日，中华民国第一届国民政府在广州成立。此后，国民革命军在数年间连续北上，进讨北洋政府。

北洋政府主要将领吴佩孚，人称吴大帅，驻军洛阳，1920年10月10日，在洛阳“西工”悬起了“陆军第三师司令部”“直鲁豫三省巡阅副使公署”的大招牌。

吴佩孚到洛阳时，城市已极度破败，全城人口加在一起，也不过二三十万。吴佩孚选择北洋军阀头子袁世凯为训练军队修造的洛阳西工兵营，继续营建。

两年光景，西工兵营由三千亩增大为一万二千亩，新建营房一万二千间，操场、阅兵台、西式会议中心等设施一应齐全。

吴佩孚在营建西工兵营的同时，对洛阳的市政也做出了贡献。

从西工兵营开始，修建宽阔的灰石马路，直通洛阳老城和金谷园火车站，道路两旁大量栽植杨柳和槐榆，绿荫匝地。还建设了营市街和公馆街，成了逐渐热闹的居住社区。

吴佩孚在整体营建过程中，也向洛阳百姓，尤其是向富户进行砖瓦摊派，石料摊派，导致了一方社会的负担和辛苦。

吴佩孚屯兵洛阳后，洛阳遂成为直系统治之最大政治、军事中心，全国除广

现代建筑掩映下的吴佩孚阅兵台

吴佩孚屯兵洛阳时期的司令部院落

东、云南、贵州三省外，均有代表常驻洛阳。

可是，当时的洛阳市区洛河上没有一座能过汽车的桥梁，这给吴佩孚的军事行动带来极大不便，也为社会经济造成制约，他寻思着在洛河上建一座大桥。

修建一座新式大桥，钱从哪里来？

事有凑巧，实业家张謇组织上海北方工赈协会会员来到洛阳访问，吴佩孚正好利用这个机会，大力支持张謇举办工赈活动，发动社会各界，有钱的出钱，没钱的出工，在洛河上修了一座钢筋混凝土大桥。

这是洛阳史上第一座钢筋水泥大桥，建成后，洛阳各界建议为此桥命个好名字。

吴佩孚说："这座大桥附近，原是隋唐天津桥遗址，'天津晓月'本是洛阳八大景之一，非常有名，我看也不必起什么新名字了，仍叫天津桥吧！"

没成想，桥修成没多久，洛河洪水泛滥，竟将它冲垮了。

"老吴桥"遗存，位于今天的西工区南边洛河北沿，今天只剩下一截桥头悬在空中，犹如断臂指向对岸，成了"洛阳断桥"。

洛阳百姓至今仍然称吴佩孚修建的大桥为"老吴桥"。

吴佩孚屯兵洛阳期间，奉北洋政府之命镇压了以京汉铁路工人为主的"二七工人大罢工"运动。

京汉铁路线上，三万多名京汉铁路工人，为争人权，争自由，和吴佩孚的军队进行了坚决抗争。

吴佩孚坐镇洛阳，命令湖北督军萧耀南派军队镇压罢工工人，萧耀南的部队开枪打死工人五十多名，京汉铁路总工会江岸分会委员长林祥谦，京汉铁路总工会法律顾问施洋等先后惨遭杀害。

洛河天津桥遗址

吴佩孚当时镇压工人大罢工的动作很大，洛阳大街上军车呼啸，军警调动频繁，洛阳民众看在眼里恨在心头。

洛阳百姓说："老吴本来是个好人，这下心变黑了，不得好死了。"

世事变幻，风波诡谲，非常惊奇的是，1924年9月8日，新鲜出炉的《时代》周刊让美国人大吃一惊，这期的封面人物居然是个黄种人!

照片下的说明是"General Wu — Biggest man in China"，吴佩孚将军——中国的君子。

吴佩孚上了美国《时代》杂志封面，成为亮相国际知名期刊的第一位中国人。

后来北洋政府内讧，吴佩孚山倒兵败，流亡蜀地。

1931年，"九·一八"事变爆发，日本侵略军进入北平。

1932年1月28日夜，日军突然进攻上海，进而威逼南京。

当政的南京国民中央政府连夜紧急会议，研究对策，决定立即迁都。1月29日国民政府宣布迁都洛阳。

行政院决定成立洛阳行政设备委员会，负责洛阳的建设和管理；又将上海的国际电台迁往洛阳，更名为第二国际电台。

国民政府中央各部、委火速向洛阳搬迁。

国民政府主席林森、行政院院长汪精卫等首脑人物次日抵达洛阳。接着，中央各部委依次抵洛。

为了制作和悬挂红灯笼，展示国府气派，洛阳市面上的红布和竹子都脱销了。

1932年2月中旬，军事总负责人蒋介石赴孟津视察黄河防务，抽空参观了龙马负图寺和汉光武帝刘秀的陵墓。

3月5日，国民党中央召开四届二中全会，通过了成立中央军事委员会的决议，定洛阳为战时首都——行都，以西安为陪都。

3月18日，蒋介石在洛阳就任国民党中央军事委员会委员长兼总参谋长，“蒋委员长”之称自此为始。

5月30日，国民政府看到南京暂时没有什么灾难，决定撤离洛阳。于是后半年中央党部、国民政府及各院部委，陆陆续续都走了。

日寇侵华时期，1938年河南省府沦陷，1944年日军占领洛阳，此六年间，日寇飞机连续轰炸这座城市，空袭警报常常响彻云霄，鬼哭狼嚎之音使饱经战火蹂躏的洛阳人魄散魂飞。

在日寇的连续空袭中，龙门奉先寺九间房、城中明福王府、北邙山上清宫以及洛阳老商号“万景楼”“四海春”“欧亚饭庄”全都化为灰烬。

1945年8月，日本膏药旗落地之后，到国共内战末期，解放军两度攻克洛阳，在双方密集炮火的交集中，洛阳城已是千疮百孔，惨不忍睹了。

1947年11月底，国民党青年军第二零六师中将师长邱行湘临危受命，担任洛阳城防司令。其时，国民党军在东北、华北、中原各战场连吃败仗，已经没有一个完整的军或整编师了。

1948年3月初，国民革命军总司令蒋介石派飞机将邱行湘接到南京，面授机宜。

当时，邱行湘正在谈恋爱，当和女友在机场握别时，他心情矛盾地说：“此行鞠躬尽瘁，死而后已。”

邱行湘到洛阳后，快速投入部队训练和阵地修建等洛阳守备事务，强行拆除

洛阳人提出了高于往昔、高于历史的大课题。

令人惊喜的是，洛阳出现了一部九卷本的《帝都传奇》，立足于精神层面，创城市文化宣传之先河，为洛阳这座历史渊源深厚、人文矿藏丰富，雄踞东方中国、魅力光耀世界的城市，做了部旷古未有的“大传”，从某种意义上来说，洛阳城市的灵魂和生命，可见可触了。

洛阳的城市历史文化是千百年中国政治文化的核心组成部分，堪称中华文化导师的中原先哲老子、墨子，在洛阳孕育和形成他们的学说，中国最早的奴隶制国家政权夏、商、周在洛阳奠基，在洛阳完备。东周以后的封建社会制度，也大体萌芽于河洛地区这片厚土。

许多影响中国历史进程的重大政治事件，发生于洛阳，一些对中国历史演进和社会变革产生了重大影响的政治制度，肇始于洛阳。或者是由这里的政治家首先提出，或者首先在这里实施，如影响深重的“九品中正制”，流风绵延的“科举取仕”等。洛阳历史文化中的政治成分，丰富多彩、摇曳多姿，表现于哲人学说的远见卓识，也得力于帝王们的普遍认可和大力推行。

洛阳这方神奇的土地，长期作为中国政治舞台中心的主角，从这里演绎出的政治理想、政治制度，影响了人们的思想观念，推动了中国社会、政治、经济的发展，尽管以今天的眼光回顾和审视，这些政治文化具有非常明显的时代局限性，但不可否认，它们曾经是具有非凡胆识的政治见解，曾经是引领风骚的政治理想，曾经是顺乎当时社会方向的政治制度。

深受河洛文明洗礼的先民们，曾经多次携血带泪地向南方移民，带去了先进的生产力，更带去了相对先进的政治文明，促进了该地区的社会发展进程。河洛政治文明，向外辐射的能力超乎寻常，通过丝绸之路，甚至跨出国门，影响西方世界；通过朝贡和留学生，到达朝鲜、日本，加速了东亚儒家政治文化圈的形成。

几千年来，无论哪方逐鹿问鼎，河洛文化乃至中原文化总是以其博大的胸襟，兼收并蓄，融会八荒，使自身得到不断地充实和完善。洛阳历史文化海纳百川，方才成为中华民族文化的母体和祖根。而河洛地区自古帝王必争，兵连祸结，但河洛文化历经劫难而不消灭，以其锲而不舍的品质，坚韧生长。河洛文化顽强的生命力，自远古至于当今，一脉相继。

河洛地域文化成长到今天，依然在熏陶和滋育着一代又一代的洛阳人，不仅已经是丰厚的文化底蕴，也是洛阳市民的现代文明涵养，这种底蕴和优势从各个方面表现出来，为社会各界和国内外朋友所普遍认可。

“古今兴废，只看洛阳”的政治历史名城，长时间扮演中国意识形态中心角色的文化历史名城，深藏九朝底蕴、汇纳百代雄风的精神造诣名城，既不遗忘过去，也不懈怠今天，更不盲目于未来的开放进取的现代名城，要形象、生动地走向世界，洛阳人有太多的工作要做。

《帝都传奇》，煌煌九卷本，一百三十五章，五百五十节，近三百万字，开创为城市“立传”的先河，从宏观到细部，处处经营用心，细致缜密。读过该书电子版的作家说，随着行文，读者愈来愈真切地感到身临其境的迁想妙得。千载帝都洛阳，再现了特有的兵燹狼烟和婉转风流，复活了前世今生的呼吸与脉搏。

阅览《帝都传奇》，欣赏作家艺技独运的构思布局，磅礴跌宕的故事情节，简约与饱满臻于极致的洗练文笔，重重蕴藉的文化辉煌和作家特有的深度幽默，沉入洛阳这座城市曾经辉煌的往昔，时有所感，刻有所悟，步移景易之间，不断惊喜自己因为这部著作而获得的关于东方文明的发现。当我们慢慢地感触历史洛阳的呼吸与脉搏，逐步体味大都洛阳的文化精髓和都市个性时，我们的副收获是：惊喜自己获得了大不相同的阅读趣味。

《帝都传奇》具备前无古人的历史文化认识价值，其思辨建立在任见先生不辞劳苦、大量探赜索沉、溯源求证的基础之上。譬如老子文化与孔子文化的关系，对于洛阳而言，多数人、甚至一些研究人员都仅仅停留在“孔子入周问礼”的字面意思上，《帝都传奇》以生动翔实的故事告诉我们未曾被挖掘出来过的“道礼之战”。

孔丘入洛问礼，被老子李耳他硬生生地往“道”上牵，根本未起作用，孔丘当老子的面，毕恭毕敬，后来果然弃“道”如敝屣，周游列国，兜售他自己的礼乐信仰。《帝都传奇》告诉我们：“刨根主义者”李耳先生，制作天地文章，为现实所迫，不得不兼及君臣之义；而“复礼主义者”孔丘先生，竭力君臣之命，为障人眼目，有时也打一打天地的幌子。分析得何其到位，何其精准！

任见先生绝不是一位人云亦云的作家，他的独特‘见解’表现在对东方历史文化的扎实考证、深刻思辨和，重新认识，除了老子和孔子的‘道礼’之争，另如北魏王朝与“佛家”的重重恩怨、曹魏政权对“法制”的孜孜追寻等，也令人耳目一新。

任见先生的著作和一般重复历史资料的“编著”判若云泥，“河图洛书”文化形成的诠释，周朝礼仪制度的利弊思辨，龙门石窟造像群落的封建宗法内核，关云长的奴才本性，汉光武陵位置见解，多为首次揭示，深刻而有理，款款读来，心悦诚服。

《帝都传奇》文才斐然，令人讶然称奇，历史在这部著作里是一件玩得极为娴熟的魔方，但又非常照顾读者，让读者轻松愉悦地接受了丰富的历史知识。

“黄帝是个猎手，他家墙壁上悬挂着兽皮，就是‘黄’字的样子。黄帝所领导的部落当然是个游猎部落。纵观世界各地，上古时期的部落，一般性质都是游走和打猎。”

“黄帝家的车轮是实心的，没有辐条，还是个死轴，因此它旋转得十分缓慢，黄帝坐在上面，徒子徒孙拉着，走南闯北，耀武扬威，熊、罴、虎、豹都来朝拜。黄帝的车，成了权重势大的标志，因而，黄帝又被称作轩辕氏，轩者，扶手，辕者，车杆子也。高轩粗辕，朝前翘着，轰隆轰隆，你害怕不？”

“后羿选聘朝内大臣也非射手不用，不久，整个宫廷弄成了射箭大队。各部委皆是弓弩手云集，若不出去打猎，那全朝还不急死。于是后羿开始追随太康的后尘，倾巢外出，疯狂畋狩。”

“刘邦曾经跟着项羽干事儿，此人甚为刁钻，带着小股军队跑步前进，抢先抓到了秦国的公章和秦宫的钥匙，整天别在自己腰里，不想让项羽知道，打算以后自己办国家的公。

“刘邦带着军队快步灭秦，项羽不乐意了，在一个叫做鸿门的地方召见刘邦，问罪。刘邦只好带人前往，见势不妙，说：‘我是先帮你看住摊儿。你来了，这不就要把天下给你嘛。’”

“刘禅失国后被押送到洛阳，为‘安乐公’，感叹干皇帝太累了，主持朝廷工作太烦了，说洛阳‘此间乐’，鄙阿斗‘不思蜀’。真是一下台方显大智慧也。”

顺手拈来几例，足可见得《帝都传奇》的出奇文笔是何等生动，何等鲜活，让读者不断地会心而笑，笑过之后不得不承认其描述、评断的合情、合理，不得不赞赏其独立思考和审慎辨察的可嘉、可贵！

任见先生的《盘龙世界》《冲动年华》《深情汉光武帝》《多面魏武大帝》《夏商周演义》《拓跋回旋曲》《司马混战演义》《大隋演义》《大唐演义》《风满峪里》《洛阳往事》《刘禹锡传》《白居易传》《见识洛阳》《香山茶韵》《古代的阳光》《后山史话》以及巨量中短篇文字，亦无不以文化智慧为基本特征。

任见先生的精短美文，如《神韵深蕴》《笑道孝道》《红腰翠黛》《端午揭秘》《边缘的聚会》，嬉笑之间，尖锐自现，“南朝人认识很奇特，不喜欢陶诗，原因呢，说他质朴少文。不知道文饰到何种程度，南朝的酸菜们会觉得到位？”“后世文人不断忝称“骚客”，然四顾之下文采厚重又不负美名的几人哉？而晓得追慕“文”之荣耀的当代妓者又几人哉？”

《牡丹画史话》《鹰雉呼应的传神瞬间》《搜尽奇峰的创作精神》和任见先生为书画家们撰写的大量“序言”和评论，是任见先生架设的美术艺术与社会广众之间的无数座姿态各异的桥梁。而《庄园撷叶》“笔记春秋”系列，《京华闲言》“新老北京”系列，《吃喝中国》《等级发微》《第一推动》《酒后说梦》等奇文，也只有任见先生写得出来。

认识作家任见，浏览他的作品，在他所创造的艺术世界中徜徉，我们享受着收获的愉悦——步移景易之间，阅读体验在更新与升级，文化认识在潜移默化中成长。

深具认识价值的巨著

玄　羽

任见先生的《帝都传奇》，九卷巨著，兵燹狼烟，婉转风流，给予我们的，既有生动的历史传奇，也有独特的文化认识。这些珍贵的文化认识散在于各卷各章，让人在不知不觉中受到熏陶，获得长进。本文摭拾若干，与您分享。

一、河图洛书文化现象再认识

任见先生告诉我们，在遥远和苍茫的时节，有一些人，采撷野果，围猎兽类，在生存中行进，在行进中生存，迤逦来到了黄河中游一带。确切地说，这里是黄河与洛河的地盘，这里的沃土草木欢迎和容留了他们。

他们的领头人叫做"伏羲"。远古时期，人们的生活、生存条件怎么说也是恶劣的，常常突现各种灾难，令人猝不及防，因而伏羲氏把很多功夫下在"测"和"卜"上，留心一切征象，以之对事物进行先测，进行预决。

伏羲的手下，伏羲氏的部落民，发现什么所谓吉兆、祥瑞，就立即汇报给首领。他们发现黄河中浮出了一种马面鳄，由中流游到南岸，进入河汊。马面鳄身高八尺五寸，还生有两只翅膀，头顶虬须，背负龙鳞，凌波踏水，如履平地。便火速禀知伏羲。

伏羲看到马面鳄的背脊上的鳞甲有不同的颜色，组成均匀的斑点，就按照那些斑点的相对位置在岸边沙滩上画出来研究。马面鳄便是后人所说的“龙马”，它背上的图和伏羲复制在岸边沙滩上的图便是上天责成黄河赐给人类的“河图”。

伏羲是个有责任心和爱动脑筋的人，责任心，使他时刻不忘为他的氏族的生活进行卜测和预算，动脑筋，使他埋头在河图这个斑斑点点的数字组合里边挖掘、探索，居然弄出了个玄而妙之的学术成果——八卦。

后世又有个部落长叫禹，领着奴隶们治水，顺着黄河、洛河、伊河等水域的流向，到处扒口子，开通道。在持续数年的系列工程中，禹运用权力，尝到甜头，即有了把持国柄的谋算，由是不断处心积虑，多方准备。

洛河的水面慢慢回落，大禹带着手下来到洛水边视察。鱼鳖虾蟹都在浅水里嬉戏，尤其那些鳖们，见到久违的太阳，纷纷挤上水中丘台晒背。大禹说他看到了那匹花背巨龟驮着字，奴隶们都是文盲，大禹说：“正顶上两个字：皇极。皇极什么讲意儿，就是中央。四周那些字，也都有讲究。我都记下来啦。”

皇极。便是大禹批解的那个“中央”。围绕着“皇极”，是“三德”“五行”“五事”“五纪”“五福”“六极”“稽疑”“庶征”等文字，共有九组。大禹不久即居功担任天子治理社稷。洛河神龟的“背书”华丽转身，进了《尚书》。“中央”等九组文字被奉为“九畴”。

河图洛书的内核是“数”。以黑点或白点为基本要素，以一定方式构成若干不同组合，并在整体上排列成矩阵的两幅图式。纵、横、斜三条线上的数字关系蕴藏着无穷的奥秘，十分奇妙，所以才被赋予了那么多神话传说，才被当做《周易》和《洪范》的渊源，在哲学、政治学、军事学、伦理学、美学、文学诸领域产生了深远影响，在中华文化发展史上占据了重要的地位。

远古时期的河图洛书，应当只是图形，没有数字。在历史演变中，在具象之中渐渐被加进了抽象的成分，河图涵有十个数，洛书涵有九个数。

二百多万年前的中国原始社会即有了结绳记事的数学表述方式，那时候生产力水平极端低下，尽管几乎没有节余，但也存在着比较简单的交换、分配和消费等社会生产活动过程，这个过程离不开“数”。

可以想象，原始人要用数来计算劳动人数和劳动工具，要用数来记录渔猎和种植的劳动成果，要用数来分配劳动产品，还要用数来交换剩余劳动价值，如此等等。不然的话，原始社会的生产活动就不能顺利进行，生产力就不能向前发展。

“数”之被人类越来越深入、越来越全面地认识和使用，跟人类原始社会生产实践活动关系极为密切。而随着原始人对数的知识的不断增加，总结出最早的、最初级的数学规律，就是迟早要发生的时期。

若把河图洛书假设为与原始社会生产力水平相应的数学规律，这个结论是能够成立的。

河图洛书中各数的表示方法与结绳记数方法相吻合；河图洛书是对数及数理关系的如实而形象的描绘，属于象形文化的范畴；河图洛书中所反映的加减法运算法则，表达了“和”与“差”的数理关系，是数学史上最初级的运算规律。

河图洛书，尤其是洛书，很可能作为一种计算原理或计算方法在原始社会生产活动过程中起着重要的作用。

当先民们经过艰苦的劳动过程，到了分配劳动果实，共享丰收喜悦的时候，大家集中起来，祭祀上苍，告慰先祖，之后就要要采取一定方法，正确盘点和合理分配劳动果实。

在盘点和分配中，先民中掌握河图洛书的数学原理的哲人，便领命来对劳动果实进行合计或分割，“河图洛书”的功用和功劳被曲折地昭示出来，哲人成了其他大多数先民崇拜的人，河图洛书成了其他大多数先民崇拜的神秘事物。

这样，河图洛书的“数码真相”，亦即其数学意蕴，已经被任见先生一步一步地发掘了出来。

我们又通过《帝都传奇》知道在传统的中国文化中，“术”和“数”本质上是融通的。

历代中国帝王就在不断揣摸神秘的“术数”，“术数”常常在统治者的各种行动中反映出来。譬如象征皇权的建筑北京故宫，太和殿中就存在着突出的数字运用。九开间，七十二根巨柱，都是九或九的倍数。六根巨大的盘龙金柱矗立中央。为什么这样安排？“六六大顺”，“九九久久”。完全超出建筑需要的林立的巨柱，与神秘的数字交相运用，无非是一种精神寄托：帝王的威严和统治的永恒。

数字性和对称性是河图洛书的最直接、最基本的特点，“和”与“差”的数理关系则是它的基本内涵。若有兴趣，可以推导出河图与洛书的同源性。

河图洛书本质上的数学思想，跟方士们的“术数”观念，你借我，我借你地融合，长成了中国文化之重要部分。

《帝都传奇》中说，人类童年的发现和记载，其实是简单和粗陋的，河图洛书成为文化，在于世世代代的后人在装扮和丰富它。由于文史的记载，由于官方的利用，由于方士的卖力演绎，引致了民间关于河图洛书的热闹现象。然而，正因如此它才成为文化。

任见先生说，统治者治理天下，需要文化，而所谓文化之“魂”常常需要附丽于他物他事之上，才能让人看到它是“活”的，才能心甘情愿地伏而受之，所谓“借尸还魂”。河图与洛书正是这样被选中的物事，历朝历代，涂抹打扮不止，成了中国特色的“文化巨树”。也就是说，河图洛书这个文化之“源”，不断被丰富，不断被利用，是“治”的需要。

任见先生进一步诠释，人类区别于动物，在于它有思维，有精神，思维和精神需要“打理”。如何打理思维和精神呢？唯心论、唯物论、马列主义思想、共产主义理论，都是工具。而在千百年的中国封建社会，卜筮、测运、占星、风水，等等，也是人心的打理工具。人是首先关注自身的，这是人的生物本性。投合了这种本性，加之江湖术士你渲我染，它便蓬蓬勃勃地生长，“连绵”而“文化”了。

在对“最初的文明”的不断探问中，任见先生带领我们寻踪溯源，我们所获是其中既不同于史，也异于人的“见解”。

二、迥异于既有结论的东周王朝

东周的中国历史上一个重要的时期，按照既有的认识，周公姬旦曾经为了大周的中央集权，出兵讨伐周武王的弟弟管叔姬鲜、蔡叔姬度和霍叔姬处“三监”。

周朝政权担心商朝的老地盘发生复辟或动乱，让“三监”在朝歌以东地区做督察，监视商朝遗老，主要是前上商王武庚。谁知“三监”看到周公姬旦长期自领朝政，心下不服，便接受前商遗老的策动，讨伐姬旦。

有史以来，周公姬旦与“三监”的军事冲突就被称作“周公东征”。在《帝都传奇》中，任见先生以充分的史实和学人的胆识明确地将其历史事件明确为“三监伐旦”。

我们看到，最后的奴隶制王朝大周，同夏和商一样以血亲关系为纽带，而且，母系社会正在向父系社会过渡。在父系氏族中，女子一旦结婚便脱离本氏族，归男方氏族所有，子女自然也归男方氏族，子女的世系开始按男方计算，男子是大家长，对其它家庭成员有绝对的权威，家庭内部有了尊卑之分。

由几个以男子为家长的大家庭组成的父系氏族会分裂，因为他们的人数在不断增加。分裂后的氏族，因为共同的祖先，于是结成氏族联盟，形成部落。某些部落又会由于血缘关系或者经济、战争等原因结成部落联盟。

强大的部落联盟就是初期的国家主体。但周显然自认为它比前朝聪明，它想永久地居于统治地位，就下功夫制造了一个“宗法”宝塔。

周用“大宗”“小宗”的层层区别把奴隶主贵族联为一体，组成统治阶级。周王为“大宗”，各个封地的诸侯相对于周王而言，是“小宗”，而在其封国内又自然居于“大宗”之位；各诸侯下面的卿大夫之流，相对于诸侯，属于“小宗”，但在它所在的分支中又处于大宗的地位。如是这般，构成了王、公、卿、大夫等的等级阶梯，编造了繁冗庞杂的所谓“礼乐”制度。

礼乐制度的核心是“宗法”，即等级名分制度，是对政治等级制的具体限定。礼乐制度规定了君臣、父子、兄弟、夫妇、朋友之间的权利义务关系和上下尊卑关系，体现了奴隶主贵族的阶级地位和等级特权。

在周统治者的礼乐体制内，每个贵族，从出生到死亡，从日常生活到政治活动，都处在与其身份相适应的礼乐程序之中，做什么都得受制于形式繁琐的礼乐程序。什么人坐什么车，什么场合穿什么衣服，见什么人行什么礼，如何磕头，什么时候什么场合，磕几个头，什么级别对什么级别，磕几个头，都有僵死的规定。

显而易见，礼乐体制是保守的，它的目的在于维护现存的社会等级，不使之发生变动。若变动了，尤其是一个“小宗”的经济力量或政治力量超过了“大宗”，这个“小宗”就违犯了礼乐。违反体制的多了，那就是“礼崩乐坏”。

周统治者是在用他设计的所谓“规范”，不厌其烦地强调：大周的政策是完善的，压迫和剥削是合理的，没有礼乐就没有大周的新社会，生活在大周盛世多么幸福和快乐啊。也就是说，周统治者编造礼乐并大力推行的目的，是让人时时刻刻清楚自己的位置，老老实实呆着，不要越位，不要没大没小。

周统治者也懂得辩证法，如果你实在因为“礼”的制约而苦恼，想质问“凭什么你在上面我在下面”，想吆喝“君王将相，宁有种乎”，它给你配套的“乐”确乎具有松弛和麻醉作用，主旋律，美而雅，听吧。

任见先生说：鲁国人孔丘听那种低缓的音乐，恶心地三个月吃不下肉肉，但他坚持听，坚持欣赏，渐渐地就接受了。脑后有反骨的人呢，听多了那些歌舞升平的音乐，绷紧的神经就松弛了，造反的意识就消泯了，就安心被统治了。因此说，倘“礼”是条大棍子，那么“乐”就是根胡萝卜。

周统治者认为自己是“天子”。“天”为什么喜欢周统治者呢？有道德，很有道德，周人在文章中就曾赞美周文王品德高尚，甚至还连带赞美周公旦。这样，问题就出现了：既然“有德才能有天下”，那么，如果周统治者道德上堕落了，或者其它氏族的道德超过了周统治者，周统治者是不是也要被推翻了呢？“天命无常”啊！对这个问题，周统治者却不愿也不敢做出回答。

既然天命无常，周统治者该怎样才能保持住自己的天下呢？“敬德”。

“敬”的意思就是警，要人对自己的言行时常警惕，不可有丝毫的疏忽和懈怠；“德”的意思就是不要胡思乱想，只把心思放在礼乐上。换句话说，遵守礼乐制度，就叫“德”，不遵守礼乐制度就是“不德”，会受到上天的惩罚。于是，礼乐制度成了天意，周统治者把礼乐制度，也就是统治秩序神圣化了。既然是神圣的，所有人都要遵守。

周统治者的“天命观”和“道德观”到这里就合而为一了——遵从天命，就要遵守礼乐制度，遵守礼乐制度，才合乎天命。

商统治者只是敬天，周统治者在敬天的同时，还注重对祖先的供奉，这样，德和孝就又发生了联系，德以对天，孝以对祖——自己的祖先有德，所以得到了上帝的眷爱，因此也要尊崇祖先，这就是孝。“孝”，可以维持统治阶级内部的等级不变，这正是宗法制度的本色。

因此说，在周统治者的治国方法中，除了使用暴力工具外，还有思想政治工作两手：“天命观”和“道德观”。从一定程度上讲，周的一个中心——“宗法”，两个基本点——“德学”和“孝学”，对其统治起到了积极的作用。

当然，周的“礼乐”制度的适用对象是以姬姓为主的社会贵族，对于平民黎庶，对于无名无姓的苦役奴隶，周统治者使用的是严刑峻法，如前面提到的剐鼻、砍脚、斩首，等等，所谓“礼不下庶人，刑不上大夫”是也。

周统治者耗尽心计，培植和巩固等级制度，功夫没有白下，为此后两千多年的封建统治者树立了光辉榜样。周以降，历朝历代统治者，莫不在照着周的葫芦描画自己的瓢。

《帝都传奇》告诉我们，周统治者的礼乐制度是它自己破坏的，这说明，周统治者强调的宗法等级并非自约，而是对付他人的。

依照周统治者编造的宗法制度的组织形式，周王既是普天之下最高的统治者，又是全体姬姓宗族的大宗，最大的族长，历代的周天子只能由嫡长子继承，并世代保持天下大宗的地位，其它诸子则受封为诸侯，依据宗法制度的嫡庶、长幼、亲疏关系，确立了奴隶主贵族的贵贱、大小、上下各种等级区别，并以此形成奴隶主的伦理规矩和行为准则。然而，周王具有至高无上的权力，不受任何制约。

周王世世代代广收天下美女用于后宫行乐，年岁苍老往往还在胡乱宠爱。小妾、小小妾生了儿子，子以母贵，有的老王便要改变王储——废长立幼。废长立幼就是对礼乐体制的反动。

最高统治者反动，谁也不敢随便指责，但被废者就要采取措施了，奋起捍卫父殁子替、兄终弟及的伟大传统。

还有一种情况是，老王并未废长立幼，但幼者受宠，受宠，再受宠，特权极度膨胀，甚至兵权财权均能握于掌中，肯定要不断发生争夺王位的斗争。

东周王权的“嫡庶之争”此伏彼起，“姬克之乱”“姬颓之乱”“姬带之乱”和“姬朝之乱”，均系其王室萧墙之内所起争端。周王室的嫡庶之争尤使逐步衰弱的中央政权更快地走向颓败，朽厦倾矣，礼塌乐圮，神仙也无能挽救了。

三、历史谜案的重要“见解”之一

东汉开业帝王刘秀的陵墓光武皇帝陵，老百姓叫它刘秀坟，位于洛阳市东北约二十公里，以一反数千年封建帝王葬地选址常规，头枕黄河流水，脚蹬邙山丘陵，成为两千年封建社会史上之孤例，给世世代代的后来人，留下了一个百思不解的谜团。

不知道有多少人试图解释这个千载之谜，但截至目前，令人信服的说法是任见先生在《帝都传奇》中的“见解”。

民间有刘秀为自己选墓地的传说，说刘秀的儿子刘庄生性叛逆，做事倔犟，虽然尊处帝王之家，跟其父犯起犟来，和一般老百姓的孩子毫无二致，俗话说“知子莫如父”，了解儿子脾气的刘秀临终之际，正话反说，把想葬在邙山顶上的心思表述为：“为朕我命中缺水，你要把我葬在黄河中。”

谁知做儿子的良心发现，想：老爷子南征北战，辛辛苦苦打下江山，又治理得民富国强，老爷子一死，整个江山就是我的了，可我一辈子都没有听过老爷子的话，也太对不起他老人家了。老爷子叫我把他的墓地定在黄河里，这个最后的旨意一定要遵从。

于是，把刘秀安葬在“黄河心”，出现了杀大臣和杀童男童女等“杀人取吉言”的离奇办法，督促黄河暂时“滚”过去，好让“光武帝治丧委员会”葬埋皇上，最后奇迹竟然出现，满足了先帝的遗愿。

这类民间故事显然是穿凿附会，极其荒谬的，其实，继任刘秀的东汉明帝刘庄是不曾违逆其父的。任见先生告诉我们，刘秀逝世前一年曾向陵墓建设指挥部负责人窦融交代，参照霸陵的修造模式办——“例以霸陵”，说明陵墓位置是刘秀自己决定的，不是遗嘱儿子造成的。

那么刘秀为什么要将自己的陵墓建在黄河边呢？《帝都传奇》揭示了一个藏在刘秀内心深处的注脚。

原来笃信谶纬的刘秀，公元56年2月依谶封禅泰山，祭天之后，又往梁父山举行祭地仪式。朝阳之下，刘秀站在宽阔的平原上率领众人向泰山告别，仰视良久，情动于中，忍不住感叹道：五岳独尊者，巍峨万世，实其有原而见陵也。

请注意：要“巍峨万世”，得有平原来彰显高陵啊——刘秀的这个感慨，不自觉地阐释了他作为帝王企望“巍峨万世”的隐秘心结。

刘秀仰目泰岱，所生“有原而见陵”这个感慨也许比较平常，但是，必须指出的是，汉光武帝刘秀的墓就叫做“原陵”，“原陵”其名，各个时期的洛阳史志和孟津史志都记载得非常清楚。

按照“任见之分析理解”，刘秀把自己安葬在洛阳北部最为肥美的平原上的独特选择，至此已经有了扎实的注脚，但是，问题接踵而来——

东汉时期，具体地讲，刘秀为政时期，“原陵”所处位置是洛阳北部最为肥美的平原吗？当时的黄河又在哪里呢？如何解决墓地高水位的难题呢？怎样避免甚至杜绝盗墓贼的光顾呢？

东汉光武皇帝时期的洛阳城在今洛阳市东十二公里的地方，光武陵位于其正北的平原上。现在，寝陵与黄河十分切近，不过半箭，可是东汉初年，黄河在北方至少三十公里的地方。

《帝都传奇》指出了当时的河内郡与黄河的位置关系，《后汉书·寇恂传》中记载了邓禹的一段话：“河内带河为固，户口殷实，北通上党，南迫洛阳。”如果河内郡离黄河像现在一样远，岂能谓之“带河”？

东汉崔瑗曾在河内郡为官，《后汉书》表扬他：“视事七年，为开稻田数百顷，百姓歌之。”《太平御览·职官部·良令·崔氏家传》中记其事更为具体：“开河之水造稻田，薄卤之地更为沃壤，民赖其利，长老歌之曰：……穿渠广溉灌，决河作甘雨”。崔瑗能用大量淡水冲洗卤土，改卤地为稻田，并没有搞“南水北调”，说明当时的黄河就在其附近。

接下来是孟津平原高水位的问题怎么解决呢？年过花甲的刘秀当然研究过历史上的重要墓地，他秘密交代陵墓建设指挥长窦融“例以霸陵”，就是学习霸陵的“因其山，不起坟”。现在可见的光武皇帝墓冢极有可能只是陵墓的入口，真正的墓室在其以南甚至深藏在非常偏南的北邙山腹内，也不是没有可能的。

再一个必须考虑的问题是：防盗掘。汉光武帝陵历史上应该比今天更为高大，并未发现盗掘迹象，也没有被盗掘的记录。北邙山多的是盗墓高手，“洛阳铲”更是探穴取物的利器，导致洛阳一带的古墓十室九空，难道他们故意留下刘秀的陵墓不动？

任见先生说，刘秀临终特别公开下诏：葬事“务从俭约，葬皆以瓦器，不以金银铜锡为饰。”无论其墓葬秘密埋进了多少东西，官方异口同声告诉人们的是：没有金银珠宝的陪葬，英明的皇上希望自己永久清静、平安。

盗墓者必定先是历史研究者，没有较为确切的辨析，他们一般不会轻易堕入风险的，这当为汉光武陵未遭盗掘的原因之一。

更加重要的是：刘秀墓冢所在的孟津平原属于深层流沙型地质结构，“流沙”是盗墓贼的克星，对于流沙，一般挖掘工具无可奈何，就是出神入化的“洛阳铲”也难施身手。

孟津平原、霸陵模式和流沙结构诸元素，联合构成的东汉光武皇帝墓冢位置这个千古之谜，至此已被任见先生层层揭开了。葬于近河平原，独具此般优势，恐怕刘秀现在还会在历史深处微微发笑的吧？

四、北魏的快速完结原因何在

在中国这片广袤的大地上，如果想长久地统治，必须得有一套划分等级、维持秩序的思想。宗法与等级，是每个王朝行使政权的伦理基础，否则只凭强权，再无敌的军队也无法阻止天下的分崩离析。

任见先生认为，北魏孝文帝元宏是想到了这一层的。他怕他的王朝像匈奴，以及其他很多个游牧民族建立的国家那样，只是在辽阔的北方大地上像一阵狂风刮过，扬起满天黄沙后便烟消云散。

元宏日夜企盼着能有一天，“魏”字大纛能飘扬在日月照耀下的每一寸土地上。他力排众议，推行汉化，正是为了那一天做着准备。孝文帝元宏的“汉化”，因此本质上就变成了“儒化”。

“儒化”，使北魏滚下马背，摆脱了野蛮粗鲁的生活习惯，进入了所谓“高一级的文明”。“儒化”，却也使北魏像一个正常的人接触了毒品，渐渐落入宗法等级制的泥淖，慢慢地领受“没顶之灾”。

此说并非危言耸听，请听任见先生的解释。在无力创造更为合理、更为先进的理论之前，用固有的、较为强势的思想体系作为政策的基础，是异族面对新天地无奈而明智的选择，这也就是元宏实施儒化改革的本质。

以宗法与等级、为核心的儒家思想，被历朝历代统治者精心培植，已经高高凌驾于百家学说之上。元宏期望他的朝廷里依序站立的，不再是那些筋肉暴起、虬髯满面、满身腥膻的粗豪大汉，而是一些峨冠博带、大袖飘飘、文质彬彬、低眉顺眼的白净书生。

从马背上翻身下来的北魏王朝，沉醉于儒学的熏风，缓缓地褪去野性，慢慢地消磨桀骜，渐渐地滋生温柔了。

儒家的宗法等级教诲，使北魏统治者弯弓握剑的一双双毛茸茸的大手渐渐低垂，皲裂而宽大的手掌渐渐变得白嫩光滑，小指不知不觉地翘起来了，状如兰花了。

昔日翱翔在北方的无敌雄鹰，让敌人闻风丧胆的北魏军团，就这么在儒家理论的熏陶下，慵懒地享受起宗法等级的大福，一日日地穷奢极欲起来。没多久，北魏王朝宗室和贵臣便开始互相比富，暴殄天物了。

腐败堕落，是儒家种子必然要结出的宗法等级之恶果。各级干部的奢侈糜烂，必然埋下王朝滑向覆亡的祸根。而在北魏王朝的脊背后面，正像开疆拓土时期的北魏那么矫健的突厥人、柔然人，血红的瞳子死死地盯牢了这个渐在变得温情脉脉和无比糜烂的朝廷。

突厥和柔然根本不晓得什么宗法等级的儒学理论，只是一下又一下用力地磨砺着刀、箭，在大漠、在草原，无日无夜地操练着武功，刚饮过马血的猩红嘴角，遥对着北魏洛阳巍峨的宫阙，流露出讥讽而又残酷的冷笑。

甚至轮不到突厥和柔然发难，即使是北魏自己肚子里，有些见到方块字就咬牙切齿的武将早就不耐烦了，日日夜夜地在阴森森的密室里，用鲜卑语重新浇灌着野性，让它生长。

任见先生说：譬如一只急剧生长中的龙虾，再需要换壳，也先得等战胜身边的敌人，廓清战场之后。否则，为了那个更舒展、更宽裕、更有纵横余地的新壳，而早早在危机四伏的战场上蜕下旧壳，露出毫无抵抗能力却香嫩诱人的肉身，结果必将成为仍旧披着坚硬老壳的对手的美餐。

何况元宏的族人也跟不上元宏的思路和步伐，不理解主上的高远见识，因而北魏王朝的“换壳成果”不得不变得扭曲和丑陋起来。

就算是同样的健壮，同样的敏捷，同样的训练有素，双方交战，其中一方念念不忘三纲五常，常常深思仁义道德，那么，他的动作将会因为他的思想而迟缓、沉重，他的锋刃也会因此而钝软、无力，他必定会败给全部精力集中于手中武器和攻击目标的对手。

造化无情，冷兵器时代，世界总在庙堂之外，在蛮荒之处，源源不断地产生着一批批新的野蛮力量。新的野蛮力量，直接、干脆，所有的心思都在血与火，他们用兽皮包裹着钢铁般的肌肉，腰间系着战败者滴血的人头，挥舞着冰冷锋利的大刀，从荒寒苍凉的远方呐喊着，咆哮着，向所谓温柔敦厚的“新文明”冲杀而来。

可能，新的野蛮力量会在胜利之后也将变得温柔敦厚，但一般来说，血迹未干，更远的远方，嘶叫着的鸣镝会再度破空，惊心动魄的马蹄声回再度响起……

《帝都传奇》提示的是，北魏，不仅自堕儒学罗网，后来竟还不知刹车，一头撞进佛教里，断送了王朝小命。

北魏诸帝大多信奉佛教。在国家老板的带领下，佛教的传播和影响，成了当时社会生活中的大事。

在北魏一朝，出家为僧，可免去政府的赋税徭役，所以许多在权贵剥削和压迫下无法谋生的百姓被迫出家，也有为逃避赋税徭役而进入寺院的。后来僧尼数量无节制地增长，愈来愈多。

寺院经济在多种因素作用下，成长，成长，蓬勃成长。蓬勃成长的寺院经济，结果是无度膨胀，乃至失控。

思想教育、人心打理，也得跟上，孝文帝表面上“高倡礼乐，尊崇儒学”，实际上却不得不“借重佛释，扶助僧寺”来教化民众，维持治安。

公元518年，洛阳城内佛教寺院已超过五百座，而且“空地表刹，未立塔宇”者，“不在其数”，洛阳民宅总面积被寺院夺去三分之一。

首都洛阳如此，州镇的僧寺也同样，比赛一般侵夺小民，广占田宅。如长安中兴寺的寺属稻田望不到边，还有百顷的大果园。全国“凡厥良沃，悉为僧有。”这还得了吗?

北魏的皇帝、妃嫔、权贵、大臣，为求所谓功德，造寺立像，所费更其无数。开凿龙门山石窟，建造永宁寺木塔，均在此时。

公元477年——孝文帝太和元年，北魏官方统计局统计，全国各地有寺院六千四百七十八所，僧尼七万七千二百五十八。

至宣武帝元恪、孝明帝元诩时，北魏境内寺院已达一万三千七百二十七处。“略而计之，僧尼大众三百万矣，其寺二万有余。”

任见先生说：由“哈佛”到“佞佛”，由“热烈”到“疯狂”，这个“无我”而“痴呆”的北魏王朝必须为此埋单。

五、龙门石窟是个奇特的标本

李唐王朝本是崇奉道教的，认为道教始祖老子李耳是他们的远祖。可是到了武则天协助高宗李治掌权的时期，渐渐变成了抑道崇佛。他们觉得“佛”比“道”更“神”。

武则天划拨专款，整修各地寺院。不但修，而且建，一时间，国内佛殿骤增，“殿堂佛宇，处处皆有”。她还常在洛阳举办无遮大斋会。在斋会上，金钱如乎粪土，随便挥霍抛撒。为哄抬气氛，制造人气，命太监在会场上撒钱，

奉先寺远景

龙门石窟名碑

一下子撒十车。

在武则天的特别操作下，佛教成了国教，洛阳也成了佛教之城。龙门石窟的开凿造像，北魏时是一个高潮期，到了唐朝，又是一个高潮，而且唐人到更高更大的石壁上去整，更舍得花钱。

唐高宗李治主政以后，发愿在洛阳龙门为他的父亲太宗李世民建造最大的石窟“奉先寺”，据说在工程收尾的时候，皇后武则天为其捐出了朝廷发放的“化妆费”两万贯钱。

奉先寺石窟中的佛像卢舍那，雕凿了多年时间，于公元675年底宣告完成。卢舍那身着通肩大衣，衣褶舒缓，飘逸浩荡，虽然看似流水，却于薄薄的衣襟下显示出身材的壮硕和健美。

卢舍那面型丰肥，两耳下垂，略呈微笑样，略作俯视态。整座佛像形势圆满，平静恬然，不男不女，超凡脱俗。

由于卢舍那凿造得很美，富于想象的人说那就是依照武则天的模样弄成的，这个可能性太小了。任见先生说：奉先寺完成规划、开始凿建的时候，小武还在感业寺做尼姑，没有打回后宫呢。即令武则天毋顾历史，提前打回后宫，那她跟王皇后、萧淑妃的斗争还得些年头呢，她还一直是第三者呢。难道高宗会告诉施工人员：照着感业寺那个尼姑的样子去造？照着排在王皇后和萧淑妃后面那个小武的样子去造？

任见先生探赜索隐，查阅了大量历史文献，白纸黑字记载：太平公主前额宽广，颧骨突出，面孔呈倒三角形，脑中计策特多，一翻眼就是一个，武则天认为女儿外貌和性格都很像自己，因而特别宠爱、特别厚待太平。查一下武则天给太平公主的封邑户数和其他超过亲王的待遇就知晓端底了。

奉先寺组雕

奉先寺卢舍那造像

卢舍那不男不女的相貌，本身就是“神”的“非性别”“无性别”特征的突出体现，这恰是其设计和建造者的成功之处。佛教中，观音菩萨就是“非性别”“无性别”“不男不女”的。说武则天是卢舍那的模特儿，属于无稽之谈。

由于龙门石窟凭佛而生，借佛而在，很大程度上障碍了人们的眼睛，限制了人们的脑筋，千秋百代以来，仅看到“佛”的人太多太多。

《帝都传奇》分析道，洛阳龙门石窟的重要佛窟奉先寺，位置居中，分量至重，若以它为原点，则第一象限、第二象限是龙门山头的苍松翠柏，是石窟群雕的柔美的背景；第三象限是古阳洞、石窟洞、火烧洞、药方洞等次大型洞窟；第四象限分布着宾阳洞、潜溪寺、摩崖三佛及万佛洞等。可见奉先寺是龙门石窟这个巨大的雕像村落的中心——“中央集权”之所在。

如果我们能够退到可见其更宽更大的社会历史文化背景的开阔地，就会发现封建法则对一千多年前石窟的设计者和开凿者潜意识的左右，就会发现“见解”的可信性。

任见先生说，国人不满足于印度式佛教造像的交错、混乱、难悟甚至无解，不断地将造像推向人间化、现实化，亦即世俗化、封建化。奉先寺就是世俗化、封建化的极致之作。

奉先寺内造像，计一佛、二弟子、二菩萨、二天王、二力士、二供养人。

佛卢舍那居中，其他人物对称分列两边。近佛者是两位大弟子——迦叶、阿难，其下是文殊、普贤两位菩萨，再下是多闻、增长二天王及二力士，力士也称为金刚。另在菩萨与天王的间隙处各有一供养人。

主尊卢舍那，坐像高度超过十七米，其余雕像虽为立姿，高度却依次递减，菩萨十三米多，天王近十一米，力士九米多，二供养人最为矮小，仅有六米。其高下差别判然不同，等级显而易见。

看看“艺术处理”。群雕设计、雕工处理方面的等级差别也十分突出。

你看：主尊有头光、身光层层扩散，胸前的衣纹也是对称的半圆以烘托面部——中心的中心。

奉先寺这一著名巨龛之内的人物群体主次分明、等级森严，宗法特色十分明显。如此尊卑有序、高下有别，这样的布局处理在佛经中是找不到根据的。在佛教经典里，众生是一律平等的。

佛教从诞生起，就强烈反对婆罗门教的“种姓等级”。婆罗门教以崇拜血迹斑斑的种姓制度成为新生的佛教的对头。等级制是佛教的死敌。佛教的本谛是“平等”，无论是乞丐还是国王，是贩夫还是走卒，一样地沉浮在无边“苦海”中，一样地需要“回头是岸”。

进入中国之后，佛住进了四合院模式的寺院，石窟中人物的排布呢，也超越了古印度僧人间的师徒关系，成为侨居中国后的世俗化物类。

那么，等级森严、主次分明、尊卑有序、高下有别的这种违逆了佛教本谛的“奉先寺格局”，它的注脚在哪里？不在别处，就在中国封建宗法社会久已形成的定势之中。

任见先生指出，这种“奉先寺格局”与宗法专制下的封建社会处处相契、重重相合，是中国封建制度的一个绝妙的缩影。

奉先寺是一个世俗的“家庭”。居中是家长，左右是儿子，往下是妻妾、家丁、护院、奴仆。

奉先寺同样是一个世俗的“朝廷”。真命天子高高在上，恭侍两侧的是一老一少左右丞相，一个是饱经风霜、老成持重的迦叶，一个是温驯文静、朴实谦逊的阿难。文殊、普贤两菩萨着艳服，佩宝饰，自然是皇后、嫔妃。多闻、增长神貌严峻、披挂铠甲、手托宝塔、脚踩夜叉，二力士目眦尽裂、赤膊上阵、其状咄咄、其势汹汹，则是几位勇猛威武的将士，随时准备为朝廷效力，为皇上捐躯。

封建宗法的内核——家长制、等级制，等等特征，在奉先寺内是何等地充分而又突出啊。

在任见先生的引领下，我们找到了解析与认识龙门石窟的关键：佛教的精义、要旨是“出家”“绝世”，奉先寺所具有的浓厚的世俗家庭气息、封建王朝色彩与佛教“出家”“绝世”的精义、要旨，是水火不容、相逆相悖的。

任见先生说：伫立于洛阳龙门石窟之前，驰骋思想之余，又不禁佩服中国人在造像膜拜方面的聪明与机巧——将势同冰炭的两个极端浑然相柔，压进一龛，障碍了多少人的眼睛，限制了多少人的脑筋。

我们正是从《帝都传奇》里，看到了不一样的龙门石窟：一处古老的石头奇迹，一组等级森然的群像，一副中国特色的宗法标本。

结　语

随意摭拾，挂一漏万，九卷《帝都传奇》这部城市史诗，兵燹狼烟，婉转风流，给予我们阅读的快乐，精当解剖，鞭辟入里，又带来思想认识的更新与澡雪，除了本文提出的几个方面，每一卷、每一章都潜藏着珠玑，有待我们在阅读的过程中慢慢地撷取。

城市生命的绽放

归宝辰

文化，城市的灵魂和生命

长期以来，我们在建设和强化城市的“功能”。物质化的功能，作为动因和目标，长期左右城市建设。而功能主义，忽视人的生活的复杂性和人的需求的多样性，没有解决好城市发展到一定阶段必然出现的诸多问题。

城市是个群体存在，既然是人类的群体存在，在物质空间的功能主义实现过程中，必然需要重视文化指向，精神主导，灵魂归依，或者说，作为城市生命特征的文化凝结、文化积淀，同时是与其物质存在密不可分、共生俱荣的关系。城市是“物质”的、“功能”的群体生活场所，更是文化的容器、载体，是文化演绎、绽放的舞台。

文化城市如何建设？价值城市如何实现？人们的认识和实践，随着城市发展的历史演进而不断深化和丰富。如今，从“功能城市”“物质城市”构建上升到“文化城市”“人文城市”塑造，已经成为城市建设理念的新高度、新境界。

放眼中国，确立“文化城市”目标、提升城市文化水平已成为城市发展的新潮流，既能满足人们日常生活的物质需求，又能满足人们日益增长的精神需求的城市，既能为人们身体的幸福栖居提供物质空间，又能为人们心灵的幸福栖息提供文化温暖的城市，成为城市建设的新追求。

其实回顾一下，不难看到，在我国的群体社会建设中，有过不少盲目、冒进、浮夸、跟风的教训，屈指数之，历历在焉，令人五味混生，感喟不已。正由于此，城市文化建设的汹涌潮流，不得不催人纵横比照，思考探索，“以人为本、整合资源、统筹兼顾、弘扬特色，国际潮流，地方风貌，有机融合、和谐共生”，几乎无论哪座城市都在高倡，文化已经变成城市发展战略的轴心，但是现实却告诉我们，“跟风操作”“面孔雷同”已经成为今日城市文化建设中亟需对付的新问题。

当然我们应能看到在中国大地上，历史文化、传统文化、地域文化、民族文化、外来文化，都在被倾心尽力地打造。纵向比较，令人自豪的发展提高也是非常巨大的。每个城市，都有不同的地理、气候、自然环境以及历史、文化、社会背景，有不同的景观、形象、空间以及氛围、气质、灵魂，从而呈现出不同的城市个性特征。

景德镇的瓷都形象，济南的泉城风貌，纽约的黄金色彩，巴黎的浪漫特质，维也纳的音乐本性，都是特有文化使之形成了不可磨灭的城市特色。极其可贵的是，洛阳在城市文化建设中找准了“千年帝都”的方向所在，“牡丹花城”的重心所在，连年来取得了可喜可贺的战略收获，夏代遗址、商城遗址、东周王城、隋唐洛阳城、汉魏故城相继“走出”地面，迎接四海宾朋，八方来客。

牡丹文化，政府与民间合力作用效果非凡，已经广为世界所接受，而数千载权谋交融、婉转风流的历史文化，随着一处又一处“大遗址”工程的实施，在物质存在上，洛阳已经抖落历史烟尘，横空出世。曾几何时，洛阳人为没有故宫那样亮丽的皇家标志、没有兵马俑那样沉甸甸的观赏砝码而怀抱遗憾，如今可以渐渐释怀了，甚至我们可以更加自傲：在中国，在世界东方，洛阳之古老、深邃，谁家可比？

"大遗址"无疑是物质的重新显现，历史的、文化的洛阳要丰满、自信地矗立于世，精神内涵的开掘、文化底蕴的展示，从来没有像今天这样向我们这一代洛阳人提出了高于往昔、高于历史的大课题。是的，我们做过太多的工作，我们进行过太多的推介，但公正地讲，以往的洛阳历史文化推介，给予全世界观众、访客、热心朋友的印象，是琐碎性的，或是商业化的、功利性的，或可谓想象性的，不足以构成强烈的冲击和震撼，宣传效用自然是打了折扣的。

令人惊喜的是，今天洛阳出现了九卷本的鸿著《帝都传奇》，立足于精神层面，创城市文化宣传之先河，为洛阳这座历史渊源深厚、人文矿藏丰富，雄踞东方中国、魅力光耀世界的城市，做了部旷古未有的"大传"，从某种意义上来说，是城市灵魂的升华，是城市生命的绽放，洛阳城市的灵魂和生命，可见可触了，也更为亲切了。

《帝都传奇》，非凡的历史文化拥载

展卷《帝都传奇》，寻访既往，领略今朝，在我们欣喜地阅读中，洛阳这位携带千年云烟，饱有中国文明精深内涵的历史老人愈来愈清晰地走近我们。

《帝都传奇》形象地阐释了洛阳历史文化在千百年中国政治文化中的核心地位，鲜活地抒写了影响中国历史进程的重大政治事件，生动地告诉我们，洛阳这方神奇的土地，是如何长期作为中国政治舞台中心的主角，所演绎出的政治理想、政治制度，是如何在影响人们的思想观念，推动了中国社会、政治、经济的发展。尽管有些政治文化具有非常明显的时代局限性，尽管它们在历史上，曾经是具有非凡胆识的政治见解，曾经是引领风骚的政治理想，曾经是顺乎当时社会方向的政治制度。

极为可贵的是，《帝都传奇》引领我们，以全新的普世价值来观照历史文化，阅读中，不断地使我们幡然或惊醒。

《帝都传奇》演绎了河洛文明的萌芽和生长，也以丰满的文学笔法，记述了深受河洛文明洗礼的先民们，是如何一次又一次携血带泪地向南方移民。通过丝绸之路，甚至跨出国门，影响西方世界；通过朝贡和留学生，到达朝鲜、日本，加速了东亚儒家政治文化圈的形成。河洛文化的扩展与辐射，带着先进的生产力，更带着相对先进的政治文明，促进了“新领地”的社会发展进程。

阅读《帝都传奇》，深切地感受到，洛阳历史文化的另一重要特质是胸怀宽阔，涵容广大。在神奇的河洛大地上生活的先民最早从蛮荒时代走来，跨入文明时代的门槛。但洛阳绝不妄自拒外，强大的包容性，使河洛文化万方辐辏，汇于一身，在接纳和蕴蓄中，渐渐变得内涵丰富、沉淀厚重。

几千年来，无论哪方逐鹿问鼎，河洛文化乃至中原文化总是以其博大的胸襟，兼收并蓄，融化八荒，使自身得到不断地充实和完善。如中华民族传统文化中的释、道、儒“三教合流”，其融会和发展，无不与洛阳特有的气质息息相关。

佛教文化最先传入洛阳，白马寺是佛教传入中国后的第一座官办寺院，为中国“释源”。隋唐时期的洛阳为国际化大都市，而进入鼎盛期的中国佛教，则以洛阳为中心远播日本、朝鲜、东南亚各国。

隋炀帝时，在洛阳置玉清玄坛，建道观二十四所。唐代继续奉行崇道政策，李唐统治者自称老子后裔，所以唐代洛阳道教发展极盛。河洛文化的厚重与包容为道教文化的孕育与生成提供了丰厚的营养，使得道教这一土生土长的宗教，逐步成为民族传统文化不可分割的重要部分。

儒家学说自两汉起成为中国政治文化的核心组成，承担着“教化社稷”的天赋责任。中华文化中很多分支性文化也都可以在洛阳找到渊源所在，譬如神龙文化、易学文化、商业文化等，均孕育产生于河洛地区。

洛阳历史文化海纳百川，方才成为中华民族文化的母体和祖根。而河洛地区自古帝王必争，兵连祸结，但河洛文化历经劫难而不消灭，以其锲而不舍的品质，坚韧生长。河洛文化顽强的生命力，自远古至于当今，一脉相继。

河洛地域文化成长到今天，依然在熏陶和滋育着一代又一代的洛阳人、中国人，不仅已经是丰厚的文化底蕴，也是洛阳市民的现代文明涵养，这种底蕴和优势从各个方面表现出来，为社会各界和国内外朋友所普遍认可。

凡此种种，其他读物可能叙述干巴的内容，皆在《帝都传奇》的浑厚风格、敏锐文风中，让人乐得拥抱，不忍放手。就此而言，《帝都传奇》的文化感染力非同一般。

“古今兴废，只看洛阳”的政治历史名城，长时间扮演中国意识形态中心角色的文化历史名城，深藏九朝底蕴、汇纳百代雄风的精神造诣名城，既不遗忘过去，也不懈怠今天，更不盲目于未来的开放进取的现代名城，有了《帝都传奇》独具分量的历史文化拥载，可以形象、生动地走向世界了。

琐碎性的介绍，或商业化的、功利性的推介，距离我们的宏大理想相距尚远，现在，我们高兴地看到了《帝都传奇》这一巨著鸿篇，以立体、丰满的洛阳帝都形象，为洛阳的深厚历史渊源、厚重人文矿藏做出翔实注脚，提供认识兴趣，幸甚至哉。

任见，他的生命如壮丽的火山

九卷本《帝都传奇》的著者任见先生读过中外文化比较研究专业硕士，早年即是中外文化比较研究专家，曾在美国《侨报》开设东方文化专栏，在美国和加拿大华人中甚有影响。撰著过不少外籍汉学家如利玛窦等的史话、评传，与许多外籍华人作家保持着学术通讯。

任见先生上世纪80年代即在中国文坛崭露头角，其独特立意与创作倾向在社会上引起强烈反响。国内数家媒体设置专辑进行评说，《河南日报》也曾开设专版予以讨论。后来由于生活原因趋于沉默，但他的思考与创作并未休止。

任见先生早期主要著作有《冲动年华》《新梦》《华夏姓氏文化源流考记》《京居闲言》《盘龙世界》《域外通信选》《最深处》《大唐情人》、多卷本《古代的阳光》《见识洛阳》《刘禹锡传》《白居易传》《香山茶韵》、专著《拟天而构，借天御民》、散论集《酒后说梦》等，还有大量中短篇作品、散文、剧本与报告文学及评论。

任见先生近期主要著作有《庄园撷叶》《牡丹文化史话》《最数洛阳》《深情汉光武帝》《多面魏武大帝》《司马混战演义》《拓跋回旋曲》《大隋演义》《大唐演义》《风满峪里》《笔墨意象》《夏商周演义》《东周烟云》《洛阳往事》《风雨流年》《生存》、序言集《情景在望》及大量中篇历史小说等，当然还有这套九卷本《帝都传奇》。

任见先生对洛阳历史文化情有独钟，近年创作出不少洛阳历史人物传记作品，如《刘禹锡传》《白居易传》《元稹评传》等，其中在报刊连载的，或在重要门户网站推出电子版的，受到广泛好评，也撰写了大量美术书法评论，挑起了洛阳美术书法鉴赏的一副重担，成就颇丰。

广东省出版公司花城出版社新近推出任见先生的新著《洛阳往事》，所签订简体字版“本版与再版版税合作协议”，据我所知是洛阳第一人，充分表明出版社和著作者对销售市场的自信。而书店和网站销售者坦言“出乎意料的好”，“在文化类图书中真不错了”，积极的市场反馈从侧面说明了著作的质量。

出版社的推介辞曰：作者精心构筑可以涵盖洛阳要点历史文化和要点旅游元素的七“最”——最初的文明、最牛的奴隶主、最“神气”的王朝、最无我的民族、最耀眼的花卉、最“二”的军阀、最历史的河，透过纷纭的历史雾障和突破简单沿袭的认识惯性，抓住洛阳历史真正的“关键节点”，与重要的旅游景点及旅游要素相契合，构思新颖脱俗，行文摇曳多姿。

从《洛阳往事》一书可看出作者在漫长而喧嚷的历史中的徜徉，在徜徉中不受权势挟迫、不受流风左右的独立思考和审慎辨察。纵览古都洛阳千载人文，角度奇崛而不失稳妥，行文幽默而不失庄重，文化意蕴深厚而雅俗兼顾。全书图文并茂，是一本不可多得的颇为好看的洛阳旅游深度读物。

出版社的推介辞其实适用于作家的巨著《帝都传奇》，因为《洛阳往事》是《帝都传奇》的创作札记之一，因此我们也更有理由相信《帝都传奇》青出于蓝而胜于蓝，以全新的历史文化学观点解读洛阳这一千年古城，文笔洗练，辞藻精当，“文言与白话结合无隙，简约与饱满至于极致”的可靠与可信，阅读之后，诚知如此。

任见，他把喷吐着中国文化芬芳的洛阳历史视作超越自己亲爱妻子的伴侣。他把爱的信仰合二为一给了他的事业和他的家庭。重病的妻子，他无微不至地照料十数年；沉睡的洛阳历史，他小心翼翼地唤醒。更令人肃然起敬的是，他是拖着癌痛之躯，在认真打磨着《帝都传奇》。可以说他的生命在《帝都传奇》中传奇，在延续洛阳的辉煌中放光。他的榜样形象，使我的所有语言凝聚成了“敬意”！

洛阳有许多文化学者和作家，他们都以自己的思考和论著为文化洛阳的建设倾心尽力，值得肯定，相信有很多像任见先生这样兢兢业业、孜孜矻矻的洛阳文化学者，在默默地耕耘，在此一并表示支持，因为我们在致力于一个共同的目标：洛阳文化建设。热烈祝贺《帝都传奇》出版，并与洛阳的文化同行共勉。

《帝都传奇》总目录

第一卷

第二卷

第三卷

第四卷

第五卷

第六卷

第七卷

第八卷

第九卷